JN220554

メジャー・リーグ人名事典

出野哲也【編著】
ideno tetsuya

言視舎

まえがき

本書は2002年に第1版、13年に改訂新版を刊行した『メジャー・リーグ人名事典』の第3版である。12年ぶりの改訂にあたり、新資料を用いて全収録選手の記述を見直し、誤記などの訂正に努めた。決定版と呼びうる内容となったのではと考えている。

この12年間で、メジャー・リーグにはいくつもの大きな出来事があり、編纂方針にも影響を与えた。まず、20年には白人たちのリーグから排除されていた有色人種の選手が結成したニグロ・リーグが、メジャー・リーグとして扱われるようになった。24年からはその記録も公式に認定され、ジャッキー・ロビンソンやウィリー・メイズの生涯記録が書き換えられたほか、通算の史上最高打率保持者もタイ・カッブからジョシュ・ギブソンに変更されたりした。

それ自体は意義深いことではあるけれども、本書ではニグロ・リーグの選手および記録は収録対象としなかった。その理由は、ニグロ・リーグの成績は地道な作業によって発掘が進んでいるものの、いまだ散逸しているものも多く、完全に復元されていないからである。現時点でタイトルホルダーとされている選手が、今後の復元作業によってそうではなかったと判明する可能性も大いにあるのだ。このような状態では事典に収録するのは難しいと判断し、凡例に示した対象の選手のみ、＜ニグロ・リーグの成績＞を“白人球界”での成績とは別項で記載した。

また22年には、クリーヴランド・インディアンズがガーディアンズと改称した。旧球団名が先住民差別につながるとの指摘を受け入れた結果である。凡例に示したように、本書ではこのような本拠地移転を伴わずニックネームのみ変更した球団に関しては、現球団名を記している。しかしながら、インディアンズの名は1915年以降、107年もの長きにわたって使用されていた点に鑑み、2021年以前の事蹟に関してはインディアンズの表記を用いている。

そして最も大きな出来事は、大谷翔平の登場である。18年にエンジェルズに入団し、ベーブ・ルース以来100年ぶりに本格的な投打二刀流を甦らせた大谷は、ドジャースへ移籍した24年は史上初の50本塁打・50盗塁を達成。今や誰もが認める現役最高の選手であるだけでなく、野球史上最高の選手ではないか、と言われるまでになった。このような選手をリアルタイムで目撃できるのは、野球ファンとしてこの上ない幸せだと言える。そして25年には、イチローが野球人にとって最高の栄誉である野球殿堂入りを果たした。その記念すべき年に、本書を世に送り出せるのは感慨深い。

今回も言視舎の杉山尚次氏には大変お世話になった。24年前、本書の企画を打診した際に快諾して頂いたおかげで、今こうして第3版を刊行できている。改めて深く感謝を申し上げる。

2025年1月　著者

凡例

1. 収録対象
1876年以降、2024年までメジャー・リーグ(*1)に在籍した全選手のうち、次の条件に該当する者をすべて収録した。

（A）1000試合以上、1000安打以上、100本塁打以上のいずれかを記録した野手
（B）600試合以上（ただし投球回数600未満を除く）、100勝以上、200セーブ以上のいずれかを記録した投手
（C）実働10年以上で1500投球回以上・80勝以上の投手
（D）ナショナル・リーグおよびアメリカン・リーグで、以下のタイトルを獲得した者
MVP、サイ・ヤング賞、新人王、首位打者、本塁打王、打点王、盗塁王（1898年以降*2）、最高出塁率、最多勝利、最多セーブ（1969年以降*3）、最優秀防御率、最多奪三振
（E）その他特筆すべき話題、記録を残した選手
（F）すべての日本人選手(*4)
（G）監督としてリーグ優勝もしくは1000試合以上の経験を持つ者

また、メジャー・リーグでの出場経験を持たない者のうち、次の条件に該当する者を収録した。

（H）1000試合以上の経験を持つか、ナショナル・リーグおよびアメリカン・リーグで優勝した監督
（I）野球殿堂入りしている者
（J）その他特筆すべき話題を残した関係者

2. 配列
姓の50音順に並べ、清音→濁音→半濁音の順とし、長音は無視した。

3. 表記
まず日本語による読み(*5)を名・姓の順に記した。本名よりもミドルネームや愛称が一般に通用していると判断した場合は、これを採用した（例：ジョージ・ハーマン・ルース→ベーブ・ルース）。2024年にメジャー球団に所属していた選手は★印、日本プロ野球に在籍経験のある選手には☆印を日本語読みの右隣に付した。

4. 出身
米国・日本出身の場合は州名・都道府県名と都市名を記し国名は省略した。それ以外は国・地域名、カナダに関しては州名も付した。

5. 球団名
在籍年度と在籍球団を示した。19世紀の球団は、ナショナル・リーグは都市名のみ、それ以外のリーグは都市名とその後ろの（）内に各リーグの略称(*1参照)を記した。20世紀以降の球団は、現存するものは現在の愛称を記し（例:ハイランダーズ→ヤンキース。ただしインディアンズのみ例外）、本拠地移転にともない愛称を変更した場合のみ旧名称を記した（例：セネターズ、ブラウンズ）。
年度の表記は、注釈なく西暦の下2ケタのみを記した場合は1900年代を指す。1800年代と2000年代は同一項目内に複数出てくる場合、初出のみ4ケタ（例:1876年、2001年）、2回目以降は2ケタ（76年、01年）で記した。

6. 守備位置・利き腕
レギュラーとして出場していたポジションを、基本的に出場試合数の多い順に示した。レギュラーではなくとも相当数出場した場合はそのポジションも記した。またその選手の利き腕も記した。“右”は投手なら右投げ、野手なら右打ちを示す。

7. 通算記録(*6)
（1）すべての野手について(a) 実働年数、出場試合数、打数、安打数、本塁打数、打点数、盗塁数、打率の通算記録を記し、打率以外の項目は史上30位以内に入っている場合、その順位を（）内に示した。(b) 二塁打、三塁打、四球、三振の通算記録は2000試合以上出場した場合および400二塁打、100三塁打、1000四球、1000三振以上の場合に記した。
（2）すべての投手について、実働年数、登板数、先発数、完投数、完封数、勝利数、敗戦数、セーブ数(*7)、投球回数、奪三振数、防御率の通算記録を記し、防御率以外の項目は史上30位以内に入って

いる場合にはその順位を（）内に示した。与四球の通算記録は3000投球回以上および1000四球以上の場合のみ記した。
（３）本文内の記録はwww.baseball-reference.com（＊８）を典拠とし、その他の参考資料も参照した。ただしニグロ・リーグの成績に関してはMLB.comの記録を典拠とした。

８．タイトル（＊９）
１（D）に示した各タイトルとゴールドグラブの受賞回数、受賞年度、オールスターの選出回数、選出年度を記した。盗塁王は1898年以降、最多セーブは1969年以降のみ記した（＊２、＊３参照）。

９．監督としての通算成績
実働年数、試合数、勝利数、敗戦数、勝率、リーグ優勝・ワールドシリーズ優勝回数とその年度を記した。ただし試合数が少ない場合など、別項とせず本文中に記した箇所もある。

10．日本での通算成績
在籍年度、在籍球団と通算記録を上記５、７の基準に従い記した。

（＊１）ナショナル・リーグ（1876年〜）、アメリカン・アソシエーション（略称ＡＡ、1882〜91年）、ユニオン・アソシエーション（略称ＵＡ、1884年）、プレイヤーズ・リーグ（略称ＰＬ、1890年）、アメリカン・リーグ（1901年〜）、フェデラル・リーグ（略称ＦＬ、1914〜15年）を対象。ニグロ・リーグを対象としない理由は「まえがき」を参照。
（＊２）1897年以前は、単打で走者が一塁から三塁へ達した場合なども盗塁とされていたため。なお通算の記録に関しては1897年以前のものも含めている。
（＊３）セーブは1968年まで公式記録ではなかったため。
（＊４）日本プロ野球で「外国人選手」として扱われなかった選手、および田澤純一。
（＊５）可能な限り原音に近づけたが、慣用に従ったものもある。中南米出身者は原則として現地の公用語の発音とした（例：Hernandez＝エルナンデス、Cruz＝クルス）。ただしスペイン系の姓でもアメリカ生まれの場合は英語の発音とした者もある（例：キース・ヘルナンデス、エリック・シャヴェズ）。
（＊６）打点、盗塁、四球、三振などの項目で、完全な記録が残っていない場合は（＊）を付すか、記載していない。
（＊７）セーブが公式記録となった1969年以降に現役だった投手のみで、現行の規定に当てはめて68年以前のものを含めている。68年までに引退した投手に関しては、通算100セーブを超える場合のみ記載した。
（＊８）2025年１月時点。
（＊９）原則として現行の規定打席、規定投球回数を当てはめて１位だった者をタイトルホルダーとした。当時の規定により、異なる選手がタイトルホルダーとして認定されていた場合には、受賞年度に（＊）を記した。

目次

【第3版】
メジャー・リーグ人名事典

ファミリーネームの50音順

【ア】

クリス・アイアネッタ
Christopher Domenic Iannetta
1983.4.8 ～【出身地】ロードアイランド州プロヴィデンス【球団】2006-11 ロッキーズ　12-15 エンジェルズ　16 マリナーズ　17 ダイアモンドバックス　18-19 ロッキーズ【位置】捕手、右
【経歴】2004 年ドラフト 4 位でロッキーズに入団。正捕手になった 08 年に 104 試合で 18 本塁打、65 打点、出塁率 .390。通算では 2 ケタ本塁打 7 回、低打率でも選球眼は良く出塁率は通算 .345 に達した。ポストシーズンは通算 24 打数で、安打は本塁打による 1 本のみ。守備では 09 年に 10 併殺、11 年は 82 補殺で 1 位になっている。
【通算】14 年、1197 試合、3563 打数 820 安打、141 本塁打、502 打点、11 盗塁、1024 三振、打率 .230

ジム・アイゼンライク
James Michael Eisenreich
1959.4.18 ～【出身地】ミネソタ州セントクラウド【球団】82-84 ツインズ　87-92 ロイヤルズ　93-96 フィリーズ　97-98 マーリンズ　98 ドジャース【位置】外野、左
【経歴】80 年ドラフト 16 位で地元のツインズに入団。82 年 A 級から一気にレギュラーに抜擢されるが、神経衰弱の一種であるトゥーレット症候群を患い、観衆の前でのプレイができなくなる。82 ～ 84 年の 3 年間は合計 48 試合に出場したのみで、85 ～ 86 年は完全に球界から離れる。87 年ロイヤルズと契約、ルームメイトのマット・ウィンタースによる精神的バックアップもあり再起。89 年 30 歳にしてレギュラーとなり打率 .293、27 盗塁。フィリーズに移った 93 年からは規定打席不足ながらも 4 年連続で打率 3 割以上、96 年は .361 の高打率だった。ワールドシリーズにも 93、97 年の 2 度出場し 2 本塁打、10 打点だった。
【通算】15 年、1422 試 合、3995 打 数 1160 安打、52 本塁打、477 打点、105 盗塁、打率 .290

エリック・アイバー
Erick Johan Aybar
1984.1.14 ～【出身地】ドミニカ共和国バニ【球団】2006-15 エンジェルズ　16 ブレーヴス　16 タイガース　17 パドレス【位置】遊撃、両
【経歴】2002 年エンジェルズに入団、正遊撃手となった 09 年に打率 .312、9 三塁打（3 位）。11 年は自己最多の 33 二塁打、10 本塁打、30 盗塁、守備でもリーグ最多の 101 併殺を完成させ、ゴールドグラブを受賞した。セーフティ・バントが上手く、09 年は 18 本のバント安打を決めた。兄のウィリーも内野手。甥のワンダー・フランコはレイズのオールスター遊撃手だったが、未成年の少女に対する淫行問題で事実上の球界追放となった。
【通算】12 年、1454 試 合、5175 打 数 1402 安打、58 本塁打、473 打点、155 盗塁、打率 .271
【タイトル】ゴールドグラブ 1 回（2011 年）オールスター 1 回（14 年）

アーサー・アーウィン
Arthur Albert Irwin
1858.2.14 ～ 1921.7.16【出身地】カナダ・オンタリオ州トロント【球団】1880-82 ウースター　83-85 プロヴィデンス　86-89 フィラデルフィア　89 ワシントン　90 ボストン（PL）　91 ボストン（AA）　94 フィラデルフィア【位置】遊撃、左
【経歴】好守の遊撃手でサイン盗みを特技とし、また日常的にグラブを使って守った最初の選手と言われる。打撃は弱く、100 安打以上打ったのは 1883 年の 116 本が唯一だった。91 年監督としてボストン（AA）を優勝に導く。いささか放任主義の気があったものの、選手の才能を見抜くことに長け、また契約条件にも強いこだわりを見せなかったことから、多くの球団で監督に迎えられた。95 年にはプロサッカー・チームの監督も兼任、またフットボールの新たなスコア表記法を考案するなど、野球以外のスポーツにも足跡を残した。その後ヤンキースのスカウトを経てボクシングのプロモーターなどで財を成したが、私生活上のトラブルもあり 1921 年搭乗していた客船から失踪した。弟ジョンも 8 年間、4 つのリーグに在籍した。
【通算】13 年、1010 試合、3871 打数 934 安打、5 本塁打、396 打点、打率 .241
【監督】　1889 ワシントン　91 ボストン（AA）　92 ワシントン　94-95 フィラデルフィア　96 ニューヨーク　98-99 ワシントン　8 年、863 試合、416 勝 427 敗、勝率 .493　リーグ優勝 1 回（1891 年）

モンティ・アーヴィン
Monford Merrill Irvin (Monte)
1919.2.25 ～ 2016.1.11【出身地】アラバマ州ヘイルバーグ【球団】49-55 ジャイアンツ　56 カブス【位置】外野、一塁、右
【経歴】　17 歳でニグロ・リーグのニューアーク・イーグルスに入団し、首位打者2 回、本塁打王 1 回、打点王 2 回と大活躍、49 年に 30 歳でジャイアンツ球団初の黒人選手として入団。51 年は打率 .312（5 位）、24 本塁打、121 打点（1 位）、ワールドシリーズ第 1 戦では 4 安打に加え本盗も決め、合計では 6 試合で 11 安打を放った。53 年も打率 .329、21 本塁打、97 打点。頭脳明晰で人当たりも良く“欠点のない人物”とさえ評され、引退後はコミッショナー事務局で働いた。73 年殿堂入り。各地のウィンター・リーグでも活躍し、メキシコの殿堂にも入っている。
【通算】　8 年、764 試合、2499 打数 731 安打、99 本塁打、443 打点、28 盗塁、打率 .293
【タイトル】打点王 1 回（51 年）オールスター 1 回（52 年）
＜ニグロ・リーグの成績＞1059 試合、3582 打数 1094 安打、140 本塁打、694 打点、54 盗塁、打率 .305

青木宣親　☆
Norichika Aoki
1982.1.5 ～【出身地】宮崎県日向市【球団】2012-13 ブルワーズ　14 ロイヤルズ　15 ジャイアンツ　16 マリナーズ　17 アストロズ　17 ブルージェイズ　17 メッツ【位置】外野、左
【経歴】　早稲田大から 2003 年ドラフト 4 位でヤクルトに入団。正確なミートと俊足を生かし、05 年にイチロー以来 2 人目の 200 本以上となる 202 安打を放ち、打率 .344 で首位打者と新人王に輝く。07 年打率 .346 で 2 度目の首位打者、10 年には自己最高打率の .358 で 3 度目のタイトルとともに、209 安打で初めて 200 安打を 2 回達成。06、09 年の WBC でも活躍した。
　12 年ポスティング・システムを通じてブルワーズと契約、4 月 20 日のロッキーズ戦で初本塁打をランニングホームランで記録する。6 月 7 日のカブス戦ではサヨナラ弾を含む 2 本塁打。打率 .288、37 二塁打、10 本塁打、30 盗塁、出塁率 .355 と合格点の数字を残した。以後 16 年まで 5 年連続 2 割 8 分台と安定、14 年はロイヤルズでワールドシリーズに出場したが 14 打数 1 安打に終わった。アストロズ時代の 17 年は 1 試合だけ投手も経験。コンタクト能力の高さはメジャーでも指折りだったが、外野手としては長打力が不足していたこともあって 6 年間で 7 球団をわたり歩き、18 年に日本へ戻って古巣のヤクルトに加わった。
【通算】　6 年、758 試合、2716 打数 774 安打、33 本塁打、219 打点、98 盗塁、打率 .285
【日本】　2004-11,18-24 ヤクルト　15 年、1724 試合、6244 打数 1956 安打、145 本塁打、667 打点、177 盗塁、打率 .313

ハンク・アギアリー
Henry John Aguirre
1931.1.31 ～ 94.9.5【出身地】カリフォルニア州アズサ【球団】55-57 インディアンズ　58-67 タイガース　68 ドジャース　69-70 カブス【位置】投手、左
【経歴】　長身の左腕リリーフとしてメジャーに昇格、62 年先発に転向して 16 勝、防御率 2.21（1 位）と大成功。63、65 年も 14 勝し、39 歳まで現役で投げた。得意球はスクリューボール。通算打率 .085 と打力は非常に弱かった。楽天的な性格で皆に好かれ、引退後はデトロイトで自動車の部品工場を経営し、財を成した。
【通算】　16 年、447 試合、149 先発、44 完投、9 完封、75 勝 72 敗 33 S、1375.1 回、856 奪三振、防御率 3.24
【タイトル】最優秀防御率 1 回（62 年）オールスター 1 回（62 年）

秋山翔吾　☆
Shogo Akiyama
1988.4.16 ～【出身地】神奈川県横須賀市【球団】2020-21 レッズ【位置】外野、左
【経歴】　八戸大から 2010 年ドラフト 3 位で西武に入団。15 年に打率 .359、プロ野球新記録となる 216 安打を放ち一躍脚光を浴びる。17 年は打率 .322 で首位打者、185 安打も 1 位。同年から 3 年連続最多安打、守備でも 16 年から 6 年連続ゴールデングラブと攻守に活躍を続けた。20 年 FA となってレッズと契約し、7 月 24 日にデビュー。これでメジャー全 30 球団で日本人選手が出場したことになった。同年は 54 試合で打率 .245 ながら出塁率は .357。翌 21 年は 88 試合で .204 の低打率に終わり、22 年開幕前に解雇。パドレスに拾われるもメジャーでの出場がなく 6 月に解雇

され、広島で日本球界に復帰した。
【通算】2年、142試合、317打数71安打、0本塁打、21打点、9盗塁、打率.224
【日本】2011-19西武　22-24広島　12年、1504試合、5810打数1723安打、129本塁打、607打点、126盗塁、打率.297

ヘスス・アギラー　☆
Jesus Alexander Aguilar
1990.6.30～【出身地】ベネズエラ共和国マラカイ【球団】2014-16インディアンズ　17-19ブルワーズ　19レイズ　20-22マーリンズ　22オリオールズ　23アスレティックス【位置】一塁、右
【経歴】2008年インディアンズに入団。体重125kgの巨漢パワーヒッターで、ブルワーズ移籍後の18年は35本塁打(5位)、108打点(4位)、リーグ最多の10犠飛。21年も22本塁打、93打点を記録した。陽気な性格のムードメイカーでもあったが、24年に入団した西武ではまったく活躍できなかった。
【通算】10年、795試合、2348打数594安打、114本塁打、402打点、1盗塁、打率.253
【タイトル】オールスター1回(2018年)
【日本】2024西武　1年、30試合、113打数23安打、2本塁打、10打点、0盗塁、打率.204

リック・アギレラ
Richard Warren Aguilera
1961.12.31～【出身地】カリフォルニア州サンガブリエル【球団】85-89メッツ　89-95ツインズ　95レッドソックス　96-99ツインズ　99-2000カブス【位置】投手、右
【経歴】83年ドラフト3位でメッツに入団。速球とフォークを武器として85年ローテーション入りし10勝、87年まで3年連続2ケタ勝利。ツインズ移籍後は抑えに回り、91年自己最多の42セーブ(3位)、防御率2.35、ワールドシリーズでも1勝2セーブ。翌92年も2位の41セーブ、95年まで6年間で5回30セーブ以上。96年は先発で8勝したが、再び抑えに戻った98年は38セーブ(5位)を稼いだ。
【通算】16年、732試合、89先発、10完投、0完封、86勝81敗318S(24位)、1291.1回、1030奪三振、防御率3.57
【タイトル】オールスター3回(91～93年)

ロナルド・アクーニャ・ジュニア　★
Ronald Jose Acuna
1997.12.18～【出身地】ベネズエラ共和国ラグアイラ【球団】2018-24ブレーヴス【位置】外野、右
【経歴】2014年にブレーヴスに入団し、18年に20歳でメジャーに昇格すると111試合で打率.293、26本塁打。8月には史上初となる3試合連続先頭打者本塁打を記録し、新人王に選ばれた。8年1億ドルの超高額契約を結んだ翌19年は41本塁打(5位)、101打点、37盗塁(1位)。21年に右膝前十字靭帯断裂の大けがを負ったが、完全復活を果たした23年は41本塁打(4位)、73盗塁(1位)で史上初の40－70を達成。217安打と出塁率.416は1位、打率.337も2位でMVPを満票で受賞した。翌24年、今度は左膝の前十字靭帯を断裂して長期欠場した。弟のルイスアンヘルは24年メッツに昇格。アルシデス、ケルビムらのエスコバル一族は親戚にあたる。
【通算】7年、722試合、2818打数815安打、165本塁打、417打点、196盗塁、打率.289
【タイトル】MVP1回(2023年)新人王(18年)盗塁王2回(19,23年)最高出塁率1回(23年)オールスター4回(19,21～23年)

ダン・アグラ
Daniel Cooley Uggla
1980.3.11～【出身地】ケンタッキー州ルイヴィル【球団】2006-10マーリンズ　11-14ブレーヴス　14ジャイアンツ　15ナショナルズ【位置】二塁、右
【経歴】2001年ドラフト11位でダイアモンドバックスに入団。06年ルール5ドラフトでマーリンズに移籍し、正二塁手となって27本塁打を放つ。翌07年は49二塁打(2位)、31本塁打、以後5年連続30本塁打以上。10年にいずれも5位の33本塁打、105打点、ブレーヴスに移籍した翌11年は36本塁打(4位)。同年は前半戦で打率1割台の大不振に陥るも、後半戦では33試合連続安打と立ち直った。150三振以上が6度と確実性には欠けたが、選球眼は良く12年はリーグ最多の94四球。守備の評価は低く、08年のオールスターではワースト記録の3失策、打撃でも3三振と散々だった。
【通算】10年、1346試合、4759打数1149安打、235本塁打、706打点、26盗

塁、1341 三振、打率 .241
【タイトル】オールスター 3 回（2006,08,12 年）

カール・アースキン
Carl Daniel Erskine
1926.12.13 ～ 2024.4.16【出身地】インディアナ州アンダーソン【球団】48-59 ドジャース【位置】投手、右
【経歴】“レインボー”と形容された落差の大きなカーブで、50 年代のドジャースの主戦投手として活躍。51 年の 16 勝を皮切りに 6 年連続 2 ケタ勝利。53 年は 20 勝（3 位）、ワールドシリーズ第 3 戦ではミッキー・マントルからの 4 つを含む 14 奪三振でシリーズ新記録を樹立。52 年 6 月 19 日のカブス戦、56 年 5 月 12 日のジャイアンツ戦の 2 度ノーヒットノーランを達成した。ハーモニカが上手で、試合前の国歌を演奏したこともあった。子供がダウン症だったことがきっかけとなって、引退後はパラリンピックの支援活動に携わった。
【通算】12 年、335 試合、216 先発、71 完投、14 完封、122 勝 78 敗、1718.2 回、981 奪三振、防御率 4.00
【タイトル】オールスター 1 回（54 年）

ペドロ・アスタシオ
Pedro Julio Astacio
1968.11.28 ～【出身地】ドミニカ共和国アトマヨルデルレイ【球団】92-97 ドジャース　97-2001 ロッキーズ　01 アストロズ　02-03 メッツ　04 レッドソックス　05 レンジャーズ　05 パドレス　06 ナショナルズ【位置】投手、右
【経歴】88 年ドジャースに入団。大きく曲がり落ちるカーブで、92 年メジャーに昇格すると 11 試合で 4 完封を含む 5 勝、防御率 1.98 と鮮烈なデビューを飾る。翌 93 年 14 勝した後は不振が続いたが、ロッキーズ移籍後の 99 年に自己最多の 17 勝、210 奪三振（3 位）。2000 年まで 4 年連続で 12 勝以上を挙げた。
【通算】15 年、392 試合、343 先発、31 完投、12 完封、129 勝 124 敗 0 S、2196.2 回、1664 奪三振、防御率 4.67

ダリン・アースタッド
Darin Charles Erstad
1974.6.4 ～【出身地】ノースダコタ州ジェイムズタウン【球団】96-2006 エンジェルズ　07 ホワイトソックス　08-09 アストロズ【位置】外野、一塁、左
【経歴】95 年ドラフト全体 1 位でエンジェルズに指名され、当時史上 2 番目の高額となった 157 万 5000 ドルの契約金で入団。2000 年は史上 12 人目の 240 安打を放ったのに加え、打率 .355（2 位）、25 本塁打、100 打点、28 盗塁という素晴らしい成績を収めた。翌 01 年は一転して .258 と 1 割近く打率を落とし、その後 3 割に届くことはなかった。02 年はプレイオフで 41 打数 16 安打、ワールドシリーズでも 9 安打を放ち、世界一に貢献。ポストシーズンでは通算 29 試合で .339 の高打率を残した。常に全力を尽くす選手で、守備では 2000･02 年に外野、04 年は一塁でゴールドグラブに選ばれた。高校時代はハードルで州大会に優勝、ネブラスカ大学ではフットボールで全国制覇し、引退後は同大学野球部の監督に就任した。
【通算】14 年、1654 試合、6024 打数 1697 安打、124 本塁打、699 打点、179 盗塁、打率 .282
【タイトル】ゴールドグラブ 3 回（2000,02,04 年）オールスター 2 回（98,00 年）

ボブ・アズプロモンテ
Robert Thomas Aspromonte
1938.6.19 ～【出身地】ニューヨーク州ブルックリン【球団】56,60-61 ドジャース　62-68 アストロズ　69-70 ブレーヴス　71 メッツ【位置】三塁、外野、右
【経歴】サンディ・コーファックスと高校のチームメイトで、56 年地元のドジャースに 18 歳で入団し 1 試合のみ出場。62 年拡張ドラフトでコルト .45s（アストロズ）に移り、開幕戦で球団史上第 1 号本塁打を放つ。同年は三塁手としての新記録となる 57 試合連続無失策を達成。64 年自己最多の 12 本塁打、69 打点、翌 65 年は新球場アストロドームでもアストロズの打者で初本塁打を打った。病気の少年にホームランを打つと 3 度約束し、3 回とも実際に打った（うち 2 本は満塁弾）という奇跡的なエピソードを持つ。引退後はヒューストンでビール販売の会社を経営した。兄ケンもメジャーリーガーで、64 ～ 66 年は中日と大洋に在籍した。
【通算】13 年、1324 試合、4369 打数 1103 安打、60 本塁打、457 打点、19 盗塁、打率 .252

スパーキー・アダムズ
Earl John Adams (Sparky)
1894.8.26 ～ 1989.2.24【出身地】ペンシ

ルヴェニア州ザーヴ【球団】22-27 カブス 28-29 パイレーツ 30-33 カーディナルス 33-34 レッズ【位置】二塁、三塁、右
【経歴】身長 165cm と小柄な好守の内野手。25 年二塁手としてリーグ最高の守備率 .983、30 ～ 31 年は三塁手で 2 年連続守備率 1 位。三振の少ないコンタクト・ヒッターで、25 年は 687 打席で 15 三振しかしなかった。翌 26 年 193 安打 (3 位)、27 盗塁 (2 位)、30 年に自己最高の打率 .314。翌 31 年は 46 二塁打 (1 位) を放った。
【通算】13 年、1424 試合、5557 打数 1588 安打、9 本塁打、394 打点、154 盗塁、打率 .286

ベーブ・アダムズ
Charles Benjamin Adams (Babe)
1882.5.18 ～ 1968.7.27【出身地】インディアナ州ティプトン【球団】06 カーディナルス 07,09-16,18-26 パイレーツ【位置】投手、右
【経歴】44 歳まで投げ続けた息の長い好投手。数種類のフォームでカーブを投げ分け、27 歳でメジャーに再昇格した 09 年 12 勝、防御率 1.11。ワールドシリーズでも 3 勝、優勝を決めた第 8 戦で完封勝利を挙げる。11 年 22 勝、13 年も 21 勝したが、肩を痛め 17 年はマイナー落ち。復帰後の 20 年は 8 完封 (1 位) を含む 17 勝、防御率 2.16 (2 位)。同年は 263 回を投げわずか 18 四球と制球に絶対の自信があり、通算与四球率は 1.29、被出塁率で 5 度 1 位となった。23 年は 41 歳にして 11 回目の 2 ケタとなる 13 勝を挙げた。引退後は新聞社の通信員となり、70 歳で朝鮮戦争の従軍記者も務めた。
【通算】19 年、482 試合、354 先発、206 完投、44 完封、194 勝 140 敗、2995.1 回、1036 奪三振、防御率 2.76

ボビー・アダムズ
Robert Henry Adams
1921.12.14 ～ 97.2.13【出身地】カリフォルニア州テュオルミ【球団】46-55 レッズ 55 ホワイトソックス 56 オリオールズ 57-59 カブス【位置】三塁、二塁、右
【経歴】メジャーに昇格した 46 年にリーグ 4 位の 16 盗塁を決めたが、なかなかレギュラーに定着できず、52 年 30 歳でようやく正三塁手となる。同年 180 安打 (3 位)、翌 53 年自己最多の 8 本塁打、49 打点。58 年には代打で 6 打席連続安打を放った。引退後はマイナーの監督やスカウトとして働いた。兄ディック、息子マイクもメジャー経験あり。
【通算】14 年、1281 試合、4019 打数 1082 安打、37 本塁打、303 打点、67 盗塁、打率 .269

マット・アダムズ
Matthew James Adams
1988.8.31 ～【出身地】ペンシルヴェニア州フィリップスバーグ【球団】2012-17 カーディナルス 17 ブレーヴス 18 ナショナルズ 18 カーディナルス 19 ナショナルズ 20 ブレーヴス 21 ロッキーズ【位置】一塁、左
【経歴】2009 年ドラフト 23 位でカーディナルスに入団。14 年正一塁手となって打率 .288、34 二塁打、プレイオフでも 3 本塁打、7 打点。17 年からは 3 年連続で 20 本塁打以上を放ったが、通算打率 .210 と左投手に弱いのがネックで、規定打席に達したのは一度だけだった。
【通算】10 年、856 試合、2421 打数 624 安打、118 本塁打、399 打点、4 盗塁、打率 .258

ウィリー・アダメス ★
Willy Rafael Adames
1995.9.2 ～【出身地】ドミニカ共和国サンティアゴ【球団】2018-21 レイズ 21-24 ブルワーズ【位置】遊撃、右
【経歴】2012 年タイガースでプロ入りし、18 年レイズでメジャー昇格。遊撃手としてはかなりのパンチ力を秘め、22 年はブルワーズで 31 本塁打、98 打点。24 年は 32 本塁打、うち 14 本が 3 ランか満塁弾で、リーグ 2 位の 112 打点を稼いだ。25 年は 7 年契約でジャイアンツへ移籍。
【通算】7 年、880 試合、3227 打数 800 安打、150 本塁打、472 打点、51 盗塁、打率 .248

ジョン・アックスフォード
John Berton Axford
1983.4.1 ～【出身地】カナダ・オンタリオ州シムコー【球団】2009-13 ブルワーズ 13 カーディナルス 14 インディアンズ 14 パイレーツ 15 ロッキーズ 16-17 アスレティックス 18 ブルージェイズ 18 ドジャース 21 ブルワーズ【位置】投手、右
【経歴】ブルワーズの大先輩、ローリー・フィンガーズ風の口髭が特徴だったリリーフ投手。2 度のドラフト指名を拒否し、

2006年にドラフト外でヤンキースに入団したが07年限りで解雇。08年にブルワーズに拾われ、10年にリリーフとしてメジャーに定着し8勝24セーブ。150kmを軽く超える快速球で、翌11年は43機会連続成功を含むリーグ最多の46セーブ、防御率1.95で地区優勝に貢献した。続く12年は前年からの連続セーブ成功を49まで伸ばし、35セーブこそ稼いだものの9回セーブに失敗、防御率4.67と冴えなかった。その後は15年にロッキーズで25セーブを挙げた以外は中継ぎでの起用が多かった。大学での専攻は映画で、毎年アカデミー賞の受賞予想を公表し高確率で的中させた。
【通算】11年、544試合、1先発、0完投、38勝34敗144S、525.2回、589奪三振、防御率3.90
【タイトル】最多セーブ1回(2011年)

リッチー・アッシュバーン
Don Richard Ashburn
1927.3.19～97.9.9【出身地】ネブラスカ州ティルデン【球団】48-59フィリーズ 60-61カブス 62メッツ【位置】外野、左
【経歴】打走守すべてに優れており、常に全力を尽くした名外野手。16歳でインディアンズと、高校卒業時にはカブスと契約するが、いずれも規定違反により無効とされ結局フィリーズに入団。48年新人ながら打率.333(2位)、32盗塁(1位)。50年は14三塁打(1位)、シーズン最終戦で優勝につながる見事なバックホームを決めた。翌51年は221安打(1位)、以後3回200安打以上で最多安打を記録。55年.338、58年は.350の高打率でいずれも首位打者のタイトルを手にした。選球眼も抜群で、54年の125個を最多として4回最多四球。スプレーヒッターで併殺打が少なく、ヒットの大半が単打で、ファウル打ちの名人としても知られた。
　打撃以上に買われていたのが史上屈指の中堅守備で、俊足を生かした広い守備範囲を誇り、8回しかない年間500刺殺を4回も達成。1試合平均2.9刺殺は史上2位、刺殺で9回、補殺で4回1位となった。62年新球団のメッツで9回目の打率3割(.306)を記録し、同年限り引退。性格も良くフィラデルフィアのファンに愛され、亡くなるまで35年にわたってフィリーズのブロードキャスターを務めた。引退から34年後の95年ようやく殿堂入り。
【通算】15年、2189試合、8365打数2574安打、317二塁打、109三塁打、29本塁打、586打点、234盗塁、1198四球、571三振、打率.308
【タイトル】首位打者2回(55,58年)盗塁王1回(48年) 最高出塁率4回(54～55,58,60年) オールスター5回(48,51,53,58,62年)

アラン・アッシュビー
Alan Dean Ashby
1951.7.8～【出身地】カリフォルニア州ロングビーチ【球団】73-76インディアンズ 77-78ブルージェイズ 79-89アストロズ【位置】捕手、両
【経歴】69年ドラフト3位でインディアンズに入団。77年ブルージェイズに移り正捕手となるが、79年アストロズへ移籍。巧みなリードで強力投手陣を支え、ノーヒットノーランを3回引き出した。81年のディヴィジョンシリーズ第1戦ではサヨナラ本塁打。87年36歳にして自己最高の打率.288、14本塁打、63打点を記録した。
【通算】17年、1370試合、4123打数1010安打、90本塁打、513打点、7盗塁、打率.245

アンディ・アッシュビー
Andrew Jason Ashby
1967.7.11～【出身地】ミズーリ州カンザスシティ【球団】91-92フィリーズ 93ロッキーズ 93-99パドレス 2000フィリーズ 00ブレーヴス 01-03ドジャース 04パドレス【位置】投手、右
【経歴】86年ドラフト外でフィリーズに入団。メジャー昇格後最初の4年間で11勝29敗と大きく負け越したが、95年は12勝、防御率2.94は3位。98年はフォークボールを覚え17勝し優勝に貢献したが、ポストシーズンは4回先発し1勝もできなかった。99年も14勝、リーグ最多の3完封。通算100勝を目前にしながら最後の8先発で1勝に終わり、2勝及ばなかった。甥のアーロンはブルワーズの投手。
【通算】14年、309試合、285先発、21完投、7完封、98勝110敗1S、1810.2回、1173奪三振、防御率4.12
【タイトル】オールスター2回(98～99年)

ポール・アッセンマッカー
Paul Andre Assenmacher
1960.12.10～【出身地】ミシガン州デトロイト【球団】86-89ブレーヴス 89-93カブス 93ヤンキース 94ホワイトソックス

95-99 インディアンズ【位置】投手、左
【経歴】左腕からの大きなカーブを武器に、長くショートリリーフとして活躍。83年ドラフト外でブレーヴスに入団、カブス移籍後の91年自己最多の15セーブ、117奪三振。90年から4年連続で70試合以上に登板した。97年36歳にして自己最多の75試合に登板し、防御率2.94。引退後は高校の投手コーチになった。
【通算】14年、884試合(16位)、1先発、0完投、61勝44敗56S、855.2回、807奪三振、防御率3.53

ウィリー・アップショウ　☆
Willie Clay Upshaw
1957.4.27～【出身地】テキサス州ブランコ【球団】78,80-87 ブルージェイズ　88 インディアンズ【位置】一塁、左
【経歴】75年ドラフト5位でヤンキースに入団。ブルージェイズ移籍後の82年正一塁手となり21本塁打、翌83年は打率.306、27本塁打、104打点。86年は23盗塁と足のあるところも見せた。一塁守備では83年の21個を最多として3回最多失策を記録するなど、正確さを欠いた。ダイエーに入団した89年は33本塁打。従兄弟のジーンはフットボールの殿堂入りした名選手。
【通算】10年、1264試合、4203打数1103安打、123本塁打、528打点、88盗塁、打率.262
【日本】89-90 ダイエー　2年、174試合、653打数160安打、39本塁打、97打点、5盗塁、打率.245

ジャスティン・アップトン
Justin Irvin Upton
1987.8.25～【出身地】ヴァージニア州ノーフォーク【球団】2007-12 ダイアモンドバックス　13-14 ブレーヴス　15 パドレス　16-17 タイガース　17-21 エンジェルズ　22 マリナーズ【位置】外野、右
【経歴】2005年にドラフト全体1位でダイアモンドバックスに入団。兄のB・Jも02年に全体2位でレイズに入団しており、ともに全体2位以内で指名された初の兄弟となった。07年19歳でメジャーに昇格、09年は自身唯一の3割となる打率.300。11年は39二塁打(2位)、31本塁打、88打点で地区優勝に貢献した。
　身体能力が高く16年から3年連続30本塁打以上、17年はいずれも自己最多となる44二塁打(4位)、35本塁打、109打点(4位)。三振も多く、17年の180個を最多として08～18年は毎年120三振以上を喫した。B・Jとはブレーヴスとパドレスでチームメイト、6度の兄弟アベックアーチは史上最多。13年4月25日にはB・Jと2者連続本塁打を打ち、これは38年のウェイナー兄弟以来75年ぶりの出来事だった。通算100本塁打も同じ日に記録している。
【通算】16年、1845試合、6721打数1754安打、325本塁打、1003打点、151盗塁、1971三振(8位)、打率.261
【タイトル】オールスター4回(2009,11,15,17年)

B・J・アップトン
Melvin Emanuel Upton (B.J)
1984.8.21～【出身地】ヴァージニア州ノーフォーク【球団】2004,06-12 レイズ　13-14 ブレーヴス　15-16 パドレス　16 ブルージェイズ【位置】外野、右
【経歴】2002年ドラフト1位(全体2位)でレイズに入団。04年19歳でメジャーに昇格、07年レギュラーとなって打率.300、24本塁打、82打点。翌08年は44盗塁(2位)、97四球(4位)、本塁打は9本と激減したが、プレイオフでは合計11試合で7本塁打、15打点と大爆発した。12年は後半戦だけで21本塁打、年間では自己最多の28本の一方、169三振は自己ワースト。12年8月3日には弟ジャスティンと同日に通算100本塁打を達成。13年FAでブレーヴスに移ってジャスティンと同僚になり、4月25日は兄弟で2者連続本塁打を打ち、これは38年のウェイナー兄弟以来75年ぶり。その後パドレスでもチームメイトとなり、6度の兄弟アベックアーチは史上最多。13年には通算100本塁打を同じ日に記録した。
【通算】12年、1469試合、5175打数1260安打、164本塁打、586打点、300盗塁、1561三振、打率.243

ジョー・アドコック
Joseph Wilbur Adcock
1927.10.30～99.5.3【出身地】ルイジアナ州コーシャッタ【球団】50-52 レッズ　53-62 ブレーヴス　63 インディアンズ　64-66 エンジェルズ【位置】一塁、外野、右
【経歴】レッズ時代は守備に不安もあってレギュラーになれなかったが、53年ブレーヴスに移り開花。パワフルな打撃で次々に

特大アーチをかけ、54年7月31日は1試合4本塁打、新記録となる18塁打。同年は打率も自己唯一の3割以上となる.308だった。56年はいずれも2位の38本塁打、103打点、長打率.597、7月にはリーグの月間新記録となる15本塁打。59年5月26日のパイレーツ戦では、12回までパーフェクトに抑えていたハーヴィー・ハディックスから13回裏にサヨナラ本塁打を放ったが、走者を追い越したために記録は二塁打になった。

61年も35本塁打(4位)、108打点でハンク・アーロン、エディー・マシューズとともに強力打線の中心を担った。故障が多いのが悩みの種だったが、51年から16年連続で2ケタ本塁打、現役最後の66年も18本打った。ルイジアナ州立大ではバスケットボールでも活躍。引退後はサラブレッドの育成で成功した。

【通算】17年、1959試合、6606打数1832安打、336本塁打、1122打点、20盗塁、1059三振、打率.277
【タイトル】オールスター1回(60年)
【監督】67インディアンズ　1年、162試合、75勝87敗、勝率.463

チェイス・アトリー
Chase Cameron Utley
1978.12.17～【出身地】カリフォルニア州パサディナ【球団】2003-15フィリーズ　15-18ドジャース【位置】二塁、左
【経歴】2000年代のメジャーで最高の二塁手。2000年ドラフト1位でフィリーズに入団、05年は28本塁打、105打点、以後4年連続100打点以上。06年は203安打(2位)、32本塁打、35試合連続安打も記録した。08年は2度の5試合連発を含む自己最多の33本塁打、ポストシーズンも3本、9打点、13四球で世界一に貢献。翌09年のワールドシリーズでは新記録となる5本塁打を放った。10年以降は故障がちとなり、ドジャースへ移籍した15年のプレイオフでは二塁手への激しいスライディングが問題視され、以後その種のプレイが禁止され“アトリー・ルール”と呼ばれるようになった。守備力も優れ、試合に臨む真摯な姿勢も評価されていた。
【通算】16年、1937試合、6857打数1885安打、411二塁打、259本塁打、1025打点、154盗塁、1193三振、打率.275
【タイトル】オールスター6回(2006～10,14年)

テッド・アバナシー
Theodore Wade Abernathy
1933.3.6～2004.12.26【出身地】ノースカロライナ州スタンリー【球団】55-57,60セネターズ　63-64インディアンズ　65-66カブス　66ブレーヴス　67-68レッズ　69-70カブス　70カーディナルス　70-72ロイヤルズ【位置】投手、右
【経歴】下手投げストッパーの先駆的存在となった投手。セネターズ時代は制球に苦しみ、マイナー落ちしたのち63年30歳で再昇格するとリリーフとして再生。沈む速球を駆使し、65年当時の新記録となる84試合に投げ31セーブ(1位)、67年は28セーブ(1位)に加え防御率も1.27。65～68年の4年間で3回リーグ最多登板を記録した。72年も45試合で防御率1.71だったが、減俸提示を不服として引退した。
【通算】14年、681試合、34先発、7完投、2完封、63勝69敗149S、1148.1回、765奪三振、防御率3.46

ルイス・アパリシオ
Luis Ernesto Aparicio
1934.4.29～【出身地】ベネズエラ共和国マラカイボ【球団】56-62ホワイトソックス　63-67オリオールズ　68-70ホワイトソックス　71-73レッドソックス【位置】遊撃、右
【経歴】ベネズエラの名選手ルイス・シニアを父に持つ、50～60年代を代表する名遊撃手。“ゴー・ゴー・ソックス”として知られたホワイトソックス機動力野球の要であった。56年母国の英雄チコ・カラスケルに代わりレギュラーとなり、21盗塁(1位)で新人王を受賞。以後9年連続で盗塁王のタイトルを守り続け、59年は56盗塁、同僚のネリー・フォックスに次ぐMVP投票2位に食い込んだ。オリオールズ移籍後の64年は自己最多の57盗塁を決めた。

守備でも強肩、広い守備範囲、堅実なグラブさばきで59年から8年連続守備率1位、9度のゴールドグラブに輝く。遊撃手としての通算出場試合数2581は史上3位、8016補殺、1553併殺も長い間トップだった。打力はさほどでもなかったが、70年15年目にして初めての打率3割(.313)。18年間毎年100安打以上打ち続け、遊撃手として放った2674安打は長く記録として残った。84年殿堂入り。
【通算】18年、2599試合、10230打数

(25位)2677安打、394二塁打、92三塁打、83本塁打、791打点、506盗塁、736四球、742三振、打率.262
【タイトル】新人王(56年)盗塁王9回(56～64年)ゴールドグラブ9回(58～62,64,66,68,70年)オールスター10回(58～64,70～72年)

アレックス・アビラ
Alexander Thomas Avila
1987.1.29～【出身地】フロリダ州ハイアリーア【球団】2009-15タイガース 16ホワイトソックス 16タイガース 17カブス 18-19ダイアモンドバックス 20ツインズ 21ナショナルズ【位置】捕手、左
【経歴】2005年ドラフト34位でタイガースに指名され入団拒否、08年5位の再指名で入団。正捕手に定着した11年は打率.295、19本塁打、82打点、出塁率.389(5位)でオールスターに選出された。その後はこれほどの成績を残すことはなかったが、選球眼は良く通算打率.233ながら出塁率は.348。守備では盗塁阻止数で3回、併殺数で2回リーグ1位を記録した。父アルはタイガースのGM、祖父ラルフはドジャースのスカウトだった。
【通算】13年、1052試合、3060打数714安打、105本塁打、397打点、8盗塁、1068三振、打率.233
【タイトル】オールスター1回(2011年)

ボビー・アビラ
Roberto Francisco Avila
1924.4.2～2004.10.26【出身地】メキシコ合衆国ベラクルス【球団】49-58インディアンズ 59オリオールズ 59レッドソックス 59ブレーヴス【位置】二塁、右
【経歴】メキシカン・リーグで活躍した後48年インディアンズと契約。52年打率.300、11三塁打(1位)、54年は打率.341で中南米出身者として初の首位打者となり、優勝に大きく貢献。地元クリーヴランドでのオールスターでも3打数3安打だった。その後は一度も3割を打てずに終わる。引退後はメキシコに帰国して政治家に転身、下院議員や生地ベラクルスの市長となり、メキシカン・リーグの会長も務めた。
【通算】11年、1300試合、4620打数1296安打、80本塁打、467打点、78盗塁、打率.281
【タイトル】首位打者1回(54年)オールスター3回(52,54～55年)

ジェレミー・アフェルト
Jeremy David Affeldt
1979.6.6～【出身地】アリゾナ州フェニックス【球団】2002-06ロイヤルズ 06-07ロッキーズ 08レッズ 09-15ジャイアンツ
【位置】投手、左
【経歴】97年ドラフト3位でロイヤルズに入団。2003年は先発・リリーフの併用で7勝、翌04年は13セーブ。06年途中ロッキーズに移籍してからリリーフに専念、カーブを決め球として、ジャイアンツに移った09年に自己ベストの防御率1.73。ポストシーズンでは12年に10試合/10.1回、14年は11試合/11.2回を無失点に抑え、14年はリーグ優勝と世界一を決めた試合の両方で勝利投手になった。料理中に手を切ったり、子供と遊んでいて膝を痛めたりするなど奇妙なケガが多かった。信仰心に篤く、人身売買を撲滅するための活動にも従事していた。
【通算】14年、774試合、42先発、0完投、43勝46敗28S、926回、720奪三振、防御率3.97

ルーク・アプリング
Lucius Benjamin Appling
1907.4.2～91.1.3【出身地】ノースカロライナ州ハイポイント【球団】30-43,45-50ホワイトソックス【位置】遊撃、右
【経歴】ホワイトソックスで最多の2749安打を放った名遊撃手。レギュラー2年目の33年197安打、打率.322、以後9年連続3割を超え、36年は.388の高打率で首位打者となる。同年の204安打と128打点は自己最高。42年は打率.262の大不振だったが、翌43年は.328で2度目の首位打者と復活。兵役から復帰した後も49年まで3割以上。1打席で23本のファウルを放ったこともあるファウル打ちの名人で、選球眼も良く、49年は42歳にして121四球を選び、出塁率.439は2位だった。常日頃から体のあちこちの不調を訴えていて、仮病を疑われることも多かった。64年殿堂入り。82年のオールド・タイマーズ・デイでは75歳でウォーレン・スパーンから本塁打を放ち、周囲を驚かせた。
【通算】20年、2422試合、8856打数2749安打、440二塁打、102三塁打、45本塁打、1116打点、179盗塁、1302四球、528三振、打率.310
【タイトル】首位打者2回(36,43年)最高出塁率1回(43年)オールスター7回

(36,39 ～ 41,43,46 ～ 47 年)
【監督】67 アスレティックス　1 年、40 試合、10 勝 30 敗、勝率 .250

ホセ・アブレウ　★
Jose Daniel Abreu
1987.1.29 ～【出身地】キューバ共和国シエンフエゴス【球団】2014-22 ホワイトソックス 23-24 アストロズ【位置】一塁、右
【経歴】キューバ代表の中心打者として通算 178 本塁打、2013 年の WBC にも出場したが同年に亡命。ホワイトソックスに入団した 14 年に打率 .317、36 本塁打 (3 位)、107 打点、リーグトップの長打率 .581 を記録し新人王を受賞した。以後 4 年連続 100 打点、19 年はリーグ最多の 123 打点。短縮シーズンの 20 年は 8 月 22 ～ 23 日に 4 打席連続本塁打。76 安打、60 打点、長打率 .617 の 3 部門で 1 位となり、MVP を受賞した。通算 5 回 30 本塁打以上、6 回 100 点以上。アストロズへ移籍した 23 年は打率が .237 まで低下し、プレイオフでは 4 本塁打、13 打点と挽回したが、翌 24 年も不調が続き 3 年契約の 2 年目途中で解雇された。有名な選手が誰も使っていないとの理由で、背番号 79 を着けていた。
【通算】11 年、1446 試合、5607 打数 1587 安打、263 本塁打、960 打点、11 盗塁、1246 三振、打率 .283
【タイトル】MVP1 回 (2020 年) 新人王 (14 年) 打点王 2 回 (19 ～ 20 年) オールスター 3 回 (14,18 ～ 19 年)

ボビー・アブレウ
Bob Kelly Abreu
1974.3.11 ～【出身地】ベネズエラ共和国マラカイ【球団】96-97 アストロズ　98-2006 フィリーズ　06-08 ヤンキース　09-12 エンジェルズ　12 ドジャース　14 メッツ【位置】外野、左
【経歴】確実な打撃と抜群の選球眼を備えていた好打者。91 年アストロズでプロ入り、97 年の拡張ドラフトでレイズに指名され、直後にフィリーズへトレードされる。98 年レギュラーとなり打率 .312、翌 99 年はリーグ 3 位の .335、11 三塁打 (1 位)。2004 年まで 7 年間で 6 回打率 3 割以上、99 年の 109 四球 (5 位) 以後 8 年連続 100 四球以上、04 年に自己最多の 127 四球(2 位)。出塁率 4 割以上を 8 回記録し、通算でも .396 だった。
　パワーやスピードにも恵まれ、02 年は 50 二塁打 (1 位)。01 年 (31 本塁打、36 盗塁)、04 年 (30 本、40 盗塁) の 2 度 30 － 30 を達成した。09 年まで 7 年連続、通算 8 回 100 打点以上と活躍を続けながらも、なぜか注目度が低くオールスター選出は 2 回のみ。05 年大会のホームラン・ダービーでは大会新の 41 本を放り込んだ。同年はゴールドグラブも受賞したが、打球を真剣に追わないなど実際には名手とは言い難かった。
【通算】18 年、2425 試合、8480 打数 2470 安打、574 二塁打 (22 位)、59 三塁打、288 本塁打、1363 打点、400 盗塁、1476 四球 (20 位)、1840 三振 (20 位)、打率 .291
【タイトル】オールスター 2 回 (2004 ～ 05 年) ゴールドグラブ 1 回 (05 年)

ジム・アボット
James Anthony Abbott
1967.9.19 ～【出身地】ミシガン州フリント【球団】89-92 エンジェルズ　93-94 ヤンキース　95 ホワイトソックス　95-96 エンジェルズ　98 ホワイトソックス　99 ブルワーズ【位置】投手、左
【経歴】生まれつき右手首から先がないハンディキャップを背負いながらも、メジャーの主力投手として活躍。ミシガン大学時代の 88 年にソウル五輪代表として金メダルを獲得、同年ドラフト 1 位 (全体 8 位) でエンジェルズに入団。マイナーを経ずメジャーデビューし、生きのいい速球とスライダーで 12 勝を挙げた。91 年はいずれもリーグ 4 位の 18 勝、防御率 2.89。ヤンキースに移籍した 93 年 9 月 4 日のインディアンズ戦でノーヒットノーランを成し遂げた。96 年 2 勝 18 敗、防御率 7.48 の大不振で一時引退していたが、98 年復帰し 5 試合で 5 勝。ブルワーズへ移籍した翌 99 年のシーズン途中に引退を表明した。
【通算】10 年、263 試合、254 先発、31 完投、6 完封、87 勝 108 敗 0 S、1674 回、888 奪三振、防御率 4.25

ビル・アーモン
William Francis Almon
1952.11.21 ～【出身地】ロードアイランド州プロヴィデンス【球団】74-79 パドレス　80 エクスポズ　80 メッツ　81-82 ホワイトソックス　83-84 アスレティックス　85-87 パイレーツ　87 メッツ　88 フィリーズ【位置】遊撃、三塁、右
【経歴】71 年ドラフト 11 位でパドレスに指

名されるが入団拒否、74年ドラフト全体1位で再びパドレスの指名を受け今度は入団。77年正遊撃手となり11三塁打（2位）、20犠打はリーグトップだったが、41失策の拙守がたたり、翌年にはオジー・スミスに定位置を奪われる。81年に自己最高打率.301、83年は29二塁打、63打点、26盗塁でベストシーズンとなるが、レギュラーで出たのはこの年が最後だった。
【通算】15年、1236試合、3330打数846安打、36本塁打、296打点、128盗塁、打率.254

ルイス・アラエス　★
Luis Sangel Arraez
1997.4.9～【出身地】ベネズエラ共和国サンフェリペ【球団】2019-22ツインズ　23-24マーリンズ　24パドレス【位置】二塁、一塁、左
【経歴】2014年ツインズに入団。抜群のコンタクト能力の持ち主で、メジャーに昇格した19年は92試合で打率.334、22年は.316で首位打者となりアーロン・ジャッジの三冠を阻止した。23年は前年の首位打者としては44年ぶりのトレードでマーリンズへ移籍。4月1日に球団史上初のサイクルヒットを達成、6月まで4割を維持し、最終的には.354で史上初となるリーグをまたいでの2年連続首位打者。203安打（3位）、10本塁打、69打点も自己記録だった。24年はシーズン途中でパドレスへ放出、打率.314で大谷翔平を4厘上回ってまたも三冠王を阻み、3年続けて異なる球団での首位打者となった。200安打も1位、三振は672打席で29回にとどめた。
【通算】6年、686試合、2624打数847安打、28本塁打、247打点、20盗塁、打率.323
【タイトル】首位打者3回（2022～24年）オールスター3回（22～24年）

ジーン・アリー
Leonard Eugene Alley
1940.7.10～【出身地】ヴァージニア州リッチモンド【球団】63-73パイレーツ【位置】遊撃、右
【経歴】64年正遊撃手となり、ビル・マゼロスキーと併殺コンビを組む。66～67年は2年連続で最多併殺を完成させ、ゴールドグラブを受賞。打撃ではバントやヒットエンドランといった小技に優れ、66年に自己最高の打率.299、10三塁打（4位）。68年に肩を痛めたのが原因でその後は成績が下降、通算1000安打に1本足りなかった。
【通算】11年、1195試合、3927打数999安打、55本塁打、342打点、63盗塁、打率.254
【タイトル】ゴールドグラブ2回（66～67年）オールスター2回（67～68年）

ジェイク・アリエタ
Jacob Joseph Arrieta
1986.3.6～【出身地】ミズーリ州ファーミントン【球団】2010-13オリオールズ　13-17カブス　18-20フィリーズ　21カブス　21パドレス【位置】投手、右
【経歴】2007年ドラフト5位でオリオールズに入団。11年には10勝を挙げるも防御率5点台と冴えず、13年途中カブスへ移籍してから急成長。速球とチェンジアップに加えてカーブを効果的に使い、15年は22勝、4完投、3完封がいずれも1位、防御率1.77は2位、236奪三振は3位。8月30日のドジャース戦でノーヒットノーランを達成、パイレーツ相手のワイルドカードゲームでも無四球11奪三振で完封し、サイ・ヤング賞に選ばれた。翌16年も18勝、前年8月からの連勝を20にまで伸ばし、4月21日のレッズ戦で2年連続のノーヒッター。ワールドシリーズでは2勝し世界一に貢献した。
【通算】12年、285試合、279先発、6完投、5完封、115勝93敗0S、1612.1回、1433奪三振、防御率3.98
【タイトル】サイ・ヤング賞1回（2015年）最多勝1回（15年）オールスター1回（16年）

ルイス・アリセア
Luis Rene Alicea
1965.7.29～【出身地】プエルトリコ・サンテュルセ【球団】88,91-94カーディナルス　95レッドソックス　96カーディナルス　97エンジェルズ　98-2000レンジャーズ　01-02ロイヤルズ【位置】二塁、両
【経歴】86年ドラフト1位でカーディナルスに入団。好守の二塁手で、レッドソックスに移った95年にリーグ最多の103併殺を完成、ディヴィジョンシリーズ第1戦ではポストシーズン初出場で4安打。92年は85試合の出場ながら11三塁打（4位）、選球眼も良いほうだった。2000年35歳にして自己最高の打率.294、159安打、63打点を記録した。
【通算】13年、1341試合、3971打数

1031安打、47本塁打、422打点、81盗塁、打率.260

ボブ・アリソン
William Robert Allison
1934.7.11～95.4.9【出身地】ミズーリ州レイタウン【球団】58-70セネターズ/ツインズ【位置】外野、一塁、右
【経歴】美男でファンの人気が高かった巨漢のパワーヒッター。ライナー性の本塁打が多く、20本塁打以上を8回記録し、60年代のツインズ強力打線の一角を担った。59年は前半戦だけで27本、年間30本。9三塁打も1位で新人王を受賞した。61年自己最多の105打点、翌62年も102打点を叩き出す。63年は自己記録となる35本塁打(3位)。62～64年は3年連続で長打率5割以上。三振は多いが選球眼は良く、61年は103四球(5位)、通算出塁率.358は打率を1割以上上回り、積極的なプレイも好評だった。守備でも強肩で鳴らした。大変な負けず嫌いで、飛行機やバスに乗る際も一番に乗りたがったという。ハーモン・キルブルーとはマイナー時代からの親友。引退後はコカ・コーラ社の営業マンとなったが、難病の運動失調症に罹って亡くなった。
【通算】13年、1541試合、5032打数1281安打、256本塁打、796打点、84盗塁、1033三振、打率.255
【タイトル】新人王(59年) オールスター3回(59,63～64年)

有原航平 ☆
Kohei Arihara
1992.8.11～【出身地】広島県広島市【球団】2021-22レンジャーズ【位置】投手、右
【経歴】早稲田大から2014年ドラフト1位で日本ハムに入団し、15年8勝を挙げ新人王。19年は15勝で最多勝、防御率2.46も2位だった。21年ポスティング・システムを利用してレンジャーズに入団、先発ローテーション入りし2勝を挙げるも、肩の手術などで10試合の登板にとどまった。翌22年も4先発で1勝のみ、防御率9.45と散々で、23年はソフトバンクで日本に復帰。24年は14勝で2度目の最多勝となった。
【通算】2年、15試合、14先発、0完投、3勝7敗0S、60.2回、38奪三振、防御率7.57
【日本】2015-20日本ハム 23-24ソフトバンク 8年、172試合、168先発、16完投、7完封、84勝62敗2S、1139.1回、837奪三振、防御率3.37

フェリペ・アルー
Felipe Rojas Alou
1935.5.12～【出身地】ドミニカ共和国バホスデアイナ【球団】58-63ジャイアンツ 64-69ブレーヴス 70-71アスレティックス 71-73ヤンキース 73エクスポズ 74ブルワーズ【位置】外野、一塁、右
【経歴】アルー三兄弟の長兄。61年からレギュラーに定着、62年は打率.316、25本塁打、98打点。66年はリーグ最多の218安打、弟マッティに次ぎ2位の打率.327、自己最多の31本塁打、68年も210安打(1位)。中南米出身選手の待遇改善のため、熱心に活動した先駆的存在でもあった。
　引退後打撃コーチやマイナー監督を経て92年エクスポズ監督に就任、選手の自主性を尊重した落ち着きのある采配で、93年に最優秀監督に選ばれるなど、名将として高い評価を得た。ジャイアンツの監督となった03年に初の地区優勝、71歳となった06年を最後に退任。息子モイセス、甥のメル・ロハスも一時期ともにエクスポズに在籍していた。もう一人の息子ルイス・ロハスは20～21年にメッツ監督を務めた。
【通算】17年、2082試合、7339打数2101安打、359二塁打、49三塁打、206本塁打、852打点、107盗塁、423四球、706三振、打率.286
【タイトル】オールスター3回(62,66,68年)
【監督】92-2001エクスポズ 03-06ジャイアンツ 14年、2055試合、1033勝1021敗、勝率.503

ヘスス・アルー
Jesus Maria Rojas Alou
1942.3.24～2023.3.10【出身地】ドミニカ共和国バホスデアイナ【球団】63-68ジャイアンツ 69-73アストロズ 73-74アスレティックス 75メッツ 78-79アストロズ【位置】外野、右
【経歴】アルー三兄弟の末弟で、63年9月15日には三兄弟揃って外野手として出場した。翌64年兄フェリペがトレードされると、その後釜として正右翼手となる。バットを垂直に構え顔を左右に振る独特の打撃フォームで、70年に自己最高の打率.306。三振が少なく、65年に567打

席で40三振したのが最多。一方で四球もほとんど選ばず、20四球以上の年は70年（21個）だけだった。性格の良さでも知られ、引退後はエクスポズなどで海外スカウトとして働いた。
【通算】15年、1380試合、4345打数1216安打、32本塁打、377打点、31盗塁、打率.280

マッティ・アルー　☆
Mateo Rojas Alou
1938.12.22～2011.11.3【出身地】ドミニカ共和国バホスデアイナ【球団】60-65ジャイアンツ　66-70パイレーツ　71-72カーディナルス　72アスレティックス　73ヤンキース　73カーディナルス　74パドレス【位置】外野、左
【経歴】アルー三兄弟の次兄で唯一の左打者。ジャイアンツ時代は出場機会に恵まれなかったが、パイレーツに移籍した66年にハリー・ウォーカー打撃コーチのアドバイスで、流し打ちを心掛けるようになって.342の高打率を記録。兄のフェリペを抑え首位打者に輝いた。以後7年間で3割以上6回とスプレーヒッターとして活躍、67年の.338は3位、翌68年の.332は3厘差の2位。69年の231安打、41二塁打はともにリーグ最多だった。俊足と強肩を生かした守備でも貢献した。74年途中パドレスから解雇されて太平洋に入団、75年の32二塁打は1位だった。
【通算】15年、1667試合、5789打数1777安打、31本塁打、427打点、156盗塁、打率.307
【タイトル】首位打者1回（66年）オールスター2回（68～69年）
【日本】74-76太平洋　3年、262試合、913打数258安打、14本塁打、75打点、9盗塁、打率.283

モイセス・アルー
Moises Rojas Alou
1966.7.3～【出身地】ジョージア州アトランタ【球団】90パイレーツ　90,92-96エクスポズ　97マーリンズ　98,2000-01アストロズ　02-04カブス　05-06ジャイアンツ　07-08メッツ【位置】外野、右
【経歴】勝負強い打撃で知られ、5球団でオールスターに選ばれた好打者。86年1月ドラフト1位でパイレーツに入団。エクスポズ移籍後の92年正左翼手となり、94年は打率.339（3位）。90～96年は父フェリペの下でプレイ、従兄弟のメル・ロハスともチームメイトだった。97年FAでマーリンズに加わり115打点、ワールドシリーズでもチームトップの3本塁打、9打点で世界一に貢献した。アストロズへ移った98年38本塁打、自己記録の124打点。99年は膝を痛め1試合も出場できなかったが、翌2000年は打率.355（2位）、30本塁打、114打点と復活。01年も終盤まで首位打者を争い、.331で3位に入った。02年FAでカブスに移籍、04年は自己最多の39本塁打。05～06年はジャイアンツで再度フェリペと同じユニフォームを着た。07年はメッツの球団記録にして、40代の史上最長となる30試合連続安打を放った。15歳年下の異母弟ルイス・ロハスはメッツの監督。
【通算】17年、1942試合、7037打数2134安打、421二塁打、332本塁打、1287打点、106盗塁、打率.303
【タイトル】オールスター6回（94,97～98,2001,04～05年）

マックス・アルヴィス
Roy Maxwell Alvis
1938.2.2～【出身地】テキサス州ジャスパー【球団】62-69インディアンズ　70ブルワーズ【位置】三塁、右
【経歴】63年新人で正三塁手となり22本塁打、リーグ最多の10死球を浴びる。翌64年髄膜炎のために選手生命の危機に陥るも、無事回復して65、67年は21本塁打。確実性に乏しく65年はリーグワースト2位の121三振を喫したが、ファンには人気があった。守備でも4回最多刺殺を記録している。
【通算】9年、1013試合、3629打数895安打、111本塁打、373打点、43盗塁、打率.247
【タイトル】オールスター2回（65,67年）

サンディ・アルカンタラ　★
Sandy Alcantara
1995.9.7～【出身地】ドミニカ共和国アスア【球団】2017カーディナルス　18-23マーリンズ【位置】投手、右
【経歴】2013年カーディナルスに入団し、18年マーリンズへトレード。150km台後半のシンカー、チェンジアップを武器に21年は201奪三振、翌22年はリーグ最多の228.2回を投げ14勝、防御率2.28（2位）、6完投（1位）、207奪三振（4位）でサイ・ヤング賞を受賞した。24年はトミー・ジョン手術で全休。

【通算】7年、146試合、138先発、12完投、4完封、41勝55敗0S、900.2回、789奪三振、防御率3.32
【タイトル】サイ・ヤング賞1回（2022年）オールスター2回（19,22年）

ホセ・アルテュベ　★
Jose Carlos Altuve
1990.5.6～【出身地】ベネズエラ共和国プエルトカベヨ【球団】2011-24 アストロズ【位置】二塁、右
【経歴】身長168cmと小柄な体格ながら、二塁手としては史上有数の打力を誇る好打者。2007年アストロズに入団し、14年は打率.341で球団史上初の首位打者、225安打も球団記録で、56盗塁と併せ3部門で1位。以後4年続けて200安打以上で1位となる。16年の.338に続き17年も.346で2年連続首位打者、さらに出塁率.410（3位）、長打率.547でMVPを受賞。ポストシーズンでもディヴィジョンシリーズ第1戦で3本塁打、プレイオフ11試合で40打数16安打、5本塁打、8打点と大当たり。ワールドシリーズでも2本塁打、6打点で世界一に貢献した。
　19、21年は31本塁打、ポストシーズンでも19～21年は毎年5本ずつ打ち、通算105試合で27本。19年のリーグ優勝決定シリーズではMVPに選出され、第6戦で優勝を決めるサヨナラ2ランを放ったが、ホームに向かう際不自然にユニフォームの一部を隠していたことから、サイン盗みのための通信機器を身につけていたのではとの疑惑も浮上した。正式に処罰が下った17年のアストロズのサイン盗み工作には関わらなかった3選手のうちの一人とされているが、翌18年以降のオールスターには選出されても一度も出場していない。
【通算】14年、1821試合、7293打数2232安打、431二塁打、229本塁打、812打点、315盗塁、1030三振、打率.306
【タイトル】MVP1回（2017年）首位打者3回（14,16～17年）盗塁王2回（14～15年）ゴールドグラブ1回（15年）オールスター9回（12,14～18,21～22,24年）

ジョージ・アルトマン　☆
George Lee Altman
1933.3.20～【出身地】ノースカロライナ州ゴールズボロ【球団】59-62 カブス　63 カーディナルス　64 メッツ　65-67 カブス【位置】外野、左
【経歴】ニグロ・リーグからカブスに入団し、59年レギュラーとなる。61年打率.303、27本塁打、96打点、リーグ最多の12三塁打、オールスターでは代打アーチを放つ。翌62年も打率.318、22本塁打、出塁率.393は4位だった。68年東京に入団、34本塁打（2位）、100打点（1位）、71年も39本塁打（4位）、103打点（5位）。“足長おじさん”の愛称で親しまれ、74年も大腸がんでリタイアするまで.351の高打率。通算200本塁打を達成した最初の外国人選手となった。
【通算】9年、991試合、3091打数832安打、101本塁打、403打点、52盗塁、打率.269
【タイトル】オールスター2回（61～62年）
【日本】68-74 東京／ロッテ　75 阪神　8年、935試合、3183打数985安打、205本塁打、656打点、31盗塁、打率.309

ニック・アルトロック
Nicholas Altrock
1876.9.15～1965.1.20【出身地】オハイオ州シンシナティ【球団】1898 ルイヴィル　1902-03 レッドソックス　03-09 ホワイトソックス　09,12-15,18-19,24,29,31,33 セネターズ【位置】投手、左
【経歴】1890年代から1930年代まで5年代で出場した“5ディケード選手”。マイナー時代には1試合6牽制刺の離れ業もやってのける。03年途中ホワイトソックス移籍後、変化球中心の投球で05年23勝（3位）、防御率1.88（5位）、翌06年も20勝、ワールドシリーズ第1戦でも完投勝利。肩を痛め09年以降はほとんど登板しなかったが、18年に9年ぶりの勝利投手となる。同年14年ぶり2本目の本塁打を42歳にして放ち、24年は史上最年長の48歳で三塁打を記録した。33年は57歳で出場し、当時の最年長記録となった。打者としてはスイッチヒッターで、31、33年も代打で出場。セネターズでは三塁コーチを務める一方、ジャーマニー・シェーファーやアル・シャクトとのコンビで愉快なパフォーマンスを演じ、観客を楽しませた。12年から始めたコーチ業は、53年に77歳で退任するまで40年以上も続いた。
【通算】16年、218試合、161先発、128完投、16完封、83勝75敗、1514回、425奪三振、防御率2.67

マット・アルバース
Matthew James Albers
1983.1.20 ～【出身地】テキサス州ヒューストン【球団】2006-07 アストロズ 08-10 オリオールズ 11-12 レッドソックス 12 ダイアモンドバックス 13 インディアンズ 14 アストロズ 15-16 ホワイトソックス 17 ナショナルズ 18-19 ブルワーズ【位置】投手、右
【経歴】2001 年ドラフト 23 位で地元のアストロズに入団。メジャー昇格当初は先発でも起用されたが、07 年は 4 勝 11 敗、防御率 5.86 など結果が出ず、08 年にオリオールズへ移籍して以降はほぼリリーフに専念。17 年は 63 試合に登板し 7 勝、防御率 1.62、12 年目にして初セーブを記録した。現役最後の 19 年は防御率 5 点台だったが 67 登板と 8 勝はいずれも自己最多だった。
【通算】14 年、616 試合、24 先発、0 完投、47 勝 48 敗 7 S、759 回、571 奪三振、防御率 4.35

ウィルソン・アルバレス
Wilson Eduardo Alvarez
1970.3.24 ～【出身地】ベネズエラ共和国マラカイボ【球団】89 レンジャーズ 91-97 ホワイトソックス 97 ジャイアンツ 98-99,2002 レイズ 03-05 ドジャース【位置】投手、左
【経歴】ベネズエラ出身で初めて 100 勝を挙げ、“エル・イントカブレ（アンタッチャブル）”の異名で英雄視された投手。87 年レンジャーズに入団、89 年に 19 歳でメジャー初登板を果たすも一死も奪えず、その直後にホワイトソックスへトレード。91 年 8 月 11 日、キャリア 2 試合目の先発だったオリオールズ戦でノーヒットノーランを達成した。威力のある速球で 93 年 15 勝、防御率 2.95 は 2 位。同年のプレイオフ第 3 戦で 1 失点完投勝利を収めた。94 年も開幕から 8 連勝、前年から 15 連勝。96 年も 15 勝を挙げた。98 年 FA で新球団のレイズに移籍、開幕投手を務めるも肩の故障で 2000 ～ 01 年は全休。復帰後は技巧派のリリーバーに転じた。
【通算】14 年、355 試合、263 先発、12 完投、5 完封、102 勝 92 敗 4 S、1747.2 回、1330 奪三振、防御率 3.96
【タイトル】オールスター 1 回（94 年）

ペドロ・アルバレス
Pedro Manuel Alvarez
1987.2.6 ～【出身地】ドミニカ共和国サントドミンゴ【球団】2010-15 パイレーツ 16-18 オリオールズ【位置】三塁、一塁、左
【経歴】2008 年ドラフト 1 位（全体 2 位）でパイレーツに入団。“エル・トロ（スペイン語で猛牛）”のニックネーム通りのパワーで、12 年は 30 本塁打、翌 13 年はリーグ最多の 36 本塁打、100 打点（5 位）。新人記録となるポストシーズン初出場からの 6 試合連続打点も挙げたが、186 三振はリーグワースト、打率も .233 と確実性を欠き、活躍できた期間は短かった。
【通算】9 年、910 試合、2980 打数 704 安打、162 本塁打、472 打点、15 盗塁、打率 .236
【タイトル】本塁打王 1 回（2013 年）オールスター 1 回（13 年）

ヨルダン・アルバレス ★
Yordan Ruben Alvarez
1997.6.27 ～【出身地】キューバ共和国ラステュナス【球団】2019-24 アストロズ【位置】外野、DH、左
【経歴】屈強な体格で猛烈な打球を飛ばし、ウィリー・マッコヴィーの再来と言われる強打者。2016 年 6 月にドジャースと契約し、2 か月後にアストロズへトレード。19 年メジャーに昇格､87 試合で打率 .313、27 本塁打、78 打点で新人王に選出。翌 20 年は膝の故障で 2 試合しか出られなかったが、21 年は 33 本塁打、104 打点と復活し、リーグ優勝決定シリーズでは 23 打数 12 安打 6 打点で MVP に選ばれた。22 年は打率 .306（4 位）、37 本塁打（3 位）、ディヴィジョンシリーズ第 1 戦で逆転サヨナラ 3 ラン、ワールドシリーズでは優勝を決めた第 6 戦で特大の逆転決勝 3 ラン。23 年のプレイオフも 6 本塁打、15 打点で、ポストシーズン通算 60 試合で 12 本塁打、41 打点と大舞台に強い。24 年は打率 .308（4 位）、同年まで 4 年連続 30 本塁打以上。7 月 21 日にはサイクル安打を記録した。
【通算】6 年、629 試合、2290 打数 683 安打、164 本塁打、466 打点、8 盗塁、打率 .298
【タイトル】新人王（2019 年）オールスター 3 回（22 ～ 24 年）

オジー・アルビエス　★
Ozhaino Jurdy Jiandro Albies
1997.1.7 ～【出身地】オランダ王国キュラソー島ウィレムシュタット【球団】2017-24 ブレーヴス【位置】二塁、両
【経歴】2013 年ブレーヴスに入団、17 年 20 歳でメジャーに昇格。身長 173cm と小柄ながらも力強い打撃で、19 年は 43 二塁打（3 位）、リーグ最多の 189 安打。20 年には市場価格をはるかに下回る 7 年 3500 万ドルの延長契約に合意し、球界を驚かせた。21 年は 40 二塁打と 106 打点がいずれも 3 位、23 年に自己最多の 33 本塁打、109 打点（3 位）を記録した。同僚のロナルド・アクーニャ・ジュニアとは親友同士。
【通算】8 年、871 試合、3485 打数 941 安打、141 本塁打、508 打点、84 盗塁、打率 .270
【タイトル】ゴールドグラブ 1 回（2021 年）オールスター 3 回（18,21,23 回）

アントニオ・アルフォンセカ
Antonio Alfonseca
1972.4.16 ～【出身地】ドミニカ共和国ラロマナ【球団】97-2001 マーリンズ　02-03 カブス　04 ブレーヴス　05 マーリンズ　06 レンジャーズ　07 フィリーズ【位置】投手、右
【経歴】両手・両足ともに指が 6 本あった巨漢リリーバー。89 年エクスポズに入団、マーリンズに移籍した 97 年メジャーに昇格。高速シンカーで同年のワールドシリーズでは 3 試合、6.1 回を無失点に抑える。99 年途中からクローザーに回り 21 セーブ、翌 2000 年はリーグ最多の 45 セーブを挙げた。ブレーヴスに移籍した 04 年は 79 試合で自己ベストの防御率 2.57 だった。
【通算】11 年、592 試合、0 先発、35 勝 37 敗 129 S、613 回、400 奪三振、防御率 4.11
【タイトル】最多セーブ 1 回（2000 年）

エドガルド・アルフォンソ　☆
Edgardo Antonio Alfonzo
1973.8.11 ～【出身地】ベネズエラ共和国サンタテレサデルテュイ【球団】95-2002 メッツ　03-05 ジャイアンツ　06 エンジェルズ　06 ブルージェイズ【位置】二塁、三塁、右
【経歴】91 年メッツに入団、97 年正三塁手となり打率 .315、二塁にコンバートされた 99 年は自己最多の 41 二塁打、27 本塁打、108 打点。8 月 30 日のアストロズ戦では 3 本塁打を含む 6 打数 6 安打の大当たり、プレイオフ進出決定戦では決勝 2 ラン、ディヴィジョンシリーズでも 4 試合で 3 本塁打した。2000 年も打率 .324、出塁率 .425（5 位）、プレイオフでは 36 打数 13 安打 9 打点と活躍したが、30 歳を過ぎてからは急速に衰え、メジャーでの出場は 06 年が最後。その後マイナーや独立リーグを転々とし、09 年巨人に入団したが 21 試合に出ただけだった。
【通算】12 年、1506 試合、5385 打数 1532 安打、146 本塁打、744 打点、53 盗塁、打率 .284
【タイトル】オールスター 1 回（2000 年）
【日本】2009 巨人　1 年、21 試合、41 打数 6 安打、2 本塁打、4 打点、0 盗塁、打率 .146

トニー・アルマス
Antonio Rafael Armas
1953.7.2 ～【出身地】ベネズエラ共和国プエルトピリテュ【球団】76 パイレーツ　77-82 アスレティックス　83-86 レッドソックス　87-89 エンジェルズ【位置】外野、右
【経歴】一発長打が魅力のパワーヒッターで、80 年 35 本塁打（4 位）、短縮シーズンの翌 81 年は 22 本でタイトルを獲得。83 年レッドソックスへ移籍、.218 の低打率ながら 36 本塁打（2 位）、107 打点。84 年は 43 本塁打、123 打点で二冠王となった。大振りで 80 年から 5 年連続 100 三振、84 年はリーグワーストの 156 個を喫する。選球眼も悪く、通算出塁率は .287 にすぎなかった。守備では強肩で 80 年には 17 補殺を決めた。16 歳年下の弟マルコスも 1 年だけメジャー経験があり、息子のトニー・ジュニアは投手として通算 53 勝を挙げた。
【通算】14 年、1432 試合、5164 打数 1302 安打、251 本塁打、815 打点、18 盗塁、1201 三振、打率 .252
【タイトル】本塁打王 2 回（81,84 年）打点王 1 回（84 年）オールスター 2 回（81,84 年）

グローヴァー・アレグザンダー
Grover Cleveland Alexander
1887.2.26 ～ 1950.11.4【出身地】ネブラスカ州エルバ【球団】11-17 フィリーズ　18-26 カブス　26-29 カーディナルス　30 フィリーズ【位置】投手、右

【経歴】横手から繰り出す沈む速球と最高級のカーブ、9回平均1.65四球という絶妙の制球力で20勝以上9回、史上3位の通算373勝を挙げた大投手。“ピート・アレグザンダー”とも呼ばれた。11年新人でいきなり28勝し最多勝、40回連続無失点を記録。最初の7年間で最多投球回6回、15年の241個を最多として5度の最多奪三振。15年は12完封を含む31勝、自己ベストの防御率1.22がすべてリーグトップで優勝に大きく貢献、1安打試合を4回も記録した。翌16年は自己最多の33勝、史上最多の16完封とさらに数字を伸ばし、2年連続で勝利・防御率・奪三振の投手三冠を独占した。17年も30勝で3年連続の大台、15年から6年連続防御率1点台で、兵役のため3試合の登板にとどまった18年を除きすべて1位と圧倒的な数字を残した。

18年カブスへトレード、復帰後の20年に27勝、防御率1.91、173奪三振で3度目の投手三冠。26年途中ウェーバーでカーディナルスへ移り、同年のワールドシリーズはヤンキース相手に2勝。第7戦では1点リードの7回二死満塁でリリーフに立ち、トニー・ラゼリを三振に打ち取ってピンチを脱し、世界一の立役者となった。第一次世界大戦に従軍して以降持病のてんかんが悪化し、またそれを隠すためアルコールに頼るようになったが、投球への影響はほとんどなかった。30年限りでメジャーから去った後も50歳過ぎまで巡業球団で投げ続けたが、晩年は病気と貧困のうちに暮らしたとされる。38年殿堂入り。

【通算】20年、696試合、600先発(22位)、436完投(12位)、90完封(2位)、373勝(3位)208敗、5190回(10位)、2198奪三振、951四球、防御率2.56

【タイトル】最多勝6回(11,14～17,20年)
最優秀防御率4回(15～16,19～20年)
最多奪三振6回(12,14～17,20年)

デイル・アレグザンダー
David Dale Alexander

1903.4.26～79.3.2【出身地】テネシー州グリーンヴィル【球団】29-32タイガース 32-33レッドソックス【位置】一塁、右

【経歴】29年新人で215安打(1位)、25本塁打(5位)、137打点(3位)、打率.343。続く30年も打率.326、196安打、135打点と好調を維持したが、守備では2年連続リーグワーストの22失策。32年途中レッドソックスに移籍後猛烈に打ち始め、.367の高打率を残し、現在なら規定打席不足の392打数ながら首位打者として認められた。翌33年は.281と初めて3割に届かず、膝のケガの治療ミスも重なって、同年限りでメジャーから去った。

【通算】5年、662試合、2450打数811安打、61本塁打、459打点、20盗塁、打率.331

【タイトル】首位打者1回(32年)

ドイル・アレグザンダー
Doyle Lafayette Alexander

1950.9.4～【出身地】アラバマ州コードヴァ【球団】71ドジャース 72-76オリオールズ 76ヤンキース 77-79レンジャーズ 80ブレーヴス 81ジャイアンツ 82-83ヤンキース 83-86ブルージェイズ 86-87ブレーヴス 87-89タイガース【位置】投手、右

【経歴】68年ドラフト9位でドジャースに入団。球威不足を制球力と多彩な変化球、投球術で補い、対戦した26球団すべてから勝星を挙げる。77年自己最多の17勝、12完投。82年に移籍したヤンキースでは1勝しかできなかったが、ブルージェイズに移って復活し、84、85年に2年連続17勝。87年途中タイガースへ移り9連勝、防御率1.53の大活躍で逆転地区優勝の原動力となる。10度目の2ケタとなる14勝を挙げた翌88年に37歳で初のオールスターに選ばれたが、現役最後の89年は自己ワーストの18敗だった。

【通算】19年、561試合、464先発、98完投、18完封、194勝174敗3S、3367.2回、1528奪三振、978四球、防御率3.76

【タイトル】オールスター1回(88年)

レッド・アーレット
Philip Sydney Ehret (Red)

1868.8.31～1940.7.28【出身地】ケンタッキー州ルイヴィル【球団】1888カンザスシティ(AA) 89-91ルイヴィル(AA) 92-94ピッツバーグ 95セントルイス 96-97シンシナティ 98ルイヴィル【位置】投手、右

【経歴】1888年に19歳でメジャー初登板。地元のルイヴィル(AA)に加入した翌89年は10勝29敗と大きく負け越したが、90年は25勝、防御率2.53(2位)で優勝に貢献。93年は4完封(1位)を含む18勝、防御率3.44(4位)を記録した。

97年にリリーフで15試合に登板し、当時の新記録となった。
【通算】11年、362試合、309先発、260完投、14完封、139勝167敗、2754.1回、848奪三振、防御率4.02

ノーラン・アレナド ★
Nolan James Arenado

1991.4.16～【出身地】カリフォルニア州ニューポートビーチ【球団】2013-20ロッキーズ 21-24カーディナルス【位置】三塁、右
【経歴】パワフルな打撃と華麗な守備を兼ね備えた名三塁手。2009年ドラフト2位でロッキーズに入団、13年に新人ながらゴールドグラブに選ばれると、以後10年続けて受賞。打撃でも15年は42本塁打、130打点、続く16年も41本、133打点で2年連続二冠王。17年6月18日に、逆転サヨナラアーチでサイクルヒットを達成した最初の選手になった。18年は38本塁打で3度目のタイトル、続く19年は自己最高の打率.315(5位)。通算7回30本/100打点を記録している。
【通算】12年、1680試合、6406打数1826安打、341本塁打、1132打点、28盗塁、1045三振、打率.285
【タイトル】本塁打王3回(2015～16,18年)打点王2回(15～16年)ゴールドグラブ10回(13～22年)オールスター8回(15～19,21～23年)

イーサン・アレン
Ethan Nathan Allen

1904.1.1～93.9.15【出身地】オハイオ州シンシナティ【球団】26-30レッズ 30-32ジャイアンツ 33カーディナルス 34-36フィリーズ 36カブス 37-38ブラウンズ【位置】外野、右
【経歴】地元のシンシナティ大学からマイナーを経験せずレッズ入り。コンスタントに3割前後の打率を残し、フィリーズに移った34年は打率.330、42二塁打(1位)、10本塁打、85打点。翌35年は198安打を放った。引退後はイェール大学など複数の大学でコーチを務めた他、ナ・リーグの記録映画の監督、野球ゲームの考案、野球の技術書の執筆など幅広く活動した。
【通算】13年、1281試合、4418打数1325安打、47本塁打、501打点、84盗塁、打率.300

ジョニー・アレン
John Thomas Allen

1904.9.30～59.3.29【出身地】ノースカロライナ州レノア【球団】32-35ヤンキース 36-40インディアンズ 41ブラウンズ 41-43ドジャース 43-44ジャイアンツ【位置】投手、右
【経歴】32年メジャー昇格、独特の変化をする速球と質の高いスライダーで17勝、翌33年も15勝。契約交渉でもめインディアンズへ移籍した36年自己最多の20勝、37年は開幕から15連勝(前年から17連勝)、唯一の敗戦も失策による0－1の惜敗だった。非常に気性が激しく、38年には無断でマウンドを降りて罰金を言い渡され激昂、引退を宣言したこともあった。
【通算】13年、352試合、241先発、109完投、17完封、142勝75敗、1950.1回、1070奪三振、防御率3.75
【タイトル】オールスター1回(38年)

ディック・アレン
Richard Anthony Allen

1942.3.8～2020.12.7【出身地】ペンシルヴェニア州ワムパム【球団】63-69フィリーズ 70カーディナルス 71ドジャース 72-74ホワイトソックス 75-76フィリーズ 77アスレティックス【位置】一塁、三塁、外野、右
【経歴】30本塁打以上を6回記録するなど素晴らしい才能の持ち主だったが、気まぐれな性格で行く先々で首脳陣や球団首脳ともめ事を起こした強打者。64年打率.318(4位)、201安打(3位)、13三塁打(1位)、29本塁打、91打点で新人王を受賞。66年は40本塁打(2位)、110打点(3位)、長打率.632(1位)。69年は球場外のトラブルにより出場停止処分を受け、トレードを希望し70年にカーディナルスへ移った。ドジャースを経て72年ホワイトソックスへ移籍、37本塁打、113打点、99四球、出塁率.420、長打率.603の5部門で1位を占めMVPを受賞。74年も32本塁打で2度目のタイトルを獲得するが、シーズン終了を待たずに引退を宣言。翌年5月古巣フィリーズで復帰した。トラブルメーカーとの評判だったが、チームメイトとの関係は比較的良好であった。メジャー昇格後数年間は本人の意思に反しリッチー・アレンと呼ばれていた。2025年殿堂入り。兄のハンク、弟ロンもメジャーリーガー。
【通算】15年、1749試合、6332打数

1848安打、351本塁打、1119打点、133盗塁、1556三振、打率.292
【タイトル】MVP1回（72年）新人王（64年）本塁打王2回（72,74年）打点王1回（72年）最高出塁率2回（67,72年）オールスター7回（65～67,70,72～74年）

バーニー・アレン
Bernard Keith Allen
1939.4.16～【出身地】オハイオ州イーストリヴァプール【球団】62-66ツインズ　67-71セネターズ　72-73ヤンキース　73エクスポズ【位置】二塁、左
【経歴】62年新人で159試合に出場、打率.269、154安打、12本塁打、64打点はすべて自己記録。64年は.214の低打率に加え、守備で走者にタックルされ左膝靱帯断裂の重傷を負う。以後は主に守備要員となり、68年.991のリーグ最高守備率を記録した。71年にはデニー・マクレインとともにテッド・ウィリアムズ監督の排斥を試み、翌72年ヤンキースへ放出。人望があって3球団で選手会の代表を任され、引退後はビジネスでも成功した。パデュー大学時代はジョージ・スタインブレナーがコーチをしていたフットボールでも活躍し、82年に同大学の殿堂の創設メンバーに選ばれた。
【通算】12年、1139試合、3404打数815安打、73本塁打、352打点、13盗塁、打率.239

ランディ・アロサレナ　★
Randy Arozarena
1995.2.28～【出身地】キューバ共和国マンテュア【球団】2019カーディナルス　20-24レイズ　24マリナーズ【位置】外野、右
【経歴】2016年カーディナルスに入団し、20年レイズへトレード。終盤の23試合で7本塁打を放つと、ディヴィジョンシリーズで3本塁打、リーグ優勝決定シリーズでも4本を追加しMVPに選ばれる。さらにはワールドシリーズでも3本、ポストシーズン合計では77打数29安打、10本塁打の歴史的大活躍を演じた。翌21年は打率.274、20本塁打、69打点、20盗塁で、資格を残していた新人王を受賞。22年も41二塁打（5位）、89打点、32盗塁（3位）の好成績を残した。キューバ生まれだが亡命先のメキシコ代表として23年WBCに参加、好プレイを演じた際に見せる腕組みポーズで話題をまいた。
【通算】6年、641試合、2299打数583安打、91本塁打、314打点、100盗塁、打率.254
【タイトル】新人王（2021年）オールスター1回（23年）

サンディ・アロマー・シニア
Santos Alomar
1943.10.19～【出身地】プエルトリコ・サリナス【球団】64-66ブレーヴス　67メッツ　67-69ホワイトソックス　69-74エンジェルズ　74-76ヤンキース　77-78レンジャーズ【位置】二塁、両
【経歴】64年20歳でデビュー、69年途中エンジェルズに移籍し正二塁手となる。翌70年35盗塁（3位）、リーグ最多の119併殺を完成させるなど攻守に活躍。71年に179安打（2位）、39盗塁（3位）の自己最高成績を残した。引退後はパドレスのコーチとなり、一時は息子のサンディ・ジュニア、ロベルトと3人揃って同じユニフォームに袖を通した。母国プエルトリコ代表監督の経験もある。
【通算】15年、1481試合、4760打数1168安打、13本塁打、282打点、227盗塁、打率.245
【タイトル】オールスター1回（70年）

サンディ・アロマー・ジュニア
Santos Alomar
1966.6.18～【出身地】プエルトリコ・サリナス【球団】88-89パドレス　90-2000インディアンズ　01-02ホワイトソックス　02ロッキーズ　03-04ホワイトソックス　05レンジャーズ　06ドジャース　06ホワイトソックス　07メッツ【位置】捕手、右
【経歴】84年パドレスに入団、マイナーで2年連続最優秀選手に選ばれるなど早くから期待される。90年インディアンズで正捕手となり打率.290、66打点、新人捕手として初めてオールスターで先発出場を果たし、守備でもゴールドグラブを受賞して新人王に輝いた。その後腰、膝など相次ぐ故障のため伸び悩んだが、97年は打率.324、21本塁打、83打点の自己最高成績に加え、30試合連続安打も記録。クリーヴランドで開催されたオールスターでは決勝2ラン、本拠でMVPに選ばれた最初の選手となる。ポストシーズンもプレイオフで3本塁打、9打点、ワールドシリーズで30打数11安打、2本塁打、10打点と大活躍した。
　99年以降は100試合以上の出場は一度

もなかったが、巧みな投手リードを買われ41歳まで現役を続けた。引退後はコーチとなり、2012年にインディアンズの監督代行を務める。父サンディ・シニア、弟ロベルトもメジャーで活躍し、ロベルトとはパドレス、インディアンズ、ホワイトソックスの3球団でチームメイトだった。
【通算】20年、1377試合、4530打数1236安打、112本塁打、588打点、25盗塁、打率.273
【タイトル】新人王(90年)ゴールドグラブ1回(90年)オールスター6回(90～92,96～98年)

ロベルト・アロマー
Roberto Alomar
1968.2.5～【出身地】プエルトリコ・ポンセ【球団】88-90パドレス　91-95ブルージェイズ　96-98オリオールズ　99-2001インディアンズ　02-03メッツ　03ホワイトソックス　04ダイアモンドバックス　04ホワイトソックス【位置】二塁、両
【経歴】アロマー一家の出世頭で、90年代を代表する名二塁手。85年パドレスに入団、88年20歳でレギュラーとなり、翌89年は184安打(3位)、42盗塁(2位)。ブルージェイズ移籍後の92年から6年連続打率3割以上、92年のプレイオフは28打数11安打、5盗塁でMVP。翌93年は打率.326(3位)、192安打(4位)、55盗塁(2位)、ワールドシリーズでも25打数12安打で世界一に貢献した。FAでオリオールズに移った96年は打率.328、193安打を記録したが、終盤戦で審判に唾を吐きかける蛮行に及び、大きく評判を落とした。
98年は前年の兄サンディ・ジュニアに次いでオールスターMVP。翌99年インディアンズに移籍、10年ぶりに兄とチームメイトとなり、打率.323、24本塁打、120打点、37盗塁(4位)。2001年も打率.336(3位)、193安打、12三塁打(2位)の3部門で自己記録だった。91年から6年連続、守備面でも通算10回ゴールドグラブを受賞し、名手として高く評価された。11年殿堂入り。MLBの特別コンサルタントを務めていた21年にセクシュアル・ハラスメントにより職務停止処分を科せられた。
【通算】17年、2379試合、9073打数2724安打、504二塁打、80三塁打、210本塁打、1134打点、474盗塁、1032四球、1140三振、打率.300
【タイトル】ゴールドグラブ10回(91～96,98～2001年)オールスター12回(90～01年)

ブロンソン・アロヨ
Bronson Anthony Arroyo
1977.2.24～【出身地】フロリダ州キーウェスト【球団】2000-02パイレーツ　03-05レッドソックス　06-13レッズ　14ダイアモンドバックス　17レッズ【位置】投手、右
【経歴】95年ドラフト3位でパイレーツに入団。レッドソックス移籍後の2004年に10勝、06年はレッズに移り、リーグ最多の240.2回を投げ14勝、自己ベストの防御率3.29(4位)。08・09年は2年連続15勝、10年は17勝(4位)を挙げ地区優勝に貢献した。足を真っ直ぐ前方に突き出す投球フォームが特徴で、05年以降は9年続けて199回以上投げるなどスタミナにも優れ、中3日の先発でも好投した。15～16年は肘の手術でメジャーでは投げられなかったが、17年に3年ぶりに復帰し3勝を挙げた。ミュージシャンとしての才能もあり、05年に『Covering the Bases』がビルボード誌アルバム・チャートで123位を記録した。
【通算】16年、419試合、383先発、16完投、6完封、148勝137敗1S、2435.2回、1571奪三振、防御率4.28
【タイトル】ゴールドグラブ1回(2010年)オールスター1回(06年)

ハンク・アーロン
Henry Louis Aaron
1934.2.5～2021.1.22【出身地】アラバマ州モービル【球団】54-74ブレーヴス　75-76ブルワーズ【位置】外野、右
【経歴】長くメジャー記録として残った、通算755本塁打を放った史上最高のスラッガーの一人。15歳でセミプロ球団に入団、ニグロ・リーグのインディアナポリス・クラウンズ在籍当時は遊撃手だった。52年契約金7500ドルでブレーヴスに入団。54年レギュラーとなり、翌55年の.314(5位)以後通算14回打率3割以上。どんなコースの球でも苦もなく打ち返し、56年.328、59年は自己最高の.355で首位打者となった。
常に体調を整え、故障と無縁だったことが毎年安定した成績を残せた最大の要因で、74年まで20年連続20本塁打以上、うち本塁打王4回。100打点以上11回で、通算2297打点は今なお1位。57年は44本塁打、132打点の二冠、リーグ優勝を

決めるサヨナラ本塁打も放ってMVPを受賞。63、66年も二冠王となった。ワールドシリーズでも57年は28打数11安打、3本塁打、7打点で世界一に貢献、通算14試合で打率.364。69年のプレイオフでも3試合連続本塁打を放った。3回のゴールドグラブ受賞が示すように守備面の評価も高く、63年に44本塁打(1位)、31盗塁(2位)で30−30を達成するなど、打走守すべてにおいて高レベルにあった。

ブレーヴスという地方球団にいたことや、性格も物静かで紳士的、プレイスタイルも堅実で派手さに欠けていたために、実力の割に脚光を浴びることは少なかった。しかしながら、71年の47本(2位)を最多として15回30本以上を記録するなど着実に本塁打を積み重ね、70年代初め頃からベーブ・ルースの通算記録を脅かす存在として次第に注目を集める。それと同時に報道陣の取材攻勢や、英雄ルースの記録を黒人が破ることを快く思わない白人層からの脅迫に悩まされたが、こうした重圧をものともせず打ち続け、73年39歳にして8度目の大台となる40本塁打(4位)でルースに1本差と迫る。翌74年の開幕戦でタイ記録とし、4月8日のドジャース戦でアル・ダウニングから新記録の715号を放った。

翌75年ブルワーズへ移籍、76年限りで引退。その後はブレーヴスのフロント入りした。球界における黒人の地位向上や、世界に野球を広めるための活動にも熱心だった。80年殿堂入り。弟トミーもブレーヴスの控え一塁手だった。

【通算】23年、3298試合(3位)、12364打数(2位)3771安打(3位)、624二塁打(14位)、98三塁打、755本塁打(2位)、2297打点(1位)、240盗塁、1402四球(27位)、1383三振、打率.305

【タイトル】MVP1回(57年)首位打者2回(56,59年)本塁打王4回(57,63,66〜67年)打点王4回(57,60,63,66年)ゴールドグラブ3回(58〜60年)オールスター21回(55〜75年)

ピート・アロンソ ★
Peter Morgan Alonso

1994.12.7〜【出身地】フロリダ州タンパ【球団】2019-24メッツ【位置】一塁、右

【経歴】190cm/111kgの巨体からポーラー・ベア(ホッキョクグマ)の愛称で親しまれる強打者。2016年ドラフト2位でメッツに入団、19年正一塁手となると前半戦だけで30本塁打、年間では新人記録を更新する53本(1位)、120打点(3位)で新人王を受賞。以後5年連続で本塁打はリーグ3位以内、22年の131打点は1位。オールスターのホームラン・ダービーでは19、21年に2大会連続優勝を飾った。

【通算】6年、846試合、3139打数781安打、226本塁打、586打点、17盗塁、打率.249

【タイトル】新人王(2019年)本塁打王1回(19年)打点王1回(22年)オールスター4回(19,22〜24年)

ヨンデル・アロンソ
Yonder Alonso

1987.4.8〜【出身地】キューバ共和国ハバナ【球団】2010-11レッズ　12-15パドレス　16-17アスレティックス　17マリナーズ　18インディアンズ　19ホワイトソックス　19ロッキーズ【位置】一塁、左

【経歴】2008年ドラフト1位(全体7位)でレッズに入団。期待されながらも平凡な成績しか残せないでいたが、17年にフライボール打法を取り入れ28本塁打。翌18年も23本、自己最多の83打点を記録した。マニー・マチャドとは義兄弟の間柄。

【通算】10年、1072試合、3362打数872安打、100本塁打、426打点、22盗塁、打率.259

【タイトル】オールスター1回(2017年)

デル・アンサー
Delbert Bernard Unser

1944.12.9〜【出身地】イリノイ州デケーター【球団】68-71セネターズ　72インディアンズ　73-74フィリーズ　75-76メッツ　76-78エクスポズ　79-82フィリーズ【位置】外野、一塁、左

【経歴】66年ドラフト1位(第2回)でセネターズに入団。68年正中堅手となり、146安打を放って新人王投票2位、守備範囲の広さと強肩でも注目される。翌69年リーグ最多の8三塁打、166安打は自己記録。代打としても活躍し、79年には3連続代打本塁打を放った。引退後もスカウトなどでフィリーズに長く在籍した。父のアルもメジャーリーガー。

【通算】15年、1799試合、5215打数1344安打、87本塁打、481打点、64盗塁、打率.258

ジョージ・アーンショウ
George Livingston Earnshaw
1900.2.15 〜 76.12.1【出身地】ニューヨーク州ニューヨーク【球団】28-33 アスレティックス　34-35 ホワイトソックス　35-36 ドジャース　36 カーディナルス【位置】投手、右
【経歴】マイナー球団に長く在籍したのち、28 年 7 万ドルの移籍金でアスレティックスに入団。翌 29 年 24 勝で最多勝、以後 3 年連続 20 勝以上と、アスレティックス 3 連覇時の右のエースとして活躍した。直球と、球速の速いカーブの 2 種類しか投げないのを誇りとしていた。30 年は 193 奪三振（2 位）、ワールドシリーズでも 2 勝、25 回で 2 失点。翌 31 年のシリーズは第 4 戦で完封勝ち、シリーズ通算 8 試合で防御率 1.58 に抑えた。第二次世界大戦では海軍の将校として青銅星章を受章、退役後はフィリーズでスカウトを務めた。
【通算】9 年、319 試合、249 先発、115 完投、18 完封、127 勝 93 敗、1915.1 回、1002 奪三振、防御率 4.38
【タイトル】最多勝 1 回（29 年）

キャップ・アンソン
Adrian Constantine Anson (Cap)
1852.4.17 〜 1922.4.14【出身地】アイオワ州マーシャルタウン【球団】1876-97 シカゴ【位置】一塁、三塁、外野、右
【経歴】19 世紀のメジャーで最も影響力を持っていた選手の一人。1871 年 19 歳でナショナル・アソシエーションのロックフォードと契約、翌 72 年フィラデルフィアに移籍。76 年ナショナル・リーグ結成と同時にシカゴに加わり、以後 22 年間シカゴ一筋でプレイした。この間 91 〜 92、97 年を除きすべて 3 割以上の打率を残し、81 年は .399。同年と 88 年の 2 度首位打者となった。投手に正対する打撃フォームで、86 年の 147 打点を最多として打点王 8 回、100 打点以上を 8 回記録した。
　79 年から監督を兼任、鉄拳制裁をも辞さぬ厳格な采配で 5 度優勝。機動力を多用し、投手のローテーション制を確立したことや、他球団に先駆けたスカウト網の整備や、入団テストを実施して未知の戦力を発掘しようとしたことなど、功績は多々あった。その反面気性が激しく、気に入らない判定には常に文句をつけ、また黒人やアイルランド人らへの差別意識が強く、その影響力によって黒人選手が排斥されたことで、後世になって大きく評判を落とした。それでも本拠地シカゴでの人気は絶大で、当初の“キャップ（主将）”から、やがては“ポップ（親父）”と称されるようになり、98 年監督を解任された時にチームは“オーファンズ（孤児）”と呼ばれた。同年ニューヨークの監督に迎えられるも 22 試合で解任。翌 99 年は新リーグの結成を画策して失敗に終わった。引退後は政治や芸能の世界に進んだ。39 年殿堂入り。
【通算】22 年、2277 試合、9104 打数 3012 安打（30 位）、529 二塁打、124 三塁打、97 本塁打、1880 打点（13 位）、953 四球、330 三振、打率 .331
【タイトル】首位打者 2 回（1881,88 年）打点王 8 回（80 〜 82,84 〜 86,88,91 年）最高出塁率 3 回（81,88,90 年）
【監督】1879-97 シカゴ　98 ニューヨーク 20 年、2280 試合、1292 勝 945 敗、勝率 .578　リーグ優勝 5 回（80 〜 82,85 〜 86 年）

トム・アンダーウッド
Thomas Gerald Underwood
1953.12.22 〜 2010.11.22【出身地】インディアナ州ココモ【球団】74-77 フィリーズ　77 カーディナルス　78-79 ブルージェイズ　80-81 ヤンキース　81-83 アスレティックス　84 オリオールズ【位置】投手、左
【経歴】72 年ドラフト 2 位でフィリーズに入団。75 年 14 勝、76 年 10 勝と先発陣の一角として活躍、ヤンキースに移った 80 年も 13 勝した。優れたカーブを持っていたが、制球力にはやや難があった。弟パットもタイガースの投手で、初登板では兄に投げ勝っている。
【通算】11 年、379 試合、203 先発、35 完投、6 完封、86 勝 87 敗 18 S、1586 回、948 奪三振、防御率 3.89

ラリー・アンダーセン
Larry Eugene Andersen
1953.5.6 〜【出身地】オレゴン州ポートランド【球団】75,77,79 インディアンズ　81-82 マリナーズ　83-86 フィリーズ　86-90 アストロズ　90 レッドソックス　91-92 パドレス　93-94 フィリーズ【位置】投手、右
【経歴】メジャー有数と評判のスライダーを武器に、中継ぎ専門で 17 年間投げ続ける。71 年ドラフト 7 位でインディアンズに入団、フィリーズ時代の 84 年に 33 イニング連続無失点を記録。87 年は自己最多の 67 試合に投げ 9 勝、89 年防御率 1.54、

90年も1.79と安定した成績を残した。90年終盤には優勝争いを演じるレッドソックスに移籍、その時の交換相手がマイナーにいたジェフ・バグウェルだった。93年古巣フィリーズに復帰、40歳で64試合に登板、防御率2.92で優勝に貢献した。ユーモアセンスも抜群で機知に富んだコメントを発し、引退後はフィリーズのブロードキャスターになった。
【通算】17年、699試合、1先発、0完投、40勝39敗49S、995.1回、758奪三振、防御率3.15

アラン・アンダーソン
Allan Lee Anderson
1964.1.7～【出身地】オハイオ州ランカスター【球団】86-91ツインズ【位置】投手、左
【経歴】82年ドラフト2位でツインズに入団。チェンジアップが冴え88年16勝、防御率2.45（1位）、202.1回を投げ37四球と制球の良さが光った。翌89年も17勝したが、90年は7勝18敗と大きく成績を落とし、27歳でメジャーから消えた。
【通算】6年、148試合、128先発、15完投、3完封、49勝54敗0S、818.2回、339奪三振、防御率4.11
【タイトル】最優秀防御率1回（88年）

ギャレット・アンダーソン
Garret Joseph Anderson
1972.6.30～【出身地】カリフォルニア州ロスアンジェルス【球団】94-2008エンジェルズ　09ブレーヴス　10ドジャース【位置】外野、左
【経歴】試合、安打、打点などエンジェルズの球団記録を多数持つ好打者。90年ドラフト4位で入団、95年レギュラーとなり打率.321、新人王投票では僅差で次点。シャープな打撃で2000年は自己記録の35本塁打、続く01年も28本塁打、123打点。02年は29本塁打、123打点に加えてリーグ最多の56二塁打、ワールドシリーズでも最終第7戦で決勝3点二塁打を放ち、世界一に大きく貢献した。続く03年も201安打（4位）、49二塁打（1位）、オールスターではホームラン・ダービーで優勝、本戦でも本塁打を含む3安打でMVP。同年まで4年連続100打点以上、6回打率3割を記録したが、四球が少なく通算出塁率は.324と平凡だった。
【通算】17年、2228試合、8640打数2529安打、522二塁打、36三塁打、287本塁打、1365打点、80盗塁、429四球、1224三振、打率.293
【タイトル】オールスター3回（2002～03,05年）

ジョン・アンダーソン
John Joseph Anderson
1873.12.14～1949.7.23【出身地】ノルウェー王国サープスボリ【球団】1894-98ブルックリン　98ワシントン　98-99ブルックリン　1901-03ブルワーズ/ブラウンズ　04-05ヤンキース　05-07セネターズ　08ホワイトソックス【位置】外野、一塁、両
【経歴】史上3人しかいないノルウェー出身。1898年いずれも1位の22三塁打と長打率.494、打率3割以下（.294）での長打率1位は初めてだった。1901年新設のアメリカン・リーグで2位の190安打、46二塁打、3位の99打点。06年の39盗塁はリーグトップだった。正直者で“オネスト・ジョン”というニックネームがあったが、集中力を欠く悪癖があり、満塁で二塁へ盗塁を試みたエピソードも、リードが大きすぎて牽制で刺されたのが真相だった。
【通算】14年、1636試合、6345打数1843安打、124三塁打、50本塁打、978打点、338盗塁、打率.290
【タイトル】盗塁王1回（06年）

スパーキー・アンダーソン
George Lee Anderson (Sparky)
1934.2.22～2010.11.4【出身地】サウスダコタ州ブリッジウォーター【球団】59フィリーズ【位置】二塁、右
【経歴】史上初めて両リーグでのワールドシリーズ制覇を果たし、両リーグで600勝以上した名将。激しい気性の持ち主で“スパーキー”の異名で通っていた。ドジャースからフィリーズに移籍した59年正二塁手となり、152試合に出場するが打率.218、0本塁打に終わり、1年限りでメジャーから去る。その後マイナー監督、パドレスとエンジェルズのコーチを経て70年レッズ監督に就任。まったくの無名であったため起用を疑問視する声もあったが、初年度からリーグ優勝し采配能力の高さを証明する。75～76年は“ビッグ・レッド・マシーン”を率いて2年連続世界一となり一時代を築く。78年シーズン終了後解任されるが、翌79年タイガース監督に迎えられ、84年に3度目の世界一に導い

た。継投の巧さと若手の思いきった登用が特徴だった。2000年殿堂入り。
【通算】1年、152試合、477打数104安打、0本塁打、34打点、6盗塁、打率.218
【監督】70-78レッズ　79-95タイガース　26年、4030試合、2194勝1834敗、勝率.545　リーグ優勝5回（70,72,75～76,84年）ワールドシリーズ優勝3回（75～76,84年）

ティム・アンダーソン　★
Timothy Devon Anderson
1993.6.23～【出身地】アラバマ州タスカルーサ【球団】2016-23ホワイトソックス　24マーリンズ【位置】遊撃、右
【経歴】2013年ドラフト1位でホワイトソックスに入団。16年正遊撃手となり、19年は打率.335で首位打者。以後4年連続で3割以上、20年は.322で2位。21年に開催されたフィールド・オブ・ドリームス・ゲームでは劇的なサヨナラ3ランを放った。四球は最多でも18年の30個で、これは首位打者の最少四球記録でもあった。遊撃守備でも16～18年はリーグ最多失策。エネルギッシュなプレイが魅力である反面、球界の前時代的な習慣に対する反発心が強く、ホームランを放った際これ見よがしにバットを放り投げるバットフリップなどで物議を醸した。
【通算】9年、960試合、3856打数1071安打、98本塁打、347打点、121盗塁、打率.278
【タイトル】首位打者1回（2019年）オールスター2回（21～22年）

ブライアン・アンダーソン
Brian James Anderson
1972.4.26～【出身地】ヴァージニア州ポーツマス【球団】93-95エンジェルズ　96-97インディアンズ　98-2002ダイアモンドバックス　03インディアンズ　03-05ロイヤルズ【位置】投手、左
【経歴】通算58回も走者を刺した牽制の名手。93年ドラフト1位（全体3位）でエンジェルズに入団、98年拡張ドラフト1位指名でダイアモンドバックスに移籍し12勝、2000年は11勝。チェンジアップが良く03年はインディアンズとロイヤルズで合計14勝、防御率3.78も自己記録。制球力に優れ、通算与四球率は1.96だった。
【通算】13年、291試合、245先発、12完投、4完封、82勝83敗1S、1547回、723奪三振、防御率4.74

ブレイディ・アンダーソン
Brady Kevin Anderson
1964.1.18～【出身地】メリーランド州シルヴァースプリング【球団】88レッドソックス　88-2001オリオールズ　02インディアンズ【位置】外野、左
【経歴】史上初めて50本塁打と50盗塁を記録した選手。85年ドラフト10位でレッドソックスに入団、オリオールズ移籍後の92年正左翼手に定着し、21本塁打、80打点、53盗塁（3位）。その後3年間は20本塁打に届かなかったが、中堅に回った96年突如として50本塁打（2位）を放つ。4月18～21日に4試合連続先頭打者本塁打、年間12本は新記録となった。通算の先頭打者弾は44本。94年は31盗塁で失敗は1回だけだった。選球眼も優れており、99年は96四球を選んで出塁率.404、通算でも.362。死球も多く通算154個、ケガを防ぐための肘当てを広めたことでも知られる。
【通算】15年、1834試合、6499打数1661安打、210本塁打、761打点、315盗塁、1190三振、打率.256
【タイトル】オールスター3回（92,96～97年）

フレッド・アンダーソン
John Frederick Anderson
1885.12.11～1957.11.8【出身地】ノースカロライナ州キャラハン【球団】09,13レッドソックス　14-15バッファロー（FL）　16-18ジャイアンツ【位置】投手、右
【経歴】09年に1試合だけ投げた後、歯科医になるため引退。13年に復帰、14年は新リーグのフェデラル・リーグに参加。スピットボールを駆使して15年に19勝を挙げた。同リーグ解散後ジャイアンツに加入、17年は8勝のみながら防御率1.44は1位。ただし完投は8回で、10完投以上がタイトル獲得の条件となっていた当時のルールにより、最優秀防御率はグローヴァー・アレグザンダーが手にした。
【通算】7年、178試合、114先発、62完投、11完封、53勝57敗、986.1回、514奪三振、防御率2.86
【タイトル】最優秀防御率1回（17年*）

マーロン・アンダーソン
Marlon Ordell Anderson
1974.1.6～【出身地】アラバマ州モントゴメリー【球団】98-2002フィリーズ　03レイズ　04カーディナルス　05メッツ　06

ナショナルズ　06-07ドジャース　07-09メッツ【位置】二塁、左
【経歴】95年ドラフト2位でフィリーズに入団し、98年にメジャー初打席で代打本塁打を放つ。2001年は打率.293、153安打、30二塁打。03年レイズに移籍して自己最多の67打点を記録するが、レギュラーとして出場したのはこの年が最後で、以後は代打としての起用が多くなる。06年9月18日のパドレス戦では、9回裏に4者連続の4本目となる同点本塁打を放った。
【通算】12年、1151試合、3204打数849安打、63本塁打、371打点、71盗塁、打率.265

ホアキン・アンデュハル
Joaquin Andujar

1952.12.21～2015.9.8【出身地】ドミニカ共和国サンペドロデマコリス【球団】76-81アストロズ　81-85カーディナルス　86-87アスレティックス　88アストロズ【位置】投手、右
【経歴】速球とスライダー中心の投球で、アストロズ時代も77年11勝、79年12勝を挙げながら今一つ安定感を欠く。カーディナルス移籍後の82年15勝、防御率2.47(3位)、ワールドシリーズでも2勝、防御率1.35で世界一に貢献。83年は6勝16敗と不振だったが翌84年は20勝、4完封、261.1投球回の3部門で1位。85年も21勝(2位)を挙げたがポストシーズンは0勝2敗、防御率7.54と大乱調。ワールドシリーズ第7戦では判定を不服として審判につかみかかり、退場を命じられた。頭に血が上りやすく、ユニフォームを着たままシャワーを浴びるなどの奇行もあった。通算2153回を投げ満塁本塁打は1本も打たれず、打者としては1本打った。
【通算】13年、405試合、305先発、68完投、19完封、127勝118敗9S、2153回、1032奪三振、防御率3.58
【タイトル】最多勝1回(84年)ゴールドグラブ1回(84年)オールスター4回(77,79,84～85年)

エルビス・アンドゥルス
Elvis Augusto Andrus

1988.8.26～【出身地】ベネズエラ共和国マラカイ【球団】2009-20レンジャーズ　21-22アスレティックス　22-23ホワイトソックス【位置】遊撃、右
【経歴】2005年にブレーヴスに入団、07年途中マーク・テシェイラとの交換要員の一人としてレンジャーズへ移籍。09年正遊撃手に抜擢され8三塁打(5位)、33盗塁の足と華麗な守備を評価され新人王投票では次点。10年のプレイオフは51打数17安打、7盗塁でレンジャーズの初優勝に貢献した。13年は42盗塁(3位)、レンジャーズでの305盗塁は球団記録。15年のディヴィジョンシリーズ第5戦では、自慢の守備で3連続ミスを犯してしまった。16年に唯一の打率3割(.302)、翌17年に191安打(3位)、44二塁打(4位)、20本塁打、88打点の自己記録を残した。
【通算】15年、2059試合、7772打数2091安打、380二塁打、51三塁打、102本塁打、775打点、347盗塁、611四球、1206三振、打率.269
【タイトル】オールスター2回(2010,12年)

ジョニー・アントネッリ
John August Antonelli

1930.4.12～2020.2.28【出身地】ニューヨーク州ロチェスター【球団】48-50,53ブレーヴス　54-60ジャイアンツ　61インディアンズ　61ブレーヴス【位置】投手、左
【経歴】速球派の左腕で、48年6万5000ドルでブレーヴスと契約、18歳でデビュー。兵役から復帰した53年12勝、ジャイアンツへ移籍した翌54年は21勝(2位)に加え、防御率2.30と6完封は1位だった。56年も20勝(2位)、防御率2.86(3位)、59年は4完封(1位)を含む19勝(4位)。同年まで7年連続12勝以上、通算15本塁打と打撃も侮れなかった。
【通算】12年、377試合、268先発、102完投、25完封、126勝110敗、1992.1回、1162奪三振、防御率3.34
【タイトル】最優秀防御率1回(54年)オールスター5回(54,56～59年)

【イ】

ジョニー・イーヴァーズ
John Joseph Evers
1881.7.21 ～ 1947.3.28【出身地】ニューヨーク州トロイ【球団】02-13 カブス　14-17 ブレーヴス　17 フィリーズ　22 ホワイトソックス　29 ブレーヴス【位置】二塁、左
【経歴】ジョー・ティンカー、フランク・チャンスと組んだ併殺トリオの一員として有名な二塁手。守備はもちろん俊足で選球眼も良く、06 年 49 盗塁 (5 位)、07 年は 46 盗塁 (2 位)。史上 6 位の本盗 21 回と頭脳的な走塁も光った。ルールを隅々まで熟知し、08 年にはフレッド・マークルのボーンヘッドをアピールして逆転優勝に結びつけた。11 年は神経衰弱のため 46 試合の出場にとどまったが、翌 12 年は自己最高の打率 .341 (4 位)、出塁率 .431 (2 位)。13 年は監督を兼任、1 年のみで解任され 14 年はブレーヴスに移籍。成績こそ平凡ながら卓越したリーダーシップを発揮、逆転優勝への貢献を認められ、当時の MVP に相当するチャルマーズ賞を受賞。ワールドシリーズでは 07、08 年に .350、14 年に .438 の高打率を残し、大舞台での強さを発揮した。
　大変気性が激しく、犬猿の仲のティンカーとはグラウンド外でしばしば喧嘩に至った。24 年には病を患ったチャンスの代理監督を務め、29 年はブレーヴスのコーチとして、オーナー兼監督のエミール・フックスの下で実質的に采配を振った。同年は 47 歳にして 1 試合のみ二塁守備についている。46 年殿堂入り。弟ジョーは 13 年代走として 1 試合のみ出場、おじのトムもメジャーリーガー。
【通算】18 年、1784 試合、6137 打数 1659 安打、12 本塁打、536 打点、324 盗塁、打率 .270
【監督】13,21 カブス　24 ホワイトソックス　3 年、375 試合、180 勝 192 敗、勝率 .484

フート・イーヴァーズ
Walter Arthur Evers (Hoot)
1921.2.8 ～ 91.1.25【出身地】ミズーリ州セントルイス【球団】41,46-52 タイガース　52-54 レッドソックス　54 ジャイアンツ　54 タイガース　55 オリオールズ　55-56 インディアンズ　56 オリオールズ【位置】外野、右
【経歴】41 年に 1 試合出場したのち陸軍航空軍で 4 年間過ごし、46 年に復帰。48 年から 3 年連続打率 3 割、48 年と 50 年は 103 打点。50 年は 9 月 7 日にサイクルヒット、リーグ最多の 11 三塁打に加え、自己最高の打率 .323、35 二塁打 (4 位)、21 本塁打と活躍した。52 年に指をケガして以降は不振が続いた。若手選手に対して好意的に接し、引退後はインディアンズとタイガースのフロントで働いた。
【通算】12 年、1142 試合、3801 打数 1055 安打、98 本塁打、565 打点、45 盗塁、打率 .278
【タイトル】オールスター 2 回 (48,50 年)

ネイサン・イヴァルディ　★
Nathan Edward Eovaldi
1990.2.13 ～【出身地】テキサス州ヒューストン【球団】2011-12 ドジャース　12-14 マーリンズ　15-16 ヤンキース　18 レイズ　18-22 レッドソックス　23-24 レンジャーズ【位置】投手、右
【経歴】2008 年ドラフト 11 位でドジャースに入団。持ち前の豪速球で、15 年にヤンキースで 14 勝を挙げたが、翌 16 年は高校時代に続き 2 度目のトミー・ジョン手術を受ける。復帰後 18 年のプレイオフで 2 勝、ワールドシリーズ第 3 戦では翌日の先発予定だったが延長 12 回から登板、6 イニングのロングリリーフで敗戦投手となった。プレイオフでは 21 年も 2 勝、レンジャーズに移籍し 12 勝を挙げた 23 年も 4 戦 4 勝と強さを発揮し、ポストシーズンは通算 9 勝 3 敗、防御率 3.05 となっている。
【通算】13 年、294 試合、275 先発、4 完投、2 完封、91 勝 81 敗 0 S、1572.1 回、1358 奪三振、防御率 4.07
【タイトル】オールスター 2 回 (2021,23 年)

カービー・イェイツ　★
Kirby Kali Yates
1987.3.25 ～【出身地】ハワイ州リフエ【球団】2014-15 レイズ　16 ヤンキース　17 エンジェルズ　17-20 パドレス　22-23 ブレーヴス　24 レンジャーズ【位置】投手、右
【経歴】2005 年ドラフト 26 位でレッドソックスに指名されるが入団拒否し、09 年ドラフト外でレイズに入団。2 度の契約買い取りと 2 度のウェーバーを経て 17 年途中パドレスへ移籍すると、ヤンキース時代に田中将大から学んだスプリッターを駆使して中継ぎとして覚醒。18 年は防御率 2.14、続く 19 年は 1.19 まで下げ、リーグ最多

の41セーブを記録した。2度目のトミー・ジョン手術を受け20～22年は15試合投げただけだったが、24年は33セーブ、自己ベストの防御率1.17だった。兄タイラーも通算239試合に登板した投手。
【通算】10年、422試合、0先発、26勝21敗95S、411.1回、571奪三振、防御率3.17
【タイトル】最多セーブ1回(2019年) オールスター2回(19,24年)

スティーヴ・イェーガー
Stephen Wayne Yeager
1948.11.24～【出身地】ウェストヴァージニア州ハンティントン【球団】72-85ドジャース　86マリナーズ【位置】捕手、右
【経歴】67年ドラフト4位でドジャースに入団。敏捷なフィールディングに加えて投手リードも良く、ルー・ブロックから「ジョニー・ベンチ以上」と称賛されるほどの強肩でもあった。打撃でも意外性を発揮し、77年は自己最多の16本塁打、55打点、ワールドシリーズでは2本塁打、5打点。81年のシリーズも第5戦の決勝アーチを含む2本塁打でMVPを受賞した。通算では4度シリーズに出場し、21試合で打率.298、4本塁打、10打点。映画『メジャーリーグ』シリーズには3作とも出演した。おじのチャック・イェーガーは、初の音速飛行を達成した伝説的パイロット。
【通算】15年、1269試合、3584打数816安打、102本塁打、410打点、14盗塁、打率.228

クリスチャン・イェリッチ　★
Christian Stephen Yelich
1991.12.5～【出身地】カリフォルニア州サウザンドオークス【球団】2013-17マーリンズ　18-24ブルワーズ【位置】外野、左
【経歴】2010年ドラフト1位でマーリンズに入団、レギュラーに定着した14年にゴールドグラブを受賞。ブルワーズにトレードされた18年は打率.326と長打率.598が1位、187安打と110打点は2位、36本塁打と出塁率.402は3位。史上5人目となる年間2度のサイクル安打をいずれもレッズ戦で達成したほか、最終14試合は39打数21安打、6本塁打、21打点、14四球。ブルワーズ地区優勝の立役者となってMVPに選ばれた。
　続く19年も打率.329で2年連続首位打者、出塁率.429と長打率.671も1位でMVP投票は次点。44本塁打は4位で、終盤まで三冠王の可能性もあったが、ケガのため達成できなかった。20年に9年2億1500万ドルの延長契約を結んで以後は不振続きだったが、22年には3度目のサイクル安打をまたしてもレッズ相手に記録した。曾祖父のフレッド・ガーキーはフットボールの殿堂入り選手。母方の祖父が日本人で日系三世に当たる。
【通算】12年、1466試合、5535打数1590安打、204本塁打、748打点、205盗塁、1381三振、打率.287
【タイトル】MVP1回(2018年) 首位打者2回(18～19年) 最高出塁率1回(19年) ゴールドグラブ1回(14年) オールスター3回(18～19,24年)

五十嵐亮太　☆
Ryota Igarashi
1979.5.28～【出身地】千葉県千葉市【球団】2010-11メッツ　12ブルージェイズ　12ヤンキース【位置】投手、右
【経歴】敬愛学園高から97年ドラフト2位でヤクルトに入団。最速158kmの快速球で2000年に11勝、04年にリーグ最多の37セーブを挙げた。10年FAでメッツと2年契約を結び、34試合に登板したが防御率7.12と打ち込まれた。11年は45試合で4勝、防御率4.66だったが契約は更新されず、12年はパイレーツと契約。開幕前にブルージェイズへトレード、2試合登板後ウェーバーにかけられヤンキースに拾われたが、ここでも2試合しか投げられず、13年はソフトバンクで日本球界に復帰。41歳まで現役を続けた。
【通算】3年、83試合、0先発、5勝2敗0S、73回、72奪三振、防御率6.41
【日本】1999-2006,08-09ヤクルト　13-18ソフトバンク　19-20ヤクルト　18年、823試合、0先発、65勝39敗70S、866.1回、920奪三振、防御率2.93

井川慶　☆
Kei Igawa
1979.7.13～【出身地】茨城県東茨城郡大洗町【球団】2007-08ヤンキース【位置】投手、左
【経歴】水戸商から97年ドラフト2位で阪神に入団。2003年に20勝、防御率2.80の2部門で1位となり、MVPと沢村賞を受賞。04年10月4日の広島戦でノーヒットノーランを達成した。06年まで5年連続13勝以上、最多奪三振3回の

実績を残し、同年オフにポスティングでのメジャー移籍を認められる。ヤンキースが入札金額2600万194ドルで交渉権を獲得し、5年間2000万ドルで契約。07年4月18日のインディアンズ戦で初勝利を挙げたが、1年目は14試合で2勝3敗、防御率6.25。翌08年はメジャーでは2試合に登板しただけ、09～11年は登板機会すらなくAAA級に据え置かれ、"ヤンキース史上最大級の失敗補強"と呼ばれた。12年オリックスで日本に復帰、14年限りで退団後も独立リーグなどで投げた。
【通算】2年、16試合、13先発、0完投、2勝4敗0S、71.2回、53奪三振、防御率6.66
【日本】1998-2006阪神　12-14オリックス　11年、219試合、208先発、35完投、15完封、93勝72敗1S、1387.2回、1279奪三振、防御率3.21

井口資仁　☆
Tadahito Iguchi
1974.12.4～【出身地】東京都田無市【球団】2005-07ホワイトソックス　07フィリーズ　08パドレス　08フィリーズ【位置】二塁、右
【経歴】本名は忠仁。青山学院大時代に東都大学リーグ記録の24本塁打を放ち、96年のアトランタ五輪にも出場。同年のドラフトでダイエーを逆指名し1位で入団した。2001年に自己最多の30本塁打、44盗塁、長打力と俊足を兼ね備え03年は.340の高打率を記録した。04年オフ、メジャー移籍のために自由契約を認められホワイトソックスに入団。正二塁手として135試合に出場、打率.278、15本塁打、71打点、15盗塁。ディヴィジョンシリーズ第2戦では決勝の逆転3ラン、ワールドシリーズでは18打数3安打と振るわなかったが世界一を経験した。
　翌06年はメジャーでの自己記録となる打率.281、156安打、18本塁打。07年途中でフィリーズに移り、移籍後の45試合は打率.304で地区優勝に貢献した。08年はパドレスと契約、4月26日のダイアモンドバックス戦で初のサヨナラ本塁打を放つも、不振のため解雇。フィリーズに拾われたが4試合しか出場できず、09年ロッテで日本球界に復帰。17年限りで引退、同球団で元メジャーリーガーとして初めて監督に就任し、22年まで務めた。
【通算】4年、493試合、1841打数494安打、44本塁打、205打点、48盗塁、打率.268
【日本】97-2004ダイエー　09-17ロッテ　17年、1915試合、6512打数1760安打、251本塁打、1017打点、176盗塁、1409三振、打率.270

ホセ・イグレシアス　★
Jose Antonio Iglesias
1990.1.5～【出身地】キューバ共和国ハバナ【球団】2011-13レッドソックス　13,15-18タイガース　19レッズ　20オリオールズ　21エンジェルズ　21レッドソックス　22ロッキーズ　24メッツ【位置】遊撃、右
【経歴】キューバから亡命し2010年レッドソックスに入団。華麗な遊撃守備で注目され、13年は打率.303で新人王投票2位。15年も.300でオールスターに選ばれた。19年にいずれも自己最多の145安打、11本塁打、59打点。翌20年は39試合のみの出場ながら打率.373、リーグ2位の17二塁打を記録した。24年には歌手デビューを果たした。
【通算】12年、1181試合、4040打数1142安打、51本塁打、392打点、65盗塁、打率.283
【タイトル】オールスター1回(2015年)

ライセル・イグレシアス　★
Raisel Iglesias
1990.1.4～【出身地】キューバ共和国イスラデラフベンテュ【球団】2015-20レッズ　21-22エンジェルズ　22-24ブレーヴス【位置】投手、右
【経歴】2014年キューバから亡命しレッズに入団、マイナー経験なしでメジャーにデビュー。当初は先発で起用されたが、17年から抑えに回り、19年は12敗を喫しながらも34セーブ(3位)。スライダーやチェンジアップなど変化球の質が高く、21年は34セーブ(2位)、70回で103三振を奪った。16年以降は19年を除き防御率2点台以下と安定し、24年に自己ベストの1.95、38者連続アウトも記録。セーブ数で5位以内に6回入った。同じキューバ人で同姓、誕生日も1日違いのホセ・イグレシアスとは21年にエンジェルズでチームメイトになった。
【通算】10年、530試合、21先発、0完投、38勝49敗224S、668.2回、796奪三振、防御率2.87

アンドレ・イーシアー
Andre Everett Ethier
1982.4.10 ～【出身地】アリゾナ州フェニックス【球団】2006-17 ドジャース【位置】外野、左
【経歴】2001 年ドラフト 37 位でアスレティックスに指名され拒否、03 年 2 位での再指名で入団。06 年ドジャースへ移籍、正左翼手となって打率 .308、08 年も .305。09 年は 42 二塁打（5 位）、31 本塁打、106 打点、4 本のサヨナラ本塁打を放つなど勝負強さを発揮。プレイオフでも 31 打数 11 安打、3 本塁打と活躍した。30 試合連続安打を記録した 11 年は守備でもゴールドグラブを受賞。12 年 8 月にリーグタイ記録の 10 打数連続安打を放った。
【通算】12 年、1455 試合、4800 打数 1367 安打、162 本塁打、687 打点、29 盗塁、打率 .285
【タイトル】ゴールドグラブ 1 回（2011 年）オールスター 2 回（10 ～ 11 年）

石井一久　☆
Kazuhisa Ishii
1973.9.9 ～【出身地】千葉県千葉市【球団】2002-04 ドジャース　05 メッツ【位置】投手、左
【経歴】東京学館浦安高から 91 年ドラフト 1 位でヤクルトに入団。左腕からの速球とカーブで 98 年 14 勝、241 奪三振（1 位）、2000 年も 210 奪三振と防御率 2.61 はリーグトップ。03 年ポスティング・システムでドジャースに入団、4 月 6 日のロッキーズ戦で初登板、10 三振を奪い初勝利を挙げると以後 6 連勝。6 月 8 日には 10 勝に到達したが、その後勝ち星が伸びず年間では 14 勝 10 敗、防御率 4.27。106 四球はリーグワースト、9 月には打球を顔面に受け、頭蓋骨にヒビが入るアクシデントに見舞われた。2 年目以降も制球が安定せず、04 年は 2 完封を含む 13 勝を挙げながらも防御率 4.71。メッツに移籍した 05 年は 3 勝 9 敗で、翌 06 年ヤクルトに復帰した。日本球界復帰後に挙げた 65 勝は、元メジャーリーガーでは村上雅則に次ぐ。19 年楽天の GM に就任、21 ～ 23 年は監督を兼任した。
【通算】4 年、105 試合、102 先発、2 完投、2 完封、39 勝 34 敗 0 S、564 回、435 奪三振、防御率 4.44
【日本】92-2001,06-07 ヤクルト　08-12 西武　17 年、419 試合、332 先発、25 完投、9 完封、143 勝 103 敗 1 S、2153.1 回、2115 奪三振、防御率 3.63

ローリー・イーストウィック
Rawlins Jackson Eastwick
1950.10.24 ～【出身地】ニュージャージー州カムデン【球団】74-77 レッズ　77 カーディナルス　78 ヤンキース　78-79 フィリーズ　80 ロイヤルズ　81 カブス【位置】投手、右
【経歴】高校時代はレスリングでも活躍。69 年ドラフト 3 位でレッズに入団、速球を武器に 75 年 22 セーブ（1 位）、ポストシーズンも 3 勝 2 セーブで世界一に大きく貢献。翌 76 年も 71 試合に投げ 11 勝 26 セーブ（1 位）、防御率 2.09。78 年ヤンキースと 5 年契約を結ぶが 8 試合投げただけで放出、以後は中継ぎに回った。骨董品の収集や近代絵画を描くなど、多彩な趣味の持ち主だった。
【通算】8 年、326 試合、1 先発、0 完投、28 勝 27 敗 68 S、525.1 回、295 奪三振、防御率 3.31
【タイトル】最多セーブ 2 回（75 ～ 76 年）

セサル・イストゥリス
Cesar David Izturis
1980.2.10 ～【出身地】ベネズエラ共和国バルキシメト【球団】2001 ブルージェイズ　02-06 ドジャース　06-07 カブス　07 パイレーツ　08 カーディナルス　09-11 オリオールズ　12 ブルワーズ　12 ナショナルズ　13 レッズ【位置】遊撃、両
【経歴】96 年ブルージェイズに入団、2002 年ドジャースに移籍して守備力を買われ正遊撃手に抜擢される。04 年に打率 .288、193 安打、9 三塁打（4 位）、25 盗塁の自己最高成績を残し、ゴールドグラブにも選ばれた。長打力と選球眼に問題があって、通算出塁率は .293、長打率も .322。弟マイセルも内野手で、エンジェルズなどで通算 909 試合に出場した。
【通算】13 年、1310 試合、4350 打数 1103 安打、17 本塁打、312 打点、110 盗塁、打率 .254
【タイトル】ゴールドグラブ 1 回（2004 年）オールスター 1 回（05 年）

フランク・イスベル
William Frank Isbell
1875.8.21 ～ 1941.7.15【出身地】ニューヨーク州デレヴァン【球団】1898 シカゴ　1901-09 ホワイトソックス【位置】一塁、二塁、左

【経歴】全ポジションを守った経験を持つ器用な選手で、1898年は投手を兼任、13試合に登板し4勝7敗。1901年は52盗塁で一塁手では珍しく盗塁王となった。05年は打率.296(5位)、長打率.440(2位)。06年のワールドシリーズでは第1戦で決勝タイムリー、第5戦の4二塁打はシリーズ記録となった。若い頃から頭髪が薄く、ニックネームは"ハゲワシ"。引退後はマイナーで監督や球団社長を務めた。
【通算】10年、1119試合、4219打数1056安打、13本塁打、455打点、253盗塁、打率.250
【タイトル】盗塁王1回(01年)

マイク・イースラー ☆
Michael Anthony Easler
1950.11.29～【出身地】オハイオ州クリーヴランド【球団】73-75アストロズ 76エンジェルズ 77,79-83パイレーツ 84-85レッドソックス 86ヤンキース 87フィリーズ 87ヤンキース【位置】外野、DH、左
【経歴】69年ドラフト14位でアストロズに入団。AAA級で2度首位打者となったが守備に難があり、80年29歳でようやくメジャーに定着し打率.338、21本塁打。6月12日にサイクルヒットを達成した。翌81年は故郷クリーヴランドでのオールスターに出場。84年レッドソックスに移籍、打率.313、27本塁打、91打点、86年も打率.302。88年日本ハムに入団、5月19日の来日初打席で本塁打。同年打率.304、ゴルフスイングのような独特の打法と陽気な性格で話題となった。帰国後は打撃コーチとして手腕を高く評価された。クリフ・ジョンソンとは義兄弟の間柄。
【通算】14年、1151試合、3677打数1078安打、118本塁打、522打点、20盗塁、打率.293
【タイトル】オールスター1回(81年)
【日本】88-89日本ハム 2年、142試合、517打数156安打、26本塁打、90打点、4盗塁、打率.302

ダミオン・イーズリー
Jacinto Damion Easley
1969.11.11～【出身地】ニューヨーク州ニューヨーク【球団】92-96エンジェルズ 96-2002タイガース 03レイズ 04-05マーリンズ 06ダイアモンドバックス 07-08メッツ【位置】二塁、右
【経歴】88年ドラフト30位でエンジェルズに入団。96年途中タイガースに移り打撃開眼、97年は22本塁打、28盗塁。続く98年は27本塁打、100打点を叩き出しオールスターに選ばれた。2001年6月8日にサイクルヒットを達成。守備では98、2000年に守備率1位を記録した。ファンに対する応対も良かった。
【通算】17年、1706試合、5484打数1386安打、163本塁打、684打点、114盗塁、打率.253
【タイトル】オールスター1回(98年)

ジェイソン・イズリングハウゼン
Jason Derik Isringhausen
1972.9.7～【出身地】イリノイ州ブライトン【球団】95-97,99メッツ 99-2001アスレティックス 02-08カーディナルス 09レイズ 11メッツ 12エンジェルズ【位置】投手、右
【経歴】91年ドラフト44位でメッツに指名され、翌92年に入団。95年後半戦からメジャーに昇格すると14試合で9勝2敗、防御率2.81と好投。翌96年は6勝14敗と大きく負け越し、その後も不振で99年途中アスレティックスへ放出。移籍後はカッターを身につけてリリーフに適性を見出し、2000年33セーブ、以後3年連続30セーブ以上。04年はカーディナルスで47セーブ(1位)を稼いだ。通算7回30セーブ以上、カーディナルスでの通算217セーブは球団記録。
【通算】16年、724試合、52先発、3完投、1完封、51勝55敗300S(30位)、1007.2回、830奪三振、防御率3.64
【タイトル】最多セーブ1回(2004年)オールスター2回(00,05年)

リチャード・イダルゴ
Richard Jose Hidalgo
1975.6.28～【出身地】ベネズエラ共和国カラカス【球団】97-2004アストロズ 04メッツ 05レンジャーズ【位置】外野、右
【経歴】91年アストロズに入団、レギュラーに定着した2000年に打率.314、42二塁打、44本塁打(4位)、122打点と大活躍。その後2年間は不振だったが、03年は打率.309、43二塁打、28本塁打、88打点、守備でも22補殺の強肩を見せつけた。翌04年も23本塁打を放ったが打率は.239と急落し、05年を最後にメジャーから姿を消した。
【通算】9年、987試合、3459打数929安打、171本塁打、560打点、48盗塁、

打率 .269

イチロー→スズキ

ラウル・イバニェス
Raul Javier Ibanez
1972.6.2 ～【出身地】ニューヨーク州ニューヨーク【球団】96-2000 マリナーズ　01-03 ロイヤルズ　04-08 マリナーズ　09-11 フィリーズ　12 ヤンキース　13 マリナーズ　14 エンジェルズ　14 ロイヤルズ【位置】外野、左
【経歴】30 代を迎えてから活躍し始めた遅咲きの好打者。92 年ドラフト 36 位でマリナーズに入団、96 年にメジャーに昇格したが控えの時期が続き、オリックス入団の噂もあった。ロイヤルズ移籍後の 2002 年にケヴィン・サイツァー打撃コーチの指導で 24 本塁打、103 打点と開花。04 年マリナーズに復帰すると、06 年は 33 本塁打、自己最多の 123 打点（3 位）。以後 3 年連続 100 打点以上、08 年は 110 打点（5 位）に加え、186 安打と 43 二塁打は自己記録となった。フィリーズに移籍した 09 年は 34 本塁打、37 歳でオールスターに初出場し、プレイオフでは 9 打点、ワールドシリーズでも 23 打数 7 安打、4 二塁打。ヤンキースに移った 12 年はディヴィジョンシリーズ第 3 戦で 9 回裏に同点弾、12 回裏にサヨナラ弾、最終第 5 戦では先制・決勝のタイムリー。リーグ優勝決定シリーズでも、第 1 戦の 9 回二死から起死回生の同点 2 ランを放つ驚異的な勝負強さを発揮した。人格面での評価も高く、マリナーズに 3 度目の復帰となった 13 年も 41 歳で 29 本塁打と衰えぬ長打力を見せた。
【通算】19 年、2161 試合、7471 打数 2034 安打、424 二塁打、51 三塁打、305 本塁打、1207 打点、50 盗塁、713 四球、1374 三振、打率 .272
【タイトル】オールスター 1 回（2009 年）

今永昇太　★☆
Shota Imanaga
1993.9.1 ～【出身地】福岡県北九州市【球団】2024 カブス【位置】投手、左
【経歴】駒沢大から 2015 年ドラフト 1 位で DeNA に入団。多彩な球種を駆使した頭脳的な投球を持ち味とし、2 ケタ勝利 3 度、23 年にリーグ最多の 174 三振を奪う。24 年はポスティング・システムでカブスへ移籍、4 月 1 日のロッキーズ戦で初登板初勝利。回転数の高い速球を高めに投げ 5 月 1 日メッツ戦まで 5 連勝、最初の 9 試合で防御率 0.84 と好投を続け、オールスターにも出場した。9 月 4 日のパイレーツ戦では 7 回無安打で降板。最後の 6 試合に全勝してリーグ 3 位の 15 勝、敗戦は 3 つだけで、防御率 2.91 も 3 位と見事な成績を収め、新人王投票 4 位、サイ・ヤング賞の投票でも 5 位に入った。ユーモラスかつ機転の利いた発言も取材陣に好評だった。
【通算】1 年、29 試合、29 先発、0 完投、15 勝 3 敗 0 S、173.1 回、174 奪三振、防御率 2.91
【タイトル】オールスター 1 回（2024 年）
【日本】2016-23DeNA　8 年、165 試合、158 先発、13 完投、7 完封、64 勝 50 敗 0 S、1002.2 回、1021 奪三振、防御率 3.18

ボーンズ・イーライ
William Frederick Ely (Bones)
1863.6.7 ～ 1952.1.10【出身地】ペンシルヴェニア州ノースジラード【球団】1884 バッファロー　86 ルイヴィル（AA）　90 シラキューズ（AA）　91 ブルックリン　93-95 セントルイス　96-1901 パイレーツ　01 アスレティックス　02 セネターズ【位置】遊撃、外野、右
【経歴】打撃よりも守備力を評価されていた選手で、“ボーンズ（骨）”の名の通り細身だった。長い下積みを経て 1894 年 30 歳でレギュラーに定着、打率 .306、12 本塁打、89 打点。その後は一度も 3 割、2 ケタ本塁打がなかった。遊撃守備では通常よりも相当深い位置で守った。投手としても通算 9 試合に登板したが 0 勝 5 敗、防御率 6.75。冬の間はサーカスに加わってアクロバットを演じていた。
【通算】14 年、1343 試合、5167 打数 1333 安打、24 本塁打、657 打点、打率 .258

伊良部秀輝　☆
Hideki Irabu
1969.5.5 ～ 2011.7.27【出身地】沖縄県宮古市【球団】97-99 ヤンキース　2000-01 エクスポズ　02 レンジャーズ【位置】投手、右
【経歴】尽誠学園高から 87 年ドラフト 1 位でロッテに入団。日本最速の 157km を記録した剛速球とフォークボールで、94 年リーグ最多の 15 勝、239 奪三振、95 ～ 96 年は 2 年連続で防御率 1 位。この

頃からメジャーでのプレイを希望、97年1月パドレスへのトレードを通告されるが、ヤンキース以外には入団しないとして拒否。紆余曲折の末パドレスが交渉権を譲渡し、契約金850万ドルでヤンキースに入団した。

97年7月10日の初登板で初勝利を飾ったが、その後打ち込まれ5勝4敗、防御率7.09でマイナー落ちも経験。日本の報道陣との確執や、観客に向かって唾を吐きかけるなど、態度の悪さで不評を買った。翌98年前半は防御率トップに立ったこともあったが、最終的には4.06で、13勝を挙げながらポストシーズンは登板機会なし。11勝した99年も防御率4.84と安定感を欠いた。2000年エクスポズへトレードされ2勝5敗、防御率7.24。翌01年は故障続きの上、飲酒をめぐるトラブルで解雇された。02年はレンジャーズで16セーブを挙げたものの、防御率は5.74だった。

03年阪神で日本に復帰、13勝しリーグ優勝に貢献。翌04年は3試合しか登板できずに退団、その後再渡米し飲食店を経営していたが、09年独立リーグで現役復帰。同年は四国アイランドリーグ・高知でも投げた。11年42歳で自殺。

【通算】6年、126試合、80先発、4完投、2完封、34勝35敗16S、514回、405奪三振、防御率5.15

【日本】88-96ロッテ　2003-04阪神　11年、273試合、159先発、43完投、3完封、72勝69敗11S、1286.1回、1282奪三振、防御率3.55

岩隈久志　☆

Hisashi Iwakuma

1981.4.12～【出身地】東京都東大和市【球団】2012-17マリナーズ【位置】投手、右

【経歴】堀越高から99年ドラフト5位で近鉄に入団、細身からの切れの良い速球で、04年に15勝を挙げ最多勝。05年楽天に移籍、08年はいずれも1位の21勝、防御率1.87で、チームが5位だったにもかかわらずMVPを受賞する。10年終了後ポスティング・システムでのメジャー移籍を試みたが、落札したアスレティックスとの入団交渉が決裂、楽天に残留した。

FAとなった12年マリナーズと契約し、4月20日のホワイトソックス戦で初登板、6月16日のジャイアンツ戦で初勝利。7月からは先発ローテーションに定着、30日のブルージェイズ戦でマリナーズの新人球団記録となる13奪三振。年間では9勝5敗、防御率3.16だった。翌13年は14勝、防御率2.66（3位）でサイ・ヤング賞投票も3位。14年は15勝、続く15年は背中を痛め9勝にとどまったものの、8月12日のオリオールズ戦では日本人投手として野茂英雄に次ぎ2人目となるノーヒッターを成し遂げた。16年はドジャースと3年4500万ドルで合意したが、身体検査の結果破談となり、マリナーズに戻って自己最多の16勝を挙げた。17年は肩痛で6試合に投げたのみで0勝。18年はメジャーでの登板がなく、19年に巨人で日本球界に復帰したが、2年間で一度も一軍で投げずに引退した。

【通算】6年、150試合、136先発、1完投、1完封、63勝39敗2S、883.2回、714奪三振、防御率3.42

【タイトル】オールスター1回（2013年）

【日本】2001-04近鉄　05-11楽天　11年、226試合、225先発、48完投、6完封、107勝69敗0S、1541回、1175奪三振、防御率3.25

岩村明憲　☆

Akinori Iwamura

1979.2.9～【出身地】愛媛県宇和島市【球団】2007-09レイズ　10パイレーツ　10アスレティックス【位置】二塁、三塁、左

【経歴】宇和島東高から96年ドラフト2位でヤクルトに入団。2000年に正三塁手となり、04年は44本塁打、103打点、同年から3年連続で打率3割・30本塁打以上。守備でも6回ゴールデングラブに選ばれた。06年オフにポスティングによるメジャー移籍を表明し、455万ドルでレイズが交渉権を獲得、3年770万ドルで契約。07年は123試合で打率.285、140安打に加え10三塁打は2位だった。

翌08年はエヴァン・ロンゴリアに三塁を譲り、ほとんど経験のない二塁へコンバート。打率.274、172安打、30二塁打、9三塁打（3位）とほぼ前年並みの数字を残し、守備も7失策と堅実だった。ディヴィジョンシリーズでは18打数7安打、第2戦で決勝の逆転2ランを放ち、レイズのリーグ初制覇に貢献。ワールドシリーズでも初打席から3連続安打を放った。09年は走者と交錯して負傷、69試合しか出場できず、パイレーツへトレードされた10年は打率.182で9月に解雇。アスレティックスに拾われたが打率.173、2本塁打、13打点に終わり、11年は楽天で日本

に復帰した。兄の敬士も元近鉄の選手。
【通算】4年、408試合、1545打数413安打、16本塁打、117打点、32盗塁、打率.267
【日本】98-2006ヤクルト　11-12楽天　13-14ヤクルト　13年、1194試合、4038打数1172安打、193本塁打、615打点、67盗塁、打率.290

ピート・インカヴィリア　☆
Peter Joseph Incaviglia
1964.4.2～【出身地】カリフォルニア州ペブルビーチ【球団】86-90レンジャーズ　91タイガース　92アストロズ　93-94,96フィリーズ　96-97オリオールズ　97ヤンキース　98タイガース　98アストロズ【位置】外野、右
【経歴】オクラホマ州立大学時代に年間48本塁打、通算100本塁打の驚異的な記録を樹立し、85年ドラフト1位（全体8位）でエクスポズに指名されるが入団拒否。レンジャーズへのトレードを条件に契約し、86年マイナーを経験せずにメジャーデビュー。30本塁打とパワーを発揮するも、リーグワーストの185三振を喫した。その後も5年連続で20本塁打以上を放つが、毎年130三振以上と粗さは解消されなかった。93年フィリーズで自己最高の打率.274、89打点。95年ロッテに入団、打率.181と散々で1年限りで退団し、フィリーズに復帰した96年は18本塁打を記録した。
【通算】12年、1284試合、4233打数1043安打、206本塁打、655打点、33盗塁、1277三振、打率.246
【日本】95ロッテ　1年、71試合、243打数44安打、10本塁打、31打点、1盗塁、打率.181

ウッディ・イングリッシュ
Elwood George English
1906.3.2～97.9.26【出身地】オハイオ州フレドニア【球団】27-36カブス　37-38ドジャース【位置】遊撃、三塁、右
【経歴】27年5万ドルの契約金でカブスに入団。30年いずれも3位の17三塁打、100四球に加え、自己最高の打率.335、214安打。200安打/100四球はナ・リーグ史上3人目の快挙だった。翌31年も打率.319、202安打（3位）と好調を維持した。性格の良さを買われて32年主将となる。翌33年は第1回オールスターに出場。50年代には女子プロ野球チームで監督を務めた。
【通算】12年、1261試合、4746打数1356安打、32本塁打、422打点、57盗塁、打率.286
【タイトル】オールスター1回（33年）

ブランドン・インジ
Charles Brandon Inge
1977.5.19～【出身地】ヴァージニア州リンチバーグ【球団】2001-12タイガース　12アスレティックス　13パイレーツ【位置】三塁、捕手、右
【経歴】98年ドラフト2位でタイガースに入団。メジャー昇格当初は強肩の捕手だったが、打力が弱くレギュラーにはなれなかった。2004年三塁に転向、05～07年は3年連続で最多補殺。打力も向上し06年は27本塁打、83打点、ワールドシリーズでも17打数6安打とよく打ったものの、自慢の守備で3失策と足を引っ張った。09年は前半戦だけで21本塁打を放ちオールスターに出場、年間でも27本、84打点だったが、打率は.230にとどまり170三振もワースト2位だった。ガッツに溢れるプレイスタイルで、デトロイトでは人気者だった。
【通算】13年、1532試合、5014打数1166安打、152本塁打、648打点、45盗塁、1306三振、打率.233
【タイトル】オールスター1回（2009年）

ジョナサン・インディア　★
Jonathan Joseph India
1996.12.15～【出身地】フロリダ州フォートローダーデイル【球団】2021-24レッズ【位置】二塁、右
【経歴】2018年ドラフト1位（全体5位）でレッズに入団。21年に正二塁手となって34二塁打、21本塁打、打率.269ながら出塁率は.376の高率で新人王を受賞。23死球はリーグ最多だった。その後3年間は打率2割4分台、本塁打も10本台と今一つ壁を破れずにいる。
【通算】4年、523試合、1905打数482安打、63本塁打、229打点、42盗塁、打率.253
【タイトル】新人王（2021年）

オマル・インファンテ
Omar Rafael Infante
1981.12.26～【出身地】ベネズエラ共和国プエルトラクルス【球団】2002-07タイガース　08-10ブレーヴス　11-12マーリンズ

12-13 タイガース　14-16 ロイヤルズ【位置】二塁、右
【経歴】99 年タイガースに入団、2004 年正二塁手となり 27 二塁打、9 三塁打（4 位）、16 本塁打を放ったが 06 年には控えに降格。ブレーヴス移籍後の 10 年は首位打者を争い打率 .321 で 3 位、13 年も規定打席不足ながら .318。ロイヤルズに移った 14 年は自己最多の 66 打点、ワールドシリーズでも 22 打数 7 安打で 5 打点を挙げた。
【通算】15 年、1507 試合、5271 打数 1427 安打、82 本塁打、542 打点、80 盗塁、打率 .271
【タイトル】オールスター 1 回（2010 年）

【ウ】

フランク・ヴァイオラ
Frank John Viola
1960.4.19 ～【出身地】ニューヨーク州ヘムステッド【球団】82-89 ツインズ　89-91 メッツ　92-94 レッドソックス　95 レッズ　96 ブルージェイズ【位置】投手、左
【経歴】81 年ドラフト 2 位でツインズに入団。左腕から繰り出すチェンジアップで 84 年 18 勝（4 位）、翌 85 年も 18 勝。87 年は 17 勝、防御率 2.90（2 位）、ワールドシリーズでも 2 勝しシリーズ MVP に選ばれる。翌 88 年は 24 勝で最多勝、防御率 2.64 と 193 奪三振は 3 位でサイ・ヤング賞を受賞した。契約交渉でもめ 89 年途中メッツに移籍、90 年はリーグ最多の 249.2 回を投げ 20 勝（2 位）、防御率 2.67（4 位）。92 年まで 9 年連続 13 勝以上、10 年連続 200 投球回以上と計算の立つ投手だった。
【通算】15 年、421 試合、420 先発、74 完投、16 完封、176 勝 150 敗 0 S、2836.1 回、1844 奪三振、防御率 3.73
【タイトル】サイ・ヤング賞 1 回（88 年）最多勝 1 回（88 年）オールスター 3 回（88,90 ～ 91 年）

ビル・ヴァードン
William Charles Virdon
1931.6.9 ～ 2021.11.23【出身地】ミシガン州ヘイゼルパーク【球団】55-56 カーディナルス　56-65,68 パイレーツ【位置】外野、左
【経歴】ヤンキースのマイナーからカーディナルスへ移り、55 年打率 .281、17 本塁打、68 打点で新人王を受賞。翌 56 年は開幕から不振だったが、パイレーツへ移籍後復調し打率 .319（2 位）、185 安打（3 位）。外野守備では打者の特徴を把握して正確な守備位置をとり、60 年のワールドシリーズでは再三の美技を演じて世界一の陰の立役者となった。62 年はゴールドグラブを受賞、打撃でも 10 三塁打は 1 位。65 年限りで引退したが、パイレーツのコーチをしていた 68 年に 6 試合のみ出場し、本塁打も放った。

72 年パイレーツ監督に就任、地区優勝するも選手との不和から翌 73 年終盤戦で解任。74 年はヤンキースを 2 位に導き最優秀監督に選ばれるが、75 年途中ビリー・マーティンに取って代わられる。同年アス

トロズの監督となり、基本を重視した守りの野球で80年に初の地区優勝に導いた。その後も70代までパイレーツなどでコーチを務めた。
【通算】12年、1583試合、5980打数1596安打、91本塁打、502打点、47盗塁、打率.267
【タイトル】新人王(55年) ゴールドグラブ1回(62年)
【監督】72-73パイレーツ　74-75ヤンキース　75-82アストロズ　83-84エクスポズ　13年、1918試合、995勝921敗、勝率.519

ミッキー・ヴァーノン
James Barton Vernon (Mickey)
1918.4.22～2008.9.24【出身地】ペンシルヴェニア州マーカスフック【球団】39-43,46-48セネターズ　49-50インディアンズ　50-55セネターズ　56-57レッドソックス　58インディアンズ　59ブレーヴス　60パイレーツ【位置】一塁、左
【経歴】30年代から60年代までプレイした4ディケード選手の一人。全盛期を過ごしたワシントンでの人気は高く、ドワイト・アイゼンハワー大統領のお気に入りの選手だった。打率3割は4回だけだが、46年.353、53年.337で2度首位打者となる。中距離打者で、46年の51本を最多として53、54年の3回最多二塁打、53年は115打点も2位。守備では49年に一塁手の新記録となる155補殺。60年のシーズン中に引退、翌61年新たに創設されたセネターズの監督としてワシントンに戻った。
【通算】20年、2409試合、8731打数2495安打、490二塁打、120三塁打、172本塁打、1311打点、137盗塁、955四球、869三振、打率.286
【タイトル】首位打者2回(46,53年) オールスター7回(46,48,53～56,58年)
【監督】61-63セネターズ　3年、363試合、135勝227敗、勝率.373

ジャスティン・ヴァーランダー　★
Justin Brooks Verlander
1983.2.20～【出身地】ヴァージニア州マナキンサボット【球団】2005-17タイガース　17-20,22アストロズ　23メッツ　23-24アストロズ【位置】投手、右
【経歴】3度のサイ・ヤング賞に輝いた名投手。試合終盤でも160km近くを叩き出す速球に加え、カーブやチェンジアップも超一流で、2ケタ勝利15回、200奪三振以上9回を記録した。2004年ドラフト1位(全体2位)でタイガースに入団、06年に17勝(4位)で新人王を受賞。翌07年は18勝、6月12日のブルワーズ戦でノーヒットノーランを達成し、09年はいずれも1位の19勝、240投球回、269奪三振。11年は24勝、防御率2.40、250奪三振で投手三冠、5月7日のブルージェイズ戦で2度目のノーヒットノーラン。MVPとサイ・ヤング賞を同時受賞し、投手のMVPは19年ぶりだった。12年も17勝(4位)、防御率2.64(2位)、230奪三振(1位)、プレイオフでは3戦3勝、24.1回で2失点の快投でリーグ優勝に大きく貢献した。
　17年途中アストロズへ移籍しプレイオフで4勝、リーグ優勝決定シリーズは16回を1点に封じMVP。19年は21勝で8年ぶりの最多勝、防御率2.58と自己最多の300奪三振はいずれも2位で2度目のサイ・ヤング賞。9月1日のブルージェイズ戦で3度目のノーヒッターを成し遂げた。20年は1試合投げただけで肘を痛めトミー・ジョン手術、21年は全休した。
　22年に復帰すると18勝と防御率1.75はともに1位、39歳にして3度目のサイ・ヤング賞に輝く。勝てずにいたワールドシリーズでも、第5戦で9度目の先発にして初勝利。シリーズ通算は1勝6敗、防御率5.63となった。23年はメッツと2年契約を結び、年俸は史上最高額に並ぶ4330万ドルだったが、シーズン途中トレードでアストロズに戻った。元マイナーリーガーの弟ベンは、大谷翔平贔屓のアナリストとして日本で有名になった。夫人のケイト・アップトンは人気モデル。
【通算】19年、526試合、526先発、26完投、9完封、262勝147敗0S、3415.2回、3416奪三振(10位)、952四球、防御率3.30
【タイトル】MVP1回(2011年) サイ・ヤング賞3回(11,19,22年) 新人王(06年) 最多勝4回(09,11,19,22年) 最優秀防御率2回(11,22年) 最多奪三振5回(09,11～12,16,18年) オールスター9回(07,09～13,18～19,22年)

ジェイソン・ヴァリテク
Jason Andrew Varitek
1972.4.11～【出身地】ミシガン州ロチェスター【球団】97-2011レッドソックス【位置】捕手、両

【経歴】レッドソックスの主将を務めた好捕手。93年にドラフト1位でツインズに指名されるが入団拒否し、翌94年ドラフト1位でマリナーズに入団。97年にレッドソックスに移籍、99年から正捕手に定着。巧みな投手リードと一発長打を秘めた打撃で活躍し、2003年は25本塁打、85打点、ポストシーズンでも4本塁打。04年のヤンキースとのリーグ優勝決定シリーズでは28打数9安打、2本塁打で7打点を稼いだ。07年のワールドシリーズでも15打数5安打5打点、ポストシーズン通算63試合で11本塁打、33打点。4回ノーヒットノーランの捕手となっており、これは史上最多記録である。盗塁阻止率は3割を超えたことがなく、晩年には走られ放題となった。
【通算】15年、1546試合、5099打数1307安打、193本塁打、757打点、25盗塁、1216三振、打率.256
【タイトル】ゴールドグラブ1回(2005年)オールスター3回(03,05,08年)

エリス・ヴァレンタイン
Ellis Clarence Valentine
1954.7.30～【出身地】アーカンソー州ヘレナ【球団】75-81エクスポズ　81-82メッツ　83エンジェルズ　85レンジャーズ【位置】外野、右
【経歴】72年ドラフト2位でエクスポズに入団。打走守三拍子揃った逸材と早くから期待され、77～78年は2年連続で25本塁打、76打点。78年はリーグ最多の24補殺と強肩を見せつけ、ゴールドグラブを受賞した。内面的な未熟さもあって首脳陣との衝突が絶えず、麻薬の悪癖もあって、80年に死球を受け頬骨を折ってから振るわなくなった。自身の経験を生かし、引退後は麻薬依存症の矯正施設で働いた。
【通算】10年、894試合、3166打数881安打、123本塁打、474打点、59盗塁、打率.278
【タイトル】ゴールドグラブ1回(78年)オールスター1回(77年)

ボビー・ヴァレンタイン
Robert John Valentine
1950.5.13～【出身地】コネティカット州スタンフォード【球団】69,71-72ドジャース　73-75エンジェルズ　75-77パドレス　77-78メッツ　79マリナーズ【位置】遊撃、外野、二塁、右
【経歴】日米双方で成功を収めた名物監督。采配能力は高く評価される一方、強烈な個性が周囲との軋轢を招くことも多く、毀誉褒貶が激しかった。68年ドラフト1位(全体5位)でドジャースに入団、69年19歳でメジャーを経験するなど有望視され、72年は119試合に出場し打率.274、107安打を放ったが、翌73年に脚を負傷したのが響き大成せずに終わった。
　メッツのコーチを経て85年途中レンジャーズ監督に就任、若手の積極的な起用が奏功し、翌86年は最下位から2位に引き上げる。95年ロッテの監督に招聘され、10年ぶりのAクラスとなる2位と大健闘するも、広岡達朗GMとの確執から1年で解任。96年途中からメッツの指揮を執り、主力選手やフロントとの衝突を乗り越え、2000年に監督生活13年目で初優勝を果たした。03年ロッテに呼び戻され、05年は31年ぶりの日本一。ファンからの人気は絶大だったが、球団首脳とぶつかり09年限りで退任。レッドソックス監督に就任した12年は最下位に終わった上、選手からの信頼を失って1年で解任された。ラルフ・ブランカは岳父にあたる。
【通算】10年、639試合、1698打数441安打、12本塁打、157打点、27盗塁、打率.260
【監督】85-92レンジャーズ　96-2002メッツ　12レッドソックス　16年、2351試合、1186勝1165敗、勝率.504　リーグ優勝1回(2000年)

エルマー・ヴァロ
Elmer William Valo
1921.3.5～98.7.19【出身地】チェコ共和国リブニック【球団】40-43,46-56アスレティックス　56フィリーズ　57-58ドジャース　59インディアンズ　60ヤンキース　60-61セネターズ/ツインズ　61フィリーズ【位置】外野、左
【経歴】40年19歳でデビュー。前年の39年に公式戦に出場していたが、選手登録の不備により記録から削除されていた。42年レギュラーに定着、強肩と外野フェンスを怖れぬハッスルプレイで名を売る。兵役から復帰した46年から3年連続打率3割、抜群の選球眼で同年から7年連続で出塁率4割以上。49年は自己最多の85打点、119四球、52年は101四球を選びリーグ2位の出塁率.432。通算出

塁率は .398 の高率だった。三振も少なく通算 284 回、49 年を除いて毎年 22 回以下。35 歳を過ぎてからは代打としての出場がほとんどで、60 年はリーグ記録の 81 回起用され 18 四球と持ち味を発揮した。アスレティックス、ドジャース、セネターズと 3 球団で本拠地の移転を経験している。人柄も良く、引退後はフィリーズでスカウトを務めた。
【通算】20 年、1806 試合、5029 打数 1420 安打、58 本塁打、601 打点、110 盗塁、打率 .282

エラム・ヴァンギルダー
Elam Russell Vangilder
1896.4.23 ～ 1977.4.30【出身地】ミズーリ州ケープジラードー【球団】19-27 ブラウンズ　28-29 タイガース【位置】投手、右
【経歴】速球に加えてカーブも良く、22 年自己最多の 19 勝、翌 23 年は 4 完封（2 位）を含む 16 勝、防御率 3.06（4 位）。同年の 120 四球はリーグワーストと制球には難があった。通算 6 度の 2 ケタ勝利を挙げたが 100 勝には 1 勝足りなかった。ブラウンズでの 323 登板は球団記録。
【通算】11 年、367 試合、187 先発、90 完投、13 完封、99 勝 102 敗、1715.2 回、474 奪三振、防御率 4.28

ダジー・ヴァンス
Charles Arthur Vance (Dazzy)
1891.3.4 ～ 1961.2.16【出身地】アイオワ州オリエント【球団】15 パイレーツ　15,18 ヤンキース　22-32 ドジャース　33 カーディナルス　34 レッズ　34 カーディナルス　35 ドジャース【位置】投手、右
【経歴】22 年から 7 年連続奪三振王に輝いた剛球投手。内角攻めを得意とし、またアンダーシャツの袖を切り刻んでボールの出所を見づらくする工夫も使った。マイナー時代は速球一本槍の投球で故障も多く、メジャー定着は 22 年、31 歳になってから。同年 5 完封（1 位）を含む 18 勝、134 奪三振（1 位）。カーブを加えて投球に幅ができ、24 年は 15 連勝を含む 28 勝、30 完投、262 奪三振、防御率 2.16 がすべて 1 位で、打率 .424 のロジャース・ホーンズビーを抑えナ・リーグの MVP 第 1 号となる。奪三振は 2 位バーリー・グライムズの 135 個の倍近かった。
　翌 25 年も 22 勝で連続最多勝、9 月 13 日のフィリーズ戦では失策による 1 失点ながらノーヒッターを達成。28 年も 22 勝（3 位）、3 度目の大台となる 200 奪三振、防御率も自己ベストの 2.09（1 位）。30 年も防御率 2.61 で 3 回目の 1 位となった。2 ケタ勝利は通算 10 回、44 歳まで現役を続けた。55 年殿堂入り。
【通算】16 年、442 試合、349 先発、217 完投、29 完封、197 勝 140 敗、2966.2 回、2045 奪三振、防御率 3.24
【タイトル】MVP1 回（24 年）最多勝 2 回（24 ～ 25 年）最優秀防御率 3 回(24,28,30 年）最多奪三振 7 回（22 ～ 28 年）

アンディ・ヴァンスライク
Andrew James Van Slyke
1960.12.21 ～【出身地】ニューヨーク州ユティカ【球団】83-86 カーディナルス　87-94 パイレーツ　95 オリオールズ　95 フィリーズ【位置】外野、左
【経歴】広い守備範囲と強肩で 5 回ゴールドグラブを手にした外野手。79 年ドラフト 1 位（全体 6 位）でカーディナルスに入団、パイレーツ移籍後の 88 年リーグ最多の 15 三塁打、13 犠飛に加え 25 本塁打、100 打点（3 位）、30 盗塁の大活躍。92 年も 199 安打、45 二塁打はいずれも 1 位、打率 .324 も 2 位で地区優勝に貢献した。打撃妨害を誘うのが上手く、通算 17 回出塁している。ハッスルプレイが売り物で、ピッツバーグでの人気は非常に高かったが、ポストシーズンは通算 31 試合で打率 .190 だった。パイレーツでのチームメイト、バリー・ボンズとは不仲で知られていた。引退後は解説者を経てタイガース、マリナーズのコーチ。息子のスコットは外野手。
【通算】13 年、1658 試合、5711 打数 1562 安打、164 本塁打、792 打点、245 盗塁、1063 三振、打率 .274
【タイトル】ゴールドグラブ 5 回（88 ～ 92 年）オールスター 3 回（88,92 ～ 93 年）

ジョン・ヴァンダーウォル
John Henry Vander Wal
1966.4.29 ～【出身地】ミシガン州グランドラピッズ【球団】91-93 エクスポズ　94-98 ロッキーズ　98-99 パドレス　2000-01 パイレーツ　01 ジャイアンツ　02 ヤンキース　03 ブルワーズ　04 レッズ【位置】一塁、外野、左
【経歴】87 年ドラフト 3 位でエクスポズに入団。長く左の代打要員として活躍し、95 年は史上最多記録となる 28 本の代打安打。通算 126 本は史上 7 位、17 本塁打は 4 位にランクされている。パイレーツ

に移った2000年は初めてレギュラーで起用され打率.299、24本塁打、94打点と期待に応えた。
【通算】14年、1372試合、2751打数717安打、97本塁打、430打点、38盗塁、打率.261

ジョン・ヴァンダーミア
John Samuel Vander Meer
1914.11.2～97.10.6【出身地】ニュージャージー州プロスペクトパーク【球団】37-43,46-49レッズ　50カブス　51インディアンズ【位置】投手、左
【経歴】史上唯一の2試合連続ノーヒットノーランを達成した左腕。38年6月11日のブレーヴス戦、その4日後の15日のドジャース戦で、後者はエベッツ・フィールド初のナイトゲームでもあり、両親の目の前での快挙だった。同年は15勝(5位)、125奪三振(3位)、続く2年間は肩の故障もあって冴えなかったが、41年は16勝、防御率2.82(4位)、202奪三振(1位)と復調。以後3年連続で最多奪三振、42年は自己最多の18勝(5位)。翌43年のオールスターも6奪三振と力投した。2年間の海軍生活ののち46年復帰、48年は17勝(5位)。高く足を上げるフォームから、速球とカーブの組み合わせで打者を打ち取ったが、43年に162四球を与えるなど制球には不安があった。
【通算】13年、346試合、286先発、131完投、29完封、119勝121敗、2104.2回、1294奪三振、1132四球、防御率3.44
【タイトル】最多奪三振3回(41～43年)オールスター4回(38～39,42～43年)

ジョージ・ヴァンハルトレン
George Edward Martin Van Haltren
1866.3.30～1945.10.1【出身地】ミズーリ州セントルイス【球団】1887-89シカゴ　90ブルックリン(PL)　91-92ボルティモア(AA)/ボルティモア　92-93ピッツバーグ　94-1903ジャイアンツ【位置】外野、投手、左
【経歴】投手として1887年11勝、翌88年は13勝を挙げるが、1試合16四球を与えるなど制球力を欠いたこともあり、打力を生かすために89年からは打者としての出場が多くなる。90年は15勝、打率.335と投打で活躍。93年は60試合連続で出塁、同年から9年連続打率3割以上。96年に自己最高の.351、リーグ最多の21三塁打、98年は204安打(3位)を放った。1900年に45盗塁(1位)するなど俊足も目立った。92年は11試合指揮を執ったが1勝のみ。1903年限りでメジャーを去った後もパシフィック・コースト・リーグで現役を続けた。
【通算】17年、1990試合、8043打数2544安打、161三塁打、69本塁打、1015打点、583盗塁(21位)、打率.316
＜投手としての成績＞9年、93試合、68先発、65完投、5完封、40勝31敗、689.1回、281奪三振、防御率4.05
【タイトル】盗塁王1回(1900年)

デイヴ・ヴィアーズ
David Scott Veres
1966.10.19～【出身地】アラバマ州モントゴメリー【球団】94-95アストロズ　96-97エクスポズ　98-99ロッキーズ　2000-02カーディナルス　03カブス【位置】投手、右
【経歴】86年1月ドラフト4位でアスレティックスに入団、94年9年目でメジャーに昇格する。得意のスプリッターで95年は72試合(2位)に投げ防御率2.26。99年は抑えに回り31セーブを挙げるも防御率は5.14。カーディナルスに移った翌2000年は29セーブ、防御率も2.85と大幅に良くなった。78年にスペイン代表でリトルリーグ世界大会に出場している。
【通算】10年、605試合、0先発、36勝35敗95S、694回、617奪三振、防御率3.44

アール・ウィーヴァー
Earl Sidney Weaver
1930.8.14～2013.1.19【出身地】ミズーリ州セントルイス【球団】メジャー経験なし
【経歴】オリオールズの黄金時代を築いた名将。現役時代は二塁手で、10年間マイナーの監督を務めたのち68年途中からオリオールズの監督となる。データに基づいたプラトゥーン・システムを駆使、"強力投手陣と3ラン本塁打"を勝利の秘訣としてバントやヒットエンドランなどの小細工を嫌った。非常に気性が激しく97回もの退場経験があり、ダブルヘッダーで2試合とも退場になったこともあった。
　69年からリーグ3連覇、70年はワールドシリーズも制する。73～74年も地区優勝、79年に4度目のリーグ制覇を果たした。82年限りで一旦勇退したが85年途中復帰。86年17年目で初めて負け越し、表舞台から去った。96年殿堂入り。デイ

ヴィー・ジョンソンをはじめ、フランク・ロビンソン、ドン・ベイラーなど門下生を多数監督として送り出している。
【監督】68-82,85-86 オリオールズ　17 年、2541 試合、1480 勝 1060 敗、勝率 .583 リーグ優勝 4 回（69 ～ 71,79 年）ワールドシリーズ優勝 1 回（70 年）

ジェフ・ウィーヴァー
Jeffrey Charles Weaver
1976.8.22 ～【出身地】カリフォルニア州ノースリッジ【球団】99-2002 タイガース　02-03 ヤンキース　04-05 ドジャース　06 エンジェルズ　06 カーディナルス　07 マリナーズ　09-10 ドジャース【位置】投手、右
【経歴】96 年に 19 歳でアトランタ五輪に出場し、98 年ドラフト 1 位でタイガースに入団。翌 99 年メジャーに昇格して 9 勝、得意のスライダーで 2000、01 年も 11、13 勝と白星を伸ばす。シーズン途中でヤンキースに移った 02 年は 3 完封（1 位）を含む 11 勝、自己ベストの防御率 3.52。06 年はシーズン途中でカーディナルスへ移籍、ポストシーズンで 3 勝、ワールドシリーズ第 5 戦は 8 回 2 失点の好投で世界一を決定づけた。死球が多く、05 年の 18 個を最多として 3 回リーグ最多。弟のジェレッドとは 06 年にエンジェルズでチームメイトとなり、09 年 6 月 20 日に先発投手として投げ合い勝利を収めた。
【通算】11 年、355 試合、274 先発、16 完投、7 完封、104 勝 119 敗 2 S、1838 回、1214 奪三振、防御率 4.71

ジェレッド・ウィーヴァー
Jered David Weaver
1982.10.4 ～【出身地】カリフォルニア州ノースリッジ【球団】2006-16 エンジェルズ　17 パドレス【位置】投手、右
【経歴】体全体を使った躍動感のある投球フォームが特徴の長身投手。カリフォルニア州立大ロングビーチ校で抜群の成績を残し、04 年ドラフトの目玉だったが、高額の契約金を要求したため全体 12 位のエンジェルズまで指名されなかった。06 年メジャーに昇格するとデビューから 9 連勝、19 試合で 11 勝 2 敗、防御率 2.56。球速以上にボールに力があり、以後 9 年連続 2 ケタ勝利。10 年は防御率 3.01（5 位）、リーグ最多の 233 三振を奪った。
　11 年は 18 勝、防御率 2.41 は 0.01 差で 2 位。12 年は 20 勝で最多勝、防御率 2.81（3 位）、5 月 2 日のツインズ戦でノーヒットノーランを達成した。08 年 6 月 28 日のドジャース戦でも、ホセ・アレドンドとの継投で 8 回を無安打に抑えたが 1 点を失い敗れた。14 年は 18 勝で 2 度目の最多勝。16 年に 10 度目の 2 ケタとなる 12 勝を挙げたが、パドレスに移った翌 17 年は 1 勝もできずシーズン途中で引退した。兄のジェフも投手。
【通算】12 年、331 試合、331 先発、14 完投、8 完封、150 勝 98 敗 0 S、2067.1 回、1621 奪三振、防御率 3.63
【タイトル】最多勝 2 回（2012,14 年）最多奪三振 1 回（10 年）オールスター 3 回（10 ～ 12 年）

バック・ウィーヴァー
George Daniel Weaver (Buck)
1890.8.18 ～ 1956.1.31【出身地】ペンシルヴェニア州ポッツタウン【球団】12-20 ホワイトソックス【位置】遊撃、三塁、両
【経歴】12 年正遊撃手となり、リーグワーストの 71 失策を犯したにもかかわらず、守備範囲の広さで高い評価を与えられる。快活な楽天家でファンの人気が高く、15 年には主将に就任。もともと右打ちだったがスイッチヒッターになって打撃が向上し、18 年は打率 .300、翌 19 年のワールドシリーズでは 34 打数 11 安打と活躍した。
　20 年打率 .331、自己最多の 208 安打を記録するが、前年のシリーズで八百長の共謀を知りながら報告を怠ったとして永久追放処分を科せられる。その後ファンが処分の解除を求めて 1 万 4000 人分の署名を集め、ウィーヴァー自身も何度も訴えを起こしたが、最後まで実現には至らなかった。2005 年には上院議員時代のバラク・オバマも、バド・シーリグ・コミッショナー宛てに復権の請願書を提出している。ジム・スコットとは義兄弟。
【通算】9 年、1254 試合、4809 打数 1308 安打、21 本塁打、420 打点、173 盗塁、打率 .272

タイ・ウィギントン
Ty Allen Wigginton
1977.10.11 ～【出身地】カリフォルニア州サンディエゴ【球団】2002-04 メッツ　04-05 パイレーツ　06-07 レイズ　07-08 アストロズ　09-10 オリオールズ　11 ロッキーズ　12 フィリーズ　13 カーディナルス【位置】三塁、右
【経歴】98 年ドラフト 17 位でメッツに入団、

2003年正三塁手となり36二塁打、71打点。レイズに移籍した06年に自己最多の24本塁打、79打点、同年から3年連続で20本塁打以上、08年は8月だけで12本を放った。三塁の他に二塁や外野も守れる点を買われ、数多くの球団に在籍したが、12年間でポストシーズンの経験は一度もなかった。
【通算】12年、1362試合、4479打数1170安打、169本塁打、594打点、42盗塁、打率.261
【タイトル】オールスター1回（2010年）

リッキー・ウィークス
Rickie Darnell Weeks
1982.9.13～【出身地】フロリダ州アルタモンテスプリングス【球団】2003,05-14ブルワーズ　15マリナーズ　16ダイアモンドバックス　17レイズ【位置】二塁、右
【経歴】2003年ドラフト1位（全体2位）でブルワーズに入団。故障が多くレギュラーに定着できずにいたが、10年は160試合に出場、29本塁打、83打点、25死球も1位。続く11年も20本塁打、リーグ優勝決定シリーズで2本塁打を放ったが、プレイオフ合計では41打数6安打と不振だった。10年184個、12年も169個と三振が多く、守備面の評価も芳しくなかった。弟のジェマイルも二塁手。
【通算】14年、1324試合、4417打数1087安打、161本塁打、474打点、132盗塁、1230三振、打率.246
【タイトル】オールスター1回（2011年）

シェイン・ヴィクトリノ
Shane Patrick Victorino
1980.11.30～【出身地】ハワイ州ワイルク【球団】2003パドレス　05-12フィリーズ　12ドジャース　13-15レッドソックス　15エンジェルズ【位置】外野、両
【経歴】俊足でハワイ出身であることから“フライング・ハワイアン”のニックネームで知られた外野手。祖母が日本人の日系三世でもある。99年ドラフト6位でドジャースに入団、2003年のルール5ドラフトでパドレスに移籍したのちドジャースに返還され、05年再度ルール5ドラフトでフィリーズに移籍。翌06年からレギュラーとなり、07年は37盗塁。08年のプレイオフは2本塁打、11打点、翌09年のプレイオフも36打数13安打、3本塁打と2年続けて活躍した。09年13本、11年16本で2度最多三塁打。13年のリーグ優勝決定シリーズ第6戦では逆転満塁弾を放った。守備でも08年から3年連続、通算4回ゴールドグラブを受賞した。
【通算】12年、1299試合、4630打数1274安打、108本塁打、489打点、231盗塁、打率.275
【タイトル】ゴールドグラブ4回（2008～10,13年）オールスター2回（09,11年）

マット・ウィーターズ
Matthew Richard Wieters
1986.5.21～【出身地】サウスカロライナ州グースクリーク【球団】2009-16オリオールズ　17-18ナショナルズ　19-20カーディナルス【位置】捕手、両
【経歴】2007年ドラフト1位（全体5位）でオリオールズに入団。早くから大器と評判で、メジャーに昇格した09年に正捕手となる。11年は28二塁打、22本塁打、守備でも盗塁阻止率.370でゴールドグラブを受賞。12年も打率は.249と低かったが、自己最多の23本塁打、83打点を記録した。その後は故障がちになり、当初期待されたほどの成績は収められなかった。
【通算】12年、1167試合、3994打数996安打、146本塁打、550打点、9盗塁、打率.249
【タイトル】ゴールドグラブ2回（2011～12年）オールスター4回（11～12,14,16年）

ボビー・ヴィーチ
Robert Hayes Veach
1888.6.29～1945.8.7【出身地】ケンタッキー州セントチャールズ【球団】12-23タイガース　24-25レッドソックス　25ヤンキース　25セネターズ【位置】外野、左
【経歴】打率3割9回、100打点以上5回、3度の打点王に輝いた強打者。15年リーグ最多の40二塁打、112打点、19年は191安打、45二塁打、17三塁打の3部門で1位、打率.355も2位。20年9月20日にタイガース史上初のサイクルヒットを達成した。21年に207安打（5位）、16本塁打、128打点（4位）の自己記録。レフトの守備でも強肩で鳴らし、攻守にわたり好成績を残しながらも、同僚のタイ・カッブやサム・クローフォードの陰に隠れ地味な存在だった。チャーリー・ゲーリンガーを獲得するよう進言したのも功績の一つ。ヤンキース時代にはベーブ・ルースの代打に出たこともあった。

【通算】14年、1821試合、6656打数2063安打、147三塁打、64本塁打、1174打点、195盗塁、打率.310
【タイトル】打点王3回(15,17～18年)

ボブ・ウィックマン
Robert Joe Wickman
1969.2.6～【出身地】ウィスコンシン州グリーンベイ【球団】92-96ヤンキース 96-2000ブルワーズ 00-06インディアンズ 06-07ブレーヴス 07ダイアモンドバックス【位置】投手、右
【経歴】動く速球が武器のリリーフ投手。子供の頃のケガで人差し指の先が欠損しており、ボールに変化を与えていた。90年ドラフト2位でホワイトソックスに入団、92年ヤンキースでメジャーに昇格。翌93年は先発、中継ぎ兼務で14勝、94年はリーグ最多の53試合に登板した。準地元のブルワーズ移籍後の98年から抑えに回り、99年37セーブ(5位)、01年はインディアンズで32セーブ、自己記録の防御率2.39。05年にリーグ最多の45セーブを稼いだ。
【通算】15年、835試合、28先発、1完投、1完封、63勝61敗267S、1059回、785奪三振、防御率3.57
【タイトル】最多セーブ1回(2005年) オールスター2回(00,05年)

マーク・ウィッテン
Mark Anthony Whiten
1966.11.25～【出身地】フロリダ州ペンサコラ【球団】90-91ブルージェイズ 91-92インディアンズ 93-94カーディナルス 95レッドソックス 95-96フィリーズ 96ブレーヴス 96マリナーズ 97ヤンキース 98-2000インディアンズ【位置】外野、両
【経歴】86年ドラフト5位でブルージェイズに入団。91年13補殺、92年14補殺と強肩で注目され、カーディナルス時代の93年は自己最多の25本塁打、99打点。9月7日に1試合4本塁打、12打点の2つのタイ記録を樹立した。性格的な問題から毎年のようにチームを移り、11年間でのべ9球団に在籍、96年は3球団合計で22本塁打を放った。
【通算】11年、939試合、3104打数804安打、105本塁打、423打点、78盗塁、打率.259

アーニー・ウィット
Leo Ernest Whitt
1952.6.13～【出身地】ミシガン州デトロイト【球団】76レッドソックス 77-78,80-89ブルージェイズ 90ブレーヴス 91オリオールズ【位置】捕手、左
【経歴】72年ドラフト15位でレッドソックスに入団。77年拡張ドラフトでブルージェイズに移り、80年正捕手に昇格。82～89年は毎年2ケタ本塁打と長打力を秘め、85、87年に自己最多の19本。守備や投手リードの評価も高く、89年までレギュラーの座を守り通した。引退後はブルージェイズのコーチやマイナーの指導者のほか、カナダ代表監督として2004年アテネ五輪やWBCで指揮を執った。
【通算】15年、1328試合、3774打数938安打、134本塁打、534打点、22盗塁、打率.249
【タイトル】オールスター1回(85年)

ボビー・ウィット・シニア
Robert Andrew Witt
1964.5.11～【出身地】ヴァージニア州アーリントン【球団】86-92レンジャーズ 92-94アスレティックス 95マーリンズ 95-98レンジャーズ 98カーディナルス 99レイズ 2000インディアンズ 01ダイアモンドバックス【位置】投手、右
【経歴】84年ロスアンジェルス五輪の代表で、翌85年ドラフト1位(全体3位)でレンジャーズに入団。86年は開幕からローテーションに入り11勝。速球で押すピッチングで1試合平均9.9三振を奪うも、143四球、22暴投の荒れっぷりで防御率は5.48だった。88年は開幕5連敗でマイナー落ちするが、再昇格後は9連続を含む13完投(3位)。90年は12連勝を含む自己最多の17勝、221奪三振(2位)と一皮むけたかに見えたが、続く91年は9回平均7.5四球とノーコン病が再発し3勝どまり。96年16勝、通算7回2ケタ勝利を記録した。97年にア・リーグの投手でDH制施行後初の本塁打を放っている。息子のボビー・ジュニアは内野手。3人の娘はみなメジャーリーガーと結婚、次女の婿ザック・ニールは西武、三女の婿コディ・トーマスはオリックスに在籍した。
【通算】16年、430試合、397先発、47完投、11完封、142勝157敗0S、2465回、1955奪三振、1375四球(22位)、防御率4.83

ボビー・ウィット・ジュニア　★
Robert Andrew Witt
2000.6.14 ～【出身地】テキサス州コリーヴィル【球団】2022-24 ロイヤルズ【位置】遊撃、右
【経歴】2019 年ドラフト1位（全体2位）でロイヤルズに入団。父ボビー・シニアも85年の全体3位で、3位以内に指名された初の父子となった。22年開幕からレギュラーで起用され20本塁打、30盗塁（4位）、翌23年は11三塁打（1位）、30本塁打、96打点、49盗塁（2位）で球団史上初の30－30を達成。身体能力を存分に発揮したダイナミックな守備も評判だった。24年は打率.332で首位打者、211安打も1位。45二塁打と11三塁打は2位、32本塁打、109打点（4位）、31盗塁の大活躍でMVP投票では次点だった。
【通算】3年、469試合、1868打数538安打、82本塁打、285打点、110盗塁、打率.288
【タイトル】首位打者1回（2024年）オールスター1回（24年）ゴールドグラブ1回（24年）

ホワイティ・ウィット
Lawton Walter Witt (Whitey)
1895.9.28 ～ 1988.7.14【出身地】マサチューセッツ州オレンジ【球団】16-17,19-21 アスレティックス　22-25 ヤンキース　26 ドジャース【位置】外野、遊撃、左
【経歴】本名はWittkowski。16年20歳で正遊撃手となり15三塁打（3位）、短いバットを使いバントヒットなどの内野安打が多く、21年は打率.315、198安打。翌22年ヤンキースに移籍しリーグ最多の89四球、9月16日に優勝を争っていたブラウンズのファンから瓶を投げられ負傷したが、2日後の対戦で優勝の行方を大きく左右する決勝打を放ち溜飲を下げた。ベーブ・ルースとは親友同士だった。
【通算】10年、1139試合、4171打数1195安打、18本塁打、300打点、78盗塁、打率.287

マイク・ウィット
Michael Atwater Witt
1960.7.20 ～【出身地】カリフォルニア州フラートン【球団】81-90 エンジェルズ　90-91,93 ヤンキース【位置】投手、右
【経歴】78年ドラフト4位で地元のエンジェルズに入団、2m近い長身から投げ下ろすカーブで84年初の2ケタとなる15勝、9月30日の最終戦でレンジャーズ相手に完全試合を達成した。86年いずれも自己記録となる18勝（4位）、防御率2.84（3位）、208奪三振（5位）。プレイオフ第1戦では1失点完投、優勝を懸けた第5戦でも8回二死まで投げたが、リリーフが打たれ勝利投手を逃した。88年まで5年連続13勝以上、90年はリリーフに回り4月11日のマリナーズでマーク・ラングストンとの継投でノーヒッターを完成させた。91年にヤンキースと3年800万ドルで契約したがトミー・ジョン手術を受け、93年まで11試合に投げただけで引退した。
【通算】12年、341試合、299先発、72完投、11完封、117勝116敗6S、2108.1回、1373奪三振、防御率3.83
【タイトル】オールスター2回（86～87年）

オジー・ヴィット
Oscar Joseph Vitt
1890.1.4 ～ 1963.1.31【出身地】カリフォルニア州サンフランシスコ【球団】12-18 タイガース　19-21 レッドソックス【位置】三塁、二塁、右
【経歴】最多補殺と守備率1位を3回ずつ記録した好守の三塁手。打撃は弱かったが、15年は自己最多の140安打、13三塁打、48打点。リーグ1位の42犠打を記録するなど、小技を巧みにこなした。マイナーの監督を経て38年インディアンズ監督に就任。40年に選手からの排斥運動に遭い、同年限りで退いた。
【通算】10年、1065試合、3760打数894安打、4本塁打、296打点、114盗塁、打率.238
【監督】38-40 インディアンズ　3年、462試合、262勝198敗、勝率.570

エド・ウィットソン
Eddie Lee Whitson
1955.5.19 ～【出身地】テネシー州ジョンソンシティ【球団】77-79 パイレーツ　79-81 ジャイアンツ　82 インディアンズ　83-84 パドレス　85-86 ヤンキース　86-91 パドレス【位置】投手、右
【経歴】74年ドラフト6位でパイレーツに入団。79年途中ジャイアンツ移籍後ローテーション入りし、翌80年11勝。パームボールなどの変化球で打たせて取る投球が持ち味で、84年は14勝、プレイオフでは0勝2敗で迎えた第3戦で8回1失点と好投し、パドレス逆転優勝の火付け役となる。85年にFAでヤンキース入りする

がニューヨークになじめず、ビリー・マーティン監督との確執もあり86年途中パドレスへ復帰。87年から4年連続2ケタ勝利と復調、89年は自己最多の16勝、防御率2.66（4位）、翌90年も14勝、防御率2.60（3位）は自己ベストだった。
【通算】15年、452試合、333先発、35完投、12完封、126勝123敗8S、2240回、1266奪三振、防御率3.79
【タイトル】オールスター1回（80年）

ジム・ウィットニー
James Evans Whitney
1857.11.10～91.5.21【出身地】ニューヨーク州コンクリン【球団】1881-85ボストン　86カンザスシティ　87-88ワシントン　89インディアナポリス　90フィラデルフィア（AA）【位置】投手、外野、右
【経歴】制球の良い速球投手で、飛び跳ねながら投げるためグラスホッパー（バッタ）の異名で知られた。1881年新人で31勝、66試合、57完投、552.1回がみな1位、33敗もワースト1位で、史上初めて勝利と敗戦の両方でリーグ最多となる。翌82年は本業の投手で24勝、打者としても打率.323、5本塁打はチームトップで、しばしば四番を任された。83年は37勝と防御率2.24が3位、345奪三振は1位。85～86年は2年続けて32敗したが、87年は24勝と復調した。わざと打者にボールをぶつけて威嚇するのが得意だった。打撃では通算559安打（打率.261）、18本塁打、280打点。91年33歳の若さで結核により病死した。
【通算】10年、413試合、396先発、377完投（20位）、26完封、191勝204敗、3496.1回、1571奪三振、411四球、防御率2.97
【タイトル】最多勝1回（1881年）最多奪三振1回（83年）

ピンキー・ウィットニー
Arthur Carter Whitney (Pinky)
1905.1.2～87.9.1【出身地】テキサス州サンアントニオ【球団】28-33フィリーズ　33-36ブレーヴス　36-39フィリーズ【位置】三塁、右
【経歴】インディアンズのマイナーから28年フィリーズへ移籍、正三塁手となって打率.301、103打点。翌29年は200安打、115打点、30年も打率.342、207安打、117打点と好調を持続。変化球打ちと右打ちが上手く、32年に自己最多の13本塁打、124打点（3位）を叩き出した。33年途中ブレーヴスへトレードされて以後不振が続いたが、36年途中フィリーズに復帰すると、翌37年は打率.341（5位）と復調。守備範囲が広く、守備率1位3回と堅実さも兼ね備えていた。ルームメイトのチャック・クラインとは引退後も長く交友が続いた。
【通算】12年、1539試合、5765打数1701安打、93本塁打、927打点、45盗塁、打率.295
【タイトル】オールスター1回（36年）

フレッド・ウィットフィールド
Fred Dwight Whitfield
1938.1.7～2013.1.31【出身地】アラバマ州ヴァンディヴァー【球団】62カーディナルス　63-67インディアンズ　68-69レッズ　70エクスポズ【位置】一塁、左
【経歴】カーディナルスからインディアンズに移籍した63年、正一塁手となり21本塁打。65年は打率.293、26本塁打と90打点は5位。ヤンキース戦で10本塁打を放ちヤンキー・キラーと称された。翌66年も27本塁打と長打力を発揮したが、肩の故障を抱えていたため守備は苦手で、67年に.218の低打率に終わると以後は控えに降格した。口数が少なく実直な性格で、ファンへの対応も親切だった。
【通算】9年、817試合、2284打数578安打、108本塁打、356打点、7盗塁、打率.253

ルー・ウィテカー
Louis Rodman Whitaker
1957.5.12～【出身地】ニューヨーク州ブルックリン【球団】77-95タイガース【位置】二塁、左
【経歴】二塁手として史上4位の2308試合に出場。同4位の1527併殺を、マイナー時代からのルームメイトだったアラン・トラメルとのコンビで完成させた。75年ドラフト5位でタイガースに入団、78年打率.285、58打点で新人王を受賞。83年の打率.320と206安打はいずれも3位で、同年から3年連続でゴールドグラブに選ばれた。年齢を重ねるとともに長打力も増し、89年は28本塁打、85打点、91年も23本塁打。先頭打者本塁打を通算23本記録した。選球眼も良く通算出塁率.363。85年のオールスターではユニフォームを忘れ、売店でレプリカを購入しマジックで背番号を書き込んで出場した。

エホバの証人の信者で、引退後は宗教活動に多くの時間を割いた。
【通算】19年、2390試合、8570打数2369安打、420二塁打、65三塁打、244本塁打、1084打点、143盗塁、1197四球、1099三振、打率.276
【タイトル】新人王（78年）ゴールドグラブ3回（83～85年）オールスター5回（83～87年）

ザック・ウィート
Zachariah Davis Wheat
1888.5.23～1972.3.11【出身地】ミズーリ州ハミルトン【球団】09-26ドジャース 27アスレティックス【位置】外野、左
【経歴】巧みに変化球を打ちこなしたラインドライブ・ヒッターで、レギュラーとして出場した17年間で12回3割以上の打率を残す。16年リーグ1位の長打率.461、29試合連続安打も記録。18年は打率.335で首位打者となった。22年自己最多の16本塁打（5位）、112打点（3位）、24年は打率.375（2位）。翌25年3度目の大台となる221安打（2位）、42二塁打（3位）、14三塁打（5位）と併せ3部門で自己記録を更新した。華麗な外野守備も見ものだった。物静かな性格で、退場経験は一度もなし。ブルックリンでは人気絶大で、ブーイングを浴びたことがなかった。安打、二塁打、三塁打など10以上の打撃部門でドジャースの球団記録を持つ。59年殿堂入り。弟マックとはドジャース時代に5年間チームメイトだった。
【通算】19年、2410試合、9106打数2884安打、476二塁打、172三塁打（23位）、132本塁打、1248打点、205盗塁、650四球、572三振、打率.317
【タイトル】首位打者1回（18年）

スタンプ・ウィードマン
George Edward Weidman (Stump)
1861.2.17～1905.3.3【出身地】ニューヨーク州ロチェスター【球団】1880バッファロー 81-85デトロイト 86カンザスシティ 87デトロイト 87ニューヨーク（AA） 87-88ニューヨーク【位置】投手、右
【経歴】170cmの小柄な投手で、頭脳的な投球が持ち味。1880年19歳でデビューし17試合で0勝9敗。翌81年デトロイトへ移り、13試合で8勝どまりながら防御率1.80は1位。82年25勝、83年も20勝するが、9月6日に1イニング13被安打の不名誉な記録を作った。84年は4勝21敗、86年はリーグワーストの36敗を喫し、通算勝率は.393。84年は外野手として53試合に出場するも、打率.163と冴えなかった。
【通算】9年、279試合、269先発、249完投、13完封、101勝156敗、2318.1回、910奪三振、防御率3.61
【タイトル】最優秀防御率1回（1881年）

ザック・ウィーラー ★
Zachary Harrison Wheeler
1990.5.30～【出身地】ジョージア州スマーナ【球団】2013-14,17-19メッツ 20-24フィリーズ【位置】投手、右
【経歴】2009年ドラフト1位（全体6位）でジャイアンツに入団、11年トレードでメッツへ移籍。14年は11勝を挙げたが、15年にトミー・ジョン手術を受け2年間メジャーから遠ざかる。フィリーズ移籍後の21年に14勝、防御率2.78（5位）、急激に変化するスライダーを駆使してリーグ最多の247三振を奪い、サイ・ヤング賞投票で次点だった。翌22年も12勝を挙げたが、ワールドシリーズでは2戦2敗。逆に23年のポストシーズンは5試合で3勝0敗、防御率1.95と好投した。24年の16勝、防御率2.57、224奪三振はすべて2位で、サイ・ヤング賞投票は2度目の次点だった。
【通算】10年、259試合、259先発、4完投、3完封、103勝70敗0S、1578.2回、1625奪三振、防御率3.34
【タイトル】最多奪三振1回（2021年）ゴールドグラブ1回（23年）オールスター2回（21,24年）

アール・ウィリアムズ
Earl Craig Williams
1948.7.14～2013.1.28【出身地】ニュージャージー州ニューアーク【球団】70-72ブレーヴス 73-74オリオールズ 75-76ブレーヴス 76エクスポズ 77アスレティックス【位置】捕手、一塁、右
【経歴】65年8月のリージョン・ドラフトでブレーヴスに入団した当時は投手。打力を評価され野手に転向、メジャー昇格後捕手にコンバートされる。71年33本塁打（5位）、87打点で新人王を受賞、翌72年も28本塁打、87打点と長打力を発揮したが確実性には欠けた。扱いにくい性格で無気力プレイも多く、捕手以外のポジションで出場するのを好んでいた。

【通算】8年、889試合、3058打数756安打、138本塁打、457打点、2盗塁、打率.247
【タイトル】新人王（71年）

ウッディ・ウィリアムズ
Gregory Scott Williams (Woody)
1966.8.19～【出身地】テキサス州ヒューストン【球団】93-98ブルージェイズ　99-2001パドレス　01-04カーディナルス　05-06パドレス　07アストロズ【位置】投手、右
【経歴】ヒューストン大学時代は遊撃手として活躍。88年ドラフト28位でブルージェイズに入団、メジャー昇格時はリリーフで、96年に先発へ回り、98年から4年連続10勝以上。2001年はパドレスで8勝したのちカーディナルスへ移り、11試合で7勝1敗、防御率2.28と好投しポストシーズン進出に貢献した。カッターを効果的に使い、03年に自己最多の18勝（2位）、06年も39歳で12勝。通算7回2ケタ勝利を記録した。
【通算】15年、424試合、330先発、10完投、2完封、132勝116敗0S、2216.1回、1480奪三振、防御率4.19
【タイトル】オールスター1回（2003年）

ケン・ウィリアムズ
Kenneth Roy Williams
1890.6.28～1959.1.22【出身地】オレゴン州グランツパス【球団】15-16レッズ　18-27ブラウンズ　28-29レッドソックス【位置】外野、左
【経歴】30－30を達成した最初の選手。20年30歳でレギュラーに定着し、翌21年は打率.347、24本塁打（2位）、117打点（5位）。続く22年は39本塁打、155打点で二冠王となり、37盗塁も2位。同年ア・リーグで初めて1イニング2本塁打を記録、6試合連続本塁打も放ち、これはリーグ記録として34年間破られなかった。23年は自己最高の打率.357（5位）、29本塁打（2位）。25年は長打率.613で1位だった。通算10回打率3割、三振は最多でも21年の42回。明るい性格で、チームメイトやファンに人気があった。
【通算】14年、1397試合、4862打数1552安打、196本塁打、916打点、154盗塁、打率.319
【タイトル】本塁打王1回（22年）打点王1回（22年）

サイ・ウィリアムズ
Fred Williams (Cy)
1887.12.21～1974.4.23【出身地】インディアナ州ワデナ【球団】12-17カブス　18-30フィリーズ【位置】外野、左
【経歴】ノートルダム大学時代は陸上やフットボールでも活躍し、12年のストックホルム五輪ではハードルと走り幅跳びの候補選手だったが、辞退してカブスに入団。“ウィリアムズ・シフト”を敷かれたほどの極端なプルヒッターで、16年12本で本塁打王、通算4回同タイトルを獲得。23年は41本で2位に19本の大差をつけ、ロジャー・コナーが持っていたナ・リーグの通算本数記録も更新した。
　20年に初の3割となる打率.325、同年から7年間で6回3割以上、26年に自己最高の.345（4位）。27年は39歳にして4度目の1位となる30本塁打。20年代の合計202本塁打はロジャース・ホーンズビーに次ぎ、ナ・リーグで2番目に多い。代打本塁打11本は長い間記録として残った。引退後は建築家として成功した。
【通算】19年、2002試合、6780打数1981安打、306二塁打、74三塁打、251本塁打、1005打点、115盗塁、690四球、721三振、打率.292
【タイトル】本塁打王4回（16,20,23,27年）

ジェラルド・ウィリアムズ
Gerald Floyd Williams
1966.8.10～2022.2.8【出身地】ルイジアナ州ニューオーリンズ【球団】92-96ヤンキース　96-97ブルワーズ　98-99ブレーヴス　2000-01レイズ　01-02ヤンキース　03マーリンズ　04-05メッツ【位置】外野、右
【経歴】87年ドラフト14位で入団したヤンキース時代は控えから抜けだせず、ブルワーズ移籍後の97年レギュラーとなり32二塁打、98年は266打数で打率.305。守備面の評価が高く、打撃でも2000年は自己記録の173安打、21本塁打、89打点。続く01年は打率.201、4本塁打の大不振で、その後も復調することなく終わった。デレク・ジーターと仲が良く、“アイス”のニックネームで親しまれた。
【通算】14年、1168試合、3059打数780安打、85本塁打、365打点、106盗塁、打率.255

ジミー・ウィリアムズ
James Francis Williams
1943.10.4 ～ 2024.1.26【出身地】カリフォルニア州サンタマリア【球団】66-67 カーディナルス【位置】遊撃、右
【経歴】選手としては大成せず、27 歳で引退して指導者へ転身。マイナーで 2 度最優秀監督に選ばれたのち、80 年ブルージェイズのコーチとなり 86 年監督に昇格。翌 87 年は地区制覇をほぼ手中にしながらタイガースに歴史的な大逆転を喫した。89 年途中解任、ブレーヴスのコーチを経て 97 年レッドソックス監督に就任。98 ～ 99 年は 2 年連続ワイルドカードでプレイオフに駒を進め、99 年に最優秀監督賞を受賞した。2001 年は勝率 5 割をキープしていながらフロントとの確執により途中解任された。アストロズ監督時代の 02 ～ 03 年も 2 位で 6 年連続地区 2 位となった。
【通算】2 年、14 試合、13 打数 3 安打、0 本塁打、1 打点、0 盗塁、打率 .231
【監督】86-89 ブルージェイズ　97-2001 レッドソックス　02-04 アストロズ　12 年、1701 試合、910 勝 790 敗、勝率 .535

ジミー・ウィリアムズ
James Thomas Williams
1876.12.20 ～ 1965.1.16【出身地】ミズーリ州セントルイス【球団】1899-1900 ピッツバーグ　01-02 オリオールズ　03-07 ヤンキース　08-09 ブラウンズ【位置】二塁、三塁、右
【経歴】1899 年新人記録となる 27 三塁打（1 位）に加え、打率 .354（5 位）、220 安打、9 本塁打、116 打点はいずれも 3 位。26 試合連続安打の新人記録も樹立、その後 27 試合連続安打で自ら記録を塗り替えた。1901 年オリオールズ移籍後三塁から二塁へコンバート。01、02 年は 2 年連続リーグ最多の 21 三塁打を放ったが、その後は平凡な成績だった。
【通算】11 年、1457 試合、5485 打数 1508 安打、138 三塁打、49 本塁打、796 打点、151 盗塁、打率 .275

スタン・ウィリアムズ
Stanley Wilson Williams
1936.9.14 ～ 2021.2.20【出身地】ニューハンプシャー州エンフィールド【球団】58-62 ドジャース　63-64 ヤンキース　65,67-69 インディアンズ　70-71 ツインズ　71 カーディナルス　72 レッドソックス【位置】投手、右
【経歴】ブラッシュバックの常習者で“ヘッドハンター”として恐れられた巨漢投手。58 年 6 月 1 日のデビュー 2 戦目、初先発で 2 安打完封。60 年に 14 勝、防御率 3.00（4 位）、翌 61 年は 15 勝、205 奪三振（2 位）。制球に難があり、62 年の優勝決定戦第 3 戦では決勝の押し出し四球を与えてしまった。インディアンズ移籍後の 68 年も 13 勝。ベテランとなってからはリリーフに回り、ツインズに移籍した 70 年は 10 勝 1 敗 15 セーブ、防御率 1.99。引退後は投手コーチとしてレッドソックスなど 5 球団をわたり歩いた。
【通算】14 年、482 試合、208 先発、42 完投、11 完封、109 勝 94 敗 42 S、1764.1 回、1305 奪三振、防御率 3.48
【タイトル】オールスター 1 回（60 年）

スモーキー・ジョー・ウィリアムズ
Joseph Williams (Smokey)
1886.4.6 ～ 1951.2.25【出身地】テキサス州セグイン【球団】ニグロ・リーグ【位置】投手、右
【経歴】サッチェル・ペイジ登場以前の黒人球界最高の投手。“スモーキー”のニックネームの由来となった快速球に加え絶妙の制球力を誇り、不正投球の達人でもあった。白人メジャーリーガーとの対戦では 12 完封を含む 22 勝 7 敗と圧倒し、タイ・カッブから「メジャーでも 30 勝は確実」と称賛された。全盛期は 11 ～ 23 年のニューヨーク・リンカン・ジャイアンツ時代で、40 代半ばまで第一線で投げ続け、44 歳のときに延長 12 回で 27 三振を奪ったこともあった。99 年殿堂入り。
＜ニグロ・リーグの成績＞53 試合、42 先発、28 完投、1 完封、16 勝 19 敗、356.1 回、201 奪三振、防御率 3.51

ディック・ウィリアムズ
Richard Hirschfeld Williams
1929.5.7 ～ 2011.7.7【出身地】ミズーリ州セントルイス【球団】51-54,56 ドジャース　56-57 オリオールズ　57 インディアンズ　58 オリオールズ　59-60 アスレティックス　61-62 オリオールズ　63-64 レッドソックス【位置】外野、三塁、右
【経歴】3 球団をリーグ優勝に導いた名監督。自らのやり方を押しつけようとする傾向があり、たびたび選手やフロントと摩擦を起こしたが、若手を抜擢して戦力とすることに長け、その卓越した手腕を買われて 6 球団で指揮を執った。ドジャース時代は

メジャーに定着できず、56年途中オリオールズに移籍してレギュラーとなる。59年は三塁・一塁・外野の兼任で33二塁打(4位)、16本塁打、75打点。翌60年も打率.288、31二塁打(5位)とまずまずの成績を残した。

引退してすぐAAA級の監督となり、67年に37歳でレッドソックス監督に昇格。大混戦を勝ち抜いて1年目で優勝を果たすも、選手やオーナーとの間がうまく行かず69年閉幕直前に解任される。71年アスレティックスに迎えられ、72～73年に連続世界一となったものの、オーナーのチャールズ・フィンリーの介入に嫌気がさして辞任。一旦ヤンキースと契約したが、アスレティックスとの契約が残っていたため無効とされ、74年はどの球団にも所属せずにオールスターではア・リーグ監督を務めた。同年後半エンジェルズの監督となるが、76年途中GMの退陣を要求して逆に解任される。77年エクスポズ監督に就任、若手を鍛えて万年下位球団を優勝争いの常連に仕立て上げる。82年からはこれまた弱小球団だったパドレスを率い、84年に初優勝に導いたが、86年のキャンプイン直前に辞任した。2008年殿堂入り。息子のリックはメジャーには上がれなかったが、マーリンズとレイズの投手コーチを務めた。

【通算】13年、1023試合、2959打数768安打、70本塁打、331打点、12盗塁、打率.260

【監督】67-69レッドソックス　71-73アスレティックス　74-76エンジェルズ　77-81エクスポズ　82-85パドレス　86-88マリナーズ　21年、3023試合、1571勝1451敗、勝率.520　リーグ優勝4回(67,72～73,84年)ワールドシリーズ優勝2回(72～73年)

デヴィン・ウィリアムズ　★

Devin Terran Williams

1994.9.21～【出身地】ミズーリ州セントルイス【球団】2019-24ブルワーズ【位置】投手、右

【経歴】2013年ドラフト2位でブルワーズに入団。"エアベンダー"と呼ばれる、驚異的な変化をするチェンジアップの使い手で、20年は22試合で防御率0.33、27回で53三振を奪い新人王を受賞した。途中から抑えに回った22年は30試合連続無失点を記録。23年は8勝36セーブ(4位)、防御率1.53。24年も3年連続の防御率1点台だったが、ワイルドカードシリーズ第3戦ではピート・アロンソに3ランを浴びシリーズ敗退を招いた。

【通算】6年、241試合、0先発、27勝10敗68S、235.2回、375奪三振、防御率1.83

【タイトル】新人王(2020年)オールスター2回(22～23年)

テッド・ウィリアムズ

Theodore Samuel Williams

1918.8.30～2002.7.5【出身地】カリフォルニア州サンディエゴ【球団】39-42,46-60レッドソックス【位置】外野、左

【経歴】史上最高の天才打者で、2024年時点で打率4割を記録した最後の選手。比類なき動体視力と選球眼、相手投手の配球に対する読み、常に一段上のレベルを目指す向上心と強烈な自負心を兼ね備えていた。

39年20歳で打率.327、185安打(5位)、31本塁打(3位)、145打点(1位)と驚異的な活躍。41年は最終日のダブルヘッダーで8打数6安打、打率.406で首位打者。出塁率.553はその後61年間破られず、現在もア・リーグ記録である。同年のオールスターでは9回二死から劇的な逆転サヨナラ本塁打を放った。翌42年は打率.356、36本塁打、137打点で三冠王となるが、兵役のため43～45年は欠場し、全盛期の3年間をフイにした。

復帰した46年いずれも2位の打率.342、38本塁打、123打点で優勝の原動力となり、MVPを受賞。ワールドシリーズでは直前の練習試合で肘に死球を受けたのが響き、25打数5安打、1打点終わった。翌47年打率.343、32本塁打、114打点で2度目の三冠王。49年も43本塁打、159打点はいずれも1位、打率は.00016の僅差で2位。惜しくも3度目の三冠王はならなかったが、史上最長の84試合連続出塁も記録し、2度目のMVPを手にした。同年まで、出場した6年連続で出塁率・長打率ともに1位だった。

52年は6試合に出たところで朝鮮戦争にパイロットとして駆り出され、続く53年も37試合の出場にとどまった。54年も.345の高打率を残しながら、四球が多かったため規定打席でなく規定打数で計算する当時のルールにより首位打者を逸するなど、何かと不運が多かった。54年限りで引退を宣言したが、55年5月に復帰。57年39歳にして再び打率4割に挑

戦、.388に終わるも9年ぶりの首位打者、続く58年も.328で6回目の首位打者。59年は首を痛めて.254と初めて2割台に落ち込んだが、最後の年となった60年は打率.316、29本塁打、最終打席で本塁打を放ち有終の美を飾った。

自尊心が非常に強く、チームメイトとの仲は良好だったが、ファンや報道陣とは衝突も多かった。これがしばしば記者投票にも影響を与え、4割を打った41年、三冠王となった42・47年のいずれもMVPを逃した。66年に殿堂入りを果たした際のスピーチでは、ニグロ・リーグの名選手が殿堂入りしていない件に触れ、その後の殿堂入りに道を拓いた。

69年セネターズの監督となり、球団記録を更新する86勝で最優秀監督に選ばれる。72年を最後に退任した後は悠々自適の隠居生活を送り、94年に自ら"打者の殿堂"を創設。99年のオールスターでは"オール・センチュリー・チーム"の一員として姿を見せ、選手や観衆から熱狂的に迎えられた。

【通算】19年、2292試合、7706打数2654安打、525二塁打、71三塁打、521本塁打(20位)、1839打点(16位)、24盗塁、2021四球(4位)、709三振、打率.344

【タイトル】MVP2回(46,49年) 首位打者6回(41～42,47～48,57～58年) 本塁打王4回(41～42,47,49年) 打点王4回(39,42,47,49年) 最高出塁率12回(40～42,46～49,51,54,56～58年) オールスター17回(40～42,46～51,53～60年)

【監督】69-72セネターズ/レンジャーズ 4年、637試合、273勝364敗、勝率.429

バーニー・ウィリアムズ
Bernabe Williams

1968.9.13～【出身地】プエルトリコ・サンフアン【球団】91-2006ヤンキース【位置】外野、両

【経歴】90年代のヤンキースの中心選手として攻守に活躍。95年初の打率3割となる.307、翌96年は29本塁打、102打点、プレイオフでは9試合で34打数16安打、5本塁打、11打点で、リーグ優勝決定シリーズのMVPを手にする。98年は打率.339で首位打者に輝いた。ヤンキースと7年間の長期契約を結んだ99年は、打率.342と202安打が3位、115打点の好成績で応えた。2000年自己最多の30本塁打、121打点、02年の打率.333と204安打は3位で、同年まで8年連続打率3割/出塁率.390以上を記録した。

ポストシーズンでは通算128安打、ワールドシリーズでの5本を含む22本塁打、80打点。95年のディヴィジョンシリーズ第3戦ではポストシーズン史上初の両打席本塁打、96年のディヴィジョンシリーズ第4戦でも達成し、複数回の達成は史上唯一である。守備範囲も広く4度のゴールドグラブを受賞。物静かで控えめな性格ながら、趣味のギターはプロ級の腕前で、発表した2枚のアルバムがいずれもヒットチャートに登場している。

【通算】16年、2076試合、7869打数2336安打、449二塁打、55三塁打、287本塁打、1257打点、147盗塁、1069四球、1212三振、打率.297

【タイトル】首位打者1回(98年) ゴールドグラブ4回(97～2000年) オールスター5回(97～01年)

ビリー・ウィリアムズ
Billy Leo Williams

1938.6.15～【出身地】アラバマ州ウィッスラー【球団】59-74カブス　75-76アスレティックス【位置】外野、左

【経歴】スイングの美しさで有名だった好打者。61年正左翼手となり、打率.278、25本塁打、86打点で新人王に選ばれる。64年は201安打と39二塁打が3位、33本塁打は2位。翌65年も203安打(3位)、39二塁打(2位)、34本塁打(3位)、108打点(4位)と安定した成績を残し、73年まで13年連続で20本塁打、80打点以上。63～70年にかけては1117試合連続で出場した。

70年はリーグ最多の205安打、2位の42本塁打、129打点、4位の打率.322でMVP投票2位。72年も打率.333で首位打者となったほか、37本塁打(3位)、122打点(2位)、長打率.606(1位)の好成績だった。寡黙で控えめな性格で、チームメイトから尊敬され、引退後はカブスなどで20年以上打撃コーチを務めた。87年殿堂入り。

【通算】18年、2488試合、9350打数2711安打、434二塁打、88三塁打、426本塁打、1475打点、90盗塁、1045四球、1046三振、打率.290

【タイトル】新人王(61年) 首位打者1回(72年) オールスター6回(62,64～65,68,72～73年)

マット・ウィリアムズ
Matthew Derrick Williams
1965.11.28～【出身地】カリフォルニア州ビショップ【球団】87-96 ジャイアンツ　97 インディアンズ　98-2003 ダイアモンドバックス【位置】三塁、右
【経歴】長打力と守備力を兼ね備え、ジャイアンツ・ファンの支持が高かった名三塁手。86 年ドラフト1位（全体3位）でジャイアンツに入団、メジャー昇格後最初の3年間は.198 の低打率だったが、90 年 33 本塁打（4位）、122 打点（1位）と開花。以後 10 年連続 20 本塁打以上、94 年は最初の3ケ月で 29 本とロジャー・マリスのメジャー記録を上回るペースで打ち続け、ストライキのため記録更新はならなかったが、112 試合で 43 本打ちタイトルを獲得した。
95 年は足の骨折で 76 試合の出場にとどまるも、自己ベストの打率.336。97 年インディアンズに移籍し 32 本塁打、105 打点、ワールドシリーズでも 26 打数 10 安打。98 年ダイアモンドバックスに加わり、99 年は 35 本塁打、142 打点（2位）で地区制覇に貢献した。守備でもグラブさばきとバント処理に定評があり、4度のゴールドグラブに輝いた。2014 年ナショナルズ監督に就任、地区優勝を果たすも采配面の評価は芳しくなく、翌 15 年限りで解任。祖父のバート・グリフィスも 20 年代に3年外野手として出場している。
【通算】17 年、1866 試合、7000 打数 1878 安打、378 本塁打、1218 打点、53 盗塁、1363 三振、打率.268
【タイトル】本塁打王1回（94 年）打点王1回（90 年）ゴールドグラブ4回（91,93～94,97 年）オールスター5回（90,94～96,99 年）
【監督】2014-15 ナショナルズ　2年、324 試合、179 勝 145 敗、勝率.552

ミッチ・ウィリアムズ
Mitchell Steven Williams
1964.11.17～【出身地】カリフォルニア州サンタアナ【球団】86-88 レンジャーズ　89-90 カブス　91-93 フィリーズ　94 アストロズ　95 エンジェルズ　97 ロイヤルズ【位置】投手、左
【経歴】左腕からの快速球でリリーフとして活躍したが、制球力に欠け異名は“ワイルド・シング”。82 年ドラフト8位でパドレスに入団、86 年レンジャーズで新人ながらリーグ最多の 80 試合に登板。翌 87 年は 108.2 回で 129 三振を奪うも 94 四球を与える。カブスに移った 89 年 36 セーブ（2位）、フィリーズへ移籍した 91 年は 12 勝 30 セーブ（3位）、防御率 2.34。93 年は自己最多の 43 セーブ（4位）、プレイオフで2勝2セーブを挙げたが、ワールドシリーズでは第4戦で3点差を守れず大逆転負け、第6戦でもジョー・カーターにサヨナラ3ランを浴び、ショックから立ち直れず 95 年限り引退。97 年に復帰を試みたが失敗に終わった。通算与四球率 7.08 は、500 投球回以上の投手ではワーストである。
【通算】11 年、619 試合、3先発、0完投、45 勝 58 敗 192 S、691.1 回、660 奪三振、防御率 3.65
【タイトル】オールスター1回（89 年）

スコット・ウィリアムソン
Scott Ryan Williamson
1976.2.17～【出身地】ルイジアナ州フォートポーク【球団】99-2003 レッズ　03-04 レッドソックス　05-06 カブス　06 パドレス　07 オリオールズ【位置】投手、右
【経歴】97 年ドラフト9位でレッズに入団。99 年メジャーに昇格、前半戦7勝 11 セーブの活躍でオールスターに出場。年間でも 62 試合で 12 勝 19 セーブ、防御率 2.41 で新人王に選ばれた。2000 年途中から先発に回り、112 回で 136 三振を奪う。01 年は肘を手術し2試合投げただけだったが、03 年は自己最多の 21 セーブを挙げた。持ち球の一つであるスプリッターは、大学時代のルームメイトだったブルース・スーターの息子に教わった。
【通算】9年、344 試合、10 先発、0完投、28 勝 28 敗 55 S、439.1 回、510 奪三振、防御率 3.36
【タイトル】新人王（99 年）オールスター1回（99 年）

ネッド・ウィリアムソン
Edward Nagle Williamson
1857.10.24～94.3.3【出身地】ペンシルヴェニア州フィラデルフィア【球団】1878 インディアナポリス　79-89 シカゴ　90 シカゴ（PL）【位置】三塁、遊撃、右
【経歴】現役当時は非常に評価の高かった大型三塁手。両足を揃えて投手に正対する奇妙な打撃フォームで、1884 年5月 30 日に史上初の1試合3本塁打、同年新記録となる 27 本塁打を放つが、うち 25 本は右翼フェンスまでの距離が極端に

短い地元レイクフロント・パークでのもの。本拠地球場が変わった翌85年は3本に終わった。本領は三塁守備で、守備率で5回、補殺で6回1位を記録した。投手としても12試合登板経験がある。88年には決められた体重を超えなければ200ドルのボーナスが貰える契約を結んだ。引退後間もない94年、肝臓病を患い36歳で亡くなった。
【通算】13年、1201試合、4553打数1159安打、64本塁打、667打点、打率.255
【タイトル】本塁打王1回(1884年)

ヴィク・ウィリス
Victor Gazaway Willis
1876.4.12～1947.8.3【出身地】メリーランド州セシルカウンティ【球団】1898-1905ブレーヴス　06-09パイレーツ　10カーディナルス【位置】投手、右
【経歴】カーブの名手で、13年のメジャー生活で20勝8回、毎年200回以上投げ続けた名投手。1898年新人で25勝、160奪三振(3位)、翌99年は5完封(1位)を含む27勝(3位)、防御率2.50(1位)。8月7日ワシントン戦で1失点のノーヒットゲームを記録した。1900年は不振で10勝に終わり、翌01年は一旦アスレティックスと契約したが、ブレーヴスに引き戻され6完封(1位)を含む20勝と復調。02年は27勝(2位)、51試合、45完投、410回、225奪三振はいずれも1位だった。05年リーグワーストの29敗を喫しパイレーツへ放出されるが、06年自己ベストの防御率1.73(4位)、同年から4年連続20勝と活躍し続ける。現役最後の10年は9勝で、13年連続の2ケタ勝利を逸した。95年殿堂入り。
【通算】13年、513試合、471先発、388完投(18位)、50完封(19位)、249勝205敗、3996回、1651奪三振、1212四球、防御率2.63
【タイトル】最優秀防御率1回(1899年)最多奪三振1回(02年)

ドントレル・ウィリス
Dontrelle Wayne Willis
1982.1.12～【出身地】カリフォルニア州オークランド【球団】2003-07マーリンズ　08-10タイガース　10ダイアモンドバックス　11レッズ【位置】投手、左
【経歴】体を捻りながら足を高く蹴り上げる特徴的な投球フォームと、Dトレインの愛称で親しまれた個性派左腕。2000年ドラフト8位でカブスに入団、マーリンズ移籍後の03年にメジャーへ昇格し14勝、防御率3.30で新人王を受賞。05年は5完封(1位)を含む22勝で最多勝、防御率2.63は3位で、サイ・ヤング賞投票では次点に入った。よく動く速球が特徴だったが、07年は15敗、防御率5.17の不振に陥り、タイガースにトレードされて以降も制球力は改善されず、08～10年の3年間で123.1回を投げ119四球。12年途中引退した。打撃も良く通算打率.244、6三塁打、9本塁打。7打席連続安打を放ったこともあった。
【通算】9年、205試合、202先発、15完投、8完封、72勝69敗0S、1221.2回、896奪三振、防御率4.17
【タイトル】新人王(2003年)最多勝1回(05年)オールスター2回(03,05年)

ジョシュ・ウィリングハム
Joshua David Willingham
1979.2.17～【出身地】アラバマ州フローレンス【球団】2004-08マーリンズ　09-10ナショナルズ　11アスレティックス　12-14ツインズ　14ロイヤルズ【位置】外野、右
【経歴】2000年ドラフト17位でマーリンズに入団、06年に正左翼手となり26本塁打。ナショナルズに移籍した09年も24本、7月28日は2イニング続けて満塁本塁打を放った。11年はアスレティックスで29本、98打点、ツインズに移った翌12年は自己最多の35本、110打点(3位)。打率は高くはなくとも選球眼が良く、通算出塁率は打率を1割以上も上回る.358だった。チームメイトだけでなく報道陣にも友好的に接する選手だった。
【通算】11年、1147試合、3912打数988安打、195本塁打、632打点、35盗塁、1036三振、打率.253

ボブ・ヴィール
Robert Andrew Veale
1935.10.28～2015.1.7【出身地】アラバマ州バーミングハム【球団】62-72パイレーツ　72-74レッドソックス【位置】投手、左
【経歴】198cmの長身で、1試合平均8三振を奪った速球派左腕。63年は主にリリーフで34試合に投げ防御率1.04、続く64年は先発で18勝、250奪三振(1位)。翌65年も17勝、276奪三振(2位)で1試合16奪三振の球団記録を樹立した。

69年まで6年連続13勝以上、170奪三振以上。68年にリーグ3位の防御率2.05、翌69年は4回目の200個以上となる213三振を奪った。被本塁打も少なかったが、64～67年は毎年100与四球以上と制球力に欠けていた。71年以降はリリーフに回り、73年はレッドソックスで11セーブを挙げた。
【通算】13年、397試合、255先発、78完投、20完封、120勝95敗21S、1926回、1703奪三振、防御率3.07
【タイトル】最多奪三振1回（64年）オールスター2回（65～66年）

ブラッド・ウィルカーソン
Stephen Bradley Wilkerson
1977.6.1～【出身地】ケンタッキー州オウエンズボロ【球団】2001-05エクスポズ/ナショナルズ　06-07レンジャーズ　08マリナーズ　08ブルージェイズ【位置】外野、左
【経歴】フロリダ大学時代に55本塁打、141試合連続出塁と活躍し98年ドラフト1位でエクスポズに入団。2000年はシドニー五輪に出場した。02年レギュラーとなり8三塁打（2位）、20本塁打、81四球で新人王投票では次点。04年は39二塁打、9本の先頭打者弾を含む32本塁打、106四球。05年にはナショナルズの球団初安打を記録、42二塁打を放ったが、同年まで4年連続で140三振以上を喫するなど打撃は粗かった。03、05年の2回サイクルヒットを記録している。
【通算】8年、972試合、3187打数788安打、122本塁打、399打点、53盗塁、打率.247

J・L・ウィルキンソン
James Leslie Wilkinson
1878.5.14～1964.8.21【出身地】アイオワ州ペリー【球団】メジャー経験なし
【経歴】ニグロ・リーグのカンザスシティ・モナークスの創設者。巡業球団のオール・ネイションズを母体として20年にモナークスを結成し、ニグロ・ナショナル・リーグに加盟。47年までに10回優勝、24年にニグロ・ワールドシリーズの初代王者となった。選手たちに対して思いやりが深く、リーグ内外で広く尊敬を集めていた。メジャー・リーグに先駆けナイトゲームを挙行するなど先見の明もあった。2006年殿堂入り。

ミルト・ウィルコックス
Milton Edward Wilcox
1950.4.20～【出身地】ハワイ州ホノルル【球団】70-71レッズ　72-74インディアンズ　75カブス　77-85タイガース　86マリナーズ【位置】投手、右
【経歴】68年ドラフト2位でレッズに入団。70年20歳でメジャー昇格、プレイオフ第3戦で好リリーフし優勝投手となる。その後伸び悩みマイナー落ちも味わうが、77年タイガースに移籍し開眼。緩急を生かした投球で78年から7年連続2ケタ勝利、84年は17勝、プレイオフ第3戦では8回を零封しリーグ優勝を決めた。ワールドシリーズ第3戦も6回1失点で勝利。肩を痛め85年1勝、86年0勝8敗に終わり引退した。83年4月15日のホワイトソックス戦は9回二死までパーフェクトに抑えていたが、ジェリー・ヘアストンに打たれ大記録を逸した。現役最後に対戦した相手もヘアストン。愛犬家で、引退後は“空飛ぶ犬のショー”なるイベントを企画し成功した。
【通算】16年、394試合、283先発、73完投、10完封、119勝113敗6S、2016.2回、1137奪三振、防御率4.07

モーリー・ウィルス
Maurice Morning Wills
1932.10.2～2022.9.19【出身地】ワシントンD.C.【球団】59-66ドジャース　67-68パイレーツ　69エクスポズ　69-72ドジャース【位置】遊撃、三塁、両
【経歴】マイナー時代は期待されていなかったが、60年27歳で正遊撃手となり50盗塁でタイトル獲得。62年は史上最多の165試合に出場、208安打（2位）、10三塁打（1位）に加え、タイ・カッブの記録を47年ぶりに更新する近代メジャー新記録の104盗塁。失敗は13回だけ、成功率.889の高率でMVPを受賞した。
　94盗塁した65年まで6年連続で盗塁王。66年秋の日本遠征中に無断帰国してオーナーの逆鱗に触れ、67年パイレーツへ放出、三塁へコンバートされ自己タイの打率.302。69年拡張ドラフトでエクスポズ入り、カナダの寒さを嫌ってチームを離れたところをドジャースに拾われた。80年後半マリナーズの監督となるが、すぐにその資質を欠くことが露呈し翌81年途中解任。バンジョーの演奏が得意で、カントリー・ミュージックの殿堂に愛用品が飾られている。息子のバンプはレンジャーズの

二塁手で、83～84年は阪急に在籍した。
【通算】14年、1942試合、7588打数2134安打、20本塁打、458打点、586盗塁(15位)、打率.281
【タイトル】MVP1回(62年) 盗塁王6回(60～65年) ゴールドグラブ2回(61～62年) オールスター5回(61～63,65～66年)
【監督】80-81マリナーズ　2年、83試合、26勝56敗、勝率.317

アール・ウィルソン
Earl Lawrence Wilson
1934.10.2～2005.4.23【出身地】ルイジアナ州ポンチャトゥーラ【球団】59-60,62-66レッドソックス　66-70タイガース　70パドレス【位置】投手、右
【経歴】53年、レッドソックスと契約した最初の黒人選手となる。球威はあったが制球力に欠け、62年ようやくメジャーに定着。同年12勝、6月26日のエンジェルズ戦でノーヒットノーランを達成し、これはア・リーグの黒人投手初の快挙だった。この試合では自ら本塁打も打っている。以後8年連続2ケタ勝利、シーズン途中でタイガースに移籍した66年はいずれも3位の18勝、200奪三振、翌67年は22勝で最多勝。66、68年に7本、通算35本塁打と打撃も良く、代打サヨナラ本塁打を放ったこともあった。
【通算】11年、338試合、310先発、69完投、13完封、121勝109敗0S、2051.2回、1452奪三振、防御率3.69
【タイトル】最多勝1回(67年)

ウィリー・ウィルソン
Willie James Wilson
1955.7.9～【出身地】アラバマ州モントゴメリー【球団】76-90ロイヤルズ　91-92アスレティックス　93-94カブス【位置】外野、両
【経歴】80年代を代表する快足の外野手。74年ドラフト1位でロイヤルズに入団、正左翼手となった79年は打率.315、83盗塁(1位)。この年だけで5本、通算13本のランニング本塁打を放つ。翌80年は230安打と15三塁打が1位、79盗塁も2位。史上2人目の左右両打席での100安打以上も達成、また705打席は史上初の700打席以上だったが、ワールドシリーズでは打率.154で12三振を喫した。
82年は打率.332、ロビン・ヨーントに9毛差で首位打者となるが、翌83年オフに麻薬の使用が明るみに出て81日間の刑務所暮らしを体験した。復帰後も自慢の足は衰えず、85年は21三塁打、ワールドシリーズでもチーム最多の11安打で世界一に貢献。通算では打率3割、最多三塁打が5回ずつ、88年まで11年連続30盗塁以上。92年のプレイオフでは37歳にして7盗塁を決めた。
【通算】19年、2154試合、7731打数2207安打、281二塁打、147三塁打、41本塁打、585打点、668盗塁(12位)、425四球、1144三振、打率.285
【タイトル】首位打者1回(82年) 盗塁王1回(79年) ゴールドグラブ1回(80年) オールスター2回(82～83年)

グレン・ウィルソン
Glenn Dwight Wilson
1958.12.22～【出身地】テキサス州ベイタウン【球団】82-83タイガース　84-87フィリーズ　88マリナーズ　88-89パイレーツ　89-90アストロズ　93パイレーツ【位置】外野、右
【経歴】80年ドラフト1位でタイガースに入団。強肩で知られ、フィリーズ移籍後の85年18補殺、翌86年も20補殺で、87年まで3年連続リーグ1位。打撃でも85年は打率.275、14本塁打ながら39二塁打(2位)、102打点(5位)。翌86年も84打点を挙げた。
【通算】10年、1201試合、4151打数1098安打、98本塁打、521打点、27盗塁、打率.265
【タイトル】オールスター1回(85年)

ジミー・ウィルソン
James Wilson
1900.7.23～47.5.31【出身地】ペンシルヴェニア州フィラデルフィア【球団】23-28フィリーズ　28-33カーディナルス　34-38フィリーズ　39-40レッズ【位置】捕手、右
【経歴】投手リードも含め、好守の捕手として評価されていたが、打撃も確実で25年は打率.328、29年は打率.325、71打点。34年監督兼任で古巣のフィリーズに復帰。38年途中解任されたが、コーチ兼任でレッズに拾われる。40年は正捕手アーニー・ロンバルディが故障したため、ワールドシリーズでは6試合にマスクをかぶり17打数6安打と健闘した。プロサッカー選手の経験もあり、アメリカ・サッカー殿堂入りしているディック・スポルディングは

フィリーズ時代のチームメイトにして終生の友だった。
【通算】18 年、1525 試合、4778 打数 1358 安打、32 本塁打、621 打点、86 盗塁、打率 .284
【タイトル】オールスター 2 回（33,35 年）
【監督】34-38 フィリーズ　41-44 カブス　9 年、1237 試合、493 勝 735 敗、勝率 .401

ジム・ウィルソン
James Alger Wilson
1922.2.20 ～ 86.9.2【出身地】カリフォルニア州サンディエゴ【球団】45-46 レッドソックス　48 ブラウンズ　49 アスレティックス　51-54 ブレーヴス　55-56 オリオールズ　56-58 ホワイトソックス【位置】投手、右
【経歴】2 種類のカーブなど変化球主体の投球で、45 年 21 試合に先発し 6 勝するが、8 月にライナーを顔面に受け骨折。その後マイナーとの間を往復、51 年 6 年ぶりに白星を挙げると翌 52 年は初の 2 ケタとなる 12 勝。54 年 6 月 12 日のフィリーズ戦でノーヒットノーランを達成。55 年はリーグワーストの 18 敗を喫したが、57 年には 5 完封（1 位）を含む自己最多の 15 勝を挙げた。引退後はブルワーズのフロントを経て、MLB のスカウティング・ビューローの責任者となった。
【通算】12 年、257 試合、217 先発、75 完投、19 完封、86 勝 89 敗、1539 回、692 奪三振、防御率 4.01
【タイトル】オールスター 3 回（54 ～ 56 年）

ジャック・ウィルソン
Jack Eugene Wilson
1977.12.29 ～【出身地】カリフォルニア州ウェストレイクヴィレッジ【球団】2001-09 パイレーツ　09-11 マリナーズ　11-12 ブレーヴス【位置】遊撃、右
【経歴】98 年ドラフト 9 位でカーディナルスに入団。2000 年途中パイレーツに移籍し、翌 01 年安定した守備力を買われて正遊撃手に抜擢される。同年と翌 02 年はいずれもリーグ最多の 17 犠打。04 年は打率 .308、201 安打（3 位）、41 二塁打、12 三塁打（1 位）の自己最高成績を残した。04 ～ 05 年は守備で 2 年連続最多補殺。07 年も打率 .296、12 本塁打と好調だったが、その後は故障がちになり出場機会を減らした。
【通算】12 年、1370 試合、4890 打数 1294 安打、61 本塁打、426 打点、43 盗塁、打率 .265
【タイトル】オールスター 1 回（2004 年）

ジャド・ウィルソン
Ernest Judson Wilson
1894.2.28 ～ 1963.6.24【出身地】ヴァージニア州レミントン【球団】ニグロ・リーグ【位置】三塁、一塁、左
【経歴】小柄ながら屈強な体格で、サッチェル・ペイジもその打力を認めていた強打者。強烈な打球が飛んで、フェンスに当たる音から“ブージャム”のニックネームがついた。22 年にボルティモア・ブラックソックスに加入、以後ホームステッド・グレイズ、フィラデルフィア・スターズなどで 46 歳まで現役を続け、キューバ・リーグでは 2 回首位打者になった。気性の激しさも有名で、肋骨を骨折した状態で出場し続けたこともあった。2006 年殿堂入り。＜ニグロ・リーグの成績＞955 試合、3140 打数 1099 安打、81 本塁打、735 打点、104 盗塁、打率 .350

ダン・ウィルソン
Daniel Allen Wilson
1969.3.25 ～【出身地】イリノイ州アーリントンハイツ【球団】92-93 レッズ　94-2005 マリナーズ【位置】捕手、右
【経歴】90 年ドラフト 1 位（全体 7 位）でレッズに入団。94 年マリナーズに移籍して正捕手となり、96 年は自己最多の 18 本塁打、83 打点でオールスターに出場。翌 97 年も 31 二塁打、15 本塁打を放った。投手リードを含めた守備面での評価が高く、捕手としての通算出場試合数 1237 はマリナーズの球団記録。人格者としても知られていたが、ポストシーズンでは 95 ～ 2000年にかけて42打席連続無安打のワースト記録を作ってしまった。引退後はマリナーズのフロントで働き、24 年途中監督に就任した。
【通算】14 年、1299 試合、4186 打数 1097 安打、88 本塁打、519 打点、23 盗塁、打率 .262
【タイトル】オールスター 1 回（96 年）
【監督】2024 マリナーズ　1 年、34 試合、21 勝 13 敗、勝率 .618

チーフ・ウィルソン
John Owen Wilson (Chief)
1883.8.21 ～ 1954.2.22【出身地】テキサス州オースティン【球団】08-13 パイレーツ

14-16 カーディナルス【位置】外野、左
【経歴】寡黙で大柄な外野手で、メジャーに昇格した08年にレギュラーとなり、11年打率.300、リーグ最多の107打点。翌12年は長打率.513（2位）、11本塁打（3位）に加え、現在も破られていないメジャー記録の36三塁打を放った。14年まで6年連続で2ケタ三塁打。本拠地のフォーブス・フィールドが広かったこともあり、通算59本塁打中31本はランニング本塁打だった。守備では強肩を誇り、14年に34補殺を記録した。渾名の"チーフ"はネイティヴ・アメリカンとは無関係。
【通算】9年、1280試合、4624打数1246安打、114三塁打、59本塁打、570打点、98盗塁、打率.269
【タイトル】打点王1回（11年）

ドン・ウィルソン
Donald Edward Wilson
1945.2.12～75.1.5【出身地】ルイジアナ州モンロー【球団】66-74 アストロズ【位置】投手、右
【経歴】面白いように動く速球で押しまくり、67年から8年連続2ケタ勝利。67年6月18日のブレーヴス戦でノーヒットノーラン、翌68年7月14日のレッズ戦では8者連続を含む18三振を奪い、当時のメジャー記録に並ぶ。69年は自己最多の16勝、225回を投げリーグ4位の235奪三振、5月1日のレッズ戦で2度目のノーヒットノーランを達成。71年も16勝、防御率2.45は3位。74年9月4日のレッズ戦も8回まで無安打に抑えながら代打を出され、3度目のノーヒッターを惜しいところで逃した。75年1月自宅の車庫で排気ガスを吸い込み一酸化炭素中毒死、5歳の長男も巻き添えになった。自殺も疑われたが検視の結果事故死とされた。背番号40はアストロズの永久欠番となっている。
【通算】9年、266試合、245先発、78完投、20完封、104勝92敗2S、1748.1回、1283奪三振、防御率3.15
【タイトル】オールスター1回（71年）

ハック・ウィルソン
Lewis Robert Wilson (Hack)
1900.4.26～48.11.23【出身地】ペンシルヴェニア州エルウッドシティ【球団】23-25 ジャイアンツ　26-31 カブス　32-34 ドジャース　34 フィリーズ【位置】外野、右
【経歴】身長は168cmと低くとも、分厚い胸と丸太棒のような腕で長打を飛ばしたスラッガー。ジャイアンツ時代はジョン・マグロー監督とソリが合わず、カブスに移籍した26年21本で本塁打王となり、以後3年連続でタイトルを獲得。29年は39本塁打こそ3位にとどまったが、159打点で打点王。翌30年はナ・リーグ記録の56本塁打、メジャー記録の191打点と大爆発、打率も自己最高の.356で、105四球と長打率.723も1位だった。過度の飲酒がたたり31年は13本塁打、61打点と急降下、ドジャースに移った32年にいずれも5位の23本塁打、123打点とやや持ち直したがそれまでだった。79年殿堂入り。
【通算】12年、1348試合、4760打数1461安打、244本塁打、1063打点、52盗塁、打率.307
【タイトル】本塁打王4回（26～28,30年）打点王2回（29～30年）

ブライアン・ウィルソン
Brian Patrick Wilson
1982.3.16～【出身地】ニューハンプシャー州ロンドンデリー【球団】2006-12 ジャイアンツ　13-14 ドジャース【位置】投手、右
【経歴】黒々とした長い顎鬚がトレードマークだった豪腕リリーバー。2003年ドラフト24位でジャイアンツに入団、力のある速球とスライダーで08年41セーブ（2位）、翌09年も38セーブ（3位）。10年はリーグ最多かつ球団記録の48セーブ、防御率1.81で、ポストシーズンも10試合、11.2回を無失点、6セーブを稼いで世界一に貢献した。ポストシーズンでは13年まで17.2回連続無失点を継続。11年まで4年連続35セーブ以上だったが、12年は2試合投げただけで肘を痛めトミー・ジョン手術。13年にドジャースで復帰、14年に61試合に登板したのが最後となった。真面目な顔で冗談を言うのが得意で、言動だけでなくファッションも奇抜だった。
【通算】9年、394試合、0先発、24勝25敗172S、382回、407奪三振、防御率3.30
【タイトル】最多セーブ1回（2010年）オールスター3回（08,10～11年）

プレストン・ウィルソン
Preston James Richard Wilson
1974.7.19～【出身地】サウスカロライナ州バンバーグ【球団】98 メッツ　98-2002 マーリンズ　03-05 ロッキーズ　05 ナショナルズ　06 アストロズ　06-07 カーディナ

ルス【位置】外野、右
【経歴】92年ドラフト1位（全体9位）でメッツに入団。98年途中マイク・ピアッツァの交換要員としてマーリンズへトレード、翌99年26本塁打、新人王投票で次点に入る。2000年は31本塁打、121打点、36盗塁で30－30を達成した一方、三振もリーグワーストの187回を喫した。03年ロッキーズに移籍し自己最多の43二塁打、36本塁打、リーグトップの141打点を記録した。ムーキー・ウィルソンはおじであり義父。
【通算】10年、1108試合、4003打数1055安打、189本塁打、668打点、124盗塁、1085三振、打率.264
【タイトル】打点王1回（2003年）オールスター1回（03年）

ムーキー・ウィルソン
William Hayward Wilson (Mookie)
1956.2.9～【出身地】サウスカロライナ州バンバーグ【球団】80-89メッツ　89-91ブルージェイズ【位置】外野、両
【経歴】77年ドラフト2位でメッツに入団。82年正中堅手となり自己最多の178安打、リーグ4位の58盗塁。翌83年も54盗塁（4位）を決めたが、103三振でわずか18四球、出塁率.300とリードオフマンとしては失格だった。86年のワールドシリーズ第6戦では9回二死から10球粘り、ビル・バックナーのサヨナラ失策を呼ぶ一塁ゴロを打った。決して手を抜かない真摯な姿勢は高く評価された。引退後はメッツのコーチに就任。甥で義理の息子のプレストンはマーリンズなどで活躍した。
【通算】12年、1403試合、5094打数1397安打、67本塁打、438打点、327盗塁、打率.274

フックス・ウィルツィー
George Leroy Wiltse (Hooks)
1879.9.7～1959.1.21【出身地】ニューヨーク州ハミルトン【球団】04-14ジャイアンツ　15ブルックリン（FL）【位置】投手、左
【経歴】左横手からのカーブで04年デビューから12連勝、以後クリスティ・マシューソンとの二枚看板で8年連続12勝以上を挙げ、防御率も7年連続2点台。08年23勝（4位）、7月4日のフィリーズ戦ではあと1ストライクで死球を与え完全試合を逃したものの、延長10回でノーヒットノーランを達成した。翌09年も20勝、自己記録の防御率2.00。フィールディングも良く、13年のワールドシリーズでは一塁に入って好守を見せた。引退後はシラキューズの市会議員になった。兄の“スネーク”ことルイスも通算29勝の投手。
【通算】12年、357試合、225先発、152完投、27完封、139勝90敗、2112.1回、965奪三振、防御率2.47

ホイト・ウィルヘルム
James Hoyt Wilhelm
1922.7.26～2002.8.23【出身地】ノースカロライナ州ハンターズヴィル【球団】52-56ジャイアンツ　57カーディナルス　57-58インディアンズ　58-62オリオールズ　63-68ホワイトソックス　69エンジェルズ　69-70ブレーヴス　70カブス　71ブレーヴス　71-72ドジャース【位置】投手、右
【経歴】ナックルボールの達人で、史上初めて1000試合以上に登板した名リリーフ投手。故障知らずで、唯一負ったケガも打撃練習でボールが当たったものだった。長いマイナー暮らしの後、52年28歳でメジャーに昇格すると、すべてリリーフで15勝。71試合と防御率2.43もリーグトップで、リリーフ投手の防御率1位は史上初の快挙だったが、新人王はジョー・ブラックにさらわれた。翌53年も68試合(1位)に登板、54年は12勝し優勝に貢献した。
58年途中オリオールズに移り、9月20日のヤンキース戦でノーヒットノーランを達成。翌59年本格的に先発に転向すると開幕から9連勝、年間では15勝、防御率2.19（1位）。9回から登板し、延長17回まで8.2回を無安打に抑えた試合もあった。その後再びリリーフに戻り、64年27セーブ、同年から5年連続防御率1点台。67年は44歳で防御率1.31、60年代は通算2.18だった。70年は47歳でオールスターに選出。49歳まで投げ、リリーフでの最多記録となる通算124勝を残した。メジャー初打席で本塁打、第2打席で三塁打を放ったあとは、本塁打、三塁打とも1本もなし。引退後はヤンキースなどで20年以上マイナーのコーチを務めた。85年殿堂入り。
【通算】21年、1070試合（6位）、52先発、20完投、5完封、143勝122敗228S、2254.1回、1610奪三振、防御率2.52
【タイトル】最優秀防御率2回（52,59年）オールスター5回（53,59,61～62,70年）

ウォルト・ウィルモット
Walter Robert Wilmot
1863.10.18 〜 1929.2.1【出身地】ウィスコンシン州プローヴァー【球団】1888-89 ワシントン　90-95 シカゴ　97-98 ニューヨーク【位置】外野、両
【経歴】1889 年リーグ最多の 19 三塁打、翌 90 年は 13 本塁打を放ち、スイッチヒッターで初の本塁打王となる。同年と 94 年に 76 盗塁するなど足も速かった。1894 年自己最多の 45 二塁打（3 位）、130 打点（5 位）を記録した。ビリヤードが得意で、アマチュアの大会で 3 連覇したこともあった。
【通算】10 年、962 試合、3988 打数 1100 安打、58 本塁打、594 打点、383 盗塁、打率 .276
【タイトル】本塁打王 1 回（1890 年）

エド・ウィレット
Robert Edgar Willett
1884.3.7 〜 1934.5.10【出身地】ヴァージニア州ノーフォーク【球団】06-13 タイガース　14-15 セントルイス（FL）【位置】投手、右
【経歴】横手投げの変化球投手で、08 年 15 勝、自己ベストの防御率 2.28。翌 09 年は 21 勝（3 位）を挙げ優勝に貢献、ワールドシリーズでも 7.2 回を 1 点に封じた。13 年まで 6 年連続で 13 勝以上したが、フェデラル・リーグでは 2 年間で 6 勝 20 敗と不振だった。あまり使いたがらなかったが、下手から投げるスローボールも効果的だった。
【通算】10 年、274 試合、203 先発、142 完投、12 完封、102 勝 100 敗、1773.1 回、600 奪三振、防御率 3.08

ジョニー・ウィロステック
John Barney Wyrostek
1919.7.12 〜 86.12.12【出身地】イリノイ州フェアモントシティ【球団】42-43 パイレーツ　46-47 フィリーズ　48-52 レッズ　52-54 フィリーズ【位置】外野、左
【経歴】兵役から復帰した46年レギュラーとなり 30 二塁打（5 位）、守備でも 2 位の 18 補殺。レッズに移籍した 48 年に自己最多の 17 本塁打、76 打点。51 年の打率 .311 はリーグ 6 位だった。引退後の 67 年フェアモントシティの市長に当選し、死去するまで 5 期務めた。
【通算】11 年、1221 試合、4240 打数 1149 安打、58 本塁打、481 打点、33 盗塁、打率 .271
【タイトル】オールスター 2 回（50 〜 51 年）

ロン・ヴィローン
Ronald Thomas Villone
1970.1.16 〜【出身地】ニュージャージー州イングルウッド【球団】95 マリナーズ　95-96 パドレス　96-97 ブルワーズ　98 インディアンズ　99-2000 レッズ　01 ロッキーズ　01 アストロズ　02 パイレーツ　03 アストロズ　04-05 マリナーズ　05 マーリンズ　06-07 ヤンキース　08 カーディナルス　09 ナショナルズ【位置】投手、左
【経歴】15 年間でのべ 14 球団をわたり歩き、同一球団に 3 年以上所属することが一度もなかった速球派左腕。92 年バルセロナ五輪に出場、同年ドラフト 1 位でマリナーズに入団し、リリーフ投手としてメジャーに昇格する。レッズに移った 99 年は先発に回り 9 勝、翌 2000 年は 10 勝。04 年マリナーズに復帰した頃からリリーフに戻り、05 年に自己最多の 79 試合に登板、以後 4 年間で 3 回 70 試合以上投げた。大学時代はフットボールでも有望視されていた。
【通算】15 年、717 試合、93 先発、2 完投、0 完封、61 勝 65 敗 8 S、1168 回、925 奪三振、防御率 4.73

アーリー・ウィン
Early Wynn
1920.1.6 〜 99.4.4【出身地】アラバマ州ハートフォード【球団】39,41-44,46-48 セネターズ　49-57 インディアンズ　58-62 ホワイトソックス　63 インディアンズ【位置】投手、右
【経歴】30 年代から 60 年代まで投げ続け、300 勝を挙げた名投手。闘志むき出しで思いきり内角をつく投球で、打者から大いに恐れられた。37 年 17 歳でセネターズにテスト入団、当初は速球だけに頼った投球で 43 年は 18 勝（3 位）を挙げたが翌 44 年は 8 勝 17 敗、47 年 17 勝のあと 48 年は 8 勝 19 敗と不安定さを残す。インディアンズ移籍後はカーブやチェンジアップなど変化球を加え、投球に幅が出て 50 年 18 勝（4 位）、防御率 3.20（1 位）、以後 7 年連続で 17 勝以上、うち 4 回 20 勝。54 年は 23 勝で最多勝に輝いた。
57 年に自己最多の 184 三振を奪い 1 位となったが、翌 58 年ホワイトソックスへトレード、2 年連続 1 位の 179 奪三振。続く 59 年は 22 勝（1 位）、史上最年長の

39歳でサイ・ヤング賞を受賞した。60年まで11年連続で200回以上、最多投球回3回と耐久力も抜群だった。63年インディアンズに復帰、1勝して300勝の大台に到達し引退。通算1775四球は引退時点でワースト1位だった。通算17本塁打と打撃も得意で、自らのソロ本塁打による1点だけで完封勝ちしたこともある。代打としても通算102回起用され14安打、17四球。グラウンド外では悪戯好きの気のいい性格で、チームメイトに人気があった。72年殿堂入り。
【通算】23年、691試合、611先発(19位)、289完投、49完封(21位)、300勝(23位)244敗(13位)、4654回(21位)、2334奪三振、1775四球(4位)、防御率3.54
【タイトル】サイ・ヤング賞1回(59年)最多勝2回(54,59年)最優秀防御率1回(50年)最多奪三振2回(57～58年)オールスター7回(47,55～60年)

ジム・ウィン
James Sherman Wynn
1942.3.12～2020.3.26【出身地】オハイオ州シンシナティ【球団】63-73アストロズ　74-75ドジャース　76ブレーヴス　77ヤンキース　77ブルワーズ【位置】外野、右
【経歴】身長178cmと大柄ではなくとも素晴らしい長打力の持ち主で、トイ・キャノン(おもちゃの大砲)の異名を取る。レッズのマイナーから62年の拡張ドラフトでアストロズへ移り、正中堅手となった65年に22本塁打、43盗塁(3位)。67年は37本塁打(2位)、107打点(4位)、69年も33本塁打(5位)を放つ。三振が多く確実性には乏しかったが、選球眼は抜群で69年には148四球を選び、リーグ記録を更新。6回100四球以上を記録し、通算出塁率.366は打率を1割以上も上回った。70年には夫人と口論し腹部を刺される。73年は打率.220の不振に陥ったが、ドジャースにトレードされた74年は32本塁打(3位)、108打点(4位)でカムバック賞を受賞した。俊足で守備範囲も広かった。
【通算】15年、1920試合、6653打数1665安打、291本塁打、964打点、225盗塁、1224四球、1427三振、打率.250
【タイトル】オールスター3回(67,74～75年)

ランディ・ウィン
Dwight Randolph Winn
1974.6.9～【出身地】カリフォルニア州ロスアンジェルス【球団】98-2002レイズ　03-05マリナーズ　05-09ジャイアンツ　10ヤンキース　10カーディナルス【位置】外野、両
【経歴】95年ドラフト3位でマーリンズに入団。98年レイズでメジャーに昇格し9三塁打(3位)、26盗塁。2002年は打率.298、39二塁打、9三塁打(2位)でオールスターに選出、連敗を15で止めるサヨナラ本塁打も放った。03年ルー・ピネラ監督とのトレードでマリナーズに移籍、04年に自己最多の81打点。05年途中ジャイアンツに移籍後、58試合で打率.359、14本塁打と打ちまくった。同年の189安打、47二塁打、20本塁打はすべて自己記録。07～08年も2年連続で打率3割以上、通算で30二塁打以上を8回記録した。サンタクララ大学のバスケットボール部では名選手スティーヴ・ナッシュの控えを務めた。
【通算】13年、1717試合、6186打数1759安打、110本塁打、662打点、215盗塁、1010三振、打率.284
【タイトル】オールスター1回(2002年)

ボビー・ウィンクルズ
Bobby Brooks Winkles
1930.3.11～2020.4.17【出身地】アーカンソー州タッカーマン【球団】メジャー経験なし
【経歴】現役時代は遊撃手だったがメジャーには上がれず、59年にアリゾナ州立大の監督に転身。13年間で3度の全国制覇を果たし、レジー・ジャクソン、サル・バンドーらをメジャーへ送り出した。72年エンジェルズのコーチとしてプロ球界に戻り、翌73年監督に昇格。74年途中で解任された直後にアスレティックスにコーチとして迎えられ、77年途中から78年まで同球団の監督を務めた。その後ホワイトソックス、エクスポズでもコーチやフロントの仕事を歴任。2006年に大学野球殿堂が創設された際には最初のメンバーに選ばれた。
【監督】73-74エンジェルズ　77-78アスレティックス　4年、384試合、170勝213敗、勝率.444

アイヴィー・ウィンゴ
Ivey Brown Wingo
1890.7.8 〜 1941.3.1【出身地】ジョージア州ゲインズヴィル【球団】11-14 カーディナルス　15-26,29 レッズ【位置】捕手、左
【経歴】カーディナルスとレッズの正捕手を長年にわたって務め、その結果として20世紀で最多となる通算234失策を記録。年間最多失策も7回あったが、肩の強さには定評があった。13年オフにはジョン・マグロー率いる全米選抜チームの一員として世界中を転戦。16年バック・ハーゾグが監督を退いた後、2試合監督を代行し1勝1敗だった。翌17年自己最多の121試合に出場、唯一の3ケタとなる106安打。19年のワールドシリーズでは11打席で4安打、3四球と7度も出塁した。弟のアルはタイガースの外野手。
【通算】17年、1327試合、4003打数1039安打、25本塁打、455打点、87盗塁、打率.260

デイヴ・ウィンフィールド
David Mark Winfield
1951.10.3 〜【出身地】ミネソタ州セントポール【球団】73-80 パドレス　81-88,90 ヤンキース　90-91 エンジェルズ　92 ブルージェイズ　93-94 ツインズ　95 インディアンズ【位置】外野、右
【経歴】ミネソタ大学卒業時の73年、NBAのアトランタ・ホークス（5位）、ABAのユタ・スターズ（6位）、NFLのミネソタ・ヴァイキングス（17位）からもドラフト指名された万能選手。パドレスの1位指名（全体4位）を受け球界入り、マイナーを経ずデビュー。派手さはないが打走守三拍子揃い、パドレスでは初めての主将に任命された78年に初の打率3割となる.308（4位）。翌79年は34本塁打（3位）、118打点で打点王となった。

81年FAでヤンキースと破格の10年契約を結ぶが、同年のワールドシリーズは22打数1安打の大不振で優勝を逸した戦犯扱いされる。翌82年37本塁打(3位)、106打点、以後7年間で6回100打点以上。84年は同僚のドン・マッティングリーと最終日まで首位打者を争い、.340で3厘差の2位だった。89年は腰のヘルニアで全休、翌90年途中エンジェルズに移籍し21本塁打でカムバック賞を受賞。91年6月24日に史上最年長の39歳でサイクルヒットを達成した。

92年ブルージェイズに移り26本塁打、40歳以上では初の100打点以上となる108打点。ワールドシリーズ第6戦では優勝を決定づける2点二塁打を放った。93年ツインズに移籍、故郷で3000本安打を達成した。メジャー有数の強肩の持ち主で、7回ゴールドグラブを受賞。83年には送球がカモメに当たって死んでしまい、動物虐待に問われた。読書家で、慈善活動に熱心だったことでも広く知られ、92年に新設されたブランチ・リッキー賞の初代受賞者となり、また事業家としても成功を収めた。2001年殿堂入り。
【通算】22年、2973試合（12位）、11003打数（11位）3110安打（23位）、540二塁打、88三塁打、465本塁打、1833打点（19位）、223盗塁、1216四球、1686三振、打率.283
【タイトル】打点王1回（79年）ゴールドグラブ7回（79〜80,82〜85,87年）オールスター12回（77〜88年）

ハーム・ウェアマイアー
Herman Ralph Wehmeier
1927.2.18 〜 73.5.21【出身地】オハイオ州シンシナティ【球団】45,47-54 レッズ　54-56 フィリーズ　56-58 カーディナルス　58 タイガース【位置】投手、右
【経歴】高校時代はフットボールで活躍したが、大学からの誘いを蹴り地元のレッズと契約。45年18歳でデビュー、ほとんど速球だけで48年から3年連続2ケタ勝利。その反面、与四球数も3度ワーストと制球に問題を抱えブーイングの的になった。54年途中フィリーズへ放出、同年から4年連続2ケタ勝利を挙げ、カーディナルスに移った56年自己最多の12勝。引退後はレッズのスカウトとして、高校の後輩であるピート・ローズを入団させた。
【通算】13年、361試合、240先発、79完投、9完封、92勝108敗、1803回、794奪三振、防御率4.80

ティム・ウェイクフィールド
Timothy Stephen Wakefield
1966.8.2 〜 2023.10.1【出身地】フロリダ州メルボーン【球団】92-93 パイレーツ　95-2011 レッドソックス【位置】投手、右
【経歴】21世紀では数少ないナックルボーラー。88年ドラフト8位でパイレーツに入団、当時は内野手だったが、遊びで投げていたナックルボールがコーチの目に止まり、89年から投手に転向。92年メジャーに昇格すると13試合で8勝1敗、防御

率2.15。プレイオフでもブレーヴス相手にいずれも完投で2勝を挙げた。翌93年は防御率5点台の不振で、94年は1試合も投げることなく95年4月に解雇。レッドソックスに拾われ16勝（5位）、防御率2.95（2位）でカムバック賞を受賞した。

以後4年連続で2ケタ勝利、98年は17勝、2002年の防御率2.81は4位。03年のリーグ優勝決定シリーズ第7戦ではアーロン・ブーンにサヨナラ本塁打を打たれた。07年は40歳で自己最多タイの17勝、09年には史上2番目の高齢となる41歳11ヶ月でオールスターに初選出された。11年、45歳で通算200勝に到達したのを記念に引退。通算では2ケタ勝利11回、投球回数・先発数・敗戦数など多くの部門でレッドソックスの球団記録保持者となっている。

【通算】19年、627試合、463先発、33完投、6完封、200勝180敗22S、3226.1回、2156奪三振、1205四球、防御率4.41

【タイトル】オールスター1回（2009年）

エディー・ウェイトカス
Edward Stephen Waitkus

1919.9.4～72.9.16【出身地】マサチューセッツ州ケンブリッジ【球団】41,46-48カブス　49-53フィリーズ　54-55オリオールズ　55フィリーズ【位置】一塁、左

【経歴】41年に12試合出場したのち兵役につき、太平洋戦争で奮戦し数々の勲章を手にする。復帰後の46年正一塁手となり打率.304、48年は10三塁打（4位）。49年フィリーズに移籍、6月まで打率.306と好調だったが、遠征先のホテルで熱狂的女性ファンにピストルで胸を撃たれ重傷を負う。この事件はのちに映画『ザ・ナチュラル』のモチーフとなった。翌50年復帰し自己最多の182安打で優勝に貢献、カムバック賞を手にした。語学に堪能で5カ国語を流暢に話せたという。

【通算】11年、1140試合、4254打数1214安打、24本塁打、373打点、28盗塁、打率.285

【タイトル】オールスター2回（48～49年）

ポール・ウェイナー
Paul Glee Waner

1903.4.16～65.8.29【出身地】オクラホマ州ハラー【球団】26-40パイレーツ　41ドジャース　41-42ブレーヴス　43-44ドジャース　44-45ヤンキース【位置】外野、左

【経歴】200安打以上を8回記録した史上屈指の安打製造機で、“ビッグ・ポイズン”の異名を取る。25年マイナーで280安打、打率.401の好成績を収め、翌26年移籍金4万ドルでパイレーツに入団、リーグ最多の22三塁打、同3位の打率.336。続く27年は打率.380、237安打、18三塁打、131打点の4部門で1位となりMVPを受賞、弟ロイドとともに優勝の原動力となった。

37年まで12年連続打率3割、34年.362、36年は.373で首位打者。卓越したバットコントロールでライン際を狙い打ち、32年の62本を最多として50二塁打以上3回、26～35年まで10年連続2ケタ三塁打。三振は最多でも37年の34回で、30回以上はこの年が唯一だった。酒豪としても有名で、しばしば酩酊状態で打席に立ちながらもヒットを打ったという伝説を残している。38年9月15日にはロイドに次いで本塁打を放ち、史上初の兄弟による2者連続弾を記録した。52年殿堂入り。

【通算】20年、2549試合、9459打数3152安打（19位）、605二塁打（15位）、191三塁打（10位）、113本塁打、1309打点、104盗塁、1091四球、376三振、打率.333

【タイトル】MVP1回（27年）首位打者3回（27,34,36年）打点王1回（27年）オールスター4回（33～35,37年）

ロイド・ウェイナー
Lloyd James Waner

1906.3.16～82.7.22【出身地】オクラホマ州ハラー【球団】27-41パイレーツ　41ブレーヴス　41レッズ　42フィリーズ　44ドジャース　44-45パイレーツ【位置】外野、左

【経歴】兄ポールとともにパイレーツの主軸として活躍し、“リトル・ポイズン”と称される。27年新人記録となる223安打を放ち、ポールと兄弟で1、2位を占める。うち198本までが単打という典型的なシングルズ・ヒッターだった。同年は打率.355で3位、29年まで3年連続で220安打以上。30年は盲腸炎を患い68試合に出場したのみだったが、31年は214安打（1位）と復調。並外れたミートの巧さで、通算ではわずか173三振、1三振あたり45打数は史上2位。41年は234打席で一度も三振しなかった。ポールとは合わせて

5611安打を放ち、これはアルー三兄弟を抑え史上1位。38年9月15日に史上初の兄弟による2者連続本塁打を記録した。俊足を生かした守備も一級品だった。67年殿堂入り。
【通算】18年、1993試合、7772打数2459安打、118三塁打、27本塁打、598打点、67盗塁、打率.316
【タイトル】オールスター1回(38年)

ガス・ウェイング
August Weyhing

1866.9.29～1955.9.4【出身地】ケンタッキー州ルイヴィル【球団】1887-89フィラデルフィア(AA) 90ブルックリン(PL) 91フィラデルフィア(AA) 92-95フィラデルフィア 95ピッツバーグ 95-96ルイヴィル 98-99ワシントン 1900セントルイス 00ブルックリン 01インディアンズ 01レッズ【位置】投手、右
【経歴】史上最多の通算277死球を与えた、荒れ球のカーブ投手。最初の6年間は毎年390回以上を投げ"ラバーアーム"と称された。1887年から7年連続20勝、89～92年は4年連続30勝。91年の219個(3位)を最多として4回200三振以上を奪った一方、87～94年まで毎年100四球以上、88年は56個の暴投を記録した。88年7月31日のカンザスシティ(AA)戦でノーヒットノーランを達成。93年にバッテリー間の距離が拡げられてからはあまり勝てなくなった。鳩を飼うのが趣味で、92年には高額の鳩を盗んだ容疑で逮捕されている。弟のジョンも投手だったが、21歳の若さで現役中に病死した。
【通算】14年、540試合、505先発、449完投(11位)、28完封、264勝232敗(17位)、4337回、1667奪三振、1570四球(10位)、防御率3.88

アダム・ウェインライト
Adam Parrish Wainwright

1981.8.30～【出身地】ジョージア州ブランズウィック【球団】2005-10,12-23カーディナルス【位置】投手、右
【経歴】201cmの長身から繰り出すカーブを武器とし、12回2ケタ勝利を記録した好投手。2000年ドラフト1位でブレーヴスに入団、04年カーディナルスに移籍し、06年のポストシーズンでは9.2回を無失点に封じ4セーブ、世界一に貢献した。同年5月24日にはメジャー初打席の初球を叩いて本塁打とした。翌07年先発に転向し14勝、09年はリーグ最多の233回を投げ、19勝で最多勝、防御率2.63と212奪三振はいずれも4位。サイ・ヤング賞投票では1位票を最も多く獲得しながら、総合では3位に甘んじた。10年も20勝と防御率2.42は2位、213奪三振は3位だったが、サイ・ヤング賞では次点だった。
11年はトミー・ジョン手術を受け全休、復帰後の13年はリーグ最多の19勝、翌14年は3完封(1位)を含む20勝(2位)、防御率2.38(3位)。40歳になった21年も17勝(2位)を挙げた。打撃も良く通算143安打、39二塁打、10本塁打、75打点。16年は62打数で18打点を稼ぎ、代打としても通算28回起用され5安打を打っている。23年の現役最終登板で200勝に到達。ヤディエル・モリナとは史上最多となる328試合で先発バッテリーを組んだ。
【通算】18年、478試合、411先発、28完投、11完封、200勝128敗3S、2668.1回、2202奪三振、防御率3.53
【タイトル】最多勝2回(2009,13年)ゴールドグラブ2回(09,13年)オールスター3回(10,13～14年)

デイヴィッド・ウェザーズ
John David Weathers

1969.9.25～【出身地】テネシー州ローレンスバーグ【球団】91-92ブルージェイズ 93-96マーリンズ 96-97ヤンキース 97インディアンズ 98レッズ 98-2001ブルワーズ 01カブス 02-04メッツ 04アストロズ 04マーリンズ 05-09レッズ 09ブルワーズ【位置】投手、右
【経歴】88年ドラフト3位でブルージェイズに入団。93年拡張ドラフトでマーリンズに移籍、94年に先発で8勝を挙げる。96年にヤンキースに移籍してからはほとんど中継ぎとして投げ、同年のポストシーズンでは11回で1失点に抑えた。沈む速球で、99年から11年連続して60試合以上に登板。2001年は自己最多の80試合(5位)で防御率2.41、07年はレッズで抑えとして33セーブを稼いだ。息子のライアンも投手。
【通算】19年、964試合(19位)、69先発、0完投、73勝88敗75S、1376.1回、976奪三振、防御率4.25

サム・ウェスト
Samuel Filmore West
1904.10.5 ～ 85.11.23【出身地】テキサス州ロングヴュー【球団】27-32 セネターズ 33-38 ブラウンズ 38-41 セネターズ 42 ホワイトソックス【位置】外野、左
【経歴】打率3割を8回記録した巧打者で、通算でもあと1厘で3割に届くところだった。31年に打率.333、175安打、43二塁打（5位）、91打点の自己最高成績。33年にブラウンズへ移籍し、同年から5年間で4回オールスターに選ばれた。34年は10三塁打（5位）、同年まで5年連続2ケタ三塁打。中堅守備でも非常に広い守備範囲を誇り、28年と35年に守備率1位。性格は物静かで穏やかだった。
【通算】16年、1753試合、6148打数 1838安打、101三塁打、75本塁打、838打点、54盗塁、打率.299
【タイトル】オールスター4回（33～35,37年）

ジェイク・ウェストブルック
Jacob Cauthen Westbrook
1977.9.29 ～【出身地】ジョージア州アセンズ【球団】2000 ヤンキース 01-08,10 インディアンズ 10-13 カーディナルス【位置】投手、右
【経歴】96年ドラフト1位でロッキーズに入団、エクスポズ、ヤンキースを経て2001年インディアンズに移籍。徹底してシンカーを低めに投げ込み、04年14勝、防御率3.38（3位）、5完投（1位）、05・06年は2年連続15勝。09年はトミー・ジョン手術で全休、復帰した10年からまた3年連続で2ケタ勝利。史上屈指の名勝負である11年のワールドシリーズ第6戦で勝利投手になった。試合前は同じ時刻、同じテーブルで同じトレーナーにマッサージを受けていた。
【通算】13年、315試合、273先発、15完投、4完封、105勝103敗0S、1747.2回、965奪三振、防御率4.32
【タイトル】オールスター1回（2004年）

ウォーリー・ウェストレイク
Waldon Thomas Westlake
1920.11.8 ～ 2019.9.5【出身地】カリフォルニア州グリッドリー【球団】47-51 パイレーツ 51-52 カーディナルス 52 レッズ 52-55 インディアンズ 55 オリオールズ 56 フィリーズ【位置】外野、右
【経歴】強肩強打の外野手で、筋骨隆々とした体格から“マッスルズ”と呼ばれた。49年は23本塁打、104打点、51年まで3年連続20本塁打以上。サイクルヒットも48・49年に2年続けて達成した。51年は最初の2カ月で16本塁打を放ちオールスターに出場。同年途中カーディナルスに移籍してから成績を落としたが、53年はインディアンズで82試合の出場ながら打率.330。弟ジムも1試合のみ代打で出場している。
【通算】10年、958試合、3117打数848安打、127本塁打、539打点、19盗塁、打率.272
【タイトル】オールスター1回（51年）

ビル・ヴェック
William Louis Veeck
1914.2.9 ～ 86.1.2【出身地】イリノイ州シカゴ【球団】メジャー経験なし
【経歴】球史に残る名物オーナーであり、他に並ぶ者のない天才プロモーター。カブスの球団社長だったビル・シニアの息子で、33年父の死に伴い大学を中退しカブスの球団職員となり、のちにリグリー・フィールド名物となる外野フェンスの蔦を植える。41年退職してマイナー球団のミルウォーキーを買収、生きた豚のプレゼントや、花火大会、球場結婚式、早朝試合など斬新なアイディアを次々と打ち出し評判を呼ぶ。43年フィリーズ買収に動いた際には、いち早く黒人選手を採用する計画を持っていたとも言われる。
　第二次世界大戦で負傷し、脚を切断する悲劇に見舞われながらも球団経営への情熱は衰えず、46年インディアンズを買収。翌47年ア・リーグ初の黒人選手となるラリー・ドビーと契約、48年には黒人球界最大のスターであったサッチェル・ペイジの入団を実現させ、新記録となる262万人の観客を動員、ワールドシリーズ優勝も果たした。51年はブラウンズを買収し、小人のエディー・ガデルを打席に立たせ観衆の度胆を抜くが、こうした奇策が他球団のオーナーの反感を買い、妨害工作による身売りの失敗から一時球界を離れた。
　その後テレビのコメンテイターを務める一方、タイガースの買収や、NBAの球団設立に動くなど多方面で活動し、59年ホワイトソックスのオーナーとして球界に復帰。体調を崩して61年身売り、農場生活を送る傍ら執筆活動をしていたが75年再びホワイトソックスを買収。76年には半ズボンのユニフォームを導入するなど、相変

わらず奇抜なアイディアを生み出し続けたが、79年“アンチ・ディスコ”の催しが観客による暴動を引き起こし、没収試合となるなど行き過ぎた面もあった。77年には自ら少年野球時代に見出したハロルド・ベインズをドラフト全体1位で指名。80年を最後に退陣、91年殿堂入り。息子マイクも独立リーグのセントポール球団のオーナーで、父と同様プロモーションの天才として知られた。

エリック・ウェッジ
Eric Michael Wedge
1968.1.27～【出身地】インディアナ州フォートウェイン【球団】91-92 レッドソックス　93 ロッキーズ　94 レッドソックス【位置】捕手、右
【経歴】89年ドラフト3位でレッドソックスに入団、現役時代は控え捕手だった。引退後はマイナー・リーグの監督となり、3回最優秀監督賞を受賞。2003年35歳でインディアンズの監督となり、07年は地区優勝を果たし最優秀監督賞に選ばれた。マリナーズで監督をしていた13年6月には、試合前の練習中に倒れ1ヶ月入院した。
【通算】4年、39試合、86打数20安打、5本塁打、12打点、0盗塁、打率.233
【監督】2003-09 インディアンズ　11-13 マリナーズ　10年、1620試合、774勝846敗、勝率.478

ジョン・ウェットランド
John Karl Wetteland
1966.8.21～【出身地】カリフォルニア州サンマテオ【球団】89-91 ドジャース　92-94 エクスポズ　95-96 ヤンキース　97-2000 レンジャーズ【位置】投手、右
【経歴】速球とカーブの組み合わせで活躍したリリーフ投手。85年1月ドラフト2位（第2回）でドジャースに入団、若い頃はアルコールに耽溺したが信仰に目覚めて改心。92年エクスポズへ移籍し抑えに抜擢されると37セーブ（3位）、翌93年は43セーブ（4位）、防御率1.37、85.1回で113三振を奪う。95年ヤンキースへトレードされ、96年リーグ最多の43セーブ、ワールドシリーズでも4セーブを挙げシリーズMVPを受賞した。97年FAでレンジャーズに移り、98年42セーブ、翌99年43セーブで2年連続2位。92～2000年の9年間は、ストライキで中断した94年を除き毎年30セーブ以上だった。19年に幼児への性的暴行を告発されたが、23年に無実が確定。父親はサンフランシスコ交響楽団の指揮者で、自らもギター演奏が得意だった。
【通算】12年、618試合、17先発、0完投、48勝45敗330S（17位）、765回、804奪三振、防御率2.93
【タイトル】最多セーブ1回（96年）オールスター3回（96,98～99年）

上原浩治　☆
Koji Uehara
1975.4.3～【出身地】大阪府寝屋川市【球団】2009-11 オリオールズ　11-12 レンジャーズ　13-16 レッドソックス　17 カブス
【位置】投手、右
【経歴】大阪体育大時代に全日本メンバーに加わり、97年のインターコンチネンタル大会で151連勝中のキューバ代表に土をつける。98年はエンジェルズからも入団を勧誘されるが、ドラフトでは巨人を逆指名し1位で入団。速球とフォークボールで99年は新人記録の15連勝を含む20勝、勝利・防御率・勝率・奪三振すべて1位で、新人王と沢村賞を同時受賞。02年も17勝で2度目の最多勝、日本での10年間で通算112勝を挙げた。
09年FAでオリオールズに入団、4月8日のヤンキース戦で初登板初勝利。続く13日のレンジャーズ戦で2勝目を挙げた後は、肘の故障などもあって1勝もできなかた。10年は8月下旬以降抑えに回り、1ヶ月余りで13セーブ、55奪三振で5四球。11年も43試合で防御率1.72と好投し、7月末にレンジャーズへトレードされたが、プレイオフで3試合連続本塁打を浴び、ワールドシリーズの出場登録から外れた。
レッドソックスへ移った13年は球速以上に打者の手元で伸びる速球が冴え、自己最多の73試合で4勝21セーブ、防御率1.09。74.1回で101奪三振、9四球で、100奪三振以上/10四球以下を記録した初の投手となり、37者連続アウトも記録した。リーグ優勝決定シリーズでは5試合で1勝3セーブ、6回を無失点に抑えMVPに選出。ワールドシリーズでも5試合、4.2回で1点も許さず胴上げ投手になった。第4戦では牽制球で試合終了というシリーズ史上初の珍事を達成した。14～15年も合計51セーブ、カブスに移籍した17年も42歳で49試合に登板したが、同年を最後に巨人へ戻った。通算572奪三振に対して与四球78個、奪三振/与

四球比 7.24 は引退時点で史上 1 位（400 投球回以上）だった。
【通算】9 年、436 試合、12 先発、0 完投、22 勝 26 敗 95 S、480.2 回、572 奪三振、防御率 2.66
【タイトル】オールスター 1 回（2014 年）
【日本】99-2008,18 巨人　11 年、312 試合、205 先発、56 完投、9 完封、112 勝 67 敗 33 S、1583.2 回、1400 奪三振、防御率 3.02

ブランドン・ウェブ
Brandon Tyler Webb
1979.5.9 ～【出身地】ケンタッキー州アッシュランド【球団】2003-09 ダイアモンドバックス【位置】投手、右
【経歴】2000 年ドラフト 8 位でダイアモンドバックスに入団。シンカーでゴロを量産し、03 年新人で 10 勝、防御率 2.84（4 位）。翌 04 年はいずれもリーグワーストの 16 敗、119 四球、17 暴投だったが続く 05 年は 14 勝と復調。06 年はリーグ最多の 16 勝、防御率 3.10 は 3 位でサイ・ヤング賞を受賞した。07 年はリーグ 1 位の 236.1 回を投げ 18 勝と防御率 3.01 は 2 位、42 イニング連続無失点も記録し、3 完封は 2 年連続 1 位。08 年は 23 年ぶりの開幕 9 戦 9 勝、22 勝で 2 度目の最多勝と活躍を続けていたが、09 年の開幕戦で肩を負傷し、以後は 1 試合も投げられなかった。
【通算】7 年、199 試合、198 先発、15 完投、8 完封、87 勝 62 敗 0 S、1319.2 回、1065 奪三振、防御率 3.27
【タイトル】サイ・ヤング賞 1 回（2006 年）最多勝 2 回（06,08 年）オールスター 3 回（06 ～ 08 年）

ミッチ・ウェブスター
Mitchell Dean Webster
1959.5.16 ～【出身地】カンザス州ラーネッド【球団】83-85 ブルージェイズ　85-88 エクスポズ　88-89 カブス　90-91 インディアンズ　91 パイレーツ　91-95 ドジャース【位置】外野、両
【経歴】77 年ドラフト 23 位でドジャースに入団。エクスポズに移籍した 85 年正中堅手となり、翌 86 年 13 三塁打（1 位）、36 盗塁と俊足を発揮。続く 87 年は自己最多の 15 本塁打、63 打点。気性が激しく、凡退時にヘルメットを破壊することが度々あった。
【通算】13 年、1265 試合、3419 打数 900 安打、70 本塁打、342 打点、160 盗塁、打率 .263

ランディ・ヴェラーディ
Randy Lee Velarde
1962.11.24 ～【出身地】テキサス州ミッドランド【球団】87-95 ヤンキース　96-99 エンジェルズ　99-2000 アスレティックス　01 レンジャーズ　01 ヤンキース　02 アスレティックス【位置】二塁、三塁、遊撃、右
【経歴】85 年ドラフト 19 位でホワイトソックスに入団。87 年ヤンキースでメジャーに昇格、内外野どこでもこなすユーティリティ・プレイヤーとして活躍。エンジェルズに移った 96 年に初めて規定打席に到達し 14 本塁打。翌 97 年は肘の故障で 1 試合しか出られなかったが、99 年は 36 歳にして打率 .317、200 安打（4 位）、16 本塁打、76 打点、24 盗塁の自己最高成績を収めた。ランディ・ジョンソンを通算 49 打数 20 安打（打率 .408）と大の得意にしていた。2000 年 5 月 29 日に単独三重殺を達成、オープン戦でも単独三重殺を演じた経験があった。試合に臨む姿勢など、成績以外の部分での評価も高かった。
【通算】16 年、1273 試合、4244 打数 1171 安打、100 本塁打、445 打点、78 盗塁、打率 .276

ヴァーノン・ウェルズ
Vernon M. Wells
1978.12.8 ～【出身地】ルイジアナ州シュリーヴポート【球団】99-2010 ブルージェイズ　11-12 エンジェルズ　13 ヤンキース【位置】外野、右
【経歴】97 年ドラフト 1 位（全体 5 位）でブルージェイズに入団。2002 年に 23 本塁打、100 打点、翌 03 年に自己最高の打率 .317（4 位）、215 安打（1 位）、49 二塁打（1 位）、33 本塁打、117 打点（3 位）。06 年も打率 .303、32 本塁打、106 打点の好成績だった。俊足を生かした中堅守備にも定評があり、05 年は 155 試合で無失策、06 年まで 3 年連続でゴールドグラブ受賞。08 年に 7 年 1 億 2600 万ドルの長期高額契約を結び、金額に見合う結果を残せず批判されたが、10 年は 44 二塁打、31 本塁打と久々に活躍した。父のヴァーノン・ジュニアは画家で、レンジャーズの本拠地球場に作品が飾られていた。
【通算】15 年、1731 試合、6642 打数 1794 安打、270 本塁打、958 打点、109 盗塁、打率 .270

【タイトル】ゴールドグラブ3回（2004～06年）オールスター3回（03,06,10年）

ウィリー・ウェルズ
Willie James Wells

1904.8.10～89.1.22【出身地】オクラホマ州ショーニー【球団】ニグロ・リーグ【位置】遊撃、右

【経歴】“ディアブロ（悪魔）”と形容されたほどの抜群の守備力の持ち主。肩はさほど強くはなかったが、的確なポジショニングと状況判断に優れ、送球の素早さと正確さは天下一品であった。打撃でも通算打率.328。キューバ・リーグでも活躍し、39-40シーズンはアルメンダレス球団を優勝に導きMVPを受賞、本塁打王に2度輝いた。36年死球を頭に受け昏倒、復帰後本格的にヘルメットを使用した最初の選手となった。指導者としての能力も高く評価されていた。97年殿堂入り。

＜ニグロ・リーグの成績＞1065試合、3985打数1309安打、143本塁打、876打点、161盗塁、打率.328

デイヴィッド・ウェルズ
David Lee Wells

1963.5.20～【出身地】カリフォルニア州トーランス【球団】87-92ブルージェイズ　93-95タイガース　95レッズ　96オリオールズ　97-98ヤンキース　99-2000ブルージェイズ　01ホワイトソックス　02-03ヤンキース　04パドレス　05-06レッドソックス　06-07パドレス　07ドジャース【位置】投手、左

【経歴】暴走族集団ヘルズ・エンジェルズの家庭に育った、体重100kgを超す個性派の巨漢左腕。制球力に優れ、通算与四球率は2個を切った。82年ドラフト2位でブルージェイズに入団、84年にマイナーリーガーで初めてトミー・ジョン手術を受ける。90年途中からローテーションに加わり11勝、翌91年は15勝を挙げたが首脳陣との対立などもあって93年開幕直前に解雇。若い頃の速球派から、カーブを効果的に使う技巧派にモデルチェンジし、ヤンキースに加わった97年は16勝。98年5月17日のツインズ戦で、公式戦では球団史上初の完全試合を達成した。同年5完封（1位）を含む18勝、リーグ優勝決定シリーズは2勝しシリーズMVP。ポストシーズンも4戦4勝で世界一に大きく貢献した。本拠地のヤンキー・スタディアムとは特に相性が良く通算45勝20敗だった。

99年ロジャー・クレメンスとのトレードで古巣のブルージェイズへ戻り、リーグ最多の231.2回を投げ17勝、翌2000年は20勝で最多勝。同年まで6年連続で16勝以上していたが、ホワイトソックスへ移籍した01年は故障で5勝どまり。02年ヤンキースに復帰すると19勝と甦り、05年も42歳で15勝。44歳で引退、通算13回2ケタ勝利を挙げ、ポストシーズンは27試合で10勝5敗だった。ベーブ・ルース・グッズのコレクターとしても知られ、ルースの使用した帽子を被って登板したこともあった。

【通算】21年、660試合、489先発、54完投、12完封、239勝157敗13S、3439回、2201奪三振、719四球、防御率4.13

【タイトル】最多勝1回（2000年）オールスター3回（95,98,00年）

カート・ウェルチ
Curtis Benton Welch

1862.2.10～96.8.29【出身地】オハイオ州ウィリアムズポート【球団】1884トリド（AA）　85-87セントルイス（AA）　88-90フィラデルフィア（AA）　90-91ボルティモア（AA）　92ボルティモア　92シンシナティ　93ルイヴィル【位置】外野、右

【経歴】19世紀でトップクラスの守備力を誇った中堅手。浅めに守備位置を取り、1884～87年は4年連続で刺殺数1位だった。86年95打点（3位）、87年108打点（4位）と打撃でも活躍したが、同年には激しいスライディングで相手選手を負傷させたとして逮捕された。89年はリーグ最多の39二塁打。死球を怖がらず、自ら当たってでも出塁しようとしたため、92年に手と前腕部への死球は出塁を認めないルールができた。肺病のため34歳で病死。

【通算】10年、1107試合、4385打数1152安打、16本塁打、503打点(*)、打率.263

ボブ・ウェルチ
Robert Lynn Welch

1956.11.3～2014.6.9【出身地】ミシガン州デトロイト【球団】78-87ドジャース　88-94アスレティックス【位置】投手、右

【経歴】77年ドラフト1位でドジャースに入団。78年後半からローテーションに加わり、3完封を含む7勝、防御率2.02、

ワールドシリーズでも思いきりのいい速球勝負で注目される。80年14勝、82年から4年連続13勝以上を挙げ、87年は4完封（1位）を含む15勝（5位）、196奪三振（3位）。アスレティックス移籍後88、89年に2年連続17勝、90年は90年代最多の27勝（1位）、防御率2.95でサイ・ヤング賞に輝く。通算11回2ケタ勝利を記録した。若くしてアルコール依存症に苦しみ、克服後は反アルコール活動に従事した。
【通算】17年、506試合、462先発、61完投、28完封、211勝146敗8S、3092回、1969奪三振、1034四球、防御率3.47
【タイトル】サイ・ヤング賞1回（90年）最多勝1回（90年）オールスター2回（80,90年）

ミッキー・ウェルチ
Michael Francis Welch
1859.7.4～1941.7.30【出身地】ニューヨーク州ブルックリン【球団】1880-82トロイ 83-92ニューヨーク【位置】投手、右
【経歴】本姓はWalsh。19世紀を代表する名投手の一人で、朗らかな性格から“スマイリング・ミッキー”と呼ばれた。小柄で球威に欠けている分、緩急の差と変化球で勝負し1880年新人で34勝（4位）。初登板から82年途中まで105試合連続で完投した。84年はいずれも4位の39勝、345奪三振、8月28日のフィラデルフィア戦では先頭打者から9者連続奪三振。85年は17連勝を含む44勝、防御率1.66、258奪三振の3部門で2位。89年までの7年連続を含む9回20勝以上を挙げ、トロイ時代からの同僚であるティム・キーフとともにニューヨークの二枚看板だった。史上初めて代打として起用された選手でもある（89年8月10日）。1973年殿堂入り。
【通算】13年、565試合、549先発、525完投（6位）、41完封、307勝（20位）210敗、4802回（16位）、1850奪三振、1297四球、防御率2.71

ロビン・ヴェンチュラ
Robin Mark Ventura
1967.7.14～【出身地】カリフォルニア州サンタマリア【球団】89-98ホワイトソックス 99-2001メッツ 02-03ヤンキース 03-04ドジャース【位置】三塁、左
【経歴】オクラホマ州立大時代の87年、NCAA記録の58試合連続安打を樹立。88年のソウル五輪ではアメリカ代表の主軸を打ち、同年ドラフト1位（全体10位）でホワイトソックスに入団。90年早くも正三塁手となり、翌91年23本塁打、100打点。93年には死球を当てたノーラン・ライアンに突進し返り討ちを食らった。96年に自己最多の34本塁打。メッツに移籍した99年打率.301で初の3割、32本塁打、自己最多の120打点。ダブルヘッダーで1本ずつ満塁本塁打を放つ史上初の快挙も達成、リーグ優勝決定シリーズ第5戦では延長15回に劇的なサヨナラ満塁弾を放ったが、走者の追い越しにより記録上は単打となった。通算では史上5位の満塁本塁打18本を記録している。三塁守備の評価は極めて高く、刺殺、補殺で3回、併殺で4回1位となり、ゴールドグラブを6回受賞した。2012年ホワイトソックス監督に就任、マイナーでも監督経験がなかったにもかかわらず2位と健闘するも、その後は4年続けて負け越した。
【通算】16年、2079試合、7064打数1885安打、338二塁打、14三塁打、294本塁打、1182打点、24盗塁、1075四球、1179三振、打率.267
【タイトル】ゴールドグラブ6回（91～93,96,98～99年）オールスター2回（92,2002年）
【監督】2012-16ホワイトソックス 5年、810試合、375勝435敗、勝率.463

ルーク・ヴォイト
Louis Linwood Voit
1991.2.13～【出身地】ミズーリ州ワイルドウッド【球団】2017-18カーディナルス 18-21ヤンキース 22パドレス 22ナショナルズ 23ブルワーズ【位置】一塁、右
【経歴】2013年ドラフト22位でカーディナルスに入団。18年途中ヤンキースへ移籍すると、39試合で打率.333、14本塁打、33打点。翌19年は21本塁打、短縮シーズンの20年は56試合でリーグ最多の22本塁打、52打点も2位。その後は不振続きで、24年はメキシコでプレイした。
【通算】7年、508試合、1680打数425安打、95本塁打、276打点、3盗塁、打率.253
【タイトル】本塁打王1回（2020年）

カート・ウォーカー
William Curtis Walker
1896.7.3～1955.12.9【出身地】テキサス州

ビーヴィル【球団】19 ヤンキース　20-21 ジャイアンツ　21-24 フィリーズ　24-30 レッズ【位置】外野、左
【経歴】アイリッシュ・ミューゼルとのトレードで 22 年途中フィリーズへ移籍、打率 .337、196 安打、12 本塁打、89 打点の自己記録。24 年から 7 年連続 2 ケタ三塁打、26 年はリーグ 2 位の 20 本、7 月 22 日は 1 イニングで 2 本放った。6 回打率 3 割を記録し、現役最後の 30 年も .307。29 年は 85 四球（5 位）を選ぶ一方で三振は 17 回しか喫しなかった。高校時代はテニス選手としてテキサス州大会の優勝経験がある。引退後は法務官として働いた。
【通算】12 年、1359 試合、4858 打数 1475 安打、117 三塁打、64 本塁打、688 打点、96 盗塁、打率 .304

クリスチャン・ウォーカー　★
Christian Dickson Walker
1991.3.28 ～【出身地】ペンシルヴェニア州ノーリスタウン【球団】2014-15 オリオールズ　17-24 ダイアモンドバックス【位置】一塁、右
【経歴】2012 年ドラフト 4 位でオリオールズに入団、17 年に 2 度のウェーバーを経てダイアモンドバックスへ移籍。メジャーに定着した 19 年に 29 本塁打、22 年は 36 本（4 位）、23 年も 33 本、自己最多の 103 打点を稼いだ。守備では 22 年から 3 年連続でゴールドグラブを受賞した。
【通算】10 年、832 試合、2880 打数 720 安打、147 本塁打、443 打点、25 盗塁、打率 .250
【タイトル】ゴールドグラブ 3 回（2022 ～ 24 年）

グレッグ・ウォーカー
Gregory Lee Walker
1959.10.6 ～【出身地】ジョージア州ダグラス【球団】82-90 ホワイトソックス　90 オリオールズ【位置】一塁、左
【経歴】77 年ドラフト 20 位でフィリーズに入団。ホワイトソックス移籍後の 84 年正一塁手となり打率 .294、24 本塁打、翌 85 年も 38 二塁打（5 位）、24 本塁打、92 打点。87 年に自己最多の 27 本塁打、94 打点を記録したが、翌 88 年 7 月打撃練習中に倒れ、回復はしたもののその後はふるわなかった。物静かで真面目な性格で、引退後はホワイトソックスなどで長く打撃コーチを務めた。
【通算】9 年、855 試合、2864 打数 746 安打、113 本塁打、444 打点、19 盗塁、打率 .260

ジー・ウォーカー
Gerald Holmes Walker (Gee)
1908.3.19 ～ 81.3.20【出身地】ミシシッピ州ガルフポート【球団】31-37 タイガース　38-39 ホワイトソックス　40 セネターズ　41 インディアンズ　42-45 レッズ【位置】外野、右
【経歴】闘志を前面に出し、ムードメイカーとしても重要な役割を果たした選手で、ファンの間で人気が高かった。32 年打率 .323、リーグ 2 位の 30 盗塁。34 年から 5 年連続 3 割、36 年自己最高の打率 .353、55 二塁打（2 位）。ボーンヘッドの多さが短所で、34 年のワールドシリーズでは相手ベンチと口論中に牽制で刺された。37 年は打率 .335、213 安打（3 位）、113 打点、23 盗塁（3 位）、4 月 20 日のインディアンズ戦で史上唯一となる開幕戦でのサイクル安打を達成した。39 年も 11 三塁打（4 位）、111 打点（5 位）。通算 1991 安打、399 二塁打、998 打点とキリのいい数字に少しずつ足りなかった。兄ハーヴィーも 5 年間メジャー経験がある。
【通算】15 年、1784 試合、6771 打数 1991 安打、124 本塁打、998 打点、223 盗塁、打率 .294
【タイトル】オールスター 1 回（37 年）

ディキシー・ウォーカー
Fred Walker (Dixie)
1910.9.24 ～ 82.5.17【出身地】ジョージア州ヴィラリカ【球団】31,33-36 ヤンキース　36-37 ホワイトソックス　38-39 タイガース　39-47 ドジャース　48-49 パイレーツ【位置】外野、左
【経歴】37 年ホワイトソックスで打率 .302、95 打点、リーグ最多の 16 三塁打を放つが、故障続きで 39 年にはタイガースから解雇される。ドジャースに拾われ、翌 40 年から 9 年間で 8 回打率 3 割以上、44 年は .357 で首位打者。45 年は 42 二塁打（2 位）、124 打点を稼いで打点王、続く 46 年も打率 .319 で 3 位、116 打点は 2 位。ブルックリンでは人気選手だったが、47 年ジャッキー・ロビンソンの入団時に反対派の先頭に立ち、後にロビンソンと和解したものの、48 年にパイレーツへ放出された。引退後は長く打撃コーチを務めた。父エワート、叔父アーニー、弟ハリーもメジャーリーガー。

【通算】18年、1905試合、6740打数2064安打、105本塁打、1023打点、59盗塁、打率.306
【タイトル】首位打者1回(44年) 打点王1回(45年) オールスター4回(43～44,46～47年)

ティリー・ウォーカー
Clarence William Walker (Tillie)
1887.9.4～1959.9.21【出身地】テネシー州テルフォード【球団】11-12セネターズ 13-15ブラウンズ 16-17レッドソックス 18-23アスレティックス【位置】外野、右
【経歴】強肩強打の外野手で、14年レギュラーとなり16三塁打(4位)、アスレティックスへ移った18年は11本塁打でベーブ・ルースと並んで1位。21年は打率.304、23本塁打(4位)、101打点、翌22年も2位の37本塁打。続く23年は2本塁打に終わってメジャーから姿を消した。守備では14年の30回を最多として3度補殺1位を記録したが、失策も多く、また個人プレイに走りがちでチーム内の評判は良くなかった。
【通算】13年、1421試合、5067打数1423安打、118本塁打、679打点、129盗塁、打率.281
【タイトル】本塁打王1回(18年)

トッド・ウォーカー
Todd Arthur Walker
1973.5.25～【出身地】カリフォルニア州ベイカーズフィールド【球団】96-2000ツインズ 00-01ロッキーズ 01-02レッズ 03レッドソックス 04-06カブス 06パドレス 07アスレティックス【位置】二塁、左
【経歴】94年ドラフト1位(全体8位)でツインズに入団。98年正二塁手となり打率.316、41二塁打、19盗塁。2000年途中ロッキーズへ移ってからは毎年のようにチームを移り、02年はレッズで183安打、42二塁打(5位)、03年はレッドソックスで自己最多の85打点、ポストシーズンで打率.349、5本塁打と打ちまくった。打撃に比べ、二塁守備の評価はあまり高くなかった。
【通算】12年、1288試合、4554打数1316安打、107本塁打、545打点、66盗塁、打率.289

ニール・ウォーカー
Neil Martin Walker
1985.9.10～【出身地】ペンシルヴェニア州ピッツバーグ【球団】2009-15パイレーツ 16-17メッツ 17ブルワーズ 18ヤンキース 19マーリンズ 20フィリーズ【位置】二塁、両
【経歴】2004年ドラフト1位で地元のパイレーツに入団した当時は捕手。正二塁手となった10年に打率.296、翌11年は自己最多の163安打、36二塁打、83打点。14・16年には23本塁打を放ったが、ポストシーズンでは通算35打数3安打と全然打てなかった。親族にメジャーリーガーが多く、父のトム、おじのチップ・ラングは投手、義兄弟のドン・ケリーは内野手だった。
【通算】12年、1306試合、4583打数1224安打、149本塁打、609打点、32盗塁、打率.267

ハリー・ウォーカー
Harry William Walker
1918.9.22～99.8.8【出身地】ミシシッピ州パスカゴウラ【球団】40-43,46-47カーディナルス 47-48フィリーズ 49カブス 49レッズ 50-51,55カーディナルス【位置】外野、左
【経歴】レギュラーとなった43年に打率.294、オールスターにも出場。2年間の兵役から復帰した46年はワールドシリーズで17打数7安打6打点、第7戦の8回裏に決勝タイムリーを放つ。翌47年は開幕10試合で打率2割と不振でフィリーズへトレードされたが、移籍後打ちまくり打率.363で首位打者、16三塁打と出塁率.436も1位。兄ディキシーも44年に首位打者となっており、史上初めて兄弟での首位打者となった。
　翌48年は契約でもめている間に、リッチー・アッシュバーンにポジションを奪われる。51年限りで一旦引退、55年カーディナルス監督の時に11試合出場し14打数で5安打。打撃理論には定評があったが、大変な話し好きで"3割話者"と陰口を叩かれた。その後パイレーツ、アストロズでも監督を務めた際は、黒人選手たちへの態度が差別的と批判された。父エワート、叔父アーニーもメジャーリーガー。
【通算】11年、807試合、2651打数786安打、10本塁打、214打点、42盗塁、打率.296
【タイトル】首位打者1回(47年) 最高出塁率1回(47年) オールスター2回(43,47年)
【監督】55カーディナルス 65-67パイレー

ツ　68-72 アストロズ　9 年、1235 試合、630 勝 604 敗、勝率 .511

ビル・ウォーカー
William Henry Walker
1903.10.7 ～ 66.6.14【出身地】イリノイ州イーストセントルイス【球団】27-32 ジャイアンツ　33-36 カーディナルス【位置】投手、左
【経歴】速球派の左腕でカーブも優れ、29 年 14 勝、防御率 3.09（1 位）、翌 30 年も自己最多の 17 勝（4 位）を稼ぐ。31 年は 6 完封（1 位）を含む 16 勝、防御率 2.26 で 2 度目のタイトル獲得。カーディナルス移籍後の 34 年は 12 勝を挙げたが、ワールドシリーズでは 2 敗を喫する。翌 35 年のオールスターでも敗戦投手となった。穏やかな性格で容姿も良く、身だしなみも整えていた。
【通算】10 年、272 試合、192 先発、83 完投、15 完封、97 勝 77 敗、1489.2 回、626 奪三振、防御率 3.59
【タイトル】最優秀防御率 2 回（29,31 年）オールスター 1 回（35 年）

フリート・ウォーカー
Moses Fleetwood Walker
1856.10.7 ～ 1924.5.11【出身地】オハイオ州マウントプレザント【球団】1884 トリド（AA）【位置】捕手、右
【経歴】マイナーのウェスタン・リーグに加盟していたトリドの正捕手で、同球団が 1884 年アメリカン・アソシエーションに加わった際に黒人選手の第 1 号となったとされている。ただし、79 年に 1 試合のみ出場したビル・ホワイトの母親が黒人の血を引いており、こちらが最初の黒人メジャーリーガーとの説もある。強肩で捕手としての才能も申し分なかったが、故障によりシーズン途中解雇される。翌 85 年黒人選手は非公式に球界から閉め出されたため、その後はマイナーでプレイを続けた。後年自ら新聞を発行し、黒人の地位向上の方策としてアフリカからの移民推進を主張した。弟ウェルディも 5 試合トリドで出場している。
【通算】1 年、42 試合、152 打数 40 安打、0 本塁打、打率 .263

ラリー・ウォーカー
Larry Kenneth Robert Walker
1966.12.1 ～【出身地】カナダ・ブリティッシュコロンビア州メイプルリッジ【球団】89-94 エクスポズ　95-2004 ロッキーズ　04-05 カーディナルス【位置】外野、左
【経歴】カナダ球界が生んだ最高の選手の一人で、安打、本塁打、打点など数多くの部門で同国出身者の最多記録を持つ。ドラフト外で 85 年エクスポズに入団、90 年正右翼手に定着し、92 年はリーグ最多の 16 補殺と強肩を披露。同年を最初として 7 度のゴールドグラブに輝いた。94 年は打率 .322、44 二塁打（1 位）、FA でロッキーズに移った 95 年は 36 本塁打（2 位）。97 年は打率 .366 と 208 安打は 2 位、130 打点は 3 位、49 本塁打、出塁率 .452、長打率 .720 の 3 部門で 1 位。さらに 33 盗塁で 30 − 30 も達成し、MVP を受賞した。49 本塁打中ロードで 29 本と、打球が飛ぶ本拠クアーズ・フィールドの恩恵を受けたわけではない正真正銘のタイトルだった。
　翌 98 年は .363 の高打率で首位打者。99 年ロッキーズと 6 年契約を結び、自己最高打率の .379、出塁率 .458、長打率 .710 はいずれも 1 位、37 本塁打、115 打点と期待に応えた。故障の多さが泣きどころで、2000 年も肘痛で 87 試合しか出られなかったが、翌 01 年は .350 で 3 度目の首位打者、38 本塁打、123 打点と復活。04 年はカーディナルス移籍後の 44 試合で 11 本塁打、ポストシーズンもワールドシリーズでの 2 本を含む 6 本塁打と打ちまくった。数字の 3 にこだわりがあり、素振りの回数は 3 回、背番号も 33 だった。20 年にカナダ人野手初の殿堂入り。
【通算】17 年、1988 試合、6907 打数 2160 安打、471 二塁打、383 本塁打、1311 打点、230 盗塁、1231 三振、打率 .313
【タイトル】MVP1 回（97 年）首位打者 3 回（98 ～ 99,2001 年）本塁打王 1 回（97 年）最高出塁率 2 回（97,99 年）ゴールドグラブ 7 回（92 ～ 93,97 ～ 99,01 ～ 02 年）オールスター 5 回（92,97 ～ 99,01 年）

ボブ・ウォーク
Robert Vernon Walk
1956.11.26 ～【出身地】カリフォルニア州ヴァンナイズ【球団】80 フィリーズ　81-83 ブレーヴス　84-93 パイレーツ【位置】投手、右
【経歴】75 年ドラフト 5 位でフィリーズに指名され拒否、翌 76 年ドラフト 3 位（第 2 回）の再指名で入団。80 年メジャーに昇格しカーブを武器に 11 勝、ワールドシリー

ズ第1戦の先発を任される。ブレーヴス移籍後の82年に11勝した後はマイナーとの間を往復。88年パイレーツで6年ぶりの2ケタとなる12勝、212.2回を投げて本塁打を6本しか打たれなかった。翌89年自己最多の13勝。93年も13勝を挙げたが防御率は5.68で、同年が最後のシーズンとなった。
【通算】14年、350試合、259先発、16完投、6完封、105勝81敗5S、1666回、848奪三振、防御率4.03
【タイトル】オールスター1回（88年）

アル・ウォーシントン
Allan Fulton Worthington
1929.2.5～【出身地】アラバマ州バーミングハム【球団】53-54,56-59ジャイアンツ　60レッドソックス　60ホワイトソックス　63-64レッズ　64-69ツインズ【位置】投手、右
【経歴】自然にスライドする速球とカーブの持ち主で、53年7月6日・11日にメジャーでの最初の2先発をいずれも完封勝利で飾る。57年に球界初の福音派信徒となった際には、周囲の選手にも信仰を説いて煙たがられた。58年に自己最多の11勝を挙げたが、ホワイトソックス移籍後の60年、ビル・ヴェック・オーナーがサイン盗みを画策したことに対し「神の教えにもとる」と抗議して引退を宣言。マイナーで投げた後63年レッズでメジャーに復帰、翌64年途中ツインズに移籍後37.1回連続自責点ゼロの快投。65年21セーブ、68年は18セーブ（1位）を記録した。引退後はリバティー大学のコーチを経て運動部長に昇進した。
【通算】14年、602試合、69先発、11完投、3完封、75勝82敗111S、1246.2回、834奪三振、防御率3.39

ジョー・ヴォスミック
Joseph Franklin Vosmik
1910.4.4～62.1.27【出身地】オハイオ州クリーヴランド【球団】30-36インディアンズ　37ブラウンズ　38-39レッドソックス　40-41ドジャース　44セネターズ【位置】外野、右
【経歴】高校の先輩ロジャー・ペッキンポーの推薦で地元のインディアンズに入団、31年正左翼手となり打率.320、14三塁打（4位）、117打点。35年は216安打、47二塁打、20三塁打の3部門で1位、打率も.348で最後までバディ・マイヤーと首位打者争いを演じ、最終日に4厘差を逆転され2位に終わった。通算6回打率3割以上、38年にリーグ最多の201安打を放った。外野守備では強肩で鳴らした。
【通算】13年、1414試合、5472打数1682安打、65本塁打、874打点、23盗塁、打率.307
【タイトル】オールスター1回（35年）

ラビット・ウォースラー
Harold Burton Warstler (Rabbit)
1903.9.13～64.5.31【出身地】オハイオ州ノースカントン【球団】30-33レッドソックス　34-36アスレティックス　36-40ブレーヴス　40カブス【位置】遊撃、二塁、右
【経歴】コニー・マックからリーグ最高の守備力と賞賛された強肩の内野手。身長170cmと小柄だったこともあってか打撃は弱く、35年に打率.250、59打点を記録したのが最高。34～37年は4年連続で犠打がリーグ2位だった。34年に日米野球で来日、沢村栄治から本塁打を放っている。
【通算】11年、1205試合、4088打数935安打、11本塁打、332打点、42盗塁、打率.229

ジャロッド・ウォッシュバーン
Jarrod Michael Washburn
1974.8.13～【出身地】ウィスコンシン州ラクロス【球団】98-2005エンジェルズ　06-09マリナーズ　09タイガース【位置】投手、左
【経歴】95年ドラフト2位でエンジェルズに入団。2001年から4年連続2ケタ勝利、速球中心の投球で02年は自己最多の18勝、防御率3.15。プレイオフでは好投したが、ワールドシリーズでは2敗、防御率9.31と打ち込まれた。05年は8勝どまりながら防御率3.20（4位）。09年もマリナーズでは8勝、防御率2.64だったが、シーズン途中タイガースに移籍してからは防御率7点台と冴えず、同年が最後の年になった。
【通算】12年、312試合、300先発、9完投、4完封、107勝109敗1S、1863.2回、1103奪三振、防御率4.10

アーロン・ウォード
Aaron Lee Ward
1896.8.28～1961.1.30【出身地】アーカンソー州ブーンヴィル【球団】17-26ヤンキース　27ホワイトソックス　28インディアン

ズ【位置】二塁、三塁、右
【経歴】積極的なプレイが持ち味で、正三塁手となった20年はリーグ最多の84三振。翌21年二塁へコンバートされ、打率.306、170安打。22年のワールドシリーズは2安打のみだったがいずれも本塁打だった。続く23年は自己最多の81打点、リーグトップの守備率.980に加え、ワールドシリーズでも24打数10安打と大当たり。引退後は再生タイヤ製造会社を経営した。
【通算】12年、1059試合、3611打数966安打、50本塁打、446打点、36盗塁、打率.268

ゲイリー・ウォード

Gary Lamell Ward

1953.12.6～【出身地】カリフォルニア州ロスアンジェルス【球団】79-83ツインズ　84-86レンジャーズ　87-89ヤンキース　89-90タイガース【位置】外野、右
【経歴】72年ドラフト外でツインズに入団。82年レギュラーとなり打率.289、28本塁打、91打点、翌83年は自己最多の173安打、88打点。リーグ最多の24補殺と肩も強かった。レンジャーズに移籍した84年は21本塁打、続く85年は26盗塁を決めた。息子のダリルは通算90本塁打を放った外野手で、父子ともどもサイクルヒットを達成した。
【通算】12年、1287試合、4479打数1236安打、130本塁打、597打点、83盗塁、打率.276
【タイトル】オールスター2回(83,85年)

ジョン・ウォード

John Montgomery Ward

1860.3.3～1925.3.4【出身地】ペンシルヴェニア州ベルフォンテ【球団】1878-82プロヴィデンス　83-89ニューヨーク　90ブルックリン(PL)　91-92ブルックリン　93-94ニューヨーク【位置】遊撃、二塁、外野/左、投手/右
【経歴】投打にわたって優れた成績を残し、選手による組合活動の先駆けともなった、19世紀のメジャー最重要人物の一人。ミドルネームの愛称からモンティ・ウォードとも呼ばれる。1878年18歳でプロヴィデンスに入団、右腕投手として22勝(4位)、防御率1.51(1位)。翌79年47勝で最多勝、239奪三振も1位。80年リーグ最多の8完封を含む39勝、6月17日のバッファロー戦で史上2人目の完全試合を達成した。84年までに164勝を挙げたが肩を痛めて野手に転向、87年に打率.338、111盗塁(1位)。左打ちだったが左腕に対しては右打席に入ることもあった。
　人望が厚く、主将を務めると同時に85年秘密裏に"ブラザーフッド"と称する選手組合を組織し、オーナー側に対し年俸引き上げと保留条項の撤廃を求める。89年オーナー側による協定の一方的な破棄に対抗し、12月にプレイヤーズ・リーグを結成。同リーグが1年限りで消滅した後、91年監督兼任でブルックリンに加わり、翌92年はリーグ最多の88盗塁、93年は自己最多の193安打。引退後は弁護士として成功を収め、1909年ナ・リーグ会長選挙に打って出るが1票差で落選。11年ブレーヴスの球団社長に就任、その後フェデラル・リーグにも一時的に参加した。64年殿堂入り。
【通算】＜打者としての成績＞17年、1827試合、7656打数2107安打、26本塁打、869打点、540盗塁(*29位)、打率.275
＜投手としての成績＞7年、293試合、262先発、245完投、24完封、164勝103敗、2469.2回、920奪三振、防御率2.10
【タイトル】最多勝1回(1879年)最優秀防御率1回(78年)最多奪三振1回(79年)
【監督】1880プロヴィデンス　84ニューヨーク　90ブルックリン(PL)　91-92ブルックリン　93-94ニューヨーク　7年、751試合、412勝320敗、勝率.563

デュアン・ウォード

Roy Duane Ward

1964.5.28～【出身地】ニューメキシコ州パークヴュー【球団】86ブレーヴス　86-93,95ブルージェイズ【位置】投手、右
【経歴】82年ドラフト1位(全体9位)でブレーヴスに入団。ブルージェイズ移籍後、速球とスライダーでリリーフとして活躍し、91年はリーグ最多の81試合に登板し23セーブ、107.1回で132三振を奪う。翌92年も防御率1.95と好投。93年は45セーブ(1位)、ワールドシリーズでも1勝2セーブ。肩を痛め94年は全休、95年復帰を試みたが4試合に投げただけで終わった。
【通算】9年、462試合、2先発、0完投、32勝37敗121S、666.2回、679奪三振、防御率3.28

【タイトル】最多セーブ1回（93年）オールスター1回（93年）

ジョーイ・ヴォートー
Joseph Daniel Votto
1983.9.10 ～【出身地】カナダ・オンタリオ州トロント【球団】2007-23 レッズ【位置】一塁、左
【経歴】抜群の選球眼で7回最高出塁率を記録した名打者。スイングの正確さは際立っていて滅多に凡フライを打ち上げず、19年には通算6829打席目で初めて一塁フライに倒れて話題になった。2002年ドラフト2位でレッズに入団、08年正一塁手となり打率.297、24本塁打、84打点で新人王投票では次点。10年は打率.324が2位、37本塁打と113打点は3位、出塁率.424と長打率.600はいずれも1位。レッズ20年ぶりの地区優勝の原動力となって、MVPに選ばれた。12年は規定打席に28不足しながらも打率.337、リーグ最多の94四球を選び、出塁率.474は不足の打席分すべて凡退したと仮定してもなお1位の計算だった。
　出塁率は13年まで4年連続、16年からさらに3年連続で1位。15年の143個を最多として100四球以上6回、5回1位を記録した。主軸打者でありながら100打点以上は3度しかなく、走者を還すには四球ばかり選ばず、ストライクゾーンを拡げて打ちにいくべきだとの批判も聞かれたが、己の打撃スタイルを貫いた。17年は8度目の3割となる打率.320（4位）、36本塁打、100打点でMVP投票2位。21年には7試合連続本塁打を記録した。イチローとは大量のドーナツを送られてピザを送り返したエピソードもあった。23年を最後にレッズを退団、24年は故郷のブルージェイズに入団するもメジャーでの出場はなく引退した。
【通算】17年、2056試合、7252打数2135安打、459二塁打、22三塁打、356本塁打、1144打点、80盗塁、1365四球、1640三振、打率.294
【タイトル】MVP1回（2010年）最高出塁率7回（10～13,16～18年）ゴールドグラブ1回（11年）オールスター6回（10～13,17～18年）

ジョン・ウォーナー
John Joseph Warner
1872.8.15 ～ 1943.12.21【出身地】ニューヨーク州ニューヨーク【球団】1895 ボストン　95-96 ルイヴィル　96-1901 ジャイアンツ　02 レッドソックス　03-04 ジャイアンツ　05 カーディナルス　05-06 タイガース　06-08 セネターズ【位置】捕手、左
【経歴】1897年正捕手となり、自己最多の111試合に出場し109安打、51打点。長打力はまったくなく、通算の長打率は3割にも満たなかった。守備は良く補殺で3回、守備率で2回1位。投手リードも上手く、パスボールを防ぐ技術が特に優れていた。大の嫌われ者だったジャイアンツのオーナー、アンドルー・フリードマンからも好かれていた。
【通算】14年、1074試合、3497打数870安打、6本塁打、302打点、83盗塁、打率.249

ロン・ウォーネキー
Lonnie Warneke
1909.3.28 ～ 76.6.23【出身地】アーカンソー州マウントアイダ【球団】30-36 カブス　37-42 カーディナルス　42-43,45 カブス【位置】投手、右
【経歴】低めを突いて打たせて取るのが得意だったサイドスロー投手。32年は22勝、4完封、防御率2.37がいずれも1位、MVP投票で2位に入る。翌33年も18勝、26完投（1位）、防御率2.00（2位）、34～35年も20勝以上。34年に2試合連続1安打試合の快投を演じ、35年のワールドシリーズも2勝、防御率0.54と奮闘した。36年のオールスターでは好救援でMVPに選ばれる。41年8月30日のレッズ戦でノーヒットノーランを達成、同年まで10年連続13勝以上と安定していた。引退後はナ・リーグ審判となる。ギターと歌が特技でヒルビリー・バンドを組んで活動、“アーカンソー・ハミングバード”のニックネームで知られた。
【通算】15年、445試合、343先発、192完投、30完封、192勝121敗、2782.1回、1140奪三振、防御率3.18
【タイトル】最多勝1回（32年）最優秀防御率1回（32年）オールスター5回（33～34,36,39,41年）

トニー・ウォマック
Anthony Darrell Womack
1969.9.25 ～【出身地】ヴァージニア州ダンヴィル【球団】93-94,96-98 パイレーツ　99-2003ダイアモンドバックス　03ロッキーズ　03カブス　04カーディナルス　05ヤンキース　06レッズ　06カブス【位置】

二塁、外野、遊撃、左
【経歴】91年ドラフト7位でパイレーツに入団、97年正二塁手となりリーグ最多の60盗塁。続く98年も185安打、58盗塁(1位)、918打数連続併殺打なしの記録も達成した。99年ダイアモンドバックスへ移籍、自己最多の72盗塁で3年連続のタイトル。2000年は14三塁打(1位)、翌01年はディヴィジョンシリーズ第5戦でサヨナラ安打、ワールドシリーズ最終第7戦でも9回裏に起死回生の同点二塁打を放ち、世界一に結びつけた。04年は初の3割以上となる打率.307でカーディナルスのリーグ優勝に貢献した。
【通算】13年、1303試合、4963打数1353安打、36本塁打、368打点、363盗塁、打率.273
【タイトル】盗塁王3回(97〜99年)オールスター1回(97年)

ティム・ウォーラック
Timothy Charles Wallach
1957.9.14〜【出身地】カリフォルニア州ハンティントンパーク【球団】80-92エクスポズ　93-95ドジャース　96エンジェルズ　96ドジャース【位置】三塁、右
【経歴】79年ドラフト1位(全体10位)でエクスポズに入団、80年9月6日のメジャー初打席で初球を本塁打。82年正三塁手となり28本塁打、97打点、87年は打率.298、42二塁打(1位)、26本塁打、123打点(2位)。89年もリーグ最多の42二塁打を放つが、年によって好不調の差が激しかった。リーダーシップに富み91年に球団初の主将に就任、安打、二塁打、打点など多くの部門でエクスポズの球団記録を持っている。最多刺殺7回、最多補殺を2回記録した守備の名手で、ゴールドグラブを3回受賞。引退後は指導者となり、ドジャースの打撃コーチ時代にアドリアン・ベルトレを開花させた。息子のチャドは捕手。
【通算】17年、2212試合、8099打数2085安打、432二塁打、36三塁打、260本塁打、1125打点、51盗塁、649四球、1307三振、打率.257
【タイトル】ゴールドグラブ3回(85,88,90年)オールスター5回(84〜85,87,89〜90年)

デニー・ウォーリング
Dennis Martin Walling
1954.4.17〜【出身地】ニュージャージー州ネプチューン【球団】75-76アスレティックス　77-88アストロズ　88-90カーディナルス　91レンジャーズ　92アストロズ【位置】三塁、外野、一塁、左
【経歴】75年ドラフト1位(第2回)でアスレティックスに入団。代打屋として鳴らし、438回起用され108安打、打率.274。80年のプレイオフ第3戦では0－0の延長11回にサヨナラ犠飛、翌81年のディヴィジョンシリーズ第2戦でも、同じように0－0の延長11回にサヨナラ安打を放った。86年は三塁の準レギュラーとして130試合に出場、打率.312、13本塁打、58打点で地区優勝に一役買った。
【通算】18年、1271試合、2945打数799安打、49本塁打、380打点、44盗塁、打率.271

エド・ウォルシュ
Edward Augustine Walsh
1881.5.19〜1959.5.26【出身地】ペンシルヴェニア州プレインズ【球団】04-16ホワイトソックス　17ブレーヴス【位置】投手、右
【経歴】メジャー最後の40勝投手。投球の大半が抜群の威力を誇ったスピットボールで、06年10完封(1位)を含む17勝、ワールドシリーズ第3戦では12三振を奪い2安打完封、第5戦にも勝利。翌07年は24勝(5位)、防御率1.60(1位)、さらに08年は66試合、49先発、42完投、11完封、40勝、464回、269奪三振がすべて1位の大活躍だった。酷使の影響で、09年は31試合と前年の半数以下の登板にとどまったが、8完封はリーグトップ。10年も18勝20敗と負け越しながら自己ベストの防御率1.27(1位)、同年まで防御率は5年連続1点台だった。
　07〜12年の6年間で最多登板5回、最多投球回4回、最多完投2回と投げ続けたが、13年以降の5年間では合計33試合しか投げられなかった。11年8月27日のレッドソックス戦でノーヒットノーランを達成、この他5回コールド参考のノーヒッターも1回。どんな打者が相手でも手を抜かず、牽制の上手さやフィールディングの良さにも自信を持っていた。10年に完成したホワイトソックスの本拠地球場、コミスキー・パークのデザインにも関わっている。引退後はマイナー監督、ア・リーグ審判を経てホワイトソックスのコーチに就任、24年はジョニー・イーヴァーズが盲腸炎でチームを離れた際、3試合監督を

代行した。息子のエドワード・アーサーもホワイトソックスの投手で、28～30年はコーチと投手として同じユニフォームを着ていた。46年殿堂入り。
【通算】14年、430試合、315先発、250完投、57完封（11位）、195勝126敗、2964.1回、1736奪三振、防御率1.82
【タイトル】最多勝1回（08年）最優秀防御率2回（07,10年）最多奪三振2回（08,11年）

バッキー・ウォルターズ
William Henry Walters (Bucky)
1909.4.19～91.4.20【出身地】ペンシルヴェニア州フィラデルフィア【球団】31-32ブレーヴス　33-34レッドソックス　34-38フィリーズ　38-48レッズ　50ブレーヴス【位置】投手、三塁、右
【経歴】メジャー昇格当時は三塁手で、34年は準レギュラーとして106試合に出場し打率.250、8本塁打、56打点。翌35年投手に転向し、シンカーを武器に9勝。36年は11勝21敗と大きく負け越すも4完封は1位。レッズ移籍後の39年は27勝、31完投、319回、137奪三振、防御率2.29がすべて1位でMVPを受賞。続く40年も22勝、29完投、305回、防御率2.48がいずれも1位。ワールドシリーズでは2勝、第6戦では完封勝利に加えダメ押しとなる本塁打も放ち、世界一に大きく貢献した。41年まで3年連続で最多完投と最多投球回、44年は23勝で3度目の最多勝。元野手らしくフィールディングの良さも際立っていた。48年途中レッズ監督となるが49年限りで退任、その後ブレーヴスとジャイアンツでコーチを務めた。
【通算】16年、428試合、398先発、242完投、42完封、198勝160敗、3104.2回、1107奪三振、1121四球、防御率3.30
＜打者としての成績＞19年、715試合、1966打数477安打、23本塁打、234打点、12盗塁、打率.243
【タイトル】MVP1回（39年）最多勝3回（39～40,44年）最優秀防御率2回（39～40年）最多奪三振1回（39年）オールスター6回（37,39～42,44年）
【監督】48-49レッズ　2年、206試合、81勝123敗、勝率.397

ジェローム・ウォルトン
Jerome O'Terrell Walton
1965.7.8～【出身地】ジョージア州ニューナン【球団】89-92カブス　93エンジェルズ　94-95レッズ　96ブレーヴス　97オリオールズ　98レイズ【位置】外野、右
【経歴】86年1月ドラフト2位でカブスに入団、89年正中堅手となって、打率.293、24盗塁、30試合連続安打を放つ活躍で新人王に選ばれる。その後年々成績が下降していったが、94～98年の5年間では控えながら打率.303と渋い働きを見せた。
【通算】10年、598試合、1573打数423安打、25本塁打、132打点、58盗塁、打率.269
【タイトル】新人王（89年）

ルーブ・ウォルバーグ
George Elvin Walberg (Rube)
1896.7.27～1978.10.27【出身地】ミネソタ州パインシティ【球団】23ジャイアンツ　23-33アスレティックス　34-37レッドソックス【位置】投手、左
【経歴】アスレティックスの主力として活躍した左腕で、緩急の差を生かした投球が持ち味。才能だけならエースのレフティ・グローヴに匹敵すると評価されていた。26年から7年連続12勝以上、27年にリーグ2位の136三振を奪う。29年は18勝（5位）、ワールドシリーズ第5戦ではリリーフで好投し優勝投手となった。31年は291回（1位）を投げ20勝（5位）。34年年俸抑制策の一環として、グローヴ、マックス・ビショップとともに12万5000ドルの移籍金でレッドソックスへトレードされた。ベーブ・ルースに最も多くの本塁打（17本）を浴びた投手でもある。
【通算】15年、544試合、306先発、139完投、15完封、155勝141敗、2644回、1085奪三振、1031四球、防御率4.16

ジム・ウォールフォード
James Eugene Wohlford
1951.2.28～【出身地】カリフォルニア州ヴァイセリア【球団】72-76ロイヤルズ　77-79ブルワーズ　80-82ジャイアンツ　83-86エクスポズ【位置】外野、右
【経歴】70年1月ドラフト3位（第2回）でロイヤルズに入団。マイナー時代は二塁手で、メジャー昇格後の74年左翼手としてレギュラーとなり、打率.271、136安打、44打点を記録する。打力不足で以後は控えに回った。代打としてよく起用されたが、356打席で打率.204と成功率は高くなかった。

【通算】15年、1220試合、3049打数793安打、21本塁打、305打点、89盗塁、打率.260

ボビー・ウォーレス
Roderick John Wallace (Bobby)
1873.11.4～1960.11.3【出身地】ペンシルヴェニア州ピッツバーグ【球団】1894-98クリーヴランド　99-1901カーディナルス　02-16ブラウンズ　17-18カーディナルス【位置】遊撃、三塁、投手、右
【経歴】メジャー昇格時は投手で、1895年12勝、翌96年10勝を挙げる。97年三塁にコンバートされ打率.335、33二塁打（4位）、21三塁打（3位）、112打点。99年から遊撃を守り、同年12本塁打（2位）、108打点（5位）、1901年は打率.324、15三塁打、91打点（5位）。全盛時は球界最高年俸を手にし、契約条件にはトレード拒否条項まで含まれていた。
　守備の名手として知られ、遊撃での1試合平均守備機会、刺殺数、補殺数で史上15位以内に入っている。11～12年は監督を兼任、15～16年にはア・リーグ審判の経験もある。44歳まで現役を続け、引退後は30年以上にわたりレッズのスカウトとして働き、37年に代理監督を務めた際はユニフォームを着ず私服で指揮を執った。53年殿堂入り。
【通算】25年、2383試合、8618打数2309安打、391二塁打、143三塁打、34本塁打、1121打点、201盗塁、774四球、560三振、打率.268
＜投手としての成績＞4年、57試合、48先発、37完投、3完封、24勝22敗、402回、120奪三振、防御率3.87
【監督】11-12ブラウンズ　37レッズ　3年、217試合、62勝154敗、勝率.287

ティム・ウォーレル
Timothy Howard Worrell
1967.7.5～【出身地】カリフォルニア州パサディナ【球団】93-97パドレス　98タイガース　98インディアンズ　98-99アスレティックス　2000オリオールズ　00カブス　01-03ジャイアンツ　04-05フィリーズ　05ダイアモンドバックス　06ジャイアンツ【位置】投手、右
【経歴】89年ドラフト20位でパドレスに入団、96年は先発とリリーフの両方で起用され9勝。99年以降は一度も先発せず、2002年は80試合（3位）に投げて8勝、防御率2.25。ポストシーズンでは13試合に登板、ワールドシリーズ第4戦を含む3勝を挙げる。翌03年はクローザーに回ってリーグ4位の38セーブ、04年も19セーブを稼いだ。兄のトッドも名リリーフ投手だった。
【通算】14年、678試合、49先発、0完投、48勝59敗71S、973.2回、758奪三振、防御率3.97

トッド・ウォーレル
Todd Roland Worrell
1959.9.28～【出身地】カリフォルニア州アーケイディア【球団】85-89,92カーディナルス　93-97ドジャース【位置】投手、右
【経歴】82年ドラフト1位でカーディナルスに入団。85年メジャーに昇格し、速球とスライダーを武器に17試合で3勝5セーブ、ワールドシリーズ第5戦で6者連続三振の快投を演じる。翌86年9勝36セーブ（1位）、防御率2.08で新人王を受賞。88年まで3年連続で30セーブ以上を挙げたが、肘と肩を痛め90～91年は登板なし。復帰後も中継ぎに回っていたが、95年ドジャースで抑えに戻り32セーブ（4位）、防御率2.02と復活。翌96年44セーブで10年ぶりの1位になった。弟ティムもリリーフ投手として活躍した。
【通算】11年、617試合、0先発、50勝52敗256S、693.2回、628奪三振、防御率3.09
【タイトル】新人王（86年）最多セーブ2回（86,96年）オールスター3回（88,95～96年）

ビル・ヴォワセル
William Symmes Voiselle
1919.1.29～2005.1.31【出身地】サウスカロライナ州グリーンウッド【球団】42-47ジャイアンツ　47-49ブレーヴス　50カブス【位置】投手、右
【経歴】速球中心の投球で、44年リーグ最多の312.2回を投げ、21勝（3位）、25完投（3位）、161奪三振（1位）。45年も4完封（2位）を含む14勝、ブレーヴス移籍後の48年も13勝を挙げ、ワールドシリーズ第6戦では7回3失点と好投するも敗戦投手になった。ノースカロライナ州ナインティシックスに住んでいたことにちなみ、ブレーヴスでつけていた背番号96は、長い間メジャーで一番大きな番号だった。
【通算】9年、245試合、190先発、74

完投、13完封、74勝84敗、1373.1回、645奪三振、防御率3.83
【タイトル】最多奪三振1回（44年）オールスター1回（44年）

コルテン・ウォン
Kolten Kaha Wong
1990.10.10～【出身地】ハワイ州ヒロ【球団】2013-20カーディナルス　21-22ブルワーズ　23マリナーズ　23ドジャース【位置】二塁、左
【経歴】2011年ドラフト1位でカーディナルスに入団。13年のワールドシリーズ第4戦では代走に出て牽制で刺され試合終了となったが、正二塁手となった翌14年はプレイオフで3本塁打、リーグ優勝決定シリーズの第2戦でサヨナラ弾を放って汚名を返上した。翌15年は自己最多の146安打、61打点、19年は24盗塁を決めた。打撃よりも華麗な二塁守備で知られ、19・20年に2年続けてゴールドグラブを受賞した。弟のキーンも内野手。
【通算】11年、1189試合、3796打数973安打、86本塁打、405打点、120盗塁、打率.256
【タイトル】ゴールドグラブ2回（2019～20年）

アーキー・ヴォーン
Joseph Floyd Vaughan (Arky)
1912.3.9～52.8.30【出身地】アーカンソー州クリフティ【球団】32-41パイレーツ　42-43,47-48ドジャース【位置】遊撃、三塁、左
【経歴】30年代を代表する名遊撃手の一人。師匠のホーナス・ワグナー譲りの巧打で、32年20歳にしてレギュラーとなり打率.318、以後10年連続3割以上。35年はナ・リーグの遊撃手記録となる.385の高打率で首位打者となったのに加え、192安打、19本塁打、99打点はすべて自己記録、出塁率.491と長打率.607も1位の大活躍だった。34～36年は3年続けて四球、出塁率でリーグトップ。33年の19本を最多として3回三塁打で1位となった。33年と39年にはサイクルヒットを達成している。
　オールスターには34年から9年連続出場し、41年に大会史上初の1試合2本塁打。翌42年4選手との交換でドジャースへ移籍、43年は20盗塁でタイトルを手にしたが、レオ・デュローシャー監督との確執から同年限り引退。同監督が出場停止となった47年に4年ぶりに復帰、64試合で打率.325と健在ぶりを示した。南部出身でありながら、ジャッキー・ロビンソンにも好意的に接した。少年時代はのちの大統領リチャード・ニクソンと同じフットボールチームに所属した。52年ボートの転覆事故で死亡。85年殿堂入り。
【通算】14年、1817試合、6622打数2103安打、128三塁打、96本塁打、926打点、118盗塁、打率.318
【タイトル】首位打者1回（35年）盗塁王1回（43年）最高出塁率3回（34～36年）オールスター9回（34～42年）

グレッグ・ヴォーン
Gregory Lamont Vaughn
1965.7.3～【出身地】カリフォルニア州サクラメント【球団】89-96ブルワーズ　96-98パドレス　99レッズ　2000-02レイズ　03ロッキーズ【位置】外野、右
【経歴】低打率ながら一発の魅力に溢れたパワーヒッター。4回のドラフト指名を拒否した末、86年1位（第2回）でブルワーズに入団。マイナーで3年連続本塁打王となり、メジャー昇格後も91年27本、93年30本塁打。変化球に弱く100三振以上を9回も喫したが、96年は41本塁打、117打点、98年も50本塁打（3位）、119打点。同年のワールドシリーズは2安打のみだったが、いずれも本塁打だった。レッズに移籍した99年も45本塁打（3位）、118打点。モー・ヴォーン、ジェリー・ロイスターと従兄弟同士だった。
【通算】15年、1731試合、6103打数1475安打、355本塁打、1072打点、121盗塁、1513三振、打率.242
【タイトル】オールスター4回(93,96,98,2001年)

ヒッポ・ヴォーン
James Leslie Vaughn (Hippo)
1888.4.9～1966.5.29【出身地】テキサス州ウェザーフォード【球団】08,10-12ヤンキース　12セネターズ　13-21カブス【位置】投手、左
【経歴】本格派の左腕投手で、体重100kgを超える体格とゆったりした歩き方から“ヒッポ（カバ）”と呼ばれた。10年に13勝、防御率1.83と好投した後は伸び悩み、13年にカブスへ移籍した後本格的に開花。14年から7年連続17勝以上、うち20勝が5回。17年自己最多の23勝(3位)、続く18年は22勝、33先発、8完

封、290.1 回、148 奪三振、防御率 1.74 がすべて 1 位、ワールドシリーズでも 3 完投、第 5 戦で完封勝利。翌 19 年も 21 勝と防御率 1.79 は 2 位、306.2 回と 141 奪三振は 1 位。17 年 5 月 2 日のレッズ戦ではフレッド・トニーと 9 回まで両者ノーヒットに抑える投手戦を演じ、延長 10 回にサヨナラ負けを喫した。21 年途中、監督のジョニー・イーヴァーズと衝突し退団。その後もマイナーやセミプロで 50 歳近くまで投げ続けた。
【通算】13 年、390 試合、332 先発、214 完投、41 完封、178 勝 137 敗、2730 回、1416 奪三振、防御率 2.49
【タイトル】最多勝 1 回(18 年)最優秀防御率 1 回(18 年)最多奪三振 2 回(18 ~ 19 年)

モー・ヴォーン
Maurice Samuel Vaughn (Mo)
1967.12.15 ~【出身地】コネティカット州ノーウォーク【球団】91-98 レッドソックス 99-2000 エンジェルズ 02-03 メッツ【位置】一塁、左
【経歴】メジャー有数のナイスガイとして知られた巨漢スラッガー。89 年ドラフト 1 位でレッドソックスに入団、93 年に 29 本塁打、101 打点、94 年から 5 年連続打率 3 割。95 年は .300、39 本塁打(4 位)、126 打点(1 位)で、成績そのものは二冠王のアルバート・ベルに及ばなかったものの、慈善活動への評価や嫌われ者のベルに対する反感も相まって MVP を受賞。同年のディヴィジョンシリーズでは 14 打数ノーヒットと不振だった。
翌 96 年は 207 安打、44 本塁打、143 打点(3 位)の自己記録。98 年は打率 .337(2 位)、205 安打(2 位)、40 本塁打、115 打点、ディヴィジョンシリーズでも初戦で 2 本塁打、7 打点、合計 17 打数 7 安打で 95 年シリーズの汚名を返上した。30 本塁打、100 打点以上を 6 回ずつ記録し、ボストンでの人気は非常に高かったが、フロントと対立し、99 年 FA でエンジェルズに 6 年 8000 万ドルの高額契約で移籍。2001 年は腕を痛めてシーズンを棒に振り、メッツに移籍した 02 年に 26 本塁打と復活したものの、翌 03 年を最後に引退した。グレッグ・ヴォーンは従兄弟にあたる。
【通算】12 年、1512 試合、5532 打数 1620 安打、328 本塁打、1064 打点、30 盗塁、1429 三振、打率 .293
【タイトル】MVP1 回(95 年)打点王 1 回(95 年)オールスター 3 回(95 ~ 96,98 年)

ピート・ヴコヴィッチ
Peter Dennis Vuckovich
1952.10.27 ~【出身地】ペンシルヴェニア州ジョンズタウン【球団】75-76 ホワイトソックス 77 ブルージェイズ 78-80 カーディナルス 81-83,85-86 ブルワーズ【位置】投手、右
【経歴】74 年ドラフト 3 位でホワイトソックスに入団。77 年拡張ドラフトでブルージェイズに移り、球団初完封と初セーブを記録する。テンポの良い投球で緩急と制球力に優れ、カーディナルスに移籍した 78 年は 12 勝、防御率 2.54(3 位)、翌 79 年は 15 勝。81 年ブルワーズに移り 14 勝で最多勝、続く 82 年は 18 勝(2 位)でサイ・ヤング賞を受賞。左右の足で別のメーカーの靴を履いたり、マウンド上で打者に向かって寄り目をしたりする奇行でも知られた。
83 年は肩痛のため 1 勝もできず、84 年も登板なし。85 年復帰し 6 勝を挙げたが、86 年限りで引退しブルワーズ戦のブロードキャスターに転身。映画『メジャーリーグ』ではヤンキースの強打者役で出演。その後パイレーツの投手コーチを経て、同球団のアシスタント GM も務めた。ブルワーズ時代の同僚ゴーマン・トーマスとは親友同士で、共同でバーを経営した。
【通算】11 年、286 試合、186 先発、38 完投、8 完封、93 勝 69 敗 10 S、1455.1 回、882 奪三振、防御率 3.66
【タイトル】サイ・ヤング賞 1 回(82 年)最多勝 1 回(81 年)

ウィルバー・ウッド
Wilbur Forrester Wood
1941.10.22 ~【出身地】マサチューセッツ州ケンブリッジ【球団】61-64 レッドソックス 64-65 パイレーツ 67-78 ホワイトソックス【位置】投手、左
【経歴】61 年 19 歳でメジャーに昇格、最初の 4 年間は 1 勝もできず、67 年ホワイトソックスに移籍。ホイト・ウィルヘルムにナックルボールを教わって開花し、68 年は当時の新記録となる 88 試合に登板し 13 勝、防御率 1.87。同年から 3 年連続リーグ最多登板、70 年は 21 セーブを稼ぐが失敗も多かった。71 年先発に転向し 22 勝(3 位)、防御率 1.91(2 位)、210 奪三振(5 位)。72 ~ 73 年はいずれも 24 勝し 2 年連続最多勝。74 年まで 4 年連続

20勝以上、中2日でも先発でき、72年の376.2回を最多として4年連続300回以上と驚異的なスタミナを発揮。73年7月20日に現時点で最後の1日2先発を果たした。71～75年の5年間で合計224先発、99完投、22完封。76年ライナーを膝に受け4勝に終わるが、現役最後の78年は10勝を稼いだ。
【通算】17年、651試合、297先発、114完投、24完封、164勝156敗57S、2684回、1411奪三振、防御率3.24
【タイトル】最多勝2回(72～73年) オールスター3回(71～72,74年)

ケリー・ウッド
Kerry Lee Wood
1977.6.16～【出身地】テキサス州アーヴィング【球団】98,2000-08カブス　09-10インディアンズ　10ヤンキース　11-12カブス【位置】投手、右
【経歴】ノーラン・ライアンの再来と言われた剛球投手。95年ドラフト1位(全体4位)でカブスに入団、98年20歳でメジャーに昇格するや、155kmの豪速球でたちまち頭角を現し、5月6日のアストロズ戦でタイ記録の20奪三振、1安打完封の快挙を達成。13勝、防御率3.40、233奪三振(3位)、新記録の奪三振率12.58で新人王に輝いた。
99年は肘痛と心臓の病気で1試合も登板できなかったが、2000年復帰し8勝、続く01年は12勝、217奪三振(4位)。03年自己最多の14勝、266奪三振(1位)、ディヴィジョンシリーズでもブレーヴス相手に2勝、防御率1.76。リーグ優勝決定シリーズ第7戦では、自ら同点2ランを放つも7点を失いKOされた。その後は故障が多くなり、通算14回故障者リスト入り。07年以降はリリーフに転向、08年に34セーブ(4位)を稼いだ。
【通算】14年、446試合、178先発、11完投、5完封、86勝75敗63S、1380回、1582奪三振、防御率3.67
【タイトル】新人王(98年) 最多奪三振1回(2003年) オールスター2回(03,08年)

ジョージ・ウッド
George Albert Wood
1858.11.9～1924.4.4【出身地】カナダ・プリンスエドワード島ポウナル【球団】1880ウースター　81-85デトロイト　86-89フィラデルフィア　89ボルティモア(AA)　90フィラデルフィア(PL)　91フィラデルフィア(AA)　92ボルティモア　92シンシナティ【位置】外野、左
【経歴】1882年7本塁打(1位)、12三塁打(2位)で29打点。84年も114試合に出て8本塁打、10三塁打で29打点にとどまっており、記録の集計に不備があると推測されている。90年自己最多の102打点、翌91年は監督を兼任しながら打率.309、163安打。強肩を生かした外野守備の評価も高かった。男前で大きな口髭が特徴だった。
【通算】13年、1280試合、5371打数1467安打、132三塁打、68本塁打、601打点、打率.273
【タイトル】本塁打王1回(1882年)
【監督】1891フィラデルフィア(AA)　1年、125試合、67勝55敗、勝率.549

スモーキー・ジョー・ウッド
Howard Ellsworth Wood (Smoky Joe)
1889.10.25～1985.7.27【出身地】ミズーリ州カンザスシティ【球団】08-15レッドソックス　17-22インディアンズ【位置】投手、外野、右
【経歴】全盛時にはウォルター・ジョンソンをしのぐ快速球を誇り、“スモーキー”の異名をとる。08年18歳でデビュー、11年は23勝(4位)、防御率2.02(3位)、231奪三振(2位)、7月29日のブラウンズ戦でノーヒットノーランを達成。翌12年はリーグ記録の16連勝を含む34勝、35完投、10完封がいずれも1位、防御率1.91と258奪三振は2位、ワールドシリーズでも3勝を挙げ世界一の原動力となった。
続く13年は試合中に転倒して親指を痛め、15年は15勝、防御率1.49(1位)だったが同年限りで投手を断念。17年復帰を試みるも5試合に投げただけで、18年野手として再出発し打率.296、125安打。21年は66試合の出場ながら打率.366、60打点、22年自己最多の150安打、8本塁打、92打点を記録したが、同年限りで引退した。その後は20年にわたりイェール大学のコーチを務めた。26年にはタイ・カッブ、親友のトリス・スピーカーとともに、かつて八百長に関わった疑惑を取り沙汰された。息子のジョーも44年に1年のみレッドソックスの投手だった。
【通算】11年、225試合、158先発、121完投、28完封、117勝57敗、1434.1回、989奪三振、防御率2.03
＜打者としての成績＞14年、697試合、

1952 打数 553 安打、23 本塁打、325 打点、23 盗塁、打率 .283
【タイトル】最多勝 1 回（12 年）最優秀防御率 1 回（15 年）

ジーン・ウッドリング
Eugene Richard Woodling
1922.8.16 ～ 2001.6.2【出身地】オハイオ州アクロン【球団】43,46 インディアンズ 47 パイレーツ 49-54 ヤンキース 55 オリオールズ 55-57 インディアンズ 58-60 オリオールズ 61-62 セネターズ 62 メッツ【位置】外野、左
【経歴】特徴的なクラウチング・スタイルの打撃フォームで、マイナー時代に 4 回首位打者となる。ヤンキースではハンク・バウアーとのプラトゥーンで起用され 52 年打率 .309（5 位）、ワールドシリーズでも 23 打数 8 安打。翌 53 年は 82 四球を選び出塁率 .429（1 位）、ワールドシリーズ第 5 戦で先頭打者本塁打を放つ。5 回出場したワールドシリーズは通算 85 打数 27 安打で打率 .318、出塁率 .442 の好成績を収めた。57 年打率 .321（3 位）、19 本塁打、78 打点の自己記録、59 年 36 歳にして初めてオールスターに出場した。
【通算】17 年、1796 試合、5587 打数 1585 安打、147 本塁打、830 打点、29 盗塁、打率 .284
【タイトル】最高出塁率 1 回（53 年）オールスター 1 回（59 年）

フリオ・ウリアス
Julio Cesar Urias
1996.8.12 ～【出身地】メキシコ合衆国クリアカン【球団】2016-23 ドジャース【位置】投手、左
【経歴】2012 年にドジャースと契約し、16 年 19 歳でデビューし 5 勝。その後故障もあって伸び悩んだが、20 年のポストシーズンは 4 勝 0 敗、防御率 1.17 で世界一に貢献。スラーブが効果的で、翌 21 年は閉幕まで 11 連勝しリーグ最多の 20 勝。牽制の上手さにも定評があり、22 年も 17 勝（2 位）、防御率 2.16（1 位）と活躍を続けたが、23 年に 19 年に次いで 2 度目の DV 事件を起こして逮捕され、事実上メジャー・リーグから追放された。幼少時に眼病を患い 4 度の手術を経験し、防護用のゴーグルを装着していた。
【通算】8 年、158 試合、122 先発、0 完投、60 勝 25 敗 4 S、717 回、710 奪三振、防御率 3.11
【タイトル】最多勝 1 回（2021 年）最優秀防御率 1 回（22 年）

ファン・ウリベ
Juan C. Uribe
1979.3.22 ～【出身地】ドミニカ共和国サバナグランデデパレンケ【球団】2001-03 ロッキーズ 04-08 ホワイトソックス 09-10 ジャイアンツ 11-15 ドジャース 15 ブレーヴス 15 メッツ 16 インディアンズ【位置】遊撃、三塁、右
【経歴】97 年ロッキーズに入団、メジャーへ昇格した 2001 年打率 .300、72 試合の出場でリーグ 2 位の 11 三塁打。ホワイトソックスに移籍した 04 年は 23 本塁打、06 ～ 07 年も 20 本塁打以上を放った。10 年は自己最多の 24 本塁打、85 打点に加え、リーグ優勝決定シリーズ第 4 戦でサヨナラ犠飛、第 6 戦では優勝を呼び込む決勝本塁打。ワールドシリーズでも初戦に 3 ランを放つなど、ここ一番で活躍した。13 年のディヴィジョンシリーズ第 4 戦でも、勝ち抜きを決める逆転本塁打を打っている。四球が少なく、出塁率は通算 .296 と低かった。
【通算】16 年、1826 試合、6161 打数 1568 安打、199 本塁打、816 打点、48 盗塁、1224 三振、打率 .255

ホセ・ウリベ
Jose Altagracia Uribe
1959.1.21 ～ 2006.12.8【出身地】ドミニカ共和国サンクリストバル【球団】84 カーディナルス 85-92 ジャイアンツ 93 アストロズ【位置】遊撃、両
【経歴】77 年にヤンキースでプロ入りしたが半年足らずで解雇され、その後 3 年間は所属球団なし。80 年途中カーディナルスでプロに復帰、84 年に本名のゴンサレス名義でメジャー昇格。ジャイアンツに移って正遊撃手となった 85 年に改名、同年から 6 年間で 5 回 100 安打以上を放ったが、基本的に守備の人で打力は乏しかった。2006 年交通事故で死去。
【通算】10 年、1038 試合、3064 打数 738 安打、19 本塁打、219 打点、74 盗塁、打率 .241

ウーゲット・ウルビナ
Ugueth Urtain Urbina
1974.2.15 ～【出身地】ベネズエラ共和国カラカス【球団】95-2001 エクスポズ 01-02 レッドソックス 03 レンジャーズ

03 マーリンズ　04-05 タイガース　05 フィリーズ【位置】投手、右
【経歴】150km 台半ばの快速球とチェンジアップでクローザーとして活躍。90 年エクスポズに入団、96 年先発とリリーフ兼任で 10 勝、97 年から抑えに専念し 98 年は 34 セーブ、防御率 1.30、69.1 回を投げ 94 奪三振。闘志を前面に出した投球で、99 年にリーグ最多の 41 セーブを稼いだ。02 年は 40 セーブ（3 位）、翌 03 年途中マーリンズに移籍しワールドシリーズで 2 セーブ。04 年には母親が身代金目的で誘拐され、5 ヶ月間監禁された。05 年 11 月、農場の使用人に対する殺人未遂容疑で逮捕され、懲役 14 年の実刑判決を下されて 7 年半の刑務所生活を送った。
【通算】11 年、583 試合、21 先発、0 完投、44 勝 49 敗 237 S、697.1 回、814 奪三振、防御率 3.45
【タイトル】最多セーブ 1 回（99 年）オールスター 2 回（98,2002 年）

チキン・ウルフ
William Van Winkle Wolf (Chicken)
1862.5.12 ～ 1903.5.16【出身地】ケンタッキー州ルイヴィル【球団】1882-91 ルイヴィル（AA）　92 セントルイス【位置】外野、右
【経歴】地元のルイヴィルで 10 年にわたりレギュラー外野手として活躍し、現役時代は“ジミー・ウルフ”とも呼ばれた。1882 年 19 歳でデビュー、87 年自己最多の 102 打点、90 年は打率 .363、197 安打の両部門で 1 位。ブルックリンとの間で行われた当時のワールドシリーズでも、チームトップの 8 打点を稼ぎ出した。翌 91 年は .256 と大きく打率を落とし、92 年は 3 試合に出ただけで、30 歳でメジャーから姿を消した。当時の選手としては珍しく、オフシーズンも野球以外の職業には就いていなかった。試合数、安打数など 5 部門でアメリカン・アソシエーションの記録保持者となっている。引退後は消防士になったが、精神に異常を来し施設へ入所後に亡くなった。
【通算】11 年、1196 試合、4959 打数 1439 安打、109 三塁打、18 本塁打、592 打点（*）、打率 .290
【タイトル】首位打者 1 回（1890 年）
【監督】1889 ルイヴィル（AA）　65 試合、14 勝 51 敗、勝率 .215

ランディ・ウルフ
Randall Christopher Wolf
1976.8.22 ～【出身地】カリフォルニア州カノガパーク【球団】99-2006 フィリーズ　07 ドジャース　08 パドレス　08 アストロズ　09 ドジャース　10-12 ブルワーズ　12 オリオールズ　14 マーリンズ　15 タイガース【位置】投手、左
【経歴】技巧派の左腕で、97 年ドラフト 2 位でフィリーズに入団し 2000 年から 4 年連続 2 ケタ勝利、03 年に自己最多の 16 勝（5 位）。フィリーズ時代は、登板時に狼のマスクをかぶった“ウルフパック”と称する応援団が出現した。04 年以降は故障がちで成績も低迷したが、08 年 5 年ぶりに 2 ケタ勝利を挙げ、以後 4 年連続 10 勝以上。ブルワーズ移籍後の 10 ～ 11 年は 2 年続けて 13 勝、通算 6 回 200 イニング以上を投げた。兄のジムはメジャーの審判。
【通算】16 年、390 試合、379 先発、13 完投、9 完封、133 勝 125 敗 1 S、2328.1 回、1814 奪三振、防御率 4.24
【タイトル】オールスター 1 回（2003 年）

上沢直之　★☆
Naoyuki Uwasawa
1994.2.6 ～【出身地】千葉県松戸市【球団】2024 レッドソックス【位置】投手、右
【経歴】専大松戸高から 2011 年ドラフト 6 位で日本ハムに入団。切れのよい速球と多彩な変化球でローテーション投手として活躍、18 年と 21 年の 3 位を最上位として防御率 10 位以内に 4 回入る。アメリカ野球を体験したいとの希望が強く、24 年ポスティング・システムを利用してレイズとマイナー契約するも、開幕ロースターに入れずレッドソックスへトレード。5 月 2 日ジャイアンツ戦で初登板したが、翌 3 日と 2 試合投げただけで、以後はマイナー暮らしだった。25 年はソフトバンクで日本に復帰。
【通算】1 年、2 試合、0 先発、0 勝 0 敗 0 S、4 回、3 奪三振、防御率 2.25
【日本】2014-15,17-23 日本ハム　9 年、173 試合、172 先発、14 完投、6 完封、70 勝 62 敗 0 S、1118.1 回、913 奪三振、防御率 3.19

【エ】

スコット・エアー
Scott Alan Eyre
1972.5.30 ～【出身地】カリフォルニア州イングルウッド【球団】97-2000 ホワイトソックス　01-02 ブルージェイズ　02-05 ジャイアンツ　06-08 カブス　08-09 フィリーズ【位置】投手、左
【経歴】91 年ドラフト 9 位でレンジャーズに入団し、97 年ホワイトソックスでメジャー昇格。当初は先発だったが 99 年以降はほぼ左の中継ぎ専任となり、2002 年から 5 年連続で 70 試合以上に登板。05 年はリーグ最多の 86 試合に投げ防御率 2.63。ポストシーズンでは通算 24 試合で防御率 1.32 に抑えた。現役最後の 09 年に自己ベストの防御率 1.50。03 年以降は投球回数が登板数より多い年は一度もなかった。ADHD を抱え、その啓発活動に携わっていた。弟のウィリーも投手。
【通算】13 年、617 試合、32 先発、0 完投、28 勝 30 敗 4 S、649.1 回、537 奪三振、防御率 4.23

スティーヴ・エイヴァリー
Steven Thomas Avery
1970.4.14 ～【出身地】ミシガン州トレントン【球団】90-96 ブレーヴス　97-98 レッドソックス　99 レッズ　2003 タイガース【位置】投手、左
【経歴】88 年ドラフト 1 位（全体 3 位）でブレーヴスに入団。90 年 20 歳でローテーション入り、3 勝 11 敗と打ち込まれたが翌 91 年は 18 勝（3 位）。プレイオフでは 2 勝、16.1 回を無失点の好投で MVP、92 年のプレイオフまで 22.1 回無失点を続けた。93 年も 18 勝、防御率 2.94（5 位）だったが、速球の威力が鈍り 95 年以降は不振続き。98 年も防御率は 5.02 だったが、5 年ぶりの 2 ケタとなる 10 勝を挙げた。2001 ～ 02 年はどの球団にも所属せず、03 年 4 年ぶりにメジャーに戻って 2 勝した。
【通算】11 年、297 試合、261 先発、14 完投、6 完封、96 勝 83 敗 0 S、1554.2 回、980 奪三振、防御率 4.19
【タイトル】オールスター 1 回（93 年）

アール・エイヴリル
Howard Earl Averill
1902.5.21 ～ 83.8.16【出身地】ワシントン州スノホミシュ【球団】29-39 インディアンズ　39-40 タイガース　41 ブレーヴス【位置】外野、左
【経歴】28 年パシフィック・コースト・リーグで 36 本塁打、173 打点を記録し、翌 28 年 5 万ドルの移籍金でインディアンズ入り。4 月 16 日にリーグ史上初のメジャー初打席初球本塁打を放った。同年打率 .332、以後 6 年連続 3 割以上。31 年の 32 本塁打、143 打点はいずれもルー・ゲーリッグ、ベーブ・ルースに次ぎ 3 位。36 年はいずれもリーグ最多の 232 安打、15 三塁打に加え打率 .378 も 2 位。クリーヴランドでは大変な人気選手だったが、37 年に背中を痛めて打撃フォームを変えてからは以前ほど打てなくなった。息子のアール・ダグラス・エイヴリルも 7 年間捕手を務めた。75 年殿堂入り。
【通算】13 年、1669 試合、6353 打数 2019 安打、401 二塁打、128 三塁打、238 本塁打、1164 打点、70 盗塁、打率 .318
【タイトル】オールスター 6 回（33 ～ 38 年）

ウィリー・エイキンズ
Willie Mays Aikens
1954.10.14 ～【出身地】サウスカロライナ州セネカ【球団】77,79 エンジェルズ　80-83 ロイヤルズ　84-85 ブルージェイズ【位置】一塁、左
【経歴】75 年 1 月ドラフト 1 位でエンジェルズに入団。79 年に 21 本塁打、81 打点、ロイヤルズに移った翌 80 年は 98 打点を稼ぎ、ワールドシリーズでも第 1 戦と第 4 戦で 2 本塁打ずつ放ち、8 打点を挙げ脚光を浴びた。83 年は自己ベストの打率 .302、23 本塁打だったが、麻薬問題により出場停止処分を科される。80 年代後半はメキシコに渡り、86、89 年に首位打者となった。94 年に麻薬売買容疑で逮捕、懲役 20 年を科され 14 年間服役した。
【通算】8 年、774 試合、2492 打数 675 安打、110 本塁打、415 打点、3 盗塁、打率 .271

トミー・エイジー
Tommie Lee Agee
1942.8.9 ～ 2001.1.22【出身地】アラバマ州マグノリア【球団】62-64 インディアンズ　65-67 ホワイトソックス　68-72 メッツ　73 アストロズ　73 カーディナルス【位置】外野、右
【経歴】両リーグでゴールドグラブを受賞

した最初の選手。最初の4年間は合計41試合に出場したのみだったが、66年ホワイトソックスの正中堅手となり22本塁打、86打点、44盗塁(3位)。20本塁打/40盗塁を記録した最初の新人となり、まだ資格を残していた新人王に選ばれる。68年メッツにトレードされ、翌69年自己最多の26本塁打。プレイオフで2本塁打、ワールドシリーズ第3戦では先頭打者本塁打に加え2度のファインプレイを演じ、世界一に貢献した。一発の魅力はあったが打撃は粗く、70年は5年連続100個以上となる156三振を喫した。クレオン・ジョーンズは高校時代の同級生で、メッツでもチームメイトだった。
【通算】12年、1130試合、3912打数999安打、130本塁打、433打点、167盗塁、打率.255
【タイトル】新人王(66年) ゴールドグラブ2回(66,70年) オールスター2回(66～67年)

ジェリー・エイデア ☆
Kenneth Jerry Adair
1936.12.17～87.5.31【出身地】オクラホマ州サンドスプリングス【球団】58-66オリオールズ 66-67ホワイトソックス 67-68レッドソックス 69-70ロイヤルズ【位置】二塁、遊撃、右
【経歴】チェロキー族の血を引き、送球を口に受け11針縫いながら出場したこともあるファイター。滅多なことでは感情を表に出さなかった。オクラホマ州立大ではバスケットボールのスター選手で、58年にマイナーを経ずオリオールズに入団、61年正二塁手となる。遊撃にコンバートされた翌62年自己最多の153安打、11本塁打。ルイス・アパリシオの加入で63年二塁へ戻り、64～65年は守備率1位、89試合連続無失策は新記録となった。平均27打数に1本と併殺打が多かったのが欠点。71年は阪急に入団し、規定打席不足ながら打率3割。同年限りで引退、旧友ディック・ウィリアムズ率いるアスレティックスのコーチ陣に加わり3年連続世界一を経験した。
【通算】13年、1165試合、4019打数1022安打、57本塁打、366打点、29盗塁、打率.254
【日本】71阪急 1年、90試合、240打数72安打、7本塁打、36打点、0盗塁、打率.300

ケヴィン・エイピアー
Robert Kevin Appier
1967.12.6～【出身地】カリフォルニア州ランカスター【球団】89-99ロイヤルズ 99-2000アスレティックス 01メッツ 02-03エンジェルズ 03-04ロイヤルズ【位置】投手、右
【経歴】90年代を代表する好投手の一人。87年ドラフト1位(全体9位)でロイヤルズに入団、90年先発入りし12勝、防御率2.76(4位)。ぎくしゃくとした独特のモーションからスライダーを繰り出し、92年15勝、防御率2.46(2位)、93年18勝(4位)、防御率2.56(1位)。95年からスプリッターを使い始め、96年は自己最多の207三振(3位)を奪った。肩を負傷し98年は3試合しか投げられず、翌99年途中アスレティックスへ移籍、防御率は5.17と良くなかったが16勝を稼いだ。通算では10回2ケタ勝利、ロイヤルズでの1458奪三振は球団記録となっている。
【通算】16年、414試合、402先発、34完投、12完封、169勝137敗0S、2595.1回、1994奪三振、防御率3.74
【タイトル】最優秀防御率1回(93年) オールスター1回(95年)

レッド・エイムズ
Leon Kessling Ames (Red)
1882.8.2～1936.10.8【出身地】オハイオ州ウォーレン【球団】03-13ジャイアンツ 13-15レッズ 15-19カーディナルス 19フィリーズ【位置】投手、右
【経歴】素晴らしいカーブの持ち主で、03年9月14日の初登板で5回コールド参考ながらノーヒットノーランを達成。05年22勝(3位)、198奪三振(2位)、06・07年は奪三振で3位。腎臓を悪くした08年を除いて、17年まで2ケタ勝利を挙げ続けた。09年4月15日、開幕のドジャース戦では9回を無安打に抑えながら、延長にもつれ込んだ末敗戦投手となった。荒れ球で通算156暴投、05年は史上ワーストの30個を記録した。
【通算】17年、533試合、371先発、209完投、27完封、183勝167敗、3198回、1702奪三振、1034四球、防御率2.63

エディー・エインスミス
Edward Wilbur Ainsmith
1890.2.4～1981.9.6【出身地】ロシア【球団】10-18セネターズ 19-21タイガース 21-23カーディナルス 23ドジャース 24

ジャイアンツ【位置】捕手、右
【経歴】ロシア生まれでAnshmedtが本名。メジャー生活のほとんどを控え捕手として過ごす。17年は125試合で打率.191、最初の12年間で6本塁打と打撃は弱かったが、22年突如として打率.293、13本塁打の好成績を残した。体格が良く、ウォルター・ジョンソンの剛速球を素手でつかむことができ、ブロックも上手かった。第一次世界大戦中の18年には徴兵猶予を申し立てて物議をかもした。20年にメジャー選抜チームの一員として来日して以降、日本との縁が生まれ、25年にも女子野球チームを率いて日本中を転戦した。
【通算】15年、1078試合、3048打数707安打、22本塁打、320打点、86盗塁、打率.232

ダーレル・エヴァンズ
Darrell Wayne Evans
1947.5.26～【出身地】カリフォルニア州パサディナ【球団】69-76ブレーヴス　76-83ジャイアンツ　84-88タイガース　89ブレーヴス【位置】三塁、一塁、左
【経歴】4度のドラフト指名を拒否した末、67年のドラフト7位（第2回）でアスレティックスに入団。69年にルール5ドラフトでブレーヴスへ移籍してからは中軸を打ち、73年は41本塁打（3位）、104打点（4位）、124四球は1位。翌74年もリーグ最多の126四球を選ぶなど、打率の低さを選球眼の良さでカバーし100四球以上5回、通算出塁率は.361と打率を大きく上回った。
85年38歳にして40本塁打、最年長での本塁打王かつ両リーグで40本以上を記録した最初の選手となった。87年は34本塁打、40歳を過ぎての30本以上も初めて。守備も巧く、三塁手として最多刺殺4回、最多補殺3回を記録した。引退後はマイナーや独立リーグで監督やコーチを歴任。82年にUFOを目撃して以降、地球外生物の存在を信じるようになった。
【通算】21年、2687試合、8973打数2223安打、329二塁打、36三塁打、414本塁打、1354打点、98盗塁、1605四球（12位）、1410三振、打率.248
【タイトル】本塁打王1回（85年）オールスター2回（73,83年）

ドワイト・エヴァンズ
Dwight Michael Evans
1951.11.3～【出身地】カリフォルニア州サンタモニカ【球団】72-90レッドソックス　91オリオールズ【位置】外野、右
【経歴】素晴らしい強肩の持ち主で、8回ゴールドグラブに輝いた名外野手。69年ドラフト5位でレッドソックスに入団、73年正右翼手となって、75年のワールドシリーズ第6戦では勝利につながるファインプレイを演じる。打者としては遅咲きながら、81年の22本塁打（1位）以後9年連続20本以上。86年のワールドシリーズでは2本塁打、9打点、翌87年は16年目にして初の打率3割となる.305に加え、自己最多の34本塁打、123打点（2位）。選球眼も良く85年の114四球を最多として3回最多四球、82年の出塁率.402はリーグトップ。81、84年はOPSも1位だった。レッドソックスには19年間在籍、同球団での2505試合出場はカール・ヤストレムスキーに次ぎ2位である。
【通算】20年、2606試合、8996打数2446安打、483二塁打、73三塁打、385本塁打、1384打点、78盗塁、1391四球（29位）、1697三振、打率.272
【タイトル】本塁打王1回（81年）最高出塁率1回（82年）ゴールドグラブ8回（76,78～79,81～85年）オールスター3回（78,81,87年）

ビリー・エヴァンズ
William George Evans
1884.2.10～1956.1.23【出身地】イリノイ州シカゴ【球団】メジャー経験なし
【経歴】新聞記者から審判に転向し、06年史上最年少の22歳でア・リーグ審判に採用される。ルールを熟知した公平な判定が好評で、審判となってからも執筆活動を続けた。21年には判定に不服を訴えたタイ・カッブと、試合後に1対1で殴り合いを演じたこともあった。27～36年はインディアンズGM、36～40年はレッドソックスのファーム・ディレクターを務め、41年はNFLクリーヴランド・ラムズのGMも経験。翌42年から46年まではマイナーのサザン・アソシエーション会長、47～51年はタイガースでGMを務めた。73年殿堂入り。

カール・エヴェレット
Carl Edward Everett
1971.6.3～【出身地】フロリダ州タンパ

【球団】93-94 マーリンズ　95-97 メッツ　98-99 アストロズ　2000-01 レッドソックス　02-03 レンジャーズ　03 ホワイトソックス　04 エクスポズ　04-05 ホワイトソックス　06 マリナーズ【位置】外野、両
【経歴】90 年ドラフト 1 位（全体 10 位）でヤンキースに入団、アストロズへ移籍後の 99 年は打率 .325、25 本塁打、108 打点、27 盗塁。翌 2000 年レッドソックスへトレードされ 34 本塁打、108 打点の好成績だったが、古巣のヤンキースに暴言を浴びせたり、審判に対する暴力行為で出場停止処分を下されたりと問題行動が多く、98 年以降は同一球団に 3 年以上所属することがなかった。
【通算】14 年、1405 試合、4809 打数 1304 安打、202 本塁打、792 打点、107 盗塁、1021 三振、打率 .271
【タイトル】オールスター 2 回（2000,03 年）

ニック・エサスキー
Nicholas Andrew Esasky
1960.2.24 ～【出身地】フロリダ州ハイアリーア【球団】83-88 レッズ　89 レッドソックス　90 ブレーヴス【位置】一塁、三塁、右
【経歴】78 年ドラフト 1 位でレッズに入団。メジャー昇格当初は三塁手で、のち一塁にコンバートされる。1 年おきに好不調がはっきりしており、奇数年は合計して打率 .278、85 本塁打、279 打点だったが偶数年は打率 .222、37 本塁打、148 打点とふるわなかった。89 年自己最多の 30 本塁打、108 打点、翌 90 年 FA でブレーヴスと契約したが、原因不明の目まいに襲われ 32 歳で引退した。
【通算】8 年、810 試合、2703 打数 677 安打、122 本塁打、427 打点、18 盗塁、打率 .250

アルシデス・エスコバル　☆
Alcides Escobar
1986.12.16 ～【出身地】ベネズエラ共和国ラサバナ【球団】2008-10 ブルワーズ　11-18 ロイヤルズ　21-22 ナショナルズ【位置】遊撃、右
【経歴】2003 年ブルワーズに入団、守りと足に定評があり正遊撃手となった 10 年は 10 三塁打（3 位）。翌 11 年ロイヤルズへトレードされ、12 年は打率 .293、いずれも自己最多の 177 安打、35 盗塁（5 位）。15 年はゴールドグラブを受賞、リーグ優勝決定シリーズは 23 打数 11 安打 5 打点の大当たりで MVP。ワールドシリーズでも第 1 戦の先頭打者で初球をランニング本塁打とした。14・16・17 年は 162 試合にフル出場している。20 年はヤクルトに在籍。おじのホセ、従兄弟のケルビム、エドウィンらエスコバル一族のほか、ロナルド・アクーニャ・ジュニアとも縁戚関係にある。
【通算】13 年、1552 試合、5750 打数 1486 安打、45 本塁打、478 打点、178 盗塁、打率 .258
【タイトル】ゴールドグラブ 1 回（2015 年）オールスター 1 回（15 年）
【日本】2020 ヤクルト　1 年、104 試合、377 打数 103 安打、1 本塁打、30 打点、6 盗塁、打率 .273

エデュアルド・エスコバル
Eduardo Jose Escobar
1989.1.5 ～【出身地】ベネズエラ共和国ラピカ【球団】2011-12 ホワイトソックス　12-18 ツインズ　18-21 ダイアモンドバックス　21 ブルワーズ　22-23 メッツ　23 エンジェルズ【位置】三塁、遊撃、両
【経歴】2006 年ホワイトソックスに入団、ツインズ移籍後の 14 年にユーティリティとしてレギュラーになる。17 年 21 本塁打、18 年は 23 本塁打に加えて 48 二塁打と徐々に長打力を伸ばし、19 年は 35 本塁打、118 打点（4 位）、リーグ最多の 10 三塁打。シーズン途中でブルワーズへ移籍した 21 年も 28 本塁打、90 打点でオールスターに選ばれた。内容が悪かった打席の後にはスパイクを替える習慣があった。
【通算】13 年、1363 試合、4691 打数 1185 安打、164 本塁打、636 打点、23 盗塁、1043 三振、打率 .253
【タイトル】オールスター 1 回（2021 年）

ケルビム・エスコバル
Kelvim Jose Escobar
1976.4.11 ～【出身地】ベネズエラ共和国ラグアイラ【球団】97-2003 ブルージェイズ　04-07,09 エンジェルズ【位置】投手、右
【経歴】92 年ブルージェイズに入団。速球に威力があり、メジャーに昇格した 97 年に 14 セーブ。その後先発に転向、99、2000 年に 2 ケタ勝利を挙げるも防御率は 5 点台。2002 年は抑えに戻り 38 セーブ（5 位）、翌 03 年はまた先発で 13 勝と、なかなか起用法が定まらなかった。04 年にエンジェルズに移籍してからは先発に固定され、同年はリーグ 4 位の 191 奪三振。

07年に自己最多の18勝を挙げたが、08年以降は故障のため1試合しか登板できなかった。甥のホセ、従兄弟のアルシデス、エドウィンのエスコバル一族のほか、ロナルド・アクーニャ・ジュニア、16年に1試合投げただけのビセンテ・カンポスも親戚だった。
【通算】12年、411試合、202先発、10完投、4完封、101勝91敗59S、1507回、1310奪三振、防御率4.15

ユネル・エスコバル
Yunel Escobar
1982.11.2～【出身地】キューバ共和国ハバナ【球団】2007-10ブレーヴス　10-12ブルージェイズ　13-14レイズ　15ナショナルズ　16-17エンジェルズ【位置】遊撃、右
【経歴】2004年にキューバから亡命し、翌05年ドラフト2位でブレーヴスに入団。メジャーに昇格した2007年に.326の高打率、09年も.299で14本塁打と76打点は自己最多。ナショナルズへ移った15年は打率.314、翌16年も2年連続3割となる.304を記録したが、同性愛者を揶揄して出場停止になるなど素行に問題があった。
【通算】11年、1434試合、5315打数1501安打、90本塁打、519打点、34盗塁、打率.282

ショーン・エステス
Aaron Shawn Estes
1973.2.18～【出身地】カリフォルニア州サンバーナディーノ【球団】95-2001ジャイアンツ　02メッツ　02レッズ　03カブス　04ロッキーズ　05ダイアモンドバックス　06,08パドレス【位置】投手、左
【経歴】91年ドラフト1位でマリナーズに入団。95年ジャイアンツに移籍、大きく曲がるカーブで97年は19勝(2位)、防御率3.18、181奪三振。2000、04年も15勝を挙げた。コントロールに難があり、99年の112四球を最多として4回100四球以上を与えた。05年に通算99勝目を挙げたのち、2年間勝ち星から遠ざかっていたが、08年に100勝に到達した。
【通算】13年、283試合、281先発、14完投、8完封、101勝93敗0S、1678.1回、1210奪三振、防御率4.71
【タイトル】オールスター1回(97年)

チャック・エストラダ
Charles Leonard Estrada
1938.2.15～【出身地】カリフォルニア州サンルイスオビスポ【球団】60-64オリオールズ　66カブス　67メッツ【位置】投手、右
【経歴】ブレーヴスからオリオールズに移り、60年メジャーに昇格してリーグ最多の18勝。新人王投票ではチームメイトのロン・ハンセンの後塵を拝した。高めに伸びる速球で翌61年も15勝を挙げたが、リーグワーストの132四球。62年も3年連続100個以上となる121四球で、17敗は最多敗戦となった。63年に肘を痛めてからは登板機会がめっきり減った。引退後はパドレスなどでコーチを務めた。
【通算】7年、146試合、105先発、24完投、2完封、50勝44敗、764.1回、535奪三振、防御率4.07
【タイトル】最多勝1回(60年)オールスター1回(60年)

デューク・エスパー
Charles H. Esper (Duke)
1867.7.28～1910.8.31【出身地】ニュージャージー州セーラム【球団】1890フィラデルフィア(AA)　90ピッツバーグ　90-92フィラデルフィア　92ピッツバーグ　93-94ワシントン　94-96ボルティモア　97-98セントルイス【位置】投手、左
【経歴】本姓はEsbacher。球威のなさを投球術で補い、1891年に20勝を挙げたがワシントンに移った93年は12勝28敗。翌94年も防御率7.45の惨状で、29安打を浴びた試合もあった。同年途中タダ同然でボルティモアへトレードされると10勝2敗と復調し、優勝に貢献。96年も14勝を稼いだ。サイ・ヤングとの投げ合いは7勝7敗の互角だった。
【通算】9年、236試合、198先発、152完投、4完封、101勝100敗、1727.2回、453奪三振、防御率4.39

デニス・エッカーズリー
Dennis Lee Eckersley
1954.10.3～【出身地】カリフォルニア州オークランド【球団】75-77インディアンズ　78-84レッドソックス　84-86カブス　87-95アスレティックス　96-97カーディナルス　98レッドソックス【位置】投手、右
【経歴】引退時点で史上1位の1071試合に登板、先発で100勝以上、抑えで390セーブを挙げた名投手。プレイ態度も真

摯でチームメイトや報道陣の尊敬を得ていた。72年ドラフト3位でインディアンズに入団、75年20歳でメジャーに昇格。横手からの快速球とスライダーで初登板から28.2回を無失点に抑え、同年13勝、防御率2.60(3位)。翌76年200奪三振(4位)、77年5月30日のエンジェルズ戦でノーヒットノーランを達成、22.1回連続無安打を記録した。

レッドソックスに移った78年も20勝(5位)、85年まで9度の2ケタ勝利を挙げたが、アルコール依存症に陥り、故障もあって86年は6勝のみ。87年地元のアスレティックスに移籍、ストッパーとして再生し翌88年は45セーブ(1位)。以後6年連続30セーブ以上、90年は48セーブ(2位)、73.1回を投げわずか4四球、防御率0.61。リリーフ転向後の789.2回で114四球(9回平均1.3個)の制球力を誇った。88年はプレイオフで6回無失点、4セーブを稼ぎMVPとなるも、ワールドシリーズ第1戦でカーク・ギブソンに劇的なサヨナラ本塁打を浴びた。

92年は自己最多の69試合に投げ51セーブ(1位)、防御率1.91でMVPとサイ・ヤング賞をダブル受賞。カーディナルス移籍後の97年も42歳で36セーブ(4位)を挙げた。98年レッドソックスに14年ぶりに復帰、50試合に投げホイト・ウィルヘルムの通算登板記録を26年ぶりに塗り替え引退。守備でも87年から95年まで9年間、470試合無失策のメジャー記録を樹立した。2004年殿堂入り。

【通算】24年、1071試合(5位)、361先発、100完投、20完封、197勝171敗390 S(9位)、3285.2回、2401奪三振、738四球、防御率3.50

【タイトル】MVP1回(92年) サイ・ヤング賞1回(92年) 最多セーブ2回(88,92年) オールスター6回(77,82,88,90～92年)

デイヴィッド・エックスタイン
David Mark Eckstein

1975.1.20～【出身地】フロリダ州サンフォード【球団】2001-04 エンジェルズ 05-07 カーディナルス 08 ブルージェイズ 08 ダイアモンドバックス 09-10 パドレス【位置】遊撃、二塁、右

【経歴】小柄ながらも溌剌としたプレイで人気を博し、名前をもじって"Xファクター"と呼ばれた選手。97年ドラフト19位でレッドソックスに入団、2000年途中ウェーバーでエンジェルズに移る。翌01年正遊撃手となり打率.285、29盗塁、続く02年は打率.293、8本塁打と63打点は自己最多で、ワールドシリーズでも29打数9安打と活躍し世界一に貢献した。死球が多く01年21個、02年27個で2年続けてリーグ最多。カーディナルスに移籍した05年に自己最多の185安打、翌06年のワールドシリーズでは22打数8安打、4打点でシリーズMVPを受賞した。同年はハート&ハッスル賞の初代受賞者にもなった。遊撃守備は堅実だが肩が強くないため、評価はあまり高くなかった。兄のリックはプロ経験はないが、大学の打撃コーチとして評価を高め、ナショナルズやエンジェルズでコーチを務めた。

【通算】10年、1311試合、5041打数1414安打、35本塁打、392打点、123盗塁、打率.280

【タイトル】オールスター2回(2005～06年)

ジョー・エッシュガー
Joseph Carl Oeschger

1892.5.24～1986.7.28【出身地】イリノイ州シカゴ【球団】14-19 フィリーズ 19 ジャイアンツ 19-23 ブレーヴス 24 ジャイアンツ 24 フィリーズ 25 ドジャース【位置】投手、右

【経歴】速球中心の投球で、17年15勝を挙げるが翌18年は6勝18敗。20年に5完封を含む15勝、翌21年は20勝(3位)、3完封は1位だったが、続く2年間は合計11勝36敗と好不調の波が激しかった。19年4月30日に延長20回、20年5月1日は同26回を完投するなどスタミナに定評があり、"アイアン・マン"と呼ばれた。引退後は高校の教師となった。93年のワールドシリーズでは、15年のフィリーズ優勝チームの最後の存命者として、91歳で始球式を務めた。

【通算】12年、365試合、199先発、99完投、18完封、82勝116敗、1818回、535奪三振、防御率3.81

ニック・エッテン
Nicholas Raymond Thomas Etten

1913.9.19～90.10.18【出身地】イリノイ州スプリンググラヴ【球団】38-39 アスレティックス 41-42 フィリーズ 43-46 ヤンキース 47 フィリーズ【位置】一塁、左

【経歴】41年レギュラーに定着し打率.311、82四球(5位)を選び出塁率.405。

ヤンキースに移った43年は35二塁打(3位)、107打点(2位)。翌44年は22本塁打と97四球の2部門で1位となり、45年も111打点は1位だった。47年フィリーズに復帰したが14試合に出ただけでヤンキースに戻され、その後は出場がなかった。
【通算】9年、937試合、3320打数921安打、89本塁打、526打点、22盗塁、打率.277
【タイトル】本塁打王1回(44年) 打点王1回(45年)

ジム・エドモンズ
James Patrick Edmonds
1970.6.27〜【出身地】カリフォルニア州フラートン【球団】93-99エンジェルズ 2000-07カーディナルス 08パドレス 08カブス 10ブルワーズ 10レッズ【位置】外野、左
【経歴】ケガを恐れぬ果敢な守備で、8度のゴールドグラブに輝いた名外野手。88年ドラフト7位でエンジェルズに入団、マイナー時代は一度も2ケタ本塁打を打ったことはなかったが、メジャー昇格後の95年は33本塁打、107打点。以後11年間で、肩の故障により55試合の出場にとどまった99年を除き、毎年25本以上打ち続けた。
　カーディナルスに移籍した2000年は42本塁打、108打点、103四球(4位)、プレイオフも3本塁打、12打点。04年も42本塁打(5位)、111打点、リーグ優勝決定シリーズ第6戦でサヨナラ弾を放つなどプレイオフは3本塁打、9打点。選球眼も良く、同年まで5年間で出塁率4割以上が4回。02年の.311をベストとして打率3割を5回記録した。10年には本塁打を打った際にアキレス腱を断裂、それが現役最後の打席になった。
【通算】17年、2011試合、6858打数1949安打、437二塁打、25三塁打、393本塁打、1199打点、67盗塁、998四球、1729三振、打率.284
【タイトル】ゴールドグラブ8回(97〜98,2000〜05年) オールスター4回(95,00,03,05年)

ジョニー・エドワーズ
John Alban Edwards
1938.6.10〜【出身地】オハイオ州コロンバス【球団】61-67レッズ 68カーディナルス 69-74アストロズ【位置】捕手、左
【経歴】強肩で頭脳的なリードの評価も高く、62年正捕手となり、翌63年から3年連続でオールスターに選出。補殺で4回、併殺で3回1位となり、70〜71年にかけては138試合連続無失策を記録した。打撃では64年に自己最高の打率.281、翌65年は17本塁打を放った。大学では工学を専攻し、オフはジェネラル・エレクトリック社でリサーチ・エンジニアとして働いた。
【通算】14年、1470試合、4577打数1106安打、81本塁打、524打点、15盗塁、打率.242
【タイトル】ゴールドグラブ2回(63〜64年) オールスター3回(63〜65年)

デル・エニス
Delmer Ennis
1925.6.8〜96.2.8【出身地】ペンシルヴェニア州フィラデルフィア【球団】46-56フィリーズ 57-58カーディナルス 59レッズ 59ホワイトソックス【位置】外野、右
【経歴】地元フィリーズの中軸として活躍したパワーヒッター。海軍から復員した46年は新人ながら、いずれもリーグ4位の打率.313、17本塁打、2位の長打率.485でオールスターに選ばれる。49年は39二塁打、11三塁打、25本塁打がすべて6位以内。50年は打率.311(4位)、31本塁打(5位)、126打点(1位)で優勝に大きく貢献した。カーディナルスに移籍した57年も2位の105打点で7度目の5位以内。通算では20本塁打以上9回、100打点以上7回を記録した。引退後はボウリング場を長い間経営していた。
【通算】14年、1903試合、7254打数2063安打、288本塁打、1284打点、45盗塁、打率.284
【タイトル】打点王1回(50年) オールスター3回(46,51,55年)

マイク・エプスティーン
Michael Peter Epstein
1943.4.4〜【出身地】ニューヨーク州ブロンクス【球団】66-67オリオールズ 67-71セネターズ 71-72アスレティックス 73レンジャーズ 73-74エンジェルズ【位置】一塁、左
【経歴】カリフォルニア大学時代の64年、公開競技として行われた野球のアメリカ代表として東京五輪に参加。同年オリオールズに入団、翌65年にマイナー最優秀選手に選ばれるなど有望視されたが、出場機

会に恵まれず、67年マイナー行きを拒否しセネターズへ放出。69年にテッド・ウィリアムズ新監督の指導で30本塁打、85打点と開花、71年6月15～16日に4打数連続本塁打。72年も26本塁打を放った。打率は低く三振も多かったが、選球眼に優れ69年は出塁率.414（3位）、通算でも.358。72年のポストシーズンも32打数で3安打のみだったが9四球を選んだ。引退後はビジネスで成功し、少年野球の指導者としてエリック・シャヴェズやタイ・ウィギントンらをメジャーへ送り出した。
【通算】9年、907試合、2854打数695安打、130本塁打、380打点、7盗塁、打率.244

ザック・エフリン　★
Zachary Adams Eflin
1994.4.8～【出身地】フロリダ州オーランド【球団】2016-22フィリーズ　23-24レイズ　24オリオールズ【位置】投手、右
【経歴】身長198cmの長身右腕。2012年ドラフト1位でパドレスに入団、球種が豊富で16年フィリーズでメジャーに昇格。18年11勝、19年も10勝を挙げる。コントロールも非常に良く、21年以降は毎年与四球率1個台。レイズへFA移籍した23年は177.2回で24四球にとどめ、リーグ最多の16勝を稼いだ。
【通算】9年、186試合、174先発、5完投、3完封、62勝62敗1S、1002.1回、872奪三振、防御率4.17
【タイトル】最多勝1回（2023年）

チャーリー・エベッツ
Charles Hercules Ebbets
1859.10.29～1925.4.18【出身地】ニューヨーク州ニューヨーク【球団】メジャー経験なし
【経歴】1883年ブルックリン球団に職員として採用され、昇進を重ねて98年に球団社長となり監督を兼務したが、不振でシーズン途中辞任。1905年からはオーナーとなる。正直で公平な人物として人望があり、12年に完成した新球場は新聞記者たちの投票によりエベッツ・フィールドと命名され、57年までドジャースの本拠として親しまれた。
【監督】1898ブルックリン　1年、110試合、38勝68敗、勝率.358

ハワード・エムキー
Howard Jonathan Ehmke
1894.4.24～1959.3.17【出身地】ニューヨーク州シルヴァークリーク【球団】15バッファロー（FL）　16-17,19-22タイガース　23-26レッドソックス　26-30アスレティックス【位置】投手、右
【経歴】細身の体格ながら、横手からのスローボールを武器にタイガースの主力投手として活躍。頭脳派の投球で、腕の角度やリリースのタイミングを微妙に変えて打者を幻惑した。17年10勝を挙げたが翌18年は海軍に入隊し全休。復帰後の19、22年に17勝、23年はレッドソックスに移り自己最多の20勝（4位）。9月7日のアスレティックス戦では、走者がベースを踏みそこなう幸運にも助けられてノーヒットノーランを達成した。その次の先発でも、先頭打者のエラー気味の当たりを安打と判定されたが後続27人を完璧に封じ、もう少しで2試合連続ノーヒッターとなるところだった。
　翌24年もリーグ最多の315回を投げ19勝。9勝20敗と大きく負け越した25年も22完投は1位。29年は7勝どまりだったが、終盤戦はチームから離れワールドシリーズで対戦するカブスを偵察。その成果を生かし、第1戦に先発するとシリーズ新記録の13三振を奪い快勝した。この勝利はメジャーでの最後の白星でもあった。通算では2ケタ勝利9回、21年からの3年連続を含む5回最多与死球を記録した。
【通算】15年、427試合、338先発、199完投、20完封、166勝166敗、2820.2回、1030奪三振、1042四球、防御率3.75

ジャンボ・エリオット
James Thomas Elliott (Jumbo)
1900.10.22～70.1.7【出身地】ミズーリ州セントルイス【球団】23ブラウンズ　25,27-30ドジャース　31-34フィリーズ　34ブレーヴス【位置】投手、左
【経歴】“ジャンボ”のニックネーム通り体重106kgの巨漢投手。ドジャース時代の成績は平凡だったが、フィリーズに移籍した31年はリーグ最多の52試合に登板し、19勝を挙げ最多勝に輝く。力のある速球で翌32年も11勝を挙げたが防御率は5.42と良くなかった。引退後はインディアナ州で長く保安官代理を務めた。
【通算】10年、252試合、144先発、51

完投、8完封、63勝74敗、1206.2回、453奪三振、防御率4.24
【タイトル】最多勝1回(31年)

ボブ・エリオット
Robert Irving Elliott
1916.11.26～66.5.4【出身地】カリフォルニア州サンフランシスコ【球団】39-46パイレーツ 47-51ブレーヴス 52ジャイアンツ 53ブラウンズ 53ホワイトソックス【位置】三塁、外野、右
【経歴】40年右翼手としてレギュラーとなり、42年三塁にコンバート。43年からの3年連続を含め6回100打点以上を叩き出し、ブレーヴスに移籍した47年打率.317(2位)、22本塁打、113打点(4位)でMVPを受賞。翌48年も100打点、131四球(1位)、出塁率.423(2位)で優勝に貢献、ワールドシリーズ第5戦で2打席連続本塁打。51年のオールスターでも本塁打を放ちMVPを手にした。40年代の合計1563安打はナ・リーグ最多、同じく903打点はメジャー最多だった。三塁守備では失策も少なくなかったが、守備範囲は広かった。
【通算】15年、1978試合、7141打数2061安打、170本塁打、1195打点、60盗塁、打率.289
【タイトル】MVP1回(47年)オールスター6回(41～42,44,47～48,51年)
【監督】60アスレティックス 1年、155試合、58勝96敗、勝率.377

スコット・エリクソン
Scott Gavin Erickson
1968.2.2～【出身地】カリフォルニア州ロングビーチ【球団】90-95ツインズ 95-2000,02オリオールズ 04メッツ 04レンジャーズ 05ドジャース 06ヤンキース【位置】投手、右
【経歴】3度のドラフト指名を拒否した末、89年ドラフト4位でツインズに入団。シンカーを決め球に90年後半には早くもローテーションに加わり8勝、翌91年は12連勝を含むリーグ最多の20勝で優勝に貢献した。93年はリーグワーストの19敗、94年も4月27日のブルワーズ戦でノーヒットノーランを達成したが、防御率は5.44と良くなかった。95年途中オリオールズに移籍し復調、97年16勝、98年はリーグ最多の11完投、251.1回を投げ16勝。99年も3完封(1位)を含む15勝を挙げた。『ピープル』誌の「最も美しい50人」に選ばれたこともある美男だった。
【通算】15年、389試合、364先発、51完投、17完封、142勝136敗0S、2360.2回、1252奪三振、防御率4.59
【タイトル】最多勝1回(91年)

ドック・エリス
Dock Phillip Ellis
1945.3.11～2008.12.19【出身地】カリフォルニア州ロスアンジェルス【球団】68-75パイレーツ 76-77ヤンキース 77アスレティックス 77-79レンジャーズ 79メッツ 79パイレーツ【位置】投手、右
【経歴】派手なファッションや行動で話題をまいた名物男。70年6月12日のパドレス戦で9四死球を与えながらもノーヒットノーランを達成、このときは幻覚剤を使用しながらの投球であったことをのちに告白した。多彩な球種の持ち主で、71年は前半だけで14勝しオールスターの先発投手に選ばれるが、ア・リーグ先発のヴァイダ・ブルーと「黒人同士で投げ合いたくない」として辞退をほのめかす(結局はそのまま先発、敗戦投手となった)。同年自己最多の19勝(5位)、74年まで6年連続2ケタ勝利。74年5月1日のレッズ戦では試合開始から3者連続で意図的に死球を与えた。75年8勝にとどまりヤンキースへ放出されるが、翌76年17勝しカムバック賞を受賞。77年開幕後にオーナーのジョージ・スタインブレナーを公然と批判し、アスレティックスへトレードされた。引退後はそれまでの生活態度を改め、麻薬の撲滅運動に携わった。
【通算】12年、345試合、317先発、71完投、14完封、138勝119敗1S、2128回、1136奪三振、防御率3.46
【タイトル】オールスター1回(71年)

マーク・エリス
Mark William Ellis
1977.6.6～【出身地】サウスダコタ州ラピッドシティ【球団】2002-03,05-11アスレティックス 11ロッキーズ 12-13ドジャース 14カーディナルス【位置】二塁、右
【経歴】99年ドラフト9位でロイヤルズに入団。2001年にアスレティックスへトレードされ、翌02年正二塁手となる。04年は肩を負傷して全休したが、05年復帰し打率.316、07年はいずれも自己最多の33二塁打、19本塁打、76打点、6月4日にサイクルヒットを達成した。堅実な守備に定評があり、06年は123試合で2失策、

通算守備率 .991 は二塁手で史上 5 位にランクされる。
【通算】12 年、1435 試合、5117 打数 1343 安打、105 本塁打、550 打点、82 盗塁、打率 .262

ジャコビー・エルズベリー
Jacoby McCabe Ellsbury
1983.9.11 ～【出身地】オレゴン州マドラス【球団】2007-13 レッドソックス 14-17 ヤンキース【位置】外野、左
【経歴】2005 年ドラフト 1 位でレッドソックスに入団。07 年メジャーに昇格し 33 試合で打率 .353、9 度の盗塁機会をすべて成功させ、ワールドシリーズでも 16 打数 7 安打、4 二塁打。08 年は 50 盗塁でタイトルを獲得、デビューからの連続盗塁成功記録を史上 2 位の 25 まで伸ばした。09 年はいずれも 1 位の 10 三塁打と 70 盗塁。11 年は打率 .321（5 位）、212 安打（3 位）に加え、46 二塁打（3 位）、32 本塁打（5 位）、105 打点と大幅に長打力を向上させ、球団初の 30 － 30 を達成。MVP 投票では次点に入った。14 年ヤンキースへ 7 年 1 億 5300 万ドルの高額契約で移籍したが、不振が続き 19 年に解雇された。特技の打撃妨害出塁は 16 年だけで 12 回、17 年に通算 30 回でピート・ローズを抜き史上最多となった。
【通算】11 年、1235 試合、4846 打数 1376 安打、104 本塁打、512 打点、343 盗塁、打率 .284
【タイトル】盗塁王 3 回（2008 ～ 09,13 年）ゴールドグラブ 1 回（11 年）オールスター 1 回（11 年）

ディック・エルスワース
Richard Clark Ellsworth
1940.3.22 ～ 2022.10.10【出身地】ワイオミング州ラスク【球団】58,60-66 カブス 67 フィリーズ 68-69 レッドソックス 69-70 インディアンズ 70-71 ブルワーズ【位置】投手、左
【経歴】制球の良い変化球投手で、58 年 18 歳でデビュー、60 年ローテーションに加わり 7 勝を挙げる。62 年は 9 勝 20 敗、防御率 5.09 の不振だったが翌 63 年は 22 勝（5 位）、防御率 2.11（2 位）の自己最高成績。66 年 8 勝 22 敗と不振で放出されるが、レッドソックスに加わった 68 年は 16 勝。翌 69 年は 6 勝に落ち込むなど好不調の波が激しかった。引退後は不動産業で成功し、地元フレズノのマイナー球団のオーナーになった。息子のスティーヴは投手。
【通算】13 年、407 試合、310 先発、87 完投、9 完封、115 勝 137 敗 5 S、2155.2 回、1140 奪三振、防御率 3.72
【タイトル】オールスター 1 回（64 年）

ウィリー・エルナンデス
Guillermo Hernandez (Willie)
1954.11.14 ～ 2023.11.20【出身地】プエルトリコ・アグアダ【球団】77-83 カブス 83 フィリーズ 84-89 タイガース【位置】投手、左
【経歴】74 年フィリーズに入団、ルール 5 ドラフトで 77 年カブスに移籍し、67 試合に登板し 8 勝、続く 78 年も 8 勝。タイガースに移籍した 84 年は新たに習得したスクリューボールとカッターを駆使してリーグ最多の 80 試合、140.1 回を投げ 9 勝 32 セーブ（3 位）、防御率 1.92。セーブ失敗は地区優勝決定後に喫した一度だけという見事な成績で、MVP とサイ・ヤング賞を同時受賞した。翌 85 年も 31 セーブ（3 位）を挙げている。
【通算】13 年、744 試合、11 先発、0 完投、70 勝 63 敗 147 S、1044.2 回、788 奪三振、防御率 3.38
【タイトル】MVP1 回（84 年）サイ・ヤング賞 1 回（84 年）オールスター 3 回（84 ～ 86 年）

キケ・エルナンデス ★
Enrique J. Hernandez (Kike)
1991.8.24 ～【出身地】プエルトリコ・サンファアン【球団】2014 アストロズ 14 マーリンズ 15-20 ドジャース 21-23 レッドソックス 23-24 ドジャース【位置】外野、二塁、右
【経歴】底抜けに陽気なユーティリティ・プレイヤー。2009 年ドラフト 6 位でアストロズに入団、ドジャーズ移籍後 17 年のリーグ優勝決定シリーズ第 5 戦では満塁弾を含む 3 本塁打、7 打点。18 年は捕手以外の全ポジションにつきつつ 21 本塁打を放ちリーグ優勝に貢献した。同年 7 月 24 日には延長戦で登板し、サヨナラ本塁打を打たれた史上初の野手となった。21 年のプレイオフは 8 打席連続安打も記録し、49 打数 20 安打、5 本塁打、9 打点と猛打をふるった。マディソン・バムガーナーには通算 42 打数 21 安打、3 本塁打と極めて相性が良かった。
【通算】11 年、1183 試合、3487 打数

830安打、120本塁打、435打点、17盗塁、打率.238

セサル・エルナンデス
Cesar Augusto Hernandez
1990.5.23～【出身地】ベネズエラ共和国バレンシア【球団】2013-19フィリーズ 20-21インディアンズ 21ホワイトソックス 22ナショナルズ【位置】二塁、両
【経歴】2006年フィリーズに入団、15年に正二塁手となり翌16年は打率.294、リーグ最多の11三塁打。18年は15本塁打、95四球(5位)、続く19年に自己最多の171安打、31二塁打、71打点を記録した。インディアンズに移籍した20年は58試合で20二塁打(1位)、守備でも初のゴールドグラブに選ばれた。
【通算】10年、1186試合、4278打数1144安打、71本塁打、369打点、91盗塁、打率.267
【タイトル】ゴールドグラブ1回(2020年)

テオスカル・エルナンデス ★
Teoscar Jose Hernandez
1992.10.15～【出身地】ドミニカ共和国コテュイ【球団】2016-17アストロズ 17-22ブルージェイズ 23マリナーズ 24ドジャース【位置】外野、右
【経歴】2011年アストロズに入団、ブルージェイズへ移籍した17年以降長打力を発揮し始める。20年は50試合で16本塁打(5位)、続く21年は32本塁打、116打点(3位)。三振も多く、マリナーズに移った23年はリーグワースト2位の211個を喫した。24年はドジャースで自己最多の33本塁打。大谷翔平と仲が良く、本塁打を打った際にヒマワリの種を浴びせかける儀式が日本でも話題になった。
【通算】9年、965試合、3534打数928安打、192本塁打、572打点、54盗塁、1142三振、打率.263
【タイトル】オールスター2回(2021,24年)

フェリックス・エルナンデス
Felix Abraham Graham Hernandez
1986.4.8～【出身地】ベネズエラ共和国バレンシア【球団】2005-19マリナーズ【位置】投手、右
【経歴】速球、変化球、コントロールのすべてに非の打ち所がなく、"キング・フェリックス"の異名を取った好投手。2002年マリナーズに入団、早くから将来のエースと目され、05年19歳でメジャー昇格。翌06年12勝、07年14勝と実績を積み、09年は19勝で最多勝となったほか、防御率2.49は2位、217奪三振は4位。以後6年連続で200三振以上を奪う。10年は打線の援護がなく13勝12敗だったが、防御率2.27と249.2回は1位、232奪三振も1個差で2位と内容の良さを評価され、サイ・ヤング賞を受賞した。
12年は8月15日レイズ戦での完全試合を含む5完封(1位)。13年に7年1億7500万ドルで契約延長、14年は防御率2.14で2度目の1位、自己最多の248奪三振(4位)。通算で10回2ケタ勝利を記録した。打撃では08年にア・リーグの投手ではDH施行後初の満塁本塁打を放っている。マリナーズで一緒のアドリアン・ベルトレとは親友だった。
【通算】15年、419試合、418先発、25完投、11完封、169勝136敗0S、2792.2回、2524奪三振、防御率3.42
【タイトル】サイ・ヤング賞1回(2010年) 最多勝1回(09年) 最優秀防御率2回(10,14年) オールスター6回(09,11～15年)

ホセ・エルナンデス
Jose Antonio Hernandez
1969.7.14～【出身地】プエルトリコ・リオピエドラス【球団】91レンジャーズ 92インディアンズ 94-99カブス 99ブレーヴス 2000-02ブルワーズ 03ロッキーズ 03カブス 03パイレーツ 04ドジャース 05インディアンズ 06パイレーツ 06フィリーズ【位置】遊撃、三塁、右
【経歴】87年レンジャーズに入団。マイナーでは7年間で18本塁打だったが、メジャー昇格後長打力を増し、98年は23本塁打。2001年は自己最多の25本塁打、78打点を稼いだ一方、185三振はリーグワースト。翌02年も188三振を喫し、年間200三振を免れるため終盤戦は欠場した。03年まで7年連続100三振以上、通算三振率は3割を超えた。守備ではバッテリー以外の全ポジションを経験し、のべ12球団を転々とした。
【通算】15年、1587試合、4618打数1166安打、168本塁打、603打点、41盗塁、1391三振、打率.252
【タイトル】オールスター1回(2002年)

ラモン・エルナンデス
Ramon Jose Hernandez
1976.5.20～【出身地】ベネズエラ共和国

カラカス【球団】99-2003 アスレティックス　04-05 パドレス　06-08 オリオールズ　09-11 レッズ　12 ロッキーズ　13 ドジャース【位置】捕手、右
【経歴】94 年アスレティックスに入団、2000 年正捕手となり、03 年は 21 本塁打、78 打点でオールスターに出場。ディヴィジョンシリーズ初戦では、延長 12 回二死満塁でサヨナラセーフティスクイズを決めた。オリオールズに移籍した 06 年も 23 本塁打、91 打点。守備でも盗塁阻止率 .433、投手リードの評価も高かった。
【通算】15 年、1526 試合、5105 打数 1345 安打、169 本塁打、757 打点、9 盗塁、打率 .263
【タイトル】オールスター 1 回（2003 年）

リバン・エルナンデス
Eisler Livan Hernandez
1975.2.20 ～【出身地】キューバ共和国ビヤクララ【球団】96-99 マーリンズ　99-02 ジャイアンツ　03-06 エクスポズ / ナショナルズ　06-07 ダイアモンドバックス　08 ツインズ　08 ロッキーズ　09 メッツ　09-11 ナショナルズ　12 ブレーヴス　12 ブルワーズ【位置】投手、右
【経歴】キューバ代表で活躍した後、アメリカに亡命し 96 年マーリンズに入団。契約金 250 万ドルは野茂英雄を抜き、新人選手の最高額だった。翌 97 年ローテーションに加わり、17 試合で 9 勝。リーグ優勝決定シリーズで 2 勝、第 5 戦では 15 三振を奪いシリーズ MVP、ワールドシリーズでも防御率 5 点台ながら 2 勝して MVP に選出された。ジャイアンツ移籍後の 2000 年に自己最多の 17 勝。球威の衰えにともない技巧派へ転身し、08 年まで 9 年連続 2 ケタ勝利。その一方で 98 年から 14 年連続 2 ケタ敗戦を喫し、02 年の 16 敗はリーグワーストだった。故障とは無縁で、04 年の 255 回を最多として 10 回 200 イニング以上を投げ、03 年から 3 年連続最多投球回。フィールディングも良く、200 回以上投げ無失策の年が 5 度あった。打撃でも通算打率 .221、10 本塁打、8 打数連続安打も記録。異母兄のオルランドはヤンキースなどで通算 90 勝を挙げた。
【通算】17 年、519 試合、474 先発、50 完投、9 完封、178 勝 177 敗 1 S、3189 回、1976 奪三振、1066 四球、防御率 4.44
【タイトル】オールスター 2 回（2004 ～ 05 年）

ロベルト・エルナンデス
Roberto Manuel Hernandez
1964.11.11 ～【出身地】プエルトリコ・サンテュルセ【球団】91-97 ホワイトソックス　97 ジャイアンツ　98-2000 レイズ　01-02 ロイヤルズ　03 ブレーヴス　04 フィリーズ　05 メッツ　06 パイレーツ　06 メッツ　07 インディアンズ　07 ドジャース【位置】投手、右
【経歴】150km を超える速球と鋭いフォークボールで、抑えの切り札として活躍。86 年ドラフト 1 位でエンジェルズに入団、当初は先発だったが 92 年ホワイトソックスでリリーフに転向、翌 93 年 38 セーブ（4 位）。95 年から 3 年連続 30 セーブ以上、97 年は 10 勝。98 年レイズに移籍、翌 99 年自己最多の 43 セーブ（2 位）を挙げた。2003 年以降は中継ぎに回って 42 歳まで現役を続け、慈善活動でも高い評価を得た。96 年のオールスターでは試合前の記念撮影で足を滑らせ、前列のカル・リプケンの鼻の骨を折ってしまった。
【通算】17 年、1010 試合（14 位）、3 先発、0 完投、67 勝 71 敗 326 S（20 位）、1071.1 回、945 奪三振、防御率 3.45
【タイトル】オールスター 2 回（96,99 年）

キッド・エルバーフェルド
Norman Arthur Elberfeld (Kid)
1875.4.13 ～ 1944.1.13【出身地】オハイオ州ポメロイ【球団】1898 フィラデルフィア　99 シンシナティ　1901-03 タイガース　03-09 ヤンキース　10-11 セネターズ　14 ドジャース【位置】遊撃、三塁、右
【経歴】“タバスコ・キッド”のニックネームで知られた、小柄ながら激しい気性の持ち主。守備についているときは、たびたび走者の進路を妨害しようとした。正遊撃手となった 01 年に自己最高の打率 .308、76 打点、06 年は出塁率 .378（3 位）。死球が多いのも特徴で、11 年は 25 回もぶつけられた。ディレイド・スティールの名手としても知られた。08 年途中、クラーク・グリフィスの解任後に監督となったが、半年限りで再び選手専任に戻った。引退後は少年野球の指導者として成功し、友人の息子トラヴィス・ジャクソンを殿堂入り選手に鍛えあげた。マイナー・リーグの監督をしていた 36 年には、61 歳で 1 試合だけ代打で出場している。
【通算】14 年、1292 試合、4561 打数 1235 安打、10 本塁打、535 打点、213 盗塁、打率 .271

【監督】08 ヤンキース　1 年、98 試合、27 勝 71 敗、勝率 .276

エドウィン・エンカルナシオン
Edwin Elpidio Encarnacion
1983.1.7 ～【出身地】ドミニカ共和国ラロマナ【球団】2005-09 レッズ　09-16 ブルージェイズ　17-18 インディアンズ　19 マリナーズ　19 ヤンキース　20 ホワイトソックス【位置】三塁、一塁、DH、右
【経歴】2000 年ドラフト 9 位でレンジャーズに入団。レッズ移籍後メジャーに定着、08 年に 26 本塁打を放つも、三塁守備は軽率さが目立ち高い評価を与えられず、ブルージェイズ移籍後は DH での起用が多くなり、12 年は 42 本塁打（4 位）、110 打点（3 位）。以後 8 年連続 30 本塁打以上、この間 100 打点以上も 6 回と活躍を続ける。14 年は 5 月だけで 16 本塁打。16 年は自己最多タイの 42 本塁打（3 位）、リーグトップの 127 打点、ワイルドカードゲームではサヨナラ 3 ランを放った。三振も長距離砲としては少なめで、13 年は 36 本塁打の一方で 62 三振にとどめた。
【通算】16 年、1960 試合、7040 打数 1832 安打、424 本塁打、1261 打点、61 盗塁、1426 三振、打率 .260
【タイトル】打点王 1 回（2016 年）オールスター 3 回（13 ～ 14,16 年）

フアン・エンカルナシオン
Juan De Dios Encarnacion
1976.3.8 ～【出身地】ドミニカ共和国ラスマタスデファルファン【球団】97-2001 タイガース　02 レッズ　02-03 マーリンズ　04 ドジャース　04-05 マーリンズ　06-07 カーディナルス【位置】外野、右
【経歴】93 年タイガースに入団。99 年レギュラーとなり 19 本塁打、33 盗塁、シーズン途中でマーリンズに移籍した 2002 年は 24 本塁打、85 打点。翌 03 年は自己最多の 94 打点を稼いだ。06 年カーディナルスに移り、03 年に次いで 2 度目の世界一を経験。翌 07 年 8 月、打順を待っている際にファウルが顔面に当たり、左目の視力が大きく低下して引退に追い込まれた。
【通算】11 年、1259 試合、4685 打数 1264 安打、156 本塁打、667 打点、127 盗塁、打率 .270

モーガン・エンズバーグ
Morgan Paul Ensberg
1975.8.26 ～【出身地】カリフォルニア州レドンドビーチ【球団】2000,02-07 アストロズ　07 パドレス　08 ヤンキース【位置】三塁、右
【経歴】98 年ドラフト 9 位でアストロズに入団。正三塁手に定着した 2003 年に 25 本塁打、05 年は 36 本塁打、101 打点と大活躍し、プレイオフでも 10 試合で 9 打点。ワールドシリーズでは 18 打数 2 安打と打てなかったが、第 2 戦で本塁打を放った。翌 06 年も 23 本塁打、4 月 15 ～ 21 日に 6 試合連発も記録。.235 の低打率ながら 101 四球を選び、出塁率は .396 に上った。その後は急速に成績を落として 08 年途中解雇、09 年に引退した。
【通算】8 年、731 試合、2204 打数 579 安打、110 本塁打、347 打点、22 盗塁、打率 .263
【タイトル】オールスター 1 回（2005 年）

アラン・エンブリー
Alan Duane Embree
1970.1.23 ～【出身地】オレゴン州ザ・ダレス【球団】92,95-96 インディアンズ　97-98 ブレーヴス　98 ダイアモンドバックス　99-2001 ジャイアンツ　01 ホワイトソックス　02 パドレス　02-05 レッドソックス　05 ヤンキース　06 パドレス　07-08 アスレティックス　09 ロッキーズ【位置】投手、左
【経歴】速球とスライダーの 2 球種だけで、のべ 11 球団をわたり歩いた中継ぎ左腕。89 年ドラフト 5 位でインディアンズに入団し、95 年からメジャーに定着。99 年からは 10 年連続で 60 試合以上に登板、2006 年の 73 試合が自己最多。翌 07 年は抑えとしても 17 セーブを稼いだ。ポストシーズンでは通算 31 試合で防御率 1.66 の好成績を残している。
【通算】16 年、882 試合、4 先発、0 完投、39 勝 45 敗 25 S、774 回、691 奪三振、防御率 4.59

【オ】

オーヴァル・オーヴァーオール
Orval Overall
1881.2.2 ～ 1947.7.14【出身地】カリフォルニア州ファーマーズヴィル【球団】05-06 レッズ　06-10,13 カブス【位置】投手、右
【経歴】カリフォルニア大学ではフットボールでも活躍した大型投手で、速球と落ちるカーブで打者を打ち取った。05 年新人で 18 勝、リーグ 3 位の 173 三振を奪う。06 年途中でカブスへ移籍、07 年は 23 勝（2 位）、8 完封（1 位）、防御率 1.68（5 位）、翌 08 年はワールドシリーズで 2 勝、最終第 5 戦で完封勝ちを収める。09 年も 20 勝（5 位）、9 完封と 205 奪三振は 1 位、防御率 1.42 は 3 位。06 ～ 10 年は 5 年連続で開幕投手を務めた。肩を痛め 10 年限りで引退、13 年に 1 年のみ復帰し 4 勝を挙げた。
【通算】7 年、218 試合、183 先発、133 完投、30 完封、108 勝 71 敗、1535.1 回、935 奪三振、防御率 2.26
【タイトル】最多奪三振 1 回（09 年）

ライル・オーヴァーベイ
Lyle Stefan Overbay
1977.1.28 ～【出身地】ワシントン州セントラリア【球団】2001-03 ダイアモンドバックス　04-05 ブルワーズ　06-10 ブルージェイズ　11 パイレーツ　11-12 ダイアモンドバックス　12 ブレーヴス　13 ヤンキース　14 ブルワーズ【位置】一塁、左
【経歴】99 年ドラフト 18 位でダイアモンドバックスに入団、マイナーでは 4 年連続打率 .340 以上を記録。ブルワーズに移籍した 04 年正一塁手となり打率 .301、リーグ最多の 53 二塁打を放つ。06 年ブルージェイズに移籍、打率 .312、46 二塁打（4 位）、22 本塁打、92 打点の自己最高成績。10 年まで 7 年連続 30 二塁打以上、選球眼も良かった。守備では 08 年と 10 年に補殺 1 位だった。
【通算】14 年、1587 試合、5102 打数 1355 安打、151 本塁打、675 打点、19 盗塁、1108 三振、打率 .266

スパイク・オウエン
Spike Dee Owen
1961.4.19 ～【出身地】テキサス州クレバーン【球団】83-86 マリナーズ　86-88 レッドソックス　89-92 エクスポズ　93 ヤンキース　94-95 エンジェルズ【位置】遊撃、両
【経歴】82 年ドラフト 1 位（全体 6 位）でマリナーズに入団、正遊撃手に定着した 84 年に自己最多の 130 安打を放つ。堅実な守備に定評があり、打率 .270 を超えたのは一度だけと打力には欠けていたが、選球眼の良さで補っていた。86 年 8 月 21 日の 1 試合 6 得点はタイ記録。同年のプレイオフでは 21 打数 9 安打、ワールドシリーズでも 20 打数 6 安打で 5 四球を選んだ。兄のデイヴもカブスの遊撃手で、2007 年はトレイ・ヒルマン監督の下、日本ハムのコーチを務めた。
【通算】13 年、1544 試合、4930 打数 1211 安打、46 本塁打、439 打点、82 盗塁、打率 .246

マーヴ・オウエン
Marvin James Owen
1906.3.22 ～ 91.6.22【出身地】カリフォルニア州アグニュー【球団】31,33-37 タイガース　38-39 ホワイトソックス　40 レッドソックス【位置】三塁、右
【経歴】31 年に内野のユーティリティとして 105 試合に出場するが、打率 .223 の不振で翌 32 年はマイナー落ち。34 年は打率 .317、179 安打、98 打点で優勝に貢献。36 年に自己最多の 9 本塁打、105 打点を記録した。2 度出場したワールドシリーズでは合計 49 打数 3 安打とさっぱり打てず、34 年の第 7 戦ではカーディナルスのジョー・メドウィックに激しくスパイクされる。これに激怒したタイガース・ファンがメドウィックに物を投げつけ、事態収拾を図るためメドウィックがベンチに下げられた。引退後はタイガースでマイナー監督とスカウトを務めた。
【通算】9 年、1011 試合、3782 打数 1040 安打、31 本塁打、499 打点、30 盗塁、打率 .275

ミッキー・オウエン
Arnold Malcolm Owen (Mickey)
1916.4.4 ～ 2005.7.13【出身地】ミズーリ州ニクサ【球団】37-40 カーディナルス　41-45 ドジャース　49-51 カブス　54 レッドソックス【位置】捕手、右
【経歴】38 年にカーディナルスの正捕手となり、ドジャースに移った 41 年から 4 年連続でオールスターに選出、42 年は代打で出場して、シーズン中 1 本も打てなかった本塁打を放った。41 年は 100 試合、

476連続守備機会無失策のリーグ記録を樹立しながら、ワールドシリーズ第4戦で9回二死から致命的な捕逸を犯し、逆転負けの原因を作ってしまった。ただし、この1球は不規則な変化をするスピットボールだったことを、投手のヒュー・ケイシーが明かしている。46年メキシカン・リーグへの参加をめぐりメジャーから追放処分を受けたが、49年カブスで復帰した。引退後はマイナー指導者、スカウトを経て郡保安官となった。"ミッキー"とは、大きな耳がミッキー・カクレインを連想させたことからついたニックネーム。
【通算】13年、1209試合、3649打数929安打、14本塁打、378打点、36盗塁、打率.255
【タイトル】オールスター4回(41〜44年)

ポール・オウエンス
Paul Francis Owens
1924.2.7〜2003.12.26【出身地】ニューヨーク州サラマンカ【球団】メジャー経験なし
【経歴】現役時代はマイナーどまりで、引退後フィリーズでマイナー監督やスカウトなどを歴任。72年GMに就任すると、同年途中フランク・ルケーシ監督を解雇しその代理を務める。83年は首位を走っていたにもかかわらずパット・コラレス監督を解任、後釜に座りコーチ陣の助けを借りながらリーグ制覇。85年から再びGM職に専念し、88年退任した。名前がポールで、顔もローマ教皇パウロ6世に似ていたので"ポープ(教皇)"のニックネームで呼ばれた。
【監督】72,83-84 フィリーズ　3年、319試合、161勝158敗、勝率.505　リーグ優勝1回(83年)

大家友和　☆
Tomokazu Ohka
1976.3.18〜【出身地】京都府京都市【球団】99-2001 レッドソックス　01-05 エクスポズ/ナショナルズ　05-06 ブルワーズ　07 ブルージェイズ　09 インディアンズ【位置】投手、右
【経歴】京都成章高から93年ドラフト3位で横浜に入団、15試合に登板し初勝利も挙げる。その後4年間は1勝もできず、98年限りで自ら希望して自由契約となり、99年レッドソックスとマイナー契約。AA級とAAA級合わせて11連勝し、7月にメジャー昇格。最初の2先発で連敗しマイナーへ降格したが、マイナーでは15勝0敗、防御率2.31だった。再昇格後10月1日のオリオールズ戦で初勝利。翌2000年6月1日、AAA級インターナショナル・リーグで史上3人目の完全試合を達成した。
01年途中エクスポズに移籍、02年は自己最多の13勝、防御率3.18も7位。豊富な持ち球を駆使して、続く03年も10勝。05年はフランク・ロビンソン監督と衝突してブルワーズへ放出されたが、移籍後最初の登板となった6月14日のレイズ戦で自身唯一の完封勝利。3度目の2ケタとなる11勝を挙げた。本来は右打ちだが、06年には試しに左打席に立った試合で3打点を挙げた。09年にインディアンズで6試合投げたのを最後にメジャーを去り、その時点で通算51勝は野茂英雄に次ぎ、日本人投手で2番目だった。10年古巣の横浜で日本球界に復帰、7勝を挙げるも翌11年限りで戦力外となった。04年に『大家友和ベースボールクラブ』を設立、少年野球やクラブチームOBC高島を運営し、同チームは09年に社会人野球の日本選手権に出場した。
【通算】10年、202試合、178先発、5完投、1完封、51勝68敗0S、1070回、590奪三振、防御率4.26
【日本】94-96,98,2010-11　横浜　6年、63試合、33先発、1完投、0完封、8勝17敗0S、211.2回、112奪三振、防御率5.23

大谷翔平　★☆
Shohei Ohtani
1994.7.5〜【出身地】岩手県奥州市【球団】2018-23 エンジェルズ　24 ドジャース【位置】投手/右、DH/左
【経歴】投げては160kmを超える剛速球、打っては150mも打球を飛ばす驚異的なパワーで、ベーブ・ルース以来100年ぶりの本格的な投打二刀流を実現した革命児。日本の国民的英雄であるのはもちろん、アメリカでも史上最高の野球選手、さらには世界最高のスポーツ選手とまで評価する声が少なからず聞かれる。
花巻東高時代からメジャー・リーグのスカウトに注目され、日本球界を経ずアメリカへ渡る意思を明らかにしていたが、2012年のドラフトで日本ハムが1位指名。投手と野手の両方で育成するプランを提示されて翻意し入団した。14年に11勝、10本塁打で日本プロ野球史上初の2ケタ

勝利＆２ケタ本塁打。15年は打撃不振ながら15勝と防御率2.24は１位。続く16年は打率.322、22本塁打、10勝、防御率1.86、プロ野球最速の165kmも計時。リーグ優勝を決めた試合では１安打完封、15奪三振の完璧な投球でMVPを受賞。投手とDHの両部門でベストナインに選ばれたのも初めてだった。

18年にポスティング・システムを利用し、移籍金2000万ドルでエンジェルズに入団。３月29日の初打席で初安打、４月１日のアスレティックス戦で初登板初勝利。３日のインディアンズ戦でジョシュ・トムリンから初本塁打を放った。右肘靱帯の損傷により、投手としては10試合で４勝２敗、防御率3.31に終わったものの、速球とフォーク、スライダーの組み合わせで奪三振率11.0個。打者としては104試合で打率.285、22本塁打、61打点で新人王を受賞した。

19年は打者に専念し.286、18本塁打、６月13日のレイズ戦で日本人選手初のサイクルヒットを達成。20年は投打とも不振だったが、21年は開幕から本塁打を量産し前半戦だけで33本。6・7月に２ヶ月連続月間MVP、オールスターでは投手とDHの両部門で選出され、本来ルールで認められない先発投手とDHの同時出場も果たし、ホームラン・ダービーにも日本人選手として初参加した。後半戦はホームランのペースが鈍ったものの、年間46本（3位）、100打点。8三塁打は１位、26盗塁は５位、96四球も３位。出塁率.372は５位、長打率.592は２位だった。投げては23試合で９勝、防御率3.18、130.1回で156奪三振。登板日の前後に休養を挟まずフル回転した結果158試合に出場、史上初めて同一年に100安打・100打点・100得点・100投球回・100奪三振を記録した。満票でMVPを受賞したほか、コミッショナー特別表彰、AP通信選出の最優秀アスリートにも輝いた。

22年には投手で先発し、降板後もDHで出続けることが可能な新ルールが制定され、大谷ルールと名付けられる。打者として34本塁打（4位）、95打点、投手としては15勝（4位）を挙げ、1918年のルース以来となる２ケタ勝利＆２ケタ本塁打を達成。また166回を投げて規定投球回数をクリア、投打両方の規定到達は1901年以降では初だった。防御率2.33は４位、219三振（3位）を奪いサイ・ヤング賞投票４位、MVP投票も次点に入った。

23年は開幕前のWBCで投打にわたって日本の優勝に貢献し、大会MVPに選出。決勝戦では９回からリリーフで登板、二死からエンジェルズの同僚マイク・トラウトを三振に斬って取った。開幕後も絶好調で、６月だけで15本、年間では44本塁打で日本人初のホームランキングに輝く。出塁率.412と長打率.654も１位、打率.304（4位）で初の３割。投げては10勝、防御率3.14、132回で167奪三振。２年連続の２ケタ勝利＆２ケタ本塁打、７月27日のタイガース戦ではダブルヘッダー第１試合で、メジャー初完投を１安打完封で飾った。第２試合でもDHで出場し２本塁打を放ったが、ほとんど休養せず出続けた結果８月には右肘、９月は脇腹を痛め最後の１か月を欠場。それでもなお史上初となる２度目の満票MVPに選ばれた。

FAとなった24年は、10年７億ドルのプロスポーツ史上最高額の契約額でドジャースへ移籍。そのうち97%の金額を後払いとしたのも異例だった。開幕直後に通訳による不法スポーツ賭博騒動に巻き込まれるも、その影響もなく三冠王ペースで打ち続ける。最終日まで可能性のあった首位打者には４厘届かなかったが打率.310は２位、54本塁打、130打点、出塁率.390、長打率.646はいずれも１位。リーグをまたいでの２年連続本塁打王は史上初だった。59盗塁は自己記録を大幅に塗り替え２位、失敗は４回だけで閉幕まで36回連続成功。８月23日のレイズ戦、満塁サヨナラ本塁打で史上６人目の40－40を達成すると、９月19日マーリンズ戦では６打数６安打、３本塁打、10打点、２盗塁。野手としては史上最高のパフォーマンスと絶賛され、前人未到の50－50に到達した。肘の手術により投手としての登板はなくとも、またも満票で３度目のMVP。DHとしては史上初、両リーグでのMVPは２人目、リーグをまたいでの連続受賞も初めてだった。初出場のプレイオフでは42打数12安打、３本塁打、10打点。ワールドシリーズは第２戦で右肩を負傷したため、19打数２安打０打点に終わったが、移籍１年目で世界一を味わった。他球団の選手や審判、ファンに対する振る舞いも礼儀正しく、球界の枠を超えた人気者となっている。

【通算】＜打者としての成績＞7年、860試合、3119打数878安打、225本塁打、567打点、145盗塁、打率.282

<投手としての成績>5年、86試合、86先発、1完投、1完封、38勝19敗0S、481.2回、608奪三振、防御率3.01
【タイトル】MVP3回（2021,23～24年）新人王（18年）本塁打王2回（23～24年）打点王1回（24年）最高出塁率2回（23～24年）オールスター4回（21～24年）
【日本】2013-17日本ハム　<打者としての成績>5年、403試合、1035打数296安打、48本塁打、166打点、13盗塁、打率.286
<投手としての成績>5年、85試合、82先発、13完投、7完封、42勝15敗0S、543回、624奪三振、防御率2.52

大塚晶則　☆
Akinori Otsuka
1972.1.13～【出身地】千葉県千葉市【球団】2004-05パドレス　06-07レンジャーズ【位置】投手、右
【経歴】本名は晶文。東海大学から日本通運を経て96年ドラフト2位で近鉄に入団、縦のスライダーでリリーフとして活躍、98年に35セーブを挙げた。2002年オフにメジャー移籍を求めてポスティングにかけられたが入札がなく、翌03年中日に移籍。同年オフ、再度のポスティングでパドレスが30万ドルで落札した。
　04年4月6日のドジャース戦で初登板、敗戦投手となるが、24日のダイアモンドバックス戦で初勝利、30日のメッツ戦で初セーブ。73試合に登板し7勝2敗2セーブ、防御率1.75と見事な成績を残した。06年はレンジャーズへ移籍し、抑えを任され32セーブ、防御率2.11。第1回WBCにも日本人メジャー投手としてただ一人参加し、胴上げ投手となった。07年途中に腕を痛め戦線離脱した後は1試合も投げなかった。
【通算】4年、236試合、0先発、13勝15敗39S、232回、217奪三振、防御率2.44
【日本】97-2002近鉄　03中日　7年、305試合、0先発、14勝23敗137S、350.2回、474奪三振、防御率2.39

岡島秀樹　☆
Hideki Okajima
1975.12.25～【出身地】京都府京都市【球団】2007-11レッドソックス　13アスレティックス【位置】投手、左
【経歴】東山高から93年ドラフト3位で巨人に入団。優れたカーブで主に中継ぎとして活躍、2001年は抑えで25セーブ。06年日本ハムに移籍、防御率2.14と好投し日本一に貢献した。同年末にFAとなってレッドソックスと契約。07年4月2日のロイヤルズ戦で初登板、初球をジョン・バックに本塁打されるが、その後は19試合連続無失点。投球時に下を向く独特のフォームと、渡米後身につけたチェンジアップが効果的で、4月20日のヤンキース戦で初セーブ、6月2日の同カードで初勝利。前半戦は39試合で防御率0.83の素晴らしい成績で、オールスターに選ばれた。年間では球団新人記録となる66試合に投げ3勝2敗5セーブ、防御率2.22。プレイオフでも5試合を無失点に抑え、日本人投手として初めてワールドシリーズのマウンドに立った。
　08年も64試合で3勝2敗1セーブ、防御率2.61。10年まで4年連続50試合以上に登板した。ヤンキースに移籍した12年は健康診断の結果契約を解除され、ソフトバンクで日本に復帰し開幕から46試合連続自責点ゼロ、56試合で防御率0.94。13年はアスレティックスでメジャーに復帰し5試合に投げた。
【通算】6年、266試合、0先発、17勝8敗6S、250.1回、216奪三振、防御率3.09
【タイトル】オールスター1回（2007年）
【日本】95-2005巨人　06日本ハム　12,14ソフトバンク　15DeNA　15年、549試合、38先発、2完投、1完封、38勝40敗50S、739.2回、760奪三振、防御率3.19

レベル・オークス
Ennis Telfair Oakes (Rebel)
1883.12.17～1948.3.1【出身地】ルイジアナ州リスボン【球団】09レッズ　10-13カーディナルス　14-15ピッツバーグ（FL）【位置】外野、左
【経歴】レッズとカーディナルスで5年間正中堅手を務めたのち、14年フェデラル・リーグに参加し打率.312、178安打（4位）。シーズン途中からは監督を兼任、当時のピッツバーグの球団名はストーギーズだったが、彼の名をとってレベルズと改称された。翌15年も0本塁打で82打点を叩き出したが、リーグの解散後は引き取り手がなく31歳で引退に追い込まれた。
【通算】7年、986試合、3619打数1011安打、15本塁打、397打点、163盗塁、

打率 .279
【監督】14-15 ピッツバーグ（FL） 2年、299試合、147勝145敗、勝率 .503

ベン・オグリビー ☆
Benjamin Ambrosio Oglivie
1949.2.11～【出身地】パナマ共和国コロン【球団】71-73 レッドソックス 74-77 タイガース 78-86 ブルワーズ【位置】外野、左
【経歴】パナマ生まれだがニューヨークの学校に通い、68年ドラフト11位でレッドソックスに入団。強靱な手首で強い打球を放ち、ブルワーズに移籍した78年は打率 .303（5位）。80年はすべて自己ベストの打率 .304、41本塁打（1位）、118打点（2位）。ア・リーグで外国出身選手が本塁打王になったのはこれが初めてだった。82年も34本塁打（4位）、102打点で優勝に大きく貢献した。87～88年は近鉄で2年連続打率3割、20本塁打以上。物静かで、哲学書を読むのが趣味という知性派だった。引退後はパドレスやマイナー・リーグの打撃コーチとして働いた。
【通算】16年、1754試合、5913打数 1615安打、235本塁打、901打点、87盗塁、打率 .273
【タイトル】本塁打王1回（80年） オールスター3回（80,82～83年）
【日本】87-88 近鉄 2年、224試合、805打数246安打、46本塁打、139打点、6盗塁、打率 .306

ホセ・オケンド
Jose Manuel Oquendo
1963.7.4～【出身地】プエルトリコ・リオピエドラス【球団】83-84 メッツ 86-95 カーディナルス【位置】二塁、遊撃、両
【経歴】83年19歳で正遊撃手に抜擢されたが、.213の低打率で85年はマイナー落ち。86年カーディナルスで再昇格、全ポジションを守れる器用さで貴重な存在となり、88年5月14日は延長戦で4イニングを投げて敗戦投手になった。89年は二塁手としてフル出場し打率 .291、翌90年は150試合で3失策だけ。引退後は長くカーディナルスのコーチを務め、WBCではプエルトリコ代表の指揮を執った。
【通算】12年、1190試合、3202打数 821安打、14本塁打、254打点、35盗塁、打率 .256

ジャック・オコナー
John Joseph O'Connor
1866.6.2～1937.11.14【出身地】ミズーリ州セントルイス【球団】1887-88 シンシナティ（AA） 89-91 コロンバス（AA） 92-98 クリーヴランド 99-1900 セントルイス 00-02 パイレーツ 03 ヤンキース 04,06-07,10 ブラウンズ【位置】捕手、外野、右
【経歴】20年以上にわたりプレイを続けた息の長い選手。1890年は打率 .324、捕手として100試合以上に出場しながら3割を打った最初の選手となる。93年自己最多の75打点。クリーヴランド時代はたびたびパッツィ・テボー監督の代理で采配を振った。粗暴な性格で、記者に対し暴行をはたらいたこともあった。ブラウンズの監督を務めていた1910年、嫌われ者のタイ・カッブと首位打者を争っていたナップ・ラジョイにタイトルを取らせようと画策したことが明るみに出て、同年限りで退任。その後はボクシングのプロモーターになった。
【通算】21年、1452試合、5383打数 1418安打、19本塁打、738打点、219盗塁、打率 .263
【監督】10 ブラウンズ 1年、158試合、47勝107敗、勝率 .305

ダニー・オコネル
Daniel Francis O'Connell
1929.1.21～69.10.2【出身地】ニュージャージー州パターソン【球団】50,53 パイレーツ 54-57 ブレーヴス 57-59 ジャイアンツ 61-62 セネターズ【位置】二塁、三塁、右
【経歴】50年メジャーに昇格、79試合の出場ながら打率 .292で新人王投票3位に入る。続く2年間は兵役に就き、米軍チームの一員として来日もしている。復帰した53年は正三塁手として打率 .294。翌54年に6選手プラス1万ドルとの交換でブレーヴスへトレードされてからは、主に二塁を守った。二塁守備の評価は高かったが、強打者揃いの中にあって打撃では非力さが目立った。69年交通事故で死去。
【通算】10年、1143試合、4035打数 1049安打、39本塁打、320打点、48盗塁、打率 .260

ダニー・オザーク
Daniel Leonard Ozark
1923.11.26～2009.5.7【出身地】ニュー

ヨーク州バッファロー【球団】メジャー経験なし
【経歴】本名はOrzechowski。現役時代は一塁手でドジャースのマイナーに在籍し、65年ウォルター・オルストンの下でコーチとなる。73年フィリーズ監督に就任、76年から地区3連覇を果たすもリーグ優勝には手が届かなかった。気が短く、報道陣とは折り合いが悪かったが、選手からの受けは悪くはなかった。コメントでの言い間違いが多いことでも有名だった。
【監督】73-79 フィリーズ　84 ジャイアンツ　8年、1161試合、618勝542敗、勝率.533

アル・オース
Albert Lewis Orth
1872.9.5 ～ 1948.10.8【出身地】ミズーリ州セダリア【球団】1895-1901 フィリーズ　02-04 セネターズ　04-09 ヤンキース【位置】投手、右
【経歴】サイ・ヤングに次ぎ、両リーグで100勝以上した2人目の投手。カーブを投げず、下手からのストレートの球速を変化させて打者を打ち取ったことから"カーブレス・ワンダー"の異名をとった。友人だったサム・トンプソンの推薦で95年フィラデルフィアに加入、デビューから8連勝。翌96年から12年連続2ケタ勝利、抜群の制球力で1901年は281.2回を投げ32四球のみ。同年は20勝、6完封(1位)、防御率2.27(3位)、セネターズに移った02年も19勝。ヤンキース移籍後はスピットボールをレパートリーに加え、06年27勝で最多勝、36完投と338.2投球回も1位だった。投げるのに時間がかかることでも有名だった。通算打率.273の好打者でもあり、外野手や代打としてもよく起用され12本塁打を放った。引退後はナ・リーグ審判を経て大学のコーチとなった。
【通算】15年、440試合、394先発、324完投(29位)、31完封、204勝189敗、3354.2回、948奪三振、661四球、防御率3.37
【タイトル】最多勝1回(1906年)

ロイ・オーズウォルト
Roy Edward Oswalt
1977.8.29 ～【出身地】ミシシッピ州コジエスコ【球団】2001-10 アストロズ　10-11 フィリーズ　12 レンジャーズ 13 ロッキーズ【位置】投手、右
【経歴】安定した投球フォームで質の高い球を投げ込んだ好投手。96年ドラフト23位でアストロズに入団、2000年シドニー五輪に参加し金メダルを獲得。翌01年メジャーに昇格し14勝3敗、防御率2.73で新人王投票次点に入る。翌02年は19勝(3位)、防御率3.01と208奪三振はいずれも5位。04年20勝で最多勝、続く05年も20勝(3位)。リーグ優勝決定シリーズでは2勝、防御率1.29でMVPに選ばれた。度胸の良さも長所で、06年はリーグ1位の防御率2.98。09年は8勝にとどまり、連続2ケタ勝利が8年で途切れたが、シーズン途中でフィリーズに移籍した10年は13勝、防御率2.76(5位)と復活した。
【通算】13年、365試合、341先発、20完投、8完封、163勝102敗0S、2245.1回、1852奪三振、防御率3.36
【タイトル】最多勝1回(2004年) 最優秀防御率1回(06年) オールスター3回(05～07年)

ロン・オースター
Ronald John Oester
1956.5.5 ～【出身地】オハイオ州シンシナティ【球団】78-90 レッズ【位置】二塁、両
【経歴】74年ドラフト9位で地元のレッズに入団。82年から5年連続150試合以上出場、83年に106三振を喫するなど打撃はやや粗かったが、85年は単打狙いに徹し打率.295、155安打。チームプレイを優先し、個人記録に固執しない選手として評判が高かった。93年レッズのコーチとなり、トニー・ペレス監督の解任に抗議し辞任。97年復帰、2000年オフは監督就任を打診されたが、返答を保留している間にボブ・ブーンに決まってしまった。
【通算】13年、1276試合、4214打数1118安打、42本塁打、344打点、40盗塁、打率.265

フリッツ・オスターミューラー
Frederick Raymond Ostermueller (Fritz)
1907.9.15 ～ 57.12.17【出身地】イリノイ州クィンシー【球団】34-40 レッドソックス　41-43 ブラウンズ　43-44 ドジャース　44-48 パイレーツ【位置】投手、左
【経歴】非常にゆったりした投球フォームが特徴の変化球投手。レッドソックス時代は38年の13勝を最多として4回2ケタ勝利を記録。ブラウンズ移籍後はふるわなかったが、44年途中パイレーツに移

り13勝、自己ベストの防御率2.81と復調。47年も39歳で8度目の2ケタとなる12勝と健闘した。
【通算】15年、390試合、246先発、112完投、11完封、114勝115敗、2066.2回、774奪三振、防御率3.99

ジミー・オースティン
James Philip Austin
1879.12.8～1965.3.6【出身地】英国ウェールズ・スウォンジー【球団】09-10ヤンキース　11-23,25-26,29ブラウンズ【位置】三塁、両
【経歴】24歳でプロ入りし、09年29歳でメジャーに昇格。俊足、好守の三塁手として10年間レギュラーを務める。打撃は弱く、11年に141安打、45打点を記録したのが最多。同年は34犠打と95三振もリーグ最多だった。ハッスルプレイが売り物で、声の大きさでも知られていた。13年から23年にかけて3度にわたり監督代行を経験。22年に実質的に引退した後も散発的に出場、26年の最終戦では46歳にしてタイムリー安打を放ち、本盗も決める。49歳になった29年も1試合だけ三塁の守備についた。
【通算】18年、1580試合、5388打数1328安打、13本塁打、390打点、244盗塁、打率.246
【監督】13,18,23ブラウンズ　3年、75試合、31勝44敗、勝率.413

クロード・オースティーン
Claude Wilson Osteen
1939.8.9～【出身地】テネシー州ケイニースプリングス【球団】57,59-61レッズ　61-64セネターズ　65-73ドジャース　74アストロズ　74カーディナルス　75ホワイトソックス【位置】投手、左
【経歴】57年17歳でデビューするがレッズ時代は1勝もできず、61年途中セネターズに移って開花。沈む速球とスライダーで64年15勝、ドジャースに移籍した翌65年も15勝、ワールドシリーズ第3戦で完封勝利を収める。69年20勝（5位）、7完封（2位）、72年は20勝（3位）、自己ベストの防御率2.64。73年まで10年連続12勝以上、11年連続200投球回以上と、左のエースとして安定した成績を残し続けた。フィールディングも良く最多補殺4回。引退後はフィリーズなど4球団で投手コーチを歴任した。
【通算】18年、541試合、488先発、140完投、40完封、196勝195敗1S、3460.2回、1612奪三振、940四球、防御率3.30
【タイトル】オールスター3回（67,70,73年）

マルセル・オスナ　★
Marcell Ozuna
1990.11.12～【出身地】ドミニカ共和国サントドミンゴ【球団】2013-17マーリンズ　18-19カーディナルス　20-24ブレーヴス【位置】外野、右
【経歴】2008年マーリンズに入団、レギュラーとなった14年に23本塁打、85打点、17年は打率.312、191安打（4位）、いずれも3位の37本塁打、124打点。守備でも初のゴールドグラブに選ばれた。20年はブレーヴスで60試合にフル出場し打率.338（3位）、18本塁打と56打点は1位で、ポストシーズンも3本塁打、11打点。21年はDVで20試合の出場停止、22年も飲酒運転で逮捕されるなど問題行動も多かったが、23年は自己最多の40本塁打（5位）と復活。24年も打率.302（3位）、39本（2位）、100打点（4位）と活躍を続けた。従兄弟のパブロも元内野手。
【通算】12年、1469試合、5558打数1514安打、275本塁打、880打点、29盗塁、1346三振、打率.272
【タイトル】本塁打王1回（2020年）打点王1回（20年）ゴールドグラブ1回（17年）オールスター3回（16～17,24年）

ロベルト・オスナ　☆
Roberto Osuna
1995.2.7～【出身地】メキシコ合衆国ファンホセリオス【球団】2015-18ブルージェイズ　18-20アストロズ【位置】投手、右
【経歴】2011年ブルージェイズに入団、15年20歳でメジャーに昇格し20セーブ。翌16年は36セーブ、プレイオフも7試合、9回を無失点。17年は39セーブ（2位）を稼いだが、続く18年はDVで75試合の出場停止となり、シーズン途中でアストロズへ移籍。19年はリーグ最多の38セーブを記録した。DV騒動の影響でメジャーから敬遠され、22年途中ロッテに入団。翌23年はソフトバンクへ移籍し、24年と合わせて50セーブを挙げた。おじのアントニオもドジャースなどで411試合に登板した投手だった。
【通算】6年、314試合、0先発、14勝18敗155S、315回、348奪三振、防御

率 2.74
【タイトル】最多セーブ 1 回（2019 年）オールスター 1 回（17 年）
【日本】2022 ロッテ　23-24 ソフトバンク　3 年、117 試合、0 先発、7 勝 6 敗 60 S、117 回、97 奪三振、防御率 1.85

ブラッド・オースマス
Bradley David Ausmus
1969.4.14 ～【出身地】コネティカット州ニューヘイヴン【球団】93-96 パドレス　96 タイガース　97-98 アストロズ　99-2000 タイガース　01-08 アストロズ　09-10 ドジャース【位置】捕手、右
【経歴】87 年ドラフト 48 位でヤンキースに入団、93 年拡張ドラフトでロッキーズに指名され、シーズン中のトレードでパドレスに移籍する。動きが俊敏で好守の捕手として評価が高く、補殺で 2 回、守備率で 4 回 1 位。99 年の 9 本塁打、54 打点が最多と打力はあまりなく、アストロズに復帰した 2001 年も打率 .232 にすぎなかったが、好リードで若手投手を引っ張り地区制覇に貢献。この年を含めゴールドグラブを 3 回受賞した。
　マイナー時代にダートマス大学に入学・卒業した秀才で、早くから将来の監督候補と目され、13 年は WBC イスラエル代表監督を務める。翌 14 年タイガース監督に就任し地区優勝を飾るも、最下位に落ちた 17 年限りで解任。19 年に就任したエンジェルズでも 1 年だけで更迭された。
【通算】18 年、1971 試合、6279 打数 1579 安打、80 本塁打、607 打点、102 盗塁、1034 三振、打率 .251
【タイトル】ゴールドグラブ 3 回（2001 ～ 02,06 年）オールスター 1 回（99 年）
【監督】2014-17 タイガース　19 エンジェルズ　5 年、808 試合、386 勝 422 敗、勝率 .478

ジョー・オースラック
Joseph Michael Orsulak
1962.5.31 ～【出身地】ニュージャージー州グレンリッジ【球団】83-86 パイレーツ　88-92 オリオールズ　93-95 メッツ　96 マーリンズ　97 エクスポズ【位置】外野、左
【経歴】80 年ドラフト 6 位でパイレーツに入団。85 年正中堅手となり、打率 .300、24 盗塁を記録するが 87 年にはマイナー落ち。88 年オリオールズで再昇格し、90 年自己最多の 11 本塁打、57 打点。91 年はリーグ最多の 22 補殺と守備での貢献が大きく、またケガも厭わぬ懸命な姿勢がファンの人気を呼んだ。
【通算】14 年、1494 試合、4293 打数 1173 安打、57 本塁打、405 打点、93 盗塁、打率 .273

ジョニー・オーツ
Johnny Lane Oates
1946.1.21 ～ 2004.12.24【出身地】ノースカロライナ州シルヴァ【球団】70,72 オリオールズ　73-75 ブレーヴス　75-76 フィリーズ　77-79 ドジャース　80-81 ヤンキース【位置】捕手、左
【経歴】67 年 1 月ドラフト 1 位（第 2 回）でオリオールズに入団。守備力は評価されていたが打撃が弱く、74 年の 100 試合が最多出場と控えの域を出なかった。引退後コーチを経て 91 年途中オリオールズの監督に昇格。リリーフ投手の起用法に冴えを見せ、95 年からレンジャーズ監督となり、96 年に球団史上初の地区優勝に導き最優秀監督賞を受賞。98 ～ 99 年も地区制覇したが、プレイオフで 2 年続けてヤンキースに 3 連敗し、2001 年途中解任。脳腫瘍を患い 04 年に死去、背番号 26 はレンジャーズの永久欠番となった。
【通算】11 年、593 試合、1637 打数 410 安打、14 本塁打、126 打点、11 盗塁、打率 .250
【監督】91-94 オリオールズ　95-2001 レンジャーズ　11 年、1544 試合、797 勝 746 敗、勝率 .517

エルデン・オッカー
Elden LeRoy Auker
1910.9.21 ～ 2006.8.4【出身地】カンザス州ノーケイチュア【球団】33-38 タイガース　39 レッドソックス　40-42 ブラウンズ【位置】投手、右
【経歴】当時は非常に珍しかった下手投げ投手。カンザス大学時代はバスケットボールやフットボールでも活躍したが、フットボールで肩を痛めたため投球フォームを変更した。シンカー中心の投球で 34 年 15 勝、防御率 3.42（5 位）、ワールドシリーズ第 4 戦で完投勝利。翌 35 年は 18 勝を挙げ連覇に貢献した。39 年にレッドソックスへ移ったが、低迷するブラウンズを救うため、ア・リーグ会長ウィル・ハリッジの要請により 40 年はブラウンズへ。同年 16 勝、通算で 2 ケタ勝利を 8 回記録した。
【通算】10 年、333 試合、261 先発、126

完投、14 完封、130 勝 101 敗、1963.1 回、594 奪三振、防御率 4.42

アダム・オッタヴィーノ　★
Adam Robert Ottavino
1985.11.22 ～【出身地】ニューヨーク州ニューヨーク【球団】2010 カーディナルス　12-18 ロッキーズ　19-20 ヤンキース　21 レッドソックス　22-24 メッツ【位置】投手、右
【経歴】強気な投球が売り物のリリーフ投手。2006 年ドラフト 1 位でカーディナルスに入団、ロッキーズ移籍後の 12 年からメジャーに定着し、14 ～ 16 年に 3 年越しで 31.1 回連続無失点を記録。18 年は 75 試合、77.2 回で 112 三振を奪う。大きく曲がるスライダーで、ヤンキースへ移籍した翌 19 年は 73 試合に投げ防御率 1.90、球団初の背番号 0 をつけたのも話題になった。17 ～ 24 年は短縮シーズンの 20 年を除き、毎年 60 試合以上に登板し、23 年に自己最多の 12 セーブを稼いだ。
【通算】14 年、724 試合、3 先発、0 完投、41 勝 43 敗 46 S、743 回、859 奪三振、防御率 3.49

メル・オット
Melvin Thomas Ott
1909.3.2 ～ 58.11.21【出身地】ルイジアナ州グレトナ【球団】26-47 ジャイアンツ【位置】外野、三塁、左
【経歴】身長 175cm と大柄ではなかったが、独特の一本足打法でホームランを打ちまくった強打者。26 年ジャイアンツに入団、17 歳で 60 打数 23 安打、打率 .383 と才能の一端を垣間見せる。当初は捕手だったが外野にコンバート、ジョン・マグロー監督の秘蔵っ子として英才教育を施され、28 年 19 歳でレギュラーとなり打率 .322、以後 10 回 3 割を記録。翌 29 年はいずれも 2 位となる自己最多の 42 本塁打、151 打点、最終戦では本塁打王を争っていたチャック・クラインの所属するフィリーズ投手陣から 5 敬遠、うち一度は満塁で歩かされタイトルを逸した。
36 年まで 8 年連続 100 打点以上、32 年に 38 本塁打で初タイトル。36 年からの 3 年連続を含め、合計 6 回本塁打王に輝いた。33 年のワールドシリーズでは打率 .389、2 本塁打で世界一に貢献。34 年は 35 本塁打、135 打点で二冠王となった。右翼席までの距離が短い本拠地ポロ・グラウンズで 323 本塁打を量産し、これは同一球場での最多本数。43 年の 18 本はすべてホームで打った。選球眼も良く、最多四球 6 回、年間 100 四球を 10 回、1 試合 5 四球も 4 回記録している。
42 年に 33 歳で監督を兼任。誠実かつ温和な人柄で誰からも愛されたが、指揮官としてはそれがかえって仇となり、43・46 年は最下位に低迷。「お人好しでは野球は勝てない」と揶揄したレオ・デュローシャーに、48 年に取って代わられた。その後マイナーの監督やタイガースのアナウンサーを務めていたが、58 年交通事故に巻き込まれ死去。51 年殿堂入り。
【通算】22 年、2730 試合、9456 打数 2876 安打、488 二塁打、72 三塁打、511 本塁打（26 位）、1860 打点（14 位）、89 盗塁、1708 四球（9 位）、896 三振、打率 .304
【タイトル】本塁打王 6 回（32,34,36 ～ 38,42 年）打点王 1 回（34 年）最高出塁率 4 回（30,32,38 ～ 39 年）オールスター 11 回（34 ～ 44 年）
【監督】42-48 ジャイアンツ　7 年、1004 試合、464 勝 530 敗、勝率 .467

ダーレン・オデイ
Darren Christopher O'Day
1982.10.22 ～【出身地】フロリダ州ジャクソンヴィル【球団】2008 エンジェルズ　09 メッツ　09-11 レンジャーズ　12-18 オリオールズ　19-20 ブレーヴス　21 ヤンキース　22 ブレーヴス【位置】投手、右
【経歴】サイドハンドの中継ぎ投手。2006 年ドラフト外でエンジェルズに入団、09 年ルール 5 ドラフトでメッツに移ったのち、ウェーバーでレンジャーズに移籍し 64 試合で防御率 1.94 と好投した。再度ウェーバーでオリオールズに移った 12 年以降は 4 年連続で 68 試合以上投げ防御率 2.30 以下。シンカーとスライダーでゴロを打たせ、自己ベストの 1.52 だった 15 年はオールスターに選ばれた。
【通算】15 年、644 試合、0 先発、42 勝 21 敗 21 S、609 回、637 奪三振、防御率 2.59
【タイトル】オールスター 1 回（2015 年）

ハンク・オデイ
Henry M. O'Day
1859.7.8 ～ 1935.7.2【出身地】イリノイ州シカゴ【球団】1884 トリド（AA）　85 ピッツバーグ（AA）　86-89 ワシントン　89 ニューヨーク　90 ニューヨーク（PL）【位

置】投手、右
【経歴】1884 年メジャーに昇格、9 勝 28 敗と大きく負け越す。87 年 8 勝 20 敗、88 年も 16 勝でリーグ最多の 29 敗と負け続けたが、89 年はニューヨーク移籍後の 10 試合で 9 勝し優勝に貢献。90 年に 22 勝 13 敗と初めて勝ち越したのを最後に、メジャーでの登板はなかった。現役時代から臨時で審判をしており、94 年正式にナ・リーグ審判として採用。1903 年に第 1 回ワールドシリーズの審判に選ばれる。08 年の有名な“ボーンヘッド・ゲーム”では、ジョニー・イーヴァーズのアピールを認めてフレッド・マークルにアウトを宣告した。

12 年レッズの監督となり、1 年限りで審判に戻ったが、14 年カブス監督としてグラウンドに復帰。翌 15 年再度審判に戻り、27 年まで在職した。コニー・マックを退場させたことのある唯一の審判でもあった。家族も友人もいない孤独な人物で、趣味も持っていなかったという。2013 年に審判としての業績で殿堂入り。
【通算】7 年、201 試合、192 先発、177 完投、5 完封、73 勝 110 敗、1651.1 回、663 奪三振、防御率 3.74
【監督】12 レッズ　14 カブス　2 年、311 試合、153 勝 154 敗、勝率 .498

エイモス・オーティス
Amos Joseph Otis
1947.4.26 ～【出身地】アラバマ州モービル【球団】67,69 メッツ　70-83 ロイヤルズ　84 パイレーツ【位置】外野、右
【経歴】打走守三拍子揃ったロイヤルズ初期の主力選手。65 年ドラフト 5 位でレッドソックスに入団、メッツを経てロイヤルズに移った 70 年は 36 二塁打（1 位）、33 盗塁（5 位）で失敗は 2 回だけ。翌 71 年自己最高の打率 .301、52 盗塁（1 位）、初のゴールドグラブも受賞。73 ～ 74 年も同賞を受賞、外野フライは常に片手で捕球した。73 年 26 本塁打、93 打点、76 年は 40 二塁打（1 位）でロイヤルズ初の地区制覇に大きく貢献した。78 年のプレイオフは 14 打数 6 安打、4 盗塁、80 年のワールドシリーズでは 23 打数 11 安打、3 本塁打、7 打点。洞察力に優れ、球種や投手のクセを読むのが上手かったが、コルクバットを使っていたことも認めている。
【通算】17 年、1998 試合、7299 打数 2020 安打、193 本塁打、1007 打点、341 盗塁、1008 三振、打率 .277
【タイトル】盗塁王 1 回（71 年）ゴールドグラブ 3 回（71,73 ～ 74 年）オールスター 5 回（70 ～ 73,76 年）

ラス・オーティズ
Russell Reid Ortiz
1974.6.5 ～【出身地】カリフォルニア州ヴァンナイズ【球団】98-2002 ジャイアンツ　03-04 ブレーヴス　05-06 ダイアモンドバックス　06 オリオールズ　07 ジャイアンツ　09 アストロズ　10 ドジャース【位置】投手、右
【経歴】95 年ドラフト 4 位でジャイアンツに入団。98 年後半戦から先発ローテーションに加わり、得意のカーブで翌 99 年 18 勝（4 位）、2001 年も 17 勝（5 位）を稼ぐ。02 年のディヴィジョンシリーズではブレーヴス相手に 2 勝したが、ワールドシリーズ第 2 戦では 2 回途中で 7 失点。世界一を懸けて登板した第 6 戦では 6 回まで無失点に抑えながら、リリーフが打たれて勝利を逃した。03 年はブレーヴスに移籍し、リーグ最多の 21 勝。99 年の 125 四球を最多として 4 回 100 四球以上を与えるなど、制球力は良くなかった。04 年まで 6 年連続で 14 勝以上していたが、05 年以降急速に成績を落とし、以後は合計で 10 勝 29 敗、防御率 6.64 だった。
【通算】12 年、311 試合、266 先発、9 完投、3 完封、113 勝 89 敗 0 S、1661.1 回、1192 奪三振、防御率 4.51
【タイトル】最多勝 1 回（2003 年）オールスター 1 回（03 年）

ビリー・オデル
William Oliver O’Dell
1933.2.10 ～ 2018.9.12【出身地】サウスカロライナ州ウィットマイア【球団】54,56-59 オリオールズ　60-64 ジャイアンツ　65-66 ブレーヴス　66-67 パイレーツ【位置】投手、左
【経歴】マイナーを経ず 54 年にデビュー、55 年から 56 年途中まで陸軍で過ごす。快速球とスライダーで 58 年 14 勝、防御率 2.97 は 5 位。本拠ボルティモアでのオールスターでは、3 回を完璧に抑えて MVP となる。続く 59 年も 10 勝を挙げ 2 年連続でオールスターに選ばれた。ジャイアンツ移籍後の 62 年はともに 5 位の 19 勝、自己最多の 195 奪三振と絶好調で、ワールドシリーズ第 1 戦の先発を任された。64 年以降はリリーフで活躍。ノーサインで投げることもしばしばあった。

【通算】13年、479試合、199先発、63完投、13完封、105勝100敗、1817回、1133奪三振、防御率3.29
【タイトル】オールスター2回(58～59年)

フレッド・オドウェル
Frederick William Odwell
1872.9.25～1948.8.19【出身地】ニューヨーク州ダウンズヴィル【球団】04-07レッズ【位置】外野、左
【経歴】04年31歳でメジャー昇格。翌05年はシーズン最後の打席で9本目の本塁打を放ち、1本差で同僚サイ・シーモアの三冠王を結果的に阻む。その後2年間1本の本塁打も打てないまま退団した。引退後は故郷で郵便局長を務めた。
【通算】4年、411試合、1412打数365安打、10本塁打、168打点、72盗塁、打率.258
【タイトル】本塁打王1回(05年)

ジム・オトゥール
James Jerome O'Toole
1937.1.10～2015.12.26【出身地】イリノイ州シカゴ【球団】58-66レッズ　67ホワイトソックス【位置】投手、左
【経歴】ウィスコンシン大学から契約金5万ドルでレッズに入団。速球とスライダーが良く、61年は後半戦だけで13勝し19勝(3位)、防御率3.10(2位)、178奪三振(4位)。ワールドシリーズでも第1戦・4戦でホワイティ・フォードと投げ合い、好投したもののいずれも敗戦投手になった。同年から4年連続で16勝以上、64年に自己ベストの防御率2.66。肩の故障により30歳で引退した。弟のデニスも投手で、5年間メジャーに在籍したが1勝もできなかった。
【通算】10年、270試合、238先発、58完投、18完封、98勝84敗、1615.1回、1039奪三振、防御率3.57
【タイトル】オールスター1回(63年)

ブルー・ムーン・オドム
Johnny Lee Odom (Blue Moon)
1945.5.29～【出身地】ジョージア州メイコン【球団】64-75アスレティックス　75インディアンズ　75ブレーヴス　76ホワイトソックス【位置】投手、右
【経歴】7万5000ドルの契約金で64年アスレティックスに入団、同年19歳でデビューし2試合目の先発で完封勝ち。変化に富む速球が持ち味で、68年16勝、防御率2.45で主力投手の一員となり、6月7日はあと一人のところでノーヒットノーランを逸した。翌69年15勝、72年も15勝、防御率2.50でプレイオフでは2勝。ワールドシリーズでも勝ちはつかなかったが、11.1回を2失点に抑えた。
その後は肘を痛め不振。制球に問題があって69～70年は100四球以上、68年はリーグワーストの暴投17回を記録した。76年7月28日のアスレティックス戦でフランシスコ・バリオスと二人がかりでノーヒットノーランを達成、これが現役最後の勝ち星となった。69年に5本塁打を放つなど打力もあり、俊足を買われて通算105回代走で起用された。引退後は麻薬の売買で刑務所入りしたこともあったが、出所後は塗装業で生計を立てた。
【通算】13年、295試合、229先発、40完投、15完封、84勝85敗1S、1509回、857奪三振、防御率3.70
【タイトル】オールスター2回(68～69年)

ローグネッド・オドール
Rougned Roberto Odor
1994.2.3～【出身地】ベネズエラ共和国マラカイボ【球団】2014-20レンジャーズ　21ヤンキース　22オリオールズ　23パドレス【位置】二塁、左
【経歴】2011年レンジャーズに入団、14年20歳で正二塁手となり、16年は33本塁打、88打点。翌17年も30本を放ったが、確実性と選球眼は水準以下で、通算出塁率は3割に満たない。守備でも二塁手として6回も最多失策を記録している。気性が激しく、16年には乱闘の際ホセ・バウティスタの顔面を殴打し8試合の出場停止を命じられた。巨人に入団した24年は、開幕前に二軍へ落とされたのを不服として1試合も出ず退団した。
【通算】10年、1154試合、4044打数930安打、178本塁打、568打点、70盗塁、1045三振、打率.230

レフティ・オドール
Francis Joseph O'Doul (Lefty)
1897.3.4～1969.12.7【出身地】カリフォルニア州サンフランシスコ【球団】19-20,22ヤンキース　23レッドソックス　28ジャイアンツ　29-30フィリーズ　31-33ドジャース　33-34ジャイアンツ【位置】外野、投手、左
【経歴】メジャー昇格当時は投手だったが、故障もあり通算34試合で1勝だけ。

マイナーで外野手に転向、28年31歳で再昇格し翌29年はリーグ新記録の254安打、打率.398（1位）、32本塁打（5位）、122打点、出塁率.465（1位）と打ちまくる。30年も打率.383（4位）、202安打、32年も219安打（3位）、打率.368で2度目の首位打者に輝く。34年限りでメジャーから退いた後も、パシフィック・コースト・リーグで長い間監督兼選手として活躍し、故郷サンフランシスコでは英雄的な存在だった。親日家で監督や選手として何度も来日、日本プロ野球の創設に協力し、その発展に寄与したことを認められ、2002年に日本の野球殿堂に入った。
【通算】11年、970試合、3264打数1140安打、113本塁打、542打点、36盗塁、打率.349
【タイトル】首位打者2回（29,32年）最高出塁率1回（29年）オールスター1回（33年）

スティーヴ・オニール
Stephen Francis O'Neill
1891.7.6～1962.1.26【出身地】ペンシルヴェニア州ミヌーカ【球団】11-23インディアンズ　24レッドソックス　25ヤンキース　27-28ブラウンズ【位置】捕手、右
【経歴】20歳でメジャー昇格、正捕手となった15年から10年連続で100試合以上に出場。投手リードを含めた守備面で高い評価を受け、史上2位の193併殺、3位の1698補殺を記録した。16年の36併殺はメジャー記録。20年に打率.321、自己最多の157安打、39二塁打。同年から3年連続で打率3割・出塁率4割以上だった。28年自動車事故に遭い現役引退、指導者に転進。35年からインディアンズ、43年からはタイガースの監督を務め、45年に世界一に導く。選手の育成手腕を高く評価され、また前任者よりも必ず成績を向上させた隠れた名将で、負け越した年は一度もなかった。兄弟のマイク、ジャック、ジムもメジャー経験あり。
【通算】17年、1590試合、4795打数1259安打、13本塁打、534打点、30盗塁、打率.263
【監督】35-37インディアンズ　43-48タイガース　50-51レッドソックス　52-54フィリーズ　14年、1879試合、1040勝821敗、勝率.559　リーグ優勝1回（45年）ワールドシリーズ優勝1回（45年）

タイラー・オニール　★
Tyler Alan O'Neill
1995.6.22～【出身地】カナダ・ブリティッシュコロンビア州バーナビイ【球団】2018-23カーディナルス24レッドソックス【位置】外野、右
【経歴】2013年ドラフト3位でマリナーズに入団、カーディナルス移籍後の18年にメジャー昇格。20年は.173の低打率ながら、左翼守備ではリーグ最多の89刺殺に加えて無失策でゴールドグラブに選ばれた。翌21年は34本塁打、リーグ5位の長打率.560と打撃でも活躍。レッドソックスへ移った24年も31本塁打、新記録となる5年連続の開幕戦での一発も放った。
【通算】7年、590試合、1875打数462安打、109本塁打、278打点、44盗塁、打率.246
【タイトル】ゴールドグラブ2回（2020～21年）

ティップ・オニール
James Edward O'Neill (Tip)
1860.5.15～1915.12.31【出身地】カナダ・オンタリオ州スプリングフィールド【球団】1883ニューヨーク　84-89セントルイス（AA）　90シカゴ（PL）　91セントルイス（AA）　92シンシナティ【位置】外野、投手、右
【経歴】1883年投手としてデビュー、翌84年に11勝したが肩を痛めて野手に転向。86年リーグ最多の107打点、翌87年は打率.435、225安打、52二塁打、19三塁打、14本塁打、123打点、出塁率.490、長打率.691がすべて首位の驚異的な成績。当時のルールでは四球を安打として計算したので、それを加えると275安打、打率.485となった。同年には8日間で2度のサイクルヒットという快挙も達成した。88年も打率.335で連続首位打者。"ティップ"のニックネームは、好球を待つために難しい球をファウルチップするのが得意だったのが由来。1983年にカナダ野球殿堂が創設された際は創立メンバーに選ばれ、84年からはカナダ人の最優秀選手に"ティップ・オニール賞"が贈られている。
【通算】10年、1052試合、4248打数1385安打、52本塁打、757打点、打率.326
【タイトル】首位打者2回（1887～88年）本塁打王1回（87年）打点王2回（86～

87年）最高出塁率1回（87年）

バック・オニール
John Jordan O'Neil (Buck)
1911.11.13～2006.10.6【出身地】フロリダ州カラベル【球団】ニグロ・リーグ【位置】一塁、右
【経歴】ニグロ・リーグでは30年代後半から40年代末にかけ、強豪カンザスシティ・モナークスでプレイ。48年から監督となり55年まで務めた。その後カブスにスカウトとして雇われ、ルー・ブロックらを発掘したのち62年コーチに転身、黒人で初めてメジャー球団のコーチとなった。90年にはニグロ・リーグ殿堂をカンザスシティに設立し、館長に就任。死去するまで黒人野球の語り部として様々に活動した功績を認められ、2022年に殿堂入りした。
＜ニグロ・リーグの成績＞401試合、1450打数376安打、12本塁打、186打点、58盗塁、打率.259

ポール・オニール
Paul Andrew O'Neill
1963.2.25～【出身地】オハイオ州コロンバス【球団】85-92レッズ　93-2001ヤンキース【位置】外野、左
【経歴】81年ドラフト4位でレッズに入団。88年正右翼手となり、91年に28本塁打、91打点を記録するが、レッズ時代は89年の.276が最高打率と確実性を欠いた。ヤンキースに移籍した93年からアベレージ・ヒッターに変身し、同年の.311以降6年連続打率3割、94年は.359で首位打者。97年自己最多の117打点、以後4年連続100打点以上。2000年のワールドシリーズでは19打数9安打だった。現役最後の01年は38歳にして自己最多の22盗塁を決めた。短気で審判の判定に文句をつけることも多かったが、その闘争心がヤンキース・ファンから好かれる理由でもあった。
【通算】17年、2053試合、7318打数2105安打、451二塁打、21三塁打、281本塁打、1269打点、141盗塁、892四球、1166三振、打率.288
【タイトル】首位打者1回（94年）オールスター5回（91,94～95,97～98年）

ケン・オバークフェル
Kenneth Ray Oberkfell
1956.5.4～【出身地】イリノイ州ハイランド【球団】77-84カーディナルス　84-88ブレーヴス　88-89パイレーツ　89ジャイアンツ　90-91アストロズ　92エンジェルズ【位置】三塁、二塁、左
【経歴】75年ドラフト外でカーディナルスに入団。長打力はなかったが堅実な打撃と選球眼の良さで貢献し、79年は打率.301、出塁率.396、翌80年も打率.303。86年はリーグ4位の83四球、三振は最多でも同年の40個にとどめた。守備では二塁で1回、三塁で2回守備率1位を記録した。
【通算】16年、1602試合、4874打数1354安打、29本塁打、446打点、62盗塁、打率.278

ホセ・オファーマン
Jose Antonio Offerman
1968.11.8～【出身地】ドミニカ共和国サンペドロデマコリス【球団】90-95ドジャース　96-98ロイヤルズ　99-2002レッドソックス　02マリナーズ　04ツインズ　05フィリーズ　05メッツ【位置】遊撃、二塁、一塁、両
【経歴】86年ドジャースに入団、90年8月19日のメジャー初打席で本塁打を放つ。92年正遊撃手となるがリーグワーストの42失策、続く93年も37失策。ロイヤルズに放出された96年一塁にコンバートされ打率.303。97年からは二塁を守り、98年自己最高の打率.315、191安打、13三塁打（1位）、45盗塁（5位）、出塁率.403を記録した。レッドソックスへ移籍した99年も2年連続1位の11三塁打、自己最多の96四球。通算出塁率は.360と高率だった。
【通算】15年、1651試合、5681打数1551安打、57本塁打、537打点、172盗塁、打率.273
【タイトル】オールスター2回（95,99年）

ボブ・オファーレル
Robert Arthur O'Farrell
1896.10.19～1988.2.20【出身地】イリノイ州ウォーキガン【球団】15-25カブス　25-28カーディナルス　28-32ジャイアンツ　33カーディナルス　34レッズ　34カブス　35カーディナルス【位置】捕手、右
【経歴】15年カブスにテスト入団、22年正捕手となり打率.324、翌23年自己最多の12本塁打、84打点。26年は捕手として146試合に出場、打率.293、30二塁打、68打点で優勝に貢献しMVPを受賞、ワールドシリーズでも第7戦の最終回に

ベーブ・ルースの盗塁を刺し、世界一を決めた。翌27年は監督を兼任、その後は一度も100試合以上出場しなかった。レッズでも34年に監督を兼任している。
【通算】21年、1492試合、4101打数1120安打、51本塁打、549打点、35盗塁、打率.273
【タイトル】MVP1回(26年)
【監督】27カーディナルス　34レッズ　2年、244試合、122勝121敗、勝率.502

ピート・オブライエン
Peter Michael O'Brien
1958.2.9～【出身地】カリフォルニア州サンタモニカ【球団】82-88レンジャーズ　89インディアンズ　90-93マリナーズ【位置】一塁、左
【経歴】79年ドラフト15位でレンジャーズに入団、83年正一塁手となる。85年22本塁打、92打点、86年も打率.290、23本塁打、90打点と中軸打者として活躍。一塁守備も上手く、83年と87年に最多補殺を記録した。ケガに強く、85～89年は毎年155試合以上出場した。
【通算】12年、1567試合、5437打数1421安打、169本塁打、736打点、24盗塁、打率.261

ビリー・オブライエン
William Smith O'Brien
1860.3.14～1911.5.26【出身地】ニューヨーク州オルバニー【球団】1884セントポール(UA)　84カンザスシティ(UA)　87-89ワシントン　90ブルックリン(AA)【位置】一塁、三塁、右
【経歴】1884年ユニオン・アソシエーションで12試合に出場。以後マイナーでプレイしていたが87年ワシントンに加わり、19本塁打(1位)を放つ。翌88年は打率.225、9本塁打に終わり、89年にマイナーへ戻ったが、90年はブルックリン(AA)で正一塁手を務めた。引退後は警官となった。
【通算】5年、356試合、1424打数364安打、32本塁打、206打点(*)、打率.256
【タイトル】本塁打王1回(1887年)

ボブ・オヘダ
Robert Michael Ojeda
1957.12.17～【出身地】カリフォルニア州ロスアンジェルス【球団】80-85レッドソックス　86-90メッツ　91-92ドジャース　93インディアンズ　94ヤンキース【位置】投手、左
【経歴】78年ドラフト外でレッドソックスに入団。AAA級時代の81年に史上最長の延長33回、8時間25分を要した大熱戦の勝利投手となる。左腕からのチェンジアップを武器に84年5完封(1位)を含む12勝。86年メッツに移籍し18勝(3位)、防御率2.57(2位)、ワールドシリーズ第3戦で7回1失点と好投し勝利投手となる。通算では6回2ケタ勝利。インディアンズに移籍した93年のキャンプ中、同僚のスティーヴ・オリン、ティム・クルーズ両投手とともにモーターボート事故に遭い、重傷を負うもただ一人生き残り、シーズン終盤に復帰して2勝を挙げた。
【通算】15年、351試合、291先発、41完投、16完封、115勝98敗1S、1884.1回、1128奪三振、防御率3.65

ウォルター・オマリー
Walter Francis O'Malley
1903.10.9～79.8.9【出身地】ニューヨーク州ニューヨーク【球団】メジャー経験なし
【経歴】弁護士としてドジャースの球団経営に関わったのち、50年オーナーの座につく。新球場の建設構想が頓挫したのを機に、58年ブルックリン市民の大反対を押し切ってドジャースをロスアンジェルスへ移転させ、ブルックリンのファンから20世紀の三大悪人の一人に挙げられるほどの憎しみを買った。移転後は近代的なドジャー・スタディアムを建設、キャンプ地のヴェロビーチには大規模な"ドジャー・タウン"を整備し、ファミリー的な雰囲気で選手やスタッフを大切にするドジャースの伝統を築き、商業的にも野球の成績でも成功を収めた。50年代初めにドーム球場や人工芝の導入を構想していた先見の明もあった。70年以降は息子のピーターが経営を引き継ぎ、アジアやヨーロッパにも積極的に進出、野球の国際化に大きく貢献したが、97年を最後に球団を売却した。2008年殿堂入り。

トロイ・オリアリー
Troy Franklin O'Leary
1969.8.4～【出身地】カリフォルニア州コンプトン【球団】93-94ブルワーズ　95-2001レッドソックス　02エクスポズ　03カブス【位置】外野、左
【経歴】87年ドラフト13位でブルワーズに入団、95年ウェーバーでレッドソックスへ

移る。同年の打率.308以降毎年成績を向上させ、98年は23本塁打、翌99年は28本、103打点。ディヴィジョンシリーズ第5戦では2本塁打、7打点を叩き出した。2003年のリーグ優勝決定シリーズ第7戦で放った代打本塁打が、メジャーでの最後の打席だった。
【通算】11年、1198試合、4010打数1100安打、127本塁打、591打点、17盗塁、打率.274

アル・オリヴァー
Albert Oliver
1946.10.14〜【出身地】オハイオ州ポーツマス【球団】68-77パイレーツ　78-81レンジャーズ　82-83エクスポズ　84ジャイアンツ　84フィリーズ　85ドジャース　85ブルージェイズ【位置】外野、一塁、左
【経歴】鋭い打球を左右に打ち分け、打率3割を11回記録したラインドライブ・ヒッター。69年に打率.285、17本塁打で新人王投票2位。72年打率.312(5位)、74年はいずれも2位の打率.321、12三塁打。球団首脳との確執もあってレンジャーズにトレードされた78年に打率.324(2位)、80年に自己最多の209安打(4位)、117打点を挙げた。
　エクスポズに移籍した82年は打率.331、204安打、43二塁打、109打点の4部門で1位、両リーグで200安打、100打点を同時に記録した最初の選手となった。また両リーグで500試合以上出場し3割以上の打率を残している(ア・リーグ/595試合、.313、ナ・リーグ/1773試合、.300)。84年まで9年連続3割、80年外野、81年DH、82年一塁と3年連続で異なるポジションでシルヴァー・スラッガー賞を受賞した。イニシャルの"O"にちなみ背番号0をつけたのも話題だった。前向きな性格の自信家で、引退後はモティベーショナル・スピーカーとして講演活動を行なった。
【通算】18年、2368試合、9049打数2743安打、529二塁打、77三塁打、219本塁打、1326打点、84盗塁、535四球、756三振、打率.303
【タイトル】首位打者1回(82年)打点王1回(82年)オールスター7回(72,75〜76,80〜83年)

ジョー・オリヴァー
Joseph Melton Oliver
1965.7.24〜【出身地】テネシー州メンフィス【球団】89-94レッズ　95ブルワーズ　96-97レッズ　98タイガース　98マリナーズ　99パイレーツ　2000マリナーズ　01ヤンキース　01レッドソックス【位置】捕手、右
【経歴】83年ドラフト2位でレッズに入団。90年正捕手となりリーグトップの守備率.992、ワールドシリーズでも18打数6安打で世界一に貢献した。93年は自己最多の14本塁打、75打点。95年以降は毎年のようにチームを移っていたが、2000年はマリナーズで69試合の出場ながら10本塁打、35打点と意外な活躍を見せた。
【通算】13年、1076試合、3367打数831安打、102本塁打、476打点、13盗塁、打率.247

ダーレン・オリヴァー
Darren Christopher Oliver
1970.10.6〜【出身地】ミズーリ州カンザスシティ【球団】93-98レンジャーズ　98-99カーディナルス　2000-01レンジャーズ　02レッドソックス　03ロッキーズ　04マーリンズ　04アストロズ　06メッツ　07-09エンジェルズ　10-11レンジャーズ　12-13ブルージェイズ【位置】投手、左
【経歴】88年ドラフト3位でレンジャーズに入団。変化球中心の投球で96年14勝、翌97年は自己最多の201.1回を投げ13勝。先発投手として5回2ケタ勝利を記録した。06年以降はリリーフとして起用され、08年から5年連続防御率2点台。9年ぶりにレンジャーズに戻った10年は自己最多の64試合に投げ防御率2.48、12年ブルージェイズに移籍し41歳にして自己ベストの防御率2.06。通算防御率は先発229試合で5.13、リリーフ537試合で3.19と大きな開きがあった。父のボブはロイヤルズなどで通算94本塁打を放った。
【通算】20年、766試合、229先発、11完投、4完封、118勝98敗7S、1915.2回、1259奪三振、防御率4.51

トニー・オリバ
Pedro Oliva (Tony)
1938.7.20〜【出身地】キューバ共和国ピナルデルリオ【球団】62-76ツインズ【位置】外野、左
【経歴】最多安打を5回記録したヒット打ちの名人。見事なスイングでボール球でも正確に弾き返すことができた。64年リーグ新人記録となる217安打、打率.323で首位打者となり、43二塁打も1位、さら

に32本塁打、94打点を叩き出し新人王に選ばれる。翌65年も打率.321で2年連続首位打者、185安打も1位。66年の打率.307は2位だったが191安打はまたも1位、守備でも強肩を評価されゴールドグラブに選ばれた。

70年204安打で5度目の最多安打、36二塁打で4度目の1位となり、107打点も自己記録。翌71年は膝の故障に苦しみながら.337で3回目の首位打者、長打率.546も1位だった。続く72年は10試合のみの出場にとどまり、以後はそれまでのような活躍はできなかった。合計では7回膝の手術を受けている。73年の開幕戦で史上初めて指名打者として本塁打を記録、以降はすべてDHか代打での出場だった。引退後はツインズの打撃コーチ。本名はペドロだが、入国の際に弟のパスポートを使用したため、その後もずっとトニーで通していた。2022年殿堂入り。

【通算】15年、1676試合、6301打数1917安打、220本塁打、947打点、86盗塁、打率.304

【タイトル】新人王(64年) 首位打者3回(64～65,71年) ゴールドグラブ1回(66年) オールスター8回(64～71年)

ミゲル・オリボ
Miguel Eduardo Olivo

1978.7.15～【出身地】ドミニカ共和国ビヤバスケス【球団】2002-04 ホワイトソックス 04-05 マリナーズ 05 パドレス 06-07 マーリンズ 08-09 ロイヤルズ 10 ロッキーズ 11-12 マリナーズ 13 マーリンズ 14 ドジャース【位置】捕手、右

【経歴】97年アスレティックスに入団、ホワイトソックス移籍後の2002年9月15日の初打席で本塁打。長打力のある捕手で、04年は96試合で13本塁打、06年から7年連続2ケタ本塁打。09年に自己最多の23本を放った。選球眼には問題があり、四球は最多でも10年の27個で、通算出塁率は.275にすぎない。守備では肩こそ強いものの、07年の16個を最多として捕逸で4回、失策で3回リーグワーストになっている。ドジャースに所属していた14年、チームメイトのアレックス・ゲレロと諍いになって耳の一部を噛み切る蛮行を働き解雇された。

【通算】13年、1124試合、3765打数905安打、145本塁打、490打点、53盗塁、1060三振、打率.240

リッチ・オーリリア
Richard Santo Aurilia

1971.9.2～【出身地】ニューヨーク州ブルックリン【球団】95-2003 ジャイアンツ 04 マリナーズ 04 パドレス 05-06 レッズ 07-09 ジャイアンツ【位置】遊撃、右

【経歴】92年ドラフト24位でレンジャーズに入団。ジャイアンツ移籍後の98年に正遊撃手となり、99年22本塁打、2000年も20本。01年は自己初の3割となる打率.324に加え、206安打(1位)、37本塁打、97打点の大活躍だった。翌02年のプレイオフでは4本塁打、12打点、ワールドシリーズでも2本塁打、5打点。その後不振が続いたが、06年は打率.300、23本塁打と久々に好調だった。

【通算】15年、1652試合、5721打数1576安打、186本塁打、756打点、23盗塁、打率.275

【タイトル】オールスター1回(2001年)

デイヴ・オール
David L. Orr

1859.9.29～1915.6.2【出身地】ニューヨーク州ニューヨーク【球団】1883 ニューヨーク(AA) 83 ニューヨーク 84-87 ニューヨーク(AA) 88 ブルックリン(AA) 89 コロンバス(AA) 90 ブルックリン(PL)【位置】一塁、右

【経歴】体格の良い強打者で、1884年打率.354、162安打、112打点の3部門で1位、9本塁打も3位で優勝に貢献。続く85～86年も三塁打と長打率で2年連続1位。86年の31三塁打は新記録で、サイクルヒットも2回記録した。どんなコースでも振りに行くので四球が極端に少なく、通算では98四球。89年は268打数連続で四球を選ばなかった。87年は8試合のみ采配を振ったが、翌88年仮病を使い練習に出なかったため主将の座を剥奪された。90年はいずれも2位の打率.371、124打点と好調だったが、シーズン終了後に卒中で倒れ、30歳で選手生命を断たれた。

【通算】8年、791試合、3289打数1125安打、108三塁打、37本塁打、627打点、打率.342

【タイトル】首位打者1回(1884年) 打点王1回(84年)

ジム・オルーク
James Henry O'Rourke

1850.9.1～1919.1.8【出身地】コネティカッ

ト州ブリッジポート【球団】1876-78 ボストン　79 プロヴィデンス　80 ボストン　81-84 バッファロー　85-89 ニューヨーク　90 ニューヨーク（PL）　91-92 ニューヨーク　93 ワシントン　1904 ジャイアンツ【位置】外野、捕手、三塁、右
【経歴】話が長い上に、難解な用語を自在に使い分け“オレーター（演説家）”と呼ばれた好打者。ナショナル・アソシエーションで 2 回本塁打王となり、1876 年 4 月 22 日にナショナル・リーグの初安打を放つ。80 年 6 本塁打（1 位）、翌 81 年からバッファローで監督を兼任、84 年リーグ最多の 162 安打。77 年の .362（4 位）を最高として 11 回打率 3 割を記録した。
　法律にも詳しく、契約更改の際には保留条項の対象外とする条件を球団に了承させた。1893 年は 42 歳で 95 打点を稼ぎ、同年限りで引退。マイナー・リーグの会長をしていたが、1904 年ジャイアンツのジョン・マグロー監督に直談判し、54 歳にして 1 試合のみ捕手として出場。安打も放ちリーグ最年長記録を樹立した。45 年殿堂入り。兄ジョン、息子クィーニーもメジャーリーガー。
【通算】19 年、1774 試合、7435 打数 2304 安打、414 二塁打、132 三塁打、50 本塁打、1010 打点、打率 .310
【タイトル】本塁打王 1 回（80 年）最高出塁率 2 回（77,79 年）
【監督】1881-84 バッファロー　93 ワシントン　5 年、510 試合、246 勝 258 敗、勝率 .488

ジョン・オルーク
John W. O'Rourke
1849.8.23 ～ 1911.6.23【出身地】コネティカット州ブリッジポート【球団】1879-80 ボストン　83 ニューヨーク（AA）【位置】外野、左
【経歴】ジム・オルークの兄で、移籍したジムに代わって 1879 年 29 歳でボストンに加わり、リーグ 1 位の 62 打点、長打率 .521 を記録した。翌 80 年も 22 二塁打と 3 本塁打は 5 位だったが同年限りで退団、他球団の誘いを断って鉄道員として働いた。3 年後の 83 年にニューヨーク(AA)で 1 年だけ復帰したがシーズン中に退団、後年全国鉄道労働組合の委員長になった。
【通算】3 年、230 試合、945 打数 279 安打、11 本塁打、98 打点、打率 .295
【タイトル】打点王 1 回（1879 年）

フランク・オルーク
James Francis O'Rourke
1891.11.28 ～ 1986.5.14【出身地】カナダ・オンタリオ州ハミルトン【球団】12 ブレーヴス　17-18 ドジャース　20-21 セネターズ　22 レッドソックス　24-26 タイガース　27-31 ブラウンズ【位置】三塁、遊撃、二塁、右
【経歴】12 年メジャーに昇格し、61 試合に出場したが打率 .122 と苦しみ、その後 4 年はマイナー暮らし。21 年にセネターズの正遊撃手となったときも、打撃がネックで翌年にはその座を失う。25 年 33 歳にしてようやく正二塁手に定着し、打率 .293、40 二塁打（5 位）、リーグ 1 位の守備率 .971。ブラウンズ時代は三塁を守った。ウォルター・ジョンソンから最後にヒットを放ち、また最後に三振を取られた選手でもある。引退後マイナーの指導者を経て、94 歳で亡くなるまで 40 年にわたりレッズとヤンキースでスカウトを務めた。
【通算】14 年、1131 試合、4069 打数 1032 安打、15 本塁打、429 打点、100 盗塁、打率 .254

ウォルター・オルストン
Walter Emmons Alston
1911.12.1 ～ 84.10.1【出身地】オハイオ州ヴェニス【球団】36 カーディナルス【位置】一塁、右
【経歴】マイナーで 4 回本塁打王となり、36 年メジャーに昇格したが、9 月 27 日の初打席で三振に倒れたのが最初で最後の出場となる。44 年ドジャース傘下のマイナー球団で監督を兼任。着実に実績を積み 54 年ドジャース監督に昇格、同年は惜しくも 2 位に終わるが、翌 55 年は球団初、ブルックリン時代唯一の世界一に導く。ロスアンジェルス移転後さらに 3 回ワールドシリーズ制覇を成し遂げた。選手を信頼し、物静かで落ち着いた采配に定評があり、オールスターでも 8 戦中 7 勝と見事な成績を残している。76 年の閉幕直前、トミー・ラソーダに監督の座を譲った。83 年殿堂入り。
【通算】1 年、1 試合、1 打数 0 安打、0 本塁打、0 打点、0 盗塁、打率 .000
【監督】54-76 ドジャース　23 年、3658 試合、2040 勝 1613 敗、勝率 .558　リーグ優勝 7 回（55 ～ 56,59,63,65 ～ 66,74 年）ワールドシリーズ優勝 4 回(55,59,63,65 年)

アイヴィー・オルソン
Ivan Massie Olson
1885.10.14 ～ 1965.9.1【出身地】ミズーリ州カンザスシティ【球団】11-14 インディアンズ　15 レッズ　15-24 ドジャース【位置】遊撃、二塁、三塁、右
【経歴】強心臓が売り物の内野手で、特技は隠し球。審判に文句をつけるのを楽しみにしており、そのためにルールブックを常に携帯していた。11 年に新人で 142 安打を放った後、やや停滞が続いたがドジャース移籍後の 16 年に正遊撃手に定着、19 年リーグ最多の 164 安打を放つ。20 年のワールドシリーズでは 25 打数 8 安打。バントが嫌いで、サインが出ても気づかないふりをすることがあった。守備範囲は広かったが堅実さに欠け、11 年は 73 失策、16 年のワールドシリーズでも 5 試合で 4 失策。ドジャース時代の同僚ケイシー・ステンゲルとは同じ小学校に通っていた。
【通算】14 年、1574 試合、6111 打数 1575 安打、13 本塁打、446 打点、156 盗塁、打率 .258

グレッグ・オルソン
Greggory William Olson
1966.10.11 ～【出身地】ネブラスカ州スクリブナー【球団】88-93 オリオールズ　94 ブレーヴス　95 インディアンズ　95 ロイヤルズ　96 タイガース　96 アストロズ　97 ツインズ　97 ロイヤルズ　98-99 ダイアモンドバックス　2000-01 ドジャース【位置】投手、右
【経歴】オーバーン大学時代からリリーフ投手で、88 年ドラフト 1 位（全体 4 位）でオリオールズに入団し、同年早くもメジャーに昇格。快速球と絶品のカーブで翌 89 年 27 セーブ、防御率 1.69 で新人王に輝き、翌 90 年にかけて球団新の 41 回連続無失点も記録。90 年自己最多の 37 セーブ（4 位）、93 年までの 5 年間で 160 セーブを稼ぐが、肘の故障でその後 4 年間はのべ 7 球団をわたり歩く。98 年新設のダイアモンドバックスに加わり、6 年ぶりに 30 セーブを挙げた。
【通算】14 年、622 試合、0 先発、40 勝 39 敗 217 S、672 回、588 奪三振、防御率 3.46
【タイトル】新人王（89 年）オールスター 1 回（90 年）

マット・オルソン　★
Matthew Kent Olson
1994.3.29 ～【出身地】ジョージア州アトランタ【球団】2016-21 アスレティックス　22-24 ブレーヴス【位置】一塁、左
【経歴】2012 年ドラフト 1 位でアスレティックスに入団。大柄なパワーヒッターで、メジャーに定着した 17 年は 59 試合で 24 本塁打。21 年の 39 本塁打、111 打点はいずれも 5 位だった。翌 22 年故郷のブレーヴスにトレードされ、23 年はいずれも球団記録を更新する 54 本塁打、139 打点で二冠王、長打率 .604 も 1 位。ケガに強く、24 年は 3 年連続 5 度目のフル出場を果たした。守備も上手くゴールドグラブを 2 度手にしている。
【通算】9 年、1061 試合、3872 打数 985 安打、259 本塁打、713 打点、8 盗塁、1062 三振、打率 .254
【タイトル】本塁打王 1 回（2023 年）打点王 1 回（23 年）ゴールドグラブ 2 回（18 ～ 19 年）オールスター 2 回（21,23 年）

ホルヘ・オルタ
Jorge Orta
1950.11.26 ～【出身地】メキシコ合衆国マサトラン【球団】72-79 ホワイトソックス　80-81 インディアンズ　82 ドジャース　83 ブルージェイズ　84-87 ロイヤルズ【位置】二塁、外野、左
【経歴】メキシカン・リーグで活躍したのち 72 年ホワイトソックスに入団。翌 73 年正二塁手となり、リーグ 3 位の 10 三塁打を放つ。続く 74 年は打率 .316（2 位）、75 年も .304 で 2 年連続 3 割。76 年は自己最多の 174 安打、14 本塁打、24 盗塁。守備に難があり、30 歳を過ぎてからは右投手用の DH や代打として起用された。85 年のワールドシリーズ第 6 戦では、1 点を追う 9 回裏の先頭打者で一塁ゴロに倒れたと思われたが、塁審ドン・デンキンガーがセーフと判定。これをきっかけにロイヤルズが逆転勝ち、第 7 戦にも勝って世界一を果たした。96 年母国メキシコの殿堂入り。父のペドロもキューバで活躍した強打者だった。
【通算】16 年、1755 試合、5829 打数 1619 安打、130 本塁打、745 打点、79 盗塁、打率 .278
【タイトル】オールスター 2 回（75,80 年）

ダビド・オルティス
David Americo Ortiz
1975.11.18 ～【出身地】ドミニカ共和国サントドミンゴ【球団】97-2002 ツインズ 03-16 レッドソックス【位置】一塁、DH、左
【経歴】無類の勝負強さを発揮して史上最強のDHと評価され、“ビッグ・パピ”として親しまれた名物男。93年マリナーズに入団、96年ツインズに移籍し2002年は20本塁打を放ったが、契約更新を見送られる。ペドロ・マルティネスの推薦で03年レッドソックスへ加入すると、ボールを引きつけて打つようにして打撃開眼し、31本塁打、101打点、リーグ優勝決定シリーズでも2本塁打、6打点。続く04年はいずれも2位の41本塁打、139打点、ディヴィジョンシリーズ第3戦でサヨナラ本塁打。ヤンキースとのリーグ優勝決定シリーズでは、0勝3敗と追い込まれた第4戦で延長12回裏にサヨナラ2ラン、続く第5戦も延長14回裏にサヨナラ安打。最終第7戦でも先制2ランを放ち、3本塁打、11打点の大活躍でシリーズMVPを受賞、18年ぶりのリーグ優勝の立役者となる。ワールドシリーズでも第1戦の初回に先制3ランを叩き込み、4連勝での世界一につなげた。

05年は自己最多の47本塁打（2位）、148打点（1位）でMVP投票2位。06年は球団新記録の54本塁打を放ち、137打点と合わせ二冠王、119四球も1位。07年は打率.332（5位）と52二塁打（2位）が自己最多、111四球と出塁率.445は1位で、ポストシーズンも3本塁打、10打点を叩き出した。13年のワールドシリーズは16打数11安打、2本塁打、6打点に加え8四球、出塁率.760/長打率1.188の驚異的な数字でシリーズMVPに選ばれた。ワールドシリーズは通算14試合で44打数20安打、3本塁打、14打点。打率.455とOPS1.372は10試合以上出た選手では史上1位である。

シーズン後の引退を宣言して臨んだ16年は40歳で打率.315、38本塁打。127打点で10年ぶりのタイトルに輝いたほか、48二塁打、長打率.620、OPS1.021も1位で有終の美を飾った。陽気で飾らない性格から人望も極めて厚く、13年にボストン・マラソンを標的としたテロ事件が発生した際には、市民を鼓舞する力強いスピーチを行なった。2022年殿堂入り。
【通算】20年、2408試合、8640打数2472安打、632二塁打（12位）、19三塁打、541本塁打（17位）、1768打点（23位）、17盗塁、1319四球、1750三振、打率.286
【タイトル】本塁打王1回（2006年）打点王3回（05～06,16年）最高出塁率1回（07年）オールスター10回（04～08,10～13,16年）

マグリオ・オルドニェス
Magglio Ordonez
1974.1.28 ～【出身地】ベネズエラ共和国カラカス【球団】97-2004 ホワイトソックス 05-11 タイガース【位置】外野、右
【経歴】安定度の高い打撃で毎年好成績を残し続けた強打者。91年ホワイトソックスに入団、99年は打率.301、30本塁打、117打点、以後4年連続で3割、30本、100打点以上。2002年は自己最多の38本塁打、リーグ2位の135打点。05年タイガースに移籍、06年のリーグ優勝決定シリーズは第4戦の6回に同点ソロ、9回にサヨナラ3ランを叩き込みリーグ優勝を決めた。07年は.363の高打率でイチローを抑え首位打者となり、54二塁打も1位、216安打と139打点は自己記録かつリーグ2位で、MVP投票では次点。99～2010年は打率が.290を下回ることは一度もなかった。長打力のある割には三振も少なかったが、その代わり併殺打は多かった。
【通算】15年、1848試合、6978打数2156安打、426二塁打、294本塁打、1236打点、94盗塁、打率.309
【タイトル】首位打者1回（2007年）オールスター6回（99～2001,03,06～07年）

レイ・オルドニェス
Reynaldo Ordonez
1971.1.11 ～【出身地】キューバ共和国ハバナ【球団】96-2002 メッツ　03 レイズ 04 カブス【位置】遊撃、右
【経歴】93年キューバから米国に亡命し、独立リーグを経て同年の特別ドラフトでメッツに入団。96年開幕から正遊撃手となり、アクロバティックな守備でオジー・スミスの再来と謳われ、リーグ最多の102併殺を記録。翌97年リーグ最高の守備率.983でゴールドグラブに選ばれ、以後3年連続で受賞。99年は閉幕まで100試合、412守備機会連続無失策の新記録を達成した。この記録は2000年、東京ドームで行なわれた公式戦の2戦目で途切れた。打撃は非力で、99年の134安打、

60打点が自己ベストだった。
【通算】9年、973試合、3115打数767安打、12本塁打、287打点、28盗塁、打率.246
【タイトル】ゴールドグラブ3回（97～99年）

ジョー・オルトベリ
Joseph Salvatore Altobelli
1932.5.26～2021.3.3【出身地】ミシガン州デトロイト【球団】55,57インディアンズ　61ツインズ【位置】一塁、外野、左
【経歴】現役時代は冴えなかったが、引退後マイナーの監督として実績を積み、77年ジャイアンツ監督に就任。翌78年は8月中旬まで首位を走り、最優秀監督賞を受賞した。83年アール・ウィーヴァーに代わってオリオールズの監督となりワールドシリーズを制覇。85年途中でウィーヴァーに取って代わられ、91年はカブスで1試合のみ指揮を執った。
【通算】3年、166試合、257打数54安打、5本塁打、28打点、3盗塁、打率.210
【監督】77-79ジャイアンツ　83-85オリオールズ　91カブス　7年、844試合、437勝407敗、勝率.518　リーグ優勝1回（83年）ワールドシリーズ優勝1回（83年）

ルーブ・オルドリング
Reuben Henry Oldring
1884.5.30～1961.9.9【出身地】ニューヨーク州ニューヨーク【球団】05ヤンキース　06-16アスレティックス　16ヤンキース　18アスレティックス【位置】外野、三塁、右
【経歴】メジャー昇格当初は内野手で、強肩を生かし外野手に転向した後も必要に応じて内野をこなした。10年に自己最高の打率.308、27二塁打と長打率.430は5位。13年は71打点、40盗塁、15年は6本塁打（2位）。ワールドシリーズには3度出場、62打数12安打とあまり打てなかった。ファンの間では人気が高かった。
【通算】13年、1239試合、4690打数1268安打、27本塁打、471打点、197盗塁、打率.270

ジョン・オルルド
John Garrett Olerud
1968.8.5～【出身地】ワシントン州シアトル【球団】89-96ブルージェイズ　97-99メッツ　2000-04マリナーズ　04ヤンキース　05レッドソックス【位置】一塁、左
【経歴】テッド・ウィリアムズも感心した見事なスイングの持ち主で、ワシントン州立大学時代は投打に活躍。現在では、大学の最優秀二刀流選手としてジョン・オルルド賞が贈られている。88年は大学最優秀選手に選ばれたが、脳の動脈瘤除去手術を受ける。この選手生命の危機を乗り越え、89年ドラフト3位でブルージェイズに指名されると史上最高額となる契約金57万5000ドルで入団。マイナーを経ず翌90年はDHとしてレギュラー出場、得意の流し打ちで93年は8月初めまで打率4割を維持し、.363で首位打者となる。54二塁打と出塁率.473も1位、200安打、24本塁打、107打点も自己記録だった。
97年メッツへ移籍、翌98年は最後まで首位打者を争い、打率.354、出塁率.447はいずれも2位。2000年地元のマリナーズに加入、45二塁打（4位）、103打点。01年は打率.302、95打点で地区優勝に貢献、6月16日に史上2人目の両リーグでのサイクル安打を達成した。99年の125四球（4位）を最多として3回100四球以上を選び、通算出塁率は.398の高率。一塁守備も機敏な動きで3度ゴールドグラブを受賞、頭部保護のため守備中も必ずヘルメットを被っていた。物静かな性格で言葉遣いも丁寧だった。
【通算】17年、2234試合、7592打数2239安打、500二塁打、13三塁打、255本塁打、1230打点、11盗塁、1275四球、1016三振、打率.295
【タイトル】首位打者1回（93年）最高出塁率1回（93年）ゴールドグラブ3回（2000,02～03年）オールスター2回（93,01年）

ジェシー・オロスコ
Jesse Russell Orosco
1957.4.21～【出身地】カリフォルニア州サンタバーバラ【球団】79,81-87メッツ　88ドジャース　89-91インディアンズ　92-94ブルワーズ　95-99オリオールズ　2000カーディナルス　01-02ドジャース　03パドレス　03ヤンキース　03ツインズ【位置】投手、左
【経歴】手元で変化する速球とスライダーで、史上最多の1252試合に登板したリリーフ左腕。78年1月ドラフト2位でツインズに入団、79年メッツでメジャー昇格。83年13勝17セーブ、防御率1.47、続く84年も10勝31セーブ（3位）。86年は

21セーブ、プレイオフで3勝、ワールドシリーズでも4試合を無失点に抑え世界一に大きく貢献した。オリオールズに移った95年リーグ最多の65試合に登板、97年は40歳にして自己最多の71試合に投げ、8年ぶりの2点台となる防御率2.32と衰え知らずだった。99年に65試合投げ、前年デニス・エッカーズリーが塗り替えたばかりの史上最多登板記録を更新。現役最後の2003年も46歳で65試合に登板した。
【通算】24年、1252試合（1位）、4先発、0完投、87勝80敗144 S、1295.1回、1179奪三振、防御率3.16
【タイトル】オールスター2回（83～84年）

スティーヴ・オンティヴェロス
Steven Ontiveros
1961.3.5～【出身地】ニューメキシコ州テュラロサ【球団】85-88アスレティックス 89-90フィリーズ 93マリナーズ 94-95アスレティックス 2000レッドソックス【位置】投手、右
【経歴】82年ドラフト2位でアスレティックスに入団、メジャー昇格当初はリリーフで、先発に転向した87年は10勝。故障のため91年限りで一時球界から離れ、93年ツインズのマイナー球団と契約、同年マリナーズで3年ぶりにメジャー復帰。翌94年リーグ1位の防御率2.65、95年も9勝しオールスターに出場するが敗戦投手となる。肘の故障が再発し、同年限りでメジャーから姿を消していたが、2000年39歳で復帰、5年ぶりに勝利投手になった。
【通算】10年、207試合、73先発、6完投、2完封、34勝31敗19 S、661.2回、382奪三振、防御率3.67
【タイトル】最優秀防御率1回（94年）オールスター1回（95年）

【カ】

チャック・カー
Charles Lee Glenn Carr
1967.8.10～2022.11.22【出身地】カリフォルニア州サンバーナディーノ【球団】90-91メッツ 92カーディナルス 93-95マーリンズ 96-97ブルワーズ 97アストロズ
【位置】外野、両
【経歴】86年ドラフト9位でレッズに入団するもわずか半年で解雇される。92年AAA級で盗塁王となり、翌93年拡張ドラフトでマーリンズへ移って58盗塁でタイトルを獲得。守備でも派手なダイビングキャッチで観客を沸かせた。94年も32盗塁は4位だったが、リードオフマンとしては出塁率が低すぎ控えに逆戻りした。目立ちたがりで選手仲間にはあまり好かれなかったが、ファンには支持された。98年は台湾の三商に所属、その後も独立リーグやイタリアで現役を続けた。
【通算】8年、507試合、1713打数435安打、13本塁打、123打点、144盗塁、打率.254
【タイトル】盗塁王1回（93年）

バディ・カー
John Joseph Kerr (Buddy)
1922.11.6～2006.11.7【出身地】ニューヨーク州アストリア【球団】43-49ジャイアンツ 50-51ブレーヴス【位置】遊撃、右
【経歴】43年9月8日、ジャイアンツの選手では初となるメジャー初打席本塁打。44年正遊撃手となり、自己最多の31二塁打、9本塁打、63打点。広い守備範囲を誇り、46～47年にかけてリーグ記録となる383守備機会連続無失策を達成した。引退後はマイナーの指導者となり、マイノリティの選手に好意的に接しフアン・マリシャルやフェリペ・アルーの成長を助けた。
【通算】9年、1067試合、3631打数903安打、31本塁打、333打点、38盗塁、打率.249
【タイトル】オールスター1回（48年）

ラルフ・ガー
Ralph Allen Garr
1945.12.12～【出身地】ルイジアナ州モンロー【球団】68-75ブレーヴス 76-79ホワイトソックス 79-80エンジェルズ【位置】外野、左
【経歴】俊足と甲高い声で“ロードラン

ナー（アニメーションのキャラクター）”と呼ばれた巧打者。67年ドラフト3位でブレーヴスに入団、69～70年に2年連続でAAA級の首位打者。71年は正左翼手となって打率.343と219安打は2位、30盗塁は3位。翌72年も打率.325（2位）、74年は打率.353、214安打、17三塁打の3部門で1位だった。ホワイトソックス移籍後の76、77年も打率.300。守備では投手の足をたびたび引っ張った。引退後はブレーヴスでコーチやスカウトとして働いた。
【通算】13年、1317試合、5108打数1562安打、75本塁打、408打点、172盗塁、打率.306
【タイトル】首位打者1回（74年）オールスター1回（74年）

マイク・ガイエゴ
Michael Anthony Gallego
1960.10.31～【出身地】カリフォルニア州ウィッティア【球団】85-91アスレティックス　92-94ヤンキース　95アスレティックス　96-97カーディナルス【位置】二塁、遊撃、右
【経歴】81年ドラフト2位でアスレティックスに入団。内野ならどこでも器用にこなし、90年はリーグ最多の17犠打。91年は正二塁手として159試合に出場、自己最多の119安打、12本塁打を記録した。低打率ながらも選球眼はまずまずで、93年は出塁率.364。引退後はロッキーズ、次いでレッドソックスのコーチとして働いた。甥のオースティン・バーンズはドジャースの捕手。
【通算】13年、1111試合、2931打数700安打、42本塁打、282打点、24盗塁、打率.239

ゲイリー・ガイエティ
Gary Joseph Gaetti
1958.8.19～【出身地】イリノイ州セントラリア【球団】81-90ツインズ　91-93エンジェルズ　93-95ロイヤルズ　96-98カーディナルス　98-99カブス　2000レッドソックス【位置】三塁、右
【経歴】79年ドラフト1位（第2回）でツインズに入団。81年9月20日のメジャー初打席で初球を本塁打、翌82年正三塁手となって25本塁打。86年リーグ3位の34本塁打、108打点、翌87年も31本塁打、109打点を叩き出し、プレイオフでは初戦の第1、第2打席で連続本塁打を放ちMVPを受賞。88年自己唯一の3割となる打率.301を記録した後不振に陥り、93年途中エンジェルズから解雇される。95年7年ぶりの20本以上となる35本塁打、96打点と復活。98年終盤カブスに加わり、優勝決定戦で決勝本塁打を放った。強肩で守備範囲が広く、86年から4年連続でゴールドグラブを受賞。通算補殺数では7位、併殺数で4位にランクされ、史上最多となる7回の三重殺を完成させている。耳当てつきのヘルメットをせずに出場した最後の選手でもある。
【通算】20年、2507試合、8951打数2280安打、443二塁打、39三塁打、360本塁打、1341打点、96盗塁、634四球、1602三振、打率.255
【タイトル】ゴールドグラブ4回（86～89年）オールスター2回（88～89年）

ダラス・カイケル　★☆
Dallas Keuchel
1988.1.1～【出身地】オクラホマ州タルサ【球団】2012-18アストロズ　19ブレーヴス　20-22ホワイトソックス　22ダイアモンドバックス　22レンジャーズ　23ツインズ　24ブルワーズ【位置】投手、左
【経歴】2009年ドラフト7位でアストロズに入団、球威には欠けるものの巧みな投球術で14年に12勝、リーグ最多の5完投。翌15年は20勝で最多勝、ホームゲームで15勝0敗と無類の強さを発揮。232回も1位、防御率2.48は2位でサイ・ヤング賞に輝いた。17年は開幕9連勝し14勝、ヤンキース・キラーとしても知られた。ホワイトソックスに移籍した20年は防御率1.99で2位だったが、その後は急激に成績が悪化した。フィールディングも優れ14年から3年連続、合計5回ゴールドグラブを受賞。24年途中ロッテに加入した。
【通算】13年、282試合、267先発、12完投、4完封、103勝92敗0S、1642.1回、1254奪三振、防御率4.04
【タイトル】サイ・ヤング賞1回（2015年）最多勝1回（15年）ゴールドグラブ5回（14～16,18,21年）オールスター2回（15,17年）
【日本】2024ロッテ　1年、8試合、8先発、0完投、2勝4敗0S、40回、29奪三振、防御率3.60

ラルフ・カイナー
Ralph McPherran Kiner
1922.10.27 ～ 2014.2.6【出身地】ニューメキシコ州サンタリタ【球団】46-53 パイレーツ　53-54 カブス　55 インディアンズ【位置】外野、右
【経歴】引退時点ではベーブ・ルースに次ぐ2位の本塁打率（100 打数あたり 7.1 本）だったスラッガー。46 年に 23 本塁打で、新人としては史上 2 人目の本塁打王となる。翌 47 年本拠地フォーブス・フィールド左翼後方に、のちに“カイナーズ・コーナー”と呼ばれたブルペンが設けられ、また移籍してきたハンク・グリーンバーグの指導もあって 51 本塁打と一気に数字を伸ばす。49 年は 54 本塁打、127 打点で二冠王、52 年まで 7 年連続で本塁打王のタイトルを守り続けた。
47 ～ 51 年はナ・リーグ史上初の 5 年連続 40 本以上。47 年 8 月 15 ～ 16 日、49 年 9 月 12 ～ 13 日と 4 打数連続本塁打を 2 回記録した。四球、長打率でも 3 回ずつ 1 位となっている。ハンサムで女性人気も高く、当時低迷していたパイレーツにあって最大の看板選手だったが、GM のブランチ・リッキーとの確執から 53 年途中カブスへ放出された。腰を痛め 32 歳で引退、その後長い間メッツ戦の実況アナウンサーを務めたが、とちりや言い間違いの多さで有名だった。75 年殿堂入り。妻のナンシー・シャフィはプロテニス選手。
【通算】10 年、1472 試合、5205 打数 1451 安打、369 本塁打、1015 打点、22 盗塁、1011 四球、打率 .279
【タイトル】本塁打王 7 回（46 ～ 52 年）打点王 1 回（49 年）最高出塁率 1 回（51 年）オールスター 6 回（48 ～ 53 年）

デュアン・カイパー
Duane Eugene Kuiper
1950.6.19 ～【出身地】ウィスコンシン州ラシーン【球団】74-81 インディアンズ 82-85 ジャイアンツ【位置】二塁、右
【経歴】5 回のドラフト指名を拒否した末、72 年 1 月ドラフト 1 位（第 2 回）でインディアンズに入団。77 年に自己最多の 169 安打、50 打点。通算 3379 打数で本塁打はこの年に打った 1 本だけだが、ノーヒットノーランを 3 回も阻止した経験を持つ。76,79 年に守備率 1 位を記録した。引退後ジャイアンツの実況アナウンサーとなり、マイク・クルーコウとのコンビで人気を博した。ディック・ボスマンは親戚。
【通算】12 年、1057 試合、3379 打数 917 安打、1 本塁打、263 打点、52 盗塁、打率 .271

カイカイ・カイラー
Hazen Shirley Cuyler (Kiki)
1898.8.30 ～ 1950.2.11【出身地】ミシガン州ハリスヴィル【球団】21-27 パイレーツ 28-35 カブス　35-37 レッズ　38 ドジャース【位置】外野、右
【経歴】打走守三拍子揃った名外野手。24 年レギュラーとなりリーグ 4 位の打率 .354。翌 25 年 1 位の 26 三塁打に加え、打率 .357（4 位）、220 安打（3 位）、102 打点で優勝に大きく貢献。ワールドシリーズ第 7 戦でも決勝二塁打を含む 4 打点でヒーローとなった。26 年も 35 盗塁は 1 位。27 年はドニー・ブッシュ監督との確執から終盤戦は出番がなく、28 年カブスへトレードされる。移籍後も 3 年連続盗塁王、30 年に自己最多の 228 安打（5 位）、50 二塁打と 134 打点は 3 位。通算 10 回打率 3 割を記録した。ニックネームは、チームメイトに姓を省略して“カイ、カイ”と呼ばれていたことに由来する。レッドソックスのコーチを務めていた 50 年 2 月心臓発作で急死。68 年殿堂入り。
【通算】18 年、1879 試合、7161 打数 2299 安打、157 三塁打、128 本塁打、1065 打点、328 盗塁、打率 .321
【タイトル】盗塁王 4 回（26,28 ～ 30 年）オールスター 1 回（34 年）

ダリル・カイル
Darryl Andrew Kile
1968.12.2 ～ 2002.6.22【出身地】カリフォルニア州ガーデングローヴ【球団】91-97 アストロズ　98-99 ロッキーズ　2000-02 カーディナルス【位置】投手、右
【経歴】87 年ドラフト 30 位でアストロズに入団。91 年にメジャーへ昇格、一級品のカーブを駆使し 93 年 15 勝、9 月 8 日のメッツ戦で 1 失点ながらノーヒッターを達成。96 年は 219 奪三振（5 位）、翌 97 年は 19 勝（2 位）、防御率 2.57（3 位）、205 奪三振（5 位）。98 年 FA でロッキーズへ移籍し 17 敗、翌 99 年も防御率 6.61 と苦しんだが、カーディナルスに移籍した 2000 年は 20 勝（2 位）と復調。01 年も 16 勝、防御率 3.09（4 位）を記録したが、02 年 6 月心臓発作により 33 歳で急死を遂げた。
【通算】12 年、359 試合、331 先発、28

完投、9完封、133勝119敗0S、2165.1回、1668奪三振、防御率4.12
【タイトル】オールスター3回(93,97,2000年)

ミゲル・カイロ
Miguel Jesus Cairo
1974.5.4～【出身地】ベネズエラ共和国アナコ【球団】96ブルージェイズ　97カブス　98-2000レイズ　01カブス　01-03カーディナルス　04ヤンキース　05メッツ　06-07ヤンキース　07カーディナルス　08マリナーズ　09フィリーズ　10-12レッズ
【位置】二塁、右
【経歴】90年にドジャースに入団して以降、マイナー時代だけで4球団に所属。98年に拡張ドラフトでレイズに移籍し、正二塁手として150試合に出場、自己最多の138安打、26二塁打、46打点。2000年は28盗塁を決めた。01年以降は内外野どこでも守れるユーティリティとして重宝され、カーディナルス時代の02年はプレイオフで17打数9安打5打点の大当たり。11年に16年目にして通算1000安打を達成。12年を最後に引退してレッズのGM補佐に就任した。
【通算】17年、1490試合、3956打数1044安打、41本塁打、394打点、139盗塁、打率.264

ネッド・ガーヴァー
Ned Franklin Garver
1925.12.25～2017.2.26【出身地】オハイオ州ネイ【球団】48-52ブラウンズ　52-56タイガース　57-60アスレティックス　61エンジェルズ【位置】投手、右
【経歴】切れの良いスライダーで、ミッキー・マントルが苦手としていた投手。49年リーグワーストの17敗、50年もリーグ最多の22完投、同2位の防御率3.39と好投しながら13勝18敗と負け越した。翌51年は102敗を喫したチームにあって20勝(4位)、24完投(1位)と孤軍奮闘しMVP投票2位、オールスターでは先発のマウンドを踏む。同年は打撃でも打率.305、20勝目を挙げた試合で自ら決勝本塁打を放つ。代打での起用も多かった。通算では2ケタ勝利8回、守備も軽快だった。引退後7年間故郷ネイの市長を務めた。甥のブルース・ベレニーは通算44勝の投手。
【通算】14年、402試合、330先発、153完投、18完封、129勝157敗、2477.1回、881奪三振、防御率3.73
【タイトル】オールスター1回(51年)

スティーヴ・ガーヴィー
Steven Patrick Garvey
1948.12.22～【出身地】フロリダ州タンパ
【球団】69-82ドジャース　83-87パドレス
【位置】一塁、三塁、右
【経歴】70年代のドジャースで絶大な人気を誇った強打者。父親がドジャースのキャンプ地でチームのバス運転手をしていた関係で、少年時代からバットボーイを務める。68年ドラフト1位(第2回)でドジャースに入団。三塁手としては送球に難があり、72年は85試合で28失策の有り様で、73年一塁にコンバート。翌74年打率.312、21本塁打、111打点でMVPを受賞、オールスターでは投票用紙に名前がなかったにもかかわらず、記名投票で選ばれMVPに輝いた。
74年から7年間で200安打、打率3割を6回ずつ記録。77年自己最多の33本塁打、115打点、以後4年連続で100打点以上を叩き出した。大舞台に強く、ポストシーズンは通算55試合で打率.338、11本塁打、31打点。78年は4本塁打、7打点でプレイオフMVP、81年のワールドシリーズは24打数10安打。84年のプレイオフでは第4戦でサヨナラ本塁打、シリーズ合計7打点でパドレスの初優勝に貢献しMVPを受賞した。オールスターにも10回出場して打率.393だった。
74～83年にかけてはリーグ記録となる1207試合連続出場。一塁手として4回ゴールドグラブを受賞、84年は159試合で失策0だったが、実際にはあまり難しい打球を追わず、数字ほどの名手ではなかった。ファンやメディアへの応対は良かった反面、外面の良さがチームメイトに疎まれ、ドン・サットンと大喧嘩を繰り広げたこともあった。引退後は離婚騒動などもあって評判を落とし、政界進出も試みたが叶わなかった。背番号6はパドレスで初の永久欠番になっている。
【通算】19年、2332試合、8835打数2599安打、440二塁打、43三塁打、272本塁打、1308打点、83盗塁、479四球、1003三振、打率.294
【タイトル】MVP1回(74年)ゴールドグラブ4回(74～77年)オールスター10回(74～81,84～85年)

アル・カウエンズ
Alfred Edward Cowens
1951.10.25 ～ 2002.3.11【出身地】カリフォルニア州ロスアンジェルス【球団】74-79 ロイヤルズ　80 エンジェルズ　80-81 タイガース　82-86 マリナーズ【位置】外野、右
【経歴】69 年ドラフト 75 位という下位でロイヤルズに指名され入団。77 年は 162 試合にフル出場し打率 .312、14 三塁打 (3 位)、23 本塁打、112 打点 (4 位)。MVP 投票ではロッド・カルーに次ぎ 2 位に入った。マリナーズに移った 82 年も 20 本塁打、78 打点を記録したが、成績にはかなり波があった。
【通算】13 年、1584 試合、5534 打数 1494 安打、108 本塁打、717 打点、120 盗塁、打率 .270
【タイトル】ゴールドグラブ 1 回 (77 年)

ハンク・ガウディ
Henry Morgan Gowdy
1889.8.24 ～ 1966.8.1【出身地】オハイオ州コロンバス【球団】10-11 ジャイアンツ　11-17,19-23 ブレーヴス　23-25 ジャイアンツ　29-30 ブレーヴス【位置】捕手、右
【経歴】第一次世界大戦に徴兵された最初の選手。正捕手となった 14 年自己最多の 89 安打、46 打点、ワールドシリーズでは 11 打数 6 安打。うち 5 本が長打で、両軍を通じシリーズ唯一の本塁打を放つなど伏兵として活躍、世界一に貢献した。24 年は控え捕手として打率 .325、出塁率 .411 の好成績を残したが、ワールドシリーズ最終戦ではフライを捕球する際自らのキャッチャーマスクにつまずき落球、これが決勝点につながり世界一を逸する原因を作ってしまった。
【通算】17 年、1050 試合、2735 打数 738 安打、21 本塁打、322 打点、59 盗塁、打率 .270

クレイグ・カウンセル
Craig John Counsell
1970.8.21 ～【出身地】インディアナ州サウスベンド【球団】95,97 ロッキーズ　97-99 マーリンズ　99 ドジャース　2000-03 ダイアモンドバックス　04 ブルワーズ　05-06 ダイアモンドバックス　07-11 ブルワーズ【位置】二塁、遊撃、左
【経歴】高くバットを掲げる打撃フォームが特徴だったユーティリティ・プレイヤー。92 年ドラフト 11 位でロッキーズに入団、97 年途中マーリンズに移籍し打率 .299、プレイオフでも 19 打数 8 安打、ワールドシリーズ第 7 戦の 9 回裏に同点犠飛を放って世界一に結びつけた。同年のメジャー 1 号本塁打、翌 98 年の 2 号はともに満塁弾で、これは史上初。2001 年はダイアモンドバックスで 141 試合に出場、リーグ優勝決定シリーズは 21 打数 8 安打 4 打点で MVP に選出、2 度目の世界一を味わった。
　05 年は自己最多の 148 安打、34 二塁打、9 本塁打、42 打点、26 盗塁。打撃妨害で通算 12 回出塁している。11 年に 45 打席連続無安打の不名誉なタイ記録を作ってしまい、同年を最後に引退してブルワーズ GM の特別アシスタントに就任。15 年から監督を任され、豊富とは言えない戦力を駆使して上位を争い、最優秀監督賞投票で 3 回次点に食い込んだ。24 年に監督としては史上最高額の 5 年 4000 万ドルでカブスへ移った。
【通算】16 年、1624 試合、4741 打数 1208 安打、42 本塁打、390 打点、103 盗塁、打率 .255
【監督】2015-23 ブルワーズ　24 カブス　10 年、1494 試合、790 勝 704 敗、勝率 .529

エド・カークパトリック
Edgar Leon Kirkpatrick
1944.10.8 ～ 2010.11.15【出身地】ワシントン州スポーケン【球団】62-68 エンジェルズ　69-73 ロイヤルズ　74-77 パイレーツ　77 レンジャーズ　77 ブルワーズ【位置】外野、捕手、一塁、左
【経歴】62 年 17 歳でデビュー。66 年は 117 試合に出場したが打率 .192 にとどまり、レギュラー定着は 69 年新球団のロイヤルズに移ってから。翌 70 年自己最多の 18 本塁打、62 打点。強肩で、捕手として通算 .398 の盗塁阻止率を記録した。引退後の 81 年交通事故に遭い、以後は車椅子での生活となった。
【通算】16 年、1311 試合、3467 打数 824 安打、85 本塁打、424 打点、34 盗塁、打率 .238

ウィリー・カークランド　☆
Willie Charles Kirkland
1934.2.17 ～【出身地】アラバマ州シルリア【球団】58-60 ジャイアンツ　61-63 インディアンズ　64 オリオールズ　64-66 セネターズ【位置】外野、左
【経歴】確実性には欠けたが長打力に見

るべきものがあり、59年から4年連続20本塁打以上、61年は自己最多の27本塁打、95打点。7月9～13日にかけて、2死球と犠打をはさんで4打数連続本塁打を放った。68年阪神に入団し37本塁打(4位)。打席で爪楊枝をくわえる独特のスタイルで人気を博した。
【通算】9年、1149試合、3494打数837安打、148本塁打、509打点、52盗塁、打率.240
【日本】68-73阪神 6年、703試合、2273打数559安打、126本塁打、304打点、7盗塁、打率.246

ミッキー・カクレイン
Gordon Stanley Cochrane (Mickey)
1903.4.6～62.6.28【出身地】マサチューセッツ州ブリッジウォーター【球団】25-33アスレティックス 34-37タイガース【位置】捕手、左
【経歴】捕手としては史上1位の通算打率.320を誇る名選手。投手の性格に応じて巧みにリードを使い分け、29～31年のアスレティックス3連覇時には中心的な役割を果たした。抜群の運動神経で、ボストン大学ではフットボール、陸上、ボクシングなど様々なスポーツをこなす。25年新人で打率.331、以後8回3割を記録。28年は.293、10本塁打、57打点と数字は平凡ながら、守備面での貢献を評価されMVPに輝いた。
32年自己最多の23本塁打、112打点、翌33年は出塁率.459(1位)、通算出塁率も.419。球団の財政難により34年10万ドルの移籍金でタイガースへトレードされ、監督を兼任しながら打率.320で2度目のMVPに選ばれた。三振が非常に少なく、29年は606打席で8三振、最多でも34年の26回で通算217回だけだった。36年は二度にわたって神経衰弱でチームを離れ、翌37年5月25日には死球を顔面に受け頭蓋骨を骨折。10日間意識不明となる重傷で選手生命を断たれた。引退後海軍で少佐を務め、除隊後はコーチ、GMを経てタイガースの球団副社長となった。47年殿堂入り。
【通算】13年、1482試合、5169打数1652安打、119本塁打、830打点、64盗塁、打率.320
【タイトル】MVP2回(28,34年) 最高出塁率1回(33年) オールスター2回(34～35年)
【監督】34-38タイガース 5年、600試合、348勝250敗、勝率.582 リーグ優勝2回(34～35年) ワールドシリーズ優勝1回(35年)

マット・ガーザ
Matthew Scott Garza
1983.11.26～【出身地】カリフォルニア州セルマ【球団】2006-07ツインズ 08-10レイズ 11-13カブス 13レンジャーズ 14-17ブルワーズ【位置】投手、右
【経歴】2005年ドラフト1位でツインズに入団、レイズに移った08年に11勝。リーグ優勝決定シリーズでは2戦2勝、防御率1.38でシリーズMVPに選ばれた。真上から投げ下ろす角度を生かした投球で、10年は15勝、7月26日のタイガース戦で球団初のノーヒットノーランを達成。カブスへ移った翌11年は自己最多の197三振を奪った。07～14年の8年間は毎年防御率3点台と安定。気が短く、たびたび舌禍事件を起こした。
【通算】12年、290試合、284先発、10完投、4完封、93勝106敗1S、1710.2回、1380奪三振、防御率4.09

キッド・カーシー
Wilfred Carsey (Kid)
1872.10.22～1960.3.29【出身地】ニューヨーク州ニューヨーク【球団】1891ワシントン(AA) 92-97フィラデルフィア 97-98セントルイス 99クリーヴランド 99ワシントン 99ニューヨーク 1901ドジャース【位置】投手、右
【経歴】1891年18歳でワシントン(AA)に加わり、リーグワーストの37敗を喫する。翌92年移籍したフィラデルフィアでは主戦投手となり、93年20勝、95年自己最多の24勝を挙げた。スローボールでかわす投球スタイルで、通算防御率4.95は2000回以上投げた投手の中では最も悪い数字である。引退後はセミプロやマイナーの球団を作って興行を行なった。ニックネームの“キッド”は背が低かったのが由来。
【通算】10年、296試合、257先発、218完投、4完封、116勝138敗、2233.1回、486奪三振、防御率4.95

サンティアゴ・カシーヤ
Santiago Casilla
1980.7.25～【出身地】ドミニカ共和国サンクリストバル【球団】2004-09アスレティックス 10-16ジャイアンツ 17-18ア

スレティックス【位置】投手、右
【経歴】2000年にアスレティックスに入団した当時の名前はハイロ・ガルシア。07年からリリーフでメジャーに定着、ジャイアンツへ移った10年は52試合で防御率1.95。11、14年も1点台、15年は抑えとして自己最多の38セーブ、翌16年も31セーブを稼いだ。ポストシーズン通算25試合で防御率0.92、ワールドシリーズでは5試合、3.1回を投げ無安打。12年は世界一を決めた第4戦の勝利投手となった。
【通算】15年、655試合、0先発、42勝31敗144S、645.1回、583奪三振、防御率3.29

クレイトン・カーショウ　★

Clayton Edward Kershaw
1988.3.19～【出身地】テキサス州ダラス【球団】2008-24ドジャース【位置】投手、左
【経歴】快速球と大きなカーブで打者を圧倒し、3度のサイ・ヤング賞に輝いた名左腕。2006年ドラフト1位（全体7位）でドジャースに入団、08年20歳でメジャーに昇格し、11年は21勝、防御率2.28、248奪三振の投手三冠でサイ・ヤング賞。13年は16勝（3位）、いずれも1位の防御率1.83、232奪三振で2度目の受賞。7年2億1500万ドルの高額契約を結んだ14年は21勝、防御率1.77、6完投はいずれも1位、239三振を奪う一方で31四球のみ。41.2回連続無失点も記録し、6月18日のロッキーズ戦ではノーヒットノーランを達成。15奪三振、失策の走者を一人出しただけの準完全試合で、ナ・リーグでは46年ぶりにサイ・ヤング賞とMVPを同時受賞した。

15年に自己最多の301奪三振、17年は18勝で3度目の最多勝、防御率2.31は5度目の1位と活躍を続け、18年まで10年連続で防御率2点台以下だった。しかしながらポストシーズンでは通算38試合で13勝13敗、防御率4.49。ワールドシリーズでも7試合で3勝2敗、4.46だったが、20年は2戦2勝で世界一に貢献した。30代に入ってから故障が多くなり、20年以降は規定投球回をクリアできなかったが、23年も12度目の2ケタとなる13勝。負け越した年は一度もなかった。社会活動に熱心に取り組み、12年クレメンテ賞、13年リッキー賞を受賞。冥王星の発見者クライド・トンボーは大叔父に当たる。
【通算】17年、432試合、429先発、25完投、15完封、212勝94敗0S、2742.2回、2968奪三振（21位）、防御率2.50
【タイトル】MVP1回（2014年）サイ・ヤング賞3回（2011,13～14年）最多勝3回（11,14,17年）最優秀防御率5回（11～14,17年）最多奪三振3回（11,13,15年）ゴールドグラブ1回（11年）オールスター10回（11～17,19,22～23年）

柏田貴史　☆

Takashi Kashiwada
1971.5.14～【出身地】熊本県八代市【球団】97メッツ【位置】投手、左
【経歴】八代工から90年ドラフト外で巨人に入団。日本では94年に1勝したのみと鳴かず飛ばずだったが、97年メッツのキャンプに参加中、左腕からのクセ球に目をつけられ、巨人を退団しメッツ入り。35試合で3勝、防御率4.31とまずまずの結果を残した。同年限りで解雇され98年巨人に復帰、99～2000年は50試合以上に登板した。
【通算】1年、35試合、0先発、3勝1敗0S、31.1回、19奪三振、防御率4.31
【日本】94-96,98-2004巨人　10年、203試合、0先発、4勝2敗1S、186.1回、115奪三振、防御率3.91

フランキー・ガスタイン

Frank William Gustine
1920.2.20～91.4.1【出身地】イリノイ州フープストン【球団】39-48パイレーツ　49カブス　50ブラウンズ【位置】二塁、三塁、遊撃、右
【経歴】39年19歳でメジャーに昇格、翌40年正二塁手となる。性格が良く皆に好かれ、ピッツバーグではかなりの人気選手だった。46年から3年連続でオールスターに出場、47年はリーグ3位の183安打、自己最高の打率.297、67打点を記録した。ホーナス・ワグナー、パイ・トレイナーと親しく、両者の葬儀で棺側付添人を務めた。
【通算】12年、1261試合、4582打数1214安打、38本塁打、480打点、60盗塁、打率.265
【タイトル】オールスター3回（46～48年）

ジョン・カスティノ

John Anthony Castino
1954.10.23～【出身地】イリノイ州エヴァ

ンストン【球団】79-84 ツインズ【位置】三塁、二塁、右
【経歴】76 年ドラフト 3 位でツインズに入団。79 年打率 .285、52 打点、三塁守備も高く評価され新人王に選ばれる。翌 80 年は自己最高の打率 .302、13 本塁打、64 打点。81 年もリーグ最多の 9 三塁打を放ったが、腰痛に悩まされ続け 29 歳で引退に追い込まれた。
【通算】6 年、666 試合、2320 打数 646 安打、41 本塁打、249 打点、22 盗塁、打率 .278
【タイトル】新人王（79 年）

ビニー・カスティーヤ
Vinicio Castilla
1967.7.4 ～【出身地】メキシコ合衆国オアハカ【球団】91-92 ブレーヴス　93-99 ロッキーズ　2000-01 レイズ　01 アストロズ　02-03 ブレーヴス　04 ロッキーズ　05 ナショナルズ　06 パドレス　06 ロッキーズ【位置】三塁、遊撃、右
【経歴】メキシコ人選手で最多の 320 本塁打を放った強打者。メキシカン・リーグを経て 90 年ブレーヴスと契約。93 年拡張ドラフトでロッキーズに移り、正三塁手となった 95 年 32 本塁打（5 位）。96 ～ 97 年は 2 年続けてまったく同じ打率 .304、40 本塁打、113 打点だった。98 年自己記録の打率 .319、206 安打（3 位）、46 本塁打（4 位）、144 打点（3 位）。守備でも 96 ～ 97 年に 2 年連続最多補殺を記録した。レイズに移籍した 2000 年は 85 試合で 6 本塁打、翌 01 年も不振で解雇されたが、アストロズに拾われ 23 本塁打、82 打点と復調。5 年ぶりにロッキーズに復帰した 04 年は 35 本塁打、131 打点は 1 位だった。
【通算】16 年、1854 試合、6822 打数 1884 安打、320 本塁打、1105 打点、33 盗塁、1069 三振、打率 .276
【タイトル】打点王 1 回（2004 年）オールスター 2 回（95,98 年）

フランク・カスティーヨ
Frank Anthony Castillo
1969.4.1 ～【出身地】テキサス州エルパソ【球団】91-97 カブス　97 ロッキーズ　98 タイガース　2000 ブルージェイズ　01-02,04 レッドソックス　05 マーリンズ【位置】投手、右
【経歴】87 年ドラフト 6 位でカブスに入団。変化球中心の投球で 92 年 10 勝、95 年 11 勝を挙げるが 96 年はリーグワーストの 16 敗。翌 97 年は自己最多の 12 勝、カブスとロッキーズに在籍して成績はいずれもまったく同じ 6 勝、防御率 5.42 だった。2000 ～ 01 年も 2 年連続で 2 ケタ勝利を挙げている。
【通算】13 年、297 試合、268 先発、10 完投、3 完封、82 勝 104 敗 2 S、1595.1 回、1101 奪三振、防御率 4.56

ルイス・カスティーヨ
Luis Antonio Castillo
1975.9.12 ～【出身地】ドミニカ共和国サンペドロデマコリス【球団】96-2005 マーリンズ　06-07 ツインズ　07-10 メッツ【位置】二塁、両
【経歴】93 年マーリンズに入団し、96 年 20 歳でメジャーに昇格、99 年は打率 .302、50 盗塁（4 位）。翌 2000 年は打率 .334（5 位）、62 盗塁でタイトルを取った。02 年は二塁手としての最長記録となる 35 試合連続安打を達成、48 盗塁で 2 度目の盗塁王。通算では 7 回打率 3 割以上、選球眼も良く通算出塁率 .368。守備では 03 年から 3 年連続ゴールドグラブ、06 ～ 07 年に 143 試合連続無失策の二塁手記録を樹立した。
【通算】15 年、1720 試合、6510 打数 1889 安打、28 本塁打、443 打点、370 盗塁、打率 .290
【タイトル】盗塁王 2 回（2000,02 年）ゴールドグラブ 3 回（03 ～ 05 年）オールスター 3 回（02 ～ 03,05 年）

ニック・カステヤノス　★
Nicholas Alexander Castellanos
1992.3.4 ～【出身地】フロリダ州ハイアリーア【球団】2013-19 タイガース　19 カブス　20-21 レッズ　22-24 フィリーズ【位置】外野、三塁、右
【経歴】2010 年ドラフト 1 位でタイガースに入団。14 年正三塁手となり、17 年は 26 本塁打、101 打点、リーグ 1 位の 10 三塁打。外野へコンバートされた 18 年は 185 安打（3 位）、46 二塁打（4 位）、シーズン途中でカブスへトレードされた 19 年はメジャー最多の 58 二塁打を放った。21 年は初の打率 3 割となる .309、34 本塁打も自己最多。23 年は 106 打点、ディヴィジョンシリーズの第 3 戦と第 4 戦で 2 試合続けて 2 本塁打を放った。守備は三塁、外野のどちらでも低評価。昔気質で、データ野球を毛嫌いしていた。

【通算】12年、1541試合、5865打数1605安打、233本塁打、848打点、38盗塁、1484三振、打率.274
【タイトル】オールスター2回(2021,23年)

ジャック・カスト
John Joseph Cust
1979.1.16～【出身地】ニュージャージー州フレミングトン【球団】2001ダイアモンドバックス　02ロッキーズ　03-04オリオールズ　06パドレス　07-10アスレティックス　11マリナーズ【位置】DH、外野、左
【経歴】97年ドラフト1位でダイアモンドバックスに入団。長打力と選球眼が売り物で、07年から3年連続25本塁打以上、08年は33本。同年の111四球はリーグ最多だったが、打率は.231と低く、三振もリーグ最多の197個。09年まで3年連続で最多三振を喫した。巨体で動きが鈍く、守備の評価も低かった。
【通算】10年、670試合、2107打数510安打、105本塁打、323打点、6盗塁、打率.242

スターリン・カストロ
Starlin DeJesus Castro
1990.3.24～【出身地】ドミニカ共和国モンテクリスティ【球団】2010-15カブス　16-17ヤンキース　18-19マーリンズ　20-21ナショナルズ【位置】遊撃、二塁、右
【経歴】2007年カブスに入団、10年20歳でメジャーに昇格すると5月7日のデビュー戦で初打席本塁打を含む6安打。同年は打率.300、翌11年も.307で2年連続3割をクリアしたのに加え、リーグ最多の207安打、36二塁打、9三塁打(5位)。守備でも11・12年は刺殺、補殺の両部門で1位だったが、失策も13年まで3年連続ワーストと堅実さを欠いた。12年オフに8年間の延長契約を結んだ後は、3割は一度だけと停滞。自己最多の22本塁打、86打点を記録した19年がレギュラーで出た最後の年だった。
【通算】12年、1573試合、6148打数1722安打、138本塁打、678打点、89盗塁、1108三振、打率.280
【タイトル】オールスター4回(11～12,14,17年)

フアン・カストロ
Juan Gabriel Castro
1972.6.20～【出身地】メキシコ合衆国ロスモチス【球団】95-99ドジャース　2000-04レッズ　05-06ツインズ　06-08レッズ　08オリオールズ　09ドジャース　10フィリーズ　10-11ドジャース【位置】遊撃、右
【経歴】打撃は非力ながらも、ユーティリティ・プレイヤーとして2001～04年は毎年内野の全ポジションで出場した。打撃ではレッズ時代の03年に113試合に出場し、81安打、9本塁打、33打点を記録したのが自己最高。通算36本の本塁打はすべて異なる投手から放った。
【通算】17年、1103試合、2627打数601安打、36本塁打、234打点、5盗塁、打率.229

シト・ガストン
Clarence Edwin Gaston (Cito)
1944.3.17～【出身地】テキサス州サンアントニオ【球団】67ブレーヴス　69-74パドレス　75-78ブレーヴス　78パイレーツ【位置】外野、右
【経歴】ブレーヴスから69年拡張ドラフトでパドレスに加わり、翌70年は打率.318、29本塁打、93打点と活躍。三振が多くその後は今一つの成績に終わった。82年からブルージェイズの打撃コーチとして若手打者を育て、89年途中監督に昇格。92年黒人監督として初めてリーグ優勝、ワールドシリーズも制した。翌93年も16年ぶりとなるワールドシリーズ2連覇を果たしたが、落ち着きがある反面選手任せでもある采配はそれほど高くは評価されなかった。2002年にブルージェイズのフロント入りし、08年途中から11年ぶりに監督に復帰。ニックネームのシトは同名のメキシコ人レスラーに似ているのが理由だった。
【通算】11年、1026試合、3120打数799安打、91本塁打、387打点、13盗塁、打率.256
【タイトル】オールスター1回(70年)
【監督】89-97,2008-10ブルージェイズ12年、1731試合、894勝837敗、勝率.516　リーグ優勝2回(92～93年)ワールドシリーズ優勝2回(92～93年)

ミルト・ガストン
Nathaniel Milton Gaston
1896.1.27～1996.4.26【出身地】ニュージャージー州リッジフィールドパーク【球団】24ヤンキース　25-27ブラウンズ　28セネターズ　29-31レッドソックス　32-34ホワイトソックス【位置】投手、右

【経歴】マイナーを経験せず24年28歳でメジャーにデビュー。翌25年自己最多の15勝（14敗）を挙げたが、以後9年間一度も勝ち越した年がなかった。26、30年はリーグ最多敗戦。28年7月10日には14安打を浴びながらも完封勝利の珍記録を達成している。当時はまだ珍しかったフォークボールを投げたが、暴投になることも多かった。32年には審判のジョージ・モリアーティを殴って10日間の出場停止処分。96年に100歳の長寿を全うした。兄アレックスは捕手で、レッドソックス時代にバッテリーを組んだ。
【通算】11年、355試合、269先発、128完投、10完封、97勝164敗、2105回、615奪三振、防御率4.55

ジェレミー・ガスリー
Jeremy Guthrie
1979.4.8～【出身地】オレゴン州ローズバーグ【球団】2004-06インディアンズ　07-11オリオールズ　12ロッキーズ　12-15ロイヤルズ　17ナショナルズ【位置】投手、右
【経歴】2002年ドラフト1位で入団したインディアンズ時代は0勝。オリオールズ移籍後08～10年に3年続けて2ケタ勝利を挙げるも、09年と11年はリーグ最多の17敗を喫した。緩急を使った投球で、13年は自己最多の15勝、翌14年も13勝。ワールドシリーズ第3戦で勝利投手となった。被本塁打が多く、09年の35本を最多として07～15年は毎年20本以上打たれた。母親が日系人で、日本食を好んで食べていた。エコロジー活動に熱心であるほか、スニーカーの膨大なコレクションでも知られた。
【通算】13年、306試合、273先発、8完投、2完封、91勝109敗0S、1765.1回、1046奪三振、防御率4.42

マーク・ガスリー
Mark Andrew Guthrie
1965.9.22～【出身地】ニューヨーク州バッファロー【球団】89-95ツインズ　95-98ドジャース　99レッドソックス　99-2000カブス　00レイズ　00ブルージェイズ　01アスレティックス　02メッツ　03カブス【位置】投手、左
【経歴】87年ドラフト7位でツインズに入団。メジャー昇格当初は先発要員で90年に7勝、防御率3.79とまずまずの数字を残したが、91年以降は左の中継ぎとしての起用がほとんど。フォークボールを武器とし、95年5月25日はリリーフで6回を投げ12三振を奪う。ドジャース移籍後の96年は66試合で防御率2.22。2000年は3球団に在籍し、自己最多の76試合に登板。現役最後の03年も65試合で防御率2.74だった。息子のダルトンは外野手。
【通算】15年、765試合、43先発、3完投、1完封、51勝54敗14S、978.2回、778奪三振、防御率4.05

クリス・カーター
Vernon Christopher Carter
1986.12.18～【出身地】カリフォルニア州レッドウッドシティ【球団】2010-12アスレティックス　13-15アストロズ　16ブルワーズ　17ヤンキース【位置】一塁、DH、右
【経歴】2005年ドラフト15位でホワイトソックスに入団。打撃はパワフルではあったが大雑把で、アスレティックスからアストロズへ移った13年は29本塁打を放つも212三振はリーグワースト。翌14年は37本塁打、16年は41本でタイトルを獲得したにもかかわらず、打率.222、2度目のワーストとなる206三振の粗さが敬遠され、ブルワーズから契約更新を見送られた。親日家であることから日本行きも検討したが、17年にヤンキースで打率.201に終わるとメジャーから消えた。
【通算】8年、750試合、2469打数536安打、158本塁打、400打点、12盗塁、打率.217
【タイトル】本塁打王1回（2016年）

ゲイリー・カーター
Gary Edmund Carter
1954.4.8～2012.2.16【出身地】カリフォルニア州カルヴァーシティ【球団】74-84エクスポズ　85-89メッツ　90ジャイアンツ　91ドジャース　92エクスポズ【位置】捕手、外野、右
【経歴】70～80年代を代表する強打の捕手。72年ドラフト3位でエクスポズに入団、75年捕手と右翼手兼任で144試合に出場し、打率.270、17本塁打で新人王投票次点に食い込む。捕手一本にしぼった77年は31本塁打。80年いずれもリーグ4位の29本塁打、101打点。81年はオールスターで2本塁打を放ちMVP、プレイオフは35打数15安打、2本塁打、6打点。84年は106打点で打点王、オールスターで決勝本塁打を放ち2度目の

MVP。学生時代から文武両道のエリートで、フランス語も話しモントリオールでは絶大な人気を誇ったが、優等生的な振る舞いと高額な年俸のせいで、チームメイトの間では人気がなかったと言われる。

85年4対1の大型トレードでメッツへ移籍。86年は105打点（3位）、ワールドシリーズでは第4戦で2打席連続本塁打、第6戦では2点を追う10回裏二死からヒットで出塁し、奇跡的な逆転勝利を呼び込んだ。シリーズ合計では9打点を稼ぎ世界一に貢献。守備でも補殺と併殺で5回ずつ1位、盗塁阻止率で3回1位となり、80年から3年連続ゴールドグラブを受賞した。2003年殿堂入り。

【通算】19年、2296試合、7971打数2092安打、371二塁打、31三塁打、324本塁打、1225打点、39盗塁、848四球、997三振、打率.262

【タイトル】打点王1回（84年）ゴールドグラブ3回（80～82年）オールスター11回（75,79～88年）

ジョー・カーター
Joseph Chris Carter

1960.3.7～【出身地】オクラホマ州オクラホマシティ【球団】83カブス　84-89インディアンズ　90パドレス　91-97ブルージェイズ　98オリオールズ　98ジャイアンツ【位置】外野、一塁、右

【経歴】ウィチタ州立大学時代にNCAA記録の349安打を放ち、81年ドラフト1位（全体2位）でカブスに入団。インディアンズ移籍後の85年レギュラーとなり、翌86年リーグ最多の121打点を稼ぐ。87年は32本塁打、31盗塁で30－30を達成。90年パドレスに移籍し115打点（3位）、翌91年は再びトレードによってブルージェイズへ。89～91年は3年続けて異なる球団でフル出場し100打点以上を挙げた。92年は34本塁打（4位）、119打点（2位）でブルージェイズの優勝に大きく貢献、ワールドシリーズでも2本塁打。2年連続出場となった93年のシリーズでは、第6戦で世界一を決める劇的な逆転サヨナラ3ランを放り込んだ。100打点以上10回は史上6人目、1試合3本塁打5回のア・リーグ記録も持つ。人間的にも素晴らしく、若手の模範的な存在だった。

【通算】16年、2189試合、8422打数2184安打、432二塁打、53三塁打、396本塁打、1445打点、231盗塁、527四球、1387三振、打率.259

【タイトル】打点王1回（86年）オールスター5回（91～94,96年）

マイケル・カダイアー
Michael Brent Cuddyer

1979.3.27～【出身地】ヴァージニア州ノーフォーク【球団】2001-11ツインズ　12-14ロッキーズ　15メッツ【位置】外野、右

【経歴】97年ドラフト1位（全体9位）でツインズに入団。当初は三塁手だったが二塁や外野なども守り、2006年右翼手としてレギュラーに定着、41二塁打、24本塁打、109打点。09年は自己最多の32本塁打、9月以降は10本塁打、29打点で逆転地区優勝に大きく貢献した。ロッキーズ移籍後の13年は打率.331、13年目で初めて3割を超えただけでなく首位打者に輝いた。翌14年はツインズ時代の09年に次ぎ、史上3人目となる両リーグでのサイクルヒットを達成。トランプ手品が特技でチームメイトにも披露していた。

【通算】15年、1536試合、5488打数1522安打、197本塁打、794打点、75盗塁、1101三振、打率.277

【タイトル】首位打者1回（2013年）オールスター2回（11,13年）

フランク・カタラノット
Frank John Catalanotto

1974.4.27～【出身地】ニューヨーク州スミスタウン【球団】97-99タイガース　2000-02レンジャーズ　03-06ブルージェイズ　07-08レンジャーズ　09ブルワーズ　10メッツ【位置】外野、左

【経歴】92年ドラフト10位でタイガースに入団。2000年レンジャーズに移籍し、5月には13打席連続出塁を記録。翌01年は自己最多の153安打を放ち、.330（5位）の高打率を残す。ブルージェイズに移籍した03年に自己最多の13本塁打、59打点。同年から4年連続で打率.290以上だったが、左投手に対し通算打率.239と弱く、レギュラーになりきれなかった。

【通算】14年、1265試合、3824打数1113安打、84本塁打、457打点、45盗塁、打率.291

ドン・ガッターリッジ
Donald Joseph Gutteridge

1912.6.19～2008.9.7【出身地】カンザス州ピッツバーグ【球団】36-40カーディナルス　42-45ブラウンズ　46-47レッドソックス　48パイレーツ【位置】二塁、三塁、

右
【経歴】小柄ながら闘志に溢れた三塁手で、38年にリーグ2位の15三塁打。ブラウンズに移った42年からは二塁を守り、同年自己最多の157安打。ブラウンズが唯一優勝した44年は11三塁打(3位)、20盗塁(5位)の活躍だった。69年途中ホワイトソックスの監督に就任したが、成績不振で翌70年途中解任された。従兄弟のレイ・ミューラーはレッズのオールスター捕手だった。
【通算】12年、1151試合、4202打数1075安打、39本塁打、391打点、95盗塁、打率.256
【監督】69-70ホワイトソックス　2年、281試合、109勝172敗、勝率.388

ジム・カット
James Lee Kaat
1938.11.7～【出身地】ミシガン州ジーランド【球団】59-73セネターズ/ツインズ　73-75ホワイトソックス　76-79フィリーズ　79-80ヤンキース　80-83カーディナルス【位置】投手、左
【経歴】50年代から80年代まで投げ続けた名左腕。制球力とテンポの良さが持ち味で、シンカーやスクリューボールを操り62年5完封(1位)を含む18勝、以後15年連続で2ケタ勝利を挙げる。65年も18勝(3位)、ワールドシリーズでは3試合サンディ・コーファックスと投げ合い1勝2敗だった。66年は25勝、19完投、304.2投球回がすべて1位、205奪三振も2位。9回平均1.6四球もリーグ最少だったが、当時は両リーグで1人しかサイ・ヤング賞に選ばれなかったため、受賞は逸した。
　73年途中ウェーバーでホワイトソックスへ移籍し、74年21勝、75年20勝(4位)と勝ち星を重ねる。40歳を過ぎてからは中継ぎに回り、82年は43歳にして自己最多の62試合に登板、17年ぶりのワールドシリーズでも4試合投げた。機敏なフィールディングと巧みなクイックモーションで、62年から史上最長となる16年続けてゴールドグラブを受賞。通算16本塁打と打撃にも見るべきものがあった。引退後はヤンキース戦などで実況や解説を務めたほか、オリンピックやWBCの放送にも携わり、エミー賞を7回受賞した。2022年殿堂入り。
【通算】25年、898試合(28位)、625先発(17位)、180完投、31完封、283勝(30位)237敗(15位)17S、4530.1回(24位)、2461奪三振、1083四球、防御率3.45
【タイトル】最多勝1回(66年)ゴールドグラブ16回(62～77年)オールスター3回(62,66,75年)

ジョージ・カットショウ
George William Cutshaw
1886.7.29～1973.8.22【出身地】イリノイ州ウィルミントン【球団】12-17ドジャース　18-21パイレーツ　22-23タイガース【位置】二塁、右
【経歴】好守の二塁手で、守備範囲が広く刺殺で5回、補殺で4回1位となる。打撃も安定しており、12年から11年連続100安打以上、三振は最多でも35個にとどまった。14年はリーグ2位の12三塁打、パイレーツに移籍した18年は5本塁打(4位)、68打点(2位)。足も速く13年は自己最多の39盗塁(5位)、19年は36盗塁で2位。21年は98試合と出場数は少なかったが、自己最高の打率.340を記録した。
【通算】12年、1516試合、5621打数1487安打、25本塁打、653打点、271盗塁、打率.265

ジョージ・カッピー
George Joseph Cuppy
1869.7.3～1922.7.26【出身地】オハイオ州ワシントンタウンシップ【球団】1892-98クリーヴランド　99セントルイス　1900ボストン　01レッドソックス【位置】投手、右
【経歴】本名はKoppe。色黒だったため"ニグ(黒人)"というニックネームをつけられた。力のある速球で、1892年新人で28勝、防御率2.51(4位)。94年から3年連続20勝以上とサイ・ヤングと並ぶクリーヴランドのエース格だった。グラブを使用した最も初期の投手でもある。打者の平常心を乱すため意図的に投球動作を遅くし、ブーイングを浴びても却ってそれを楽しむ度胸の座った選手であった。
【通算】10年、302試合、262先発、224完投、9完封、163勝98敗、2283回、504奪三振、防御率3.48

タイ・カッブ
Tyrus Raymond Cobb
1886.12.18～1961.7.17【出身地】ジョージア州ナロウズ【球団】05-26タイガース　27-28アスレティックス【位置】外野、左

【経歴】史上最高の選手の一人。生涯打率.366はニグロ・リーガーを除けば断然1位、通算4189安打もピート・ローズに抜かれるまで長い間1位だった。グリップの間隔を空けることで卓越したバットコントロールを実現し、2年目以降の23年で一度も打率3割を下回ることなく、07～19年まで13年間で11回の首位打者となる。09年は打率.377、9本塁打(すべてランニング本塁打)、107打点、76盗塁で史上唯一の四冠王。10年も打率.382で首位打者とされたが、のちの調査でナップ・ラジョイが1厘上回っていたことが判明した。
11年は打率.419、248安打、47二塁打、24三塁打、127打点、長打率.621がすべてリーグ最多かつ自己最高の数字を残し、41試合連続安打も記録。翌12年も.409で2年連続打率4割。通算では200安打以上9回、100打点以上7回、50盗塁以上9回。15年の年間96盗塁と通算897盗塁は長い間近代メジャー記録として残っていた。足の速さばかりでなく頭脳的な走塁が光り、史上1位となる50回の本盗を決めている。
野球選手としての技能は非の打ち所がないが、球界最大の嫌われ者というもう一つの顔もあった。スパイクの刃を研いで対戦相手を威嚇したと言われ(本人は否定)、スライディングの際には足を高く上げてタッチをはねのけた。また相手選手、チームメイト、審判、ファンと相手かまわず喧嘩を繰り広げ、人種差別的な行動も多々あった。12年5月には野次を飛ばした観客に暴行を加え、無期限出場停止を言い渡されたが、チームメイトが抗議のストライキを決行したため10日間の処分に減刑された。これらは比類なき闘争心の現れでもあり、また実際にはかなり誇張されて伝わっている話もあるとされる。葬儀に球界関係者が3名しか参列しなかったとのエピソードも、家族が密葬を希望したのが真相とも言われる。
このような側面はあっても、36年に野球殿堂が設立された際には、ベーブ・ルースをしのぎ最多得票で初代メンバーに選ばれるなど、選手としての評価が揺らぐことはなかった。21年からは監督を兼任、翌22年に3度目の打率4割となる.401。八百長に関与した疑惑を持たれたため26年辞任、最後の2年間はアスレティックスで過ごした。現役時代から投資に熱心で、コカ・コーラ社などの株で大儲けし、61年に死去した際には1000万ドル以上の資産を遺した。
【通算】24年、3034試合(6位)、11440打数(5位) 4189安打(2位)、724二塁打(4位)、295三塁打(2位)、117本塁打、1944打点(8位)、897盗塁(4位)、1249四球、680三振、打率.366
【タイトル】首位打者11回(07～09,11～15,17～19年) 本塁打王1回(09年) 打点王4回(07～09,11年) 盗塁王6回(07,09,11,15～17年) 最高出塁率7回(09～10,13～15,17～18年)
【監督】21-26タイガース　6年、933試合、479勝444敗、勝率.519

リコ・カーティ
Ricardo Adolfo Jacobo Carty
1939.9.1～2024.11.23【出身地】ドミニカ共和国サンペドロデマコリス【球団】63-67,69-70,72ブレーヴス　73レンジャーズ　73カブス　73アスレティックス　74-77インディアンズ　78ブルージェイズ　78アスレティックス　79ブルージェイズ【位置】外野、DH、右
【経歴】プロ入り時に10球団が争奪戦を演じた逸材で、少年時代はボクシングでも有望視されていた。レギュラーとなった64年は打率.330(2位)、22本塁打、88打点。66年も.326(3位)、69年.342(規定打席不足)と高打率を残し続け、70年は打率.366、出塁率.454の両部門で1位となったのに加え、25本塁打、101打点、31試合連続安打も記録。オールスターでは史上初めて、投票用紙に名前がなかったが記名投票で選出された。
その一方で68年は肺結核で全休、69年はシーズン中に7回も肩を脱臼、71年もウィンター・リーグで膝を負傷し全休するなど、絶えず故障と闘い続けたほか、チームメイトや首脳陣とも衝突を繰り返した。73年は3球団に所属し打率.229の不振で、74年はメキシコでプレイしていたところをインディアンズに拾われ、中心打者として復活。75·76年は2年連続打率3割、78年は38歳にして31本塁打、99打点の好成績だった。
【通算】15年、1651試合、5606打数1677安打、204本塁打、890打点、21盗塁、打率.299
【タイトル】首位打者1回(70年) 最高出塁率1回(70年) オールスター1回(70年)

ジョン・カーティス
John Duffield Curtis

1948.3.9 ～【出身地】マサチューセッツ州ニュートン【球団】70-73 レッドソックス　74-76 カーディナルス　77-79 ジャイアンツ　80-82 パドレス　82-84 エンジェルズ【位置】投手、左

【経歴】66 年にインディアンズからドラフト 1 位で指名されるも入団拒否。クレムソン大学に進学してノーヒットノーラン 3 回、国際試合でキューバに勝つなど活躍し、68 年ドラフト 1 位（第 2 回）でレッドソックスに入団。左腕からのカーブで 72 年から 3 年連続 2 ケタ勝利、73 年は 4 完封を含む13 勝を挙げる。その後リリーフに回ったが、79 ～ 80 年は先発に戻り 10 勝した。

【通算】15 年、438 試合、199 先発、42 完投、14 完封、89 勝 97 敗 11 S、1641 回、825 奪三振、防御率 3.96

チャド・カーティス
Chad David Curtis

1968.11.6 ～【出身地】インディアナ州マリオン【球団】92-94 エンジェルズ　95-96 タイガース　96 ドジャース　97 インディアンズ　97-99 ヤンキース　2000-01 レンジャーズ【位置】外野、右

【経歴】89 年ドラフト 45 位でエンジェルズに入団。積極的なプレイが持ち味で、92 年新人で 43 盗塁、翌 93 年は自己最多の 166 安打、48 盗塁（5 位）。タイガースに移った 95 年に 29 二塁打、21 本塁打を放った。99 年はヤンキースでワールドシリーズに出場、第 3 戦でサヨナラ弾を含む 2 本塁打を放つ殊勲を挙げた。

【通算】10 年、1204 試合、4017 打数 1061 安打、101 本塁打、461 打点、212 盗塁、打率 .264

エディー・ガデル
Edward Carl Gaedel

1925.6.8 ～ 61.6.18【出身地】イリノイ州シカゴ【球団】51 ブラウンズ【位置】代打、右

【経歴】身長 108cm、体重 30kg の小人で、本職は新聞社のメッセンジャー・ボーイ。ブラウンズのオーナー、ビル・ヴェックの発案により 1 打席 100 ドルで契約し、51 年 8 月 19 日のタイガース戦に背番号 1/8 をつけ登場。代打として打席に立ち、ボブ・ケインから四球を選んだのが最初で最後の出場機会となった。ア・リーグのウィル・ハリッジ会長は、公式記録からガデルの名を抹消しようと試みたものの、失敗に終わった。後年、ヴェックがオーナーだった時代のホワイトソックス戦でも火星人に扮して選手をさらう小芝居を演じた。36 歳で死去、葬儀には球界からただ一人ケインが参列した。

【通算】1 年、1 試合、0 打数 0 安打、0 本塁打、0 打点、0 盗塁

ロン・ガーデンハイア
Ronald Clyde Gardenhire

1957.10.24 ～【出身地】ドイツ連邦共和国ブッツバッハ【球団】81-85 メッツ【位置】遊撃、右

【経歴】79 年ドラフト 6 位でメッツに入団。82 年は正遊撃手として 141 試合に出場したが、打率 .240、3 本塁打と打撃が弱くレギュラーには定着できなかった。引退後ツインズでマイナー監督、三塁コーチを長く務めたのち、2002 年監督に昇格。同年からの 3 年連続を含む 6 度の地区優勝を飾り、10 年に最優秀監督賞を受賞したが、リーグ優勝には手が届かなかった。冗談好きでマスコミ受けもよく、慈善活動にも積極的に取り組んだ。

【通算】5 年、285 試合、710 打数 165 安打、4 本塁打、49 打点、13 盗塁、打率 .232

【監督】2002-14 ツインズ　18-20 タイガース　16 年、2480 試合、1200 勝 1280 敗、勝率 .484

加藤豪将　☆
Gosuke John Katoh

1994.10.8 ～【出身地】カリフォルニア州マウンテンヴュー【球団】2022 ブルージェイズ【位置】二塁、左

【経歴】アメリカ生まれで米国籍を持つ日本人選手。2013 年ドラフト 2 位の高評価でヤンキースに入団したが、なかなかメジャーに上がれずマーリンズ、パドレスなどを転々とする。プロ 10 年目の 22 年、ブルージェイズで初昇格を果たすと 8 試合に出場、4 月 27 日に唯一の安打となる二塁打を放った。同年日本プロ野球のドラフトで日本ハムに 3 位指名され入団したが、あまり活躍できずに 24 年限りで引退し、ブルージェイズのフロント入りした。

【通算】1 年、8 試合、7 打数 1 安打、0 本塁打、0 打点、0 盗塁、打率 .143

【日本】2023-24 日本ハム　2 年、90 試合、258 打数 52 安打、6 本塁打、17 打点、3 盗塁、打率 .202

ドン・カードウェル
Donald Eugene Cardwell
1935.12.7 ～ 2008.1.14【出身地】ノースカロライナ州ウィンストンセーラム【球団】57-60 フィリーズ　60-62 カブス　63-66 パイレーツ　67-70 メッツ　70 ブレーヴス【位置】投手、右
【経歴】速球が自慢で、カブス移籍後の初先発となった 60 年 5 月 15 日のカーディナルス戦でノーヒットノーランを達成。翌 61 年に自己最多の 15 勝を挙げる。64 年は肩の故障のため 4 試合にしか投げられなかったが、続く 65 年 13 勝と復活。63、65 年の 2 度最多死球を与えた。69 年は 8 月以降 5 連勝し、初優勝に貢献。ボールをグラブに入れたまま投球動作を開始し、振りかぶった時点で初めてボールを握る特殊な投げ方だった。打撃も良く、通算 15 本塁打を放っている。
【通算】14 年、410 試合、301 先発、72 完投、17 完封、102 勝 138 敗 7 S、2123 回、1211 奪三振、防御率 3.92

ビリー・ガードナー
William Frederick Gardner
1927.7.19 ～ 2024.1.3【出身地】コネティカット州ニューロンドン【球団】54-55 ジャイアンツ　56-59 オリオールズ　60-61 セネターズ / ツインズ　61-62 ヤンキース　62-63 レッドソックス【位置】二塁、遊撃、三塁、右
【経歴】強肩が自慢の内野手で、56 年 28 歳で正二塁手となり、翌 57 年リーグ最多の 36 二塁打、自己最多の 169 安打。守備率 .987 も 1 位だった。リーダーシップも高く評価され、81 年から 5 年間ツインズの監督を務め、84 年に最高位の 2 位。87 年は病気のディック・ハウザーに代わってロイヤルズの指揮を執った。
【通算】10 年、1034 試合、3544 打数 841 安打、41 本塁打、271 打点、19 盗塁、打率 .237
【監督】81-85 ツインズ　87 ロイヤルズ　6 年、747 試合、330 勝 417 敗、勝率 .442

ブレット・ガードナー
Brett Michael Gardner
1983.8.24 ～【出身地】サウスカロライナ州ホリーヒル【球団】2008-21 ヤンキース【位置】外野、左
【経歴】2005 年ドラフト 3 位でヤンキースに入団。俊足好守の外野手で、正左翼手となった 10 年は 47 盗塁（3 位）、.383 の高出塁率。翌 11 年はリーグ最多の 49 盗塁、8 三塁打（4 位）、プレイオフでも 17 打数 7 安打 5 打点と活躍した。12 年は肘を痛めて 16 試合の出場にとどまったが、翌 13 年は 10 三塁打（1 位）と復活。長打力も次第に増し、19 年はいずれも自己最多の 28 本塁打、74 打点。左翼守備の評価も高かった。
【通算】14 年、1688 試合、5737 打数 1470 安打、139 本塁打、578 打点、274 盗塁、1245 三振、打率 .256
【タイトル】盗塁王 1 回（2011 年）ゴールドグラブ 1 回（16 年）オールスター 1 回（15 年）

マーク・ガードナー
Mark Allan Gardner
1962.3.1 ～【出身地】カリフォルニア州ロスアンジェルス【球団】89-92 エクスポズ　93 ロイヤルズ　94-95 マーリンズ　96-2001 ジャイアンツ【位置】投手、右
【経歴】85 年ドラフト 8 位でエクスポズに入団。球威には欠けるが、思いきった内角攻めと鋭いカーブを持ち味とし、91 年 7 月 26 日のドジャース戦では 9 回を無安打に封じながら延長 10 回で敗れる。92 年に 12 勝を挙げたのちは不調が続いたが、96 年にジャイアンツに移籍してからは 3 年連続 12 勝以上。97 年 6 月 12 日に史上初のインターリーグゲームで勝ち星を挙げた。2001 年に現役最後の試合で勝利投手となるも、通算 100 勝には 1 勝足りなかった。引退後はジャイアンツのコーチとなった。
【通算】13 年、345 試合、275 先発、15 完投、8 完封、99 勝 93 敗 1 S、1764.2 回、1256 奪三振、防御率 4.56

ラリー・ガードナー
William Lawrence Gardner
1886.5.13 ～ 1976.3.11【出身地】ヴァーモント州イノスバーグフォールズ【球団】08-17 レッドソックス　18 アスレティックス　19-24 インディアンズ【位置】三塁、二塁、左
【経歴】ヴァーモント大学在学中にレッドソックスと契約し、10 年二塁手でレギュラーとなったが、翌 11 年本来のポジションである三塁に戻る。勝負強い打撃に定評があり、12 年のワールドシリーズ最終戦では 10 回裏にサヨナラ犠飛を放ちヒーローとなった。16 年のシリーズも 2 本塁打し世界一に貢献、4 回ワールドシリーズに出てすべて優勝した。21 年の .319 を最高

として5回打率3割以上、20年の118打点、21年の120打点はいずれも5位。守備でも18年からの4年連続を含む5回最多補殺、派手なダイビングキャッチで注目を集めた。引退後29年に母校の監督となり、51年まで在任した。
【通算】17年、1923試合、6688打数1931安打、129三塁打、27本塁打、934打点、165盗塁、打率.289

アレグザンダー・カートライト
Alexander Joy Cartwright
1820.4.17～92.7.12【出身地】ニューヨーク州ニューヨーク【球団】メジャー経験なし
【経歴】野球の基本的なルールを制定し、最初のクラブチーム"ニューヨーク・ニッカーボッカーズ"を結成した人物。1846年6月19日に行われたニッカーボッカーズ対ニューヨーク・ナインの試合は記録上最初の試合と言われている(23-1でニューヨーク・ナインの勝利)。ただし、その業績については伝説的な色合いの濃いものもあり、ニッカーボッカーズに於いてどの程度まで主導的な役割を果たしたかは明確でない。本職は銀行員でのちにハワイに移住、実業家として成功し、当地で野球を広めた。38年殿堂入り。

マーク・カナ　★
Mark David Canha
1989.2.15～【出身地】カリフォルニア州サンノゼ【球団】2015-21アスレティックス　22-23メッツ　23ブルワーズ　24ジャイアンツ【位置】外野、右
【経歴】2010年ドラフト7位でマーリンズに入団、ルール5ドラフトでロッキーズを経てアスレティックスへ移籍した15年に自己最多の70打点。19年は26本塁打、出塁率も.396の高率だった。死球が多く21年は27回、翌22年は28回も当てられ、2年続けてリーグ1位となった。
【通算】10年、1049試合、3430打数855安打、120本塁打、459打点、50盗塁、打率.249

フィル・ガーナー
Philip Mason Garner
1949.4.30～【出身地】テネシー州ジェファーソンシティ【球団】73-76アスレティックス　77-81パイレーツ　81-87アストロズ　87ドジャース　88ジャイアンツ【位置】二塁、三塁、右
【経歴】71年1月ドラフト1位(第2回)でアスレティックスに入団。ハッスルプレイが売り物で、75年正二塁手となり、翌76年自己最多の12三塁打(2位)、35盗塁。三塁打が多くリーグ5位以内に5回入った。78年9月14・15日にナ・リーグで77年ぶりの2試合連続満塁本塁打を記録。続く79年は打率.293、ワールドシリーズも24打数12安打と打ちまくり、パイレーツの世界一に貢献した。92年ブルワーズ監督に就任、同年の2位を除いて成績は芳しくなくとも、乏しい戦力をやりくりしながらの采配は高く評価された。2004年途中からアストロズの監督となり、05年はワイルドカードから同球団初のリーグ優勝に導いたものの、ワールドシリーズでは4連敗を喫した。
【通算】16年、1860試合、6136打数1594安打、109本塁打、738打点、225盗塁、打率.260
【タイトル】オールスター3回(76,80～81年)
【監督】92-99ブルワーズ　2000-02タイガース　04-07アストロズ　15年、2040試合、985勝1054敗、勝率.483　リーグ優勝1回(05年)

ディック・ガーナート
Richard Edward Gernert
1928.9.28～2017.11.30【出身地】ペンシルヴェニア州レディング【球団】52-59レッドソックス　60カブス　60-61タイガース　61レッズ　62アストロズ【位置】一塁、右
【経歴】52年正一塁手となり102試合で19本塁打、翌53年は21本塁打、88四球(4位)。54～55年は主にマイナー暮らしで合計21試合にしか出なかったが、56年はレギュラーに返り咲き自己最高の打率.291を記録した。テッド・ウィリアムズの後の四番を打つことも多かった。オフシーズンは教師をしていた。
【通算】11年、835試合、2493打数632安打、103本塁打、402打点、10盗塁、打率.254

エリック・ガニエ
Eric Serge Gagne
1976.1.7～【出身地】カナダ・ケベック州モントリオール【球団】99-2006ドジャース　07レンジャーズ　07レッドソックス　08ブルワーズ【位置】投手、右
【経歴】94年にホワイトソックスのドラフト

30位指名を拒否、翌95年ドラフト外でドジャースに入団。99年にメジャーに昇格したときは先発で、2002年から抑えに転向。速球とチェンジアップで同年52セーブ(2位)、防御率1.97、翌03年は55回のセーブ機会にすべて成功。最速100セーブの記録を樹立し、防御率も1.20、82.1回で137三振を奪いサイ・ヤング賞を受賞した。02年8月28日から04年7月5日まで、メジャー記録となる84機会連続セーブ成功。05年は肘を痛めマイナー時代に続き2度目のトミー・ジョン手術を受け、その後は今一つだった。
【通算】10年、402試合、48先発、0完投、33勝26敗187S、643.2回、718奪三振、防御率3.47
【タイトル】サイ・ヤング賞1回(2003年) 最多セーブ1回(03年) オールスター3回(02～04年)

ジョー・カニンガム
Joseph Robert Cunningham
1931.8.27～2021.3.25【出身地】ニュージャージー州パターソン【球団】54,56-61 カーディナルス　62-64 ホワイトソックス　64-66 セネターズ【位置】一塁、外野、左
【経歴】選球眼の良い好打者で、通算出塁率は.403の高率。54年デビュー後最初の2試合で3本塁打を放つ。57年7月18日には代打で出場し打者一巡、代打のままイニング2本目の安打を放つ珍記録。59年は打率.345と88四球がいずれも2位、出塁率.453は1位。相手投手をよく研究し、ウォーレン・スパーンも苦手な打者として名前を挙げていた。ホワイトソックスに移った62年も101四球(5位)を選び、出塁率.410は3位だった。一塁守備も上手かったが、63年に守備で野手と衝突、鎖骨を折ってからは振るわなかった。
【通算】12年、1141試合、3362打数980安打、64本塁打、436打点、16盗塁、打率.291
【タイトル】最高出塁率1回(59年) オールスター1回(59年)

バート・カニンガム
Elmer Ellsworth Cunningham (Bert)
1865.11.25～1952.5.14【出身地】デラウェア州ウィルミントン【球団】1887 ブルックリン(AA)　88-89 ボルティモア(AA)　90 フィラデルフィア(PL)　90 バッファロー(PL)　91 ボルティモア(AA)　95-99 ルイヴィル　1900-01 カブス【位置】投手、右
【経歴】1888年に22勝するが29敗、その後も毎年黒星が先行し一時はマイナーで投げていた。95年に4年ぶりにメジャーへ復帰、97年14勝13敗と初めて勝ち越し、翌98年リーグ2位の28勝。体を上手く使いボールの出所を隠すのに長けていた。
【通算】12年、342試合、311先発、287完投、4完封、142勝167敗、2734.2回、718奪三振、1064四球、防御率4.22

ロビンソン・カノ
Robinson Jose Cano
1982.10.22～【出身地】ドミニカ共和国サンペドロデマコリス【球団】2005-13 ヤンキース　14-18 マリナーズ　19-20,22 メッツ　22 パドレス　22 ブレーヴス【位置】二塁、左
【経歴】攻撃力の高さで知られた二塁手。2001年ヤンキースに入団、05年に打率.297、14本塁打で新人王投票では次点。翌06年は.342(3位)の高打率を残し、以後9年間で3割以上8回。09年はいずれも3位の204安打、48二塁打、11年は118打点(2位)。12年は自己最多の33本塁打、最終9試合で39打数24安打、14打点と猛烈に打ちまくって地区優勝に貢献したが、プレイオフでは逆にポストシーズンのワースト記録となる29打席連続無安打、合計40打数3安打の大不振に陥った。
　14年に10年2億4000万ドルの高額契約でマリナーズへ移籍し、16年は39本塁打を放ったが、禁止薬物使用で18年に80試合の出場停止。21年に2度目の違反で162試合の出場停止処分を科せられた。父ホセは元アストロズの投手で、11年のオールスターのホームラン・ダービーで息子相手に打撃投手を務めた。
【通算】17年、2267試合、8773打数2639安打、572二塁打(27位)、33三塁打、335本塁打、1306打点、51盗塁、620四球、1214三振、打率.301
【タイトル】ゴールドグラブ2回(2010,12年) オールスター8回(06,10～14,16～17年)

ボビー・カーノップ
Robert Frank Knoop
1938.10.18～【出身地】アイオワ州スーシティ【球団】64-69 エンジェルズ　69-70 ホワイトソックス　71-72 ロイヤルズ【位置】二塁、右

【経歴】名バレエダンサーのヌレエフにたとえられたほどの華麗な守備を誇り、66年から3年連続でゴールドグラブを受賞。打撃では64～68年に5年連続で100三振以上を喫したが、オールスターに出場した66年はリーグ最多の11三塁打と7犠飛、自己最多の17本塁打、72打点と健闘。統率力やスポーツマンシップの面でも高く評価された。引退後はエンジェルズのコーチを長く務めた。
【通算】9年、1153試合、3622打数856安打、56本塁打、331打点、16盗塁、打率.236
【タイトル】ゴールドグラブ3回（66～68年）オールスター1回（66年）

ウォーリー・ガーバー
Walter Gerber
1891.8.18～1951.6.19【出身地】オハイオ州コロンバス【球団】14-15パイレーツ　17-28ブラウンズ　28-29レッドソックス【位置】遊撃、右
【経歴】守備力に優れ、20年は補殺、22・23年は刺殺でリーグ1位。打撃は23年に自己最高の打率.281、170安打、62打点を記録し、ブラウンズが5位だったにもかかわらずMVP投票では4位の高評価だった。投資に成功し、大恐慌時代にチームメイトを経済的に援助したという美談が伝わっている。
【通算】15年、1522試合、5099打数1309安打、7本塁打、477打点、43盗塁、打率.257

ジーン・ガーバー
Henry Eugene Garber
1947.11.13～【出身地】ペンシルヴェニア州ランカスター【球団】69-70,72パイレーツ　73-74ロイヤルズ　74-78フィリーズ　78-87ブレーヴス　87-88ロイヤルズ【位置】投手、右
【経歴】65年ドラフト20位でパイレーツに入団、横手からのチェンジアップでリリーフとして長い間活躍する。75年にリーグ最多の71試合に投げ10勝14セーブを挙げたが、12敗と失敗も多く、79年も25セーブ（3位）ながら史上ワーストの16救援敗戦を喫する。リリーフでの通算108敗はワースト記録。一時中継ぎに回っていたが、82年ストッパーとして復活し30セーブ（2位）を稼いだ。
【通算】19年、931試合（23位）、9先発、4完投、0完封、96勝113敗218S、1510回、940奪三振、防御率3.34

ホセ・カバエロ　★
Jose Manuel Ortega Caballero
1996.8.30～【出身地】パナマ共和国パナマシティ【球団】2023マリナーズ　24レイズ【位置】遊撃、二塁、右
【経歴】2017年ドラフト7位でダイアモンドバックスに入団。19年マリナーズへ移籍、23年にメジャーへ昇格し104試合で26盗塁。レイズへ移った翌24年は44盗塁（1位）を決めたが、失敗16回もリーグワーストだった。
【通算】2年、243試合、672打数151安打、13本塁打、70打点、70盗塁、打率.225
【タイトル】盗塁王1回（2024年）

アスドゥルバル・カブレラ
Asdrubal Jose Cabrera
1985.11.13～【出身地】ベネズエラ共和国プエルトラクルス【球団】2007-14インディアンズ　14ナショナルズ　15レイズ　16-18メッツ　18フィリーズ　19レンジャーズ　19-20ナショナルズ　21ダイアモンドバックス　21レッズ【位置】遊撃、二塁、両
【経歴】2003年マリナーズに入団、インディアンズに移籍後の08年5月12日に二塁手として単独三重殺を完成させる。09年は遊撃に回って打率.308、42二塁打。11年自己最多の25本塁打、92打点、翌12年も35二塁打を放ち、2年連続でオールスターに選ばれた。14年以降は二遊間を守れる中距離ヒッターとして重宝され、多くの球団をわたり歩いた。
【通算】15年、1822試合、6632打数1763安打、401二塁打、195本塁打、869打点、91盗塁、1330三振、打率.266
【タイトル】オールスター2回（2011～12年）

エベルト・カブレラ
Everth Cabrera
1986.11.17～【出身地】ニカラグア共和国ナンダイメ【球団】2009-14パドレス　15オリオールズ【位置】遊撃、両
【経歴】2004年ロッキーズに入団、09年にルール5ドラフトでパドレスへ移籍し103試合で25盗塁。11年は2試合しか出なかったが、翌12年正遊撃手に定着し、44盗塁は1位。失敗は4回だけで成功率は.917の高率だった。ニカラグア

出身選手が打撃部門のタイトルを獲得したのはこれが初めて。翌13年も95試合で37盗塁（5位）を決めたが、禁止薬物使用で50試合の出場停止となり2年連続タイトルを逃した。
【通算】7年、510試合、1829打数450安打、12本塁打、132打点、138盗塁、打率.246
【タイトル】盗塁王1回（2012年）オールスター1回（13年）

オルランド・カブレラ
Orlando Luis Cabrera
1974.11.2～【出身地】コロンビア共和国カルタヘナ【球団】97-2004エクスポズ　04レッドソックス　05-07エンジェルズ　08ホワイトソックス　09アスレティックス　09ツインズ　10レッズ　11インディアンズ　11ジャイアンツ【位置】遊撃、右
【経歴】強肩好守の遊撃手で、93年エクスポズに入団し99年レギュラーとなる。2001年は162試合にフル出場、リーグトップの460刺殺でゴールドグラブを受賞。打撃でも41二塁打、96打点を叩き出し、以後3年連続40二塁打以上。04年途中レッドソックスに移籍し、リーグ優勝決定シリーズでは29打数11安打5打点。06年に記録した63試合連続出塁は史上5位だった。07年は.301で自身唯一の打率3割、自己最多の192安打を放ち、両リーグでゴールドグラブを受賞した最初の遊撃手ともなった。同郷のエドガー・レンテリアとは犬猿の仲だった。兄のホルベルトもメジャーリーガーで、06年はソフトバンクに在籍した。
【通算】15年、1985試合、7562打数2055安打、459二塁打、123本塁打、854打点、216盗塁、打率.272
【タイトル】ゴールドグラブ2回（2001,07年）

ミゲル・カブレラ
Jose Miguel Cabrera
1983.4.18～【出身地】ベネズエラ共和国マラカイ【球団】2003-07マーリンズ　08-23タイガース【位置】一塁、三塁、外野、右
【経歴】天才的な打撃センスを備え、毎年安定してハイレベルな数字を残した強打者。99年マーリンズに入団、2003年20歳でメジャーに昇格すると6月20日のデビュー戦でサヨナラ本塁打、リーグ優勝決定シリーズでも3本塁打。ワールドシリーズ第4戦ではロジャー・クレメンスから本塁打を放った。翌04年は33本塁打、112打点（5位）で以後11年連続100打点、この間06、14年を除き毎年30本塁打以上。外野から三塁に回った06年は打率.339（2位）、50二塁打（3位）。08年、ドントレル・ウィリスとともに6選手との交換でタイガースに移籍し一塁に転向、37本塁打で初のタイトルを手にした。
10～15年は毎年何らかの打撃部門で1位になり、11年は打率.344で首位打者、出塁率.448も自己最高。12年は打率.330、44本塁打、139打点で、メジャー45年ぶりとなる三冠王に輝き、MVPも受賞した。翌13年も自己ベストの.348で3年連続首位打者、出塁率.442と長打率.636も1位、44本塁打と137打点は2位で2年連続MVP。15年も.338で4度目の首位打者になった。通算では3割11回、30本塁打10回、100打点12回。守備ではどのポジションでも評価は低かった。
【通算】21年、2797試合（25位）、10356打数（22位）3174安打（16位）、627二塁打（13位）、17三塁打、511本塁打（25位）、1881打点（12位）、40盗塁、1258四球、2105三振（6位）、打率.306
【タイトル】MVP2回（2012～13年）首位打者4回（2011～13,15年）本塁打王2回（08,12年）打点王2回（10,12年）最高出塁率4回（10～11,13,15年）オールスター12回（04～07,10～16,22年）

メルキー・カブレラ
Melky Cabrera
1984.8.11～【出身地】ドミニカ共和国サントドミンゴ【球団】2005-09ヤンキース　10ブレーヴス　11ロイヤルズ　12ジャイアンツ　13-14ブルージェイズ　15-17ホワイトソックス　17ロイヤルズ　18インディアンズ　19パイレーツ【位置】外野、両
【経歴】2002年ヤンキースに入団、06年に21歳でレギュラーとなり、09年のリーグ優勝決定シリーズでは23打数9安打4打点。11年はロイヤルズで打率.305、201安打（4位）、44二塁打、18本塁打、87打点はいずれも自己記録となる。ジャイアンツに移籍した翌12年は.346の高打率で首位打者争いのトップに立ち、オールスターでもMVPに輝いたが8月に禁止薬物使用で出場停止処分を下される。規定打席にわずかに足りず、不足分を凡退したと仮定しても.336のバスター・ポージーを上回る計算であったが、首位打者を辞退

する異例の事態になった。その後も16年に42二塁打（3位）を放つなど、ラインドライブ・ヒッターとして活躍を続けた。
【通算】15年、1887試合、6878打数1962安打、144本塁打、854打点、101盗塁、打率.285
【タイトル】オールスター1回（2012年）

イノス・カベル
Enos Milton Cabell
1949.10.8～【出身地】カンザス州フォートライリー【球団】72-74オリオールズ　75-80アストロズ　81ジャイアンツ　82-83タイガース　84-85アストロズ　85-86ドジャース【位置】三塁、一塁、外野、右
【経歴】68年ドラフト外でオリオールズに入団。アストロズ移籍後の76年正三塁手となり35盗塁、翌77年は自己最多の36二塁打、16本塁打、42盗塁。続く78年も195安打（3位）、71打点を挙げる活躍だった。83～84年は規定打席不足ながら2年連続打率3割。四球が少なく、打率の割に出塁率は今一つだった。性格は率直な物言いをするタイプだった。ケン・ランドローと、84～88年に近鉄に在籍したディック・デイヴィスはいずれも親戚。
【通算】15年、1688試合、5952打数1647安打、60本塁打、596打点、238盗塁、打率.277

クリス・カーペンター
Christopher John Carpenter
1975.4.27～【出身地】ニューハンプシャー州エクセター【球団】97-2002ブルージェイズ　04-12カーディナルス【位置】投手、右
【経歴】ポストシーズン通算10勝4敗と、大舞台で強さを発揮した長身の本格派。93年ドラフト1位でブルージェイズに入団、98年12勝、6年間で3回2ケタ勝利を挙げたが、肩の故障もあって2002年オフに解雇。カーディナルスに拾われ04年15勝、続く05年は21勝と213奪三振は2位、防御率2.83は5位でサイ・ヤング賞に輝いた。安定したフォームで制球力が高く06年も15勝、防御率3.09（2位）、ワールドシリーズ第3戦では8回を無失点に抑え世界一に貢献した。
07年は1試合投げただけで肘を痛めて手術、08年も4試合しか登板できなかったが、09年に17勝（2位）、防御率2.24（1位）と復活。10年も16勝、11年はリーグ最多の237.1回を投げ、シーズン最終日に完封勝利を挙げプレイオフ進出を決めると、ディヴィジョンシリーズ第5戦でもフィリーズを3安打完封。ワールドシリーズでも初戦と最終戦で勝利投手となり、同年のポストシーズンは6試合で4勝0敗だった。12年はまたも肩の故障で3試合しか投げられず0勝に終わったが、ディヴィジョンシリーズ第3戦で勝利投手となる。リーグ優勝決定シリーズでは2戦2敗で、同年限りで引退した。
【通算】15年、350試合、332先発、33完投、15完封、144勝94敗0S、2219.1回、1697奪三振、防御率3.76
【タイトル】サイ・ヤング賞1回（2005年）最優秀防御率1回（09年）オールスター3回（05～06,10年）

ヒック・カーペンター
Warren William Carpenter (Hick)
1855.8.16～1937.4.18【出身地】マサチューセッツ州グラフトン【球団】1879シラキューズ　80シンシナティ　81ウースター　82-89シンシナティ（AA）　92セントルイス【位置】三塁、右
【経歴】左利きにもかかわらず、三塁手として1000試合以上に出場。ただし打撃は右打ちだった。1882年リーグ最多の120安打、67打点、打率.342も2位。3割以上はこの年のみながら、89年まで8年連続100安打以上と安定した成績を残した。四球は極めて少なく、88年は561打席で5四球だった。79年にはアメリカ人選手として初めて、キューバのウィンター・リーグに参加した。シンシナティ時代の同僚ビド・マクフィーとは親友同士で、引退後も交友が続いた。
【通算】12年、1118試合、4637打数1202安打、18本塁打、543打点、打率.259
【タイトル】打点王1回（82年）

マット・カーペンター　★
Matthew Martin Carpenter
1985.11.26～【出身地】テキサス州ガルヴェストン【球団】2011-21カーディナルス　22ヤンキース　23パドレス　24カーディナルス【位置】三塁、二塁、一塁、左
【経歴】2009年にドラフト13位でカーディナルスに入団。13年は打率.318に加え、199安打と55二塁打は1位。二塁から三塁へコンバートされた翌14年はリーグ最多の95四球を選び、プレイオフでは9試合で4本塁打、8打点を稼いだ。17～18

年は2年連続100四球以上、18年は自己最多の36本塁打（3位）、球団タイの6試合連続本塁打を記録し、677打席で併殺打は1本も打たなかった。20～21年に打率1割台だった後、ヤンキースへ移った22年は47試合で.305、15本塁打と復活。チーム事情に応じ、様々なポジションを守る献身的な姿勢も高く評価された。
【通算】14年、1511試合、4856打数1257安打、179本塁打、659打点、28盗塁、1225三振、打率.259
【タイトル】オールスター3回（2013～14,16年）

ケン・カミニティ
Kenneth Gene Caminiti
1963.4.21～2004.10.10【出身地】カリフォルニア州ハンフォード【球団】87-94アストロズ　95-98パドレス　99-2000アストロズ　01レンジャーズ　01ブレーヴス【位置】三塁、両
【経歴】リーグ屈指の強肩を誇った三塁手。84年ドラフト3位でアストロズに入団、当初は守備は評価されていたが打撃は平凡だった。95年パドレスへ移籍すると初の打率3割となる.302、26本塁打、94打点、翌96年は打率.326、40本塁打（5位）、130打点（3位）の自己最高成績でMVPを受賞。体のあちこちに故障を抱えながらも、オールスター以降だけで28本塁打、81打点の猛打が評価された。同年9月16、17日に2試合連続左右両打席本塁打、通算10回はリーグ記録。99年FAでアストロズに復帰、プレイオフは4試合で3本塁打、8打点の活躍だった。2001年麻薬不法所持で逮捕、翌02年にステロイド常用者だったと告白し、球界における薬物汚染の深刻さを白日の下に晒した。04年にコカインの服用による心臓発作で死亡した。
【通算】15年、1760試合、6288打数1710安打、239本塁打、983打点、88盗塁、1163三振、打率.272
【タイトル】MVP1回（96年）ゴールドグラブ3回（95～97年）オールスター3回（94,96～97年）

ドルフ・カミリ
Adolph Louis Camilli
1907.4.23～97.10.21【出身地】カリフォルニア州サンフランシスコ【球団】33-34カブス　34-37フィリーズ　38-43ドジャース　45レッドソックス【位置】一塁、左
【経歴】34年に27歳でレギュラーとなり、翌35年に25本塁打、以後8年連続20本以上。36年28本塁打（2位）、102打点（5位）、翌37年は自己最高の打率.339、出塁率.446（1位）。36、38、39年と3回同一シーズンに100打点、100四球を記録、一方で最多三振も4回喫した。38年に移籍金4万5000万ドルでドジャースへ移ってからは、主将として静かではあるが確固たる姿勢でチームを引っ張り、優勝した41年は34本塁打、120打点の二冠王となってMVPに輝いた。
　43年ジャイアンツへのトレードを拒否し引退、マイナーで監督をしていたが45年レッドソックスで復帰した。プロボクサーの経験もあり、兄のフランシスコもフランキー・キャンベル名義のプロボクサーだったが、のちのヘビー級王者マックス・ベアと対戦して死亡した。息子のダグも捕手として9年のメジャー経験を持つ。
【通算】12年、1490試合、5353打数1482安打、239本塁打、950打点、60盗塁、打率.277
【タイトル】MVP1回（41年）本塁打王1回（41年）打点王1回（41年）最高出塁率1回（37年）オールスター2回（39,41年）

キャンディ・カミングス
William Arthur Cummings (Candy)
1848.10.18～1924.5.16【出身地】マサチューセッツ州ウェア【球団】1876ハートフォード　77シンシナティ【位置】投手、右
【経歴】カーブの発明者と伝えられる投手。少年時代に貝を投げて遊んでいるうちに変化をつける方法を覚えたとされ、アマチュアの強豪ブルックリン・エクセルシオーズで活躍。ナショナル・アソシエーション時代には4年間で124勝を稼いだ。1876年ハートフォードで16勝、9月9日に行われた史上初のダブルヘッダーではいずれの試合にも勝利を収める。翌77年は5勝14敗と不振でこれが最後のシーズンとなった。1939年殿堂入り。
【通算】2年、43試合、43先発、40完投、5完封、21勝22敗、371.2回、37奪三振、防御率2.78

デブス・ガームズ
Debs C. Garms
1907.6.26～84.12.16【出身地】テキサス州バングス【球団】32-35ブラウン

ズ　37-39 ブレーヴス　40-41 パイレーツ　43-45 カーディナルス【位置】外野、三塁、左
【経歴】ブラウンズ時代は控えどまり。37年ブレーヴスに移籍しレギュラーとなり、翌 38 年ジョニー・ヴァンダーミアの 3 試合連続ノーヒットノーランを阻止するヒットを放つ。同年打率 .315、パイレーツに移った40年は.355の高打率で首位打者となったが、打席数は 385 しかなく現在の規定ではタイトルとはならない。同年の 6 三振は首位打者としては史上最少であった。
【通算】12 年、1010 試合、3111 打数 910 安打、17 本塁打、328 打点、18 盗塁、打率 .293
【タイトル】首位打者 1 回（40 年）

ハウィー・カムニッツ
Samuel Howard Camnitz
1881.8.22 ～ 1960.3.2【出身地】ケンタッキー州コヴィングトン【球団】04,06-13 パイレーツ　13 フィリーズ　14-15 ピッツバーグ（FL）【位置】投手、右
【経歴】速球とカーブが素晴らしく、07 年 13 勝、08 年 16 勝、防御率 1.56（4 位）と数字を伸ばし続け、09 年は自己最多の 25 勝（2 位）、防御率 1.62（4 位）。09 ～ 10 年は合計 543 回を投げ被本塁打 2 本のみ。11 年 20 勝、12 年も 22 勝と主戦格として働き続けた。14 年ピッツバーグ（FL）に加入、パイレーツの選手の引き抜きに奔走したが成功しなかった。弟ハリーも 3 試合のみ登板したことがある。
【通算】11 年、326 試合、237 先発、137 完投、20 完封、133 勝 106 敗、2085.1 回、915 奪三振、防御率 2.75

アルベルト・カヤスポ
Alberto Jose Callaspo
1983.4.19 ～【出身地】ベネズエラ共和国マラカイ【球団】2006-07 ダイアモンドバックス　08-10 ロイヤルズ　10-13 エンジェルズ　13-14 アスレティックス　15 ブレーヴス　15 ドジャース【位置】三塁、二塁、両
【経歴】2001 年エンジェルズに入団。09 年ロイヤルズで正二塁手となり、コンタクト率の高さで打率 .300、41 二塁打、8 三塁打（5 位）、73 打点。10 年途中トレードでエンジェルズに復帰し、翌 11 年は三塁を守って打率 .288、自己ベストの出塁率 .366 だった。私生活で問題を起こすことも多かった。
【通算】10 年、1093 試合、3556 打数 941 安打、52 本塁打、369 打点、22 盗塁、打率 .265

ヨバニ・ガヤルド
Yovani Gallardo
1986.2.27 ～【出身地】メキシコ合衆国ペンハミーヨ【球団】2007-14 ブルワーズ　15 レンジャーズ　16 オリオールズ　17 マリナーズ　18 レッズ　18 レンジャーズ【位置】投手、右
【経歴】2004 年ドラフト 2 位でブルワーズに入団し、07 年は新人で 9 勝。翌 08 年は右膝前十字靭帯の損傷で 4 試合の登板に終わるも、プレイオフで復帰し 7 回を無失点に抑えた。速球主体のピッチングで 09 年 13 勝、204 奪三振、以後 4 年連続 10 勝・200 奪三振で、ブルワーズの投手としては唯一の記録。11 年は自己最多の 17 勝、204 奪三振、プレイオフでもディヴィジョンシリーズで 14 回 2 失点と好投した。通算では 2 ケタ勝利 6 回。打撃も良く 10 年は 4 本塁打、通算 12 本。09 年にはランディ・ジョンソンから本塁打を打った初の投手となった。
【通算】12 年、319 試合、307 先発、4 完投、3 完封、121 勝 101 敗 1 S、1816.2 回、1584 奪三振、防御率 4.06
【タイトル】オールスター 1 回（2010 年）

ボブ・カラザース
Robert Lee Caruthers
1864.1.5 ～ 1911.8.5【出身地】テネシー州メンフィス【球団】1884-87 セントルイス（AA）　88-91 ブルックリン（AA）/ ブルックリン　92 セントルイス　93 シカゴ　93 シンシナティ【位置】投手、外野、右
【経歴】頭脳的な投球で史上 4 位の勝率 .688 を記録した投手。セントルイスとブルックリンで合計 5 回の優勝を経験した。1885 年 40 勝、防御率 2.07 の両部門で 1 位、同年オフ旅行先のフランスで契約更改交渉を行ったことから“パリジャン・ボブ”と呼ばれるようになった。
　88 年ブルックリン（AA）へ金銭トレードされ、メジャー最高年俸（4000 ドル）を得る。89 年 7 完封（1 位）を含む 40 勝で 2 度目の最多勝。左打ちの外野手としても通算 366 試合に出場し、86 年は打率 .334（4 位）、出塁率 .448（1 位）、長打率 .527（2 位）。87 年はさらに数字を伸ばし、出塁率 .463 は 3 位、長打率 .547 は 2 位だった。肩を痛め 92 年から野手に専

念したが、足を負傷し29歳でメジャーから退いた。ア・リーグが結成されて間もない頃に短期間審判を務めた。
【通算】9年、340試合、310先発、298完投、24完封、218勝99敗、2828.2回、900奪三振、防御率2.83
＜打者としての成績＞10年、705試合、2465打数695安打、29本塁打、359打点、打率.282
【タイトル】最多勝2回（1885,89年）最優秀防御率1回（85年）最高出塁率1回（86年）
【監督】1892セントルイス　1年、50試合、16勝32敗、勝率.333

ジョー・ガラジオラ
Joseph Henry Garagiola

1926.2.12～2016.3.23【出身地】ミズーリ州セントルイス【球団】46-51カーディナルス　51-53パイレーツ　53-54カブス　54ジャイアンツ【位置】捕手、左
【経歴】46年20歳でカーディナルスに昇格、ワールドシリーズ第4戦で4安打を放つ。控えから抜けだせず、51年途中パイレーツに移籍し正捕手となる。52年自己最多の94安打、54打点。引退後カーディナルスとヤンキースの実況アナウンサーとして活躍、NBCの“メジャー・リーグ・ベースボール”“トゥデイ・ショウ”などの人気番組のホストを27年にわたって務め、放送業界で野球の発展に貢献した人物に贈られるフォード・フリック賞を91年に受賞。60年に出版した著書“Baseball Is A Funny Game”もベストセラーとなった。噛みタバコの危険性を訴える活動や、ネイティヴ・アメリカンの子弟に教育の機会を与える運動も行なっていた。ヨギ・ベラとは幼馴染み。息子のジョー・ジュニアはダイアモンドバックスでGMを務めた。
【通算】9年、676試合、1872打数481安打、42本塁打、255打点、5盗塁、打率.257

チコ・カラスケル
Alfonso Carrasquel (Chico)

1928.1.23～2005.5.26【出身地】ベネズエラ共和国カラカス【球団】50-55ホワイトソックス　56-58インディアンズ　58アスレティックス　59オリオールズ【位置】遊撃、右
【経歴】強肩が自慢の遊撃手で、50年ルーク・アプリングに代わりレギュラーとなり自己最高の打率.282、出塁率.368。翌51年は297守備機会連続無失策のリーグ新記録を樹立し、中南米出身選手として初のオールスターに選ばれた。54年は自己最多の12本塁打、62打点、85四球（5位）だったが、56年ベネズエラの後輩で、自らの推薦で入団させたルイス・アパリシオの成長にともない、インディアンズへ放出された。セネターズで通算50勝を挙げたおじのアレハンドロとともに、ベネズエラの野球殿堂入りを果たしている。
【通算】10年、1325試合、4644打数1199安打、55本塁打、474打点、31盗塁、打率.258
【タイトル】オールスター4回（51,53～55年）

エクトル・カラスコ　☆
Hector Carrasco

1969.10.22～【出身地】ドミニカ共和国サンペドロマコリス【球団】94-97レッズ　97ロイヤルズ　98-2000ツインズ　00レッドソックス　01ツインズ　03オリオールズ　05ナショナルズ　06-07エンジェルズ【位置】投手、右
【経歴】主に中継ぎで起用された速球派。88年メッツに入団、アストロズ、マーリンズを経て94年レッズでメジャーに昇格、45試合で5勝6セーブ、防御率2.24。2000年は自己最多の69試合に登板したが、防御率はほとんどの年で4点台。04年は近鉄で防御率5.57と打ち込まれた。05年ナショナルズでメジャーに復帰、64試合で自己ベストの防御率2.04と好投した。
【通算】12年、647試合、10先発、0完投、44勝50敗19S、832.1回、662奪三振、防御率4.00
【日本】2004近鉄　1年、53試合、0先発、8勝8敗5S、76回、70奪三振、防御率5.57

カルロス・カラスコ　★
Carlos Luis Carrasco

1987.3.21～【出身地】ベネズエラ共和国バルキシメト【球団】2009-11,13-20インディアンズ　21-23メッツ　24ガーディアンズ【位置】投手、右
【経歴】2004年フィリーズに入団、09年途中クリフ・リーとの交換要員の一人としてインディアンズへトレードされる。13年までは通算11勝19敗、防御率5.29と冴えず一旦は戦力外とされたが、リリーフから先発に再転向した14年後半から開花。

15年は216奪三振（5位）、7月1日に9回二死まで無安打。シンカーを中心にスライダー、チェンジアップを織り交ぜ17年はリーグ最多の18勝、226奪三振（5位）、18年も17勝と231奪三振はいずれも4位だった。19年に白血病と診断されたがシーズン中に復帰しカムバック賞を受賞。22年は5度目の2ケタとなる15勝を挙げた。
【通算】15年、324試合、277先発、11完投、4完封、110勝103敗2S、1641.2回、1662奪三振、防御率4.14
【タイトル】最多勝1回（2017年）

アンドレス・ガラーラガ
Andres Jose Galarraga
1961.6.18～【出身地】ベネズエラ共和国カラカス【球団】85-91エクスポズ　92カーディナルス　93-97ロッキーズ　98,2000ブレーヴス　01レンジャーズ　01ジャイアンツ　02エクスポズ　03ジャイアンツ　04エンジェルズ【位置】一塁、右
【経歴】79年エクスポズに入団。86年正一塁手となり、88年に打率.302（4位）、184安打（1位）、42二塁打（1位）、29本塁打（3位）、92打点。その一方同年から3年連続リーグ最多三振を喫し、通算でも2000三振を超えた。91年は打率.219の大不振に陥ったが、93年新球団のロッキーズに加わり再起、前年の.243から一挙に.370へ打率を伸ばし首位打者に輝く。96年は47本塁打、150打点で二冠王、97年も41本塁打（3位）、140打点で連続打点王となった。
　打者優位のデンヴァーが本拠地だったための好成績との評価もあったが、98年に移籍したブレーヴスでも44本塁打（5位）、121打点で実力を証明した。守備でも大柄な身体に似合わぬ素早い動きで“ビッグ・キャット”の異名を取り、95～97年は3年連続最多併殺。99年は癌のため全休したが、翌2000年打率.302、28本塁打、100打点と復活。通算では9回打率3割を記録した。
【通算】19年、2257試合、8096打数2333安打、444二塁打、32三塁打、399本塁打、1425打点、128盗塁、583四球、2003三振（7位）、打率.288
【タイトル】首位打者1回（93年）本塁打王1回（96年）打点王2回（96～97年）ゴールドグラブ2回（89～90年）オールスター5回（88,93,97～98,2000年）

オーギー・ガラン
August John Galan
1912.5.23～93.12.28【出身地】カリフォルニア州バークリー【球団】34-41カブス　41-46ドジャース　47-48レッズ　49ジャイアンツ　49アスレティックス【位置】外野、両
【経歴】パシフィック・コースト・リーグで活躍し、34年移籍金2万5000ドルでカブスに加入。35年レギュラーとなり203安打、リーグ最多の22盗塁、出塁率.399も4位。646打数で併殺打は1本もなかった（三重殺は1回あり）。37年自己最多の18本塁打、23盗塁（1位）、6月25日にリーグ史上初の左右両打席本塁打を放つ。膝を痛め41年途中ドジャースに放出されたが、選球眼に磨きをかけ43、44年は最多四球。左打ちに専念した43年以降、出塁率が4割を下回ることは一度もなく、通算では.390の高率を残した。打率も44年の.318を最高に6回3割を記録している。引退後はアスレティックスで長くコーチを務めた。近所に住むビリー・マーティンには子供の頃から野球を教えていた。
【通算】16年、1742試合、5937打数1706安打、100本塁打、830打点、123盗塁、打率.287
【タイトル】盗塁王2回（35,37年）オールスター3回（36,43～44年）

ジョン・ガーランド
Jon Steven Garland
1979.9.27～【出身地】カリフォルニア州ヴァレンシア【球団】2000-07ホワイトソックス　08エンジェルズ　09ダイアモンドバックス　09ドジャース　10パドレス　11ドジャース　13ロッキーズ【位置】投手、右
【経歴】身長198cmの長身投手。97年ドラフト1位（全体10位）でカブスに入団し、翌98年途中ホワイトソックスに移籍。多彩な変化球で2002年の12勝以後9年連続2ケタ勝利、190投球回以上とコンスタントな数字を残す。05年は開幕から8連勝、3完封（1位）を含む18勝（2位）。リーグ優勝決定シリーズ第3戦で2失点完投勝利、ワールドシリーズでも第3戦で7回2失点と好投し、世界一に貢献した。翌06年も18勝（3位）。6月18日のレッズ戦で、ホワイトソックスの投手では35年ぶりとなる本塁打を放った。肩を手術し12年は全休、13年ロッキーズで復帰して

4勝を挙げたのを最後に引退した。
【通算】13年、365試合、342先発、11完投、6完封、136勝125敗1S、2151.1回、1156奪三振、防御率4.37
【タイトル】オールスター1回（2005年）

ビル・ガリクソン　☆
William Lee Gullickson
1959.2.20～【出身地】ミネソタ州マーシャル【球団】79-85エクスポズ　86-87レッズ　87ヤンキース　90アストロズ　91-94タイガース【位置】投手、右
【経歴】77年ドラフト1位（全体2位）でエクスポズに入団。80年ローテーション入りし10勝、9月10日のカブス戦で新人記録となる1試合18三振を奪う。速球とカーブを中心に83年17勝（2位）、レッズに移籍した86年も15勝。87年まで6年連続2ケタ勝利と安定した成績を残したのち、88年巨人に入団。1年目は14勝したが、糖尿病の持病を抱えていたこともあり89年限りで帰国。タイガースに加わった91年20勝を挙げ最多勝、通算では11回2ケタ勝利を記録した。
【通算】14年、398試合、390先発、54完投、11完封、162勝136敗0S、2560回、1279奪三振、防御率3.93
【タイトル】最多勝1回（91年）
【日本】88-89巨人　2年、41試合、20完投、3完封、21勝14敗0S、314.1回、231奪三振、防御率3.29

ロッド・カルー
Rodney Cline Carew
1945.10.1～【出身地】パナマ共和国ガテュン【球団】67-78ツインズ　79-85エンジェルズ【位置】二塁、一塁、左
【経歴】独特のクラウチング・スタイルで自由自在に打球を打ち分け、7度の首位打者に輝いた安打製造機。高校では野球部に所属しておらず、草野球をしているところをツインズのスカウトに見出され入団、67年打率.292で新人王を受賞する。翌68年こそ.273と低調だったが、69年.332で初の首位打者になると以後15年連続3割以上。ミートの確かさに加え、69年だけで7回、通算17回の本盗を決めた俊足も大きな武器となった。72年からは7年間で首位打者6回、最高出塁率4回、最多安打3回を記録した。
　絶頂期は73～77年の5年間で、200安打、打率.350、35盗塁を4回ずつ記録。74年の.364はア・リーグでは57年のテッド・ウィリアムズ（.388）以来の高打率だった。77年は打率4割に迫る勢いで、惜しくも.388に終わったものの、239安打、16三塁打、出塁率.449ともども1位。14本塁打、100打点も自己最多でMVPに選ばれた。
　78年打率.333で7度目の首位打者となったが、オーナーの人種差別発言に反発してトレードを要求、79年エンジェルズへ移籍。83年に打率.339で2位に入るなど引き続き活躍、現役最後の85年を除き毎年オールスターに選ばれた。ノーラン・ライアンと70回以上対戦し3割以上打った唯一の打者であり、そのライアンとも親しかった。91年殿堂入り、翌92年から10年間エンジェルズとブルワーズで打撃コーチを務めた。
【通算】19年、2469試合、9315打数3053安打（27位）、445二塁打、112三塁打、92本塁打、1015打点、353盗塁、1018四球、1028三振、打率.328
【タイトル】MVP1回（77年）新人王（67年）首位打者7回（69,72～75,77～78年）最高出塁率4回（74～75,77～78年）オールスター18回（67～84年）

パド・ガルヴィン
James Francis Galvin (Pud)
1856.12.25～1902.3.7【出身地】ミズーリ州セントルイス【球団】1879-85バッファロー　85-89ピッツバーグ（AA）/ピッツバーグ　90ピッツバーグ（PL）　91-92ピッツバーグ　92セントルイス【位置】投手、右
【経歴】豪速球に加えて抜群の制球力を誇り、変化球を必要としなかった19世紀の名投手。通算361勝はサイ・ヤングに抜かれるまでのメジャー記録で、完投、投球回、敗戦もヤングに次ぎ史上2位。1879年37勝（4位）、83年は46勝（2位）に加え、76試合、72完投、5完封、656.1投球回はすべて1位。続く84年も46勝（3位）、12完封（1位）、防御率1.99（4位）。79～89年の11年間で20勝、20敗を10回ずつ記録した。80年8月20日のウースター戦、84年8月4日のバッファロー戦の2回ノーヒットノーランを達成している。85年は24試合バッファローの指揮を執り7勝17敗。穏やかな性格でも知られていた。1965年殿堂入り。
【通算】14年、697試合、681先発（14位）、639完投（2位）、57完封（11位）、361勝（7位）308敗（2位）、5941.1回

(2位)、1799奪三振、744四球、防御率2.87

アドリス・ガルシア　★☆
Jose Adolis Garcia
1993.3.2～【出身地】キューバ共和国シエゴデアビラ【球団】2018カーディナルス 20-24レンジャーズ【位置】外野、右
【経歴】キューバから2016年に巨人に入団したが、契約解除となって帰国せず亡命しカーディナルスと契約。レンジャーズ移籍後の21年に31本塁打、翌22年は101打点(4位)。23年はいずれもリーグ2位の39本塁打、107打点、リーグ優勝決定シリーズでは5本塁打、新記録となる15打点でMVPを受賞。ワールドシリーズ第1戦でも、ポストシーズン5試合連続弾となるサヨナラ本塁打を放った。
【通算】6年、631試合、2344打数560安打、122本塁打、384打点、61盗塁、打率.239
【タイトル】ゴールドグラブ1回(2023年) オールスター2回(21,23年)
【日本】2016巨人　1年、4試合、7打数0安打、0本塁打、0打点、0盗塁、打率.000

アビサイル・ガルシア　★
Avisail Antonio Garcia
1991.6.12～【出身地】ベネズエラ共和国アナコ【球団】2012-13タイガース　13-18ホワイトソックス　19レイズ　20-21ブルワーズ　22-24マーリンズ【位置】外野、右
【経歴】同郷のミゲル・カブレラに容貌が似ており、ニックネームはミニ・ミギー。2007年タイガースに入団、ホワイトソックス移籍後の17年にリーグ2位の打率.330。翌18年は.236に急落、21年は自己最多の29本塁打、86打点だったが続く22年は8本塁打のみと、浮き沈みが激しかった。
【通算】13年、1104試合、3949打数1038安打、140本塁打、524打点、51盗塁、1038三振、打率.263
【タイトル】オールスター1回(2017年)

ダマソ・ガルシア
Damaso Domingo Garcia
1957.2.7～2020.4.15【出身地】ドミニカ共和国モカ【球団】78-79ヤンキース 80-86ブルージェイズ　88ブレーヴス 89エクスポズ【位置】二塁、右
【経歴】俊足巧打の二塁手で、80年ブルージェイズに移籍してレギュラーとなる。82年打率.310、185安打、54盗塁(2位)、続く83年も打率.307。85年は自己最多の65打点を挙げ初の地区優勝に貢献した。守備範囲も広かったが、たびたび気の抜けたプレイを見せたため、首脳陣やファンの間での評判は芳しくなかった。サッカーも得意で、ドミニカ代表チームの主将を務めた。
【通算】11年、1032試合、3914打数1108安打、36本塁打、323打点、203盗塁、打率.283
【タイトル】オールスター2回(84～85年)

フレディ・ガルシア
Freddy Antonio Garcia
1976.10.6～【出身地】ベネズエラ共和国カラカス【球団】99-2004マリナーズ　04-06ホワイトソックス　07フィリーズ　08タイガース　09-10ホワイトソックス 11-12ヤンキース　13オリオールズ　13ブレーヴス【位置】投手、右
【経歴】体重100kgを超える大型ながら、力任せでなくコンビネーションを重視していた投手。94年アストロズに入団、98年途中ランディ・ジョンソンとの交換要員としてマリナーズに移籍。翌99年17勝を挙げ新人王投票2位。2000年は脛の故障のため9勝にとどまったが、プレイオフではヤンキース相手に2勝した。続く01年は18勝、リーグ最多の238.2回を投げ防御率3.05も1位だった。06年まで6年連続、通算では9回2ケタ勝利。05年のポストシーズンは3戦3勝、ワールドシリーズでは最終第4戦に先発し7回を無失点に封じた。14年以降は台湾やメキシコで投げた。ホワイトソックス時代の監督オジー・ギーエンとは夫人が従姉妹同士。
【通算】15年、376試合、357先発、12完投、4完封、156勝108敗0S、2264回、1621奪三振、防御率4.15
【タイトル】最優秀防御率1回(2001年) オールスター2回(01～02年)

マイク・ガルシア
Edward Miguel Garcia
1923.11.17～86.1.13【出身地】カリフォルニア州サンガブリエル【球団】48-59インディアンズ　60ホワイトソックス　61セネターズ【位置】投手、右
【経歴】インディアンズの強力投手陣の一角として、49年新人で14勝、防御率2.36

は1位。快速球に加えてスライダー、カーブも良く、51年は20勝（4位）、翌52年22勝（3位）、6完封（1位）。54年は5完封（1位）を含む19勝、防御率2.64は2度目の1位となり、当時のリーグ新記録となるシーズン111勝の一翼を担った。57年まで9年連続で2ケタ勝利を挙げたが、58年に腰を痛めてからはふるわなかった。
【通算】14年、428試合、281先発、111完投、27完封、142勝97敗、2174.2回、1117奪三振、防御率3.27
【タイトル】最優秀防御率2回（49,54年）オールスター3回（52～54年）

ノマー・ガルシアパーラ
Anthony Nomar Garciaparra
1973.7.23～【出身地】カリフォルニア州ウィッティア【球団】96-2004レッドソックス　04-05カブス　06-08ドジャース　09アスレティックス【位置】遊撃、一塁、右
【経歴】92年19歳で全米代表に選ばれバルセロナ五輪に出場。94年ドラフト1位でレッドソックスに入団、97年正遊撃手となり打率.306、209安打（1位）、44二塁打（4位）、11三塁打（1位）、30本塁打、98打点、30試合連続安打も記録し新人王に輝く。翌98年も打率.323、35本塁打、122打点で、MVP投票では次点、プレイオフでも3本塁打、11打点と打ちまくった。
99年は打率.357で首位打者、プレイオフも4本塁打、9打点と2年続けて活躍。2000年も一時は4割を超す高打率をキープ、最終的には.372で2年連続首位打者となった。01年は手首を手術し、21試合の出場に終わったが翌02年は56二塁打（1位）、120打点と復活。04年途中カブスへトレードされてからは、以前のような活躍はできなかった。打席で構える前の動きの多さも有名だった。夫人のミア・ハムは女子サッカー界のスーパースター。
【通算】14年、1434試合、5586打数1747安打、229本塁打、936打点、95盗塁、打率.313
【タイトル】新人王（97年）首位打者2回（99～2000年）オールスター6回（97,99～00,02～03,06年）

ハル・カールソン
Harold Gust Carlson
1892.5.17～1930.5.28【出身地】イリノイ州ロックフォード【球団】17-23パイレーツ　24-27フィリーズ　27-30カブス【位置】投手、右
【経歴】スピットボーラーから、速球とカーブ中心の本格派に転身。フィリーズに移籍した24年8勝17敗と大きく負け越したが、翌25年4完封（1位）を含む13勝、26年は自己最多の17勝と30歳を過ぎてから開花。29年も11勝したが、翌30年5月胃からの出血により死亡した。
【通算】14年、377試合、236先発、121完投、17完封、114勝120敗、2002回、590奪三振、防御率3.97

レオ・カルデナス
Leonardo Lazaro Cardenas
1938.12.17～【出身地】キューバ共和国マタンサス【球団】60-68レッズ　69-71ツインズ　72エンジェルズ　73インディアンズ　74-75レンジャーズ【位置】遊撃、右
【経歴】“ミスター・オートマティック”の異名をとった好守の遊撃手。守備率で3回、刺殺数で4回1位となり、65年にゴールドグラブを受賞した。打撃では62年自己最多の173安打、31二塁打（4位）、66年に20本塁打、81打点。70年も34二塁打（5位）を放った。
【通算】16年、1941試合、6707打数1725安打、118本塁打、689打点、39盗塁、1135三振、打率.257
【タイトル】ゴールドグラブ1回（65年）オールスター5回（64～66,68,71年）

ホセ・カルデナル
Jose Rosario Domec Cardenal
1943.10.7～【出身地】キューバ共和国マタンサス【球団】63-64ジャイアンツ　65-67エンジェルズ　68-69インディアンズ　70-71カーディナルス　71ブルワーズ　72-77カブス　78-79フィリーズ　79-80メッツ　80ロイヤルズ【位置】外野、右
【経歴】63年に19歳でメジャー昇格。エンジェルズに移籍した65年正中堅手となり、リーグ2位の37盗塁。68年も自己最多の40盗塁で2位だったが、従兄弟のバート・カンパネリスに阻まれタイトルに手が届かなかった。カブスに移籍した72年以降5年連続で打率.290以上、75年自己最多の182安打、打率.317。外野守備にも定評があったが、気分屋のために数多くのトレードを経験した。コオロギの鳴き声がうるさく眠れなかったと遅刻の言い訳をしたこともある。
【通算】18年、2017試合、6964打数

1913安打、333二塁打、46三塁打、138本塁打、775打点、329盗塁、608四球、807三振、打率.275

イバン・カルデロン
Ivan Calderon

1962.3.19～2003.12.27【出身地】プエルトリコ・ファハルド【球団】84-86マリナーズ　86-90ホワイトソックス　91-92エクスポズ　93レッドソックス　93ホワイトソックス【位置】外野、右

【経歴】79年マリナーズに入団、ホワイトソックス移籍後の87年レギュラーとなり38二塁打（3位）、28本塁打、83打点、90年も44二塁打は3位だったが、リーグワーストの26併殺打に倒れる。エクスポズに移った91年自己唯一の打率3割となる.300、31盗塁と積極的な走塁も光った。故障がちで31歳で引退、プエルトリコに帰国後の2003年に何者かに襲われ射殺された。

【通算】10年、924試合、3312打数901安打、104本塁打、444打点、97盗塁、打率.272

【タイトル】オールスター1回（91年）

スティーヴ・カールトン
Steven Norman Carlton

1944.12.22～【出身地】フロリダ州マイアミ【球団】65-71カーディナルス　72-86フィリーズ　86ジャイアンツ　86ホワイトソックス　87インディアンズ　87-88ツインズ【位置】投手、左

【経歴】史上4位の4136三振を奪い、4度のサイ・ヤング賞に輝いた名左腕。コンディショニングに関しては先駆的な存在で、当時は重視されていなかったウェイト・トレーニングを積極的に取り入れ、精神面でのトレーニングも積み集中力を身につけた。大のマスコミ嫌いでも有名で、78年からの8年間は一度もインタビューに応えなかった。

カーディナルスの先発陣に加わった67年14勝、翌68年日米野球で来日した際にトレードマークとなるスライダーを習得。69年早速その成果が出て17勝、防御率2.17（2位）、9月15日のメッツ戦で新記録となる19三振を奪った。71年も20勝（2位）したが、契約交渉がこじれフィリーズへトレードされる。72年はチーム59勝中半分近い27勝を挙げたのを始め、41先発、30完投、346.1回、310奪三振、防御率1.97の6部門で1位となり初のサイ・ヤング賞。77年23勝（1位）で2度目の受賞、80年はいずれも1位の24勝、304回、286奪三振で3度目の栄冠を手にし、ワールドシリーズでも2勝を挙げ世界一に大きく貢献した。82年もリーグ最多の23勝、295.2回、286奪三振、4度目の受賞はこの時点で史上最多となった。

40歳を過ぎてから急速に衰え、最後の3年間は5球団を転々とした。通算では20勝6回、200奪三振8回。83年に奪三振数でノーラン・ライアンを抜きトップとなったが、のちに抜き返された。通算329勝は左腕ではウォーレン・スパーンに次ぎ史上2位。ノーヒッターは一度もなかったが、1安打完投は6回記録している。牽制も巧みで史上最多の144回走者を刺した。94年殿堂入り。

【通算】24年、741試合、709先発（6位）、254完投、55完封（14位）、329勝（11位）244敗（13位）2S、5217.2回（9位）、4136奪三振（4位）、1833四球（2位）、防御率3.22

【タイトル】サイ・ヤング賞4回（72,77,80,82年）最多勝4回（72,77,80,82年）最優秀防御率1回（72年）最多奪三振5回（72,74,80,82～83年）ゴールドグラブ1回（81年）オールスター10回（68～69,71～72,74,77,79～82年）

テックス・カールトン
James Otto Carleton (Tex)

1906.8.19～77.1.12【出身地】テキサス州コマンチ【球団】32-34カーディナルス　35-38カブス　40ドジャース【位置】投手、右

【経歴】変幻自在の投球フォームでボールを低めに集め、32～38年は7年連続2ケタ勝利。33年自己最多の17勝、147奪三振（3位）、36年にリーグ最多の4完封を含む14勝を挙げた。39年はマイナーで投げ、翌40年ドジャースで再昇格、5月30日のレッズ戦でノーヒットノーランを達成。現役最後の登板で通算100勝に到達した。

【通算】8年、293試合、202先発、91完投、16完封、100勝76敗、1607.1回、808奪三振、防御率3.91

フレディ・ガルビス　☆
Freddy Jose Galvis

1989.11.14～【出身地】ベネズエラ共和国プントフィホ【球団】2012-17フィリーズ　18パドレス　19ブルージェイズ　19-20

レッズ　21 オリオールズ　21 フィリーズ【位置】遊撃、両
【経歴】2006 年フィリーズに入団、12 年は禁止薬物違反で 50 試合の出場停止。15 年正遊撃手となって翌 16 年は 20 本塁打。17・18 年は 2 年続けて 162 試合にフル出場、19 年に自己最多の 23 本塁打、70 打点を記録した。22 年ソフトバンクに 2 年 740 万ドルの好条件で入団するも、打率 1 割台とまったく活躍できなかった。
【通算】10 年、1102 試合、3921 打数 966 安打、109 本塁打、426 打点、57 盗塁、打率 .246
【日本】2022-23 ソフトバンク　2 年、57 試合、144 打数 24 安打、2 本塁打、12 打点、0 盗塁、打率 .167

レイ・カルプ
Raymond Leonard Culp
1941.8.6 ～【出身地】テキサス州エルジン【球団】63-66 フィリーズ　67 カブス　68-73 レッドソックス【位置】投手、右
【経歴】59 年契約金 10 万ドルでフィリーズに入団。63 年メジャーに昇格し 5 完封を含む 14 勝、65 年も 14 勝を挙げる。レッドソックスに移った 68 年はパームボールをマスターして 4 連続を含む 6 完封、16 勝を挙げ自己ベストの防御率 2.91。69 ～ 70 年も 2 年連続 17 勝と好調を維持し、70 年は 197 三振（5 位）を奪った。肩を痛めて 32 歳で引退、その後は不動産業で生計を立てた。
【通算】11 年、322 試合、268 先発、80 完投、22 完封、122 勝 101 敗 1 S、1898.1 回、1411 奪三振、防御率 3.58
【タイトル】オールスター 2 回（63,69 年）

コール・カルフーン
Kole Alan Calhoun
1987.10.14 ～【出身地】アリゾナ州テンピ【球団】2012-19 エンジェルズ　20-21 ダイアモンドバックス　22 レンジャーズ　23 ガーディアンズ【位置】外野、左
【経歴】2010 年ドラフト 8 位でエンジェルズに入団。14 年正右翼手となり、翌 15 年は 26 本塁打、83 打点、守備でも強肩で 11 補殺を記録しゴールドグラブに選ばれた。19 年は .232 の低打率ながら自己最多の 33 本塁打、翌 20 年も 54 試合でリーグ 3 位の 16 本とパワーを発揮した。
【通算】12 年、1239 試合、4448 打数 1076 安打、179 本塁打、582 打点、34 盗塁、1126 三振、打率 .242
【タイトル】ゴールドグラブ 1 回（2015 年）

バーニー・カルボ
Bernardo Carbo
1947.8.5 ～【出身地】ミシガン州デトロイト【球団】69-72 レッズ　72-73 カーディナルス　74-76 レッドソックス　76 ブルワーズ　77-78 レッドソックス　78 インディアンズ　79-80 カーディナルス　80 パイレーツ【位置】外野、左
【経歴】65 年ドラフト 1 位でレッズに入団。70 年打率 .310、21 本塁打、規定打席不足ながらリーグトップタイに相当する出塁率 .454 で、新人王投票では次点に入った。翌 71 年は打率 .219、5 本塁打の不振。内面的な甘さなどもあって、その後もレギュラーに定着することはなかった。75 年のワールドシリーズでは 2 本の代打本塁打、特に 2 本目はシリーズ史上最も劇的な試合といわれる第 6 戦の 8 回に放った同点弾だった。
【通算】12 年、1010 試合、2733 打数 722 安打、96 本塁打、358 打点、26 盗塁、打率 .264

ドン・ガレット
Donald Edward Gullett
1951.1.6 ～ 2024.2.14【出身地】ケンタッキー州リン【球団】70-76 レッズ　77-78 ヤンキース【位置】投手、左
【経歴】“ビッグ・レッド・マシーン”の左のエースとして活躍した速球派。69 年ドラフト 1 位でレッズに入団、翌 70 年 19 歳でメジャーに昇格し、史上最年少で登板したポストシーズンでは 5 試合、10.1 回を 1 点に抑える。先発ローテーションに加わった 71 年 16 勝、73 年は 18 勝（4 位）。75 年も 15 勝、自己ベストの防御率 2.42 と好成績を残し続ける。77 年 FA でヤンキースに移り 14 勝、ワールドシリーズでは 3 年連続で初戦の先発を任されたが、肩を痛め 27 歳でメジャーから去った。信心深く、飲酒や夜遊びなどの悪習には無縁だった。引退後 93 ～ 2005 年にレッズの投手コーチを務めた。
【通算】9 年、266 試合、186 先発、44 完投、14 完封、109 勝 50 敗 11 S、1390 回、921 奪三振、防御率 3.11

ロイ・カレンバイン
Roy Joesph Cullenbine
1913.10.18 ～ 91.5.28【出身地】テネシー州ナッシュヴィル【球団】38-39 タイガース

40ドジャース　40-42ブラウンズ　42セネターズ　42ヤンキース　43-45インディアンズ　45-47タイガース【位置】外野、一塁、両
【経歴】抜群の選球眼の持ち主で、通算出塁率は.408の高率。41年は打率.317、98打点に加え121四球（2位）を選び、リーグ2位の出塁率.452。45年113四球（1位）、出塁率.402（2位）、ワールドシリーズでも8四球を選んだ。続く46年は規定打席不足ながら自己最高の打率.335、出塁率.477。現役最後の47年は自己最多の24本塁打、.224の低打率ながら、新記録の22試合連続を含む137四球（2位）で、出塁率は.401に達した。遊び好きでどの球団でも首脳陣の不興を買い、フィリーズに移った48年開幕前に解雇されると、そのまま引退に追い込まれた。
【通算】10年、1181試合、3879打数1072安打、110本塁打、599打点、26盗塁、打率.276
【タイトル】オールスター2回（41,44年）

川上憲伸　☆
Kenshin Kawakami
1975.6.22～【出身地】徳島県徳島市【球団】2009-10ブレーヴス【位置】投手、右
【経歴】明治大のエースとして活躍し、97年ドラフト1位で中日に入団。98年は14勝を挙げ新人王、04年は17勝で最多勝、MVPと沢村賞も受賞した。06年も17勝で2度目の最多勝、通算112勝の実績を引っさげFAとなり、09年ブレーヴスに入団。初登板となった4月11日のナショナルズ戦で初勝利を飾る。日本でも武器としていたカッターを駆使し7勝12敗、防御率3.86。ヨハン・サンタナやロイ・ハラデイら好投手にも投げ勝った。翌10年は1勝10敗、防御率5.15と不調でマイナー落ちも経験。11年はメジャーに上がれず、12年中日に復帰した。
【通算】2年、50試合、41先発、0完投、8勝22敗1S、243.2回、164奪三振、防御率4.32
【日本】1998-2008,12-14　中日　14年、275試合、259先発、29完投、15完封、117勝76敗1S、1731回、1381奪三振、防御率3.24

川﨑宗則　☆
Munenori Kawasaki
1981.6.3～【出身地】鹿児島県姶良郡姶良町【球団】2012マリナーズ　13-15ブルージェイズ　16カブス【位置】二塁、遊撃、左
【経歴】鹿児島工から99年ドラフト4位でダイエーに入団。2004年42盗塁でタイトルを獲得、5度打率3割を記録し、ベストナインとゴールデングラブを2回ずつ受賞。06・09年のWBC、08年の北京五輪にも出場した。憧れのイチローと一緒にプレイしたいとの思いから、12年FAとなってマリナーズに入団したが、非力さが災いして出場機会は少なかった。13年にブルージェイズへ移籍すると96試合で三塁打5本、24打点、6月21日のオリオールズ戦で唯一の本塁打。二遊間の控えとしての存在価値以上に、ハッスルプレイや片言の英語でインタビューに応える前向きな姿勢で人気を得た。16年はカブスで14試合に出ただけだったが、チャンピオンリングを手にした。17年ソフトバンクで日本に復帰。
【通算】5年、276試合、633打数150安打、1本塁打、51打点、12盗塁、打率.237
【日本】2001-11,17ダイエー／ソフトバンク　12年、1187試合、4710打数1376安打、27本塁打、373打点、267盗塁、打率.292

オースティン・カーンズ
Austin Ryan Kearns
1980.5.20～【出身地】ケンタッキー州レキシントン【球団】2002-06レッズ　06-09ナショナルズ　10インディアンズ　10ヤンキース　11インディアンズ　12-13マーリンズ【位置】外野、右
【経歴】98年ドラフト1位（全体7位）でレッズに入団。2002年にメジャー昇格、107試合で打率.315、13本塁打を放ち新人王投票3位。翌03年も44試合で13本塁打と好調だったが、本塁上で相手選手と接触し肩を負傷。その後は故障の影響で伸び悩み、06年に自己最多の24本塁打、86打点を記録したが、当初期待されたほどの成績は収められなかった。
【通算】12年、1125試合、3606打数914安打、121本塁打、494打点、33盗塁、打率.253

ホセ・カンセコ
Jose Canseco
1964.7.2～【出身地】キューバ共和国ハバナ【球団】85-92アスレティックス　92-94レンジャーズ　95-96レッドソックス　97

アスレティックス 98ブルージェイズ 99-2000レイズ 00ヤンキース 01ホワイトソックス【位置】外野、DH、右
【経歴】筋骨隆々のパワーヒッターとして活躍する一方、数多くのスキャンダルを巻き起こした問題児。82年ドラフト15位でアスレティックスに入団。86年33本塁打(4位)、117打点(2位)で新人王となる。88年は42本塁打、124打点の二冠王に加え、40盗塁(4位)で史上初の40－40を達成しMVPを受賞。91年も44本塁打で2度目のタイトル、同僚マーク・マグワイアとともに“バッシュ・ブラザーズ”として恐れられた。
その後は相次ぐ故障や私生活上の問題に悩まされ、92～97年は120試合以上の出場は一度もなかったが、94年は111試合で31本塁打、90打点、96年は96試合で28本と出場しさえすれば結果は残した。久々に故障と無縁だった98年は自己最多の46本塁打、7年ぶりの大台となる107打点、29盗塁。通算で30本塁打以上8回、100打点以上6回。98年の159個を最多として史上9位の通算1942三振を喫した。
02年はエクスポズ、ホワイトソックスと契約したがメジャーでの出場はなく、同年限りで引退。05年、現役時代から噂のあったステロイド使用を公然と認め、その実情を赤裸々に公表した暴露本を発表。マグワイアら多くの選手を実名で告発し、球界の薬物汚染の実態解明に道を開いた。06年独立リーグで現役復帰、53歳まで散発的に出場し続けた。武道の心得もあり、日本の格闘技大会に参加したこともある。双児の兄オジーも元メジャーリーガーで、91年は近鉄に在籍した。
【通算】17年、1887試合、7057打数1877安打、462本塁打、1407打点、200盗塁、1942三振(10位)、打率.266
【タイトル】MVP1回(88年)新人王(86年)本塁打王2回(88,91年)打点王1回(88年)オールスター6回(86,88～90,92,99年)

ホルヘ・カントゥ
Jorge Luis Cantu
1982.1.30～【出身地】テキサス州マクアレン【球団】2004-07レイズ 07レッズ 08-10マーリンズ 10レンジャーズ 11パドレス【位置】三塁、二塁、右
【経歴】98年ドラフト外でレイズに入団。2005年レギュラーとなり28本塁打、117打点、07年は52試合で1本塁打と不振だったが、マーリンズに移籍した08年は29本、95打点と復活。翌09年も打率.289、42二塁打(5位)、100打点と活躍を続けた。守備はメジャー昇格当初は二塁、その後は三塁を守ることが多かったが、評価は芳しくなかった。メキシコ代表として04年のアテネ五輪や、WBCも第3回まですべて出場した。
【通算】8年、847試合、3128打数847安打、104本塁打、476打点、11盗塁、打率.271

アド・ガンバート
Addison Courtney Gumbert
1867.10.10～1925.4.23【出身地】ペンシルヴェニア州ピッツバーグ【球団】1888-89シカゴ 90ボストン(PL) 91-92シカゴ 93-94ピッツバーグ 95-96ブルックリン 96フィラデルフィア【位置】投手、右
【経歴】力強い速球の持ち主で、1888年マイナーで2度ノーヒッターを記録し、9月に20歳でデビュー。翌89年は16勝、打撃でも7本塁打を放つ。プレイヤーズ・リーグに参加した90年はリーグ5位の23勝、92年も22勝。引退後はピッツバーグで政治活動に関わった。兄のビリーもメジャーの投手。
【通算】9年、264試合、236先発、192完投、7完封、123勝102敗、1996.1回、549奪三振、防御率4.27

ハリー・ガンバート
Harry Edwards Gumbert
1909.11.5～95.1.4【出身地】ペンシルヴェニア州エリザベス【球団】35-41ジャイアンツ 41-44カーディナルス 44,46-49レッズ 49-50パイレーツ【位置】投手、右
【経歴】球威には欠けたが巧みな投球術と優れたカーブで、36年から6年連続2ケタ勝利、39年に自己最多の18勝。42年は9勝とあと一歩及ばなかったが、43～44年は再び2ケタに乗せた。45年は兵役のため欠場、退役後は主にリリーフを務め、48年はリーグ最多の61試合に登板し10勝、現行の規定では17セーブを挙げた。フィールディングの良さも光っていた。
【通算】15年、508試合、235先発、96完投、13完封、143勝113敗、2156回、709奪三振、防御率3.68

バート・カンパネリス
Dagoberto Campaneris (Bert)
1942.3.9 ～【出身地】キューバ共和国プエブロヌエボ【球団】64-76 アスレティックス　77-79 レンジャーズ　79-81 エンジェルズ　83 ヤンキース【位置】遊撃、右
【経歴】6度の盗塁王に輝いた俊足の遊撃手で、72～74年のアスレティックス3連覇時の主力。64年7月23日のデビュー戦で2本塁打、初打席では初球をスタンドに打ち込んだ。翌65年レギュラーとなり、ともに1位の12三塁打、51盗塁、9月9日は1試合で全ポジションを守った。68年自己最多の177安打(1位)、62盗塁で4年連続タイトル。70年は前年の2本塁打から一気に22本、2ケタはこの年のみだったが、73年のプレイオフ第3戦でサヨナラ本塁打、同年のワールドシリーズ第7戦で先制・決勝の2ランを放つなど、ここ一番では長打力を発揮した。82年はメキシコでプレイし、翌83年はヤンキースで60試合の出場ながら41歳にして初の3割となる打率.322を記録した。84年は西武の走塁コーチを務めた。
【通算】19年、2328試合、8684打数 2249安打、313二塁打、86三塁打、79本塁打、646打点、649盗塁(14位)、618四球、1142三振、打率.259
【タイトル】盗塁王6回(65～68,70,72年) オールスター6回(68,72～75,77年)

【キ】

ジミー・キー
James Edward Key
1961.4.22 ～【出身地】アラバマ州ハンツヴィル【球団】84-92 ブルージェイズ　93-96 ヤンキース　97-98 オリオールズ【位置】投手、左
【経歴】抜群の制球力と安定感を誇った左腕で、特にカーブが素晴らしかった。82年ドラフト3位でブルージェイズに入団、84年はリリーフ専門で63試合に投げ10セーブ。85年先発に転向し14勝、防御率3.00(4位)、87年は17勝、防御率2.76は1位。92年のワールドシリーズでは第4戦で7.2回を0点、最終第6戦でもリリーフで勝利投手となった。
　93年ヤンキースに移り自己最多の18勝(4位)、防御率3.00(3位)、翌94年は17勝で最多勝。同年まで10年連続12勝以上で負け越しは1回だけだった。95年は肩を痛め5試合で1勝だったが、翌96年は12勝、ワールドシリーズ第6戦で勝利投手となりヤンキース19年ぶりの世界一に貢献。オリオールズに移籍した97年も16勝した。
【通算】15年、470試合、389先発、34完投、13完封、186勝117敗10S、2591.2回、1538奪三振、防御率3.51
【タイトル】最多勝1回(94年) 最優秀防御率1回(87年) オールスター5回(85,91,93～94,97年)

ケヴィン・キアマイアー　★
Kevin James Kiermaier
1990.4.22 ～【出身地】インディアナ州フォートウェイン【球団】2013-22 レイズ 23-24 ブルージェイズ 24 ドジャース【位置】外野、左
【経歴】守備範囲の広さに加え、アクロバティックなプレイでも名を馳せた外野守備の名手。2010年ドラフト31位でレイズに入団、14年にレギュラーとなると、翌15年は15補殺を記録しゴールドグラブを受賞、打撃でもリーグ2位の12三塁打。続く16年も105試合の出場にとどまりながら2年連続ゴールドグラブに選出された。20年のワールドシリーズでは19打数7安打、2本塁打を放った。
【通算】12年、1159試合、3682打数 905安打、95本塁打、378打点、132盗塁、打率.246

【タイトル】ゴールドグラブ4回（2015～16,19,23年）

オジー・ギーエン
Oswaldo Jose Guillen
1964.1.20～【出身地】ベネズエラ共和国オクマレデルテュイ【球団】85-97 ホワイトソックス　98 オリオールズ　98-99 ブレーヴス　2000 レイズ【位置】遊撃、左
【経歴】パドレスのマイナーから85年ホワイトソックスに移籍、打率.273、9三塁打（5位）、リーグ1位の守備率.980で新人王を受賞。89年は36盗塁を記録した。全盛期には広い守備範囲と強肩を誇る名手だったが、92年に膝を痛めてからは精彩を欠いた。2004年ホワイトソックスでベネズエラ人として最初の監督となり、翌05年に46年ぶりのリーグ優勝、88年ぶりの世界一。外国出身者で初のシリーズ制覇でもあった。
　歯に衣着せず手当たり次第に喋るので、数々の暴言・失言が問題となったり、球団首脳や選手と対立したりもしたが、裏表のない憎めない性格で人気もあった。12年マーリンズ監督に就任したものの、成績不振に加えキューバ難民が多数住むマイアミを本拠にしながらフィデル・カストロを賞賛する発言で非難を浴び、4年契約の1年目で解任された。
【通算】16年、1993試合、6686打数1764安打、28本塁打、619打点、169盗塁、打率.264
【タイトル】新人王（85年）ゴールドグラブ1回（90年）オールスター3回（88,90～91年）
【監督】2004-11 ホワイトソックス　12 マーリンズ　9年、1457試合、747勝710敗、勝率.513　リーグ優勝1回（05年）ワールドシリーズ優勝1回（05年）

カルロス・ギーエン
Carlos Alfonso Guillen
1975.9.30～【出身地】ベネズエラ共和国マラカイ【球団】98-2003 マリナーズ　04-11 タイガース【位置】遊撃、三塁、左
【経歴】93年アストロズでプロ入りし、98年途中ランディ・ジョンソンとの交換要員の一人としてマリナーズへ移籍。2000年途中から正遊撃手となり、ディヴィジョンシリーズ第3戦では勝ち抜きを決めるサヨナラスクイズを決めたが、マリナーズ時代は思うような成績を残せなかった。04年にタイガースへトレードされると、打率.318、10三塁打（3位）、20本塁打、97打点と打撃開眼。06年打率.320、41二塁打、出塁率.400、ワールドシリーズでは17打数6安打。07年も9三塁打（3位）、21本塁打、102打点と活躍した。膝の故障の影響で08年三塁、09年は外野へコンバートされた。
【通算】14年、1305試合、4673打数1331安打、124本塁打、660打点、74盗塁、打率.285
【タイトル】オールスター3回（2004,07～08年）

ホセ・ギーエン
Jose Manuel Guillen
1976.5.17～【出身地】ドミニカ共和国サンクリストバル【球団】97-99 パイレーツ　99-2001 レイズ　02 ダイアモンドバックス　02-03 レッズ　03 アスレティックス　04 エンジェルズ　05-06 ナショナルズ　07 マリナーズ　08-10 ロイヤルズ　10 ジャイアンツ【位置】外野、右
【経歴】才能は確かだったが、行く先々で揉め事を起こし続けたトラブルメーカー。93年パイレーツに入団、正右翼手となって98年は16補殺と強肩を発揮するも、打撃が期待されたほど伸びず、性格的な問題もあって数球団を転々とする。03年レッズで打率.337、23本塁打、同年途中で移籍したアスレティックスでの成績と合わせると.311、31本。翌04年もエンジェルズで27本、104打点だったが、首脳陣と対立し、優勝争いをしていたにもかかわらず終盤は試合に出られなかった。07年99打点、08年も97打点を叩き出しながらも、チームメイトやファンとの諍いが絶えず、10年には過去の薬物使用歴が明らかになりポストシーズンのロースターから外された。
【通算】14年、1650試合、5888打数1591安打、214本塁打、887打点、31盗塁、1103三振、打率.270

菊池雄星　★☆
Yusei Kikuchi
1991.6.17～【出身地】岩手県盛岡市【球団】2019-21 マリナーズ　22-24 ブルージェイズ　24 アストロズ【位置】投手、左
【経歴】花巻東高では甲子園に3回出場、高卒でのメジャー挑戦の噂もあったが、2009年のドラフトでは6球団の抽選により1位指名で西武に入団した。左腕からの150kmを超える速球で、17年は16勝、

防御率1.97の2部門で1位、217奪三振も2位だった。

19年ポスティング・システムを利用してマリナーズと3年4300万ドルで契約、3月21日に東京ドームでのアスレティックス戦で初登板。これはイチローの引退試合でもあった。4月20日のエンジェルズ戦で初勝利、8月18日のブルージェイズ戦で完封勝利を収めたが、年間では6勝11敗、防御率5.46。前半戦で好調だった21年はオールスターに選出された。ブルージェイズへ移籍後の23年は11勝、防御率3.86、181奪三振。シーズン途中でアストロズへ移籍した翌24年は9勝10敗と負け越したが、206奪三振はリーグ5位だった。25年FAでエンジェルズへ移籍。
【通算】6年、166試合、154先発、1完投、1完封、41勝47敗1S、809.2回、837奪三振、防御率4.57
【タイトル】オールスター1回(2021年)
【日本】2011-18西武、8年、158試合、138先発、15完投、7完封、73勝46敗1S、1010.2回、903奪三振、防御率2.77

ブルース・キーソン
Bruce Eugene Kison
1950.2.18～2018.6.2【出身地】ワシントン州パスコ【球団】71-79パイレーツ　80-84エンジェルズ　85レッドソックス【位置】投手、右
【経歴】68年ドラフト14位でパイレーツに入団。サイドスローで内角攻めを得意とし、メジャーに昇格した71年のプレイオフ第4戦ではリリーフで4.2回を0点に抑え、優勝投手となる。ワールドシリーズでも第4戦で2番手として登板、6.1回を1安打0点の好投で勝利を挙げた。76年14勝、自己ベストの防御率3.08、79年も13勝し優勝に貢献。通算5回2ケタ勝利を記録し、ポストシーズンは通算10試合で5勝1敗、防御率1.98と見事な数字だったが、故障の多さが泣きどころだった。引退後はロイヤルズの投手コーチやオリオールズのスカウトとして働いた。
【通算】15年、380試合、246先発、36完投、8完封、115勝88敗12S、1809.2回、1073奪三振、防御率3.66

木田優夫　☆
Masao Kida
1968.9.12～【出身地】東京都国分寺市【球団】99-2000タイガース　03-04ドジャース　04-05マリナーズ【位置】投手、右
【経歴】日大明誠高から87年ドラフト1位で巨人に入団。力のある速球で90年12勝、防御率2.71(3位)、182奪三振(1位)。98年オリックスに移籍し16セーブ、同年末FAとなりタイガースと契約。49試合に登板、6月14日のマリナーズ戦で初勝利を挙げたが防御率は6.26だった。翌2000年は2試合に投げただけで途中退団、オリックスに復帰。03年ドジャースでメジャーに再挑戦するも、3年間で1勝もできず06年ヤクルトで日本に戻り、40代半ばまで現役を続けた。漫画を描くのが上手いことでも有名だった。
【通算】5年、65試合、0先発、1勝1敗1S、95.2回、68奪三振、防御率5.83
【日本】89-97巨人　98,2000-01オリックス　06-09ヤクルト　10-12日本ハム　18年、516試合、119先発、26完投、5完封、73勝82敗50S、1269.2回、1036奪三振、防御率3.91

フランク・キットソン
Frank R. Kitson
1869.9.11～1930.4.13【出身地】ミシガン州ワトソン【球団】1898-99ボルティモア　1900-02ドジャース　03-05タイガース　06-07セネターズ　07ヤンキース【位置】投手、右
【経歴】プロに転向したのが25歳と遅く、1898年28歳でデビュー。翌99年22勝、1901、02年は2年連続で19勝を挙げ、タイガースへ移った03年に自己ベストの防御率2.58。同年まで5年連続15勝以上、通算では6回2ケタ勝利を記録した。
【通算】10年、304試合、250先発、211完投、19完封、129勝118敗、2221.2回、736奪三振、防御率3.17

マラカイ・キットリッジ
Malachi Jeddidah Kittridge
1869.10.12～1928.6.23【出身地】マサチューセッツ州クリントン【球団】1890-97シカゴ　98-99ルイヴィル　99ワシントン　1901-03ブレーヴス　03-06セネターズ　06インディアンズ【位置】捕手、右
【経歴】通算打率.219が示す通り、打撃はからきしで投手を代打に出されるほどだったが、守備面ではキャップ・アンソン監督の信頼が厚く、ハッスルプレイで観衆を沸かせた。98年アンソンの後任監督争いでトム・バーンズに敗れ、シカゴを追われる。1900年はマイナーでプレイし、翌

01年復帰すると自己最多の114試合に出場。04年は開幕から18試合セネターズの指揮を執ったが、1勝しかできなかった。
【通算】16年、1216試合、4029打数882安打、17本塁打、391打点、64盗塁、打率.219

ロン・ギドリー
Ronald Ames Guidry
1950.8.28～【出身地】ルイジアナ州ラファイエット【球団】75-88ヤンキース【位置】投手、左
【経歴】71年ドラフト3位でヤンキースに入団。77年16勝、防御率2.82（4位）で一流投手の仲間入りを果たすと、翌78年は自慢のスライダーが冴えわたり開幕から13連勝、年間では25勝、9完封、防御率1.74がいずれも1位、248奪三振も2位。6月17日のエンジェルズ戦で18奪三振、レッドソックスとの優勝決定戦でも勝利投手となり、文句なしのサイ・ヤング賞受賞となった。続く79年も18勝、2年連続1位の防御率2.78。83年は21勝（3位）、21完投（1位）、85年も22勝で最多勝と活躍を続けた。4回出場したワールドシリーズでも3勝1敗、防御率1.69。守備も良く、82年から5年連続でゴールドグラブを受賞した。ドラム演奏が得意で、ヤンキー・スタディアムでビーチ・ボーイズと共演した経験がある。
【通算】14年、368試合、323先発、95完投、26完封、170勝91敗4S、2392回、1778奪三振、防御率3.29
【タイトル】サイ・ヤング賞1回（78年）最多勝2回（78,85年）最優秀防御率2回（78～79年）ゴールドグラブ5回（82～86年）オールスター4回（78～79,82～83年）

ロン・キトル
Ronald Dale Kittle
1958.1.5～【出身地】インディアナ州ゲイリー【球団】82-86ホワイトソックス　86-87ヤンキース　88インディアンズ　89-90ホワイトソックス　90オリオールズ　91ホワイトソックス【位置】外野、DH、右
【経歴】77年ドラフト外でドジャースに入団、首を負傷して翌年には解雇されるがホワイトソックスに拾われる。82年AAA級で50本塁打を放つなど抜群の長打力で、83年レギュラーとなり35本塁打（3位）、100打点で新人王を受賞。一方でリーグワーストの150三振を喫した。翌84年も32本塁打しながら打率.215と信頼性に欠け、故障の多さもあって次第に出場機会は減っていった。
【通算】10年、843試合、2708打数648安打、176本塁打、460打点、16盗塁、打率.239
【タイトル】新人王（83年）オールスター1回（83年）

ティム・キーフ
Timothy John Keefe
1857.1.1～1933.4.23【出身地】マサチューセッツ州ケンブリッジ【球団】1880-82トロイ　83-84ニューヨーク（AA）　85-89ニューヨーク　90ニューヨーク（PL）　91ニューヨーク　91-93フィラデルフィア【位置】投手、右
【経歴】19世紀を代表する名投手で、チェンジアップを武器とした最初の投手。相手打者をよく研究して弱点をつき、また厳しい内角攻めでも有名だった。1年目の1880年に防御率0.86（1位）、ニューヨーク（AA）に加わった83年は68試合すべてに完投し41勝（2位）、619回と359奪三振はともに1位。以後6年連続30勝、86年は42勝で最多勝。88年は19連勝を含む35勝に加え、8完封、335奪三振、防御率1.74もすべて1位だった。性格は物静かで、判定には文句をつけなかった。義兄弟のジョン・ウォードとともに選手組合の中心的存在として活動し、プレイヤーズ・リーグの結成に大きく関わった。1964年殿堂入り。
【通算】14年、600試合、594先発（23位）、554完投（3位）、39完封、342勝（10位）225敗（23位）、5049.2回（12位）、2564奪三振、1233四球、防御率2.63
【タイトル】最多勝2回（1886,88年）最優秀防御率3回（80,85,88年）最多奪三振2回（83,88年）

カイル・ギブソン　★
Kyle Benjamin Gibson
1987.10.23～【出身地】インディアナ州グリーンフィールド【球団】2013-19ツインズ　20-21レンジャーズ　21-22フィリーズ　23オリオールズ　24カーディナルス【位置】投手、右
【経歴】2009年ドラフト1位でツインズに入団。身長198cmの長身で、14年にローテーション入りして13勝。18年の防御率

3.62、179奪三振がベストと投球内容は目立つものではなくとも、故障が少なくイニングイーターとして価値があり、通算では2ケタ勝利8回。スライダーを武器として23年に自己最多の15勝を挙げた。
【通算】12年、330試合、324先発、3完投、1完封、112勝108敗0S、1865.2回、1510奪三振、防御率4.52
【タイトル】オールスター1回（2021年）

カーク・ギブソン
Kirk Harold Gibson
1957.5.28～【出身地】ミシガン州ポンティアック【球団】79-87タイガース　88-90ドジャース　91ロイヤルズ　92パイレーツ　93-95タイガース【位置】外野、DH、左
【経歴】ミシガン州立大学時代はオール・アメリカンに選ばれた有望なフットボール選手だったが、78年ドラフト1位でタイガースに指名されると入団。84年は27本塁打、91打点、29盗塁で優勝に貢献、プレイオフでは12打数5安打でMVP。ワールドシリーズでも2本塁打、7打点、優勝を決めた第5戦で特大本塁打を放った。88年ドジャースに移籍、25本塁打、31盗塁、出塁率.377（4位）でMVPを受賞。ワールドシリーズ第1戦ではケガのため足を引きずりながらも、9回二死から劇的な代打逆転サヨナラ2ランを叩き込んだ。ポストシーズンは通算21試合で7本塁打、21打点と大舞台に強かった。
　闘争心溢れるプレイスタイルもあって故障が絶えず、92年途中引退を表明したが翌93年古巣のタイガースで復帰、94年は98試合で23本塁打。2010年途中からダイアモンドバックス監督に就任、選手に対して厳しい姿勢で臨み、翌11年は前年の最下位から地区優勝に引き上げ、最優秀監督賞を受賞した。タイガースのチームメイトで、通算60勝の投手デイヴ・ロゼマとは義兄弟。
【通算】17年、1635試合、5798打数1553安打、255本塁打、870打点、284盗塁、1285三振、打率.268
【タイトル】MVP1回（88年）
【監督】2010-14ダイアモンドバックス　5年、728試合、353勝375敗、勝率.485

ジョージ・ギブソン
George C. Gibson
1880.7.22～1967.1.25【出身地】カナダ・オンタリオ州ロンドン【球団】05-16パイレーツ　17-18ジャイアンツ【位置】捕手、右
【経歴】3回守備率1位を記録した好守の捕手。投手リードや強肩も評判で、また年間100試合以上出場する捕手がほとんどいなかった当時、08年から3年連続で140試合以上マスクをかぶる驚異的な耐久力を示した。パイレーツが優勝した09年は自己最多の135安打、52打点。パイレーツの監督を2期務め、21・32・33年の3度2位になった。
【通算】14年、1213試合、3776打数893安打、15本塁打、345打点、40盗塁、打率.236
【監督】20-22パイレーツ　25カブス　32-34パイレーツ　7年、759試合、413勝344敗、勝率.546

ジョシュ・ギブソン
Joshua Gibson
1911.12.21～47.1.20【出身地】ジョージア州ブエナヴィスタ【球団】ニグロ・リーグ【位置】捕手、右
【経歴】通算で800本以上の本塁打を放ったとされる伝説的な大打者で、サッチェル・ペイジと並び黒人球界で一、二を争うスター選手だった。セミプロ球団から30年ニグロ・リーグのホームステッド・グレイズに入団、46年までに本塁打王11回。本数ばかりでなく飛距離も破格で、数々の特大アーチを放った。カリブ球界でも活躍し、39年はキューバで当時の新記録となる11本塁打。38～39年はドミニカで2年連続本塁打王、41年はメキシコで94試合に出て33本塁打、124打点で二冠王、プエルトリコのウィンター・リーグでも.480の高打率でMVPとなった。守備でも大変な強肩を誇ったが、ファウルフライの捕球は苦手だった。セネターズやパイレーツからも誘いを受けたが、ランディス・コミッショナーによって阻止されメジャー入りは果たせず、失意の内に47年突然の発作により35歳の若さで急死した。72年殿堂入り。24年にニグロ・リーグの成績が公式にメジャー記録とされたため、通算打率.372は史上1位になった。
＜ニグロ・リーグの成績＞653試合、2255打数838安打、174本塁打、751打点、42盗塁、打率.372

ボブ・ギブソン
Robert Gibson
1935.11.9～2020.10.2【出身地】ネブラスカ州オマハ【球団】59-75カーディナルス

【位置】投手、右
【経歴】60年代で最高の投手の一人。全身を使った迫力のあるフォームからくり出す豪速球と鋭いスライダー、また胸元をえぐる厳しい内角攻めで打者から大いに恐れられた。61年に13勝、以後14年連続2ケタ勝利を挙げたが、同年はリーグ最多の119四球を出すなど、当初は制球が安定しなかった。65年頃から与四球が減りはじめ、同年の20勝以後6年間で20勝5回。中でも68年は5連続を含む13完封(1位)、15連勝を含む22勝(2位)、268奪三振(1位)、48.2回連続無失点、防御率は驚異的な1.12を記録し、サイ・ヤング賞とMVPを同時受賞。70年自己最多の23勝(1位)、防御率3.12(4位)、274奪三振(2位)で2度目のサイ・ヤング賞。71年8月14日のパイレーツ戦でノーヒットノーランを達成。72年に9度目の200個以上となる208三振(3位)を奪い、ナ・リーグで初の通算3000奪三振に到達した。
　ワールドシリーズにも滅法強く、通算7勝、92奪三振はいずれも史上2位、防御率1.89。64年は第5戦で13奪三振、第7戦は完投で優勝投手となる。67年はいずれも完投で3勝、防御率1.00でMVP、68年の第1戦では新記録となる17奪三振で完封、同年のシリーズは27回で35三振を奪った。守備も一級品で、素早い身のこなしで65年から9年連続でゴールドグラブに輝いた。打撃も通算24本塁打、ワールドシリーズでも2本放つなどあらゆる面で才能を発揮。バスケットボールのハーレム・グローブトロッターズに在籍した経験もあった。81年殿堂入り。
【通算】17年、528試合、482先発、255完投、56完封(13位)、251勝174敗6S、3884.1回、3117奪三振(16位)、1336四球(27位)、防御率2.91
【タイトル】MVP1回(68年)サイ・ヤング賞2回(68,70年)最多勝1回(70年)最優秀防御率1回(68年)最多奪三振1回(68年)ゴールドグラブ9回(65～73年)オールスター8回(62,65～70,72年)

ジェイソン・キプニス
Jason Michael Kipnis
1987.4.3～【出身地】イリノイ州ノースブルック【球団】2011-19インディアンズ　20カブス【位置】二塁、左
【経歴】2009年ドラフト2位でインディアンズに入団。12年に正二塁手となり31盗塁、翌13年は打率.284、17本塁打、84打点、30盗塁でオールスターに選ばれた。ラインドライブ・ヒッターで15年は打率.303、43二塁打(2位)で2度目のオールスター選出。続く16年は自己最多の23本塁打、故郷の球団であるカブスと対戦したワールドシリーズでも2本を放った。
【通算】10年、1165試合、4404打数1147安打、126本塁打、545打点、136盗塁、打率.260
【タイトル】オールスター2回(2013,15年)

ジェイ・ギボンズ
Jay Jonathan Gibbons
1977.3.2～【出身地】ミシガン州ロチェスター【球団】2001-07オリオールズ　10-11ドジャース【位置】外野、左
【経歴】98年ドラフト14位でブルージェイズに入団、2001年ルール5ドラフトでオリオールズに移籍。翌02年28本塁打、続く03年は39二塁打、自己最多の100打点。05年も26本塁打と長打力を発揮した。07年限りで解雇され、その後は独立リーグなどを経て10年ドジャースで3年ぶりにメジャーへ復帰した。
【通算】9年、840試合、2917打数759安打、127本塁打、427打点、2盗塁、打率.260

ジョン・ギボンズ
John Michael Gibbons
1962.6.8～【出身地】モンタナ州グレイトフォールズ【球団】1984,86メッツ【位置】捕手、右
【経歴】80年ドラフト1位でメッツに入団、21歳でメジャーに昇格するも2年間で18試合に出ただけ。マイナー監督、ブルージェイズのコーチを経て2004年途中から指揮を任され、06年は2位。08年途中解任されたのち、13年に再びブルージェイズの監督に復帰し、15年に22年ぶりとなる地区優勝を飾った。
【通算】2年、18試合、50打数11安打、1本塁打、2打点、0盗塁、打率.220
【監督】2004-08,13-18ブルージェイズ11年、1582試合、793勝789敗、勝率.501

フィル・キャヴァレッタ
Philip Joseph Cavarretta
1916.7.19～2010.12.18【出身地】イリノイ州シカゴ【球団】34-53カブス　54-55ホワイトソックス【位置】一塁、外野、左

【経歴】35年18歳で正一塁手となり、162安打、12三塁打(4位)、82打点で優勝に貢献。その後平凡な成績が続き控えに降格した時期もあったが、44年は打率.321(5位)、197安打(1位)、15三塁打(3位)、初出場したオールスターでは5打席すべて出塁した。続く45年も打率.355、出塁率.449の両部門で1位、自己最多の97打点で優勝の原動力となりMVPを受賞。ワールドシリーズも26打数11安打5打点と打ちまくった。

地元出身とあって人気もあり、51年途中から監督を兼任し、最初の試合で代打逆転満塁アーチを放つ。54年のキャンプ中には自軍をBクラスに予想して解任されたが、ホワイトソックスに拾われ71試合で打率.316と健在ぶりを示した。引退後はマイナーの監督や、メッツやタイガースなどでスカウトやコーチを務めた。
【通算】22年、2030試合、6754打数1977安打、347二塁打、99三塁打、95本塁打、920打点、65盗塁、820四球、598三振、打率.293
【タイトル】MVP1回(45年) 首位打者1回(45年) 最高出塁率1回(45年) オールスター4回(44～47年)
【監督】51-53カブス 3年、384試合、169勝213敗、勝率.442

グレッグ・ギャグニー
Gregory Carpenter Gagne
1961.11.12～【出身地】マサチューセッツ州フォールリヴァー【球団】83-92ツインズ 93-95ロイヤルズ 96-97ドジャース【位置】遊撃、右
【経歴】79年ドラフト5位でヤンキースに入団。86年ツインズで正遊撃手となり、同年10月4日に1試合2本のランニング本塁打を放つ。本来は守備の人で打率は93年の.280、本塁打は88年の14本がベストだったが、87年はプレイオフで2本塁打、ワールドシリーズ第7戦で決勝点となる内野安打を放って世界一をもたらした。91年のシリーズ初戦でも効果的な3ラン本塁打を叩き込んでいる。
【通算】15年、1798試合、5673打数1440安打、111本塁打、604打点、108盗塁、1121三振、打率.254

エディー・キャスコ
Edward Michael Kasko
1931.6.27～2020.6.24【出身地】ニュージャージー州エリザベス【球団】57-58カーディナルス 59-63レッズ 64-65アストロズ 66レッドソックス【位置】遊撃、三塁、右
【経歴】堅実なプレイが持ち味の内野手。ブラウンズでプロ入り、フィリーズを経て57年カーディナルスでメジャーに昇格、131安打を放つ。60年自己最高の打率.292、51打点、翌61年のワールドシリーズではチーム最多の7安打。70年レッドソックス監督に就任、72年は0.5ゲーム差で惜しくも優勝を逃す。翌73年も2位だったが、最終戦を前に解任された。
【通算】10年、1077試合、3546打数935安打、22本塁打、261打点、31盗塁、打率.264
【タイトル】オールスター1回(61年)
【監督】70-73レッドソックス 4年、640試合、345勝295敗、勝率.539

スコット・キャズミアー
Scott Edward Kazmir
1984.1.24～【出身地】テキサス州ヒューストン【球団】2004-09レイズ 09-11エンジェルズ 13インディアンズ 14-15アスレティックス 15アストロズ 16ドジャース 21ジャイアンツ【位置】投手、左
【経歴】2002年ドラフト1位でメッツに入団。快速球で早くから期待され、レイズ移籍後の05年に10勝、174奪三振(4位)、以後5年連続2ケタ勝利。07年は13勝、239奪三振はリーグ最多だった。08年も12勝したがその後球威が衰え、エンジェルズ移籍後の10年は15敗、防御率5.94の大不振で11年途中解雇。13年インディアンズで10勝、翌14年は自己最多の15勝。18～19年はプロ球団との契約がなかったが、20年独立リーグで復帰を果たすと、21年はアメリカ代表として東京五輪で投げたのち、ジャイアンツで5年ぶりにメジャーのマウンドを踏んだ。
【通算】13年、303試合、301先発、3完投、1完封、108勝97敗0S、1701回、1618奪三振、防御率4.02
【タイトル】最多奪三振1回(2007年) オールスター3回(06,08,14年)

ケヴィン・キャッシュ
Kevin Forrest Cash
1977.12.6～【出身地】フロリダ州タンパ【球団】2002-04ブルージェイズ 05レイズ 07-08レッドソックス 09ヤンキース 10アストロズ 10レッドソックス【位置】捕手、右

【経歴】99年ドラフト外でブルージェイズに入団。控え捕手として2004年は60試合、08年も61試合に出たが選手としては大成しなかった。15年レイズ監督に就任、力のあるリリーフ投手を先発に使うオープナー作戦などの新機軸を取り入れ、19年は96勝でワイルドカードを獲得。翌20年はリーグ優勝に導いたが、ワールドシリーズ第6戦でエースのブレイク・スネルを早めに交代させる采配ミスで非難を浴びた。21年は球団記録の100勝、ア・リーグ初の2年連続最優秀監督賞を受賞した。おじのロンは5度のドラフト指名を拒否した末にタイガースに入団した。
【通算】8年、246試合、641打数117安打、12本塁打、58打点、0盗塁、打率.183
【監督】2015-24レイズ　10年、1518試合、819勝699敗、勝率.540、リーグ優勝1回(20年)

デイヴ・キャッシュ
David Cash
1948.6.11～【出身地】ニューヨーク州ユティカ【球団】69-73パイレーツ　74-76フィリーズ　77-79エクスポズ　80パドレス【位置】二塁、右
【経歴】66年ドラフト5位で入団したパイレーツ時代には、兵役などのためレギュラーに完全には定着できず、フィリーズに移籍した74年に打率.300、206安打(2位)、11三塁打(3位)。翌75年は当時の新記録となる699打数で打率.305、213安打(1位)、40二塁打と大活躍する。冷静で落ち着いたプレイに定評があり、76年も12三塁打(1位)、727打席でわずか13三振。"Yes We Can(俺たちは勝てる)"の合言葉をチームに広め、地区優勝に貢献した。
【通算】12年、1422試合、5554打数1571安打、21本塁打、426打点、120盗塁、打率.283
【タイトル】オールスター3回(74～76年)

ノーム・キャッシュ
Norman Dalton Cash
1933.11.10～86.10.11【出身地】テキサス州ジャスティスバーグ【球団】58-59ホワイトソックス　60-74タイガース【位置】一塁、左
【経歴】タイガースの主砲として活躍した長距離砲で、タイガー・スタディアムで場外弾を放った最初の打者。61年打率.361で首位打者となり、193安打(1位)、41本塁打、132打点(4位)、出塁率.487(1位)とMVP級の数字を残すも、のちにこの年は違法バットを使用していたと告白した。翌62年も39本塁打(2位)を放ったものの打率は.243へ急降下、前年比.118のダウンは首位打者のワースト記録で、その後3割に届くことはなかった。
65年も30本塁打は2位、68年のワールドシリーズは26打数10安打5打点で世界一に貢献。71年は5年ぶり5回目の30本以上となる32本塁打(2位)でカムバック賞を受賞した。ユーモアセンスに富んでチームメイトから好かれ、バット代わりにテーブルの脚を担いで打席に立とうとしたこともある。引退後は解説者となったが、ボートから転落し51歳で死亡。NFLのシカゴ・ベアーズからドラフトされた経験がある。
【通算】17年、2089試合、6705打数1820安打、241二塁打、41三塁打、377本塁打、1104打点、43盗塁、1043四球、1091三振、打率.271
【タイトル】首位打者1回(61年)最高出塁率1回(61年)オールスター4回(61,66,71～72年)

エヴァン・ギャティス
James Evan Gattis
1986.8.18～【出身地】テキサス州ダラス【球団】2013-14ブレーヴス　15-18アストロズ【位置】捕手、DH、右
【経歴】体重122kgの巨体で、ニックネームはエル・オソ・ブランコ(白熊)。プロ入り前にはアルコールと麻薬の悪癖に染まり、4年間野球から離れていた時期があった。2010年ドラフト23位でブレーヴスに入団、持ち前のパワーで13年は105試合で21本塁打、続く14年も108試合で22本。アストロズに移籍した15年は27本、88打点、翌16年に自己最多の32本を放った。25本を打った18年が最後の年になる。通算3盗塁の鈍足で、15年にリーグ3位の11三塁打を放ったが、それ以外の年は1本だけだった。
【通算】6年、706試合、2443打数605安打、139本塁打、410打点、3盗塁、打率.248

バズ・キャプラ
Lee William Capra (Buzz)
1947.10.1～【出身地】イリノイ州シカゴ【球団】71-73メッツ　74-77ブレーヴス【位

置】投手、右
【経歴】69年ドラフト27位で入団したメッツ時代は冴えなかったが、74年ブレーヴスに移籍すると横手からの緩急を生かした投球で5完封を含む16勝、防御率2.28は1位。翌75年は肩痛で4勝どまり、その後もふるわなかった。
【通算】7年、142試合、61先発、16完投、5完封、31勝37敗5S、544.1回、362奪三振、防御率3.87
【タイトル】最優秀防御率1回(74年) オールスター1回(74年)

ゲイブ・キャプラー　☆
Gabriel Stefan Kapler
1975.7.31～【出身地】カリフォルニア州ハリウッド【球団】98-99タイガース　2000-02レンジャーズ　02-03ロッキーズ　03-06レッドソックス　08ブルワーズ　09-10レイズ【位置】外野、右
【経歴】95年ドラフト57位でタイガースに入団。闘志を前面に出すタイプで99年18本塁打、レンジャーズに移籍した翌2000年は打率.302、32二塁打、球団記録の28試合連続安打も達成した。02年以降は控えでの出場がほとんどで、05年巨人に入団するも活躍できず途中退団し、レッドソックスに復帰。07年に引退してA級で監督をしていたが、08年ブルワーズで現役に戻り、96試合で打率.301を記録した。18年フィリーズ監督に就任、20年からジャイアンツへ移り、翌21年に球団新記録の107勝に導いた。ボディビルの愛好家としても有名。
【通算】12年、1104試合、2983打数799安打、82本塁打、386打点、77盗塁、打率.268
【監督】2018-19フィリーズ　20-23ジャイアンツ　6年、867試合、456勝411敗、勝率.526
【日本】2005巨人　1年、38試合、111打数17安打、3本塁打、6打点、2盗塁、打率.153

ウィリー・キャム
William Edward Kamm
1900.2.2～88.12.21【出身地】カリフォルニア州サンフランシスコ【球団】23-31ホワイトソックス　31-35インディアンズ【位置】三塁、右
【経歴】23年に当時としては史上最高額となる10万ドルの契約金でホワイトソックスに入団。すぐに正三塁手となり、打率.292、39二塁打、翌24年は93打点。選球眼も良く、25年にリーグ最多の90四球を選び、通算出塁率は.372。28年は唯一の打率3割以上となる.308だった。守備の名手として知られ、24年からの6年連続を含む8回守備率1位、2151刺殺は史上9位。守備範囲が非常に広く、隠し球も得意としていた。30年代にはマイナーリーガーの年金制度制定に尽力した。
【通算】13年、1693試合、5851打数1643安打、29本塁打、826打点、126盗塁、打率.281

マイク・キャメロン
Michael Terrance Cameron
1973.1.8～【出身地】ジョージア州ラグランジュ【球団】95-98ホワイトソックス　99レッズ　2000-03マリナーズ　04-05メッツ　06-07パドレス　08-09ブルワーズ　10-11レッドソックス　11マーリンズ【位置】外野、右
【経歴】91年ドラフト18位でホワイトソックスに入団、97年正中堅手となる。99年レッズに移籍し9三塁打(5位)、21本塁打、38盗塁、翌2000年ケン・グリフィー・ジュニアとの交換要員の一人としてマリナーズへ。01年は25本塁打、110打点、34盗塁、02年5月2日のホワイトソックス戦で1試合4本塁打を放った。20本塁打以上8回、メッツに移籍した04年に自己最多の30本。確実性には欠け三振も多く、100三振以上の年が12度あった。守備では俊足を生かして広い範囲をカバーし、3度のゴールドグラブに選ばれた。息子のダズも外野手。
【通算】17年、1955試合、6839打数1700安打、278本塁打、968打点、297盗塁、1901三振(15位)、打率.249
【タイトル】ゴールドグラブ3回(2001,03,06年) オールスター1回(01年)

ニクシー・キャラハン
James Joseph Callahan (Nixey)
1874.3.18～1934.10.4【出身地】マサチューセッツ州フィッチバーグ【球団】1894フィラデルフィア　97-1900シカゴ　01-05,11-13ホワイトソックス【位置】投手、外野、三塁、右
【経歴】1897年シカゴで投手として12勝する一方、打者としても打率.292、47打点。翌98年からはほぼ投手に専念し、同年は20勝、防御率2.46(5位)。打たせて取る投球で99年も21勝した。1902

年9月20日のタイガース戦でア・リーグ初のノーヒットノーランを達成。03年に3試合登板したのを最後に、通算100勝を目前にして投手を廃業。同年は正三塁手として打率.292、04年途中まで監督を兼任した。06～10年はセミプロ球団のオーナーだったが11年6年ぶりに現役復帰、37歳にして自己最多の131安打、60打点、45盗塁を記録した。13年オフにホワイトソックスを率い、ジャイアンツと共同で世界中を巡業した。
【通算】＜投手としての成績＞8年、195試合、177先発、169完投、11完封、99勝73敗、1603回、445奪三振、防御率3.39
＜打者としての成績＞13年、923試合、3295打数901安打、11本塁打、394打点、186盗塁、打率.273
【監督】03-04,12-14 ホワイトソックス 16-17パイレーツ　7年、866試合、394勝458敗、勝率.462

マックス・キャリー
Maximillian George Carey
1890.1.11～1976.5.30【出身地】インディアナ州テレホート【球団】10-26パイレーツ　26-29ドジャース【位置】外野、両
【経歴】本姓はCarnarius。神学校時代にマイナー球団と契約、アマチュア資格に抵触しないようCareyの名を使い、その後もこの名前で通した。史上有数の俊足で、16年の63個を最多として盗塁王10回、ナ・リーグ記録の本盗33回を決める。成功率も高く22年は51盗塁で失敗2回のみ、31連続盗塁成功はその後53年間破られなかった。
　外野守備では打球判断が抜群で、広いフォーブス・フィールドを舞台に中堅手として6363刺殺と339補殺は史上4位、86併殺は3位。打撃も25年の.343を最高に打率3割6回、14年17本、23年19本で最多三塁打。25年のワールドシリーズでは24打数11安打の活躍だったが、翌26年ベンチコーチのフレッド・クラークの排斥に動いて失敗、逆にドジャースへ放出された。45～49年は女子プロ野球リーグの会長を務めた。61年殿堂入り。
【通算】20年、2476試合、9363打数2665安打、419二塁打、159三塁打、70本塁打、802打点、738盗塁(9位)、1040四球、695三振、打率.285
【タイトル】盗塁王10回(13,15～18,20,22～25年)
【監督】32-33ドジャース　2年、311試合、146勝161敗、勝率.476

ビル・キャリガン
William Francis Carrigan
1883.10.22～1969.7.8【出身地】メイン州ルイストン【球団】06,08-16レッドソックス【位置】捕手、右
【経歴】ベーブ・ルースの新人時代の監督で、ルースから「自分が仕えた中で最高の監督」と称賛される。現役時代は捕手で、10年114試合に出て85安打、53打点の自己記録を残したが、100試合以上出場したのはこの年のみ。頑強な体格で、激しいスライディングを受けてもびくともしなかった。13年から監督を兼任、15～16年と2年連続世界一に導くも、16年限りで銀行家に転身。27年に復帰したが、戦力に恵まれず3年連続最下位に甘んじた。
【通算】10年、709試合、1970打数506安打、6本塁打、235打点、37盗塁、打率.257
【監督】13-16,27-29レッドソックス　7年、1003試合、489勝500敗、勝率.494 リーグ優勝2回(15～16年) ワールドシリーズ優勝2回(15～16年)

ジョニー・キャリソン
John Wesley Callison
1939.3.12～2006.10.12【出身地】オクラホマ州クォールズ【球団】58-59ホワイトソックス　60-69フィリーズ　70-71カブス　72-73ヤンキース【位置】外野、左
【経歴】打走守三拍子揃った外野手として活躍。58年19歳でデビュー、フィリーズ移籍後の62年打率.300、181安打、10三塁打(1位)、23本塁打。64年は31本塁打(3位)、104打点(5位)でMVP投票では次点、オールスターでも9回二死からサヨナラ3ランを放ちMVPに選ばれた。65年の16三塁打、66年の40二塁打はいずれも1位、また62年から4年連続最多補殺の強肩も光った。
【通算】16年、1886試合、6652打数1757安打、226本塁打、840打点、74盗塁、1064三振、打率.264
【タイトル】オールスター3回(62,64～65年)

ウェイン・ギャレット　☆
Ronald Wayne Garrett
1947.12.3～【出身地】フロリダ州ブルック

スヴィル【球団】69-76 メッツ　76-78 エクスポズ　78 カーディナルス【位置】三塁、左
【経歴】65 年ドラフト 6 位でブレーヴスに入団。69 年メッツで 124 試合に出場、.218 の低打率だったがプレイオフでは第 1 戦で決勝 2 ランを放つなど 13 打数 5 安打と活躍、“ミラクル・メッツ”の一翼を担う。73 年のワールドシリーズでも第 3 戦での先頭打者弾を含む 2 本塁打。同年に自己最多の 16 本塁打、58 打点を記録している。打率は低くとも選球眼は優れており、74 年の 89 個を最多として 80 四球以上の年が 3 度あった。79 年に中日に入団したが、日本では広島で 102 本塁打を放った兄エイドリアンほどの成績は残せなかった。
【通算】10 年、1092 試合、3285 打数 786 安打、61 本塁打、340 打点、38 盗塁、打率 .239
【日本】79-80 中日　2 年、192 試合、606 打数 146 安打、28 本塁打、93 打点、3 盗塁、打率 .241

スコット・ギャレルツ
Scott William Garrelts
1961.10.30 ～【出身地】イリノイ州シャンペン【球団】82-91 ジャイアンツ【位置】投手、右
【経歴】79 年ドラフト 1 位でジャイアンツに入団。長身からの力のある速球で、85 年 74 試合に登板し 9 勝 13 セーブ、防御率 2.30、翌 86 年は先発、リリーフ併用で 13 勝 10 セーブ。89 年は先発に専念し 14 勝、防御率 2.28 は 1 位。続く 90 年も 12 勝を挙げたが、91 年に肘を痛めた後は復帰できなかった。
【通算】10 年、352 試合、89 先発、9 完投、4 完封、69 勝 53 敗 48 S、959.1 回、703 奪三振、防御率 3.29
【タイトル】最優秀防御率 1 回（89 年）オールスター 1 回（85 年）

ジョーイ・ギャロ　★
Joseph Nicholas Gallo
1993.11.19 ～【出身地】ネヴァダ州ヘンダーソン【球団】2015-21 レンジャーズ　21-22 ヤンキース　22 ドジャース　23 ツインズ　24 ナショナルズ【位置】外野、左
【経歴】確実性には乏しくとも、屈強な体格でとてつもない飛距離を誇ったパワーヒッター。単打 100 本の前に本塁打 100 本を放った史上初の打者でもある。2012 年ドラフト 1 位でレンジャーズに入団、17 年は打率 .209、196 三振を喫した一方で 41 本塁打（3 位）、続く 18 年も .206、207 三振で 40 本（3 位）。シーズン途中でヤンキースへ移籍した 21 年は打率が .199 まで下がったが 38 本塁打、111 四球と 213 三振はともにリーグ最多だった。通算 208 本塁打は打率 1 割台の打者では最多である。守備では肩が強く 20・21 年にゴールドグラブに選ばれた。リトルリーグではブライス・ハーパー、クリス・ブライアントと一緒にプレイしていた。
【通算】10 年、939 試合、2869 打数 557 安打、208 本塁打、453 打点、33 盗塁、1292 三振、打率 .194
【タイトル】ゴールドグラブ 2 回（2020 ～ 21 年）オールスター 2 回（2019,21 年）

チック・ギャロウェイ
Clarence Edward Galloway (Chick)
1896.8.4 ～ 1969.11.7【出身地】サウスカロライナ州クリントン【球団】19-27 アスレティックス　28 タイガース【位置】遊撃、右
【経歴】アスレティックスの正遊撃手として 22 年に打率 .324、185 安打を記録。3 割以上はこの年だけで、以後は少しずつ成績が低下。打撃練習中に投球を顔に受けたのがもとで引退に追い込まれた。その後はスカウトや大学のコーチを務めた。
【通算】10 年、1076 試合、3583 打数 946 安打、17 本塁打、407 打点、79 盗塁、打率 .264

エリック・キャロス
Eric Peter Karros
1967.11.4 ～【出身地】ニュージャージー州ハッケンサック【球団】91-2002 ドジャース　03 カブス　04 アスレティックス【位置】一塁、右
【経歴】88 年ドラフト 6 位でドジャースに入団。92 年正一塁手となり 20 本塁打、88 打点で新人王を受賞。95 年は 32 本塁打（5 位）、105 打点（4 位）、以後 6 年間で 5 回 30 本塁打、100 打点以上と中心打者として活躍。99 年の打率 .304、34 本塁打、112 打点はすべて自己記録となった。プレイオフは 95、2003 に 2 本塁打ずつ、通算 50 打数 15 安打。ドジャースでの 270 本塁打はロスアンジェルス移転後の球団記録である。
【通算】14 年、1755 試合、6441 打数 1724 安打、284 本塁打、1027 打点、59

盗塁、1167三振、打率.268
【タイトル】新人王（92年）

クレイ・キャロル
Clay Palmer Carroll
1941.5.2～【出身地】アラバマ州クラントン【球団】64-68ブレーヴス　68-75レッズ　76ホワイトソックス　77カーディナルス　77ホワイトソックス　78パイレーツ【位置】投手、右
【経歴】速球派のリリーフ投手で、66年リーグ最多の73試合に登板。68年途中レッズに移籍、69年は150.2回を投げ12勝、72年は65試合（1位）でメジャー新記録となる37セーブ。74年は12勝、自己ベストの防御率2.15。史上有数の名シリーズといわれる75年のワールドシリーズでは5試合に登板、最終第7戦の勝利投手となった。85年に連れ子の息子が母と弟を銃殺する事件を起こし、その際に顔を負傷したが命は取り留めた。
【通算】15年、731試合、28先発、1完投、0完封、96勝73敗143S、1353.1回、681奪三振、防御率2.94
【タイトル】最多セーブ1回（72年）オールスター2回（71～72年）

コービン・キャロル　★
Corbin Franklin Carroll
2000.8.21～【出身地】ワシントン州シアトル【球団】2022-24ダイアモンドバックス【位置】外野、左
【経歴】2019年ドラフト1位でダイアモンドバックスに入団。23年開幕前に8年1億1100万ドルの延長契約を結ぶと、期待に応え新人初の25本・50盗塁以上となる25本塁打、54盗塁（2位）。10三塁打も1位で、新人王に満票で選ばれた。翌24年も14三塁打は2年連続1位、35盗塁は4位。母親は台湾人。
【通算】3年、345試合、1258打数324安打、51本塁打、164打点、91盗塁、打率.258
【タイトル】新人王（2023年）オールスター1回（23年）

ジェイミー・キャロル
Jamey Blake Carroll
1974.2.18～【出身地】インディアナ州エヴァンズヴィル【球団】2002-05エクスポズ/ナショナルズ　06-07ロッキーズ　08-09インディアンズ　10-11ドジャース　12-13ツインズ　13ロイヤルズ【位置】二塁、右
【経歴】96年ドラフト14位でエクスポズに入団。内外野どこでも守れ、2003～12年は09年を除き毎年100試合以上に出場。06年ロッキーズに移り正二塁手として打率.300、139安打の自己最高成績。翌07年のプレイオフ進出決定戦でサヨナラ犠飛を放った。長打力はない代わり選球眼が良く、ドジャースに移った10年は.379の高出塁率。代打成功率も高く、通算146回起用され.339の高打率を残している。13年に現役最後の試合で通算1000安打に到達した。
【通算】12年、1275試合、3671打数1000安打、13本塁打、265打点、74盗塁、打率.272

フレッド・キャロル
Frederick Herbert Carroll
1864.7.2～1904.11.7【出身地】カリフォルニア州サクラメント【球団】1884コロンバス（AA）　85-89ピッツバーグ（AA）/ピッツバーグ　90ピッツバーグ（PL）　91ピッツバーグ【位置】捕手、外野、右
【経歴】強打が売り物の捕手で、マイナー時代からバッテリーを組んでいたエド・モーリスとともに1884年19歳でデビュー。マスクをかぶらない日は外野を守り、89年に打率.330（5位）、出塁率.486（1位）。現役を退いてからは風景画家となった。
【通算】8年、754試合、2892打数820安打、27本塁打、366打点、打率.284
【タイトル】最高出塁率1回（1889年）

ジョン・キャンジェロシ
John Anthony Cangelosi
1963.3.10～【出身地】ニューヨーク州ブルックリン【球団】85-86ホワイトソックス　87-90パイレーツ　92レンジャーズ　94メッツ　95-96アストロズ　97-98マーリンズ　99ロッキーズ【位置】外野、両
【経歴】82年1月ドラフト4位でホワイトソックスに入団。86年新人ながら2位の50盗塁、71四球の選球眼も発揮。その後打撃不振でマイナー落ちしたが、貴重な控えとして96年から3年連続で100試合以上出場。通算出塁率は.370に達した。小柄な体格で、闘志を前面に出したプレイを持ち味とした。
【通算】13年、1038試合、2004打数501安打、12本塁打、134打点、154盗塁、打率.250

トム・キャンディオッティ
Thomas Caesar Candiotti

1956.8.31 ～【出身地】カリフォルニア州ウォルナットクリーク【球団】83-84 ブルワーズ　86-91 インディアンズ　91 ブルージェイズ　92-97 ドジャース　98-99 アスレティックス　99 インディアンズ【位置】投手、右

【経歴】79 年に独立マイナー球団からプロ生活を始め、83 年ブルワーズでメジャー昇格。86 年インディアンズに移籍、同僚フィル・ニークロの指導でナックルボールを完成させ 16 勝、17 完投（1 位）。翌 87 年は 7 勝 18 敗と大きく負け越したが、88 年からは 5 年連続 2 ケタ勝利、91 年は防御率 2.65 で 2 位。98 年は 41 歳にして 5 年ぶりに 200 回以上となる 201 回を投げ 11 勝を挙げた。他のナックルボーラーと異なり、ナックル以外の球種も豊富で、制球も優れていた。

【通算】16 年、451 試合、410 先発、68 完投、11 完封、151 勝 164 敗 0 S、2725 回、1735 奪三振、防御率 3.73

チック・ギャンディル
Arnold Gandil (Chick)

1888.1.19 ～ 1970.12.13【出身地】ミネソタ州セントポール【球団】10 ホワイトソックス　12-15 セネターズ　16 インディアンズ　17-19 ホワイトソックス【位置】一塁、右

【経歴】12 年セネターズの正一塁手となり、重いバットを使って打率 .305、81 打点、翌 13 年も .318。一塁守備も良く、最多刺殺 3 回、守備率 1 位を 4 回記録した。ギャンブラーとのつきあいが深く、ブラックソックス事件の首謀者と見られているが、同事件の舞台となった 19 年のワールドシリーズではチーム 2 位の 5 打点を挙げている。20 年は契約交渉のもつれから出場せず、21 年永久追放処分となった。

【通算】9 年、1147 試合、4245 打数 1176 安打、11 本塁打、556 打点、151 盗塁、打率 .277

ジョン・キャンデラリア
John Robert Candelaria

1953.11.6 ～【出身地】ニューヨーク州ニューヨーク【球団】75-85 パイレーツ　85-87 エンジェルズ　87 メッツ　88-89 ヤンキース　89 エクスポズ　90 ツインズ　90 ブルージェイズ　91-92 ドジャース　93 パイレーツ【位置】投手、左

【経歴】通算与四球率 2.1 個と、制球の良さが光った身長 2m の大型左腕。72 年ドラフト 2 位でパイレーツに入団、75 年にメジャーへ昇格し 8 勝、防御率 2.76、プレイオフ第 3 戦では 7.2 回で新記録となる 14 三振を奪う。速球と横手からのカーブで 76 年 16 勝、8 月 9 日のドジャース戦でノーヒットノーランを達成した。

翌 77 年は 20 勝（3 位）、防御率 2.34 は 1 位。79 年はチーム最多の 14 勝、ワールドシリーズ第 6 戦も 6 回無失点と好投して世界一に貢献した。85 年途中エンジェルズに移籍、翌 86 年は 16 先発で 10 勝、防御率 2.55。87 年は 2 度も飲酒運転で逮捕され、リハビリ施設に入所させられた。11 回 2 ケタ勝利を記録、30 代後半になってからは中継ぎとして数球団を転々とした。バスケットボールでも父の母国プエルトリコの代表候補に選ばれた。

【通算】19 年、600 試合、356 先発、54 完投、13 完封、177 勝 122 敗 29 S、2525.2 回、1673 奪三振、防御率 3.33

【タイトル】最優秀防御率 1 回（77 年）オールスター 1 回（77 年）

ジェイマー・キャンデラリオ　★
Jeimer Candelario

1993.11.24 ～【出身地】ニューヨーク州ニューヨーク【球団】2016-17 カブス　17-23 タイガース　23 ナショナルズ　23 カブス　24 レッズ【位置】三塁、両

【経歴】アメリカ生まれだが育ったのはドミニカ共和国で、2011 年カブスに入団。タイガース移籍後の 18 年正三塁手となって 19 本塁打、21 年はリーグ最多の 42 二塁打。23 年も 39 二塁打（3 位）、22 本塁打と 70 打点は自己記録だった。

【通算】9 年、858 試合、3115 打数 748 安打、108 本塁打、374 打点、19 盗塁、打率 .240

ロン・ギャント
Ronald Edwin Gant

1965.3.2 ～【出身地】テキサス州ヴィクトリア【球団】87-93 ブレーヴス　95 レッズ　96-98 カーディナルス　99-2000 フィリーズ　00 エンジェルズ　01 ロッキーズ　01 アスレティックス　02 パドレス　03 アスレティックス【位置】外野、二塁、右

【経歴】83 年ドラフト 4 位でブレーヴスに入団。88 年正二塁手となり 19 本塁打を放つが、翌 89 年三塁へのコンバートに失敗、打率 .177 の不振で A 級まで降格する。90 年外野手として再起し打率 .303、

32本塁打、33盗塁。続く91年も35二塁打(5位)、32本塁打(3位)、105打点(5位)、プレイオフでは7盗塁を決める。93年も自己最多の36本塁打(5位)、117打点(3位)だったが、翌94年のキャンプ直前に交通事故で負傷し解雇される。95年レッズで復帰し29本塁打、通算では7回25本塁打以上を記録した。
【通算】16年、1832試合、6449打数1651安打、321本塁打、1008打点、243盗塁、1411三振、打率.256
【タイトル】オールスター2回(92,95年)

ジム・ギャントナー
James Elmer Gantner
1953.1.5～【出身地】ウィスコンシン州フォンデュラック【球団】76-92ブルワーズ【位置】二塁、三塁、左
【経歴】74年ドラフト12位で地元のブルワーズに入団。82年強力打線の一角を占め打率.295で優勝に貢献、ワールドシリーズでも24打数8安打、4二塁打。翌83年は8三塁打(5位)、自己唯一の2ケタとなる11本塁打、74打点。88年35歳にして自己最多の20盗塁を決めるなど、地味ながらも攻守にわたり安定し、ブルワーズ一筋で17年の現役生活を全うした。
【通算】17年、1801試合、6189打数1696安打、47本塁打、568打点、137盗塁、打率.274

ロイ・キャンパネラ
Roy Campanella
1921.11.19～93.6.26【出身地】ペンシルヴェニア州フィラデルフィア【球団】48-57ドジャース【位置】捕手、右
【経歴】50年代のドジャース黄金時代の中心選手で、史上最高の捕手の一人。38年ニグロ・リーグのボルティモア・エリート・ジャイアンツに入団し、ニグロ・リーグとメキシカン・リーグで8年間活躍。45年ドジャースと契約、マイナーで2年連続MVPとなったのち、49年ドジャースの正捕手となる。51年打率.325(4位)、33本塁打(3位)、108打点(5位)でMVPを受賞、53年は41本塁打(3位)、142打点(1位)で2度目のMVP。捕手として放った40本塁打は長い間記録として残っていた。続く54年は左手を痛め、打率.207、19本塁打の大不振に陥ったが翌55年は32本塁打、107打点と復活し3度目のMVP、ワールドシリーズでも2試合連続本塁打を放ち、球団初の世界一に大きく貢献した。
守備面でも大変な強肩で、48～52年は5年連続で盗塁阻止率1位、通算でも439回試みられて252回刺し、阻止率.574は史上1位だった。朗らかな気性で若手の面倒見も良く、誰からも人気があったが、現役中の58年1月自動車で衝突事故を起こし、下半身不随となる重傷を負う。その後は車椅子での生活を余儀無くされた。翌59年5月7日に行われた引退試合には、9万を超す大観衆がつめかけ、その後も長くドジャースで地域活動に携わった。69年殿堂入り。
【通算】10年、1215試合、4205打数1161安打、242本塁打、856打点、25盗塁、打率.276
【タイトル】MVP3回(51,53,55年)打点王1回(53年)オールスター8回(49～56年)
＜ニグロ・リーグの成績＞249試合、876打数274安打、19本塁打、167打点、14盗塁、打率.313

オスカー・ギャンブル
Oscar Charles Gamble
1949.12.20～2018.1.31【出身地】アラバマ州レイマー【球団】69カブス　70-72フィリーズ　73-75インディアンズ　76ヤンキース　77ホワイトソックス　78パドレス　79レンジャーズ　79-84ヤンキース　85ホワイトソックス【位置】外野、DH、左
【経歴】68年ドラフト16位でカブスに入団、翌69年19歳でメジャーに昇格。インディアンズに移籍した73年20本塁打、77年はホワイトソックスで自己最多の31本塁打、83打点。シーズン途中ヤンキースに移った79年は100試合の出場で打率.358、19本塁打を記録した。81年のポストシーズンは21打数8安打、2本塁打、7四球と活躍。大きなアフロ・ヘアがトレードマークだった。
【通算】17年、1584試合、4502打数1195安打、200本塁打、666打点、47盗塁、打率.265

ビル・キャンベル
William Richard Campbell
1948.8.9～2023.1.6【出身地】ミシガン州ハイランドパーク【球団】73-76ツインズ　77-81レッドソックス　82-83カブス　84フィリーズ　85カーディナルス　86タイガース　87エクスポズ【位置】投手、右

【経歴】70年ドラフト外でツインズに入団。スクリューボールやシンカーを操り74年19セーブ、防御率2.62と頭角を現す。76年は78試合（1位）すべてリリーフでの登板にもかかわらず、167.2回で規定投球回数に到達、17勝20セーブを記録した。翌77年FAでレッドソックスに移籍し13勝、31セーブ（1位）。78年に肘を痛めてからは中継ぎに回り、83年リーグ最多の82試合に登板した。
【通算】15年、700試合、9先発、2完投、1完封、83勝68敗126 S、1229.1回、864奪三振、防御率3.54
【タイトル】最多セーブ1回（77年）オールスター1回（77年）

ブルース・キャンベル
Bruce Douglas Campbell
1909.10.20 ～ 95.6.17【出身地】イリノイ州シカゴ【球団】30-32 ホワイトソックス　32-34 ブラウンズ　35-39 インディアンズ　40-41 タイガース　42 セネターズ【位置】外野、左
【経歴】32年途中ブラウンズに移籍して正右翼手となり自己最多の173安打、翌33年は106打点。35年インディアンズに移り、打率.325と好調だったが髄膜炎を患い戦線離脱。翌36年奇跡的に回復、76試合で.372の高打率を残し、同年の最も勇敢なスポーツ選手に選ばれた。37年も打率.301、42二塁打とその後も安定した成績で、40年のワールドシリーズでは25打数9安打5打点だった。
【通算】13年、1360試合、4762打数1382安打、106本塁打、766打点、53盗塁、打率.290

ボウイ・キューン
Bowie Kent Kuhn
1926.10.28 ～ 2007.3.15【出身地】メリーランド州タコマパーク【球団】メジャー経験なし
【経歴】弁護士としてメジャー・リーグの法律事務に長い間携わったのち、69年に第5代コミッショナーに就任し、84年まで16年間在任。選手の権利拡張を掲げる選手組合理事長マーヴィン・ミラーとは、オーナー寄りの立場から事あるごとに対立した。フリーエージェント制度にも反対していたが、導入を阻止できなかった。常にオーナーの味方だったわけではなく、アスレティックスのチャールズ・フィンリーの横暴に歯止めをかけ、76年にフィンリーがレジー・ジャクソン、ヴァイダ・ブルーを金銭トレードに出そうとした際「球界の戦力バランスを崩す」との理由で認可しなかった。ヤンキースのジョージ・スタインブレナーに対しても、政界への違法献金を理由としてオーナー資格を停止したことがある。2008年殿堂入り。

ウィリー・キーラー
William Henry Keeler
1872.3.3 ～ 1923.1.1【出身地】ニューヨーク州ブルックリン【球団】1892-93 ニューヨーク　93 ブルックリン　94-98 ボルティモア　99-1902 ドジャース　03-09 ヤンキース　10 ジャイアンツ【位置】外野、左
【経歴】19世紀有数の打撃の職人。身長163cmと小柄であったが、巧みなバットコントロールと俊足を生かし、レギュラーとなった1894年に打率.371、219安打（3位）、22三塁打、94打点。同年から8年連続で200安打、13年連続打率3割。ボルティモアのリードオフマンとして97年はいずれも1位の239安打、打率.424。開幕から記録した44試合連続安打は、ジョー・ディマジオに破られるまで40年以上も記録として残った。
続く98年も打率.385、216安打で2年連続首位打者、最多安打となる。うち206本までが単打と典型的なシングルズ・ヒッターで、ヒットを量産する秘訣は「球をよく見て、人のいないところへ打つこと」であった。三振は最多でも13個どまり。親しみやすい性格で人気が高く、また荒くれ者揃いの当時のボルティモアにあって、礼儀をわきまえ尊敬を集めた。1903年ヤンキースに移籍し、史上初の年俸1万ドル選手となった。39年殿堂入り。
【通算】19年、2123試合、8591打数2932安打、241二塁打、145三塁打、33本塁打、810打点、495盗塁、524四球、136三振、打率.341
【タイトル】首位打者2回（1897 ～ 98年）

ジム・ギリアム
James William Gilliam
1928.10.17 ～ 78.10.8【出身地】テネシー州ナッシュヴィル【球団】53-66 ドジャース【位置】二塁、三塁、外野、両
【経歴】ニグロ・リーグのボルティモアを経てドジャースと契約。53年17三塁打（1位）、新人記録の100四球で新人王を受賞。53年のワールドシリーズでは3二塁打、2本塁打と長打力を発揮した。56年

は自己唯一の打率.300、出塁率.399（2位）。抜群の選球眼で5度90四球以上を選び、59年の96個は1位。盗塁も3回2位となった。様々なポジションをこなせる器用さと、二番打者としてのチームバッティングにも高く評価された。64・65年に2度引退を宣言しながら、チーム事情もあって2回とも復帰。65年から長くコーチを務めていたが、78年のワールドシリーズ開幕直前に急死した。ニグロ・リーグ時代にチーム最年少だったことから、ジュニア・ギリアムの名でも知られていた。
【通算】14年、1956試合、7119打数1889安打、65本塁打、558打点、203盗塁、1036四球、打率.265
【タイトル】新人王（53年）オールスター2回（56,59年）
＜ニグロ・リーグの成績＞138試合、481打数132安打、0本塁打、67打点、16盗塁、打率.274

エド・キリアン
Edwin Henry Killian
1876.11.12～1928.7.18【出身地】ウィスコンシン州ラシーン【球団】03インディアンズ　04-10タイガース【位置】投手、左
【経歴】ゴロを打たせる投球を得意とし、05年8完封（1位）を含む23勝（3位）、防御率2.27、07年は25勝（3位）、防御率1.78（2位）で優勝に貢献する。09年は自己ベストの防御率1.71、9月29日のレッドソックスとのダブルヘッダーでいずれも先発して勝利投手となり、リーグ3連覇を決めた。04～06年の3年間は被本塁打ゼロ、通算でも9本しか打たれなかった。先発時に延長戦となることが多く、“トワイライト（黄昏）”のニックネームがついた。
【通算】8年、214試合、180先発、149完投、22完封、103勝78敗、1598.1回、516奪三振、防御率2.38

パット・ギリック
Lawrence Patrick David Gillick
1937.8.22～【出身地】カリフォルニア州チコ【球団】メジャー経験なし
【経歴】オリオールズに投手として入団したが芽が出ず、アストロズ、ヤンキースでスカウトとして働いたのち、78年にブルージェイズGMに就任。積極的なトレードとルール5ドラフトの活用、ドミニカ共和国を中心とした若手の発掘によって強豪球団を作り上げ、92・93年に2年連続世界一となる。94年限りで退任し、オリオールズGMを経て2000年マリナーズにGMとして迎えられ、翌01年はポスティング・システムでイチローと契約、年間116勝のリーグ新記録を樹立した。06年にフィリーズGMとなり、08年に28年ぶりの世界一に導いたのを置き土産に勇退した。11年殿堂入り。

バーナード・ギルキー
Otis Bernard Gilkey
1966.9.24～【出身地】ミズーリ州セントルイス【球団】90-95カーディナルス　96-98メッツ　98-2000ダイアモンドバックス　00レッドソックス　01ブレーヴス【位置】外野、右
【経歴】84年ドラフト外で地元のカーディナルスに入団。92年レギュラーに定着し打率.302、翌93年は.305、40二塁打、守備でもリーグ最多の19補殺。通算3回最多補殺を記録している。メッツに移籍した96年打率.317、44二塁打（4位）、30本塁打、117打点の自己記録を残したが、その後は不振が続いた。
【通算】12年、1239試合、4061打数1115安打、118本塁打、546打点、115盗塁、打率.275

ビル・キルファー
William Killefer
1887.10.10～1960.7.3【出身地】ミシガン州ブルーミングデイル【球団】09-10ブラウンズ　11-17フィリーズ　18-21カブス【位置】捕手、右
【経歴】グローヴァー・アレグザンダーの女房役を長い間務めた捕手。14年にシカゴ（FL）と一旦契約するが翻意してフィリーズに戻り、所属を巡って裁判にまで持ち込まれた。打力は弱く、17年の112安打が唯一の100安打以上だったが、守備は素晴らしく16年から4年連続で守備率1位。投手リードの評価も非常に高かった。18年にアレグザンダーともどもカブスにトレードされ、21年からは監督となってボブ・オファーレル、ギャビー・ハートネットらの好捕手を育てた。26年に旧友ロジャース・ホーンズビーの下でコーチとなり、アレグザンダーを呼び寄せている。46年に旧知のビル・ヴェックがインディアンズのオーナーになると、その要請でニグロ・リーグをスカウトしてラリー・ドビーを推薦した。兄のレッドもレッズなどで7年間メジャーに在籍した。

【通算】13年、1035試合、3150打数751安打、4本塁打、240打点、39盗塁、打率.238
【監督】21-25カブス　30-33ブラウンズ　9年、1149試合、524勝622敗、勝率.457

ハーモン・キルブルー
Harmon Clayton Killebrew
1936.6.29～2011.5.17【出身地】アイダホ州ペイエット【球団】54-74セネターズ/ツインズ　75ロイヤルズ【位置】一塁、三塁、外野、右
【経歴】6度の本塁打王に輝いた怪力スラッガーで、数々の特大ホームランで観衆を沸かせ、22年のメジャー生活で一度もバントをしなかった。54年17歳でセネターズと3万ドルで契約、59年正三塁手となり5月だけで15本塁打、年間42本でタイトルを獲得。62年は48本塁打、126打点で二冠王、以後3年連続で本塁打王、64年に自己最多の49本。68年はオールスターで負傷し後半戦のほとんどを欠場したが、翌69年は自己最多タイの49本塁打、140打点の二冠王と復活しMVPを受賞した。
　通算では40本塁打以上8回、100打点以上9回。打率は61年の.288が最高で、通算.256は殿堂入りを果たした選手では最も低い部類でも、69年の145個を最多として7回100四球以上、4回最多四球を選んだ。62～64年の3年間は左翼を守り、それ以外は一塁か三塁を務めたがどこを守っても守備は良くなかった。名前をもじってキラーと呼ばれたのとは対照的に、温厚で真面目な性格の好人物で誰からも尊敬され、退場経験は一度もなかった。引退後は事業に失敗して破産宣告を受けた。84年殿堂入り。
【通算】22年、2435試合、8147打数2086安打、290二塁打、24三塁打、573本塁打（12位）、1584打点、19盗塁、1559四球（15位）、1699三振、打率.256
【タイトル】MVP1回（69年）本塁打王6回（59,62～64,67,69年）打点王3回（62,69,71年）最高出塁率1回（69年）オールスター11回（59,61,63～71年）

マット・キルロイ
Matthew Aloysius Kilroy
1866.6.21～1940.3.2【出身地】ペンシルヴェニア州フィラデルフィア【球団】1886-89ボルティモア（AA）　90ボストン（PL）　91シンシナティ（AA）　92ワシントン　93-94ルイヴィル　98シカゴ【位置】投手、左
【経歴】速球派左腕で、1886年19歳でデビュー、1年目から史上最多記録となる513三振を奪う。68試合と66完投も1位、29勝を挙げたが34敗はリーグワースト。8月6日のピッツバーグ戦でノーヒットノーランを達成した。翌87年はリーグ最多の589.1回を投げ、46勝は左腕の史上最多勝となったが、4ストライクで三振となる新ルールの導入により、奪三振は217と大幅に減って2位。89年29勝、自己ベストの防御率2.85（3位）、7月29日のセントルイス戦で7回参考ながらノーヒッター。投げ過ぎが祟り、90年以降2ケタ勝利は一度もなかった。当時は合法であった、打者の方を向きながら一塁に牽制球を投げる特技も持っていた。98年に打者として4年ぶりに復帰したのち、投手に戻り6勝を追加した。弟のマイクも投手。
【通算】10年、303試合、292先発、264完投、19完封、141勝133敗、2435.2回、1170奪三振、防御率3.47
【タイトル】最多勝1回（1887年）最多奪三振1回（86年）

フランク・キーレン
Frank Bissell Killen
1870.11.30～1939.12.3【出身地】ペンシルヴェニア州ピッツバーグ【球団】1891ミルウォーキー（AA）　92ワシントン　93-98ピッツバーグ　98-99ワシントン　99ボストン　1900シカゴ【位置】投手、左
【経歴】1892年29勝、地元のピッツバーグに移った翌93年は36勝を挙げ最多勝。95年は故障で5勝に終わったが、翌96年は52試合、50先発、44完投、5完封、432.1回、30勝の6部門で1位。速球で内角を突く投球を得意とした。キャンプに参加せず臨んだ97年は23敗を喫するも38完投は1位で、ウィリー・キーラーの連続試合安打を44で止める殊勲も挙げた。
【通算】10年、321試合、300先発、253完投、13完封、164勝131敗、2511.1回、725奪三振、防御率3.78
【タイトル】最多勝2回（1893,96年）

ジョニー・キーン
John Joseph Keane
1911.11.3～67.1.6【出身地】ミズーリ州セントルイス【球団】メジャー経験なし

【経歴】マイナー時代にビーンボールを受けた影響で選手としては大成せず、26歳で指導者に転進。選手たちに信頼され、61年途中からカーディナルスの監督を引き継ぎ、64年は10ゲーム差を跳ね返してリーグ制覇を果たす。ワールドシリーズでもヤンキースを倒し世界一となったが、シーズン中解任の動きがあったことを根に持って、契約延長を拒否して辞任。ヤンキースの監督に迎えられたが不振で66年途中解任され、翌67年心臓発作で急死した。
【監督】61-64 カーディナルス　65-66 ヤンキース　6年、749試合、398勝350敗、勝率.532　リーグ優勝1回（64年）ワールドシリーズ優勝1回（64年）

ハーヴィー・キーン
Harvey Edward Kuenn

1930.12.4 ～ 88.2.28【出身地】ウィスコンシン州ウェストアリス【球団】52-59 タイガース　60 インディアンズ　61-65 ジャイアンツ　65-66 カブス　66 フィリーズ【位置】遊撃、外野、右
【経歴】正確なバットコントロールで知られた巧打者。53年正遊撃手となり、打率.308、209安打（1位）で新人王を受賞。翌54年も201安打で2年連続1位、62年までに打率3割8回、最多安打4回、最多二塁打3回を記録する。56年打率.332（3位）、自己最多の12本塁打、88打点。59年は打率.353で首位打者、198安打と42二塁打は1位だったが、本塁打王のロッキー・コラヴィトとのタイトルホルダー同士のトレードで翌60年インディアンズへ移籍。ジャイアンツ在籍時は63年と65年の2度、サンディ・コーファックスのノーヒッター達成時に最後の打者となった。引退後は10年以上ブルワーズで打撃コーチを務めたのち、82年途中監督に昇格。選手からの信頼が厚く、チームをまとめて5位から優勝に引き上げた点を評価され、最優秀監督賞を受賞した。
【通算】15年、1833試合、6913打数2092安打、87本塁打、671打点、68盗塁、打率.303
【タイトル】新人王（53年）首位打者1回（59年）オールスター8回（53～60年）
【監督】75,82-83 ブルワーズ　3年、279試合、160勝118敗、勝率.576　リーグ優勝1回（82年）

ビル・キーン
William J. Kuehne

1858.10.24 ～ 1921.10.27【出身地】ドイツ・ライプツィヒ【球団】1883-84 コロンバス（AA）85-89 ピッツバーグ（AA）/ピッツバーグ　90 ピッツバーグ（PL）91 コロンバス（AA）91-92 ルイヴィル（AA）/ルイヴィル　92 セントルイス　92 シンシナティ　92 セントルイス【位置】三塁、遊撃、外野、右
【経歴】本姓はKnelme。打率は1887年の.299を例外として、一度も.250を超えなかったが、三塁打は多く83年14本、85年19本、86年17本でいずれも2位。ピッツバーグ時代は人気選手で、同僚のエド・モーリスと共同でビリヤード場を経営していた。90年以降は3年間でのべ6球団を転々とした。
【通算】10年、1087試合、4286打数993安打、115三塁打、25本塁打、403打点、打率.232

ジェフ・キング
Jeffrey Wayne King

1964.12.26 ～【出身地】インディアナ州マリオン【球団】89-96 パイレーツ　97-99 ロイヤルズ【位置】三塁、一塁、右
【経歴】アーカンソー大学時代に大学最優秀選手に選ばれ、86年ドラフト全体1位でパイレーツに入団。腰痛の影響もあって長い間伸び悩んでいたが、93年打率.295、35二塁打、98打点、三塁守備でもリーグ最多の353補殺。96年は30本塁打、111打点、ロイヤルズに移った97年も.238の低打率ながら28本塁打、自己最多の112打点を稼いだ。95年と96年の二度1イニング2本塁打を記録している。父ジャックも元メジャーリーガー。
【通算】11年、1201試合、4262打数1091安打、154本塁打、709打点、75盗塁、打率.256

ジム・キング
James Hubert King

1932.8.27 ～ 2015.2.23【出身地】アーカンソー州エルキンズ【球団】55-56 カブス　57 カーディナルス　58 ジャイアンツ　61-67 セネターズ　67 ホワイトソックス　67 インディアンズ【位置】外野、左
【経歴】56年に15本塁打を放つがレギュラーに定着できず、マイナー落ちしたのち61年拡張ドラフトでセネターズに加入。一発の魅力はあったが確実性に欠け、自

己最多の24本塁打を放った63年も打率は.231にとどまった。64年5月26日に第二次セネターズで唯一のサイクルヒットを達成。守備では強肩で鳴らし、63年には右翼手としてリーグ最多の12補殺を記録した。
【通算】11年、1125試合、2918打数699安打、117本塁打、401打点、23盗塁、打率.240

シルヴァー・キング
Charles Frederick King (Silver)
1868.1.11～1938.5.19【出身地】ミズーリ州セントルイス【球団】1886カンザスシティ　87-89セントルイス（AA）　90シカゴ（PL）　91ピッツバーグ　92-93ニューヨーク　93シンシナティ　96-97ワシントン【位置】投手、右
【経歴】本名はKoenig。1886年18歳でデビューし、翌87年は32勝（4位）。炭鉱で鍛えた堂々たる体格で、クロスファイア投法から速球を繰り出し、変化球はたまにカーブを投げる程度だった。88年は66試合、64完投、6完封、584.2回、45勝、防御率1.63の6部門で1位となる。89年も35勝（2位）、続く90年はプレイヤーズ・リーグに参加し30勝（2位）、防御率2.69（1位）、6月21日のブルックリン戦では8回を無安打に封じ、リーグ史上唯一のノーヒッターを達成しながら、援護がなく1失点で敗れた。翌91年当時の新記録となる年俸5000ドルでピッツバーグと契約。93年限りで一旦引退、96年3年ぶりに復帰して10勝を挙げた。
【通算】10年、397試合、370先発、328完投（28位）、19完封、203勝152敗、3180.2回、1222奪三振、967四球、防御率3.18
【タイトル】最多勝1回（1888年）最優秀防御率2回（88,90年）

デイヴ・キングマン
David Arthur Kingman
1948.12.21～【出身地】オレゴン州ペンドルトン【球団】71-74ジャイアンツ　75-77メッツ　77パドレス　77エンジェルズ　77ヤンキース　78-80カブス　81-83メッツ　84-86アスレティックス【位置】外野、一塁、三塁、右
【経歴】身長198cm、体重95kgの巨体で通算442本塁打を放った長距離砲。通算打率.236、1816三振が示す通り“三振かホームランか”の典型だった。70年ドラフト1位（第2回）でジャイアンツに入団、72年レギュラーとなり29本塁打。メッツに移籍した75年36本で2位、続く76年は前半戦だけで30本を放ちながら、指を負傷し37本で2年連続2位だった。77年は契約でもめて放出され、1年間で4球団をたらい回しにされる。79年48本で初の本塁打王、打率.288も自己最高で、長打率.613は1位だった。
82年37本で2度目のタイトルを手にするが、リーグワーストの156三振、.204の低打率。アスレティックスに移った84年は35本塁打、自己最多の118打点（3位）、86年も3年連続7度目の30本以上となる35本塁打を放つが、87年はどこからも契約の申し出がなく、7月になってジャイアンツとマイナー契約を結んだもののメジャー再昇格はならなかった。100試合以上出場した14シーズンでは83年を除き毎年100三振以上。気難しい性格で報道陣との関係も険悪だった。
【通算】16年、1941試合、6677打数1575安打、442本塁打、1210打点、85盗塁、1816三振（24位）、打率.236
【タイトル】本塁打王2回（79,82年）オールスター3回（76,79～80年）

イアン・キンズラー
Ian Michael Kinsler
1982.6.22～【出身地】アリゾナ州トゥーソン【球団】2006-13レンジャーズ　14-17タイガース　18エンジェルズ　18レッドソックス　19パドレス【位置】二塁、右
【経歴】地元のダイアモンドバックスからの2度にわたるドラフト指名を拒否し、2003年ドラフト17位でレンジャーズに入団。06年正二塁手となり、08年は打率.319（4位）、41二塁打、翌09年は31本塁打、86打点、31盗塁で30－30。4月15日には6打数6安打でサイクルヒットを達成した。11年も自己最多の32本塁打（5位）、30盗塁で2度目の30－30。ポストシーズンでもリーグ優勝決定シリーズで6打点、ワールドシリーズは25打数9安打、7四球で出塁率.500と活躍した。
通算48本の先頭打者本塁打は史上6位。守備では16年に34歳でゴールドグラブを初受賞した。闘争心が非常に強く、14年にレンジャーズからタイガースへトレードされた際には「レンジャーズなど全敗すればいい」と捨て台詞を残すなど、しばしば発言が問題になった。17年のWBCはアメリカ代表として参加し優勝。21年の

東京五輪はイスラエルの一員として出場、23年のWBCで同国の監督を務めた。
【通算】14年、1888試合、7423打数1999安打、416二塁打、257本塁打、909打点、243盗塁、1046三振、打率.269
【タイトル】ゴールドグラブ2回（2016,18年）オールスター4回（08,10,12,14年）

エリス・キンダー
Ellis Raymond Kinder
1914.7.26～68.10.16【出身地】アーカンソー州アトキンス【球団】46-47ブラウンズ　48-55レッドソックス　56カーディナルス　56-57ホワイトソックス【位置】投手、右
【経歴】46年31歳でメジャー昇格、チェンジアップやスライダーなどの変化球を駆使し、49年は6完封（1位）、13連勝を含む23勝（2位）の大活躍。51年リリーフに転向、リーグ最多の63試合に投げ11勝2敗16セーブ（1位）。53年も当時の新記録となる69試合に登板し10勝、27セーブ（1位）、防御率1.85は39歳にして自己ベストとなった。ホワイトソックスに強く、48年から53年にかけて17連勝。打者として唯一放った本塁打も、ホワイトソックス戦での満塁弾だった。大酒飲みで、二日酔いでマウンドに上がったことも度々あった。
【通算】12年、484試合、122先発、56完投、10完封、102勝71敗104S、1479.2回、749奪三振、防御率3.43

ホセ・キンタナ　★
Jose Guillermo Quintana
1989.1.24～【出身地】コロンビア共和国アルホナ【球団】2012-17ホワイトソックス　17-20カブス　21エンジェルズ　21ジャイアンツ　22パイレーツ　22カーディナルス　23-24メッツ【位置】投手、左
【経歴】コロンビア出身で初めて100勝を挙げた投手。2006年メッツでプロ入り、翌07年に解雇されたが12年ホワイトソックスでメジャー昇格。速球とカーブ中心の投球で、目立った好成績ではなくとも毎年安定した数字を残し、13年から4年続けて200投球回以上。16、18、19年に13勝、17年に自己最多の207三振を奪った。
【通算】13年、359試合、333先発、2完投、2完封、102勝103敗0S、1969.2回、1727奪三振、防御率3.74
【タイトル】オールスター1回（2016年）

クレイグ・キンブレル　★
Craig Michael Kimbrel
1988.5.28～【出身地】アラバマ州ハンツヴィル【球団】2010-14ブレーヴス　15パドレス　16-18レッドソックス　19-21カブス　21ホワイトソックス　22ドジャース　23フィリーズ　24オリオールズ【位置】投手、右
【経歴】2007年ドラフト33位でブレーヴスに指名されるも入団拒否、翌08年3位で再指名され入団。10年メジャーに昇格、21試合で防御率0.44、20.2回で40三振を奪う驚異的なデビューを飾ると、翌11年はリーグ最多の46セーブ。防御率2.10、37.2回連続無失点も記録。77回で127三振を奪い新人王を受賞した。
快速球と鋭く曲がるカーブ、切れ味抜群のスライダーで12年は2年連続1位の42セーブ、防御率1.01、62.2回で被安打27本に抑え、116奪三振は9回平均16.7個とほぼ完璧。13年50セーブ、14年47セーブで4年連続1位、防御率も3年続けて1点台だった。18年は42セーブ（2位）でレッドソックスの世界一に貢献。捕手のサインを見るときのポーズが独特だった。
【通算】15年、837試合、0先発、56勝47敗440S（5位）、809.2回、1265奪三振、防御率2.59
【タイトル】新人王（2011年）最多セーブ4回（11～14年）オールスター9回（11～14,16～18,21,23年）

【ク】

エディー・グアルダド
Edward Adrian Guardado
1970.10.2～【出身地】カリフォルニア州ストックトン【球団】93-2003ツインズ 04-06マリナーズ 06-07レッズ 08レンジャーズ 08ツインズ 09レンジャーズ【位置】投手、左
【経歴】90年ドラフト21位でツインズに入団。93年メジャーに昇格した時は先発だったが、3勝8敗、防御率6.18と打ち込まれる。95年以降はショートリリーフに活路を見出し、96年の83試合以後8年連続で60試合以上投げ"エヴリデイ・エディー"と称された。腕の角度を変えながら、速球にカーブ、パームボールを織りまぜ、2002年は抑えでリーグ最多の45セーブ。続く03年も41セーブ、05年まで4年連続で防御率2点台だった。
【通算】17年、908試合(24位)、25先発、0完投、46勝61敗187S、944.2回、798奪三振、防御率4.31
【タイトル】最多セーブ1回(2002年) オールスター2回(02～03年)

ダン・クィゼンベリー
Daniel Raymond Quisenberry
1953.2.7～98.9.30【出身地】カリフォルニア州サンタモニカ【球団】79-88ロイヤルズ 88-89カーディナルス 90ジャイアンツ【位置】投手、右
【経歴】80年代を代表するストッパーの一人。下手からのシンカーが武器で、球威には欠けたが通算与四球率1.4個、暴投は4個だけと、非常に優れた制球力で内野ゴロを量産した。75年ドラフト外でロイヤルズに入団、80年は12勝33セーブ(1位)。ワールドシリーズでは6試合すべてに投げ1勝2敗1セーブだった。
　82年の35セーブから4年連続最多セーブ、83年は当時の新記録となる45セーブ、139回を投げ11四球、0死球。翌84年も44セーブを挙げ、2年連続でサイ・ヤング賞投票次点に入り、同年ロイヤルズと終身契約を結んだ。80、83、85年の3回リーグ最多登板を記録したが、86年以降は中継ぎに回った。詩集を刊行したことがあり、またユーモアセンスに富んでチームメイトや報道陣に人気があった。98年脳腫瘍のため45歳で死去。
【通算】12年、674試合、0先発、56勝46敗244S、1043.1回、379奪三振、防御率2.76
【タイトル】最多セーブ5回(80,82～85年) オールスター3回(82～84年)

ジャック・クィン
John Picus Quinn
1883.7.1～1946.4.17【出身地】オーストリア=ハンガリー帝国ステフロフ【球団】09-12ヤンキース 13ブレーヴス 14-15ボルティモア(FL) 18ホワイトソックス 19-21ヤンキース 22-25レッドソックス 25-30アスレティックス 31-32ドジャース 33レッズ【位置】投手、右
【経歴】50歳まで現役で投げ続けたスピットボーラー。謎の多い人物で、本人ですら正確な名前や出生地を知らなかったが、調査の結果生後間もなくスロバキアからアメリカに渡り、本名もJoannes Pajkosだったことが判明した。10年18勝を挙げたがその後低迷、14年フェデラル・リーグに加わり26勝(2位)。16～17年はマイナーで投げ、再昇格後の19年15勝、20年18勝と復活。絶妙の制球力で22年から8年連続2ケタ勝利、28年は45歳にして18勝、防御率2.90(5位)。29年史上最年長(当時)の45歳11ヶ月で本塁打を放ち、翌30年はこれまた史上最年長の47歳2ヶ月でワールドシリーズに出場する。32年8月14日のジャイアンツ戦では実に49歳1ヶ月で勝利投手となった。
【通算】23年、756試合、443先発、243完投、28完封、247勝218敗(27位)、3920.1回、1329奪三振、860四球、防御率3.29

ジョー・クィン
Joseph James Quinn
1862.12.24～1940.11.12【出身地】オーストラリア・イプスウィッチ【球団】1884セントルイス(UA) 85-86セントルイス 88-89ボストン 90ボストン(PL) 91-92ボストン 93-96セントルイス 96-98ボルティモア 98セントルイス 99クリーヴランド 1900セントルイス 00シンシナティ 01セネターズ【位置】二塁、一塁、右
【経歴】オーストラリア出身の最初のメジャーリーガーで、1884年19歳でセントルイス(UA)の正一塁手となる。17年間で4つの異なるリーグに所属、11回も移籍を経験し、3リーグの4球団で優勝を味わった。90、95年の2度打率3割以上、90年は自己最多の86打点。99年主

力選手の大半が抜けたクリーヴランドで監督を兼任、12 勝 104 敗、勝率 .103 と散々だったが、選手としては自己最多の 176 安打を放った。一切手抜きをしない誠実なプレイぶりも評価が高く、メジャーで一番人気の高い選手に選ばれたこともあった。オフシーズンには葬儀屋をしていた。
【通算】17 年、1772 試合、6897 打数 1804 安打、30 本塁打、800 打点 (*)、270 盗塁 (*)、打率 .262
【監督】1895 セントルイス　99 クリーヴランド　2 年、156 試合、23 勝 132 敗、勝率 .148

トニー・グウィン
Anthony Keith Gwynn
1960.5.9 ～ 2014.6.16【出身地】カリフォルニア州ロスアンジェルス【球団】82-2001 パドレス【位置】外野、左
【経歴】ナ・リーグ記録となる 8 度の首位打者に輝いた、史上屈指の安打製造機。サンディエゴ州立大ではバスケットボールで大活躍し、NBA のクリッパーズからも 81 年ドラフト 10 位で指名されたが、同年ドラフト 3 位でパドレスに入団。83 年レギュラーとなり打率 .309、翌 84 年は .351 の高打率で初の首位打者、213 安打も 1 位。87 年打率 .370 で 2 度目のタイトル、56 盗塁は自己最多。続く 88 年は首位打者としてリーグ史上最低の打率 .313。94 年自己最高の打率 .394、ストライキによる中断がなければ 4 割も夢でなかった。
　97 年まで 4 年連続首位打者、.353 だった 96 年は規定打席不足ながら、不足分の打数を無安打と計算してもなお首位に立つため、特別ルールが適用された。97 年は打率 .372、37 歳にして自己最多の 220 安打 (1 位)、49 二塁打 (2 位)、17 本塁打、119 打点。翌 98 年はワールドシリーズで 16 打数 8 安打と打ちまくった。積極的な打撃に加え抜群のミート力を持っていたため、三振は極めて少なく 91 年以降の年間 20 三振以上は 97 年 (28 三振) のみ、95 年は 577 打席でわずか 15 三振、1 試合 3 三振を喫したのは一度だけだった。打撃技術に関しては非の打ちどころがなく、ビデオテープを持ち歩いて自身のフォームの確認と相手投手の研究を常に怠らなかった。唯一の欠点は故障の多さ。2 年目からの 18 年連続打率 3 割はタイ・カップに次ぐ史上 2 位、93 年からの 5 年連続を含め .350 以上の高打率を 7 回記録した。
　守備力も安定しておりゴールドグラブを 5 回受賞。オールスターに 15 回選出、現役最後の 2001 年は出場しなかったが名誉主将として姿を見せた。引退後は解説者をしながら、息子トニー・ジュニアが在学する母校サンディエゴ州立大のコーチを務めたが、長年愛好していた噛みたばこの影響で口腔がんを患い 54 歳で死去。その後ナ・リーグの首位打者はトニー・グウィン賞と命名された。ジュニアは 06 年にメジャーに昇格し、通算 685 試合に出場。84 年のロスアンジェルス五輪代表だった弟クリスも、ドジャースなどに 10 年間在籍した。
【通算】20 年、2440 試合、9288 打数 3141 安打 (21 位)、543 二塁打、85 三塁打、135 本塁打、1138 打点、319 盗塁、790 四球、434 三振、打率 .338
【タイトル】首位打者 8 回 (84,87 ～ 89,94 ～ 97 年) 最高出塁率 1 回 (94 年) ゴールドグラブ 5 回 (86 ～ 87,89 ～ 91 年) オールスター 15 回 (84 ～ 87,89 ～ 99 年)

マイク・クエイヤー
Miguel Angel Cuellar
1937.5.8 ～ 2010.4.2【出身地】キューバ共和国ラスビヤス【球団】59 レッズ　64 カーディナルス　65-68 アストロズ　69-76 オリオールズ　77 エンジェルズ【位置】投手、左
【経歴】スクリューボールで有名だった頭脳派左腕。59 年レッズで 2 試合に投げたのちマイナー暮らしが続いたが、66 年アストロズで 12 勝、防御率 2.22 (2 位)、翌 67 年は 16 勝、自己最多の 203 奪三振 (5 位)。69 年オリオールズに移り 23 勝 (2 位)、防御率 2.38 (3 位) でサイ・ヤング賞に輝く。ワールドシリーズでも第 1 戦で完投勝利を挙げた。翌 70 年 24 勝で最多勝、21 完投も 1 位、プレイオフ第 1 戦では投手として史上唯一の満塁本塁打を放った。71 年 20 勝、74 年も 22 勝 (3 位) と活躍を続けた。決まった相手とだけキャッチボールをし、他人にはグラブを触らせないなど様々な験担ぎをしていた。
【通算】15 年、453 試合、379 先発、172 完投、36 完封、185 勝 130 敗 11 S、2808 回、1632 奪三振、防御率 3.14
【タイトル】サイ・ヤング賞 1 回 (69 年) 最多勝 1 回 (70 年) オールスター 4 回 (67,70 ～ 71,74 年)

ジョニー・クエト　★
Johnny Cueto
1986.2.15 ～【出身地】ドミニカ共和国サンペドロデマコリス【球団】2008-15 レッズ　15 ロイヤルズ　16-21 ジャイアンツ　22 ホワイトソックス　23 マーリンズ　24 エンジェルズ【位置】投手、右
【経歴】打者に背を向けるような投球フォームが特徴。2004 年レッズに入団し、08 年 4 月 3 日のダイアモンドバックス戦で史上初となる初登板での 10 奪三振＆無四球。同年 9 勝、12 年はいずれも 3 位の 19 勝、防御率 2.78。テンポの良さが身上で、14 年は 20 勝と防御率 2.25 は 2 位、243.2 投球回と 242 奪三振は 1 位で、サイ・ヤング賞投票は次点だった。15 年途中ロイヤルズへ移籍、ディヴィジョンシリーズ第 5 戦で 8 回 2 失点、ワールドシリーズ第 2 戦でも 2 安打 1 失点で完投勝利を飾った。16 年 FA でジャイアンツに移り 18 勝、5 完投（1 位）、オールスターでは先発を務めた。
【通算】17 年、370 試合、365 先発、18 完投、8 完封、144 勝 113 敗 0 S、2256.1 回、1857 奪三振、防御率 3.52
【タイトル】最多奪三振 1 回（2014 年）オールスター 2 回（14,16 年）

カルロス・クェンティン
Carlos Jose Quentin
1982.8.28 ～【出身地】カリフォルニア州ベルフラワー【球団】2006-07 ダイアモンドバックス　08-11 ホワイトソックス　12-14 パドレス【位置】外野、右
【経歴】2003 年ドラフト 1 位でダイアモンドバックスに入団。08 年ホワイトソックスに移籍、本塁打王争いのトップを走っていたが、終盤戦で凡退に腹を立てバットを殴り手首を骨折、戦列を離脱。36 本塁打と長打率 .571 は 2 位、100 打点は自己最多だった。09、11 年も故障で長期欠場しながら 20 本塁打以上。ホームベースに覆いかぶさるように立つため死球が多く、11 年は 118 試合でリーグ最多の 23 回、翌 12 年はわずか 86 試合で 2 年連続 1 位の 17 回。2 年続けて所属球団の死球記録を更新した。
【通算】9 年、834 試合、2790 打数 702 安打、154 本塁打、491 打点、16 盗塁、打率 .252
【タイトル】オールスター 2 回（2008,11 年）

チャド・クォールズ
Chad Michael Qualls
1978.8.17 ～【出身地】カリフォルニア州ロミタ【球団】2004-07 アストロズ　08-10 ダイアモンドバックス　10 レイズ　11 パドレス　12 フィリーズ　12 ヤンキース　12 パイレーツ　13 マーリンズ　14-15 アストロズ　16-17 ロッキーズ【位置】投手、右
【経歴】2000 年ドラフト 2 位でアストロズに入団。シンカー、スライダー中心の投球で、05 年から 7 年間で 6 回 70 試合以上に登板。09 年はダイアモンドバックスの抑えとして 24 セーブを挙げた。13 年マーリンズへ移籍、自己ベストの防御率 2.61 を記録した。
【通算】14 年、844 試合、0 先発、52 勝 48 敗 74 S、807.1 回、624 奪三振、防御率 3.89

ジェリー・クーズマン
Jerome Martin Koosman
1942.12.23 ～【出身地】ミネソタ州アップルトン【球団】67-78 メッツ　79-81 ツインズ　81-83 ホワイトソックス　84-85 フィリーズ【位置】投手、左
【経歴】メッツの左のエースとして活躍した速球投手。68 年 7 完封を含む 19 勝（4 位）、防御率 2.08 も 4 位で、新人王投票ではジョニー・ベンチに 1 票差の 2 位。翌 69 年も 17 勝、防御率 2.28（5 位）で優勝に大きく貢献、ワールドシリーズでは 2 勝し優勝投手にもなった。73 年のシリーズでも第 5 戦で勝利投手となっている。76 年自己最多の 21 勝（2 位）、防御率 2.69 は 4 位だったが続く 77 年は 8 勝 20 敗、78 年 3 勝 15 敗と 2 年続けて大きく負け越す。79 年自ら望んで地元のツインズに移籍し 20 勝（3 位）。牽制も得意としていた。84 年は 41 歳にして 224 回を投げ 14 勝と衰えを見せず、通算 13 回 2 ケタ勝利を挙げた。
【通算】19 年、612 試合、527 先発、140 完投、33 完封、222 勝 209 敗 17 S、3839.1 回、2556 奪三振、1198 四球、防御率 3.36
【タイトル】オールスター 2 回（68 ～ 69 年）

クリスティアン・グスマン
Cristian Guzman
1978.3.21 ～【出身地】ドミニカ共和国サントドミンゴ【球団】99-2004 ツインズ　05,07-10 ナショナルズ　10 レンジャーズ【位置】遊撃、両

【経歴】95年に入団したヤンキースから、98年チャック・ノブロックとの交換要員としてツインズに移籍。99年正遊撃手に抜擢され、翌2000年はリーグ最多の20三塁打。01年は118試合の出場にとどまりながらも14三塁打は2年連続1位、打率も.302でオールスターに選ばれた。03年も14三塁打で3度目の1位。ナショナルズに移籍した05年は打率.219の大不振だったが、08年はいずれも4位の打率.316、183安打を放った。選球眼が良くないため、通算出塁率は.307と低かった。
【通算】11年、1406試合、5382打数1459安打、62本塁打、467打点、125盗塁、打率.271
【タイトル】オールスター2回(2001,08年)

フアン・グスマン
Juan Andres Guzman
1966.10.28～【出身地】ドミニカ共和国サントドミンゴ【球団】91-98ブルージェイズ　98-99オリオールズ　99レッズ　2000レイズ【位置】投手、右
【経歴】伸びのある速球と、スプリッターのように変化するスライダーを武器とした本格派。85年ドジャースに入団、91年途中ブルージェイズでメジャーに昇格し10勝、新人王投票では次点。翌92年は16勝、防御率2.64(4位)、ワールドシリーズ第3戦でも8回2失点と好投した。最初の3年間は.784の高勝率、プレイオフでも5戦5勝。94年は肘の不調で防御率5.68、95年も4勝14敗、防御率6.32と急降下したが、96年は防御率2.93で1位と復調した。93年の26暴投はリーグワースト記録。ラモン・マルティネスとは同郷で一緒のチームにおり、ドジャースでも同期入団、彼の姉妹と結婚し義兄弟になった。
【通算】10年、240試合、240先発、17完投、3完封、91勝79敗0S、1483.1回、1243奪三振、防御率4.08
【タイトル】最優秀防御率1回(96年)オールスター1回(92年)

トニー・クチネロ
Anthony Francis Cuccinello
1907.11.8～95.9.21【出身地】ニューヨーク州ロングアイランドシティ【球団】30-31レッズ　32-35ドジャース　36-40ブレーヴス　40ジャイアンツ　42-43ブレーヴス　43-45ホワイトソックス【位置】二塁、三塁、右
【経歴】正三塁手となった30年に打率.312、翌31年は二塁に回り自己最多の181安打、打率.315、93打点。補殺と併殺で3回ずつ1位となるなど守備でも貢献した。41年はマイナーで監督を兼任し、42年選手として再昇格。45年はずっと首位打者争いのトップに立ち続けたが、最終日にスナッフィー・スターンワイスに.00009差で逆転され、2位の打率.30845だった。膝痛のため同年限りで引退、その後は長くコーチを務めた。ドジャースで一緒だったアル・ロペスとは生涯の親友で、隠居先のフロリダでも隣の家に住んだ。弟のアルも1年だけジャイアンツに在籍、35年7月5日に兄弟で本塁打を打ち合った。甥のサム・ミーリーもメジャーリーガー。
【通算】15年、1704試合、6184打数1729安打、94本塁打、884打点、42盗塁、打率.280
【タイトル】オールスター3回(33,38,45年)

デニス・クック
Dennis Bryan Cook
1962.10.4～【出身地】テキサス州ラマルク【球団】88-89ジャイアンツ　89-90フィリーズ　90-91ドジャース　92-93インディアンズ　94ホワイトソックス　95インディアンズ　95-96レンジャーズ　97マーリンズ　98-2001メッツ　01フィリーズ　02エンジェルズ【位置】投手、左
【経歴】85年ドラフト18位でジャイアンツに入団。左耳が不自由というハンディキャップを抱えながら、90年は先発とリリーフの兼務で9勝を挙げた。94年以降は中継ぎに専念。落ちる球が効果的で、メッツに移った98年は73試合で防御率2.38、続く99年初の2ケタとなる10勝を記録した。ポストシーズンは通算19試合、16.1回を投げ1点も許さなかった。打撃も良く通算110打数で打率.264、代打で7打数3安打を記録している。
【通算】15年、665試合、71先発、6完投、3完封、64勝46敗9S、1011.2回、739奪三振、防御率3.91

ドワイト・グッデン
Dwight Eugene Gooden
1964.11.16～【出身地】フロリダ州タンパ【球団】84-94メッツ　96-97ヤンキース　98-99インディアンズ　2000アストロズ　00レイズ　00ヤンキース【位置】投

手、右
【経歴】82年ドラフト1位（全体5位）でメッツに入団。しなやかな腕の振りからの快速球と大きなカーブで三振の山を築き、83年A級で191回に300三振を奪うと、翌84年一気にメジャーに昇格。19歳にして17勝（3位）、防御率2.60（2位）、20世紀での新人記録となる276奪三振、新記録の奪三振率11.39で文句なしの新人王。"ドクターK"の称号を与えられ、三振を奪うたびに掲げられるKボードはシェイ・スタディアムの名物となった。
　続く85年はさらに数字を伸ばし、8完封（2位）を含む24勝、防御率1.53、268奪三振で投手三冠に輝きサイ・ヤング賞を受賞。その後も3年連続15勝以上で、大投手への道を歩むかと思われたが、麻薬の悪癖に嵌り94年に2ヶ月間、95年は1年間の出場停止処分を科せられる。96年ヤンキースで再起し、5月14日のマリナーズ戦でノーヒットノーランを達成、同年11勝。ポストシーズンでは通算12試合、9先発で1勝もできなかった。ゲイリー・シェフィールドは甥で、二人揃って傷害事件を起こしたこともあった。
【通算】16年、430試合、410先発、68完投、24完封、194勝112敗3S、2800.2回、2293奪三振、防御率3.51
【タイトル】サイ・ヤング賞1回（85年）新人王（84年）最多勝1回（85年）最優秀防御率1回（85年）最多奪三振2回（84～85年）オールスター4回（84～86,88年）

トム・グッドウィン
Thomas Jones Goodwin
1968.7.27～【出身地】カリフォルニア州フレズノ【球団】91-93ドジャース　94-97ロイヤルズ　97-99レンジャーズ　2000ロッキーズ　00-01ドジャース　02ジャイアンツ　03-04カブス【位置】外野、左
【経歴】88年のソウル五輪代表で、89年ドラフト22位でドジャースに入団。俊足が自慢で、ロイヤルズ移籍後の95年50盗塁、翌96年66盗塁で2年連続2位。98年は自己最多の151安打、73四球で出塁率は.378の高率。2000年も55盗塁を決め3度目の2位、同年は9三塁打も5位だった。
【通算】14年、1288試合、3846打数1029安打、24本塁打、284打点、369盗塁、打率.268

アイヴァル・グッドマン
Ival Richard Goodman
1908.7.23～84.11.25【出身地】ミズーリ州ノースヴュー【球団】35-42レッズ　43-44カブス【位置】外野、左
【経歴】35年新人でリーグトップの18三塁打、36年も14本で2年連続1位となり、39年まで5年連続で2ケタ三塁打を記録する。細身ながら長打力もあり、38年は球団新記録の30本塁打（2位）、92打点。39年は7本塁打と大きく本数を減らした代わり、自己最高の打率.323を残した。同年のオールスターでダイビングキャッチを試み、肩を負傷してからはふるわなくなったが、40年のワールドシリーズでは5打点、第4戦と第6戦で先制・決勝のタイムリーを放った。
【通算】10年、1107試合、3928打数1104安打、95本塁打、525打点、49盗塁、打率.281
【タイトル】オールスター2回（38～39年）

ビリー・グッドマン
William Dale Goodman
1926.3.22～84.10.1【出身地】ノースカロライナ州コンコード【球団】47-57レッドソックス　57オリオールズ　58-61ホワイトソックス　62アストロズ【位置】一塁、二塁、三塁、左
【経歴】非力ながら巧打と選球眼の良さが特徴で、48年正一塁手となり打率.310、出塁率.414（4位）。50年ウォルト・ドローポの成長で定位置を追われ、内外野全ポジションを守りながら.354の高打率で首位打者となり、出塁率も.427（5位）でMVP投票で次点に入る。52年二塁に落ち着き、以後3年連続打率3割とコンスタントに打ち続けた。55年は31二塁打（3位）、99四球（2位）を選んで出塁率.394は4位。57年にオリオールズに移ってからは主に三塁を守った。球界から離れたのちはフロリダで骨董品店を開いた。
【通算】16年、1623試合、5644打数1691安打、19本塁打、591打点、37盗塁、打率.300
【タイトル】首位打者1回（50年）オールスター2回（49,53年）

リッキー・グティエレス
Ricardo Gutierrez
1970.5.23～【出身地】フロリダ州マイアミ【球団】93-94パドレス　95-99アストロズ　2000-01カブス　02-03インディアン

ズ　04 メッツ　04 レッドソックス【位置】遊撃、右
【経歴】88 年ドラフト 1 位でオリオールズに入団。93 年パドレスで正遊撃手として 133 試合に出場したが、翌 94 年は 78 試合で 22 失策しレギュラーから外される。カブスに移籍した 2000 年にレギュラーに返り咲き、16 犠打は 1 位。翌 01 年は 147 試合、打率 .290、153 安打、66 打点、17 犠打（1 位）のすべてで自己記録を残した。
【通算】12 年、1119 試合、3632 打数 967 安打、38 本塁打、357 打点、50 盗塁、打率 .266

ジョニー・クーニー
John Walter Cooney
1901.3.18 ～ 86.7.8【出身地】ロードアイランド州クランストン【球団】21-30 ブレーヴス　35-37 ドジャース　38-42 ブレーヴス　43-44 ドジャース　44 ヤンキース【位置】外野 / 右、投手 / 左
【経歴】左腕投手として 24 年 8 勝、25 年に 14 勝を挙げる傍ら、打力を生かし野手（右打者）としても出場。故障のため 30 年限りで投手を廃業、35 年外野手として 5 年ぶりにメジャーに復帰。長打力はないが確実な打撃で 43 歳まで現役を続け、40 年は打率 .318（3 位）、翌 41 年は 40 歳で .319（2 位）を記録した。通算 2 本の本塁打は 39 年に 2 試合連続で放った。49 年に 46 試合ブレーヴスの監督を代行し、20 勝 25 敗だった。父と兄はいずれもジミーという名で、ともに遊撃手だった。
【通算】＜打者としての成績＞20 年、1172 試合、3372 打数 965 安打、2 本塁打、219 打点、30 盗塁、打率 .286
＜投手としての成績＞9 年、159 試合、75 先発、44 完投、7 完封、34 勝 44 敗、795.1 回、224 奪三振、防御率 3.72

アンディ・クーパー
Andrew Lewis Cooper
1897.4.24 ～ 1941.6.3【出身地】テキサス州ウェイコ【球団】ニグロ・リーグ【位置】投手、左
【経歴】主にニグロ・リーグのデトロイト・スターズとカンザスシティ・モナークスで活躍した左腕投手。変化球や緩急の差で勝負した技巧派で、守備も上手かった。33 年にはオールスター・チームの一員として来日経験もある。現役中の 41 年に 43 歳で死去。2006 年殿堂入り。弟のダルティーもニグロ・リーグの投手だった。
＜ニグロ・リーグの成績＞279 試合、174 先発、100 完投、12 完封、115 勝 61 敗、1533.2 回、699 奪三振、防御率 3.61

ウィルバー・クーパー
Arley Wilbur Cooper
1892.2.24 ～ 1973.8.7【出身地】ウェストヴァージニア州ベアズヴィル【球団】12-24 パイレーツ　25-26 カブス　26 タイガース【位置】投手、左
【経歴】優美な投球フォームの左腕。見た目以上に球速のある速球を投げ、12 年 9 月 6 日の初先発で完封勝利、16 年に自己ベストの防御率 1.87（4 位）。同年から 10 年連続で 200 回以上、21 年は 327 回（1 位）を投げるなどスタミナ抜群で、19、22 年はいずれもリーグ最多の 27 完投。20 年に自己最多の 24 勝（2 位）、同年から 5 年間で 4 回 20 勝以上、21 年は 22 勝で最多勝。パイレーツ時代に挙げた 202 勝は球団記録である。投球間隔が短く、三塁牽制の巧さも光った。
【通算】15 年、517 試合、406 先発、279 完投、35 完封、216 勝 178 敗、3480 回、1252 奪三振、853 四球、防御率 2.89
【タイトル】最多勝 1 回（21 年）

ウォーカー・クーパー
William Walker Cooper
1915.1.8 ～ 91.4.11【出身地】ミズーリ州アサートン【球団】40-45 カーディナルス　46-49 ジャイアンツ　49-50 レッズ　50-53 ブレーヴス　54 パイレーツ　54-55 カブス　56-57 カーディナルス【位置】捕手、右
【経歴】8 度のオールスターに選ばれた好捕手。快活な性格で、カーディナルス時代は兄モートとバッテリーを組んだ。43 年は打率 .318（3 位）、81 打点（5 位）で MVP 投票次点。45 年は海軍に入隊し 4 試合の出場のみ。翌 46 年ジャイアンツへ移り、47 年は 35 本塁打（4 位）、122 打点（3 位）、メジャータイ記録の 6 試合連続本塁打も放つ。通算で 6 回打率 3 割を記録する一方、四球は 50 年の 30 個が最多と極めて少なかった。捕手として 1223 試合に出場、他のポジションは一度も守らなかった。ドン・ブラシンゲイムは娘婿。
【通算】18 年、1473 試合、4702 打数 1341 安打、173 本塁打、812 打点、18 盗塁、打率 .285
【タイトル】オールスター 8 回（42 ～ 44,46 ～ 50 年）

セシル・クーパー
Cecil Celester Cooper
1949.12.20 ～【出身地】テキサス州ブレナム【球団】71-76 レッドソックス　77-87 ブルワーズ【位置】一塁、左
【経歴】広角打法で活躍を続けた好打者。68 年ドラフト 6 位でレッドソックスに入団、75 年は規定打席不足ながら打率 .311。ブルワーズに移った 77 年から 7 年連続打率 3 割、80 年は 122 打点（1 位）に加え .352 の高打率で 2 位。強力打線の主軸として 82 年は 32 本塁打（5 位）、121 打点（2 位）、プレイオフでは不振だったが最終第 5 戦で優勝を決定づける逆転打を放った。ワールドシリーズでもチームトップの 6 打点。続く 83 年も 126 打点で 2 度目のタイトル。79 年 44 本、81 年 35 本で最多二塁打を記録している。守備でも 2 回ゴールドグラブに選ばれた。地域活動にも積極的で、83 年にクレメンテ賞を受賞。引退後は代理人に転身したのち、ブルワーズのフロント入り。2005 年にコーチとしてアストロズへ移籍、07 年途中監督に昇格した。
【通算】17 年、1896 試合、7349 打数 2192 安打、415 二塁打、241 本塁打、1125 打点、89 盗塁、打率 .298
【タイトル】打点王 2 回（80,83 年）ゴールドグラブ 2 回（79 ～ 80 年）オールスター 5 回（79 ～ 80,82 ～ 83,85 年）
【監督】2007-09 アストロズ　3 年、341 試合、171 勝 170 敗、勝率 .501

モート・クーパー
Morton Cecil Cooper
1913.3.2 ～ 58.11.17【出身地】ミズーリ州アサートン【球団】38-45 カーディナルス　45-47 ブレーヴス　47 ジャイアンツ　49 カブス【位置】投手、右
【経歴】大柄な体格で、42 ～ 44 年のカーディナルス 3 連覇時はエースとして活躍。速球とフォークボールを主体として 42 年は 22 勝、10 完封、防御率 1.78 のいずれも 1 位で MVP を受賞。続く 43 年も 21 勝で連続最多勝、防御率 2.30 も 2 位、2 試合連続 1 安打完封も記録。ワールドシリーズ第 2 戦では当日の父の死を乗りこえ完投勝ちした。44 年も 7 完封（1 位）を含む 22 勝（2 位）、ワールドシリーズ第 5 戦で完封勝ち。42 ～ 43 年は 2 年連続でオールスターの先発を務めたが、いずれも敗戦投手となる。契約交渉でもめ 45 年途中ブレーヴスへ放出された。弟ウォーカーとはカーディナルス時代にバッテリーを組んでいた。
【通算】11 年、295 試合、239 先発、128 完投、33 完封、128 勝 75 敗、1840.2 回、913 奪三振、防御率 2.97
【タイトル】MVP1 回（42 年）最多勝 2 回（42 ～ 43 年）最優秀防御率 1 回（42 年）オールスター 4 回（42 ～ 43,45 ～ 46 年）

マーク・グービザー
Mark Steven Gubicza
1962.8.14 ～【出身地】ペンシルヴェニア州フィラデルフィア【球団】84-96 ロイヤルズ　97 エンジェルズ【位置】投手、右
【経歴】81 年ドラフト 2 位でロイヤルズに入団。速球とスライダーの組み合わせで早くから頭角を現し、84 年の 10 勝を皮切りに 6 年連続 2 ケタ勝利、88 年にいずれも自己記録となる 20 勝（3 位）、防御率 2.70（4 位）、183 奪三振。90 年に肩を痛めてからは低迷が続いていたが、技巧派に変身し 95 年は 6 年ぶりの 2 ケタとなる 12 勝を挙げた。マウンドに上がると闘争心が激しくなるタイプで、エラーした野手を睨みつけることもしばしばあった。引退後はエンジェルズ戦などの解説者となった。
【通算】14 年、384 試合、329 先発、42 完投、16 完封、132 勝 136 敗 2 S、2223.1 回、1371 奪三振、防御率 3.96
【タイトル】オールスター 2 回（88 ～ 89 年）

トニー・クーベック
Anthony Christopher Kubek
1935.10.12 ～【出身地】ウィスコンシン州ミルウォーキー【球団】57-65 ヤンキース【位置】遊撃、外野、左
【経歴】57 年 21 歳でメジャーに昇格、内外野のあらゆるポジションを守りながら打率 .297 を記録して新人王を受賞。故郷ミルウォーキーで行われたワールドシリーズ第 3 戦では 2 本塁打を放つ。60 年のシリーズでも 30 打数 10 安打。61 年に自己最多の 170 安打、38 二塁打（2 位）、好守好打の遊撃手として 3 回オールスターに選ばれた。首と背中を痛め 29 歳で引退。現役時代は注目を浴びることを好まなかったが、引退後は実況アナウンサーとして人気を博し、2009 年にフリック賞を受賞。二遊間コンビを組んでいたボビー・リチャードソンとは親友同士でもあった。
【通算】9 年、1092 試合、4167 打数 1109 安打、57 本塁打、373 打点、29 盗塁、打率 .266
【タイトル】新人王（57 年）オールスター 3

回（58 ～ 59,61 年）

ジェイソン・クーベル
Jason James Kubel
1982.5.25 ～【出身地】サウスダコタ州ベルフォーシュ【球団】2004,06-11 ツインズ　12-13 ダイアモンドバックス　13 インディアンズ　14 ツインズ【位置】外野、DH、左
【経歴】2000 年ドラフト 12 位でツインズに入団。09 年に打率 .300、28 本塁打、103 打点、最終 20 試合で 21 打点を叩き出しポストシーズン進出に貢献した。翌 10 年は新本拠球場ターゲット・フィールドの初本塁打を記録。ダイアモンドバックスに移籍した 12 年は自己最多の 30 本塁打を放った。守備に難がありDHでの出場も多かった。3 回出場したプレイオフでは通算 29 打数 2 安打。14 年のチームメイトで、日本ハムにも在籍したマイケル・トンキンは義理の弟に当たる。
【通算】10 年、1036 試合、3480 打数 913 安打、140 本塁打、564 打点、12 盗塁、打率 .262

アール・クームズ
Earle Bryan Combs
1899.5.14 ～ 1976.7.21【出身地】ケンタッキー州ペブワース【球団】24-35 ヤンキース【位置】外野、左
【経歴】ヤンキース第一次黄金期のリードオフマンとして活躍した中堅手。流し打ちが巧く、レギュラーとして出場した間は 26 年の .299 を除きすべて打率 3 割台、27 年は .356 の高率。同年の 231 安打（1 位）を最多として 3 回 200 安打以上、三塁打が多く 27 年の 23 本を最多として 3 回リーグトップとなった。4 回出場したワールドシリーズでも打率 .350、出塁率 .451。真面目な性格で常に聖書を携帯し、酒やタバコにも縁がなく、ファンや報道陣の間で人気が高かった。34 年外野フェンスに激突し頭蓋骨を骨折、翌 35 年復帰を果たすも同年限りで引退し、その後はコーチに就任。球界を離れてからは大学の理事や銀行の監督官などを務めた。70 年殿堂入り。
【通算】12 年、1455 試合、5746 打数 1866 安打、154 三塁打、58 本塁打、633 打点、98 盗塁、打率 .325

ジャック・クームズ
John Wesley Coombs
1882.11.18 ～ 1957.4.15【出身地】アイオワ州ルグランド【球団】06-14 アスレティックス　15-18 ドジャース　20 タイガース【位置】投手、右
【経歴】コルビー大学では野球とフットボールで主将を務め、短距離走でも活躍。06 年アスレティックスに入団、7 月 5 日の初登板で完封勝利、同年 9 月 1 日のレッドソックス戦では延長 24 回を投げ抜き勝利投手となる。翌 07 年肩を痛め、打力を買われて 08 年は両打ちの外野手として 47 試合に出場、打率 .255。落差の大きなカーブに磨きをかけ 10 年リーグ史上最多の 13 完封、31 勝（1 位）、防御率 1.30（2 位）、224 奪三振（3 位）と開眼、当時の新記録となる 53 回連続無失点も記録した。ワールドシリーズでもすべて完投で 3 勝を挙げ世界一に大きく貢献、シリーズ通算でも 5 勝 0 敗、防御率 2.70 の好成績を残している。
11 年は 28 勝で連続最多勝、打率 .319、23 打点と打撃でも貢献した。13 年チフスを患い 4 カ月間闘病生活を送り、13 ～ 14 年は 2 試合ずつしか登板できなかったが、ドジャースに移籍した 15 年に 15 勝と復活した。引退後は 22 年間にわたりデューク大学の監督を務め、5 度のカンファレンス制覇を果たし、デューク、ノースカロライナ州、大学野球指導者の 3 つの殿堂に迎えられている。野球書も執筆して数多くの大学・高校で教材として採用された。
【通算】14 年、354 試合、268 先発、187 完投、35 完封、158 勝 110 敗、2320 回、1052 奪三振、防御率 2.78
【タイトル】最多勝 2 回（10 ～ 11 年）
【監督】19 フィリーズ　1 年、63 試合、18 勝 44 敗、勝率 .290

ラリー・グラ
Lawrence Cyril Gura
1947.11.26 ～【出身地】イリノイ州ジョリエット【球団】70-73 カブス　74-75 ヤンキース　76-85 ロイヤルズ　85 カブス【位置】投手、左
【経歴】アリゾナ州立大で年間 19 勝の NCAA 新記録を樹立し、69 年ドラフト 2 位でカブスに入団。ヤンキース時代はビリー・マーティン監督に干され、76 年ロイヤルズに移籍するまでは平凡な成績だったが、77 年 8 勝 10 セーブ、先発に回った 78 年は 16 勝、防御率 2.72。80 年 18 勝、

防御率2.95（5位）で優勝に貢献、ワールドシリーズでも勝ち星こそないものの2試合に先発、防御率2.19と好投した。スライダー、カーブなど変化球が良く、82年も18勝（2位）。ウェイト・トレーニングを実践した最も初期の投手の一人で、健康管理にも人一倍気を配り84年まで7年間2ケタ勝利を続けた。
【通算】16年、403試合、261先発、71完投、16完封、126勝97敗14S、2047回、801奪三振、防御率3.76
【タイトル】オールスター1回（80年）

ヒューイー・クライツ
Hugh Melville Critz
1900.9.17～80.1.10【出身地】ミシシッピ州スタークヴィル【球団】24-30レッズ　30-35ジャイアンツ【位置】二塁、右
【経歴】好守の二塁手で、1試合平均3.5補殺は史上1位にランクされる。守備率1位5回、併殺数でも4回1位となった。打撃では24年、新人で打率.322を記録したのが唯一の打率3割。26年は自己最多の79打点、MVP投票では次点。190安打を放った28年もMVP投票4位と、表面的な数字以上に評価が高かった。
【通算】12年、1478試合、5930打数1591安打、38本塁打、531打点、97盗塁、打率.268

バーリー・グライムズ
Burleigh Arland Grimes
1893.8.18～1985.12.6【出身地】ウィスコンシン州エメラルド【球団】16-17パイレーツ　18-26ドジャース　27ジャイアンツ　28-29パイレーツ　30ブレーヴス　30-31カーディナルス　32-33カブス　33-34カーディナルス　34ヤンキース　34パイレーツ　【位置】投手、右
【経歴】合法スピットボーラーの最後の生き残りで、20年の禁止令以後も15年にわたりスピットボールで打者を翻弄し続けた。ドジャースに移籍した18年19勝、20年はいずれも3位の23勝、防御率2.22、ワールドシリーズ第2戦で完封勝利。翌21年は22勝、30完投、136奪三振の3部門で1位。27年13連勝を記録、続く28年は48試合、28完投、4完封、330.2回、5度目の20勝以上となる25勝がすべてリーグトップだった。20年代に挙げた190勝はメジャー最多である。
31年のワールドシリーズは2勝、防御率2.04、最終第7戦では8回二死まで無失点に抑えて世界一に貢献した。最多投球回3回が示すようにスタミナ抜群で、好戦的な性格も打者に恐れられ、またオフには毎年のように銭闘を繰り広げ、多くの球団をわたり歩いた。登板2日前から髭を剃らないのが習慣で、渾名は“オールド・スタブルベアード（無精ひげ）”。37～38年はドジャース監督、その後も長くマイナー監督やスカウトを続けた。64年殿堂入り。
【通算】19年、616試合、497先発、314完投、35完封、270勝212敗、4180回、1512奪三振、1295四球、防御率3.53
【タイトル】最多勝2回（21,28年）最多奪三振1回（21年）
【監督】37-38ドジャース　2年、306試合、131勝171敗、勝率.434

スティーヴ・クライン
Steven James Kline
1972.8.22～【出身地】ペンシルヴェニア州サンベリー【球団】97インディアンズ　97-2000エクスポズ　01-04カーディナルス　05オリオールズ　06-07ジャイアンツ
【位置】投手、左
【経歴】93年ドラフト8位でインディアンズに入団。97年に1試合先発した以外はすべてリリーフとして起用され、99年からは3年連続で80試合以上に登板し、いずれの年もリーグ最多登板。左腕からの沈む速球で2000年に自己最多の14セーブ、カーディナルスに移籍した翌01年は自己最多の89試合に投げ、プレイオフでも2セーブを挙げた。
【通算】11年、796試合、1先発、0完投、34勝39敗39S、682.1回、493奪三振、防御率3.51

チャック・クライン
Charles Herbert Klein
1904.10.7～58.3.28【出身地】インディアナ州インディアナポリス【球団】28-33フィリーズ　34-36カブス　36-39フィリーズ　39パイレーツ　40-44フィリーズ【位置】外野、左
【経歴】右翼席までの距離が短い本拠地球場ベイカー・ボウルの特性を生かし、本塁打を量産した強打者。高校を出てから3年間製鉄所で働いたのちプロ入りし、レギュラーに定着した29年に43本塁打（1位）、145打点（4位）。以後33年まで5年連続で200安打、120打点以上、30年を除き毎年本塁打王となる。30年はい

ずれも自己記録の打率.386（3位）、250安打（2位）、59二塁打（1位）、170打点（2位）、守備でも1900年以降で最多となる44補殺。32年は226安打、38本塁打、20盗塁のいずれも1位となりMVPを受賞した。

続く33年は打率.368、28本塁打、120打点で三冠王、44二塁打、出塁率.422と長打率.602も1位で、31年に続いて2度目のサイクルヒットも記録したが、同年末3選手プラス6万5000ドルでカブスへトレードされてからは成績が急降下。36年途中フィリーズに復帰し、7月10日に1試合4本塁打を放ったものの、全盛期の打棒を取り戻すことはなかった。80年殿堂入り。

【通算】17年、1753試合、6486打数2076安打、300本塁打、1201打点、79盗塁、打率.320

【タイトル】MVP1回（32年）首位打者1回（33年）本塁打王4回（29,31～33年）打点王2回（31,33年）盗塁王1回（32年）最高出塁率1回（33年）オールスター2回（33～34年）

ロン・クライン

Ronald Lee Kline

1932.3.9～2002.6.22【出身地】ペンシルヴェニア州カレリー【球団】52,55-59パイレーツ　60カーディナルス　61エンジェルズ　61-62タイガース　63-66セネターズ　67ツインズ　68-69パイレーツ　69ジャイアンツ　69レッドソックス　70ブレーヴス【位置】投手、右

【経歴】52年20歳でメジャーに昇格するも0勝7敗、53～54年は兵役に就く。スライダーを覚え、56年からの4年間で3回2ケタ勝利を挙げたが、56年と58年は最多敗戦、63年まで史上最長記録となる10年連続で負け越した。セネターズでは抑えの切り札として活躍し、65年は29セーブ（1位）。64～68年は逆に5年連続で勝ち越し、9年ぶりにパイレーツに戻った68年は12勝、防御率1.68の好成績を収めた。投球の前には必ず帽子、ベルト、ユニフォームを触るのが仕来りだった。ニューヨークの4球団（ジャイアンツ、ドジャース、ヤンキース、メッツ）から、レギュラーシーズン中に勝ち星を挙げた唯一の投手である。

【通算】17年、736試合、203先発、44完投、8完封、114勝144敗108S、2078回、989奪三振、防御率3.75

ギャヴィー・クラヴァス

Clifford Carlton Cravath (Gavy)

1881.3.23～1963.5.23【出身地】カリフォルニア州ポーウェイ【球団】08レッドソックス　09ホワイトソックス　09セネターズ　12-20フィリーズ【位置】外野、右

【経歴】マイナーでは強打者として鳴らしていたが、メジャーに定着したのはようやく31歳の時。13年179安打、19本塁打、128打点、長打率.568の4部門で1位、打率.341も2位。本拠のベイカー・ボウルの狭さにも助けられ、その後7年間で6回本塁打王となった。15年自己最多の24本塁打、115打点で二冠王、出塁率.393と長打率.510も1位で優勝に大きく貢献。途中から監督を兼任した19年は、83試合の出場ながら12本塁打は1位と他を圧倒していた。通算119本塁打中、92本まではホームで放ったもの。14年には34補殺と守備でも貢献した。鷹揚な性格で、引退後は30年以上にわたって判事を務めた。

【通算】11年、1220試合、3951打数1134安打、119本塁打、719打点、89盗塁、打率.287

【タイトル】本塁打王6回（13～15,17～19年）打点王2回（13,15年）最高出塁率2回（15～16年）

【監督】19-20フィリーズ　2年、228試合、91勝137敗、勝率.399

トム・グラヴィン

Thomas Michael Glavine

1966.3.25～【出身地】マサチューセッツ州コンコード【球団】87-2002ブレーヴス　03-07メッツ　08ブレーヴス【位置】投手、左

【経歴】20年以上にわたり安定した成績を残し続け、20勝を5回記録した名左腕。サークルチェンジを筆頭に多彩な球種を持ち、コーナーを丹念につく技巧的な投球を持ち味とした。アイスホッケーも得意で84年にNHLのロスアンジェルス・キングスからドラフト4位で指名されたが、2位で指名したブレーヴスに入団。88年はリーグワーストの17敗を喫したが、翌89年14勝、91年は20勝（1位）、防御率2.55（3位）、192奪三振（3位）でサイ・ヤング賞を受賞した。

92年20勝、93年自己最多の22勝で3年連続最多勝。95年のワールドシリーズでは2勝、優勝を決めた第6戦は8回1安打0点の快投でシリーズMVPを手に

した。98 年は 20 勝（1 位）、防御率 2.47（4 位）で 2 度目のサイ・ヤング賞。90 年代に挙げた通算 164 勝はグレッグ・マダックスの 176 勝に次ぐ。2000 年 21 勝で 5 度目の最多勝、02 年まで 14 年連続、通算 18 回 2 ケタ勝利を記録した。

03 年に FA でメッツへ移籍、06 年は 40 歳で 15 勝。通算 682 登板はすべて先発で、現役最後の年を除き一度も故障者リストに入らず、200 投球回以上投げた年は 14 度もあった。最初の 16 年間は 1 本も満塁本塁打を打たれず、通算でも 2 本。ワールドシリーズでは通算 8 試合に登板、4 勝 3 敗ながら防御率 2.16。組合活動でも中心的な存在だった。14 年殿堂入り。弟のマイクは 94 年ドラフト 93 位でアストロズに入団、03 年に兄の所属するメッツへ昇格し、史上最低順位指名でのメジャーリーガーとなった。

【通算】22 年、682 試合、682 先発（11 位）、56 完投、25 完封、305 勝（21 位）203 敗 0 S、4413.1 回（29 位）、2607 奪三振（29 位）、1500 四球（12 位）、防御率 3.54

【タイトル】サイ・ヤング賞 2 回（91,98 年）最多勝 5 回（91 ～ 93,98,2000 年）オールスター 10 回（91 ～ 93,96 ～ 98,00,02,04,06 年）

ハリー・クラウス

Harry William Krause

1888.7.12 ～ 1940.10.23【出身地】カリフォルニア州サンフランシスコ【球団】08-12 アスレティックス　12 インディアンズ【位置】投手、左

【経歴】得意のカーブで 09 年開幕から 6 完封、10 戦全勝と絶好のスタートを切り、年間では 18 勝、防御率 1.39 は 1 位。11 年も 11 勝したが肩を痛め 25 歳でメジャーから退く。その後もパシフィック・コースト・リーグで現役を続け、通算 249 勝を挙げた。

【通算】5 年、85 試合、57 先発、39 完投、10 完封、36 勝 26 敗、525.1 回、298 奪三振、防御率 2.50

【タイトル】最優秀防御率 1 回（09 年）

アルヴィン・クラウダー

Alvin Floyd Crowder

1899.1.11 ～ 1972.4.3【出身地】ノースカロライナ州ウィンストンセーラム【球団】26-27 セネターズ　27-30 ブラウンズ　30-34 セネターズ　34-36 タイガース【位置】投手、右

【経歴】球速のなさを投球術でカバーした技巧派。防御率は平凡でも勝ち運に恵まれ、弱小球団に長く在籍しながらも通算 .592 の高勝率を残した。28 年 21 勝、32 年はリーグ最多の 327 回を投げ 15 連勝を含む 26 勝（1 位）、防御率 3.33（4 位）も自己ベスト。同年は死球と暴投が一つもなかった。翌 33 年も 52 試合（1 位）に登板し 24 勝で連続最多勝、この年初開催のオールスターでは 3 回を無失点に封じた。陸軍時代は軍曹で、同姓の有名な陸軍大将（ジェネラル）がいたことからニックネームは“ジェネラル”だった。

【通算】11 年、402 試合、292 先発、150 完投、16 完封、167 勝 115 敗、2344.1 回、799 奪三振、防御率 4.12

【タイトル】最多勝 2 回（32 ～ 33 年）オールスター 1 回（33 年）

ウィル・クラーク

William Nuschler Clark

1964.3.13 ～【出身地】ルイジアナ州ニューオーリンズ【球団】86-93 ジャイアンツ　94-98 レンジャーズ　99-2000 オリオールズ　00 カーディナルス【位置】一塁、左

【経歴】闘争心を前面に出し、ザ・スリルの異名で親しまれたクラッチヒッター。ミシシッピ州立大時代の 84 年ロスアンジェルス五輪に出場、翌 85 年最優秀大学選手に選ばれる。同年ドラフト 1 位（全体 2 位）でジャイアンツに入団、86 年 4 月 8 日のメジャー初打席でノーラン・ライアンから初球本塁打の鮮烈デビュー。87 年 35 本塁打、88 年は 109 打点（1 位）。89 年自己最高の打率 .333（2 位）、196 安打（2 位）、111 打点（3 位）、プレイオフでは 20 打数 13 安打、2 本塁打、8 打点の猛打でシリーズ MVP に選ばれたが、ワールドシリーズでは打点ゼロだった。

91 年の 29 本塁打、116 打点（2 位）、長打率 .536（1 位）を最後に長打力は影を潜めていたが、98 年久々に 23 本塁打、102 打点と大台を突破。2000 年はカーディナルス移籍後の 51 試合で打率 .345、12 本塁打、42 打点の大当たりで地区制覇の助けとなり、同年限りで引退した。通算では 10 回打率 3 割を記録している。

【通算】15 年、1976 試合、7173 打数 2176 安打、440 二塁打、284 本塁打、1205 打点、67 盗塁、1190 三振、打率 .303

【タイトル】打点王 1 回（88 年）ゴールド

グラブ（91年） オールスター6回（88～92,94年）

ジャック・クラーク
Jack Anthony Clark
1955.11.10～【出身地】ペンシルヴェニア州ニューブライトン【球団】75-84ジャイアンツ　85-87カーディナルス　88ヤンキース　89-90パドレス　91-92レッドソックス【位置】外野、一塁、右
【経歴】73年ドラフト13位でジャイアンツに入団。強肩強打の外野手として大いに期待され、78年は打率.306、25本塁打、98打点、82年は27本塁打、103打点。85年4選手との交換でカーディナルスに移籍、一塁手に転向しプレイオフ第6戦で9回二死から優勝を決める逆転3ランを放つ。87年は35本塁打、106打点で優勝に貢献、136四球、出塁率.459、長打率.597の3部門で1位だった。
　選球眼も確かで87年から4年連続100四球以上、うち3度はリーグ1位。故障がちで三振が多く、またどの球団でも不平や不満を唱えていたが、勝負強さに定評があり、延長戦で放った18本塁打はウィリー・メイズの22本に次いで史上2位だった。高級車の収集が趣味だったが、浪費が過ぎて引退後に破産した。
【通算】18年、1994試合、6847打数1826安打、340本塁打、1180打点、77盗塁、1262四球、1441三振、打率.267
【タイトル】最高出塁率1回（87年）オールスター4回（78～79,85,87年）

トニー・クラーク
Anthony Christopher Clark
1972.6.15～【出身地】カンザス州ニュートン【球団】95-2001タイガース　02レッドソックス　03メッツ　04ヤンキース　05-07ダイアモンドバックス　08パドレス　08-09ダイアモンドバックス【位置】一塁、両
【経歴】有望なバスケットボール選手で、アリゾナ大時代の90年ドラフト1位（全体2位）でタイガースに指名されてからも、サンディエゴ州立大に転校してバスケットを継続。94年になって野球に専念、レギュラーとなった96年は100試合で27本塁打を放つ。翌97年は32本塁打、117打点、98年は自己最多の34本塁打。99年まで3年連続30本以上、その後低調な年が続いたが、ダイアモンドバックスに移籍した05年は6年ぶりに30本塁打を放った。通算11回の左右両打席本塁打は史上2位。人間性も優れ、引退後は選手組合での仕事を任され、13年に専務理事マイケル・ウェイナーの急死を受け後任に選ばれた。
【通算】15年、1559試合、4532打数1188安打、251本塁打、824打点、6盗塁、1209三振、打率.262
【タイトル】オールスター1回（2001年）

フレッド・クラーク
Fred Clifford Clarke
1872.10.3～1960.8.14【出身地】アイオワ州ウィンターセット【球団】1894-99ルイヴィル　1900-11,13-15パイレーツ【位置】外野、左
【経歴】俊足、好打に加え、激しい気性とプレイで名を売った名選手にして名監督。少年時代に新聞配達のアルバイトをしていたときの雇い主がエド・バーロウで、バーロウの作ったチームで野球を始める。1894年ルイヴィルでメジャー昇格、6月30日のデビュー戦で5打数5安打。翌95年は35試合連続安打を記録、打率.347、自己最多の82打点を稼ぐ。以後12年間で10回、合計では11回打率3割以上、97年に.390の自己最高打率を残した。
　1901年と03年にはサイクルヒットを達成。97年24歳の若さで監督を任され、01年からの3連覇を含む4回の優勝を遂げ、15年に退任した時点で史上最多の1602勝を積み上げた。03年は打率.351（2位）、32二塁打と長打率.532は1位。09年のワールドシリーズでは自ら2本塁打、7打点の活躍で世界一に導いた。守備では深めのポジショニングでダイビングキャッチを得意とした。
　11年も39歳で打率.324（4位）と衰えはなかったが、同年限りで第一線から退き、以後は散発的に出場するだけだった。20年代になって特別コーチとしてパイレーツに復帰した際は、監督の采配にさかんに口を出し、26年にマックス・キャリーら主力選手たちによって排斥運動を起こされた。45年殿堂入り。アイディアマンで開閉式サングラスなど複数の特許を取得、また所有していた農場から油田が発見され、莫大な財産を手にした。弟のジョシュも外野手だった。
【通算】21年、2246試合、8584打数2678安打、361二塁打、220三塁打（7位）、67本塁打、1015打点、509盗塁、875四球、511三振、打率.312

【監督】1897-99 ルイヴィル　1900-15 パイレーツ　19 年、2826 試合、1602 勝 1181 敗、勝率 .576　リーグ優勝 4 回（01 ～ 03,09 年）ワールドシリーズ優勝 1 回（09 年）

ホレイス・クラーク
Horace Meredith Clarke

1940.6.2 ～ 2020.8.5【出身地】ヴァージン諸島フレデリックステッド【球団】65-74 ヤンキース　74 パドレス【位置】二塁、遊撃、両

【経歴】俊足と好守が売り物で、正二塁手となった 67 年から 6 年連続最多補殺、68 ～ 71 年は刺殺でも 1 位となるが、走者のスライディングを避けるのは不得意だった。打撃では 67 年と 69 年に最多単打、69 年は打率 .285、183 安打（2 位）、7 三塁打（2 位）、33 盗塁。翌 70 年はノーヒットノーランを 3 回も阻止した。

【通算】10 年、1272 試合、4813 打数 1230 安打、27 本塁打、304 打点、151 盗塁、打率 .256

ワッティ・クラーク
William Watson Clark

1902.5.16 ～ 72.3.4【出身地】ルイジアナ州セントジョゼフ【球団】24 インディアンズ　27-33 ドジャース　33-34 ジャイアンツ　34-37 ドジャース【位置】投手、左

【経歴】制球に優れたカーブ投手で、通算与四球率は 1.97。28 年 12 勝、リーグ 4 位の防御率 2.68、翌 29 年は 279 回（1 位）を投げ 16 勝、140 三振（2 位）を奪うも 19 敗はリーグワーストだった。32 年に自己最多の 20 勝(2 位)。33 年途中ジャイアンツに移籍してからは不調だったが、34 年途中ドジャースに戻り、翌 35 年は 13 勝と復活した。

【通算】12 年、355 試合、209 先発、91 完投、14 完封、111 勝 97 敗、1747.1 回、643 奪三振、防御率 3.66

ジョン・クラークソン
John Gibson Clarkson

1861.7.1 ～ 1909.2.4【出身地】マサチューセッツ州ケンブリッジ【球団】1882 ウースター　84-87 シカゴ　88-92 ボストン　92-94 クリーヴランド【位置】投手、右

【経歴】19 世紀を代表する名投手。優れた速球とカーブに加え、打者を研究して弱点をつく頭脳的な投球もできた。1885 年は 70 試合、68 完投、10 完封、623 回、53 勝、308 奪三振がすべて 1 位、防御率 1.85 も 3 位。6 月 27 日のプロヴィデンス戦でノーヒットノーランを達成した。87 年も 38 勝と 237 奪三振は 2 度目の 1 位、89 年も 73 試合、620 回を投げ 49 勝、68 完投、8 完封、284 奪三振、防御率 2.73 ともどもリーグトップだった。通算では 30 勝以上 6 回。感情が激しいことでも有名で、扱いが難しかったとされる。1963 年殿堂入り。弟のダド、ウォルターも投手。

【通算】12 年、531 試合、518 先発、485 完投（8 位）、37 完封、328 勝（12 位）178 敗、4536.1 回（22 位）、1978 奪三振、1191 四球、防御率 2.81

【タイトル】最多勝 3 回（1885,87,89 年）最優秀防御率 1 回（89 年）最多奪三振 3 回（85,87,89 年）

ジャック・グラスコック
John Wesley Glasscock

1857.7.22 ～ 1947.2.24【出身地】ウェストヴァージニア州ウィーリング【球団】1879-84 クリーヴランド　84 シンシナティ（UA）85-86 セントルイス　87-89 インディアナポリス　90-91 ニューヨーク　92-93 セントルイス　93-94 ピッツバーグ　95 ルイヴィル　95 ワシントン【位置】遊撃、右

【経歴】19 世紀有数の好守の遊撃手で、6 回守備率 1 位を記録。打撃も非凡で、1889 年は打率 .352（2 位）、205 安打（1 位）、40 二塁打（2 位）。組合活動にも積極的だったが、90 年にプレイヤーズ・リーグが設立された際に参加せず、裏切り者呼ばわりされた。ニューヨークに移籍した 90 年は打率 .336 で首位打者となり、172 安打は 2 年連続 1 位。93 年は 100 打点で、史上初めてシーズン中に移籍しながら 100 打点を達成した打者となった。オフシーズンは大工として働いた。

【通算】17 年、1737 試合、7033 打数 2041 安打、27 本塁打、827 打点、打率 .290

【タイトル】首位打者 1 回（1890 年）

【監督】1889 インディアナポリス　92 セントルイス　2 年、71 試合、35 勝 35 敗、勝率 .500

エマヌエル・クラセ　★
Emmanuel Clase

1998.3.18 ～【出身地】ドミニカ共和国リオサンフアン【球団】2019 レンジャーズ　21-24 ガーディアンズ【位置】投手、右

【経歴】2015 年パドレスに入団、19 年レ

ンジャーズでメジャー昇格。インディアンズへ移籍した20年は禁止薬物使用で出場停止となった。復帰後は160kmの超高速カッターを駆使し21年は24セーブ、防御率1.29。翌22年はリーグ最多の77試合に投げ42セーブも1位、防御率1.36で地区優勝に貢献した。以後3年連続で最多セーブ。24年は自己記録の47セーブ、防御率0.61に封じたが、ポストシーズンでは2敗、8回で8失点と散々に打ち込まれた。
【通算】5年、318試合、1先発、0完投、16勝23敗158 S、312.2回、302奪三振、防御率1.67
【タイトル】最多セーブ3回（2022～24年）オールスター3回（22～24年）

ジョン・クラック
John Martin Kruk
1961.2.9～【出身地】ウェストヴァージニア州チャールストン【球団】86-89パドレス　89-94フィリーズ　95ホワイトソックス【位置】一塁、外野、左
【経歴】81年ドラフト3位（第2回）でパドレスに入団。小太り体型のヒット打ち名人で、87年は打率.313（4位）。4月13日は初回に1番マーヴェル・ウィン、2番トニー・グウィンに続いて本塁打を放ち、史上初の初回先頭打者からの3連発を達成した。91年自己最多の21本塁打、92打点、同年から3年連続オールスター選出。92年も打率.323で3位、選球眼も良く93年は111四球(4位）を選び出塁率.433（2位）。同年は169安打も自己最多、ワールドシリーズでは23打数8安打だった。94年睾丸がんと判明、手術後復帰したが95年限りで引退、その後は解説者として活動した。
【通算】10年、1200試合、3897打数1170安打、100本塁打、592打点、58盗塁、打率.300
【タイトル】オールスター3回（91～93年）

フレッド・グラッディング
Fred Earl Gladding
1936.6.28～2015.5.21【出身地】ミシガン州フラットロック【球団】61-67タイガース　68-73アストロズ【位置】投手、左
【経歴】13年のメジャー生活で先発は一度きりのリリーフ専門投手。沈む速球で69年29セーブを挙げナ・リーグの初代セーブ王となる。翌70年も自己最多の63試合に登板し18セーブを稼いだが、防御率は2年とも4点台とあまり良くなかった。打撃は苦手で通算63打数1安打だった。
【通算】13年、450試合、1先発、0完投、48勝34敗109 S、601回、394奪三振、防御率3.13
【タイトル】最多セーブ1回（69年）

ダン・グラッデン　☆
Clinton Daniel Gladden
1957.7.7～【出身地】カリフォルニア州サンノゼ【球団】83-86ジャイアンツ　87-91ツインズ　92-93タイガース【位置】外野、右
【経歴】高校・大学ではドラフトで指名されず、79年契約金ゼロでジャイアンツにテスト入団。84年86試合で打率.351、31盗塁で期待されたがその後は今一つ。ツインズに移った87年のワールドシリーズ第1戦で満塁本塁打、シリーズ合計では7打点。翌88年は自己最多の155安打、32二塁打、62打点、90年まで7年続けて20盗塁以上を決めた。94年は巨人に入団しハッスルプレイで名を売った。
【通算】11年、1196試合、4501打数1215安打、74本塁打、446打点、222盗塁、打率.270
【日本】94巨人　1年、98試合、374打数100安打、15本塁打、37打点、2盗塁、打率.267

ジョニー・グラッブ
John Maywood Grubb
1948.8.4～【出身地】ヴァージニア州リッチモンド【球団】72-76パドレス　77-78インディアンズ　78-82レンジャーズ　83-87タイガース【位置】外野、左
【経歴】3度のドラフト指名を拒否した末、71年1月ドラフト1位（第2回）でパドレスに入団。73年レギュラーとなり打率.311、翌74年もオールスター選出と幸先は良かったが、故障がちで完全にレギュラーに定着することはなかった。75年は36二塁打、78年に自己最多の15本塁打、67打点。選球眼が良く通算出塁率は.366だった。
【通算】16年、1424試合、4154打数1153安打、99本塁打、475打点、27盗塁、打率.278
【タイトル】オールスター1回（74年）

ダグ・グランヴィル
Douglas Metunwa Glanville
1970.8.25～【出身地】ニュージャージー

州ハッケンサック【球団】96-97 カブス　98-2002 フィリーズ　03 レンジャーズ　03 カブス　04 フィリーズ【位置】外野、右
【経歴】91 年ドラフト 1 位でカブスに入団。97 年レギュラーとなり打率 .300、フィリーズ移籍後の 99 年に打率 .325、204 安打（2 位）、38 二塁打、73 打点、34 盗塁の自己最高成績を残した。その後は年々成績が下降。利発で当意即妙のコメントを発したのでメディア受けも良く、引退後は評論家として幅広く活動した。
【通算】9 年、1115 試合、3964 打数 1100 安打、59 本塁打、333 打点、168 盗塁、打率 .277

ジョージ・グランサム
George Farley Grantham
1900.5.20 ～ 54.3.16【出身地】カンザス州ガリナ【球団】22-24 カブス　25-31 パイレーツ　32-33 レッズ　34 ジャイアンツ【位置】二塁、一塁、左
【経歴】23 年正二塁手となりいずれも 2 位の 36 二塁打、43 盗塁の一方で 28 盗塁刺、92 三振、55 失策はリーグワースト。翌 24 年から 8 年連続打率 3 割、28 ～ 29 年は 2 年連続して出塁率 3 位。29 年の .454 を最高に出塁率 4 割以上 6 回、通算 .392 の高率だった。30 年も自己最多の 14 三塁打、18 本塁打、99 打点を記録するなど打撃は申し分なかったが、守備面の不安は常につきまとった。
【通算】13 年、1444 試合、4989 打数 1508 安打、105 本塁打、712 打点、132 盗塁、打率 .302

ジム・クランシー
James Clancy
1955.12.18 ～【出身地】イリノイ州シカゴ【球団】77-88 ブルージェイズ　89-91 アストロズ　91 ブレーヴス【位置】投手、右
【経歴】74 年ドラフト 4 位でレンジャーズに入団。77 年拡張ドラフトでブルージェイズへ移籍、82 年に 16 勝、83・87 年も 15 勝。速球を低めに投げ込むスタイルで通算 8 回 2 ケタ勝利を記録し、デイヴ・スティーブとともに初期のブルージェイズを支えたが、80 年代に喫した 126 敗はメジャー最多だった。現役最後の 91 年はリリーフに回り 54 試合で 8 セーブ、ワールドシリーズ第 3 戦で勝利投手となった。
【通算】15 年、472 試合、381 先発、74 完投、11 完封、140 勝 167 敗 10 S、2517.1 回、1422 奪三振、防御率 4.23
【タイトル】オールスター 1 回（82 年）

カーティス・グランダーソン
Curtis Granderson
1981.3.16 ～【出身地】イリノイ州ブルーアイランド【球団】2004-09 タイガース　10-13 ヤンキース　14-17 メッツ　17 ドジャース　18 ブルージェイズ　18 ブルワーズ　19 マーリンズ【位置】外野、左
【経歴】2002 年ドラフト 3 位でタイガースに入団。06 年正中堅手になり、翌 07 年は打率 .302 に加え、38 二塁打・23 三塁打（1 位）・23 本塁打・26 盗塁で、史上 3 人目の "20-20-20-20" を達成。08 年も 13 三塁打は 2 年連続 1 位。07 年から 23 本塁打連続ソロという珍記録も作った。ヤンキースに移籍後の 11 年は 41 本塁打（2 位）、119 打点（1 位）。12 年も最終戦で 2 本塁打を放ち、43 本で 1 位のミゲル・カブレラに 1 本差まで迫りながら、その事実に気づかず自ら交代を申し出て、タイトルの可能性を放棄した。同年の 195 三振を最多として 100 三振以上 12 回。15 年のワールドシリーズでは 5 試合で 3 本塁打を放った。誰からも好かれる性格で、親善大使として海外での活動機会も多く、また頭脳明晰でポストシーズンは解説の仕事もこなした。
【通算】16 年、2057 試合、7236 打数 1800 安打、346 二塁打、95 三塁打、344 本塁打、937 打点、153 盗塁、924 四球、1916 三振（13 位）、打率 .249
【タイトル】打点王 1 回（2011 年）オールスター 3 回（09,11 ～ 12 年）

ヤスマニ・グランダル　★
Yasmani Grandal
1988.11.8 ～【出身地】キューバ共和国ハバナ【球団】2012-14 パドレス　15-18 ドジャース　19 ブルワーズ　20-23 ホワイトソックス　24 パイレーツ【位置】捕手、両
【経歴】2010 年ドラフト 1 位でレッズに入団、パドレス移籍後の 13 年は禁止薬物使用で 50 試合の出場停止。15 年にドジャースへ移り、翌 16 年の 27 本塁打以後 4 年連続で 20 本以上。ブルワーズへ移籍した 19 年に自己最多の 28 本、77 打点、選球眼も良くリーグ 2 位の 109 四球を選んだ。ポストシーズンでは通算 40 試合で打率 .127 と低調。守備では 17 年の 16 個をワーストとして最多捕逸 3 度の反面、際どいコースをストライクと判定させるフレイミ

ングの数値は高かった。
【通算】13年、1307試合、4138打数977安打、194本塁打、592打点、13盗塁、1124三振、打率.236
【タイトル】オールスター2回(2015,19年)

フランク・グラント
Ulysses Franklin Grant
1865.8.1～1937.5.27【出身地】マサチューセッツ州ピッツフィールド【球団】ニグロ・リーグ【位置】二塁、右
【経歴】19世紀を代表する黒人選手の一人。強肩と俊敏な守備が売り物で、1880年代にはインターナショナル・リーグのバッファロー球団で白人選手とともにプレイし、本塁打や盗塁で1位となった。同リーグが黒人選手を締め出した後は、主にニューヨークのキューバン・ジャイアンツに在籍した。物静かな性格で、引退後はウェイターとして生計を立てた。2006年殿堂入り。

マドキャット・グラント
James Timothy Grant (Mudcat)
1935.8.13～2021.6.11【出身地】フロリダ州ラクーチー【球団】58-64インディアンズ　64-67ツインズ　68ドジャース　69エクスポズ　69カーディナルス　70アスレティックス　70-71パイレーツ　71アスレティックス【位置】投手、右
【経歴】インディアンズ時代は61年の15勝を最多として4回2ケタ勝利。オフの間は球団職員としても働いた。64年途中ツインズへ移り、ジョニー・セインから速いカーブを伝授された65年は21勝で最多勝、6完封も1位。ア・リーグの黒人投手では初の20勝で、ワールドシリーズでも2勝、本塁打も放つ活躍だった。69年拡張ドラフトで移ったエクスポズでは開幕投手を務めた。70年アスレティックスで72試合に登板、24セーブ(5位)、防御率1.82と好投、終盤はパイレーツへ移り2勝を挙げ優勝に貢献した。
　オフシーズンは“マドキャット・アンド・ザ・キトゥンズ”というグループを率い音楽活動に励み、黒人ミュージシャンとの交流も盛んだった。黒人投手の活躍を記した著書もある。ゴルフも得意で、アメリカ黒人ゴルフ協会を設立。また野球に関する記念品のコレクターでもあり、王貞治のサインボールも所有していた。ニックネームのマドキャットは、マイナー時代にマドキャット州の異名があるミシシッピ州出身と勘違いされたのが定着したもの。
【通算】14年、571試合、293先発、89完投、18完封、145勝119敗54S、2442回、1267奪三振、防御率3.63
【タイトル】最多勝1回(65年)オールスター2回(63,65年)

デル・クランドール
Delmar Wesley Crandall
1930.3.5～2021.5.5【出身地】カリフォルニア州オンタリオ【球団】49-50,53-63ブレーヴス　64ジャイアンツ　65パイレーツ　66インディアンズ【位置】捕手、右
【経歴】ミルウォーキー時代のブレーヴスを支えた好捕手。49年19歳でメジャーに昇格、67試合で打率.263、新人王投票では次点だった。日本にも駐在した2年間の兵役ののち、53年に正捕手に定着。翌54年は24歳で主将に任命された。きびきびした動きと鉄砲肩で最多補殺6回、ノーヒットゲームを3回引き出すなどリード面も冴え、4回ゴールドグラブを受賞。ジャイアンツに移籍した64年は村上雅則のデビュー戦で捕手を務めた。打撃でも55年の26本を最多として20本塁打以上3回、60年は自己最高の打率.294に加えリーグ最多の12犠飛。酒とタバコには無縁だった。監督としては6年間で一度も勝ち越せなかった。
【通算】16年、1573試合、5026打数1276安打、179本塁打、657打点、26盗塁、打率.254
【タイトル】ゴールドグラブ4回(58～60,62年)オールスター8回(53～56,58～60,62年)
【監督】72-75ブルワーズ　83-84マリナーズ　6年、833試合、364勝469敗、勝率.437

ドク・クランドール
James Otis Crandall (Doc)
1887.10.8～1951.8.17【出身地】インディアナ州ワデナ【球団】08-13ジャイアンツ　13カーディナルス　13ジャイアンツ　14-15セントルイス(FL)　16ブラウンズ　18ブレーヴス【位置】投手、右
【経歴】冷静なマウンドさばきで主にリリーフとして活躍、チームの危機に駆けつけることから“ドク(ドクター)”と称される。カーブ、チェンジアップを武器として10年17勝4敗、翌11年は15勝5敗と高勝率を残す。13年途中カーディナルスへトレードされたが、代打で2試合出場し

たのみでジャイアンツに呼び戻される。15年はフェデラル・リーグで21勝(5位)。通算打率.285、9本塁打と打撃も良くしばしば代打で起用され、14年は二塁手として63試合に出場、リーグ2位の出塁率.429を記録した。メジャーから退いたのちも40歳過ぎまでマイナーで投げ続け、通算224勝を挙げている。18年にはマイナーで9回二死までノーヒットに抑えながら、弟のカールに安打を打たれて大記録を逸した。
【通算】10年、302試合、134先発、91完投、9完封、102勝62敗、1546.2回、606奪三振、防御率2.92

ダフ・クーリー
Duff Gordon Cooley
1873.3.29〜1937.8.9【出身地】カンザス州リーヴンワース【球団】1893-96セントルイス　96-99フィラデルフィア　1900ピッツバーグ　01-04ブレーヴス　05タイガース【位置】外野、一塁、左
【経歴】投手以外の全ポジションを守った経験を持つ。1895年自己最高の打率.342、20三塁打(4位)、75打点。98年まで4年連続打率3割以上、98年は196安打(5位)。その後出場機会を減らしたが、1902年は4年ぶりに100試合以上出てリーグ3位の26二塁打と復活した。マイナー時代には、弱冠20歳で自らチームを組織して監督も務めた経験があり、引退後もマイナー球団を経営した。
【通算】13年、1317試合、5368打数1579安打、102三塁打、26本塁打、557打点、224盗塁、打率.294

ラスティ・グリアー
Thurman Clyde Greer (Rusty)
1969.1.21〜【出身地】アラバマ州フォートラッカー【球団】94-2002レンジャーズ【位置】外野、左
【経歴】90年ドラフト10位でレンジャーズに入団。94年レギュラーとなり打率.314、96年は.332(5位)、41二塁打、100打点。99年まで4年連続打率3割、40二塁打と100打点以上を3回ずつ記録した。選球眼も確かで、通算出塁率は.387の高率。ハッスルプレイが持ち味だったが、その分ケガも多く03年以降は1試合も出場できないまま05年に引退した。
【通算】9年、1027試合、3829打数1166安打、119本塁打、614打点、31盗塁、打率.305

ベン・グリーヴ
Benjamin Grieve
1976.5.4〜【出身地】テキサス州アーリントン【球団】97-2000アスレティックス　01-03レイズ　04ブルワーズ　04-05カブス【位置】外野、左
【経歴】94年ドラフト1位(全体2位)でアスレティックスに入団。父のトムは66年セネターズから1位で指名されており、親子二代の1位指名は初だった。98年レギュラーとなり、打率.288、41二塁打、18本塁打、89打点で新人王を受賞。翌99年は.265と打率を落としたが28本塁打と長打力を増し、2000年も27本塁打、104打点で地区優勝に貢献した。レイズに移籍した01年は11本塁打、159三振の不振で、その後も復調できなかった。
【通算】9年、976試合、3215打数864安打、118本塁打、492打点、24盗塁、打率.269
【タイトル】新人王(98年)オールスター1回(98年)

マイク・クリーヴィック
Michael Andreas Kreevich
1908.6.10〜94.4.25【出身地】イリノイ州マウントオリーヴ【球団】31カブス　35-41ホワイトソックス　42アスレティックス　43-45ブラウンズ　45セネターズ【位置】外野、右
【経歴】31年に5試合出場した後、3年間は再びマイナー暮らし。36年にレギュラーとなって打率.307、32二塁打、翌37年は16三塁打(1位)、自己最多の176安打、12本塁打。39年は打率.323、リーグ2位の23盗塁を決めたが、1試合4併殺打のワースト記録も作った。アルコールで身を持ち崩しながらも立ち直り、44年はチームトップの打率.301でブラウンズの優勝に貢献した。外野守備も良く、守備範囲の広さと強肩が評判だった。
【通算】12年、1241試合、4676打数1321安打、45本塁打、514打点、115盗塁、打率.283
【タイトル】オールスター1回(38年)

レジー・クリーヴランド
Reginald Leslie Cleveland
1948.5.23〜【出身地】カナダ・サスカチュワン州スウィフトカレント【球団】69-73カーディナルス　74-78レッドソックス　78レンジャーズ　79-81ブルワーズ【位置】投手、右

【経歴】高校時代は槍投げの選手で、66年ドラフト外でカーディナルスに入団。速球とスライダーを組み合わせ71年12勝、以後77年まで7年連続2ケタ勝利。72～73年は2年続けて14勝、73年の防御率3.01は自己ベストだった。78年はリリーフで54試合に登板し12セーブ。80年も11勝を挙げ、カナダ人投手で2人目の通算100勝に到達した。
【通算】13年、428試合、203先発、57完投、12完封、105勝106敗25S、1809回、930奪三振、防御率4.01

ユリ・グリエル　★☆
Yulieski Gurriel
1984.6.9～【出身地】キューバ共和国サンクティスピリトゥス【球団】2016-22アストロズ　23マーリンズ　24ロイヤルズ【位置】一塁、右
【経歴】キューバの国内リーグで長くスターとして活躍、2004年のアテネ五輪金メダル獲得にも貢献した国民的英雄だった。14年DeNAに入団したが、翌15年は故障を理由に来日を拒否し続け契約解除。弟のルルデス・ジュニアも15年にDeNAと契約を結びながら同じように来日せず、制限選手となったのち退団した。16年ルルデスともども亡命し、32歳でアストロズに入団。巧みなバットコントロールで翌17年は43二塁打、ワールドシリーズでも2本塁打。19年は自己最多の31本塁打、104打点。21年は打率.319、リーグ史上最年長の37歳で首位打者となった。父ルルデス・シニアも名選手で、92年バルセロナ五輪でキューバを金メダルに導いた。
【通算】9年、927試合、3398打数952安打、98本塁打、468打点、28盗塁、打率.280
【タイトル】首位打者1回（2021年）ゴールドグラブ1回（21年）
【日本】2014DeNA　1年、62試合、239打数73安打、11本塁打、30打点、3盗塁、打率.305

ルルデス・グリエル・ジュニア　★
Lourdes Yunielki Gurriel
1993.10.10～【出身地】キューバ共和国サンクティスピリトゥス【球団】2018-22ブルージェイズ　23-24ダイアモンドバックス【位置】外野、右
【経歴】キューバの名選手だったルルデス・シニアの息子。15年に兄のユリが在籍するDeNAと契約するも、来日すらしないまま制限選手となって退団。16年に兄ともども亡命しブルージェイズに入団、18年にメジャーへ昇格し、リーグ記録の11試合連続複数安打を記録。翌19年は84試合で20本塁打、ダイアモンドバックスにトレードされた23年は自己最多の24本塁打を放った。
【通算】7年、746試合、2788打数778安打、110本塁打、411打点、26盗塁、打率.279
【タイトル】オールスター1回（2023年）

ルー・クリーガー
Louis Criger
1872.2.3～1934.5.14【出身地】インディアナ州エルクハート【球団】1896-98クリーヴランド　99-1900セントルイス　01-08レッドソックス　09ブラウンズ　10ヤンキース　12ブラウンズ【位置】捕手、右
【経歴】サイ・ヤングの女房役を12年間にわたって務める。守備は最高級との評判で、強肩に加えて打者の弱点をすべて頭に入れ、投手から全幅の信頼を寄せられていた。打撃は貧弱で05年以降は一度も打率2割を超えなかった。03年のワールドシリーズで八百長を持ちかけられたが拒否、好リードで世界一の陰の立役者となった。
【通算】16年、1012試合、3202打数709安打、11本塁打、342打点、58盗塁、打率.221

ココ・クリスプ
Covelli Loyce Crisp (Coco)
1979.11.1～【出身地】カリフォルニア州ロスアンジェルス【球団】2002-05インディアンズ　06-08レッドソックス　09ロイヤルズ　10-16アスレティックス　16インディアンズ【位置】外野、両
【経歴】99年ドラフト7位でカーディナルスに入団、インディアンズ移籍後の2005年は.300、42二塁打（5位）、16本塁打。08年のプレイオフは24打数10安打5四球と活躍した。アスレティックスに移籍した10年は75試合で32個と盗塁のコツをつかみ、翌11年は49盗塁（1位）。13年に自己最多の22本塁打、現役最後の16年はワールドシリーズ第3戦で代打決勝タイムリーを放った。中堅守備も安定しており、07年は144試合で1失策だった。
【通算】15年、1586試合、5930打数1572安打、130本塁打、639打点、309

盗塁、打率 .265
【タイトル】盗塁王 1 回（2011 年）

キッド・グリーソン
William J. Gleason (Kid)
1866.10.26 ～ 1933.1.2【出身地】ニュージャージー州カムデン【球団】1888-91 フィラデルフィア　92-94 セントルイス　94-95 ボルティモア　96-1900 ニューヨーク　01-02 タイガース　03-08 フィリーズ　12 ホワイトソックス【位置】投手 / 右、二塁 / 両
【経歴】もともとは投手で、優れたカーブを用い 1890 年 38 勝（2 位）、防御率 2.63（5 位）、222 奪三振（3 位）。91 年からは 3 年連続 20 勝以上、20 敗以上だった。95 年限りで二塁手へ転向、スイッチヒッターで 97 年は打率 .317、106 打点。守備でも刺殺、補殺で 3 回ずつ 1 位となった。ニューヨークの主将時代に敬遠策を初めてあみ出したとされる。ホワイトソックスのコーチだった 12 年に 45 歳で 1 試合のみ出場、ヒットも放った。19 年監督に昇格しリーグ優勝を果たすが、ワールドシリーズは主力選手が八百長に関わったため敗退。規律には厳しかったが選手たちには尊敬され、報道陣との関係も良好だった。弟ハリーもメジャーリーガー。
【通算】＜投手としての成績＞8 年、299 試合、266 先発、240 完投、10 完封、138 勝 131 敗、2389.1 回、744 奪三振、防御率 3.79
＜打者としての成績＞22 年、1968 試合、7459 打数 1946 安打、15 本塁打、823 打点、329 盗塁、打率 .261
【監督】19-23 ホワイトソックス　5 年、759 試合、392 勝 364 敗、勝率 .519、リーグ優勝 1 回（19 年）

ランダル・グリチック　★
Randal Alexander Grichuk
1991.8.13 ～【出身地】テキサス州ローゼンバーグ【球団】2014-17 カーディナルス　18-21 ブルージェイズ　22-23 ロッキーズ　23 エンジェルズ　24 ダイアモンドバックス【位置】外野、右
【経歴】2009 年ドラフト 1 位でエンジェルズに入団。カーディナルス移籍後の 16 年に 24 本塁打、同年は本塁打を打って走者を追い越したが、審判も相手チームも気づかなかった珍事もあった。以後 4 年連続で 20 本以上、19 年は 31 本を放った。ドラフト同期で、すぐ後の順位で指名されたマイク・トラウトと仲が良かった。
【通算】11 年、1247 試合、4222 打数 1064 安打、203 本塁打、602 打点、27 盗塁、1132 三振、打率 .252

マーキス・グリッソム
Marquis Deon Grissom
1967.4.17 ～【出身地】ジョージア州アトランタ【球団】89-94 エクスポズ　95-96 ブレーヴス　97 インディアンズ　98-2000 ブルワーズ　01-02 ドジャース　03-05 ジャイアンツ【位置】外野、右
【経歴】88 年ドラフト 3 位でエクスポズに入団。90 年正中堅手となり、91 年 76 盗塁、92 年 78 盗塁で 2 年連続タイトルを手にする。92 年は 39 二塁打（5 位）、翌 93 年は自己最多の 95 打点。95 年地元のブレーヴスに移籍、同年のディヴィジョンシリーズは 21 打数 11 安打、3 本塁打。翌 96 年自己最高の打率 .308、207 安打（3 位）、23 本塁打、28 試合連続安打も記録。ワールドシリーズでも 27 打数 12 安打と当たりまくった。インディアンズに移った 97 年のシリーズも 25 打数 9 安打、通算では 77 打数 30 安打（.390）。シリーズ最長の 15 試合連続安打も放つなど大舞台での強さを発揮した。俊足を生かした守備の評価も高く、93 年から 4 年連続でゴールドグラブを受賞した。
【通算】17 年、2165 試合、8275 打数 2251 安打、227 本塁打、967 打点、429 盗塁、1240 三振、打率 .272
【タイトル】盗塁王 2 回（91 ～ 92 年）ゴールドグラブ 4 回（93 ～ 96 年）オールスター 2 回（93 ～ 94 年）

ボビー・グリッチ
Robert Anthony Grich
1949.1.15 ～【出身地】ミシガン州マスケゴン【球団】70-76 オリオールズ　77-86 エンジェルズ【位置】二塁、遊撃、右
【経歴】最も過小評価されている選手の一人と言われる二塁手。67 年ドラフト 1 位でオリオールズに入団、72 年正遊撃手となるが、翌 73 年二塁へコンバートされ守備率 .995 のア・リーグ記録を樹立。守備範囲が広く同年から 3 年連続で刺殺、補殺、併殺の 3 部門で 1 位を独占。74 年の 484 刺殺は 20 世紀以降の最多記録で、76 年まで 4 年連続でゴールドグラブを受賞した。
　77 年 FA となるとヤンキースの勧誘を断り、少年時代にファンだったエンジェル

ズへ入団。打撃は選球眼が良く73年107四球(2位)、75年も同じく107四球(3位)。長打力もあり79年は30本塁打、101打点。短縮シーズンの81年は22本で、二塁手としてはリーグ80年ぶりの本塁打王となった。同年自己唯一の打率3割(.304)、長打率.543も1位だった。
【通算】17年、2008試合、6890打数1833安打、320二塁打、47三塁打、224本塁打、864打点、104盗塁、1087四球、1278三振、打率.266
【タイトル】本塁打王1回(81年) ゴールドグラブ4回(73～76年) オールスター6回(72,74,76,79～80,82年)

タイラー・クリッパード
Tyler Lee Clippard
1985.2.14～【出身地】ケンタッキー州レキシントン【球団】2007ヤンキース 08-14ナショナルズ 15アスレティックス 15メッツ 16ダイアモンドバックス 16-17ヤンキース 17ホワイトソックス 17アストロズ 18ブルージェイズ 19インディアンズ 20ツインズ 21ダイアモンドバックス 22ナショナルズ【位置】投手、右
【経歴】のべ13球団に在籍した流浪のリリーバー。2003年ドラフト9位でヤンキースに入団。ナショナルズ移籍後にリリーフ投手として頭角を現し、10年は78試合に登板して11勝、グラブを高く上げるフォームで翌11年は72登板、防御率1.83。抑えに回った12年は伸びのある速球で32セーブ、18年まで9年続けて65試合以上に登板した。
【通算】16年、807試合、14先発、0完投、56勝48敗74S、872.1回、956奪三振、防御率3.16
【タイトル】オールスター2回(2011,14年)

ジョニー・クリップスタイン
John Calvin Klippstein
1927.10.17～2003.10.10【出身地】ワシントンD.C.【球団】50-54カブス 55-58レッズ 58-59ドジャース 60インディアンズ 61セネターズ 62レッズ 63-64フィリーズ 64-66ツインズ 67タイガース【位置】投手、右
【経歴】球は速かったが制球に難があり、先発では56年に12勝を挙げたのが最多。同年5月26日のブレーヴス戦では7回を無安打に抑えながらも代打を送られて降板、大記録を逸した。58年以降リリーフに活路を見出し、60年14セーブ(1位)。65年は縦のスライダーを身につけ9勝、防御率2.24でツインズの優勝に貢献した。夫人はカブス時代のチームメイト、ダッチ・レナードの姪。
【通算】18年、711試合、161先発、37完投、6完封、101勝118敗、1967.2回、1158奪三振、防御率4.24

ジョー・クリーディ
Joseph Taylor Crede
1978.4.26～【出身地】ミズーリ州ジェファーソンシティ【球団】2000-08ホワイトソックス 09ツインズ【位置】三塁、右
【経歴】96年ドラフト5位でホワイトソックスに入団、2003年に正三塁手となって19本塁打、75打点。05年は22本塁打、リーグ優勝決定シリーズ第2戦でサヨナラ安打、優勝を決めた第5戦は先制犠飛、同点本塁打、勝ち越しタイムリーで計3打点。シリーズ通算でも19打数7安打、2本塁打、7打点の活躍で、ワールドシリーズでも第1戦での決勝弾を含む2本塁打を放った。06年は自己最多の30本、94打点。08年は前半戦で16本塁打を放ち、オールスターに選ばれたが腰を痛め後半戦は11試合に出ただけだった。
【通算】10年、888試合、3101打数787安打、140本塁打、470打点、4盗塁、打率.254
【タイトル】オールスター1回(2008年)

ケン・グリフィー・シニア
George Kenneth Griffey
1950.4.10～【出身地】ペンシルヴェニア州ドノーラ【球団】73-81レッズ 82-86ヤンキース 86-88ブレーヴス 88-90レッズ 90-91マリナーズ【位置】外野、左
【経歴】"ビッグ・レッド・マシーン"の一員で、ケン・グリフィー・ジュニアの父として有名な好選手。69年ドラフト29位でレッズに入団、俊足のラインドライブ・ヒッターとしてレギュラーに定着した75年以降7回打率3割を記録。76年は3厘差で首位打者こそ逸したが.336の高打率、189安打、34盗塁も自己最多。翌77年も打率.318(5位)。80年のオールスターでは反撃のきっかけとなる本塁打を放ち、MVPを手にした。

89年息子のケン・ジュニアがメジャーに昇格、この時点で史上初めて父子が同時期に現役でプレイすることになった。90年ジュニアのいるマリナーズへ移り、同年9月14日に父子で2者連続本塁打を放っ

た。2000 ～ 01 年にはレッズの打撃コーチとして、再びジュニアとチームメイトになっている。
【通算】19 年、2097 試合、7229 打数 2143 安打、364 二塁打、77 三塁打、152 本塁打、859 打点、200 盗塁、719 四球、898 三振、打率 .296
【タイトル】オールスター 3 回（76 ～ 77,80 年）

ケン・グリフィー・ジュニア
George Kenneth Griffey
1969.11.21 ～【出身地】ペンシルヴェニア州ドノーラ【球団】89-99 マリナーズ　2000-08 レッズ　08 ホワイトソックス　09-10 マリナーズ【位置】外野、左
【経歴】打走守三拍子揃い、絶大な人気を誇ったスーパースター。90 年代には多くの野球少年の憧れの的であり、その中にはイチローも含まれた。87 年ドラフト全体 1 位でマリナーズに入団、89 年 19 歳で早くもメジャー昇格を果たし正中堅手となる。翌 90 年の .300 を皮切りに 5 年連続打率 3 割、また細身ながらも身体のバネを生かした抜群の長打力を誇り、93 年は 45 本塁打（2 位）、8 試合連続本塁打のタイ記録を達成。94 年は 6 月末まで 32 本のハイペースで、ストライキによる中断のため 111 試合で 40 本塁打に終わったが、初のタイトルを手にした。
95 年は外野フェンスに激突して手首を骨折、シーズンの半分を棒にふり打率 .258、17 本塁打の不本意な成績だったが、ポストシーズンでは 11 試合で 44 打数 16 安打、6 本塁打。翌 96 年も右手首の骨折で 22 試合欠場しながらも 49 本塁打（3 位）、140 打点（5 位）を記録した。4 年ぶりにストライキや故障と無縁だった 97 年は 56 本塁打、147 打点の二冠王で MVP を受賞。98 年も開幕から好調で、マーク・マグワイア、サミー・ソーサとともに年間本塁打記録を更新するペースだったが、終盤息切れし自己タイの 56 本。それでも 2 年連続本塁打王、146 打点（3 位）は史上初の 3 年連続 140 打点以上となった。
99 年も 48 本塁打で 3 年連続 1 位、同年まで 10 年連続でゴールドクラブを手にした。故郷シンシナティでのプレイを熱望し、2000 年のキャンプイン直前にレッズへ移籍。同年は 7 度目の大台となる 40 本塁打を放つも、以後は故障に悩まされる年が続き、02 ～ 04 年は 3 年連続で 100 試合未満の出場にとどまる。それでも年齢相応に成績が下降したことで、却って当時蔓延していた薬物とは無縁との印象を与えた。09 年 10 年ぶりにマリナーズに復帰、翌 10 年 5 月で引退。イチローとはオリックス時代から親交があり、同志的存在だった。父のケン・シニアも長い間メジャーで活躍し、90 ～ 91 年は父子ともにマリナーズに在籍、2000 ～ 01 年もコーチと選手として同じユニフォームに袖を通した。
【通算】22 年、2671 試合、9801 打数 2781 安打、524 二塁打、38 三塁打、630 本塁打（7 位）、1836 打点（17 位）、184 盗塁、1312 四球、1779 三振（28 位）、打率 .284
【タイトル】MVP1 回（97 年）本塁打王 4 回（94,97 ～ 99 年）打点王 1 回（97 年）ゴールドグラブ 10 回（90 ～ 99 年）オールスター 13 回（90 ～ 2000,04,07 年）

クラーク・グリフィス
Clark Calvin Griffith
1869.11.20 ～ 1955.10.27【出身地】ミズーリ州クリアクリーク【球団】1891 セントルイス（AA）　91 ボストン（AA）　93-1900 シカゴ　01-02 ホワイトソックス　03-07 ヤンキース　09-10 レッズ　12-14 セネターズ【位置】投手、右
【経歴】選手、監督、オーナーとして 70 年近く球界に携わり続けた功労者。1893 年マイナーで 30 勝して終盤シカゴに加わり、翌 94 年 21 勝。スクリューボールやスカッフボールなど数々の変化球を駆使して"オールド・フォックス"の異名をとり、以後 99 年まで 6 年連続 20 勝以上、95 年に自己最多の 26 勝。98 年は防御率 1.88 で 1 位となった。1901 年新設のアメリカン・リーグに参画、ホワイトソックスの監督兼選手として有力選手の引き抜きに奔走。同年 5 完封（1 位）を含む 24 勝（3 位）、監督 1 年目で優勝を果たした。スクイズを戦術として完成させたほか、投手の分業制を確立したことで評価され、相手投手の配球を高確率で当てる特技も持っていた。
その後ヤンキース、レッズを経て 12 年セネターズ監督に就任、20 年には球団経営権を握り、翌 21 年本拠地球場をグリフィス・スタディアムと改称。55 年死去するまでオーナーにとどまり、その後は甥のカルヴィンが引き継ぎ 84 年まで経営を続けた。経済的に苦しかったため多くのス

ター選手を手放し、キューバ人選手を積極的に登用する一方で、戦争で負傷した選手と契約するなど情に厚い一面もあった。現役の頃から敬遠策を毛嫌いしており、オーナー時代にもルールとして禁止させようと唱えたこともある。ナイトゲームの実施や、スピードガンをいち早く設置するなど興行的な才能もあった。46年殿堂入り。甥のシェリー・ロバートソンはセネターズの外野手で、のちに長くフロントで働いた。
【通算】20年、453試合、372先発、337完投（26位）、22完封、237勝146敗、3385.2回、955奪三振、774四球、防御率3.31
【タイトル】最優秀防御率1回（1898年）
【監督】01-02 ホワイトソックス　03-08 ヤンキース　09-11 レッズ　12-20 セネターズ　20年、2917試合、1491勝1367敗、勝率.522　リーグ優勝1回（01年）

トミー・グリフィス
Thomas Herman Griffith
1889.10.26 ～ 1967.4.13【出身地】オハイオ州プロスペクト【球団】13-14 ブレーヴス　15-18 レッズ　19-25 ドジャース　25 カブス【位置】外野、左
【経歴】強肩で知られた外野手で、年間20補殺以上を3回記録。15年正右翼手となり179安打は2位、打率.307、16三塁打、85打点はいずれも3位。21～22年も打率3割以上だった。引退後はヴォードヴィル・ショーに参加したのち、帰郷してスポーツ用品店を開いた。
【通算】13年、1401試合、4947打数1383安打、52本塁打、619打点、70盗塁、打率.280

アルフレド・グリフィン
Alfredo Claudio Griffin
1957.10.6 ～【出身地】ドミニカ共和国サントドミンゴ【球団】76-78 インディアンズ　79-84 ブルージェイズ　85-87 アスレティックス　88-91 ドジャース　92-93 ブルージェイズ【位置】遊撃、両
【経歴】76年18歳でインディアンズに昇格するも、3年間で31試合に出場しただけで79年ブルージェイズに移籍、打率.287、179安打、10三塁打で新人王に選ばれる。翌80年はリーグ最多の15三塁打。非常に果敢な走者で、キャッチャーフライで三塁からタッチアップを決めたこともあった。82年から5年間で4回フル出場、84年のオールスターは同僚ダマソ・ガルシアのゲストとして球場に来ていたところ、出場選手の一人がケガをしたため急遽出場した。通算3回完全試合での敗戦を経験している。陽気な性格で選手仲間やファンの人気が高く、引退後はエンジェルズで長くコーチを務めた。
【通算】18年、1962試合、6780打数1688安打、24本塁打、527打点、192盗塁、打率.249
【タイトル】新人王（79年）ゴールドグラブ1回（85年）オールスター1回（84年）

マイク・グリフィン
Michael Joseph Griffin
1865.3.20 ～ 1908.4.10【出身地】ニューヨーク州ユティカ【球団】1887-89 ボルティモア（AA）　90 フィラデルフィア（PL）　91-98 ブルックリン【位置】外野、左
【経歴】俊足好守の外野手で、1887年4月16日、初打席本塁打を放った最初の選手となる。同年は94打点、94盗塁、91年は36二塁打（1位）。94年は.357の高打率で、以後5年連続で3割を超えた。選球眼も良く通算出塁率.388。堅実な守備の評価も高く、5回守備率1位となった。98年は4試合だけ監督を代行し1勝3敗、翌99年も監督を務める予定だったが、ブルックリンがボルティモアと合併、ネッド・ハンロンが監督となったためクリーヴランドへ放出。ブルックリンを提訴し2000ドル余りの賠償金を得た。
【通算】12年、1513試合、5923打数1755安打、108三塁打、42本塁打、720打点、473盗塁、打率.296

ハーロンド・クリフト
Harlond Benton Clift
1912.8.12 ～ 92.4.27【出身地】オクラホマ州エルレノ【球団】34-43 ブラウンズ　43-45 セネターズ【位置】三塁、右
【経歴】弱小球団に在籍していたため過小評価された三塁手。選球眼に優れ100四球以上6回、唯一オールスターに選ばれた37年は自己最高の打率.306、118打点、三塁手の新記録となる29本塁打。翌38年は34本塁打（3位）、118打点（5位）の活躍だった。39年はリーグ最多の111四球、同年まで5年連続で四球は3位以内、出塁率4割以上を記録した。守備も良く37年は当時の新記録となる405補殺、50併殺。引退後はマイナーの指導者やタイガースのスカウトとして働いた。

【通算】12 年、1582 試合、5730 打数 1558 安打、178 本塁打、829 打点、69 盗塁、1070 四球、打率 .272
【タイトル】オールスター 1 回（37 年）

チャーリー・グリム
Charles John Grimm
1898.8.28 ～ 1983.11.15【出身地】ミズーリ州セントルイス【球団】16 アスレティックス 18 カーディナルス 19-24 パイレーツ 25-36 カブス【位置】一塁、左
【経歴】“ジョリー・チョリー（朗らかなチャーリー）”のニックネームで愛された名物選手。16 年 17 歳でデビュー、20 年パイレーツで正一塁手となり、22 ～ 23 年にかけて 30 試合連続安打を記録。23 年は打率 .345、99 打点だったが 24 年は不振で、翌 25 年カブスへ移籍。守備が巧く 33 年までレギュラーの座を守り続け、またサービス精神旺盛でファンの間で人気が高かった。
32 年は自己最多の 42 二塁打（5 位）を放っただけでなく、シーズン途中から監督を兼任し逆転優勝を果たす。選手の能力をよく引き出し、35 年に 2 度目の優勝。38 年途中辞任したが 44 年復帰、翌 45 年 3 回目のリーグ制覇となったが、ワールドシリーズ優勝は一度もなかった。その後もブレーヴスやマイナー球団で指揮を執り続け、実況アナウンサーも務めた。3 度目のカブス監督に就任した 60 年は、17 試合消化時点でその座をアナウンサーのルー・ブードローと交換した。死後には遺灰がリグリー・フィールドに撒かれた。
【通算】20 年、2166 試合、7917 打数 2299 安打、394 二塁打、108 三塁打、79 本塁打、1077 打点、57 盗塁、578 四球、410 三振、打率 .290
【監督】32-38,44-49 カブス 52-56 ブレーヴス 60 カブス 19 年、2368 試合、1287 勝 1067 敗、勝率 .547 リーグ優勝 3 回（32,35,45 年）

ボブ・グリム
Robert Anton Grim
1930.3.8 ～ 96.10.23【出身地】ニューヨーク州ニューヨーク【球団】54-58 ヤンキース 58-59 アスレティックス 60 インディアンズ 60 レッズ 60 カーディナルス 62 アスレティックス【位置】投手、右
【経歴】見た目以上に威力のある速球で、54 年リーグ 3 位の 20 勝を挙げ新人王に選ばれる。200 投球回未満（199 回）での 20 勝は史上初だった。57 年はリリーフで 12 勝、防御率 2.63 は自己ベストだったが、スライダーの多投で肩を痛め選手生命を縮めた。
【通算】8 年、268 試合、60 先発、18 完投、4 完封、61 勝 41 敗、759.2 回、443 奪三振、防御率 3.61
【タイトル】新人王（54 年）オールスター 1 回（57 年）

ロス・グリムズリー
Ross Albert Grimsley
1950.1.7 ～【出身地】カンザス州トピカ【球団】71-73 レッズ 74-77 オリオールズ 78-80 エクスポズ 80 インディアンズ 82 オリオールズ【位置】投手、左
【経歴】緩いボールを効果的に使い、8 回 2 ケタ勝利を挙げた左腕。69 年 1 月ドラフト 1 位（第 2 回）でレッズに入団、72 年 14 勝、ワールドシリーズでも 2 勝。オリオールズに移籍した 74 年に 18 勝、78 年はエクスポズで 20 勝（2 位）と活躍を続けたが、数々の奇行が敬遠され同一球団に長くとどまることがなかった。父のロス一世も 1 年のみホワイトソックスに投手として在籍した。
【通算】11 年、345 試合、295 先発、79 完投、15 完封、124 勝 99 敗 3 S、2039.1 回、750 奪三振、防御率 3.81
【タイトル】オールスター 1 回（78 年）

ショーン・グリーン
Shawn David Green
1972.11.10 ～【出身地】イリノイ州デプレインズ【球団】93-99 ブルージェイズ 2000-04 ドジャース 05-06 ダイアモンドバックス 06-07 メッツ【位置】外野、左
【経歴】91 年ドラフト 1 位でブルージェイズに入団。95 年レギュラーとなり、98 年に 35 本塁打、100 打点、35 盗塁で 30 － 30 を達成。翌 99 年は唯一の打率 3 割となる .309、45 二塁打（1 位）、42 本塁打（5 位）、123 打点、28 試合連続安打も記録。2000 年に 7 年 8400 万ドルの高額契約でドジャースへ移籍、01 年は球団新の 49 本塁打（4 位）、125 打点。02 年も 42 本（3 位）、114 打点（4 位）、5 月 23 日には 6 打数 6 安打、4 本塁打に二塁打も加え 1 試合 19 塁打の新記録を樹立した。同年は 6 月 14 ～ 15 日にも 4 打数連続本塁打を放っている。敬虔なユダヤ教徒で、01 年はヨムキプール（贖罪日）に欠場し、連続試合出場が 415 で止まった。

【通算】15 年、1951 試合、7082 打数 2003 安打、445 二塁打、328 本塁打、1070 打点、162 盗塁、1315 三振、打率 .283
【タイトル】ゴールドグラブ 1 回（99 年）
オールスター 2 回（99,2002 年）

ダニー・グリーン
Edward Green (Danny)
1876.11.6 ～ 1914.11.9【出身地】ニュージャージー州バーリントン【球団】1898-1901 カブス　02-05 ホワイトソックス【位置】外野、左
【経歴】俊足と堅実な打撃が持ち味で、01 年に打率 .313、自己最多の 168 安打。カブスからホワイトソックスに移り、03 年まで 3 年連続で打率 3 割以上、02 年からの 3 年間はいずれも 62 打点だった。肩の故障により 29 歳で引退に追い込まれた。
【通算】8 年、923 試合、3484 打数 1021 安打、29 本塁打、423 打点、192 盗塁、打率 .293

ダラス・グリーン
George Dallas Green
1934.8.4 ～ 2017.3.22【出身地】デラウェア州ニューポート【球団】60-64 フィリーズ　65 セネターズ　66 メッツ　67 フィリーズ【位置】投手、右
【経歴】選手としては 63 年 40 試合に登板し 7 勝、防御率 3.23 を残したのが最高。引退後マイナーの指導者を経てフィリーズのフロント入り、79 年終盤監督に就任。翌 80 年に初の世界一に導いた。81 年限りで辞任しカブスの GM へ転任。的確な補強で 84 年に初の地区優勝をもたらした。その後ヤンキースやメッツでも采配を振ったが、ずけずけ物を言うためしばしば選手の反感を買った。
【通算】8 年、185 試合、46 先発、12 完投、2 完封、20 勝 22 敗、562.1 回、268 奪三振、防御率 4.26
【監督】79-81 フィリーズ　89 ヤンキース　93-96 メッツ　8 年、932 試合、454 勝 478 敗、勝率 .487　リーグ優勝 1 回（80 年）ワールドシリーズ優勝 1 回（80 年）

ディック・グリーン
Richard Larry Green
1941.4.21 ～【出身地】アイオワ州スーシティ【球団】63-74 アスレティックス【位置】二塁、右
【経歴】64 年正二塁手となり、翌 65 年は打率 .232 ながら 15 本塁打を放つ。69 年自己最多の 133 安打、64 打点、リーグ最高の守備率 .986 を記録したが、翌 70 年は打率 .190 に落ち込むなど好不調の波が激しかった。71 年以降は数度にわたり引退を考えて慰留されていたが、74 年のワールドシリーズでは 13 打数 0 安打に終わるも、再三の好守を演じ世界一の陰の立役者と讃えられた。ヘルニアの悪化を理由に同年限りで引退、その後は運送業の会社を経営した。
【通算】12 年、1288 試合、4007 打数 960 安打、80 本塁打、422 打点、26 盗塁、打率 .240

レニー・グリーン
Leonard Charles Green
1933.1.6 ～ 2019.1.6【出身地】ミシガン州デトロイト【球団】57-59 オリオールズ　59-64 セネターズ / ツインズ　64 エンジェルズ　64 オリオールズ　65-66 レッドソックス　67-68 タイガース【位置】外野、左
【経歴】60 年正中堅手となり、いずれもリーグ 3 位の 7 三塁打、21 盗塁と俊足を発揮。続く 61 年は開幕から 24 試合連続安打を放つ。62 年に自己最多の 14 本塁打、63 打点に加え 88 四球を選んだが、その後は下り坂となった。
【通算】12 年、1136 試合、2956 打数 788 安打、47 本塁打、253 打点、78 盗塁、打率 .267

マイク・グリーンウェル　☆
Michael Lewis Greenwell
1963.7.18 ～【出身地】ケンタッキー州ルイヴィル【球団】85-96 レッドソックス【位置】外野、左
【経歴】82 年ドラフト 3 位でレッドソックスに入団。87 年正左翼手となり打率 .328、89 打点、翌 88 年は打率 .325、192 安打、119 打点がいずれも 3 位、出塁率 .420 は 2 位で、MVP 投票次点となる。通算で 5 回打率 3 割を記録したが、92 年以降は故障がちで満足に働けないことが多かった。通算 2 本のランニングホームランは、いずれもグレッグ・カダレット（ヤンキース）から打ったもの。97 年年俸 3 億円の好条件で阪神に入団するもキャンプ中に帰国、再来日後も 7 試合に出たのみで“神のお告げ”という前代未聞の言い訳を残して引退した。
【通算】12 年、1269 試合、4623 打数 1400 安打、130 本塁打、726 打点、80

盗塁、打率.303
【タイトル】オールスター2回(88～89年)
【日本】97阪神　1年、7試合、26打数6安打、0本塁打、5打点、0盗塁、打率.231

ジョニー・クリング
John Kling
1875.11.13～1947.1.31【出身地】ミズーリ州カンザスシティ【球団】1900-08,10-11カブス　11-12ブレーヴス　13レッズ【位置】捕手、右
【経歴】1900年代のカブス黄金時代の正捕手。強肩で走者を次々と刺し、また囁き戦術で打者を撹乱することにも長けていた。打撃も03年打率.297、13三塁打、68打点、06年打率.312とまずまず。08年にビリヤードの世界選手権でチャンピオンになると、翌09年は同競技に専念し1試合も出場しなかったが、10年に復帰。12年はブレーヴスで監督を兼任した。生活態度も真面目で、引退後は事業に成功。故郷のカンザスシティでマイナー球団を経営し、球場での人種別座席を撤廃した。兄のビルも元投手。
【通算】13年、1261試合、4246打数1154安打、20本塁打、515打点、124盗塁、打率.272
【監督】12ブレーヴス　1年、155試合、52勝101敗、勝率.340

ハンク・グリーンバーグ
Henry Benjamin Greenberg
1911.1.1～86.9.4【出身地】ニューヨーク州ニューヨーク【球団】30,33-41,45-46タイガース　47パイレーツ【位置】一塁、外野、右
【経歴】爆発的な長打力を売り物にユダヤ系米国人のヒーローとなった強打者。猛練習を積み重ねてレギュラーの座を手にした33年から8年連続打率3割、34年は201安打(5位)、63二塁打(1位)、139打点(3位)の猛打で優勝に大きく貢献。続く35年は36本塁打、168打点の二冠王でMVPを受賞。36年は手首を故障し12試合しか出られなかったが、37年は40本塁打(2位)、184打点(1位)と復活。翌38年は自己最多の58本塁打、6月27～28日に4打席連続本塁打。史上最多となる11回の複数本塁打も記録した。左翼にコンバートされた40年も41本塁打、150打点で二冠、50二塁打と長打率.670も併せて4部門で1位。打率.340も自己最高で、史上初の満票を得て2度目のMVPに輝いた。
41年途中から兵役につき、以後4年半を棒にふるが、退役した45年の最終戦で優勝を決める満塁弾を放った。46年3度目の二冠王となる44本塁打、127打点を稼ぐも、契約交渉のもつれから47年パイレーツへ移籍、ナ・リーグ初の年俸10万ドル選手となる。同年を最後に引退、その後はインディアンズのGMと共同オーナー、ホワイトソックスでは球団副社長となった。56年殿堂入り。1年のみプロバスケットボールの経験もある。
【通算】13年、1394試合、5193打数1628安打、331本塁打、1274打点、58盗塁、打率.313
【タイトル】MVP2回(35,40年)　本塁打王4回(35,38,40,46年)　打点王4回(35,37,40,46年)　オールスター5回(37～40,45年)

ジョー・クール
Joseph Anthony Kuhel
1906.6.25～84.2.26【出身地】オハイオ州クリーヴランド【球団】30-37セネターズ　38-43ホワイトソックス　44-46セネターズ　46-47ホワイトソックス【位置】一塁、左
【経歴】地味ながらも攻守にわたって堅実なプレイを見せる。33年打率.322、194安打、107打点(5位)で優勝に貢献、36年に自己記録の42二塁打、118打点を叩き出す。本来は中距離打者だったが、40年は27本塁打と意外な長打力を発揮した。45年9月7日に放ったランニング本塁打は、この年本拠のグリフィス・スタディアムで出た唯一の本塁打。手品が得意でマジシャン協会のメンバーでもあった。
【通算】18年、2104試合、7984打数2212安打、412二塁打、111三塁打、131本塁打、1049打点、178盗塁、980四球、612三振、打率.277
【監督】48-49セネターズ　2年、308試合、106勝201敗、勝率.345

マイク・クルーコウ
Michael Edward Krukow
1952.1.21～【出身地】カリフォルニア州ロングビーチ【球団】76-81カブス　82フィリーズ　83-89ジャイアンツ【位置】投手、右
【経歴】73年ドラフト8位でカブスに入団。毎年安定した成績を残したカーブ投手で、77～85年の9年間は8～13勝をコンス

タントに記録。ジャイアンツ移籍後はスプリッターを覚え、86年自己最多の20勝（2位）、防御率3.05も自己ベストだったが、以後3年間は1ケタ勝利だった。引退後はジャイアンツ戦の解説者となり、デュアン・カイパーとの名コンビで親しまれた。
【通算】14年、369試合、355先発、41完投、10完封、124勝117敗1S、2190.2回、1478奪三振、防御率3.90
【タイトル】オールスター1回（86年）

デイビ・クルス
Deivi Cruz
1972.11.6～【出身地】ドミニカ共和国バニ
【球団】97-2001 タイガース　02 パドレス　03 オリオールズ　04-05 ジャイアンツ　05 ナショナルズ【位置】遊撃、右
【経歴】93年ジャイアンツに入団、タイガースへ移籍した97年に前年のA級から大抜擢され正遊撃手となる。99年は打率.284、35二塁打、翌2000年に打率.302、176安打、46二塁打（3位）、82打点の自己最高成績を残す。積極的な打撃で四球は02年の22個が最多だった。
【通算】9年、1234試合、4124打数1109安打、70本塁打、464打点、16盗塁、打率.269

ネルソン・クルス
Nelson Ramon Cruz
1980.7.1～【出身地】ドミニカ共和国ラスマタスデサンタクルス【球団】2005 ブルワーズ　06-13 レンジャーズ　14 オリオールズ　15-18 マリナーズ　19-21 ツインズ　21 レイズ　22 ナショナルズ　23 パドレス【位置】外野、DH、右
【経歴】30代半ばになって全盛期を迎えた、遅咲きの長距離砲。98年メッツに入団、アスレティックスを経て2005年ブルワーズでメジャー昇格するも、定着には至らずマイナーとの間を往復。レンジャーズ移籍後の09年正右翼手となり33本塁打、続く10年は打率.318、プレイオフでは40打数15安打、5本塁打。11年のリーグ優勝決定シリーズでは新記録の6本塁打、13打点。第2戦の延長11回裏には、ポストシーズン史上初のサヨナラ満塁本塁打を放ち、シリーズMVPに選出された。ワールドシリーズでも2本塁打を打ったが、第6戦では捕球していれば世界一が決まった打球に追いつけず、逆転を許すきっかけを作ってしまった。
　13年は禁止薬物使用で50試合の出場停止となるも、翌14年はリーグ最多の40本塁打、続く15年は自己最多の44本（2位）。16年43本（2位）、17年は39本（4位）、119打点（1位）と打ち続け、19年は39歳にして41本（3位）。10年代の346本塁打はメジャー最多だった。ポストシーズンは通算50試合で18本塁打。WBCには4大会連続で出場、23年はGMを兼任した。
【通算】19年、2055試合、7501打数2053安打、372二塁打、15三塁打、464本塁打、1325打点、84盗塁、738四球、1916三振（13位）、打率.274
【タイトル】本塁打王1回（2014年）打点王1回（17年）オールスター7回（2009,13～15,17～18,21年）

フリオ・クルス
Julio Louis Cruz
1954.12.2～2022.2.22【出身地】ニューヨーク州ブルックリン【球団】77-83 マリナーズ　83-86 ホワイトソックス【位置】二塁、両
【経歴】アクロバティックな守備と走塁で人気を博した内野手。74年ドラフト外でエンジェルズに入団、77年拡張ドラフトでマリナーズへ移籍し、翌78年リーグ2位の59盗塁。以後6年連続で40盗塁以上、この間.835と高い成功率を誇り、82年は32回連続成功のリーグタイ記録を樹立した。守備では81年6月7日に1試合18守備機会無失策の新記録。82～83年は同姓のトッド・クルスと二遊間を組み、鉄壁の併殺コンビを形成した。父親違いの弟イバンもメジャーリーガーで、2001年は“クルーズ”名義で阪神に在籍した。
【通算】10年、1156試合、3859打数916安打、23本塁打、279打点、343盗塁、打率.237

ホセ・クルス・シニア
Jose Cruz
1947.8.8～【出身地】プエルトリコ・アロヨ
【球団】70-74 カーディナルス　75-87 アストロズ　88 ヤンキース【位置】外野、左
【経歴】クルス三兄弟の長兄で、アストロズの球団史に残る名選手。カーディナルス時代は目立たなかったが、アストロズ移籍2年目の76年に打率.303と開眼、翌77年は自己最多の17本塁打、44盗塁。78年も打率.315（3位）、80年のプレイオフでは15打数6安打、8四球。83年リーグ最多の189安打、打率も.318（3位）、

続く84年も13三塁打（3位）、95打点。打者に不利なアストロドームを本拠としながら打率3割6回、30盗塁5回を記録した。左翼守備も堅実だった。引退後はアストロズのコーチ。息子のホセ・ジュニアも外野手、弟のシリロは“トミー・クルーズ”の名で日本ハム、同じくエクトルも“ヘクター・クルーズ”として巨人でプレイした。
【通算】19年、2353試合、7917打数2251安打、391二塁打、94三塁打、165本塁打、1077打点、317盗塁、898四球、1031三振、打率.284
【タイトル】オールスター2回（80,85年）

ホセ・クルス・ジュニア
Jose Luis Cruz
1974.4.19 ～【出身地】プエルトリコ・アロヨ【球団】97マリナーズ　97-2002ブルージェイズ　03ジャイアンツ　04レイズ　05ダイアモンドバックス　05レッドソックス　05-06ドジャース　07パドレス　08アストロズ【位置】外野、両
【経歴】95年ドラフト1位（全体3位）でマリナーズに入団。97年新人で104試合に26本塁打、新人王投票で次点だったが、98～99年はマイナー落ちも味わうなど伸び悩む。2000年31本塁打と復調、続く01年は6試合連続を含む34本塁打に加え、32盗塁で30－30を達成。打率も自己ベストの.274だった。03年ジャイアンツに移籍、102四球と選球眼の良さを発揮したが、打撃に確実性を欠き、以後は6年間で7球団を転々とした。強肩で03年は17補殺（2位）を決めゴールドグラブに選ばれた。父ホセ・シニア、叔父のシリロ、エクトルはみなメジャーリーガー。08年はアストロズのコーチだった父と同じチームになった。
【通算】12年、1388試合、4724打数1167安打、204本塁打、624打点、113盗塁、1147三振、打率.247
【タイトル】ゴールドグラブ1回（2003年）

テッド・クルーズースキー
Theodore Bernard Kluszewski
1924.9.10～88.3.29【出身地】イリノイ州アルゴ【球団】47-57レッズ　58-59パイレーツ　59-60ホワイトソックス　61エンジェルズ【位置】一塁、左
【経歴】丸太のような太い腕で有名だった強打者。インディアナ大学時代はフットボールの名選手で、同大学でレッズが練習を行なった際、打撃練習に参加したのがきっかけで入団。53年から3年連続40本塁打以上、54年に打率.326（5位）、49本塁打、141打点で二冠王となりMVP投票では次点。パワーだけでなく、52年からの5年連続を含む7回打率3割、三振も55年の40個が最多。通算365三振は250本塁打以上の打者では最少と、確実性を兼ね備えていた。
55年は192安打（1位）、47本塁打（2位）、113打点（5位）。57年に椎間板を負傷してから急激に成績を落としたが、59年途中ホワイトソックスへ移ると、ワールドシリーズでは第1戦で2本塁打5打点、6試合で打率.391、3本塁打、10打点と打ちまくった。現役最後の61年は新設のエンジェルズに加わり、初試合で2本塁打。引退後は打撃コーチとしてレッズに戻った。
【通算】15年、1718試合、5929打数1766安打、279本塁打、1028打点、20盗塁、打率.298
【タイトル】本塁打王1回（54年）打点王1回（54年）オールスター4回（53～56年）

マーク・グルゼラネック
Mark James Grudzielanek
1970.6.30～【出身地】ウィスコンシン州ミルウォーキー【球団】95-98エクスポズ　98-2002ドジャース　03-04カブス　05カーディナルス　06-08ロイヤルズ　10インディアンズ【位置】二塁、遊撃、右
【経歴】91年ドラフト11位でエクスポズに入団。流し打ちが得意で、正遊撃手となった96年に打率.306、201安打（4位）、33盗塁。翌97年は54二塁打（1位）を放った。ドジャース移籍後の99年自己最高の打率.326、通算では5回3割以上、7回30二塁打以上。2000年に遊撃から二塁へコンバートされ、06年に36歳で初のゴールドグラブに輝いた。
【通算】15年、1802試合、7052打数2040安打、90本塁打、640打点、133盗塁、打率.289
【タイトル】ゴールドグラブ1回（2006年）オールスター1回（96年）

コーリー・クルーバー
Corey Scott Kluber
1986.4.10～【出身地】アラバマ州バーミンガム【球団】2011-19インディアンズ　20レンジャーズ　21ヤンキース　22レイズ　23レッドソックス【位置】投手、右

【経歴】速球と変化球の見分けをつきにくくさせるピッチトンネルを巧みに使った好投手。2007年ドラフト4位でパドレスに入団、インディアンズ移籍後の14年はリーグ最多の18勝、防御率2.44（3位）、269奪三振（2位）でサイ・ヤング賞を受賞。15年は5月13日に8イニングで18三振を奪う快投もあったが、リーグワーストの16敗。翌16年は18勝（3位）、ポストシーズンでもワールドシリーズの2勝を含む4勝1敗、防御率1.83。続く17年は18勝、防御率2.25、5完投、3完封がすべて1位、265奪三振も2位で2度目のサイ・ヤング賞に選ばれた。カーブやカッターを自在に操り、18年は自己最多の20勝（2位）、5年連続の大台となる222奪三振（5位）。19～20年は故障で登板8試合のみ、ヤンキースへ移籍した21年は5月19日にノーヒッター達成。22年に6度目の2ケタとなる10勝を挙げた。
【通算】13年、271試合、260先発、18完投、8完封、116勝77敗1S、1641.2回、1725奪三振、防御率3.44
【タイトル】サイ・ヤング賞2回（2014,17年）最多勝2回（14,17年）最優秀防御率1回（17年）オールスター3回（16～18年）

ケリー・グルーバー
Kelly Wayne Gruber
1962.2.26～【出身地】テキサス州ヒューストン【球団】84-92ブルージェイズ　93エンジェルズ【位置】三塁、右
【経歴】80年ドラフト1位（全体10位）でインディアンズに入団、84年ルール5ドラフトでブルージェイズに移籍。87年正三塁手となり、89年4月16日に球団初のサイクルヒットを達成。90年に31本塁打（5位）、118打点（2位）、ゴールドグラブも受賞した。全力プレイが身上だったが、首を痛めて急速に衰え31歳でメジャーから消えた。実父のクロード・キングはNFLの選手。
【通算】10年、939試合、3159打数818安打、117本塁打、443打点、80盗塁、打率.259
【タイトル】ゴールドグラブ1回（90年）オールスター2回（89～90年）

バディ・グルーム
Wedsel Gary Groom (Buddy)
1965.7.10～【出身地】テキサス州ダラス【球団】92-95タイガース　95マーリンズ　96-99アスレティックス　2000-04オリオールズ　05ヤンキース　05ダイアモンドバックス【位置】投手、左
【経歴】87年ドラフト12位でホワイトソックスに入団。タイガース時代は先発もしたが、アスレティックス移籍後はショートリリーフ専門。左腕からのカーブを武器に96年から7年連続70試合以上に登板、99年の76試合はリーグ最多。2001年36歳で自己最多の11セーブ、翌02年は70試合で防御率1.60と好投した。
【通算】14年、786試合、15先発、0完投、31勝32敗27S、734.2回、494奪三振、防御率4.64

ボブ・グルーム
Robert Groom
1884.9.12～1948.2.19【出身地】イリノイ州ベルヴィル【球団】09-13セネターズ　14-15セントルイス（FL）　16-17ブラウンズ　18インディアンズ【位置】投手、右
【経歴】長身からの速球に威力があったものの制球力を欠き、09年当時の記録となる19連敗、これまたリーグワースト記録の26敗を喫す。12年はいずれも5位の24勝、179奪三振だったが、フェデラル・リーグに加わった14年はまたも20敗（13勝）。17年も19敗で3度目の最多敗戦となったが、5月6日のホワイトソックス戦でノーヒットノーランを達成、前日の同僚アーネスト・クーブに続く2日続けての快挙だった。
【通算】10年、367試合、288先発、157完投、22完封、119勝150敗、2336.1回、1159奪三振、防御率3.10

サム・グレイ
Samuel David Gray
1897.10.15～1953.4.16【出身地】テキサス州ヴァンアルスタイン【球団】24-27アスレティックス　28-33ブラウンズ【位置】投手、右
【経歴】球速を変えた3種類のカーブを投げ分け、25年は開幕から8連勝、年間では16勝、防御率3.27。ブラウンズに移った28年はいずれも5位の20勝、21完投、自己ベストの防御率3.19。29年も18勝（5位）、4完封と305回は1位だったが、30～31年は合計15勝39敗と負けが込んだ。引退後マイナーの監督を経て、野球学校を開設した。
【通算】10年、379試合、231先発、101完投、16完封、111勝115敗、1951.1回、

730 奪三振、防御率 4.18

ソニー・グレイ　★
Sonny Douglas Gray
1989.11.7 ～【出身地】テネシー州スマーナ【球団】2013-17 アスレティックス　17-18 ヤンキース　19-21 レッズ　22-23 ツインズ　24 カーディナルス【位置】投手、右
【経歴】2011 年ドラフト 1 位でアスレティックスに入団。多彩な球種を使い分け 14、15 年は 2 年続けて 14 勝、15 年は防御率 2.73（3 位）。レッズへ移籍した 19 年は 5 年連続 2 ケタとなる 11 勝、防御率 2.87（5 位）、自己最多の 205 三振を奪った。被本塁打の少なさが長所で、3 度の球宴はすべて異なるチームで選出された。
【通算】12 年、307 試合、298 先発、6 完投、4 完封、111 勝 94 敗 0 S、1737.1 回、1724 奪三振、防御率 3.51
【タイトル】オールスター 3 回（2015,19,23 年）

ピート・グレイ
Peter J. Gray
1915.3.6 ～ 2002.6.30【出身地】ペンシルヴェニア州ナンティコーク【球団】45 ブラウンズ【位置】外野、左
【経歴】“片腕のメジャーリーガー”として有名。本姓は Wyshner といい、幼少時に事故で右腕を失うが、42 年にプロ入り、44 年にマイナーのサザン・アソシエーションで打率 .333、68 盗塁を記録し MVP に輝く。翌 45 年、第二次世界大戦で選手の不足していたメジャーで 1 年のみプレイしたが、得意のセーフティバントが通用せず平凡な成績に終わり、チームメイトとの関係も良くなかった。
【通算】1 年、77 試合、234 打数 51 安打、0 本塁打、13 打点、5 盗塁、打率 .218

ロジャー・クレイグ
Roger Lee Craig
1930.2.17 ～ 2023.6.4【出身地】ノースカロライナ州ダーラム【球団】55-61 ドジャース　62-63 メッツ　64 カーディナルス　65 レッズ　66 フィリーズ【位置】投手、右
【経歴】55 年、新人ながらワールドシリーズ第 5 戦で先発し、6 回 2 失点で勝利投手となって世界一に貢献。スライダーを武器に 56 年自己最多の 12 勝、59 年は 4 完封（1 位）を含む 11 勝。7 月 9 日にはリリーフで 11 回を無失点に封じ、規定投球回数に 1.1 回足りなかったが、防御率 2.06 は 1 位のサム・ジョーンズの 2.83 よりはるかに良かった。
62 年拡張ドラフトでメッツに移り、開幕投手を務めたが 10 勝 24 敗、翌 63 年も 2 年連続リーグワーストの 22 敗、18 連敗の屈辱も味わった。64 年カーディナルスに移籍、ワールドシリーズ第 4 戦ではリリーフで 4.2 回を投げ無失点、8 奪三振で 9 年ぶりにシリーズで勝利を挙げた。引退後はコーチとしてジャック・モーリスやマイク・スコットにスプリッターを伝授し、名伯楽との評価を得る。85 年終盤からジャイアンツの監督に就任、87 年地区優勝、89 年にリーグ制覇に導いた。
【通算】12 年、368 試合、186 先発、58 完投、7 完封、74 勝 98 敗、1536.1 回、803 奪三振、防御率 3.83
【監督】78-79 パドレス　85-92 ジャイアンツ　10 年、1475 試合、738 勝 737 敗、勝率 .500　リーグ優勝 1 回（89 年）

マーク・グレイス
Mark Eugene Grace
1964.6.28 ～【出身地】ノースカロライナ州ウィンストンセーラム【球団】88-2000 カブス　01-03 ダイアモンドバックス【位置】一塁、左
【経歴】90 年代で最多の 1754 安打、364 二塁打を放った好打者。85 年ドラフト 24 位でカブスに入団、長打力こそ今一つながら、配球の読みや変化球打ちが巧く打率 3 割 9 回。89 年の 4 位を最高として 10 位以内に 8 回入った。93 年自己最多の 193 安打、98 打点、95 年はリーグトップの 51 二塁打。96 年自己記録の打率 .331（5 位）。89 年のプレイオフでは 17 打数 11 安打、8 打点と打ちまくった。選球眼が良い上に三振も少なく、2000 年は 95 四球、621 打席で 28 三振だった。守備の名手としても知られ、90 年の 180 補殺はナ・リーグ記録。同年から 3 年連続最多補殺、ゴールドグラブを 4 回受賞した。
【通算】16 年、2245 試合、8065 打数 2445 安打、511 二塁打、45 三塁打、173 本塁打、1146 打点、70 盗塁、1075 四球、642 三振、打率 .303
【タイトル】ゴールドグラブ 4 回（92 ～ 93,95 ～ 96 年）オールスター 3 回（93,95,97 年）

ロイス・クレイトン
Royce Spencer Clayton
1970.1.2 ～【出身地】カリフォルニア州

バーバンク【球団】91-95 ジャイアンツ　96-98 カーディナルス　98-2000 レンジャーズ　01-02 ホワイトソックス　03 ブルワーズ　04 ロッキーズ　05 ダイアモンドバックス　06 ナショナルズ　06 レッズ　07 ブルージェイズ　07 レッドソックス【位置】遊撃、右
【経歴】88 年ドラフト 1 位でジャイアンツに入団。守備範囲の広い遊撃手で、95 年は刺殺、補殺の両部門で 1 位。97 年は自己最多の 39 二塁打を放ちオールスターに選ばれた。98 年途中レンジャーズに移籍、翌 99 年自己最高の打率 .288、14 本塁打。2002 ～ 06 年は 5 年連続して異なる球団でレギュラーを務めた。
【通算】17 年、2108 試合、7379 打数 1904 安打、363 二塁打、55 三塁打、110 本塁打、723 打点、231 盗塁、565 四球、1415 三振、打率 .258
【タイトル】オールスター 1 回（97 年）

ジャック・グレイニー
John Gladstone Graney
1886.6.10 ～ 1978.4.20【出身地】カナダ・オンタリオ州セントトーマス【球団】08,10-22 インディアンズ【位置】外野、左
【経歴】ベーブ・ルースが投手としてメジャーで初めて対戦した打者。08 年投手としてデビュー、秋には全米選抜の一員として来日したが、制球が悪く野手に転向。しぶとく粘るのが得意なリードオフマンで、17 年 94 個、19 年は 105 個で最多四球。フルカウントに持ち込むことが多く“スリー・アンド・トゥー・ジャック”と呼ばれた。16 年は 41 二塁打（1 位）、14 三塁打（5 位）、102 四球（2 位）。同年は背番号（1 番）をつけて打席に立った史上初の打者になった。レイ・チャップマンの一番の親友で、彼を死に追いやったカール・メイズを生涯許さなかった。引退後は元メジャーリーガーとして初めて実況アナウンサーとなり、25 年の長きにわたり務めた。
【通算】14 年、1402 試合、4705 打数 1178 安打、18 本塁打、420 打点、148 盗塁、打率 .250

ジャック・クレイマー
John Henry Kramer
1918.1.5 ～ 95.5.18【出身地】ルイジアナ州ニューオーリンズ【球団】39-41,43-47 ブラウンズ　48-49 レッドソックス　50-51 ジャイアンツ　51 ヤンキース【位置】投手、右
【経歴】最初の 4 年間で防御率 5.86 と苦しむが、44 年いずれも 5 位の 17 勝、防御率 2.49、124 奪三振も 4 位で優勝に貢献。ワールドシリーズ第 3 戦では 2 失点で完投勝利を収める。速球に加えてチェンジアップも良く、以後 5 年連続 2 ケタ勝利、レッドソックスに移籍した 48 年は 18 勝を挙げた。完璧主義者で、チームメイトにとっては付き合いづらい面もあった。
【通算】12 年、322 試合、215 先発、88 完投、14 完封、95 勝 103 敗、1637.1 回、613 奪三振、防御率 4.24
【タイトル】オールスター 3 回（45 ～ 47 年）

ドク・クレイマー
Roger Maxwell Cramer (Doc)
1905.7.22 ～ 90.9.9【出身地】ニュージャージー州ビーチヘイヴン【球団】29-35 アスレティックス　36-40 レッドソックス　41 セネターズ　42-48 タイガース【位置】外野、左
【経歴】8 回打率 3 割を記録した巧打者で、34 年は 202 安打（4 位）、翌 35 年は打率 .332（4 位）、自己最多の 214 安打（3 位）、40 年はリーグ最多の 200 安打。ア・リーグで唯一 1 試合 6 安打を 2 回記録しているが、長打力に欠け、ヒットの大半は単打だった。三振は極めて少なく、34 年の 35 回が最多で、43 年は 651 打席で 13 三振だった。45 年のワールドシリーズでは 40 歳にして 29 打数 11 安打と活躍。中堅守備も高く評価されていた。気さくな性格でファンやチームメイトに人気があった。
【通算】20 年、2239 試合、9140 打数 2705 安打、396 二塁打、109 三塁打、37 本塁打、842 打点、62 盗塁、572 四球、345 三振、打率 .296
【タイトル】オールスター 5 回（35,37 ～ 40 年）

レイ・クレイマー
Remy Peter Kremer (Ray)
1895.3.23 ～ 1965.2.8【出身地】カリフォルニア州オークランド【球団】24-33 パイレーツ【位置】投手、右
【経歴】地元オークランドのマイナー球団で長い間活躍したのち、24 年 29 歳でパイレーツに加わる。速球に加えチェンジアップも優れ、同年リーグ最多の 41 試合に投げ、4 完封を含む 18 勝。翌 25 年のワールドシリーズでは第 6 戦で完投勝利、7 戦目も中 1 日でリリーフに立ち、4 回 1 失点で勝利投手となった。状況に応じて

上手、下手の2つのフォームを使い分け、26年は20勝、防御率2.61の両部門で1位。27年も19勝(5位)、防御率2.47は2年連続1位だった。20年代に記録した勝率.660はメジャー全体で最高。30年は276回(1位)を投げ、7年連続15勝以上となる20勝。2度目の最多勝に輝くも防御率は5.02で、5点台での20勝は史上初だった。冗談好きの陽気な性格だったが、酒癖が悪くトラブルの種となった。
【通算】10年、308試合、247先発、134完投、14完封、143勝85敗、1954.2回、516奪三振、防御率3.76
【タイトル】最多勝2回(26,30年)最優秀防御率2回(26～27年)

ザック・グレインキー
Donald Zachary Greinke
1983.10.21～【出身地】フロリダ州オーランド【球団】2004-10 ロイヤルズ 11-12 ブルワーズ 12 エンジェルズ 13-15 ドジャース 16-19 ダイアモンドバックス 19-21 アストロズ 22-23 ロイヤルズ【位置】投手、右
【経歴】他人に迎合しない独特の感性と信念を持ち、洗練された投球術で打者を封じた好投手。2002年ドラフト1位(全体6位)でロイヤルズに入団、04年20歳でローテーション入りし8勝を挙げるが、翌05年はリーグ最多の17敗。精神的な壁にもぶつかり、一時は引退も考えた。再起後の08年は13勝、最高級のスライダーで09年は前年からの連続イニング無失点を43回まで伸ばす。年間では16勝、防御率2.16(1位)、242奪三振(2位)でサイ・ヤング賞に選ばれた。
11年ブルワーズに移り16勝、201奪三振、翌12年は95年ぶりとなる3試合連続先発をこなした。ドジャース時代の14年にはオーストラリア遠征への同行を拒否。翌15年は19勝、防御率1.66(1位)、45.2回連続無失点も記録した。19年まで9年連続13勝以上、通算では2ケタ勝利13回、200奪三振6回、守備も一流で14年から6年連続ゴールドグラブ、さらには打撃も良く通算9本塁打、9盗塁。21年のワールドシリーズ第4戦では8番を打ち、投手が9番以外に入ったのはベーブ・ルース以来103年ぶり。第5戦では代打に立ちヒットを放った。
【通算】20年、586試合、541先発、17完投、5完封、225勝156敗1S、3389.1回、2979奪三振(20位)、762四球、防御率3.49
【タイトル】サイ・ヤング賞1回(2009年)最優秀防御率2回(09,15年)ゴールドグラブ6回(14～19年)オールスター6回(09,14～15,17～19年)

エド・クレインプール
Edward Emil Kranepool
1944.11.8～2024.9.8【出身地】ニューヨーク州ニューヨーク【球団】62-79 メッツ【位置】一塁、外野、左
【経歴】62年17歳で地元のメッツに入団、以後18年間メッツ一筋にプレイした。19歳で既に"峠を越した"と評された鈍足で、打っても66年の16本塁打が最多と一流選手とは呼べなかったが、代打の切り札として活躍。74年は35打数17安打、最後の6年間では181打数63安打(.348)と高い成功率を残した。通算出場試合数などは今もなおメッツの球団記録。引退後間もなくメッツの球団買収に乗り出したが実現しなかった。
【通算】18年、1853試合、5436打数1418安打、118本塁打、614打点、15盗塁、打率.261
【タイトル】オールスター1回(65年)

ルーク・グレガーソン
Lucas John Gregerson
1984.5.14～【出身地】イリノイ州パークリッジ【球団】2009-13 パドレス 14 アスレティックス 15-17 アストロズ 18-19 カーディナルス【位置】投手、右
【経歴】2006年ドラフト28位でカーディナルスに入団、パドレスへトレードされた09年にメジャー昇格。スライダーを武器にリリーフで活躍し、11年から4年連続防御率2点台。アストロズへ移籍した15年は抑えで31セーブを稼いだ。17年のポストシーズンは5試合に投げ無失点。クラシックカーの収集を趣味としていた。
【通算】11年、646試合、0先発、35勝36敗66S、617.1回、621奪三振、防御率3.15

ディディ・グレゴリウス
Mariekson Julius Gregorius (Didi)
1990.2.18～【出身地】オランダ王国アムステルダム【球団】2012 レッズ 13-14 ダイアモンドバックス 15-19 ヤンキース 20-22 フィリーズ【位置】遊撃、左
【経歴】2007年レッズに入団、ダイアモンドバックスを経て15年ヤンキースへ移籍

し、引退したデレク・ジーターの後継の遊撃手となる。16 年から 3 年連続 20 本塁打以上、18 年に自己最多の 27 本と長打力を発揮し、17 年はポストシーズンでも 3 本塁打。満塁で通算打率 .330、8 本塁打とよく打った。
【通算】11 年、1077 試 合、3893 打 数 999 安打、134 本塁打、530 打点、37 盗塁、打率 .257

レッド・クレス
Ralph Kress (Red)
1905.1.2 ～ 62.11.29【出身地】カリフォルニア州コロンビア【球団】27-32 ブラウンズ　32-34 ホワイトソックス　34-36 セネターズ　38-39 ブラウンズ　39-40 タイガース　46 ジャイアンツ【位置】遊撃、三塁、外野、右
【経歴】28 年に正遊撃手となり、翌 29 年から 3 年連続で打率 3 割、100 打点以上。30 年は 43 二塁打 (5 位)、自己最多の 192 安打、16 本塁打、打率 .313、続く 31 年は 46 二塁打 (3 位)、114 打点。37 年一旦マイナー落ちするが翌 38 年古巣のブラウンズで再昇格、7 年ぶりの打率 3 割となる .302、79 打点と活躍した。ジャイアンツでコーチをしていた 46 年、6 年ぶりに投手として 1 試合のみ出場。その後インディアンズなどを経て 62 年新球団メッツのコーチとなったが、12 月に心臓発作を起こして亡くなった。
【通算】14 年、1391 試 合、5087 打 数 1454 安打、89 本塁打、799 打点、46 盗塁、打率 .286

ライアン・クレスコ
Ryan Anthony Klesko
1971.6.12 ～【出身地】カリフォルニア州ウェストミンスター【球団】92-99 ブレーヴス　2000-06 パドレス　07 ジャイアンツ【位置】外野、一塁、左
【経歴】89 年ドラフト 5 位でブレーヴスに入団。正左翼手となった 95 年 107 試合で打率 .310、23 本塁打、ワールドシリーズ第 3 戦からは史上初となる敵地での 3 試合連続本塁打を放った。豪快なスイングが持ち味で、翌 96 年も 34 本塁打。左腕に弱く、守備面での不安もあり 2000 年パドレスにトレードされたが、同年は 26 本塁打に加え、自己記録を大きく更新する 91 四球、23 盗塁。続く 01 年も 30 本塁打、自己最多の 113 打点と好調を維持、02 年には 56 試合続けて出塁した。
【通算】16 年、1736 試 合、5611 打 数 1564 安打、278 本塁打、987 打点、91 盗塁、1077 三振、打率 .279
【タイトル】オールスター 1 回 (2001 年)

ヴェアン・グレッグ
Sylveanus Augustus Gregg (Vean)
1885.4.13 ～ 1964.7.29【出身地】ワシントン州チェハリス【球団】11-14 インディアンズ　14-16 レッドソックス　18 アスレティックス　25 セネターズ【位置】投手、左
【経歴】落差の大きなドロップで、10 年にパシフィック・コースト・リーグ最多の 377 三振を奪う。翌 11 年インディアンズに入団し 23 勝 (4 位)、防御率 1.80 は 1 位。12 ～ 13 年も 20 勝し 3 年連続 20 勝、13 年は 166 三振 (2 位) を奪い、リーグ最高の左腕投手とまで言われたが、14 年途中レッドソックスへ移ってからは故障もあり冴えなかった。18 年限りで引退したが、その後マイナーで現役復帰、25 年 7 年ぶりにメジャーに返り咲き 26 試合で 2 勝した。弟のデイヴも 1 イニングのみ登板経験がある。
【通算】8 年、239 試 合、161 先 発、105 完 投、14 完 封、92 勝 63 敗、1393 回、720 奪三振、防御率 2.70
【タイトル】最優秀防御率 1 回 (11 年)

ビル・クレム
William Joseph Klem
1874.2.22 ～ 1951.9.16【出身地】ニューヨーク州ロチェスター【球団】メジャー経験なし
【経歴】本姓は Klimm。05 ～ 40 年まで 36 年間にわたりナ・リーグ審判を務め、史上最高の審判との評価を得る。ボール / ストライクの判定に絶対の自信を持ち、一切の抗議を寄せつけない“クレム・ライン”を設定、ラインを超えた者には退場を宣告した。通算では史上最多の 239 度退場させている。腕を使ったコールを広めた審判であり、インサイド・プロテクターの発明者でもある。33 年の第 1 回オールスターの球審を担当、ワールドシリーズには史上最多の 18 回出場した。53 年殿堂入り。

ロジャー・クレメンス
William Roger Clemens
1962.8.4 ～【出身地】オハイオ州デイトン【球団】84-96 レッドソックス　97-98 ブルージェイズ　99-2003 ヤンキース　04-06 アストロズ　07 ヤンキース【位置】

投手、右
【経歴】“ロケット”の異名の由来となった豪速球とフォークボールで、7度のサイ・ヤング賞を受賞した大投手。83年ドラフト1位でレッドソックスに入団、翌84年早くもローテーション入りし9勝。86年は開幕から14連勝、4月29日のマリナーズ戦で8者連続を含む20奪三振の新記録を樹立。オールスターでも3回をパーフェクトに封じMVP、24勝と防御率2.48は1位、238奪三振は2位でMVPとサイ・ヤング賞をダブル受賞した。87年もリーグ最多の20勝、18完投、7完封で2年連続サイ・ヤング賞。91年は18勝(4位)、防御率2.62と241奪三振は1位で3度目の栄冠を手にした。

92年まで7年連続で17勝、200奪三振以上。96年9月18日のタイガース戦で10年ぶりに自らの記録に並ぶ20三振を奪ったが、フロントとの確執からFAとなり97年ブルージェイズへ移籍。同年21勝、防御率2.05、自己最多の292奪三振など6部門で1位となり4度目のサイ・ヤング賞。98年も20勝、防御率2.65、271奪三振で2年連続投手三冠を独占、史上最多となる5度目の栄誉に輝いた。

99年自らトレードを希望しヤンキースへ移籍、前年から続いていた連勝をリーグ記録の20にまで伸ばし、ワールドシリーズでは世界一を決めた第4戦の勝利投手となった。2001年は開幕戦でウォルター・ジョンソンのリーグ奪三振記録を破り、20勝(2位)、213奪三振(3位)で6度目のサイ・ヤング賞。20勝到達時に1敗しかしていなかったのは史上初だった。

03年6月13日に通算300勝と4000奪三振を同時に達成。同年限りで引退を宣言するも撤回し、04年はFAでアストロズに加入。開幕9連勝、年間18勝(2位)、12度目の大台となる213三振を奪い、史上最高齢の42歳で7度目のサイ・ヤング賞に選ばれた。翌05年の防御率1.87は自己ベストで7度目の1位。06年と07年はいずれもシーズン開幕後に契約し、半年間だけ投げて44歳で引退した。

実績的には史上屈指ではあるが、高慢な性格で敵も少なくなく、01年にESPNが実施した「最も好きになれない選手」の投票では圧倒的大差で1位。何度も引退を宣言しては撤回したことも不評を買った。また引退後は薬物疑惑が明るみに出て、本人は一貫して否定していたものの、ヤンキース時代のチームメイトだったアンディ・ペティットにも使用を暴露され評価が下落。野球殿堂には記者投票で入れなかった。議会での偽証罪でも告発されたが、12年に無罪評決が下った。本職は内野手である息子のコディは、通算12試合マウンドに立った。
【通算】24年、709試合、707先発(7位)、118完投、46完封(26位)、354勝(9位)184敗0S、4916.2回(15位)、4672奪三振(3位)、1580四球(9位)、防御率3.12
【タイトル】MVP1回(86年) サイ・ヤング賞7回(86～87,91,97～98,2001,04年) 最多勝4回(86～87,97～98年) 最優秀防御率7回(86,90～92,97～98,05年) 最多奪三振5回(88,91,96～98年) オールスター10回(86,88,90～92,97～98,03～05年)

ジャック・クレメンツ
John J. Clements
1864.7.24～1941.5.23【出身地】ペンシルヴェニア州フィラデルフィア【球団】1884フィラデルフィア(UA) 84-97フィラデルフィア 98セントルイス 99クリーヴランド 1900ボストン【位置】捕手、左
【経歴】左利きでレギュラーマスクをかぶった最後の選手で、数試合のみ三塁や遊撃を守ったこともあった。19歳でメジャーリーガーとなり、1893年に17本塁打(2位)、80打点。打率3割5回、95年は.394(3位)を記録するなど打撃も良かった。98年に捕手として初の1000試合出場を達成。性格的には問題があって投手たちから嫌われていた。90年は19試合采配を振り13勝5敗だった。
【通算】17年、1160試合、4295打数1231安打、77本塁打、687打点(*)、打率.287

ロベルト・クレメンテ
Roberto Clemente
1934.8.18～72.12.31【出身地】プエルトリコ・カロリナ【球団】55-72パイレーツ【位置】外野、右
【経歴】カリブ野球界最大のスターであり、故郷プエルトリコでは今もって英雄的な存在。4度の首位打者に輝いた打撃もさることながら、何といっても強肩の持ち主として有名。61年の27個を最多として補殺で5回1位となり、守備範囲も広く61年から12年連続でゴールドグラブを受賞した。

プロ入り当初はドジャースのマイナー球

団に所属していたが、55年のマイナー・リーグ・ドラフトでパイレーツに移籍。同年正右翼手となり、翌56年は打率.311（3位）、61年に.351で初の首位打者となる。名うての悪球打ちでありながら、60～72年の13年間は68年の.291を除きすべて打率3割台。67年の.357（1位）を最高に.340以上の高打率が5回、64年の211安打（1位）を最多として200安打が4回。60年のワールドシリーズでも7試合すべてヒットを放ち、世界一に貢献した。

これほど活躍を続けても、なお正当な評価を得られていないとの不満を抱え、また当時の中南米出身者の多くと同じように、故障を訴えても仮病を疑われることにも憤りを隠さなかった。それでも66年に202安打（3位）、自己最多の29本塁打、119打点（2位）でMVPに選ばれた頃からは、自他ともに大選手として認める存在となる。71年のワールドシリーズでは29打数12安打、2本塁打でシリーズMVP。72年の最終戦で3000本安打を達成した。

慈善活動にも極めて熱心で、単に金銭的な援助にとどまらず、自ら行動を起こした。72年12月31日には、ニカラグアで発生した大地震の救援物資を積み込んで現地に赴く予定だったが、搭乗した飛行機が墜落し悲劇的な最期を遂げた。73年、本来であれば引退後5年を経なければ資格のない殿堂入りを特例として認められる。死後もその名声は高まり続け、社会的・人道的に最も寄与した選手に贈られる“ロベルト・クレメンテ賞”に名を残している。

【通算】18年、2433試合、9454打数3000安打、440二塁打、166三塁打（27位）、240本塁打、1305打点、83盗塁、621四球、1230三振、打率.317

【タイトル】MVP1回（66年）首位打者4回（61,64～65,67年）ゴールドグラブ12回（61～72年）オールスター12回（60～67,69～72年）

ウェイン・グレンジャー
Wayne Allan Granger

1944.3.15～【出身地】マサチューセッツ州スプリングフィールド【球団】68カーディナルス　69-71レッズ　72ツインズ　73カーディナルス　73ヤンキース　74ホワイトソックス　75アストロズ　76エクスポズ【位置】投手、右

【経歴】65年ドラフト外でカーディナルスに入団。サイドハンドからの沈む球で、69年に当時の新記録となる90試合に投げ9勝27セーブ（2位）、翌70年はこれも新記録の35セーブを稼ぐ。71年も70試合（1位）に登板した。同一球団に長くとどまることなく、9年間で4度のトレードと5度の解雇を経験している。

【通算】9年、451試合、0先発、35勝35敗108S、638.2回、303奪三振、防御率3.14

【タイトル】最多セーブ1回（70年）

ドン・クレンデノン
Donn Alvin Clendenon

1935.7.15～2005.9.17【出身地】ミズーリ州ニオショ【球団】61-68パイレーツ　69エクスポズ　69-71メッツ　72カーディナルス【位置】一塁、右

【経歴】身長193cmの長身で、プロ入り時にはフットボールやバスケットボールからも誘われる。65年打率.301、14三塁打（2位）、96打点、翌66年28本塁打、98打点を記録するが、68年の163個を最多として5回100三振以上を喫するなど粗さも目立った。69年拡張ドラフトでエクスポズに指名されたのち、アストロズへの移籍を拒否し一旦は引退を宣言。シーズン途中でメッツに加わり72試合で12本塁打、奇跡的な優勝の一翼を担った。ワールドシリーズでも第2戦と第4戦の先制弾を含む3本塁打でMVPに選ばれた。一塁守備も良く最多補殺を3回記録している。モアハウス大学時代は文武両道で、同校出身のマーティン・ルーサー・キングとの親交もあり、引退後に大学へ入り直して弁護士資格を取得した。継父のニッシュ・ウィリアムズはニグロ・リーグの選手。

【通算】12年、1362試合、4648打数1273安打、159本塁打、682打点、90盗塁、1140三振、打率.274

ヘイニー・グロー
Henry Knight Groh

1889.9.18～1968.8.22【出身地】ニューヨーク州ロチェスター【球団】12-13ジャイアンツ　13-21レッズ　22-26ジャイアンツ　27パイレーツ【位置】三塁、二塁、右

【経歴】バントの名人で、選球眼も良い理想的な一番打者。身長170cmと小柄で、コケシのような変った形のバットを使っていた。打撃フォームも独特で、両足を揃えて投手に正対し、バットを目の前に立てて構えていた。13年途中レッズに移籍してレ

ギュラーとなり、17年は182安打、39二塁打、出塁率.385の3部門で1位。続く18年も28二塁打、出塁率.395はいずれも1位で代理監督も10試合務めた(7勝3敗)。三塁守備では5回守備率1位。ジャイアンツに復帰した22年のワールドシリーズは19打数9安打と大当たりした。引退後はスカウトを務める。兄ルーは19年に35歳で2試合のみ出場した。
【通算】16年、1676試合、6074打数1774安打、26本塁打、566打点、180盗塁、打率.292
【タイトル】最高出塁率2回(17～18年)

レフティ・グローヴ
Robert Moses Grove (Lefty)
1900.3.6～75.5.22【出身地】メリーランド州ロナコニング【球団】25-33アスレティックス　34-41レッドソックス【位置】投手、左
【経歴】通算勝率.680を誇る史上最高の左腕投手。マイナーのボルティモア時代に5年間で108勝を挙げ、25年に当時史上最高額の契約金10万600ドルでアスレティックスに入団。豪速球を武器に116三振(1位)を奪い、以後7年連続最多奪三振、30年に自己最多の209個。26年はリーグトップの防御率2.51、以後史上最多の9回同部門のタイトルを手にする。27年から7年連続20勝、31年は16連勝を含む31勝でわずか4敗。防御率2.06、27完投ともども自己ベストかつリーグ1位で、MVPに選ばれる。アスレティックス3連覇時の29～31年は合計79勝15敗と圧倒的な数字を残し、30～31年は2年連続投手三冠、ワールドシリーズでも2勝ずつ稼いだ。シリーズ通算では8試合に投げ防御率1.75だった。
　球団の財政難により34年レッドソックスへトレードされ、同年こそ肩を痛めて8勝、防御率6.50と大不振に陥ったが、翌35年はかわす投球を身につけ20勝(4位)、防御率2.70(1位)と復活。以後5年間で防御率1位4回、本拠のフェンウェイ・パークでは38～41年にかけ20連勝した。気性の激しさも有名で、ミスをしたチームメイトに対しても容赦なかった。47年殿堂入り。
【通算】17年、616試合、457先発、298完投、35完封、300勝(23位)141敗、3940.2回、2266奪三振、1187四球、防御率3.06
【タイトル】MVP1回(31年)最多勝4回(28,30～31,33年)最優秀防御率9回(26,29～32,35～36,38～39年)最多奪三振7回(25～31年)オールスター6回(33,35～39年)

ホワイティ・クロウスキー
George John Kurowski (Whitey)
1918.4.19～99.12.9【出身地】ペンシルヴェニア州レディング【球団】41-49カーディナルス【位置】三塁、右
【経歴】42年正三塁手となり、ワールドシリーズ第5戦では同点の9回表に決勝2ラン本塁打を放ち、優勝を決定づけた。45年自己最高の打率.323(5位)、21本塁打(4位)、102打点。47年は27本塁打、104打点、打率.310、出塁率.420(2位)。その後は故障が相次ぎ31歳で引退、マイナーで長く指導者として過ごした。
【通算】9年、916試合、3229打数925安打、106本塁打、529打点、19盗塁、打率.286
【タイトル】オールスター5回(43～47年)

モンティ・クロス
Montford Montgomery Cross
1869.8.31～1934.6.21【出身地】ペンシルヴェニア州フィラデルフィア【球団】1892ボルティモア　94-95ピッツバーグ　96-97セントルイス　98-1901フィリーズ　02-07アスレティックス【位置】遊撃、右
【経歴】打力の弱い遊撃手で、打率が.270を超えたのは1897年(.286)の一度だけ。01、04年は1割台に沈んだが、98年から6年連続最多刺殺の守備力を買われ、02年ピッツバーグ時代の監督だったコニー・マックに引き抜かれアスレティックス入り。同姓のラヴ・クロスと名手同士で三遊間コンビを組んだ。
【通算】15年、1684試合、5828打数1365安打、31本塁打、621打点、328盗塁、打率.234

ラヴ・クロス
Lafayette Napoleon Cross (Lave)
1866.5.12～1927.9.6【出身地】ウィスコンシン州ミルウォーキー【球団】1887-88ルイヴィル(AA)　89フィラデルフィア(AA)　90フィラデルフィア(PL)　91フィラデルフィア(AA)　92-97フィラデルフィア　98セントルイス　99クリーヴランド　99-1900セントルイス　00ブルックリン　01-05アスレティックス　06-07セネターズ【位置】三塁、捕手、右

【経歴】東欧系で本名はVratislavといい、Laveとはその一部をとった名前。21年間にわたりのべ11球団をわたり歩いた息の長い選手で、フィラデルフィアを本拠とする4リーグの球団に在籍した。元々は捕手で、1893年に本格的に三塁に転向してからも暫くの間キャッチャーミットを使っていた。当代随一の守備の名手であり、97年は二塁手で1試合15補殺の記録を樹立。三塁では5回守備率1位になった。

打撃でも94年に打率.387、210安打(5位)、132打点(4位)。捕手として最初のサイクルヒットも記録した。1902年も打率.342(5位)、191安打(2位)、39二塁打(3位)、0本塁打ながら3位の108打点。1899年は一時期クリーヴランドの指揮をとったが、38試合で8勝30敗と苦戦した。兄エイモスはルイヴィル(AA)のチームメイトで同じく捕手、弟フランクもメジャー経験がある。
【通算】21年、2277試合、9084打数2651安打、411二塁打、136三塁打、47本塁打、1378打点、303盗塁、466四球、217三振、打率.292

ウェイン・グロス
Wayne Dale Gross
1952.1.14～【出身地】カリフォルニア州リヴァーサイド【球団】76-83アスレティックス　84-85オリオールズ　86アスレティックス【位置】三塁、左
【経歴】73年ドラフト9位でアスレティックスに入団。77年.233の低打率ながら86四球は4位、22本塁打を放ってオールスターにも選ばれる。80年の.281を例外として軒並み打率は低く、自己最多の22本塁打、64打点を記録した84年も.216に終わった。翌85年は11本塁打を放つも、本塁打以外の打点は3点だけで計18打点にとどまった。
【通算】11年、1105試合、3125打数727安打、121本塁打、396打点、24盗塁、打率.233
【タイトル】オールスター1回(77年)

グレッグ・グロス
Gregory Eugene Gross
1952.8.1～【出身地】ペンシルヴェニア州ヨーク【球団】73-76アストロズ　77-78カブス　79-88フィリーズ　89アストロズ【位置】外野、左
【経歴】70年ドラフト4位でアストロズに入団。74年レギュラーとなりリーグ3位の打率.314、出塁率.393で新人王投票次点に食い込む。翌75年は52試合連続出塁を記録。長打力に欠け、守備力も不足しているため、77年にカブスへ移籍してからは代打での出場が多くなった。通算では代打安打143本、出塁率も.362の高率である。引退後はフィリーズで打撃コーチなどを務めた。
【通算】17年、1809試合、3745打数1073安打、7本塁打、308打点、39盗塁、打率.287

ケヴィン・グロス
Kevin Frank Gross
1961.6.8～【出身地】カリフォルニア州ダウニー【球団】83-88フィリーズ　89-90エクスポズ　91-94ドジャース　95-96レンジャーズ　97エンジェルズ【位置】投手、右
【経歴】81年1月ドラフト1位(第2回)でフィリーズに入団。カーブが良く85年自己最多の15勝、その後も安定した成績を残し続け、2ケタ勝利と200投球回以上が7回ずつ、96年まで13年連続で8勝以上挙げた。92年8月17日のジャイアンツ戦でノーヒットノーランを達成。86年から3年連続最多与死球、87年は不正投球で10日間の出場停止処分を科された。
【通算】15年、474試合、368先発、42完投、14完封、142勝158敗5S、2487.2回、1727奪三振、防御率4.11
【タイトル】オールスター1回(88年)

トロイ・グロス
Troy Glaus
1976.8.3～【出身地】カリフォルニア州ターザナ【球団】98-2004エンジェルズ　05ダイアモンドバックス　06-07ブルージェイズ　08-09カーディナルス　10ブレーヴス【位置】三塁、右
【経歴】UCLA在学中の96年アトランタ五輪代表に選ばれ、翌97年ドラフト1位(全体3位)でエンジェルズに入団。99年正三塁手となり29本塁打、続く2000年は47本塁打(1位)、102打点に加え112四球と選球眼の良さも発揮。01年も41本塁打、108打点、02年は9月15・16日に4打数連続本塁打、自己記録の111打点。プレイオフでも4本塁打、ワールドシリーズでは26打数10安打、3本塁打、8打点。第6戦の8回裏に逆転2点二塁打を放ち、シリーズMVPに選ばれた。通算では30本塁打以上5回。故障

の多さと確実性に欠けるのが難点で、100三振以上を9回喫した。
【通算】13年、1537試合、5410打数1375安打、320本塁打、950打点、56盗塁、1377三振、打率.254
【タイトル】本塁打王1回（2000年）オールスター4回（00～01,03,06年）

ジョニー・グロース
John Thomas Groth
1926.7.23～2021.8.7【出身地】イリノイ州シカゴ【球団】46-52タイガース　53ブラウンズ　54-55ホワイトソックス　55セネターズ　56-57アスレティックス　57-60タイガース【位置】外野、右
【経歴】戦時中に海軍のチームで打ちまくって注目され、終戦後タイガースと契約。49年正中堅手となり103試合で打率.293、73打点、出塁率.407。翌50年は打率.306、12本塁打、85打点、95四球を選び出塁率は前年と同じ.407だった。結局これが自己記録で、当初期待されたほどの成績は残せなかった。守備では53年にリーグ最多の18補殺を記録した。
【通算】15年、1248試合、3808打数1064安打、60本塁打、486打点、19盗塁、打率.279

ボビー・クロズビー
Robert Edward Crosby
1980.1.12～【出身地】カリフォルニア州レイクウッド【球団】2003-09アスレティックス　10パイレーツ　10ダイアモンドバックス【位置】遊撃、右
【経歴】2001年ドラフト1位でアスレティックスに入団。04年に正遊撃手となり、.239の低打率ながら34二塁打、22本塁打で新人王に選ばれた。その後は毎年のように故障に見舞われ思うような成績を残せず、久々に健康だった08年も、39二塁打を放ったものの.237の低打率だった。父のエドも元内野手。
【通算】8年、747試合、2559打数605安打、62本塁打、276打点、34盗塁、打率.236
【タイトル】新人王（2004年）

ロビー・グロスマン　★
Robert Edward Grossman
1989.9.16～【出身地】カリフォルニア州サンディエゴ【球団】2013-15アストロズ　16-18ツインズ　19-20アスレティックス　21-22タイガース　22ブレーヴス　23レンジャーズ　24ホワイトソックス　24レンジャーズ　24ロイヤルズ【位置】外野、両
【経歴】2008年ドラフト6位でパイレーツに入団。15年のアストロズに続き、16年もシーズン中にインディアンズから解雇されたが、ツインズに拾われると.386の高出塁率。低打率ながらも選球眼に優れ、21年はリーグ2位の98四球を選び、23本塁打、67打点、20盗塁も自己記録だった。
【通算】12年、1213試合、3891打数943安打、93本塁打、431打点、67盗塁、1014三振、打率.242

フランキー・クロセッティ
Frank Peter Joseph Crosetti
1910.10.4～2002.2.11【出身地】カリフォルニア州サンフランシスコ【球団】32-48ヤンキース【位置】遊撃、三塁、右
【経歴】32年正遊撃手となり、36年に打率.288、182安打、15本塁打、78打点の自己最高成績を収める。38年は27盗塁（1位）、ワールドシリーズでは第2戦で決勝2ランを放つなどチーム最多の6打点を挙げた。死球が多く、同部門で8回もリーグトップとなる。喋り好きで“クロウ（カラス）”とあだ名され、サイン盗みや隠し球も得意だった。43年は審判への暴行で30試合の出場停止になっている。引退後はヤンキースの三塁ベースコーチとして、選手時代と合わせ24回のワールドシリーズに顔を見せた。
【通算】17年、1683試合、6277打数1541安打、98本塁打、649打点、113盗塁、打率.245
【タイトル】盗塁王1回（38年）オールスター2回（36,39年）

黒田博樹　☆
Hiroki Kuroda
1975.2.10～【出身地】大阪府大阪市【球団】2008-11ドジャース　12-14ヤンキース【位置】投手、右
【経歴】専修大から96年ドラフト2位で広島に入団。2005年に15勝で最多勝、翌06年は防御率1.85で1位となり、2ケタ勝利6回、通算103勝を記録した。07年オフにFAとなってドジャースと契約。08年4月4日のパドレス戦で初登板初勝利、6月6日のカブス戦で初完封。7月7日のブレーヴス戦でも1安打完封勝利を収めた。打線の援護に恵まれず9勝10敗と負け越すも、防御率は3.73。ディヴィ

ジョンシリーズ第3戦はカブス相手に6回無失点で勝利投手となり、フィリーズとのリーグ優勝決定シリーズ第3戦も6回2失点と好投、シリーズ唯一の勝利をもたらした。10年初の2ケタとなる11勝、ツーシームを軸としてスライダー、フォークなど変化球の精度も高く、11年も13勝16敗と負け越したものの、202回を投げ防御率3.07は9位だった。

12年ヤンキースに移籍、2完封を含む自己最多の16勝、防御率3.32。リーグ優勝決定シリーズでは第2戦に先発、敗れはしたものの7.2回で11三振を奪った。13年は8月半ばまで防御率1位を走り11勝、14年も同じく11勝。FAとなった15年は複数のメジャー球団の誘いを断り、契約条件ではずっと下回る広島復帰を選んで“男気”を賞賛された。16年に10勝を挙げ球団25年ぶりの優勝に貢献、同年限りで引退。24年に日本の野球殿堂入りした。父の一博は元南海の外野手。

【通算】7年、212試合、211先発、6完投、5完封、79勝79敗0S、1319回、986奪三振、防御率3.45

【日本】97-2007,15-16広島　13年、321試合、294先発、76完投、15完封、124勝105敗1S、2021.2回、1461奪三振、防御率3.55

ジェリー・グローティ
Gerald Wayne Grote (Jerry)

1942.10.6～2024.4.7【出身地】テキサス州サンアントニオ【球団】63-64アストロズ　66-77メッツ　77-78ドジャース　81ロイヤルズ　81ドジャース【位置】捕手、右

【経歴】64年に正捕手となるも.181の低打率でマイナー落ち。66年メッツで再昇格、68年は打率.282でオールスターに選ばれる。強肩の持ち主で、世界一となった69年は盗塁阻止率.563。投手リードの評価も高く、メッツ時代に出場した2度のワールドシリーズでは全イニングにマスクをかぶった。78年限りで引退したが、81年3年ぶりに復帰した。

【通算】16年、1421試合、4339打数1092安打、39本塁打、404打点、15盗塁、打率.252

【タイトル】オールスター2回(68,74年)

ディック・グロート
Richard Morrow Groat

1930.11.4～2023.4.27【出身地】ペンシルヴェニア州ウィルキンズバーグ【球団】52,55-62パイレーツ　63-65カーディナルス　66-67フィリーズ　67ジャイアンツ【位置】遊撃、右

【経歴】デューク大学時代はバスケットボールの全米代表に2度選ばれた好選手で、NBAでも1年だけプレイ。52年マイナーを経ずパイレーツ入り、兵役を終えた55年から野球に専念し57～58年は2年連続打率3割。60年は打率.325で首位打者、優勝したパイレーツのリーダーとしての働きも評価されMVPを受賞した。カーディナルスに移った63年自己最多の201安打(2位)、43二塁打(1位)でMVP投票次点。守備でも的確なポジショニングで、パイレーツ時代にビル・マゼロスキーとのコンビで4回最多併殺を完成させた。引退後は大学バスケットボールの解説を務めた。メジャー大会2勝の名ゴルファー、ブルックス・ケプカは甥の息子。

【通算】14年、1929試合、7484打数2138安打、39本塁打、707打点、14盗塁、打率.286

【タイトル】MVP1回(60年)首位打者1回(60年)オールスター5回(59～60,62～64年)

ジョー・クローニン
Joseph Edward Cronin

1906.10.2～84.9.7【出身地】カリフォルニア州サンフランシスコ【球団】26-27パイレーツ　28-34セネターズ　35-45レッドソックス【位置】遊撃、右

【経歴】26年19歳でメジャー昇格を果たすも、パイレーツ時代は出場機会に恵まれず、マイナー球団を経てセネターズに移籍。29年正遊撃手となり、翌30年自己最高の打率.346、203安打、126打点。以後3割、100打点を8回ずつ記録、33年は45本、38年は51本で最多二塁打。守備も一流だった。リーダーシップの点でも評価が高く、33年26歳の若さで監督を兼任しリーグ優勝を果たした。

翌34年グリフィス・オーナーの姪と結婚したが、同年末史上最高額となる22万5000ドルの移籍金でレッドソックスへトレードされる。40年に唯一の20本以上となる24本塁打。監督兼任で41年までレギュラーを務めたが、選手との関係はあまり良くなかった。現役晩年は代打で活躍、43年は5本の代打本塁打。6月17日はダブルヘッダーで1本ずつ代打本塁打を放った。同年から3年間はメジャー最高給を手にしていた。45年限りで引退し

て監督に専念、翌46年レッドソックスを29年ぶりの優勝に導いた。48年からフロント入り、59年元選手として初めてアメリカン・リーグ会長に選出された。56年殿堂入り。
【通算】20年、2124試合、7579打数2285安打、515二塁打、118三塁打、170本塁打、1424打点、87盗塁、1059四球、700三振、打率.301
【タイトル】オールスター7回(33～35,37～39,41年)
【監督】33-34セネターズ 35-47レッドソックス 15年、2315試合、1236勝1055敗、勝率.540 リーグ優勝2回(33,46年)

トニー・クロニンガー
Tony Lee Cloninger
1940.8.13～2018.7.24【出身地】ノースカロライナ州リンカンカウンティ【球団】61-68ブレーヴス 68-71レッズ 72カーディナルス【位置】投手、右
【経歴】胸板の厚い速球投手で、61年20歳でメジャーに昇格し7勝。64年19勝(4位)、翌65年は24勝(2位)、211奪三振、防御率3.29も自己ベスト。制球力は今一つで65～66年は2年連続で最多四球と最多暴投、66年の27暴投は20世紀以降ではワースト2位だった。打撃も良く66年は5本塁打、23打点、7月3日に史上初の1試合2本の満塁本塁打を放った。92～2001年はヤンキース、その後はレッドソックスの投手コーチで合計5回の世界一を経験した。
【通算】12年、352試合、247先発、63完投、13完封、113勝97敗6S、1767.2回、1120奪三振、防御率4.07

ウィリー・クローフォード
Willie Murphy Crawford
1946.9.7～2004.8.27【出身地】カリフォルニア州ロスアンジェルス【球団】64-75ドジャース 76カーディナルス 77アストロズ 77アスレティックス【位置】外野、左
【経歴】64年契約金10万ドルでドジャースに入団し、18歳でメジャーを経験。翌65年のワールドシリーズではヒットも放つが、メジャー定着は69年になってから。73年に打率.295、14本塁打、66打点の自己最高成績。カーディナルスに移籍した76年も打率.304だったが、当初期待されたほどの選手にはなれなかった。アスレティックス時代の背番号99は選手としては史上最も大きな数字である。
【通算】14年、1210試合、3435打数921安打、86本塁打、419打点、47盗塁、打率.268

カール・クローフォード
Carl Demonte Crawford
1981.8.5～【出身地】テキサス州ヒューストン【球団】2002-10レイズ 11-12レッドソックス 13-16ドジャース【位置】外野、左
【経歴】99年ドラフト2位でレイズに入団。メジャー指折りの俊足で、レギュラーになった2003年に55盗塁、翌04年も59盗塁で2年連続1位。同年は19三塁打も1位で、07年までの5年間で最多三塁打3回、盗塁王に4回輝いた。08年のプレイオフは6打点、6盗塁。09年自己最多の60盗塁(2位)、オールスターではブラッド・ホープの本塁打性の大飛球を捕球しMVPに選ばれた。
10年は5度目の3割となる打率.307、自己最多の19本塁打、90打点、13三塁打は4度目の1位。FAとなった11年に7年1億4200万ドルでレッドソックスに移籍したが、不振に喘ぎ12年途中でドジャースへ放出。13年のプレイオフでは42打数13安打、4本塁打を放った。打撃妨害で通算17回出塁している。従兄弟のJ・Pはマリナーズの正遊撃手。
【通算】15年、1716試合、6655打数1931安打、123三塁打、136本塁打、766打点、480盗塁、1067三振、打率.290
【タイトル】盗塁王4回(2003～04,06～07年)ゴールドグラブ1回(10年)オールスター4回(04,07,09～10年)

サム・クローフォード
Samuel Earl Crawford
1880.4.18～1968.6.15【出身地】ネブラスカ州ワフー【球団】1899-1902レッズ 03-17タイガース【位置】外野、一塁、左
【経歴】長打力と俊足を兼ね備えた強打者で、出身地の名をとって通称"ワフー・サム"。通算309三塁打は史上1位、最多三塁打を6回記録した。19歳でデビューし1901年は16本塁打(1位)、104打点(3位)。03年タイガースとレッズの間で二重契約を結び、結局タイガースへ落ち着く。タイ・カッブとは不仲で、隣同士で守るのを拒んだこともあったが、強力な三、四番コンビを組んでダブルスティールをたびた

び成功させた。08年7本塁打で両リーグでの本塁打王に輝く。通算97本塁打中51本はランニング本塁打で、これは史上最多の数字である。

カップの高出塁率にも助けられ、10年から6年間で100打点以上5回、タイトルも3回獲得。11年の.378(3位)を最高に11回打率3割、首位打者にはなれずじまいでも2位には4回入った。07～09年に3年続けてワールドシリーズに出場、得意の三塁打は17試合で1本も打てなかった。実直な性格で広く尊敬を集め、引退後は南カリフォルニア大のコーチ、マイナー審判などを務めた。カップとはハリー・ハイルマンの葬儀の席で和解している。57年殿堂入り。

【通算】19年、2517試合、9570打数2961安打、458二塁打、309三塁打(1位)、97本塁打、1523打点、367盗塁、760四球、580三振、打率.309

【タイトル】本塁打王2回(01,08年)打点王3回(10,14～15年)

ブランドン・クローフォード ★
Brandon Michael Crawford

1987.1.21～【出身地】カリフォルニア州マウンテンヴュー【球団】2011-23 ジャイアンツ 24 カーディナルス【位置】遊撃、左

【経歴】堅実な遊撃守備で4度ゴールドグラブに選ばれた名手。2008年ドラフト4位でジャイアンツに入団、12年にレギュラーとなる。14年のワールドシリーズでは23打数7安打4打点、15年は21本塁打、84打点。16年はリーグ1位の11三塁打、1試合7安打も記録した。その後やや数字を落としていたが、21年は打撃フォームを改造し打率.298、24本塁打、90打点の自己最高成績を収めた。実妹はゲリット・コール夫人、妻の姉は体操のシドニー五輪銅メダリストであるジェイミー・ダンツシャー。

【通算】14年、1682試合、5646打数1404安打、147本塁打、748打点、47盗塁、1294三振、打率.249

【タイトル】ゴールドグラブ4回(2015～17,21年)オールスター3回(15,18,21年)

ウォーレン・クロマーティー ☆
Warren Livingston Cromartie

1953.9.29～【出身地】フロリダ州マイアミビーチ【球団】74,76-83 エクスポズ 91 ロイヤルズ【位置】外野、一塁、左

【経歴】4度のドラフト指名を拒否した末、73年ドラフト1位(第2回)でエクスポズに入団。77年正左翼手となりリーグ3位の41二塁打、アンドレ・ドーソン、エリス・ヴァレンタインとの若手外野トリオで売り出す。79年は46二塁打(2位)、81年に自己ベストの打率.304。84年巨人に入団、主軸として86年打率.363(2位)、89年は開幕から4割台の高打率をキープ、最終的には.378でMVPを受賞。明るい性格でファンから親しまれる一方、守備面では怠慢プレイを指摘された。91年8年ぶりにメジャーに復帰、69試合で打率.313を記録したのを最後に引退。2005年は日本人・日系人だけで結成された独立球団"ジャパン・サムライ・ベアーズ"の監督に担ぎ出され、その後モントリオールにMLB球団を呼び戻す運動も手がけた。

【通算】10年、1107試合、3927打数1104安打、61本塁打、391打点、50盗塁、打率.281

【日本】84-90 巨人 7年、779試合、2961打数951安打、171本塁打、558打点、26盗塁、打率.321

スティーヴ・グロメック
Stephen Joseph Gromek

1920.1.15～2002.3.12【出身地】ミシガン州ハムトランク【球団】41-53 インディアンズ 53-57 タイガース【位置】投手、右

【経歴】横手からの微妙に変化する速球で44年10勝、翌45年19勝(4位)、自己ベストの防御率2.55。47年以降はリリーフでの登板が多かったが、48年のワールドシリーズ第4戦では先発して1失点完投勝利。試合後に黒人のラリー・ドビーと抱擁を交わして喜んだ写真は、人種融合の象徴的な一枚として話題になった。53年途中地元のタイガースにトレードされ、翌54年18勝、防御率2.74(5位)を記録した。

【通算】17年、447試合、225先発、92完投、17完封、123勝108敗、2064.2回、904奪三振、防御率3.41

【タイトル】オールスター1回(45年)

C・J・クロン
Christopher John Cron

1990.1.5～【出身地】カリフォルニア州フラートン【球団】2014-17 エンジェルズ 18 レイズ 19 ツインズ 20 タイガース 21-23 ロッキーズ 23 エンジェルズ【位置】一塁、右

【経歴】2011年ドラフト1位でエンジェル

ズに入団。体格の良い一塁手で、14年79試合で11本塁打、以後短縮シーズンとなった20年を除き毎年2ケタの本数を放つ。レイズへ移籍した18年に自己最多の30本、22年はロッキーズで29本、102打点を記録しオールスターに選ばれた。父クリス、弟ケヴィンもメジャーリーガーで、21年にケヴィンは広島に在籍した。
【通算】10年、1049試合、3670打数953安打、187本塁打、604打点、10盗塁、打率.260
【タイトル】オールスター1回(2022年)

桑田真澄　☆
Masumi Kuwata
1968.4.1～【出身地】大阪府八尾市【球団】2007パイレーツ【位置】投手、右
【経歴】PL学園高時代は同級生の清原和博とともに5回甲子園に出場し全国制覇2回、戦後最多の通算20勝を挙げ、打撃でも6本塁打。85年ドラフト1位で巨人に入団、87年に15勝、防御率2.17(1位)で沢村賞を受賞。2002年に2度目の防御率のタイトルを獲得、野球に真摯に取り組む姿勢も多くの選手たちの模範となった。日本での通算173勝は、日本人メジャーリーガーの最多記録である。
　06年限りで巨人を退団し、07年パイレーツとマイナー契約。キャンプ中に足首の靭帯を断裂するアクシデントを乗り越え、6月にメジャー昇格。10日のヤンキース戦でデビュー、巨人の後輩である松井秀喜とも対戦した(結果は四球)。39歳2ヶ月での初出場は、投手としては史上3番目の高齢記録。リリーフで19試合に登板したが防御率9.43と打ち込まれ8月に解雇、翌08年再びパイレーツのキャンプに参加したが、開幕を前に引退した。
【通算】1年、19試合、0先発、0勝1敗0S、21回、12奪三振、防御率9.43
【日本】86-95、97-2006巨　人、20年、442試合、118完投、21完封、173勝141敗14S、2761.2回、1980奪三振、防御率3.55

ポール・クワントリル
Paul John Quantrill
1968.11.3～【出身地】カナダ・オンタリオ州ロンドン【球団】92-94レッドソックス　94-95フィリーズ　96-2001ブルージェイズ　02-03ドジャース　04-05ヤンキース　05パドレス　05マーリンズ【位置】投手、右
【経歴】89年ドラフト6位でレッドソックスに入団。シンカーボーラーで、95年はフィリーズで29試合に先発し11勝を挙げる。ブルージェイズに移籍した翌96年は5勝14敗と大きく負け越したが、リリーフに回った97年は77試合に投げ防御率1.94。2001年はリーグ最多の80試合に登板し11勝、同年から4年連続で最多登板。03年に89試合、防御率1.75の自己記録を残した。息子のカルも投手で、22年はガーディアンズで15勝を挙げた。
【通算】14年、841試合、64先発、1完投、1完封、68勝78敗21S、1255.2回、725奪三振、防御率3.83
【タイトル】オールスター1回(2001年)

【ケ】

ショーン・ケイシー
Sean Thomas Casey
1974.7,2 ～【出身地】ニュージャージー州ウィリングボロ【球団】97 インディアンズ 98-2005 レッズ 06 パイレーツ 06-07 タイガース 08 レッドソックス【位置】一塁、左
【経歴】95 年ドラフト 2 位でインディアンズに入団、98 年にレッズに移籍して正一塁手となる。左足を少し浮かせる独特の打撃フォームで、翌 99 年は打率 .332 と 197 安打が 4 位、42 二塁打、25 本塁打、99 打点。広角に打球を打ち分け 2001 年まで 3 年連続、通算 5 回打率 3 割。04 年も .324、44 二塁打、24 本塁打、99 打点を記録した。06 年のワールドシリーズは 17 打数 9 安打、2 本塁打、ポストシーズン通算では 39 打数 16 安打 (.410)。ミルウォーキーのミラー・パーク、ピッツバーグの PNC パーク両球場の初安打を放った。社交的で誰にでも気さくに話しかけ、人の名前を覚えるのも得意だったことから、ニックネームはメイヤー（市長）だった。
【通算】12 年、1405 試合、5066 打数 1531 安打、130 本塁打、735 打点、18 盗塁、打率 .302
【タイトル】オールスター 3 回 (99,2001,04 年)

ダン・ケイシー
Daniel Maurice Casey
1862.11.20 ～ 1943.2.8【出身地】ニューヨーク州ビンガムトン【球団】1884 ウィルミントン (UA) 85 デトロイト 86-89 フィラデルフィア 90 シラキューズ (AA)【位置】投手、左
【経歴】速球中心の投球で、1886 年フィラデルフィアに移籍し 24 勝、翌 87 年は 4 完封 (1 位) を含む 28 勝 (4 位)、防御率 2.86 は 1 位。89 年末組合活動がもとで解雇され、シラキューズ (AA) へ移籍した。兄デニスも 2 年メジャー経験あり。
【通算】7 年、201 試合、198 先発、182 完投、14 完封、96 勝 90 敗、1680.1 回、743 奪三振、防御率 3.18
【タイトル】最優秀防御率 1 回 (1887 年)

ドク・ケイシー
James Patrick Casey (Doc)
1870.3.15 ～ 1936.12.31【出身地】マサチューセッツ州ローレンス【球団】1898-99 ワシントン 99-1900 ブルックリン 01-02 タイガース 03-05 カブス 06-07 ドジャース【位置】三塁、両
【経歴】小柄な三塁手で、マイナー時代は捕手。1898 年 28 歳でメジャーにデビューし、タイガースに移った 1901 年に主将に任命され自己最多の 153 安打。37 歳までレギュラーとして出場した。引退後は歯科医となった。
【通算】10 年、1114 試合、4341 打数 1122 安打、9 本塁打、354 打点、191 盗塁、打率 .258

ジョージ・ケイス
George Washington Case
1915.11.11 ～ 89.1.23【出身地】ニュージャージー州トレントン【球団】37-45 セネターズ 46 インディアンズ 47 セネターズ【位置】外野、右
【経歴】レギュラーとなった 38 年に打率 .305、翌 39 年も .302 に加え、51 盗塁で盗塁王となる。以後 5 年連続、通算では 6 回盗塁王に輝き、43 年の 61 個が自己最多。同年は他にも 180 安打 (4 位)、36 二塁打 (2 位) など多くの部門でリーグ上位に入った。引退後はマイナーの監督や、ラトガース大学の監督などを務めた。
【経歴】11 年、1226 試合、5016 打数 1415 安打、21 本塁打、377 打点、349 盗塁、打率 .282
【タイトル】盗塁王 6 回 (39 ～ 43,46 年) オールスター 4 回 (39,43 ～ 45 年)

ダニー・ケイター
Danny Anderson Cater
1940.2.25 ～【出身地】テキサス州オースティン【球団】64 フィリーズ 65-66 ホワイトソックス 66-69 アスレティックス 70-71 ヤンキース 72-74 レッドソックス 75 カーディナルス【位置】外野、一塁、三塁、右
【経歴】両足を揃えて打つ特異な打撃フォームが特徴。68 年はリーグ 2 位の打率 .290、70 年に自己最多の 175 安打、76 打点、打率 .301 を記録した。併殺打が多く、68 ～ 69 年は 2 年連続でリーグワースト 2 位の本数だった。
【通算】12 年、1289 試合、4451 打数 1229 安打、66 本塁打、519 打点、26 盗塁、打率 .276

トレヴァー・ケイヒル
Trevor John Cahill
1988.3.1 ～【出身地】カリフォルニア州オーシャンサイド【球団】2009-11 アスレティックス　12-14 ダイアモンドバックス　15 ブレーヴス　15-16 カブス　17 パドレス　17 ロイヤルズ　18 アスレティックス　19 エンジェルズ　20 ジャイアンツ　21 パイレーツ【位置】投手、右
【経歴】2006 年ドラフト2位でアスレティックスに入団、08 年は北京五輪に出場。09 年メジャーに昇格し 10 勝、翌 10 年は 18 勝を稼ぐ。シンカーでゴロを打たせる投球が得意で、12 年まで 4 年連続 2 ケタ勝利を記録したが、その後は頭打ちになった。16 年は 1 試合を除きリリーフで 50 試合に登板、防御率 2.74 でカブスの優勝に貢献した。
【通算】13 年、361 試合、233 先発、3 完投、2 完封、86 勝 99 敗 1 S、1507.2 回、1151 奪三振、防御率 4.26
【タイトル】オールスター 1 回（2010 年）

アル・ケイライン
Albert William Kaline
1934.12.19 ～ 2020.4.6【出身地】メリーランド州ボルティモア【球団】53-74 タイガース【位置】外野、右
【経歴】タイガース一筋に 22 年間活躍し続けた“ミスター・タイガー”。派手なところはなかったが堅実かつ真摯なプレイスタイルで、デトロイトの英雄的存在だった。生まれつき左足が変形していたハンディキャップを克服し、高校卒業後すぐにマイナーを経ず 53 年タイガースに入団、翌 54 年 19 歳で正右翼手となる。55 年は 200 安打（1 位）、27 本塁打、102 打点、打率 .340 で、史上最年少の 20 歳で首位打者に輝いた。
　翌 56 年いずれも 2 位の 194 安打、32 二塁打、128 打点。59 年は長打率 .530（1 位）、打率 .327 は同僚ハーヴィー・キーンに次ぐ 2 位。41 二塁打（1 位）を放った 61 年も、打率 .324 はまたもチームメイトのノーム・キャッシュに次ぎ 2 位だった。通算では 9 回打率 3 割を記録。62 年は鎖骨を折って 100 試合の出場だったが、29 本塁打は自己最多。68 年のワールドシリーズは打率 .379、2 本塁打、8 打点の活躍で世界一に貢献した。右翼守備も素晴らしく、強肩に加え状況判断も的確で、ゴールドグラブ賞が制定された 57 年以降だけで 10 回受賞している。80 年殿堂入り。背番号 6 はタイガース球団初の永久欠番になった。
【通算】22 年、2834 試合（19 位）、10116 打数（27 位）3007 安打、498 二塁打、75 三塁打、399 本塁打、1583 打点、137 盗塁、1277 四球、1020 三振、打率 .297
【タイトル】首位打者 1 回（55 年）ゴールドグラブ 10 回（57 ～ 59,61 ～ 67 年）オールスター 15 回（55 ～ 67,71,74 年）

デニー・ゲイルハウス
Dennis Ward Galehouse
1911.12.7 ～ 98.12.12【出身地】オハイオ州マーシャルヴィル【球団】34-38 インディアンズ　39-40 レッドソックス　41-44,46-47 ブラウンズ　47-49 レッドソックス【位置】投手、右
【経歴】速球に威力があり、42 年メジャー 9 年目で初の 2 ケタ勝利となる 12 勝。44 年は兵器工場で働きながら週末のみ登板し 9 勝、ワールドシリーズ第 1 戦で勝利投手。47 年途中レッドソックスに復帰後 11 勝、年間では自己最多タイの 12 勝。翌 48 年インディアンズとの優勝決定戦で先発したが敗戦投手となった。物静かで紳士的な選手としても知られた。
【通算】15 年、375 試合、258 先発、100 完投、17 完封、109 勝 118 敗、2004 回、851 奪三振、防御率 3.97

マット・ケイン
Matthew Thomas Cain
1984.10.1 ～【出身地】アラバマ州ドーサン【球団】2005-17 ジャイアンツ【位置】投手、右
【経歴】2002 年ドラフト 1 位でジャイアンツに入団。力のある速球を投げ込む正統派で、06 年に先発ローテーションに加わり 13 勝、翌 07 年から 6 年連続 200 投球回以上。打線の援護に恵まれないことが多かったが、10 年はワールドシリーズ第 2 戦で 7.2 回を無失点に抑え勝利投手となったのを含め、ポストシーズン合計 21.1 回で自責点 0 に封じた。12 年 6 月 13 日のアストロズ戦で 14 三振を奪い完全試合を達成。同年は 16 勝、防御率 2.79（4 位）、193 奪三振もすべて自己記録だった。ディヴィジョンシリーズ、リーグ優勝決定シリーズではいずれも最終戦で勝利投手となり、ワールドシリーズでも最終第 4 戦で先発。ポストシーズンの通算成績は 8 試合で 4 勝 2 敗、防御率 2.10 だった。

【通算】13 年、342 試 合、331 先 発、15 完 投、6 完 封、104 勝 118 敗 0 S、2085.2 回、1694 奪三振、防御率 3.68
【タイトル】オールスター 3 回（2009,11 〜 12 年）

ロレンゾ・ケイン
Lorenzo Lamar Cain
1986.4.13 〜【出身地】ジョージア州ヴァルドスタ【球団】2010 ブルワーズ　11-17 ロイヤルズ　18-22 ブルワーズ【位置】外野、右
【経歴】野球を始めたのは 16 歳と遅く、2004 年ドラフト 17 位でブルワーズに入団。ロイヤルズ移籍後の 14 年に打率 .301、28 盗塁、リーグ優勝決定シリーズでは 15 打数 8 安打でシリーズ MVP に輝く。翌 15 年は打率 .307（5 位）、28 盗塁（2 位）、いずれも自己記録の 34 二塁打、16 本塁打、72 打点。俊足を生かした中堅守備の評価も高く MVP 投票 3 位、ワールドシリーズでは 4 盗塁を決め世界一に貢献した。18 年 FA でブルワーズに復帰、5 度目の 3 割以上となる打率 .308（5 位）、30 盗塁（4 位）、リーグ優勝決定シリーズでもチーム最多の 10 安打と奮闘した。
【通算】13 年、1171 試 合、4314 打 数 1220 安 打、87 本 塁 打、454 打 点、190 盗塁、打率 .283
【タイトル】ゴールドグラブ 1 回（2019 年）オールスター 2 回（15,18 年）

ドク・ゲスラー
Henry Homer Gessler (Doc)
1880.12.23 〜 1924.12.24【出身地】ペンシルヴェニア州グリーンズバーグ【球団】03 タイガース　03-06 ドジャース　06 カブス　08-09 レッドソックス　09-11 セネターズ【位置】外野、一塁、左
【経歴】レッドソックスに移籍した 08 年自己最高の打率 .308、14 三塁打（4 位）、63 打点、出塁率 .394 は 1 位。死球が多く、10 年は 16 個でリーグ最多、通算 92 死球。14 年フェデラル・リーグのピッツバーグで監督となったが、11 試合に 3 勝 8 敗で交代させられた。引退後は内科医になった。
【通算】8 年、880 試 合、2969 打 数 831 安打、14 本塁打、363 打点、142 盗塁、打率 .280
【タイトル】最高出塁率 1 回（08 年）

ドン・ケッシンジャー
Donald Eulon Kessinger
1942.7.17 〜【出身地】アーカンソー州フォレストシティ【球団】64-75 カブス　76-77 カーディナルス　77-79 ホワイトソックス【位置】遊撃、両
【経歴】ミシシッピ大学時代はバスケットボールでも活躍。好守の遊撃手として 6 回オールスターに出場、69 年 181 安打、38 二塁打、自己最多の 53 打点、翌 70 年は 14 三塁打（2 位）。熱心な福音主義派の信者でもあった。79 年ホワイトソックスで監督を兼任したが、選手に疎まれ 1 年と持たなかった。息子のキースは 93 年に 1 年のみレッズに在籍、孫のグレイは 2023 年にアストロズに昇格し、史上 5 組目の 3 世代メジャーリーガーとなった。
【通算】16 年、2078 試 合、7651 打 数 1931 安打、254 二塁打、80 三塁打、14 本塁打、527 打点、100 盗塁、684 四球、759 三振、打率 .252
【タイトル】ゴールドグラブ 2 回（69 〜 70 年）オールスター 6 回（68 〜 72,74 年）
【監督】79 ホワイトソックス　1 年、106 試合、46 勝 60 敗、勝率 .434

チャーリー・ゲッツェン
Charles H. Getzien
1864.2.14 〜 1932.6.19【出身地】ドイツ【球団】1884-88 デトロイト　89 インディアナポリス　90-91 ボストン　91 クリーヴランド　92 セントルイス【位置】投手、右
【経歴】カーブを得意とし、1884 年はデビューから 8 連敗を喫して 5 勝 12 敗だったが、防御率 1.95 は 3 位。10 月 1 日のフィラデルフィア戦では 6 回参考ながらノーヒットノーランを達成した。86 年 30 勝、翌 87 年は 29 勝（3 位）で優勝に貢献。88 年は 202 奪三振（3 位）、90 年も 23 勝を挙げた。同じドイツ系の女房役、チャーリー・ガンゼルとのコンビは“プレッツェル・バッテリー”と呼ばれていた。
【通算】9 年、296 試合、292 先発、277 完投、11 完封、145 勝 139 敗、2539.2 回、1070 奪三振、防御率 3.46

リッチ・ゲドマン
Richard Leo Gedman
1959.9.26 〜【出身地】マサチューセッツ州ウースター【球団】80-90 レッドソックス　90 アストロズ　91-92 カーディナルス【位置】捕手、左
【経歴】77 年ドラフト外でレッドソックス

に入団。81年は62試合の出場ながら打率.288で新人王投票次点。84年正捕手に定着、独特のオープンスタンスから24本塁打を放つ。翌85年は打率.295、80打点。86年のプレイオフは28打数10安打6打点と打ちまくったが、同年秋オールスター・チームの一員として来日中に負傷し、その後は控えに甘んじた。
【通算】13年、1033試合、3159打数795安打、88本塁打、382打点、3盗塁、打率.252
【タイトル】オールスター2回(85～86年)

マーク・ケーニッグ
Mark Anthony Koenig
1904.7.19～93.4.22【出身地】カリフォルニア州サンフランシスコ【球団】25-30ヤンキース　30-31タイガース　32-33カブス　34レッズ　35-36ジャイアンツ【位置】遊撃、二塁、三塁、両
【経歴】正遊撃手となった26年に52失策、ワールドシリーズでも4失策と安定性を欠く。翌27年も47失策したがワールドシリーズでは無失策、打撃では18打数9安打と打ちまくった。28年は打率.319を記録したが、眼病を患い控えに回る。32年マイナーに落ちたのちカブスに拾われ、33試合で打率.353。優勝への追い込みに一役買いながらも、選手による投票でワールドシリーズ出場分の報酬が半分しか支払われないことになり、対戦相手だった古巣のヤンキースを憤慨させた。
【通算】12年、1162試合、4271打数1190安打、28本塁打、446打点、31盗塁、打率.279

アダム・ケネディ
Adam Thomas Kennedy
1976.1.10～【出身地】カリフォルニア州リヴァーサイド【球団】99カーディナルス　2000-06エンジェルズ　07-08カーディナルス　09アスレティックス　10ナショナルズ　11マリナーズ　12ドジャース【位置】二塁、三塁、左
【経歴】97年ドラフト1位でカーディナルスに入団。2000年エンジェルズに移籍して正二塁手となり、自己最多の159安打、11三塁打(2位)、72打点。02年は打率.312、リーグ優勝決定シリーズでは第5戦で3本塁打を放ち、シリーズMVPを受賞。同年のポストシーズンは47打数16安打、4本塁打、10打点だった。07年にカーディナルスに復帰したが、トニー・ラルーサ監督との不和から09年のキャンプ前に解雇され、その後は毎年チームを移った。
【通算】14年、1691試合、5473打数1488安打、80本塁打、571打点、179盗塁、打率.272

イアン・ケネディ
Ian Patrick Kennedy
1984.12.19～【出身地】カリフォルニア州ハンティントンビーチ【球団】2007-09ヤンキース　10-13ダイアモンドバックス　13-15パドレス　16-20ロイヤルズ　21レンジャーズ　21フィリーズ　22ダイアモンドバックス　23レンジャーズ【位置】投手、右
【経歴】2006年ドラフト1位でヤンキースに入団。10年ダイアモンドバックスに移籍、先発ローテーション入りし9勝。打者の弱点を研究し正確に突く投球が冴え、11年はリーグ最多の21勝、防御率2.88。続く12年も15勝、14年は自己最多の207奪三振(5位)。ロイヤルズ移籍後の19年は抑えに回って30セーブを挙げた。
【通算】17年、497試合、290先発、2完投、1完封、104勝114敗66S、1904.1回、1775奪三振、防御率4.16
【タイトル】最多勝1回(2011年)

ヴァーン・ケネディ
Lloyd Vernon Kennedy
1907.3.20～93.1.28【出身地】ミズーリ州カンザスシティ【球団】34-37ホワイトソックス　38-39タイガース　39-41ブラウンズ　41セネターズ　42-44インディアンズ　44-45フィリーズ　45レッズ【位置】投手、右
【経歴】学生時代にデカスロン(10種競技)のチャンピオンになったほどの運動神経を誇る。カーブと沈む速球を武器とし、35年8月31日のインディアンズ戦でノーヒットノーランを達成。同年11勝、翌36年は21勝(2位)を挙げる。37年からは5年連続防御率5点台と苦しみ、39年はリーグワーストの20敗。43年に自己ベストの防御率2.45を記録した。36～40年は毎年100四球以上と制球は良くなかった反面、死球は少なく通算24回しかぶつけなかった。
【通算】12年、344試合、263先発、127完投、7完封、104勝132敗、2025.2回、691奪三振、1049四球、防御率4.67
【タイトル】オールスター2回(36,38年)

テリー・ケネディ
Terrance Edward Kennedy

1956.6.4 ～【出身地】オハイオ州ユークリッド【球団】78-80 カーディナルス　81-86 パドレス　87-88 オリオールズ　89-91 ジャイアンツ【位置】捕手、左

【経歴】77 年ドラフト 1 位（全体 6 位）でカーディナルスに入団、パドレスへ移った 81 年正捕手となり打率 .301。続く 82 年は打率 .295、21 本塁打、97 打点、捕手としてのタイ記録となる 42 二塁打（2 位）を放った。83 年もリーグ 5 位の 98 打点。肩は弱かったがよく打者を研究し、リード面で補っていた。ファンに対しても丁寧に応対し、引退後はマイナーの指導者となった。父ボブも 16 年メジャーに在籍、89 年は同じジャイアンツのフロントに所属していた。

【通算】14 年、1491 試合、4979 打数 1313 安打、113 本塁打、628 打点、6 盗塁、打率 .264

【タイトル】オールスター 4 回（81,83,85,87 年）

ブリックヤード・ケネディ
William Park Kennedy (Brickyard)

1867.10.7 ～ 1915.9.23【出身地】オハイオ州ベルエア【球団】1892-1901 ドジャース 02 ジャイアンツ　03 パイレーツ【位置】投手、右

【経歴】10 年間にわたりブルックリンの主戦投手として活躍。速球とカーブを武器に、93 年の 25 勝（5 位）を最多として 4 回 20 勝以上したが、制球力に欠け 20 敗以上も 5 回あった。気が短く、野手がエラーをしたり、審判の判定が気に入らないとすぐに冷静さを失った。打撃も良く通算打率 .261、現役最後の 03 年は .362。読み書きができず、ニューヨークの球場へ行こうとしてオハイオ行きの列車に乗り込む、判定に怒り審判に投げつけたボールがそれて決勝点を入れられるなど、数々の珍奇なエピソードを持つ。“ブリックヤード”のニックネームは、生地ベルエアがレンガの産地だったのが由来。

【通算】12 年、406 試合、354 先発、294 完投、13 完封、187 勝 159 敗、3030 回、799 奪三振、1203 四球、防御率 3.96

ボブ・ケネディ
Robert Daniel Kennedy

1920.8.18 ～ 2005.4.7【出身地】イリノイ州シカゴ【球団】39-42,46-48 ホワイトソックス　48-54 インディアンズ　54-55 オリオールズ　55-56 ホワイトソックス　56 タイガース　57 ホワイトソックス　57 ドジャース【位置】外野、三塁、右

【経歴】39 年 19 歳で地元ホワイトソックスからデビュー、翌 40 年には正三塁手となり 153 安打を放ったが、守備ではリーグワーストの 33 失策。3 年間の兵役から復帰した 46 年には、強肩を生かして外野に転向した。打力は弱く 50 年の打率 .291、9 本塁打が最高。朝鮮戦争に従軍した際はテッド・ウィリアムズに戦闘機の操縦を教えた。63 ～ 65 年にカブス監督、77 ～ 81 年は同球団の GM を務める。その後もカーディナルス、アストロズ、ジャイアンツのフロントで働いた。息子のテリーもメジャーで活躍した。

【通算】16 年、1484 試合、4624 打数 1176 安打、63 本塁打、514 打点、45 盗塁、打率 .254

【監督】63-65 カブス　68 アスレティックス　4 年、545 試合、264 勝 278 敗、勝率 .487

マックス・ケプラー　★
Maximilian Kepler

1993.2.10 ～【出身地】ドイツ連邦共和国ベルリン【球団】2015-24 ツインズ【位置】外野、左

【経歴】少年時代は有望なサッカー選手だったが、野球に転向。2009 年にヨーロッパ出身者の最高額となる契約金 80 万ドルでツインズに入団した。16 年にメジャー定着、18 年 20 本塁打、翌 19 年は 36 本塁打、90 打点の自己記録。トレヴァー・バウアーからは 2 試合にまたがり 5 打席連続でホームランを打った。23 年の .260 が最高打率と確実性には乏しかった。両親はプロのバレエダンサー。

【通算】10 年、1072 試合、3761 打数 893 安打、161 本塁打、508 打点、35 盗塁、打率 .237

チャーリー・ケラー
Charles Ernest Keller

1916.9.12 ～ 90.5.23【出身地】メリーランド州ミドルタウン【球団】39-43,45-49 ヤンキース　50-51 タイガース　52 ヤンキース【位置】外野、左

【経歴】いかつい風貌とがっしりした体格の持ち主で、ニックネームは“キングコング”。39 年メジャーに昇格、111 試合で打率 .334（5 位）、83 打点、出塁率 .447（4

位）。ワールドシリーズでは16打数7安打、3本塁打に加え、第4戦の延長10回表に猛タックルでホームインし、世界一を確実とした。41、42年のシリーズはいずれもチームトップの5打点。40年と43年にリーグ最多の106四球、通算では5回100四球以上と選球眼の良さが光り、通算出塁率は.410。41年自己最多の33本塁打（2位）、122打点（3位）、43年も31本塁打は2位。椎間板ヘルニアのため47年以降は控えに回った。引退後は繋駕競走馬の飼育で成功を収めた。弟ハルはセネターズの捕手を務めたのちフロント入り。
【通算】13年、1170試合、3790打数1085安打、189本塁打、760打点、45盗塁、打率.286
【タイトル】オールスター5回（40～41,43,46～47年）

キング・ケリー
Michael Joseph Kelly (King)
1857.12.31～94.11.8【出身地】ニューヨーク州トロイ【球団】1878-79シンシナティ　80-86シカゴ　87-89ボストン　90ボストン（PL）　91シンシナティ（AA）　91ボストン（AA）　91-92ボストン　93ニューヨーク【位置】外野、捕手、内野、右
【経歴】"野球の王様"と称され、19世紀で最も人気のあった選手。ハンサムで最高級の服を着こなし、オフシーズンは舞台に出演した。実力も申し分なく様々なポジションをこなし、機智に富んだプレイの数々で知られた。俊足でフック・スライディングを編み出し1試合6盗塁も記録、84年.354、86年は.388で2度首位打者となり、通算8回打率3割を記録している。
　自己中心的な性格で首脳陣にとっては扱いにくく、87年1万ドルの移籍金でシカゴからボストンへトレード。90年プレイヤーズ・リーグに加わり、ボストンの監督を兼任し優勝に導く。91年新球団のシンシナティ（AA）に参加、チーム名も彼の名をとってケリーズキラーズと呼ばれた。シーズン途中同球団が解散するとボストン（AA）に加わったが、すぐにナ・リーグのボストンへ史上最高額の2万5000ドルの移籍金で移る。この額はその後23年間破られず、またこの引き抜きによってナショナル・リーグとアメリカン・アソシエーションの対立が決定的となり、アソシエーションの崩壊を招いた。こうしたトラブルも人気の衰えにはつながらず、92年には彼のテーマ曲"スライド・ケリー・スライド"が大ヒットした。ヘビースモーカーで、引退後間もない94年11月、肺炎のため36歳で死去した。1945年殿堂入り。
【通算】16年、1456試合、5896打数1813安打、102三塁打、69本塁打、950打点、打率.307
【タイトル】首位打者2回（1884,86年）最高出塁率2回（84,86年）
【監督】1887ボストン　90ボストン（PL）　91シンシナティ（AA）　3年、330試合、173勝148敗、勝率.539　リーグ優勝1回（1890年）

ジョー・ケリー
Joseph James Kelley
1871.12.9～1943.8.14【出身地】マサチューセッツ州ケンブリッジ【球団】1891ボストン　92ピッツバーグ　92-98ボルティモア　99-1901ドジャース　02オリオールズ　02-06レッズ　08ブレーヴス【位置】外野、一塁、右
【経歴】1890年代のボルティモア全盛時代を支えた俊足選手。グラウンド内でも手鏡を持ち歩いていた洒落者で、ファンにも人気があった。93年から11年連続で打率3割以上、94年は.393の高打率に加えて48二塁打、107四球、出塁率.502はすべて2位、9月3日にはダブルヘッダーで9打数9安打の離れ業を演じる。同年から5年連続100打点以上、95年に自己最多の134打点（2位）。三塁打が多く、94年の20本を最多として8回2ケタ本数を記録した。97年はリーグ最多の87盗塁。1902年途中からレッズで監督を兼任した。71年殿堂入り。
【通算】17年、1853試合、7006打数2220安打、194三塁打（9位）、65本塁打、1194打点、443盗塁、打率.317
【監督】02-05レッズ　08ブレーヴス　5年、669試合、338勝321敗、勝率.513

ジョージ・ケリー
George Lange Kelly
1895.9.10～1984.10.13【出身地】カリフォルニア州サンフランシスコ【球団】15-17ジャイアンツ　17パイレーツ　17,19-26ジャイアンツ　27-30レッズ　30カブス　32ドジャース【位置】一塁、二塁、右
【経歴】"ハイポケット"のニックネームで知られた長身の一塁手。15年19歳でメジャー入りするが通用せずマイナー落ち、17年途中にウェーバーでパイレーツへ移ったが、1ヶ月後に再度ウェーバーでジャイ

アンツに戻った。20年レギュラーとなり94打点でタイトル獲得、翌21年から6年連続打率3割、4年連続100打点以上を稼ぎジャイアンツの4連覇に貢献。21年23本で本塁打王、23年9月17日に3イニング連続本塁打を放った。

24年は136打点で2度目の打点王、6試合連続本塁打の新記録を樹立。17年に1試合のみリリーフで登板し勝利投手になり、25年は1年だけレギュラーとして二塁を守るなど器用さも見せた。引退後レッズとブレーヴスのコーチを務めたあとスカウトに転身した。弟レンは1試合のみ登板経験あり、おじのビル・ランジは元シカゴの外野手。73年殿堂入り。

【通算】16年、1622試合、5993打数1778安打、148本塁打、1020打点、65盗塁、打率.297

【タイトル】本塁打王1回（21年）打点王2回（20,24年）

トム・ケリー

Jay Thomas Kelly

1950.8.15～【出身地】ミネソタ州グレイスヴィル【球団】75ツインズ【位置】一塁、左

【経歴】ツインズを2度のワールドシリーズ制覇に導いた名将。68年ドラフト8位でパイロッツに入団、メジャーでは75年にツインズで49試合に出場したのみ。77年26歳でAAA級の監督を兼任、79年から3年連続で最優秀監督賞。83年ツインズのコーチに就任、86年終盤36歳で監督に昇格し、翌87年ノーマークのチームを世界一に導く。91年も史上初めて前年最下位からのリーグ優勝を果たし、ワールドシリーズでもブレーヴス相手に熱闘を勝ち抜き最優秀監督賞を受賞した。守備を重視し、打撃ではミートが上手く三振の少ない打者を好んだ。93年以降は球団の財政事情もあって負け越しが続いたが、2001年は若手中心のチームで優勝争いに食い込み有終の美を飾った。

【通算】1年、49試合、127打数23安打、1本塁打、11打点、0盗塁、打率.181

【監督】86-2001ツインズ　16年、2385試合、1140勝1244敗、勝率.478　リーグ優勝2回（87,91年）ワールドシリーズ優勝2回（87,91年）

パット・ケリー

Harold Patrick Kelly

1944.7.30～2005.10.2【出身地】ペンシルヴェニア州フィラデルフィア【球団】67-68ツインズ　69-70ロイヤルズ　71-76ホワイトソックス　77-80オリオールズ　81インディアンズ【位置】外野、左

【経歴】ツインズから69年拡張ドラフトでロイヤルズに加わり、リーグ4位の40盗塁。70年34盗塁、72年も32盗塁でいずれも4位と俊足を発揮した。ドラッグバントが得意で、73年は自己最多の154安打を放ちオールスターに選出。快活な性格でチームメイトに好かれていた。兄のリロイはNFLの殿堂入り選手、アンドレ・ソーントンとは義兄弟。

【通算】15年、1385試合、4338打数1147安打、76本塁打、418打点、250盗塁、打率.264

【タイトル】オールスター1回（73年）

ロベルト・ケリー

Roberto Conrado Kelly

1964.10.1～【出身地】パナマ共和国パナマシティ【球団】87-92ヤンキース　93-94レッズ　94ブレーヴス　95エクスポズ　95ドジャース　96-97ツインズ　97マリナーズ　98-99レンジャーズ　2000ヤンキース【位置】外野、右

【経歴】89年正中堅手となり打率.302、35盗塁、8月4日のブルージェイズ戦では9回二死から二塁打を放ち、デイヴ・スティーブの完全試合を阻止した。翌90年は183安打（3位）、32二塁打、42盗塁（3位）、92年は8回も打撃妨害で出塁。通算では史上4位の17回出塁した。93年以降は8年間で8球団をわたり歩き、96年にツインズで打率.323を記録するなど、どのチームでもまずまずの成績だった。

【通算】14年、1337試合、4797打数1390安打、124本塁打、585打点、235盗塁、打率.290

【タイトル】オールスター2回（92～93年）

ルー・ゲーリッグ

Henry Louis Gehrig

1903.6.19～41.6.2【出身地】ニューヨーク州ニューヨーク【球団】23-39ヤンキース【位置】一塁、左

【経歴】メジャー史上最高のスーパースターの一人。25年5月31日から39年5月2日にかけて樹立した2130試合連続出場はカル・リプケンに破られるまで長くメジャー記録として残り、“アイアン・ホース（鉄の馬）”の異名を贈られた。動きが少なくバランスの良いスイングで、緩い球

を打つのが非常に巧く、26年から12年連続打率3割、13年連続100打点以上、40本塁打も5回。この間本塁打王3回、打点王5回、200安打以上8回。31年にリーグ記録の185打点を叩き出したのを最多として150打点以上が7回。27年は打率.373(3位)、47本塁打(2位)、175打点(1位)でMVPを受賞した。

32年6月3日にリーグ史上初の4打数連続本塁打、34年は打率.363、49本塁打、165打点で三冠王、出塁率.465、長打率.706と併せ5部門で1位だった。36年は自己最多の49本塁打(1位)で2度目のMVPに輝いた。また、すべてダブルスティールとはいえ15回の本盗も決めている。三、四番を組んだベーブ・ルースとは対照的に物静かな紳士であり、主将も務め"ヤンキースの誇り"として尊敬を集めた。メジャー記録として長く残っていた満塁本塁打23本が示すようにここ一番で強く、ワールドシリーズには7回出場し打率.361、10本塁打、35打点。28年は4試合で4本塁打9打点、32年は3本塁打8打点と猛打をふるった。

39年は開幕から体調がすぐれず、8試合に出場し28打数4安打で、5月2日に自ら欠場を申し出て連続出場に終止符を打つ。以後二度と出場することはなく、のちに"ゲーリッグ病"の通称で呼ばれる筋萎縮性側索硬化症に罹っていることが判明し、現役引退を決意。7月4日の引退セレモニーで「私は地上で最も幸せな男」の名言を残し、表舞台から去る。背番号4は史上初の永久欠番となった。同年殿堂入りを果たしたが、41年6月2日に37歳で死去。99年には"オール・センチュリー・チーム"にルースを上回る得票数で選出された。

【通算】17年、2164試合、8001打数2721安打、534二塁打、163三塁打、493本塁打(29位)、1995打点(6位)、102盗塁、1508四球(17位)、790三振、打率.340

【タイトル】MVP2回(27,36年)首位打者1回(34年)本塁打王3回(31,34,36年)打点王5回(27～28,30～31,34年)最高出塁率5回(28,34～37年)オールスター7回(33～39年)

チャーリー・ゲーリンガー
Charles Leonard Gehringer

1903.5.11～93.1.21【出身地】ミシガン州ファウラーヴィル【球団】24-42タイガース【位置】二塁、左

【経歴】寡黙なことで知られ"メカニカル・マン"と呼ばれた名二塁手。街でファンに声をかけられても他人のふりをしたとの逸話もある。地元のミシガン大学からタイガースに入団し、打率3割13回、33年からの5年連続を含む200安打以上7回、100打点以上7回。29年は215安打、45二塁打、19三塁打、27盗塁がすべて1位、34年は打率.356(2位)、リーグトップの214安打、自己最多の127打点を叩き出し、ワールドシリーズでも29打数11安打。37年は.371の高打率で首位打者、出塁率.458(2位)も自己ベストでMVPを手にした。

中距離打者で二塁打が多く、36年は60本(1位)、40本以上が7回。本塁打は38年の20本が最多だった。三振が極めて少なく、36年は731打席に立って13三振のみ。ワールドシリーズでも通算90打席で1三振。6回出場したオールスターでは20打数10安打と打ちまくった。守備も打者の傾向をよく研究し、的確なポジショニングと判断で7回守備率1位。グラブフリップを最初に使いこなした選手でもあった。引退後はタイガースでGMと副会長を務め、53年から37年にわたり殿堂の選考委員を担当した。49年殿堂入り。

【通算】19年、2323試合、8860打数2839安打、574二塁打(24位)、146三塁打、184本塁打、1427打点、181盗塁、1186四球、372三振、打率.320

【タイトル】MVP1回(37年)首位打者1回(37年)盗塁王1回(29年)オールスター6回(33～38年)

ジョージ・ケル
George Clyde Kell

1922.8.23～2009.3.24【出身地】アーカンソー州スウィフトン【球団】43-46アスレティックス　46-52タイガース　52-54レッドソックス　54-56ホワイトソックス　56-57オリオールズ【位置】三塁、右

【経歴】マイナー時代は期待されていなかったが、46年途中タイガースに移籍すると.322の高打率を残し、以後8年連続で3割以上。49年は.3429でテッド・ウィリアムズを1毛差で下して首位打者となり、三冠を阻止。同年の13三振は首位打者の最少記録となった。通算では7回打率5位以内。50年も.340(2位)、218安打と56二塁打は1位、自己最多の101打点。51年も2年連続1位の191安打、36

二塁打だった。
　守備でも腰に持病を抱えながら、見事なグラブさばきで7回守備率1位。オリオールズ在籍時は新人のブルックス・ロビンソンを指導、名三塁手に育て、83年に揃って殿堂入りした。引退後はタイガースの実況アナウンサーを37年にわたって務めた。弟スキーターも1年だけメジャー経験がある。
【通算】15年、1795試合、6702打数2054安打、78本塁打、870打点、51盗塁、打率.306
【タイトル】首位打者1回（49年）オールスター10回（47～54,56～57年）

ケン・ケルトナー
Kenneth Frederick Keltner
1916.10.31～91.12.12【出身地】ウィスコンシン州ミルウォーキー【球団】37-44,46-49インディアンズ　50レッドソックス【位置】三塁、右
【経歴】華麗な三塁守備が売り物で、41年7月17日ジョー・ディマジオの痛烈な打球を2度にわたって好捕し、連続試合安打を56で止め大いに名を高めた。打撃も良く、38年21歳でレギュラーとなり26本塁打、113打点。翌39年は打率.325、191安打（3位）。44年は41二塁打（2位）を放った。48年は自己記録の31本塁打（3位）、119打点に加え、レッドソックスとの優勝決定戦で決勝3ランを含む3安打を放ち、優勝の立役者となった。
【通算】13年、1526試合、5683打数1570安打、163本塁打、852打点、39盗塁、打率.276
【タイトル】オールスター7回（40～44,46,48年）

アレックス・ケルナー
Alexander Raymond Kellner
1924.8.26～96.5.3【出身地】アリゾナ州トゥーソン【球団】48-58アスレティックス　58レッズ　59カーディナルス【位置】投手、左
【経歴】変則フォームの持ち主で、スローカーブを駆使し49年19完投（5位）、アスレティックスでは15年ぶりの20勝（5位）を挙げ、新人王投票で次点となる。翌50年は一転8勝20敗と大きく負け越し、51年も14敗で2年連続リーグワーストだった。通算では5回2ケタ勝利を記録。ヨギ・ベラが苦手な投手として名前を挙げていた。腕利きのハンターで、熊やピューマを仕留めて動物園やサーカスに売っていた。弟ウォルトとは52～53年の2年間チームメイトだった。
【通算】12年、321試合、250先発、99完投、9完封、101勝112敗、1849.1回、816奪三振、防御率4.41
【タイトル】オールスター1回（49年）

ブラディミル・ゲレロ・シニア
Vladimir Guerrero
1975.2.9～【出身地】ドミニカ共和国ニサオ【球団】96-2003エクスポズ　04-09エンジェルズ　10レンジャーズ　11オリオールズ【位置】外野、右
【経歴】ロベルト・クレメンテの再来と謳われた強肩強打の外野手で、クレメンテ同様悪球打ちでも有名だった。93年エクスポズに入団、97年途中から正右翼手に定着し、以後12年連続打率3割、9試合出ただけの1年目を除いて最低でも.290以上。99年に31試合連続安打を記録、翌2000年に自己最高の打率.345（3位）、11三塁打（2位）、44本塁打（4位）、長打率.664（3位）。02年はリーグ最多の206安打、39本塁打（5位）、40盗塁（4位）で、40－40こそ逃したものの2年連続30－30を達成した。
　04年FAでエンジェルズに移籍、打率.337と206安打が3位、39本塁打と126打点は4位でMVPに輝く。通算では30本塁打以上8回、100打点以上10回。守備ではメジャー屈指の強肩で3度補殺数1位となる一方、97年から6年連続、通算で8回最多失策と粗さもあった。18年殿堂入り。兄ウィルトンとはエクスポズ時代のチームメイトで、4回兄弟アベックアーチを記録している。息子のブラディミル・ジュニアも強打者として活躍、甥のガブリエルも1年だけメジャーで出場した。
【通算】16年、2147試合、8155打数2590安打、477二塁打、46三塁打、449本塁打、1496打点、181盗塁、737四球、985三振、打率.318
【タイトル】MVP1回（2004年）オールスター9回（99～02,04～07,10年）

ブラディミル・ゲレロ・ジュニア　★
Vladmir Guerrero
1999.3.16～【出身地】カナダ・ケベック州モントリオール【球団】2019-24ブルージェイズ【位置】一塁、右
【経歴】名選手ブラディミル・シニアの息子

として早くから注目を浴び、2015年ブルージェイズに入団。19年20歳で正三塁手に抜擢され、オールスターのホームラン・ダービーでは特大弾を連発した。20年から一塁へ回り、21年は打率.311(3位)、48本塁打(1位)、111打点(5位)。出塁率.401と長打率.601も1位で、MVP投票では大谷翔平の次点。オールスターでは史上最年少の22歳でMVPを受賞した。24年は打率.323(2位)、199安打(2位)、44二塁打(3位)の3部門で自己記録を更新した。
【通算】6年、819試合、3145打数905安打、160本塁打、507打点、20盗塁、打率.288
【タイトル】本塁打王1回(2021年) 最高出塁率1回(21年) ゴールドグラブ1回(22年) オールスター4回(21～24年)

ペドロ・ゲレロ
Pedro Guerrero
1956.6.29～【出身地】ドミニカ共和国サンペドロデマコリス【球団】78-88ドジャース　88-92カーディナルス【位置】一塁、外野、三塁、右
【経歴】73年インディアンズに入団、翌74年ドジャースへトレードされ、レギュラーとなった81年に打率.300。ワールドシリーズでは優勝を決めた第6戦に5打点を挙げMVPに輝いた。翌82年は32本塁打(4位)、100打点、三塁にコンバートされた83年も32本塁打(3位)、103打点(4位)。85年は出塁率.422、長打率.577の両部門で1位、打率.320は2位。33本塁打も自己記録で、6月だけで15本を荒稼ぎ、7月には14打席連続で出塁した。続く86年は膝を負傷し31試合の出場にとどまるが、87年は打率.338(2位)、27本塁打でカムバック賞を受賞。88年途中カーディナルスへ移籍、89年に自己最多の42二塁打(1位)、117打点(2位)を記録した。
【通算】15年、1536試合、5392打数1618安打、215本塁打、898打点、97盗塁、打率.300
【タイトル】最高出塁率1回(85年) オールスター5回(81,83,85,87,89年)

ジェフ・ケント
Jeffrey Franklin Kent
1968.3.7～【出身地】カリフォルニア州ベルフラワー【球団】92ブルージェイズ　92-96メッツ　96インディアンズ　97-2002ジャイアンツ　03-04アストロズ　05-08ドジャース【位置】二塁、三塁、右
【経歴】二塁手としては最多の通算351本塁打を放った強打者。89年ドラフト20位でブルージェイズに入団、93年メッツで正二塁手となり21本塁打。ジャイアンツに移籍した97年29本塁打、121打点(5位)、以後9年連続で20本塁打以上、この間2003年を除き毎年100打点以上。2000年は自己最高の打率.334、196安打(5位)、33本塁打、125打点(4位)でMVPに選ばれた。02年も自己最多の37本塁打、ワールドシリーズでは3本塁打、7打点。打率3割は3回だけでも、98～07年は毎年.289以上と安定していた。守備の評価は低かった。己を曲げない頑固者で孤独を好み、不仲のバリー・ボンズとベンチ内で乱闘寸前に至ったこともある。
【通算】17年、2298試合、8498打数2461安打、560二塁打(29位)、47三塁打、377本塁打、1518打点、94盗塁、801四球、1522三振、打率.290
【タイトル】MVP1回(2000年) オールスター5回(99～01,04～05年)

ハウィー・ケンドリック
Howard Joseph Kendrick
1983.7.12～【出身地】フロリダ州ジャクソンヴィル【球団】2006-14エンジェルズ　15-16ドジャース　17フィリーズ　17-20ナショナルズ【位置】二塁、右
【経歴】2002年ドラフト10位でエンジェルズに入団。シュアな打撃が持ち味で、07～08年は100試合未満の出場ながら2年連続打率3割。10年は41二塁打、75打点、続く11年は自己最多の18本塁打。19年は規定打席不足ながら打率.344、17本塁打、ディヴィジョンシリーズ最終第5戦で決勝満塁弾。リーグ優勝決定シリーズでは15打数5安打、4二塁打でMVPに選出され、ワールドシリーズでも第7戦で値千金の逆転2ランを放ち、ナショナルズの世界一を引き寄せた。
【通算】15年、1621試合、5950打数1747安打、127本塁打、724打点、126盗塁、1102三振、打率.294
【タイトル】オールスター1回(2011年)

ジェイソン・ケンドール
Jason Daniel Kendall
1974.6.26～【出身地】カリフォルニア州サンディエゴ【球団】96-2004パイレーツ　05-07アスレティックス　07カブス

08-09 ブルワーズ　10 ロイヤルズ【位置】捕手、右
【経歴】92 年ドラフト 1 位でパイレーツに入団。96 年 21 歳で正捕手に抜擢され、打率 .300 と期待に応える。98 年は打率 .327（5 位）、75 打点、26 盗塁の自己最高成績を収めた。最初の 5 年間で 4 回、通算では 6 回打率 3 割以上。98 ～ 2000 年は 3 年連続で出塁率 4 割を超えた。死球も多く、98 年はリーグ最多の 31 回、史上 5 位の通算 254 回もぶつけられている。2000 年にはナ・リーグの捕手で 34 年ぶりのサイクルヒットを達成。守備では補殺で 5 回、併殺で 6 回 1 位となった。父フレッドもパドレスの正捕手だった。
【通算】15 年、2085 試合、7627 打数 2195 安打、394 二塁打、35 三塁打、75 本塁打、744 打点、189 盗塁、721 四球、686 三振、打率 .288
【タイトル】オールスター 3 回（96,98,2000 年）

スティーヴ・ケンプ
Steven F. Kemp
1954.8.7 ～【出身地】テキサス州サンアンジェロ【球団】77-81 タイガース　82 ホワイトソックス　83-84 ヤンキース　85-86 パイレーツ　88 レンジャーズ【位置】外野、左
【経歴】76 年 1 月ドラフト 1 位でタイガースに入団。翌 77 年 21 歳でレギュラーとなり、79 年に打率 .318、26 本塁打、105 打点、翌 80 年も 21 本塁打、101 打点。将来のスター候補と目されていたが、ヤンキースに移籍した 83 年、打撃練習中に眼を負傷してしまい、以後は振るわなかった。
【通算】11 年、1168 試合、4058 打数 1128 安打、130 本塁打、634 打点、39 盗塁、打率 .278
【タイトル】オールスター 1 回（79 年）

マット・ケンプ
Matthew Ryan Kemp
1984.9.23 ～【出身地】オクラホマ州ミッドウェストシティ【球団】2006-14 ドジャース　15-16 パドレス　16-17 ブレーヴス　18 ドジャース　19 レッズ　20 ロッキーズ【位置】外野、右
【経歴】抜群の身体能力を生かして活躍した外野手。2003 年ドラフト 6 位でドジャースに入団、07 年は 98 試合で .342 の高打率。09 年は 26 本塁打、101 打点、34 盗塁、守備でもゴールドグラブを受賞。11 年は 39 本塁打、126 打点で二冠王、終盤まで首位打者争いを演じ三冠王の可能性もあったが、最終的には打率 .324 で 3 位。40 盗塁と長打率 .586 も 2 位で、MVP 投票では次点に入り、12 年に 8 年 1 億 6000 万ドルの長期契約を結んだ。パドレスへ移籍した 15 年は 8 月 14 日に球団史上初のサイクルヒット、翌 16 年も 35 本塁打、108 打点を記録した。
【通算】15 年、1750 試合、6365 打数 1808 安打、287 本塁打、1031 打点、184 盗塁、1641 三振、打率 .284
【タイトル】本塁打王 1 回（2011 年）打点王 1 回（11 年）ゴールドグラブ 2 回（09,11 年）オールスター 3 回（11 ～ 12,18 年）

【コ】

ジョージ・ゴア
George F. Gore

1854.5.3 ～ 1933.9.16【出身地】メイン州サッカラッパ【球団】1879-86 シカゴ　87-89 ニューヨーク　90 ニューヨーク(PL)　91-92 ニューヨーク　92 セントルイス【位置】外野、左

【経歴】通算得点数（1327）が出場試合数を上回る3選手のうちの一人で、1886年の150点を最高として100得点以上7回。86年の102個を最多として3回四球で1位になった。80年は打率.360、出塁率.399、長打率.463の3部門で1位。"ピアノ・レッグス"と呼ばれたほど太い足にもかかわらず、81年6月25日は1試合7盗塁を決めた。左打ちだが、投手によっては右打席に立ったこともある。夜遊び好きでも知られ、シカゴのキャップ・アンソン監督との関係は良好ではなかった。92年に16試合セントルイスの指揮を執り6勝9敗だった。

【通算】14年、1310試合、5357打数1612安打、46本塁打、618打点、打率.301

【タイトル】首位打者1回（1880年）最高出塁率1回（80年）

ウェス・コヴィントン
John Wesley Covington

1932.3.27 ～ 2011.7.4【出身地】ノースカロライナ州ローリンバーグ【球団】56-61 ブレーヴス　61 ホワイトソックス　61 アスレティックス　61-65 フィリーズ　66 カブス　66 ドジャース【位置】外野、左

【経歴】マイナー時代はチームメイトのハンク・アーロン以上と目されていた逸材。左腕を苦手としレギュラーには定着できなかったが、打力には確かなものを持っていた。57年は96試合で21本塁打、65打点、ワールドシリーズでも度々ファインプレイを演じ世界一に貢献。翌58年も90試合で打率.330、24本塁打、74打点の活躍だった。61年は5月から7月にかけて4球団を転々とした。

【通算】11年、1075試合、2978打数832安打、131本塁打、499打点、7盗塁、打率.279

スタン・コヴェレスキー
Stanley Anthony Coveleski

1889.7.13 ～ 1984.3.20【出身地】ペンシルヴェニア州シャモキン【球団】12 アスレティックス　16-24 インディアンズ　25-27 セネターズ　28 ヤンキース【位置】投手、右

【経歴】本名はStanislas Kowalewski。12年9月12日の初先発で完封勝ちした後は再びマイナー生活が続く。16年インディアンズで再昇格後はスピットボールを武器にエースとして活躍、17年は9完封（1位）を含む19勝、自己ベストの防御率1.81（3位）。翌18年から4年連続20勝、20年は24勝（3位）、防御率2.49（2位）、133奪三振は1位で、ワールドシリーズでもすべて完投での3勝、防御率0.67と好投し世界一に大きく貢献した。

23年は13勝14敗と負け越しながらも防御率2.76は1位。セネターズに移った25年も36歳で20勝（3位）、防御率2.84は1位で13連勝も記録した。制球力に優れ、ある試合では7イニングの間ずっとストライクを投げ続けたこともあった。69年殿堂入り。兄ハリーも9年間で通算81勝、タイガース時代の14～16年に3年連続20勝を挙げた好投手だった。

【通算】14年、450試合、385先発、223完投、38完封、215勝142敗、3082回、981奪三振、802四球、防御率2.89

【タイトル】最優秀防御率2回（23,25年）最多奪三振1回（20年）

ポップ・コークヒル
John Stewart Corkhill (Pop)

1858.4.11 ～ 1921.4.3【出身地】ペンシルヴェニア州パークスバーグ【球団】1883-88 シンシナティ（AA）　88-90 ブルックリン（AA）/ ブルックリン　91 フィラデルフィア(AA)　91 シンシナティ　91-92 ピッツバーグ【位置】外野、左

【経歴】5回守備率1位を記録した好守の外野手で、3年間一度もフライを落球しなかったとも言われる。打撃も打率はさほど高くなく、3割は87年（.311）の一度だけだったが、1886年から3年連続で90打点以上稼いだ。86年の97打点はリーグ2位。投手としても通算17試合に登板し3勝4敗。オフの間は警官として働き、引退後にニュージャージー州ストックトンで警察署長となった。

【通算】10年、1086試合、4404打数1120安打、31本塁打、631打点、打

率 .254

クリス・コグラン
Christopher Brockett Coghlan
1985.6.18 ～【出身地】メリーランド州ロックヴィル【球団】2009-13 マーリンズ 14-15 カブス 16 アスレティックス 16 カブス 17 ブルージェイズ【位置】外野、左
【経歴】2006 年ドラフト 1 位でマーリンズに入団。マイナーでは主に二塁手で、09 年にメジャーに昇格してからは左翼に回る。同年は後半戦だけで .372 の高打率、年間では .321、9 本塁打、47 打点で新人王に選ばれた。2 年目以降は故障もあって次第に成績は下降していたが、カブス移籍後の 15 年は自己最多の 148 試合に出場して 16 本塁打を放った。危険なスライディングで何度も内野手にケガを負わせたが、現役最後の 17 年は、中腰の捕手の頭を跳び越える驚異的なヘッドスライディングを決めた。
【通算】9 年、801 試合、2580 打数 666 安打、53 本塁打、234 打点、47 盗塁、打率 .258
【タイトル】新人王（2009 年）

トミー・コーコラン
Thomas William Corcoran
1869.1.4 ～ 1960.6.25【出身地】コネティカット州ニューヘイヴン【球団】1890 ピッツバーグ（PL） 91 フィラデルフィア（AA） 92-96 ブルックリン 97-1906 レッズ 07 ジャイアンツ【位置】遊撃、右
【経歴】守備の名手として名を馳せ、通算刺殺数と補殺数はともに史上 10 位以内にランクされる。1903 年 8 月 7 日には 1 試合 14 補殺の記録を作った。打撃では 1894 年の打率 .300、20 三塁打、92 打点が最高。1904 年は .230 の低打率ながら、74 打点は 5 位だった。遊撃手として出場した 2078 試合は引退時点で史上最多。サイン盗みが得意で、レッズ時代は主将を務めた。
【通算】18 年、2205 試合、8824 打数 2259 安打、289 二塁打、155 三塁打、34 本塁打、1137 打点、388 盗塁、384 四球、447 三振、打率 .256

ラリー・コーコラン
Lawrence J. Corcoran
1859.8.10 ～ 91.10.14【出身地】ニューヨーク州ブルックリン【球団】1880-85 シカゴ 85-86 ニューヨーク 86 ワシントン 87 インディアナポリス【位置】投手、右
【経歴】1880 年新人記録となる 43 勝（2 位）を挙げたのに加え、防御率 1.95、268 奪三振（1 位）の大活躍。翌 81 年 31 勝で最多勝、82 年は 27 勝（5 位）、防御率 1.95（1 位）。83 ～ 84 年も 30 勝以上を挙げた。80 年 8 月 19 日のボストン戦、82 年 9 月 20 日のウースター戦、84 年 6 月 27 日のプロヴィデンス戦とノーヒッターを 3 回も達成。軽量でスタミナには不安があり、85 年に肩を痛めてからは急速に衰え、左腕での投球を試したり、野手転向を目指したりしたが成功しなかった。腎臓病を患い 32 歳で死去。兄のマイクも 1 試合のみ登板経験あり。
【通算】8 年、277 試合、268 先発、256 完投、22 完封、177 勝 89 敗、2392.1 回、1103 奪三振、防御率 2.36
【タイトル】最多勝 1 回（1881 年）最優秀防御率 1 回（82 年）最多奪三振 1 回（80 年）

ウェイン・コージー
James Wayne Causey
1936.12.26 ～【出身地】ルイジアナ州ラストン【球団】55-57 オリオールズ 61-66 アスレティックス 66-68 ホワイトソックス 68 エンジェルズ 68 ブレーヴス【位置】三塁、遊撃、二塁、左
【経歴】55 年 18 歳でオリオールズとボーナス契約し、規定に従い 3 年間メジャーに在籍。マイナーを経て 61 年アスレティックスで再昇格し、63 年正遊撃手となり 32 二塁打（3 位）。翌 64 年自己最高の打率 .281、8 本塁打、49 打点。31 二塁打と 88 四球はともに 5 位だった。主将も務めたが、66 年バート・カンパネリスにポジションを奪われた。
【通算】11 年、1105 試合、3244 打数 819 安打、35 本塁打、285 打点、12 盗塁、打率 .252

ケヴィン・ゴーズマン ★
Kevin John Gausman
1991.1.6 ～【出身地】コロラド州センテニアル【球団】2013-18 オリオールズ 18-19 ブレーヴス 19 レッズ 20-21 ジャイアンツ 22-24 ブルージェイズ【位置】投手、右
【経歴】2012 年ドラフト 1 位（全体 4 位）でオリオールズに入団。17 ～ 18 年に 2 ケタ勝利を挙げたが、トップクラスの投手と

なったのは14勝（5位）を挙げた21年から。同年は227奪三振（4位）、スプリッターを駆使して以降3年連続で200三振以上を奪う。23年はリーグ最多の237奪三振、防御率3.16は4位。24年も4年連続2ケタとなる14勝を稼いだ。21年に代打に出てサヨナラ犠飛を打った経験を持つ。験担ぎとして試合中にドーナツを食べるのが習慣だった。
【通算】12年、329試合、290先発、3完投、1完封、102勝102敗0S、1718回、1765奪三振、防御率3.84
【タイトル】最多奪三振1回（2023年）オールスター2回（21,23年）

グース・ゴズリン
Leon Allen Goslin (Goose)
1900.10.16 ～ 71.5.15【出身地】ニュージャージー州セイレム【球団】21-30セネターズ　30-32ブラウンズ　33セネターズ　34-37タイガース　38セネターズ【位置】外野、左
【経歴】極端なクローズドスタンスで打率3割、100打点以上を11回ずつ記録したスラッガー。24年打率.344、129打点（1位）でセネターズの初優勝に大きく貢献し、ワールドシリーズでも3本塁打、7打点、翌25年のシリーズも3本。28年は.379の高打率でヘイニー・マヌーシュを1厘差でかわし首位打者に輝くが、続く29年は.288と1割近く打率を落とした。
30年途中ブラウンズへ放出され、自己最多の37本塁打（3位）、138打点、タイガースに移った34年は30試合連続安打を記録。35年のワールドシリーズ第6戦では世界一を決めるサヨナラ安打を放った。足も速く23、25年は最多三塁打、25年にリーグ2位の27盗塁を決めたが、22年に肩を痛めたため守備は今一つだった。ヤンキー・スタディアムで放った32本塁打はビジターの選手では史上最多だった。68年殿堂入り。
【通算】18年、2287試合、8656打数2735安打、500二塁打、173三塁打（22位）、248本塁打、1612打点、176盗塁、949四球、585三振、打率.316
【タイトル】首位打者1回（28年）打点王1回（24年）オールスター1回（36年）

デイヴ・コスロ
George Bernard Koslo (Dave)
1920.3.31 ～ 75.12.1【出身地】ウィスコンシン州メナシャ【球団】41-42,46-53ジャイアンツ　54オリオールズ　54-55ブレーヴス【位置】投手、左
【経歴】本名はKoslowski。外角低めを丁寧に突く投球で、兵役から復帰した46年14勝、121奪三振（4位）、翌47年自己最多の15勝。同年はジャッキー・ロビンソンにメジャー初本塁打を許した。49年は11勝14敗と負け越しながらも防御率2.50は1位で、完封ゼロでのタイトルは史上初だった。51年のワールドシリーズでは第1戦で先発、ヤンキースを1点に抑え完投勝ち。通算92勝のうち24勝をカーディナルスから稼いだ。
【通算】12年、348試合、189先発、74完投、15完封、92勝107敗、1591.1回、606奪三振、防御率3.68
【タイトル】最優秀防御率1回（49年）

ビリー・コックス
William Richard Cox
1919.8.29 ～ 78.3.30【出身地】ペンシルヴェニア州ニューポート【球団】41,46-47パイレーツ　48-54ドジャース　55オリオールズ【位置】三塁、遊撃、右
【経歴】41年にメジャーに昇格したが、翌42年から4年間の軍隊生活を送り、ガダルカナル島での戦闘にも従軍。除隊後の46年パイレーツの正遊撃手となり打率.290、翌47年自己最多の145安打、30二塁打、15本塁打。48年ドジャースに移籍後三塁にコンバートされ、打撃は今一つでもアクロバティックな守備は極めて高く評価された。53年のワールドシリーズでは23打数7安打、チーム最多の6打点と奮闘した。
【通算】11年、1058試合、3712打数974安打、66本塁打、351打点、42盗塁、打率.262

ボビー・コックス
Robert Joseph Cox
1941.5.21 ～【出身地】オクラホマ州タルサ【球団】68-69ヤンキース【位置】三塁、右
【経歴】選手の素質を見抜き、的確に起用して史上4位の2504勝を記録した名監督。59年4万ドルの契約金でドジャースに入団するがマイナー暮らしが続き、68年ヤンキースで正三塁手となるも打率.229で翌年は控えに回る。故障もあって30歳で引退、マイナー監督を経て78年ブレーヴスの監督に就任。82年ブルージェイズの監督となり、85年に球団史上初の地区

制覇を果たしたのを置き土産として、ブレーヴスにGMとして戻る。90年現場復帰し、90年代だけでリーグ優勝5回、地区優勝8回の黄金時代を築き上げる。91～2005年は、ストライキでポストシーズンが中止になった94年を除き、14季連続地区制覇の偉業を成し遂げ、最優秀監督賞に4回選出された。ただしワールドシリーズ制覇は95年のみで、短期決戦での采配の評価は必ずしも高くなかった。通算158回の退場は史上最多である。14年殿堂入り。
【通算】2年、220試合、628打数141安打、9本塁打、58打点、3盗塁、打率.225
【監督】78-81ブレーヴス　82-85ブルージェイズ　90-2010ブレーヴス　29年、4508試合、2504勝2001敗、勝率.556
リーグ優勝5回（91～92,95～96,99年）
ワールドシリーズ優勝1回（95年）

リッチ・ゴッセージ　☆
Richard Michael Gossage
1951.7.5～【出身地】コロラド州コロラドスプリングス【球団】72-76ホワイトソックス　77パイレーツ　78-83ヤンキース　84-87パドレス　88カブス　89ジャイアンツ　89ヤンキース　91レンジャーズ　92-93アスレティックス　94マリナーズ【位置】投手、右
【経歴】“グース”のニックネームで知られ、剛速球で打者に恐れられた名ストッパー。70年ドラフト9位でホワイトソックスに入団、75年26セーブ（1位）、防御率1.84。先発に転向した翌76年は9勝17敗に終わり、以後はリリーフに専念。77年パイレーツに移籍し11勝26セーブ（3位）、自己最多の151三振を奪う。翌78年FAでヤンキースに移り、リーグ最多の27セーブ。79年は同僚のクリフ・ジョンソンと喧嘩し親指を骨折した。
　続く80年は33セーブで3度目の1位。81年は32試合で20セーブ、防御率0.77、ポストシーズンも14.1回を自責点ゼロに封じた。84年パドレスに移籍、10勝25セーブ（5位）で初優勝に大きく貢献する。87年頃から衰えが目立ち始め、最後の数年間は中継ぎとして各球団をわたり歩き、43歳まで現役を続けた。90年はダイエーでも投げ、2008年に日本プロ野球経験者として2人目の殿堂入りを果した。
【通算】22年、1002試合（16位）、37先発、16完投、0完封、124勝107敗310S（27位）、1809.1回、1502奪三振、防御率3.01
【タイトル】最多セーブ3回（75,78,80年）
オールスター9回（75～78,80～82,84～85年）
【日本】90ダイエー　1年、28試合、0先発、2勝3敗8S、47回、40奪三振、防御率4.40

マーク・コッツェイ
Mark Steven Kotsay
1975.12.2～【出身地】カリフォルニア州ウィッティア【球団】97-2000マーリンズ　01-03パドレス　04-07アスレティックス　08ブレーヴス　08-09レッドソックス　09-10ホワイトソックス　11ブルワーズ　12-13パドレス【位置】外野、左
【経歴】大学時代は抑え投手を兼任し、96年アトランタ五輪に出場、同年のドラフト1位（全体9位）でマーリンズに入団。強肩が自慢で、正中堅手となった98年20補殺、99年19補殺で2年連続1位。打撃では2000年から3年続けて打率.290以上打ちながら3割に届かなかったが、04年に自己最高の打率.314、190安打（5位）、37二塁打を記録した。08年8月14日にはサイクルヒットを達成。30代後半は代打での起用が増え、通算の代打成功率は.297の高率だった。22年アスレティックス監督に就任。
【通算】17年、1914試合、6464打数1784安打、127本塁打、720打点、98盗塁、打率.276
【監督】2022-24アスレティックス　3年、486試合、179勝307敗、勝率.368

アレックス・ゴードン
Alex Jonathan Gordon
1984.2.10～【出身地】ネブラスカ州リンカン【球団】2007-20ロイヤルズ【位置】外野、三塁、左
【経歴】2005年ドラフト1位（全体2位）でロイヤルズに入団。07年正三塁手に抜擢され、初安打を松坂大輔から打ったが、期待されたほどの成績を残せず09年にはマイナー落ち。左翼コンバート後の11年にレギュラーを再奪取し、打率.303、45二塁打、23本塁打、87打点、守備でも20補殺（1位）でゴールドグラブを受賞。同賞には現役最終年の20年も含め8回選ばれた。12年はリーグ最多の51二塁打、15年のワールドシリーズ第1戦では9回裏に起死回生の同点ソロを放った。
【通算】14年、1753試合、6391打数

1643安打、190本塁打、749打点、113盗塁、1535三振、打率.257
【タイトル】ゴールドグラブ8回(2011～14,17～20年) オールスター3回(13～15年)

シド・ゴードン
Sidney Gordon
1917.8.13～75.6.17【出身地】ニューヨーク州ブルックリン【球団】41-43,46-49ジャイアンツ　50-53ブレーヴス　54-55パイレーツ　55ジャイアンツ【位置】外野、三塁、右
【経歴】当初は外野手で、三塁にコンバートされた48年30本塁打(5位)、107打点(4位)。ブレーヴスに移籍した50年外野へ戻り打率.304、103打点、満塁本塁打4本のタイ記録を樹立。続く51年は109打点(2位)を叩き出した。52年まで5年連続25本塁打以上、選球眼も確かで49年は95四球。通算174本と併殺打の多さが泣きどころだった。物静かで謙虚な性格であり、故郷ブルックリンの人気者で、48年にはライバルのジャイアンツに在籍していたにもかかわらず"シド・ゴードン・デイ"が催された。
【通算】13年、1475試合、4992打数1415安打、202本塁打、805打点、19盗塁、打率.283
【タイトル】オールスター2回(48～49年)

ジョー・ゴードン
Joseph Lowell Gordon
1915.2.18～78.4.14【出身地】カリフォルニア州ロスアンジェルス【球団】38-43,46ヤンキース　47-50インディアンズ【位置】二塁、右
【経歴】ヤンキース第二期黄金時代を支えた強打の二塁手で、華麗な守備でも名を馳せ、とりわけ併殺を完成させる技術は最高級だった。38年トニー・ラゼリに代わってレギュラーに抜擢され25本塁打、97打点、ワールドシリーズでもチーム最多の6打点。41年のシリーズも14打数7安打5打点と活躍、翌42年は打率.322(4位)、103打点で、三冠王のテッド・ウィリアムズを抑えMVPに輝いた。
　兵役から復帰した46年.210の低打率に終わりインディアンズへ放出されるが、47年29本塁打(2位)と復活、続く48年は自己最多の32本塁打(2位)、124打点(4位)で優勝の原動力となった。人間性も優れていて、ラリー・ドビーがア・リーグ最初の黒人選手として入団した際には好意的に接した。58年インディアンズ監督に就任、60年途中ジミー・ダイクスとの珍しい監督同士のトレードによってタイガースへ移った。69年に新球団ロイヤルズの初代監督に迎えられたが、1年のみで退任した。2009年殿堂入り。
【通算】11年、1566試合、5707打数1530安打、253本塁打、975打点、89盗塁、打率.268
【タイトル】MVP1回(42年) オールスター9回(39～43,46～49年)
【監督】58-60インディアンズ　60タイガース　61アスレティックス　69ロイヤルズ　5年、615試合、305勝308敗、勝率.498

トム・ゴードン
Thomas Gordon
1967.11.18～【出身地】フロリダ州セブリング【球団】88-95ロイヤルズ　96-99レッドソックス　2001-02カブス　02アストロズ　03ホワイトソックス　04-05ヤンキース　06-08フィリーズ　09ダイアモンドバックス【位置】投手、右
【経歴】86年ドラフト6位でロイヤルズに入団。メジャー屈指と評された大きなカーブで89年17勝、96年までに6回2ケタ勝利。レッドソックス移籍後の97年途中からクローザーで起用され、98年46セーブ(1位)、シーズン終了まで42連続セーブ成功の新記録を樹立し、翌99年にかけて54試合まで数字を伸ばした。2000年は肘の手術で一年を棒に振り、01年カブスで復帰して27セーブ、06年もフィリーズで34セーブ(4位)を挙げた。スティーヴン・キングの小説のモデルにもなっている。息子のディー・ストレンジ=ゴードンとニックはいずれも内野手。
【通算】21年、890試合(30位)、203先発、18完投、4完封、138勝126敗158S、2108回、1928奪三振、防御率3.96
【タイトル】最多セーブ1回(98年) オールスター3回(98,2004,06年)

ロジャー・コナー
Roger Connor
1857.7.1～1931.1.4【出身地】コネティカット州ウォーターベリー【球団】1880-82トロイ　83-89ニューヨーク　90ニューヨーク(PL)　91ニューヨーク　92フィラデルフィア　93-94ニューヨーク　94-97セントルイス【位置】一塁、三塁、料
【経歴】19世紀を代表するスラッガー

で、通算138本塁打はベーブ・ルースに抜かれるまでの最多記録だった。身長190cm、体重99kgは当時としてはかなりの大柄で、ポロ・グラウンドで最初に外野フェンスを超える打球を放ったと伝えられる。パワーだけでなくスピードも兼ね備え、233三塁打は史上5位。100打点以上を4回記録、85年は打率.371、169安打、出塁率.435の3部門で1位だった。
もともと左打者だが、左投手対策として初めて立った右打席で2本塁打したこともある。1881年9月10日に史上初の満塁本塁打を放った。信心深い家庭人で、93年には最も人気のある選手に選ばれた。96年は兼任監督として46試合采配を振り、8勝37敗と散々。メジャーから退いた後は、マイナー球団を経営しながら46歳まで現役を続けた。1976年殿堂入り。弟のジョーもメジャーリーガー。
【通算】18年、1998試合、7797打数2467安打、441二塁打、233三塁打(5位)、138本塁打、1323打点、1002四球、打率.316
【タイトル】首位打者1回(1885年) 本塁打王1回(90年) 打点王1回(89年) 最高出塁率1回(85年)

ジェフ・コナイン
Jeffrey Guy Conine
1966.6.27～【出身地】ワシントン州タコマ【球団】90,92ロイヤルズ 93-97マーリンズ 98ロイヤルズ 99-2003オリオールズ 03-05マーリンズ 06オリオールズ 06フィリーズ 07レッズ 07メッツ【位置】外野、一塁、右
【経歴】"ミスター・マーリン"と呼ばれたマーリンズ初期の主力打者。UCLA時代のコーチがスカウトをしていた縁で、87年ドラフト58位の下位指名でロイヤルズに入団。拡張ドラフトで93年マーリンズへ移り、94年自己最高の打率.319。翌95年は25本塁打、105打点(4位)、オールスターでは代打に立ち、初打席で決勝本塁打を放ってMVP。2003年のリーグ優勝決定シリーズでは24打数11安打、ワールドシリーズでも21打数7安打で世界一に貢献した。18歳の時にラケットボールの全米王者となり、メジャー昇格後も夫人とダブルスを組んで大会に出た。引退後もマーリンズ戦の解説者をしながらトライアスロンの大会に出場。父のジェリーは64年東京五輪のレスリング・フリースタイル代表(ヘビー級)で、ハンドボールの選手としても活躍した。息子のグリフィンは24年マーリンズに昇格。
【通算】17年、2024試合、6957打数1982安打、385二塁打、36三塁打、214本塁打、1071打点、54盗塁、671四球、1168三振、打率.285
【タイトル】オールスター2回(94～95年)

ポール・コナーコ
Paul Henry Konerko
1976.3.5～【出身地】ロードアイランド州プロヴィデンス【球団】97-98ドジャース 98レッズ 99-2014ホワイトソックス【位置】一塁、右
【経歴】ホワイトソックスの主砲として長く活躍した強打者で、同球団での通算432本塁打、1383打点はいずれもフランク・トーマスに次いで2位。94年ドラフト1位でドジャースに入団、レッズからホワイトソックスへ移った99年正一塁手となり、2001年は32本塁打、以後30本以上7回。04年は自己最多の41本塁打(2位)、117打点、続く05年も40本塁打(5位)、100打点。リーグ優勝決定シリーズは2本塁打、7打点でシリーズMVPに選ばれた。ワールドシリーズ第2戦では満塁本塁打を打っている。09年4月13日のタイガース戦では、前を打つジャーメイン・ダイが通算300号本塁打を放った直後に続けて、同じく通算300号を放った。端正な顔立ちで女性人気が高かったほか、チームメイトからの信頼も厚く、06年以降は主将を務めた。
【通算】18年、2349試合、8393打数2340安打、410二塁打、8三塁打、439本塁打、1412打点、9盗塁、921四球、1391三振、打率.279
【タイトル】オールスター6回(2002,05～06,10～12年)

チャック・コナーズ
Kevin Joseph Aloysius Connors (Chuck)
1921.4.10～92.11.10【出身地】ニューヨーク州ブルックリン【球団】49ドジャース 51カブス【位置】一塁、左
【経歴】マイナー時代はバスケットボールとの兼任選手で、NBAのセルティックスでも通算53試合に出た。48年から野球に専念し、49年は代打で1打席のみ出場。51年カブスで再昇格、66試合で打率.239、2本塁打。同年秋に映画に出演したのがきっかけで、52年限りで引退し

俳優に転向、西部劇『ライフルマン』の主役を演じ人気を博した。84 年にはハリウッドのウォーク・オブ・フェイムに名前が刻まれた。
【通算】2 年、67 試合、202 打数 48 安打、2 本塁打、18 打点、4 盗塁、打率 .238

トム・コナリー
Thomas Henry Connolly
1870.12.31 〜 1961.4.28【出身地】英国イングランド・マンチェスター【球団】メジャー経験なし
【経歴】13 歳でイギリスからアメリカに移住、選手の経験がないまま審判になる。1898 年ナ・リーグ審判となるが 1900 年途中辞職、翌 01 年ア・リーグ審判に採用され 31 年まで務めた。03 年は第 1 回ワールドシリーズの審判に選ばれる。冷静なジャッジで滅多に退場宣告を下さず、23 〜 30 年の 8 年間は一人も退場させなかった。「優秀な審判は注目を惹かないものだ」との信条を持ち、選手からも敬称付きで呼ばれるほど敬意を払われていた。31 年から審判部長、その後長い間ルール委員を務める。53 年ビル・クレムとともに審判として初の殿堂入りを果たした。

トニー・コニグリアロ
Anthony Richard Conigliaro
1945.1.7 〜 90.2.24【出身地】マサチューセッツ州リヴィア【球団】64-67,69-70 レッドソックス　71 エンジェルズ　75 レッドソックス【位置】外野、右
【経歴】63 年プロ入り、マイナーでの 83 試合で 24 本塁打し翌 64 年 19 歳でメジャー昇格。111 試合で 24 本塁打を放ち、10 代の打者の新記録を作る。翌 65 年は 32 本塁打、リーグ史上最年少の 20 歳で本塁打王となった。容貌にも恵まれたちまち人気選手となり芸能活動も行なったが、67 年頭部への死球で頬骨を骨折、その影響で左目の視力が大幅に低下し 68 年は全休。69 年 20 本塁打、82 打点でカムバック賞を受賞、70 年は 36 本塁打 (4 位)、116 打点 (2 位) とさらに数字を伸ばすが、死球の後遺症から 71 年のシーズン途中で引退した。75 年に再起を試みるも、21 試合で打率 .123 と失敗に終わる。82 年に心臓発作で倒れ 3 週間死線をさまよい、一命は取りとめたものの 90 年に亡くなるまで後遺症に悩まされた。死後、彼の名をとって苦難を乗り越え活躍した選手に与えられるコニグリアロ賞が制定された。弟ビリーもレッドソックスの外野手で、70 年に 18 本塁打を放っている。
【通算】8 年、876 試合、3221 打数 849 安打、166 本塁打、516 打点、20 盗塁、打率 .264
【タイトル】本塁打王 1 回 (65 年) オールスター 1 回 (67 年)

エド・コネッチー
Edward Joseph Konetchy
1885.9.3 〜 1947.5.27【出身地】ウィスコンシン州ラクロス【球団】07-13 カーディナルス　14 パイレーツ　15 ピッツバーグ (FL)　16-18 ブレーヴス　19-21 ドジャース　21 フィリーズ【位置】一塁、右
【経歴】打走守三拍子揃った一塁手。俊足で 2 ケタ三塁打を 10 回記録、07 年には 1 試合で 2 度の本盗を決めた。09 年に 165 安打 (4 位)、14 三塁打 (2 位)、11 年はリーグ最多の 38 二塁打。フェデラル・リーグに移った 15 年は 181 安打、18 三塁打、93 打点、長打率 .483 の 4 部門で 2 位だった。翌 16 年 9 月は 2 試合連続でチーム唯一の安打を放つ。19 年にリーグ記録となる 10 打数連続安打を達成。一塁守備では悪送球を巧みなキャッチングで防ぎ、補殺で 5 回、守備率で 8 回 1 位。21 年限りでメジャーから退いた後もマイナーで現役を続けた。
【通算】15 年、2085 試合、7649 打数 2150 安打、344 二塁打、182 三塁打 (15 位)、74 本塁打、992 打点、255 盗塁、689 四球、719 三振、打率 .281

小林雅英　☆
Masahide Kobayashi
1974.5.24 〜【出身地】山梨県大月市【球団】2008-09 インディアンズ【位置】投手、右
【経歴】日体大から東京ガスを経て、98 年ドラフト 1 位でロッテに入団。2001 年から 7 年連続 20 セーブ以上、スライダーの切れ味が鋭く 02 年に自己最多の 37 セーブ、17 試合連続セーブのパ・リーグ記録を樹立した。05 年は 29 セーブでタイトルを獲得、リーグ記録の通算 227 セーブの実績を引っさげ 08 年に FA でインディアンズと契約。4 月 26 日ヤンキース戦で初勝利、5 月 13 日アスレティックス戦で初セーブ。6 月中旬まで防御率 2 点台だったが、後半戦は打ち込まれ 57 試合で 4 勝 5 敗 6 セーブ、防御率 4.53。翌 10 年は 10 試合で防御率 8.38 とさらに成績を落とし、10

年巨人で日本に復帰した。
【通算】2年、67試合、0先発、4勝5敗6S、65.1回、39奪三振、防御率5.10
【日本】99-2007ロッテ　10巨人　11オリックス　11年、463試合、13先発、3完投、0完封、36勝34敗228S、599回、465奪三振、防御率2.93

パトリック・コービン　★
Patrick Alan Corbin
1989.7.19～【出身地】ニューヨーク州クレイ【球団】2012-13,15-18ダイアモンドバックス　19-24ナショナルズ【位置】投手、左
【経歴】2009年ドラフト2位でエンジェルズに入団、翌10年途中ダイアモンドバックスへ移籍。得意のスライダーで13年は前半戦だけで11勝、年間14勝を挙げた。トミー・ジョン手術で14年は全休、復帰後の17年に14勝。続く18年は自己ベストの防御率3.15、リーグ3位の246三振を奪った。ナショナルズに移った19年も14勝、238奪三振(4位)、ワールドシリーズ第7戦では2番手で3回を0点に抑え勝利投手。20年以降は急速に衰え22年は19敗、23年まで3年続けて最多敗戦を喫した。
【通算】12年、342試合、324先発、6完投、2完封、103勝131敗2S、1892.1回、1729奪三振、防御率4.51
【タイトル】オールスター2回(2013,18年)

サンディ・コーファックス
Sanford Koufax
1935.12.30～【出身地】ニューヨーク州ブルックリン【球団】55-66ドジャース【位置】投手、左
【経歴】快速球と見事なカーブで打者を圧倒した、60年代を代表する名左腕。本姓はBraunで、コーファックスは継父の姓である。55年19歳で地元ドジャースに入団、速球には当初から目を見張るものがあり、59年8月31日にタイ記録の18奪三振の快投を演じたが、制球力を欠いて最初の6年間は36勝40敗と平凡。投球フォームを変え、力を抜いたピッチングを覚えて素質を開花させ、61年は18勝(4位)、20世紀以降のリーグ記録となる269奪三振(1位)。翌62年防御率2.54で1位、以後5年連続で同タイトルを独占した。同年6月30日のメッツ戦を皮切りに63年5月11日のジャイアンツ戦、64年6月4日のフィリーズ戦と3年連続でノーヒットノーランを達成、65年9月9日のカブス戦では完全試合を成し遂げた。
63年は11完封を含む25勝、306奪三振、防御率1.88の投手三冠でMVPとサイ・ヤング賞をダブル受賞、ワールドシリーズ第1戦で新記録の15三振を奪うなど2勝しシリーズMVP。65年も26勝、自己最多の382奪三振、防御率2.04はすべて1位で2度目のサイ・ヤング賞。ワールドシリーズでも2勝、24回で29奪三振、自責点1の快投で再びシリーズMVPに輝いた。4回出場したワールドシリーズは4勝3敗ながら防御率0.95、61奪三振だった。
ドン・ドライスデイルと契約交渉で共闘し、13万ドルで更改した66年も27勝、317奪三振、防御率1.73で3度目の投手三冠。2年連続の満票で三たびサイ・ヤング賞を手にするが、慢性的な左肘痛のため引退を宣言。31歳、絶頂期での引退は大いに惜しまれた。敬虔なユダヤ教徒で、労働を禁ずるヨムキプール(贖罪日)には登板せず、65年のワールドシリーズ開幕戦の先発も回避した。72年史上最年少の36歳で殿堂入り。
【通算】12年、397試合、314先発、137完投、40完封、165勝87敗、2324.1回、2396奪三振、防御率2.76
【タイトル】MVP1回(63年)サイ・ヤング賞3回(63,65～66年)最多勝3回(63,65～66年)最優秀防御率5回(62～66年)最多奪三振4回(61,63,65～66年)オールスター6回(61～66年)

チャールズ・コミスキー
Charles Albert Comiskey
1859.8.15～1931.10.26【出身地】イリノイ州シカゴ【球団】1882-89セントルイス(AA)　90シカゴ(PL)　91セントルイス(AA)　92-94シンシナティ【位置】一塁、右
【経歴】選手として、指導者として、そして経営者としても一流の手腕を発揮した人物。メジャー2年目の83年に23歳で兼任監督となり、85年からリーグ4連覇。1887年に打率.335、103打点、89年は102打点。守備では慣例を破って一塁ベースから離れて守り、また投手による一塁へのベースカバーを考案したと伝えられる。監督としては投手力を中心とした守りの野球を特徴とし、スカウティングや契約交渉にも携わった。
94年にウェスタン・リーグを友人のバ

ン・ジョンソンと結成、自らも同リーグのセントポール球団を購入し、1900年シカゴに移転させホワイトストッキングスと改名。アメリカン・リーグの創設メンバーとして、以後も長年にわたりリーグを支え続けた。金銭面では非常に渋く、主力選手の年俸を低く抑え続けたことが、19年のブラックソックス事件の遠因となったと言われている。ただし当時の他球団と比べれば、特筆するほどの吝嗇家ではなかったとの指摘もあり、収益の1割を赤十字に寄付したり、毎年7万5000人もの小中学生を無料で球場に招待したりするなど、慈善家の一面も持っていた。39年殿堂入り。その名前は長くホワイトソックスの本拠地球場に残った。
【通算】13年、1390試合、5796打数1529安打、28本塁打、883打点、打率.264
【監督】1883-89セントルイス(AA)　90シカゴ(PL)　91セントルイス(AA)　92-94シンシナティ　12年、1408試合、839勝540敗、勝率.608　リーグ優勝4回(1885～88年)

小宮山悟　☆
Satoru Komiyama
1965.9.15～【出身地】千葉県柏市【球団】2002メッツ【位置】投手、右
【経歴】早稲田大で通算20勝を挙げ、89年ドラフト1位でロッテに入団。多彩な変化球と正確なコントロールでロッテ時代は2ケタ勝利5回、97年は防御率2.49で1位。2000年横浜に移籍、02年FAとなって、ロッテ時代の監督だったボビー・ヴァレンタインが指揮を執るメッツと契約。リリーフで25試合に登板したが、1勝も挙げることなく解雇された。03年は引退状態で、04年にヴァレンタインがロッテの監督に復帰すると現役に戻り、08年は42歳で33試合に登板、3勝を挙げるなど息の長い活躍を続けた。19年早稲田大の監督に就任。
【通算】1年、25試合、0先発、0勝3敗0セーブ、43.1回、33奪三振、防御率5.61
【日本】90-99ロッテ　2000-01横浜　04-09ロッテ、18年、455試合、304先発、83完投、17完封、117勝141敗4S、2293回、1533奪三振、防御率3.71

ヤン・ゴームス　★
Yan Gomes
1987.7.19～【出身地】ブラジル連邦共和国サンパウロ【球団】2012ブルージェイズ　13-18インディアンズ　19-21ナショナルズ　21アスレティックス　22-24カブス【位置】捕手、右
【経歴】ブラジル出身の最初のメジャーリーガー。2009年ドラフト10位でブルージェイズに入団、12年に昇格した際は母国の英雄ペレからツイッターで祝福を受けた。14年は自己最多の135安打、21本塁打、74打点。17年のディヴィジョンシリーズ第2戦ではサヨナラ打を放った。守備では強肩が光った。日系人の多いサンパウロで育ち、イチローや松井秀喜ら日本人メジャーリーガーに憧れていた。義父のアトリー・ハマカーも日系人で元メジャーの投手。
【通算】13年、1118試合、3756打数923安打、137本塁打、517打点、8盗塁、打率.246
【タイトル】オールスター1回(2018年)

ジョニー・ゴームズ　☆
Jonathan Johnson Gomes
1980.11.22～【出身地】カリフォルニア州ペタルマ【球団】2003-08レイズ　09-11レッズ　11ナショナルズ　12アスレティックス　13-14レッドソックス　14アスレティックス　15ブレーヴス　15ロイヤルズ【位置】外野、右
【経歴】2001年ドラフト18位でレイズに入団。確実性には欠けるがパワフルな打撃が持ち味で、05年は101試合で21本塁打を放ち、新人王投票3位に食い込む。09年は98試合で20本塁打。翌10年は自己最多の148試合に出場し、18本塁打、86打点で地区優勝に貢献した。レッドソックスへ移籍した13年も、成績そのものは大して良くなかったがムードメイカーとして貢献。ワールドシリーズ第4戦では決勝3ランを放った。楽天に入団した16年は活躍できず早々に退団した。
【通算】13年、1203試合、3456打数835安打、162本塁打、526打点、50盗塁、1088三振、打率.242
【日本】2016楽天　1年、18試合、65打数11安打、1本塁打、7打点、0盗塁、打率.169

カルロス・ゴメス
Carlos Argelis Gomez
1985.12.4 ～【出身地】ドミニカ共和国サンティアゴ【球団】2007 メッツ　08-09 ツインズ　10-15 ブルワーズ　15-16 アストロズ　16-17 レンジャーズ　18 レイズ　19 メッツ【位置】外野、右
【経歴】2002 年メッツに入団、ツインズへ移籍した 08 年に正中堅手となって 33 盗塁、サイクルヒットも達成。その後打撃面で伸び悩んでいたが、ブルワーズ移籍後の 13 年は 10 三塁打 (2 位)、24 本塁打、73 打点、40 盗塁 (4 位)、球団 31 年ぶりのゴールドグラブを受賞。続く 14 年も 23 本塁打、34 盗塁 (4 位) で 2 年続けてオールスターに選ばれた。17 年に 2 度目のサイクルヒットを記録した。
【通算】13 年、1461 試合、4724 打数 1189 安打、145 本塁打、546 打点、268 盗塁、1259 三振、打率 .252
【タイトル】ゴールドグラブ 1 回 (2013 年) オールスター 2 回 (13 ～ 14 年)

クリス・ゴメス
Christopher Cory Gomez
1971.6.16 ～【出身地】カリフォルニア州ロスアンジェルス【球団】93-96 タイガース　96-2001 パドレス　01-02 レイズ　03 ツインズ　04 ブルージェイズ　05-07 オリオールズ　07 インディアンズ　08 パイレーツ【位置】遊撃、右
【経歴】92 年ドラフト 3 位でタイガースに入団。94 年正遊撃手となり 84 試合で 53 打点、翌 95 年は自己最多の 11 本塁打を放つも .223 の低打率に終わる。98 年は 32 二塁打、ワールドシリーズでは 11 打数 4 安打。99 年以降は主に二塁・遊撃の控えとして起用された。
【通算】16 年、1515 試合、4604 打数 1206 安打、60 本塁打、487 打点、35 盗塁、打率 .262

レフティ・ゴメス
Vernon Louis Gomez (Lefty)
1908.11.26 ～ 89.2.17【出身地】カリフォルニア州ロデオ【球団】30-42 ヤンキース　43 セネターズ【位置】投手、左
【経歴】パシフィック・コースト・リーグで活躍したのち、30 年契約金 3 万 5000 ドルでヤンキースに入団。翌 31 年 21 勝 (3 位)、防御率 2.67 (2 位)、続く 32 年も 24 勝 (3 位)。34 年は 26 勝、25 完投、6 完封、281.2 回、158 奪三振、防御率 2.33 がすべて 1 位だった。37 年も 6 完封 (1 位) を含む 21 勝、194 奪三振、防御率 2.33 で投手三冠に輝いた。
　当初は足を高く蹴り上げるフォームから繰り出す速球で押していたが、故障もありスローカーブでかわす投球を体得。ワールドシリーズでは 7 試合で 6 勝 0 敗、防御率 2.86。オールスターでも 3 勝、33 年の第 1 回大会では先発し、初打点も記録するなど大舞台に強かった。剽軽な性格の人気者で、ムードメイカーとしても大きな存在だった。ジョー・ディマジオが唯一腹を割って話せるチームメイトだったと言われる。72 年殿堂入り。
【通算】14 年、368 試合、320 先発、173 完投、28 完封、189 勝 102 敗、2503 回、1468 奪三振、1095 四球、防御率 3.34
【タイトル】最多勝 2 回 (34,37 年) 最優秀防御率 2 回 (34,37 年) 最多奪三振 3 回 (33 ～ 34,37 年) オールスター 7 回 (33 ～ 39 年)

アレックス・コラ
Jose Alexander Cora
1975.10.18 ～【出身地】プエルトリコ・カグアス【球団】98-2004 ドジャース　05 インディアンズ　05-08 レッドソックス　09-10 メッツ　10 レンジャーズ　11 ナショナルズ【位置】遊撃、二塁、左
【経歴】96 年ドラフト 3 位でドジャースに入団し、2000 年に正遊撃手となる。03 年に二塁へ回り、自己最多の 148 試合に出場して 119 安打。翌 04 年は 10 本塁打、47 打点、出塁率 .364。14 球連続ファウルで粘り、18 球目をホームランにした打席もあった。引退後アストロズのコーチを経て 18 年レッドソックスの監督となり、ワールドシリーズを制したが、アストロズ時代からサイン盗みに加担していたことが発覚。20 年は 1 年間の出場停止処分を科されて解任となったが、処分明けの 21 年に復帰した。兄のジョーイも内野手。
【通算】14 年、1273 試合、3408 打数 828 安打、35 本塁打、286 打点、47 盗塁、打率 .243
【監督】2018-19,21-24 レッドソックス　6 年、972 試合、521 勝 451 敗、勝率 .536、リーグ優勝 1 回 (2018 年) ワールドシリーズ優勝 1 回 (18 年)

ジョーイ・コラ
Jose Manuel Cora (Joey)
1965.5.14 ～【出身地】プエルトリコ・カグ

アス【球団】87,89-90 パドレス　91-94 ホワイトソックス　95-98 マリナーズ　98 インディアンズ【位置】二塁、両
【経歴】85 年ドラフト 1 位でパドレスに入団。93 年ホワイトソックスの正二塁手となり 13 三塁打（2 位）、リーグ最多の 19 犠打。97 年は自己記録の打率 .300、172 安打、40 二塁打、11 本塁打。引退後マイナー監督を経て、ホワイトソックスで二遊間コンビを組んでいたオジー・ギーエンの下でコーチとなり、2012 年はギーエンの出場停止期間中にマーリンズの監督を代行した。弟のアレックスも内野手。
【通算】11 年、1119 試合、3734 打数 1035 安打、30 本塁打、294 打点、117 盗塁、打率 .277
【タイトル】オールスター 1 回（97 年）

ロッキー・コラヴィト
Rocco Domenico Colavito
1933.8.10 ～ 2024.12.10【出身地】ニューヨーク州ニューヨーク【球団】55-59 インディアンズ　60-63 タイガース　64 アスレティックス　65-67 インディアンズ　67 ホワイトソックス　68 ドジャース　68 ヤンキース【位置】外野、右
【経歴】7 回 30 本塁打以上を放った強打者。58 年はいずれも 2 位の 41 本塁打、113 打点、自己最高の打率 .303。長打率 .620 は 1 位だった。翌 59 年は 42 本で本塁打王となり、6 月 10 日のオリオールズ戦で 4 打席連続本塁打を放った。男前でファンを大事にしたこともあり人気は絶大で、60 年ハーヴィー・キーンとの交換でタイガースへトレードされた際には抗議が殺到した。61 年自己最多の 45 本塁打、140 打点。インディアンズに復帰した 65 年 6 度目の大台となる 108 打点でタイトルを獲得、93 四球も 1 位だった。守備でも強肩で魅了した。現役最後の 68 年にはリリーフで 1 試合投げ勝利投手になっている。
【通算】14 年、1841 試合、6503 打数 1730 安打、374 本塁打、1159 打点、19 盗塁、打率 .266
【タイトル】本塁打王 1 回（59 年）打点王 1 回（65 年）オールスター 6 回（59,61 ～ 62,64 ～ 66 年）

パット・コラレス
Patrick Corrales
1941.3.20 ～ 2023.8.27【出身地】カリフォルニア州ロスアンジェルス【球団】64-65 フィリーズ　66 カーディナルス　68-72 レッズ　72-73 パドレス【位置】捕手、右
【経歴】守備力には定評があったが打力を欠き、最多出場は 65 年の 63 試合と控え捕手の座から抜け出すことはなかった。打撃妨害での出塁が特技で、65 年の年間 6 回はメジャー記録、1 試合 2 度出塁したこともあった。78 年のレンジャーズを皮切りに 3 球団で指揮を執り、最高位は 82 年の 2 位。翌 83 年は首位を走っていたにもかかわらずフィリーズの監督を解任された。87 年のインディアンズを最後に監督となることはなかったが、その後もブレーヴスやナショナルズでコーチを歴任、ヤクルトでも臨時コーチを務めた。
【通算】9 年、300 試合、767 打数 166 安打、4 本塁打、54 打点、1 盗塁、打率 .216
【監督】78-80 レンジャーズ　82-83 フィリーズ　83-87 インディアンズ　9 年、1211 試合、572 勝 634 敗、勝率 .474

エディー・コリンズ
Edward Trowbridge Collins
1887.5.2 ～ 1951.3.25【出身地】ニューヨーク州ミラートン【球団】06-14 アスレティックス　15-26 ホワイトソックス　27-30 アスレティックス【位置】二塁、左
【経歴】アスレティックス“10 万ドルの内野陣”の一角で、実働 25 年のリーグ記録を持つ史上屈指の名二塁手。コロンビア大学在籍中の 06 年エド・サリヴァンの偽名で出場。09 年正二塁手となり打率 .347（2 位）、得意の流し打ちで以後 8 年連続打率 3 割。14 年はいずれも 2 位の打率 .344、出塁率 .452 で MVP に相当するチャルマーズ賞を受賞した。翌 15 年 5 万ドルの移籍金でホワイトソックスに移り、2 度の優勝に貢献。高給取りのエリートだったため、低年俸の選手たちから反感を買い、それが 19 年のブラックソックス事件の遠因となったともされる。
19 年からも 9 年連続 3 割で、20 年に自己記録の打率 .372（5 位）、224 安打（2 位）。打率 5 位以内に 11 回も顔を出したが、同時期にタイ・カッブがいたため、2 位は 3 回あったものの首位打者にはなれなかった。バントやヒットエンドランなどの小技に優れ、また投手の癖を盗むのが抜群に上手く 10 年は 81 盗塁（1 位）、12 年は 1 試合 6 盗塁を 2 回記録。ワールドシリーズには 6 回出場し通算打率 .328、14 盗塁は史上 1 位タイ。守備でも通算 7630 補殺はメジャー記録、6526 刺殺は 2 位。知的な選手として評判だったが、迷

信家の一面もあり、黒猫を見かけると道を変え、連勝中は靴下を替えなかった。
　24 年から監督を兼任、同年は 37 歳で 42 盗塁を決め 4 度目のタイトル。27 年アスレティックスへ復帰、代打で出場しながら三塁ベースコーチやコニー・マック監督のアシスタントを務めた。引退後は旧友トム・ヨーキーと共同でレッドソックスのオーナーとなり、GM も兼任。39 年殿堂入り。息子のエディー・ジュニアは 3 年間メジャーの経験がある。
【通算】25 年、2826 試合（22 位）、9949 打数（30 位）3315 安打（11 位）、438 二塁打、187 三塁打（12 位）、47 本塁打、1299 打点、741 盗塁（7 位）、1499 四球（19 位）、467 三振、打率 .333
【タイトル】盗塁王 4 回（10,19,23 ～ 24 年）
【監督】24-26 ホワイトソックス　3 年、336 試合、174 勝 160 敗、勝率 .521

ジミー・コリンズ
James Joseph Collins
1870.1.16 ～ 1943.3.6【出身地】ニューヨーク州ナイアガラフォールズ【球団】1895 ボストン　95 ルイヴィル　96-1900 ボストン　01-07 レッドソックス　07-08 アスレティックス【位置】三塁、右
【経歴】1895 年ボストンに加わるが 11 試合に出ただけでルイヴィルに貸し出され、翌 96 年ボストン復帰後正三塁手に定着。守備の名手で、通算 2372 刺殺はブルックス・ロビンソンに次ぎ史上 2 位。バント処理の巧さは革命的とまで言われた。打撃でも打率 3 割以上 5 回、97 年は 132 打点、翌 98 年は 111 打点で 2 年連続 2 位。同年の 15 本塁打は 1 位だった。1901 年レッドソックスに加わり、主力打者として活躍しながら 06 年まで監督を兼任。03 年の第 1 回ワールドシリーズで優勝を果たした。引退後は故郷バッファローでアマチュア野球の指導者となった。45 年殿堂入り。
【通算】14 年、1725 試合、6795 打数 1999 安打、116 三塁打、65 本塁打、983 打点、194 盗塁、打率 .294
【タイトル】本塁打王 1 回（1898 年）
【監督】1901-06 レッドソックス　6 年、842 試合、455 勝 376 敗、勝率 .548、リーグ優勝 2 回（03 ～ 04 年）ワールドシリーズ優勝 1 回（03 年）

シャノ・コリンズ
John Francis Collins (Shano)
1885.12.4 ～ 1955.9.10【出身地】マサチューセッツ州チャールズタウン【球団】10-20 ホワイトソックス　21-25 レッドソックス【位置】外野、一塁、右
【経歴】強肩の外野手で、必要に応じて一塁も守るなど、どんな役目でも文句を言わずにこなした。本塁打は年間 4 本が最多だったが二塁打、三塁打が多く、104 三塁打はホワイトソックスの球団記録。15 年に自己最多の 17 三塁打（3 位）、85 打点（4 位）、38 盗塁、20 年に唯一の 3 割以上となる打率 .303 を記録した。“シャノ”とは、本名ジョンのアイルランド名前“ショーン”の訛り。孫のボブ・ギャラガーもメジャーリーガーとなった。
【通算】16 年、1799 試合、6390 打数 1687 安打、133 三塁打、22 本塁打、708 打点、226 盗塁、打率 .264
【監督】31-32 レッドソックス　2 年、208 試合、73 勝 134 敗、勝率 .353

デイヴ・コリンズ
David S. Collins
1952.10.20 ～【出身地】サウスダコタ州ラピッドシティ【球団】75-76 エンジェルズ　77 マリナーズ　78-81 レッズ　82 ヤンキース　83-84 ブルージェイズ　85 アスレティックス　86 タイガース　87-89 レッズ　90 カーディナルス【位置】外野、両
【経歴】8 球団を転々とした俊足のスイッチヒッター。72 年ドラフト 1 位（第 2 回）でエンジェルズに入団、76 年 99 試合で 32 盗塁。翌 77 年拡張ドラフトでマリナーズへ移籍、79 年はレッズで打率 .318。翌 80 年は打率 .303、79 盗塁は 2 位だった。84 年もブルージェイズで打率 .308、15 三塁打（1 位）、60 盗塁（2 位）。引退後はカーディナルスを皮切りに 6 球団のコーチを歴任した。
【通算】16 年、1701 試合、4907 打数 1335 安打、32 本塁打、373 打点、395 盗塁、打率 .272

テリー・コリンズ
Terry Lee Collins
1949.5.27 ～【出身地】ミシガン州ミッドランド【球団】メジャー経験なし
【経歴】71 年ドラフト 19 位でパイレーツに入団、現役時代は内野手だったがメジャーには上がれず、81 年からドジャースのマイナーで監督となる。パイレーツのコーチを経て 94 年アストロズ監督に就任、同年から 3 年連続地区 2 位となるも、主力選手

との確執が原因で解任される。97年エンジェルズに招かれ、同年と98年は2位になりながら地区優勝には届かず、99年途中またも選手の支持を失い更迭された。2007年監督に就任したオリックスでは、メジャー流の指導法が合わず09年5月に辞任。同年秋はWBC中国代表の監督を務めた。11年メッツで12年ぶりにメジャー監督に復帰、4年続けて勝率5割を下回ったが、15年はチームとしては15年ぶり、自身は初のリーグ優勝を果たした。
【監督】94-96アストロズ　97-99エンジェルズ　2011-17メッツ　13年、2012試合、995勝1017敗、勝率.495、リーグ優勝1回（15年）

リッパー・コリンズ
James Anthony Collins (Ripper)
1904.3.30～70.4.15【出身地】ペンシルヴェニア州アルトゥーナ【球団】31-36カーディナルス　37-38カブス　41パイレーツ【位置】一塁、両
【経歴】元炭鉱作業員で、鉱山ストライキの最中に入団テストを受けプロ野球選手となる。31年89試合の出場で20二塁打、10三塁打、33年から3年連続打率3割。34年は35本塁打（1位）、128打点（2位）、長打率.615（1位）、その他打率.333、200安打、40二塁打、12三塁打もすべて5位以内だった。翌35年に122打点（3位）を稼いだ後は尻すぼみとなった。
【通算】9年、1084試合、3784打数1121安打、135本塁打、659打点、18盗塁、打率.296
【タイトル】本塁打王1回（34年）オールスター3回（35～37年）

リップ・コリンズ
Harry Warren Collins (Rip)
1896.2.26～1968.5.27【出身地】テキサス州ウェザーフォード【球団】20-21ヤンキース　22レッドソックス　23-27タイガース　29-31ブラウンズ【位置】投手、右
【経歴】速球に力があり20年新人で14勝、22、24年も自己最多タイの14勝。通算6回2ケタ勝利を記録した。22年は103四球、7暴投のいずれもリーグワースト。25年には同姓のエディー・コリンズに3000本安打を献上した。才能はあったが野球よりも狩猟や釣りが好きで、やる気のなさを非難されることも少なくなかった。引退後は警察官に転身。
【通算】11年、311試合、219先発、83完投、15完封、108勝82敗、1711.1回、569奪三振、防御率4.00

キング・コール
Leonard Leslie Cole (King)
1886.4.15～1916.1.6【出身地】アイオワ州トリード【球団】09-12カブス　12パイレーツ　14-15ヤンキース【位置】投手、右
【経歴】09年10月6日にデビュー戦で完封勝利。翌10年は開幕から8連勝、7月31日のカーディナルス戦で7回参考ながらノーヒッターを達成。年間では20勝（4位）、防御率1.80は1位で優勝に貢献、翌11年も18勝を挙げた。14年にはベーブ・ルースにメジャー初安打を献上。15年のシーズン中に結核を患い、翌16年1月29歳で死亡した。リング・ラードナーの野球小説『アリバイ・アイク』のモデルとされている。
【通算】6年、129試合、86先発、47完投、9完封、54勝27敗、730.2回、298奪三振、防御率3.12
【タイトル】最優秀防御率1回（10年）

ゲリット・コール　★
Gerrit Alan Cole
1990.9.8～【出身地】カリフォルニア州ニューポートビーチ【球団】2013-17パイレーツ　18-19アストロズ　20-24ヤンキース【位置】投手、右
【経歴】2008年にヤンキースのドラフト1位指名を拒否してUCLAへ進学、11年にパイレーツに全体1位指名され、新記録となる契約金800万ドルで入団。剛速球を武器に13年新人で10勝、15年は19勝（2位）、防御率2.60（5位）、202奪三振。アストロズへトレードされた18年はカーブを有効に使い自己記録を大幅に更新する276奪三振（2位）、翌19年は15連勝を含む20勝、防御率2.50と326奪三振はいずれも1位。9試合連続を含む21度の2ケタ奪三振を記録して、サイ・ヤング賞投票では2位。プレイオフでも3戦3勝、22.2回で1失点の快投だった。
　20年に9年3億2400万ドルの巨額契約でヤンキースへ移籍、21年は16勝で最多勝、4～5月にかけては61三振を奪う間1個も四球を与えなかった。続く22年は球団新記録となる257奪三振（1位）。23年は15勝と222奪三振が3位、防御率2.63と209回は1位でサイ・ヤング賞

を受賞した。24 年のワールドシリーズ最終第 5 戦では好投しながら、カバーリングを怠る自らのミスがきっかけで 5 点リードを追いつかれた。夫人は UCLA での先輩ブランドン・クローフォードの妹。同大のチームメイトだったトレヴァー・バウアーとは険悪な仲だった。
【通算】12 年、317 試合、317 先発、8 完投、5 完封、153 勝 80 敗 0 S、1954 回、2251 奪三振、防御率 3.18
【タイトル】サイ・ヤング賞 1 回（2023 年）最多勝 1 回（21 年） 最優秀防御率 2 回（19,23 年） 最多奪三振 2 回（19,22 年）オールスター 6 回（2015,18 ～ 19,21 ～ 23 年）

デイヴ・ゴールツ
David Allan Goltz
1949.6.23 ～【出身地】ミネソタ州ペリカンラピッズ【球団】72-79 ツインズ　80-82 ドジャース　82-83 エンジェルズ【位置】投手、右
【経歴】67 年ドラフト 5 位で地元のツインズに入団、ベトナム戦争への従軍を経て 72 年メジャー昇格。沈む速球で 74 年から 6 年連続 2 ケタ勝利、77 年は 20 勝で最多勝となる。翌 78 年も 15 勝、自己ベストの防御率 2.49（5 位）。80 年 FA でドジャースと高額契約を結ぶが期待を裏切り 82 年途中解雇。エンジェルズに拾われ 8 勝を稼ぎ、地区制覇に貢献したが肩痛のため 83 年限りで引退した。
【通算】12 年、353 試合、264 先発、83 完投、13 完封、113 勝 109 敗 8 S、2039.2 回、1105 奪三振、防御率 3.69
【タイトル】最多勝 1 回（77 年）

ウィル・コルデロ
Wilfredo Cordero
1971.10.3 ～【出身地】プエルトリコ・マヤゲス【球団】92-95 エクスポズ　96-97 レッドソックス　98 ホワイトソックス　99 インディアンズ　2000 パイレーツ　00-02 インディアンズ　02-03 エクスポズ　04 マーリンズ　05 ナショナルズ【位置】遊撃、外野、右
【経歴】88 年エクスポズに入団、早くから有望株と期待され 92 年 20 歳でメジャー昇格。94 年は打率 .294 でオールスターに出場した。97 年に自己最多の 18 本塁打、72 打点を記録したあとは頭打ちとなり、また私生活での問題も多く、毎年のようにチームを移った。
【通算】14 年、1247 試合、4311 打数 1178 安打、122 本塁打、566 打点、49 盗塁、打率 .273
【タイトル】オールスター 1 回（94 年）

チャド・コルデロ
Chad Patrick Cordero
1982.3.18 ～【出身地】カリフォルニア州アップランド【球団】2003-08 エクスポズ / ナショナルズ　10 マリナーズ【位置】投手、右
【経歴】2003 年ドラフト 1 位でエクスポズに入団。翌 04 年 69 試合に登板して 7 勝 14 セーブ、05 年はクローザーを任されリーグ最多の 47 セーブ、防御率 1.82。6 月には月間 15 セーブのメジャータイ記録を達成した。球威はさほどでもないがスライダーの曲がりが鋭く、07 年も 37 セーブ（5 位）を稼いだが、08 年以降は故障もあって 15 試合に投げただけだった。
【通算】7 年、314 試合、0 先発、20 勝 15 敗 128 S、330.1 回、298 奪三振、防御率 2.89
【タイトル】最多セーブ 1 回（2005 年）オールスター 1 回（05 年）

フランシスコ・コルデロ
Francisco Javier Cordero
1975.5.11 ～【出身地】ドミニカ共和国サントドミンゴ【球団】99 タイガース　2000-06 レンジャーズ　06-07 ブルワーズ　08-11 レッズ　12 ブルージェイズ　12 アストロズ【位置】投手、右
【経歴】94 年タイガースに入団。2000 年フアン・ゴンサレスのトレードの交換要員の一人としてレンジャーズに移籍、抑えとなった 04 年にリーグ 2 位の 49 セーブ。スライダーを武器に翌 05 年も 37 セーブを稼いだ。06 年は不振で中継ぎに回ったが、ブルワーズ移籍後調子を取り戻し 07 年 44 セーブ（2 位）、09 年も 3 度目の 2 位となる 39 セーブ。通算では 7 回 30 セーブ以上を記録した。
【通算】14 年、800 試合、0 先発、47 勝 53 敗 329 S（18 位）、824.2 回、796 奪三振、防御率 3.38
【タイトル】オールスター 3 回（2004,07,09 年）

マイク・コールドウェル
Ralph Michael Caldwell
1949.1.22 ～【出身地】ノースカロライナ州タールボロ【球団】71-73 パドレス　74-76

ジャイアンツ　77 レッズ　77-84 ブルワーズ【位置】投手、左
【経歴】71 年ドラフト 12 位でパドレスに入団し、同年 A 級から一気にメジャーへ昇格。得意のシンカーでジャイアンツに移った 74 年に 14 勝するが、その後は肘を痛め低迷。ブルワーズ移籍後の 78 年 22 勝（2 位）、23 完投（1 位）、防御率 2.36（3 位）でカムバック賞を受賞、サイ・ヤング賞投票では次点。翌 79 年も 16 勝、83 年までの 6 年間は短縮シーズンとなった 81 年以外、毎年 220 回以上投げた。82 年は 17 勝し優勝に貢献、ワールドシリーズでも第 1 戦での完封を含む 2 勝を挙げた。気性が激しく、ブルワーズ監督のバック・ロジャースとは特に不仲だった。
【通算】14 年、475 試合、307 先発、98 完投、23 完封、137 勝 130 敗 18 S、2408.2 回、939 奪三振、防御率 3.81

レイ・コールドウェル
Raymond Benjamin Caldwell
1888.4.26 ～ 1967.8.17【出身地】ペンシルヴェニア州コリドンタウンシップ【球団】10-18 ヤンキース　19 レッドソックス　19-21 インディアンズ【位置】投手、右
【経歴】頭脳的な投球を展開し、20 年の禁止令以降もスピットボールの投球を許可された。14 年は 18 勝、防御率 1.94（4 位）で、セネターズからウォルター・ジョンソンとのトレードを申し込まれる。翌 15 年は 19 勝。19 年 8 月 24 日は試合中に落雷に遭いながらも軽傷で済み、そのまま完投勝利を挙げる。17 日後の 9 月 10 日には古巣ヤンキースを相手にノーヒットノーランを達成した。続く 20 年は自己最多の 20 勝でインディアンズの優勝に貢献。翌 21 年を最後にメジャーから離れた後も、長い間マイナーで現役を続けた。打撃も良く、15 年は代打でリーグ最多の 15 安打、史上初の 2 試合連続代打本塁打も放った。無類の酒好き、遊び好きで私生活上の揉め事も多かった。
【通算】12 年、343 試合、259 先発、184 完投、21 完封、134 勝 120 敗、2242 回、1006 奪三振、防御率 3.22

ポール・ゴールドシュミット　★
Paul Edward Goldschmidt
1987.9.10 ～【出身地】デラウェア州ウィルミントン【球団】2011-18 ダイアモンドバックス　19-24 カーディナルス【位置】一塁、右
【経歴】長年安定した成績を残し、人格面も高く評価された名一塁手。2009 年ドラフト 8 位でダイアモンドバックスに入団、13 年は 36 本塁打、125 打点、長打率 .551 の 3 部門で 1 位。同年から 3 年連続打率 3 割、15 年に自己最高の .321、33 本塁打（5 位）、120 打点（2 位）で、13 年に続いて MVP 投票次点に入った。翌 16 年はリーグ最多の 110 四球に加え、一塁手としては異例の 32 盗塁を決めた。
19 年にカーディナルスへ移籍、22 年は打率 .317（3 位）、35 本塁打（5 位）、115 打点（2 位）、長打率 .578 は 1 位で MVP を受賞した。通算では 30 本塁打以上 7 度、15 ～ 24 年の 10 年間は合計 52 試合に欠場しただけと耐久性も抜群だった。守備も軽快でゴールドグラブに 4 回選ばれている。
【通算】14 年、1928 試合、7119 打数 2056 安打、446 二塁打、362 本塁打、1187 打点、169 盗塁、1050 四球、1879 三振（18 位）、打率 .289
【タイトル】MVP1 回（2022 年）本塁打王 1 回（13 年）打点王 1 回（13 年）ゴールドグラブ 4 回（13,15,17,21 年）オールスター 7 回（13 ～ 18,22 年）

フレッド・ゴールドスミス
Fredrick Ernest Goldsmith
1856.5.15 ～ 1939.3.28【出身地】コネティカット州ニューヘイヴン【球団】1879 トロイ　80-84 シカゴ　84 ボルティモア（AA）【位置】投手、右
【経歴】1870 年、カーブが実際に変化していることを実験によって証明した“もう一人のカーブの発明者”。80 年シカゴに加わり 26 試合で 21 勝 3 敗、防御率 1.75（4 位）、以後 4 年連続 20 勝。82 年自己最多の 28 勝（3 位）で、80 年からのシカゴ 3 連覇の主力となった。84 年に肩を痛めて引退、アメリカン・アソシエーションで審判をしていたが、89 年に没収試合の裁定をめぐって混乱を招き、辞任した。
【通算】6 年、189 試合、185 先発、174 完投、16 完封、112 勝 68 敗、1609.2 回、433 奪三振、防御率 2.73

マーティ・コルドバ
Martin Kevin Cordova
1969.7.10 ～【出身地】ネヴァダ州ラスヴェガス【球団】95-99 ツインズ　2000 ブルージェイズ　01 インディアンズ　02-03 オリオールズ【位置】外野、右

【経歴】89年ドラフト10位でツインズに入団。95年メジャーに昇格し24本塁打、84打点、20盗塁で新人王を受賞。翌96年も打率.309、46二塁打（4位）、111打点で2年目のジンクスを跳ね返した。その後は今一つの成績が続いたが、2001年は打率.301、20本塁打と復調した。
【通算】9年、952試合、3419打数938安打、122本塁打、540打点、57盗塁、打率.274
【タイトル】新人王（95年）

ネイト・コルバート
Nathan Colbert
1946.4.9～2023.1.5【出身地】ミズーリ州セントルイス【球団】66,68アストロズ 69-74パドレス 75タイガース 75-76エクスポズ 76アスレティックス【位置】一塁、右
【経歴】創成期のパドレスで一番の人気を得た強打者で、同球団での通算163本塁打は長い間破られなかった。地元のカーディナルスでプロ入り、アストロズを経て69年拡張ドラフトでパドレスに加わり24本塁打。翌70年は38本塁打（5位）、72年も38本（2位）、111打点（4位）、8月1日にダブルヘッダーで5本塁打、13打点の新記録を樹立した。70年に150三振、74年まで6年連続100三振以上と粗さもあったが、守備でも72～73年は2年連続最多補殺。持病の腰痛を悪化させて30歳で引退、その後牧師になった。
【通算】10年、1004試合、3422打数833安打、173本塁打、520打点、52盗塁、打率.243
【タイトル】オールスター3回（71～73年）

ジム・コルボーン
James William Colborn
1946.5.22～【出身地】カリフォルニア州サンタポーラ【球団】69-71カブス 72-76ブルワーズ 77-78ロイヤルズ 78マリナーズ【位置】投手、右
【経歴】67年ドラフト外でカブスに入団、ブルワーズ移籍後は主戦格として活躍し、73年に20勝、22完投（5位）。速球とスライダーの組み合わせで、ロイヤルズに移籍した77年18勝（5位）、5月14日のレンジャーズ戦でノーヒットノーランを達成した。悪ふざけを好み、試合中に審判やグラウンドクルーに変装したこともある。日本との縁が深く、90～93年はオリックスで投手コーチを務め、帰国後はマリナーズのスカウトとしてイチローの獲得に成功。2001年からはドジャース投手コーチとして野茂英雄や石井一久、パイレーツのコーチ時代は桑田真澄を指導。08年にはレンジャーズのスカウトとなり、ダルビッシュ有の調査を担当した。エディンバラ大学時代はバスケットボールのスコットランド代表に選ばれている。
【通算】10年、301試合、204先発、60完投、8完封、83勝88敗7S、1597.1回、688奪三振、防御率3.80
【タイトル】オールスター1回（73年）

ヴィンス・コールマン
Vincent Maurice Coleman
1961.9.22～【出身地】フロリダ州ジャクソンヴィル【球団】85-90カーディナルス 91-93メッツ 94-95ロイヤルズ 95マリナーズ 96レッズ 97タイガース【位置】外野、両
【経歴】史上有数の快足選手。82年ドラフト10位でカーディナルスに入団、翌83年はA級で145盗塁。85年メジャーに昇格するやいきなり新人記録の110盗塁で新人王、以後3年連続100盗塁、6年連続盗塁王に輝く。88～89年にかけては50回連続盗塁成功の大記録も打ち立てた。87年は自己最多の180安打（4位）、ワールドシリーズでも6盗塁を決める。しかしリードオフマンとしては出塁率が低く、守備でも俊足の割に守備範囲が狭い上、ミスも少なくないなど評価は低かった。93年にはファンに爆竹を投げつけ負傷させたこともあった。従兄弟のグレッグはNFLの選手。
【通算】13年、1371試合、5406打数1425安打、28本塁打、346打点、752盗塁（6位）、打率.264
【タイトル】新人王（85年） 盗塁王6回（85～90年） オールスター2回（88～89年）

ジョー・コールマン
Joseph Howard Coleman
1947.2.3～【出身地】マサチューセッツ州ボストン【球団】65-70セネターズ 71-76タイガース 76カブス 77-78アスレティックス 78ブルージェイズ 79ジャイアンツ 79パイレーツ【位置】投手、右
【経歴】65年ドラフト1位（全体3位）でセネターズに入団、9月28日の初登板で完投勝利。67年20歳でローテーション入りし、68～69年は2年連続12勝。テッ

ド・ウィリアムズ監督との関係が悪化してタイガースに移った71年20勝、236奪三振(3位)、翌72年は19勝、防御率2.80、222奪三振(5位)。フォークボールを決め球として、プレイオフ第3戦では強打のアスレティックス打線から14三振を奪い完封した。73年も23勝(2位)、3年連続の大台となる202三振を奪った。引退後はエンジェルズやマイナーなどで長く投手コーチを務めた。父のジョー(ジョゼフ・パトリック)も主にアスレティックスで52勝を挙げた投手。息子のケイシーは2010年カブスに昇格し、3世代メジャーリーガーとなった。

【通算】15年、484試合、340先発、94完投、18完封、142勝135敗7S、2569.1回、1728奪三振、1003四球、防御率3.70

【タイトル】オールスター1回(72年)

レアル・コルミエ

Rheal Paul Cormier

1967.4.23～2021.3.8【出身地】カナダ・ニューブランズウィック州モンクトン【球団】91-94カーディナルス　95レッドソックス　96-97エクスポズ　99-2000レッドソックス　01-06フィリーズ　06-07レッズ【位置】投手、左

【経歴】88年のソウル五輪にカナダ代表として参加し、同年ドラフト6位でカーディナルスに入団。92年に先発で10勝を挙げるが、以後2ケタ勝利には届かず、99年以降は中継ぎに専念。左腕からのシンカー、スライダーで2003年は8勝0敗、防御率1.70、翌04年は自己最多の84試合に登板した。08年は41歳で北京五輪メンバーに選ばれ、20年ぶりにオリンピック出場を果した。

【通算】16年、683試合、108先発、7完投、1完封、71勝64敗2S、1221.2回、760奪三振、防御率4.03

カルロス・コレア　★

Carlos Javier Correa

1994.9.22～【出身地】プエルトリコ・ポンセ【球団】2015-21アストロズ　22-24ツインズ【位置】遊撃、右

【経歴】2012年、プエルトリコ出身者では初のドラフト全体1位指名でアストロズに入団。15年にメジャーへ昇格、99試合で22本塁打、68打点を記録し新人王を受賞。翌16年は自己最多の96打点、17年は打率.315、24本塁打、ポストシーズンも18試合で5本塁打、14打点と活躍し世界一に貢献した。20年のポストシーズンも6本塁打、17打点と大舞台に強く、ポストシーズン通算85試合で18本塁打、63打点。リーグ優勝決定シリーズでは19年第2戦と20年第5戦でサヨナラ弾を放っている。

22年オフにツインズからFAとなった際は、一旦ジャイアンツと12年3億1500万ドルで合意しながら身体検査の結果正式契約が延期され、その間にメッツと13年3億5000万ドルで合意。しかし再び身体検査で右足の古傷を指摘され、6年2億ドルでツインズに戻った。守備でも機転の利いたプレイを見せたが、向こうっ気の強い発言が多く、敵も少なくなかった。

【通算】10年、1109試合、4179打数1150安打、187本塁打、672打点、33盗塁、打率.275

【タイトル】新人王(2015年)ゴールドグラブ1回(21年)オールスター3回(17,21,24年)

ドン・コロウェイ

Donald Martin Kolloway

1918.8.4～94.6.30【出身地】イリノイ州ポーゼン【球団】40-43,46-49ホワイトソックス　49-52タイガース　53アスレティックス【位置】二塁、一塁、右

【経歴】41年6月28日に1イニングで二、三、本盗を成功させる。本塁打も複数打ち、複数本塁打と複数盗塁を同一試合で記録した最年少選手(22歳329日)となった。翌42年正二塁手となりリーグ最多の40二塁打。43年途中徴兵され、復帰した46年は打率.280、14盗塁(4位)。典型的なラインドライブ・ヒッターで、本塁打は48、50年の6本が最多だった。引退後にシカゴ近郊で開いた居酒屋は、試合後の選手たちの溜まり場として賑わった。

【通算】12年、1079試合、3993打数1081安打、29本塁打、393打点、76盗塁、打率.271

アレックス・コロメ

Alexander Manuel Colome

1988.12.31～【出身地】ドミニカ共和国サントドミンゴ【球団】2013-18レイズ　18マリナーズ　19-20ホワイトソックス　21ツインズ　22ロッキーズ　23ホワイトソックス【位置】投手、右

【経歴】2007年レイズに入団、メジャー

昇格当初は先発として使われ、14年は禁止薬物使用で50試合の出場停止処分を下される。15年途中からリリーフへ転向、威力のある速球で16年は37セーブ(4位)、防御率1.91。続く17年はリーグ最多の47セーブ、19年も30セーブ(4位)を稼いだ。おじのヘススも投手で、レイズなどで通算341試合に登板した。
【通算】11年、450試合、19先発、0完投、34勝35敗159S、539回、477奪三振、防御率3.36
【タイトル】最多セーブ1回(2017年) オールスター1回(16年)

バルトロ・コロン
Bartolo Colon

1973.5.24～【出身地】ドミニカ共和国アルタミラ【球団】97-2002インディアンズ 02エクスポズ 03ホワイトソックス 04-07エンジェルズ 08レッドソックス 09ホワイトソックス 11ヤンキース 12-13アスレティックス 14-16メッツ 17ブレーヴス 17ツインズ 18レンジャーズ【位置】投手、右
【経歴】ラテンアメリカ出身で最多の通算247勝を挙げた、息の長い名投手。93年インディアンズに入団、150km台の快速球で98年の14勝を皮切りに8年連続2ケタ勝利。99年18勝(2位)、続く2000年は自己最多の212奪三振(2位)。翌01年も201三振(5位)を奪う。02年はインディアンズとエクスポズで10勝ずつを挙げ20勝、05年はリーグ最多の21勝でサイ・ヤング賞に選ばれた。
　その後は体調管理を怠って故障と不調が続き、10年は所属球団がなかったが、11年ヤンキースで復帰。コントロールと投球術で勝負する技巧派に生まれ変わり、アスレティックスに移った12年は7年ぶりの2ケタとなる10勝を挙げるも、8月に薬物検査で違反が見つかり50試合の出場停止となった。翌13年は40歳でリーグ最多の3完封を含む18勝、自己ベストの防御率2.65で8年ぶりにオールスター選出。16年まで4年連続14勝以上、この間与四球率は毎年1.5個以下。通算13回2ケタ勝利を記録した。16年は史上最年長の42歳で初本塁打。選手生活の最晩年には130kgまで体重が増加し“ビッグ・セクシー”と呼ばれ、自著の題名にも採用した。21年に48歳で3年ぶりに現役復帰、メキシカン・リーグで6勝を挙げた。
【通算】21年、565試合、552先発(29位)、38完投、13完封、247勝188敗0S、3461.2回、2535奪三振、948四球、防御率4.12
【タイトル】サイ・ヤング賞1回(2005年) 最多勝1回(05年) オールスター4回(98,05,13,16年)

デイヴィッド・コーン
David Brian Cone

1963.1.2～【出身地】ミズーリ州カンザスシティ【球団】86ロイヤルズ 87-92メッツ 92ブルージェイズ 93-94ロイヤルズ 95ブルージェイズ 95-2000ヤンキース 01レッドソックス 03メッツ【位置】投手、右
【経歴】6回200奪三振以上を記録した好投手で、速球に加えスライダー、フォーク、チェンジアップなど変化球も極めて質が高かった。81年ドラフト3位で地元のロイヤルズに入団、87年メッツに移籍。翌88年20勝(3位)、防御率2.22と213奪三振は2位。90年233個、91年は241個で2年連続最多奪三振、91年10月6日に1試合19奪三振で当時のリーグ記録を達成した。
　93年ロイヤルズに復帰、翌94年は16勝(2位)、防御率2.94(3位)でサイ・ヤング賞。98年は10年ぶりの20勝で最多勝。99年は防御率3.44(2位)、7月18日エクスポズ戦での完全試合はインターリーグ初のノーヒッターでもあった。ワールドシリーズには通算6試合登板し2勝0敗、防御率2.12、5度のシリーズですべて世界一。少年時代は記者志望で、報道陣への取材は協力的だった。引退後はヤンキース戦の解説などを務めた。
【通算】17年、450試合、419先発、56完投、22完封、194勝126敗1S、2898.2回、2668奪三振(27位)、1137四球、防御率3.46
【タイトル】サイ・ヤング賞1回(94年) 最多勝1回(98年) 最多奪三振2回(90～91年) オールスター5回(88,92,94,97,99年)

アドリアン・ゴンサレス
Adrian Gonzalez

1982.5.8～【出身地】カリフォルニア州サンディエゴ【球団】2004-05レンジャーズ 06-10パドレス 11-12レッドソックス 12-17ドジャース 18メッツ【位置】一塁、左
【経歴】2000年ドラフト全体1位でマーリ

ンズに入団。03年に移籍したレンジャーズでは、マーク・テシェイラの陰に隠れて出番に恵まれず、06年故郷のパドレスへ移って打率.304、24本塁打と開花。球に逆らわない打撃で08年は36本塁打、119打点(3位)、続く09年は自己最多の40本塁打(5位)、リーグ最多の119四球を選んだ。

11年トレードでレッドソックスへ移り、打率.338(2位)、213安打(1位)、117打点(3位)。12年途中ドジャースへトレード、14年は116打点(1位)、通算では7回100打点以上を稼ぎ、一塁守備でも4回ゴールドグラブに選ばれた。WBCには最初の4大会にメキシコ代表として出場、21年は3年ぶりに現役復帰し東京五輪に参加した。パドレスでチームメイトだった兄のエドガーは、10・12年に巨人に在籍しメキシコ代表監督も務めた。

【通算】15年、1929試合、7139打数2050安打、437二塁打、317本塁打、1202打点、6盗塁、1401三振、打率.287

【タイトル】打点王1回(2014年) ゴールドグラブ4回(08～09,11,14年) オールスター5回(08～11,15年)

アレックス・ゴンサレス
Alexander Gonzalez

1977.2.15～【出身地】ベネズエラ共和国カグア【球団】98-2005マーリンズ 06レッドソックス 07,09レッズ 09レッドソックス 10ブルージェイズ 10-11ブレーヴス 12-13ブルワーズ 14タイガース【位置】遊撃、右

【経歴】94年マーリンズに入団。好守の遊撃手で、レギュラーとなった99年は打率.277、14本塁打でオールスターに出場。2003年は18本塁打、プレイオフでは40打数4安打の不振だったが、ワールドシリーズでは6安打、第4戦で延長12回裏にサヨナラ本塁打を放つ。翌04年は.232の低打率ながら23本塁打、10年も自己最多の42二塁打、23本塁打、88打点と長打力を発揮した。03年の33四球が最多と選球眼には問題があって、通算出塁率は.290にとどまった。

【通算】16年、1609試合、5776打数1418安打、157本塁打、690打点、30盗塁、1168三振、打率.245

【タイトル】オールスター1回(99年)

アレックス・ゴンサレス
Alexander Scott Gonzalez

1973.4.8～【出身地】フロリダ州マイアミ【球団】94-2001ブルージェイズ 02-04カブス 04エクスポズ 04パドレス 05レイズ 06フィリーズ【位置】遊撃、右

【経歴】91年ドラフト13位でブルージェイズに入団。95年に正遊撃手となり、守備面で高評価を得る。打撃では打率こそ低いが長打力があり、2003年は37二塁打、20本塁打。プレイオフでも4本塁打、8打点と活躍したが、リーグ優勝決定シリーズ第6戦で痛恨のエラーを犯し、マーリンズに大逆転を許すきっかけを作ってしまった。カブス在籍時には2年半で5本のサヨナラ本塁打を放つなど、勝負強さが光った。

【通算】13年、1396試合、4977打数1209安打、137本塁打、536打点、97盗塁、1165三振、打率.243

カルロス・ゴンサレス
Carlos Eduardo Gonzalez

1985.10.17～【出身地】ベネズエラ共和国マラカイボ【球団】2008アスレティックス 09-18ロッキーズ 19インディアンズ 19カブス【位置】外野、左

【経歴】2002年ダイアモンドバックスに入団、アスレティックスを経て、09年マット・ホリデイとの交換要員の一人としてロッキーズへ移籍。同年後半から正中堅手となり、プレイオフでは17打数10安打。翌10年は打率.336と197安打が1位、34本塁打は4位、117打点と長打率.598は2位だった。12年5月30～31日にかけて4打数連続本塁打を記録。15年は40本塁打(3位)、97打点、翌16年は42二塁打(4位)、100打点とその後も打ち続けたが、ホームとロードでは成績に極端な差があった。

【通算】12年、1377試合、5033打数1432安打、234本塁打、785打点、122盗塁、1240三振、打率.285

【タイトル】首位打者1回(2010年) ゴールドグラブ3回(10,12～13年) オールスター3回(12～13,16年)

ジオ・ゴンサレス
Giovany Aramis Gonzalez

1985.9.19～【出身地】フロリダ州ハイアリーア【球団】2008-11アスレティックス 12-18ナショナルズ 18-19ブルワーズ 20ホワイトソックス【位置】投手、左

【経歴】2004年ドラフト1位でホワイトソックスに入団し、08年にアスレティックスへ移籍。速球に加えてカーブも素晴らしく、10年15勝、翌11年は16勝（4位）。同年リーグワーストの91四球を与えるなど制球に課題があったが、ナショナルズに移籍した12年は21勝（1位）、防御率2.89、207奪三振（4位）で地区優勝に貢献した。その後も18年まで9年続けて2ケタ勝利。ポストシーズンでは通算8試合に先発しながら勝敗はつかなかった。
【通算】13年、344試合、328先発、4完投、2完封、131勝101敗0S、1933回、1860奪三振、防御率3.70
【タイトル】最多勝1回（2012年）オールスター2回（11～12年）

トニー・ゴンサレス　☆
Andres Antonio Gonzalez
1936.8.28～2021.7.2【出身地】キューバ共和国セントラルクナグア【球団】60レッズ　60-68フィリーズ　69パドレス　69-70ブレーヴス　70-71エンジェルズ【位置】外野、左
【経歴】60年途中レッズからフィリーズに移り正中堅手となる。62年打率.302、自己最多の20本塁打、翌63年は.306、36二塁打（3位）、12三塁打（2位）。67年はリーグ2位の打率.339を記録した。守備でもセンターの守備範囲が広かった。69年途中ブレーヴスに移籍、89試合で50打点を稼ぎ地区優勝に貢献、プレイオフでも14打数5安打だったが、第3戦で決定的なタイムリーエラーを犯してしまった。72年途中で入団した広島では、代打での出場が多かった。
【通算】12年、1559試合、5195打数1485安打、103本塁打、615打点、79盗塁、打率.286
【日本】72広島　1年、31試合、74打数22安打、0本塁打、4打点、0盗塁、打率.297

ファン・ゴンサレス
Juan Alberto Gonzalez
1969.10.20～【出身地】プエルトリコ・アレシボ【球団】89-99レンジャーズ　2000タイガース　01インディアンズ　02-03レンジャーズ　04ロイヤルズ　05インディアンズ【位置】外野、右
【経歴】90年代のア・リーグを代表する強打者。86年レンジャーズに入団、89年19歳でメジャーに昇格し、92年は43本で本塁打王となる。93年も46本で2年連続タイトル、長打率.632も1位。96年打率.314、47本塁打（5位）、134試合で144打点（2位）を叩き出しMVPを受賞、ディヴィジョンシリーズでも4試合連続の5本塁打、打率.438と大暴れした。
98年も45本塁打（4位）、50二塁打と157打点は1位で2度目のMVP。通算では40本塁打以上5回、100打点以上8回。自己最高の打率.326を記録した99年は、オールスターにファン投票で選ばれなかったのを不服として出場しなかった。インディアンズに移籍した2001年は打率.325、35本塁打、140打点（2位）だったが、02年以降は故障続きで100試合以上出場した年はなく、またステロイドの使用者としても名前を挙げられた。
【通算】17年、1689試合、6556打数1936安打、434本塁打、1404打点、26盗塁、1273三振、打率.295
【タイトル】MVP2回（96,98年）本塁打王2回（92～93年）打点王1回（98年）オールスター3回（93,98,2001年）

フレディ・ゴンサレス
Fredi Jesus Gonzalez
1964.1.28～【出身地】キューバ共和国ハバナ【球団】メジャー経験なし
【経歴】82年ドラフト16位でヤンキースに入団、現役時代は捕手だったがメジャーには上がれず指導者に転身。マイナー監督、ブレーヴスのコーチを経て07年マーリンズ監督となり、09年は2位。翌10年途中解任され、11年にブレーヴスへ監督として戻り13年に地区優勝を果たした。
【監督】2007-10マーリンズ　11-16ブレーヴス　10年、1402試合、710勝692敗、勝率.506

マイク・ゴンサレス
Miguel Angel Gonzalez
1890.9.24～1977.2.19【出身地】キューバ共和国ハバナ【球団】12ブレーヴス　14レッズ　15-18カーディナルス　19-21ジャイアンツ　24-25カーディナルス　25-29カブス　31-32カーディナルス【位置】捕手、右
【経歴】レギュラーであった期間は短かったものの、足掛け20年以上にわたって捕手を務める。24年自己最多の120試合に出場し、打率.296、53打点。42歳まで現役を続け、引退後はラテンアメリカ出身選手として初めてメジャーの指導者となり、

38年と40年にカーディナルスで合計23試合監督を代行した。
【通算】17年、1042試合、2829打数717安打、13本塁打、263打点、52盗塁、打率.253

マルウィン・ゴンサレス　☆
Marwin Javier Gonzalez
1989.3.14～【出身地】ベネズエラ共和国プエルトオルダス【球団】2012-18アストロズ　19-20ツインズ　21レッドソックス　21アストロズ　22ヤンキース【位置】遊撃、外野、両
【経歴】2006年カブスに入団、レッドソックスを経て12年アストロズへ移る。13年4月2日のレンジャーズ戦では、9回二死からヒットを放ってダルビッシュ有の完全試合を阻止した。内外野すべてを守れる万能タイプで、17年は打率.303、23本塁打、90打点で世界一に貢献。翌18年のプレイオフも33打数11安打、2本塁打で9打点を稼いだ。デビュー5年目までに放った24本塁打は全部ソロ。23年オリックスに入団したがあまり活躍できず、24年を最後に引退した。
【通算】11年、1138試合、3526打数888安打、107本塁打、415打点、44盗塁、打率.252
【日本】2023-24オリックス　2年、107試合、360打数73安打、13本塁打、40打点、2盗塁、打率.203

ルイス・ゴンサレス
Luis Emilio Gonzalez
1967.9.3～【出身地】フロリダ州タンパ【球団】90-95アストロズ　95-96カブス　97アストロズ　98タイガース　99-2006ダイアモンドバックス　07ドジャース　08マーリンズ【位置】外野、左
【経歴】温厚な性格で、“ゴンゾ”の愛称で親しまれた好打者。88年ドラフト4位でアストロズに入団、93年は打率.300、リーグ最多の10犠飛。その後中距離打者として数球団を転々としていたが、オープンスタンスに変えて飛距離が増し、99年はダイアモンドバックスで打率.336（2位）、206安打（1位）、45二塁打（2位）、111打点、30試合連続安打も記録した。
　2001年は開幕から本塁打を量産、自己記録を大幅に更新する57本（3位）に加え打率.325、198安打と142打点は3位でリーグ制覇に大きく貢献。ワールドシリーズ第7戦でサヨナラ安打を放ち世界一を決めた。06年も52二塁打（2位）、通算596二塁打は史上19位。左翼手での2418試合出場、4441刺殺はともに史上3位である。ティノ・マルティネスとは幼馴染で親友同士だった。
【通算】19年、2591試合、9157打数2591安打、596二塁打（19位）、68三塁打、354本塁打、1439打点、128盗塁、1155四球、1218三振、打率.283
【タイトル】オールスター5回（99,2001～03,05年）

ジム・コンスタンティ
Casimir James Konstanty
1917.3.2～76.6.11【出身地】ニューヨーク州ストライカーズヴィル【球団】44レッズ　46ブレーヴス　48-54フィリーズ　54-56ヤンキース　56カーディナルス【位置】投手、右
【経歴】44年レッズに昇格、後半戦だけで6勝したがその後はマイナーとの間を往復。49年32歳にしてメジャーに定着、得意のパームボールを駆使して50年は新記録となる74試合に登板。16勝22セーブ、防御率2.66の活躍で優勝に貢献し、リリーフ投手として初めてMVPを受賞した。ワールドシリーズ第1戦では意表をつき先発、8回1失点と好投しながらも敗戦投手となった。53年は先発兼任で14勝。大学教授のような容貌で、日々の生活態度も品行方正だった。シラキューズ大学時代は野球の他、バスケットボール、フットボール、サッカーでも活躍した万能アスリートだった。
【通算】11年、433試合、36先発、14完投、2完封、66勝48敗、945.2回、268奪三振、防御率3.46
【タイトル】MVP1回（50年）オールスター1回（50年）

デイブ・コンセプシオン
David Ismael Concepcion
1948.6.17～【出身地】ベネズエラ共和国オクマレデラコスタ【球団】70-88レッズ【位置】遊撃、二塁、右
【経歴】“ビッグ・レッド・マシーン”の主将を任された好守の遊撃手。人工芝を利用してバウンドさせる一塁送球が得意だった。68年に19歳でレッズに入団、3年目には早くも正遊撃手の座をつかむ。74年打率.281、82打点、41盗塁、同年から4年連続でゴールドグラブを受賞。79年自己最多の16本塁打、84打点、81年は

いずれも3位の129安打、28二塁打、67打点も5位。82年のオールスターでは逆転2ランを放ちMVPに選ばれたが、この頃からフィールディングに衰えが目立ち始め、86年バリー・ラーキンにポジションを譲り渡した。
【通算】19年、2488試合、8723打数2326安打、389二塁打、48三塁打、101本塁打、950打点、321盗塁、736四球、1186三振、打率.267
【タイトル】ゴールドグラブ5回（74～77,79年）オールスター9回（73,75～82年）

ウィルソン・コントレラス　★
Willson Eduardo Contreras
1992.5.13～【出身地】ベネズエラ共和国プエルトカベヨ【球団】2016-22カブス　23-24カーディナルス【位置】捕手、右
【経歴】2009年カブスに入団、16年6月19日のメジャー初打席で初球を本塁打。正捕手に定着した17年に21本塁打、74打点、19年は105試合で24本塁打。通算で5回20本以上を放った。守備では18年に補殺数と盗塁阻止数、併殺数で1位だったが、17年から3年連続、通算4回リーグ最多失策と粗さも目についた。弟ウィリアムはブレーヴスの捕手として、22年は兄弟でオールスターに出場した。
【通算】9年、943試合、3210打数828安打、152本塁打、468打点、32盗塁、打率.258
【タイトル】オールスター3回（2018～19,22年）

マイケル・コンフォート　★
Michael Thomas Conforto
1993.3.1～【出身地】ワシントン州シアトル【球団】2015-21メッツ　23-24ジャイアンツ【位置】外野、左
【経歴】2014年ドラフト1位（全体10位）でメッツに入団。15年メジャーに昇格し、ワールドシリーズ第4戦で2打席連続本塁打、17年は109試合で27本塁打。18年28本、続く19年は33本、92打点。選球眼も良く18・19年は84四球を選んだ。22年は肩のケガで全休。母のトレイシー・ルイズはシンクロナイズドスイミングの選手で、84年ロサンゼルス五輪の金メダリスト。
【通算】9年、1012試合、3395打数851安打、167本塁打、520打点、22盗塁、打率.251
【タイトル】オールスター1回（2017年）

ジョッコ・コンラン
John Bertrand Conlan (Jocko)
1899.12.6～1989.4.16【出身地】イリノイ州シカゴ【球団】34-35ホワイトソックス【位置】外野、左
【経歴】35年に正規の審判が試合中に倒れ、代理でジャッジをしたのがきっかけで審判に転向。41年ナ・リーグに採用され、25年間にわたって務めた。威厳のある態度で、選手や監督が少しでも暴言を吐けば即座に退場させた。フランキー・フリッシュは最も多く退場宣告をした監督の一人だが、グラウンドを離れれば友人同士だった。アウトサイド・プロテクターを使っていた最後の審判である。74年殿堂入り。
【通算】2年、128試合、365打数96安打、0本塁打、31打点、5盗塁、打率.263

ジーン・コンリー
Donald Eugene Conley
1930.11.10～2017.7.4【出身地】オクラホマ州マスコギー【球団】52,54-58ブレーヴス　59-60フィリーズ　61-63レッドソックス【位置】投手、右
【経歴】快速球の持ち主で54年14勝、防御率2.96は5位。翌55年本拠地ミルウォーキーで開かれたオールスターでは1イニング3三振を奪い勝利投手となる。レッドソックス移籍後の62年は自己最多の15勝を挙げたが、シーズン中に失踪騒動を起こし1500ドルの罰金を科された。肩の不調を抱えながら通算5度の2ケタ勝利。2mの長身を生かしバスケットボールでも活躍、NBAのボストン・セルティックスで59～61年に優勝を経験した。ブレーヴスでも57年にワールドシリーズで優勝しており、2つのプロスポーツで頂点に立った。
【通算】11年、276試合、214先発、69完投、13完封、91勝96敗、1588.2回、888奪三振、防御率3.82
【タイトル】オールスター3回（54～55,59年）

ウィド・コンロイ
William Edward Conroy (Wid)
1877.4.5～1959.12.6【出身地】ペンシルヴェニア州フィラデルフィア【球団】01ブルワーズ　02パイレーツ　03-08ヤンキース　09-11セネターズ【位置】三塁、遊撃、外野、右

【経歴】マイナー時代にマラリアに罹ったが回復、01年新人で正遊撃手となり、自己最多の5本塁打,64打点。05年の.273が最高打率と打撃は今一つだったが、07年に41盗塁（2位）を記録するなど足は速く、出塁すると非常に大きなリードをとった。07年11三塁打（5位）、同年まで5年連続2ケタ三塁打。内外野どこでもこなす器用さも売り物だった。
【通算】11年、1374試合、5061打数1257安打、22本塁打、452打点、262盗塁、打率.248

【サ】

ガス・サー
August Richard Suhr
1906.1.3～2004.1.15【出身地】カリフォルニア州サンフランシスコ【球団】30-39パイレーツ　39-40フィリーズ【位置】一塁、左
【経歴】29年パシフィック・コースト・リーグで202試合に299安打、51本塁打を放つ。翌30年パイレーツに加わり107打点。31年は打率.211の不振だったが、同年9月から37年6月まで、当時のリーグ新記録となる822試合に連続出場。この記録は母親の葬儀に出席するために途切れた。30二塁打以上6回の中距離打者で、36年は打率.312、118打点、95四球を選んで出塁率は.410に達した。35年からは主将を務めた。
【通算】11年、1435試合、5176打数1446安打、84本塁打、818打点、53盗塁、打率.279
【タイトル】オールスター1回（36年）

グレイディ・サイズモア
Grady Sizemore
1982.8.2～【出身地】ワシントン州シアトル【球団】2004-11インディアンズ　14レッドソックス　14-15フィリーズ　15レイズ【位置】外野、左
【経歴】2000年ドラフト3位でエクスポズに入団。インディアンズ移籍後の05年正中堅手となり11三塁打（3位）、翌06年は53二塁打（1位）、11三塁打（2位）、28本塁打。08年は33本塁打、38盗塁（5位）で30－30を達成し、98四球（3位）と選球眼の良さも発揮した。打走守のすべてに優れ、女性ファンの人気も高かったが、09年以降は肘や膝の故障で欠場が増え成績も下降。12～13年は全休、14年にレッドソックスで3年ぶりに復帰したが以前の輝きは取り戻せなかった。24年途中からホワイトソックスの監督を代行。
【通算】10年、1101試合、4147打数1098安打、150本塁打、518打点、143盗塁、打率.265
【タイトル】ゴールドグラブ2回（2007～08年）オールスター3回（06～08年）
【監督】2024ホワイトソックス　1年、45試合、13勝32敗、勝率.289

テッド・サイズモア
Theodore Crawford Sizemore
1945.4.15 ～【出身地】アラバマ州ガズデン【球団】69-70 ドジャース　71-75 カーディナルス　76 ドジャース　77-78 フィリーズ　79 カブス　79-80 レッドソックス【位置】二塁、右
【経歴】66 年ドラフト 15 位でドジャースに入団。69 年 159 試合に出場し打率 .271、160 安打で新人王を受賞。71 年のカーディナルス移籍後は二番打者としてチームプレイに徹し、73 年に 25 犠打（1 位）を決めるなど、数字以上に高い評価を得た。引退後はローリングス社で副社長を務めた。
【通算】12 年、1411 試合、5011 打数 1311 安打、23 本塁打、430 打点、59 盗塁、打率 .262
【タイトル】新人王（69 年）

ケヴィン・サイツァー
Kevin Lee Seitzer
1962.3.26 ～【出身地】イリノイ州スプリングフィールド【球団】86-91 ロイヤルズ　92 ブルワーズ　93 アスレティックス　93-96 ブルワーズ　96-97 インディアンズ【位置】三塁、一塁、右
【経歴】83 年ドラフト 11 位でロイヤルズに入団。87 年ジョージ・ブレットの一塁転向で正三塁手に抜擢され、リーグトップの 207 安打に加え、打率 .323、83 打点と大活躍し新人王投票では次点。球に逆らわない打撃で翌 88 年も打率 .304、89 年は 102 四球を選んだ。その後成績を落として 2 度の解雇も経験。90 年代中盤になって調子を取り戻し、94 ～ 96 年は 3 年連続で打率 3 割以上。気性が激しくチームメイトと衝突することも多かった。引退後ロイヤルズなどの打撃コーチを務めた。
【通算】12 年、1439 試合、5278 打数 1557 安打、74 本塁打、613 打点、80 盗塁、打率 .295
【タイトル】オールスター 2 回（87,95 年）

斎藤隆　☆
Takashi Saito
1970.2.14 ～【出身地】宮城県仙台市【球団】2006-08 ドジャース　09 レッドソックス　10 ブレーヴス　11 ブルワーズ　12 ダイアモンドバックス【位置】投手、右
【経歴】東北福祉大から 91 年ドラフト 1 位で大洋に入団、99 年の 14 勝を最多として 2 ケタ勝利 3 回、96 年は 206 奪三振で 1 位。2001 年に抑えに転向し 27 セーブ、02 年オフには FA となってメジャー移籍を希望したが、条件が合わず横浜に残留した。05 年オフ再度メジャー挑戦のため自由契約となり、06 年ドジャースとマイナー契約。開幕直後にメジャーに昇格、4 月 18 日のカブス戦で初勝利。スライダーを武器に好投を続け、6 月からは抑えを任され 72 試合で 6 勝 2 敗 24 セーブ、防御率 2.07。07 年も 63 試合で 39 セーブ（4 位）、防御率 1.40 で、37 歳にしてオールスターに出場した。勝負強さを測る指標の WPA は、06・07 年に 2 年連続リーグ 1 位。09 年にレッドソックスに移籍して以降は中継ぎに回ったが、11 年まで 6 年連続防御率 2 点台以下。ブルワーズに在籍した 11 年はプレイオフで 6 試合に登板、7 回無失点と好投した。13 年楽天で日本に復帰、45 歳まで現役を続けた。佐々木主浩とは東北高～東北福祉大～大洋・横浜を通じてずっと先輩・後輩の間柄。
【通算】7 年、338 試合、0 先発、21 勝 15 敗 84 S、338 回、400 奪三振、防御率 2.34
【タイトル】オールスター 1 回（2007 年）
【日本】92-2005 大洋 / 横浜 13-15 楽天 17 年、403 試合、208 先発、30 完投、8 完封、91 勝 81 敗 55 S、1575 回、1331 奪三振、防御率 3.75

ボブ・サーヴ
Robert Henry Cerv
1925.5.5 ～ 2017.4.6【出身地】ネブラスカ州ウェストン【球団】51-56 ヤンキース　57-60 アスレティックス　60 ヤンキース　61 エンジェルズ　61-62 ヤンキース　62 アストロズ【位置】外野、右
【経歴】ヤンキース時代には出番に恵まれなかったが、アスレティックスへ移りレギュラーの座を獲得。58 年はいずれも 4 位の 38 本塁打、104 打点、長打率 .592 は 2 位。同年の .305 が自己唯一の打率 3 割台で、その後は下降線をたどった。60 年途中ヤンキースに復帰、翌 61 年新球団エンジェルズに移籍し初試合で本塁打を放つがすぐにヤンキースへ 3 度目の復帰。ミッキー・マントル、ロジャー・マリスと同じアパートに住んでいた。
【通算】12 年、829 試合、2261 打数 624 安打、105 本塁打、374 打点、12 盗塁、打率 .276
【タイトル】オールスター 1 回（58 年）

ハンク・サウアー
Henry John Sauer
1917.3.17 ～ 2001.8.24【出身地】ペンシルヴェニア州ピッツバーグ【球団】41-42,45,48-49 レッズ　49-55 カブス　56 カーディナルス　57-59 ジャイアンツ【位置】外野、右
【経歴】48 年 31 歳にしてようやくメジャーに定着、35 本塁打（4 位）を放つと以後 5 年連続 30 本以上。52 年は 37 本塁打、121 打点で二冠王となり、チームは 5 位ながら MVP を手にした。同年はオールスターでも決勝 2 ランを放ち MVP を受賞している。53 年に全米選抜の一員として来日、12 試合で 12 本塁打と打ちまくる。54 年に自己最多の 41 本塁打（3 位）を記録した。50 年 8 月 28 日と 52 年 6 月 11 日に、いずれもカート・シモンズから 1 試合 3 本塁打。弟エドも 4 年メジャー経験がある。
【通算】15 年、1399 試合、4796 打数 1278 安打、288 本塁打、876 打点、11 盗塁、打率 .266
【タイトル】MVP1 回（52 年）本塁打王 1 回（52 年）打点王 1 回（52 年）オールスター 2 回（50,52 年）

スコット・サーヴィス
Scott Daniel Servais
1967.6.4 ～【出身地】ウィスコンシン州ラクロス【球団】91-95 アストロズ　95-98 カブス　99 ジャイアンツ　2000 ロッキーズ　00 ジャイアンツ　01 アストロズ【位置】捕手、右
【経歴】88 年ドラフト 3 位でアストロズに入団、同年のソウル五輪では金メダルに輝く。パンチ力を秘め 93 年は 85 試合で 11 本塁打、95 年は 80 試合で 13 本。カブスの正捕手に定着した 96 年に自己最多の 118 安打、63 打点、守備でもリーグ 2 位の 72 補殺、11 併殺を記録した。引退後エンジェルズのフロントを経て 2016 年からマリナーズの監督となり、22 年にはワイルドカードで 21 年ぶりのポストシーズン進出に導いた。
【通算】11 年、820 試合、2493 打数 611 安打、63 本塁打、319 打点、3 盗塁、打率 .245
【監督】2016-24 マリナーズ　9 年、1322 試合、680 勝 642 敗、勝率 .514

ビリー・サウスワース
William Harold Southworth
1893.3.9 ～ 1969.11.15【出身地】ネブラスカ州ハーヴァード【球団】13,15 インディアンズ　18-20 パイレーツ　21-23 ブレーヴス　24-26 ジャイアンツ　26-27,29 カーディナルス【位置】外野、左
【経歴】13 年 20 歳で 1 試合のみ出場。18 年からメジャーに定着し、19 年 14 三塁打（1 位）、23 年に打率 .319、自己最多の 195 安打を放つ。26 年途中カーディナルスに移籍、打率 .320、16 本塁打（5 位）、99 打点（4 位）の好成績を残し、初優勝を決めた試合で決勝 3 ラン、ワールドシリーズ第 2 戦でも再び決勝 3 ランを放つ。29 年カーディナルスの監督となるも、厳格な指導が選手の反発を招き解任。一旦は球界からも退くが、40 年途中カーディナルス監督に返り咲き、42 年からリーグ 3 連覇、42、44 年は世界一となった。46 年ブレーヴスへ移り、48 年に 34 年ぶりの優勝に導いた。犠牲バントを多用する堅実な采配が特徴で、13 年間の監督生活で B クラスは一度もなかった。通算勝率 .597 は史上 6 位。2008 年殿堂入り。
【通算】13 年、1192 試合、4359 打数 1296 安打、52 本塁打、561 打点、138 盗塁、打率 .297
【監督】29,40-45 カーディナルス　46-51 ブレーヴス　13 年、1770 試合、1044 勝 704 敗、勝率 .597　リーグ優勝 4 回（42 ～ 44,48 年）ワールドシリーズ優勝 2 回（42,44 年）

トム・ザカリー
Jonathan Thompson Walton Zachary
1896.5.7 ～ 1969.1.24【出身地】ノースカロライナ州グレアム【球団】18 アスレティックス　19-25 セネターズ　26-27 ブラウンズ　27-28 セネターズ　28-30 ヤンキース　30-34 ブレーヴス　34-36 ドジャース　36 フィリーズ【位置】投手、左
【経歴】18 年ギルフォード大学在学中にデビューし、アマチュア資格に抵触しないよう“ザック・ウォルトン”の登録名を使用した。チェンジアップを武器に 20 年から 7 年連続 2 ケタ勝利、21 年に自己最多の 18 勝。24 年は防御率 2.75（2 位）、ワールドシリーズでも 2 勝を稼ぐ。27 年はベーブ・ルースに新記録となる 60 号本塁打を献上した。翌 28 年途中ヤンキースに移り、続く 29 年に 12 勝 0 敗、防御率 2.48 の好成績を収めた。720 奪三振は 3000 投

球回以上では最少。
【通算】19年、533試合、408先発、185完投、24完封、186勝191敗、3126.1回、720奪三振、914四球、防御率3.73

パット・ザクリー
Patrick Paul Zachry
1952.4.24～2024.4.24【出身地】テキサス州リッチモンド【球団】76-77レッズ　77-82メッツ　83-84ドジャース　85フィリーズ【位置】投手、右
【経歴】70年ドラフト19位でレッズに入団。76年メジャーに昇格、スライダーとチェンジアップが良く14勝、防御率2.74で新人王を受賞。ワールドシリーズ第3戦でも勝利投手になった。翌77年途中トム・シーヴァーとの交換でメッツに移籍、77～78年も10勝を挙げた。
【通算】10年、293試合、154先発、29完投、7完封、69勝67敗3S、1177.1回、669奪三振、防御率3.52
【タイトル】新人王(76年) オールスター1回(78年)

佐々木主浩　☆
Kazuhiro Sasaki
1968.2.22～【出身地】宮城県仙台市【球団】2000-03マリナーズ【位置】投手、右
【経歴】豪速球と鋭く落ちるフォークボールで一時代を築いた名ストッパー。89年ドラフト1位で大洋に入団、95年から4年連続最多セーブ。97年は3勝0敗38セーブ、防御率0.90、続く98年は日本新の45セーブ、防御率0.64で横浜38年ぶりの日本一の原動力となりMVPを受賞、"大魔神"の異名を奉られた。
　2000年FAでマリナーズと3年1800万ドルの新人史上最高額で契約。4月6日レッドソックス戦で初セーブ、5月6日エンジェルズ戦で初勝利。6～7月にかけて15連続セーブ、シーズン最終戦でメジャー新人記録を更新する37セーブ(3位)を挙げた。40セーブ機会で失敗3回、防御率3.16、プレイオフでも3セーブを稼ぎ、野茂英雄に次ぎ日本人2人目の新人王に輝いた。
　翌01年は4月に月間新記録の13セーブ、前半戦だけで29セーブを荒稼ぎしオールスターでもセーブを記録。年間45セーブ(2位)で地区優勝に大きく貢献したが、リーグ優勝決定シリーズ第4戦でアルフォンソ・ソリアノに手痛いサヨナラ2ランを浴びた。02年は37セーブ、自己記録の防御率2.52。03年は腰痛のため10セーブにとどまり、翌04年横浜に復帰。05年を最後に引退、252セーブは当時の日本記録であった。
【通算】4年、228試合、0先発、7勝16敗129セーブ、223.1回、242奪三振、防御率3.14
【タイトル】新人王(2000年) オールスター2回(01～02年)
【日本】90-99,2004-05大洋/横浜　12年、439試合、8先発、0完投、43勝38敗252S、627.2回、851奪三振、防御率2.41

ゲイリー・サザーランド
Gary Lynn Sutherland
1944.9.27～【出身地】カリフォルニア州グレンデイル【球団】66-68フィリーズ　69-71エクスポズ　72-73アストロズ　74-76タイガース　76ブルワーズ　77パドレス　78カーディナルス【位置】二塁、遊撃、右
【経歴】64年東京五輪で、公開競技として行なわれた野球の米国代表として参加。69年拡張ドラフトでエクスポズに加わり、正二塁手となるが70年には打率.206に終わるなど、打撃が弱く控えに戻る。タイガースに移籍した74年に自己最多の157安打、49打点。兄のダーレルはメッツの投手だった。
【通算】13年、1031試合、3104打数754安打、24本塁打、239打点、11盗塁、打率.243

スティーヴ・サックス
Stephen Louis Sax
1960.1.29～【出身地】カリフォルニア州サクラメント【球団】81-88ドジャース　89-91ヤンキース　92-93ホワイトソックス　94アスレティックス【位置】二塁、右
【経歴】78年ドラフト9位でドジャースに入団。82年正二塁手に抜擢され打率.282、180安打、49盗塁(5位)で新人王を受賞。翌83年は自己最多の56盗塁(3位)を決める。86年は打率.332で、2厘差で首位打者を逃す。同年は210安打と43二塁打も2位、ヤンキースに移った89年も打率.315、205安打(2位)の活躍だった。30盗塁以上10回の俊足で、四球を選んだときは歩かずに一塁まで走った。守備ではキャリアの初期に送球を乱す癖があったが克服。美男で女性ファンの人気が高かった。引退後はフィットネスジムや

マーシャルアーツの道場など様々な事業を展開。兄のデイヴは捕手。
【通算】14 年、1769 試合、6940 打数 1949 安打、54 本塁打、550 打点、444 盗塁、打率 .281
【タイトル】新人王（82 年）オールスター 5 回（82 ～ 83,86,89 ～ 90 年）

リック・サットクリフ
Richard Lee Sutcliffe
1956.6.21 ～【出身地】ミズーリ州インディペンデンス【球団】76,78-81 ドジャース　82-84 インディアンズ　84-91 カブス　92-93 オリオールズ　94 カーディナルス【位置】投手、右
【経歴】身長 2m、体重 100kg 近い大型投手。74 年ドラフト 1 位でドジャースに入団、79 年 17 勝を挙げ新人王に輝く。その後 2 年間で 5 勝にとどまるが、インディアンズに移籍した 82 年スライダーをマスターし 14 勝、防御率 2.96（1 位）と復調。翌 83 年も 17 勝、84 年はシーズン途中カブスにトレードされた後 14 連勝を含む 16 勝 1 敗、防御率 2.69（年間では 20 勝 6 敗、防御率 3.64）でサイ・ヤング賞を手にする。シーズン中に移籍しての受賞は史上唯一。87 年 18 勝で最多勝、社会貢献も評価されクレメンテ賞を受賞。通算では 6 回 15 勝以上を挙げた。引退後は解説者となった。
【通算】18 年、457 試合、392 先発、72 完投、18 完封、171 勝 139 敗 6 S、2697.2 回、1679 奪三振、1081 四球、防御率 4.08
【タイトル】サイ・ヤング賞 1 回（84 年）新人王（79 年）最多勝 1 回（87 年）最優秀防御率 1 回（82 年）オールスター 3 回（83,87,89 年）

エズラ・サットン
Ezra Ballou Sutton
1849.9.17 ～ 1907.6.20【出身地】ニューヨーク州セネカフォールズ【球団】1876 フィラデルフィア　77-88 ボストン【位置】三塁、遊撃、右
【経歴】1871 ～ 75 年はナショナル・アソシエーション（NA）のクリーヴランドとフィラデルフィアで合計 232 試合に出場。同リーグで最初の本塁打も記録、また NA とナショナル・リーグ両方の初試合で出場した唯一の選手ともなった。83 年打率 .324、134 安打（4 位）、15 三塁打と 73 打点は 3 位。翌 84 年はリーグ最多の 162 安打、同 3 位の打率 .346 を記録した。自慢の強肩を見せつけるため、ゴロを捕球してから十分に間を取って送球した。現役時代には人気のあった選手だが、事業に失敗した上に健康を害し、死の前年には妻を事故で失うなど、晩年は不遇続きだった。
【通算】13 年、1031 試合、4281 打数 1231 安打、21 本塁打、518 打点、打率 .288

ドン・サットン
Donald Howard Sutton
1945.4.2 ～ 2021.1.18【出身地】アラバマ州クリオ【球団】66-80 ドジャース　81-82 アストロズ　82-84 ブルワーズ　85 アスレティックス　85-87 エンジェルズ　88 ドジャース【位置】投手、右
【経歴】対戦した全 26 球団から勝利を収め、最多勝になっていない投手では史上 1 位の通算 324 勝を挙げた名投手。緩急をつけるのが得意で特にカーブの落差が大きく、不正投球の疑いもかけられたが、これを逆手に取った心理的な投球術が冴えた。66 年新人で 12 勝、209 奪三振。以後 17 年連続 2 ケタ勝利、69 年から 8 年連続 15 勝以上。69 年の 217 個を最多として 5 回 200 奪三振を記録した。72 年は 9 完封（1 位）を含む 19 勝（5 位）、自己ベストの防御率 2.08（3 位）。74 年は 19 勝（3 位）、ポストシーズンも 3 勝 0 敗、防御率 1.50 と好投した。76 年自己最多の 21 勝（2 位）。実直だが頑固な面があり、78 年は仲の悪いスティーヴ・ガーヴィーと大喧嘩を演じた。
　80 年に防御率 2.20（1 位）で唯一のタイトルを獲得し、81 年 FA でアストロズへ移籍。82 年終盤ブルワーズへ移り、7 試合で 4 勝 1 敗、シーズン最終戦でオリオールズを下し優勝投手となる。86 年は 41 歳にして 15 勝、史上最多となる 2 ケタ勝利 21 回を記録した。通算 233 勝、52 完封、3816.1 回などはドジャースの球団記録。ノーヒットノーランには縁がなかったが、1 安打試合は 5 度あった。オールスターでは通算 8 イニングを無失点、77 年は MVP に選ばれた。打撃では通算 1354 打数で 1 本も本塁打を打てなかった。引退後は長くブレーヴス戦の実況解説者を務めた。98 年殿堂入り。
【通算】23 年、774 試合、756 先発（3 位）、178 完投、58 完封（10 位）、324 勝（14 位）256 敗（7 位）5 S、5282.1 回（7

位）、3574奪三振（7位）、1343四球（25位）、防御率3.26
【タイトル】最優秀防御率1回（80年）オールスター4回（72～73,75,77年）

レイ・サデッキー
Raymond Michael Sadecki
1940.12.26～2014.11.17【出身地】カンザス州カンザスシティ【球団】60-66カーディナルス　66-69ジャイアンツ　70-74メッツ　75カーディナルス　75ブレーヴス　75-76ロイヤルズ　76ブルワーズ　77メッツ【位置】投手、左
【経歴】打者のタイミングを外すことに長けていた技巧派左腕。60年19歳でデビューし9勝、翌61年は14勝。64年は20勝（3位）、ワールドシリーズ第1戦で勝利投手となったが、続く65年は6勝15敗、防御率5点台の不振で66年途中ジャイアンツへ放出。68年は206三振（5位）を奪いながらもリーグワーストの18敗を喫した。最後の3年は左のリリーフとして5球団をわたり歩いた。
【通算】18年、563試合、328先発、85完投、20完封、135勝131敗7S、2500.1回、1614奪三振、防御率3.78

ウィリー・サドホフ
John William Sudhoff
1874.9.17～1917.5.25【出身地】ミズーリ州セントルイス【球団】1897-98セントルイス　99クリーヴランド　99-1901カーディナルス　02-05ブラウンズ　06セネターズ【位置】投手、右
【経歴】カーブ投手で、1898年ワースト2位の27敗を喫し、セントルイスの20敗トリオの一員となってしまう。翌99年クリーヴランドへ移るも防御率7点台近い不調で、セントルイスへ戻されると12勝。1901年も17勝した。02年ブラウンズへ移籍、翌03年は21勝（3位）、防御率2.27。マウンド度胸が良く6回2ケタ勝利を記録した。遠征中に列車事故に遭ったことがきっかけで神経衰弱に陥り、療養施設に入所中に死亡した。
【通算】10年、278試合、239先発、199完投、10完封、102勝135敗、2075.1回、516奪三振、防御率3.60

ミュール・サトルズ
George Suttles (Mule)
1901.3.31～66.7.9【出身地】アラバマ州エッジウォーター【球団】ニグロ・リーグ【位置】一塁、外野、右
【経歴】強烈なアッパースイングで本塁打を量産した、ニグロ・リーグ有数のスラッガー。三振も多かったが、炭鉱労働で鍛えた頑強な肉体で、各地で数々の本塁打伝説を残した。キューバでは180mの超特大弾を放ち、ハバナの球場に記念碑が建てられた。44歳まで現役を続け、晩年は監督も務めた。性格は温和で快活だった。2006年殿堂入り。
<ニグロ・リーグの成績>977試合、3271打数1109安打、183本塁打、899打点、85盗塁、打率.339

ガス・ザーナイル
Gus Edward Zernial
1923.6.27～2011.1.20【出身地】テキサス州ボーモント【球団】49-51ホワイトソックス　51-57アスレティックス　58-59タイガース【位置】外野、右
【経歴】50年代を代表するパワーヒッターの一人。50年29本塁打（5位）、翌51年途中ミニー・ミニョソとの交換でアスレティックスへ移籍し33本塁打、129打点で二冠王。53年は自己最多の42本塁打（2位）、3年連続の大台となる108打点、リーグ2位の長打率.559を記録した。広告で共演したマリリン・モンローを、ジョー・ディマジオと引き合わせた人物でもある。晩年は住居としていたフレズノにマイナー球団を招致するため尽力した。
【通算】11年、1234試合、4131打数1093安打、237本塁打、776打点、15盗塁、打率.265
【タイトル】本塁打王1回（51年）打点王1回（51年）オールスター1回（53年）

ミゲル・サノ　★
Miguel Angel Sano
1993.5.11～【出身地】ドミニカ共和国サンペドロデマコリス【球団】2015-22ツインズ　24エンジェルズ【位置】三塁、一塁、右
【経歴】体重120kgを超える巨漢のパワーヒッターで、150m以上の特大弾を放ったこともあった。ツインズに昇格した2015年に80試合で18本塁打。19年34本、21年も30本を記録したが、打撃は粗く20年は53試合でリーグワーストの90三振、21年は183三振。故障も多く、120試合以上出たのは21年の135試合のみ。三塁守備も通算守備率は.937と相当低かった。ツインズの同僚ホルヘ・ポランコ

は同い年で、実家も近所。
【通算】9 年、722 試合、2585 打数 602 安打、164 本塁打、424 打点、5 盗塁、1078 三振、打率 .233
【タイトル】オールスター 1 回 (2017 年)

C・C・サバシア
Carsten Charles Sabathia
1980.7.21 ～【出身地】カリフォルニア州ヴァレホ【球団】2001-08 インディアンズ　08 ブルワーズ　09-19 ヤンキース【位置】投手、左
【経歴】身長 198cm、体重 136kg の巨体から繰り出す速球とスライダーで活躍した左腕。98 年ドラフト 1 位でインディアンズに入団、2001 年メジャーに昇格すると 17 勝し、イチローの満票での新人王を阻む。以後 13 年連続 2 ケタ勝利、課題だった制球難を克服して 07 年は 19 勝 (2 位)。リーグ最多の 241 回を投げ、防御率 3.21 と 209 奪三振はともに 5 位でサイ・ヤング賞を受賞した。翌 08 年途中ブルワーズにトレードされ、移籍後の 17 試合は 11 勝 2 敗、防御率 1.65 の快投で、チームを 26 年ぶりのポストシーズンに導く。年間では 253 回を投げ 5 完封を含む 17 勝、防御率 2.70、自己最多の 251 三振を奪った。
　FA でヤンキースと 7 年 1 億 6100 万ドルの超大型契約を結んだ 09 年は 19 勝で最多勝、プレイオフも 3 戦全勝でリーグ優勝決定シリーズの MVP に輝いた。続く 10 年も自己最多の 21 勝で 2 年連続最多勝。ヤンキー・スタディアムでは前年から 16 連勝、21 先発連続負けなしとなった。アルコール依存症に苦しんだ時期もあったが克服し、左腕では 3 人目となる通算 3000 奪三振を達成した 19 年を最後に引退した。25 年殿堂入り。
【通算】19 年、561 試合、560 先発 (27 位)、38 完投、12 完封、251 勝 161 敗 0 S、3577.1 回、3093 奪三振 (18 位)、1099 四球、防御率 3.74
【タイトル】サイ・ヤング賞 1 回 (2007 年) 最多勝 2 回 (09 ～ 10 年) オールスター 6 回 (03 ～ 04,07,10 ～ 12 年)

B・J・サーホフ
William James Surhoff
1964.8.4 ～【出身地】ニューヨーク州ブロンクス【球団】87-95 ブルワーズ　96-2000 オリオールズ　00-02 ブレーヴス　03-05 オリオールズ【位置】捕手、三塁、外野、左
【経歴】84 年のロスアンジェルス五輪代表メンバーで、85 年ドラフト全体 1 位でブルワーズに入団。87 年正捕手となり打率 .299 を記録するが、守備に課題を残し 93 年三塁に転向。最初の 8 年間は一度も 2 ケタ本塁打に届かなかったが、30 歳を過ぎてから打力が向上し、95 年打率 .320 で初の打率 3 割。オリオールズに移籍した 96 年 21 本塁打、ディヴィジョンシリーズでも 3 本。99 年は打率 .308、207 安打 (2 位)、28 本塁打、107 打点。犠飛が多く、通算 104 本は史上 22 位。兄リッチも 1 年のみメジャー経験を持ち、父ディックは元 NBA の選手。
【通算】19 年、2313 試合、8258 打数 2326 安打、440 二塁打、42 三塁打、188 本塁打、1153 打点、141 盗塁、640 四球、839 三振、打率 .282
【タイトル】オールスター 1 回 (99 年)

ジェフ・サマージャ
Jeffrey Alan Samardzija
1985.1.23 ～【出身地】インディアナ州メリルヴィル【球団】2008-14 カブス　14 アスレティックス　15 ホワイトソックス　16-20 ジャイアンツ【位置】投手、右
【経歴】ノートルダム大学ではフットボールのワイドレシーバーとして大活躍し、2006 年にドラフト 5 位でカブスに指名されると NFL 入りを断念して入団。08 年にメジャー昇格、11 年は 75 試合に登板し 8 勝。翌 12 年から先発に転向、スプリッターを駆使して 13 年は 214 三振 (4 位) を奪う。16 年に自己最多の 12 勝、続く 17 年は 207.2 回 (1 位) を投げ、205 奪三振で 32 四球しか出さなかったが、15 敗はリーグワーストだった。
【通算】13 年、364 試合、241 先発、9 完投、4 完封、80 勝 106 敗 1 S、1645.1 回、1449 奪三振、防御率 4.15
【タイトル】オールスター 1 回 (2014 年)

フアン・サムエル
Juan Milton Samuel
1960.12.9 ～【出身地】ドミニカ共和国サンペドロデマコリス【球団】83-89 フィリーズ　89 メッツ　90-92 ドジャース　92 ロイヤルズ　93 レッズ　94-95 タイガース　95 ロイヤルズ　96-98 ブルージェイズ【位置】二塁、外野、右
【経歴】正二塁手となった 84 年、右打者としては史上最多の 701 打数を記録。191 安打 (4 位)、36 二塁打 (3 位)、19 三塁

打（1位）、72盗塁（2位）と活躍する一方、168三振と33失策もリーグワースト。87年は15三塁打（1位）に加え、自己最多の37二塁打（4位）、28本塁打、100打点を記録したが、4年連続ワーストの162三振を喫するなど粗さが解消されず、89年途中フィリーズから放出された後は毎年のようにチームをわたり歩いた。引退後は複数の球団で三塁コーチを歴任、2010年はオリオールズで監督を代行し、51試合で17勝34敗だった。
【通算】16年、1720試合、6081打数1578安打、102三塁打、161本塁打、703打点、396盗塁、1442三振、打率.259
【タイトル】オールスター3回（84,87,91年）

ティム・サーモン
Timothy James Salmon
1968.8.24～【出身地】カリフォルニア州ロングビーチ【球団】92-2004,06エンジェルズ【位置】外野、右
【経歴】エンジェルズ一筋に活躍を続けた強打者。89年ドラフト3位で入団、リストの強さが特徴で93年打率.283、31本塁打、95打点で新人王を受賞。95年自己最高の打率.330（3位）、97年も3年連続30本以上となる33本塁打、129打点（4位）。2000年は36二塁打、34本塁打、104四球のいずれも自己記録となった。02年はディヴィジョンシリーズで2本塁打、7打点、ワールドシリーズでも26打数9安打、第2戦で2本塁打4打点。通算299本塁打は、オールスターが始まってからでは出場経験のない打者として最多の本数だった。
【通算】14年、1672試合、5934打数1674安打、299本塁打、1016打点、48盗塁、1360三振、打率.282
【タイトル】新人王（93年）

ルイス・サラサール
Luis Ernesto Salazar
1956.5.19～【出身地】ベネズエラ共和国バルセロナ【球団】80-84パドレス　85-86ホワイトソックス　87パドレス　88タイガース　89パドレス　89-92カブス
【位置】三塁、外野、右
【経歴】捕手以外の全ポジションを守った経験を持つユーティリティ・プレイヤー。74年ロイヤルズでプロ入り、半年で解雇されるもパイレーツに拾われたのち、パドレスでメジャーに昇格。81年正三塁手となり打率.303、翌82年は自己最多の127安打、62打点、32盗塁を記録した。四球が極めて少なく、通算出塁率は3割に満たなかった。
【通算】13年、1302試合、4101打数1070安打、94本塁打、455打点、117盗塁、打率.261

スリム・サリー
Harry Franklin Sallee (Slim)
1885.2.3～1950.3.22【出身地】オハイオ州ヒギンズポート【球団】08-16カーディナルス　16-18ジャイアンツ　19-20レッズ　20-21ジャイアンツ【位置】投手、左
【経歴】1試合平均1.83与四球の制球力を誇った細身の頭脳派左腕。11年から7年連続13勝以上、13年は19勝、翌14年自己ベストの防御率2.10（5位）。リリーフで起用されることも多かった。18年8勝に終わり、翌19年はウェーバーでレッズに移って21勝（4位）、227.2回で20四球と変わらぬ制球力を披露した。同年の24奪三振は、20勝投手としては史上最少だった。20年には当時禁止されていたロジンを使って10試合出場停止。練習を怠け、酒に浸る悪癖があり、何度もトレードを要求して球団首脳を悩ませた。
【通算】14年、476試合、306先発、189完投、25完封、174勝143敗、2821.2回、836奪三振、防御率2.56

フランク・サリー
Frank Gibson Selee
1859.10.26～1909.7.5【出身地】ニューハンプシャー州アマースト【球団】メジャー経験なし
【経歴】選手としての実績はほとんどなかったが、1890年代にボストンを5度の優勝に導いた名将。ヒットエンドランやカットオフプレイを本格的に使用した最初期の監督で、選手の自主性を重んじ、また的確に才能を見抜いて、選手を適材適所に配置した。1902年カブスの監督となり、低迷していたチームを蘇らせた。ベンチではユニフォームでなく背広を着用していた。結核を患い05年を最後に勇退、09年49歳で死去。99年殿堂入り。
【監督】1890-1901ブレーヴス　02-05カブス　16年、2180試合、1284勝862敗、勝率.598　リーグ優勝5回（1891～93,97～98年）

ビリー・サリヴァン
William Joseph Sullivan
1875.2.1 ～ 1965.1.28【出身地】ウィスコンシン州オークランド【球団】1899-1900 ボストン　01-12,14 ホワイトソックス　16 タイガース【位置】捕手、右
【経歴】通算打率 .213 という貧打の捕手だったが、投手リードの巧さには定評があった。01 年は正捕手としてホワイトソックス投手陣を引っ張り、リーグ 1 位の防御率 2.98 でア・リーグ初年度の優勝に貢献。当時の捕手としては珍しく打者のすぐ後ろで守り、ケガを防ぐため 08 年に空気入りのプロテクターを開発、特許を取得した。09 年は退任した親友フィールダー・ジョーンズの後任として、1 年のみ監督を兼任。引退後はジョーンズとともにオレゴン州で果樹園を経営した。息子のビリー・ジュニアも 12 年間捕手としてメジャーに在籍、40 年にタイガースで優勝し、父子でワールドシリーズ出場を果たした最初の例となった。
【通算】16 年、1147 試合、3647 打数 777 安打、21 本塁打、378 打点、98 盗塁、打率 .213
【監督】09 ホワイトソックス　1 年、159 試合、78 勝 74 敗、勝率 .513

フランク・サリヴァン
Franklin Leal Sullivan
1930.1.23 ～ 2016.1.19【出身地】カリフォルニア州ハリウッド【球団】53-60 レッドソックス　61-62 フィリーズ　62-63 ツインズ【位置】投手、右
【経歴】身長 2m 近い大型投手。速球に加え打者のタイミングを外すのも得意だった。レッドソックスの主力として 54 年から 5 年連続 13 勝以上。55 年はリーグ最多の 260 回を投げ 18 勝で最多勝、防御率 2.91 も 5 位。同年のオールスターではスタン・ミュージアルに劇的なサヨナラ本塁打を浴びた。57 年も防御率 2.73 で 5 位に入ったが、60 年以降は合計 13 勝 36 敗と不調だった。ヨットの操縦が得意で、ボストンからキャンプ地のフロリダまでヨットで行った年もあった。引退後はプロゴルファーになった。
【通算】11 年、351 試合、219 先発、73 完投、15 完封、97 勝 100 敗、1732 回、959 奪三振、防御率 3.60
【タイトル】最多勝 1 回 (55 年) オールスター 2 回 (55 ～ 56 年)

アル・ザリラ
Allen Lee Zarilla
1919.5.1 ～ 96.8.28【出身地】カリフォルニア州ロスアンジェルス【球団】43-44,46-49 ブラウンズ　49-50 レッドソックス　51-52 ホワイトソックス　52 ブラウンズ　52-53 レッドソックス【位置】外野、左
【経歴】44 年控え外野手ながら打率 .299 はチーム 2 位で、ブラウンズ唯一の優勝に貢献。48 年は打率 .329 (4 位) でオールスターに選ばれる。50 年も打率 .325 (5 位)、10 三塁打 (4 位) の活躍。46 年 7 月 13 日に、20 世紀で 3 人しか記録していない 1 イニング 2 三塁打を放った。
【通算】10 年、1120 試合、3535 打数 975 安打、61 本塁打、456 打点、33 盗塁、打率 .276
【タイトル】オールスター 1 回 (48 年)

ジャロッド・サルタラマッキア
Jarrod Scott Saltalamacchia
1985.5.2 ～【出身地】フロリダ州ウェストパームビーチ【球団】2007 ブレーヴス　07-10 レンジャーズ　10-13 レッドソックス　14-15 マーリンズ　15 ダイアモンドバックス　16 タイガース　17 ブルージェイズ　18 タイガース【位置】捕手、両
【経歴】2003 年ドラフト 1 位でブレーヴスに入団、マイナー時代から期待されながらもメジャー昇格後は伸び悩みが続く。レッドソックス移籍後の 11 年に初めて 100 試合以上出場したが、守備ではリーグワーストの 26 捕逸。25 本塁打を放った 12 年も打率 .222 にとどまった。13 年のリーグ優勝決定シリーズ第 2 戦ではサヨナラ打を放つ。姓のスペル 14 文字は複合姓を除けばメジャー史上最多だった。
【通算】12 年、895 試合、2852 打数 662 安打、110 本塁打、381 打点、5 盗塁、打率 .232

澤村拓一　☆
Hirokazu Sawamura
1988.4.3 ～【出身地】栃木県栃木市【球団】2021-22 レッドソックス【位置】投手、右
【経歴】中央大から 2010 年ドラフト 1 位で巨人に入団、11 年に 11 勝、防御率 2.03 で新人王を受賞。150km 台の速球とフォークボールで、抑えに回った 15 ～ 16 年は 2 年連続 30 セーブを記録した。20 年途中ロッテへトレード、翌 21 年 FA となってレッドソックスと契約し、4 月 23 日

のマリナーズ戦で初勝利。中継ぎとして55試合に登板し5勝、防御率3.06。翌22年も49試合で防御率3.73だったが9月に解雇され、23年はロッテに復帰した。
【通算】2年、104試合、0先発、6勝2敗0S、103.2回、101奪三振、防御率3.39
【日本】2011-16,18-20巨人　20,23-24ロッテ　11年、425試合、92先発、12完投、4完封、53勝57敗79S、936.1回、840奪三振、防御率2.86

ジェフ・ザーン
Geoffrey Clayton Zahn
1945.12.19～【出身地】メリーランド州ボルティモア【球団】73-75ドジャース　75-76カブス　77-80ツインズ　81-85エンジェルズ【位置】投手、左
【経歴】30歳を過ぎてから活躍し出した遅咲きの左腕。3度のドラフト指名を拒否したのち、68年1月ドラフト5位（第2回）でドジャースに入団。76年まで通算6勝14敗に過ぎずカブスを自由契約となるが、ツインズに拾われて77年12勝。チェンジアップが効果的で以後6年連続2ケタ勝利、82年は18勝（2位）を挙げ、エンジェルズの地区優勝に貢献した。84年も38歳で5完封（1位）を含む13勝、防御率3.73（5位）。信心深く、人柄も魅力的だった。引退後は母校ミシガン大学のコーチに就任。
【通算】13年、304試合、270先発、79完投、20完封、111勝109敗1S、1849回、705奪三振、防御率3.74

マニー・サンギーエン
Manuel de Jesus Sanguillen
1944.3.21～【出身地】パナマ共和国コロン【球団】67,69-76パイレーツ　77アスレティックス　78-80パイレーツ【位置】捕手、右
【経歴】悪球打ちで有名だった好打の捕手。レギュラーとなった69年打率.303、翌70年は.325（3位）の高打率で、9三塁打も5位。71年も3年連続3割となる.319、自己最多の81打点、ワールドシリーズでも29打数11安打とよく打った。ロベルト・クレメンテとは親友同士で、72年にクレメンテが事故死した際には同じ飛行機に乗る予定だったが、自動車の鍵をなくして飛行場に着けず難を免れた。73年はクレメンテの後を受け右翼を守るがシーズン途中で捕手に戻る。75年自己最高の打率.328（3位）。77年チャック・タナー監督との交換でアスレティックスへ移るが、1年だけでパイレーツへ戻った。守備でも素早いスローイングで、通算盗塁阻止率は.385の高率。陽気な性格で、チーム一の人気者だった。
【通算】13年、1448試合、5062打数1500安打、65本塁打、585打点、35盗塁、打率.296
【タイトル】オールスター3回（71～72,75年）

ケン・サンダース
Kenneth George Sanders
1941.7.8～【出身地】ミズーリ州セントルイス【球団】64アスレティックス　66レッドソックス　66,68アスレティックス　70-72ブルワーズ　73ツインズ　73-74インディアンズ　74エンジェルズ　75-76メッツ　76ロイヤルズ【位置】投手、右
【経歴】66年62試合に登板したが、翌67年はマイナー暮らし。ブルワーズに移った70年は5勝13セーブ、防御率1.75。翌71年はリーグ最多の83試合に登板し31セーブ（1位）、防御率1.91の活躍。シンカーに自信を持っており、打者が待っているのを承知でどんどん投げ込んできた。72年も17セーブ（5位）を記録、10年間でのべ9球団に在籍した。
【通算】10年、409試合、1先発、0完投、29勝45敗86S、656.2回、360奪三振、防御率2.97
【タイトル】最多セーブ1回（71年）

ディオン・サンダース
Deion Luwynn Sanders
1967.8.9～【出身地】フロリダ州フォートマイヤーズ【球団】89-90ヤンキース　91-94ブレーヴス　94-95レッズ　95ジャイアンツ　97,2001レッズ【位置】外野、左
【経歴】野球よりもフットボールのスーパースターとして知られ、ワールドシリーズとスーパーボウルの両方に出場した唯一の選手。88年ドラフト30位でヤンキースに入団、翌89年にはNFLアトランタ・ファルコンズにドラフト1位指名され入団。同年9月、史上初めて同じ週に本塁打とタッチダウンを決めた選手となる。ブレーヴス移籍後の92年、97試合に出場し打率.304、14三塁打（1位）、26盗塁、ワールドシリーズでも15打数8安打、5盗塁。10月11日には同じ日に野球とフットボールの両

方の試合に出場した。同年はNFLの最優秀ディフェンシヴ・プレイヤーに選ばれる。96年はフットボールに専念、97年レッズで復帰し115試合に出場、56盗塁（2位）を決める。同年限りで球界から身を引き、フットボールで活躍を続けていたが、2001年4年ぶりにレッズへ復帰。打率.173の不振で6月に解雇され、ブルージェイズに拾われたものの出場はなかった。11年にプロフットボールの殿堂入り。
【通算】9年、641試合、2123打数558安打、39本塁打、168打点、186盗塁、打率.263

レジー・サンダース
Reginald Laverne Sanders
1967.12.1～【出身地】サウスカロライナ州フローレンス【球団】91-98レッズ　99パドレス　2000ブレーヴス　01ダイアモンドバックス　02ジャイアンツ　03パイレーツ　04-05カーディナルス　06-07ロイヤルズ【位置】外野、右
【経歴】87年ドラフト7位でレッズに入団。パワーとスピードを兼ね備え、95年は打率.306、36二塁打（4位）、28本塁打、99打点、36盗塁（4位）の好成績を残すも、ポストシーズンは29打数で19三振の大ブレーキだった。パドレスへ移籍した99年は26本塁打、36盗塁、以後9年間で7球団に在籍。2001年はダイアモンドバックスで自己最多の33本塁打を放った。02年のワールドシリーズでは2本塁打6打点、05年のディヴィジョンシリーズでは第1戦で6打点、3試合で10打点を叩きだした。06年に史上5人目の通算300本塁打/300盗塁に到達している。
【通算】17年、1777試合、6241打数1666安打、305本塁打、983打点、304盗塁、1614三振、打率.267
【タイトル】オールスター1回（95年）

スコット・サンダーソン
Scott Douglas Sanderson
1956.7.22～2019.4.11【出身地】ミシガン州ディアボーン【球団】78-83エクスポズ　84-89カブス　90アスレティックス　91-92ヤンキース　93エンジェルズ　93ジャイアンツ　94ホワイトソックス　95-96エンジェルズ【位置】投手、右
【経歴】77年ドラフト3位でエクスポズに入団。80年16勝、82年も12勝を挙げるが、その後は故障もあり不本意なシーズンが続く。カーブなど変化球主体の投球を身につけ89年7年ぶりの2ケタとなる11勝、アスレティックスに移った翌90年は自己最多の17勝。ヤンキースに移籍した91年も16勝し、通算7度の2ケタ勝利を挙げた。制球力に優れ、平均与四球は1試合2.2個であった。引退後は代理人に転身。
【通算】19年、472試合、407先発、43完投、14完封、163勝143敗5S、2561.2回、1611奪三振、防御率3.84
【タイトル】オールスター1回（91年）

アービン・サンタナ
Ervin Ramon Santana
1982.12.12～【出身地】ドミニカ共和国ラロマナ【球団】2005-12エンジェルズ　13ロイヤルズ　14ブレーヴス　15-18ツインズ　19ホワイトソックス　21ロイヤルズ【位置】投手、右
【経歴】2000年エンジェルズと契約、05年メジャーに昇格し12勝、翌06年は16勝。08年も16勝、リーグ2位の214奪三振、10年は自己最多の17勝。11年7月27日はツインズ相手にノーヒッターを達成した。その一方で07、09、12年は防御率5点台と安定感に乏しく、12年はリーグ最多の39本塁打を打たれた。ツインズに移籍した15年は禁止薬物使用で80試合の出場停止。17年は16勝、防御率3.28（5位）、5完投と3完封はいずれも1位で、9年ぶりのオールスターに選ばれた。本名はヨハンだが、同名の好投手との混同を避け、NBAのスター選手マジック・ジョンソンの本名アービンに改名した。
【通算】16年、425試合、386先発、21完投、11完封、151勝129敗0S、2486.2回、1978奪三振、防御率4.11
【タイトル】オールスター2回（2008,17年）

カルロス・サンタナ　★
Carlos Santana
1986.4.8～【出身地】ドミニカ共和国サントドミンゴ【球団】2010-17インディアンズ　18フィリーズ　19-20インディアンズ　21-22ロイヤルズ　22マリナーズ　23パイレーツ　23ブルワーズ　24ツインズ【位置】捕手、一塁、両
【経歴】2004年ドジャースに入団、インディアンズ移籍後の11年に捕手/一塁手としてレギュラーとなり、27本塁打、97四球。14年はリーグ最多の113四球、通算4回100四球以上を選ぶ。16年は34本塁打、フィリーズからインディアンズに

戻った19年に再び34本、自己最多の93打点。24年は38歳にして9回目の20本以上となる23本塁打、守備では15年目にして初のゴールドグラブを受賞した。身長（180cm）に比して横幅が広い体型（公称95kg）から"エル・オソ（熊）"のニックネームで親しまれた。
【通算】15年、2080試合、7400打数1789安打、393二塁打、17三塁打、324本塁打、1082打点、58盗塁、1278四球、1449三振、打率.242
【タイトル】ゴールドグラブ1回（2024年）オールスター1回（19年）

ヨハン・サンタナ
Johan Alexander Santana
1979.3.13～【出身地】ベネズエラ共和国トバル【球団】2000-07ツインズ　08-10,12メッツ【位置】投手、左
【経歴】快速球と切れのあるスライダー、チェンジアップを武器とした名左腕。95年アストロズに入団、2000年のルール5ドラフトでマーリンズを経てツインズに移籍。03年途中から先発に定着し12勝、翌04年は20勝（2位）、防御率2.61と265奪三振は1位。後半戦に限っては13勝0敗、防御率1.21とほぼ完璧でサイ・ヤング賞に選ばれた。
05年も16勝（5位）、238奪三振は2年連続1位、防御率2.87も1位に0.01差で2位。06年は19勝で最多勝、防御率2.77、245奪三振の3部門で1位となり、2度目のサイ・ヤング賞に輝いた。08年4選手との交換でメッツにトレードされ、6年1億3750万ドルで契約を延長。自己ベストの防御率2.53で3度目の防御率1位となった。10年まで8年連続で2ケタ勝利を挙げていたが、11年はトミー・ジョン手術で全休。復帰した12年は6月1日のカーディナルス戦で、メッツ球団史上初のノーヒットノーランを達成。13年以降は1試合も投げられずに現役を終えた。
【通算】12年、360試合、284先発、15完投、10完封、139勝78敗1S、2025.2回、1988奪三振、防御率3.20
【タイトル】サイ・ヤング賞2回（2004,06年）最多勝1回（06年）最優秀防御率3回（04,06,08年）最多奪三振3回（04～06年）オールスター4回（05～07,09年）

アンソニー・サンタンデール　★
Anthony Roger Santander
1994.10.19～【出身地】ベネズエラ共和国マルガリタ【球団】2017-24オリオールズ【位置】外野、両
【経歴】2011年インディアンズに入団し、ルール5ドラフトで17年オリオールズへ移籍。22年に33本塁打（5位）、4度のスイッチ本塁打はタイ記録となった。翌23年も41二塁打（2位）、28本塁打、95打点。24年はリーグ2位の44本塁打、自己最多の102打点と打ち続けた。
【通算】8年、746試合、2830打数695安打、155本塁打、435打点、10盗塁、打率.246
【タイトル】オールスター1回（2024年）

アニバル・サンチェス
Anibal Alejandro Sanchez
1984.2.27～【出身地】ベネズエラ共和国マラカイ【球団】2006-12マーリンズ　12-17タイガース　18ブレーヴス　19-20,22ナショナルズ【位置】投手、右
【経歴】2001年にレッドソックスでプロ入り、マーリンズに移籍した06年は10勝、防御率2.83、9月6日のダイアモンドバックス戦でノーヒットノーランを達成。その後3年間は故障に見舞われ合計8勝にとどまったが、10年に13勝と復活。速球主体のピッチングで、翌11年は202三振を奪った。12年途中タイガースへトレード、13年は4月26日に球団新記録の17奪三振。14勝、防御率2.57（1位）、202奪三振、リーグ優勝決定シリーズ第1戦では9回一死まで無安打の好投を演じた。19年もリーグ優勝決定シリーズ第1戦で8回二死までノーヒットに抑えた。
【通算】16年、364試合、341先発、9完投、7完封、116勝119敗0S、2017.2回、1774奪三振、防御率4.06
【タイトル】最優秀防御率1回（2013年）

アーロン・サンチェス
Aaron Jacob Sanchez
1992.7.1～【出身地】カリフォルニア州バーストウ【球団】2014-19ブルージェイズ　19アストロズ　21ジャイアンツ　22ナショナルズ　22ツインズ【位置】投手、右
【経歴】2010年ドラフト1位でブルージェイズに入団。メジャー昇格当初はリリーフで結果を残し、15年のポストシーズンは9試合投げて無失点。先発に転向した16年は高速シンカーを武器に15勝2敗、防御率3.00はリーグトップだった。19年はブルージェイズ在籍時は3勝14敗、アストロズへ移籍すると初登板で6回無安打、

後続の投手もヒットを打たれず4人の継投でノーヒットノーランを達成した。
【通算】8年、174試合、113先発、0完投、38勝38敗3S、685回、541奪三振、防御率4.16
【タイトル】最優秀防御率1回(2016年)オールスター1回(16年)

ガリー・サンチェス　★
Gary Sanchez
1992.12.2～【出身地】ドミニカ共和国サントドミンゴ【球団】2015-21ヤンキース　22ツインズ　23メッツ　23パドレス　24ブルワーズ【位置】捕手、右
【経歴】2009年ヤンキースに入団。16年は53試合の出場で20本塁打を放ち、新人王投票で次点に入ると17年も33本塁打、90打点。19年も34本塁打とパワーは発揮したが、18年以降は低打率に苦しんだ。守備では肩こそ強いものの捕球に難があり、17・18年は合わせて34捕逸で2年続けてリーグワースト。捕逸と失策で3回ずつ最多を記録した。
【通算】10年、830試合、2836打数636安打、184本塁打、485打点、6盗塁、打率.224
【タイトル】オールスター2回(2017,19年)

フレディ・サンチェス
Frederick Philip Sanchez
1977.12.21～【出身地】カリフォルニア州ハリウッド【球団】2002-03レッドソックス　04-09パイレーツ　09-11ジャイアンツ【位置】二塁、三塁、右
【経歴】2000年ドラフト11位でレッドソックスに入団。03年途中パイレーツにトレードされ、05年正三塁手となり打率.291。06年は打率.344で首位打者となったほか、200安打(3位)、53二塁打(1位)、85打点の自己最高成績を残した。三塁から二塁に回った07年も打率.304、42二塁打と好調を持続。09年途中ジャイアンツに移籍、翌10年のワールドシリーズ第1戦では二塁打3本を含む4安打3打点と大当たりした。
【通算】10年、904試合、3402打数1012安打、48本塁打、371打点、13盗塁、打率.297
【タイトル】首位打者1回(2006年)オールスター3回(06～07,09年)

レイ・サンチェス
Rey Francisco Sanchez
1967.10.5～【出身地】プエルトリコ・リオピエドラス【球団】91-97カブス　97ヤンキース　98ジャイアンツ　99-2001ロイヤルズ　01ブレーヴス　02レッドソックス　03メッツ　03マリナーズ　04レイズ　05ヤンキース【位置】遊撃、二塁、右
【経歴】86年ドラフト13位でレンジャーズに入団。カブス移籍後の93年レギュラーとなり打率.282、以後9年間で1年を除いて.270以上と安定。99年に打率.294、56打点の自己記録を残した。長打力に欠け、選球眼にも問題はあったが、堅実な守備の評価は高かった。
【通算】15年、1490試合、4850打数1317安打、15本塁打、389打点、55盗塁、打率.272

ビリー・サンデイ
William Ashley Sunday
1862.11.19～1935.11.6【出身地】アイオワ州エイムズ【球団】1883-87シカゴ　88-90ピッツバーグ　90フィラデルフィア【位置】外野、左
【経歴】美男で知られた俊足の外野手で、ピッツバーグに移籍した1888年は打率.236ながら3位の71盗塁。90年も84盗塁は3位だったが同年限りで引退し、宗教活動に専念。熱狂的な巡回福音伝道者として非常に有名となり、禁酒法の制定や日曜日の野球の試合の禁止などを主張。1910年のアディー・ジョスの葬儀でも悼辞を述べた。
【通算】8年、499試合、2007打数498安打、12本塁打、170打点、246盗塁(*)、打率.248

ベニト・サンティアゴ
Benito Santiago
1965.3.9～【出身地】プエルトリコ・ポンセ【球団】86-92パドレス　93-94マーリンズ　95レッズ　96フィリーズ　97-98ブルージェイズ　99カブス　2000レッズ　01-03ジャイアンツ　04ロイヤルズ　05パイレーツ【位置】捕手、右
【経歴】83年パドレスに入団。87年22歳で正捕手となり、強肩で注目を集めたのに加え、打撃でも打率.300、18本塁打、79打点。新人記録にして捕手の記録ともなる34試合連続安打も放って新人王に選ばれた。翌88年から3年連続でゴールドグラブを受賞したが、最多失策も6回。

92年は103試合で捕逸0だったが、マーリンズに移籍した翌93年は一転してリーグワーストの23捕逸だった。フィリーズに移った96年自己最多の30本塁打、85打点、9月15～16日に4打席連続本塁打を放った。2002年は16本塁打、74打点で10年ぶりにオールスターに選出され、ポストシーズンも合計17試合で16打点。リーグ優勝決定シリーズでは2本塁打6打点でMVPに選ばれた。
【通算】20年、1978試合、6951打数1830安打、217本塁打、920打点、91盗塁、1270三振、打率.263
【タイトル】新人王（87年）ゴールドグラブ3回（88～90年）オールスター5回（89～92,2002年）

ロン・サント
Ronald Edward Santo
1940.2.25～2010.12.2【出身地】ワシントン州シアトル【球団】60-73カブス　74ホワイトソックス【位置】三塁、右
【経歴】常に闘志を前面に出してプレイした名三塁手。高校卒業時には全16球団から誘われカブスに入団、61年レギュラーとなり23本塁打。63年は25本塁打、99打点、以後8年連続で25本、90打点以上。64年は打率.313、30本塁打、114打点（2位）に加え、13三塁打・86四球・出塁率.398の3部門で1位。通算4回最多四球を選び、66年も出塁率.412で1位となった。
守備でも64年から5年連続ゴールドグラブ、刺殺数と補殺数で7回ずつ1位となる。糖尿病の持病を抱えながらも61～71年の11年間はフル出場7回、毎年154試合以上に出場した。74年エンジェルズへのトレードを拒否、ホワイトソックスに移籍し同年限りで引退。その後はカブス贔屓丸出しの実況アナウンサーとして人気を集めた。長く希望していた殿堂入りは生前には叶えられず、死去から2年後の2012年に実現した。
【通算】15年、2243試合、8143打数2254安打、365二塁打、67三塁打、342本塁打、1331打点、35盗塁、1108四球、1343三振、打率.277
【タイトル】最高出塁率2回（64,66年）ゴールドグラブ5回（64～68年）オールスター9回（63～66,68～69,71～73年）

ルイス・サントップ
Louis Santop
1889.1.17～1942.1.22【出身地】テキサス州フォートワース【球団】ニグロ・リーグ【位置】捕手、左
【経歴】強肩強打の捕手としてニグロ・リーグで活躍した人気選手。その強肩ぶりは、ホームプレートから投げたボールがセンターのフェンスを越えたとの伝説がある。ニューヨーク・リンカン・ジャイアンツ、ブルックリン・ロイヤル・ジャイアンツなどニューヨークで全盛時を過ごし、後年はフィラデルフィアのヒルデイル・クラブにも在籍。外角球打ちが得意で、ショーマンシップに溢れしばしば予告本塁打を放った。選手として第一線を退いたのちは、フィラデルフィアのラジオ局でブロードキャスターを務めたり、政治活動に手を染めたりした。2006年殿堂入り。
<ニグロ・リーグの成績>115試合、350打数111安打、7本塁打、65打点、9盗塁、打率.317

ジム・サンドバーグ
James Howard Sundberg
1951.5.18～【出身地】イリノイ州ゲイルズバーグ【球団】74-83レンジャーズ　84ブルワーズ　85-86ロイヤルズ　87-88カブス　88-89レンジャーズ【位置】捕手、右
【経歴】72年にレンジャーズからドラフト8位で指名されるも入団拒否、翌73年1月ドラフト1位（第2回）で再度指名され入団。翌74年早くも正捕手となり、オールスターにも選ばれる。76年から6年連続でゴールドグラブ受賞、通算では守備率1位6回。強肩にも定評があり、6回最多補殺を記録。通算盗塁阻止率は.412に達した。打撃も77年に自己記録の打率.291、65打点、同年から5年連続で.270以上。85年のプレイオフは6打点、第7戦で勝利を決定づける3点三塁打を放った。紳士的な選手として評判を取り、引退後は解説者などを経てレンジャーズのフロント入り。夫人と共同で子育てに関する本も書いた。
【通算】16年、1962試合、6021打数1493安打、95本塁打、624打点、20盗塁、打率.248
【タイトル】ゴールドグラブ6回（76～81年）オールスター3回（74,78,84年）

ライン・サンドバーグ
Ryne Dee Sandberg
1959.9.18 ～【出身地】ワシントン州スポーケン【球団】81 フィリーズ　82-94,96-97 カブス【位置】二塁、三塁、右
【経歴】78 年ドラフト 20 位で入団したフィリーズでは 13 試合に出場したのみ。82 年カブスへ移籍し正三塁手となったが、翌 83 年二塁へコンバート。同年守備率 .986（1 位）でゴールドグラブを受賞、以後 9 年連続で同賞の常連となる。89 ～ 90 年にかけては 123 試合連続無失策の新記録を達成、通算守備率 .989 は史上 3 位（1 万イニング以上）。打撃も一流で、84 年は打率 .314（4 位）、200 安打（2 位）、36 二塁打（3 位）、19 三塁打（1 位）、19 本塁打、84 打点で MVP に選出された。
　85 年も 26 本塁打、54 盗塁（4 位）、90 年は 40 本でナ・リーグの二塁手では 65 年ぶりの本塁打王。94 年 6 月突如引退を発表したが 96 年復帰、25 本塁打、92 打点と見事なカムバックを果たした。二塁手での通算 277 本塁打は史上 2 位。ポストシーズンも通算 39 打数 15 安打とよく打った。2005 年殿堂入り。マイナー監督を経て 13 年途中からフィリーズの監督を任されたが、選手たちの信頼を得られず 15 年 6 月に辞任した。
【通算】16 年、2164 試合、8385 打数 2386 安打、403 二塁打、76 三塁打、282 本塁打、1061 打点、344 盗塁、761 四球、1260 三振、打率 .285
【タイトル】MVP1 回（84 年）本塁打王 1 回（90 年）ゴールドグラブ 9 回（83 ～ 91 年）オールスター 10 回（84 ～ 93 年）
【監督】2013-15 フィリーズ　3 年、278 試合、119 勝 159 敗、勝率 .428

パブロ・サンドバル
Pablo Emilio Sandoval
1986.8.11 ～【出身地】ベネズエラ共和国プエルトカベヨ【球団】2008-14 ジャイアンツ　15-17 レッドソックス　17-20 ジャイアンツ　20-21 ブレーヴス【位置】三塁、両
【経歴】身長 178cm/ 体重 121kg とかなり太めの体型で、映画のキャラクターから“カンフー・パンダ”の愛称で親しまれた人気者。2003 年ジャイアンツに入団、09 年正三塁手に定着し打率 .330（2 位）、189 安打（4 位）、44 二塁打（3 位）、25 本塁打、90 打点。相当な悪球打ちでありながら、巧みなバットコントロールで高打率を残した。
　11 年も打率 .315、23 本塁打、12 年はやや低調だったがプレイオフでは合計 3 本塁打、9 打点。ワールドシリーズ第 1 戦では、ジャスティン・ヴァーランダーからの 2 発を含む史上 4 人目の 3 本塁打、シリーズ合計では 16 打数 8 安打で MVP に選出された。その後は一度も打率 3 割 /20 本塁打以上打つことはなかったが、14 年もワールドシリーズでは 28 打数 12 安打。ポストシーズン通算 42 試合で打率 .338 と大舞台で力を発揮した。
【通算】14 年、1380 試合、4609 打数 1279 安打、153 本塁打、639 打点、12 盗塁、打率 .278
【タイトル】オールスター 2 回（2011 ～ 12 年）

ジャック・サンフォード
John Stanley Sanford
1929.5.18 ～ 2000.3.7【出身地】マサチューセッツ州ウェルズリーヒルズ【球団】56-58 フィリーズ　59-65 ジャイアンツ　65-67 エンジェルズ　67 アスレティックス【位置】投手、右
【経歴】力強い速球で 57 年 19 勝（2 位）、188 奪三振は 1 位で 28 歳にして新人王を受賞。以後 7 年連続 2 ケタ勝利、62 年は 16 連勝を含む 24 勝（2 位）を挙げ、サイ・ヤング賞投票次点に入った。ワールドシリーズでも第 2 戦で完封勝利、敗れた第 5 戦も 10 奪三振と力投。第 7 戦にも先発し、6 回二死までパーフェクトに抑えていたラルフ・テリーから安打を放った。引退後はプロゴルファーとなった。
【通算】12 年、388 試合、293 先発、76 完投、14 完封、137 勝 101 敗、2049.1 回、1182 奪三振、防御率 3.69
【タイトル】新人王（57 年）最多奪三振 1 回（57 年）オールスター 1 回（57 年）

カルロス・サンブラノ
Carlos Alberto Zambrano
1981.6.1 ～【出身地】ベネズエラ共和国プエルトカベヨ【球団】2001-11 カブス　12 マーリンズ【位置】投手、右
【経歴】ビッグ Z の異名を取った大型投手。97 年カブスに入団し 20 歳でメジャー昇格、2003 年から 6 年連続 13 勝以上。04 年は 16 勝（5 位）、防御率 2.75（4 位）、06 年は 16 勝（1 位）、防御率 3.41（5 位）、210 奪三振（4 位）。速球に加えてスプリッター、スライダーなど変化球の球種も多く、07 年に自己最多の 18 勝（2 位）を挙げた

が、06・07年は2年続けて100四球以上でリーグワーストと、制球に課題があった。08年は9月14日のアストロズ戦でノーヒットノーランを達成した。

打撃も通算打率.238、24本塁打、06年は6本。08年は.337、4本で、7月から8月にかけて先発した8試合連続で打点を挙げた。極めて気性が荒く、降板時に激昂し備品を破壊したりしたほか、審判やチームメイト、観客とのトラブルも何度となく起こした。11年8月にはKOされたことに腹を立て引退を宣言、のちに撤回したが球団から資格停止処分を下され、その後の登板がないままマーリンズへ放出された。

【通算】12年、354試合、302先発、10完投、5完封、132勝91敗0S、1959回、1637奪三振、防御率3.66

【タイトル】最多勝1回(2006年) オールスター3回(04,06,08年)

【シ】

ジェイソン・ジアンビー

Jason Gilbert Giambi

1971.1.8～【出身地】カリフォルニア州ウェストコヴィナ【球団】95-2001アスレティックス　02-08ヤンキース　09アスレティックス　09-12ロッキーズ　13-14インディアンズ【位置】一塁、外野、DH、左

【経歴】92年のバルセロナ五輪代表メンバーで、同年ドラフト2位でアスレティックスに入団。メジャー昇格当初は三塁や外野でも起用されたが、98年から一塁に固定される。2000年は打率.333、43本塁打(2位)、137打点(4位)、137四球と出塁率.482はともに1位。特に優勝争いを演じていた9月に.400、13本、32打点で地区制覇の原動力となり、リーダーシップも評価されMVPに輝いた。続く01年も打率.342(2位)、38本塁打、120打点に加え47二塁打、129四球、出塁率.477、長打率.660はすべて1位だったが、MVP投票では僅差でイチローに敗れた。

02年FAでヤンキースに移籍、同年と03年に2年連続41本塁打を放つも、03年以降は打率が急激に下降。それでも選球眼が並外れてよかったため出塁率は高率を維持し、05年は4度目の1位となる108四球で出塁率.440。通算では30本塁打8回、100打点と100四球が7回ずつ、出塁率4割も7度記録した。05年に以前から疑惑のあったステロイドの使用を認めた。弟ジェレミーはアスレティックス時代のチームメイトで、同様にステロイド使用者だった。

【通算】20年、2260試合、7267打数2010安打、405二塁打、9三塁打、440本塁打、1441打点、20盗塁、1366四球、1572三振、打率.277

【タイトル】MVP1回(2000年) 最高出塁率3回(00～01,05年) オールスター5回(00～04年)

エド・シーヴァー

Edward Tilden Siever

1875.4.2～1920.2.4【出身地】カンザス州ゴダード【球団】01-02タイガース　03-04ブラウンズ　06-08タイガース【位置】投手、左

【経歴】01年新人で18勝、翌02年は8勝11敗と負け越したが防御率1.91は1

位。188.1回を投げ被本塁打は0本だった。翌03年ブラウンズに金銭で移籍、05年はマイナーのミネアポリスで投げていたが06年タイガースに復帰し、07年に自己最多タイの18勝を挙げた。
【通算】7年、203試合、174先発、136完投、14完封、83勝82敗、1507回、470奪三振、防御率2.60
【タイトル】最優秀防御率1回（02年）

トム・シーヴァー
George Thomas Seaver
1944.11.17～2020.8.31【出身地】カリフォルニア州フレズノ【球団】67-77メッツ　77-82レッズ　83メッツ　84-86ホワイトソックス　86レッドソックス【位置】投手、右
【経歴】理想的な投球フォームからの威力ある速球と、打者の弱点を研究し尽くした頭脳的な投球で"トム・テリフィック"と称され、3度のサイ・ヤング賞を手にした名投手。66年1月ドラフト（第2回）でブレーヴスが1位指名したが、NCAA規定違反により無効とされ、フィリーズ、インディアンズとの3球団によるクジ引きの末メッツに入団。67年早速16勝（5位）、防御率2.76で新人王に輝いた。
　69年は25勝で最多勝、サイ・ヤング賞を受賞しメッツ初優勝の原動力となった。翌70年4月22日のパドレス戦ではいずれも新記録となる10者連続三振、19奪三振。同年防御率2.82、283奪三振の両部門で1位、以後7年間で5回最多奪三振。続く71年は自己記録でともに1位の防御率1.76、289奪三振。73年19勝（2位）、防御率2.08（1位）で2度目のサイ・ヤング賞、75年も22勝（1位）で3度目の受賞となった。
　フロントとの確執から、77年途中4選手との交換でレッズに移籍。78年6月16日のカーディナルス戦で初のノーヒットノーラン、同年は10回目の200奪三振を記録した。81年14勝で3回目の最多勝となるが、翌82年は16年目で初めて1ケタの5勝、防御率5.50の不振。83年メッツに復帰したが、同年オフにFAの補償選手リストから洩れホワイトソックスが獲得、85年は40歳で16勝した。通算16回の開幕投手は史上最多。92年当時の史上最高だった得票率98.8%で殿堂入り。引退後もミステリー小説の筆をとったり、オリジナル・ワインを発売したりと多方面に活躍した。
【通算】20年、656試合、647先発（15位）、231完投、61完封（7位）、311勝（18位）205敗1S、4783回（18位）、3640奪三振（6位）、1390四球（20位）、防御率2.86
【タイトル】サイ・ヤング賞3回（69,73,75年）新人王（67年）最多勝3回（69,75,81年）最優秀防御率3回（70～71,73年）最多奪三振5回（70～71,73,75～76年）オールスター12回（67～73,75～78,81年）

ロイ・シーヴァース
Roy Edward Sievers
1926.11.18～2017.4.3【出身地】ミズーリ州セントルイス【球団】49-53ブラウンズ　54-59セネターズ　60-61ホワイトソックス　62-64フィリーズ　64-65セネターズ【位置】一塁、外野、右
【経歴】勝負強さが光ったスラッガーで、理想的なスイングの持ち主として知られた。49年打率.306、16本塁打、91打点でア・リーグの新人王第1号となる。その後故障が続き、セネターズへ放出された54年に.232の低打率ながら24本塁打（4位）、102打点と復活、同年から9年連続20本塁打以上。57年は6試合連発を含む42本塁打、サヨナラ弾4本は史上最多タイ。114打点も1位で二冠王となった。翌58年も39本塁打、108打点（3位）。リチャード・ニクソンのお気に入りの選手だった。
【通算】17年、1887試合、6387打数1703安打、318本塁打、1147打点、14盗塁、打率.267
【タイトル】新人王（49年）本塁打王1回（57年）打点王1回（57年）オールスター4回（56～57,59,61年）

ジョーイ・ジェイ
Joseph Richard Jay
1935.8.15～【出身地】コネティカット州ミドルタウン【球団】53-55,57-60ブレーヴス　61-66レッズ　66ブレーヴス【位置】投手、右
【経歴】リトルリーグ出身の最初のメジャーリーガーで、スローカーブの名手。53年17歳でデビュー、9月20日の初先発で7回コールドながら初完封。同年7月には月間MVPを受賞した最初の投手となった。メジャーに定着したのは58年からで、レッズに移った61年21勝で最多勝、4完封も1位。ワールドシリーズ第2戦ではチー

ム唯一の勝利を挙げる。翌62年も21勝(4位)を挙げた。通算100勝と1000奪三振にともにあと1つと迫りながら、達成できずに30歳で引退。その後は球界と縁を切り、現役時代に起こした原油掘削会社の経営で成功した。
【通算】13年、310試合、203先発、63完投、16完封、99勝91敗、1546.1回、999奪三振、防御率3.77
【タイトル】最多勝1回(61年)オールスター1回(61年)

ジョン・ジェイ
Jonathan Henry Jay
1985.3.15～【出身地】フロリダ州マイアミ【球団】2010-15カーディナルス 16パドレス 17カブス 18ロイヤルズ 18ダイアモンドバックス 19ホワイトソックス 20ダイアモンドバックス 21エンジェルズ【位置】外野、左
【経歴】2006年ドラフト2位でカーディナルスに入団。シャープな打撃が持ち味で、メジャーに昇格した10年に打率.300、以後5年間で3回3割以上。13年に自己最多の151安打、67打点、死球が多く14年はリーグ最多の20回ぶつけられた。同郷のヨンデル・アロンソ、マニー・マチャドとは子供の頃からの親友だった。
【通算】12年、1201試合、3838打数1087安打、37本塁打、341打点、55盗塁、打率.283

ジョー・シェイウート
Joseph Benjamin Shaute
1899.8.1～1970.2.21【出身地】ペンシルヴェニア州ペックヴィル【球団】22-30インディアンズ 31-33ドジャース 34レッズ【位置】投手、左
【経歴】ベーブ・ルースに強いのを自慢としていた速球派左腕で、本塁打も6本打たれた代わりに30個以上の三振を奪った。23年10勝、翌24年は20勝(3位)を挙げながらも17敗はリーグワースト。5度の2ケタ勝利を記録したが、年によって波が激しいのが欠点であった。
【通算】13年、360試合、208先発、103完投、5完封、99勝109敗、1818.1回、512奪三振、防御率4.15

マイク・ジェイコブズ
Michael James Jacobs
1980.10.30～【出身地】カリフォルニア州チュラヴィスタ【球団】2005メッツ 06-08マーリンズ 09ロイヤルズ 10メッツ 12ダイアモンドバックス【位置】一塁、左
【経歴】99年ドラフト38位でメッツに入団。05年メジャーに昇格し初打席で代打3ラン、最初の4試合で4本塁打、9打点と活躍して注目を浴び、30試合で11本塁打を放った。翌06年マーリンズに移籍し37二塁打、20本塁打、08年は32本塁打、93打点。ロイヤルズに移籍した09年は打率.228と低調で解雇され、古巣のメッツに戻った10年も7試合に出たのみだった。11年はロッキーズと契約するも出場機会がなく、8月には薬物違反で50試合の出場停止処分を下され解雇となった。
【通算】7年、569試合、1949打数493安打、100本塁打、312打点、5盗塁、打率.253

ベイビー・ドール・ジェイコブソン
William Chester Jacobson (Baby Doll)
1890.8.16～1977.1.16【出身地】イリノイ州ケイブル【球団】15タイガース 15,17,19-26ブラウンズ 26-27レッドソックス 27インディアンズ 27アスレティックス【位置】外野、右
【経歴】メジャーに定着した19年から7年連続打率3割を記録した好打者。20年打率.355、216安打(4位)、122打点(2位)、翌21年も打率.352、211安打(4位)。24年は41二塁打(3位)、12三塁打(5位)、19本塁打(3位)。シーズン途中でレッドソックスに移った26年に自己最多の51二塁打を記録した。大柄な割には外野守備も巧く、24年の484刺殺は長く記録として残った。"ベイビー・ドール"のニックネームは、流行歌"Oh, You Beautiful Doll"の演奏中に本塁打を放ったのが由来。
【通算】11年、1472試合、5507打数1714安打、83本塁打、818打点、86盗塁、打率.311

チャーリー・ジェイミソン
Charles Devine Jamieson
1893.2.7～1969.10.27【出身地】ニュージャージー州パターソン【球団】15-17セネターズ 17-18アスレティックス 19-32インディアンズ【位置】外野、左
【経歴】ファンの間で人気が高かった強肩巧打の外野手。20年に打率.319を記録して以降、毎年コンスタントに3割前後の打率をキープする。23年は打率.345、

222 安打（1 位）、翌 24 年も 213 安打と打率 .359 はいずれも 2 位、21 盗塁も 5 位で MVP 投票 3 位に入った。守備でも左翼手として 22 ～ 28 年は 7 年連続 2 ケタ補殺、28 年はリーグ最多の 21 補殺。投手としても 13 試合に登板し 2 勝している。
【通算】18 年、1779 試合、6560 打数 1990 安打、18 本塁打、550 打点、131 盗塁、打率 .303

サム・ジェスロー
Samuel Jethroe
1917.1.23 ～ 2001.6.16【出身地】ミシシッピ州ラウンズカウンティ【球団】50-52 ブレーヴス　54 パイレーツ【位置】外野、両
【経歴】ニグロ・リーグのクリーヴランド・バックアイズで 7 年間活躍、45 年にはジャッキー・ロビンソンらとともにレッドソックスの入団テストを受けたが不合格。48 年ドジャースと契約、50 年ブレーヴスに移って 18 本塁打、35 盗塁（1 位）で、史上最年長の 33 歳で新人王に選ばれる。翌 51 年も 35 盗塁で 2 年連続タイトルを手にしたが、52 年は打率 .232、112 三振の不振でマイナーへ降格した。
【通算】4 年、442 試合、1763 打数 460 安打、49 本塁打、181 打点、98 盗塁、打率 .261
<ニグロ・リーグの成績>176 試合、696 打数 220 安打、10 本塁打、101 打点、37 盗塁、打率 .316
【タイトル】新人王（50 年）盗塁王 2 回（50 ～ 51 年）

ジミー・シェッカード
Samuel James Tilden Sheckard
1878.11.23 ～ 1947.1.15【出身地】ペンシルヴェニア州アッパーチャンスフォード【球団】1897-98 ブルックリン　99 ボルティモア　1900-01 ドジャース　02 オリオールズ　02-05 ドジャース　06-12 カブス　13 カーディナルス　13 レッズ【位置】外野、左
【経歴】俊足の外野手で、1899 年リーグ最多の 77 盗塁。1901 年は打率 .354、196 安打、104 打点の 3 部門で 3 位、11 本塁打は 2 位、19 三塁打と長打率 .534 は 1 位で、9 月 23 ～ 24 日には 2 試合連続満塁本塁打も放った。03 年は 9 本塁打、67 盗塁の両部門で 1 位。選球眼に優れ、11 年はいずれもリーグ最多の 147 四球、出塁率 .434、続く 12 年も 122 四球（1 位）を選び、通算出塁率は .375 の高率だった。守備でも打者の特徴に合わせた的確なポジショニングを取り、3 回最多補殺を記録した。
【通算】17 年、2122 試合、7605 打数 2084 安打、354 二塁打、136 三塁打、56 本塁打、810 打点、465 盗塁、1135 四球、849 三振、打率 .274
【タイトル】本塁打王 1 回（1903 年）盗塁王 2 回（1899,03 年）最高出塁率 1 回（11 年）

ジェイソン・ジェニングス
Jason Ryan Jennings
1978.7.17 ～【出身地】テキサス州ダラス【球団】2001-06 ロッキーズ　07 アストロズ　08-09 レンジャーズ【位置】投手、右
【経歴】99 年ドラフト 1 位でロッキーズに入団、2001 年 8 月 23 日のデビュー戦で完封勝利を挙げる。シンカー中心の投球で翌 02 年は 16 勝し新人王を受賞、打撃でも打率 .306。03、04 年も 2 ケタ勝利、06 年の 212 回と防御率 3.78 が自己ベスト。07 年にアストロズへ移ってからは急速に成績が悪化した。
【通算】9 年、225 試合、180 先発、6 完投、3 完封、62 勝 74 敗 1 S、1128.1 回、749 奪三振、防御率 4.95
【タイトル】新人王（2002 年）

ヒューイー・ジェニングス
Hugh Ambrose Jennings
1869.4.2 ～ 1928.2.1【出身地】ペンシルヴェニア州ピッツトン【球団】1891-93 ルイヴィル（AA）／ルイヴィル　93-98 ボルティモア　99 ブルックリン　99 ボルティモア　99-1900 ブルックリン　01-02 フィリーズ　03ドジャース　07,09-10,12,18 タイガース【位置】遊撃、一塁、右
【経歴】1890 年代の強豪ボルティモアの主将で、1895 年に打率 .386、204 安打と 125 打点は 4 位、翌 96 年も打率 .401（2 位）、209 安打（3 位）、0 本塁打ながら 121 打点（2 位）を叩き出した。94 ～ 98 年は毎年打率 3 割、出塁率 4 割以上。俊足で守備も素晴らしかったが、勝利のためにはどんな手段でも使い、94 年から 5 年連続最多死球、96 年は 51 死球。97 年にはエイモス・ルーシーの剛速球が頭に当たり、数日間意識不明になった。通算 287 死球は史上 1 位となっている。
　1902 年を最後に第一線から退き、07 年タイガースの監督に就任すると同年から 3 連覇。三塁のコーチボックスに立って

「イー・ヤー!!」と奇声を発したり、ヤジを飛ばしたりするエネルギッシュな采配で知られた。03年以降も時折出場し、18年にタイ・カッブの出場停止処分を不服とした選手達がストライキを起こした際は49歳にして一塁を守る。オリオールズ時代の同僚ジョン・マグローとは親友で、タイガースの監督退任後はジャイアンツのコーチとなり、24・25年はマグローの病気休養中に監督代行を務めた。現役中にコーネル大学で法律を学び、監督業と並行して弁護士としても活動した。45年殿堂入り。
【通算】18年、1284試合、4895打数1526安打、18本塁打、840打点、359盗塁、打率.312
【監督】07-20タイガース　24,25ジャイアンツ　16年、2202試合、1184勝995敗、勝率.543　リーグ優勝3回(07～09年)

ジャーマニー・シェーファー
William Herman Schaefer (Germany)
1876.2.4～1919.5.16【出身地】イリノイ州シカゴ【球団】01-02カブス　05-09タイガース　09-14セネターズ　15ニューアーク(FL)　16ヤンキース　18インディアンズ【位置】二塁、一塁、右
【経歴】05年29歳で正二塁手となり、08年は自己最多の151安打、52打点、40盗塁(3位)。9月4日には、捕手の二塁送球を誘って三塁走者を生還させようとの目論見で二塁から一塁へ逆走した(後にこのプレイは禁止される)。目立ちたがりで、雨の日にレインコートを着て試合に出たり、予告通りにサヨナラ本塁打を放って、すべてのベースにスライディングしたりした。オフシーズンにはヴォードビルショーに出演していた。
【通算】15年、1150試合、3784打数972安打、9本塁打、309打点、201盗塁、打率.257

ゲイリー・シェフィールド
Gary Antonian Sheffield
1968.11.18～【出身地】フロリダ州タンパ【球団】88-91ブルワーズ　92-93パドレス　93-98マーリンズ　98-2001ドジャース　02-03ブレーヴス　04-06ヤンキース　07-08タイガース　09メッツ【位置】外野、三塁、右
【経歴】傑出した才能に恵まれながら、行く先々でトラブルを起こし続けた問題児。86年ドラフト1位(全体6位)でブルワーズに入団、88年にマイナー最優秀選手に選ばれたが、叔父のドワイト・グッデンとともに暴行事件を起こす。89年正遊撃手に抜擢されるも期待外れの成績に終わった上、チームメイトを批判し非難を浴びる。91年は打率.194で見限られてパドレスへ放出されるが、翌92年打率.330(1位)、33本塁打(3位)、100打点(5位)と開花。93年途中マーリンズへ移籍、96年は打率.314、42本塁打(2位)、120打点、142四球を選び出塁率.465は1位だった。
98年途中ドジャースへ移籍、2000年は自己最多の43本塁打を放った。通算では打率3割9回、30本塁打8回、100打点以上8回と見事な成績を収めたが、ブレーヴス時代には契約内容に不満を唱えトレード志願、ヤンキースでもジョー・トーリ監督を白人贔屓と決めつけたり、ステロイド使用が発覚した際にはバリー・ボンズに責任を押しつけたりするなど、数々の見苦しい行動や言動で悪評を振りまいた。
【通算】22年、2576試合、9217打数2689安打、467二塁打、27三塁打、509本塁打(27位)、1676打点(30位)、253盗塁、1475四球(21位)、1171三振、打率.292
【タイトル】首位打者1回(92年)最高出塁率1回(96年)オールスター9回(92～93,96,98～2000,03～05年)

グレッグ・ジェフリーズ
Gregory Scott Jefferies
1967.8.1～【出身地】カリフォルニア州バーリンゲイム【球団】87-91メッツ　92ロイヤルズ　93-94カーディナルス　95-98フィリーズ　98エンジェルズ　99-2000タイガース【位置】一塁、外野、二塁、三塁、両
【経歴】85年ドラフト1位でメッツに入団。86～87年と2年連続でマイナー最優秀選手に選ばれ19歳でメジャー昇格、90年にはリーグ最多の40二塁打を放つも今一つの成績が続く。93年カーディナルスに移籍し打率.342(3位)、186安打(5位)、16本塁打、83打点、46盗塁(4位)とようやく期待に応え、続く94年も打率.325。ミートが巧く三振は少なかったが、個人成績を優先させる傾向があり評判はあまり芳しくなかった。
【通算】14年、1465試合、5520打数1593安打、126本塁打、663打点、196盗塁、打率.289
【タイトル】オールスター2回(93～94年)

ルーベン・シエラ
Ruben Angel Sierra

1965.10.6 ～【出身地】プエルトリコ・リオピエドラス【球団】86-92 レンジャーズ　92-95 アスレティックス　95-96 ヤンキース　96 タイガース　97 レッズ　97 ブルージェイズ　98 ホワイトソックス　2000-01 レンジャーズ　02 マリナーズ　03 レンジャーズ　03-05 ヤンキース　06 ツインズ【位置】外野、両

【経歴】86 年 20 歳でレギュラーとなり、翌 87 年は 30 本塁打、109 打点、守備ではリーグ最多の 17 補殺と強肩を披露。89 年も 14 三塁打、119 打点、長打率 .543 の 3 部門で 1 位、MVP 投票で次点となり、母国の英雄ロベルト・クレメンテの再来と呼ばれる。92 年途中ホセ・カンセコとの交換でアスレティックスへ移籍、プレイオフでは 24 打数 8 安打、7 打点。翌 93 年は .233 の低打率ながら 101 打点を挙げた。自己中心的なプレイが目立ち当初の期待ほどの成績は残せず、95 年以降は数球団を転々としていたが、2001 年は 7 年ぶりの 20 本以上となる 23 本塁打と復活した。

【通算】20 年、2186 試合、8044 打数 2152 安打、428 二塁打、59 三塁打、306 本塁打、1322 打点、142 盗塁、610 四球、1239 三振、打率 .268

【タイトル】打点王 1 回（89 年）オールスター 4 回（89,91 ～ 92,94 年）

ジョン・シェルビー
John T. Shelby

1958.2.23 ～【出身地】ケンタッキー州レキシントン【球団】81-87 オリオールズ　87-90 ドジャース　90-91 タイガース【位置】外野、両

【経歴】77 年 1 月ドラフト 1 位でオリオールズに入団。87 年途中ドジャースに移籍し 22 本塁打、72 打点を記録するが、翌 88 年は 128 三振、89 年も打率 .183 と粗さが抜けなかった。守備では強肩が光り、83 年は 114 試合で 10 補殺（2 位）。引退後はドジャース、パイレーツなどで長くコーチとして働いた。甥のジョシュ・ハリソンは内野手。

【通算】11 年、1036 試合、3090 打数 739 安打、70 本塁打、313 打点、98 盗塁、打率 .239

ジェフ・ジェンキンズ
Geoffrey Scott Jenkins

1974.7.21 ～【出身地】ワシントン州オリンピア【球団】98-2007 ブルワーズ　08 フィリーズ【位置】外野、左

【経歴】95 年ドラフト 1 位（全体 9 位）でブルワーズに入団。足を高く上げる打撃フォームで、99 年レギュラーとなり打率 .313、43 二塁打（5 位）、翌 2000 年は 34 本塁打、94 打点。03 年も 28 本塁打、自己最多の 95 打点で、通算では 20 本塁打以上 7 回。三振も多く、04 年の 152 個を最多として 7 回 100 三振以上を喫した。皆に好かれた好漢で、ブルワーズの一員として引退する目的で 10 年に 1 ドルで契約した。

【通算】11 年、1349 試合、4700 打数 1293 安打、221 本塁打、733 打点、32 盗塁、1186 三振、打率 .275

【タイトル】オールスター 1 回（2003 年）

ファーガソン・ジェンキンズ
Ferguson Arthur Jenkins

1942.12.13 ～【出身地】カナダ・オンタリオ州チャザム【球団】65-66 フィリーズ　66-73 カブス　74-75 レンジャーズ　76-77 レッドソックス　78-81 レンジャーズ　82-83 カブス【位置】投手、右

【経歴】3000 奪三振以上で 1000 四球以下しか与えなかった最初の投手。メジャー昇格当時はリリーフで、66 年途中先発に転向。外角低めへの速球が生命線だったほか、スライダーやカーブも良く、67 年から 8 年間で 20 勝 7 回、200 奪三振 6 回、最多完投 4 回。69 年リーグ最多の 273 奪三振、71 年はいずれも 1 位の 24 勝、30 完投、325 回に加え 263 奪三振は 2 位、わずか 37 四球を与えただけでサイ・ヤング賞を受賞。67 年のオールスターでは 6 三振を奪う快投を演じた。

73 年は 14 勝 16 敗と負け越したが、74 年レンジャーズへ移籍、25 勝（1 位）、225 奪三振（3 位）、防御率 2.82 でカムバック賞に選ばれた。80 年まで 14 年連続 2 ケタ勝利、両リーグで 100 勝した史上 4 人目の投手となった。80 年には麻薬不法所持で逮捕されたが、91 年カナダ出身者で初の殿堂入りを果たした。

【通算】19 年、664 試合、594 先発（23 位）、267 完投、49 完封（21 位）、284 勝（28 位）226 敗（22 位）7 S、4500.2 回（26 位）、3192 奪三振（14 位）、997 四球、防御率 3.34

【タイトル】サイ・ヤング賞1回（71年）最多勝2回（71,74年）最多奪三振1回（69年）オールスター3回（67,71～72年）

ジャッキー・ジェンセン
Jack Eugene Jensen

1927.3.9～82.7.14【出身地】カリフォルニア州サンフランシスコ【球団】50-52ヤンキース　52-53セネターズ　54-59,61レッドソックス【位置】外野、右

【経歴】カリフォルニア大学時代はフットボールで活躍し、ローズボウルにも出場。ヤンキース時代は同郷のジョー・ディマジオの後継者と言われたが期待に応えられずに終わる。レッドソックス移籍後打撃開眼し、54年から6年連続20本塁打以上、この間100打点以上5回、打点王3回。58年は35本塁打（5位）、122打点（1位）でMVPを受賞した。54年の22盗塁、56年の11三塁打はいずれも1位と俊足だった割には併殺打が多く、54年は32併殺を喫した。飛行機恐怖症を理由に59年限り引退、61年に復帰したものの1年だけで再度引退。その後はネヴァダ大とカリフォルニア大でコーチを務めた。妻のゾー・アンはヘルシンキ五輪の板飛び込み銅メダリスト。

【通算】11年、1438試合、5236打数1463安打、199本塁打、929打点、143盗塁、打率.279

【タイトル】MVP1回（58年）打点王3回（55,58～59年）盗塁王1回（54年）オールスター3回（52,55,58年）

ジム・ジェンティール　☆
James Edward Gentile

1934.6.3～【出身地】カリフォルニア州サンフランシスコ【球団】57-58ドジャース　60-63オリオールズ　64-65アスレティックス　65-66アストロズ　66インディアンズ【位置】一塁、左

【経歴】ドジャース時代に参加した56年の日本遠征では16試合で8本塁打。オリオールズに移籍した60年21本塁打、98打点で新人王投票2位に入る。翌61年は打率.302、46本塁打（3位）、141打点（1位）、5月9日の2イニング連続を含む5本の満塁本塁打を放つなど猛威をふるった。62年も33本塁打は5位だったが30歳過ぎから下り坂となり、69年“ジムタイル”の登録名で近鉄入り。足の故障のため代打での起用がほとんどで、5月18日には本塁打の直後に肉離れを起こし、代走が送られるアクシデント。このため8本塁打で7得点という珍しい記録を残した。

【通算】9年、936試合、2922打数759安打、179本塁打、549打点、3盗塁、打率.260

【タイトル】打点王1回（61年）オールスター3回（60～62年）

【日本】69近鉄　1年、65試合、86打数22安打、8本塁打、16打点、0盗塁、打率.256

レッド・シェーンディーンスト
Albert Fred Schoendienst (Red)

1923.2.2～2018.6.6【出身地】イリノイ州ジャーマンタウン【球団】45-56カーディナルス　56-57ジャイアンツ　57-60ブレーヴス　61-63カーディナルス【位置】二塁、外野、両

【経歴】俊足好守の二塁手として長く活躍。42年カーディナルスにテスト入団、45年正左翼手となり26盗塁（1位）。翌46年二塁にコンバート、広い守備範囲と堅実さを兼ね備え、守備率で6回1位となる。50年はリーグ最多の43二塁打、オールスターでは延長14回に決勝本塁打。守備でも320機会連続無失策を記録した。52年188安打（2位）、翌53年は自己最高の打率.342（2位）、15本塁打、79打点。シーズン途中ジャイアンツからブレーヴスに移った57年はリーグ最多の200安打。50年の32回が最多と三振は極めて少なかった。

スタン・ミュージアルとは親友同士で、行動を共にすることが多く63年限りで揃って引退した。65年カーディナルス監督に就任、選手の自主性を重視した采配で67年世界一、68年もリーグ2連覇。76年を最後に退任したが79年にコーチとして復帰し80、90年に監督を代行。その後もフロントに残り、80代後半まで試合前の練習に参加していた。89年殿堂入り。

【通算】19年、2216試合、8479打数2449安打、427二塁打、78三塁打、84本塁打、773打点、89盗塁、606四球、346三振、打率.289

【タイトル】盗塁王1回（45年）オールスター10回（46,48～55,57年）

【監督】65-76,80,90カーディナルス　14年、1999試合、1041勝955敗、勝率.522　リーグ優勝2回（67～68年）ワールドシリーズ優勝1回（67年）

カイル・シーガー
Kyle Duerr Seager
1987.11.3 ～【出身地】ノースカロライナ州シャーロット【球団】2011-21 マリナーズ【位置】三塁、左
【経歴】2009 年ドラフト 3 位でマリナーズに入団。12 年に正三塁手に定着し 20 本塁打、以後短縮シーズンの 20 年を除き 21 年まで毎年 20 本以上。16 年に 30 本、99 打点、現役最後の 21 年は .212 の低打率ながら 35 本塁打と 101 打点は自己記録となった。守備でも 14 年にゴールドグラブを受賞。ケガに強く、故障者リスト入りは 19 年に一度あっただけだった。弟のコーリーもオールスター遊撃手。
【通算】11 年、1480 試合、5561 打数 1395 安打、242 本塁打、807 打点、55 盗塁、1120 三振、打率 .251
【タイトル】ゴールドグラブ 1 回（2014 年）オールスター 1 回（14 年）

コーリー・シーガー　★
Corey Drew Seager
1994.4.27 ～【出身地】ノースカロライナ州シャーロット【球団】2015-21 ドジャース 22-24 レンジャーズ【位置】遊撃、左
【経歴】2012 年ドラフト 1 位でドジャースに入団。早くから大器と評判で、正遊撃手となった 16 年に打率 .308、40 二塁打、26 本塁打で新人王。20 年のリーグ優勝決定シリーズは 5 本塁打、11 打点で MVP、ワールドシリーズも 20 打数 8 安打、2 本塁打、5 打点で再び MVP に選ばれた。21 年に 10 年 3 億 2500 万ドルの超大型契約でレンジャーズへ移籍し、自己最多の 33 本塁打（5 位）。翌 23 年はシーズン最終日まで首位打者を争い打率 .327（2 位）、42 二塁打（1 位）、33 本塁打（5 位）、96 打点で MVP 投票では次点。ワールドシリーズでは初戦の 9 回に同点 2 ラン、合計 3 本塁打で 2 度目のシリーズ MVP に輝いた。性格は謙虚であまり感情を表に出さない。兄のカイルは三塁手。
【通算】10 年、1029 試合、3964 打数 1151 安打、200 本塁打、617 打点、18 盗塁、打率 .290
【タイトル】新人王（2016 年）オールスター 5 回（16 ～ 17,22 ～ 24 年）

ボビー・シグペン　☆
Robert Thomas Thigpen
1963.7.17 ～【出身地】フロリダ州タラハッシー【球団】86-93 ホワイトソックス　93 フィリーズ　94 マリナーズ【位置】投手、右
【経歴】85 年ドラフト 4 位でホワイトソックスに入団。翌 86 年メジャーに昇格、28.1 回連続無失点と好投。速球とスライダーの組み合わせで 88 ～ 89 年に 2 年連続 34 セーブ、90 年は 77 試合（1 位）に登板し新記録となる 57 セーブ、防御率も 1.83 と見事な成績を収める。その後は徐々に下降線をたどり、94 年途中ダイエーに入団した。ミシシッピ州立大ではウィル・クラークやラファエル・パルメイロとチームメイトで、主に外野を守っていた。
【通算】9 年、448 試合、0 先発、31 勝 36 敗 201 S、568.2 回、376 奪三振、防御率 3.43
【タイトル】最多セーブ 1 回（90 年）オールスター 1 回（90 年）
【日本】94-95 ダイエー　2 年、53 試合、0 完投、3 勝 3 敗 20 S、60.1 回、31 奪三振、防御率 1.94

ブラッド・ジグラー
Brad Gregory Ziegler
1979.10.10 ～【出身地】カンザス州プラット【球団】2008-11 アスレティックス 11-16 ダイアモンドバックス　16 レッドソックス　17-18 マーリンズ　18 ダイアモンドバックス【位置】投手、右
【経歴】2003 年ドラフト 20 位でフィリーズに入団。下手投げのリリーフ投手で、08 年 28 歳でメジャーに昇格するとデビューから 39 回連続無失点の新記録を樹立。年間では 47 試合で 11 セーブ、防御率 1.06 だった。内野ゴロを打たせる投球で、以後 9 年連続防御率 3.50 未満と安定し、13 年はリーグ最多の 78 試合に登板して 8 勝。15 年は自己最多の 30 セーブ、防御率 1.85、16 年にかけて 43 機会連続でセーブに成功した。野球カードやサインボールの収集家としても有名で、軍人の家族を支援する活動にも携わっていた。
【通算】11 年、739 試合、0 先発、37 勝 38 敗 105 S、717.1 回、479 奪三振、防御率 2.75

エディー・シコット
Edgar Victor Cicotte
1884.6.19 ～ 1969.5.5【出身地】ミシガン州スプリングウェルズ【球団】05 タイガース　08-12 レッドソックス　12-20 ホワイトソックス【位置】投手、右
【経歴】制球力に優れた変化球投手で、

ナックルボールや最後まで正体を明かさなかった謎の変化球で打者を幻惑した。08年から13年連続2ケタ勝利を挙げ、17年は28勝で最多勝、4月14日のブラウンズ戦でノーヒットノーランを達成。同年の1.53（1位）をベストとして、防御率1点台を5回記録した。19年の29勝、30完投、306.2回はいずれも1位だったが、同年のワールドシリーズでは低年俸に対する不満からブラックソックス事件に関与し、21勝を挙げた20年限りで永久追放処分となった。その後はフォード社の工員として働いた。
【通算】14年、502試合、361先発、249完投、35完封、209勝148敗、3226回、1374奪三振、827四球、防御率2.38
【タイトル】最多勝2回（17,19年）最優秀防御率1回（17年）

スティーヴ・シーシェック
Steven Ryan Cishek
1986.6.18～【出身地】マサチューセッツ州ファルマス【球団】2010-15マーリンズ　15カーディナルス　16-17マリナーズ　17レイズ　18-19カブス　20ホワイトソックス　21エンジェルズ　22ナショナルズ【位置】投手、右
【経歴】2007年ドラフト5位でマーリンズに入団。身長198cmの大型サイドスローで、13年は34セーブ、翌14年は39セーブ（5位）を稼ぐ。曲がりの大きなスライダーを特徴とし、17年に自己ベストの防御率2.01、45試合以上登板した10年中7年は2点台と高いレベルで安定していた。
【通算】13年、737試合、0先発、33勝43敗133S、710.2回、743奪三振、防御率2.98

リッチー・ジスク
Richard Walter Zisk
1949.2.6～【出身地】ニューヨーク州ブルックリン【球団】71-76パイレーツ　77ホワイトソックス　78-80レンジャーズ　81-83マリナーズ【位置】外野、右
【経歴】67年ドラフト3位でパイレーツに入団。マイナーで3度本塁打王となり、レギュラーを確保した73年に打率.324、翌74年は.313（5位）、100打点、10試合連続打点も記録。ホワイトソックスに移った77年自己最多の30本塁打、101打点。78年FAでレンジャーズと10年契約を結んだが今一つの成績が続く。81年マリナーズに移り、7年ぶりの打率3割となる.311でカムバック賞を受賞した。
【通算】13年、1453試合、5144打数1477安打、207本塁打、792打点、8盗塁、打率.287
【タイトル】オールスター2回（77～78年）

シビー・システィ
Sebastian Daniel Sisti (Sibby)
1920.7.26～2006.4.24【出身地】ニューヨーク州バッファロー【球団】39-42,46-54ブレーヴス【位置】二塁、三塁、遊撃、右
【経歴】39年18歳でデビューし、翌40年に正三塁手となる。41年自己最多の140安打、45打点。43～45年は兵役に就き、復帰後は内野のユーティリティ・プレイヤーとして貴重な存在となった。引退後はマイナーの指導者となる。地元のバッファローで撮影された映画『ナチュラル』にはコンサルタントとして関わり、パイレーツの監督役で出演もした。
【通算】13年、1016試合、2999打数732安打、27本塁打、260打点、30盗塁、打率.244

ジョージ・シスラー
George Harold Sisler
1893.3.24～1973.3.26【出身地】オハイオ州マンチェスター【球団】15-22,24-27ブラウンズ　28セネターズ　28-30ブレーヴス【位置】一塁、左
【経歴】“ゴージャス・ジョージ”と称された、20年代のア・リーグきっての安打製造機。ミシガン大学時代はブランチ・リッキーの下でプレイする一方、マイナー球団とも契約。卒業後その契約を買い取ったパイレーツが保有権を主張したが認められず、リッキー率いるブラウンズに入団した。当初は投手として15試合に登板、4勝4敗、防御率2.83と好投したが、打力を生かすため野手に転向。その後も散発的に登板し、通算24試合で5勝6敗、防御率2.35だった。
　俊足を生かしたセーフティ・バントを得意とし、16年の.305以後9年連続を含む13回打率3割、17～22年は6年連続4位以内に食い込む。20年は全イニングに出場、打率.407と257安打は1位、49二塁打、18三塁打、19本塁打、122打点、42盗塁はすべて2位。257安打はイチローに抜かれるまで84年間メジャー記録として残っていた。相手の守備位置をよく見て打球を飛ばし、22年は打率.420、

246 安打、18 三塁打、51 盗塁がいずれも1位、リーグ新記録の41試合連続安打も樹立しMVPに輝いた。23年は感染症による視覚異常のため全休、翌24年に復帰した後も以前ほどの視力は戻らなかった。それでも25年は監督を兼任しながら224安打（4位）、105打点、34試合連続安打も記録。28年途中セネターズからブレーヴスへ移り、翌29年6回目の200本以上となる205安打。一塁守備でも通算1529補殺は史上9位、同部門で7回1位となった。

引退後は会社経営を経て、リッキーがGMを務めるドジャースとパイレーツでスカウトなどとして働いた。アメリカ・ソフトボール協会を設立し、同競技の普及にも尽力している。39年殿堂入り。息子たちはいずれも球界入りし、ジョージ・ジュニアはマイナーのインターナショナル・リーグ会長、ディックはフィリーズの一塁手として活躍したのちレッズ監督に、デイヴもレッドソックスの投手となった。

【通算】15年、2055試合、8267打数2812安打、425二塁打、164三塁打（30位）、102本塁打、1178打点、375盗塁、472四球、327三振、打率.340
【タイトル】MVP1回（22年）首位打者2回（20,22年）盗塁王4回（18,21～22,27年）
【監督】24-26 ブラウンズ　3年、462試合、218勝241敗、勝率.475

デレク・ジーター
Derek Sanderson Jeter
1974.6.26～【出身地】ニュージャージー州ペクァノック【球団】95-2014 ヤンキース【位置】遊撃、右
【経歴】90～2000年代のヤンキースのリーダーだっただけでなく、米球界の顔でもあった史上屈指の名遊撃手。出場試合数、安打数、盗塁数など8部門でヤンキースの球団記録保持者となっている。92年ドラフト1位（全体6位）で入団、96年正遊撃手に抜擢され打率.314、183安打、78打点で新人王を受賞、ポストシーズンも61打数22安打と活躍し、18年ぶりの世界一に貢献。99年はいずれも自己最高の打率.349（2位）、219安打（1位）、24本塁打、102打点、ポストシーズンも48打数18安打。2000年は打率.339（5位）、201安打（4位）、オールスターでは3安打2打点でヤンキースの選手として初のMVPに輝く。ワールドシリーズでも22打数9安打、2本塁打で、史上初めて同じ年にオールスターとワールドシリーズの両方でMVPに選ばれた。

03年の主将就任後も安定した活躍を続け、09年は打率.334（3位）、212安打（2位）、ワールドシリーズでは27打数11安打で自身5回目の世界一。12年は12度目の3割以上となる打率.316、8度目の200本以上で13年ぶりの1位となる216安打を放った。シーズン終了後の引退を宣言して臨んだ14年は、ヤンキー・スタディアムでの最終戦でサヨナラ安打、現役最後の打席もタイムリーヒットで終えた。通算3465安打は遊撃手では史上最多。遊撃を守った試合だけで3000本に到達したのもただ一人で、3000本目を本塁打で達成したのも2人目だった。ポストシーズン通算158試合、200安打のいずれも史上最多、本塁打も20本。ワールドシリーズでは通算打率.321、50安打を記録している。

守備では5度のゴールドグラブを受賞、01年のディヴィジョンシリーズでは外野からの返球をカットしフリップトスで走者を刺す超美技を演じたが、守備範囲はさほど広くなかった。MVP投票では10位以内に8度入りながらも、06年の2位が最上位。人格者として評判が高く、慈善活動にも積極的で09年にクレメンテ賞、10年にゲーリッグ賞を受賞。松井秀喜とは同じアパートに住み、互いに敬意を払い合っていた。WBCには、出場に難色を示す有力選手を後目に06・09年の大会に率先して出場、アメリカ代表のスポークスマン的存在だった。引退後の17年にマーリンズを買収、CEOに就き21年まで在任した。20年に殿堂入りした際は、1票足りず満票を逃している。

【通算】20年、2747試合（30位）、11195打数（8位）3465安打（6位）、544二塁打、66三塁打、260本塁打、1311打点、358盗塁、1082四球、1840三振（22位）、打率.310
【タイトル】新人王（96年）ゴールドグラブ5回（04～06,09～10年）オールスター14回（98～2002,04,06～12,14年）

ベン・シーツ
Ben M. Sheets
1978.7.18～【出身地】ルイジアナ州バトンルージュ【球団】2001-08 ブルワーズ　10 アスレティックス　12 ブレーヴス【位置】投手、右

【経歴】99年ドラフト1位（全体10位）でブルワーズに入団。翌2000年はシドニー五輪代表に選ばれ、決勝戦でキューバを3安打完封し金メダルをもたらす。01年メジャーに昇格し、抜群の制球力とカーブで同年から3年連続11勝。04年は12勝、防御率2.70（3位）、5月16日の18個を含む264三振（2位）を奪う一方で32四球にとどめた。故障の多さが玉に瑕で、リーグ最多の3完封、自己最多の13勝を挙げた08年も肘痛で終盤戦に離脱、ポストシーズンは1試合も投げられなかった。09年は全休、10年は4勝に終わり引退したが、12年ブレーヴスで復帰し9試合で4勝を挙げた。元メジャーの内野手で、広島と阪神に在籍したアンディ・シーツは従兄弟に当たる。
【通算】10年、250試合、250先発、18完投、4完封、94勝96敗0S、1596.2回、1325奪三振、防御率3.78
【タイトル】オールスター4回（2001,04,07～08年）

バリー・ジート
Barry William Zito
1978.5.13～【出身地】ネヴァダ州ラスヴェガス【球団】2000-06アスレティックス　07-13ジャイアンツ　15アスレティックス【位置】投手、左
【経歴】99年ドラフト1位（全体9位）でアスレティックスに入団。大きく割れるカーブが有名で、2001年は17勝、205三振（4位）を奪う。翌02年は23勝（1位）、防御率2.75と182奪三振はともに3位で、サイ・ヤング賞を受賞した。06年まで6年連続で200回以上投げ、07年FAでジャイアンツと7年1億2600万ドルで契約。移籍後は精彩を欠き、08年はリーグワーストの17敗。10年は9勝どまりで、連続2ケタ勝利が9年で途切れ、ポストシーズンも登板機会がなく、世界一になったチームの蚊帳の外に置かれた。12年は15勝と復活、リーグ優勝決定シリーズ第5戦では、1勝3敗の土壇場で7.2回を無失点の好投。ワールドシリーズでも第1戦で勝利投手となり、10年の雪辱を果した。俳優顔負けの男前で、サーフィンやギター演奏など趣味も多彩。父は作曲家・編曲家、母は歌手の芸能一家で、叔母の夫も俳優のパトリック・ダフィである。
【通算】15年、433試合、421先発、12完投、5完封、165勝143敗0S、2576.2回、1885奪三振、1064四球、防御率4.04
【タイトル】サイ・ヤング賞1回（2002年）最多勝1回（02年）オールスター3回（02～03,06年）

トム・シートン
Thomas Gordon Seaton
1887.8.30～1940.4.10【出身地】ネブラスカ州ブレア【球団】12-13フィリーズ　14-15ブルックリン（FL）　15ニューアーク（FL）　16-17カブス【位置】投手、右
【経歴】ナックルボールを投げ始めた最も初期の投手。力強さとクレバーさを兼ね備え、12年新人で16勝、翌13年は27勝、322.1回、168奪三振の3部門で1位。ただし136四球もワースト1位だった。14年フェデラル・リーグに移り25勝（3位）。17年限りでメジャーから去ったのちもマイナーで投げ続けたが、八百長に関わった疑惑により追放された。
【通算】6年、231試合、155先発、90完投、15完封、92勝65敗、1340回、644奪三振、防御率3.12
【タイトル】最多勝1回（13年）最多奪三振1回（13年）

サニー・シーバート
Wilfred Charles Siebert (Sonny)
1937.1.14～【出身地】ミズーリ州セントメアリー【球団】64-69インディアンズ　69-73レッドソックス　73レンジャーズ　74カーディナルス　75パドレス　75アスレティックス【位置】投手、右
【経歴】プロ入り当時は外野手。64年27歳でメジャー昇格、得意のカーブで翌65年16勝（5位）、防御率2.43（3位）、191奪三振（4位）。66年も16勝、6月10日のセネターズ戦でノーヒットノーラン。67年に自己ベストの防御率2.38（3位）、72年まで8年連続で2ケタ勝利を挙げた。71年に6本塁打を放つなど打力もあった。
【通算】12年、399試合、307先発、67完投、21完封、140勝114敗16S、2152回、1512奪三振、防御率3.21
【タイトル】オールスター2回（66,71年）

ディック・シーバート
Richard Walther Siebert
1912.2.19～78.12.9【出身地】マサチューセッツ州フォールリヴァー【球団】32,36ドジャース　37-38カーディナルス　38-45アスレティックス【位置】一塁、左
【経歴】39年正一塁手となり、41年打

率.334（5位）、自己最多の79打点。44年も夏場まで首位打者争いをリードし打率.306、45年は守備でリーグトップの135補殺。同年オフにブラウンズへトレードされたが、減俸提示に腹を立てて引退した。その後母校ミネソタ大学の監督となり、60年からの4連覇を含む5回の全国制覇に導いた。息子ポールもメジャー経験あり。
【通算】11年、1035試合、3917打数1104安打、32本塁打、482打点、30盗塁、打率.282
【タイトル】オールスター1回（43年）

ノーム・シーバーン
Norman Leroy Siebern
1933.7.26～2015.10.30【出身地】ミズーリ州セントルイス【球団】56,58-59ヤンキース　60-63アスレティックス　64-65オリオールズ　66エンジェルズ　67ジャイアンツ　67-68レッドソックス【位置】一塁、外野、左
【経歴】58年正左翼手となり打率.300、ゴールドグラブも受賞したが、ワールドシリーズでは二度にわたって拙守を演じる。ロジャー・マリスとの交換要員としてアスレティックスへ移籍した後、一塁へコンバートされ62年は打率.308（5位）、25本塁打に加え、117打点と110四球はいずれも2位。選球眼に優れ、オリオールズに移った64年もリーグ最多の106四球を選んだが、翌65年はブーグ・パウエルに正一塁手の座を奪われた。
【通算】12年、1406試合、4481打数1217安打、132本塁打、636打点、18盗塁、打率.272
【タイトル】ゴールドグラブ1回（58年）オールスター3回（62～64年）

ソックス・シーボルド
Ralph Orlando Seybold (Socks)
1870.11.23～1921.12.22【出身地】オハイオ州ワシントンヴィル【球団】1899シンシナティ　1901-08アスレティックス【位置】外野、右
【経歴】小太りな体格の強打者で、長いマイナー生活ののち、1901年30歳でレギュラーとなり打率.334、90打点、27試合連続安打も記録。翌02年の16本塁打は、19年にベーブ・ルースが29本を打つまでのリーグ記録だった。本塁打は6回5位以内に入っている。続く03年もリーグ最多の45二塁打。06年9月1日のレッドソックス戦では延長24回の熱戦に決着をつける三塁打を放った。07年も92打点（2位）を稼いだが、翌08年に脚を負傷し、同年限りでメジャーから去った。
【通算】9年、997試合、3685打数1085安打、51本塁打、556打点、66盗塁、打率.294
【タイトル】本塁打王1回（02年）

チーフ・ジマー
Charles Louis Zimmer (Chief)
1860.11.23～1949.8.22【出身地】オハイオ州マリエッタ【球団】1884デトロイト　86ニューヨーク（AA）　87-99クリーヴランド（AA）/クリーヴランド　99ルイヴィル　1900-02パイレーツ　03フィリーズ【位置】捕手、右
【経歴】守備面で非常に評価の高かった捕手で、42歳までマスクをかぶり続ける。1880年代後半には、捕手はベースから下がって立って構えるのが普通だったのを、打者のすぐ後ろで座って構えるように改めたとされる。打撃では95年に88試合の出場ながら.340の高打率、通算でも4回3割を記録。1900年には、新たに組織された選手組合の会長に選ばれた。ニックネームの“チーフ”はネイティヴ・アメリカンとは無関係で、マイナー時代にインディアンズというチームのリーダー格だったのが由来。
【通算】19年、1280試合、4546打数1225安打、26本塁打、625打点、151盗塁(*)打率.269
【監督】03フィリーズ　1年、139試合、49勝86敗、勝率.363

ドン・ジマー　☆
Donald William Zimmer
1931.1.17～2014.6.4【出身地】オハイオ州シンシナティ【球団】54-59ドジャース　60-61カブス　62メッツ　62レッズ　63ドジャース　63-65セネターズ【位置】三塁、二塁、遊撃、右
【経歴】選手、コーチ、監督などで60年以上も球界に携わり続けた名物男。マイナー時代の53年死球を頭に受け、2週間にわたり意識不明に陥る。翌54年メジャーに昇格、58年正遊撃手となり自己最多の17本塁打、60打点。小柄ながらもパンチ力があって“ポパイ”のニックネームをつけられ、気性の激しさでも知られていた。66年東映入りするが打率1割台の不振で、帰国後パドレス監督を経て76

年レッドソックス監督に就任。78年は14ゲームの大差を守れず、ヤンキースとの決定戦に敗れて地区優勝を逸した。89年カブスを地区制覇に導き最優秀監督賞を受賞。91年途中で監督からは退いた後は、豊富な経験を買われロッキーズとヤンキースでベンチコーチを務め、99年は病気のジョー・トーリに代わって開幕から監督を代行した。
【通算】12年、1095試合、3283打数773安打、91本塁打、352打点、45盗塁、打率.235
【タイトル】オールスター1回(61年)
【監督】72-73パドレス　76-80レッドソックス　81-82レンジャーズ　88-91カブス　13年、1744試合、885勝858敗、勝率.508
【日本】66東映　1年、87試合、203打数37安打、9本塁打、20打点、0盗塁、打率.182

ジョーダン・ジマーマン
Jordan Michael Zimmerman

1986.5.23～【出身地】ウィスコンシン州オーバーンデイル【球団】2009-15ナショナルズ　16-20タイガース　21ブルワーズ【位置】投手、右
【経歴】2007年ドラフト2位でナショナルズに入団。09年にメジャーへ昇格し3勝を挙げるが肘を痛めてトミー・ジョン手術を施される。12年に初の2ケタとなる12勝、翌13年はリーグ最多の19勝。力強い速球をストライクゾーンに投げ込み、14年も14勝、自己ベストの防御率2.66、182奪三振。199.2投球回で与四球29個にとどめ、9月28日のシーズン最終戦でノーヒットノーランを達成。これはナショナルズのワシントン移転後で最初のノーヒッターであった。FAでタイガースに移籍した16年以降は、首を痛めたこともあって不振が続いた。
【通算】13年、279試合、275先発、8完投、4完封、95勝91敗0S、1614回、1271奪三振、防御率4.07
【タイトル】最多勝1回(2013年)オールスター2回(13～14年)

ヘイニー・ジマーマン
Henry Zimmerman

1887.2.9～1969.3.14【出身地】ニューヨーク州ニューヨーク【球団】07-16カブス　16-19ジャイアンツ【位置】三塁、二塁、右
【経歴】悪球打ちで有名で、正二塁手となった11年に17三塁打(4位)、三塁に回った翌12年は打率.372、14本塁打、104打点で三冠王となったほか、207安打、41二塁打、長打率.571も1位。打点は99で3位とされていた時期があったが、2012年に再調査の結果104で1位と認められた。無気力プレイが原因で16年途中ジャイアンツへ放出されると、同年83打点、翌17年も102打点で2年連続打点王となる。17年のワールドシリーズ第6戦ではランダウン・プレイの失敗で先制点を献上し、実際は本塁カバーを怠った他の野手の責任だったにもかかわらず、優勝を逃した戦犯扱いされた。八百長を仕組もうとしたことが明るみに出て、19年限りで永久追放処分となった。
【通算】13年、1456試合、5304打数1566安打、105三塁打、58本塁打、799打点、175盗塁、打率.295
【タイトル】首位打者1回(12年)本塁打王1回(12年)打点王3回(12,16～17年)

ライアン・ジマーマン
Ryan Wallace Zimmerman

1984.9.28～【出身地】ノースカロライナ州ワシントン【球団】2005-19,21ナショナルズ【位置】三塁、一塁、右
【経歴】ナショナルズ一筋に16年プレイした"ミスター・ナショナル"。2005年ドラフト1位(全体4位)で入団し9月に早くもメジャー昇格、翌06年正三塁手となって打率.287、47二塁打、20本塁打、110打点。新人王投票では次点に入った。08年3月30日には、新本拠地球場ナショナルズ・パークのこけら落としをサヨナラ本塁打で飾った。続く09年は33本塁打、106打点、30試合連続安打も記録。守備でもライン際の打球を幾度も好捕しゴールドグラブを受賞した。17年に自己最多の36本塁打、108打点。勝負強さに定評があり、通算11本のサヨナラ本塁打を放っている。
【通算】16年、1799試合、6654打数1846安打、417二塁打、284本塁打、1061打点、43盗塁、1384三振、打率.277
【タイトル】ゴールドグラブ1回(2009年)オールスター2回(09,17年)

マーカス・シミエン　★
Marcus Andrew Semien
1990.9.17～【出身地】カリフォルニア州サンフランシスコ【球団】2013-14 ホワイトソックス　15-20 アスレティックス　21 ブルージェイズ　22-24 レンジャーズ【位置】遊撃、二塁、右
【経歴】2008 年ドラフト 34 位でホワイトソックスの指名を拒否、11 年に 6 位で再度指名され入団。アスレティックスに移籍した 15 年正遊撃手となり、19 年は 43 二塁打（3 位）、33 本塁打、92 打点、87 四球。21 年は二塁手としての新記録となる 45 本塁打、102 打点も自己最多。3 度目のフル出場を果たした 23 年はリーグ最多の 185 安打に加え 100 打点（4 位）、MVP 投票は 19、21 年に続き 3 度目の 3 位。ワールドシリーズも 2 本塁打、8 打点でレンジャーズの世界一に貢献した。試合前にも入念な準備を怠らぬ努力家で、15 年に 35 失策だった守備も急速に進歩し、21 年は二塁での 147 試合で 8 失策にとどめた。
【通算】12 年、1502 試合、5895 打数 1505 安打、238 本塁打、739 打点、128 盗塁、1212 三振、打率 .255
【タイトル】ゴールドグラブ 1 回（2021 年）オールスター 3 回（21,23～24 年）

デューク・シムズ
Duane B. Sims (Duke)
1941.6.5～【出身地】ユタ州ソルトレイクシティ【球団】64-70 インディアンズ　71-72 ドジャース　72-73 タイガース　73-74 ヤンキース　74 レンジャーズ【位置】捕手、左
【経歴】長打力が魅力の捕手で、69 年 18 本塁打、翌 70 年は 110 試合で 23 本塁打を放つ。68 年は 10 失策、13 捕逸の両部門でリーグワーストと守備に難があり、100 試合以上出たのは 68～70 年の 3 年だけだったが、72 年途中タイガースに移り、38 試合で打率 .316、19 打点と終盤の追い込みに貢献した。
【通算】11 年、843 試合、2422 打数 580 安打、100 本塁打、310 打点、6 盗塁、打率 .239

サイ・シーモア
James Bentley Seymour (Cy)
1872.12.9～1919.9.20【出身地】ニューヨーク州オルバニー【球団】1896-1900 ニューヨーク　01-02 オリオールズ　02-06 レッズ　06-10 ジャイアンツ　13 ブレーヴス【位置】外野、投手、左
【経歴】剛球の左腕投手として 1897 年 18 勝、156 奪三振（1 位）、翌 98 年は 25 勝を挙げる。同年 239 奪三振で 2 年連続 1 位となる一方、213 四球を与えるなど制球に苦しみ、肩を痛めたことも手伝い 1901 年野手に転向。重心を前方に残し、バットを寝かせる独特の打撃フォームで打率 .303、77 打点、38 盗塁を記録。03 年は打率 .342（5 位）、191 安打（2 位）、05 年は 2 位に .122 の大差をつけ、打率 .377 で首位打者になったのをはじめ、219 安打、40 二塁打、21 三塁打、121 打点、長打率 .559 はすべて 1 位、8 本塁打も 1 本差で 2 位。投手のタイプによって重さの違うバットを使い分けていた。俊足が自慢で浅い守備位置を取るのを常としていたが、08 年のカブスとの優勝決定戦では平凡な飛球で頭上を越され、決勝点を奪われた。19 年に 46 歳でカムバックを試み、ヤンキースの入団テストを受けたが不合格だった。
【通算】＜投手としての成績＞ 6 年、141 試合、124 先発、105 完投、6 完封、61 勝 56 敗、1038 回、591 奪三振、防御率 3.73
＜打者としての成績＞ 16 年、1529 試合、5686 打数 1724 安打、52 本塁打、799 打点、222 盗塁、打率 .303
【タイトル】首位打者 1 回（1905 年）打点王 1 回（05 年）最多奪三振 2 回（1897～98 年）

アル・シモンズ
Aloysius Harry Simmons
1902.5.22～56.5.26【出身地】ウィスコンシン州ミルウォーキー【球団】24-32 アスレティックス　33-35 ホワイトソックス　36 タイガース　37-38 セネターズ　39 ブレーヴス　39 レッズ　40-41 アスレティックス　43 レッドソックス　44 アスレティックス【位置】外野、右
【経歴】本名は Szymanski。コニー・マックが理想の野球選手として名を挙げた名外野手で、足を三塁側へ大きく踏み出す独特の打撃フォームが、足をバケツに突っ込んでいるように見えたことから“バケットフット（バケツ足）”のニックネームがついた。この変則打法で 1 年目から 11 年連続で打率 3 割、100 打点以上。25 年に右打者としては史上最多の 253 安打、打率 .387（3 位）、43 二塁打（2 位）、24 本

塁打（4位）、129打点（3位）。29年は157打点で打点王、続く30年は打率.381で首位打者、自己最多の36本塁打（5位）、165打点（2位）。31年は.390の高打率で2年連続首位打者となった。
29～33年は5年連続200安打以上で、29～31年のアスレティックス3連覇に大きく貢献、ワールドシリーズでも合計6本塁打。33年ホワイトソックスに移籍、同年の第1回オールスターではファン投票で最多の票を得た。強肩を生かした外野守備の評価も高く、積極的で闘志溢れるプレイスタイルで、負傷のため足を引きずりながらも代打に出て満塁弾を放ったこともあった。53年殿堂入り。
【通算】20年、2215試合、8759打数2927安打、539二塁打、149三塁打、307本塁打、1828打点（21位）、88盗塁、615四球、737三振、打率.334
【タイトル】首位打者2回（30～31年）打点王1回（29年）オールスター3回（33～35年）

アンドレルトン・シモンズ
Andrelton Alexander Simmons
1989.9.4～【出身地】オランダ王国キュラソー島ムンドノボ【球団】2012-15ブレーヴス　16-20エンジェルズ　21ツインズ　22カブス【位置】遊撃、右
【経歴】驚異的な肩の強さとアクロバティックな守備で人気を博した遊撃手。2010年ドラフト2位でブレーヴスに入団、正遊撃手となった13年にゴールドグラブを受賞、打撃でも17本塁打。15年まで遊撃で3年連続最多刺殺、13・15年は補殺も1位で4回ゴールドグラブに選ばれた。その後打撃面で精彩を欠き、16年エンジェルズへ放出。18年に打率.292、自己最多の75打点を記録した。
【通算】11年、1225試合、4441打数1169安打、70本塁打、444打点、72盗塁、打率.263
【タイトル】ゴールドグラブ4回（2013～14,17～18年）

カート・シモンズ
Curtis Thomas Simmons
1929.5.19～2022.12.13【出身地】ペンシルヴェニア州イージプト【球団】47-50,52-60フィリーズ　60-66カーディナルス　66-67カブス　67エンジェルズ【位置】投手、左
【経歴】高校時代に練習試合でフィリーズ相手に好投してスカウトされ、47年6万5000ドルの契約金で入団。18歳でデビューし初登板で完投勝利、続く2年間は大きく負け越したが、50年は兵役のため最後の3週間を欠場しながらも17勝し優勝に貢献した。52年復帰し6完封（1位）を含む14勝、同年から6年間で5回2ケタ勝利。球の出所が見にくいフォームからの重い速球で、ロビン・ロバーツと左右の両輪として活躍、スタン・ミュージアルも苦手な投手として名を挙げていた。肩を痛め60年途中解雇されるが、カーディナルスに拾われ61年防御率3.13（3位）と復活。本格派から技巧派への転身に成功し、64年は17年目にして自己最多かつ9度目の2ケタとなる18勝を挙げた。
【通算】20年、569試合、462先発、163完投、36完封、193勝183敗、3348.1回、1697奪三振、1063四球、防御率3.54
【タイトル】オールスター3回（52～53,57年）

テッド・シモンズ
Ted Lyle Simmons
1949.8.9～【出身地】ミシガン州ハイランドパーク【球団】68-80カーディナルス　81-85ブルワーズ　86-88ブレーヴス【位置】捕手、一塁、両
【経歴】67年ドラフト1位（全体10位）でカーディナルスに入団、翌68年19歳でメジャーに昇格。正捕手に定着した71年に打率.304。翌72年は契約交渉が合意に至らず、オールスターまで未契約の状態で出場した。73年192安打（4位）、75年は自己最高の打率.332（2位）、193安打（4位）と強打のスイッチヒッターとして活躍を続ける。81年ブルワーズへ移籍、翌82年は97打点、古巣カーディナルスと対戦したワールドシリーズでは第1、2戦で本塁打を放った。
83年は自己最多の108打点。二塁打が多く、78年の40本（3位）を最多として30二塁打以上を9回記録。通算では打率3割7回、20本塁打以上6回、90打点以上8回。20世紀のワースト記録となる通算192捕逸が示す通り守備は今一つで、次第に一塁やDHでの出場が増えた。引退後はカーディナルスのフロントを経てパイレーツGMに就任したが、心臓発作に見舞われ1年で退任。その後も多くの球団でコーチなどを歴任した。古家具の収集が趣味で、セントルイスの美術館の

理事会に名を連ねていた。2020年殿堂入り。
【通算】21年、2456試合、8680打数2472安打、483二塁打、47三塁打、248本塁打、1389打点、21盗塁、855四球、694三振、打率.285
【タイトル】オールスター8回（72～74,77～79,81,83年）

ウォーレン・ジャイルズ
Warren Crandall Giles
1896.5.28～1979.2.7【出身地】イリノイ州ティスキルワ【球団】メジャー経験なし
【経歴】マイナー球団の社長、GMを歴任したのち37年レッズGMに就任。48年球団社長に昇格。51年新コミッショナー選挙でフォード・フリックと同数となったが自ら辞退、翌52年ナ・リーグ会長となる。69年までリーグ最長記録となる18年間在職した。79年殿堂入り。息子のビルは82年からフィリーズのオーナー代表を務めた。

ブライアン・ジャイルズ
Brian Stephen Giles
1971.1.20～【出身地】カリフォルニア州エルカホン【球団】95-98インディアンズ　99-2003パイレーツ　03-09パドレス【位置】外野、左
【経歴】ウェイトトレーニングで鍛えた体で長打を連発した強打者。89年ドラフト17位で入団したインディアンズではレギュラーに定着できず、99年パイレーツに移籍すると打率.315、39本塁打、115打点。以後3年連続で打率3割、4年連続で35本塁打、90打点以上。二塁打が多く99年から8年連続30本、1年おいて2008年に自己最多の40本。03年途中故郷のパドレスにトレードされ、翌04年開場したペトコ・パークの初安打を記録した。選球眼も並外れて良く、02年は135四球（2位）、05年はリーグ最多の119四球。通算では5回100四球以上を選び、通算出塁率も.400に達した。弟マーカスはブレーヴスなどで活躍した二塁手で、07年はチームメイトになった。
【通算】15年、1847試合、6527打数1897安打、411二塁打、287本塁打、1078打点、109盗塁、1183四球、打率.291
【タイトル】オールスター2回（2000～01年）

エリック・シャウ
Eric Vaughn Show
1956.5.19～94.3.16【出身地】カリフォルニア州リヴァーサイド【球団】81-90パドレス　91アスレティックス【位置】投手、右
【経歴】78年ドラフト18位でパドレスに入団。沈む速球で82年から4年連続2ケタ勝利、83～84年は2年連続15勝。85年にはピート・ローズに新記録となる4192本目の安打を献上した。88年に自己最多の16勝、パドレスでの通算100勝は球団記録。同僚のデイヴ・ドラヴェッキー、マーク・サーモンドとともに右翼団体ジョン・バーチ協会の一員で、チームメイトや首脳陣とたびたび衝突した。麻薬禍に苦しみ、リハビリ中の94年37歳で死亡。音楽好きでジャズのレコードを発売した経験を持つ。
【通算】11年、332試合、235先発、35完投、11完封、101勝89敗7S、1655回、971奪三振、防御率3.66

エリック・シャヴェズ
Eric Cesar Chavez
1977.12.7～【出身地】カリフォルニア州ロスアンジェルス【球団】98-2010アスレティックス　11-12ヤンキース　13-14ダイアモンドバックス【位置】三塁、左
【経歴】96年ドラフト1位（全体10位）でアスレティックスに入団。2001年に43二塁打（4位）、32本塁打、114打点、翌02年は自己最多の34本塁打。2000年から6年連続25本塁打以上、この間100打点以上4回と主力打者として活躍した。守備でも三塁線の打球を巧みに捌き、01年から6年連続でゴールドグラブを受賞したが、オールスターには一度も選ばれなかった。06年以降は肩を故障した影響で精彩を欠いた。
【通算】17年、1615試合、5518打数1477安打、260本塁打、902打点、50盗塁、1079三振、打率.268
【タイトル】ゴールドグラブ6回（2001～06年）

エドウィン・ジャクソン
Edwin Jackson
1983.9.9～【出身地】ドイツ連邦共和国ノイウルム【球団】2003-05ドジャース　06-08レイズ　09タイガース　10ダイアモンドバックス　10-11ホワイトソックス　11カーディナルス　12ナショナルズ　13-15カブス　15ブレーヴス　16マーリンズ

16 パドレス　17 オリオールズ　17 ナショナルズ　18 アスレティックス　19 ブルージェイズ　19 タイガース【位置】投手、右
【経歴】2001 年ドラフト 6 位でドジャースに入団、03 年の 20 歳の誕生日にメジャー初登板を勝利で飾る。レイズ時代の 08 年に 14 勝、以後 5 年連続で 2 ケタ勝利。ダイアモンドバックス時代の 10 年 6 月 25 日は、レイズ戦で 8 四球を出しながらノーヒッターを達成した。13 年はリーグワーストの 18 敗。18 年に 16 年目にして通算 100 勝に到達した。同一球団に在籍したのは長くても 3 年で、19 年のブルージェイズ加入により史上最多の 14 球団所属となった。父親の軍務の都合でドイツに生まれ、21 年の東京五輪はアメリカ代表として参加した。
【通算】17 年、412 試合、318 先発、5 完投、3 完封、107 勝 133 敗 1 S、1960 回、1508 奪三振、防御率 4.78
【タイトル】オールスター 1 回 (2009 年)

オースティン・ジャクソン
Austin Jarriel Jackson
1987.2.1 ～【出身地】テキサス州デントン【球団】2010-14 タイガース　14-15 マリナーズ　15 カブス　16 ホワイトソックス　17 インディアンズ　18 ジャイアンツ　18 メッツ【位置】外野、右
【経歴】2005 年ドラフト 8 位でヤンキースに入団。タイガース移籍後の 10 年にリーグ最多の 170 三振を喫しながらも打率 .293、181 安打、27 盗塁で新人王投票 2 位。11 年は 11 本、12 年は 10 本で 2 年連続最多三塁打。12 年は 16 本塁打、66 打点も自己記録だった。俊足を生かした中堅守備の評価も高かった。
【通算】9 年、1115 試合、4200 打数 1145 安打、65 本塁打、381 打点、114 盗塁、1120 三振、打率 .273

グラント・ジャクソン
Grant Dwight Jackson
1942.9.28 ～ 2021.2.2【出身地】オハイオ州フォストリア【球団】65-70 フィリーズ　71-76 オリオールズ　76 ヤンキース　77-81 パイレーツ　81 エクスポズ　82 ロイヤルズ　82 パイレーツ【位置】投手、左
【経歴】速球派の左腕で 69 年ローテーション入り、4 完封を含む 14 勝を挙げるが、翌 70 年は 5 勝 15 敗と急降下。71 年にオリオールズへ移籍後はリリーフで活躍、73 年は 8 勝 0 敗 9 セーブ、防御率 1.90。76 年途中ヤンキースに移り 21 試合で 6 勝、防御率 1.69 と好投、優勝への追い込みに貢献した。79 年はパイレーツで自己最多の 14 セーブ、3 球団目の出場となったワールドシリーズでも 4 試合に投げ無失点、第 7 戦で勝利を挙げた。引退後は投手コーチ。
【通算】18 年、692 試合、83 先発、16 完投、5 完封、86 勝 75 敗 79 S、1358.2 回、889 奪三振、防御率 3.46
【タイトル】オールスター 1 回 (69 年)

ジョー・ジャクソン
Joseph Walker Jackson
1887.7.16 ～ 1951.12.5【出身地】サウスカロライナ州ピケンズカウンティ【球団】08-09 アスレティックス　10-15 インディアンズ　15-20 ホワイトソックス【位置】外野、左
【経歴】ベーブ・ルースが史上最高の打者と称賛し、その打撃を参考とした天才打者。“ブラック・ベッツィ”と呼ばれる黒バットから快打を連発、マイナー時代のある試合に靴を履かず出場したことから“シューレス・ジョー”の異名がついた。08 年にアスレティックスに入団、チームメイトに馴染めず 10 年インディアンズへトレード。レギュラーとなった 11 年に自己最高の打率 .408 (2 位)、233 安打 (2 位)、出塁率 .468 (1 位)。翌 12 年も .395、20 年まで 10 年連続 3 割を記録したものの、タイ・カッブの全盛期と重なり、10 ～ 12 年の 3 年連続 2 位が最高で首位打者とは縁がなかった。12 ～ 13 年は 2 年連続最多安打、また俊足を生かし最多三塁打 3 回、12 年の 26 本はア・リーグ記録となった。
15 年途中 3 選手に 3 万 1500 ドルの移籍金との交換でホワイトソックスへトレード。読み書きができず、世間に疎かったのも災いし、19 年のワールドシリーズでは 5000 ドルを受け取り八百長に関与。同シリーズで 32 打数 12 安打、6 打点と打ちまくったため、潔白を主張する声もあったが、20 年に打率 .382 (3 位)、218 安打 (3 位)、121 打点 (4 位) だったのを最後に永久追放処分を下された。一人の少年ファンが「嘘だと言ってよ、ジョー (Say it ain't so, Joe)」と声をかけたと言われているが、本人は作り話だと否定していた。その後は故郷で食堂や酒屋などを経営。悲劇の主人公として『エイトメン・アウト』『フィールド・オブ・ドリームス』などの小説や映画のモ

デルとなった。
【通算】13年、1332試合、4981打数1772安打、168三塁打(26位)、54本塁打、792打点、202盗塁、打率.356
【タイトル】最高出塁率1回(11年)

ダニー・ジャクソン
Danny Lynn Jackson
1962.1.5～【出身地】テキサス州サンアントニオ【球団】83-87ロイヤルズ　88-90レッズ　91-92カブス　92パイレーツ　93-94フィリーズ　95-97カーディナルス　97パドレス【位置】投手、左
【経歴】82年1月ドラフト1位(第2回)でロイヤルズに入団。力のある速球と切れの良いスライダーで85年14勝、プレイオフとワールドシリーズではいずれも1勝3敗で迎えた第5戦に完投勝利を挙げチームの窮地を救う。第5戦の7回にシリーズ史上唯一の3者3球三振を達成した。冷静さを欠く一面があって87年は9勝18敗と大きく負け越すが、レッズに移った翌88年は23勝と15完投は1位、防御率2.73で、サイ・ヤング賞投票次点に食い込む。その後は故障続きだったが、93年フィリーズに移り12勝、3球団でのワールドシリーズ出場を果たす。翌94年も14勝を挙げた。
【通算】15年、353試合、324先発、44完投、15完封、112勝131敗1S、2072.2回、1225奪三振、防御率4.01
【タイトル】最多勝1回(88年)オールスター2回(88,94年)

トラヴィス・ジャクソン
Travis Calvin Jackson
1903.11.2～87.7.27【出身地】アーカンソー州ウォルドー【球団】22-36ジャイアンツ【位置】遊撃、三塁、右
【経歴】強肩で守備範囲が広く、4回補殺1位となった遊撃手。24年病気で倒れたデイヴ・バンクロフトに代わりレギュラーの座をつかみ、打率.302、自己最多の180安打。30年の.339を最高に6回打率3割を記録した。28年以降は主将を任され、29年は21本塁打、94打点。32年に膝を負傷し再起が危ぶまれたが、当時はまだ例が少なかった手術に踏み切って復活、34年は自己記録の101打点を叩き出した。4回出場したワールドシリーズでは、19試合で打率.149に終わった。引退後はジャイアンツのコーチやマイナーの監督を務めた。82年殿堂入り。
【通算】15年、1656試合、6086打数1768安打、135本塁打、929打点、71盗塁、打率.291
【タイトル】オールスター1回(34年)

ボー・ジャクソン
Vincent Edward Jackson (Bo)
1962.11.30～【出身地】アラバマ州ベセマー【球団】86-90ロイヤルズ　91,93ホワイトソックス　94エンジェルズ【位置】外野、右
【経歴】野球とフットボールの二刀流で絶大な人気を誇った選手。オーバーン大学時代はハイズマン賞を獲得したスターフットボール選手だったが、NFLのタンパベイ・バッカニアーズのドラフト1位指名を蹴り、86年ドラフト4位で指名したロイヤルズに入団。翌87年レギュラーとなり22本塁打、89年はいずれも4位の32本塁打、105打点に加え26盗塁。オールスターで特大本塁打を放ちMVPに輝くなど才能を見せつける一方、172三振を喫するなど粗さも目立った。90年には故障欠場期間を挟んで4打席連続本塁打を記録した。
87年NFLのロスアンジェルス・レイダースと契約、以後野球との両立を続けていたが91年1月タックルを受けて股関節脱臼の重傷を負い、ロイヤルズを解雇される。ホワイトソックスに拾われた後、92年は手術のため全休したが、93年に復帰初打席で本塁打、85試合で16本塁打を放った。
【通算】8年、694試合、2393打数598安打、141本塁打、415打点、82盗塁、打率.250
【タイトル】オールスター1回(89年)

マイク・ジャクソン
Michael Ray Jackson
1964.12.22～【出身地】テキサス州ヒューストン【球団】86-87フィリーズ　88-91マリナーズ　92-94ジャイアンツ　95レッズ　96マリナーズ　97-99インディアンズ　2001アストロズ　02ツインズ　04ホワイトソックス【位置】投手、右
【経歴】83年ドラフト29位でフィリーズに指名され入団拒否、翌84年1月ドラフト2位(第2回)の再指名で入団。88年から6年連続でチーム最多登板、93年はリーグ最多の81試合に投げる。94年に防御率1.49を記録するなど、切れの良いスライダーで中継ぎとして安定した成績を残し続け、クローザーとなった98年は40セーブ(4位)、防御率1.55。続く99年も

24連続を含む39セーブ（4位）を稼いだが、防御率は4.06と大きく落とした。満塁本塁打を10本打たれており、これは先発投手も含めて史上ワースト記録である。
【通算】17年、1005試合（15位）、7先発、0完投、62勝67敗142 S、1188.1回、1006奪三振、防御率3.42

ラリー・ジャクソン
Lawrence Curtis Jackson
1931.6.2～90.8.28【出身地】アイダホ州ナンパ【球団】55-62カーディナルス　63-66カブス　66-68フィリーズ【位置】投手、右
【経歴】57年から12年連続2ケタ勝利、58年の198回を除き毎年200回以上投げた鉄腕投手。速球とスライダーを中心として、60年は282回（1位）で18勝、カブスに移籍した63年自己ベストの防御率2.55。64年は24勝で最多勝、サイ・ヤング賞投票では次点だったが、続く65年は21敗を喫す。66年開幕直後フィリーズへ放出され、5完封（1位）を含む15勝と復調した。68年の拡張ドラフトでエクスポズに指名されたが、入団を拒否し引退。故郷アイダホで州会議員を4期務めた。
【通算】14年、558試合、429先発、149完投、37完封、194勝183敗、3262.2回、1709奪三振、824四球、防御率3.40
【タイトル】最多勝1回（64年）オールスター4回（57～58,60,63年）

ランディ・ジャクソン
Ransom Joseph Jackson
1926.2.10～2019.3.20【出身地】アーカンソー州リトルロック【球団】50-55カブス　56-58ドジャース　58-59インディアンズ　59カブス【位置】三塁、右
【経歴】テキサス大学時代はフットボール選手。51年正三塁手となり16本塁打、76打点、守備でも刺殺、補殺の両部門で1位。55年に自己最多の21本塁打を放ったが、57年に膝を手術してからはふるわなかった。精悍な面構えから“ハンサム・ランサム”と呼ばれ女性ファンに人気があった。
【通算】10年、955試合、3203打数835安打、103本塁打、415打点、36盗塁、打率.261
【タイトル】オールスター2回（54～55年）

レジー・ジャクソン
Reginald Martinez Jackson
1946.5.18～【出身地】ペンシルヴェニア州アビントン【球団】67-75アスレティックス　76オリオールズ　77-81ヤンキース　82-86エンジェルズ　87アスレティックス
【位置】外野、DH、左
【経歴】大舞台で無類の強さを発揮した史上有数の個性派スラッガー。自信家で、ずけずけとものを言うため監督やオーナー、チームメイトとも衝突を繰り返し、常に話題を振りまいた。66年ドラフト1位（全体2位）でアスレティックスに入団、69年は7月末の時点で40本塁打を放っていたがその後7本しか追加できず3位どまり。それでも118打点（3位）は自己最多、長打率.608は1位だった。73年は32本塁打、117打点の二冠王でMVPを受賞、ワールドシリーズでも6打点を挙げMVPに輝いた。
71年からのアスレティックス地区5連覇の中心で、75年も36本塁打で2度目のタイトルを手にしたが、オーナーとの対立から翌76年オリオールズへ放出。77年はFAとなりヤンキースと5年296万ドルの高額契約をかわす。同年32本塁打（5位）、110打点、ワールドシリーズ第6戦では3打席連続、いずれも初球をスタンドに叩き込み、前日から数えて4打数連続本塁打の快挙を達成した。同シリーズは新記録となる5本塁打で2度目のシリーズMVP、翌78年のシリーズも2本塁打、8打点で“ミスター・オクトーバー”の名を不動とした。シリーズ通算では5回出場し打率.357、10本塁打、史上1位の長打率.755を記録している。
その一方でビリー・マーティン監督と大喧嘩を繰り広げたり、ジョージ・スタインブレナー・オーナーと非難を応酬したりとトラブルも相次ぎ、82年エンジェルズへ移籍。同年39本塁打、史上唯一の3球団での本塁打王となるが、翌83年は打率1割台の大不振。87年アスレティックスに復帰、開幕前からの宣言通り同年限りで引退した。通算2597三振は史上ワースト、68～86年はストライキで中断した81年を除き毎年100三振以上、打率は80年の.300が最高と確実性からは縁遠かった。無頼派のイメージが強いが、審判の判定には不満を唱えず、球場外でのトラブルもほとんどなかった。93年殿堂入り。バリー・ボンズとは親戚に当たる。
【通算】21年、2820試合（23位）、9864

打数2584安打、463二塁打、49三塁打、563本塁打（14位）、1702打点（27位）、228盗塁、1375四球、2597三振（1位）、打率.262
【タイトル】MVP1回（73年）本塁打王4回（73,75,80,82年）打点王1回（73年）オールスター14回（69,71～75,77～84年）

ビリー・ジャーゲズ
William Frederick Jurges
1908.5.9～97.3.3【出身地】ニューヨーク州ブロンクス【球団】31-38カブス　39-45ジャイアンツ　46-47カブス【位置】遊撃、三塁、右
【経歴】32年正遊撃手となり、ビリー・ハーマンと強力な併殺コンビを形成するが、同年ファンの女性に発砲され負傷。37年の打率.298、65打点が最高と打撃で目立つことは少なかったが、41年には9打数連続安打を記録した。39年は審判に唾を吐き10日間の出場停止と罰金150ドルを命じられた。オールスターには3回選ばれながら一度も出場できなかった。59年途中レッドソックス監督に就任するも翌60年途中病気で退任。のちの大統領ロナルド・レーガンとはアナウンサー時代からの友人だった。
【通算】17年、1816試合、6253打数1613安打、43本塁打、656打点、36盗塁、打率.258
【タイトル】オールスター3回（37,39～40年）
【監督】59-60レッドソックス　2年、122試合、59勝63敗、勝率.484

ジェド・ジャーコ
Jedd Lindon Gyorko
1988.9.23～【出身地】ウェストヴァージニア州モーガンタウン【球団】2013-15パドレス　16-19カーディナルス　19ドジャース　20ブルワーズ【位置】二塁、三塁、右
【経歴】2010年ドラフト2位でパドレスに入団、13年に新人で23本塁打を放ち、2年目開幕直後に5年契約を結ぶ。カーディナルスに移籍した16年は後半戦で23本塁打、年間30本だったが打点は59で、30本以上での最少記録となった。20年オフにFAとなると移籍先が見つからず、事実上の引退となり、21年にドラフト候補生で構成されるドラフト・リーグ・チームの監督に就任した。
【通算】8年、846試合、2693打数659安打、121本塁打、370打点、14盗塁、打率.245

ブルック・ジャコビー　☆
Brook Wallace Jacoby
1959.11.23～【出身地】ペンシルヴェニア州フィラデルフィア【球団】81,83ブレーヴス　84-91インディアンズ　91アスレティックス　92インディアンズ【位置】三塁、一塁、右
【経歴】79年1月ドラフト7位でブレーヴスに入団。インディアンズに移った84年正三塁手となり、翌85年は20本塁打、87打点。87年は打率.300、32本塁打を放ったが、打点は69と少なかった。積極性に欠けるとの評価をぬぐい切れず、93年中日に入団したが18試合に出ただけで退団した。引退後はレッズやレンジャーズで打撃コーチとして働いた。
【通算】11年、1311試合、4520打数1220安打、120本塁打、545打点、16盗塁、打率.270
【タイトル】オールスター2回（86,90年）
【日本】93中日　1年、18試合、60打数11安打、2本塁打、6打点、0盗塁、打率.183

マックス・シャーザー　★
Maxwell Martin Scherzer
1984.7.27～【出身地】ミズーリ州セントルイス【球団】2008-09ダイアモンドバックス　10-14タイガース　15-21ナショナルズ　21ドジャース　22-23メッツ　23-24レンジャーズ【位置】投手、右
【経歴】スリークォーターからの快速球に加えスライダーとカッターも一級品で、3度のサイ・ヤング賞に輝いた名投手。闘争心の激しさから“マッド・マックス”とも呼ばれた。2006年ドラフト1位でダイアモンドバックスに指名され、独立リーグを経て翌07年に入団。タイガースに移籍した10年に12勝を挙げて以降10年連続2ケタ勝利、12年の231奪三振を皮切りに8年連続200奪三振。13年は開幕13連勝、年間では21勝3敗で最多勝、サイ・ヤング賞も受賞。翌14年も18勝で連続最多勝となった。
　15年FAとなってナショナルズへ7年2億1000万ドルで移籍。6月20日のパイレーツ戦でノーヒッター、10月3日のメッツ戦では9者連続を含む17三振を奪い、完全試合を達成した。カッターを武器に

加えた16年は、5月11日のタイガース戦で最多タイ記録となる20奪三振。20勝、284奪三振の2部門で1位となり2度目のサイ・ヤング賞、17年も自己ベストの防御率2.51(2位)、268奪三振(1位)で3度目の受賞。18年は18勝で4度目の最多勝、3年連続1位の300三振を奪った。22年にメッツと史上最高額の年俸4333万ドルで契約した。
【通算】17年、466試合、457先発、12完投、5完封、216勝112敗0S、2878回、3407奪三振(11位)、防御率3.16
【タイトル】サイ・ヤング賞3回(2013,16〜17年)最多勝4回(13〜14,16,18年)最多奪三振3回(16〜18年)オールスター8回(13〜19,21年)

デイヴ・ジャスティ
David John Giusti
1939.11.27〜【出身地】ニューヨーク州セネカフォールズ【球団】62,64-68アストロズ 69カーディナルス 70-76パイレーツ 77アスレティックス 77カブス【位置】投手、右
【経歴】得意のパームボールでアストロズ時代は先発で活躍、66年は15勝、67・68年は11勝。70年パイレーツへ移りリリーフへ転向、同年26セーブ(2位)、翌71年はリーグ最多の30セーブ、プレイオフでも3セーブを記録。72年は22セーブ(3位)、防御率1.93だったが、プレイオフでは最終第5戦でセーブに失敗した。74年にリリーフ投手では初の年俸10万ドルを突破している。スティーヴ・ブラスとは親友で家も近所だった。
【通算】15年、668試合、133先発、35完投、9完封、100勝93敗145S、1716.2回、1103奪三振、防御率3.60
【タイトル】最多セーブ1回(71年)オールスター1回(73年)

デイヴィッド・ジャスティス
David Christopher Justice
1966.4.14〜【出身地】オハイオ州シンシナティ【球団】89-96ブレーヴス 97-2000インディアンズ 00-01ヤンキース 02アスレティックス【位置】外野、左
【経歴】85年ドラフト4位でブレーヴスに入団、90年打率.282、28本塁打、78打点で新人王に選ばれる。93年はいずれも2位の40本塁打、120打点。95年は打率.253と低調だったが、ワールドシリーズ第6戦で決勝本塁打を放ち、世界一の立役者となる。97年インディアンズに移籍、自己最高の打率.329(3位)。2000年途中ヤンキースに移り41本塁打(4位)、118打点、リーグ優勝決定シリーズ第6戦では逆転3ランを放ち優勝を決定づけた。ポストシーズン通算63打点は史上3位だが、01年のワールドシリーズではワースト記録の8連続三振を喫した。92〜97年は人気女優のハル・ベリーと結婚していた。
【通算】14年、1610試合、5625打数1571安打、305本塁打、1017打点、53盗塁、打率.279
【タイトル】新人王(90年)オールスター3回(93〜94,97年)

アーロン・ジャッジ ★
Aaron James Judge
1992.4.26〜【出身地】カリフォルニア州リンデン【球団】2016-24ヤンキース【位置】外野、右
【経歴】身長201cm、体重127kgの巨体で特大ホームランを量産し、好人物としても人気と尊敬を集めるスラッガー。2013年ドラフト1位でヤンキースに入団、16年8月13日のメジャー初打席で放った本塁打は、直前の打者タイラー・オースティンとの“アベック初打席本塁打”だった。翌17年は正右翼手として、オールスター前にジョー・ディマジオが持っていた球団新人記録を超える30本塁打に到達。8月にはワーストタイ記録の37試合連続三振も喫したが、9月25日の50号でマーク・マグワイアの新人本塁打記録を更新。52本塁打と127四球は1位、出塁率.422と長打率.627は2位で、MVP投票も2位。新人王には満票で選出された。
その後は故障に苦しむ年が続いたが、21年は39本塁打(5位)、98打点、続く22年は開幕から本塁打を量産し、ア・リーグ新記録となる62本。薬物疑惑と無縁の「クリーンな打者によるメジャー記録」と見なされた。131打点、111四球、出塁率.425、長打率.686もすべて1位で、投票では大谷翔平に28対2の大差をつけMVPを受賞した。
9年3億6000万ドルで再契約した23年は主将に就任、故障で106試合の出場にとどまりながらも37本塁打は4位。24年は58本、144打点で2度目の二冠王、打率.322も3位。133四球、出塁率.458、長打率.701は自己記録を更新し、満票で2度目のMVPに選ばれたが、ポストシーズンは59打数9安打の大不振。ようや

く1号本塁打を放ったワールドシリーズ第5戦でも、大逆転負けにつながるエラーを犯してしまった。
【通算】9年、993試合、3564打数1026安打、315本塁打、716打点、53盗塁、1209三振、打率.288
【タイトル】MVP2回(2022,24年)新人王(17年)本塁打王3回(17,22,24年)打点王2回(22,24年)最高出塁率2回(22,24年)オールスター6回(17～18,21～24年)

ジョー・ジャッジ
Joseph Ignatius Judge
1894.5.25～1963.3.11【出身地】ニューヨーク州ブルックリン【球団】15-32セネターズ　33ドジャース　33-34レッドソックス【位置】一塁、左
【経歴】セネターズに18年の長きにわたり在籍したクラッチヒッター。20年に自己最高の打率.333、翌21年は187安打を放つ。通算で9回打率3割を記録、選球眼も良く通算出塁率.378。俊敏な一塁守備の評価も高く、22年の135併殺は新記録となった。24年のワールドシリーズでは打率.385、チーム最多の10安打。引退後は20年にわたりジョージタウン大学のコーチを務めた。
【通算】20年、2171試合、7898打数2352安打、433二塁打、159三塁打、71本塁打、1034打点、213盗塁、965四球、478三振、打率.298

ビル・シャーデル
William Henry Sherdel
1896.8.15～1968.11.14【出身地】ペンシルヴェニア州マクシェリーズタウン【球団】18-30カーディナルス　30-32ブレーヴス　32カーディナルス【位置】投手、左
【経歴】陽気な性格の左腕で、スローボールを巧みに使い長年カーディナルスの主力として活躍。セミプロ時代は捕手でプロ入り後投手に転向、先発陣に加わった22年から7年間で15勝以上6回。25年は15勝、防御率3.11(5位)、28年の21勝(4位)、防御率2.86は自己ベストだった。ワールドシリーズには4試合先発し、防御率3.26ながらすべて負け投手になっている。
【通算】15年、514試合、273先発、160完投、11完封、165勝146敗、2709.1回、839奪三振、防御率3.72

ジョン・ジャハ
John Emil Jaha
1966.5.27～【出身地】オレゴン州ポートランド【球団】92-98ブルワーズ　99-2001アスレティックス【位置】一塁、DH、右
【経歴】84年ドラフト14位でブルワーズに入団。93年正一塁手となり19本塁打、96年は打率.300、34本塁打、118打点。アスレティックスへ移籍した99年は35本塁打、111打点、101四球(3位)と活躍したが、続く2000年は33試合で打率.175と大きく落ち込み、01年は1割にも満たない有様でシーズン途中引退した。
【通算】10年、826試合、2775打数730安打、141本塁打、490打点、36盗塁、打率.263
【タイトル】オールスター1回(99年)

ジョー・シャーボノー
Joseph Charboneau
1955.6.17～【出身地】イリノイ州ベルヴィディア【球団】80-82インディアンズ【位置】外野、右
【経歴】76年ドラフト2位(第2回)でフィリーズに入団。80年インディアンズで打率.289、23本塁打、87打点の好成績を残し新人王となるが、翌81年は.210の低打率でマイナー落ち、わずか3年でメジャーから消えた。鼻からビールを飲んだり、生卵を割らずに飲み込んだりする奇行の持ち主として知られていた。
【通算】3年、201試合、647打数172安打、29本塁打、114打点、3盗塁、打率.266
【タイトル】新人王(80年)

ジョン・シャーホルツ
John Schuerholz
1940.10.1～【出身地】メリーランド州ボルティモア【球団】メジャー経験なし
【経歴】中学校の教師からオリオールズの球団職員に転身し、その後ロイヤルズに移って82年からGMに就任。85年に世界一となって最優秀エグゼクティブ賞に選ばれた。90年ブレーヴスへ移籍、翌91年から14季連続地区優勝の黄金時代を築き、95年には史上初めて両リーグでワールドシリーズを制したGMとなった。2008年GMを退いて球団社長に昇進、17年殿堂入り。スポーツ一家の生まれで、同名の父と息子はマイナーリーガー、おじのギルバートはサッカーのアメリカ代表だった。

ウォーリー・シャング
Walter Henry Schang
1889.8.22 ～ 1965.3.6【出身地】ニューヨーク州サウスウェールズ【球団】13-17 アスレティックス　18-20 レッドソックス　21-25 ヤンキース　26-29 ブラウンズ　30 アスレティックス　31 タイガース【位置】捕手、両
【経歴】42 歳まで現役を続け、3 球団で世界一を経験した好捕手。強肩で知られ、21 年のワールドシリーズでは 16 回中 9 回盗塁を刺し、ジャイアンツの機動力を封じた。打撃でも 19 年からの 4 年連続を含む 6 度の打率 3 割を記録。13 年のワールドシリーズで 14 打数 5 安打 7 打点、16 年 9 月 8 日に史上初の左右両打席本塁打を放った。選球眼に優れ、21 年はリーグ 5 位の 78 四球。29 年は打率 .237 ながら 74 四球を選び、出塁率は .424 だった。通算でも .393 の高出塁率を残している。兄ボビーも元捕手。
【通算】19 年、1842 試合、5307 打数 1506 安打、59 本塁打、705 打点、121 盗塁、打率 .284

ハウィー・シャンクス
Howard Samuel Shanks
1890.7.21 ～ 1941.7.30【出身地】イリノイ州シカゴ【球団】12-22 セネターズ　23-24 レッドソックス　25 ヤンキース【位置】外野、三塁、遊撃、右
【経歴】外野手としてメジャーに昇格したが、器用さを買われ内野でも起用される。21 年は三塁に定着し 154 試合にフル出場、打率 .302、18 三塁打（1 位）、69 打点の自己記録、守備率 .960 も 1 位だった。引退後はインディアンズのコーチやマイナー監督として働いた。
【通算】14 年、1665 試合、5699 打数 1440 安打、25 本塁打、620 打点、185 盗塁、打率 .253

ラリー・ジャンセン
Lawrence Joseph Jansen
1920.7.16 ～ 2009.10.10【出身地】オレゴン州ヴァーボート【球団】47-54 ジャイアンツ　56 レッズ【位置】投手、右
【経歴】制球の良さとスライダー、カーブを武器に 47 年新人で 21 勝（2 位）。シーズンの最後はすべて完投での 10 連勝で締めくくり、新人王投票ではジャッキー・ロビンソンに次ぎ 2 位だった。以後 7 年連続 2 ケタ勝利、50 年は 5 完封（1 位）を含む 19 勝（4 位）、防御率 3.01 と 161 奪三振は 3 位、オールスターでも 6 三振を奪う快投。翌 51 年もドジャースとの優勝決定戦で勝利投手となり、23 勝でチームメイトのサル・マグリーと最多勝を分け合った。性格も良く、引退後は投手コーチとして高い評価を得た。
【通算】9 年、291 試合、237 先発、107 完投、17 完封、122 勝 89 敗、1765.2 回、842 奪三振、防御率 3.58
【タイトル】最多勝 1 回（51 年）オールスター 2 回（50 ～ 51 年）

ボビー・シャンツ
Robert Clayton Shantz
1925.9.26 ～【出身地】ペンシルヴェニア州ポッツタウン【球団】49-56 アスレティックス　57-60 ヤンキース　61 パイレーツ　62 アストロズ　62-64 カーディナルス　64 カブス　64 フィリーズ【位置】投手、左
【経歴】身長 168cm と小柄な左腕投手で、カーブを武器に 51 年 18 勝。ナックルボールを投げ始めた翌 52 年は 24 勝（1 位）、防御率 2.48 と 152 奪三振は 3 位の大活躍で、チームは 4 位に終わったもののMVP に輝く。その後 4 年間は肩の故障で不本意な成績が続いたが、57 年ヤンキースにトレードされると 11 勝、防御率 2.45（1 位）と復活。58 年からはリリーフでの登板が増えた。62 年拡張ドラフトでコルト .45s（アストロズ）に加わり、開幕投手として球団初勝利を飾るが、3 試合投げただけでカーディナルスへ移籍した。フィールディングも素晴らしく、ゴールドグラブが制定された 57 年から 8 年連続で受賞した。弟のビリーは捕手で、アスレティックスとヤンキースでチームメイトだった。
【通算】16 年、537 試合、171 先発、78 完投、15 完封、119 勝 99 敗、1935.2 回、1072 奪三振、防御率 3.38
【タイトル】MVP1 回（52 年）最多勝 1 回（52 年）最優秀防御率 1 回（57 年）ゴールドグラブ 8 回（57 ～ 64 年）オールスター 3 回（51 ～ 52,57 年）

ドン・シュウォール
Donald Bernard Schwall
1936.3.2 ～【出身地】ペンシルヴェニア州ウィルクスバリー【球団】61-62 レッドソックス　63-66 パイレーツ　66-67 ブレーヴス【位置】投手、右
【経歴】身長 198cm の長身で、オクラホマ大学時代はバスケットボールでも活躍し

た。61年レッドソックスに昇格、地元フェンウェイ・パークでのオールスターで3回を投げる。同年15勝、防御率3.22で新人王を受賞するが、これが唯一の2ケタ勝利だった。投球の大半はシンカーで、パイレーツ移籍後はリリーフで活躍、65年に9勝を挙げた。
【通算】7年、172試合、103先発、18完投、5完封、49勝48敗、743回、408奪三振、防御率3.72
【タイトル】新人王(61年) オールスター1回(61年)

ブライアン・シュナイダー
Brian Duncan Schneider
1976.11.26～【出身地】フロリダ州ジャクソンヴィル【球団】2000-07エクスポズ/ナショナルズ 08-09メッツ 10-12フィリーズ【位置】捕手、左
【経歴】95年ドラフト5位でエクスポズに入団。2003年に正捕手となり、翌04年に自己最多の112安打、12本塁打。強肩で03年は盗塁阻止率.529、04年は.500で2年連続リーグ最高だった。メッツに移籍した08年まで6年連続で100試合以上に出場した。
【通算】13年、1048試合、3165打数781安打、67本塁打、387打点、4盗塁、打率.247

スキップ・シューマッカー
Jared Michael Schumaker (Skip)
1980.2.3～【出身地】カリフォルニア州トーランス【球団】2005-12カーディナルス 13ドジャース 14-15レッズ【位置】二塁、外野、左
【経歴】2001年ドラフト5位でカーディナルスに入団。ミート重視の打撃でレギュラーとなった08年に打率.302、翌09年も.303、自己最多の34二塁打。11年のディヴィジョンシリーズでは10打数6安打の大当たりだった。2023年マーリンズ監督に就任、地区3位ながらフルシーズンでは20年ぶりとなるプレイオフ進出を果たした点を評価され、最優秀監督賞に選ばれた。翌24年は主力級に故障者が続出したせいもあって100敗を喫し、最下位に終わって辞任した。
【通算】11年、1149試合、3252打数905安打、28本塁打、284打点、26盗塁、打率.278
【監督】2023-24マーリンズ 2年、324試合、146勝178敗、勝率.451

ハル・シューマッカー
Harold Henry Schumacher
1910.11.23～93.4.21【出身地】ニューヨーク州ヒンクリー【球団】31-42,46ジャイアンツ【位置】投手、右
【経歴】カール・ハッベルに次ぐジャイアンツの二番手投手で、"キング・カール"に対し"プリンス・ハル"と呼ばれた。落差のあるシンカーとカーブの組み合わせで33年19勝(5位)、防御率2.16(3位)、翌34年は23勝(2位)、35年19勝、防御率2.89(3位)と活躍を続ける。肩を痛めてからはパームボールを身につけ、42年まで10年連続2ケタ勝利を記録した。43年からは3年間海軍に入隊、46年に復帰して4勝を挙げた。打撃も良く、34年は投手としての新記録となる6本塁打、通算15本塁打を放った。
【通算】13年、391試合、329先発、137完投、26完封、158勝121敗、2482.1回、906奪三振、防御率3.36
【タイトル】オールスター2回(33,35年)

ジョニー・シュミッツ
John Albert Schmitz
1920.11.27～2011.10.1【出身地】ウィスコンシン州ウォーソー【球団】41-42,46-51カブス 51-52ドジャース 52ヤンキース 52レッズ 53ヤンキース 53-55セネターズ 56レッドソックス 56オリオールズ【位置】投手、左
【経歴】足の大きさと楽天的な性格で有名だった左腕投手で、大きく曲がるカーブで打者を悩ませた。41年9月16日のデビュー戦では2球で勝利投手となる。兵役から復帰した46年は135奪三振で1位、48年に18勝(3位)、防御率2.64(5位)の自己最高成績を収める。50年まで5年連続2ケタ勝利を記録したが、その後は故障続きで低迷した。
【通算】13年、366試合、235先発、86完投、16完封、93勝114敗、1812.2回、746奪三振、防御率3.55
【タイトル】最多奪三振1回(46年) オールスター2回(46,48年)

ジェイソン・シュミット
Jason David Schmidt
1973.1.29～【出身地】アイダホ州ルイストン【球団】95-96ブレーヴス 96-2001パイレーツ 01-06ジャイアンツ 07,09ドジャース【位置】投手、右
【経歴】91年ドラフト8位でブレーヴスに

入団。96年途中パイレーツに移籍、速球と優れたチェンジアップで、翌97年から10年間で9回2ケタ勝利を挙げる。2002年はワールドシリーズ第1戦に先発し勝利投手となった。03年は17勝と208奪三振が4位、防御率2.34は1位で、サイ・ヤング賞投票で次点に入る。続く04年は自己最多の18勝(2位)、251奪三振(3位)、3完封は2年連続リーグ最多だった。07年に3年4700万ドルの高額契約でドジャースへ移ったが、肩を痛め移籍後は10試合で3勝にとどまった。
【通算】14年、323試合、314先発、20完投、9完封、130勝96敗0S、1996.1回、1758奪三振、防御率3.96
【タイトル】最優秀防御率1回(2003年) オールスター3回(03～04,06年)

マイク・シュミット
Michael Jack Schmidt
1949.9.27～【出身地】オハイオ州デイトン【球団】72-89フィリーズ【位置】三塁、一塁、右
【経歴】フィリーズ球団最大のスターで、8度の本塁打王に輝いた史上最高の三塁手。71年ドラフト2位で入団、正三塁手となった73年は打率.196と苦しんだが、翌74年は36本塁打で初のタイトル獲得。75、76年はいずれも38本で3年連続本塁打王、76年4月17日に4打数連続本塁打を放つ。80年は48本塁打、121打点の二冠王でMVPを受賞、ワールドシリーズでも21打数8安打、2本塁打、7打点で世界一の立役者となり、シリーズMVPを手にした。
　翌81年はストライキのため102試合の出場だったが、31本塁打、91打点、73四球、出塁率.435、長打率.644はいずれも1位で2年連続MVP。86年は37本塁打、119打点で4度目の二冠王、3度目のMVPに輝いた。通算では30本塁打以上13回、100打点以上9回。75年の180個を最多として100三振以上12回、打率3割は81年(.316)の1回だけと確実性には欠けたが、最多四球4回、100四球以上7回の選球眼で補った。
　守備も一級品で、守備範囲の広さと強肩を評価され76年から9年連続、通算10回ゴールドグラブを受賞した。これだけの実績を残したにもかかわらず、選手に厳しいフィラデルフィアの観客からはブーイングを浴びることも多かった。それでも89年5月に現役引退を発表すると、オールスターにファン投票で選出された(出場は辞退)。95年殿堂入り。2000年にはプロゴルフのシニアツアーに参加した。
【通算】18年、2404試合、8352打数2234安打、408二塁打、59三塁打、548本塁打(16位)、1595打点、174盗塁、1507四球(18位)、1883三振(16位)、打率.267
【タイトル】MVP3回(80～81,86年) 本塁打王8回(74～76,80～81,83～84,86年) 打点王4回(80～81,84,86年) 最高出塁率3回(81～83年) ゴールドグラブ10回(76～84,86年) オールスター12回(74,76～77,79～84,86～87,89年)

ガス・シュメルツ
Gustavus Heinrich Schmelz
1850.9.26～1925.10.13【出身地】オハイオ州コロンバス【球団】メジャー経験なし
【経歴】もともと体操選手で野球の経験はなかったが、1884年コロンバス(AA)の監督に就任すると、前年32勝で6位のチームを69勝の2位へ躍進させる。87年のシンシナティ(AA)、90年のコロンバス(AA)でも5位から2位にまで引き上げるなど巧みな手腕を発揮したが、優勝には手が届かなかった。84年に初めて春季キャンプを実施し、またバントを効果的に作戦として活用した最初の監督だったとも言われる。厳しい練習を課す一方、選手に自信を植えつけることが勝利への近道と信じ、尊敬を集めていた。
【監督】1884コロンバス(AA)　86セントルイス　87-89シンシナティ(AA)　90クリーヴランド　90-91コロンバス(AA)　94-97ワシントン　11年、1357試合、624勝703敗、勝率.470

フランク・シュルト
Frank M. Schulte
1882.9.17～1949.10.2【出身地】ニューヨーク州コホクトン【球団】04-16カブス　16-17パイレーツ　17フィリーズ　18セネターズ【位置】外野、左
【経歴】05年にレギュラーとなり、翌06年リーグ最多の13三塁打。07・08年のワールドシリーズでは10試合すべてでヒットを放った。10年10本塁打(1位)、続く11年は21本塁打、107打点で二冠王となっただけでなく、30二塁打・21三塁打・21本塁打・23盗塁の4部門で20以上を記録した最初の選手となり、現在のMVPに相当するチャルマーズ賞を受賞。通算4

本の満塁本塁打はこの年にまとめて放った。足も速く本盗を22回決めている。目立つことが嫌いで、飼っていた馬の名前から“ワイルドファイア”の異名で知られた。
【通算】15年、1806試合、6533打数1766安打、124三塁打、92本塁打、792打点、233盗塁、打率.270
【タイトル】本塁打王2回（10～11年）打点王1回（11年）

フレッド・シュルト
Fred William Schulte
1901.1.13～83.5.20【出身地】イリノイ州ベルヴィディア【球団】27-32ブラウンズ　33-35セネターズ　36-37パイレーツ【位置】外野、右
【経歴】巧打、好守の外野手で、正中堅手となった28年に44二塁打（4位）、85打点。29年は打率.307、31年も.304を記録。セネターズに移った33年に自己最多の87打点、ワールドシリーズでも21打数7安打。ボウリングが得意で、自らボウリング場を経営していた。引退後は4球団でスカウトを務めた。
【通算】11年、1179試合、4259打数1241安打、47本塁打、593打点、56盗塁、打率.291

カイル・シュワーバー　★
Kyle Joseph Schwarber
1993.3.5～【出身地】オハイオ州ミドルタウン【球団】2015-20カブス　21ナショナルズ　21レッドソックス　22-24フィリーズ
【位置】外野、左
【経歴】2014年ドラフト1位（全体4位）でカブスに入団した当初は捕手。打力を買われて外野へ転向、16年は左膝の靱帯損傷で2試合しか出られなかったが、ワールドシリーズで復帰すると17打数7安打で世界一の一翼を担った。ナショナルズへ移った21年は6月19・20日に2試合で5本塁打のタイ記録を達成、同月だけで16本、年間32本。翌22年はフィリーズでリーグ最多の46本塁打、プレイオフとワールドシリーズでも3本ずつ放った。
　続く23年は打率1割台（.197）では初の40本台となる47本塁打（2位）、104打点。リーグワーストの215三振を喫した一方で126四球（2位）を選び、リーグ優勝決定シリーズではすべてソロで5本塁打。24年は新記録となる15本の先頭打者弾を含む38本塁打（3位）、104打点（4位）、106四球は1位だった。
【通算】10年、1129試合、3940打数905安打、284本塁打、652打点、27盗塁、1330三振、打率.230
【タイトル】本塁打王1回（2022年）オールスター2回（21～22年）

ビル・ジョイス
William Michael Joyce
1867.9.22～1941.5.8【出身地】ミズーリ州セントルイス【球団】1890ブルックリン（PL）　91ボストン（AA）　92ブルックリン　94-96ワシントン　96-98ニューヨーク
【位置】三塁、一塁、左
【経歴】闘争心むき出しのプレイを売り物としていた選手。選球眼が良く、1890年は新人でリーグ最多の123四球を選び、打率.252ながら出塁率は.413。91年に64試合連続出塁の新記録を達成、通算出塁率は.435の高率を誇った。93年はワシントンへのトレードを拒否して出場しなかったが、94年に入団。96年13本塁打（1位）、翌97年に史上2度しかない1試合4三塁打を放った。96年途中からニューヨークの監督を兼任、98年6月で一旦その座をキャップ・アンソンに譲るも、1ヵ月後に再任。同年オフの契約交渉が合意に至らず、30歳で現役を退いた。
【通算】8年、906試合、3310打数971安打、106三塁打、70本塁打、609打点、266盗塁、打率.293
【タイトル】本塁打王1回（1896年）
【監督】1896-98　ニューヨーク　3年、316試合、179勝122敗、勝率.595

マット・ジョイス
Matthew Ryan Joyce
1984.8.3～【出身地】フロリダ州タンパ【球団】2008タイガース　09-14レイズ　15エンジェルズ　16パイレーツ　17-18アスレティックス　19ブレーヴス　20マーリンズ　21フィリーズ【位置】外野、左
【経歴】2005年ドラフト12位でタイガースに入団。地元のレイズへ移籍後、11年は打率.277、19本塁打でオールスターに選出される。17年に自己最多の33二塁打、25本塁打。左投手が苦手で通算打率.185、13本塁打にとどまった。引退後はフィットネスジムを経営。
【通算】14年、1400試合、3718打数898安打、149本塁打、503打点、35盗塁、打率.242
【タイトル】オールスター1回（2011年）

ウォーリー・ジョイナー
Wallace Keith Joyner
1962.6.16 ～【出身地】ジョージア州アトランタ【球団】86-91 エンジェルズ　92-95 ロイヤルズ　96-99 パドレス　2000 ブレーヴス　01 エンジェルズ【位置】一塁、左
【経歴】83 年ドラフト 3 位でエンジェルズに入団。86 年メジャーに昇格、前半戦だけで 19 本塁打を放って大人気となり、オールスターに新人では初めてファン投票で選出。年間では 22 本塁打、100 打点、翌 87 年は 34 本塁打（3 位）、117 打点（4 位）とさらに数字を伸ばしたが、その後は 91 年を除き 20 本塁打に届かなかった。92 年ロイヤルズに移籍し初の打率 3 割（.301）、以後 4 回 3 割を記録し 97 年に自己最高の .327（5 位）。一塁守備も良く、95 年から 3 年連続で守備率 1 位だった。引退後はパドレスなどで打撃コーチを務めた。
【通算】16 年、2033 試合、7127 打数 2060 安打、409 二塁打、26 三塁打、204 本塁打、1106 打点、60 盗塁、833 四球、825 三振、打率 .289
【タイトル】オールスター 1 回（86 年）

ジェフ・ショウ
Jeffrey Lee Shaw
1966.7.7 ～【出身地】オハイオ州ワシントンコートハウス【球団】90-92 インディアンズ　93-95 エクスポズ　95 ホワイトソックス　96-98 レッズ　98-2001 ドジャース【位置】投手、右
【経歴】86 年 1 月ドラフト 1 位でインディアンズに入団。当初は中継ぎであまり目立たない存在だったが、レッズ移籍後の 97 年抑えに抜擢されると、スプリッターが冴え 42 セーブ（1 位）を稼ぐ。98 年はシーズン途中ドジャースへトレードされ、自己最多の 48 セーブ（3 位）、防御率 2.12。オールスターにはレッズの選手として選ばれながら、直前に移籍が決まったためドジャースのユニフォームで出場した。2001 年もリーグ 2 位の 43 セーブを挙げたが、同年限りで引退。息子のトラヴィスもメジャーリーガー。
【通算】12 年、633 試合、19 先発、0 完投、34 勝 54 敗 203 S、848 回、545 奪三振、防御率 3.54
【タイトル】最多セーブ 1 回（97 年）オールスター 2 回（98,2001 年）

トラヴィス・ショウ
Travis Richard Shaw
1990.4.16 ～【出身地】オハイオ州ワシントンコートハウス【球団】2015-16 レッドソックス　17-19 ブルワーズ　20 ブルージェイズ　21 ブルワーズ　21-22 レッドソックス
【位置】三塁、左
【経歴】2008 年ドラフト 32 位でレッドソックスに指名されるも入団拒否、11 年 9 位で再指名され入団。ブルワーズへ移籍した 17 年に 31 本塁打、101 打点、翌 18 年も 32 本と長打力を発揮したが、19 年以降急速に成績を落とした。父のジェフはオールスター投手。
【通算】8 年、733 試合、2374 打数 563 安打、114 本塁打、366 打点、20 盗塁、打率 .237

ブライアン・ショウ　★
Bryan Anthony Shaw
1987.11.8 ～【出身地】カリフォルニア州リヴァーモア【球団】2011-12 ダイアモンドバックス　13-17 インディアンズ　18-19 ロッキーズ　20 マリナーズ　21-22 ガーディアンズ　23-24 ホワイトソックス【位置】投手、右
【経歴】2008 年ドラフト 2 位でダイアモンドバックスに入団。タフさが売り物の中継ぎ投手で、インディアンズ移籍後の 14 年に 80 試合（1 位）、16・17 年もリーグ最多の登板数。成績も 1 年目からの 7 年は最悪でも防御率 3.52 と安定し、16 年のリーグ優勝決定シリーズでは 2 勝を挙げた。投球の大半がカッターで、ロッキーズへ移った 18 年からは不振に陥ったが、21 年は 4 度目の 1 位となる 81 試合に投げた。
【通算】14 年、796 試合、2 先発、0 完投、43 勝 46 敗 19 S、764.1 回、681 奪三振、防御率 3.96

ボブ・ショウ
Robert John Shaw
1933.6.29 ～ 2010.9.23【出身地】ニューヨーク州ブロンクス【球団】57-58 タイガース　58-61 ホワイトソックス　61 アスレティックス　62-63 ブレーヴス　64-66 ジャイアンツ　66-67 メッツ　67 カブス【位置】投手、右
【経歴】チェンジアップ、スライダーなど変化球を操り 59 年 18 勝（3 位）、防御率 2.69（3 位）で優勝に貢献。ワールドシリーズ第 5 戦ではサンディ・コーファックスと投げ合い勝利を収めた。以後 4 年連続 2

ケタ勝利、62年は15勝、防御率2.80（2位）、65年も16勝。63年には1イニング3ボーク、1試合5ボークの不名誉な記録も作っている。ジャイアンツ在籍時には、ゲイロード・ペリーにスピットボールの投げ方を教えた。投球術のマニュアルも執筆した理論派だが、変わり者との評判で首脳陣やフロントと対立が絶えず、7球団をわたり歩いた。引退後は不動産業で大成功を収めた。
【通算】11年、430試合、223先発、55完投、14完封、108勝98敗、1778回、880奪三振、防御率3.52
【タイトル】オールスター1回（62年）

バック・ショーウォルター
William Nathaniel Showalter (Buck)
1956.5.23～【出身地】フロリダ州デュファニアックスプリングス【球団】メジャー経験なし
【経歴】77年ドラフト5位でヤンキースに入団。現役時代は外野手だったがメジャー昇格は果たせず、85年28歳で監督業をスタート。92年35歳でヤンキース監督に抜擢され、94年は.619の高勝率で最優秀監督に選ばれたが、新球団ダイアモンドバックスの監督を引き受け95年限りで辞任。99年創設2年目で地区優勝を果たすも、翌2000年補強の甲斐なく地区優勝を逸すと解任された。選手を厳しく管理・指導するタイプで衝突も多かったが、12年は下馬評の低かったオリオールズを16年ぶりにプレイオフに導く。14年に2度目、22年にはメッツで3度目の最優秀監督賞を受賞したが、リーグ優勝には手が届かなかった。
【監督】92-95ヤンキース　98-2000ダイアモンドバックス　03-06レンジャーズ　10-18オリオールズ　22-23メッツ　22年、3393試合、1727勝1665敗、勝率.509

ボブ・ショウキー
James Robert Shawkey
1890.12.4～1980.12.31【出身地】ペンシルヴェニア州シーゲル【球団】13-15アスレティックス　15-27ヤンキース【位置】投手、右
【経歴】2種類のカーブとチェンジアップで20勝を4回記録した好投手。14年15勝、翌15年途中1万8000ドルの移籍金でヤンキースへ移る。16年は先発、リリーフ兼任で24勝（2位）、自己ベストの防御率2.21。18年は兵役のため3試合投げただけだったが、19年から6年連続16勝以上、19・20・22年にジャスト20勝。20年は防御率2.45で1位となる。苦手な打者に対し研究を怠らず、打開策をあみ出す努力家だった。引退後コーチとなり、30年ミラー・ハギンスの死去に伴い監督に昇格。1年限りで退任し、その後はマイナーの指導者となって、ダートマス大学でもコーチも務めた。ヤンキー・スタディアムの勝利投手第1号で、同球場が新装なった76年の始球式に姿を見せた。
【通算】15年、488試合、333先発、197完投、33完封、195勝150敗、2937回、1360奪三振、1018四球、防御率3.09
【タイトル】最優秀防御率1回（20年）
【監督】30ヤンキース　1年、154試合、86勝68敗、勝率.558

城島健司　☆
Kenji Johjima
1976.6.8～【出身地】長崎県佐世保市【球団】2006-09マリナーズ【位置】捕手、右
【経歴】別府大付属高時代から大型捕手として注目され、94年ドラフト1位でダイエーに入団。2003年に打率.330、34本塁打、119打点でMVPに選ばれる。ベストナイン6回、ゴールデングラブ賞7回を受賞し、05年オフにFAでマリナーズと契約、捕手として最初の日本人メジャーリーガーとなる。06年4月3日、デビュー戦のエンジェルズ戦でバルトロ・コロンから初本塁打、翌日にも2号本塁打と最高のスタートを切り、144試合で打率.291、18本塁打、76打点。その一方で、守備では英語を完璧に話せないことから、投手陣とのコミュニケーション不足を指摘された。続く07年も打率.287、14本塁打、61打点、盗塁阻止率.465の強肩も光った。08年は打率.227、7本塁打と打撃不振。翌09年も盗塁阻止率.537を記録しながら、リード面で投手陣の信頼を得られず、同年を最後に日本へ復帰した。
【通算】4年、462試合、1609打数431安打、48本塁打、198打点、7盗塁、打率.268
【日本】95-2005ダイエー／ソフトバンク　10-12阪神　14年、1323試合、4756打数1406安打、244本塁打、808打点、72盗塁、打率.296

レイ・ショーク
Raymond William Schalk
1892.8.12～1970.5.19【出身地】イリノイ

州ハーヴェル【球団】12-28 ホワイトソックス　29 ジャイアンツ【位置】捕手、右
【経歴】守備力に定評があり、タイ・カッブとベーブ・ルースから史上最高の捕手と称賛される。身軽な動きで通算 1811 補殺は史上 2 位、222 併殺は 1 位。盗塁阻止率も通算 .516、年間 1 位 3 回で、19 年のワールドシリーズでは 17 回中 10 回も盗塁を刺した。リード面でも 4 回のノーヒッターを引き出し、また一塁と三塁へのカバーリングを始めた選手と言われている。打撃は 19 年の .282 が最高打率と今一つだったが、足が速く 16 年は 30 盗塁、通算 177 盗塁は捕手の最多記録である。55 年殿堂入り。
【通算】18 年、1762 試合、5306 打数 1345 安打、11 本塁打、593 打点、177 盗塁、打率 .253
【監督】27-28 ホワイトソックス　2 年、228 試合、102 勝 125 敗、勝率 .449

マイク・ジョーゲンセン
Michael Jorgensen

1948.8.16 ～【出身地】ニュージャージー州パサイク【球団】68,70-71 メッツ　72-77 エクスポズ　77 アスレティックス　78-79 レンジャーズ　80-83 メッツ　83-84 ブレーヴス　84-85 カーディナルス【位置】一塁、外野、左
【経歴】66 年ドラフト 4 位でメッツに入団。打力よりも守備力を買われており、73 年に一塁手としてゴールドグラブを受賞。75 年は 116 安打、18 本塁打、67 打点の自己記録、同年 79 四球を選ぶなど選球眼は確かだった。代打でもよく起用されたが、打率 .204 と成功率は低かった。95 年途中から、解任されたジョー・トーリに代わってカーディナルスの監督を代行した。
【通算】17 年、1633 試合、3421 打数 833 安打、95 本塁打、426 打点、58 盗塁、打率 .243
【タイトル】ゴールドグラブ 1 回（73 年）
【監督】95 カーディナルス　1 年、96 試合、42 勝 54 敗、勝率 .438

アディー・ジョス
Adrian Joss

1880.4.12 ～ 1911.4.14【出身地】ウィスコンシン州ウッドランド【球団】02-10 インディアンズ【位置】投手、右
【経歴】史上 2 位の通算防御率 1.89 を残した名投手。02 年 4 月 26 日の初登板で 1 安打完封の見事なデビューを飾り、同年 5 完封（1 位）を含む 17 勝。速球とカーブに加え制球も良く、足を高く上げ、打者に背を向けて球を隠す投球フォームも効果的だった。04 年防御率 1.59（1 位）、05 年から 4 年連続 20 勝、07 年は 27 勝で最多勝。翌 08 年は 24 勝（2 位）、防御率 1.16（1 位）、優勝争いの真っただ中の 10 月 2 日のホワイトソックス戦で完全試合を達成した。文才もあって新聞にコラムなどを寄稿、また 09 年には自ら設計した電光掲示板がインディアンズの本拠地球場に設置された。
　10 年 4 月 20 日のホワイトソックス戦で 2 度目のノーヒッターを記録したが、同年は肘の故障で 5 勝どまり。翌 11 年 4 月髄膜炎により 31 歳の若さで死去、6 日後に行われた葬儀に選手が参列するため同日の公式戦が中止された。殿堂入りの条件である実働 10 年には 1 年及ばないが、実績を考慮され特例として 78 年殿堂入りを果たした。
【通算】9 年、286 試合、260 先発、234 完投、45 完封（29 位）、160 勝 97 敗、2327 回、920 奪三振、防御率 1.89
【タイトル】最多勝 1 回（07 年）最優秀防御率 2 回（04,08 年）

ティム・ジョーダン
Timothy Joseph Jordan

1879.2.14 ～ 1949.9.13【出身地】ニューヨーク州ニューヨーク【球団】01 セネターズ　03 ヤンキース　06-10 ドジャース【位置】一塁、左
【経歴】01 年 6 試合、03 年は 2 試合出ただけで、06 年からメジャーに定着。リーグ最多の 12 本塁打を放ち、78 打点は 4 位、08 年も再び 12 本塁打で、ホーナス・ワグナーの三冠を 2 本差で阻止した。膝の故障が響き 31 歳で引退。その後は鉄道会社で警備を担当した。
【通算】7 年、540 試合、1813 打数 474 安打、32 本塁打、232 打点、48 盗塁、打率 .261
【タイトル】本塁打王 2 回（06,08 年）

ブライアン・ジョーダン
Brian O'Neal Jordan

1967.3.29 ～【出身地】メリーランド州ボルティモア【球団】92-98 カーディナルス　99-2001 ブレーヴス　02-03 ドジャース　04 レンジャーズ　05-06 ブレーヴス【位置】外野、右
【経歴】88 年ドラフト 1 位でカーディナル

スに入団。翌89年NFLのバッファロー・ビルズに7位指名され入団、同年アトランタ・ファルコンズに移り、91年まで3年間に36試合出場。92年から野球に専念、95年正右翼手となり打率.296、22本塁打、81打点、24盗塁。96年は打率.310、104打点、満塁で19打数13安打と勝負強さを発揮した。97年は椎間板を痛め47試合で0本塁打に終わったが、翌98年は自己最高の打率.316、25本塁打と復活した。99年ブレーヴスに移籍、自己最多の115打点を挙げ、プレイオフでも3本塁打、12打点を叩き出したがワールドシリーズでは13打数1安打の不振だった。
【通算】15年、1456試合、5160打数1454安打、184本塁打、821打点、119盗塁、打率.282
【タイトル】オールスター1回(99年)

アーバン・ショッカー
Urban James Shocker
1890.9.22～1928.9.9【出身地】オハイオ州クリーヴランド【球団】16-17ヤンキース 18-24ブラウンズ 25-28ヤンキース【位置】投手、右
【経歴】本名はUrbain Jacques Shockor。元は捕手だったが強肩を買われ投手に転向、カーブとスピットボールを有効に使いブラウンズの大黒柱となる。20年から4年連続20勝、21年は27勝で最多勝。翌22年も24勝(3位)、リーグ最多の149三振を奪う。25年ヤンキースに復帰し26年は19勝(3位)。頭脳派で対戦相手をよく研究し、13年間で一度も負け越した年はなかった。真面目一徹の性格でも知られていたが、28年心臓病に肺炎を併発し、38歳で死去した。
【通算】13年、412試合、317先発、200完投、28完封、187勝117敗、2681.2回、983奪三振、防御率3.17
【タイトル】最多勝1回(21年) 最多奪三振1回(22年)

バート・ショットン
Burton Edwin Shotton
1884.10.18～1962.7.29【出身地】オハイオ州ブラウンヘルム【球団】09,11-17ブラウンズ 18セネターズ 19-23カーディナルス【位置】外野、左
【経歴】俊足と優れた選球眼の持ち主で、13～16年まで4年連続40盗塁以上、13年99個、16年は110個で最多四球。13年に自己最高の打率.297を記録した。ブランチ・リッキーと親しく、カーディナルス時代には宗教上の理由で日曜日に欠場するリッキーの代理で指揮を執った。フィリーズ監督を経てドジャースにスカウトとして加入、47年は出場停止処分を受けたレオ・デュローシャーの代理監督を任され、見事リーグ制覇。デュローシャーの復帰にともない退任したものの翌48年途中再任し、49年2度目の優勝を果たした。コニー・マックとともに、ユニフォームでなくスーツ姿で指揮を執った最後の監督である。
【通算】14年、1387試合、4945打数1338安打、9本塁打、290打点、293盗塁、打率.271
【監督】28-33フィリーズ 34レッズ 47-50ドジャース 11年、1469試合、697勝764敗、勝率.477 リーグ優勝2回(47,49年)

クリス・ショート
J Christopher Short
1937.9.19～91.8.1【出身地】デラウェア州ミルフォード【球団】59-72フィリーズ 73ブルワーズ【位置】投手、左
【経歴】フィリーズの左のエースとして活躍した速球投手。カーブも良く64年17勝、翌65年は18勝、自己最多の237奪三振。10月2日のメッツ戦では延長15回で18三振を奪った。66年はフィリーズの左腕で50年ぶりとなる20勝(5位)、68年は19勝(4位)、202奪三振。63～68年は66年を除いて毎年防御率2点台だったが、腰を痛めその後はふるわなかった。ポロ・グラウンドの最終戦(63年9月18日)とアストロドームの開幕戦(65年4月12日)の両方で勝利投手になっている。服装に頓着せず、球界のワーストドレッサーと評されていた。
【通算】15年、501試合、308先発、88完投、24完封、135勝132敗18S、2325回、1629奪三振、防御率3.43
【タイトル】オールスター2回(64,67年)

ポール・ショール
Paul Schaal
1943.3.3～2017.9.1【出身地】ペンシルヴェニア州ピッツバーグ【球団】64-68エンジェルズ 69-74ロイヤルズ 74エンジェルズ【位置】三塁、右
【経歴】65年正三塁手となるが、.224の低打率で67年には控えに回る。69年拡張ドラフトでロイヤルズに移り、71年は

161試合にフル出場し自己最多の150安打、31二塁打（2位）、11本塁打、63打点。同年103四球（3位）を選ぶなど選球眼は確かで、73年は.389の高出塁率を記録した。守備の評価はあまり高くなかった。
【通算】11年、1128試合、3555打数869安打、57本塁打、323打点、43盗塁、打率.244

トミー・ジョン
Thomas Edward John
1943.5.22～【出身地】インディアナ州テレホート【球団】63-64インディアンズ　65-71ホワイトソックス　72-74,76-78ドジャース　79-82ヤンキース　82-85エンジェルズ　85アスレティックス　86-89ヤンキース【位置】投手、左
【経歴】選手生命を脅かした肘のケガを手術によって克服し、26年にわたり第一線で投げ続けた名左腕。シンカーで打たせて取る投球が身上で、66年5完封（1位）を含む14勝、翌67年も10勝中6勝は完封で2年連続1位。68年自己ベストの防御率1.98（5位）、ドジャース移籍後の73年も16勝を記録した。
　続く74年も13勝3敗と好調だったが、7月に肘を痛め戦線離脱。当初は再起が絶望視されたが、フランク・ジョーブ博士によるほとんど前例のない腱の移植手術により再生。以後この手術法は"トミー・ジョン手術"の名で呼ばれるようになった。1年半のリハビリを経て76年復帰、10勝を挙げカムバック賞を受賞。翌77年20勝（3位）、FAでヤンキースに移籍した79年はいずれも2位の21勝、防御率2.96、80年も6完封（1位）を含む22勝（2位）と活躍を続けた。40代になっても衰えを見せず、87年44歳にして4年ぶり17回目の2ケタとなる13勝を挙げた。
【通算】26年、760試合、700先発（8位）、162完投、46完封（26位）、288勝（25位）231敗（18位）3S、4710.1回（19位）、2245奪三振、1259四球、防御率3.34
【タイトル】オールスター4回（68,78～80年）

アダム・ジョーンズ　☆
Adam LaMarque Jones
1985.8.1～【出身地】カリフォルニア州サンディエゴ【球団】2006-07マリナーズ　08-18オリオールズ　19ダイアモンドバックス【位置】外野、右
【経歴】2003年ドラフト1位でマリナーズに入団した当時は遊撃手。08年オリオールズに移籍して正中堅手となり、11年から7年連続20本塁打以上。12年は32本、翌13年は自己最多の33本、108打点。守備では強肩と守備範囲の広さを評価され、4回ゴールドグラブに選ばれた。17年のWBCでは勝利を呼び込むホームランキャッチを披露。同年には自身の受けた人種差別的な行動に毅然と対応した。20年オリックスに入団、2年8億8000万円の年俸に見合う成績ではなかったものの、代打として勝負強さを発揮し、また若手へのアドバイスなどを通じて21年の優勝に功があった。
【通算】14年、1823試合、7009打数1939安打、282本塁打、945打点、97盗塁、1395三振、打率.277
【タイトル】ゴールドグラブ4回（2009,12～14年）オールスター5回（09,12～15年）
【日本】2020-21オリックス　2年、159試合、456打数114安打、16本塁打、66打点、1盗塁、打率.250

アンドルー・ジョーンズ　☆
Andruw Rudolf Jones
1977.4.23～【出身地】オランダ王国キュラソー島ウィレムシュタット【球団】96-2007ブレーヴス　08ドジャース　09レンジャーズ　10ホワイトソックス　11-12ヤンキース【位置】外野、右
【経歴】93年ブレーヴスに入団、強打・強肩・俊足と三拍子揃った抜群の素質の持ち主で、95～96年は2年連続マイナー最優秀選手に選ばれる。96年19歳でメジャー昇格、ワールドシリーズでは初打席で本塁打を放ち史上最年少記録を更新。続く2打席目も本塁打で、ジーン・テナスに次ぐシリーズ史上2人目の快挙となった。98年は31本塁打、90打点、27盗塁、守備でも20補殺でゴールドグラブを受賞、以後10年連続で選出される。守備範囲の広さは史上有数で最多刺殺6回。打球がどこへ飛ぶか鋭く読み、追いかけるコースも正確だった。
　2000年は唯一の打率3割となる.303、自己最多の199安打（3位）。05年は51本塁打、128打点で二冠王、MVP投票では次点。翌06年7度目の30本以上となる41本塁打（5位）、129打点（4位）を記録したが、07年以降は膝の痛みも

あって以前のようには打てなくなった。13年楽天に入団し26本塁打、94打点で初優勝に貢献。同年105四球、翌14年の118四球は2年連続リーグ最多だった。
【通算】17年、2196試合、7599打数1933安打、383二塁打、36三塁打、434本塁打、1289打点、152盗塁、891四球、1748三振、打率.254
【タイトル】本塁打王1回（2005年）打点王1回（05年）ゴールドグラブ10回（98～2007年）オールスター5回（00,02～03,05～06年）
【日本】2013-14楽天　2年、281試合、926打数215安打、50本塁打、165打点、6盗塁、打率.232

ウィリー・ジョーンズ
Willie Edward Jones
1925.8.16～83.10.18【出身地】サウスカロライナ州ディロン【球団】47-59フィリーズ　59インディアンズ　59-61レッズ【位置】三塁、右
【経歴】強肩で鳴らした好守の三塁手で、52年からの5年連続を含む7回最多刺殺、2回最多補殺を記録。打撃でも49年は35二塁打（5位）、4月20日に4打席連続二塁打を放つ。翌50年は自己最多の25本塁打、88打点で優勝に貢献した。選球眼が良く、56年はリーグ3位の92四球を選んだ。ニックネームの“プディングヘッド”とは、古い流行歌“Puddin' Head Jones”が由来。
【通算】15年、1691試合、5826打数1502安打、190本塁打、812打点、40盗塁、打率.258
【タイトル】オールスター2回（50～51年）

ギャレット・ジョーンズ　☆
Garrett Thomas Jones
1981.6.21～【出身地】イリノイ州ハーヴィー【球団】2007ツインズ　09-13パイレーツ　14マーリンズ　15ヤンキース【位置】一塁、外野、左
【経歴】99年ドラフト14位でブレーヴスに入団。09年パイレーツでメジャーに定着し、同年は82試合で21本塁打。翌10年も21本、86打点、12年に27本、86打点の自己最高成績を残した。16年巨人に入団、ギャレットの登録名で24本塁打を放ったが、翌17年は一軍での出場機会がないまま退団した。
【通算】8年、911試合、2924打数734安打、122本塁打、400打点、28盗塁、打率.251
【日本】2016巨人　1年、123試合、422打数109安打、24本塁打、68打点、0盗塁、打率.258

クレオン・ジョーンズ
Cleon Joseph Jones
1942.8.4～【出身地】アラバマ州プレイトー【球団】63,65-75メッツ　76ホワイトソックス【位置】外野、右
【経歴】66年正左翼手となり、69年は自己最高の打率.340（3位）、出塁率.422（5位）、75打点。プレイオフでも14打数6安打で“アメイジング・メッツ”の一翼を担う。71年も打率.319で、10位以内に3回入った。メッツのチームメイト、トミー・エイジーは高校時代の同級生だった。
【通算】13年、1213試合、4263打数1196安打、93本塁打、524打点、91盗塁、打率.281
【タイトル】オールスター1回（69年）

サム・ジョーンズ
Samuel Jones
1925.12.14～71.11.5【出身地】オハイオ州ステュワーツヴィル【球団】51-52インディアンズ　55-56カブス　57-58カーディナルス　59-61ジャイアンツ　62タイガース　63カーディナルス　64オリオールズ【位置】投手、右
【経歴】爪楊枝をくわえてマウンドに上がったことから、通称は“トゥースピック・サム”。ニグロ・リーグのクリーヴランド・バックアイズに在籍したのちインディアンズと契約するが、ほとんどマイナー暮らし。55年カブスに移籍、5月12日のパイレーツ戦で黒人投手としては初、またリグリー・フィールド開場38年目で初のノーヒットノーランを達成。同年の198奪三振は1位だったが、185四球のノーコンぶりが災いし14勝20敗と負け越した。58年自己最多の225奪三振で3回目の1位、防御率2.88も2位。翌59年ジャイアンツへ移り、21勝、4完封、防御率2.83の3部門で1位、9月26日のカーディナルス戦で7回参考ながら2度目のノーヒットノーランを記録した。肩口から大きく曲がるカーブは、スタン・ミュージアルも球界最高と絶賛していた。
【通算】12年、322試合、222先発、76完投、17完封、102勝101敗、1643.1回、1376奪三振、防御率3.59
【タイトル】最多勝1回（59年）最優秀防

御率1回（59年）最多奪三振3回（55～56,58年）オールスター2回（55,59年）<ニグロ・リーグの成績>5試合、3先発、1完投、0完封、1勝3敗、26回、17奪三振、防御率6.58

サム・ジョーンズ
Samuel Pond Jones

1892.7.26～1966.7.6【出身地】オハイオ州ウッズフィールド【球団】14-15インディアンズ　16-21レッドソックス　22-26ヤンキース　27ブラウンズ　28-31セネターズ　32-35ホワイトソックス【位置】投手、右

【経歴】帽子を目深にかぶり、いつもうつむいているように見えたため"サッド・サム"のニックネームをつけられた好投手。癖のない投球フォームで、球威はあまりなくとも、鋭いカーブとスローボールを効果的に使っていた。16年トリス・スピーカーとの交換でレッドソックスに移籍、18年16勝、21年は23勝（4位）、5完封（1位）、防御率3.22（5位）。翌22年ヤンキースへトレード、23年は21勝、9月4日のアスレティックス戦でリーグ史上初めて奪三振ゼロでのノーヒットノーランを達成した。43歳までメジャーで投げ続け、通算11回2ケタ勝利を記録。走者を出しても気にすることなく、牽制球はほとんど投げなかった。

【通算】22年、647試合、487先発、250完投、36完封、229勝217敗（28位）、3883回、1223奪三振、1396四球（18位）、防御率3.84

ジャック・ジョーンズ
Jacque Dewayne Jones

1975.4.25～【出身地】カリフォルニア州サンディエゴ【球団】99-2005ツインズ　06-07カブス　08タイガース　08マーリンズ【位置】外野、左

【経歴】南カリフォルニア大時代の96年にアトランタ五輪に出場、同年ドラフト2位でツインズに入団。2002年に打率.300、自己最多の37二塁打、27本塁打、85打点。先頭打者本塁打を11本も記録した。翌03年は自己最高の打率.304、04年から3年続けて20本塁打以上。左投手を苦手とし、通算打率は対右腕が.290だったのに対し、左腕には.230だった。

【通算】10年、1302試合、4594打数1272安打、165本塁打、630打点、82盗塁、打率.277

ダグ・ジョーンズ
Douglas Reid Jones

1957.6.24～2021.11.22【出身地】カリフォルニア州コヴィナ【球団】82ブルワーズ　86-91インディアンズ　92-93アストロズ　94フィリーズ　95オリオールズ　96カブス　96-98ブルワーズ　98インディアンズ　99-2000アスレティックス【位置】投手、右

【経歴】球威はまったくと言っていいほどない代わり、制球の良さと緩急を巧みに使って長く抑えとして活躍。78年1月ドラフト3位でブルワーズに入団、82年に4試合メジャーで投げたが84年限りで解雇。86年インディアンズで再昇格を果たすと、サークルチェンジを会得した88年は15登板連続セーブの新記録を樹立。年間では37セーブ（3位）、83.1回で被本塁打は1本だけだった。90年自己最多の43セーブ（3位）を記録したが翌91年は7セーブ、防御率5.54の不振。92年アストロズへ移り11勝、36セーブ（4位）、防御率1.85と復調、その後も年によって波はあったがしぶとく投げ続け、97年は40歳で36セーブ（3位）、防御率2.02。43歳で引退した。少年時代はレーシングドライヴァーを目指していた。

【通算】16年、846試合、4先発、0完投、69勝79敗303S（29位）、1128.1回、909奪三振、防御率3.30

【タイトル】オールスター5回（88～90,92,94年）

チッパー・ジョーンズ
Larry Wayne Jones (Chipper)

1972.4.24～【出身地】フロリダ州デランド【球団】93,95-2012ブレーヴス【位置】三塁、外野、両

【経歴】90～2000年代のブレーヴス黄金時代に主砲として活躍した名三塁手。左右両打席で通算3割は史上唯一、通算1623打点もスイッチヒッターではエディー・マレーに次ぎ2位である。90年ドラフト全体1位で入団、93年終盤メジャーに昇格するが、翌94年は膝を負傷し全休。95年復帰し23本塁打、86打点で新人王投票は野茂英雄に次ぎ2位。プレイオフも34打数14安打、3本塁打の大当たりだった。96年は打率.309、30本塁打、110打点、以後8年連続100打点以上。99年は打率.319、45本塁打（3位）、110打点、126四球（3位）でMVPに選ばれた。

三塁守備は必ずしも上手くはなく、2002～03年はレフトを守ったが04年から三塁に戻る。06年には14試合連続長打のメジャータイ記録を達成。08年は打率.364で首位打者、出塁率.470も1位。通算では打率3割10回、選球眼も素晴らしく、98～08年の11年間で10回出塁率4割以上だった。ランディ・ジョンソンから1試合2本塁打を放った唯一の打者でもある。リーダーシップにも富み、チームメイトに対しても正面から意見することを恐れなかった。本名のラリーではなく、ニックネームのチッパーと呼ばれることを好んでいた。18年殿堂入り。
【通算】19年、2499試合、8984打数2726安打、549二塁打、38三塁打、468本塁打、1623打点、150盗塁、1512四球(16位)、1409三振、打率.303
【タイトル】MVP1回(99年) 首位打者1回(2008年) 最高出塁率1回(08年) オールスター8回(96～98,2000～01,08,11～12年)

チャーリー・ジョーンズ
Charles Wesley Jones
1852.4.30～1911.6.6【出身地】ノースカロライナ州アラマンシカウンティ【球団】1876-77シンシナティ 77シカゴ 77-78シンシナティ 79-80ボストン 83-87シンシナティ(AA) 87ニューヨーク(AA) 88カンザスシティ(AA)【位置】外野、右
【経歴】Benjamin Wesley Rippayが本名。1879年の9本塁打、62打点、29四球はいずれも1位。翌80年6月10日に史上初の1イニング2本塁打を放つが、81年に給料の支払いをめぐってトラブルとなり、資格停止処分を科される。これを不服として提訴、勝訴したが2年間出場できなかった。83年アメリカン・アソシエーションで復帰、同年はリーグ最多の80打点。翌84年は出塁率.376(1位)を記録した。
【通算】11年、881試合、3687打数1101安打、56本塁打、542打点、打率.299
【タイトル】本塁打王1回(1879年) 打点王2回(79,83年) 最高出塁率1回(84年)

デイヴィー・ジョーンズ
David Jefferson Jones
1880.6.30～1972.3.30【出身地】ウィスコンシン州カンブリア【球団】01-02ブルワーズ/ブラウンズ 02-04カブス 06-12タイガース 13ホワイトソックス 14-15ピッツバーグ(FL) 18タイガース【位置】外野、左
【経歴】大学時代は陸上選手で、1904年セントルイス五輪金メダリストのアーチー・ハーンに短距離走で勝ったこともあった。03年レギュラーとなり自己最多の140安打、62打点。07年は30盗塁、ワールドシリーズでも3盗塁を決めた。04年以降1本もなかった本塁打を、14年にフェデラル・リーグへ移って10年ぶりに放った。敵の多かったタイ・カップとも親しく、引退後は薬剤師となった。
【通算】14年、1090試合、3774打数1020安打、9本塁打、288打点、207盗塁、打率.270

トッド・ジョーンズ
Todd Barton Givin Jones
1968.4.24～【出身地】ジョージア州マリエッタ【球団】93-96アストロズ 97-2001タイガース 01ツインズ 02-03ロッキーズ 03レッドソックス 04レッズ 04フィリーズ 05マーリンズ 06-08タイガース【位置】投手、右
【経歴】89年ドラフト1位でアストロズに入団。変則フォームのリリーフ投手で、タイガースに移籍した97年は31セーブ。変化球を駆使して2000年はリーグ最多の42セーブを挙げたが、翌01年は不調で中継ぎに降格。03、04年は2年続けて所属球団から解雇された。05年マーリンズで抑えとして復活し40セーブ(4位)、防御率2.10。06年タイガースに復帰、ポストシーズン7試合を無失点に封じ4セーブ。07年も39歳で38セーブ(5位)を稼いだ。タイガースでの235セーブは球団記録。文才に恵まれ、『スポーティング・ニューズ』誌でコラムを連載していた。
【通算】16年、982試合(18位)、1先発、0完投、58勝63敗319S(23位)、1072回、868奪三振、防御率3.97
【タイトル】最多セーブ1回(2000年) オールスター1回(00年)

トム・ジョーンズ
Thomas Jones
1874.6.21～1923.6.19【出身地】ペンシルヴェニア州ホーンズデイル【球団】02オリオールズ 04-09ブラウンズ 09-10タイガース【位置】一塁、右
【経歴】04年正一塁手となり156試合にフル出場、152安打、68打点の自己記録

を残す。07～08年も2年続けて全試合に出た。長打力はなく、通算4本塁打のうち3本はランニング本塁打、残る1本も直接柵越えしたものではなかったが、一塁手としては俊足だった。
【通算】8年、1058試合、3847打数964安打、4本塁打、336打点、149盗塁、打率.251

フィールダー・ジョーンズ
Fielder Allison Jones
1871.8.13～1934.3.13【出身地】ペンシルヴェニア州シングルハウス【球団】1896-1900ブルックリン　01-08ホワイトソックス　14-15セントルイス（FL）【位置】外野、左
【経歴】打率3割を6回記録した巧打者で、1年目の1896年に.354の高打率。同年から13年連続100安打以上、選球眼も良く四球でリーグ2位だったのが01・05・06・08年と4度もあった。守備範囲も広く、刺殺数は毎年上位だった。04年途中からホワイトソックスの監督を兼任、06年は“ヒットレス・ワンダーズ”と呼ばれた貧打線を率いて優勝に導いた。
　怠慢プレイやコンディション不良を許さない厳格な指揮官だったが、選手を守るためにはオーナーとの対立も辞さず、経済的に困っている選手への援助も惜しまなかった。打者に合わせて外野の守備位置を変える作戦をあみ出したとされている。12～14年はマイナーのノースウェスタン・リーグの会長だったが、14年途中セントルイス（FL）で監督に復帰。フェデラル・リーグ解体後、同球団のオーナーが買収したブラウンズでも監督を務めた。
【通算】15年、1788試合、6747打数1920安打、21本塁打、631打点、359盗塁、打率.285
【監督】04-08ホワイトソックス　14-15セントルイス（FL）　16-18ブラウンズ　10年、1297試合、683勝582敗、勝率.540リーグ優勝1回（06年）ワールドシリーズ優勝1回（06年）

ボビー・ジョーンズ
Robert Joseph Jones
1970.2.10～【出身地】カリフォルニア州フレズノ【球団】93-2000メッツ　01-02パドレス【位置】投手、右
【経歴】91年ドラフト1位でメッツに入団、94年ローテーション入りし12勝、防御率3.15。シンカーを中心として97年に自己最多の15勝、通算で5回2ケタ勝利。2000年のディヴィジョンシリーズ第4戦では、1安打完封の見事な投球でリーグ優勝決定シリーズ進出を決めた。パドレスに移籍した翌01年はリーグワーストの19敗、99年以降の防御率は毎年5点台だった。
【通算】10年、245試合、241先発、11完投、4完封、89勝83敗0S、1518.2回、887奪三振、防御率4.36
【タイトル】オールスター1回（97年）

マック・ジョーンズ
Mack F. Jones
1938.11.6～2004.6.8【出身地】ジョージア州アトランタ【球団】61-63,65-67ブレーヴス　68レッズ　69-71エクスポズ【位置】外野、左
【経歴】61年7月13日のデビュー戦で4安打。その後マイナーとの間を往復したのち、65年レギュラーに定着し自己最多の31本塁打。故郷のアトランタに移った66年も23本塁打を放ったが、65年の122個を最多として4回100三振以上を喫した。69年拡張ドラフトでエクスポズに加わり、四番打者として22本塁打、79打点。死球も15回でリーグ2位だった。
【通算】10年、1002試合、3091打数778安打、133本塁打、415打点、65盗塁、打率.252

ランディ・ジョーンズ
Randall Leo Jones
1950.1.12～【出身地】カリフォルニア州フラートン【球団】73-80パドレス　81-82メッツ【位置】投手、左
【経歴】シンカーとスライダーの投げ分けで成功を収めた変化球左腕。72年ドラフト5位でパドレスに入団、74年は8勝22敗と大きく負け越したが翌75年は20勝（2位）、防御率2.24（1位）。続く76年も前半戦だけで16勝、年間では22勝、25完投、315.1回の3部門で1位、68回連続無四球のリーグタイ記録を樹立しサイ・ヤング賞を受賞。オールスターでも先発して勝利投手となった。77年は6勝と不調だったが78～79年は2ケタ勝利。テンポの速い投球で、1時間30分で完封勝利を挙げたこともあり、フィールディングの良さにも定評があった。引退後は少年向けにピッチングを個別指導し、バリー・ジートも教え子だった。
【通算】10年、305試合、285先発、73完投、19完封、100勝123敗2S、1933

回、735奪三振、防御率3.42
【タイトル】サイ・ヤング賞1回（76年）最多勝1回（76年）最優秀防御率1回（75年）オールスター2回（75～76年）

ルッパート・ジョーンズ　☆
Ruppert Sanderson Jones
1955.3.12～【出身地】テキサス州ダラス【球団】76ロイヤルズ　77-79マリナーズ　80ヤンキース　81-83パドレス　84タイガース　85-87エンジェルズ【位置】外野、左
【経歴】高校ではフットボールでも活躍。73年ドラフト3位でロイヤルズに入団、77年拡張ドラフト第1位でマリナーズに加入し24本塁打を放つ。ハッスルプレイでファンの支持が高く、身体能力を生かした守備も高評価で、79年は21本塁打、自己最多の166安打、33盗塁を記録した。パドレスに移った81年は105試合でリーグ2位の34二塁打。88年途中ランディ・バスに代わり阪神に入団したが期待に応えられず、日本球界初の背番号00をつけた件だけが話題だった。
【通算】12年、1331試合、4415打数1103安打、147本塁打、579打点、143盗塁、打率.250
【タイトル】オールスター2回（77,82年）
【日本】88阪神　1年、52試合、169打数43安打、8本塁打、27打点、4盗塁、打率.254

ジェイ・ジョンストン
John William Johnstone (Jay)
1945.11.20～2020.9.26【出身地】コネティカット州マンチェスター【球団】66-70エンジェルズ　71-72ホワイトソックス　73アスレティックス　74-78フィリーズ　78-79ヤンキース　79パドレス　80-82ドジャース　82-84カブス　85ドジャース【位置】外野、左
【経歴】悪戯好きでユーモア精神に溢れたベンチの盛り上げ役。正中堅手となった69年自己最多の146安打、59打点。74年は開幕前にカーディナルスから解雇され、日本行きの話もあったがフィリーズに拾われると、翌75年は打率.329、自己ベストの出塁率.397。続く76年も打率.318、38二塁打（2位）、プレイオフでも9打数7安打の大当たりだった。
　81年はドジャースでワールドシリーズ第4戦に代打本塁打、73年のアスレティックス、78年のヤンキースに続き3球団で世界一メンバーになった。引退後は3冊の本を発表したほかテレビ番組のホストも任され、慈善活動にも積極的だった。2006年に独立リーグのコンティネンタル・ベースボール・リーグ創設に参加。夫人のメアリー・ジェイン・ソーンダースは子役出身の女優だった。
【通算】20年、1748試合、4703打数1254安打、102本塁打、531打点、50盗塁、打率.267

ジミー・ジョンストン
James Harle Johnston
1889.12.10～1967.2.14【出身地】テネシー州クリーヴランド【球団】11ホワイトソックス　14カブス　16-25ドジャース　26ブレーヴス　26ジャイアンツ【位置】三塁、外野、二塁、遊撃、右
【経歴】内外野どこでもこなしたユーティリティ・プレイヤーで、常に全力を尽くしファンの人気を集める。21年から3年連続で打率3割以上、21年と23年はいずれも4位の203安打。21年は41二塁打と28盗塁も3位だった。23年6月30日はダブルヘッダーで8打席連続安打、同年は693打席で15三振しかしなかった。20年のワールドシリーズでは、シリーズ史上初めて兄ドクとの兄弟対決が実現した。
【通算】13年、1377試合、5070打数1493安打、22本塁打、410打点、169盗塁、打率.294

ドク・ジョンストン
Wheeler Roger Johnston (Doc)
1887.9.9～1961.2.17【出身地】テネシー州クリーヴランド【球団】09レッズ　12-14インディアンズ　15-16パイレーツ　18-21インディアンズ　22アスレティックス【位置】一塁、左
【経歴】13年に正一塁手となるが、16年に.213の低打率に終わると17年はマイナー暮らし。18年にインディアンズに戻り、翌19年自身唯一の3割以上となる打率.305、当時のリーグ記録となる9打数連続安打を放つ。翌20年自己最多の156安打、71打点、ワールドシリーズでは弟ジミーと顔を合わせた。
【通算】11年、1056試合、3774打数992安打、14本塁打、381打点、139盗塁、打率.263

アレックス・ジョンソン
Alexander Johnson
1942.12.7 ～ 2015.2.28【出身地】アーカンソー州ヘレナ【球団】64-65 フィリーズ　66-67 カーディナルス　68-69 レッズ　70-71 エンジェルズ　72 インディアンズ　73-74 レンジャーズ　74-75 ヤンキース　76 タイガース【位置】外野、右
【経歴】才能はあったがやる気のなさは自ら認めるほどで、3 年以上同一チームにとどまることがなかった。68 年は打率 .312 と 188 安打がいずれも 4 位、70 年は 202 安打（2 位）、打率 .3289 でカール・ヤストレムスキーを 3 毛差で下し首位打者となったが、前半戦だけで 29 回の罰金を言い渡された。報道陣に対する取材拒否やチームメイトとの軋轢も深まる一方で、特に仲の悪いチコ・ルイスには拳銃を突きつけられたことさえあった。71 年にはチームに悪影響を与えるとの理由で出場停止を命じられた。
【通算】13 年、1322 試合、4623 打数 1331 安打、78 本塁打、525 打点、113 盗塁、打率 .288
【タイトル】首位打者 1 回（70 年）オールスター 1 回（70 年）

ウォルター・ジョンソン
Walter Perry Johnson
1887.11.6 ～ 1946.12.10【出身地】カンザス州フンボルト【球団】07-27 セネターズ【位置】投手、右
【経歴】36 年の初代殿堂入りメンバーに選ばれたメジャー史上最高の投手。謙虚で紳士的な性格で、審判の判定に文句をつけたり、打者を狙って投げたりすることがなく、その体躯と豪速球からついた“ビッグ・トレイン（人間機関車）”の愛称で多くの人に親しまれた。
　アイダホのセミプロ球団から 07 年契約金 100 ドルでセネターズに入団。横手から繰り出す速球と抜群の制球力でたちまち頭角を現し、10 年から 10 年連続 20 勝、9 年連続 300 投球回、7 年連続 200 奪三振を記録。12 年は 16 連勝を含む 33 勝を挙げながらも 1 勝差で最多勝を逸したが、カーブをレパートリーに加えた翌 13 年自己最多の 36 勝で初タイトル、以後 6 年間で最多勝 5 回。同年に樹立した 55.2 回連続無失点は今でもリーグ記録として残っている。13 年の 1.14（1 位）をベストとして、07 ～ 19 年の 13 年間で 11 回防御率 1 点台と並外れた安定感を誇り、4 回リーグ 1 位となった。10 年の 313 奪三振を最多として最多奪三振 12 回、12 ～ 19 年には 8 年連続でタイトルを手にしている。
　バックの援護に恵まれず、1-0 での完封勝利が 38 回、逆に 0-1 での完封負けも 26 回と孤軍奮闘。14 年にフェデラル・リーグのシカゴ・ホエールズと一旦契約するも、結局セネターズに復帰。16 年は 369.2 回を投げ被本塁打ゼロ、18 年は先発した 29 試合すべてで完投した。20 年 7 月 1 日のレッドソックス戦で初のノーヒットノーランを達成したが、その翌日から腕の痛みで戦線離脱、同年は 13 年ぶりの 1 ケタとなる 8 勝に終わった。24 年 23 勝で 6 年ぶりの最多勝、防御率 2.72 も 5 年ぶりの 1 位、チームも初優勝を果たし MVP を受賞。ワールドシリーズでは 2 度先発しいずれも敗れたが、第 7 戦は完璧なリリーフで優勝投手となる。翌 25 年 12 回目の 20 勝、ワールドシリーズ第 4 戦では史上最年長の 37 歳 11 ヶ月で完封勝ちを収めたが、前年とは逆に第 7 戦で敗戦投手となった。
　ア・リーグ記録の 417 勝、史上最多の 110 完封など数々の大記録を残し 27 年限りで引退。3509 奪三振も 83 年にノーラン・ライアンに破られるまで、56 年間も 1 位の座にあった。開幕戦での通算 9 勝、7 完封も史上最多である。打撃も良く通算打率 .235、547 安打、24 本塁打、255 打点。セネターズとインディアンズの監督を務めたのち、40 年に下院議員選挙に出馬したが落選した。
【通算】21 年、802 試合、666 先発（13 位）、531 完投（5 位）、110 完封（1 位）、417 勝（2 位）279 敗（4 位）、5914.1 回（3 位）、3509 奪三振（9 位）、1363 四球（24 位）、防御率 2.17
【タイトル】MVP1 回（24 年）最多勝 6 回（13 ～ 16,18,24 年）最優秀防御率 5 回（12 ～ 13,18 ～ 19,24 年）最多奪三振 12 回（10,12 ～ 19,21,23 ～ 24 年）
【監督】29-32 セネターズ　33-35 インディアンズ　7 年、966 試合、529 勝 432 敗、勝率 .550

クリフ・ジョンソン
Clifford Johnson
1947.7.22 ～【出身地】テキサス州サンアントニオ【球団】72-77 アストロズ　77-79 ヤンキース　79-80 インディアンズ　80 カブス　81-82 アスレティックス　83-84 ブルージェイズ　85 レンジャーズ　85-86 ブルージェイズ【位置】一塁、捕手、DH、右

【経歴】通算20本の代打本塁打を放ち、長くメジャー記録保持者だったパワーヒッター。66年ドラフト5位でアストロズに入団、75年は一塁兼捕手で20本塁打。同年8月には5試合連続本塁打、6試合目の11回表にも本塁打を放ちながら、雨天打ち切りで公式記録が10回までとされ、記録が途切れる不運に泣いた。守備面の不安から77年途中ヤンキースに放出、79年は喧嘩で同僚リッチ・ゴッセージの親指の骨を折りトレードに出される。83年ブルージェイズに移籍、DHとして自己最多の142試合に出て22本塁打、76打点を記録した。マイク・イースラーとは義兄弟の間柄だった。
【通算】15年、1369試合、3945打数1016安打、196本塁打、699打点、9盗塁、打率.258

ケリー・ジョンソン
Kelly Andrew Johnson
1982.2.22～【出身地】テキサス州オースティン【球団】2005,07-09ブレーヴス　10-11ダイアモンドバックス　11-12ブルージェイズ　13レイズ　14ヤンキース　14レッドソックス　14オリオールズ　15ブレーヴス　15メッツ　16ブレーヴス　16メッツ【位置】二塁、左
【経歴】2000年ドラフト1位でブレーヴスに入団。05年左翼手としてメジャーに昇格するが、翌06年は肘を手術し全休。07年二塁手として復帰しリーグ3位の10三塁打、翌08年は39二塁打。ダイアモンドバックスに移籍した10年に自己最多の26本塁打、71打点、サイクル安打も達成した。15～16年は2年続けてシーズン途中にブレーヴスからメッツへトレードされている。
【通算】11年、1399試合、4543打数1140安打、155本塁打、550打点、87盗塁、1145三振、打率.251

ケン・ジョンソン
Kenneth Travis Johnson
1933.6.16～2015.11.21【出身地】フロリダ州ウェストパームビーチ【球団】58-61アスレティックス　61レッズ　62-65アストロズ　65-69ブレーヴス　69ヤンキース　69カブス　70エクスポズ【位置】投手、右
【経歴】ナックルボール投手で、アスレティックス時代はいいところがなかったが、61年途中レッズに移ると2ヶ月余りで6勝し優勝に貢献。62年拡張ドラフトでコルト.45s（アストロズ）に加わり、翌63年から5年連続2ケタ勝利。シーズン途中ブレーヴスに移籍した65年に自己最多の16勝を挙げた。64年4月24日にはレッズを無安打に封じながらも、自らの失策がきっかけで失点し敗戦投手となった。引退後はルイジアナ・バプティスト大学のアシスタントコーチとして3人の息子を指導した。
【通算】13年、334試合、231先発、50完投、7完封、91勝106敗8S、1737.1回、1042奪三振、防御率3.46

サイ・ジョンソン
Silas Kenneth Johnson
1906.10.5～94.5.12【出身地】イリノイ州ダンウェイ【球団】28-36レッズ　36-38カーディナルス　40-43,46フィリーズ　46-47ブレーヴス【位置】投手、右
【経歴】速球主体の投球で32年に自己最多の13勝。選手生活のほとんどを弱小球団で過ごし、33年は12連敗を含む18敗、翌34年もリーグワーストの22敗を喫する。42年も19敗したが、技巧派に転身してしぶとく投げ続け、40歳で通算100勝に到達した。通算勝率.380は100勝以上の投手ではワースト1位。
【通算】17年、492試合、272先発、108完投、13完封、101勝165敗、2281.1回、840奪三振、防御率4.09

ジム・ジョンソン
James Robert Johnson
1983.6.27～【出身地】ニューヨーク州ジョンソンシティ【球団】2006-13オリオールズ　14アスレティックス　14タイガース　15ブレーヴス　15ドジャース　16-17ブレーヴス　18エンジェルズ【位置】投手、右
【経歴】2001年ドラフト5位でオリオールズに入団。08年中継ぎ投手としてメジャーに定着、54試合で防御率2.23。12年にはクローザーとなり、150km台の速球とシンカーでゴロを打たせてリーグ最多の51セーブ、防御率2.49。オリオールズのポストシーズン進出に貢献したが、リーグ優勝決定シリーズでは打ち込まれた。翌13年も50セーブを挙げたが、アスレティックスへ移った14年は防御率7点台の大不振。16～17年はブレーヴスで合計42セーブを稼いだ。
【通算】13年、674試合、2先発、0完

投、38 勝 46 敗 178 S、704.2 回、531 奪三振、防御率 3.79
【タイトル】最多セーブ 2 回（2012 ～ 13 年）オールスター 1 回（12 年）

ジュディ・ジョンソン
William Julius Johnson (Judy)
1899.12.26 ～ 1989.6.15【出身地】メリーランド州スノウヒル【球団】ニグロ・リーグ【位置】三塁、右
【経歴】“黒いパイ・トレイナー”と謳われた好守の三塁手で、非常に頭の良い選手として有名だった。勝負強い打撃で、スピードには欠けるが相手の隙を突いた走塁も優れていた。20 年代にヒルデイル・デイジーズの中心選手として活躍したのち、30 年にホームステッド・グレイズの監督となり、当時セミプロだったジョシュ・ギブソンと契約、その成長を助けた。引退後はメジャー球団のスカウトとなり、フィリーズではディック・アレンと契約し、ブレーヴス時代に獲得したビル・ブルトンは娘婿となった。71 ～ 74 年は殿堂のニグロ・リーグ委員会のメンバーを務め、75 年に自身が殿堂入りした。
＜ニグロ・リーグの成績＞723 試合、2667 打数 812 安打、25 本塁打、459 打点、75 盗塁、打率 .304

ジョシュ・ジョンソン
Joshua Michael Johnson
1984.1.31 ～【出身地】ミネソタ州ミネアポリス【球団】2005-12 マーリンズ　13 ブルージェイズ【位置】投手、右
【経歴】2002 年ドラフト 4 位でマーリンズに入団。06 年にローテーション入りし 12 勝、防御率 3.10。肘の故障のため翌 07 年は登板 4 試合のみ。快速球に高速スライダーの組み合わせで、09 年は自己最多の 15 勝（4 位）、191 奪三振、続く 10 年はリーグトップの防御率 2.30。1 年に今度は肩を痛め、その後も故障が続き 30 歳以降はメジャーで投げられなかった。
【通算】9 年、170 試合、160 先発、4 完投、0 完封、58 勝 45 敗 0 S、998 回、915 奪三振、防御率 3.40
【タイトル】最優秀防御率 1 回（2010 年）オールスター 2 回（09 ～ 10 年）

シル・ジョンソン
Sylvester W. Johnson
1900.12.31 ～ 85.2.20【出身地】オレゴン州ポートランド【球団】22-25 タイガース　26-33 カーディナルス　34 レッズ　34-40 フィリーズ【位置】投手、右
【経歴】横手からの鋭いカーブで、19 年間にわたって投げ続ける。23 年 12 勝を挙げるが、故障がちで 25 ～ 27 年は 1 勝もできなかった。29 年 13 勝と復活、以後 3 年連続で 2 ケタ勝利。31 年のワールドシリーズ第 4 戦では先発で好投したが敗戦投手となった。引退後はドジャースとヤンキースでスカウトを務めた。
【通算】19 年、542 試合、209 先発、82 完投、11 完封、112 勝 117 敗、2165.2 回、920 奪三振、防御率 4.06

ダーレル・ジョンソン
Darrell Dean Johnson
1928.8.25 ～ 2004.5.3【出身地】ネブラスカ州ホレイス【球団】52 ブラウンズ　52 ホワイトソックス　57-58 ヤンキース　60 カーディナルス　61 フィリーズ　61-62 レッズ　62 オリオールズ【位置】捕手、右
【経歴】現役時代は守備は良かったが、打撃が弱く控えから抜け出せずじまい。マイナー監督、コーチを経て 74 年レッドソックスの監督となり、翌 75 年リーグ優勝を飾り最優秀監督賞を受賞。76 年途中解任されたが、翌 77 年新球団マリナーズの監督に迎えられた。82 年途中、レッドソックス解任時の後任だったドン・ジマーに代わってレンジャーズの監督となった。
【通算】6 年、134 試合、320 打数 75 安打、2 本塁打、28 打点、1 盗塁、打率 .234
【監督】74-76 レッドソックス　77-80 マリナーズ　82 レンジャーズ　8 年、1063 試合、472 勝 590 敗、勝率 .444　リーグ優勝 1 回（75 年）

チャールズ・ジョンソン
Charles Edward Johnson
1971.7.20 ～【出身地】フロリダ州フォートピアース【球団】94-98 マーリンズ　98 ドジャース　99-2000 オリオールズ　00 ホワイトソックス　01-02 マーリンズ　03-04 ロッキーズ　05 レイズ【位置】捕手、右
【経歴】通算盗塁阻止率 .393 の強肩に加えフットワークも良く、インサイドワークの評価も高かった好捕手。89 年エクスポズのドラフト 1 位（全体 10 位）指名を拒否、92 年バルセロナ五輪代表に選ばれ、同年のドラフトで地元マーリンズに 1 位指名され入団。95 年正捕手となり、同年から 4 年連続ゴールドグラブを受賞。96 ～ 97 年

にかけて1294守備機会連続無失策の新記録を打ち立てた。97年に19本塁打、ワールドシリーズで28打数10安打と大当たりしたのを除き、打撃での評価は今一つだったが、2000年は自己記録を大幅に更新する打率.304、31本塁打、91打点と大活躍した。フレッド・マグリフは親戚に当たる。
【通算】12年、1188試合、3836打数 940安打、167本塁打、570打点、6盗塁、打率.245
【タイトル】ゴールドグラブ4回（95～98年）オールスター2回（97,2001年）

デイヴィー・ジョンソン　☆
David Allen Johnson
1943.1.30～【出身地】フロリダ州オーランド【球団】65-72オリオールズ　73-75ブレーヴス　77-78フィリーズ　78カブス【位置】二塁、一塁、右
【経歴】大学時代に数学を専攻したインテリ選手。オリオールズ時代は3度のゴールドグラブに輝いた守備の人との印象が強く、打撃では71年の打率.282、18本塁打、72打点が最高だったが、ブレーヴスに移った73年は43本塁打（2位）、99打点と打ちまくった。75年1試合のみ出場したのち巨人と契約、日系人を除けばチーム35年ぶりの外国人選手となる。引退した長嶋茂雄の穴を埋めてくれるものとの期待に反し、打率.197、13本塁打の惨状だったが、翌76年は26本塁打と面目を保った。77年のメジャー復帰後は代打で活躍した。
　引退後マイナー監督を経て84年メッツ監督に就任。コンピューターを駆使し、選手の相性を重視した采配で86年は世界一、その後も高勝率を挙げ続ける。90年途中解任、93年レッズ監督となり、94～95年は地区2連覇を果たすもオーナーと対立し解任。古巣のオリオールズに迎えられ、97年に地区優勝したが、またもオーナーとの反目が原因で辞任した。
　99年から監督を務めたドジャースでは、4球団目で初めて地区制覇できないまま退陣。その後08年北京五輪、09年WBCでアメリカ代表監督を務め、11年途中11年ぶりにナショナルズで監督として復帰。12年は自身15年ぶり、球団としては31年ぶりの地区優勝を果たし、97年に次ぎ2度目の最優秀監督賞を受賞した。
【通算】13年、1435試合、4797打数 1252安打、136本塁打、609打点、33盗塁、打率.261
【タイトル】ゴールドグラブ3回（69～71年）オールスター4回（68～70,73年）
【監督】84-90メッツ　93-95レッズ　96-97オリオールズ　99-2000ドジャース　11-13ナショナルズ　17年、2445試合、1372勝1071敗、勝率.562　リーグ優勝1回（86年）ワールドシリーズ優勝1回（86年）
【日本】75-76巨人　2年、199試合、660打数159安打、39本塁打、112打点、2盗塁、打率.241

デロン・ジョンソン
Deron Roger Johnson
1938.7.17～92.4.23【出身地】カリフォルニア州サンディエゴ【球団】60-61ヤンキース　61-62アスレティックス　64-67レッズ　68ブレーヴス　69-73フィリーズ　73-74アスレティックス　74ブルワーズ　74レッドソックス　75ホワイトソックス　75-76レッドソックス【位置】一塁、三塁、外野、右
【経歴】高校ではフットボールの名選手で、数多くの大学の勧誘を断りヤンキース入り。長打力が魅力で、レッズに移籍した64年に正一塁手となり21本塁打。翌65年は三塁にコンバートされ32本塁打、130打点（1位）と活躍したが、66年は再度外野へコンバート。71年7月10～11日に4打席連続本塁打、同年自己最多の34本塁打（4位）を放った。20本塁打以上を6回記録する一方、100三振以上も6回と確実性には欠けた。引退後は5球団で打撃コーチを歴任。エンジェルズ在籍中の91年に肺がんが判明、翌年死去した。
【通算】16年、1765試合、5941打数 1447安打、245本塁打、923打点、11盗塁、1318三振、打率.244
【タイトル】打点王1回（65年）

ハワード・ジョンソン
Howard Michael Johnson
1960.11.29～【出身地】フロリダ州クリアウォーター【球団】82-84タイガース　85-93メッツ　94ロッキーズ　95カブス【位置】三塁、遊撃、外野、両
【経歴】79年1月ドラフト1位（第2回）でタイガースに入団。メッツ移籍後の87年正三塁手となり36本塁打、32盗塁で30－30を達成。89、91年と併せ3回30－30を記録した。89年は41二塁打（3

位)、36本塁打(2位)、101打点(4位)、91年は38本塁打、117打点で二冠王。打率は89年の.287が最高、87年から5年連続100三振以上と確実性を欠き、好不調の波も大きかった。引退後はメッツやマリナーズで打撃コーチとして働いた。
【通算】14年、1531試合、4940打数 1229安打、228本塁打、760打点、231盗塁、1053三振、打率.249
【タイトル】本塁打王1回(91年) 打点王1回(91年) オールスター2回(89,91年)

バン・ジョンソン
Byron Bancroft Johnson
1865.1.5～1931.3.28【出身地】オハイオ州ノーウォーク【球団】メジャー経験なし
【経歴】アメリカン・リーグを創設し、現在の繁栄の基礎を築き上げた功労者。元はスポーツ記者で、1893年友人のチャールズ・コミスキーの推薦により、マイナーのウェスタン・リーグの会長に就任。ラフプレイの排除、審判の権威の確立といった改革を成功させ同リーグを経営的に安定させる。1900年にアメリカン・リーグと改称、翌01年はボストン、フィラデルフィア、ワシントンなどの大都市に進出しメジャー・リーグへの昇格を宣言した。好条件でサイ・ヤング、ジョン・マグローらナ・リーグのスター選手総勢111名を引き抜き、観客動員でナ・リーグを圧倒。妥協を許さぬ独裁的な手法はたびたび非難の的となったが、抜群の経営手腕を発揮し「バン・ジョンソンはアメリカン・リーグそのものだ」と評された。03～20年は球界の最高機関ナショナル・コミッションの実質的リーダーであったが、次第にオーナーたちの離反を招き、20年のコミッショナー制度導入後は権限も縮小され、27年限りで退任した。37年殿堂入り。

ボブ・ジョンソン
Robert Lee Johnson
1905.11.26～82.7.6【出身地】オクラホマ州プライアー【球団】33-42アスレティックス 43セネターズ 44-45レッドソックス【位置】外野、右
【経歴】チェロキー族の血を引き“インディアン・ボブ”のニックネームで知られた、物静かな強打者。33年移籍したアル・シモンズの後任として正左翼手となり44二塁打(2位)、翌34年は6月だけで15本塁打、年間では34本(4位)を放つ。41年まで9年連続20本塁打以上、35年から7年連続100打点以上と主軸として活躍していたが、コニー・マック監督と対立し43年セネターズへ放出される。レッドソックスに移籍した44年は38歳で打率.324(3位)、106打点(2位)、出塁率.431(1位)。守備でも強肩で2度補殺数1位となった。兄のロイも長い間メジャーで活躍した。
【通算】13年、1863試合、6920打数 2051安打、288本塁打、1283打点、96盗塁、1075四球、打率.296
【タイトル】最高出塁率1回(44年) オールスター8回(35,38～40,42～45年)

ランス・ジョンソン
Kenneth Lance Johnson
1963.7.6～【出身地】オハイオ州シンシナティ【球団】87カーディナルス 88-95ホワイトソックス 96-97メッツ 97-99カブス 2000ヤンキース【位置】外野、左
【経歴】84年ドラフト6位でカーディナルスに入団。90年ホワイトソックスの正中堅手となり36盗塁、翌91年は13三塁打(1位)、以後4年連続で最多三塁打。95年は186安打(1位)、メッツに移籍した96年も227安打を放ち、両リーグで最多安打を記録した初の選手となる。同年は打率.333(4位)、69打点、50盗塁(2位)、21三塁打は30年以降では最多だった。俊足を生かした守備範囲も広く、93、96年の2回最多刺殺を記録した。
【通算】14年、1447試合、5379打数 1565安打、117三塁打、34本塁打、486打点、327盗塁、打率.291
【タイトル】オールスター1回(96年)

ランディ・ジョンソン
Randall David Johnson
1963.9.10～【出身地】カリフォルニア州ウォルナットクリーク【球団】88-89エクスポズ 89-98マリナーズ 98アストロズ 99-2004ダイアモンドバックス 05-06ヤンキース 07-08ダイアモンドバックス 09ジャイアンツ【位置】投手、左
【経歴】史上最高の左腕の一人で、“ビッグ・ユニット”の異名で知られた身長208cmの巨漢。横手気味のフォームから放たれる豪速球と高速スライダーで打者を圧倒し、最多奪三振9回、4875奪三振は史上2位。通算奪三振率10.61は引退時点では1位だった。
85年ドラフト2位でエクスポズに入団、当時から速球は評判でも制球力に欠け、

89年途中マリナーズに移籍。翌90年14勝、6月2日のタイガース戦で球団史上初のノーヒットノーランを達成したが、同年から3年連続与四球リーグワースト。93年に19勝(2位)、308三振(1位)を奪った頃から制球力も改善され、95年は18勝(2位)、防御率2.48と294奪三振は1位でサイ・ヤング賞。エンジェルズとの優勝決定戦では完投勝利でマリナーズに初の地区優勝をもたらし、ディヴィジョンシリーズも2勝した。

97年はいずれも2位の20勝、防御率2.28、1試合19奪三振を2度記録。98年は契約交渉のもつれにより7月末アストロズへ移籍、以後10勝1敗、防御率1.28、年間では19勝、329奪三振。99年FAでダイアモンドバックスへ移籍、271.2回、12完投、364奪三振、防御率2.48の4部門で1位となり、両リーグでのサイ・ヤング賞受賞。以後02年まで4年連続で同賞に選ばれた。

01年は21勝(3位)、自己最多の372奪三振に加え防御率2.49も1位、5月8日にはレッズから9回までに史上最多タイの20三振を奪う。リーグ優勝決定シリーズで2勝、ワールドシリーズも第2戦で完封、第6戦にも勝つと翌日の第7戦はリリーフで登板し3勝目。3勝0敗、防御率1.04でシリーズMVP、ポストシーズン5勝は新記録となった。02年は自己最多の24勝で、自身唯一の最多勝。334奪三振は4年連続6回目の300個台、防御率2.32も1位で初の投手三冠に輝いた。

04年5月18日のブレーヴス戦では史上最高齢の40歳で完全試合を達成。08年44歳で16度目の2ケタとなる11勝を挙げた。09年ジャイアンツで300勝に到達したのを最後に引退。打撃は苦手で通算打率.125、625打数で本塁打は1本だけだった。15年殿堂入り。大学時代にフォトジャーナリズムを専攻し、引退後は写真家として活動した。

【通算】22年、618試合、603先発(21位)、100完投、37完封、303勝(22位)166敗2S、4135.1回、4875奪三振(2位)、1497四球(13位)、防御率3.29

【タイトル】サイ・ヤング賞5回(95,99～2002年) 最多勝1回(02年) 最優秀防御率4回(95,99,01～02年) 最多奪三振9回(92～95,99～02,04年) オールスター10回(90,93～95,97,99～02,04年)

リード・ジョンソン
Reed Cameron Johnson

1976.12.8～【出身地】カリフォルニア州リヴァーサイド【球団】2003-07ブルージェイズ 08-09カブス 10ドジャース 11-12カブス 12-13ブレーヴス 14マーリンズ 15ナショナルズ【位置】外野、右

【経歴】99年ドラフト17位でブルージェイズに入団。2003年レギュラーとなって打率.294、06年は打率.319、34二塁打、出塁率.390。ハッスルプレイが持ち味で、左投手に強く通算打率.310。死球が多く06年はリーグ最多の21個、通算で7回2ケタを記録した。

【通算】13年、1320試合、3630打数1014安打、65本塁打、408打点、41盗塁、打率.279

ロイ・ジョンソン
Roy Cleveland Johnson

1903.2.23～73.9.10【出身地】オクラホマ州プライアー【球団】29-32タイガース 32-35レッドソックス 36-37ヤンキース 37-38ブレーヴス【位置】外野、左

【経歴】マイナーのサンフランシスコ球団から、29年タイガースに移籍金7万5000ドルで加入。新人ながら201安打、リーグ最多の45二塁打を放った一方で31失策と拙守を露呈した。31年は俊足を生かし19三塁打(1位)、33盗塁(2位)、34年自己最高の打率.320、119打点。熱血タイプで、オールスターの常連だった弟ボブとは好対照だった。

【通算】10年、1155試合、4359打数1292安打、58本塁打、555打点、135盗塁、打率.296

ジョー・ジラーディ
Joseph Elliott Girardi

1964.10.14～【出身地】イリノイ州ピオリア【球団】89-92カブス 93-95ロッキーズ 96-99ヤンキース 2000-02カブス 03カーディナルス【位置】捕手、右

【経歴】86年ドラフト5位でカブスに入団。93年拡張ドラフトでロッキーズに移籍、95年は8本塁打、55打点。ヤンキースに移った翌96年は打率.294、世界一を決めたワールドシリーズ第6戦で決勝の先制三塁打。リード面の評価が非常に高く、ヤンキースの3度の世界一を支えた。2000年カブスに復帰、35歳で初めてオールスターに選ばれた。06年マーリンズ監督に就任、乏しい戦力で健闘して最優秀

監督賞に選ばれるが、オーナーと意見が合わず解任。08年ヤンキース監督となり、翌09年に9年ぶりの世界一に導いた。
【通算】15年、1277試合、4127打数1100安打、36本塁打、422打点、44盗塁、打率.267
【タイトル】オールスター1回（2000年）
【監督】2006マーリンズ　08-17ヤンキース　20-22フィリーズ　14年、2055試合、1120勝935敗、勝率.545　リーグ優勝1回（09年）ワールドシリーズ優勝1回（09年）

アール・シーリー
Earl Homer Sheely
1893.2.12～1952.9.16【出身地】イリノイ州ブッシュネル【球団】21-27ホワイトソックス　29パイレーツ　31ブレーヴス【位置】一塁、右
【経歴】20年マイナーで188試合に260安打を放ち、翌21年メジャーに昇格。同年から5年間で4回打率3割以上。24年は.320、103打点、出塁率.426（5位）、25年自己最多の111打点を稼ぐなどチャンスに強かった。27年に打率.209の不振でマイナー落ちしたが、パイレーツが拾い29年は打率.293、88打点と復活した。引退後もスカウトやマイナー球団のGMなどで長く球界にとどまった。息子のバドは捕手。
【通算】9年、1234試合、4471打数1340安打、48本塁打、747打点、33盗塁、打率.300

アーロン・シーリー
Aaron Helmer Sele
1970.6.25～【出身地】ミネソタ州ゴールデンヴァレー【球団】93-97レッドソックス　98-99レンジャーズ　2000-01マリナーズ　02-04エンジェルズ　05マリナーズ　06ドジャース　07メッツ【位置】投手、右
【経歴】91年ドラフト1位でレッドソックスに入団。長身からのカーブが特徴で、93年後半からローテーションに加わり7勝、防御率2.74と好投したが、制球が安定せず伸び悩む。レンジャーズに移った98年19勝（4位）と開花し、翌99年も18勝、186奪三振（3位）。2000年マリナーズに移籍しチームトップの17勝。翌01年も15勝したがプレイオフは3戦3敗、通算では0勝6敗だった。
【通算】15年、404試合、352先発、15完投、9完封、148勝112敗0S、2153回、1407奪三振、防御率4.61
【タイトル】オールスター2回（98,2000年）

バド・シーリグ
Allan Huber Selig (Bud)
1934.7.30～【出身地】ウィスコンシン州ミルウォーキー【球団】メジャー経験なし
【経歴】自動車販売業で財を成し、66年にブレーヴスがアトランタへ移転した後は、ミルウォーキーへメジャー球団を呼び戻す運動の中心となる。70年4月、財政難に陥っていたシアトル・パイロッツを買収、ミルウォーキー・ブルワーズと改称し初代オーナーに就任。92年にはフェイ・ヴィンセント・コミッショナーを追放し代行となり、98年正式に第9代コミッショナーの座に就いた。
　選手会との対立から94～95年の長期ストライキを招き、ワールドシリーズの中止や、2000年に提案した球団削減計画などで大きな非難を浴びた。90年代に蔓延した薬物問題への取り組みの甘さも指摘されるなど、失政も多かった反面、3地区制への移行とプレイオフの拡大、インターリーグ開催といった新機軸を打ち出し、06年にはワールド・ベースボール・クラシックを挙行。収益分配制度、ラグジュアリー・タックス（贅沢税）の導入などで、中小市場の球団でも安定した経営ができる環境を整備するなど功績も多く、代行時代も含め歴代のコミッショナーで2番目となる23年の長期政権を実現した。14年を最後に退任、17年殿堂入り。

ジェフ・シリロ
Jeffrey Howard Cirillo
1969.9.23～【出身地】カリフォルニア州パサディナ【球団】94-99ブルワーズ　2000-01ロッキーズ　02-03マリナーズ　04パドレス　05-06ブルワーズ　07ツインズ　07ダイアモンドバックス【位置】三塁、右
【経歴】91年ドラフト11位でブルワーズに入団。95年正三塁手となり、翌96年は打率.325、46二塁打（4位）。99年自己最多の198安打（3位）、ロッキーズに移った2000年は打率.326、53二塁打（2位）、115打点の活躍だった。01年まで6年間で5回打率3割台に乗せたが、02年にマリナーズへ移籍してからは不振続きだった。守備では98年にリーグ新記録の45併殺、01～02年に99試合連続無失策の三塁手タイ記録を樹立した。
【通算】14年、1617試合、5396打数

1598 安打、112 本塁打、727 打点、63 盗塁、打率 .296
【タイトル】オールスター 2 回（97,2000 年）

カート・シリング
Curtis Montague Schilling
1966.11.14 ～【出身地】アラスカ州アンカレッジ【球団】88-90 オリオールズ　91 アストロズ　92-2000 フィリーズ　00-03 ダイアモンドバックス　04-07 レッドソックス【位置】投手、右
【経歴】大舞台に滅法強かった本格派投手。研究熱心で、打者の弱点を克明に記したノートを常に携帯していた。86 年 1 月ドラフト 2 位でレッドソックスに入団。フィリーズに移籍した 92 年 14 勝、防御率 2.35（4 位）、翌 93 年は 16 勝、プレイオフでは 1 勝もできなかったものの、16 回で 19 奪三振、防御率 1.69 で MVP に選ばれ、ワールドシリーズでも第 5 戦で完封勝利。スプリッターを磨いて 97 年は 17 勝（5 位）、319 奪三振（1 位）。続く 98 年も 15 勝、15 完投と 268.2 回、300 奪三振は 1 位だった。
　2000 年途中ダイアモンドバックスに移籍、翌 01 年は 22 勝、6 完投、256.2 回がいずれも 1 位、293 奪三振と防御率 2.98 は同僚ランディ・ジョンソンに次ぎ 2 位。プレイオフでは 1 完封を含む 3 連続完投勝利、ワールドシリーズでも第 1 戦に勝つと 4、7 戦は中 3 日で力投。合計 21.1 回で 26 奪三振、防御率 1.69 でジョンソンとともにシリーズ MVP に選ばれた。翌 02 年は自己最多の 23 勝を挙げ、316 奪三振ともども 2 位。04 年レッドソックスに移籍し 21 勝（1 位）、ヤンキースとの優勝決定シリーズ第 6 戦では、負傷した右足首から染み出る血でストッキングを赤く染めながらも投げ続け、勝利投手となり感動を呼んだ。同年と 07 年のワールドシリーズで 1 勝ずつ、通算 7 試合に登板し 4 勝 1 敗、防御率 2.06。ポストシーズンは通算 19 試合で 11 勝 2 敗、2.23 だった。
　歯に衣着せぬ発言が多く、球界の薬物蔓延に対し一貫して厳しい姿勢をとる一方で、慈善活動には大変熱心だった。引退後は解説者として活動していたが、政治的には強硬な保守派で、マイノリティに対する差別発言により解雇。報道陣にも度を過ぎた暴言を吐き社会的信用を失った。
【通算】20 年、569 試合、436 先発、83 完投、20 完封、216 勝 146 敗 22 S、3261 回、3116 奪三振（17 位）、711 四球、防御率 3.46
【タイトル】最多勝 2 回（2001,04 年）最多奪三振 2 回（97 ～ 98 年）オールスター 6 回（97 ～ 99,01 ～ 02,04 年）

トッド・ジール
Todd Edward Zeile
1965.9.9 ～【出身地】カリフォルニア州ヴァンナイズ【球団】89-95 カーディナルス　95 カブス　96 フィリーズ　96 オリオールズ　97-98 ドジャース　98 マーリンズ　98-99 レンジャーズ　2000-01 メッツ　02 ロッキーズ　03 ヤンキース　03 エクスポズ　04 メッツ【位置】三塁、捕手、一塁、右
【経歴】16 年間で 11 球団に在籍した流浪の強打者。86 年ドラフト 2 位でカーディナルスに入団。90 年正捕手となるが、翌 91 年三塁にコンバートされリーグ 3 位の 36 二塁打を放つ。93 年自己最多の 103 打点、96 年は 25 本塁打、99 打点、プレイオフでも 22 打数 8 安打、3 本塁打。95 年以降は同一球団に 3 年以上とどまることがなかったが、96 年から 4 年連続 90 打点以上と主軸としての役割は果たした。2000 年はリーグ優勝決定シリーズで 8 打点、ワールドシリーズでも 20 打数 8 安打。第 2 代大統領ジョン・アダムズ、および第 6 代ジョン・クィンシー・アダムズの直系の子孫に当たる。ジュリアン夫人は元体操選手で、84 年ロスアンジェルス五輪の金メダリスト。
【通算】16 年、2158 試合、7573 打数 2004 安打、397 二塁打、23 三塁打、253 本塁打、1110 打点、53 盗塁、945 四球、1279 三振、打率 .265

ジェイムズ・シールズ
James Anthony Shields
1981.12.20 ～【出身地】カリフォルニア州ニューホール【球団】2006-12 レイズ　13-14 ロイヤルズ　15-16 パドレス　16-18 ホワイトソックス【位置】投手、右
【経歴】2000 年ドラフト 16 位でレイズに入団。07 年 12 勝、以後 9 年連続で 200 投球回・2 ケタ勝利と計算の立つ先発投手で、08 年のワールドシリーズでは第 2 戦でレイズに唯一の白星をもたらした。11 年はチェンジアップが冴え 16 勝（4 位）、防御率 2.82 と 225 奪三振は 3 位、11 完投と 4 完封はいずれも 1 位。ロイヤルズへ移籍した 13 年はリーグ最多の 228.2 回、続く 14 年はチーム最多の 14 勝でリーグ優

勝に貢献した。故障知らずで13～15年は3年連続最多先発だったが、15年以降は成績が急落。40本塁打を打たれた16年は19敗を喫した。アーロン・ロワンドは従兄弟に当たる。
【通算】13年、407試合、405先発、23完投、9完封、145勝139敗0S、2616回、2234奪三振、746四球、防御率4.01
【タイトル】オールスター1回(2011年)

ビル・シンガー
William Robert Singer
1944.4.24～【出身地】カリフォルニア州ロスアンジェルス【球団】64-72ドジャース　73-75エンジェルズ　76レンジャーズ　76ツインズ　77ブルージェイズ【位置】投手、右
【経歴】速球だけでなく横手からのカーブやスピットボールまで投げていた曲者。66年まで未勝利だったが、67年12勝、防御率2.64、翌68年は227三振(3位)を奪う。69年20勝(5位)、247奪三振(3位)、自己ベストの防御率2.34。4月7日の開幕戦では、この年から公式記録になったセーブを初めて挙げた投手になった。70年は肝炎と死球による指の負傷で8勝どまりだったが、7月20日のフィリーズ戦でノーヒットノーランを達成した。
　エンジェルズに移籍した73年も20勝、241奪三振(3位)。シンガー社のミシン(ソーイング・マシーン)にひっかけて"シンガー・スローイング・マシーン"のニックネームがあった。引退後はリトルリーグなど少年野球の振興に力を注いだが、メッツの特別アシスタントだった03年には中国系アメリカ人を侮辱して任を解かれた。
【通算】14年、322試合、308先発、94完投、24完封、118勝127敗2S、2174回、1515奪三振、防御率3.39
【タイトル】オールスター2回(69,73年)

ケン・シングルトン
Kenneth Wayne Singleton
1947.6.10～【出身地】ニューヨーク州ニューヨーク【球団】70-71メッツ　72-74エクスポズ　75-84オリオールズ【位置】外野、両
【経歴】90四球以上8回と選球眼の良さを誇ったスイッチヒッター。67年1月ドラフト1位でメッツに入団。エクスポズ移籍後の73年162試合にフル出場し打率.302、23本塁打、103打点(5位)、123四球(2位)、出塁率.425(1位)、守備でもリーグ最多の20補殺。75年オリオールズに移り176安打(5位)、118四球(2位)、77年に打率.328(3位)、出塁率.438(2位)を記録。79年自己最多の35本塁打(5位)、111打点で優勝に大きく貢献、MVP投票では次点でワールドシリーズでも28打数10安打。翌80年も104打点を叩き出した。性格も良く、裏方への配慮も忘れなかった。82年にロベルト・クレメンテ賞を受賞している。引退後は20年以上にわたってヤンキース戦の実況解説者として親しまれた。
【通算】15年、2082試合、7189打数2029安打、317二塁打、25三塁打、246本塁打、1065打点、21盗塁、1263四球、1246三振、打率.282
【タイトル】最高出塁率1回(73年)オールスター3回(77,79,81年)

新庄剛志　☆
Tsuyoshi Shinjo
1972.1.28～【出身地】福岡県福岡市【球団】2001メッツ　02ジャイアンツ　03メッツ【位置】外野、右
【経歴】イチローとともに、日本人初のメジャー野手として話題をまいた名物男。89年ドラフト5位で阪神に入団、強肩と広い守備範囲で7回ゴールデングラブ賞に輝く一方、打撃では確実性を欠いた。2000年自己最多の28本塁打を放ち、FA資格を得ると年俸50万ドルでメッツに入団。日本で通算打率.249にすぎず、メジャーで通用するはずがないとの観測を裏切り攻守に活躍。4月3日のブレーヴス戦で初打席初安打、9日の同カードでジェイソン・マーキーから初本塁打。打率.268、10本塁打、56打点、満塁では12打数7安打、勝利打点はチームトップと勝負強く、率直なコメントや人柄でニューヨークでも人気となった。
　02年ジャイアンツに移籍、打率.238、9本塁打と成績を下げたが、日本人打者として初めてワールドシリーズに出場し安打を放つ。守備でも12補殺は5位。メッツに戻った03年は打率1割台で、04年日本ハムで日本球界に復帰。成績以上に数々のパフォーマンスなどでムードメーカーの役割を果たし、06年の日本一を置き土産に引退した。その後は長く球界から離れていたが、22年に監督として日本ハムに復帰した。
【通算】3年、303試合、876打数215安打、20本塁打、100打点、9盗塁、打

率 .245
【日本】91-2000 阪神　04-06 日本ハム
13 年、1411 試合、5163 打数 1309 安打、205 本塁打、716 打点、73 盗塁、打率 .254

ビリー・シンドル
William D. Shindle
1860.12.5 ～ 1936.6.3【出身地】ニュージャージー州グロースター【球団】1886-87 デトロイト　88-89 ボルティモア（AA）90 フィラデルフィア（PL）　91 フィラデルフィア　92-93 ボルティモア　94-98 ブルックリン【位置】三塁、遊撃、右
【経歴】1888 年移籍金 2000 ドルでボルティモアが獲得し、翌 89 年打率 .314、90 年は打率 .324、189 安打（2 位）、21 三塁打（3 位）、10 本塁打（4 位）の自己記録。同年三塁から遊撃にコンバート、守備範囲は広かったが史上ワーストの 122 失策で翌 91 年再び三塁に戻った。97 年は 105 打点を稼いだが、98 年は打率 .225 の不振で引退した。
【通算】13 年、1424 試合、5815 打数 1564 安打、31 本塁打、759 打点、318 盗塁、打率 .269

【ス】

エウヘニオ・スアレス　★
Eugenio Alejandro Suarez
1991.7.18 ～【出身地】ベネズエラ共和国プエルトオルダス【球団】2014 タイガース　15-21 レッズ　22-23 マリナーズ　24 ダイアモンドバックス【位置】三塁、遊撃、右
【経歴】2009 年タイガースに入団、レッズ移籍後の 16 年レギュラーに定着し 21 本塁打。7 年契約を結んだ 18 年は 34 本、104 打点、19 年はベネズエラ人選手の最多記録となる 49 本（2 位）、103 打点。21、22 年も 31 本塁打と存分にパワーを発揮した反面三振も多く、リーグワーストが 3 回、23 年は 214 個を喫した。
【通算】11 年、1471 試合、5232 打数 1300 安打、276 本塁打、831 打点、32 盗塁、1618 三振、打率 .248
【タイトル】オールスター 1 回（2018 年）

ニック・スウィッシャー
Nicholas Thomas Swisher
1980.11.25 ～【出身地】オハイオ州コロンバス【球団】2004-07 アスレティックス　08 ホワイトソックス　09-12 ヤンキース　13-15 インディアンズ　15 ブレーヴス【位置】外野、一塁、両
【経歴】2002 年ドラフト 1 位でアスレティックスに入団。低打率ながらも長打力と選球眼に優れ、メジャーに定着した 05 年に 21 本塁打を放つと、以後 9 年連続 20 本以上。06 年は 35 本塁打、95 打点、翌 07 年は 100 四球を選んだ。ヤンキースに移った 09 年は 29 本塁打、97 四球（2 位）、続く 10 年も 29 本塁打、自己最高の打率 .288。左右両打席本塁打 14 回はマーク・テシェイラと並んで史上最多。陽気なムードメーカーで人気があったが、ポストシーズンでは通算 47 試合で打率 .165、8 打点と打てなかった。父のスティーヴは捕手で、76 年のオールスターに出場している。
【通算】12 年、1527 試合、5369 打数 1338 安打、245 本塁打、803 打点、13 盗塁、1373 三振、打率 .249
【タイトル】オールスター 1 回（2010 年）

ビル・スウィーニー
William John Sweeney
1886.3.6 ～ 1948.5.26【出身地】ケンタッキー州コヴィングトン【球団】07 カブス

07-13 ブレーヴス　14 カブス【位置】二塁、三塁、遊撃、右
【経歴】07 年カブスに昇格したが 3 試合に出ただけでブレーヴスに放出され、10 年からは主将を務める。11 年遊撃から二塁へ回り打率 .314、33 二塁打（4 位）、31 試合連続安打も記録。重いバットで確実に当てにいき、12 年は打率 .344 と 99 打点は 3 位、204 安打は 2 位だった。13 年は監督のジョージ・ストーリングスが不在の間に代わって指揮を執った。14 年カブスへ移籍したが打率 .218 の不振で、翌 15 年に移ったレッドソックスでは 1 試合も出ずに解雇された。
【通算】8 年、1039 試合、3692 打数 1004 安打、11 本塁打、388 打点、172 盗塁、打率 .272

マイク・スウィーニー
Michael John Sweeney
1973.7.22 ～【出身地】カリフォルニア州オレンジ【球団】95-2007 ロイヤルズ　08 アスレティックス　09-10 マリナーズ　10 フィリーズ【位置】一塁、捕手、右
【経歴】91 年ドラフト 10 位でロイヤルズに入団。捕手から 99 年一塁に転向し打率 .322、44 二塁打（2 位）、102 打点、リーグ記録の 13 試合連続打点も達成。翌 2000 年は打率 .333、206 安打（3 位）、29 本塁打、144 打点（2 位）。01 年自己最多の 46 二塁打（2 位）、02 年は .340 の高打率で 2 位。通算では 3 割 5 回、20 本塁打以上を 6 回記録した。信心深く人間性も高く評価され、03 年にロイヤルズでは 3 人目となる主将に就任した。義父のジム・ネトルズは元メジャーリーガーで南海にも在籍。
【通算】16 年、1454 試合、5188 打数 1540 安打、215 本塁打、909 打点、53 盗塁、打率 .297
【タイトル】オールスター 5 回（2000 ～ 03,05 年）

マーク・スウィーニー
Mark Patrick Sweeney
1969.10.26 ～【出身地】マサチューセッツ州フラミンガム【球団】95-97 カーディナルス　97-98 パドレス　99 レッズ　2000-01 ブルワーズ　02 パドレス　03-04 ロッキーズ　05 パドレス　06-07 ジャイアンツ　07-08 ドジャース【位置】外野、左
【経歴】91 年ドラフト 9 位でエンジェルズに入団。キャリアを通じてほとんどが対右投手用のベンチ要員で、先発出場は 305 試合のみ、打数は 2006 年の 259 が最多。05 年は 135 試合の出場で打率 .294、出塁率 .395 を記録した。代打として通算 799 回起用され、175 安打は史上 2 位、本塁打 15 本。ポストシーズンは通算 14 打数 5 安打、4 四球で出塁率 .500。左投手からの安打は 32 本だけ、打率も .198 にすぎなかった。
【通算】14 年、1218 試合、1830 打数 464 安打、42 本塁打、250 打点、16 盗塁、打率 .254

ビル・スウィフト
William Charles Swift
1961.10.27 ～【出身地】メイン州ポートランド【球団】85-86,88-91 マリナーズ　92-94 ジャイアンツ　95-97 ロッキーズ　98 マリナーズ【位置】投手、右
【経歴】84 年のロスアンジェルス五輪代表で、同年ドラフト 1 位（全体 2 位）でマリナーズに入団。先発では結果を出せずリリーフに回り、91 年は 17 セーブ、防御率 1.99。92 年ジャイアンツへ移籍、先発に戻り 10 勝、防御率 2.08（1 位）。シンカーを武器に翌 93 年も 21 勝（3 位）、防御率 2.82（4 位）と好投した。その後故障に悩まされ、マリナーズに復帰した 98 年は 5 年ぶりの 2 ケタとなる 11 勝を挙げるも防御率は 5.85 だった。
【通算】13 年、403 試合、220 先発、11 完投、4 完封、94 勝 78 敗 27 S、1599.2 回、767 奪三振、防御率 3.95
【タイトル】最優秀防御率 1 回（92 年）

ビル・スウィフト
William Vincent Swift
1908.6.19 ～ 69.2.23【出身地】ペンシルヴェニア州グレンライオン【球団】32-39 パイレーツ　40 ブレーヴス　41 ドジャース　43 ホワイトソックス【位置】投手、右
【経歴】横手投げの速球投手で 32 年から 5 年連続 2 ケタ勝利。35 年は 15 勝、防御率 2.70（2 位）、翌 36 年自己最多の 16 勝。1 試合平均 1.93 四球の制球力を誇り、32 年は 214.1 回で 26 四球しか出さなかった。引退後は靴の修理を行う会社を設立した。
【通算】11 年、336 試合、165 先発、78 完投、7 完封、95 勝 82 敗、1637.2 回、636 奪三振、防御率 3.58

ボブ・スウィフト
Robert Virgil Swift

1915.3.6 ～ 66.10.17【出身地】カンザス州サリナ【球団】40-42 ブラウンズ　42-43 アスレティックス　44-53 タイガース【位置】捕手、右

【経歴】投手リードに定評があり、40 年新人で 130 試合に出場するが、その後は控えに回り、100 試合以上出たのは 48 年の 113 試合のみだった。エディー・ガデルの唯一の打席でマスクを被っていた捕手でもある。マイナー監督を経てタイガースのコーチとなり、65 ～ 66 年に病気のチャーリー・ドレッセンの監督を代行したが、自らも肺癌を患いドレッセンの死から 2 ヶ月後に亡くなった。

【通算】14 年、1001 試合、2750 打数 635 安打、14 本塁打、238 打点、10 盗塁、打率 .231

グレッグ・スウィンデル
Forest Gregory Swindell

1965.1.2 ～【出身地】テキサス州フォートワース【球団】86-91 インディアンズ　92 レッズ　93-96 アストロズ　96 インディアンズ　97-98 ツインズ　98 レッドソックス　99-2002 ダイアモンドバックス【位置】投手、左

【経歴】通算与四球率 2.02 と優れた制球力を誇った左腕。84 年 19 歳でロスアンジェルス五輪代表に選ばれ、86 年ドラフト 1 位（全体 2 位）でインディアンズに入団、同年早くもメジャーに昇格し、9 試合で 5 勝を挙げる。88 年自己最多の 18 勝、レッズに移った 92 年は防御率 2.70 で、93 年アストロズと高額契約を結ぶが期待外れに終わる。その後中継ぎとして再生し、99 年はダイアモンドバックスで 63 試合に登板、防御率 2.51 で地区制覇に貢献した。

【通算】17 年、664 試合、269 先発、40 完投、12 完封、123 勝 122 敗 7 S、2233.1 回、1542 奪三振、防御率 3.86

【タイトル】オールスター 1 回（89 年）

ジョー・スーウェル
Joseph Wheeler Sewell

1898.10.9 ～ 1990.3.6【出身地】アラバマ州タイタス【球団】20-30 インディアンズ　31-33 ヤンキース【位置】遊撃、三塁、左

【経歴】非常に三振が少ないことで有名な選手。通算 7132 打数で 114 三振、1 三振あたり 62.6 打数は断然 1 位、25 年以降 2 ケタ三振は一度もなし。25、29 年はわずか 4 三振、29 年は 115 試合、437 打数にわたって三振せず、2 三振以上を喫した試合も 2 度しかなかった。打率 3 割を 9 回記録した好打者でもあり、23 年は打率 .353、109 打点（4 位）、98 四球（2 位）、翌 24 年は 45 二塁打（1 位）。25 年に自己最多の 204 安打を放った。守備でも遊撃手として 3 回守備率 1 位となる。168cm/70kg と小柄ながらも体力はあり、22 年 9 月から 30 年 4 月まで 1103 試合連続で出場した。60 年代に母校アラバマ大学の野球部監督に就任。77 年殿堂入り。弟のルークは 20 年、トミーは 1 試合だけメジャー経験がある。

【通算】14 年、1903 試合、7132 打数 2226 安打、436 二塁打、49 本塁打、1054 打点、74 盗塁、打率 .312

リップ・スーウェル
Truett Banks Sewell (Rip)

1907.5.11 ～ 89.9.3【出身地】アラバマ州デケーター【球団】32 タイガース　38-49 パイレーツ【位置】投手、右

【経歴】“イーファス”と名付けられた超スローボールで打者を幻惑した好投手。41 年オフ、狩猟中のアクシデントで右足踵を損傷し、投球フォームを工夫した末にこの魔球を編み出した。32 年タイガースに昇格した際は 5 試合投げただけでマイナー落ち。39 年 31 歳でメジャーに定着し 10 勝、以後 7 年連続 2 ケタ勝利。43 年は 21 勝と 25 完投が 1 位、防御率 2.54（4 位）も自己ベスト、翌 44 年も 21 勝（3 位）。組合活動には批判的な立場をとっていた。スーウェル三兄弟は遠縁の親戚にあたる。

【通算】13 年、390 試合、243 先発、137 完投、20 完封、143 勝 97 敗、2119.1 回、636 奪三振、防御率 3.48

【タイトル】最多勝 1 回（43 年）オールスター 4 回（43 ～ 46 年）

ルーク・スーウェル
James Luther Sewell (Luke)

1901.1.5 ～ 87.5.14【出身地】アラバマ州タイタス【球団】21-32 インディアンズ　33-34 セネターズ　35-38 ホワイトソックス　39 インディアンズ　42 ブラウンズ【位置】捕手、右

【経歴】アラバマ大学からマイナーを経ずインディアンズに入団。26 年正捕手となり同年から 3 年連続最多補殺、リード面でも 3 回ノーヒットノーランを引き出す。一

塁への牽制でも度々走者を刺した。36年自己最多の73打点、翌37年36歳でオールスターに初出場。41年ブラウンズ監督に就任、44年に球団史上唯一の優勝に導いた。兄ジョーとは10年間にわたってインディアンズの同僚、弟トミーもメジャーリーガー。
【通算】20年、1630試合、5383打数1393安打、20本塁打、698打点、66盗塁、打率.259
【タイトル】オールスター1回(37年)
【監督】41-46ブラウンズ 49-52レッズ 10年、1259試合、606勝644敗、勝率.485 リーグ優勝1回(44年)

ボブ・スキナー
Robert Ralph Skinner
1931.10.3～【出身地】カリフォルニア州ラホーラ【球団】54,56-63パイレーツ 63-64レッズ 64-66カーディナルス【位置】外野、一塁、左
【経歴】海軍から復帰した54年正一塁手となり、9三塁打(4位)を放つ。翌55年はマイナーで過ごし、56年に再昇格してからはレフトに転向。スイングの美しさで知られ、58年は打率.321(5位)、出塁率.387、60年は33二塁打(3位)、自己最多の86打点で優勝に貢献。62年も打率.302、20本塁打、出塁率.395は3位。68年途中36歳でフィリーズの監督に就任したが、ディック・アレンの扱いに手を焼き翌69年途中辞任。77年も1試合のみパドレスで監督を代行した。息子のジョールは控え捕手として9年間メジャーに在籍、2002年にインディアンズの代理監督となり、ジョージとディックのシスラー父子に次ぐ史上2組目の父子監督になった。
【通算】12年、1381試合、4318打数1198安打、103本塁打、531打点、67盗塁、打率.277
【タイトル】オールスター2回(58,60年)
【監督】68-69フィリーズ 77パドレス 3年、216試合、93勝123敗、勝率.431

ポール・スキーンズ ★
Paul David Skenes
2002.5.29～【出身地】カリフォルニア州フラートン【球団】2024パイレーツ【位置】投手、右
【経歴】ルイジアナ州立大のエースとして全国制覇を果たし、2023年ドラフト全体1位でパイレーツに入団。24年にメジャーに昇格、デビュー2戦目の5月17日カブス戦で6回を無安打に抑え、11三振を奪う。160kmを超える豪速球とスプリンカー(スプリッター+シンカー)で三振の山を築き、7月11日ブルワーズ戦でも7回無安打、11奪三振。最初の11試合で負けなしの6連勝、オールスターでは95年の野茂英雄以来となるルーキーでの先発マウンドを任された。年間では11勝3敗、防御率1.96、133回で170三振を奪い新人王を受賞。少年時代はエンジェルズ・ファンで、憧れの選手だった大谷翔平との初対戦ではすべて速球勝負で三球三振を奪うも、2打席目は本塁打でお返しされた。
【通算】1年、23試合、23先発、0完投、11勝3敗、133回、170奪三振、防御率1.96
【タイトル】新人王(24年) オールスター1回(24年)

マルコ・スクタロ
Marcos Scutaro
1975.10.30～【出身地】ベネズエラ共和国サンフェリペ【球団】2002-03メッツ 04-07アスレティックス 08-09ブルージェイズ 10-11レッドソックス 12ロッキーズ 12-14ジャイアンツ【位置】遊撃、二塁、右
【経歴】メジャーきってのミート力を持っていた巧打者。インディアンズでプロ入り、ブルワーズ、メッツを経てアスレティックスに移籍した04年レギュラーとなり、堅実な打撃と守備で貢献。09年は打率.282に加えて90四球を選び、出塁率.379。12年はジャイアンツへ移籍後の61試合で打率.362、年間では.306、190安打(3位)、74打点のいずれも自己記録。リーグ優勝決定シリーズではタイ記録となる14安打でシリーズMVP、ワールドシリーズでも最終第4戦、延長10回に世界一を決定づける決勝タイムリーを放った。翌13年は37歳にして初めてオールスターに選出された。
【通算】13年、1391試合、4887打数1355安打、77本塁打、509打点、55盗塁、打率.277
【タイトル】オールスター1回(2013年)

タリク・スクーバル ★
Tarik Daniel Skubal
1996.11.20～【出身地】カリフォルニア州ヘイワード【球団】2020-24タイガース【位置】投手、左

【経歴】2018年ドラフト9位でタイガースに入団、20年にメジャーに昇格し翌21年は球団新人記録の164奪三振。ダイナミックな投球フォームからの速球とチェンジアップで24年は18勝、防御率2.39、228奪三振がすべて1位の投手三冠を達成、サイ・ヤング賞を受賞した。
【通算】8年、150試合、127先発、47完投、11完封、55勝46敗、858.1回、837奪三振、防御率3.36
【タイトル】サイ・ヤング賞1回（2024年）最多勝1回（24年）最優秀防御率1回（24年）最多奪三振1回（24年）オールスター1回（24年）

ハーブ・スコア
Herbert Jude Score
1933.6.7～2008.11.11【出身地】ニューヨーク州ローズデイル【球団】55-59インディアンズ　60-62ホワイトソックス【位置】投手、左
【経歴】大投手の素質に恵まれながらも、不慮の事故で大成できずに終わった悲運の投手。55年メジャーに昇格、体を大きく捻るモーションからの快速球とカーブで16勝、防御率2.85（4位）、20世紀での新人記録となる245奪三振（1位）で新人王。続く56年は20勝と防御率2.53がいずれも2位、5完封と263奪三振は1位で“左のボブ・フェラー”と称される。オフにはレッドソックスが100万ドルでトレードを申し込み拒否された。57年5月7日、ヤンキース戦でギル・マクドゥーガルドの打球が眼に当たり、その後は以前のような力を発揮できなくなる。59年は147奪三振（4位）と復活の兆しが見えたが、1試合平均6四球の制球難を克服できなかったこともあり、29歳で引退した。その後はインディアンズ戦の実況アナウンサーとして、30年以上にわたり人気を集めた。
【通算】8年、150試合、127先発、47完投、11完封、55勝46敗、858.1回、837奪三振、防御率3.36
【タイトル】新人王（55年）最多奪三振2回（55～56年）オールスター2回（55～56年）

ビル・スコウロン
William Joseph Skowron
1930.12.18～2012.4.27【出身地】イリノイ州シカゴ【球団】54-62ヤンキース　63ドジャース　64セネターズ　64-67ホワイトソックス　67エンジェルズ【位置】一塁、右
【経歴】流し打ちを得意としたパワーヒッターで、ニックネームは“ムース”。56年一塁に定着し打率.308、23本塁打、90打点、ワールドシリーズ第7戦で満塁弾を放つ。58年もシリーズ第6戦の延長10回に決勝タイムリー、第7戦では貴重なダメ押し3ランを放ち、通算では39試合シリーズに出場し8本塁打、29打点。57年から5年連続でオールスターに選ばれた。60年に打率.309（4位）、34二塁打（2位）、91打点、61年に自己最多の28本塁打を記録した。
【通算】14年、1658試合、5547打数1566安打、211本塁打、888打点、16盗塁、打率.282
【タイトル】オールスター6回（57～61,65年）

エヴェレット・スコット
Lewis Everett Scott
1892.11.19～1960.11.2【出身地】インディアナ州ブラフトン【球団】14-21レッドソックス　22-25ヤンキース　25セネターズ　26ホワイトソックス　26レッズ【位置】遊撃、右
【経歴】16年から8年連続守備率1位を記録した好守の遊撃手で、送球の正確さに定評があった。19年から25年にかけて達成した1307試合連続出場はルー・ゲーリッグに破られるまでのメジャー記録。打力は弱く、15～19年の5年間は本塁打ゼロ、打率も19年の.278が最高。6回出場したワールドシリーズでも打率.156、長打は三塁打が1本だけだった。紳士的な選手として有名で、ブリッジの名手でもあった。
【通算】13年、1654試合、5837打数1455安打、20本塁打、555打点、69盗塁、打率.249

ジム・スコット
James Scott
1888.4.23～1957.4.7【出身地】サウスダコタ州デッドウッド【球団】09-17ホワイトソックス【位置】投手、右
【経歴】体重108kgの巨体に似合わぬ技巧派で、不正投球のマッドボールの発明者と言われ、牽制も得意だった。09年4月15日の初登板で完封勝ち。13年20勝（5位）、防御率1.90（3位）、158奪三振（4位）、15年もリーグ最多の7完封を含

む24勝（2位）、防御率2.03（4位）。14年5月14日のセネターズ戦では、9回を無安打に抑えたが味方の援護がなく、10回に打たれて敗戦投手となった。18年兵役につき、復帰後はマイナーで現役を続け127勝を追加。その後は映画会社で働きながら宗教団体を設立した。ホワイトソックスの同僚バック・ウィーヴァーとは夫人同士が姉妹。
【通算】9年、317試合、226先発、123完投、26完封、107勝114敗、1892回、945奪三振、防御率2.30

ジャック・スコット
John William Scott
1892.4.18～1959.11.30【出身地】ノースカロライナ州リッジウェイ【球団】16パイレーツ　17,19-21ブレーヴス　22レッズ　22-23,25-26ジャイアンツ　27フィリーズ　28-29ジャイアンツ【位置】投手、右
【経歴】カーブを多投する投球スタイルで、21年リーグ最多の47試合に投げ15勝。翌22年レッズに移るが、肩を痛め1試合投げたのみで解雇される。同年ジャイアンツに拾われると8勝2敗、ワールドシリーズ第3戦で完封勝利を挙げるなど、思わぬ活躍を演じた。23年に自己最多の16勝、通算5度2ケタ勝利を記録したが、27年は21敗で最多敗戦。26年の50試合を最多として3回最多登板とスタミナが豊富で、27年6月19日は現時点で最後となる1日2完投を、史上最年長の35歳で記録した。
【通算】12年、356試合、195先発、115完投、11完封、103勝109敗、1814.2回、657奪三振、防御率3.85

ジョージ・スコット
George Charles Scott
1944.3.23～2013.7.28【出身地】ミシシッピ州グリーンヴィル【球団】66-71レッドソックス　72-76ブルワーズ　77-79レッドソックス　79ロイヤルズ　79ヤンキース【位置】一塁、三塁、右
【経歴】66年新人で162試合にフル出場、リーグワーストの152三振を喫しながらも27本塁打、90打点の活躍。翌67年も打率.303（4位）と好調だったが、68年は体調管理に失敗し打率.171、3本塁打の大不振。72年ブルワーズに移籍、73年はいずれも2位の打率.306、107打点。75年は36本塁打、109打点で二冠王に輝いた。レッドソックスに復帰した77年も33本塁打（4位）を放ったが、三振と併殺打の多さが欠点だった。一塁守備の評価も高く、ゴールドグラブを8回受賞している。
【通算】14年、2034試合、7433打数1992安打、306二塁打、60三塁打、271本塁打、1051打点、69盗塁、699四球、1418三振、打率.268
【タイトル】本塁打王1回（75年）打点王1回（75年）ゴールドグラブ8回（67～68,71～76年）オールスター3回（66,75,77年）

マイク・スコット
Michael Warren Scott
1955.4.26～【出身地】カリフォルニア州サンタモニカ【球団】79-82メッツ　83-91アストロズ【位置】投手、右
【経歴】76年ドラフト2位で入団したメッツ時代は平凡な投手だったが、アストロズ移籍後スプリッターをマスターし大変身。あまりの切れ味の良さに不正投球の噂も絶えなかったが、85年18勝、86年は18勝（3位）に加え5完封、275.1回、306奪三振、防御率2.22はすべて1位。9月25日のジャイアンツ戦ではノーヒットノーランで地区優勝を決め、サイ・ヤング賞を受賞。プレイオフでも第1戦は14三振を奪い完封、第4戦も1失点の完投勝ちで、優勝を逸したにもかかわらずプレイオフMVPに選ばれた。翌87年も16勝（3位）、233奪三振（2位）、89年は20勝で最多勝に輝いた。
【通算】13年、347試合、319先発、45完投、22完封、124勝108敗3S、2068.2回、1469奪三振、防御率3.54
【タイトル】サイ・ヤング賞1回（86年）最多勝1回（89年）最優秀防御率1回（86年）最多奪三振1回（86年）オールスター3回（86～87,89年）

ルーク・スコット
Luke Brandon Scott
1978.6.25～【出身地】フロリダ州デレオンスプリングス【球団】2005-07アストロズ　08-11オリオールズ　12-13レイズ【位置】外野、DH、左
【経歴】2001年ドラフト9位でインディアンズに入団。アストロズ移籍後の06年は65試合で打率.336、7月28日に新人では球団史上初のサイクルヒットを達成。翌07年18本塁打、オリオールズに移った08年から3年連続20本以上。10年に自己最多の27本を記録した。保守的な思

想の持ち主で、10年には「オバマ大統領はアメリカ人ではない」と発言して批判を浴びた。
【通算】9年、889試合、2810打数725安打、135本塁打、436打点、17盗塁、打率.258

ジョナサン・スコープ
Jonathan Rufino Jezus Schoop
1991.10.16～【出身地】オランダ王国キュラソー島ウィレムシュタット【球団】2013-18オリオールズ　18ブルワーズ　19ツインズ　20-23タイガース【位置】二塁、右
【経歴】2008年オリオールズに入団。長打力のある二塁手で、16年は162試合にフル出場し38二塁打、25本塁打、翌17年は打率.293、32本塁打、105打点。20本塁打以上を5回記録した一方、選球眼に乏しく通算出塁率は.293。オリオールズ時代の同僚マニー・マチャドとは親友同士だった。少年時代にリトルリーグで世界一となった経験を持つ。
【通算】11年、1188試合、4319打数1095安打、174本塁打、544打点、15盗塁、1029三振、打率.254
【タイトル】オールスター1回（2017年）

ディック・スコフィールド
John Richard Schofield
1935.1.7～2022.7.11【出身地】イリノイ州スプリングフィールド【球団】53-58カーディナルス　58-65パイレーツ　65-66ジャイアンツ　66ヤンキース　66-67ドジャース　68カーディナルス　69-70レッドソックス　71カーディナルス　71ブルワーズ【位置】遊撃、二塁、両
【経歴】53年契約金4万ドルでカーディナルスに入団、18歳でデビューしたが、レギュラーに定着したのは10年後の63年。65年にリーグ1位の守備率.981を記録するなど守備は巧くとも、打撃はさっぱりで64年の3本塁打、36打点が最多だった。息子のディックも遊撃手、孫のジェイソン・ワースは外野手。
【通算】19年、1321試合、3083打数699安打、21本塁打、211打点、12盗塁、打率.227

ディック・スコフィールド
Richard Craig Schofield
1962.11.21～【出身地】イリノイ州スプリングフィールド【球団】83-92エンジェルズ　92メッツ　93-94ブルージェイズ　95ドジャース　95-96エンジェルズ【位置】遊撃、右
【経歴】81年ドラフト1位（全体3位）でエンジェルズに入団。4回守備率1位を記録した守備の名手で、打撃は確実性に欠けたが86年は13本塁打、57打点、23盗塁で地区優勝に貢献。プレイオフでも30打数9安打と健闘した。父のディックも遊撃手、ジェイソン・ワースは甥に当たる。
【通算】14年、1368試合、4299打数989安打、56本塁打、353打点、120盗塁、打率.230

鈴木一朗（イチロー）　☆
Ichiro Suzuki
1973.10.22～【出身地】愛知県豊山町【球団】2001-12マリナーズ　12-14ヤンキース　15-17マーリンズ　18-19マリナーズ【位置】外野、左
【経歴】日本プロ野球史上最高の選手の一人にして、メジャー初の日本人野手でもあり、2025年に日本人初の野球殿堂入りを果たしたスーパースター。愛工大名電高から91年ドラフト4位でオリックスに入団、94年登録名を“イチロー”に変更し、独特の振り子打法でヒットを量産。終盤まで4割近い高打率を維持、史上初めて年間200安打を突破し、210本まで記録を伸ばす。打率は日本記録に4厘差の.385、69試合連続出塁の新記録も樹立してMVPに輝いた。翌95年はいずれも1位の打率.342、80打点、49盗塁で連続MVP、96年も.356で3年連続首位打者にMVP、日本シリーズでも巨人を倒し日本一となった。2000年に自己記録を更新する打率.387で7年連続首位打者となったのを置き土産として、ポスティング・システムを利用してのメジャー移籍を表明。1312万5000ドルで独占交渉権を勝ち取ったマリナーズと3年契約を結んだ。
01年4月2日、アスレティックスとの開幕戦で先発出場し初安打、6日のレンジャーズ戦で初本塁打。卓越したバットコントロールと、平凡なゴロでも内野安打とする俊足で、大味な野球が横行していたメジャーに新風を吹き込む。守備でも“レーザービーム”と形容された強肩と正確な送球、広い守備範囲で高く評価される。地元シアトルで行われたオールスターのファン投票では337万3035票を集め、史上初となる新人での最多得票。9月8日に球団記録（アレックス・ロドリゲス）の

215本、24日にメジャー1年目選手（ロイド・ウェイナー）の223本、29日に新人資格選手（ジョー・ジャクソン）の233本といった安打記録を次々と塗り替え、最終的には1931年以降で最多の242安打。打率.350で首位打者となったのも新人ではトニー・オリバに次ぎ2人目、56盗塁も1位で首位打者とのダブルタイトルは新人初だった。マリナーズがリーグ新/メジャータイの年間116勝を樹立する原動力となったことを評価され、75年のフレッド・リン以来26年ぶり、史上2人目の新人王とMVPの同時受賞。新人でのゴールドグラブもリン以来。プレイオフではディヴィジョンシリーズで20打数12安打と大当たりしたが、リーグ優勝決定シリーズは18打数4安打と苦戦した。

04年は5月に50安打、7・8月も50安打以上で、年間3度の月間50本以上は新記録。10月1日のレンジャーズ戦、第1打席で左前打を放ち、ジョージ・シスラーが20年に樹立した年間記録の257安打に並ぶと、第2打席もセンターへ弾き返して258本目の新記録。年間では262安打、打率.372で2度目の首位打者となった。06年からは5年連続最多安打、07年は.351、09年は.352で打率2位。08年に8年連続200安打でウィリー・キーラーの7年連続を更新、10年には10度目の200安打でピート・ローズと並び史上最多となった。本塁打は05年の15本が最多ながら、先頭打者本塁打は37本。06～07年には45連続盗塁成功のア・リーグ記録を打ち立てた。10年までオールスターに10年続けてファン投票で選出され、07年は大会史上初のランニングホームランを放ちMVP。06年と09年はWBCに出場、09年の決勝戦で決勝タイムリーを放つなど、連続世界一に貢献した。

11年は打率.272、184安打で、10年間続けてきた200安打・オールスター出場・ゴールドグラブがすべて途絶える。続く12年は自身初の日本公式戦となった開幕戦で4安打を放ったが、調子が上がらず7月23日に自ら申し出てヤンキースへ移籍。その後は打率.322と復調し、11年ぶりに出場したポストシーズンでも、アクロバティックな走塁で本塁を陥れるなど持ち味を発揮した。マーリンズに移籍した15年は打率.229に終わり限界説も取り沙汰されたが、翌16年は.291と復活し、8月7日のロッキーズ戦において通算3000安打を三塁打で達成した。17年は代打での出場が多くなり、史上最多の109回起用され27安打も2番目の本数。18年マリナーズに復帰するも5月上旬に戦列を離れ、球団会長付特別補佐の肩書きでチームに帯同。続く19年、日本での開幕シリーズに2試合出場したのを最後に45歳で引退した。

マリナーズでの打率.321、7907打数、2542安打、79三塁打、438盗塁はすべて球団記録。日本とアメリカでの安打数を合計すると4367本となる。記録への強いこだわりが自己中心的と受け止められたこともあり、報道陣に対しても必ずしも協力的ではなかったが、常に体調を万全に整えて試合に備える意識の高さ、用具を大事に取り扱う姿勢、メジャーの先人に対して敬意を忘れない点などは広く称賛された。引退後も毎試合ユニフォームを着てマリナーズの練習に参加し続けた。

【通算】19年、2653試合、9934打数3089安打（24位）、362二塁打、96三塁打、117本塁打、780打点、509盗塁、647四球、1080三振、打率.311

【タイトル】MVP1回（2001年）新人王（01年）首位打者2回（01,04年）盗塁王1回（01年）ゴールドグラブ10回（01～10年）オールスター10回（01～10年）

【日本】92-2000オリックス　9年、951試合、3619打数1278安打、118本塁打、529打点、199盗塁、打率.353

カート・スズキ

Kurt Kiyoshi Suzuki

1983.10.4～【出身地】ハワイ州ワイルク【球団】2007-12アスレティックス　12-13ナショナルズ　13アスレティックス　14-16ツインズ　17-18ブレーヴス　19-20ナショナルズ　21-22エンジェルズ【位置】捕手、右

【経歴】日系4世でミドルネームはキヨシ。2004年ドラフト2位でアスレティックスに入団、08年正捕手となって打率.279、翌09年は37二塁打、15本塁打、88打点。14年は打率.288、34二塁打でオールスターに選出。17年は81試合で自己最多の19本塁打を放った。19年のワールドシリーズ第2戦では決勝本塁打を打っている。

【通算】16年、1635試合、5563打数1421安打、143本塁打、730打点、20盗塁、打率.255

【タイトル】オールスター1回（2014年）

鈴木誠也　★☆
Seiya Suzuki
1994.8.18 ～【出身地】東京都荒川区【球団】2022-24 カブス【位置】外野、右
【経歴】二松学舎大付高から 2012 年ドラフト 2 位で広島に入団。レギュラーに定着した 16 年以降 6 年連続打率 3 割、20 本塁打以上と安定した成績を残し、19 年は .335 で首位打者。21 年は .317 で 2 度目の首位打者、38 本塁打は自己最多で出塁率と長打率もリーグ 1 位。ベストナインに 6 回、強肩を生かしてゴールデングラブに 5 回選ばれた。
　22 年ポスティング・システムを利用し、5 年 8500 万ドルの好条件でカブスに入団。開幕 3 戦目にメジャー初本塁打、翌日にも 2 本打つなど快調なスタートを切り、4 月の最優秀新人に選ばれた。年間では 111 試合で打率 .262、14 本塁打、46 打点。翌 23 年は .285、74 打点、5 月 16 ～ 17 日に 3 打席連続本塁打を記録、年間 20 本は日本人右打者の最多本数を更新した。24 年も .283、21 本、73 打点、OPS.848 はリーグ 8 位に入った。夫人は新体操オリンピック代表の畠山愛理。
【通算】3 年、381 試合、1424 打数 396 安打、55 本塁打、193 打点、31 盗塁、打率 .278
【日本】2013-21 広島　9 年、902 試合、2976 打数 937 安打、182 本塁打、562 打点、82 盗塁、打率 .315

鈴木誠　☆
Makoto Suzuki
1975.5.31 ～【出身地】兵庫県神戸市【球団】96,98-99 マリナーズ　99-2001 ロイヤルズ　01 ロッキーズ　01 ブルワーズ　02 ロイヤルズ【位置】投手、右
【経歴】“マック鈴木”の愛称で知られる、日本プロ野球に在籍せずメジャーリーガーとなった最初の選手。滝川第二高を中退し 92 年 17 歳で渡米、独立マイナー球団のサリナスに入団。翌 93 年 A 級サンバーナディーノで 4 勝 12 セーブと活躍し、同年マリナーズと契約。96 年メジャーに昇格、ア・リーグの日本人選手第 1 号となる。1 試合登板しただけで 97 年はマイナー暮らしだったが、98 年再昇格、9 月 14 日のツインズ戦で初勝利。99 年はウェーバーにかけられ、メッツを経てロイヤルズに入団。翌 2000 年ローテーションに加わり、一時は防御率部門で 2 位につけ、8 月 19 日のオリオールズ戦で初完投を完封勝利で飾る。終盤息切れしたものの 8 勝を挙げ、防御率 4.34 はチーム先発陣でトップだった。続く 01 年はシーズン中に 2 度移籍し 5 勝 12 敗、防御率 5.86 と不調で、02 年を最後に帰国。同年ドラフト 2 位でオリックスに入団したが活躍できず 3 年で退団、メキシコや台湾で現役を続けた。
【通算】6 年、117 試合、67 先発、1 完投、1 完封、16 勝 31 敗 0 S、465.2 回、327 奪三振、防御率 5.72
【日本】2003-04 オリックス　2 年、53 試合、24 先発、0 完投、5 勝 15 敗 1 S、156.2 回、130 奪三振、防御率 7.53

ブルース・スーター
Howard Bruce Sutter
1953.1.8 ～ 2022.10.13【出身地】ペンシルヴェニア州ランカスター【球団】76-80 カブス　81-84 カーディナルス　85-86,88 ブレーヴス【位置】投手、右
【経歴】史上最高の切れ味を誇るスプリッターで大活躍した名ストッパー。70 年セネターズのドラフト 21 位指名を拒否、翌 71 年ドラフト外でカブスに入団。77 年 31 セーブ（2 位）、防御率 1.34、107.1 回で 129 三振を奪う。79 年 37 セーブ（1 位）、防御率 2.22 でサイ・ヤング賞を受賞、以後 4 年連続最多セーブ。82 年のワールドシリーズでは 1 勝 2 セーブで世界一に貢献、84 年に当時のメジャー記録に並ぶ 45 セーブを挙げた。翌 85 年ブレーヴスと 36 年間の終身契約を結び話題を呼んだが、肩痛のため満足に働けず、3 年間で 40 セーブを挙げるにとどまった。78 年から 4 年連続で出場したオールスターでは、2 勝 2 セーブと完璧に抑えた。2006 年にドラフト外入団選手として初めて殿堂入り。
【通算】12 年、661 試合、0 先発、68 勝 71 敗 300 S（30 位）、1042 回、861 奪三振、防御率 2.83
【タイトル】サイ・ヤング賞 1 回（79 年）最多セーブ 5 回（79 ～ 82,84 年）オールスター 6 回（77 ～ 81,84 年）

ピート・スーダー
Peter Suder
1916.4.16 ～ 2006.11.14【出身地】ペンシルヴェニア州アリクィッパ【球団】41-43,46-55 アスレティックス【位置】二塁、三塁、遊撃、右
【経歴】ヤンキースでプロ入りしたが出番がなく、41 年ルール 5 ドラフトでアスレティックスに移籍、正三塁手となる。内

野ならどこでも守れる器用さが持ち味で、47、51年は二塁手として守備率1位を記録した。49年に自己最多の10本塁打、75打点。積極的なバッティングのため四球は少なかった。
【通算】13年、1421試合、5085打数1268安打、49本塁打、541打点、19盗塁、打率.249

エド・スタイン
Edward F. Stein
1869.9.5～1928.5.10【出身地】ミシガン州デトロイト【球団】1890-91シカゴ　92-96,98ブルックリン【位置】投手、右
【経歴】変則フォームの持ち主で、1890年20歳で初登板を果たすと半年で12勝。ブルックリンに移籍した92年に27勝、190奪三振（5位）、防御率2.84。94年も26勝（5位）、6月2日のボストン戦で6回参考ながらノーヒッターを達成。20代後半で燃え尽き、引退後はミシガン州ウェイン郡の保安官となった。
【通算】8年、215試合、183先発、158完投、12完封、109勝78敗、1656回、535奪三振、防御率3.97

テリー・スタインバック
Terry Lee Steinbach
1962.3.2～【出身地】ミネソタ州ニューアルム【球団】86-96アスレティックス　97-99ツインズ【位置】捕手、右
【経歴】83年ドラフト9位でアスレティックスに入団、86年9月12日のメジャー初打席で初球本塁打を放つ。翌87年正捕手となり打率.284、16本塁打。88年のオールスターでは先制本塁打と決勝の犠飛でMVPに輝く。続く89年のワールドシリーズはチーム最多の7打点だった。96年自己記録を大幅に塗り替える35本塁打、100打点を挙げ、翌97年地元のツインズへ移籍した。守備でも強肩とリードの巧さを高く評価されていた。
【通算】14年、1546試合、5369打数1453安打、162本塁打、745打点、23盗塁、打率.271
【タイトル】オールスター3回（88～89,93年）

ハリー・スタインフェルト
Harry M. Steinfeldt
1875.9.29～1914.8.17【出身地】ミズーリ州セントルイス【球団】1898-1905レッズ　06-10カブス　11ブレーヴス【位置】三塁、二塁、右
【経歴】強肩で知られた三塁手。03年打率.312、リーグ最多の32二塁打。06年カブスに移籍し打率.327（2位）、いずれも1位の176安打、83打点を稼ぎ、優勝に大きく貢献。翌07年のワールドシリーズでは17打数8安打と大当たりだった。本格的に野球を始める前はミンストレル・ショーで巡業していたといわれる。引退後間もない14年、脳出血により36歳で死亡した。
【通算】14年、1647試合、5900打数1578安打、27本塁打、762打点、202盗塁、打率.267
【タイトル】打点王1回（06年）

ジョージ・スタインブレナー
George Michael Steinbrenner III
1930.7.4～2010.7.13【出身地】オハイオ州ロッキーリヴァー【球団】メジャー経験なし
【経歴】ヤンキースのオーナーに就任後、最初の20年間でのべ20人の監督の首をすげ替えるという空前絶後の珍記録を作った名物オーナー。造船会社の御曹子で、プロバスケットボールのオーナーを経て73年ヤンキースの筆頭オーナーとなる。金も出すが口も出す主義で、大金でキャットフィッシュ・ハンター、レジー・ジャクソンらの大物を買い漁り、低迷の続いていたヤンキースを77～78年に2年連続世界一とした。
　その一方監督や選手との衝突は日常茶飯事で、中でもビリー・マーティンは5回にわたり監督就任、解任を繰り返した。他にもボブ・レモン、ジーン・マイケル、ルー・ピネラが2回ずつ監督を経験している。90年不仲が続いていたデイヴ・ウィンフィールドの弱みを探るため、ギャンブラーと接触していたことが明るみに出てオーナー職を停止された（93年復帰）。チーム自体も見境なく有力選手を集めたため戦力のバランスを欠き、80年代後半から低迷していたが、96年18年ぶりに世界一に返り咲き、以後5年間で4度のワールドシリーズ優勝を味わった。2000年代後半には実権を息子たちに譲り渡したが、その後も“ザ・ボス”として亡くなるまで強烈な存在感を発揮した。

ウィリー・スタージェル
Wilver Dornel Stargell
1940.3.6～2001.4.9【出身地】オクラホマ

州アールズボロ【球団】62-82 パイレーツ【位置】外野、一塁、左
【経歴】抜群の飛距離を誇ったパワーヒッターで、ドジャー・スタディアムで場外弾を2発放り込んだ唯一の選手。64年レギュラーに昇格、66年33本塁打、102打点、自己最高の打率.315。71年は48本塁打(1位)、125打点(2位)、73年も44本塁打、119打点で二冠王となり、長打率.646も1位だった。決して他人の悪口を言わず、誰からも好かれた好漢で広く尊敬を集め、ロベルト・クレメンテの死後はチームリーダーの役割を果たした。
79年は6年ぶり6度目の30本以上となる32本塁打(5位)に加え、当時のヒット曲にちなんだ"ウィ・アー・ファミリー"の合言葉で快進撃を続けたチームにあって"ポップ(親父)"と慕われ、精神的中心となったことが評価され史上最年長の39歳でMVPを受賞。プレイオフでも11打数5安打、2本塁打、6打点、ワールドシリーズでは30打数12安打、第7戦の決勝弾を含む3本塁打、7打点。レギュラーシーズン、プレイオフ、ワールドシリーズと3つのMVPを手にする最高のシーズンを送った。通算1936三振は引退時点で史上最多だった。88年殿堂入り。晩年は糖尿病に苦しみ、2001年パイレーツの新球場PNCパーク初試合当日に死去した。
【通算】21年、2360試合、7927打数2232安打、423二塁打、55三塁打、475本塁打、1540打点、17盗塁、937四球、1936三振(11位)、打率.282
【タイトル】MVP1回(79年) 本塁打王2回(71,73年) 打点王1回(73年) オールスター7回(64〜66,71〜73,78年)

フランクリン・スタッブス
Franklin Lee Stubbs
1960.10.21〜【出身地】ノースカロライナ州ローリンバーグ【球団】84-89 ドジャース 90 アストロズ 91-92 ブルワーズ 95 タイガース【位置】一塁、外野、左
【経歴】82年ドラフト1位でドジャースに入団。長打力が魅力で86年は23本塁打を放つも、打率.226、107三振と粗さの方が目立ち、その後は伸び悩む。アストロズに移った90年に23本塁打、71打点を記録したが、翌91年FAで移ったブルワーズでは打率.213、11本塁打と期待外れだった。
【通算】10年、945試合、2591打数602安打、104本塁打、348打点、74盗塁、打率.232

オスカー・スタネイジ
Oscar Harland Stanage
1883.3.17〜1964.11.11【出身地】カリフォルニア州テュレア【球団】06 レッズ 09-20,25 タイガース【位置】捕手、右
【経歴】強肩の捕手で、11年にア・リーグ記録の212補殺、打撃でも自己記録となる打率.264、133安打、51打点。キャッチングも優れており、14年からは実質的に投手コーチを務めた。チームメイトからも敬意を払われ、タイ・カッブの新人いびりをやめさせたこともある。25年には42歳で5年ぶりに3試合出場した。
【通算】14年、1096試合、3503打数819安打、8本塁打、328打点、30盗塁、打率.234

ジェイク・スタール
Garland Stahl (Jake)
1879.4.13〜1922.9.18【出身地】イリノイ州エルクハート【球団】03 レッドソックス 04-06 セネターズ 08 ヤンキース 08-10,12-13 レッドソックス【位置】一塁、右
【経歴】04年正一塁手となり、翌05年は26歳で監督を兼任。07年はホワイトソックスへのトレードを拒否し1試合も出なかった。レッドソックス復帰後の10年にリーグ最多の10本塁打を放つが、同年の128三振はその後27年間ワースト記録として残った。翌11年は銀行で働くためまたも全休、12年レッドソックスの株式を取得して監督兼任で復帰。ワールドシリーズ制覇に導いたが、翌13年球団社長のジミー・マカリアーと対立して解任された。
【通算】9年、981試合、3425打数894安打、31本塁打、437打点、178盗塁、打率.261
【タイトル】本塁打王1回(10年)
【監督】05-06 セネターズ 12-13 レッドソックス 4年、540試合、263勝270敗、勝率.493 リーグ優勝1回(12年) ワールドシリーズ優勝1回(12年)

チック・スタール
Charles Sylvester Stahl (Chick)
1873.1.10〜1907.3.28【出身地】インディアナ州アヴィラ【球団】1897-1900 ボストン 01-06 レッドソックス【位置】外野、左
【経歴】1897年新人で打率.354、30二塁打、97打点と活躍し、ボストンの優勝

に貢献。悪球打ちが得意で、99年は打率.351、202安打は自己記録。1901年新球団のレッドソックスに参加、03年の第1回ワールドシリーズでは3三塁打、チーム最多の10安打を放った。翌04年はリーグ最多の19三塁打。06年親友のジミー・コリンズから監督を引き継ぎ、40試合で14勝26敗の星を残す。敬虔なカトリックでありながら、翌07年のキャンプ中に精神的なストレスから服毒自殺した。
【通算】10年、1304試合、5069打数1546安打、118三塁打、36本塁打、622打点、189盗塁、打率.305

エディー・スタンキー
Edward Raymond Stanky
1915.9.3～99.6.6【出身地】ペンシルヴェニア州フィラデルフィア【球団】43-44カブス　44-47ドジャース　48-49ブレーヴス　50-51ジャイアンツ　52-53カーディナルス【位置】二塁、右
【経歴】勝利のためにはあらゆる努力を惜しまなかったファイター。野次将軍としても有名で、3球団で優勝を経験した。特に選球眼に優れ、45年に当時の新記録となる148四球、以後7年間で6回100四球以上を選び、通算996四球、3回リーグ1位となる。46年は137四球、出塁率.436、50年も144四球、.460で2度最高出塁率を記録し、通算では.410の高率。47年6月22日のレッズ戦でユール・ブラックウェルの2試合連続ノーヒッターを打ち破る安打を放った。
　守備でも刺殺、併殺で3回ずつ1位。カーディナルス、ホワイトソックスで監督を務めた後、サウスアラバマ大学の監督として5回全国大会に出場。77年途中フランク・ルケーシに代わってレンジャーズの監督に任命されたが、選手の態度が気に入らず1試合だけで辞任を申し出た。ミルト・ストックは義父。
【通算】11年、1259試合、4301打数1154安打、29本塁打、364打点、48盗塁、打率.268
【タイトル】最高出塁率2回（46,50年）オールスター3回（47～48,50年）
【監督】52-55カーディナルス　66-68ホワイトソックス　77レンジャーズ　8年、906試合、467勝435敗、勝率.518

ターキー・スターンズ
Norman Thomas Stearnes (Turkey)
1901.5.8～79.9.4【出身地】テネシー州ナッシュヴィル【球団】ニグロ・リーグ【位置】外野、左
【経歴】体重80kgに満たない細身ながら抜群の長打力を誇ったスラッガー。20年代は主にデトロイト・スターズに在籍、7度の本塁打王に輝く。右足のつま先を上げる打撃フォームが特徴で、長さの異なる何本ものバットを用意し、打席ではバットに向かって語りかけていた。俊足でしばしばリードオフマンとして起用され、守備も高く評価されていた。2000年殿堂入り。
＜ニグロ・リーグの成績＞1009試合、3837打数1334安打、188本塁打、1015打点、129盗塁、打率.348

ジャンカルロ・スタントン　★
Giancarlo Cruz-Michael Stanton
1989.11.8～【出身地】カリフォルニア州パノラマシティ【球団】2010-17マーリンズ　18-24ヤンキース【位置】外野、右
【経歴】身長198cm、体重111kgの屈強な体格で、飛距離と打球速度に関しては右に出る者のないホームランバッター。2007年ドラフト2位でマーリンズに入団、当初はマイク・スタントンの登録名で、10年にメジャーへ昇格し100試合で22本塁打を放つ。14年はリーグ最多の37本塁打、長打率.555も1位でMVP投票次点に入り、13年3億2500万ドルという破格の高額契約を結んだ。17年は2位に20本の大差をつける59本塁打のほか、132打点と長打率.631も1位でMVPに選ばれた。ヤンキースへトレードされた18年も38本、通算7回30本以上を放ったが、故障の多さが難点。24年のリーグ優勝決定シリーズでは4安打がすべて本塁打、7打点でMVPを受賞。ワールドシリーズでも2本塁打、5打点と奮闘した。
【通算】15年、1649試合、6025打数1551安打、429本塁打、1103打点、42盗塁、1963三振（9位）、打率.257
【タイトル】MVP1回（2017年）本塁打王2回（14,17年）打点王1回（17年）オールスター5回（12,14～15,17,22年）

マイク・スタントン
William Michael Stanton
1967.6.2～【出身地】テキサス州ヒューストン【球団】89-95ブレーヴス　95-96レッドソックス　96レンジャーズ　97-2002ヤ

ンキース　03-04 メッツ　05 ヤンキース　05 ナショナルズ　05 レッドソックス　06 ナショナルズ　06 ジャイアンツ　07 レッズ
【位置】投手、左
【経歴】史上 2 位の 1178 試合に登板した中継ぎ左腕。87 年ドラフト 13 位でブレーヴスに入団、変則モーションからのシンカー、スライダーで 93 年は 27 セーブを稼ぐが、防御率 4.67 と安定感を欠き以後は中継ぎに専念。96、2004、06 年は 80 試合以上投げた。01 年は自己最多の 9 勝、防御率 2.58 でオールスターに選出。ポストシーズンに非常に強く、通算 53 試合で防御率 2.10、ワールドシリーズでも 91 ～ 92 年は 9 試合、12.1 回を無失点に抑えた。
【通算】19 年、1178 試合 (2 位)、1 先発、0 完投、68 勝 63 敗 84 S、1114 回、895 奪三振、防御率 3.92
【タイトル】オールスター 1 回 (2001 年)

ボブ・スタンリー
Robert William Stanley
1954.11.10 ～【出身地】メイン州ポートランド【球団】77-89 レッドソックス【位置】投手、右
【経歴】74 年 1 月ドラフト 1 位 (第 2 回) でレッドソックスに入団。大型だが変化球で打たせてとる投球で、78 年は 15 勝 2 敗 10 セーブ、防御率 2.60。翌 79 年は先発で 16 勝したが、80 年途中から再びリリーフへ回る。82 年は 12 勝 14 セーブ、規定投球回数に到達し防御率 3.10 は 2 位にランクされた。同年まで 5 年連続 2 ケタ勝利、翌 83 年は 2 位の 33 セーブ。86 年のワールドシリーズ第 6 戦では、世界一まであと 1 ストライクに追い込みながら暴投で同点のホームを許した。通算 637 登板はレッドソックスの球団記録。
【通算】13 年、637 試合、85 先発、21 完投、7 完封、115 勝 97 敗 132 S、1707 回、693 奪三振、防御率 3.64
【タイトル】オールスター 2 回 (79,83 年)

マイク・スタンリー
Robert Michael Stanley
1963.6.25 ～【出身地】フロリダ州フォートローダーデイル【球団】86-91 レンジャーズ　92-95 ヤンキース　96-97 レッドソックス　97 ヤンキース　98 ブルージェイズ　98-2000 レッドソックス　00 アスレティックス【位置】捕手、DH、右
【経歴】85 年ドラフト 16 位で入団したレンジャーズでは控えにとどまり、ヤンキース移籍後の 93 年打率 .305、26 本塁打、84 打点で正捕手の座を獲得。レッドソックスに移った 96 年も 24 本塁打、97 年以降は主に DH で出場し、98 年に自己最多の 29 本塁打を放った。同年 82 四球を選ぶなど選球眼も良く、通算出塁率は .370。ポストシーズンも通算 73 打数 26 安打、.356 の高打率だった。
【通算】15 年、1467 試合、4222 打数 1138 安打、187 本塁打、702 打点、13 盗塁、打率 .270
【タイトル】オールスター 1 回 (95 年)

ミッキー・スタンリー
Mitchell Jack Stanley (Mickey)
1942.7.20 ～【出身地】ミシガン州グランドラピッズ【球団】64-78 タイガース【位置】外野、右
【経歴】4 度のゴールドグラブに輝いた好守の中堅手で、68 年は 130 試合、70 年は 132 試合に出場して無失策。足がさほど速くなかった分は、打球に対する反応の良さで補った。68 年は自己最多の 151 安打、ワールドシリーズでは打力優先の打線を組むために 7 試合すべて遊撃手として出場した。打率は低くとも 70 年 11 三塁打 (2 位)、73 年は 17 本塁打と長打力はそこそこあった。
【通算】15 年、1516 試合、5022 打数 1243 安打、117 本塁打、500 打点、44 盗塁、打率 .248
【タイトル】ゴールドグラブ 4 回 (68 ～ 70,73 年)

スナッフィー・スターンワイス
George Henry Stirnweiss (Snuffy)
1918.10.26 ～ 58.9.15【出身地】ニューヨーク州ニューヨーク【球団】43-50 ヤンキース　50 ブラウンズ　51-52 インディアンズ【位置】二塁、三塁、遊撃、右
【経歴】44 年兵役についたジョー・ゴードンに代わって正二塁手となり、205 安打、16 三塁打、55 盗塁はいずれもリーグトップ、守備率 .982 も 1 位。翌 45 年はシーズン最終日に 3 安打、失策が安打と訂正される幸運にも助けられ、打率 .309 でトニー・クチネロを 8 毛差でかわし首位打者となった。他にも 195 安打、22 三塁打、33 盗塁、長打率 .476 はすべて 1 位。その後はいいところがなく、58 年に 39 歳で列車事故の犠牲となった。通算打率 .268 は首位打者経験者では史上最低である。
【通算】10 年、1028 試合、3695 打数

989安打、29本塁打、281打点、134盗塁、打率.268
【タイトル】首位打者1回(45年) 盗塁王2回(44～45年) オールスター2回(45～46年)

ディック・スチュアート ☆
Richard Lee Stuart
1932.11.7～2002.12.15【出身地】カリフォルニア州サンフランシスコ【球団】58-62パイレーツ 63-64レッドソックス 65フィリーズ 66メッツ 66ドジャース 69エンジェルズ【位置】一塁、右
【経歴】両リーグで30本塁打以上を放った最初の選手。56年マイナーで66本塁打、メジャーでも59年から7年間で20本塁打以上6回。61年打率.301、35本塁打(4位)、117打点(5位)、レッドソックスに移籍した63年は42本塁打(2位)、118打点(1位)。64年の114打点も2位だった。58年から7年連続リーグワースト、63年だけで29個を記録した失策の多さが有名で、『博士の異常な愛情(ドクター・ストレンジラヴ)』をもじって"ドクター・ストレンジグラヴ"と呼ばれた。サインもしばしば間違えるため、一人だけ簡単なサインを出してもらっていたという。67年大洋に入団、33本塁打(3位)を放った。
【通算】10年、1112試合、3997打数1055安打、228本塁打、743打点、2盗塁、打率.264
【タイトル】打点王1回(63年) オールスター1回(61年)
【日本】67-68大洋 2年、208試合、685打数176安打、49本塁打、119打点、1盗塁、打率.257

マット・ステアーズ ☆
Matthew Wade Stairs
1968.2.27～【出身地】カナダ・ニューブランズウィック州セントジョン【球団】92-93エクスポズ 95レッドソックス 96-2000アスレティックス 01カブス 02ブルワーズ 03パイレーツ 04-06ロイヤルズ 06レンジャーズ 06タイガース 07-08ブルージェイズ 08-09フィリーズ 10パドレス 11ナショナルズ【位置】外野、DH、左
【経歴】史上最多の代打本塁打23本を放ったパワーヒッター。88年ソウル五輪カナダ代表に選ばれ、翌89年ドラフト外でエクスポズに入団。メジャーではほとんど出番のないまま93年途中中日に加入、チームメイトの落合博満から打撃センスを高く評価されたが、60試合で打率.250、6本塁打と結果を残せなかった。97年アスレティックスでレギュラーとなり打率.298、27本塁打、翌98年も26本、106打点。99年は自己最多の38本塁打を放った。2007年も39歳で6度目の20本以上となる21本塁打。43歳まで現役を続け、合計12球団に所属した。
【通算】19年、1895試合、5204打数1366安打、265本塁打、899打点、30盗塁、1122三振、打率.262
【日本】93中日 1年、60試合、132打数33安打、6本塁打、23打点、1盗塁、打率.250

ジャック・スティヴェッツ
John Elmer Stivetts
1868.3.31～1930.4.18【出身地】ペンシルヴェニア州アッシュランド【球団】1889-91セントルイス(AA) 92-98ボストン 99クリーヴランド【位置】投手、外野、右
【経歴】速球を武器に1889年新人で12勝、防御率2.25は1位。翌90年は27勝(5位)、289奪三振(2位)、91年33勝(3位)、259奪三振(1位)と好成績を維持。92年ボストンへ移籍、キッド・ニコルズに次ぐ二番手投手として35勝(3位)、8月6日のブルックリン戦でノーヒットノーランを達成。94年まで5年連続、通算では6回20勝を記録した。打撃も良く通算打率.298、35本塁打。90年の7本塁打は3位で、捕手以外の全ポジションを経験した。明るく楽天的な性格で"ハッピー・ジャック"と呼ばれていた。
【通算】11年、388試合、333先発、278完投、14完封、203勝132敗、2887.2回、1223奪三振、1155四球、防御率3.74
【タイトル】最優秀防御率1回(1889年) 最多奪三振1回(91年)

ヴァーン・スティーヴンス
Vernon Decatur Stephens
1920.10.23～68.11.4【出身地】ニューメキシコ州マカリスター【球団】41-47ブラウンズ 48-52レッドソックス 53ホワイトソックス 53-55ブラウンズ/オリオールズ 55ホワイトソックス【位置】遊撃、三塁、右
【経歴】長打力が自慢で、遊撃手として放った213本塁打はアーニー・バンクス

に抜かれるまでの最多記録。43年9月29日には、史上初めて延長に入ってから2本塁打を放った。44年は20本塁打（2位）、109打点（1位）を叩き出し、ブラウンズ唯一の優勝の原動力となった。翌45年は24本で本塁打王。46年一旦メキシカン・リーグと契約したが、結局ブラウンズに復帰した。48年レッドソックスに移籍、テッド・ウィリアムズの後の四番を打ち29本塁打（4位）、137打点（2位）。49年39本塁打（2位）、159打点（1位）、50年も144打点で2年連続打点王となった。守備では強肩が光り、51年以降は三塁を守った。
【通算】15年、1720試合、6497打数1859安打、247本塁打、1174打点、25盗塁、打率.286
【タイトル】本塁打王1回（45年）打点王3回（44,49～50年）オールスター8回（43～46,48～51年）

リー・スティーヴンス　☆
DeWain Lee Stevens
1967.7.10～【出身地】ミズーリ州カンザスシティ【球団】90-92エンジェルズ　96-99レンジャーズ　2000-02エクスポズ　02インディアンズ【位置】一塁、左
【経歴】86年ドラフト1位でエンジェルズに入団し、92年は106試合に出場したが打率.221にとどまる。94年近鉄に入団、95年は開幕から14試合で10本塁打しながら、23本に終わり同年限り退団。96年レンジャーズでメジャーに復帰、翌97年は打率.300、21本塁打、74打点、以後5年連続20本塁打以上。2000年エクスポズに移籍、翌01年自己最多の25本塁打、95打点を記録した。
【通算】10年、1012試合、3332打数847安打、144本塁打、531打点、9盗塁、打率.254
【日本】94-95近鉄　2年、222試合、778打数204安打、43本塁打、136打点、3盗塁、打率.262

リッグス・スティーヴンソン
Jackson Riggs Stephenson
1898.1.5～1985.11.15【出身地】アラバマ州アクロン【球団】21-25インディアンズ　26-34カブス【位置】外野、二塁、右
【経歴】アラバマ大学時代に肩を痛めて守備には難があり、インディアンズ時代はレギュラーに定着できなかったが打撃は素晴らしく、14年間で打率3割12回。27年29歳にして正左翼手となり、打率.344（4位）、199安打（5位）、46二塁打は1位。29年は打率.362（5位）、17本塁打、110打点、32年も49二塁打（3位）を放ち優勝に貢献した。ワールドシリーズでも通算37打数14安打7打点と打ちまくった。
【通算】14年、1310試合、4508打数1515安打、63本塁打、773打点、53盗塁、打率.336

デイヴ・スティーブ
David Andrew Stieb
1957.7.22～【出身地】カリフォルニア州サンタアナ【球団】79-92ブルージェイズ　93ホワイトソックス　98ブルージェイズ
【位置】投手、右
【経歴】ブルージェイズのエースとして10回2ケタ勝利を記録。大学時代は強打の外野手で、78年ドラフト5位で入団して投手に転向すると、翌79年早くもローテーションに加わり8勝。勢いのある速球と切れの良いスライダーで80年から6年連続2ケタ勝利、82年は17勝（5位）、288.1回、19完投、5完封の3部門でリーグトップ。85年は防御率2.48（1位）、82～90年の9年間で16勝以上6回と安定していたが、味方のエラーに顔をしかめたり、審判の判定にしばしば文句をつけたりと性格的には問題があった。
　88年は最後の2先発でいずれも9回二死まで無安打に抑えながら、フリオ・フランコ、ジム・トレイバーに2ストライクから打たれて快挙を逸す。翌89年も2回目の先発で1安打試合、8月4日のヤンキース戦は9回二死までパーフェクトに抑えていたが、ロベルト・ケリーに安打を許し、あと一歩のところでノーヒッターに手が届かなかった。90年9月2日のインディアンズ戦で、4度目の挑戦にしてようやくノーヒッターを実現、これは球団史上初の記録でもあった。同年自己最多の18勝を挙げたがその後3年間で9勝しかできず、93年限り引退。98年40歳にして5年ぶりに現役復帰、19試合で1勝2セーブ、防御率4.83とまずまずの成績を残した。
【通算】16年、443試合、412先発、103完投、30完封、176勝137敗3S、2895.1回、1669奪三振、1034四球、防御率3.44
【タイトル】最優秀防御率1回（85年）オールスター7回（80～81,83～85,88,90年）

ジェリー・ステイリー
Gerald Lee Staley
1920.8.21 ～ 2008.1.2【出身地】ワシントン州ブラッシュプレイリー【球団】47-54 カーディナルス 55 レッズ 55-56 ヤンキース 56-61 ホワイトソックス 61 アスレティックス 61 タイガース【位置】投手、右
【経歴】ナックルとシンカーを武器とした横手投げ投手。49 年 10 勝、防御率 2.73（2 位）、51 年は自己最多の 19 勝。翌 52 年はリーグ 3 位の 17 勝、少ない球数でアウトにするのが得意で、53 年も 18 勝（5 位）を挙げた。ホワイトソックス移籍後はリリーフとして起用され、59 年はリーグ最多の 67 試合に登板し防御率 2.24、優勝投手にもなった。翌 60 年も 40 歳にして 13 勝、防御率 2.42 を記録した。
【通算】15 年、640 試合、186 先発、58 完投、9 完封、134 勝 111 敗、1981.2 回、727 奪三振、防御率 3.70
【タイトル】オールスター 3 回（52 ～ 53,60 年）

ハリー・ステイリー
Henry Eli Staley
1866.11.3 ～ 1910.1.12【出身地】イリノイ州ジャクソンヴィル【球団】1888-89 ピッツバーグ 90 ピッツバーグ（PL） 91 ピッツバーグ 91-94 ボストン 95 セントルイス【位置】投手、右
【経歴】1889 年から 4 年連続で 20 勝以上。89 年は 159 奪三振（3 位）、90 年はリーグ 2 位の防御率 3.2。91 年はピッツバーグで 9 試合投げたのち、ボストンに移って 20 勝し優勝に貢献。年間では自己ベストの 24 勝、防御率 2.58（4 位）。コントロールに優れ、牽制も上手かった。
【通算】8 年、284 試合、258 先発、232 完投、10 完封、136 勝 119 敗、2278 回、751 奪三振、防御率 3.81

レニー・ステネット
Renaldo Antonio Stennett
1949.4.5 ～ 2021.5.18【出身地】パナマ共和国コロン【球団】71-79 パイレーツ 80-81 ジャイアンツ【位置】二塁、右
【経歴】71 年メジャーに昇格し 50 試合で打率 .353、正二塁手に定着した 74 年は 196 安打（5 位）、守備でも 408 守備機会連続無失策。75 年 9 月 16 日には 7 打数 7 安打を記録した。77 年は自己最多の 28 盗塁、打率 .336 で首位打者を争っていたが、8 月にスライディングで右足を負傷、規定打席に 12 打席足りなかった。その後遺症で以後は満足に働けず、80 年にジャイアンツと 5 年契約を結ぶも 81 年限りで放出。89 年に 38 歳でカムバックを試みたが失敗に終わった。
【通算】11 年、1237 試合、4521 打数 1239 安打、41 本塁打、432 打点、75 盗塁、打率 .274

サミー・ステュワート
Samuel Lee Stewart
1954.10.28 ～ 2018.3.2【出身地】ノースカロライナ州アッシュヴィル【球団】78-85 オリオールズ 86 レッドソックス 87 インディアンズ【位置】投手、右
【経歴】75 年ドラフト外でオリオールズに入団。メジャー初登板となった 78 年 9 月 1 日のホワイトソックス戦では最初の 7 打者を連続三振に斬ってとる。速球とカーブ中心の投球で、81 年はほとんどリリーフで 29 試合、112.1 回を投げ 4 勝 8 敗。防御率 2.32 は現在の規定であれば 1 位だったが、小数点以下を切り下げる当時のルールによりタイトルを逃した。翌 82 年は先発とリリーフ兼任で 10 勝を挙げた。
【通算】10 年、359 試合、25 先発、4 完投、1 完封、59 勝 48 敗 45 S、956.2 回、586 奪三振、防御率 3.59
【タイトル】最優秀防御率 1 回（81 年 *）

シャノン・ステュワート
Shannon Harold Stewart
1974.2.25 ～【出身地】オハイオ州シンシナティ【球団】95-2003 ブルージェイズ 03-06 ツインズ 07 アスレティックス 08 ブルージェイズ【位置】外野、右
【経歴】92 年ドラフト 1 位でブルージェイズに入団。俊足の外野手で、レギュラーとなった 98 年に 51 盗塁（3 位）を決める。99 年から 6 年連続で打率 3 割以上、2000 年は自己最高の打率 .319、21 本塁打。01 年はいずれも 3 位の 202 安打、44 二塁打。03 年途中ツインズに移籍後、打率 .322 と活躍して地区優勝に貢献し、MVP 投票で 4 位に入った。
【通算】14 年、1386 試合、5574 打数 1653 安打、115 本塁打、580 打点、196 盗塁、打率 .297

デイヴ・ステュワート
David Keith Stewart
1957.2.19 ～【出身地】カリフォルニア州

オークランド【球団】78,81-83 ドジャース　83-85 レンジャーズ　85-86 フィリーズ　86-92 アスレティックス　93-94 ブルージェイズ　95 アスレティックス【位置】投手、右
【経歴】75 年ドラフト 16 位でドジャースに入団。速球を主体として 83 年は 10 勝 8 セーブ、防御率 2.60 と好投したが、85 年は 0 勝 6 敗、防御率 5.46 の大不振。一時は巨人が獲得に乗り出すも私生活上のトラブルにより断念した。86 年 8 試合投げたところでフィリーズを解雇されたが、地元のアスレティックスに拾われ、フォークボールを身につけ再生。87 年 20 勝で最多勝、自己最多の 205 奪三振、翌 88 年も 21 勝（2 位）、14 完投と 275.2 回は 1 位。89 年も 21 勝（2 位）、ワールドシリーズでは 2 勝を挙げ MVP を受賞。88 年以降のプレイオフでは 8 勝 0 敗、防御率 2.03 で、90 年と 93 年は MVP に選ばれている。
90 年は自己最多の 22 勝（2 位）、防御率 2.56（3 位）、11 完投、4 完封、267 回はいずれも 1 位、6 月 29 日のブルージェイズ戦でノーヒットノーランを達成。同年まで 4 年連続 20 勝以上を挙げながら、サイ・ヤング賞には縁がなかった。ロジャー・クレメンスとの投げ合いでは通算 9 勝 0 敗。引退後は数球団で投手コーチを務め、ブルージェイズのフロントを経て代理人に転身。15 年ダイアモンドバックス GM に就任したが、前時代的な思考や発言が批判を招き、2 年で解任となった。
【通算】16 年、523 試合、348 先発、55 完投、9 完封、168 勝 129 敗 19 S、2629.2 回、1741 奪三振、1034 四球、防御率 3.95
【タイトル】最多勝 1 回（87 年）オールスター 1 回（89 年）

レフティ・ステュワート
Walter Cleveland Stewart (Lefty)
1900.9.23 ～ 74.9.26【出身地】テネシー州スパータ【球団】21 タイガース　27-32 ブラウンズ　33-35 セネターズ　35 インディアンズ【位置】投手、左
【経歴】21 年 20 歳でメジャーに昇格、5 試合に投げたがその後はマイナー暮らし。27 年 6 年ぶりに再昇格しローテーションに加わる。カーブを効果的に使い 30 年 20 勝（5 位）、防御率 3.45（3 位）、以後 4 年連続で 14 勝以上。セネターズに移籍した 33 年は 15 勝を挙げ、ワールドシリーズ第 1 戦で先発を務めた。元は右投げで、事故で指を負傷したため左投げになった。
【通算】10 年、279 試合、216 先発、107 完投、8 完封、101 勝 98 敗、1722 回、503 奪三振、防御率 4.19

ケイシー・ステンゲル
Charles Dillon Stengel (Casey)
1890.7.30 ～ 1975.9.29【出身地】ミズーリ州カンザスシティ【球団】12-17 ドジャース　18-19 パイレーツ　20-21 フィリーズ　21-23 ジャイアンツ　24-25 ブレーヴス【位置】外野、左
【経歴】ヤンキースを 7 度の世界一に導いた名将で、数々の名言・迷言を残した名物男。出身地がカンザスシティ（KC）であることから“ケイシー”と呼ばれるようになった。旧友ザック・ウィートの紹介で 12 年ドジャースに入団、9 月 17 日のデビュー戦で 4 打数 4 安打を放ち正中堅手となり、14 年は打率 .316、出塁率 .404（1 位）。17 年の 6 本塁打と 73 打点はいずれも 4 位。23 年のワールドシリーズでは第 1 戦と第 3 戦で決勝本塁打を放った。通算では 3 回シリーズに出場、28 打数 11 安打で .393 の高打率を残している。
マイナー監督、ドジャースのコーチを経て 34 年監督に昇格したが、ドジャースとブレーヴスで指揮をとった 9 年間はすべて B クラス。49 年ヤンキース監督に就任した時もその手腕を疑問視されていたが、予想を覆し同年から 5 年連続世界一。54 年は 103 勝しながら 2 位に甘んじたものの、翌 55 年から再びリーグ 4 連覇、2 度世界一となった。プラトゥーン・システムを最大限に活用し、選手の能力を引き出す采配が特徴だった。
コメディアン顔負けのユーモアセンスの持ち主としても有名で、“ステンゲリーズ”と呼ばれる独特の語法と意味不明のコメントで報道陣を煙に巻いた。58 年 7 月にはメジャー・リーグが独占禁止法の適用外であることに関し、下院議会から証言を求められ、45 分間にわたり要領を得ない陳述を繰り広げて議員たちを困惑させた。60 年 70 歳の高齢を理由に解任された時には「70 歳になるなんて過ちは二度としない」との迷言を残している。62 年メッツの監督に招かれ、4 年連続最下位となったのち 65 年途中病気のため 75 歳で退任した。背番号 37 はヤンキース、メッツ両球団で永久欠番になっている。66 年殿堂入り。
【通算】14 年、1277 試合、4288 打数

1219安打、60本塁打、535打点、131盗塁、打率.284
【タイトル】最高出塁率1回（14年）
【監督】34-36ドジャース　38-43ブレーヴス　49-60ヤンキース　62-65メッツ
25年、3766試合、1905勝1842敗、勝率.508　リーグ優勝10回（49～53,55～58,60年）ワールドシリーズ優勝7回（49～53,56,58年）

ジェイク・ステンゼル
Jacob Charles Stenzel
1867.6.24～1919.1.6【出身地】オハイオ州シンシナティ【球団】1890シカゴ　92-96ピッツバーグ　97-98ボルティモア　98-99セントルイス　99シンシナティ【位置】外野、右
【経歴】本名はStelzle。当初は捕手で、ピッツバーグでメジャーに再昇格してから外野へ転向。1893年から5年連続で打率3割5分、出塁率4割を上回る。94年に13本塁打（5位）、121打点の自己記録、翌95年は.371の高打率で57試合連続出塁も記録。97年は43二塁打（1位）、69盗塁（2位）を決めたが、守備力は今一つだった。引退後はシンシナティの本拠地リーグ・パークのすぐ傍でカフェを経営した。
【通算】9年、768試合、3031打数1024安打、32本塁打、533打点、292盗塁、打率.338

ハリー・ストーヴィー
Harry Duffield Stovey
1856.12.20～1937.9.20【出身地】ペンシルヴェニア州フィラデルフィア【球団】1880-82ウースター　83-89フィラデルフィア（AA）　90ボストン（PL）　91-92ボストン　92-93ボルティモア　93ブルックリン【位置】外野、一塁、右
【経歴】本名はStowe。打走守三拍子揃った名外野手で、紳士的な選手としても知られていた。メジャー1年目の1880年にリーグ最多の14三塁打、6本塁打。フィラデルフィア（AA）に移籍した83年には優勝を決めるサヨナラタイムリーを放った。89年の19本を最多として本塁打王5回、通算100本塁打に到達した最初の選手となる。最多三塁打4回、最多盗塁2回とパワーとスピードを兼ね備えていた。83～91年は9年連続100得点以上で、通算得点数が出場試合数を上回る数少ない選手の一人である。
【通算】14年、1489試合、6153打数1775安打、176三塁打（21位）、122本塁打、912打点、509盗塁、打率.288
【タイトル】本塁打王5回(1880,83,85,89,91年）打点王1回（89年）
【監督】1881ウースター　85フィラデルフィア（AA）　2年、140試合、63勝75敗、勝率.457

ジョージ・ストヴォール
George Thomas Stovall
1877.11.23～1951.11.5【出身地】ミズーリ州リーズ【球団】04-11インディアンズ　12-13ブラウンズ　14-15カンザスシティ（FL）【位置】一塁、右
【経歴】直情径行型の性格で、首脳陣や審判とは衝突を繰り返したが、選手の間で信望が厚くインディアンズの主将を任される。04年に初本塁打を兄のジェシーから放ったが、これは史上初めての兄弟対決であり、なおかつジェシーにとって最後の登板だった。11年には急死したアディー・ジョスの葬儀にチーム全員で出席できるよう、当日の試合の中止をリーグ会長に働きかけた。同年は監督を兼任しながら自己最多の79打点を挙げた。四球がきわめて少なく、09年は598打席で6四球、通算でも174四球だった。14年フェデラル・リーグが結成された際にはいち早く参加し、率先して選手集めに走りカンザスシティの監督を務めた。引退後も長く球界に残り、ケガや生活苦に陥った選手を救済するための活動にも従事した。
【通算】12年、1414試合、5222打数1382安打、15本塁打、564打点、142盗塁、打率.265
【監督】11インディアンズ　12-13ブラウンズ　14-15カンザスシティ（FL）　5年、698試合、313勝376敗、勝率.454

ミルト・ストック
Milton Joseph Stock
1893.7.11～1977.7.16【出身地】イリノイ州シカゴ【球団】13-14ジャイアンツ　15-18フィリーズ　19-23カーディナルス　24-26ドジャース【位置】三塁、二塁、右
【経歴】13年20歳でデビューし、カーディナルスに移籍した19年に打率.307（5位）、以後4年連続で3割以上。20年204安打（2位）、25年は202安打（5位）で自己最高の打率.328、4試合連続4安打も記録した。翌26年オープン戦でルー・ゲーリッグと激突して負傷、同年は3試

合しか出られず引退した。その後は指導者の道を歩み、カブスやドジャースで三塁コーチを務め、マイナー時代の教え子エディー・スタンキーはのちに娘婿となった。
【通算】14年、1628試合、6249打数1806安打、22本塁打、696打点、155盗塁、打率.289

トッド・ストットルマイアー
Todd Vernon Stottlemyre
1965.5.20～【出身地】ワシントン州サニーサイド【球団】88-94ブルージェイズ 95アスレティックス 96-98カーディナルス 98レンジャーズ 99-2000,02ダイアモンドバックス【位置】投手、右
【経歴】85年ドラフト1位（第2回）でブルージェイズに入団。緩急をつけるのが上手く、90年から4年連続2ケタ勝利、91年は15勝。アスレティックスに移った95年自己最多の205奪三振（2位）、98年も204三振を奪い、8度目の2ケタとなる14勝を挙げた。引退後は投資アドバイザーに転身し、小説の筆も執った。父メル・シニアは通算164勝の好投手で、ともに100勝以上した唯一の父子である。兄メル・ジュニアも1年のみメジャー経験あり。
【通算】14年、372試合、339先発、25完投、6完封、138勝121敗1S、2191.2回、1587奪三振、防御率4.28

メル・ストットルマイアー
Melvin Leon Stottlemyre
1941.11.13～20019.1.13【出身地】ミズーリ州ヘイズルトン【球団】64-74ヤンキース【位置】投手、右
【経歴】低迷期のヤンキースを支えた好投手。64年8月メジャーに昇格し、シンカーを決め球に13試合で9勝、防御率2.06で優勝に貢献。9月26日のセネターズ戦では2安打に封じ完封勝利を挙げる一方、自ら5安打を放った。ワールドシリーズでも3試合に先発し、第2戦で完投勝利。翌65年はリーグ最多の291回、18完投、同2位の20勝。打撃では投手として55年ぶりとなるランニング満塁本塁打を記録した。66年はリーグワーストの20敗を喫したが、68～69年は2年連続20勝。73年まで9年連続12勝以上、200投球回以上と安定した数字を残し、272登板連続先発のリーグ新記録も樹立した。74年肩を痛め引退、その後はメッツ、ヤンキースなどで長くコーチを務める。息子のメル・ジュニアとトッドも投手で、トッドとは史上唯一の父子での100勝投手となった。
【通算】11年、360試合、356先発、152完投、40完封、164勝139敗1S、2661.1回、1257奪三振、防御率2.97
【タイトル】オールスター5回（65～66,68～70年）

チャック・ストッブス
Charles Klein Stobbs
1929.7.2～2008.7.11【出身地】ウェストヴァージニア州ウィーリング【球団】47-51レッドソックス 52ホワイトソックス 53-58セネターズ 58カーディナルス 59-61セネターズ/ツインズ【位置】投手、左
【経歴】47年ボーナス契約選手として18歳でデビュー、49年から8年間で6回2ケタ勝利、56年に自己最多の15勝。翌57年は開幕から11連敗、前年から数えると18連敗を喫し、縁起を担いで背番号をあえて13番に変更した甲斐もなく、リーグワーストの20敗。58～59年も合計4勝17敗と苦戦したが、60年は12勝と復調した。引退後もアナウンサーやアマチュアの指導者など、様々な形で野球に携わり続けた。
【通算】15年、459試合、238先発、65完投、7完封、107勝130敗、1920.1回、897奪三振、防御率4.29

ラスティ・ストーブ
Daniel Joseph Staub (Rusty)
1944.4.1～2018.3.29【出身地】ルイジアナ州ニューオーリンズ【球団】63-68アストロズ 69-71エクスポズ 72-75メッツ 76-79タイガース 79エクスポズ 80レンジャーズ 81-85メッツ【位置】外野、一塁、DH、左
【経歴】23年の長きにわたり活躍し続けた強打者で、バッティング・グラブを使用した最も初期の選手。16球団による争奪戦の末62年10万ドルの契約金で新設のコルト.45sに入団、翌63年19歳でレギュラーに抜擢される。当初は低打率に苦しんだが猛練習を重ね、67年に打率.333（5位）、44二塁打は1位。エクスポズに移籍した69年29本塁打、110四球（3位）で出塁率.426（4位）、続く70年は30本塁打、112四球（2位）。その赤毛から"ル・グラン・オランジュ"のニックネームで人気を博した。
　72年メッツへ移籍、翌73年はプレイオ

フ第3戦で史上初の2イニング連続本塁打、ワールドシリーズでも26打数11安打、6打点と打ちまくる。守備でも右翼で4回最多補殺を記録したが、体重の増加もあって77年からはDHに専念。同年22本塁打、101打点、翌78年は24本塁打、121打点（2位）。81年にメッツへ復帰してからは代打の切り札となり、83年は新記録の94回起用され、8打席連続安打も記録した。通算では100本の代打安打を放っている。4球団での500安打以上は史上初。引退後はブロードキャスターとして活躍、食通かつ腕の良い料理人でもあり、副業としてレストランを経営していた。殉死した警察官・消防士の遺族に見舞金を贈るための基金も創設し、9.11テロの際は1億ドルを超える寄付金を集めた。
【通算】23年、2951試合（14位）、9720打数2716安打、499二塁打、47三塁打、292本塁打、1466打点、47盗塁、1255四球、888三振、打率.279
【タイトル】オールスター6回（67～71,76年）

スペンサー・ストライダー　★
Spencer Robert Strider
1998.10.28～【出身地】オハイオ州コロンバス【球団】2021-24ブレーヴス【位置】投手、右
【経歴】2020年ドラフト4位でブレーヴスに入団。豪速球とスライダーで押しまくる投球スタイルで、22年は11勝、防御率2.67、131.2回で202三振を奪い新人王投票では次点。続く23年は20勝で最多勝、281奪三振も1位だったが、24年は2試合投げただけでトミー・ジョン手術に至った。
【通算】4年、67試合、54先発、0完投、32勝10敗0S、329.2回、495奪三振、防御率3.47
【タイトル】最多勝1回（2023年）最多奪三振1回（23年）オールスター1回（23年）

スティーヴン・ストラスバーグ
Stephen James Strasburg
1988.7.20～【出身地】カリフォルニア州サンディエゴ【球団】2010-22ナショナルズ【位置】投手、右
【経歴】サンディエゴ州立大学時代に大学野球史上最高の投手と呼ばれた逸材で、2008年の北京五輪にも参加。09年ドラフト全体1位でナショナルズに指名されると、当時の新人最高額となる4年1510万ドルで入団した。160kmを超える豪速球に加えて変化球も多彩で、10年6月8日のメジャーデビュー戦では7回を投げ14奪三振。12試合で5勝、68回で92三振を奪ったが、肘を痛めトミー・ジョン手術に至る。完全復帰した12年は15勝を挙げながらも、故障の再発を防ぐためポストシーズンの登録から外れて論議の的となった。
14年はリーグ最多の242奪三振、7年1億7500万ドルの延長契約を結んだ16年も開幕からの13連勝を含む15勝。17年には自己ベストの防御率2.52（3位）、プレイオフも14イニング無失点。19年はリーグ最多の209回を投げ18勝も1位、251奪三振は2位。さらにポストシーズンは5勝0敗、防御率1.98、47奪三振で4四球のみ。ワールドシリーズでは2勝を挙げMVPに選出された。20年は7年2億4500万ドルでナショナルズに残留したが、以後は故障続きで8試合しか投げられなかった。
【通算】13年、247試合、247先発、2完投、2完封、113勝62敗0S、1470回、1723奪三振、防御率3.24
【タイトル】最多勝1回（2019年）最多奪三振1回（14年）オールスター3回（12,16～17年）

モンティ・ストラットン
Monty Franklin Pierce Stratton
1912.5.21～82.9.29【出身地】テキサス州ワグナー【球団】34-38ホワイトソックス【位置】投手、右
【経歴】技巧派の投手で37年15勝、防御率2.40は2位。翌38年も15勝したが、同年秋ハンティング中に暴発事故で右脚を失い、選手生命を断たれる。その後ホワイトソックスのコーチを経てマイナーでカムバック、46年には18勝。49年にジェイムズ・ステュワート主演で映画『ストラットン・ストーリー（邦題：甦る熱球）』が製作され、アカデミー賞の最優秀脚本賞に輝いた。
【通算】5年、70試合、62先発、36完投、5完封、36勝23敗、487.1回、196奪三振、防御率3.71
【タイトル】オールスター1回（37年）

エイモス・ストランク
Amos Aaron Strunk
1889.1.22～1979.7.22【出身地】ペンシル

ヴェニア州フィラデルフィア【球団】08-17 アスレティックス　18-19 レッドソックス　19-20 アスレティックス　20-24 ホワイトソックス　24 アスレティックス【位置】外野、左
【経歴】08 年 19 歳でデビュー、12 年レギュラーとなる。16 年に打率 .316（4 位）、出塁率 .393（5 位）、21 年に自己最高の打率 .332、69 打点を記録した。頭脳的な走塁が光り、しばしばスクイズで二塁からホームを陥れた。守備も良く 5 回守備率 1 位となっているが、14 年のワールドシリーズ第 2 戦では最終回に決勝点につながるエラーを演じてしまった。
【通算】17 年、1512 試合、4999 打数 1418 安打、15 本塁打、529 打点、185 盗塁、打率 .284

サミー・ストラング
Samuel Nicklin Strang
1876.12.16 ～ 1932.3.13【出身地】テネシー州チャタヌーガ【球団】1896 ルイヴィル　1900 シカゴ　01 ジャイアンツ　02 ホワイトソックス　02 カブス　03-04 ドジャース　05-08 ジャイアンツ【位置】三塁、二塁、両
【経歴】1896 年 19 歳でメジャーに昇格したが、14 試合に出ただけでその後 4 年間マイナー暮らし。1901 年ジャイアンツでレギュラーとなり 40 盗塁（3 位）、翌 02 年に 76 四球（2 位）を選ぶ。05 年には代打で幾度もチームの危機を救ったことから、以後“ピンチ・ヒッター”という用語が定着したとされる。06 年打率 .319、出塁率 .423 は 1 位。引退後は故郷チャタヌーガでマイナー球団を経営した。
【通算】10 年、903 試合、2933 打数 790 安打、16 本塁打、253 打点、216 盗塁、打率 .269
【タイトル】最高出塁率 1 回（06 年）

トレヴァー・ストーリー　★
Trevor John Story
1992.11.15 ～【出身地】テキサス州アーヴィング【球団】2016-21 ロッキーズ　22-24 レッドソックス【位置】遊撃、二塁、右
【経歴】2011 年ドラフト 1 位でロッキーズに入団。長打力が売り物の遊撃手で、16 年メジャーに昇格すると史上初のデビュー戦から 4 試合連続本塁打、年間では 97 試合で 27 本塁打。18 年は 37 本塁打（2 位）、108 打点（4 位）、27 盗塁、翌 19 年も 35 本塁打と活躍を続ける。20 年は 15 盗塁と 4 三塁打の 2 部門で 1 位だったが、22 年にレッドソックスへ移ってからは故障がちになった。
【通算】9 年、908 試合、3431 打数 909 安打、179 本塁打、540 打点、129 盗塁、1075 三振、打率 .265
【タイトル】盗塁王 1 回（2020 年）オールスター 2 回（18 ～ 19 年）

カブ・ストリッカー
John A. Stricker (Cub)
1859.6.8 ～ 1937.11.19【出身地】ペンシルヴェニア州フィラデルフィア【球団】1882-85 フィラデルフィア（AA）　87-89 クリーヴランド（AA）／クリーヴランド　90 クリーヴランド（PL）　91 ボストン（AA）　92 セントルイス　92 ボルティモア　93 ワシントン【位置】二塁、右
【経歴】本名は Streaker。小柄で俊足の二塁手で、闘志満々のプレイが人気を集めた。1887 年クリーヴランド（AA）に移籍し 86 盗塁、90 年はクリーヴランド（PL）の球団代表を兼任した。92 年途中からセントルイスの監督をしていたが、23 試合に 6 勝 17 敗でボルティモアに放出され、チームメイトにも殴られ入院するなど散々な年となった。投手としても通算 8 試合に登板、82 年と 88 年に 1 勝ずつしている。
【通算】11 年、1196 試合、4635 打数 1106 安打、12 本塁打、411 打点（*）、打率 .239

ジョー・ストリップ
Joseph Valentine Stripp
1903.2.3 ～ 89.6.10【出身地】ニュージャージー州ハリソン【球団】28-31 レッズ　32-37 ドジャース　38 カーディナルス　38 ブレーヴス【位置】三塁、右
【経歴】30 年レギュラーとなり打率 .306、37 二塁打、15 盗塁（4 位）。翌 31 年は打率 .324、以後 36 年まで 7 年間で 6 回打率 3 割以上。ドジャースに移った 32 年に自己最多の 162 安打、64 打点を記録した。現役時代から副業として少年向けの野球学校を開設していた。
【通算】11 年、1146 試合、4211 打数 1238 安打、24 本塁打、464 打点、50 盗塁、打率 .294

ギャビー・ストリート
Charles Evard Street (Gabby)
1882.9.30 ～ 1951.2.6【出身地】アラバマ

州ハンツヴィル【球団】04-05 レッズ　05 ブレーヴス　05 レッズ　08-11 セネターズ　12 ヤンキース　31 カーディナルス【位置】捕手、右
【経歴】08 年正捕手となり 131 試合に出場。ワシントン・モニュメントの頂上から投じられたボールを捕球するパフォーマンスも披露した。第一次大戦時には軍曹としてパープルハート勲章を授与された。29 年カーディナルス監督となり、30 ～ 31 年に 2 年連続リーグ制覇、31 年は世界一に輝く。同年は 19 年ぶりに 1 試合出場し、48 歳にして盗塁を刺してみせた。
【通算】8 年、504 試合、1501 打数 312 安打、2 本塁打、105 打点、17 盗塁、打率 .208
【監督】29-33 カーディナルス　38 ブラウンズ　6 年、702 試合、365 勝 332 敗、勝率 .524　リーグ優勝 2 回（30 ～ 31 年）ワールドシリーズ優勝 1 回（31 年）

ヒューストン・ストリート
Huston Lowell Street

1983.8.2 ～【出身地】テキサス州オースティン【球団】2005-08 アスレティックス　09-11 ロッキーズ　12-14 パドレス　14-17 エンジェルズ【位置】投手、右
【経歴】2004 年ドラフト 1 位でアスレティックスに入団。よく動く速球と切れの良いスライダーで翌 05 年 5 勝 23 セーブ、防御率 1.72 の好成績を残し新人王を受賞、続く 06 年も 37 セーブ（4 位）。09 年はマット・ホリデイとの交換要員の一人としてロッキーズに移籍し、35 セーブを稼いだが、ディヴィジョンシリーズでは 2 敗を喫した。14 年はいずれも自己ベストの 41 セーブ、防御率 1.37、続く 15 年もリーグ 2 位の 40 セーブを記録した。
【通算】13 年、668 試合、0 先発、42 勝 34 敗 324 S（21 位）、680 回、665 奪三振、防御率 2.95
【タイトル】新人王（2005 年）オールスター 2 回（12,14 年）

ジョージ・ストーリングス
George Tweedy Stallings

1867.11.17 ～ 1929.5.13【出身地】ジョージア州オーガスタ【球団】1890 ブルックリン　97-98 フィラデルフィア【位置】捕手、右
【経歴】現役時代は二流選手で、マイナーの監督として実績を積み、1897 年フィラデルフィアで監督に就任。タイガース、ヤンキースを経て 13 年ブレーヴスの監督となる。プラトゥーン・システムを効果的に使い、翌 14 年は最後の 77 試合で 61 勝し、最大 11.5 ゲーム差を跳ね返しての逆転優勝。勢いにのってワールドシリーズも 4 連勝で世界一となり、“ミラクル・マン”と呼ばれた。大の迷信家、毒舌家で、ベンチではユニフォームを着用せずスーツ姿で指揮を執った。マイナーのモントリオール球団の監督をしていた 29 年、睡眠中に亡くなった。
【通算】3 年、7 試合、20 打数 2 安打、0 本塁打、0 打点、0 盗塁、打率 .100
【監督】1897-98 フィラデルフィア　1901 タイガース　09-10 ヤンキース　13-20 ブレーヴス　13 年、1812 試合、879 勝 898 敗、勝率 .495　リーグ優勝 1 回（14 年）ワールドシリーズ優勝 1 回（14 年）

ディー・ストレンジ＝ゴードン
Devaris Strange-Gordon (Dee)

1988.4.22 ～【出身地】フロリダ州ウィンダーミア【球団】2011-14 ドジャース　15-17 マーリンズ　18-20 マリナーズ　22 ナショナルズ【位置】二塁、遊撃、左
【経歴】2008 年ドラフト 4 位でドジャースに入団。14 年正二塁手となるといずれも 1 位の 12 三塁打、64 盗塁、続く 15 年はマーリンズへ移籍し、打率 .333、205 安打、58 盗塁の 3 部門で 1 位。守備でもゴールドグラブに選ばれた。16 年は禁止薬物使用により 80 試合の出場停止となったが、17 年は打率 .308、201 安打（2 位）、3 度目のタイトルとなる 60 盗塁と復活。同僚ホセ・フェルナンデスの事故死後最初の試合では追悼の先頭打者本塁打を放った。
　マーリンズ、マリナーズでチームメイトだったイチローを尊敬し、引退時にはシアトルの新聞に感謝のメッセージを綴った全面広告を掲載。19 年までは本名のゴードン名義で、20 年に母方の姓を加えストレンジ＝ゴードンと改名した。父のトム・ゴードンは長くメジャーで活躍した投手で、弟ニックも内野手。
【通算】11 年、1024 試合、3906 打数 1118 安打、18 本塁打、236 打点、336 盗塁、打率 .286
【タイトル】首位打者 1 回（2015 年）盗塁王 3 回（14 ～ 15,17 年）ゴールドグラブ 1 回（15 年）オールスター 2 回（14 ～ 15 年）

ダリル・ストロベリー
Darryl Eugene Strawberry

1962.3.12 ～【出身地】カリフォルニア州

ロスアンジェルス【球団】83-90 メッツ　91-93 ドジャース　94 ジャイアンツ　95-99 ヤンキース【位置】外野、左
【経歴】80 年ドラフト全体 1 位でメッツに入団。83 年メジャーに昇格し 26 本塁打、74 打点で新人王を受賞。91 年まで 9 年連続 25 本塁打以上、87 年は 39 本塁打（3 位）、36 盗塁で 30 － 30 を達成。翌 88 年は 39 本塁打（1 位）と活躍を続けていたが、チームメイトとの確執、私生活上のトラブル、果ては麻薬とアルコールに溺れて 92 年以降は二流選手に転落した。
93 年はドジャースを解雇され、ジャイアンツに拾われたが半年で再び解雇。96 年は独立リーグのノーザン・リーグでプレイしたのち、シーズン途中からヤンキースに加わり 63 試合で 11 本塁打、リーグ優勝決定シリーズでは 3 本塁打を放ち優勝に貢献。98 年は 7 年ぶりの 100 試合以上となる 101 試合に出て 24 本塁打と復活したが、シーズン終盤結腸癌を患い戦線離脱。99 年麻薬不法所持のため出場停止処分を科され、翌 2000 年も再び麻薬禍で 1 年間出場停止、事実上の引退となった。同名の息子（通称 D.J）は 1 年だけ NBA に在籍した。
【通算】17 年、1583 試合、5418 打数 1401 安打、335 本塁打、1000 打点、221 盗塁、1352 三振、打率 .259
【タイトル】新人王（83 年）本塁打王 1 回（88 年）オールスター 8 回（84 ～ 91 年）

ジョージ・ストーン
George Robert Stone
1876.9.3 ～ 1945.1.3【出身地】アイオワ州ロストネイション【球団】03 レッドソックス　05-10 ブラウンズ【位置】外野、左
【経歴】独特のクラウチングスタイルから快打を飛ばし、05 年 28 歳でレギュラーとなりリーグ最多の 187 安打。翌 06 年は打率 .358、出塁率 .417、長打率 .501 の 3 部門で 1 位、208 安打と 20 三塁打は 2 位と大活躍する。07 年も打率・出塁率・長打率はすべて 4 位以内だった。物静かな性格で、ヴァイオリンの演奏が得意だった。引退後はマイナー球団を経営した。
【通算】7 年、848 試合、3271 打数 984 安打、23 本塁打、268 打点、132 盗塁、打率 .301
【タイトル】首位打者 1 回（06 年）最高出塁率 1 回（06 年）

ジョン・ストーン
John Thomas Stone
1905.10.10 ～ 55.11.30【出身地】テネシー州リンチバーグ【球団】28-33 タイガース　34-38 セネターズ【位置】外野、左
【経歴】大学時代はフットボールの選手。レギュラーとなった 30 年に打率 .311、34 試合連続安打を記録。32 年自己最多の 35 二塁打、17 本塁打、109 打点。34 年グース・ゴズリンとの交換でセネターズに移籍、翌 35 年はリーグ 2 位の 18 三塁打。37 年まで 4 年連続で 3 割以上の打率を残した。
【通算】11 年、1200 試合、4494 打数 1391 安打、105 三塁打、77 本塁打、710 打点、45 盗塁、打率 .310

スティーヴ・ストーン
Steven Michael Stone
1947.7.14 ～【出身地】オハイオ州ユークリッド【球団】71-72 ジャイアンツ　73 ホワイトソックス　74-76 カブス　77-78 ホワイトソックス　79-81 オリオールズ【位置】投手、右
【経歴】ケント州立大学時代はサーマン・マンソンとバッテリーを組み、69 年 1 月ドラフト 4 位（第 2 回）でジャイアンツに入団。カーブ中心の投球で 75 年初の 2 ケタとなる 12 勝、ホワイトソックスに復帰した 77 年は 15 勝。オリオールズ移籍後の 80 年は 25 勝で最多勝となりサイ・ヤング賞を受賞、オールスターでも 3 回をパーフェクトに抑える。翌 81 年 4 勝に終わると引退し、その後は長くカブス戦、ホワイトソックス戦の解説者としてファンに親しまれた。食通でレストランを経営、詩やチェス、卓球なども得意とした趣味人だった。
【通算】11 年、320 試合、269 先発、43 完投、7 完封、107 勝 93 敗 1 S、1788.1 回、1065 奪三振、防御率 3.97
【タイトル】サイ・ヤング賞 1 回（80 年）最多勝 1 回（80 年）オールスター 1 回（80 年）

コーリー・スナイダー
James Cory Snyder
1962.11.11 ～【出身地】カリフォルニア州イングルウッド【球団】86-90 インディアンズ　91 ホワイトソックス　91 ブルージェイズ　92 ジャイアンツ　93-94 ドジャース【位置】外野、右
【経歴】ブリガムヤング大学で NCAA 史上 2 位の通算 73 本塁打、84 年のロスア

ンジェルス五輪では打率4割と活躍し、同年ドラフト1位（全体4位）でインディアンズに入団。86年メジャーに昇格し103試合で24本塁打、翌87年は33本塁打を放ったが打率.236、166三振を喫するなど粗さが目立ち、大成しなかった。元々は三塁手だったがプロ入り後外野に回り、88年にリーグ最多の16補殺と強肩を見せつけた。
【通算】9年、1068試合、3656打数902安打、149本塁打、488打点、28盗塁、打率.247

デューク・スナイダー
Edwin Donald Snider (Duke)
1926.9.19～2011.2.27【出身地】カリフォルニア州ロスアンジェルス【球団】47-62ドジャース　63メッツ　64ジャイアンツ【位置】外野、左
【経歴】50年代のドジャースを支えた強打者で、50年代に放った326本塁打はエディー・マシューズの299本を抑えて第1位。50年打率.321（3位）、199安打（1位）、107打点、以後7年間で6回100打点以上、55年は136打点でタイトルを獲得した。53年の42本（2位）以後5年続けて40本塁打以上、56年は43本塁打、99四球、出塁率.399、長打率.598がすべて1位。54年に20世紀以降のリーグ記録となる58試合連続出塁を達成、同年は自己最高の打率.341（3位）。打率3割以上を7回記録した。
52年と55年のワールドシリーズではいずれも4本塁打、シリーズ通算11本塁打、26打点は今もリーグ記録として残る。同じニューヨークを本拠としたウィリー・メイズ、ミッキー・マントルはセンターを守るライバル同士だったが、58年にドジャースが故郷ロスアンジェルスへ移転すると、球場が広くなったこともあり本塁打数は激減した。引退後スカウトやマイナーの監督を経て、エクスポズの実況アナウンサーとなった。80年殿堂入り。
【通算】18年、2143試合、7161打数2116安打、358二塁打、85三塁打、407本塁打、1333打点、99盗塁、971四球、1237三振、打率.295
【タイトル】本塁打王1回（56年）打点王1回（55年）最高出塁率1回（56年）オールスター8回（50～56,63年）

フランク・スナイダー
Frank Elton Snyder
1894.5.27～1962.1.5【出身地】テキサス州サンアントニオ【球団】12-19カーディナルス　19-26ジャイアンツ　27カーディナルス【位置】捕手、右
【経歴】12年19歳でメジャーに昇格し、14年正捕手となる。翌15年打率.298、55打点、守備でも刺殺と補殺で1位。21年からのジャイアンツ4連覇時には3回打率3割を記録、22年は.343の高打率。21年のワールドシリーズでは22打数8安打、第7戦で決勝打を放った。引退後はジャイアンツのコーチとなった。
【通算】16年、1392試合、4229打数1122安打、47本塁打、525打点、37盗塁、打率.265

ポップ・スナイダー
Charles N. Snyder (Pop)
1854.10.6～1924.10.29【出身地】ワシントンD.C.【球団】1876-77ルイヴィル　78-79,81ボストン　82-86シンシナティ（AA）87-89クリーヴランド（AA）/クリーヴランド　90クリーヴランド（PL）　91ワシントン（AA）【位置】捕手、右
【経歴】1877年から3年連続で守備率の記録を更新した好守の捕手。投手へのサインを最初に考え出した捕手とも言われ、二塁へ偽投し三塁走者を刺す、口でファウルチップの音真似をして審判を騙すなど小細工に長けていた。82年新球団シンシナティ（AA）に加わり監督を兼任、自ら打率.291、50打点（2位）と活躍して優勝に導いた。チームメイト思いの謙虚な性格で、契約交渉で提示された年俸が多すぎると返上を申し出たこともあった反面、大のギャンブル好きで、審判に対する野次も容赦なかった。
【通算】15年、797試合、3122打数737安打、7本塁打、339打点、打率.236
【監督】1882-84シンシナティ（AA）　91ワシントン（AA）　4年、288試合、163勝122敗、勝率.572　リーグ優勝1回（82年）

ラス・スナイダー
Russell Henry Snyder
1934.6.22～【出身地】ネブラスカ州オーク【球団】59-60アスレティックス　61-67オリオールズ　68ホワイトソックス　68-69インディアンズ　70ブルワーズ【位置】外野、左

【経歴】ヤンキースからアスレティックスにトレードされ、59年メジャーに昇格、73試合に打率.313で新人王投票3位。懸命なプレイぶりとチーム優先の姿勢でファンに人気があった。オリオールズ移籍後の62年に打率.305、66年も.306。守備はあまり巧くなかったが、外野の3つのポジションすべてで390試合以上守った。
【通算】12年、1365試合、3631打数984安打、42本塁打、319打点、58盗塁、打率.271

ブライアン・スニッカー
Brian Gerald Snitker
1955.10.17～【出身地】イリノイ州デケーター【球団】メジャー経験なし
【経歴】77年ドラフト外でブレーヴスに入団、現役時代は捕手だったがメジャーに上がれず指導者に転身。長い間マイナーの監督やブレーヴスのコーチなどを務めたのち2016年監督に就任、18年に最優秀監督賞を受賞。21年にワールドシリーズ優勝を果たした。息子のトロイもアストロズのコーチで、21年のシリーズでは敵味方として対戦した。
【監督】2016-24 ブレーヴス　9年、1317試合、735勝582敗、勝率.558、リーグ優勝1回(2021年) ワールドシリーズ優勝1回(21年)

マイク・ズニーノ
Michael Accorsi Zunino
1991.3.25～【出身地】フロリダ州ケイプコーラル【球団】2013-18 マリナーズ　19-22 レイズ　23 ガーディアンズ【位置】捕手、右
【経歴】2012年ドラフト1位(全体3位)でマリナーズに入団。正捕手となった14年は打率.199ながら22本塁打、17死球は1位。17年も25本塁打、21年は自己最多の33本と一発を秘めていた。通算149本は、生涯打率1割台の打者では最多。20年のプレイオフでも4本塁打、8打点。父グレッグはイタリアでプロ野球選手として活躍、母パオラは同国のソフトボール代表捕手だった。
【通算】11年、892試合、2798打数557安打、149本塁打、372打点、2盗塁、1088三振、打率.199
【タイトル】オールスター1回(2021年)

ブレイク・スネル　★
Blake Ashton Snell
1992.12.4～【出身地】ワシントン州シアトル【球団】2016-20 レイズ　21-23 パドレス　24 ジャイアンツ【位置】投手、左
【経歴】先発投手としては史上1位の通算奪三振率11.23を誇る左腕。2011年ドラフト1位でレイズに入団。快速球に加えてカーブやチェンジアップも優れており、18年は21勝、防御率1.89の2部門で1位、221奪三振でサイ・ヤング賞。20年のワールドシリーズ第6戦では5回まで1安打、9奪三振で無失点の快投を続けていたが、78球投げただけで降板させられ不服を訴えた。翌21年パドレスへトレード、23年はリーグ最多の99四球を与えながらも14勝、防御率2.25(1位)、自己最多の234奪三振(2位)で、両リーグでのサイ・ヤング賞受賞を果たした。ジャイアンツへ移籍した24年は8月2日のレッズ戦で、初完投をノーヒットノーランで飾った。ゲーム好きで、20年のコロナ休止期間中にメジャーリーガーを集めて開かれたゲーム大会で優勝している。25年はドジャースに移籍。
【通算】9年、211試合、211先発、1完投、1完封、76勝58敗0S、1096.2回、1368奪三振、防御率3.19
【タイトル】サイ・ヤング賞2回(2018,23年) 最多勝1回(18年) 最優秀防御率2回(18,23年) オールスター1回(18年)

J・T・スノウ
Jack Thomas Snow
1968.2.26～【出身地】カリフォルニア州ロングビーチ【球団】92 ヤンキース　93-96 エンジェルズ　97-2005 ジャイアンツ　06 レッドソックス　08 ジャイアンツ【位置】一塁、左
【経歴】89年ドラフト5位でヤンキースに入団。93年エンジェルズに移籍し正一塁手となり、95年24本塁打、102打点、ジャイアンツに移った97年は28本塁打、104打点、96四球(4位)。2002年のワールドシリーズは27打数11安打、第5戦では走者として本塁へ突入する際、バットを拾いに来た3歳のバットボーイで、のちのメジャーリーガーであるダーレン・ベイカーを抱え上げ、衝突を回避した。プロ意識が高いと評判を取っていたが、好不調の波が激しいのが難点だった。守備は敏捷かつ正確で、95年から6年続けてゴールドグラブを受賞している。父のジャッ

クは元 NFL のロスアンジェルス・ラムズの選手。
【通算】16 年、1716 試合、5641 打数 1509 安打、189 本塁打、877 打点、20 盗塁、1142 三振、打率 .268
【タイトル】ゴールドグラブ 6 回（95 ～ 2000 年）

クリス・スパイアー
Chris Edward Speier
1950.6.28 ～【出身地】カリフォルニア州アラメダ【球団】71-77 ジャイアンツ 77-84 エクスポズ 84 カーディナルス 84 ツインズ 85-86 カブス 87-89 ジャイアンツ【位置】遊撃、右
【経歴】70 年 1 月ドラフト 1 位（第 2 回）でジャイアンツに入団、翌 71 年 20 歳で正遊撃手となる。続く 72 年は 151 安打、15 本塁打、71 打点だったが、腰を痛めたこともあって結局これが自己記録となった。78、88 年と 2 度サイクルヒットを達成している。引退後はレッズなど 5 球団でコーチを歴任。息子のジャスティン、甥のゲイブは投手。
【通算】19 年、2260 試合、7156 打数 1759 安打、302 二塁打、50 三塁打、112 本塁打、720 打点、42 盗塁、847 四球、988 三振、打率 .246
【タイトル】オールスター 3 回（72 ～ 74 年）

ジャスティン・スパイアー
Justin James Speier
1973.11.6 ～【出身地】カリフォルニア州デイリーシティ【球団】98 カブス 98 マーリンズ 99 ブレーヴス 2000-01 インディアンズ 01-03 ロッキーズ 04-06 ブルージェイズ 07-09 エンジェルズ【位置】投手、右
【経歴】95 年ドラフト 55 位でカブスに入団。メジャー昇格後は一貫してリリーフとして起用され、2001 年から 8 年連続で 50 試合以上に登板。03 年の 72 試合、9 セーブはいずれも自己最多。スプリッターを武器として 05 年からは 3 年連続防御率 2 点台と安定していた。父のクリスも長く内野手として活躍した。
【通算】12 年、613 試合、0 先発、35 勝 33 敗 17 S、675 回、588 奪三振、防御率 4.11

ビル・スパイアーズ
William James Spiers
1966.6.5 ～【出身地】サウスカロライナ州オレンジバーグ【球団】89-94 ブルワーズ 95 メッツ 96-2001 アストロズ【位置】遊撃、三塁、二塁、左
【経歴】87 年ドラフト 1 位でブルワーズに入団。89 年遊撃の準レギュラーとなり、91 年に自己最多の 117 安打、54 打点。その後は内野のユーティリティとして起用され、97 年はアストロズで 132 試合に出場し打率 .320、出塁率は .438 の高率だった。引退後は高校でフットボールのコーチとなったのち、母校クレムソン大学のスタッフに加わった。
【通算】13 年、1252 試合、3408 打数 922 安打、37 本塁打、388 打点、97 盗塁、打率 .271

タリー・スパークス
Thomas Frank Sparks (Tully)
1874.12.12 ～ 1937.7.15【出身地】ジョージア州エトナ【球団】1897 フィラデルフィア 99 ピッツバーグ 1901 ブルワーズ 02 ジャイアンツ 02 レッドソックス 03-10 フィリーズ【位置】投手、右
【経歴】最初の 4 年間で 5 球団を転々としたのち、03 年フィリーズに復帰してからは定着。スローボールで打者のタイミングを外すのが得意で、06 年 19 勝、翌 07 年は 22 勝（3 位）、自己ベストの防御率 2.00 を記録した。
【通算】12 年、314 試合、270 先発、203 完投、19 完封、121 勝 137 敗、2343.2 回、780 奪三振、防御率 2.82

ディナード・スパン
Keiunta Denard Span
1984.2.7 ～【出身地】フロリダ州タンパ【球団】2008-12 ツインズ 13-15 ナショナルズ 16-17 ジャイアンツ 18 レイズ 18 マリナーズ【位置】外野、左
【経歴】2002 年ドラフト 1 位でツインズに入団。俊足のコンタクトヒッターで、09 年は打率 .311、10 三塁打（1 位）。ナショナルズへ移籍した 13 年も 2 度目の 1 位となる 11 三塁打、29 試合連続安打を記録。続く 14 年は打率 .302、リーグ最多の 184 安打、自己最多の 39 二塁打（4 位）、31 盗塁（5 位）を決めた。
【通算】11 年、1359 試合、5326 打数 1498 安打、71 本塁打、490 打点、185 盗塁、打率 .281

ウォーレン・スパーン
Warren Edward Spahn
1921.4.23 ～ 2003.11.24【出身地】ニューヨーク州バッファロー【球団】42,46-64 ブレーヴス　65 メッツ　65 ジャイアンツ【位置】投手、左
【経歴】左腕としては史上1位の通算363勝、13回の20勝を記録した大投手。当初は速球とカーブに頼った投球だったが、スクリューボールやスライダーをレパートリーに加え、幅を広げることによって44歳まで投げ続けた。スクリューは実際にはサークルチェンジだったとも言われる。
42年4試合に投げた後兵役につき、バルジの戦いではパープルハートを受章。46年に復帰、翌47年7完封（1位）を含む21勝（2位）、防御率2.33（1位）で一流投手の仲間入りを果たし、49年は21勝で初の最多勝、同年から4年連続で最多奪三振。53年いずれも1位の23勝、防御率2.10の自己最高成績を残す。57年21勝（1位）、防御率2.69（3位）でサイ・ヤング賞を受賞、同年から5年連続最多勝、7年連続最多完投。47～63年の17年間は最低でも14勝、245回以上、防御率も3.30を上回ったのは2度だけと並外れた安定感を誇った。
60年9月16日のフィリーズ戦で16年目にして初のノーヒットノーラン、翌61年4月28日のジャイアンツ戦では40歳で2度目の達成。63年に42歳で自己最多タイの23勝（3位）、史上最年長の20勝投手となる。翌64年は18年ぶりの1ケタ、12年ぶりの負け越しとなる6勝13敗に終わり、メッツへ金銭トレード。65年も7勝16敗で解雇されたが、なおもメキシコやマイナーで投げ続けた。牽制球も巧く、打撃でも投手では史上2位の35本塁打を放った。73年殿堂入り。
【通算】21年、750試合、665先発（14位）、382完投（19位）、63完封（6位）、363勝（5位）245敗（11位）、5243.2回（8位）、2583奪三振（30位）、1434四球（15位）、防御率3.09
【タイトル】サイ・ヤング賞1回（57年）最多勝8回（49～50,53,57～61年）最優秀防御率3回（47,53,61年）最多奪三振4回（49～52年）オールスター14回（47,49～54,56～59,61～63年）

ジェフ・スーパン
Jeffrey Scot Suppan
1975.1.2 ～【出身地】オクラホマ州オクラホマシティ【球団】95-97 レッドソックス　98 ダイアモンドバックス　98-2002 ロイヤルズ　03 パイレーツ　03 レッドソックス　04-06 カーディナルス　07-10 ブルワーズ　10 カーディナルス　12 パドレス【位置】投手、右
【経歴】93年ドラフト2位でレッドソックスに入団。緩急を上手に使った投球で、ロイヤルズ移籍後の99年に10勝、以後5年連続で200イニング以上を投げる。2008年までの10年間で9回2ケタ勝利を記録する一方、2ケタ敗戦も7回。防御率も05年の3.57を除いて、4点台を下回ることはなかった。04年に自己最多の16勝（5位）、ディヴィジョンシリーズとリーグ優勝決定シリーズはいずれも勝ち抜きを決めた試合で勝利投手。翌05年も16勝、続く06年のリーグ優勝決定シリーズ第3戦では8回無失点、自ら本塁打を放つ。第7戦でも7回1失点と好投し優勝に貢献、シリーズMVPを受賞した。社会活動にも熱心に取り組んでいた。
【通算】17年、448試合、417先発、16完投、5完封、140勝146敗0S、2542.2回、1390奪三振、防御率4.70

トリス・スピーカー
Tristram Edgar Speaker
1888.4.4 ～ 1958.12.8【出身地】テキサス州ハバード【球団】07-15 レッドソックス　16-26 インディアンズ　27 セネターズ　28 アスレティックス【位置】外野、左
【経歴】史上最高の守備力を誇った名中堅手。常に正確な状況判断を下し、極端に浅い守備位置をとって6回も単独併殺を完成させた。通算449補殺、143併殺はいずれも1位、6788刺殺も2位にランクされる。07年レッドソックスに昇格、不振で一度は解雇されたが翌08年復帰。09年打率.309、35盗塁、以後10年連続、1年おいてさらに8年連続で打率3割以上。12年自己最多の222安打（3位）、52盗塁（4位）に加え53二塁打、10本塁打、出塁率.464の3部門で1位となり、当時のMVPにあたるチャルマーズ賞を受賞した。
契約交渉のもつれから16年インディアンズに移籍、打率.386で首位打者となったのに加え、211安打、41二塁打、出塁率.470、長打率.502もすべて1位。19年途中から監督を兼任、翌20年自ら打率.388（2位）、50二塁打（1位）、107打点の活躍で優勝を果たし、ワールドシリー

ズでもチーム最多の8安打を放った。23年新記録となる59二塁打、自己最多の17本塁打、130打点(2位)、25年も37歳にして自己最高の打率.389(2位)と活躍を続けたが、八百長疑惑により26年限りでインディアンズを退団。通算792二塁打、最多二塁打8回は史上1位の大記録である。37年殿堂入り。
【通算】22年、2789試合(27位)、10195打数(26位)3514安打(5位)、792二塁打(1位)、222三塁打(6位)、117本塁打、1531打点、436盗塁、1381四球(30位)、395三振、打率.345
【タイトル】首位打者1回(16年)本塁打王1回(12年)最高出塁率4回(12,16,22,25年)
【監督】19-26インディアンズ　8年、1139試合、617勝520敗、勝率.543　リーグ優勝1回(20年)ワールドシリーズ優勝1回(20年)

スコット・スピージオ
Scott Edward Spiezio
1972.9.21～【出身地】イリノイ州ジョリエット【球団】96-99アスレティックス　2000-03エンジェルズ　04-05マリナーズ　06-07カーディナルス【位置】一塁、二塁、両
【経歴】93年ドラフト6位でアスレティックスに入団、97年正二塁手となる。2000年エンジェルズに移籍、02年はポストシーズン16試合で打率.327、3本塁打、19打点の大活躍。ワールドシリーズではチーム最多タイの8打点、2勝3敗で迎えた第6戦で反撃のきっかけとなる3ラン本塁打を放ち、世界一に結びつけた。翌03年は自己最多の158試合に出て36二塁打、83打点。05年は47打数3安打、打率.068と極端な不振に陥ったが、翌06年はカーディナルスで13本塁打、リーグ優勝決定シリーズでも5打点と復活した。アルコール依存症に苦しみ、08年には飲酒運転とひき逃げ事故を起こし逮捕されている。父のエドも三塁手として9年メジャーに在籍した。
【通算】12年、1273試合、3899打数996安打、119本塁打、549打点、33盗塁、打率.255

ポール・スプリットーフ
Paul William Splittorff
1946.10.8～2011.5.25【出身地】インディアナ州エヴァンズヴィル【球団】70-84ロイヤルズ【位置】投手、左
【経歴】ロイヤルズ一筋に球団記録となる通算166勝を挙げた頭脳派左腕。68年ドラフト25位で入団、70年に生え抜き選手ではメジャー昇格一番乗りを果たす。沈む速球を効果的に使い72年12勝、防御率3.13、翌73年球団初の20勝を挙げる。77年16勝、翌78年も19勝と活躍を続けた。2ケタ勝利10回、プレイオフではヤンキース戦に通算6試合投げ2勝0敗、防御率2.68と好投。誠実な人柄も評価されていた。引退後は長くロイヤルズ戦や大学バスケットボールの解説をした。
【通算】15年、429試合、392先発、88完投、17完封、166勝143敗1S、2554.2回、1057奪三振、防御率3.81

ジョージ・スプリンガー　★
George Chelston Springer
1989.9.19～【出身地】コネティカット州ニューブリテン【球団】2014-20アストロズ　21-24ブルージェイズ【位置】外野、右
【経歴】史上2位の先頭打者本塁打60本を放っている好打者。2011年ドラフト1位でアストロズに入団、17年は前半戦だけで先頭打者本塁打9本、年間では34本塁打、85打点。ワールドシリーズでは29打数11安打、第4戦から4試合連続、タイ記録の5本塁打。第2戦の延長11回に決勝2ラン、第5戦も同点弾など効果的な一発が多くシリーズMVPを受賞した。翌18年は2年連続の開幕戦先頭打者本塁打、プレイオフは35打数14安打、4本塁打と大当たり。ポストシーズンは通算67試合で19本塁打。19年に自己最多の39本、96打点を記録した。吃音の持ち主で、同じ悩みを抱える人々のための活動も行なっている。
【通算】11年、1305試合、5057打数1326安打、261本塁打、712打点、102盗塁、1204三振、打率.262
【タイトル】オールスター4回(2017～19,22年)

ラス・スプリンガー
Russell Paul Springer
1968.11.7～【出身地】ルイジアナ州アレグザンドリア【球団】92ヤンキース　93-95エンジェルズ　95-96フィリーズ　97アストロズ　98ダイアモンドバックス　98-99ブレーヴス　2000-01ダイアモンドバックス　03カーディナルス　04-06アストロズ　07-08カーディナルス　09アスレティック

ス　09 レイズ　10 レッズ【位置】投手、右
【経歴】89 年ドラフト 7 位でヤンキースに入団。当初は先発でも起用されたが通算 5 勝 14 敗、防御率 7.34 と結果を残せず、97 年以降はリリーフに専念。沈む速球を武器として、2006 年から 4 年連続で 70 試合以上投げ、07 年は自己最多の 8 勝、防御率 2.18。19 年のメジャー生活でのべ 13 球団に在籍、41 歳まで現役を続けた。
【通算】18 年、740 試合、27 先発、1 完投、0 完封、36 勝 45 敗 9 S、856.1 回、775 奪三振、防御率 4.52

エド・スプレイグ
Edward Nelson Sprague
1967.7.25 ～【出身地】カリフォルニア州カストロヴァレー【球団】91-98 ブルージェイズ　98 アスレティックス　99 パイレーツ　2000 パドレス　00 レッドソックス　00 パドレス　01 マリナーズ【位置】三塁、右
【経歴】88 年のソウル五輪代表メンバーで、同年ドラフト 1 位でブルージェイズに入団。92 年のワールドシリーズ第 2 戦では、ア・リーグの打者ではシリーズ史上初めての代打逆転決勝弾を放った。96 年に自己最多の 36 本塁打、101 打点を記録したが、続く 2 年間は 2 割 2 分台の低打率。99 年パイレーツに移籍、22 本塁打と復調しオールスターに出場した。引退後はパシフィック大の監督。父のエド・シニアも投手として 8 年メジャーに在籍した。クリステン夫人は 92 年バルセロナ五輪のシンクロナイズド・スイミング金メダリスト。
【通算】11 年、1203 試合、4095 打数 1010 安打、152 本塁打、558 打点、6 盗塁、打率 .247
【タイトル】オールスター 1 回（99 年）

ジム・スペンサー
James Lloyd Spencer
1947.7.30 ～ 2002.2.10【出身地】ペンシルヴェニア州ハノーヴァー【球団】68-73 エンジェルズ　73-75 レンジャーズ　76-77 ホワイトソックス　78-81 ヤンキース　81-82 アスレティックス【位置】一塁、左
【経歴】65 年ドラフト 1 位でエンジェルズに入団。守備率 1 位を 4 回記録した好守の一塁手で、70、77 年にゴールドグラブを受賞した。打撃でも確実性は今一つながら、79 年は 106 試合で 23 本塁打と一発の魅力はあった。祖父のベンは 13 年に外野手として 8 試合のみ出場した。
【通算】15 年、1553 試合、4908 打数 1227 安打、146 本塁打、599 打点、11 盗塁、打率 .250
【タイトル】ゴールドグラブ 2 回（70,77 年）オールスター 1 回（73 年）

ダリル・スペンサー　☆
Daryl Dean Spencer
1928.7.13 ～ 2017.1.2【出身地】カンザス州ウィチタ【球団】52-53,56-59 ジャイアンツ　60-61 カーディナルス　61-63 ドジャース　63 レッズ【位置】遊撃、二塁、三塁、右
【経歴】53 年レギュラーとなり、.208 の低打率ながら 20 本塁打を放つ。2 年間の兵役ののち 56 年復帰、内野のユーティリティとして活躍。58 年はジャイアンツのサンフランシスコ移転後の初試合で本塁打を打った。60 年にリーグ 5 位の 81 四球を選ぶなど、選球眼も優れていた。64 年阪急に入団し 36 本塁打、翌 65 年も 38 本塁打で 2 年連続 2 位。パワフルな打撃と激しいスライディングで対戦相手から恐れられたが、相手投手のクセを研究するなど細かい野球を日本球界にもたらしたことも見のがせない。68 年限りで帰国したのち、71 年コーチ兼任で再来日した。
【通算】10 年、1098 試合、3689 打数 901 安打、105 本塁打、428 打点、13 盗塁、打率 .244
【日本】64-68,71-72 阪急　7 年、731 試合、2233 打数 615 安打、152 本塁打、391 打点、6 盗塁、打率 .275

スタン・スペンス
Stanley Orville Spence
1915.3.20 ～ 83.1.9【出身地】ケンタッキー州サウスポーツマス【球団】40-41 レッドソックス　42-44,46-47 セネターズ　48-49 レッドソックス　49 ブラウンズ【位置】外野、左
【経歴】42 年セネターズに移籍し打率 .323（3 位）、203 安打（2 位）、15 三塁打（1 位）の好成績。44 年も打率 .316（5 位）、187 安打（3 位）、18 本塁打（3 位）、100 打点（4 位）と活躍したが、翌 45 年は兵役で全休。復帰した 46 年は 50 二塁打（2 位）、10 三塁打（3 位）、翌 47 年のオールスターでは代打で決勝タイムリーを放ち、MVP に選ばれた。外野守備の評価も高く、44 年にリーグ最多の 29 補殺を記録した。
【通算】9 年、1112 試合、3871 打数 1090 安打、95 本塁打、575 打点、21 盗

塁、打率.282
【タイトル】オールスター4回（42,44,46～47年）

アル・スポルディング
Albert Goodwill Spalding
1850.9.2～1915.9.9【出身地】イリノイ州バイロン【球団】1876-78シカゴ【位置】投手、一塁、右
【経歴】メジャー創成期の最重要人物の一人。1871年ナショナル・アソシエーション結成と同時にボストン球団に参加、同年から5年連続最多勝。74年は617.1回を投げ52勝、翌75年は54勝5敗、通算204勝53敗と圧倒的な数字を残す。76年ナショナル・リーグの誕生とともにシカゴへ移り、4月25日のルイヴィル戦でリーグ史上初完封。同年は監督兼任で1位の47勝を挙げ優勝の原動力となったが、投げ過ぎがたたり翌77年は4試合に登板しただけで、主に一塁手として出場した。
72～73年頃には早くも選手の権利を守るための組織の結成に動き、78年は1試合出場したのみで27歳にして現役引退。76年から始めたスポーツ用品店の経営に専念し、ナ・リーグ公認使用球の権利を独占、オフィシャル・ガイドの発行も任され大成功を収める。82年からは9年間にわたりシカゴの球団社長として、球場の環境浄化やギャンブラーとの関係を断ち切るために尽力した。88～89年はオールスター・チームを率い、ヨーロッパ、エジプト、オーストラリアなどで海外巡業を挙行したが成果は上がらず、特にイギリスで不評を買ったことにプライドを傷つけられた。
1900年代初めに野球の起源を探るための調査委員会を組織。08年「野球は1839年、ニューヨーク州クーパーズタウンでエイブナー・ダブルデイが考案したものである」と正式発表したが、これは野球がイギリス起源の球技ラウンダースから派生したものでないことを強調するスポルディングの強い意思がはたらいていたと推測され、現在ではダブルデイの考案ではないことは確認されている。シカゴ万国博開催に尽力したり、オリンピックの米国委員を務めたりと球界の外でも幅広く活動、1900年のパリ万博においてフランス政府から勲章を授与された。39年殿堂入り。
【通算】2年、65試合、61先発、53完投、8完封、47勝12敗、539.2回、41奪三振、防御率1.78
【タイトル】最多勝1回（1876年）
【監督】1876-77シカゴ　2年、126試合、78勝47敗、勝率.624　リーグ優勝1回（76年）

ジョン・スマイリー
John Patrick Smiley
1965.3.17～【出身地】ペンシルヴェニア州フェニックスヴィル【球団】86-91パイレーツ　92ツインズ　93-97レッズ　97インディアンズ【位置】投手、左
【経歴】83年ドラフト12位でパイレーツに入団。左腕からの多彩な変化球で88年13勝、翌89年も12勝、自己ベストの防御率2.81。91年はリーグトップの20勝を挙げたが、プレイオフでは2度の先発でいずれも早々とKOされる。翌92年ツインズへ移り16勝、94年から4年連続で2ケタ勝利。97年終盤に左腕を骨折しその後は登板がなく、2000年にパイレーツで復帰を試みたが失敗に終わった。
【通算】12年、361試合、280先発、28完投、8完封、126勝103敗4S、1907.2回、1284奪三振、防御率3.80
【タイトル】最多勝1回（91年）オールスター2回（91,95年）

アル・スミス
Alfred John Smith
1907.10.12～77.4.28【出身地】イリノイ州ベルヴィル【球団】34-37ジャイアンツ　38-39フィリーズ　40-45インディアンズ【位置】投手、左
【経歴】本格派の投手として、36年リーグ最多の4完封を含む14勝。肩を故障し39年にマイナー落ち、技巧派に衣替えして40年15勝と復活。翌41年はジム・バグビーとともにジョー・ディマジオの連続試合安打を56で止めた。カーブやスクリューボールを駆使した頭脳的な投球で、43年自己最多の17勝（4位）、防御率2.55。現役最後の45年は5勝中3勝が完封だったが、最後の4先発に全敗し、100勝には1勝及ばなかった。
【通算】12年、356試合、201先発、75完投、16完封、99勝101敗、1662.1回、587奪三振、防御率3.72
【タイトル】オールスター1回（43年）

アル・スミス
Alphonse Eugene Smith
1928.2.7～2002.1.3【出身地】ミズーリ州カークウッド【球団】53-57インディアンズ　58-62ホワイトソックス　63オリオールズ

64 インディアンズ　64 レッドソックス【位置】外野、三塁、右
【経歴】ニグロ・リーグから 48 年インディアンズ入り、54 年レギュラーとなり 29 二塁打 (2 位)、88 四球 (4 位)。ワールドシリーズ第 2 戦では先頭打者で、シリーズ史上初の初球本塁打を放った。翌 55 年は打率 .306、22 本塁打、出塁率 .407 (3 位)。58 年ホワイトソックスに移籍するが、人気選手のミニー・ミニョソとの交換だったためブーイングの対象となった。60 年打率 .315 (2 位)、翌 61 年自己最多の 28 本塁打、93 打点を記録した。
【通算】12 年、1517 試合、5357 打数 1458 安打、164 本塁打、676 打点、67 盗塁、打率 .272
【タイトル】オールスター 2 回 (55,60 年)
<ニグロ・リーグの成績> 39 試合、142 打数 42 安打、4 本塁打、25 打点、3 盗塁、打率 .296

ウィル・スミス　★
William Dills Smith
1995.3.28 ～【出身地】ケンタッキー州ルイヴィル【球団】2019-24 ドジャース【位置】捕手、右
【経歴】2016 年ドラフト 1 位でドジャースに入団。強打と好守を併せ持った捕手で、メジャーに昇格した 19 年は 54 試合で 15 本塁打。20 年のポストシーズンは低打率ながらも 18 試合で 13 打点、リーグ優勝決定シリーズ第 5 戦では同姓同名のウィル・スミスに本塁打を見舞った。21 年に 25 本塁打、以後 4 年間で 3 回 20 本台に乗せる。21、23 年は犠飛もリーグ最多の本数だった。10 年間の延長契約を結んだ 24 年は 7 月 5・6 日に 4 打数連続本塁打、守備では 58 補殺、盗塁阻止率 .333 の両部門で 1 位となった。
【通算】6 年、612 試合、2146 打数 554 安打、111 本塁打、381 打点、10 盗塁、打率 .258
【タイトル】オールスター 2 回 (2023 ～ 24 年)

ウィル・スミス　★
William Michael Smith
1989.7.10 ～【出身地】ジョージア州ニューナン【球団】2012-13 ロイヤルズ　14-16 ブルワーズ　16,18-19 ジャイアンツ　20-22 ブレーヴス　22 アストロズ　23 レンジャーズ　24 ロイヤルズ【位置】投手、左
【経歴】左腕では初の 100 セーブ& 100 ホールドを記録したリリーバー。2008 年ドラフト 7 位でエンジェルズに入団し、12 年ロイヤルズでメジャー昇格し先発で 6 勝を挙げるが、以後はリリーフに回る。ブルワーズへ移籍した 14 年はリーグ最多の 78 試合に登板、ジャイアンツ時代の 19 年は 34 セーブ (3 位)、21 年もブレーヴスで自己最多の 37 セーブ (3 位)。スライダーが決め球で、ポストシーズンでも 11 試合、11 回を無失点に抑えて 6 セーブを稼ぎ世界一に貢献した。22 年はアストロズ、23 年はレンジャーズで 3 年続けて異なるチームでの世界一を経験した。同姓同名のウィル・スミスとの対決では、レギュラーシーズンでは通算 4 打数 0 安打に抑えたが、20 年のプレイオフで本塁打を打たれた。
【通算】12 年、618 試合、17 先発、0 完投、33 勝 45 敗 114 S、652.1 回、748 奪三振、防御率 3.85
【タイトル】オールスター 1 回 (2019 年)

エディー・スミス
Edgar Smith
1913.12.14 ～ 94.1.2【出身地】ニュージャージー州マンスフィールド【球団】36-39 アスレティックス　39-43,46-47 ホワイトソックス　47 レッドソックス【位置】投手、左
【経歴】速球派の左腕で、ローテーション入りした 37 年は 4 勝 17 敗と大きく負け越す。シーズン途中でホワイトソックスへ移籍した 39 年 10 勝、続く 40 年自己最多の 14 勝、防御率 3.21 (4 位)。13 勝を挙げた 41 年は、ジョー・ディマジオの 56 試合連続安打の 1 本目を献上した。翌 42 年は開幕から 10 連敗、リーグワーストの 20 敗を喫した。
【通算】10 年、282 試合、197 先発、91 完投、8 完封、73 勝 113 敗、1595.2 回、694 奪三振、防御率 3.82
【タイトル】オールスター 2 回 (41 ～ 42 年)

エルマー・スミス
Elmer Ellsworth Smith
1868.3.23 ～ 1945.11.3【出身地】ペンシルヴェニア州ピッツバーグ【球団】1886-89 シンシナティ (AA)　92-97 ピッツバーグ　98-1900 シンシナティ　00 ニューヨーク　01 パイレーツ　01 ブレーヴス【位置】外野、投手、左
【経歴】1886 年 18 歳でシンシナティ(AA) にテスト入団、翌 87 年 52 試合に先発し 34 勝 (3 位)、防御率 2.94 (1 位)。88 年も 22 勝したが、肩痛のため 90 年にはマ

イナーへ降格。92年地元のピッツバーグで打者として再昇格、1.5kgの重いバットを振り回し93年は打率.346、23三塁打(4位)、103打点。98年は30試合連続安打を記録し打率.342(4位)、同年まで6年連続で3割以上の打率を残した。大の動物好きで、引退後は動物の飼育を職業とした。マイク・スミスの別名でも知られる。
【通算】＜投手としての成績＞7年、149試合、136先発、122完投、9完封、75勝57敗、1210.1回、525奪三振、防御率3.35
＜打者としての成績＞14年、1237試合、4693打数1456安打、136三塁打、37本塁打、665打点、233盗塁、打率.310
【タイトル】最優秀防御率1回(1887年)

エルマー・スミス
Elmer John Smith
1892.9.21～1984.8.3【出身地】オハイオ州エリーカウンティ【球団】14-16インディアンズ　16-17セネターズ　17,19-21インディアンズ　22レッドソックス　22-23ヤンキース　25レッズ【位置】外野、左
【経歴】15年にレギュラーとなり、翌16年途中セネターズへトレードされるも17年途中金銭でインディアンズに買い戻される。20年は打率.316、12本塁打(5位)、103打点の活躍で優勝に貢献。ワールドシリーズ第5戦の初回にシリーズ史上初の満塁本塁打を放った。続く21年も16本塁打、85打点と好調を持続した。
【通算】10年、1012試合、3195打数881安打、70本塁打、541打点、54盗塁、打率.276

オジー・スミス
Osborne Earl Smith
1954.12.26～【出身地】アラバマ州モービル【球団】78-81パドレス　82-96カーディナルス【位置】遊撃、両
【経歴】軽快かつ華麗な守備で"オズの魔法使い"の異名をとった名遊撃手。8度守備率1位を記録、通算8375補殺は史上1位、1590併殺は2位。80年は史上最多の621補殺で、同年から92年まで13年間ゴールドグラブを独占した。守備位置につく際に宙返りをするパフォーマンスも有名だった。77年にドラフト4位で入団したパドレス時代は583試合で打率.231、1本塁打の貧打だったが、カーディナルス移籍後は徐々に打力が向上。85年のリーグ優勝決定シリーズは23打数10安打でMVP、第5戦で放ったサヨナラ本塁打は、ポストシーズン通算42試合で唯一の本塁打でもあった。
87年は打率.303、182安打(3位)、40二塁打(2位)、75打点の自己記録で、MVP投票で次点となる。翌88年自己最多タイの57盗塁(3位)、通算では30盗塁以上11回、成功率も.797と高かった。全盛時にはメジャー最高給を稼いだほど、その総合的な能力を高く評価されていた。2002年殿堂入り。
【通算】19年、2573試合、9396打数2460安打、402二塁打、69三塁打、28本塁打、793打点、580盗塁(22位)、1072四球、589三振、打率.262
【タイトル】ゴールドグラブ13回(80～92年) オールスター15回(81～92,94～96年)

シェリー・スミス
Sherrod Malone Smith
1891.2.18～1949.9.12【出身地】ジョージア州モンティセロ【球団】11-12パイレーツ　15-17,19-22ドジャース　22-27インディアンズ【位置】投手、左
【経歴】制球の良い左腕投手で、ノーワインドアップのゆったりした投球フォームが特徴。メジャーに再昇格した15年と翌16年に14勝、20年は防御率1.85。通算では2ケタ勝利7回、2度出場したワールドシリーズでも30.1回を投げ防御率0.89と好投した。牽制が抜群に上手く、ボークを取られたことはほとんどなかった。引退後は警官となって、署長にまで昇進した。
【通算】14年、373試合、226先発、142完投、16完封、114勝118敗、2052.2回、428奪三振、防御率3.32

ジャック・スミス
Jack Smith
1895.6.23～1972.5.2【出身地】イリノイ州シカゴ【球団】15-26カーディナルス　26-29ブレーヴス【位置】外野、左
【経歴】俊足巧打の外野手で、19年に30盗塁(4位)、翌20年の打率.332以後4年連続3割以上。22年の158安打、8本塁打、46打点はいずれも自己最多だった。23年は32盗塁(3位)を決めている。26年は1試合出ただけでブレーヴスへ金銭トレード、同年と翌27年も100試合未満の出場ながら打率3割を超えた。
【通算】15年、1406試合、4532打数

1301安打、40本塁打、382打点、228盗塁、打率.287

ジャーマニー・スミス
George J. Smith (Germany)
1859.4.20 ～ 1927.12.1【出身地】ペンシルヴェニア州ピッツバーグ【球団】1884 アルトゥーナ（UA） 84 クリーヴランド 85-90 ブルックリン（AA）/ブルックリン 91-96 シンシナティ 97 ブルックリン 98 セントルイス【位置】遊撃、右
【経歴】守備範囲の広い遊撃手で、最多補殺5回、1試合平均3.7補殺は史上1位。通算6166補殺も19世紀の遊撃手では断然1位である。1890年は481打数で打率.191だったように、打撃はあまり良くなかったが、95年は打率.300、自己最多の151安打を記録した。
【通算】15年、1712試合、6562打数 1597安打、47本塁打、800打点（*）、打率.243

ジョー・スミス
Joseph Michael Smith
1984.3.22 ～【出身地】オハイオ州シンシナティ【球団】2007-08 メッツ 09-13 インディアンズ 14-16 エンジェルズ 16 カブス 17 ブルージェイズ 17 インディアンズ 18-19,21 アストロズ 21 マリナーズ 22 ツインズ【位置】投手、右
【経歴】2006年ドラフト3位でメッツに入団。サイドスローのリリーフ投手で08年は82試合に登板、11～14年は4年続けて70試合以上投げて防御率2点台以下と安定。得意のシンカーで14年に自己最多の7勝15セーブ、防御率1.81の好成績を残した。
【通算】15年、866試合、0先発、55勝34敗30S、762.1回、666奪三振、防御率3.14

ゼイン・スミス
Zane William Smith
1960.12.28 ～【出身地】ウィスコンシン州マディソン【球団】84-89 ブレーヴス 89-90 エクスポズ 90-94 パイレーツ 95 レッドソックス 96 パイレーツ【位置】投手、左
【経歴】82年ドラフト3位でブレーヴスに入団。シンカー中心の技巧派左腕で、87年は15勝（5位）を挙げたが、89年は開幕から1勝12敗でシーズン途中エクスポズへ放出。90年途中パイレーツへ移り11試合で6勝2敗、防御率1.30と好投し優勝への追い込みに貢献、年間では12勝、防御率2.55（2位）。翌91年自己最多の16勝（5位）、228回を投げ29四球と抜群のコントロールだった。95年はレッドソックスへ移ったが翌96年パイレーツへ戻り、最後の白星となる通算100勝目を完封で飾った。
【通算】13年、360試合、291先発、35完投、16完封、100勝115敗3S、1919.1回、1011奪三振、防御率3.74

セス・スミス
Garry Seth Smith
1982.9.30 ～【出身地】ミシシッピ州ジャクソン【球団】2007-11 ロッキーズ 12-13 アスレティックス 14 パドレス 15-16 マリナーズ 17 オリオールズ【位置】外野、左
【経歴】2004年ドラフト2位でロッキーズに入団。メジャーに定着した09年に15本塁打、以後9年間で2ケタ本塁打8回。通算打率.205と左投手を打てずレギュラーにはなれなかったが、代打では通算287回起用され打率.288、9本塁打、長打率.506と結果を出した。ミシシッピ大学ではフットボールでも活躍、NFLの名選手イーライ・マニングの控えだった。
【通算】11年、1249試合、3582打数 934安打、126本塁打、458打点、22盗塁、打率.261

デイヴ・スミス
David Stanley Smith
1955.1.21 ～ 2008.12.17【出身地】カリフォルニア州リッチモンド【球団】80-90 アストロズ 91-92 カブス【位置】投手、右
【経歴】76年ドラフト8位でアストロズに入団。中継ぎで経験を積んだのち、85年ストッパーとなり9勝27セーブ（3位）。翌86年も33セーブ（3位）を稼いだが、プレイオフでは二度救援に失敗した。速球とチェンジアップなど変化球のバランスが良く、87年は自己ベストの防御率1.65、50試合に投げ被本塁打ゼロ。落ち着いたマウンドさばきで90年まで6年連続20セーブ以上、7年連続で防御率2点台以下と安定していた。
【通算】13年、609試合、1先発、0完投、53勝53敗216S、809.1回、548奪三振、防御率2.67
【タイトル】オールスター2回（86,90年）

ヒルトン・スミス
Hilton Lee Smith
1907.2.27 ～ 83.11.18【出身地】テキサス州ギディングス【球団】ニグロ・リーグ【位置】投手、右
【経歴】黒人球界最高と讃えられたカーブを使い、36 ～ 48 年にはカンザスシティ・モナークスに在籍、サッチェル・ペイジとともに主力投手として活躍する。ボブ・フェラーにはペイジ以上の実力と評価された。白人メジャーリーガー相手にも 6 勝 1 敗で、打力もあり外野手としても活躍。性格はペイジとは対照的に控え目で物静かだった。2001 年殿堂入り。
<ニグロ・リーグの成績>173 試合、104 先発、65 完投、8 完封、73 勝 38 敗、997.2 回、648 奪三振、防御率 2.90

フランク・スミス
Frank Elmer Smith
1879.10.28 ～ 1952.11.3【出身地】ペンシルヴェニア州ピッツバーグ【球団】04-10 ホワイトソックス　10-11 レッドソックス　11-12 レッズ　14-15 ボルティモア（FL）15 ブルックリン（FL）【位置】投手、右
【経歴】スピットボーラーで、ホワイトソックスの主戦投手として 04 ～ 09 年の 6 年間で 16 勝以上 5 回、07 年に 23 勝を挙げる。08 年は首脳陣との対立から 2 ヶ月チームを離れたが、それでも 16 勝。翌 09 年は 25 勝（2 位）、51 試合、37 完投、365 回、177 奪三振はいずれも 1 位だった。05 年 9 月 6 日のタイガース戦と 08 年 9 月 20 日のアスレティックス戦の 2 度ノーヒットノーランを達成している。球団首脳との衝突が絶えず、10 年途中レッドソックスへ放出。オフは引越し屋をしており“ピアノ・ムーヴァー”と渾名された。
【通算】11 年、354 試合、255 先発、184 完投、27 完封、139 勝 111 敗、2274 回、1051 奪三振、防御率 2.59
【タイトル】最多奪三振 1 回（09 年）

ブリン・スミス
Bryn Nelson Smith
1955.8.11 ～【出身地】ジョージア州マリエッタ【球団】81-89 エクスポズ　90-92 カーディナルス　93 ロッキーズ【位置】投手、右
【経歴】73 年カーディナルスのドラフト 49 位指名を拒否、翌 74 年ドラフト外でオリオールズに入団、81 年エクスポズでメジャーに昇格。1 試合平均 2.17 四球の制球力で 84 年に 12 勝、以後 6 年連続 2 ケタ勝利。決め球としてパームボールを用い、85 年は自己最多の 18 勝、防御率 2.91 を記録した。
【通算】13 年、365 試合、255 先発、23 完投、8 完封、108 勝 94 敗 6 S、1791.1 回、1028 奪三振、防御率 3.53

ポップ・スミス
Charles Marvin Smith (Pop)
1856.10.12 ～ 1927.4.18【出身地】カナダ・ノヴァスコシア州ディグビー【球団】1880 シンシナティ　81 クリーヴランド　81 バッファロー　81 ウースター　82 フィラデルフィア（AA）　82 ルイヴィル（AA）　83-84 コロンバス（AA）　85-89 ピッツバーグ（AA）/ ピッツバーグ　89-90 ボストン　91 ワシントン（AA）【位置】二塁、遊撃、右
【経歴】好守の二塁手で、最初の 3 年間で 6 球団、通算では 10 球団をわたり歩く。1883 年コロンバス（AA）でレギュラーに定着、リーグ最多の 17 三塁打を放つ。打率 .250 以上はこの年の .262 が唯一だった。頭の良さを買われて 90 年にボストンの主将に任命された。
【通算】12 年、1112 試合、4238 打数 941 安打、24 本塁打、358 打点（*）、打率 .222

ボブ・スミス
Robert Eldridge Smith
1895.4.22 ～ 1987.7.19【出身地】テネシー州ロジャーズヴィル【球団】23-30 ブレーヴス　31-32 カブス　33 レッズ　33-37 ブレーヴス【位置】投手、遊撃、右
【経歴】23 年メジャーに昇格、準レギュラーの遊撃手だったが 2 年間で打率 .240 と振るわず、25 年 30 歳にして投手に転向。スローボールを使い翌 26 年から 6 年連続 2 ケタ勝利、カブスに移籍した 31 年自己最多の 15 勝。その後は主にリリーフとして使われ、42 歳まで現役で投げ続けた。
【通算】13 年、435 試合、229 先発、128 完投、16 完封、106 勝 139 敗、2246.1 回、618 奪三振、防御率 3.94

マレックス・スミス
Mallex Lydell Smith
1993.5.6 ～【出身地】フロリダ州タラハッシー【球団】2016 ブレーヴス　17-18 レイズ　19-20 マリナーズ【位置】外野、左

【経歴】2012年ドラフト5位でパドレスに入団。俊足が売り物で、18年は打率.296、10三塁打(1位)、40盗塁(2位)、マリナーズに移籍した翌19年はサイクルスティールも記録。46盗塁でタイトルを獲得したが、20年に14試合出た後はメジャーから姿を消した。
【通算】5年、442試合、1480打数378安打、13本塁打、114打点、120盗塁、打率.255
【タイトル】盗塁王1回(2019年)

メイヨ・スミス
Edward Mayo Smith
1915.1.17～77.11.24【出身地】ミズーリ州ニューロンドン【球団】45アスレティックス【位置】外野、左
【経歴】マイナーでは20年以上現役を続けたが、メジャー経験は45年の1年のみ。ヤンキースのマイナー監督を経て55年フィリーズ監督に就任。その後レッズ監督、ヤンキースのスカウトを経て67年タイガース監督となり、翌68年リーグ制覇。ワールドシリーズでは打撃の弱いレイ・オイラーに代えて正中堅手のミッキー・スタンリーを遊撃手として起用する奇策を用い、見事にシリーズを制した。
【通算】1年、73試合、203打数43安打、0本塁打、11打点、0盗塁、打率.212
【監督】55-58フィリーズ　59レッズ　67-70タイガース　9年、1279試合、662勝612敗、勝率.520　リーグ優勝1回(68年) ワールドシリーズ優勝1回(68年)

リー・スミス
Lee Arthur Smith
1957.12.4～【出身地】ルイジアナ州ジェイムズタウン【球団】80-87カブス　88-90レッドソックス　90-93カーディナルス　93ヤンキース　94オリオールズ　95-96エンジェルズ　96レッズ　97エクスポズ【位置】投手、右
【経歴】豪速球を武器として、引退時点で史上最多となる478セーブを記録した巨漢ストッパー。75年ドラフト2位でカブスに入団。82年から抑えとなり、翌83年は29セーブ(1位)、防御率1.65。以後13年連続で25セーブ以上、30セーブ以上を10回記録。91年自己最多の47セーブ(1位)、93年まで3年連続40セーブ以上と安定した成績を残し、スライダーやフォークボールも効果的に使って40歳近くまで投げ続けた。守備でも82～92年の11年間一度もエラーをしなかった。2019年殿堂入り。
【通算】18年、1022試合(12位)、6先発、0完投、71勝92敗478S(3位)、1289.1回、1251奪三振、防御率3.03
【タイトル】最多セーブ4回(83,91～92,94年) オールスター7回(83,87,91～95年)

レジー・スミス　☆
Carl Reginald Smith
1945.4.2～【出身地】ルイジアナ州シュリーヴポート【球団】66-73レッドソックス　74-76カーディナルス　76-81ドジャース　82ジャイアンツ【位置】外野、一塁、両
【経歴】スイッチヒッターとしては引退時点でミッキー・マントルに次ぐ314本塁打を放った強打者。63年ツインズ入団当時は遊撃手で、翌64年レッドソックスに移籍し外野に転向。67年レギュラーとなり、ワールドシリーズで2本塁打を放つ。翌68年リーグ最多の37二塁打、守備でも強肩を評価されゴールドグラブを受賞。69年は打率.309(2位)、25本塁打、93打点、以後7回打率3割を記録。71年も33二塁打(1位)、30本塁打(4位)、96打点(3位)。カール・ヤストレムスキーの親友でもあった。
　74年カーディナルスに移り自己最多の100打点。ドジャース移籍後の77年は出塁率.427(1位)、32本塁打で史上初の30本塁打カルテットの一員となった。同年はワールドシリーズでも3本塁打。83年巨人に入団し28本塁打を放ったが、誇り高く激しやすい性格で、ファンと球場外でトラブルを起こしたこともあった。引退後はドジャースでコーチをしたのち、2008年の北京五輪と翌09年の第1回WBCにアメリカ代表コーチとして参加した。
【通算】17年、1987試合、7033打数2020安打、314本塁打、1092打点、137盗塁、1030三振、打率.287
【タイトル】最高出塁率1回(77年) ゴールドグラブ1回(68年) オールスター7回(69,72,74～75,77～78,80年)
【日本】83-84巨人　2年、186試合、494打数134安打、45本塁打、122打点、3盗塁、打率.271

レッド・スミス
James Carlisle Smith (Red)
1890.4.6～1966.10.11【出身地】サウスカロライナ州グリーンヴィル【球団】11-14ド

ジャース　14-19 ブレーヴス【位置】三塁、右
【経歴】12 年正三塁手となり、翌 13 年 40 二塁打（1 位）、自己最多の 76 打点。14 年途中ブレーヴスに移籍、60 試合で打率 .314、37 打点を稼ぎ逆転優勝に大きく貢献したが、シーズン最終戦で脚を故障しワールドシリーズには出場できなかった。守備では刺殺で 3 回、補殺で 5 回 1 位となった一方、失策も 15 年から 4 年連続リーグワーストだった。
【通算】9 年、1117 試合、3907 打数 1087 安打、27 本塁打、514 打点、117 盗塁、打率 .278

ロニー・スミス
Lonnie Smith
1955.12.22 ～【出身地】イリノイ州シカゴ【球団】78-81 フィリーズ　82-85 カーディナルス　85-87 ロイヤルズ　88-92 ブレーヴス　93 パイレーツ　93-94 オリオールズ【位置】外野、右
【経歴】74 年ドラフト 1 位（全体 3 位）でフィリーズに入団。80 年 100 試合の出場ながら打率 .339、33 盗塁で優勝に貢献。82 年カーディナルスに移籍、打率 .307 と 182 安打は 4 位、68 盗塁は 2 位で、MVP 投票では次点。翌 83 年も打率 .321 は 2 位だったが、薬物使用が明るみに出る。85 年途中ロイヤルズに放出されると、移籍後の 120 試合で 40 盗塁（5 位）、古巣カーディナルスとの対戦となったワールドシリーズでも 27 打数 9 安打で、80・82 年に続き 3 球団での世界一を経験した。89 年打率 .315（3 位）、自己記録の 21 本塁打、79 打点、出塁率 .415（1 位）。91 年は史上最多の 4 球団でのワールドシリーズ出場を果たし、3 本塁打を放ったものの、第 7 戦で走塁ミスを犯して得点機を逸し、4 度目の世界一はならなかった。翌 92 年のシリーズでは第 5 戦で満塁本塁打を放っている。
【通算】17 年、1613 試合、5170 打数 1488 安打、98 本塁打、533 打点、370 盗塁、打率 .288
【タイトル】最高出塁率 1 回（89 年）オールスター 1 回（82 年）

ジャスティン・スモーク　☆
Justin Kyle Smoak
1986.12.5 ～【出身地】サウスカロライナ州グースクリーク【球団】2010 レンジャーズ　10-14 マリナーズ　15-19 ブルージェイズ　20 ブルワーズ　20 ジャイアンツ【位置】一塁、両
【経歴】2008 年ドラフト 1 位でレンジャーズに入団。スター候補と期待されるも打撃に確実性を欠き、16 年までの通算打率は .223 に過ぎなかったが、17 年にフライボール打法を取り入れ 38 本塁打（5 位）、90 打点。翌 18 年も 25 本を放った。21 年巨人に入団したが、新型コロナウイルス禍での家族と離れ離れでの生活を苦にして、6 月に退団した。
【通算】11 年、1286 試合、4153 打数 951 安打、196 本塁打、570 打点、3 盗塁、1122 三振、打率 .229
【タイトル】オールスター 1 回（2017 年）
【日本】2021 巨人　1 年、34 試合、114 打数 31 安打、7 本塁打、14 打点、0 盗塁、打率 .272

ロイ・スモーリー
Roy Frederick Smalley
1952.10.25 ～【出身地】カリフォルニア州ロスアンジェルス【球団】75-76 レンジャーズ　76-82 ツインズ　82-84 ヤンキース　84 ホワイトソックス　85-87 ツインズ【位置】遊撃、三塁、両
【経歴】レッドソックスからの 2 度を含む 4 度のドラフト指名を拒否し、74 年 1 月 5 回目の指名（1 位）でレンジャーズに入団。76 年途中ツインズに移籍してからは、好守好打の遊撃手として活躍。79 年は最初の 3 ヶ月で打率 .373、56 打点と絶好調で、後半戦は不振に陥ったものの全試合に出場し 24 本塁打、95 打点。82 年と 86 年も 20 本塁打を放った。81 年に腰を痛めてからは守備力が衰え、三塁や DH での起用が多くなった。読書家で大学では哲学を専攻。同名の父ロイはカブスのレギュラー遊撃手、伯父のジーン・モークはツインズ時代の監督だった。
【通算】13 年、1653 試合、5657 打数 1454 安打、163 本塁打、694 打点、27 盗塁、打率 .257
【タイトル】オールスター 1 回（79 年）

ジョン・スモルツ
John Andrew Smoltz
1967.5.15 ～【出身地】ミシガン州デトロイト【球団】88-99,2001-08 ブレーヴス　09 レッドソックス　09 カーディナルス【位置】投手、右
【経歴】グレッグ・マダックス、トム・グラヴィンとともに 90 年代のブレーヴス強力

投手陣を支えた名投手。快速球に加えてスライダー、スプリッターのどれもが一級品だった。85 年ドラフト 22 位で地元のタイガースに入団するも、87 年途中ドイル・アレグザンダーとの交換でブレーヴスへ移籍。89 年先発ローテーションに定着し 12 勝、90 ～ 93 年は 4 年連続 14 勝以上、92 年はリーグ最多の 215 三振を奪う。96 年は 24 勝、253.2 回、276 奪三振がいずれも 1 位でサイ・ヤング賞を受賞した。

2000 年は肘を手術し全休、01 年復帰して抑えに転向すると、02 年はリーグ新記録の 55 セーブ。翌 03 年は 45 セーブ、防御率 1.12 とほぼ完璧だった。05 年から先発に戻り、06 年は 39 歳にして 16 勝し 10 年ぶりの最多勝、211 奪三振（3 位）も 9 年ぶり 5 度目の大台。通算では 13 回 2 ケタ勝利を挙げた。大舞台に強く 91、92 年のプレイオフでは 2 年続けて優勝投手となり、92 年は MVP に輝く。ポストシーズン通算では史上最多の 15 勝で 4 敗のみ、防御率 2.67 だった。慈善活動にも熱心に取り組み、05 年はクレメンテ賞とゲーリッグ賞をダブル受賞。引退後は解説者となった。15 年殿堂入り。

【通算】21 年、723 試合、481 先発、53 完投、16 完封、213 勝 155 敗 154 S、3473 回、3084 奪三振（19 位）、1010 四球、防御率 3.33

【タイトル】サイ・ヤング賞 1 回（96 年）最多勝 2 回（96,2006 年）最多奪三振 2 回（92,96 年）オールスター 8 回（89,92 ～ 93,96,02 ～ 03,05,07 年）

ジミー・スレイグル
James Franklin Slagle

1873.7.11 ～ 1956.5.10【出身地】ペンシルヴェニア州ワースヴィル【球団】1899 ワシントン　1900-01 フィリーズ　01 ブレーヴス　02-08 カブス【位置】外野、左

【経歴】俊足が売り物の小柄な外野手で、ニックネームは“ラビット”。通算 2 本塁打と長打力はまったくなかったが、02 年は打率 .315、41 盗塁（2 位）、05 年は 97 四球（2 位）を選ぶ。07 年のワールドシリーズでも 6 盗塁を決め、第 2 戦では決勝タイムリーを放った。打者の特徴を計算に入れた頭脳的な守備も光り、1899 年に新人で 407 刺殺のメジャー新記録を樹立した。

【通算】10 年、1300 試合、5005 打数 1343 安打、2 本塁打、344 打点、274 盗塁、打率 .268

ジム・スレイトン
James Michael Slaton

1950.6.19 ～【出身地】カリフォルニア州ロングビーチ【球団】71-77 ブルワーズ　78 タイガース　79-83 ブルワーズ　84-86 エンジェルズ　86 タイガース【位置】投手、右

【経歴】69 年ドラフト 15 位でパイロッツに入団。頭脳的な投球が持ち味で、71 年新人で 4 完封を含む 10 勝。翌 72 年は 1 勝どまり、73 年から 5 年連続 2 ケタ勝利を記録しながらいずれも負け越した。タイガースにトレードされた 78 年自己最多の 17 勝を挙げたのち、FA となり 1 年限りでブルワーズへ戻る。83 年はすべてリリーフで 14 勝を稼いだ。通算では 2 ケタ勝利 10 回、ブルワーズ時代の 117 勝は球団記録。引退後はドジャース、マリナーズなどでコーチを務めた。

【通算】16 年、496 試合、360 先発、86 完投、22 完封、151 勝 158 敗 14 S、2683.2 回、1191 奪三振、1004 四球、防御率 4.03

【タイトル】オールスター 1 回（77 年）

イノス・スローター
Enos Bradsher Slaughter

1916.4.27 ～ 2002.8.12【出身地】ノースカロライナ州ロックスボロ【球団】38-42,46-53 カーディナルス　54-55 ヤンキース　55-56 アスレティックス　56-59 ヤンキース　59 ブレーヴス【位置】外野、左

【経歴】ハッスルプレイを売り物としていた外野手。攻守交替時や凡打に倒れた時も全力疾走を怠らず、骨折しながら出場し続けたこともあった。39 年打率 .320、193 安打（4 位）、52 二塁打（1 位）、42 年は打率 .318（2 位）、98 打点（3 位）に加えリーグ最多の 188 安打、17 三塁打。3 年間の兵役ののち復帰した 46 年自己最多の 18 本塁打（3 位）、130 打点（1 位）。ワールドシリーズ第 7 戦の 8 回裏に、ハリー・ウォーカーの一打で一塁から長駆ホームインし、優勝を決定づけた“マッド・ダッシュ”は語り草となっている。

南部の出身で黒人に対する偏見が強く、ジャッキー・ロビンソンのドジャース入団に反発。試合のボイコットを画策して失敗したと伝えられるが、カーディナルス側はこの件を作り話として否定している。その後ロビンソンをスパイクして負傷させた際も、故意だったのではと非難を浴びた。54 年ヤンキースに放出された後も 43 歳ま

で現役を続け、通算 9 回打率 3 割を記録した。85 年殿堂入り。
【通算】19 年、2380 試合、7946 打数 2383 安打、413 二塁打、148 三塁打、169 本塁打、1304 打点、71 盗塁、1018 四球、538 三振、打率 .300
【タイトル】打点王 1 回（46 年）オールスター 10 回（41 ～ 42,46 ～ 53 年）

ドン・スロート
Donald Martin Slaught
1958.9.11 ～【出身地】カリフォルニア州ロングビーチ【球団】82-84 ロイヤルズ 85-87 レンジャーズ 88-89 ヤンキース 90-95 パイレーツ 96 エンジェルズ 96 ホワイトソックス 97 パドレス【位置】捕手、右
【経歴】80 年ドラフト 7 位でロイヤルズに入団。守備が今一つでレギュラー定着には至らなかったが、打撃は良くパイレーツ時代の 6 年間で通算 .305 の高打率を残した。92 年は 87 試合で打率 .345、プレイオフでも 12 打数 4 安打 5 打点、6 四球。翌 93 年も 116 試合で打率 .300、55 打点を記録した。引退後は野球とソフトボールの練習用ソフトウェアを制作する会社の社長になった。
【通算】16 年、1327 試合、4063 打数 1151 安打、77 本塁打、476 打点、18 盗塁、打率 .283

クレイグ・スワン
Craig Steven Swan
1950.11.30 ～【出身地】カリフォルニア州ヴァンナイズ【球団】73-84 メッツ 84 エンジェルズ【位置】投手、右
【経歴】アリゾナ州立大学時代に NCAA 記録の 47 勝を挙げた速球派で、72 年ドラフト 3 位でメッツに入団。78 年は 9 勝どまりながら防御率 2.43 は 1 位、翌 79 年も 14 勝しメッツと長期契約を結ぶが、肩を痛めその後は今一つの成績に終わった。引退後は故障に苦しんだ経験を生かし、整体師に転身した。
【通算】12 年、231 試合、185 先発、25 完投、7 完封、59 勝 72 敗 2 S、1235.2 回、673 奪三振、防御率 3.74
【タイトル】最優秀防御率 1 回（78 年）

ダンズビー・スワンソン ★
James Dansby Swanson
1994.2.11 ～【出身地】ジョージア州ケネソー【球団】2016-22 ブレーヴス 23-24 カブス【位置】遊撃、右
【経歴】2015 年ドラフト全体 1 位でダイアモンドバックスに入団、翌 16 年ブレーヴスへトレード。17 年に正遊撃手に定着し、21 年は 27 本塁打、88 打点。ワールドシリーズでは第 4 戦で同点アーチ、世界一を決めた第 6 戦でも中押しの 2 ランを放った。22 年は 162 試合にフル出場し、自己最多の 177 安打（4 位）、96 打点、18 盗塁。同年と FA でカブスへ移籍した 23 年の 2 年連続でゴールドグラブに選ばれた。夫人のマロリー・ピューはサッカーの代表選手。
【通算】9 年、1123 試合、4142 打数 1042 安打、140 本塁打、557 打点、86 盗塁、1118 三振、打率 .252
【タイトル】ゴールドグラブ 2 回（2022 ～ 23 年）オールスター 2 回（22 ～ 23 年）

【セ】

ロン・セイ
Ronald Charles Cey

1948.2.15 ～【出身地】ワシントン州タコマ【球団】71-82 ドジャース　83-86 カブス　87 アスレティックス【位置】三塁、右

【経歴】"ペンギン"の愛称で親しまれた強打の三塁手。68 年ドラフト 3 位（第 2 回）でドジャースに入団、75 年にいずれも 5 位の 25 本塁打、101 打点。以後 85 年まで、ストライキで中断した 81 年を除いて毎年 20 本塁打以上を放つ。77 年は自己最多の 30 本塁打、110 打点（5 位）で 30 本塁打カルテットの一角を形成した。選球眼も良く、77 ～ 78 年は 90 四球以上を選び 2 年続けてリーグ 5 位。81 年のワールドシリーズでは 20 打数 7 安打、6 打点で MVP、84 年も 25 本塁打（5 位）、97 打点（4 位）でカブスの地区優勝に貢献した。

【通算】17 年、2073 試合、7162 打数 1868 安打、328 二塁打、21 三塁打、316 本塁打、1139 打点、24 盗塁、1012 四球、1235 三振、打率 .261

【タイトル】オールスター 6 回（74 ～ 79 年）

ブレット・セイバーヘイゲン
Bret William Saberhagen

1964.4.11 ～【出身地】イリノイ州シカゴハイツ【球団】84-91 ロイヤルズ　92-95 メッツ　95 ロッキーズ　97-99,2001 レッドソックス【位置】投手、右

【経歴】通算与四球率 1.65 と無類の制球力を誇った好投手。82 年ドラフト 19 位でロイヤルズに入団、84 年 19 歳でメジャーに昇格し 10 勝。翌 85 年は 20 勝（2 位）、防御率 2.87（3 位）でサイ・ヤング賞を受賞、ワールドシリーズでも 2 勝、世界一を決めた第 7 戦で完封勝利を挙げシリーズ MVP を手にする。速球はスピードがある上によく動き、87 年 18 勝（4 位）、89 年は 23 勝、12 完投、262.1 回、防御率 2.16 がすべて 1 位で 2 度目のサイ・ヤング賞に輝いた。

　メッツに移った 92 年は 8 月 26 日のカブス戦でノーヒットノーランを達成。94 年は 14 勝（3 位）、防御率 2.74（2 位）、177.1 回で 13 四球を与えただけだった。肩の手術で 96 年は全休、97 年も 0 勝に終わったが、98 年は 15 勝と復活。2000 年再び肩を手術し、01 年に 3 試合で 1 勝したのを最後に引退した。悪戯好きの明るい性格の一方、マスコミ嫌いで、記者に漂白剤を噴きかけて出場停止になったこともあった。

【通算】16 年、399 試合、371 先発、76 完投、16 完封、167 勝 117 敗 1 S、2562.2 回、1715 奪三振、防御率 3.34

【タイトル】サイ・ヤング賞 2 回（85,89 年）最多勝 1 回（89 年）最優秀防御率 1 回（89 年）ゴールドグラブ 1 回（89 年）オールスター 3 回（87,90,94 年）

クリス・セイボー
Christopher Andrew Sabo

1962.1.19 ～【出身地】ミシガン州デトロイト【球団】88-93 レッズ　94 オリオールズ　95 ホワイトソックス　95 カーディナルス　96 レッズ【位置】三塁、右

【経歴】83 年ドラフト 2 位でレッズに入団。88 年打率 .271、40 二塁打（3 位）、46 盗塁（4 位）で新人王を受賞。レッズが優勝した 90 年は 25 本塁打、ワールドシリーズでは第 3 戦で 2 打席連続本塁打、シリーズ通算 16 打数 9 安打だった。翌 91 年も自己最高の打率 .301、26 本塁打、88 打点と好調を持続した。ゴーグルがトレードマークでハッスルプレイが持ち味だったが、故障の多さにも悩まされた。

【通算】9 年、911 試合、3354 打数 898 安打、116 本塁打、426 打点、120 盗塁、打率 .268

【タイトル】新人王（88 年）オールスター 3 回（88,90 ～ 91 年）

クリス・セイル　★
Christopher Sale

1989.3.30 ～【出身地】フロリダ州レイクランド【球団】2010-16 ホワイトソックス　17-19,21-23 レッドソックス　24 ブレーヴス【位置】投手、左

【経歴】ダイナミックな投球フォームが、ワシが翼を広げている姿に似ていることから"コンドル"と呼ばれる好投手。2010 年ドラフト 1 位でホワイトソックスに入団、当初はリリーフで起用されたが、12 年に先発ローテーション入りして 17 勝。左腕からの快速球とスライダーで翌 13 年 226 奪三振、以後 7 年連続で 200 三振以上を奪い、15 年はリーグ最多の 274 個。5 ～ 6 月にかけて史上 2 人目となる 8 試合連続 2 ケタ奪三振を記録した。

　翌 16 年も 17 勝を挙げたが、レトロユニフォームのデザインが気に入らずハサミ

で切り刻むなど不穏当な行動が目立ち、17年にレッドソックスへ放出。同年17勝、リーグ最多の214.1回を投げ、ア・リーグでは18年ぶりの大台となる308奪三振、4～5月にかけて2度目の8試合連続2ケタ奪三振。18年のワールドシリーズ第5戦ではリリーフに立って世界一を決めた。

16～18年はオールスターで3年続けて先発投手を務め、サイ・ヤング賞投票では12年以降7年連続6位以内。20年はトミー・ジョン手術で全休、復帰後は今一つの成績が続いたが、ブレーヴスに移籍した24年は6年ぶりの2ケタとなる18勝で3敗のみ。防御率2.38、225奪三振ともども1位でサイ・ヤング賞に輝いた。

【通算】14年、372試合、292先発、16完投、3完封、138勝83敗12S、1958.1回、2414奪三振、防御率3.04

【タイトル】サイ・ヤング賞1回（2024年）最多勝1回（24年）最優秀防御率1回（24年）最多奪三振3回（2015,17,24年）ゴールドグラブ1回（24年）オールスター8回（12～18,24年）

ジョニー・セイン

John Franklin Sain

1917.9.25～2006.11.7【出身地】アーカンソー州ハヴァナ【球団】42,46-51ブレーヴス　51-55ヤンキース　55アスレティックス【位置】投手、右

【経歴】カーブを多投し、ウォーレン・スパーンと左右の二枚看板を形成した物静かな好投手。マイナー時代には4度も解雇を味わったが、46年兵役から復帰すると20勝（2位）、24完投（1位）、防御率2.21（2位）、129奪三振（3位）の活躍。47年21勝（2位）、48年は24勝、28完投、314.2回がいずれも1位、防御率2.60は3位。9月以降は8勝1敗で優勝に大きく貢献、MVP投票では次点だった。ワールドシリーズ第1戦でもボブ・フェラーとの投げ合いを制し、1-0で完封勝ちした。

続く49年は10勝17敗の不振だったが、50年は20勝（2位）と復活。51年途中ヤンキースに移籍してからはリリーフでの登板が多くなり、54年は現在の規定に当てはめると26セーブを稼いだ。打撃も得意で通算打率.245、857打席で20回しか三振しなかった。ジャッキー・ロビンソンがメジャーで初めて対戦した投手であり、また親善試合ではあったが、生前のベーブ・ルースに対し最後に投げた投手でもある。

引退後は投手コーチとして、59年のアスレティックスを皮切りに7球団に在籍。監督とは対立することが多かったが、数多くの20勝投手を育て3球団で優勝し、史上最高の投手コーチと称賛された。指導法は投げ込み重視で走り込みはさせず、先発投手に前日の試合の投球チャートを記録させる慣習を始めた。

【通算】11年、412試合、245先発、140完投、16完封、139勝116敗、2125.2回、910奪三振、防御率3.49

【タイトル】最多勝1回（48年）オールスター3回（47～48,53年）

トミー・セヴェナウ

Thomas Joseph Thevenow

1903.9.6～57.7.29【出身地】インディアナ州マディソン【球団】24-28カーディナルス　29-30フィリーズ　31-35パイレーツ　36レッズ　37ブレーヴス　38パイレーツ【位置】遊撃、二塁、右

【経歴】26年正遊撃手となり補殺、刺殺の両部門でリーグトップ、30年も同じく両部門で1位。守備の人だったがチャンスには強く、26年のワールドシリーズは24打数10安打、第2戦でランニング本塁打を放つ。本塁打はこの26年に2本打ったきりで、いずれもランニング本塁打だった。3347打数連続本塁打なしの記録も持っている。30年は自己最多の164安打、78打点だったが、翌31年は交通事故に遭うなど故障につきまとわれた。

【通算】15年、1229試合、4164打数1030安打、2本塁打、456打点、23盗塁、打率.247

ハンク・セヴェリード

Henry Levai Severeid

1891.6.1～1968.12.17【出身地】アイオワ州ストーリーシティ【球団】11-13レッズ　15-25ブラウンズ　25-26セネターズ　26ヤンキース【位置】捕手、右

【経歴】ブラウンズに移籍した15年正捕手となる。21年打率.324、78打点、以後5年連続で打率3割以上。25年は84試合の出場ながら.361の高打率を残した。メジャーから退いたあともマイナーで46歳まで現役を続け、その後はレッドソックスのスカウトを務めた。

【通算】15年、1390試合、4312打数1245安打、17本塁打、538打点、35盗塁、打率.289

デイヴィッド・セギー
David Vincent Segui
1966.7.19 ～【出身地】カンザス州カンザスシティ【球団】90-93 オリオールズ　94-95 メッツ　95-97 エクスポズ　98-99 マリナーズ　99 ブルージェイズ　2000 レンジャーズ　00 インディアンズ　01-04 オリオールズ【位置】一塁、両
【経歴】ボールに逆らわない打撃を得意としたスイッチヒッター。87 年ドラフト 18 位でオリオールズに入団、調子の波が少なく 95 年に打率 .309、以後 7 年間で 5 回 3 割以上。97 年に自己最多の 21 本塁打、2000 年の打率 .334、192 安打、42 二塁打、103 打点はすべて自己記録となった。一塁守備も上手かった。引退後にステロイドを使用していたことを自ら明らかにした。父のディエゴも長い間メジャーで活躍した。
【通算】15 年、1456 試合、4847 打数 1412 安打、139 本塁打、684 打点、17 盗塁、打率 .291

ディエゴ・セギー
Diego Pablo Segui
1937.8.17 ～【出身地】キューバ共和国オルギン【球団】62-65 アスレティックス 66 セネターズ　67-68 アスレティックス 69 パイロッツ　70-72 アスレティックス 72-73 カーディナルス　74-75 レッドソックス　77 マリナーズ【位置】投手、右
【経歴】投球時に時間をかけることで知られ、フォークボールを決め球にアスレティックスでは主に先発を務めたが、64 年はリーグワーストの 17 敗、続く 65 年も 15 敗と負けが込む。69 年拡張ドラフトでパイロッツに移り 12 勝 12 セーブ、翌 70 年は三たびアスレティックスに復帰し、規定投球回数ちょうどの 162 回を投げ防御率 2.56 でタイトルを獲得した。77 年マリナーズに移籍、シアトルを本拠地とするパイロッツ、マリナーズの両球団に在籍した唯一の選手となる。開幕投手にも選ばれたが 0 勝 7 敗に終わった。同年限りでメジャーから退いた後は 50 歳近くまでメキシコで投げ続け、78 年に完全試合を達成。本来は左利きで、野球の時だけ右手を使っていた。息子デイヴィッドもメジャーの選手。
【通算】15 年、639 試合、171 先発、28 完投、7 完封、92 勝 111 敗 71 S、1807.2 回、1298 奪三振、防御率 3.81
【タイトル】最優秀防御率 1 回（70 年）

リッチー・セクソン
Richmond Lockwood Sexson
1974.12.29 ～【出身地】オレゴン州ポートランド【球団】97-2000 インディアンズ 00-03 ブルワーズ　04 ダイアモンドバックス　05-08 マリナーズ　08 ヤンキース【位置】一塁、外野、右
【経歴】野手史上最長身である 200cm の大型パワーヒッター。93 年ドラフト 24 位でインディアンズに入団、99 年は一塁と左翼を兼務し 31 本塁打、116 打点。翌 2000 年途中ブルワーズに移籍、01 年は 45 本塁打、125 打点。9 月 25 日には 3 本塁打、同じ試合でジェロミー・バーニッツも 3 本塁打し、同チームの 2 人が 1 試合 3 本塁打を放ったのは史上初めてだった。03 年も 45 本（2 位）、124 打点（4 位）、マリナーズに移った 05 年も 39 本。通算では 30 本、100 打点以上を 6 回ずつ、満塁弾 15 本は史上 7 位にランクされる。01 年の 178 個を最多として 5 度 150 三振以上を喫するなど打撃は粗かった。
【通算】12 年、1367 試合、4928 打数 1286 安打、306 本塁打、943 打点、14 盗塁、1313 三振、打率 .261
【タイトル】オールスター 2 回（2002 ～ 03 年）

ジャン・セグラ
Jean Carlos Enrique Segura
1990.3.17 ～【出身地】ドミニカ共和国サンフアンデラマグアナ【球団】2012 エンジェルズ　12-15 ブルワーズ　16 ダイアモンドバックス　17-18 マリナーズ　19-22 フィリーズ　23 マーリンズ【位置】遊撃、二塁、右
【経歴】2007 年に入団したエンジェルズで 12 年にメジャーデビューを果たすも、1 試合出ただけで 3 日後にブルワーズへ移る。13 年は 44 盗塁（2 位）、二塁打・三塁打・本塁打はすべて 2 ケタ。二塁走者として三盗を試みたが野手に挟まれた末、一塁へ戻ってセーフになる珍プレイも演じた。ダイアモンドバックスへ移籍した 16 年はリーグ最多の 203 安打、打率 .319、41 二塁打、33 盗塁の 3 部門で 5 位。以後 3 年連続で打率 3 割以上を記録した。
【通算】12 年、1413 試合、5496 打数 1545 安打、110 本塁打、513 打点、211 盗塁、打率 .281
【タイトル】オールスター 2 回（2013,18 年）

ヨエニス・セスペデス
Yoenis Cespedes

1985.10.18 ～【出身地】キューバ共和国カンペチュエラ【球団】2012-14 アスレティックス　14 レッドソックス　15 タイガース　15-18,20 メッツ【位置】外野、右

【経歴】キューバの国内リーグで通算 169 本塁打を放ったのち、2011 年に亡命し 12 年アスレティックスに入団。打率 .292、23 本塁打、82 打点、守備でも強肩を披露して新人王投票 2 位に入った。13・14 年はオールスターのホームラン・ダービーで史上 2 人目の 2 年連続優勝。15 年は 35 本塁打、105 打点の自己最高成績を収めた。17 年に 4 年 1 億 1000 万ドルの高額契約を結んだが、両足の踵や右足首の負傷などもあって全然活躍できず、19 年には年俸が 2950 万ドルから 600 万ドルにまで減額される異例の措置がとられた。翌 20 年はシーズン中にチームを無断で離脱し、同年限りでメジャーから去った。23 年の WBC では久しぶりにキューバ代表として出場した。

【通算】8 年、834 試合、3191 打数 870 安打、165 本塁打、528 打点、43 盗塁、打率 .273

【タイトル】ゴールドグラブ 1 回（2015 年）オールスター 2 回（14,16 年）

セサル・セデニョ
Cesar Eugenio Cedeno

1951.2.25 ～【出身地】ドミニカ共和国サントドミンゴ【球団】70-81 アストロズ　82-85 レッズ　85 カーディナルス　86 ドジャース【位置】外野、一塁、右

【経歴】ウィリー・メイズの再来と言われたほどの素質の持ち主で、70 年 19 歳でレギュラーポジションをつかむ。71 年 40 二塁打、72 年は 39 二塁打で 2 年連続 1 位となったのに加え、いずれも 3 位の打率 .320、55 盗塁。73 年打率 .320（2 位）、異例の 10 年契約を結んだ 74 年も自己最多の 26 本塁打（5 位）、102 打点。72 年から 6 年連続 50 盗塁以上、5 年連続ゴールドグラブ受賞と活躍したが、その一方で女友達を殺害した容疑で拘留（保釈処分となる）、飲酒運転で逮捕、ファンに殴りかかって罰金を科されるなどトラブルも多く、持てる力を存分に発揮したとは言えなかった。80 年 7 年ぶりの 3 割となる打率 .309、出塁率 .389（2 位）でアストロズの地区優勝に貢献、85 年途中に移籍したカーディナルスでは 28 試合で打率 .434、6 本塁打、19 打点で優勝への追い込みの助けとなった。

【通算】17 年、2006 試合、7310 打数 2087 安打、436 二塁打、60 三塁打、199 本塁打、976 打点、550 盗塁（27 位）、664 四球、938 三振、打率 .285

【タイトル】ゴールドグラブ 5 回（72 ～ 76 年）オールスター 4 回（72 ～ 74,76 年）

ロヘル・セデニョ
Roger Leandro Cedeno

1974.8.16 ～【出身地】ベネズエラ共和国バレンシア【球団】95-98 ドジャース　99 メッツ　2000 アストロズ　01 タイガース　02-03 メッツ　04-05 カーディナルス【位置】外野、両

【経歴】俊足のスイッチヒッターで、メッツに移籍した 99 年に打率 .313、66 盗塁は 2 位。リーグ優勝決定シリーズでも 12 打数 6 安打と好調だった。2001 年はタイガースに移り 11 三塁打（4 位）、終盤まで盗塁王争いをリードしていたが、フィル・ガーナー監督との確執から最後の数試合は出場機会がなく、55 盗塁でイチローに次ぐ 2 位どまりだった。

【通算】11 年、1100 試合、3174 打数 865 安打、40 本塁打、274 打点、213 盗塁、打率 .273

オルランド・セペダ
Orlando Manuel Cepeda

1937.9.17 ～ 2024.6.28【出身地】プエルトリコ・ポンセ【球団】58-66 ジャイアンツ　66-68 カーディナルス　69-72 ブレーヴス　72 アスレティックス　73 レッドソックス　74 ロイヤルズ【位置】一塁、外野、右

【経歴】58 年 4 月 15 日のデビュー戦で本塁打、同年打率 .312、38 二塁打（1 位）、25 本塁打、96 打点で新人王に輝く。翌 59 年いずれも 3 位の打率 .317、192 安打。61 年は 46 本塁打、142 打点で二冠王となった。最初の 7 年間は最低でも打率 .297、96 打点を挙げたが、65 年膝を痛め 33 試合の出場にとどまり、翌 66 年途中カーディナルスへ放出。67 年自己最高打率 .325、111 打点（1 位）でナ・リーグ史上初めて満票で MVP を受賞した。

73 年は 20 本塁打、86 打点で初代の最優秀指名打者に選ばれる。通算 379 本塁打は、引退時点で中南米出身選手の最多本数だった。ニックネームの“ベイビー・ブル”とは、プエルトリコのベーブ・ルースと謳われた強打者の父ペドロが“ブル”と

呼ばれていたことによる。陽気なムードメーカーで、チャ・チャという渾名もあった。引退後マリファナの不法所持で刑務所入りしたため長い間殿堂から見放されていたが、99年殿堂入りを果した。
【通算】17年、2124試合、7927打数2351安打、417二塁打、27三塁打、379本塁打、1365打点、142盗塁、588四球、1169三振、打率.297
【タイトル】MVP1回(67年)新人王(58年)本塁打王1回(61年)打点王2回(61,67年)オールスター7回(59～64,67年)

アンディ・セミニック
Andrew Wasal Seminick
1920.9.12～2004.2.22【出身地】ウェストヴァージニア州ピアース【球団】43-51フィリーズ　52-55レッズ　55-57フィリーズ【位置】捕手、右
【経歴】長打力が魅力の捕手で、49～50年は2年続けて24本塁打、68打点。50年は打率も自己最高の.288、出塁率.400、また若手中心のチームのまとめ役となり、優勝に貢献した。レッズ移籍後の53年も19本塁打。最多失策5回と守備力は今一つで、故障も多かったが、50年のワールドシリーズは足首の負傷を押して全試合に出場した。引退後はフィリーズでインストラクターなどとして70代まで働き続けた。
【通算】15年、1304試合、3921打数953安打、164本塁打、556打点、23盗塁、打率.243
【タイトル】オールスター1回(49年)

ジョージ・セルカーク
George Alexander Selkirk
1908.1.4～87.1.19【出身地】カナダ・オンタリオ州ハンツヴィル【球団】34-42ヤンキース【位置】外野、左
【経歴】35年ベーブ・ルースの後釜として正右翼手となり打率.312、94打点、背番号3も受け継ぐ(現在では欠番)。翌36年107打点を挙げ、ルー・ゲーリッグ、ジョー・ディマジオ、トニー・ラゼリ、ビル・ディッキーとともに史上初の100打点クィンテットを形成した。39年は同一投手(ボブ・ジョイス)から4打席連続本塁打の珍しい記録を作る。同年は21本塁打、101打点、103四球(4位)、出塁率.452(2位)、ワールドシリーズでも初打席で本塁打を放った。第二次大戦中は海軍で機上射手として奮戦した。引退後はセネターズでGMを務め、のちに副社長となった。
【通算】9年、846試合、2790打数810安打、108本塁打、576打点、49盗塁、打率.290
【タイトル】オールスター2回(36,39年)

キップ・セルバック
Albert Karl Selbach (Kip)
1872.3.24～1956.2.17【出身地】オハイオ州コロンバス【球団】1894-98ワシントン　99シンシナティ　1900-01ジャイアンツ　02オリオールズ　03-04セネターズ　04-06レッドソックス【位置】外野、右
【経歴】俊足好守の小柄な外野手。神経質で、毎打席時間をかけて独自のルーティーンを行なった。1894年から5年連続、通算では7回打率3割以上。選球眼も良く、出塁率4割以上を4回記録した。95年リーグ最多の22三塁打、翌96年は100打点。1900年自己最高の打率.337、176安打。ニューヨーク嫌いで03年オリオールズの主力選手がニューヨークへ移る際同行せず、リーグ会長の裁定でセネターズ入りした。オフシーズンはボウリングで活躍し、03年にプロリーグ(ABC)の大会で優勝。引退後はボウリング場を経営した。
【通算】13年、1612試合、6165打数1807安打、149三塁打、44本塁打、779打点、334盗塁、打率.293

リック・セローン
Richard Aldo Cerone
1954.5.19～【出身地】ニュージャージー州ニューアーク【球団】75-76インディアンズ　77-79ブルージェイズ　80-84ヤンキース　85ブレーヴス　86ブルワーズ　87ヤンキース　88-89レッドソックス　90ヤンキース　91メッツ　92エクスポズ【位置】捕手、右
【経歴】75年ドラフト1位(全体7位)でインディアンズに入団。80年は打率.277、14本塁打、85打点でヤンキースの地区制覇に貢献、盗塁阻止率.518も1位だった。87～89年にかけて159試合連続無失策を記録。レギュラーとして活躍した期間は短かったが、豊富な経験を買われ長くメジャーにとどまった。
【通算】18年、1329試合、4069打数998安打、59本塁打、436打点、6盗塁、打率.245

千賀滉大　★☆
Kodai Senga
1993.1.30 ～【出身地】愛知県蒲郡市【球団】2023-24 メッツ【位置】投手、右
【経歴】蒲郡高から 2010 年育成ドラフト 4 位でソフトバンクに入団し、12 年に支配下登録。16 年から先発ローテーションに定着、160km に達する速球と“お化けフォーク”の異名をとったフォークボールの組み合わせで、同年から 7 年連続 2 ケタ勝利。19 年に 227 奪三振で 1 位、翌 20 年は 11 勝、防御率 2.16、149 奪三振で投手三冠となった。23 年海外 FA となって 5 年 7500 万ドルでメッツに加入、初登板の 4 月 2 日マーリンズ戦で勝利。年間では 12 勝、防御率 2.98（2 位）、202 三振を奪い、新人王投票 2 位に入った。24 年は肩とふくらはぎを痛めたため、レギュラーシーズンの登板は 1 試合のみだった。
【通算】2 年、30 試合、30 先発、0 完投、13 勝 7 敗 0 S、171.2 回、211 奪三振、防御率 2.99
【タイトル】オールスター 1 回（2023 年）
【日本】2012-22 ソフトバンク　11 年、224 試合、153 先発、8 完投、3 完封、87 勝 44 敗 1 S、1089 回、1252 奪三振、防御率 2.59

【ソ】

ルイス・ソカレキス
Louis Francis Sockalexis
1871.10.24 ～ 1913.12.24【出身地】メイン州インディアンアイランド【球団】1897-99 クリーヴランド【位置】外野、左
【経歴】ナショナル・リーグ初のネイティヴ・アメリカン選手。どんなスポーツでもこなせる万能アスリートで、ホリークロス大学を中退して 1897 年クリーヴランドに入団。66 試合で打率 .338、42 打点と活躍するが、脚の故障と飲酒癖がたたり短命に終わった。1915 年にア・リーグのクリーヴランド球団がチーム名を変更する際、インディアンズと命名したのは彼の栄誉を讃える意味もあった。
【通算】3 年、94 試合、367 打数 115 安打、3 本塁打、55 打点、16 盗塁、打率 .313

エリアス・ソーサ
Elias Sosa
1950.6.10 ～【出身地】ドミニカ共和国ラベガ【球団】72-74 ジャイアンツ　75 カーディナルス　75-76 ブレーヴス　76-77 ドジャース　78 アスレティックス　79-81 エクスポズ　82 タイガース　83 パドレス【位置】投手、右
【経歴】68 年ジャイアンツでプロ入り。速球とスライダーを組み合わせ、73 年 71 試合に投げ 10 勝 18 セーブ（4 位）、翌 74 年も 9 勝を挙げた。78 年アスレティックスに加わり 8 勝 14 セーブ、翌 79 年はエクスポズに移り 8 勝 18 セーブ、自己ベストの防御率 1.96 を記録した。
【通算】12 年、601 試合、3 先発、0 完投、59 勝 51 敗 83 S、918 回、538 奪三振、防御率 3.32

サミー・ソーサ
Samuel Peralta Sosa
1968.11.12 ～【出身地】ドミニカ共和国サンペドロデマコリス【球団】89 レンジャーズ　89-91 ホワイトソックス　92-2004 カブス　05 オリオールズ　07 レンジャーズ【位置】外野、右
【経歴】98 年にマーク・マグワイアと本塁打レースを繰り広げ、一躍大スターとなったスラッガー。90 年ホワイトソックスで正右翼手となるも打率 .233、150 三振と未熟さを露呈。カブス移籍後の 93 年に 33

本塁打、36盗塁で30－30を達成してからは次第に安定感を増し、95年はいずれも2位の36本塁打、119打点。翌96年も8月下旬まで1位の40本塁打だったが、手首を骨折しタイトルを逸した。
98年は6月に新記録となる月間20本塁打、9月13日にロジャー・マリスの記録を抜く62号を放つ。一時はマグワイアをリードしたが抜き返され、66本塁打は2位だったが158打点は1位、またカブスを9年ぶりにプレイオフに導いた点を評価されMVPに選出される。母国ドミニカを襲ったハリケーンによる被害の救済活動にも熱心に携わりクレメンテ賞を受賞、フィールド内外で国民的英雄となった。
99年は史上初の2年連続60本となる63本塁打(2位)、141打点(3位)。2000年は50本塁打で初タイトル、01年は自己最高の打率.328、史上初の3度目の60本以上となる64本塁打(2位)。160打点もリーグトップだった。02年49本塁打で2度目のタイトルに輝いたが、翌03年コルクバットの使用が発覚し、評価と人気が急落。05年自ら希望してオリオールズに移籍し、06年は全休。07年レンジャーズで21本塁打、92打点と復活したが、同年が現役最後の年となった。
【通算】18年、2354試合、8813打数2408安打、609本塁打(9位)、1667打点、234盗塁、929四球、2306三振(4位)、打率.273
【タイトル】MVP1回(98年) 本塁打王2回(2000,02年) 打点王2回(98,01年) オールスター7回(95,98～02,04年)

マイク・ソーシア
Michael Lorri Scioscia
1958.11.27～【出身地】ペンシルヴェニア州アッパーダービー【球団】80-92ドジャース【位置】捕手、左
【経歴】76年ドラフト1位でドジャースに入団し、81年正捕手となる。走者をブロックする名手として知られ、投手リードへの評価も高かった。打撃では85年に打率.296、77四球を選び出塁率.407は2位。90年に自己最多の12本塁打、66打点を記録した。引退後コーチを経て2000年エンジェルズ監督に就任、02年に球団創設42年目で初のリーグ優勝・世界一へと導く。投手力と守備を重視した采配で、19年にわたって采配を振り、合計で6度の地区優勝を果たした。21年の東京五輪では米国代表監督として銀メダルに輝いた。
【通算】13年、1441試合、4373打数1131安打、68本塁打、446打点、29盗塁、打率.259
【タイトル】オールスター2回(89～90年)
【監督】2000-18エンジェルズ 19年、3078試合、1650勝1428敗、勝率.536 リーグ優勝1回(02年) ワールドシリーズ優勝1回(02年)

アレン・ソソーロン
Allen Sutton Sothoron
1893.4.27～1939.6.17【出身地】オハイオ州ブラッドフォード【球団】14-15,17-21ブラウンズ 21レッドソックス 21-22インディアンズ 24-26カーディナルス【位置】投手、右
【経歴】合法スピットボーラーで18年12勝、防御率1.94(3位)、翌19年も20勝と防御率2.20は5位と好調を持続。3球団に在籍した21年は、178.1回を投げて1本も本塁打も打たれなかった。24年は10勝16敗と負け越したが4完封は1位。6回の2ケタ勝利を記録した。33年に8試合のみブラウンズの指揮を執り、成績は2勝6敗だった。
【通算】11年、265試合、193先発、102完投、17完封、91勝99敗、1582.1回、576奪三振、防御率3.31

エリック・ソダーホルム
Eric Thane Soderholm
1948.9.24～【出身地】ニューヨーク州コートランド【球団】71-75ツインズ 77-79ホワイトソックス 79レンジャーズ 80ヤンキース【位置】三塁、右
【経歴】68年1月ドラフト1位(第2回)でツインズに入団、74年正三塁手となる。76年はマンホールに転落して膝を負傷し全休したが、2度の手術を経て翌77年ホワイトソックスで復帰、自己最多の25本塁打、67打点でカムバック賞を受賞した。続く78年も20本塁打を放つ。チーム優先の真摯なプレイぶりも評判だった。
【通算】9年、894試合、2894打数764安打、102本塁打、383打点、18盗塁、打率.264

ジオバニー・ソト
Geovany Soto
1983.1.20～【出身地】プエルトリコ・サンファン【球団】2005-12カブス 12-14レンジャーズ 14アスレティックス 15ホワ

イトソックス　16 エンジェルズ　17 ホワイトソックス【位置】捕手、右
【経歴】2001 年ドラフト 11 位でカブスに入団。05 ～ 07 年は 3 年間で 30 試合に出場しただけで、08 年に正捕手となり打率 .285、23 本塁打、86 打点で新人王を受賞。翌 09 年は打率 .218、11 本塁打と不調だったが、10 年は 17 本塁打、出塁率 .393 と復調した。守備では 11 年にリーグ最多となる 36 回の盗塁を刺す一方、13 失策もリーグワーストと信頼感に欠けたが、投手リードの評価は上々だった。
【通算】13 年、797 試合、2522 打数 619 安打、108 本塁打、361 打点、3 盗塁、打率 .245
【タイトル】新人王（2008 年）オールスター 1 回（08 年）

フアン・ソト　★
Juan Jose Soto
1998.10.25 ～【出身地】ドミニカ共和国サントドミンゴ【球団】2018-22 ナショナルズ　22-23 パドレス　24 ヤンキース【位置】外野、左
【経歴】抜群の選球眼の持ち主で、21 世紀のテッド・ウィリアムズと呼ばれる強打者。2015 年ナショナルズに入団、18 年に 19 歳でメジャーへ昇格し 116 試合で 22 本塁打、79 四球を選んで出塁率は .406。新人王投票では次点に入った。続く 19 年は 34 本塁打、110 打点、108 四球（3 位）、ワールドシリーズでも 27 打数 9 安打、3 本塁打で世界一に貢献した。20 年は打率 .351 で首位打者となっただけでなく、出塁率 .490 と長打率 .695 も 1 位。21 ～ 23 年は 3 年続けて最多四球を選んだ。
　22 年途中ナショナルズの延長契約提示を拒否しパドレスへ、さらに 24 年はヤンキースへトレードされ、自己最多の 41 本塁打（3 位）。リーグ優勝決定シリーズ第 5 戦では、延長 10 回に決勝本塁打でワールドシリーズ進出を決定づけた。同年オフ FA となり、争奪戦の末 15 年 7 億 6500 万ドルのプロスポーツ史上最高額でメッツ入りした。
【通算】7 年、936 試合、3280 打数 934 安打、201 本塁打、592 打点、57 盗塁、打率 .285
【タイトル】首位打者 1 回（2020 年）最高出塁率 2 回（20 ～ 21 年）オールスター 3 回（21 ～ 23 年）

マリオ・ソト
Mario Melvin Soto
1956.7.12 ～【出身地】ドミニカ共和国バニ【球団】77-88 レッズ【位置】投手、右
【経歴】快速球に加えてチェンジアップも良く、80 年 10 勝、182 奪三振（3 位）、82 年は 14 勝、自己最多の 274 奪三振（2 位）、防御率 2.79（4 位）。翌 83 年は 17 勝と 242 奪三振が 2 位、防御率 2.70 は 4 位、18 完投は 1 位。オールスターでは先発を務めた。84 年は 18 勝（2 位）、13 完投は 83 年に続き 2 年連続 1 位。85 年まで 6 年続けて奪三振は 4 位以内だった。開幕戦に 6 戦 4 勝と強かったが、86 年に肩を痛めてからは以前の調子を取り戻せず、31 歳で引退した。
【通算】12 年、297 試合、224 先発、72 完投、13 完封、100 勝 92 敗 4 S、1730.1 回、1449 奪三振、防御率 3.47
【タイトル】オールスター 3 回（82 ～ 84 年）

ジム・ソープ
James Francis Thorpe
1887.5.28 ～ 1953.3.28【出身地】オクラホマ州プレイグ【球団】13-15 ジャイアンツ　17 レッズ　17-19 ジャイアンツ　19 ブレーヴス【位置】外野、右
【経歴】12 年のストックホルム五輪で近代 5 種と 10 種競技の両種目を制し、世界最高の運動選手と称賛されたが、09 年にマイナー・リーグでプレイしたことが明るみに出て、アマチュア規定違反により金メダルを剥奪される（82 年に処分解除）。13 年ジャイアンツに入団したが、変化球に弱く、ジョン・マグロー監督とも不仲で 17 年レッズに移籍。フレッド・トニーとヒッポ・ヴォーン両投手とも 9 回までノーヒットに抑える歴史的な投手戦となった 5 月 2 日のカブス戦で、10 回に決勝打を放った。19 年は 62 試合の出場ながら打率 .327 と才能の一端を窺わせたが、同年限りでメジャーから退く。その後はプロフットボールで活躍し、殿堂入りも果たした。
【通算】6 年、289 試合、698 打数 176 安打、7 本塁打、82 打点、29 盗塁、打率 .252

ベン・ゾブリスト
Benjamin Thomas Zobrist
1981.5.26 ～【出身地】イリノイ州ユーリカ【球団】2006-14 レイズ　15 アスレティックス　15 ロイヤルズ　16-19 カブス【位置】二塁、外野、両

【経歴】打走守すべてに優れていた上、守備では内外野どこでもこなしスイスアーミーナイフ（万能ナイフ）と称された万能選手。2004年ドラフト6位でアストロズに入団、レイズ移籍後の09年に打撃開眼し打率.297、27本塁打、91打点、出塁率.405（4位）。11年は46二塁打（3位）、91打点、12年の97個（2位）を最多として90四球以上4度の選球眼も確かだった。15年途中移籍したロイヤルズでは、プレイオフで43打数14安打、2本塁打で30年ぶりの世界一に貢献。翌16年はカブスへ移り、ワールドシリーズでは28打数10安打、第5戦の決勝タイムリーに続き、第7戦でも延長10回に決勝二塁打。108年ぶりの世界一をもたらしシリーズMVPに輝いた。
【通算】14年、1651試合、5880打数1566安打、167本塁打、768打点、116盗塁、打率.266
【タイトル】オールスター3回（2009,13,16年）

エディー・ソーヤー
Edwin Milby Sawyer
1910.9.10～97.9.22【出身地】ロードアイランド州ウェスタリー【球団】メジャー経験なし
【経歴】現役時代は外野手で、マイナー監督を経て48年途中からフィリーズの監督を任される。選手に対し寛容で、50年は若手を中心とした“ウィズ・キッズ”を率いてリーグ優勝。紳士的な指揮官で、打者がぶつけられても投手に報復の死球を与えることを許さなかった。52年途中解任されて球界から離れ、58年復帰したが60年の開幕戦直後に辞任した。オフはイサカ大学で物理学を教えていた。
【監督】48-52,58-60 フィリーズ　8年、817試合、390勝423敗、勝率.480　リーグ優勝1回（50年）

ホアキム・ソリア
Joakim Agustin Soria
1984.5.18～【出身地】メキシコ合衆国モンクロバ【球団】2007-11 ロイヤルズ　13-14 レンジャーズ　14-15 タイガース　15 パイレーツ　16-17 ロイヤルズ　18 ホワイトソックス　18 ブルワーズ　19-20 アスレティックス　21 ダイアモンドバックス　21 ブルージェイズ【位置】投手、右
【経歴】2002年ドジャースでプロ入りしたが、故障もあって04年限りで解雇され、05～06年は母国メキシコで投げた。パドレスと契約後、07年にルール5ドラフトでロイヤルズへ移り中継ぎとして好投。08年は抑えを任され42セーブ（2位）、防御率1.60、10年も36機会連続成功を含む43セーブ（2位）で防御率1.78。速球とスローカーブの緩急差で打者を翻弄し“メキシキューショナー（メキシコの死刑執行人）”の異名をとったが、本人の希望で使われなくなった。12年はトミー・ジョン手術で全休、13年以降は9年間で9球団をわたり歩いた。
【通算】14年、773試合、1先発、0完投、36勝45敗229S、763回、831奪三振、防御率3.11
【タイトル】オールスター2回（2008,10年）

アルフォンソ・ソリアノ　☆
Alfonso Guilleard Soriano
1976.1.7～【出身地】ドミニカ共和国サンペドロデマコリス【球団】99-2003 ヤンキース　04-05 レンジャーズ　06 ナショナルズ　07-13 カブス　13-14 ヤンキース【位置】二塁、外野、右
【経歴】ドミニカのカープ・アカデミーから96年広島に入団したが、ほとんど二軍暮らしで一軍での出場は97年の9試合のみ。同年オフ、契約更改交渉で調停を申請して敗れたのち、任意引退となって98年にヤンキースと契約。2001年に正二塁手となり、18本塁打、43盗塁で新人王投票ではイチロー、C・C・サバシアに次いで3位。マリナーズとのリーグ優勝決定シリーズでは、第4戦に佐々木主浩からサヨナラ本塁打。ワールドシリーズでも第7戦の8回に勝ち越し本塁打を放ったが、その後逆転されヒーローになり損ねた。翌02年は自己最高の打率.300に加え、209安打と41盗塁は1位、51二塁打（3位）、39本塁打（5位）、102打点。03年も38本塁打（5位）、35盗塁（4位）で2年連続30－30を達成した。

翌04年アレックス・ロドリゲスとのトレードでレンジャーズへ移籍し、オールスターでは本塁打を放ちMVP。二塁守備では失策が多く、06年ナショナルズに移籍したのを機に外野へ転向。同年は46本塁打（3位）、41盗塁で史上4人目の40－40を達成し、守備でも22補殺。07年に8年1億3600万ドルの高額契約でカブスに移籍、12年は7年ぶりの大台かつ自己最多の108打点（3位）を稼いだ。翌13年途中トレードで10年ぶりにヤン

キースへ復帰、58試合で17本塁打、年間では7度目の30本以上となる34本。先頭打者本塁打は03年にア・リーグ記録の13本、07年にナ・リーグ記録の12本を放ち、通算55本は史上3位にランクされる。
【通算】16年、1975試合、7750打数2095安打、481二塁打、412本塁打、1159打点、289盗塁、1803三振(26位)、打率.270
【タイトル】盗塁王1回(2002年) オールスター7回(02～08年)
【日本】97広島　1年、9試合、17打数2安打、0本塁打、0打点、0盗塁、打率.118

ラファエル・ソリアノ
Rafael Soriano
1979.12.19～【出身地】ドミニカ共和国サンホセ【球団】2002-06マリナーズ　07-09ブレーヴス　10レイズ　11-12ヤンキース　13-14ナショナルズ　15カブス【位置】投手、右
【経歴】97年マリナーズに入団、2003年は40試合で防御率1.53の好成績だったが、肘を手術し04～05年は合計13試合の登板にとどまる。ブレーヴス移籍後の09年は27セーブ、75.2回で102奪三振。速球とスライダーが中心で、レイズに移った10年はリーグ最多の45セーブ、防御率1.73。12年はヤンキースでマリアノ・リベラの代役クローザーとして42セーブ(3位)、ナショナルズへ移った13年も43セーブ(2位)を稼いだ。
【通算】14年、591試合、8先発、0完投、24勝28敗207S、636.1回、641奪三振、防御率2.89
【タイトル】最多セーブ1回(2010年) オールスター1回(10年)

ホルヘ・ソレル　★
Jorge Carlos Soler
1992.2.25～【出身地】キューバ共和国ハバナ【球団】2014-16カブス　17-21ロイヤルズ　21ブレーヴス22-23マーリンズ　24ジャイアンツ　24ブレーヴス【位置】外野、DH、右
【経歴】キューバから亡命し2012年カブスに入団。14年8月27日のメジャー初打席で本塁打、翌15年はプレイオフで19打数9安打、3本塁打。期待されながらも結果を残せずにいたが、ロイヤルズ移籍後の19年はリーグ最多の48本塁打、117打点(2位)。21年途中ブレーヴスへ移籍し、ワールドシリーズでは史上初の第1戦1回表の初球をホームラン。第4戦では決勝弾、第6戦は先制3ランと効果的な本塁打を3本放ち、シリーズMVPを手にした。23年も36本塁打。25年はエンジェルズへ移籍。
【通算】11年、1012試合、3523打数855安打、191本塁打、516打点、12盗塁、1068三振、打率.243
【タイトル】本塁打王1回(2019年) オールスター1回(23年)

ヴィク・ソーレル
Victor Garland Sorrell
1901.4.9～72.5.4【出身地】ノースカロライナ州モーリスヴィル【球団】28-37タイガース【位置】投手、右
【経歴】ウェイクフォレスト大学在学時にタイガースと契約するが、メジャー昇格は27歳と遅かった。速球主体のピッチングで29年から5年連続2ケタ勝利、30年に自己最多の16勝。29～31年は3年連続100四球以上と制球に難があった。引退後はノースカロライナ州立大で20年にわたり監督を務めた。
【通算】10年、280試合、216先発、95完投、8完封、92勝101敗、1671.2回、619奪三振、防御率4.43

ラリー・ソレンセン
Lary Alan Sorensen
1955.10.4～【出身地】ミシガン州デトロイト【球団】77-80ブルワーズ　81カーディナルス　82-83インディアンズ　84アスレティックス　85カブス　87エクスポズ　88ジャイアンツ【位置】投手、右
【経歴】1試合平均2.08四球の制球力を誇ったシンカー投手。76年ドラフト8位でブルワーズに入団、78年は18勝、オールスターでも3回を無失点と好投した。翌79年も15勝、83年までの7年間で5回2ケタ勝利。81年にカーディナルスへ移籍してからは毎年のようにチームを変えた。
【通算】11年、346試合、235先発、69完投、10完封、93勝103敗6S、1736.1回、569奪三振、防御率4.15
【タイトル】オールスター1回(78年)

ポール・ソレント
Paul Anthony Sorrento
1965.11.17～【出身地】マサチューセッツ州ソマーヴィル【球団】89-91ツインズ

92-95 インディアンズ　96-97 マリナーズ　98-99 レイズ【位置】一塁、左
【経歴】86年ドラフト4位でエンジェルズに入団。インディアンズに移籍した92年レギュラーとなり、95年は.235の低打率ながら25本塁打。97年に自己最多の31本塁打を放ったが、新球団のレイズに加わった翌98年は打率.225、17本塁打と期待外れだった。長打力は魅力でも三振が多く、左投手に対しても通算打率.217と弱かった。
【通算】11年、1093試合、3412打数 876安打、166本塁打、565打点、8盗塁、打率.257

ディッキー・ソン
Richard William Thon
1958.6.20～【出身地】インディアナ州サウスベンド【球団】79-80 エンジェルズ　81-87 アストロズ　88 パドレス　89-91 フィリーズ　92 レンジャーズ　93 ブルワーズ【位置】遊撃、右
【経歴】75年ドラフト外でエンジェルズに入団。アストロズ移籍後の82年正遊撃手となり31二塁打、10三塁打（1位）、37盗塁。翌83年は打率.286、20本塁打、79打点、34盗塁の好成績でスター候補と目されたが、84年4月頭部に死球を受けシーズンを棒に振る。以後も視覚障害に悩まされ、期待されたほどの成績を収めることはなかった。
【通算】15年、1387試合、4449打数 1176安打、71本塁打、435打点、167盗塁、打率.264
【タイトル】オールスター1回（83年）

グレッグ・ゾーン
Gregory Owen Zaun
1971.4.14～【出身地】カリフォルニア州グレンデイル【球団】95-96 オリオールズ　96-98 マーリンズ　99 レンジャーズ　2000-01 ロイヤルズ　02-03 アストロズ　03 ロッキーズ　04-08 ブルージェイズ　09 オリオールズ　09 レイズ　10 ブルワーズ【位置】捕手、両
【経歴】89年ドラフト17位でオリオールズに入団、マーリンズが世界一になった97年は58試合の出場ながら打率.301、出塁率.415。長い間控え捕手に甘んじていたが、2004年にブルージェイズに移籍してから出場機会が増え、05年は自己最多の133試合に出場。109安打、61打点、73四球はすべて自己記録だった。選球眼が良く、通算打率.252の割に出塁率は.344と比較的高かった。伯父のリック・デンプシーも元オリオールズの捕手。
【通算】16年、1232試合、3489打数 878安打、88本塁打、446打点、23盗塁、打率.252

アンドレ・ソーントン
Andre Thornton
1949.8.13～【出身地】アラバマ州タスキギー【球団】73-76 カブス　76 エクスポズ　77-79,81-87 インディアンズ【位置】一塁、DH、右
【経歴】67年ドラフト外でフィリーズに入団、ブレーヴスを経て73年カブスに移籍、75年は打率.293、88四球で出塁率は.428。77年インディアンズに移籍し28本塁打を放つ。同年オフに自動車事故で妻と娘を失う悲劇を乗り越え、翌78年はいずれも4位の33本塁打、105打点。80年は膝の故障で全休、81年に復帰してからはDHに専念し、82年は32本塁打、116打点と109四球は3位。84年も33本塁打（3位）を放った。信心深く黙々とプレイし、人格者として選手やファンの尊敬を集めた。79年にクレメンテ賞に選ばれている。
【通算】14年、1565試合、5291打数 1342安打、253本塁打、895打点、48盗塁、打率.254
【タイトル】オールスター2回（82,84年）

マット・ソーントン
Matthew J. Thornton
1976.9.15～【出身地】ミシガン州スリーリヴァーズ【球団】2004-05 マリナーズ　06-13 ホワイトソックス　13 レッドソックス　14 ヤンキース　14-15 ナショナルズ　16 パドレス【位置】投手、左
【経歴】ヴァージニア・コモンウェルス大学ではバスケットボールで活躍、野球では1勝もしていなかったが98年ドラフト1位でマリナーズに指名され入団。ホワイトソックスに移籍した06年以降10年連続で60試合以上に登板、投球のほとんどが威力のある速球で、08年からは3年続けて防御率2点台と安定していた。14年はナショナルズ移籍後の18試合で1点も許さず、年間でも防御率1.75は自己ベストだった。
【通算】13年、748試合、1先発、0完投、36勝46敗23S、662.2回、642奪三振、防御率3.41
【タイトル】オールスター1回（2010年）

【ダ】

ジャーメイン・ダイ
Jermaine Terrell Dye
1974.1.28 ～【出身地】カリフォルニア州オークランド【球団】96 ブレーヴス 97-2001 ロイヤルズ 01-04 アスレティックス 05-09 ホワイトソックス【位置】外野、右
【経歴】93 年ドラフト 17 位でブレーヴスに入団し、96 年 5 月 17 日のメジャー初打席で本塁打を放つ。翌 97 年ロイヤルズへトレード、99 年 27 本塁打、119 打点、守備でもリーグ最多の 17 補殺。続く 2000 年も打率 .321、193 安打、33 本塁打、118 打点。01 年はシーズン途中アスレティックスに移籍、以後 61 試合で 59 打点を稼ぎプレイオフ進出に貢献した。
05 年ホワイトソックスに移り 31 本塁打、ワールドシリーズでは 16 打数 7 安打。第 1 戦でロジャー・クレメンスから先制本塁打、優勝を決めた第 4 戦でも唯一の得点となるタイムリーを放ち、シリーズ MVP に選出された。翌 06 年は自己最多の 44 本塁打、120 打点。09 年まで 10 年連続 20 本塁打以上だったが、オフに FA となると希望の条件に合う球団がなく、そのまま引退に追い込まれた。
【通算】14 年、1763 試合、6487 打数 1779 安打、325 本塁打、1072 打点、46 盗塁、1308 三振、打率 .274
【タイトル】ゴールドグラブ 1 回（2000 年）オールスター 2 回（00,06 年）

エディー・ダイアー
Edwin Hawley Dyer
1899.10.11 ～ 1964.4.20【出身地】ルイジアナ州モーガンシティ【球団】22-27 カーディナルス【位置】投手、左
【経歴】現役時代は左腕投手で、24 年自己最多の 8 勝を挙げる。28 年マイナーの監督となり、15 年間で 9 回優勝。46 年カーディナルス監督に任命され、ドジャースとの優勝決定戦に勝ってリーグ制覇、レッドソックス相手のワールドシリーズでは“ダイアー・ディフェンス”と呼ばれたシフトを敷いてテッド・ウィリアムズを封じ、1 年目で世界一に輝く。その後も 3 年連続で 2 位をキープし、50 年に 5 位に転落すると契約延長を断り不動産業と石油ビジネスに鞍替えした。
【通算】6 年、69 試合、23 先発、10 完投、2 完封、15 勝 15 敗、255 回、63 奪三振、防御率 4.76
【監督】46-50 カーディナルス 5 年、777 試合、446 勝 325 敗、勝率 .578 リーグ優勝 1 回（46 年）ワールドシリーズ優勝 1 回（46 年）

ジミー・ダイクス
James Joseph Dykes
1896.11.10 ～ 1976.6.15【出身地】ペンシルヴェニア州フィラデルフィア【球団】18-32 アスレティックス 33-39 ホワイトソックス【位置】三塁、二塁、右
【経歴】内野ならどこでもこなした万能選手で、強いリストを利かせたスローイングが評判だった。打撃では打率 3 割 5 回、29 年に自己最高の .327 を記録し、ワールドシリーズでも 19 打数 8 安打。32 年は 90 打点を稼いだが、同年末アル・シモンズらとともに移籍金 10 万ドルでホワイトソックスへ。34 年途中から監督を兼任、46 年までの長期政権となった。
51 年コニー・マックの後任としてアスレティックス監督に就任。タイガースの指揮を執っていた 60 年、ジョー・ゴードンとの監督同士のトレードでインディアンズへ移る。前向きな姿勢で通算 21 年監督を務め、優勝はおろか 2 位も一度もなかった代わり、フルシーズンで采配を振った年は最下位にならなかった。通算で 62 回の退場と 37 回の出場停止処分を科されている。
【通算】22 年、2282 試合、8046 打数 2256 安打、453 二塁打、90 三塁打、108 本塁打、1069 打点、70 盗塁、958 四球、850 三振、打率 .280
【タイトル】オールスター 2 回（33 ～ 34 年）
【監督】34-46 ホワイトソックス 51-53 アスレティックス 54 オリオールズ 58 レッズ 59-60 タイガース 60-61 インディアンズ 21 年、2962 試合、1406 勝 1541 敗、勝率 .477

レニー・ダイクストラ
Leonard Kyle Dykstra
1963.2.10 ～【出身地】カリフォルニア州サンタアナ【球団】85-89 メッツ 89-96 フィリーズ【位置】外野、左
【経歴】小柄ながら闘志溢れるプレイで人気を集めた外野手。81 年ドラフト 13 位でメッツに入団、85 年メジャーに昇格しデビュー戦で本塁打を放つ。対右投手用の一番打者として起用され 86 年は打率 .295、31 盗塁、プレイオフ第 3 戦ではサヨナラ本塁打、ワールドシリーズでも 2

本塁打。89年途中フィリーズに移籍、翌90年は192安打、出塁率.418の両部門で1位、打率.325も4位。93年は194安打と129四球がともに1位、さらに自己最多の44二塁打、19本塁打、66打点、37盗塁で優勝に大きく貢献。ワールドシリーズでも4本塁打、8打点、4盗塁、ポストシーズンは通算32試合で打率.321、10本塁打と大舞台で強さを発揮した。
積極的なプレイスタイルに加え過度のウェイトトレーニングにより故障が多く、91年には自動車事故も起こし、同年以降100試合以上出たのは93年のみだった。引退後は投資に成功し一時は大金を手にしたが、事業を拡げすぎて破産。2012年に窃盗と詐欺の罪で懲役3年の実刑判決を言い渡された。
【通算】12年、1278試合、4559打数1298安打、81本塁打、404打点、285盗塁、打率.285
【タイトル】最高出塁率1回(90年) オールスター3回(90,94～95年)

マイク・タイソン
Michael Ray Tyson
1950.1.13～【出身地】ノースカロライナ州ロッキーマウント【球団】72-79カーディナルス　80-81カブス【位置】二塁、遊撃、右
【経歴】70年1月ドラフト3位でカーディナルスに入団、73年正遊撃手となる。76年二塁へコンバートされ打率.286、9三塁打(5位)、翌77年自己最多の7本塁打、57打点を記録した。守備は堅実だったが打撃の弱さが響き、31歳でメジャーから去った。ユニフォームのズボンを引っ張る癖から“ヒッチ”のニックネームがあった。
【通算】10年、1017試合、2959打数714安打、27本塁打、269打点、23盗塁、打率.241

ジョン・タイタス
John Franklin Titus
1876.2.21～1943.1.8【出身地】ペンシルヴェニア州セントクレア【球団】03-12フィリーズ　12-13ブレーヴス【位置】外野、左
【経歴】時代遅れの天神ひげを生やしたり、爪楊枝をくわえて打席に立ったりといった奇癖の持ち主で、他人とほとんど会話をしなかった。05年に打率.308、36二塁打(2位)、89打点(5位)、長打率.436(4位)、12年は打率.309、出塁率.416。選球眼が良く、10年には93四球(4位)を選んでいる。メジャーに上がる前には米西戦争を戦った経験もあった。
【通算】11年、1402試合、4960打数1401安打、38本塁打、564打点、140盗塁、打率.282

レフティ・タイラー
George Albert Tyler (Lefty)
1889.12.14～1953.9.29【出身地】ニューハンプシャー州デリー【球団】10-17ブレーヴス　18-21カブス【位置】投手、左
【経歴】12年にリーグワーストの22敗を喫したが、翌13年は16勝、28完投(1位)、14年も16勝し“ミラクル・ブレーヴス”の一翼を担う。緩急を生かした投球が得意で、16年は17勝、ジャイアンツの連勝を26で止める殊勲の星を挙げた。カブスに移籍した18年自己記録となる19勝(3位)、防御率2.00(2位)、優勝を決めた試合で完封勝ち。ワールドシリーズでも3試合に先発し防御率1.17と好投した。通算127勝のうち30勝が完封、うち10回が1-0での勝利だった。弟のフレッドは14年に6試合ブレーヴスでマスクをかぶったが、兄とバッテリーを組んだことはなかった。
【通算】12年、323試合、267先発、181完投、30完封、127勝116敗、2230回、1003奪三振、防御率2.95

リッチ・ダウアー
Richard Fremont Dauer
1952.7.27～【出身地】カリフォルニア州サンバーナディーノ【球団】76-85オリオールズ【位置】二塁、三塁、右
【経歴】アスレティックスから2度、合計3度のドラフト指名を拒否したのち、74年ドラフト1位でオリオールズに入団。76年AAA級で首位打者となり、翌77年ボビー・グリッチに代わり正二塁手に抜擢されるも、開幕から43打数1安打の大不振。78年は418守備機会連続無失策のリーグ記録を樹立した。80年に自己ベストの打率.284、158安打、63打点、翌81年はリーグ4位の27二塁打を放った。真摯なプレイぶりでチームメイトや首脳陣から好かれ、引退後はロイヤルズやロッキーズなどで長くコーチとして働いた。
【通算】10年、1140試合、3829打数984安打、43本塁打、372打点、6盗塁、打率.257

ダニー・ダーウィン
Danny Wayne Darwin
1955.10.25 ～【出身地】テキサス州ボナム【球団】78-84 レンジャーズ　85-86 ブルワーズ　86-90 アストロズ　91-94 レッドソックス　95 ブルージェイズ　95 レンジャーズ　96 パイレーツ　96 アストロズ　97 ホワイトソックス　97-98 ジャイアンツ【位置】投手、右
【経歴】強気な内角攻めを得意とし、20 年以上第一線で投げ続けた息の長い投手。76 年ドラフト外でレンジャーズに入団、当時は速球主体で 80 年に 13 勝 8 セーブ。先発とリリーフの両方で起用され、90 年まで 11 年連続防御率 3 点台以下と安定した成績を残す。89 年は自己最多の 68 試合に投げ 11 勝、翌 90 年途中から先発に回り 11 勝、規定投球回数ぎりぎりながら防御率 2.21 でタイトルを獲得した。年とともに変化球中心、制球を重視した投球に切り替え、93 年自己最多の 15 勝。94 年は防御率 6.30、続く 95 年は 7.45 にまで落ち込み限界かと思われたが、96 年は 40 歳で 7 度目の 2 ケタとなる 10 勝、防御率も 3 点台に回復した。弟のジェフはホワイトソックスでチームメイトだった。
【通算】21 年、716 試合、371 先発、53 完投、9 完封、171 勝 182 敗 32 S、3016.2 回、1942 奪三振、874 四球、防御率 3.84
【タイトル】最優秀防御率 1 回 (90 年)

ジム・ダヴェンポート
James Houston Davenport
1933.8.17 ～ 2016.2.18【出身地】アラバマ州シルリア【球団】58-70 ジャイアンツ【位置】三塁、遊撃、右
【経歴】ルイジアナ州立大時代はクォーターバックとして活躍。58 年新人で正三塁手となり、62 年自己最高の打率 .297、14 本塁打を放ちオールスター出場、ゴールドグラブも受賞する。同年の優勝決定戦では 9 回に勝ち越しの押し出し四球を選んだ。守備では 66 ～ 68 年にかけて 97 試合連続無失策の三塁手記録を作った。引退後長くコーチを務めたのち 85 年にジャイアンツの監督となるが、1 年と持たなかった。
【通算】13 年、1501 試合、4427 打数 1142 安打、77 本塁打、456 打点、16 盗塁、打率 .258
【タイトル】ゴールドグラブ 1 回 (62 年) オールスター 1 回 (62 年)
【監督】85 ジャイアンツ　1 年、144 試合、56 勝 88 敗、勝率 .389

テイラー・ダウシット
Taylor Lee Douthit
1901.4.22 ～ 86.5.28【出身地】アーカンソー州リトルロック【球団】23-31 カーディナルス　31-33 レッズ　33 カブス【位置】外野、右
【経歴】史上 1 位の 1 試合平均守備機会 3.16、28 年に史上最多の 547 刺殺を記録した好守の中堅手。レギュラーとなった 26 年打率 .308、リーグ最多の 37 犠打を決める。29 年に自己最高の打率 .336、206 安打、42 二塁打。翌 30 年も 201 安打、41 二塁打、93 打点の好成績だったが、31 年途中ペッパー・マーティンにポジションを明け渡してレッズへトレードされた。
【通算】11 年、1074 試合、4127 打数 1201 安打、29 本塁打、396 打点、67 盗塁、打率 .291

トミー・ダウド
Thomas Jefferson Dowd
1869.4.20 ～ 1933.7.2【出身地】マサチューセッツ州ホリヨーク【球団】1891 ボストン（AA）91-92 ワシントン（AA）/ ワシントン　93-97 セントルイス　97 フィラデルフィア　98 セントルイス　99 クリーヴランド　1901 レッドソックス【位置】外野、二塁、右
【経歴】ブラウン大学から 1891 年ボストン（AA）に入団するが、4 試合出ただけでワシントン（AA）へ貸し出される。93 年セントルイスに移り 59 盗塁 (2 位)、95 年に自己最高の打率 .323、17 三塁打、74 打点。96 年途中からは監督を兼任した。1901 年レッドソックスに加わり、球団史上最初の打者となる。10 年間のメジャー生活で 7 球団を転々としながら、毎年 120 安打以上放った。洒落者で、趣味の狐狩りをする際もピンク色のコートを着ていた。
【通算】10 年、1321 試合、5514 打数 1493 安打、24 本塁打、501 打点、368 盗塁、打率 .271
【監督】1896-97 セントルイス　2 年、92 試合、31 勝 60 敗、勝率 .341

アル・ダウニング
Alphonso Erwin Downing
1941.6.28 ～【出身地】ニュージャージー州トレントン【球団】61-69 ヤンキース　70 アスレティックス　70 ブルワーズ　71-77

ドジャース【位置】投手、左
【経歴】"黒いサンディ・コーファックス"と呼ばれた有望株で、快速球と大きなカーブで63年13勝、防御率2.56（5位）。翌64年は217奪三振（1位）、67年まで5年連続2ケタ勝利。その後故障のため不本意なシーズンが続いたが、ドジャースに移籍した71年20勝（2位）、5完封（1位）と復活し、カムバック賞を受賞。74年ハンク・アーロンに新記録の715号本塁打を打たれた。
【通算】17年、405試合、317先発、73完投、24完封、123勝107敗3S、2268.1回、1639奪三振、防御率3.22
【タイトル】最多奪三振1回（64年）オールスター1回（67年）

ブライアン・ダウニング
Brian Jay Downing
1950.10.9～【出身地】カリフォルニア州ロスアンジェルス【球団】73-77ホワイトソックス　78-90エンジェルズ　91-92レンジャーズ【位置】捕手、外野、DH、右
【経歴】69年ドラフト外でホワイトソックスに入団。当初は内野手で、74年に捕手に転向。78年エンジェルズに移籍、翌79年打率.326（3位）を記録するが、80年に足首を故障し外野へ回る。積極的にウェイトトレーニングに取り組み、"超人ハルク"とあだ名されるほどの肉体を作り上げ、82年は28本塁打、84打点。86年は自己最多の95打点、プレイオフでもチーム最多の7打点を稼ぐ。翌87年は29本塁打に加え、リーグ最多の106四球を選んだ。足は遅かったが出塁率の高さを買われリードオフマンを務めることが多く、通算25本の先頭打者本塁打を放っている。
【通算】20年、2344試合、7853打数2099安打、360二塁打、28三塁打、275本塁打、1073打点、50盗塁、1197四球、1127三振、打率.267
【タイトル】オールスター1回（79年）

ジェイク・ダウバート
Jacob Ellsworth Daubert
1884.4.17～1924.10.9【出身地】ペンシルヴェニア州シャモキン【球団】10-18ドジャース　19-24レッズ【位置】一塁、左
【経歴】打率3割を10回記録した好打者。13年は.350で首位打者となり、当時のMVPに相当するチャルマーズ賞を手にする。翌14年も.329で2年連続のタイトル。18年15本、22年22本で最多三塁打、バントも巧くセーフティ・バントで多くの内野安打を稼ぎ、リーグ記録の通算392犠打を成功させている。一塁守備の評価も非常に高かった。謙虚な性格で他球団の選手からも好かれたが、金銭面ではうるさく、19年レッズに放出されたのも給与支払いを巡るトラブルが原因だった。22年は205安打、12本塁打、66打点も自己最多。現役中の24年10月、盲腸炎の術後不良により死去した。
【通算】15年、2014試合、7673打数2326安打、250二塁打、165三塁打（29位）、56本塁打、722打点、251盗塁、623四球、489三振、打率.303
【タイトル】首位打者2回（13～14年）

スコット・ダウンズ
Scott Jeremy Downs
1976.3.17～【出身地】ケンタッキー州ルイヴィル【球団】2000カブス　00,03-04エクスポズ　05-10ブルージェイズ　11-13エンジェルズ　13ブレーヴス　14ホワイトソックス　14ロイヤルズ【位置】投手、左
【経歴】97年ドラフト3位でカブスに入団。当初は先発だったが、ブルージェイズ移籍後は主に左の中継ぎとして使われ、2007年はリーグ最多の81試合に登板し防御率2.17。あらゆる状況で起用できる使い勝手の良さで、08年1.78、11年1.34と2回防御率1点台。07～13年は7年連続で防御率3.15以下と安定していた。7球団に所属したが、ポストシーズンの登板機会は一度もなかった。
【通算】13年、619試合、50先発、1完投、1完封、38勝40敗27S、751.1回、575奪三振、防御率3.56

ラリー・ダーカー
Lawrence Edward Dierker
1946.9.22～【出身地】カリフォルニア州ハリウッド【球団】64-76アストロズ　77カーディナルス【位置】投手、右
【経歴】速球とスライダー中心の本格派で、18球団による争奪戦の末アストロズと契約し、18歳の誕生日にメジャー初登板を果たす。翌65年早くもローテーション入りし、66年10勝、69年は20勝（5位）、自己ベストの防御率2.33。肩痛で1勝どまりだった73年を除き、68～76年は毎年2ケタ勝利。76年7月9日のエクスポズ戦でノーヒットノーランを達成した。引退後実況アナウンサーを務めたのち、97年アストロズ監督に就任、11年ぶりの地

区制覇に導く。翌98年も地区優勝し最優秀監督賞を受賞。99年6月試合中に脳血栓のために突然倒れたが、幸いにも回復した。2001年4度目の地区制覇を果たすも、プレイオフで3連敗し解任された。
【通算】14年、356試合、329先発、106完投、25完封、139勝123敗1S、2333.2回、1493奪三振、防御率3.31
【タイトル】オールスター2回(69,71年)
【監督】97-2001 アストロズ　5年、783試合、435勝348敗、勝率.556

高津臣吾　☆
Shingo Takatsu
1968.11.25～【出身地】広島県広島市【球団】2004-05 ホワイトソックス　05 メッツ【位置】投手、右
【経歴】亜細亜大から89年ドラフト3位でヤクルトに入団。横手からのシンカーで、2001年の37セーブを最多として4回セーブ王、03年までにプロ野球記録の260セーブ。日本シリーズでは11試合に投げ1点も許さず、ヤクルトの3度の日本一に大きく貢献した。
　04年FAとなってホワイトソックスに入団、4月下旬から6月29日まで24試合無失点を続け、5月1日のブルージェイズ戦で初勝利、6月12日のブレーヴス戦で初セーブ。後半戦は抑えを任され、59試合で6勝4敗19セーブ、防御率2.31と好投した。翌05年は防御率5.97と不振で8月に解雇されメッツに移籍。06年ヤクルトに復帰、2年間で26セーブを追加したのち、08年カブスとマイナー契約を結ぶがキャンプ中に解雇。その後も韓国や台湾、日本の独立リーグで12年まで現役を続けた。20年ヤクルトの監督となり、21年に日本シリーズを制した。
【通算】2年、99試合、0先発、8勝6敗27S、98.2回、88奪三振、防御率3.38
【日本】90-2003,06-07 ヤクルト　16年、598試合、17先発、4完投、0完封、36勝46敗286S、761.1回、591奪三振、防御率3.20

高橋建　☆
Ken Takahashi
1969.4.16～【出身地】神奈川県横浜市【球団】2009 メッツ【位置】投手、左
【経歴】拓殖大からトヨタ自動車を経て、94年ドラフト4位で広島に入団。先発、リリーフの両方で起用され、2001年に自己最多の10勝を挙げた。08年限りでFAとなり、09年はブルージェイズとマイナー契約を結んだが開幕前に解雇。その後メッツに拾われ、5月2日のフィリーズ戦で40歳にしてメジャー初登板。すべてリリーフで28試合に投げ防御率2.96とまずまずだったが、シーズン終了後に解雇され、10年は広島に復帰した。
【通算】1年、28試合、0先発、0勝1敗0S、27.1回、23奪三振、防御率2.96
【日本】95-2008,10 広島　15年、459試合、182先発、22完投、8完封、70勝92敗5S、1459.2回、1066奪三振、防御率4.33

高橋尚成　☆
Hisanori Takahashi
1975.4.2～【出身地】東京都墨田区【球団】2010 メッツ　11-12 エンジェルズ　12 パイレーツ　13 カブス【位置】投手、左
【経歴】駒沢大から東芝を経て、99年ドラフト1位で巨人に入団。多彩な変化球を使い分け通算79勝、2007年の防御率2.75は1位だった。10年にFAとなってメッツとマイナー契約を結び、4月7日のマーリンズ戦で初登板し敗戦投手となる。23日のブレーヴス戦で初勝利、5月下旬からは先発ローテーションに加わり、前半戦だけで7勝。終盤戦はリリーフに回り、53試合で10勝6敗8セーブ、防御率3.61。11年はエンジェルズへ移籍、すべてリリーフで61試合に登板し防御率3.44。12年は42試合で防御率4.93と調子が上がらず、8月にウェーバーでパイレーツへ移った。13年はカブスで3試合に投げただけで解雇、ロッキーズに拾われるも登板機会はなく、14年はDeNAで日本に復帰した。
【通算】4年、168試合、12先発、0完投、14勝12敗10S、243.1回、221奪三振、防御率3.99
【日本】2000-09 巨人　14-15DeNA　12年、261試合、214先発、21完投、8完封、79勝73敗15S、1348.1回、1069奪三振、防御率3.79

アルヴィン・ダーク
Alvin Ralph Dark
1922.1.7～2014.11.13【出身地】オクラホマ州コマンチ【球団】46,48-49 ブレーヴス　50-56 ジャイアンツ　56-58 カーディナルス　58-59 カブス　60 フィリーズ　60 ブレーヴス【位置】遊撃、三塁、右

【経歴】NFLのフィラデルフィア・イーグルスからも誘われたが、5万ドルの契約金でブレーヴスに入団。48年打率.322(4位)、39二塁打(3位)で新人王に選ばれる。51年は196安打(4位)、41二塁打(1位)でジャイアンツの逆転優勝に貢献。53年は4度目の3割となる打率.300、自己最多の41二塁打(2位)、23本塁打、88打点。51、54年のワールドシリーズではともに4割以上の高打率を残した。58年カブスに移籍後は遊撃から三塁に転向した。

61年ジャイアンツ監督に就任、翌62年リーグ優勝を果たしたが、人種差別発言などが絡んで64年限り解任。74年ディック・ウィリアムズの辞任に伴い7年ぶりにアスレティックス監督に復帰、ワールドシリーズ優勝を飾った。オールスターでは63年ナ・リーグ、75年ア・リーグの監督を務め、史上初めて両リーグで指揮を執った。敬虔なクリスチャンで、ビール会社が親会社という理由でカーディナルス監督の就任要請を断ったこともあった。

【通算】14年、1828試合、7219打数2089安打、126本塁打、757打点、59盗塁、打率.289

【タイトル】新人王(48年) オールスター3回(51～52,54年)

【監督】61-64ジャイアンツ　66-67アスレティックス　68-71インディアンズ　74-75アスレティックス　77パドレス　13年、1950試合、994勝954敗、勝率.510 リーグ優勝2回(62,74年) ワールドシリーズ優勝1回(74年)

田口壮　☆

So Taguchi

1969.7.2～【出身地】兵庫県西宮市【球団】2002-07カーディナルス　08フィリーズ　09カブス【位置】外野、右

【経歴】関西学院大から91年ドラフト1位でオリックスに入団。当初は遊撃手だったが外野に転向、5回のゴールデングラブに輝く好守で、2度のリーグ優勝と96年の日本一に貢献した。同期入団のよしみで、イチローとの仲も良かった。2002年にFAとなってカーディナルスと契約するが開幕ロースターに残れず、1年目は19試合の出場にとどまる。03年も大半はマイナー暮らしだったが、確かな守備力と小技の巧さで首脳陣の信頼を勝ち取り、04年は109試合に出場し打率.291。続く05年は143試合、114安打、8本塁打、53打点の自己最高成績を残した。

06年はディヴィジョンシリーズ第3戦で代打本塁打、メッツとのリーグ優勝決定シリーズでも3打数3安打3打点、第2戦の9回にビリー・ワグナーから決勝本塁打を放つ。真摯なプレイぶりでセントルイスで人気が高かった。08年にフィリーズに移籍、ワールドシリーズでの出場機会はなかったが、06年に続いて2度目の世界一を経験した。09年カブスで6試合出場したのを最後に帰国し、オリックスに復帰した。

【通算】8年、672試合、1369打数382安打、19本塁打、163打点、39盗塁、打率.279

【日本】92-2001,10-11オリックス　12年、1222試合、4411打数1219安打、70本塁打、429打点、87盗塁、打率.276

フィル・ダグラス

Phillip Brooks Douglas

1890.6.17～1952.8.1【出身地】ジョージア州シダータウン【球団】12ホワイトソックス　14-15レッズ　15ドジャース　15,17-19カブス　19-22ジャイアンツ【位置】投手、右

【経歴】巨漢のスピットボーラーで、17年にリーグ最多の51試合に登板し151三振(3位)を奪う。翌18年は防御率2.13(4位)、21年は3完封(1位)を含む15勝、ワールドシリーズでも完投で2勝。実力は折り紙付きながら、大の酒好きで勝手な行動が多く、シーズン中に戦列を離れることもしばしばあった。そのためどの球団でもトラブルの元になり、ジャイアンツのジョン・マグロー監督は私立探偵を雇い私生活を監視させていた。22年はリーグ1位の防御率2.63を記録していたが、マグローとの確執から、ペナントを争っていたカーディナルスに対しチームを離脱する見返りに金銭を要求。これがリーグ会長の耳に届き、追放処分となった。

【通算】9年、299試合、200先発、96完投、20完封、94勝93敗、1708.1回、683奪三振、防御率2.80

【タイトル】最優秀防御率1回(22年)

田澤純一

Junichi Tazawa

1986.6.6～【出身地】神奈川県横浜市【球団】2009,11-16レッドソックス　17-18マーリンズ　18エンジェルズ【位置】投手、右

【経歴】横浜商大高から新日本石油に入社し、2008年の都市対抗で橋戸賞を受賞。同年のドラフトの目玉と目されながら、メジャー行きを希望し指名拒否を表明。プロ野球各球団の強い反発を受けながらもレッドソックスと契約、日本プロ野球未経験者では初のメジャー契約だった。

09年はAA級で9勝、8月にメジャーに昇格。初登板となった8月7日のヤンキース戦でアレックス・ロドリゲスにサヨナラ本塁打を浴び、敗戦投手となる。初先発した11日のタイガース戦で初勝利。10年は肘の手術で全休、復帰後の12年はすべてリリーフで37試合に投げ、150㎞を超える快速球で防御率1.43、45三振を奪う一方で5四球しか与えなかった。13年は71試合に登板、ポストシーズンでも13試合、7.1回を1失点で世界一に貢献。続く14年も71試合で防御率2.86だったが、その後成績が下降し、マイナー暮らしだった19年を最後に米球界から撤退。20年は日本の独立リーグ、21年は台湾で投げた。

【通算】9年、388試合、4先発、0完投、21勝26敗4S、395.1回、374奪三振、防御率4.12

多田野数人 ☆

Kazuhito Tadano

1980.4.25～【出身地】東京都墨田区【球団】2004-05インディアンズ【位置】投手、右

【経歴】立教大時代に通算20勝を挙げ、2002年のドラフトでは横浜の自由枠指名が確実視されていたが、指名を見送られ03年にインディアンズとマイナー契約。40試合で防御率1.55と好投し、04年にメジャーへ昇格。日本プロ野球の経験のない日本人メジャーリーガーは、鈴木誠に次いで史上2人目だった。4月27日のホワイトソックス戦で初登板、初先発した6月2日のレッズ戦で7回2失点、10三振を奪い初勝利を挙げた。1年目は14試合で1勝1敗、防御率4.65。05年は1試合投げただけで、06年に移籍したアスレティックスでも登板機会はなかった。07年の大学・社会人ドラフトで日本ハムから1位指名され入団、08年は7勝。時折投げる超スローボールも注目を集めた。

【通算】2年、15試合、4先発、0完投、1勝1敗0S、54.1回、40奪三振、防御率4.47

【日本】2008-14日本ハム　7年、80試合、53先発、1完投、1完封、18勝20敗0S、333.1回、187奪三振、防御率4.43

ダニー・タータブル

Danilo Tartabull

1962.10.30～【出身地】プエルトリコ・サンフアン【球団】84-86マリナーズ　87-91ロイヤルズ　92-95ヤンキース　95アスレティックス　96ホワイトソックス　97フィリーズ【位置】外野、右

【経歴】80年ドラフト3位でレッズに入団、83年FAの補償選手としてマリナーズに移籍し、84年のメジャー初打席でサヨナラ安打。86年正右翼手となり25本塁打、96打点、翌87年はロイヤルズへ移籍し打率.309、34本塁打(3位)、101打点。91年自己最高の打率.316、長打率.593は1位。96年5度目の100打点以上となる101打点を叩き出した。外角球打ちが巧く、選球眼も良かったが、86年の157個を最多に9回100三振以上を喫した。生意気な性格でチームメイトから煙たがられ、2012年には子供の養育費を滞納したまま失踪し指名手配された。父のホセも外野手で9年のメジャー経験を持つ。

【通算】14年、1406試合、5011打数1366安打、262本塁打、925打点、37盗塁、1362三振、打率.273

【タイトル】オールスター1回(91年)

カイル・タッカー　★

Kyle Daniel Tucker

1997.1.17～【出身地】フロリダ州タンパ【球団】2018-24アストロズ【位置】外野、左

【経歴】2015年ドラフト1位(全体5位)でアストロズに入団。20年にリーグ最多の6三塁打、翌21年は37二塁打(5位)、30本塁打、92打点。プレイオフでは10試合で4本塁打、15打点と打ちまくった。22年は30本塁打、107打点(3位)、25盗塁(5位)、ワールドシリーズ第1戦でも2打席連続本塁打を放つなどして世界一に貢献。23年は112打点で打点王、9月10日に63年ぶりの1イニング2三塁打を記録した。兄のプレストンも外野手。

【通算】7年、633試合、2241打数615安打、125本塁打、417打点、94盗塁、打率.274

【タイトル】打点王1回(2023年) ゴールドグラブ1回(22年) オールスター3回(22～24年)

トミー・タッカー
Thomas Joseph Tucker
1863.10.28 ～ 1935.10.22【出身地】マサチューセッツ州ホリヨーク【球団】1887-89 ボルティモア（AA） 90-97 ボストン 97 ワシントン 98 ブルックリン 98 セントルイス 99 クリーヴランド【位置】一塁、両
【経歴】1889 年リーグ最多の 196 安打、スイッチヒッターとしては史上最高の打率 .372 で、首位打者のタイトルを手にした最初のスイッチヒッターとなった。94 年に自己最多の 100 打点。非常に死球が多く 89 年は 33 個、5 回 1 位となり、通算では 272 死球。守備では当時としては珍しく、片手での捕球を得意とした。攻撃的な性格で粗野な振る舞いも目立ち、あまり好かれてはいなかった。
【通算】13 年、1688 試合、6482 打数 1882 安打、42 本塁打、932 打点、352 盗塁、打率 .290
【タイトル】首位打者 1 回（1889 年）最高出塁率 1 回（89 年）

マイケル・タッカー
Michael Anthony Tucker
1971.6.25 ～【出身地】ヴァージニア州サウスボストン【球団】95-96 ロイヤルズ 97-98 ブレーヴス 99-2001 レッズ 01 カブス 02-03 ロイヤルズ 04-05 ジャイアンツ 05 フィリーズ 06 メッツ【位置】外野、左
【経歴】92 年のバルセロナ五輪に出場し、同年ドラフト 1 位（全体 10 位）でロイヤルズに入団。ブレーヴスに移った 97 年に自己ベストの打率 .283、141 安打。翌 98 年のプレイオフでは 21 打数 7 安打、2 本塁打、7 打点。2001 年には 8 三塁打（5 位）、ロイヤルズに戻った翌 02 年は 23 盗塁を決めた。中距離打者で、96 年から 9 年連続で 2 ケタ本塁打を記録したが、2000 年の 15 本が最多だった。
【通算】12 年、1417 試合、4083 打数 1047 安打、125 本塁打、528 打点、114 盗塁、打率 .256

フェルナンド・タティス・シニア
Fernando Tatis
1975.1.1 ～【出身地】ドミニカ共和国サンペドロデマコリス【球団】97-98 レンジャーズ 98-2000 カーディナルス 01-03 エクスポズ 06 オリオールズ 08-10 メッツ【位置】三塁、外野、右
【経歴】93 年レンジャーズに入団、カーディナルス移籍後の 99 年は打率 .298、34 本塁打、107 打点。4 月 23 日のドジャース戦では史上初めて 1 イニング 2 本の満塁本塁打を記録した。活躍したのはこの年だけでその後は結果を残せず、04 年にレイズを解雇されると以後 2 年間は実質的に引退状態だった。06 年オリオールズで復帰し、08 年はメッツで 92 試合に出場、打率 .297、11 本塁打、47 打点と復活した。同名の息子はオールスター選手。
【通算】11 年、949 試合、3051 打数 807 安打、113 本塁打、448 打点、50 盗塁、打率 .265

フェルナンド・タティス・ジュニア ★
Fernando Gabriel Tatis
1999.1.2 ～【出身地】ドミニカ共和国サンペドロデマコリス【球団】2019-21,23-24 パドレス【位置】遊撃、外野、右
【経歴】2015 年ホワイトソックスに入団、翌 16 年トレードでパドレスへ移籍。19 年 20 歳でメジャーに昇格すると 84 試合で 22 本塁打を放った。14 年 3 億 4000 万ドルの超長期契約を結んだ 21 年は、リーグ最多の 42 本塁打。抜群の身体能力を生かしたダイナミックなプレイや、個性的なヘアスタイルなどで人気を集めたが、22 年はバイク事故で左手首を骨折した上、禁止薬物使用で 80 試合の出場停止処分も科されてシーズン全休、一気に評判を落とした。23 年に復帰、遊撃から右翼にコンバートされゴールドグラブを受賞。同名の父もメジャーで活躍した。
【通算】5 年、516 試合、2009 打数 561 安打、127 本塁打、322 打点、92 盗塁、打率 .279
【タイトル】本塁打王 1 回（2021 年）ゴールドグラブ 1 回（23 年）オールスター 2 回（21,24 年）

建山義紀 ☆
Yoshinori Tateyama
1975.12.26 ～【出身地】大阪府東大阪市【球団】2011-12 レンジャーズ【位置】投手、右
【経歴】東海大仰星高では同級生の上原浩治を差し置いてエース格。甲賀総合科学専門学校、松下電器を経て 98 年ドラフト 2 位で日本ハムに入団。サイドからの緩急を生かした投球で主にリリーフで活躍、2003 年は 15 セーブを挙げた。11 年 FA となってレンジャーズに入団、5 月 28 日のロイヤルズ戦で初セーブ、6 月 21 日の

アストロズ戦で初勝利。9月には2者連続満塁弾被弾という史上2人目の珍記録を作った。年間では39試合で2勝0敗1セーブ、防御率4.50。シーズン途中からは上原と再びチームメイトになった。12年は14試合で防御率9.00と散々で、13年途中ヤンキースへ移籍。14年も引き続き所属したがメジャーでの登板はなく、5月に退団して阪神入り。メジャーで25試合以上投げ、敗戦投手にならなかった唯一の日本人投手である。引退後は解説者の傍ら、21年は日本代表投手コーチとして東京五輪金メダル獲得を手助けした。
【通算】2年、53試合、0先発、3勝0敗1S、61回、61奪三振、防御率5.75
【日本】1999-2010 日本ハム 14 阪神 13年、446試合、37先発、4完投、1完封、35勝43敗27S、669回、491奪三振、防御率3.43

ビル・タトル
William Robert Tuttle

1929.7.4 ～ 98.7.27【出身地】イリノイ州エルムウッド【球団】52,54-57 タイガース 58-61 アスレティックス 61-63 ツインズ【位置】外野、右
【経歴】守備範囲の広い中堅手で、最多刺殺を2回記録、59 ～ 60年は補殺も1位。打撃では55年に自己最多の14本塁打、78打点。選球眼も良く76四球を選んだが、併殺打25本はリーグワーストだった。58年の9三塁打は2位。嚙みタバコの常習者で、口腔癌を患ったのを機に、球界におけるタバコ撲滅運動の中心として活動した。
【通算】11年、1270試合、4268打数1105安打、67本塁打、443打点、38盗塁、打率.259

チャック・タナー
Charles William Tanner

1928.7.4 ～ 2011.2.11【出身地】ペンシルヴェニア州ニューキャッスル【球団】55-57 ブレーヴス 57-58 カブス 59-60 インディアンズ 61-62 エンジェルズ【位置】外野、左
【経歴】マイナーで8年連続打率3割を記録し、55年4月12日のメジャー初打席で初球を代打本塁打。ハッスルプレイを身上とし、57年は準レギュラーで117試合に出場、打率.279、9本塁打、48打点だった。マイナー監督を経て70年終盤ホワイトソックス監督に就任。前向きな性格でディック・アレンのような問題児も巧みに操縦し、72年は2位となり最優秀監督に選ばれた。
76年アスレティックス監督となるが、同年末マニー・サンギーエンと移籍金10万ドルとの交換でパイレーツへ移り、79年はワールドシリーズの最中に母を亡くす悲しみを乗り越えて世界一となった。機動力を駆使した采配を特徴とし、76年341回、77年は260回の盗塁を成功させたが、放任主義と批判も浴びた。息子のブルースも投手で1年のみホワイトソックスに在籍、のちパイレーツの投手コーチ。
【通算】8年、396試合、885打数231安打、21本塁打、105打点、2盗塁、打率.261
【監督】70-75 ホワイトソックス 76 アスレティックス 77-85 パイレーツ 86-88 ブレーヴス 19年、2738試合、1352勝1381敗、勝率.495 リーグ優勝1回（79年）ワールドシリーズ優勝1回（79年）

ジム・ターナー
James Riley Turner

1903.8.6 ～ 98.11.29【出身地】テネシー州アンティオーク【球団】37-39 ブレーヴス 40-42 レッズ 42-45 ヤンキース【位置】投手、右
【経歴】マイナーで14年、通算218勝を挙げたのち、37年33歳にしてメジャー昇格。20勝（2位）、防御率2.38、24完投、5完封の3部門で1位、31イニング連続無失点も記録した。制球の良さとカーブが持ち味で、40年レッズに移籍し14勝、防御率2.89（5位）。ヤンキースではリリーフで活躍した。オフシーズンは農場で働き“ミルクマン”と呼ばれていた。引退後ヤンキースとレッズで長く投手コーチを務め、的確な指導で高い評価を得た。
【通算】9年、231試合、119先発、69完投、8完封、69勝60敗、1132回、329奪三振、防御率3.22
【タイトル】最優秀防御率1回（37年）オールスター1回（38年）

ジャスティン・ターナー ★
Justin Matthew Turner

1984.11.23 ～【出身地】カリフォルニア州ロングビーチ【球団】2009-10 オリオールズ 10-13 メッツ 14-22 ドジャース 23 レッドソックス 24 ブルージェイズ 24 マリナーズ【位置】三塁、右
【経歴】赤毛が目を惹き、チームリー

ダーとしての存在感も大きかった人気者。2006年ドラフト7位でレッズに入団、メッツからドジャースへ移籍した14年に打撃開眼、109試合で.340の高打率を残す。フライボール打法を取り入れ16、19、21年に自己最多の27本塁打、17年は打率.322(3位)。ポストシーズンに強く、通算86試合で13本塁打。15年のプレイオフは19打数10安打、6二塁打、17年のリーグ優勝決定シリーズは2本塁打、7打点でMVPに選ばれた。20年のワールドシリーズも4二塁打、2本塁打で世界一に貢献したが、優勝を決めた第6戦で新型コロナウイルス感染が判明、試合途中で退いた。23年レッドソックスに移籍、38歳にして自己最多の96打点を叩き出した。
【通算】16年、1678試合、5540打数1580安打、198本塁打、814打点、45盗塁、打率.285
【タイトル】オールスター2回(2017,21年)

テッド・ターナー
Robert Edward Turner (Ted)
1938.11.19～【出身地】オハイオ州シンシナティ【球団】メジャー経験なし
【経歴】地方テレビ局の経営で実績を積み、76年にブレーヴスを買収すると"アメリカズ・チーム"と銘打ち、衛星中継放送で大々的に売り出す。77年には16連敗に業を煮やし、5月11日に1試合のみ監督として指揮を執ったものの敗れ、リーグ会長から以後ベンチ入りを禁止された。78年はFAのゲイリー・マシューズとの事前交渉が問題とされ、1年間オーナー資格を停止された。
　選手の獲得に金を惜しまず、70～80年代は結果が出なかったが90年代以降は毎年のように地区優勝、95年にワールドシリーズ制覇。97年に開場した新球場はターナー・フィールドと命名された。97年にタイム=ワーナーがブレーヴスのオーナーとなって以降は球団との関わりは減っていった。本業では80年に創設したCNNの大成功により世界有数の大富豪に上り詰め、女優ジェイン・フォンダと結婚していた時期もあった。NBAホークス、NHLスラッシャーズのオーナーでもあったほか、77年は船長としてヨットのアメリカズ・カップを制し、セーリングの殿堂に迎えられている。
【監督】77ブレーヴス　1年、1試合、0勝1敗、勝率.000

テリー・ターナー
Terrance Lamont Turner
1881.2.28～1960.7.18【出身地】ペンシルヴェニア州サンディレイク【球団】01パイレーツ　04-18インディアンズ　19アスレティックス【位置】遊撃、三塁、右
【経歴】ヘッドスライディングを始めた最初の選手といわれ、インディアンズの球団記録となる通算1619試合に出場した。05年14三塁打(3位)、72打点(5位)、翌06年は自己最多の170安打、27二塁打(5位)。07年以降の13年間は1本しか本塁打を打てなかった。ノーヒッターを3回阻止した経験を持っている。守備も良く遊撃と三塁で3回ずつ守備率1位を記録した。
【通算】17年、1659試合、5921打数1499安打、8本塁打、528打点、256盗塁、打率.253

トレイ・ターナー　★
Trea Vance Turner
1993.6.30～【出身地】フロリダ州ボイントンビーチ【球団】2015-21ナショナルズ　21-22ドジャース　23-24フィリーズ【位置】遊撃、右
【経歴】華麗なスライディングで名を馳せた、球界屈指の俊足選手。2014年ドラフト1位でパドレスに入団、翌15年途中トレードでナショナルズへ移籍。16年は73試合の出場で打率.342、33盗塁(5位)で新人王投票2位、翌17年も98試合で46盗塁(3位)。162試合にフル出場した18年は43盗塁でタイトルを手にした。
　シーズン途中でドジャースへトレードされた21年は打率.328で、ナ・リーグでは74年ぶり2人目となる2球団にまたがっての首位打者になったほか、195安打と32盗塁も1位、28本塁打は自己記録。誕生日に達成したサイクル安打は17、19年に続き、自身3度目で史上最多タイとなった。11年3億ドルの高額契約でフィリーズへ移籍した23年は、30盗塁で失敗ゼロ。同年のWBCでは6試合で5本塁打と打ちまくった。
【通算】10年、1125試合、4568打数1352安打、171本塁打、572打点、279盗塁、打率.296
【タイトル】首位打者1回(2021年)盗塁王2回(18,21年)オールスター3回(21～22,24年)

田中賢介　☆
Kensuke Tanaka
1981.5.20 ～【出身地】福岡県筑紫野市【球団】2013 ジャイアンツ【位置】外野、左
【経歴】99 年ドラフト 2 位で日本ハムに入団、2007 年はパ・リーグ新記録の 58 犠打。10 年の .335 を最高に 3 回打率 3 割以上。ベストナインとゴールデングラブを 5 回ずつ受賞するなど攻守に活躍した。13 年 FA でジャイアンツへ移籍、AAA 級で .329 の高打率を残し 7 月にメジャー昇格。9 日のメッツ戦でデビューし初安打も記録、守備についた 9 試合はすべて左翼手として出場した。9 月に戦力外となり、翌 14 年はレンジャーズに入団したもののメジャーでの出場機会はなく、7 月に退団。15 年日本ハムに復帰した。
【通算】1 年、15 試合、30 打数 8 安打、0 本塁打、2 打点、2 盗塁、打率 .267
【日本】2000-12,15-19 日本ハム　18 年、1619 試合、5319 打数 1499 安打、48 本塁打、486 打点、203 盗塁、打率 .282

田中将大　☆
Masahiro Tanaka
1988.11.1 ～【出身地】兵庫県伊丹市【球団】2014-20 ヤンキース【位置】投手、右
【経歴】駒大苫小牧高時代の 2005 年に夏の甲子園で全国優勝、翌 06 年の夏も準優勝し、同年のドラフト 1 位で楽天に入団。07 年に 11 勝を挙げ新人王、11 年は 19 勝で最多勝、防御率 1.27 も 1 位。13 年は 24 勝 0 敗の勝率 10 割、防御率 1.27 の驚異的な成績を収めて満票で MVP に選ばれただけでなく、日本シリーズでも最終第 7 戦でセーブを稼ぎ、楽天に初の日本一をもたらした。
　14 年ポスティング・システムを利用してメジャー移籍を表明、ヤンキースと 7 年 1 億 5500 万ドルで契約。4 月 4 日のブルージェイズ戦でデビュー戦を初勝利で飾ると以後 6 連勝、5 月 14 日のメッツ戦で初完封。自慢のスプリッターで打者を手玉に取り、前半戦を 12 勝 3 敗、防御率 2.51 で終えたが、肘の靱帯を痛めて戦列を離れオールスターも出場辞退した。手術はせず PRP 療法を選択して 9 月に復帰、年間では 13 勝 5 敗、防御率 2.77。翌 15 年 12 勝、16 年は 14 勝と活躍を続け、19 年まで 6 年連続 2 ケタ勝利。自己ワーストの防御率 4.74 と苦しんだ 17 年も、ポストシーズンでは 3 試合で 2 勝 1 敗、20 回で 2 失点と好投した。プレイオフは通算 10 試合で 5 勝 4 敗、防御率 3.33。21 年楽天に復帰した。
【通算】7 年、174 試合、173 先発、7 完投、4 完封、78 勝 46 敗 0 S、1054.1 回、991 奪三振、防御率 3.74
【タイトル】オールスター 2 回（2014,19 年）
【日本】2007-13,21-24 楽天　11 年、248 試合、245 先発、55 完投、19 完封、119 勝 68 敗 3 S、1778 回、1572 奪三振、防御率 2.67

フランク・タナナ
Frank Daryl Tanana
1953.7.3 ～【出身地】ミシガン州デトロイト【球団】73-80 エンジェルズ　81 レッドソックス　82-85 レンジャーズ　85-92 タイガース　93 メッツ　93 ヤンキース【位置】投手、左
【経歴】71 年ドラフト 1 位でエンジェルズに入団し、73 年 20 歳でメジャーに昇格。左腕からの快速球で 74 年から 5 年連続 14 勝以上、75 年 269 奪三振（1 位）、以後 3 年連続で 200 三振以上を奪う。76 年自己最多の 19 勝（4 位）、261 奪三振（2 位）、翌 77 年は 7 完封（1 位）を含む 15 勝、防御率 2.54（1 位）。78 年も 18 勝したが、74 ～ 78 年の 5 年間で平均 259 投球回の酷使がたたり肩を痛める。82 年は 7 勝 18 敗の不振だったが、カーブ主体の投球を完成させ 84 年 4 年ぶりの 2 ケタとなる 15 勝、以後 9 年間で 2 ケタ勝利 8 回と立ち直った。87 年の最終戦では 1-0 の完封勝ちで地区優勝を決めた。
【通算】21 年、638 試合、616 先発（18 位）、143 完投、34 完封、240 勝 236 敗（16 位）1 S、4188.1 回、2773 奪三振（26 位）、1255 四球、防御率 3.66
【タイトル】最優秀防御率 1 回（77 年）最多奪三振 1 回（75 年）オールスター 3 回（76 ～ 78 年）

カル・ダニエルズ
Kalvoski Daniels
1963.8.20 ～【出身地】ジョージア州ヴィエナ【球団】86-89 レッズ　89-92 ドジャース　92 カブス【位置】外野、左
【経歴】82 年ドラフト 1 位（第 2 回）でレッズに入団。身体能力に恵まれ、87 年 108 試合の出場で打率 .334、26 本塁打、26 盗塁、翌 88 年は 87 四球（3 位）を選び、出塁率 .397 はリーグ最高だった。90 年も 27 本塁打、94 打点の好成績を残したが、

膝痛をはじめとして故障が多く、性格的にも問題があり素質を生かせずに終わった。
【通算】7年、727試合、2338打数666安打、104本塁打、360打点、87盗塁、打率.285
【タイトル】最高出塁率1回（88年）

ジェシー・タニーヒル
Jesse Niles Tannehill
1874.7.14～1956.9.22【出身地】ケンタッキー州デイトン【球団】1894シンシナティ　97-1902パイレーツ　03ヤンキース　04-08レッドソックス　08-09セネターズ　11レッズ【位置】投手、左
【経歴】通算与四球率1.56の素晴らしい制球力とスローカーブで、6度の20勝を記録。1898年に25勝、1901年はリーグトップの防御率2.18。翌02年は自己ベストの防御率1.95（3位）だった。レッドソックスに移った04年は21勝、8月17日のホワイトソックス戦でノーヒットノーランを達成した。打撃も良く、通算打率.255は内野手である弟リーの.220を大きく上回る。
【通算】15年、359試合、321先発、264完投、34完封、197勝117敗、2759.1回、944奪三振、防御率2.80
【タイトル】最優秀防御率1回（01年）

リー・タニーヒル
Lee Ford Tannehill
1880.10.26～1938.2.16【出身地】ケンタッキー州デイトン【球団】03-12ホワイトソックス【位置】三塁、遊撃、右
【経歴】通算打率.220、04年に31二塁打（4位）を放った以外打撃はさっぱりだったが、守備は天下一品。03年正遊撃手となりリーグ最多の58併殺、翌04年からは三塁を守り最多補殺4回、最多併殺2回。10年7月31日にコミスキー・パークの第1号本塁打を放っている。兄のジェシーは投手でありながら通算打率.255、5本塁打と弟を上回る打力だった。
【通算】10年、1090試合、3778打数833安打、3本塁打、346打点、63盗塁、打率.220

トラヴィス・ダーノー　★
Travis E. d'Arnaud
1989.2.10～【出身地】カリフォルニア州ロングビーチ【球団】2013-19メッツ　19ドジャース　19レイズ　20-24ブレーヴス【位置】捕手、右
【経歴】2007年ドラフト37位でフィリーズに入団。メッツ移籍後の14年に正捕手となり、15年のプレイオフでは3本塁打、6打点でリーグ優勝に貢献。ブレーヴス時代の20年もプレイオフで2本塁打、10打点、21年のワールドシリーズでは第2戦・第3戦に2試合連続本塁打。ポストシーズン通算57試合で10本打っている。22年は自己最多の18本塁打、33歳で初めてオールスターに選ばれた。17年8月16日には本職でない二塁と三塁で起用されただけでなく、守備シフトの関係で試合中に18回も守備位置を入れ替わった。兄のチェイスは内野手。
【通算】12年、884試合、3032打数753安打、123本塁打、438打点、3盗塁、打率.248
【タイトル】オールスター1回（2022年）

ケヴィン・タパニ
Kevin Ray Tapani
1964.2.18～【出身地】アイオワ州デモイン【球団】89メッツ　89-95ツインズ　95ドジャース　96ホワイトソックス　97-2001カブス【位置】投手、右
【経歴】豊富な球種と丁寧な投球が売り物の技巧派投手。86年ドラフト2位でアスレティックスに入団、メッツを経て89年途中ツインズに移籍。翌90年12勝、91年は16勝、防御率2.99で優勝に貢献。96年まで7年連続2ケタ勝利と安定し、97年も人差し指のケガで13試合の登板にとどまりながらも9勝。98年は自己最多の19勝（2位）を稼いだ。2001年は最初の10先発で8勝したが、その後の19先発で1勝13敗と負けが込み、同年が最後の年となった。
【通算】13年、361試合、354先発、26完投、9完封、143勝125敗0S、2265回、1482奪三振、防御率4.35

ビク・ダバリーヨ
Victor Jose Davalillo
1939.7.30～2023.12.6【出身地】ベネズエラ共和国チュルグアラ【球団】63-68インディアンズ　68-69エンジェルズ　69-70カーディナルス　71-73パイレーツ　73-74アスレティックス　77-80ドジャース【位置】外野、左
【経歴】身長170cmの小柄な外野手で、63年正中堅手となり翌64年に21盗塁（3位）。マイナー時代は投手だっただけあって肩が強くゴールドグラブを受賞した。65

年に打率.301（3位）、26盗塁（4位）を記録した後は下り坂となる。一本足に近い独特の打法で、70年は代打としてリーグ最多の23安打、73年のプレイオフでは8打数5安打。75年からメキシカン・リーグでプレイしていたが77年ドジャースで復帰、44歳まで現役を続け、通算96本の代打安打を放った。母国ベネズエラでは51歳までプレイし、試合数・安打数・通算打率などで最高記録を保持、同国リーグのMVPにその名がつけられている。兄の"ヨーヨー"ことポンペヨも1年のみメジャー経験あり。
【通算】16年、1458試合、4017打数1122安打、36本塁打、329打点、125盗塁、打率.279
【タイトル】ゴールドグラブ1回（64年）オールスター1回（65年）

ジュリアン・タバレス
Julian Tavarez
1973.5.22～【出身地】ドミニカ共和国サンティアゴ【球団】93-96インディアンズ 97-99ジャイアンツ 2000ロッキーズ 01カブス 02マーリンズ 03パイレーツ 04-05カーディナルス 06-08レッドソックス 08ブルワーズ 08ブレーヴス 09ナショナルズ【位置】投手、右
【経歴】90年インディアンズに入団、球速のあるシンカーで95年中継ぎとして10勝、防御率2.44。ワールドシリーズでも5試合に投げ4.1回を無失点に封じた。ジャイアンツに移籍した97年はリーグ最多の89試合に登板。2000年に自己最多の11勝、01～02年は先発で10勝を挙げた。04年はカーディナルスで77試合に登板し防御率2.38、リーグ優勝決定シリーズで2勝。内角に厳しく投げ込むので死球が多く、しばしば乱闘の原因となり、何度も出場停止処分を科された。インディアンズ、レッドソックスでチームメイトだったマニー・ラミレスとは親友同士。11球団に在籍し、背番号は常に50番台をつけていた。
【通算】17年、828試合、108先発、2完投、0完封、88勝82敗23S、1404.1回、842奪三振、防御率4.46

ジョージ・ダービー
George Henry Derby
1857.7.15～1925.7.4【出身地】マサチューセッツ州ウェブスター【球団】1881-82デトロイト 83バッファロー【位置】投手、右
【経歴】ドロップを武器に1881年新人で29勝（3位）、防御率2.20（3位）、9完封と212奪三振の2部門で1位。翌82年も182三振（3位）を奪ったが、肩を痛めて83年に2勝10敗、防御率5.85と大きく成績を落として引退。その後は靴のセールスマンとして働いた。
【通算】3年、110試合、107先発、105完投、12完封、48勝56敗、964.1回、428奪三振、防御率3.01
【タイトル】最多奪三振1回（1881年）

ヒュー・ダフィ
Hugh Duffy
1866.11.26～1954.10.19【出身地】ロードアイランド州クランストン【球団】1888-89シカゴ 90シカゴ（PL） 91ボストン（AA） 92-1900ボストン 01ブルワーズ 04-06フィリーズ【位置】外野、右
【経歴】4つの異なるリーグで打率3割を記録した唯一の打者。身長170cmと小柄ながらも力強い打撃で、1890年プレイヤーズ・リーグで最多の191安打。翌91年は110打点で打点王、93年は打率.363（4位）。続く94年は史上最高の打率.440に加え、237安打、51二塁打、18本塁打も1位だった。同年の145打点（2位）を最多として、99年まで7年連続100打点以上を記録した。
　難しい球はファウルで逃げ、好球を待つ打撃スタイルで、95年にバント=ストライク・ルールが制定されてからは成績が下降した。1901年限りで引退したが、04年フィリーズの監督となったあともときおり出場した。監督としては4球団で指揮を執ったものの4位が最高だった。45年殿堂入り。その後も87歳で死去するまでレッドソックスのスカウトを務め、テッド・ウィリアムズとも親交が深かった。
【通算】17年、1737試合、7044打数2293安打、119三塁打、106本塁打、1302打点、574盗塁（23位）、打率.326
【タイトル】首位打者1回（1894年）本塁打王2回（94,97年）打点王1回（91年）
【監督】01ブルワーズ 04-06フィリーズ 10-11ホワイトソックス 21-22レッドソックス 8年、1221試合、535勝671敗、勝率.444

パット・タブラー
Patrick Sean Tabler
1958.2.2～【出身地】オハイオ州ハミルトン【球団】81-82カブス 83-88イン

ディアンズ　88-90 ロイヤルズ　90 メッツ　91-92 ブルージェイズ【位置】一塁、外野、右
【経歴】高校時代は有望なバスケットボール選手。76 年ドラフト 1 位でヤンキースに入団、インディアンズ移籍後の 86 年に打率 .326 (4 位)、翌 87 年は .307、自己最多の 34 二塁打、11 本塁打、86 打点。非常に勝負強く、通算得点圏打率は .317、満塁では 88 打数 43 安打で .489 の高打率だった。実直な性格で問題を起こすことは何もなかった。引退後は 30 年にわたって解説者として好評を博した。
【通算】12 年、1202 試合、3911 打数 1101 安打、47 本塁打、512 打点、16 盗塁、打率 .282
【タイトル】オールスター 1 回 (87 年)

ティム・タフル
Timothy Shawn Teufel
1958.7.7 ～【出身地】コネティカット州グリニッジ【球団】83-85 ツインズ　86-91 メッツ　91-93 パドレス【位置】二塁、右
【経歴】80 年ドラフト 2 位でツインズに入団。84 年正二塁手となり、自己最多の 149 安打、14 本塁打、61 打点。86 年メッツへ移籍、ワールドシリーズでは 9 打数 4 安打、1 本塁打。翌 87 年は 97 試合の出場ながら打率 .308、84 年に並ぶ 14 本塁打、61 打点だった。引退後はメッツでスカウト、コーチなどとして長く働いた。
【通算】11 年、1073 試合、3112 打数 789 安打、86 本塁打、379 打点、23 盗塁、打率 .254

ウィリー・タベラス
Willy Taveras
1981.12.25 ～【出身地】ドミニカ共和国テナレス【球団】2004-06 アストロズ　07-08 ロッキーズ　09 レッズ　10 ナショナルズ【位置】外野、右
【経歴】99 年インディアンズに入団、2004 年ルール 5 ドラフトでアストロズに移籍。翌 05 年正中堅手となり打率 .291、172 安打、34 盗塁。プレイオフでは 28 打数 10 安打、ワールドシリーズでも 15 打数 5 安打とよく打った。翌 06 年には球団記録の 30 試合連続安打を達成。ロッキーズに移った 07 年は規定打席不足ながらも .320 の高打率、続く 08 年は 68 盗塁でタイトルを獲得した。俊足を生かし、全安打の 4 割近くはセーフティ・バントを含めた内野安打で稼いだ。従兄弟のレオディはレンジャーズの外野手で、23 年の世界一メンバー。
【通算】7 年、670 試合、2412 打数 662 安打、8 本塁打、128 打点、195 盗塁、打率 .274
【タイトル】盗塁王 1 回 (2008 年)

フランク・タベラス
Franklin Crisostomo Taveras
1949.12.24 ～【出身地】ドミニカ共和国ラスマタスデサンタクルス【球団】71-72,74-79 パイレーツ　79-81 メッツ　82 エクスポズ【位置】遊撃、右
【経歴】俊足の遊撃手で 74 年レギュラーとなり、76 年 58 盗塁 (3 位)、翌 77 年はリーグ最多の 70 盗塁。同年は 10 三塁打 (5 位)、翌 78 年も 9 三塁打 (4 位)。79 年まで 4 年連続で 40 盗塁以上を決めた。通算 2 本塁打と長打力はまったくなく、守備でも 78 年に 38 失策するなど軽率さが目立ち、評価はあまり高くなかった。
【通算】11 年、1150 試合、4043 打数 1029 安打、2 本塁打、214 打点、300 盗塁、打率 .255
【タイトル】盗塁王 1 回 (77 年)

レイ・ダーラム
Ray Durham
1971.11.30 ～【出身地】ノースカロライナ州シャーロット【球団】95-2002 ホワイトソックス　02 アスレティックス　03-08 ジャイアンツ　08 ブルワーズ【位置】二塁、両
【経歴】90 年ドラフト 5 位でホワイトソックスに入団。95 年正二塁手となり、翌 96 年から 4 年連続 30 盗塁以上。98 年は自己記録の 181 安打、36 盗塁、2001 年はいずれも 5 位の 42 二塁打、10 三塁打とリードオフマンとして活躍。04 年だけで 9 本、通算では 34 本の先頭打者本塁打を放った。06 年に自己最多の 26 本塁打、93 打点。打率 3 割は一度もなかったが、98 ～ 2006 年の 9 年間は 01 年以外すべて .280 以上と安定していた。
【通算】14 年、1975 試合、7408 打数 2054 安打、440 二塁打、192 本塁打、875 打点、273 盗塁、1201 三振、打率 .277
【タイトル】オールスター 2 回 (98,2000 年)

レオン・ダーラム
Leon Durham
1957.7.31 ～【出身地】オハイオ州シンシナ

ティ【球団】80 カーディナルス　81-88 カブス　88 レッズ　89 カーディナルス【位置】一塁、外野、左
【経歴】76 年ドラフト1位でカーディナルスに入団。カブス移籍後の 82 年は打率 .312（3位）、22 本塁打、90 打点、28 盗塁、長打率 .521（3位）。84 年は 23 本塁打、96 打点で地区優勝に貢献、プレイオフでも 2 本塁打を放ったが、最終第 5 戦で同点に追いつかれるタイムリーエラーを犯し、逆転負けの戦犯となってしまった。87 年自己最多の 27 本塁打を放つが、その後麻薬禍でメジャーを追われ、独立リーグなどでプレイした。
【通算】10 年、1067 試合、3587 打数 992 安打、147 本塁打、530 打点、106 盗塁、打率 .277
【タイトル】オールスター2回（82 ～ 83 年）

ボブ・ターリー
Robert Lee Turley
1930.9.19 ～ 2013.3.30【出身地】イリノイ州トロイ【球団】51,53-54 ブラウンズ / オリオールズ　55-62 ヤンキース　63 エンジェルズ　63 レッドソックス【位置】投手、右
【経歴】150km 近い速球を持ちながらも制球力に欠け、通算で 1 試合平均 5.6 四球を与える。その分被安打は少なく、54 ～ 58 年の 5 年間に 4 回被打率 1 位。54 年は 14 勝、185 奪三振（1位）、ヤンキースへ移った翌 55 年は 17 勝（4位）、自己最多の 210 奪三振（2位）。58 年はリーグ最多の 21 勝と 19 完投でサイ・ヤング賞を受賞。ワールドシリーズでも第 5 戦で完封勝利、第 7 戦ではリリーフで 6.2 回を 1 点に抑え、世界一の立役者となった。肘を痛めてからは変化球投手に変身。寡黙で真面目な性格で、相手投手の球種を見抜くのが得意だった。引退後は保険のセールスで財を成し、優雅な生活を送った。
【通算】12 年、310 試合、237 先発、78 完投、24 完封、101 勝 85 敗、1712.2 回、1265 奪三振、1068 四球、防御率 3.64
【タイトル】サイ・ヤング賞1回（58 年）最多勝1回（58 年）最多奪三振1回（54 年）オールスター3回（54 ～ 55,58 年）

ロン・ダーリング
Ronald Maurice Darling
1960.8.19 ～【出身地】ハワイ州ホノルル【球団】83-91 メッツ　91 エクスポズ　91-95 アスレティックス【位置】投手、右
【経歴】スプリッターを決め球として活躍した好投手。イェール大学から 81 年ドラフト1位（全体 9 位）でレンジャーズに入団、83 年メッツでメジャー昇格。翌 84 年から 6 年連続 2 ケタ勝利、86 年は 15 勝、防御率 2.81（3位）で優勝に貢献。ワールドシリーズも 3 試合に先発し防御率 1.53 と好投した。88 年は 4 完封を含む自己最多の 17 勝。91 年は 3 球団で合計 8 勝 15 敗の不振だったが、翌 92 年は 15 勝と復調した。引退後は解説者となった。
【通算】13 年、382 試合、364 先発、37 完投、13 完封、136 勝 116 敗 0 S、2360.1 回、1590 奪三振、防御率 3.87
【タイトル】ゴールドグラブ1回（89 年）オールスター1回（85 年）

ベーブ・ダールグレン
Ellsworth Tenney Dahlgren (Babe)
1912.6.15 ～ 96.9.4【出身地】カリフォルニア州サンフランシスコ【球団】35-36 レッドソックス　37-40 ヤンキース　41 ブレーヴス　41-42 カブス　42 ブラウンズ　42 ドジャース　43 フィリーズ　44-45 パイレーツ　46 ブラウンズ【位置】一塁、右
【経歴】35 年正一塁手となったが、ジミー・フォックスの加入でポジションを追われマイナー落ち。ヤンキース移籍後の 39 年 5 月 2 日、2130 試合連続出場していたルー・ゲーリッグに代わって一塁で先発出場、そのままレギュラーとなった。41 年は 23 本塁打（5位）、パイレーツに移った 44 年に 101 打点を挙げている。
【通算】12 年、1137 試合、4045 打数 1056 安打、82 本塁打、569 打点、18 盗塁、打率 .261
【タイトル】オールスター1回（43 年）

ダルビッシュ有　★☆
Sefat Farid Yu Darvish
1986.8.16 ～【出身地】大阪府羽曳野市【球団】2012-14,16-17 レンジャーズ　17 ドジャース　18-20 カブス　21-24 パドレス【位置】投手、右
【経歴】21 世紀の日本プロ野球で最高の投手の一人。東北高から 2004 年ドラフト 1 位で日本ハムに入団。196cm の長身から繰り出す 150㎞を超える快速球と多彩な変化球で、06 年の 12 勝を皮切りに 6 年連続 2 ケタ勝利。09・10 年は 2 年連続防御率 1 位、11 年まで 5 年連続 1 点台は史上初で、通算防御率も 1.99。07、09 年に MVP を受賞した。11 年は 18 勝、防

御率1.44、276奪三振のすべてで自己記録を更新し、同年オフにポスティング・システムでのメジャー移籍を表明。同制度での史上最高額となる5170万3411ドルでレンジャーズが落札し、6年5600万ドルの契約で入団した。

12年4月9日のマリナーズ戦で初登板初勝利、前半戦に10勝しオールスターに選出。年間では日本人投手の1年目最多の16勝。防御率3.90、221三振（5位）を奪い、奪三振率10.4個は2位だった。翌13年は4月2日のアストロズ戦で9回二死までパーフェクト、14奪三振。8月12日の同カードも8回一死まで無安打、本塁打による1安打に抑え15三振を奪った。年間では13勝、防御率2.83（4位）、277奪三振（1位）でサイ・ヤング賞投票2位。14年も10勝を挙げたが、15年はトミー・ジョン手術で全休した。

復帰後の17年途中にドジャースへトレードされ、プレイオフでは2戦2勝、防御率1.59だったが、ワールドシリーズでは逆に2戦2敗、3.1回で8失点と打ち込まれる。FAとなり18年はカブスと6年1億2600万ドルで契約、同年は8試合で1勝のみだったが、19年は6勝どまりながら229奪三振。短縮シーズンの20年は8勝で最多勝、防御率2.01は2位で、サイ・ヤング賞投票は2度目の次点だった。

21年パドレスへ移籍し、翌22年に自己タイの16勝。23年のWBCではチーム最年長としてリーダーシップを発揮、09年に次いで2度目の優勝を果たした。24年に日本人投手で初の2000奪三振を達成。通算奪三振率10.6個は1500投球回以上の投手では史上4位にランクされる。既成概念にとらわれず、常に最新のトレーニングや練習法を追求する姿勢が尊敬を集め、また積極的なSNSでの発言が話題になることも多い。

【通算】12年、282試合、282先発、2完投、1完封、110勝88敗0S、1706回、2007奪三振、防御率3.58
【タイトル】最多勝1回（2020年）最多奪三振1回（13年）オールスター5回（12～14,17,21年）
【日本】2005-11日本ハム　7年、167試合、164先発、55完投、18完封、93勝38敗0S、1268.1回、1250奪三振、防御率1.99

エイブナー・ダルリンプル
Abner Frank Dalrymple
1857.9.9～1939.1.25【出身地】ウィスコンシン州グラティオット【球団】1878ミルウォーキー　79-86シカゴ　87-88ピッツバーグ　91ミルウォーキー（AA）【位置】外野、左
【経歴】1878年新人ながら.354（2位）の高打率を残し、翌79年争奪戦の末にシカゴへ加入、リードオフマンとして活躍する。80年の126安打は1位。84年は22本塁打で3位だったが、続く85年は半数の11本で本塁打王。視力の悪化にともない成績が下降し、引退後は鉄道会社に就職して車掌となった。
【通算】12年、951試合、4172打数1202安打、43本塁打、407打点、打率.288
【タイトル】本塁打王1回（1885年）

クレイ・ダルリンプル
Clayton Errol Dalrymple
1936.12.3～【出身地】カリフォルニア州チコ【球団】60-68フィリーズ　69-71オリオールズ【位置】捕手、左
【経歴】60年ルール5ドラフトでブレーヴスからフィリーズへ移り、翌61年正捕手となる。62年自己最高の打率.276、11本塁打、54打点、出塁率.393。64年はリーグ最多の8本の犠飛を打ち上げた。オリオールズへ移った69年のワールドシリーズでは2打数2安打、トム・シーヴァーとノーラン・ライアンから1本ずつ打った。守備では強肩が光り、通算盗塁阻止率は.488の高率を誇る。
【通算】12年、1079試合、3042打数710安打、55本塁打、327打点、3盗塁、打率.233

ビル・ダーレン
William Frederick Dahlen
1870.1.5～1950.12.5【出身地】ニューヨーク州ネリストン【球団】1891-98シカゴ　99-1903ドジャース　04-07ジャイアンツ　08-09ブレーヴス　10-11ドジャース【位置】遊撃、三塁、右
【経歴】殿堂入りこそ果たしていないが、史上有数の遊撃手。特に守備は素晴らしく、通算4856刺殺は史上2位、7505補殺は4位、1試合平均守備機会5.80は4位にランクされる。打撃でも1894年に42試合連続安打、1試合おいてさらに28試合連続安打。同年の打率.359、15本塁打（4位）、108打点はいずれも自己記録と

なった。96年も打率.352、19三塁打(3位)、長打率.553は2位。1904年は80打点で打点王。翌05年のワールドシリーズは15打数ノーヒットだった。気性が激しく"バッド・ビル"の異名をとり、現役時代に33回、監督として30回退場となり、出場停止処分も何度も科された。
【通算】21年、2444試合、9036打数2461安打、413二塁打、163三塁打、84本塁打、1234打点、548盗塁(28位)、1064四球、759三振、打率.272
【タイトル】打点王1回(1904年)
【監督】10-13ドジャース　4年、615試合、251勝355敗、勝率.414

アダム・ダン
Adam Troy Dunn
1979.11.9～【出身地】テキサス州ヒューストン【球団】2001-08レッズ　08ダイアモンドバックス　09-10ナショナルズ　11-14ホワイトソックス　14アスレティックス【位置】外野、一塁、左
【経歴】"三振か本塁打か"の見本のような、大味なパワーヒッター。98年ドラフト2位でレッズに入団、身長192cm/体重129kgの巨体を利したパワフルな打撃で、04年は46本塁打(2位)、102打点。同時に195三振の史上ワースト記録も作った。06年も194三振で、同年まで3年連続でリーグワースト。08年まで4年続けて本塁打数はちょうど40本、07年の106打点を最多として100打点以上6回。開幕戦での8本塁打はフランク・ロビンソン、ケン・グリフィー・ジュニアと並んで史上最多である。
　打率は09年の.267が最高と確実性に欠けても、選球眼は良く02年に128四球(3位)、04年から6年連続100四球以上。08年の122四球は1位で、出塁率も低打率の割には通算.364と高い。12年は41本塁打(5位)、105四球(1位)の一方で打率.204、史上2位の222三振を喫した。守備では動きが鈍く"ビッグ・ドンキー(ロバ)"と呼ばれた。
【通算】14年、2001試合、6883打数1631安打、334二塁打、10三塁打、462本塁打、1168打点、63盗塁、1317四球、2379三振(3位)、打率.237
【タイトル】オールスター2回(2002,12年)

ジャック・ダン
John Joseph Dunn
1872.10.6～1928.10.22【出身地】ペンシルヴェニア州ミードヴィル【球団】1897-1900ブルックリン　00-01フィリーズ　01オリオールズ　02-04ジャイアンツ【位置】投手、三塁、右
【経歴】カーブの良い変化球投手で、1899年23勝でブルックリンの優勝に貢献。翌1900年肘を痛めて野手に転向、02年は外野と三塁で100試合に出場したが、.211の低打率に終わる。引退後07年からマイナーのボルティモアで監督兼選手となり、08年にオーナー権を取得。14年職業訓練学校にいたベーブ・ルースの才能を見抜き契約、その後もレフティ・グローヴやマックス・ビショップらの逸材をメジャーに送りだした。19年からインターナショナル・リーグで7連覇を飾り、史上最強のマイナー球団の名をほしいままにした。28年ブレーヴスから監督就任を要請されたが拒否、同年心臓発作で急死した。
【通算】＜投手としての成績＞7年、142試合、118先発、103完投、3完封、64勝59敗、1076.2回、171奪三振、防御率4.11
＜打者としての成績＞8年、490試合、1622打数397安打、1本塁打、164打点、55盗塁、打率.245

デイヴ・ダンカン
David Edwin Duncan
1945.9.26～【出身地】テキサス州ダラス【球団】64,67-72アスレティックス　73-74インディアンズ　75-76オリオールズ【位置】捕手、右
【経歴】64年に18歳でメジャーに昇格するも、その後2年はマイナー暮らし。確実性は乏しくとも長打力はあり、66年マイナーで46本塁打、72年は.218の低打率ながら19本塁打。75年まで6年連続で2ケタ本塁打を記録した。現役時代からリードには定評があって、引退後は有能な投手コーチとなる。83年以降はプロ入り当初からの友人であるトニー・ラルーサ監督の懐刀として、ホワイトソックス、アスレティックス、カーディナルスの3球団で30年にわたり多くの投手を育て、不振に陥った投手たちの再生に手腕を発揮した。息子のシェリーとクリスはともに外野手。
【通算】11年、929試合、2885打数617安打、109本塁打、341打点、5盗塁、打率.214
【タイトル】オールスター1回(71年)

マリアノ・ダンカン　☆
Mariano Duncan
1963.3.13 ～【出身地】ドミニカ共和国サンペドロデマコリス【球団】85-87,89 ドジャース　89-91 レッズ　92-95 フィリーズ　95 レッズ　96-97 ヤンキース　97 ブルージェイズ【位置】二塁、遊撃、右
【経歴】85 年、前年の AA 級から正遊撃手に抜擢され 38 盗塁。翌 86 年も 48 盗塁（4 位）を決めたが、87 年は .215 の低打率でマイナー落ち。90 年はレッズで打率 .306、11 三塁打（1 位）、フィリーズに移籍した 92 年は 40 二塁打（2 位）。翌 93 年は自己最多の 73 打点、ワールドシリーズでも 29 打数 10 安打だった。ヤンキースに移った 96 年も規定打席不足ながら .340 の高打率で、レッズ、フィリーズに次ぎ 3 球団でのワールドシリーズ出場を果たした。98 年巨人に入団したが首脳陣とたびたび衝突し途中帰国した。引退後はドジャースのコーチ。
【通算】12 年、1279 試合、4677 打数 1247 安打、87 本塁打、491 打点、174 盗塁、打率 .267
【タイトル】オールスター 1 回（94 年）
【日本】98 巨人　1 年、63 試合、207 打数 48 安打、10 本塁打、34 打点、1 盗塁、打率 .232

ショーン・ダンストン
Shawon Donnell Dunston
1963.3.21 ～【出身地】ニューヨーク州ブルックリン【球団】85-95 カブス　96 ジャイアンツ　97 カブス　97 パイレーツ　98 インディアンズ　98 ジャイアンツ　99 カーディナルス　99 メッツ　2000 カーディナルス　01-02 ジャイアンツ【位置】遊撃、外野、右
【経歴】高校の最終学年で .790 という驚異的な打率を記録し、82 年ドラフト全体 1 位でカブスに入団。86 年正遊撃手となり 37 二塁打、17 本塁打、68 打点。メジャーでもトップクラスの強肩を誇り、守備範囲も広かった反面、失策も少なくなかったため、ゴールドグラブは受賞できずじまいだった。97 年は規定打席到達で初の打率 3 割となる .300、32 盗塁を決めたが、511 打席で四球はわずか 8 個、出塁率は .312。最多四球は 89 年の 30 個、通算出塁率は .296 にすぎなかった。
【通算】18 年、1814 試合、5927 打数 1597 安打、150 本塁打、668 打点、212 盗塁、1000 三振、打率 .269
【タイトル】オールスター 2 回（88,90 年）

レイ・ダンドリッジ
Raymond Emmett Dandridge
1913.8.31 ～ 94.2.12【出身地】ヴァージニア州リッチモンド【球団】ニグロ・リーグ【位置】三塁、右
【経歴】抜群の守備力を誇った名三塁手。がに股で背も 165cm と低かったが、強肩と華麗なフィールディングで鳴らし、守備だけで多くの観客を集めたとされる。30 年代はニューアーク・イーグルスで活躍、一塁ミュール・サトルズ、二塁ディック・シー、遊撃ウィリー・ウェルズとともに“100 万ドルの内野陣”を形成。打撃も上手く左右に打ちわけ、ヒットエンドランなど小技にも冴えを見せた。
40 年以降はほとんどメキシコでプレイし、9 年間で通算打率 .343、45 年は監督を兼任し優勝に導いた。49 年帰国しジャイアンツと契約、同年 AAA 級ミネアポリスで打率 .362、翌 50 年は MVP に選ばれたがメジャーには上がれなかった。それでも当時のチームメイトだったウィリー・メイズに大きな影響を与え、87 年の殿堂入りセレモニーではメイズが祝辞を述べた。
＜ニグロ・リーグの成績＞247 試合、940 打数 298 安打、4 本塁打、147 打点、20 盗塁、打率 .317

フレッド・ダンラップ
Frederick C. Dunlap
1859.5.21 ～ 1902.12.1【出身地】ペンシルヴェニア州フィラデルフィア【球団】1880-83 クリーヴランド　84 セントルイス（UA）　85-86 セントルイス　86-87 デトロイト　88-90 ピッツバーグ　90 ニューヨーク（PL）　91 ワシントン（AA）【球団】二塁、右
【経歴】19 世紀最高の二塁手との評価もあった名選手。1880 年新人でリーグ最多の 27 二塁打、翌 81 年は打率 .325（5 位）、114 安打（4 位）、25 二塁打（3 位）。84 年当時最高額となる 2 年 7200 ドルの契約で、新たに設立されたユニオン・アソシエーションにセントルイスの兼任監督として参加。すべて 1 位の打率 .412、185 安打、13 本塁打、出塁率 .448、長打率 .621 を記録し、優勝も果たした。守備の評価も高く、刺殺数と守備率で 4 回ずつ 1 位。契約交渉では常に強気で、要求額を勝ち取るまで一歩も引かなかった。
【通算】12 年、965 試合、3974 打数 1159 安打、41 本塁打、366 打点（*）、打

率 .292
【タイトル】首位打者 1 回（1884 年）本塁打王 1 回（84 年）最高出塁率 1 回（84 年）
【監督】1882 クリーヴランド　84 セントルイス（UA）　85 セントルイス　89 ピッツバーグ　4 年、252 試合、145 勝 102 敗、勝率 .587　リーグ優勝 1 回（1884 年）

【チ】

ハル・チェイス
Harold Homer Chase
1883.2.13 ～ 1947.5.18【出身地】カリフォルニア州ロスガトス【球団】05-13 ヤンキース　13-14 ホワイトソックス　14-15 バッファロー（FL）　16-18 レッズ　19 ジャイアンツ【位置】一塁、右
【経歴】華麗な守備で名を馳せ、“プリンス・ハル”の異名を取った裏で数々の八百長工作に関わった問題人物。06 年に打率 .323（3 位）、翌 07 年は当時のリーグ記録となる 33 試合連続安打を達成。プレイ態度には大いに問題があり、一度ならず勝手にチームを離れたにもかかわらず、チーム随一の人気を誇り 10 ～ 11 年は監督を兼任した。
　14 年途中からフェデラル・リーグに移り、15 年は 17 本で本塁打王となる。16 年レッズに移籍、打率 .339 と 184 安打はともに 1 位、82 打点は 2 位。翌 17 年も 86 打点で 2 位だった。チームメイトに八百長を持ちかけたことを理由に 19 年ジャイアンツから追放され、同年のブラックソックス事件に関与したとの噂もあった。20 年にもレッズ時代に工作した八百長が暴露された。晩年は家族からも見放され、孤独のうちに死を迎えた。
【通算】15 年、1919 試合、7417 打数 2158 安打、124 三塁打、57 本塁打、941 打点、363 盗塁、打率 .291
【タイトル】首位打者 1 回（16 年）本塁打王 1 回（15 年）
【監督】10-11 ヤンキース　2 年、167 試合、86 勝 80 敗、勝率 .518

ラリー・チェイニー
Laurence Russell Cheney
1886.5.2 ～ 1969.1.6【出身地】カンザス州ベルヴィル【球団】11-15 カブス　15-19 ドジャース　19 ブレーヴス　19 フィリーズ
【位置】投手、右
【経歴】ナックルボールとスピットボールで打者を幻惑した技巧派。膝を痛めていたため、常にノーワインドアップで投げていた。12 年リーグ最多の 26 勝、28 完投、13 ～ 14 年は 2 年連続最多登板、3 年連続で 20 勝以上。16 年は自己ベストの防御率 1.92、166 奪三振（2 位）。13 年 9 月 14 日には 14 安打を浴びながら完封勝利を収めた。暴投が多く、12 ～ 18 年は 15 年

を除いて毎年リーグ最多を記録した。
【通算】9年、313試合、225先発、132完投、20完封、116勝100敗、1881.1回、926奪三振、防御率2.70
【タイトル】最多勝1回（12年）

ジャック・チェズブロ
John Dwight Chesbro
1874.6.5～1931.11.6【出身地】マサチューセッツ州ノースアダムズ【球団】1899-1902パイレーツ　03-09ヤンキース　09レッドソックス【位置】投手、右
【経歴】スピットボールを武器とした最も初期の投手。本名はCheesbroで発音も“チーズボロ”だったが、仲間の選手たちは“チェズブロ”と呼んでいた。1901年6完封（1位）を含む21勝（5位）、翌02年は28勝、8完封のいずれも1位。03年ヤンキースに移籍、スピットボールを投げ始めた04年は20世紀の最高記録となる41勝。55試合、48完投、454.2回はリーグ最多、防御率1.82（4位）も自己記録の大活躍だったが、シーズン最終日にサヨナラ暴投し優勝を逸する原因となってしまった。06年も23勝（2位）、通算では5回20勝以上した。46年殿堂入り。
【通算】11年、392試合、332先発、260完投、35完封、198勝132敗、2896.2回、1265奪三振、防御率2.68
【タイトル】最多勝2回（02,04年）

ブルース・チェン
Bruce Kastulo Chen
1977.6.19～【出身地】パナマ共和国パナマシティ【球団】98-2000ブレーヴス　00-01フィリーズ　01-02メッツ　02エクスポズ　02レッズ　03アストロズ　03レッドソックス　04-06オリオールズ　07レンジャーズ　09-14ロイヤルズ　15インディアンズ【位置】投手、左
【経歴】のべ11球団を渡り歩いた中国系パナマ人左腕。93年ブレーヴスに入団、2000～03年は4年続けてシーズン途中でのトレードを経験。2005年にオリオールズで自己最多の13勝を挙げたのち、2年間0勝に終わり08年は所属球団がなかった。09年ロイヤルズでメジャーに戻ると10年から3年連続で2ケタ勝利。頭脳的なピッチングで、通算82勝はパナマ人投手では最多。WBCでは2度パナマ代表として投げたほか、17年は中国代表として参加した。
【通算】17年、400試合、227先発、4完投、1完封、82勝81敗1S、1532回、1140奪三振、防御率4.62

エルトン・チェンバレン
Elton P. Chamberlain
1867.11.5～1929.9.22【出身地】ニューヨーク州バッファロー【球団】1886-88ルイヴィル（AA）　88-90セントルイス（AA）　90コロンバス（AA）　91フィラデルフィア（AA）　92-94シンシナティ　96クリーヴランド【位置】投手、右
【経歴】左右どちらの腕でも投げることができ、冷静なマウンドさばきから“アイスボックス”の異名をとった。1886年18歳でデビュー、88年途中セントルイス（AA）に移り14試合で11勝、防御率1.61で優勝に貢献。同年25勝、自己記録の防御率2.19（5位）。翌89年32勝（3位）、90年は6完封（1位）を含む15勝を挙げた。94年5月30日にはボビー・ロウに1試合4本塁打を打たれた。腹話術が特技で、扱いの難しい選手との評判もあった。
【通算】10年、321試合、301先発、264完投、16完封、157勝120敗、2521.2回、1133奪三振、1065四球、防御率3.57

ネスター・チャイラック
Nestor George Chylak
1922.5.11～82.2.17【出身地】ペンシルヴェニア州オリファント【球団】メジャー経験なし
【経歴】大学在学中にアルバイトで審判をしていたところ、観戦していたマイナー・リーグの会長に腕を認められ47年プロに転向。54年ア・リーグ審判となり、以後25年間にわたって務め上げ、当代随一の審判として高い評価を得た。第二次大戦中には陸軍兵士としてバルジの戦いを経験し、勲章を授与された。99年殿堂入り。

キューピッド・チャイルズ
Clarence Lemuel Childs (Cupid)
1867.8.8～1912.11.8【出身地】メリーランド州カルヴァートカウンティ【球団】1888フィラデルフィア　90シラキューズ（AA）　91-98クリーヴランド　99セントルイス　1900-01カブス【位置】二塁、左
【経歴】選球眼の良いリードオフマンで、1892～96年の5年間で4回100四球以上を選ぶ。正二塁手となった90年打率.345（5位）、33二塁打（1位）、14三塁打（5位）、出塁率.434（4位）。92年

は打率.317（3位）、出塁率.443は1位で、57試合連続出塁も記録。96年の.355を最高に打率3割6回。太めの体型ながら守備範囲も広く、90年6月1日に1試合18守備機会の新記録を樹立した。落ち着いた性格で、試合中も常に冷静だったと伝えられる。肝臓病により45歳で死去した際には、クリーヴランドの元チームメイトたちが共同で入院費を支払った上に、遺族のために基金を設立した。“キューピッド”の渾名は愛らしい性格だったからとの説、その正反対で逆説的につけられたとの説、容貌が理由との説もあって確定していない。
【通算】13年、1457試合、5622打数1721安打、101三塁打、20本塁打、743打点、269盗塁、打率.306
【タイトル】最高出塁率1回（1892年）

アロルディス・チャップマン ★
Albertin Aroldis Chapman
1988.2.28～【出身地】キューバ共和国オルギン【球団】2010-15レッズ 16ヤンキース 16カブス 17-22ヤンキース 23ロイヤルズ 23レンジャーズ 24パイレーツ【位置】投手、左
【経歴】平均160kmを超える剛速球で“キューバン・ミサイル”と称された史上最速左腕。11年には非公式ながら170.6kmを計時した。2009年にキューバ代表としてWBCに参加、同年亡命し翌10年レッズに入団。12年から抑えを任され38セーブ（3位）、防御率1.51、71.2回を投げ122三振（9回平均15.3個）を奪う。翌13年も38セーブ（3位）、16年まで5年連続30セーブ以上。14年は54回で106個、奪三振率17.7を記録した。通算の奪三振率も14.8個に達する。ヤンキースへトレードされた16年は、家庭内暴力により開幕から30試合の出場停止。7月にカブスへ移籍、ワールドシリーズでは5試合に登板し世界一に貢献した。通算では8回30セーブを記録したが、19年の2位が最高で1位には一度もなれなかった。
【通算】15年、796試合、0先発、55勝45敗335セーブ（16位）、760回、1246奪三振、防御率2.63
【タイトル】オールスター7回（2012～15,18～19,21年）

サム・チャップマン
Samuel Blake Chapman
1916.4.11～2006.12.22【出身地】カリフォルニア州ティブロン【球団】38-41,45-51アスレティックス 51インディアンズ【位置】外野、右
【経歴】カリフォルニア大学ではフットボールで活躍し、38年アスレティックスに入団するとマイナーを経験せず正左翼手となる。翌39年からは主に中堅を守り、41年は自己最高の打率.322、25本塁打、106打点。42年から兵役につき、復帰後49年に24本塁打（3位）、108打点（5位）。通算で5回20本塁打以上、守備でも4回最多刺殺を記録している。人間的にも優れていると評判だった。
【通算】11年、1368試合、4988打数1329安打、180本塁打、773打点、41盗塁、打率.266
【タイトル】オールスター1回（46年）

ベン・チャップマン
William Benjamin Chapman
1908.12.25～93.7.7【出身地】テネシー州ナッシュヴィル【球団】30-36ヤンキース 36-37セネターズ 37-38レッドソックス 39-40インディアンズ 41セネターズ 41ホワイトソックス 44-45ドジャース 45-46フィリーズ【位置】外野、三塁、投手、右
【経歴】元々は内野手だったが、足と肩を生かすため31年外野にコンバートされ61盗塁（1位）、以後3年連続でタイトルを守る。同年は17本塁打、122打点も自己記録となった。34年にリーグ最多の13三塁打を放つが、ジョー・ディマジオの台頭により36年途中セネターズへ放出。同年自己最多の50二塁打（3位）、38年6度目の打率3割となる.340（3位）。42～43年にマイナーの監督を務めたのち、44年投手として復帰、以後3年間で25試合に登板し8勝6敗、防御率4.39を記録した。ユダヤ人嫌いで、33年にはユダヤ系のバディ・マイヤーを故意にスパイクし乱闘のきっかけを作る。45年フィリーズの監督となるが、ジャッキー・ロビンソンに対する侮蔑的な発言が非難の的となり、48年途中解任された。
【通算】15年、1717試合、6478打数1958安打、407二塁打、107三塁打、90本塁打、977打点、287盗塁、打率.302
【タイトル】盗塁王4回（31～33,37年）オールスター4回（33～36年）
【監督】45-48フィリーズ 4年、474試合、196勝276敗、勝率.415

マット・チャップマン ★

Matt James Chapman

1993.4.28 ～【出身地】カリフォルニア州ヴィクターヴィル【球団】2017-21 アスレティックス　22-23 ブルージェイズ　24 ジャイアンツ【位置】三塁、右

【経歴】2014 年ドラフト 1 位でアスレティックスに入団、17 年後半戦から正三塁手に定着。18 年には大谷翔平にメジャー初本塁打を浴びせ、42 二塁打、24 本塁打。守備では無類の強肩でファインプレイを連発、ゴールドグラブに選出され、以後 7 年間で 5 回受賞した。19 年は自己最多の 36 本塁打、91 打点。21・22・24 年も 27 本塁打を放った一方、21 年は .210 の低打率で 202 三振と粗さも目についた。

【通算】8 年、1022 試合、3713 打数 896 安打、182 本塁打、504 打点、26 盗塁、1134 三振、打率 .241

【タイトル】ゴールドグラブ 5 回（2018 ～ 19,21,23 ～ 24 年）オールスター 1 回（19 年）

レイ・チャップマン

Raymond Johnson Chapman

1891.1.15 ～ 1920.8.17【出身地】ケンタッキー州ビーヴァーダム【球団】12-20 インディアンズ【位置】遊撃、右

【経歴】13 年レギュラーとなり、俊足、巧打、好守の遊撃手として鳴らす。15 年 17 三塁打（4 位）、自己最多の 67 打点、17 年打率 .302、52 盗塁（3 位）、翌 18 年は 84 四球で 1 位。陽気な性格の人気者で、トリス・スピーカーとは特に親しかった。ピアノや歌も上手く、アル・ジョルスンやウィル・ロジャースら芸能界の友人も多かった。20 年も打率 .303 を記録していたが、8 月 16 日のヤンキース戦でカール・メイズの球を顔に受け頭蓋骨を骨折、病院に運ばれたが 12 時間後に死亡。メジャー史上唯一である、試合中の死亡事故の犠牲者となってしまった。

【通算】9 年、1051 試合、3785 打数 1053 安打、17 本塁打、364 打点、238 盗塁、打率 .278

ヘンリー・チャドウィック

Henry Chadwick

1824.10.5 ～ 1908.4.29【出身地】英国イングランド・エクセター【球団】メジャー経験なし

【経歴】球界への多大な貢献から“野球の父”と讃えられる人物。イギリス出身で、アメリカ移住後ニューヨーク・タイムズ紙でクリケットの記事を書いていたが、野球に魅せられその普及活動に従事するようになる。スコアの記録法を発明して記録の価値を高め、毎年ガイドブックを発行。インフィールド・フライなどの数多くのルールの制定・改定を通じて、初期の段階では子供の遊び程度に見られていた野球を、科学的・頭脳的な大人のスポーツへ進化させるのに多大な功があった。成功したとは言えなかったが、球界からのギャンブルの排除にも熱心に取り組んだ。

野球の起源に関し、アル・スポルディングの肝いりの委員会がアメリカ起源説を正式見解として打ち出した際には、イギリス起源のラウンダースから派生したものだとして真っ向から異議を唱え、現在ではチャドウィック説の正しさが実証されている。ヨットやビリヤード、チェスの記事も書き、作曲家、演劇評論家としての顔も持っていた。晩年には長年の功績により、ナショナル・リーグから月額 50 ドルの年金を贈られていた。1938 年、記者としてただ一人の殿堂入りを果たした。

エンディ・チャベス

Endy de Jesus Chavez

1978.2.7 ～【出身地】ベネズエラ共和国バレンシア【球団】2001 ロイヤルズ　02-05 エクスポズ / ナショナルズ　05 フィリーズ　06-08 メッツ　09 マリナーズ　11 レンジャーズ　12 オリオールズ　13-14 マリナーズ【位置】外野、左

【経歴】96 年メッツでプロ入りし、3 度のウェーバーを経て移籍したエクスポズで 2003 年正中堅手に定着。俊足を生かした守備範囲の広さが売り物で、04 年は自己最多の 139 安打、32 盗塁を決めた。メッツに移った 06 年は打率 .306、リーグ優勝決定シリーズ第 7 戦ではスコット・ローレンの本塁打性の打球をフェンス越しにつかむ超ファインプレイを見せた。14 年を最後にメジャーから去った後も、マイナーや独立リーグで 40 歳まで現役を続けた。

【通算】13 年、1151 試合、3149 打数 849 安打、30 本塁打、266 打点、106 盗塁、打率 .270

ジェシー・チャベス ★

Jesse David Chavez

1983.8.21 ～【出身地】カリフォルニア州サンガブリエル【球団】2008-09 パイレー

ツ　10ブレーヴス　10-11ロイヤルズ　12ブルージェイズ　12-15アスレティックス　16ブルージェイズ　16ドジャース　17エンジェルズ　18レンジャーズ　18カブス　19-20レンジャーズ　21ブレーヴス　22カブス　22ブレーヴス　22エンジェルズ　22-24ブレーヴス【位置】投手、右
【経歴】史上最多のトレード10回を経験、16年間でのべ16球団をわたり歩いた流浪の投手。ブレーヴスには2022年だけで2度、都合4度も在籍したほか、ブルージェイズ、エンジェルズ、カブスにも2度ずつ所属した。02年ドラフト42位でレンジャーズに入団、アスレティックス移籍後の14年は先発で8勝、15・17年も7勝を挙げたが、その後は主にリリーフで使われる。カッター中心の投球スタイルで、21年のポストシーズンは7試合、6.1回を無失点で切り抜け世界一の一翼を担った。
【通算】17年、653試合、85先発、0完投、51勝65敗9S、1134回、1036奪三振、防御率4.24

エド・チャールズ
Edwin Douglas Charles
1933.4.29～2018.3.15【出身地】フロリダ州デイトナビーチ【球団】62-67アスレティックス　67-69メッツ【位置】三塁、右
【経歴】ブレーヴスのマイナーに所属していたが、エディー・マシューズに阻まれ出番がなく、62年アスレティックスに移籍。同年29歳で正三塁手となり、打率.288、17本塁打、20盗塁(4位)、8月8日のツインズ戦でサヨナラ本盗を決める。翌63年の161安打、79打点は自己記録、66年は8三塁打(4位)を放った。
【通算】8年、1005試合、3482打数917安打、86本塁打、421打点、86盗塁、打率.263

オスカー・チャールストン
Oscar McKinley Charleston
1896.10.14～1954.10.5【出身地】インディアナ州インディアナポリス【球団】ニグロ・リーグ【位置】外野、左
【経歴】打撃ではベーブ・ルース、走塁はタイ・カッブ、守備ではトリス・スピーカーに匹敵すると言われた万能選手。ずんぐりした体型に似ぬ俊足で“インディアナの彗星”の異名をとった。15年地元のインディアナポリス・ABCズに入団、24年から4年間ハリスバーグ・ジャイアンツの監督を兼任。32年ピッツバーグ・クローフォーズに加わり、サッチェル・ペイジ、ジョシュ・ギブソン、ジュディ・ジョンソンらを擁する史上最強チームを指揮した。
　メジャー相手のオープン戦では通算53試合で打率.318、11本塁打。キューバのウィンター・リーグでも27-28年に本塁打王、30-31年に首位打者となった。遊び好きで喧嘩早く、相手選手や審判はもちろん、KKKを相手にまわしたこともあったという。45年からブランチ・リッキーの下で、アドバイザー的存在としてジャッキー・ロビンソンやロイ・キャンパネラの成長に力を貸し、その後も54年に死去するまでニグロ・リーグの監督を務め続けた。76年殿堂入り。弟のベニーもニグロ・リーグの選手。
＜ニグロ・リーグの成績＞893試合、3153打数1144安打、139本塁打、813打点、218盗塁、打率.363

ノーム・チャールトン
Norman Wood Charlton
1963.1.6～【出身地】ルイジアナ州フォートポーク【球団】88-92レッズ　93マリナーズ　95フィリーズ　95-97マリナーズ　98オリオールズ　98ブレーヴス　99レイズ　2000レッズ　01マリナーズ【位置】投手、左
【経歴】84年ドラフト1位でエクスポズに入団。88年レッズでメジャーに昇格、速球派左腕として主にリリーフで起用される。90年は先発兼任で12勝、92年は抑えで26セーブを稼ぐ。肘を痛めて94年は全休したが、95年復帰しポストシーズンは2勝2セーブ。通算でもポストシーズンは17試合、25回で防御率1.08と優れた数字を残している。ライス大学時代には政治学、宗教学、体育と3つの修士号を取得した。
【通算】13年、605試合、37先発、1完投、1完封、51勝54敗97S、899.1回、808奪三振、防御率3.71
【タイトル】オールスター1回(92年)

ディーン・チャンス
Wilmer Dean Chance
1941.6.1～2015.10.11【出身地】オハイオ州ウースター【球団】61-66エンジェルズ　67-69ツインズ　70インディアンズ　70メッツ　71タイガース【位置】投手、右
【経歴】オリオールズのマイナーから61年拡張ドラフトでエンジェルズに入団。打

者に背を向け、横手から沈む速球を投げ込み、翌62年は14勝、防御率2.96(4位)。64年は20勝、15完投、11完封、278.1回、防御率1.65の5部門で1位、207奪三振も3位でサイ・ヤング賞に輝く。66年は12勝17敗と負けが込んだが、ツインズに移籍した翌67年はいずれも3位の20勝、220奪三振でカムバック賞を受賞、18完投と283.2回は1位だった。同年8月6日のレッドソックス戦で5回参考ながらパーフェクト、25日のインディアンズ戦では1失点でのノーヒッターを達成した。68年は自己最多の234奪三振(4位)。通算打率.066と打撃は大の苦手だった。引退後にボクシングのプロモーターに転身、IBA会長を務めた。
【通算】11年、406試合、294先発、83完投、33完封、128勝115敗23S、2147.1回、1534奪三振、防御率2.92
【タイトル】サイ・ヤング賞1回(64年) 最多勝1回(64年) 最優秀防御率1回(64年) オールスター2回(64,67年)

フランク・チャンス
Frank Leroy Chance
1876.9.9～1924.9.15【出身地】カリフォルニア州フレズノ【球団】1898-1912カブス 13-14ヤンキース【位置】一塁、捕手、右
【経歴】ジョー・ティンカー、ジョニー・イーヴァーズとの併殺トリオで有名な一塁手。メジャー昇格時は捕手で、一塁に転向した03年に自己最高の打率.327、以後4年連続3割。05年はリーグ1位の出塁率.450、03～07年は5年連続で出塁率5位以内に入った。足が速く、03年は一塁手として史上最多の67盗塁。06年も57盗塁で2度目の1位となった。
05年27歳で監督に就任、全力を尽くさない選手に対しては鉄拳制裁も辞さない強い態度で臨み、“ピアレス(比類なき)・リーダー”と称された。06年に史上最多の116勝を記録するなど有能な指揮官だったが、敵味方を問わず嫌われ、またクラウチングスタイルも一因で頻繁にビーンボールを浴び、その結果として寿命を縮めたといわれる。24年ホワイトソックスの監督を引き受けたが、1試合も指揮せず病に倒れ9月に死去。46年殿堂入り。
【通算】17年、1288試合、4299打数1274安打、20本塁打、596打点、403盗塁、打率.296
【タイトル】盗塁王2回(03,06年) 最高出塁率1回(05年)
【監督】05-12カブス 13-14ヤンキース 23レッドソックス 11年、1620試合、946勝648敗、勝率.593 リーグ優勝4回(06～08,10年) ワールドシリーズ優勝2回(07～08年)

スパッド・チャンドラー
Spurgeon Ferdinand Chandler (Spud)
1907.9.12～90.1.9【出身地】ジョージア州コンマース【球団】37-47ヤンキース【位置】投手、右
【経歴】30歳を過ぎてから活躍を始めた遅咲きで、7つの球種を自在に操った。42年16勝(5位)、防御率2.38(3位)、オールスターでも勝利投手となる。翌43年は20勝、防御率1.64、20完投、5完封がいずれも1位でMVPを受賞、ワールドシリーズでも2勝、世界一を決めた第5戦で完封勝利。44～45年は兵役のため合計5試合に投げたのみで、46年本格的に復帰し20勝(4位)、防御率2.10(2位)。通算勝率.717は、100勝以上の投手では堂々1位にランクされる。
【通算】11年、211試合、184先発、109完投、26完封、109勝43敗、1485回、614奪三振、防御率2.84
【タイトル】MVP1回(43年) 最多勝1回(43年) 最優秀防御率1回(43年) オールスター4回(42～43,46～47年)

ハッピー・チャンドラー
Albert Benjamin Chandler (Happy)
1898.7.14～1991.6.15【出身地】ケンタッキー州コリードン【球団】メジャー経験なし
【経歴】ケンタッキー州知事と同州選出の上院議員を務めたのち、45年第2代のコミッショナーに選ばれる。46年はメキシカン・リーグと契約した選手に対し、5年間の出場停止処分を下した。同年ドジャースとジャッキー・ロビンソンの契約を承認、黒人選手に門戸を開いた功績は大きい。その後も年金制度の整備など、選手寄りの姿勢を示したことからオーナー達の不興を買い、一期限りで51年退任した。82年殿堂入り。

クリス・チャンブリス
Carroll Christopher Chambliss
1948.12.26～【出身地】オハイオ州デイトン【球団】71-74インディアンズ 74-79ヤンキース 80-86ブレーヴス 88ヤンキース【位置】一塁、左

【経歴】レッズからの2度のドラフト指名を拒否し、70年1月ドラフト1位でインディアンズに入団、同年AAA級の首位打者となる。翌71年メジャー昇格、打率.275、9本塁打ながらライバル不在で新人王に選ばれる。球に逆らわない打撃で、75年ヤンキースで自己最高の打率.304。翌76年は96打点（4位）を稼ぎ、プレイオフでは21打数11安打、8打点、第5戦でサヨナラ本塁打を放ち、ヤンキースを12年ぶりの優勝に導いた。77年のワールドシリーズも優勝を決めた第6戦で同点2ラン。不平を言わず黙々とプレイし、チームリーダーとして尊敬を集めた。86年代打でリーグ最多の20安打、この年限りで引退したが、ヤンキースの打撃コーチをしていた88年に代打で1打席のみ出場した。マイナー監督として最優秀監督賞を2度受賞、メジャー5球団でコーチを務めた。
【通算】17年、2175試合、7571打数2109安打、392二塁打、42三塁打、185本塁打、972打点、40盗塁、632四球、926三振、打率.279
【タイトル】新人王（71年）ゴールドグラブ1回（78年）オールスター1回（76年）

チュ シンス（秋信守）
Shin-Soo Choo
1982.7.13～【出身地】大韓民国釜山市
【球団】2005-06マリナーズ　06-12インディアンズ　13レッズ　14-20レンジャーズ
【位置】外野、左
【経歴】韓国人野手では最も成功を収めた選手。高校から直接渡米し2000年マリナーズに入団、インディアンズ移籍後の09年は打率.300、20本塁打、翌10年は.300、22本、90打点、22盗塁、出塁率.401（4位）。選球眼に優れ、レッズに移籍した13年は112四球、出塁率.423のいずれも2位、通算出塁率も.377。18年は韓国人選手で初のオールスターに選出されたほか、52試合連続出塁を記録、通算本塁打で松井秀喜を抜きアジア出身選手最多となった。守備でも強肩を誇った。新型コロナウイルスの影響でマイナー・リーグが中止となった20年には、球団傘下の191選手に1000ドルずつ寄付した。翌21年帰国しKBO入り、23年限りで引退した。
【通算】16年、1652試合、6087打数1671安打、218本塁打、782打点、157盗塁、1579三振、打率.275
【タイトル】オールスター1回（2018年）

【ツ】

筒香嘉智　☆
Yoshitomo Tsutsugo
1991.11.26 ～【出身地】和歌山県橋本市【球団】2020-21 レイズ　21 ドジャース　21-22 パイレーツ【位置】外野、一塁、左
【経歴】横浜高から 2009 年ドラフト 1 位で横浜に入団。16 年はいずれも自己ベストの打率 .322、44 本塁打、110 打点で本塁打と打点の二冠王に輝く。18 年にも 38 本塁打を放った。20 年 FA でレイズへ移籍し、7 月 24 日のデビュー戦で本塁打。.197 の低打率ながら 8 本塁打と 24 打点はチーム 2 位だった。翌 21 年はレイズ、次いでドジャースから戦力外とされながら、8 月半ばにパイレーツに拾われると 1 週間で 3 本の代打本塁打を放ち、43 試合で 8 本塁打、25 打点を記録した。23 年以降はマイナー暮らしで、24 年途中 DeNA に復帰。少年の野球離れを憂え、アマチュア球界にたびたび改革を求める声を上げており、故郷の橋本市に野球場を建設するなど様々に活動した。
【通算】3 年、182 試合、557 打数 110 安打、18 本塁打、75 打点、0 盗塁、打率 .197
【日本】2010-19,24 横浜 /DeNA　11 年、1025 試合、3575 打数 1005 安打、212 本塁打、636 打点、5 盗塁、打率 .281

【テ】

レオン・デイ
Leon Day
1916.10.30 ～ 95.3.13【出身地】ヴァージニア州アレグザンドリア【球団】ニグロ・リーグ【位置】投手、右
【経歴】ノーワインドアップや横手からの速球とカーブで、三振の山を築いた好投手。40 年プエルトリカン・リーグで 1 試合 19 奪三振、42 年にはニグロ・リーグで 18 奪三振を記録。兵役から復帰した 46 年の開幕戦でフィラデルフィア・スターズを相手にノーヒットノーランを達成。登板しない日には二塁や外野を守った。51 ～ 52 年はマイナーで投げ、その後 55 年までカナダでプレイした。95 年死去の 5 日前に殿堂入り。プエルトリコの野球殿堂入りも果たしている。
＜ニグロ・リーグの成績＞101 試合、81 先発、55 完投、10 完封、54 勝 26 敗、655.2 回、475 奪三振、防御率 3.80

ロブ・ディアー　☆
Robert George Deer
1960.9.29 ～【出身地】カリフォルニア州オレンジ【球団】84-85 ジャイアンツ　86-90 ブルワーズ　91-93 タイガース　93 レッドソックス　96 パドレス【位置】外野、右
【経歴】メジャー史上きっての三振王。78 年ドラフト 4 位でジャイアンツに入団、86 年ブルワーズに移り 33 本塁打 (4 位)、86 打点と長打力を発揮する一方 179 三振を喫す。翌 87 年はリーグワーストの 186 三振、93 年まで 8 年連続 130 三振以上、通算三振率 .363 という凄まじさだった。91 年は規定打席に到達しながら .179 の低打率、翌 92 年は 30 本塁打以上での史上最少打点 (32 本塁打、64 打点) など様々な珍記録を残した。ただし 91 年の 89 四球など四球は多めで、通算出塁率 .324 は打率より 1 割以上高い。94 年阪神に入団したが、予想通り打率 .151、76 三振の大型扇風機となってしまった。
【通算】11 年、1155 試合、3881 打数 853 安打、230 本塁打、600 打点、43 盗塁、1409 三振、打率 .220
【日本】94 阪神　1 年、70 試合、192 打数 29 安打、8 本塁打、21 打点、0 盗塁、打率 .151

エドウィン・ディアス ★
Edwin Orlando Diaz
1994.3.22 ～【出身地】プエルトリコ・ナグアボ【球団】2016-18 マリナーズ 19-22,24 メッツ【位置】投手、右
【経歴】160km に迫る速球で三振を奪いまくったリリーフ投手。2012 年ドラフト 3 位でマリナーズに入団、16 年メジャーに上がり 18 セーブ、18 年は前半戦だけで 36 セーブ、年間では史上 2 位、マリナーズの球団記録を塗り替える 57 セーブを稼ぐ。メッツへトレードされた 19 年は防御率 5.59 の大不振だったが、22 年は 32 セーブ（4 位）、自己ベストの防御率 1.31 に加え 62 回で 118 三振を奪い、9 回平均 17.1 個に達した。23 年は開幕前に WBC で右膝に重傷を負い全休。弟のアレクシスもレッズの抑え投手。
【通算】8 年、458 試合、0 先発、22 勝 33 敗 225 S、453 回、741 奪三振、防御率 3.00
【タイトル】最多セーブ 1 回（2018 年）オールスター 2 回（18,22 年）

ヤンディ・ディアス ★
Yandy Diaz
1991.8.8 ～【出身地】キューバ共和国サグアラグランデ【球団】2017-18 インディアンズ 19-24 レイズ【位置】三塁、一塁、右
【経歴】2013 年にキューバから亡命しインディアンズと契約。選球眼の良さが売り物で、レイズ移籍後の 22 年は 78 四球を選び出塁率 .401 は 3 位。翌 23 年は打率 .330、最終日にコーリー・シーガーを逆転して首位打者となったほか、22 本塁打、78 打点も自己ベスト、出塁率 .410 は 2 位だった。
【通算】8 年、754 試合、2712 打数 782 安打、75 本塁打、341 打点、8 盗塁、打率 .288
【タイトル】首位打者 1 回（2023 年）オールスター 1 回（23 年）

マイク・ティアーナン
Michael Joseph Tiernan
1867.1.21 ～ 1918.11.7【出身地】ニュージャージー州トレントン【球団】1887-99 ニューヨーク【位置】外野、左
【経歴】寡黙で真面目な性格から“サイレント・マイク”と呼ばれた好打者。マイナー時代は投手だったが、メジャーでは 5 試合投げただけで野手に転向。俊足で長打力もあり、1888 年 8 月 25 日に当時史上最年少の 21 歳でサイクルヒットを達成、以後 30 年間この記録は破られなかった。翌 89 年はリーグ最多の 96 四球、続く 90 年は 13 本塁打、長打率 .495 の 2 部門で 1 位、8 月に 2 度目のサイクルヒット。91 年も 16 本で 2 年連続本塁打王となる。96 年の .369（5 位）を最高に打率 3 割を 7 回記録した。
【通算】13 年、1478 試合、5915 打数 1838 安打、162 三塁打、106 本塁打、853 打点、428 盗塁、打率 .311
【タイトル】本塁打王 2 回（1890 ～ 91 年）

ルイス・ティアント
Luis Clemente Tiant
1940.11.23 ～ 2024.10.8【出身地】キューバ共和国マリアナオ【球団】64-69 インディアンズ 70 ツインズ 71-78 レッドソックス 79-80 ヤンキース 81 パイレーツ 82 エンジェルズ【位置】投手、右
【経歴】60 ～ 70 年代のメジャーを代表する名物投手。打者に背を向けるゆったりとした投球フォームで、上手から下手まであらゆる投法を駆使し打者を幻惑、陽気な性格と個性の強さでファンの人気を集めた。若い頃は速球派で、64 年マイナーで 15 勝 1 敗、メジャーに引き上げられると初登板で完封勝利、2 ヶ月半で 10 勝を稼ぐ。68 年は 9 完封（1 位）を含む 21 勝（3 位）、防御率 1.60（1 位）、264 奪三振（3 位）、被打率 .168 は新記録。42 回連続無失点も記録し、7 月 3 日のツインズ戦では 10 回で 19 三振を奪った。
続く 69 年は一転して 9 勝 20 敗の大不振、ツインズに移った 70 年も肩の故障で 7 勝に終わり解雇される。71 年ブレーヴスと契約するも 1 試合も投げずに再び解雇、レッドソックスでも 1 勝 7 敗に終わったが、翌 72 年 6 完封（4 位）を含む 15 勝、防御率 1.91（1 位）と甦りカムバック賞を受賞した。73 年 20 勝、74 年 22 勝（3 位）、7 完封（1 位）と活躍を続け、75 年のワールドシリーズでも第 1 戦での完封を含む 2 勝を挙げた。76 年 4 度目の 20 勝以上となる 21 勝（2 位）、2 ケタ勝利は通算 13 回。82 年 41 歳で引退、実際の年齢はもっと上だったとも言われる。父ルイス・シニアもニグロ・リーグの名投手だった。
【通算】19 年、573 試合、484 先発、187 完投、49 完封（21 位）、229 勝 172 敗 15 S、3486.1 回、2416 奪三振、1104 四球、防御率 3.30
【タイトル】最優秀防御率 2 回（68,72 年）

オールスター3回（68,74,76年）

マルティン・ディイゴ
Martin Magdaleno Dihigo
1905.5.25～71.5.20【出身地】キューバ共和国シドラ【球団】ニグロ・リーグ【位置】投手、二塁、三塁、外野、右
【経歴】投手としても、野手としても才能を発揮した万能選手。23年巡業チームの一員として渡米し、以後ニグロ・リーグでプレイを続ける。アメリカ以外では主に投手を務め、メキシコでは通算119勝、打撃でも38年に首位打者、10年間で打率.317。37年にはメキシカン・リーグ史上初のノーヒットノーランを達成した。母国キューバでは24年間にわたり活躍し、最多勝4回、通算115勝。35-36年は11勝で最多勝、打率.358で首位打者のダブルタイトルの快挙を成し遂げた。性格的にも申し分なく、キューバでは英雄的な存在で晩年にはスポーツ大臣に就任した。51年のキューバ、64年のメキシコに続き、77年にアメリカで3ヶ国目の殿堂入りを果たした。
＜ニグロ・リーグの成績＞投手：60試合、42先発、34完投、1完封、27勝19敗、402回、246奪三振、防御率3.40
野手：397試合、1418打数436安打、68本塁打、309打点、47盗塁、打率.307

アルヴィン・デイヴィス　☆
Alvin Glenn Davis
1960.9.9～【出身地】カリフォルニア州リヴァーサイド【球団】84-91マリナーズ　92エンジェルズ【位置】一塁、左
【経歴】マリナーズ生え抜き初のスターとして、シアトルのファンからミスター・マリナーの称号を奉られた選手。82年ドラフト6位で入団、84年打率.284、27本塁打、116打点（4位）、97四球（2位）、デビューから47試合連続出塁のメジャー記録も樹立し、チームメイトのマーク・ラングストンを抑えて新人王に輝く。87年自己最多の29本塁打、89年は打率.305、101四球（5位）で出塁率.424は2位。4回90四球以上を選び、通算出塁率は.380だった。30歳を超えて急速に衰え、92年途中逆転優勝への切り札として近鉄に入団したが戦力にならなかった。
【通算】9年、1206試合、4240打数1189安打、160本塁打、683打点、7盗塁、打率.280
【タイトル】新人王（84年）オールスター1回（84年）
【日本】92近鉄　1年、40試合、131打数36安打、5本塁打、12打点、1盗塁、打率.275

ウィリー・デイヴィス　☆
William Henry Davis
1940.4.15～2010.3.9【出身地】アーカンソー州ミネラルスプリングス【球団】60-73ドジャース　74エクスポズ　75レンジャーズ　75カーディナルス　76パドレス　79エンジェルズ【位置】外野、左
【経歴】史上有数の快足選手で、62年10本、70年16本で最多三塁打。またタイトルには手が届かなかったものの、64年の42個（3位）を最多として盗塁数でも常に上位に顔を出した。俊足を生かしたセンターの守備も素晴らしかった反面、66年のワールドシリーズ第2戦で1試合3失策を演ずるなど、ムラっ気から来るミスも少なくなかった。
　打撃フォームが定まらなかったが、69年に理想のフォームを発見し球団記録の31試合連続安打、同年から3年連続打率3割。62年は21本塁打を放つなどパンチ力も捨てがたかった。77年中日に入団、72試合にしか出場しなかったが打率.306、25本塁打。狭いナゴヤ球場でランニング本塁打を放ち驚かせたこともあった。熱心な創価学会員で、グラウンド内外での奇行も話題だった。
【通算】18年、2429試合、9174打数2561安打、395二塁打、138三塁打、182本塁打、1053打点、398盗塁、418四球、977三振、打率.279
【タイトル】ゴールドグラブ3回（71～73年）オールスター2回（71,73年）
【日本】77中日　78クラウン　2年、199試合、797打数237安打、43本塁打、132打点、22盗塁、打率.297

ウェイド・デイヴィス
Wade Allen Davis
1985.9.7～【出身地】フロリダ州レイクウェイルズ【球団】2009-12レイズ　13-16ロイヤルズ　17カブス　18-20ロッキーズ　21ロイヤルズ【位置】投手、右
【経歴】2004年ドラフト3位でレイズに入団。10年には先発で12勝、翌11年も11勝を挙げたが、ロイヤルズ移籍後の14年にリリーフへ回ると、速球とカッターを効果的に使い71試合で9勝、防御率1.00。72回を投げて被本塁打0本、長

打すら5本打たれただけと完璧に近い投球で、ワールドシリーズも4試合で自責点0（1失点）だった。続く15年も69試合で8勝1敗17セーブ、防御率0.94、ポストシーズン8試合/10.2回を無失点に封じて世界一に貢献した。カブスへ移籍した17年は開幕から32連続セーブ成功、続く18年はロッキーズで防御率4.13ながらリーグ最多の43セーブを記録した。
【通算】13年、557試合、88先発、2完投、1完封、63勝55敗141S、990.1回、929奪三振、防御率3.94
【タイトル】最多セーブ1回（2018年）オールスター3回（15～17年）

エリック・デイヴィス
Eric Keith Davis
1962.5.29～【出身地】カリフォルニア州ロスアンジェルス【球団】84-91レッズ　92-93ドジャース　93-94タイガース　96レッズ　97-98オリオールズ　99-2000カーディナルス　01ジャイアンツ【位置】外野、右
【経歴】ウィリー・メイズの再来と言われたほどの素質を持ちながら、再三の故障に泣いた悲運の選手。80年ドラフト8位でレッズに入団、86年は27本塁打、80盗塁（2位）、守備でもたびたびファインプレイを演じる。翌87年は37本塁打（4位）、100打点、50盗塁（4位）、89年も34本塁打（3位）、101打点（4位）だったが、90年のワールドシリーズ第4戦でダイビングキャッチを試みた際に腎臓を損傷し、以後成績が下降。94年は打率.183に終わり、一旦引退した。
96年古巣レッズで復帰し、26本塁打、83打点、23盗塁でカムバック賞を受賞。翌97年には結腸癌と診断されたが、98年自己記録となる打率.327（4位）、28本塁打、89打点、30試合連続安打も記録するなど見事に甦った。通算盗塁成功率.841は、300盗塁以上では史上3位。ダリル・ストロベリーとは子供の頃からの親友で、ドジャース時代はチームメイトになった。
【通算】17年、1626試合、5321打数1430安打、282本塁打、934打点、349盗塁、1398三振、打率.269
【タイトル】ゴールドグラブ3回（87～89年）オールスター2回（87,89年）

カート・デイヴィス
Curtis Benton Davis
1903.9.7～65.10.12【出身地】ミズーリ州グリーンフィールド【球団】34-36フィリーズ　36-37カブス　38-40カーディナルス　40-46ドジャース【位置】投手、右
【経歴】1試合平均1.85四球の制球力を誇った横手投げ投手で、当時はまだ珍しかった沈む速球が効果的だった。34年30歳でメジャーに昇格、リーグ最多の51試合に登板し19勝（5位）、防御率2.95（4位）。39年は自己最多の22勝（3位）に加え、打っても打率.381、17打点と活躍した。42年は39歳で15勝、防御率2.36（3位）。43歳まで投げ続け、通算11回2ケタ勝利を記録した。
【通算】13年、429試合、280先発、141完投、24完封、158勝131敗、2325回、684奪三振、防御率3.42
【タイトル】オールスター2回（36,39年）

クリス・デイヴィス
Christopher Lyn Davis
1986.3.17～【出身地】テキサス州ロングヴュー【球団】2008-11レンジャーズ　11-20オリオールズ【位置】一塁、左
【経歴】ボールを破壊せんばかりの力強いスイングと、野球映画『さよならゲーム』の主人公の名前の連想から“クラッシュ”と呼ばれた巨漢打者。2006年ドラフト5位でレンジャーズに入団、正一塁手となった09年に21本塁打、オリオールズ移籍後の12年は33本。同年はリリーフで登板し勝利投手になったこともあった。翌13年は53本塁打、138打点で二冠王、続く14年は打率.196の大不振に陥ったが、15年は47本塁打で2度目のタイトルに輝いた。15年は208個、翌16年も219個の三振を喫して2年連続ワーストとなるなど粗さが目立ち、18年は500打席以上での史上最低打率となる.168。19年にかけて62打席連続無安打のワースト記録も作るなど、16年からの7年1億6100万ドルの延長契約は大失敗だった。
【通算】13年、1417試合、4978打数1160安打、295本塁打、780打点、19盗塁、1852三振（20位）、打率.233
【タイトル】本塁打王2回（2013,15年）打点王1回（13年）オールスター1回（13年）

クリス・デイヴィス
Khristopher Adrian Davis
1987.12.21 ～【出身地】カリフォルニア州レイクウッド【球団】2013-15 ブルワーズ 16-20 アスレティックス 21 レンジャーズ 21 アスレティックス【位置】外野、右
【経歴】2009 年ドラフト 7 位でブルワーズに入団、正左翼手に定着した 14 年以降 5 年連続で 20 本塁打以上。アスレティックスへトレードされた 16 年 42 本（3 位）、102 打点、17 年も 43 本（2 位）、110 打点（3 位）と打ち続け、18 年に 48 本でタイトルを獲得、123 打点も 2 位。打率は 15 ～ 18 年の 4 年続けて .247 と低いレベルで安定していた。20 年以降は急速に衰え、最後は独立リーグでプレイした。
【通算】9 年、980 試合、3394 打数 820 安打、221 本塁打、590 打点、18 盗塁、1017 三振、打率 .242
【タイトル】本塁打王 1 回（2018 年）

グレン・デイヴィス ☆
Glenn Earle Davis
1961.3.28 ～【出身地】フロリダ州ジャクソンヴィル【球団】84-90 アストロズ 91-93 オリオールズ【位置】一塁、右
【経歴】81 年 1 月ドラフト 1 位（第 2 回）でアストロズに入団、マイナー時代に野球留学中の秋山幸二とチームメイトとなり、親交を深める。85 年 100 試合の出場で 20 本塁打、翌 86 年は 31 本塁打、101 打点で地区制覇に大きく貢献し、MVP 投票で次点に入る。広いアストロドームを本拠としながらも、89 年に 34 本塁打するなど長打力を発揮したが、91 年にオリオールズへトレードされてからは冴えなかった。95 年“グレン”の登録名で阪神に入団、1 年目は 23 本塁打したが 96 年は途中退団。少年時代に両親が離婚し、同級生だったストーム・デイヴィスの家で暮らした。
【通算】10 年、1015 試合、3719 打数 965 安打、190 本塁打、603 打点、28 盗塁、打率 .259
【タイトル】オールスター 2 回（86,89 年）
【日本】95-96 阪神 2 年、153 試合、567 打数 143 安打、28 本塁打、95 打点、2 盗塁、打率 .252

ジョージ・デイヴィス
George Stacey Davis
1870.8.23 ～ 1940.10.17【出身地】ニューヨーク州コーホーズ【球団】1890-92 クリーヴランド 93-1901 ジャイアンツ 02 ホワイトソックス 03 ジャイアンツ 04-09 ホワイトソックス【位置】遊撃、三塁、外野、両
【経歴】クリーヴランド時代は主に外野を守り、ジャイアンツ移籍後三塁を経て 1896 年より遊撃に定着。守備の名手で 1 試合平均守備機会 5.85 は史上 2 位。打撃でも 93 年に自己最高の打率 .355（5 位）、27 三塁打（2 位）、11 本塁打（5 位）、長打率 .554（2 位）、33 試合連続安打を記録。同年から 9 年連続打率 3 割、100 打点以上も 3 回、97 年は 10 本塁打（2 位）でリーグ最多の 136 打点を叩き出した。
1902 年ホワイトソックスへ移籍したが、ジャイアンツへの復帰を試み、裁判にまで持ち込みながらも認められずにホワイトソックスへ引き戻された。06 年のワールドシリーズでは、最初の 3 試合を欠場したにもかかわらず、チーム最多の 6 打点で世界一に貢献した。通算 2665 安打はピート・ローズに抜かれるまでのスイッチヒッター最多記録。引退後は 18 年までアマースト大学のコーチをしていたが、以後は消息不明となり、68 年になって 40 年に死去していたと判明した。98 年殿堂入り。
【通算】20 年、2372 試合、9045 打数 2665 安打、453 二塁打、163 三塁打、73 本塁打、1440 打点、619 盗塁（17 位）、874 四球、613 三振、打率 .295
【タイトル】打点王 1 回（1897 年）
【監督】1895,1900-01 ジャイアンツ 3 年、252 試合、107 勝 139 敗、勝率 .435

ジョディ・デイヴィス
Jody Richard Davis
1956.11.12 ～【出身地】ジョージア州ゲインズヴィル【球団】81-88 カブス 88-90 ブレーヴス【位置】捕手、右
【経歴】長打力を秘め、シカゴのファンに人気のあった捕手。76 年 1 月ドラフト 3 位でメッツに入団、81 年ルール 5 ドラフトでカブスに移籍し、翌 82 年正捕手となる。83 年 24 本塁打、84 打点、84 年は 94 打点を稼ぎ地区優勝に貢献、プレイオフでも 18 打数 7 安打、2 本塁打、6 打点。86 年も 21 本塁打、盗塁阻止率 .476 で 1 位となり、ゴールドグラブを受賞した。
【通算】10 年、1082 試合、3585 打数 877 安打、127 本塁打、490 打点、7 盗塁、打率 .245
【タイトル】ゴールドグラブ 1 回（86 年）オールスター 2 回（84,86 年）

ストーム・デイヴィス
George Earl Davis (Storm)

1961.12.26 ～【出身地】テキサス州ダラス【球団】82-86 オリオールズ　87 パドレス　87-89 アスレティックス　90-91 ロイヤルズ　92 オリオールズ　93 アスレティックス　93-94 タイガース【位置】投手、右
【経歴】79 年ドラフト 7 位でオリオールズに入団。83 年 13 勝、ワールドシリーズ第 4 戦でも勝利投手となる。85 年まで 3 年連続 2 ケタ勝利を挙げたが、87 年移籍したパドレスでは防御率 6 点台の不振でアスレティックスへ放出。88 年 16 勝しカムバック賞を受賞、翌 89 年は 19 勝（3 位）を挙げながらもワールドシリーズでは登板機会がなかった。90 年高額契約で移籍したロイヤルズでは期待外れの成績に終わり、以後一度も 2 ケタ勝利に手が届かなかった。グレン・デイヴィスとは少年時代に一緒に暮らした仲で、92 年はチームメイトになった。
【通算】13 年、442 試合、239 先発、30 完投、5 完封、113 勝 96 敗 11 S、1780.2 回、1048 奪三振、防御率 4.02

スパッド・デイヴィス
Virgil Lawrence Davis (Spud)

1904.12.20 ～ 84.8.14【出身地】アラバマ州バーミングハム【球団】28 カーディナルス　28-33 フィリーズ　34-36 カーディナルス　37-38 レッズ　38-39 フィリーズ　40-41,44-45 パイレーツ【位置】捕手、右
【経歴】強打の捕手で、29 年から 7 年連続で打率 3 割以上。32 年は出塁率 .399（5 位）、翌 33 年の打率 .349 と出塁率 .395 はリーグ 2 位だった。37 年にレッズに移籍してからは控えに回ることが多くなったが、コーチを兼任しながら 40 歳まで現役を続けた。“スパッド（じゃがいも）”のニックネームは、少年時代に毎食じゃがいもを食べていたのが由来。
【通算】16 年、1458 試合、4255 打数 1312 安打、77 本塁打、647 打点、6 盗塁、打率 .308

ダグ・デイヴィス
Douglas Davis

1975.9.21 ～【出身地】カリフォルニア州サクラメント【球団】99-2003 レンジャーズ　03 ブルージェイズ　03-06 ブルワーズ　07-09 ダイアモンドバックス　10 ブルワーズ　11 カブス【位置】投手、左
【経歴】96 年ドラフト 10 位でレンジャーズに入団。2001 年に 11 勝、ブルワーズ移籍後の 04 年に 12 勝、自己ベストの防御率 3.39。以後 4 年連続 2 ケタ勝利、05 年は 208 奪三振（3 位）。球威には欠けたが技巧的な投球で 07 年に自己最多の 13 勝を挙げた。続く 08 年は開幕後に甲状腺がんが発見されたが、手術してシーズン中に復帰を果たす。制球に問題があり、05 年から 3 年連続で与四球ワースト 2 位、09 年はリーグ最多の 103 四球を与えた。苦手の打撃では 51 打数連続ノーヒットも記録した。
【通算】13 年、306 試合、286 先発、7 完投、3 完封、92 勝 108 敗 0 S、1715.2 回、1279 奪三振、防御率 4.44

チリ・デイヴィス
Charles Theodore Davis (Chili)

1960.1.17 ～【出身地】ジャマイカ国キングストン【球団】81-87 ジャイアンツ　88-90 エンジェルズ　91-92 ツインズ　93-96 エンジェルズ　97 ロイヤルズ　98-99 ヤンキース【位置】外野、DH、両
【経歴】毎年安定した成績を残したクラッチヒッター。77 年ドラフト 11 位でジャイアンツに入団、82 年正中堅手となり 19 本塁打、76 打点、守備でも 16 補殺（1 位）。84 年はリーグ 3 位の打率 .315。エンジェルズへ移籍した 88 年に 19 失策するなど守備面での衰えが目立ち始め、91 年ツインズ移籍後は DH に専念。同年 29 本塁打、93 打点、ワールドシリーズでも 2 本塁打で世界一に貢献。93 年エンジェルズに復帰し自己最多の 112 打点、翌 94 年は 10 年ぶりの打率 3 割となる .311、続く 95 年も .318、出塁率 .429（5 位）。現役最後の 99 年も 19 本塁打、78 打点でヤンキースの世界一に貢献した。左右両打席本塁打を史上 4 位の 11 回記録。引退後はアスレティックスなどで打撃コーチを務めた。
【通算】19 年、2435 試合、8673 打数 2380 安打、424 二塁打、30 三塁打、350 本塁打、1372 打点、142 盗塁、1194 四球、1698 三振、打率 .274
【タイトル】オールスター 3 回（84,86,94 年）

トミー・デイヴィス
Herman Thomas Davis

1939.3.21 ～ 2022.4.3【出身地】ニューヨーク州ブルックリン【球団】59-66 ドジャース　67 メッツ　68 ホワイトソックス　69 パイロッツ　69-70 アストロズ　70 アスレティッ

クス　70 カブス　71 アスレティックス　72 カブス　72-75 オリオールズ　76 エンジェルズ　76 ロイヤルズ【位置】外野、右
【経歴】高校時代はバスケットボールでも活躍。60 年レギュラーとなり、62 年は打率 .346、230 安打、153 打点の 3 部門で 1 位、27 本塁打も自己記録と打ちまくる。翌 63 年も打率 .326 で 2 年連続首位打者、ワールドシリーズでも 15 打数 6 安打。65 年はスライディングの際に足首を痛めて 17 試合にしか出場できず、67 年にメッツへ移籍して以降は毎年のようにチームを替わった。73 年オリオールズで DH として打率 .306（3 位）、89 打点と復活、翌 74 年も 181 安打（2 位）を放った。満塁では通算 .365 の高打率だった。
【通算】18 年、1999 試合、7223 打数 2121 安打、153 本塁打、1052 打点、136 盗塁、打率 .294
【タイトル】首位打者 2 回（62 ～ 63 年）打点王 1 回（62 年）オールスター 2 回（62 ～ 63 年）

ハリー・デイヴィス
Harry H. Davis
1873.7.18 ～ 1947.8.11【出身地】ペンシルヴェニア州フィラデルフィア【球団】1895-96 ニューヨーク　96-98 ピッツバーグ　98 ルイヴィル　98-99 ワシントン　1901-11 アスレティックス　12 インディアンズ　13-17 アスレティックス【位置】一塁、右
【経歴】1897 年に新記録となる 28 三塁打（1 位）を放ったが、その後出場機会が減少し、一時は引退し鉄道員として働いていた。1901 年アスレティックスで復帰してからは中心選手として活躍、04 年は打率 .309（3 位）、10 本塁打（1 位）、長打率 .490（2 位）、翌 05 年は 47 二塁打、8 本塁打、83 打点がいずれも 1 位。主将を任された 06 年は 12 本塁打、96 打点で 2 年連続二冠王となった。07 年まで 4 年連続本塁打王、02・05・07 年の 3 回最多二塁打。11 年は打率 .197 の不振だったが、ワールドシリーズではチームトップの 5 打点。インディアンズの監督となった 12 年はシーズン途中で辞任、アスレティックスへコーチとして戻り、40 歳を過ぎてからも散発的に出場した。聡明で若手選手の面倒見も良く、他球団の選手からも尊敬されていた。
【通算】22 年、1755 試合、6653 打数 1841 安打、145 三塁打、75 本塁打、951 打点、285 盗塁、打率 .277
【タイトル】本塁打王 4 回（04 ～ 07 年）打点王 2 回（05 ～ 06 年）
【監督】12 インディアンズ　1 年、127 試合、54 勝 71 敗、勝率 .432

マーク・デイヴィス
Mark William Davis
1960.10.19 ～【出身地】カリフォルニア州リヴァーモア【球団】80-81 フィリーズ　83-87 ジャイアンツ　87-89 パドレス　90-92 ロイヤルズ　92 ブレーヴス　93 フィリーズ　93-94 パドレス　97 ブルワーズ
【位置】投手、左
【経歴】79 年 1 月ドラフト 1 位（第 2 回）でフィリーズに入団。当初は先発だったが、84 年 5 勝 17 敗と大きく負け越しリリーフへ転向。曲がりの大きなカーブで 88 年 28 セーブ（4 位）、翌 89 年は 44 セーブ（1 位）、防御率 1.85 でサイ・ヤング賞に輝く。90 年 FA でロイヤルズに加わったがわずか 6 セーブ、防御率 5 点台で、その後も立ち直ることができずに終わった。
【通算】15 年、624 試合、85 先発、4 完投、2 完封、51 勝 84 敗 96 S、1145 回、1007 奪三振、防御率 4.17
【タイトル】サイ・ヤング賞 1 回（89 年）最多セーブ 1 回（89 年）オールスター 2 回（88 ～ 89 年）

ラジェイ・デイヴィス
Rajai Lavae Davis
1980.10.19 ～【出身地】コネティカット州ノーウィッチ【球団】2006-07 パイレーツ　07-08 ジャイアンツ　08-10 アスレティックス　11-13 ブルージェイズ　14-15 タイガース　16 インディアンズ　17 アスレティックス　17 レッドソックス　18 インディアンズ　19 メッツ【位置】外野、右
【経歴】2001 年ドラフト 38 位でパイレーツに入団。アスレティックス移籍後の 09 年に打率 .305、41 盗塁（5 位）、翌 10 年はいずれも自己最多の 149 安打、52 打点、50 盗塁（2 位）。14 年まで 6 年続けて 30 盗塁以上で 12・13 年は 2 位、16 年に 43 盗塁でタイトルを獲得した。同年のワールドシリーズでは第 5 戦で 3 盗塁、第 7 戦では 8 回裏の起死回生の同点 2 ランに加え、10 回裏も 1 点差に迫るタイムリーを放った。
【通算】14 年、1448 試合、4244 打数 1111 安打、62 本塁打、387 打点、415 盗塁、打率 .262
【タイトル】盗塁王 1 回（2016 年）

マリー・ディクソン
Murry Monroe Dickson
1916.8.21 ～ 89.9.21【出身地】ミズーリ州トレイシー【球団】39-40,42-43,46-48 カーディナルス　49-53 パイレーツ　54-56 フィリーズ　56-57 カーディナルス　58 アスレティックス　58 ヤンキース　59 アスレティックス【位置】投手、右
【経歴】"マウンド上のトーマス・エジソン"と評された技巧派投手。7 つの球種を持つ上に、投球フォームやプレートに立つ位置などもこまめに変えていた。46 年は 15 勝（4 位）、ドジャースとの優勝決定戦で勝利投手となる。以後 11 年連続 2 ケタ勝利、51 年は 20 勝だったが、翌 52 年から 3 年連続最多敗戦を喫した。58 年は 42 歳で 10 勝。被本塁打が多く、48 年に浴びた 39 本は当時のワースト記録となった。オフシーズンは大工として働いていた。
【通算】18 年、625 試合、338 先発、149 完投、27 完封、172 勝 181 敗、3052.1 回、1281 奪三振、1058 四球、防御率 3.66
【タイトル】オールスター 1 回（53 年）

ジェイク・ディークマン　★
Jacob Tanner Diekman
1987.1.21 ～【出身地】ネブラスカ州ウィモア【球団】2012-15 フィリーズ　15-18 レンジャーズ　18 ダイアモンドバックス　19 ロイヤルズ　19-21 アスレティックス　22 レッドソックス　22-23 ホワイトソックス　23 レイズ　24 メッツ【位置】投手、左
【経歴】2007 年ドラフト 30 位でフィリーズに入団。左のリリーフとして 14 年は 73 試合に登板、威力のある速球とスライダーを使い 71 回で 100 三振を奪う。19 年は自己最多の 76 試合（2 位）、通算 7 回 60 試合以上投げた。持病の潰瘍性大腸炎を乗り越えての活躍、および同病への啓発活動などを評価され、17 年にハッチ賞を受賞している。
【通算】13 年、705 試合、0 先発、27 勝 34 敗 19 S、602.1 回、764 奪三振、防御率 3.91

ゲイリー・ディサーシナ
Gary Thomas Disarcina
1967.11.19 ～【出身地】マサチューセッツ州モールデン【球団】89-2000 エンジェルズ【位置】遊撃、右
【経歴】88 年ドラフト 6 位でエンジェルズに入団、92 年正遊撃手となる。92、94 年の 2 回補殺数 1 位を記録した守備の名手で、95 年は打率 .307、98 年は自己最多の 158 安打、39 二塁打と打撃でも貢献した。リーダーシップも評価されていたが、肩痛のため 2001 年以降は 1 試合も出られなかった。
【通算】12 年、1086 試合、3744 打数 966 安打、28 本塁打、355 打点、47 盗塁、打率 .258
【タイトル】オールスター 1 回（95 年）

コーリー・ディッカーソン
McKenzie Corey Dickerson
1989.5.22 ～【出身地】ミシシッピ州マッコム【球団】2013-15 ロッキーズ　16-17 レイズ　18-19 パイレーツ　19 フィリーズ　20-21 マーリンズ　21 ブルージェイズ　22 カーディナルス　23 ナショナルズ【位置】外野、左
【経歴】2009 年ロッキーズのドラフト 29 位指名を拒否、翌 10 年 8 位で再指名され入団。14 年に打率 .312、24 本塁打、76 打点、自己最多の 27 本塁打を放った 17 年はオールスターに選出。右投手に強く、18 年はパイレーツへ移籍し打率 .300、3 年連続 30 本以上となる 35 二塁打に加え、守備でもゴールドグラブに選ばれた。
【通算】11 年、1083 試合、3671 打数 1028 安打、136 本塁打、469 打点、30 盗塁、打率 .280
【タイトル】ゴールドグラブ 1 回（2018 年）オールスター 1 回（17 年）

R・A・ディッキー
Robert Allen Dickey
1974.10.29 ～【出身地】テネシー州ナッシュヴィル【球団】2001,03-06 レンジャーズ　08 マリナーズ　09 ツインズ　10-12 メッツ　13-16 ブルージェイズ　17 ブレーヴス【位置】投手、右
【経歴】96 年にアトランタ五輪代表に選ばれ、同年のドラフト 1 位でレンジャーズが指名。81 万ドルの契約金を提示されながら、右肘靱帯の先天的な欠損が判明し、7 万 5000 ドルに減額されて入団した。当初は本格派の投手で 03 年には 9 勝を挙げたが、以後伸び悩んでナックルボーラーに転向。10 年 35 歳にして初の 2 ケタとなる 11 勝を挙げると、12 年は 20 勝と防御率 2.73 がいずれも 2 位、5 完投、3 完封、233.2 回、230 奪三振の 4 部門で 1 位となり、ナックルボーラーとして初のサイ・ヤング賞を受賞。6 月 13・18 日にはリーグ 68 年ぶりとなる 2 試合連続 1 安打完封、

44.1回連続無失点も記録した。翌13年ブルージェイズへ移籍し14勝、42歳で引退した17年まで6年2ケタ勝利。読書家で大学では英文学を専攻、自伝で児童虐待に遭った過去を明らかにし、また人身売買問題への関心を促す目的でキリマンジャロに登頂したこともある。
【通算】15年、400試合、300先発、15完投、6完封、120勝118敗2S、2073.2回、1477奪三振、防御率4.04
【タイトル】サイ・ヤング賞1回(2012年) 最多奪三振1回(12年) オールスター1回(12年)

ビル・ディッキー
William Malcolm Dickey
1907.6.6～93.11.12【出身地】ルイジアナ州バストロップ【球団】28-43,46ヤンキース【位置】捕手、左
【経歴】巧みなリードと勝負強い打撃でヤンキースの黄金時代を支えた名捕手。36年の.362(3位)を最高に打率3割以上11回、同年から4年連続で20本塁打、100打点以上。37年は29本塁打、リーグ4位の133打点を稼いだ。36～39年の4連覇時は出塁率も4割以上。守備も堅実で、31年は125試合に出場し捕逸は1回もなし。42年の.600を最高に3度盗塁阻止率1位となり、通算では.466だった。
　普段は物静かだったが、32年7月にはセネターズのカール・レノルズを殴打し30日間の出場停止処分を科せられた。ワールドシリーズには8回出場し、24打点は史上8位。ルー・ゲーリッグとは親友同士で長年ルームメイトだった。海軍を除隊した46年途中から監督を兼任したが、シーズン終了を待たず辞任。49年にコーチとして復帰した。54年殿堂入り。弟のジョージも捕手だった。
【通算】17年、1789試合、6300打数1969安打、202本塁打、1209打点、36盗塁、打率.313
【タイトル】オールスター11回(33～34,36～43,46年)
【監督】46ヤンキース　1年、105試合、57勝48敗、勝率.543

ロッド・ディードー
Raoul Martial Dedeaux (Rod)
1914.2.17～2006.1.5【出身地】ルイジアナ州ニューオーリンズ【球団】35ドジャース【位置】遊撃、右
【経歴】メジャーでは2試合に出場したのみ。引退後南カリフォルニア大学の監督に就任、58年に初の全米大学選手権優勝を果たす。以後70年からの5連覇を含む11回の優勝を遂げ、名指導者としての名声を確立。マーク・マグワイアやランディ・ジョンソンらの名選手を育て、浪人中の江川卓も受け入れた。64年東京五輪での公開競技に続き、84年のロスアンジェルス五輪でも代表チームの監督を務めた。73年から開催された日米大学野球の実現にも功績があって、96年に日本政府から勲四等を授与されている。
【通算】1年、2試合、4打数1安打、0本塁打、1打点、0盗塁、打率.250

ビル・ディートリック
William John Dietrich
1910.3.29～78.6.20【出身地】ペンシルヴェニア州フィラデルフィア【球団】33-36アスレティックス　36セネターズ　36-46ホワイトソックス　47-48アスレティックス【位置】投手、右
【経歴】当時としては珍しく眼鏡をかけていた投手で、ウォルター・ジョンソンと比較されるほどの球威があった。34年に新人で11勝したが、荒れ球で最初の10年間では勝ち越しが40年(10勝6敗)の一度だけ。36年には二度もウェーバーにかけられて移籍した。すぐ冷静さを失う悪い癖もあったが、制球力がつくに従い43年12勝、44年16勝と勝てるようになった。37年6月1日のブラウンズ戦でノーヒットノーランを達成、41年にも2度ノーヒッターのチャンスがあったが、いずれも9回にヒットを打たれた。
【通算】16年、366試合、253先発、92完投、17完封、108勝128敗、2003.2回、660奪三振、防御率4.48

ディック・ティドロウ
Richard William Tidrow
1947.5.14～2021.7.10【出身地】カリフォルニア州サンフランシスコ【球団】72-74インディアンズ　74-79ヤンキース　79-82カブス　83ホワイトソックス　84メッツ【位置】投手、右
【経歴】3度のドラフト指名を拒否し、67年1月のドラフト4位(第2回)でインディアンズに入団。72年メジャーに昇格、横手からのスクリューボールで14勝、防御率2.77、翌73年も14勝。75年からリリーフに回り、76年10セーブ、79年は77試

合で13勝。80年はリーグ最多の84試合に登板し防御率2.79と好投した。引退後ジャイアンツのフロント入り、育成部門に携わり目利きとの評判をとった。
【通算】13年、620試合、138先発、32完投、5完封、100勝94敗55S、1746.2回、975奪三振、防御率3.68

ビル・ディニーン
William Henry Dinneen

1876.4.5～1955.1.13【出身地】ニューヨーク州シラキューズ【球団】1898-99ワシントン　1900-01ブレーヴス　02-07レッドソックス　07-09ブラウンズ【位置】投手、右
【経歴】模範的な投球フォームからの鋭いカーブで、1900年リーグ2位の20勝、33完投。02年レッドソックスに移籍してからは3年連続20勝、03年の第1回ワールドシリーズでは2完封を含む3勝を稼ぎ、世界一の立役者となった。続く04年は自己最多の23勝(5位)、防御率2.20、37試合連続完投はリーグ記録。シーズン最終日にはヤンキースを相手に完投勝ちを収め、優勝を決めた。05年9月27日のホワイトソックス戦でノーヒットノーランを達成。引退後はア・リーグ審判に転身し、28年間務め上げ、53年の第2戦ではワールドシリーズ50周年を記念して始球式を行なった。
【通算】12年、391試合、352先発、306完投、24完封、170勝177敗、3074.2回、1127奪三振、829四球、防御率3.01

ジム・テイバー
James Reubin Tabor

1916.11.5～53.8.22【出身地】アラバマ州ニューホープ【球団】38-44レッドソックス　46-47フィリーズ【位置】三塁、右
【経歴】強気が売り物の三塁手で、39年レギュラーとなり95打点、7月4日のダブルヘッダーで2本の満塁弾を含む1日11打点の当時のタイ記録を達成。40年自己最多の21本塁打、41年は101打点、17盗塁(4位)を決めた。守備範囲は広かったが、39年から5年連続で最多失策と安定感に欠けた。酒好きで気性の激しさでも有名だった。テッド・ウィリアムズとはマイナー時代からのチームメイト。
【通算】9年、1005試合、3788打数1021安打、104本塁打、598打点、69盗塁、打率.270

ヴィンス・ディマジオ
Vincent Paul DiMaggio

1912.9.6～86.10.3【出身地】カリフォルニア州マルティネス【球団】37-38ブレーヴス　39-40レッズ　40-44パイレーツ　45-46フィリーズ　46ジャイアンツ【位置】外野、右
【経歴】ディマジオ三兄弟の長兄(9人兄弟の7番目)。37年レギュラーとなるが打撃は粗く、リーグワーストの111三振。通算6回最多三振を喫し、38年の134三振は当時のワースト記録だった。39年にはヤンキースへトレードされたが、出場機会がないまま8月にレッズへ移籍し、弟ジョーと同じグラウンドに立つことはなかった。41年に自己最多の21本塁打、100打点。ジョー、ドムの弟二人が兵役中の43年は41二塁打(2位)、15本塁打と88打点は4位、オールスターでは本塁打を含む3安打。45年には4本の満塁本塁打を放つ。最多補殺を3回記録した強肩の持ち主で、守備範囲も広かった。
【通算】10年、1110試合、3849打数959安打、125本塁打、584打点、79盗塁、打率.249
【タイトル】オールスター2回(43～44年)

ジョー・ディマジオ
Joseph Paul DiMaggio

1914.11.25～99.3.8【出身地】カリフォルニア州マルティネス【球団】36-42,46-51ヤンキース【位置】外野、右
【経歴】史上最高級のオールラウンド・プレイヤーで、最も高い人気を誇った選手の一人。優雅なプレイスタイルやカリスマ性にかけては右に出る者がなく、"ジョルティン・ジョー""ヤンキー・クリッパー"などのニックネームで親しまれた。ヘミングウェイの小説『老人と海』やサイモン&ガーファンクルの大ヒット曲『ミセス・ロビンソン』にその名が登場するなど、アメリカの黄金時代の象徴的存在だった。
　33年18歳でマイナーながら61試合連続安打を記録。36年ヤンキースに入団し、打率.323、206安打、44二塁打、15三塁打(1位)、29本塁打(4位)、125打点と新人離れした大活躍を演じる。翌37年は46本塁打と長打率.673が1位、自己最多の215安打と167打点が2位。39年は.381の高打率でMVPを受賞、続く40年も.352で2年連続首位打者に輝いた。41年は5月15日から7月16日にかけて空前絶後の56試合連続安打を達成、こ

の間打率.408で三振は7回のみ。首位打者は打率.406のテッド・ウィリアムズのものとなったが、打率.357（3位）、125打点（1位）で2度目のMVPに輝いた。43年から3年間兵役のためにキャリアが中断。復帰後の47年3度目のMVP、翌48年は39本塁打、155打点で二冠王。49年は踵の故障で65試合を欠場、再起が危ぶまれたが、戦線復帰後は打率.346だった。

13年間で打率3割11回、30本塁打以上7回、100打点以上9回のスラッガーでありながら、三振は1年目の39回が最多で、通算でも本塁打数とほとんど変わらない369回。41年は622打席でわずか13三振だった。走塁では常に正確な状況判断を下し、守備も強肩と的確なポジショニングに定評があった。ワールドシリーズには10回出場、世界一を逃したのは42年の一度だけ。オールスターには1年目から最後の年まで欠かさず選出された。

内向的な性格で、チーム内でもほとんど友人はいなかったが、51年限りで引退した後も国民的人気は衰えず、54年人気女優のマリリン・モンローと結婚し、新婚旅行で来日。9ヶ月で離婚に至るも、モンローの死後もその墓に花を手向け続けた。55年殿堂入り。68～69年はアスレティックスの球団副社長を務め、77年にはスポーツ選手として初めて、民間人で最高の栄誉である大統領自由勲章を授与された。兄ヴィンス、弟ドムもメジャーで活躍した。

【通算】13年、1736試合、6821打数2214安打、131三塁打、361本塁打、1537打点、30盗塁、打率.325

【タイトル】MVP3回（39,41,47年）首位打者2回（39～40年）本塁打王2回（37,48年）打点王2回（41,48年）オールスター13回（36～42,46～51年）

ドム・ディマジオ
Dominic Paul DiMaggio

1917.2.12～2009.5.8【出身地】カリフォルニア州サンフランシスコ【球団】40-42,46-53レッドソックス【位置】外野、右

【経歴】ディマジオ三兄弟の末弟。小柄で眼鏡をかけた風貌から“リトル・プロフェッサー”のニックネームで親しまれた。40年新人で打率.301、43年から3年間兵役につき、復帰後の46年は打率.316（5位）。49年34試合連続安打、翌50年は打率.328と193安打が3位、11三塁打と15盗塁は1位。これは史上最少数での盗塁王でもあった。パワーはなかったが二塁打は多く、30二塁打以上7回。レッドソックスのリードオフマンとして、兄ジョーの在籍するヤンキースとのライバル対決でファンを沸かせた。俊足を生かした守備範囲の広さにも高い評価を与えられ、48年の503刺殺はその後も長くリーグ記録として残った。戦争中に患った眼病が悪化し、53年5月に引退。その後は事業を興し成功した。

【通算】11年、1399試合、5640打数1680安打、87本塁打、618打点、100盗塁、打率.298

【タイトル】盗塁王1回（50年）オールスター7回（41～42,46,49～52年）

フランク・ディマリー
Joseph Franklin Demaree

1910.6.10～58.8.30【出身地】カリフォルニア州ウィンターズ【球団】32-33,35-38カブス　39-41ジャイアンツ　41-42ブレーヴス　43カーディナルス　44ブラウンズ【位置】外野、右

【経歴】32年7月にメジャー昇格、ワールドシリーズ第4戦で初本塁打を放つ。翌33年134試合で打率.272とまずまずの成績だったが、34年はマイナーに降格。ここで打率.383、45本塁打、173打点の好成績でMVPとなり、35年再昇格。36年打率.350（4位）、212安打（3位）、翌37年も199安打（4位）、115打点（2位）を稼いだ。ジャイアンツ移籍後の39～40年も打率3割を記録したが、現役最後の打席で凡退し、通算3割には1打数多かったために届かなかった。タイピングが特技で、早打ちコンテストの優勝経験を持つ。

【通算】12年、1155試合、4144打数1241安打、72本塁打、591打点、33盗塁、打率.299

【タイトル】オールスター2回（36～37年）

マーカス・ティムズ
Marcus Markley Thames

1977.3.6～【出身地】ミシシッピ州ルイヴィル【球団】2002ヤンキース　03レンジャーズ　04-09タイガース　10ヤンキース　11ドジャース【位置】外野、右

【経歴】96年ドラフト30位でヤンキースに入団。2002年6月10日のメジャーデビュー戦、初打席でランディ・ジョンソンから初球を本塁打とした。タイガースに移籍後の06年は110試合で26本塁打を放

ち優勝に貢献。08年も25本塁打だったが、打撃の粗さが解消されずレギュラーにはなれなかった。10年は8年ぶりにヤンキースに復帰、82試合で12本塁打。通算100本塁打に1469打数で達したのは史上最少。引退後はヤンキースなどの打撃コーチを務めた。
【通算】10年、640試合、1827打数450安打、115本塁打、301打点、3盗塁、打率.246

マイク・ティムリン
Michael August Timlin
1966.3.10～【出身地】テキサス州ミッドランド【球団】91-97ブルージェイズ 97-98マリナーズ 99-2000オリオールズ 00-02カーディナルス 02フィリーズ 03-08レッドソックス【位置】投手、右
【経歴】87年ドラフト5位でブルージェイズに入団。沈む速球を中心とした投球で、メジャーに昇格した91年は63試合に投げ11勝。96年中継ぎから抑えとなり31セーブ、オリオールズに移籍した99年も27セーブを稼いだ。その後はまた中継ぎに戻り、97年から10年連続で60試合以上に登板。2005年は39歳にしてリーグ最多の81試合に投げ7勝13セーブ、防御率2.24と好投した。
【通算】18年、1058試合(8位)、4先発、0完投、75勝73敗141S、1204.1回、872奪三振、防御率3.63

ジョー・ディメイストリー
Joseph Paul DeMaestri
1928.12.9～2016.8.26【出身地】カリフォルニア州サンフランシスコ【球団】51ホワイトソックス 52ブラウンズ 53-59アスレティックス 60-61ヤンキース【位置】遊撃、右
【経歴】アスレティックスに移った53年正遊撃手となり、同年の打率.255が自己最高と打撃は弱かったが、55年7月8日にはすべて単打で6打数6安打。守備は堅実で57～58年に守備率1位を記録した。54年にはマイク・ガルシアのノーヒッターを2度も阻止した。
【通算】11年、1121試合、3441打数813安打、49本塁打、281打点、15盗塁、打率.236
【タイトル】オールスター1回(57年)

ジョニー・デイモン
Johnny David Damon
1973.11.5～【出身地】カンザス州フォートライリー【球団】95-2000ロイヤルズ 01アスレティックス 02-05レッドソックス 06-09ヤンキース 10タイガース 11レイズ 12インディアンズ【位置】外野、左
【経歴】2000年代を代表するリードオフマンの一人。92年ドラフト1位でロイヤルズに入団、96年にレギュラーとなり、2000年は打率.327、214安打(2位)、46盗塁(1位)。レッドソックスへ移籍した02年はリーグ最多の11三塁打。03年6月27日に史上2人目の1イニング3安打を記録した。04年はディヴィジョンシリーズで15打数7安打、リーグ優勝決定シリーズでは第7戦で満塁弾を含む2本塁打6打点を叩き出し、奇跡の逆転優勝を実現。ワールドシリーズでも最終第4戦で決勝点となる先頭打者本塁打を放った。05年には29試合連続安打を記録。ボストン時代は髪と髭を伸ばし放題にする、原始人のような風貌で人気を集めた。
06年ヤンキースに移籍し、09年に自己最多の24本塁打。ワールドシリーズでは22打数8安打、第4戦では同点の9回に二盗を決めた直後、隙を衝いて三塁も陥れる1球2盗塁の珍記録で勝利に結びつけた。96～2011年まで16年連続で140試合以上、130安打以上と極めて安定度が高かった。守備では俊足を生かし守備範囲こそ広かったものの、肩の弱さが難点だった。12年オフは母親の母国であるタイの代表としてWBC予選を戦った。父親が軍人で子供の頃は沖縄に住んでいた。
【通算】18年、2490試合、9736打数2769安打、522二塁打、109三塁打、235本塁打、1139打点、408盗塁、1003四球、1257三振、打率.284
【タイトル】盗塁王1回(2000年) オールスター2回(02,05年)

クリス・テイラー ★
Christopher Armand Taylor
1990.8.29～【出身地】ヴァージニア州ヴァージニアビーチ【球団】2014-16マリナーズ 16-24ドジャース【位置】外野、遊撃、二塁、右
【経歴】2012年ドラフト5位でマリナーズに入団。二遊間と外野はどこでもこなすユーティリティとして頭角を現し、ドジャース移籍後の17年は自己最多の148安打、

21本塁打、17盗塁。リーグ優勝決定シリーズでは2本塁打を放ってMVPに選ばれ、ワールドシリーズ第1戦でも先頭打者弾を打ち込んだ。21年は20本塁打、73打点に加えワイルドカードゲームでサヨナラ本塁打、リーグ優勝決定シリーズ第5戦では3本塁打6打点とポストシーズンで大暴れした。
【通算】11年、1065試合、3352打数839安打、108本塁打、431打点、89盗塁、1103三振、打率.250
【タイトル】オールスター1回(2021年)

ジャック・テイラー
John Besson Taylor
1873.5.23～1900.2.7【出身地】メリーランド州サンディヒル【球団】1891ニューヨーク　92-97フィラデルフィア　98セントルイス　99シンシナティ【位置】投手、右
【経歴】威力のある速球で1894年に23勝、防御率4.08は5位。翌95年自己最多の26勝(4位)、96年も20勝し3年連続20勝となる。98年は50試合、42完投、397.1回がみな1位だったが29敗はリーグワースト。大の酒好きで、腎臓を壊し26歳の若さで死亡した。
【通算】9年、271試合、235先発、209完投、7完封、120勝117敗、2091回、529奪三振、防御率4.22

ジャック・テイラー
John William Taylor
1873.12.13～1938.3.4【出身地】オハイオ州ニューストレイツヴィル【球団】1898-1903カブス　04-06カーディナルス　06-07カブス【位置】投手、右
【経歴】横手からコーナーを丁寧に突く投球で、1898年メジャーに昇格し5戦5勝の見事なデビューを飾る。1900年は10勝17敗と大きく負け越しながらも、防御率2.55は3位。1902年23勝(4位)、防御率1.29(1位)、以後3年連続20勝以上、06年も20勝を挙げた。04年には39試合連続完投、01～06年にかけ187試合続けて先発した試合で完投した。04年は八百長に関与した疑いをかけられたが、明白な証拠がなく無罪放免となった。
【通算】10年、311試合、287先発、279完投、20完封、152勝139敗、2626回、662奪三振、防御率2.65
【タイトル】最優秀防御率1回(02年)

トニー・テイラー
Antonio Nemesio Taylor
1935.12.19～2020.7.26【出身地】キューバ共和国セントラルアラバ【球団】58-60カブス　60-71フィリーズ　71-73タイガース　74-76フィリーズ【位置】二塁、三塁、右
【経歴】58年正二塁手となり21盗塁(3位)、翌59年は23盗塁(2位)を決める。60年途中フィリーズに移籍、打率.284でオールスターに選ばれた。70年34歳で初の打率3割となる.301、自己最多の55打点。タイガースからフィリーズに復帰した74年は、リーグ最多の17本の代打安打を放った。選手に対して厳しいフィラデルフィアのファンにも人気があった。引退後はフィリーズ、マーリンズでコーチを務めた。
【通算】19年、2195試合、7680打数2007安打、298二塁打、86三塁打、75本塁打、598打点、234盗塁、613四球、1083三振、打率.261
【タイトル】オールスター1回(60年)

ベン・テイラー
Benjamin Harrison Taylor
1888.7.1～1953.1.24【出身地】サウスカロライナ州アンダーソン【球団】ニグロ・リーグ【位置】一塁、左
【経歴】バック・レナードが登場する以前のニグロ・リーグで最高の一塁手。08年にプロ選手となった当時は投手だったが、次第に打者にとしての出場が多くなる。広角打法が持ち味で、一塁守備も上手かった。23年自らワシントン・ポトマックスを結成するも2年で解散し、その後はいくつかの球団で、監督を兼任しながら現役を続行した。紳士的な人物で指導者としての評価が高く、レナードも教え子だった。2006年殿堂入り。兄のC・I(チャールズ)、ジョニー、ジムもみな有名な選手で、全盛期のインディアナポリス・ABCズ時代はC・Iの下でプレイ。ジョニー、ジムとは13年にシカゴ・アメリカン・ジャイアンツでチームメイトになった。
＜ニグロ・リーグの成績＞550試合、2024打数685安打、20本塁打、385打点、35盗塁、打率.338

マイケル・A・テイラー　★
Michael Anthony Taylor
1991.3.26～【出身地】フロリダ州フォートローダーデイル【球団】2014-20ナショナ

ルズ　21-22 ロイヤルズ　23 ツインズ　24 パイレーツ【位置】外野、右
【経歴】2009 年ドラフト 6 位でナショナルズに入団。俊足を生かした中堅守備が売り物で、リーグ 1 位の 11 補殺を記録した 21 年にゴールドグラブを受賞。打撃では低打率ながら 17 年は 19 本塁打、ディヴィジョンシリーズでは第 4 戦で満塁弾、第 5 戦も 3 ランとタイムリーで 2 試合連続の 4 打点。19 年のワールドシリーズでも唯一の打席で本塁打を打った。
【通算】11 年、1082 試合、3185 打数 748 安打、100 本塁打、353 打点、120 盗塁、1054 三振、打率 .235
【タイトル】ゴールドグラブ 1 回（2021 年）

ルーサー・テイラー
Luther Haden Taylor
1875.2.21 ～ 1958.8.22【出身地】カンザス州オスカルーサ【球団】1900-01 ジャイアンツ　02 インディアンズ　02-08 ジャイアンツ【位置】投手、右
【経歴】01 年リーグ最多の 45 試合に登板し、18 勝を挙げるが 27 敗はリーグワースト。翌 02 年 4 試合のみインディアンズで投げた後ジャイアンツに復帰、落差の大きなドロップで 04 年 21 勝（4 位）、07 年まで 5 年連続 2 ケタ勝利を挙げる。耳が不自由で現役当時の通称は “ダミー・テイラー”。ジョン・マグロー監督とは手話で会話した。朗らかな性格でチームメイトに好かれ、引退後は複数の州の聾学校で野球を教えた。
【通算】9 年、274 試合、237 先発、160 完投、21 完封、116 勝 106 敗、1916.1 回、767 奪三振、防御率 2.75

トム・デイリー
Thomas Peter Daly
1866.2.7 ～ 1938.10.29【出身地】ペンシルヴェニア州フィラデルフィア【球団】1884 フィラデルフィア（UA）　87-88 シカゴ　89 ワシントン　90-96,98-1901 ドジャース　02-03 ホワイトソックス　03 レッズ【位置】二塁、捕手、三塁、両
【経歴】1884 年に 18 歳で 2 試合のみ出場、3 年後に再昇格。捕手としての守備力は優れていたが、肩が弱いとされ内野に転向。打者としては 94 年の .339 を最高に打率 3 割 5 回、99 ～ 1900 年は 2 年連続で出塁率 4 割以上。01 年に 38 二塁打（1 位）、90 打点を記録した。弟ジョーもメジャー経験あり。
【通算】17 年、1567 試合、5700 打数 1583 安打、103 三塁打、49 本塁打、811 打点、385 盗塁 (*)、打率 .278

ヒュー・デイリー
Hugh Ignatius Daily
1847.7.17 ～？【出身地】アイルランド【球団】1882 バッファロー　83 クリーヴランド　84 シカゴ / ピッツバーグ（UA）　84 ワシントン（UA）　85 セントルイス　86 ワシントン　87 クリーヴランド（AA）【位置】投手、右
【経歴】拳銃事故により左手を失ったため “ワン・アーム・デイリー” の別名で知られた。1882 年 34 歳でメジャーに昇格、カーブを武器として 83 年 23 勝、防御率 2.42（5 位）、9 月 13 日のフィラデルフィア戦でノーヒットノーランを達成。翌 84 年 7 月 7 日のシカゴ戦で 19 奪三振、年間 483 奪三振は 1 位、奪三振率 8.68 はその後 71 年間破られなかった。28 勝も 2 位、2 試合連続を含む 4 回の 1 安打試合を記録。フィールディングは義手に打球を当ててこなした。大変気が短くチームメイトたちに嫌われ、同一球団に 2 年以上在籍することがなかった。引退後もセミプロで投げ続け、1922 年までは生存が確認されているが、正確な死亡年月日は不明。
【通算】6 年、165 試合、163 先発、157 完投、10 完封、73 勝 87 敗、1415 回、846 奪三振、防御率 2.92
【タイトル】最多奪三振 1 回（1884 年）

ボブ・ディリンジャー
Robert Bernard Dillinger
1918.9.17 ～ 2009.11.7【出身地】カリフォルニア州グレンデイル【球団】46-49 ブラウンズ　50 アスレティックス　50-51 パイレーツ　51 ホワイトソックス【位置】三塁、右
【経歴】俊足巧打の三塁手で、47 年リーグ最多の 34 盗塁、以後 3 年連続盗塁王となる。48 年 207 安打（1 位）、翌 49 年打率 .324（3 位）、13 三塁打（2 位）を記録したが、精神的なプレッシャーによりスローイングができなくなり、51 年限りでメジャーから去る。その後はパシフィック・コースト・リーグで外野手として現役を続けた。
【通算】6 年、753 試合、2904 打数 888 安打、10 本塁打、213 打点、106 盗塁、打率 .306
【タイトル】盗塁王 3 回（47 ～ 49 年）オー

ルスター1回（49年）

ディジー・ディーン
Jay Hanna Dean (Dizzy)
1910.1.16～74.7.17【出身地】アーカンソー州ルーカス【球団】30,32-37 カーディナルス　38-41 カブス　47 ブラウンズ【位置】投手、右
【経歴】30年代を代表する名物投手。自信家で大口たたきで知られていたが、それに見合うだけの実力を持ち、大いに人気を集めた。30年の最終戦に初登板し完投勝利、翌31年はマイナーにとどめ置かれたが32年再昇格、豪速球とカーブで18勝、191三振（1位）を奪う。35年まで4年連続最多奪三振、34年は30勝、7完封、195奪三振がいずれも1位、防御率2.66も2位でMVPに輝く。ワールドシリーズでも第7戦の完封を含む2勝を挙げた。翌35年も28勝で連続最多勝となるが、37年のオールスターで爪先に打球を受け負傷、足をかばって投げ続けているうちに肩を痛め、以後は変化球中心の投球に転換を迫られた。38年3選手プラス18万5000ドルでカブスに移籍、13試合しか登板しなかったが7勝1敗、防御率1.81と好投し優勝に貢献した。
41年1試合だけ投げたのを最後に31歳で引退。ブラウンズの実況アナウンサーとなり、"ディーニズム"と呼ばれる文法を無視した語りで人気を博した。47年は最終戦で6年ぶりにマウンドに上り4回を零封、安打も放った。メジャー、マイナーを通じて負け越しは一度もない。53年殿堂入り。弟ポールも通算50勝したカーディナルスの投手で、34年は兄弟合わせて49勝、ワールドシリーズも2勝し二人で4勝すべてを稼いだ。
【通算】12年、317試合、230先発、154完投、26完封、150勝83敗、1967.1回、1163奪三振、防御率3.02
【タイトル】MVP1回（34年）最多勝2回（34～35年）最多奪三振4回（32～35年）オールスター4回（34～37年）

ジョー・ティンカー
Joseph Bert Tinker
1880.7.27～1948.7.27【出身地】カンザス州マスコター【球団】02-12 カブス　13 レッズ　14-15 シカゴ（FL）　16 カブス【位置】遊撃、右
【経歴】華麗なグラブさばきで知られた名遊撃手で、ジョニー・イーヴァーズ、フランク・チャンスとの併殺トリオは特に有名。06年から6年間で4回守備率1位を記録。打撃では04年に13三塁打（3位）、41盗塁、08年は6本塁打（4位）、68打点（5位）。ワールドシリーズ第2戦での決勝2ランは、同シリーズにおいて両軍を通じ唯一の本塁打だった。12年に自己最多の155安打、77打点、レッズに移籍した翌13年は監督兼任で打率.317（4位）。クリスティ・マシューソンに強く、通算打率.350と打ち込んだ。
契約交渉では毎年トラブルを起こし、14年はフェデラル・リーグに参加。シカゴ・ホエールズで監督を兼任、翌15年に優勝を果たした。引退後フロリダで不動産業を営み一財産を築くが、大恐慌時代にすべて失った。イーヴァーズとは38年に和解するまで長年不仲が続いた。46年殿堂入り。
【通算】15年、1806試合、6441打数1690安打、114三塁打、31本塁打、785打点、336盗塁、打率.262
【監督】13 レッズ　14-15 シカゴ（FL）　16 カブス　4年、624試合、304勝308敗、勝率.497　リーグ優勝1回（15年）

マイク・デヴェロー
Michael Devereaux
1963.4.10～【出身地】ワイオミング州キャスパー【球団】87-88 ドジャース　89-94 オリオールズ　95 ホワイトソックス　95 ブレーヴス　96 オリオールズ　97 レンジャーズ　98 ドジャース【位置】外野、右
【経歴】85年ドラフト5位でドジャースに入団。オリオールズに移籍した89年レギュラーとなり、92年自己最多の11三塁打（2位）、24本塁打、107打点。94年は.203の低打率だったが翌95年は打率.299、リーグ優勝決定シリーズでは第4戦で優勝を決定的にする3ランを放ち、シリーズMVPを手にした。
【通算】12年、1086試合、3740打数949安打、105本塁打、480打点、85盗塁、打率.254

アート・デヴリン
Arthur McArthur Devlin
1879.10.16～1948.9.18【出身地】ワシントンD.C.【球団】04-11 ジャイアンツ　12-13 ブレーヴス【位置】三塁、一塁、右
【経歴】守備範囲の広い三塁手。年間最多でも2本塁打と非力ながら安定した数字を残し、最高打率は06年の.299。同

年は74四球（5位）を選び、出塁率.396は5位と選球眼も確かだった。バントやヒットエンドランも上手く、05年はリーグ最多の59盗塁。気が短く、10年に観客を殴って逮捕され5試合の出場停止。ブレーヴスのコーチだった26年にもレッズの選手と乱闘を演じた。
【通算】10年、1313試合、4412打数1185安打、10本塁打、508打点、285盗塁、打率.269
【タイトル】盗塁王1回（05年）

ジム・デヴリン
James Alexander Devlin
1849.6.6～83.10.10【出身地】ペンシルヴェニア州フィラデルフィア【球団】1876-77ルイヴィル【位置】投手、右
【経歴】ナショナル・アソシーエション時代は主に野手として出場。1875年から投手となり、76年は68試合、66完投、622回、122奪三振がいずれも1位、30勝は4位、防御率1.56は2位。速球とドロップを武器に、翌77年も登板した61試合すべて完投、559回も1位、35勝（2位）、防御率2.25（3位）と活躍したが、八百長に関与し同年限りで球界から追放される。その後復帰を求め、リーグ会長に直訴したが叶わなかった。
【通算】2年、129試合、129先発、127完投、9完封、65勝60敗、1181回、263奪三振、防御率1.89
【タイトル】最多奪三振1回（1876年）

ケント・テカルヴィー
Kenton Charles Tekulve
1947.3.5～【出身地】オハイオ州シンシナティ【球団】74-85パイレーツ　85-88フィリーズ　89レッズ【位置】投手、右
【経歴】すべてリリーフで、引退時点で史上2位となる1050試合に登板した細身の横手投げ投手。眼鏡がトレードマークで、“球界のクラーク・ケント”と呼ばれた。69年ドラフト外でパイレーツに入団、シンカーを駆使し77年は10勝1敗7セーブ。翌78年ストッパーとなり91試合（1位）で31セーブ（2位）。79年は自己最多の94試合に登板し、前年と同じく2位の31セーブ、ワールドシリーズでも3セーブを稼ぎ世界一に貢献した。82年12勝20セーブ（5位）、翌83年は防御率1.64と活躍を続け、87年には40歳にして4度目の最多登板となる90試合に投げた。
【通算】16年、1050試合（9位）、0先発、94勝90敗184S、1436.2回、779奪三振、防御率2.85
【タイトル】オールスター1回（80年）

ジェイコブ・デグロム　★
Jacob Anthony deGrom
1988.6.19～【出身地】フロリダ州デランド【球団】2014-22メッツ　23-24レンジャーズ【位置】投手、右
【経歴】速球、スライダー、チェンジアップのどれもが最高級でありながら、故障も多いガラスのエース。2010年ドラフト9位でメッツに入団し、14年に9勝、防御率2.69で新人王を受賞。9月15日に先頭から8者連続三振のタイ記録を樹立した。翌15年は防御率2.54（4位）、プレイオフは3戦3勝でリーグ優勝に大きく貢献。17年は自己最多の15勝、239奪三振（2位）、続く18年は10勝にとどまるも防御率1.70は1位、269奪三振は2位。24試合続けて6回以上3失点以下という並外れた安定感を評価され、先発では史上最少勝利数でのサイ・ヤング賞に輝いた。
翌19年も11勝ながら防御率2.43（2位）、255奪三振（1位）で2年連続サイ・ヤング賞。21年は4月17日に9者連続三振、15試合に投げ防御率1.08、146奪三振で11四球という驚異的な投球。打撃でも33打数12安打だったが、肘を痛め後半戦の登板はなかった。5年1億8500万ドルでレンジャーズに移籍した23年も6試合に投げただけで肘を故障、2度目のトミー・ジョン手術に至った。
【通算】11年、218試合、218先発、4完投、2完封、84勝57敗0S、1367回、1666奪三振、防御率2.52
【タイトル】サイ・ヤング賞2回（2018～19年）新人王（14年）最優秀防御率1回（18年）最多奪三振2回（19～20年）オールスター4回（15,18～19,21年）

ジム・デシェイズ
James Joseph Deshaies
1960.6.23～【出身地】ニューヨーク州マセナ【球団】84ヤンキース　85-91アストロズ　92パドレス　93ツインズ　93ジャイアンツ　94ツインズ　95フィリーズ【位置】投手、左
【経歴】82年ドラフト21位でヤンキースに入団。85年アストロズに移籍、翌86年9月23日のドジャース戦では初回から8者連続三振を奪う。同年12勝、89年は自己最多の15勝、防御率2.91。伸びのあ

る速球で、93年5度目の2ケタとなる13勝を挙げたが、翌94年は規定投球回数には達するも防御率7.39の惨状だった。引退後は長くアストロズ戦の実況解説を担当した。
【通算】12年、257試合、253先発、15完投、6完封、84勝95敗0S、1525回、951奪三振、防御率4.14

マーク・テシェイラ
Mark Charles Teixeira
1980.4.11～【出身地】メリーランド州アナポリス【球団】2003-07レンジャーズ　07-08ブレーヴス　08エンジェルズ　09-16ヤンキース【位置】一塁、両
【経歴】史上最多の左右両打席本塁打14回を記録した強打のスイッチヒッター。2001年ドラフト1位（全体5位）でレンジャーズに指名され、当時の史上最高額となる契約金980万ドルで入団。03年26本塁打、05年は打率.301、43本塁打（4位）、144打点（2位）。07年はシーズン途中でブレーヴスにトレードされ、移籍後の54試合で17本塁打、56打点。続く08年もシーズン中にエンジェルズに移り、移籍後は54試合で打率.358、プレイオフでも15打数7安打と大当たりした。FAでヤンキースと8年1億8000万ドルの高額契約を結んだ09年は、39本塁打、122打点で二冠王。11年も39本塁打（3位）、111打点（4位）で8年連続30本塁打/100打点をクリアした。守備では5回ゴールドグラブを受賞している。
【通算】14年、1862試合、6936打数1862安打、408二塁打、409本塁打、1298打点、26盗塁、1441三振、打率.268
【タイトル】本塁打王1回（2009年）打点王1回（09年）ゴールドグラブ5回（05～06,09～10,12年）オールスター3回（05,09,15年）

デライノ・デシールズ
Delino Lamont DeShields
1969.1.15～【出身地】デラウェア州シーフォード【球団】90-93エクスポズ　94-96ドジャース　97-98カーディナルス　99-2001オリオールズ　01-02カブス【位置】二塁、左
【経歴】87年ドラフト1位でエクスポズに入団、90年メジャーに昇格しデビュー戦で4安打。同年42盗塁、翌91年は自己最多の56盗塁（3位）、95四球（4位）を選ぶ一方、リーグワーストの151三振、27失策。97年カーディナルスに移籍し打率.295、14三塁打（1位）、55盗塁（3位）。オリオールズ移籍後の2000年に自己最高の打率.296、86打点を記録した。打率2割9分台は5度あったが3割には一度も届かなかった。息子のデライノ・ジュニアは外野手。
【通算】13年、1615試合、5779打数1548安打、80本塁打、561打点、463盗塁、1061三振、打率.268

ダグ・デシンセイ　☆
Douglas Vernon DeCinces
1950.8.29～【出身地】カリフォルニア州バーバンク【球団】73-81オリオールズ　82-87エンジェルズ　87カーディナルス【位置】三塁、右
【経歴】70年1月ドラフト3位（第2回）でオリオールズに入団、76年ブルックス・ロビンソンに代わり正三塁手となる。3回最多補殺を記録した守備の名手で、打撃でも78年は37二塁打（4位）、28本塁打、長打率.526（3位）。エンジェルズへ移った82年打率.301、42二塁打（4位）、30本塁打、97打点の自己最高成績で地区優勝に貢献。8月には1週間で2度1試合3本塁打を放った。86年の地区制覇時も26本塁打、96打点。88年ヤクルトに入団、初打席本塁打や2試合連続サヨナラ本塁打など、随所に目立つ働きを見せた。
【通算】15年、1649試合、5809打数1505安打、237本塁打、879打点、58盗塁、打率.259
【タイトル】オールスター1回（83年）
【日本】88ヤクルト　1年、84試合、291打数71安打、19本塁打、44打点、1盗塁、打率.244

ダニエル・デスカルソ
Daniel William Descalso
1986.10.19～【出身地】カリフォルニア州レッドウッドシティ【球団】2010-14カーディナルス　15-16ロッキーズ　17-18ダイアモンドバックス　19カブス【位置】三塁、二塁、左
【経歴】2007年ドラフト3位でカーディナルスに入団。内外野どこでも守れる器用な選手で、投手としても通算6試合の登板経験があり、泥臭いプレイスタイルからダーティー・ダンと呼ばれた。12年のディヴィジョンシリーズは2本塁打、6打点、第5

戦では9回二死から起死回生の同点2点打で逆転勝ちにつなげた。17年のポストシーズンも4試合で2本塁打。18年に自己最多の13本塁打、57打点、.238の低打率ながら64四球を選び出塁率は.353と高かった。
【通算】10年、1079試合、2519打数593安打、48本塁打、294打点、26盗塁、打率.235

イアン・デズモンド
Ian Morgan Desmond
1985.9.20～【出身地】フロリダ州サラソタ【球団】2009-15ナショナルズ　16レンジャーズ　17-19ロッキーズ【位置】遊撃、外野、右
【経歴】2004年ドラフト3位でエクスポズに入団。10年正遊撃手となり、12年は打率.292、25本塁打、14年は24本、91打点と長打力を発揮。16年にFAでレンジャーズへ移籍してからは外野へ回った。通算では20本塁打以上、20盗塁以上を6度ずつ記録している。慈善活動にも熱心に取り組んでいた。
【通算】11年、1478試合、5442打数1432安打、181本塁打、711打点、181盗塁、1402三振、打率.263
【タイトル】オールスター2回(2012,16年)

ジェフ・テズロー
Charles Monroe Tesreau (Jeff)
1888.3.5～1946.9.24【出身地】ミズーリ州アイアントン【球団】12-18ジャイアンツ【位置】投手、右
【経歴】球速のあるスピットボールを使い、12年新人で17勝、防御率1.96は1位。9月6日のフィリーズ戦でノーヒットノーランを達成、ワールドシリーズでは第1戦をはじめ3試合に先発した。13年22勝(4位)、防御率2.17(3位)、167奪三振(2位)、翌14年は8完封(1位)を含む26勝(2位)、189奪三振(2位)と活躍を続ける。30歳で引退、その後は46年までダートマス大学のコーチとなった。プロボクサーのジム・ジェフリーズに似ていたため"ジェフ"のニックネームで知られ、ニューハンプシャー州の郡保安官に立候補した際には、本名が浸透していなかったため落選の憂き目を見た。
【通算】7年、247試合、207先発、123完投、27完封、119勝72敗、1679回、880奪三振、防御率2.43
【タイトル】最優秀防御率1回(12年)

ミッキー・テトルトン
Mickey Lee Tettleton
1960.9.16～【出身地】オクラホマ州オクラホマシティ【球団】84-87アスレティックス　88-90オリオールズ　91-94タイガース　95-97レンジャーズ【位置】捕手、外野、DH、両
【経歴】81年ドラフト5位でアスレティックスに入団。長打力のあるスイッチヒッターで、89年オリオールズで正捕手となり26本塁打を放つ。91年タイガースに移籍し31本塁打、以後3年連続30本以上、93年に自己最多の32本塁打、110打点。三振が多く、打率も低かったが選球眼に優れ、90～96年は毎年95四球以上。92年はリーグ最多の122四球、90・91・94年も2位の四球数だった。守備力には不安があり、晩年は外野やDHでの出場が多くなった。
【通算】14年、1485試合、4698打数1132安打、245本塁打、732打点、23盗塁、1307三振、打率.241
【タイトル】オールスター2回(89,94年)

ジョン・テナー
John Kinley Tener
1863.7.25～1946.5.19【出身地】アイルランド・タイロン【球団】1885ボルティモア(AA)　88-89シカゴ　90ピッツバーグ(PL)【位置】投手、右
【経歴】1885年に外野手で1試合のみ出場、88年に投手として再昇格。89年にシカゴで15勝を挙げたが、翌90年限りで引退。ビジネスで成功を収めたのち政界入りし、1908年に共和党の下院議員に当選、10年にはペンシルヴェニア州知事に就任した。退任後の13年に元メジャーリーガーとして初めてナショナル・リーグ会長となり、18年まで在任。フェデラル・リーグとの抗争を乗り越え、また審判の権威確立に尽力した。
【通算】3年、62試合、57先発、53完投、2完封、25勝31敗、515回、177奪三振、防御率4.33

ジーン・テナス
Fury Gene Tenace
1946.10.10～【出身地】ペンシルヴェニア州ラッセルトン【球団】69-76アスレティックス　77-80パドレス　81-82カーディナルス　83パイレーツ【位置】捕手、一塁、右
【経歴】本名はFiore Gino Tennaci。65

年ドラフト20位でアスレティックスに入団、72年は控え捕手で打率.225、5本塁打と平凡な成績だったが、プレイオフでは唯一の安打が第5戦での優勝を決めるタイムリー。ワールドシリーズでは初戦の初打席と2打席目に連続本塁打を放り込む史上初の快挙。4・5戦目も本塁打を放ち、4本塁打9打点の活躍でシリーズMVPに選ばれた。翌73年正一塁手となり24本塁打、84打点。100四球以上6回と選球眼の良さは抜群で、74年は.211の低打率だったが110四球は1位。75年自己最多の29本塁打(5位)、87打点。パドレスに移籍した77年も打率.233ながら125四球(1位)を選び、出塁率は.415(3位)に達した。通算では出塁率.388。91年シト・ガストンの病気療養中にブルージェイズの監督を代行、33試合で19勝14敗だった。
【通算】15年、1555試合、4390打数1060安打、201本塁打、674打点、36盗塁、打率.241
【タイトル】オールスター1回(75年)

フレッド・テニー
Frederick Tenney

1871.11.26～1952.7.3【出身地】マサチューセッツ州ジョージタウン【球団】1894-1907ブレーヴス 08-09ジャイアンツ 11ブレーヴス【位置】一塁、外野、左
【経歴】1894年ブラウン大学からマイナーを経ずボストンに入団。当初は捕手だったが1897年一塁でレギュラーに定着、自己最多の85打点で優勝に貢献。99年は打率.347、209安打(5位)、17三塁打(4位)、1902年は出塁率.409で2位。一塁守備も抜群に巧く、3-6-3の併殺を最初に完成させた選手とされ、05年に152補殺の新記録を樹立。同年からは監督を兼任しただけでなく、実質的にビジネス・マネージャーも任されていた。ジャイアンツに移った08年は選手専任に戻った。現役時代から雑誌などに寄稿し、引退後もニューヨーク・タイムズ紙の通信員を務めた。
【通算】17年、1994試合、7595打数2231安打、22本塁打、688打点、285盗塁、打率.294
【監督】05-07,11ブレーヴス 4年、616試合、202勝402敗、勝率.334

ジェリー・デニー
Jeremiah Dennis Denny

1859.3.16～1927.8.16【出身地】ニューヨーク州ニューヨーク【球団】1881-85プロヴィデンス 86セントルイス 87-89インディアナポリス 90-91ニューヨーク 91クリーヴランド 91フィラデルフィア 93-94ルイヴィル【位置】三塁、右
【経歴】本名はEldridgeで、デニーとは大学時代にプロとして出場する際に使った変名。三塁守備の名手で、1試合平均守備機会4.21と刺殺数1.61はいずれも史上1位。グラブを使わず素手で守り、左右どちらの腕でも送球できる特技もあった。打撃では1887年唯一の3割以上となる打率.324、34二塁打(2位)、97打点(5位)。89年は18本塁打(2位)、112打点(4位)を記録した。
【通算】13年、1237試合、4946打数1286安打、74本塁打、667打点、打率.260

ジョン・デニー
John Allen Denny

1952.11.8～【出身地】アリゾナ州プレスコット【球団】74-79カーディナルス 80-82インディアンズ 82-85フィリーズ 86レッズ【位置】投手、右
【経歴】70年ドラフト29位でカーディナルスに入団。カーブなど変化球を主体に、76年はリーグ1位の防御率2.52、78年は14勝。フィリーズ移籍後の83年は19勝で最多勝、防御率2.37は2位でサイ・ヤング賞を受賞、ワールドシリーズ第1戦でもチーム唯一の勝利を挙げた。2ケタ勝利7回、現役最後の86年も11勝。気が短く、周囲にはあまり好かれていなかった。
【通算】13年、325試合、322先発、62完投、18完封、123勝108敗0S、2148.2回、1146奪三振、防御率3.59
【タイトル】サイ・ヤング賞1回(83年)最多勝1回(83年)最優秀防御率1回(76年)

ミゲル・テハダ
Miguel Odalis Tejada

1974.5.25～【出身地】ドミニカ共和国バニ【球団】97-2003アスレティックス 04-07オリオールズ 08-09アストロズ 10オリオールズ 10パドレス 11ジャイアンツ 13ロイヤルズ【位置】遊撃、右
【経歴】93年アスレティックスに入団、強打の遊撃手として2000年に30本塁打、

115打点、02年は打率.308、204安打(3位)、34本塁打、131打点(3位)でMVPを受賞。オリオールズに移った04年は203安打(4位)、遊撃手としては史上2位の150打点(1位)。同年まで5年連続100打点以上、05年は50二塁打(1位)、オールスターでも本塁打を含む2打点でMVPに選ばれた。06年も打率.330(4位)、214安打(3位)と活躍を続けたが、07年以降は年齢詐称、議会での偽証騒動、禁止薬物違反で13年に105試合の出場停止となるなど、トラブル続きだった。08年は32併殺でナ・リーグワースト記録を更新。99年から07年にかけて史上5位の1151試合に連続出場した。
【通算】16年、2171試合、8434打数2407安打、468二塁打、23三塁打、307本塁打、1302打点、85盗塁、553四球、1079三振、打率.285
【タイトル】MVP1回(2002年) 打点王1回(04年) オールスター6回(02,04～06,08～09年)

デイヴ・デブッシャー
David Albert DeBusschere

1940.10.16～2003.5.14【出身地】ミシガン州デトロイト【球団】62-63ホワイトソックス【位置】投手、右
【経歴】バスケットボールの殿堂入りを果たした唯一のメジャーリーガー。62年ホワイトソックスに入団、翌63年は24試合で1完封を含む3勝、防御率3.09。球の握りを隠すのが下手で、その後2年間マイナーで投げたのちバスケットに専念、デトロイト・ピストンズとニューヨーク・ニックスで11年間好守のフォワードとして活躍。64年史上最年少の24歳でピストンズのヘッドコーチに就任した。
【通算】2年、36試合、10先発、1完投、1完封、3勝4敗、102.1回、61奪三振、防御率2.90

イバン・デヘスス
Ivan de Jesus

1953.1.9～【出身地】プエルトリコ・サンテュルセ【球団】74-76ドジャース　77-81カブス　82-84フィリーズ　85カーディナルス　86ヤンキース　87ジャイアンツ　88タイガース【位置】遊撃、右
【経歴】俊足好守の遊撃手。カブスに移籍した77年レギュラーとなり、翌78年は41盗塁(4位)。79年に打率.283、180安打、10三塁打の自己最高成績を収めた。80年自己最多の44盗塁を決めたが続く81年は打率.194の不振。態度の悪さも相まって82年フィリーズへ放出、交換相手の一人は当時控えのライン・サンドバーグだった。同名の息子も内野手。
【通算】15年、1371試合、4602打数1167安打、21本塁打、324打点、194盗塁、打率.254

デイヴィッド・デヘスス
David Christopher DeJesus

1979.12.20～【出身地】ニューヨーク州ブルックリン【球団】2003-10ロイヤルズ　11アスレティックス　12-13カブス　13ナショナルズ　13-15レイズ　15エンジェルズ【位置】外野、左
【経歴】2000年ドラフト4位でロイヤルズに入団。04年正中堅手となり、08年に打率.307、自己最多の73打点。中距離打者で07年と09年にいずれもリーグ3位の9三塁打、07年の23死球は1位だった。盗塁は多くなかったが足は速く、ランニング本塁打を4本打っている。真摯なプレイ態度でファンに支持され、守備でも09年は144試合で無失策と堅実だった。
【通算】13年、1472試合、5220打数1434安打、99本塁打、573打点、66盗塁、打率.275

バーディー・テベッツ
George Robert Tebbetts (Birdie)

1912.11.10～99.3.24【出身地】ヴァーモント州バーリントン【球団】36-42,46-47タイガース　47-50レッドソックス　51-52インディアンズ【位置】捕手、右
【経歴】39年正捕手に昇格、同年から3年連続最多補殺・最多盗塁刺と強肩を披露。相手打者をよく研究し、甲高い声で話しかけて調子を狂わせた。43～45年は兵役につき、47年は開幕から不振でレッドソックスへ放出されたが、移籍後は3割近い打率を残した。翌48年自己最多の125安打、68打点。54年レッズ監督に就任、その後ブレーヴスとインディアンズでも指揮を執り、外野に4人配置するなど独創的な守備シフトを敷いたりもしたが、56年の3位が最高順位だった。
【通算】14年、1162試合、3704打数1000安打、38本塁打、469打点、29盗塁、打率.270
【タイトル】オールスター4回(41～42,48～49年)
【監督】54-58レッズ　61-62ブレーヴス

63-66 インディアンズ　11年、1455試合、748勝705敗、勝率.515

ラファエル・デベルス　★
Rafael Calcano Devers
1996.10.24 ～【出身地】ドミニカ共和国サンチェス【球団】2017-24 レッドソックス【位置】三塁、左
【経歴】2013年レッドソックスに入団、17年20歳でメジャーに昇格しポストシーズンで2本塁打。19年は打率.311（5位）、201安打（2位）、32本塁打、115打点（4位）、54二塁打はリーグ最多だった。バットスピードが速く21年も38本塁打、113打点（4位）、ポストシーズンでは11試合で5本塁打、12打点と打ちまくった。23年に11年間の延長契約に合意。24年には球団新記録の6試合連続本塁打を放った。18年から4年続けてリーグ最多失策と、三塁守備には問題があった。
【通算】8年、980試合、3802打数1062安打、200本塁打、638打点、32盗塁、打率.279
【タイトル】オールスター3回（2021～22,24年）

パッツィ・テボー
Oliver Wendell Tebeau (Patsy)
1864.12.5 ～ 1918.5.16【出身地】ミズーリ州セントルイス【球団】1887 シカゴ　89 クリーヴランド　90 クリーヴランド（PL）91-98 クリーヴランド　99-1900 セントルイス【位置】一塁、三塁、右
【経歴】1890年プレイヤーズ・リーグで25歳で監督となる。エネルギッシュで気性が激しく、91年途中から指揮を執ったクリーヴランドを当時最も戦闘的なチームに仕立て上げた。退場20回は19世紀の最多記録。敬遠策を本格的に採り入れた最初の監督でもある。選手としては93年自己最多の打率.329、32二塁打（3位）、102打点。1918年に拳銃自殺を遂げた。兄のジョージも外野手。
【通算】13年、1167試合、4618打数1290安打、27本塁打、735打点、164盗塁、打率.279
【監督】1890 クリーヴランド（PL）　91-98 クリーヴランド　99-1900 セントルイス　11年、1339試合、726勝583敗、勝率.555

ドン・デミター
Donald Lee Demeter
1935.6.25 ～ 2021.11.29【出身地】オクラホマ州オクラホマシティ【球団】56,58-61 ドジャース　61-63 フィリーズ　64-66 タイガース　66-67 レッドソックス　67 インディアンズ【位置】外野、三塁、右
【経歴】56年にマイナーで41本塁打を放ち、デューク・スナイダーの後継者として期待される。59年には18本塁打を打ったがレギュラーとはなれず、61年途中移籍したフィリーズで20本塁打。翌62年三塁にコンバートされ打率.307、29本塁打、107打点と活躍、64年まで4年連続20本以上。その後再び外野に戻り、266試合連続無失策の記録を樹立した。敬虔なクリスチャンで、引退後は牧師となった。
【通算】11年、1109試合、3443打数912安打、163本塁打、563打点、22盗塁、打率.265

ジーン・デモントレヴィル
Eugene Napoleon DeMontreville
1873.3.10 ～ 1935.2.18【出身地】ミネソタ州セントポール【球団】1894 ピッツバーグ　95-97 ワシントン　98 ボルティモア　99 シカゴ　99 ボルティモア　1900 ブルックリン　01-02 ブレーヴス　03 セネターズ　04 ブラウンズ【位置】遊撃、二塁、右
【経歴】姓を短縮した“デモント”名義でも出場。ピッツバーグから解雇された後ワシントンに拾われ、1896年正遊撃手となり打率.343。翌97年は.341、自己最多の193安打、93打点。俊足で守備も巧かったが、自己中心的な態度が敬遠され98年ボルティモアに放出。健康状態が優れず30歳で引退した。弟のリーも1年のみメジャーに在籍した。
【通算】11年、922試合、3615打数1096安打、17本塁打、497打点、228盗塁、打率.303

アダム・デュヴァル　★
Adam Lynn Duvall
1988.9.4 ～【出身地】ケンタッキー州ルイヴィル【球団】2014 ジャイアンツ　15-18 レッズ　18-20 ブレーヴス　21 マーリンズ　21-22 ブレーヴス　23 レッドソックス　24 ブレーヴス【位置】外野、右
【経歴】2010年ドラフト11位でジャイアンツに入団。確実性には欠けるがパワフルな打撃で、レッズ移籍後の16年は33本塁打、103打点（5位）、翌17年も31本、99打点で11犠飛は1位。守備では17補殺を記録した。マーリンズへ移籍し、シーズン途中でブレーヴスに戻った21年は38

本塁打（2位）、113打点（1位）、ワールドシリーズ第5戦での満塁本塁打を含む2本塁打、6打点で世界一に貢献した。糖尿病の持病を抱えている。
【通算】11年、1026試合、3393打数771安打、195本塁打、566打点、22盗塁、1074三振、打率.227
【タイトル】打点王（2021年）ゴールドグラブ1回（21年）オールスター1回（16年）

ジョー・デュガン
Joseph Anthony Dugan
1897.5.12～1982.7.7【出身地】ペンシルヴェニア州マハノイシティ【球団】17-21アスレティックス　22レッドソックス　22-28ヤンキース　29ブレーヴス　31タイガース【位置】三塁、遊撃、右
【経歴】ホリークロス大学在学中の17年アスレティックスと契約。翌18年正遊撃手に抜擢され打率.195と苦しんだが、20年は打率.322、40二塁打（4位）。22年7月末にヤンキースへトレードされると、優勝を争っていた他球団から抗議の声が挙がり、翌23年にトレード期限は6月15日に設定された。ヤンキースでは三塁を守り5度の優勝を経験、23年のワールドシリーズ第5戦はランニング3ラン本塁打を含む4安打の大当たりだった。しばしば無断でチームを離れる悪癖があり、"ジャンピン（脱走）・ジョー"と呼ばれていた。
【通算】14年、1447試合、5410打数1516安打、42本塁打、567打点、37盗塁、打率.280

ボブ・テュークスベリー
Robert Alan Tewksbury
1960.11.30～【出身地】ニューハンプシャー州コンコード【球団】86-87ヤンキース　87-88カブス　89-94カーディナルス　95レンジャーズ　96パドレス　97-98ツインズ【位置】投手、右
【経歴】抜群の制球力と緩急自在の投球が持ち味で、超スローボールを投げることもあった。81年ドラフト19位でヤンキースに入団、86年9勝を挙げた後は3年間で2勝と低迷。カーディナルス移籍後の90年10勝、以後5年連続で2ケタ勝利。92年は16勝（3位）、防御率2.16（2位）、233回を投げ20四球しか与えなかった。続く93年自己最多の17勝、90年以降の与四球率は1.29。引退後に心理学を修め、レッドソックスなどでメンタルコーチを歴任。『野球の90%はメンタル』という著書も執筆した。他にもチームメイトの似顔絵を描いたり、子供向けの本も刊行したりと多才だった。
【通算】13年、302試合、277先発、31完投、7完封、110勝102敗1S、1807回、812奪三振、防御率3.92
【タイトル】オールスター1回（92年）

ジョン・テューダー
John Thomas Tudor
1954.2.2～【出身地】ニューヨーク州スケネクタディ【球団】79-83レッドソックス　84パイレーツ　85-88カーディナルス　88-89ドジャース　90カーディナルス【位置】投手、左
【経歴】76年1月ドラフト3位（第2回）でレッドソックスに入団。制球が良く、チェンジアップも効果的に使い、82年から7年連続2ケタ勝利。カーディナルスに移籍した85年は開幕から1勝7敗だったがその後20勝1敗で、21勝と防御率1.93はいずれも2位、10完封は1位。ワールドシリーズでは第4戦の完封を含む2勝を挙げた。シーズン途中でドジャースに移籍した88年も防御率2.32（4位）。89年は肘を痛め1勝もできず、翌90年カーディナルスに復帰し12勝、防御率2.40でカムバック賞を受賞したが、同年限りで引退した。
【通算】12年、281試合、263先発、50完投、16完封、117勝72敗1S、1797回、988奪三振、防御率3.12

ルーカス・デューダ
Lucas Christopher Duda
1986.2.3～【出身地】カリフォルニア州ロスアンジェルス【球団】2010-17メッツ　17レイズ　18ロイヤルズ　18ブレーヴス　19ロイヤルズ【位置】一塁、外野、左
【経歴】2007年ドラフト7位でメッツに入団。確実性には乏しくとも一発の魅力があり、14年は30本塁打（3位）、92打点（5位）、続く15年も27本。リーグ優勝決定シリーズ第4戦では先制3ランを含む5打点でワールドシリーズ進出を決めた。17年も打率.217ながら30本を放った。
【通算】10年、958試合、3098打数741安打、156本塁打、470打点、6盗塁、打率.239

ブランドン・デュルーリー　★
Brandon Shane Drury
1992.8.21～【出身地】オレゴン州グラン

ツパス【球団】2015-17 ダイアモンドバックス　18 ヤンキース 18-20 ブルージェイズ　21 メッツ　22 レッズ　22 パドレス　23-24 エンジェルズ【位置】二塁、三塁、右
【経歴】2010 年ドラフト 13 位でブレーヴスに入団。内外野をこなすユーティリティとして出場機会を確保し、22 年に自己最多の 28 本塁打、87 打点、リーグ優勝決定シリーズでは 15 打数 6 安打 5 打点。同年から設定されたシルヴァー・スラッガー賞ユーティリティ部門の初代受賞者となった。翌 23 年も 26 本、83 打点と好調を維持した。
【通算】10 年、867 試合、2915 打数 713 安打、109 本塁打、375 打点、5 盗塁、打率 .245

トロイ・テュロウィツキー
Troy Trever Tulowitzki
1984.10.10 ～【出身地】カリフォルニア州サンタクララ【球団】2006-15 ロッキーズ　15-17 ブルージェイズ　19 ヤンキース【位置】遊撃、右
【経歴】攻守にわたってロッキーズの顔として活躍した遊撃手。2005 年ドラフト 1 位（全体 7 位）で入団、07 年レギュラーとなり 24 本塁打、99 打点で新人王投票は次点。09 年も 32 本塁打、10 年は打率 .315 と長打率 .568 でいずれも 4 位、27 本塁打中 9 月以降に 15 本を量産し、9 月は 40 打点を挙げた。翌 11 年は 10 年 1 億 5775 万ドルの長期高額延長契約を結び、自己最多の 36 二塁打、105 打点（5 位）。守備も素晴らしく、守備範囲の広さに加えて抜群の強肩を誇り、11 年は 140 試合で 6 失策と堅実さも備え、2 年連続でゴールドグラブを受賞した。07 年 4 月 29 日に単独三重殺を達成。故障の多さが欠点で、14 年は前半戦で打率 .345、21 本塁打だったが、股関節の負傷で後半戦は 2 試合出ただけだった。
【通算】13 年、1291 試合、4804 打数 1391 安打、225 本塁打、780 打点、57 盗塁、打率 .290
【タイトル】ゴールドグラブ 2 回（2010 ～ 11 年）オールスター 5 回（10 ～ 11,13 ～ 15 年）

レオ・デュローシャー
Leo Ernest Durocher
1905.7.27 ～ 91.10.7【出身地】マサチューセッツ州ウェストスプリングフィールド【球団】25,28-29 ヤンキース　30-33 レッズ　33-37 カーディナルス　38-41,43,45 ドジャース【位置】遊撃、右
【経歴】史上最も有名な監督の一人で、ジャイアンツのメル・オット監督を揶揄した “Nice guys finish last” という言葉は、のちに自著のタイトル（邦題『お人好しで野球に勝てるか』）にも使われた。選手としても 10 年以上レギュラーを務め、華麗なフィールディングの遊撃手として鳴らし守備率 1 位 3 回。人一倍闘争心が旺盛で、ハッスルプレイと辛辣なヤジで有名となり “ リップ ” のニックネームで呼ばれたが、打力は弱く 36 年の .286 が最高打率。素行にも問題があり、マイナー時代にチームメイトの私物を盗んだ前科があり、ヤンキースでも同様の疑惑をかけられた。
39 年ドジャース監督に就任し、41 年リーグ制覇。ギャンブラーとの交友を理由に 47 年は 1 年間の出場停止処分を科せられる。GM のブランチ・リッキーとは不仲で 48 年途中解任されたが、すぐライバルのジャイアンツに迎えられ、51 年は 13 ゲーム差をはね返して逆転優勝。54 年は世界一に輝いた。55 年限りで退任した後もカブスとアストロズで采配を振った。76 年太平洋の監督を引き受けたが、健康上の理由から来日せず契約解除となった。94 年殿堂入り。
【通算】17 年、1637 試合、5350 打数 1320 安打、24 本塁打、567 打点、31 盗塁、打率 .247
【タイトル】オールスター 3 回（36,38,40 年）
【監督】39-46,48 ドジャース　48-55 ジャイアンツ　66-72 カブス　72-73 アストロズ　24 年、3739 試合、2008 勝 1709 敗、勝率 .540　リーグ優勝 3 回（41,51,54 年）ワールドシリーズ優勝 1 回（54 年）

ポール・デヨング　★
Paul Sterling DeJong
1993.8.2 ～【出身地】フロリダ州オーランド【球団】2017-23 カーディナルス　23 ブルージェイズ　23 ジャイアンツ　24 ホワイトソックス　24 ロイヤルズ【位置】遊撃、右
【経歴】2015 年ドラフト 4 位でカーディナルスに入団。17 年に正遊撃手となり 5 月 28 日のメジャー初打席で本塁打。打率 .285、108 試合で 25 本塁打を放ち新人王投票では次点に入った。19 年は自己最多の 30 本塁打、78 打点、守備でも 211 刺殺と 435 補殺、守備率 .989 のいず

れも1位。確実性には欠けており、21～22年は2年続けて打率が2割に届かなかった。
【通算】8年、868試合、2971打数679安打、140本塁打、400打点、25盗塁、打率.229
【タイトル】オールスター1回(2019年)

エリー・デラクルス ★
Elly Antonio De La Cruz
2002.1.11～【出身地】ドミニカ共和国サバナグランデデボヤ【球団】2023-24レッズ【位置】遊撃、両
【経歴】強肩と俊足、パワーのすべてが桁外れであるだけでなく、196cmの長身にして遊撃をこなす規格外の存在。2018年レッズに入団、メジャーに昇格した23年は6月23日にサイクル安打を達成。98試合で35盗塁、7月8日には同一打者の打席でサイクルスティールという快挙を成し遂げた。翌24年は67盗塁(1位)、リーグワーストの202三振を喫しながらも10三塁打(2位)、25本塁打を放った。
【通算】2年、258試合、1006打数251安打、38本塁打、120打点、102盗塁、打率.250
【タイトル】盗塁王1回(2024年) オールスター1回(24年)

エド・デラハンティ
Edward James Delahanty
1867.10.30～1903.7.2【出身地】オハイオ州クリーヴランド【球団】1888-89フィラデルフィア 90クリーヴランド(PL) 91-1901フィリーズ 02-03セネターズ【位置】外野、一塁、二塁、右
【経歴】デラハンティ五兄弟の長兄で、通称ビッグ・エド。19世紀を代表するスラッガーで、強烈に引っ張り長打を飛ばすだけでなく、守備位置を計算した軽打も得意としていた。1892年から12年連続打率3割、94・95・99年は4割を突破。93年の146打点を最多として100打点以上7回。95年から1902年まで8年間で5回最多二塁打を放った。96年7月13日に史上2人目の1試合4本塁打、翌97年は史上初の10打席連続安打を達成。99年に自己最高の打率.410、238安打、55二塁打。137打点、長打率.582と併せ5部門で1位となった。
　OPSは5度1位、外野守備では強肩が光った。02年セネターズへ移籍、翌03年は一旦ジャイアンツと3年契約を結んだが無効とされセネターズに戻った。03年7月、チーム内の規律に違反して出場停止を命じられ、遠征先のデトロイトから列車に乗り込む。しかし泥酔状態のため車外に放り出され、ふらつく足で橋を渡ろうとしてナイアガラの滝に転落し死亡。私物をホテルに置いたままだったため、自殺との疑いもあった。45年殿堂入り。
【通算】16年、1837試合、7510打数2597安打、522二塁打、186三塁打(13位)、101本塁打、1466打点、456盗塁、打率.346
【タイトル】首位打者1回(1899年) 本塁打王2回(93,96年) 打点王3回(93,96,99年) 盗塁王1回(98年) 最高出塁率2回(95,1902年)

ジム・デラハンティ
James Christopher Delahanty
1879.6.20～1953.10.17【出身地】オハイオ州クリーヴランド【球団】01カブス 02ジャイアンツ 04-05ブレーヴス 06レッズ 07ブラウンズ 07-09セネターズ 09-12タイガース 14-15バッファロー(FL)【位置】二塁、三塁、外野、右
【経歴】デラハンティ五兄弟の四兄。内外野どこでもこなし、投手としても2試合登板している。正三塁手となった04年にリーグ3位の27二塁打、09年のワールドシリーズでは26打数9安打、4二塁打、4打点。11年に自己最高の打率.339、184安打、94打点(5位)を記録した。08年にアル・リーチが後援した全米チームの一員として来日している。兄のエド、トム、ジョー、弟フランクもメジャーリーガーで、フランクとは14年バッファロー(FL)でチームメイトだった。
【通算】13年、1186試合、4091打数1159安打、19本塁打、489打点、151盗塁、打率.283

ホルヘ・デラロサ
Jorge Alberto De La Rosa
1981.4.5～【出身地】メキシコ合衆国モンテレイ【球団】2004-06ブルワーズ 06-07ロイヤルズ 08-16ロッキーズ 17-18ダイアモンドバックス 18カブス【位置】投手、左
【経歴】98年ダイアモンドバックスに入団、ロッキーズに移った08年に10勝を挙げると、翌09年は16勝(3位)、193奪三振。その後3年間は故障もあって低迷したが、スプリッターを多用するようにして13年は

16勝（3位）、自己ベストの防御率3.49と復活。続く14年も14勝した。投手に不利なクアーズ・フィールドで通算53勝20敗と大幅に勝ち越している。
【通算】15年、430試合、241先発、2完投、0完封、104勝87敗1S、1522.2回、1273奪三振、防御率4.58

アドニス・テリー
William H. Terry (Adonis)
1864.8.7～1915.2.24【出身地】マサチューセッツ州ウェストフィールド【球団】1884-91ブルックリン（AA）/ブルックリン　92ボルティモア　92-94ピッツバーグ　94-97シカゴ【位置】投手、外野、右
【経歴】1884年19歳でデビュー、56試合に投げ19勝35敗。88年は自己ベストの防御率2.03（3位）。89年22勝、90年は26勝を挙げ2年連続優勝に貢献した。速球に加えてカーブも良く、86年7月24日のセントルイス戦、88年5月27日のルイヴィル戦と2度ノーヒットノーランを達成。野手としても数多く起用され、87年は86試合で103安打、65打点を記録した。端正な顔立ちで女性ファンの人気を呼び、神話上の美青年アドニスのニックネームをつけられた。ボウリングが得意で、引退後はミルウォーキーで大規模なボウリング場を経営した。
【通算】14年、440試合、406先発、367完投（21位）、17完封、197勝196敗、3514.1回、1553奪三振、1298四球、防御率3.74

ビル・テリー
William Harold Terry
1898.10.30～1989.1.9【出身地】ジョージア州アトランタ【球団】23-36ジャイアンツ【位置】一塁、左
【経歴】プロ入りが遅く、レギュラーに完全に定着したのも27年、28歳の時だったが、同年から10年連続打率3割、6年連続100打点以上。29年はいずれも4位の打率.372、226安打、翌30年は打率.401で首位打者、254安打は1位、129打点も自己最多だった。31年も20三塁打（1位）、打率.349だったがノーゲームで1安打が幻となり、.00028の僅差で2年連続首位打者を逸した。通算では6回200安打以上、一塁守備も巧かった。
　32年6月、犬猿の仲であったジョン・マグローから監督を引き継ぎ、翌33年世界一、36、37年もリーグ制覇を果たす。気難しい性格で「野球は金のためにやっている」と公言、マスコミとの関係も上手くいっていなかった。テッド・ウィリアムズが少年時代に憧れ、打撃フォームを真似ていた選手でもある。54年殿堂入り。
【通算】14年、1721試合、6428打数2193安打、112三塁打、154本塁打、1078打点、56盗塁、打率.341
【タイトル】首位打者1回（30年）オールスター3回（33～35年）
【監督】32-41ジャイアンツ　10年、1496試合、823勝661敗、勝率.555　リーグ優勝3回（33,36～37年）ワールドシリーズ優勝1回（33年）

ラルフ・テリー
Ralph Willard Terry
1936.1.9～2022.3.16【出身地】オクラホマ州ビッグキャビン【球団】56-57ヤンキース　57-59アスレティックス　59-64ヤンキース　65インディアンズ　66アスレティックス　66-67メッツ【位置】投手、右
【経歴】球種が豊富で、56年20歳でヤンキースに昇格するが翌57年途中アスレティックスへトレード。59年途中ヤンキースに復帰、60年は10勝を挙げたが、ワールドシリーズ第7戦でビル・マゼロスキーにサヨナラ本塁打を浴びる。翌61年16勝（5位）、62年はリーグ最多の298.2回を投げ23勝（1位）、176奪三振（3位）。ワールドシリーズでも第7戦で1点を守りきり完封、60年の雪辱を果たした。引退後はプロゴルファーに転身した。
【通算】12年、338試合、257先発、75完投、20完封、107勝99敗、1849.1回、1000奪三振、防御率3.62
【タイトル】最多勝1回（62年）オールスター1回（62年）

ポール・デリンジャー
Samuel Paul Derringer
1906.10.17～87.11.17【出身地】ケンタッキー州スプリングフィールド【球団】31-33カーディナルス　33-42レッズ　43-45カブス【位置】投手、右
【経歴】カーブで打たせて取る投球を得意とし、31年新人で18勝。33年は7勝27敗と大きく負け越したが、35年は22勝（3位）、5月24日に行われた史上初のナイトゲームで勝利投手となる。38年21勝（2位）、防御率2.93（3位）、132奪三振（2位）、26完投と307回はリーグ最多。翌

39年は25勝(2位)、40年は3年連続2位の20勝、オールスターでも勝ち星を挙げる。ワールドシリーズでも2勝、第7戦では1失点完投で優勝投手となった。制球力に優れ通算与四球率は1.88。足を高く蹴り上げるフォームで球の出所を上手く隠し、時折ナックルも投げた。現役最後の45年は、38歳にして13度目の2ケタ勝利となる16勝でカブスの優勝に貢献した。性格は短気で喧嘩早く、レッズの球団社長ラリー・マクフェイルにインク壺を投げつけたこともあった。
【通算】15年、579試合、445先発、251完投、32完封、223勝212敗、3645回、1507奪三振、761四球、防御率3.46
【タイトル】オールスター6回(35,38～42年)

カルロス・デルガド
Carlos Juan Delgado
1972.6.25～【出身地】プエルトリコ・アグアディーヤ【球団】93-2004ブルージェイズ　05マーリンズ　06-09メッツ【位置】一塁、DH、左
【経歴】プエルトリコ出身者で最多の473本塁打を放ったパワーヒッター。89年ブルージェイズでプロ入りした当時は捕手で、96年DHでレギュラーとなり25本塁打、92打点。翌97年からは一塁を守り、10年連続30本塁打以上、99年はいずれも3位の44本塁打、134打点。2000年は三冠王ペースで打ちまくり、打率.344、41本塁打、137打点はいずれも4位、57二塁打は1位、出塁率.472と長打率.664は2位だった。
　03年は42本塁打(2位)、リーグ最多の145打点でMVP投票次点。9月25日に4打席連続弾を放った。翌04年はイラク戦争への抗議として『ゴッド・ブレス・アメリカ』の演奏中に起立せず、批判を浴びた。メッツに移籍した06年のプレイオフでは37打数13安打、4本塁打、11打点。2000～03年は毎年100四球以上を選び、出塁率4割を超えていた。ブルージェイズ時代の336本塁打は球団記録、1試合3本塁打5回のア・リーグ記録も持っている。
【通算】17年、2035試合、7283打数2038安打、483二塁打、18三塁打、473本塁打、1512打点、14盗塁、1109四球、1745三振、打率.280
【タイトル】打点王1回(2003年)オールスター2回(00,03年)

デイヴィッド・デルーチ
David Michael Dellucci
1973.10.31～【出身地】ルイジアナ州バトンルージュ【球団】97オリオールズ　98-2003ダイアモンドバックス　03ヤンキース　04-05レンジャーズ　06フィリーズ　07-09インディアンズ　09ブルージェイズ【位置】外野、左
【経歴】95年ドラフト10位でオリオールズに入団。ダイアモンドバックスに移籍した98年にレギュラーとなり、リーグ最多の12三塁打。その後は出場機会が減少していたが、レンジャーズ移籍後の2005年に自己最多の29本塁打、65打点、76四球を記録した。左投手が大の苦手で、通算打率は.194にしかならなかった。
【通算】13年、1099試合、2873打数736安打、101本塁打、398打点、41盗塁、打率.256

ホセ・デレオン
Jose DeLeon
1960.12.20～2024.2.25【出身地】ドミニカ共和国ランチョビエホ【球団】83-86パイレーツ　86-87ホワイトソックス　88-92カーディナルス　92-93フィリーズ　93-95ホワイトソックス　95エクスポズ【位置】投手、右
【経歴】79年ドラフト3位でパイレーツに入団。83年からローテーションに加わり、85年は2勝19敗と大きく負け越したが、カーディナルスに移った88年は13勝、208奪三振(3位)。速球とフォークを武器に続く89年も16勝、リーグ最多の201三振を奪う。翌90年は2度目のリーグワーストとなる19敗を喫した。
【通算】13年、415試合、264先発、21完投、7完封、86勝119敗6S、1897.1回、1594奪三振、防御率3.76
【タイトル】最多奪三振1回(89年)

ラウディ・テレズ　★
Ryan John Tellez (Rowdy)
1995.3.16～【出身地】カリフォルニア州サクラメント【球団】2018-21ブルージェイズ　21-23ブルワーズ　24パイレーツ【位置】一塁、左
【経歴】体重120kgを超える巨体が生み出すパワーが魅力。2013年ドラフト30位でブルージェイズに入団、19年に111試合で21本塁打、シーズン途中でブルワーズへ移籍した21年はプレイオフで2本塁打。翌22年は.219の低打率ながら35

本塁打（5位）、89打点を記録した。投手としても敗戦処理で4試合登板している。
【通算】7年、664試合、2073打数486安打、105本塁打、319打点、4盗塁、打率.234

ウォルト・テレル
Charles Walter Terrell
1958.5.11～【出身地】インディアナ州ジェファーソンヴィル【球団】82-84メッツ　85-88タイガース　89パドレス　89ヤンキース　90パイレーツ　90-92タイガース【位置】投手、右
【経歴】80年ドラフト33位でレンジャーズに入団。沈む速球やパームボールを投げ、タイガース移籍後の85～86年に2年連続15勝、87年自己最多の17勝と主戦投手として活躍。特に本拠のタイガー・スタディアムでは通算52勝24敗と強かった。89年にパドレスに移ってからはふるわなかったが、タイガース復帰後の91年は12勝した。
【通算】11年、321試合、294先発、56完投、14完封、111勝124敗0S、1986.2回、929奪三振、防御率4.22

マーク・デロサ
Mark Thomas DeRosa
1975.2.26～【出身地】ニュージャージー州パサイク【球団】98-2004ブレーヴス　05-06レンジャーズ　07-08カブス　09インディアンズ　09カーディナルス　10-11ジャイアンツ　12ナショナルズ　13ブルージェイズ【位置】二塁、三塁、外野、右
【経歴】96年ドラフト7位でブレーヴスに入団、内外野どこでも守れる器用さでユーティリティ・プレイヤーとして頭角を現わす。30歳を過ぎてから打撃にも磨きがかかり、06年に40二塁打、初の2ケタとなる13本塁打を放つと、08年は21本塁打、87打点、09年も23本。ポストシーズンでも通算53打数19安打（.358）、10打点とよく打った。三塁、二塁、遊撃、右翼の4ポジションで100試合以上出場しているが、最も多い三塁でも363試合しか出ていない。23年はWBCでアメリカ代表監督を務めた。
【通算】16年、1241試合、3633打数975安打、100本塁打、494打点、23盗塁、打率.268

バッキー・デント
Russell Earl Dent (Bucky)
1951.11.25～【出身地】ジョージア州サヴァナ【球団】73-76ホワイトソックス　77-82ヤンキース　82-83レンジャーズ　84ロイヤルズ【位置】遊撃、右
【経歴】本名はO'Dey。カーディナルスから2度ドラフト指名されるも入団を拒否、70年ドラフト1位（第2回）でホワイトソックスに入団。正遊撃手となった74年は、打率.274で新人王投票次点に入った。打撃は翌75年の159安打、58打点が自己最多で、守備率1位を3回記録した守備の人だったが、ヤンキース移籍後の78年にレッドソックスとの優勝決定戦で決勝3ランを放ち、ヒーローとなる。同年はワールドシリーズでも24打数10安打、7打点で2本塁打、8打点のレジー・ジャクソンを押しのけMVPに選ばれた。ルックスも良く、女性ファンに人気があった。89年途中ヤンキース監督に就任したが翌90年途中解任。その後はカーディナルスやレンジャーズでコーチを続けた。
【通算】12年、1392試合、4512打数1114安打、40本塁打、423打点、17盗塁、打率.247
【タイトル】オールスター3回（75,80～81年）
【監督】89-90ヤンキース　2年、89試合、36勝53敗、勝率.404

リック・デンプシー
John Rikard Dempsey
1949.9.13～【出身地】テネシー州フェイエットヴィル【球団】69-72ツインズ　73-76ヤンキース　76-86オリオールズ　87インディアンズ　88-90ドジャース　91ブルワーズ　92オリオールズ【位置】捕手、右
【経歴】強肩好守の捕手としてより、ハッスルプレイや雨中のヘッドスライディングなど、俳優の父親譲りのパフォーマンスで有名。67年ドラフト15位でツインズに入団したが、控え暮らしが長く、メジャー10年目の78年ようやくオリオールズの正捕手となる。同年自己唯一の100安打以上となる114安打。83年のワールドシリーズでは13打数5安打、二塁打4本と本塁打1本を放ちMVPを受賞。89年8月23日には延長22回、0-0の試合に決着をつける本塁打を放った。60年代から90年代までの4年代で出場した数少ない選手の一人である。引退後はオリオールズのコー

チや解説者などを務めた。甥のグレッグ・ゾーンも捕手。
【通算】24年、1765試合、4692打数1093安打、96本塁打、471打点、20盗塁、打率.233

ライアン・デンプスター
Ryan Scott Dempster
1977.5.3～【出身地】カナダ・ブリティッシュコロンビア州シーシェルト【球団】98-2002マーリンズ　02-03レッズ　04-12カブス　12レンジャーズ　13レッドソックス【位置】投手、右
【経歴】95年ドラフト3位でレンジャーズに入団。96年途中マーリンズに移籍し、2000年14勝、209奪三振(4位)、翌01年は15勝を挙げた一方、112四球はリーグワーストだった。04年にカブスに移ってからはリリーフに回り、05年は33セーブを稼いだものの、06～07年は防御率4点台と安定感を欠いた。08年先発に再転向、速球にスライダー、スプリッターを織り交ぜ17勝(3位)、防御率2.96(4位)、8年ぶりにオールスターに選ばれる。以後5年連続2ケタ勝利、10年は208奪三振。12年に33回連続無失点を記録した。カブスの名物アナウンサー、ハリー・ケリーの物真似が得意だった。
【通算】16年、579試合、351先発、11完投、3完封、132勝133敗87S、2387回、2075奪三振、1071四球、防御率4.35
【タイトル】オールスター2回(2000,08年)

ジョニー・テンプル
John Ellis Temple
1927.8.8～94.1.9【出身地】ノースカロライナ州レキシントン【球団】52-59レッズ　60-61インディアンズ　62オリオールズ　62-63アストロズ　64レッズ【位置】二塁、右
【経歴】54年正二塁手となり打率.307、21盗塁(2位)。守備でも428刺殺は1位、56・58年にも1位になった。57年リーグ最多の94四球、翌58年も91四球(2位)を選び出塁率.405(4位)。59年は打率.311、186安打(4位)、35二塁打(5位)。闘志溢れるプレイでファンに人気があり、4回オールスターに出場した。引退後は事業に失敗して財産を失い、犯罪にも手を染めた。
【通算】13年、1420試合、5218打数1484安打、22本塁打、395打点、140盗塁、打率.284
【タイトル】オールスター4回(56～57,59,61年)

ギャリー・テンプルトン
Garry Lewis Templeton
1956.3.24～【出身地】テキサス州ロックニー【球団】76-81カーディナルス　82-91パドレス　91メッツ【位置】遊撃、両
【経歴】74年ドラフト1位でカーディナルスに入団。77年打率.322(3位)、200安打(3位)、18三塁打(1位)、79打点の大活躍。79年はリーグ最多の211安打、左右両打席で100安打以上という史上初の記録を達成、三塁打も19本で3年連続1位となったが「オールスターには先発メンバーでなければ出ない」と発言して物議をかもす。80年も打率.319で3位だったが、四球が少なく出塁率は平凡だった。81年は怠慢プレイやファンとのトラブルで出場停止処分を科され、82年オジー・スミスとの交換でパドレスへ移る。その後90年までレギュラーを張り、87年からは主将も任されたものの、膝を痛めたこともあって、打率は85年の.282が最高だった。引退後はエンジェルズのマイナーや独立リーグで長く監督を務めた。
【通算】16年、2079試合、7721打数2096安打、329二塁打、106三塁打、70本塁打、728打点、242盗塁、375四球、1092三振、打率.271
【タイトル】オールスター3回(77,79,85年)

【ト】

ボビー・ドーア
Robert Pershing Doerr
1918.4.7 ～ 2017.11.13【出身地】カリフォルニア州ロスアンジェルス【球団】37-44,46-51 レッドソックス【位置】二塁、右
【経歴】40 年代を代表する名二塁手。37 年 19 歳でデビュー、翌 38 年早くも正二塁手となる。守備の名手で、通算 4928 刺殺は史上 8 位、1507 併殺は 5 位。48 年には 73 試合、414 守備機会連続無失策で、二塁手としてのリーグ記録を作った。打撃も良く 100 打点以上 6 回、44 年は打率 .325（2 位）、出塁率 .399（3 位）、長打率 .528（1 位）。1 年の軍隊生活から復帰した 46 年は 116 打点（4 位）、ワールドシリーズでも 22 打数 9 安打と活躍した。
50 年は自己最多の 27 本塁打、120 打点、リーグ最多の 11 三塁打。44、47 年の 2 度サイクルヒットを達成した。気さくな性格で誰からも好かれ、退場経験は一度もなし。テッド・ウィリアムズはマイナー時代からの親友だった。腰痛のため 33 歳で引退し、その後はレッドソックスとブルージェイズでコーチを務めた。86 年殿堂入り。2017 年に殿堂入り選手では最高齢の 99 歳で死去した。
【通算】14 年、1865 試合、7093 打数 2042 安打、223 本塁打、1247 打点、54 盗塁、打率 .288
【タイトル】オールスター 9 回（41 ～ 44,46 ～ 48,50 ～ 51 年）

パッツィ・ドアティ
Patrick Henry Dougherty
1876.10.27 ～ 1940.4.30【出身地】ニューヨーク州アンドーヴァー【球団】02-04 レッドソックス　04-06 ヤンキース　06-11 ホワイトソックス【位置】外野、左
【経歴】02 年新人で打率 .342（4 位）、出塁率 .407（3 位）、翌 03 年はリーグ最多の 195 安打、同 3 位の打率 .331、35 盗塁。ワールドシリーズでは第 2 戦での先頭打者本塁打を含む 2 本塁打を放った。06 年クラーク・グリフィス監督と大喧嘩し、ホワイトソックスへ移籍。08 年は 47 盗塁（1 位）を決めた。通算で 4 回ノーヒットゲームを阻止している。光の反射を防止するため、目の下に炭を塗った最初の選手とされる。
【通算】10 年、1233 試合、4558 打数 1294 安打、17 本塁打、413 打点、261 盗塁、打率 .284
【タイトル】盗塁王 1 回（08 年）

ジャック・ドイル
John Joseph Doyle
1869.10.25 ～ 1958.12.31【出身地】アイルランド・キログリン【球団】1889-90 コロンバス（AA）　91-92 クリーヴランド　92-95 ニューヨーク　96-97 ボルティモア　98 ワシントン　98-1900 ニューヨーク　01 カブス　02 ジャイアンツ　02 セネターズ　03-04 ドジャース　04 フィリーズ　05 ヤンキース【位置】一塁、捕手、二塁、右
【経歴】のべ 12 球団に在籍し、投手以外の全ポジションを守った万能選手。小狡いプレイが得意で“ダーティー・ジャック”と呼ばれ、ジョン・マグローとは犬猿の仲だった。1893 年から 5 年連続打率 3 割、94 年に 103 打点、96 年は 29 二塁打（5 位）、101 打点、73 盗塁（5 位）。1903 年は 1 本も本塁打を打たずに 91 打点（3 位）を稼いだ。引退後は 40 年近くカブスのスカウトとして働き、ギャビー・ハートネットやスタン・ハックを発掘した。
【通算】17 年、1569 試合、6055 打数 1811 安打、25 本塁打、971 打点、518 盗塁、打率 .299
【監督】1895 ニューヨーク　98 ワシントン 2 年、81 試合、40 勝 40 敗、勝率 .500

ラリー・ドイル
Lawrence Joseph Doyle
1886.7.31 ～ 1974.3.1【出身地】イリノイ州ケイシーヴィル【球団】07-16 ジャイアンツ 16-17 カブス　18-20 ジャイアンツ【位置】二塁、左
【経歴】08 年正二塁手となり打率 .308（3 位）、翌 09 年も .302（4 位）、6 本塁打（2 位）、リーグ最多の 172 安打を放つ。同年から 5 年連続 30 盗塁以上、本盗も 17 回決めた。11 年は 25 三塁打（1 位）、13 本塁打（4 位）、続く 12 年は打率 .330（5 位）、91 打点の自己記録で、当時の MVP に当たるチャルマーズ賞を受賞した。15 年はシーズン最終戦で 4 安打し打率 .320 で逆転首位打者、189 安打、40 二塁打の 3 部門で 1 位となった。明るく前向きな性格で、ジョン・マグロー監督の信頼も厚く、ジャイアンツ時代は主将を務めた。
【通算】14 年、1766 試合、6509 打数 1887 安打、123 三塁打、74 本塁打、794 打点、298 盗塁、打率 .290

【タイトル】首位打者1回（15年）

レッド・ドゥーイン
Charles Sebastian Dooin (Red)
1879.6.12～1952.5.14【出身地】オハイオ州シンシナティ【球団】02-14フィリーズ　15レッズ　15-16ジャイアンツ【位置】捕手、右
【経歴】小柄で敏捷な動きの目立った好守の捕手。本格的なレガースが発明される以前に紙製のレガースで出場したことがあった。正捕手となった04年に6本塁打（3位）を放つも、その後4年間は1本もなく通算10本。10年から監督を兼任、11年は打率.328と好調だったが、足を故障してレギュラーの座を譲った。歌が得意で、大恐慌時代に財産を失った際にヴォードヴィル・ショーの歌手となった。
【通算】15年、1290試合、4004打数961安打、10本塁打、344打点、133盗塁、打率.240
【監督】10-14フィリーズ　5年、775試合、392勝370敗、勝率.514

ミッキー・ドゥーリン
Michael Joseph Doolin
1880.5.7～1951.11.1【出身地】ペンシルヴェニア州アッシュランド【球団】05-13フィリーズ　14-15ボルティモア（FL）　15シカゴ（FL）　16カブス　16ジャイアンツ　18ドジャース【位置】遊撃、右
【経歴】本名はDoolittleで、Doolanとも呼ばれていた。最多でも年間2本塁打と非力で、打率も12年の.258が最高だったが、守備は超一流。正確なスナップスローで、刺殺で4回、補殺で6回リーグ最多を記録した。フィリーズでは主将を務め、選手組合の代表でもあった。引退後はコーチを経て歯科医を開業した。
【通算】13年、1728試合、5977打数1376安打、15本塁打、554打点、173盗塁、打率.230

アール・トーギソン
Clifford Earl Torgeson
1924.1.1～90.11.8【出身地】ワシントン州スノホミシュ【球団】47-52ブレーヴス　53-55フィリーズ　55-57タイガース　57-61ホワイトソックス　61ヤンキース【位置】一塁、左
【経歴】47年正一塁手となり打率.281、16本塁打。翌48年のワールドシリーズではチームトップの7安打、3二塁打。49年は肩を痛めて25試合にしか出られなかったが、続く50年は23本塁打、出塁率.412（5位）と復活。51年に自己最多の24本塁打、92打点、20盗塁（4位）を記録した。選球眼に優れ、50年119四球（3位）、51年も102四球（4位）。また一塁手としては俊足で、盗塁で5位以内に4回入っている。喧嘩早く、しばしば乱闘劇の主役を演じた。
【通算】15年、1668試合、4969打数1318安打、149本塁打、740打点、133盗塁、打率.265

ビル・ドーク
William Leopold Doak
1891.1.28～1954.11.26【出身地】ペンシルヴェニア州ピッツバーグ【球団】12レッズ　13-24カーディナルス　24,27-28ドジャース　29カーディナルス【位置】投手、右
【経歴】レッズでは1試合投げただけで13年カーディナルスに移籍、スピットボールを駆使して翌14年は19勝、防御率1.72は1位。20年自己最多の20勝、翌21年は15勝、防御率2.59は2度目の1位となった。24年限りで引退したが、27年復帰し10度目の2ケタとなる11勝を挙げた。現在のような親指と人さし指の間にポケットをつけたグラブを初めて考案、使用した選手で、この種のグラブは“ビル・ドーク・モデル”と呼ばれた。
【通算】16年、453試合、369先発、162完投、34完封、169勝157敗、2782.2回、1014奪三振、防御率2.98
【タイトル】最優秀防御率2回（14,21年）

ブライアン・ドージャー
James Brian Dozier
1987.5.15～【出身地】ミシシッピ州テュペロ【球団】2012-18ツインズ　18ドジャース　19ナショナルズ　20メッツ【位置】二塁、遊撃、右
【経歴】2009年ドラフト8位でツインズに入団。13年に正二塁手となり33二塁打、以後6年連続で30二塁打以上。14年は23本塁打、21盗塁、89四球（3位）、16年は後半戦だけで28本塁打を量産、年間42本（3位）でア・リーグの二塁手として初の40本台に乗せた。99年も自己最多。続く17年も34本、93打点、守備でもゴールドグラブに選出された。
【通算】9年、1144試合、4316打数1055安打、192本塁打、561打点、105盗塁、

打率 .244
【タイトル】ゴールドグラブ1回（2017年）オールスター1回（15年）

フックス・ドース
George August Dauss (Hooks)
1889.9.22～1963.7.27【出身地】インディアナ州インディアナポリス【球団】12-26タイガース【位置】投手、右
【経歴】タイガースの球団記録となる通算223勝を稼いだ好投手。大きく曲がるカーブから“フッキー”のニックネームで呼ばれ、のちに“フックス”に変わった。13年から14年連続2ケタ勝利、15年24勝（2位）、19・23年も21勝を挙げた。13～23年は毎年200回以上投げ、キャリアの終盤はリリーフでの登板も多かった。26年も37歳で12勝したが、心臓疾患のために引退。死球が多く、3度リーグワーストを記録した。性格の良さでも知られ、引退後はピンカートン探偵社で働いた。
【通算】15年、538試合、388先発、245完投、22完封、223勝182敗、3390.2回、1201奪三振、1067四球、防御率3.30

アンドレ・ドーソン
Andre Nolan Dawson
1954.7.10～【出身地】フロリダ州マイアミ【球団】76-86エクスポズ　87-92カブス　93-94レッドソックス　95-96マーリンズ【位置】外野、右
【経歴】打走守三拍子揃った名外野手で、守備範囲の広さから“ホーク（鷹）”の異名をとった。75年ドラフト11位でエクスポズに入団、77年打率.282、19本塁打、21盗塁で新人王を受賞。80年から3年連続打率3割、同年から9年間で8回ゴールドグラブに輝く。82年自己最多の39盗塁、翌83年は189安打（1位）、32本塁打（3位）、113打点（2位）。人工芝球場で長くプレイしたことで膝を痛め、12回の手術を経験したが、87年カブスに移籍すると49本塁打、137打点の二冠王となり、チームは最下位だったにもかかわらずMVPに選ばれる。91年も31本塁打（4位）、104打点。紳士的な選手としても知られた。2010年殿堂入り。
【通算】21年、2627試合、9927打数2774安打、503二塁打、98三塁打、438本塁打、1591打点、314盗塁、589四球、1509三振、打率.279
【タイトル】MVP1回（87年）新人王（77年）本塁打王1回（87年）打点王1回（87年）ゴールドグラブ8回（80～85,87～88年）オールスター8回（81～83,87～91年）

リチャード・ドットソン
Richard Elliott Dotson
1959.1.10～【出身地】オハイオ州シンシナティ【球団】79-87ホワイトソックス　88-89ヤンキース　89ホワイトソックス　90ロイヤルズ【位置】投手、右
【経歴】77年ドラフト1位（全体7位）でエンジェルズに入団、翌78年ホワイトソックスへ移籍。79年20歳でメジャー昇格、勢いのある速球で翌80年12勝、81年は4完封（1位）を含む9勝。83年は22勝（2位）、防御率も自己ベストの3.23で地区優勝に貢献した。85年は血行障害のため3勝どまり、翌86年復帰し10勝したが、17敗はリーグワーストだった。2018年に実の父親がターク・ファーレルであったことが判明した。
【通算】12年、305試合、295先発、55完投、11完封、111勝113敗0S、1857.1回、973奪三振、防御率4.23
【タイトル】オールスター1回（84年）

オクタビオ・ドテル
Octavio Eduardo Dotel
1973.11.25～【出身地】ドミニカ共和国サントドミンゴ【球団】99メッツ　2000-04アストロズ　04-05アスレティックス　06ヤンキース　07ロイヤルズ　07ブレーヴス　08-09ホワイトソックス　10パイレーツ　10ドジャース　10ロッキーズ　11ブルージェイズ　11カーディナルス　12-13タイガース【位置】投手、右
【経歴】13球団をわたり歩いた速球派のリリーフ投手。93年メッツに入団、メジャーへ昇格した99年は主に先発で8勝、翌2000年アストロズに移籍してからはリリーフでの登板が多くなり、01年は105回で145三振を奪う。02年は83試合に登板し防御率1.85、04年に自己最多の36セーブ。10年はパイレーツとドジャースで合計22セーブ、11年はプレイオフで2勝、ワールドシリーズでは5試合に登板した。
【通算】15年、758試合、34先発、0完投、59勝50敗109S、951回、1143奪三振、防御率3.78

レッド・ドナヒュー
Francis L. Donahue (Red)
1873.1.23 ～ 1913.8.25【出身地】コネティカット州ウォーターベリー【球団】1893 ニューヨーク　95-97 セントルイス　98-1901 フィリーズ　02-03 ブラウンズ　03-05 インディアンズ　06 タイガース【位置】投手、右
【経歴】1896 年 7 勝 24 敗、翌 97 年はリーグ最多の 38 完投したが 10 勝 35 敗、防御率 6.13 と打ち込まれる。フィリーズ移籍後は変化球を主体に主戦投手として活躍し、98 年 7 月 8 日のボストン戦でノーヒットノーランを達成。99 年 21 勝、1901 年は 20 勝を記録した。頭を使った投球が高く評価され、ブラウンズに移籍した 02 年自己最多の 22 勝（3 位）。引退後はラサール大学とイェール大学のコーチを歴任した。
【通算】13 年、367 試合、340 先発、312 完投、25 完封、164 勝 175 敗、2966.1 回、787 奪三振、防御率 3.61

ジョシュ・ドナルドソン
Joshua Adam Donaldson
1985.12.8 ～【出身地】フロリダ州ペンサコラ【球団】2010,12-14 アスレティックス　15-18 ブルージェイズ　18 インディアンズ　19 ブレーヴス　20-21 ツインズ　22-23 ヤンキース　23 ブルワーズ【位置】三塁、右
【経歴】2007 年ドラフト 1 位でカブスに入団した当時は捕手。08 年アスレティックスへトレードされ三塁手に転向、13 年に打率 .301、24 本塁打、93 打点。ブルージェイズへ移籍した 15 年は 184 安打（5 位）、41 二塁打（4 位）、41 本塁打（3 位）、123 打点は 1 位で MVP を受賞し、プレイオフでも 3 本塁打、8 打点。16 年も 37 本塁打、109 四球を選んで出塁率 .404（2 位）、プレイオフでは 36 打数 15 安打の大当たりだった。19 年もブレーヴスで 34 本塁打、97 打点。感情的なタイプで、他球団の選手だけでなくチームメイトともたびたび衝突した。
【通算】13 年、1383 試合、5022 打数 1310 安打、279 本塁打、816 打点、40 盗塁、1221 三振、打率 .261
【タイトル】MVP1 回（2015 年）打点王 1 回（15 年）オールスター 3 回（14 ～ 16 年）

フレッド・トニー
Fred Alexandra Toney
1888.12.11 ～ 1953.3.11【出身地】テネシー州ナッシュヴィル【球団】11-13 カブス　15-18 レッズ　18-22 ジャイアンツ　23 カーディナルス【位置】投手、右
【経歴】カブス時代は平凡な成績だったが、レッズに移った 15 年は 17 勝、防御率 1.58（2 位）。17 年は 24 勝（2 位）、5 月 2 日のカブス戦でヒッポ・ヴォーンと 9 回までお互い無安打の快投を演じ、延長 10 回で球団史上初のノーヒットノーランを達成した。正当な資格がないにもかかわらず、徴兵を忌避したために裁判にかけられ、追われるように 18 年ジャイアンツに移籍。その後も 19 年は防御率 1.84（4 位）、翌 20 年も 21 勝（4 位）と活躍を続けた。マイナー時代には 1 試合 19 奪三振、延長 17 回を無安打に抑えたこともある。体重は 100kg を超え、大変な大食漢として有名だった。
【通算】12 年、336 試合、271 先発、158 完投、28 完封、139 勝 102 敗、2206 回、718 奪三振、防御率 2.69

ディック・ドノヴァン
Richard Edward Donovan
1927.12.7 ～ 97.1.6【出身地】マサチューセッツ州ボストン【球団】50-52 ブレーヴス　54 タイガース　55-60 ホワイトソックス　61 セネターズ　62-65 インディアンズ【位置】投手、右
【経歴】ボストン大学出身で地元のブレーヴスに入団するも、3 年間で 0 勝。ホワイトソックスへ移籍した 55 年 5 年目にして初勝利を挙げると、切れの良いスライダー、シンカーと制球の良さで 15 勝、5 完封。57 年は 16 勝（3 位）、16 完投は 1 位。61 年拡張ドラフトでセネターズに移り、10 勝どまりながらも防御率 2.40 は 1 位。翌 62 年インディアンズに移籍し 5 完封（1 位）を含む 20 勝（2 位）を挙げた。通算 15 本塁打、62 年に 1 試合 2 本塁打を 2 回記録するなど打力も捨てがたかった。
【通算】15 年、345 試合、273 先発、101 完投、25 完封、122 勝 99 敗、2017.1 回、880 奪三振、防御率 3.67
【タイトル】最優秀防御率 1 回（61 年）オールスター 3 回（55,61 ～ 62 年）

パッツィ・ドノヴァン
Patrick Joseph Donovan
1865.3.16 ～ 1953.12.25【出身地】アイル

ランド・コブ【球団】1890 ボストン　90 ブルックリン　91 ルイヴィル（AA）　91-92 ワシントン（AA）/ ワシントン　92-99 ピッツバーグ　1900-03 カーディナルス　04 セネターズ　06-07 ドジャース【位置】外野、左
【経歴】最初の3年間で5球団をわたり歩き、92年途中からピッツバーグに定着。俊足巧打の外野手として、93年から11年間で打率3割10回、1903年の.327が最高打率。1900年は45盗塁（1位）を決めた。93～97年は主将を務め、97年はコニー・マックに代わって監督を兼任。計5球団の指揮を執り、01年と10年の4位が最高位だった。11年を最後にレッドソックスの監督を退任してからはスカウトとなり、ベーブ・ルースの獲得を強く進言した。第41代大統領ジョージ・ブッシュの少年時代に野球を教えたこともあった。
【通算】17年、1824試合、7505打数 2256安打、16本塁打、738打点、518盗塁、打率.301
【タイトル】盗塁王1回（1900年）
【監督】1897,99 ピッツバーグ　1901-03 カーディナルス　04 セネターズ　06-08 ドジャース　10-11 レッドソックス　11年、1597試合、684勝879敗、勝率.438

ビル・ドノヴァン
William Edward Donovan
1876.10.13～1923.12.9【出身地】マサチューセッツ州ローレンス【球団】1898 ワシントン　99-1902 ドジャース　03-12 タイガース　15-16 ヤンキース　18 タイガース【位置】投手、右
【経歴】球威はあったが制球に難があり、気性も荒く“ワイルド・ビル”と呼ばれる。1901年リーグ最多の45試合に登板、25勝（1位）、226三振（2位）を奪うが、152四球もリーグワーストだった。07年自己最多の25勝（3位）、翌08年18勝、自己ベストの防御率2.08。勝者が優勝となるホワイトソックスとの決戦でも完封勝ちした。守備も良く、俊足で通算36盗塁、1イニングで本盗を含む3盗塁を決めたこともあった。12年からマイナーで指導者となり、15年ヤンキースの監督に就任。18年古巣のタイガースで3年ぶりに先発マウンドに立ち、6年ぶりの勝ち星を挙げた。マイナー球団の監督だった23年、ウィンター・リーグに参加するため乗車した列車事故の犠牲となった。
【通算】18年、378試合、327先発、289完投、35完封、185勝139敗、2964.2回、1552奪三振、1059四球、防御率2.69
【タイトル】最多勝1回（01年）
【監督】15-17 ヤンキース　21 フィリーズ　4年、552試合、245勝301敗、勝率.449

ピート・ドノヒュー
Peter Joseph Donohue
1900.11.5～88.2.23【出身地】テキサス州アセンズ【球団】21-30 レッズ　30-31 ジャイアンツ　31 インディアンズ　32 レッドソックス【位置】投手、右
【経歴】チェンジアップの名手で、マイナーを経験せず21年レッズに入団。翌22年18勝、防御率3.12（3位）、23年は21勝（4位）。25年リーグ最多の27完投、301回に加え21勝（2位）、防御率3.08（3位）、翌26年は5完封（1位）を含む20勝で最多勝、285.2回は2年連続1位。酷使の影響で肩を痛め、その後は一度も勝ち越す年がなかった。
【通算】12年、344試合、267先発、138完投、16完封、134勝118敗、2112.1回、571奪三振、防御率3.87
【タイトル】最多勝1回（26年）

セサル・トバル
Cesar Leonardo Tovar
1940.7.3～94.7.14【出身地】ベネズエラ共和国カラカス【球団】65-72 ツインズ　73 フィリーズ　74-75 レンジャーズ　75-76 アスレティックス　76 ヤンキース【位置】外野、三塁、二塁、右
【経歴】レッズに入団した選手の友人だった縁で、59年同球団に契約金ゼロで入団。65年ツインズへ移籍、67年は173安打、32二塁打の2部門で2位。内外野どこでも守れる器用さを生かし、68年9月22日は全ポジションで出場。投手としてレジー・ジャクソンを三振に斬ってとった。翌69年は自己最多の45盗塁（3位）。70年は195安打（3位）、36二塁打と13三塁打は1位。71年も打率.311（4位）、リーグ最多の204安打を放った。
　小柄だが闘志を前面に出す点がビリー・マーティンに買われ、ツインズ・レンジャーズ・ヤンキースでマーティンの下でプレイ。ノーヒットゲームを5回も阻止した経験も持っている。母国ベネズエラのウィンター・リーグでは45歳まで現役を続け、90年の世界選手権で代表監督を務める。94年に死去した際には大統領が葬儀に出席し

た。
【通算】12 年、1488 試合、5569 打数 1546 安打、46 本塁打、435 打点、226 盗塁、打率 .278

カミロ・ドバル　★
Camilo Doval
1997.7.4 ～【出身地】ドミニカ共和国ヤマサ【球団】2021-24 ジャイアンツ【位置】投手、右
【経歴】2016 年ジャイアンツに入団。高速シンカーと切れ味の鋭いスライダーでリリーフとして活躍し、22 年 27 セーブ、防御率 2.53。翌 23 年はリーグ最多の 39 セーブ。オールスターではナ・リーグ 11 年ぶりの勝利投手となった。24 年は制球力が悪化して不調に陥り、マイナー落ちも味わった。
【通算】4 年、228 試合、0 先発、22 勝 16 敗 92 S、221.1 回、282 奪三振、防御率 3.33
【タイトル】最多セーブ 1 回（2023 年）オールスター 1 回（23 年）

ラリー・ドビー　☆
Lawrence Eugene Doby
1923.12.13 ～ 2003.6.18【出身地】サウスカロライナ州カムデン【球団】47-55 インディアンズ　56-57 ホワイトソックス　58 インディアンズ　59 タイガース　59 ホワイトソックス【位置】外野、左
【経歴】ニグロ・リーグのニューアーク・イーグルス時代は遊撃手。47 年 8 月インディアンズと契約、ア・リーグの黒人選手第 1 号となる。48 年のワールドシリーズでは 22 打数 7 安打、第 4 戦では本塁打を放つ。49 年 24 本塁打（3 位）、以後 8 年連続 20 本塁打以上、100 打点以上を 5 回記録。50 年打率 .326（4 位）、出塁率 .442（1 位）、52 年は 32 本塁打と長打率 .541 で 1 位。54 年 32 本塁打、126 打点で二冠王となりリーグ優勝に貢献した。59 年限りで引退、62 年中日に入団したがブランクを埋められず 10 本塁打にとどまった。エクスポズのコーチなどを経て 78 年途中ホワイトソックス監督に就任、黒人ではフランク・ロビンソンに次ぎ史上 2 人目の監督となった。98 年日本球界経験者として初めての殿堂入りを果した。
【通算】13 年、1533 試合、5348 打数 1515 安打、253 本塁打、970 打点、47 盗塁、1011 三振、打率 .283
【タイトル】本塁打王 2 回（52,54 年）打点王 1 回（54 年）最高出塁率 1 回（50 年）オールスター 7 回（49 ～ 55 年）
<ニグロ・リーグの成績>141 試合、535 打数 182 安打、20 本塁打、123 打点、17 盗塁、打率 .340
【監督】78 ホワイトソックス　1 年、87 試合、37 勝 50 敗、勝率 .425
【日本】62 中日　1 年、72 試合、240 打数 54 安打、10 本塁打、35 打点、0 盗塁、打率 .255

ジム・トービン
James Anthony Tobin
1912.12.27 ～ 69.5.19【出身地】カリフォルニア州オークランド【球団】37-39 パイレーツ　40-45 ブレーヴス　45 タイガース【位置】投手、右
【経歴】ナックルボール投手で 41 年から 5 年連続 12 勝以上、230 投球回以上。42 年はリーグ最多の 287.2 回、28 完投だったが 21 敗はリーグワースト。44 年自己最多の 18 勝（5 位）、28 完投（1 位）、4 月 27 日のドジャース戦ではノーヒットノーランに加え、自ら本塁打も放ち、ノーヒッターと本塁打を同一試合で達成した史上初の投手になった。6 月 22 日のフィリーズ戦でも 5 回参考ながらノーヒットノーランを達成。通算 17 本塁打と打力もあり、42 年に 3 打席連続本塁打を放ったこともあった。“アバ・ダバ”という変わったニックネームは、マジシャンの物真似をするときに発した掛け声が元になっている。弟ジョニーもメジャーリーガー。
【通算】9 年、287 試合、227 先発、156 完投、12 完封、105 勝 112 敗、1900 回、498 奪三振、防御率 3.44
【タイトル】オールスター 1 回（44 年）

ジャック・トービン
John Thomas Tobin
1892.5.4 ～ 1969.12.10【出身地】ミズーリ州セントルイス【球団】14-15 セントルイス（FL）　16,18-25 ブラウンズ　26 セネターズ　26-27 レッドソックス【位置】外野、左
【経歴】俊足が売り物の小柄な外野手で、ドラッグバントを得意とし、15 年フェデラル・リーグ最多の 184 安打を放つ。19 年から 5 年連続打率 3 割、20 年から 4 年連続 200 安打。21 年は自己最高打率 .352 に加え、236 安打（2 位）、18 三塁打（1 位）の大活躍だった。23 年は自己最多の 13 本塁打、73 打点、696 打席で 13 三

振のみ。引退後はコーチを経てスカウトになった。
【通算】13 年、1619 試合、6174 打数 1906 安打、64 本塁打、581 打点、147 盗塁、打率 .309

ジョー・ドブソン
Joseph Gordon Dobson
1917.1.20 ～ 94.6.23【出身地】オクラホマ州デュラント【球団】39-40 インディアンズ 41-43,46-50 レッドソックス　51-53 ホワイトソックス　54 レッドソックス【位置】投手、右
【経歴】素晴らしいカーブの持ち主で、41 年ローテーションに加わり 12 勝、翌 42 年も 11 勝。兵役から復帰した 46 年は 13 勝、ワールドシリーズでも第 5 戦で完投勝利、合計 12.2 回を自責点 0 に抑えた。以後 5 年連続 13 勝以上、47 年に自己最多の 18 勝（4 位）。52 年は防御率 2.51（5 位）を記録した。守備ではメジャー昇格後の 156 試合で 1 回もエラーをしなかった。
【通算】14 年、414 試合、273 先発、112 完投、22 完封、137 勝 103 敗、2170 回、992 奪三振、防御率 3.62
【タイトル】オールスター 1 回（48 年）

パット・ドブソン
Patrick Edward Dobson
1942.2.12 ～ 2006.11.22【出身地】ニューヨーク州バッファロー【球団】67-69 タイガース　70 パドレス　71-72 オリオールズ 73 ブレーヴス　73-75 ヤンキース　76-77 インディアンズ【位置】投手、右
【経歴】カーブを効果的に使い、打者の読みを外した頭脳派。70 年 14 勝、オリオールズに移籍した翌 71 年は 12 連勝を含む 20 勝で、史上 2 組目の 20 勝カルテットを形成する。同年秋の日米野球では、巨人を相手にノーヒットノーランをやってのけた。72 年は自己ベストの防御率 2.65、16 勝を挙げながらも 18 敗はリーグワースト。74 年 19 勝、76 年まで 7 年連続 2 ケタ勝利、200 回以上を投げた。引退後はパドレスやロイヤルズなどで投手コーチを歴任。ユーモアに富む明るい性格の一方、率直な物言いで現役時代も指導者としても衝突が絶えず、多くの球団をわたり歩いた。
【通算】11 年、414 試合、279 先発、74 完投、14 完封、122 勝 129 敗 19 S、2120.1 回、1301 奪三振、防御率 3.54
【タイトル】オールスター 1 回（72 年）

ジェフ・トーボーグ
Jeffrey Allen Torborg
1941.11.26 ～ 2025.1.19【出身地】ニュージャージー州プレインフィールド【球団】64-70 ドジャース　71-73 エンジェルズ【位置】捕手、右
【経歴】63 年契約金 10 万ドルでドジャースに入団。レギュラーにはなれなかったが守備力を高く評価され、サンディ・コーファックス、ビル・シンガー、ノーラン・ライアンと 3 回ノーヒットノーランの捕手を務めた。現役最後の 73 年に自己最多の 102 試合に出場。77 年にインディアンズ監督に就任したのを皮切りに 5 球団で指揮を執り、優勝は一度もなかったものの、90 年はホワイトソックスを前年の最下位から 2 位に押し上げ最優秀監督に選ばれた。
【通算】10 年、574 試合、1391 打数 297 安打、8 本塁打、101 打点、3 盗塁、打率 .214
【監督】77-79 インディアンズ　89-91 ホワイトソックス　92-93 メッツ　2001 エクスポズ　02-03 マーリンズ　11 年、1352 試合、634 勝 718 敗、勝率 .469

ゴーマン・トーマス
James Gorman Thomas
1950.12.12 ～【出身地】サウスカロライナ州チャールストン【球団】73-76,78-83 ブルワーズ　83 インディアンズ　84-86 マリナーズ　86 ブルワーズ【位置】外野、右
【経歴】典型的な“三振かホームランか”タイプの打者。通算打率は .225 に過ぎなかったが、豪快なスイングでミルウォーキーでは絶大な人気があった。69 年ドラフト 1 位でパイロッツに入団、77 年オフに一旦レンジャーズへトレードされたが、翌 78 年キャンプ前に金銭トレードで復帰。79 年 45 本、82 年 39 本で 2 度の本塁打王となる一方、79 年はリーグタイの 175 三振。7 回 100 三振以上を喫した。79 年は 123 打点（3 位）、合計 3 回 100 打点以上を記録。84 年は肩の故障もあって打率 .157、1 本塁打の大不振だったが、翌 85 年は 32 本塁打（5 位）と復活した。フェンスを恐れぬ勇猛果敢な守備でも名を馳せた。
【通算】13 年、1436 試合、4677 打数 1051 安打、268 本塁打、782 打点、50 盗塁、1339 三振、打率 .225
【タイトル】本塁打王 2 回（79,82 年）オー

ルスター１回（81年）

ダーレル・トーマス
Derrel Osbon Thomas
1951.1.14～【出身地】カリフォルニア州ロスアンジェルス【球団】71アストロズ　72-74パドレス　75-77ジャイアンツ　78パドレス　79-83ドジャース　84エクスポズ　84エンジェルズ　85フィリーズ【位置】二塁、外野、遊撃、両
【経歴】69年１月ドラフト１位でアストロズに入団。ジャイアンツに移籍した75年正二塁手として自己最多の149安打、48打点、28盗塁。77年には10三塁打（5位）を放つ。内外野どこでもこなし、投手以外の全ポジションを経験した。
【通算】15年、1597試合、4677打数1163安打、43本塁打、370打点、140盗塁、打率.249

トミー・トーマス
Alphonse Thomas (Tommy)
1899.12.23～1988.4.27【出身地】メリーランド州ボルティモア【球団】26-32ホワイトソックス　32-35セネターズ　35フィリーズ　36-37ブラウンズ　37レッドソックス【位置】投手、右
【経歴】25年マイナーで32勝を挙げ、翌26年ホワイトソックスに加わり15勝、127奪三振（3位）と好投。速球に力があり、26～28年は3年連続で奪三振3位。27年は307.2回（1位）を投げ19勝（4位）。29年は14勝18敗と負け越したが24完投は1位、防御率3.19は3位と内容は悪くなかった。通算では7回2ケタ勝利を記録した。
【通算】12年、398試合、267先発、128完投、15完封、117勝128敗、2176.1回、736奪三振、防御率4.11

フランク・トーマス
Frank Edward Thomas
1968.5.27～【出身地】ジョージア州コロンバス【球団】90-2005ホワイトソックス　06アスレティックス　07-08ブルージェイズ　08アスレティックス【位置】一塁、DH、右
【経歴】パワーと巧さを兼ね備えた上に、抜群の選球眼を誇った強打者。89年ドラフト1位（全体7位）でホワイトソックスに入団、90年メジャーに昇格し60試合で打率.330、翌91年は打率.318、ともに5位の32本塁打、109打点に加え138四球（1位）を選び、出塁率.453は1位。93年は41本塁打（3位）、128打点（2位）でMVPを受賞、続く94年も打率.353（3位）、38本塁打（2位）、101打点（3位）、出塁率.487と長打率.729はともに1位で2年連続MVPに輝く。97年打率.347で首位打者、同年まで8年連続出塁率4割以上、5年連続で長打率6割以上だった。98年は一転して初の2割台となる打率.265、99年も8年間続けていた100打点、100四球が途切れるなど不振を引きずった。
2000年は打率.328、43本塁打（2位）、143打点（3位）と復調したが、その後は故障が多くなり、01年以降は一度も打率3割に届かず、首脳陣やチームメイトとの衝突も多くなった。それでもアスレティックスに移籍した06年に9度目の30本以上となる39本塁打を放つなど、長打力は健在だった。薬物を一切使用しなかったことを誇りとし、ミッチェル・レポートにも現役選手としてただ一人、自ら進んで証言を行なった。14年殿堂入り。
【通算】19年、2322試合、8199打数2468安打、495二塁打、12三塁打、521本塁打（20位）、1704打点（26位）、32盗塁、1667四球（10位）、1397三振、打率.301
【タイトル】MVP2回（93～94年）首位打者1回（97年）最高出塁率4回（91～92,94,97年）オールスター5回（93～97年）

フランク・トーマス
Frank Joseph Thomas
1929.6.11～2023.1.16【出身地】ペンシルヴェニア州ピッツバーグ【球団】51-58パイレーツ　59レッズ　60-61カブス　61ブレーヴス　62-64メッツ　64-65フィリーズ　65アストロズ　65ブレーヴス　66カブス【位置】外野、三塁、一塁、右
【経歴】地元のパイレーツに入団、53年レギュラーとなり30本塁打、102打点。広いフォーブズ・フィールドを本拠としながらコンスタントに20本塁打以上を記録、58年の35本塁打、109打点はいずれも2位だった。翌59年レッズにトレードされてからは毎年のようにチームを替わり、62年は新球団メッツの四番打者として34本塁打を放った。フィリーズ在籍時の65年は、口論の末ディック・アレンにバットで殴りかかる騒動を起こして放出された。
【通算】16年、1766試合、6285打数

1671 安打、286 本塁打、962 打点、15 盗塁、打率 .266
【タイトル】オールスター 3 回（54 〜 55,58 年）

リー・トーマス　☆
James Leroy Thomas
1936.2.5 〜 2022.8.31【出身地】イリノイ州ピオリア【球団】61 ヤンキース　61-64 エンジェルズ　64-65 レッドソックス　66 ブレーヴス　66-67 カブス　68 アストロズ【位置】外野、一塁、左
【経歴】61 年に昇格したヤンキースでは 2 試合出ただけで、シーズン途中エンジェルズに移籍し 24 本塁打。翌 62 年は打率 .290、26 本塁打、104 打点と中心打者として活躍した。69 年は南海に在籍。帰国後はカーディナルスのフロント入りし、88 年フィリーズの GM に就任。レニー・ダイクストラ、ジョン・クラックらを獲得し、93 年にリーグ優勝を果たした。
【通算】8 年、1027 試合、3324 打数 847 安打、106 本塁打、428 打点、25 盗塁、打率 .255
【タイトル】オールスター 1 回（62 年）
【日本】69 南海　1 年、109 試合、395 打数 104 安打、12 本塁打、50 打点、2 盗塁、打率 .263

ロイ・トーマス
Roy Allen Thomas
1874.3.24 〜 1959.11.20【出身地】ペンシルヴェニア州ノーリスタウン【球団】1899-1908 フィリーズ　08 パイレーツ　09 ブレーヴス　10-11 フィリーズ【位置】外野、左
【経歴】ファウル打ちの名人で、ファウル＝ストライク・ルール導入のきっかけを作った選手。その特技を最大限に利用して 1900 年から 5 年連続、通算 7 回最多四球を選び、100 四球以上も 7 回。1899 年に 25 歳でプロに転向、新人記録の 115 四球（2 位）。同年から 7 年連続で出塁率 4 割以上、02 年は .414、翌 03 年は .453 の高率で 2 年連続 1 位だった。1900 年は 531 打数で長打は 7 本だけでも、流し打ちと得意のセーフティ・バントで、03 年の .327 を最高に打率 3 割 5 回。俊足を生かした守備も一級品だった。引退後は母校ペンシルヴェニア大学などでコーチを務めた。弟のビルも 1 年だけフィリーズに在籍した。
【通算】13 年、1470 試合、5296 打数 1537 安打、7 本塁打、299 打点、244 盗塁、1042 四球、打率 .290
【タイトル】最高出塁率 2 回（02 〜 03 年）

ジム・トーミー
James Howard Thome
1970.8.27 〜【出身地】イリノイ州ピオリア【球団】91-2002 インディアンズ　03-05 フィリーズ　06-09 ホワイトソックス　09 ドジャース　10-11 ツインズ　11 インディアンズ　12 フィリーズ　12 オリオールズ【位置】一塁、三塁、DH、左
【経歴】強烈なスイングで史上 8 位の 612 本塁打を量産したスラッガー。気さくな性格の人格者としても知られ、どの球団でも選手たちやファンから尊敬を集めた。89 年ドラフト 13 位でインディアンズに入団、94 年 98 試合で 20 本塁打を放ち三塁に定着。翌 95 年自己最高の打率 .314、96 年は 38 本塁打、116 打点。以後 2008 年までの 14 年間で、腰などの故障で 59 試合の出場にとどまった 05 年を除き毎年 30 本塁打以上を放った。97 年一塁に回り 40 本塁打（4 位）、120 四球（1 位）、ワールドシリーズでは 2 本塁打。01 年 49 本塁打（2 位）、翌 02 年は 7 試合連発を含む自己最多の 52 本（2 位）と打ち続け、FA でフィリーズに移籍した 03 年 47 本で初のタイトルに輝いた。
　06 年ホワイトソックスに移籍してからはほぼ DH に専念し、同年は 6 度目の 40 本以上となる 42 本塁打（3 位）。08 年の地区優勝決定戦では、唯一の得点となる決勝本塁打を放った。サヨナラ本塁打 13 本はメジャー記録。100 打点以上 9 回、100 四球以上も同じく 9 回で、1747 四球は史上 7 位、通算出塁率は .402。その反面三振も非常に多く、01 年は 185 三振、3 度の最多三振を喫し、通算 2548 個は史上 2 位。ポストシーズンでは通算 .211 の低打率ながら 17 本塁打を放っている。18 年殿堂入り。
【通算】22 年、2543 試合、8422 打数 2328 安打、451 二塁打、26 三塁打、612 本塁打（8 位）、1699 打点（28 位）、19 盗塁、1747 四球（7 位）、2548 三振（2 位）、打率 .276
【タイトル】本塁打王 1 回（2003 年）オールスター 5 回（97 〜 99,04,06 年）

ライアン・ドーミット
Ryan Matthew Doumit
1981.4.3 〜【出身地】ワシントン州モーゼスレイク【球団】2005-11 パイレーツ

12-13 ツインズ　14 ブレーヴス【位置】捕手、両
【経歴】99 年ドラフト 2 位でパイレーツに入団。長打力のあるスイッチヒッターで、正捕手となった 2008 年は打率 .318、15 本塁打、ツインズに移籍した 12 年に自己最多の 18 本塁打、75 打点。同年 9 月 4 日、同一試合での 1 イニング 2 安打と 1 イニング 2 アウトという史上初の珍事を演じた。2 ケタ本塁打を 5 回記録したが守備面での評価は高くはなく、外野などで出場する機会も多かった。
【通算】10 年、980 試合、3093 打数 818 安打、104 本塁打、413 打点、12 盗塁、打率 .264

ブレット・トムコ
Brett Daniel Tomko
1973.4.7 ～【出身地】オハイオ州クリーヴランド【球団】97-99 レッズ　2000-01 マリナーズ　02 パドレス　03 カーディナルス　04-05 ジャイアンツ　06-07 ドジャース　07 パドレス　08 ロイヤルズ　08 パドレス　09 ヤンキース　09 アスレティックス　11 レンジャーズ【位置】投手、右
【経歴】95 年ドラフト 2 位でレッズに入団。得意のシンカーで 97 年 11 勝、翌 98 年も 13 勝したのち、ケン・グリフィー・ジュニアとの交換で 2000 年マリナーズへ移籍。02 年からは 3 年続けて異なる球団で 2 ケタ勝利、03 年に自己最多タイの 13 勝。05 年以降は合計 27 勝 45 敗と負けが込んだ。09 年 9 月 14 日、完封で達成した通算 100 勝目が最後の勝利。絵を描くのが趣味で、球団のメディアガイドに採用されたこともあった。父のジェリーは NBA のクリーヴランド・キャヴァリアーズの名付け親で、球団ロゴも作成している。
【通算】14 年、397 試合、266 先発、13 完投、2 完封、100 勝 103 敗 2 S、1816 回、1209 奪三振、防御率 4.65

ボビー・トムソン
Robert Brown Thomson
1923.10.25 ～ 2010.8.16【出身地】英国スコットランド・グラスゴー【球団】46-53 ジャイアンツ　54-57 ブレーヴス　57 ジャイアンツ　58-59 カブス　60 レッドソックス　60 オリオールズ【位置】外野、三塁、右
【経歴】47 年正中堅手となり 29 本塁打 (5 位)、49 年は 27 本塁打 (4 位)、109 打点、自己最高の打率 .309。51 年ウィリー・メイズの加入で三塁へ回り、32 本塁打と長打率 .562 はいずれも 4 位。10 月 3 日のドジャースとの優勝決定戦では、史上最も劇的な本塁打の一つに数えられるサヨナラ 3 ランを放った。当時、ジャイアンツはチームぐるみで対戦相手のサインを盗んでいたことがのちに判明したが、この本塁打に関しては無関係との主張を崩さなかった。翌 52 年は 14 三塁打 (1 位)、108 打点 (2 位)、53 年まで 3 年連続 100 打点以上。54 年にブレーヴスへトレードされて以降不振が続いたが、58 年カブスに移籍し 21 本塁打、82 打点と久々の好成績を収めた。
【通算】15 年、1779 試合、6305 打数 1705 安打、264 本塁打、1026 打点、38 盗塁、打率 .270
【タイトル】オールスター 3 回 (48 ～ 49,52 年)

ロブ・トムソン
Robert Lewis Thomson
1963.8.16 ～【出身地】カナダ・オンタリオ州サーニア【球団】メジャー経験なし
【経歴】84 年のロスアンジェルス五輪にカナダ代表として出場。翌 85 年ドラフト 32 位でタイガースに入団するも、A 級までしか上がれず 24 歳で引退。指導者に転身、長くヤンキースでマイナーのコーチやメジャーの三塁コーチなどを歴任し、18 年にフィリーズのベンチコーチに就任。22 年途中、ヤンキース時代の上司でもあったジョー・ジラルディ監督の解任にともない代行を務め、ワイルドカードでプレイオフへ進出しリーグ優勝。ワールドシリーズに進出した初のカナダ人監督となった。
【監督】2022-24 フィリーズ　3 年、435 試合、250 勝 185 敗、勝率 .575、リーグ優勝 1 回 (2022 年)

ドン・ドライスデイル
Donald Scott Drysdale
1936.7.23 ～ 93.7.3【出身地】カリフォルニア州ヴァンナイズ【球団】56-69 ドジャース【位置】投手、右
【経歴】サンディ・コーファックスとともに、左右の両輪としてドジャース投手陣を支えた長身投手。横手からの速球と正確なコントロールを身上としていたが、それ以上に厳しい内角攻めが有名で、61 年に 20 死球、通算では 154 死球を与えた。57 年 17 勝、防御率 2.69 (2 位)、以後 12 年連続で 2 ケタ勝利を挙げ、62 年は 25 勝と

232奪三振が1位、防御率2.83は4位でサイ・ヤング賞を受賞。同年は2試合あったオールスターに両方先発した。63年のワールドシリーズ第3戦ではヤンキース相手に1-0で完封勝利。65年も23勝(3位)し、同年オフはコーファックスと年俸アップを図って共闘した。

63年の251個(3位)を最多として6回200奪三振以上、最多奪三振3回。通算2486奪三振は引退時点でナ・リーグ史上3位だった。68年に6試合連続完封、当時の記録となる58.2回連続無失点を達成。防御率2.15も自己ベストだったが、翌69年は肩痛のため5勝にとどまり、シーズン途中で引退した。オールスターでの通算19.1回、19奪三振はいずれも1位。ピンチの場面ではスピットボールを投げていたことを後年になって認めた。打撃も優れており58、65年は7本塁打、通算29本塁打はウォーレン・スパーンに次ぎリーグ史上2位である。引退後は実況アナウンサーを務めた。84年殿堂入り。アン夫人(旧姓メイヤーズ)は殿堂入りを果たした名バスケットボール選手。

【通算】14年、518試合、465先発、167完投、49完封(21位)、209勝166敗6S、3432回、2486奪三振、855四球、防御率2.95

【タイトル】サイ・ヤング賞1回(62年)最多勝1回(62年)最多奪三振3回(59～60,62年)オールスター8回(59,61～65,67～68年)

セシル・トラヴィス
Cecil Howell Travis

1913.8.8～2006.12.16【出身地】ジョージア州リヴァーデイル【球団】33-41,45-47セネターズ【位置】遊撃、三塁、左

【経歴】33年19歳でメジャーに昇格、5月16日のデビュー戦で5安打。得意の流し打ちで翌34年から5年連続打率3割、41年は218安打(1位)、39二塁打(4位)、19三塁打(2位)、101打点。打率.359は56試合連続安打のジョー・ディマジオを上回り2位だった。翌42年兵役につき、第二次世界大戦で戦闘中に足に凍傷を負う。その後遺症のため、45年に復帰した後は満足なプレイができなかった。

【通算】12年、1328試合、4914打数1544安打、27本塁打、657打点、23盗塁、打率.314

【タイトル】オールスター3回(38,40～41年)

スティーヴ・トラウト
Steven Russell Trout

1957.7.30～【出身地】ミシガン州デトロイト【球団】78-82ホワイトソックス　83-87カブス　87ヤンキース　88-89マリナーズ【位置】投手、左

【経歴】76年ドラフト1位(全体8位)でホワイトソックスに入団。78年20歳でメジャーに昇格、左腕からのシンカーを武器に79年11勝、84年は自己最多の13勝でカブスの地区制覇に貢献。プレイオフ第2戦でも8.2回を2点に抑え勝利投手となった。父ディジーは元タイガースの主力投手。

【通算】12年、301試合、236先発、32完投、9完封、88勝92敗4S、1501.1回、656奪三振、防御率4.18

ディジー・トラウト
Paul Howard Trout (Dizzy)

1915.6.29～72.2.28【出身地】インディアナ州サンドカット【球団】39-52タイガース　52レッドソックス　57オリオールズ【位置】投手、右

【経歴】40年代のタイガースをハル・ニューハウザーとともに支えた好投手。快速球に加えてフォークボールなど変化球のレパートリーも豊富だった。43年5完封(1位)を含む20勝を挙げ最多勝、翌44年は27勝と144奪三振は2位、防御率2.12、33完投、7完封、352.1回はいずれも1位で、この6部門の1・2位をニューハウザーと二人で占める。MVP投票でもニューハウザーに4ポイントの僅差で2位、1位票の数はトップだった。

45年も18勝(5位)、シーズン最後の9試合に4勝し優勝に大きく貢献。48年まで7年連続で2ケタ勝利を挙げた。52年限りで引退したが57年42歳で2試合に登板。打撃も良く通算20本塁打、満塁アーチも2本放っている。ポケットに赤いハンカチを入れ、マウンド上で顔を拭く習慣があった。息子のスティーヴも投手。

【通算】15年、521試合、322先発、158完投、28完封、170勝161敗、2725.2回、1256奪三振、1046四球、防御率3.23

【タイトル】最多勝1回(43年)最優秀防御率1回(44年)オールスター2回(44,47年)

マイク・トラウト ★
Michael Nelson Trout
1991.8.7 ～【出身地】ニュージャージー州ヴァインランド【球団】2011-24 エンジェルズ【位置】外野、右
【経歴】2010 年代で最高の選手。09 年ドラフト 1 位でエンジェルズに入団、11 年 19 歳でメジャーに昇格すると、打走守すべてにおいて並外れた才能を発揮。12 年は打率 .326（2 位）、30 本塁打、83 打点、出塁率 .399 と長打率 .564 は 3 位、49 盗塁は 1 位。守備でも再三本塁打性の打球を捕球し、新人王を受賞。史上 3 人目の新人 MVP になるかと騒がれたが、投票結果は次点だった。
　14 年は 36 本塁打（3 位）、リーグ最多の 111 打点で MVP、同年と 15 年は 2 年連続オールスター MVP。16 年は 29 本、100 打点、30 盗塁（2 位）で 2 度目の MVP。同年から 4 年続けて出塁率 1 位、長打率も 15、17、19 年の 3 度 1 位と安定して好成績を残した。12 年 4 億 2650 万ドルの超高額で契約延長した 19 年は、自己最多の 45 本塁打（2 位）で 3 度目の MVP に選ばれた。22 年には 7 試合連続本塁打を記録、OPS は 12 年以降 11 年連続で .960 以上。故障がちであるのが唯一の難点で、17 年以降は 140 試合以上出たのは一度だけ。素朴でスター気取りのところがなく、気象マニアの一面も持っている。
【通算】14 年、1518 試合、5511 打数 1648 安打、378 本塁打、954 打点、212 盗塁、1485 三振、打率 .299
【タイトル】MVP3 回（2014,16,19 年）新人王（12 年）打点王 1 回（14 年）盗塁王 1 回（12 年）最高出塁率 4 回（16 ～ 19 年）オールスター 11 回（12 ～ 19,21 ～ 23 年）

ヴァージル・トラックス
Virgil Oliver Trucks
1917.4.26 ～ 2013.3.23【出身地】アラバマ州バーミングハム【球団】41-43,45-52 タイガース　53 ブラウンズ　53-55 ホワイトソックス　56 タイガース　57-58 アスレティックス　58 ヤンキース【位置】投手、右
【経歴】がっしりした体格からの剛速球で、マイナー時代に 4 度のノーヒッターを達成、38 年に 418 三振を奪う。41 年メジャーに昇格し 42 年 14 勝、43 年は 16 勝。兵役で 44 年は全休、45 年も優勝を決めたシーズン最終戦に投げただけだったが、ワールドシリーズ第 2 戦で完投勝ちを収めた。49 年 19 勝、6 完封と 153 奪三振はいずれも 1 位、防御率 2.81 も 3 位。5 勝 19 敗と大きく負け越した 52 年は、5 月 15 日のセネターズ戦と 8 月 25 日のヤンキース戦の 2 度ノーヒットノーランを達成、7 月 22 日のセネターズ戦も先頭打者に許した 1 安打だけだった。
　翌 53 年はブラウンズとホワイトソックスで合計 20 勝（4 位）、防御率 2.93（3 位）、149 奪三振（2 位）、続く 54 年も 5 完封（1 位）を含む 19 勝（4 位）。引退後投資の失敗で財産を失い、巡業球団に参加したのちパイレーツで打撃投手の職にありついた。甥のブッチ・トラックスはオールマン・ブラザーズ・バンドのドラマー。
【通算】17 年、517 試合、328 先発、124 完投、33 完封、177 勝 135 敗、2682.1 回、1534 奪三振、1088 四球、防御率 3.39
【タイトル】最多奪三振 1 回（49 年）オールスター 2 回（49,54 年）

スティーヴ・トラックスル
Stephen Christopher Trachsel
1970.10.31 ～【出身地】カリフォルニア州オクスナード【球団】93-99 カブス　2000 レイズ　00 ブルージェイズ　01-06 メッツ　07 オリオールズ　07 カブス　08 オリオールズ【位置】投手、右
【経歴】91 年ドラフト 8 位でカブスに入団。94 年 9 勝、96 年は 13 勝、自己ベストの防御率 3.03。速球とスプリッターで 98 年は 15 勝を挙げたが、9 月 8 日のカーディナルス戦でマーク・マグワイアに年間新記録となる 62 号本塁打を打たれた。翌 99 年はリーグワーストの 18 敗。2001 年にメッツに移籍後 4 年連続 2 ケタ勝利と復調し、03 年に自己最多の 16 勝（5 位）、06 年も 15 勝。通算で 7 回 200 イニング以上を投げた。
【通算】16 年、420 試合、417 先発、20 完投、7 完封、143 勝 159 敗 0 S、2501 回、1591 奪三振、防御率 4.39
【タイトル】オールスター 1 回（96 年）

モー・ドラバウスキー
Myron Walter Drabowsky (Moe)
1935.7.21 ～ 2006.6.10【出身地】ポーランド共和国オザナ【球団】56-60 カブス　61 ブレーヴス　62 レッズ　62-65 アスレティックス　66-68 オリオールズ　69-70 ロイヤルズ　70 オリオールズ　71-72 カーディナルス　72 ホワイトソックス【位置】投手、右

【経歴】ポーランド生まれで、3歳のときナチスの侵攻から逃れアメリカに移住。56年契約金5万ドルでカブスに入団、マイナーを経験せず8月にデビュー。翌57年13勝、速球とスライダーでリーグ2位の170三振を奪うが、故障もありその後は低迷。66年オリオールズでリリーフとして復活、ワールドシリーズ第1戦ではリリーフで6.2回を投げ、新記録となる6者連続を含む11三振を奪った。67～68年も防御率1点台と好投。69年に拡張ドラフトでロイヤルズへ移り、球団初試合の勝利を含む11勝、12年ぶりに2ケタへ乗せた。無類の悪戯好きで、本物の蛇をチームメイトのロッカーに忍ばせたり、ブルペンから電話で香港にデリバリーを注文したりと、しばしば度を超すこともあった。引退後は故国での野球の普及に尽力した。
【通算】17年、589試合、154先発、33完投、6完封、88勝105敗54S、1641回、1162奪三振、防御率3.71

アラン・トラメル
Alan Stuart Trammell
1958.2.21～【出身地】カリフォルニア州ガーデングローヴ【球団】77-96タイガース【位置】遊撃、右
【経歴】タイガース一筋に20年間活躍を続けた名遊撃手。ルー・ウィテカーとはマイナー時代からのルームメイトで、77年9月9日に同時にメジャー昇格、以後18年にわたって二遊間コンビを形成した。76年ドラフト2位で入団、78年20歳でレギュラーの座をつかむ。80年の.300以後打率3割7回、83年は.319(4位)、自己最多の30盗塁。翌84年のワールドシリーズでは20打数9安打、2本塁打、6打点でシリーズMVPを受賞した。
　87年は打率.343(3位)、205安打(3位)、28本塁打、105打点でMVP投票は次点。守備でも肩は特別強くないが素早い送球でカバーし、史上5位の1307併殺、同7位の守備率.977を残して4度のゴールドグラブに輝いた。タイガースの監督に就任した2003年は、メジャーワースト記録にあと1敗と迫る119敗。05年限りで退任、14年にダイアモンドバックスで3試合だけ監督を代行した。18年殿堂入り。
【通算】20年、2293試合、8288打数2365安打、412二塁打、55三塁打、185本塁打、1003打点、236盗塁、850四球、874三振、打率.285
【タイトル】ゴールドグラブ4回(80～81,83～84年) オールスター6回(80,84～85,87～88,90年)
【監督】2003-05タイガース　14ダイアモンドバックス　4年、489試合、187勝302敗、勝率.382

ボビー・トーラン　☆
Robert Tolan
1945.11.19～【出身地】カリフォルニア州ロスアンジェルス【球団】65-68カーディナルス　69-70,72-73レッズ　74-75パドレス　76-77フィリーズ　77パイレーツ　79パドレス【位置】外野、一塁、左
【経歴】65年19歳でメジャーに昇格。69年レッズに移籍、打率.305、194安打(4位)、10三塁打(3位)、21本塁打、93打点。翌70年も打率.316、34二塁打、57盗塁(1位)と引き続き活躍したが、アキレス腱を断裂し71年は全休。72年は82打点、42盗塁(5位)と復活しカムバック賞を受賞。ワールドシリーズでも6打点、5盗塁を決めた。73年に球団フロントと揉め、チームの規則に逆らってひげを生やしたところパドレスへトレードされた。バットを頭上高くかかげる独特の打撃フォームが特徴だった。78年は南海に在籍。従兄弟のエディーは32年ロスアンジェルス五輪陸上100mと200mの金メダリスト。
【通算】13年、1282試合、4238打数1121安打、86本塁打、497打点、193盗塁、打率.265
【タイトル】盗塁王1回(70年)
【日本】78南海　1年、98試合、360打数96安打、6本塁打、36打点、6盗塁、打率.267

ビル・ドーラン
William Donald Doran
1958.5.28～【出身地】オハイオ州シンシナティ【球団】82-90アストロズ　90-92レッズ　93ブルワーズ【位置】二塁、両
【経歴】79年ドラフト6位でアストロズに入団、83年正二塁手となる。堅実な打撃と選球眼の良さ、ハッスルプレイが売り物で、86年に42盗塁(5位)、81四球(5位)、翌87年自己最多の16本塁打、79打点。90年終盤レッズに加わり、17試合で打率.373を記録し優勝への追い込みに貢献したが、腰痛でポストシーズンを欠場した。引退後はレッズのフロントで働いたのち、ロイヤルズでコーチを務めた。
【通算】12年、1453試合、5131打数

1366安打、84本塁打、497打点、209盗塁、打率.266

マーク・トランボ
Mark Daniel Trumbo

1986.1.16～【出身地】カリフォルニア州アナハイム【球団】2010-13エンジェルズ　14-15ダイアモンドバックス　15マリナーズ　16-19オリオールズ【位置】外野、一塁、右

【経歴】2004年ドラフト18位で地元のエンジェルズに入団。パワフルなスイングが売り物で、11年は29本塁打を放ち新人王投票2位、続く12年は32本、13年も34本（4位）、100打点と打ち続ける。オリオールズに移籍した16年は47本で本塁打王、108打点も自己最多だったが、低打率に加えて選球眼にも難があって、通算出塁率は.302にとどまった。

【通算】10年、1097試合、4085打数1018安打、218本塁打、629打点、23盗塁、1097三振、打率.249

【タイトル】本塁打王1回（2016年）オールスター2回（12,16年）

ジョー・トーリ
Joseph Paul Torre

1940.7.18～【出身地】ニューヨーク州ブルックリン【球団】60-68ブレーヴス　69-74カーディナルス　75-77メッツ【位置】捕手、一塁、三塁、右

【経歴】ヤンキースを4度の世界一に導いた名将。選手としても一流で、61年20歳で正捕手に抜擢され、64年は打率.321（3位）、20本塁打、109打点（4位）、66年自己最多の36本塁打（4位）。守備面での評価は高くはなく、70年三塁にコンバート。同年打率.325（2位）、203安打（3位）、翌71年は打率.363、230安打、137打点の3部門で1位となりMVPに選ばれた。

77年途中からメッツの指揮を執るが、戦力不足もあって3年連続最下位。ブレーヴスの監督に就任した82年地区優勝、カーディナルスを経て96年ヤンキースの監督に迎えられ、19年ぶりのワールドシリーズ制覇。98年はリーグ新記録の114勝と圧倒的な強さで2度目の世界一になった。翌99年は前立腺癌を患い戦列を離れたが無事に復帰し、ワールドシリーズも2年連続の4連勝。2000年はメッツとの“サブウェイ・シリーズ”を制し、26年ぶりとなる3年連続世界一、シリーズ最長の14連勝も記録した。選手を信頼して能力を引き出す采配が評価され、ヤンキースでは異例の10年間に及ぶ長期政権となった。07年限りで退任して08年はドジャース監督に就任。11年メジャー・リーグ機構の副会長職に就き、13年のWBC代表監督も務めた。14年殿堂入り。兄のフランクもブレーヴスの正一塁手で、60年はチームメイトだった。

【通算】18年、2209試合、7874打数2342安打、344二塁打、59三塁打、252本塁打、1185打点、23盗塁、779四球、1094三振、打率.297

【タイトル】MVP1回（71年）首位打者1回（71年）打点王1回（71年）ゴールドグラブ1回（65年）オールスター9回（63～67,70～73年）

【監督】77-81メッツ　82-84ブレーヴス　90-95カーディナルス　96-2007ヤンキース　08-10ドジャース　29年、4329試合、2326勝1997敗、勝率.538、リーグ優勝6回（96,98～2001,03年）ワールドシリーズ優勝4回（96,98～00年）

ガス・トリアンドス
Gus Triandos

1930.7.30～2013.3.28【出身地】カリフォルニア州サンフランシスコ【球団】53-54ヤンキース　55-62オリオールズ　63タイガース　64-65フィリーズ　65アストロズ【位置】捕手、一塁、右

【経歴】オリオールズに移籍した55年、一塁手としてレギュラーとなり、捕手に戻った翌56年に21本塁打、88打点。58年30本塁打、続く59年も25本と長打力を発揮した。名うての鈍足であったが、通算1206試合でただ一度試みた盗塁を成功させ、盗塁刺ゼロの記録を持つ。守備では盗塁阻止率.465の強肩で、ホイト・ウィルヘルムのナックルを捕球するため大型ミットを使用していた。

【通算】13年、1206試合、3907打数954安打、167本塁打、608打点、1盗塁、打率.244

【タイトル】オールスター3回（57～59年）

クリストバル・トリエンテ
Cristobal Torriente

1893.11.16～1938.4.11【出身地】キューバ・シエンフエゴス【球団】ニグロ・リーグ【位置】外野、左

【経歴】悪球打ちで有名だったキューバ出身の強打者。20年代のニグロ・リーグ最

強チームだったシカゴ・アメリカン・ジャイアンツで主砲として活躍。強肩で、投手としてもしばしば登板した。短気な上に遊び好きな扱いづらい選手で、チームを無断で離脱することも少なくなかった。母国キューバのウィンター・リーグでは13年間で打率.352、同国の野球殿堂創設メンバーでもある。2006年殿堂入り。
<ニグロ・リーグの成績>646試合、2169打数728安打、52本塁打、508打点、92盗塁、打率.336

ダン・ドリーセン
Daniel Driessen
1951.7.29～【出身地】サウスカロライナ州ヒルトンヘッドアイランド【球団】73-84レッズ 84-85エクスポズ 85-86ジャイアンツ 86アストロズ 87カーディナルス【位置】一塁、三塁、左
【経歴】69年ドラフト外でレッズに入団、73年正三塁手となり広角に打ち分ける打撃で打率.301。75年からは一塁へコンバートされ、76年のワールドシリーズではナ・リーグの打者として初めて指名打者として起用された。77年は打率.300、自己最多の91打点、31盗塁を決めた。80年は自己最多の36二塁打、リーグ最多の93四球を選び出塁率.377は5位だった。一塁守備も俊敏だった。ジェラルド・ペリーは甥にあたる。
【通算】15年、1732試合、5479打数1464安打、153本塁打、763打点、154盗塁、打率.267

マニー・トリーヨ
Jesus Manuel Marcano Trillo
1950.12.25～【出身地】ベネズエラ共和国カリピト【球団】73-74アスレティックス 75-78カブス 79-82フィリーズ 83インディアンズ 83エクスポズ 84-85ジャイアンツ 86-88カブス 89レッズ【位置】二塁、右
【経歴】3度のゴールドグラブに輝いた守備の名手で、75～78年は4年連続最多補殺、80・81年は最多刺殺。ゴロを捕球したのち、ボールを見つめてから送球する癖があり、82年に479守備機会連続無失策の新記録を達成した。フィリーズでプロ入りしたのち70年にルール5ドラフトでアスレティックスへ移籍、75年カブスで正二塁手となり自己最多の70打点。79年フィリーズへ戻り、世界一となった80年は打率.292、155安打、9三塁打。プレイオフでは21打数8安打、4打点の活躍でMVPを手にした。引退後はマイナー球団のコーチを歴任した。
【通算】17年、1780試合、5950打数1562安打、61本塁打、571打点、56盗塁、打率.263
【タイトル】ゴールドグラブ3回(79,81～82年) オールスター4回(77,81～83年)

J・D・ドルー
David Jonathan Drew
1975.11.20～【出身地】フロリダ州タラハッシー【球団】98-2003カーディナルス 04ブレーヴス 05-06ドジャース 07-11レッドソックス【位置】外野、左
【経歴】フロリダ州立大時代に全米最優秀選手に選ばれ、97年にフィリーズからドラフト1位(全体2位)で指名されるが入団を拒否。独立リーグ球団と契約し、ドラフトの対象外であると主張したが認められず、98年ドラフト1位(全体5位)でカーディナルスに入団した。打走守三拍子揃った好選手で、2001年は109試合で打率.323、27本塁打を記録したが、カーディナルス時代は故障に悩まされ続けた。
04年ブレーヴスにトレードされ打率.305、31本塁打、93打点、118四球(5位)、出塁率.436(4位)。07年レッドソックスへ移籍し、リーグ優勝決定シリーズでは打率.360、6打点。08年のオールスターでは同点2ランを含む2安打でMVPを受賞した。ドラフト時の経緯からフィラデルフィアでは大の嫌われ者で、また熱意が薄いように見えるプレイ態度が非難されることもあった。兄ティムは97年にレッズ、弟スティーヴンは95年ダイアモンドバックスにドラフト1位指名されており、史上初めて3兄弟揃っての1位指名となった。
【通算】14年、1566試合、5173打数1437安打、242本塁打、795打点、87盗塁、1137三振、打率.278
【タイトル】オールスター1回(2008年)

スティーヴン・ドルー
Stephen Oris Drew
1983.3.16～【出身地】ジョージア州ハヒラ【球団】2006-12ダイアモンドバックス 12アスレティックス 13-14レッドソックス 14-15ヤンキース 16-17ナショナルズ【位置】遊撃、左
【経歴】2004年ドラフト1位でダイアモンドバックスに指名され、兄のJ・D、ティ

ムに続き、兄弟で3人目の1位指名となった。入団交渉は難航し、独立リーグを経て翌05年のドラフト直前に入団。07年に正遊撃手となり、プレイオフでは31打数12安打、2本塁打。翌08年は打率.291に加えすべて自己最多の178安打、44二塁打（4位）、21本塁打、67打点、サイクルヒットも達成。09、10年の12本を最多として3度三塁打部門で2位に入った。
【通算】12年、1268試合、4403打数1109安打、123本塁打、524打点、41盗塁、打率.252

ダーレン・ドールトン
Darren Arthur Daulton
1962.1.3～【出身地】カンザス州アーカンザスシティ【球団】83,85-97フィリーズ 97マーリンズ【位置】捕手、外野、左
【経歴】80年ドラフト25位でフィリーズに入団。89年正捕手となり、92年は27本塁打（4位）、109打点（1位）、88四球の活躍。93年も24本塁打、105打点に加え117四球（3位）を選び、出塁率は.392。チームリーダーの役割も果たし優勝に貢献した。97年途中マーリンズに移籍、ワールドシリーズでは18打数7安打とよく打ったが、8回も膝の手術を受けるなど故障に悩まされ続け、同年限りで引退した。
【通算】14年、1161試合、3630打数891安打、137本塁打、588打点、50盗塁、打率.245
【タイトル】打点王1回（92年）オールスター3回（92～93,95年）

ディック・ドレイゴ
Richard Anthony Drago
1945.6.25～2023.11.3【出身地】オハイオ州トリド【球団】69-73ロイヤルズ 74-75レッドソックス 76-77エンジェルズ 77オリオールズ 78-80レッドソックス 81マリナーズ【位置】投手、右
【経歴】タイガースのマイナーから69年拡張ドラフトでロイヤルズに入団。変化球を主体に同年11勝、71年は自己最多の17勝、防御率2.98。レッドソックス移籍後の75年リリーフに回り15セーブ（5位）、76年にはハンク・アーロンに現役最後の本塁打を献上した。79年5度目の2ケタとなる10勝、13セーブを記録した。
【通算】13年、519試合、189先発、62完投、10完封、108勝117敗58S、1875回、987奪三振、防御率3.62

ジム・トレイシー ☆
James Edwin Tracy
1955.12.31～【出身地】オハイオ州ハミルトン【球団】80-81カブス【位置】外野、左
【経歴】77年1月ドラフト4位でカブスに入団。80年メジャーに昇格したが控えの域を出ず、82年大洋に入団。打率.303、19本塁打と活躍するも、翌83年開幕早々、首脳陣との関係がこじれて退団した。その後は指導者の道を進み、マイナー球団の監督やエクスポズ、ドジャースのコーチを経て2001年ドジャース監督に就任。04年に地区優勝を果たしたが、翌05年4位に転落し解任。パイレーツ監督を経て09年途中からロッキーズの指揮を執ると、74勝42敗の高勝率でワイルドカードを奪取、最優秀監督賞を受賞した。
【通算】2年、87試合、185打数46安打、3本塁打、14打点、3盗塁、打率.249
【監督】2001-05ドジャース 06-07パイレーツ 09-12ロッキーズ 11年、1736試合、856勝880敗、勝率.493
【日本】82-83大洋 2年、128試合、478打数144安打、20本塁打、68打点、3盗塁、打率.301

パイ・トレイナー
Harold Joseph Traynor (Pie)
1898.11.11～1972.3.16【出身地】マサチューセッツ州フラミンガム【球団】20-35,37パイレーツ【位置】三塁、右
【経歴】打撃では打率3割10回、100打点以上7回、守備では強肩と敏捷な動きで史上5位の2289刺殺を記録した名三塁手。人間的にも紳士的で礼儀をわきまえ、また少々のケガでは試合を休まず、広く尊敬を集めていた。23年は208安打（3位）、19三塁打（1位）、101打点、25年のワールドシリーズでは26打数9安打で世界一に貢献した。28年リーグ2位の124打点、30年自己最高の打率.366。ミートが巧く、29年は597打席で7三振、通算でも278三振しかしなかった。34年から6年間パイレーツの指揮を執り、その後も長い間スカウトを務め、スポーツブロードキャスターとしても活動した。48年殿堂入り。69年にはプロ野球100周年記念のオールタイム・チームで三塁手に選出された。
【通算】17年、1941試合、7559打数2416安打、164三塁打（30位）、58本塁打、1273打点、158盗塁、打率.320

【タイトル】オールスター２回（33 ～ 34 年）
【監督】34-39 パイレーツ　6 年、868 試合、457 勝 406 敗、勝率 .530

バーニー・ドレイファス
Barney Dreyfuss
1865.2.23 ～ 1932.2.5【出身地】ドイツ・フライブルク【球団】メジャー経験なし
【経歴】20 代半ばでドイツからアメリカに移住、醸造業で財を成し、1899 年にルイヴィル・カーネルズのオーナーとなる。1900 年には主力選手をパイレーツに放出した上で同球団のオーナーに収まり、32 年に死去するまでその座にあった。03 年には抗争を続けていたナ・ア両リーグを和平に導き、同年秋はア・リーグ覇者のボストンに働きかけ、ワールドシリーズの開催を実現した。09 年リーグ初の近代的建築による新球場フォーブズ・フィールドを完成させる。選手の実力を見極める目は確かで、自らフレッド・クラークらをスカウトした。気前が良く選手に高給を支払い、引退後にも仕事を世話したが、忠誠心や品位に欠ける者は主力でもトレードに出した。タバコも嫌いで、喫煙者という理由でトリス・スピーカーとの契約を見送っている。2008 年殿堂入り。

ダグ・ドレイベック
Douglas Dean Drabek
1962.7.25 ～【出身地】テキサス州ヴィクトリア【球団】86 ヤンキース　87-92 パイレーツ　93-96 アストロズ　97 ホワイトソックス　98 オリオールズ【位置】投手、右
【経歴】球威はそれほどないが、多彩な変化球と制球力で主力投手として活躍。83 年ドラフト 11 位でホワイトソックスに入団、ヤンキースを経て 87 年パイレーツに移籍し 11 勝。翌 88 年から 5 年連続 14 勝以上、90 年は 22 勝（1 位）、防御率 2.76 でサイ・ヤング賞を受賞した。90、91 年のプレイオフでは合計 4 試合で防御率 1.15 と好投したが、92 年のプレイオフは 3 試合に先発しすべて敗戦投手となった。FA でアストロズに移籍した 93 年は 9 勝、リーグワーストの 18 敗と期待外れ。翌 94 年防御率 2.84（3 位）と復調したが、その後は毎年成績を落とした。息子のカイルも投手。
【通算】13 年、398 試合、387 先発、53 完投、21 完封、155 勝 134 敗 0 S、2535 回、1594 奪三振、防御率 3.73
【タイトル】サイ・ヤング賞１回（90 年）最多勝１回（90 年）オールスター１回（94 年）

グレイベル・トーレス　★
Gleyber David Torres
1996.12.13 ～【出身地】ベネズエラ共和国カラカス【球団】2018-24 ヤンキース【位置】遊撃、右
【経歴】2013 年カブスに入団、16 年アロルディス・チャップマンとの交換要員としてヤンキースへ移籍。18 年メジャーに昇格し 24 本塁打、翌 19 年は 38 本塁打、90 打点、プレイオフでも 3 本塁打、10 打点。22 年に遊撃から二塁へ転向、同年と翌 23 年も 20 本塁打以上を放った。
【通算】7 年、888 試合、3281 打数 870 安打、138 本塁打、441 打点、53 盗塁、打率 .265
【タイトル】オールスター２回（2018 ～ 19 年）

マイク・トーレス
Michael Augustine Torrez
1946.8.28 ～【出身地】カンザス州トピカ【球団】67-71 カーディナルス　71-74 エクスポズ　75 オリオールズ　76-77 アスレティックス　77 ヤンキース　78-82 レッドソックス　83-84 メッツ　84 アスレティックス【位置】投手、右
【経歴】速球とスライダー中心の組み立てで 69 年 10 勝を挙げるが、制球難のため 71 年途中エクスポズへ放出。翌 72 年 16 勝、以後 8 年間で 5 球団をわたり歩きながら 7 回 15 勝以上と安定した成績を残す。75 年は 20 勝（4 位）、レジー・ジャクソンとの交換でアスレティックスへ移った 76 年は自己ベストの防御率 2.50（4 位）。77 年のワールドシリーズはいずれも完投で 2 勝、レッドソックスに移籍した 78 年も 16 勝したが、ヤンキースとの優勝決定戦で伏兵バッキー・デントに決勝本塁打を浴びた。通算 10 回 2 ケタ勝利を記録、対戦した全 26 球団から勝ち星を挙げた。
【通算】18 年、494 試合、458 先発、117 完投、15 完封、185 勝 160 敗 0 S、3043.2 回、1404 奪三振、1371 四球（23 位）、防御率 3.96

トム・トレッシュ
Thomas Michael Tresh
1938.9.20 ～ 2008.10.14【出身地】ミシガン州デトロイト【球団】61-69 ヤンキース　69 タイガース【位置】外野、遊撃、両

【経歴】62年正遊撃手となり、打率.286、20本塁打、93打点で新人王を受賞、ワールドシリーズでもチーム最多の9安打。翌63年外野へコンバートされ25本塁打、64年のワールドシリーズでは2本塁打、7打点。66年自己最多の27本塁打を放ったが、続く67年キャンプ中に膝を痛め、その後はふるわなかった。父マイクはホワイトソックスの捕手だった。
【通算】9年、1192試合、4251打数1041安打、153本塁打、530打点、45盗塁、打率.245
【タイトル】新人王(62年) ゴールドグラブ1回(65年) オールスター2回(62～63年)

マイク・トレッシュ
Michael Tresh
1914.2.23～66.10.4【出身地】ペンシルヴェニア州ヘイズルトン【球団】38-48ホワイトソックス　49インディアンズ【位置】捕手、右
【経歴】タイガースから38年ホワイトソックスに移籍、翌39年正捕手となる。40年に自己最高の打率.281、135安打、64打点。打撃は通算2本塁打と長打力不足だったが、守備の評価は高く、45年は盗塁阻止率.588で1位になった。息子のトムもヤンキースで活躍した。
【通算】12年、1027試合、3169打数788安打、2本塁打、297打点、19盗塁、打率.249
【タイトル】オールスター1回(45年)

チャック・ドレッセン
Charles Walter Dressen
1894.9.20～1966.8.10【出身地】イリノイ州デケーター【球団】25-31レッズ　33ジャイアンツ【位置】三塁、右
【経歴】球界入りする前はプロフットボールの選手。26年正三塁手となり翌27年自己最高の打率.292、36二塁打(3位)、71四球(5位)。34年途中からレッズの指揮を執ったが、一度も勝ち越せず37年途中解任。51年ドジャースの監督となり、8月上旬まで13ゲーム半の大差をつけ首位を独走しながらも、ジャイアンツに優勝決定戦に持ち込まれた末逆転優勝を許す。続く52、53年はリーグ2連覇し、53年のシーズン終了後複数年契約を要求したところ逆に解任された。その後も3球団で監督を歴任。サイン盗みの達人で、自らの采配能力に絶大の自信を持っていた。タイガースの指揮を執っていた66年5月に入院、8月心臓発作で他界した。
【通算】8年、646試合、2215打数603安打、11本塁打、221打点、30盗塁、打率.272
【監督】34-37レッズ　51-53ドジャース　55-57セネターズ　60-61ブレーヴス　63-66タイガース　16年、1990試合、1008勝973敗、勝率.509　リーグ優勝2回(52～53年)

ハル・トロスキー
Harold Arthur Trosky
1912.11.11～79.6.18【出身地】アイオワ州ノーウェイ【球団】33-41インディアンズ　44,46ホワイトソックス【位置】一塁、左
【経歴】本名はTrojovsky。34年21歳で打率.330、206安打(3位)、45二塁打(4位)、35本塁打(3位)、142打点(2位)を記録し一流選手の仲間入り。同年から6年連続で100打点以上を叩き出し、36年に打率.343、216安打(3位)、42本塁打(2位)、162打点(1位)の自己最高成績を残した。40年オジー・ヴィット監督排斥運動の中心となったことで非難を浴び、偏頭痛を理由に翌41年限り28歳で引退。44年現役復帰したが、以前ほどの成績は残せなかった。息子のハル・ジュニアは投手。
【通算】11年、1347試合、5161打数1561安打、228本塁打、1012打点、28盗塁、打率.302
【タイトル】打点王1回(36年)

ウォルト・ドローポ
Walter Dropo
1923.1.30～2010.12.17【出身地】コネティカット州ムーサップ【球団】49-52レッドソックス　52-54タイガース　55-58ホワイトソックス　58-59レッズ　59-61オリオールズ【位置】一塁、右
【経歴】身長196cm、体重99kgの堂々たる体格で、NFLのシカゴ・ベアーズ、NBAのプロヴィデンス・スティームローラーズからも誘われたが、47年レッドソックスと契約。50年新人ながら打率.322、34本塁打(2位)、144打点(1位)、長打率.583(2位)で、テッド・ウィリアムズの新人記録には1打点及ばなかったものの、文句なしで新人王に輝く。翌51年は打率.239、11本塁打と大きく落ち込み、52年途中タイガースへ放出。7月にタイ記録となる12打席連続安打、同年29本塁打

（4位）、97打点を稼いだが、その後20本塁打以上打つことはなかった。
【通算】13年、1288試合、4124打数1113安打、152本塁打、704打点、5盗塁、打率.270
【タイトル】新人王（50年）打点王1回（50年）オールスター1回（50年）

ジム・ドワイアー
James Edward Dwyer
1950.1.3～【出身地】イリノイ州エヴァーグリーンパーク【球団】73-75カーディナルス　75-76エクスポズ　76メッツ　77-78カーディナルス　78ジャイアンツ　79-80レッドソックス　81-88オリオールズ　88-89ツインズ　89エクスポズ　90ツインズ【位置】外野、DH、左
【経歴】71年ドラフト11位でカーディナルスに入団。レギュラーにはなれなかったものの、控え外野手もしくは左の代打要員として貴重な存在で、通算102本の代打安打を記録。使い勝手の良さを買われ、80年オフにFAとなった際は12球団が獲得に名乗りを上げた。83年のワールドシリーズ第1戦ではシリーズ初打席で本塁打。87年は241打数で15本塁打を放った。
【通算】18年、1328試合、2761打数719安打、77本塁打、349打点、26盗塁、打率.260

フランク・ドワイアー
John Francis Dwyer
1868.3.25～1943.2.4【出身地】マサチューセッツ州リー【球団】1888-89シカゴ　90シカゴ（PL）　91シンシナティ（AA）　91ミルウォーキー（AA）　92セントルイス　92-99シンシナティ【位置】投手、右
【経歴】球威のない分投球に工夫をこらし、1888年9月20日の初登板で完封勝利。92年、5年間で6球団目となったシンシナティに落ち着き22勝を挙げる。以後も主戦投手として活躍を続け、96年は13連勝を含む24勝、防御率3.15（4位）。98年打球を頭部に受け、その後遺症で引退に追い込まれた。その後はタイガースの監督、ア・リーグ審判などを経てニューヨーク州でボクシングのコミッショナー職についた。
【通算】12年、366試合、318先発、271完投、12完封、177勝151敗、2819回、565奪三振、防御率3.84
【監督】1902タイガース　1年、137試合、52勝83敗、勝率.385

サム・トンプソン
Samuel Luther Thompson
1860.3.5～1922.11.7【出身地】インディアナ州ダンヴィル【球団】1885-88デトロイト　89-98フィラデルフィア　1906タイガース【位置】外野、左
【経歴】頑強な体格で長打を放ち続けた、19世紀を代表する強打者。24歳でプロ入りし、1887年打率.372、203安打、23三塁打、166打点、長打率.565の5部門で1位。ただし当時のルールに基づき、四球を安打として計算すると打率は.407で3位となる。88年は故障に泣いたが、フィラデルフィアに加わった89年は20本塁打（1位）。90年172本、93年は222本で最多安打、94年は打率.415（3位）で、エド・デラハンティ、ビリー・ハミルトンとともに史上唯一の打率4割外野手トリオを形成した。95年は18本塁打、165打点の二冠。外野守備も強肩と正確な送球に定評があった。腰を痛め98年5月に引退したが、1906年46歳でカムバック、8試合で31打数7安打の成績だった。74年殿堂入り。
【通算】15年、1410試合、5998打数1988安打、161三塁打、126本塁打、1308打点、232盗塁（*）、打率.331
【タイトル】首位打者1回（1887年*）本塁打王2回（89,95年）打点王3回（87,94～95年）

ジェイソン・トンプソン
Jason Dolph Thompson
1954.7.6～【出身地】カリフォルニア州ハリウッド【球団】76-80タイガース　80エンジェルズ　81-85パイレーツ　86エクスポズ【位置】一塁、左
【経歴】75年ドラフト4位でタイガースに入団。翌76年早くもレギュラーとなり、77年は31本塁打、105打点。以後4年連続で20本塁打以上を記録した。81年パイレーツに移籍、翌82年31本塁打、101打点、101四球（2位）、出塁率.391と長打率.511はともに5位。80～82年は3年連続で出塁率.390以上、83年も99四球（2位）と選球眼の良さを発揮した。膝の故障により32歳で引退した。
【通算】11年、1418試合、4802打数1253安打、208本塁打、782打点、8盗塁、打率.261
【タイトル】オールスター3回（77～78,82年）

ハンク・トンプソン
Henry Curtis Thompson
1925.12.8 〜 69.9.30【出身地】オクラホマ州オクラホマシティ【球団】47 ブラウンズ 49-56 ジャイアンツ【位置】三塁、外野、左
【経歴】ニグロ・リーグのカンザスシティ・モナークスを経て47年ブラウンズと契約。27試合に出場したのみで翌48年はモナークスへ復帰。同年はバーで男を射殺したが、正当防衛が認められ無罪となる。49年ジャイアンツに入団、50年正三塁手となり、打率.289、20本塁打、91打点。53年は打率.302、24本塁打、翌54年も26本塁打を放った。選球眼に優れ、2度出場したワールドシリーズでは打率.240ながら12四球で.486の高出塁率だった。引退後傷害と強盗の罪で刑務所入りした。
【通算】9年、933試合、3003打数801安打、129本塁打、482打点、33盗塁、打率.267
<ニグロ・リーグの成績>112試合、401打数125安打、7本塁打、50打点、17盗塁、打率.312

ミルト・トンプソン
Milton Bernard Thompson
1959.1.5 〜【出身地】ワシントンD.C.【球団】84-85 ブレーヴス 86-88 フィリーズ 89-92 カーディナルス 93-94 フィリーズ 94-95 アストロズ 96 ドジャース 96 ロッキーズ【位置】外野、左
【経歴】79年1月ドラフト2位でブレーヴスに入団。87年フィリーズでレギュラーとなり、打率.302、46盗塁。カーディナルスに移った89年に自己最多の68打点、91年は打率.307を記録した。93年フィリーズに戻り、同年のワールドシリーズでは17打数5安打、6打点と活躍した。センターの守備でも広い範囲をカバーした。引退後はフィリーズのコーチ。
【通算】13年、1359試合、3761打数1029安打、47本塁打、357打点、214盗塁、打率.274

ロビー・トンプソン
Robert Randall Thompson
1962.5.10 〜【出身地】フロリダ州ウェストパームビーチ【球団】86-96 ジャイアンツ【位置】二塁、右
【経歴】83年ドラフト1位（第2回）でジャイアンツに入団。86年正二塁手に抜擢され、打率.271はまずまずだったが、1試合4盗塁刺の不名誉な記録も作った。88年にはジャイアンツの球団1万号本塁打を放つ。89年11三塁打(1位)、93年は打率.312、19本塁打、65打点と打撃でも活躍したが、本来は守備の人で90年から3年連続で最多併殺を完成させた。野茂英雄がメジャーで最初にヒットを打たれた選手でもある。マリナーズのコーチをしていた2013年に監督代行を務めた。
【通算】11年、1304試合、4612打数1187安打、119本塁打、458打点、103盗塁、打率.257
【タイトル】ゴールドグラブ1回(93年) オールスター2回(88,93年)

マイク・ドンリン
Michael Joseph Donlin
1878.5.30 〜 1933.9.24【出身地】イリノイ州ピオリア【球団】1899-1900 セントルイス 01 オリオールズ 02-04 レッズ 04-06,08,11 ジャイアンツ 11 ブレーヴス 12 パイレーツ 14 ジャイアンツ【位置】外野、左
【経歴】卓越した打撃センスを持ち、通算.333の高打率を残す。01年から08年まで、100試合以上出場した5年間はすべて打率3位以内に食い込み、01・04・08年の3回2位となる。素行の悪さは有名で、02年には傷害の罪で5ヶ月間服役したが、翌03年は.351(3位)の高打率、18三塁打と7本塁打は2位。05年は打率.356(3位)、216安打(2位)。契約のもつれにより07年は全休し、女優だった夫人とともに芸能界で活動。復帰した翌08年はいずれも2位の198安打、106打点。09年は再度芸能界へ転進、11年に復帰したが12年限りで引退。14年代打のみで35試合に出場したのち芸能界に戻った。演技力には一定の評価があり、映画に主演した経験もある。名優ジョン・バリモアとも親友だった。
【通算】12年、1049試合、3854打数1282安打、51本塁打、543打点、213盗塁、打率.333

【ナ】

レイ・ナイト
Charles Ray Knight
1952.12.28 ～【出身地】ジョージア州オルバニー【球団】74,77-81 レッズ　82-84 アストロズ　84-86 メッツ　87 オリオールズ　88 タイガース【位置】三塁、一塁、右
【経歴】70 年ドラフト 10 位でレッズに入団。79 年移籍したピート・ローズに代わり正三塁手となり、打率 .318（3 位）、79 打点、翌 80 年は自己最多の 39 二塁打（4 位）、14 本塁打。アストロズ移籍後の 83 年打率 .304（5 位）、その後不振に陥ったが 86 年はメッツで打率 .298、76 打点でカムバック賞を受賞、ワールドシリーズでも 23 打数 9 安打、5 打点の活躍で MVP に輝いた。96 年レッズ監督に就任したが選手から信頼を得られず、97 年途中解任された。2003 年も 1 試合だけ監督を代行している。夫人は名プロゴルファーのナンシー・ロペス。
【通算】13 年、1495 試合、4829 打数 1311 安打、84 本塁打、595 打点、14 盗塁、打率 .271
【タイトル】オールスター 2 回（80,82 年）
【監督】96-97,2003 レッズ　3 年、262 試合、125 勝 137 敗、勝率 .477

中村紀洋　☆
Norihiro Nakamura
1973.7.24 ～【出身地】大阪府大阪市【球団】2005 ドジャース【位置】三塁、右
【経歴】大阪・渋谷高時代は投手として甲子園に出場。91 年ドラフト 4 位で近鉄に入団し後野手に転向、パワフルなスイングで 2000 年は 39 本塁打、110 打点で二冠王。01 年は打率 .320、46 本塁打、132 打点で優勝に大きく貢献した。02 年オフに FA となり、メッツと一旦契約に合意しながら翻意し近鉄に残留。04 年オフに近鉄がオリックスに吸収されるとポスティングでのメジャー移籍を決意し、05 年マイナー契約でドジャースに入団した。4 月 10 日のダイアモンドバックス戦で初出場、初安打も放ったが、17 試合に打率 .128、0 本塁打で退団。06 年オリックスで日本球界に復帰、40 歳過ぎまで現役を続けた。
【通算】1 年、17 試合、39 打数 5 安打、0 本塁打、3 打点、0 盗塁、打率 .128
【日本】92-2004 近鉄　06 オリックス　07-08 中日　09-10 楽天　11-14 横浜 / DeNA　22 年、2267 試合、7890 打数 2101 安打、404 本塁打、1348 打点、22 盗塁、打率 .266

マイケル中村　☆
Micheal Yoshihide Nakamura
1976.9.6 ～【出身地】奈良県【球団】2003 ツインズ　04 ブルージェイズ【位置】投手、右
【経歴】生まれたのは日本だが、幼少時から母の母国オーストラリアで育つ。96 年に同国のオリンピック野球代表に選ばれ、翌 97 年ツインズに入団、2003 年メジャー昇格。翌 04 年ブルージェイズに移籍するが、前年に続き防御率 7 点台に終わった。日本ハムの入団テストを経て 04 年ドラフト 4 位で入団。変則フォームからの大きく曲がるカーブでリリーフとして活躍、06 年はパ・リーグ新記録の 39 セーブ、日本シリーズでも 3 セーブを稼ぎ、ファイターズ初の日本一に大きく貢献。翌 07 年も 34 セーブを挙げた。Micheal は通常とは異なる珍しい綴り。
【通算】2 年、31 試合、0 先発、0 勝 3 敗 1 S、38.1 回、38 奪三振、防御率 7.51
【日本】2005-08 日本ハム　09-11 巨人　12 西武　8 年、288 試合、2 先発、0 完投、14 勝 9 敗 104 S、317 回、294 奪三振、防御率 2.61

チャールズ・ナギー
Charles Harrison Nagy
1967.5.5 ～【出身地】コネティカット州ブリッジポート【球団】90-2002 インディアンズ　03 パドレス【位置】投手、右
【経歴】低めの変化球で打たせてとる投球が身上の技巧派。88 年のソウル五輪代表メンバーで、同年のドラフト 1 位でインディアンズに入団。91 年 10 勝、翌 92 年は 17 勝、防御率 2.96。オールスターにも選ばれ、ア・リーグの投手で 29 年ぶりの安打を放った。93 年は肩を痛め 2 勝どまりだったが、95 年から 5 年連続で 15 勝以上。96 年は 17 勝（4 位）、防御率 3.41（3 位）でオールスターの先発も任されたが、翌 97 年のワールドシリーズでは第 7 戦でサヨナラヒットを打たれた。引退後はダイアモンドバックス、エンジェルズで投手コーチとして働いた。
【通算】14 年、318 試合、297 先発、31 完投、6 完封、129 勝 105 敗 0 S、1954.2 回、1242 奪三振、防御率 4.51
【タイトル】オールスター 3 回（92,96,99 年）

ジョー・ナックスホール
Joseph Henry Nuxhall

1928.7.30 ～ 2007.11.15【出身地】オハイオ州ハミルトン【球団】44,52-60 レッズ　61 アスレティックス　62 エンジェルズ　62-66 レッズ【位置】投手、左

【経歴】高校在学中の 44 年 6 月 10 日、カーディナルス戦においてリーグ史上最年少の 15 歳 10 ヶ月 11 日で初登板。その後 7 年間のマイナー生活を経験したのち 52 年再昇格、54 年 12 勝、翌 55 年は自己最多の 17 勝（3 位）、5 完封（1 位）。快速球を武器に 58 年まで 5 年連続 2 ケタ勝利を挙げた。61 年アスレティックスにトレードされて以降は不振で、2 年間で 3 球団から解雇されたが、62 年途中レッズに戻ると復活。翌 63 年 15 勝、自己ベストの防御率 2.61 を記録した。通算 15 本塁打の打力も捨てがたかった。引退後は長い間レッズ戦のブロードキャスターとして親しまれた。

【通算】16 年、526 試合、287 先発、83 完投、20 完封、135 勝 117 敗、2302.2 回、1372 奪三振、防御率 3.90

【タイトル】オールスター 2 回（55 ～ 56 年）

ビリー・ナッシュ
William Mitchell Nash

1865.6.24 ～ 1929.11.15【出身地】ヴァージニア州リッチモンド【球団】1884 リッチモンド（AA）　85-89 ボストン　90 ボストン（PL）　91-95 ボストン　96-98 フィラデルフィア【位置】三塁、右

【経歴】4 度守備率 1 位を記録した好守の三塁手で、ボストンの主将を務める。1884 年 19 歳で地元のリッチモンドに入団、同球団の解散にともない翌 85 年ボストンへ移籍。88 年 15 三塁打（3 位）、75 打点（2 位）、91 年も 95 打点で 2 位。93 年自己最多の 123 打点（4 位）、95 年 10 本塁打（5 位）、110 打点と活躍を続けたが、96 年フィラデルフィアへ監督兼任で移籍。1 年限りで選手専任に戻った間にナップ・ラジョイのスカウトに成功した。

【通算】15 年、1553 試合、5867 打数 1616 安打、60 本塁打、983 打点（*）、269 盗塁（*）、打率 .275

【監督】1896 フィラデルフィア　1 年、130 試合、62 勝 68 敗、勝率 .477

ディオネル・ナバロ
Dioner Favian Navarro

1984.2.9 ～【出身地】ベネズエラ共和国カラカス【球団】2004 ヤンキース　05-06 ドジャース　06-10 レイズ　11 ドジャース　12 レッズ　13 カブス　14-15 ブルージェイズ　16 ホワイトソックス　16 ブルージェイズ【位置】捕手、両

【経歴】2000 年ヤンキースでプロ入りし、06 年途中レイズに加入して正捕手の座を獲得。08 年は打率 .295、27 二塁打、54 打点でオールスターに選出され、ワールドシリーズでも 17 打数 6 安打。その後は打撃不振で数球団を転々としたが、ブルージェイズへ移った 14 年は 139 試合、132 安打、69 打点のすべてで自己最高を記録した。

【通算】13 年、1009 試合、3207 打数 802 安打、77 本塁打、367 打点、14 盗塁、打率 .250

【タイトル】オールスター 1 回（2008 年）

ハイメ・ナバロ
Jaime Navarro

1967.3.27 ～【出身地】プエルトリコ・バヤモン【球団】89-94 ブルワーズ　95-96 カブス　97-99 ホワイトソックス　2000 ブルワーズ　00 インディアンズ【位置】投手、右

【経歴】オリオールズからのドラフト指名を 2 度拒否し、87 年ブルワーズの 3 位指名で入団。スライダーを決め球に 91 年 15 勝、92 年 17 勝。94 年は防御率 6.62 と大きく落ち込んだが、カブスに移籍した 95 年は 14 勝（5 位）、続く 96 年も 15 勝。カッとなりやすい性質なのが欠点で、97 年以降は 4 年間で 25 勝 49 敗、防御率 6.32 だった。その後は独立リーグを経てイタリアでも 3 年間投げた。父フリオもメジャーの投手。

【通算】12 年、361 試合、309 先発、32 完投、8 完封、116 勝 126 敗 2 S、2055.1 回、1113 奪三振、防御率 4.72

マイク・ナポリ
Michael Anthony Napoli

1981.10.31 ～【出身地】フロリダ州ハリウッド【球団】2006-10 エンジェルズ　11-12 レンジャーズ　13-15 レッドソックス　15 レンジャーズ　16 インディアンズ　17 レンジャーズ【位置】一塁、捕手、右

【経歴】2000 年ドラフト 17 位でエンジェルズに入団。06 年メジャーに昇格して初打席本塁打、99 試合で 16 本塁打。08 年から 5 年連続 20 本塁打以上、レンジャーズに移籍した 11 年は打率 .320、30 本塁

打。ワールドシリーズでも20打数7安打、2本塁打で10打点を叩き出した。16年はインディアンズで自己最多の34本塁打、109打点。11年のレンジャーズ、13年のレッドソックスに続いて3球団でのリーグ優勝を経験した。捕手としては守備面の評価が低く、13年以降は一塁やDHで出場した。
【通算】12年、1392試合、4572打数1125安打、267本塁打、774打点、39盗塁、1468三振、打率.246
【タイトル】オールスター1回（2012年）

【ニ】

オーティス・ニクソン
Otis Junior Nixon
1959.1.9～【出身地】ノースカロライナ州エヴァーグリーン【球団】83ヤンキース　84-87インディアンズ　88-90エクスポズ　91-93ブレーヴス　94レッドソックス　95レンジャーズ　96-97ブルージェイズ　97ドジャース　98ツインズ　99ブレーヴス
【位置】外野、両
【経歴】9球団をわたり歩いた俊足の外野手。79年ドラフト1位（第2回）でヤンキースに入団、83年AAA級で94盗塁しメジャーに昇格。打撃が弱く定着できずにいたが、88年はエクスポズで90試合に46盗塁（4位）。ブレーヴスに移った91年は打率.297、麻薬の使用による出場停止処分でタイトルこそ逸したが、自己最多の72盗塁（2位）、6月16日に1試合6盗塁のタイ記録を達成した。翌92年のワールドシリーズでは5盗塁。30代後半になっても足は衰えず、95年も50盗塁（2位）、以後3年連続で50盗塁以上を決めた。弟ドネルも俊足で、83年にA級で144盗塁したが、メジャーでは4年間で47盗塁にとどまった。
【通算】17年、1709試合、5115打数1379安打、11本塁打、318打点、620盗塁（16位）、打率.270

トロット・ニクソン
Christopher Trotman Nixon
1974.4.11～【出身地】ノースカロライナ州ダーラム【球団】96,98-2006レッドソックス　07インディアンズ　08メッツ【位置】外野、左
【経歴】93年ドラフト1位（全体7位）でレッドソックスに入団。2001年27本塁打、同年から3年連続で20本以上。02年は自己最多の36二塁打、94打点。03年は打率.306、28本塁打、ディヴィジョンシリーズ第3戦の延長11回にサヨナラ本塁打。ヤンキースとのリーグ優勝決定シリーズでも3本塁打と気を吐いた。翌04年のワールドシリーズでは14打数5安打、世界一を決めた第4戦は3安打2打点の活躍。外野守備にも定評があり、ダイビングキャッチなどの全力プレイが特徴だった。
【通算】12年、1092試合、3627打数995安打、137本塁打、555打点、30盗塁、打率.274

ジョー・ニークロ
Joseph Franklin Niekro

1944.11.7 ～ 2006.10.27【出身地】オハイオ州マーティンズフェリー【球団】67-69 カブス　69 パドレス　70-72 タイガース　73-74 ブレーヴス　75-85 アストロズ　85-87 ヤンキース　87-88 ツインズ【位置】投手、右

【経歴】殿堂入りの大投手フィルを兄に持つ好投手。66 年ドラフト 3 位（第 2 回）でカブスに入団、翌 67 年メジャーに昇格し 10 勝、68 年も 14 勝と順調なスタートを切ったが 71 年以降リリーフに回り、その後は今一つの年が続く。73 ～ 74 年はフィルとチームメイトとなり、この間にナックルボールを完成させ、77 年 7 年ぶりの 2 ケタとなる 13 勝。79 年は 5 完封（1 位）を含む 21 勝で兄弟揃って最多勝の快挙を達成。翌 80 年も 20 勝（2 位）、ドジャースとの地区優勝決定戦で勝利投手となった。

82 年 17 勝（5 位）、自己ベストの防御率 2.47（2 位）。85 年途中ヤンキースに移籍、11 年ぶりに再びフィルとチームメイトとなる。87 年途中ツインズに移り、不正投球で出場停止にもなったが、フィルが果たせなかったワールドシリーズ出場を 21 年目にして実現した。通算で 11 回 2 ケタ勝利を記録、43 歳で引退。ポストシーズンは 0 勝ながら通算 3 試合、20 回を無失点に抑えた。76 年 5 月 29 日に自己唯一の本塁打をフィルから放った。息子のランスは内野手。

【通算】22 年、702 試合、500 先発、107 完投、29 完封、221 勝 204 敗 16 S、3584.1 回、1747 奪三振、1262 四球、防御率 3.59

【タイトル】最多勝 1 回（79 年）オールスター 1 回（79 年）

フィル・ニークロ
Philip Henry Niekro

1939.4.1 ～ 2020.12.27【出身地】オハイオ州ブレイン【球団】64-83 ブレーヴス　84-85 ヤンキース　86-87 インディアンズ　87 ブルージェイズ　87 ブレーヴス【位置】投手、右

【経歴】ナックルボールを駆使して 24 年間、48 歳まで投げ続けた大投手。64 年 25 歳でメジャーに昇格、67 年リリーフから先発に転向し 11 勝、防御率 1.87（1 位）。69 年 23 勝（2 位）、73 年 8 月 5 日のパドレス戦でノーヒットノーラン。翌 74 年は 20 勝で最多勝、以後 6 年間で 4 回最多完投、最多投球回。77 年リーグ最多の 262 奪三振、79 年まで 3 年連続 200 奪三振以上。79 年は 21 勝を挙げ、弟ジョーと揃って最多勝に輝いた一方で、20 敗もリーグワースト。77 年から 4 年連続で最多敗戦を喫した。

20 年在籍したブレーヴスから 84 年ヤンキースに移籍し 16 勝、防御率 3.09（4 位）。翌 85 年の最終戦では最後の打者を除いてナックルを投げずに通算 300 勝目。これは当時の最高齢記録となる 46 歳 188 日での完封勝利でもあった。67 ～ 86 年の 20 年間は、ストライキで中断した 81 年を除き毎年 2 ケタ勝利、200 投球回以上。87 年は最後に古巣ブレーヴスで 1 試合のみ投げ引退した。その後一時女子プロ野球の監督を務めた。ジョーと二人で挙げた合計 539 勝は、兄弟での史上最多勝記録。暴投 226 回は 1900 年以降ではノーラン・ライアンに次ぐ多さだった。97 年殿堂入り。

【通算】24 年、864 試合、716 先発（5 位）、245 完投、45 完封（29 位）、318 勝（16 位）274 敗（5 位）29 S、5404 回（4 位）、3342 奪三振（13 位）、1809 四球（3 位）、防御率 3.35

【タイトル】最多勝 2 回（74,79 年）最優秀防御率 1 回（67 年）最多奪三振 1 回（77 年）ゴールドグラブ 5 回（78 ～ 80,82 ～ 83 年）オールスター 5 回（69,75,78,82,84 年）

キッド・ニコルズ
Charles Augustus Nichols (Kid)

1869.9.14 ～ 1953.4.11【出身地】ウィスコンシン州マディソン【球団】1890-1901 ブレーヴス　04-05 カーディナルス　05-06 フィリーズ【位置】投手、右

【経歴】史上最多の 30 勝 7 回を記録した大投手で、1890 年代に 5 度の優勝を遂げたボストンのエースとして君臨。変化球に頼らず、ストレートの球速を変えて打者を打ち取った。1890 年新人で 27 勝、7 完封（1 位）、防御率 2.23（2 位）、222 奪三振(3 位)。翌 91 年から 4 年連続 30 勝、92 年に自己最多の 35 勝（3 位）。1 年おいて 96 年から再び 3 年連続 30 勝以上で最多勝に輝く。90 ～ 94 年に 5 年連続 400 回以上、99 年まで 10 年連続で 300 回以上投げながら、故障とは無縁だった。

最盛時には最高給選手の一人だったが、ブレーヴスのオーナーが約束した金額を

払わなかったため、1902 ～ 03 年はマイナー球団のカンザスシティでオーナー兼投手として過ごす。04 年監督兼任でメジャーに復帰し 21 勝（4 位）、防御率 2.02（5 位）と健在ぶりを示した。引退後は映画ビジネスに手を染める一方、ボウリングの選手として長く活躍した。49 年殿堂入り。
【通算】15 年、621 試合、562 先発（25 位）、532 完投（4 位）、48 完封（25 位）、362 勝（6 位）208 敗、5067.1 回（11 位）、1881 奪三振、1272 四球、防御率 2.96
【タイトル】最多勝 3 回（1896 ～ 98 年）
【監督】1904-05　カーディナルス　2 年、169 試合、80 勝 88 敗、勝率 .476

チェット・ニコルズ
Chester Raymond Nichols
1931.2.22 ～ 95.3.27【出身地】ロードアイランド州ポータケット【球団】51,54-56 ブレーヴス　60-63 レッドソックス　64 レッズ【位置】投手、左
【経歴】51 年 20 歳でメジャーに昇格、左腕からのカーブで 11 勝、防御率 2.88 で 1 位となる。続く 2 年間は兵役につき、復帰後 54 ～ 55 年に 9 勝ずつを挙げたがその後は冴えなかった。引退後は銀行家となり、故郷ポータケットで AAA 球団の副社長も務めた。父チェット・シニアも 6 年間投手としてメジャー経験を持つ。
【通算】9 年、189 試合、71 先発、23 完投、4 完封、34 勝 36 敗、603.1 回、266 奪三振、防御率 3.64
【タイトル】最優秀防御率 1 回（51 年）

ビル・ニコルソン
William Beck Nicholson
1914.12.11 ～ 96.3.8【出身地】メリーランド州チェスタータウン【球団】36 アスレティックス　39-48 カブス　49-53 フィリーズ【位置】外野、左
【経歴】40 年レギュラーとなりリーグ 2 位の 25 本塁打、98 打点。以後 5 年連続 20 本塁打以上、43 年は 29 本塁打、128 打点で二冠王。44 年も 33 本塁打、122 打点で 2 年連続二冠王、MVP 投票では 1 ポイント差で次点だった。同年 7 月 23 日は 4 打数連続本塁打を放ち、次の打席では満塁で敬遠された。45 年のワールドシリーズでは打率 .214 ながら 8 打点。49 年のフィリーズ移籍後は糖尿病を患い控えに回った。併殺打は少なく、年間 10 本以上は一度もなかった。
【通算】16 年、1677 試合、5546 打数 1484 安打、235 本塁打、948 打点、27 盗塁、打率 .268
【タイトル】本塁打王 2 回（43 ～ 44 年）打点王 2 回（43 ～ 44 年）オールスター 5 回（40 ～ 41,43 ～ 45 年）

西岡剛　☆
Tsuyoshi Nishioka
1984.7.27 ～【出身地】奈良県奈良市【球団】2011-12 ツインズ【位置】遊撃、両
【経歴】大阪桐蔭高から 2002 年ドラフト 1 位でロッテに入団。俊足のスイッチヒッターで、05・06 年に 2 年連続盗塁王、10 年はパ・リーグではイチロー以来 2 人目の大台となる 206 安打を放ち、打率 .346 で首位打者となる。同年オフにポスティングを申請し、532 万ドルでツインズが落札、3 年契約を結ぶ。11 年は正遊撃手としてスタートを切るも、開幕早々スライディングを受けて左足腓骨骨折の重傷を負い、68 試合で打率 .226、守備でも 12 失策と精彩を欠く。翌 12 年は 3 試合で 12 打数 0 安打に終わり、契約を 1 年残しながら退団。13 年阪神で日本に復帰した。
【通算】2 年、71 試合、233 打数 50 安打、0 本塁打、20 打点、2 盗塁、打率 .215
【日本】2003-10 ロッテ　13-18 阪神　14 年、1125 試合、4140 打数 1191 安打、61 本塁打、383 打点、196 盗塁、打率 .288

ボブ・ニーマン　☆
Robert Charles Nieman
1927.1.26 ～ 85.3.10【出身地】オハイオ州シンシナティ【球団】51-52 ブラウンズ　53-54 タイガース　55-56 ホワイトソックス　56-59 オリオールズ　60-61 カーディナルス　61-62 インディアンズ　62 ジャイアンツ【位置】外野、右
【経歴】51 年 9 月 14 日の初打席で初球を本塁打、続く第 2 打席も本塁打と鮮やかなデビューを飾る。56 年は打率 .320（5 位）に加え 90 四球を選び、出塁率 .436 は 3 位。通算でも出塁率は .373 に達する。59 年に自己最多の 21 本塁打を放った。63 年中日に入団、規定打席不足ながら打率 .301 を記録。帰国後は長くスカウトを務めた。
【通算】12 年、1113 試合、3452 打数 1018 安打、125 本塁打、544 打点、10 盗塁、打率 .295
【日本】63 中日　1 年、110 試合、355 打数 107 安打、13 本塁打、53 打点、1 盗塁、打率 .301

ブランドン・ニモ　★
Brandon Tate Nimmo
1993.3.27 ～【出身地】ワイオミング州シャイアン【球団】2016-24 メッツ【位置】外野、左
【経歴】2011 年ドラフト 1 位でメッツに入団、レギュラーに定着した 18 年は 80 四球に加え、リーグ最多の 22 死球を当てられ出塁率 .404。20、21 年も出塁率は 4 割を超えた。23 年に自己最多の 24 本塁打、翌 24 年は .224 の低打率ながら 90 打点を叩き出した。性格の良さも評判で、ハッスルプレイを売り物としている。
【通算】9 年、911 試合、3136 打数 820 安打、110 本塁打、371 打点、41 盗塁、打率 .261

ドン・ニューカム　☆
Donald Newcombe
1926.6.14 ～ 2019.2.19【出身地】ニュージャージー州マディソン【球団】49-51,54-58 ドジャース　58-60 レッズ　60 インディアンズ【位置】投手、右
【経歴】史上初めて MVP、サイ・ヤング賞、新人王の 3 つの賞を手にした名投手。ニグロ・リーグのニューアーク・イーグルスを経て 46 年ドジャースと契約、49 年メジャーに昇格し、初先発を完封勝利で飾る。速球と大きなカーブで同年 17 勝 (4 位)、5 完封 (1 位)、149 奪三振 (2 位) で新人王を受賞。翌 50 年 19 勝 (4 位)、51 年は 20 勝、164 奪三振 (1 位) と活躍を続けたが、52 ～ 53 年は兵役につく。復帰 2 年目の 55 年 20 勝 (2 位)、続く 56 年は 27 勝 (1 位)、防御率 3.06 (2 位) で、MVP と同年から制定されたサイ・ヤング賞をダブル受賞した。
　3 回出場したワールドシリーズでは振るわず、通算 0 勝 4 敗、防御率 8.59。58 年開幕から 6 連敗しレッズへ放出。翌 59 年 13 勝と立ち直るが、60 年限りで引退した。フィールディングも良く、打撃も魅力で通算打率 .271、15 本塁打。55 年は打率 .359、2 度の 1 試合 2 本を含む 7 本塁打を放った。62 年途中打者として中日と契約、81 試合で 12 本塁打を放った。引退後アルコールで身を持ち崩したが立ち直り、ドジャースで地域活動に携わった。
【通算】10 年、344 試合、294 先発、136 完投、24 完封、149 勝 90 敗、2154.2 回、1129 奪三振、防御率 3.56
【タイトル】MVP1 回 (56 年) サイ・ヤング賞 1 回 (56 年) 新人王 (49 年) 最多勝 1 回 (56 年) 最多奪三振 1 回 (51 年) オールスター 4 回 (49 ～ 51,55 年)
＜ニグロ・リーグの成績＞ 15 試合、11 先発、9 完投、0 完封、4 勝 6 敗、92.1 回、56 奪三振、防御率 3.80
【日本】62 中日　1 年、81 試合、279 打数 73 安打、12 本塁打、43 打点、0 盗塁、打率 .262

スキーター・ニューサム
Lamar Ashby Newsome (Skeeter)
1910.10.18 ～ 89.8.31【出身地】アラバマ州フェニックスシティ【球団】35-39 アスレティックス　41-45 レッドソックス　46-47 フィリーズ【位置】遊撃、二塁、右
【経歴】細身の内野手で守備は良かったものの、打撃は確実性、長打力、選球眼のいずれも平均以下。45 年は打率 .290、30 二塁打 (5 位) と健闘したが、ボビー・ドーアが兵役から復帰したため放出の憂き目を見た。南部の生まれだが、47 年にフィリーズがジャッキー・ロビンソンに対するストライキを画策した際には、先頭に立って反対の声を上げた。引退後はマイナーで監督をしたのち、テレビ局員に転職した。
【通算】12 年、1128 試合、3716 打数 910 安打、9 本塁打、292 打点、67 盗塁、打率 .245

ボボ・ニューサム
Louis Norman Newsom (Bobo)
1907.8.11 ～ 62.12.7【出身地】サウスカロライナ州ハーツヴィル【球団】29-30 ドジャース　32 カブス　34-35 ブラウンズ　35-37 セネターズ　37 レッドソックス　38-39 ブラウンズ　39-41 タイガース　42 セネターズ　42-43 ドジャース　43 ブラウンズ　43 セネターズ　44-46 アスレティックス　46-47 セネターズ　47 ヤンキース　48 ジャイアンツ　52 セネターズ　52-53 アスレティックス【位置】投手、右
【経歴】史上最もユニークな球歴と性格の持ち主。20 年のメジャー生活でのべ 17 球団をわたり歩き、セネターズに 5 回、ブラウンズには 3 回、ドジャースとアスレティックスにも 2 回ずつ在籍、シーズン途中での移籍は実に 9 回を数えた。上手、横手、スリークォーターと変幻自在の投法で、34 年から 11 年連続 2 ケタ勝利。34 年 9 月 18 日のレッドソックス戦は 9.2 回を無安打に封じていたが延長 10 回で敗戦投手となる。37 年から 5 年連続で奪三振

数2位、38年は防御率5.08ながらも20勝と226奪三振は2位、31完投と329.2回は1位。以後3年連続20勝、40年は21勝、防御率2.83、164奪三振がいずれも2位、ワールドシリーズでも2勝、防御率1.38。第5戦では3日前の父の死を乗り越え完封勝利を収め、感動を呼んだ。

42年は終盤ナ・リーグに移籍しながらも、113奪三振はア・リーグ1位。48年0勝に終わりマイナーへ降格したが、52年44歳で復帰し4ディケード・プレイヤーの仲間入りを果たす。自動車で転落事故を起こしたり、動物に蹴られて足を折ったりと選手生活を通じて奇妙なケガが絶えなかったが、46歳まで現役を続けた。親しみやすく、細かいことを気にしない性格で、他人を呼ぶ時は監督であろうと、誰彼かまわず"ボボ"と呼ぶのでそれがニックネームとなった。最多敗戦を4回喫しており、200勝以上で勝率5割以下はジャック・パウエルと2人だけである。

【通算】20年、600試合、483先発、246完投、31完封、211勝222敗(25位)、3759.1回、2082奪三振、1732四球(6位)、防御率3.98

【タイトル】最多奪三振1回(42年)オールスター4回(38～40,44年)

ハル・ニューハウザー

Harold Newhouser

1921.5.20～98.11.10【出身地】ミシガン州デトロイト【球団】39-53タイガース 54-55インディアンズ【位置】投手、左

【経歴】2年連続MVPを受賞した唯一の投手。左腕からの速球とカーブが素晴らしく、ピンチにも動じない冷静さを持っていた。地元デトロイトの高校で活躍したのちタイガースに入団、39年18歳でデビュー。翌40年ローテーション入りするが当初は制球に苦しみ、43年までは通算34勝52敗と平凡な成績。44年29勝、187奪三振の両部門で1位、防御率2.22も2位と開花しMVPに輝く。翌45年は25勝、防御率1.81、29完投、8完封、313.1回、212奪三振がみな1位の圧倒的な成績で2年連続MVP、ワールドシリーズでも2勝を挙げた。

戦時中の選手不足の時だから活躍できたと陰口も叩かれたが、46年は26勝、防御率1.94の両部門で1位、48年も4度目の最多勝となる21勝で改めて実力を証明した。引退後にアストロズでスカウトをしていたが、92年のドラフトで推薦したデレク・ジーターを球団が指名しなかったことに抗議して辞職した。92年殿堂入り。中日で活躍、アスレティックスなどの監督を務めたケン・モッカは従兄弟にあたる。

【通算】17年、488試合、374先発、212完投、33完封、207勝150敗、2993回、1796奪三振、1249四球、防御率3.06

【タイトル】MVP2回(44～45年)最多勝4回(44～46,48年)最優秀防御率2回(45～46年)最多奪三振2回(44～45年)オールスター7回(42～48年)

グリーシー・ニール

Alfred Earle Neale (Greasy)

1891.11.5～1973.11.2【出身地】ウェストヴァージニア州パーカーズバーグ【球団】16-20レッズ 21フィリーズ 21-22,24レッズ【位置】外野、左

【経歴】16年レギュラーとなり、19年自己最多の12三塁打(3位)、54打点、ワールドシリーズではチーム最多の10安打を放ち世界一に貢献。翌20年は29盗塁(5位)を決めた。同時期にプロフットボールでも活躍、指導者としても優秀で21年にコーチとしてワシントン&ジェファーソン大学をローズボウルに導く。40年代にはフィラデルフィア・イーグルスを率いて2度リーグ制覇、プロと大学の両方で殿堂入りした。

【通算】8年、768試合、2661打数688安打、8本塁打、200打点、139盗塁、打率.259

デイヴ・ニルソン ☆

David Wayne Nilsson

1969.12.14～【出身地】オーストラリア・ブリスベン【球団】92-99ブルワーズ【位置】捕手、外野、一塁、左

【経歴】87年ブルワーズに入団、メジャー昇格時は捕手だったが、膝を痛めて95年外野に転向。翌96年自己最高の打率.331、33二塁打、84打点。99年は5年ぶりに捕手に復帰し、115試合で打率.309、21本塁打を放った。母国オーストラリアでの野球の普及活動にも熱心で、99年にオーストラリア・リーグの経営権を取得。地元のシドニー五輪に出場するため2000年はメジャーと契約せず、五輪への参加を認めた中日に"ディンゴ"の登録名で入団したが、活躍できず途中解雇された。04年のアテネ五輪では銀メダル獲得に貢献、06年の第1回WBCにも出場。19年に代表チームの監督に就任した。

【通算】8 年、837 試合、2779 打数 789 安打、105 本塁打、470 打点、15 盗塁、打率 .284
【タイトル】オールスター 1 回 (99 年)
【日本】2000 中日　1 年、18 試合、61 打数 11 安打、1 本塁打、8 打点、0 盗塁、打率 .180

ジョー・ニーロン
James Joseph Nealon
1884.12.15 ～ 1910.4.2【出身地】カリフォルニア州サンフランシスコ【球団】06-07 パイレーツ【位置】一塁、右
【経歴】06 年に複数球団の争奪戦の末パイレーツに加わり、12 三塁打 (3 位)、リーグ最多の 83 打点と期待に応える。翌 07 年に 105 試合で 47 打点に終わると、メジャーを去ってカリフォルニアへ帰郷した。腸チフスに罹り、10 年に 25 歳で死去している。
【通算】2 年、259 試合、937 打数 240 安打、3 本塁打、130 打点、26 盗塁、打率 .256
【タイトル】打点王 1 回 (06 年)

【ヌ】

アブラアム・ヌニェス
Abraham Orlando Nunez
1976.3.16 ～【出身地】ドミニカ共和国サントドミンゴ【球団】97-2004 パイレーツ　05 カーディナルス　06-07 フィリーズ　08 メッツ【位置】三塁、遊撃、二塁、両
【経歴】94 年ブルージェイズに入団、パイレーツに移籍した 97 年にメジャー昇格。内野ならどこでもこなし、2001 年から 7 年連続で 100 試合以上に出場。03 年 7 三塁打 (5 位)、05 年は自身唯一の 100 本以上となる 120 安打を放ち、打率 .285、5 本塁打、44 打点はすべて自己記録。プレイオフでも 24 打数 9 安打、出場全試合でヒットを打った。
【通算】12 年、1030 試合、2486 打数 601 安打、18 本塁打、209 打点、38 盗塁、打率 .242

【ネ】

デニー・ネイグル
Dennis Edward Neagle
1968.9.13 ～【出身地】メリーランド州ギャンブリルズ【球団】91 ツインズ　92-96 パイレーツ　96-98 ブレーヴス　99-2000 レッズ　00 ヤンキース　01-03 ロッキーズ【位置】投手、左
【経歴】89 年ドラフト 3 位でツインズに入団、パイレーツ移籍後の 94 年からローテーションに加わる。サークル・チェンジを駆使し、95 年リーグ最多の 209.2 回を投げ 13 勝、続く 96 年は 14 勝したあとブレーヴスに移り合計 16 勝（5 位）。97 年は 20 勝で最多勝、防御率 2.97 も自己ベスト。2001 年に 5 年 5100 万ドルの大型契約でロッキーズに移籍したものの、3 年間で防御率 5.57 とまったく活躍できなかった上、私生活上の問題も起こし 04 年に解雇された。
【通算】13 年、392 試合、286 先発、20 完投、7 完封、124 勝 92 敗 3 S、1890.1 回、1415 奪三振、防御率 4.24
【タイトル】最多勝 1 回（97 年）オールスター 2 回（95,97 年）

ジョー・ネイサン
Joseph Michael Nathan
1974.11.22 ～【出身地】テキサス州ヒューストン【球団】99-2000,02-03 ジャイアンツ　04-09,11 ツインズ　12-13 レンジャーズ　14-15 タイガース　16 カブス　16 ジャイアンツ【位置】投手、右
【経歴】2000 年代を代表する抑え投手。95 年ドラフト 6 位でジャイアンツに入団、99 年は主に先発で 7 勝を挙げる。2003 年リリーフに転向し、78 試合に登板して 12 勝。ツインズに移籍した 04 年は抑えを任され 44 セーブ（3 位）、防御率 1.62、6 ～ 8 月にかけて 29 回連続無失点を記録する。快速球に加えスライダーも天下一品で、09 年は自己最多の 47 セーブ（2 位）、同年まで 6 年連続で 36 セーブ以上。この間 4 回防御率 1 点台と抜群の安定感だった。10 年は肘の手術のため全休、レンジャーズに移籍した 12 年に 37 セーブ（5 位）と復活すると、続く 13 年も 43 セーブ（4 位）、防御率 1.39 の好成績だった。
【通算】16 年、787 試合、29 先発、0 完投、64 勝 34 敗 377 S（10 位）、923.1 回、976 奪三振、防御率 2.87
【タイトル】オールスター 6 回（2004 ～ 05,08 ～ 09,12 ～ 13 年）

ゼイヴィア・ネイディ
Xavier Clifford Nady
1978.11.14 ～【出身地】カリフォルニア州サリナス【球団】2000,03-05 パドレス　06 メッツ　06-08 パイレーツ　08-09 ヤンキース　10 カブス　11 ダイアモンドバックス　12 ナショナルズ　12 ジャイアンツ　14 パドレス【位置】外野、右
【経歴】2000 年ドラフト 2 位でパドレスに入団、マイナーを経ずにデビューし初打席で初安打を放つ。パイレーツ移籍後の 07 年に 20 本塁打、翌 08 年は 89 試合で .330 の高打率を残し、シーズン途中でヤンキースに移籍。年間では打率 .305、37 二塁打、25 本塁打、97 打点の自己最高成績を残した。左腕に強い点を評価されていたが、09 年に肘を手術してからは長打力が衰え活躍できなかった。
【通算】12 年、961 試合、2969 打数 797 安打、104 本塁打、410 打点、19 盗塁、打率 .268

オットー・ネイブ
Franz Otto Knabe
1884.6.12 ～ 1961.5.17【出身地】ペンシルヴェニア州キャリック【球団】05 パイレーツ　07-13 フィリーズ　14-15 ボルティモア（FL）　16 パイレーツ　16 カブス【位置】二塁、右
【経歴】好守の二塁手で、フィリーズ時代はミッキー・ドゥーリンと鉄壁の二遊間を形成。08 年 26 二塁打（4 位）、11 年は打率 .237 ながら 94 四球（5 位）を選んだ。08 年の 42 個を最多として 4 回犠打で 1 位になっている。14 ～ 15 年はフェデラル・リーグのボルティモアで監督を兼任した。
【通算】11 年、1278 試合、4469 打数 1103 安打、8 本塁打、365 打点、143 盗塁、打率 .247
【監督】14-15 ボルティモア（FL）　2 年、314 試合、131 勝 177 敗、勝率 .425

フィル・ネヴィン
Phillip Joseph Nevin
1971.1.19 ～【出身地】カリフォルニア州フラートン【球団】95 アストロズ　95-97 タイガース　98 エンジェルズ　99-2005 パドレス　05-06 レンジャーズ　06 カブス　06 ツインズ【位置】三塁、捕手、右
【経歴】92 年に大学最優秀選手に選ば

れ、バルセロナ五輪に出場。同年ドラフト全体1位でアストロズに入団するがなかなか芽が出ず、一時は捕手にコンバートされた。99年パドレスに移籍し24本塁打と開花、翌2000年は打率.303、31本塁打、107打点。01年はすべて自己記録となる打率.306、4本の満塁弾を含む41本塁打、126打点。現役最後の06年は3球団で22本塁打を放った。引退後はジャイアンツやヤンキースでコーチとして働いたのち、22年途中からエンジェルズ監督を代行。ドラフト全体1位指名で初の監督となった。息子のタイラーもメジャーリーガーで、25年西武に入団。
【通算】12年、1217試合、4188打数1131安打、208本塁打、743打点、18盗塁、1019三振、打率.270
【タイトル】オールスター1回(2001年)
【監督】2022-23エンジェルズ 2年、268試合、119勝149敗、勝率.444

ボブ・ネッパー
Robert Wesley Knepper
1954.5.25～【出身地】オハイオ州アクロン【球団】76-80ジャイアンツ 81-89アストロズ 89-90ジャイアンツ【位置】投手、左
【経歴】72年ドラフト2位でジャイアンツに入団。打者のタイミングを巧妙に外し、78年6完封(1位)を含む17勝、防御率2.63は4位。その後2年間不振だったが、アストロズに移った81年5完封を含む9勝、防御率2.18(2位)でカムバック賞を受賞。84年6年ぶりの2ケタとなる15勝、86年は5完封(1位)、自己最多の17勝(5位)を挙げた。88年はキャンプ中の女性差別発言が物議をかもした。
【通算】15年、445試合、413先発、78完投、30完封、146勝155敗1S、2708回、1473奪三振、防御率3.68
【タイトル】オールスター2回(81,88年)

グレイグ・ネトルズ
Graig Nettles
1944.8.20～【出身地】カリフォルニア州サンディエゴ【球団】67-69ツインズ 70-72インディアンズ 73-83ヤンキース 84-86パドレス 87ブレーヴス 88エクスポズ【位置】三塁、左
【経歴】果敢なダイビングキャッチで名を馳せた好守・強打の三塁手。65年ドラフト4位でツインズに入団、当時は外野手で70年インディアンズに移り三塁に転向、同年26本塁打、翌71年は412補殺、54併殺の両部門でメジャー記録を樹立。73年ヤンキースに移籍、74年は違法バット使用で10日間の出場停止になる。76年リーグ最多の32本塁打、翌77年は自己最多の37本塁打(2位)、107打点。78年のワールドシリーズでは再三のファインプレイを演じた。
81年のリーグ優勝決定シリーズは9打点でMVPを受賞。皮肉を利かせたコメントの数々でも知られ、82年主将に就任したが、オーナーのジョージ・スタインブレナーを批判して84年故郷のパドレスへ放出。20本塁打、8月には6試合連続本塁打を放ち初優勝に貢献した。確実性には乏しく、78年の.276が最高打率だった。弟のジムもメジャーリーガーで、75年は南海に在籍した。
【通算】22年、2700試合、8986打数2225安打、328二塁打、28三塁打、390本塁打、1314打点、32盗塁、1088四球、1209三振、打率.248
【タイトル】本塁打王1回(76年) ゴールドグラブ2回(77～78年) オールスター6回(75,77～80,85年)

アート・ネーフ
Arthur Neukom Nehf
1892.7.31～1960.12.18【出身地】インディアナ州テレホート【球団】15-19ブレーヴス 19-26ジャイアンツ 26-27レッズ 27-29カブス【位置】投手、左
【経歴】制球の良い左腕で、カーブを武器に17年17勝、41回連続無失点、翌18年も15勝、28完投(1位)とエース級の働きを見せる。19年4選手プラス5万5000ドルでジャイアンツへ移り、翌20年自己最多の21勝(4位)。21年も20勝(3位)、ワールドシリーズでは2敗を喫するも最終第8戦で完封勝利。続く22年のシリーズも第5戦で完投勝ちし、2年連続で優勝投手となった。23年も第3戦で完封し、シリーズ通算4勝、防御率2.16と大舞台での強さを発揮した。25年まで9年連続2ケタ勝利、その後2年間で4勝と苦しんだが、28年は13勝、防御率2.65(3位)と復活した。
【通算】15年、451試合、320先発、181完投、27完封、184勝120敗、2707.2回、844奪三振、防御率3.20

▼ナ行

エクトル・ネリス　★
Hector Neris
1989.6.14 ～【出身地】ドミニカ共和国ビヤアルタグラシア【球団】2014-21 フィリーズ　22-23 アストロズ　24 カブス　24 アストロズ【位置】投手、右
【経歴】2010 年フィリーズに入団。スプリッターを武器とするリリーフ投手で 17 年 26 セーブ、19 年は 28 セーブ。アストロズに移籍した 22 年のポストシーズンは 8 試合に投げ 2 勝、6 イニングで走者を 2 人しか出さず世界一に貢献した。続く 23 年も 71 試合に投げ、防御率 1.71 は自己ベストだった。
【通算】11 年、608 試合、0 先発、43 勝 41 敗 107 S、600.2 回、740 奪三振、防御率 3.33

ジェフ・ネルソン
Jeffrey Allan Nelson
1966.11.17 ～【出身地】メリーランド州ボルティモア【球団】92-95 マリナーズ　96-2000 ヤンキース　01-03 マリナーズ　03 ヤンキース　04 レンジャーズ　05 マリナーズ　06 ホワイトソックス【位置】投手、右
【経歴】身長 2m の大型サイドスローで、切れ味鋭いスライダーで有名だった。84 年ドラフト 22 位でドジャースに入団し、87 年マリナーズにルール 5 ドラフトで移籍、95 年は自己ベストの防御率 2.17。2000 年は 73 試合に投げ 8 勝を挙げたが、ワールドシリーズ第 2 戦では、シリーズ通算 12 試合目にして初めて自責点を与えた。01 年マリナーズに復帰、69 試合で防御率 2.76 と好投し地区優勝に貢献した。
【通算】15 年、798 試合、0 先発、48 勝 45 敗 33 S、784.2 回、829 奪三振、防御率 3.41
【タイトル】オールスター 1 回（2001 年）

ロブ・ネン
Robert Allen Nen
1969.11.28 ～【出身地】カリフォルニア州サンペドロ【球団】93 レンジャーズ　93-97 マーリンズ　98-2002 ジャイアンツ【位置】投手、右
【経歴】160km を超す速球を投げた剛腕ストッパー。87 年ドラフト 32 位でレンジャーズに入団したが、制球力に欠け 93 年途中マーリンズに移籍。翌 94 年から抑えを任され、97 年は 35 セーブを挙げた。人件費削減策のあおりを受け 98 年ジャイアンツへ放出され 40 セーブ（4 位）、88.2 回で 110 三振を奪う。2000 年は 41 セーブ（3 位）、自己ベストの防御率 1.50、続く 01 年は 45 セーブで初タイトル。02 年も 43 セーブ（5 位）を稼いだが、肩を負傷しその後は 1 試合も投げられなかった。父のディックもメジャーの選手。
【通算】10 年、643 試合、4 先発、0 完投、45 勝 42 敗 314 S（25 位）、715 回、793 奪三振、防御率 2.98
【タイトル】最多セーブ 1 回（2001 年）オールスター 3 回（98 ～ 99,02 年）

【ノ】

ダロルド・ノウルズ
Darold Duane Knowles

1941.12.9 ～【出身地】ミズーリ州ブランズウィック【球団】65 オリオールズ　66 フィリーズ　67-71 セネターズ　71-74 アスレティックス　75-76 カブス　77 レンジャーズ　78 エクスポズ　79-80 カーディナルス【位置】投手、左

【経歴】度胸の良さとカーブ、シンカーを持ち味に、左のリリーフとして長く活躍。67 年から 4 年連続防御率 2 点台、69 年自己最多の 9 勝。翌 70 年は 14 敗を喫しながらも防御率 2.04 で 27 セーブ (3 位) を稼いだ。72 年自己ベストの防御率 1.37、続く 73 年のワールドシリーズは 7 試合すべてに登板し初戦と最終戦でセーブを記録、6.1 回を自責点ゼロに封じた。牽制の上手さも抜群だった。引退後は 70 代になるまで数球団でマイナーの投手コーチを歴任。68 ～ 69 年にかけては空軍の隊員として約 1 年日本に滞在していた。

【通算】16 年、765 試合、8 先発、1 完投、1 完封、66 勝 74 敗 143 S、1092 回、681 奪三振、防御率 3.12

【タイトル】オールスター 1 回 (69 年)

マット・ノークス
Matthew Dodge Nokes

1963.10.31 ～【出身地】カリフォルニア州サンディエゴ【球団】85 ジャイアンツ　86-90 タイガース　90-94 ヤンキース　95 オリオールズ　95 ロッキーズ【位置】捕手、DH、左

【経歴】81 年ドラフト 20 位でジャイアンツに入団。86 年タイガースに移籍、翌 87 年正捕手となり打率 .289、32 本塁打、87 打点。守備力が今一つでその後は DH としての起用が多くなった。変化球には脆かったが、91 年 24 本、92 年 22 本塁打を放つなど長打力は魅力だった。

【通算】11 年、902 試合、2735 打数 695 安打、136 本塁打、422 打点、8 盗塁、打率 .254

【タイトル】オールスター 1 回 (87 年)

ロン・ノージー
Ronald James Northey

1920.4.26 ～ 71.4.16【出身地】ペンシルヴェニア州マハノイシティ【球団】42-44,46-47 フィリーズ　47-49 カーディナルス　50 レッズ　50,52 カブス　55-57 ホワイトソックス　57 フィリーズ【位置】外野、左

【経歴】42 年新人で正右翼手となり、翌 43 年リーグ 3 位の 15 本塁打、続く 44 年もいずれも 3 位の 22 本塁打、104 打点。兵役を経て復帰した 46 年も 16 本塁打で 5 位に入った。44 年に 24 補殺を記録するなど肩は強かったが、太めの体型で足は遅く、守備範囲も狭かった。満塁本塁打が通算 8 本、代打本塁打が 9 本と勝負強く、55 年に 3 年ぶりにメジャーへ戻ってからは代打専門となり、史上最多の 3 本の代打満塁弾を放った。息子のスコットも 1 年のみメジャー経験あり。

【通算】12 年、1084 試合、3172 打数 874 安打、108 本塁打、513 打点、7 盗塁、打率 .276

ビリー・ノース
William Alex North

1948.5.15 ～【出身地】ワシントン州シアトル【球団】71-72 カブス　73-78 アスレティックス　78 ドジャース　79-81 ジャイアンツ【位置】外野、両

【経歴】69 年ドラフト 12 位でカブスに入団。アスレティックスに移籍した 73 年 53 盗塁 (2 位)、翌 74 年は 54 盗塁でタイトルを獲得。76 年も 75 盗塁で 2 度目の盗塁王となった。長打力はなく確実性も今一つながら選球眼に優れ、79 年は 96 四球 (4 位) を選び出塁率 .386。ポストシーズンは通算 20 試合で 59 打数 3 安打とからきしだった。守備では肩の弱さを、俊足を生かした守備範囲の広さで補い 73・75 年は刺殺数 1 位。血の気が多く何度も乱闘のきっかけを作り、74 年にはチームメイトのレジー・ジャクソンと大喧嘩した。引退後はファイナンシャル・プランナーに転身。

【通算】11 年、1169 試合、3900 打数 1016 安打、20 本塁打、230 打点、395 盗塁、打率 .261

【タイトル】盗塁王 2 回 (74,76 年)

ジム・ノースラップ
James Thomas Northrup

1939.11.24 ～ 2011.6.8【出身地】ミシガン州ブレッケンリッジ【球団】64-74 タイガース　74 エクスポズ　74-75 オリオールズ【位置】外野、左

【経歴】大学時代は様々なスポーツで活躍し、プロフットボールからも誘われたが地元のタイガースに入団。68 年は 1 週間で 3 本、年間 4 本の満塁本塁打を放つ。同

年29二塁打（5位）、21本塁打、90打点（3位）、ワールドシリーズでは第6戦で満塁弾を叩き込み、合計8打点で世界一に貢献した。翌69年自己最多の打率.295、25本塁打を記録。自己主張の強いタイプで、ビリー・マーティン監督と何度も衝突した。
【通算】12年、1392試合、4692打数1254安打、153本塁打、610打点、39盗塁、打率.267

ジャック・ノット
John Henry Knott
1907.3.2～81.10.13【出身地】テキサス州ダラス【球団】33-38ブラウンズ　38-40ホワイトソックス　41-42,46アスレティックス【位置】投手、右
【経歴】ほとんどBクラスのチームで投げ、41年の13勝を最多に5回2ケタ勝利。カーブやフォークなど落ちる球を多投した。防御率は39年の4.15が自己ベストで、36年は192.2回を投げ7.29。180回以上での史上ワースト記録となってしまった。ジョー・ディマジオがメジャーで最初に対戦した投手である。
【通算】11年、325試合、192先発、62完投、4完封、82勝103敗、1557回、484奪三振、防御率4.97

グレッグ・ノートン
Gregory Blakemoor Norton
1972.7.6～【出身地】カリフォルニア州サンレアンドロ【球団】96-2000ホワイトソックス　01-03ロッキーズ　04タイガース　06-07レイズ　08マリナーズ　08-09ブレーヴス【位置】三塁、両
【経歴】93年ドラフト2位でホワイトソックスに入団。99年に正三塁手となり16本塁打、50打点を記録したが、確実性を欠きレギュラーには定着できなかった。06年は98試合の出場ながら自己最多の17本塁打。長打力を生かして代打として多く起用され、通算13本の代打本塁打を放っている。
【通算】13年、1107試合、2410打数600安打、89本塁打、338打点、15盗塁、打率.249

チャック・ノブロック
Edward Charles Knoblauch
1968.7.7～【出身地】テキサス州ヒューストン【球団】91-97ツインズ　98-2001ヤンキース　02ロイヤルズ【位置】二塁、外野、右
【経歴】89年ドラフト1位でツインズに入団、91年打率.281、25盗塁で新人王を受賞。94年45二塁打（1位）、同年から3年連続打率3割。95年は打率.333（2位）、179安打（3位）、翌96年は打率.341（4位）、197安打（5位）、14三塁打（1位）、72打点の自己最高成績を収めた。97年も62盗塁（2位）、初のゴールドグラブを受賞。ヤンキースに移籍して以降、心理的な理由からスローイングに不調を来し、99年はリーグワーストの26失策。守備の不安解消のため01年は左翼に回り、38盗塁（5位）を決めた。
【通算】12年、1632試合、6366打数1839安打、98本塁打、615打点、407盗塁、打率.289
【タイトル】新人王（91年）ゴールドグラブ1回（97年）オールスター4回（92,94,96～97年）

フレッド・ノーマン
Fredie Hubert Norman
1942.8.20～【出身地】テキサス州サンアントニオ【球団】62-63アスレティックス　64,66-67カブス　70ドジャース　70-71カーディナルス　71-73パドレス　73-79レッズ　80エクスポズ【位置】投手、左
【経歴】牽制の巧さに定評があった左腕。62年20歳でメジャー初昇格を果たすも、制球力に欠け初勝利を挙げたのは70年。得意のスクリューボールで72年は9勝中6勝が完封、翌73年は開幕から1勝7敗でレッズにトレードされるが、以後12勝6敗で優勝に貢献。その後も79年まで7年連続2ケタ勝利、77年に自己最多の14勝と活躍し続けた。
【通算】16年、403試合、268先発、56完投、15完封、104勝103敗8S、1939.2回、1303奪三振、防御率3.64

野村貴仁　☆
Takahito Nomura
1969.1.10～【出身地】高知県吾川郡春野町【球団】2002ブルワーズ【位置】投手、左
【経歴】高岡高宇佐分校から三菱重工三原を経て、90年ドラフト3位でオリックスに入団。小柄ながら左腕からの快速球で中継ぎとして活躍、95年は37試合で防御率0.98と好投しリーグ優勝に貢献した。98年巨人に移籍、2001年オフに自由契約となり02年ブルワーズに入団したが、21

試合で防御率8点台と振るわなかった。03年日本ハムで日本球界に復帰、04年は台湾で投げた。引退後は覚醒剤の不法所持で逮捕され、巨人時代のチームメイトの薬物使用を暴露した。
【通算】1年、21試合、0先発、0勝0敗0S、13.2回、9奪三振、防御率8.56
【日本】92-97オリックス　98-2001巨人　03日本ハム　11年、344試合、3先発、0完投、24勝22敗39S、431.1回、476奪三振、防御率3.21

野茂英雄　☆
Hideo Nomo
1968.8.31～【出身地】大阪府大阪市【球団】95-98ドジャース　98メッツ　99ブルワーズ　2000タイガース　01レッドソックス　02-04ドジャース　05レイズ　08ロイヤルズ【位置】投手、右
【経歴】日本におけるメジャー・リーグの人気を不動のものとした最大の功労者。成城工時代はあまり注目されなかったが新日鉄堺で大きく成長、88年のソウル五輪代表に選ばれる。89年のドラフトで8球団による抽選の末近鉄に入団、体を半回転させる独特のトルネード投法から繰り出す快速球と鋭いフォークボールで三振の山を築く。初勝利を17奪三振のタイ記録で飾ったのを皮切りに、18勝、勝率.692、防御率2.91、287奪三振など8部門でトップとなり、2ケタ奪三振も21回記録、木田勇に次ぎ史上2人目のMVPと新人王の同時受賞を果たした。
　以後4年連続で最多勝、最多奪三振を記録したが、94年終了後契約交渉でもめ任意引退選手となり、かねて希望していたメジャー・リーグへ挑戦。95年2月ドジャースと契約、開幕からローテーション入りし5月2日のジャイアンツ戦で初登板、村上雅則以来30年ぶり、2人目の日本人メジャーリーガーとなる。7試合目の6月2日メッツ戦で初勝利、同月は2試合連続完封を含む5勝、防御率0.89で月間MVPに輝き、“トルネード旋風”を巻き起こしてオールスターでも先発を任された。9月30日のパドレス戦で地区優勝を決める13勝、最終的には防御率2.54（2位）、3完封、236奪三振、奪三振率11.10、被打率.182の4部門で1位の素晴らしい成績で新人王に輝き、日本においてはその活躍は社会現象にまでなった。
　翌96年も16勝（5位）、防御率3.19、234奪三振（2位）と引き続き活躍し、4月13日のマーリンズ戦で17奪三振、9月17日のロッキーズ戦では打者に圧倒的に優位なクアーズ・フィールドで初のノーヒットノーランを成し遂げた。97年は14勝、233三振（4位）を奪うも防御率は4.25に落ち込み、98年は開幕から不調で6月1日にメッツへトレード。移籍後も調子を取り戻せず、6勝12敗、防御率4.92に終わった。同年日本人では初の本塁打を記録、通算では4本放っている。
　99年は開幕前にメッツ、その後マイナー契約を結んだカブスからも解雇されたが、ブルワーズに拾われ12勝。ロジャー・クレメンス、ドワイト・グッデンに次ぐ史上3番目の早さで1000奪三振を達成した。2000年はタイガースで開幕投手に選ばれたが8勝12敗、防御率4.74と今一つ。翌01年は、レッドソックス移籍後の初登板となった4月4日のオリオールズ戦でノーヒットノーラン。ア・ナ両リーグでの達成は4人目の快挙だった。同年は13勝、220三振を奪い6年ぶりに奪三振王に返り咲いた。
　02年FAで4年ぶりにドジャースに復帰し16勝、翌03年も16勝（5位）、4月21日のジャイアンツ戦で通算100勝。04年は4勝11敗、防御率8.25と極度の不振で、レイズに移籍した05年も日米通算200勝に到達したものの、防御率7.24でシーズン途中解雇。ヤンキースとマイナー契約したがメジャーに上がれず、翌06年もホワイトソックスと契約しながら登板機会なし。07年はどの球団にも所属せず、08年ロイヤルズで3年ぶりにメジャー復帰を果たしたが、3試合投げただけで解雇され引退した。通算奪三振率8.73は、1500投球回以上では引退時点で史上7位だった。14年に日本の野球殿堂入り。
【通算】12年、323試合、318先発、16完投、9完封、123勝109敗0S、1976.1回、1918奪三振、防御率4.24
【タイトル】新人王（95年）最多奪三振2回（95,2001年）オールスター1回（95年）
【日本】90-94近鉄　5年、139試合、80完投、13完封、78勝46敗1S、1051.1回、1204奪三振、防御率3.15

アーロン・ノラ　★
Aaron Michael Nola
1993.6.4～【出身地】ルイジアナ州バトンルージュ【球団】2015-24フィリーズ【位置】投手、右
【経歴】2014年ドラフト1位（全体7位）

でフィリーズに入団。大きなカーブが特徴で17年12勝、翌18年に17勝（4位）、防御率2.37（2位）の自己記録。同年の224個（5位）を皮切りに、23年までの6年間は短縮シーズンの20年を除いて毎年200三振以上、22年に自己最多の235個（3位）を奪った。21年6月25日に10者連続奪三振のタイ記録を達成。23年はプレイオフで3勝を挙げた。兄のオースティンは捕手。
【通算】10年、268試合、268先発、6完投、4完封、104勝79敗0S、1621.1回、1779奪三振、防御率3.70
【タイトル】オールスター1回（2018年）

リッキー・ノラスコ
Carlos Enrique Nolasco
1982.12.13～【出身地】カリフォルニア州コロナ【球団】2006-13マーリンズ　13ドジャース　14-16ツインズ　16-17エンジェルズ【位置】投手、右
【経歴】2001年ドラフト4位でカブスに入団。マーリンズに移籍した06年新人で11勝、08年は15勝。続く09年は13勝、9月30日に9者連続を含む16奪三振。年間でも自己最多の195三振を奪ったが、調子の波が激しく防御率は5.06だった。持ち球が多彩で、通算与四球率2.2個と制球も優れ13年まで6年連続2ケタ勝利。被本塁打の多さが短所で、140回以上を投げた10年間で防御率4.00より良かった年は2度だけだった。
【通算】12年、330試合、312先発、12完投、6完封、114勝118敗0S、1887.2回、1513奪三振、防御率4.56

ゲイリー・ノーラン
Gary Lynn Nolan
1948.5.27～【出身地】カリフォルニア州ハーロング【球団】67-73,75-77レッズ　77エンジェルズ【位置】投手、右
【経歴】66年ドラフト1位でレッズに入団。翌67年18歳でデビュー、快速球とチェンジアップを武器に14勝、防御率2.58と206奪三振は4位。6月7日のジャイアンツ戦では、ウィリー・メイズから1試合4三振を奪った最初の投手となった。70年自己最多の18勝（5位）、プレイオフ第1戦では9回無失点。72年は15勝、防御率1.99は2位だったが、肩を痛め73年は2試合投げたのみ、74年は全休。技巧派に転じて75年15勝と復活、翌76年は15勝に加え、239.1回で27四球と見事な制球力を披露。ワールドシリーズでは世界一を決めた第4戦で勝利投手になった。77年再度の肩痛に見舞われ29歳で現役生活を終え、ラスヴェガスでカジノのディーラーに転身した。
【通算】10年、250試合、247先発、45完投、14完封、110勝70敗0S、1674.2回、1039奪三振、防御率3.08
【タイトル】オールスター1回（72年）

アーヴ・ノーレン
Irving Arnold Noren
1924.11.29～2019.11.15【出身地】ニューヨーク州ジェイムズタウン【球団】50-52セネターズ　52-56ヤンキース　57アスレティックス　57-59カーディナルス　59-60カブス　60ドジャース【位置】外野、左
【経歴】ドジャースのマイナーで48～49年に2年連続MVP。50年セネターズに移籍、正中堅手となり打率.295、10三塁打（4位）、14本塁打、98打点、守備でも20補殺。52年途中ヤンキースへ移籍、54年は首位打者争いに加わり、打率.319（4位）でオールスターに出場した。腰に持病を抱えており、その後は出場機会が減った。引退後は旧友ディック・ウィリアムズに招かれアスレティックスで三塁コーチを務めた。マイナーのプロバスケットボール選手の経験もあり、当時のチームメイトにはジャッキー・ロビンソンもいた。
【通算】11年、1093試合、3119打数857安打、65本塁打、453打点、34盗塁、打率.275
【タイトル】オールスター1回（54年）

【ハ】

トム・ハー
Thomas Mitchell Herr
1956.4.4 ～【出身地】ペンシルヴェニア州ランカスター【球団】79-88 カーディナルス　88 ツインズ　89-90 フィリーズ　90-91 メッツ　91 ジャイアンツ【位置】二塁、両
【経歴】74 年ドラフト外でカーディナルスに入団、81 年正二塁手となる。85 年は打率 .302、本塁打は 8 本だけでも 38 二塁打（3 位）を放ち、110 打点は 3 位。31 盗塁も自己最多、80 四球を選ぶなど、当時のカーディナルスが得意としたつなぎの野球にうってつけの選手だった。87 年も 2 本塁打で 83 打点。犠飛でも 85 年 13 本、87 年 12 本で 2 度 1 位になっている。
【通算】13 年、1514 試合、5349 打数 1450 安打、28 本塁打、574 打点、188 盗塁、打率 .271
【タイトル】オールスター 1 回（85 年）

ジム・バー
James Leland Barr
1948.2.10 ～【出身地】カリフォルニア州リンウッド【球団】71-78 ジャイアンツ　79-80 エンジェルズ　82-83 ジャイアンツ【位置】投手、右
【経歴】5 回もドラフト指名を拒否した末 70 年ドラフト 3 位（第 2 回）でジャイアンツに入団。制球力に優れ、72 年 8 月には 2 試合にまたがり 41 人連続で打ち取る。翌 73 年から 5 年連続 2 ケタ勝利、74 年は 5 完封を含む 13 勝、自己ベストの防御率 2.74。76 年は 15 勝を挙げた。エンジェルズに移った 79 年も 10 勝、その後はリリーフに回った。2 人の娘はプロサッカー選手となった。
【通算】12 年、454 試合、252 先発、64 完投、20 完封、101 勝 112 敗 12 S、2065.1 回、741 奪三振、防御率 3.56

アンディ・ハイ
Andrew Aird High
1897.11.21 ～ 1981.2.22【出身地】イリノイ州アヴァ【球団】22-25 ドジャース　25-27 ブレーヴス　28-31 カーディナルス　32-33 レッズ　34 フィリーズ【位置】三塁、二塁、左
【経歴】小柄で三振の少ない打者で、1 三振あたり 33.8 打数は史上 10 位。24 年に打率 .328、191 安打（4 位）、29 年は自己最多の 32 二塁打、10 本塁打。60 代までドジャースのスカウトを務めた。兄のヒュー、弟チャーリーもメジャー経験あり。
【通算】13 年、1314 試合、4400 打数 1250 安打、44 本塁打、482 打点、33 盗塁、打率 .284

ルー・バイアーバウアー
Louis W. Bierbauer
1865.9.28 ～ 1926.1.31【出身地】ペンシルヴェニア州エリー【球団】1886-89 フィラデルフィア（AA）　90 ブルックリン（PL）　91-96 ピッツバーグ　97-98 セントルイス【位置】二塁、左
【経歴】守備の名手で最多補殺を 5 回記録。1889 年打率 .304、105 打点（4 位）、翌 90 年はプレイヤーズ・リーグに参加した。同リーグの解散後、フィラデルフィア（AA）に戻らずピッツバーグと契約したため、フィラデルフィア（AA）が「海賊（パイレーツ）まがいの行為」と非難。これがピッツバーグ・パイレーツの球団名の由来となった。94 年にも打率 .303、109 打点と活躍した。
【通算】13 年、1385 試合、5713 打数 1524 安打、34 本塁打、839 打点、206 盗塁、打率 .267

リップ・パイク
Lipman Emanuel Pike
1845.5.25 ～ 93.10.10【出身地】ニューヨーク州ニューヨーク【球団】1876 セントルイス　77-78 シンシナティ　78 プロヴィデンス　81 ウースター　87 ニューヨーク（AA）【位置】外野、左
【経歴】ユダヤ系最初のメジャーリーガー。ナショナル・アソシエーション時代に 3 年連続本塁打王に輝いた強打者で、当代随一の俊足の持ち主でもあった。1877 年リーグ最多の 4 本塁打、監督としても 14 試合指揮を執り 3 勝 11 敗。81 年八百長に関与したとされブラックリストに載り引退したが、87 年に 1 試合のみ出場した。弟イスラエルも 1 試合のみ出場経験がある。
【通算】5 年、163 試合、733 打数 223 安打、5 本塁打、88 打点、打率 .304
【タイトル】本塁打王 1 回（1877 年）

ラリー・ハイスル
Larry Eugene Hisle
1947.5.5 ～【出身地】オハイオ州ポーツマス【球団】68-71 フィリーズ　73-77 ツインズ　78-82 ブルワーズ【位置】外野、右

【経歴】強打、俊足、強肩と三拍子揃い、人格も優れていた外野手で、バド・シーリグから「野球界で最高の人間」と評された。65 年ドラフト 2 位でフィリーズに入団、69 年には 20 本塁打を放つが 152 三振を喫し、続く 2 年間も不振でマイナー落ちする。73 年ツインズで再昇格、77 年は打率 .302、36 二塁打（5 位）、28 本塁打、119 打点を稼ぎタイトル獲得。翌 78 年 FA でブルワーズと 6 年契約を結び、34 本塁打（2 位）、115 打点（3 位）、長打率 .533（2 位）と大活躍したが、79 年以降は肩の故障に悩まされ、4 年間で 79 試合にしか出場できなかった。引退後はブルージェイズなどの打撃コーチとして働きながら、数々の地域活動に従事した。
【通算】14 年、1197 試合、4205 打数 1146 安打、166 本塁打、674 打点、128 盗塁、打率 .273
【タイトル】打点王 1 回（77 年）オールスター 2 回（77 ～ 78 年）

ジョー・バイメル
Joseph Ronald Beimel
1977.4.19 ～【出身地】ペンシルヴェニア州セントメアリーズ【球団】2001-03 パイレーツ　04 ツインズ　05 レイズ　06-08 ドジャース　09 ナショナルズ　09-10 ロッキーズ　11 パイレーツ　14-15 マリナーズ【位置】投手、左
【経歴】98 年ドラフト 18 位でパイレーツに入団。打たせる投球の技巧派左腕で、2001 年にメジャーに昇格し 7 勝を挙げるが 04 年開幕前に解雇され、以後 2 年間は主にマイナーで投げる。06 年にドジャースに移籍してからは 5 年連続で 60 試合以上に登板、08 年は防御率 2.02。12 ～ 13 年はメジャーで投げず、3 年ぶりに再昇格した 14 年は 56 試合で防御率 2.20 と好投した。
【通算】13 年、676 試合、23 先発、0 完投、29 勝 34 敗 5 S、680 回、379 奪三振、防御率 4.06

ハリー・ハイルマン
Harry Edwin Heilmann
1894.8.3 ～ 1951.7.9【出身地】カリフォルニア州サンフランシスコ【球団】14,16-29 タイガース　30,32 レッズ【位置】外野、一塁、右
【経歴】20 年代を代表する好打者の一人で、出場した全球場で本塁打を放った最初の選手。19 年から 12 年連続で打率 3 割以上、23 年は .403（1 位）。21 年に打率 .394 で首位打者となり、以後 1 年おきに 4 度の首位打者に輝くが、いずれも .390 以上の高打率、かつ 1 分差以内の激戦を勝ち抜いたもので、中でも 27 年は最終日のダブルヘッダーで 7 安打を放ち、.398 にまで率を上げ逆転した。タイトルを確定するために休むことを潔しとしない態度も評価を高めた。
21 年の 237 安打（1 位）、139 打点（4 位）はいずれも自己最多。200 安打以上 4 回、23 年から 7 年連続で 100 打点以上を叩き出したが、守備は苦手だった。人間的にも素晴らしく、選手やファンの間で高い人気を誇り、ベーブ・ルースとタイ・カッブの双方と親しかった。オフには保険会社で働き、ルースも顧客だった。引退後は 17 年にわたってタイガースのブロードキャスターをしていたが、51 年地元デトロイトでのオールスター戦前日に肺癌のため死去。翌 52 年殿堂入り。
【通算】17 年、2147 試合、7787 打数 2660 安打、542 二塁打、151 三塁打、183 本塁打、1543 打点、113 盗塁、856 四球、550 三振、打率 .342
【タイトル】首位打者 4 回（21,23,25,27 年）打点王 1 回（25 年）

ポール・ハインズ
Paul Aloysius Hines
1855.3.1 ～ 1935.7.10【出身地】ヴァージニア州【球団】1876-77 シカゴ　78-85 プロヴィデンス　86-87 ワシントン　88-89 インディアナポリス　90 ピッツバーグ　90 ボストン　91 ワシントン（AA）【位置】外野、一塁、右
【経歴】難聴のハンディキャップを克服し、打率 3 割を 9 回記録した好打者。1878 年は 4 本塁打、50 打点の両部門で 1 位、打率 .358 も 1 位で史上初の三冠王だったが、記録集計の不備により当時は首位打者と認定されなかった。翌 79 年も打率 .357 は 1 位でありながら、またも集計の不備から 2 位とされた。76・81・84 年に最多二塁打、78 年に史上初、外野手としては史上唯一の単独三重殺を達成したと言われている（異説あり）。メジャーで初めてサングラスをかけた選手とも伝えられている。ウィリアム・マッキンリー大統領と親しく、引退後は農務省で働いた。現役時代からあまり評判の良い人物ではなかったが、70 歳になってスリを働き逮捕された。
【通算】16 年、1481 試合、6253 打数

1881安打、56本塁打、751打点、打率.301
【タイトル】首位打者2回(1878*〜79*年)本塁打王1回(78年)打点王1回(78年)

アート・ハウ
Arthur Henry Howe
1946.12.15〜【出身地】ペンシルヴェニア州ピッツバーグ【球団】74-75パイレーツ　76-82アストロズ　84-85カーディナルス【位置】三塁、二塁、右
【経歴】71年24歳で地元のパイレーツにドラフト外で入団。77年アストロズの正二塁手となり、翌78年打率.293、33二塁打。80年の地区優勝決定戦では4打点と大活躍した。89年アストロズ監督に就任、若手中心のチームでまずまずの結果を残す。96年アスレティックスの監督に迎えられ、やはり若手を育てながら着実に成績を向上させ、2000年は8年ぶりの地区優勝。02年も103勝で地区優勝しながら解任された。
【通算】11年、891試合、2626打数682安打、43本塁打、293打点、10盗塁、打率.260
【監督】89-93アストロズ　96-2002アスレティックス　03-04メッツ　14年、2266試合、1129勝1137敗、勝率.498

スティーヴ・ハウ
Steven Roy Howe
1958.3.10〜2006.4.28【出身地】ミシガン州ポンティアック【球団】80-83,85ドジャース　85ツインズ　87レンジャーズ　91-96ヤンキース【位置】投手、左
【経歴】せっかくの才能を麻薬で台無しにした左腕投手。79年ドラフト1位でドジャースに入団、勢いのある速球で翌80年17セーブ、防御率2.66で新人王を受賞。81年のワールドシリーズ第6戦では、3.2回を0点に抑える完璧なリリーフで世界一を決めた。83年自己ベストの18セーブ、防御率1.44を記録したが、コカインの使用が判明し84年は1年間の出場停止。87年西武の入団テストを受けるも麻薬使用の前歴を理由に却下される。88〜89年は球界から退いていたが90年独立球団で再起し、91年ヤンキースでメジャー復帰。94年は15セーブ、防御率1.80と好投した。その後も悪癖は直らず、何度となく麻薬絡みのトラブルを起こし、2006年交通事故で死亡した。
【通算】12年、497試合、0先発、47勝41敗91S、606回、328奪三振、防御率3.03
【タイトル】新人王(80年)オールスター1回(82年)

トレヴァー・バウアー　☆
Trevor Andrew Bauer
1991.1.17〜【出身地】カリフォルニア州ノースハリウッド【球団】2012ダイアモンドバックス　13-19インディアンズ　19-20レッズ　21ドジャース【位置】投手、右
【経歴】最新のトレーニング方法を追求する貪欲な姿勢と、SNSなどでの積極的な発言でたびたび物議を醸した名物男。2011年ドラフト1位(全体3位)でダイアモンドバックスに入団するも、独自の調整法にこだわるあまり球団首脳に煙たがられ、13年インディアンズへ放出される。15年の11勝以降5年連続2ケタ勝利、17年に自己最多の17勝。翌18年は防御率2.21(2位)、221奪三振、19年は年間253三振を奪ったが、降板命令に不満でボールを外野へ投げた一件もあって、シーズン途中でレッズへトレードされた。
20年は防御率1.73(1位)、100奪三振(2位)でサイ・ヤング賞を受賞。FAとなり3年1億200万ドルでドジャースへ移籍した21年は8勝を挙げたが、性的暴行疑惑により7月以降は登板しなかった。22年には2年間(324試合)の出場停止処分を科され、のちに194試合へ減刑されたものの、ドジャースから解雇され獲得する球団もなく、23年はDeNAに加入し10勝。24年はメキシカン・リーグで投げた。16年はプレイオフ直前にドローンを操縦していた際、プロペラで右手を負傷する失態を犯している。UCLAの同窓生ゲリット・コールとは犬猿の仲だった。25年DeNAに復帰。
【通算】10年、222試合、212先発、6完投、3完封、83勝69敗1S、1297.2回、1416奪三振、防御率3.79
【タイトル】サイ・ヤング賞1回(2020年)最優秀防御率1回(20年)オールスター1回(18年)
【日本】2023DeNA　1年、19試合、19先発、2完投、0完封、10勝4敗0S、130.2回、130奪三振、防御率2.76

ハンク・バウアー
Henry Albert Bauer
1922.7.31〜2007.2.9【出身地】イリノイ州イーストセントルイス【球団】48-59ヤン

キース　60-61 アスレティックス【位置】外野、右
【経歴】ヤンキース第三次黄金期のリードオフマン。ハッスルプレイが売り物でケイシー・ステンゲル監督のお気に入りだった。盗塁はほとんどしなかった代わり、長打力があって 49 年から 10 年連続で 2 ケタ本塁打、18 本の先頭打者本塁打を放つ。56 年に自己最多の 26 本塁打、84 打点、翌 57 年リーグ最多の 9 三塁打。ワールドシリーズでも 51 年第 6 戦に優勝を決定づける 3 点三塁打、56 年第 1 戦から 58 年第 3 戦にかけて 17 試合連続安打のシリーズ記録を樹立。58 年のシリーズでは 4 本塁打を放っている。64 年オリオールズの監督に就任し、66 年はドジャースを 4 連勝で下し球団初の世界一になった。第二次大戦では沖縄戦に従軍、64 人の部隊で生き残った 6 人のうちの 1 人となった。
【通算】14 年、1544 試合、5145 打数 1424 安打、164 本塁打、703 打点、50 盗塁、打率 .277
【タイトル】オールスター 3 回（52 ～ 54 年）
【監督】61-62 アスレティックス　64-68 オリオールズ　69 アスレティックス　8 年、1139 試合、594 勝 544 敗、勝率 .522 リーグ優勝 1 回（66 年）ワールドシリーズ優勝 1 回（66 年）

カール・パヴァーノ
Carl Anthony Pavano
1976.1.8 ～【出身地】コネティカット州ニューブリテン【球団】98-2002 エクスポズ　02-04 マーリンズ　05,07-08 ヤンキース　09 インディアンズ　09-12 ツインズ【位置】投手、右
【経歴】94 年ドラフト 13 位でレッドソックスに入団。打たせて取る投球で、マーリンズ移籍後の 2003 年初の 2 ケタとなる 12 勝。プレイオフではリリーフで 2 勝、ワールドシリーズ第 4 戦は先発で 8 回 1 失点の好投。翌 04 年は 18 勝（2 位）、防御率 3.00 の自己最高成績。05 年 FA で移籍したヤンキースでは肩痛もあって 4 年間で 9 勝、防御率 5.00 と苦しんだが、09 年途中ツインズに移って復活。制球力に磨きをかけ 10 年は 17 勝、リーグ最多の 7 完投を記録した。
【通算】14 年、302 試合、284 先発、17 完投、8 完封、108 勝 107 敗 0 S、1788.2 回、1091 奪三振、防御率 4.39
【タイトル】オールスター 1 回（2004 年）

ダグ・ハーヴィー
Harold Douglas Harvey
1930.3.13 ～ 2018.1.13【出身地】カリフォルニア州サウスゲイト【球団】メジャー経験なし
【経歴】数十種の職を転々とした末、28 歳でマイナー・リーグの審判となり、62 年にナ・リーグに採用される。以後 92 年まで 31 年間、4888 試合に出場し、正確な判定で“神”と呼ばれた。75 年から 18 年間はリーグ主任の座にあり、年俸 10 万ドルを手にした最初の審判でもあった。2010 年殿堂入り。

ブライアン・ハーヴィー
Bryan Stanley Harvey
1963.6.2 ～【出身地】テネシー州ソディーデイジー【球団】87-92 エンジェルズ　93-95 マーリンズ【位置】投手、右
【経歴】ソフトボールのチームで投げていたところを見出され、84 年ドラフト外でエンジェルズに入団。フォークボールを決め球に抑えで活躍し、91 年は 46 セーブ（1 位）、防御率 1.60、78.2 回で 101 三振を奪う。翌 92 年は肘痛で 13 セーブに終わるが、拡張ドラフトでマーリンズに加わった 93 年は 45 セーブ（3 位）、防御率 1.70 と復活。翌 94 年再び肘を痛め、その後は復活できなかった。息子のハンターも投手。
【通算】9 年、322 試合、0 先発、17 勝 25 敗 177 S、387 回、448 奪三振、防御率 2.49
【タイトル】最多セーブ 1 回（91 年）オールスター 2 回（91,93 年）

ジャック・ハウエル　☆
Jack Robert Howell
1961.8.18 ～【出身地】アリゾナ州トゥーソン【球団】85-91 エンジェルズ　91 パドレス　96-97 エンジェルズ　98-99 アストロズ【位置】三塁、外野、左
【経歴】83 年ドラフト外でエンジェルズに入団。87 年自己最多の 23 本塁打、64 打点、89 年にも 20 本塁打を放つ。87 年から 3 年連続 100 三振以上と打撃は粗さが目立ったが、守備では 89 年にリーグ 1 位の 322 補殺、守備率 .974。92 年ヤクルトに入団、打率 .331、38 本塁打で二冠王となり MVP を受賞。翌 93 年も新記録となる 5 本のサヨナラ弾を含む 28 本塁打（2 位）の活躍だった。96 年メジャーに復帰、97 年は 77 試合で 14 本塁打を放った。

【通算】11年、941試合、2639打数632安打、108本塁打、337打点、14盗塁、打率.239
【日本】92-94ヤクルト　95巨人　4年、405試合、1365打数397安打、100本塁打、272打点、11盗塁、打率.291

ハリー・ハウエル
Harry Taylor Howell
1876.11.14～1956.5.22【出身地】ニューヨーク州ブルックリン【球団】1898ブルックリン　99ボルティモア　1900ブルックリン　01-02オリオールズ　03ヤンキース　04-10ブラウンズ【位置】投手、外野、内野、右
【経歴】最も初期のスピットボーラーの一人で、"ハンサム・ハリー"と呼ばれた美男選手。03年4月23日にヤンキース球団最初の勝利投手となった。3回20敗以上を喫したが、04年から5年連続2ケタ勝利、05年に35完投（1位）、防御率1.98、198奪三振（4位）、07年は防御率1.93（4位）と安定した成績を残す。08年自己記録となる18勝、防御率1.89。打力を買われ野手としてもしばしば起用され、02年は96試合で打率.268、93安打、42打点、通算では11本塁打、131打点を記録した。10年嫌われ者のタイ・カッブの首位打者を阻止するために、対抗馬のナップ・ラジョイが失策で出塁したのを安打に変えさせようと記録員に迫り、ブラウンズのコーチ職を追われた。
【通算】13年、340試合、282先発、244完投、20完封、131勝146敗、2567.2回、986奪三振、防御率2.74

ロイ・ハウエル
Roy Lee Howell
1953.12.18～【出身地】カリフォルニア州ロンポック【球団】74-77レンジャーズ　77-80ブルージェイズ　81-84ブルワーズ【位置】三塁、左
【経歴】72年ドラフト1位（全体4位）でレンジャーズに入団、77年途中ブルージェイズに移り打率.302。勇猛果敢なプレイスタイルで、79年に自己最多の15本塁打、72打点。三塁守備に難があり、ブルワーズでは対右投手用のDHとして起用されたが、82年のワールドシリーズは11打数0安打だった。
【通算】11年、1112試合、3791打数991安打、80本塁打、454打点、9盗塁、打率.261

【タイトル】オールスター1回（78年）

ジャック・パウエル
John Joseph Powell
1874.7.9～1944.10.17【出身地】イリノイ州ブルーミントン【球団】1897-98クリーヴランド　99-1901カーディナルス　02-03ブラウンズ　04-05ヤンキース　05-12ブラウンズ【位置】投手、右
【経歴】1897年以来13年連続で220回以上投げた鉄腕投手。当時としては珍しいノーワインドアップ投法で、緩急をつけ、コーナーを突く投球を得意とした。98年6完封（1位）を含む23勝、翌99年はカーディナルスへ移り23勝、40完投（1位）。1902年の22勝、137奪三振はいずれも3位、ヤンキースへ移籍した04年も23勝（5位）、202三振（3位）を奪った。06年は自己ベストの防御率1.77（4位）。13回2ケタ勝利を記録する一方、16年間すべて2ケタ敗戦を喫した。245勝は通算勝率5割未満の投手では最多である。女房役で義兄弟のジャック・オコナーとは共同で酒場を経営していた。
【通算】16年、578試合、516先発、422完投（14位）、46完封（26位）、245勝255敗（8位）、4389回（30位）、1621奪三振、1021四球、防御率2.97

ブーグ・パウエル
John Wesley Powell (Boog)
1941.8.17～【出身地】フロリダ州レイクランド【球団】61-74オリオールズ　75-76インディアンズ　77ドジャース【位置】一塁、外野、左
【経歴】棍棒のような腕で本塁打を量産したパワーヒッター。62年20歳でレギュラーとなり、64年39本塁打（2位）、99打点、長打率.606は1位。翌65年は不振だったが、66年はいずれも3位の34本塁打、109打点でカムバック賞を受賞。69年初の打率3割となる.304（5位）、37本塁打、121打点（2位）、翌70年は35本塁打（5位）、114打点（3位）、104四球、長打率.549（2位）でMVPに輝く。ポストシーズンも合計8試合で3本塁打、11打点と活躍し世界一に大きく貢献した。大柄ながら一塁守備も上手かった。引退後はビールのCMに出演したり、オリオールズの本拠地球場にバーベキューの店を出店したりした。
【通算】17年、2042試合、6681打数1776安打、270二塁打、11三塁打、339本塁打、1187打点、20盗塁、1001四球、

1226 三振、打率 .266
【タイトル】MVP1 回（70 年）オールスター 4 回（68 ～ 71 年）

ラルフ・ハウク
Ralph George Houk
1919.8.9 ～ 2010.7.21【出身地】カンザス州ローレンス【球団】47-54 ヤンキース【位置】捕手、右
【経歴】現役時代はヨギ・ベラの控えで、47 年に 41 試合に出場したのが最多。引退後マイナーの監督、ヤンキースのコーチを経て 61 年監督に就任、新人監督記録の 109 勝で世界一。バントや盗塁など小技は使わず、翌 62 年も連続世界一となる。63 年のワールドシリーズでドジャースに 4 連敗したのち、現場から離れ GM に就任。66 年途中復帰したが 52 年ぶりの最下位に転落、73 年まで在任し、3 位以上は 70 年の 2 位だけだった。その後タイガースとレッドソックスでも指揮をとり、優勝こそなかったものの、前向きな性格で選手からの信任が厚く、一度も解任されなかった。ニックネームは陸軍時代の階級から“メイジャー（少佐）”だった。
【通算】8 年、91 試合、158 打数 43 安打、0 本塁打、20 打点、0 盗塁、打率 .272
【監督】61-63,66-73 ヤンキース　74-78 タイガース　81-84 レッドソックス　20 年、3157 試合、1619 勝 1531 敗、勝率 .514　リーグ優勝 3 回（61 ～ 63 年）ワールドシリーズ優勝 2 回（61 ～ 62 年）

ディック・ハウザー
Richard Dalton Howser
1936.5.14 ～ 87.6.17【出身地】フロリダ州マイアミ【球団】61-63 アスレティックス　63-66 インディアンズ　67-68 ヤンキース【位置】遊撃、右
【経歴】アスレティックスに昇格した 61 年打率 .280、171 安打、37 盗塁（2 位）、92 四球で、新人王投票は 1 票差で次点。シーズン途中から主将も任された。64 年は全試合に出場し 20 盗塁（4 位）。69 年に引退してコーチに転身、78 年 1 試合のみヤンキースの指揮を執る。80 年監督に就任し地区優勝に導きながらも、プレイオフで敗退した責任を取らされ解任された。
　翌 81 年 8 月ロイヤルズ監督に迎えられ、落ち着きのある采配で 85 年にワールドシリーズを制覇。名将としての評価を築きつつあったが、翌 86 年脳腫瘍であることが判明し、同年のオールスター・ゲームが最後に指揮した試合だった。87 年 51 歳で他界、背番号 10 がロイヤルズ初の永久欠番となる。その名は大学野球の最優秀選手賞や、母校フロリダ州立大の野球場に残されている。俳優のバート・レイノルズは高校時代のクラスメイト。
【通算】8 年、789 試合、2483 打数 617 安打、16 本塁打、165 打点、105 盗塁、打率 .248
【タイトル】オールスター 1 回（61 年）
【監督】78,80 ヤンキース　81-86 ロイヤルズ　8 年、933 試合、507 勝 425 敗、勝率 .544　リーグ優勝 1 回（85 年）ワールドシリーズ優勝 1 回（85 年）

ホセ・バウティスタ
Jose Antonio Bautista
1980.10.19 ～【出身地】ドミニカ共和国サントドミンゴ【球団】2004 オリオールズ　04 レイズ　04 ロイヤルズ　04-08 パイレーツ　08-17 ブルージェイズ　18 ブレーヴス　18 メッツ　18 フィリーズ【位置】外野、三塁、右
【経歴】三十路を迎える頃からホームランを量産し出した遅咲きの長距離砲。本塁打を打った際にはこれ見よがしにバットを放り投げるので、対戦相手からは嫌われていた。2000 年ドラフト 20 位でパイレーツに入団。04 年はルール 5 ドラフトで移ったオリオールズで 16 試合、ウェーバーでレイズへ移り 12 試合、さらにロイヤルズで 13 試合に出たのち、トレードでメッツを経て古巣のパイレーツに帰還。合計 5 球団に在籍しながら年間 64 試合に出ただけだった。
　06 ～ 09 年は毎年 2 ケタ本塁打を放ちながらも低打率のためにレギュラーに定着しきれなかったが、打撃フォームを全面的に見直した 10 年は自己記録を 38 本も上回る 54 本塁打でタイトルを獲得、124 打点は 3 位、100 四球も 2 位と大飛躍を遂げた。続く 11 年も 43 本で 2 年連続本塁打王、132 四球も 1 位。打率 .302 と確実性も増し、出塁率 .447（2 位）、長打率 .608（1 位）の好成績を残した。その後も 14 年は 35 本塁打、15 年は 40 本で 2 年連続 5 位、同年のプレイオフで 4 本塁打、11 打点と活躍を続けた。
【通算】15 年、1798 試合、6051 打数 1496 安打、344 本塁打、975 打点、70 盗塁、1032 四球、1394 三振、打率 .247
【タイトル】本塁打王 2 回（2010 ～ 11 年）オールスター 6 回（10 ～ 15 年）

ジム・バウトン
James Alan Bouton
1939.3.8 ～ 2019.7.10【出身地】ニュージャージー州ニューアーク【球団】62-68 ヤンキース　69 パイロッツ　69-70 アストロズ　78 ブレーヴス【位置】投手、右
【経歴】帽子が落ちるほどの躍動的な投球フォームから速球を投げ込み、63 年 21 勝（2 位）、防御率 2.53（4 位）。翌 64 年も 18 勝、ワールドシリーズでも 2 勝、防御率 1.56 と好投したが、その後は故障のため不本意なシーズンを送る。70 年、球界の内幕を赤裸々に描き物議をかもした『ボール・フォア』がベストセラーとなり、テレビ番組のホストも務めた。78 年 39 歳にして復帰、ナックルを駆使しブレーヴスで 5 回先発、1 勝 3 敗の星を残した。その後も『ボール・フォア』の続編を書き続け、ヤンキースとは断絶状態にあったが、98 年のオールド・タイマーズ・デイに登場し和解した。
【通算】10 年、304 試合、144 先発、34 完投、11 完封、62 勝 63 敗 6 S、1238.2 回、720 奪三振、防御率 3.57
【タイトル】オールスター 1 回（63 年）

フランク・バウムホルツ
Frank Conrad Baumholtz
1918.10.7 ～ 97.12.14【出身地】オハイオ州ミッドヴェイル【球団】47-49 レッズ　49,51-55 カブス　56-57 フィリーズ【位置】外野、左
【経歴】47 年 28 歳で正右翼手となり、182 安打と 32 二塁打はいずれも 5 位、9 三塁打は 4 位。50 年にはマイナー落ちしたが、51 年再昇格し 10 三塁打（4 位）、翌 52 年は打率 .325（2 位）。代打としても活躍し、通算成功率は .289。プロバスケット選手としても 46-47 シーズンに BAA(NBA の前身) で 8 位の平均 14 点を挙げた実力者だった。
【通算】10 年、1019 試合、3477 打数 1010 安打、25 本塁打、272 打点、30 盗塁、打率 .290

ボブ・ハウリー
Bobby Dean Howry
1973.8.4 ～【出身地】アリゾナ州フェニックス【球団】98-2002 ホワイトソックス　02-03 レッドソックス　04-05 インディアンズ　06-08 カブス　09 ジャイアンツ　10 ダイアモンドバックス　10 カブス【位置】投手、右
【経歴】アストロズとマーリンズで合計 3 度のドラフト指名を拒否したのち、94 年ドラフト 5 位でジャイアンツに入団。98 年ホワイトソックスでメジャー昇格、速球派のリリーフとして翌 99 年に 28 セーブを挙げる。その後は中継ぎでの起用が多くなり、速球とスライダーで 04 ～ 05 年は 2 年連続防御率 2 点台。05 年からは 4 年連続で 70 試合以上に登板した。
【通算】13 年、769 試合、0 先発、45 勝 52 敗 66 S、787.2 回、653 奪三振、防御率 3.84

ハビエル・バエス　★
Ednel Javier Baez
1992.12.1 ～【出身地】プエルトリコ・バヤモン【球団】2014-21 カブス　21 メッツ　22-24 タイガース【位置】二塁、遊撃、右
【経歴】アクロバティックな守備が魅力の内野手で、タッチの素早さが際立ち“エル・マーゴ（魔術師）”の異名をとった。2011 年ドラフト 1 位（全体 9 位）でカブスに入団、レギュラーとなった 16 年のリーグ優勝決定シリーズでは、22 打数 7 安打 5 打点でシリーズ MVP を受賞。18 年は 40 二塁打、9 三塁打（2 位）、34 本塁打に加え、111 打点はリーグ最多だった。21 年も 31 本塁打を放ったが 184 三振はリーグワースト。ボール球に手を出す悪癖があって出塁率が低く、22 年にタイガースへ移籍して以降は不調が続いた。通算 99 勝の投手ホセ・ベリオスとは義兄弟。
【通算】11 年、1222 試合、4377 打数 1099 安打、181 本塁打、628 打点、110 盗塁、1294 三振、打率 .251
【タイトル】打点王 1 回（2018 年）ゴールドグラブ 1 回（20 年）オールスター 2 回（18 ～ 19 年）

カルロス・バエルガ
Carlos Obed Baerga
1968.11.4 ～【出身地】プエルトリコ・サンテュルセ【球団】90-96 インディアンズ　96-98 メッツ　99 パドレス　99 インディアンズ　2002 レッドソックス　03-04 ダイアモンドバックス　05 ナショナルズ【位置】二塁、両
【経歴】86 年パドレスに入団し、90 年インディアンズにトレードされ 21 歳でレギュラーに抜擢される。92 年は打率 .312、205 安打（2 位）、20 本塁打、105 打点。翌 93 年も打率 .321（5 位）、200 安打（2 位）、114 打点、4 月 8 日に史上初めて 1

イニングに左右両打席から本塁打を放った。95年まで4年連続で打率3割以上だったが、96年にメッツに移籍してからは体重の増加で精彩を欠いた。2001年は独立リーグや韓国でプレイし、02年3年ぶりにメジャー復帰。03年はダイアモンドバックスで105試合の出場ながら打率.343と久々の好成績だった。守備でも3回最多補殺を記録している。
【通算】14年、1630試合、5439打数1583安打、134本塁打、774打点、59盗塁、打率.291
【タイトル】オールスター3回(92～93,95年)

レン・バーカー
Leonard Harold Barker
1955.7.27～【出身地】ケンタッキー州フォートノックス【球団】76-78レンジャーズ　79-83インディアンズ　83-85ブレーヴス　87ブルワーズ【位置】投手、右
【経歴】73年ドラフト3位でレンジャーズに入団。150kmを超える速球とカーブで80年に19勝、187三振(1位)を奪う。翌81年も2年連続1位の127奪三振、5月15日のブルージェイズ戦で完全試合を成し遂げた。82年も15勝、187奪三振(2位)と活躍を続けたが、翌83年途中ブレーヴスに移ってからは肘痛で球速が落ち振るわなくなった。引退後クリーヴランドで建設会社を経営し、2012年にノートルダム大学の監督に就任した。
【通算】11年、248試合、194先発、35完投、7完封、74勝76敗5S、1323.2回、975奪三振、防御率4.34
【タイトル】最多奪三振2回(80～81年)オールスター1回(81年)

ウォーリー・バーガー
Walter Anton Berger
1905.10.10～88.11.30【出身地】イリノイ州シカゴ【球団】30-37ブレーヴス　37-38ジャイアンツ　38-40レッズ　40フィリーズ【位置】外野、右
【経歴】30年ナ・リーグの新人記録となる38本塁打(3位)、119打点、打率も.310で以後4年連続打率3割以上。変化球打ちが巧く、34年はいずれも3位の34本塁打、121打点、続く35年は34本塁打、130打点で二冠王となる。翌36年に肩を負傷してからは、以前のような打撃が出来なくなった。37年ジャイアンツ、39年はレッズでワールドシリーズに出場したが、合計18打数0安打、四球もゼロだった。
【通算】11年、1350試合、5163打数1550安打、242本塁打、898打点、36盗塁、打率.300
【タイトル】本塁打王1回(35年)打点王1回(35年)オールスター4回(33～36年)

ウェス・パーカー　☆
Maurice Wesley Parker
1939.11.13～【出身地】イリノイ州エヴァンストン【球団】64-72ドジャース【位置】一塁、外野、両
【経歴】5度の守備率1位を記録した好守の一塁手で、67年から6年連続でゴールドグラブを受賞する。65年のワールドシリーズは23打数7安打、70年は打率.319(5位)、197安打、47二塁打(1位)、111打点と打撃でも活躍。5月7日にはドジャースがロスアンジェルスへ移転してからでは初となるサイクルヒットを記録した。72年限りで引退したが74年南海に入団し打率.301(5位)、ダイヤモンドグラブ賞に輝いた。帰国後は俳優に転身している。
【通算】9年、1288試合、4157打数1110安打、64本塁打、470打点、60盗塁、打率.267
【タイトル】ゴールドグラブ6回(67～72年)
【日本】74南海　1年、127試合、482打数145安打、14本塁打、59打点、3盗塁、打率.301

デイヴ・パーカー
David Gene Parker
1951.6.9～【出身地】ミシシッピ州グレナダ【球団】73-83パイレーツ　84-87レッズ　88-89アスレティックス　90ブルワーズ　91エンジェルズ　91ブルージェイズ【位置】外野、DH、左
【経歴】“コブラ”の異名で親しまれた外野手。70年ドラフト14位でパイレーツに入団、力強い打撃と無類の強肩を併せ持ち、早くからロベルト・クレメンテの後継者と目される。正右翼手となった75年打率.308、25本塁打(5位)、101打点(5位)、長打率.541(1位)。77年は打率.338、215安打、44二塁打の3部門で1位、守備でも26補殺。翌78年は打率.334で2年連続首位打者となったのに加え、30本塁打(3位)、117打点(2位)、長打率.585(1位)でMVPに輝く。79年には後払い分と出来高まで含めると5

年間で総額775万ドルとなる契約を結び、事実上史上初の年俸100万ドル選手となる。同年はオールスターで2度見事な送球で走者を刺しMVPを受賞し、プレイオフでは2本の決勝打、ワールドシリーズでも29打数10安打で世界一に貢献した。

80年代に入ると膝の故障と、のちに判明した麻薬使用により不振に陥り、ピッツバーグのファンからブーイングを浴びせられる。84年レッズに移籍、翌85年6年ぶりの3割となる打率.312（5位）、198安打（2位）、42二塁打（1位）、34本塁打（2位）、125打点（1位）と復活。続く86年もいずれも2位の31本塁打、116打点を記録した。88年以降はDHに専念、90年には39歳にして21本塁打、92打点でオールスターに選ばれるなど衰えを見せなかった。2025年殿堂入り。

【通算】19年、2466試合、9358打数2712安打、526二塁打、75三塁打、339本塁打、1493打点、154盗塁、683四球、1537三振、打率.290

【タイトル】MVP1回（78年）首位打者2回（77～78年）打点王1回（85年）ゴールドグラブ3回（77～79年）オールスター7回（77,79～81,85～86,90年）

スティーヴ・ハーガン

Steven Lowell Hargan

1942.9.8～【出身地】インディアナ州フォートウェイン【球団】65-72インディアンズ 74-76レンジャーズ 77ブルージェイズ 77レンジャーズ 77ブレーヴス【位置】投手、右

【経歴】得意のスライダーで66年13勝、防御率2.48（3位）と好投し、翌67年も6完封（1位）を含む14勝を挙げたが、その後肘を痛め2年間は不振。70年は11勝3敗だったが、続く71年は1勝13敗、72年にはマイナーに降格。74年再昇格し12勝と、浮き沈みが激しかった。

【通算】12年、354試合、215先発、56完投、17完封、87勝107敗4S、1632回、891奪三振、防御率3.92

【タイトル】オールスター1回（67年）

アンヘル・パガン

Angel Manuel Pagan

1981.7.2～【出身地】プエルトリコ・リオピエドラス【球団】2006-07カブス 08-11メッツ 12-16ジャイアンツ【位置】外野、両

【経歴】99年ドラフト4位でメッツに入団、2006年にカブスへ移籍したが08年に復帰し、翌09年は88試合で打率.306、22二塁打、11三塁打（4位）。続く10年はリーグ2位の37盗塁を決めた。ジャイアンツへ移籍した12年は自己最多の174安打、38二塁打、リーグ最多の15三塁打。ポストシーズンでは2本の先頭弾を放った。13年と17年のWBCに出場、13年はベストナインに選ばれた。

【通算】11年、1124試合、4084打数1143安打、64本塁打、414打点、176盗塁、打率.280

ホセ・パガン

Jose Antonio Pagan

1935.5.5～2011.6.7【出身地】プエルトリコ・バルセロネタ【球団】59-65ジャイアンツ 65-72パイレーツ 73フィリーズ【位置】遊撃、三塁、右

【経歴】61年正遊撃手となり、翌62年は164試合にフル出場して自己記録となる150安打、57打点。ワールドシリーズでも19打数7安打、第1戦でセーフティ・スクイズを決め、ホワイティ・フォードのシリーズ連続無失点記録を33.2回で止めた。65年途中のパイレーツ移籍後は主に三塁や左翼を守り、71年のワールドシリーズ第7戦では8回に決勝二塁打を放ち、世界一をもたらした。同郷出身でチームメイトのロベルト・クレメンテがニカラグア地震の救援に向かう際には、引き止めようとしたが叶わなかった。

【通算】15年、1326試合、3689打数922安打、52本塁打、372打点、46盗塁、打率.250

ボブ・パーキー

Robert Thomas Purkey

1929.7.14～2008.3.16【出身地】ペンシルヴェニア州ピッツバーグ【球団】54-57パイレーツ 58-64レッズ 65カーディナルス 66パイレーツ【位置】投手、右

【経歴】制球の良いナックルボーラーで、スライダーや速球など他の球種も質が高かった。48年地元のパイレーツにテスト入団、レッズに移籍した58年17勝（4位）、以後5年連続で13勝以上と主戦投手として活躍。61年は16勝しオールスター第2戦で先発、ワールドシリーズ第3戦では完投しながらも敗戦投手。翌62年は23勝、防御率2.81のいずれも3位だった。

【通算】13年、386試合、276先発、92完投、13完封、129勝115敗、2114.2回、

793奪三振、防御率3.79
【タイトル】オールスター3回（58,61～62年）

ミラー・ハギンス
Miller James Huggins
1878.3.27～1929.9.25【出身地】オハイオ州シンシナティ【球団】04-09レッズ 10-16カーディナルス【位置】二塁、両
【経歴】ヤンキースの第一次黄金期を築いた名将。シンシナティ大学では、のちの大統領ウィリアム・タフトの下で法律を学び、地元のレッズ入団後は、小柄ながらも俊足好守の二塁手として鳴らす。特に選球眼に優れ、10年の116個を最多として4回最多四球。ディレイド・スティールを得意とし、カーディナルス移籍後の13年は出塁率.432も1位、通算打率.265ながら出塁率は.382に達した。
13年から監督を兼任したが、カーディナルスの買収工作に失敗し17年限りで辞任。翌18年ヤンキース監督に迎えられ、ベーブ・ルース、ルー・ゲーリッグらを擁し6度のリーグ優勝、3度の世界一を成し遂げた。選手に対しては厳格だったが、厚い信頼を寄せられていた。29年のシーズン中丹毒のため急死。64年殿堂入り。
【通算】13年、1586試合、5558打数1474安打、9本塁打、318打点、324盗塁、1003四球、打率.265
【タイトル】最高出塁率1回（13年）
【監督】13-17カーディナルス 18-29ヤンキース 17年、2570試合、1413勝1134敗、勝率.555 リーグ優勝6回（21～23,26～28年）ワールドシリーズ優勝3回（23,27～28年）

サイ・パーキンス
Ralph Foster Perkins (Cy)
1896.2.27～1963.10.2【出身地】マサチューセッツ州グロースター【球団】15,17-30アスレティックス 31ヤンキース 34タイガース【位置】捕手、右
【経歴】19年正捕手となり、21年は打率.288、自己最多の12本塁打、73打点。守備面での評価が高く、19年から3年連続最多補殺。ミッキー・カクレインに定位置を奪われてからも控えとして貴重な存在だった。当時の捕手としては珍しく片手で捕球していた。引退後はタイガースやフィリーズで長くコーチを務め、37年は15試合タイガースの監督を代行し6勝9敗だった。

【通算】17年、1171試合、3604打数933安打、30本塁打、409打点、18盗塁、打率.259

パク チャンホ（朴賛浩） ☆
Chan Ho Park
1973.6.30～【出身地】大韓民国忠清南道公州市【球団】94-2001ドジャース 02-05レンジャーズ 05-06パドレス 07メッツ 08ドジャース 09フィリーズ 10ヤンキース 10パイレーツ【位置】投手、右
【経歴】韓国人メジャーリーガー第1号。94年ドジャースと契約、マイナーを経験せずメジャーデビューを果たしたが2試合に投げただけでマイナー落ち。96年からメジャーに定着、ダイナミックなフォームから投げ込む150km台の速球で97年14勝、翌98年は15勝。2000年18勝（5位）、217奪三振（2位）に加え防御率3.27は自己ベストだった。
01年自己最多の218三振（3位）を奪ったが、10月5日はバリー・ボンズに年間新記録となる71号本塁打を献上した。同年はカル・リプケンにオールスター最後の本塁打を打たれ、99年4月23日にはフェルナンド・タティス・シニアに史上唯一の1イニング2本の満塁本塁打を打たれるなど、目立つ場面での被弾が多かった。02年FAとなり、巨額の契約でレンジャーズに移籍したが、在籍4年間で防御率5.79に終わり、07年以降はほぼ中継ぎに専念した。11年に入団したオリックスでは1勝しただけで、12年は韓国・ハンファに入団し初めて母国のリーグで投げた。
【通算】17年、476試合、287先発、10完投、3完封、124勝98敗2S、1993回、1715奪三振、防御率4.36
【タイトル】オールスター1回（2001年）
【日本】2011オリックス 1年、7試合、7先発、1完投、0完封、1勝5敗0S、42回、21奪三振、防御率4.29

モー・バーグ
Morris Berg
1902.3.2～72.5.29【出身地】ニューヨーク州ニューヨーク【球団】23ドジャース 26-30ホワイトソックス 31インディアンズ 32-34セネターズ 34インディアンズ 35-39レッドソックス【位置】捕手、遊撃、右
【経歴】メジャー昇格当時は遊撃手。28年捕手に転向、リードの巧さを評価さ

れ29年自己最多の107試合に出場、打率.287、47打点を記録したが、その後はずっと控えだった。プリンストン大学を卒業、コロンビア大学やソルボンヌ大学でも学んだ秀才で、日本語を含む7ヶ国語に堪能だったことを買われ34年全米選抜チームの一員として来日、米軍のスパイ活動に協力した。大変な迷信家でもあり、球界一の奇人と呼ばれていた。
【通算】15年、663試合、1813打数441安打、6本塁打、206打点、12盗塁、打率.243

ジェフ・バグウェル
Jeffrey Robert Bagwell
1968.5.27～【出身地】マサチューセッツ州ボストン【球団】91-2005アストロズ【位置】一塁、右
【経歴】独特のガニ股打法から強烈な打球を放ったスラッガー。89年ドラフト4位で地元のレッドソックスに入団、91年アストロズに移籍し打率.294、15本塁打、82打点で新人王に選ばれる。94年は110試合で打率.368と39本塁打は2位、116打点と長打率.750は1位でMVPを受賞。97年は43本塁打(2位)、135打点(2位)に加え、31盗塁で一塁手では初の30－30も達成した。99年も42本、30盗塁で2度目の30－30。続く2000年は自己最多の47本塁打(3位)、152得点は51年ぶりに150点の大台に乗せた。
　通算では打率3割6回、30本塁打以上9回、100打点以上8回、100四球以上7回。94～02年は9年連続で出塁率.390以上だった。ポストシーズンは通算33試合で打率.226、2本塁打と実力を発揮できなかった。守備も巧く、94年から4年連続で最多補殺、通算では史上4位の1704補殺。フランク・トーマスとは生年月日が一緒で、94年には二人ともア・ナ両リーグのMVPとなった。デビュー日が同じだったダリル・カイルとは親友同士で、カイルの死後は背番号の57をスパイクに書き込んだ。17年殿堂入り。
【通算】15年、2150試合、7797打数2314安打、488二塁打、32三塁打、449本塁打、1529打点、202盗塁、1401四球(28位)、1558三振、打率.297
【タイトル】MVP1回(94年) 新人王(91年) 打点王1回(94年) ゴールドグラブ1回(94年) オールスター4回(94,96～97,99年)

エリス・バークス
Ellis Rena Burks
1964.9.11～【出身地】ミシシッピ州ヴィックスバーグ【球団】87-92レッドソックス　93ホワイトソックス　94-98ロッキーズ　98-2000ジャイアンツ　01-03インディアンズ　04レッドソックス【位置】外野、右
【経歴】83年1月ドラフト1位でレッドソックスに入団。87年メジャーに昇格し20本塁打、27盗塁、90年はゴールドグラブ受賞と攻守にわたって活躍するが、数多くの故障に悩まされる。ロッキーズ移籍後の96年自己最多の156試合に出場、打率.344、211安打、45二塁打の3部門で2位、40本塁打と128打点は5位、長打率.639は1位の好成績を収めた。翌97年も119試合で32本塁打、99年は120試合で31本塁打。2000年は規定打席不足ながら.344の高打率、96打点を稼いだ。従兄弟のローズヴェルト・ブラウンも外野手で、2003～04年はオリックスに在籍した。
【通算】18年、2000試合、7232打数2107安打、402二塁打、63三塁打、352本塁打、1206打点、181盗塁、793四球、1340三振、打率.291
【タイトル】ゴールドグラブ1回(90年) オールスター2回(90,96年)

バイロン・バクストン　★
Byron Keiron Buxton
1993.12.18～【出身地】ジョージア州バクスリー【球団】2015-24ツインズ【位置】外野、右
【経歴】2012年ドラフト1位(全体2位)でツインズに入団。ずば抜けて身体能力が高く、17年は29盗塁、守備ではファインプレイを連発してゴールドグラブを手にした。故障の多さが欠点で、100試合以上出たのは17、24年のみ。自己最多の28本塁打を記録した22年も膝と股関節のケガで92試合の出場にとどまった。
【通算】10年、772試合、2614打数639安打、133本塁打、353打点、93盗塁、打率.244
【タイトル】ゴールドグラブ1回(2017年) オールスター1回(22年)

ジム・バグビー・シニア
James Charles Jacob Bagby
1889.10.5～1954.7.28【出身地】ジョージア州バーネット【球団】12レッズ　16-22インディアンズ　23パイレーツ【位置】投

手、右
【経歴】もともとは外野手。12年レッズで5試合に登板した後はマイナーで投げていたが、スクリューボールに磨きをかけ16年インディアンズで再昇格、16勝を挙げる。翌17年は23勝（3位）、8完封（2位）、防御率1.99、20年は31勝、48試合、30完投、339.2回がすべて1位。防御率2.89も5位でリーグ優勝の原動力となった。ワールドシリーズでも第5戦で完投勝利、自ら投手としてはシリーズ史上初となる本塁打を放ち花を添えた。息子のジム・ジュニアもインディアンズなどで活躍。
【通算】9年、316試合、208先発、133完投、16完封、127勝89敗、1821.2回、450奪三振、防御率3.11
【タイトル】最多勝1回（20年）

ジム・バグビー・ジュニア
James Charles Jacob Bagby
1916.9.8～88.9.2【出身地】オハイオ州クリーヴランド【球団】38-40レッドソックス　41-45インディアンズ　46レッドソックス　47パイレーツ【位置】投手、右
【経歴】38年新人で15勝、故郷のインディアンズ移籍後の42年17勝（3位）、防御率2.96は自己記録。翌43年はリーグ最多の273回を投げ、前年と同じ17勝（4位）を挙げた。動く速球で打たせてとる投球を身上とし、奪三振は1年目の73個が最多。首脳陣にとっては扱いにくい選手との評判もあった。父のジム・シニアもメジャーで活躍した。
【通算】10年、303試合、198先発、83完投、13完封、97勝96敗、1666.1回、431奪三振、防御率3.96
【タイトル】オールスター2回（42～43年）

トム・バーグマイアー
Thomas Henry Burgmeier
1943.8.2～【出身地】ミネソタ州セントポール【球団】68エンジェルズ　69-73ロイヤルズ　74-77ツインズ　78-82レッドソックス　83-84アスレティックス【位置】投手、左
【経歴】リリーフ専門の左腕で、主な武器はスライダー。69年拡張ドラフトでロイヤルズに加入、71年は9勝17セーブ（4位）、防御率1.73。80年自己最多の24セーブ（5位）、防御率2.00で36歳にして初めてオールスターに選ばれた。79年から現役最後の84年までは6年連続防御率2点台。フィールディングの良さにも定評があった。
【通算】17年、745試合、3先発、0完投、79勝55敗102S、1258.2回、584奪三振、防御率3.23
【タイトル】オールスター1回（80年）

ランス・バークマン
William Lance Berkman
1976.2.10～【出身地】テキサス州ウェイコ【球団】99-2010アストロズ　10ヤンキース　11-12カーディナルス　13レンジャーズ【位置】外野、一塁、両
【経歴】アストロズの主砲として長く活躍したスイッチヒッター。地元のライス大学から97年ドラフト1位で入団、2001年は打率.331（4位）、55二塁打（1位）、34本塁打、126打点。翌02年は42本塁打（3位）、128打点（1位）でMVP投票3位に入った。同年から3年連続100四球以上と選球眼の良さを発揮し、04年は127四球（2位）で出塁率.450（3位）。同年のプレイオフは12試合で4本塁打、12打点を挙げた。
　外野から一塁へ回った05年のワールドシリーズは13打数5安打、6打点。続く06年は自己最多の45本塁打（4位）、136打点（3位）、01～07年は毎年必ず9月21日にホームランを打った。年によって打撃にはやや波があったが、カーディナルスに移った11年は31本塁打、ワールドシリーズでも26打数11安打。第6戦の10回裏に起死回生の同点タイムリーを放ち、シリーズ敗退の危機を救った。左打席のほうが圧倒的に数字が良く、右打席では通算打率.260、50本塁打にとどまった。太めの体型からつけられた“ファット・エルヴィス”の渾名を嫌い、自ら新ニックネームの“ビッグ・ピューマ”を考案した。
【通算】15年、1879試合、6491打数1905安打、422二塁打、366本塁打、1234打点、86盗塁、1201四球、1300三振、打率.293
【タイトル】打点王1回（2002年）オールスター6回（01～02,04,06,08,11年）

デイヴ・バーグマン
David Bruce Bergman
1953.6.6～【出身地】イリノイ州エヴァンストン【球団】75,77ヤンキース　78-81アストロズ　81-83ジャイアンツ　84-92タイガース【位置】一塁、左
【経歴】74年ドラフト2位でヤンキースに

入団し、マイナーで2度首位打者になる。左腕が打てずレギュラーには定着できなかったが、貴重なベンチ要員として39歳まで現役を続け、真摯なプレイ態度も称賛された。89年自己最多の137試合に出場、唯一の3ケタとなる103安打を放った。守備では隠し球を2回成功させている。
【通算】17年、1349試合、2679打数690安打、54本塁打、289打点、19盗塁、打率.258

バブルス・ハーグレイヴ
Eugene Franklin Hargrave (Bubbles)
1892.7.15～1969.2.23【出身地】インディアナ州ニューヘイヴン【球団】13-15カブス　21-28レッズ　30ヤンキース【位置】捕手、右
【経歴】カブスでは3年間に41試合の出場にとどまり、その後5年間はマイナー暮らし。21年28歳でメジャーに定着、翌22年から6年連続打率3割。26年は.353の高打率で捕手として初の首位打者に輝く。吃音をからかった“バブルス”というニックネームを毛嫌いしていた。弟の“ピンキー”ことウィリアムも10年捕手を務めた。
【通算】12年、852試合、2533打数786安打、29本塁打、376打点、29盗塁、打率.310
【タイトル】首位打者1回(26年)

マイク・ハーグローヴ
Dudley Michael Hargrove
1949.10.26～【出身地】テキサス州ペリートン【球団】74-78レンジャーズ　79パドレス　79-85インディアンズ【位置】一塁、外野、左
【経歴】72年ドラフト25位でレンジャーズに入団、74年打率.323(5位)、66打点で新人王を受賞。長打力は今一つながら、美しいスイングで打率3割5回、選球眼にも優れ4回100四球以上を選ぶ。76年は97四球、78年は107四球でいずれも1位、80年の111四球はインディアンズの球団新記録となった。通算出塁率は.396の高率で、76年は.397で2位、81年は.424で1位。ゲイロード・ペリーに対しては通算35打数18安打だった。不平を言わず黙々とプレイする選手として好評を得たが、打席に入ってからバットを構えるまでに時間がかかり“ヒューマン・レインディレイ(雨天中断男)”と揶揄された。

引退後はマイナーで2度最優秀監督賞を受賞、91年からインディアンズ監督に就任し95、97年と2度のリーグ優勝に導いた。選手の自主性を尊重するタイプで、地区5連覇を果たしながらも采配能力は平凡と見なされ99年限りで解任。オリオールズ、マリナーズの監督時代は3位以上が一度もなく、2007年こそ6月末まで2位だったが突然辞任、イチローとの折り合いが悪かったことが原因とも噂された。
【通算】12年、1666試合、5564打数1614安打、80本塁打、686打点、24盗塁、打率.290
【タイトル】新人王(74年)最高出塁率1回(81年)オールスター1回(75年)
【監督】91-99インディアンズ　2000-03オリオールズ　05-07マリナーズ　16年、2363試合、1188勝1173敗、勝率.503リーグ優勝2回(95,97年)

ジェシー・バーケット
Jesse Cail Burkett
1868.12.4～1953.5.27【出身地】ウェストヴァージニア州ウィーリング【球団】1890ニューヨーク　91-98クリーヴランド　99-1901カーディナルス　02-04ブラウンズ　05レッドソックス【位置】外野、左
【経歴】1890年投手として21試合に投げ3勝10敗、防御率5.57だったが、打撃では打率.309で翌91年から野手専任となる。俊足を生かしたセーフティ・バントで多くの内野安打を稼ぎ、96年の240本を最多として6回200安打を放つ。95年は.405、翌96年は.410で2年続けて打率4割以上で首位打者、1901年も.376で3度目のタイトルとなった。通算55本のランニング本塁打は史上1位だった。
ファウル打ちが得意で、ファウル＝ストライク・ルール制定のきっかけを作った一人でもある。93年に46失策するなど守備は苦手としていた。毒舌家で“クラブ(気難し屋)”の渾名をつけられ、チームメイトや観客と喧嘩することも多かった一方、グラウンドを離れれば紳士的に振舞い、記者に対しても友好的に接する一面も持っていた。メジャーから退いたのちもマイナー球団を買収し50歳まで監督兼任で現役を続け、その後大学のコーチなども務めた。46年殿堂入り。
【通算】16年、2067試合、8426打数2850安打、320二塁打、182三塁打(15位)、75本塁打、952打点、389盗塁、1029四球、613三振、打率.338

【タイトル】首位打者3回（1895～96,1901年）最高出塁率1回（01年）

ジョン・バーケット
John David Burkett

1964.11.28～【出身地】ペンシルヴェニア州ニューブライトン【球団】87,90-94ジャイアンツ　95-96マーリンズ　96-99レンジャーズ　2000-01ブレーヴス　02-03レッドソックス【位置】投手、右

【経歴】83年ドラフト6位でジャイアンツに入団。制球の良さと鋭いスライダーで90年から4年連続2ケタ勝利、93年は22勝で最多勝。翌94年6勝に終わりレンジャーズへトレードされたが、1試合も投げぬまま特別FAに認定されマーリンズと契約。96年途中再びレンジャーズに移籍、97～99年は3年連続で9勝。ブレーヴスに移った2000年4年ぶりの10勝、01年も12勝、防御率3.04（3位）と好投した。現役最後の03年も防御率5点台ながら12勝を稼いだ。ボウリングでパーフェクトを出した経験を持ち、引退後はプロに転向した。

【通算】15年、445試合、423先発、21完投、6完封、166勝136敗1S、2648.1回、1766奪三振、防御率4.31

【タイトル】最多勝1回（93年）オールスター2回（93,2001年）

カービー・パケット
Kirby Puckett

1960.3.14～2006.3.6【出身地】イリノイ州シカゴ【球団】84-95ツインズ【位置】外野、右

【経歴】80～90年代で最も人気のあった選手の一人。謙虚な性格で、常に前向きな態度で試合に臨み、愛嬌のある体型や風貌とも併せて非常に高い支持と尊敬を得ていた。82年1月ドラフト1位でツインズに入団、84年5月8日のメジャーデビュー戦で4安打を放つ。最初の2年間は289試合で4本塁打だったが、86年は31本塁打と大幅に長打力を増す。同年は打率.328（3位）、223安打（2位）、以後4年連続で200安打以上、87～89年は3年連続で最多安打。88年自己最高の打率.356（2位）、234安打（1位）、121打点（2位）、翌89年は.339で初の首位打者となる。最初の10年間で放った2040安打はイチローに抜かれるまで史上1位だった。

大舞台にも強く、87年のワールドシリーズでは28打数10安打、91年のシリーズ第6戦では本塁打性の飛球をつかむ大ファインプレイに加え、延長11回にサヨナラ本塁打を放つ一人舞台で、2度の世界一の原動力となった。94年112打点で打点王、続く95年も8度目の3割となる打率.314、99打点だったが、顔面に死球を受け、その影響で視力が回復せず96年7月惜しまれながらも引退を表明した。

守備では6度のゴールドグラブを手にしたが、深めに守りすぎ前方の打球をヒットにすることも多々あった。自身が貧しい環境で育ったこともあり、福祉活動にも熱心だった。しかしながら家庭内暴力を振るっていたなど、裏の顔があったことも晩年には暴露された。2001年殿堂入り、06年脳卒中により46歳で急死した。

【通算】12年、1783試合、7244打数2304安打、414二塁打、207本塁打、1085打点、134盗塁、打率.318

【タイトル】首位打者1回（89年）打点王1回（94年）ゴールドグラブ6回（86～89,91～92年）オールスター10回（86～95年）

トロイ・パーシヴァル
Troy Eugene Percival

1969.8.9～【出身地】カリフォルニア州フォンタナ【球団】95-2004エンジェルズ　05タイガース　07カーディナルス　08-09レイズ【位置】投手、右

【経歴】90年エンジェルズにドラフト6位で入団した当時は捕手で、翌91年投手に転向。95年メジャーに昇格、160km近い快速球で62試合に登板し防御率1.95、抑えとなった96年は36セーブ（4位）、74回で100三振を奪った。98年に自己最多の42セーブ（2位）、以後7年連続30セーブ以上。2002年は40セーブ（3位）、防御率1.92、ポストシーズンも合計7セーブで世界一に貢献した。06年は肩痛で全休し、一旦引退した後、07年カーディナルスで復帰。レイズに移った翌08年は28セーブを挙げた。

【通算】14年、703試合、1先発、0完投、35勝43敗358S（13位）、708.2回、781奪三振、防御率3.17

【タイトル】オールスター4回（96,98～99,2001年）

スモーキー・バージェス
Forrest Harrill Burgess (Smoky)

1927.2.6～91.9.15【出身地】ノースカロラ

イナ州キャロリーン【球団】49,51 カブス 52-55 フィリーズ 55-58 レッズ 59-64 パイレーツ 64-67 ホワイトソックス【位置】捕手、左
【経歴】背は低くともがっしりした体格の強打者で、代打の切り札として有名。代打では通算593回起用され、145安打は4位、16本塁打は5位にランクされている。54年は345打数で.368の高打率、翌55年は21本塁打、78打点。62年も103試合で打率.328、13本塁打、61打点だった。捕手としては囁き戦術を得意とし、2度ノーヒッターを引き出したがいずれも試合には敗れた。50～60年代の選手では珍しく、酒もタバコにも縁がなかった。
【通算】18年、1691試合、4471打数 1318安打、126本塁打、673打点、13盗塁、打率.295
【タイトル】オールスター6回（54～55,59～61,64年）

クリス・バシット ★
Christopher Michael Bassitt
1989.2.22～【出身地】オハイオ州トリド【球団】2014 ホワイトソックス 15-16,18-21 アスレティックス 22 メッツ 23-24 ブルージェイズ【位置】投手、右
【経歴】2011年ドラフト16位でホワイトソックスに入団。遅咲きでアスレティックス移籍後の19年に30歳で初の2ケタ勝利となる10勝を挙げると、21年12勝、22年15勝（5位）と勝ち星を増やす。8つの球種を操る技巧的なピッチングが持ち味で、23年はリーグ最多の16勝を稼ぎ、186奪三振も自己最多だった。
【通算】10年、200試合、187先発、2完投、2完封、72勝56敗0S、1108.1回、1025奪三振、防御率3.59
【タイトル】最多勝1回（2023年）オールスター1回（21年）

オーレル・ハーシャイザー
Orel Leonard Hershiser
1958.9.16～【出身地】ニューヨーク州バッファロー【球団】83-94 ドジャース 95-97 インディアンズ 98 ジャイアンツ 99 メッツ 2000 ドジャース【位置】投手、右
【経歴】メジャー記録の59回連続無失点の偉業を達成した好投手。79年ドラフト17位でドジャースに入団、84年途中からローテーション入りし、制球の良さと優れたシンカーで4完封（1位）を含む11勝、防御率2.66（3位）、34.1回連続無失点も記録。翌85年は11連勝を含む19勝（5位）、防御率2.03（3位）、87年も16勝と防御率3.06は3位だった。
88年は23勝、15完投、8完封、267回の4部門で1位、防御率2.26は3位、終盤には5連続完封の快投を演じ、ドン・ドライスデイルが持っていた連続イニング無失点記録を20年ぶりに塗り替えサイ・ヤング賞。プレイオフでは4試合で防御率1.09、第1戦では8回まで無失点に抑え、シーズン中からの無失点記録を67回まで伸ばしMVPに選ばれる。ワールドシリーズでは第2戦で完封勝利に加え自ら3安打、第5戦でも完投勝利を収めシリーズMVPに輝いた。
87年から3年連続最多投球回を記録した影響からか、90年に肩を故障し、その後は今一つの成績が続く。95年インディアンズに移り16勝と復調、リーグ優勝決定シリーズでも2勝しMVPを手にする。以後5年連続、通算では13回2ケタ勝利。99年はメッツで40歳にして13勝を挙げたが、ドジャースに復帰した翌2000年は10試合で防御率13.14と散々で、シーズン途中で引退した。
打撃も良く、93年は26安打、.356の高打率。本塁打は1本もなかった代わり、盗塁は通算8回決めている。フィールディングも軽快で補殺、刺殺で3回ずつ1位となり、88年にゴールドグラブを受賞した。ニックネームの“ブルドッグ”はタフな投手になれとの意味を込めトミー・ラソーダ監督が命名したもの。引退後はレンジャーズの投手コーチを経て解説者となった。
【通算】18年、510試合、466先発、68完投、25完封、204勝150敗5S、3130.1回、2014奪三振、1007四球、防御率3.48
【タイトル】サイ・ヤング賞1回（88年）最多勝1回（88年）ゴールドグラブ1回（88年）オールスター3回（87～89年）

マイク・ハーシュバーガー
Norman Michael Hershberger
1939.10.9～2012.7.1【出身地】オハイオ州マッシロン【球団】61-64 ホワイトソックス 65-69 アスレティックス 70 ブルワーズ 71 ホワイトソックス【位置】外野、右
【経歴】強肩の外野手で、65年の14補殺、7併殺、67年の17補殺はいずれも1位。打撃は平凡で、66年の136安打、27二塁打、57打点が自己最多。同年の7犠

飛はリーグトップ。代打で通算149回起用され、出塁率.356と上々だった。
【通算】11年、1150試合、3572打数900安打、26本塁打、344打点、74盗塁、打率.252

ミュール・ハース
George William Haas (Mule)
1903.10.15～74.6.30【出身地】ニュージャージー州モントクレア【球団】25パイレーツ　28-32アスレティックス　33-37ホワイトソックス　38アスレティックス【位置】外野、左
【経歴】29～31年のアスレティックス3連覇時の中堅手。29年は41二塁打、16本塁打、82打点、ワールドシリーズでは2本塁打、6打点。最終第5戦の9回裏に同点2ランを放ち、サヨナラ勝ちに結びつけた。31年に自己最高の打率.323。30年からの5年連続を含む6回最多犠打、通算227犠打を決めている。33年アル・シモンズらとともにホワイトソックスへ金銭トレードされ、のち巡回コーチとなった。46年には監督のジミー・ダイクスが胆石を患った間に代理で指揮を執った。
【通算】12年、1168試合、4303打数1257安打、43本塁打、496打点、12盗塁、打率.292

ムース・ハース
Bryan Edmund Haas (Moose)
1956.4.22～【出身地】メリーランド州ボルティモア【球団】76-85ブルワーズ　86-87アスレティックス【位置】投手、右
【経歴】74年ドラフト2位でブルワーズに入団。制球の良い技巧派投手で、80年16勝、83年は13勝で3敗のみ。79年から5年連続で2ケタ勝利を挙げた。アスレティックス移籍後は肩の故障のため今一つの成績に終わった。テコンドーは黒帯の腕前で、趣味として手品も披露した。
【通算】12年、266試合、252先発、56完投、8完封、100勝83敗2S、1655回、853奪三振、防御率4.01

ケヴィン・バス
Kevin Charles Bass
1959.5.12～【出身地】カリフォルニア州レッドウッドシティ【球団】82ブルワーズ　82-89アストロズ　90-92ジャイアンツ　92メッツ　93-94アストロズ　95オリオールズ【位置】外野、両
【経歴】77年ドラフト2位でブルワーズに入団、82年終盤ドン・サットンとの交換でアストロズに移籍。86年に打率.311(4位)、184安打(5位)、20本塁打、79打点、プレイオフではチーム最多の7安打を放った。87年はナ・リーグで初めて、年間2度の左右両打席本塁打を達成。88年に31盗塁するなど俊足も光った。おじのスタン・ジョンソンは元メジャーリーガーで大洋にも在籍、従兄弟のジェイムズ・ロフトンはNFLで活躍した殿堂入り選手。
【通算】14年、1571試合、4839打数1308安打、118本塁打、611打点、151盗塁、打率.270
【タイトル】オールスター1回(86年)

ドード・パスカート
George Henry Paskert (Dode)
1881.8.28～1959.2.12【出身地】オハイオ州クリーヴランド【球団】07-10レッズ　11-17フィリーズ　18-20カブス　21レッズ
【位置】外野、右
【経歴】俊足を生かした守備に定評のあった中堅手で、打撃でも10年に打率.300、51盗塁(3位)を決める。12年に自己最高の打率.315、37二塁打(2位)、91四球(2位)、出塁率.420(4位)。16年も30二塁打は3位だった。打席では非常に辛抱強く、四球も多かった代わりに三振も多かった。
【通算】15年、1716試合、6017打数1613安打、42本塁打、577打点、293盗塁、打率.268

ダン・パスクア
Daniel Anthony Pasqua
1961.10.17～【出身地】ニューヨーク州ヨンカース【球団】85-87ヤンキース　88-94ホワイトソックス【位置】外野、一塁、左
【経歴】82年ドラフト3位でヤンキースに入団。85年にAAA級のMVPに選ばれるなど期待され、150m級の特大アーチを放つこともあったが、左投手に対しては打率1割台。ホワイトソックスに移籍した88年も20本塁打の一方で打率.227、100三振と粗さが目についた。91年に自己最多の108安打、66打点を記録している。
【通算】10年、905試合、2620打数638安打、117本塁打、390打点、7盗塁、打率.244

カミロ・パスクアル
Camilo Alberto Pascual
1934.1.20～【出身地】キューバ共和国ハ

バナ【球団】54-66 セネターズ / ツインズ 67-69 セネターズ 69 レッズ 70 ドジャース 71 インディアンズ【位置】投手、右
【経歴】速球とカーブのいずれも最高級と評価された好投手。54 年 20 歳でセネターズに昇格、最初の 5 年間は 28 勝 66 敗と苦しんだが、横手からのカーブをマスターし 59 年 17 勝 (4 位)、防御率 2.64 (2 位)、185 奪三振 (2 位)、17 完投と 6 完封はいずれも 1 位と開眼。60 年の開幕戦では球団新記録の 15 奪三振、61 年もリーグ最多の 8 完封を含む 15 勝に加え 221 三振を奪い、以後 3 年連続 200 三振以上で 1 位。62 年は 5 完封 (1 位) を含む 20 勝 (2 位)、63 年自己ベストの 21 勝 (2 位)、防御率 2.46 (3 位) を記録した。引退後は長くドジャースの国際スカウトを務めた。兄カルロスもセネターズの投手だった。
【通算】18 年、529 試 合、404 先 発、132 完投、36 完封、174 勝 170 敗 10 S、2930.2 回、2167 奪三振、1069 四球、防御率 3.63
【タイトル】最多奪三振 3 回 (61 ～ 63 年) オールスター 5 回 (59 ～ 62,64 年)

ハビエル・バスケス
Javier Carlos Vazquez
1976.7.25 ～【出身地】プエルトリコ・ポンセ【球団】98-2003 エクスポズ 04 ヤンキース 05 ダイアモンドバックス 06-08 ホワイトソックス 09 ブレーヴス 10 ヤンキース 11 マーリンズ【位置】投手、右
【経歴】200 奪三振以上を 5 回記録した本格派投手で、2000 年代に奪った 2001 三振はランディ・ジョンソンに次ぐ数字。94 年ドラフト 5 位でエクスポズに入団、2000 年に 11 勝を挙げると以後 12 年連続で 2 ケタ勝利。5 つの球種で安定してストライクが取れ、01 年はリーグ最多の 3 完封を含む 16 勝、208 奪三振 (5 位)、03 年は自己最多の 241 三振 (3 位) を奪う。ヤンキースにトレードされた 04 年は 14 勝を挙げたものの、プレイオフでは 3 試合に登板していずれも打ち込まれた。09 年はブレーヴスで 15 勝 (4 位)、防御率 2.87、238 奪三振は 2 位。現役最後の 11 年 9 月は 29 回連続無失点、月間 MVP で有終の美を飾った。
【通算】14 年、450 試合、443 先発、28 完投、8 完封、165 勝 160 敗 0 S、2840 回、2536 奪三振、防御率 4.22
【タイトル】オールスター 1 回 (2004 年)

ドン・ハースト
Frank O'Donnell Hurst
1905.8.12 ～ 52.12.6【出身地】ケンタッキー州メイズヴィル【球団】28-34 フィリーズ 34 カブス【位置】一塁、左
【経歴】28 年フィリーズの正一塁手となり、翌 29 年は打率 .304、31 本塁打、125 打点、以後 4 年連続で打率 3 割以上。32 年は打率 .339 (5 位)、41 二塁打、24 本塁打 (4 位)、143 打点 (1 位) の大活躍だったが、続く 33 年は打率 .267、8 本塁打と急降下。34 年は .228、5 本塁打とさらに落ち込み、これがメジャーでの最後のシーズンとなった。
【通算】7 年、905 試合、3275 打数 976 安打、115 本塁打、610 打点、41 盗塁、打率 .298
【タイトル】打点王 1 回 (32 年)

ブルース・ハースト
Bruce Vee Hurst
1958.3.24 ～【出身地】ユタ州セントジョージ【球団】80-88 レッドソックス 89-93 パドレス 93 ロッキーズ 94 レンジャーズ【位置】投手、左
【経歴】76 年ドラフト 1 位でレッドソックスに入団。緩急自在の投球で、左腕に不利と言われる本拠地フェンウェイ・パークで通算 57 勝 33 敗と強さを発揮した。83 年から 10 年連続 2 ケタ勝利、86 年 13 勝、防御率 2.99 (4 位)、ワールドシリーズでも第 1 戦の完封勝利を含む 2 勝、防御率 1.96 で、第 6 戦に大逆転負けするまではシリーズ MVP に内定していた。88 年自己最多の 18 勝 (4 位)、翌 89 年は FA でパドレスに移籍し 15 勝、10 完投 (1 位)、防御率 2.69 (5 位)。続く 90 年も 4 完封 (1 位) を含む 11 勝を挙げた。牽制も上手く、89 年は 10 回も走者を刺した。敬虔なモルモン教徒で、汚い言葉を吐くことはなかった。
【通算】15 年、379 試 合、359 先 発、83 完投、23 完封、145 勝 113 敗 0 S、2417.1 回、1689 奪三振、防御率 3.92
【タイトル】オールスター 1 回 (87 年)

ジム・バズビー
James Franklin Busby
1927.1.8 ～ 96.7.8【出身地】テキサス州ケネディ【球団】50-52 ホワイトソックス 52-55 セネターズ 55 ホワイトソックス 56-57 インディアンズ 57-58 オリオールズ 59-60 レッドソックス 60-61 オリオールズ

62 アストロズ【位置】外野、右
【経歴】51年新人で打率.283、26盗塁（2位）を決めオールスターにも選出。数多くのチームをわたり歩いたが、最盛時はセネターズ時代で53年は打率.312（5位）、183安打（5位）、82打点、翌54年は打率.298、187安打（4位）、80打点。56年7月5～6日に2試合連続で満塁本塁打を放った。俊足を生かした中堅守備も評価が高かった。穏やかな性格で、ファンへの対応も良く人気があった。引退後はポール・リチャーズの下で長くコーチを務めた。スティーヴ・バズビーは従兄弟にあたる。
【通算】13年、1352試合、4250打数1113安打、48本塁打、438打点、97盗塁、打率.262
【タイトル】オールスター1回（51年）

スティーヴ・バズビー
Steven Lee Busby
1949.9.29～【出身地】カリフォルニア州バーバンク【球団】72-76,78-80 ロイヤルズ【位置】投手、右
【経歴】71年ドラフト2位（第2回）でロイヤルズに入団。沈む速球を武器とした頭脳的な投球で73年16勝、4月27日のタイガース戦で球団史上初のノーヒットノーランを達成。翌74年は22勝（3位）、198奪三振、6月19日のブルワーズ戦で2年連続のノーヒッター。2度のノーヒッターのいずれも、次回の登板は6回まで無安打に抑えた。75年も18勝を挙げたが、肩を手術して77年は全休、その後膝も痛めて31歳で引退した。三塁への偽投からの一塁牽制を広めた投手でもある。72年には満塁本塁打を放ちながらもタイムがかかっていたため取り消され、結局1本も打てずに終わった。引退後はレンジャーズ戦の実況アナウンサーに転身した。ジム・バズビーは従兄弟。
【通算】8年、167試合、150先発、53完投、7完封、70勝54敗0S、1060.2回、659奪三振、防御率3.72
【タイトル】オールスター2回（74～75年）

長谷川滋利　☆
Shigetoshi Hasegawa
1968.8.1～【出身地】兵庫県加古川市【球団】97-2001 エンジェルズ　02-05 マリナーズ【位置】投手、右
【経歴】立命館大で通算40勝を挙げ、91年ドラフト1位でオリックスに入団、12勝で新人王。頭脳的な投球で4度2ケタ勝利を記録し、97年金銭による譲渡でエンジェルズに入団、念願のメジャー行きを果たす。同年は主に中継ぎで起用され50試合で3勝7敗、防御率3.93。リリーフ専任となった翌98年は61試合で8勝5セーブ、防御率3.14。2000年は66試合に登板、チーム最多の10勝に加え9セーブ。7～8月にかけては18試合、30イニング連続で自責点ゼロに封じた。01年4月13日には日本で同僚だったイチローと、史上初めて日本人同士で対決した。02年マリナーズに移籍、翌03年は16セーブ、防御率1.48でオールスターに出場。英語でコミュニケーションをとるなどチームに溶け込み、通算517登板は日本人投手の最多記録である。
【通算】9年、517試合、8先発、0完投、45勝43敗33S、720.1回、447奪三振、防御率3.70
【タイトル】オールスター1回（2003年）
【日本】91-96 オリックス　6年、142試合、43完投、13完封、57勝45敗4S、903回、515奪三振、防御率3.33

バディ・ハセット
John Aloysius Hassett (Buddy)
1911.9.5～97.8.23【出身地】ニューヨーク州ニューヨーク【球団】36-38 ドジャース　39-41 ブレーヴス　42 ヤンキース【位置】一塁、外野、左
【経歴】地元のヤンキースに入団したがルー・ゲーリッグがいたため出番がなく、36年ドジャースに移籍し打率.310、197安打、82打点と活躍。37、39年も3割以上の打率を残した。年間20三振を以上喫したことのない巧打者で、40年には10打数連続安打も記録。一塁守備も上手かった。42年ヤンキースに復帰、兵役のためこれが最後のシーズンとなった。
【通算】7年、929試合、3517打数1026安打、12本塁打、343打点、53盗塁、打率.292

ブロンディー・パーセル
William Aloysius Purcell (Blondie)
1854.3.16～?【出身地】ニュージャージー州パターソン【球団】1879 シラキューズ　79-80 シンシナティ　81 クリーヴランド　81-82 バッファロー　83-84 フィラデルフィア　85 フィラデルフィア（AA）　85 ボストン　86-88 ボルティモア（AA）　88-90 フィラデルフィア（AA）【位置】外野、投

手、右
【経歴】投手としては最初の2年間で7勝34敗と苦戦し、1881年以降は主に野手として出場。83年はシーズン途中からフィラデルフィアの監督を兼任したが、勝率1割台と低迷した。87年に96打点、88盗塁、89年は打率.316、85打点と活躍した。1912年に亡くなったとされていたが、その後の調査により正確な死亡年月日は不明とされている。
【通算】＜打者としての成績＞12年、1097試合、4563打数1217安打、13本塁打、495打点、打率.267
＜投手としての成績＞9年、79試合、57先発、52完投、0完封、15勝43敗、581.1回、138奪三振、防御率3.73
【監督】1883フィラデルフィア　1年、82試合、13勝68敗、勝率.160

バック・ハーゾグ
Charles Lincoln Herzog (Buck)
1885.7.9～1953.9.4【出身地】メリーランド州ボルティモア【球団】08-09ジャイアンツ　10-11ブレーヴス　11-13ジャイアンツ　14-16レッズ　16-17ジャイアンツ　18-19ブレーヴス　19-20カブス【位置】二塁、三塁、遊撃、右
【経歴】気性の激しい内野手で、タイ・カッブと喧嘩をしたり、ファンを怒らせて刃物で切りつけられたりしたこともあった。積極性が持ち味で、シーズン途中でジャイアンツに復帰した11年は打率.290、33二塁打（4位）、67打点、48盗塁（5位）の自己最高成績。翌12年のワールドシリーズは30打数12安打5打点と活躍した。14年からレッズで2年半監督を兼任し、14年は46盗塁、翌15年は35盗塁で2年連続2位。内野ならどこでも巧みにこなし、ジャイアンツの4度の優勝に貢献したが、ジョン・マグロー監督と度々衝突し、3回も放出された。
【通算】13年、1493試合、5284打数1370安打、20本塁打、449打点、320盗塁、打率.259
【監督】14-16レッズ　3年、401試合、165勝226敗、勝率.422

ホワイティ・ハーゾグ
Dorrel Norman Elvert Herzog (Whitey)
1931.11.9～2024.4.15【出身地】イリノイ州ニューアセンズ【球団】56-58セネターズ　58-60アスレティックス　61-62オリオールズ　63タイガース【位置】外野、左
【経歴】ヤンキースでプロ入りし、セネターズに移った56年新人で117試合に出場、103安打を放つがこれが自己最高の成績となる。選手としては大成しなかったが指揮官としては優秀で、76年からロイヤルズを3年連続地区優勝に導く。80年からカーディナルスのGM兼監督に就任、監督に専念した82年に世界一となったのを含め3度のリーグ制覇を成し遂げた。“ホワイティ・ボール”と呼ばれた機動力と守りの野球が看板で、85年に最優秀監督に選ばれた。90年を最後に監督を退き、その後エンジェルズGMとなった。歯に衣着せぬ発言でも話題をまいた。2010年殿堂入り。
【通算】8年、634試合、1614打数414安打、25本塁打、172打点、13盗塁、打率.257
【監督】73レンジャーズ　74エンジェルズ　75-79ロイヤルズ　80-90カーディナルス　18年、2409試合、1281勝1125敗、勝率.532　リーグ優勝3回（82,85,87年）ワールドシリーズ優勝1回（82年）

メル・ハーダー
Melvin Leroy Harder
1909.10.15～2002.10.20【出身地】ネブラスカ州ビーマー【球団】28-47インディアンズ【位置】投手、右
【経歴】インディアンズ一筋に20年間投げ続けた名投手。28年18歳でデビュー、沈む速球とカーブで32年から8年連続15勝以上、33年は15勝17敗と負け越しながらも防御率2.95は1位。ただし当時の規定によりタイトルは同僚のモンティ・ピアソンが獲得した。34年は6完封（1位）を含む20勝（4位）、自己ベストの防御率2.61（2位）。翌35年も22勝（2位）した。肩痛で41年5勝に終わり、一度は解雇されたが手術後復帰、42年は13勝を挙げた。通算では2ケタ勝利13回。34年から4年連続で出場したオールスターでは通算13回を無失点に抑えている。ジョー・ディマジオの天敵で、通算打率.180と完璧に封じ込んだ。引退後は長くコーチを務め、的確な指導で7人の20勝投手を育てた。
【通算】20年、582試合、433先発、181完投、25完封、223勝186敗、3426.1回、1161奪三振、1118四球、防御率3.80
【タイトル】最優秀防御率1回（33年*）
オールスター4回（34～37年）

コーリー・パターソン
Donald Corey Patterson
1979.8.13 ～【出身地】ジョージア州アトランタ【球団】2000-05 カブス　06-07 オリオールズ　08 レッズ　09 ナショナルズ　09 ブルワーズ　10 オリオールズ　11 ブルージェイズ　11 カーディナルス【位置】外野、左
【経歴】98 年ドラフト 1 位（全体 3 位）でカブスに入団。早くから有望視され、正中堅手となった 2002 年は 150 安打、14 本塁打の一方で、わずか 19 四球に対し 142 三振を喫した。04 年に自己最多の 24 本塁打、72 打点を記録するも、翌 05 年は打率 .215 の大不振。06 年は 45 盗塁(3 位）を決めたが、打撃の粗さが解消されず、期待されたほどの選手にはならなかった。弟のエリックもメジャーリーガー。
【通算】12 年、1230 試合、4171 打数 1050 安打、118 本塁打、431 打点、218 盗塁、打率 .252

トム・パチョレック
Thomas Marian Paciorek
1946.11.2 ～【出身地】ミシガン州デトロイト【球団】70-75 ドジャース　76-78 ブレーヴス　78-81 マリナーズ　82-85 ホワイトソックス　85 メッツ　86-87 レンジャーズ【位置】外野、一塁、右
【経歴】ヒューストン大学時代はフットボールでも注目され、68 年マイアミ・ドルフィンズからドラフト 9 位で指名されたが同年のドラフト 5 位でドジャースに入団。長い控え生活の末、79 年マリナーズで 32 歳にしてレギュラーとなり、81 年リーグ 2 位の打率 .326、132 安打（5 位)、28 二塁打（3 位）でオールスター初出場を果たした。以後 3 年連続で打率 3 割以上。ジム・パーマーに次ぎ、メジャーで 2 番目にハンサムな選手に選ばれたこともあった。引退後はホワイトソックスのブロードキャスターとなる。兄のジョンは 63 年アストロズに昇格、デビュー戦で 3 打数 3 安打 3 打点と活躍したが、背中を痛めてこれが唯一の出場だった。弟ジムも 87 年にブルワーズに昇格、88 ～ 93 年は大洋と阪神に在籍し、90 年は打率 .326 で首位打者となった。
【通算】18 年、1392 試合、4121 打数 1162 安打、86 本塁打、503 打点、55 盗塁、打率 .282
【タイトル】オールスター 1 回（81 年）

トプシー・ハーツェル
Tully Frederick Hartsel (Topsy)
1874.6.26 ～ 1944.10.14【出身地】オハイオ州ポーク【球団】1898-99 ルイヴィル　1900 シンシナティ　01 カブス　02-11 アスレティックス【位置】外野、左
【経歴】俊足で選球眼の良い外野手。01 年レギュラーとなり打率 .335、187 安打、16 三塁打（3 位)。翌 02 年はいずれも 1 位の 47 盗塁、87 四球。背の低さを生かし、リーグ記録となった 05 年の 121 個を最多として、同年からの 4 年連続を含む 5 度の最多四球を選ぶ。05 年 .409、07 年は .405 で 2 回最高出塁率を記録した。頭の良い選手として評判で、コニー・マック監督の助手としてスカウティング・レポートを作成していた。
【通算】14 年、1356 試合、4848 打数 1336 安打、31 本塁打、341 打点、247 盗塁、打率 .276
【タイトル】盗塁王 1 回（02 年）最高出塁率 2 回（05,07 年）

ロイ・ハーツェル
Roy Allen Hartzell
1881.7.6 ～ 1961.11.6【出身地】コロラド州ゴールデン【球団】06-10 ブラウンズ　11-16 ヤンキース【位置】外野、三塁、左
【経歴】内外野どこでも守れる便利屋的な存在で、正三塁手となった 06 年は打率 .213、404 打数で長打は二塁打が 7 本だけ。10 年も .218 の低打率だったが、ヤンキースに移籍した翌 11 年は自己最高の打率 .296、91 打点。15 年も 119 試合でチーム最多の 60 打点を稼いだ。
【通算】11 年、1290 試合、4548 打数 1146 安打、12 本塁打、397 打点、182 盗塁、打率 .252

スタン・ハック
Stanley Camfield Hack
1909.12.6 ～ 79.12.15【出身地】カリフォルニア州サクラメント【球団】32-47 カブス【位置】三塁、左
【経歴】人懐っこい微笑で“スマイリング・スタン”と呼ばれ、ファンの人気が非常に高かった選手。リードオフマンとして常に安定した成績を残し、38 ～ 39 年は 2 年連続盗塁王。選球眼にも優れ、4 回 90 四球以上を選び通算出塁率は .394 の高率だった。流し打ちが得意で 40 年は 191 安打、翌 41 年も 186 安打で 2 年連続最多安打。ジミー・ウィルソン監督との不和

が原因で43年引退したが、翌44年復帰。45年自己最高で6度目の打率3割となる.323(4位)、193安打(3位)で優勝に貢献、ワールドシリーズも30打数11安打4打点と活躍した。
【通算】16年、1938試合、7278打数2193安打、57本塁打、642打点、165盗塁、1092四球、打率.301
【タイトル】盗塁王2回(38～39年) オールスター5回(38～39,41,43,45年)
【監督】54-56カブス 58カーディナルス 4年、475試合、199勝272敗、勝率.423

ジョン・バック
Johnathan Richard Buck
1980.7.7～【出身地】ワイオミング州ケンメラー【球団】2004-09ロイヤルズ 10ブルージェイズ 11-12マーリンズ 13メッツ 13パイレーツ 14マリナーズ 14エンジェルズ【位置】捕手、右
【経歴】98年ドラフト7位でアストロズに入団。2004年ロイヤルズに移籍して正捕手となり、71試合で12本塁打を放つ。低打率で選球眼も良くないが長打力に恵まれ、07年は18本、10年も20本塁打を放ってオールスターに選ばれた。07年は岡島秀樹のデビュー戦で初球本塁打を見舞っている。投手に対し厳しく接する傾向があり、喧嘩沙汰になったこともあった。
【通算】11年、1090試合、3612打数844安打、134本塁打、491打点、6盗塁、打率.234
【タイトル】オールスター1回(2010年)

ビル・バックナー
William Joseph Buckner
1949.12.14～2019.5.27【出身地】カリフォルニア州バレホ【球団】69-76ドジャース 77-84カブス 84-87レッドソックス 87-88エンジェルズ 88-89ロイヤルズ 90レッドソックス【位置】一塁、外野、左
【経歴】打率3割を7回記録した好打者。68年ドラフト2位でドジャースに入団、当時は外野手で74年は打率.314(4位)、31盗塁。ワールドシリーズでは最終第5戦で同点機を逃す痛い走塁ミスを犯した。カブス移籍後は一塁にコンバートされ、80年は打率.324で首位打者、82年は201安打(2位)、105打点(3位)。84年途中レッドソックスに移り、同年史上1位の年間184補殺。通算では4度の最多補殺を記録した。
　翌85年201安打(3位)、46二塁打(2位)、110打点、続く86年も102打点を稼ぎ優勝に貢献したが、ワールドシリーズ第6戦の延長10回に一塁ゴロをトンネル、サヨナラ負けを喫する大失態を演じ、世界一を逃した戦犯扱いされた。抜群のバットコントロールで三振は極めて少なく、84年の39個が最多だった。
【通算】22年、2517試合、9397打数2715安打、498二塁打、49三塁打、174本塁打、1208打点、183盗塁、450四球、453三振、打率.289
【タイトル】首位打者1回(80年) オールスター1回(81年)

ウォーリー・バックマン
Walter Wayne Backman
1959.9.22～【出身地】オレゴン州ヒルズボロ【球団】80-88メッツ 89ツインズ 90パイレーツ 91-92フィリーズ 93マリナーズ【位置】二塁、三塁、両
【経歴】77年ドラフト1位でメッツに入団。ハッスルプレイが身上で、正二塁手となった84年32盗塁を決める。86年は打率.320、ワールドシリーズでも18打数6安打。90年パイレーツに移籍、控えの三塁手として打率.292を記録し地区優勝に一役買った。引退後はマイナーで監督となり、05年からダイアモンドバックスの監督に就任する予定だったが、過去の金銭トラブルや飲酒運転での逮捕歴が問題視され、白紙撤回された。
【通算】14年、1102試合、3245打数893安打、10本塁打、240打点、117盗塁、打率.275

アル・バッケンバーガー
Albert C. Buckenberger
1861.1.31～1917.7.1【出身地】ミシガン州デトロイト【球団】メジャー経験なし
【経歴】現役時代は二塁手だったが芽が出ず、1884年23歳でマイナー球団の監督となる。89年コロンバス(AA)の監督に就任、93年ピッツバーグで最高位の2位。翌94年は低迷し、シーズン途中でコニー・マックに取って代わられる。その後アメリカン・アソシエーションの再興計画に加担し、フレッド・フェファー、ビリー・バーニーともども一時はブラックリストに載せられた。1902年からはナ・リーグのボストン球団の指揮を執り、この間チームは彼の名に因んで"バックス・ブレーヴス"と呼ばれ、退任後に正式な球団名として定着した。

【監督】1889-90 コロンバス（AA） 92-94 ピッツバーグ 95 セントルイス 1902-04 ブレーヴス 9年、1043試合、488勝539敗、勝率.475

ロン・ハッシー
Ronald William Hassey

1953.2.27～【出身地】アリゾナ州トゥーソン【球団】78-84 インディアンズ 84 カブス 85-86 ヤンキース 86-87 ホワイトソックス 88-90 アスレティックス 91 エクスポズ【位置】捕手、左
【経歴】76年ドラフト18位でインディアンズに入団。80年正捕手となり打率.318、65打点、出塁率.390。85年は267打数で13本塁打、翌86年も打率.323、出塁率.406の高率だった。リードも巧く、81年はレン・バーカー、91年にはデニス・マルティネスの完全試合を引き出した。88年からのアスレティックス3連覇時にも控え捕手として貴重な働きを見せた。引退後はヤンキースのスカウト、ダイアモンドバックスのGM補佐、マリナーズのコーチなど様々な形で球界に関わり続けた。
【通算】14年、1192試合、3440打数914安打、71本塁打、438打点、14盗塁、打率.266

クロード・パッソー
Claude William Passeau

1909.4.9～2003.8.30【出身地】ミシシッピ州ウェインズボロ【球団】35 パイレーツ 36-39 フィリーズ 39-47 カブス【位置】投手、右
【経歴】内角を鋭くつく投球が持ち味で、36年から10年連続で2ケタ勝利。37年リーグ最多の292.1回、135奪三振（5位）、シーズン途中でカブスに移籍した39年は137三振（1位）を奪う。40年自己最多の20勝、防御率2.50、124奪三振と併せ3部門で2位。42年19勝（3位）、45年は5完封（1位）を含む17勝（5位）、自己ベストの防御率2.46（2位）、ワールドシリーズ第3戦で1安打完封の快投を演じた。シンカーの切れが良く、不正投球の噂もあったが本人は公には否定していた。41～46年にかけて145試合、273守備機会連続無失策と守備も良く、通算15本塁打の打撃も侮りがたかった。13がラッキーナンバーとの理由で、背番号13をつけていた。
【通算】13年、444試合、331先発、188完投、26完封、162勝150敗、2719.2回、1104奪三振、防御率3.32
【タイトル】最多奪三振1回（39年） オールスター5回（41～43,45～46年）

ビル・ハッチソン
William Forrest Hutchison

1859.12.17～1926.3.19【出身地】コネティカット州ニューヘイヴン【球団】1884 カンザスシティ（UA） 89-95 シカゴ 97 セントルイス【位置】投手、右
【経歴】イェール大学の出身で鉄道会社に勤務し、1884年に2試合登板したが、本格的にプロで投げ始めたのは89年、29歳になってから。翌90年41勝、以後3年連続で登板、投球回、完投、勝利の4部門の首位を独占、91年に自己最多の44勝を挙げた。92年は314奪三振も1位。93年にバッテリー間の距離が延長されてからはあまり勝てなくなった。姓はハッチンソン（Hutchinson）が正しいとの説もある。
【通算】9年、376試合、346先発、321完投（30位）、21完封、182勝163敗、3079.1回、1235奪三振、1132四球、防御率3.59
【タイトル】最多勝3回（1890～92年） 最多奪三振1回（92年）

ビリー・ハッチャー
William Augustus Hatcher

1960.10.4～【出身地】アリゾナ州ウィリアムズ【球団】84-85 カブス 86-89 アストロズ 89 パイレーツ 90-92 レッズ 92-94 レッドソックス 94 フィリーズ 95 レンジャーズ【位置】外野、右
【経歴】81年1月ドラフト6位でカブスに入団。俊足の外野手でアストロズに移った86年に38盗塁、プレイオフ第6戦の延長14回裏に起死回生の同点弾を放つ。翌87年は打率.296、11本塁打、53盗塁（3位）の自己記録だったが、コルクバットを使用したかどで10日間の出場停止処分も科せられた。90年レッズに移り、プレイオフで15打数5安打、ワールドシリーズでは7打数連続安打を含む12打数9安打、4二塁打と大当たりし、世界一に貢献した。98年にデヴィルレイズが結成されると初年度からコーチングスタッフに加わり、その後2006年からレッズのコーチになった。
【通算】12年、1233試合、4339打数1146安打、54本塁打、399打点、218盗塁、打率.264

ミッキー・ハッチャー
Michael Vaughn Hatcher
1955.3.15 ～【出身地】オハイオ州クリーヴランド【球団】79-80 ドジャース　81-86 ツインズ　87-90 ドジャース【位置】外野、右
【経歴】77 年ドラフト 5 位でドジャースに入団。溌剌としたプレイが売り物のムードメイカーで、ツインズ時代の 83 ～ 84 年はレギュラーとして 2 年連続打率 3 割。87 年ドジャースに戻り、翌 88 年のワールドシリーズでは 19 打数 7 安打、第 1 戦と優勝を決めた第 5 戦で先制 2 ランを放つ大活躍。引退後はマイナーの指導者を経て、エンジェルズで元同僚のマイク・ソーシアの下で 13 年間打撃コーチを務めた。
【通算】12 年、1130 試合、3377 打数 946 安打、38 本塁打、375 打点、11 盗塁、打率 .280

フレッド・ハッチンソン
Frederick Charles Hutchinson
1919.8.12 ～ 64.11.12【出身地】ワシントン州シアトル【球団】39-40,46-53 タイガース【位置】投手、右
【経歴】39 年 19 歳でメジャー昇格を果たすが、42 年からの 4 年間は海軍で過ごす。46 年復帰、球威には欠けた分を投球術と闘争心で補い、同年から 6 年連続 2 ケタ勝利。47 年自己最多の 18 勝 (4 位)、7 月 18 日にはヤンキースの 20 連勝を阻む完封勝利。49 年は 15 勝、防御率 2.96 (4 位)。通算打率 .263 と打力もあった。
　52 年途中から監督を兼任、その後カーディナルスを経て 59 年レッズの監督に就任。手抜きを許さない厳しい姿勢で 61 年にリーグ制覇を果たしたが、気性が荒く、負け試合の後には備品を破壊することも多々あった。64 年途中喉頭がんと診断され辞任、11 月に 45 歳で死去。65 年に背番号 1 がレッズの永久欠番第 1 号となった。故障や病気など苦難を乗り越えて活躍した選手毎年贈られる“フレッド・ハッチンソン賞”に名を残している。
【通算】10 年、242 試合、169 先発、81 完投、13 完封、95 勝 71 敗、1464 回、591 奪三振、防御率 3.73
【タイトル】オールスター 1 回 (51 年)
【監督】52-54 タイガース　56-58 カーディナルス　59-64 レッズ　12 年、1666 試合、830 勝 827 敗、勝率 .501　リーグ優勝 1 回 (61 年)

アール・バッティ
Earl Jesse Battey
1935.1.5 ～ 2003.11.15【出身地】カリフォルニア州ロスアンジェルス【球団】55-59 ホワイトソックス　60-67 セネターズ / ツインズ【位置】捕手、右
【経歴】ホワイトソックスでは 58 年に 68 試合に出たのが最多。セネターズに移籍した 60 年正捕手となり 15 本塁打、60 打点、翌 61 年は打率 .302。63 年は 26 本塁打、84 打点だった。守備では強肩で、60 年から 4 年連続で刺殺、補殺の両部門で 1 位となり、盗塁阻止率は通算 .437。62 年まで 3 年連続でゴールドグラブに輝いた。相次ぐ故障のため 32 歳で引退。高校時代は優秀なバスケットボール選手で、ハーレム・グローブトロッターズからも誘われた。
【通算】13 年、1141 試合、3586 打数 969 安打、104 本塁打、449 打点、13 盗塁、打率 .270
【タイトル】ゴールドグラブ 3 回 (60 ～ 62 年) オールスター 4 回 (62 ～ 63,65 ～ 66 年)

マーティ・パッティン
Martin William Pattin
1943.4.6 ～ 2018.10.3【出身地】イリノイ州チャールストン【球団】68 エンジェルズ　69-71 パイロッツ / ブルワーズ　72-73 レッドソックス　74-80 ロイヤルズ【位置】投手、右
【経歴】65 年ドラフト 7 位でエンジェルズに入団、69 年拡張ドラフトで加わったパイロッツの初試合で先発し勝利投手となる。勢いのある速球で、70 ～ 71 年は 2 年続けてチームトップの 14 勝、レッドソックスに移った 72 年自己最多の 17 勝。翌 73 年も 15 勝し、通算では 6 回 2 ケタ勝利を記録している。引退後 82 ～ 87 年にカンザス大学のコーチを務めたのち、韓国プロ野球でも 2 年間コーチとして働いた。
【通算】13 年、475 試合、224 先発、64 完投、14 完封、114 勝 109 敗 25 S、2038.2 回、1179 奪三振、防御率 3.62
【タイトル】オールスター 1 回 (71 年)

スコット・ハッテバーグ
Scott Allen Hatteberg
1969.12.14 ～【出身地】オレゴン州セイラム【球団】95-2001 レッドソックス　02-05 アスレティックス　06-08 レッズ【位置】一塁、捕手、左

【経歴】91年ドラフト1位でレッドソックスに入団。当初は捕手だったが、2002年アスレティックスに移籍して一塁へコンバートされ、04年に34歳で打率.284、15本塁打、82打点の自己記録。06年は74四球を選び、通算出塁率は.361の高率だった。選球眼の確かさは、アスレティックスの補強策に焦点を当てたベストセラー『マネー・ボール』でも大きく取り上げられた。
【通算】14年、1314試合、4226打数1153安打、106本塁打、527打点、3盗塁、打率.273

ケイス・パッテン
Case Lyman Patten
1874.5.7～1935.5.31【出身地】ニューヨーク州ウェストポート【球団】01-08セネターズ　08レッドソックス【位置】投手、左
【経歴】速球に落ちるカーブを混ぜ、メジャーに昇格した01年18勝、セネターズのエースとして同年から7年連続2ケタ勝利。06年に自己最多の19勝を稼ぐ。03～05年は3年連続で300回以上を投げたが、いずれの年も20敗以上を喫した。
【通算】8年、270試合、238先発、206完投、17完封、106勝128敗、2062.1回、757奪三振、防御率3.36

グレイディ・ハットン
Grady Edgebert Hatton
1922.10.7～2013.4.11【出身地】テキサス州ボーモント【球団】46-54レッズ　54ホワイトソックス　54-56レッドソックス　56カーディナルス　56オリオールズ　60カブス【位置】三塁、二塁、左
【経歴】小柄な内野手で、兵役を終えた46年レッズに入団し正三塁手となる。翌47年打率.281、16本塁打、77打点の自己最高成績。49年はリーグ3位の38二塁打。選球眼に優れ、47年は81四球、55年も76四球を選び、同年は打率.245ながら出塁率.367だった。57年にマイナーで選手兼監督となったのち、60年コーチ兼任でメジャーに復帰、28試合で打率.342。66年からは3年間アストロズの監督を務めた。
【通算】12年、1312試合、4206打数1068安打、91本塁打、533打点、42盗塁、打率.254
【タイトル】オールスター1回（52年）
【監督】66-68アストロズ　3年、386試合、164勝221敗、勝率.426

ミルト・パッパス
Milton Steven Pappas
1939.5.11～2016.4.19【出身地】ミシガン州デトロイト【球団】57-65オリオールズ　66-68レッズ　68-70ブレーヴス　70-73カブス【位置】投手、右
【経歴】Miltiades Stergios Papastegiosが本名。マイナーでは3試合に投げただけで、57年18歳でメジャーに昇格、翌58年は早くも10勝。速球とスライダーを武器に以後11年連続で2ケタ勝利と活躍するが、態度が生意気だとしてしばしば反感を買った。64年7完封（3位）を含む16勝、翌65年は自己ベストの防御率2.60でオールスターの先発も務めた。
翌66年フランク・ロビンソンとの交換でレッズへ移籍。71年はカブスで5完封（1位）を含む17勝、翌72年も17勝、9月2日のパドレス戦では完全試合まであと1ストライクまで迫りながら四球を与え、快挙は逸したもののノーヒットノーランは達成した。年間20勝することなく通算200勝に到達した最初の投手で、ナ・リーグで1勝足りずに4人目の両リーグ100勝を逃した。打撃も良く通算20本塁打を放った。
【通算】17年、520試合、465先発、129完投、43完封、209勝164敗4S、3186回、1728奪三振、858四球、防御率3.40
【タイトル】オールスター2回（62,65年）

イアン・ハップ　★
Ian Edward Happ
1994.8.12～【出身地】ペンシルヴェニア州ピッツバーグ【球団】2017-24カブス【位置】外野、両
【経歴】2015年ドラフト1位（全体9位）でカブスに入団、メジャーに昇格した17年は115試合で24本塁打。22年は42二塁打（3位）、守備では左翼手最多の274刺殺でゴールドグラブを手にした。選球眼も優れ、23年の99四球は4位、61試合連続出塁も記録。24年の25本塁打、86打点は自己最多だった。
【通算】8年、989試合、3276打数812安打、150本塁打、478打点、64盗塁、1024三振、打率.248
【タイトル】ゴールドグラブ3回（2022～24年）オールスター1回（22年）

J・A・ハップ
James Anthony Happ
1982.10.19～【出身地】イリノイ州ペルー【球団】2007-10フィリーズ　10-12アスト

ロズ　12-14 ブルージェイズ　15 マリナーズ　15 パイレーツ　16-18 ブルージェイズ　18-20 ヤンキース　21 ツインズ　21 カーディナルス【位置】投手、左
【経歴】2004 年ドラフト 3 位でフィリーズに入団、技巧派の左腕で 09 年に 12 勝、防御率 2.93。その後は頭打ちになっていたが、15 年途中パイレーツ移籍後に 11 試合で 7 勝、防御率 1.85 と好投すると、高めの 4 シームと低めの 2 シームを上手く投げ分けて、翌 16 年はブルージェイズで 20 勝 (2 位)。18 年も 17 勝 (4 位)、通算では 9 回 2 ケタ勝利を挙げた。
【通算】15 年、354 試合、328 先発、4 完投、3 完封、133 勝 100 敗 0 S、1893.2 回、1661 奪三振、防御率 4.13
【タイトル】オールスター 1 回 (2018 年)

ケン・ハッブス
Kenneth Douglass Hubbs
1941.12.23 ～ 64.2.13【出身地】カリフォルニア州リヴァーサイド【球団】61-63 カブス【位置】二塁、右
【経歴】61 年 19 歳でメジャーに昇格。翌 62 年打率 .260、172 安打、9 三塁打 (5 位)、78 試合 /418 守備機会連続無失策の好守を評価され、新人では初のゴールドグラブを手にし新人王を受賞した。5 月 20 日のダブルヘッダーでは 8 打数 8 安打。64 年 2 月、操縦していた自家用機が墜落し、22 歳の若さで帰らぬ人となった。
【通算】3 年、324 試合、1255 打数 310 安打、14 本塁打、98 打点、11 盗塁、打率 .247
【タイトル】新人王 (62 年) ゴールドグラブ 1 回 (62 年)

カール・ハッベル
Carl Owen Hubbell
1903.6.22 ～ 88.11.21【出身地】ミズーリ州カーサージ【球団】28-43 ジャイアンツ【位置】投手、左
【経歴】“キング・カール”の異名をとった史上屈指の左腕投手。上手からと横手からの 2 種類のスクリューボールを繰り出し打者を手玉にとった。当初はタイガースのマイナーに所属していたが、故障を恐れた首脳陣にスクリューを投げさせてもらえなかったこともあって芽が出なかった。28 年ジャイアンツに移籍して 10 勝と開花し、翌 29 年 18 勝、5 月 8 日のパイレーツ戦でノーヒットノーランを達成。33 年は 23 勝、10 完封、防御率 1.66、308.2 回の 4 部門で 1 位、46.1 回連続無失点も記録し MVP を受賞。ワールドシリーズでも 2 勝、20 回を投げて自責点ゼロに封じた。
　翌 34 年は 2 年連続 1 位となる防御率 2.30、オールスターではベーブ・ルース、ルー・ゲーリッグ、ジミー・フォックス、アル・シモンズ、ジョー・クローニンと 5 人の殿堂入り選手から続けて三振を奪う伝説的な快投を演じた。36 年も 26 勝と防御率 2.31 は 1 位で 2 度目の MVP を手にした。同年 16 連勝でシーズンを終え、翌 37 年も開幕から 8 連勝し、合計 24 連勝の大記録を達成。同年 5 年連続 20 勝以上となる 22 勝で 3 度目の最多勝となる。38 年に肘を手術した後も 42 年まで 2 ケタ勝利を挙げ続け、通算では 15 年連続 10 勝以上、その間負け越しは 40 年 (11 勝 12 敗) の一度だけだった。引退後は 30 年にわたりジャイアンツのマイナー部門の責任者を務めた。47 年殿堂入り。
【通算】16 年、535 試合、433 先発、260 完投、36 完封、253 勝 154 敗、3590.1 回、1677 奪三振、725 四球、防御率 2.98
【タイトル】MVP2 回 (33,36 年) 最多勝 3 回 (33,36 ～ 37 年) 最優秀防御率 3 回 (33 ～ 34,36 年) 最多奪三振 1 回 (37 年) オールスター 9 回 (33 ～ 38,40 ～ 42 年)

J・J・ハーディ
James Jerry Hardy
1982.8.19 ～【出身地】アリゾナ州トゥーソン【球団】2005-09 ブルワーズ　10 ツインズ　11-17 オリオールズ【位置】遊撃、右
【経歴】2001 年ドラフト 2 位でブルワーズに入団。05 年に正遊撃手となり、07 年は開幕から本塁打を量産して 26 本、翌 08 年も 24 本を放つ。09 ～ 10 年は不振だったが、オリオールズに移った 11 年は自己最多の 30 本塁打、80 打点。守備でも 12 年は 158 試合で 6 失策にとどめ、同年から 3 年連続ゴールドグラブを受賞。守備率で 3 度 1 位となった。
【通算】13 年、1561 試合、5805 打数 1488 安打、188 本塁打、688 打点、8 盗塁、打率 .256
【タイトル】ゴールドグラブ 3 回 (2012 ～ 14 年) オールスター 2 回 (07,13 年)

ジョン・バーティ　★
Jonathon David Berti
1990.1.22 ～【出身地】ミシガン州トロイ【球団】2018 ブルージェイズ　19-23 マーリンズ　24 ヤンキース【位置】三塁、二

塁、右
【経歴】2011年ドラフト18位でブルージェイズに入団。18年28歳でメジャーに昇格、内外野を守れるユーティリティとして定着。22年は102試合の出場ながら41盗塁でタイトルを獲得、翌23年は打率.294、自己最多の114安打、7本塁打、33打点を記録した。
【通算】7年、461試合、1436打数372安打、24本塁打、126打点、97盗塁、打率.259
【タイトル】盗塁王1回（2022年）

トニー・バティスタ　☆
Leocadio Francisco Batista (Tony)
1973.12.9～【出身地】ドミニカ共和国プエルトプラタ【球団】96-97アスレティックス　98-99ダイアモンドバックス　99-2001ブルージェイズ　01-03オリオールズ　04エクスポズ　06ツインズ　07ナショナルズ【位置】三塁、遊撃、右
【経歴】投手に正対する打撃フォームで長打を放ったスラッガー。91年アスレティックスに入団、拡張ドラフトで98年ダイアモンドバックスに加わり、106試合で18本塁打。翌99年はブルージェイズ移籍後の98試合で26本塁打、年間では31本塁打、100打点。遊撃から三塁へコンバートされた2000年は41本塁打（4位）、114打点を叩き出した。04年は32本塁打、110打点、同年まで6年連続25本塁打以上だったが確実性と選球眼に難があり、通算出塁率は3割を下回った。05年に2年1500万ドルの破格の条件でソフトバンクに入団、27本塁打、90打点とまずまずだったが1年で退団した。
【通算】11年、1309試合、4568打数1146安打、221本塁打、718打点、47盗塁、打率.251
【タイトル】オールスター2回（2000,02年）
【日本】2005ソフトバンク　1年、135試合、559打数147安打、27本塁打、90打点、3盗塁、打率.263

ミゲル・バティスタ
Miguel Jerez Batista
1971.2.19～【出身地】ドミニカ共和国サントドミンゴ【球団】92パイレーツ　96マーリンズ　97カブス　98-2000エクスポズ　00ロイヤルズ　01-03ダイアモンドバックス　04-05ブルージェイズ　06ダイアモンドバックス　07-09マリナーズ　10ナショナルズ　11カーディナルス　11-12メッツ　12ブレーヴス【位置】投手、右
【経歴】88年に入団したエクスポズを皮切りに、数球団を転々としたのち、98年にエクスポズに戻って初勝利を挙げる。低めに球を集める投球で、2001年はダイアモンドバックスで11勝、ワールドシリーズ第5戦で7.2回を無失点に封じる好投。05年はブルージェイズで抑えに回り31セーブを稼いだ。翌06年は先発に戻り11勝、07年はマリナーズで自己最多の16勝。40歳を過ぎても現役を続け、11年に17年目で100勝に到達。通算ではのべ13球団に在籍した。文学的才能にも恵まれ、詩集や小説を出版したことがある。
【通算】18年、658試合、248先発、11完投、5完封、102勝115敗41S、1956.1回、1250奪三振、防御率4.48

ハーヴィー・ハディックス
Harvey Haddix
1925.9.18～94.1.8【出身地】オハイオ州メドウェイ【球団】52-56カーディナルス　56-57フィリーズ　58レッズ　59-63パイレーツ　64-65オリオールズ【位置】投手、左
【経歴】左腕からの速球とスライダーで、53年6完封（1位）を含む20勝（3位）、防御率3.06（3位）、163奪三振（4位）と活躍、新人王投票では次点に入る。翌54年も18勝（4位）、184奪三振（2位）。シーズン途中でフィリーズに移籍した56年も170奪三振は2位だった。パイレーツに移籍した59年5月26日のブレーヴス戦では、12回まで1人の走者も許さなかったが、味方の援護がなく延長13回にサヨナラ負け。翌60年のワールドシリーズでは、最終戦でのリリーフを含む2勝を稼ぎ世界一に貢献。通算では8回2ケタ勝利、3度のゴールドグラブが示すように機敏な守備の評価も高かった。65年途中ブレーヴスへのトレードを拒否して引退、その後は長くコーチを務めた。
【通算】14年、453試合、286先発、99完投、20完封、136勝113敗、2235回、1575奪三振、防御率3.63
【タイトル】ゴールドグラブ3回（58～60年）オールスター3回（53～55年）

ビセンテ・パディーヤ　☆
Vicente Padilla
1977.9.27～【出身地】ニカラグア共和国チナンデガ【球団】99-2000ダイアモンドバックス　00-05フィリーズ　06-09レン

ジャーズ　09-11ドジャース　12レッドソックス【位置】投手、右
【経歴】99年ダイアモンドバックスに入団、2000年にカート・シリングの交換要員の一人としてフィリーズへ移籍。02年ローテーションに加わり重い速球で14勝、自己ベストの防御率3.28でオールスターにも選ばれた。レンジャーズに移籍した06年に自己最多の15勝、通算では5回2ケタ勝利。強気な内角攻めでトラブルをよく起こし、09年はシーズン中に「チームの和を乱す」との理由でレンジャーズから解雇された。13年はソフトバンクに入団したが、大した活躍はできなかった。
【通算】14年、386試合、237先発、4完投、4完封、108勝91敗6S、1571.1回、1121奪三振、防御率4.32
【タイトル】オールスター1回（2002年）
【日本】2013ソフトバンク　1年、16試合、9先発、0完投、3勝6敗0S、58.2回、40奪三振、防御率3.84

フレディー・パテック
Frederick Joseph Patek
1944.10.9～【出身地】オクラホマ州オクラホマシティ【球団】68-70パイレーツ　71-79ロイヤルズ　80-81エンジェルズ【位置】遊撃、右
【経歴】身長163cmと小柄で“フリー（ノミ）”と呼ばれた俊足好守の遊撃手。65年ドラフト22位でパイレーツに入団、ロイヤルズに移籍した71年に11三塁打（1位）、49盗塁（2位）、7月9日に球団初のサイクルヒットを記録。軽快なフィールディングと強肩で、同年から4年連続で最多併殺を完成させる。77年は53盗塁（1位）、自己最多の60打点、78年まで8年連続30盗塁以上。76・77年のプレイオフは2年とも18打数7安打とよく打った。80年6月20日に遊撃手では史上2人目の1試合3本塁打を記録している。
【通算】14年、1650試合、5530打数1340安打、41本塁打、490打点、385盗塁、打率.242
【タイトル】盗塁王1回（77年）オールスター3回（72,76,78年）

ルー・バーデット
Selva Lewis Burdette
1926.11.22～2007.2.6【出身地】ウェストヴァージニア州ニトロ【球団】50ヤンキース　51-63ブレーヴス　63-64カーディナルス　64-65カブス　65フィリーズ　66-67エンジェルズ【位置】投手、右
【経歴】50年代のブレーヴスを親友のウォーレン・スパーンとともに支えた好投手。50年終盤ジョニー・セインとの交換でヤンキースから移籍、正確なコントロールとスライダー、シンカーで53・54年は15勝、56年は6完封（1位）を含む19勝（4位）を挙げ、防御率2.70も1位。翌57年のワールドシリーズでは古巣ヤンキースを相手に3完投、第5戦と中2日で登板した第7戦で連続完封の快投を演じ、シリーズMVPを受賞した。
58年は20勝（3位）、防御率2.91（3位）、ヤンキースとの再戦となったワールドシリーズでは、再び第7戦で先発したが今度は敗戦投手となった。59年21勝で最多勝、61年まで6年連続17勝以上と安定していたが、常に不正投球の噂があった。60年8月18日のフィリーズ戦で1死球のみのノーヒットノーランを達成している。
【通算】18年、626試合、373先発、158完投、33完封、203勝144敗、3067.1回、1074奪三振、628四球、防御率3.66
【タイトル】最多勝1回（59年）最優秀防御率1回（56年）オールスター2回（57,59年）

ディック・バーテル
Richard William Bartell
1907.11.22～95.8.4【出身地】イリノイ州シカゴ【球団】27-30パイレーツ　31-34フィリーズ　35-38ジャイアンツ　39カブス　40-41タイガース　41-43,46ジャイアンツ【位置】遊撃、三塁、右
【経歴】19歳でメジャーに昇格、29年レギュラーとなり打率.302、以後5度の打率3割を記録。31年43二塁打（3位）、翌32年は189安打、48二塁打（4位）、64四球（3位）、35犠打は1位。非常に守備範囲の広い名手で、積極果敢なプレイでも名を馳せたが、短気かつ強気な性格でも有名で、どの球場でもブーイングを浴びた。36年のワールドシリーズではチーム最多の8安打、第1戦で同点本塁打を放っている。
【通算】18年、2016試合、7629打数2165安打、442二塁打、71三塁打、79本塁打、710打点、109盗塁、748四球、627三振、打率.284
【タイトル】オールスター2回（33,37年）

コーリー・ハート
Jon Corey Hart
1982.3.24 ～【出身地】ケンタッキー州ボウリンググリーン【球団】2004-12 ブルワーズ　14 マリナーズ　15 パイレーツ【位置】外野、一塁、右
【経歴】2000 年ドラフト 11 位でブルワーズに入団。身長 198cm と大柄で、07 年レギュラーとなり打率 .295、24 本塁打、23 盗塁、翌 08 年も 45 二塁打（3 位）。10 年は前半戦で 21 本塁打、65 打点と打ちまくり、2 度目のオールスターに選出。年間では 31 本塁打、102 打点の自己記録だった。一塁にコンバートされた 12 年も 30 本塁打を放ったが、左膝の手術で 13 年は全休、その後も復調できなかった。
【通算】11 年、1048 試合、3729 打数 1009 安打、162 本塁打、538 打点、85 盗塁、打率 .271
【タイトル】オールスター 2 回（2008,10 年）

ジム・レイ・ハート
James Ray Hart
1941.10.30 ～ 2016.5.19【出身地】ノースカロライナ州フッカートン【球団】63-73 ジャイアンツ　73-74 ヤンキース【位置】三塁、外野、右
【経歴】64 年新人でリーグ 3 位の 31 本塁打を放ち、新人王投票では次点。66 年 33 本塁打、翌 67 年は 29 本塁打（5 位）、99 打点。最初のフルシーズン 5 年間で合計 139 本塁打と長打力を発揮した。守備は苦手で、69 年に肩を痛めてからは控えに回った。
【通算】12 年、1125 試合、3783 打数 1052 安打、170 本塁打、578 打点、17 盗塁、打率 .278
【タイトル】オールスター 1 回（66 年）

ハリー・バード
Harry Gladwin Byrd
1925.2.3 ～ 85.5.14【出身地】サウスカロライナ州ダーリントン【球団】50,52-53 アスレティックス　54 ヤンキース　55 オリオールズ　55-56 ホワイトソックス　57 タイガース【位置】投手、右
【経歴】内角攻めを得意とし、52 年 15 勝、防御率 3.31 で新人王に選ばれる。翌 53 年も 11 勝したがリーグワーストの 20 敗を喫し、54 年 10 選手の動く大型トレードでヤンキースへ移籍。続く 55 年、今度は総計 17 人が絡むトレードでオリオールズへ移った。54 年以降は一度も 2 ケタ勝利に手が届かなかった。
【通算】7 年、187 試合、108 先発、33 完投、8 完封、46 勝 54 敗、827.2 回、381 奪三振、防御率 4.35
【タイトル】新人王（52 年）

ポール・バード
Paul Gregory Byrd
1970.12.3 ～【出身地】ケンタッキー州ルイヴィル【球団】95-96 メッツ　97-98 ブレーヴス　98-2001 フィリーズ　01-02 ロイヤルズ　04 ブレーヴス　05 エンジェルズ　06-08 インディアンズ　08-09 レッドソックス【位置】投手、右
【経歴】91 年ドラフト 4 位でインディアンズに入団。98 年途中フィリーズに加入してから頭角を現し、翌 99 年は 15 勝。ロイヤルズ移籍後の 2002 年に自己最多の 17 勝、7 完投はリーグ最多だった。翌 03 年はトミー・ジョン手術を受け全休、復活後の 05 年から 4 年連続 2 ケタ勝利。多彩な球種を操って打者のタイミングを外し、07 年のプレイオフではヤンキースとレッドソックス相手に 1 勝ずつを挙げたが、リーグ優勝決定シリーズ期間中に禁止薬物使用歴が明るみに出た。
【通算】14 年、345 試合、256 先発、17 完投、6 完封、109 勝 96 敗 0 S、1697 回、923 奪三振、防御率 4.41
【タイトル】オールスター 1 回（99 年）

マーロン・バード
Marlon Jerrard Byrd
1977.8.30 ～【出身地】フロリダ州ボイントンビーチ【球団】2002-05 フィリーズ　05-06 ナショナルズ　07-09 レンジャーズ　10-12 カブス　12 レッドソックス　13 メッツ　13 パイレーツ　14 フィリーズ　15 レッズ　15 ジャイアンツ　16 インディアンズ【位置】外野、右
【経歴】99 年ドラフト 10 位でフィリーズに入団。2003 年に正中堅手となって打率 .303 を記録したが、その後不振が続く。レンジャーズに移った 07 年に打率 .307 と復調、09 年は自己最多の 43 二塁打、89 打点、リーグ最多の 10 犠飛。12 年はシーズン中レッドソックスから解雇、その後薬物違反により 50 試合の出場停止処分が下されたが、打球に角度をつけて長打を生み出す "フライボール打法" の先駆者として、13 年から 3 年連続で 20 本塁打以上を放った。16 年に 2 度目の薬物違反で 162 試合出場停止の重罰を科され、そのま

ま引退した。
【通算】15 年、1573 試 合、5579 打 数 1534 安打、159 本塁打、710 打点、56 盗塁、1234 三振、打率 .275
【タイトル】オールスター 1 回 (2010 年)

オーランド・ハドソン
Orlando Thill Hudson
1977.12.12 ～【出身地】サウスカロライナ州ダーリントン【球団】2002-05 ブルージェイズ　06-08 ダイアモンドバックス　09 ドジャース　10 ツインズ　11-12 パドレス　12 ホワイトソックス【位置】二塁、両
【経歴】96 年ドラフト 33 位でブルージェイズに指名されるも入団拒否、翌 97 年に再度 43 位で指名されて入団、2003 年に正二塁手となる。好守で知られ、05 年から 3 年連続でゴールドグラブを受賞。二塁後方のフライを捕球するのが上手かった。打撃では 06 年に自己最多の 166 安打、15 本塁打、67 打点。08 年は手首の骨折で 107 試合しか出場しなかったが、打率は自己ベストの .305 だった。09 年 4 月 13 日にドジャースで 39 年ぶりのサイクルヒットを記録。話し好きの明るい性格で、O-Dog（オー・ドッグ）の異名で親しまれた。
【通算】11 年、1345 試 合、4825 打 数 1319 安打、93 本塁打、542 打点、85 盗塁、打率 .273
【タイトル】ゴールドグラブ 4 回 (2005 ～ 07,09 年) オールスター 2 回 (07,09 年)

シド・ハドソン
Sidney Charles Hudson
1915.1.3 ～ 2008.10.10【出身地】テネシー州コールフィールド【球団】40-42,46-52 セネターズ　52-54 レッドソックス【位置】投手、右
【経歴】カーブの制球が良く、40 年新人で 17 勝 (4 位)、2 度の 1 安打試合も記録したが、これが自己記録かつ唯一勝ち越した年となる。41 ～ 42 年は 2 年連続でオールスターに選ばれ、翌 43 年から 3 年間兵役につき、復帰後は肩を痛めたため横手投げに転向。49 年リーグワーストの 17 敗を喫したが、続く 50 年は 8 年ぶりの 2 ケタとなる 14 勝と盛り返した。指導者となった引退後も含め球界に 50 年携わり、またカーブを簡単に投げられるようになる器具を開発して商品化した。
【通算】12 年、380 試合、279 先発、123 完投、11 完封、104 勝 152 敗、2181 回、734 奪三振、防御率 4.28
【タイトル】オールスター 2 回 (41 ～ 42 年)

ティム・ハドソン
Timothy Adam Hudson
1975.7.14 ～【出身地】ジョージア州コロンバス【球団】99-2004 アスレティックス　05-13 ブレーヴス　14-15 ジャイアンツ【位置】投手、右
【経歴】通算 .625 の高勝率を残した好投手。94 年ドラフト 35 位でアスレティックスに指名されるも入団拒否、97 年 6 位で再度指名され入団。99 年途中メジャーに昇格、ボールを低めに集める投球でゴロを量産し 11 勝 2 敗、防御率 3.23。続く 2000 年は 20 勝 (1 位)、01 年も 18 勝 (4 位)、防御率 3.37 (5 位)。03 年に自己ベストの防御率 2.70 (2 位) を記録した。05 年ブレーヴスへトレード、09 年は右肘の手術で 7 試合しか登板できなかったが、翌 10 年は 17 勝 (4 位) と復活し、通算で 13 回 2 ケタ勝利。イチローがメジャーで初めて対戦した投手だった。
【通算】17 年、482 試 合、479 先 発、26 完 投、13 完 封、222 勝 133 敗 0 S、3126.2 回、2080 奪 三 振、917 四 球、防御率 3.49
【タイトル】最多勝 1 回 (2000 年) オールスター 4 回 (00,04,10,14 年)

ギャビー・ハートネット
Charles Leo Hartnett (Gabby)
1900.12.20 ～ 72.12.20【出身地】ロードアイランド州ウーンソケット【球団】22-40 カブス　41 ジャイアンツ【位置】捕手、右
【経歴】長い間カブスの攻守の要であった名捕手。非常に物静かだったことから、逆説的に“ギャビー（お喋り）”のニックネームをつけられた。強肩と素早い送球を武器に 24 年レギュラーとなり、翌 25 年 24 本塁打 (2 位)。29 年は原因不明の腕の痛みに襲われ 1 試合しかマスクをかぶらなかった。翌 30 年奇跡的に回復し打率 .339、自己最多の 37 本塁打 (4 位)、122 打点と復活。35 年は .344 (3 位) の高打率で、優勝への貢献を認められ MVP を受賞した。37 年も打率 .354 と出塁率 .424 はいずれも 3 位。翌 38 年途中から監督を兼任、同年最終盤で優勝争いの行方を決めた劇的な“黄昏時のホームラン”は語り草になっている。40 年限りで監督を解任され、1 年のみジャイアンツに在籍したのち引退。ボウリングが得意

で、シカゴで行われたリーグ戦に参加していた。55年殿堂入り。
【通算】20年、1990試合、6432打数1912安打、236本塁打、1179打点、28盗塁、打率.297
【タイトル】MVP1回（35年）オールスター6回（33～38年）
【監督】38-40カブス　3年、383試合、203勝176敗、勝率.536　リーグ優勝1回（38年）

ビリー・バトラー
Billy Ray Butler
1986.4.18～【出身地】フロリダ州オレンジパーク【球団】2007-14ロイヤルズ　15-16アスレティックス16ヤンキース【位置】一塁、DH、右
【経歴】2004年ドラフト1位でロイヤルズに入団、09年に打率.301、51二塁打（2位）、21本塁打、93打点。翌10年は打率.318、189安打（3位）、45二塁打（4位）、12年も自己最多の192安打（5位）、29本塁打、107打点と打ち続けた。鈍足で併殺打が多く、10年の32本、13年の28本はリーグワースト。守備も苦手で、11年以降はほぼDHに専念した。ジャスティン・ヴァーランダーが最も多くヒットを打たれた選手である（35安打、打率.402）。
【通算】10年、1414試合、5105打数1479安打、147本塁打、728打点、5盗塁、打率.290
【タイトル】オールスター1回（2012年）

ブレット・バトラー
Brett Morgan Butler
1957.6.15～【出身地】カリフォルニア州ロスアンジェルス【球団】81-83ブレーヴス84-87インディアンズ　88-90ジャイアンツ　91-94ドジャース　95メッツ　95-97ドジャース【位置】外野、左
【経歴】俊足巧打のリードオフマンとして長く活躍。79年ドラフト23位でブレーヴスに入団、83年に13三塁打（1位）、39盗塁を決める。翌84年インディアンズに移籍し自己最多の52盗塁（3位）、85年は打率.311（5位）、通算では打率3割5回。90年は192安打（1位）を放つ。91年地元のドジャースに移り、108四球は1位、出塁率.401は2位で、以後4年間で3回出塁率4割以上を記録した。ドラッグバントの名人で、95年は38歳で4度目の1位となる9三塁打、32盗塁とベテランになっても足は衰えなかった。96年開幕直後喉頭癌に冒されていることが判明し戦線を離れたが、9月に復帰を果たした。外野守備も一流で85年は19補殺、91～93年の3年間ではわずか2失策の堅守を誇りながらも、ゴールドグラブには縁がなかった。
【通算】17年、2213試合、8180打数2375安打、277二塁打、131三塁打、54本塁打、578打点、558盗塁（25位）、1129四球、907三振、打率.290
【タイトル】オールスター1回（91年）

バンプ・ハドリー
Irving Darius Hadley (Bump)
1904.7.5～63.2.15【出身地】マサチューセッツ州リン【球団】26-31セネターズ32ホワイトソックス　32-34ブラウンズ35セネターズ　36-40ヤンキース　41ジャイアンツ　41アスレティックス【位置】投手、右
【経歴】速球の威力はあったが、史上ワースト14位の1442四球を与えたノーコンで、37年にはミッキー・カクレインの頭部に死球を与え、選手生命を断ってしまう。27年新人で14勝、防御率2.85は5位。30、33年の15勝を最多として11回2ケタ勝利を記録したが、32～33年は2年連続20敗以上を喫した。30年に自己最多の162奪三振（3位）、翌31年は55試合（1位）に投げ防御率3.06は3位。33年もリーグ最多の316.2回を投げている。長い間弱小球団で苦労したが、ヤンキース時代は3度ワールドシリーズに出場。36年第3戦は8回1失点、39年第3戦は二番手で8回を投げるロングリリーフで、それぞれ勝利投手となった。引退後長くブレーヴス戦の実況中継を担当、その後ヤンキースでスカウトをした。
【通算】16年、528試合、355先発、134完投、14完封、161勝165敗、2945.2回、1318奪三振、1442四球（14位）、防御率4.24

ウィリス・ハドリン
George Willis Hudlin
1906.5.23～2002.8.5【出身地】オクラホマ州ワゴナー【球団】26-40インディアンズ　40セネターズ　40ブラウンズ　40ジャイアンツ　40,44ブラウンズ【位置】投手、右
【経歴】シンカーでゴロを打たせる投球で、インディアンズの主戦投手として活躍。特にヤンキースに強いことで知られ

た。27年18勝、264.2回を投げ被本塁打は3本。翌29年は17勝、防御率3.34(5位)、35年まで9年間で8回2ケタ勝利を記録した。上手、横手、下手のいずれでも投げることができ、フィールディングの良さも光った。40年は1年間で4球団に在籍。その後マイナー球団でオーナー兼選手をしていたが、44年に自らをブラウンズにトレードして4年ぶりにメジャーへ復帰した。引退後はタイガースのコーチを経てヤンキースのスカウトに転身した。
【通算】16年、491試合、328先発、155完投、11完封、158勝156敗、2613.1回、677奪三振、防御率4.41

クリント・ハードル
Clinton Merrick Hurdle
1957.7.30～【出身地】ミシガン州ビッグラピッズ【球団】77-81ロイヤルズ　82レッズ　83,85メッツ　86カーディナルス　87メッツ【位置】外野、左
【経歴】75年ドラフト1位(全体9位)でロイヤルズに入団。早くから有望視され、77年9月18日のメジャーデビュー戦で本塁打、翌78年は20歳でレギュラーとなり25二塁打。80年に打率.294、31二塁打、10本塁打、60打点の自己記録を残し、ワールドシリーズでも12打数5安打だったが、その後は腰を痛めたこともあって活躍できなかった。
　2002年ロッキーズの監督に就任、最初の5年は勝率5割に届かなかったが、07年は最後の21試合に20勝する驚異的な快進撃でワイルドカードを獲得。プレイオフでも勝ち進み、球団史上初のリーグ優勝に導いた。09年途中成績不振で解任され、11年からパイレーツの監督となり13年に21年ぶりのプレイオフ進出を果たした。
【通算】10年、515試合、1391打数360安打、32本塁打、193打点、1盗塁、打率.259
【監督】2002-09ロッキーズ　11-19パイレーツ　17年、2615試合、1269勝1345敗、勝率.485　リーグ優勝1回(07年)

トニー・バーナザード　☆
Antonio Bernazard
1956.8.24～【出身地】プエルトリコ・カグアス【球団】79-80エクスポズ　81-83ホワイトソックス　83マリナーズ　84-87インディアンズ　87アスレティックス　91タイガース【位置】二塁、両
【経歴】ホワイトソックスに移籍した81年正二塁手となる。84年インディアンズに移り、8月に44打数0安打の大スランプに陥ったこともあって.221の低打率に終わるが、翌85年は.274と持ち直す。86年はすべて自己最高の打率.301、17本塁打、73打点。88年南海に入団し打率.315(4位)、外国人選手の新記録となる28試合連続安打も記録する一方で、3度の退場も経験した。翌89年も34本塁打、93打点。引退後は選手会の事務局で働いたのち、メッツのフロント入りしたが選手とのトラブルにより職を解かれた。
【通算】10年、1071試合、3700打数970安打、75本塁打、391打点、113盗塁、打率.262
【日本】88-90南海/ダイエー　3年、308試合、1160打数335安打、67本塁打、193打点、11盗塁、打率.289

ビル・バーナード
William Henry Bernhard
1871.3.16～1949.3.30【出身地】ニューヨーク州クラレンス【球団】1899-1900フィラデルフィア　01-02アスレティックス　02-07インディアンズ【位置】投手、右
【経歴】プロ入りが26歳と遅く、1899年28歳でメジャーに昇格。スローボールを駆使して翌1900年15勝を挙げる。01年は新設のアスレティックスに移り17勝、続く02年は古巣フィリーズの訴えにより、ペンシルヴェニア州での出場を禁じられインディアンズに移籍。同年18勝、防御率2.15(3位)、03年は自己ベストの防御率2.12(3位)。04年は23勝(5位)とその後も活躍を続け、メジャーから去った後もマイナーでは40代半ばまで監督兼任で投げ続けた。
【通算】9年、231試合、200先発、175完投、14完封、116勝81敗、1792回、545奪三振、防御率3.04

ビリー・バーニー
William Harrison Barnie
1851.1.26～1900.7.15【出身地】ニューヨーク州ブルックリン【球団】1883,86ボルティモア(AA)【位置】捕手
【経歴】9年間にわたってボルティモア(AA)の指揮をとり、1887年に最高位の3位。監督業と並行してアメリカン・アソシエーションの副会長を兼任していた。明るい性格でファンからの人気も高かった。マイナーの監督を務めていた1900年、喘

息性の気管支炎で死亡した。
【通算】2年、19試合、61打数11安打、0本塁打、0打点(*)、打率.180
【監督】1883-91 ボルティモア(AA) 92 ワシントン 93-94 ルイヴィル 97-98 ブルックリン 14年、1477試合、632勝810敗、勝率.438

ミッチ・ハニガー ★
Mitchell Evan Haniger
1990.12.23 ～【出身地】カリフォルニア州マウンテンヴュー【球団】2016 ダイアモンドバックス 17-19,21-22 マリナーズ 23 ジャイアンツ 24 マリナーズ【位置】外野、右
【経歴】2012年ドラフト1位でブルワーズに入団。マリナーズ移籍後の18年は38二塁打、26本塁打、93打点の好成績だったが、翌19年に睾丸破裂の重傷を負う。21年に復帰し39本塁打(5位)、100打点の自己記録を残した。シアトルの人気者で、23年FAでジャイアンツへ移籍したが、翌24年トレードでマリナーズが取り返した。
【通算】8年、746試合、2755打数688安打、130本塁打、395打点、19盗塁、打率.250
【タイトル】オールスター1回(2018年)

リック・ハニカット
Frederick Wayne Honeycutt
1954.6.29 ～【出身地】テネシー州チャタヌーガ【球団】77-80 マリナーズ 81-83 レンジャーズ 83-87 ドジャース 87-93 アスレティックス 94 レンジャーズ 95 アスレティックス 95 ヤンキース 96-97 カーディナルス【位置】投手、左
【経歴】76年ドラフト17位でパイレーツに入団。78年マリナーズでローテーション入り、切れの良いスライダーとフォークで翌79年から3年連続2ケタ勝利。80年には不正投球で10試合の出場停止となった。82年は5勝17敗の不振だったが、翌83年は終盤ドジャースにトレードされるまで14勝、防御率2.42(1位)でカムバック賞を受賞。アスレティックス移籍後は長く左の中継ぎとして活躍、引退後は長くドジャースの投手コーチを務めた。
【通算】21年、797試合、268先発、47完投、11完封、109勝143敗38S、2160回、1038奪三振、防御率3.72
【タイトル】最優秀防御率1回(83年) オールスター2回(80,83年)

フロイド・バニスター ☆
Floyd Franklin Bannister
1955.6.10 ～【出身地】サウスダコタ州ピエール【球団】77-78 アストロズ 79-82 マリナーズ 83-87 ホワイトソックス 88-89 ロイヤルズ 91 エンジェルズ 92 レンジャーズ【位置】投手、左
【経歴】アリゾナ州立大学時代に通算38勝、最優秀大学選手に選ばれ、76年ドラフト全体1位でアストロズに入団。79年マリナーズに移籍、左腕からの快速球とカーブで82年は209三振(1位)を奪う。ホワイトソックスに移った83年は後半だけで13勝、年間16勝、193奪三振(2位)で地区優勝に大きく貢献。87年も16勝、82年からは7年連続で勝利、敗戦とも2ケタだった。90年に入団したヤクルトでは故障もあり期待外れに終わった。息子のブライアンもロイヤルズなどで通算37勝、2011年巨人に入団したが、東日本大震災で帰国したまま戻らず、どの球団とも契約できない制限選手とされた。
【通算】15年、431試合、363先発、62完投、16完封、134勝143敗0S、2388回、1723奪三振、防御率4.06
【タイトル】最多奪三振1回(82年) オールスター1回(82年)
【日本】90 ヤクルト 1年、9試合、0完投、3勝2敗0S、49回、31奪三振、防御率4.04

ピート・ハーニッシュ
Peter Thomas Harnisch
1966.9.23 ～【出身地】ニューヨーク州コマック【球団】88-90 オリオールズ 91-94 アストロズ 95-97 メッツ 97 ブルワーズ 98-2001 レッズ【位置】投手、右
【経歴】87年ドラフト1位でオリオールズに入団。強気の投球が身上で90年11勝、アストロズに移籍した翌91年は12勝、防御率2.70(5位)、172奪三振(4位)。93年4完封(1位)を含む自己最多の16勝、185奪三振は5位。その後肩痛や首脳陣との確執などで不振に陥ったが、98年レッズに移り5年ぶりの2ケタとなる14勝、翌99年は16勝を挙げた。
【通算】14年、321試合、318先発、24完投、11完封、111勝103敗0S、1959回、1368奪三振、防御率3.89
【タイトル】オールスター1回(91年)

ジェロミー・バーニッツ
Jeromy Neal Burnitz
1969.4.15 〜【出身地】カリフォルニア州ウェストミンスター【球団】93-94 メッツ　95-96 インディアンズ　96-2001 ブルワーズ　02-03 メッツ　03 ドジャース　04 ロッキーズ　05 カブス　06 パイレーツ【位置】外野、左
【経歴】90 年ドラフト 1 位でメッツに入団。インディアンズを経て 96 年途中ブルワーズに加わり、翌 97 年 8 三塁打（3 位）、27 本塁打、続く 98 年は 38 本塁打、125 打点（5 位）。以後 6 年間で 5 回 30 本塁打以上、4 回 100 打点以上と長打力を発揮した。選球眼も良かったが確実性には乏しく、98 年の 158 個を最多として 9 回 100 三振以上を喫した。性格の良さでも知られていた。
【通算】14 年、1694 試合、5710 打数 1447 安打、315 本塁打、981 打点、74 盗塁、1376 三振、打率 .253
【タイトル】オールスター 1 回（99 年）

ジム・バニング
James Paul David Bunning
1931.10.23 〜 2017.5.26【出身地】ケンタッキー州サウスゲイト【球団】55-63 タイガース　64-67 フィリーズ　68-69 パイレーツ　69 ドジャース　70-71 フィリーズ【位置】投手、右
【経歴】両リーグで 100 勝、1000 奪三振、ノーヒットノーランを達成した名投手。横手からの鋭いスライダーで 57 年 20 勝、267.1 回の両部門で 1 位、防御率 2.69 は 3 位。以後 11 年連続で 2 ケタ勝利、防御率も 60 年の 2.79（2 位）など常に上位につけた。58 年 7 月 20 日のレッドソックス戦でノーヒットノーラン、59、60 年はいずれもリーグ最多の 201 三振を奪った。
　64 年フィリーズに移籍、6 月 21 日のメッツ戦でナ・リーグでは 84 年ぶりの完全試合を達成。同年から 3 年連続 19 勝、67 年は 253 奪三振で 3 度目のタイトル、防御率 2.29（2 位）も自己ベストだった。通算 2855 奪三振は引退時点でウォルター・ジョンソンに次ぎ史上 2 位。やや高慢なところがあって現役時代は好かれていなかったが、選手組合では指導的な立場にあった。引退後は共和党員として政界に転進し、86 年ケンタッキー州選出の下院議員に当選、98 年に上院議員となって 2011 年まで在任した。96 年殿堂入り。
【通算】17 年、591 試合、519 先発、151 完投、40 完封、224 勝 184 敗 16 S、3760.1 回、2855 奪三振（22 位）、1000 四球、防御率 3.27
【タイトル】最多勝 1 回（57 年）最多奪三振 3 回（59 〜 60,67 年）オールスター 7 回（57,59,61 〜 64,66 年）

A・J・バーネット
Allan James Burnett
1977.1.3 〜【出身地】アーカンソー州ノースリトルロック【球団】99-2005 マーリンズ　06-08 ブルージェイズ　09-11 ヤンキース　12-13 パイレーツ　14 フィリーズ　15 パイレーツ【位置】投手、右
【経歴】160km の速球と一級品のカーブを併せ持つ好投手。95 年ドラフト 8 位でメッツに入団、98 年マーリンズに移籍。2001 年に 11 勝、5 月 12 日のパドレス戦では 9 四球を与えながらもノーヒットノーランを達成した。翌 02 年はリーグ最多の 5 完封を含む 12 勝、203 三振を奪う一方で 90 四球、14 暴投と制球に苦しんだ。
　ブルージェイズ移籍後の 08 年は 18 勝（4 位）、231 奪三振（1 位）で、FA となった 09 年に 5 年 8250 万ドルでヤンキースと契約。同年は 13 勝、ワールドシリーズ第 2 戦でも勝利投手となったが、続く 2 年間は不振。12 年はパイレーツに移り 16 勝と復活、フィリーズへ移った 14 年はワースト 1 位の 18 敗を喫したが、現役最後の 15 年はパイレーツに戻り、17 年目で初のオールスターに選ばれた。
【通算】17 年、435 試合、430 先発、24 完投、10 完封、164 勝 157 敗 0 S、2731.1 回、2513 奪三振、1100 四球、防御率 3.99
【タイトル】最多奪三振 1 回（2008 年）オールスター 1 回（15 年）

メル・パーネル
Melvin Lloyd Parnell
1922.6.13 〜 2012.3.20【出身地】ルイジアナ州ニューオーリンズ【球団】47-56 レッドソックス【位置】投手、左
【経歴】レッドソックスの左のエースとして活躍した変化球投手。スライダーを決め球として、左腕に不利とされる本拠地フェンウェイ・パークで 70 勝 30 敗、7 割の高勝率を残す。48 年 15 勝、防御率 3.14（5 位）、翌 49 年は 25 勝、27 完投、295.1 回の 3 部門で 1 位、防御率 2.77 も 2 位の大活躍。50 〜 51 年は 2 年続けて 18 勝、53 年も 21 勝（2 位）、136 三振（4 位）を

奪った。その後は肘を痛めて不本意な成績が続いていたが、現役最後の56年は、7月14日のホワイトソックス戦でチーム33年ぶりのノーヒットノーランを記録した。紳士的な選手としても評判だった。
【通算】10年、289試合、232先発、113完投、20完封、123勝75敗、1752.2回、732奪三振、防御率3.50
【タイトル】最多勝1回(49年) オールスター2回(49,51年)

デイヴ・バーバ
David Allen Burba
1966.7.7～【出身地】オハイオ州デイトン【球団】90-91マリナーズ 92-95ジャイアンツ 95-97レッズ 98-2001インディアンズ 02レンジャーズ 02インディアンズ 03-04ブルワーズ 04ジャイアンツ【位置】投手、右
【経歴】87年ドラフト2位でマリナーズに入団、ジャイアンツ時代は主にリリーフで使われる。球威不足をフォークボールなどの変化球で補い、インディアンズ移籍後の98～99年は2年連続15勝、99年の174奪三振は5位。2000年自己最多の16勝、01年は防御率6.21と大不振だったが、10勝を挙げ7年連続2ケタ勝利となった。ポストシーズンでは通算3勝0敗、防御率2.14と好成績を残している。
【通算】15年、511試合、234先発、6完投、1完封、115勝87敗3S、1777.2回、1398奪三振、防御率4.49

ジョージ・ハーパー
George Washington Harper
1892.6.24～1978.8.18【出身地】ケンタッキー州アーリントン【球団】16-18タイガース 22-24レッズ 24-26フィリーズ 27-28ジャイアンツ 28カーディナルス 29ブレーヴス【位置】外野、左
【経歴】16年メジャーに昇格するが、19～21年の3年間はマイナー暮らし。22年29歳で再昇格を果たし打率.340。25年は打率.349、97打点、長打率.558(5位)、27年も.331、84四球(2位)を選び出塁率は.435(3位)と、打力には確かなものがあった。44歳までマイナーで監督を兼任しながら現役を続けた。
【通算】11年、1073試合、3398打数1030安打、91本塁打、530打点、58盗塁、打率.303

トミー・ハーパー
Tommy Harper
1940.10.14～【出身地】ルイジアナ州オークグローヴ【球団】62-67レッズ 68インディアンズ 69-71パイロッツ/ブルワーズ 72-74レッドソックス 75エンジェルズ 75アスレティックス 76オリオールズ【位置】外野、三塁、右
【経歴】俊足で内外野どちらも守れ、選球眼も良く65年は78四球(5位)、35盗塁(4位)。69年拡張ドラフトでパイロッツに移籍し95四球、73盗塁でタイトル獲得。翌70年自己最高の打率.296、35二塁打(4位)、31本塁打、82打点に加え、38盗塁で30－30を達成した。レッドソックス移籍後の73年も球団新記録となる54盗塁を決め、2度目の盗塁王。引退後はレッドソックス、エクスポズでコーチとして働いた。
【通算】15年、1810試合、6269打数1609安打、146本塁打、567打点、408盗塁、1080三振、打率.257
【タイトル】盗塁王2回(69,73年) オールスター1回(70年)

ブライアン・ハーパー
Brian David Harper
1959.10.16～【出身地】カリフォルニア州ロスアンジェルス【球団】79,81エンジェルズ 82-84パイレーツ 85カーディナルス 86タイガース 87アスレティックス 88-93ツインズ 94ブルワーズ 95アスレティックス【位置】捕手、外野、右
【経歴】77年ドラフト4位でエンジェルズに入団。19歳でメジャーにデビューしながら、長い間マイナーとの間を往復していたが、88年ツインズに定着。翌89年打率.325、以後5年間で4度の打率3割。90年は42二塁打(5位)、25試合連続安打も記録。91年のワールドシリーズでも21打数8安打とよく打った。息子のブレットは2010～11年に横浜、12年は楽天に在籍した。
【通算】16年、1001試合、3151打数931安打、63本塁打、428打点、8盗塁、打率.295

ブライス・ハーパー ★
Bryce Aron Max Harper
1992.10.16～【出身地】ネヴァダ州ラスヴェガス【球団】2012-18ナショナルズ 19-24フィリーズ【位置】外野、一塁、左
【経歴】16歳にして『スポーツ・イラストレ

イテッド』誌の表紙を飾り、“球界のレブロン・ジェイムズ（NBAのスーパースター）”の異名をとった天才選手。代理人スコット・ボラスの勧めにより、早期のプロ入り資格を得るため高校を中退し短大へ進学、2010年のドラフト全体1位でナショナルズが指名。7年1890万ドルで契約を結ぶと、12年19歳でメジャーに昇格し、野手史上最年少でオールスターに出場。22本塁打に加え、10代では48年ぶりとなる本盗も記録し新人王を受賞した。強気で自信に満ち溢れた態度やコメントも話題となった。15年は打率.330（2位）のほか、42本塁打、出塁率.460、長打率.649はいずれも1位でMVPに選ばれた。

18年は.249の低打率ながらリーグ最多の130四球、自身初の大台となる100打点。同年限りでFAとなり、13年3億3000万ドルでフィリーズへ移籍した19年は自己最多の114打点。21年は打率.309（3位）、35本塁打に加え42二塁打と長打率.615は1位で、2度目のMVPに輝いた。22年はポストシーズン17試合で63打数22安打、6本塁打、13打点。リーグ優勝決定シリーズ第5戦の8回裏に優勝を決定づける逆転2ランを放ち、シリーズMVPを手にした。ポストシーズンでは通算53試合で17本塁打。エネルギッシュなプレイや振る舞いがファンの気質に合い、フィラデルフィアでは大変な人気者となっている。

【通算】13年、1653試合、5934打数1670安打、336本塁打、976打点、140盗塁、1035四球、1533三振、打率.281

【タイトル】MVP2回（2015,21年）新人王（12年）本塁打王1回（15年）最高出塁率1回（15年）オールスター8回（12～13,15～18,22,24年）

スティーヴ・バーバー
Stephen David Barber

1938.2.22～2007.2.4【出身地】メリーランド州タコマパーク【球団】60-67オリオールズ　67-68ヤンキース　69パイロッツ　70カブス　70-72ブレーヴス　72-73エンジェルズ　74ジャイアンツ【位置】投手、左

【経歴】横手投げでメジャー有数の速球派だったが、制球に難があり60年は新人で10勝、防御率3.22の一方リーグワーストの113四球、10暴投。67年4月30日には8.2回を無安打に封じながらも10四球を与え、暴投とエラーの2失点で敗れた。61年は8完封（1位）を含む18勝（3位）、63年は20勝（4位）。最初の8年間で6回10勝以上を挙げた。69年拡張ドラフトでパイロッツへ移籍、その後は肘を痛めリリーフへ回った。引退後は自動車用品の会社や修理工場を経営した。

【通算】15年、466試合、272先発、59完投、21完封、121勝106敗13S、1999回、1309奪三振、防御率3.36

【タイトル】オールスター2回（63,66年）

レイ・ハーバート
Raymond Ernest Herbert

1929.12.15～2022.12.20【出身地】ミシガン州デトロイト【球団】50-51,53-54タイガース　55,58-61アスレティックス　61-64ホワイトソックス　65-66フィリーズ【位置】投手、右

【経歴】50年20歳で地元のタイガースに昇格、翌51年は12.2回を投げただけで4勝するが陸軍に召集される。その後伸び悩んでマイナーに落ちていたが、カーブをコントロールできるようになって、59年初の2ケタとなる11勝、62年は20勝（2位）、防御率3.27、オールスター第2戦で勝利投手となる。翌63年は13勝、4連続を含む7完封（1位）、38回連続無失点も記録した。フィールディングの巧さも光った。引退後もデトロイトに住み、しばしばタイガースの打撃投手を買って出た。

【通算】14年、407試合、236先発、68完投、13完封、104勝107敗、1881.1回、864奪三振、防御率4.01

【タイトル】オールスター1回（62年）

カル・ハバード
Robert Calvin Hubbard

1900.10.31～77.10.17【出身地】ミズーリ州キーツヴィル【球団】メジャー経験なし

【経歴】大学フットボール、プロフットボール、メジャーリーグでそれぞれ殿堂入りを果たした唯一の人物。フットボールの選手時代は名タックルで鳴らし、ニューヨーク・ジャイアンツとグリーンベイ・パッカーズで4度優勝を経験、31年から3年連続でオールNFLに選ばれ、一時は最高給選手となった。オフシーズンにマイナーで審判をしていた経験を生かし、現役引退後の37年ア・リーグ審判に採用される。ルールに対する知識の深さで評判をとったが、51年左眼を負傷し現場から退き、その後はスーパーバイザーを務めた。76年殿堂入り。

グレン・ハバード
Glenn Dee Hubbard
1957.9.25 ～【出身地】ドイツ連邦共和国ハーン空軍基地【球団】78-87 ブレーヴス　88-89 アスレティックス【位置】二塁、右
【経歴】父が空軍の兵士だったためドイツで生まれ、少年期を過ごした台湾で野球を覚える。75 年ドラフト 20 位でブレーヴスに入団。ゴールドグラブこそ一度も受賞していないが、リーグを代表する好守の二塁手で、史上 5 位の平均 3.34 刺殺を記録した。83 年は 12 本塁打、70 打点と打撃も好調でオールスターに出場。エネルギッシュなプレイぶりを評価され、また大蛇を首に巻いて撮影した野球カードも有名だった。引退後はブレーヴスのコーチを務めた。
【通算】12 年、1354 試合、4441 打数 1084 安打、70 本塁打、448 打点、35 盗塁、打率 .244
【タイトル】オールスター 1 回（83 年）

スタン・ハビエル
Stanley Julian Antonio Javier
1964.1.9 ～【出身地】ドミニカ共和国サンフランシスコデマコリス【球団】84 ヤンキース　86-90 アスレティックス　90-92 ドジャース　92 フィリーズ　93 エンジェルズ　94-95 アスレティックス　96-99 ジャイアンツ　99 アストロズ　2000-01 マリナーズ【位置】外野、両
【経歴】俊足好守の外野手で、盗塁成功率は .828 の高さ。長打力には欠けるが小技に優れ、毎年安定した成績を残し、95 年に自己最多の 56 打点、36 盗塁を記録した。97 年 6 月 12 日にインターリーグ史上初の本塁打を放っている。選球眼も良く、98 年は 65 四球で出塁率 .385 だった。父フリアンも元メジャーリーガー。
【通算】17 年、1763 試合、5047 打数 1358 安打、57 本塁打、503 打点、246 盗塁、打率 .269

フリアン・ハビエル
Manuel Julian Javier
1936.8.9 ～【出身地】ドミニカ共和国サンフランシスコデマコリス【球団】60-71 カーディナルス　72 レッズ【位置】二塁、右
【経歴】ファントム（幽霊）と呼ばれたほどの軽快なフィールディングを売り物に、60 年正二塁手となる。63 年に自己最多の 160 安打、27 二塁打、リーグ 3 位の 26 盗塁。67 年のワールドシリーズでは 25 打数 9 安打、第 2 戦で 8 回にノーヒットノーランを免れる二塁打、第 7 戦はダメ押しの 3 ラン本塁打を放ち世界一に貢献。翌 68 年のシリーズも 27 打数 9 安打だった。打撃妨害で通算 18 回出塁している。スタン・ミュージアルの親友で、スタンと名付けた息子はメジャーの外野手となった。
【通算】13 年、1622 試合、5722 打数 1469 安打、78 本塁打、506 打点、135 盗塁、打率 .257
【タイトル】オールスター 2 回（63,68 年）

オーブリー・ハフ
Aubrey Lewis Huff
1976.12.20 ～【出身地】オハイオ州マリオン【球団】2000-06 レイズ　06 アストロズ　07-09 オリオールズ　09 タイガース　10-12 ジャイアンツ【位置】三塁、外野、左
【経歴】98 年ドラフト 5 位でレイズに入団。2002 年に打率 .313、翌 03 年は .311、198 安打（5 位）、47 二塁打（3 位）、34 本塁打、107 打点の活躍。続く 04 年も 29 本、104 打点と好調を維持した。07 年 6 月 29 日は 1000 安打とサイクルヒットを同日に達成。08 年はオリオールズで打率 .304、48 二塁打（3 位）、32 本塁打、108 打点。ジャイアンツに移籍した 10 年はチームトップの 26 本塁打、ワールドシリーズ第 4 戦でも先制・決勝の本塁打を放ち、世界一に貢献。第 5 戦では、レギュラーシーズンではキャリアで一度もなかった犠打を決めた。20 年にはジャイアンツが女性コーチを採用したことを批判して問題視され、世界一 10 周年記念式典に招待されなかった。
【通算】13 年、1681 試合、6104 打数 1699 安打、242 本塁打、904 打点、37 盗塁、打率 .278

チャーリー・ハフ
Charles Oliver Hough
1948.1.5 ～【出身地】ハワイ州ホノルル【球団】70-80 ドジャース　80-90 レンジャーズ　91-92 ホワイトソックス　93-94 マーリンズ【位置】投手、右
【経歴】46 歳までメジャーで投げ続けたナックルボーラー。先発、リリーフでそれぞれ 400 試合以上投げた唯一の投手である。66 年ドラフト 8 位でドジャースに入団、ほとんどがリリーフでの起用で、76 年は 77 試合で 12 勝 18 セーブ（4 位）、防御率 2.21。翌 77 年は 22 セーブ（4 位）を稼ぐ。80 年途中レンジャーズに移ってからは先

発の柱となり、82年の16勝を皮切りに9年連続2ケタ勝利、この間89年を除き毎年200イニング以上投げた。84年16勝、リーグ最多の17完投、87年は285.1回(1位)を投げ223奪三振(4位)、自己最多の18勝(4位)。レンジャーズでの139勝は球団記録となった。93年は新設のマーリンズで、45歳にして204.1回を投げる驚異的な耐久力を発揮した。
【通算】25年、858試合、440先発、107完投、13完封、216勝216敗(29位)61S、3801.1回、2362奪三振、1665四球(8位)、防御率3.75
【タイトル】オールスター1回(86年)

ジェシー・バーフィールド　☆
Jesse Lee Barfield
1959.10.29〜【出身地】イリノイ州ジョリエット【球団】81-89ブルージェイズ　89-92ヤンキース【位置】外野、右
【経歴】77年ドラフト9位でブルージェイズに入団。82年正右翼手となり、翌83年27本塁打を放つ。85年は27本塁打、22盗塁、翌86年は40本塁打(1位)、108打点(5位)、長打率.559(2位)と長打力を発揮した一方、89、90年の150個を最多として100三振以上を7回喫した。無類の強肩で、85年の22補殺を最多として5度補殺1位を記録している。93年巨人に入団、26本塁打を放つも打率.215、リーグワーストの127三振を喫し1年限りで帰国した。息子のジョシュはパドレスなどで二塁手を務めた。
【通算】12年、1428試合、4759打数1219安打、241本塁打、716打点、66盗塁、1234三振、打率.256
【タイトル】本塁打王1回(86年)ゴールドグラブ2回(86〜87年)オールスター1回(86年)
【日本】93巨人　1年、104試合、344打数74安打、26本塁打、53打点、1盗塁、打率.215

チャーリー・バフィントン
Charles G. Buffinton
1861.6.14〜1907.9.23【出身地】マサチューセッツ州フォールリヴァー【球団】1882-86ボストン　87-89フィラデルフィア　90フィラデルフィア(PL)　91ボストン(AA)　92ボルティモア【位置】投手、右
【経歴】優れたドロップの持ち主で、20勝以上を7回記録。1884年48勝(2位)、63完投(3位)、417奪三振(2位)、9月2日のクリーヴランド戦で8者連続三振を奪う。87年には2試合連続1安打試合も記録した。88年自己ベストの防御率1.91(3位)。90年途中からフィラデルフィア(PL)で監督を兼任、翌91年は投球フォームを大幅に変えて29勝。92年オフに契約でもめボルティモアを退団すると、契約先がなく引退に追い込まれた。83年は外野手としても51試合に出場した。
【通算】11年、414試合、396先発、351完投(24位)、30完封、233勝152敗、3404回、1700奪三振、856四球、防御率2.96
【監督】1890フィラデルフィア(PL)1年、116試合、61勝54敗、勝率.530

アンディ・パフコ
Andrew Pafko
1921.2.25〜2013.10.8【出身地】ウィスコンシン州ボイスヴィル【球団】43-51カブス　51-52ドジャース　53-59ブレーヴス【位置】外野、三塁、右
【経歴】使い勝手の良さで“ハンディ・アンディ”と呼ばれた人気者。44年正中堅手となり、リーグ最多の24補殺と強肩を披露、翌45年リーグ2位の12三塁打、3位の110打点。48年三塁にコンバートされ自己最高の打率.312、101打点(5位)と活躍するも、守備では29失策で翌49年途中から外野に戻った。50年はいずれも2位の36本塁打と長打率.591、シーズン途中ドジャースに移籍した翌51年も30本塁打を放つ。53年に地元のブレーヴスへ移ったが、55年にはハンク・アーロンに定位置を譲り渡した。3球団でワールドシリーズに出場したが、通算24試合で打率.222、0本塁打と冴えなかった。引退後は主にブレーヴスでマイナーのコーチやスカウトとして働いた。
【通算】17年、1852試合、6292打数1796安打、213本塁打、976打点、38盗塁、打率.285
【タイトル】オールスター5回(45,47〜50年)

トラヴィス・ハフナー
Travis Lee Hafner
1977.6.3〜【出身地】ノースダコタ州ジェイムズタウン【球団】2002レンジャーズ　03-12インディアンズ　13ヤンキース【位置】一塁、DH、左
【経歴】96年ドラフト31位でレンジャーズ

に指名され、翌97年入団。2003年インディアンズに移籍、8月14日にサイクルヒットを達成すると、翌04年は打率.311、28本塁打、109打点。選球眼と長打力を併せ持ち、05年42二塁打(5位)、33本塁打、108打点、6試合連続本塁打も記録。06年は史上最多タイの満塁弾6本を含む42本塁打(3位)、117打点。100四球(4位)を選び出塁率.439は2位、長打率.659は1位だった。08年は肩のケガもあって打率.197、5本塁打と不振に喘ぎ、その後も以前ほど活躍できなかった。
【通算】12年、1183試合、4058打数1107安打、213本塁打、731打点、11盗塁、打率.273

ケント・ハーベック
Kent Allen Hrbek
1960.5.21～【出身地】ミネソタ州ミネアポリス【球団】81-94ツインズ【位置】一塁、左
【経歴】78年ドラフト17位でツインズに入団。81年9月20日のデビュー戦で本塁打、翌82年正一塁手となり打率.301、23本塁打、92打点で、新人王投票ではカル・リプケンに次ぎ2位。84年は打率.311、27本塁打、107打点の活躍で、MVP投票次点に入った。同年から8年連続20本塁打以上、87年は自己最多の34本塁打(3位)で優勝に貢献、ワールドシリーズ第6戦で満塁アーチを叩き込んだ。通算293本塁打はツインズ球団史上2位。地元出身ということもあって、ファンの間で人気が高かった。
【通算】14年、1747試合、6192打数1749安打、293本塁打、1086打点、37盗塁、打率.282
【タイトル】オールスター1回(82年)

ジョナサン・パペルボン
Jonathan Robert Papelbon
1980.11.23～【出身地】ルイジアナ州バトンルージュ【球団】2005-11レッドソックス 12-15フィリーズ 15-16ナショナルズ【位置】投手、右
【経歴】2003年ドラフト4位でレッドソックスに入団。大柄な体から繰り出す速球とスプリッターで抑えとして活躍、06年は35セーブ、防御率0.92。続く07年も37セーブ、58.1回で84三振を奪い、ポストシーズンも7試合で4セーブ、10.2回を無失点に封じ世界一に貢献した。08年は自己最多の41セーブ(3位)、77奪三振で8四球。09年のディヴィジョンシリーズ第3戦でセーブに失敗、ポストシーズン18試合目にして初失点を喫した。11年も6年連続30個以上となる31セーブを挙げたものの、最終戦でリードを守りきれず、プレイオフ進出を逃してしまった。チームメイトとたびたび衝突しただけでなくファンや報道陣とも何度も悶着を起こし、シーズン途中でナショナルズへ移籍した15年はブライス・ハーパーとダグアウト内で大喧嘩を演じた。
【通算】12年、689試合、3先発、0完投、41勝36敗368S(11位)、725.2回、808奪三振、防御率2.44
【タイトル】オールスター6回(2006～09,12,15年)

ジム・パーマー
James Alvin Palmer
1945.10.15～【出身地】ニューヨーク州ニューヨーク【球団】65-67,69-84オリオールズ【位置】投手、右
【経歴】8度の20勝を記録した、70年代を代表する名投手。理想的な投球フォームを持ち、4000イニング近く投げて満塁本塁打は1本も打たれなかった。65年19歳でデビュー、速球中心の投球で翌66年15勝、ワールドシリーズ第2戦では史上最年少の20歳11ヶ月で完封勝利を収める。肩痛に見舞われ一時マイナー落ちを経験したが69年再昇格し16勝、8月13日のアスレティックス戦でノーヒットノーランを達成。71年のワールドシリーズ第2戦では8回10奪三振の好投で勝利投手となり、また2度の満塁の好機にいずれも押し出し四球を選んだ。
　70年から4年連続20勝、73年は22勝(3位)、防御率2.40(1位)でサイ・ヤング賞を受賞。74年は7勝どまりだったが、翌75年は自己最多の23勝、10完封、防御率2.09の3部門で1位となり2度目のサイ・ヤング賞。続く76年も22勝(1位)で2年連続、ア・リーグでは初めての3度目のサイ・ヤング賞を手にした。77年まで3年連続最多勝、78年は3年連続4度目の最多投球回で、同年まで4年連続で20勝以上した。
　完璧主義者でボールの感触が気に入らないとすぐ交換を要求し、アール・ウィーヴァー監督と事あるごとに対立したのも有名。82年13度目の2ケタとなる15勝。84年途中引退し解説者となったが、91年45歳でカムバックを試み話題を呼んだ。

現役当時はメジャーきっての美男として知られ、男性用下着のモデルを務めたこともあった。90年殿堂入り。
【通算】19年、558試合、521先発、211完投、53完封（16位）、268勝152敗4S、3948回、2212奪三振、1311四球、防御率2.86
【タイトル】サイ・ヤング賞3回（73,75～76年）最多勝3回（75～77年）最優秀防御率2回（73,75年）ゴールドグラブ4回（76～79年）オールスター6回（70～72,75,77～78年）

ディーン・パーマー
Dean William Palmer
1968.12.27～【出身地】フロリダ州タラハッシー【球団】89,91-97レンジャーズ　97-98ロイヤルズ　99-2003タイガース【位置】三塁、右
【経歴】パワフルな打撃を売り物とした三塁手。86年ドラフト3位でレンジャーズに入団、92年26本塁打を放ったが、打率.229、リーグワーストの154三振を喫す。翌93年は33本塁打、96打点の一方で29失策、94年は91試合で22失策と攻守に粗さが目立った。96年は38本塁打、107打点、98年も34本、自己最多の119打点。99年も38本塁打を記録したが、2001年以降は肩と首を痛めてあまり試合に出られなかった。料理上手であるのも有名だった。
【通算】14年、1357試合、4902打数1229安打、275本塁打、849打点、48盗塁、1332三振、打率.251
【タイトル】オールスター1回（98年）

アトリー・ハマカー
Charlton Atlee Hammaker
1958.1.24～【出身地】カリフォルニア州カーメル【球団】81ロイヤルズ　82-85,87-90ジャイアンツ　90-91パドレス　94-95ホワイトソックス【位置】投手、左
【経歴】日本人の祖母を持つ左腕投手。79年ドラフト1位でロイヤルズに入団、82年ジャイアンツに移籍。スライダーが冴え同年12勝、175回で28四球と制球の良さが光った。翌83年も10勝、防御率2.25は1位だったが、オールスターでは7失点と打ち込まれた。その後は肩と肘の故障でふるわず、86年は1試合も登板できなかったが、87年は10勝と復活した。ヤン・ゴームスは義理の息子。
【通算】12年、249試合、152先発、18完投、6完封、59勝67敗5S、1078.2回、615奪三振、防御率3.66
【タイトル】最優秀防御率1回（83年）オールスター1回（83年）

ビリー・ハーマン
William Jennings Bryan Herman
1909.7.7～92.9.5【出身地】インディアナ州ニューオルバニー【球団】31-41カブス　41-43,46ドジャース　46ブレーヴス　47パイレーツ【位置】二塁、右
【経歴】ヒットエンドランの名手で、冷静で頭脳的なプレイが光った名二塁手。サイン盗みも得意にしていた。32年レギュラーとなり打率.314、いずれも5位の206安打と42二塁打で優勝に貢献。35年も打率.341（5位）、227安打と57二塁打は1位、ワールドシリーズでも24打数8安打で6打点。39年リーグトップの18三塁打と活躍を続けたが、41年途中2選手プラス6万5000ドルとの交換でドジャースへトレードされた。
　43年は7度目の3割以上となる打率.330（2位）、2本塁打ながら100打点（3位）を稼いだ。オールスターでも10回出場し30打数13安打。守備では7回最多刺殺、3回守備率1位となり、33年の466刺殺は現在もナ・リーグ記録。47年はパイレーツで監督を兼任、引退後もコーチとして長く球界に残った。75年殿堂入り。
【通算】15年、1922試合、7707打数2345安打、486二塁打、47本塁打、839打点、67盗塁、打率.304
【タイトル】オールスター10回（34～43年）
【監督】47パイレーツ　64-66レッドソックス　4年、465試合、189勝274敗、勝率.408

ベーブ・ハーマン
Floyd Caves Herman (Babe)
1903.6.26～87.11.27【出身地】ニューヨーク州バッファロー【球団】26-31ドジャース　32レッズ　33-34カブス　35パイレーツ　35-36レッズ　37タイガース　45ドジャース【位置】外野、一塁、左
【経歴】抜群の打撃センスでラインドライブを放ち、31年だけで2回、通算では史上最多となる3回のサイクルヒットを記録した好打者。愉快なコメントで報道陣やファンの受けも良かった。26年ドジャースに昇格し打率.319、以後打率3割8回、29年は.381、翌30年も.393の高打

率で2年連続2位。同年の241安打（3位）、48二塁打（3位）、35本塁打（5位）、130打点（4位）、出塁率.455（2位）、長打率.678（3位）はすべて自己記録、18盗塁も2位の大活躍。レッズに移った32年も19三塁打（1位）を放った。肩は強かったが守備は苦手で、一塁と外野の両方で最多失策を演じている。37年を最後にメジャーから退いていたが、45年8年ぶりに代打要員としてドジャースに復帰、37試合に出場した。
【通算】13年、1552試合、5603打数1818安打、110三塁打、181本塁打、997打点、94盗塁、打率.324

アール・ハミルトン
Earl Andrew Hamilton
1891.7.19～1968.11.17【出身地】イリノイ州ギブソン【球団】11-16ブラウンズ　16タイガース　16-17ブラウンズ　18-23パイレーツ　24フィリーズ【位置】投手、左
【経歴】チェンジアップを効果的に使い、12年8月30日のタイガース戦でノーヒットノーランを達成。14年は16勝、自己ベストの防御率2.50。16年1試合投げたのちタイガースへトレードされるがすぐブラウンズへ復帰。17年は0勝9敗と散々で、パイレーツに移った翌18年は6試合に投げすべて完投の6勝、防御率0.83だったが、兵役のためその後のシーズンを棒に振った。20～22年にも3年連続で2ケタ勝利を挙げている。
【通算】14年、410試合、262先発、140完投、16完封、115勝147敗、2342.2回、790奪三振、防御率3.16

ジョシュ・ハミルトン
Joshua Holt Hamilton
1981.5.21～【出身地】ノースカロライナ州ローリー【球団】2007レッズ　08-12レンジャーズ　13-14エンジェルズ　15レンジャーズ【位置】外野、左
【経歴】麻薬禍を乗り越えてスターの座にのし上がった強打者。99年ドラフト全体1位でレイズに入団、強肩強打の逸材として注目されながら、2001年に交通事故に遭い、リハビリ中に麻薬の悪癖に染まる。03年は大半を欠場し、04～05年は引退状態だった。依存症を克服して06年に現役復帰、07年はルール5ドラフトでカブスを経てレッズに移籍し90試合で19本塁打。翌08年はレンジャーズに移り、前半戦だけで21本塁打、95打点。年間では打率.304、32本塁打、130打点（1位）と見事な復活を遂げた。
10年は打率.359（1位）、32本塁打（5位）、100打点、出塁率.411（2位）、長打率.633（1位）でMVPに選ばれる。リーグ優勝決定シリーズでも4本塁打、7打点でシリーズMVPを受賞したが、ワールドシリーズでは20打数2安打1打点に終わった。11年のワールドシリーズでは第6戦の延長10回に勝ち越し本塁打、計6打点の活躍。12年は自己最多の43本塁打（2位）、5月8日のオリオールズ戦で1試合4発。128打点も2位だった。13年にFAでエンジェルズと5年1億2500万ドルの超高額契約を結んだが、急激に成績が下降。依存症が再発した15年には、年俸の大半をエンジェルズが負担する形でレンジャーズへ復帰したものの、復調することなく同年が最後の出場となった。19年は娘への暴行容疑で逮捕されている。
【通算】9年、1027試合、3909打数1134安打、200本塁打、701打点、50盗塁、打率.290
【タイトル】MVP1回（2010年）首位打者1回（10年）打点王1回（08年）オールスター5回（08～12年）

ダリル・ハミルトン
Darryl Quinn Hamilton
1964.12.3～2015.6.21【出身地】ルイジアナ州バトンルージュ【球団】88,90-95ブルワーズ　96レンジャーズ　97-98ジャイアンツ　98-99ロッキーズ　99-2001メッツ【位置】外野、左
【経歴】86年ドラフト11位でブルワーズに入団。91年レギュラーに定着し打率.311、翌92年は打率.298、41盗塁。93年も打率.310を記録した。97年6月12日にはインターリーグゲームの初安打を放つ。シーズン途中メッツに移った99年に自己最高の打率.315。外野守備も派手さはないが堅実で、通算1233試合で失策は14回。快活な性格で､2013年からMLBネットワークで解説をしていたが、15年に元ガールフレンドに射殺された。
【通算】13年、1328試合、4577打数1333安打、51本塁打、454打点、163盗塁、打率.291

ビリー・ハミルトン
William Robert Hamilton
1866.2.15～1940.12.15【出身地】ニュージャージー州ニューアーク【球団】1888-

89 カンザスシティ（AA） 90-95 フィラデルフィア 96-1901 ブレーヴス【位置】外野、左
【経歴】ヘッドスライディングを売り物とし"スライディング・ビリー"と呼ばれた、19世紀を代表する名外野手。小柄だったが俊足、巧打、選球眼を併せ持った理想的なリードオフマンで、盗塁、四球、出塁率でいずれも5回リーグ最多となる。1891年は打率.340、179安打、111盗塁、102四球、出塁率.453はすべて1位。94年は史上最多の198得点をはじめ、100盗塁、128四球、出塁率.521が1位、打率.403は5位、225安打は2位、36試合連続安打も記録。同年は同僚のエド・デラハンティ（.404）、サム・トンプソン（.415）も打率4割以上で、史上唯一の4割外野トリオを形成した。
89年から12年連続打率3割、13年連続出塁率4割で、通算出塁率は.455。通算得点が出場試合数を上回る3人のうちの1人で、1試合平均1.06得点は史上1位である。93年5月17日には、史上初めて先頭打者本塁打とサヨナラ本塁打を同じ試合で記録した。1901年限りでメジャーから退いた後も、46歳までマイナーで9年間現役を続けた。61年殿堂入り。
【通算】14年、1594試合、6283打数2164安打、40本塁打、742打点、914盗塁（3位）、1189四球、打率.344
【タイトル】首位打者2回（1891,93年）最高出塁率5回（91,93～94,96,98年）

マディソン・バムガーナー
Madison Kyle Bumgarner
1989.8.1～【出身地】ノースカロライナ州ヒッコリー【球団】2009-19 ジャイアンツ 20-23 ダイアモンドバックス【位置】投手、左
【経歴】ポストシーズンで無類の強さを発揮し、ジャイアンツの3度の世界一に大きな功のあった左腕。2007年ドラフト1位（全体10位）で入団、速球と大きく曲がるスライダーで12年は16勝、ワールドシリーズ第2戦で7回無失点。18勝と219奪三振がいずれも4位だった14年は、ワイルドカード・ゲームでパイレーツを完封。リーグ優勝決定シリーズは防御率1.72でシリーズMVPに選ばれ、ワールドシリーズでも2勝1セーブ、21回を1失点。第7戦はリリーフで5回を2安打無失点に封じシリーズMVPを手にした。同年はポストシーズンだけで52.2回も投げた。
15年は18勝と234奪三振が4位、16年は自己ベストの防御率2.74（4位）、251奪三振（3位）。ワイルドカード・ゲームでメッツを完封し、ポストシーズンの通算成績を8勝3敗、防御率2.11とした。打撃も良く通算19本塁打、14年は満塁弾2本。代打に16回起用され13打数4安打3四球。15～16年はクレイトン・カーショウから2年続けて本塁打、17年は投手で初めて開幕戦で2本塁打を放った。1安打完封は通算4度、21年にも7イニング制の試合で無安打に抑えたことはあったが、9イニングでのノーヒッターはなかった。農園育ちで投げ縄が特技だった。
【通算】15年、358試合、355先発、16完投、7完封、134勝124敗0S、2209.1回、2070奪三振、防御率3.47
【タイトル】オールスター4回（2013～16年）

グラニー・ハムナー
Granville Wilbur Hamner
1927.4.26～93.9.12【出身地】ヴァージニア州リッチモンド【球団】44-59 フィリーズ 59 インディアンズ 62 アスレティックス【位置】遊撃、二塁、右
【経歴】闘志を前面に出すプレイスタイルで有名だった強肩の内野手。高校在学中の44年17歳でデビューし、48年レギュラーとなる。50年のワールドシリーズではチーム最多の6安打。52年から3年連続でオールスターに出場、53年自己最多の21本塁打、92打点、54年はいずれも2位の39二塁打、11三塁打を放った。引退後マイナーの監督となったが、ナックルボールを習得し投手として62年メジャーに再昇格、3試合に登板した。兄ガーヴィンも45年のみフィリーズに在籍し、史上初めて兄弟で二遊間を組んだ。
【通算】17年、1531試合、5839打数1529安打、104本塁打、708打点、35盗塁、打率.262
【タイトル】オールスター3回（52～54年）

ボブ・ハムリン
Robert James Hamelin
1967.11.29～【出身地】ニュージャージー州エリザベス【球団】93-96 ロイヤルズ 97 タイガース 98 ブルワーズ【位置】一塁、DH、左
【経歴】体重108kgの巨漢パワーヒッター。88年ドラフト2位でロイヤルズに入団、94年101試合で24本塁打、65打点、

88安打のうち50本が長打で新人王に選ばれる。翌95年は打率.168、7本塁打の大不振。タイガースに移った97年は18本塁打を放ったが、翌98年打率.219に終わり、腰痛もあってメジャーから消えた。
【通算】6年、497試合、1272打数313安打、67本塁打、209打点、11盗塁、打率.246
【タイトル】新人王(94年)

クリント・バーメス
Clint Harold Barmes
1979.3.6～【出身地】インディアナ州ヴィンセンズ【球団】2003-10ロッキーズ　11アストロズ　12-14パイレーツ　15パドレス【位置】遊撃、右
【経歴】2000年ドラフト10位でロッキーズに入団。守備範囲の広い遊撃手で、05年は開幕戦でサヨナラ本塁打。途中まで新人王候補に挙げられていたが、不注意な転倒で鎖骨を骨折してチャンスを失った。09年は自己最多の154試合に出場し、23本塁打、76打点。同年のプレイオフでは14打数0安打だった。おじのブルースは元セネターズの外野手。
【通算】13年、1186試合、3805打数932安打、89本塁打、415打点、43盗塁、打率.245

コール・ハメルズ
Colbert Michael Hamels
1983.12.27～【出身地】カリフォルニア州サンディエゴ【球団】2006-15フィリーズ　15-18レンジャーズ　18-19カブス　20ブレーヴス【位置】投手、左
【経歴】メジャー有数のチェンジアップの使い手で、2ケタ勝利9回、200奪三振5回を記録した左腕。2002年ドラフト1位でフィリーズに入団、07年の15勝を皮切りに6年連続2ケタ勝利。08年は14勝、プレイオフでは3戦3勝、防御率1.23の快投でリーグ優勝決定シリーズMVPに選ばれる。ワールドシリーズでも第1戦で勝利投手、世界一を決めた第5戦でも好投しシリーズMVPに輝いた。
　翌09年のポストシーズンは4試合で防御率7.58と一転して不調。11年は14勝、自己ベストの防御率2.79。続く12年はいずれも自己最多の17勝(5位)、216奪三振(3位)で、シーズン中に6年1億4400万ドルの延長契約を結んだ。14年9月1日のブレーヴス戦で4投手の継投によるノーヒッターを達成すると、翌15年7月25日のカブス戦では単独でノーヒッター。これがフィリーズで最後の登板となり、レンジャーズへトレードされた。
【通算】15年、423試合、422先発、17完投、7完封、163勝122敗0S、2698回、2560奪三振、防御率3.43
【タイトル】オールスター4回(2007,11～12,16年)

ボブ・ハーモン
Robert Green Harmon
1887.10.15～1961.11.27【出身地】ミズーリ州リベラル【球団】09-13カーディナルス　14-16,18パイレーツ【位置】投手、右
【経歴】速球派で11年に23勝(4位)、144三振(5位)を奪う一方リーグワーストの181四球を与えるなど制球力を欠く。翌12年も18勝を挙げたが、13年は8勝21敗と大きく負け越しパイレーツへ放出された。15年に5完封を含む16勝、自己ベストの防御率2.50を記録した。現役時代に貯めた資金を元に、引退後は農業で成功を収めた。
【通算】9年、321試合、240先発、143完投、15完封、107勝133敗、2054回、634奪三振、防御率3.33

ジェフリー・ハモンズ
Jeffrey Bryan Hammonds
1971.3.5～【出身地】ニュージャージー州プレインフィールド【球団】93-98オリオールズ　98-99レッズ　2000ロッキーズ　01-03ブルワーズ　03-04ジャイアンツ　05ナショナルズ【位置】外野、右
【経歴】92年にバルセロナ五輪代表に選ばれ、チームトップの10安打を放つ。同年のドラフト1位(全体4位)でオリオールズに入団、レギュラーに定着した97年に21本塁打。2000年はロッキーズで打率.335(4位)、20本塁打、106打点の好成績を残したが、故障が多く活躍できた期間は短かった。
【通算】13年、957試合、3032打数824安打、110本塁打、423打点、67盗塁、打率.272
【タイトル】オールスター1回(2000年)

トビー・ハーラー
Colbert Dale Harrah (Toby)
1948.10.26～【出身地】ウェストヴァージニア州シソンヴィル【球団】69,71-78セネターズ/レンジャーズ　79-83インディアンズ　84ヤンキース　85-86レンジャーズ

【位置】三塁、遊撃、右
【経歴】66年ドラフト外でフィリーズに入団し、68年マイナー・リーグ・ドラフトでセネターズに移籍。パワーと選球眼を兼ね備え、75年自己最多の93打点、出塁率.403は4位。同年から6年連続で80四球以上を選ぶ。77年遊撃から三塁に回り、27本塁打、リーグ最多の109四球。78年は打率.229と不振で、翌79年インディアンズにトレード。82年自己唯一の打率3割となる.304、出塁率.398（2位）。85年レンジャーズに復帰、113四球（2位）を選び36歳にして自己最高の出塁率.432（3位）を記録した。守備では76年にダブルヘッダーでフル出場しながら守備機会なしという珍事を演じている。92年途中からレンジャーズの監督を代行、76試合で32勝44敗の成績だった。
【通算】17年、2155試合、7402打数1954安打、307二塁打、40三塁打、195本塁打、918打点、238盗塁、1153四球、868三振、打率.264
【タイトル】オールスター4回（72,75～76,82年）

ヘラルド・パーラ　☆
Gerardo Enrique Parra
1987.5.6～【出身地】ベネズエラ共和国サンタバルバラ【球団】2009-14ダイアモンドバックス　14-15ブルワーズ　15オリオールズ　16-18ロッキーズ　19ジャイアンツ　19,21ナショナルズ【位置】外野、左
【経歴】2004年ダイアモンドバックスに入団、09年5月13日に初打席で本塁打。同年打率.290、11年は.292で、守備でも267刺殺、12補殺の両部門で左翼手1位となりゴールドグラブを受賞した。13年は161安打、43二塁打、17年に唯一の3割となる打率.309。19年はナショナルズ移籍後、登場曲として選んだ『ベイビー・シャーク』がファンの間で大流行した。20年は巨人に在籍。
【通算】12年、1519試合、4858打数1335安打、90本塁打、532打点、97盗塁、打率.275
【タイトル】ゴールドグラブ2回（2011,13年）
【日本】2020巨人　1年、47試合、146打数39安打、4本塁打、13打点、0盗塁、打率.267

ロイ・ハラデイ
Harry Leroy Halladay
1977.5.14～2017.11.7【出身地】コロラド州デンヴァー【球団】98-2009ブルージェイズ　10-13フィリーズ【位置】投手、右
【経歴】有名なガンマン“ドク・ホリデイ”をもじって“ドク”の愛称で呼ばれた、2000年代最高の投手の一人。重くて動く速球を低めに投げ込み、カーブやチェンジアップなど変化球も一級品だった。95年ドラフト1位でブルージェイズに入団、98年メジャーに昇格し3試合目の先発で9回二死まで無安打に抑える。翌99年は8勝を挙げたが、2000年は防御率10.64の大乱調でA級にまで陥落。心理カウンセリングを経て再起を果たし02年19勝（4位）、続く03年は2年連続リーグ最多の266回を投げ、15連勝を含む22勝と9完投は1位、204奪三振は3位、防御率3.25は5位でサイ・ヤング賞を受賞した。06・07年も16勝、08年は20勝、防御率2.78の両部門で2位、9完投と246回は1位と活躍を続けた。
　10年にフィリーズへ移籍し、5月29日のマーリンズ戦で完全試合。21勝、9完投、4完封、250.2回の4部門で1位、219奪三振も2位。30四球のみとコントロールも抜群で、両リーグでのサイ・ヤング賞を受賞した。ディヴィジョンシリーズ第1戦ではレッズを相手に1四球を与えただけで、ポストシーズン史上2人目のノーヒットノーランを達成した。11年も19勝（3位）、5年連続リーグ最多となる8完投。防御率2.35（2位）と220奪三振（3位）はいずれも自己記録を更新した。父親がパイロットで自らも飛行士免許を持っていたが、17年に操縦していた飛行機が墜落し40歳で亡くなった。19年殿堂入り。
【通算】16年、416試合、390先発、67完投、20完封、203勝105敗1S、2749.1回、2117奪三振、防御率3.38
【タイトル】サイ・ヤング賞2回（2003,10年）最多勝2回（03,10年）オールスター8回（02～03,05～06,08～11年）

ロッド・バラハス
Rodrigo Richard Barajas
1975.9.5～【出身地】カリフォルニア州オンタリオ【球団】99-2003ダイアモンドバックス　04-06レンジャーズ　07フィリーズ　08-09ブルージェイズ　10メッツ　10-11ドジャース　12パイレーツ【位置】捕手、右

【経歴】96年ドラフト外で入団したダイアモンドバックスでは正捕手となれず、レンジャーズに移籍した2004年に初めて100試合以上に出場。翌05年は21本塁打を放った。打率は低いものの一発の魅力があり、09年も19本、翌10年も99試合で17本塁打。守備では12年に99回走られ6回しか刺せず、通算盗塁阻止率は.276だった。
【通算】14年、1114試合、3460打数812安打、136本塁打、480打点、2盗塁、打率.235

ビル・ハラハン
William Anthony Hallahan
1902.8.4～81.7.8【出身地】ニューヨーク州ビンガムトン【球団】25-26,29-36カーディナルス　36-37レッズ　38フィリーズ【位置】投手、左
【経歴】球威はあったが制球力に欠け"ワイルド・ビル"と呼ばれる。30年15勝、リーグ最多の177三振を奪う。翌31年は19勝で最多勝、159奪三振は2年連続1位。112四球も2年連続ワーストだった。33年の第1回オールスターでは先発の栄誉を任されながら、5四球を与え敗戦投手となった。ワールドシリーズでは30年の第3戦で完封勝利、翌31年は第2戦で完封、第5戦は1失点完投、さらに第7戦は好救援で世界一に大きく貢献した。四球の多い割に死球は通算8個と少なかった。
【通算】12年、324試合、224先発、90完投、14完封、102勝94敗、1740.1回、856奪三振、防御率4.03
【タイトル】最多勝1回（31年）最多奪三振2回（30～31年）オールスター1回（33年）

アーロン・ハラング
Aaron Michael Harang
1978.5.9～【出身地】カリフォルニア州サンディエゴ【球団】2002-03アスレティックス　03-10レッズ　11パドレス　12ドジャース　13マリナーズ　13メッツ　14ブレーヴス　15フィリーズ【位置】投手、右
【経歴】99年ドラフト6位でレンジャーズに入団、2003年途中アスレティックスからレッズに移籍して主力投手となる。06年は16勝、6完投、216奪三振の3部門で1位となるも、サイ・ヤング賞投票では1位票を1票も得られなかった。緩急をつけた投球とスライダーが効果的で翌07年も16勝（5位）、218奪三振は2位。08年は6勝でリーグワーストの17敗と大きく負け越す。故郷のパドレスに移籍した11年に4年ぶりの2ケタとなる14勝を挙げると、ドジャースに移った翌12年も10勝、4月13日のパドレス戦ではメジャー記録にあと1つと迫る9者連続三振の快投を演じた。
【通算】14年、387試合、381先発、15完投、8完封、128勝143敗0S、2322回、1842奪三振、防御率4.26
【タイトル】最多勝1回（2006年）最多奪三振1回（06年）

ジャック・バリー
John Joseph Barry
1887.4.26～1961.4.23【出身地】コネティカット州メリデン【球団】08-15アスレティックス　15-17,19レッドソックス【位置】遊撃、二塁、右
【経歴】頭脳的な守備が称賛された遊撃手で、アスレティックス"10万ドルの内野陣"の一角。09年レギュラーとなり、親友のエディー・コリンズと強力な併殺コンビを組む。打力は弱かったが小技が巧く、チャンスにも強いと評判で、13年に自己最高の打率.275、85打点（5位）。ワールドシリーズには5回出場、史上3位の9二塁打を放った。17年のみレッドソックスの監督を兼任したのち兵役につき、その後母校のホリークロス大学で長く監督を務め、52年に全米制覇を成し遂げた。
【通算】11年、1223試合、4146打数1009安打、10本塁打、429打点、153盗塁、打率.243
【監督】17レッドソックス　1年、157試合、90勝62敗、勝率.592

シャド・バリー
John C. Barry (Shad)
1878.10.27～1936.11.27【出身地】ニューヨーク州ニューバーグ【球団】1899ワシントン　1900-01ブレーヴス　01-04フィリーズ　04-05カブス　05-06レッズ　06-08カーディナルス　08ジャイアンツ【位置】外野、一塁、右
【経歴】身長、体重に加えて"シャド"というニックネームの由来も一切わからないミステリアスな選手。10年間で6回の移籍を経験し、内外野どこでも守ることができた。05年に自己記録となる打率.304、182安打（4位）、66打点。第一次大戦中

は米軍の野球プログラムを運営していた。
【通算】10年、1100試合、4014打数1073安打、10本塁打、391打点、140盗塁、打率.267

マーク・バーリー
Mark Alan Buehrle
1979.3.23～【出身地】ミズーリ州セントチャールズ【球団】2000-11ホワイトソックス　12マーリンズ 13-15ブルージェイズ【位置】投手、左
【経歴】球威不足を優れた制球力でカバーし、15年連続2ケタ勝利、14年連続200投球回と安定した成績を残した左腕。98年ドラフト38位でホワイトソックスに入団、ローテーション入りした01年に16勝、防御率3.29(4位)、翌02年は19勝(4位)。05年は2年連続1位の236.2回を投げ16勝(5位)、自己ベストの防御率3.12(3位)。ワールドシリーズ第3戦では延長14回から登板してセーブを記録した。
　07年4月18日のレンジャーズ戦でノーヒットノーラン。09年7月23日のレイズ戦でも完全試合を成し遂げ、次の登板も6回二死まで1人の走者も出さず、45者連続アウトの新記録を打ち立てた。守備も上手く、09年から4年連続でゴールドグラブを受賞、10年には股の間からバックハンドトスを通して打者走者を刺す超美技を演じた。牽制の達人としても知られ、登板時の盗塁阻止率は.579。13年ブルージェイズに移籍し、15年は15勝、リーグ最多の4完投とまだまだ元気だったが、同年を最後に引退した。
【通算】16年、518試合、493先発、33完投、10完封、214勝160敗0S、3283.1回、1870奪三振、734四球、防御率3.81
【タイトル】ゴールドグラブ4回(2009～12年)オールスター5回(02,05～06,09,14年)

マイク・パリアルーロ　☆
Michael Timothy Pagliarulo
1960.3.15～【出身地】マサチューセッツ州メドフォード【球団】84-89ヤンキース 89-90パドレス　91-93ツインズ　93オリオールズ　95レンジャーズ【位置】三塁、左
【経歴】81年ドラフト6位でヤンキースに入団。86年28本塁打、翌87年は32本塁打とパワーはあったが、打率は両年とも2割3分台。練習熱心さとハッスルプレイに定評があり、91年のプレイオフ第3戦では延長10回に決勝本塁打。93年に初の打率3割(.303)を記録した。94年西武に入団したがあまり活躍できず、1年限りでメジャーに復帰した。
【通算】11年、1246試合、3901打数942安打、134本塁打、505打点、18盗塁、打率.241
【日本】94西武　1年、80試合、285打数75安打、7本塁打、47打点、3盗塁、打率.263

ウィリー・ハリス
William Charles Harris
1978.6.22～【出身地】ジョージア州カイロ【球団】2001オリオールズ　02-05ホワイトソックス　06レッドソックス　07ブレーヴス　08-10ナショナルズ　11メッツ　12レッズ【位置】外野、二塁、左
【経歴】99年ドラフト24位でオリオールズに入団。身長173cmと小柄でバッテリー以外どこでもこなし、メジャー昇格当初は二塁を守ることが多かった。打率は2007年の.270が最高だが選球眼はまずまずで、09年は.235の低打率ながら出塁率は.364だった。
【通算】12年、1046試合、2441打数580安打、39本塁打、212打点、107盗塁、打率.238

グレッグ・ハリス
Greg Allen Harris
1955.11.2～【出身地】カリフォルニア州リンウッド【球団】81メッツ　82-83レッズ 84エクスポズ　84パドレス　85-87レンジャーズ　88-89フィリーズ　89-94レッドソックス　94ヤンキース　95エクスポズ【位置】投手、右
【経歴】メッツからの2度を含む3度のドラフト指名を拒否したのち、76年ドラフト外でそのメッツに入団。85年5年間で5球団目となるレンジャーズで中継ぎとして定着、同年11セーブ、翌86年は73試合に投げ10勝20セーブ。緩急をつけた投球で、90年レッドソックスで先発に回り13勝、91年も11勝を挙げた。その後再びリリーフに戻り、93年リーグ最多の80試合に登板。左右どちらの腕でも投げることができ、95年9月28日には実戦でこの特技を披露した。
【通算】15年、703試合、98先発、4完投、0完封、74勝90敗54S、1467回、1141奪三振、防御率3.69

バッキー・ハリス
Stanley Raymond Harris (Bucky)
1896.11.8 〜 1977.11.8【出身地】ニューヨーク州ポートジャーヴィス【球団】19-28 セネターズ 29,31 タイガース【位置】二塁、右
【経歴】好守の二塁手で、21 年から 5 年連続で最多併殺を完成させ、22 年の 483 刺殺はリーグ記録としてその後 52 年間破られなかった。打撃でもレギュラーとなった 20 年に打率 .300、翌 21 年は 29 盗塁(2 位)、バントなどの小技に冴えを見せた。24 年 27 歳の若さで兼任監督に任命されると、万年下位のセネターズを初のリーグ優勝に導いた上、ワールドシリーズでも自ら 33 打数 11 安打、2 本塁打、7 打点の活躍で世界一となる。翌 25 年もリーグ連覇を果たしたが、その後の 27 年間はのべ 8 球団で指揮をとりながら、47 年にヤンキースで一度優勝しただけ。辛抱強い采配で、選手の間では根強い支持があった。プロバスケットボールの経験もある。75 年殿堂入り。
【通算】12 年、1263 試 合、4736 打 数 1297 安打、9 本塁打、508 打点、167 盗塁、打率 .274
【監督】24-28 セネターズ 29-33 タイガース 34 レッドソックス 35-42 セネターズ 43 フィリーズ 47-48 ヤンキース 50-54 セネターズ 55-56 タイガース 29 年、4410 試合、2158 勝 2219 敗、勝率 .493 リーグ優勝 3 回 (24 〜 25,47 年) ワールドシリーズ優勝 2 回 (24,47 年)

マイケル・ハリス二世 ★
Michael Machion Harris
2001.3.7 〜【出身地】ジョージア州デカーブ【球団】2022-24 ブレーヴス【位置】外野、左
【経歴】2019 年ドラフト 3 位でブレーヴスに入団。22 年にメジャーへ昇格すると打率 .297、19 本塁打、20 盗塁の活躍で、チームメイトのスペンサー・ストライダーを抑えて新人王を受賞。シーズン中に 8 年 7200 万ドルの延長契約を結んだ。翌 23 年も .293、18 本塁打、20 盗塁と前年並みの数字を維持し、中堅守備でも好守を披露した。
【通算】3 年、362 試合、1359 打数 387 安打、53 本塁打、169 打点、50 盗塁、打率 .285
【タイトル】新人王 (2022 年)

レニー・ハリス
Leonard Anthony Harris
1964.10.28 〜【出身地】フロリダ州マイアミ【球団】88-89 レッズ 89-93 ドジャース 94-98 レッズ 98 メッツ 99 ロッキーズ 99-2000 ダイアモンドバックス 00-01 メッツ 02 ブルワーズ 03 カブス 03-05 マーリンズ【位置】三塁、二塁、外野、左
【経歴】代打安打 212 本の記録保持者。83 年ドラフト 5 位でレッズに入団、90 年打率 .304、自己最多の 131 安打を放つ。翌 91 年は 145 試合に出場し打率 .287。その後は代打での起用が多くなり、2001 年は当時の最多記録となる 95 回起用され 21 安打を放った。通算代打成績は 883 試合、804 打数 212 安打、5 本塁打、90 打点、打率 .264。捕手以外のすべてのポジションで出場経験がある。
【通算】18 年、1903 試 合、3924 打 数 1055 安打、37 本塁打、369 打点、131 盗塁、打率 .269

レイ・バリス
Bertram Ray Burris
1950.8.22 〜【出身地】オクラホマ州アイダベル【球団】73-79 カブス 79 ヤンキース 79-80 メッツ 81-83 エクスポズ 84 アスレティックス 85 ブルワーズ 86 カーディナルス 87 ブルワーズ【位置】投手、右
【経歴】72 年ドラフト 17 位でカブスに入団。75 年ローテーション入りし変幻自在の投球で 15 勝、翌 76 年も 4 完封を含む 15 勝。エクスポズに移った 81 年のプレイオフでは第 2 戦で完封、合計 17 回を自責点 1 に抑えた。84 年アスレティックスに移籍し 7 年ぶりの 2 ケタとなる 13 勝を挙げた。
【通算】15 年、480 試 合、302 先 発、47 完 投、10 完 封、108 勝 134 敗 4 S、2188.2 回、1065 奪三振、防御率 4.17

ジョシュ・ハリソン
Joshua Isaiah Harrison
1987.7.8 〜【出身地】オハイオ州シンシナティ【球団】2011-18 パイレーツ 19 タイガース 20-21 ナショナルズ 21 アスレティックス 22 ホワイトソックス 23 フィリーズ【位置】二塁、右
【経歴】2008 年ドラフト 6 位でカブスに入団、09 年にパイレーツへ移籍。14 年は三塁や左翼など 6 ポジションを守りながら首位打者争いを演じ、4 厘差で 2 位の打率 .315、38 二塁打、18 盗塁。17 年は自己最多の 16 本塁打、リーグ 2 位の 23 死

球。8月23日のドジャース戦では、リッチ・ヒルのノーヒッターを10回裏のサヨナラ弾で阻止した。ジョン・シェルビーの甥に当たる。
【通算】13年、1208試合、3997打数1080安打、73本塁打、388打点、91盗塁、打率.270
【タイトル】オールスター2回(2014,17年)

アル・バーリック
Albert Joseph Barlick
1915.4.2～95.12.27【出身地】イリノイ州スプリングフィールド【球団】メジャー経験なし
【経歴】炭鉱作業員から審判に転向し、40年史上最年少の25歳でナ・リーグの審判に採用される。以後70年まで31年の長きにわたり務め上げ、オールスターには史上最多の7回出場した。わかりやすい大きなジェスチャーと、厳格で毅然としたジャッジで"審判の中の審判"と評された。89年殿堂入り。

ウィル・ハリッジ
William Harridge
1881.10.16～1971.4.9【出身地】イリノイ州シカゴ【球団】メジャー経験なし
【経歴】鉄道会社に勤務したのち11年ア・リーグのバン・ジョンソン会長の秘書となる。31年第2代会長アーネスト・バーナードの死去に伴い第3代会長に昇格し、59年まで29年間在職した。保守的で前面に出ることを好まなかったが、オールスター・ゲームの実施が提案された際には、消極的な姿勢だったオーナーたちを説得して実現にこぎ着けた。55年には時代に先駆けて申告敬遠のアイディアを提唱している。39年には、111敗を喫したブラウンズを救うため、他の7球団に1人ずつ選手を供給するよう要請した。72年殿堂入り。

ラリー・パリッシュ ☆
Larry Alton Parrish
1953.11.10～【出身地】フロリダ州ウィンターヘイヴン【球団】74-81エクスポズ 82-88レンジャーズ 88レッドソックス【位置】三塁、外野、右
【経歴】72年ドラフト外でエクスポズに入団。75年正三塁手となり、79年は打率.307、30本塁打。82年レンジャーズに移籍し外野にコンバートされ、7月に1週間で3本の満塁本塁打を放つ。84年42二塁打(2位)、101打点、87年は32本塁打、100打点と主力として活躍したが、同年には154三振を喫するなど粗さも目立った。89年ヤクルトに入団、42本塁打(1位)、103打点(2位)を記録しながら三振の多さ(129個)を理由に解雇される。翌90年は阪神で28本塁打を放ち、途中まで本塁打王を争っていたが膝の故障が悪化し引退した。帰国後は指導者の道を歩み、98年終盤から99年までタイガースの指揮を執った。
【通算】15年、1891試合、6792打数1789安打、256本塁打、992打点、30盗塁、1359三振、打率.263
【タイトル】オールスター2回(79,87年)
【監督】98-99タイガース 2年、186試合、82勝104敗、勝率.441
【日本】89ヤクルト 90阪神 2年、235試合、874打数227安打、70本塁打、183打点、2盗塁、打率.260

ランス・パリッシュ
Lance Michael Parrish
1956.6.15～【出身地】ペンシルヴェニア州クレアトン【球団】77-86タイガース 87-88フィリーズ 89-92エンジェルズ 92マリナーズ 93インディアンズ 94パイレーツ 95ブルージェイズ【位置】捕手、右
【経歴】80年代を代表する強打の捕手。74年ドラフト1位でタイガースに入団、82年32本塁打(5位)、翌83年は42二塁打(3位)、114打点(4位)。84年は.237の低打率ながら33本塁打(3位)、98打点で優勝に大きく貢献した。83～85年は強肩を評価されゴールドグラブを受賞、82年のオールスターでは3回も走者を刺した。屈強な体格で走者のブロックに長けていたが、動きは鈍く通算192捕逸は1900年以降では最多。87年にフィリーズに移籍して以降は下降線をたどったが、経験を買われ39歳まで現役を続けた。引退後はマイナーの指導者を経てタイガースにコーチとして復帰した。ニックネームの"ビッグ・ホイール"は大柄な体格と、かつてボディガードを務めたティナ・ターナーのヒット曲の一節に由来する。
【通算】19年、1988試合、7067打数1782安打、324本塁打、1070打点、28盗塁、1527三振、打率.252
【タイトル】ゴールドグラブ3回(83～85年)オールスター8回(80,82～86,88,90年)

パット・バール
Patrick Brian Burrell

1976.10.10 ～【出身地】アリゾナ州ユーリカスプリングス【球団】2000-08 フィリーズ　09-10 レイズ　10-11 ジャイアンツ【位置】外野、右

【経歴】マイアミ大学時代の98年に大学最優秀選手に選ばれ、同年ドラフト全体1位でフィリーズに入団。パワフルな打撃が魅力で、2002年は37本塁打、116打点（3位）。05年も32本、自己最多の117打点（2位）を稼いだ。1年目から11年連続100三振以上、打率.260以上の年は3度だけと打撃が粗く、守備力も水準以下とあってブーイングを浴びることも多かったが、07年に114四球（3位）を選んで出塁率.400を記録するなど、貢献度は高かった。08年は4度目の30本以上となる33本塁打、プレイオフでも3本塁打を放ち、フィリーズ28年ぶりの世界一の一翼を担った。10年にもジャイアンツでワールドシリーズに出たが13打数無安打、08年のシリーズと合わせ通算27打数1安打、16三振となった。

【通算】12年、1640試合、5503打数1393安打、292本塁打、976打点、7盗塁、1564三振、打率.253

ジェイソン・バルガス
Jason Matthew Vargas

1983.2.2 ～【出身地】カリフォルニア州アップルヴァレー【球団】2005-06 マーリンズ　07 メッツ　09-12 マリナーズ　13 エンジェルズ　14-17 ロイヤルズ　18-19 メッツ　19 フィリーズ【位置】投手、左

【経歴】2004年ドラフト2位でマーリンズに入団、翌05年13先発で5勝を挙げるが、08年は肘の手術で全休。マリナーズで復帰し11年10勝、12年も14勝で2年続けて200イニング以上を投げた。15年にトミー・ジョン手術を受け16年は0勝に終わったが、翌17年はチェンジアップが冴えまくり18勝で最多勝。その後2年間は7勝どまりで、通算100勝には1勝届かなかった代わりに100敗も免れた。

【通算】14年、298試合、277先発、13完投、8完封、99勝99敗0S、1643回、1147奪三振、防御率4.29

【タイトル】最多勝1回（2017年）オールスター1回（17年）

モーガン・バルクリー
Morgan Gardner Bulkeley

1837.12.26 ～ 1922.11.6【出身地】コネティカット州イーストハッダム【球団】メジャー経験なし

【経歴】ナ・リーグの初代会長。エトナ保険会社の経営者でハートフォード球団のオーナーでもあり、1876年のリーグ結成時に名目上の会長に就任。1年後実質的なリーグ創設者であるウィリアム・ハルバートに職を譲った。その後球界から離れ、ハートフォード市長、コネティカット州知事を経て上院議員となる。球界への貢献はないに等しいが、初代会長であるという理由で1937年の第1回殿堂入りメンバーに選ばれた。

リック・バールソン
Richard Paul Burleson

1951.4.29 ～【出身地】カリフォルニア州リンウッド【球団】74-80 レッドソックス　81-84, 86 エンジェルズ　87 オリオールズ【位置】遊撃、二塁、右

【経歴】70年1月ドラフト1位（第2回）でレッドソックスに入団。闘争心溢れるプレイと強肩を生かした守備で名を馳せ、80年に新記録の147併殺を完成させる。80～81年は2年連続で刺殺、補殺、併殺の3部門で1位を独占した。打撃もまずまずで、77年は打率.293、194安打（5位）、36二塁打（5位）。82年に肩を痛めてからは出場機会が激減した。

【通算】13年、1346試合、5139打数1401安打、50本塁打、449打点、72盗塁、打率.273

【タイトル】ゴールドグラブ1回（79年）オールスター4回（77～79,81年）

イスマエル・バルデス
Ismael Valdez

1973.8.21 ～【出身地】メキシコ合衆国シウダービクトリア【球団】94-99 ドジャース　2000 カブス　00 ドジャース　01 エンジェルズ　02 レンジャーズ　02 マリナーズ　03 レンジャーズ　04 パドレス　04-05 マーリンズ【位置】投手、右

【経歴】91年ドジャースに入団、95年先発ローテーションに加わり13勝、防御率3.05（4位）、翌96年に自己最多の15勝。腕の角度を変えて投げるカーブが良く、97年は10勝11敗と負け越すも防御率2.65（4位）は自己ベストだった。2000年途中にカブスへ移籍してからは不振続きで、6

年ぶり5度目の2ケタとなる14勝を挙げた04年も防御率は5点台。気さくな性格で、ドジャース時代は野茂英雄と仲が良かった。
【通算】12年、325試合、288先発、13完投、6完封、104勝105敗1S、1827.1回、1173奪三振、防御率4.09

ウィリアム・ハルバート
William Ambrose Hulbert
1832.10.23～82.4.10【出身地】ニューヨーク州バーリントンフラッツ【球団】メジャー経験なし
【経歴】ナショナル・アソシエーションのシカゴ球団のオーナーであったが、経営の不安定な同リーグを見限り1876年新たにナショナル・リーグを設立。初代会長職は東部の球団への配慮からハートフォードのモーガン・バルクリーに譲り、翌77年2代目会長に就任。ギャンブラーの介在やアルコールの蔓延で失敗した旧リーグを反面教師とし、球場でのアルコール類の販売を禁止、77年には八百長に関与したルイヴィルの4選手を追放するなど強硬な措置をとり、リーグの足固めに尽力した。スケジュールの整備や審判団の導入などもその功績に数えられる。82年心臓発作のため49歳で急死。長い間不当に忘れられた存在だったが、1995年晴れて殿堂入りを果たした。

ルイス・バルブエナ
Luis Adan Valbuena
1985.11.30～2018.12.6【出身地】ベネズエラ共和国カハセカ【球団】2008マリナーズ　09-11インディアンズ　12-14カブス　15-16アストロズ　17-18エンジェルズ【位置】三塁、二塁、左
【経歴】2002年マリナーズに入団。確実性に乏しい打撃ながらも長打力はあり、14年はカブスで33二塁打、アストロズへ移った翌15年は25本塁打。17年は打率.199ながら22本塁打を放ったが、翌18年も打率2割に満たずシーズン途中で解雇となった。同年12月、ベネズエラのウィンター・リーグ参加中に、移動中の車が強盗に襲撃されて事故を起こし33歳で死去。同乗していたホセ・カスティーヨ（元横浜、ロッテ）も死亡、運転していたカルロス・リベロ（元ヤクルト）は一命を取り留めた。
【通算】11年、1011試合、3148打数710安打、114本塁打、367打点、11盗塁、打率.226

ホセ・バルベルデ
Jose Rafael Valverde
1978.3.24～【出身地】ドミニカ共和国サンペドロデマコリス【球団】2003-07ダイアモンドバックス　08-09アストロズ　10-13タイガース　14メッツ【位置】投手、右
【経歴】97年ダイアモンドバックスに入団。球の出所が見えにくい変則フォームで、メジャーに昇格した2003年は防御率2.15、07年はリーグ最多の47セーブ。アストロズにトレードされた翌08年も44セーブで2年連続のタイトルを獲得した。11年はリーグ最多の75試合に登板し防御率2.24、一度も失敗することなく49セーブを挙げたものの、プレイオフでは6試合で防御率7.36。続く12年のポストシーズンも4試合、2.2回で9失点と2年連続で大炎上した。おじのホセ・メルセデスも通算33勝を挙げた投手。
【通算】12年、626試合、0先発、27勝33敗288S、630.1回、692奪三振、防御率3.27
【タイトル】最多セーブ3回（2007～08,11年）オールスター3回（07,10～11年）

スティーヴ・バルボニ
Stephen Charles Balboni
1957.1.16～【出身地】マサチューセッツ州ブロックトン【球団】81-83ヤンキース　84-88ロイヤルズ　88マリナーズ　89-90ヤンキース　93レンジャーズ【位置】一塁、DH、右
【経歴】78年ドラフト2位でヤンキースに入団。マイナーで4年連続本塁打王となったのち、84年ロイヤルズでレギュラーとなり28本塁打。翌85年はリーグワーストの166三振を喫するも36本塁打（3位）、88打点、ワールドシリーズでも25打数8安打で世界一に貢献した。翌86年も29本、88打点で、88年まで5年連続20本塁打以上。その後不振でマイナー落ちしていたが、93年AAA級で5度目の本塁打王となり、3年ぶりにメジャーに顔を見せた。
【通算】11年、960試合、3120打数714安打、181本塁打、495打点、1盗塁、打率.229

オルランド・パルメイロ
Orlando Palmeiro
1969.1.19 ～【出身地】ニュージャージー州ホーボーケン【球団】95-2002 エンジェルズ　03 カーディナルス　04-07 アストロズ【位置】外野、左
【経歴】91 年ドラフト 33 位でエンジェルズに入団。しぶとい打撃が身上で、控え外野手として 99 年から 9 年連続で 100 試合以上に出場。2000 年に自己最多の 20 二塁打、出塁率 .395 を記録した。代打での起用が多く、通算 120 本の代打安打を放った。
【通算】13 年、1206 試合、2335 打数 640 安打、12 本塁打、226 打点、37 盗塁、打率 .274

ラファエル・パルメイロ
Rafael Palmeiro
1964.9.24 ～【出身地】キューバ共和国ハバナ【球団】86-88 カブス　89-93 レンジャーズ　94-98 オリオールズ　99-2003 レンジャーズ　04-05 オリオールズ【位置】一塁、外野、左
【経歴】90 年代を代表するスラッガーで、通算 3000 安打& 500 本塁打以上を記録した 4 人のうちの一人。85 年ドラフト 1 位でカブスに入団、88 年正左翼手となり打率 .307（2 位）、178 安打（3 位）。89 年レンジャーズに移籍、翌 90 年打率 .319（3 位）、191 安打（1 位）、91 年も 203 安打（3 位）、49 二塁打（1 位）と活躍を続ける。無理のないスイングで変化球打ちが上手く、当初は中距離打者だったが次第に長打力を増し、93 ～ 2003 年は短縮シーズンの 94 年を除き毎年 30 本塁打以上。98 年からの 5 年間で 4 回 40 本以上を記録した。
　99 年レンジャーズに復帰し打率 .324、47 本塁打と 148 打点は 2 位。95 年から 9 年連続、通算では 10 回 100 打点以上。通算 569 本塁打と 1835 打点は、タイトル獲得経験のない打者でいずれも最多の数字である。守備でも補殺で 6 回、刺殺で 3 回、併殺で 2 回 1 位となったが、99 年は故障でほとんど DH での出場だったにもかかわらず、一塁手としてゴールドグラブに選ばれ物議を醸した。
　少年時代からの知り合いだったホセ・カンセコに筋肉増強剤の使用を暴露され、議会で宣誓の上その事実を否定していたが、05 年 8 月薬物検査で陽性反応を示し、10 日間の出場停止処分を科されて評判を大きく落とした。15 年に独立リーグで息子のパトリックと一緒に 1 試合だけ出場。18 年は 53 歳にして独立リーグで本格的にカムバック、31 試合で打率 .301 を記録した。
【通算】20 年、2831 試合（20 位）、10472 打数（20 位）3020 安打（29 位）、585 二塁打（21 位）、38 三塁打、569 本塁打（13 位）、1835 打点（18 位）、97 盗塁、1353 四球、1348 三振、打率 .288
【タイトル】ゴールドグラブ 3 回（97 ～ 99 年）オールスター 4 回（88,91,98 ～ 99 年）

マイケル・バーレット
Michael Patrick Barrett
1976.10.22 ～【出身地】ジョージア州アトランタ【球団】98-2003 エクスポズ　04-07 カブス　07-08 パドレス　09 ブルージェイズ【位置】捕手、右
【経歴】95 年ドラフト 1 位でエクスポズに入団、メジャー昇格当初は捕手と三塁手を兼任していた。2001 年から捕手に固定され、カブスに移籍した 04 年はいずれも自己最多の 131 安打、16 本塁打、65 打点。06 年は打率 .307、3 年連続の 16 本塁打を放った。トラブルが多く、06 年のホワイトソックス戦では本塁上でぶつかった走者のA・J・ピアジンスキーに殴りかかり、翌 07 年はチームメイトのカルロス・サンブラノとベンチ内で殴り合いを演じて、シーズン途中でパドレスに放出された。
【通算】12 年、1054 試合、3512 打数 925 安打、98 本塁打、424 打点、11 盗塁、打率 .263

ジミー・バーレット
James Erigena Barrett
1875.3.28 ～ 1921.10.25【出身地】マサチューセッツ州アソル【球団】1899-1900 シンシナティ　01-05 タイガース　06 レッズ　07-08 レッドソックス【位置】外野、左
【経歴】俊足好守の外野手で、選球眼に優れ 03 ～ 04 年に 2 年連続最多四球を選ぶ。03 年は打率 .315 も 4 位、出塁率 .407 はリーグトップだった。3 回最多補殺を記録した強肩で、デトロイトのファンにも人気だったが、05 年に膝を負傷しタイ・カッブにポジションを奪われた。04 年は引き分け試合などの関係で 162 試合に出場し、この記録は 61 年の球団拡張まで破られなかった。
【通算】10 年、866 試合、3306 打数 962

安打、16本塁打、255打点、143盗塁、打率.291
【タイトル】最高出塁率1回(03年)

ジョニー・バーレット
John Joseph Barrett
1915.12.18～74.8.17【出身地】マサチューセッツ州ローウェル【球団】42-46パイレーツ　46ブレーヴス【位置】外野、左
【経歴】戦時中で選手層の薄くなった44年にリーグ最多の19三塁打、28盗塁。翌45年自己最多の15本塁打を放つが、各球団の主力選手が復帰した上、膝を痛めたこともあり46年限りでメジャーから消えた。
【通算】5年、588試合、1811打数454安打、23本塁打、220打点、69盗塁、打率.251
【タイトル】盗塁王1回(44年)

レッド・バーレット
Charles Henry Barrett (Red)
1915.2.14～90.7.28【出身地】カリフォルニア州サンタバーバラ【球団】37-40レッズ　43-45ブレーヴス　45-46カーディナルス　47-49ブレーヴス【位置】投手、右
【経歴】明るい性格の道化者で、レッズ時代は芽が出ず一旦マイナー落ち。43年ブレーヴスで再昇格、緩い球を効果的に使い12勝、翌44年8月10日のレッズ戦では史上最少の58球で完封勝利。試合時間は1時間15分だった。45年途中カーディナルスに移籍、23勝、24完投、284.2回の3部門で1位となり、MVP投票で3位と健闘した。
【通算】11年、253試合、149先発、67完投、11完封、69勝69敗、1263.1回、333奪三振、防御率3.53
【タイトル】最多勝1回(45年)オールスター1回(45年)

ケン・ハーレルソン
Kenneth Smith Harrelson
1941.9.4～【出身地】サウスカロライナ州ウッドラフ【球団】63-66アスレティックス　66-67セネターズ　67アスレティックス　67-69レッドソックス　69-71インディアンズ【位置】一塁、外野、右
【経歴】65年正一塁手となり、.238の低打率ながら23本塁打。67年チャールズ・フィンリー・オーナーを批判してアスレティックスを解雇され、レッドソックスに加わり翌68年は35本塁打(3位)、109打点(1位)、長打率.518(3位)と活躍する。69年も30本塁打を放ったが、足首を痛めて71年30歳で引退、プロゴルファーへの転身を図るも失敗。ホワイトソックスのアナウンサーを経てGMに就任したが、失政続きで1年で解任され、放送席に戻った。独自に考案したニックネームを選手につけるのが得意で、自身は“ホーク”の異名で親しまれた。
【通算】9年、900試合、2941打数703安打、131本塁打、421打点、53盗塁、打率.239
【タイトル】打点王1回(68年)オールスター1回(68年)

バド・ハーレルソン
Derrel McKinley Harrelson (Bud)
1944.6.6～2024.1.10【出身地】カリフォルニア州ナイルズ【球団】65-77メッツ　78-79フィリーズ　80レンジャーズ【位置】遊撃、両
【経歴】通算長打率.288が示す通りの非力な打者で、年間2本塁打以上は一度もなし。その分70年に95四球を選ぶなど選球眼は良かった。71年は28盗塁(4位)を決め、ゴールドグラブも受賞。73年のプレイオフ第3戦ではピート・ローズと大乱闘を繰り広げた。トム・シーヴァーとはルームメイトで仲が良かった。90年途中デイヴィー・ジョンソンの後を受けメッツの監督となったが、翌91年閉幕直前に解任された。
【通算】16年、1533試合、4744打数1120安打、7本塁打、267打点、127盗塁、打率.236
【タイトル】ゴールドグラブ1回(71年)オールスター2回(70～71年)
【監督】90-91メッツ　2年、274試合、145勝129敗、勝率.529

フェルナンド・バレンスエラ
Fernando Valenzuela
1960.11.1～2024.10.22【出身地】メキシコ合衆国ナボホア【球団】80-90ドジャース　91エンジェルズ　93オリオールズ　94フィリーズ　95-97パドレス　97カーディナルス【位置】投手、左
【経歴】メキシコ出身のメジャーリーガーで最大のスター。メキシカン・リーグで投げたのち79年ドジャースと契約、翌80年終盤メジャーに昇格し2勝、17.2回を自責点ゼロに抑える。81年は開幕戦での完封勝利を皮切りに、投球時に天を見上げ

る独特のフォームから繰り出すスクリューボールで8連勝。うち5勝が完封の大活躍で全米中の話題をさらい、その熱狂ぶりは“フェルナンド・マニア”と形容された。ストライキの影響で13勝(2位)にとどまったが、新人記録となる8完封を始め192.1回、11完投、180奪三振はいずれも1位で、新人王とサイ・ヤング賞をダブル受賞。ポストシーズンも3勝し世界一に貢献した。

翌82年も19勝(2位)、86年は21勝と20完投でいずれも1位、自己最多の242奪三振(2位)、オールスターではカール・ハッベルの記録に並ぶ5者連続三振も奪った。この年を含め、オールスターでは5試合に登板し1点も取られず、ポストシーズンも通算5勝1敗、防御率1.98と大舞台に強かった。87年まで7年連続12勝以上、6年連続250回以上を投げたが、疲労が蓄積し88年は5勝どまり。90年6月29日のカーディナルス戦でノーヒットノーランを達成したが、91年開幕直前に解雇された。

92年以降はメキシカン・リーグとメジャーの間を行ったりきたりしていたが、96年パドレスで6年ぶりの2ケタとなる13勝と復活。8月16日には母国メキシコで行われた初の公式戦で先発し、勝利投手となった。打撃も良く通算187安打、10本塁打。メジャーから去った後もウィンター・リーグなどで投げた。

【通算】17年、453試合、424先発、113完投、31完封、173勝153敗2S、2930回、2074奪三振、1151四球、防御率3.54

【タイトル】サイ・ヤング賞1回(81年)新人王(81年)最多勝1回(86年)最多奪三振1回(81年)ゴールドグラブ1回(86年)オールスター6回(81～86年)

ジョン・バレンティン
John William Valentin

1967.2.18～【出身地】ニューヨーク州ミネオラ【球団】92-2001 レッドソックス　02 メッツ【位置】遊撃、三塁、右

【経歴】88年ドラフト5位でレッドソックスに入団。93年正遊撃手となり40二塁打(3位)、翌94年は打率.316、7月8日に史上10人目の単独三重殺を完成させる。95年は37二塁打(4位)、27本塁打、102打点だったが、ノマー・ガルシアパーラの台頭で96年から三塁へ回る。同年6月6日にサイクルヒットを達成、翌97年リーグ最多の47二塁打。99年のポストシーズンは10試合で打率.333、4本塁打、17打点と打ちまくった。膝を痛めて2000～01年は合計30試合しか出られず、02年はメッツへ移り114試合に出場したものの、打率.240に終わった。モー・ヴォーンとはシートンホール大学時代からレッドソックス、メッツでもチームメイトだった。

【通算】11年、1105試合、3917打数1093安打、124本塁打、558打点、47盗塁、打率.279

ホセ・バレンティン
Jose Antonio Valentin

1969.10.12～【出身地】プエルトリコ・マナティ【球団】92-99 ブルワーズ　2000-04 ホワイトソックス　05 ドジャース　06-07 メッツ【位置】遊撃、両

【経歴】87年パドレスに入団、92年ゲイリー・シェフィールドとの交換でブルワーズに移籍。94年正遊撃手となり、96年は24本塁打、95打点。ホワイトソックスに移った2000年も25本塁打、92打点、4月27日にサイクルヒットを達成。以後5年連続で25本塁打以上、04年に自己最多の30本を放ったが打率は.216、139三振を喫するなど確実性に乏しかった。守備では強肩と広い守備範囲を誇った反面、失策も多く安定感には欠けていた。陽気なムードメイカー的存在でもあった。弟ハビエルはツインズの捕手、息子ヘスムエルも1年のみメジャーでプレイした。

【通算】16年、1678試合、5539打数1348安打、249本塁打、816打点、136盗塁、1294三振、打率.243

エド・バーロウ
Edward Grant Barrow

1868.5.10～1953.12.15【出身地】イリノイ州スプリングフィールド【球団】メジャー経験なし

【経歴】ヤンキースの黄金時代を築き上げた名GM。新聞社の社員から1895年マイナー球団を買収し球界に転進、97年インターナショナル・リーグの会長となり、98年に史上初めて女性選手の登録を承認した。1902年同リーグのトロントで監督として優勝、翌03年タイガースの監督に迎えられる。その後イースタン・リーグの会長を経て18年レッドソックス監督に就任、ワールドシリーズ優勝に導く。選手の才能を的確に見抜き、ホーナス・ワグナーを見出したほか、ベーブ・ルースの要求を受け

入れ投手から野手への転向を認めた。21年ヤンキースのGMに転任、39年からは球団社長を務め、45年に退任するまでGM時代と合わせ14回の優勝を経験した。53年殿堂入り。
【監督】03-04 タイガース　18-20 レッドソックス　5年、639試合、310勝320敗、勝率.492　リーグ優勝1回（18年）ワールドシリーズ優勝1回（18年）

ジェフ・バロウズ
Jeffrey Alan Burroughs
1951.3.7～【出身地】カリフォルニア州ロングビーチ【球団】70-76 セネターズ/レンジャーズ　77-80 ブレーヴス　81 マリナーズ　82-84 アスレティックス　85 ブルージェイズ【位置】外野、右
【経歴】69年ドラフト全体1位でセネターズに入団。73年レギュラーとなり30本塁打、85打点、翌74年は打率.301、25本塁打、118打点（1位）、出塁率.397と長打率.504は3位でMVPを受賞。続く75年は一転して打率.226、155三振の大不振に陥る。77年ブレーヴスに移籍し41本塁打（2位）、114打点（4位）と復活、続く78年も打率.301に加え117四球（1位）を選び、リーグトップの出塁率.432を記録した。その後は目立った活躍がなく、引退後はリトルリーグの監督として2年連続世界一を成し遂げ、指導者向けのガイドブックも執筆。世界一チームの主力だった息子のショーンは98年ドラフト1位（全体9位）でパドレスに指名され、史上2組目の父子1位指名となった。
【通算】16年、1689試合、5536打数1443安打、240本塁打、882打点、16盗塁、1135三振、打率.261
【タイトル】MVP1回（74年）打点王1回（74年）最高出塁率1回（78年）オールスター2回（74,78年）

ビク・パワー
Victor Pellot Power
1927.11.1～2005.11.29【出身地】プエルトリコ・アレシボ【球団】54-58 アスレティックス　58-61 インディアンズ　62-64 ツインズ　64 エンジェルズ　64 フィリーズ　65 エンジェルズ【位置】一塁、外野、右
【経歴】本名はVictor Felipe Pellot Poveだが、母方の姓であるPowerを名乗る。ヤンキースのマイナーから54年アスレティックスに移り、翌55年正一塁手となって打率.319（2位）、190安打（3位）、34二塁打（2位）。58年は打率.312（5位）、184安打（3位）、37二塁打（2位）、10三塁打（1位）、自己最多の80打点。悪球打ちでも三振は非常に少なく、通算では247回、12年間で30三振以上は1年のみだった。華麗な一塁守備が有名で、58年から7年連続でゴールドグラブを受賞。特別に足は速くはなかったが、58年8月14日には現時点で最後の1試合2度の本盗を成功させた。自他ともに認める球界のベストドレッサーで、ウィットとユーモアのセンスにも富んでいた。
【通算】12年、1627試合、6046打数1716安打、126本塁打、658打点、45盗塁、打率.284
【タイトル】ゴールドグラブ7回（58～64年）オールスター4回（55～56,59～60年）

エルストン・ハワード
Elston Gene Howard
1929.2.23～80.12.14【出身地】ミズーリ州セントルイス【球団】55-67 ヤンキース　67-68 レッドソックス【位置】捕手、外野、右
【経歴】ニグロ・リーグのカンザスシティ・モナークスを経て、ヤンキースの黒人選手第1号となる。ヨギ・ベラがいたため当初は外野で起用され、正捕手となったのは30歳を過ぎてから。58年のワールドシリーズ第7戦で決勝タイムリー、61年は規定打席不足ながら.348の高打率。翌62年自己最多の91打点、続く63年は28本塁打（5位）、85打点に加え故障のミッキー・マントルに代わってチームを引っ張った点が評価され、ア・リーグの黒人選手として初のMVPを受賞した。64年もリーグ3位の打率.313。右方向に強い打球を打つのが特徴だった。正確なキャッチングで投手陣の信頼が厚く、人格者としても評判で、69年にア・リーグで初の黒人コーチとなった。素振り用の器具ドーナッツを球界に広めた選手でもある。
【通算】14年、1605試合、5363打数1471安打、167本塁打、762打点、9盗塁、打率.274
【タイトル】MVP1回（63年）ゴールドグラブ2回（63～64年）オールスター9回（57～65年）
＜ニグロ・リーグの成績＞20試合、80打数20安打、1本塁打、13打点、1盗塁、打率.250

トーマス・ハワード
Thomas Sylvester Howard
1964.12.11 ～【出身地】オハイオ州ミドルタウン【球団】90-92 パドレス　92-93 インディアンズ　93-96 レッズ　97 アストロズ　98 ドジャース　99-2000 カーディナルス【位置】外野、両
【経歴】86 年ドラフト 1 位でパドレスに入団。95 年レッズで 113 試合に出て打率 .302、翌 96 年は 10 三塁打（2 位）、自己最多の 42 打点。レギュラーを取れるほどではないが、控えの外野手として貴重な存在だった。代打としても多く起用され、通算 89 安打、8 本塁打を放っている。
【通算】11 年、1015 試合、2483 打数 655 安打、44 本塁打、264 打点、66 盗塁、打率 .264

フランク・ハワード　☆
Frank Oliver Howard
1936.8.8 ～ 2023.10.30【出身地】オハイオ州コロンバス【球団】58-64 ドジャース　65-72 セネターズ / レンジャーズ　72-73 タイガース【位置】外野、一塁、右
【経歴】身長 2m、体重 120kg の巨体で強烈な打球を放ったパワーヒッター。オハイオ州立大学時代はバスケットボールでも活躍し、58 年 NBA のフィラデルフィア・ウォリアーズからドラフト 3 位で指名されたが、10 万 8000 ドルの契約金でドジャースに入団。60 年 23 本塁打で新人王を受賞、62 年は 31 本塁打、119 打点（5 位）。セネターズ移籍後の 68 年は 44 本塁打、長打率 .552 の両部門で 1 位、106 打点は 2 位。5 月 12 ～ 18 日にかけては 20 打数で 10 本塁打と当たりに当たった。翌 69 年自己最多の 48 本塁打を放つが、1 本差でタイトルを逃す。70 年は 44 本塁打、126 打点で二冠王、132 四球も 1 位だった。74 年太平洋に入団、どれだけ打つか大いに注目されたが、開幕直前に膝を痛め 3 打席に立っただけで無念の帰国。その後パドレスとメッツの監督を務めたが、温和な性格が災いしいずれも最下位に甘んじた。
【通算】16 年、1895 試合、6488 打数 1774 安打、382 本塁打、1119 打点、8 盗塁、1460 三振、打率 .273
【タイトル】新人王（60 年）本塁打王 2 回（68,70 年）打点王 1 回（70 年）オールスター 4 回（68 ～ 71 年）
【監督】81 パドレス　83 メッツ　2 年、226 試合、93 勝 133 敗、勝率 .412
【日本】74 太平洋　1 年、1 試合、2 打数 0 安打、0 本塁打、0 打点、0 盗塁、打率 .000

ライアン・ハワード
Ryan James Howard
1979.11.19 ～【出身地】ミズーリ州セントルイス【球団】2004-16 フィリーズ【位置】一塁、左
【経歴】巨体から生み出す驚異的なパワーが自慢の強打者で、本塁打の多くが左方向へ飛ぶのが特徴だった。2001 年ドラフト 5 位でフィリーズに入団、05 年は 88 試合の出場ながら 22 本塁打、63 打点を叩き出し新人王に選ばれる。翌 06 年は打率 .313、58 本塁打と 149 打点の二冠王で MVP を受賞。07 年も 47 本塁打、136 打点はいずれも 2 位、史上最速の 325 試合目で通算 100 本塁打に達した一方、199 三振はメジャーワースト記録だった。
08 年は 48 本塁打、146 打点で 2 度目の二冠王、ワールドシリーズでも 3 本塁打で世界一に貢献。09 年も 45 本塁打（3 位）、141 打点は 3 度目の 1 位、プレイオフでは 31 打数 11 安打、2 本塁打、14 打点。8 試合連続打点のポストシーズンタイ記録を樹立し、リーグ優勝決定シリーズの MVP に選ばれた。11 年は 6 年連続で 30 本塁打・100 打点をクリアしたが、プレイオフでは 19 打数 2 安打の不振に加え、最終打席でアキレス腱を断裂する重傷を負った。年を追って左腕が打てなくなり、12 年以降の 5 年間は .226 の低打率だった。
【通算】13 年、1572 試合、5707 打数 1475 安打、382 本塁打、1194 打点、12 盗塁、1843 三振（21 位）、打率 .258
【タイトル】MVP1 回（2006 年）新人王（05 年）本塁打王 2 回（06,08 年）打点王 3 回（06,08 ～ 09 年）オールスター 3 回（06,09 ～ 10 年）

フランク・バワーマン
Frank Eugene Bowerman
1868.12.5 ～ 1948.11.30【出身地】ミシガン州ロメオ【球団】1895-98 ボルティモア　98-99 ピッツバーグ　1900-07 ジャイアンツ　08-09 ブレーヴス【位置】捕手、右
【経歴】1898 年ピッツバーグで 29 歳にして正捕手となり、翌 99 年自己最多の 110 試合に出場し 111 安打、53 打点。ジャイアンツ移籍後はロジャー・ブレスナハンの控えを務め、またレッズに在籍していたクリスティ・マシューソンの獲得を首脳陣

に進言した。並外れたガッツの持ち主で、頭部に死球を受け入院した翌日に平然と出場したこともあった一方、観客の野次に激昂して暴力を振るったりもした。
【通算】15 年、1037 試合、3410 打数 853 安打、13 本塁打、393 打点、81 盗塁、打率 .250
【監督】1909 ブレーヴス　1 年、76 試合、22 勝 54 敗、勝率 .289

ジム・ハーン
James Tolbert Hearn
1921.4.11 ～ 98.6.10【出身地】ジョージア州アトランタ【球団】47-50 カーディナルス　50-56 ジャイアンツ　57-59 フィリーズ【位置】投手、右
【経歴】47 年新人で 12 勝を挙げた後は冴えない成績が続き、50 年途中ジャイアンツへ移籍。スリークォーターに投法を変えると 16 試合で 5 完封（1 位）を含む 11 勝、防御率 2.49 でタイトルも獲得したが、投球回数は 134 回しかなく、現在の規定では受賞資格がない。翌 51 年自己最多の 17 勝、ドジャースとの優勝決定シリーズ第 1 戦と、ワールドシリーズ第 3 戦で勝利投手となる。52、55 年も 14 勝と活躍を続けた。シンカーを用いて併殺打に打ち取るのが巧かった。プロ入り時は野手だったこともあって、打撃も良く通算 9 本塁打を放っている。
【通算】13 年、396 試合、229 先発、63 完投、10 完封、109 勝 89 敗、1703.2 回、669 奪三振、防御率 3.81
【タイトル】最優秀防御率 1 回（50 年 *）オールスター 1 回（52 年）

ヌードルズ・ハーン
Frank George Hahn (Noodles)
1879.4.29 ～ 1960.2.6【出身地】テネシー州ナッシュヴィル【球団】1899-1905 レッズ　06 ヤンキース【位置】投手、左
【経歴】1 試合平均 1.69 四球と抜群の制球力を誇り、1899 年新人ながら 23 勝、防御率 2.68（4 位）、145 奪三振は 1 位で、以後 3 年連続で奪三振王となる。“ジャンプボール”と形容された快速球で、翌 1900 年 7 月 12 日のフィラデルフィア戦でノーヒットノーランを達成。01 年は 41 完投、375.1 回、239 奪三振の 3 部門で 1 位、22 勝は 3 位。02 年自己ベストの防御率 1.77（2 位）、03 年まで 3 年連続 20 勝と活躍を続けていたが、05 年に肩を痛め 27 歳にして表舞台から消えた。その後はシンシナティで政府の食肉検査官として働いた。
【通算】8 年、243 試合、231 先発、212 完投、25 完封、130 勝 94 敗、2029.1 回、917 奪三振、防御率 2.55
【タイトル】最多奪三振 3 回（1899 ～ 1901 年）

ボビー・バーン
Robert Matthew Byrne
1884.12.31 ～ 1964.12.31【出身地】ミズーリ州セントルイス【球団】07-09 カーディナルス　09-13 パイレーツ　13-17 フィリーズ　17 ホワイトソックス【位置】三塁、二塁、右
【経歴】生没日がともに大晦日であるただ一人のメジャーリーガー。07 年新人で正三塁手となるが、その後 2 年間は不振。09 年途中パイレーツに移ってからは主に一番で起用され、同年は出塁率 .387 で優勝に貢献。翌 10 年は 178 安打と 43 二塁打がいずれも 1 位。11 年は 17 三塁打（4 位）を放った。サッカーやゴルフ、ボウリングの腕前も優れ、ボウリング場も経営していた。
【通算】11 年、1283 試合、4831 打数 1225 安打、10 本塁打、331 打点、176 盗塁、打率 .254

アーニー・バンクス
Ernest Banks
1931.1.31 ～ 2015.1.23【出身地】テキサス州ダラス【球団】53-71 カブス【位置】一塁、遊撃、右
【経歴】誠実かつ陽気な性格で、誰からも親しまれた“ミスター・カブ”。ファンに対してもサインを欠かさず、チームメイトや他球団の選手の批判もしなかった。高校時代はフットボールでも活躍、50 年ニグロ・リーグのカンザスシティ・モナークスに入団。53 年カブスと契約、マイナーを経ず翌 54 年正遊撃手となり、デビュー戦から 424 試合連続出場。細身ながらも強靱な手首と、当時のスラッガーには珍しかった軽いバットで長打力を発揮し、55 年遊撃手の最多記録となる 44 本塁打（3 位）、うち 5 本が満塁本塁打だった。

57 年から 4 年連続で 40 本塁打、100 打点以上。58 年は 47 本塁打、129 打点の二冠王、長打率 .614 も 1 位。打率 .313 も自己最高で、勝率 5 割未満のチームから初めて MVP に選ばれた。翌 59 年も 1 本差で 2 位の 45 本塁打、143 打点（1 位）

で、リーグ史上初の2年連続MVPを受賞。60年も41本で2度目の本塁打王となった。

守備も堅実だったが、膝を痛めて63年一塁へコンバート。遊撃手としてのイメージが強いけれども、実際には一塁手としての出場試合数の方が多い。69年8度目の100打点以上となる106打点を稼いだが、同年限りでレギュラーからは外れた。ポストシーズンには一度も出場することなく71年引退。背番号14は球団史上初の永久欠番に制定された。77年殿堂入り。

【通算】19年、2528試合、9421打数2583安打、407二塁打、90三塁打、512本塁打(23位)、1636打点、50盗塁、763四球、1236三振、打率.274

【タイトル】MVP2回(58～59年)本塁打王2回(58,60年)打点王2回(58～59年)ゴールドグラブ1回(60年)オールスター11回(55～62,65,67,69年)

デイヴ・バンクロフト
David James Bancroft

1891.4.20～1972.10.9【出身地】アイオワ州スーシティ【球団】15-20フィリーズ 20-23ジャイアンツ 24-27ブレーヴス 28-29ドジャース 30ジャイアンツ【位置】遊撃、両

【経歴】俊敏で打球に対する反応が早く、史上有数の守備の名手として知られる。1試合平均守備機会6.33は史上2位、平均2.47補殺は1位。フィリーズと契約した15年いきなり正遊撃手となり、143安打を放ち優勝に貢献。20年途中2選手プラス10万ドルでジャイアンツに移籍、21年に初の打率3割(.318)を記録すると、以後6年間で5回3割以上。22年は打率.321、209安打(3位)、41二塁打(4位)、79四球(2位)の4部門で自己新。ヒットエンドランの達人でもあった。主将として21年から3年連続世界一を果たしたジャイアンツを引っ張ったが、24年兼任監督としてブレーヴスに移った。49～51年は女子プロ野球チームの監督を務めた。71年殿堂入り。

【通算】16年、1913試合、7182打数2004安打、32本塁打、591打点、145盗塁、打率.279

【監督】24-27ブレーヴス 4年、615試合、249勝363敗、勝率.407

フランク・バンクロフト
Frank Carter Bancroft

1846.5.9～1921.3.30【出身地】マサチューセッツ州ランカスター【球団】メジャー経験なし

【経歴】1880年のウースターを皮切りに7球団で監督を務める。左打者は左腕投手を打ちづらいことを発見し、プラトゥーン・システムを初めて実行したと伝えられ、84年プロヴィデンスを84勝28敗、.750の高勝率で優勝に導いた。ただし実際の仕事は現在のGMに近いもので、グラウンドでの采配は主将に任せていた。球場結婚式を催すなど興行の才覚に恵まれ、初めてプロチームを率いてキューバで親善試合を行い"キューバ野球の父"と呼ばれた。監督業から退いたのちもレッズで30年にわたりビジネス・マネージャーを務め、毎年メジャー・リーグ全体の開幕戦をシンシナティで行うことを認めさせた。

【監督】1880ウースター 81-82デトロイト 83クリーヴランド 84-85プロヴィデンス 87フィラデルフィア(AA) 89インディアナポリス 1902レッズ 9年、718試合、375勝333敗、勝率.530 リーグ優勝1回(1884年)

ビル・ハンズ
William Alfred Hands

1940.5.6～2017.3.9【出身地】ニュージャージー州ハッケンサック【球団】65ジャイアンツ 66-72カブス 73-74ツインズ 74-75レンジャーズ【位置】投手、右

【経歴】スライダーなど変化球を低めに集める、粘り強い投球が身上。68年16勝、翌69年は300回を投げ20勝(5位)、防御率2.49。70年も18勝(5位)、72年まで5年続けて2ケタ勝利を挙げた。打撃はさっぱりで通算打率.078、68年は14打数連続三振の不名誉な記録を作った。

【通算】11年、374試合、260先発、72完投、17完封、111勝110敗14S、1951回、1128奪三振、防御率3.35

エリック・バーンズ
Eric James Byrnes

1976.2.16～【出身地】カリフォルニア州レッドウッドシティ【球団】2000-05アスレティックス 05ロッキーズ 05オリオールズ 06-09ダイアモンドバックス 10マリナーズ【位置】外野、右

【経歴】ケガを恐れぬハッスルプレイが

売り物だった外野手。98年ドラフト8位でアスレティックスに入団、2003年にメジャーに定着し9三塁打(4位)、6月29日にサイクルヒットを達成する。翌04年は39二塁打、20本塁打、73打点だったが、05年は.226の低打率で3球団を転々とした。ダイアモンドバックスに加わった06年は37二塁打、26本塁打と復調、07年は21本塁打、83打点に加えて50盗塁(4位)を決めた。球場にはスケートボードで出勤、大統領の名前を順番に全員言える特技もあり、また1日に420ホールを回った「スピード・ゴルフ」のギネス記録も持っている。
【通算】11年、963試合、3202打数827安打、109本塁打、396打点、129盗塁、打率.258

オイスター・バーンズ
Thomas P. Burns (Oyster)
1864.9.6～1928.11.11【出身地】ペンシルヴェニア州フィラデルフィア【球団】1884ウィルミントン(UA)　84-85,87-88ボルティモア(AA)　88-95ブルックリン(AA)/ブルックリン　95ニューヨーク【位置】外野、遊撃、右
【経歴】1884年に19歳でウィルミントン(UA)に加わり、2試合出ただけでボルティモア(AA)へ移籍。87年188安打(5位)、9本塁打(3位)、リーグ最多の19三塁打。翌88年途中4000ドルの移籍金でブルックリン(AA)へ移り、90年は13本塁打、128打点の二冠で優勝に貢献した。92年も打率.315(4位)、96打点(3位)、94年は打率.351、109打点。内外野どこでもこなし、投手としても8勝5敗の星を残している。ニックネームの"オイスター(カキ)"については、カキが好物だったから、オフシーズンに貝を売っていたからなど複数の説がある。
【通算】11年、1188試合、4645打数1392安打、129三塁打、65本塁打、834打点、263盗塁(*)、打率.300
【タイトル】本塁打王1回(1890年)打点王1回(90年)

コービン・バーンズ　★
Corbin Brian Burnes
1994.10.22～【出身地】カリフォルニア州ベイカーズフィールド【球団】2018-23ブルワーズ　24オリオールズ【位置】投手、右
【経歴】2016年ドラフト4位でブルワーズに入団。先発ローテーションに定着した20年は防御率2.11、翌21年はカッターが冴えまくり、開幕から58奪三振で四球ゼロの新記録を樹立。8月11日カブス戦ではタイ記録となる10者連続三振をすべて空振りで奪った。9月11日のインディアンズ戦も8回無安打、ジョシュ・ヘイダーとの継投でノーヒッターを達成。年間では11勝、防御率2.43(1位)、234奪三振(3位)でサイ・ヤング賞を受賞した。続く22年も12勝、リーグ最多の243奪三振。オリオールズにトレードされた24年に自己最多の15勝を挙げた。
【通算】7年、199試合、138先発、0完投、60勝36敗2S、903.2回、1051奪三振、防御率3.19
【タイトル】サイ・ヤング賞1回(2021年)最優秀防御率1回(21年)最多奪三振1回(22年)オールスター4回(21～24年)

ジェシー・バーンズ
Jesse Lawrence Barnes
1892.8.26～1961.9.9【出身地】オクラホマ州パーキンス【球団】15-17ブレーヴス　18-23ジャイアンツ　23-25ブレーヴス　26-27ドジャース【位置】投手、右
【経歴】速球とカーブを主体とし、制球の良さで知られていたが、ブレーヴス時代は打線の援護に恵まれず、17年はリーグワーストの21敗。18年ジャイアンツに移籍、翌19年25勝で最多勝、続く20年も20勝。21年のワールドシリーズでは第3戦で7回、第6戦は8.1回のロングリリーフで2勝し世界一に貢献した。22年5月7日のフィリーズ戦でノーヒットノーランを達成、通算では9回2ケタ勝利。弟ヴァージルもジャイアンツで通算61勝を挙げた投手で、ブレーヴス時代は10回兄弟で投げ合い5勝3敗。19年からの5年間はチームメイトとしてともに活躍した。
【通算】13年、422試合、312先発、180完投、26完封、152勝150敗、2569.2回、653奪三振、防御率3.22
【タイトル】最多勝1回(19年)

ジョージ・バーンズ
George Henry Burns
1893.1.31～1978.1.7【出身地】オハイオ州ナイルズ【球団】14-17タイガース　18-20アスレティックス　20-21インディアンズ　22-23レッドソックス　24-28インディアンズ　28-29ヤンキース　29アスレティックス【位置】一塁、右

【経歴】14 年新人で正一塁手となり、12 死球はリーグ最多。アスレティックスに移籍した 18 年に打率 .352（2 位）、178 安打（1 位）を放つ。両足を揃えて立つ打撃フォームで、21 年から 7 年連続打率 3 割。26 年に打率 .358（5 位）、216 安打（1 位）、115 打点（2 位）、新記録となる 64 二塁打を放ち MVP に輝いた。翌 27 年も 51 二塁打は 2 位。23 年 9 月 14 日のインディアンズ戦では単独三重殺を完成させた。同時代に活躍した同名の外野手と区別するため、住んでいた通りの名前をとって“ティオガ・ジョージ”と呼ばれた。
【通算】16 年、1866 試合、6573 打数 2018 安打、444 二塁打、72 本塁打、954 打点、154 盗塁、打率 .307
【タイトル】MVP1 回（26 年）

ジョージ・バーンズ
George Joseph Burns
1889.11.24 ～ 1966.8.15【出身地】ニューヨーク州ユティカ【球団】11-21 ジャイアンツ　22-24 レッズ　25 フィリーズ【位置】外野、右
【経歴】“サイレント・ジョージ”の異名で知られた寡黙な選手。ファンに人気があり、13 ～ 21 年までジャイアンツの一番・左翼を務める。俊足で選球眼も良く、14 年はリーグ最多の 62 盗塁。23 年の 101 個を最多として 5 回最多四球、19 年は 40 盗塁、82 四球、出塁率 .396 がいずれも 1 位だった。本盗 28 回は史上 3 位、盗塁王にも 2 回なっているが、成功率はかなり低かった。21 年のワールドシリーズでは 5 本の長打を含む 11 安打を放った。
【通算】15 年、1853 試合、7241 打数 2077 安打、108 三塁打、41 本塁打、611 打点、383 盗塁、打率 .287
【タイトル】盗塁王 2 回（14,19 年）最高出塁率 1 回（19 年）

トム・バーンズ
Thomas Everett Burns
1857.3.30 ～ 1902.3.19【出身地】ペンシルヴェニア州ホーンズデイル【球団】1880-91 シカゴ　92 ピッツバーグ【位置】三塁、遊撃、右
【経歴】12 年間シカゴのレギュラー内野手として安定した成績を残し、特に三塁守備の評価が高かった。1880 年打率 .309（5 位）、83 年は 37 二塁打（3 位）。90 年に自己最多の 149 安打、86 打点を記録している。契約でもめ、92 年開幕後に監督兼任でピッツバーグへ移籍したが、60 試合指揮を執っただけで解任。その後球団を訴え、未払い分の 1500 ドルを勝ち取った。98 年にはキャップ・アンソンに代わってシカゴの監督となった。
【通算】13 年、1251 試合、4920 打数 1307 安打、39 本塁打、683 打点、打率 .266
【監督】1892 ピッツバーグ　98-99 シカゴ 3 年、364 試合、187 勝 170 敗、勝率 .524

ロス・バーンズ
Charles Roscoe Barnes
1850.5.8 ～ 1915.2.5【出身地】ニューヨーク州マウントモーリス【球団】1876-77 シカゴ　79 シンシナティ　81 ボストン【位置】二塁、遊撃、右
【経歴】ナショナル・アソシエーション時代はボストンに所属し、2 度首位打者となる。1876 年ナショナル・リーグの結成にともないシカゴに移籍、5 月 2 日に同リーグの第 1 号本塁打を放つ。同年打率 .429 で、2 位に .063 の大差をつけ首位打者となったのを始め、138 安打、21 二塁打、14 三塁打、20 四球、出塁率 .462、長打率 .590 ですべて 1 位だった。卓越したバットコントロールで、フェアゾーンからファウルゾーンへと転がる打球を放ち多くの安打を稼いだが、フェア / ファウルの定義が改定され、この技が使えなくなり成績を落とした。
【通算】4 年、234 試合、1032 打数 329 安打、2 本塁打、111 打点、打率 .319
【タイトル】首位打者 1 回（1876 年）最高出塁率 1 回（76 年）

デイヴ・ハンセン　☆
David Andrew Hansen
1968.11.24 ～【出身地】カリフォルニア州ロングビーチ【球団】90-96 ドジャース　97 カブス　99-2002 ドジャース　03 パドレス　04 マリナーズ　04 パドレス　05 マリナーズ【位置】三塁、左
【経歴】86 年ドラフト 2 位でドジャースに入団。92 年は準レギュラーで 132 試合に出場したが打率 .214 に終わる。その後は左の代打として主に起用され、93 年 .362、94 年は .341 の高打率。98 年阪神に入団するも期待外れに終わり、99 年古巣のドジャースに復帰、翌 2000 年新記録となる 7 本の代打本塁打を放った。流し打ちが上手く、通算では 703 回代打で起用され 15 本塁打、打率 .234 ながら 104 四球を選び、出塁率は .348 と上々だった。引退

後はドジャースやエンジェルズで打撃コーチを務めた。
【通算】15年、1230試合、1793打数466安打、35本塁打、222打点、5盗塁、打率.260
【日本】98阪神　1年、121試合、400打数101安打、11本塁打、55打点、0盗塁、打率.253

ロン・ハンセン
Ronald Lavern Hansen
1938.4.5～【出身地】ネブラスカ州オックスフォード【球団】58-62オリオールズ　63-67ホワイトソックス　68セネターズ　68-69ホワイトソックス　70-71ヤンキース　72ロイヤルズ【位置】遊撃、右
【経歴】大柄だが守備の巧い遊撃手で、補殺で4回、併殺で3回リーグトップとなる。レギュラーとなった60年22本塁打、86打点で新人王を受賞。62年は兵役や故障などもあって.173の低打率に終わり、翌63年ホワイトソックスへ移籍。64年は20本塁打、自己最多の150安打を放った。68年2月ティム・カレンとの交換でセネターズへ移り、7月29日に単独三重殺を完成させたが、その3日後再びカレンとの交換でホワイトソックスへ戻った。引退後ブルワーズとエクスポズでコーチとして働いた。
【通算】15年、1384試合、4311打数1007安打、106本塁打、501打点、9盗塁、打率.234
【タイトル】新人王(60年) オールスター1回(60年)

エリック・ハンソン
Erik Brian Hanson
1965.5.18～【出身地】ニュージャージー州キネロン【球団】88-93マリナーズ　94レッズ　95レッドソックス　96-98ブルージェイズ【位置】投手、右
【経歴】86年ドラフト2位でマリナーズに入団、長身から繰り出すカーブで89年9勝、翌90年は18勝(4位)、211奪三振(3位)と早くから主戦投手として活躍。92年にリーグワーストの17敗を喫したが、レッドソックスに移った95年は15勝しオールスターに選ばれた。97年以降は故障もあり1勝もできなかった。
【通算】11年、245試合、238先発、26完投、5完封、89勝84敗0S、1555.1回、1175奪三振、防御率4.15
【タイトル】オールスター1回(95年)

キャットフィッシュ・ハンター
James Augustus Hunter (Catfish)
1946.4.8～99.9.9【出身地】ノースカロライナ州ハートフォード【球団】65-74アスレティックス　75-79ヤンキース【位置】投手、右
【経歴】72～74年のアスレティックス3連覇時のエース。目を見張るような速球はない代わり、ストライクを先行させる丁寧なピッチングが光った。入団時にオーナーのチャールズ・フィンリーから“キャットフィッシュ(ナマズ)”と命名され、マイナーを経験せず65年19歳でデビュー、67年から10年連続で2ケタ勝利。68年5月8日のツインズ戦では、ア・リーグでは46年ぶりとなる完全試合を達成、自ら全打点を叩き出した。
71年から5年連続20勝、72年は自己ベストの防御率2.04(3位)。74年は25勝、防御率2.49の両部門で1位となりサイ・ヤング賞を受賞した。同年末年俸の一部が未払いとなっていたため、球団側の契約違反として自由契約扱いとなり、5年間375万ドルの破格の条件でヤンキースに入団。75年23勝、30完投、328回がいずれも1位と高年俸に恥じない活躍を演じた。ワールドシリーズには6回出場して5勝を挙げ、72年と78年に優勝投手となっている。87年殿堂入り。人柄が良く皆に好かれていたが、ゲーリッグ病に冒され53歳で死去した。
【通算】15年、500試合、476先発、181完投、42完封、224勝166敗1S、3449.1回、2012奪三振、954四球、防御率3.26
【タイトル】サイ・ヤング賞1回(74年) 最多勝2回(74～75年) 最優秀防御率1回(74年) オールスター8回(66～67,70,72～76年)

トリー・ハンター
Torii Kedar Hunter
1975.7.18～【出身地】アーカンソー州パインブラフ【球団】97-2007ツインズ　08-12エンジェルズ　13-14タイガース　15ツインズ【位置】外野、右
【経歴】守備範囲の広い中堅手で、しばしば本塁打性の飛球をつかみ取り“スパイダーマン”と称された。93年ドラフト1位でツインズに入団、2001年にリーグ最多の460刺殺で初のゴールドグラブに選ばれ、以後9年連続受賞。2002年のオールスターではバリー・ボンズの大飛球を

フェンス越しに捕球した。打撃でも01～11年は05年を除き毎年20本塁打以上。06年に自己最多の31本塁打、翌07年は45二塁打（4位）、107打点。12年は16年目にして初の打率3割となる.313を記録した。15年ツインズに復帰、22本塁打と余力を残しながらも引退。気さくな人柄でファンやチームメイトから好かれ、減少傾向にある黒人選手を増やすための活動にも取り組んでいた。
【通算】19年、2372試合、8857打数2452安打、498二塁打、39三塁打、353本塁打、1391打点、195盗塁、661四球、1741三振、打率.277
【タイトル】ゴールドグラブ9回（2001～09年）オールスター5回（02,07,09～10,13年）

ブライアン・ハンター
Brian Lee Hunter
1971.3.5～【出身地】オレゴン州ポートランド【球団】94-96アストロズ　97-99タイガース　99マリナーズ　2000ロッキーズ　00レッズ　01フィリーズ　02-03アストロズ【位置】外野、右
【経歴】89年ドラフト2位でアストロズに入団。俊足で96年に35盗塁を決めたが出塁率は3割以下、守備でもリーグワーストの12失策で、翌97年タイガースへ放出。同年74盗塁でタイトルを獲得、守備でも407刺殺は1位。シーズン途中マリナーズへ移った99年も、44盗塁で2度目の盗塁王となった。
【通算】10年、1000試合、3347打数882安打、25本塁打、241打点、260盗塁、打率.264
【タイトル】盗塁王2回（97,99年）

ロン・ハント
Ronald Kenneth Hunt
1941.2.23～【出身地】ミズーリ州セントルイス【球団】63-66メッツ　67ドジャース　68-70ジャイアンツ　71-74エクスポズ　74カーディナルス【位置】二塁、三塁、右
【経歴】ブレーヴスから63年金銭トレードでメッツに移籍、翌64年は打率.303、球団史上初めてオールスターで先発出場を果たす。死球の多さで有名となり、通算243死球はナ・リーグ記録。71年は史上最多の50死球で、68～74年まで7年連続でリーグ最多だった。71年は520打数でわずか1併殺打。73年は.309で9年ぶりの打率3割、71年に続き2度目の出塁率4割を記録した。引退後は野球学校を開設。
【通算】12年、1483試合、5235打数1429安打、39本塁打、370打点、65盗塁、打率.273
【タイトル】オールスター2回（64,66年）

ブラッド・ハンド
Bradley Richard Hand
1990.3.20～【出身地】ミネソタ州ミネアポリス【球団】2011-15マーリンズ　16-18パドレス　18-20インディアンズ　21ナショナルズ　21メッツ　21ブルージェイズ　22フィリーズ　23ロッキーズ　23ブレーヴス【位置】投手、左
【経歴】2008年ドラフト2位で入団したマーリンズでは主に先発で投げていたが、9勝25敗、防御率4.71と結果を出せず16年開幕直後にウェーバーでパドレスへ移籍。リリーフに専念し、同年リーグ最多の82試合に登板すると、翌17年は21セーブ、防御率2.16。スライダーの切れ味が鋭く、シーズン途中でインディアンズへ移籍した18年も32セーブ、短縮シーズンの20年はリーグ最多の16セーブを稼いだ。
【通算】13年、579試合、43先発、0完投、40勝55敗132S、772回、782奪三振、防御率3.75
【タイトル】最多セーブ1回（2020年）オールスター3回（17～19年）

サル・バンドー
Salvatore Leonard Bando
1944.2.13～2023.1.20【出身地】オハイオ州クリーヴランド【球団】66-76アスレティックス　77-81ブルワーズ【位置】三塁、右
【経歴】65年ドラフト6位でアスレティックスに入団。69年は全イニングに出て自己最多の31本塁打、113打点（4位）、111四球（3位）、71年は94打点（4位）、2年連続4割の出塁率.407でMVP投票2位。72年からの3年連続世界一にはチームリーダーとして大きな役割を演じ、監督やオーナーに対する批判も辞さなかった。73年自己最高の打率.287、リーグ最多の32二塁打、29本塁打と98打点は4位。翌74年の103打点、76年の27本塁打はいずれも2位だった。選球眼も良く、69・70年に100四球以上を選んでいる。
　強肩を生かした守備の評価も高く、68～78年の間は74年を除き毎年150試合以上に出場、うちフル出場4回とタフさ

を誇った。77年FAでブルワーズに移籍、引退後91～99年に同球団のGMを務めた。弟のクリスもインディアンズの控え捕手だった。
【通算】16年、2019試合、7060打数1790安打、289二塁打、38三塁打、242本塁打、1039打点、75盗塁、1031四球、923三振、打率.254
【タイトル】オールスター4回(69,72～74年)

トッド・ハンドリー
Todd Randolph Hundley
1969.5.27～【出身地】ヴァージニア州マーティンズヴィル【球団】90-98メッツ　99-2000ドジャース　01-02カブス　03ドジャース【位置】捕手、外野、両
【経歴】87年ドラフト2位でメッツに入団、92年正捕手となる。当初は守備力を評価されていたが次第に打力をつけ、96年は捕手としての最多記録となる41本塁打(4位)、112打点。翌97年も30本塁打を放った。98年は肘と肩の手術で長期欠場し打率.161、ドジャースに移った99年も.207の低打率。2000年は90試合で24本塁打、70打点と復調したが、その後は再び打撃不振に陥った。引退後にはステロイド使用の過去が明らかになった。父ランディも元オールスター捕手。
【通算】14年、1225試合、3769打数883安打、202本塁打、599打点、14盗塁、打率.234
【タイトル】オールスター2回(96～97年)

ランディ・ハンドリー
Cecil Randolph Hundley
1942.6.1～【出身地】ヴァージニア州マーティンズヴィル【球団】64-65ジャイアンツ　66-73カブス　74ツインズ　75パドレス　76-77カブス【位置】捕手、右
【経歴】66年正捕手となり、8月11日には捕手としては21年ぶりのサイクルヒットを記録。以後4年連続で149試合以上マスクをかぶり、67年はゴールドグラブを受賞。68年の160試合は捕手の最多出場記録だったが、重労働がたたって膝を痛め、その後は活躍できなかった。打撃は確実性に欠けるも66年19本塁打、69年にも18本放つなど意外性を発揮した。片手でのキャッチングを広めたことでも知られる。息子のトッドも捕手。
【通算】14年、1061試合、3442打数813安打、82本塁打、381打点、12盗塁、打率.236
【タイトル】ゴールドグラブ1回(67年)オールスター1回(69年)

リー・ハンドリー
Lee Elmer Handley
1913.7.13～70.4.8【出身地】アイオワ州クラリオン【球団】36レッズ　37-41,44-46パイレーツ　47フィリーズ【位置】三塁、二塁、右
【経歴】小柄な俊足の内野手で、37年パイレーツの正二塁手となり、リーグ3位の12三塁打。翌38年三塁にコンバート、39年は死球を頭に受け101試合しか出場できなかったが、17盗塁でタイトルを獲得した。41年も16盗塁は3位だったが、同年オフ交通事故に遭い続く42～43年は全休。46年に5年ぶりに正三塁手の座に返り咲いた。弟のジーンも内野手。
【通算】10年、968試合、3356打数902安打、15本塁打、297打点、68盗塁、打率.269
【タイトル】盗塁王1回(39年)

ラリー・ハーンドン
Larry Darnell Herndon
1953.11.3～【出身地】ミシシッピ州サンフラワー【球団】74カーディナルス　76-81ジャイアンツ　82-88タイガース【位置】外野、右
【経歴】71年ドラフト3位でカーディナルスに入団。ジャイアンツ時代は80年の11三塁打(3位)が目立つ程度だったが、82年タイガースに移ると13三塁打(2位)、23本塁打、88打点、5月16～18日に4打数連続本塁打を放つ。翌83年も打率.302、自己最多の92打点を叩き出した。84年のワールドシリーズでは15打数5安打、第1戦で決勝の逆転2ラン。87年のシーズン最終戦でも地区優勝を決める本塁打を放った。控えめな性格で、インタビューに応じることは少なかった。引退後はタイガースの球団組織で打撃コーチを務めた。
【通算】14年、1537試合、4877打数1334安打、107本塁打、550打点、92盗塁、打率.274

マイク・ハンプトン
Michael William Hampton
1972.9.9～【出身地】フロリダ州ブルックスヴィル【球団】93マリナーズ　94-99アストロズ　2000メッツ　01-02ロッキーズ

03-05,08 ブレーヴス　09 アストロズ　10 ダイアモンドバックス【位置】投手、左
【経歴】90 年ドラフト 6 位でマリナーズに入団。94 年アストロズに移籍、ツーシームで打たせてとる投球で 96 年 10 勝、97 年 15 勝。99 年は 11 連勝を含む 22 勝で 1 位、防御率 2.90 も 3 位でサイ・ヤング賞投票では次点に入った。2000 年メッツに移籍し 15 勝、防御率 3.14（4 位）、リーグ優勝決定シリーズでは 2 勝、16 イニングを零封しシリーズ MVP に選ばれた。
01 年投手としては史上最高額となる 8 年間 1 億 2300 万ドルでロッキーズへ移籍するも、14 勝 13 敗、防御率 5.41 大苦戦。02 年は防御率が 6 点台まで悪化し、03 年ブレーヴスへトレードされると 14 勝、防御率 3.84 と復調した。05 年にトミー・ジョン手術を受け、2 年間の空白ののち 08 年復帰した。通算では 2 ケタ勝利 8 回。打撃が良く 01 年は 7 本塁打、通算打率 .246、17 本塁打を放った。
【通算】16 年、419 試合、355 先発、21 完投、9 完封、148 勝 115 敗 1 S、2268.1 回、1387 奪三振、防御率 4.06
【タイトル】最多勝 1 回（99 年）ゴールドグラブ 1 回（2003 年）オールスター 2 回（99,01 年）

アル・バンブリー
Alonza Benjamin Bumbry
1947.4.21 ～【出身地】ヴァージニア州フレデリックスバーグ【球団】72-84 オリオールズ　85 パドレス【位置】外野、左
【経歴】68 年ドラフト 11 位でオリオールズに入団したのちベトナム戦争に従軍、小隊長として奮戦し中尉に昇進する。復帰後の 73 年打率 .337、11 三塁打（1 位）で、チームメイトのリッチ・コギンスを抑えて新人王となる。77 年打率 .317、80 年はオリオールズで初の 200 本以上となる 205 安打（5 位）に加え、打率 .318、44 盗塁（5 位）の好成績だった。
【通算】14 年、1496 試合、5053 打数 1422 安打、54 本塁打、402 打点、254 盗塁、打率 .281
【タイトル】新人王（73 年）オールスター 1 回（80 年）

ジェイソン・ハンメル
Jason Aaron Hammel
1982.9.2 ～【出身地】サウスカロライナ州グリーンヴィル【球団】2006-08 レイズ　09-11 ロッキーズ　12-13 オリオールズ　14 カブス　14 アスレティックス　15-16 カブス　17-18 ロイヤルズ【位置】投手、右
【経歴】2001 年レイズのドラフト 19 位指名を拒否し、翌 02 年再び 10 位で指名され入団。身長 198cm の長身で、ロッキーズへトレードされた 09 年にローテーション入りし 10 勝、続く 10 年も 10 勝。制球重視の投球で 14 年は前半で 8 勝、防御率 2.98 と好投したが、アスレティックスに移籍した後半戦は不調だった。16 年は自己最多の 15 勝を挙げながら、ポストシーズンでの登板はなかった。
【通算】13 年、377 試合、298 先発、2 完投、1 完封、96 勝 114 敗 4 S、1810.1 回、1428 奪三振、防御率 4.62

ジョン・ハンメル
John Edwin Hummel
1883.4.4 ～ 1959.5.18【出身地】ペンシルヴェニア州ブルームズバーグ【球団】05-15 ドジャース　18 ヤンキース【位置】二塁、外野、一塁、右
【経歴】“サイレント・ジョン”と呼ばれた寡黙な選手。10 年に 153 試合すべて二塁を守り、自己最多の 21 二塁打、13 三塁打、74 打点。その他の年は外野や一塁などでも出場し、ドジャースでの出場試合数 1139 は退団した時点で球団記録だった。引退後はマイナーの監督を長い間務めた。
【通算】12 年、1161 試合、3906 打数 991 安打、29 本塁打、394 打点、119 盗塁、打率 .254

ネッド・ハンロン
Edward Hugh Hanlon (Ned)
1857.8.22 ～ 1937.4.14【出身地】コネティカット州モントヴィル【球団】1880 クリーヴランド　81-88 デトロイト　89 ピッツバーグ　90 ピッツバーグ（PL）　91 ピッツバーグ　92 ボルティモア【位置】外野、左
【経歴】19 世紀を代表する名監督。ヒットエンドランを多用した積極的な采配が特徴で、勝利のためなら汚い手段も厭わなかった。独裁的な指揮官としても有名だったが、選手の才能を見抜くことに長け、他球団で埋もれていた素材を次々に発掘して戦力とした。現役時代は好守の外野手として、1885 年に打率 .302、出塁率 .372（4 位）。デトロイト時代は主将としてリーダーシップを発揮した。
89 年ピッツバーグで監督を兼任、92 年ボルティモアに移り、94 年から 3 連覇を

果たす。99 ～ 1900 年はブルックリンを率い2連覇に導いた。その後何度もボルティモアにメジャー球団を呼び戻す運動を繰り広げたが、実を結ばなかった。門下生のジョン・マグロー、ヒューイー・ジェニングス、ウィルバート・ロビンソンらはいずれも監督として大成した。1996 年殿堂入り。
【通算】13 年、1270 試合、5087 打数 1318 安打、30 本塁打、518 打点、打率 .259
【監督】1889 ピッツバーグ　90 ピッツバーグ(PL)　91 ピッツバーグ　92-98 ボルティモア　99-1905 ドジャース　06-07 レッズ　19 年、2530 試合、1313 勝 1164 敗、勝率 .530　リーグ優勝 5 回 (1894 ～ 96,99 ～ 1900 年)

【ヒ】

A・J・ピアジンスキー
Anthony John Pierzynski
1976.12.30 ～【出身地】ニューヨーク州ブリッジハンプトン【球団】98-2003 ツインズ　04 ジャイアンツ　05-12 ホワイトソックス　13 レンジャーズ　14 レッドソックス　14 カーディナルス　15-16 ブレーヴス【位置】捕手、左
【経歴】94 年ドラフト 3 位でツインズに入団。2001 年正捕手となり、翌 02 年 .300、続く 03 年も .312 と高打率を残す。02 年はプレイオフでも 32 打数 11 安打、6 打点と活躍した。アクの強い性格が嫌われ、04 年にジャイアンツに移ったときは投手陣から「バッテリーを組みたくない」とまで言われた。

ホワイトソックスへ移った 05 年は 962 守備機会連続無失策の新記録を樹立、打撃では 18 本塁打、プレイオフでも 3 本塁打。リーグ優勝決定シリーズ第 2 戦では 9 回二死から振り逃げを成功させ、サヨナラ勝ちに結びつけた。12 年は 15 年目にして自己記録を大幅に上回る 27 本塁打。守備力は特筆すべきほどではなくとも耐久性に優れ、レギュラー定着後は 13 年続けて 110 試合以上マスクを被った。捕手としての出場 1936 試合は史上 8 位である。
【通算】19 年、2059 試合、7290 打数 2043 安打、407 二塁打、24 三塁打、188 本塁打、909 打点、15 盗塁、308 四球、895 三振、打率 .280
【タイトル】オールスター 2 回 (2002,06 年)

ビリー・ピアース
Walter William Pierce
1927.4.2 ～ 2015.7.31【出身地】ミシガン州デトロイト【球団】45,48 タイガース　49-61 ホワイトソックス　62-64 ジャイアンツ【位置】投手、左
【経歴】落ち着いたマウンドさばきと生きのいい速球で、ホワイトソックスのエースとして活躍した左腕。45 年 18 歳で地元のタイガースからデビュー、49 年にホワイトソックスに移籍してから素質を開花させ、50 ～ 62 年の 13 年間は 54 年 (9 勝) を除き毎年 2 ケタ勝利。53 年は 18 勝、防御率 2.72 (2 位)、186 奪三振は 1 位。55 年の防御率 1.97(1 位) は両リーグを通じ、50 年代で唯一の 1 点台だった。

翌 56 年いずれも 2 位の 20 勝、192 奪

三振。57年は2年連続の20勝で最多勝、58年まで3年連続で最多完投を記録した。58年6月27日のセネターズ戦では、9回二死までパーフェクトに抑えながらも最後に安打を許した。打線の援護に恵まれないことが多かったが、文句を言わず黙々と投げ続け周囲の尊敬を得ていた。ジャイアンツに移籍した62年は16勝、優勝決定戦の1戦目で完封、ワールドシリーズ第6戦でも2点に抑え完投勝ちした。
【通算】18年、585試合、433先発、193完投、38完封、211勝169敗、3306.2回、1999奪三振、1178四球、防御率3.27
【タイトル】最多勝1回(57年) 最優秀防御率1回(55年) 最多奪三振1回(53年) オールスター7回(53,55～59,61年)

ジム・ピアソール
James Anthony Piersall
1929.11.14～2017.6.3【出身地】コネティカット州ウォーターベリー【球団】50,52-58レッドソックス　59-61インディアンズ　62-63セネターズ　63メッツ　63-67エンジェルズ【位置】外野、右
【経歴】50年20歳でメジャーに昇格したが、52年のシーズン中に神経衰弱で入院。翌53年復帰してからは好守の中堅手として活躍し、56年40二塁打(1位)、87打点、57年は自己最多の19本塁打。61年は打率.322で3位に入った。63年に通算100本塁打を放った際には注目を集めようとして後ろ向きにベースを一周して非難を浴び、1ヶ月後に解雇された。神経衰弱について語った著書“Fear Strikes Out”はベストセラーとなり、アンソニー・パーキンス主演で映画化(邦題:栄光の旅路)もされた。ホワイトソックスのブロードキャスターだった81年には球団批判を繰り広げて解任されている。ジョン・F・ケネディの友人でもあった。
【通算】17年、1734試合、5890打数1604安打、104本塁打、591打点、115盗塁、打率.272
【タイトル】ゴールドグラブ2回(58,61年) オールスター2回(54,56年)

アルビー・ピアソン
Albert Gregory Pearson
1934.9.12～2023.2.21【出身地】カリフォルニア州アルハンブラ【球団】58-59セネターズ　59-60オリオールズ　61-66エンジェルズ【位置】外野、左
【経歴】身長165cmと小柄で、58年打率.275、33打点の平凡な成績ながら対抗馬がいなかったため新人王となる。61年拡張ドラフトでエンジェルズに加わり、背の低さを逆手にとって96四球、出塁率も.420(4位)の高率。以後3年連続で90四球以上を選ぶ。63年は打率.304(4位)、92四球と出塁率.402は2位。守備の評価も非常に高かった。椎間板を痛めて引退、その後は宗教活動に従事した。
【通算】9年、988試合、3077打数831安打、28本塁打、214打点、77盗塁、打率.270
【タイトル】新人王(58年) オールスター1回(63年)

モンティ・ピアソン
Montgomery Marcellus Pearson
1908.9.2～78.1.27【出身地】カリフォルニア州オークランド【球団】32-35インディアンズ　36-40ヤンキース　41レッズ【位置】投手、右
【経歴】優れたカーブの持ち主で、33年ローテーションに加わり防御率2.33。135.1回を投げただけだったが、当時の規定により同僚のメル・ハーダーを抑え最優秀防御率のタイトルを与えられた。翌34年18勝、140奪三振(5位)、ヤンキースに移った36年は19勝、防御率3.71と118奪三振は5位。38年8月27日のインディアンズ戦で、ヤンキー・スタディアムでは初のノーヒットノーランを達成。ワールドシリーズには4戦4勝、防御率1.01と滅法強く、39年の第2戦は8回一死まで無安打に抑え2安打完封した。
【通算】10年、224試合、191先発、94完投、5完封、100勝61敗、1429.2回、703奪三振、防御率4.00
【タイトル】最優秀防御率1回(33年*) オールスター2回(36,40年)

マイク・ピアッツァ
Michael Joseph Piazza
1968.9.4～【出身地】ペンシルヴェニア州ノーリスタウン【球団】92-98ドジャース　98マーリンズ　98-2005メッツ　06パドレス　07アスレティックス【位置】捕手、右
【経歴】捕手としては史上最高の打力を誇るスラッガー。アマチュア時代はまったく注目されず、父親の親友トム・ラソーダの推薦により88年ドラフト62位でドジャースに入団。持ち前の打力を発揮し93年

正捕手となり打率.318、35本塁打、112打点（4位）で新人王を受賞。95年は打率.346（2位）、32本塁打（5位）、同年入団した野茂英雄の女房役として日本でも人気となる。96年のオールスターでは本塁打を放ちMVP、翌97年は打率.362、201安打、出塁率.431は3位、40本塁打と124打点は4位、長打率.638は2位の自己最高成績を収めた。

98年途中契約交渉のもつれからマーリンズへトレードされ、5試合出たのみでメッツに移籍。99年はともに自己タイ記録の40本塁打、124打点。2001年も打率.300、36本塁打で9年連続打率3割、7年連続30本塁打となったが、96打点で連続100打点以上は5年で途切れた。守備面での評価は低く、通算の盗塁阻止率も.232にとどまった。16年殿堂入り。引退後にイタリアのサッカーチームを買収、同国の野球代表チームの監督も務めた。

【通算】16年、1912試合、6911打数2127安打、427本塁打、1335打点、17盗塁、1113三振、打率.308

【タイトル】新人王（93年）オールスター12回（93～2002,04～05年）

ジェイク・ピーヴィー

Jacob Edward Peavy

1981.5.31～【出身地】アラバマ州モービル【球団】2002-09パドレス　09-13ホワイトソックス　13-14レッドソックス　14-16ジャイアンツ【位置】投手、右

【経歴】ダイナミックな投球フォームの本格派投手。99年ドラフト15位でパドレスに入団し、04年は15勝、防御率2.27（1位）。05年は13勝、リーグ最多の216三振を奪った。速球とチェンジアップで07年は19勝、防御率2.54、240奪三振の投手三冠でサイ・ヤング賞を受賞。4月25日に9者連続奪三振を記録した。09年は一旦ホワイトソックスへのトレードに拒否権を行使したものの、その後再度のトレードを承諾し移籍。故障がちで09～11年は20試合以下の先発にとどまっていたが、12年は久々に健康で11勝、194奪三振を記録した。WBCにも先発投手としてはただ一人、06・09年に2大会続けて参加。13年はレッドソックス、14年はジャイアンツにシーズン途中で移籍して世界一メンバーとなった。

【通算】15年、388試合、377先発、15完投、6完封、152勝126敗0S、2377回、2207奪三振、防御率3.63

【タイトル】サイ・ヤング賞1回（2007年）最多勝1回（07年）最優秀防御率2回（04,07年）最多奪三振2回（05,07年）ゴールドグラブ1回（12年）オールスター3回（05,07,12年）

フアン・ピエール

Juan D'Vaughn Pierre

1977.8.14～【出身地】アラバマ州モービル【球団】2000-02ロッキーズ　03-05マーリンズ　06カブス　07-09ドジャース　10-11ホワイトソックス　12フィリーズ　13マーリンズ【位置】外野、左

【経歴】俊足巧打の外野手で、マリナーズからの2度のドラフト指名を拒否し、98年ドラフト13位でロッキーズに入団。2001年は打率.327に加え、202安打と11三塁打は2位、46盗塁は1位。マーリンズに移った03年は204安打（3位）、65盗塁（1位）、ワールドシリーズでも21打数7安打。翌04年はリーグ最多の221安打、12三塁打を放った。

06年カブスに移籍し、204安打は2度目の1位。内野安打が極めて多く、全安打数の約4分の1を占めた。10年はホワイトソックスに移り、自己最多の68盗塁を決め史上2人目の両リーグ盗塁王。01～10年は09年の30個を除いて毎年40盗塁以上していたが、盗塁刺も少なくなく、7回ワースト1位を記録。積極的に打ちにいくため四球も三振も少なかった。

【通算】14年、1994試合、7525打数2217安打、18本塁打、517打点、614盗塁（18位）、打率.295

【タイトル】盗塁王3回（2001,03,10年）

ジム・ヒーガン

James Edward Hegan

1920.8.3～84.6.17【出身地】マサチューセッツ州リン【球団】41-42,46-57インディアンズ　58タイガース　58-59フィリーズ　59ジャイアンツ　60カブス【位置】捕手、右

【経歴】打撃は弱くとも守備は一流。しなやかな動きと抜群の強肩、頭脳的なリードでインディアンズの強力投手陣を支え、ノーヒットノーランを3度引き出した。肩も良く、通算盗塁阻止率は.498に達した。打撃では48年の117安打、14本塁打、61打点が最多。同年のワールドシリーズでは5打点で世界一に貢献した。54年のリーグ優勝を決めた試合で決勝本塁打を打っている。引退後はヤンキースのコーチ

となった。捕手の教科書も執筆している。息子のマイクも一塁手として12年間活躍、69年にオールスターに選ばれ、ヤンキースでは父子で同僚だった。
【通算】17年、1666試合、4772打数1087安打、92本塁打、525打点、15盗塁、打率.228
【タイトル】オールスター5回（47,49～52年）

ピンキー・ヒギンズ
Michael Franklin Higgins (Pinky)
1909.5.27～69.3.21【出身地】テキサス州レッドオーク【球団】30,33-36アスレティックス　37-38レッドソックス　39-44,46タイガース　46レッドソックス【位置】三塁、右
【経歴】33年正三塁手となり打率.314、99打点、35年は23本塁打。レッドソックスに移った37年自己最多の106打点、翌38年も本塁打は5本のみながら106打点を稼いだ。同年はメジャー記録の12打数連続安打も達成した。40年のワールドシリーズでは24打数8安打、6打点。55年レッドソックス監督に就任、59年途中成績不振でビル・ジャーゲズに取って代わられたが、翌60年途中から復帰した。68年自動車で人身事故を起こして刑務所入りし、翌69年出所した当日に心臓発作で急死した。
【通算】14年、1802試合、6636打数1941安打、140本塁打、1075打点、61盗塁、打率.292
【タイトル】オールスター3回（34,36,44年）
【監督】55-62レッドソックス　8年、1119試合、560勝556敗、勝率.502

ボビー・ヒギンソン
Robert Leigh Higginson
1970.8.18～【出身地】ペンシルヴェニア州フィラデルフィア【球団】95-2005タイガース【位置】外野、左
【経歴】92年ドラフト12位でタイガースに入団。95年レギュラーとなり翌96年は打率.320、26本塁打、続く97年も27本塁打、101打点、6月30日から7月1日にかけて4打数連続本塁打を放つ。2000年は自己記録となる44二塁打（5位）、30本塁打、102打点。守備でも正確な送球で、97年の20補殺を最多として4回リーグ1位を記録した。
【通算】11年、1362試合、4910打数1336安打、187本塁打、709打点、91盗塁、打率.272

カービー・ヒグビー
Walter Kirby Higbe
1915.4.8～85.5.6【出身地】サウスカロライナ州コロンビア【球団】37-39カブス　39-40フィリーズ　41-43,46-47ドジャース　47-49パイレーツ　49-50ジャイアンツ【位置】投手、右
【経歴】速球投手で、39年から3年連続最多与四球と制球に苦しみながらも、40年は137奪三振で1位。翌41年10万ドルプラス3選手との交換でドジャースに移籍、リーグ最多の48試合に投げ、22勝は同僚のウィット・ワイアットと並んで1位だった。2年間の陸軍生活から戻った46年も17勝（3位）、134三振（2位）を奪ったが、47年ジャッキー・ロビンソンの入団に反発、同年4試合に登板したのみでパイレーツへ放出された。打撃では47、48年に1度ずつサヨナラ本塁打を放っている。大変な酒好き、遊び好きで、引退後は金銭トラブルで刑務所入り。その後看守として働いたが、囚人に睡眠薬を横流しして再び逮捕された。
【通算】12年、418試合、238先発、98完投、11完封、118勝101敗、1952.1回、971奪三振、防御率3.69
【タイトル】最多勝1回（41年）最多奪三振1回（40年）オールスター2回（40,46年）

カーソン・ビグビー
Carson Lee Bigbee
1895.3.31～1964.10.17【出身地】オレゴン州レバノン【球団】16-26パイレーツ【位置】外野、左
【経歴】俊足と好守が売り物の小柄な外野手。広角打法で21年は打率.323、204安打と17三塁打は3位。ドラッグバントも得意で、翌22年は打率.350（4位）、215安打（2位）、99打点（5位）、24盗塁（4位）、691打席でわずか13三振。通算でも4670打席で161三振しかしていない。眼の病気を患いその後は今一つの成績で、26年にはヘッドコーチのフレッド・クラークの排斥に失敗し解雇された。引退後は少年野球（リージョン・ボール）の指導者になった。兄のライルも2年間メジャー経験がある。
【通算】11年、1147試合、4192打数1205安打、17本塁打、324打点、182盗塁、打率.287

フアン・ピサーロ
Juan Ramon Pizarro
1937.2.7 ～ 2021.2.18【出身地】プエルトリコ・サンテュルセ【球団】57-60 ブレーヴス　61-66 ホワイトソックス　67-68 パイレーツ　68-69 レッドソックス　69 インディアンズ　69 アスレティックス　70-73 カブス　73 アストロズ　74 パイレーツ【位置】投手、左
【経歴】速球派の左腕で、ブレーヴスでは6勝が最多だったがホワイトソックスに移籍した61年14勝、防御率3.05（5位）、188奪三振（4位）。63年16勝、防御率2.39（2位）、翌64年は自己最多の19勝（3位）、防御率2.56（5位）。肩を痛めたこともあって66年以降は主にリリーフを務め、69年に公式記録として採用されたセーブを挙げた最初の投手となった。プエルトリコのウィンター・リーグでは史上2位の157勝（46完封）を稼ぎ、同地の野球殿堂創設メンバーに選ばれている。
【通算】18年、488試合、245先発、79完投、17完封、131勝105敗28S、2034.1回、1522奪三振、防御率3.43
【タイトル】オールスター2回（63～64年）

ダンテ・ビシェット
Alphonse Dante Bichette
1963.11.18 ～【出身地】フロリダ州ウェストパームビーチ【球団】88-90 エンジェルズ　91-92 ブルワーズ　93-99 ロッキーズ　2000 レッズ　00-01 レッドソックス【位置】外野、右
【経歴】84年ドラフト17位でエンジェルズに入団。92年までは強肩が目立つ程度の平凡な外野手だったが、93年にロッキーズへ移籍して以降は中心打者として活躍。95年は本拠のクアーズ・フィールドだけで31本塁打を量産、40本塁打、128打点で二冠王となり、197安打と長打率.620も1位、打率.340は3位。プレイオフでは17打数10安打と当たりまくった。96年31本塁打、141打点（2位）、31盗塁で30－30を達成。98年も打率.331（3位）、219安打（1位）、122打点と打ち続けたが、ホームでしか打てないとの批判も少なくなかった。息子のボーはブルージェイズの遊撃手。
【通算】14年、1704試合、6381打数1906安打、401二塁打、274本塁打、1141打点、152盗塁、1078三振、打率.299
【タイトル】本塁打王1回（95年）打点王1回（95年）オールスター4回（94～96,98年）

クレイグ・ビジオ
Craig Alan Biggio
1965.12.14 ～【出身地】ニューヨーク州スミスタウン【球団】88-2007 アストロズ【位置】二塁、捕手、外野、右
【経歴】アストロズ一筋に20年間活躍した、90年代を代表する名リードオフマン。87年ドラフト1位で入団、89年正捕手となり91年はオールスターに出場したが、翌92年二塁へコンバート。94年初の打率3割となる.318、44二塁打と39盗塁はともに1位。97年は史上初めて162試合にフル出場して併殺打を1本も打たなかった。98年は打率.325、210安打（2位）、51二塁打（1位）、50盗塁（2位）で、12年のトリス・スピーカー以来86年ぶりに50二塁打と50盗塁を同一年に達成した。
　翌99年は自己最多の56二塁打で3度目の1位。守備範囲の広さも折り紙つきで、94年から4年連続でゴールドグラブを受賞。2003年にジェフ・ケントの加入で外野へ回ったが、05年再び二塁に戻り、39歳にして自己最多の26本塁打を放った。通算668二塁打は史上6位、右打者では2位の大記録である。先頭打者本塁打も通算50本。96～97年はリーグ最多死球にもかかわらず2年連続フル出場、史上2位の通算285回もぶつけられながら、故障者リストには一度しか入らなかった。15年殿堂入り。息子のケイヴァンも内野手で、19年に史上2人目の父子でのサイクルヒットを達成した。
【通算】20年、2850試合（18位）、10876打数（15位）3060安打（25位）、668二塁打（6位）、55三塁打、291本塁打、1175打点、414盗塁、1160四球、1753三振、打率.281
【タイトル】盗塁王1回（94年）ゴールドグラブ4回（94～97年）オールスター7回（91～92,94～98年）

ヴァル・ピシニッチ
Valentine John Picinich
1896.9.8 ～ 1942.12.5【出身地】ニューヨーク州ニューヨーク【球団】16-17 アスレティックス　18-22 セネターズ　23-25 レッドソックス　26-28 レッズ　29-33 ドジャース　33 パイレーツ【位置】捕手、右
【経歴】18年間で100試合以上の出場は

一度もなく、28 年の 96 試合が最多。同年の打率 .302、98 安打、7 本塁打、35 打点は自己記録となった。インサイドワークに優れ、すべて異なる球団で 3 回ノーヒットノーランを引き出した。
【通算】18 年、1037 試合、2877 打数 743 安打、26 本塁打、298 打点、31 盗塁、打率 .258

マックス・ビショップ
Max Frederick Bishop
1899.9.5 ～ 1962.2.25【出身地】ペンシルヴェニア州ウェインズボロ【球団】24-33 アスレティックス　34-35 レッドソックス【位置】二塁、左
【経歴】29 年から 3 連覇を果たしたアスレティックスのリードオフマン。"カメラ・アイ"と呼ばれた抜群の選球眼で、29 年の 128 個（1 位）を最多として 26 ～ 33 年に 8 年連続 100 四球以上、100 打席当たり 20.4 四球は史上 2 位。四球数が安打数を上回った年も 6 度あった。出塁率は 26 年以降 7 年連続で 6 位以内、通算 .423 は、通算打率が 2 割台の選手としてはフェリス・フェインの .425 に次ぐ。寡黙で紳士的な選手として知られ、引退後は海軍士官学校で監督を務めた。
【通算】12 年、1338 試合、4494 打数 1216 安打、41 本塁打、379 打点、40 盗塁、1156 四球、打率 .271

ジェフ・ヒース
John Geoffrey Heath
1915.4.1 ～ 75.12.9【出身地】カナダ・オンタリオ州フォートウィリアム【球団】36-45 インディアンズ　46 セネターズ　46-47 ブラウンズ　48-49 ブレーヴス【位置】外野、左
【経歴】38 年正左翼手となり打率 .343（2 位）、18 三塁打（1 位）、21 本塁打、112 打点。速球に強く、41 年も打率 .340（4 位）、199 安打（2 位）、32 二塁打、20 三塁打（1 位）、24 本塁打、123 打点（2 位）、18 盗塁（3 位）とオールラウンドな活躍を見せた。47 年自己最多の 27 本塁打（3 位）、翌 48 年はブレーヴスに移籍し打率 .319、20 本塁打で優勝に貢献したが、足首のケガでワールドシリーズ出場のチャンスを逸した。選手としての能力は優れていたが、気難しい性格の上、しばしば怠慢プレイを演じた。バットに対してもこだわりが強く、黒人選手のウィラード・ブラウンが勝手にバットを使ったとして腹を立て、そのバットを叩き割った。高校時代の 35 年には全米アマチュアチームの一員として来日している。
【通算】14 年、1383 試合、4937 打数 1447 安打、102 三塁打、194 本塁打、887 打点、56 盗塁、打率 .293
【タイトル】オールスター 2 回（41,43 年）

マイク・ヒース
Michael Thomas Heath
1955.2.5 ～【出身地】フロリダ州タンパ【球団】78 ヤンキース　79-85 アスレティックス　86 カーディナルス　86-90 タイガース　91 ブレーヴス【位置】捕手、外野、右
【経歴】73 年ドラフト 2 位でヤンキースに入団。本来は捕手だが、投手以外の全ポジションを守った経験を持っている。84 年にアスレティックスで自己最多の 13 本塁打、64 打点を記録。86 年以降は控えに回っていたが、89 ～ 90 年はタイガースで正捕手の座を取り返した。
【通算】14 年、1325 試合、4212 打数 1061 安打、86 本塁打、469 打点、54 盗塁、打率 .252

ホセ・ビスカイノ
Jose Luis Vizcaino
1968.3.26 ～【出身地】ドミニカ共和国サンクリストバル【球団】89-90 ドジャース　91-93 カブス　94-96 メッツ　96 インディアンズ　97 ジャイアンツ　98-2000 ドジャース　00 ヤンキース　01-05 アストロズ　06 ジャイアンツ　06 カーディナルス【位置】遊撃、二塁、両
【経歴】86 年ドジャースに入団、93 年カブスでレギュラーの座をつかみ打率 .287、54 打点。翌 94 年メッツへ移籍、95 年遊撃手としてリーグ最多の 411 補殺、守備率 .984 も 1 位。96 年は自己最多の 161 安打。2000 年途中ヤンキースに移籍、シリーズ史上最長時間試合となったワールドシリーズ第 1 戦で延長 12 回にサヨナラ安打。02 年に唯一の 3 割以上となる打率 .303 を記録した。代打での起用も多く、通算 73 安打を放っている。
【通算】18 年、1820 試合、5379 打数 1453 安打、36 本塁打、480 打点、74 盗塁、打率 .270

オマル・ビスケル
Omar Enrique Vizquel
1967.4.24 ～【出身地】ベネズエラ共和国カラカス【球団】89-93 マリナーズ　94-

2004 インディアンズ　05-08 ジャイアンツ　09 レンジャーズ　10-11 ホワイトソックス　12 ブルージェイズ【位置】遊撃、両
【経歴】華麗かつ堅実な守備で 11 回のゴールドグラブに輝いた名遊撃手。通算 7676 補殺は遊撃手では史上 3 位、1734 併殺と守備率 .985 は 1 位。84 年マリナーズに入団、89 年 .220 の低打率ながら守備力を評価されレギュラーとなり、93 年リーグ最多の 108 併殺を完成させて、初のゴールドグラブを受賞した。
　94 年にインディアンズに移籍してからは打力も向上し、97 年は 43 盗塁（5 位）、ワールドシリーズでも 5 盗塁。99 年は自己最高の打率 .333、191 安打、36 二塁打、66 打点、42 盗塁（2 位）。2002 年は唯一の 2 ケタ本塁打となる 14 本塁打、自己最多の 72 打点。06 年は 39 歳でゴールドグラブを受賞、45 歳まで現役を続けた。バントやヒットエンドランなどの小技にも優れ、通算 256 犠打は 1930 年以降では最多となっている。
【通算】24 年、2968 試合（13 位）、10586 打数（18 位）2877 安打、456 二塁打、77 三塁打、80 本塁打、951 打点、404 盗塁、1028 四球、1087 三振、打率 .272
【タイトル】ゴールドグラブ 11 回（93 ～ 2001,05 ～ 06 年）オールスター 3 回（98 ～ 99,02 年）

クリフ・ヒースコート
Clifton Earl Heathcote
1898.1.24 ～ 1939.1.18【出身地】ペンシルヴェニア州グレンロック【球団】18-22 カーディナルス　22-30 カブス　31-32 レッズ　32 フィリーズ【位置】外野、左
【経歴】18 年メジャーに昇格し、6 月 13 日に最年少記録となる 20 歳 4 ヶ月でサイクルヒットを達成。22 年 5 月 30 日のダブルヘッダー第一試合終了後、対戦相手のカブスにトレードされ、第二試合ではカブスのユニフォームで出場した。翌 23 年に 32 盗塁（3 位）を決めたが、長打力はあまりなく、26 年の 33 二塁打、10 本塁打が自己記録だった。新人の頃、打球を見失い頭に当てて以来“ゴム頭”と呼ばれるようになった。
【通算】15 年、1415 試合、4443 打数 1222 安打、42 本塁打、448 打点、191 盗塁、打率 .275

ゲイリー・ピータース
Gary Charles Peters
1937.4.21 ～ 2023.1.26【出身地】ペンシルヴェニア州グローヴシティ【球団】59-69 ホワイトソックス　70-72 レッドソックス【位置】投手、左
【経歴】62 年までの 4 年間は合計 12 試合で 0 勝だったが、63 年 19 勝、防御率 2.33（1 位）、189 三振（4 位）を奪い新人王を受賞。続く 64 年も 20 勝で最多勝、205 奪三振（4 位）、66 年は防御率 1.98 で 2 度目の 1 位となる。沈む速球が冴え、67 年も 16 勝、防御率 2.28（2 位）、215 奪三振（5 位）、オールスターでは 3 回をパーフェクトに封じた。68 年は故障で 4 勝 13 敗に終わったが、69 年からさらに 3 年連続で 2 ケタ勝利。プロ入り当時は野手で打撃も良く、通算 19 本塁打、うち 4 本は代打で打った。
【通算】14 年、359 試合、286 先発、79 完投、23 完封、124 勝 103 敗 5 S、2081 回、1420 奪三振、防御率 3.25
【タイトル】新人王（63 年）最多勝 1 回（64 年）最優秀防御率 2 回（63,66 年）オールスター 2 回（64,67 年）

フリッツ・ピーターソン
Fred Ingles Peterson (Fritz)
1942.2.8 ～ 2023.10.19【出身地】イリノイ州シカゴ【球団】66-74 ヤンキース　74-76 インディアンズ　76 レンジャーズ【位置】投手、左
【経歴】1 試合平均 1.7 四球の制球力を誇った技巧派左腕。66 年新人で 12 勝、69 年 17 勝、自己ベストの防御率 2.55（5 位）。翌 70 年は 20 勝（5 位）、防御率 2.90（4 位）の活躍。72 年も 17 勝、通算 7 回の 2 ケタ勝利を記録した。ヤンキース時代の同僚マイク・ケキッチと家族ごと入れ替わったことでも話題を呼んだ。
【通算】11 年、355 試合、330 先発、90 完投、20 完封、133 勝 131 敗 1 S、2218.1 回、1015 奪三振、防御率 3.30
【タイトル】オールスター 1 回（70 年）

ジョック・ピーダーソン　★
Joc Russell Pederson
1992.4.21 ～【出身地】カリフォルニア州パロアルト【球団】2014-20 ドジャース　21 カブス　21 ブレーヴス　22-23 ジャイアンツ　24 ダイアモンドバックス【位置】外野、左
【経歴】2010 年ドラフト 11 位でドジャース

に入団。長打力と選球眼が長所で、15年は新人で6月末までに20本塁打。年間では26本、92四球(5位)を選ぶも170三振を喫し、打率も.210。左投手を打てない弱点もあり、19年に放った自己最多の36本塁打はすべて右投手からだった。翌20年はエンジェルズへのトレードが破談になってドジャースに残留、ワールドシリーズでは10打数4安打3打点で世界一に貢献した。21年のプレイオフも2本の代打弾を含む3本塁打、9打点、ポストシーズンでは通算12本塁打。父のステュもドジャースの外野手だった。
【通算】11年、1272試合、3687打数887安打、209本塁打、549打点、29盗塁、1020三振、打率.241
【タイトル】オールスター2回(2015,22年)

ヘイニー・ピーツ
Henry Clement Peitz
1870.11.28～1943.10.23【出身地】ミズーリ州セントルイス【球団】1892-95セントルイス　96-1904レッズ　05-06パイレーツ　13カーディナルス【位置】捕手、内野、右
【経歴】本職は捕手だったが、投手を含めすべてのポジションを守ることができた。1902年捕手兼二塁手として自己最多の112試合に出場し、打率.315、60打点。同じドイツ系の主戦投手テッド・ブライテンスタインと公私にわたって名コンビを組んだ。兄ジョーはセントルイス時代のチームメイト。
【通算】16年、1235試合、4124打数1117安打、16本塁打、560打点、91盗塁、打率.271

アーロン・ヒックス　★
Aaron Michael Hicks
1989.10.2～【出身地】カリフォルニア州サンペドロ【球団】2013-15ツインズ　16-23ヤンキース　23オリオールズ　24エンジェルズ【位置】外野、両
【経歴】2008年ドラフト1位でツインズに入団。強肩の外野手で、メジャーに昇格した13年に81試合だけでリーグ3位の9補殺、16年にはスローイングで史上最速の170kmを計測した。ヤンキース移籍後の18年に27本塁打、79打点、90四球(5位)の好成績を残し、7年7000万ドルの契約を結んだがその後は不振だった。19年はヨーロッパでの試合で初の本塁打を放った選手になった。
【通算】12年、981試合、3135打数724安打、109本塁打、392打点、71盗塁、打率.231

ジム・ヒックマン
James Lucius Hickman
1937.5.10～2016.6.25【出身地】テネシー州ヘニング【球団】62-66メッツ　67ドジャース　68-73カブス　74カーディナルス【位置】外野、一塁、右
【経歴】"ジェントルマン・ジム"と呼ばれた穏やかな気質で、カーディナルスでプロ入りした後、62年拡張ドラフトでメッツへ移籍してレギュラーとなる。翌63年は17本塁打を放つも、120三振を喫した粗さのほうが目立っていた。4月7日にメッツで初めてのサイクルヒット、8月9日のカブス戦ではロジャー・クレイグの連敗を18で止めるサヨナラ満塁本塁打を打った。カブス移籍後の70年は打率.315、32本塁打、115打点、93四球、出塁率.419(5位)と活躍。33歳にして初出場した同年のオールスターでサヨナラ安打を放った。
【通算】13年、1421試合、3974打数1002安打、159本塁打、560打点、17盗塁、打率.252
【タイトル】オールスター1回(70年)

チャーリー・ヒックマン
Charles Taylor Hickman
1876.3.4～1934.4.19【出身地】ペンシルヴェニア州テイラータウン【球団】1897-99ボストン　1900-01ジャイアンツ　02レッドソックス　02-04インディアンズ　04-05タイガース　05-07セネターズ　07ホワイトソックス　08インディアンズ【位置】一塁、外野、三塁、投手、右
【経歴】足が遅く"ピアノ・レッグス"の異名のあった選手。1900年ジャイアンツに移籍して正三塁手となり、91失策はリーグワースト記録だったが、打率.313、17三塁打(2位)、91打点と打撃でカバー。レッドソックスに移った02年は打率.361(3位)、193安打(1位)、11本塁打(2位)、110打点(2位)。翌03年も12本塁打、97打点はいずれも2位、06年の9本塁打も2位だった。投手としても通算30試合に登板、10勝8敗、3完封、防御率4.28を記録している。親しみやすい性格の人気者で、セオドア・ローズヴェルト大統領一家と個人的に親しく、セネターズ時代は何度もホワイトハウスを訪れた。引退後は母校ウェストヴァージニア大のコーチを経て、故郷モーガンタウンの市長

を3期務めた。
【通算】12年、1081試合、3982打数1176安打、59本塁打、614打点、72盗塁、打率.295

トーギー・ピッティンガー
Charles Reno Pittinger (Togie)
1872.1.12～1909.1.14【出身地】ペンシルヴェニア州グリーンキャッスル【球団】1900-04ブレーヴス　05-07フィリーズ【位置】投手、右
【経歴】28歳でメジャーに昇格した遅咲きの投手。速球とカーブが良く、02年27勝（2位）、防御率2.52、174奪三振（3位）の自己最高成績を残す。同年から3年連続で最多与四球と、コントロールに問題があった。フィリーズに移籍した05年はリーグ最多の46試合に登板、23勝（2位）を挙げた。糖尿病を患い引退、37歳で病死。
【通算】8年、262試合、227先発、187完投、23完封、115勝113敗、2040.2回、832奪三振、防御率3.10

ラリー・ビットナー
Lawrence David Biittner
1946.7.27～2022.1.2【出身地】アイオワ州ポカホンタス【球団】70-73セネターズ/レンジャーズ　74-76エクスポズ　76-80カブス　81-82レッズ　83レンジャーズ【位置】外野、一塁、左
【経歴】68年ドラフト10位でセネターズに入団。代打としての起用が多く、通算95本の代打安打を放つ。75年は準レギュラーで打率.315、109安打、77年は一塁と左翼の併用で自己最多の147安打、12本塁打、62打点だった。
【通算】14年、1217試合、3151打数861安打、29本塁打、354打点、10盗塁、打率.273

ウォーリー・ピップ
Walter Clement Pipp
1893.2.17～1965.1.11【出身地】イリノイ州シカゴ【球団】13タイガース　15-25ヤンキース　26-28レッズ【位置】一塁、左
【経歴】15年ヤンキースに移籍して正一塁手となり、16年12本、翌17年は9本で2年連続本塁打王となる。22年自己最高の打率.329、24年には19三塁打（1位）、110打点と主軸として活躍、一塁守備も上手く補殺で2度、併殺で6度1位になった。25年6月、頭痛で欠場したのをきっかけにルー・ゲーリッグにポジションを奪われる。翌26年はレッズへ金銭トレードされ、99打点（4位）を稼いだ。ベーブ・ルースとは仲が悪く、ベンチ内で喧嘩になったこともあった。
【通算】15年、1872試合、6914打数1941安打、148三塁打、90本塁打、1004打点、125盗塁、打率.281
【タイトル】本塁打王2回（16～17年）

ジョージ・ピップグラス
George William Pipgras
1899.12.20～1986.10.19【出身地】アイオワ州アイダグローヴ【球団】23-24,27-33ヤンキース　33-35レッドソックス【位置】投手、右
【経歴】長身の速球投手で、ナックルボールをチェンジアップ代わりに使っていた。23年ヤンキースに昇格、一旦マイナー落ちしたが27年に再昇格し10勝、翌28年は300.2回（1位）を投げ24勝で最多勝、139奪三振も2位。29年18勝（5位）、125奪三振（3位）、30年は3完封（1位）を含む15勝と活躍を続けた。ワールドシリーズでも3試合に先発し、すべて勝利投手。引退後はア・リーグの審判を務めた。弟のエドも1年のみドジャースの投手だった。
【通算】11年、276試合、189先発、93完投、16完封、102勝73敗、1488.1回、714奪三振、防御率4.09
【タイトル】最多勝1回（28年）

ダン・ピトリー
Daniel Joseph Petry
1958.11.13～【出身地】カリフォルニア州パロアルト【球団】79-87タイガース　88-89エンジェルズ　90-91タイガース　91ブレーヴス　91レッドソックス【位置】投手、右
【経歴】76年ドラフト4位でタイガースに入団。79年に20歳でメジャーに昇格、鋭いスライダーと落ち着いたマウンドさばきで80年から6年連続2ケタ勝利、防御率3点台と安定して好成績を残す。82年は15勝、防御率3.22（4位）、翌83年は自己最多の19勝（5位）。84年は18勝（4位）を挙げ、ワールドシリーズで2度先発したが勝利投手にはなれなかった。息子のジェフはNHLの選手。
【通算】13年、370試合、300先発、52完投、11完封、125勝104敗1S、2080.1回、1063奪三振、防御率3.95

【タイトル】オールスター1回（85年）

ホセ・ビドロ
Jose Angel Vidro
1974.8.27～【出身地】プエルトリコ・マヤゲス【球団】97-2006エクスポズ/ナショナルズ　07-08マリナーズ【位置】二塁、両
【経歴】92年ドラフト6位でエクスポズに入団。99年正二塁手となり打率.304、45二塁打（2位）、翌2000年は200安打（2位）、51二塁打（3位）に加え、打率.330、24本塁打、97打点の自己最高成績。02年も190安打と43二塁打は3位。コンタクト能力に秀でたスイッチヒッターとして、03年まで5年連続で打率3割、30二塁打以上だった。07年マリナーズに移籍、打率.314で4年ぶりに3割をクリアしたが、翌08年は.234と不振でシーズン途中解雇された。
【通算】12年、1418試合、5113打数1524安打、128本塁打、654打点、23盗塁、打率.298
【タイトル】オールスター3回（2000,02～03年）

ニール・ヒートン
Neal Heaton
1960.3.3～【出身地】ニューヨーク州サウスオゾーンパーク【球団】82-86インディアンズ　86ツインズ　87-88エクスポズ　89-91パイレーツ　92ロイヤルズ　92ブルワーズ　93ヤンキース【位置】投手、左
【経歴】79年1月ドラフトで地元のメッツから全体1位指名されるも入団拒否。81年ドラフト2位でインディアンズに入団、83～84年と2年連続で2ケタ勝利を挙げたが、84年から3年連続15敗以上と負けが込む。87年エクスポズに移籍し自己最多の13勝、90年は新球“スクリュー・ナックル・チェンジ”を開発、12勝を挙げオールスターに選ばれた。
【通算】12年、382試合、202先発、22完投、6完封、80勝96敗10S、1507回、699奪三振、防御率4.37
【タイトル】オールスター1回（90年）

ジョエル・ピニェイロ
Joel Alberto Pineiro
1978.9.25～【出身地】プエルトリコ・リオピエドラス【球団】2000-06マリナーズ　07レッドソックス　07-09カーディナルス　10-11エンジェルズ【位置】投手、右
【経歴】97年ドラフト12位でマリナーズに入団。2001年後半から先発ローテーションに加わり、6勝、防御率2.03と好投。翌02年14勝、03年も16勝を挙げたが、その後は年々成績を落とす。カーディナルス移籍後はゴロを打たせる投球にモデルチェンジし、09年に6年ぶり2ケタの15勝（4位）と復活、同年は自己最多の214回を投げ27四球しか与えなかった。
【通算】12年、335試合、263先発、15完投、6完封、104勝93敗2S、1754.1回、1058奪三振、防御率4.41

フェルナンド・ビーニャ
Fernando Vina
1969.4.16～【出身地】カリフォルニア州サクラメント【球団】93マリナーズ　94メッツ　95-99ブルワーズ　2000-03カーディナルス　04タイガース【位置】二塁、左
【経歴】90年ドラフト9位でメッツに入団。ブルワーズ移籍後の96年10三塁打（2位）を放つが、それ以上にアルバート・ベルにフィールド上で殴り倒されたことで有名となる。98年は打率.311、198安打（5位）、39二塁打、22盗塁の自己記録。2000～01年も打率3割、02年まで3年連続でプレイオフに出場し、合計93打数31安打とよく打った。死球が多く2000年は28回、通算157回もぶつけられた。守備の評価も高く、96年は刺殺、併殺の両部門で1位、01～02年にゴールドグラブを受賞した。
【通算】12年、1148試合、4240打数1196安打、40本塁打、343打点、116盗塁、打率.282
【タイトル】ゴールドグラブ2回（2001～02年）オールスター1回（98年）

ルー・ピネラ
Louis Victor Piniella
1943.8.28～【出身地】フロリダ州タンパ【球団】64オリオールズ　68インディアンズ　69-73ロイヤルズ　74-84ヤンキース【位置】外野、右
【経歴】69年拡張ドラフトでパイロッツに加わり、開幕直前にロイヤルズへ移籍、開幕戦での球団初安打は自身のメジャー初安打。同年打率.282、68打点で新人王に選ばれ、翌70年は打率.301、自己最多の88打点。72年は打率.312と179安打は2位、33二塁打は1位。ヤンキース移籍後の78年も打率.314（4位）、34二塁打、ワールドシリーズ第4戦でサヨナラ

安打を放った。シリーズには4回出場し打率.319。通算102本塁打を打っているが、1試合2本以上は一度もなかった。
82年から3年間は打撃コーチを兼任し、86年ビリー・マーティンに代わってヤンキース監督に就任。88年はマーティンの再任でGMとなったがシーズン途中で再び監督に戻る。90年レッズに移り、開幕から一度も首位の座を譲らずリーグ優勝。ワールドシリーズでも幼馴染みのトニー・ラルーサ率いるアスレティックスに4連勝し世界一になった。93年マリナーズの監督となり、95年に球団史上初の地区制覇に導く。2001年は116勝でア・リーグ新、メジャー最多タイ記録を樹立したが、リーグ優勝決定シリーズでヤンキースに敗れた。
03年は珍しい選手と監督の交換トレードにより、ランディ・ウィンと入れ替わりにレイズへ移籍。07年カブス監督に就任、同年と翌08年に2年連続地区優勝した。95、01、08年の3回最優秀監督賞を受賞している。熱血漢として有名で、監督時代は抗議の際にベースを投げ飛ばすパフォーマンスで観客を喜ばせた。デイヴ・マガダンとは従兄弟同士。
【通算】18年、1747試合、5867打数1705安打、102本塁打、766打点、32盗塁、打率.291
【タイトル】新人王(69年) オールスター1回(72年)
【監督】86-88ヤンキース 90-92レッズ 93-2002マリナーズ 03-05レイズ 07-10カブス 23年、3548試合、1835勝1713敗、勝率.517 リーグ優勝1回(90年) ワールドシリーズ優勝1回(90年)

シェイン・ビーバー ★
Shane Robert Bieber
1995.5.31～【出身地】カリフォルニア州オレンジ【球団】2018-24ガーディアンズ【位置】投手、右
【経歴】2016年ドラフト4位でインディアンズに入団。18年メジャーに昇格し11勝、続く19年は15勝、防御率3.28(4位)、259奪三振(3位)。本拠のクリーヴランドで開催されたオールスターでは、3者三振を奪いMVPに選ばれた。高めの速球とスライダーで勝負し、20年は12試合で8勝、防御率1.63、122奪三振の三冠に輝きサイ・ヤング賞を受賞。奪三振率14.2は短縮シーズンとはいえ先発投手の新記録となった。21年にかけて20試合連続8奪三振以上の新記録も樹立したが、その後は故障続き。24年は2試合投げただけでトミー・ジョン手術に至った。
【通算】7年、136試合、134先発、5完投、2完封、62勝32敗0S、843回、958奪三振、防御率3.22
【タイトル】サイ・ヤング賞1回(2020年) 最多勝1回(20年) 最優秀防御率1回(20年) 最多奪三振1回(20年) オールスター2回(19,21年)

ジム・ビビー
James Blair Bibby
1944.10.29～2010.2.16【出身地】ノースカロライナ州フランクリントン【球団】72-73カーディナルス 73-75レンジャーズ 75-77インディアンズ 78-81,83パイレーツ 84レンジャーズ【位置】投手、右
【経歴】65年ドラフト外でメッツに入団。相次ぐ故障やベトナム戦争への従軍などでメジャー昇格は27歳と遅かったが、73年7月30日のアスレティックス戦でレンジャーズ球団初のノーヒットノーランを達成。体格が良く速球に力があって、翌74年は19勝したが19敗を喫す。80年には自己最多タイの19勝(3位)を挙げた。登板時に大量の汗をかくので有名だった。引退後はマイナーで長く投手コーチを務めた。弟のヘンリー、甥のマイクはNBAの選手。
【通算】12年、340試合、239先発、56完投、19完封、111勝101敗8S、1722.2回、1079奪三振、防御率3.76
【タイトル】オールスター1回(80年)

フレッド・ビービー
Frederick Leonard Beebe
1879.12.31～1957.10.30【出身地】ネブラスカ州リンカン【球団】06カブス 06-09カーディナルス 10レッズ 11フィリーズ 16インディアンズ【位置】投手、右
【経歴】速球に力があり、06年新人ながら15勝、リーグ最多の171三振を奪う。翌07年は7勝19敗と大きく負け越すも、141奪三振は4位。09年にも15勝した。11年を最後にメジャーから遠ざかっていたが、16年5年ぶりに復帰、20試合で5勝、防御率2.41と好投した。
【通算】7年、202試合、153先発、93完投、9完封、62勝83敗、1294.1回、634奪三振、防御率2.86
【タイトル】最多奪三振1回(06年)

ウバルド・ヒメネス
Ubaldo Jimenez
1984.1.22 ～【出身地】ドミニカ共和国ナグア【球団】2006-11 ロッキーズ　11-13 インディアンズ　14-17 オリオールズ【位置】投手、右
【経歴】2001 年ロッキーズに入団、力強い速球で 07 年後半戦からローテーションに加わり 4 勝、ポストシーズンも 3 先発、0 勝ながら 16 回で 4 失点。08 年 12 勝、09 年 15 勝（4 位）、198 奪三振と数字を伸ばし、10 年は 4 月 17 日のブレーヴス戦でロッキーズ初のノーヒットノーラン。前半戦は 15 勝 1 敗、33 回連続無失点も記録し防御率 2.20、オールスターでは先発を務めた。年間では 19 勝（3 位）、防御率 2.88、214 奪三振（3 位）。翌 11 年は大きく数字を落とし、シーズン途中でインディアンズへ放出、続く 12 年はリーグ最多の 17 敗。13 年は 13 勝、194 奪三振と復調したかに見えたが、オリオールズ移籍後の 4 年間は防御率 5.22 と振るわなかった。
【通算】12 年、329 試合、315 先発、9 完投、3 完封、114 勝 117 敗 1 S、1870 回、1720 奪三振、防御率 4.34
【タイトル】オールスター 1 回（2010 年）

ホナタン・ビヤール
Jonathan Rafael Villar
1991.5.2 ～【出身地】ドミニカ共和国ラベガ【球団】2013-15 アストロズ　16-18 ブルワーズ　18-19 オリオールズ　20 マーリンズ　20 ブルージェイズ　21 メッツ　22 カブス　22 エンジェルズ【位置】遊撃、二塁、両
【経歴】2008 年にフィリーズに入団し、アストロズ移籍後の 13 年にメジャーへ昇格、58 試合で 18 盗塁。ブルワーズへ移籍した 16 年はリーグ最多の 62 盗塁、打撃でも打率 .285、38 二塁打、19 本塁打、79 四球。19 年も 162 試合にフル出場し 24 本塁打、73 打点、40 盗塁は 3 位だった。
【通算】10 年、1032 試合、3530 打数 899 安打、101 本塁打、343 打点、239 盗塁、1045 三振、打率 .255
【タイトル】盗塁王 1 回（2016 年）

ジェイ・ヒューズ
James H. Hughes
1874.1.22 ～ 1924.6.2【出身地】カリフォルニア州サクラメント【球団】1898 ボルティモア　99,1901-02 ドジャース【位置】投手、右
【経歴】ヒューイー・ジェニングスが西海岸への巡業中に見出し、ボルティモアに入団。速球と同じ腕の振りでカーブを投げ、1898 年 4 月 18 日の初登板で完封勝利、22 日の 2 試合目はボストンを相手にノーヒットノーランと派手なデビューを飾る。同年 23 勝、翌 99 年は多くの主力選手とともにブルックリンへ移り 28 勝（1 位）、防御率 2.68（5 位）を記録した。1900 年は家庭の事情で地元のマイナー球団で投げ、01 ～ 02 年はメジャーに戻り合計 32 勝したが、02 年限りで帰郷した。
【通算】4 年、134 試合、128 先発、111 完投、8 完封、83 勝 40 敗、1088 回、363 奪三振、防御率 3.02
【タイトル】最多勝 1 回（1899 年）

トム・ヒューズ
Thomas James Hughes
1878.11.29 ～ 1956.2.8【出身地】イリノイ州シカゴ【球団】1900-01 カブス　02 オリオールズ　02-03 レッドソックス　04 ヤンキース　04-09,11-13 セネターズ【位置】投手、右
【経歴】01 年 10 勝 23 敗と大きく負け越しながらも、225 奪三振は 3 位。03 年は 20 勝を挙げ、サイ・ヤング、ビル・ディニーンと 20 勝トリオを形成する。04 ～ 05 年は 2 年連続で 20 敗したが、05 年は 17 勝、インディアンズを 5 回も零封し、同一カードでの最多完封記録を作った。08 年は 18 勝、自己ベストの防御率 2.21。カーブが良く、投球時には打者に舌戦を仕掛けた。弟エドもメジャー経験あり。
【通算】13 年、399 試合、313 先発、227 完投、25 完封、132 勝 174 敗、2644 回、1368 奪三振、防御率 3.09

テックス・ヒューソン
Cecil Carlton Hughson (Tex)
1916.2.9 ～ 93.8.6【出身地】テキサス州ブダ【球団】41-44,46-49 レッドソックス【位置】投手、右
【経歴】速球とカーブのコンビネーションで、42 年 22 勝、22 完投、281 回、113 奪三振の 4 部門で 1 位となる。44 年も 8 月上旬に兵役で離脱したが 18 勝（4 位）、防御率 2.26（3 位）の活躍だった。復帰した 46 年も 20 勝（4 位）、172 奪三振（3 位）。ワールドシリーズ第 1 戦では 8 回 2 失点と好投するも勝てず、第 4 戦は 2 回 6 失点と打ち込まれた。ジョー・マッカーシー監督との確執が深刻化し、50 年に

ジャイアンツヘトレードされたが拒否して引退した。
【通算】8年、225試合、156先発、99完投、19完封、96勝54敗、1375.2回、693奪三振、防御率2.94
【タイトル】最多勝1回(42年) 最多奪三振1回(42年) オールスター3回(42～44年)

ジェイ・ビューナー
Jay Campbell Buhner
1964.8.13～【出身地】ケンタッキー州ルイヴィル【球団】87-88ヤンキース 88-2001マリナーズ【位置】外野、右
【経歴】長年マリナーズをチームリーダーとして牽引した長距離砲。84年1月ドラフト2位(第2回)でパイレーツに入団、ヤンキースを経て91年マリナーズの正右翼手となり、27本塁打の長打力と15補殺の強肩を披露。以後7年連続20本塁打以上、95年は40本塁打(2位)、121打点(3位)、9月だけで14本塁打を放ち逆転地区優勝に大いに貢献。プレイオフでも47打数18安打、4本塁打、8打点と打ちまくった。翌96年自己最多の44本塁打、138打点、97年も40本塁打(4位)を放ったが、175三振は2年連続ワースト。93年100四球、97年も119四球(2位)を選ぶなど選球眼も良かった。ケン・グリフィー・ジュニアとは親友同士。ニックネームの"ボーン"は、マイナー時代に打球を頭に当てたボーンヘッドが由来だった。
【通算】15年、1472試合、5013打数1273安打、310本塁打、965打点、6盗塁、1406三振、打率.254
【タイトル】ゴールドグラブ1回(96年) オールスター1回(96年)

ドン・ビュフォード ☆
Donald Alvin Buford
1937.2.2～【出身地】テキサス州リンデン【球団】63-67ホワイトソックス 68-72オリオールズ【位置】外野、二塁、三塁、両
【経歴】俊足で併殺打が極めて少なく、通算ではわずか34本。ホワイトソックス時代は二塁と三塁で併用され、66年は首位に1個差の51盗塁、翌67年も34盗塁で2年連続2位。オリオールズ移籍後は一番・左翼で69年からの3連覇の主力となり、71年は出塁率.413で4位に入った。70年17本塁打、71年も19本と長打力もあり、69年のワールドシリーズ第1戦では先頭打者本塁打、3度出場したシリーズで通算4本塁打を放った。73年太平洋に入団、翌74年リーグ2位の打率.330。ロッテの金田正一監督と乱闘も演じたが、本来は読書とチェスが趣味の知性派だった。引退後はジャイアンツやオリオールズでコーチを務めた。息子のデイモンもメジャーリーガー。
【通算】10年、1286試合、4553打数1203安打、93本塁打、418打点、200盗塁、打率.264
【タイトル】オールスター1回(71年)
【日本】73-75太平洋 76南海 4年、490試合、1779打数480安打、65本塁打、213打点、66盗塁、打率.270

ジョン・ヒラー
John Frederick Hiller
1943.4.8～【出身地】カナダ・オンタリオ州トロント【球団】65-70,72-80タイガース【位置】投手、左
【経歴】68年先発、リリーフ兼任で9勝、防御率2.39と好投し優勝に貢献。71年は心臓発作で倒れ危うく死にかけた。翌72年復帰、73年はリーグ最多の65試合に投げ10勝38セーブ(1位)、防御率1.44の見事な成績を収めカムバック賞を受賞。翌74年もすべてリリーフで17勝したが14敗と失敗も少なくなかった。76年も12勝を挙げている。非常に迷信深いことでも知られた。
【通算】15年、545試合、43先発、13完投、6完封、87勝76敗125S、1242回、1036奪三振、防御率2.83
【タイトル】最多セーブ1回(73年) オールスター1回(74年)

ケヴィン・ピラー ★
Kevin Andrew Pillar
1989.1.4～【出身地】カリフォルニア州ウェストヒルズ【球団】2013-19ブルージェイズ 19ジャイアンツ 20レッドソックス 20ロッキーズ 21メッツ 22ドジャース 23ブレーヴス 24ホワイトソックス 24エンジェルズ【位置】外野、右
【経歴】派手なダイビングキャッチを連発し、観客を沸かせた中堅手。2011年ドラフト32位でブルージェイズに入団。15年レギュラーに定着しリーグ最多の440刺殺、打撃でも163安打、25盗塁(5位)、以後5年連続で30二塁打以上。18年3月31日にリーグ22年ぶりのサイクルスティールを達成、翌19年に自己最多の21

本塁打、88 打点を記録した。
【通算】12 年、1214 試合、4088 打数 1044 安打、114 本塁打、468 打点、108 盗塁、打率 .255

平野佳寿　☆
Yoshihisa Hirano
1984.3.8 ～【出身地】京都府宇治市【球団】2018-19 ダイアモンドバックス　20 マリナーズ【位置】投手、右
【経歴】京都産業大から 2005 年のドラフト自由枠でオリックスに入団。当初は先発だったが 10 年からリリーフに回り、速球とフォークの組み合わせで 11 年に最優秀中継ぎ賞を受賞。14 年はリーグ新記録の 40 セーブ、4 回防御率 1 点台を記録した。18 年 FA となってダイアモンドバックスに入団、4 月 8 日のカーディナルス戦で初勝利。5 月 6 日からは球団新記録の 26 試合連続無失点、年間 75 登板で日本人投手最多記録を更新。4 勝 3 敗 3 セーブ、リーグ 3 位の 32 ホールド、防御率 2.44 の好成績を収めた。翌 19 年も 62 試合に投げたが防御率は 4.75 へ悪化、マリナーズへ移籍した 20 年も 5 点台と振るわず、21 年にオリックスへ復帰した。
【通算】3 年、150 試合、0 先発、9 勝 9 敗 8 S、131.2 回、131 奪三振、防御率 3.69
【日本】2006-07,09-17,21-24 オリックス 15 年、697 試合、68 先発、14 完投、7 完封、56 勝 77 敗 249 S、1114.1 回、998 奪三振、防御率 2.95

ジャック・ビリンガム
John Eugene Billingham
1943.2.21 ～【出身地】フロリダ州オーランド【球団】68 ドジャース　69-71 アストロズ　72-77 レッズ　78-80 タイガース　80 レッドソックス【位置】投手、右
【経歴】69 年拡張ドラフトでエクスポズに指名されたのち、トレードでアストロズに移籍。翌 70 年投球フォームを横手に変え、沈む速球で 13 勝を挙げると、以後 10 年連続で 2 ケタ勝利。73 年は 293.1 回（1 位）を投げ、7 完封（1 位）を含む 19 勝（2 位）、防御率 3.04。翌 74 年も 19 勝（3 位）を挙げた。ワールドシリーズでは通算 7 試合、25.1 回を投げ自責点 1 だった。引退後はアストロズなどの投手コーチを務めた。クリスティ・マシューソンの遠い親戚にあたる。
【通算】13 年、476 試合、305 先発、74 完投、27 完封、145 勝 113 敗 15 S、2231.1 回、1141 奪三振、防御率 3.83
【タイトル】オールスター 1 回（73 年）

アーロン・ヒル
Aaron Walter Hill
1982.3.21 ～【出身地】カリフォルニア州ヴァイセリア【球団】2005-11 ブルージェイズ　11-15 ダイアモンドバックス　16 ブルワーズ　16 レッドソックス　17 ジャイアンツ【位置】二塁、右
【経歴】2003 年ドラフト 1 位でブルージェイズに入団。06 年正二塁手となり打率 .291、コンパクトなスイングで翌 07 年は 47 二塁打（3 位）。08 年に脳震盪で長期欠場したあと、09 年は自己最多の 195 安打（5 位）、36 本塁打（3 位）、108 打点（5 位）の大活躍だった。11 年途中ダイアモンドバックスに移籍、翌 12 年は打率 .302、44 二塁打（2 位）、26 本塁打、6 月だけで 2 度サイクルヒットを達成。年間 2 度のサイクルは 81 年ぶり 2 人目の快挙だった。二塁守備の評価も高く、3 回最多補殺を記録している。
【通算】13 年、1559 試合、5646 打数 1501 安打、162 本塁打、695 打点、74 盗塁、打率 .266
【タイトル】オールスター 1 回（2009 年）

グレナレン・ヒル
Glenallen Hill
1965.3.22 ～【出身地】カリフォルニア州サンタクルス【球団】89-91 ブルージェイズ　91-93 インディアンズ　93-94 カブス　95-97 ジャイアンツ　98 マリナーズ　98-2000 カブス　00 ヤンキース　01 エンジェルズ【位置】外野、右
【経歴】83 年ドラフト 9 位でブルージェイズに入団。早くから期待されたが伸び悩み続け、95 年移籍したジャイアンツで 24 本塁打、86 打点、25 盗塁とようやく満足な成績を残す。97 年 6 月 12 日には史上初のインターリーグの試合で、ナ・リーグの選手として初めて DH として出場した。98 年は打率 .310、20 本塁打、カブス復帰後の 48 試合に .351 の高打率でプレイオフ進出に貢献した。2000 年自己最多の 27 本塁打、ヤンキース移籍後の 40 試合は打率 .333、16 本塁打でまたも優勝への追い込みに大きな役割を果たした。引退後ロッキーズでコーチを務めた。
【通算】13 年、1162 試合、3715 打数 1005 安打、186 本塁打、586 打点、96

盗塁、打率 .271

ケン・ヒル
Kenneth Wade Hill
1965.12.14 ～【出身地】マサチューセッツ州リン【球団】88-91 カーディナルス　92-94 エクスポズ　95 カーディナルス　95 インディアンズ　96-97 レンジャーズ　97-2000 エンジェルズ　00 ホワイトソックス　01 レイズ【位置】投手、右
【経歴】85 年ドラフト外でタイガースに入団。速球とフォーク、スライダー主体の本格派で、89 年カーディナルスで先発陣に加わるがリーグワーストの 99 四球、15 敗と苦戦。92 年エクスポズに移籍し 16 勝(3 位)、防御率 2.68、94 年も 16 勝を挙げ最多勝。レンジャーズに移った 96 年 3 度目の 16 勝 (5 位)、3 完封は 1 位だったが、その後は肩の痛みもあって再び制球難に陥り、今一つの成績だった。
【通算】14 年、332 試合、315 先発、19 完投、8 完封、117 勝 109 敗 0 S、1973 回、1181 奪三振、防御率 4.06
【タイトル】最多勝 1 回 (94 年) オールスター 1 回 (94 年)

ピート・ヒル
Joseph Preston Hill (Pete)
1882.10.12 ～ 1951.11.19【出身地】ヴァージニア州カルペパー【球団】ニグロ・リーグ【位置】外野、左
【経歴】広角に打ち分けたラインドライブ・ヒッターで、ニグロ・リーグのタイ・カッブと呼ばれた。11 年には 116 試合中 115 試合でヒットを打ったと言われている。1899 年から 28 年間にわたり現役を続け、全盛期のほとんどをフィラデルフィア・ジャイアンツやシカゴ・アメリカン・ジャイアンツなど、ルーブ・フォスターの率いるチームで過ごした。フォスターの信頼が厚く、シカゴ時代は主将を務めた。俊足を生かしたセーフティ・バントも巧く、守備も素晴らしかった。2006 年殿堂入り。
＜ニグロ・リーグの成績＞139 試合、431 打数 128 安打、7 本塁打、63 打点、11 盗塁、打率 .297

ルイス・ヒル　★
Luis Angel Gil
1998.6.3 ～【出身地】ドミニカ共和国アスア【球団】2021-22,24 ヤンキース【位置】投手、右
【経歴】2015 年ツインズでプロ入り、18 年にヤンキースへトレード。21 年メジャーに昇格するが翌 22 年に肘を手術。本格的に復帰した 24 年は先発ローテーション入りし、前半戦は 9 連勝を含む 10 勝。速球とスライダーのコンビネーションで、年間でもリーグ 5 位の 15 勝、防御率 3.50、177 三振を奪い新人王を受賞した。
【通算】3 年、36 試合、36 先発、0 完投、16 勝 8 敗 0S、185 回、214 奪三振、防御率 3.55
【タイトル】新人王 (2024 年)

シェイ・ヒレンブランド
Shea Matthew Hillenbrand
1975.7.27 ～【出身地】アリゾナ州メサ【球団】2001-03 レッドソックス　03-04 ダイアモンドバックス　05-06 ブルージェイズ　06 ジャイアンツ　07 エンジェルズ　07 ドジャース【位置】三塁、一塁、右
【経歴】96 年ドラフト 10 位でレッドソックスに入団。2001 年正三塁手となり、翌 02 年は打率 .293、43 二塁打、18 本塁打でオールスターに選ばれる。ダイアモンドバックスに途中移籍した 03 年に自己最多の 20 本塁打、97 打点、続く 04 年は打率 .310。積極的に打ちに行くため四球は少ないが、死球が多く 05 年はリーグ最多の 22 死球。06 年途中首脳陣を批判してジャイアンツへ放出され、エンジェルズに在籍していた翌 07 年もトレードを要求し解雇された。
【通算】7 年、943 試合、3570 打数 1014 安打、108 本塁打、490 打点、16 盗塁、打率 .284
【タイトル】オールスター 2 回 (2002,05 年)

ビリー・ビーン
William Lamar Beane
1962.3.29 ～【出身地】フロリダ州オーランド【球団】84-85 メッツ　86-87 ツインズ　88 タイガース　89 アスレティックス【位置】外野、右
【経歴】80 年ドラフト 1 位でメッツに入団したが、86 年にツインズで 80 試合に出場したのが最多で、引退後アスレティックスのフロント入り。97 年に GM に就任すると、セイバーメトリクスの知識を活用して低予算ながらも効率的なチーム作りを実施、2000 年から 4 年続けてプレイオフに進出した。出塁率重視、新人ドラフトでは大学生を重点的に指名するといった手法は、マイケル・ルイス著のベストセラー『マネー・ボール』で紹介されて注目を集め、

球界のスタンダードと化した。同書が映画化された際はブラッド・ピットがビーン役を演じた。03年にレッドソックスにGMとして勧誘され、一旦は合意するも翻意し留任。05年にアスレティックスの小口オーナーとなり、16年にGMを退いて球団副社長へ昇進した。サッカーにも関心が深く、オランダのプロチームのアドバイザーを務めている。
【通算】6年、148試合、301打数66安打、3本塁打、29打点、5盗塁、打率.219

ジョージ・ピンクニー
George Burton Pinkney
1859.1.11～1926.11.10【出身地】イリノイ州オレンジプレイリー【球団】1884クリーヴランド　85-91ブルックリン（AA）/ブルックリン　92セントルイス　93ルイヴィル【位置】三塁、左
【経歴】選球眼に優れ1886年はリーグ最多の70四球、88年は全イニングに出場。90年に自己最多の7本塁打、83打点、出塁率.411は3位。同年まで19世紀のメジャー記録となる577試合連続で出場し、連続イニング出場はカル・リプケンに破られるまで記録として残っていたが、92年に打球を膝に受け選手生命を縮めた。
【通算】10年、1163試合、4610打数1212安打、21本塁打、539打点、打率.263

エリック・ヒンスキー
Eric Scott Hinske
1977.8.5～【出身地】ウィスコンシン州メナシャ【球団】2002-06ブルージェイズ　06-07レッドソックス　08レイズ　09パイレーツ　09ヤンキース　10-12ブレーヴス　13ダイアモンドバックス【位置】三塁、外野、左
【経歴】98年ドラフト17位でカブスに入団。2002年ブルージェイズで正三塁手となり、打率.279、38二塁打、24本塁打、84打点で新人王を受賞。翌03年に45二塁打（5位）を放ったあとは精彩を欠いていたが、レイズに移った08年は6年ぶりの20本台となる20本塁打、ワールドシリーズでも第4戦で代打本塁打を放った。07～09年に3年続けて異なる球団でワールドシリーズに出場したのは、ドン・ベイラーに次ぎ史上2人目だった。引退後エンジェルズの打撃コーチに就任。
【通算】12年、1387試合、3797打数947安打、137本塁打、522打点、61盗塁、打率.249
【タイトル】新人王（2002年）

ヴェイダ・ピンソン
Vada Edward Pinson
1938.8.11～95.10.21【出身地】テネシー州メンフィス【球団】58-68レッズ　69カーディナルス　70-71インディアンズ　72-73エンジェルズ　74-75ロイヤルズ【位置】外野、左
【経歴】打走守三拍子揃っていた好選手。58年19歳でメジャー昇格、翌59年レギュラーとなり打率.316（4位）、205安打（2位）、47二塁打（1位）、20本塁打、84打点、21盗塁（5位）と素晴らしい成績を収める。61年は打率.343（2位）、208安打（1位）に加えゴールドグラブを受賞、63年も204安打、14三塁打の2部門で1位、106打点（4位）、27盗塁（3位）と活躍を続けた。65～66年にかけて31試合連続安打を記録。通算では200安打4回、20本塁打以上7回。故障も少なく、67年まで9年連続で154試合以上出場した。他人の悪口を言わない好人物で、フランク・ロビンソンとカート・フラッドは高校時代の先輩にあたり、レッズ時代のチームメイトだったロビンソンとは特に仲が良かった。
【通算】18年、2469試合、9645打数2757安打、485二塁打、127三塁打、256本塁打、1169打点、305盗塁、574四球、1196三振、打率.286
【タイトル】ゴールドグラブ1回（61年）オールスター2回（59～60年）

A・J・ヒンチ
Andrew Jay Hinch
1974.5.15～【出身地】アイオワ州ウェイヴァリー【球団】98-2000アスレティックス　01-02ロイヤルズ　03タイガース　04フィリーズ【位置】捕手、右
【経歴】2度のドラフト上位指名を拒否し、96年ドラフト3位でアスレティックスに入団。98年に新人で正捕手となり120試合に出場したがその後は出番を減らし、2005年に引退。ダイアモンドバックスのフロントに入り、09年途中から監督を務めるも結果を残せなかった。パドレスのGM補佐を経て、15年アストロズ監督として現場復帰。17年リーグ優勝、ワールドシリーズでも投手交代の見極めが次々に嵌って球団史上初の世界一を達成した。19年も2度目のリーグ優勝を果たしたが、同年明

るみに出たサイン盗み騒動の責任を問われ、指揮官の座を追われた。21年タイガースで監督復帰。スタンフォード大学では心理学を学んだ。
【通算】7年、350試合、953打数209安打、32本塁打、112打点、13盗塁、打率.219
【監督】2009-10ダイアモンドバックス 15-19アストロズ 21-24タイガース 11年、1670試合、877勝793敗、勝率.525、リーグ優勝1回(2017年)ワールドシリーズ優勝1回(17年)

チャック・ヒントン
Charles Edward Hinton
1934.5.3～2013.1.27【出身地】ノースカロライナ州ロッキーマウント【球団】61-64セネターズ 65-67インディアンズ 68エンジェルズ 69-71インディアンズ【位置】外野、一塁、右
【経歴】オリオールズのマイナーから61年拡張ドラフトでセネターズに加わり22盗塁(4位)、翌62年は打率.310(4位)、75打点、28盗塁(2位)。63年も12三塁打(2位)、25盗塁(2位)を決めた。投手以外の全ポジションを守った経験がある。引退後はハワード大学の監督を28年にわたって務めたほか、球界関係者が参加するチャリティゴルフ団体を組織した。
【通算】11年、1353試合、3968打数1048安打、113本塁打、443打点、130盗塁、打率.264
【タイトル】オールスター1回(64年)

【フ】

チャーリー・ファウスト
Charles Victor Faust
1880.10.9～1915.6.18【出身地】カンザス州マリオン【球団】11ジャイアンツ【位置】投手、右
【経歴】メジャー史上最もミステリアスな人物。11年、占い師に「君が投げればジャイアンツは優勝する」と言われたのを信じて7月末にジョン・マグロー監督に入団を直訴。マグローの気まぐれでベンチ入りを許されて以来、ジャイアンツは勝ち続けたためラッキー・ボーイ扱いされ、シーズン終了まで在籍し優勝をもたらす。優勝決定後は2試合登板機会も与えられ、アトラクションとして打席にも入った。翌12年もベンチには入ったが出場はせず、その後精神病院に入院。15年に死去、12年連続Aクラスだったジャイアンツはこの年最下位に沈んだ。
【通算】1年、2試合、0先発、0勝0敗、2回、0奪三振、防御率4.50

デイヴ・ファウツ
David Luther Foutz
1856.9.7～97.3.5【出身地】メリーランド州キャロルカウンティ【球団】1884-87セントルイス(AA) 88-96ブルックリン(AA)/ブルックリン【位置】投手、一塁、外野、右
【経歴】史上1位の勝率.690を誇る好投手。かなりの細身だったが、横手からの速球には威力があった。1884年セントルイス(AA)に加わると7月以降だけで15勝、防御率2.18(2位)、翌85年は33勝(3位)。86年は41勝と防御率2.11がいずれも1位で、チーム3連覇の立役者となる。87年は投手として25勝する一方、野手としても打率.357、108打点(4位)。翌88年金銭トレードでブルックリン(AA)に移り99打点(3位)、89年はほぼ野手に専念し113打点(2位)。92年は投手に戻って5年ぶりに200回以上投げ、13勝を挙げた。人格者で、いつでも冷静さを失わず、審判の判定にも文句を言わなかった。93年から監督を兼任したが、97年開幕前に喘息のため40歳で死去。弟のフランクも1年のみメジャー経験がある。
【通算】＜投手としての成績＞11年、251試合、216先発、202完投、16完封、147勝66敗、1997.1回、790奪三振、防

御率 2.84
<打者としての成績>13 年、1136 試合、4537 打数 1253 安打、31 本塁打、750 打点 (*)、打率 .276
【タイトル】最多勝 1 回 (1886 年) 最優秀防御率 1 回 (86 年)
【監督】1893-96 ブルックリン　4 年、532 試合、264 勝 257 敗、勝率 .507

デクスター・ファウラー
William Dexter Fowler
1986.3.22 ～【出身地】ジョージア州アトランタ【球団】2008-13 ロッキーズ　14 アストロズ　15-16 カブス　17-20 カーディナルス　21 エンジェルズ【位置】外野、両
【経歴】2004 年ドラフト 14 位でロッキーズに入団。09 年正中堅手となり 27 盗塁、翌 10 年はリーグトップの 14 三塁打と持ち前の俊足を生かして活躍する。続く 11 年も 15 三塁打 (3 位)、12 年まで 4 年連続で 2 ケタ三塁打。同年は打率も自己ベストの .300。16 年のワールドシリーズでは第 7 戦での先頭打者弾を含む 2 本塁打を放った。選球眼も良く通算出塁率は .358 だったが、守備は打球判断に課題があった。高卒時はハーヴァード大からバスケットボールで勧誘された。
【通算】14 年、1460 試合、5040 打数 1306 安打、127 本塁打、517 打点、149 盗塁、1326 三振、打率 .259
【タイトル】オールスター 1 回 (2016 年)

バド・ファウラー
John W. Jackson Fowler (Bud)
1858.3.16 ～ 1913.2.26【出身地】ニューヨーク州フォートプレイン【球団】メジャー経験なし【位置】投手、二塁、右
【経歴】最も初期の黒人プロ野球選手の一人で、ニグロ・リーグが組織される以前、白人選手に交じってマイナー球団に所属。約 20 年間投手および二塁手としてプレイした。1894 年には黒人の巡業球団を組織。子供の頃は野球殿堂の所在地であるクーパーズタウンに住んでいた。2022 年殿堂入り。

ジョー・ファーガソン
Joseph Vance Ferguson
1946.9.19 ～【出身地】カリフォルニア州サンフランシスコ【球団】70-76 ドジャース　76 カーディナルス　77-78 アストロズ　78-81 ドジャース　81-83 エンジェルズ【位置】捕手、外野、右
【経歴】68 年ドラフト 8 位でドジャースに入団した当時は外野手で、捕手に転向して 73 年レギュラーとなる。同年 25 本塁打、88 打点、10 犠飛は 1 位だったが、75 年守備力で上回るスティーヴ・イェーガーにポジションを追われ、翌 76 年途中カーディナルスへ移籍。78 年途中ドジャースに戻り、79 年は外野兼任で 20 本塁打、69 打点を記録した。引退後はドジャースなどでコーチを務めた。
【通算】14 年、1013 試合、3001 打数 719 安打、122 本塁打、445 打点、22 盗塁、打率 .240

ボブ・ファーガソン
Robert Vavasour Ferguson
1845.1.31 ～ 94.5.3【出身地】ニューヨーク州ブルックリン【球団】1876-77 ハートフォード　78 シカゴ　79-82 トロイ　83 フィラデルフィア　84 ピッツバーグ (AA)【位置】二塁、三塁、両
【経歴】メジャーで最初のスイッチヒッター。模範的な選手として人望が厚く、1872 年に選手兼任のままナショナル・アソシエーションの会長となる。78 年打率 .351 (3 位)、出塁率 .375 は 1 位。選手として在籍したすべての球団で監督を務め、闘志溢れる采配を見せた。守備シフトを取り入れた最も初期の指揮官でもある。引退後は NL、AA、PL の 3 リーグすべてで審判を務め“キング・オブ・アンパイア”と称された。
【通算】9 年、562 試合、2306 打数 625 安打、1 本塁打、226 打点 (*)、打率 .271
【タイトル】最高出塁率 1 回 (1878 年)
【監督】1876-77 ハートフォード　78 シカゴ　79-82 トロイ　83 フィラデルフィア　84 ピッツバーグ (AA)　86-87 ニューヨーク (AA)　11 年、682 試合、299 勝 373 敗、勝率 .445

ジェフ・ファセロ
Jeffrey Joseph Fassero
1963.1.5 ～【出身地】イリノイ州スプリングフィールド【球団】91-96 エクスポズ　97-99 マリナーズ　99 レンジャーズ　2000 レッドソックス　01-02 カブス　02-03 カーディナルス　04 ロッキーズ　04 ダイアモンドバックス　05-06 ジャイアンツ【位置】投手、左
【経歴】84 年ドラフト 22 位でカーディナルスに入団。エクスポズ移籍後 91 年 28 歳でメジャーに昇格、当初は左の中継ぎだっ

たが93年途中から先発に回り12勝、防御率2.29。フォークやシンカーなど変化球を駆使し、94年防御率2.99（5位）、96年15勝、222奪三振（3位）、マリナーズに移った翌97年自己最多の16勝。99年は5勝14敗、防御率7.20の大不振だったが、カブスに移籍した2001年はリリーフで82試合に投げ12セーブを挙げた。
【通算】16年、720試合、242先発、17完投、2完封、121勝124敗25S、2033.2回、1643奪三振、防御率4.11

ヘウリス・ファミリア
Jeurys Familia
1989.10.10～【出身地】ドミニカ共和国サントドミンゴ【球団】2012-18メッツ　18アスレティックス　19-21メッツ　22フィリーズ　22レッドソックス　23アスレティックス【位置】投手、右
【経歴】2007年メッツに入団、14年は76試合に登板し防御率2.21。翌15年は抑えを任され43セーブ、自己ベストの防御率1.85だったが、ワールドシリーズでは3回セーブに失敗してしまった。シンカーでゴロを打たせる投球が得意で、16年はリーグ最多の51セーブ、前年から52回連続でセーブに成功した。家庭内暴力で逮捕され17年は15試合の出場停止処分。復帰後は中継ぎでの登板が多くなった。
【通算】12年、561試合、1先発、0完投、34勝29敗127S、555.2回、577奪三振、防御率3.58
【タイトル】最多セーブ1回（2016年）オールスター1回（16年）

トミー・ファム　★
Thomas James Pham
1988.3.8～【出身地】ネヴァダ州ラスヴェガス【球団】2014-18カーディナルス　18-19レイズ　20-21パドレス　22レッズ　22レッドソックス　23メッツ　23ダイアモンドバックス　24ホワイトソックス　24カーディナルス　24ロイヤルズ【位置】外野、右
【経歴】2006年ドラフト16位でカーディナルスに入団。左目の視力が低いハンディキャップを乗り越え、15年は新人で初となるポストシーズン初打席本塁打を放つ。17年は打率.306、23本塁打、73打点、25盗塁、出塁率.411（3位）、18、19年も21本塁打。血の気が多く21年は暴漢に腰を刺され、また22年にはオンラインゲームでのいざこざが原因でジョック・ピーダーソンに平手打ちを見舞い、出場停止処分を下された。23年のワールドシリーズでは19打数8安打、第2戦は4安打と大当たりした。
【通算】11年、1121試合、3823打数985安打、139本塁打、470打点、126盗塁、1028三振、打率.258

サイ・ファルケンバーグ
Frederick Peter Falkenberg (Cy)
1879.12.17～1961.4.15【出身地】イリノイ州シカゴ【球団】03パイレーツ　05-08セネターズ　08-11,13インディアンズ　14-15インディアナポリス／ニューアーク（FL）　15ブルックリン（FL）　17アスレティックス
【位置】投手、右
【経歴】変則フォームが特徴だった長身痩躯の投手で、06年14勝20敗と負け越すも178奪三振は2位。エメリーボールをマスターした13年は開幕から10連勝し、23勝と166奪三振は2位、自己ベストの防御率2.22。翌14年フェデラル・リーグに参加し25勝（3位）、49試合、9完封、377.1回、236奪三振はすべて1位で優勝に貢献した。タイ・カッブが最初の本塁打を打った投手でもある。大のボウリング好きで、引退後ボウリング場を経営した。
【通算】12年、330試合、266先発、180完投、27完封、130勝123敗、2275回、1164奪三振、防御率2.68
【タイトル】最多奪三振1回（14年）

デイヴ・ファルツ
David Lewis Fultz
1875.5.29～1959.10.29【出身地】ヴァージニア州ストーントン【球団】1898-99フィラデルフィア　99ボルティモア　1901-02アスレティックス　03-05ヤンキース
【位置】外野、右
【経歴】ブラウン大学では野球とフットボールの両方で主将を務め、その後コロンビア大学で法律を学び、弁護士の資格を取得。01年レギュラーとなり翌02年打率.302、05年は44盗塁（2位）を決めたが同年限りでメジャーから去り、その後12年に選手組合（プレイヤーズ・フラタニティ）を結成する（18年に解散）。ピアノやベースを弾き、プロフットボールでプレイ、第一次大戦では空軍のパイロットを経験、マイナーのインターナショナル・リーグ会長も務めるなど多才だった。
【通算】7年、644試合、2393打数648安打、3本塁打、223打点、189盗塁、

打率 .271

ウェス・ファーレル
Wesley Cheek Ferrell
1908.2.2 ～ 76.12.9【出身地】ノースカロライナ州グリーンズボロ【球団】27-33 インディアンズ　34-37 レッドソックス　37-38 セネターズ　38-39 ヤンキース　40 ドジャース　41 ブレーヴス【位置】投手、右
【経歴】27 年 19 歳でメジャーに昇格し、豪速球を武器に 29 年 21 勝（2 位）、翌 30 年はいずれも 2 位の 25 勝、防御率 3.31。31 年 4 月 29 日のブラウンズ戦でノーヒットノーランを達成、同年は 13 連勝も記録。32 年まで 4 年連続で 20 勝以上を挙げた。球威が落ちたあともカーブやチェンジアップを効果的に使い、35 年は 322.1 回、31 完投、25 勝がすべて 1 位、以後 3 年連続で投球回、完投の両部門でリーグ最多となった。
　気性が激しく、降板を命じられた際無断で球場を後にしたり、逆に交代前に自らマウンドを降りて罰金や出場停止処分を受けたりしたことも一度ならずあった。打撃も非常に良く、31 年の 9 本塁打、通算 38 本（代打での 1 本を含む）は投手としては史上 1 位、通算打率も .280。メジャーから退いたのちはマイナーで野手として現役を続けた。兄のリックとは 34 ～ 38 年にかけてバッテリーを組んだ。
【通算】15 年、374 試合、323 先発、227 完投、17 完封、193 勝 128 敗、2623 回、985 奪三振、1040 四球、防御率 4.04
【タイトル】最多勝 1 回（35 年）オールスター 2 回（33,37 年）

ジョン・ファーレル
John Edward Farrell
1962.8.4 ～【出身地】ニュージャージー州モンマスビーチ【球団】87-90 インディアンズ　93-94 エンジェルズ　95 インディアンズ　96 タイガース【位置】投手、右
【経歴】83 年ドラフト 16 位でインディアンズに指名され入団拒否、翌 84 年 2 位で再指名され入団。87 年メジャーに昇格し 5 勝、ポール・モリターの連続試合安打記録を 39 で止めた。翌 88 年 14 勝、89 年も 9 勝、防御率 3.63。引退後は投手コーチとして手腕を評価され、2011 年ブルージェイズ監督に就任。13 年に選手との交換トレードでレッドソックスへ移り、ワールドシリーズ優勝へ導いた。15 年途中リンパ腫によりシーズン途中で休養したが、16 年に復帰した。3 人の息子も全員プロ入り、三男のルークがメジャーリーガーとなった。
【通算】8 年、116 試合、109 先発、13 完投、2 完封、36 勝 46 敗 0 S、698.2 回、355 奪三振、防御率 4.56
【監督】2011-12 ブルージェイズ　13-17 レッドソックス　7 年、1134 試合、586 勝 548 敗、勝率 .517　リーグ優勝 1 回（13 年）ワールドシリーズ優勝 1 回（13 年）

ターク・ファーレル
Richard Joseph Farrell (Turk)
1934.4.8 ～ 77.6.10【出身地】マサチューセッツ州ボストン【球団】56-61 フィリーズ　61 ドジャース　62-67 アストロズ　67-69 フィリーズ【位置】投手、右
【経歴】フィリーズ時代は快速球でリリーフとして活躍、57、60 年に 10 勝。58 年のオールスターではテッド・ウィリアムズから三振を奪った。62 年拡張ドラフトでアストロズに加わり先発に転向、20 敗を喫しながらもリーグ 4 位の 203 奪三振。続く 63 年自己最多の 14 勝、65 年まで 4 年連続 2 ケタ勝利。67 年途中フィリーズに復帰してからは再びリリーフに回った。引退後イギリスで海底油田採掘に携わっていたが、77 年自動車事故で死去。2018 年になって、リチャード・ドットソンの実の父であると判明した。
【通算】14 年、590 試合、134 先発、41 完投、5 完封、106 勝 111 敗 83 S、1704.2 回、1177 奪三振、防御率 3.45
【タイトル】オールスター 4 回（58,62,64 ～ 65 年）

デューク・ファーレル
Charles Andrew Farrell (Duke)
1866.8.31 ～ 1925.2.15【出身地】マサチューセッツ州オークデイル【球団】1888-89 シカゴ　90 シカゴ（PL）　91 ボストン（AA）　92 ピッツバーグ　93 ワシントン　94-96 ニューヨーク　96-99 ワシントン　99-1902 ドジャース　03-05 レッドソックス【位置】捕手、三塁、両
【経歴】クラウチング・スタイルを取り入れた最も初期の打者。1891 年ボストン（AA）でいずれも 1 位の 12 本塁打、110 打点。翌 92 年はピッツバーグへのトレードに不満を訴え、調整不足でシーズンに臨み .215 の低打率に終わった。89 年から 6 年間で 6 球団に在籍、そのすべてで 100 安打以上、90 ～ 94 年は 5 年続けて 12 三塁打

以上。スイッチヒッターだが、投手の左右ではなく調子の良し悪しでどちらの打席に立つかを決めた。守備では1897年5月11日に1試合で8度の盗塁を刺した。引退後はジャイアンツ、ヤンキースなどでコーチやスカウトを務めた。
【通算】18年、1565試合、5682打数1572安打、123三塁打、52本塁打、916打点、150盗塁、打率.277
【タイトル】本塁打王1回(1891年)打点王1回(91年)

リック・ファーレル
Richard Benjamin Ferrell
1905.10.12～95.7.27【出身地】ノースカロライナ州ダーラム【球団】29-33ブラウンズ　33-37レッドソックス　37-41セネターズ　41-43ブラウンズ　44-45,47セネターズ【位置】捕手、右
【経歴】8度のオールスターに選ばれた好捕手。強肩でリードも良く、ナックルボールの捕球を得意としていた。打撃はパンチ力には欠けたが32年の.315を最高に4回打率3割以上。選球眼にも優れ通算出塁率は.378、三振は41年の26回が最多と極めて少なかった。
34年から弟のウェスとバッテリーを組んだが、37年途中二人ともセネターズにトレードされた。33年7月19日に当時インディアンズのウェスと兄弟で同じイニングに本塁打を応酬し、これは史上初の出来事。引退時点での通算出場試合数は、ア・リーグの捕手で最多記録だった。弟とは対照的に温和で紳士的な人物で、引退後はタイガースのフロントで80歳まで働き続けた。84年殿堂入り。
【通算】18年、1884試合、6028打数1692安打、28本塁打、734打点、29盗塁、打率.281
【タイトル】オールスター8回(33～38,44～45年)

カイル・ファーンズワース
Kyle Lynn Farnsworth
1976.4.14～【出身地】カンザス州ウィチタ【球団】99-2004カブス　05タイガース　05ブレーヴス　06-08ヤンキース　08タイガース　09-10ロイヤルズ　10ブレーヴス　11-13レイズ　13パイレーツ　14メッツ　14アストロズ【位置】投手、右
【経歴】94年ドラフト47位でカブスに入団。160㎞を超える快速球で、2000年以降はリリーフで活躍。01年は82回で107三振を奪った。03年から4年連続で70試合以上に登板、05年に16セーブ。レイズに移籍した11年は自己最多の25セーブ、防御率2.18と好投した。格闘技マニアでテコンドーの黒帯だっただけでなく、気性が荒くすぐに喧嘩を吹っかけるため、他の選手たちから恐れられていた。
【通算】16年、893試合(29位)、26先発、1完投、1完封、43勝66敗57S、988.2回、963奪三振、防御率4.26

ショーン・フィギンズ
Desmond DeChone Figgins
1978.1.22～【出身地】ジョージア州リアリー【球団】2002-09エンジェルズ　10-12マリナーズ　14ドジャース【位置】三塁、外野、二塁、両
【経歴】97年ドラフト4位でロッキーズに入団、2001年途中エンジェルズに移籍しユーティリティ・プレイヤーとして頭角を現す。04年は6ポジションを守り打率.296、17三塁打(2位)、34盗塁(3位)。05年は186安打、10三塁打(4位)、リーグ最多の62盗塁を決めた。07年は自己最高の打率.330。09年にリーグ最多の101四球を選んだが、FAでマリナーズに移ってからは不振で、12年に契約を2年残しながら解雇された。
【通算】12年、1282試合、4701打数1298安打、35本塁打、403打点、341盗塁、打率.276
【タイトル】盗塁王1回(2005年)オールスター1回(09年)

ヤシエル・プイグ
Yasiel Puig
1990.12.7～【出身地】キューバ共和国シエンフエゴス【球団】2013-18ドジャース　19レッズ　19インディアンズ【位置】外野、右
【経歴】キューバから亡命し2012年ドジャースに入団、翌13年メジャーに昇格すると104試合で打率.319、19本塁打、守備でも強肩で新人王投票2位。野性的で感情を表に出すプレイスタイルも注目された。2年目以降は攻守に粗さが目立つようになり、素行面で批判も浴びたが17年は28本塁打、プレイオフでは29打数12安打。続く18年のプレイオフも30打数10安打、リーグ優勝決定シリーズ第7戦ではダメ押し3ランを放ち2年連続のワールドシリーズ進出に貢献した。19年に自己最多の84打点を挙げるもメジャーでは

この年が最後となり、20年以降はメキシコ、韓国などをわたり歩いた。
【通算】7年、861試合、3015打数834安打、132本塁打、415打点、79盗塁、打率.277
【タイトル】オールスター1回（2014年）

カールトン・フィスク
Carlton Ernest Fisk
1947.12.26～【出身地】ヴァーモント州ベロウズフォールズ【球団】69,71-80レッドソックス　81-93ホワイトソックス【位置】捕手、右
【経歴】捕手としては史上2位の2226試合に出場した名選手。67年1月ドラフト1位でレッドソックスに入団、72年打率.293、9三塁打（1位）、22本塁打、長打率.538（2位）の活躍で、史上初めて満票で新人王に選ばれる。75年は腕のケガで79試合の出場にとどまったが打率.331、ワールドシリーズ第6戦では延長12回にサヨナラ本塁打を放ち、シリーズ史上最も劇的な一発として名を残した。77年規定打数到達で自己唯一の打率3割（.315）、102打点、翌78年の39二塁打は2位だった。
81年契約手続き上の不備からFAと認定されホワイトソックスに移籍。85年は37歳にして自己最多の37本塁打（2位）、107打点を叩き出す。91年も43歳ながら18本塁打と衰えを感じさせず、6年ぶり11回目のオールスターに選ばれ安打を放った。曲がったことの嫌いな性格で、怠慢プレイに対しては他球団の選手でも叱りつけた。現役終盤はオーナーとの対立が続き、追われるようにしてチームを去った。捕手での通算351本塁打はマイク・ピアッツァ、40代での72本塁打もバリー・ボンズに次ぎ、どちらも史上2位である。2000年殿堂入り。
【通算】24年、2499試合、8756打数2356安打、421二塁打、47三塁打、376本塁打、1330打点、128盗塁、849四球、1386三振、打率.269
【タイトル】新人王（72年）ゴールドグラブ1回（72年）オールスター11回（72～74,76～78,80～82,85,91年）

ジャック・フィースター
John Albert Pfiester
1878.5.24～1953.9.3【出身地】オハイオ州シンシナティ【球団】03-04パイレーツ　06-11カブス【位置】投手、左
【経歴】本名はHagenbushで、Pfiesterは両親の死後に引き取った親族の姓。上手から下手まで変幻自在の投法で、メジャー再昇格を果たした06年20勝、防御率1.51（2位）、153奪三振（4位）で優勝に貢献。5月30日には延長15回で17三振を奪った。翌07年は14勝、防御率1.15は1位。ライバルのジャイアンツに対しては15勝5敗、7完封と特に相性が良かった。牽制の上手さでも知られていた。
【通算】8年、149試合、128先発、75完投、17完封、71勝44敗、1067.1回、503奪三振、防御率2.02
【タイトル】最優秀防御率1回（07年）

エディー・フィッシャー
Eddie Gene Fisher
1936.7.16～【出身地】ルイジアナ州シュリーヴポート【球団】59-61ジャイアンツ　62-66ホワイトソックス　66-67オリオールズ　68インディアンズ　69-72エンジェルズ　72-73ホワイトソックス　73カーディナルス【位置】投手、右
【経歴】ホイト・ウィルヘルム直伝のナックルボールで、リリーフとして活躍。62年は9勝、防御率3.10（5位）、65年はリーグ新記録の82試合に登板し15勝、24セーブと防御率2.40はいずれも2位。翌66年も67試合は2年連続最多登板だった。71年も10勝を挙げている。剽軽者で、ドナルド・ダックの物真似を十八番にしていた。
【通算】15年、690試合、63先発、7完投、2完封、85勝70敗82S、1538.2回、812奪三振、防御率3.41
【タイトル】オールスター1回（65年）

ジャック・フィッシャー
John Howard Fisher
1939.3.4～【出身地】メリーランド州フロストバーグ【球団】59-62オリオールズ　63ジャイアンツ　64-67メッツ　68ホワイトソックス　69レッズ【位置】投手、右
【経歴】体重100kg近い巨漢投手。60年に3完封（4位）を含む12勝11敗だったのが唯一の勝ち越しシーズン。65年8勝24敗、67年は9勝18敗と大きく負け越した。60年代に喫した通算133敗はメジャーワースト。60年テッド・ウィリアムズに現役最後の打席で本塁打を献上、翌61年はロジャー・マリスに年間タイ記録となる60号本塁打を浴びた。メッツ移籍後はシェイ・スタディアムのこけら落としで先

発を任された。
【通算】11年、400試合、265先発、62完投、9完封、86勝139敗9S、1975.2回、1017奪三振、防御率4.06

レイ・フィッシャー
Ray Lyle Fisher

1887.10.4～1982.11.3【出身地】ヴァーモント州ミドルベリー【球団】10-17ヤンキース　19-20レッズ【位置】投手、右
【経歴】ヤンキースの主戦投手で、初期にはスピットボール、その後はカーブを武器として15年に18勝、防御率2.11（5位）の自己最高成績を残す。契約交渉でもめ続けたためウェーバーにかけられ、19年レッズに加わり14勝、防御率2.17で優勝に貢献、ワールドシリーズでも2度先発した。オフにはラテン語の教師をしていて、“ヴァーモント・スクールマスター”というニックネームがあった。21年ミシガン大学のコーチへの転身をめぐりレッズともめていたところ、ランディス・コミッショナーから理不尽な追放処分を下された。ミシガン大学には38年の長きにわたって在任し、53年に全国優勝を飾った。その後80年に追放処分は解かれている。
【通算】10年、278試合、207先発、110完投、19完封、100勝94敗、1755.2回、680奪三振、防御率2.82

フレディー・フィッツシモンズ
Frederick Landis Fitzsimmons

1901.7.28～79.11.18【出身地】インディアナ州ミシャウォーカ【球団】25-37ジャイアンツ　37-43ドジャース【位置】投手、右
【経歴】速球にナックルボール、カーブなどを混ぜた緩急自在の投球で、ジャイアンツの主戦投手として活躍。投球時に打者に背を向けるフォームも独特だった。闘志を前面に出すタイプで、28年自己最多の20勝（5位）、30年は19勝（3位）。34年まで9年連続2ケタ勝利、35年は4勝しかできなかったが、すべて完封勝利だった。40年は38歳で16勝（4位）。太めの体型の割にフィールディングも良かった。引退後はジャイアンツなど5球団で投手コーチを歴任、サイン盗みも得意にしていた。プロフットボールのブルックリン・ドジャースのGMを務めた経験もある。
【通算】19年、513試合、424先発、186完投、30完封、217勝146敗、3223.2回、870奪三振、846四球、防御率3.51
【監督】43-45フィリーズ　3年、286試合、104勝180敗、勝率.366

マーク・フィドリッチ
Mark Steven Fidrych

1954.8.14～2009.4.13【出身地】マサチューセッツ州ウースター【球団】76-80タイガース【位置】投手、右
【経歴】74年ドラフト10位でタイガースに入団。76年メジャーに昇格すると、優れた制球力で19勝（4位）、24完投と防御率2.34はともに1位。新人王に選ばれたのに加え、ボールに話しかけたり、ファインプレイを演じた野手に握手を求めたりするパフォーマンスで全国的な人気者となる。純粋な性格で、子供番組『セサミ・ストリート』に登場するビッグ・バードに似ていることから、ザ・バードのニックネームで親しまれた。同年のオールスターでは先発も務めたが、肩を痛めてその後はまったく活躍できなかった。
【通算】5年、58試合、56先発、34完投、5完封、29勝19敗0S、412.1回、170奪三振、防御率3.10
【タイトル】新人王（76年）最優秀防御率1回（76年）オールスター2回（76～77年）

ルー・フィニー
Louis Klopsche Finney

1910.8.13～66.4.22【出身地】アラバマ州バッファロー【球団】31,33-39アスレティックス　39-42,44-45レッドソックス　45-46ブラウンズ　47フィリーズ【位置】外野、一塁、左
【経歴】非常に三振の少ない選手で、通算5034打席で186三振しかしなかった。36年打率.302、197安打、38年は12三塁打（4位）。40年は自己最高の打率.320、15三塁打（2位）、73打点を記録した。43年は戦時中の食糧増産のため農業に専念し、1試合も出なかった。兄のハルはパイレーツの控え捕手。
【通算】15年、1270試合、4631打数1329安打、31本塁打、494打点、39盗塁、打率.287
【タイトル】オールスター1回（40年）

デイヴ・フィリー
David Earl Philley

1920.5.16～2012.3.15【出身地】テキサス州パリス【球団】41,46-51ホワイトソックス　51-53アスレティックス　54-55インディアンズ　55-56オリオールズ　56-57ホワイト

ソックス　57 タイガース　58-60 フィリーズ　60 ジャイアンツ　60-61 オリオールズ　62 レッドソックス【位置】外野、両
【経歴】41 年メジャーに昇格したが、42 年から 4 年間は陸軍で過ごす。47 年レギュラーとなり 11 三塁打（3 位）、21 盗塁（2 位）。50 年自己最多の 14 本塁打、80 打点、53 年は打率 .303、188 安打（4 位）、9 三塁打（3 位）。その後は代打の切り札として活躍し、58 ～ 59 年には 9 打席連続代打安打、61 年は新記録となる 24 本の代打安打を放つ。通算代打打率は .299、最後の 6 年間に限っては .324 の高率だった。守備でも強肩で最多補殺 3 回。同郷で同い年のエディー・ロビンソンとはホワイトソックス、アスレティックスでチームメイトだった。
【通算】18 年、1904 試合、6296 打数 1700 安打、84 本塁打、729 打点、101 盗塁、打率 .270

トニー・フィリップス
Keith Anthony Phillips
1959.4.25 ～【出身地】ジョージア州アトランタ【球団】82-89 アスレティックス　90-94 タイガース　95 エンジェルズ　96-97 ホワイトソックス　97 エンジェルズ　98 ブルージェイズ　98 メッツ　99 アスレティックス【位置】外野、二塁、三塁、遊撃、両
【経歴】内外野すべてのポジションをこなした万能選手。78 年 1 月ドラフト 1 位（第 2 回）でエクスポズに入団、83 年アスレティックスで二塁兼遊撃手としてレギュラーとなるも、打撃が弱く今一つの成績が続く。90 年にタイガースに移籍してからは選球眼に磨きをかけリードオフマンに定着、独特のクラウチング・スタイルで 92 年 114 四球（3 位）、以後 6 年間で 5 回 100 四球。93 年自己唯一の打率 3 割（.313）、132 四球（1 位）で出塁率 .443 は 2 位。通算出塁率は .376 の高率だった。エンジェルズに移った 95 年は 27 本塁打、同年 6 本、通算 30 本の先頭打者本塁打を記録した。96 年は開幕前に突然引退を宣言したが撤回し、リーグ最多の 125 四球を選んだ。
【通算】18 年、2161 試合、7617 打数 2023 安打、360 二塁打、50 三塁打、160 本塁打、819 打点、177 盗塁、1319 四球、1499 三振、打率 .266

ババ・フィリップス
John Melvin Phillips (Bubba)
1928.2.24 ～ 93.6.22【出身地】ミシシッピ州ウェストポイント【球団】55 タイガース　56-59 ホワイトソックス　60-62 インディアンズ　63-64 タイガース【位置】三塁、外野、右
【経歴】ミシシッピサザン大学時代はフットボールのスター選手。55 年 27 歳でメジャーに昇格、ホワイトソックスへ移籍後の 57 年正三塁手となる。61 年 33 歳にして自己最多の 18 本塁打、72 打点。タイガースに戻った 63 年の 10 犠飛はリーグ最多だった。引退後はミシシッピ州立大でテニスを教えた。
【通算】10 年、1062 試合、3278 打数 835 安打、62 本塁打、356 打点、25 盗塁、打率 .255

ビル・フィリップス
William B. Phillips
1857.4 ～ 1900.10.7【出身地】カナダ・ニューブランズウィック州セントジョン【球団】1879-84 クリーヴランド　85-87 ブルックリン（AA）　88 カンザスシティ（AA）【位置】一塁、右
【経歴】カナダ出身の最初のメジャーリーガーで、カナダの野球殿堂入りを果たしている。81 年にリーグ 2 位の 10 三塁打、ブルックリン（AA）に移籍した 95 年に自己最高の打率 .302、出塁率 .364（5 位）。翌 86 年は 160 安打（5 位）、続く 87 年は本塁打は 2 本だけでも、34 二塁打で 101 打点を稼いだ。一塁守備では、低めの送球を上手にすくい上げると評判だった。
【通算】10 年、1038 試合、4255 打数 1130 安打、17 本塁打、534 打点、打率 .266

ブランドン・フィリップス
Brandon Emil Phillips
1981.6.28 ～【出身地】ノースカロライナ州ローリー【球団】2002-05 インディアンズ　06-16 レッズ　17 ブレーヴス　17 エンジェルズ　18 レッドソックス【位置】二塁、右
【経歴】99 年ドラフト 2 位でエクスポズに入団、2002 年途中バルトロ・コロンとの交換要員として、クリフ・リー、グレイディ・サイズモアとともにインディアンズに移籍。03 年正二塁手に抜擢されたが打率 .208 と苦戦し、04 ～ 05 年はほぼマイナー暮らし。06 年レッズに移籍すると 17 本塁打、続く 07 年は 30 本塁打、94 打

点、32盗塁で、ナ・リーグの二塁手として初の30－30を達成した。11年は自身唯一の打率3割(.300)、38二塁打(4位)、13年に自己最多の103打点。12年のプレイオフでは24打数9安打、7打点と活躍した。守備の評価も高く4回ゴールドグラブを受賞。レッズ時代は同地区のカーディナルスへの対抗心を剥き出しにしていた。
【通算】17年、1902試合、7378打数2029安打、211本塁打、951打点、209盗塁、1092三振、打率.275
【タイトル】ゴールドグラブ4回(2008,10～11,13年) オールスター3回(10～11,13年)

ディーコン・フィリピー
Charles Louis Phillippe (Deacon)
1872.5.23～1952.3.30【出身地】ヴァージニア州ルーラルリトリート【球団】1899ルイヴィル　1900-11パイレーツ【位置】投手、右
【経歴】速球とカーブだけのシンプルな持ち球ながら、1試合平均1.25与四球と抜群の制球力で活躍し続けた名投手。1899年新人で21勝、5月25日のニューヨーク戦でノーヒットノーランを達成。ジミー・ウィリアムズが記録した27試合連続安打、26試合連続安打のいずれもストップさせた。翌1900年パイレーツへ移り20勝(2位)、03年まで5年連続20勝以上。01年防御率2.22(2位)、翌02年は自己ベストの2.05(5位)。03年は25勝(3位)、第1回ワールドシリーズでは初戦で勝利投手となったのをはじめ、5試合に先発し、すべて完投で3勝2敗だった。04年は10勝に終わったが、続く05年6度目の20勝(5位)。10年は13連勝を記録したが、翌11年は3試合に投げただけで退団。13年の現役生活で負け越しは一度もなかった。真面目な性格で、酒もタバコも一切嗜なかった。
【通算】13年、372試合、289先発、242完投、27完封、189勝109敗、2607回、929奪三振、防御率2.59

セシル・フィールダー　☆
Cecil Grant Fielder
1963.9.21～【出身地】カリフォルニア州ロスアンジェルス【球団】85-88ブルージェイズ　90-96タイガース　96-97ヤンキース　98エンジェルズ　98インディアンズ【位置】一塁、DH、右
【経歴】100kgを優に超える巨体から"ビッグ・ダディ"の愛称で親しまれた、90年代を代表する長距離砲。82年ドラフト4位(第2回)でロイヤルズに入団、85年ブルージェイズでメジャー昇格。87年は175打数で14本塁打するが、フレッド・マグリフがいたためレギュラーになれず89年阪神に入団。数々の大アーチを放ち、指のケガで戦列離脱するまで106試合で38本塁打(2位)と活躍した。契約条件が折り合わず1年限りで帰国し、90年タイガースでメジャーに復帰すると、ア・リーグでは29年ぶりに50本を突破する51本塁打。132打点と合わせて二冠王、長打率.592も1位だった。
翌91年も44本塁打、133打点で連続二冠王、92年も35本塁打(3位)、124打点でベーブ・ルース以来の3年連続打点王に輝いた。シーズン途中でヤンキースに移った96年は39本塁打、5度目の100打点以上となる117打点。リーグ優勝決定シリーズでは2本塁打、8打点、ワールドシリーズでも23打数9安打で世界一に貢献した。大変な鈍足で、初盗塁を記録したのは96年、通算1096試合目。息子のプリンスも2007年に50本塁打を放ち、史上唯一の父子本塁打王が実現したが、のちに絶縁状態となった。
【通算】13年、1470試合、5157打数1313安打、319本塁打、1008打点、2盗塁、1316三振、打率.255
【タイトル】本塁打王2回(90～91年) 打点王3回(90～92年) オールスター3回(90～91,93年)
【日本】89阪神　1年、106試合、384打数116安打、38本塁打、81打点、0盗塁、打率.302

プリンス・フィールダー
Prince Semien Fielder
1984.5.9～【出身地】カリフォルニア州オンタリオ【球団】2005-11ブルワーズ　12-13タイガース　14-16レンジャーズ【位置】一塁、左
【経歴】セシル・フィールダーの息子で、12歳のときに打撃練習でタイガー・スタディアムの外野席に打ち込み周囲を驚かせる。2002年ドラフト1位(全体7位)でブルワーズに入団。体重120kgを超える父譲りの巨体から生み出すパワーで、正一塁手となった06年は28本塁打。翌07年は50本でタイトルを獲得、23歳での50本塁打は史上最年少であり、父子で50

本塁打以上、本塁打王になったのはいずれも史上初。同年は119打点も3位だった。

09年も46本塁打（2位）、141打点（1位）、11年はいずれも2位の38本塁打、120打点。09、11年はいずれも1厘足りずに打率3割を逃したが、9年2億1400万ドルの巨額契約でタイガースに移籍した12年は.313で初の3割。出塁率も同年まで4年連続4割以上、11～12年は2年連続2位だった。14年にレンジャーズへトレード、16年途中首のヘルニアの悪化が原因で、32歳で引退。通算319本塁打は父と同数だった。

【通算】12年、1611試合、5821打数1645安打、319本塁打、1028打点、18盗塁、1155三振、打率.283

【タイトル】本塁打王1回（2007年）打点王1回（09年）オールスター6回（07,09,11～13,15年）

ローリー・フィンガーズ
Roland Glen Fingers

1946.8.25～【出身地】オハイオ州ステューベンヴィル【球団】68-76アスレティックス　77-80パドレス　81-82,84-85ブルワーズ【位置】投手、右

【経歴】独特の口ひげがトレードマークだった名ストッパー。アスレティックス昇格当初は先発機会もあったが、71年途中から抑えを任され17セーブ、沈む速球とスライダーで翌72年は11勝21セーブ（3位）。ワールドシリーズ最終戦では1点差を守りきった。74年のシリーズは1勝2セーブでMVP、シリーズ通算では16試合で2勝6セーブ、33.1回で防御率1.35。同年から4年連続で70試合以上投げ、最多登板も3回記録した。

76年6月に100万ドルと交換でレッドソックスへのトレードが決まったが、ボウイ・キューン・コミッショナーの承認が下りず破談となる。同年は13勝の一方で11敗と失敗も多かった。翌77年FAでパドレスに移籍し35セーブ、78年も37セーブで2年連続1位。ブルワーズへ移った81年はフォークボールを身につけ、28セーブ（1位）、防御率1.04と完璧でMVPとサイ・ヤング賞をダブル受賞。翌82年も29セーブ（3位）でブルワーズの初優勝に大きく貢献したが、前腕部の負傷によりポストシーズンは1試合も投げられなかった。83年は全休、続く84年23セーブ、防御率1.96と復活。92年殿堂入り。背番号34はアスレティックスとブルワーズ両球団で永久欠番となっている。

【通算】17年、944試合（22位）、37先発、4完投、2完封、114勝118敗341S（15位）、1701.1回、1299奪三振、防御率2.90

【タイトル】MVP1回（81年）サイ・ヤング賞1回（81年）最多セーブ3回（77～78,81年）オールスター7回（73～76,78,81～82年）

スティーヴ・フィンリー
Steven Allen Finley

1965.3.12～【出身地】テネシー州ユニオンシティ【球団】89-90オリオールズ　91-94アストロズ　95-98パドレス　99-2004ダイアモンドバックス　04ドジャース　05エンジェルズ　06ジャイアンツ　07ロッキーズ【位置】外野、左

【経歴】打走守のすべてに優れていた名外野手。87年ドラフト13位でオリオールズに入団、アストロズ移籍後の92年44盗塁（3位）、翌93年はリーグ最多の13三塁打。変化球打ちが上手く、ダイアモンドバックスに移籍した99年は34本塁打、103打点、続く2000年も35本。01年のワールドシリーズでは23打席で11回出塁し、世界一に貢献した。04年は自己最多の36本塁打、地区優勝を決めるサヨナラ満塁本塁打も放った。

センターの守備でも打球判断が良く、通算5664刺殺は80年代以降にデビューした外野手では最多。補殺でも3回1位となり5度ゴールドグラブに輝いた。大学では運動機能学を専攻、副業としてサラブレッドを飼育し、引退後はモルガン・スタンレー証券でスポーツ選手向けにファイナンシャル・アドバイザーとして働くなど多才だった。オリオールズ時代の同僚ブレイディ・アンダーソンとは義兄弟。

【通算】19年、2583試合、9397打数2548安打、449二塁打、124三塁打、304本塁打、1167打点、320盗塁、844四球、1299三振、打率.271

【タイトル】ゴールドグラブ5回（95～96,99～2000,04年）オールスター2回（97,00年）

チャック・フィンリー
Charles Edward Finley

1962.11.26～【出身地】ルイジアナ州モンロー【球団】86-99エンジェルズ　2000-02インディアンズ　02カーディナルス【位

置】投手、左
【経歴】エンジェルズの主戦投手として活躍した、198cmの長身左腕。84年ドラフト15位で指名された際は拒否し、翌85年1月ドラフト1位(第2回)で再度指名され入団。当初の中継ぎから88年先発に回り、89年16勝、防御率2.57は2位。翌90年18勝(4位)、自己ベストの防御率2.40(2位)、91年も18勝(4位)。92年は7勝に終わったが翌93年は16勝、13完投(1位)と復調した。
本格派から技巧派への転身に成功し、96年215奪三振(2位)、以後4年間で3回200奪三振以上。97～98年にかけては14連勝も記録した。2000年インディアンズに移籍、8年連続11回目の2ケタとなる16勝を挙げた。02年に現役最後の登板で通算200勝を達成。史上唯一1イニング4奪三振を3回記録している。ヤンキース・キラーとしても有名だった(通算17勝10敗)。97年に女優のタウニー・キタエンと結婚したが、ハイヒールで殴られるなど暴力を受けて02年に離婚した。
【通算】17年、524試合、467先発、63完投、15完封、200勝173敗0S、3197.1回、2610奪三振(28位)、1332四球(28位)、防御率3.85
【タイトル】オールスター5回(89～90,95～96,2000年)

チャールズ・フィンリー
Charles Oscar Finley
1918.2.22～96.2.19【出身地】アラバマ州エンズリー【球団】メジャー経験なし
【経歴】史上有数の名物オーナー。保険業で財を成し、60年アスレティックスのオーナーに就任。専横的な性格で絶えず監督や選手、他球団のオーナー達と衝突したが、67年に本拠地をカンザスシティからオークランドへ移した頃からキャットフィッシュ・ハンター、レジー・ジャクソン、ヴァイダ・ブルーらが成長し、72～74年に3年連続で世界一となる。球団マスコットとしてラバの"チャーリー・O"を球場で飼育したり、選手にヒゲを奨励したりする奇行で不興を買い、またボールガールの導入、オレンジ色のボール、3ボール出塁制、指名代走制など奇抜な発想には事欠かなかったが、中には指名打者制やワールドシリーズの夜間開催など実現したアイディアもあった。
FA制度導入が検討された際には、経営陣の中で唯一「毎年選手をFAにすれば、買い手市場になるからオーナー側が有利」と主張し、選手組合委員長マーヴィン・ミラーに卓見ぶりを評価された。当時のコミッショナー、ボウイ・キューンとの関係は険悪で、財政難からスター選手をトレードしようとして却下されたこともあった。FA制導入後は中心選手が次々と流出し見る間に弱体化、観客動員も激減し80年限りで球団を売却、球界から姿を消した。

ロン・フェアリー
Ronald Ray Fairly
1938.7.12～2019.10.30【出身地】ジョージア州メイコン【球団】58-69ドジャース　69-74エクスポズ　75-76カーディナルス　76アスレティックス　77ブルージェイズ　78エンジェルズ【位置】一塁、外野、左
【経歴】鈍足で有名だった中距離打者で、目覚ましい働きこそなかったが10年以上にわたってレギュラーの座を守る。65年のワールドシリーズでは全試合でヒットを放ち、29打数11安打、2本塁打、6打点。選球眼が良く、73年は86四球を選んでリーグ2位の出塁率.422。ブルージェイズに加わった77年は39歳にして自己最多の19本塁打を放った。一塁と外野の両方で1000試合以上に出場。一度も20本塁打、80打点以上の年がなかったが、通算では200本塁打、1000打点を超えた。
【通算】21年、2442試合、7184打数1913安打、307二塁打、33三塁打、215本塁打、1044打点、35盗塁、1052四球、877三振、打率.266
【タイトル】オールスター2回(73,77年)

ロイ・フェイス
Elroy Leon Face
1928.2.20～【出身地】ニューヨーク州スティーヴンタウン【球団】53,55-68パイレーツ　68タイガース　69エクスポズ【位置】投手、右
【経歴】現在の規定に当てはめると通算191セーブを記録した細身の名ストッパー。ドジャースのマイナーから53年パイレーツに移籍、当初は先発も経験したが56年からはほぼリリーフに専念。切れ味抜群のフォークボールで同年68試合(1位)に投げ12勝、59年は17連勝(前年から通算22連勝)を含む18勝1敗で、勝率.947とリリーフでの18勝はいずれも新記録となった。翌60年も68試合(1位)で10勝、ワールドシリーズでは3セーブ。

62年も28セーブ（1位）を挙げた。
【通算】16年、848試合、27先発、6完投、0完封、104勝95敗191S、1375回、877奪三振、防御率3.48
【タイトル】オールスター3回（59～61年）

レッド・フェイバー
Urban Clarence Faber (Red)
1888.9.6～1976.9.25【出身地】アイオワ州カスケイド【球団】14-33ホワイトソックス【位置】投手、右
【経歴】ホワイトソックス一筋に20年間投げ続けたスピットボーラーで、タイ・カッブも苦手にしていた。11年にパイレーツで開幕ロースター入りしたが、1試合も投げずにマイナー落ち。14年ホワイトソックスで再昇格、翌15年リーグ最多の50試合に投げいずれも2位の24勝、182奪三振。17年は16勝、防御率1.92（4位）で優勝に貢献、ワールドシリーズでも3勝。翌18年は海軍に入隊して4勝のみ、ブラックソックス事件の舞台となった19年のワールドシリーズは足首を痛めて出場しなかった。
　20年から3年連続20勝、21年は自己最多の25勝（3位）、防御率2.48（1位）、翌22年も2.81で2年連続1位。同年は352回、31完投も1位、148奪三振も2位で自己記録となった。落ち着いたマウンドさばきと制球力に定評があり、被本塁打は最多でも11本に抑えた。31年は42歳で14度目の2ケタとなる10勝。15年には本盗を含む1イニング3盗塁を決めたが、これは雨天ノーゲームを目論んだ守備側が注意を払わなかったため。64年殿堂入り。
【通算】20年、669試合、483先発、273完投、29完封、254勝213敗、4086.2回、1471奪三振、1213四球、防御率3.15
【タイトル】最優秀防御率2回（21～22年）

フェリス・フェイン
Ferris Roy Fain
1921.3.29～2001.10.18【出身地】テキサス州サンアントニオ【球団】47-52アスレティックス　53-54ホワイトソックス　55タイガース　55インディアンズ【位置】一塁、左
【経歴】100打数あたり18.7四球という抜群の選球眼で、49年の136四球（3位）を最多として100四球以上を5回記録。出塁率は最低でも54年の.399、通算.424は史上13位で、通算打率2割台の選手としては1位。51年打率.344、続く52年も.327で2年連続首位打者、52年は43二塁打と出塁率.438も1位だった。守備も良く、補殺数で4回1位になっている。喧嘩早さでも知られ、酒場で酔客と揉めてケガをしたことが何度もあった。引退後にマリファナの栽培に手を出し刑務所入りした。
【通算】9年、1151試合、3930打数1139安打、48本塁打、570打点、46盗塁、打率.290
【タイトル】首位打者2回（51～52年）最高出塁率1回（52年）オールスター5回（50～54年）

マイク・フェターズ
Michael Lee Fetters
1964.12.19～【出身地】カリフォルニア州ヴァンナイズ【球団】89-91エンジェルズ　92-97ブルワーズ　98アスレティックス　98エンジェルズ　99オリオールズ　2000-01ドジャース　01-02パイレーツ　02ダイアモンドバックス　03ツインズ　04ダイアモンドバックス【位置】投手、右
【経歴】体重100kgを超す巨漢リリーフ投手。86年ドラフト1位でエンジェルズに入団、92年ブルワーズに移籍し50試合で防御率1.87と好投。94年からは抑えを任され、変化球中心の投球で96年自己最多の32セーブ（5位）。97年以降は再び中継ぎに回った。2004年にキャリア最後の試合で通算100セーブを達成した。
【通算】16年、620試合、6先発、0完投、31勝41敗100S、716.2回、518奪三振、防御率3.86

ジェフ・フェファー
Edward Joseph Pfeffer (Jeff)
1888.3.4～1972.8.15【出身地】イリノイ州シーモア【球団】11ブラウンズ　13-21ドジャース　21-24カーディナルス　24パイレーツ【位置】投手、右
【経歴】内角攻めの得意な速球投手で、14年23勝、防御率1.97（3位）でドジャースの主戦格となる。翌15年19勝、防御率2.10（4位）、16年も25勝（2位）、防御率1.92（5位）と3年連続の好成績。海軍に入隊した18年を除き、22年まで毎年2ケタ勝利を挙げ続け、ワールドシリーズにも2度出場したが、先発機会は1試合しかなかった。兄のビッグ・ジェフことフランシスも通算31勝の投手。

【通算】13年、347試合、279先発、194完投、28完封、158勝112敗、2407.1回、836奪三振、防御率2.77

フレッド・フェファー
Nathaniel Frederick Pfeffer
1860.3.17～1932.4.10【出身地】ケンタッキー州ルイヴィル【球団】1882トロイ 83-89シカゴ 90シカゴ(PL) 91シカゴ 92-95ルイヴィル 96ニューヨーク 96-97シカゴ【位置】二塁、右
【経歴】史上1位の1試合平均守備機会6.95、同2位の平均3.07刺殺を誇る名二塁手。内野フライを故意に落球して併殺を狙うトラッププレイの名手だった。1884年変形球場の恩恵を受け、いずれも2位の25本塁打、101打点、86年は95打点(2位)。87年16本塁打(3位)、最初の5年間で放った39本塁打はすべてホームゲームでのものだった。92年キャップ・アンソンとの確執からシカゴを退団し、故郷のルイヴィルに加わる。94年新リーグの結成を画策し出場停止処分を科されたが、ファンからの強い後押しで復帰した。
【通算】16年、1671試合、6560打数1680安打、120三塁打、94本塁打、1021打点、383盗塁(*)、打率.256
【監督】1892ルイヴィル 1年、100試合、42勝56敗、勝率.429

ボブ・フェラー
Robert William Andrew Feller
1918.11.3～2010.12.15【出身地】アイオワ州ヴァンミーター【球団】36-41,45-56インディアンズ【位置】投手、右
【経歴】史上有数の豪速球に加え、カーブとスライダーも一級品で6度の最多勝、7度の最多奪三振に輝いた大投手。46年に陸軍の協力で球速を測定した際には、98.6マイル(158.7㎞)を計時した。高校在学中の36年わずか1ドルの契約金でインディアンズに入団、マイナーを経ず17歳でデビュー。8月23日、初先発のブラウンズ戦でいきなり15奪三振、9月13日のアスレティックス戦では当時のタイ記録となる17三振を奪う。38年240奪三振で初のタイトル獲得、以後4年連続でリーグトップとなる一方、38年に208四球を与えるなど制球力には欠けていた。39年は24勝(1位)、翌40年は27勝、防御率2.61、43試合、31完投、4完封、320.1回、261奪三振がすべて1位。4月16日のホワイトソックス戦で、史上唯一となる開幕戦でのノーヒットノーランを達成した。
41年25勝で3年連続最多勝となるも、同年冬の真珠湾攻撃を受けて海軍に志願し入隊、翌42年から3年半にわたりキャリアが中断する。復帰後の46年は12年のウォルター・ジョンソン以来、34年ぶりに300の大台に乗せる348三振を奪ったのをはじめ、26勝、48試合、36完投、10完封、371.1回がいずれも1位。防御率2.18(3位)も自己ベスト、4月30日のヤンキース戦で2度目のノーヒットノーラン。51年22勝で6回目にして3年代での最多勝、7月1日のタイガース戦では1失点ながらも3度目のノーヒッター達成。1安打試合も12回記録した。56年に現在のメジャー・リーグ選手会が組織された際は初代会長に就任した。62年殿堂入り。
【通算】18年、570試合、484先発、279完投、44完封、266勝162敗、3827回、2581奪三振、1764四球(5位)、防御率3.25
【タイトル】最多勝6回(39～41,46～47,51年)最優秀防御率1回(40年)最多奪三振7回(38～41,46～48年)オールスター8回(38～41,46～48,50年)

ネフタリ・フェリス
Neftali Feliz
1988.5.2～【出身地】ドミニカ共和国アスア【球団】2009-15レンジャーズ 15タイガース 16パイレーツ 17ブルワーズ 17ロイヤルズ 21フィリーズ 21ドジャース【位置】投手、右
【経歴】2005年ブレーヴスに入団し、07年途中マーク・テシェイラの交換要員の一人としてレンジャーズに移籍。09年メジャーに昇格すると、160㎞を軽く超える快速球を連発。10年は抑えとして新人記録を更新する40セーブ(3位)、防御率2.73で新人王に選ばれた。11年も32セーブ(5位)、ポストシーズンでも6セーブを稼いだが、先発に転向した12年に肘を痛めトミー・ジョン手術。復帰後リリーフに戻り14年は30試合で13セーブ、防御率1.99だったが以後は振るわず、19～20年は所属球団なし。21年にメジャーへ4年ぶりに復帰し5試合投げた。
【通算】10年、362試合、7先発、1完投、0完封、21勝20敗107S、393.1回、366奪三振、防御率3.55
【タイトル】新人王(2010年)オールスター1回(10年)

ペドロ・フェリス
Pedro Julio Feliz
1975.4.27～【出身地】ドミニカ共和国アスア【球団】2000-07 ジャイアンツ 08-09 フィリーズ　10 アストロズ　10 カーディナルス【位置】三塁、右
【経歴】94 年ジャイアンツに入団。メジャー昇格当初は一塁、三塁、外野などを守っていたが、05 年以降は三塁に固定され、守備力を評価された。打撃は打率、出塁率ともに高くはないものの、長打力があり 04 年から 4 年連続 20 本塁打以上。06 年に自己最多の 22 本塁打、98 打点を記録した。08 年フィリーズに移籍、ワールドシリーズで 18 打数 6 安打、世界一を決めた第 5 戦で決勝タイムリーを放った。
【通算】11 年、1302 試合、4254 打数 1065 安打、140 本塁打、598 打点、13 盗塁、打率 .250

ホービー・フェリス
Albert Sayles Ferris (Hobe)
1874.12.7～1938.3.18【出身地】英国イングランド・トローブリッジ【球団】01-07 レッドソックス　08-09 ブラウンズ【位置】二塁、三塁、右
【経歴】守備の名手で 04、07 年は二塁、08 年は三塁で最多刺殺を記録。打率は低かったが長打力はあり、安打数の 3 割近くは長打。03 年 9 本塁打（3 位）、ワールドシリーズではチーム最多の 6 打点、最終第 8 戦でチームの全得点となる 3 打点を稼ぎ、世界一に貢献した。05 年 16 三塁打（2 位）、ブラウンズに移籍した 08 年は自己最多の 74 打点（3 位）。気性が荒く、06 年にはチームメイトと試合中に殴り合いの大喧嘩を演じて逮捕された。
【通算】9 年、1279 試合、4797 打数 1145 安打、40 本塁打、550 打点、89 盗塁、打率 .239

アレックス・フェルナンデス
Alexander Fernandez
1969.8.13～【出身地】フロリダ州マイアミビーチ【球団】90-96 ホワイトソックス 97,99-2000 マーリンズ【位置】投手、右
【経歴】88 年にブルワーズのドラフト 1 位指名を拒否、マイアミ大に進み 90 年に全米最優秀選手に選ばれる。同年ドラフト 1 位（全体 4 位）でホワイトソックスに入団して 5 勝、93 年いずれも 4 位の 18 勝、防御率 3.13 でエース格となり、以後 5 年連続 2 ケタ勝利。速球主体の投球で 96 年は 16 勝（5 位）、防御率 3.45（4 位）、200 奪三振（5 位）。特別 FA に認定され 97 年マーリンズへ移籍、17 勝（5 位）を挙げるもプレイオフで肩を痛めワールドシリーズに出られず、翌 98 年も全休。99 年に復帰して 7 勝したが、31 歳で引退した。
【通算】10 年、263 試合、261 先発、33 完投、10 完封、107 勝 87 敗 0 S、1760.1 回、1252 奪三振、防御率 3.74

シド・フェルナンデス
Charles Sidney Fernandez
1962.10.12～【出身地】ハワイ州ホノルル【球団】83 ドジャース　84-93 メッツ 94-95 オリオールズ　95-96 フィリーズ　97 アストロズ【位置】投手、左
【経歴】体重 100kg の巨漢で、左腕からの球の出所が見にくいフォームからの速球で三振の山を築いた。81 年ドラフト 3 位でドジャースに入団、マイナー時代に 2 度ノーヒッターを達成。メッツ移籍後の 86 年 16 勝、200 奪三振（4 位）、89 年も 14 勝、198 奪三振（3 位）と活躍する。90 年代に入ってからは膝の故障に苦しみ、92 年に 14 勝、193 奪三振（4 位）、自己ベストの防御率 2.73 を記録したのを除けば不本意な成績に終始した。
【通算】15 年、307 試合、300 先発、25 完投、9 完封、114 勝 96 敗 1 S、1866.2 回、1743 奪三振、防御率 3.36
【タイトル】オールスター 2 回（86～87 年）

トニー・フェルナンデス　☆
Octavio Antonio Fernandez
1962.6.30～2020.2.16【出身地】ドミニカ共和国サンペドロデマコリス【球団】83-90 ブルージェイズ　91-92 パドレス 93 メッツ　93 ブルージェイズ　94 レッズ 95 ヤンキース　97 インディアンズ　98-99 ブルージェイズ　2001 ブルワーズ　01 ブルージェイズ【位置】遊撃、二塁、三塁、両
【経歴】通算守備率 .980 を誇る名遊撃手。守備範囲が広く、華麗なグラブさばきで 86 年から 4 年連続でゴールドグラブを受賞した。打撃も良く 86 年打率 .310、213 安打（3 位）、続く 87 年も打率 .322。90 年はリーグ最多の 17 三塁打、93 年のワールドシリーズでは 21 打数 7 安打、チーム最多の 9 打点を叩き出す。ポストシーズンでは通算 43 試合で打率 .327。91 年パドレスにトレードされた後は毎年のようにチームを移り、97 年はインディアンズで

ワールドシリーズに出場したが、第7戦の延長11回にサヨナラ負けにつながるトンネルを演じてしまった。翌98年古巣のブルージェイズに三たび復帰、11年ぶりの打率3割となる.321。翌99年も開幕から4割を超える高打率で、結局.328に落ち着いたが41二塁打は5位、16年目で自己最多の75打点を稼ぎ出した。2000年は西武で打率.327(4位)。引退後は牧師となった。
【通算】17年、2158試合、7911打数2276安打、414二塁打、92三塁打、94本塁打、844打点、246盗塁、690四球、784三振、打率.288
【タイトル】ゴールドグラブ4回(86～89年) オールスター5回(86～87,89,92,99年)
【日本】2000西武　1年、103試合、370打数121安打、11本塁打、74打点、2盗塁、打率.327

ホセ・フェルナンデス
Jose Delfin Fernandez
1992.7.31～2016.9.25【出身地】キューバ共和国サンタクララ【球団】2013-16マーリンズ【位置】投手、右
【経歴】名投手の素質を持ちながら早世した悲劇の右腕。キューバから何度も亡命を試みた末、08年に4回目で成功、2011年ドラフト1位でマーリンズに入団。150kmを超える速球と最高級のチェンジアップを兼ね備え、13年に20歳でメジャーに昇格し12勝、防御率2.19(2位)、187奪三振で新人王を受賞した。翌14年に肘を痛めトミー・ジョン手術、完全復帰した16年は16勝(5位)、防御率2.86、182.1回で253三振(2位)を奪った。明るく社交的な性格で誰からも好かれていたが、9月25日に友人を乗せたモーターボートで衝突事故を起こし、24歳で死亡。背番号16はマーリンズの永久欠番となった。
【通算】4年、76試合、76先発、0完投、38勝17敗0S、471.1回、589奪三振、防御率2.58
【タイトル】新人王(2013年) オールスター2回(13,16年)

ケン・フェルプス
Kenneth Allen Phelps
1954.8.6～【出身地】ワシントン州シアトル【球団】80-81ロイヤルズ　82エクスポズ　83-88マリナーズ　88-89ヤンキース　89-90アスレティックス　90インディアンズ【位置】一塁、DH、左
【経歴】3度のドラフト指名を拒否したのち、76年ドラフト15位でロイヤルズに入団。83年地元のマリナーズに移籍、翌84年101試合で24本塁打を放つ。87年に自己最多の27本塁打、68打点。打率は低かったが選球眼は良く、86年は88四球、同年から3年連続で出塁率4割以上。通算では.374の高率を残した。90年4月20日のマリナーズ戦では、9回二死からブライアン・ホルマンの完全試合を打ち砕く本塁打を見舞った。
【通算】11年、761試合、1854打数443安打、123本塁打、313打点、10盗塁、打率.239

ティト・フエンテス
Rigoberto Fuentes (Tito)
1944.1.4～【出身地】キューバ共和国ハバナ【球団】65-67,69-74ジャイアンツ　75-76パドレス　77タイガース　78アスレティックス【位置】二塁、遊撃、両
【経歴】66年新人でレギュラーとなるが、翌67年は打率.209と不振で一旦マイナー落ち、71年から二塁手として定着。72年33二塁打(5位)、77年は自己初の打率3割以上となる.309、190安打を放った。エクスポズに移籍した翌78年は開幕前に解雇、アスレティックスに拾われたものの13試合に出たのみで、同年限りでメジャーから去った。守備は巧かったが、何でもないプレイを派手に演じたりして悪評も買った。
【通算】13年、1499試合、5566打数1491安打、45本塁打、438打点、80盗塁、打率.268

ブライアン・フエンテス
Brian Christopher Fuentes
1975.8.9～【出身地】カリフォルニア州マーセッド【球団】2001マリナーズ　02-08ロッキーズ　09-10エンジェルズ　10ツインズ　11-12アスレティックス　12カーディナルス【位置】投手、左
【経歴】変則モーションのリリーフ左腕。95年ドラフト25位でマリナーズに入団、2002年にロッキーズに移籍してから中継ぎとして実績を積み、05年に抑えとなり31セーブ。同年から3年連続でオールスターに選出され、動く速球とスラーブで06、08年も30セーブを挙げた。エンジェルズに移った09年は防御率3.93と内容は今一つながら、リーグ最多の48セーブ

を稼いだ。
【通算】12年、650試合、0先発、26勝43敗204S、613.1回、639奪三振、防御率3.62
【タイトル】最多セーブ1回(2009年)オールスター4回(05〜07,09年)

フランク・フォアマン
Francis Isaiah Foreman
1863.5.1〜1957.11.19【出身地】メリーランド州ボルティモア【球団】1884シカゴ/ピッツバーグ(UA) 84カンザスシティ(UA) 85,89ボルティモア(AA) 90シンシナティ 91-92ワシントン(AA)/ワシントン 92ボルティモア 93ニューヨーク 95-96シンシナティ 1901レッドソックス 01-02オリオールズ【位置】投手、右
【経歴】11年間でのべ10球団をわたり歩き、地元ボルティモアを本拠とした3つのリーグの球団すべてに在籍した。4年ぶりにメジャーへ戻った1889年23勝、91年は18勝に加え、打撃でもチームトップの4本塁打。速球はまずまずだったが、変化球の精度はあまり高くなかった。96年を最後に一旦メジャーを離れたが、マイナーで好投を続け1901年5年ぶりに再昇格、12勝を挙げた。引退後ゲティスバーグ大学のコーチとなり、エディー・プランクをのちの大投手に育て上げた。弟ブラウニーも投手。
【通算】11年、229試合、205先発、169完投、7完封、96勝93敗、1721.2回、586奪三振、防御率3.97

キース・フォーク
Keith Charles Foulke
1972.10.19〜【出身地】サウスダコタ州エルスワース空軍基地【球団】97ジャイアンツ 97-2002ホワイトソックス 03アスレティックス 04-06レッドソックス 08アスレティックス【位置】投手、右
【経歴】94年ドラフト9位でジャイアンツに入団。ホワイトソックス移籍後の2000年に抑えとなり、チェンジアップを駆使して34セーブ(5位)、翌01年は42セーブ(3位)を挙げる。アスレティックスに移籍した03年はリーグ最多の43セーブ。04年はレッドソックスで32セーブ(5位)、ワールドシリーズ第1戦で勝利投手となり、86年ぶりの世界一を決めた第4戦でも最後を締めた。インディアンズに移籍した07年開幕前に引退を表明。1年のブランクののち、08年古巣アスレティックスで復帰した。
【通算】11年、619試合、8先発、0完投、41勝37敗191S、786.2回、718奪三振、防御率3.33
【タイトル】最多セーブ1回(2003年)オールスター1回(03年)

ビブ・フォーク
Bibb August Falk
1899.1.27〜1989.6.8【出身地】テキサス州オースティン【球団】20-28ホワイトソックス 29-31インディアンズ【位置】外野、左
【経歴】テキサス大学時代は投手として活躍。マイナーを経験せず、21年ジョー・ジャクソンに代わる正左翼手となり、翌23年から9年間で8回打率3割以上。24年.352(3位)、26年は.345、195安打、43二塁打、108打点(5位)を稼いだ。30年5月11日には最初の5イニングで5安打、5打点、5得点の珍しい記録を作った。野次将軍としても有名だった。引退後は母校の監督となって2度全米制覇に導き、その名を今も大学の球場に残している。2007年に大学野球殿堂入り。弟チェットもブラウンズの投手だった。
【通算】12年、1353試合、4652打数1463安打、69本塁打、784打点、47盗塁、打率.314

ボブ・フォザーギル
Robert Roy Fothergill
1897.8.16〜1938.3.20【出身地】オハイオ州マッシロン【球団】22-30タイガース 30-32ホワイトソックス 33レッドソックス【位置】外野、右
【経歴】体重100kgをはるかに超える巨体からついたニックネームが"ファッツ"。判定を不服として審判に文字通りかみついたり、激突した外野フェンスが壊れたりとエピソードに事欠かないが、打撃は一級品。守備面の不安から、120試合以上出たのは27年のみだったが、1年目から8年連続打率3割。26年は打率.367(3位)、9月26日にサイクルヒット達成。続く27年も打率.359(4位)、38二塁打、114打点(5位)だった。代打としても200打数以上で唯一の打率3割(253打数76安打、.300)を記録している。プロフットボール選手の経験もあった。
【通算】12年、1106試合、3269打数1064安打、36本塁打、582打点、42盗

塁、打率 .325

ケン・フォーシュ
Kenneth Roth Forsch
1946.9.8 ～【出身地】カリフォルニア州サクラメント【球団】70-80 アストロズ　81-84,86 エンジェルズ【位置】投手、右
【経歴】68 年ドラフト 18 位でアストロズに入団、71 年ローテーションに加わり 8 勝、防御率 2.53（4 位）。74 年からリリーフに回り、速球とスライダーで 76 年 19 セーブ（2 位）、防御率 2.15。落ち着いたマウンド捌きで、先発に戻った 78 年から 6 年連続 2 ケタ勝利。79 年 4 月 7 日のブレーヴス戦でノーヒットノーランを達成し、弟ボブとともに史上初の兄弟揃っての快挙となった。エンジェルズに移籍した 81 年リーグ最多の 4 完封を含む 11 勝、翌 82 年に自己最多の 13 勝。98 ～ 2011 年はエンジェルズのアシスタント GM として働いた。
【通算】16 年、521 試合、241 先発、70 完投、18 完封、114 勝 113 敗 51 S、2127.1 回、1047 奪三振、防御率 3.37
【タイトル】オールスター 2 回（76,81 年）

ボブ・フォーシュ
Robert Herbert Forsch
1950.1.13 ～ 2011.11.3【出身地】カリフォルニア州サクラメント【球団】74-88 カーディナルス　88-89 アストロズ【位置】投手、右
【経歴】68 年ドラフト 26 位でカーディナルスに入団した当時は三塁手。71 年に投手へ転向し、マイナーで 2 度ノーヒッターを達成。75 年 15 勝、防御率 2.86（5 位）、77 年は 20 勝（3 位）。力で押す投球から打たせて取る技巧派に転身し、2 ケタ勝利 11 回を記録。82 年はチーム最多の 15 勝だったが、ワールドシリーズは 2 度先発していずれも敗れた。
　78 年 4 月 16 日のフィリーズ戦ではブッシュ・スタディアム（2 代目）で唯一のノーヒットノーラン、83 年 9 月 26 日のエクスポズ戦で 2 度目のノーヒッターを成し遂げた。打撃では通算 12 本塁打。通算 168 勝を挙げながらオールスターには一度も選ばれなかった。2011 年のワールドシリーズ第 7 戦で始球式を務めた 6 日後に急死。ドラフト同期の兄ケンも長くメジャーで活躍し、ペリー兄弟、ニークロ兄弟に次ぎ史上 3 組目の 100 勝兄弟となった。
【通算】16 年、498 試合、422 先発、67 完投、19 完封、168 勝 136 敗 3 S、2794.2 回、1133 奪三振、防御率 3.76

エディー・フォスター
Edward Cunningham Foster
1887.2.13 ～ 1937.1.15【出身地】イリノイ州シカゴ【球団】10 ヤンキース　12-19 セネターズ　20-22 レッドソックス　22-23 ブラウンズ【位置】三塁、二塁、右
【経歴】身長 168cm の小柄な内野手で、ヒットエンドランの名手。12 年正三塁手となり、自己最高の打率 .285、176 安打、34 二塁打（5 位）、70 打点。16 年に 1 本打ったのを最後に、引退するまで 3278 打数連続で本塁打なしだった。守備ではバント処理の上手さで投手を助けた。投手時代のベーブ・ルースが苦手にしていた打者でもあった。
【通算】13 年、1500 試合、5652 打数 1490 安打、6 本塁打、451 打点、195 盗塁、打率 .264

ジョージ・フォスター
George Arthur Foster
1948.12.1 ～【出身地】アラバマ州タスカルーサ【球団】69-71 ジャイアンツ　71-81 レッズ　82-86 メッツ　86 ホワイトソックス【位置】外野、右
【経歴】35 オンスの黒バットを振り回し特大アーチを量産した大砲。68 年 1 月ドラフト 3 位でジャイアンツに入団、メジャー昇格当初は粗さが目立ったが、レッズ移籍後に酒とタバコを断って成績が向上。75 年から 5 年間で 4 回打率 3 割以上、“ビッグ・レッド・マシーン”の中核として 76 年は 29 本塁打（4 位）、121 打点（1 位）、ワールドシリーズでは 14 打数 6 安打 4 打点。オールスターでも本塁打を含む 3 打点で MVP に選出された。
　翌 77 年は打率 .320（4 位）に加え、70・80 年代で唯一の 50 本台となる 52 本塁打、149 打点で二冠王となり MVP を受賞。続く 78 年も 40 本塁打（1 位）、120 打点で 3 年連続のタイトルを手にした。82 年に移籍したメッツでは、5 年 1000 万ドルの高額契約に見合う働きができず、86 年途中に首脳陣を非難する発言によって解雇された。リトルリーグで一緒だったデイヴ・キングマンとはジャイアンツ、メッツでもチームメイト。2006 年にオリックスの臨時打撃コーチを務め、その後同球団のアドバイザーに就任した。
【通算】18 年、1977 試合、7023 打数 1925 安打、348 本塁打、1239 打点、51

盗塁、1419 三振、打率 .274
【タイトル】MVP1 回（77 年）本塁打王 2 回（77 ～ 78 年）打点王 3 回（76 ～ 78 年）オールスター 5 回（76 ～ 79,81 年）

ビル・フォスター
William Hendrick Foster
1904.6.12 ～ 78.9.16【出身地】テキサス州カルヴァート【球団】ニグロ・リーグ【位置】投手、左
【経歴】流麗な投球フォームから速球とスローボールを巧みに投げ分けた左腕投手。23 年義兄のルーブが率いるシカゴ・アメリカン・ジャイアンツに入団、26 年はリーグ戦以外の試合も含め 26 連勝を記録。白人メジャー相手の試合で 7 戦 6 勝と圧倒、チャーリー・ゲーリンガーに「15 万ドルの値うちがある」と言わしめた。引退後母校のアルコーン大学で学生部長と野球部コーチを務めた。96 年殿堂入り。
＜ニグロ・リーグの成績＞238 試合、165 先発、127 完投、31 完封、110 勝 56 敗、1499.2 回、922 奪三振、防御率 2.68

ルーブ・フォスター
Andrew Bishop Foster (Rube)
1879.9.17 ～ 1930.12.9【出身地】テキサス州ラグランジ【球団】ニグロ・リーグ【位置】投手、右
【経歴】“黒人野球の父”と称される、黒人球界最初のスター選手。ルーブ・ワッデルと投げ合って勝ったことから、以降“ルーブ”と呼ばれるようになった。打者の読みを外す頭脳的な投球は、ホーナス・ワグナーやフランク・チャンスからも絶賛された。選手として以上に評価されたのが監督や経営者としての能力で、07 年以降は監督として数々のチームを優勝させ、自ら結成したシカゴ・アメリカン・ジャイアンツは 10 年代の最強チームとなり、カブスを観客動員数で上回ることもあった。機動力を重視した采配で、心理戦にも長けていたといわれる。20 年初めての本格的なニグロ・リーグであるニグロ・ナショナル・リーグを組織、会長としてその経営手腕を存分に発揮したが、26 年に精神を病み、入院中の 30 年に死去した。81 年殿堂入り。義弟のビルも殿堂入りの好投手。

テリー・フォースター
Terry Jay Forster
1952.1.14 ～【出身地】サウスダコタ州スーフォールズ【球団】71-76 ホワイトソックス　77 パイレーツ　78-82 ドジャース　83-85 ブレーヴス　86 エンジェルズ【位置】投手、左
【経歴】70 年ドラフト 2 位でホワイトソックスに入団、翌 71 年 19 歳でメジャーに昇格。巨体からの剛速球で 72 年 29 セーブ（2 位）、防御率 2.25、100 回を投げ 104 奪三振、被本塁打ゼロと好投。74 年も 24 セーブ（1 位）を稼いだが、酷使がたたりその後 3 年間は不調。78 年ドジャースに移り 22 セーブ、以後は主に中継ぎで使われた。体重が次第に増え続けて 120 kgを超え、ブレーヴス時代の契約条項には、体重オーバーの場合には罰金を科すとの項目がつけ加えられた。打撃も良く通算 .397 の高打率を残した。
【通算】16 年、614 試合、39 先発、5 完投、0 完封、54 勝 65 敗 127 S、1105.2 回、791 奪三振、防御率 3.23
【タイトル】最多セーブ 1 回（74 年）

ジミー・フォックス
James Emory Foxx
1907.10.22 ～ 67.7.21【出身地】メリーランド州サドラーズヴィル【球団】25-35 アスレティックス　36-42 レッドソックス　42,44 カブス　45 フィリーズ【位置】一塁、三塁、捕手、右
【経歴】数多くの大アーチにまつわる伝説を残すスラッガーで、名前の綴りから“ダブル・エックス”のニックネームで知られた。17 歳でアスレティックスに入団、当初は捕手だったがミッキー・カクレインがいたため出番がなく、一塁にコンバートされる。29 年の 33 本塁打、118 打点を皮切りに以後 12 年連続 30 本塁打、13 年連続 100 打点以上。32 年は自己最高の打率 .364、58 本塁打、169 打点の二冠王で MVP となる。ノーゲームで 2 本損した上、ベーブ・ルースが 60 本塁打を放った当時はなかったスポーツマンズ・パーク（セントルイス）の右翼スクリーンに何度も打球を当てており、実質的にはルースの記録を上回っていたと言われている。同年まで 3 年連続でワールドシリーズに出場、合計 18 試合で打率 .344、4 本塁打、11 打点を記録した。
33 年は打率 .356、48 本塁打、163 打点で三冠王、2 年連続 MVP に輝く。36 年 15 万ドルの移籍金でレッドソックスに加わり、38 年は打率 .349、175 打点で二冠王、50 本塁打も 2 位で 3 度目の MVP となった。42 年限りで引退したが 44 年

復帰し、45年は投手としても9試合に登板、1勝を挙げている。通算534本塁打は引退時点でルースに次ぎ史上2位だった。一度も退場経験がなく、温和で誰からも愛される気さくな性格だったが、死球の影響で視力が低下したのも理由でアルコール依存症に陥る。遊びぶりも豪快で、引退後は事業に失敗し財産を失った。後輩テッド・ウィリアムズとの交友も長く続いた。51年殿堂入り。
【通算】20年、2317試合、8134打数2646安打、458二塁打、125三塁打、534本塁打(19位)、1922打点(9位)、87盗塁、1452四球(23位)、1311三振、打率.325
【タイトル】MVP3回(32～33,38年)首位打者2回(33,38年)本塁打王4回(32～33,35,39年)打点王3回(32～33,38年)最高出塁率3回(29,38～39年)オールスター9回(33～41年)

ネリー・フォックス
Jacob Nelson Fox
1927.12.25～75.12.1【出身地】ペンシルヴェニア州セントトーマス【球団】47-49アスレティックス　50-63ホワイトソックス　64-65アストロズ【位置】二塁、左
【経歴】練習熱心さと全力プレイで有名だった、50年代を代表する名二塁手。54年の201本を最多として最多安打4回、51年から10年連続175安打以上と安定して好成績を残す。通算では打率3割6回、リーグ5位以内に5度入る。59年は打率.306(4位)、191安打(2位)、34二塁打(2位)、70打点、出塁率.380で優勝に貢献、MVPを手にした。同年のワールドシリーズでも24打数9安打。滅多に三振せず通算216三振、1三振あたり42.7打数は史上5位。58年に98試合連続無三振の記録を達成、年間20三振以上は一度もなかった。守備も軽快で、52年から10年連続最多刺殺、補殺でも6回1位。97年殿堂入り。
【通算】19年、2367試合、9232打数2663安打、355二塁打、112三塁打、35本塁打、790打点、76盗塁、719四球、216三振、打率.288
【タイトル】MVP1回(59年)ゴールドグラブ3回(57,59～60年)オールスター12回(51～61,63年)

ピート・フォックス
Ervin Fox (Pete)
1909.3.8～66.7.5【出身地】インディアナ州エヴァンズヴィル【球団】33-40タイガース　41-45レッドソックス【位置】外野、右
【経歴】33年新人で13三塁打、翌34年リーグ4位の25盗塁、ワールドシリーズ新記録となる6二塁打を放つ。投手のタイプによってバットを使い分け、35年は38二塁打(4位)、長打率.513(5位)、29試合連続安打も記録。ワールドシリーズでもチーム最多の10安打、4打点で世界一に貢献した。37年自己最高の打率.331、208安打、39二塁打、翌38年は全イニングに出場し96打点。44年は終盤まで首位打者争いに加わり打率.315、37二塁打(4位)で、35歳にして初めてオールスターに選ばれた。引退後はマイナー監督やスカウトとして働いた。
【通算】13年、1461試合、5636打数1678安打、65本塁打、693打点、158盗塁、打率.298
【タイトル】オールスター1回(44年)

レイ・フォッシー
Raymond Earl Fosse
1947.4.4～2021.10.13【出身地】イリノイ州マリオン【球団】67-72インディアンズ　73-75アスレティックス　76-77インディアンズ　77マリナーズ　79ブルワーズ【位置】捕手、右
【経歴】65年ドラフト1位(全体7位)でインディアンズに入団。70年正捕手となり打率.307、18本塁打でオールスターに出場したが、ピート・ローズのタックルを受け右肩を負傷する。同年は盗塁阻止率.545でゴールドグラブ、翌71年も連続で受賞した。アスレティックスに移籍した73年に自己最多の143試合に出場、ワールドシリーズでも全試合にマスクを被り世界一に貢献。キャリアを通じて数多くの故障に悩まされ、78年に4年契約を結んだブルワーズでも19試合にしか出られなかった。引退後はアスレティックスの球団職員となり、試合中継の解説も担当した。
【通算】12年、924試合、2957打数758安打、61本塁打、324打点、15盗塁、打率.256
【タイトル】ゴールドグラブ2回(70～71年)オールスター2回(70～71年)

ダン・フォード
Darnell Glenn Ford (Dan)

1952.5.19 ～【出身地】カリフォルニア州ロスアンジェルス【球団】75-78 ツインズ　79-81 エンジェルズ　82-85 オリオールズ【位置】外野、右

【経歴】70年ドラフト1位でアスレティックスに入団。75年ツインズでレギュラーとなり、翌76年20本塁打、86打点。78年は36二塁打（5位）、10三塁打（2位）、地元のエンジェルズに移籍した翌79年はすべて自己最高となる打率.290、21本塁打、101打点、13犠飛（1位）。8月にサイクルヒットを記録、プレイオフでも2本塁打を放った。自由奔放なタイプで、82年にオリオールズへ移籍してからは、首脳陣との確執もあって不振が続いた。

【通算】11年、1153試合、4163打数1123安打、121本塁打、566打点、61盗塁、打率.270

ホッド・フォード
Horace Hills Ford (Hod)

1897.7.23 ～ 1977.1.29【出身地】コネティカット州ニューヘイヴン【球団】19-23 ブレーヴス　24 フィリーズ　25 ドジャース　26-31 レッズ　32 カーディナルス　32-33 ブレーヴス【位置】遊撃、二塁、右

【経歴】21年レギュラーとなり自己最多の155安打、29二塁打、61打点。フィリーズに移った24年のシーズン中に突然引退を表明するも、翌25年途中ドジャースから復帰。レッズ移籍後の28年、当時の記録となる128併殺を完成させた。21年から7年連続で打率は2割7分台だった。引退後は様々なビジネスを手がけ、信託会社の取締役も務めた。

【通算】15年、1446試合、4833打数1269安打、16本塁打、494打点、21盗塁、打率.263

ホワイティ・フォード
Edward Charles Ford (Whitey)

1928.10.21 ～ 2020.10.8【出身地】ニューヨーク州ニューヨーク【球団】50,53-67 ヤンキース【位置】投手、左

【経歴】200勝以上の投手では史上1位の勝率.690を残した名左腕。冷静で頭脳的なピッチングを持ち味とし、牽制など守備面でも一流、また不正投球の名人でもあった。50年メジャーに昇格、9連勝の鮮烈なデビューを果たし、ワールドシリーズ第4戦でも8.2回を自責点0に抑え、勝利投手となり世界一を決めた。

51 ～ 52年は兵役につき、復帰した53年18勝、以後13年連続2ケタ勝利。56年はリーグ1位の防御率2.47、58年も2.01で2度目のタイトル。61年はともに自己記録の25勝（1位）、209奪三振（2位）でサイ・ヤング賞、283回（1位）を投げ盗塁を1回も許さなかった。63年24勝で3度目の最多勝。16年間で防御率は最悪でも3.24と無類の安定感を誇った。

ワールドシリーズには11回出場し、22試合、22先発、146回、10勝、94奪三振はすべて1位。60年は2完封、62年にかけて33回連続無失点のシリーズ記録を樹立し、61年はMVPに選ばれた。ミッキー・マントルとは親友同士で、74年2人揃って殿堂入りを果たした。

【通算】16年、498試合、438先発、156完投、45完封（29位）、236勝106敗、3170.1回、1956奪三振、1086四球、防御率2.75

【タイトル】サイ・ヤング賞1回（61年）最多勝3回（55,61,63年）最優秀防御率2回（56,58年）オールスター8回（54 ～ 56,58 ～ 61,64年）

ジャック・フォーニアー
John Frank Fournier

1889.9.28 ～ 1973.9.5【出身地】ミシガン州オーセイブル【球団】12-17 ホワイトソックス　18 ヤンキース　20-22 カーディナルス　23-26 ドジャース　27 ブレーヴス【位置】一塁、左

【経歴】15年打率.322（3位）、18三塁打（2位）、長打率.491は1位。その後は打撃不振に守備面の不安が重なってマイナーに落ちたが、20年カーディナルスで再昇格。ドジャースに移籍した23年に打率.351（3位）、22本塁打（2位）、102打点（5位）。翌24年は27本塁打（1位）、116打点（2位）、25年も打率.350（5位）、22本塁打（3位）、130打点と出塁率.446は2位と打ち続けた。ウォルター・ジョンソンから1試合2本塁打を放った最初の選手である。

【通算】15年、1530試合、5208打数1631安打、136本塁打、859打点、146盗塁、打率.313

【タイトル】本塁打王1回（24年）

ティム・フォリ
Timothy John Foli

1950.12.6 ～【出身地】カリフォルニア

州カルヴァーシティ【球団】70-71 メッツ 72-77 エクスポズ 77 ジャイアンツ 78-79 メッツ 79-81 パイレーツ 82-83 エンジェルズ 84 ヤンキース 85 パイレーツ【位置】遊撃、右
【経歴】68年ドラフト全体1位でメッツに入団、70年19歳でメジャーデビュー。コーチとぶつかり72年エクスポズに放出され、堅実な守備で正遊撃手の座を手にする。75年は刺殺、補殺、併殺のすべてで1位。翌76年は36二塁打(5位)、4月21日に球団史上初のサイクルヒットを達成した。79年途中パイレーツに移籍し自己最高の打率.288、65打点。ポストシーズンも合計10試合で42打数14安打、6打点と活躍した。気が短く、しばしばチームメイトや審判と衝突した。引退後は6球団でコーチを務めた。
【通算】16年、1696試合、6047打数1515安打、25本塁打、501打点、81盗塁、打率.251

トム・フォーリー
Thomas Michael Foley
1959.9.9 ～【出身地】ジョージア州フォートベニング【球団】83-85 レッズ 85-86 フィリーズ 86-92 エクスポズ 93-94 パイレーツ 95 エクスポズ【位置】遊撃、二塁、左
【経歴】77年ドラフト7位でレッズに入団。内野ならどこでもこなし、準レギュラーとして長くプレイした。88年の127試合、100安打、43打点が自己記録。引退後は長くレイズのコーチを務めた。野球では右利きだったが、高校時代はフットボールで左手を使っていた。日本人の血を引いており、また父親が陸軍兵士だったため、少年時代は4年間日本に住んだ経験がある。
【通算】13年、1108試合、2708打数661安打、32本塁打、263打点、32盗塁、打率.244

リー・フォール
Leo Alexander Fohl
1876.11.28 ～ 1965.10.30【出身地】オハイオ州ローウェル【球団】02 パイレーツ 03 レッズ【位置】捕手、左
【経歴】捕手としては2年間に5試合出ただけ。マイナー球団オーナーを経て15年途中インディアンズの監督に就任、18年に2位となるが、トリス・スピーカーの不興を買い翌19年途中で退任に追い込まれる。22年は万年下位のブラウンズを率い球団新の93勝で、首位に1ゲーム差の2位に入りながらも、ファンから采配ミスを糾弾され辞任に追い込まれた。物静かで、自らが脚光を浴びるのを好まなかった。
【通算】2年、5試合、17打数5安打、0本塁打、3打点、0盗塁、打率.294
【監督】15-19 インディアンズ 21-23 ブラウンズ 24-26 レッドソックス 11年、1521試合、713勝792敗、勝率.474

ルー・フォンセカ
Lewis Albert Fonseca
1899.1.21 ～ 1989.11.26【出身地】カリフォルニア州オークランド【球団】21-24 レッズ 25 フィリーズ 27-31 インディアンズ 31-33 ホワイトソックス【位置】一塁、二塁、外野、右
【経歴】故障の多さは難点だったが、6度の打率3割を記録した好打者で、29年は打率.369で首位打者。209安打、44二塁打、15三塁打の3部門で4位、103打点を叩き出した。現役時代に映画に出演したのがきっかけで、ホワイトソックス監督時代にフィルムを使って相手の弱点を分析する先駆的な方法を用いた。その後も映画との縁は切れず、ア・ナ両リーグのプロモーション用の映画を監督した。
【通算】12年、937試合、3404打数1075安打、31本塁打、485打点、64盗塁、打率.316
【タイトル】首位打者1回(29年)
【監督】32-34 ホワイトソックス 3年、318試合、120勝196敗、勝率.380

ディー・フォンディ
Dee Virgil Fondy
1924.10.31 ～ 99.8.19【出身地】テキサス州スレイトン【球団】51-57 カブス 57 パイレーツ 58 レッズ【位置】一塁、左
【経歴】第二次大戦中は陸軍でパープルハートを受章。終戦後ドジャースに入団、カブス移籍後の52年レギュラーとなり打率.300、翌53年は.309、11三塁打(3位)、18本塁打、78打点。54年は20盗塁(3位)を決めた。55年4月16日、アーニー・バンクスとともに2者連続本塁打を1試合で2度記録した。パイレーツに移った57年に自己最高の打率.313。引退後はスカウトとなった。
【通算】8年、967試合、3502打数1000安打、69本塁打、373打点、84盗塁、打率.286

福留孝介　☆
Kosuke Fukudome

1977.4.26 ～【出身地】鹿児島県曽於郡大崎町【球団】2008-11 カブス　11 インディアンズ　12 ホワイトソックス【位置】外野、左

【経歴】ＰＬ学園高時代に甲子園で活躍し、95 年のドラフトで近鉄が 1 位指名したが入団拒否。日本生命に入社、96 年のアトランタ五輪に出場した。98 年ドラフト 1 位で中日に入団、2002 年に打率 .343 で首位打者、06 年の WBC では準決勝の韓国戦で値千金の代打 2 ラン。同年は打率 .351 で 2 度目の首位打者となり、MVP も受賞した。

07 年オフに FA となり、カブスと 4 年 4800 万ドルで契約。08 年 3 月 31 日、対ブルワーズ戦で初出場し 3 安打、9 回裏に同点 3 ランと華々しいデビューを飾る。ファン投票でオールスターにも選ばれたが、徐々に調子を落とし打率 .257、10 本塁打、58 打点に終わる。09 年はリーグ 8 位の 93 四球、出塁率も .375 の高率。通算でも .359 だったが、打率や本塁打数が高給に見合うほどでなく批判の声が多かった。11 年途中インディアンズ、12 年はホワイトソックスに移籍したが 6 月に解雇。ヤンキースに拾われたもののメジャーでの出場機会がないまま、9 月に再び解雇された。13 年阪神で日本に復帰、45 歳まで現役を続けた。

【通算】5 年、596 試合、1929 打数 498 安打、42 本塁打、195 打点、29 盗塁、打率 .258

【タイトル】オールスター 1 回 (2008 年)

【日本】99-2007 中日　13-20 阪神　21-22 中日　19 年、2023 試合、6822 打数 1952 安打、285 本塁打、1078 打点、76 盗塁、1009 四球、1494 三振、打率 .286

福盛和男　☆
Kazuo Fukumori

1976.8.4 ～【出身地】宮崎県北諸県郡高崎町【球団】2008 レンジャーズ【位置】投手、右

【経歴】都城高から 94 年ドラフト 3 位で横浜に入団。99 年に先発で 9 勝を挙げたあとは、リリーフでの起用が多くなる。楽天移籍後の 2006 年 21 セーブ、07 年も 17 セーブを稼いだ。08 年 FA でレンジャーズに入団したが、開幕から 4 試合で防御率 20.25 と滅多打ちされ、5 月以降はずっとマイナー暮らし。09 年は登板機会がなく、シーズン途中で帰国し楽天に復帰した。

【通算】1 年、4 試合、0 先発、0 勝 0 敗 0 S、4 回、1 奪三振、防御率 20.25

【日本】95-2003 横浜　04 近鉄　05-07,09-10 楽天　15 年、414 試合、48 先発、1 完投、0 完封、41 勝 45 敗 82 S、708.1 回、495 奪三振、防御率 3.65

スティーヴ・ブーシェル
Steven Bernard Buechele

1961.9.26 ～【出身地】カリフォルニア州ランカスター【球団】85-91 レンジャーズ　91-92 パイレーツ　92-95 カブス　95 レンジャーズ【位置】三塁、右

【経歴】79 年ホワイトソックスの 1 位指名（全体 9 位）を蹴りスタンフォード大に進学、82 年ドラフト 5 位でレンジャーズに入団。86 年正三塁手となり、91 年に自己最多の 22 本塁打、85 打点、プレイオフでも 23 打数 7 安打、4 四球。打撃よりも堅実な守備が光り、91、93 年に守備率 1 位となった。NFL のスーパースター、ジョン・エルウェイは大学時代のルームメイトだった。

【通算】11 年、1334 試合、4266 打数 1046 安打、137 本塁打、547 打点、17 盗塁、打率 .245

藤川球児　☆
Kyuji Fujikawa

1980.7.21 ～【出身地】高知県高知市【球団】2013-14 カブス　15 レンジャーズ【位置】投手、右

【経歴】高知商から 98 年ドラフト 1 位で阪神に入団。勢いのある速球でリリーフとして活躍し、2005 年はセ・リーグ新記録の 80 試合に登板。06 年は 38 試合 /47.2 回連続無失点を記録、07 年にリーグ最多の 46 セーブ。12 年までに通算 220 セーブを稼いだ。13 年 FA となってカブスに入団、4 月 1 日のパイレーツ戦で初登板初セーブ。12 日のジャイアンツ戦で初勝利を挙げたが、肘を負傷し 6 月にトミー・ジョン手術を受ける。14 年に復帰、15 年はレンジャーズへ移籍するも 2 試合投げただけで 5 月に解雇され帰国。同年は四国アイランドリーグの高知で投げ、16 年阪神に復帰した。25 年阪神の監督に就任。

【通算】3 年、29 試合、0 先発、1 勝 1 敗 2 S、26.2 回、32 奪三振、防御率 5.74

【日本】2000,02-12,16-20 阪神　17 年、782 試合、14 先発、0 完投、60 勝 38 敗 243 S、935.1 回、1220 奪三振、防御率

2.08

藤浪晋太郎　★☆
Shintaro Fujinami
1994.4.12 ～【出身地】大阪府堺市【球団】2023 アスレティックス　23 オリオールズ【位置】投手、右
【経歴】大阪桐蔭高から 12 年ドラフト 1 位で阪神に入団し、1 年目は 10 勝。14 年 11 勝、15 年は 14 勝、防御率 2.40、リーグ最多の 221 奪三振と順調だったが、その後はコントロールに乱れが生じて成績が下降した。23 年ポスティング・システムを利用しアスレティックスに移籍、4 月 1 日のエンジェルズ戦で初登板するも 8 失点で敗れ、以後 4 登板連続敗戦。リリーフに回ってからは投球内容が改善され、5 勝はこの年のチーム最多勝であった。7 月にオリオールズへトレードされ、8 月に自己最速の球速 165km を計時。年間成績は 64 試合で 7 勝 8 敗 2 セーブ、防御率 4.85 だった。24 年はメッツへ移籍するもメジャーでの登板はなかった。
【通算】1 年、64 試合、7 先発、0 完投、7 勝 8 敗 2 S、79 回、83 奪三振、防御率 7.18
【日本】2013-22 阪神　10 年、189 試合、154 先発、12 完投、6 完封、57 勝 54 敗 0 S、994.1 回、1011 奪三振、防御率 3.41

ガイ・ブッシュ
Guy Terrell Bush
1901.8.23 ～ 85.7.2【出身地】ミシシッピ州アバディーン【球団】23-34 カブス　35-36 パイレーツ　36-37 ブレーヴス　38 カーディナルス　45 レッズ【位置】投手、右
【経歴】緩急をつけた投球が得意だった細身の投手。先発、リリーフの両方で起用され、26 年 13 勝、防御率 2.86 (4 位)、以後 10 年連続 2 ケタ勝利。29 年はリーグ最多の 50 試合に登板し 18 勝 (4 位)。32 年は 19 勝(3 位) を挙げワールドシリーズ第 1 戦に先発したが、9 失点で KO された。翌 33 年の 20 勝 (2 位)、防御率 2.75 が自己ベスト。35 年にはベーブ・ルースに生涯最後の本塁打を献上した。
【通算】17 年、542 試合、308 先発、151 完投、16 完封、176 勝 136 敗、2722 回、850 奪三振、防御率 3.86

ジョー・ブッシュ
Leslie Ambrose Bush (Joe)
1892.11.27 ～ 1974.11.1【出身地】ミネソタ州イーハイム【球団】12-17 アスレティックス　18-21 レッドソックス　22-24 ヤンキース　25 ブラウンズ　26 セネターズ　26-27 パイレーツ　27 ジャイアンツ　28 アスレティックス【位置】投手、右
【経歴】“ブレット（弾丸）”のニックネームで知られた速球派で、メジャーで最初にフォークボールを広めた投手でもある。13 年 20 歳で 15 勝、ワールドシリーズ第 3 戦で史上最年少での完投勝利を記録する。翌 14 年も 17 勝、16 年はリーグワーストの 24 敗を喫したが 157 奪三振は 4 位、8 月 26 日のインディアンズ戦でノーヒットノーランを達成した。その後フォークを身につけ 22 年は 26 勝 (2 位)、翌 23 年も 19 勝、125 奪三振 (2 位)。通算では 11 回 2 ケタ勝利を挙げた。ワールドシリーズでは防御率 2.67 と好投しながらも、14 ～ 23 年にかけてワースト記録の 5 連敗を喫するなど運に恵まれなかった。
【通算】17 年、489 試合、370 先発、225 完投、35 完封、196 勝 184 敗、3085.1 回、1318 奪三振、1263 四球、防御率 3.51

ドーニー・ブッシュ
Owen Joseph Bush (Donie)
1887.10.8 ～ 1972.3.28【出身地】インディアナ州インディアナポリス【球団】08-21 タイガース　21-23 セネターズ【位置】遊撃、両
【経歴】小柄で選球眼に優れた遊撃手で、09 年 88 四球 (1 位)、出塁率 .380 (3 位)、ワールドシリーズでも 7 安打 5 四球で出塁率 .483。以後 4 年連続、通算では 5 回最多四球を選び、12 年は自己最多の 117 四球、打率 .231 ながら出塁率は .377 に達した。17 年に自己最高打率の .281。犠打も多く 09 年と 20 年に 1 位、通算 337 回は史上 5 位。守備では 14 年に 425 刺殺のリーグ新記録を樹立した。27 年パイレーツ監督に就任、初年度から優勝を果たすがワールドシリーズではヤンキースに 4 連敗した。地元インディアナポリスのマイナー球団オーナーやレッドソックスのスカウトなどを歴任し、84 歳で亡くなるまで球界に関わり続けた。
【通算】16 年、1945 試合、7210 打数 1804 安打、9 本塁打、445 打点、406 盗塁、1158 四球、打率 .250
【監督】23 セネターズ　27-29 パイレーツ　30-31 ホワイトソックス　33 レッズ　7 年、1045 試合、497 勝 539 敗、勝率 .480

リーグ優勝1回（27年）

ランディ・ブッシュ
Robert Randall Bush
1958.10.5～【出身地】デラウェア州ドーヴァー【球団】82-93ツインズ【位置】外野、左
【経歴】79年ドラフト2位でツインズに入団。対右投手用の右翼手またはDHとしてツインズ一筋に12年間プレイした。86年はリーグ5位の7三塁打、88、89年は2年続けて自己最多の103安打、14本塁打。89年5月20日に球団記録の8打点を稼いだ。世界一になった91年は43回代打で起用され出塁率.500、長打率.618、8月には7打席連続代打安打のリーグ記録を樹立。引退後ニューオーリンズ大学のコーチを経てカブスのフロント入りした。
【通算】12年、1219試合、3045打数763安打、96本塁打、409打点、33盗塁、打率.251

マックス・ブッチャー
Albert Maxwell Butcher
1910.9.21～57.9.15【出身地】ウェストヴァージニア州ホールデン【球団】36-38ドジャース　38-39フィリーズ　39-45パイレーツ【位置】投手、右
【経歴】スライダーを武器とした最も初期の投手の一人。37年に11勝を挙げた後は不振続きで、39年リーグワーストの17敗、40年は防御率6点台にまで落ち込む。41年17勝（5位）と復調し、43年は自己ベストの防御率2.60、44年も5完封（3位）を含む13勝とエース級の働きだった。
【通算】10年、334試合、229先発、104完投、14完封、95勝106敗、1787.2回、485奪三振、防御率3.75

アート・フートマン
Arthur Joseph Houtteman
1927.8.7～2003.5.6【出身地】ミシガン州デトロイト【球団】45-50,52-53タイガース　53-57インディアンズ　57オリオールズ【位置】投手、右
【経歴】制球の良い変化球投手。45年17歳で地元のタイガースでデビュー、48年は2勝16敗と苦しみ、49年も交通事故で最初の2カ月を欠場したが、それでも15勝を挙げる。50年は19勝（3位）、4完封（1位）、防御率3.54（5位）。51年は兵役のため全休、復帰した52年は4月26日に9回二死まで無安打に抑えるも、年間では8勝20敗の不振。54年はインディアンズで15勝し優勝に貢献した。いい球を持っていたのに、考えすぎで自滅することも少なくなかった。
【通算】12年、325試合、181先発、78完投、14完封、87勝91敗、1555回、639奪三振、防御率4.14
【タイトル】オールスター1回（50年）

ルー・ブードロー
Louis Boudreau
1917.7.17～2001.8.10【出身地】イリノイ州ハーヴィー【球団】38-50インディアンズ　51-52レッドソックス【位置】遊撃、右
【経歴】40年代を代表する名遊撃手の一人。レギュラーとなった40年、打っては185安打、46二塁打（2位）、101打点、守っては守備率.968で1位となる。的確なポジショニングで以後5年連続守備率1位、1年おいてさらに3年連続1位。42年24歳の若さで監督に抜擢され、テッド・ウィリアムズに対し大胆なウィリアムズ・シフト（別名ブードロー・シフト）を敷き話題となった。同年のオールスターでは大会史上初の先頭打者本塁打を打っている。
44年打率.327で首位打者、45二塁打も1位で191安打と出塁率.406は2位。48年は打率.355（2位）、199安打（3位）、18本塁打、106打点、98四球、出塁率.453（2位）、長打率.534（4位）ですべて自己記録。レッドソックスとの優勝決定戦では4打数4安打、2本塁打と大活躍しMVPを受賞。ワールドシリーズでもブレーヴスを下し、ロジャース・ホーンズビー、ミッキー・カクレインに次ぎ同一年に選手としてMVP、監督として世界一に輝いた史上3度目の例となった。
47年は45二塁打で3度目の1位。シーズン終了後にブラウンズへのトレード話が持ち上がった際には、ファンの猛抗議によって取り止めになったほどクリーヴランドでの人気は高かった。引退後は3球団で監督をしたほか、ブロードキャスターも長い間務めた。イリノイ大学時代は優秀なバスケットボール選手で、プロリーグでコーチ兼選手だった時期もあった。デニー・マクレインは義理の息子。70年殿堂入り。
【通算】15年、1646試合、6029打数1779安打、68本塁打、789打点、51盗塁、打率.295
【タイトル】MVP1回（48年）首位打者1回（44年）オールスター8回（40～45,47～48年）

【監督】42-50 インディアンズ　52-54 レッドソックス　55-57 アスレティックス　60 カブス　16 年、2404 試合、1162 勝 1224 敗、勝率 .487　リーグ優勝 1 回（48 年）ワールドシリーズ優勝 1 回（48 年）

バート・フートン
Burt Carlton Hooton
1950.2.7 ～【出身地】テキサス州グリーンヴィル【球団】71-75 カブス　75-84 ドジャース　85 レンジャーズ【位置】投手、右
【経歴】テキサス大学時代に通算 35 勝 3 敗の好成績を残し、71 年ドラフト 1 位（第 2 回）でカブスに入団。独特のナックル・カーブを操り翌 72 年 11 勝、防御率 2.80、4 月 16 日のフィリーズ戦でノーヒットノーランを達成した。ドジャースに移籍した 75 年は 12 連勝を含む 18 勝（4 位）。77 年防御率 2.62（3 位）、翌 78 年は自己最多の 19 勝（3 位）。81 年は防御率 2.28（3 位）、ポストシーズンも 4 勝、防御率 0.82 の大活躍でプレイオフの MVP に輝く。気難しい性格で、逆説的に“ハッピー”というニックネームをつけられた。
【通算】15 年、480 試合、377 先発、86 完投、29 完封、151 勝 136 敗 7 S、2652 回、1491 奪三振、防御率 3.38
【タイトル】オールスター 1 回（81 年）

ハリー・フーパー
Harry Bartholomew Hooper
1887.8.24 ～ 1974.12.18【出身地】カリフォルニア州ベルステイション【球団】09-20 レッドソックス　21-25 ホワイトソックス【位置】外野、左
【経歴】俊足、強肩のリードオフマンでレッドソックスの 4 度の世界一に貢献。打率は特別高くはなかったが、選球眼の良さが光った。12 年のワールドシリーズ最終第 8 戦では本塁打性の飛球を好捕して逆転勝ちに結びつけ、15 年のシリーズでも最終第 5 戦で同点と決勝の 2 本の本塁打を放ち、世界一の立役者となった。18 年の 26 二塁打、13 三塁打はともに 2 位。契約交渉のもつれから 21 年ホワイトソックスへ放出され、同年打率 .327、24 年に自己最高の .328。引退後プリンストン大学で 2 年間コーチを務め、その後郵便局長となった。71 年殿堂入り。
【通算】17 年、2309 試合、8785 打数 2466 安打、389 二塁打、160 三塁打、75 本塁打、816 打点、375 盗塁、1136 四球、584 三振、打率 .281

アルバート・プホルス
Jose Alberto Pujols
1980.1.16 ～【出身地】ドミニカ共和国サントドミンゴ【球団】2001-11 カーディナルス　12-21 エンジェルズ　21 ドジャース　22 カーディナルス【位置】一塁、三塁、右
【経歴】確実性、長打力、選球眼をすべて備えた 2000 年代の最強打者。ドミニカから高校生の頃にアメリカへ移り、99 年ドラフト 13 位でカーディナルスに入団。2001 年 A 級から一気にメジャーへ昇格、一塁・三塁・左翼・右翼の 4 ポジションを守りながら打率 .329、37 本塁打、リーグ新人記録となる 130 打点（5 位）で、新人王を満票で受賞した。以後 10 年連続打率 3 割、100 打点以上、12 年連続 30 本塁打以上と驚異的な活躍を続ける。03 年はいずれも自己記録の打率 .359、212 安打、51 二塁打ですべて 1 位、30 試合連続安打も記録。04 年はリーグ優勝決定シリーズで 28 打数 14 安打、4 本塁打、9 打点と打ちまくりシリーズ MVP を手にした。

05 年打率 .330（2 位）、41 本塁打（3 位）、117 打点（2 位）で MVP を受賞。リーグ優勝決定シリーズ第 5 戦では、敗退まであと 1 アウトに追い込まれた 9 回二死で特大の逆転 3 ランを放った。翌 06 年は自己最多の 49 本塁打（2 位）、137 打点（2 位）、長打率 .671（1 位）。09 年 47 本で初の本塁打王、出塁率 .443 と長打率 .658 も 1 位で 2 度目の MVP。同年は 44 回も敬遠された。10 年は 42 本塁打、118 打点で二冠王、3 回目の MVP に輝いた。

11 年は打率 .299、99 打点で、デビュー以来続けてきた 3 割、100 打点にわずかに届かなかったが、リーグ優勝決定シリーズは 23 打数 11 安打、9 打点。ワールドシリーズ第 3 戦では 3 打席連続本塁打、5 安打 6 打点の独り舞台を演じた。長打力のある割に三振は少なく、2 年目以降 80 三振以上喫したのは 17 年の 93 回のみ。その一方で通算 426 併殺打は史上最多だった。当初は粗さが目立った守備は、04 年に一塁に定着してから安定感を増し、ゴールドグラブに 2 回選ばれた。

12 年 FA となり、10 年 2 億 4000 万ドルの巨額契約でエンジェルズに移籍して以降は金額に見合った成績とは言えなかった。それでも 22 年に 11 年ぶりにカーディ

ナルスへ復帰すると24本塁打、通算703本で史上4位、2218打点は2位まで上昇し有終の美を飾った。子供がダウン症患者であったのがきっかけで、同病の患者と家族を支援する財団を設立し、08年にクレメンテ賞を受賞した。
【通算】22年、3080試合(5位)、11421打数(6位) 3384安打(9位)、686二塁打(5位)、16三塁打、703本塁打(4位)、2218打点(2位)、117盗塁、1373四球、1404三振、打率.296
【タイトル】MVP3回(2005,08～09年) 新人王(01年) 首位打者1回(03年) 本塁打王2回(09～10年) 打点王1回(10年) 最高出塁率1回(09年) ゴールドグラブ2回(06,10年) オールスター11回(01,03～10,15,22年)

ジム・フライ
James Gottfried Frey
1931.5.26～2020.4.12【出身地】オハイオ州クリーヴランド【球団】メジャー経験なし
【経歴】現役時代は外野手。アール・ウィーヴァーの下でオリオールズのコーチを10年間務めたのち、80年ロイヤルズ監督に就任。1年目にチームを初優勝に導くが、翌81年不振で解任される。84年カブスの監督となり、またも1年目で地区制覇を果たし最優秀監督に選出。86年途中解任されたがGMとして残った。選手の能力を見極める点は高く評価されていた。ドン・ジマーとは高校の同級生で、カブスでは監督とコーチの間柄だった。
【監督】80-81ロイヤルズ　84-86カブス
5年、611試合、323勝287敗、勝率.530
リーグ優勝1回(80年)

ロニー・フライ
Linus Reinhard Frey (Lonny)
1910.8.23～2009.9.13【出身地】ミズーリ州セントルイス【球団】33-36ドジャース　37カブス　38-43,46レッズ　47カブス　47-48ヤンキース　48ジャイアンツ【位置】二塁、遊撃、両
【経歴】34年正遊撃手となり、翌35年自己最多の35二塁打、11本塁打、77打点。レッズでは二塁を守り3回オールスターに出場し、好守で名を馳せる。39年のワールドシリーズは17打数0安打、40年のシリーズは開幕5日前にダグアウトの冷水器が倒れ、爪先を負傷して欠場。3度出場したシリーズで1本もヒットを打てずに終わった。40年はリーグトップの22盗塁、同年以後スイッチヒッターを諦め左打ちに専念した。2009年99歳の高齢で死去。
【通算】14年、1535試合、5517打数 1482安打、61本塁打、549打点、105盗塁、打率.269
【タイトル】盗塁王1回(40年) オールスター3回(39,41,43年)

クリス・ブライアント　★
Kristopher Lee Bryant
1992.1.4～【出身地】ネヴァダ州ラスヴェガス【球団】2015-21カブス　21ジャイアンツ　22-24ロッキーズ【位置】三塁、外野、右
【経歴】2013年ドラフト1位(全体2位)でカブスに入団、15年メジャーに昇格し26本塁打、99打点(5位)で新人王を受賞。翌16年は39本塁打(3位)、102打点でMVPに選ばれ、ワールドシリーズでも2本塁打を放った。本職は三塁だが外野での出場も多く、バッテリーと二塁以外の全ポジションで出場経験がある。22年にFAでロッキーズへ移籍してからは急速に成績が悪化した。ブライス・ハーパーとは同郷で子供の頃からの友人。
【通算】10年、1043試合、3880打数 1062安打、184本塁打、547打点、44盗塁、1051三振、打率.274
【タイトル】MVP1回(2016年) 新人王(15年) オールスター4回(16～17,19,21年)

クレイ・ブライアント
Henry Claiborne Bryant
1911.11.16～99.4.9【出身地】ヴァージニア州マディソンハイツ【球団】35-40カブス【位置】投手、右
【経歴】速球に威力があり、38年19勝(3位)、135奪三振は1位だったが、荒れ球で125四球もリーグワースト。翌39年肩を痛めてその後は活躍できずじまいだった。打撃も良く38年は3本塁打、通算打率.266。引退後はコーチやマイナーの監督を長く務めた。
【通算】6年、129試合、44先発、23完投、4完封、32勝20敗、543.1回、272奪三振、防御率3.73
【タイトル】最多奪三振1回(38年)

ロン・ブライアント
Ronald Raymond Bryant
1947.11.12～2023.11.17【出身地】カリフォ

ルニア州レッドランズ【球団】67,69-74 ジャイアンツ　75 カーディナルス【位置】投手、左
【経歴】65 年ドラフト 22 位でジャイアンツに入団、67 年 19 歳でメジャーに昇格。カーブなど変化球を効果的に使い 72 年 14 勝、自己ベストの防御率 2.90。翌 73 年は 24 勝を挙げ最多勝となるが、74 年事故で背中を負傷し 3 勝 15 敗に終わると、75 年のキャンプ中に引退を宣言。カーディナルスにトレードされて 10 試合に投げたものの、手酷く打ち込まれて再度引退した。
【通算】8 年、205 試合、132 先発、23 完投、6 完封、57 勝 56 敗 1 S、917 回、509 奪三振、防御率 4.02
【タイトル】最多勝 1 回（73 年）

デイヴィッド・プライス
David Taylor Price
1985.8.26 ～【出身地】テネシー州マーフリーズボロ【球団】2008-14 レイズ　14-15 タイガース　15 ブルージェイズ　16-19 レッドソックス　21-22 ドジャース【位置】投手、左
【経歴】2007 年に大学最優秀選手に選ばれ、同年ドラフト全体 1 位でレイズに入団。08 年はメジャーで 5 試合に登板しただけだったが、リーグ優勝決定シリーズでは第 2 戦で勝利投手、第 7 戦でも 2 点リードの 8 回二死満塁で登板し、後続を断ちセーブを挙げた。力強い速球に加えてスライダーも良く、10 年は 19 勝（2 位）、防御率 2.72（3 位）でサイ・ヤング賞次点。12 年は 20 勝、防御率 2.56 の両部門で 1 位、205 奪三振でサイ・ヤング賞に輝いた。
　途中でタイガースへ移籍した 14 年は自己最多の 271 奪三振（1 位）。翌 15 年もブルージェイズに途中移籍して以降 9 勝 1 敗、防御率 2.30 の快投で、年間では 18 勝（3 位）、防御率 2.45 は 2 度目の 1 位だった。16 年レッドソックスに加入、3 年続けて異なる球団で開幕戦の勝利投手となる。ポストシーズンでは 10 年から先発で 8 連敗を喫していたが、18 年のワールドシリーズは 2 勝し世界一に貢献した。通算では 2 ケタ勝利 9 回。愛犬アストロはファンの間で大人気だった。
【通算】14 年、400 試合、322 先発、17 完投、3 完封、157 勝 82 敗 3 S、2143.2 回、2076 奪三振、防御率 3.32
【タイトル】サイ・ヤング賞 1 回（2012 年）最多勝 1 回（12 年）最優秀防御率 2 回（12,15 年）最多奪三振 1 回（14 年）オールスター 5 回（10 ～ 12,14 ～ 15 年）

テッド・ブライテンスタイン
Theodore J. Breitenstein
1869.6.1 ～ 1935.5.3【出身地】ミズーリ州セントルイス【球団】1891-96 セントルイス（AA）／セントルイス　97-1900 シンシナティ　01 カーディナルス【位置】投手、左
【経歴】左腕から繰り出す速球と大きなカーブで、1891 年 10 月 4 日のルイヴィル戦では初先発をノーヒットノーランの快挙で飾る。93 年は防御率 3.18（1 位）、翌 94 年はリーグ最多の 46 完投、447.1 回を投げ自己最多の 27 勝（4 位）、140 奪三振（2 位）。整った顔だちで、地元出身ということもあり人気が高かった。シンシナティ移籍後の 97 ～ 98 年も 20 勝以上、98 年 4 月 22 日のピッツバーグ戦で自身 2 度目、史上初となる 2 リーグでのノーヒッターを達成。1901 年を最後にメジャーを退いてからも、長くマイナーで投げ続けた。
【通算】11 年、380 試合、342 先発、301 完投、12 完封、160 勝 170 敗、2973.1 回、893 奪三振、1207 四球、防御率 4.03
【タイトル】最優秀防御率 1 回（1893 年）

バーニー・フライバーグ
Bernard Albert Friberg
1899.8.18 ～ 1958.12.8【出身地】ニューハンプシャー州マンチェスター【球団】19-20,22-25 カブス　25-32 フィリーズ　33 レッドソックス【位置】三塁、二塁、外野、右
【経歴】Gustaf Bernhard Friberg が本名。セミプロから直接 19 年カブスに入り、21 年はマイナーに落ちたが 23 年は正三塁手として打率 .318、12 本塁打、88 打点。翌 24 年も 82 打点、リーグ 5 位の 66 四球。フィリーズの主将となった 30 年は規定打席不足ながら .341 の高打率を残した。内外野どこでも守り、投手、捕手としても 1 試合ずつ出場している。引退後は高校でコーチをした。
【通算】14 年、1299 試合、4169 打数 1170 安打、38 本塁打、471 打点、51 盗塁、打率 .281

ウッディ・フライマン
Woodrow Thompson Fryman
1940.4.12 ～ 2011.2.4【出身地】ケンタッキー州ユーイング【球団】66-67 パイレーツ　68-72 フィリーズ　72-74 タイガース　75-76 エクスポズ　77 レッズ　78 カブス　78-83 エクスポズ【位置】投手、左

【経歴】65年ドラフト外でパイレーツに入団、すでに25歳だったがマイナーでは12試合に投げただけで、66年にメジャーへ昇格すると3試合連続完封を含む12勝。速球派左腕として以後6年間で4回2ケタ勝利を挙げる。72年は4勝10敗と不振でタイガースへ放出されると、その後の16試合で10勝3敗と立ち直り、地区優勝に貢献した。79年リリーフに転向し、ゴロを打たせる投球を身につけ以後4年間で46セーブ。81年は41歳で防御率1.88、翌82年も60試合に投げ9勝12セーブ。文句を言わず黙々と投げるタイプで、43歳まで現役を続けた。
【通算】18年、625試合、322先発、68完投、27完封、141勝155敗58S、2411.1回、1587奪三振、防御率3.77
【タイトル】オールスター2回（68,76年）

トラヴィス・フライマン
David Travis Fryman
1969.3.25～【出身地】ケンタッキー州レキシントン【球団】90-97タイガース　98-2002インディアンズ【位置】三塁、遊撃、右
【経歴】87年ドラフト1位でタイガースに入団。91年レギュラーとなり21本塁打、91打点、93年6月28日に球団43年ぶりのサイクルヒットを達成。96～97年は2年連続100打点以上を挙げた。98年インディアンズに移籍し自己最多の28本塁打、2000年は自己最高の打率.321、38二塁打、106打点。通算では7回20本塁打以上を放った。強肩を生かした三塁守備では94年から3年連続最多補殺、守備率で3回1位。肩を痛めて02年限りで引退した。
【通算】13年、1698試合、6481打数1776安打、223本塁打、1022打点、72盗塁、1369三振、打率.274
【タイトル】ゴールドグラブ1回（2000年）オールスター5回（92～94,96,00年）

ネルソン・ブライルズ
Nelson Kelley Briles
1943.8.5～2005.2.13【出身地】カリフォルニア州ドーリス【球団】65-70カーディナルス　71-73パイレーツ　74-75ロイヤルズ　76-77レンジャーズ　77-78オリオールズ【位置】投手、右
【経歴】66年は4勝15敗と大きく負け越したが、翌67年は14勝、規定投球回数にはわずかに及ばなかったものの防御率2.43。ワールドシリーズ第3戦では2点に抑えて完投勝ちした。ノーワインドアップからの沈む速球とカーブで68年は自己最多の19勝（4位）。70年は防御率6点台の不振で、翌71年パイレーツへ放出、同年のワールドシリーズ第5戦で2安打完封。72～73年も14勝ずつ稼いだ。歌が得意で、73年のワールドシリーズ第4戦で試合前に国歌を独唱した。
【通算】14年、452試合、279先発、64完投、17完封、129勝112敗22S、2111.2回、1163奪三振、防御率3.44

バート・ブライレヴン
Rik Aalbert Blyleven
1951.4.6～【出身地】オランダ王国ゼイスト【球団】70-76ツインズ　76-77レンジャーズ　78-80パイレーツ　81-85インディアンズ　85-88ツインズ　89-90,92エンジェルズ【位置】投手、右
【経歴】芸術品と評された素晴らしいカーブで、20年以上にわたり第一線で投げ続けた名投手。69年ドラフト3位でツインズに入団、翌70年19歳でメジャーに昇格、10勝を挙げる。71年から5年連続15勝以上、6年連続200奪三振。73年に20勝（4位）、9完封（1位）、258奪三振（2位）、防御率2.52（2位）の自己最高成績を残す。75年まで3年連続で奪三振2位だったが、翌76年途中ファンとオーナーを侮辱しレンジャーズへ放出。77年は防御率2.72（2位）、9月22日のエンジェルズ戦でノーヒットノーランを達成した。
　78年パイレーツに移籍し、79年のプレイオフ第3戦では1失点完投勝ちで優勝投手、ワールドシリーズ第5戦でもリリーフで4回を0点に抑え勝利を挙げる。翌80年はチャック・タナー監督との確執から引退騒ぎを引き起こし、11年目で初の1ケタ勝利（8勝）。インディアンズ移籍後の84年19勝（2位）、防御率2.87（3位）、シーズン途中古巣のツインズに復帰した翌85年は293.2回、24完投、5完封、206奪三振の4部門で1位。続く86年はワースト新記録となる50本塁打を浴びながらも、2年連続1位の271.2回を投げ17勝。87年15勝、ポストシーズンも3勝し世界一に貢献した。
　エンジェルズに移った89年も、38歳にして17回目の2ケタとなる17勝、5完封（1位）、防御率2.73（4位）。通算3701奪三振は史上5位、1－0での完封勝利15回は3位。引退後はツインズ戦の解説

者となり、WBCでは母国オランダの投手コーチを務めた。2011年殿堂入り。
【通算】22年、692試合、685先発(10位)、242完投、60完封(9位)、287勝(26位)250敗(10位)0S、4970回(14位)、3701奪三振(5位)、1322四球(29位)、防御率3.31
【タイトル】最多奪三振1回(85年)オールスター2回(73,85年)

ジェフ・ブラウザー
Jeffrey Michael Blauser
1965.11.8～【出身地】カリフォルニア州ロスガトス【球団】87-97ブレーヴス　98-99カブス【位置】遊撃、右
【経歴】84年ドラフト1位(第2回)でブレーヴスに入団。メジャー昇格当初はユーティリティ・プレイヤーで、93年正遊撃手に固定され打率.305、182安打、15本塁打、73打点、85四球を選び出塁率.401。97年は自己記録の打率.308、17本塁打、オールスターでは先発出場しロジャー・クレメンスからヒットを放った。
【通算】13年、1407試合、4522打数1187安打、122本塁打、513打点、65盗塁、打率.262
【タイトル】オールスター2回(93,97年)

トム・ブラウニング
Thomas Leo Browning
1960.4.28～2022.12.19【出身地】ワイオミング州キャスパー【球団】84-94レッズ95ロイヤルズ【位置】投手、左
【経歴】82年ドラフト9位でレッズに入団。スクリューボールなど変化球中心の技巧派で、85年ローテーション入りし20勝(4位)。新人の20勝はメジャー31年ぶりの快挙だった。87年は防御率5点台の不調でマイナー落ちもしたが、翌88年は18勝(5位)と復調し、9月16日のドジャース戦で完全試合を達成。89年7月4日のフィリーズ戦も8回までパーフェクトに抑えたが、9回の先頭打者に打たれ史上初の2度の完全試合はならなかった。90年は15勝(5位)、プレイオフとワールドシリーズで1勝ずつ。91年まで7年連続で2ケタ勝利を挙げ続けたが、88年の36本をワーストとして3回最多本塁打を浴びた。
【通算】12年、302試合、300先発、31完投、12完封、123勝90敗0S、1921回、1000奪三振、防御率3.94
【タイトル】オールスター1回(91年)

ピート・ブラウニング
Louis Rogers Browning (Pete)
1861.6.17～1905.9.10【出身地】ケンタッキー州ルイヴィル【球団】1882-89ルイヴィル(AA)　90クリーヴランド(PL)　91ピッツバーグ　91シンシナティ　92ルイヴィル　92シンシナティ　93ルイヴィル　94セントルイス　94ブルックリン【位置】外野、三塁、二塁、右
【経歴】ほとんど読み書きが出来ず、難聴というハンディキャップも抱えていたが、それらの障害を乗り越え活躍した強打者。1882年新人で打率.378、出塁率.430、長打率.510の3部門で1位となる。85年も打率.362、174安打、出塁率.393はいずれも1位、87年に自己最高でいずれも2位の打率.402、220安打、118打点を記録した。90年は打率.373で3度目の首位打者、40二塁打も1位。通算では打率3位以内に9回入った。
　バットに対して並々ならぬ愛情を注ぎ、200本以上のバットを所有しそれぞれに名前をつけていた。84年スランプに陥った際特注したバットが、のちに“ルイヴィル・スラッガー”として広く知られるようになったとの伝説もあるが、事実ではないことが確認されている。守備は苦手で、86年の守備率は.791と酷いものだった。現役時代からアルコール依存症に苦しみ、44歳で病死した。
【通算】13年、1183試合、4820打数1646安打、46本塁打、659打点(*)、打率.341
【タイトル】首位打者3回(1882,85,90年)最高出塁率2回(82,85年)

ウィラード・ブラウン
Willard Jessie Brown
1915.6.26～96.8.4【出身地】ルイジアナ州シュリーヴポート【球団】47ブラウンズ【位置】外野、右
【経歴】40年代の黒人球界を代表する強打者。どんな悪球でも振りに行き、ワンバウンドの投球を本塁打にしたこともあった。30年代後半は強豪カンザスシティ・モナークスで活躍、兵役から復帰したのち47年ブラウンズと契約。黒人選手によるア・リーグ史上初本塁打を放つも、本塁打はこの1本だけで解雇される。その後メジャーでのプレイ機会はなく、マイナーのテキサス・リーグで活躍した。プエルトリコのウィンター・リーグでは通算打率.350、46年から50年にかけ3回首位打者に輝

き、47-48 年にはリーグ新記録の 27 本塁打、打率 .432 と併せて二冠王になった。陽気な性格だったが怠惰な面があり、試合中に守備につきながら本を読んでいたとの逸話もある。2006 年殿堂入り。
【通算】1 年、21 試合、67 打数 12 安打、1 本塁打、6 打点、2 盗塁、打率 .179
＜ニグロ・リーグの成績＞452 試合、1734 打数 612 安打、57 本塁打、411 打点、90 盗塁、打率 .353

オリー・ブラウン
Ollie Lee Brown
1944.2.11 ～ 2015.4.16【出身地】アラバマ州タスカルーサ【球団】65-68 ジャイアンツ　69-72 パドレス　72 アスレティックス　72-73 ブルワーズ　74 アストロズ　74-77 フィリーズ【位置】外野、右
【経歴】マイナーでは年間 40 本塁打を打ったこともあったが、ジャイアンツでは定位置をつかめず、69 年の拡張ドラフト第 1 位でパドレスに加わる。同年 20 本塁打、翌 70 年は打率 .292、23 本塁打、89 打点。フィリーズでは代打要員として活躍、74 ～ 76 年の代打成績は打率 .318、5 本塁打、出塁率 .408 だった。守備では強肩が自慢で 68 ～ 70 年は 2 ケタ補殺を記録した。マイナー時代は投手兼任で、63 年にノーヒットノーランを達成している。弟オスカーもメジャーリーガー、兄ウィリーは NFL の選手。
【通算】13 年、1221 試合、3642 打数 964 安打、102 本塁打、454 打点、30 盗塁、打率 .265

ゲイツ・ブラウン
William James Brown (Gates)
1939.5.2 ～ 2013.9.27【出身地】オハイオ州クレストライン【球団】63-75 タイガース【位置】外野、左
【経歴】強盗の罪で刑務所に服役中、タイガースに才能を見出され仮釈放された 59 年に入団。63 年 6 月 19 日のメジャー初打席で代打本塁打を放つ。翌 64 年正左翼手として 116 安打、15 本塁打を記録したが、その後は主に代打で活躍。68 年は 39 打数 18 安打、8 月 11 日にはダブルヘッダー第 1 試合で代打サヨナラ本塁打、第 2 試合でも代打サヨナラ安打の離れ業を演じた。通算ではア・リーグ記録の 107 安打、16 本の代打本塁打を放っている。ファンや報道陣の間でも人気が高く、引退後はスカウトを経て打撃コーチを務めた。
【通算】13 年、1051 試合、2262 打数 582 安打、84 本塁打、322 打点、30 盗塁、打率 .257

ケヴィン・ブラウン
James Kevin Brown
1965.3.14 ～【出身地】ジョージア州ミレッジヴィル【球団】86,88-94 レンジャーズ　95 オリオールズ　96-97 マーリンズ　98 パドレス　99-2003 ドジャース　04-05 ヤンキース【位置】投手、右
【経歴】落差の大きなシンカーやスライダーを操り、長きにわたり活躍した名投手。86 年ドラフト 1 位（全体 4 位）でレンジャーズに入団、92 年はリーグ最多の 265.2 回を投げ、21 勝で最多勝。96 年は 17 勝（3 位）、233 回で 33 四球の完璧な制球力で防御率 1.89 は 1 位。翌 97 年 6 月 10 日のジャイアンツ戦でノーヒットノーランを達成、リーグ優勝決定シリーズでは 2 勝を挙げ優勝に大きく貢献した。
98 年パドレスに移籍、18 勝（4 位）、防御率 2.38（2 位）、257 奪三振（2 位）、ディヴィジョンシリーズのアストロズ戦では 16 奪三振。99 年 FA でドジャースと史上初めて総額 1 億ドルを超す超大型契約を交わし、18 勝と防御率 3.00 は 4 位、221 奪三振は 2 位と期待に応える。続く 2000 年も防御率 2.58 は 1 位、216 奪三振も 3 位だった。通算では 2 ケタ勝利 13 回。完全主義者で闘争心も旺盛だったため、しばしば孤立した。
【通算】19 年、486 試合、476 先発、72 完投、17 完封、211 勝 144 敗 0 S、3256.1 回、2397 奪三振、901 四球、防御率 3.28
【タイトル】最多勝 1 回（92 年）最優秀防御率 2 回（96,2000 年）オールスター 6 回（92,96 ～ 98,00,03 年）

ジョージ・ブラウン
George Edward Browne
1876.1.12 ～ 1920.12.9【出身地】ヴァージニア州リッチモンド【球団】01-02 フィリーズ　02-07 ジャイアンツ　08 ブレーヴス　09 カブス　09-10 セネターズ　10 ホワイトソックス　11 ドジャース　12 フィリーズ【位置】外野、左
【経歴】ジャイアンツ時代にはリードオフマンとして活躍。03 年に打率 .313、185 安打（3 位）、続く 04 年は 169 安打（4 位）、守備でもリーグ 5 位の 20 補殺を記録する。07 年の 5 本塁打も 5 位だったが、

翌08年5対4のトレードでブレーヴスへ放出、以後は毎年のようにチームを替わった。
【通算】12年、1102試合、4300打数1176安打、18本塁打、303打点、190盗塁、打率.273

スティーヴ・ブラウン
Stephen Russell Braun
1948.5.8～【出身地】ニュージャージー州トレントン【球団】71-76ツインズ　77-78マリナーズ　78-80ロイヤルズ　80ブルージェイズ　81-85カーディナルス【位置】外野、三塁、左
【経歴】66年ドラフト10位でツインズに入団。選球眼の良さとしぶとい打撃、どこでも守れる器用さが売り物で、71年A級から一気にメジャーに昇格。72年から5年連続で打率.280以上、75年に打率.302を記録した。79年まで出塁率が.350を下回ったことはなく、通算でも.371。左の代打として通算113本の代打安打を放ち、82年のワールドシリーズ第2戦でも代打で決勝点となる押し出し四球を選んだ。
【通算】15年、1425試合、3650打数989安打、52本塁打、388打点、45盗塁、打率.271

トム・ブラウン
Thomas Tarlton Brown
1860.9.21～1927.10.25【出身地】英国イングランド・リヴァプール【球団】1882ボルティモア(AA)　83-84コロンバス(AA)　85-87ピッツバーグ(AA)/ピッツバーグ　87インディアナポリス　88-89ボストン　90ボストン(PL)　91ボストン(AA)　92-94ルイヴィル　95セントルイス　95-98ワシントン【位置】外野、左
【経歴】数多くのチームをわたり歩いた俊足、好守の外野手。1885年打率.307、出塁率.366(4位)、91年はいずれも1位の189安打、21三塁打、106盗塁。なぜか強いチームにいるとよく打ち、弱いチームにいると打てなくなる傾向があった。19世紀で最も三振の多い選手の一人で、5回最多三振を喫した。
【通算】17年、1791試合、7387打数1958安打、64本塁打、742打点、658盗塁(*13位)、打率.265
【監督】1897-98ワシントン　2年、137試合、64勝72敗、勝率.471

ハル・ブラウン
Hector Harold Brown
1924.12.11～2015.12.17【出身地】ノースカロライナ州グリーンズボロ【球団】51-52ホワイトソックス　53-55レッドソックス　55-62オリオールズ　62ヤンキース　63-64アストロズ【位置】投手、右
【経歴】遅咲きのナックルボーラーで、テンポの速い投球が特徴。53年11勝したのちは今一つの成績だったが、59年から3年連続で2ケタ勝利。60年は12勝、防御率3.06(3位)、続く61年に36回連続無失点でオリオールズの球団記録を樹立した。制球に優れ、63年は141.1回で8四球しか与えなかった。55年8月31日のインディアンズ戦では2番手で登板、8回をノーヒットに抑えた。
【通算】14年、358試合、211先発、47完投、13完封、85勝92敗、1680回、710奪三振、防御率3.81

ボビー・ブラウン
Robert William Brown
1924.10.25～2021.3.25【出身地】ワシントン州シアトル【球団】46-52,54ヤンキース【位置】三塁、左
【経歴】ヤンキースに契約金5万ドルで入団、48年自己最多の113試合に出場して打率.300、109安打。4回出場したワールドシリーズでは通算41打数18安打、9打点と打ちまくった。現役時代から医学の勉強を続け、引退後は長く心臓外科医として働いたのち、84年ア・リーグ会長に就任、94年まで在任した。
【通算】8年、548試合、1619打数452安打、22本塁打、237打点、9盗塁、打率.279

モーデカイ・ブラウン
Mordecai Peter Centennial Brown
1876.10.19～1948.2.14【出身地】インディアナ州ナイズヴィル【球団】03カーディナルス　04-12カブス　13レッズ　14セントルイス(FL)　14ブルックリン(FL)　15シカゴ(FL)　16カブス【位置】投手、右
【経歴】幼少時の事故で人差し指を失い、中指も変形したため、ついたニックネームは"スリー・フィンガー"。このハンディキャップを逆手にとった、打者の手元で落ちる速球や内角に食い込む鋭いカーブで、カブス黄金時代のエースとして活躍する。炭鉱で働いたのち24歳でプロ入り、06年9完封(1位)を含む26勝(2位)、防

御率 1.04（1 位）。同年から 6 年連続 20 勝以上、通算で 6 回防御率 1 点台を記録した。

08 年自己最多の 29 勝（2 位）、防御率 1.47（2 位）、ジャイアンツとの優勝決定戦ではライバルのクリスティ・マシューソンに投げ勝つ。マシューソンとの直接対決は 13 勝 11 敗と互角で、お互いの現役最後の試合にも投げ合った。続く 09 年は 27 勝、50 試合、32 完投、342.2 回の 4 部門で 1 位。首脳陣の信頼が厚く、当時の強豪だったジャイアンツ、パイレーツ相手に優先的に登板していた。大事な場面では抑えとして起用され、現在の規定に当てはめれば 49 セーブを稼いでいる。ノーヒッターの経験こそないものの、1 安打試合は 6 回。ワールドシリーズでも通算 5 勝、うち 3 つは完封勝利。フィットネスにも熱心だった。14 年フェデラル・リーグに移り、セントルイスで監督を兼任した。49 年殿堂入り。

【通算】14 年、481 試合、332 先発、271 完投、55 完封（14 位）、239 勝 130 敗、3172.1 回、1375 奪三振、673 四球、防御率 2.06

【タイトル】最多勝 1 回（09 年）最優秀防御率 1 回（06 年）

【監督】14 セントルイス（FL） 1 年、114 試合、50 勝 63 敗、勝率 .442

ラリー・ブラウン
Larry Leslie Brown

1940.3.1 ～ 2024.4.13【出身地】ウェストヴァージニア州シンストン【球団】63-71 インディアンズ　71-72 アスレティックス　73 オリオールズ　74 レンジャーズ【位置】遊撃、二塁、右

【経歴】インディアンズの入団テストに合格、64 年正二塁手となり自己最多の 12 本塁打。翌 65 年は主に遊撃を守り、同年の .253 がレギュラーを務めた期間での最高打率で、その他の年は 2 割 2 ～ 3 分台にとどまった。守備では肩の強さが光り、前向きで自己犠牲を厭わない姿勢もファンに人気だった。引退後はテニス用具の会社を経営。兄のディックも 9 年間メジャーの捕手だったが、70 年に 34 歳で脳腫瘍のため亡くなった。

【通算】12 年、1129 試合、3449 打数 803 安打、47 本塁打、254 打点、22 盗塁、打率 .233

レイ・ブラウン
Raymond Leslie Brown

1908.2.23 ～ 65.2.8【出身地】オハイオ州マクドナルドタウンシップ【球団】ニグロ・リーグ【位置】投手、右

【経歴】制球力とカーブが売り物だった好投手。球歴の大半をホームステッド・グレイズで過ごし、グレイズのオーナー、カム・ポージーの娘と球場で結婚式を挙げた。キューバやプエルトリコ、ベネズエラでも投げ、キューバでの通算 46 勝はアメリカ人黒人投手の最多記録。46 年以降はメキシコやカナダでも投げた。打撃も良く、登板のない日には外野を守った。2006 年殿堂入り。

＜ニグロ・リーグの成績＞210 試合、152 先発、135 完投、18 完封、117 勝 43 敗、1423 回、678 奪三振、防御率 3.17

ロイド・ブラウン
Lloyd Andrew Brown

1904.12.25 ～ 74.1.14【出身地】テキサス州ビーヴィル【球団】25 ドジャース　28-32 セネターズ　33 ブラウンズ　33 レッドソックス　34-37 インディアンズ　40 フィリーズ【位置】投手、左

【経歴】25 年 20 歳でドジャースに昇格するが 0 勝、その後 2 年間はメジャーでの登板なし。セネターズで再昇格後の 30 年に 16 勝、翌 31 年も 15 勝、防御率 3.20（4 位）。ルー・ゲーリッグが大の苦手で、通算 15 本塁打を献上した。カーブの投げ過ぎで肘を痛めメジャーから退いたが、その後も長くマイナーで投げ続け、引退後はフィリーズとセネターズのスカウトを務めた。

【通算】12 年、404 試合、181 先発、77 完投、10 完封、91 勝 105 敗、1693 回、510 奪三振、防御率 4.20

アイラ・フラグステッド
Ira James Flagstead

1893.9.22 ～ 1940.3.13【出身地】ミシガン州モンタギュー【球団】17,19-23 タイガース　23-29 レッドソックス　29 セネターズ　29-30 パイレーツ【位置】外野、遊撃、右

【経歴】当初はボクサーを志していたが野球に転向、19 年に正右翼手となって打率 .331（5 位）。その後一時遊撃手にコンバートされたが、再び外野に戻り 23 ～ 24 年に 2 年連続で打率 3 割を記録した。24 年は 77 四球を選んで出塁率 .401、28 年は 41 二塁打。フェンスを恐れぬ外野守備

でも名を馳せ、レッドソックスでは人気選手だった。26年4月19日に、外野手としては史上3人しかいない1試合3併殺を完成させている。
【通算】13年、1218試合、4139打数1202安打、40本塁打、450打点、71盗塁、打率.290

ガーランド・ブラクストン
Edgar Garland Braxton
1900.6.10～66.2.26【出身地】ノースカロライナ州スノウキャンプ【球団】21-22ブレーヴス　25-26ヤンキース　27-30セネターズ　30-31ホワイトソックス　31,33ブラウンズ【位置】投手、左
【経歴】スクリューボールを武器に左のリリーフとして活躍、27年はリーグ最多の58試合に投げ10勝、リリーフだけで146回を投げた。翌28年先発に回り13勝、防御率2.51は1位だった。ゴルフの腕前も相当なもので、引退後はシニアプロとなった。
【通算】10年、282試合、71先発、28完投、2完封、50勝53敗、938回、412奪三振、防御率4.13
【タイトル】最優秀防御率1回（28年）

ドン・ブラシンゲイム　☆
Don Lee Blasingame
1932.3.16～2005.4.13【出身地】ミシシッピ州コリンス【球団】55-59カーディナルス　60-61ジャイアンツ　61-63レッズ　63-66セネターズ　66アスレティックス【位置】二塁、左
【経歴】通算5296打数で43本と併殺打の少ない選手で、バントなどの小技を巧みにこなした。56年レギュラーとなり、翌57年自己最多の8本塁打、58打点、21盗塁（3位）を記録したが、その他の年は2本塁打以下だった。63年ピート・ローズに正二塁手の座を奪われ、セネターズへ移籍。同球団で3回、通算では4回ノーヒッターを阻止している。67年南海に入団、“ブレイザー”の登録名で攻守に活躍、67～68年はベストナインに選ばれる。頭脳的な“シンキング・ベースボール”を日本球界に持ち込んだ先駆者で、チームメイトだった野村克也に大きな影響を与えた。引退後南海、広島のコーチを経て79年阪神の監督に就任したが、翌80年新人の岡田彰布の起用をめぐって批判され辞任。81～82年は南海で指揮を執った。日本での監督としての通算成績は416試合、180勝208敗2分、勝率.464。夫人はウォーカー・クーパーの娘。
【通算】12年、1444試合、5296打数1366安打、21本塁打、308打点、105盗塁、打率.258
【タイトル】オールスター1回（58年）
【日本】67-69南海　3年、366試合、1356打数371安打、15本塁打、86打点、13盗塁、打率.274

スティーヴ・ブラス
Stephen Robert Blass
1942.4.18～【出身地】コネティカット州カナーン【球団】64,66-74パイレーツ【位置】投手、右
【経歴】変則モーションと頭脳的な投球で知られ、68年7完封（3位）を含む18勝、防御率2.12（5位）。翌69年も16勝、71年は5完封（1位）を含む15勝、ワールドシリーズでは第3戦で1失点完投、最終第7戦でも1点に抑えて完投勝利を挙げた。陽気な性格の人気者で、72年は自己最多の19勝（5位）でサイ・ヤング賞投票2位に入ったが、翌73年突如として制球力を失い、防御率9.85と急降下。特に故障もなく、セラピストに通ったりもしたが効果は現れず、74年1試合に投げただけで引退した。その後は長くパイレーツ戦のブロードキャスターとして親しまれた。
【通算】10年、282試合、231先発、57完投、16完封、103勝76敗2S、1597.1回、896奪三振、防御率3.63
【タイトル】オールスター1回（72年）

エディー・ブラースー
Edward Francis Bressoud
1932.5.2～2023.7.13【出身地】カリフォルニア州ロスアンジェルス【球団】56-61ジャイアンツ　62-65レッドソックス　66メッツ　67カーディナルス【位置】遊撃、二塁、右
【経歴】ジャイアンツ時代は期待されながらもレギュラーには定着できず、61年の拡張ドラフトでコルト‘45sに1位指名され、その後レッドソックスへトレード。62年に40二塁打（3位）、9三塁打（5位）、66打点と開花し、翌63年も20本塁打。オールスターに選ばれた64年は打率.293、41二塁打（2位）、72四球を記録した。現役中に大学へ通って教育学の学位を取得、引退後は教師となった。朝鮮戦争の時期には海兵隊に召集され、日本の東富

士演習場に11ヶ月滞在した。
【通算】12年、1186試合、3672打数925安打、94本塁打、365打点、9盗塁、打率.252
【タイトル】オールスター1回(64年)

マックス・フラック
Max John Flack
1890.2.5 ～ 1975.7.31【出身地】イリノイ州ベルヴィル【球団】14-15 シカゴ(FL) 16-22 カブス　22-25 カーディナルス【位置】外野、左
【経歴】14年にフェデラル・リーグのシカゴ・ホエールズに加わり、翌15年はいずれも5位の打率.314、14三塁打、優勝を決める二塁打を放った。同球団の解散後カブスに入団、小柄なリードオフマンとして20～21年に2年連続で打率3割。18年のワールドシリーズでは最終戦で決勝の2点エラーを犯した。22年5月30日、ダブルヘッダー第一試合終了後に対戦相手のカーディナルスにトレードされ、第二試合にはカーディナルスの一員として出場した。
【通算】12年、1411試合、5252打数1461安打、35本塁打、391打点、200盗塁、打率.278

ジョー・ブラック
Joseph Black
1924.2.8 ～ 2002.5.17【出身地】ニュージャージー州プレインフィールド【球団】52-55ドジャース　55-56レッズ　57セネターズ【位置】投手、右
【経歴】ニグロ・リーグのボルティモア・エリート・ジャイアンツで8年投げたのち、50年ドジャースと契約。52年は主にリリーフで56試合に登板、内角を鋭く突く速球で15勝、防御率2.15で新人王を受賞。ワールドシリーズ第1戦では先発し、シリーズで勝利を挙げた初の黒人投手となった。翌53年は防御率5.33と大きく成績を落とし、その後も復活することはなかった。好投したときは捕手を誉め、打たれたときは自分が責めを負う紳士的な態度で評価が高かった。
【通算】6年、172試合、16先発、2完投、0完封、30勝12敗、414回、222奪三振、防御率3.91
【タイトル】新人王(52年)
＜ニグロ・リーグの成績＞69試合、43先発、27完投、2完封、19勝24敗、391回、232奪三振、防御率3.52

バド・ブラック
Harry Ralston Black (Bud)
1957.6.30 ～【出身地】カリフォルニア州サンマテオ【球団】81 マリナーズ　82-88 ロイヤルズ　88-90 インディアンズ　90 ブルージェイズ　91-94 ジャイアンツ　95 インディアンズ【位置】投手、左
【経歴】79年ドラフト17位でマリナーズに入団。緩急で勝負するタイプの左腕で、84年はロイヤルズで17勝、防御率3.12。89年から4年連続、通算では7回2ケタ勝利を挙げた。引退後エンジェルズで投手コーチに就任、2007年パドレスに監督として招かれる。10年は戦力不足のチームを率いて最終盤まで優勝を争い、最優秀監督賞に選ばれた。17年ロッキーズ監督に就任、同年と翌18年に2年続けてプレイオフに進んだが、その後はBクラスが続いた。
【通算】15年、398試合、296先発、32完投、12完封、121勝116敗11S、2053.1回、1039奪三振、防御率3.84
【監督】2007-15 パドレス　17-24 ロッキーズ　17年、2556試合、1186勝1370敗、勝率.464

ユール・ブラックウェル
Ewell Blackwell
1922.10.23 ～ 96.10.29【出身地】カリフォルニア州フレズノ【球団】42,46-52 レッズ　52-53 ヤンキース　55 アスレティックス【位置】投手、右
【経歴】“ウィップ(鞭)”と呼ばれた変則フォームの横手投げ投手。ロイ・キャンパネラ、ラルフ・カイナーら多くの強打者に最も打ちにくい投手として名前を挙げられた。42年19歳でメジャーを経験した後兵役につき、復帰した46年は9勝中5勝が完封(1位)で、防御率2.45は4位。長い腕から繰り出すシンカーやパームボールを駆使して翌47年は22勝、23完投、193奪三振の3部門で1位、すべて完投での16連勝も記録しMVP投票で次点に入る。同年は6月18日のブレーヴス戦でノーヒットノーラン、続く22日のドジャース戦も9回一死まで無安打に抑えた。48～49年は故障のため不振だったが、50年17勝、防御率2.97と188奪三振は2位と復活。51年も16勝したが、肩痛が悪化し以後は活躍できなかった。
【通算】10年、236試合、169先発、69完投、15完封、82勝78敗、1321回、839奪三振、防御率3.30

【タイトル】最多勝1回（47年）最多奪三振1回（47年）オールスター6回（46～51年）

チャーリー・ブラックモン　★
Charles Cobb Blackmon

1986.7.1～【出身地】テキサス州ダラス【球団】2011-24 ロッキーズ【位置】外野、左
【経歴】長く伸ばしたあごひげがトレードマークの好打者。2008年ドラフト2位でロッキーズに入団、14年レギュラーに定着し翌15年は43盗塁（3位）、16年は打率.324（4位）、29本塁打。17年は.331で首位打者となったほか、213安打と14三塁打も1位、37本塁打（3位）と104打点、長打率.601（2位）は自己ベスト。打点は一番打者の新記録ともなった。18年は162試合目にサイクルヒットを記録したが、この試合に勝って地区優勝決定戦にもつれこんだため、史上初の最終戦での達成とはならなかった。
【通算】14年、1624試合、6165打数1805安打、227本塁打、801打点、148盗塁、1142三振、打率.293
【タイトル】首位打者1回（2017年）オールスター4回（14,17～19年）

カート・フラッド
Curtis Charles Flood

1938.1.18～97.1.20【出身地】テキサス州ヒューストン【球団】56-57 レッズ　58-69 カーディナルス　71 セネターズ【位置】外野、右
【経歴】56年18歳でメジャーに昇格、カーディナルスに移った58年正中堅手となる。守備の名手として名高く、63年から7年連続でゴールドグラブ受賞、66～67年にかけて568守備機会連続無失策のリーグ記録を作った。打っても67年の.335（4位）を最高に打率3割6回、63年200安打（4位）、翌64年はリーグ最多の211安打を放つ。69年シーズン終了後フィリーズへのトレードを拒否、自由契約扱いを求めたが拒絶され、保留条項の撤廃を要求し提訴に踏み切る。最高裁まで争い結局は敗訴となったものの、これがのちのFA制導入の引き金となった。71年セネターズで復帰したが、13試合に出場したのみで引退。89年に結成されたシニア・リーグではコミッショナーを務めた。高校時代はフランク・ロビンソンと同級生だった。
【通算】15年、1759試合、6357打数1861安打、85本塁打、636打点、88盗塁、打率.293
【タイトル】ゴールドグラブ7回（63～69年）オールスター3回（64,66,68年）

デル・プラット
Derrill Burnham Pratt

1888.1.10～1977.9.30【出身地】サウスカロライナ州ワルハラ【球団】12-17 ブラウンズ　18-20 ヤンキース　21-22 レッドソックス　23-24 タイガース【位置】二塁、右
【経歴】広い守備範囲を誇る二塁手で、刺殺で5回、補殺で3回1位となる。打撃では悪球打ちで知られ、12年新人で打率.302、5月5日の初本塁打はネイヴィン・フィールド（タイガー・スタディアム）の開場第1号でもあった。翌13年にはウォルター・ジョンソンの連続イニング無失点を55回で止めるタイムリーを打つ。同年から4年連続で最多出場、15年は175安打（5位）、31二塁打（2位）、続く16年はリーグ最多の103打点。20年から5年連続打率3割、レッドソックスに移った21年に自己最高の.324。翌22年の44二塁打は2位だった。
【通算】13年、1836試合、6826打数1996安打、117三塁打、43本塁打、979打点、247盗塁、打率.292
【タイトル】打点王1回（16年）

ジャッキー・ブラッドリー・ジュニア
Jackie Bradley

1990.4.19～【出身地】ヴァーモント州リッチモンド【球団】2013-20 レッドソックス　21 ブルワーズ　22 レッドソックス　22 ブルージェイズ　23 ロイヤルズ【位置】外野、左
【経歴】2011年ドラフト1位でレッドソックスに入団。守備力を評価されて14年正中堅手となり、16年は26本塁打、87打点、29試合連続安打も記録した。18年は33二塁打、リーグ優勝決定シリーズは3安打のみだったが、第2戦で逆転3点二塁打、第3戦は満塁本塁打、第4戦も逆転2ランといずれも貴重な一打で9打点を稼ぎ、シリーズMVPに選出された。温厚な性格で、取材陣にも丁寧に対応した。
【通算】11年、1181試合、3735打数839安打、109本塁打、449打点、69盗塁、1066三振、打率.225
【タイトル】ゴールドグラブ1回（2018年）オールスター1回（16年）

ジョージ・ブラッドリー
George Washington Bradley
1852.7.13 ～ 1931.10.2【出身地】ペンシルヴェニア州レディング【球団】1876 セントルイス　77 シカゴ　79 トロイ　80 プロヴィデンス　81 デトロイト　81-82 クリーヴランド　83 フィラデルフィア（AA）　84 シンシナティ（UA）【位置】投手、三塁、右
【経歴】1876 年 7 月 15 日のハートフォード戦でメジャー・リーグ史上第 1 号のノーヒットノーランを達成。同年セントルイスの 64 試合すべてに先発し途中降板は一度だけ。史上最多の 16 完封を含む 45 勝（2 位）、防御率 1.23 は 1 位だった。チームただ一人の投手として、翌 77 年まで 88 試合連続で先発マウンドに立った。79 年はリーグワーストの 40 敗を喫したが、翌 80 年は防御率 1.38（2 位）と復調。野手としても主に三塁で出場したが、通算打率 .227 と打撃は今一つだった。
【通算】8 年、287 試合、265 先発、245 完投、28 完封、139 勝 125 敗、2404.1 回、611 奪三振、防御率 2.50
【タイトル】最優秀防御率 1 回（1876 年）

ビル・ブラッドリー
William Joseph Bradley
1878.2.13 ～ 1954.3.11【出身地】オハイオ州クリーヴランド【球団】1899-1900 シカゴ　01-10 インディアンズ　14 ブルックリン（FL）　15 カンザスシティ（FL）【位置】三塁、右
【経歴】好守の三塁手で、4 回守備率 1 位となる。打撃でも 02 年に打率 .340、187 安打（3 位）、39 二塁打（3 位）、11 本塁打（2 位）、29 試合連続安打を記録。同年 5 月に放った 4 試合連続本塁打は、18 年にベーブ・ルースに破られるまでの記録だった。続く 03 年も打率 .313（5 位）、22 三塁打と長打率 .496 は 2 位。08 年には 60 犠打のリーグ記録を作った。05 年頃から病気がちになり 10 年限りで退団したが、14 年フェデラル・リーグで監督兼任で復帰した。引退後はインディアンズで長くスカウトなどを務め、トミー・ヘンリックやケン・ケルトナーを見出した。
【通算】14 年、1461 試合、5430 打数 1471 安打、34 本塁打、552 打点、181 盗塁、打率 .271
【監督】05 インディアンズ　14 ブルックリン（FL）　2 年、198 試合、97 勝 98 敗、勝率 .497

フィル・ブラッドリー　☆
Philip Poole Bradley
1959.3.11 ～【出身地】インディアナ州ブルーミントン【球団】83-87 マリナーズ　88 フィリーズ　89-90 オリオールズ　90 ホワイトソックス【位置】外野、右
【経歴】ミズーリ大学時代はフットボールでも活躍。81 年ドラフト 3 位でマリナーズに入団、84 年レギュラーとなり打率 .301、21 盗塁。翌 85 年は前年の 0 本塁打から一挙に 26 本塁打と長打力を増し、192 安打、88 打点も自己記録。86 年も打率 .310 で 3 年連続 3 割以上、出塁率 .405 は 2 位だった。87 年は 38 二塁打（3 位）、10 三塁打（2 位）、自己最多の 40 盗塁を決めたが、翌 88 年フィリーズに移籍してからは冴えなかった。91 年巨人に入団、初打席で本塁打を放つなどまずまずの成績だったが、性格的に日本野球になじめず 1 年で退団した。
【通算】8 年、1022 試合、3695 打数 1058 安打、78 本塁打、376 打点、155 盗塁、打率 .286
【タイトル】オールスター 1 回（85 年）
【日本】91 巨人　1 年、121 試合、440 打数 124 安打、21 本塁打、70 打点、2 盗塁、打率 .282

ミルトン・ブラッドリー
Milton Obelle Bradley
1978.4.15 ～【出身地】カリフォルニア州ハーバーシティ【球団】2000-01 エクスポズ　01-03 インディアンズ　04-05 ドジャース　06-07 アスレティックス　07 パドレス　08 レンジャーズ　09 カブス　10-11 マリナーズ【位置】外野、両
【経歴】96 年ドラフト 2 位でエクスポズに入団。優れた打撃センスの持ち主ながら、感情的な性格でマイナー時代には審判への暴行で二度も出場停止処分となる。インディアンズ移籍後の 2003 年に打率 .321 を記録したが、故障が多く 05 ～ 07 年は出場 100 試合未満。08 年はレンジャーズで自己ベストの打率 .321（3 位）、22 本塁打、77 打点、出塁率 .436 は 1 位。カブスに移籍した翌 09 年は球団批判を繰り返し、出場停止処分を下されたように、どの球団でも首脳陣との確執や私生活上の問題が絶えず、同一球団に 3 年以上続けて在籍したことがなかった。13 年に DV で逮捕、32 か月の懲役刑を宣告されるなど、引退後もトラブル続きだった。
【通算】12 年、1042 試合、3605 打数

976 安打、125 本塁打、481 打点、88 盗塁、打率 .271
【タイトル】 最高出塁率 1 回 (2008 年) オールスター 1 回 (08 年)

ジミー・ブラッドワース
James Henry Bloodworth
1917.7.26 ～ 2002.8.17【出身地】 フロリダ州タラハッシー【球団】37,39-41 セネターズ 42-43,46 タイガース 47 パイレーツ 49-50 レッズ 50-51 フィリーズ【位置】二塁、右
【経歴】二塁守備は巧かったが打力は今一つで、42 年に移籍したタイガースでの 129 安打、13 本塁打が自己最多。球歴のほとんどを弱小球団で過ごしたが、50 年フィリーズの控え内野手として優勝を経験、1 試合のみワールドシリーズにも出場した。
【通算】11 年、1002 試合、3519 打数 874 安打、62 本塁打、451 打点、19 盗塁、打率 .248

マルティン・プラド
Martin Manuel Prado
1983.10.27 ～【出身地】 ベネズエラ共和国マラカイ【球団】2006-12 ブレーヴス 13-14 ダイアモンドバックス 14 ヤンキース 15-19 マーリンズ【位置】三塁、外野、右
【経歴】2001 年にブレーヴスに入団。ミートが上手く、レギュラーとなった 09 年に打率 .307、38 二塁打、続く 10 年も .307、184 安打 (4 位)、40 二塁打。12 年は自己最多の 186 安打 (4 位)、42 二塁打 (5 位)、70 打点、9 犠飛 (1 位)。08 ～ 16 年の 9 年間で打率 3 割 5 回、.260 だった 11 年を除いて毎年 .280 以上と安定し、三振も少なかった。ベテランになってからはリーダーシップも高く評価された。
【通算】14 年、1458 試合、5373 打数 1542 安打、100 本塁打、609 打点、40 盗塁、打率 .287
【タイトル】 オールスター 1 回 (2010 年)

マイク・フラナガン
Michael Kendall Flanagan
1951.12.16 ～ 2011.8.24【出身地】 ニューハンプシャー州マンチェスター【球団】75-87 オリオールズ 87-90 ブルージェイズ 91-92 オリオールズ【位置】投手、左
【経歴】頭脳的な投球を持ち味とした左腕。73 年ドラフト 7 位でオリオールズに入団、落差の大きいカーブで 78 年 19 勝、翌 79 年は 23 勝、5 完封の両部門で 1 位、190 奪三振は 3 位、防御率 3.08 も 4 位でサイ・ヤング賞を受賞する。77 ～ 84 年の 8 年間は、ストライキで中断した 81 年を除き毎年 12 勝以上した。85 年にアキレス腱を断裂してからはふるわなかったが、88 年は 4 年ぶり 8 度目の 2 ケタとなる 13 勝。引退後は投手コーチ、球団副社長 (GM) などを務めた。現役時代はユーモアセンスの持ち主として知られていたが、晩年は鬱病に悩みショットガン自殺を遂げた。祖父のエドも 19 世紀に 2 年メジャーでプレイした。
【通算】18 年、526 試合、404 先発、101 完投、19 完封、167 勝 143 敗 4 S、2770 回、1491 奪三振、防御率 3.90
【タイトル】 サイ・ヤング賞 1 回 (79 年) 最多勝 1 回 (79 年) オールスター 1 回 (78 年)

トム・ブラナンスキー
Thomas Andrew Brunansky
1960.8.20 ～【出身地】 カリフォルニア州コヴィナ【球団】81 エンジェルズ 82-88 ツインズ 88-90 カーディナルス 90-92 レッドソックス 93-94 ブルワーズ 94 レッドソックス【位置】外野、右
【経歴】巨漢のパワーヒッターで、78 年ドラフト 1 位でエンジェルズに入団。82 年ツインズに移ってレギュラーとなり、同年の .272 が最高と打率は低かったが、8 年連続 20 本塁打以上と長打力を発揮。84、87 年は 32 本、85 年に自己最多の 90 打点。87 年のプレイオフでは 17 打数 7 安打、2 本塁打、9 打点、優勝を決めた第 5 戦で先制二塁打を含む 3 打点と活躍した。守備でも強肩で、84 年にリーグ最多の 14 補殺を記録した。
【通算】14 年、1800 試合、6289 打数 1543 安打、271 本塁打、919 打点、69 盗塁、1187 三振、打率 .245
【タイトル】 オールスター 1 回 (85 年)

ラッセル・ブラニヤン
Russell Oles Branyan
1975.12.19 ～【出身地】 ジョージア州ワーナーロビンズ【球団】98-2002 インディアンズ 02-03 レッズ 04-05 ブルワーズ 06 レイズ 06-07 パドレス 07 フィリーズ 07 カーディナルス 08 ブルワーズ 09 マリナーズ 10 インディアンズ 10 マリナーズ 11 ダイアモンドバックス 11 エンジェルズ【位置】三塁、左

【経歴】94年ドラフト7位でインディアンズに入団。抜群のパワーで2002年に24本塁打を放つが、確実性がまったくなく378打数で151三振を喫した。通算三振率は.381と異常に高い。本塁打数に比べて打点数が極めて少ないのも特徴で、1本塁打あたり2.41打点は100本塁打以上の打者では最少。08年は12本塁打で20打点だった。03～08年は一度も100試合以上の出場がなかったが、09年は116試合で自己最多の31本塁打、76打点。翌10年も25本を放った。
【通算】14年、1059試合、2934打数682安打、194本塁打、467打点、16盗塁、1118三振、打率.232

ジェフ・ブラム
Geoffrey Edward Blum
1973.4.26～【出身地】カリフォルニア州レッドウッドシティ【球団】99-2001エクスポズ　02-03アストロズ　04レイズ　05パドレス　05ホワイトソックス　06-07パドレス　08-10アストロズ　11-12ダイアモンドバックス【位置】三塁、両
【経歴】94年ドラフト7位でエクスポズに入団。内外野どこでも守れる便利な選手で、2001年の148試合を最多として、09年まで10年連続で100試合以上に出場。05年のワールドシリーズは1打席立っただけだったが、第3戦の延長14回に決勝本塁打を放った。アストロズに復帰した08年に自己最多の14本塁打、53打点を記録している。
【通算】14年、1389試合、3966打数990安打、99本塁打、479打点、19盗塁、打率.250

ラルフ・ブランカ
Ralph Theodore Joseph Branca
1926.1.6～2016.11.23【出身地】ニューヨーク州マウントヴァーノン【球団】44-53ドジャース　53-54タイガース　54ヤンキース　56ドジャース【位置】投手、右
【経歴】44年18歳でメジャー昇格、46年はカーディナルスとの優勝決定戦で先発するも敗戦投手となる。翌47年21勝（2位）、防御率2.67（3位）、148奪三振（2位）、続く48年も14勝し、オールスターでは先発を務める。51年も13勝したが、ジャイアンツとの優勝決定戦では第1戦で先発し負け投手、第3戦でもリリーフで登板し、ボビー・トムソンに劇的なサヨナラ本塁打を浴びた。その後は下り坂となって30歳で第一線から退き、引退後はメッツの実況アナウンサーとなった。鼻の形からホークの渾名で呼ばれた。ボビー・ヴァレンタインは娘婿にあたる。
【通算】12年、322試合、188先発、71完投、12完封、88勝68敗、1484回、829奪三振、防御率3.79
【タイトル】オールスター3回（47～49年）

エディー・プランク
Edward Stewart Plank
1875.8.31～1926.2.24【出身地】ペンシルヴェニア州ゲティスバーグ【球団】01-14アスレティックス　15セントルイス（FL）16-17ブラウンズ【位置】投手、左
【経歴】一塁方向へ大きく足を踏み出すクロスファイア投法からの速球とカーブで、左腕としては史上3位の326勝を積み上げた名投手。1試合平均2.1四球と制球に優れ、打ち気をそらすため投球に時間をかけることで有名だった。01年25歳でアスレティックスに入団し17勝、翌02年から4年連続で20勝、300投球回以上。04年自己最多の26勝（2位）、翌05年は3年連続2位となる24勝、自己最多の210奪三振（2位）。12年も自己記録に並ぶ26勝（4位）を稼いだ。
15年フェデラル・リーグに鞍替えし、8度目の20勝以上となる21勝。17年は17年目にして初の1ケタとなる5勝に終わり、ヤンキースへトレードされたが入団を拒んで引退した。ワールドシリーズでも2勝5敗ながら防御率は1.32と良かった。現役時代は寡黙さで知られていたが、引退後は出身地ゲティスバーグで古戦場のガイドを務めた。46年殿堂入り。
【通算】17年、623試合、529先発、410完投（15位）、69完封（5位）、326勝（13位）194敗、4495.2回（27位）、2246奪三振、1072四球、防御率2.35

エリック・プランク
Eric Vaughn Plunk
1963.9.3～【出身地】カリフォルニア州ウィルミントン【球団】86-89アスレティックス　89-91ヤンキース　92-98インディアンズ　98-99ブルワーズ【位置】投手、右
【経歴】身長196cmの大型リリーバー。81年ドラフト4位でヤンキースに入団、リッキー・ヘンダーソンとのトレードで85年アスレティックスへ移籍し、当初は先発でも起用されたが制球に難があった。89年再びヘンダーソンとの交換でヤンキース

へ復帰。92年にインディアンズへ移籍して以降は中継ぎで安定した成績を残し、大きなカーブで92年9勝、翌93年は15セーブ。同年は敬遠球がサヨナラ暴投となる珍事もあった。以後96年まで4年連続で防御率2点台だった。
【通算】14年、714試合、41先発、0完投、72勝58敗35S、1151回、1081奪三振、防御率3.82

ハーマン・フランクス
Herman Louis Franks
1914.1.4～2009.3.30【出身地】ユタ州プライス【球団】39カーディナルス　40-41ドジャース　47-48アスレティックス　49ジャイアンツ【位置】捕手、左
【経歴】現役時代は好守の捕手だったが打力が弱く、40年の65試合が最多出場。スカウトやマイナー監督を経て65年ジャイアンツ監督に就任、同年から4年連続2位となるが、優勝には手が届かずじまい。カブス時代も含め負け越しは一度だけだった。不動産業で成功し、72年にはヤンキースの買収を試みた。
【通算】6年、188試合、403打数80安打、3本塁打、43打点、2盗塁、打率.199
【監督】65-68ジャイアンツ　77-79カブス　7年、1128試合、605勝521敗、勝率.537

フレッド・フランクハウス
Frederick Meloy Frankhouse
1904.4.9～89.8.17【出身地】ペンシルヴェニア州ポートロイヤル【球団】27-30カーディナルス　30-35ブレーヴス　36-38ドジャース　39ブレーヴス【位置】投手、右
【経歴】素晴らしいカーブの持ち主で、33年7年目にして初の2ケタとなる16勝を挙げると、以後5年連続10勝以上。34年は自己最多の17勝でオールスターに出場、37年にはカール・ハッベルの25連勝を阻む殊勲の星も挙げた。同年8月27日のレッズ戦は7.2回を無安打に封じるも、コールドゲームとなって正式なノーヒッターと認められなかった。
【通算】13年、402試合、213先発、81完投、10完封、106勝97敗、1888回、622奪三振、防御率3.92
【タイトル】オールスター1回（34年）

ジョン・フランコ
John Anthony Franco
1960.9.17～【出身地】ニューヨーク州ブルックリン【球団】84-89レッズ　90-2001,03-04メッツ　05アストロズ【位置】投手、左
【経歴】小さな体で、左腕では史上最多の424セーブを挙げた名ストッパー。81年ドラフト5位でドジャースに入団、86年レッズで抑えとなり29セーブ。88年は39セーブ（1位）、防御率1.57の素晴らしい成績を収める。球威はさほどでもないが、微妙に変化する速球で91年まで5年連続30セーブ以上。90年地元のメッツに移籍、94年30セーブで3度目の1位。通算では8回30セーブ以上を記録した。97年にナ・リーグの通算セーブ記録を更新、その後トレヴァー・ホフマンに抜かれたが現在でも2位にランクされている。2000年以降は中継ぎに回り、02年のトミー・ジョン手術をも乗り越え45歳まで投げ続けた。
【通算】21年、1119試合（3位）、0先発、90勝87敗424S（7位）、1245.2回、975奪三振、防御率2.89
【タイトル】最多セーブ3回（88,90,94年）オールスター4回（86～87,89～90年）

フリオ・フランコ　☆
Julio Cesar Franco
1958.8.23～【出身地】ドミニカ共和国アトマヨルデルレイ【球団】82フィリーズ　83-88インディアンズ　89-93レンジャーズ　94ホワイトソックス　96-97インディアンズ　97ブルワーズ　99レイズ　2001-05ブレーヴス　06-07メッツ　07ブレーヴス【位置】遊撃、二塁、一塁、右
【経歴】極端にバットを寝かせる個性的な打撃フォームで9度の打率3割を記録し、50歳近くまで現役を続けた好打者。83年正遊撃手となり、翌84年3本塁打で79打点、85年も6本塁打で90打点。86年からは4年連続打率3割以上。84～85年は最多失策と守備力は今一つで、88年二塁へコンバート。インディアンズ時代は態度の悪さを指摘されたこともあったが、レンジャーズ移籍後はラテン系選手のリーダー的存在となる。90年のオールスターでは決勝二塁打を放ちMVP、翌91年は打率.341で首位打者、201安打（5位）。ホワイトソックスに移った94年に自己最多の20本塁打、98打点（5位）を叩き出した。
　95年ロッテに入団、打率.306（2位）の打力以上に徹底した自己管理など、プレイ以外の部分でチームメイトに大きな影

響を与えた。翌96年インディアンズに復帰し打率.322。98年請われてロッテに復帰、外国人選手としては初めての主将に就任した。99年以降はメキシコや韓国で活躍していたが、2001年43歳でブレーヴスに加わり、プレイオフで2本塁打するなど健在ぶりを示す。04年は125試合で打率.309、57打点、07年は史上最高齢の48歳8ヶ月で本塁打を放った。
　08年メキシカン・リーグで36試合に出たのを最後に49歳で引退したが、14年に独立リーグで復帰、15年には選手兼監督としてBCリーグ石川に入団。57歳にして25試合で打率.312を記録した。メジャー・リーグ、メキシカン・リーグ、NPB（日本）、KBO（韓国）での合計安打数は3344本に上る。
【通算】23年、2527試合、8677打数2586安打、407二塁打、54三塁打、173本塁打、1194打点、281盗塁、917四球、1341三振、打率.298
【タイトル】首位打者1回（91年）オールスター3回（89～91年）
【日本】95,98ロッテ　2年、258試合、961打数286安打、28本塁打、135打点、18盗塁、打率.298

マイケル・フランコ　☆
Maikel Antonio Franco
1992.8.26～【出身地】ドミニカ共和国アスア【球団】2014-19フィリーズ　20ロイヤルズ　21オリオールズ　22ナショナルズ【位置】三塁、右
【経歴】2010年フィリーズに入団、15年に正三塁手となり翌16年は25本塁打、88打点。以後3年連続20本塁打以上と長打力を発揮するも、選球眼に乏しく出塁率は通算.293と低かった。23年楽天に入団したが2年間で打率.220と苦戦した。
【通算】9年、923試合、3309打数809安打、130本塁打、467打点、5盗塁、打率.244
【日本】2023-24楽天　2年、163試合、541打数119安打、20本塁打、62打点、0盗塁、打率.220

グレゴール・ブランコ
Gregor Miguel Blanco
1983.12.24～【出身地】ベネズエラ共和国カラカス【球団】2008-10ブレーヴス　10ロイヤルズ　12-16ジャイアンツ　17ダイアモンドバックス　18ジャイアンツ【位置】外野、左
【経歴】2000年ブレーヴスに入団、メジャーに昇格した08年は打率.251ながら74四球を選び出塁率.366。11年はマイナー落ちしていたが、12年ジャイアンツで再昇格してからは5年続けて100試合以上出場。12・14年のワールドシリーズではいずれも全イニング出場した。12年にマット・ケインが完全試合を達成した際には、長打になりそうな打球をダイビングキャッチし、快挙を手助けした。
【通算】10年、1060試合、2929打数746安打、26本塁打、235打点、122盗塁、打率.255

ジェフ・フランコアー
Jeffrey Braden Francouer
1984.1.8～【出身地】ジョージア州アトランタ【球団】2005-09ブレーヴス　09-10メッツ　10レンジャーズ　11-13ロイヤルズ　13ジャイアンツ　14パドレス　15フィリーズ　16ブレーヴス　16マーリンズ【位置】外野、右
【経歴】2002年にドラフト1位で地元のブレーヴスに指名され入団。05年メジャーに昇格、70試合で打率.300、14本塁打を放ち、守備でも13補殺。新人王投票3位に入った。翌06年は29本塁打、103打点、07年も105打点に加え19補殺でゴールドグラブを受賞。08年以降は伸び悩んでいたが、ロイヤルズに移った11年は47二塁打（2位）、20本塁打で5年ぶりに大台に乗せた。12年も19補殺で3度目の1位。選球眼に問題があり、通算出塁率は.303にとどまった。ブレーヴス時代のチームメイト、ブライアン・マッキャンとは子供の頃からの友人同士だった。
【通算】12年、1480試合、5260打数1373安打、160本塁打、698打点、54盗塁、1080三振、打率.261
【タイトル】ゴールドグラブ1回（2007年）

ティト・フランコナ
John Patsy Francona (Tito)
1933.11.4～2018.2.13【出身地】ペンシルヴェニア州アリクィッパ【球団】56-57オリオールズ　58ホワイトソックス　58タイガース　59-64インディアンズ　65-66カーディナルス　67フィリーズ　67-69ブレーヴス　69-70アスレティックス　70ブルワーズ【位置】外野、一塁、左
【経歴】15年間で9球団をわたり歩き、59年は122試合で.363の高打率を残す

も、規定打数不足で首位打者を逃す。翌60年はリーグ最多の36二塁打、61年は打率.301、178安打と8三塁打は4位、自己最多の85打点を稼ぐ。代打での起用も多かった。息子のテリーは名監督。
【通算】15年、1719試合、5121打数1395安打、125本塁打、656打点、46盗塁、打率.272
【タイトル】オールスター1回(61年)

テリー・フランコナ
Terry Jon Francona
1959.4.22～【出身地】サウスダコタ州アバディーン【球団】81-85エクスポズ　86カブス　87レッズ　88インディアンズ　89-90ブルワーズ【位置】一塁、外野、左
【経歴】80年ドラフト1位でエクスポズに入団。84年は58試合で.346の高打率を残したが、レギュラーには定着できなかった。引退後指導者の道を歩み、94年はホワイトソックスのAA級バーミングハムの監督として、野球選手への転向を目指していたNBAのスーパースター、マイケル・ジョーダンを指導した。
97年に就任したフィリーズ監督時代は4年間すべて負け越したが、2004年にレッドソックス監督となって86年ぶりの世界一へ導くと、07年も2度目の世界一。選手に寛容な姿勢で知られたが、11年は一部選手の我儘な振る舞いをコントロールできず、歴史的大失速でプレイオフを逃し解任された。
13年インディアンズ監督に就任、16年は大胆なリリーフ起用が冴えてリーグ優勝を果たし、13年に次いで2度目の最優秀監督賞を受賞。20～21年は病気などで何度かチームを離れたが、22年は3回目の最優秀監督賞に選ばれた。25年レッズ監督に就任。父のティトもメジャーリーガー。
【通算】10年、707試合、1731打数474安打、16本塁打、143打点、12盗塁、打率.274
【監督】97-2000フィリーズ　04-11レッドソックス　13-23ガーディアンズ　23年、3622試合、1950勝1672敗、勝率.538リーグ優勝3回(04,07,16年)、ワールドシリーズ優勝2回(04,07年)

キティ・ブランズフィールド
William Edward Bransfield (Kitty)
1875.1.7～1947.5.1【出身地】マサチューセッツ州ウースター【球団】1898ボストン　1901-04パイレーツ　05-11フィリーズ　11カブス【位置】一塁、右
【経歴】捕手から一塁に転向し、パイレーツに加入した01年打率.295、16三塁打(3位)、91打点(5位)。翌02年自己最高打率の.305、06年はリーグ3位の28二塁打。08年は2度目の3割となる.304(4位)、160安打(5位)、71打点(4位)。01～10年まで、07年を除き毎年100安打以上を放った。潔癖な性格で、八百長の勧誘があっても断固として撥ねつけた。
【通算】12年、1330試合、4999打数1351安打、13本塁打、637打点、175盗塁、打率.270

エド・ブラント
Edward Arthur Brandt
1905.2.17～44.11.1【出身地】ワシントン州スポーケン【球団】28-35ブレーヴス　36ドジャース　37-38パイレーツ【位置】投手、左
【経歴】メジャーに昇格した28年リーグワーストの21敗。最初の3年間で21勝45敗、防御率5点台と苦しんだが、精神的な弱さを克服して31年18勝(4位)、防御率2.92(3位)と開花。33年も自己最多タイの18勝、防御率2.60(4位)と活躍した。力のある速球、カーブに加えてフォークボールも投げ、6回2ケタ勝利を記録した。44年に自動車に撥ねられ39歳で死去。
【通算】11年、378試合、279先発、150完投、18完封、121勝146敗、2268.1回、877奪三振、防御率3.86

ジャッキー・ブラント
John George Brandt
1934.4.28～【出身地】ネブラスカ州オマハ【球団】56カーディナルス　56,58-59ジャイアンツ　60-65オリオールズ　66-67フィリーズ　67アストロズ【位置】外野、右
【経歴】56年途中ジャイアンツにトレードされ、新人ながらチームトップの打率.299。翌57年は兵役で全休し、復帰後の59年にゴールドグラブを受賞。翌60年オリオールズへ移籍、62年に自己最多の19本塁打、75打点を記録した。チームメイトからは“フレイキー(変人)”と呼ばれ、本人もこの呼び名を気に入っていた。
【通算】11年、1221試合、3895打数1020安打、112本塁打、485打点、45盗塁、打率.262
【タイトル】ゴールドグラブ1回(59年)

オールスター1回（61年）

ジェフ・ブラントリー
Jeffrey Hoke Brantley
1963.9.5～【出身地】アラバマ州フローレンス【球団】88-93ジャイアンツ　94-97レッズ　98カーディナルス　99-2000フィリーズ　01レンジャーズ【位置】投手、右
【経歴】85年ドラフト6位でジャイアンツに入団。フォークボールを武器にリリーフで活躍、90年に19セーブ、防御率1.56。レッズ移籍後の95年28セーブ、96年はリーグ1位の44セーブ。97年は肩の故障で1セーブを挙げたのみで、その後も不調続きだった。
【通算】14年、615試合、18先発、0完投、43勝46敗172S、859.1回、728奪三振、防御率3.39
【タイトル】最多セーブ1回（96年）オールスター1回（90年）

マイケル・ブラントリー
Michael Charles Brantley
1987.5.15～【出身地】ワシントン州ベルヴュー【球団】2009-18インディアンズ　19-23アストロズ【位置】外野、左
【経歴】2005年ドラフト7位でブルワーズに入団。インディアンズ移籍後の14年は打率.327（3位）、200安打（2位）、45二塁打（3位）、20本塁打、97打点。“ドクター・スムース”の異名をとった巧みなバットコントロールで15年も打率.310（4位）、リーグ最多の45二塁打を放った。打率3割6回、5位以内に5度入り、21年は終盤まで首位打者を争い.311で2位。父のミッキーは外野手で巨人にも在籍した。
【通算】15年、1445試合、5566打数1656安打、129本塁打、720打点、125盗塁、打率.298
【タイトル】オールスター5回（2014,17～19,21年）

サイ・ブラントン
Darrell Elijah Blanton (Cy)
1908.7.6～45.9.13【出身地】オクラホマ州ウォーリカ【球団】34-39パイレーツ　40-42フィリーズ【位置】投手、右
【経歴】速球とスクリューボールで、35年新人ながら18勝に加え、4完封と防御率2.58はいずれも1位。翌36年も13勝、2年連続1位の4完封、127奪三振は3位。37年の143奪三振も3位、38年まで4年連続2ケタ勝利を挙げた。39年に肘を壊して成績が落ち、アルコールに溺れ45年37歳で肝硬変により死去した。
【通算】9年、202試合、167先発、75完投、14完封、68勝71敗、1218.1回、611奪三振、防御率3.55
【タイトル】最優秀防御率1回（35年）オールスター2回（37,41年）

ジョー・ブラントン
Joseph Matthew Blanton
1980.12.11～【出身地】ケンタッキー州ボウリンググリーン【球団】2004-08アスレティックス　08-12フィリーズ　12ドジャース　13エンジェルズ　15ロイヤルズ　15パイレーツ　16ドジャース　17ナショナルズ【位置】投手、右
【経歴】2002年ドラフト1位でアスレティックスに入団。05年新人で12勝、翌06年は防御率4.82ながら16勝。球威はそれほどでもないが投球術に優れ、07年は230回を投げリーグ最多の240安打を打たれながらも14勝を挙げた。フィリーズに途中移籍した08年はワールドシリーズ第4戦で6回を2点に抑え勝利投手となる。13年は2勝14敗、防御率6.04の大不振に陥り、14年はマイナーでも2試合に投げただけだったが、リリーフ投手として再昇格し15～16年は防御率2点台と復調。現役最後の17年に通算100勝に到達した。
【通算】13年、427試合、252先発、8完投、3完封、101勝97敗2S、1767.2回、1284奪三振、防御率4.38

ダン・プリーサック
Daniel Thomas Plesac
1962.2.4～【出身地】インディアナ州ゲイリー【球団】86-92ブルワーズ　93-94カブス　95-96パイレーツ　97-99ブルージェイズ　99-2000ダイアモンドバックス　01-02ブルージェイズ　02-03フィリーズ【位置】投手、左
【経歴】83年ドラフト1位でブルワーズに入団。マイナー時代は先発で、86年メジャー昇格後リリーフに転向。左腕からの速球とスライダーで同年10勝、翌87年から4年連続20セーブ以上、89年は33セーブ（3位）を挙げた。肩を痛め91年以降中継ぎに回り、93年から11年連続50試合以上、98年自己最多の78試合に登板。現役最後の03年、41歳で11年ぶりの2点台となる防御率2.70で有終の美を飾った。甥のザックも投手。

【通算】18年、1064試合（7位）、14先発、0完投、65勝71敗158S、1072回、1041奪三振、防御率3.64
【タイトル】オールスター3回（87～89年）

ジーン・フリース
Eugene Lewis Freese
1934.1.8～2013.6.19【出身地】ウェストヴァージニア州ウィーリング【球団】55-58パイレーツ　58カーディナルス　59フィリーズ　60ホワイトソックス　61-63レッズ　64-65パイレーツ　65-66ホワイトソックス　66アストロズ【位置】三塁、二塁、右
【経歴】55年兄のジョージとの定位置争いに勝って正三塁手となる。59年は5本の代打アーチを含む23本塁打、翌60年は32二塁打（3位）。61年も26本塁打、87打点と長打力を発揮したが、ワールドシリーズでは16打数1安打の大不振。守備が苦手だったこともあって毎年のようにチームを変わり、62年に足首を故障してからは打撃もふるわなくなった。
【通算】12年、1115試合、3446打数877安打、115本塁打、432打点、51盗塁、打率.254

デイヴィッド・フリーズ
David Richard Freese
1983.4.28～【出身地】テキサス州コーパスクリスティ【球団】2009-13カーディナルス　14-15エンジェルズ　16-18パイレーツ　18-19ドジャース【位置】三塁、右
【経歴】2006年ドラフト9位でパドレスに入団、08年カーディナルスへ移籍。11年はリーグ優勝決定シリーズで22打数12安打、3本塁打、9打点と大当たりしMVPを受賞。ワールドシリーズでも第6戦は9回裏二死から起死回生の同点2点三塁打、さらに延長11回裏にサヨナラ本塁打。第7戦でも同点の2点二塁打を放つなどして、23打数8安打、7打点で再びMVPを手にした。翌12年自己最多の20本塁打、79打点。18年もドジャースでワールドシリーズを戦い12打数5安打、1本塁打だった。
【通算】11年、1184試合、3758打数1041安打、113本塁打、535打点、8盗塁、打率.277
【タイトル】オールスター1回（2012年）

デイヴ・ブリストル
James David Bristol
1933.6.23～【出身地】ジョージア州メイコン【球団】メジャー経験なし
【経歴】現役時代は二塁手。57年23歳で早くもマイナー球団で監督業を始め、66年途中33歳でレッズの監督となる。積極的な采配で以後4年連続勝率5割以上、69年は首位に4ゲーム差の3位と健闘しながらも、同年限りでスパーキー・アンダーソンに取って代わられる。70年以降は3球団で指揮を執ったが、一度も5割には到達しなかった。
【監督】66-69レッズ　70-72ブルワーズ　76-77ブレーヴス　79-80ジャイアンツ　11年、1424試合、657勝764敗、勝率.462

エルマー・フリック
Elmer Harrison Flick
1876.1.11～1971.1.9【出身地】オハイオ州ベッドフォード【球団】1898-1901フィリーズ　02アスレティックス　02-10インディアンズ【位置】外野、左
【経歴】俊足好打の外野手で、1900年は打率.367（2位）、200安打（4位）、11本塁打（2位）、110打点（1位）。05年打率.308で首位打者となり、18三塁打と長打率.462も1位。翌06年は22三塁打と39盗塁が1位、07年まで3年連続最多三塁打となった。敵味方を問わず好かれ、07年にタイガースがタイ・カッブとの交換を申し入れて来たがインディアンズが拒否した。通算で8回打率3割を記録していたが、08年頃から慢性の消化不良を起こして体重が激減、急速に成績を落とした。63年殿堂入り。
【通算】13年、1483試合、5597打数1752安打、164三塁打（30位）、48本塁打、756打点、330盗塁、打率.313
【タイトル】首位打者1回（05年）打点王1回（1900年）盗塁王2回（04,06年）

フォード・フリック
Ford Christopher Frick
1894.12.19～1978.4.8【出身地】インディアナ州ワウォーカ【球団】メジャー経験なし
【経歴】元新聞記者で、34年ナ・リーグの広報部長となる。翌35年リーグ会長に昇格、野球殿堂の創設を発案する。47年にジャッキー・ロビンソンがドジャースに入団すると、これに反発する勢力に対して

厳しい態度を持って当たった。51年第3代コミッショナーに任命され、オーナー達との良好な関係を保ち15年にわたって在職、サイ・ヤング賞の創設も考案した。記者時代にベーブ・ルースのゴーストライターを務めた縁から、61年にロジャー・マリスがルースの持つ年間60本塁打の記録に迫りつつあった際、154試合制のルースの記録と162試合制のマリスの記録を同列に比較できないと主張し、一部の顰蹙を買った。70年殿堂入り。

ジョニー・ブリッグス　☆
John Edward Briggs

1944.3.10～【出身地】ニュージャージー州パターソン【球団】64-71フィリーズ　71-75ブルワーズ　75ツインズ【位置】外野、一塁、左

【経歴】64年20歳でメジャーに昇格、有望株として期待されながらフィリーズではレギュラーに定着できずじまい。71年開幕直後にブルワーズへトレードされると21本塁打、翌72年も21本。74年まで4年連続で17本以上、73年に87四球（5位）を選ぶなど選球眼も良かった。76年ロッテに入団するが、不振でシーズン途中帰国した。

【通算】12年、1366試合、4117打数1041安打、139本塁打、507打点、64盗塁、打率.253

【日本】76ロッテ　1年、47試合、163打数37安打、7本塁打、24打点、4盗塁、打率.227

トミー・ブリッジス
Thomas Jefferson Davis Bridges

1906.12.28～68.4.19【出身地】テネシー州ゴードンズヴィル【球団】30-43,45-46タイガース【位置】投手、右

【経歴】絶品のカーブでタイガースのエース格として活躍。32年4完封（1位）を含む14勝、8月5日のセネターズ戦は9回二死までパーフェクトの好投だった。翌33年はリーグ2位の防御率3.09。34年から3年連続20勝、36年は23勝で最多勝。35年163三振、翌36年は175三振を奪い2年連続1位。35年のワールドシリーズではいずれも完投で2勝、第6戦で優勝投手となった。43年36歳で自己ベストの防御率2.39（4位）、10回目の2ケタとなる12勝を挙げた。戦時中は戦略諜報局に在籍した。

【通算】16年、424試合、362先発、200完投、33完封、194勝138敗、2826.1回、1674奪三振、1192四球、防御率3.57

【タイトル】最多勝1回（36年）最多奪三振2回（35～36年）オールスター6回（34～37,39～40年）

フランキー・フリッシュ
Frank Francis Frisch

1897.9.9～1973.3.12【出身地】ニューヨーク州ブロンクス【球団】19-26ジャイアンツ　27-37カーディナルス【位置】二塁、三塁、両

【経歴】打走守三拍子揃った名二塁手で、通算打率.316はスイッチヒッターの最高記録。ジャイアンツ時代の師匠ジョン・マグロー監督譲りの闘争心と統率力で、8回優勝を経験した。フォーダム大学で化学の学位を取得し、マイナーを経ず19年ジャイアンツに入団、21年に打率.341、211安打（2位）、17三塁打（3位）、100打点（5位）、49盗塁（1位）の大活躍。23年も自己最高の打率.348（5位）、223安打（1位）、111打点。ジャイアンツ時代に4度出場したワールドシリーズでは102打数37安打、.363の巧打率だった。

　マグローと衝突したこともあり、27年ロジャース・ホーンズビーとの大型トレードでカーディナルスに移籍し208安打（3位）、守備では641補殺のメジャー記録を達成。30年に自己最多の46二塁打（5位）、114打点、翌31年は28盗塁で3度目の盗塁王となり、リーダーシップを評価されMVPを受賞。同年まで11年連続、通算では13回打率3割を記録。三振は21年の28個が最多と極めて少なかった。33年から監督を兼任、翌34年荒くれ者集団のカーディナルスを世界一に導く。審判団との確執は有名で、何度となく退場処分を下され、監督専任となってからは選手たちとの溝も深まった。47年殿堂入り。プロバスケットボールの経験もある。

【通算】19年、2311試合、9112打数2880安打、466二塁打、138三塁打、105本塁打、1244打点、419盗塁、728四球、272三振、打率.316

【タイトル】MVP1回（31年）盗塁王3回（21,27,31年）オールスター3回（33～35年）

【監督】33-38カーディナルス　40-46パイレーツ　49-51カブス　16年、2246試合、1138勝1078敗、勝率.514　リーグ優勝1回（34年）ワールドシリーズ優勝1回（34

年）

アル・ブリッドウェル
Albert Henry Bridwell

1884.1.4 ～ 1969.1.23【出身地】オハイオ州フレンドシップ【球団】05 レッズ 06-07 ブレーヴス 08-11 ジャイアンツ 11-12 ブレーヴス 13 カブス 14-15 セントルイス（FL）【位置】遊撃、左
【経歴】有名なフレッド・マークルのボーンヘッド・ゲームで幻の決勝打を放った選手。06 年正遊撃手となり、翌 07 年はリーグ 1 位の守備率 .942。09 年に自己最高の打率 .294（5 位）、140 安打、55 打点、出塁率 .386（3 位）を記録した。選球眼に優れていたかわり、長打力は全然なく、9 年目の 13 年になってようやく初本塁打。翌年の 2 本目ともどもランニング本塁打だった。
【通算】11 年、1252 試合、4169 打数 1064 安打、2 本塁打、350 打点、136 盗塁、打率 .255

ザック・ブリットン
Zackary Grant Britton

1987.12.22 ～【出身地】カリフォルニア州パノラマシティ【球団】2011-18 オリオールズ 18-22 ヤンキース【位置】投手、左
【経歴】2006 年ドラフト 3 位でオリオールズに入団。11 年にメジャー昇格し先発で 11 勝を挙げたが、14 年にリリーフへ転向し 37 セーブ（4 位）、防御率 1.65、翌 15 年も 36 セーブ（3 位）。シンカーで徹底的にゴロを打たせ、16 年はリーグ最多の 47 セーブで失敗は一度もなし。5 月 5 日～ 8 月 22 日まで 43 試合連続自責点 0（3 失点）の新記録を樹立する驚異的な投球を続け、年間では防御率 0.54 だった。17 年は肩を痛め、8 月 23 日に連続セーブ記録が 60 でストップ。18 年以降は中継ぎでの起用が主になった。
【通算】12 年、442 試合、46 先発、0 完投、35 勝 26 敗 154 S、641 回、532 奪三振、防御率 3.13
【タイトル】最多セーブ 1 回（2016 年）オールスター 2 回（15 ～ 16 年）

ジェリー・プリディ
Gerald Edward Priddy

1919.11.9 ～ 80.3.3【出身地】カリフォルニア州ロスアンジェルス【球団】41-42 ヤンキース 43,46-47 セネターズ 48-49 ブラウンズ 50-53 タイガース【位置】二塁、右
【経歴】マイナー時代は大いに期待され、41 年ジョー・ゴードンを押しのけ正二塁手に抜擢されたが定着できず、43 年セネターズに放出。守備面での評価が高く、50 年にリーグ記録となる 150 併殺を完成させる。48 年 40 二塁打（4 位）、79 打点、50 年は 13 本塁打、75 打点、95 四球と打撃でも貢献した。引退後はプロゴルファーへ転向したが成功せず、73 年には船舶会社を脅迫した罪により逮捕された。
【通算】11 年、1296 試合、4720 打数 1252 安打、61 本塁打、541 打点、44 盗塁、打率 .265

ビル・フリーハン
William Ashley Freehan

1941.11.29 ～ 2021.8.19【出身地】ミシガン州デトロイト【球団】61,63-76 タイガース【位置】捕手、一塁、右
【経歴】61 年 12 万 5000 ドルの契約金で、地元のタイガースに入団。63 年正捕手となり、翌 64 年打率 .300、18 本塁打、80 打点でオールスターに出場、以後 10 年連続、合計 11 回選出される。67 年の大会では延長 15 回でマスクを被り通した。5 度のゴールドグラブを受賞した守備力に加えて、打撃でも 68 年は自己最多の 25 本塁打（5 位）、84 打点で優勝の一翼を担い、MVP 投票 2 位に入った。本塁打はホームとロードで同数の 100 本ずつ。ホームベース寄りに立つので死球が多く、68 年は 24 回も当てられた。引退時点で通算守備機会 10714、刺殺数 9941 はいずれも史上最多。その後は解説者を経て、母校ミシガン大野球部の監督に招かれた。
【通算】15 年、1774 試合、6073 打数 1591 安打、200 本塁打、758 打点、24 盗塁、打率 .262
【タイトル】ゴールドグラブ 5 回（65 ～ 69 年）オールスター 11 回（64 ～ 73,75 年）

バック・フリーマン
John Frank Freeman (Buck)

1871.10.30 ～ 1949.6.25【出身地】ペンシルヴェニア州カタサウクァ【球団】1891,98-99 ワシントン（AA）/ ワシントン 1900 ボストン 01-07 レッドソックス【位置】外野、一塁、左
【経歴】1891年19歳で投手としてデビューするが、5 試合投げたのみでマイナーに戻る。98 年外野手としてメジャー復帰、強烈なアッパースイングで翌 99 年は 25 本

塁打（1位）、122打点（2位）。1901年は打率.339（3位）、12本塁打（2位）、続く02年は11本塁打（2位）、121打点（1位）。03年は13本塁打、104打点の二冠王、両リーグで本塁打王となった最初の選手となる。当時としては珍しく筋力トレーニングも取り入れ、01～05年にかけて達成した4773イニング連続出場は、カル・リプケンに破られるまでの記録だった。引退後は長くマイナーで審判を務め、趣味で闘鶏も飼育していた。
【通算】11年、1126試合、4208打数1235安打、131三塁打、82本塁打、713打点、92盗塁、打率.293
【タイトル】本塁打王2回（1899,1903年）打点王2回（02～03年）

フレディー・フリーマン　★
Frederick Charles Freeman
1989.9.12～【出身地】カリフォルニア州ヴィラパーク【球団】2010-21ブレーヴス　22-24ドジャース【位置】一塁、左
【経歴】確実性、長打力、選球眼のすべてを兼ね備えた強打者。2007年ドラフト2位でブレーヴスに入団、11年正一塁手となり打率.282、21本塁打で新人王投票では次点。コンパクトなスイングが持ち味で打率3割以上8回、首位打者こそないが3位以内に5度入り、16年に30試合連続安打を記録。19年は自己最多の38本塁打、121打点（2位）。翌20年は打率.341と53打点がいずれも2位でMVPを受賞した。21年のポストシーズンは56打数17安打、5本塁打、11打点。ディヴィジョンシリーズ勝ち抜きを決めた第4戦で決勝本塁打を放つなど、世界一に大きく貢献した。
　同年限りでFAとなり、残留を希望していたが叶わず22年ドジャースへ移籍。リーグ最高の出塁率.407に加え、199安打は2度目、47二塁打は3度目の1位。続く23年も59二塁打で1位となった。少々のケガなら平気で出場するガッツの持ち主で、24年のポストシーズンは右足首を捻挫、肋骨も折れている状態で出場。ワールドシリーズでは第1戦で逆転満塁サヨナラ本塁打を放つと、以後4試合連続本塁打、12打点でMVPを受賞。21年のシリーズでも最後の2試合で本塁打を打っていて、6試合連続本塁打の新記録を打ち立てた。アメリカ国籍だが両親がカナダ人のため、17、23年のWBCはカナダ代表で参加した。
【通算】15年、2032試合、7558打数2267安打、508二塁打、31三塁打、343本塁打、1232打点、98盗塁、1010四球、1635三振、打率.300
【タイトル】MVP1回（2021年）最高出塁率1回（22年）ゴールドグラブ1回（18年）オールスター8回（2013～14,18～19,21～24年）

シド・ブリーム
Sidney Eugene Bream
1960.8.3～【出身地】ペンシルヴェニア州カーライル【球団】83-85ドジャース　85-90パイレーツ　91-93ブレーヴス　94アストロズ【位置】一塁、左
【経歴】81年ドラフト2位でドジャースに入団。中距離打者で、パイレーツへ移籍後の86年自己最多の37二塁打（3位）、16本塁打、77打点、88年も37二塁打は4位。86年にリーグ記録の166補殺を達成するなど、守備の評価が高かった。90年から4年連続で出場したプレイオフでは41打数14安打、3本塁打。古巣パイレーツと対戦した92年第7戦、優勝を決めるサヨナラのホームを踏んだ激走は、ブレーヴス・ファンの間で語り草となった。人間性も優れ、常に全力を惜しまずプレイした。
【通算】12年、1088試合、3108打数819安打、90本塁打、455打点、50盗塁、打率.264

レイ・プリム
Raymond Lee Prim
1906.12.30～95.4.29【出身地】アラバマ州サリトパ【球団】33-34セネターズ　35フィリーズ　43,45-46カブス【位置】投手、左
【経歴】スクリューボールを武器とし、33年メジャーに昇格するも3年間で3勝、防御率5.54に終わる。36～42年はパシフィック・コースト・リーグのロスアンジェルスで合計126勝を挙げ、43年36歳で8年ぶりに再昇格。44年はまたロスアンジェルスで22勝、45年カブスに戻って13勝、防御率2.40はリーグトップだった。翌46年は2勝しかできず、最後にロスアンジェルスで1年だけ投げて引退した。
【通算】6年、116試合、34先発、10完投、2完封、22勝21敗、351回、161奪三振、防御率3.56
【タイトル】最優秀防御率1回（45年）

カール・フリロ
Carl Anthony Furillo
1922.3.8 ～ 89.1.21【出身地】ペンシルヴェニア州ストーニークリークミルズ【球団】46-60 ドジャース【位置】外野、右
【経歴】“ライフル”と形容された強肩の右翼手で、打撃も良くドジャースの主要メンバーとして活躍。49 年打率 .322（4 位）、106 打点、翌 50 年も前年と同じ 18 本塁打、106 打点。51 年は自己最多の 197 安打（3 位）、24 補殺も 1 位。52 年のワールドシリーズ第 5 戦ではジョニー・マイズの大飛球をつかむファインプレイを演じた。
　レオ・デュローシャーとはドジャース監督時代から不仲で、53 年はジャイアンツ監督となっていたデュローシャーと乱闘を演じた際に指を負傷、終盤戦を欠場したが打率 .344 で首位打者となる。55 年自己最多の 26 本塁打を放った。56 年の日本遠征には、第二次大戦での従軍経験を理由に不参加。60 年故障を理由に解雇されたのを不服としドジャースを提訴、和解金として 2 万 1000 ドルを受け取ったが、これがもとで事実上球界から閉め出された。
【通算】15 年、1806 試合、6378 打数 1910 安打、192 本塁打、1058 打点、48 盗塁、打率 .299
【タイトル】首位打者 1 回（53 年）オールスター 2 回（52 ～ 53 年）

ダグ・フリン
Robert Douglas Flynn
1951.4.18 ～【出身地】ケンタッキー州レキシントン【球団】75-77 レッズ　77-81 メッツ　82 レンジャーズ　82-85 エクスポズ　85 タイガース【位置】二塁、遊撃、右
【経歴】レッズの入団テストを受け 71 年ドラフト外で入団、控え内野手として 75・76 年の連続世界一を支える。77 年途中トム・シーヴァーとの交換要員の一人としてメッツへ移籍。打力は非常に弱く、通算出塁率 .266、長打率 .294 に過ぎなかったが、守備力には定評があり、二塁手として守備率 1 位の 80 年にゴールドグラブを受賞した。引退後は麻薬撲滅運動に携わったのち、マイナーの指導者として球界に戻った。父ロバートは元マイナーリーガーで、ケンタッキー州議会の上院議員になった。
【通算】11 年、1309 試合、3853 打数 918 安打、7 本塁打、284 打点、20 盗塁、打率 .238
【タイトル】ゴールドグラブ 1 回（80 年）

エド・ブリンクマン
Edwin Albert Brinkman
1941.12.8 ～ 2008.9.30【出身地】オハイオ州シンシナティ【球団】61-70 セネターズ　71-74 タイガース　75 カーディナルス　75 レンジャーズ　75 ヤンキース【位置】遊撃、右
【経歴】高校時代はピート・ローズのチームメイト。典型的な好守・貧打の遊撃手で、63 年レギュラーとなるが、65 年は 154 試合で打率 .185、68 年まで .230 以上打ったことは一度もなかった。72 年は 72 試合連続無失策、遊撃手のリーグ新記録となる守備率 .990 でゴールドグラブを受賞。74 年 14 年目にして突然自己最多の 14 本塁打、54 打点を記録した。引退後はホワイトソックスなどのコーチを歴任。弟のチャックもホワイトソックスの捕手だった。
【通算】15 年、1846 試合、6045 打数 1355 安打、60 本塁打、461 打点、30 盗塁、打率 .224
【タイトル】ゴールドグラブ 1 回（72 年）オールスター 1 回（73 年）

ボブ・ブール
Robert Ray Buhl
1928.8.12 ～ 2001.2.16【出身地】ミシガン州サギノー【球団】53-62 ブレーヴス　62-66 カブス　66-67 フィリーズ【位置】投手、右
【経歴】変則的なフォームから多彩な変化球を投げ分け、2 ケタ勝利 10 回。陸軍を除隊した 53 年新人で 13 勝、防御率 2.97（3 位）、55 年も防御率 3.21 は 3 位。内角を突く強気の投球が冴え 56 年 18 勝、翌 57 年は 18 勝（3 位）、防御率 2.74（4 位）。ドジャースと相性が良く 56 年だけで 8 勝、通算 30 勝を稼いだ。打撃はからっきしで通算打率 .089、62 年は 70 打数で 1 安打も打てず、61 ～ 63 年にかけて 87 打数連続無安打を記録した。エディー・マシューズとは親友同士で、マシューズの亡くなる 2 日前に世を去った。
【通算】15 年、457 試合、369 先発、111 完投、20 完封、166 勝 132 敗、2587 回、1268 奪三振、1105 四球、防御率 3.55
【タイトル】オールスター 1 回（60 年）

テリー・プール
Terry Stephen Puhl
1956.7.8 ～【出身地】カナダ・サスカチュワン州メルヴィル【球団】77-90 アストロズ

91 ロイヤルズ【位置】外野、左
【経歴】73 年ドラフト外でアストロズに入団、78 年正中堅手となり打率 .289、32 盗塁を決める。80 年に自己最多の 13 本塁打、55 打点、プレイオフでは 19 打数 10 安打。82 年はリーグ 2 位の 9 三塁打、84 年にはカナダ人の最優秀選手に贈られる第 1 回ティップ・オニール賞を受賞した。通算 62 本塁打のうち 13 本は先頭打者本塁打。守備も堅実で、79 年は 152 試合に出場し無失策、通算守備率 .994 は右翼手で史上 2 位である。
【通算】15 年、1531 試 合、4855 打 数 1361 安打、62 本塁打、435 打点、217 盗塁、打率 .280
【タイトル】オールスター 1 回 (78 年)

ヴァイダ・ブルー
Vida Rochelle Blue
1949.7.28 ～ 2023.5.6【出身地】ルイジアナ州マンスフィールド【球団】69-77 アスレティックス　78-81 ジャイアンツ　82-83 ロイヤルズ　85-86 ジャイアンツ【位置】投手、左
【経歴】70 年代を代表する名左腕。伸びのある速球とカーブ、テンポの良い投球が持ち味だった。67 年ドラフト 2 位でアスレティックスに入団、69 年 19 歳でメジャーに昇格。70 年の 2 勝はいずれも完封、9 月 21 日のツインズ戦でノーヒットノーランを達成。続く 71 年は前半だけで 17 勝、年間では 8 完封 (1 位) を含む 24 勝 (2 位)、防御率 1.82 (1 位)、301 奪三振 (2 位) で、史上最年少の 22 歳で MVP とサイ・ヤング賞を同時受賞した。
　翌 72 年は契約交渉のもつれから大きく出遅れ 6 勝にとどまるが、73 年 20 勝と復調、75 年も 22 勝 (3 位)。76 年のシーズン中にヤンキース、次いでレッズへの金銭トレードの話が持ち上がり、いずれも球界の戦力バランスを崩すとの理由でキューン・コミッショナーにより却下され、結局 78 年に 7 選手プラス 30 万ドルと交換でジャイアンツに移籍。同年 18 勝、オールスターでは史上初めて両リーグで先発した投手となり、81 年には両リーグでの勝利投手になっている。82 年ロイヤルズへ移るが麻薬の使用が明るみに出て刑務所入りし、84 年は 1 年間出場停止。86 年 11 度目の 2 ケタとなる 10 勝を挙げたが、翌 87 年麻薬検査で陽性反応が出て引退した。
【通算】17 年、502 試 合、473 先 発、143 完 投、37 完 封、209 勝 161 敗 2 S、3343.1 回、2175 奪三振、1185 四球、防御率 3.27
【タイトル】MVP1 回 (71 年) サイ・ヤング賞 1 回 (71 年) 最優秀防御率 1 回 (71 年) オールスター 6 回 (71,75,77 ～ 78,80 ～ 81 年)

ルー・ブルー
Luzerne Atwell Blue
1897.3.5 ～ 1958.7.28【出身地】ワシントン D.C.【球団】21-27 タイガース　28-30 ブラウンズ　31-32 ホワイトソックス　33 ドジャース【位置】一塁、両
【経歴】21 年新人で打率 .308、103 四球 (2 位) と選球眼の良さを発揮。最初の 5 年間で打率 3 割 4 回、31 年の 127 四球 (2 位) を最多として 4 回 100 四球以上を選んだ。31 年は 15 三塁打も 2 位、出塁率 .430 は 5 位で、通算出塁率は .402 の高率に達した。ワシントンのアーリントン墓地に埋葬された唯一のメジャーリーガーである。
【通算】13 年、1615 試 合、5904 打 数 1696 安打、109 三塁打、44 本塁打、695 打点、151 盗塁、1092 四球、打率 .287

ラファエル・フルカル
Rafael Furcal
1977.10.24 ～【出身地】ドミニカ共和国ロマデカブレラ【球団】2000-05 ブレーヴス　06-11 ドジャース　11-12 カーディナルス　14 マーリンズ【位置】遊撃、両
【経歴】97 年ブレーヴスに入団、99 年 A 級で 96 盗塁し翌 2000 年一気にメジャーに昇格。正遊撃手に抜擢され打率 .295、40 盗塁 (5 位) で新人王を受賞。当時は 19 歳と称していたが、実際には 22 歳だった。03 年 194 安打 (4 位)、リーグ最多の 10 三塁打、ドジャースに移籍した 06 年は打率 .300、自己最多の 196 安打 (5 位)、15 本塁打、63 打点。守備でも強肩で、03 年 8 月 10 日に単独三重殺を達成したが、08 年のリーグ優勝決定シリーズ第 5 戦では 1 イニング 3 失策の失態を演じた。
【通算】14 年、1614 試 合、6477 打 数 1817 安 打、113 本 塁 打、587 打 点、314 盗塁、打率 .281
【タイトル】新人王 (2000 年) オールスター 3 回 (03,10,12 年)

ダン・ブルーザーズ
Dennis Joseph Brouthers (Dan)
1858.5.8 ～ 1932.8.2【出身地】ニューヨー

ク州シルヴァンレイク【球団】1879-80 トロイ 81-85 バッファロー 86-88 デトロイト 89 ボストン 90 ボストン（PL） 91 ボストン（AA） 92-93 ブルックリン 94-95 ボルティモア 95 ルイヴィル 96 フィラデルフィア 1904 ジャイアンツ【位置】一塁、左
【経歴】19世紀有数の強打者で、レギュラーとなった1881年から6年連続、通算では7回長打率1位となる。83年の.374を最高に、レギュラーとして出場していた間は常に打率3割をキープ。.350以上を6回記録、5度の首位打者に輝いた。100打点以上6回、81〜92年の12年間は、毎年必ず何らかの打撃部門で1位だった。87、90、91、94年と3つの異なるリーグで4度の優勝を経験したのも、今後まず破られない記録である。97年以降もマイナーで現役を続け、1904年8年ぶりに46歳で2試合のみメジャーで出場した。選手組合の副会長を務めた経験もある。引退後はポロ・グラウンドで夜警をしていた。45年殿堂入り。
【通算】19年、1676試合、6726打数2303安打、462二塁打、206三塁打（8位）、107本塁打、1301打点、打率.342
【タイトル】首位打者5回（1882〜83,89,91〜92年）本塁打王2回（81,86年）打点王2回（83,92年）最高出塁率5回（82〜83,87,90〜91年）

オジー・ブルージー
Oswald Louis Bluege
1900.10.24〜85.10.14【出身地】イリノイ州シカゴ【球団】22-39 セネターズ【位置】三塁、遊撃、二塁、右
【経歴】4回最多補殺を記録した好守の三塁手で、23年から11年間にわたりレギュラーを務める。打率3割には届かなかったが28〜30年は3年連続で2割9分台と安定し、31年に自己最多の155安打、98打点、翌32年は83四球を選んだ。酒やタバコとは無縁の真面目人間で、引退後もコーチ、監督、フロントなどで50年以上もセネターズ / ツインズで働き続けた。弟のオットーもレッズの内野手だった。
【通算】18年、1867試合、6440打数1751安打、43本塁打、848打点、140盗塁、打率.272
【タイトル】オールスター1回（35年）
【監督】43-47 セネターズ 5年、772試合、375勝394敗、勝率.488

ジェイ・ブルース
Jay Allen Bruce
1987.4.3〜【出身地】テキサス州ボーモント【球団】2008-16 レッズ 16-17 メッツ 17 インディアンズ 18 メッツ 19 マリナーズ 19-20 フィリーズ 21 ヤンキース【位置】外野、左
【経歴】2005年ドラフト1位でレッズに入団。08年メジャーに昇格、最初の12試合で46打数21安打、3本塁打、11打点と見事なデビューを飾る。同年は108試合で21本塁打、以後6年連続、通算では10回20本以上。10年9月28日のアストロズ戦で放ったサヨナラ弾は、レッズ15年ぶりの地区優勝を決める一発となった。12年の34本、13年の30本はいずれも3位、同年の109打点は2位。調子の波が激しく、確実性も今一つだったが、17年は自己最多の36本塁打。インディアンズのリーグ新記録となる22連勝を決めるサヨナラ二塁打も放った。
【通算】14年、1650試合、5964打数1455安打、319本塁打、951打点、65盗塁、1572三振、打率.244
【タイトル】オールスター3回（2011〜12,16年）

ヒュービー・ブルックス
Hubert Brooks
1956.9.24〜【出身地】カリフォルニア州ロスアンジェルス【球団】80-84 メッツ 85-89 エクスポズ 90 ドジャース 91 メッツ 92 エンジェルズ 93-94 ロイヤルズ
【位置】外野、三塁、遊撃、右
【経歴】アリゾナ州立大学時代はボブ・ホーナーと三、四番を組み、ホワイトソックスからの2度を含む5度のドラフト指名を拒否したが、78年1位（全体3位）でようやくメッツに入団。81年打率.307、エクスポズに移籍した85年は、ナ・リーグの遊撃手としてはアーニー・バンクス以来の大台に乗る100打点。翌86年も指を負傷し最後の2カ月を欠場しながらも.340の高打率だった。88年外野にコンバートされ自己最多の35二塁打（5位）、20本塁打。通算89セーブのドニー・ムーアは親戚だった。
【通算】15年、1645試合、5974打数1608安打、149本塁打、824打点、64盗塁、1005三振、打率.269
【タイトル】オールスター2回（86〜87年）

トム・ブルッケンズ
Thomas Dale Brookens
1953.8.10 ～【出身地】ペンシルヴェニア州チェンバーズバーグ【球団】79-88 タイガース　89 ヤンキース　90 インディアンズ【位置】二塁、三塁、右
【経歴】75 年 1 月ドラフト 1 位でタイガースに入団。80 年正三塁手となり打率 .275、140 安打、9 三塁打、66 打点。その後控えに回ったりもしたが、断続的に 88 年までレギュラーの座にあった。際立った特徴のない選手で、ポストシーズンも通算 18 打数 0 安打だったが、手抜きをしないプレイスタイルでチームメイトやファンに人気があった。マイナー指導者を経て 2010 年タイガースでコーチに就任。双子の兄ティムもタイガースのマイナーに在籍、従兄弟のアイクもタイガースの投手だった。
【通算】12 年、1336 試合、3865 打数 950 安打、71 本塁打、431 打点、86 盗塁、打率 .246

ビル・ブルトン
William Haron Bruton
1925.11.9 ～ 95.12.5【出身地】アラバマ州パノラ【球団】53-60 ブレーヴス　61-64 タイガース【位置】外野、左
【経歴】53 年メジャーに昇格しデビュー 2 戦目、ブレーヴスのミルウォーキー移転後初試合でサヨナラ本塁打。同年 14 三塁打、リーグ最多の 26 盗塁で以後 3 年続けてタイトルを守る。56 年は盗塁数が 8 個と激減した代わり、15 三塁打は 1 位。快足を生かした守備も優れていた。マイナー時代にミルウォーキーでプレイしていたこともあって、ブレーヴス時代は高い人気を誇った。
　58 年のワールドシリーズでは 17 打数 7 安打、第 1 戦の延長 10 回に決勝打、第 2 戦も先頭打者本塁打。60 年は 1 位の 13 三塁打、自己記録の 180 安打（4 位）。信心深く食事の前には神への祈りを欠かさず、宗教音楽のラジオ番組で DJ も担当した。セミプロからブレーヴスに入団した時点で 23 歳だったが、プロフィール上では 19 歳と記されていた。引退後はクライスラー社に幹部待遇で迎えられ、リー・アイアコッカの補佐役をした。ニグロ・リーグの名選手ジュディ・ジョンソンは義父にあたる。
【通算】12 年、1610 試合、6056 打数 1651 安打、102 三塁打、94 本塁打、545 打点、207 盗塁、打率 .273
【タイトル】盗塁王 3 回（53 ～ 55 年）

トレヴァー・プルーフ
Trevor Patrick Plouffe
1986.6.15 ～【出身地】カリフォルニア州ウェストヒルズ【球団】2010-16 ツインズ　17 アスレティックス　17 レイズ　18 フィリーズ【位置】三塁、右
【経歴】2004 年ドラフト 1 位でツインズに入団。三塁をメインに内外野を守ったユーティリティで、12 年は .235 の低打率ながら 24 本塁打。14 年は 40 二塁打（4 位）、15 年も 22 本塁打、86 打点を記録したが、鈍足で同年はリーグワーストの 28 併殺打を喫した。
【通算】9 年、830 試合、2933 打数 710 安打、106 本塁打、379 打点、12 盗塁、打率 .242

ブラッド・フルマー
Bradley Ryan Fullmer
1975.1.17 ～【出身地】カリフォルニア州チャッツワース【球団】97-99 エクスポズ　2000-01 ブルージェイズ　02-03 エンジェルズ　04 レンジャーズ【位置】一塁、DH、左
【経歴】93 年ドラフト 2 位でエクスポズに入団。98 年正一塁手となり 44 二塁打、73 打点、ブルージェイズに移籍した 2000 年は打率 .295、32 本塁打、104 打点。エンジェルズに移籍した 02 年は 19 本塁打、プレイオフでも 19 打数 6 安打。ワールドシリーズ第 2 戦ではア・リーグの選手では 68 年ぶりとなる本盗を決めた。膝を痛め、メジャーで出場したのは 29 歳だった 04 年が最後となった。
【通算】8 年、807 試合、2789 打数 778 安打、114 本塁打、442 打点、32 盗塁、打率 .279

マイケル・フルマー　★
Michael Joseph Fulmer
1993.3.15 ～【出身地】オクラホマ州オクラホマシティ【球団】2016-18,20-22 タイガース　22 ツインズ　23 カブス【位置】投手、右
【経歴】2011 年ドラフト 1 位でメッツに入団、15 年にタイガースへ移籍。翌 16 年 11 勝、防御率 3.06、新人史上 2 位の 33.1 回連続無失点も達成し新人王に輝く。続く 17 年も 10 勝、シンカーボーラーで 164.2 回を投げ 13 本塁打しか打たれず、被本塁打率 0.7 はリーグ最少だった。19

年はトミー・ジョン手術で全休、復帰後の21年はリリーフで14セーブを挙げた。
【通算】7年、262試合、90先発、2完投、1完封、37勝50敗19S、674回、575奪三振、防御率3.94
【タイトル】新人王（2016年）オールスター1回（17年）

ポール・ブレア
Paul L. D. Blair
1944.2.1～2013.12.26【出身地】オクラホマ州カッシング【球団】64-76オリオールズ 77-79ヤンキース 79レッズ 80ヤンキース【位置】外野、右
【経歴】広い守備範囲を誇り、8回ゴールドグラブを受賞した名中堅手。俊足に自信を持っていたため、浅い守備位置をとるのを常としていた。マイナー時代の63年にメッツからオリオールズへ移籍、65年レギュラーとなる。打撃は確実性に欠けたが意外性を備え、67年打率.293（5位）、12三塁打（1位）、69年は自己最多の178安打（3位）、32二塁打（4位）、26本塁打、76打点。同年のプレイオフ第1戦ではサヨナラスクイズを決める。ポストシーズンでの活躍が光り、66年のワールドシリーズでは唯一の安打が第3戦での決勝本塁打、70年のシリーズでも19打数9安打。ヤンキース移籍後の77年もワールドシリーズ第1戦で延長12回にサヨナラ安打を放った。早口の上喋り好きで“モーターマウス”の異名があった。
【通算】17年、1947試合、6042打数1513安打、134本塁打、620打点、171盗塁、打率.250
【タイトル】ゴールドグラブ8回（67,69～75年）オールスター2回（69,73年）

ジョン・フレアーティ
John Timothy Flaherty
1967.10.21～【出身地】ニューヨーク州ニューヨーク【球団】92-93レッドソックス 94-96タイガース 96-97パドレス 98-2002レイズ 03-05ヤンキース【位置】捕手、右
【経歴】88年ドラフト25位でレッドソックスに入団。95年にタイガースの正捕手となり、翌96年パドレス移籍直後に27試合連続安打を記録。レイズ移籍後の99年に14本塁打、71打点、10犠飛（3位）の自己記録を残した。同年は守備でもリーグ最多となる52回盗塁を刺した。引退後はヤンキース戦の解説者になった。
【通算】14年、1047試合、3372打数849安打、80本塁打、395打点、10盗塁、打率.252

ケイシー・ブレイク
William Casey Blake
1973.8.23～【出身地】アイオワ州デモイン【球団】99ブルージェイズ 2000-01ツインズ 01オリオールズ 02ツインズ 03-08インディアンズ 08-11ドジャース【位置】三塁、外野、右
【経歴】96年ドラフト7位でブルージェイズに入団。メジャーに昇格して最初の4年間は合計49試合に出ただけで、3度もウェーバーで移籍したが、2003年29歳でインディアンズの正三塁手となる。翌04年は自己最多の159安打、36二塁打、28本塁打、88打点。03年以降8年連続で17本塁打以上、二塁打も多く03～08年の6年間で5回30本以上を記録した。
【通算】13年、1265試合、4500打数1186安打、167本塁打、616打点、36盗塁、1037三振、打率.264

シェリフ・ブレイク
John Frederick Blake (Sheriff)
1899.9.17～1982.10.31【出身地】ウェストヴァージニア州アンステッド【球団】20パイレーツ 24-31カブス 31フィリーズ 37ブラウンズ 37カーディナルス【位置】投手、右
【経歴】20年に20歳でデビューするも6試合に投げたのみ。24年4年ぶりにメジャーに昇格、25年10勝、93奪三振（3位）、以後6年連続で2ケタ勝利。28年は4完封（1位）を含む17勝、防御率2.47（2位）。同年終盤、指に打球が当たって得意のカーブが投げられなくなり、31年限りで一旦メジャーから姿を消したが、37年6年ぶりに再昇格し2勝した。
【通算】10年、304試合、195先発、81完投、11完封、87勝102敗、1620回、621奪三振、防御率4.13

ジェイソン・フレイザー
Jason Andrew Frasor
1977.8.9～【出身地】イリノイ州シカゴ【球団】2004-11ブルージェイズ 11ホワイトソックス 12ブルージェイズ 13-14レンジャーズ 14-15ロイヤルズ 15ブレーヴス【位置】投手、右
【経歴】99年ドラフト33位でタイガースに入団。小柄なリリーフ投手で、2004年ブ

ルージェイズでメジャーに昇格し17セーブを稼ぐ。その後は主に中継ぎで使われ、伸びのある速球で09年に7勝、防御率2.50。11年途中ホワイトソックスにトレードされたが、半年だけでブルージェイズに戻った。14年途中移籍したロイヤルズではプレイオフで4試合に投げ無失点、2勝を挙げた。
【通算】12年、679試合、0先発、35勝35敗36 S、646.2回、615奪三振、防御率3.49

チック・フレイザー
Charles Carrolton Fraser (Chick)
1873.8.26～1940.5.8【出身地】イリノイ州シカゴ【球団】1896-98ルイヴィル　98クリーヴランド　99-1900フィラデルフィア　01アスレティックス　02-04フィリーズ　05ブレーヴス　06レッズ　07-09カブス【位置】投手、右
【経歴】横手からの速球、カーブなどで1899年に21勝、1901年はいずれも5位の22勝、110奪三振。制球に難があり、通算219死球は史上ワースト2位。96年の27敗を最多として5回20敗以上を喫した。03年9月18日のカブス戦でノーヒットノーランを達成。ルイヴィル時代の同僚フレッド・クラークとは夫人が姉妹同士で、引退後はクラークが監督をしていたパイレーツのスカウトとなった。
【通算】14年、434試合、388先発、342完投(25位)、22完封、175勝212敗、3364回、1098奪三振、1338四球(26位)、防御率3.67

アダム・フレイジャー　★
Adam Timothy Frazier
1991.12.14～【出身地】ニュージャージー州ポイントプレザント【球団】2016-21パイレーツ　21パドレス　22マリナーズ　23オリオールズ　24ロイヤルズ【位置】二塁、左
【経歴】2013年ドラフト6位でパイレーツに入団。パワーはない代わりにコンタクト能力が高く、レギュラーとなった17年から3年連続で打率2割7分台、19年は7三塁打(4位)。21年はいずれもリーグ5位の打率.305、36二塁打、23年に自己最多の13本塁打、60打点を記録した。
【通算】9年、1066試合、3425打数903安打、60本塁打、339打点、55盗塁、打率.264
【タイトル】オールスター1回(2021年)

トッド・フレイジャー
Todd Brian Frazier
1986.2.12～【出身地】ニュージャージー州ポイントプレザント【球団】2011-15レッズ　16-17ホワイトソックス　17ヤンキース　18-19メッツ　20レンジャーズ　20メッツ　21パイレーツ【位置】三塁、右
【経歴】2007年ドラフト1位でレッズに入団。三振は多かったが長打力が魅力で、14年は29本塁打(4位)、続く15年は35本(4位)、89打点、リーグ2位の43二塁打。16年はいずれも自己最多の40本、98打点だったが打率は.225にとどまった。21年には東京五輪に出場。兄のジェフはタイガースの外野手。
【通算】11年、1244試合、4392打数1059安打、218本塁打、640打点、73盗塁、1085三振、打率.241
【タイトル】オールスター2回(2014～15年)

ジョージ・ブレイホルダー
George Franklin Blaeholder
1904.1.26～47.12.29【出身地】カリフォルニア州オレンジ【球団】25,27-35ブラウンズ　35アスレティックス　36インディアンズ【位置】投手、右
【経歴】スライダーの発明者と伝えられ、28年から7年連続で2ケタ勝利を挙げるが、その間勝ち越した年は一度もなく、防御率もすべて4点台だった。29年にリーグ最多の4完封、33年に自己最多の15勝を記録している。ジミー・フォックスが最も苦手としていた投手でもあった。
【通算】11年、338試合、251先発、106完投、14完封、104勝125敗、1914.1回、572奪三振、防御率4.54

ハンク・ブレイロック
Hank Joe Blalock
1980.11.21～【出身地】カリフォルニア州サンディエゴ【球団】2002-09レンジャーズ　10レイズ【位置】三塁、左
【経歴】99年ドラフト3位でレンジャーズに入団。03年正三塁手となり打率.300、29本塁打、90打点、オールスターの初打席で代打逆転2ランを放った。続く04年は38二塁打、32本塁打、110打点と数字を伸ばしたが、07年に胸郭出口症候群を患うなど故障続きで、29歳で引退した。
【通算】9年、936試合、3567打数959安打、153本塁打、542打点、14盗塁、打率.269

【タイトル】オールスター2回（2003～04年）

デイヴ・ブレイン
David Leonard Brain
1879.1.24～1959.5.25【出身地】英国イングランド・ヒアフォード【球団】01ホワイトソックス　03-05カーディナルス　05パイレーツ　06-07ブレーヴス　08レッズ　08ジャイアンツ【位置】三塁、遊撃、右
【経歴】打率は高くなかったが長打力はあり、03年15三塁打（4位）、翌04年は7本塁打（2位）。07年自己最多の142安打、24二塁打（5位）、10本塁打（1位）を放つが、翌08年は打率.125、0本塁打で、同年限りでメジャーから姿を消した。06年6月11日の1試合5失策は三塁手のワースト記録。
【通算】7年、679試合、2543打数641安打、27本塁打、303打点、73盗塁、打率.252
【タイトル】本塁打王1回（07年）

アレックス・ブレグマン　★
Alexander David Bregman
1994.3.30～【出身地】ニューメキシコ州アルバカーキ【球団】2016-24アストロズ【位置】三塁、右
【経歴】2015年ドラフト1位（全体2位）でアストロズに入団。勝ち気な性格の三塁手で勝負強く、17年のワールドシリーズ第5戦は13-12の大乱戦に決着をつけるサヨナラ打。18年は31本塁打、103打点（5位）、51二塁打はリーグ最多だった。オールスターでは延長10回に決勝本塁打を放ちMVPに選ばれた。翌19年は41本塁打（3位）、112打点（5位）、抜群の選球眼で119四球（1位）を選び、出塁率.423は2位でMVP投票でも次点。ワールドシリーズでは3本塁打で8打点を叩き出した。ポストシーズンでは通算打率.238ながら99試合で19本塁打を放っている。
【通算】9年、1111試合、4157打数1132安打、191本塁打、663打点、42盗塁、打率.272
【タイトル】ゴールドグラブ1回（2024年）オールスター2回（18～19年）

ジム・フレゴシ
James Louis Fregosi
1942.4.4～2014.2.14【出身地】カリフォルニア州サンフランシスコ【球団】61-71エンジェルズ　72-73メッツ　73-77レンジャーズ　77-78パイレーツ【位置】遊撃、三塁、一塁、右
【経歴】60年レッドソックスに入団、翌61年拡張ドラフトによって19歳でエンジェルズに加わる。63年正遊撃手となり170安打（5位）、12三塁打（2位）、66年から5年連続でオールスターに選出。68年13三塁打（1位）、70年に自己最多の22本塁打、82打点。サイクルヒットも64、68年の2回達成した。72年メッツへ移籍したが不振に陥り、しかも交換相手のノーラン・ライアンが大活躍したため、メッツ球団史上最悪のトレードと言われた。現役時代からリーダーシップに定評があり、78年引退直後エンジェルズ監督に就任、翌79年球団史上初の地区制覇に導く。93年はフィリーズを率いてワールドシリーズ出場を果たした。
【通算】18年、1902試合、6523打数1726安打、151本塁打、706打点、76盗塁、1097三振、打率.265
【タイトル】ゴールドグラブ1回（67年）オールスター6回（64,66～70年）
【監督】78-81エンジェルズ　86-88ホワイトソックス　91-96フィリーズ　99-2000ブルージェイズ　15年、2122試合、1028勝1094敗、勝率.484、リーグ優勝1回（93年）

ロジャー・ブレスナハン
Roger Philip Bresnahan
1879.6.11～1944.12.4【出身地】オハイオ州トリド【球団】1897ワシントン　1900シカゴ　01-02オリオールズ　02-08ジャイアンツ　09-12カーディナルス　13-15カブス【位置】捕手、外野、右
【経歴】1897年18歳で投手としてメジャーに昇格、8月27日の初登板で完封勝利を収めたのをはじめ、6試合で4勝0敗と好投する。契約のもつれによりその後3年間はマイナーで過ごし、1901年オリオールズに移ってからは捕手、三塁、外野を守る。02年途中ジョン・マグロー監督の後を追ってジャイアンツへ移籍、翌03年打率.350（4位）、出塁率.443（2位）、長打率.493（4位）。05年は捕手に専念、同年のワールドシリーズではクリスティ・マシューソン、ジョー・マギニティの両エースを好リードし、4勝すべて完封勝利と世界一の陰の立役者となった。
　選球眼に優れ、08年はリーグ1位の83四球、通算出塁率は.386の高率で、一番を打つことも多かった。09年カーディ

ナルスに移籍し監督を兼任したが、気性が激しく審判やオーナーとたびたび衝突。11年に5年契約を結びながら、翌12年オーナーとのいさかいから解任されカブスへ移った。フェイスマスクやレガースの使用を広めた点でも名を残している。45年殿堂入り。
【通算】17年、1446試合、4481打数1252安打、26本塁打、530打点、212盗塁、打率.279
【監督】09-12カーディナルス　15カブス　5年、774試合、328勝432敗、勝率.432

ルーブ・ブレスラー
Raymond Bloom Bressler (Rube)
1894.10.23～1966.11.7【出身地】ペンシルヴェニア州コーダー【球団】14-16アスレティックス　17-27レッズ　28-31ドジャース　32フィリーズ　32カーディナルス【位置】外野、一塁／右、投手／左
【経歴】14年に19歳でメジャーに昇格し10勝、防御率1.77と好投したが、翌15年は4勝17敗、16年も0勝2敗でレッズへ放出。18年は8勝、防御率2.46と持ち直すも21年から本格的に打者に転向し、同年打率.307。24～26年はそれぞれ.347、.348、.357の高打率。28年13三塁打（4位）、翌29年自己最多の9本塁打、77打点を記録した。
【通算】＜打者としての成績＞19年、1305試合、3881打数1170安打、32本塁打、586打点、47盗塁、打率.301
＜投手としての成績＞7年、107試合、52先発、27完投、3完封、26勝32敗、540回、229奪三振、防御率3.40

ライアン・プレスリー　★
Thomas Ryan Pressly
1988.12.15～【出身地】テキサス州ダラス【球団】2013-18ツインズ　18-24アストロズ【位置】投手、右
【経歴】2007年ドラフト11位でレッドソックスに入団。13年ルール5ドラフトでツインズへ移り、シーズン途中でアストロズに移籍した18年はリーグ最多の77試合に登板、71回で101三振を奪う。カーブ、スライダーなど変化球の質が高く、19年に39試合連続無失点を記録。抑えを任された20年は12セーブ（3位）、21年は26セーブ（4位）。22年は33セーブ（4位）、ポストシーズン10試合で6セーブ、11回を無失点。ワールドシリーズ第4戦では、4投手の継投によるノーヒッターの最後を締めくくった。
【通算】12年、623試合、0先発、35勝36敗112S、650回、693奪三振、防御率3.27
【タイトル】オールスター2回（2019,21年）

ジム・プレズリー
James Arthur Presley
1961.10.23～【出身地】フロリダ州ペンサコラ【球団】84-89マリナーズ　90ブレーヴス　91パドレス【位置】三塁、右
【経歴】79年ドラフト4位でマリナーズに入団。85年に28本塁打を放つと以後3年連続20本以上、86年に27本、107打点。変化球が苦手で、86年の172個を最多として6年連続100三振以上喫するなど粗さも目立ち、30歳前にメジャーから消えた。引退後はマーリンズ、オリオールズなどで打撃コーチを務めた。
【通算】8年、959試合、3546打数875安打、135本塁打、495打点、9盗塁、打率.247
【タイトル】オールスター1回（86年）

ハリー・ブレッキーン
Harry David Brecheen
1914.10.14～2004.1.17【出身地】オクラホマ州ブロークンバウ【球団】40,43-52カーディナルス　53ブラウンズ【位置】投手、左
【経歴】素早い身のこなしから“キャット”の異名をとった左腕。メジャー定着は28歳と遅かったが、スクリューボールを駆使して44年16勝、翌45年は15勝、防御率2.52（3位）。46年は5完封（1位）を含む15勝（4位）、ワールドシリーズでは3勝、第2戦で完封勝利を挙げる大活躍を演じた。シリーズには通算3回出場し4勝1敗、防御率0.83は史上1位。48年自己最多の20勝（2位）、いずれも1位の7完封、149奪三振、防御率2.24だった。引退後はオリオールズで長く投手コーチを務めた。
【通算】12年、318試合、240先発、125完投、25完封、133勝92敗、1907.2回、901奪三振、防御率2.92
【タイトル】最優秀防御率1回（48年）最多奪三振1回（48年）オールスター2回（47～48年）

アート・フレッチャー
Arthur Fletcher
1885.1.5～1950.2.6【出身地】イリノイ州

コリンズヴィル【球団】09-20 ジャイアンツ 20,22 フィリーズ【位置】遊撃、右
【経歴】セミプロでプレイしていたところをジョン・マグローに見出され、卓越した守備力と闘志溢れるプレイで11年からのジャイアンツ3連覇に多大な貢献を果たす。11年打率.319（5位）、13年に自己最多の160安打、32盗塁、同年から6年間で最多死球5回。15～19年の5年間で4回最多補殺を記録した。相手投手のクセを見抜くのが特技で、18年に主将に任命された。引退後フィリーズ監督を経てヤンキースのコーチとなり、29年途中から体調を崩したミラー・ハギンスの代行として監督を務める。その後もコーチとして残り、選手時代と合わせ15回ワールドシリーズを経験した。
【通算】13年、1533試合、5541打数 1534安打、32本塁打、676打点、160盗塁、打率.277
【監督】23-26 フィリーズ　29 ヤンキース 5年、623試合、237勝383敗、勝率.382

エルビー・フレッチャー
Elburt Preston Fletcher
1916.3.18～94.3.9【出身地】マサチューセッツ州ミルトン【球団】34-35,37-39 ブレーヴス　39-43,46-47 パイレーツ　49 ブレーヴス【位置】一塁、左
【経歴】高校の人気コンテストの賞品としてブレーヴスのキャンプに体験参加したのがきっかけで入団し、34年18歳でデビュー、37年正一塁手になる。選球眼に優れ40年119四球、翌41年は118四球を選び2年連続1位、40年から3年連続で出塁率1位。打率3割には一度も達しなかったが、通算出塁率は.384だった。40年に自己最多の16本塁打、104打点（4位）。一塁守備も良く最多補殺を6回記録した。44～45年は海軍に入隊した。
【通算】12年、1415試合、4879打数 1323安打、79本塁打、616打点、32盗塁、打率.271
【タイトル】最高出塁率3回（40～42年）オールスター1回（43年）

スコット・フレッチャー
Scott Brian Fletcher
1958.7.30～【出身地】フロリダ州フォートウォルトンビーチ【球団】81-82 カブス 83-85 ホワイトソックス　86-89 レンジャーズ　89-91 ホワイトソックス　92 ブルワーズ　93-94 レッドソックス　95 タイガース
【位置】遊撃、二塁、右
【経歴】3度のドラフト指名を拒否したのち、79年ドラフト1位（第2回）でカブスに入団。ホワイトソックスを経て86年レンジャーズに移籍し打率.300、34二塁打、翌87年に自己最多の169安打、63打点。派手さはないが小技に秀で、渋い脇役として長く活躍した。二塁での通算守備率.990は、5000イニング以上では史上5位。引退後は大学のコーチを経てブレーヴスの打撃コーチ補佐になった。
【通算】15年、1612試合、5258打数 1376安打、34本塁打、510打点、99盗塁、打率.262

ダリン・フレッチャー
Darrin Glen Fletcher
1966.10.3～【出身地】イリノイ州エルムハースト【球団】89-90 ドジャース　90-91 フィリーズ　92-97 エクスポズ　98-2002 ブルージェイズ【位置】捕手、左
【経歴】87年ドラフト6位でドジャースに入団、92年エクスポズに移籍し正捕手となる。パンチ力を秘め94年リーグ最多の12犠飛、97年は96試合で17本塁打。2000年は初の打率3割となる.320、20本塁打も自己最多だった。足は遅く通算2盗塁、守備面での評価も今一つだった。父のトムは1試合のみメジャーで登板した。
【通算】14年、1245試合、3902打数 1048安打、124本塁打、583打点、2盗塁、打率.269
【タイトル】オールスター1回（94年）

ケン・ブレット
Kenneth Alven Brett
1948.9.18～2003.11.18【出身地】ニューヨーク州ブルックリン【球団】67,69-71 レッドソックス　72 ブルワーズ　73 フィリーズ 74-75 パイレーツ　76 ヤンキース　76-77 ホワイトソックス　77-78 エンジェルズ　79 ツインズ　79 ドジャース　80-81 ロイヤルズ
【位置】投手、左
【経歴】ジョージ・ブレットの兄で、14年間で10球団に在籍。66年ドラフト1位（全体4位）でレッドソックスに入団、翌67年のワールドシリーズ第4戦に史上最年少の19歳1ヶ月で登板。当初から速球は評判だったものの、なかなか安定した成績を残せずにいたが、73～74年は2年続けて13勝を挙げ、74年のオールスターで勝利投手となる。77年は3度目の13勝。打撃も良く通算打率.262、10本

塁打、73年は先発で登板した4試合に続けて本塁打を放った。ジョージとは80～81年にチームメイトになり、弟の最初の背番号だった25番をつけた。
【通算】14年、349試合、184先発、51完投、8完封、83勝85敗11S、1526.1回、807奪三振、防御率3.93
【タイトル】オールスター1回(74年)

ジョージ・ブレット
George Howard Brett
1953.5.15～【出身地】ウェストヴァージニア州グレンデイル【球団】73-93ロイヤルズ【位置】三塁、一塁、左
【経歴】ロイヤルズ球団史上最高のスーパースターであり、史上屈指の名三塁手。特に大舞台で実力を発揮、闘志溢れるプレイで観衆を魅了した。71年ドラフト2位で入団、74年正三塁手となり、翌75年リーグ最多の195安打、13三塁打。続く76年は2年連続1位の215安打、14三塁打に加え、打率.333で同僚のハル・マクレーを1厘差でかわし首位打者。プレイオフでも18打数8安打5打点、78年のプレイオフは第3戦で3本塁打。79年は212安打、20三塁打で三たび両部門で1位、打率.329も4厘差で2位だった。

翌80年は左足のケガなどで45試合を欠場したが、シーズン終盤の9月19日まで打率4割をキープ。その間37試合連続安打も達成、最終的には.390で4割は逃すも出場試合数を上回る118打点を叩き出し、出塁率.454と長打率.664も1位。24本塁打で三振は22個にとどめ、ロイヤルズ初優勝の原動力としてMVPを受賞した。プレイオフでは優勝を決めた第3戦で決勝3ラン、ワールドシリーズでも第2戦終了後に痔の手術を受けながらも24打数9安打と打ちまくった。

83年7月24日のヤンキース戦では、規定の箇所以外に松脂を塗ったバットを使用したとして決勝本塁打を取り消され、裁判沙汰にまでなった"パインタール事件"の主人公となる。85年は打率.335(2位)、30本塁打、112打点(5位)、プレイオフでは23打数8安打、3本塁打でMVPに選出され、ワールドシリーズも27打数10安打で世界一に大きく貢献した。ポストシーズンは通算43試合で打率.337、10本塁打を放っている。

90年には79年に次いで2度目のサイクルヒットを達成、打率.329で史上唯一の3年代での首位打者となった。21年間で打率3割11回、二塁打も多く40本以上5回、通算665本は史上7位。引退後ロイヤルズの球団副社長に就任、98年には球団の買収を試みたが失敗した。99年殿堂入り。兄のケンも投手で、80～81年はチームメイトだった。
【通算】21年、2707試合、10349打数(23位)3154安打(18位)、665二塁打(7位)、137三塁打、317本塁打、1596打点、201盗塁、1096四球、908三振、打率.305
【タイトル】MVP1回(80年)首位打者3回(76,80,90年)最高出塁率1回(80年)ゴールドグラブ1回(85年)オールスター13回(76～88年)

カート・ブレファリー
Curtis Leroy Blefary
1943.7.5～2001.1.28【出身地】ニューヨーク州ブルックリン【球団】65-68オリオールズ　69アストロズ　70-71ヤンキース　71-72アスレティックス　72パドレス【位置】外野、一塁、捕手、左
【経歴】ヤンキースのマイナーから63年オリオールズへ移り、65年22本塁打、70打点、88四球(2位)、出塁率.381(3位)で新人王を受賞。その後67年まで3年連続20本塁打以上と長打力を発揮したが、確実性を欠き、守備にも難があって活躍した期間は短かった。68年からはマスクも被り始め、4月27日のレッドソックス戦でトム・フィーバスのノーヒッターを引き出す。69年5月4日に一塁手の最多記録となる7併殺を完成させた。同年はドン・ウィルソンと遠征時のルームメイトになり、これは白人と黒人が恒常的なルームメイトになった初めての例。気が短くどの球団でも監督と衝突し、アルコールの問題にも苦しんだ。引退後は保安官やナイトクラブの経営など様々な職を経験した。
【通算】8年、974試合、2947打数699安打、112本塁打、382打点、24盗塁、打率.237
【タイトル】新人王(65年)

ラリー・フレンチ
Lawrence Herbert French
1907.11.1～87.2.9【出身地】カリフォルニア州ヴァイセリア【球団】29-34パイレーツ　35-41カブス　41-42ドジャース【位置】投手、左
【経歴】スクリューボールやフォークボールを使い、30年から11年連続で2ケタ

勝利を挙げた左腕投手。32年は47試合（1位）に登板し18勝（4位）、カブスに移った35年は17勝、4完封（1位）、防御率2.96（4位）で優勝に貢献。翌36年も4完封（1位）を含む18勝（4位）を挙げた。スタミナ抜群で、38年まで9年連続で200回以上投げた。短気だったのも有名。42年にナックルボールをマスターし15勝、防御率1.83だったが、翌43年兵役についたためこれが最後のシーズンとなった。第二次大戦ではノルマンディー上陸作戦に参加、朝鮮戦争にも従軍。30年近く海軍で過ごし、大佐まで昇進した。
【通算】14年、570試合、383先発、199完投、40完封、197勝171敗、3152回、1187奪三振、819四球、防御率3.44
【タイトル】オールスター1回（40年）

ボブ・フレンド
Robert Bartmess Friend
1930.11.24～2019.2.3【出身地】インディアナ州ラファイエット【球団】51-65パイレーツ　66ヤンキース　66メッツ【位置】投手、右
【経歴】無駄のない投球フォームで、1試合平均2.23四球の制球力を誇った好投手。沈む速球と2種類のカーブで55年14勝（5位）、防御率2.83は1位。56～57年は2年連続最多投球回、58年は22勝で最多勝。翌59年は8勝19敗と大きく負け越すが、60年は18勝（5位）と復調、56年に続き2度目のオールスターでの勝利投手となった。通算では2ケタ勝利9回、63年に自己ベストの防御率2.34（3位）。ピート・ローズが初安打を放った相手でもある。ナ・リーグ選手組合の代表を務めた経験もあり、引退後は共和党員として政治活動に勤しんだ。
【通算】16年、602試合、497先発、163完投、36完封、197勝230敗（20位）、3611回、1734奪三振、894四球、防御率3.58
【タイトル】最多勝1回（58年）最優秀防御率1回（55年）オールスター3回（56,58,60年）

ボブ・ブレンリー
Robert Earl Brenly
1954.2.25～【出身地】オハイオ州コショクトン【球団】81-88ジャイアンツ　89ブルージェイズ　89ジャイアンツ【位置】捕手、右
【経歴】76年ドラフト外でジャイアンツに入団。正捕手となった84年に打率.291、20本塁打、80打点でオールスターにも出場。マイナー時代は三塁手で、86年9月14日に三塁で出場した時には1イニング4失策の失態を演じたが、その試合で6打点、サヨナラ本塁打を放ち帳消しにした。現役時代から頭脳派として知られ、引退後ブロードキャスターを経て2001年ダイアモンドバックス監督に就任、61年のラルフ・ハウク以来となる1年目での世界一に輝いた。翌02年も地区優勝を果たしたが、04年は最下位に低迷しシーズン途中で解任された。
【通算】9年、871試合、2615打数647安打、91本塁打、333打点、45盗塁、打率.247
【タイトル】オールスター1回（84年）
【監督】2001-04ダイアモンドバックス　4年、565試合、303勝262敗、勝率.536　リーグ優勝1回（01年）ワールドシリーズ優勝1回（01年）

クリフ・フロイド
Cornelius Clifford Floyd
1972.12.5～【出身地】イリノイ州シカゴ【球団】93-96エクスポズ　97-2002マーリンズ　02エクスポズ　02レッドソックス　03-06メッツ　07カブス　08レイズ　09パドレス【位置】外野、左
【経歴】91年ドラフト1位で入団したエクスポズ時代は、故障続きで実力を発揮できずじまい。マーリンズ移籍後の98年に45二塁打（5位）、22本塁打、27盗塁と開花し、2001年は打率.317、44二塁打、31本塁打、103打点。05年に自己最多の34本塁打を放った。引退後はメッツ戦などの解説者を務めた。
【通算】17年、1621試合、5319打数1479安打、233本塁打、865打点、148盗塁、1064三振、打率.278
【タイトル】オールスター1回（2001年）

ジョナサン・ブロクストン
Jonathan Roy Broxton
1984.6.16～【出身地】ジョージア州オーガスタ【球団】2005-11ドジャース　12ロイヤルズ　12-14レッズ　14-15ブルワーズ　15-17カーディナルス【位置】投手、右
【経歴】体重130kgを超える巨漢投手。2002年ドラフト2位でドジャースに入団、体格を利しての剛速球でリリーフとして活躍し、09年は36セーブ、防御率2.61、76回で114三振を奪った。同年まで3年

続けて70試合以上に登板したが、プレイオフでは08、09年と2年続けて大事なところで打たれた。12年はロイヤルズで23セーブ、防御率2.27と好投、シーズン途中でレッズへ移った。
【通算】13年、694試合、0先発、43勝38敗118S、676回、758奪三振、防御率3.41
【タイトル】オールスター2回(2009～10年)

ダグ・ブロケイル
Douglas Keith Brocail
1967.5.16～【出身地】ペンシルヴェニア州クリアフィールド【球団】92-94パドレス　95-96アストロズ　97-2000タイガース　04-05レンジャーズ　06-07パドレス　08-09アストロズ【位置】投手、右
【経歴】86年1月ドラフト1位でパドレスに入団。93年は24試合に先発するが4勝13敗と負け越し、以後は中継ぎとしての役割が主となる。2度の手術を経験し、2002～03年はマイナーでも1試合も投げられなかったが、04年4年ぶりにメジャーに復帰。08年は41歳にして自己最多の72試合に登板し7勝した。好人物として取材陣の間でも評判が良く、引退後はレンジャーズ、オリオールズで投手コーチを務めた。
【通算】15年、626試合、42先発、0完投、52勝48敗9S、880回、642奪三振、防御率4.00

スコット・ブローシャス
Scott David Brosius
1966.8.15～【出身地】オレゴン州ヒルズボロ【球団】91-97アスレティックス　98-2001ヤンキース【位置】三塁、右
【経歴】87年ドラフト20位でアスレティックスに入団。95年レギュラーとなり、翌96年は打率.304、22本塁打、71打点。ヤンキースに移った98年は打率.300、19本塁打、98打点、ワールドシリーズでは17打数8安打、2本塁打、6打点でシリーズMVPに選ばれた。現役最後となった01年のシリーズでも、第5戦の9回二死から前夜のティノ・マルティネスに続き2試合連続の同点弾を放った。守備範囲が広く、99年にゴールドグラブを手にした。
【通算】11年、1146試合、3889打数1001安打、141本塁打、531打点、57盗塁、打率.257
【タイトル】ゴールドグラブ1回(99年)

オールスター1回(98年)

ジム・ブロスナン
James Patrick Brosnan
1929.10.24～2014.6.28【出身地】オハイオ州シンシナティ【球団】54,56-58カブス　58-59カーディナルス　59-63レッズ　63ホワイトソックス【位置】投手、右
【経歴】読書好きで眼鏡をかけた風貌からニックネームは“プロフェッサー(教授)”。46年カブスと契約するがマイナーの監督と衝突し、一旦球界から退く。復帰後54年メジャーに昇格、切れのいいスライダーで58年は11勝、防御率3.35。翌59年のシーズン中に記した日記を60年『ロング・シーズン』の題で刊行すると、球界内部を描いた初のノンフィクションとして評判を呼び、ベストセラーになった。61年はリリーフで10勝、16セーブと好投しレッズの優勝に貢献、同年の日記を『ペナント・レース』と題し再び発表した。カート・フラッド裁判の際は組合側の証人として出廷した。
【通算】9年、385試合、47先発、7完投、2完封、55勝47敗、831.1回、507奪三振、防御率3.54

グレッグ・ブロック
Gregory Allen Brock
1957.6.14～【出身地】オレゴン州マクミンヴィル【球団】82-86ドジャース　87-91ブルワーズ【位置】一塁、左
【経歴】79年ドラフト13位でドジャースに入団。83年スティーヴ・ガーヴィーに代わり正一塁手となり、.224の低打率ながら20本塁打、83四球。87年ブルワーズに移籍、自己最高の打率.299、85打点を挙げるが翌88年は.212と急降下。左投手に弱い欠点を克服できずに終わった。
【通算】10年、1013試合、3202打数794安打、110本塁打、462打点、41盗塁、打率.248

ルー・ブロック
Louis Clark Brock
1939.6.18～2020.9.6【出身地】アーカンソー州エルドラド【球団】61-64カブス　64-79カーディナルス【位置】外野、左
【経歴】史上2位の938盗塁を記録した名外野手。62年カブスでレギュラーとなるが、本領を発揮し始めたのは64年途中カーディナルスに移ってから。この年移籍後打率.348、33盗塁の活躍で逆転優勝

に貢献。66年に74盗塁で初タイトルを獲得、以後4年連続、1年おいてまた4年連続で盗塁王となる。74年に新記録となる118盗塁を決め、これは現在でもナ・リーグ記録として残っている。打撃でも67年に自己最多の206安打(2位)、21本塁打、76打点、続く68年は46二塁打、14三塁打、62盗塁の3部門で1位。200安打以上4回、70年から7年間で打率3割6回。ポロ・グラウンドの中堅席に特大本塁打を打ち込むなど、長打力にも見るべきものがあった。

現役最後の79年も40歳で打率.304、シーズン終了後オールスター・チームの一員として来日し、日本ハム入りの噂もあった。ワールドシリーズでは67年に29打数12安打7盗塁、翌68年も28打数で史上最多タイの13安打、7盗塁。通算では87打数34安打で、打率.391と14盗塁は20試合以上出場した選手ではともに最高の数字である。一方で通算1730三振は引退当時のメジャー記録、守備でも7回最多失策を記録するなど粗い面もあった。85年殿堂入り。

【通算】19年、2616試合、10332打数(24位) 3023安打(28位)、486二塁打、141三塁打、149本塁打、900打点、938盗塁(2位)、761四球、1730三振、打率.293

【タイトル】盗塁王8回(66～69,71～74年) オールスター6回(67,71～72,74～75,79年)

スティーヴ・ブローディー

Walter Scott Brodie (Steve)

1868.9.11～1935.10.30【出身地】ヴァージニア州ウォーレントン【球団】1890-91ボストン　92-93セントルイス　93-96ボルティモア　97-98ピッツバーグ　98-99ボルティモア　1901オリオールズ　02ジャイアンツ【位置】外野、左

【経歴】好守の中堅手で、試合前の練習では必ず遠投を披露してファンを沸かせた。打撃でも1894年に打率.366、210安打(5位)、113打点、翌95年は.348、134打点(2位)でボルティモアの優勝に貢献。93～97年にかけて564試合連続で出場した。1900年はマイナーで過ごしたのち、01～02年は旧友ジョン・マグローと行動を共にした。変わり者として有名で、引退後は海軍士官学校で野球を教えた。

【通算】12年、1438試合、5703打数1728安打、25本塁打、900打点、289盗塁、打率.303

リコ・ブローニャ

Rico Joseph Brogna

1970.4.18～【出身地】マサチューセッツ州ターナーズフォールズ【球団】92タイガース　94-96メッツ　97-2000フィリーズ　00レッドソックス　01ブレーヴス【位置】一塁、左

【経歴】高校ではフットボールやバスケットボールでも才能を示したが、88年ドラフト1位でタイガースに入団。95年メッツで正一塁手となり打率.289、22本塁打。フィリーズに移った97年から3年連続20本塁打以上、98年に自己最多の104打点、99年も102打点を稼いだ。一塁守備の評価も高かった。故障続きで31歳で引退した後、大学に入ってサイバーセキュリティの修士号を取得した。

【通算】9年、848試合、2958打数795安打、106本塁打、458打点、32盗塁、打率.269

ユリクソン・プロファール　★

Jurickson Barthelomeus Profar

1993.2.20～【出身地】オランダ王国キュラソー島ウィレムシュタット【球団】12-13,15-18レンジャーズ　19アスレティックス　20-22パドレス　23ロッキーズ　23-24パドレス【位置】外野、二塁、両

【経歴】2009年レンジャーズに入団、早くから有望視され19歳でメジャー昇格を果たしたものの、控えの時期が続く。18・19年に2年連続で20本塁打を放った後も伸び悩んでいたが、24年は打率.280、24本塁打、85打点がすべて自己記録、出塁率.380は2位だった。04年には投手としてリトルリーグの世界一になっている。

【通算】11年、1119試合、3747打数917安打、111本塁打、444打点、57盗塁、打率.245

【タイトル】オールスター1回(2024年)

アーニー・ブローリオ

Ernest Gilbert Broglio

1935.8.27～2019.7.16【出身地】カリフォルニア州バークリー【球団】59-64カーディナルス　64-66カブス【位置】投手、右

【経歴】59年メジャーに昇格、力のある速球とカーブで翌60年は21勝で最多勝、防御率2.74は2位、188奪三振は3位。63年も18勝を挙げたが、翌64年途中

ルー・ブロックとの交換でカブスへ移籍。その後3年間で7勝しかできず、カブス球団史上最悪のトレードと言われた。はっきり物を言うタイプで、夜遊び好きでも知られた。
【通算】8年、259試合、184先発、52完投、18完封、77勝74敗、1337.1回、849奪三振、防御率3.74
【タイトル】最多勝1回(60年)

ウィルメール・フロレス　★
Wilmer Alejandro Flores
1991.8.6～【出身地】ベネズエラ共和国バレンシア【球団】2013-18メッツ　19ダイアモンドバックス　20-24ジャイアンツ【位置】二塁、三塁、右
【経歴】2007年メッツに入団、15年正遊撃手となる。同年は試合中にトレードを告げられ、グラウンド上で涙を流して話題になった(トレードは結局撤回)。その後は内野ならどこでも守れるユーティリティとして使われ、22年は19本塁打、71打点、翌23年に自己最多の23本塁打を記録した。真摯なプレイスタイルも周囲に評価されていた。
【通算】12年、1212試合、3862打数1006安打、153本塁打、532打点、5盗塁、打率.260

ライアン・ブローン
Ryan Joseph Braun
1983.11.17～【出身地】カリフォルニア州ミッションヒルズ【球団】2007-20ブルワーズ【位置】外野、三塁、右
【経歴】ユダヤ系の強打者で異名は"ヘブライ・ハンマー"。2005年ドラフト1位(全体5位)でブルワーズに入団、07年5月末にメジャーへ昇格し113試合で打率.324、34本塁打(5位)、97打点。長打率.634は規定打席に到達していればリーグトップの数字で、新人王に選ばれた。08年は三塁から左翼にコンバートされ37本塁打(4位)、106打点、シーズン最終戦で26年ぶりのプレイオフ進出を決める決勝本塁打を放った。09年にもリーグ最多の203安打、自己最多の114打点(4位)を稼いだ。
　11年は打率.332(2位)、33本塁打、111打点(4位)、33盗塁、長打率.597は1位。29年ぶりの地区優勝を決定的とする本塁打も放ち、MVPに選出される。プレイオフでも42打数17安打、7二塁打、2本塁打、10打点と打ちまくった。シーズン終了後に薬物検査で陽性反応を示し、12年開幕から50試合の出場停止処分を下されたが、正規の手順を踏んだ検査でなかったとして撤回される。同年は打率.319(3位)、191安打(2位)、41本塁打(1位)、112打点(2位)、30盗塁で2年連続30－30を達成。翌13年は薬物使用を認めて65試合の出場停止となり、その後は16年を除いて3割、30本には届かなくなった。
【通算】14年、1766試合、6622打数1963安打、408二塁打、352本塁打、1154打点、216盗塁、1363三振、打率.296
【タイトル】MVP1回(2011年)新人王(07年)本塁打王1回(12年)オールスター6回(08～12,15年)

アーロン・ブーン
Aaron John Boone
1973.3.9～【出身地】カリフォルニア州ラメサ【球団】97-2003レッズ　03ヤンキース　05-06インディアンズ　07マーリンズ　08ナショナルズ　09アストロズ【位置】三塁、右
【経歴】94年ドラフト3位でレッズに入団。99年正三塁手となり、2002年は26本塁打、87打点、32盗塁。シーズン途中でヤンキースに移籍した03年は24本塁打、自己最多の96打点。レッドソックスとのリーグ優勝決定シリーズ第7戦で、延長11回裏に優勝を決めるサヨナラ本塁打を放った。同年オフ、バスケットボールをプレイ中に膝の靱帯を傷める重傷を負い、契約違反として解雇され04年は全休。05年インディアンズで復帰し16本塁打を放った。18年ヤンキース監督に就任、24年に15年ぶりとなるリーグ優勝を果たした。退場が多いことでも有名。祖父レイ、父ボブ、兄ブレットは全員オールスター選手で、03年のオールスターはブレットとともに出場した。
【通算】12年、1152試合、3871打数1017安打、126本塁打、555打点、107盗塁、打率.263
【タイトル】オールスター1回(2003年)
【監督】2018-24ヤンキース　7年、1032試合、603勝429敗、勝率.584、リーグ優勝1回(24年)

ブレット・ブーン
Bret Robert Boone
1969.4.6～【出身地】カリフォルニア州エ

ルカホン【球団】92-93 マリナーズ　94-98 レッズ　99 ブレーヴス　2000 パドレス　01-05 マリナーズ　05 ツインズ【位置】二塁、右
【経歴】90 年ドラフト 5 位でマリナーズに入団。92 年メジャーに昇格、祖父レイ、父ボブに次ぎ史上初の三世代メジャーリーガーとなる。94 年レッズに移籍し打率 .320、98 年は 24 本塁打、95 打点。99 年のワールドシリーズでは 13 打数 7 安打、4 二塁打を放った。マリナーズに復帰した 2001 年はすべて自己記録の打率 .331（4 位）、206 安打（2 位）、37 本塁打、ア・リーグの二塁手記録となる 141 打点（1 位）と打ちまくり、地区制覇に大きく貢献した。03 年も 35 本塁打、117 打点（3 位）。守備の評価も高く 4 回ゴールドグラブを受賞。95 年から 3 年連続で守備率 1 位、97 年は 136 試合で 2 失策のみ、.997 は史上 1 位だった。05 年限りで引退したあと、08 年にナショナルズで復帰を試みたがメジャーには昇格できなかった。弟アーロンはレッズ時代のチームメイト。
【通算】14 年、1780 試合、6683 打数 1775 安打、252 本塁打、1021 打点、94 盗塁、1295 三振、打率 .266
【タイトル】打点王 1 回（2001 年）ゴールドグラブ 4 回（98,02 ～ 04 年）オールスター 3 回（98,01,03 年）

ボブ・ブーン
Robert Raymond Boone
1947.11.19 ～【出身地】カリフォルニア州サンディエゴ【球団】72-81 フィリーズ　82-88 エンジェルズ　89-90 ロイヤルズ【位置】捕手、右
【経歴】69 年ドラフト 6 位でフィリーズに入団、73 年正捕手となる。通算盗塁阻止率 .397 の強肩に加え、巧みなリードと安定したキャッチングで 7 度のゴールドグラブに輝いた。打撃では 77 ～ 79 年に 3 年続けて打率 .280 以上、80 年のワールドシリーズでは 17 打数 7 安打 4 打点、86 年のプレイオフでも 22 打数 10 安打。88 年は 40 歳で自己最高の打率 .295、17 年目にして通算 100 本塁打に到達した。コンディション調整に細心の注意を払い、捕手での通算出場試合数 2225 は史上 3 位。ロイヤルズとレッズで計 6 年監督を務めたが、一度も勝ち越しがなかった。父のレイ、息子のブレットとアーロンもみなメジャーで活躍した。
【通算】19 年、2264 試合、7245 打数 1838 安打、303 二塁打、26 三塁打、105 本塁打、826 打点、38 盗塁、663 四球、608 三振、打率 .254
【タイトル】ゴールドグラブ 7 回（78 ～ 79,82,86 ～ 89 年）オールスター 4 回（76,78 ～ 79,83 年）
【監督】95-97 ロイヤルズ　2001-03 レッズ　6 年、815 試合、371 勝 444 敗、勝率 .455

レイ・ブーン
Raymond Otis Boone
1923.7.27 ～ 2004.10.17【出身地】カリフォルニア州サンディエゴ【球団】48-53 インディアンズ　53-58 タイガース　58-59 ホワイトソックス　59 アスレティックス　59-60 ブレーヴス　60 レッドソックス【位置】遊撃、三塁、一塁、右
【経歴】50 年打率 .301 で、当時監督を兼任していたルー・ブードローに代わり正遊撃手となるが、その後低迷。53 年途中タイガースに移籍、三塁に回って 26 本塁打（5 位）、114 打点（3 位）、長打率 .519（4 位）と打撃開眼。以後 4 年連続 20 本塁打以上、55 年に 116 打点で打点王となった。引退後はレッドソックスで長くスカウトを務めた。息子のボブ、孫のブレットとアーロンもメジャーリーガーとなった。
【通算】13 年、1373 試合、4589 打数 1260 安打、151 本塁打、737 打点、21 盗塁、打率 .275
【タイトル】打点王 1 回（55 年）オールスター 2 回（54,56 年）

ニック・プント
Nicholas Paul Punto
1977.11.8 ～【出身地】カリフォルニア州サンディエゴ【球団】2001-03 フィリーズ　04-10 ツインズ　11 カーディナルス　12 レッドソックス　12-13 ドジャース　14 アスレティックス【位置】三塁、二塁、両
【経歴】98 年ドラフト 21 位でフィリーズに入団。内外野どこでも守れる器用さと、闘志を前面に出した泥臭いプレイスタイルが持ち味で、2005 年にレギュラーとなる。翌 06 年は打率 .290、自己最多の 133 安打、45 打点。4 球団でポストシーズンを戦い、11 年はカーディナルスで世界一を経験した。09、13 年にイタリア代表として WBC に出場している。
【通算】14 年、1163 試合、3253 打数 798 安打、19 本塁打、263 打点、104 盗塁、打率 .245

【ヘ】

ジェリー・ヘアストン
Jerry Wayne Hairston
1976.5.29 ～【出身地】アイオワ州デモイン【球団】98-2004 オリオールズ　05-06 カブス　06-07 レンジャーズ　08-09 レッズ　09 ヤンキース　10 パドレス　11 ナショナルズ　11 ブルワーズ　12-13 ドジャース【位置】二塁、外野、右
【経歴】95 年ドラフト 42 位でオリオールズに指名され入団拒否、97 年 11 位で再指名され入団。2001 年正二塁手となり 29 盗塁を決めるが打率は .233 にとどまり、レギュラーには定着できなかった。以後はユーティリティとしての起用が多くなり、08 年はレッズで 80 試合の出場ながら打率 .326。09・10 年は自己最多の 10 本塁打を放った。ブルワーズに途中移籍した 11 年はプレイオフで 39 打数 15 安打。バッテリー以外のすべてのポジションを経験している。祖父サム、父ジェリー・シニア、伯父ジョン、弟スコットも全員メジャーリーガーで、スコットとはパドレスでチームメイトだった。
【通算】16 年、1442 試合、4387 打数 1126 安打、70 本塁打、420 打点、147 盗塁、打率 .257

スコット・ヘアストン
Scott Alexander Hairston
1980.3.25 ～【出身地】テキサス州フォートワース【球団】2004-07 ダイアモンドバックス　07-09 パドレス　09 アスレティックス　10 パドレス　11-12 メッツ　13 カブス　13-14 ナショナルズ【位置】外野、右
【経歴】2001 年ドラフト 3 位でダイアモンドバックスに入団。08・09 年は 2 年連続で 17 本塁打、12 年に自己最多の 20 本。12 年にはサイクルヒットを達成した。代打での起用が多く、通算 290 打席で打率 .267、13 本塁打を記録している。祖父サム、父ジェリー、おじのジョン、兄のジェリー・ジュニアもみなメジャーリーガー。
【通算】11 年、923 試合、2431 打数 589 安打、106 本塁打、313 打点、36 盗塁、打率 .242

ジーン・ベアーデン
Henry Eugene Bearden
1920.9.5 ～ 2004.3.18【出身地】アーカンソー州レクサ【球団】47-50 インディアンズ　50-51 セネターズ　51 タイガース　52 ブラウンズ　53 ホワイトソックス【位置】投手、左
【経歴】フィリーズでプロ入り、ヤンキースを経て 47 年インディアンズへ移籍。ナックルボールを武器に 48 年は 20 勝 (2 位)、6 完封 (2 位)、防御率 2.43 (1 位)。20 勝目はレッドソックスとの優勝決定戦に中 1 日で登板して挙げた貴重な 1 勝だった。ワールドシリーズでも第 3 戦で完封勝利、優勝を決めた第 6 戦も無失点の好リリーフだった。翌 49 年は 8 勝どまりで、以後一度も 2 ケタ勝利には手が届かなかった。第二次大戦中は搭乗していた軍艦が日本軍の魚雷を受け沈没、2 年間入院生活を送るほどの重傷を負った。
【通算】7 年、193 試合、84 先発、29 完投、7 完封、45 勝 38 敗、788.1 回、259 奪三振、防御率 3.96
【タイトル】最優秀防御率 1 回 (48 年)

フレディ・ペアレント
Alfred Joseph Parent
1875.11.11 ～ 1972.11.2【出身地】メイン州ビッドフォード【球団】1899 セントルイス　1901-07 レッドソックス　08-11 ホワイトソックス【位置】遊撃、外野、右
【経歴】小柄な遊撃手で、01 年レギュラーとなり打率 .306、03 年は .304、170 安打 (3 位)、17 三塁打 (4 位)、自己最多の 80 打点。第 1 回ワールドシリーズでも 3 三塁打、4 打点と活躍した。翌 04 年も 6 本塁打 (4 位)、77 打点 (5 位)。08 年には敬遠のボールに飛びついてサヨナラ犠飛とし、フランク・スミスのノーヒットノーランを手助けした。引退後はマイナー球団のボルティモアでコーチとなり、若き日のベーブ・ルースを指導した。
【通算】12 年、1327 試合、4984 打数 1306 安打、20 本塁打、471 打点、184 盗塁、打率 .262

ジェイソン・ベイ
Jason Raymond Bay
1978.9.20 ～【出身地】カナダ・ブリティッシュコロンビア州トレイル【球団】2003 パドレス　03-08 パイレーツ　08-09 レッドソックス　10-12 メッツ　13 マリナーズ【位置】外野、右
【経歴】いかなる時でも全力疾走を怠らなかった好選手。2000 年ドラフト 22 位でエクスポズに入団。メッツ、パドレスを経て 03 年途中パイレーツに移籍、翌 04 年打

率.282、26本塁打、82打点で球団史上初、カナダ人選手としても初の新人王を受賞。05年は打率.306、44二塁打（4位）、32本塁打、101打点、06年も35本塁打、109打点、102四球とさらに数字を伸ばした。08年途中レッドソックスに移籍しプレイオフでは3本塁打、9打点。翌09年はいずれも自己最多の36本塁打（3位）、119打点（2位）だった。FAでメッツに移籍した10年は95試合で6本塁打と大きく成績を落とし、その後も復調できずに終わった。妹ローレンはソフトボールの東京五輪カナダ代表。
【通算】11年、1278試合、4505打数1200安打、222本塁打、754打点、95盗塁、1216三振、打率.266
【タイトル】新人王（2004年）オールスター3回（05～06,09年）

ハリー・ベイ
Harry Elbert Bay
1878.1.17～1952.3.20【出身地】イリノイ州ポンティアック【球団】01-02レッズ 02-08インディアンズ【位置】外野、左
【経歴】“ディアフット（鹿の脚）”の異名をとった俊足の持ち主で、03年45盗塁、翌04年は38盗塁で2年連続1位。03年169安打（4位）、05年は自己唯一の打率3割以上となる.301（3位）。守備率でも2回1位となったが、膝を痛めて30歳でメジャーから去り、その後はマイナーで監督を兼任しながら現役を続けた。楽器演奏が得意で、特にコルネットはプロ級の腕前だった。
【通算】8年、675試合、2640打数722安打、5本塁打、141打点、169盗塁、打率.273
【タイトル】盗塁王2回（03～04年）

ダスティ・ベイカー
Johnnie B. Baker (Dusty)
1949.6.15～【出身地】カリフォルニア州リヴァーサイド【球団】68-75ブレーヴス 76-83ドジャース 84ジャイアンツ 85-86アスレティックス【位置】外野、右
【経歴】ワールドシリーズ史上最高齢の73歳で世界一を経験した名監督。67年ドラフト26位でブレーヴスに入団、翌68年19歳でメジャーに昇格。72年レギュラーとなり打率.321（3位）、翌73年は21本塁打、自己最多の99打点。ハンク・アーロンの後継者と目され、アーロンが新記録の715号を打った際は次打者として控えていた。76年ドジャースに移籍、翌77年はシーズン最終打席での30号本塁打で、レジー・スミス、スティーヴ・ガーヴィー、ロン・セイとともに史上初の30本塁打カルテットを形成。プレイオフでは2本塁打、8打点でMVP、ワールドシリーズでも5打点を稼いだ。80年も29本塁打（4位）、97打点、81年は9年ぶりの打率3割となる.320（3位）、守備でもゴールドグラブに輝いた。プレイオフには4回出場し80打数26安打（.325）、3本塁打を放った。
93年ジャイアンツ監督に就任、1ゲーム差で地区優勝こそ逃したものの、前年の72勝から103勝と大躍進し最優秀監督賞に選出。97、2000年も地区制覇して同賞を受賞、02年には13年ぶりのリーグ制覇に導いた。選手からの信頼が厚く名将として評価を高めていたが、03年にカブス監督となってからは若手投手の酷使が問題視されたり、出塁率を軽視する点が時代遅れと批判されたりした。それでも08、12年はレッズ、16～17年はナショナルズで地区優勝。20年にはサイン盗み騒動に揺れるアストロズの監督を引き受け、翌21年に自身19年ぶりのワールドシリーズ進出。続く22年は監督生活25年目にして世界一の栄冠に輝いた。02年のワールドシリーズでバットボーイを務めた息子のダーレンは、24年にメジャーへ昇格した。
【通算】19年、2039試合、7117打数1981安打、320二塁打、23三塁打、242本塁打、1013打点、137盗塁、762四球、926三振、打率.278
【タイトル】ゴールドグラブ1回（81年）オールスター2回（81～82年）
【監督】93-2002ジャイアンツ 03-06カブス 08-13レッズ 16-17ナショナルズ 20-23アストロズ 26年、4046試合、2183勝1862敗、勝率.540 リーグ優勝3回（02,21～22年）ワールドシリーズ優勝1回（22年）

デル・ベイカー
Delmer David Baker
1892.5.3～1973.9.11【出身地】オレゴン州シャーウッド【球団】14-16タイガース【位置】捕手、右
【経歴】現役時代は控え捕手。33年からタイガースのコーチとなり、33・36・37年に監督代行を経験。38年途中から正式に監督となり、40年リーグ優勝しヤンキースの5連覇を阻む。60年も68歳で7試合だけレッドソックス監督を代行。サイン盗

みの達人として知られていた。
【通算】3年、173試合、302打数63安打、0本塁打、24打点、5盗塁、打率.209
【監督】33,36-42タイガース　60レッドソックス　9年、785試合、419勝360敗、勝率.538　リーグ優勝1回（40年）

フランク・ベイカー
John Franklin Baker
1886.3.13～1963.6.28【出身地】メリーランド州トラップ【球団】08-14アスレティックス　16-19,21-22ヤンキース【位置】三塁、左
【経歴】アスレティックス"10万ドルの内野陣"の一角。09年19三塁打（1位）、11年のワールドシリーズでは第2戦でルーブ・マークォード、第3戦はクリスティ・マシューソンと2人の好投手から本塁打を放ち、以後"ホームラン・ベイカー"の名で呼ばれる。ワールドシリーズでは通算91打数33安打（.363）、18打点と素晴らしい数字を残した。14年まで4年連続本塁打王、12・13年は打点王との二冠。12年は打率.347、200安打（4位）、21三塁打（3位）、130打点（1位）、40盗塁、長打率.541（4位）がすべて自己記録。15年は契約でもめ1試合も出場せず、16年ヤンキースに移籍、20年は自らの病気に加え、夫人の死亡によるショックも重なり、再び全休した。55年殿堂入り。
【通算】13年、1575試合、5984打数1838安打、103三塁打、96本塁打、991打点、235盗塁、打率.307
【タイトル】本塁打王4回（11～14年）打点王2回（12～13年）

サッチェル・ペイジ
Leroy Robert Paige (Satchel)
1906.7.7～82.6.8【出身地】アラバマ州モービル【球団】48-49インディアンズ　51-53ブラウンズ　65アスレティックス【位置】投手、右
【経歴】史上最高の投手とも言われる伝説的な名投手。正確な記録は残っていないが、ニグロ・リーグのほか海外での試合や非公式戦まで含めると、通算2500試合で2000勝、300完封、ノーヒットノーラン55回、在籍した球団は250を下らないとされるなど、桁外れの数字がその偉大さを物語る。
　教護院で野球を覚え、26年ニグロ・リーグのチャタヌーガ・ルックアウツに入団。快速球と正確無比のコントロールでたちまち頭角を現わし、以後20年間にわたり黒人球界最大のスターとして君臨する。実力に裏打ちされた自信の持ち主で、外野手をベンチに下げて投げたり、最初の9打者をすべて三振に打ち取ると宣言して実行してみせたりするなど、ショーマン的な要素も人気の一因だった。ボールに様々なネーミングをつけ、報道陣に対してもユーモラスかつ哲学的な受け答えのできる聡明な一面も持っていた。同時期に複数の球団と契約、米国内にとどまらずメキシコやドミニカでも投げ、白人メジャーリーガー相手のオープン戦でも実力を発揮して賞賛を浴びた。38年に肩を痛め、一時的に投球不能となったが奇跡的に復活。40年代以降は変化球や、投球モーションを一旦停止させる"ヘジテイション・ピッチ"を会得しなおもトップにあり続けた。
　48年インディアンズと契約、史上最高齢の42歳の新人として、またア・リーグ最初の黒人投手としてデビュー。大いに話題を呼び、8月3日の初先発には7万2434人の大観衆がつめかけた。同年2連続完封を含む6勝1敗、防御率2.48で優勝に貢献、ワールドシリーズでも1試合登板した。51年ブラウンズに移り、翌52年は主にリリーフで12勝。53年は史上最高齢の47歳でオールスターに出場した。同年限りでメジャーから引退した後もマイナーや巡業球団で投げ続ける。65年59歳にしてアスレティックスと契約、1試合、3回を被安打1の無失点と見事な投球で最後を締めくくった。1906年の生まれとされているが、実際はもっと年上だったという説もある。71年殿堂入り。
【通算】6年、179試合、26先発、7完投、4完封、28勝31敗、476回、288奪三振、防御率3.29
【タイトル】オールスター2回（52～53年）
＜ニグロ・リーグの成績＞399試合、195先発、94完投、21完封、125勝82敗、1725回、1484奪三振、防御率2.74

ヴォン・ヘイズ
Von Francis Hayes
1958.8.31～【出身地】カリフォルニア州ストックトン【球団】81-82インディアンズ　83-91フィリーズ　92エンジェルズ【位置】外野、一塁、左
【経歴】79年ドラフト7位でインディアンズに入団、82年レギュラーとなり82打点、32盗塁。翌83年フリオ・フランコら5選手との交換でフィリーズに移籍。84年48

盗塁（5位）、85年6月11日には史上初めて初回に2本塁打を放った。86年は打率.305、186安打（4位）、46二塁打（1位）、98打点（5位）、翌87年は121四球（2位）を選ぶ。89年は自己最多の26本塁打、101四球（2位）と随所で能力の高さを発揮したが、期待が大きすぎたこともあって印象的には今一つだった。
【通算】12年、1495試合、5249打数1402安打、143本塁打、696打点、253盗塁、打率.267
【タイトル】オールスター1回（89年）

ジャッキー・ヘイズ
Minter Carney Hayes (Jackie)
1906.7.19～83.2.9【出身地】アラバマ州クラントン【球団】27-31セネターズ　32-40ホワイトソックス【位置】二塁、右
【経歴】29年にレギュラーとなったが定着に至らず、ホワイトソックス移籍後にルーク・アプリングとの二遊間コンビで鳴らす。36年打率.312、34二塁打、84打点、翌37年は79打点を稼ぎ、守備でも490補殺、353刺殺、115併殺のすべてで1位だった。故障の多い選手で、40年に緑内障を患って引退した。
【通算】14年、1091試合、4040打数1069安打、20本塁打、493打点、34盗塁、打率.265

チャーリー・ヘイズ
Charles Dewayne Hayes
1965.5.29～【出身地】ミシシッピ州ハッティーズバーグ【球団】88-89ジャイアンツ　89-91フィリーズ　92ヤンキース　93-94ロッキーズ　95フィリーズ　96パイレーツ　96-97ヤンキース　98-99ジャイアンツ　2000ブルワーズ　01アストロズ【位置】三塁、右
【経歴】83年ドラフト4位でジャイアンツに入団。89年途中フィリーズ移籍後正三塁手となり、90年にリーグ最多の324補殺。93年拡張ドラフトでロッキーズに移り、打率.305、25本塁打、98打点、45二塁打は1位。勝負強い打撃を買われ、ジャイアンツ、フィリーズ、ヤンキースに2度ずつ在籍した。引退後は少年向けの野球学校を開設。息子のキーブライアンも三塁手で、2023年にゴールドグラブを受賞した。
【通算】14年、1547試合、5262打数1379安打、144本塁打、740打点、47盗塁、打率.262

フランキー・ヘイズ
Franklin Witman Hayes
1914.10.13～55.6.22【出身地】ニュージャージー州ジェイムズバーグ【球団】33-34,36-42アスレティックス　42-43ブラウンズ　44-45アスレティックス　45-46インディアンズ　46ホワイトソックス　47レッドソックス【位置】捕手、右
【経歴】33年18歳でデビュー、34年は10代捕手の最多記録となる89試合にマスクを被った。39年は20本塁打、83打点、以後3年連続でオールスターに出場し、40年に自己最高の打率.308。43～46年にかけて捕手としては史上最長の312試合連続出場、45年に史上2位の29併殺を完成させた。
【通算】14年、1364試合、4493打数1164安打、119本塁打、628打点、30盗塁、打率.259
【タイトル】オールスター6回（39～41,44～46年）

ジョシュ・ヘイダー　★
Josh Ronald Hader
1994.4.7～【出身地】メリーランド州ミラーズヴィル【球団】2017-22ブルワーズ　22-23パドレス　24アストロズ【位置】投手、左
【経歴】長髪を振り乱して投げる豪快なフォームのリリーバー。2012年ドラフト19位でオリオールズに入団、アストロズを経て15年ブルワーズへ移籍。左横手からの快速球とスライダーで三振の山を築き、18年は81.1回で143奪三振。オールスターにも出場したが、当日に過去のツイッターでの差別発言が明るみに出て謝罪した。翌19年も75.2回で138三振を奪い37セーブ（2位）、20年の13セーブは1位。21年は34セーブ（4位）、自己ベストの防御率1.23、同年から4年連続で30セーブ以上を挙げた。22年はポストシーズン新記録の8者連続三振も奪っている。
【通算】8年、420試合、0先発、28勝29敗199S、459.2回、753奪三振、防御率2.70
【タイトル】最多セーブ1回（2020年）オールスター5回（18～19,21～23年）

ジョニー・ベイツ
John William Bates
1884.1.10～1949.2.10【出身地】オハイオ州ステューベンヴィル【球団】06-09ブレーヴス　09-10フィリーズ　11-14レッズ　14

カブス　14 ボルティモア（FL）【位置】外野、左
【経歴】06 年 4 月 12 日のドジャース戦で初打席本塁打を放ち、同年の 6 本塁打は 5 位。10 年自己最高の打率 .305、152 安打、翌 11 年レッズへ移籍し打率 .292、103 四球（2 位）、出塁率 .415（3 位）と好調を持続した。引退後はショードッグのブリーダーに転身。
【通算】9 年、1154 試合、3913 打数 1087 安打、25 本塁打、417 打点、187 盗塁、打率 .278

ジョン・ベイトマン
John Alvin Bateman
1940.7.21 ～ 96.12.3【出身地】オクラホマ州フォートシル【球団】63-68 アストロズ　69-72 エクスポズ　72 フィリーズ【位置】捕手、右
【経歴】63 年新人で正捕手に抜擢されるが、打率 .210、103 三振、守備でも 23 失策で控えに降格。66 年打率 .279、17 本塁打、70 打点で再度レギュラーとなるも、翌 67 年は打率 .190、2 本塁打と再び後退した。69 年拡張ドラフトでエクスポズに移り、70 年はチーム 2 位の 15 本塁打。冗談好きの明るい性格で、リードにも定評があった。
【通算】10 年、1017 試合、3330 打数 765 安打、81 本塁打、375 打点、10 盗塁、打率 .230

ジェイ・ペイトン
Jason Lee Payton
1972.11.22 ～【出身地】オハイオ州ゼインズヴィル【球団】98-2002 メッツ　02-03 ロッキーズ　04 パドレス　05 レッドソックス　05-06 アスレティックス　07-08 オリオールズ　10 ロッキーズ【位置】外野、右
【経歴】94 年ドラフト 1 位でメッツに入団。2000 年にレギュラーとなり打率 .291、17 本塁打、62 打点。ワールドシリーズでは 21 打数 7 安打、第 2 戦でマリアノ・リベラから 3 ラン本塁打。これはリベラがワールドシリーズ通算 24 試合で、唯一打たれた本塁打だった。同年は日本遠征で開幕を迎え、秋にも全米選抜の一員として来日した。03 年はロッキーズで打率 .302、28 本塁打、89 打点。06 年もアスレティックスで打率 .296、32 二塁打、プレイオフでは 26 打数 8 安打だった。
【通算】12 年、1259 試合、4154 打数 1157 安打、119 本塁打、522 打点、47 盗塁、打率 .279

フレッド・ヘイニー
Fred Girard Haney
1896.4.25 ～ 1977.11.9【出身地】ニューメキシコ州アルバカーキ【球団】22-25 タイガース　26-27 レッドソックス　27 カブス　29 カーディナルス【位置】三塁、右
【経歴】身長 168cm と小柄で闘志を前面に押し出し、22 年 81 試合の出場ながら .352 の高打率、翌 23 年は 142 安打、4 本塁打、67 打点の自己記録。タイガース時代の監督タイ・カッブとは、気性が似ていて仲が良かった。39 年ブラウンズの監督となるが 41 年途中解任され、その後パシフィック・コースト・リーグのハリウッドで 2 度優勝。53 年パイレーツ監督としてメジャーに復帰したが 3 年連続最下位。56 年途中からブレーヴスの指揮を執り、猛練習を課して翌 57 年は世界一、58 年もリーグ 2 連覇した。61 年エンジェルズの初代 GM に就任、翌 62 年最優秀エグゼクティブ賞を受賞した。
【通算】7 年、622 試合、1977 打数 544 安打、8 本塁打、229 打点、51 盗塁、打率 .275
【監督】39-41 ブラウンズ　53-55 パイレーツ　56-59 ブレーヴス　10 年、1393 試合、629 勝 757 敗、勝率 .454　リーグ優勝 2 回（57 ～ 58 年）ワールドシリーズ優勝 1 回（57 年）

チック・ヘイフィー
Charles James Hafey (Chick)
1903.2.12 ～ 73.7.2【出身地】カリフォルニア州バークリー【球団】24-31 カーディナルス　32-35,37 レッズ【位置】外野、右
【経歴】当時としては珍しく眼鏡をかけていた選手。抜群の打撃センスを誇り、27 年から 7 年連続で打率 3 割以上、28 ～ 32 年は .330 以上の高率。28 年 46 二塁打（2 位）、27 本塁打（3 位）、111 打点（4 位）、翌 29 年は自己最多の 47 二塁打（2 位）、29 本塁打、125 打点、10 打数連続安打も記録。31 年は打率 .3488 で、2 位のビル・テリーを .0003 の僅差で上回り首位打者となった。契約交渉のもつれから翌 32 年レッズへトレード、33 年の第 1 回オールスターで大会初安打を放つ。4 回出場したワールドシリーズでは打率 .205、0 本塁打、2 打点と冴えなかった。守備では強肩で鳴らした。かねて患っていた眼病

が悪化し35年途中引退、37年に1年のみ復帰した。71年殿堂入り。
【通算】13年、1283試合、4625打数1466安打、164本塁打、833打点、70盗塁、打率.317
【タイトル】首位打者1回（31年）オールスター1回（33年）

ドン・ベイラー
Don Edward Baylor
1949.6.28～2017.8.7【出身地】テキサス州オースティン【球団】70-75オリオールズ　76アスレティックス　77-82エンジェルズ　83-85ヤンキース　86-87レッドソックス　87ツインズ　88アスレティックス【位置】外野、DH、右
【経歴】67年ドラフト2位でオリオールズに入団。パワーとスピードを兼ね備え、72年から8年連続20盗塁以上、迫力のあるスライディングで相手野手に恐れられた。75年は25本塁打、32盗塁、7月1～2日に4打数連続本塁打。レジー・ジャクソンとの交換でアスレティックスに移った76年は52盗塁（4位）。77年エンジェルズに移籍、翌78年は34本塁打（2位）、99打点(5位)。79年は36本塁打(4位)、139打点は1位。リーダーシップも高く評価されてMVPを受賞した。
81年からはDHに専念、翌82年のプレイオフでは第4戦での満塁本塁打を含む10打点の活躍。86年から3年続けて異なる球団でワールドシリーズに出場、87年の第6戦では同点本塁打を放ってツインズの世界一に一役買った。死球が多く、86年の35個を最多として8回1位、通算では267死球を浴びている。引退後は打撃コーチとして高い評価を得たのち、93年新球団のロッキーズ監督に就任。95年にプレイオフへ導き最優秀監督賞を受賞した。
【通算】19年、2292試合、8198打数2135安打、366二塁打、28三塁打、338本塁打、1276打点、285盗塁、805四球、1069三振、打率.260
【タイトル】MVP1回（79年）打点王1回（79年）オールスター1回（79年）
【監督】93-98ロッキーズ　2000-02カブス　9年、1316試合、627勝689敗、勝率.476

アンドルー・ベイリー
Andrew Scott Bailey
1984.5.31～【出身地】ニュージャージー州ヴォーヒーズ【球団】2009-11アスレティックス　12-13レッドソックス　15ヤンキース　16フィリーズ　16-17エンジェルズ
【位置】投手、右
【経歴】2006年ドラフト6位でアスレティックスに入団。マイナー時代はほとんど先発で、09年メジャーに昇格してリリーフに回り、68試合で6勝26セーブ、防御率1.84で新人王に選ばれた。力強い速球で翌10年も25セーブ、防御率1.47で2年連続オールスターに選出。11年も24セーブを挙げたが、レッドソックスへトレードされた12年は防御率7点台。14年は肩の手術で全休、復帰後も好成績は残せなかった。引退後は投手コーチに転身。
【通算】8年、265試合、0先発、16勝14敗95S、274.1回、276奪三振、防御率3.12
【タイトル】新人王（2009年）オールスター2回（09～10年）

エド・ベイリー
Lonas Edgar Bailey
1931.4.15～2007.3.23【出身地】テネシー州ストロベリープレインズ【球団】53-61レッズ　61-63ジャイアンツ　64ブレーヴス　65ジャイアンツ　65カブス　66エンジェルズ【位置】捕手、左
【経歴】正捕手となった56年に118試合の出場で打率.300、28本塁打、75打点。翌57年20本塁打、63年にも21本と長打力を発揮した。守備ではブロックの上手さが評価され、57年は盗塁阻止率.462で1位、58・59年も2位。口が達者で、引退後にノックスヴィルの市議会議員となった。弟ジムはレッズの投手で、兄弟でバッテリーを組んだこともあった。
【通算】14年、1212試合、3581打数915安打、155本塁打、540打点、17盗塁、打率.256
【タイトル】オールスター5回（56～57,60～61,63年）

ボブ・ベイリー
Robert Sherwood Bailey
1942.10.13～2018.1.9【出身地】カリフォルニア州ロングビーチ【球団】62-66パイレーツ　67-68ドジャース　69-75エクスポズ　76-77レッズ　77-78レッドソックス
【位置】三塁、外野、右
【経歴】61年パイレーツと当時最高額の17万5000ドルで契約。翌62年最優秀マイナーリーガーに選ばれ、19歳でメジャー

に昇格するが、守備の不安もありパイレーツ時代は期待に応えられずに終わる。69年にエクスポズに移籍してからは中軸を打ち、70年28本、73年は26本塁打。選球眼も良く71年97四球(2位)、74年は100四球を選び出塁率.396は3位だった。欠点は併殺打の多さで、通算195本を喫した。
【通算】17年、1931試合、6082打数1564安打、189本塁打、773打点、85盗塁、1126三振、打率.257

オーデル・ヘイル
Arvel Odell Hale
1908.8.10～80.6.9【出身地】ルイジアナ州ホストン【球団】31,33-40インディアンズ　41レッドソックス　41ジャイアンツ【位置】二塁、三塁、右
【経歴】34年二塁手として打率.302、44二塁打(5位)、101打点、翌35年は三塁にコンバートされ打率.304、16本塁打、101打点と引き続き活躍。36年に自己記録の打率.316、196安打、50二塁打(3位)、13三塁打(5位)。38年7月12日にサイクルヒットを達成した。守備面でも高い評価を得ていた。
【通算】10年、1062試合、3701打数1071安打、73本塁打、573打点、57盗塁、打率.289

ダン・ヘイレン
Daniel John Haren
1980.9.17～【出身地】カリフォルニア州モンテレイパーク【球団】2003-04カーディナルス　05-07アスレティックス　08-10ダイアモンドバックス　10-12エンジェルズ　13ナショナルズ　14ドジャース　15マーリンズ　15カブス【位置】投手、右
【経歴】196cmの長身から投げ込む質の高いスライダー、スプリッターを武器とした本格派。2001年ドラフト2位でカーディナルスに入団、アスレティックスに移籍した05年に14勝、以後5年連続14勝以上。07年は防御率3.07(3位)、08年自己最多の16勝、206奪三振(2位)。翌09年は223三振(3位)を奪う一方で38四球しか与えなかった。08～10年は3年連続200奪三振以上、11年も自己最多タイの16勝(4位)。15年も11勝し、11年連続2ケタ勝利で現役を終えた。通算の奪三振/与四球比4.03は引退時点で史上5位。データの重要性を認識しており、17年にダイアモンドバックスでピッチング・ストラテジストとして雇われた。
【通算】13年、391試合、380先発、16完投、6完封、153勝131敗0S、2419.2回、2013奪三振、防御率3.75
【タイトル】オールスター3回(2007～09年)

ジェイソン・ヘイワード　★
Jason Alias Heyward
1989.8.9～【出身地】ニュージャージー州リッジウッド【球団】2010-14ブレーヴス　15カーディナルス　16-22カブス　23-24ドジャース　24アストロズ【位置】外野、左
【経歴】2007年ドラフト1位でブレーヴスに入団。10年の開幕戦で初打席本塁打を放ち、年間では18本塁打、91四球(4位)を選び出塁率.393(4位)、新人王投票次点に入った。12年はいずれも自己記録の27本塁打、82打点。強肩と広い守備範囲でゴールドグラブに選ばれ、14年からも4年連続受賞。12年と14年は刺殺と補殺がいずれも右翼手でリーグ最多だった。13年以降打撃成績は伸び悩んだが、リーダーシップに富み、16年のワールドシリーズ第7戦では雨天中断中のスピーチでチームメイトを奮い立たせ、世界一の陰の立役者とまで言われた。
【通算】15年、1790試合、6089打数1560安打、184本塁打、718打点、125盗塁、1218三振、打率.256
【タイトル】ゴールドグラブ5回(2012,14～17年)オールスター1回(10年)

ジェシー・ヘインズ
Jesse Joseph Haines
1893.7.22～1978.8.5【出身地】オハイオ州クレイトン【球団】18レッズ　20-37カーディナルス【位置】投手、右
【経歴】15年に昇格したタイガースでは登板がなく、18年のレッズでも1試合のみでマイナー落ち。20年カーディナルスに加わり47試合(1位)に登板、20敗こそ喫したが13勝、120奪三振(4位)ときっかけをつかみ、翌21年18勝、23年は20勝。24年は8勝19敗と大きく負け越したが、7月17日のブレーヴス戦で球団史上初のノーヒットノーランを達成した。
　速球に加えてナックルボールを修得、26年のワールドシリーズ第3戦は完封勝利、自ら本塁打も放つ。第7戦ではグローヴァー・アレグザンダーの救援を仰ぎながらも勝利投手となった。投球テンポが速く、27年は24勝(2位)、25完投(1位)、6

完封（1位）、防御率2.72（4位）と自己最高の年を送る。翌28年も20勝(5位)。20年を除いて100奪三振以上の年は一度もなかった。44歳まで投げ続け、若手からは“ポップ（親父）”と慕われた。引退後は会計検査官に転身。70年殿堂入り。
【通算】19年、555試合、387先発、209完投、23完封、210勝158敗、3208.2回、981奪三振、871四球、防御率3.64

ジョー・ヘインズ
Joseph Walton Haynes
1917.9.21～67.1.6【出身地】ジョージア州リンカントン【球団】39-40セネターズ　41-48ホワイトソックス　49-52セネターズ【位置】投手、右
【経歴】カーブ中心の変化球投手で、42年リーグ最多の40試合に登板し8勝。45年以降は先発に回り、46年は7勝中4勝がボブ・フェラーに投げ勝ったものだった。45年5月1日はあと1人のところで完全試合を逃す。47年に自己唯一の2ケタ勝利となる14勝、リーグトップの防御率2.42。セネターズのオーナー、クラーク・グリフィスの養女と結婚し、引退後は同球団のコーチ、GMを経て副社長まで昇進したが、心臓発作を起こし49歳で急死した。
【通算】14年、379試合、147先発、53完投、5完封、76勝82敗、1581回、475奪三振、防御率4.01
【タイトル】最優秀防御率1回（47年）オールスター1回（48年）

ハロルド・ベインズ
Harold Douglas Baines
1959.3.15～【出身地】メリーランド州イーストン【球団】80-89ホワイトソックス　89-90レンジャーズ　90-92アスレティックス　93-95オリオールズ　96-97ホワイトソックス　97-99オリオールズ　99インディアンズ　2000オリオールズ　00-01ホワイトソックス【位置】外野、DH、左
【経歴】リトルリーグ時代、近所に住んでいたビル・ヴェックに目をつけられ、77年のドラフト全体1位でヴェックがオーナーを務めるホワイトソックスに指名される。右足を大きく上げる打撃フォームが特徴で、82年は25本塁打、105打点。84年に自己最多の29本塁打、長打率.541は1位。同年5月9日には延長25回、8時間6分に及ぶ史上最長時間試合でサヨナラ本塁打を放った。翌85年は自己最多の198安打（5位）、113打点（4位）を記録した。
膝を故障したため87年以降はほぼDHに専念。89年途中レンジャーズに移籍すると、同年に早くも背番号3がホワイトソックスの永久欠番となった。ホワイトソックスに復帰した96年は95打点、99年は40歳にして8度目の打率3割となる.312、25本塁打、14年ぶりに大台に乗る103打点を叩き出した。2000年はオリオールズとホワイトソックスにそれぞれ3度目の在籍となった。口数が少なくインタビュアー泣かせで知られていた。引退後はホワイトソックスのコーチに就任。19年殿堂入り。
【通算】22年、2830試合（21位）、9908打数2866安打、488二塁打、49三塁打、384本塁打、1628打点、34盗塁、1062四球、1441三振、打率.289
【タイトル】オールスター6回（85～87,89,91,99年）

ジョシュ・ベケット
Joshua Patrick Beckett
1980.5.15～【出身地】テキサス州スプリング【球団】2001-05マーリンズ　06-12レッドソックス　12-14ドジャース【位置】投手、右
【経歴】99年ドラフト1位（全体2位）でマーリンズに入団。2003年は9勝、ワールドシリーズ第6戦では中3日で先発し、9奪三振の完封勝利を収めてシリーズMVPに選ばれる。速球と優れたカーブで05年15勝、レッドソックス移籍後の07年は20勝で最多勝、サイ・ヤング賞投票では次点。リーグ優勝決定シリーズでは2勝しMVP、ワールドシリーズ第1戦でも勝利投手となり、同年はポストシーズンで防御率1.20だった。強気の投球で09年17勝（4位）、自己最多の199奪三振。11年も13勝、自己ベストの防御率2.89（5位）だったが、常習的な試合中の飲酒が発覚。12年も故障を理由に先発を回避しながらゴルフに興じるなど問題行動が多く、同年途中でドジャースに放出された。現役最後の14年、5月25日のフィリーズ戦でノーヒットノーランを達成した。
【通算】14年、335試合、332先発、12完投、6完封、138勝106敗0S、2051回、1901奪三振、防御率3.88
【タイトル】最多勝1回（2007年）オールスター3回（07,09,11年）

ジョニー・ペスキー
John Michael Pesky
1919.2.27 ～ 2012.8.13【出身地】オレゴン州ポートランド【球団】42,46-52 レッドソックス　52-54 タイガース　54 セネターズ【位置】遊撃、三塁、左
【経歴】本名は Paveskovich。42 年新人で打率 .331（2 位）、205 安打（1 位）と大活躍するが、その後 3 年間は兵役につく。復帰した 46 年打率 .335（2 位）、208 安打（1 位）、43 二塁打（3 位）、5 月には 11 打数連続安打と 1 試合 6 得点のタイ記録を達成。ワールドシリーズ第 7 戦では同点の 8 回裏、送球が一瞬遅れたためにイノス・スローターに勝ち越しのホームインを許した。続く 47 年も 207 安打で、出場した 3 シーズン続けて最多安打。49 年からも 3 年連続打率 3 割、50 年に 104 四球（3 位）を選ぶなど選球眼も良く、三振は通算 218 回だけだった。
テッド・ウィリアムズとはプロ入り前から旧知の間柄で、終生の友人だった。引退後はマイナー監督、レッドソックス監督、ブロードキャスターなどを歴任。タイガースのコーチ時代には新人のアル・ケイラインを指導し名選手に育てた。90 年代にコーチとして戻ったレッドソックスでは、亡くなるまで様々な形で関わり続けた。フェンウェイ・パークの右翼ポールは彼の名をとり“ペスキー・ポール”と呼ばれている。
【通算】10 年、1270 試合、4745 打数 1455 安打、17 本塁打、404 打点、53 盗塁、打率 .307
【タイトル】オールスター 1 回（46 年）
【監督】63-64,80 レッドソックス　3 年、326 試合、147 勝 179 敗、勝率 .451

ユニエスキー・ベタンクール　☆
Yuniesky Betancourt
1982.1.31 ～【出身地】キューバ共和国サンタクララ【球団】2005-09 マリナーズ　09-10 ロイヤルズ　11 ブルワーズ　12 ロイヤルズ　13 ブルワーズ【位置】遊撃、右
【経歴】キューバから亡命し、マリナーズに入団した 2005 年早くも正遊撃手となる。07 年 38 二塁打、10 年に 16 本塁打を放つなど長打力はあったが選球眼はまったくなく、四球は最多でも 10 年の 23 個。守備も失策が多い上、守備範囲も年々狭くなる一方だった。14 年はオリックスに入団したが何も活躍できないまま途中退団した。
【通算】9 年、1156 試合、4052 打数 1057 安打、80 本塁打、457 打点、30 盗塁、打率 .261
【日本】2014 オリックス　1 年、18 試合、71 打数 10 安打、0 本塁打、4 打点、0 盗塁、打率 .141

ラファエル・ベタンクール　☆
Rafael Jose Betancourt
1975.4.29 ～【出身地】ベネズエラ共和国クマナ【球団】2003-09 インディアンズ　09-13,15 ロッキーズ【位置】投手、右
【経歴】93 年にレッドソックスに入団した当時は遊撃手で、97 年投手に転向。2000 年は横浜に入団したが 1 年限りでアメリカに戻り、03 年インディアンズでメジャー初昇格。速球を中心にスライダーを織り交ぜ、中継ぎとして安定した成績を残し、07 年は 68 試合で防御率 1.47。10 ～ 11 年は合計 162 三振を奪い、16 四球しか与えなかった。通算でも奪三振 / 与四球比は 4.41 と優秀。12 年は 37 歳にして初めて抑えを任され、31 セーブを稼いだ。
【通算】12 年、680 試合、0 先発、38 勝 37 敗 75 S、685.2 回、724 奪三振、防御率 3.36
【日本】2000 横浜　1 年、11 試合、4 先発、0 完投、1 勝 2 敗 0 S、28.2 回、16 奪三振、防御率 4.08

ガイ・ヘッカー
Guy Jackson Hecker
1856.4.3 ～ 1938.12.3【出身地】ペンシルヴェニア州ヤングズヴィル【球団】1882-89 ルイヴィル（AA）　90 ピッツバーグ【位置】投手、一塁、右
【経歴】投手として最多勝、打者として首位打者になった唯一の選手で、ルイヴィルでの人気は絶大だった。カーブの落差が大きく、1882 年 9 月 19 日のピッツバーグ（AA）戦では 1 失点ながらノーヒッターを達成する。翌 83 年 28 勝（5 位）、続く 84 年は 75 試合に登板し 72 完投、52 勝、385 奪三振、670.2 回、防御率 1.80 はすべて 1 位と驚異的な数字を残す。85 年も 30 勝（5 位）、防御率 2.18（2 位）、86 年も 26 勝を挙げたが、巧妙にピッチャーズ・ボックスよりも打者寄りの位置から投げる裏技も使っていた。登板しない日は一塁または外野を守り、86 年は打率 .341 で首位打者。同年 8 月 15 日にいずれも投手としての最多記録となる 6 安打、3 本塁打、またこの試合で記録した 7 得点は現在でも破られていない。90 年はピッツバーグの監督を兼任したが最下位に終わった。

【通算】＜投手としての成績＞9年、336試合、322先発、312完投、15完封、175勝146敗、2924回、1110奪三振、防御率2.93
＜打者としての成績＞9年、705試合、2876打数812安打、19本塁打、278打点(*)、打率.282
【タイトル】最多勝1回（1884年）最優秀防御率1回（84年）最多奪三振1回（84年）首位打者1回（86年）
【監督】1890ピッツバーグ　1年、138試合、23勝113敗、勝率.169

グレン・ベッカート
Glenn Alfred Beckert
1940.10.12～2020.4.12【出身地】ペンシルヴェニア州ピッツバーグ【球団】65-73カブス　74-75パドレス【位置】二塁、右
【経歴】広い守備範囲と確実な打撃を売り物とし、65年新人で正二塁手となりリーグ1位の494補殺。翌66年打率.287、188安打（4位）、68年は189安打（3位）、ゴールドグラブを受賞した。レオ・デュローシャー監督が好むタイプの選手で、71年の打率.342は3位。早打ちで四球も三振も少なく、3年目以降は25三振以下にとどめた。
【通算】11年、1320試合、5208打数1473安打、22本塁打、360打点、49盗塁、打率.283
【タイトル】ゴールドグラブ1回（68年）オールスター4回（69～72年）

ゴードン・ベッカム
James Gordon Beckham
1986.9.16～【出身地】ジョージア州アトランタ【球団】2009-14ホワイトソックス　14エンジェルズ　15ホワイトソックス　16ブレーヴス　16ジャイアンツ　17-18マリナーズ　19タイガース【位置】二塁、右
【経歴】2008年ドラフト1位（全体8位）でホワイトソックスに入団、翌09年には早くも正二塁手となって打率.270、63打点。以後15年まで毎年100試合以上出場したが、1年目の数字を超えられなかった。15年は母の日、父の日の両方でサヨナラ打を打っている。守備では12年にリーグ最多の110併殺を完成させた。
【通算】11年、1069試合、3403打数807安打、80本塁打、351打点、35盗塁、打率.237

ロジャー・ペッキンポー
Roger Thorpe Peckinpaugh
1891.2.5～1977.11.17【出身地】オハイオ州ウースター【球団】10,12-13インディアンズ　13-21ヤンキース　22-26セネターズ　27ホワイトソックス【位置】遊撃、右
【経歴】ホーナス・ワグナーに似た体格の遊撃手で、13年途中ヤンキース移籍後にレギュラーとなり、翌14年終盤に史上最年少の23歳で20試合監督として采配を振る。19年に自身唯一の打率3割となる.305、29試合連続安打も記録。21年のワールドシリーズでは最終第8戦で決勝エラーを犯した。翌22年セネターズへ移籍、二塁手バッキー・ハリスとともに同年から3年連続で最多併殺を完成させた。
　24年は自己最多の73打点で優勝に貢献、ワールドシリーズでも12打数5安打、第2戦でサヨナラ二塁打を放つ。翌25年は打率.294、64打点ながらリーダーシップを評価されMVPに選ばれたが、ワールドシリーズでは8失策。第7戦では8回表に勝ち越し本塁打を放つも、その裏に逆転につながるエラーを演じ、世界一を逃す原因となった。
【通算】17年、2012試合、7233打数1876安打、256二塁打、75三塁打、48本塁打、740打点、205盗塁、814四球、670三振、打率.259
【タイトル】MVP1回（25年）
【監督】14ヤンキース　28-33,41インディアンズ　8年、995試合、500勝491敗、勝率.505

フレッド・ベック
Frederick Thomas Beck
1886.11.17～1962.3.12【出身地】イリノイ州ハヴァナ【球団】09-10ブレーヴス　11レッズ　11フィリーズ　14-15シカゴ（FL）【位置】一塁、外野、左
【経歴】10年リーグ最多の10本塁打を放つが、翌11年レッズへ移ると打率1割台の不振でフィリーズへ放出、12～13年はマイナー暮らし。14年フェデラル・リーグのシカゴの一塁手としてメジャーに復帰、11本塁打は5位だった。16年以降はマイナーで42歳まで現役を続けた。
【通算】5年、635試合、2130打数536安打、33本塁打、251打点、31盗塁、打率.252
【タイトル】本塁打王1回（10年）

ロッド・ベック
Rodney Roy Beck
1968.8.3 ～ 2007.6.23【出身地】カリフォルニア州バーバンク【球団】91-97 ジャイアンツ　98-99 カブス　99-2001 レッドソックス　03-04 パドレス【位置】投手、右
【経歴】威圧感のある風貌と陽気な性格で人気だったリリーフ投手。86 年ドラフト 13 位でアスレティックスに入団、シンカーやスプリッターを駆使し、ジャイアンツ移籍後の 92 年 17 セーブ、防御率 1.76。翌 93 年は 48 セーブ（2 位）、当時の記録となる 24 連続セーブを達成。94 年は 28 回のセーブ機会をすべて成功させた。カブスに移った 98 年自己最多の 51 セーブで 4 度目の 2 位。翌 99 年は肘を痛め 10 セーブ、防御率 5.93 の大不振。その後は中継ぎに回っていたが、03 年はパドレスで 20 セーブ、防御率 1.78 と好投した。07 年 38 歳で急死。
【通算】13 年、704 試合、0 先発、38 勝 45 敗 286 S、768 回、644 奪三振、防御率 3.30
【タイトル】オールスター 3 回（93 ～ 94,97 年）

ジェイク・ベックリー
Jacob Peter Beckley
1867.8.4 ～ 1918.6.25【出身地】ミズーリ州ハンニバル【球団】1888-89 ピッツバーグ　90 ピッツバーグ（PL）　91-96 ピッツバーグ　96-97ニューヨーク　97-1903 レッズ　04-07 カーディナルス【位置】一塁、左
【経歴】打率 3 割 13 回、100 打点以上 4 回を記録した好打者で、通算 244 三塁打は史上 4 位。2938 安打は引退時点でキャップ・アンソンに次ぎ 2 位だった。1890 年はリーグ最多の 22 三塁打、38 二塁打（2 位）、123 打点（3 位）、94 年に自己最高の打率 .345、122 打点。91 ～ 95 年は 5 年連続で三塁打が 19 本だった。バントを試みる際は、なぜかバットを逆さまに持つ習慣があった。息の長い選手で、1904 年は 37 歳で打率 .325（3 位）、179 安打（2 位）。一塁手としての通算出場試合数 2383 は、エディー・マレーに抜かれるまで長い間 1 位だった。守備では送球にやや難があったが、通算 23755 刺殺は現在でも 1 位。隠し球や走者の妨害も得意としていた。71 年殿堂入り。
【通算】20 年、2392 試合、9551 打数 2938 安打、473 二塁打、244 三塁打（4 位）、87 本塁打、1581 打点、315 盗塁、616 四球、526 三振、打率 .308

ボブ・ベッシャー
Robert Henry Bescher
1884.2.25 ～ 1942.11.29【出身地】オハイオ州ロンドン【球団】08-13 レッズ　14 ジャイアンツ　15-17 カーディナルス　18 インディアンズ【位置】外野、両
【経歴】俊足で選球眼の良い典型的なリードオフマンで、09 年 54 盗塁（1 位）、以後 4 年連続で盗塁王となる。11 年の 81 盗塁はモーリー・ウィルスに破られるまでのリーグ記録だった（1898 年以降）。同年は 102 四球で 3 位、13 年の 94 四球は 1 位。大学時代はフットボールのスター選手で、変名でプロとしてもプレイした。42 年に自動車を運転中、列車との衝突事故で死亡した。
【通算】11 年、1228 試合、4536 打数 1171 安打、28 本塁打、345 打点、428 盗塁、打率 .258
【タイトル】盗塁王 4 回（09 ～ 12 年）

ムーキー・ベッツ　★
Markus Lynn Betts (Mookie)
1992.10.7 ～【出身地】テネシー州ナッシュヴィル【球団】2014-19 レッドソックス　20-24 ドジャース【位置】外野、二塁、右
【経歴】打走守すべてに秀でた好選手。2011 年ドラフト 5 位でレッドソックスに入団、レギュラーに定着した 15 年に 42 二塁打、21 盗塁、以後 4 年連続で 40 二塁打 /20 盗塁以上。16 ～ 17 年にかけては 128 打席続けて三振を喫しなかった。18 年は打率 .346、長打率 .640 がいずれも 1 位、47 二塁打と出塁率 .438 は 2 位。32 本塁打、30 盗塁で首位打者としては初の 30 － 30 も達成し、MVP を受賞した。BLM 運動でも積極的に発言するなど、社会的な意識も高かった。
　20 年ドジャースにトレードされ、12 年 3 億 6500 万ドルの超巨額契約を結ぶと、リーグ優勝決定シリーズでは再三の美技を演じ、ワールドシリーズでも攻守にわたる活躍で世界一に貢献した。23 年は外野だけでなくチーム事情に応じて二塁、遊撃も守りながら 39 本塁打、うち 12 本が先頭打者弾で、107 打点は一番打者の新記録となった。24 年のプレイオフでは 4 本塁打、12 打点。ワールドシリーズ第 5 戦では世界一を決める決勝犠飛を打った。ボウリングの腕前はプロの大会に出場し

てパーフェクトを達成したほど。おじのテリー・シャンパートもメジャー歴14年の内野手だった。
【通算】11年、1381試合、5494打数1615安打、271本塁打、831打点、188盗塁、打率.294
【タイトル】MVP1回（2018年）首位打者1回（18年）ゴールドグラブ6回（16～20,22年）オールスター8回（16～19,21～24年）

チェイス・ヘッドリー
Chase Jordan Headley
1984.5.9～【出身地】コロラド州ファウンテン【球団】2007-14パドレス　14-17ヤンキース　18パドレス【位置】三塁、両
【経歴】2005年ドラフト2位でパドレスに入団、09年正三塁手となって31二塁打。11年は113試合で4本塁打のみだったが、翌12年は後半戦だけで23本塁打を量産し、年間では31本、打点も115点でタイトルを獲得した。その後は一度も15本を超える年はなく、打点も15年の62が最多と1年限りの好成績に終わった。
【通算】12年、1436試合、5088打数1337安打、130本塁打、596打点、93盗塁、1298三振、打率.263
【タイトル】打点王1回（2012年）ゴールドグラブ1回（12年）

ゲイリー・ペティス
Gary George Pettis
1958.4.3～【出身地】カリフォルニア州オークランド【球団】82-87エンジェルズ　88-89タイガース　90-91レンジャーズ　92パドレス　92タイガース【位置】外野、両
【経歴】79年1月ドラフト6位でエンジェルズに入団。俊足で守備範囲が非常に広く、ゴールドグラブを5回受賞。85年の56盗塁（2位）を最多として5回40盗塁以上、85・86・88年の3回リーグ2位。打力はなく通算打率.236、100三振以上を6回喫したが、86年のプレイオフは26打数9安打とよく打った。選球眼は優れており、89年は84四球を選び出塁率.375。引退後はレンジャーズなどのコーチを務めた。
【通算】11年、1183試合、3629打数855安打、21本塁打、259打点、354盗塁、打率.236
【タイトル】ゴールドグラブ5回（85～86,88～90年）

アンディ・ペティット
Andrew Eugene Pettitte
1972.6.15～【出身地】ルイジアナ州バトンルージュ【球団】95-2003ヤンキース　04-06アストロズ　07-10,12-13ヤンキース
【位置】投手、左
【経歴】ヤンキースの球団史上3人しかいない200勝を挙げた名左腕で、牽制の名手としても知られる。90年ドラフト22位で指名され、翌91年5月に入団。カッター、カーブなど多彩な球種で、96年は21勝を挙げ最多勝、翌97年も18勝と防御率2.88はいずれも4位。2003年は21勝（2位）、同年まで9年連続で12勝以上。アストロズへ移籍した04年は肘の故障で6勝どまりだったが、翌05年は17勝（5位）、防御率2.39（2位）でリーグ優勝に貢献。07年ヤンキースに復帰、10年までさらに6年連続で2ケタ勝利を挙げた。
　08年のキャンプ前にはステロイド使用を認めて謝罪し、またチームメイトで友人のロジャー・クレメンスが薬物を使っていたことを証言した。11年に一旦引退するも12年途中復帰し5勝、防御率2.87。現役最後の13年は11勝、41歳で16度目の2ケタとなった。ワールドシリーズでの5勝を含め、ポストシーズンでは通算19勝11敗。01年のリーグ優勝決定シリーズではマリナーズ相手に2勝し、シリーズMVPを受賞した。09年はディヴィジョンシリーズ、リーグ優勝決定シリーズ、ワールドシリーズのすべてで最終戦の勝利投手だった。
【通算】18年、531試合、521先発、26完投、4完封、256勝153敗0S、3316回、2448奪三振、1031四球、防御率3.85
【タイトル】最多勝1回（96年）オールスター3回（96,2001,10年）

デイヴィッド・ベドナー　★
David Jeffrey Bednar
1994.10.10～【出身地】ペンシルヴェニア州ピッツバーグ【球団】2019-20パドレス　21-24パイレーツ【位置】投手、右
【経歴】2016年ドラフト35位でパドレスに入団。21年地元のパイレーツに移ってから3年連続防御率2点台、23年はリーグ最多の39セーブ。翌24年は23セーブを挙げたものの8敗を喫し、防御率5.77の大不振だった。
【通算】6年、251試合、0先発、12勝

18 敗 84 S、254.2 回、303 奪三振、防御率 3.36
【タイトル】最多セーブ 1 回（2023 年）オールスター 2 回（22 ～ 23 年）

ダスティン・ペドロイア
Dustin Luis Pedroia
1983.8.17 ～【出身地】カリフォルニア州ウッドランド【球団】2006-19 レッドソックス【位置】二塁、右
【経歴】小柄ながら思いきりの良いスイングと、闘志を前面に出したプレイスタイルで人気を集めた二塁手。2004 年ドラフト 2 位でレッドソックスに入団。07 年打率 .317、165 安打、39 二塁打で新人王、ポストシーズンでも 2 本塁打、10 打点。ワールドシリーズ初戦では先頭打者弾を放った。翌 08 年は打率 .326 で、2 厘差で首位打者を逃がすも 213 安打と 54 二塁打は 1 位で、MVP を受賞した。11 年は 21 本塁打、91 打点、26 盗塁、86 四球の 4 部門で自己記録を更新。16 年 8 月には 11 打数連続安打を記録した。守備も上手くゴールドグラブを 4 回受賞したが、30 歳を過ぎてからは故障続きで、現役最後の打席で凡退し通算打率 3 割を下回った。
【通算】14 年、1512 試合、6031 打数 1805 安打、140 本塁打、725 打点、138 盗塁、打率 .299
【タイトル】MVP1 回（2008 年）新人王（07 年）ゴールドグラブ 4 回（08,11,13 ～ 14 年）オールスター 4 回（08 ～ 10,13 年）

スティーヴ・ベドロージアン
Stephen Wayne Bedrosian
1957.12.6 ～【出身地】マサチューセッツ州マスーアン【球団】81-85 ブレーヴス 86-89 フィリーズ　89-90 ジャイアンツ　91 ツインズ　93-95 ブレーヴス【位置】投手、右
【経歴】78 年ドラフト 3 位でブレーヴスに入団、83 年 9 勝 19 セーブ、翌 84 年も 9 勝。85 年先発に転向したが 7 勝 15 敗、37 先発で完投は一度もなし。86 年フィリーズへ移籍、再びブルペンへ戻り 29 セーブ（5 位）、続く 87 年は 40 セーブ（1 位）を稼ぎサイ・ヤング賞を受賞した。剛速球に加えてスライダーも良く、91 年限りで一旦引退したが 93 年古巣ブレーヴスで復帰、中継ぎとして地区優勝に貢献した。息子のキャムもリリーフ投手だった。
【通算】14 年、732 試合、46 先発、0 完投、76 勝 79 敗 184 S、1191 回、921 奪三振、防御率 3.38
【タイトル】サイ・ヤング賞 1 回（87 年）最多セーブ 1 回（87 年）オールスター 1 回（87 年）

リコ・ペトロセリ
Americo Peter Petrocelli
1943.6.27 ～【出身地】ニューヨーク州ブルックリン【球団】63,65-76 レッドソックス【位置】遊撃、三塁、右
【経歴】一発長打が魅力の遊撃手で、67 年はワールドシリーズ第 6 戦で 2 打席連発。69 年は自己最高の打率 .297、40 本塁打（4 位）、97 打点、98 四球、出塁率 .403（5 位）、長打率 .589（2 位）。翌 70 年は 29 本塁打、103 打点、71 年も 28 本塁打（5 位）を放った。守備も堅実で 68・69 年は守備率 1 位だったが、71 年からは三塁を守った。故障と病気が相次いだため 76 年限りで引退した。
【通算】13 年、1553 試合、5390 打数 1352 安打、210 本塁打、773 打点、10 盗塁、打率 .251
【タイトル】オールスター 2 回（67,69 年）

ブラッド・ペニー　☆
Bradley Wayne Penny
1978.5.24 ～【出身地】オクラホマ州ブラックウェル【球団】2000-04 マーリンズ 04-08 ドジャース　09 レッドソックス　09 ジャイアンツ　10 カーディナルス　11 タイガース　12 ジャイアンツ　14 マーリンズ
【位置】投手、右
【経歴】96 年ドラフト 5 位でダイアモンドバックスに入団。99 年途中マーリンズに移り、翌 2000 年メジャーに昇格して 8 勝。体重 100kg 超の巨体から繰り出す重い速球で 03 年は 14 勝、ワールドシリーズでも 2 勝、防御率 2.19 と好投し世界一に貢献した。ドジャース移籍後の 06 年は 16 勝で最多勝、オールスターで先発を任される。翌 07 年も 16 勝、防御率 3.03（3 位）。10 年は満塁本塁打を放った際に広背筋を負傷しシーズン終了。翌 11 年 6 度目の 2 ケタとなる 11 勝、12 年はソフトバンクに入団したものの、まったくやる気を見せず 1 試合投げただけで退団した。
【通算】14 年、349 試合、319 先発、4 完投、2 完封、121 勝 101 敗 0 S、1925 回、1273 奪三振、防御率 4.29
【タイトル】最多勝 1 回（2006 年）オールスター 2 回（06 ～ 07 年）
【日本】2012 ソフトバンク　1 年、1 試合、

1先発、0完投、0勝1敗0S、3.1回、1奪三振、防御率10.80

フアン・ベニケス
Juan Jose Beniquez
1950.5.13～【出身地】プエルトリコ・サンセバスティアン【球団】71-72,74-75レッドソックス　76-78レンジャーズ　79ヤンキース　80マリナーズ　81-85エンジェルズ　86オリオールズ　87ロイヤルズ　87-88ブルージェイズ【位置】外野、右
【経歴】メジャー昇格当初は遊撃手。76年レンジャーズに移籍して正中堅手となり、リーグ最多の410刺殺、18補殺、翌77年はゴールドグラブを受賞した。打撃不振で控えに回った時期もあったが、83～86年は4年連続で打率3割以上、84年は規定打席不足ながら.336の高率だった。
【通算】17年、1500試合、4651打数1274安打、79本塁打、476打点、104盗塁、打率.274
【タイトル】ゴールドグラブ1回（77年）

アルマンド・ベニテス
Armando German Benitez
1972.11.3～【出身地】ドミニカ共和国ラモンサンタナ【球団】94-98オリオールズ　99-2003メッツ　03ヤンキース　03マリナーズ　04マーリンズ　05-07ジャイアンツ　07マーリンズ　08ブルージェイズ【位置】投手、右
【経歴】90年オリオールズに入団。威力のある速球で早くから有望視され、制球に苦しみながらも98年22セーブ、メッツに移籍した99年も22セーブ、防御率1.85、78回で128三振を奪った。2000年はリーグ3位の41セーブでリーグ優勝に貢献、01年も43セーブ（2位）。04年はマーリンズで47セーブ（1位）、防御率1.29の自己最高成績だったが、プレイオフなど大舞台で打たれることが多く、実際の成績以上に悪い印象があった。
【通算】15年、762試合、0先発、40勝47敗289S、779回、946奪三振、防御率3.13
【タイトル】オールスター2回（2003～04年）

アレハンドロ・ペーニャ
Alejandro Pena
1959.6.25～【出身地】ドミニカ共和国カンビアソ【球団】81-89ドジャース　90-91メッツ　91-92ブレーヴス　94パイレーツ　95レッドソックス　95マーリンズ　95ブレーヴス　96マーリンズ【位置】投手、右
【経歴】豪速球を武器に83年ローテーション入りし12勝、防御率2.75（5位）、翌84年は4完封（1位）を含む12勝、防御率2.48は1位。肩を痛めその後はリリーフに回る。91年は終盤ブレーヴスへ移り15試合で2勝11セーブ、防御率1.40と好投し優勝への追い込みに大いに役立った。マイペースな性格で、何事に対しても急いだり焦ったりしなかった。
【通算】15年、503試合、72先発、12完投、7完封、56勝52敗74S、1057.2回、839奪三振、防御率3.11
【タイトル】最優秀防御率1回（84年）

カルロス・ペーニャ
Carlos Felipe Pena
1978.5.17～【出身地】ドミニカ共和国サントドミンゴ【球団】2001レンジャーズ　02アスレティックス　02-05タイガース　06レッドソックス　07-10レイズ　11カブス　12レイズ　13アストロズ　13ロイヤルズ　14レンジャーズ【位置】一塁、左
【経歴】98年ドラフト1位（全体10位）でレンジャーズに入団。選球眼を備えたパワーヒッターで、2004年に27本塁打、82打点の一方で146三振。06年はほとんどマイナー暮らしだったが、07年はレイズで46本塁打（2位）、121打点（4位）、103四球（3位）。翌08年も31本、102打点、リーグ優勝決定シリーズで3本塁打。09年は39本塁打でタイトルを獲得。翌10年は28本塁打を打ちながら打率は.196まで下降、12年も打率.197、自己ワーストの182三振を喫し、過去100年間で2度打率2割未満（500打席以上）を記録した唯一の打者となった。
【通算】14年、1493試合、4949打数1146安打、286本塁打、818打点、29盗塁、1577三振、打率.232
【タイトル】本塁打王1回（2009年）ゴールドグラブ1回（08年）オールスター1回（09年）

トニー・ペーニャ
Antonio Francesco Pena
1957.6.4～【出身地】ドミニカ共和国モンテクリスティ【球団】80-86パイレーツ　87-89カーディナルス　90-93レッドソックス　94-96インディアンズ　97ホワイトソックス　97アストロズ【位置】捕手、右

【経歴】80年代を代表する好守の捕手で、最多併殺を4回記録。右足を伸ばして構える独特のスタイルで、片膝を突いたままでの二塁送球が売り物だった。81年正捕手となり打率.300、83年は.301、15本塁打。翌84年も15本、自己最多の78打点。87年カーディナルスに移籍、シーズン中は打率.214と不振だったがポストシーズンでは43打数17安打と大当たりした。

95年のディヴィジョンシリーズ第1戦では延長13回にサヨナラ本塁打。守備力と豊富な経験を買われ、40歳まで現役を続けた。2002年ロイヤルズの監督に就任、03年は10年ぶりの勝ち越しに導き、最優秀監督賞を受賞。05年途中辞任し、その後ヤンキースのコーチとなった。WBCではドミニカの監督として13年に優勝している。弟ラモンは投手、息子のトニーは内野手、フランシスコは捕手。

【通算】18年、1988試合、6489打数1687安打、107本塁打、708打点、80盗塁、打率.260

【タイトル】ゴールドグラブ4回(83～85,91年) オールスター5回(82,84～86,89年)

【監督】2002-05ロイヤルズ 4年、483試合、198勝285敗、勝率.410

アンドルー・ベニンテンディ ★
Andrew Sebastian Benintendi

1994.7.6～【出身地】オハイオ州シンシナティ【球団】2016-20レッドソックス 21-22ロイヤルズ 22ヤンキース 23-24ホワイトソックス【位置】外野、左

【経歴】2015年ドラフト1位(全体7位)でレッドソックスに入団。17年は20本塁打、90打点、20盗塁で新人王投票2位に入る。18・19年も2年続けて40二塁打以上を放った。守備の評価も高く、18年のリーグ優勝決定シリーズ第4戦で勝利を決めたダイビングキャッチは、AP通信によって同年の最優秀プレイに選出。22年に初の3割となる打率.304を記録した。

【通算】9年、1031試合、3830打数1034安打、98本塁打、493打点、85盗塁、打率.270

【タイトル】ゴールドグラブ1回(2021年) オールスター1回(22年)

アンディ・ベネス
Andrew Charles Benes

1967.8.20～【出身地】インディアナ州エヴァンズヴィル【球団】89-95パドレス 95マリナーズ 96-97カーディナルス 98-99ダイアモンドバックス 2000-02カーディナルス【位置】投手、右

【経歴】88年のソウル五輪では全米代表のエース格として活躍し、同年ドラフト全体1位でパドレスに入団。198cmの長身で、スライダーを決め球に91年10連勝を含む15勝を挙げる。94年は6勝、リーグワーストの14敗と苦しみながらも189奪三振は1位。96年カーディナルスに移籍し自己最多の18勝(2位)。98年は5年3200万ドルで再契約を結ぶも手続き上の不備から無効とされ、新球団ダイアモンドバックスに加わり、開幕投手も務めて14勝。2000年カーディナルスに復帰、10回目の2ケタとなる12勝を挙げた。引退後はカーディナルス・ファン向けのテレビ番組に長い間出演し続けた。弟のアランも通算29勝の投手で、カーディナルスではチームメイト。現役最後の2000個目となる三振を奪った相手打者でもあった。

【通算】14年、403試合、387先発、21完投、9完封、155勝139敗1S、2505.1回、2000奪三振、防御率3.97

【タイトル】最多奪三振1回(94年) オールスター1回(93年)

チャーリー・ベネット
Charles Wesley Bennett

1854.11.21～1927.2.24【出身地】ペンシルヴェニア州ニューキャッスル【球団】1878ミルウォーキー 80ウースター 81-88デトロイト 89-93ボストン【位置】捕手、右

【経歴】7回守備率1位を記録した好守の捕手で、コルクを詰めた捕手用のプロテクターも考案する。打撃でも1881年から3年連続で打率3割。81年の7本塁打、64打点はいずれも2位、85年の13三塁打は3位だった。39歳まで現役だったが、93年11月に列車事故で両脚を失い引退に追い込まれた。その後は趣味で始めた陶器の絵付けを本職とした。1901年、タイガースの本拠地球場は彼の栄誉を讃えてベネット・パークと命名された。

【通算】15年、1062試合、3821打数978安打、55本塁打、533打点、打率.256

ハーブ・ペノック
Herbert Jefferis Pennock

1894.2.10～1948.1.30【出身地】ペンシルヴェニア州ケネットスクエア【球団】12-15

アスレティックス　15-17,19-22 レッドソックス　23-33 ヤンキース　34 レッドソックス【位置】投手、左
【経歴】冷静で頭脳的な投球が光った左腕。球威はなかったが打者の弱点を研究し、優雅なフォームから繰り出す大きなカーブと正確なコントロールで、打たせてとるピッチングを展開した。12 年 18 歳でアスレティックスに加わり、翌 13 年は優勝投手となる。15 年の開幕戦ではあと一人でノーヒットノーランの好投を見せたが、シーズン途中レッドソックスへ放出。19 年に 16 勝、以後 10 年連続 2 ケタ勝利、ヤンキース移籍後の 24 年は 21 勝（2 位）、自身唯一の 3 ケタとなる 101 三振（4 位）を奪った。
　26 年自己最多の 23 勝（2 位）、28 年は 5 完封（1 位）、自己ベストの防御率 2.56（2 位）。2 ケタ勝利 13 回、ワールドシリーズでも 27 年の第 3 戦で 8 回一死までパーフェクトと好投、通算では 7 回出場して 5 勝 0 敗、防御率 1.95 と見事な成績を残した。フィリーズの GM を務めていた 48 年心臓発作で急死、その 1 ヶ月後に殿堂入りを果たした。
【通算】22 年、617 試合、419 先発、249 完投、35 完封、241 勝 162 敗、3571.2 回、1227 奪三振、916 四球、防御率 3.60

ホアキン・ベノワ
Joaquin Antonio Benoit
1977.7.26 ～【出身地】ドミニカ共和国サンティアゴ【球団】2001-08 レンジャーズ　10 レイズ　11-13 タイガース　14-15 パドレス　16 マリナーズ　16 ブルージェイズ　17 フィリーズ　17 パイレーツ【位置】投手、右
【経歴】96 年レンジャーズに入団、メジャー昇格当初は主に先発で使われたが結果が出ず、2006 年以降はリリーフに専念。肩を痛めて 09 年は全休、10 年にレイズで復帰し 63 試合で自己ベストの防御率 1.34、13 年は 24 セーブ、防御率 2.01。02 年 9 月 3 日に史上最長となる 7 イニングを投げてのセーブを記録している。
【通算】16 年、764 試合、55 先発、0 完投、58 勝 49 敗 53 S、1068.2 回、1058 奪三振、防御率 3.83

ジョー・ペピトーン　☆
Joseph Anthony Pepitone
1940.10.9 ～ 2023.3.13【出身地】ニューヨーク州ブルックリン【球団】62-69 ヤンキース　70 アストロズ　70-73 カブス　73 ブレーヴス【位置】一塁、外野、左
【経歴】天衣無縫の遊び人で、地元出身ということもありヤンキース・ファンの間では人気を集める。63 年 27 本塁打、89 打点、翌 64 年は 28 本塁打、100 打点。66 年も 31 本塁打（5 位）を放つなど長打力はあったが、確実性に欠け選球眼も良くなかった。73 年途中ヤクルトに入団、14 試合で打率 .163 に終わっただけでなく、無断帰国をはじめ数々のトラブルを引き起こし解雇される。史上最低の外国人選手と言われているが、事前に詳しい調査をせず、性格的に日本野球に合わない選手を連れて来た球団側にも責任はあった。帰国後も銃と麻薬の不法所持で刑務所入りするなど、素行の悪さは変わらなかった。
【通算】12 年、1397 試合、5097 打数 1315 安打、219 本塁打、721 打点、41 盗塁、打率 .258
【タイトル】ゴールドグラブ 3 回（65 ～ 66,69 年）オールスター 3 回（63 ～ 65 年）
【日本】73 ヤクルト　1 年、14 試合、43 打数 7 安打、1 本塁打、2 打点、0 盗塁、打率 .163

ビリー・ヘフト
William Frederick Hoeft
1932.5.17 ～ 2010.3.16【出身地】ウィスコンシン州オシュコシュ【球団】52-59 タイガース　59 レッドソックス　59-62 オリオールズ　63 ジャイアンツ　64 ブレーヴス　65-66 カブス　66 ジャイアンツ【位置】投手、左
【経歴】速球派の左腕で、52 年 19 歳でメジャーに昇格。最初の 3 年間で 18 勝 36 敗と大きく負け越すが、55 年は 7 完封（1 位）を含む 16 勝、防御率 2.99。翌 56 年も 20 勝（2 位）、172 奪三振（4 位）と 2 年続けて好成績を残した。59 年途中オリオールズに移籍してからは主にリリーフを務め、61 年は 7 勝、防御率 2.02 だった。
【通算】15 年、505 試合、200 先発、75 完投、17 完封、97 勝 101 敗、1847.1 回、1140 奪三振、防御率 3.94
【タイトル】オールスター 1 回（55 年）

リッチー・ヘブナー
Richard Joseph Hebner
1947.11.26 ～【出身地】マサチューセッツ州ボストン【球団】68-76 パイレーツ　77-78 フィリーズ　79 メッツ　80-82 タイガース　82-83 パイレーツ　84-85 カブス

【位置】三塁、一塁、左
【経歴】高校時代にはアイスホッケーでも活躍。66年ドラフト1位でパイレーツに入団、69年打率.301、71年のプレイオフでは第3戦で決勝本塁打、優勝を決めた第4戦も3安打3打点。73年に自己最多の25本塁打を放つ。80年は104試合で82打点と勝負強さを発揮した。レギュラーとなって最初の10年間で、3球団で7度の地区優勝を味わったが、ワールドシリーズには1回しか出場できなかった。家業が墓地経営で、オフシーズンには墓掘りをしていた。
【通算】18年、1908試合、6144打数1694安打、203本塁打、890打点、38盗塁、打率.276

ローリー・ヘムズリー
Ralston Burdett Hemsley (Rollie)
1907.6.24 ～ 72.7.31【出身地】オハイオ州シラキューズ【球団】28-31 パイレーツ　31-32 カブス　33 レッズ　33-37 ブラウンズ　38-41 インディアンズ　42 レッズ　42-44 ヤンキース　46-47 フィリーズ【位置】捕手、右
【経歴】最多併殺を4回記録した好守の捕手。34年に自己最高の打率.309、52打点、翌35年は146安打、32二塁打。40年の開幕戦ではボブ・フェラーのノーヒットノーランを引き出す好リードに加え、決勝打も放った。遊び好きでアルコール依存症に苦しんだがのちに克服、マイナーの監督として成功を収めた。
【通算】19年、1593試合、5047打数1321安打、31本塁打、555打点、29盗塁、打率.262
【タイトル】オールスター5回（35 ～ 36,39 ～ 40,44年）

ヨギ・ベラ
Lawrence Peter Berra (Yogi)
1925.5.12 ～ 2015.9.22【出身地】ミズーリ州セントルイス【球団】46-63 ヤンキース　65 メッツ【位置】捕手、外野、左
【経歴】50年代のヤンキース第三期黄金時代のスター捕手で、非常に高い人気を誇った名物男。捕手としては投手の性格に応じた巧みなリードと、軽快なフットワークを高く評価され、58年は一度もエラーをしなかった。打者としてもずんぐりとした体型から長打力を発揮し、ミッキー・マントルと強力な三・四番コンビを形成。勝負強さに定評があり、50年に124打点（3位）、51年は27本塁打、88打点でMVP。53年から4年連続100打点以上、54年125打点（2位）、翌55年も108打点（3位）を叩き出し、2年連続MVPに輝いた。49年から10年連続20本塁打以上、52・56年は自己最多の30本でいずれもリーグ3位。名うての悪球打ちで三振は極めて少なく、自己最高の打率.322を記録した50年は656打席でわずか12三振、年間最多でも38回だった。
　独特のユーモアセンスも有名で、「勝負は終わるまで終わらない」など“ヨギイズム”として知られる数多くの名語録を残した。オールスターには48年から15年連続選出。ワールドシリーズは14回出場し75試合、259打数、71安打、10二塁打は史上1位、39打点は2位、12本塁打は3位。53、55年は打率4割以上、56年は3本塁打、10打点と打ちまくった。47年の第3戦ではシリーズ初の代打本塁打を放っている。
　63年限りで引退しヤンキース監督に就任、翌64年にリーグ優勝を果たすも、ワールドシリーズ敗退の責任を取らされ解任。65年はメッツで4試合のみ出場する。72年ギル・ホッジス監督の急死のあとを受けメッツを率い、73年リーグ優勝、ジョー・マッカーシーに次ぎ両リーグで優勝した史上2人目の監督となった。84年監督としてヤンキースに戻ったが、翌85年開幕早々に解任される。その後長く球団と疎遠になっていたが、99年に和解した。72年殿堂入り。息子のデイルもパイレーツなどで11年にわたり活躍、ティムはNFLの選手だった。
【通算】19年、2120試合、7555打数2150安打、321二塁打、49三塁打、358本塁打、1430打点、30盗塁、704四球、414三振、打率.285
【タイトル】MVP3回（51,54 ～ 55年）オールスター15回（48 ～ 62年）
【監督】64 ヤンキース　72-75 メッツ　84-85 ヤンキース　7年、930試合、484勝444敗、勝率.522　リーグ優勝2回（64,73年）

マット・ベライル
Matthew Thomas Belisle
1980.6.6 ～【出身地】テキサス州オースティン【球団】2003,05-08 レッズ　09-14 ロッキーズ　15 カーディナルス　16 ナショナルズ　17 ツインズ　18 インディアンズ　18 ツインズ【位置】投手、右

【経歴】98年ドラフト2位でブレーヴスに入団。2003年レッズでメジャーに昇格、07年には先発として8勝を挙げるも防御率は5.32。09年にロッキーズへ移籍して以降はリリーフに専念し、11年は10勝、翌12年はリーグ最多の80試合に登板。速球とスライダーで、16年に36歳で自己ベストとなる防御率1.76を記録した。
【通算】15年、693試合、44先発、1完投、0完封、52勝58敗14 S、928.2回、711奪三振、防御率4.32

キルビオ・ベラス
Quilvio Alberto Veras
1971.4.3～【出身地】ドミニカ共和国サントドミンゴ【球団】95-96マーリンズ　97-99パドレス　2000-01ブレーヴス【位置】二塁、両
【経歴】90年メッツに入団、95年にマーリンズへ移籍し新人で56盗塁（1位）、80四球（3位）を選び出塁率.384。97年パドレスに移り143安打、33盗塁、98年は84四球。2000年ブレーヴスに移籍し打率.309、25盗塁と好調だったが、膝の故障で後半戦を棒に振る。翌01年も故障でシーズン途中解雇された。
【通算】7年、767試合、2780打数750安打、32本塁打、239打点、183盗塁、打率.270
【タイトル】盗塁王1回（95年）

ロン・ペラノスキー
Ronald Peter Perranoski
1936.4.1～2020.10.2【出身地】ニュージャージー州パターソン【球団】61-67ドジャース　68-71ツインズ　71-72タイガース　72ドジャース　73エンジェルズ【位置】投手、左
【経歴】本名はPerzanowski。落ち着いたマウンドさばきに定評があり、打者のタイミングを微妙に外す投球フォームも特徴だった。61年から10年連続50試合以上に登板、62、63、67年の3回最多登板を記録。62年は107.1回投げて本塁打は1本打たれただけだった。左腕からの大きなカーブとシンカーで63年は16勝、21セーブ（2位）、防御率1.67。ツインズ移籍後の69年は31セーブで、公式記録となったセーブ部門の初代タイトルホルダーとなる。翌70年も2年連続1位の34セーブを挙げた。引退後は長くドジャースの投手コーチを務めたのち、ジャイアンツでコーチ、次いでGM補佐として働いた。
【通算】13年、737試合、1先発、0完投、79勝74敗178 S、1174.2回、687奪三振、防御率2.79
【タイトル】最多セーブ2回（69～70年）

ジョエル・ペラルタ
Joel Peralta
1976.3.23～【出身地】ドミニカ共和国ボナオ【球団】2005エンジェルズ　06-08ロイヤルズ　09ロッキーズ　10ナショナルズ　11-14レイズ　15ドジャース　16マリナーズ　16カブス【位置】投手、右
【経歴】96年にアスレティックスでプロ入りし、10年目の29歳になってエンジェルズでメジャー初昇格。一貫してリリーフで起用され、2010年は防御率2.02。翌11年から3年連続で70試合以上に登板、13年の80試合はリーグ最多だった。カーブやスプリッターを効果的に使い、ポストシーズンには3回出場し7試合、6.2回を無失点に抑えた。
【通算】12年、620試合、0先発、20勝35敗15 S、648回、612奪三振、防御率4.03

ジョニー・ペラルタ
Jhonny Antonio Peralta
1982.5.28～【出身地】ドミニカ共和国サンティアゴ【球団】2003-10インディアンズ　10-13タイガース 14-17カーディナルス【位置】遊撃、三塁、右
【経歴】99年インディアンズに入団。長打力のある遊撃手で、レギュラーとなった2005年に打率.292、24本塁打。速球に強く08年は23本塁打、自己最多の42二塁打、89打点。10年途中タイガースに移籍、11年は自己ベストの打率.299。守備でも07年は刺殺、補殺ともに1位、12年は149試合で7失策のみと安定していた。07、11、12年のリーグ優勝決定シリーズでいずれも2本塁打ずつ放っている。
【通算】15年、1798試合、6599打数1761安打、202本塁打、873打点、17盗塁、1450三振、打率.267
【タイトル】オールスター3回（2011,13,15年）

ダビド・ペラルタ　★
Senger David Peralta
1987.8.14～【出身地】ベネズエラ共和国バレンシア【球団】2014-22ダイアモンドバックス　22レイズ　23ドジャース　24パドレス【位置】外野、左

【経歴】全力プレイが売り物で、ついた渾名はフリート・トレイン（貨物列車）。2004年投手としてカーディナルスに入団したが肩を痛め、芽が出ぬまま解雇される。野手として独立リーグで再起し、13年ダイアモンドバックスに加入。翌14年メジャーに昇格、15年は打率.312、78打点、リーグ最多の10三塁打。18年に自己最多の30本塁打、87打点、19年は左翼手としてゴールドグラブを受賞した。
【通算】11年、1232試合、4188打数1166安打、125本塁打、569打点、39盗塁、打率.278
【タイトル】ゴールドグラブ1回（2019年）

マーク・ベランジャー
Mark Henry Belanger
1944.6.8～98.10.6【出身地】マサチューセッツ州ピッツフィールド【球団】65-81オリオールズ　82ドジャース【位置】遊撃、右
【経歴】8度のゴールドグラブに輝いた遊撃守備の名手。派手さはないが強肩と堅実なグラブさばきに加え、常に研鑽を怠らない真摯な姿勢で、通算守備率.977は引退時点で史上2位だった。打撃はさっぱりで、レギュラーを務めた68～80年の間に打率.230を超えたのは3回だけ。69年だけは打率.287、50打点と例外的に活躍、また投手の前を打つことが多かったため71年は73四球を選んだ。選手組合のリーダーの一人として精力的に活動し、引退後も相談役として手助けしていた。
【通算】18年、2016試合、5784打数1316安打、175二塁打、33三塁打、20本塁打、389打点、167盗塁、576四球、839三振、打率.228
【タイトル】ゴールドグラブ8回（69,71,73～78年）オールスター1回（76年）

ケン・ベリー
Allen Kent Berry
1941.5.10～【出身地】ミズーリ州カンザスシティ【球団】62-70ホワイトソックス　71-73エンジェルズ　74ブルワーズ　75インディアンズ【位置】外野、右
【経歴】ウィチタ大学ではフットボール選手で、セミプロ時代にテッド・ライオンズにスカウトされホワイトソックスに入団、65年正中堅手となる。65年の12本塁打、72年の打率.289がそれぞれ自己記録と打力は今一つだったが、守備ではゴールドグラブを2度受賞。69、72年は失策ゼロの堅守を誇った。
【通算】14年、1384試合、4136打数1053安打、58本塁打、343打点、45盗塁、打率.255
【タイトル】ゴールドグラブ2回（70,72年）オールスター1回（67年）

チャーリー・ベリー
Charles Francis Berry
1902.10.18～72.9.6【出身地】ニュージャージー州フィリップスバーグ【球団】25アスレティックス　28-32レッドソックス　32-33ホワイトソックス　34-36,38アスレティックス【位置】捕手、右
【経歴】フットボールとの二刀流選手。ラファイエット大学時代はエンドでオール・アメリカに選ばれ、25年にNFLの得点王となる。同年アスレティックスでメジャーに昇格、一旦マイナーに落ちたが28年レッドソックスで再昇格し、31年自己最多の111試合に出て打率.283、101安打、49打点。引退後アスレティックスのコーチを経て42年から21年間ア・リーグ審判を務めたが、48年のシーズン終盤にはレッドソックスが優勝を逸する原因となる誤審をした。同時期にNFLのラインズマンも兼務し、58年はワールドシリーズと"サドンデス・ゲーム"として名高いNFL決勝戦の両方でジャッジした。父チャールズ・ジョゼフ・ベリーも1年だけメジャー経験がある。
【通算】11年、709試合、2018打数539安打、23本塁打、256打点、13盗塁、打率.267

ゲイロード・ペリー
Gaylord Jackson Perry
1938.9.15～2022.1.21【出身地】ノースカロライナ州ウィリアムストン【球団】62-71ジャイアンツ　72-75インディアンズ　75-77レンジャーズ　78-79パドレス　80レンジャーズ　80ヤンキース　81ブレーヴス　82-83マリナーズ　83ロイヤルズ【位置】投手、右
【経歴】両リーグでサイ・ヤング賞を受賞した最初の投手。ボールに異物を付着させたり、傷をつけることで変化を生み出す不正投球の常習者だったが、そうした評判を逆手にとり打者を攪乱する心理的な投球術が冴え、また肩や肘の故障とも無縁で、45歳まで第一線で投げ続けた。
　64年にスピットボールを習得し、66年21勝（3位）を挙げると以後13年連続

15勝以上、230回以上と安定して好成績を残す。67年8～9月に40回連続無失点、68年9月17日のカーディナルス戦でノーヒットノーランを達成。70年はいずれも1位の23勝、5完封、328.2回、インディアンズに移った72年24勝（1位）、防御率1.92（2位）、234奪三振（3位）でサイ・ヤング賞を受賞。78年パドレスに移籍し21勝（1位）、39歳にして2度目のサイ・ヤング賞。史上3人目の3000奪三振も達成した。

44歳となった82年は17度目の2ケタとなる10勝を挙げたが、初めて違反投球による退場処分を食らった。73年の238個（4位）を最多として、200奪三振以上を8回記録している。91年殿堂入り。兄のジムも通算215勝の好投手で、74～75年はともにインディアンズに在籍した。

【通算】22年、777試合、690先発（9位）、303完投、53完封（16位）、314勝（17位）265敗（6位）11S、5350回（6位）、3534奪三振（8位）、1379四球（21位）、防御率3.11

【タイトル】サイ・ヤング賞2回（72,78年）最多勝3回（70,72,78年）オールスター5回（66,70,72,74,79年）

ジェラルド・ペリー
Gerald June Perry

1960.10.30～【出身地】ジョージア州サヴァナ【球団】83-89ブレーヴス　90ロイヤルズ　91-95カーディナルス【位置】一塁、左

【経歴】78年ドラフト11位でブレーヴスに入団。84年一旦正一塁手となるが、翌85年は打率.214の不振で控えに格下げ。87年レギュラーに返り咲き、35二塁打、12本塁打、74打点、42盗塁の自己記録。翌88年は首位打者争いを演じ、打率.300で5位だった。カーディナルス時代は代打で活躍、93年は24本の代打安打を放った。引退後はマリナーズなど数球団で打撃コーチを歴任。ダン・ドリーセンはおじにあたる。

【通算】13年、1193試合、3144打数832安打、59本塁打、396打点、142盗塁、打率.265

【タイトル】オールスター1回（88年）

ジム・ペリー
James Evan Perry

1935.10.30～【出身地】ノースカロライナ州ウィリアムストン【球団】59-63インディアンズ　63-72ツインズ　73タイガース　74-75インディアンズ　75アスレティックス【位置】投手、右

【経歴】弟のゲイロードとともに、ニークロ兄弟に次ぐ合計529勝を挙げた好投手。59年メジャーに昇格、速球とスライダーを中心として12勝、翌60年は18勝、4完封の両部門で1位となる。63年途中ツインズに移籍してからは先発とリリーフを兼任し、66年はリーグ4位の防御率2.54。69年先発専任に戻り20勝（3位）、続く70年は24勝で10年ぶりの最多勝、サイ・ヤング賞も受賞。同年はゲイロードもナ・リーグの最多勝で、オールスターでは7回の表裏に兄弟で投げ合った。74年インディアンズに復帰してゲイロードとチームメイトになり、38歳で6年連続12度目の2ケタとなる17勝を挙げた。息子のクリスは通算4勝したプロゴルファー。

【通算】17年、630試合、447先発、109完投、32完封、215勝174敗10S、3285.2回、1576奪三振、998四球、防御率3.45

【タイトル】サイ・ヤング賞1回（70年）最多勝2回（60,70年）オールスター3回（61,70～71年）

ラファエル・ベリアード
Rafael Leonidas Belliard

1961.10.24～【出身地】ドミニカ共和国プエブロヌエボ【球団】82-90パイレーツ　91-98ブレーヴス【位置】遊撃、右

【経歴】80年パイレーツに入団し、82年に20歳でメジャーへ昇格。86年正遊撃手となるも打率.233、0本塁打の貧打で定着には至らず、88年も打率.213に過ぎなかったが、リーグ1位の守備率.977を記録するなど守備は堅実だった。ブレーヴスに移った91年149試合に出場、打率.249は自己最高。ワールドシリーズでも16打数6安打4打点と意外な活躍をした。97年に10年ぶり2本目となる本塁打を放った。引退後はタイガースでコーチを務めた。ロニー・ベリアードは従兄弟にあたる。

【通算】17年、1155試合、2301打数508安打、2本塁打、142打点、43盗塁、打率.221

ロニー・ベリアード
Ronald Belliard

1975.4.7～【出身地】ニューヨーク州ニューヨーク【球団】98-2002ブルワー

ズ　03 ロッキーズ　04-06 インディアンズ　06 カーディナルス　07-09 ナショナルズ　09-10 ドジャース【位置】二塁、右
【経歴】94 年ドラフト 8 位でブルワーズに入団。正二塁手となった 99 年に打率 .295、翌 2000 年は 9 三塁打（5 位）。インディアンズに移籍した 04 年は 48 二塁打（2 位）を放ちオールスターに出場。05 年に自己最多の 17 本塁打、78 打点を記録した。06 年はプレイオフで 38 打数 12 安打だったが、ワールドシリーズでは 12 打数無安打に終わった。ラファエル・ベリアードは従兄弟にあたる。
【通算】13 年、1484 試合、5045 打数 1377 安打、114 本塁打、601 打点、43 盗塁、打率 .273
【タイトル】オールスター 1 回（2004 年）

ジェレミー・ヘリクソン
Jeremy Robert Hellickson
1987.4.8 ～【出身地】アイオワ州デモイン【球団】2010-14 レイズ　15 ダイアモンドバックス　16-17 フィリーズ　17 オリオールズ　18-19 ナショナルズ【位置】投手、右
【経歴】2005 年ドラフト 4 位でレイズに入団。10 年終盤にメジャーに昇格し 4 勝 0 敗、続く 11 年は 13 勝、防御率 2.95 で新人王を受賞。チェンジアップを多投し 12 年も 10 勝、防御率 3.10 と引き続き好成績を残した。13、16 年も 12 勝を挙げたが被本塁打の多さが欠点で、17 年は 35 本も打たれた。
【通算】10 年、232 試合、224 先発、3 完投、2 完封、76 勝 75 敗 0 S、1269.1 回、929 奪三振、防御率 4.13
【タイトル】新人王（2011 年）ゴールドグラブ 1 回（12 年）

リック・ヘリング
Ricky Allen Helling
1970.12.15 ～【出身地】ノースダコタ州デヴィルズレイク【球団】94-96 レンジャーズ　96-97 マーリンズ　97-2001 レンジャーズ　02 ダイアモンドバックス　03 オリオールズ　03 マーリンズ　05-06 ブルワーズ【位置】投手、右
【経歴】92 年のバルセロナ五輪の代表メンバーで、同年ドラフト 1 位でレンジャーズに入団。96 年途中マーリンズへトレードされたが翌 97 年途中レンジャーズに復帰、98 年は防御率 4.41 と内容的にはさほど良くなかったが、20 勝で最多勝のタイトルを手にした。無理のない投球フォームからのチェンジアップで 2000 年も 16 勝、02 年まで 5 年連続 2 ケタ勝利を挙げた。
【通算】12 年、301 試合、234 先発、10 完投、4 完封、93 勝 81 敗 0 S、1526.1 回、1058 奪三振、防御率 4.68
【タイトル】最多勝 1 回（98 年）

コーディ・ベリンジャー　★
Cody James Bellinger
1995.7.13 ～【出身地】アリゾナ州スコッツデイル【球団】2017-22 ドジャース　23-24 カブス【位置】一塁、外野、左
【経歴】2013 年ドラフト 4 位でドジャースに入団。17 年にメジャーへ昇格すると、最初の 51 試合で 21 本塁打の最速記録を樹立。年間 39 本はリーグ 2 位、ナ・リーグ新人記録で新人王を受賞した。7 月 16 日にドジャースの新人で初のサイクルヒットを達成。翌 18 年のリーグ優勝決定シリーズでは 25 打数 5 安打ながら、第 7 戦で逆転決勝 2 ランを放ちシリーズ MVP に選ばれた。19 年は打率 .305、47 本塁打（3 位）、115 打点で MVP を受賞した。20 年はリーグ優勝決定シリーズ第 7 戦で決勝弾。同年以降 3 年間は肩の負傷もあって打率 .203 の不振だったが、カブスに移った 23 年は打率 .307、26 本塁打、97 打点と久々に好調だった。25 年は父のクレイも所属したヤンキースへトレードされた。
【通算】8 年、1005 試合、3642 打数 942 安打、196 本塁打、597 打点、91 盗塁、打率 .259
【タイトル】MVP1 回（2019 年）新人王（17 年）ゴールドグラブ 1 回（19 年）オールスター 2 回（17,19 年）

ボー・ベリンスキー
Robert Belinsky (Bo)
1936.12.7 ～ 2001.11.23【出身地】ニューヨーク州ニューヨーク【球団】62-64 エンジェルズ　65-66 フィリーズ　67 アストロズ　69 パイレーツ　70 レッズ【位置】投手、左
【経歴】オリオールズのマイナーから、61 年拡張ドラフトでエンジェルズに加わる。スクリューボールを決め球に翌 62 年 10 勝、5 月 5 日のオリオールズ戦でノーヒットノーランを達成。本業の野球よりも、女優のアン・マーグレット、コニー・スティーヴンス、ティナ・ルイーズ、メイミー・ヴァンドーレン、はてはイランのソラヤ王女までも巻き込んだゴシップの方で話題を呼んだ。63 年アスレティックスへのトレード

を拒否しマイナー降格。64年は9勝、防御率2.86と持ち直したが、その後も報道陣に対し暴力を振るうなどトラブルが続いた。
【通算】8年、146試合、102先発、14完投、4完封、28勝51敗2S、665.1回、476奪三振、防御率4.10

アルバート・ベル
Albert Jojuan Belle
1966.8.25～【出身地】ルイジアナ州シュリーヴポート【球団】89-96インディアンズ 97-98ホワイトソックス 99-2000オリオールズ【位置】外野、右
【経歴】メジャー有数の問題児として有名だった、90年代を代表するスラッガー。ルイジアナ州立大学時代にすでに暴力行為による謹慎処分を科せられ、87年ドラフト2位でインディアンズに入団後も90年にはアルコール依存症治療（一説には精神療法）のため長期欠場。91年復帰し28本塁打、翌92年から8年連続30本塁打、9年連続100打点以上。93年129打点（1位）、翌94年の打率.357は2厘差で2位。95年は52二塁打、50本塁打、126打点、長打率.690がいずれも1位と圧倒的な数字を残しながら、報道陣に嫌われていたため票が集まらずMVPを逸した。
96年は48本塁打（4位）、148打点（1位）で、同年末ホワイトソックスと5年間5500万ドルの超高額契約を結び、年俸1000万ドルを超えた最初の選手となる。98年も打率.328（3位）、49本塁打と152打点はいずれも2位で、契約期間中ながらFAとなれるオプションを行使し、99年オリオールズへ移籍した。実力は折り紙付きであり、頭脳も明晰でチームメイトからは嫌われてはいなかったが、極度に気が短く、ファンへの暴行、報道陣への暴言や取材拒否は日常茶飯事。96年には試合中にフェルナンド・ビーニャを殴り倒すなど、何度となく出場停止処分を受け、真のスーパースターには成り得なかった。股関節の痛みが悪化したため、2001年のキャンプ中に引退した。
【通算】12年、1539試合、5853打数1726安打、381本塁打、1239打点、88盗塁、打率.295
【タイトル】本塁打王1回（95年）打点王3回（93,95～96年）オールスター5回（93～97年）

ガス・ベル
David Russell Bell (Gus)
1928.11.15～95.5.7【出身地】ケンタッキー州ルイヴィル【球団】50-52パイレーツ 53-61レッズ 62メッツ 62-64ブレーヴス【位置】外野、左
【経歴】50年新人で11三塁打（2位）、翌51年はリーグ最多の12三塁打を放つが、52年フロントと衝突しマイナー落ち。レッズに放出された53年は打率.300、30本塁打、105打点、55年まで3年連続100打点以上。56年29本塁打、59年に自己最多の115打点（4位）を挙げる。57年はオールスターにファン投票で選ばれ、一旦は組織票により当選無効とされたものの、故障者が出たため補欠として再選出された。62年拡張ドラフトでメッツに加わり、球団初安打を記録した。ニックネームの"ガス"は、ガス・マンキューソのファンだった両親によってつけられたもの。息子のバディ、孫のデイヴィッドとマイクもメジャーリーガーで、ブーン一家に次ぎ史上2組目の親子三代メジャーリーガーとなった。
【通算】15年、1741試合、6478打数1823安打、206本塁打、942打点、30盗塁、打率.281
【タイトル】オールスター4回（53～54,56～57年）

クール・パパ・ベル
James Thomas Bell (Cool Papa)
1903.5.17～91.3.7【出身地】ミシシッピ州スタークヴィル【球団】ニグロ・リーグ【位置】内野、外野、両
【経歴】史上最速の俊足選手として名高く、自分が打った内野ゴロに、二塁へ滑り込もうとして当たったとか、電灯のスイッチをひねって灯りが消える前にベッドにもぐり込んだ（旧式の電灯で消えるまでに間があったため）など、その足の速さを物語る数多くの逸話を持つ。22年セントルイス・スターズに投手として入団したが、故障により打者に転向。ベース一周12秒の快足でたちまち頭角を現し、33年には非公式ながら200試合で175盗塁したとされる。打撃も一流で、40年はメキシカン・リーグで打率.437、12本塁打、79打点で三冠王。45歳の時にメジャー相手のオープン戦で、送りバントで一塁から一挙にホームインするなど、年齢を経ても脚力は衰えなかった。自己中心的なところがなく、引退後はモーリー・ウィルスやルー・ブロックに

盗塁術を伝授するなど、後輩の育成に力を貸した。74年殿堂入り。兄のフレッドは投手。
<ニグロ・リーグの成績>1239試合、4829打数1565安打、57本塁打、600打点、289盗塁、打率.324

ゲイリー・ベル
Wilbur Gary Bell
1936.11.17～【出身地】テキサス州サンアントニオ【球団】58-67インディアンズ　67-68レッドソックス　69パイロッツ　69ホワイトソックス【位置】投手、右
【経歴】速球を武器に58年新人で12勝、翌59年は16勝を挙げる。62年リリーフに転向するが、66年先発に戻り14勝、自己最多の194三振を奪う。翌67年は最初の2ヶ月で1勝のみだったが、レッドソックスへトレードされてから12勝を挙げリーグ優勝の助けとなった。通算では7回2ケタ勝利。69年拡張ドラフトでパイロッツに加入、本拠地シアトルでの初試合で勝利投手となった。
【通算】12年、519試合、233先発、71完投、9完封、121勝117敗50S、2015回、1378奪三振、防御率3.68
【タイトル】オールスター3回(60,66,68年)

ジェイ・ベル
Jay Stuart Bell
1965.12.11～【出身地】フロリダ州エグリン空軍基地【球団】86-88インディアンズ　89-96パイレーツ　97ロイヤルズ　98-2002ダイアモンドバックス　03メッツ【位置】遊撃、二塁、右
【経歴】84年ドラフト1位(全体8位)でツインズに入団。バート・ブライレヴンとの交換でインディアンズに移籍、86年9月29日のメジャー初打席でそのブライレヴンから初球本塁打を放つ。レギュラー定着はパイレーツ移籍後で、90～91年は2年続けて最多犠打を記録するなど、小技でチームに貢献。91年のプレイオフは29打数12安打と大当たりした。93年は打率.310、187安打(4位)、守備率.986(1位)で13年連続受賞のオジー・スミスを押しのけゴールドグラブに輝く。通算では補殺で5回、刺殺で3回、併殺で1回1位になった。99年は二塁にコンバートされ、38本塁打、112打点で自己記録を大幅に更新した。
【通算】18年、2063試合、7398打数1963安打、394二塁打、67三塁打、195本塁打、860打点、91盗塁、853四球、1443三振、打率.265
【タイトル】ゴールドグラブ1回(93年)オールスター2回(93,99年)

ジョージ・ベル
George Antonio Bell
1959.10.21～【出身地】ドミニカ共和国サンペドロデマコリス【球団】81,83-90ブルージェイズ　91カブス　92-93ホワイトソックス【位置】外野、右
【経歴】フィリーズからルール5ドラフトでブルージェイズに移り、レギュラーとなった84年39二塁打(3位)、26本塁打。86年は打率.309、31本塁打、108打点(5位)、翌87年は打率.308、47本塁打(2位)、134打点(1位)とさらに数字を伸ばし、MVPに選ばれる。激しい気性のため首脳陣との確執が続き、91年カブスへ放出。92年はホワイトソックスで4度目の100打点以上となる112打点(4位)を叩き出すが、翌93年打率.217と低迷し引退した。弟のフアンは内野手。
【通算】12年、1587試合、6123打数1702安打、265本塁打、1002打点、67盗塁、打率.278
【タイトル】MVP1回(87年)打点王1回(87年)オールスター3回(87,90～91年)

ジョシュ・ベル　★
Joshua Evan Bell
1992.8.14～【出身地】テキサス州アーヴィング【球団】2016-20パイレーツ　21-22ナショナルズ　22パドレス　23ガーディアンズ　23-24マーリンズ　24ダイアモンドバックス【位置】一塁、両
【経歴】2011年ドラフト2位でパイレーツに入団。17年スイッチヒッターの新人記録となる26本塁打、90打点、19年は37本、116打点の自己最高成績。ナショナルズに移籍した21年も27本塁打、88打点を記録したが、良い年と悪い年の差が激しく、22～24年は3年続けてトレード・デッドラインで放出された。
【通算】9年、1147試合、4035打数1042安打、171本塁打、613打点、4盗塁、打率.258
【タイトル】オールスター1回(2019年)

デイヴィッド・ベル
David Michael Bell
1972.9.14～【出身地】オハイオ州シンシナティ【球団】95インディアンズ　95-98

カーディナルス　98 インディアンズ　98-2001 マリナーズ　02 ジャイアンツ　03-06 フィリーズ　06 ブルワーズ【位置】三塁、右
【経歴】祖父のガス、父のバディに続く3世代目のメジャーリーガー。90年ドラフト7位でインディアンズに入団、95年メジャーに昇格し父と同じチームに所属。マリナーズ移籍後の99年に160安打、21本塁打、78打点の自己最高成績を残す。安定した三塁守備も評価が高く、2001年にはイチローの“レーザービーム”送球を受け止めた。02年ジャイアンツに移籍し20本塁打、73打点、リーグ優勝決定シリーズでは17打数7安打。ワールドシリーズでも第2戦で本塁打、第4戦で決勝タイムリーを放った。19年に故郷レッズの監督に就任、史上4組目の親子指揮官となった。弟マイクも三塁手。
【通算】12年、1403試合、4826打数1239安打、123本塁打、589打点、19盗塁、打率.257
【監督】2019-24 レッズ　6年、865試合、409勝456敗、勝率.473

デレク・ベル
Derek Nathaniel Bell
1968.12.11 ～【出身地】フロリダ州タンパ【球団】91-92 ブルージェイズ　93-94 パドレス　95-99 アストロズ　2000 メッツ　01 パイレーツ【位置】外野、右
【経歴】87年ドラフト2位でブルージェイズに入団。94年パドレスで打率.311、アストロズに移った翌95年も.334（4位）の高打率。96年は打率こそ.263と急降下したが、自己最多の113打点を記録した。平凡なゴロでも全力疾走し、98年は打率.314、198安打（5位）、41二塁打、22本塁打、108打点。続く99年は打率.236、12本塁打と好不調の波が大きく、FAでパイレーツに移った2001年は打率.173に終わり引退した。ゲイリー・シェフィールドとはリトルリーグのチームメイト。前の試合の結果によってユニフォームの着こなしを変え、高級ヨットに住み、服は一度着ただけで処分するといった贅沢な暮らしぶりも注目を集めた。
【通算】11年、1210試合、4578打数1262安打、134本塁打、668打点、170盗塁、打率.276

バディ・ベル
David Gus Bell (Buddy)
1951.8.27 ～【出身地】ペンシルヴェニア州ピッツバーグ【球団】72-78 インディアンズ　79-85 レンジャーズ　85-88 レッズ　88 アストロズ　89 レンジャーズ【位置】三塁、外野、右
【経歴】69年ドラフト16位でインディアンズに入団。72年新人で正右翼手となるが、翌73年三塁にコンバートされ、いずれも1位の144刺殺、44併殺。レンジャーズに移籍した79年自己最多の200安打（3位）、42二塁打（3位）、101打点、続く80年初の打率3割となる.329、84年は.315（4位）。6度のゴールドグラブを受賞した守備の名手で、通算4925補殺は三塁手で史上5位、430併殺は6位。チームプレイに徹し、常に全力を尽くす点も高く評価された。
　指導者としてはタイガースを皮切りに3球団で監督を務めながら、どのチームでも結果を出せなかった。選手と監督合計3648試合でポストシーズン経験は一度もない。父のガス、息子のデイヴィッド、マイクもメジャーリーガーで、インディアンズのコーチだった95年はデイヴィッドを指導した。
【通算】18年、2405試合、8995打数2514安打、425二塁打、56三塁打、201本塁打、1106打点、55盗塁、836四球、776三振、打率.279
【タイトル】ゴールドグラブ6回（79～84年）オールスター5回（73,80～82,84年）
【監督】96-98 タイガース　2000-02 ロッキーズ　05-07 ロイヤルズ　9年、1243試合、519勝724敗、勝率.418

ヒース・ベル
Heath Justin Bell
1977.9.29 ～【出身地】カリフォルニア州オーシャンサイド【球団】2004-06 メッツ　07-11 パドレス　12 マーリンズ　13 ダイアモンドバックス　14 レイズ【位置】投手、右
【経歴】97年ドラフト69位でレイズに指名され入団拒否、翌98年ドラフト外でメッツに入団。2007年パドレスに移籍後開花し、同年は81試合で防御率2.02、抑えに回った09年はリーグ最多の42セーブを稼いだ。速球と優れたカーブで翌10年も34機会連続成功を含む47セーブ（2位）、防御率1.93、11年も43セーブ（4位）と活躍を続けたが、マーリンズに移っ

た12年は防御率5.09の不振。起用法に関して首脳陣批判も繰り広げ、ダイアモンドバックスへ放出された。悪戯好きで、11年のオールスターでは登板時にブルペンから全力疾走しマウンドへスライディングした。
【通算】11年、590試合、0先発、38勝32敗168S、628.2回、637奪三振、防御率3.49
【タイトル】最多セーブ1回(2009年)オールスター3回(09～11年)

ソイロ・ベルサイエス ☆
Zoilo Casanova Versalles
1939.12.18～95.6.9【出身地】キューバ共和国ハバナ【球団】59-67セネターズ/ツインズ 68ドジャース 69インディアンズ 69セネターズ 71ブレーヴス【位置】遊撃、右
【経歴】59年19歳でデビューし、63年リーグ最多の13三塁打、以後3年連続で最多三塁打を放つ。64年171安打(5位)、33二塁打(4位)、10三塁打(1位)、翌65年は45二塁打と12三塁打が1位、182安打(2位)、77打点、27盗塁(3位)も自己記録で優勝に貢献し、MVPに選ばれた。米国外出身者の受賞は初めて。その後は腰痛の影響で不振が続き、70年はメキシコでプレイ。72年広島に入団したが打率は2割にも満たなかった。
【通算】12年、1400試合、5141打数1246安打、95本塁打、471打点、97盗塁、打率.242
【タイトル】MVP1回(65年)ゴールドグラブ2回(63,65年)オールスター2回(63,65年)
【日本】72広島 1年、48試合、132打数25安打、4本塁打、10打点、0盗塁、打率.189

ライアン・ヘルズリー ★
Ryan Dalton Helsley
1994.7.18～【出身地】オクラホマ州タレクウォ【球団】2019-24カーディナルス【位置】投手、右
【経歴】2015年ドラフト5位でカーディナルスに入団。最速168kmを計時した豪速球が売り物で、22年は9勝1敗19セーブ、防御率1.25、64.2回で94三振を奪う。故障の多さが悩みだったが、自己最多の65試合に登板した24年はリーグ最多にして球団新の49セーブ、防御率2.04を記録した。
【通算】6年、239試合、0先発、28勝14敗84S、263.2回、314奪三振、防御率2.63
【タイトル】最多セーブ1回(2024年)オールスター2回(22,24年)

ティム・ベルチャー
Timothy Wayne Belcher
1961.10.19～【出身地】オハイオ州マウントギリアド【球団】87-91ドジャース 92-93レッズ 93ホワイトソックス 94タイガース 95マリナーズ 96-98ロイヤルズ 99-2000エンジェルズ【位置】投手、右
【経歴】83年ドラフト全体1位でツインズに指名され入団拒否。翌84年1月ドラフト1位(第2回)ではヤンキースに指名されるが、直後にFAの補償ドラフトでアスレティックスへ移籍する。87年ドジャースでメジャーに昇格、速球とスライダーの組み合わせで翌88年12勝、ポストシーズンも内容は今一つながら3勝0敗。89年は8完封(1位)を含む15勝、200奪三振は1個差で2位だった。91年は自己ベストの防御率2.62(4位)。タイガースに移った94年はリーグワーストの15敗、防御率5.89の大不振だったが、96年はロイヤルズで15勝。98年に9回目の2ケタとなる14勝を挙げた。
【通算】14年、394試合、373先発、42完投、18完封、146勝140敗5S、2442.2回、1519奪三振、防御率4.16

バーニー・ペルティ
Barney Pelty
1880.9.10～1939.5.24【出身地】ミズーリ州ファーミントン【球団】03-12ブラウンズ 12セネターズ【位置】投手、右
【経歴】ユダヤ系のカーブ投手ということで異名は"イディッシュ・カーヴァー"。万年下位のブラウンズで5度の2ケタ勝利、06年に自己記録の16勝、防御率1.59(2位)。優勝したホワイトソックスとの対戦では、最終戦の延長12回まで33イニング無失点を続けた。翌07年も12勝したが、21敗と大きく負け越し。引退後は共和党員として政治活動を行ない、市会議員も務めた。
【通算】10年、266試合、217先発、175完投、22完封、92勝117敗、1908回、693奪三振、防御率2.63

ウッディー・ヘルド
Woodson George Held
1932.3.25 ～ 2009.6.11【出身地】カリフォルニア州サクラメント【球団】54,57 ヤンキース　57-58 アスレティックス　58-64 インディアンズ　65 セネターズ　66-67 オリオールズ　67-68 エンジェルズ　68-69 ホワイトソックス【位置】遊撃、外野、右
【経歴】56 年にはマイナーで 35 本塁打を放つなど活躍しながら、ヤンキースでは出番がなく 57 年途中アスレティックスに移籍、92 試合で 20 本塁打を放つ。インディアンズ移籍後の 59 年外野から遊撃に再コンバートされ 29 本塁打、以後 3 年連続 20 本以上。三振が多く、打率は 61 年の .267 が最高と確実性は乏しかった。守備では二塁や三塁も守れる選手として重宝された。多才な人物で、引退後はプロのスノーモービル選手になったり、観光ガイドや電気技師の仕事もしたりした。
【通算】14 年、1390 試合、4019 打数 963 安打、179 本塁打、559 打点、14 盗塁、打率 .240

ブランドン・ベルト
Brandon Kyle Belt
1988.4.20 ～【出身地】テキサス州ナコグドーチェス【球団】2011-22 ジャイアンツ　23 ブルージェイズ【位置】一塁、左
【経歴】2009 年ドラフト 5 位でジャイアンツに入団、14 年のディヴィジョンシリーズ第 2 戦では延長 18 回に決勝弾を放つ。選球眼に優れた中距離打者で、16 年は 41 二塁打と 8 三塁打、出塁率 .395 の 3 部門で 5 位、104 四球は 4 位。82 打点も自己最多だった。18 年には 1 打席でファウル 16 本、合計 21 球を投げさせたこともあった。21 年は 97 試合の出場にとどまったにもかかわらず、自己記録を 11 本も更新する 29 本塁打を放った。
【通算】13 年、1413 試合、4729 打数 1232 安打、194 本塁打、627 打点、47 盗塁、1346 三振、打率 .261
【タイトル】オールスター 1 回（2016 年）

カルロス・ベルトラン
Carlos Ivan Beltran
1977.4.24 ～【出身地】プエルトリコ・マナティ【球団】98-2004 ロイヤルズ　04 アストロズ　05-11 メッツ　11 ジャイアンツ　12-13 カーディナルス　14-16 ヤンキース　16 レンジャーズ　17 アストロズ【位置】外野、両
【経歴】打走守の三拍子揃い、20 年にわたって活躍を続けた名外野手。95 年ドラフト 2 位でロイヤルズに入団、99 年正中堅手となり打率 .293、194 安打、22 本塁打、108 打点、27 盗塁で新人王を受賞。同年から 2001 年にかけて 33 回連続盗塁成功、通算成功率 .864 は引退時点で史上 2 位の高水準だった（100 盗塁以上）。01 年から 4 年連続 20 本塁打、100 打点、30 盗塁以上、04 年はアストロズ移籍以降の 90 試合で 23 本塁打、年間では 38 本。42 盗塁も決めて 30 － 30 を達成、プレイオフでは合計 12 試合で 46 打数 20 安打、新記録となる 5 試合連続を含む 8 本塁打、14 打点と大暴れした。
05 年 FA でメッツに移籍、06 年に自己最多の 41 本塁打（5 位）、116 打点。通算 8 回 100 打点以上を記録した。カーディナルス移籍後の 13 年はプレイオフ 11 試合で 12 打点、ポストシーズンは通算 65 試合で打率 .307、16 本塁打、42 打点、11 盗塁で失敗なし。守備でも強肩と広い守備範囲を誇り、3 度のゴールドグラブに輝いた。17 年にアストロズで世界一になったのを最後に現役を退いたが、同年のサイン盗み騒動の首謀者だったことが明るみに出て、20 年メッツ監督に就任した際は 1 試合も指揮を執らずに辞任へ追い込まれた。
【通算】20 年、2586 試合、9768 打数 2725 安打、565 二塁打（28 位）、78 三塁打、435 本塁打、1587 打点、312 盗塁、1084 四球、1795 三振（27 位）、打率 .279
【タイトル】新人王（99 年） ゴールドグラブ 3 回（2006 ～ 08 年） オールスター 9 回（04 ～ 07,09,11 ～ 13,16 年）

アドリアン・ベルトレ
Adrian Beltre
1979.4.7 ～【出身地】ドミニカ共和国サントドミンゴ【球団】98-2004 ドジャース　05-09 マリナーズ　10 レッドソックス　11-18 レンジャーズ【位置】三塁、右
【経歴】抜群の守備力と長打力を併せ持っていた名三塁手。通算 3166 安打は、アメリカ出身以外の選手では最多である。94 年ドジャースと契約した際は、規定年齢に満たない 15 歳だったことがのちに発覚した。98 年 19 歳でメジャーに昇格、翌 99 年正三塁手となる。2004 年は 48 本塁打でタイトルを獲得したほか、いずれも 4 位の打率 .334、200 安打、121 打点で、MVP 投票では次点に入った。05 年 FA

でマリナーズに移籍、10年はレッドソックスで打率.321(4位)、49二塁打は1位だった。
11年レンジャーズに移り32本塁打(5位)、105打点、長打率.561(3位)。ディヴィジョンシリーズ第4戦で3打席連続本塁打、ワールドシリーズでも2本塁打を放った。翌12年も打率.321(3位)、194安打(4位)、36本塁打。15年には08、12年に次いで史上最多タイとなる3度目のサイクルヒットを記録した。17年にドミニカ出身者で初の3000安打に到達、通算では打率3割7回、100打点以上5回。守備では巧みなグラブさばきに加え、膝を突きながらも一塁へノーバウンド送球できる強肩で、5度のゴールドグラブに輝いた。頭をなでられるのを異常なほど嫌がっていたのも有名。24年殿堂入り。
【通算】21年、2933試合(15位)、11068打数(9位)3166安打(17位)、636二塁打(11位)、38三塁打、477本塁打、1707打点(25位)、121盗塁、848四球、1732三振、打率.286
【タイトル】本塁打王1回(2004年)ゴールドグラブ5回(07～08,11～12,16年)オールスター4回(10～12,14年)

トッド・ヘルトン
Todd Lynn Helton
1973.8.20～【出身地】テネシー州ノックスヴィル【球団】97-2013ロッキーズ【位置】一塁、左
【経歴】数々の球団記録を持つロッキーズ史上最高の強打者。95年ドラフト1位(全体8位)で入団、98年正一塁手となり打率.315、25本塁打、97打点で新人王投票は次点。2000年は8月中旬まで4割近い高打率をキープ、最終的には.372で、216安打、59二塁打、147打点、出塁率.463、長打率.698と併せ6部門で1位となった。翌01年は自己最多の49本塁打(4位)をはじめ146打点(2位)など打撃8部門で5位以内、また2年連続100長打を記録したナ・リーグ初の選手となった。
03年は9年1億4150万ドルの超大型契約を結び、.358の高打率を残すもアルバート・プホルスに1厘差で首位打者を逃す。04年まで6年連続で30本塁打以上打っていたが、06年以降は20本以上は一度もなく、二塁打の多い中距離打者として活躍を続けた。07年まで10年連続、通算では12回打率3割。01・03・04年は2位だったが、打者優位の本拠地で通算.350、ロードでは.289と開きがあった。5回100四球以上を選ぶなど選球眼も抜群で、出塁率4割以上9回。守備でも最多補殺4回、ゴールドグラブを3回受賞した。背番号17はロッキーズの選手で初の永久欠番となった。24年殿堂入り。
【通算】17年、2247試合、7962打数2519安打、592二塁打(20位)、37三塁打、369本塁打、1406打点、37盗塁、1335四球、1175三振、打率.316
【タイトル】首位打者1回(2000年)打点王1回(00年)最高出塁率2回(00,05年)ゴールドグラブ3回(01～02,04年)オールスター5回(00～04年)

キース・ヘルナンデス
Keith Hernandez
1953.10.20～【出身地】カリフォルニア州サンフランシスコ【球団】74-83カーディナルス　83-89メッツ　90インディアンズ【位置】一塁、左
【経歴】71年ドラフト42位の下位指名でカーディナルスに入団、早くから頭角を現わし20歳でメジャー昇格。79年打率.344で首位打者に輝き、48二塁打は1位、出塁率.417と210安打は2位、105打点(5位)も自己最多でウィリー・スタージェルとともにMVPを受賞。翌80年も出塁率.410で首位となった。82年のワールドシリーズでは8打点と活躍したが、麻薬禍により翌83年途中メッツへ放出。メッツではチームリーダーとなり主将も務めた。
通算では7回打率3割を記録。一塁守備は史上最高級との評価で、特にバントの処理は抜群に上手く、78年から11年連続でゴールドグラブを手にした。引退後は解説者となり、バラエティ番組にも出演。メキシコ人を意味する“メックス”というニックネームがあったが、実際にはスペイン移民の子孫である。
【通算】17年、2088試合、7370打数2182安打、426二塁打、60三塁打、162本塁打、1071打点、98盗塁、1070四球、1012三振、打率.296
【タイトル】MVP1回(79年)首位打者1回(79年)最高出塁率1回(80年)ゴールドグラブ11回(78～88年)オールスター5回(79～80,84,86～87年)

ウェス・ヘルムズ
Wesley Ray Helms
1976.5.12～【出身地】ノースカロライナ州

ガストニア【球団】98,2000-02 ブレーヴス 03-05 ブルワーズ 06 マーリンズ 07 フィリーズ 08-11 マーリンズ【位置】三塁、右
【経歴】94 年ドラフト 10 位でブレーヴスに入団。ブルワーズに移籍した 2003 年に 23 本塁打を放つが、131 三振を喫し守備でも 19 失策。続く 04 ～ 05 年は 4 本塁打どまりで、レギュラーに定着しそこなった。マーリンズに移った 06 年は 140 試合に出場し、240 打数ながら .329 の高打率。対左腕用の代打としての起用が多く、通算 89 本の代打安打を放った。おじのトミーは二塁手。
【通算】13 年、1212 試合、2711 打数 694 安打、75 本塁打、374 打点、3 盗塁、打率 .256

トミー・ヘルムズ
Tommy Vann Helms
1941.5.5 ～【出身地】ノースカロライナ州シャーロット【球団】64-71 レッズ 72-75 アストロズ 76-77 パイレーツ 77 レッドソックス【位置】二塁、三塁、右
【経歴】66 年正三塁手となり、打率 .284、154 安打で新人王を受賞。翌 67 年二塁へコンバート、68 年に自己最高の打率 .288。70 ～ 71 年は守備率 1 位でゴールドグラブを手にした。長くコーチを務めたのち、88 年ピート・ローズの出場停止期間中に監督を代行。翌 89 年ローズが退任すると後任監督に昇格した。甥のウェスもメジャーで活躍した。
【通算】14 年、1435 試合、4997 打数 1342 安打、34 本塁打、477 打点、33 盗塁、打率 .269
【タイトル】新人王 (66 年) ゴールドグラブ 2 回 (70 ～ 71 年) オールスター 2 回 (67 ～ 68 年)
【監督】88-89 レッズ 2 年、64 試合、28 勝 36 敗、勝率 .438

オリベール・ペレス
Oliver Perez
1981.8.15 ～【出身地】メキシコ合衆国クリアカン【球団】2002-03 パドレス 03-06 パイレーツ 06-10 メッツ 12-13 マリナーズ 14-15 ダイアモンドバックス 15 アストロズ 16-17 ナショナルズ 18-21 インディアンズ 22 ダイアモンドバックス【位置】投手、左
【経歴】99 年パドレスに入団、左腕からの力のある速球で 2004 年パイレーツで 12 勝、防御率 2.98、239 奪三振 (4 位)。奪三振率 11.0 はリーグトップだった。その後 2 年間は不振で 06 年途中メッツへトレードされ、07 年は 15 勝。続く 08 年も 10 勝を挙げたが、リーグワーストの 105 四球を与えるなど制球に苦しんだ。11 年はマイナーで過ごし、翌 12 年メジャーに再昇格してからはリリーフに転向。18 年は 51 試合で防御率 1.39 と好投した。WBC にはメキシコ代表として 4 回出場している。
【通算】20 年、703 試合、195 先発、3 完投、2 完封、74 勝 94 敗 5 S、1465.2 回、1546 奪三振、防御率 4.37

サルバドル・ペレス ★
Salvador Johan Perez
1990.5.10 ～【出身地】ベネズエラ共和国バレンシア【球団】2011-18,20-23 ロイヤルズ【位置】捕手、右
【経歴】強肩強打を誇ったロイヤルズ史上最高の捕手。2006 年に入団、正捕手となった 12 年は打率 .301、盗塁阻止率 .419。翌 13 年から 4 年連続、合計 5 回ゴールドグラブを受賞し、補殺で 3 回、盗塁阻止率で 2 回 1 位になった。14 年のワイルドカード・ゲームでサヨナラ安打、ワールドシリーズでは 24 打数 8 安打だったが最終第 7 戦で最後の打者となる。翌 15 年のプレイオフは 4 本塁打、ワールドシリーズでも 22 打数 8 安打で MVP に輝いた。
1 年目から 7 年連続で本塁打数を増やし、17・18 年は 2 年続けて 27 本、80 打点。19 年は肘の手術で全休したが、21 年は捕手の新記録となる 48 本塁打を放ち、121 打点と併せて二冠に輝いた。24 年も 2 度目の大台となる 104 打点。極端な早打ちで四球をほとんど選ばず、30 四球以上は 24 年の 44 個が初めてだった。
【通算】13 年、1552 試合、5880 打数 1571 安打、273 本塁打、916 打点、6 盗塁、1178 三振、打率 .267
【タイトル】本塁打王 1 回 (2021 年) 打点王 1 回 (21 年) ゴールドグラブ 5 回 (13 ～ 16,18 年) オールスター 9 回 (13 ～ 18,21,23 ～ 24 年)

トニー・ペレス
Atanasio Perez (Tony)
1942.5.14 ～【出身地】キューバ共和国カマグエイ【球団】64-76 レッズ 77-79 エクスポズ 80-82 レッドソックス 83 フィリーズ 84-86 レッズ【位置】一塁、三塁、右

【経歴】“ビッグ・レッド・マシーン”のリーダー兼ムードメイカーで、67年から11年連続で90打点以上、通算7回100打点以上と勝負強さを発揮する。67年三塁手としてレギュラーに定着し26本塁打、102打点、オールスターでは延長15回に決勝本塁打。69年37本塁打(4位)、122打点(3位)、翌70年は打率.317、40本塁打と129打点はともに3位。72年からは一塁に戻り、同年のワールドシリーズでは23打数10安打。75年のシリーズも打率こそ.179だったが3本塁打、7打点、翌76年のシリーズ第2戦ではサヨナラヒットを打った。

レッドソックスに移籍した80年は38歳にして25本塁打、105打点。44歳まで現役を続け、85年には当時の最年長記録となる42歳で満塁本塁打を放った。93年レッズの監督に就任したが44試合で解任の憂き目にあった。2000年殿堂入り。息子のエデュアルドも主に一塁手としてメジャー13年間で754試合に出場、2001年は阪神に在籍し、引退後は解説者として活躍した。

【通算】23年、2777試合(29位)、9778打数2732安打、505二塁打、79三塁打、379本塁打、1652打点(28位)、49盗塁、925四球、1867三振(19位)、打率.279

【タイトル】オールスター7回(67～70,74～76年)

【監督】93レッズ　2001マーリンズ　2年、158試合、74勝84敗、勝率.468

ネイフィ・ペレス

Neifi Neftali Perez

1973.6.2～【出身地】ドミニカ共和国ビヤメーヤ【球団】96-2001ロッキーズ　01-02ロイヤルズ　03-04ジャイアンツ　04-06カブス　06-07タイガース【位置】遊撃、両

【経歴】93年ロッキーズに入団。三塁打の多い選手で、97年は83試合の出場でリーグ2位の10本。99年はリーグ最多の11本、193安打も5位。2000年は2位の11本、その他打率.287、39二塁打、71打点も自己記録。守備でも3年続けて刺殺、補殺の両部門で1位となりゴールドグラブを受賞した。弱点は選球眼で、01年以降は一度も30四球以上選ぶことがなかった。バスケットボールでもドミニカ共和国のユース代表に選ばれた。

【通算】12年、1403試合、5127打数1370安打、64本塁打、489打点、57盗塁、打率.267

【タイトル】ゴールドグラブ1回(2000年)

パスクアル・ペレス

Pascual Gross Perez

1957.5.17～2012.11.1【出身地】ドミニカ共和国サンクリストバル【球団】80-81パイレーツ　82-85ブレーヴス　87-89エクスポズ　90-91ヤンキース【位置】投手、右

【経歴】打者を挑発する数々のパフォーマンスや、ビーンボールを多投し悪評を買うなど、実力以外の部分で名前を売った投手。スライダーが良く、83年は15勝でオールスターに出場したが、同年オフに麻薬不法所持で逮捕される。84年も14勝したが続く85年は1勝13敗、失踪騒動も起こして解雇され、86年はどのチームとも契約できなかった。

87年エクスポズに入団、後半戦からメジャーに再昇格し10試合で7勝0敗と好投。翌88年は12勝、防御率2.44、9月24日のフィリーズ戦では5回参考ながらノーヒットノーランを記録するなど完全復活を果たした。俊足でしばしば代走として起用され、一度だけ決めた盗塁はホームスティールだった。2012年に自宅で強盗に襲われ命を落とした。弟メリドも通算78勝を挙げた投手で、90年7月12日のヤンキース戦で6回参考のノーヒットノーランを達成。もう一人の弟カルロスもオールスター投手で、兄譲りの奇行やパフォーマンスで話題をまいた。

【通算】11年、207試合、193先発、21完投、4完封、67勝68敗0S、1244.1回、822奪三振、防御率3.44

【タイトル】オールスター1回(83年)

マルティン・ペレス　★

Martin Perez

1991.4.4～【出身地】ベネズエラ共和国グアナレ【球団】2011-18レンジャーズ　19ツインズ　20-21レッドソックス　22-23レンジャーズ　24パイレーツ　24パドレス【位置】投手、左

【経歴】2007年レンジャーズに入団、13年にローテーション入りして10勝を挙げたのをはじめ、通算6回2ケタ勝利。球威には欠ける分、変化球を上手く打たせる投球で、22年は196.1回(5位)を投げ自己ベストの防御率2.89を記録した。

【通算】13年、314試合、269先発、4完投、3完封、90勝87敗0S、1575.2回、1109奪三振、防御率4.44

【タイトル】オールスター1回（2022年）

アンヘル・ベロア
Angel Maria Berroa
1980.1.27～【出身地】ドミニカ共和国サントドミンゴ【球団】2001-07 ロイヤルズ　08ドジャース　09ヤンキース　09メッツ【位置】遊撃、右
【経歴】98年に入団したアスレティックスから2001年ロイヤルズに移籍。03年正遊撃手となり打率.287、17本塁打、73打点に加え守備力も評価され、松井秀喜を抑えて新人王を受賞した。打撃の弱さと選球眼の悪さを改善できず、その後は大して活躍できなかった。
【通算】9年、746試合、2575打数665安打、46本塁打、254打点、50盗塁、打率.258
【タイトル】新人王（2003年）

ヘロニモ・ベロア
Geronimo Emiliano Letta Berroa
1965.3.18～【出身地】ドミニカ共和国サントドミンゴ【球団】89-90 ブレーヴス　92レッズ　93マーリンズ　94-97 アスレティックス　97オリオールズ　98インディアンズ　98タイガース　99ブルージェイズ　2000ドジャース【位置】外野、DH、右
【経歴】84年ブルージェイズに入団。長いマイナー暮らしののち、94年ようやくメジャーに定着し打率.306。96年自己最多の36本塁打、106打点、続く97年も26本塁打、90打点を挙げ、ディヴィジョンシリーズでは13打数5安打、2本塁打を放った。その後の3年間では2本塁打のみと成績が急落した。
【通算】11年、779試合、2506打数692安打、101本塁打、382打点、19盗塁、打率.276

セサル・ヘロニモ
Cesar Francisco Geronimo
1948.3.11～【出身地】ドミニカ共和国エルセイボ【球団】69-71 アストロズ　72-80 レッズ　81-83 ロイヤルズ【位置】外野、左
【経歴】ヤンキースでプロ入り、69年ルール5ドラフトでアストロズへ移ったのち、72年ジョー・モーガンとともにレッズに移籍しレギュラーとなる。強肩で4度のゴールドグラブを受賞し“ビッグ・レッド・マシーン”の一角を担った。75年のワールドシリーズでは2本塁打、翌76年は打率.307、11三塁打（2位）、22盗塁。ボブ・ギブソン、ノーラン・ライアン両投手の3000奪三振目の打者だった。91年からは広島がドミニカに開校した野球アカデミーの会長を務めた。
【通算】15年、1522試合、3780打数977安打、51本塁打、392打点、82盗塁、打率.258
【タイトル】ゴールドグラブ4回（74～77年）

トム・ヘンキー
Thomas Anthony Henke
1957.12.21～【出身地】ミズーリ州カンザスシティ【球団】82-84 レンジャーズ　85-92 ブルージェイズ　93-94 レンジャーズ　95カーディナルス【位置】投手、右
【経歴】物事に動じないタイプで、完璧なリリーフぶりから“ターミネイター”と呼ばれた名ストッパー。80年ドラフト4位（第2回）で入団したレンジャーズ時代は出番が少なく、85年ブルージェイズへ移って開花。150kmを超す快速球とフォークボールで、86年から8年連続20セーブ以上、87年の34セーブは1位。92年はポストシーズンで合計5セーブを挙げ世界一の一翼を担った。レンジャーズに復帰した93年自己最多の40セーブ（3位）、カーディナルスに移った95年も36セーブ（2位）、防御率1.82で、同年限り引退した。
【通算】14年、642試合、0先発、41勝42敗311S（26位）、789.2回、861奪三振、防御率2.67
【タイトル】最多セーブ1回（87年）オールスター2回（87,95年）

レイ・ベンジ
Raymond Adelphia Benge
1902.4.22～97.6.27【出身地】テキサス州ジャクソンヴィル【球団】25-26 インディアンズ　28-32 フィリーズ　33-35 ドジャース　36ブレーヴス　36フィリーズ　38レッズ【位置】投手、右
【経歴】横手からのカーブを武器として、25年9月26日のメジャー初登板で完封勝利。29年は防御率6.29と苦しみながらも11勝、以後6年連続2ケタ勝利。31、34年は14勝を挙げたが、弱小球団にいたため負け数も多かった。口数が少なく“サイレント・カル”のニックネームで呼ばれた。
【通算】12年、346試合、248先発、102完投、12完封、101勝129敗、1875.1回、655奪三振、防御率4.52

ハンター・ペンス
Hunter Andrew Pence
1983.4.13 ～【出身地】テキサス州フォートワース【球団】2007-11 アストロズ　11-12 フィリーズ　12-18 ジャイアンツ　19 レンジャーズ　20 ジャイアンツ【位置】外野、右
【経歴】不恰好な独特の打撃フォームで知られた個性派。熱血漢で、どのチームでも人気者だった。2004 年ドラフト 2 位でアストロズに入団、07 年打率 .322、9 三塁打（4 位）、17 本塁打で新人王投票 3 位。翌 08 年から 3 年連続で 25 本塁打、11 年はシーズン途中でフィリーズに移り、打率 .314、190 安打、38 二塁打はすべて 4 位。続く 12 年も途中でジャイアンツに移籍し、年間では自己最多の 104 打点（5 位）を記録した。14 年のワールドシリーズではいずれもチームトップの 12 安打、5 打点で世界一に貢献した。
【通算】14 年、1707 試合、6420 打数 1791 安打、244 本塁打、942 打点、120 盗塁、1335 三振、打率 .279
【タイトル】オールスター 4 回(2009,11,14,19 年)

チーフ・ベンダー
Charles Albert Bender (Chief)
1884.5.5 ～ 1954.5.22【出身地】ミネソタ州クロウウィングカウンティ【球団】03-14 アスレティックス　15 ボルティモア（FL）16-17 フィリーズ　25 ホワイトソックス【位置】投手、右
【経歴】ネイティヴ・アメリカンで最も成功を収めた選手。足を高く上げる投球フォームで豪速球を投げ込むだけでなく、ニッケル・カーブ（スライダー）や、下手からスクリューボールを投げるなど頭脳的な投球も際立っていた。03 年 18 歳でアスレティックスに加わり 17 勝、防御率 3.07。以後 7 年続けて防御率を向上させ、10 年は自己ベストの 1.58（5 位）。同年自己最多の 23 勝（4 位）、5 月 12 日のインディアンズ戦でノーヒットノーランを達成した。
　05 年のワールドシリーズ第 2 戦で完封勝利、11 年のシリーズも 3 完投で 2 勝。13 年は 21 勝（4 位）、現在の規定に当てはめればセーブも 13 個あった。フェデラル・リーグに移った 15 年は 4 勝 16 敗と大きく負け越す。18 年以降はマイナーで監督を兼任し現役続行、ホワイトソックスのコーチに就任した 25 年に 1 イニングのみ投げた。代打としても時折起用され、サイン盗みの特技を生かし三塁ベースコーチにも立った。ゴルフ、射撃、油絵、読書（英文学）など趣味も多岐にわたった。53 年殿堂入り。
【通算】16 年、459 試合、334 先発、255 完投、40 完封、212 勝 127 敗、3017 回、1711 奪三振、712 四球、防御率 2.46

ガナー・ヘンダーソン　★
Gunnar Randal Henderson
2001.6.29 ～【出身地】アラバマ州モンゴメリー【球団】2022-24 オリオールズ【位置】遊撃、三塁、左
【経歴】2019 年ドラフト 2 位でオリオールズに入団。レギュラーに定着した 23 年は 28 本塁打、82 打点で新人王に選ばれた。翌 24 年はオールスター前に 28 本塁打、年間では 37 本、92 打点、21 盗塁の活躍だった。
【通算】3 年、343 試合、1306 打数 350 安打、69 本塁打、192 打点、32 盗塁、打率 .268
【タイトル】新人王（2023 年）オールスター 1 回（24 年）

ケン・ヘンダーソン
Kenneth Joseph Henderson
1946.6.15 ～【出身地】アイオワ州キャロル【球団】65-72 ジャイアンツ　73-75 ホワイトソックス　76 ブレーヴス　77 レンジャーズ　78 メッツ　78-79 レッズ　79-80 カブス【位置】外野、両
【経歴】65 年 18 歳でジャイアンツに昇格、強肩でウィリー・メイズの後継者として期待される。70 年打率 .294、35 二塁打、20 盗塁、87 四球を選び出塁率は .394。74 年は 176 安打、35 二塁打、95 打点の 3 部門で 4 位、20 本塁打も自己最多だったが、当初の期待ほどには伸びなかった。
【通算】16 年、1444 試合、4553 打数 1168 安打、122 本塁打、576 打点、86 盗塁、打率 .257

スティーヴ・ヘンダーソン
Steven Curtis Henderson
1952.11.18 ～【出身地】テキサス州ヒューストン【球団】77-80 メッツ　81-82 カブス　83-84 マリナーズ　85-87 アスレティックス　88 アストロズ【位置】外野、右
【経歴】74 年ドラフト 5 位でレッズに入団。77 年メッツでメジャーに昇格、99 試合に出場し打率 .297、65 打点、新人王投票ではアンドレ・ドーソンに 1 票及ばず次点

だった。翌78年は9三塁打（4位）、その後もコンスタントに3割近い数字を残した。大物とのトレードに縁があり、メッツ移籍時はトム・シーヴァー、81年にカブスへ移った時はデイヴ・キングマンとの交換だった。引退後はレイズなどの打撃コーチを務めた。
【通算】12年、1085試合、3484打数976安打、68本塁打、428打点、79盗塁、打率.280

デイヴ・ヘンダーソン
David Lee Henderson
1958.7.21～2015.12.27【出身地】カリフォルニア州マーセッド【球団】81-86マリナーズ　86-87レッドソックス　87ジャイアンツ　88-93アスレティックス　94ロイヤルズ【位置】外野、右
【経歴】77年ドラフト1位でマリナーズに入団。86年終盤レッドソックスに移り、プレイオフ第5戦で9回二死から同点2ラン、11回に決勝犠飛を打ち上げ、逆転優勝のきっかけを作る。ワールドシリーズでも25打数10安打、2本塁打、5打点。88年アスレティックスへ移籍し自己最高の打率.304、94打点。翌89年のワールドシリーズでは第3戦で2打席連続本塁打を放った。91年は25本塁打しオールスターに出場、アスレティックス在籍時の5年間で4回20本塁打以上。引退後はマリナーズ戦の解説者となった。おじのジョーはレッズの投手。
【通算】14年、1538試合、5130打数1324安打、197本塁打、708打点、50盗塁、1105三振、打率.258
【タイトル】オールスター1回（91年）

リッキー・ヘンダーソン
Rickey Nelson Henley Henderson
1958.12.25～2024.12.20【出身地】イリノイ州シカゴ【球団】79-84アスレティックス　85-89ヤンキース　89-93アスレティックス　93ブルージェイズ　94-95アスレティックス　96-97パドレス　97エンジェルズ　98アスレティックス　99-2000メッツ　00マリナーズ　01パドレス　02レッドソックス　03ドジャース【位置】外野、右
【経歴】史上1位の1406盗塁、2295得点を記録した不世出のリードオフマン。単に俊足であるだけでなく、史上2位の2190四球を選んだ選球眼、打率3割7回の打力を持ち合わせていたことが大記録につながった。76年ドラフト4位でアスレティックスに入団、79年メジャーに昇格し89試合で33盗塁。果敢なヘッドスライディングがトレードマークで、翌80年リーグ新記録の100盗塁、81年はリーグ最多の135安打、56盗塁。82年は130盗塁でルー・ブロックのメジャー記録を大幅に塗り替えた。
　85年ヤンキースに移籍し打率.314（4位）、翌86年は自己最多の28本塁打、74打点。87年はハムストリングの故障で95試合の出場にとどまり、連続盗塁王は7年で途切れたが、88年から再び4年連続タイトル。89年途中アスレティックスに復帰、プレイオフは15打数6安打、2本塁打、8盗塁でMVP、ワールドシリーズも19打数9安打、3盗塁。続く90年は打率.325（2位）、28本塁打に加え65盗塁と出塁率.439は1位、長打率.577も2位で、51本塁打のセシル・フィールダーを抑えMVPを受賞。91年5月1日にはブロックの通算記録を破る939個目の盗塁を決め、ちょうど1年後の92年5月1日に通算1000盗塁に到達した。
　ベテランになっても足は衰えず、4度目のアスレティックス復帰となった98年は66盗塁で7年ぶり12回目の盗塁王。メッツに移籍した99年は40歳にして打率.315を記録した。パドレスに復帰した2001年はベーブ・ルースの通算四球、タイ・カッブの通算得点記録を更新、最終戦では3000本安打と記録ずくめの一年となった。肩が弱かったため、守備面での評価はさほど高くなかったが、俊足を生かした守備範囲の広さで補っていた。先頭打者本塁打81本は断然1位、現役最後の本塁打も先頭打者弾だった。03年限りでメジャーからは退いたものの、なお46歳になるまで独立リーグで現役を続けた。09年殿堂入り。
【通算】25年、3081試合（4位）、10961打数（13位）3055安打（26位）、510二塁打、66三塁打、297本塁打、1115打点、1406盗塁（1位）、2190四球（2位）、1694三振、打率.279
【タイトル】MVP1回（90年）盗塁王12回（80～86,88～91,98年）最高出塁率1回（90年）ゴールドグラブ1回（81年）オールスター10回（80,82～88,90～91年）

ジョニー・ベンチ
Johnny Lee Bench
1947.12.7～【出身地】オクラホマ州オク

ラホマシティ【球団】67-83 レッズ【位置】捕手、三塁、一塁、右
【経歴】攻守にわたり“ビッグ・レッド・マシーン”の中核として活躍した、史上最高の捕手の一人。65 年ドラフト 2 位でレッズに入団、67 年 19 歳でメジャーに昇格した時点で、すでにテッド・ウィリアムズが将来の殿堂入りを予言していたという。翌 68 年レギュラーの座につき打率 .275、40 二塁打(3 位)、15 本塁打、82 打点で新人王を受賞。70 年は 45 本塁打、148 打点の二冠王で MVP、72 年も 40 本塁打、125 打点でまたも二冠王となり、2 度目の MVP を手にする。74 年も 38 二塁打と 33 本塁打は 2 位、129 打点で 3 度目の打点王となった。
　成績にはやや波があり、特に 76 年は打率 .234、16 本塁打と極端な不振だったが、ワールドシリーズでは 15 打数 8 安打、2 本塁打、6 打点で MVP。翌 77 年 31 本塁打、6 度目の大台となる 109 打点と復調した。当代随一の強肩の持ち主で、通算盗塁阻止率は .435。片手でボールを 8 個摑めると言われた大きな手でキャッチングも柔らかく、68 年から 10 年連続でゴールドグラブを受賞した。故障もあって 81 年以降は一塁や三塁での出場が増えた。ワールドシリーズでは通算 23 試合で 5 本塁打、14 打点、オールスターでも 3 本塁打。片手でのキャッチングを広め、捕手用ヘルメットを最初にかぶった選手でもある。89 年殿堂入り。
【通算】17 年、2158 試合、7658 打数 2048 安打、381 二塁打、24 三塁打、389 本塁打、1376 打点、68 盗塁、891 四球、1278 三振、打率 .267
【タイトル】MVP2 回(70,72 年)新人王(68 年)本塁打王 2 回(70,72 年)打点王 3 回(70,72,74 年)ゴールドグラブ 10 回(68 ～ 77 年)オールスター 14 回(68 ～ 80,83 年)

パット・ヘントゲン
Patrick George Hentgen
1968.11.13 ～【出身地】ミシガン州デトロイト【球団】91-99 ブルージェイズ　2000 カーディナルス　01-03 オリオールズ　04 ブルージェイズ【位置】投手、右
【経歴】86 年ドラフト 5 位でブルージェイズに入団。93 年ローテーションに加わり 19 勝(2 位)、ワールドシリーズ第 3 戦でも 6 回 1 失点で勝利投手となる。翌 94 年も 13 勝(5 位)、147 奪三振(4 位)。得意のカッターで 96 ～ 97 年は 2 年続けて投球回、完投、完封の 3 部門で 1 位、96 年はいずれも 2 位の 20 勝、防御率 3.22 でサイ・ヤング賞を受賞した。2000 年カーディナルスに移籍、15 勝を挙げ地区優勝に貢献。翌 01 年はオリオールズに移ったが、肘の故障でその後はあまり活躍できなかった。
【通算】14 年、344 試合、306 先発、34 完投、10 完封、131 勝 112 敗 1 S、2075.1 回、1290 奪三振、防御率 4.32
【タイトル】サイ・ヤング賞 1 回(96 年)オールスター 3 回(93 ～ 94,97 年)

ジョージ・ヘンドリック
George Andrew Hendrick
1949.10.18 ～【出身地】カリフォルニア州ロスアンジェルス【球団】71-72 アスレティックス　73-76 インディアンズ　77-78 パドレス　78-84 カーディナルス　85 パイレーツ　85-88 エンジェルズ【位置】外野、右
【経歴】68 年 1 月ドラフト 1 位でアスレティックスに入団。インディアンズに移った 73 年レギュラーとなり 21 本塁打、75 年から 4 年連続 20 本以上。77 年は打率 .311、自己ベストの出塁率 .381。全盛時はカーディナルス時代で、80 年は 25 本塁打、109 打点(2 位)、優勝した 82 年は 104 打点(4 位)、ワールドシリーズでは 28 打数 9 安打、5 打点。最終第 7 戦で勝ち越しの決勝タイムリーを放った。翌 83 年 4 度目の 3 割となる打率 .318(4 位)。寡黙でマスコミ嫌いでも有名だった。引退後はカーディナルス、レイズなどでコーチを務めた。
【通算】18 年、2048 試合、7129 打数 1980 安打、343 二塁打、27 三塁打、267 本塁打、1111 打点、59 盗塁、567 四球、1013 三振、打率 .278
【タイトル】オールスター 4 回(74 ～ 75,80,83 年)

カイル・ヘンドリックス　★
Kyle Christian Hendricks
1989.12.7 ～【出身地】カリフォルニア州ニューポートビーチ【球団】2014-24 カブス【位置】投手、右
【経歴】ダートマス大では経済学を専攻。2011 年ドラフト 8 位でレンジャーズに入団、チェンジアップを武器とする技巧派で、グレッグ・マダックスと比較する声もあった。14 年にカブスでメジャーへ昇格すると 13

試合で7勝、防御率2.46。16年は16勝、リーグ1位の防御率2.13。ワールドシリーズでも2試合に先発し9回を自責点1、同年のポストシーズンは5先発で1勝1敗ながら防御率1.42だった。18、21年も14勝。20年は81.1回を投げ8四球しか与えず、通算でも与四球率は2.1個にとどめた。父のジョンはプロゴルファーで自身も得意だった。
【通算】11年、276試合、270先発、6完投、4完封、97勝81敗0S、1580.1回、1259奪三振、防御率3.68
【タイトル】最優秀防御率1回(2016年)

クロード・ヘンドリックス
Claude Raymond Hendrix
1889.4.13〜1944.3.22【出身地】カンザス州オーラーシ【球団】11-13パイレーツ　14-15シカゴ(FL)　16-20カブス【位置】投手、右
【経歴】スピットボーラーで12年24勝(3位)、176奪三振(2位)。14年フェデラル・リーグに加わり29勝と防御率1.69はいずれも1位、翌15年5月15日のピッツバーグ(FL)戦でノーヒットノーランを達成。18年も20勝(2位)で優勝に貢献したが、八百長に関与した疑惑をかけられ、明白な証拠はなかったが20年限りで解雇された。通算打率.241、14本塁打と打撃も良かった。
【通算】10年、360試合、257先発、184完投、27完封、144勝116敗、2371.1回、1092奪三振、防御率2.65
【タイトル】最多勝1回(14年)最優秀防御率1回(14年)

ジャック・ヘンドリックス
John Charles Hendricks
1875.4.9〜1943.5.13【出身地】イリノイ州ジョリエット【球団】02ジャイアンツ　02カブス　03セネターズ【位置】外野、左
【経歴】現役時代はいいところがなく、マイナーで指導者として経験を積み18年カーディナルス監督に就任。最下位に終わり1年で退くが、24年急死したパット・モランのあとを受けレッズ監督となり、26年は2位に入った。
【通算】2年、42試合、145打数30安打、0本塁打、4打点、5盗塁、打率.207
【監督】18カーディナルス　24-29レッズ　7年、1055試合、520勝528敗、勝率.496

リアム・ヘンドリックス
Liam Johnson Hendriks
1989.2.10〜【出身地】オーストラリア・パース【球団】2011-13ツインズ　14ブルージェイズ　14ロイヤルズ　15ブルージェイズ　16-20アスレティックス　21-23ホワイトソックス【位置】投手、右
【経歴】2007年ツインズに入団、13年オフには3度ウェーバーにかけられる。15年からメジャーに定着、19年は25セーブ、防御率1.80、速球とスライダーを組み合わせ85回で124三振を奪う。ホワイトソックスへ移籍した21年はリーグ最多の38セーブ、113三振を奪い7四球しか与えなかった。22年も37セーブ(2位)を挙げたが、23年はがんが発見され5試合投げただけ。24年は全休した。
【通算】13年、476試合、44先発、1完投、0完封、33勝34敗116S、650回、727奪三振、防御率3.82
【タイトル】最多セーブ1回(2021年)オールスター3回(19,21〜22年)

テリー・ペンドルトン
Terry Lee Pendleton
1960.7.16〜【出身地】カリフォルニア州ロスアンジェルス【球団】84-90カーディナルス　91-94ブレーヴス　95-96マーリンズ　96ブレーヴス　97レッズ　98ロイヤルズ【位置】三塁、両
【経歴】82年ドラフト7位でカーディナルスに入団。85年正三塁手となり、87年は打率.286、96打点。91年ブレーヴスに移籍すると打率.319で首位打者、187安打も1位で優勝に貢献、チームリーダーとしての働きも評価されMVPを受賞した。ワールドシリーズでも30打数11安打、2本塁打を放つ。翌92年も打率.311、199安打(1位)、39二塁打(5位)、105打点(2位)と好調を持続した。守備でも守備範囲の広さと敏捷な動きで補殺、刺殺で5回、併殺で2回1位となり、3度のゴールドグラブを手にした。引退後はブレーヴスのコーチ。
【通算】15年、1893試合、7032打数1897安打、140本塁打、946打点、127盗塁、打率.270
【タイトル】MVP1回(91年)首位打者1回(91年)ゴールドグラブ3回(87,89,92年)オールスター1回(92年)

アル・ベントン
John Alton Benton
1911.3.18 ～ 68.4.14【出身地】オクラホマ州ノーブル【球団】34-35 アスレティックス　38-42,45-48 タイガース　49-50 インディアンズ　52 レッドソックス【位置】投手、右
【経歴】アスレティックスで 2 年間に 10 勝を挙げたのちマイナー落ち。スライダーを修得して 38 年タイガースで再昇格、41 年リリーフでの 10 勝を含む 15 勝、防御率 2.97 (2 位)。兵役から復帰した 45 年は 5 完封を含む 13 勝、防御率 2.02 (2 位) で優勝に大きく貢献した。通算打率 .098 と打撃は苦手だった。ベーブ・ルース、ミッキー・マントルの両者と対戦した唯一の投手である。
【通算】14 年、455 試合、167 先発、58 完投、10 完封、98 勝 88 敗、1688.1 回、697 奪三振、防御率 3.66
【タイトル】オールスター 2 回 (41 ～ 42 年)

ラリー・ベントン
Lawrence James Benton
1897.11.20 ～ 1953.4.3【出身地】ミズーリ州セントルイス【球団】23-27 ブレーヴス　27-30 ジャイアンツ　30-34 レッズ　35 ブレーヴス【位置】投手、右
【経歴】快速球の持ち主で、ジャイアンツのマイナーに所属していたが、23 年ヒュー・マックィーランとの交換でブレーヴスへ移籍。25 年 14 勝、防御率 3.09 (4 位)、翌 26 年も 14 勝し、27 年途中再びマックィーランとのトレードでジャイアンツへ復帰。同年 17 勝、翌 28 年は 25 勝と 28 完投が 1 位、防御率 2.73 (5 位) は自己ベストだった。28 ～ 30 年の 3 年間は、755 回を投げ 1 つの死球も与えなかった。
【通算】13 年、455 試合、261 先発、123 完投、13 完封、128 勝 128 敗、2297 回、670 奪三振、防御率 4.03
【タイトル】最多勝 1 回 (28 年)

ルーブ・ベントン
John Cleave Benton (Rube)
1890.6.27 ～ 1937.12.12【出身地】ノースカロライナ州クリントン【球団】10-15 レッズ　15-21 ジャイアンツ　23-25 レッズ【位置】投手、左
【経歴】1910 年代のナ・リーグ屈指の速球派。12 年リーグ最多の 50 試合に投げ 18 勝、14 年は 4 完封を含む 16 勝。15 年途中ウェーバーにかけられ、ジャイアンツに移籍する約束になっていたところをパイレーツが獲得。1 試合だけ投げ勝利投手にもなったが、ジャイアンツの訴えにより移籍は無効とされ、登板した試合は公式記録から抹消された。17 年は 15 勝、ワールドシリーズ第 3 戦で完封、第 6 戦でも 5 回を自責点 0 に抑えながら、守備の乱れから 3 点を失い敗戦投手となった。
20 年レッズのバック・ハーゾグ監督を、八百長を工作したとして糾弾。しかし却って自らの八百長への関与を取り沙汰され、審理の過程でホワイトソックスの選手が 19 年のワールドシリーズで八百長を働いたことを証言し“ブラックソックス事件”の端緒を開いた。21 年途中で解雇されたが 23 年レッズで復帰、7 度目の 2 ケタとなる 14 勝。翌 24 年は 7 勝どまりながら防御率 2.77 は 4 位だった。大の酒好き、遊び好きに加えてスピード狂でもあり、何度も自動車事故を起こした挙句、37 年に衝突事故で亡くなった。
【通算】15 年、437 試合、311 先発、145 完投、23 完封、150 勝 144 敗、2517.1 回、950 奪三振、防御率 3.09

チャーリー・ヘンプヒル
Charles Judson Hemphill
1876.4.20 ～ 1953.6.22【出身地】ミシガン州グリーンヴィル【球団】1899 セントルイス　99 クリーヴランド　1901 レッドソックス　02 インディアンズ　02-04,06-07 ブラウンズ　08-11 ヤンキース【位置】外野、左
【経歴】状況判断に優れた理想的な二番打者として評価が高く、1902 年途中インディアンズから放出されたが、ブラウンズに拾われ打率 .308、69 打点の自己記録を残す。ヤンキースに移った 08 年は打率 .297 (4 位)、出塁率 .374 (3 位) に加え 42 盗塁 (2 位) を決めた。外野守備はお世辞にも上手いとは言えなかった。弟フランクもメジャー経験あり。
【通算】11 年、1242 試合、4541 打数 1230 安打、22 本塁打、421 打点、207 盗塁、打率 .271

トミー・ヘンリック
Thomas David Henrich
1913.2.20 ～ 2009.12.1【出身地】オハイオ州マッシロン【球団】37-42,46-50 ヤンキース【位置】外野、一塁、左
【経歴】ジョー・ディマジオらとともにヤンキースの第二次黄金時代を築いた強打者。ボブ・フェラーも苦手な打者として名前を

挙げていた。インディアンズのマイナーにとどめ置かれていたが、コミッショナー裁定でFAとして認められ、37年ヤンキースに加入。翌38年は22本塁打、91打点、92四球。41年には31本塁打(3位)を放つが、翌42年を最後に兵役につく。除隊後の47年13三塁打(1位)、98打点(2位)、続く48年は42二塁打(2位)、満塁本塁打4本を含む25本塁打、自己最多の100打点。14三塁打は1位だった。49年のワールドシリーズ第1戦でポストシーズン史上初のサヨナラ本塁打を放つなど、ここ一番の勝負強さが光った。
【通算】11年、1284試合、4603打数1297安打、183本塁打、795打点、37盗塁、打率.282
【タイトル】オールスター5回(42,47～50年)

【ホ】

ビリー・ホイ
William Elsworth Hoy
1862.5.23～1961.12.15【出身地】オハイオ州ハウクタウン【球団】1888-89ワシントン　90バッファロー(PL)　91セントルイス(AA)　92-93ワシントン　94-97シンシナティ　98-99ルイヴィル　1901ホワイトソックス　02レッズ【位置】外野、左
【経歴】身長160cmの小柄な選手で、聴覚障害のハンディキャップを乗り越え長く活躍。現在では差別的表現とされる"ダミー"というニックネームも気にしていなかった。俊足で選球眼も良く、1891年にリーグ最多の117四球、出塁率.424は3位。98年は16三塁打(2位)、翌99年に自己記録の打率.305、194安打。89年6月19日には1試合で3回走者を本塁で刺した。好プレイを演じた際は、ファンから拍手の代わりにハンカチを振られた。1961年のワールドシリーズ第3戦では、99歳の高齢で始球式を務めた。
【通算】14年、1797試合、7115打数2048安打、121三塁打、40本塁打、725打点、596盗塁(19位)、1006四球、打率.288

エド・ホイザー
Edward Burlton Heusser
1909.5.7～56.3.1【出身地】ユタ州ソルトレイクカウンティ【球団】35-36カーディナルス　38フィリーズ　40アスレティックス　43-46レッズ　48フィリーズ【位置】投手、右
【経歴】シンカー投手で35～36年に合計12勝を挙げたが、その後3年間は1試合に投げただけ。41～42年もマイナー暮らしだったが、43年34歳にしてメジャーに定着、翌44年自己最多の13勝、防御率2.38は1位。45年は16敗を喫したものの4完封を含む11勝を挙げた。
【通算】9年、266試合、104先発、50完投、10完封、56勝67敗、1087回、299奪三振、防御率3.69
【タイトル】最優秀防御率1回(44年)

ウェイト・ホイト
Waite Charles Hoyt
1899.9.9～1984.8.25【出身地】ニューヨーク州ブルックリン【球団】18ジャイアンツ　19-20レッドソックス　21-30ヤンキース

30-31 タイガース　31 アスレティックス　32 ドジャース　32 ジャイアンツ　33-37 パイレーツ　37-38 ドジャース【位置】投手、右
【経歴】ヤンキース第一次黄金期の主力投手。18 年 18 歳でデビューし、レッドソックスから移籍した 21 年 19 勝、以後 11 年連続 2 ケタ勝利。力のある速球と落ち着いたマウンドさばきで 27 年は 22 勝で最多勝、防御率 2.63 も 2 位。翌 28 年は自己最多の 23 勝（3 位）を挙げた。ワールドシリーズでは通算 6 勝、防御率 1.83。21 年は第 2 戦で 2 安打完封、27 回で自責点 0 だったが、最終第 8 戦はエラーで敗戦投手となった。絵を描くのが特技で、引退後はレッズのアナウンサーを 24 年間務めた。69 年殿堂入り。
【通算】21 年、674 試合、425 先発、226 完投、26 完封、237 勝 182 敗、3762.1 回、1206 奪三振、1003 四球、防御率 3.59
【タイトル】最多勝 1 回（27 年）

ラマー・ホイト
Dewey LaMarr Hoyt
1955.1.1 ～ 2021.11.29【出身地】サウスカロライナ州コロンビア【球団】79-84 ホワイトソックス　85-86 パドレス【位置】投手、右
【経歴】73 年ドラフト 5 位でヤンキースに入団。多彩な球種の持ち主で、ホワイトソックス移籍後の 81 年リリーフで 9 勝 10 セーブ、先発に転向した翌 82 年は 19 勝（1 位）。続く 83 年もオールスターまでに 15 勝、2 年連続最多勝となる 24 勝でサイ・ヤング賞に輝く。同年は 260.2 回で 31 四球と抜群の制球力で、プレイオフ第 1 戦でも無四球で 1 失点完投勝ちを収めた。85 年パドレスに移り 16 勝、オールスターも先発で好投し MVP を受賞したが、大麻の不法所持で逮捕され 87 年は 1 年間出場停止。復帰を試みるも失敗、その後も麻薬との縁が切れず刑務所暮らしも経験した。
【通算】8 年、244 試合、172 先発、48 完投、8 完封、98 勝 68 敗 10 S、1311.1 回、681 奪三振、防御率 3.99
【タイトル】サイ・ヤング賞 1 回（83 年）最多勝 2 回（82 ～ 83 年）オールスター 1 回（85 年）

クリート・ボイヤー　☆
Cletis Leroy Boyer
1937.2.9 ～ 2007.6.4【出身地】ミズーリ州キャスヴィル【球団】55-57 アスレティックス　59-66 ヤンキース　67-71 ブレーヴス【位置】三塁、右
【経歴】ボイヤー三兄弟の末弟で、55 年マイナーを経験せずアスレティックス入り。三塁守備は史上屈指との評価を得るも、同時期にブルックス・ロビンソンがいたためゴールドグラブは 1 回受賞したのみ。打率は最高でも 62 年の .272 と確実性に欠けたが、長打力があり 62・65 年は 18 本塁打、ブレーヴスに移った 67 年は 26 本塁打、96 打点。71 年 5 月首脳陣と衝突して退団、翌 72 年大洋に入団し 73 ～ 74 年にダイヤモンドグラブ賞を受賞。外国人選手の間ではリーダー的存在で、76 年はコーチを務めた。帰国後はビリー・マーティン監督の下アスレティックスとヤンキースでコーチを歴任。兄のクロイド、ケンもメジャーリーガーで、64 年のワールドシリーズ第 7 戦ではケンと本塁打を打ち合った。
【通算】16 年、1725 試合、5780 打数 1396 安打、162 本塁打、654 打点、41 盗塁、打率 .242
【タイトル】ゴールドグラブ 1 回（69 年）
【日本】72-75 大洋　4 年、419 試合、1486 打数 382 安打、71 本塁打、218 打点、1 盗塁、打率 .257

ケン・ボイヤー
Kenton Lloyd Boyer
1931.5.20 ～ 82.9.7【出身地】ミズーリ州リバティー【球団】55-65 カーディナルス　66-67 メッツ　67-68 ホワイトソックス　68-69 ドジャース【位置】三塁、外野、右
【経歴】プロ入り当時は投手。56 年いずれも 5 位の打率 .306、98 打点、オールスターでも 3 安打、再三のファインプレイを演じた。翌 57 年センターにコンバートされ調子を崩したが、58 年三塁に戻り以後 4 年連続で打率 3 割、7 年連続 20 本塁打、90 打点以上と安定した成績を残す。チームリーダー的存在で投手によく声をかけ、主将に任命された 59 年は 29 試合連続安打、翌 60 年は自己最多の 32 本塁打（4 位）。61 年は打率 .329（3 位）、194 安打（4 位）。64 年はリーグ最多の 119 打点で優勝に貢献し MVP に選ばれ、ワールドシリーズでは第 4 戦で逆転満塁本塁打、第 7 戦でもダメ押し本塁打を放った。61、64

年と2回サイクルヒットを達成。強肩を生かした三塁守備では5回最多併殺を完成させ、ゴールドグラブを5回受賞した。82年肺癌のため51歳で死去。兄のクロイド、弟のクリートもメジャーで活躍、その他にもマイナーどまりだった3人の兄弟がいた。
【通算】15年、2034試合、7455打数2143安打、318二塁打、68三塁打、282本塁打、1141打点、105盗塁、713四球、1017三振、打率.287
【タイトル】MVP1回(64年) 打点王1回(64年) ゴールドグラブ5回(58〜61,63年) オールスター7回(56,59〜64年)
【監督】78-80カーディナルス　3年、357試合、166勝190敗、勝率.466

ジャック・ボイル
John Anthony Boyle
1867.3.22〜1913.1.6【出身地】オハイオ州シンシナティ【球団】1886シンシナティ(AA) 87-89セントルイス(AA) 90シカゴ(PL) 91セントルイス(AA) 92ニューヨーク　93-98フィラデルフィア【位置】捕手、一塁、右
【経歴】投手以外の全ポジションを経験したことがあり、セントルイス(AA)時代は捕手、フィラデルフィア移籍後は主に一塁を守る。87年には史上初のメジャーリーガー同士の交換トレードで、ヒュー・ニコルと入れ替わりにセントルイス(AA)へ移った。93年は29二塁打(5位)、翌94年は打率.298、89打点。紳士的で威厳のある選手としても知られていた。弟のエディーも5試合メジャーで出場している。
【通算】13年、1087試合、4232打数1070安打、23本塁打、570打点、126盗塁、打率.253

ヘンリー・ボイル
Henry J. Boyle
1860.9.20〜1932.5.25【出身地】ペンシルヴェニア州フィラデルフィア【球団】1884セントルイス(UA) 85-86セントルイス　87-89インディアナポリス【位置】投手、右
【経歴】“ハンサム・ヘンリー”と呼ばれた美男投手で、速球とシュートを持ち球とし1884年新人で15勝、リーグ3位の防御率1.74。86年は9勝15敗と負け越しながらも防御率1.76は1位だった。セントルイス時代の監督フレッド・ダンラップとは不仲。自己最多の21勝を挙げた89年限りでメジャーから去った。外野手としても通算84試合に出場している。
【通算】6年、207試合、199先発、189完投、10完封、89勝111敗、1756.1回、602奪三振、防御率3.06
【タイトル】最優秀防御率1回(1886年)

クリス・ホイルズ
Christopher Allen Hoiles
1965.3.20〜【出身地】オハイオ州ボウリンググリーン【球団】89-98オリオールズ【位置】捕手、右
【経歴】86年ドラフト19位でタイガースに入団。91年オリオールズの正捕手となり、93年は打率.310、29本塁打、82打点、出塁率.416と長打率.585はいずれも5位。96年も25本塁打と長打力を発揮したが、守備面の評価はあまり高くなかった。現役最後の98年は8月14日に1試合2本の満塁弾を放った。
【通算】10年、894試合、2820打数739安打、151本塁打、449打点、5盗塁、打率.262

アンディ・ホーキンス
Melton Andrew Hawkins
1960.1.21〜【出身地】テキサス州ウェイコ【球団】82-88パドレス　89-91ヤンキース　91アスレティックス【位置】投手、右
【経歴】78年ドラフト1位(全体5位)でパドレスに入団。84年のワールドシリーズで12回を自責点1、第2戦でチーム唯一の勝利を挙げると、翌85年はカッターを習得し開幕から11連勝、年間18勝。89年ヤンキースに移籍し15勝、7月1日のホワイトソックス戦では8回を無安打に封じるも守備の乱れで4点を失い敗戦投手。次の登板でも11回を無失点に抑えながら援護がなく、12回に点を奪われ敗れるなど不運続きだった。引退後は指導者となり、2008〜15年はレンジャーズのブルペンコーチを務めた。
【通算】10年、280試合、249先発、27完投、10完封、84勝91敗0S、1558.1回、706奪三振、防御率4.22

ラトロイ・ホーキンス
LaTroy Hawkins
1972.12.21〜【出身地】インディアナ州ゲイリー【球団】95-2003ツインズ　04-05カブス　05ジャイアンツ　06オリオールズ　07ロッキーズ　08ヤンキース　08-09アストロズ　10-11ブルワーズ　12エンジェルズ　13メッツ　14-15ロッキーズ

15 ブルージェイズ【位置】投手、右
【経歴】21年間で11球団に在籍した196cmの長身投手。91年ドラフト7位でツインズに入団、97年にローテーション入りしたが、先発では99年の10勝が最多で通算26勝44敗と大きく負け越す。2000年リリーフに転向、翌01年は28セーブを稼ぐも防御率5.96。中継ぎに回ってから球威を生かせるようになり、02年は防御率2.13、続く03年も9勝、防御率1.86。04年はカブスで再び抑えに回り25セーブ、07年まで8年連続で60試合以上に登板した。14年は41歳で10年ぶりの20個以上となる23セーブを稼いだ。高校ではバスケットボールのインディアナ州代表だった。
【通算】21年、1042試合(10位)、98先発、2完投、0完封、75勝94敗127S、1467.1回、983奪三振、防御率4.31

ドン・ホーク
Donald Albert Hoak
1928.2.5 ～ 69.10.9【出身地】ペンシルヴェニア州ルーレット【球団】54-55 ドジャース　56 カブス　57-58 レッズ　59-62 パイレーツ　63-64 フィリーズ【位置】三塁、右
【経歴】闘争心に溢れたプレイが売り物で、球界入りする前はプロボクサーの経験もあった。56年カブスで正三塁手となるも打率.215と低調で、翌57年レッズに移籍し自己最多の39二塁打(1位)、19本塁打、89打点。59年にハーヴィー・ハディックスが12回までパーフェクトに抑えていた試合では、13回に悪送球を投じてしまい大記録をフイにした。パイレーツが優勝した60年は打率.282、79打点の数字以上に精神的リーダーとしての役割が評価され、MVP投票で次点に入った。引退後マイナーで指導者として修行を積み、パイレーツの監督候補に挙げられていたが、車の運転中に心臓発作を起こし41歳で急死した。夫人は歌手のジル・コーリー。
【通算】11年、1263試合、4322打数1144安打、89本塁打、498打点、64盗塁、打率.265
【タイトル】オールスター1回(57年)

マイリル・ホーグ
Myrill Oliver Hoag
1908.3.9 ～ 71.7.28【出身地】カリフォルニア州デイヴィス【球団】31-32,34-38 ヤンキース　39-41 ブラウンズ　41-42,44 ホワイトソックス　44-45 インディアンズ【位置】外野、右
【経歴】ヤンキース時代は控えながら3回打率3割以上を記録し、37年のワールドシリーズでは20打数6安打、優勝を決めた第5戦で先制本塁打を放った。ブラウンズに移籍した39年レギュラーとなり打率.295、10本塁打、75打点の自己記録を残し、オールスターにも選ばれた。足が小さく靴のサイズは22cmしかなかったが、42年はリーグ5位の17盗塁を決めた。
【通算】13年、1020試合、3147打数854安打、28本塁打、401打点、59盗塁、打率.271
【タイトル】オールスター1回(39年)

ブルース・ボクティ
Bruce Anton Bochte
1950.11.12 ～【出身地】カリフォルニア州パサディナ【球団】74-77 エンジェルズ　77 インディアンズ　78-82 マリナーズ　84-86 アスレティックス【位置】一塁、外野、左
【経歴】72年ドラフト2位でエンジェルズに入団。広角打法のラインドライブ・ヒッターで77年打率.301、マリナーズ移籍後の79年は打率.316、38二塁打、16本塁打、100打点。翌80年も打率.300、34二塁打を記録した。82年限りで一旦引退したが84年アスレティックスで復帰、翌85年は打率.295。現役時代から知性派で知られ、引退後は宇宙の真理を探る研究に没頭した。
【通算】12年、1538試合、5233打数1478安打、100本塁打、658打点、43盗塁、打率.282
【タイトル】オールスター1回(79年)

ホルヘ・ポサダ
Jorge Rafael Posada
1970.8.17 ～【出身地】プエルトリコ・サンテュルセ【球団】95-2011 ヤンキース【位置】捕手、両
【経歴】90 ～ 2000年代のヤンキースを支えた強打のスイッチヒッター。89年ドラフト43位で指名された際は入団拒否、翌90年24位の再指名で入団。当時は内野手で92年捕手に転向、98年レギュラーとなる。2000年は打率.287、28本塁打、86打点に加え107四球を選び.417の高出塁率を残す。以後10年間で20本塁打以上8回、03年は30本塁打、101打点、リーグ優勝決定シリーズでは4二塁打、6打点。07年は自身唯一の3割以上となる

打率 .338（4 位）、42 二塁打、4 度目の 4 割となる出塁率 .426（3 位）を記録した。守備面での評価は高くはなかった。
【通算】17 年、1829 試合、6092 打数 1664 安打、275 本塁打、1065 打点、20 盗塁、1453 三振、打率 .273
【タイトル】オールスター 5 回（2000 ～ 03,07 年）

カム・ポージー
Cumberland Willis Posey
1890.6.20 ～ 1946.3.28【出身地】ペンシルヴェニア州ホームステッド【球団】ニグロ・リーグ【位置】外野、右
【経歴】大学で化学と薬学を専攻する傍ら、バスケットボールやゴルフでも活躍、プロのバスケットボール選手だった時期もあった。1911 年に外野手としてホームステッド・グレイズに参加。選手としては目立った実績を残さなかったが、マネージメント面で能力を発揮し、球団の実質的な運営を任されるようになる。オスカー・チャールストン、ジョシュ・ギブソン、ジュディ・ジョンソンらの名選手を獲得し、グレイズを黒人球界有数の強豪に仕立て上げ、33 年にはニグロ・リーグのオールスターを集めた東西対抗戦を開催し成功させた。ニグロ・ナショナル・リーグではエグゼクティヴ・セクレタリーの任に就き、またピッツバーグの地元紙にも記事を寄せていた。2006 年殿堂入り。16 年にバスケットボール殿堂に迎えられ、両方で殿堂入りした最初の人物となった。

バスター・ポージー
Gerald Dempsey Posey (Buster)
1987.3.27 ～【出身地】ジョージア州リーズバーグ【球団】2009-19,21 ジャイアンツ【位置】捕手、右
【経歴】ジャイアンツの 3 度の世界一の中心となった好捕手。2008 年ドラフト 1 位（全体 5 位）で入団、10 年に正捕手となり、108 試合に出場し打率 .305、18 本塁打で新人王を受賞。翌 11 年は本塁で走者にタックルされ負傷、45 試合の出場にとどまったことがコリジョン・ルール導入のきっかけになり、同ルールはポージー・ルールとも呼ばれた。12 年は 39 二塁打、24 本塁打、103 打点と完全復活。打率 .336 は本来なら 2 位であったが、1 位のメルキー・カブレラが薬物検査違反で出場停止となり、首位打者を辞退したことでタイトルが転がりこんだ。出塁率 .408 は 2 位、長打率 .549 は 4 位で MVP を受賞した。卓越した打撃センスで 14 年の打率 .311、翌 15 年の .318 は 2 年連続 4 位。20 年に新型コロナウイルスの感染拡大で全休したのち、21 年は 6 度目の 3 割となる打率 .304 を記録したが、同年限りで引退。25 年ジャイアンツの編成部門の総責任者に就任した。
【通算】12 年、1371 試合、4970 打数 1500 安打、158 本塁打、729 打点、23 盗塁、打率 .302
【タイトル】MVP1 回（2012 年）新人王（10 年）首位打者 1 回（12 年）ゴールドグラブ 1 回（16 年）オールスター 7 回（12 ～ 13,15 ～ 18,21 年）

クリス・ボジオ
Christopher Louis Bosio
1963.4.3 ～【出身地】カリフォルニア州カーマイケル【球団】86-92 ブルワーズ　93-96 マリナーズ【位置】投手、右
【経歴】82 年 1 月ドラフト 2 位（第 2 回）でブルワーズに入団。緩急の差と制球力で勝負し、89 年 15 勝、防御率 2.95、173 奪三振。内角球も効果的に使い 92 年自己最多の 16 勝、マリナーズに移籍した翌 93 年は 4 月 22 日のレッドソックス戦でノーヒットノーランを達成したが、次の登板で走者と衝突し鎖骨を骨折するなど、その後は故障に泣かされた。引退後はカブスなどの投手コーチを歴任した。
【通算】11 年、309 試合、246 先発、39 完投、9 完封、94 勝 93 敗 9 S、1710 回、1059 奪三振、防御率 3.96

リース・ホスキンス　★
Rhys Dean Hoskins
1993.3.17 ～【出身地】カリフォルニア州サクラメント【球団】2017-22 フィリーズ　24 ブルワーズ【位置】一塁、外野、右
【経歴】2014 年ドラフト 5 位でフィリーズに入団。パワフルな打撃を売り物とし、メジャーに昇格した 17 年はデビューから 17 試合で 10 本塁打、年間 18 本は 8 月以降に初出場した選手では最多となった。翌 18 年は 34 本塁打、96 打点。三振も多い代わり、19 年にリーグ最多の 116 四球を選ぶなど選球眼は優れていた。22 年のプレイオフでは 5 本塁打、11 打点と活躍したがワールドシリーズでは 25 打数 3 安打、10 三振。守備は外野、一塁のどちらも不得意だった。23 年は左膝前十字靭帯を断裂し全休、。24 年はブルワーズに移り 26

本塁打を放った。
【通算】7年、798試合、2876打数684安打、174本塁打、487打点、18盗塁、打率.238

ウォーリー・ポスト
Walter Charles Post
1929.7.9～82.1.6【出身地】オハイオ州セントウェンデリン【球団】49,51-57レッズ　58-60フィリーズ　60-63レッズ　63ツインズ　64インディアンズ【位置】外野、右
【経歴】プロ入り当時は投手で、長打力を見込まれ外野手に転向。54年正右翼手となり、翌55年は自己唯一の打率3割となる.309に加え、186安打（4位）、33二塁打（4位）、40本塁打、109打点の活躍。特に左投手に強く、56年も36本塁打（5位）を放った。レッズでは人気選手で、57年のオールスターにファン投票で選出されたが、組織票でレッズ勢が8人も選ばれたためメンバーから外された。61年は99試合の出場ながら20本塁打で優勝に貢献、ワールドシリーズでも18打数6安打と健闘した。
【通算】15年、1204試合、4007打数1064安打、210本塁打、699打点、19盗塁、打率.266

ダリル・ボストン
Daryl Lamont Boston
1963.1.4～【出身地】オハイオ州シンシナティ【球団】84-90ホワイトソックス　90-92メッツ　93ロッキーズ　94ヤンキース【位置】外野、左
【経歴】81年ドラフト1位（全体7位）でホワイトソックスに入団。左投手に弱くレギュラーにはなれなかったが、87～93年は毎年100試合以上出場し、2ケタ本塁打を6回記録した。90年に自己最多の100安打、19盗塁。引退後は指導者となり、2013年にホワイトソックスのコーチに就任した。
【通算】11年、1058試合、2629打数655安打、83本塁打、278打点、98盗塁、打率.249

エリック・ホズマー
Eric John Hosmer
1989.10.24～【出身地】フロリダ州サウスマイアミ【球団】2011-17ロイヤルズ　18-22パドレス　22レッドソックス　23カブス【位置】一塁、左
【経歴】2008年ドラフト1位（全体3位）でロイヤルズに入団、11年に正一塁手となり打率.293、19本塁打、14年のプレイオフは29打数13安打、2本塁打、8打点。翌15年のポストシーズンは16試合で17打点、リーグ優勝決定シリーズ第6戦で優勝を決めるタイムリー。ワールドシリーズでは初戦の延長14回にサヨナラ犠飛、第5戦では9回にタイムリー二塁打のあと三塁へ進み、三塁ゴロの間にタイミング良く同点ホームを踏む好走塁で、世界一に結びつけた。
16年は自己最多の25本塁打、104打点、オールスターでも2打点でMVP。17年は打率.318（3位）、192安打（2位）で、翌18年パドレスへ8年1億4400万ドルの高額で移籍したが、期待ほどの成績ではなく契約を2年残して引退。守備ではゴールドグラブを4回受賞、リーダーシップ面も高く評価されていた。
【通算】13年、1689試合、6349打数1753安打、198本塁打、893打点、76盗塁、1235三振、打率.276
【タイトル】ゴールドグラブ4回（2013～15,17年）オールスター1回（16年）

ディック・ボスマン
Richard Allen Bosman
1944.2.17～【出身地】ウィスコンシン州ケノシャ【球団】66-73セネターズ/レンジャーズ　73-75インディアンズ　75-76アスレティックス【位置】投手、右
【経歴】パイレーツでプロ入りし、2度のマイナー・リーグ・ドラフト経由でセネターズへ移籍。メジャー昇格後最初の3年は合計7勝16敗と冴えなかったが、69年は14勝、防御率2.19は1位。翌70年自己最多の16勝、71年も12勝。72年はテキサス移転後の初試合で勝利投手となった。74年7月19日のアスレティックス戦ではノーヒットノーラン、自らの失策がなければ完全試合だった。引退後は投手コーチとなった。デュアン・カイパーは親戚に当たる。
【通算】11年、306試合、229先発、29完投、10完封、82勝85敗2S、1591回、757奪三振、防御率3.67
【タイトル】最優秀防御率1回（69年）

スコット・ポセドニック
Scott Eric Podsednik
1976.3.18～【出身地】テキサス州ウェスト【球団】2001-02マリナーズ　03-04ブルワーズ　05-07ホワイトソックス　08ロッ

キーズ　09 ホワイトソックス　10 ロイヤルズ　10 ドジャース　12 レッドソックス【位置】外野、左
【経歴】94 年ドラフト 3 位でレンジャーズに入団。2003 年ブルワーズでレギュラーとなり打率 .314、8 三塁打（3 位）、43 盗塁（2 位）、翌 04 年は 70 盗塁（1 位）。ホワイトソックスに移籍した 05 年は打率 .290、59 盗塁（2 位）。シーズン中は 0 本塁打、三塁打も 1 本しか打っていなかったが、ポストシーズンでは三塁打 3 本、ディヴィジョンシリーズ第 1 戦で 3 ラン本塁打、ワールドシリーズでも第 2 戦でサヨナラ本塁打と意外な活躍を演じた。
【通算】11 年、1079 試合、3906 打数 1096 安打、42 本塁打、312 打点、309 盗塁、打率 .281
【タイトル】盗塁王 1 回（2004 年）オールスター 1 回（05 年）

リック・ポーセロ
Frederick Alfred Porcello
1988.12.27 ～【出身地】ニュージャージー州モーリスタウン【球団】2009-14 タイガース　15-19 レッドソックス　20 メッツ【位置】投手、右
【経歴】2007 年ドラフト 1 位でタイガースに入団。09 年 A 級からメジャーへ昇格し 14 勝、以後 6 年連続 2 ケタ勝利を挙げる。シンカーを軸としたまとまりのある投球で、14 年はリーグ最多の 3 完封を含む 15 勝。15 年レッドソックスへトレードされ、翌 16 年は 22 勝で最多勝、自己ベストの防御率 3.15 でサイ・ヤング賞に選ばれた。17 年は一転してリーグワーストの 17 敗を喫したが、続く 18 年は 17 勝（4 位）と調子を戻した。通算で 2 ケタ勝利 10 回、インターリーグでは 24 勝 10 敗と勝率 7 割を超えた。祖父のサム・デンテはセネターズなどに在籍した遊撃手。
【通算】12 年、355 試合、351 先発、10 完投、3 完封、150 勝 125 敗 0 S、2096.1 回、1561 奪三振、防御率 4.40
【タイトル】サイ・ヤング賞 1 回（2016 年）最多勝 1 回（16 年）

ダーレル・ポーター
Darrell Ray Porter
1952.1.17 ～ 2002.8.5【出身地】ミズーリ州ジョプリン【球団】71-76 ブルワーズ　77-80 ロイヤルズ　81-85 カーディナルス　86-87 レンジャーズ【位置】捕手、左
【経歴】70 年ドラフト 1 位（全体 4 位）でブルワーズに入団、73 年正捕手となる。打率は低かったがパワーと選球眼に優れ、ロイヤルズ移籍後の 79 年は 10 三塁打（5 位）、20 本塁打、112 打点（5 位）、121 四球（1 位）、出塁率 .421（2 位）。アルコール依存症に悩んだ時期もあったが克服した。82 年はプレイオフで 9 打数 5 安打、ワールドシリーズでは 5 打点を挙げポストシーズンの MVP を独占した。
【通算】17 年、1782 試合、5539 打数 1369 安打、188 本塁打、826 打点、39 盗塁、1025 三振、打率 .247
【タイトル】オールスター 4 回（74,78 ～ 80 年）

パット・ボーダース
Patrick Lance Borders
1963.5.14 ～【出身地】オハイオ州コロンバス【球団】88-94 ブルージェイズ　95 ロイヤルズ　95 アストロズ　96 カーディナルス　96 エンジェルズ　96 ホワイトソックス　97-99 インディアンズ　99 ブルージェイズ　2001-04 マリナーズ　04 ツインズ　05 マリナーズ【位置】捕手、右
【経歴】82 年ドラフト 6 位でブルージェイズに入団した当時は内野手。捕手に転向し 90 年レギュラーとなり打率 .286、15 本塁打、92 年から 3 年連続で最多補殺。92 年のワールドシリーズでは 20 打数 9 安打、3 二塁打で MVP に輝き、賞品の車は故郷の YMCA に寄付した。93 年は自己最多の 124 安打、55 打点。正捕手として出場したのはこの年が最後だったが、豊富な経験を買われて 42 歳まで現役を続け、2000 年はシドニー五輪代表として金メダル獲得に貢献した。9 人の子供は全員イニシャルが L。
【通算】17 年、1099 試合、3282 打数 831 安打、69 本塁打、346 打点、9 盗塁、打率 .253

ボブ・ポーターフィールド
Erwin Cooledge Porterfield (Bob)
1923.8.10 ～ 80.4.28【出身地】ヴァージニア州ニューポート【球団】48-51 ヤンキース　51-55 セネターズ　56-58 レッドソックス　58-59 パイレーツ　59 カブス　59 パイレーツ【位置】投手、右
【経歴】ヤンキース時代は芽が出なかったが、51 年途中セネターズに移籍すると、ヤンキース監督時代から実力を買っていたバッキー・ハリスの下で先発陣に加わる。快速球を武器に翌 52 年は 13 勝、自己記

録の防御率2.72。以後4年連続2ケタ勝利、53年は22勝、24完投、9完封の3部門で1位。54年も21完投で2年連続1位となった。
【通算】12年、318試合、193先発、92完投、23完封、87勝97敗、1567.2回、572奪三振、防御率3.79
【タイトル】最多勝1回(53年) オールスター1回(54年)

ブルース・ボーチー
Bruce Douglas Bochy
1955.4.16 ～【出身地】フランス共和国ランドゥーブーサック【球団】78-80 アストロズ 82 メッツ 83-87 パドレス【位置】捕手、右
【経歴】ワールドシリーズを4回制した名監督。75年ドラフト1位(第2回)でアストロズに入団、現役時代は控え捕手どまりで、86年に63試合に出て8本塁打、22打点を記録したのが最高だった。89年からマイナーの監督となり、パドレスのコーチを経て95年監督に昇格。96年地区制覇を果たして最優秀監督賞を受賞、98年に14年ぶりのリーグ優勝へ導いた。2005～06年も2年連続地区優勝し、07年ジャイアンツへ移籍。10年に56年ぶり、サンフランシスコ移転後では初となるワールドシリーズ制覇を果たすと、12、14年も勝って5年間で3度世界一となった。19年に史上11人目の通算2000勝を達成したのを最後に退任したが、23年にレンジャーズ監督として復帰すると、同球団を初のワールドシリーズ制覇へ導いた。息子のブレットは14年にジャイアンツに昇格し父の下で投げた。
【通算】9年、358試合、802打数192安打、26本塁打、93打点、1盗塁、打率.239
【監督】95-2006 パドレス 07-19 ジャイアンツ 23-24 レンジャーズ 27年、4356試合、2171勝2185敗、勝率.498 リーグ優勝5回(98,2010,12,14,23年) ワールドシリーズ優勝4回(10,12,14,23年)

マーク・ポーチュガル
Mark Steven Portugal
1962.10.30 ～【出身地】カリフォルニア州ロスアンジェルス【球団】85-88 ツインズ 89-93 アストロズ 94-95 ジャイアンツ 95-96 レッズ 97-98 フィリーズ 99 レッドソックス【位置】投手、右
【経歴】チェンジアップの名手として知られた変化球投手。80年ドラフト外でツインズに入団、主戦格となったのは89年にアストロズへ移籍してから。93年18勝(5位)、防御率2.77(3位)、95年まで6年間で5回2ケタ勝利を挙げる。97年は肘の故障で1勝もできなかったが、翌98年は10勝と復活した。
【通算】15年、346試合、283先発、16完投、4完封、109勝95敗5S、1826.1回、1134奪三振、防御率4.03

ウェイド・ボッグス
Wade Anthony Boggs
1958.6.15 ～【出身地】ネブラスカ州オマハ【球団】82-92 レッドソックス 93-97 ヤンキース 98-99 レイズ【位置】三塁、左
【経歴】80年代に5度首位打者に輝いた安打製造機。球に逆らわず左右に打ち分ける技術と、抜群の選球眼で通算15回の打率3割を記録した。76年ドラフト7位でレッドソックスに入団、82年メジャーに昇格し104試合で打率.349。翌83年.361で初の首位打者、210安打も2位。同年から7年連続200安打のメジャー記録を樹立した。85年は54年ぶりの大台となる240安打、打率も自己最高の.368。88年まで4年連続首位打者に輝き、この間86年以外は.360以上の高打率だった。
　87年に自己最多の24本塁打、89打点を記録したが、2ケタ本塁打はこの他には94年(11本)のみ。86～89年は4年連続100四球以上、出塁率も85年から5年連続1位。89年の51本(1位)を最多として、8回40二塁打以上を放った。私生活上のトラブルなどがあり、ファンや報道陣との関係は良好とは言えず、92年11年目で初めて打率2割台(.259)に沈むと、翌93年ヤンキースに移籍。94年は打率.342(5位)と復調、守備でも初のゴールドグラブを受賞した。98年新球団のレイズに加わり、翌99年3000安打を史上初めて本塁打で記録した。2005年殿堂入り。
【通算】18年、2439試合、9180打数3010安打、578二塁打(23位)、61三塁打、118本塁打、1014打点、24盗塁、1412四球(26位)、745三振、打率.328
【タイトル】首位打者5回(83,85～88年) 最高出塁率6回(83,85～89年) ゴールドグラブ2回(94～95年) オールスター12回(85～96年)

ブラッド・ボックスバーガー
Bradley George Boxberger
1988.5.27 ～【出身地】カリフォルニア州フラートン【球団】2012-13 パドレス　14-17 レイズ　18 ダイアモンドバックス　19 ロイヤルズ　20 マーリンズ　21-22 ブルワーズ　23 カブス【位置】投手、右
【経歴】2009 年ドラフト 1 位でレッズに入団。パドレスを経てレイズへ移籍した 14 年は 63 試合に登板し防御率 2.37、64.2 回で 104 三振を奪う。翌 15 年は抑えに回り、リーグ最多の 41 セーブ。18 年もダイアモンドバックスで 32 セーブを挙げたが、その他の年は中継ぎが主だった。
【通算】12 年、506 試合、0 先発、31 勝 38 敗 84 S、477.2 回、581 奪三振、防御率 3.50
【タイトル】最多セーブ 1 回（2015 年）オールスター 1 回（15 年）

ギル・ホッジス
Gilbert Ray Hodges
1924.4.4 ～ 72.4.2【出身地】インディアナ州プリンストン【球団】43,47-61 ドジャース　62-63 メッツ【位置】一塁、右
【経歴】50 年代のブルックリン・ドジャース全盛期の主軸打者。43 年 19 歳で 1 試合のみ出場したのち海軍に入隊、沖縄での戦闘にも参加した。47 年復帰、当時は捕手だったがロイ・キャンパネラの加入で一塁へコンバートされる。49 年に 23 本塁打、115 打点（4 位）、以後 7 年連続 100 打点以上。50 年から 5 年連続で 30 本塁打以上放ち、50 年 8 月 31 日に 1 試合 4 本塁打。51 年 40 本塁打（2 位）、54 年は自己最高の打率 .304、42 本塁打と 130 打点は 2 位。55 年のワールドシリーズ第 7 戦では決勝の 2 点タイムリーを放ち初の世界一に貢献、翌 56 年のシリーズは 8 打点。第 7 戦ではタイムリーと犠飛でチームの全打点を稼ぎ出してドジャース初の世界一に貢献した。シリーズ通算では 39 試合に出場し 5 本塁打、21 打点だった。
　信心深く、紳士的な選手として高い人気を誇り、52 年のシリーズでは 21 打数ノーヒットの大不振に陥りながらも、ファンからの非難の声はなかった。守備も巧く、57 年から 3 年連続でゴールドグラブを受賞。ドジャースのロスアンジェルス移転後もブルックリンに住み続け、62 年拡張ドラフトでメッツに移籍し球団第 1 号本塁打を打った。63 年途中セネターズへ監督としてトレードされたが、68 年再びトレードによってメッツに復帰。翌 69 年はプラトゥーン・システムを最大限に活用し、世界一へ導いた。72 年開幕を目前にして心臓発作のため他界した。2022 年殿堂入り。
【通算】18 年、2071 試合、7030 打数 1921 安打、295 二塁打、48 三塁打、370 本塁打、1274 打点、63 盗塁、943 四球、1137 三振、打率 .273
【タイトル】ゴールドグラブ 3 回（57 ～ 59 年）オールスター 8 回（49 ～ 55,57 年）
【監督】63-67 セネターズ　68-71 メッツ　9 年、1414 試合、660 勝 753 敗、勝率 .467 リーグ優勝 1 回（69 年）ワールドシリーズ優勝 1 回（69 年）

ネルス・ポッター
Nelson Thomas Potter
1911.8.23 ～ 90.9.30【出身地】イリノイ州マウントモーリス【球団】36 カーディナルス　38-41 アスレティックス　41 レッドソックス　43-48 ブラウンズ　48 アスレティックス　48-49 ブレーヴス【位置】投手、右
【経歴】スクリューボールを決め球とし、43 年 32 歳にして初の 2 ケタ勝利となる 10 勝。翌 44 年は 7 月にスピットボール禁止令後初の違反投球で 10 日間の出場停止処分を科されながらも 19 勝（3 位）を挙げ、ブラウンズの球団史上唯一の優勝に大きく貢献した。翌 45 年も 15 勝、129 奪三振は 2 位だった。
【通算】12 年、349 試合、177 先発、89 完投、6 完封、92 勝 97 敗、1686 回、747 奪三振、防御率 3.99

ジョニー・ホップ
John Leonard Hopp
1916.7.18 ～ 2003.6.1【出身地】ネブラスカ州ヘイスティングス【球団】39-45 カーディナルス　46-47 ブレーヴス　48-49 パイレーツ　49 ドジャース　49-50 パイレーツ　50-52 ヤンキース　52 タイガース【位置】外野、一塁、左
【経歴】ヘッドスライディングを売りにしていたハッスル・プレイヤー。41 年に打率 .303、11 三塁打（3 位）、44 年は打率 .336（4 位）、35 二塁打、72 打点。ブレーヴスに移った 46 年も打率 .333（2 位）、21 盗塁（3 位）、通算で 5 回打率 3 割を記録した。
【通算】14 年、1393 試合、4260 打数 1262 安打、46 本塁打、458 打点、128 盗塁、打率 .296
【タイトル】オールスター 1 回（46 年）

ピング・ボーディー
Frank Stephen Bodie (Ping)
1887.10.8 ～ 1961.12.17【出身地】カリフォルニア州サンフランシスコ【球団】11-14 ホワイトソックス　17 アスレティックス　18-21 ヤンキース【位置】外野、右
【経歴】本名は Francesco Stephano Pezzolo で、"ボーディー"とはイタリア移民の父が働いていた炭鉱町の名前。11 年新人で打率 .289、リーグの新人記録となる 97 打点（4 位）と活躍したが、その後ふるわずマイナー落ち。17 年アスレティックスで再昇格し自己最多の 162 安打、リーグトップの 32 補殺の強肩を披露した。ユーモア精神に溢れた人気者で、ヤンキース時代は七面鳥と大食い競争もした。引退後はユニヴァーサル・スタジオで、30 年以上にわたり電気技師として働いた。
【通算】9 年、1050 試合、3670 打数 1011 安打、43 本塁打、514 打点、83 盗塁、打率 .275

マイク・ボディッカー
Michael James Boddicker
1957.8.23 ～【出身地】アイオワ州シダーラピッズ【球団】80-88 オリオールズ　88-90 レッドソックス　91-92 ロイヤルズ　93 ブルワーズ【位置】投手、右
【経歴】78 年ドラフト 6 位でオリオールズに入団。83 年ローテーション入り、スローカーブや"フォッシュ"（フォークとチェンジアップの中間の球）など変化球を主体に 16 勝、5 完封（1 位）、防御率 2.77（2 位）。プレイオフ第 2 戦では 14 三振を奪い完封、MVP に選出。ワールドシリーズ第 2 戦でも 3 安打 1 失点で完投勝利を収めた。翌 84 年は 20 勝、防御率 2.79 の両部門で 1 位。91 年まで 9 年連続 2 ケタ勝利と安定して力を発揮した。
【通算】14 年、342 試合、309 先発、63 完投、16 完封、134 勝 116 敗 3 S、2123.2 回、1330 奪三振、防御率 3.80
【タイトル】最多勝 1 回（84 年）最優秀防御率 1 回（84 年）ゴールドグラブ 1 回（90 年）オールスター 1 回（84 年）

マイク・ボーディック
Michael Todd Bordick
1965.7.21 ～【出身地】ミシガン州マーケット【球団】90-96 アスレティックス　97-2000 オリオールズ　00 メッツ　01-02 オリオールズ　03 ブルージェイズ【位置】遊撃、二塁、右
【経歴】86 年ドラフト外でアスレティックスに入団。3 回最多補殺を記録した守備の名手で、遊撃手としての通算守備率 .982 は史上 6 位にランクされる。打撃ではレギュラーとなった 92 年に自己唯一の打率 3 割となる .300。97 年オリオールズに移籍、三塁に回ったカル・リプケンの後任の正遊撃手となる。シーズン途中メッツに移った 2000 年は 20 本塁打、80 打点でオールスターに選ばれた。
【通算】14 年、1720 試合、5770 打数 1500 安打、91 本塁打、626 打点、96 盗塁、打率 .260
【タイトル】オールスター 1 回（2000 年）

ジム・ボトムリー
James Leroy Bottomley
1900.4.23 ～ 59.12.11【出身地】イリノイ州オーグルズビー【球団】22-32 カーディナルス　33-35 レッズ　36-37 ブラウンズ【位置】一塁、左
【経歴】正一塁手となった 23 年、同僚ロジャース・ホーンズビーに次ぎ 2 位の打率 .371。翌 24 年は 111 打点（3 位）、9 月 16 日に 1 試合 12 打点の新記録を樹立した。以後 6 年連続 100 打点以上、25 年はまたもホーンズビーに次ぎ 2 位の打率 .367、227 安打と 44 二塁打は 1 位。26 年は 40 二塁打、120 打点の両部門で 1 位、ワールドシリーズでも 10 安打、5 打点で世界一に貢献した。28 年はいずれも 1 位の 20 三塁打、31 本塁打、136 打点で MVP を受賞。31 年は打率 .3482 で 9 度目の 3 割となったが、.0007 の僅差で 3 位にとどまり首位打者を逸した。陽気な性格の人気者で"サニー・ジム"と呼ばれ、女性ファンも多かった。74 年殿堂入り。
【通算】16 年、1991 試合、7471 打数 2313 安打、465 二塁打、151 三塁打、219 本塁打、1422 打点、58 盗塁、打率 .310
【タイトル】MVP1 回（28 年）本塁打王 1 回（28 年）打点王 2 回（26,28 年）
【監督】37 ブラウンズ　1 年、78 試合、21 勝 56 敗、勝率 .273

ジョニー・ポドレス
John Joseph Podres
1932.9.30 ～ 2008.1.13【出身地】ニューヨーク州ウィザービー【球団】53-55,57-66 ドジャース　66-67タイガース　69パドレス【位置】投手、左
【経歴】53 年 20 歳でメジャーに昇格し、

左腕から繰り出すチェンジアップと2種類のカーブで9勝。55年は9勝10敗と負け越したが、ワールドシリーズでは宿敵ヤンキースに2連敗して迎えた第3戦で勝つと、世界一を決めた第7戦では完封勝ちで一躍ヒーローとなり、シリーズMVPに輝いた。シリーズには通算4回出場し4勝1敗、防御率2.11。56年は兵役で欠場、57年復帰し6完封（1位）を含む12勝、防御率2.66は1位だった。以後63年まで7年連続12勝以上。61年18勝(4位)、翌62年は7月2日のフィリーズ戦でタイ記録の8者連続三振を奪う。引退後はツインズ、フィリーズなどで長い間投手コーチを務めた。
【通算】15年、440試合、340先発、77完投、24完封、148勝116敗10S、2265回、1435奪三振、防御率3.68
【タイトル】最優秀防御率1回（57年）オールスター3回（58,60,62年）

ウィリー・ホートン
William Wattison Horton
1942.10.18～【出身地】ヴァージニア州アーノ【球団】63-77タイガース　77レンジャーズ　78インディアンズ　78アスレティックス　78ブルージェイズ　79-80マリナーズ【位置】外野、DH、右
【経歴】抜群のパワーを誇り、ファンからの人気が絶大だったスラッガー。タイガー・スタディアムのすぐ傍で育ち、高校生の時に同球場の屋根に当てる大本塁打を放って、17歳でタイガースと契約。正左翼手となった65年29本塁打（3位）、104打点（2位）、翌66年も100打点（4位）。68年は自己最多の36本塁打（2位）、打率.285と85打点も4位で優勝に大きく貢献した。通算では20本塁打以上7回。守備には不安があり、75年以降はDHに専念。77～78年は計5球団をわたり歩いたが、79年マリナーズで全試合に出場し29本塁打、106打点と復活、カムバック賞を受賞した。縁起をかつぎ、現役中はずっと同じヘルメットを使い続けていた。引退後はタイガースのフロントで働き、背番号23が永久欠番となった。
【通算】18年、2028試合、7298打数1993安打、284二塁打、40三塁打、325本塁打、1163打点、20盗塁、620四球、1313三振、打率.273
【タイトル】オールスター4回（65,68,70,73年）

ボブ・ホーナー　☆
James Robert Horner
1957.8.6～【出身地】カンザス州ジャンクションシティ【球団】78-86ブレーヴス　88カーディナルス【位置】三塁、一塁、右
【球団】アリゾナ州立大学時代に新記録となる通算56本塁打を放ち、78年のドラフト全体1位でブレーヴスが指名。史上最高額の契約金16万2000ドルで入団し、マイナーを経験せず出場した6月16日のデビュー戦で本塁打を放つ。同年は89試合の出場ながら23本塁打、63打点で新人王を受賞した。契約更改で大もめした翌79年も打率.314（5位）、33本塁打（4位）、98打点、80年は35本塁打（2位）と活躍を続けた一方、体調管理が甘く故障の多さに悩まされる。86年7月6日に1試合4本塁打を放ったが、同年末FAとなった際にはFA制度の骨抜きを画策したオーナー側の共謀により、どのチームとも契約できなかった。翌87年4月ヤクルトに入団、最初の4試合で6本塁打し旋風を巻き起こすも、故障や仮病でたびたび欠場。93試合の出場にとどまりながらも、31本塁打は首位に8本差の5位だった。88年カーディナルスでメジャーに復帰、60試合で3本塁打しか打てず引退した。
【通算】10年、1020試合、3777打数1047安打、218本塁打、685打点、14盗塁、打率.277
【タイトル】新人王（78年）オールスター1回（82年）
【日本】87ヤクルト　1年、93試合、303打数99安打、31本塁打、73打点、0盗塁、打率.327

タイニー・ボナム
Ernest Edward Bonham (Tiny)
1913.8.16～49.9.15【出身地】カリフォルニア州アイオーン【球団】40-46ヤンキース　47-49パイレーツ【位置】投手、右
【経歴】フォークボールが武器で制球も良く、40年最後の2カ月で9勝、防御率1.90と好投し逆転優勝に大きく貢献。41年のワールドシリーズ第5戦では1失点完投で優勝投手となる。翌42年は21勝と防御率2.27は2位、22完投と6完封は1位だった。続く43年も15勝、防御率2.27（2位）。タイニー（小男）というニックネームは、体重100kg近い大男だったことから逆説的につけられたもの。現役中の49年9月、盲腸の術後不良で急死し

た。
【通算】10年、231試合、193先発、110完投、21完封、103勝72敗、1551回、478奪三振、防御率3.06
【タイトル】オールスター2回（42～43年）

ジョー・ホーナング
Michael Joseph Hornung
1857.6.12～1931.10.30【出身地】ニューヨーク州カーセイジ【球団】1879-80バッファロー　81-88ボストン　89ボルティモア（AA）　90ニューヨーク【位置】外野、右
【経歴】守備率1位を6回記録した好守の左翼手。打撃では1882年に打率.302、117安打（3位）、8本塁打（2位）、翌83年は13三塁打（5位）。“ウボ・ウボ”という変わったニックネームは、チームメイトにサインを送る時に使った符牒から来たという説と、ファインプレイを演じた際に上げた叫び声という2つの説がある。
【通算】12年、1123試合、4784打数1230安打、31本塁打、564打点、打率.257

ボビー・ボニーヤ
Roberto Martin Antonio Bonilla
1963.2.23～【出身地】ニューヨーク州ブロンクス【球団】86ホワイトソックス　86-91パイレーツ　92-95メッツ　95-96オリオールズ　97-98マーリンズ　98ドジャース　99メッツ　2000ブレーヴス　01カーディナルス【位置】三塁、外野、両
【経歴】81年ドラフト外でパイレーツに入団。86年ホワイトソックスへ移るが半年でパイレーツに復帰、翌87年正三塁手となり打率.300、球団史上初の左右両打席本塁打も記録する。88年は24本塁打、100打点。90年は32本塁打、120打点（2位）で同僚のバリー・ボンズに次ぎMVP投票で2位。ボンズとのコンビは、ともにイニシャルがBであることから“キラー・ビーズ”と呼ばれた。92年地元のメッツに移籍、翌93年に34本塁打を放つが、高額な年俸に見合うほどの成績を残せず非難の的となる。シーズン途中オリオールズに移籍した95年自己最高の打率.329、翌96年は116打点。2000年にメッツが契約を買い取って戦力外とした際、25年にわたる繰り延べ払いとした結果、残額は590万ドルから3000万ドル近くまで膨れ上がった。
【通算】16年、2113試合、7213打数2010安打、408二塁打、61三塁打、287本塁打、1173打点、45盗塁、912四球、1204三振、打率.279
【タイトル】オールスター6回（88～91,93,95年）

ジーク・ボヌラ
Henry John Bonura (Zeke)
1908.9.20～87.3.9【出身地】ルイジアナ州ニューオーリンズ【球団】34-37ホワイトソックス　38セネターズ　39ジャイアンツ　40セネターズ　40カブス【位置】一塁、右
【経歴】34年新人で打率.302、球団新記録の27本塁打、110打点。36年は打率.330、138打点（4位）、37年も打率.345（4位）、41二塁打と打力は確かでファンにも人気があったが、守備では動きが緩慢で、サインの見落としも多かった。契約交渉でも常にもめたため、38年にセネターズへ放出された。ノートルダム大学では槍投げで優勝した経験もあった。第二次大戦中は従軍先の北アフリカで大々的な野球リーグを組織し、兵士たちを楽しませた。
【通算】7年、917試合、3582打数1099安打、119本塁打、704打点、19盗塁、打率.307

サンダー・ボーハーツ　★
Xander Jan Bogaerts
1992.10.1～【出身地】オランダ王国アルバ島オランエシュタット【球団】2013-22レッドソックス　23-24パドレス【位置】遊撃、二塁、右
【経歴】2009年レッドソックスに入団、強打の遊撃手で15年は196安打、打率.320がいずれも2位。同年から5年連続30二塁打以上、18年は45二塁打（5位）、23本塁打、103打点（5位）。続く19年も52二塁打（2位）、自己最多の33本塁打、117打点（2位）とさらに数字を伸ばした。23年にパドレスへ11年2億8000万ドルの高額契約で移籍、開幕から30試合連続で出塁した。
【通算】12年、1530試合、5858打数1693安打、186本塁打、785打点、106盗塁、1176三振、打率.289
【タイトル】オールスター4回（2016,19,21～22年）

ブラッド・ホープ
Bradley Bonte Hawpe
1979.6.22 ～【出身地】テキサス州フォートワース【球団】2004-10 ロッキーズ　10 レイズ　11 パドレス　13 エンジェルズ【位置】外野、左
【経歴】2000 年のカレッジワールドシリーズで MVP に輝き、同年ドラフト 11 位でロッキーズに入団。05 年正右翼手となり、翌 06 年から 4 年連続 20 本塁打以上。07 年は自己最多の 29 本塁打、116 打点、09 年は 42 二塁打（5 位）を放った。打者に有利な本拠クアーズ・フィールド以外の球場でもよく打っていたが、10 年は 88 試合で 7 本塁打と不振に陥り、シーズン終盤で解雇された。
【通算】9 年、910 試合、2934 打数 806 安打、124 本塁打、492 打点、13 盗塁、打率 .275
【タイトル】オールスター 1 回（2009 年）

ソリー・ホフマン
Arthur Frederick Hofman (Solly)
1882.10.29 ～ 1956.3.10【出身地】ミズーリ州セントルイス【球団】03 パイレーツ　04-12 カブス　12-13 パイレーツ　14 ブルックリン（FL）　15 バッファロー（FL）　16 ヤンキース　16 カブス【位置】外野、二塁、右
【経歴】バッテリー以外すべてのポジションをこなし、アクロバティックな守備で“サーカス”の異名をとる。08 年のワールドシリーズは 19 打数 6 安打、4 打点。10 年は打率 .325（3 位）、16 三塁打、86 打点（4 位）、出塁率 .406（4 位）の活躍だった。「真面目なのは眠っているときだけ」と言われたほどの剽軽者でもあった。
【通算】14 年、1194 試合、4072 打数 1095 安打、19 本塁打、498 打点、208 盗塁、打率 .269

ダニー・ホフマン
Daniel John Hoffman
1880.3.2 ～ 1922.3.14【出身地】コネティカット州カントン【球団】03-06 アスレティックス　06-07 ヤンキース　08-11 ブラウンズ【位置】外野、左
【経歴】マイナー時代は投手で、俊足を生かして外野手に転向、05 年にリーグトップの 46 盗塁。前年の 04 年に死球を眼に受け、以来左投手を苦手とした。07 年はリーグ 2 位の 5 本塁打、うち 4 本がランニングホームラン。05、07 年は 100 三振以上を喫しリーグワーストとなった。
【通算】9 年、829 試合、2981 打数 762 安打、14 本塁打、235 打点、185 盗塁、打率 .256
【タイトル】盗塁王 1 回（05 年）

トレヴァー・ホフマン
Trevor William Hoffman
1967.10.13 ～【出身地】カリフォルニア州ベルフラワー【球団】93 マーリンズ　93-2008 パドレス　09-10 ブルワーズ【位置】投手、右
【経歴】球界有数のチェンジアップで、史上 2 位のセーブ数を記録した名クローザー。ナ・リーグの最多セーブはトレヴァー・ホフマン賞の名がついている。89 年ドラフト 11 位でレッズに入団した当時は遊撃手で、91 年投手に転向。93 年拡張ドラフトでマーリンズに移り、同年途中パドレスに移籍。翌 94 年抑えに抜擢され 20 セーブ、96 年は 42 セーブ（3 位）。98 年は当時のリーグタイ記録となる 53 セーブで失敗は 1 回だけ、前年 8 月から 41 連続セーブ、防御率も 1.48 と抜群の安定感を示した。
2001 年まで 4 年連続 40 セーブ以上、03 年は肩の手術で 5 試合しか投げられなかったが、04 年からまた 4 年連続 40 セーブ。06 年は 46 セーブで 2 度目のタイトル、サイ・ヤング賞投票でも 98 年に次ぎ 2 度目の次点。9 月 24 日に新記録となる通算 479 個目のセーブを挙げた。ブルワーズに移籍した 09 年は 41 歳にして 37 セーブ、11 年ぶりの 1 点台となる防御率 1.83。翌 11 年史上初の 600 セーブに到達したのを最後に引退、通算セーブ成功率は 89％を誇った。幼少期に腎臓摘出手術を受け、セーブひとつにつき 200 ドルを国立腎臓財団に寄付していた。18 年殿堂入り。父エドはアナハイム・スタディアムの客席案内係、兄グレンは元レッドソックスの内野手で、98 年に一時ドジャースの監督を務め、06 ～ 08 年はパドレスのコーチとして弟とチームメイトになった。
【通算】18 年、1035 試合（11 位）、0 先発、61 勝 75 敗 601 S（2 位）、1089.1 回、1133 奪三振、防御率 2.87
【タイトル】最多セーブ 2 回（98,2006 年）オールスター 7 回（98 ～ 2000,02,06 ～ 07,09 年）

ディック・ホブリッツェル
Richard Carleton Hoblitzell
1888.10.26 ～ 1962.11.14【出身地】ウェストヴァージニア州ウェイヴァリー【球団】08-14 レッズ　14-18 レッドソックス【位置】一塁、左
【経歴】09 年 20 歳で正一塁手となり打率 .308 (3 位)、11 年は 180 安打 (2 位)、91 打点 (5 位)。14 年途中レッドソックスへ移籍、のちにベーブ・ルースのルームメイトとなる。知的で紳士的な選手として、敵味方を問わず尊敬を集めていた。18 年途中陸軍の歯科医へ転身し 29 歳で引退したが、のちにマイナーの監督・審判として球界へ復帰した。
【通算】11 年、1318 試合、4706 打数 1310 安打、27 本塁打、593 打点、173 盗塁、打率 .278

フランク・ボーマン
Frank Matt Baumann
1933.7.1 ～ 2020.12.13【出身地】ミズーリ州セントルイス【球団】55-59 レッドソックス　60-64 ホワイトソックス　65 カブス【位置】投手、左
【経歴】52 年契約金 9 万ドルでレッドソックスに入団するも伸び悩み、ホワイトソックスに移籍した 60 年に横手からスリークォーターに投法を変え 13 勝、防御率 2.67 は 1 位。翌 61 年も 10 勝したが、防御率は 5.61 と大きく落ち込み、その後も鳴かず飛ばずだった。
【通算】11 年、244 試合、78 先発、19 完投、4 完封、45 勝 38 敗、797.1 回、384 奪三振、防御率 4.11
【タイトル】最優秀防御率 1 回 (60 年)

ダッキー・ホームズ
James William Holmes (Ducky)
1869.1.28 ～ 1932.8.5【出身地】アイオワ州デモイン【球団】1895-97 ルイヴィル　97 ニューヨーク　98 セントルイス　98-99 ボルティモア　1901-02 タイガース　03 セネターズ　03-05 ホワイトソックス【位置】外野、左
【経歴】1899 年に打率 .320、自己最多の 177 安打、31 二塁打 (3 位)、66 打点、50 盗塁 (4 位)。翌 1900 年はマイナーで過ごし、01 年はリーグ 5 位の 28 二塁打を放った。オーナーや審判との衝突が絶えなかったトラブルメイカーで、98 年 7 月 25 日には試合中に古巣ニューヨークのオーナーを侮辱、没収試合にまで発展する騒動を引き起こし、シーズン終了までの出場停止処分を科されたが、すぐに赦され復帰した。
【通算】10 年、933 試合、3605 打数 1014 安打、17 本塁打、375 打点、236 盗塁、打率 .281

トミー・ホームズ
Thomas Francis Holmes
1917.3.29 ～ 2008.4.14【出身地】ニューヨーク州ブルックリン【球団】42-51 ブレーヴス　52 ドジャース【位置】外野、左
【経歴】ヤンキース傘下のマイナーから 42 年ブレーヴスに移籍し、ポール・ウェイナーに弟子入りして打力が向上。44 年はいずれも 3 位の 195 安打、42 二塁打。続く 45 年は 224 安打、47 二塁打、28 本塁打、長打率 .577 がすべて 1 位、打率 .352 と 117 打点は 2 位、37 試合連続安打も達成する最高のシーズンを送る。同年はリーグ最少の 9 三振で、これは本塁打王の最少記録。三振は最多でも年間 20 回、通算 122 回だけだった。その後 2 ケタ本塁打は一度もなかったが、47 年 191 安打 (1 位)、48 年も打率 .325 (3 位)、190 安打 (2 位) と打ち続けた。ファンにも気さくな態度で接して人気があった。51 年途中 34 歳で監督に任命されたが 52 年 6 月に解任され、ドジャースで現役に復帰した。
【通算】11 年、1320 試合、4992 打数 1507 安打、88 本塁打、581 打点、40 盗塁、打率 .302
【タイトル】本塁打王 1 回 (45 年) オールスター 2 回 (45,48 年)
【監督】51-52 ブレーヴス　2 年、130 試合、61 勝 69 敗、勝率 .469

ジンジャー・ボーモント
Clarence Howeth Beaumont (Ginger)
1876.7.23 ～ 1956.4.10【出身地】ウィスコンシン州ロチェスター【球団】1899-1906 パイレーツ　07-09 ブレーヴス　10 カブス【位置】外野、左
【経歴】小太りな見た目に反し大変な俊足の持ち主で、1899 年新人で .352 の高打率を残す。内野安打が多く、1 試合 6 本を放ったこともある。1901 年からの 5 年連続を含む 7 回打率 3 割、02 年は .357 で首位打者。02 ～ 04 年は 3 年連続最多安打、03 年は自己記録の 209 安打に加えて 30 二塁打 (4 位)、7 本塁打 (2 位)、第 1 回ワールドシリーズで最初に打席に入った。ブレーヴスに移籍した 07 年は 187 安打で 4 度目の 1 位。酒やタバコとは無縁

で、余暇は少年野球の指導に充てていた。“ジンジャー”のニックネームは鮮やかな赤毛だったのが由来。
【通算】12 年、1463 試合、5660 打数 1759 安打、39 本塁打、617 打点、254 盗塁、打率 .311
【タイトル】首位打者 1 回(1902 年)

トム・ホーラー
Thomas Frank Haller
1937.6.23 ～ 2004.11.26【出身地】イリノイ州ロックポート【球団】61-67 ジャイアンツ　68-71 ドジャース　72 タイガース【位置】捕手、左
【経歴】長打力のある捕手で、62 年から 6 年連続 14 本塁打以上、66 年は 27 本塁打。同年から 3 年連続でオールスターに選ばれた。守備ではドジャースに移籍した 68 年にリーグ記録の 23 併殺。引退後はジャイアンツのコーチを経てフロント入りした。兄のビルはア・リーグ審判だった。
【通算】12 年、1294 試合、3935 打数 1011 安打、134 本塁打、504 打点、14 盗塁、打率 .257
【タイトル】オールスター 3 回(66 ～ 68 年)

プラシド・ポランコ
Placido Enrique Polanco
1975.10.10 ～【出身地】ドミニカ共和国サントドミンゴ【球団】98-2002 カーディナルス　02-05 フィリーズ　05-09 タイガース　10-12 フィリーズ　13 マーリンズ【位置】二塁、三塁、右
【経歴】94 年ドラフト 19 位でカーディナルスに入団。ミートが上手く、2000 ～ 10 年の 11 年間は毎年打率 .285 以上。正三塁手となった 2001 年に打率 .307、05 年は .331、551 打席で 25 三振しかしなかった。06 年はリーグ優勝決定シリーズで 17 打数 9 安打、MVP に選出。翌 07 年は .341(3 位)の高打率に加え、200 安打(5 位)、36 二塁打も自己最多、守備でも 141 試合二塁を守り無失策でゴールドグラブに選ばれた。07 年にかけて 911 守備機会連続無失策の記録を樹立、11 年は三塁手として同賞を受賞。三塁での通算守備率は .983、二塁では .993 で、両方のポジションで史上 1 位の快挙を成し遂げた。
【通算】16 年、1927 試合、7214 打数 2142 安打、104 本塁打、723 打点、81 盗塁、打率 .297
【タイトル】ゴールドグラブ 3 回(2007,09,11 年)オールスター 2 回(07,11 年)

ホルヘ・ポランコ　★
Jorge Luis Polanco
1993.7.5 ～【出身地】ドミニカ共和国サンペドロデマコリス【球団】2014-23 ツインズ　24 マリナーズ【位置】遊撃、二塁、両
【経歴】2009 年ツインズに入団。長打力のある遊撃手で、18 年は薬物違反で 80 試合の出場停止となったが、翌 19 年は打率 .295、40 二塁打(5 位)、7 三塁打(5 位)、22 本塁打でオールスターに選出された。21 年は自己最多の 33 本塁打、98 打点。8 月 15 ～ 18 日の 4 日間で 3 回、年間では 5 回サヨナラ打を放った。ツインズでの同僚ミゲル・サノとは同い年で、育ったのも近所だった。
【通算】11 年、950 試合、3573 打数 938 安打、128 本塁打、492 打点、55 盗塁、打率 .263
【タイトル】オールスター 1 回(2019 年)

トッド・ホランズワース
Todd Mathew Hollandsworth
1973.4.20 ～【出身地】オハイオ州デイトン【球団】95-2000 ドジャース　00-02 ロッキーズ　02 レンジャーズ　03 マーリンズ　04-05 カブス　05 ブレーヴス　06 インディアンズ　06 レッズ【位置】外野、左
【経歴】91 年ドラフト 3 位でドジャースに入団。96 年打率 .291、12 本塁打、59 打点、21 盗塁で新人王を受賞し、92 年のエリック・キャロス以降 5 年連続でドジャースからの選出となった。その後は今一つの成績が続き、2000 年途中ロッキーズに移籍。同年 19 本塁打、02 年に自己最多の 27 二塁打、67 打点を記録した。ドジャース時代の同僚で、通算 567 試合に登板したマット・ハージェスとは義兄弟。
【通算】12 年、1118 試合、3191 打数 871 安打、98 本塁打、401 打点、75 盗塁、打率 .273
【タイトル】新人王(96 年)

グレッグ・ホランド
Gregory Scott Holland
1985.11.20 ～【出身地】ノースカロライナ州マリオン【球団】2010-15 ロイヤルズ　17 ロッキーズ　18 カーディナルス　18 ナショナルズ　19 ダイアモンドバックス　20-21 ロイヤルズ　22 レンジャーズ【位置】投手、右
【経歴】2007 年ドラフト 10 位でロイヤルズに入団。12 年後半戦からクローザーを任

され、13年は47セーブ（2位）、防御率1.21、翌14年も46セーブ（2位）、1.44と2年続けてほぼ完璧な成績。スライダーが素晴らしく、14年はポストシーズンでも11試合で7セーブ、11回を投げ1失点、被安打4本に抑えた。15年も32セーブを挙げたが終盤に肘を痛めてトミー・ジョン手術を受ける。17年ロッキーズで復帰、リーグ最多の41セーブを記録した。
【通算】12年、556試合、0先発、30勝28敗220S、547.2回、677奪三振、防御率3.14
【タイトル】最多セーブ1回（2017年）オールスター3回（13～14,17年）

ピンク・ホーリー
Emerson Pink Hawley
1872.12.5～1938.9.19【出身地】ウィスコンシン州ビーヴァーダム【球団】1892-94セントルイス　95-97ピッツバーグ　98-99シンシナティ　1900ニューヨーク　01ブルワーズ【位置】投手、右
【経歴】1892年19歳でデビュー。94年はリーグワーストの27敗を喫したが、翌95年は31勝と防御率3.18が2位、142奪三振は3位。56試合、4完封、444.1回はいずれも1位だった。96年22勝、137奪三振（2位）、98年も27勝（3位）を挙げ、同年まで5年連続で300イニング以上投げた。速球に威力があったが制球力に欠け、通算201死球はリーグ記録。劣等感が強く、試合中にしばしばチームメイトが勇気づける必要があった。1902年以降はマイナー球団のラクロスで選手兼監督となり、チームは彼の名をとってピンクスと呼ばれた。
【通算】10年、393試合、344先発、297完投、11完封、167勝179敗、3012.2回、868奪三振、974四球、防御率3.96

バグ・ホリデイ
James Wear Holliday (Bug)
1867.2.8～1910.2.15【出身地】ミズーリ州セントルイス【球団】1889-98シンシナティ（AA）/シンシナティ【位置】外野、右
【経歴】1885年アマチュアにもかかわらず、外野手が不足していたシカゴに声をかけられセントルイス（AA）との“ワールド・シリーズ”に出場。小柄だが力強いスイングで、89年新人でアメリカン・アソシエーションの記録となる19本塁打を放つ。同年の打率.321と104打点はいずれも5位、91年は打率.319で2位。続く92年は13本塁打で2度目の本塁打王になった。94年に自己最高の打率.376、123打点。翌95年に盲腸を手術してからは不調だった。開幕戦で満塁本塁打を放った最初の選手である。引退後はナ・リーグ審判を短期間務めた。
【通算】10年、930試合、3658打数1141安打、65本塁打、621打点、252盗塁、打率.312
【タイトル】本塁打王2回（1889,92年）

マット・ホリデイ
Matthew Thomas Holliday
1980.1.15～【出身地】オクラホマ州スティルウォーター【球団】2004-08ロッキーズ　09アスレティックス　09-16カーディナルス　17ヤンキース　18ロッキーズ【位置】外野、右
【経歴】98年ドラフト7位でロッキーズに入団。2005年の打率.307を皮切りに6年連続3割以上、06年は.326（5位）、45二塁打、34本塁打、114打点。翌07年は.340で首位打者となった上、216安打、50二塁打、137打点もみな1位。36本塁打（4位）も自己記録で、MVP投票では次点。プレイオフ進出決定戦では、微妙な判定ながらサヨナラ勝利のスライディングを決めた。ポストシーズンでも11試合で5本塁打、10打点を挙げた。
　09年アスレティックス、その半年後にカーディナルスへトレードされ、オフにはFAとなって7年1億2000万ドルで再契約した。11年のリーグ優勝決定シリーズでは23打数10安打5打点と活躍したが、ワールドシリーズでは19打数3安打0打点と不振、世界一を決めた第7戦もケガのため出場できなかった。13年のシリーズでは2本塁打、チーム最多の5打点。父のトム、兄のジョシュはオクラホマ州立大の監督。息子のジャクソンは22年のドラフト全体1位でオリオールズに入団した。
【通算】15年、1903試合、7009打数2096安打、468二塁打、316本塁打、1220打点、108盗塁、1362三振、打率.299
【タイトル】首位打者1回（2007年）打点王1回（07年）オールスター7回（06～08,10～12,15年）

ボビー・ボーリン
Bobby Donald Bolin
1939.1.29～2023.6.2【出身地】サウスカロライナ州ヒッコリーグローヴ【球団】

61-69 ジャイアンツ　70 ブルワーズ　70-73 レッドソックス【位置】投手、右
【経歴】サイドスローの速球投手で、当初はパイレーツと契約したが無効とされジャイアンツに入団。先発とリリーフの両方で起用され65年自己最多の14勝、68年は10勝、防御率1.99はボブ・ギブソンに次ぐ2位。64年と66年に1試合ずつ1安打完封を記録している。現役最後の73年に15セーブを挙げた。
【通算】13年、495試合、164先発、32完投、10完封、88勝75敗51 S、1576回、1175奪三振、防御率3.40

フランク・ボーリング
Francis Elmore Bolling
1931.11.16 ～ 2020.7.11【出身地】アラバマ州モービル【球団】54,56-60 タイガース　61-66 ブレーヴス【位置】二塁、右
【経歴】4回守備率1位を記録した二塁手で、12年のメジャー生活で二塁以外のポジションは一度も守らなかった。54年レギュラーとなるも翌55年は兵役で全休。56年復帰し翌57年は27二塁打、15本塁打、続く58年に自己最多の164安打、75打点。兄のミルトも内野手で、58年は二遊間コンビを組んだ。
【通算】12年、1540試合、5562打数1415安打、106本塁打、556打点、40盗塁、打率.254
【タイトル】ゴールドグラブ1回（58年）オールスター2回（61 ～ 62年）

デイヴ・ホリンズ
David Michael Hollins
1966.5.25 ～【出身地】ニューヨーク州バッファロー【球団】90-95 フィリーズ　95 レッドソックス　96 ツインズ　96 マリナーズ　97-98 エンジェルズ　99 ブルージェイズ　2001 インディアンズ　02 フィリーズ【位置】三塁、一塁、両
【経歴】87年ドラフト6位でパドレスに入団。90年フィリーズに移籍、92年正三塁手となり27本塁打（4位）、93打点を叩き出す。翌93年も30二塁打、93打点で優勝に貢献、85四球を選ぶなど選球眼も確かで、ポストシーズンも12試合で11四球。95 ～ 96年は2年間で4球団をわたり歩いたが、97年はエンジェルズで打率.288、85打点とまずまずの成績だった。
【通算】12年、983試合、3346打数870安打、112本塁打、482打点、47盗塁、打率.260
【タイトル】オールスター1回（93年）

ジミー・ホール
Jimmie Randolph Hall
1938.3.17 ～【出身地】ノースカロライナ州マウントホリー【球団】63-66 ツインズ　67-68 エンジェルズ　68-69 インディアンズ　69 ヤンキース　69-70 カブス　70 ブレーヴス【位置】外野、左
【経歴】63年テッド・ウィリアムズのリーグ新人記録を更新する33本塁打（4位）、長打率.521（5位）。8月だけで13本塁打を量産した。その後も66年まで4年連続で20本塁打以上を放つ。67年にエンジェルズに移籍してからは急速に成績が下降した。通算121本塁打のうち、左投手から打ったのは4本だけだった。
【通算】8年、963試合、2848打数724安打、121本塁打、391打点、38盗塁、打率.254
【タイトル】オールスター2回（64 ～ 65年）

ジョージ・ホール
George William Hall
1849.3.29 ～ 1923.6.11【出身地】英国イングランド・ステップニー【球団】1876 フィラデルフィア　77 ルイヴィル【位置】外野、左
【経歴】ナショナル・アソシエーションで5年プレイしたのち、76年フィラデルフィアで打率.366（2位）、13三塁打（2位）、5本塁打（1位）、6月14日に史上初のサイクルヒットを達成する。77年ルイヴィルに移籍、八百長工作に関わったことを自ら申し出て、同年限りで永久追放となった。その後は彫刻家として生計を立てた。
【通算】2年、121試合、537打数185安打、5本塁打、71打点、打率.345
【タイトル】本塁打王1回（1876年）

ビル・ホール
William Hall
1979.12.28 ～【出身地】ミシシッピ州テュペロ【球団】2002-09 ブルワーズ　09 マリナーズ　10 レッドソックス　11 アストロズ　11 ジャイアンツ　12 オリオールズ【位置】三塁、遊撃、右
【経歴】98年ドラフト6位でブルワーズに入団。2004年レギュラーとなり、翌05年は打率.291、39二塁打、17本塁打、続く06年は39二塁打、35本塁打、85打点と長打力を発揮。前向きな態度でチーム内の人気者だった。代理人を務めてい

たのは元ヤクルトのテリー・ブロス。
【通算】11年、1053試合、3334打数827安打、125本塁打、440打点、62盗塁、打率.248

メル・ホール ☆
Melvin Hall
1960.9.16～【出身地】ニューヨーク州ライオンズ【球団】81-84 カブス 84-88 インディアンズ 89-92 ヤンキース 96 ジャイアンツ【位置】外野、左
【経歴】78年ドラフト2位でカブスに入団、83年レギュラーとなり打率.283、17本塁打。その後も安定した数字を残し続け、91年19本塁打、翌92年に36二塁打、81打点の自己記録。93年ロッテに入団し30本塁打(3位)、92打点(2位)、21盗塁。95年中日に移籍、翌96年ジャイアンツでメジャーに復帰した。現役時代から後輩いびりの常習者として評判が悪く、引退後の2009年に3人の少女を暴行した罪で懲役45年を科せられた。
【通算】13年、1276試合、4237打数1171安打、134本塁打、620打点、31盗塁、打率.276
【日本】93-94 ロッテ 95 中日 3年、298試合、1117打数311安打、64本塁打、207打点、36盗塁、打率.278

ウォルター・ホルキー
Walter Henry Holke
1892.12.25～1954.10.12【出身地】ミズーリ州セントルイス【球団】14,16-18 ジャイアンツ 19-22 ブレーヴス 23-25 フィリーズ 25 レッズ【位置】一塁、両
【経歴】17年ジャイアンツの正一塁手となるが、翌18年途中でチームを離脱し、ベスレヘム・スティールが組織した実業団リーグに参加する。19年ブレーヴスでメジャー復帰、フィリーズに移籍した23年に自己最高の打率.311、175安打、70打点、翌24年も打率.300。一塁守備も良く最多併殺3回、20年には延長26回の試合で42刺殺を記録した。几帳面かつ穏やかな性格で、一度も退場させられたことがなかった。
【通算】11年、1212試合、4456打数1278安打、24本塁打、486打点、81盗塁、打率.287

エディンソン・ボルケス
Edinson Volquez
1983.7.3～【出身地】ドミニカ共和国サントドミンゴ【球団】2005-07 レンジャーズ 08-11 レッズ 12-13 パドレス 13 ドジャース 14 パイレーツ 15-16 ロイヤルズ 17 マーリンズ 19-20 レンジャーズ【位置】投手、右
【経歴】2002年レンジャーズに入団、レッズへ移籍した08年に17勝(3位)、206奪三振(2位)。制球に難があって、パドレスへ移った12年も11勝を挙げた一方でリーグワーストの105四球を与えた。チェンジアップを武器に14年はパイレーツで13勝、自己ベストの防御率3.04。翌15年はロイヤルズで13勝、ワールドシリーズでは第1戦と優勝を決めた第5戦に先発し、いずれも勝ち星はつかなかったが6回まで投げ試合を作った。17年6月3日のダイアモンドバックス戦でノーヒットノーランを達成した。
【通算】15年、294試合、273先発、4完投、2完封、95勝89敗0S、1546.1回、1323奪三振、防御率4.45
【タイトル】オールスター1回(2008年)

ケン・ホルツマン
Kenneth Dale Holtzman
1945.11.3～2024.4.14【出身地】ミズーリ州セントルイス【球団】65-71 カブス 72-75 アスレティックス 76 オリオールズ 76-78 ヤンキース 78-79 カブス【位置】投手、左
【経歴】65年ドラフト4位でカブスに入団し、同年19歳でメジャーに昇格、ドラフト制施行後最初に昇格した選手となる。同じユダヤ系の左腕投手ということでサンディ・コーファックスの再来と期待が大きく、66年11勝、翌67年は兵役で12試合のみの登板ながら9勝0敗、防御率2.53と見事な成績だった。69年は33イニング連続無失点も記録し17勝、翌70年も17勝、202奪三振(5位)。69年8月19日のブレーヴス戦と71年6月3日のレッズ戦でノーヒットノーランを記録、前者は史上3人しかいない奪三振ゼロで成し遂げた。75年6月8日のタイガース戦も9回二死までノーヒットだったが、最後の打者に打たれて3度目はならなかった。
　72年アスレティックスへ移籍し19勝、防御率2.51、73年は21勝(4位)。75年まで4年連続18勝以上、ワールドシリーズでも通算4勝、防御率2.55。74年の第5戦で先制本塁打を放つなど、打撃でもシリーズ通算12打数ですべて長打の4安打。76年途中ヤンキースへ移籍してか

らは、ビリー・マーティン監督との確執もあって急激に成績を落とした。読書家で、マルセル・プルーストの『失われた時を求めて』を原語で読破した。
【通算】15年、451試合、410先発、127完投、31完封、174勝150敗3S、2867.1回、1601奪三振、防御率3.49
【タイトル】オールスター2回(72～73年)

マーク・ボールドウィン
Marcus Elmore Baldwin
1863.10.29～1929.11.10【出身地】ペンシルヴェニア州ピッツバーグ【球団】1887-88シカゴ　89コロンバス(AA)　90シカゴ(PL)　91-93ピッツバーグ　93ニューヨーク【位置】投手、右
【経歴】速球派として鳴らし、1889年リーグ最多の63試合、513.2回を投げ368三振(1位)を奪う。翌90年はプレイヤーズ・リーグに移り、58試合、53完投、492回、33勝、206奪三振がいずれも1位だった。89年から4年連続20勝以上を挙げたが、同時に5年連続で20敗以上。引退後はペンシルヴェニア大学で医学を学び、皮膚科の医師となった。
【通算】7年、346試合、328先発、295完投、14完封、154勝165敗、2802.1回、1349奪三振、1307四球、防御率3.37
【タイトル】最多勝1回(1890年)最多奪三振2回(89～90年)

レディ・ボールドウィン
Charles B. Baldwin (Lady)
1859.4.8～1937.3.7【出身地】ニューヨーク州オラメル【球団】1884ミルウォーキー(UA)　85-88デトロイト　90ブルックリン　90バッファロー(PL)【位置】投手、左
【経歴】“スネークボール”と呼ばれたカーブの使い手で、上手と下手の両方で投げることができた。1885年11勝、防御率1.86(4位)、翌86年は42勝、7完封、323奪三振の3部門で1位、防御率2.24も3位。酷使の影響で88年以降はほとんど投げられなかった。ニックネームの“レディ”は、酒やタバコと無縁で、汚い言葉を口にすることもなかったのが由来だった。
【通算】6年、118試合、116先発、112完投、9完封、73勝41敗、1017回、582奪三振、防御率2.85
【タイトル】最多勝1回(1886年)最多奪三振1回(86年)

ビル・ホールマン
William Wilson Hallman
1867.3.31～1920.9.11【出身地】ペンシルヴェニア州ピッツバーグ【球団】1888-89フィラデルフィア　90フィラデルフィア(PL)　91フィラデルフィア(AA)　92-97フィラデルフィア　97セントルイス　98ブルックリン　1901インディアンズ　01-03フィリーズ【位置】二塁、遊撃、三塁、右
【経歴】全ポジションを守った経験のある器用な選手で、1893年から4年連続で打率3割、95年は自己最多の91打点。97年は50試合セントルイスを指揮したが13勝36敗、勝率.265と散々だった。オフシーズンにはヴォードビルショーに出演しており、引退後もフィラデルフィアで演劇ビジネスに携わった。
【通算】14年、1507試合、6030打数1641安打、21本塁打、772打点、200盗塁、打率.272

ハウィー・ポーレット
Howard Joseph Pollet
1921.6.26～74.8.8【出身地】ルイジアナ州ニューオーリンズ【球団】41-43,46-51カーディナルス　51-53パイレーツ　53-55カブス　56ホワイトソックス　56パイレーツ【位置】投手、左
【通算】チェンジアップを武器とした、信心深く物静かな投手。43年はシーズン途中兵役につくまで8勝、防御率1.75。復帰した46年は21勝、防御率2.10、266回の3部門で1位。ワールドシリーズでは第1戦に先発、9回二死から同点とされ10回を投げきったものの負け投手となった。49年も5完封(1位)を含む20勝(2位)、防御率2.77(3位)を記録した。51年途中パイレーツへトレードされてからは、2ケタ勝利には手が届かなかった。
【通算】14年、403試合、277先発、116完投、25完封、131勝116敗、2107.1回、934奪三振、防御率3.51
【タイトル】最多勝1回(46年)最優秀防御率1回(46年)オールスター3回(43,46,49年)

ジョー・ホーレン
Joel Edward Horlen
1937.8.14～2022.4.10【出身地】テキサス州サンアントニオ【球団】61-71ホワイトソックス　72アスレティックス【位置】投手、右
【経歴】大きく曲がるカーブなど変化球主

体の投球で64年13勝、防御率1.88（2位）。66年も10勝13敗の負け越しながら防御率2.43は2位、32イニング連続無失点も記録。続く67年は19勝（4位）、6完封と防御率2.06は1位。9月10日のタイガース戦でノーヒットノーランを達成し、サイ・ヤング賞投票では次点だった。68年にも37イニング連続無失点、69年まで7年連続2ケタ勝利を挙げたが、打者の援護に恵まれないことが多く通算では負け越し。足が速く、代走として起用される機会も多かった。マウンド上ではガムやタバコの代わりに、固めたティッシュペーパーを噛んで気持ちを落ち着かせていた。引退後は長くマイナーの投手コーチを務めた。
【通算】12年、361試合、290先発、59完投、18完封、116勝117敗4S、2002回、1065奪三振、防御率3.11
【タイトル】最優秀防御率1回（67年）オールスター1回（67年）

ハンク・ボロウィ
Henry Ludwig Borowy
1916.5.12～2004.8.23【出身地】ニュージャージー州ブルームフィールド【球団】42-45ヤンキース　45-48カブス　49-50フィリーズ　50パイレーツ　50-51タイガース【位置】投手、右
【経歴】無理のない投球フォームからの動く速球で、42年メジャーに昇格し15勝4敗、防御率2.52（5位）。44年は17勝（5位）、翌45年も前半だけでリーグトップの10勝だったが、7月に9万7000ドルの移籍金でカブスへ移る。移籍後は15試合で11勝、防御率2.13で優勝に貢献。ワールドシリーズでも第1戦で完封、第6戦ではリリーフで4回を0点に抑え2勝目を挙げたが、中1日で先発した第7戦は一死もとれず降板した。その後は故障もあり今一つの成績に終わった。
【通算】10年、314試合、214先発、94完投、16完封、108勝82敗、1717回、690奪三振、防御率3.50
【タイトル】オールスター2回（44～45年）

ジョー・ボロウスキー
Joseph Thomas Borowski
1971.5.4～【出身地】ニュージャージー州ベイオン【球団】95オリオールズ　96-97ブレーヴス　97-98ヤンキース　2001-05カブス　05レイズ　06マーリンズ　07-08インディアンズ【位置】投手、右
【経歴】89年ドラフト32位でホワイトソックスに入団。96～98年に中継ぎで5勝を挙げたが、99年にブルワーズから解雇され、2000年は独立リーグで投げた。01年3年ぶりにメジャーに復帰、翌02年は73試合に登板し防御率2.73、03年は抑えで33セーブ、防御率2.63。04年は防御率8点台と苦しみ05年途中解雇、移籍先のレイズからも解雇されたが、06年マーリンズに拾われ36セーブ（3位）と復活。球威不足を度胸の良さでカバーし、07年はインディアンズで防御率5.07ながらリーグ最多の45セーブを稼いだ。
【通算】12年、423試合、1先発、0完投、22勝34敗131S、454.1回、372奪三振、防御率4.18
【タイトル】最多セーブ1回（2007年）

A・J・ポーロック
Allen Lorenz Pollock (A.J.)
1987.12.5～【出身地】コネティカット州ヘブロン【球団】2012-18ダイアモンドバックス　19-21ドジャース　22ホワイトソックス　23マリナーズ　23ジャイアンツ【位置】外野、右
【経歴】2009年ドラフト1位でダイアモンドバックスに入団。15年に打率.315（5位）、192安打（2位）、39二塁打（4位）、20本塁打、39盗塁（4位）の好成績を残し、守備でもゴールドグラブを受賞した。21年は自己最多の21本塁打、リーグ優勝決定シリーズ第5戦で2本塁打。同年のプレイオフは9打点を稼いだ。
【通算】12年、1087試合、3787打数1032安打、145本塁打、485打点、122盗塁、打率.273
【タイトル】ゴールドグラブ1回（2015年）オールスター1回（15年）

ルイス・ポロニア
Luis Andrew Polonia
1963.12.10～【出身地】ドミニカ共和国サンティアゴ【球団】87-89アスレティックス　89-90ヤンキース　90-93エンジェルズ　94-95ヤンキース　95ブレーヴス　96オリオールズ　96ブレーヴス　99-2000タイガース　00ヤンキース【位置】外野、左
【経歴】俊足巧打の外野手で、レギュラーとなった87年打率.287、10三塁打（2位）、29盗塁。90年は規定打席不足ながら.335の高打率。92年51盗塁（4位）、翌93年も55盗塁（2位）を決めた一方、91年から3年連続で盗塁刺もリーグワー

ストだった。メキシカン・リーグを経て99年3年ぶりにメジャーに復帰、87試合で打率.324、10本塁打と予想以上に活躍した。
【通算】12年、1379試合、4840打数1417安打、36本塁打、405打点、321盗塁、打率.293

ラリー・ボーワ
Lawrence Robert Bowa
1945.12.6～【出身地】カリフォルニア州サクラメント【球団】70-81フィリーズ 82-85カブス 85メッツ【位置】遊撃、両
【経歴】70年代のフィリーズ黄金期を支えた攻守の遊撃手。65年ドラフト外で入団、打撃は力強さに欠けたが堅実な守備と俊足を買われ、70年から15年にわたりレギュラーを張った。72年にリーグ最多の13三塁打、75年自己唯一の打率3割(.305)。78年は192安打(5位)、80年のワールドシリーズではチーム最多の9安打、3盗塁で世界一に貢献した。
　気が短く、首脳陣やチームメイトとしばしば衝突し、87年パドレスの監督に就任した際にもそれが失敗の原因となった。2001年古巣フィリーズの監督に就任、終盤まで優勝を争い最優秀監督に選ばれる。04年も2位だったが、またも主力選手の不興を買って更迭された。その後はヤンキースの三塁コーチとなる。甥のニック・ジョンソンも一塁手として10年間活躍した。
【通算】16年、2247試合、8418打数2191安打、262二塁打、99三塁打、15本塁打、525打点、318盗塁、474四球、569三振、打率.260
【タイトル】ゴールドグラブ2回(72,78年)オールスター5回(74～76,78～79年)
【監督】87-88パドレス 2001-04フィリーズ 6年、853試合、418勝435敗、勝率.490

ポッサム・ホワイテッド
George Bostic Whitted (Possum)
1890.2.4～1962.10.15【出身地】ノースカロライナ州ダーラム【球団】12-14カーディナルス 14ブレーヴス 15-19フィリーズ 19-21パイレーツ 22ドジャース【位置】外野、三塁、右
【経歴】14年ブレーヴス、15年フィリーズで2年連続優勝を経験。19年途中パイレーツへ移り、翌20年自己最多の74打点を記録した。通算3回ノーヒットゲームを阻止した経験を持つ。朗らかな性格で、パイレーツ時代はラビット・マランヴィルやチャーリー・グリムとともに、試合前の余興で観客を楽しませた。狩猟好きで、オポッサム(フクロネズミ)をよく仕留めたのが“ポッサム”という渾名の由来だった。
【通算】11年、1025試合、3630打数978安打、23本塁打、451打点、116盗塁、打率.269

ウィル・ホワイト
William Henry White
1854.10.11～1911.8.31【出身地】ニューヨーク州ケイトン【球団】1877ボストン 78-80シンシナティ 81デトロイト 82-86シンシナティ(AA)【位置】投手、右
【経歴】眼鏡をかけて出場した最初の選手で、1877年兄のディーコンと史上初の兄弟バッテリーを組む。当時はまだ珍しかったカーブを使い、78年シンシナティに移り30勝(2位)、79年は史上最多の680回を投げ43勝と防御率1.99はいずれも2位。先発した75試合すべてに完投したのも最多記録である。
　翌80年は18勝42敗と大きく負け越し、デトロイトへ移った81年は2試合投げたのみ。82年シンシナティ(AA)に復帰し40勝、52完投、8完封、480回はみな1位、防御率1.54(4位)も自己ベストと復活。続く83年も43勝、6完封、防御率2.09の3部門で1位だった。打者に故意にぶつけて威嚇するのが得意だったが、84年に死球＝出塁ルールが制定されこの技を封じられた。兄同様の真面目な性格で、実業家としても成功を収めた。
【通算】10年、403試合、402先発、394完投(16位)、36完封、229勝166敗、3542.2回、1041奪三振、496四球、防御率2.28
【タイトル】最多勝2回(1882～83年)最優秀防御率1回(83年)
【監督】1884シンシナティ(AA) 1年、72試合、44勝27敗、勝率.620

サミー・ホワイト
Sammy Charles White
1927.7.7～91.8.4【出身地】ワシントン州ウィナッチー【球団】51-59レッドソックス 61ブレーヴス 62フィリーズ【位置】捕手、右
【経歴】レッドソックスの正捕手を8年間にわたって務める。守備面での評価が高く、53年から4年連続最多補殺。打撃で

も53年に34二塁打（3位）、6月18日に1イニング3得点を記録。続く54年は打率.282、14本塁打、75打点、55年も30二塁打（4位）を放った。ワシントン大学時代はバスケットボールで活躍、引退後はプロゴルファーに転身した。
【通算】11年、1043試合、3502打数916安打、66本塁打、421打点、14盗塁、打率.262
【タイトル】オールスター1回（53年）

ソル・ホワイト
King Solomon White
1868.6.12～1955.8.26【出身地】オハイオ州ベルエア【球団】ニグロ・リーグ【位置】二塁、右
【経歴】ウィルバーフォース大学在学中の1887年にプロ野球選手としてデビュー。当時はまだ黒人選手を締め出していなかったマイナー・リーグで、通算.356の高打率を残した。1902年にフィラデルフィア・ジャイアンツを結成し、自ら監督兼選手として4回リーグ制覇。12年を最後に一旦球界から離れたのち、20年代にカムバックし、クリーヴランド・ブラウンズの監督などを務めた。黒人野球の歴史を綴った『History of Colored Baseball』の著者としても知られる。2006年殿堂入り。

ディーコン・ホワイト
James Laurie White (Deacon)
1847.12.2～1939.7.7【出身地】ニューヨーク州ケイトン【球団】1876シカゴ　77ボストン　78-80シンシナティ　81-85バッファロー　86-88デトロイト　89ピッツバーグ　90バッファロー（PL）【位置】三塁、捕手、左
【経歴】ナショナル・アソシエーション時代にボストンの正捕手として首位打者1回、打点王1回。1876年シカゴへ移り打率.343、60打点は1位。翌77年はボストンに戻って打率.387、103安打、11三塁打、49打点、長打率.545の5部門で1位となり、73年から5年連続で優勝チームの主力として活躍した。捕手としては強肩と敏捷な動きを売り物とし、特にファウルフライの捕球が上手かった。79年は一時的に監督を務め、18試合で9勝9敗。82年以降は三塁に転向、87年は39歳で打率.303、75打点で優勝に貢献。90年はバッファロー（PL）でオーナーを兼務した。
　常に聖書を携帯し、その教えに従い地球が丸いことを認めなかったほど信心深く、清廉な生活態度で広く尊敬を集めていた。その一方で、毎年契約交渉では粘りに粘り、要求が認められなければ引退すると繰り返し球団に迫った。2013年殿堂入り。弟のウィルは通算229勝の好投手で、シンシナティ時代にバッテリーを組んでいた。
【通算】15年、1299試合、5335打数1619安打、18本塁打、756打点、打率.303
【タイトル】首位打者1回（1877年）打点王2回（76～77年）

デヴォン・ホワイト
Devon Markes White
1962.12.29～【出身地】ジャマイカ国キングストン【球団】85-90エンジェルズ　91-95ブルージェイズ　96-97マーリンズ　98ダイアモンドバックス　99-2000ドジャース　01ブルワーズ【位置】外野、両
【経歴】7度のゴールドグラブに輝いた俊足好守の中堅手。17年のメジャー生活でずっと同じグラブを使い続けた。81年ドラフト6位でエンジェルズに入団、87年レギュラーとなり24本塁打、87打点、32盗塁、守備ではリーグ1位の424刺殺。89年は13三塁打（2位）、44盗塁（3位）を記録した。91年ブルージェイズへ移籍、93年は42二塁打（2位）、ワールドシリーズでは6本の長打で7打点。91～93年のプレイオフでは72打数28安打、打率.389と大舞台での勝負強さを発揮し、マーリンズ時代と併せて3度の世界一に貢献した。本名はWhyteで、ジャマイカからアメリカに移住する際に誤ってWhiteとされたが、のちに元に戻した。娘のダヴェリンはプロバスケットボール選手。
【通算】17年、1941試合、7344打数1934安打、208本塁打、846打点、346盗塁、1526三振、打率.263
【タイトル】ゴールドグラブ7回（88～89,91～95年）オールスター3回(89,93,98年)

ドク・ホワイト
Guy Harris White (Doc)
1879.4.9～1969.2.19【出身地】ワシントンD.C.【球団】01-02フィリーズ　03-13ホワイトソックス【位置】投手、左
【経歴】制球の良い左腕投手で、ドロップを効果的に使い02年は16勝20敗と負け越しながらも185三振（2位）を奪う。

翌03年はホワイトソックスに移籍、04年16勝、防御率1.78(3位)、9月に5連続を含む6完封の月間記録を樹立。06年は18勝、防御率1.52(1位)、ワールドシリーズ第6戦でも完投勝ちし世界一に貢献した。続く07年は27勝で最多勝、65.1回連続無四球を記録し、291.1回を投げ38四球しか与えなかった。

打者の特徴を克明に記したノートを携帯するなど研究熱心で、11年まで11年連続2ケタ勝利。09年は外野手としても40試合に出場した。ジョージタウン大学で歯科医学を専攻したため、ニックネームは"ドク"。多才な人物で、新聞にコラムを掲載、ホワイトソックスのユニフォームをデザインしたほか、ヴァイオリンが得意で作曲もこなし、10年には作家のリング・ラードナーと共作した曲"A little Puff of Smoke, Good Night"がヒットした。引退後はメリーランド大学で野球、ウィルソン教員養成大学でバスケットボールを教えた。

【通算】13年、427試合、363先発、262完投、45完封(29位)、189勝156敗、3041回、1384奪三振、670四球、防御率2.39

【タイトル】最多勝1回(07年) 最優秀防御率1回(06年)

ビル・ホワイト

William DeKova White

1934.1.28～【出身地】フロリダ州レイクウッド【球団】56,58ジャイアンツ 59-65カーディナルス 66-68フィリーズ 69カーディナルス【位置】一塁、外野、左

【経歴】56年メジャーに昇格し22本塁打、15盗塁(3位)、5月7日の初打席で初球本塁打を放つ。翌57年は兵役のため全休、復帰後オルランド・セペダに定位置を追われ、59年カーディナルスにトレードされる。61年から6年連続20本塁打以上、62年はいずれも4位の打率.324、199安打、31二塁打。続く63年は200安打(4位)、27本塁打、109打点(3位)。打率3割、100打点を4回ずつ記録、一塁守備でも60年から7年連続でゴールドグラブを受賞した。快活な性格でチームの誰とでも上手くやっていけた。引退後ブロードキャスターを経て、88～94年は黒人として初めてナ・リーグ会長を務めた。

【通算】13年、1673試合、5972打数1706安打、202本塁打、870打点、103盗塁、打率.286

【タイトル】ゴールドグラブ7回(60～66年) オールスター5回(59～61,63～64年)

フランク・ホワイト

Frank White

1950.9.4～【出身地】ミシシッピ州グリーンヴィル【球団】73-90ロイヤルズ【位置】二塁、遊撃、右

【経歴】堅実なグラブさばきで8度のゴールドグラブに輝いた名二塁手。深めにポジションを取り、浅い外野フライを捕ることも多かった。カンザスシティ育ちで、ロイヤルズが開設した野球学校を卒業し、70年ドラフト外で入団、76年正二塁手となる。79、82年と2度のサイクルヒットを達成、80年のプレイオフは11打数6安打3打点でMVPに選ばれる。82年に自己最高の打率.298、156安打、45二塁打(3位)。当初は長打力を欠いていたが次第に力をつけ、85年は22本塁打を放ち、ワールドシリーズでは四番を打って6打点。翌86年も37二塁打、22本塁打、84打点の好成績だった。物静かで紳士的な選手として知られ、引退後はロイヤルズでコーチやフロントの仕事に就いた。

【通算】18年、2324試合、7859打数2006安打、407二塁打、58三塁打、160本塁打、886打点、178盗塁、412四球、1035三振、打率.255

【タイトル】ゴールドグラブ8回(77～82,86～87年) オールスター5回(78～79,81～82,86年)

リック・ホワイト

Richard Allen White

1968.12.23～【出身地】オハイオ州スプリングフィールド【球団】94-95パイレーツ 98-2000レイズ 00-01メッツ 02ロッキーズ 02カーディナルス 03ホワイトソックス 03アストロズ 04インディアンズ 05パイレーツ 06レッズ 06フィリーズ 07アストロズ 07マリナーズ【位置】投手、右

【経歴】12年間でのべ13球団をわたり歩いたリリーフ投手。90年ドラフト15位でパイレーツに入団、94年メジャーに昇格し、速球とスライダー中心の投球で4勝6セーブ。2002年以降は2年続けて同じチームに在籍したことはなく、防御率も2000年の3.52がベストと平凡。05年に自己最多の71試合に登板した。

【通算】12年、613試合、18先発、0完投、42勝54敗16S、858.2回、542奪

三振、防御率 4.45

ロイ・ホワイト　☆
Roy Hilton White
1943.12.27 ～【出身地】カリフォルニア州ロスアンジェルス【球団】65-79 ヤンキース【位置】外野、両
【経歴】68 年正左翼手となり、70 年に打率 .296、180 安打（4 位）、22 本塁打、94 打点の自己記録。翌 71 年は 17 犠飛の新記録を達成した。打率 3 割には一度も届かなかったものの 2 割 9 分台が 4 回、72 年に 99 四球（1 位）を選ぶなど選球眼も確かだった。78 年のプレイオフ第 4 戦では優勝を決定づける決勝本塁打、ワールドシリーズでも 24 打数 8 安打、第 3 戦で先制本塁打を放った。外野守備の上手さにも定評があったが、肩だけは弱かった。紳士的な態度で知られ、個性派集団をまとめるチームリーダー的存在だった。80 年巨人に入団、29 本塁打（5 位）を放つ活躍。帰国後はヤンキースのコーチとなった。
【通算】15 年、1881 試合、6650 打数 1803 安打、160 本塁打、758 打点、233 盗塁、打率 .271
【タイトル】オールスター 2 回（69 ～ 70 年）
【日本】80-82 巨人　3 年、362 試合、1229 打数 348 安打、54 本塁打、172 打点、34 盗塁、打率 .283

ロンデル・ホワイト
Rondell Bernard White
1972.2.23 ～【出身地】ジョージア州ミレッジヴィル【球団】93-2000 エクスポズ　00-01 カブス　02 ヤンキース　03 パドレス　03 ロイヤルズ　04-05 タイガース　06-07 ツインズ【位置】外野、右
【経歴】90 年ドラフト 1 位でエクスポズに入団。早くから有望株と目され、レギュラーとなった 95 年打率 .295、33 二塁打、25 盗塁、サイクルヒットも記録。97 年は 28 本塁打、82 打点、守備でも最多刺殺。チームメイトからの信望が高く、98 年から 4 年連続打率 3 割以上だったが、故障も多く当初の期待ほどの成績ではなかった。夫人はエクスポズ時代のコーチだったジェリー・マヌエルの娘。
【通算】15 年、1474 試合、5357 打数 1519 安打、198 本塁打、768 打点、94 盗塁、打率 .284
【タイトル】オールスター 1 回（2003 年）

アール・ホワイトヒル
Earl Oliver Whitehill
1899.2.7 ～ 54.10.22【出身地】アイオワ州シダーラピッズ【球団】23-32 タイガース　33-36 セネターズ　37-38 インディアンズ　39 カブス【位置】投手、左
【経歴】気性の激しい左腕投手で、審判やチームメイトはおろかタイガース時代の監督だったタイ・カッブにさえ平気でかみついた。4 回 100 四球以上与えるなどコントロールに難があり、走者を出しながらも得意のカーブでしぶとく抑え、24 年の 17 勝以後 13 年連続 2 ケタ勝利。この間 28 年を除いて毎年 200 回以上投げた。セネターズに移籍した 33 年 22 勝（3 位）、防御率 3.33 の自己最高成績。翌 34 年オールスターの一員として来日、3 完封を含む 6 勝、沢村栄治と投げ合った試合で 1 − 0 の完封勝利を収めた。通算防御率 4.36 は 200 勝投手としては最も悪い数字である。
【通算】17 年、541 試合、473 先発、226 完投、16 完封、218 勝 185 敗、3564.2 回、1350 奪三振、1431 四球（16 位）、防御率 4.36

マイケル・ボーン
Michael Ray Bourn
1982.12.27 ～【出身地】テキサス州ヒューストン【球団】2006-07 フィリーズ　08-11 アストロズ　11-12 ブレーヴス　13-15 インディアンズ　15 ブレーヴス　16 ダイアモンドバックス　16 オリオールズ【位置】外野、左
【経歴】2000 年ドラフト 19 位で地元のアストロズに指名されるが、入団を拒否しヒューストン大学に進学。03 年ドラフト 4 位でフィリーズに入団、08 年アストロズに移籍し 41 盗塁、翌 09 年は 12 三塁打が 2 位、61 盗塁は 1 位。守備でもゴールドグラブに選ばれた。10 年は 52 個、ブレーヴスに途中移籍した 11 年も 61 個の盗塁を決め 3 年連続タイトル。同年は 193 安打（3 位）、34 二塁打も自己最多だった。13 年インディアンズに移籍、14 年にリーグ最多の 10 三塁打を記録した。
【通算】11 年、1361 試合、4784 打数 1272 安打、36 本塁打、361 打点、341 盗塁、1124 三振、打率 .266
【タイトル】盗塁王 3 回（2009 ～ 11 年）ゴールドグラブ 2 回（09 ～ 10 年）オールスター 2 回（10,12 年）

バリー・ボンズ
Barry Lamar Bonds

1964.7.24 ～【出身地】カリフォルニア州リヴァーサイド【球団】86-92 パイレーツ 93-2007 ジャイアンツ【位置】外野、左

【経歴】30 － 30 を史上最多の 5 回達成した屈指のオールラウンド・プレイヤーであり、通算・年間の本塁打記録保持者にして、空前絶後の MVP7 回を受賞した大選手。85 年ドラフト 1 位（全体 6 位）でパイレーツに入団、翌 86 年正中堅手となり、90 年は打率 .301、33 本塁打と 114 打点は 4 位、自己最多の 52 盗塁（3 位）で MVP。92 年も 34 本塁打（2 位）、103 打点（4 位）、127 四球と出塁率 .456、長打率 .624 は 1 位で 2 度目の MVP に輝いた。

翌 93 年 6 年間 4375 万ドルの高額でジャイアンツと契約、打率 .336（4 位）、46 本塁打と 123 打点は 1 位で 3 度目の MVP となった。96 年 42 本塁打（2 位）、40 盗塁（4 位）で史上 2 人目の 40 － 40 を達成。98 年には史上初の通算 400 本塁打・400 盗塁に到達、90 年以降 9 年間で 8 回ゴールドグラブを受賞するなど、打走守すべてにおいて最高級だったが、態度に尊大なところがあり、人気面はケン・グリフィーや、年間本塁打記録を塗り替えたマーク・マグワイアらの後塵を拝していた。

こうしたことが動機となって、筋肉増強剤を利用した肉体改造に乗りだし、ホームランバッターへの転身を図る。2000 年に 36 歳で自己記録を更新する 49 本塁打（2 位）を放つと、翌 01 年は開幕から猛烈なペースで本塁打を量産。前半戦だけで 39 本、10 月 4 日のアストロズ戦でマグワイアの記録に並ぶ 70 号、翌 5 日のドジャース戦でパク チャンホから新記録の 71 号を放った。同年は 73 本塁打、177 四球、長打率 .863 の 3 つの新記録を樹立し、前人未到の 4 度目の MVP に輝いた。

翌 02 年は 68 回も敬遠され本塁打は 46 本にまで減ったものの、打率 .370 で初の首位打者になったほか、198 四球と出塁率 .582 はいずれも新記録。プレイオフでも 4 本塁打、10 打点、14 四球、ワールドシリーズでも 17 打数 8 安打、4 本塁打、13 四球と大活躍。世界一こそ逃したものの、それまでポストシーズン通算打率 1 割台で、大舞台に弱いとの評価があったのを覆した。04 年は敬遠だけで 120 四球、トータルでは 232 四球と異常な水準に達し、打率 .362、長打率 .812、自己の持つメジャー記録を大きく更新する出塁率 .609 の 4 部門で 1 位となり、4 年連続 7 度目の MVP に選ばれた。

05 年は膝を手術し 14 試合の出場にとどまったが、06 年は 41 歳にして 26 本塁打、いずれも 1 位の 115 四球、出塁率 .454 と復活。翌 07 年 8 月 7 日、ナショナルズのマイク・バシックから通算 756 本目の本塁打を放ち、ハンク・アーロンの通算本塁打記録を 33 年ぶりに更新した。しかしながら薬物疑惑のために全米規模での関心はさほどでもなく、注釈つきの記録とすべきとの意見も少なくなかった。

最終的には通算 762 本にまで記録を伸ばし、同年限りでジャイアンツを退団すると、契約する球団がないまま引退。通算 2558 四球、敬遠数 688 回も史上 1 位。03 年の連邦大陪審で薬物使用を否定したことが偽証罪に相当するとして起訴されたが、証拠不十分のため無罪となった。実績だけなら間違いないはずの殿堂入りは、薬物疑惑の影響で記者投票では当選できずじまい。16 年には 1 年のみマーリンズでコーチを務めた。父のボビーも 5 回 30 － 30 を達成した名選手で、ウィリー・メイズは名付け親、レジー・ジャクソンは親戚に当たる。

【通算】22 年、2986 試合（11 位）、9847 打数 2935 安打、601 二塁打（18 位）、77 三塁打、762 本塁打（1 位）、1996 打点（5 位）、514 盗塁、2558 四球（1 位）、1539 三振、打率 .298

【タイトル】MVP7 回（90,92 ～ 93,2001 ～ 04 年）本塁打王 2 回（93,01 年）打点王 1 回（93 年）最高出塁率 10 回（91 ～ 93,95,01 ～ 04,06 ～ 07 年）ゴールドグラブ 8 回（90 ～ 94,96 ～ 98 年）オールスター 14 回（90,92 ～ 98,00 ～ 04,07 年）

ボビー・ボンズ
Bobby Lee Bonds

1946.3.15 ～ 2003.8.23【出身地】カリフォルニア州リヴァーサイド【球団】68-74 ジャイアンツ　75 ヤンキース　76-77 エンジェルズ　78 ホワイトソックス　78 レンジャーズ　79 インディアンズ　80 カーディナルス　81 カブス【位置】外野、右

【経歴】息子のバリーと並び、30 － 30 を史上最多の 5 回達成した名外野手。68 年 6 月 25 日のメジャー初試合で、初安打が満塁本塁打という派手なデビューを飾る。翌 69 年は 32 本塁打、45 盗塁（3 位）で初の 30 － 30。その一方でワースト

記録となる187三振も喫した。続く70年は自己唯一の打率3割となる.302に加え、200安打、36二塁打（4位）、10三塁打と48盗塁は3位だったが、189三振でワースト記録を更新。この記録はその後34年間破られなかった。

73年は39本塁打（5位）、43盗塁（4位）で、雨天ノーゲームで2本塁打が幻とならなければ、史上初の40－40を達成していたはずだった。75年以降は毎年のようにチームをわたり歩いたが、77年にいずれも2位の37本塁打、115打点を記録したように、成績そのものは悪くなかった。73年だけで先頭打者本塁打11本、通算では35本。引退後は打撃コーチとなり、93～96年はバリーとともにジャイアンツに在籍した。

【通算】14年、1849試合、7043打数1886安打、332本塁打、1024打点、461盗塁、1757三振（30位）、打率.268

【タイトル】ゴールドグラブ3回（71,73～74年）オールスター3回（71,73,75年）

ロジャース・ホーンズビー
Rogers Hornsby

1896.4.27～1963.1.5【出身地】テキサス州ウィンタース【球団】15-26カーディナルス　27ジャイアンツ　28ブレーヴス　29-32カブス　33カーディナルス　33-37ブラウンズ【位置】二塁、遊撃、右

【経歴】史上2位の通算打率.358を誇る史上最高の右打者。打席では極端に捕手寄りに立って足を踏み出し、完璧なレベルスイングから左右に打ち分け、パワーとスピードを兼ね備えていた。14年テスト入団でプロ入り、マイナー時代に2度解雇されたが、20年の打率.370を皮切りに6年連続首位打者、この間出塁率と長打率も毎年1位、23年を除き200安打以上。24年の.424を最高として、22・24・25年と打率4割を3回達成した。22年は33試合連続安打、自己最多の250安打、打率.401、42本塁打、152打点で三冠王。25年も打率.403、39本塁打、143打点で2度目の三冠王となりMVPに輝いた。

とげのある性格で率直に物を言うためフロントとたびたび衝突、26年監督兼任でワールドシリーズを制したにもかかわらず、翌27年フランキー・フリッシュとの交換でジャイアンツに放出され、そこでも1年限りでブレーヴスにトレードされた。29年カブスが20万ドルプラス5選手で獲得すると、7度目の200本以上となる229安打、すべて3位の打率.380、39本塁打、149打点で優勝の原動力となり、2度目のMVP。32年途中解雇された後も、ブラウンズで5年間監督を兼任した。

酒、タバコはもちろん、眼を保護するために本さえ読まなかったが、堅物ではなく無類の競馬好きで、7万ドルの借金を負ったこともあった。6球団で監督を務めたものの、選手からは大いに嫌われ、52年途中ブラウンズの監督を解任された時には、選手がオーナーに感謝のしるしとして記念品を贈った。42年殿堂入り。

【通算】23年、2259試合、8173打数2930安打、541二塁打、169三塁打（25位）、301本塁打、1584打点、135盗塁、1038四球、679三振、打率.358

【タイトル】MVP2回（25,29年）首位打者7回（20～25,28年）本塁打王2回（22,25年）打点王4回（20～22,25年）最高出塁率9回（20～25,27～28,31年）

【監督】25-26カーディナルス　27ジャイアンツ　28ブレーヴス　30-32カブス　33-37,52ブラウンズ　52-53レッズ　14年、1530試合、701勝812敗、勝率.463、リーグ優勝1回（26年）ワールドシリーズ優勝1回（26年）

スタン・ボーンセン
Stanley Raymond Bahnsen

1944.12.15～【出身地】アイオワ州カウンシルブラフス【球団】66,68-71ヤンキース　72-75ホワイトソックス　75-77アスレティックス　77-81エクスポズ　82エンジェルズ　82フィリーズ【位置】投手、右

【経歴】65年ドラフト4位でヤンキースに入団、速球に威力があり68年17勝、防御率2.05で新人王に選ばれる。70、71年も14勝、ホワイトソックスへトレードされた72年は自己最多の21勝（4位）。翌73年も18勝、8月21日は9回二死まで無安打に抑えたが、21敗はリーグワーストだった。走者を出しながらも粘り強く抑える投球が持ち味で、通算では7回2ケタ勝利。ベテランとなってからも中継ぎで長く投げ続けた。

【通算】16年、574試合、327先発、73完投、16完封、146勝149敗20S、2529回、1359奪三振、防御率3.60

【タイトル】新人王（68年）

シドニー・ポンソン
Sidney Alton Ponson

1976.11.2～【出身地】オランダ王国アル

バ島ノールト【球団】98-2003 オリオールズ　03 ジャイアンツ　04-05 オリオールズ　06 カーディナルス　06 ヤンキース　07 ツインズ　08 レンジャーズ　08 ヤンキース　09 ロイヤルズ【位置】投手、右
【経歴】94 年オリオールズに入団。速球と大きなカーブで 99 年 12 勝、2003 年は 7 月末までに 14 勝を挙げ、ジャイアンツ移籍後にも 3 勝を追加し自己最多の 17 勝。同年には宗主国のオランダ王室から騎士に叙された。翌 04 年も 11 勝、5 完投と 2 完封はリーグ最多だったが、防御率は 5.30 で、以後ずっと 5 点台を下回ることはなかった。飲酒運転や傷害で逮捕されるなど、素行面の問題も多かった。
【通算】12 年、298 試合、278 先発、29 完投、4 完封、91 勝 113 敗 1 S、1760.1 回、1031 奪三振、防御率 5.03

トミー・ボンド
Thomas Henry Bond
1856.4.2 ～ 1941.1.24【出身地】アイルランド・グラナード【球団】1876 ハートフォード　77-81 ボストン　82 ウースター　84 ボストン(UA)　84 インディアナポリス(AA)
【位置】投手、右
【経歴】カーブやグリースボールなどの変化球で活躍した好投手で、打者を威嚇する投球を得意とした。1874 年 18 歳でナショナル・アソシエーションのブルックリンに加わる。75 年ハートフォードに移り、チームメイトのキャンディ・カミングスからカーブを伝授され、76 年 31 勝（3 位）を挙げる。ボストンに移った翌 77 年は 40 勝、6 完封、防御率 2.11、170 奪三振がいずれも 1 位。続く 78 年も 40 勝、59 試合、57 完投、9 完封、532.2 回、182 奪三振のすべてで 1 位を占めた。79 年は 11 完封（1 位）を含む自己最多の 43 勝（2 位）、防御率 1.96 も 1 位で、年俸はメジャー最高の 2500 ドルに達した。登板過多から 81 ～ 82 年は 1 勝もできず、28 歳で引退。酒やタバコと無縁の真面目な選手だった。82 年は 6 試合のみウースターの監督を務め、2 勝 4 敗の星を残している。
【通算】8 年、322 試合、314 先発、294 完投、35 完封、193 勝 115 敗、2779.2 回、860 奪三振、防御率 2.25
【タイトル】最多勝 2 回（1877 ～ 78 年）最優秀防御率 2 回（77,79 年）最多奪三振 2 回（77 ～ 78 年）

アレックス・ポンペス
Alejandro Pompez (Alex)
1890.5.3 ～ 1974.3.14【出身地】フロリダ州キーウェスト【球団】ニグロ・リーグ
【経歴】20 年代にキューバン・スターズのオーナーとなり、24 年に最初のニグロ・ワールドシリーズの開催に尽力。スターズ解散後、35 年にニューヨーク・キューバンズを結成した。ニューヨーク裏社会の実力者でもあり、36 年に司法の追及を避けメキシコへ逃れたが、帰国後は捜査に協力した。47 年にキューバンズがニューヨーク・ジャイアンツの傘下に入ると、スカウトとしても活動しウィリー・マッコヴィーを獲得。晩年は野球殿堂のニグロ・リーグ特別委員会のメンバーとなった。2006 年殿堂入り。

【マ】

キャス・マイケルズ
Casimir Eugene Michaels
1926.3.4 ～ 82.11.12【出身地】ミシガン州デトロイト【球団】43-50 ホワイトソックス　50-52 セネターズ　52 ブラウンズ　52-53 アスレティックス　54 ホワイトソックス【位置】二塁、遊撃、右
【経歴】43 年 17 歳でデビューした当時は本名の Kwietniewski を名のっていた。45 年ルーク・アプリングの兵役中に正遊撃手となり、アプリングが復帰した翌 46 年は二塁へコンバート。49 年打率 .308、9 三塁打 (4 位)、出塁率 .417 (5 位)、83 打点、101 四球も自己記録。54 年にビーンボールを受け、その影響により 28 歳で引退に追い込まれ、スカウトに転身した。
【通算】12 年、1288 試合、4367 打数 1142 安打、53 本塁打、501 打点、64 盗塁、打率 .262
【タイトル】オールスター 2 回 (49 ～ 50 年)

ジェイソン・マイケルズ
Jason Drew Michaels
1976.5.4 ～【出身地】フロリダ州タンパ【球団】2001-05 フィリーズ　06-08 インディアンズ　08 パイレーツ　09-11 アストロズ
【位置】外野、右
【経歴】3 度のドラフト指名を拒否したのち、98 年ドラフト 4 位でフィリーズに入団。2005 年は 105 試合に出場して打率 .304、出塁率 .399。インディアンズに移籍した翌 06 年は唯一規定打席に到達し、自己最多の 132 安打、32 二塁打、55 打点を記録した。
【通算】11 年、1031 試合、2332 打数 613 安打、59 本塁打、299 打点、22 盗塁、打率 .263

マイルズ・マイコラス　★☆
Miles Tice Mikolas
1988.8.23 ～【出身地】フロリダ州ジュピター【球団】2012-13 パドレス　14 レンジャーズ　18-19,21-24 カーディナルス【位置】投手、右
【経歴】2009 年ドラフト 7 位でパドレスに入団、12 年にメジャーに昇格したが 3 年間で 4 勝 6 敗、防御率 5.32 と伸び悩む。15 年巨人に入団すると 13 勝、防御率 1.92、17 年も 14 勝と活躍し、18 年にカーディナルスでメジャー復帰。与四球率 1.3 個の制球力でリーグ最多の 18 勝、防御率 2.83 は 4 位。翌 19 年も 9 勝を挙げたが 14 敗はリーグワーストだった。20 年は腕を痛め全休、21 年も 9 試合で 2 勝だったが 22 年は 12 勝と復調。ローレン夫人は美人として注目を集め、日本では CM にも出演した。
【通算】9 年、210 試合、182 先発、3 完投、2 完封、64 勝 64 敗 0 S、1096 回、795 奪三振、防御率 4.16
【タイトル】最多勝 1 回 (2018 年) オールスター 2 回 (18,22 年)
【日本】2015-17 巨人　3 年、62 試合、62 先発、5 完投、2 完封、31 勝 13 敗 0 S、424.2 回、378 奪三振、防御率 2.18

ジョニー・マイズ
John Robert Mize
1913.1.7 ～ 93.6.2【出身地】ジョージア州デモレスト【球団】36-41 カーディナルス　42,46-49 ジャイアンツ　49-53 ヤンキース
【位置】一塁、左
【経歴】1 試合 3 本塁打 6 回のメジャー記録保持者。大味な打者ではなく、優美な打撃フォームで新人の年から 9 年連続で打率 3 割以上。37 年は .364 の高打率、翌 38 年も .337 で 2 年連続 2 位。39 年は打率 .349、28 本塁打で二冠王、108 打点も 3 位。翌 40 年も 43 本塁打、137 打点で 2 年連続二冠王、同年まで 3 年連続で長打率 1 位。ジャイアンツに移籍した 42 年は 110 打点で打点王となった。43 ～ 45 年は海軍で過ごし、復帰した 46 年は 55 試合を欠場しながら 22 本塁打は 1 本差の 2 位。翌 47 年は 51 本塁打、138 打点で 3 度目の二冠王、34 歳での 50 本は当時最年長。三振は 42 個しかなく、50 本塁打以上 /50 三振未満を記録した唯一の打者となった。
　49 年終盤 4 万ドルの移籍金でヤンキースに加わり、その後は主に代打で活躍。52 年のワールドシリーズでは 3 本塁打を放ち MVP を手にした。通算では 100 打点以上 8 回、出塁率 4 割以上 7 回。バットに強いこだわりを持ち、60 本のバットを投手によって使い分けた。一塁守備も俊敏で“ビッグ・キャット”の異名をとった。81 年殿堂入り。自身はタイ・カップの遠縁、従姉妹のクレアはベーブ・ルースと結婚した。
【通算】15 年、1884 試合、6443 打数 2011 安打、359 本塁打、1337 打点、28 盗塁、打率 .312

【タイトル】首位打者1回（39年）本塁打王4回（39～40,47～48年）打点王3回（40,42,47年）オールスター10回（37,39～42,46～49,53年）

フリッツ・マイゼル
Frederick Charles Maisel (Fritz)
1889.12.23～1967.4.22【出身地】メリーランド州ケイトンズヴィル【球団】13-17ヤンキース　18ブラウンズ【位置】三塁、二塁、右
【経歴】正三塁手となった14年にリーグ最多の74盗塁。翌15年も51盗塁（2位）、打率も自己最高の.281だった。通算14回の本盗を決めている。18年を最後にメジャーから去り、マイナー球団のボルティモアで監督、スカウトなどを歴任、並行して地元の消防署の署長にもなった。弟のジョージもカブスなどの外野手だった。
【通算】6年、592試合、2111打数510安打、6本塁打、148打点、194盗塁、打率.242
【タイトル】盗塁王1回（14年）

ハイニー・マイニー
Henry William Meine
1896.5.1～1968.3.18【出身地】ミズーリ州セントルイス【球団】22ブラウンズ　29-34パイレーツ【位置】投手、右
【経歴】22年に1試合のみ登板したのちはマイナー生活が続き、一時は引退して酒場を経営していた。29年33歳でメジャーに再昇格し、31年はリーグ最多の284回を投げ19勝（1位）、防御率2.98（4位）。33年まで3年連続2ケタ勝利を挙げた。カーブで打たせて取る投球が身上で、奪三振は31年の58個が自己記録だった。
【通算】7年、165試合、132先発、60完投、7完封、66勝50敗、999.1回、199奪三振、防御率3.95
【タイトル】最多勝1回（31年）

バディ・マイヤー
Charles Solomon Myer (Buddy)
1904.3.16～74.10.31【出身地】ミシシッピ州エリスヴィル【球団】25-27セネターズ　27-28レッドソックス　29-41セネターズ【位置】二塁、遊撃、三塁、左
【経歴】ドラッグバントの名手で9回打率3割以上を記録。27年途中セネターズからレッドソックスへトレードされたが、翌28年30盗塁でタイトルを獲得すると、29年は5選手との交換でセネターズが呼び戻す。35年は最終日に4安打を固め打ちし、打率.349でジョー・ヴォスミックを1厘上回り首位打者に輝く。215安打は逆に1本差で2位。100打点も自己記録だった。選球眼も良く34年は102四球（4位）、同年から5年連続で出塁率4割以上。38年の.454はリーグ2位だった。
【通算】17年、1923試合、7038打数2131安打、130三塁打、38本塁打、848打点、157盗塁、打率.303
【タイトル】首位打者1回（35年）盗塁王1回（28年）オールスター2回（35,37年）

ウィル・マイヤーズ
William Bradford Myers
1990.12.10～【出身地】ノースカロライナ州トーマスヴィル【球団】2013-14レイズ　15-22パドレス　23レッズ【位置】外野、一塁、右
【経歴】2009年ドラフト3位でロイヤルズに入団。12年に最優秀マイナー選手に選ばれ、レイズへトレードされた13年は88試合の出場ながら打率.293、13本塁打で新人王を受賞。パドレス移籍後の16年は外野から一塁へコンバートされ28本塁打、94打点、28盗塁、続く17年に自己最多の30本塁打を記録したが、同年に180三振を喫したように粗さが抜けず、その後は今一つの年が続いた。17年8月16日にサイクルスティールを達成している。
【通算】11年、1100試合、3826打数965安打、156本塁打、533打点、107盗塁、1169三振、打率.252
【タイトル】新人王（2013年）オールスター1回（16年）

グレッグ・マイヤーズ
Gregory Richard Myers
1966.4.14～【出身地】カリフォルニア州リヴァーサイド【球団】87,89-92ブルージェイズ　92-95エンジェルズ　96-97ツインズ　97ブレーヴス　98-99パドレス　99ブレーヴス　2000-01オリオールズ　01-02アスレティックス　03-05ブルージェイズ【位置】捕手、左
【経歴】84年ドラフト3位でブルージェイズに入団。控え捕手としてのべ9球団をわたり歩き、98年パドレス、99年はブレーヴスで2年連続してワールドシリーズに出場。ブルージェイズに復帰した2003年に自己最多の121試合に出て、打

率.307、15本塁打、52打点の好成績を残した。
【通算】18年、1108試合、3042打数776打数、87本塁打、396打点、3盗塁、打率.255

ハイ・マイヤーズ
Henry Harrison Myers (Hi)
1889.4.27～1965.5.1【出身地】オハイオ州イーストリヴァプール【球団】09,11,14-22ドジャース　23-25カーディナルス　25レッズ　25カーディナルス【位置】外野、右
【経歴】ハッスルプレイが売り物だったが、凡ミスも多くメジャー定着まで時間がかかった。15年正中堅手となり、翌16年のワールドシリーズ第2戦でベーブ・ルースからランニング本塁打を放つ。19年は14三塁打、73打点、長打率.436の3部門で1位。翌20年も36二塁打(2位)、22三塁打(1位)。22年に自己最高の打率.317、196安打、89打点を記録した。25年は一旦レッズへ金銭トレードされた12日後にカーディナルスが買い戻した。
【通算】14年、1310試合、4910打数1380安打、100三塁打、32本塁打、559打点、107盗塁、打率.281
【タイトル】打点王1回(19年)

ブレット・マイヤーズ
Brett Allen Myers
1980.8.17～【出身地】フロリダ州ジャクソンヴィル【球団】2002-09フィリーズ　10-12アストロズ　12ホワイトソックス　13インディアンズ【位置】投手、右
【経歴】99年ドラフト1位でフィリーズに入団。7つの球種を操る技巧派で、2003年14勝、05年は208三振(3位)、翌06年も189三振(5位)を奪う。同年まで4年連続で2ケタ勝利を挙げたが、07年は抑えに回り21セーブ。08年先発に戻り、リーグ優勝決定シリーズ第2戦では5回5失点の乱調ながら、自ら3イニング連続の3安打で3打点を叩き出し勝利投手になった。アストロズに移籍した10年に14勝、防御率3.14の自己最高成績。12年は再度リリーフで19セーブを稼いだ。気性が荒く、ボクサー経験者でDVでの逮捕歴もある。
【通算】12年、381試合、252先発、12完投、3完封、97勝96敗40S、1710回、1379奪三振、防御率4.25

マイク・マイヤーズ
Michael Stanley Myers
1969.6.26～【出身地】イリノイ州アーリントンハイツ【球団】95マーリンズ　95-97タイガース　98-99ブルワーズ　2000-01ロッキーズ　02-03ダイアモンドバックス　04マリナーズ　04-05レッドソックス　06-07ヤンキース　07ホワイトソックス【位置】投手、左
【経歴】90年ドラフト4位でジャイアンツに入団。タイガース時代にアル・ケイラインの勧めで横手からの変則投法に変える。沈む速球とスライダーで中継ぎとして重宝され、96年83試合、翌97年88試合で2年連続リーグ最多登板。2000年は78試合に投げて防御率1.99、07年まで12年連続で60試合以上登板した。
【通算】13年、883試合、0先発、25勝24敗14S、541.2回、429奪三振、防御率4.29

ランディ・マイヤーズ
Randall Kirk Myers
1962.9.19～【出身地】ワシントン州ヴァンクーヴァー【球団】85-89メッツ　90-91レッズ　92パドレス　93-95カブス　96-97オリオールズ　98ブルージェイズ　98パドレス【位置】投手、左
【経歴】威力のある速球で長くストッパーとして君臨した個性派左腕。82年ドラフト1位(第2回)でメッツに入団、88年抑えに抜擢され26セーブ、防御率1.72。レッズに移籍した90年は31セーブ(2位)、プレイオフでは3セーブを挙げMVPに選ばれる。翌91年先発転向を試みたが失敗、リリーフに戻り93年にカブスでリーグ新記録の53セーブ。95年38セーブ、97年も45セーブで合計3回1位となった。97年は自己ベストの防御率1.51だったが、翌98年自己ワーストの防御率4.92に落ち込み、その後は1試合も投げられなかった。
【通算】14年、728試合、12先発、1完投、0完封、44勝63敗347S(14位)、884.2回、884奪三振、防御率3.19
【タイトル】最多セーブ3回(93,95,97年)オールスター4回(90,94～95,97年)

グレン・マイヤット
Glenn Calvin Myatt
1897.7.9～1969.8.9【出身地】アーカンソー州アージェンタ【球団】20-21アスレティックス　23-35インディアンズ　35ジャ

イアンツ　36 タイガース【位置】捕手、左
【経歴】20 年にメジャーに昇格した時は外野手兼任で、21 年から捕手専任となる。24 年打率 .342、73 打点、長打率 .518（5位）、翌 25 年も 11 本塁打と打力はあったが、守備は芳しくなく、26 年以降 100 試合以上の出場は一度もなかった。35 年ウォルター・ジョンソン監督と反目してインディアンズを解雇された。
【通算】16 年、1004 試合、2678 打数 722 安打、38 本塁打、387 打点、20 盗塁、打率 .270

ウェイド・マイリー　★
Wade Allen Miley
1986.11.13 ～【出身地】ルイジアナ州ハモンド【球団】2011-14 ダイアモンドバックス　15 レッドソックス　16 マリナーズ　16-17 オリオールズ　18 ブルワーズ　19 アストロズ　20-21 レッズ　22 カブス　23-24 ブルワーズ【位置】投手、左
【経歴】2008 年ドラフト 1 位でダイアモンドバックスに入団。投球テンポが良く、多才な球種を操る技巧派左腕で、12 年は 16 勝、防御率 3.33 で新人王投票次点に入った。その後 5 年続けて防御率が悪化するなど苦しんだが、18 年は 16 先発で防御率 2.57、リーグ優勝決定シリーズでは第 5・6 戦に 2 試合続けて先発。19 年も 14 勝を挙げアストロズのリーグ制覇に貢献した。21 年 5 月 7 日のインディアンズ戦でノーヒッターを達成。通算では 5 回 2 ケタ勝利を記録した。
【通算】14 年、317 試合、310 先発、3 完投、2 完封、108 勝 99 敗 0 S、1745.1 回、1361 奪三振、防御率 4.07
【タイトル】オールスター 1 回（2012 年）

ジョー・マウアー
Joseph Patrick Mauer
1983.4.19 ～【出身地】ミネソタ州セントポール【球団】2004-18 ツインズ【位置】捕手、一塁、左
【経歴】史上唯一、捕手として 3 度の首位打者に輝いた好打者。高校時代からフットボール、バスケットボールでも活躍し、2001 年ドラフト全体 1 位で地元のツインズに指名され入団。シャープなスイングで 06 年は .347 の高打率を残し、ア・リーグの捕手として初めて首位打者となった。08 年も .328 で 2 度目の首位打者。09 年は打率 .365、出塁率 .444、長打率 .587 のすべてで 1 位。191 安打、28 本塁打、96 打点も自己記録で MVP を受賞した。守備も優れており、07 年はリーグ 1 位の盗塁阻止率 .533、08 年から 3 年連続でゴールドグラブに選ばれる。10 年に 8 年 1 億 8400 万ドルで契約を延長したが、14 年に一塁へ転向して以降は成績が低下した。通算で 7 回打率 3 割を記録。偉ぶったところのない人格者で、ファンへの応対も丁寧だった。24 年殿堂入り。
【通算】15 年、1858 試合、6930 打数 2123 安打、428 二塁打、143 本塁打、923 打点、52 盗塁、1034 三振、打率 .306
【タイトル】MVP1 回（2009 年） 首位打者 3 回（06,08 ～ 09 年） 最高出塁率 2 回（09,12 年） ゴールドグラブ 3 回（08 ～ 10 年） オールスター 6 回（06,08 ～ 10,12 ～ 13 年）

マイク・マウリー
Harry Harlan Mowrey (Mike)
1884.4.20 ～ 1947.3.20【出身地】ペンシルヴェニア州ブラウンズミル【球団】05-09 レッズ　09-13 カーディナルス　14 パイレーツ　15 ピッツバーグ（FL） 16-17 ドジャース【位置】三塁、右
【経歴】強肩を生かした守備力で高く評価された三塁手。強烈なゴロはそのまま捕球せず、一旦はたき落してから拾い上げて送球していた。打撃は 10 年の打率 .282、70 打点が自己最高と今一つ。フェデラル・リーグに移った 15 年に 40 盗塁（2 位）を決めた。
【通算】13 年、1276 試合、4291 打数 1099 安打、7 本塁打、461 打点、167 盗塁、打率 .256

前田健太　★☆
Kenta Maeda
1988.4.11 ～【出身地】大阪府泉北郡忠岡町【球団】2016-19 ドジャース　20-21,23 ツインズ　24 タイガース【位置】投手、右
【経歴】ＰＬ学園から 2006 年にドラフト 1 位で広島に入団。切れの良い速球と制球力を武器に 10、15 年は 15 勝を挙げ最多勝。12 年の 1.53 をベストとして 3 度最優秀防御率のタイトルに輝いた。16 年ポスティング・システムを利用してドジャースへ移籍、8 年 2500 万ドルの基本額に多額の出来高を盛り込んだ変則的契約が話題となる。4 月 6 日のパドレス戦では初登板初勝利を挙げただけでなく、本塁打も打った。同年はチーム最多にしてリーグ 5 位の 16 勝、防御率 3.48。翌 17 年も 13 勝、

ポストシーズンは9試合すべてリリーフで登板、防御率0.84と好投した。ドジャースではその後も先発、リリーフの両方で使われたが、20年に移籍したツインズでは先発に専念し6勝（4位）、防御率2.70（5位）、80奪三振で10四球しか与えずサイ・ヤング賞投票次点に入った。22年はトミー・ジョン手術で全休。
【通算】8年、219試合、172先発、0完投、68勝56敗6S、978.2回、1047奪三振、防御率4.17
【日本】2008-15広島　8年、218試合、217先発、28完投、10完封、97勝67敗0S、1509.2回、1233奪三振、防御率2.39

ケント・マーカー
Kent Franklin Mercker
1968.2.1～【出身地】インディアナ州ブラウンズバーグ【球団】89-95ブレーヴス　96オリオールズ　96インディアンズ　97レッズ　98-99カーディナルス　99レッドソックス　2000エンジェルズ　02ロッキーズ　03レッズ　03ブレーヴス　04カブス　05-06,08レッズ【位置】投手、左
【経歴】86年ドラフト1位（全体5位）でブレーヴスに入団。メジャー昇格当初は主にリリーフだったが、91年9月11日は先発で6回を無安打に封じ、3投手の継投でノーヒットノーラン。先発に回った94年に9勝、4月8日のドジャース戦では単独でのノーヒッターを達成、これがキャリア唯一の完封だった。動きのある速球で98年は11勝を挙げたが防御率は5点台。2000年にはマウンド上で脳内出血により倒れるも無事復帰、以後はワンポイント・リリーフとしての起用が増え、05年に自己最多の78試合に投げた。
【通算】18年、692試合、150先発、2完投、1完封、74勝67敗25S、1325.1回、917奪三振、防御率4.16

デイヴ・マガダン
David Joseph Magadan
1962.9.30～【出身地】フロリダ州タンパ【球団】86-92メッツ　93マーリンズ　93マリナーズ　94マーリンズ　95アストロズ　96カブス　97-98アスレティックス　99-2001パドレス【位置】三塁、一塁、左
【経歴】アラバマ大学時代に最優秀大学選手に選ばれ、83年ドラフト2位でメッツに入団。本塁打は90年の6本が最多と長打力はなかったが確実な打撃と選球眼の良さには定評があり、90年は打率.328（3位）、出塁率.417（2位）。95、97年も規定打席不足ながら打率3割以上、95年は出塁率.428。通算出塁率は.390に達した。93年は従兄弟のルー・ピネラの下でプレイ。引退後はパドレスやレッドソックスで打撃コーチを務めた。
【通算】16年、1582試合、4159打数1197安打、42本塁打、495打点、11盗塁、打率.288

ジミー・マカリアー
James Robert McAleer
1864.7.10～1931.4.29【出身地】オハイオ州ヤングスタウン【球団】1889クリーヴランド　90クリーヴランド（PL）　91-98クリーヴランド　1901インディアンズ　02,07ブラウンズ【位置】外野、右
【経歴】打撃は弱かったが、俊足好守の外野手としてクリーヴランドの3度の優勝に貢献。1895年は自己最多の144安打、本塁打は0本でも68打点を稼いだ。ダイビングキャッチを試みた最も初期の選手の一人とされる。1902年ブラウンズの監督に就任、自らジェシー・バーケットやボビー・ウォーレスを引き抜いて2位に導く。12年にレッドソックスの球団社長兼共同オーナーとなったが、現場への介入が嫌われ13年限りで退任。31年に拳銃自殺を遂げた。
【通算】13年、1021試合、3981打数1008安打、11本塁打、469打点、262盗塁、打率.253
【監督】01インディアンズ　02-09ブラウンズ　10-11セネターズ　11年、1658試合、735勝889敗、勝率.453

ジェイソン・マーキー
Jason Scott Marquis
1978.8.21～【出身地】ニューヨーク州マンハセット【球団】2000-03ブレーヴス　04-06カーディナルス　07-08カブス　09ロッキーズ　10-11ナショナルズ　11ダイアモンドバックス　12ツインズ　12-13パドレス　15レッズ【位置】投手、右
【経歴】96年ドラフト1位でブレーヴスに入団。投球の大半がシンカーで、2002年にローテーション入りし8勝。翌03年は0勝に終わったが、カーディナルスへ移籍した04年は15勝、以後6年連続で2ケタ勝利。ただし04年以外は防御率4点台以上で、06年はリーグワーストの16敗、防御率6.02。チームは世界一となるもポス

トシーズンでは1試合も登板できなかった。最初の10年間は毎年所属球団がプレイオフに進出したが、自身は11試合に投げただけで0勝2敗。新庄剛志がメジャー初本塁打を放った投手でもある。
【通算】15年、377試合、318先発、8完投、5完封、124勝118敗1S、1968.1回、1174奪三振、防御率4.61
【タイトル】オールスター1回(2009年)

ウィリー・マギー
Willie Dean McGee
1958.11.2～【出身地】カリフォルニア州サンフランシスコ【球団】82-90カーディナルス　90アスレティックス　91-94ジャイアンツ　95レッドソックス　96-99カーディナルス【位置】外野、両
【経歴】77年1月ドラフト1位(第2回)でヤンキースに入団。82年カーディナルスでメジャーに昇格、打率.296、24盗塁で優勝に貢献、ポストシーズンもワールドシリーズ第3戦での2打席連発を含む3本塁打、10打点を叩き出す。85年は打率.353、216安打、18三塁打の3部門で1位、56盗塁も3位でMVPを受賞した。
　翌86年は打率.256と大きく落ち込んだが、87年は自己最多の37二塁打(4位)、105打点(5位)と復調、ワールドシリーズでも27打数10安打。90年は8月末にアスレティックスへ移籍した時点で規定打席に達しており、その後誰にも抜かれず打率.335でナ・リーグの首位打者となった。守備も良くゴールドグラブ3回、82年ワールドシリーズ第3戦では本塁打性の飛球を捕るファインプレイを演じた。とても口数の少ない選手でもあった。
【通算】18年、2201試合、7649打数2254安打、350二塁打、94三塁打、79本塁打、856打点、352盗塁、448四球、1238三振、打率.295
【タイトル】MVP1回(85年)首位打者2回(85,90年)ゴールドグラブ3回(83,85～86年)オールスター4回(83,85,87～88年)

シェリー・マギー
Sherwood Robert Magee
1884.8.6～1929.3.13【出身地】ペンシルヴェニア州クラレンドン【球団】04-14フィリーズ　15-17ブレーヴス　17-19レッズ【位置】外野、一塁、右
【経歴】打走守にバランスのとれていた名外野手。打撃では特に勝負強さが光り、4度の打点王に輝いた。04年マイナーを経ず、19歳にしてフィリーズでデビュー、07年打率.328(2位)、85打点(1位)、二塁打は同年から5年連続2位。10年は打率.331、123打点、出塁率.445、長打率.507がいずれも1位、14年も171安打、39二塁打、103打点、長打率.509の4部門で1位になった。06年の55盗塁(2位)を最多として40盗塁以上5回、史上5位の本盗23回を決めた。気が短く、11年6月には審判を殴ってシーズン終了まで出場停止を命じられる(5週間後に処分解除)。28年ナ・リーグの審判となったが、翌29年肺炎で死去した。
【通算】16年、2087試合、7441打数2169安打、425二塁打、166三塁打(27位)、83本塁打、1176打点、441盗塁、736四球、621三振、打率.291
【タイトル】首位打者1回(10年)打点王4回(07,10,14,18年)最高出塁率1回(10年)

リー・マギー
Leo Christopher Magee
1889.6.4～1966.3.14【出身地】オハイオ州シンシナティ【球団】11-14カーディナルス　15ブルックリン(FL)　16-17ヤンキース　17ブラウンズ　18レッズ　19ドジャース　19カブス【位置】外野、二塁、両
【経歴】本姓はHoernschemeyer。内外野どこでも守る俊足の選手で、14年は36盗塁(5位)。翌15年は25歳でブルックリン(FL)の監督を兼任、打率.323で3位に入った。18年は13三塁打(2位)を放ったが、同年の試合で八百長を仕組んでいたことが判明し、19年限りで球界から追放された。
【通算】9年、1015試合、3741打数1031安打、12本塁打、277打点、186盗塁、打率.276
【監督】15ブルックリン(FL)　1年、118試合、53勝64敗、勝率.453

牧田和久　☆
Kazuhisa Makita
1984.11.10～【出身地】静岡県焼津市【球団】2018パドレス【位置】投手、右
【経歴】平成国際大から日本通運を経て、2010年ドラフト2位で西武に入団。地を這うようなアンダースローからの超スローボールが特徴で、11年は5勝22セーブで新人王。翌12年は先発に転向して13勝、再度リリーフへ回った16年は50試

合で防御率1.60。WBCも13年と17年の2回出場した。18年ポスティングでパドレスへ移籍、中継ぎで27試合に投げたが0勝1敗、防御率5.40に終わる。19年はずっとマイナー暮らしで、20年は楽天で日本球界に復帰。22年に台湾で投げたのを最後に引退した。
【通算】1年、27試合、0先発、0勝1敗0S、35回、37奪三振、防御率5.40
【日本】2011-17西武　20-21楽天　9年、345試合、110先発、9完投、3完封、55勝51敗27S、987.2回、552奪三振、防御率2.81

ジャンボ・マギニス
George Washington McGinnis (Jumbo)
1854.2.22～1934.5.18【出身地】ミズーリ州セントルイス【球団】1882-86セントルイス(AA)　86ボルティモア(AA)　87シンシナティ(AA)【位置】投手、右
【経歴】下手投げの速球投手で、1882年新人で25勝(4位)、134奪三振(3位)。翌83年は6完封(1位)を含む28勝(5位)、防御率2.33(4位)。84年も24勝したが、肩を痛めて表舞台から退いた。太り気味だったことから"ジャンボ"のニックネームがついた。以前は1864年生まれとされていたが、調査によって54年生まれとの説が有力になっている。
【通算】6年、187試合、186先発、177完投、18完封、102勝79敗、1603.2回、562奪三振、防御率2.95

ジョー・マギニティ
Joseph Jerome McGinnity
1871.3.20～1929.11.14【出身地】イリノイ州コーンウォール【球団】1899ボルティモア　1900ブルックリン　01-02オリオールズ　02-08ジャイアンツ【位置】投手、右
【経歴】本名はMcGinty。10年間で最多登板6回、最多投球回4回と抜群の耐久力を発揮した鉄腕投手で、ニックネームも"アイアン・マン(鉄人)"だったが、これはもともとオフシーズンに鉄工所で働いていたのが由来。緩急自在の投球で、特に下手から投じるカーブが優れており、1899年28歳でメジャーに昇格し28勝(1位)。ブルックリンへ移った翌1900年も28勝、6日間で5勝の離れ技も演じた。02年途中ジャイアンツへ移籍、翌03年は44完投、434回を投げ31勝、8月だけで1日2完投勝利を3回も記録した。
　04年は51試合、408回、14連勝を含む35勝、9完封、防御率1.61はすべて1位。05年のワールドシリーズでは第4戦で完封勝利、17回を自責点ゼロに封じた。翌06年5度目の1位、8年連続の20勝以上となる27勝。08年限りでメジャーから退いた後も、50代半ばまでマイナーで投げ続け、勝利数はメジャーと合わせて478に達した。46年殿堂入り。
【通算】10年、465試合、381先発、314完投、32完封、246勝142敗、3441.1回、1068奪三振、812四球、防御率2.66
【タイトル】最多勝5回(1899～1900,03～04,06年) 最優秀防御率1回(04年)

ダン・マギャン
Dennis Lawrence McGann
1871.7.15～1910.12.13【出身地】ケンタッキー州シェルビーヴィル【球団】1896ボストン　98ボルティモア　99ブルックリン　99ワシントン　1900-01カーディナルス　02オリオールズ　02-07ジャイアンツ　08ブレーヴス【位置】一塁、二塁、両
【経歴】1898年正一塁手となり161安打、106打点(5位)、翌99年も90打点。04年は6本塁打(3位)、42盗塁(4位)、1試合5盗塁も記録した。死球が多く6回リーグ1位、通算では史上7位の230回もぶつけられた。ジョン・マグローとは飲み友達で、4球団で8年間チームメイトだったがその後仲違いした。10年39歳で自殺した際には身につけていた宝石が消えているなど、他殺の疑いもあった。
【通算】12年、1437試合、5226打数1482安打、100三塁打、42本塁打、727打点、282盗塁、打率.284

ルーブ・マークォード
Richard William Marquard (Rube)
1886.10.9～1980.6.1【出身地】オハイオ州クリーヴランド【球団】08-15ジャイアンツ　15-20ドジャース　21レッズ　22-25ブレーヴス【位置】投手、左
【経歴】速球中心の投球でマイナーのインディアナポリスで活躍、08年10球団による争奪戦の末、当時最高額となる1万1000ドルの契約金でジャイアンツに入団する。最初の3年間は合計9勝18敗と期待を裏切り"1万ドルの欠陥品"と揶揄されたが、カーブやチェンジアップを修得して11年24勝(3位)、237奪三振は1位と開眼。2試合連続の1安打試合も記録した。翌12年は開幕から19連勝し、26勝で最多勝。ワールドシリーズでもいずれ

も完投で2勝を挙げた。
13年も23勝したが、続く14年は12勝22敗の大不振。15年4月15日のドジャース戦でノーヒットノーランを達成、同年途中志願してドジャースに移籍。翌16年の防御率1.58（2位）は自己記録となる。通算では11回2ケタ勝利を記録した。20年は自身の出場するワールドシリーズの入場券を偽造して逮捕された。オフシーズンには芸能界で活動、少年向けの野球書も執筆した。71年殿堂入り。
【通算】18年、536試合、408先発、197完投、30完封、201勝177敗、3306.2回、1593奪三振、858四球、防御率3.08
【タイトル】最多勝1回（12年）最多奪三振1回（11年）

ドク・マクジェイムズ
James McCutchen McJames (Doc)
1874.8.27～1901.9.23【出身地】サウスカロライナ州ウィリアムズバーグ【球団】1895-97ワシントン　98ボルティモア　99,1901ドジャース【位置】投手、右
【経歴】本名はJames。医学生時代からプロとして投げ始め、1897年15勝23敗と負け越したが、3完封と156奪三振はいずれも1位。翌98年ボルティモアに移り27勝（3位）、防御率2.36（4位）、178奪三振（2位）。スライダーのように打者の手元で変化するカーブを投げた。99年限りで一旦引退し、1901年に復帰して13試合に投げ5勝を挙げたが、9月に馬車から転落した傷がもとで、27歳の若さで死亡した。
【通算】6年、178試合、162先発、137完投、6完封、79勝80敗、1361.1回、593奪三振、防御率3.43
【タイトル】最多奪三振1回（1897年）

サム・マクダウェル
Samuel Edward McDowell
1942.9.21～【出身地】ペンシルヴェニア州ピッツバーグ【球団】61-71インディアンズ　72-73ジャイアンツ　73-74ヤンキース　75パイレーツ【位置】投手、左
【経歴】球があまりに速く、突然現れるように見えたことからサドゥン・サムの異名を取った左腕。61年18歳でメジャーにデビューしたものの、制球の悪さが災いし62～63年はいずれも3勝どまり。64年初の2ケタとなる11勝、翌65年は17勝（4位）に加え、防御率2.18と325奪三振は1位。奪三振率10.71は新記録で、その後20年近く破られなかった。速球に加えチェンジアップも一級品で、以後6年連続200奪三振、うち5回はリーグトップだった。その反面64年から8年連続100四球、通算では与四球で5回、暴投で3回リーグワーストと制球難を克服できなかった。66年に2試合連続1安打試合を記録、68年は自己ベストの防御率1.81（2位）。70年リーグ最多の305回を投げ20勝（5位）、304三振（1位）を奪ったが、翌71年は214.2回で153四球と荒れまくった。アルコールの悪癖のため30歳にして力を失った。
【通算】15年、425試合、346先発、103完投、23完封、141勝134敗14S、2492.1回、2453奪三振、1312四球（30位）、防御率3.17
【タイトル】最優秀防御率1回（65年）最多奪三振5回（65～66,68～70年）オールスター6回（65～66,68～71年）

ジャック・マクダウェル
Jack Burns McDowell
1966.1.16～【出身地】カリフォルニア州ヴァンナイズ【球団】87-88,90-94ホワイトソックス　95ヤンキース　96-97インディアンズ　98-99エンジェルズ【位置】投手、右
【経歴】闘争心旺盛で“ブラック・ジャック”の異名で知られた好投手。87年ドラフト1位（全体5位）でホワイトソックスに入団、同年に3勝するがその後壁に当たり、89年はマイナー暮らし。90年再昇格するとフォークボールを決め球に14勝、翌91年は17勝、15完投（1位）、191奪三振（4位）。92年20勝（3位）、続く93年は4完封（1位）を含む22勝で最多勝、サイ・ヤング賞を受賞した。96年まで7年連続で2ケタ勝利を挙げたが、3回最多完投を記録するなど積年の疲労がたたり、30歳を過ぎてからは活躍できなかった。音楽好きでグランジ・ロックのバンドを組み、パール・ジャムのエディー・ヴェダーとも親しい。
【通算】12年、277試合、275先発、62完投、13完封、127勝87敗0S、1889回、1311奪三振、防御率3.85
【タイトル】サイ・ヤング賞1回（93年）最多勝1回（93年）オールスター3回（91～93年）

ロジャー・マクダウェル
Roger Alan McDowell
1960.12.21 ～【出身地】オハイオ州シンシナティ【球団】85-89 メッツ　89-91 フィリーズ　91-94 ドジャース　95 レンジャーズ　96 オリオールズ【位置】投手、右
【経歴】82 年ドラフト 3 位でメッツに入団。得意のシンカーで 86 年 14 勝 22 セーブと活躍し優勝に貢献、ワールドシリーズでも世界一を決めた第 7 戦の勝利投手となる。翌 87 年自己最多の 25 セーブ (5 位)。短縮シーズンの 94 年を除き、85 ～ 95 年は毎年 50 試合以上に登板した。剽軽者としても有名で数々のテレビ番組に出演したが、ブレーヴスのコーチをしていた 2011 年、観客に対して暴言を吐き 2 週間の出場停止処分を下された。
【通算】12 年、723 試合、2 先発、0 完投、70 勝 70 敗 159 S、1050 回、524 奪三振、防御率 3.30

リンディ・マクダニエル
Lyndall Dale McDaniel
1935.12.13 ～ 2020.11.14【出身地】オクラホマ州ホリス【球団】55-62 カーディナルス　63-65 カブス　66-68 ジャイアンツ　68-73 ヤンキース　74-75 ロイヤルズ【位置】投手、右
【経歴】マイナーを経ず 55 年 19 歳でデビュー。パームボールやフォークなど落ちる球を効果的に使い、57 年は先発で 15 勝。59 年リリーフに回り 14 勝、翌 60 年は 12 勝、防御率 2.09、27 セーブ (1 位) を稼ぐ。70 年 9 勝 29 セーブ (2 位)、73 年も 12 勝と活躍を続け、通算では 3 回最多セーブ、6 回リリーフでの 2 ケタ勝利を記録。救援での 119 勝はホイト・ウィルヘルムに次いで史上 2 位である。72 年には、ヤンキースの投手として最後の本塁打を放った。大変信心深く、引退後は牧師となって宗教書専門の書店を開業した。弟ヴォンはカーディナルスのチームメイトで、期待の好投手だったがイップスで大成しなかった。
【通算】21 年、987 試合 (17 位)、74 先発、18 完投、2 完封、141 勝 119 敗 174 S、2139.1 回、1361 奪三振、防御率 3.45
【タイトル】オールスター 1 回 (60 年)

ギル・マクドゥーガルド
Gilbert James McDougald
1928.5.19 ～ 2010.11.28【出身地】カリフォルニア州サンフランシスコ【球団】51-60 ヤンキース【位置】二塁、三塁、遊撃、右
【経歴】どこでも守れた好守の内野手。極端なオープンスタンスで、バットを寝かせる打撃フォームが特徴だった。51 年打率 .306、14 本塁打、63 打点、14 盗塁 (4 位) で新人王を受賞、ワールドシリーズ第 5 戦では新人で初めて満塁本塁打を放つ。53、58 年のシリーズでも 2 本ずつ打ち、シリーズでは通算 7 本塁打。56 年自己最高の打率 .311、出塁率 .405 で MVP 投票次点、翌 57 年はリーグ最多の 9 三塁打。61 年の拡張ドラフトでエンジェルズに指名されたが、入団を拒否し引退。その後は会社経営で成功を収めた。
【通算】10 年、1336 試合、4676 打数 1291 安打、112 本塁打、576 打点、45 盗塁、打率 .276
【タイトル】新人王 (51 年) オールスター 5 回 (52,56 ～ 59 年)

ジョン・マクドナルド
John Joseph McDonald
1974.9.24 ～【出身地】コネティカット州ニューロンドン【球団】99-2004 インディアンズ　05 ブルージェイズ　05 タイガース　06-11 ブルージェイズ　11-12 ダイアモンドバックス　13 パイレーツ　13 インディアンズ　13 フィリーズ　13 レッドソックス　14 エンジェルズ【位置】遊撃、右
【経歴】96 年ドラフト 12 位でインディアンズに入団。守備の評価が高く、守備要員としてのべ 10 球団に在籍、13 年には 4 球団を転々とした。2007 年の 82 安打、31 打点が最多と打撃が弱かったためにレギュラーとなることはなく、100 試合以上出たのは 06・07 年だけだった。
【通算】16 年、1100 試合、2434 打数 568 安打、28 本塁打、210 打点、34 盗塁、打率 .233

ジョン・マクナマラ
John Francis McNamara
1932.6.4 ～ 2020.7.28【出身地】カリフォルニア州サクラメント【球団】メジャー経験なし
【経歴】現役時代は捕手だったがマイナーどまり。69 年終盤アスレティックス監督となり、翌 70 年 2 位となるが解任される。パドレス監督を経て 79 年スパーキー・アンダーソンに代わりレッズの指揮官となり、同年地区優勝。86 年にレッドソックスをリーグ制覇に導き最優秀監督賞に選出されるも、ワールドシリーズ第 6 戦でビル・

バックナーに守備固めを送らなかった判断ミスを批判された。落ち着いた采配ぶりを評価され、合わせて6つの球団で監督を務めた。
【監督】69-70 アスレティックス　74-77 パドレス　79-82 レッズ　83-84 エンジェルズ　85-88 レッドソックス　90-91 インディアンズ　96 エンジェルズ　19年、2395試合、1160勝1233敗、勝率.485　リーグ優勝1回（86年）

デイヴ・マクナリー
David Arthur McNally
1942.10.31～2002.12.1【出身地】モンタナ州ビリングス【球団】62-74 オリオールズ　75 エクスポズ【位置】投手、左
【経歴】カーブを効果的に使った頭脳的な投球で、68年から4年連続20勝を挙げた左腕。62年にドジャースとの争奪戦を制したオリオールズに契約金8万ドルで入団、9月26日に19歳で初登板し完封勝ち。66年は13勝、ワールドシリーズ第4戦では完封で世界一を決めた。68年22勝（2位）、防御率1.95（3位）、202奪三振（5位）、同年9月から翌69年7月にかけてリーグ記録の17連勝を記録した。
70年24勝で最多勝、ワールドシリーズ第3戦で投手としてはシリーズ史上初の満塁本塁打を放った。71年も21勝（4位）で20勝カルテットの一角を形成、ワールドシリーズでは前年に続き2本目の本塁打。75年は契約を結ばないままエクスポズで投げ、シーズン終了後にアンディ・メッサースミスとともども初のフリー・エージェント選手として認定されたが、そのまま引退した。
【通算】14年、424試合、396先発、120完投、33完封、184勝119敗2S、2730回、1512奪三振、防御率3.24
【タイトル】最多勝1回（70年）オールスター3回（69～70,72年）

ジェフ・マクニール　★
Jeff Todd McNeil
1992.4.8～【出身地】カリフォルニア州サンタバーバラ【球団】2018-24 メッツ【位置】二塁、左
【経歴】2013年ドラフト12位でメッツに入団。ミートの上手さで毎年高打率を残し、19年は.318（4位）、38二塁打（5位）、23本塁打。22年に.326で初の首位打者に輝いたが、その後2年は不振だった。
【通算】7年、801試合、2846打数823安打、68本塁打、313打点、34盗塁、打率.289
【タイトル】首位打者1回（2022年）オールスター2回（19,22年）

エリック・マクネア
Donald Eric McNair
1909.4.12～49.3.11【出身地】ミシシッピ州メリディアン【球団】29-35 アスレティックス　36-38 レッドソックス　39-40 ホワイトソックス　41-42 タイガース　42 アスレティックス【位置】遊撃、二塁、三塁、右
【経歴】32年正遊撃手となりリーグ最多の47二塁打、自己最多の18本塁打、95打点。36年に2選手プラス7万5000ドルと交換でドク・クレイマーとともにレッドソックスへ移籍。38年は46試合で打率.156の大不振だったが、翌39年ホワイトソックスに移籍、三塁を守り自己初の打率3割（.324）を記録した。引退後はアスレティックスでマイナーの監督やスカウトを務めたが、心臓発作により39歳で亡くなった。
【通算】14年、1251試合、4519打数1240安打、82本塁打、633打点、59盗塁、打率.274

マイク・マクファーレイン
Michael Andrew Macfarlane
1964.4.12～【出身地】カリフォルニア州ストックトン【球団】87-94 ロイヤルズ　95 レッドソックス　96-98 ロイヤルズ　98-99 アスレティックス【位置】捕手、右
【経歴】85年ドラフト4位でロイヤルズに入団、90年正捕手となる。長打力があり翌91年から6年連続2ケタ本塁打、93年に自己最多の20本塁打、67打点。92、94年はリーグ最多死球だった。95年にFAとなってレッドソックスと契約したが、1年だけですぐにロイヤルズに復帰。誠実な人柄で、現役中に同僚のケヴィン・サイツァーと共同で少年少女向けの野球/ソフトボールのアカデミーを設立した。
【通算】13年、1164試合、3602打数906安打、129本塁打、514打点、12盗塁、打率.252

ビド・マクフィー
John Alexander McPhee (Bid)
1859.11.1～1943.1.3【出身地】ニューヨーク州マセナ【球団】1882-99 シンシナティ（AA）/シンシナティ【位置】二塁、右
【経歴】19世紀を代表する名二塁手。特

に守備は優秀で、守備率では8回1位となり、通算6552刺殺、1試合平均3.08刺殺は史上1位、守備機会6.70は同2位。内野フライを故意に落として併殺にとるのが得意だった。引退近くまでグラブを使わず、素手で守っていた。打撃でもリードオフマンとして、1884年以降の16年間は98年以外毎年100安打以上。1886年の8本塁打、翌87年の19三塁打はいずれも1位だった。常に体調を整え、性格も真面目で罰金や退場処分は一度も科されなかった。2000年殿堂入り。
【通算】18年、2138試合、8304打数2258安打、303二塁打、189三塁打(11位)、53本塁打、1072打点、568盗塁(24位*)、982四球、打率.272
【タイトル】本塁打王1回(1886年)
【監督】01-02レッズ　2年、207試合、79勝124敗、勝率.389

ダニー・マクフェイデン
Daniel Knowles MacFayden
1905.6.10～72.8.26【出身地】マサチューセッツ州ノーストゥルーロ【球団】26-32レッドソックス　32-34ヤンキース　35レッズ　35-39ブレーヴス　40パイレーツ　41セネターズ　43ブレーヴス【位置】投手、右
【経歴】細身のカーブ投手で、29年4完封(1位)を含む10勝を挙げるも18敗と大きく負け越す。31年に16勝した後不振が続いたが、36年5年ぶりの2ケタとなる17勝、防御率2.87は2位。37、38年も14勝ずつ稼いだ。信仰心の篤さでも知られていた。引退後はボードン大学で野球とホッケーのコーチを務めた。
【通算】17年、465試合、334先発、158完投、18完封、132勝159敗、2706回、797奪三振、防御率3.96

ラリー・マクフェイル
Leland Stanford MacPhail
1890.2.3～1975.10.1【出身地】ミシガン州キャスシティ【球団】メジャー経験なし
【経歴】不動産業、デパート経営など様々な職業を転々としたのちカーディナルスのマイナー球団の経営に携わり、巧みな手腕を発揮してブランチ・リッキーの目に止まる。33年レッズGMに就任、35年にメジャーで初めてナイトゲームを導入し、飛行機での移動や年間予約席の販売など、次々と革新的なアイディアを成功させる。その一方でチーム強化も怠りなく進め、39～40年に2連覇。39年ドジャース球団副社長に転任、兵役を経てヤンキースの球団社長兼GMとなったが、47年の世界一祝勝会の席で泥酔し、オーナーの逆鱗に触れて解任された。短気な性格で、すぐに監督を更迭しようとした。第一次世界大戦中には要人誘拐の特殊工作を担った実績を持つ。78年殿堂入り。息子のリーは73～84年までア・リーグ会長、孫のアンディもツインズGMとして2度世界一となったのち、カブス、オリオールズで球団社長を務めた。

リー・マクフェイル
Leland Stanford MacPhail
1917.10.25～2012.11.8【出身地】テネシー州ナッシュヴィル【球団】メジャー経験なし
【経歴】名物GMラリー・マクフェイルの息子で、父とは対照的に物腰の柔らかい紳士だった。41年大学卒業後マイナー・リーグで球団経営に携わり、ヤンキースの編成部長を経て58年オリオールズGM、翌59年球団社長に就任。66年ヤンキースに復帰、73年からア・リーグ会長となり、DH制の導入や77年の球団拡張などを実施した。81年に長期ストライキ解決に奔走した実績を買われ、84年の退任後はオーナー側代表として労使交渉を担当。98年史上初めて親子での殿堂入りを果たした。

ジョージ・マクブライド
George Florian McBride
1880.11.20～1973.7.2【出身地】ウィスコンシン州ミルウォーキー【球団】01ブルワーズ　05パイレーツ　05-06カーディナルス　08-20セネターズ【位置】遊撃、右
【経歴】守備の名手で、併殺で6回、刺殺と守備率で3回1位となる。05年カーディナルスで正遊撃手となり、07年にはマイナー落ちしたが08年セネターズで再昇格、11年から主将となり、16年までレギュラーを張り続けた。11年の.235が自己最高打率、通算.218は4000打席以上では史上最低の貧打だったが、好機には比較的強く、10年から4年連続で50打点以上。21年から監督となったが、打撃練習中に打球が頭部に当たり、後遺症のため同年限りで辞任した。
【通算】16年、1660試合、5526打数1203安打、7本塁打、447打点、133盗塁、打率.218
【監督】21セネターズ　1年、154試合、

80勝73敗、勝率.523

ベイク・マクブライド
Arnold Ray McBride (Bake)
1949.2.3～【出身地】ミズーリ州フルトン【球団】73-77カーディナルス　77-81フィリーズ　82-83インディアンズ【位置】外野、左
【経歴】70年ドラフト37位でカーディナルスに入団、74年打率.309、173安打、30盗塁で新人王となる。77年途中フィリーズに移籍し、自己最多の15本塁打、36盗塁、同年まで一度も打率3割を下回ることがなかった。79年12三塁打(2位)、翌80年は打率.309(4位)、33二塁打、87打点。ワールドシリーズでも5打点で世界一に貢献した。
【通算】11年、1071試合、3853打数1153安打、63本塁打、430打点、183盗塁、打率.299
【タイトル】新人王(74年)オールスター1回(76年)

マーティ・マクマナス
Martin Joseph McManus
1900.3.14～66.2.18【出身地】イリノイ州シカゴ【球団】20-26ブラウンズ　27-31タイガース　31-33レッドソックス　34ブレーヴス【位置】二塁、三塁、右
【経歴】20歳でブラウンズに昇格、22年に自己最多の189安打、リーグ3位の109打点。24年自己最高打率の.333、翌25年は44二塁打(1位)を放つ。30年は打率.320、40二塁打に加え、23盗塁で盗塁王になった。32～33年はレッドソックスで監督を兼任。その後女子プロ野球の監督も務めた。
【通算】15年、1831試合、6660打数1926安打、401二塁打、120本塁打、996打点、126盗塁、打率.289
【タイトル】盗塁王1回(30年)
【監督】32-33レッドソックス　2年、248試合、95勝153敗、勝率.383

ケン・マクマレン
Kenneth Lee McMullen
1942.6.1～【出身地】カリフォルニア州オックスナード【球団】62-64ドジャース　65-70セネターズ　70-72エンジェルズ　73-75ドジャース　76アスレティックス　77ブルワーズ【位置】三塁、右
【経歴】60年ドジャースに6万ドルの契約金で入団、セネターズに移籍した65年正三塁手となる。打率は69年の.272が最高だったがパンチ力はあり、68年20本、71年は21本塁打を放つ。守備面の評価も高かったが、ブルックス・ロビンソンに阻まれゴールドグラブは受賞できなかった。75年に長嶋茂雄の後釜として巨人入りの噂があったが実現しなかった。
【通算】16年、1583試合、5131打数1273安打、156本塁打、606打点、20盗塁、打率.248

セイディー・マクマーン
John Joseph McMahon (Sadie)
1867.9.19～1954.2.20【出身地】デラウェア州ウィルミントン【球団】1889-90フィラデルフィア(AA)　90-96ボルティモア(AA)/ボルティモア　97ブルックリン【位置】投手、右
【経歴】速球とドロップを組み合わせ、1890年フィラデルフィア(AA)で29勝を挙げるが、チームの破産に伴いシーズン途中でボルティモア(AA)に移籍。7勝を追加し合計36勝で最多勝、60試合、55完投、509回、291奪三振も1位。翌91年も5完封(1位)を含む35勝で2年連続最多勝、防御率2.81(4位)、93～94年も20勝以上する。95年は故障で8月まで投げられず10勝どまりだったが、4完封は1位。肩のケガが癒えず、30歳でメジャーから姿を消し大工に転身した。
【通算】9年、321試合、305先発、279完投、14完封、173勝127敗、2634回、967奪三振、防御率3.51
【タイトル】最多勝2回(1890～91年)最多奪三振1回(90年)

ドン・マクマーン
Donald John McMahon
1930.1.4～87.7.22【出身地】ニューヨーク州ブルックリン【球団】57-62ブレーヴス　62-63アストロズ　64-66インディアンズ　66-67レッドソックス　67-68ホワイトソックス　68-69タイガース　69-74ジャイアンツ【位置】投手、右
【経歴】ほぼ速球とカーブの2つの球種だけで18年間投げ抜いたリリーフ投手。故障者リストには一度も入ったことがなかった。57年27歳でメジャーに昇格、32試合で防御率1.54と好投しワールドシリーズも3試合に投げ無失点。翌年7月まで、初登板から47試合1本の本塁打も打たれなかった。64年の70試合を最多として9回50試合以上に登板、67～68年

は2年続けて防御率1.98を記録する。65年にはチームメイトとの激突で昏倒し、舌が喉に詰まりかけていた選手に応急処置を施して命を救った。
71年に自身唯一の2ケタとなる10勝。72年からは投手コーチも兼任、通算874登板は引退時点で史上4位。その後数球団でコーチを歴任したほか、NFLレイダースのスカウトもしていたが、ドジャースに在籍していた87年、打撃投手として投げていた際に心臓発作を起こして急死した。
【通算】18年、874試合、2先発、0完投、90勝68敗152S、1310.2回、1003奪三振、防御率2.96
【タイトル】オールスター1回(58年)

ライアン・マクマーン　★
Ryan Patrick McMahon
1994.12.14～【出身地】カリフォルニア州ヨルバリンダ【球団】2017-24ロッキーズ【位置】三塁、二塁、左
【経歴】2013年ドラフト2位でロッキーズに入団。19年に二塁手としてレギュラーになり24本塁打。ノーラン・アレナドの退団にともない21年からは三塁へ回り、守備面で高い評価を得た。21年以降の4年間は151～153試合に出場し、130～137安打、20～23本塁打、出塁率.322～.331と同じような成績を残し続けた。
【通算】8年、910試合、3031打数736安打、124本塁打、417打点、28盗塁、打率.243
【タイトル】オールスター1回(2024年)

ロイ・マクミラン
Roy David McMillan
1929.7.17～97.11.2【出身地】テキサス州ボナム【球団】51-60レッズ　61-64ブレーヴス　64-66メッツ【位置】遊撃、右
【経歴】強肩で守備範囲の広い遊撃手で、57年にゴールドグラブが制定されると3年続けて受賞。二塁のジョニー・テンプルとのコンビで、54年に当時の新記録となる129併殺を完成させた。51～55年にかけては598試合連続で出場した。打力は今一つで、52年に32二塁打(3位)を放ったが、打率は57年の.272が最高。選球眼はまずまずで56年は76四球を選んだ。72年ブルワーズで2試合、75年はメッツで53試合監督を代行している。
【通算】16年、2093試合、6752打数1639安打、253二塁打、35三塁打、68本塁打、594打点、41盗塁、665四球、711三振、打率.243
【タイトル】ゴールドグラブ3回(57～59年)オールスター2回(56～57年)
【監督】72ブルワーズ　75メッツ　2年、55試合、27勝28敗、勝率.491

ネイト・マクラウス
Nathan Richard McLouth
1981.10.28～【出身地】ミシガン州マスキーゴン【球団】2005-09パイレーツ　09-11ブレーヴス　12パイレーツ　12-13オリオールズ　14ナショナルズ【位置】外野、左
【経歴】2000年ドラフト25位でパイレーツに入団。07年正中堅手となり、08年は26本塁打、94打点、23盗塁、リーグ最多の46二塁打。守備でもゴールドグラブに選ばれた。09年途中ブレーヴスへトレード、翌10年は打率.190、6本塁打と大不振。その後も不振から脱け出せず、12年は5月にパイレーツから解雇されたが、オリオールズに拾われポストシーズンで26打数8安打5打点と活躍。翌13年は4年ぶりに100試合以上に出場し、自己最多の30盗塁を決めた。通算133盗塁で失敗は24回、成功率は.847と高かった。
【通算】10年、1045試合、3257打数803安打、101本塁打、333打点、133盗塁、打率.247
【タイトル】ゴールドグラブ1回(2008年)オールスター1回(08年)

サル・マグリー
Salvatore Anthony Maglie
1917.4.26～92.12.28【出身地】ニューヨーク州ナイアガラフォールズ【球団】45,50-55ジャイアンツ　55-56インディアンズ　56-57ドジャース　57-58ヤンキース　58カーディナルス【位置】投手、右
【経歴】ブラッシュボールの常習者として悪名を馳せたカーブ投手。打者のひげが剃れそうなほど顔の近くに投げたので、渾名は“ザ・バーバー(床屋)”だった。45年3完封を含む5勝を挙げたが、メジャーと対立していたメキシカン・リーグと契約し出場停止処分を受ける。50年33歳でメジャーに復帰し18勝、5完封と防御率2.71は1位、45回連続無失点も記録。ただし防御率のタイトルは、134回しか投げなかった同僚ジム・ハーンに奪われた。
翌51年も23勝し最多勝、防御率2.93は2位。56年途中ドジャースに移り13勝、防御率2.87(4位)で優勝に貢献。9

月25日のフィリーズ戦では39歳でノーヒットノーランを達成、MVP投票では次点。ワールドシリーズ第5戦では完全試合を達成したドン・ラーセンと投げ合い敗れた。何度もボールの交換を要求するので審判に評判が悪かった。引退後はレッドソックスなどでコーチを務めた。
【通算】10年、303試合、232先発、93完投、25完封、119勝62敗、1723回、862奪三振、防御率3.15
【タイトル】最多勝1回（51年）最優秀防御率1回（50年*）オールスター2回（51～52年）

カル・マクリッシュ
Calvin Coolidge Julius Caesar Tuskahoma McLish
1925.12.1～2010.8.26【出身地】オクラホマ州アナダーコ【球団】44,46ドジャース　47-48パイレーツ　49,51カブス　56-59インディアンズ　60レッズ　61ホワイトソックス　62-64フィリーズ【位置】投手、右
【経歴】チョクトー族の血を引き、戦時中の44年18歳でメジャーに引き上げられるが3勝10敗、防御率7.82と通用せず、その後長い間マイナーとの間を往復。56年30歳でインディアンズに定着、58年16勝（3位）、59年は19勝（2位）を挙げる。球種が豊富で5回2ケタ勝利を挙げた。実戦では使わなかったが、左腕でも投げられた。ジーン・モークとは同期入団で、フィリーズとエクスポズでモークの下投手コーチを務めた。
【通算】15年、352試合、209先発、57完投、5完封、92勝92敗、1609回、713奪三振、防御率4.01
【タイトル】オールスター1回（59年）

フレッド・マグリフ
Frederick Stanley McGriff
1963.10.31～【出身地】フロリダ州タンパ
【球団】86-90ブルージェイズ　91-93パドレス　93-97ブレーヴス　98-2001レイズ　01-02カブス　03ドジャース　04レイズ【位置】一塁、左
【経歴】両リーグで200本塁打以上を放ったスラッガー。81年ドラフト9位でヤンキースに入団、ブルージェイズ移籍後の88年34本塁打（2位）、以後7年連続で30本塁打以上。89年は36本で本塁打王、パドレス移籍後の92年にも35本を放ち、史上2人目の両リーグ本塁打王となる。93年途中ブレーヴスに移籍後68試合で19本塁打、55打点を稼ぎ、10ゲーム差を跳ね返しての逆転優勝の原動力となった。95～96年のポストシーズンは合計30試合で9本塁打、25打点とよく打った。
地元のレイズに加わった98年は19本に終わり、連続20本塁打以上が11年で途切れたが、続く99年は32本塁打、104打点と復調。通算では30本塁打以上10回、100打点以上を8回記録したが、目標としていた500本塁打にはわずかに届かなかった。ニックネームの“クライム・ドッグ”は、犯罪防止運動のキャラクター“マグラフ・ザ・クライム・ドッグ”が由来。23年殿堂入り。チャールズ・ジョンソンは親戚に当たる。
【通算】19年、2460試合、8757打数2490安打、441二塁打、24三塁打、493本塁打（29位）、1550打点、72盗塁、1305四球、1882三振（17位）、打率.284
【タイトル】本塁打王2回（89,92年）オールスター5回（92,94～96,2000年）

フレッド・マークル
Carl Frederick Rudolf Merkle
1888.12.20～1956.3.2【出身地】ウィスコンシン州ウォータータウン【球団】07-16ジャイアンツ　16-17ドジャース　17-20カブス　25-26ヤンキース【位置】一塁、右
【経歴】史上最も有名なボーンヘッド劇の主人公。07年18歳でジャイアンツに昇格、翌08年9月23日のカブス戦の最終回に一塁走者として出ていた時に、次打者がサヨナラ安打を放ったが、当時の慣習で二塁を踏まずにグラウンドを後にする。カブス側のアピールによってアウトを宣告され、決勝点は無効となり同点のまま試合が終了。全日程終了後に再試合が組まれ、カブスとジャイアンツが同率首位で並んだため、優勝決定戦となる。この試合を落としたジャイアンツが優勝を逃し、マークルのボーンヘッドは永遠に語り継がれることとなった。
10年以降は正一塁手として長く活躍、11年は12本塁打（5位）、49盗塁（4位）、翌12年は打率.309、11本塁打（3位）、88打点で優勝に貢献。同年のワールドシリーズ最終戦では10回表に勝ち越しタイムリーを放ったものの、その裏一塁ファウルフライを取れずに逆転され、ヒーローになり損ねた。17年には因縁のカブスにトレードされ、翌18年の143安打、65打点はいずれも4位。21年からはマイ

ナーでプレイしていたが、25 ～ 26 年にヤンキースのコーチ兼任で 8 試合出場した。ゴルフを始めた最初のメジャーリーガーとも言われる。
【通算】16 年、1638 試合、5782 打数 1580 安打、61 本塁打、740 打点、272 盗塁、打率 .273

ハル・マクレー
Harold Abraham McRae
1945.7.10 ～【出身地】フロリダ州エイヴォンパーク【球団】68,70-72 レッズ　73-87 ロイヤルズ【位置】外野、DH、右
【経歴】65 年ドラフト 6 位で入団したレッズ時代は、守備に難があることもあってレギュラー定着はできずじまい。73 年ロイヤルズに移籍後は DH に定着、積極的なプレイや激しいスライディングで名を売り、チームリーダーとしても活躍。74 年は打率 .310 (3 位)、36 二塁打 (2 位)、以後 6 回打率 3 割、9 回 30 二塁打以上を記録。76 年はリーグトップの出塁率 .407、同僚のジョージ・ブレットと最後まで首位打者を争ったが打率 .332 で 1 厘差の 2 位。ブレットの最終打席は平凡な左飛を野手が見失い安打となったもので、黒人のマクレーにタイトルを取らせないための策略だったのではという疑惑も囁かれた。翌 77 年は 191 安打、54 二塁打 (1 位)、82 年は 46 二塁打と 133 打点が 1 位、27 本塁打も自己最多だった。ワールドシリーズには 4 回出場し 45 打数 18 安打、6 二塁打。91 年ロイヤルズ監督に就任、息子のブライアンも同時期にロイヤルズの外野手だった。
【通算】19 年、2084 試合、7218 打数 2091 安打、484 二塁打、66 三塁打、191 本塁打、1097 打点、109 盗塁、648 四球、779 三振、打率 .290
【タイトル】打点王 1 回 (82 年) 最高出塁率 1 回 (76 年) オールスター 3 回 (75 ～ 76,82 年)
【監督】91-94 ロイヤルズ　2001-02 レイズ 6 年、872 試合、399 勝 473 敗、勝率 .458

ブライアン・マクレー
Brian Wesley McRae
1967.8.27 ～【出身地】フロリダ州ブラデントン【球団】90-94 ロイヤルズ　95-97 カブス　97-99 メッツ　99 ロッキーズ　99 ブルージェイズ【位置】外野、両
【経歴】ハル・マクレーの息子で、父が現役中の 85 年ドラフト 1 位で同じロイヤルズに入団。86 年のオープン戦では父子で同じ試合に出場した。91 年正中堅手となり、同年途中から監督となった父の下で 4 年間プレイ、93 年に自己最多の 177 安打を放った。カブスへ移った 95 年 167 安打 (4 位)、38 二塁打 (2 位)、翌 96 年は 37 盗塁。98 年の 21 本塁打、79 打点は自己記録だったが、翌 99 年極端な不振に陥って引退し、解説者となった。
【通算】10 年、1354 試合、5114 打数 1336 安打、103 本塁打、532 打点、196 盗塁、打率 .261

デニー・マクレイン
Dennis Dale McLain
1944.3.29 ～【出身地】イリノイ州シカゴ【球団】63-70 タイガース　71 セネターズ　72 アスレティックス　72 ブレーヴス【位置】投手、右
【経歴】63 年ホワイトソックスからウェーバーでタイガースに移り、19 歳でメジャーに昇格。速球に加えてカーブやチェンジアップの制球が良く、65 年 16 勝、192 奪三振 (3 位)、翌 66 年は 20 勝 (2 位)。68 年は現時点で最後の年間 30 勝となる 31 勝。28 完投、336 回も 1 位、防御率 1.96 は 4 位、280 奪三振は 2 位で、いずれも満票で MVP とサイ・ヤング賞のダブル受賞を果たした。
翌 69 年もリーグ最多の 9 完封、24 勝、325 回で 2 年連続サイ・ヤング賞。しかしオフシーズンの不摂生の影響で 70 年には速球の威力が失われ、また賭博行為と拳銃不法所持により合計 4 ヶ月の出場停止処分を科せられ 3 勝にとどまる。セネターズへ放出された 71 年も、首脳陣や報道陣との衝突を繰り返し 10 勝 22 敗の大不振。72 年は防御率 6 点台にまで落ち込み、28 歳にして表舞台から消えた。引退後も事業に失敗、コカインの密輸に関わり服役もした。
【通算】10 年、280 試合、264 先発、105 完投、29 完封、131 勝 91 敗 2 S、1886 回、1282 奪三振、防御率 3.39
【タイトル】MVP1 回 (68 年) サイ・ヤング賞 2 回 (68 ～ 69 年) 最多勝 2 回 (68 ～ 69 年) オールスター 3 回 (66,68 ～ 69 年)

ジョー・マグレイン
Joseph David Magrane
1964.7.2 ～【出身地】アイオワ州デモイン【球団】87-90,92-93 カーディナルス

93-94 エンジェルズ　96 ホワイトソックス【位置】投手、左
【経歴】85 年ドラフト 1 位でカーディナルスに入団。カーブが良く 87 年ローテーションに加わり 9 勝、翌 88 年は 5 勝にとどまったが防御率 2.18 は 1 位。89 年には 18 勝（3 位）、234.2 回を投げ被本塁打は 5 本に抑えた。91 年は肘を痛め全休、復帰後も手術前の快速球は甦ることなく終わった。引退後はレイズ戦などでブロードキャスターを務めた。
【通算】8 年、190 試合、166 先発、21 完投、10 完封、57 勝 67 敗 0 S、1096.2 回、564 奪三振、防御率 3.81
【タイトル】最優秀防御率 1 回（88 年）

スコット・マグレガー
Scott Houston McGregor
1954.1.18 ～【出身地】カリフォルニア州イングルウッド【球団】76-88 オリオールズ【位置】投手、左
【経歴】72 年ドラフト 1 位でヤンキースに入団、76 年途中オリオールズに移籍。同じ腕の振りから速球、スローカーブ、パームボールを投げ分ける緩急自在の投球で、78 年から 9 年連続 2 ケタ勝利、79 年のプレイオフ第 4 戦では完封でリーグ優勝を飾る。翌 80 年 20 勝（4 位）、83 年は 18 勝、自己ベストの防御率 3.18（5 位）、ワールドシリーズでも最終第 5 戦で完封勝ちし優勝投手となった。牽制球の巧さにも定評があった。高校時代はジョージ・ブレットと同級生。
【通算】13 年、356 試合、309 先発、83 完投、23 完封、138 勝 108 敗 5 S、2140.2 回、904 奪三振、防御率 3.99
【タイトル】オールスター 1 回（81 年）

ケヴィン・マクレノルズ
Walter Kevin McReynolds
1959.10.16 ～【出身地】アーカンソー州リトルロック【球団】83-86 パドレス　87-91 メッツ　92-93 ロイヤルズ　94 メッツ【位置】外野、右
【経歴】81 年ドラフト 1 位（全体 6 位）でパドレスに入団、84 年正左翼手となり 20 本塁打を放ったが、プレイオフで手首を負傷しワールドシリーズに出られなかった。86 年から 5 年連続で 20 本塁打、80 打点以上、88 年の 27 本塁打、99 打点はいずれも 5 位。87 ～ 89 年にかけ 33 連続盗塁成功と足も使えた。88 年と 90 年に補殺で 1 位を記録するなど、強肩を生かした外野守備の評価も高かった。
【通算】12 年、1502 試合、5423 打数 1439 安打、211 本塁打、807 打点、93 盗塁、打率 .265

マーク・マクレモア
Mark Tremell McLemore
1964.10.4 ～【出身地】カリフォルニア州サンディエゴ【球団】86-90 エンジェルズ　90 インディアンズ　91 アストロズ　92-94 オリオールズ　95-99 レンジャーズ　2000-03 マリナーズ　04 アスレティックス【位置】二塁、外野、両
【経歴】82 年ドラフト 9 位でエンジェルズに入団。87 年正二塁手となり 138 試合に出場するが、.236 の低打率で再びマイナーへ。3 球団から解雇されたのち、93 年オリオールズで打率 .284、72 打点と活躍しレギュラーに定着、96 年自己最高の打率 .290。同年からの 5 年間で 4 回 80 四球以上と選球眼の良さを発揮した。2001 年はマリナーズで内外野 6 つのポジションを守り、36 歳にして自己最多の 39 盗塁（4 位）を決めた。慈善活動にも積極的に取り組み、引退後は解説者となった。
【通算】19 年、1832 試合、6192 打数 1602 安打、53 本塁打、615 打点、272 盗塁、打率 .259

ロイド・マクレンドン
Lloyd Glenn McClendon
1959.1.11 ～【出身地】インディアナ州ゲイリー【球団】87-88 レッズ　89-90 カブス　90-94 パイレーツ【位置】外野、右
【経歴】80 年ドラフト 8 位でメッツに入団。83 年トム・シーヴァーとの交換要員の一人としてレッズへ移り、カブスに移籍した 89 年に自己最多の 74 安打、12 本塁打、40 打点。引退後打撃コーチを経て 2001 年にパイレーツの監督に就任するが、05 年途中で解任。その後タイガースのコーチとなり、14 年はマリナーズの指揮を執って監督生活唯一の勝ち越しを記録した。
【通算】8 年、570 試合、1204 打数 294 安打、35 本塁打、154 打点、15 盗塁、打率 .244
【監督】2001-05 パイレーツ　14-15 マリナーズ　20 タイガース　8 年、1114 試合、501 勝 613 敗、勝率 .450

ジョン・マグロー
John Joseph McGraw
1873.4.7 ～ 1934.2.25【出身地】ニューヨー

ク州トラックストン【球団】1891-99 ボルティモア（AA）/ボルティモア　1900 セントルイス　01-02 オリオールズ　02-07 ジャイアンツ【位置】三塁、遊撃、左
【経歴】身長 170cm と小柄ではあったが、傲慢かつ好戦的な性格で“リトル・ナポレオン”と称されたメジャーきっての名将。現役時代はボルティモアの名三塁手で、特にウィリー・キーラーとの一、二番コンビでのヒットエンドランは絶品だった。1893 年から 9 年連続打率 3 割、98 年 112 四球、99 年は 124 四球で 2 年連続 1 位。99 年に残した出塁率 .547 は長い間メジャー記録として残り、通算 .466 も史上 3 位の高率だった。勝利のためには手段を選ばず、一塁から三塁へ走る際二塁をショートカットしたり、守備についている時には、審判の目を盗んで走者を妨害したりしたため、複数審判制導入のきっかけを作ったといわれている。
99 年からは監督を兼任、1900 年は当時最高額の年俸 1 万ドルでセントルイスに移籍。翌 01 年新設のアメリカン・リーグに加わったが、リーグ会長のバン・ジョンソンと衝突し 02 年途中でジャイアンツへ移る。04 年監督として初のリーグ制覇を果たすと、ナショナル・リーグの勝者が唯一正当であると主張しワールドシリーズ参加を拒否。翌 05 年はアスレティックスとのシリーズに臨み、4 勝 1 敗でこれを下した。その後 32 年まで 31 年にわたりジャイアンツを率い、世界一 3 回、リーグ優勝 10 回、2 位 11 回、勝率 5 割を下回ったのは 2 回だけと圧倒的な強さを誇った。采配面では現役時代から得意としていたヒットエンドランを多用した一方、犠牲バントはさほど使わず、またベーブ・ルース登場後の大味な野球を毛嫌いしていた。
選手の能力を把握することにかけては定評があり、素質を見込んだ選手に対しては、不振でも辛抱強く起用し、成長を見守った。敵も多かった一方で、引退した選手に仕事を世話したり、財産を失った選手を援助したりと情に厚い一面もあった。黒人選手をネイティヴ・アメリカンに見せかけて起用することも計画したが失敗している。32 年 6 月監督の座をビル・テリーに譲ったが、翌 33 年の第 1 回オールスターではナ・リーグの監督を務めた。選手時代に 17 回、監督として 117 回で合計 131 回の退場は、ボビー・コックスに破られるまで長く記録として残っていた。34 年死去、37 年殿堂入り。
【通算】17 年、1100 試合、3924 打数 1309 安打、13 本塁打、462 打点、436 盗塁、打率 .334
【タイトル】最高出塁率 3 回（1897,99 ～ 1900 年）
【監督】1899 ボルティモア　1901-02 オリオールズ　02-32 ジャイアンツ　33 年、4769 試合、2763 勝 1948 敗、勝率 .586 リーグ優勝 10 回（04 ～ 05,11 ～ 13,17,21 ～ 24 年）ワールドシリーズ優勝 3 回（05,21 ～ 22 年）

タグ・マグロー
Frank Edwin McGraw (Tug)
1944.8.30 ～ 2004.1.5【出身地】カリフォルニア州マルティネス【球団】65-67,69-74 メッツ　75-84 フィリーズ【位置】投手、左
【経歴】ユニークなコメントを連発した個性派で、スクリューボールを駆使し 69 年 9 勝 12 セーブ。71 年は 11 勝、防御率 1.70。72 年も 8 勝 27 セーブ（2 位）、防御率 1.70、オールスターで勝利投手となる。73 年は開幕から不振だったが“You Gotta Believe（信じることさ）”を合い言葉に最後の 1 ヶ月で 4 勝 11 セーブの荒稼ぎ、年間では 25 セーブ（2 位）で逆転優勝の一翼を担った。75 年フィリーズに移籍、80 年は 20 セーブ、自己ベストの防御率 1.46、ワールドシリーズでも 1 勝 2 セーブで世界一に大きく貢献した。息子のティムは人気カントリー歌手。
【通算】19 年、824 試合、39 先発、5 完投、1 完封、96 勝 92 敗 180 S、1514.2 回、1109 奪三振、防御率 3.14
【タイトル】オールスター 2 回（72,75 年）

ディーコン・マグワイア
James Thomas McGuire (Deacon)
1863.11.18 ～ 1936.10.31【出身地】オハイオ州ヤングスタウン【球団】1884 トリド（AA）　85 デトロイト　86-88 フィラデルフィア　88 デトロイト　88 クリーヴランド（AA）　90 ロチェスター（AA）　91-99 ワシントン（AA）/ワシントン　99-1901 ドジャース　02-03 タイガース　04-07 ヤンキース　07-08 レッドソックス　08,10 インディアンズ　12 タイガース【位置】捕手、右
【経歴】のべ 13 球団に在籍し、40 歳過ぎまで第一線で活躍した息の長い捕手。捕手としての出場 25 年は史上 1 位で、通算 1860 補殺は今でも捕手の最多記録。

1895年は全133試合に捕手として出場し、打率.336、自己最多の10本塁打（5位）、97打点を記録している。1912年にはレギュラー選手の出場ボイコットにより、48歳にして1試合のみマスクをかぶり、安打も放った。真面目な性格で、罰金や退場を宣告されたことはなかった。
【通算】26年、1781試合、6291打数1750安打、45本塁打、840打点（*）、118盗塁（*）、打率.278
【監督】1898ワシントン　1907-08レッドソックス　09-11インディアンズ　6年、516試合、210勝287敗、勝率.423

マーク・マグワイア
Mark David McGwire
1963.10.1～【出身地】カリフォルニア州ポモナ【球団】86-97アスレティックス　97-2001カーディナルス【位置】一塁、右
【経歴】史上初めて年間70本塁打の壁を超えた怪力スラッガーで、通称“ビッグ・マック”。84年ロスアンジェルス五輪メンバーに選ばれ、同年ドラフト1位（全体10位）でアスレティックスに入団。87年レギュラーとなり、5月に15本塁打、オールスター前までに33本。最終戦は長男の出産に立ち会うため欠場したが、新人記録を大幅に塗り替える49本塁打（1位）で、満票で新人王に選ばれた。90年まで4年連続30本塁打以上、92年は42本（2位）。95年は39本塁打（4位）、96年は32試合欠場しながらも52本で9年ぶりのタイトル、打率.312は規定打席到達では初の3割。翌97年途中カーディナルスにトレードされ、移籍後の51試合で24本塁打、年間では58本を記録した。
98年は5月に16本塁打、オールスターまでに37本で、同じくハイペースで打ち続けるサミー・ソーサとともに全米を熱狂させる。筋肉増強剤使用の是非や、過熱する報道合戦に悩まされながらも、9月8日にスティーヴ・トラックスルから62号を放ち、ロジャー・マリスの年間61本塁打を37年ぶりに更新した。シーズン最終打席ではカール・パヴァーノから70号。MVPはソーサに譲ったが147打点は2位、162四球は史上2位（当時）で、94～95年の長期ストライキ以降低迷の続いていた野球人気を回復させた最大の功労者となった。99年もソーサとの接戦を制し65本塁打で2年連続タイトル、147打点と併せ二冠王。2001年も29本塁打を放ったが.187の低打率で、同年限り引退した。1本塁打あたり10.6打数は11.8打数のベーブ・ルースを凌ぐ史上最高記録だった。
現役時代は大して問題にされていなかった薬物使用の過去は、2000年以降球界全体でクローズアップされるようになって、次第に批判が高まる。05年に連邦大審院に出廷した際、この件について証言を拒否し印象が悪化。10年に打撃コーチとしてカーディナルスに復帰した際、ようやく全面的に薬物使用を認めたものの、引退時点では確実視された殿堂入りはできていない。弟のダンはNFLシーホークスの選手で、リーグ史上最長身のクォーターバックだった。
【通算】16年、1874試合、6187打数1626安打、583本塁打（11位）、1414打点、12盗塁、1317四球、1596三振、打率.263
【タイトル】新人王（87年）本塁打王4回（87,96,98～99年）打点王1回（99年）最高出塁率2回（96,98年）ゴールドグラブ1回（90年）オールスター12回（87～92,95～2000年）

ニック・マーケイキス
Nicholas William Markakis
1983.11.17～【出身地】ジョージア州ウッドストック【球団】2006-14オリオールズ　15-20ブレーヴス【位置】外野、左
【経歴】レッズからの2度のドラフト指名を拒否し、2003年ドラフト1位（全体7位）でオリオールズに入団。06年正右翼手となり、翌07年は打率.300、191安打、43二塁打、23本塁打、112打点。08年は48二塁打（3位）、99四球（2位）を選んで出塁率は.406（3位）に達した。変化球を打つのが上手く、続く09年も101打点。研究熱心で、二塁打が多くリーグ6位以内に8回入った。守備では08年に17補殺を決めるなど強肩が光り、3回ゴールドグラブを受賞。398試合連続無失策の外野手記録も持っている。04年のアテネ五輪ではギリシャ代表として出場した。
【通算】15年、2154試合、8302打数2388安打、514二塁打、22三塁打、189本塁打、1046打点、66盗塁、891四球、1230三振、打率.288
【タイトル】ゴールドグラブ3回（2011,14,18年）オールスター1回（18年）

チャック・マケルロイ
Charles Dwayne McElroy
1967.10.1 ～【出身地】テキサス州ポートアーサー【球団】89-90 フィリーズ　91-93 カブス　94-96 レッズ　96-97 エンジェルズ　97 ホワイトソックス　98-99 ロッキーズ　99 メッツ　2000-01 オリオールズ　01 パドレス【位置】投手、左
【経歴】86 年ドラフト 8 位でフィリーズに入団。球種の豊富な左の中継ぎで、91 年カブスに移籍し 71 試合に登板、防御率 1.95。98 年はロッキーズで自己最多の 78 試合（2 位）に投げ防御率 2.90。2000 年オリオールズに移り、12 年目で初めて 2 試合先発のマウンドに立った。
【通算】13 年、654 試合、7 先発、0 完投、38 勝 30 敗 17 S、739.1 回、604 奪三振、防御率 3.90

ディック・マコーリフ
Richard John McAuliffe
1939.11.29 ～ 2016.5.13【出身地】コネティカット州ハートフォード【球団】60-73 タイガース　74-75 レッドソックス【位置】二塁、遊撃、左
【経歴】足を高く上げる独特の打撃フォームを持ち、確実性に欠ける分を長打力と選球眼で補っていた隠れた好打者。64 年に自己最多の 24 本塁打、66 打点。66 年も 23 本塁打、出塁率 .373（4 位）、長打率 .509（5 位）、翌 67 年は 118 三振を喫する一方で 105 四球を選ぶ。68 年は 10 三塁打（3 位）、570 打数で併殺打を 1 本も打たなかった。74 年限りで一旦引退したが、リコ・ペトロセリの負傷の穴埋めとして 75 年 8 月レッドソックスに呼び戻され、7 試合のみ出場した。
【通算】16 年、1763 試合、6185 打数 1530 安打、197 本塁打、697 打点、63 盗塁、打率 .247
【タイトル】オールスター 3 回（65 ～ 67 年）

ビル・マゴーワン
William Aloysius McGowan
1896.1.18 ～ 1954.12.9【出身地】デラウェア州ウィルミントン【球団】メジャー経験なし
【経歴】25 年ア・リーグ審判となり、以後 16 年半で 2 試合しか休まず“審判界のルー・ゲーリッグ”と呼ばれた。ボール / ストライクの判定の正確さは際立っており、エネルギッシュかつ派手なジャッジも人気を呼んだ。滅多なことでは選手を退場させず、選手の投票で最高の審判に選ばれたこともあったが、糖尿病を患い 54 年引退、同年死去した。92 年殿堂入り。

ウィン・マーサー
George Barclay Mercer (Win)
1874.6.20 ～ 1903.1.12【出身地】ウェストヴァージニア州チェスター【球団】1894-99 ワシントン　1900 ニューヨーク　01 セネターズ　02 タイガース【位置】投手、右
【経歴】1894 年 19 歳でデビュー、17 勝 23 敗と負け越すも防御率 3.85 は 3 位。ワシントンのエース格として 96 年自己最多の 25 勝（5 位）、翌 97 年はリーグ最多の 47 試合に登板、3 完封（1 位）を含む 21 勝。打者をよく研究し、スローボールを織り交ぜた頭脳的な投球が光った。99 年は野手としても出場し、108 試合で打率 .299、112 安打、通算打率は .285。美男で女性人気が高かった。1903 年タイガースの監督に任命されたが、巡業先のサンフランシスコにて 28 歳の若さでガス自殺を遂げた。
【通算】9 年、335 試合、300 先発、253 完投、11 完封、132 勝 164 敗、2484.2 回、532 奪三振、防御率 3.98

ボビー・マーサー
Bobby Ray Murcer
1946.5.20 ～ 2008.7.12【出身地】オクラホマ州オクラホマシティ【球団】65-66,69-74 ヤンキース　75-76 ジャイアンツ　77-79 カブス　79-83 ヤンキース【位置】外野、左
【経歴】65 年 19 歳でヤンキースに昇格した時は遊撃手。2 年間の陸軍生活ののち、69 年正右翼手となり 26 本塁打を放つ。翌 70 年 6 月 24 日はダブルヘッダーで 4 打数連続本塁打を達成。71 年打率 .331（2 位）、94 打点（4 位）、出塁率 .427（1 位）、72 年も 30 二塁打（3 位）、33 本塁打（2 位）、96 打点（3 位）と活躍、低迷期のヤンキースを支えた。75 年ジャイアンツへ移籍、カブスを経て 79 年途中ヤンキースに復帰。親友サーマン・マンソンの葬儀の日の試合で追悼の本塁打を放った。引退後はヤンキース戦のキャスターとして親しまれた。
【通算】17 年、1908 試合、6730 打数 1862 安打、252 本塁打、1043 打点、127 盗塁、打率 .277
【タイトル】最高出塁率 1 回（71 年）ゴールドグラブ 1 回（72 年）オールスター 5 回（71 ～ 75 年）

ハンク・マジェスキー
Henry Majeski
1916.12.13 ～ 91.8.9【出身地】ニューヨーク州スタテンアイランド【球団】39-41 ブレーヴス　46 ヤンキース　46-49 アスレティックス　50-51 ホワイトソックス　51-52 アスレティックス　52-55 インディアンズ　55 オリオールズ【位置】三塁、右
【経歴】39 年新人で 106 試合に出場、打率 .272 とまずまずだったがその後伸び悩み、兵役を経て 47 年 30 歳でようやくレギュラーに定着。翌 48 年自己最高の打率 .310、41 二塁打（3 位）、12 本塁打、120 打点（5 位）、8 月 27 日にはダブルヘッダーで 6 本の二塁打を放った。47 ～ 48 年は守備率でも 1 位、47 年の .988 は当時の新記録となった。54 年のワールドシリーズ第 4 戦では代打 3 ランを放っている。引退後はスカウトや、アストロズの打撃インストラクターとして働いた。
【通算】13 年、1069 試合、3421 打数 956 安打、57 本塁打、501 打点、10 盗塁、打率 .279

マイク・マシーニー
Michael Scott Matheny
1970.9.22 ～【出身地】オハイオ州コロンバス【球団】94-98 ブルワーズ　99 ブルージェイズ　2000-04 カーディナルス　05-06 ジャイアンツ【位置】捕手、右
【経歴】91 年ドラフト 8 位でブルワーズに入団、守備力を評価され 96 年正捕手となる。2000 年カーディナルスに移り、盗塁阻止率 .527 でゴールドグラブを受賞。キャッチングも優れており、03 年は 138 試合にマスクを被り無失策、同年から 3 年連続ゴールドグラブ。252 試合連続無失策は捕手では史上 1 位となった。ジャイアンツに移った 05 年に自己最多の 34 二塁打、13 本塁打、59 打点を記録したが、脳震盪の影響で翌 06 年を最後に引退。2012 年カーディナルス監督に就任し、13 年はリーグ優勝を果たした。
【通算】13 年、1305 試合、3877 打数 925 安打、67 本塁打、443 打点、8 盗塁、打率 .239
【タイトル】ゴールドグラブ 4 回（2000,03 ～ 05 年）
【監督】2012-18 カーディナルス　20-22 ロイヤルズ　10 年、1449 試合、756 勝 693 敗、勝率 .522　リーグ優勝 1 回（13 年）

ウィラード・マーシャル
Willard Warren Marshall
1921.2.8 ～ 2000.11.5【出身地】ヴァージニア州リッチモンド【球団】42,46-49 ジャイアンツ　50-52 ブレーヴス　52-53 レッズ　54-55 ホワイトソックス【位置】外野、左
【経歴】42 年 21 歳でレギュラーとなり、オールスターにも選ばれたが、その後 3 年間は海軍に入隊。復帰 2 年目の 47 年は 36 本塁打（3 位）、107 打点（5 位）、長打率 .528（5 位）と大活躍したが、その後 20 本塁打以上打つことはなかった。49 年に自己最高の打率 .307、出塁率 .401。守備では強肩で最多補殺を 2 回記録した。
【通算】11 年、1246 試合、4233 打数 1160 安打、130 本塁打、604 打点、14 盗塁、打率 .274
【タイトル】オールスター 3 回（42,47,49 年）

マイク・マーシャル　☆
Michael Allen Marshall
1960.1.12 ～【出身地】イリノイ州リバティーヴィル【球団】81-89 ドジャース　90 メッツ　90-91 レッドソックス　91 エンジェルズ【位置】外野、一塁、右
【経歴】78 年ドラフト 6 位でドジャースに入団。81 年 AAA 級で三冠王となり、同年メジャー昇格。85 年は打率 .293、28 本塁打、95 打点、長打率 .515（5 位）、88 年も MVP のカーク・ギブソンを上回るチーム最多の 82 打点を挙げたが、仮病を疑われたほど故障が多く、期待されたほどには成長しなかった。92 年日本ハムに入団、初打席で本塁打を放つも高額年俸に見合う成績は残せなかった。
【通算】11 年、1035 試合、3593 打数 971 安打、148 本塁打、530 打点、26 盗塁、打率 .270
【タイトル】オールスター 1 回（84 年）
【日本】92 日本ハム　1 年、67 試合、244 打数 60 安打、9 本塁打、26 打点、0 盗塁、打率 .246

マイク・マーシャル
Michael Grant Marshall
1943.1.15 ～ 2021.5.31【出身地】ミシガン州エイドリアン【球団】67 タイガース　69 パイロッツ　70 アストロズ　70-73 エクスポズ　74-76 ドジャース　76-77 ブレーヴス　77 レンジャーズ　78-80 ツインズ　81 メッツ【位置】投手、右
【経歴】ミシガン州立大学で運動学の博

士号を取得したインテリ投手。「正しい筋肉の使い方をすれば毎日でも投げられる」と主張し、独自の調整法に固執するあまり監督や同僚とのいさかいが絶えず、9球団をわたり歩いた。フィリーズで内野手としてプロ入り、AA級まで上がってから投手に転向。シーズン途中エクスポズに移籍した70年、選手の自主性を重んじるジーン・モーク監督に出会い開眼。スクリューボールを駆使して71年23セーブ(2位)、翌72年は14勝18セーブ(4位)、防御率1.78。73年はリーグ新記録の92試合に登板、14勝31セーブ(1位)、規定投球回数に達し防御率2.66(4位)の大活躍だった。

ドジャースに移籍した74年は驚異的な106試合に登板、208.1回を投げ15勝21セーブ(1位)、防御率2.42(2位)でリリーフ投手として初めてサイ・ヤング賞を受賞、ワールドシリーズでも5試合すべてに登板して9回1失点。その後故障が続いたが、78年モークの指揮するツインズで再生、79年はア・リーグ記録の90試合に登板し10勝32セーブ(1位)。選手組合の活動家としても知られ、80年にツインズから解雇されると球団を訴えたが、敗訴した。

【通算】14年、723試合、24先発、3完投、1完封、97勝112敗188S、1386.2回、880奪三振、防御率3.14

【タイトル】サイ・ヤング賞1回(74年)最多セーブ3回(73～74,79年)オールスター2回(74～75年)

エディー・マシューズ
Edwin Lee Mathews

1931.10.13～2001.2.18【出身地】テキサス州テキサカナ【球団】52-66ブレーヴス　67アストロズ　67-68タイガース【位置】三塁、左

【経歴】強肩強打の名三塁手で、ボストン、ミルウォーキー、アトランタとブレーヴスの3つの本拠地でプレイした唯一の選手。その完璧なスイングはタイ・カッブに激賞された。52年20歳でレギュラーとなり25本塁打、翌53年は47本で早くも本塁打王、135打点も2位。以後3年連続で40本塁打、100打点を突破。57年に史上最年少の25歳で通算200本塁打に到達、59年46本で2度目の本塁打王。61年まで9年続けて30本塁打以上を放ち、ベーブ・ルースの通算本塁打記録を抜くのではと期待されたが、62年に肩を痛めてからは以前ほどのペースでは打てなくなった。

打率3割は3回だけでも、選球眼が抜群に良く61～63年は最多四球を選び、63年は出塁率.399(1位)。ハンク・アーロンとは54～66年の13年間チームメイトで仲も良く、この間2人で863本塁打を叩き出し、これはメイズ/マッコヴィー、ルース/ゲーリッグの両コンビを上回る。ただ大舞台では今一つで、オールスターでは25打数2安打(いずれも本塁打)、3回出場したワールドシリーズでも50打数10安打、1本塁打に終わった。

最初は良くなかった守備も次第に上達し、3回最多補殺を記録している。向こうっ気が強く他球団の選手としばしば衝突し、乱闘の際も体を張ってチームメイトを守った。54年には『スポーツ・イラストレイテッド』誌創刊号の表紙を飾っている。72年ブレーヴスの監督に就任、74年にアーロンが通算本塁打の新記録を樹立するのを見届けた。78年殿堂入り。

【通算】17年、2391試合、8537打数2315安打、354二塁打、72三塁打、512本塁打(23位)、1453打点、68盗塁、1444四球(24位)、1487三振、打率.271

【タイトル】本塁打王2回(53,59年)最高出塁率1回(63年)オールスター9回(53,55～62年)

【監督】72-74ブレーヴス　3年、311試合、149勝161敗、勝率.481

ゲイリー・マシューズ・シニア
Gary Nathaniel Matthews

1950.7.5～【出身地】カリフォルニア州サンフェルナンド【球団】72-76ジャイアンツ　77-80ブレーヴス　81-83フィリーズ　84-87カブス　87マリナーズ【位置】外野、右

【経歴】68年ドラフト1位でジャイアンツに入団。73年打率.300、10三塁打(2位)で新人王を受賞。ブレーヴス移籍後の79年すべて自己最高となる打率.304、27本塁打、90打点。83年のプレイオフでは3試合連続本塁打、8打点を挙げフィリーズの優勝に貢献し、シリーズMVPに選ばれる。翌84年はカブスに移り、いずれも1位の103四球、出塁率.410。積極的なプレイが持ち味で、性格も真面目だった。引退後はブルージェイズ、カブスなどで打撃コーチを歴任。息子のゲイリー・ジュニアもメジャーリーガー。

【通算】16年、2033試合、7147打数2011安打、319二塁打、51三塁打、234

本塁打、978打点、183盗塁、940四球、1125三振、打率.281
【タイトル】新人王(73年) 最高出塁率1回(84年) オールスター1回(79年)

ゲイリー・マシューズ・ジュニア
Gary Nathaniel Matthews
1974.8.25～【出身地】カリフォルニア州サンフランシスコ【球団】99パドレス 2000-01カブス 01パイレーツ 02メッツ 02-03オリオールズ 03パドレス 04-06レンジャーズ 07-09エンジェルズ 10メッツ【位置】外野、両
【経歴】93年ドラフト13位でパドレスに指名され、翌94年に入団。2001年はカブスとパイレーツで152試合に出場するも.227の低打率。その後も準レギュラーの状態が続いていたが、06年は打率.313、44二塁打、19本塁打、79打点でオールスターに選出。翌07年に5年5000万ドルの好条件でエンジェルズへ移籍したが、高給に見合う成績は残せなかった。父のゲイリー・シニアもオールスター外野手。
【通算】12年、1281試合、4103打数1056安打、108本塁打、484打点、95盗塁、打率.257
【タイトル】オールスター1回(2006年)

ボビー・マシューズ
Robert T. Mathews
1851.11.21～98.4.17【出身地】メリーランド州ボルティモア【球団】1876ニューヨーク 77シンシナティ 79,81プロヴィデンス 81-82ボストン 83-87フィラデルフィア(AA)【位置】投手、外野、右
【経歴】身長165cmの小柄な技巧派投手で、スピットボールの考案者とも、カーブの真の発明者ともいわれる。ナショナル・アソシエーション(NA)時代には同リーグ最初の試合となる1871年5月4日のクリーヴランド戦で勝利投手となり、通算では5年間で131勝112敗、72年から3年連続で最多奪三振。ナショナル・リーグでは76年に21勝34敗を記録した後は今一つだったが、83年アメリカン・アソシエーションに鞍替えしてからは3年連続30勝と気を吐いた。85年は防御率2.43(4位)、286奪三振(2位)、NA時代と併せて通算297勝した。
【通算】10年、323試合、315先発、289完投、10完封、166勝136敗、2734.1回、1199奪三振、防御率3.00

クリスティ・マシューソン
Christopher Mathewson
1880.8.12～1925.10.7【出身地】ペンシルヴェニア州ファクトリーヴィル【球団】1900-16ジャイアンツ 16レッズ【位置】投手、右
【経歴】史上3位の通算373勝を挙げ、36年の第1回殿堂入りメンバーに選ばれた大投手。成績だけでなく、長身でハンサム、知的で品行方正と数々の美点を備え、若者の模範として極めて高い人気を誇った。1試合平均1.6四球の正確な制球力に加え、ここ一番では“フェイダウェイ”と呼ばれたスクリューボールが威力を発揮した。
1900年19歳でジャイアンツ入り、6試合に0勝3敗でマイナーへ戻ったが、翌01年一旦レッズと契約したのちすぐジャイアンツへトレード。同年20勝、7月15日のカーディナルス戦でノーヒットノーランを達成する。03年は30勝(2位)、267奪三振(1位)、以後3年連続で30勝、200奪三振以上。05年は31勝、防御率1.28、206奪三振で投手三冠、6月13日のカブス戦で2度目のノーヒットノーラン。ワールドシリーズでも3完封の独り舞台だった。
08年は56試合、34完投、11完封、390.2回、37勝、防御率1.43、259奪三振がすべて1位。13年に記録した68回連続無四球は88年もの間破られず、14年まで12年連続20勝、防御率1点台が5回と抜群の安定感を誇った。愛読書はヴィクトル・ユーゴーで、著書「Pitching in Pinch」もロングセラーとなり、性格は水と油のジョン・マグロー監督とも親しかった。
16年1試合のみレッズで投げ、その後監督に専念。18年陸軍に入隊、従軍中にフランスで毒ガスを吸引し肺に障害をきたす。23年ブレーヴスの球団社長に就任したが、25年のワールドシリーズ第1戦当日、肺結核のため45歳で世を去った。プロフットボールの経験もある。弟のヘンリーも投手だった。
【通算】17年、636試合、552先発(29位)、435完投(13位)、79完封(3位)、373勝(3位) 188敗、4788.2回(17位)、2507奪三振、848四球、防御率2.13
【タイトル】最多勝4回(05,07～08,10年) 最優秀防御率5回(05,08～09,11,13年) 最多奪三振5回(03～05,07～08年)
【監督】16-18レッズ 3年、345試合、164勝176敗、勝率.482

リー・マジリ
Lee Louis Mazzilli
1955.3.25 ～【出身地】ニューヨーク州ニューヨーク【球団】76-81 メッツ　82 レンジャーズ　82 ヤンキース　83-86 パイレーツ　86-89 メッツ　89 ブルージェイズ
【位置】外野、一塁、両
【経歴】高校時代はスピードスケートの選手として、全国大会で 8 度の優勝を経験。73 年ドラフト 1 位でメッツに入団、地元出身でマスクも良く人気選手となる。79 年は打率 .303、15 本塁打、79 打点、34 盗塁、出塁率 .395（4 位）の活躍。オールスターでは 8 回に代打で同点本塁打、9 回には決勝の押し出し四球を選んだ。82 年にレンジャーズに移籍してからは低迷したが 86 年途中メッツに復帰、ワールドシリーズではいずれも同点のきっかけを作る 2 本の代打安打を放ち、世界一に貢献した。引退後は俳優への転身を目指したが結局球界に戻り、ヤンキースのマイナー監督、コーチを経て 2004 年にオリオールズ監督となった。
【通算】14 年、1475 試合、4124 打数 1068 安打、93 本塁打、460 打点、197 盗塁、打率 .259
【タイトル】オールスター 1 回（79 年）
【監督】2004-05 オリオールズ　2 年、269 試合、129 勝 140 敗、勝率 .480

ビル・マゼロスキー
William Stanley Mazeroski
1936.9.5 ～【出身地】ウェストヴァージニア州ウィーリング【球団】56-72 パイレーツ
【位置】二塁、右
【経歴】史上最高の守備力を誇る名二塁手で、広い守備範囲、軽快なグラブさばき、素早い送球などどれをとっても一級品。特にダブルプレーを完成させる技術は他の追随を許さず、60 年から 8 年連続で併殺数 1 位、66 年の 161 併殺は史上最多。通算 1706 併殺も 1 位で、4974 刺殺は 7 位、6685 補殺は 5 位。打撃でも打率は 57 年の .283 が最高だったが、58 年に 19 本塁打、66 年は 16 本塁打、82 打点とパンチ力を秘めていた。60 年のワールドシリーズ第 7 戦では、戦前圧倒的不利を予想されていたパイレーツに世界一をもたらす劇的なサヨナラ本塁打を放った。2001 年殿堂入り。
【通算】17 年、2163 試合、7755 打数 2016 安打、294 二塁打、62 三塁打、138 本塁打、853 打点、27 盗塁、447 四球、706 三振、打率 .260
【タイトル】ゴールドグラブ 8 回（58,60 ～ 61,63 ～ 67 年）オールスター 7 回（58 ～ 60,62 ～ 64,67 年）

グレッグ・マダックス
Gregory Alan Maddux
1966.4.14 ～【出身地】テキサス州サンアンジェロ【球団】86-92 カブス　93-2003 ブレーヴス　04-06 カブス　06 ドジャース　07-08 パドレス　08 ドジャース【位置】投手、右
【経歴】学者のような風貌にふさわしく、史上最も頭のいい投手とも言われ、絶妙の投球術と制球力を誇った 90 年代最高の投手。84 年ドラフト 2 位でカブスに入団、88 年は前半だけで 15 勝、年間 18 勝（5 位）。翌 89 年 19 勝（2 位）、92 年は 20 勝（1 位）、防御率 2.18（3 位）で初のサイ・ヤング賞を受賞した。
　93 年 FA でブレーヴスへ移籍し、2 年連続の 20 勝（4 位）、防御率 2.36（1 位）。94 年は 16 勝、自己ベストの防御率 1.56 など 5 部門で 1 位、202 回を投げ被本塁打は 4 本のみ。95 年は 19 勝でわずか 2 敗、防御率 1.63 ともども 1 位となり、4 年連続サイ・ヤング賞の大記録を樹立した。同年まで 5 年連続リーグ最多投球回だったが、これも最少限の投球数で最大の効果を発揮する卓越した投球センスの賜物。100 球未満での完封勝利はのちに「マダックス」と呼ばれるようになった。
　97 年は 19 勝（2 位）、232.2 回を投げ 20 四球とますます制球力に磨きをかけ、98 年も 7 年連続 2 点台以下となる防御率 2.22（1 位）、自己最多の 204 三振（5 位）を奪った。2001 年は 72.1 回連続無四球の新記録を達成。FA でカブスに復帰した 04 年も 16 勝し、17 年連続 15 勝以上と恐ろしいほど安定していた。04 年以降は防御率 4 点台を下回ることがなくなったが、それでも 07 年は 41 歳で 14 勝を挙げ 20 年連続 2 ケタ勝利。通算 355 勝は第二次大戦以降ではウォーレン・スパーンに次いで 2 位だった。
　守備でも鮮やかなフィールディングで、90 年から 13 年連続、1 年おいてさらに 5 年連続で合計 18 回ゴールドグラブを受賞し、これは史上最多記録。ただし牽制には無頓着で、平然と盗塁を許した。ポストシーズンは通算 11 勝 14 敗と負け越したとはいえ、防御率は 3.27 と悪くはなく、ワールドシリーズに限れば 2 勝 3 敗ながら防

御率2.09。打撃では通算11盗塁、08年には投手の最高齢となる42歳で決めている。14年殿堂入り。兄のマイクも15年のメジャー経験を持ち、通算39勝と弟には遠く及ばなかったものの、投手コーチとして高い評価を得た。
【通算】23年、744試合、740先発(4位)、109完投、35完封、355勝(8位)227敗(21位)0S、5008.1回(13位)、3371奪三振(12位)、999四球、防御率3.16
【タイトル】サイ・ヤング賞4回(92～95年)最多勝3回(92,94～95年)最優秀防御率4回(93～95,98年)ゴールドグラブ18回(90～2002,04～08年)オールスター8回(88,92,94～98,00年)

マニー・マチャド　★
Manuel Arturo Machado
1992.7.6～【出身地】フロリダ州ハイアレア【球団】2012-18オリオールズ　18ドジャース　19-24パドレス【位置】三塁、遊撃、右
【経歴】強肩を生かしたアクロバティックな守備と、パワフルな打撃が売り物の三塁手。2010年ドラフト1位(全体3位)でオリオールズに入団、12年20歳で正三塁手となり、翌13年は189安打、リーグ1位の51二塁打。守備でも再三美技を演じゴールドグラブを受賞した。15年に35本塁打を放って以降4年連続30本以上、オリオールズからドジャースへ途中移籍した18年に自己記録となる37本塁打、107打点。プレイオフでも3本塁打、9打点でリーグ制覇に貢献したが、相手守備の妨害や怠慢プレイなどで批判も浴びた。
19年はFAとなり、10年3億ドルの超高額契約でパドレスへ移籍。21～22年に2年連続100打点以上と活躍を続け、23年に11年3億5000万ドルで契約を結び直した。満塁本塁打12本は、24年時点で現役の選手では最多。気性が荒く、たびたび乱闘騒ぎを引き起こしている。
【通算】13年、1735試合、6809打数1900安打、342本塁打、1049打点、99盗塁、1302三振、打率.279
【タイトル】ゴールドグラブ2回(2013,15年)オールスター6回(13,15～16,18,21～22年)

松井稼頭央　☆
Kazuo Matsui
1975.10.23～【出身地】大阪府東大阪市【球団】2004-06メッツ　06-07ロッキーズ　08-10アストロズ【位置】遊撃、二塁、両
【経歴】本名は和夫。PL学園高時代は投手で、93年ドラフト3位で西武に入団後内野手に転向。97年から3年連続盗塁王、98年は打率.311、43盗塁でMVPを受賞。2002年は打率.332、193安打、36本塁打の自己最高成績、オフシーズンの日米野球でも好成績で注目された。
04年FAとなり、3年2010万ドルの契約でメッツに入団。4月6日のブレーヴス戦で開幕戦・メジャー初打席・初球本塁打という史上初の快挙を成し遂げる。最初の5本塁打はすべて先頭打者弾で、年間5本はナ・リーグ新人記録だったが、打率.272、7本塁打、44打点、14盗塁と期待を下回り、守備でも110試合で23失策。翌05年は二塁にコンバートされ、再び開幕戦の初打席で本塁打を放つも、故障もあって87試合で打率.255、3本塁打にとどまる。06年も3年続けてシーズン初打席に本塁打を放ったが、6月にロッキーズへトレード。移籍後は打率.345と活躍し、翌07年は104試合で打率.288、32盗塁で失敗4回。ディヴィジョンシリーズ第2戦では本塁打を含む5打点、ワールドシリーズでも17打数5安打、第3戦では3安打。08年アストロズへ移籍、10年はほとんどマイナー暮らしで、11年楽天で日本に復帰。15年に2000本安打を達成、42歳まで現役を継続した。
【通算】7年、630試合、2302打数615安打、32本塁打、211打点、102盗塁、打率.267
【日本】95-2003西武　11-17楽天　18西武　17年、1913試合、7190打数2090安打、411二塁打、201本塁打、837打点、363盗塁、1220三振、打率.291

松井秀喜　☆
Hideki Matsui
1974.6.12～【出身地】石川県能美郡根上町【球団】2003-09ヤンキース　10エンジェルズ　11アスレティックス　12レイズ【位置】外野、DH、左
【経歴】"ゴジラ"のニックネームで知られる、日本プロ野球史上屈指の強打者。星稜高時代に甲子園に4回出場、92年夏の1回戦では5打席連続で敬遠された。93年ドラフト1位で巨人に入団、96年から7年連続30本塁打以上。首位打者1回、本塁打と打点王の二冠王に3回輝き、96、

2000、02年の3回MVPに選ばれた。
02年に日本人選手では16年ぶりとなる50本塁打を記録したのを最後にFAとなり、03年に3年2100万ドルの契約でヤンキースに入団。本拠地ヤンキー・スタディアムでの初試合となった4月8日のツインズ戦で、初本塁打を満塁弾で飾った。1年目は打率.287、42二塁打、16本塁打、106打点。ワールドシリーズ第2戦では日本人打者として初本塁打を放った。翌04年は31本塁打、108打点、88四球(3位)を選び出塁率.390。プレイオフも11試合で打率.412、3本塁打、13打点と大活躍。05年はリーグ2位の45二塁打、116打点は自己最多で、打率も.305と初めて3割に乗せた。
06年は守備で捕球を試みた際に左手首を骨折し、デビュー以来の連続試合出場が518試合、日本時代からの通算では1768試合で途切れ、51試合に出たのみ。07年は25本塁打、103打点と復調したが、膝の痛みにより08年以降はほぼDHとして出場した。09年は28本塁打、90打点、ワールドシリーズでは13打数8安打、3本塁打、8打点。第2戦で決勝本塁打、世界一を決めた第6戦は先制2ラン、中押し2点タイムリー、ダメ押し2点二塁打の計6打点で、シリーズMVPに輝いた。ポストシーズンの通算成績は56試合で205打数64安打(.312)、10本塁打、39打点。報道陣に対する受け答えも紳士的で、人間性を高く評価されていた。
10年にFAでエンジェルズへ移籍、5度目の20本以上となる21本塁打を放ったが、その後は成績を落とし12年を最後に引退した。13年に巨人時代の監督である長嶋茂雄とともに国民栄誉賞を受賞。同年ヤンキースと1日契約を結び、同球団の選手として正式に引退すると、その後もGM付特別アドバイザーとして関わり続けている。18年に日本の野球殿堂入り。
【通算】10年、1236試合、4442打数1253安打、175本塁打、760打点、13盗塁、打率.282
【タイトル】オールスター2回(2003～04年)
【日本】93-2002巨人　10年、1268試合、4572打数1390安打、332本塁打、889打点、46盗塁、打率.304

松井裕樹　★
Yuki Matsui
1995.10.30～【出身地】神奈川県横浜市【球団】2024パドレス【位置】投手、左
【経歴】桐光学園高で甲子園大会に出場、1試合22奪三振の新記録を樹立し、13年のドラフトでは5球団の抽選により1位指名で楽天に入団。左腕からの速球とスライダーで、15年に抑えに抜擢されると33セーブ、防御率0.87で、以後6回30セーブ以上と活躍。21年に自己ベストの防御率0.63、23年に自己最多かつ3度目のリーグ1位となる39セーブを挙げた。24年FAでパドレスに入団、3月28日のジャイアンツ戦で初勝利。64試合に登板し4勝9ホールド、防御率3.73とまずまずの成績を収めた。
【通算】1年、64試合、0先発、4勝2敗0S、62.2回、69奪三振、防御率3.73
【日本】2014-23楽天、10年、501試合、29先発、1完投、0完封、25勝46敗236S、659.2回、860奪三振、防御率2.40

ティム・マッカーヴァー
James Timothy McCarver
1941.10.16～2023.2.16【出身地】テネシー州メンフィス【球団】59-61,63-69カーディナルス　70-72フィリーズ　72エクスポズ　73-74カーディナルス　74-75レッドソックス　75-80フィリーズ【位置】捕手、左
【経歴】59年に17歳でデビュー。63年正捕手となり打率.289、翌64年のワールドシリーズは23打数11安打5打点、第5戦で延長10回に決勝3ランを放つ。第7戦では本盗も決めた。66年に20世紀の捕手では唯一の最多三塁打(13本)を記録。67年打率.295、14本塁打、69打点で優勝に貢献、MVP投票で次点に食い込んだ。状況に応じた的確なリードで投手を引っ張り、70年代後半のフィリーズ時代には、カーディナルス時代からバッテリーを組んでいた大親友スティーヴ・カールトンの登板時に必ずマスクをかぶった。79年限りで一旦引退したが、翌80年6試合のみ出場し、4ディケード選手の仲間入りをした。その後は30年以上にわたって人気解説者として親しまれた。
【通算】21年、1909試合、5529打数1501安打、97本塁打、645打点、61盗塁、打率.271
【タイトル】オールスター2回(66～67年)

ジャック・マッカーシー
John Arthur McCarthy
1869.3.26～1948.6.5【出身地】マサチュー

セッツ州ハードウィック【球団】1893-94 シンシナティ　98-99 ピッツバーグ　1900 シカゴ　01-03 インディアンズ　03-05 カブス　06-07 ドジャース【位置】外野、左
【経歴】1898 年 29 歳でレギュラーの座をつかみ、翌 99 年に打率 .306、自己最多の 173 安打、17 三塁打（4 位）。98・99 年に 4 本ずつ打った本塁打は、1900 年以降の 8 年間は 1 本も打てなかった。守備では 05 年 4 月 26 日に 3 回も走者を本塁で刺した。
【通算】12 年、1092 試合、4200 打数 1205 安打、8 本塁打、476 打点、145 盗塁、打率 .287

ジョー・マッカーシー
Joseph Vincent McCarthy
1887.4.21 ～ 1978.1.13【出身地】ペンシルヴェニア州フィラデルフィア【球団】メジャー経験なし
【経歴】史上最高の勝率 .615 と 7 回のワールドシリーズ優勝を誇る名将。二塁手だった現役時代はメジャーに昇格できず、マイナーの監督を経て 26 年カブスの監督に就任、29 年にリーグ制覇。31 年ヤンキースに移り、翌 32 年両リーグで優勝した最初の監督となると、ワールドシリーズでも古巣カブスを倒した。36 年から 4 年連続、41、43 年も世界一。規律に大変厳しく、選手の間では尊敬を勝ち得ていたが、あまりにも強力なメンバーを揃えていたため「誰が監督でも勝てる」と揶揄もされた。46 年途中病気を理由に辞任、48 年から請われてレッドソックスを率いたが、同年は優勝決定戦で敗れ、翌 49 年も 1 ゲーム差の 2 位と惜しいところで 3 球団での優勝は逃した。57 年殿堂入り。
【監督】26-30 カブス　31-46 ヤンキース　48-50 レッドソックス　24 年、3487 試合、2125 勝 1333 敗、勝率 .615　リーグ優勝 9 回（29,32,36 ～ 39,41 ～ 43 年）ワールドシリーズ優勝 7 回（32,36 ～ 39,41,43 年）

トミー・マッカーシー
Thomas Francis Michael McCarthy
1863.7.24 ～ 1922.8.5【出身地】マサチューセッツ州ボストン【球団】1884 ボストン（UA）　85 ボストン　86-87 フィラデルフィア　88-91 セントルイス（AA）　92-95 ボストン　96 ブルックリン【位置】外野、右
【経歴】1884 年投手として 7 試合に登板し、すべて敗戦投手。その後野手に転向、90 年は打率 .350（3 位）、83 盗塁（1 位）、監督としても 27 試合指揮を執り 15 勝 12 敗だった。94 年は自己最多の 13 本塁打、126 打点。引退後はダートマス、ホーリークロス、ボストンの各大学でコーチを歴任した。選手としての実績は特筆するほどでもないが、親友ヒュー・ダフィと組んでのヒットエンドランや、浅い外野飛球を故意に落球し走者を刺すトラッププレイなどを完成させた点を評価され、1946 年殿堂入りした。
【通算】13 年、1273 試合、5120 打数 1493 安打、44 本塁打、732 打点（*）、468 盗塁（*）、打率 .292

カーク・マッカスキル
Kirk Edward McCaskill
1961.4.9 ～【出身地】カナダ・オンタリオ州カプスケーシング【球団】85-91 エンジェルズ　92-96 ホワイトソックス【位置】投手、右
【経歴】82 年ドラフト 4 位でエンジェルズに入団。85 年メジャーに昇格し 12 勝、翌 86 年は 17 勝、202 奪三振。当初は速球派だったが、肘を痛めて技巧派に転身し 89 年に 15 勝、自己ベストの防御率 2.93（5 位）を記録した。90 年 8 月 31 日にケン・グリフィー親子に 2 者連続本塁打を献上、翌 91 年はリーグワーストの 19 敗。ヴァーモント大学時代はアイスホッケーのスター選手で、83-84 シーズンはウィニペグ・ジェッツ傘下のシャーブルックに在籍。父のテッドも NHL の選手だった。
【通算】12 年、380 試合、242 先発、30 完投、11 完封、106 勝 108 敗 7 S、1729 回、1003 奪三振、防御率 4.12

アンドルー・マッカッチェン　★
Andrew Stefan McCutchen
1986.10.10 ～【出身地】フロリダ州フォートミード【球団】2009-17 パイレーツ　18 ジャイアンツ　18 ヤンキース　19-21 フィリーズ　22 ブルワーズ　23-24 パイレーツ【位置】外野、右
【経歴】2005 年ドラフト 1 位でパイレーツに入団。ダイナミックな走塁が魅力で、09 年正中堅手となり 12 年は打率 .327（2 位）、194 安打（1 位）、31 本塁打、96 打点、出塁率 .400（3 位）。続く 13 年は .317、21 本、84 打点、27 盗塁、出塁率 .404（3 位）、パイレーツの 21 年ぶりとなるプレイオフ進出への貢献を評価され MVP を受賞した。14 年も出塁率 .410 と OPS.952 は 1 位と活躍を続けたほか、15 年はクレ

メンテ賞に選ばれるなど社会活動にも熱心に携わり、ピッツバーグで絶大な人気を誇った。
【通算】16 年、2127 試 合、7837 打 数 2152 安打、429 二塁打、50 三塁打、319 本塁打、1095 打点、219 盗塁、1116 四球、1775 三振 (29 位)、打率 .273
【タイトル】MVP1 回 (2013 年) ゴールドグラブ 1 回 (12 年) オールスター 5 回 (11 ～ 15 年)

スティーヴ・マッカティ
Steven Earl McCatty
1954.3.20 ～【出身地】ミシガン州デトロイト【球団】77-85 アスレティックス【位置】投手、右
【経歴】73 年ドラフト外でアスレティックスに入団。速球主体の投球で 79 年 11 勝、80 年 14 勝を挙げ、短縮シーズンの 81 年はいずれも 1 位の 14 勝、4 完封。防御率 2.33 は 2 位だったが、投球回数 0.1 回は切り下げ、0.2 回は切り上げとした当時の防御率の計算方法によってタイトルが与えられた。同年のサイ・ヤング賞投票では次点。その後は一度も 2 ケタ勝利を挙げることはなかった。引退後はコーチとなった。
【通算】9 年、221 試合、161 先発、45 完投、7 完封、63 勝 63 敗 5 S、1188.1 回、541 奪三振、防御率 3.99
【タイトル】最多勝 1 回 (81 年) 最優秀防御率 1 回 (81 年 *)

クライド・マッカロック
Clyde Edward McCullough
1917.3.4 ～ 82.9.18【出身地】テネシー州ナッシュヴィル【球団】40-43,46-48 カブス 49-52 パイレーツ　53-56 カブス【位置】捕手、右
【経歴】プロテクターを使わずに守った最後の捕手と伝えられる。41 年正捕手となり 9 本塁打、53 打点、翌 42 年は 22 二塁打。44 ～ 45 年は海軍に入隊していたが、45 年のワールドシリーズに代打で出場した。2 回選ばれたオールスターでは出場機会なし。パドレスのブルペンコーチ在任中だった 82 年に心臓病で亡くなり、同球団の最優秀新人賞にその名を残す。
【通算】15 年、1098 試 合、3121 打 数 785 安打、52 本塁打、339 打点、27 盗塁、打率 .252
【タイトル】オールスター 2 回 (48,53 年)

ビズ・マッキー
James Raleigh Mackey (Biz)
1897.7.27 ～ 1965.9.22【出身地】テキサス州コールドウェルカウンティ【球団】ニグロ・リーグ【位置】捕手、両
【経歴】ニグロ・リーグ史上屈指の名捕手。座ったままで二塁へ矢のような送球ができ、打者の弱点を徹底的に研究した投手リードにも定評があった。大柄ながら動きも素早く、捕球技術も確かだった。毎年のように 3 割以上の高打率を残し、23 年からのヒルデイル・クラブのリーグ 3 連覇に貢献。27 年にオールスター・チームの一員として日本を訪れ、神宮球場の本塁打第 1 号を放つ。日本で歓迎されたことに気を良くし、その後も二度来日した。酒やタバコとは無縁の模範的な生活を送り、指導者としての手腕にも優れ、ロイ・キャンパネラらを育てた。2006 年殿堂入り。
＜ニグロ・リーグの成績＞ 902 試合、2978 打数 969 安打、52 本塁打、577 打点、60 盗塁、打率 .325

スタッフィー・マッキニス
John Phalen McInnis (Stuffy)
1890.9.19 ～ 1960.2.16【出身地】マサチューセッツ州グロースター【球団】09-17 アスレティックス　18-21 レッドソックス　22 インディアンズ　23-24 ブレーヴス 25-26 パイレーツ　27 フィリーズ【位置】一塁、右
【経歴】アスレティックス "10 万ドルの内野陣" の一角。メジャー昇格当時は遊撃手で、11 年から一塁手としてレギュラーに定着。100 試合以上出場した 14 年間で打率 3 割 10 回と安定した打撃に加え、守備でも 6 回守備率 1 位となる。12 年に打率 .327、101 打点 (4 位)、27 盗塁の自己記録。13 年 90 打点、翌 14 年 95 打点で 2 年連続 2 位。三振が極めて少なく、18 年以降は 4013 打数で 76 三振のみ。21 ～ 22 年にかけ 163 試合、1625 守備機会連続無失策のリーグ記録を樹立した。アスレティックス、レッドソックス、パイレーツの 3 球団で計 5 回の世界一を経験している。引退後はコーネル、ハーヴァードなどの大学でコーチを務めた。
【通算】19 年、2128 試 合、7822 打 数 2405 安打、312 二塁打、101 三塁打、20 本塁打、1063 打点、172 盗塁、380 四球、251 三振、打率 .307
【監督】27 フィリーズ　1 年、155 試合、51 勝 103 敗、勝率 .331

ブライアン・マッキャン
Brian Michael McCann
1984.2.20 ～【出身地】ジョージア州アセンズ【球団】2005-13 ブレーヴス　14-16 ヤンキース　17-18 アストロズ　19 ブレーヴス【位置】捕手、左
【経歴】2002 年ドラフト 2 位で地元のブレーヴスに指名され入団。パンチ力溢れる打撃で、05 年のポストシーズン初打席でロジャー・クレメンスから逆転 3 ランを放つ。正捕手となった 06 年に打率 .333、24 本塁打、93 打点、08 年は .301、42 二塁打、同年から 9 年連続 20 本塁打以上。オールスターには 06 年から 6 年連続選出、10 年は逆転 3 点二塁打でナ・リーグの連敗を 14 で止め、MVP に輝いた。
　ヤンキース移籍後の 15 年に自己最多の 26 本塁打、94 打点。17 年のワールドシリーズでは 7 試合すべて先発マスクを被り、世界一を支えた。同年アストロズが行なっていたサイン盗みには関与せず、首謀者のカルロス・ベルトランに止めるよう説得を試みるも受け入れられなかった。守備では投手リードを評価されていたものの、盗塁阻止率は通算 .249 と低かった。
【通算】15 年、1755 試合、6067 打数 1590 安打、282 本塁打、1018 打点、25 盗塁、1054 三振、打率 .262
【タイトル】オールスター 7 回（2006 ～ 11,13 年）

エド・マッキーン
Edwin John McKean
1864.6.6 ～ 1919.8.16【出身地】オハイオ州グラフトン【球団】1887-98 クリーヴランド（AA）／クリーヴランド　99 セントルイス【位置】遊撃、右
【経歴】地元クリーヴランドで 12 年間にわたり正遊撃手として活躍し、主将も務める。守備は今一つながら打力は確かで、1893 年は 24 三塁打（3 位）、133 打点（2 位）、同年から 4 年連続で打率 3 割、100 打点以上。94 年に自己最高の打率 .357 を記録した。読書好きの知的な選手で、引退後政界への転進を図るが失敗、メジャー復帰を目指すも叶わなかった。
【通算】13 年、1655 試合、6894 打数 2084 安打、158 三塁打、67 本塁打、1124 打点、324 盗塁、打率 .302

ジャック・マッキーン
John Aloysius McKeon
1930.11.23 ～【出身地】ニュージャージー州サウスアンボイ【球団】メジャー経験なし
【経歴】現役時代は捕手。マイナーの監督を長く務めたのち、73 年ロイヤルズ監督に就任、88 勝し地区 2 位。77 年アスレティックスの監督となるが 6 月に解任、翌 78 年 5 月に再任。80 年に GM に就任したパドレスでは数多くのトレードを成立させ“トレーダー・ジャック”の異名を取った。89 年には娘婿のグレッグ・ブッカーもツインズへ放出している。
　低迷中のチームを引き受けて浮上させるのが得意で、89 年パドレスで、99 ～ 2000 年はレッズで 2 位となり、99 年は最優秀監督賞を受賞。2003 年途中 72 歳でマーリンズ監督に就任、ワイルドカードでプレイオフに進出しリーグ優勝、ワールドシリーズでも不利を予想されながらヤンキースを下し世界一となる。同年は 2 度目の最優秀監督賞、11 年途中には 80 歳にしてマーリンズの監督に返り咲き、コニー・マックに次ぎ史上 2 番目の高齢監督となった。
【監督】73-75 ロイヤルズ　77-78 アスレティックス　88-90 パドレス　97-2000 レッズ　03-05,11 マーリンズ　16 年、2042 試合、1051 勝 990 敗、勝率 .515　リーグ優勝 1 回（03 年）ワールドシリーズ優勝 1 回（03 年）

マッティ・マッキンタイア
Matthew Martin McIntyre
1880.6.12 ～ 1920.4.2【出身地】コネティカット州ストーニントン【球団】01 アスレティックス　04-10 タイガース　11-12 ホワイトソックス【位置】外野、左
【経歴】俊足好守の左翼手で、タイガースが優勝した 08 年は打率 .295（5 位）、168 安打（3 位）、出塁率 .392（2 位）、長打率 .383（5 位）。左投手にも強く、ホワイトソックスに移籍した 11 年に自己最高の打率 .323、184 安打を記録した。新人時代にタイ・カッブをからかい続けたことがきっかけで、カッブとは犬猿の仲となった。
【通算】10 年、1072 試合、3958 打数 1066 安打、4 本塁打、319 打点、120 盗塁、打率 .269

コニー・マック
Cornelius Alexander Mack (Connie)
1862.12.22 ～ 1956.2.8【出身地】マサチューセッツ州イーストブルックフィールド【球団】1886-89 ワシントン　90 バッファ

ロー（PL） 91-96 ピッツバーグ【位置】捕手、右
【経歴】空前絶後の53年間にわたりメジャーの監督を務め上げ、通算7755試合、3731勝という不滅の大記録を打ち立てた名物監督。本名はMcGillicuddy。選手としては、守備は巧かったが打撃ではさほど目立たず、1890年に123試合で134安打、53打点を記録したのが最高。94年からピッツバーグで監督を兼任するも96年に解任された。

マイナー監督を経て、1901年アメリカン・リーグ創設と同時にアスレティックスの監督兼共同オーナーに就任、以後50年間その地位にとどまり続ける（37年に筆頭オーナーとなる）。02、05年にリーグ優勝、10～13年はエディー・プランク、チーフ・ベンダー、フランク・ベイカーらを擁し4年間で3回ワールドシリーズ優勝を果たすが、財政的理由でこれらのスター選手を相次いで放出、15年から7年連続最下位に沈んだ。20年代後半にレフティ・グローヴ、ジミー・フォックス、アル・シモンズ、ミッキー・カクレインらを中心にチームを再建し、29年から3連覇、2度の世界一。しかしまたしても財政難によりチームを解体し、35年以降は一度として3位以上にはなれなかった。

監督が三塁のコーチズボックスから指揮するのが普通だった時代に、ベンチに座ってユニフォームではなく背広に山高帽のスタイルを押し通し、スコアカードを動かして守備位置を指示した。温厚な人物で、選手がミスをしても激高せず、退場宣告を受けたことも一度しかなかった。試合前のミーティングを初めて取り入れた監督とも言われる。選手をニックネームではなく必ずファーストネームで呼び、尊敬もされていたが、監督としてよりも経営者としてのビジネス面をしばしば優先させ「優勝争いをした上で4位ぐらいに終わるのが理想」というのが持論だった。

37年殿堂入り、50年87歳で引退。最晩年は名目上の監督に過ぎず、実際の采配はコーチのシモンズやジミー・ダイクスに任せていた。53年にはアスレティックスとフィリーズの本拠地球場シャイブ・パークがコニー・マック・スタディアムと改称されている。息子のアールもメジャーリーガーで父の下でプレイ、37年と39年に合計125試合父の代行で采配を振った。
【通算】11年、724試合、2698打数659安打、5本塁打、265打点、127盗塁、打率.244
【監督】1894-96 ピッツバーグ 1901-50 アスレティックス 53年、7755試合、3731勝3948敗、勝率.486 リーグ優勝9回（02,05,10～11,13～14,29～31年） ワールドシリーズ優勝5回（10～11,13,29～30年）

ジョージ・マックィーラン
George Watt McQuillan
1885.5.1～1940.3.30【出身地】ニューヨーク州ブルックリン【球団】07-10 フィリーズ 11 レッズ 13-15 パイレーツ 15-16 フィリーズ 18 インディアンズ【位置】投手、右
【経歴】頭脳的な投手で、07年から08年にかけて、デビューから25イニング連続無失点のメジャー記録を達成。08年は0－1の試合で5度も敗れたが、23勝は4位、防御率1.53は3位。遊び好きでチームの規則に違反し、10年は2度出場停止処分を下され9勝どまりながら防御率1.60。規定投球回数には0.2回足りなかったものの、実質的には1位と言えた。特にジャイアンツに強かったが、故障で12年はマイナー落ち。パイレーツで再昇格し14年13勝、15年も12勝を挙げた。オフの間は電気技師として働いた。
【通算】10年、273試合、173先発、105完投、17完封、85勝89敗、1576.1回、590奪三振、防御率2.38

ヒュー・マックィーラン
Alvin Hugh McQuillan
1895.9.15～1947.8.26【出身地】ニューヨーク州ニューヨーク【球団】18-22 ブレーヴス 22-27 ジャイアンツ 27 ブレーヴス【位置】投手、右
【経歴】20～21年と2年連続で2ケタ勝利を挙げ、22年途中10万ドルの移籍金で地元のジャイアンツへ移籍。主力投手として22年からの3連覇に貢献、22年のワールドシリーズ第4戦で完投勝ち。翌23年に自己最多の15勝、24年の防御率2.69はリーグ2位だった。牽制の名手で、牽制球を投げるだけの目的でリリーフに送られたこともある。“ハンサム・ヒュー”と呼ばれた端正な顔立ちで女性ファンが多かった。
【通算】10年、279試合、204先発、95完投、10完封、88勝94敗、1561.2回、446奪三振、防御率3.83

ジョージ・マックィン
George Hartley McQuinn
1910.5.29 ～ 78.12.24【出身地】ヴァージニア州アーリントン【球団】36 レッズ　38-45 ブラウンズ　46 アスレティックス　47-48 ヤンキース【位置】一塁、左
【経歴】長い間ヤンキースのマイナーで埋もれていたが、38 年ブラウンズの正一塁手となり打率 .324、195 安打、42 二塁打(2 位)、34 試合連続安打の新人記録も樹立。翌 39 年は 195 安打(2 位)、自己最多の 13 三塁打(3 位)、20 本塁打、94 打点。44 年のワールドシリーズでは第 1 戦で決勝 2 ラン、16 打数 7 安打 5 打点と一人気を吐いた。46 年は打率 .225、3 本塁打の不振だったが、ヤンキースに戻った翌 47 年は打率 .304 と 8 年ぶりに 3 割を突破した。口数の少ないことでも知られていた。引退後もマイナーの監督やスカウトとして、長く球界に携わった。
【通算】12 年、1550 試合、5747 打数 1588 安打、135 本塁打、794 打点、32 盗塁、打率 .276
【タイトル】オールスター 7 回(39 ～ 40,42,44 ～ 45,47 ～ 48 年)

ダル・マックスヴィル
Charles Dallan Maxvill
1939.2.18 ～【出身地】イリノイ州グラナイトシティ【球団】62-72 カーディナルス　72-73 アスレティックス　73-74 パイレーツ　74-75 アスレティックス【位置】遊撃、二塁、右
【経歴】好守で鳴らした細身の遊撃手で、68 年にゴールドグラブを受賞。打力はまったくと言っていいほどなく、68 年のワールドシリーズでは 22 打数ノーヒット、翌 69 年は 132 試合で打率 .175。70 年も 152 試合、399 打数で 80 安打(.201) しか打てなかった。チームメイトには人望があり、カーディナルス時代は選手会長を務めた。引退後コーチを経て 85 ～ 94 年はカーディナルスの GM として働いた。
【通算】14 年、1423 試合、3443 打数 748 安打、6 本塁打、252 打点、7 盗塁、打率 .217
【タイトル】ゴールドグラブ 1 回(68 年)

チャーリー・マックスウェル
Charles Richard Maxwell
1927.4.8 ～ 2024.12.27【出身地】ミシガン州ロートン【球団】50-52,54 レッドソックス　55 オリオールズ　55-62 タイガース　62-64 ホワイトソックス【位置】外野、左
【経歴】56 年 29 歳で正左翼手となり、打率 .326(4 位)、28 本塁打(5 位)、87 打点、79 四球を選び出塁率は .414(5 位)。59 年 5 月 3 日のダブルヘッダーで 4 打数連続本塁打、同年自己最多の 31 本塁打(4 位)、95 打点(5 位)。翌 60 年は延長に入ってから 5 本塁打を放ち、新記録を樹立。通算 148 本塁打のうち 40 本は日曜日に打ったものだった。メジャー初本塁打はサッチェル・ペイジからの代打満塁弾。2、3 本目もボブ・フェラー、ボブ・レモンからで、最初の 3 本はみな殿堂入り投手からだった。
【通算】14 年、1133 試合、3245 打数 856 安打、148 本塁打、532 打点、18 盗塁、打率 .264
【タイトル】オールスター 2 回(56 ～ 57 年)

ボブ・マックルア
Robert Craig McClure
1952.4.29 ～【出身地】カリフォルニア州オークランド【球団】75-76 ロイヤルズ　77-86 ブルワーズ　86-88 エクスポズ　88 メッツ　89-91 エンジェルズ　91-92 カーディナルス　93 マーリンズ【位置】投手、左
【経歴】73 年ドラフト 3 位(第 2 回)でロイヤルズに入団、77 年ブルワーズに移籍してからは、鋭いカーブで左の中継ぎとして活躍。82 年先発に転向し 12 勝を挙げるが、ワールドシリーズでは 5 試合すべてリリーフで登板、2 セーブを挙げた一方で、第 7 戦での負けを含む 2 敗を喫した。85 年から再びリリーフへ回り、89 年に自己ベストの防御率 1.55。牽制の名手で、92 年は 40 歳にして自己最多の 71 試合に登板した。当意即妙の受け答えで報道陣の受けも良かった。引退後はロイヤルズなど複数の球団で投手コーチを歴任。キース・ヘルナンデスとはリトルリーグと大学でチームメイトだった。
【通算】19 年、698 試合、73 先発、12 完投、1 完封、68 勝 57 敗 52 S、1158.2 回、701 奪三振、防御率 3.81

トム・マックロー
Tommy Lee McCraw
1940.11.21 ～【出身地】アーカンソー州マルヴァーン【球団】63-70 ホワイトソックス　71 セネターズ　72 インディアンズ　73-74 エンジェルズ　74-75 インディアンズ【位置】一塁、外野、左

【経歴】62年AAA級で首位打者となり、翌63年正一塁手に抜擢されたが打率.254と期待に応えられず、自己最多の151試合に出場した66年も.229の低打率だった。俊足で67年は24盗塁(4位)、12三塁打(2位)を放った68年まで3年連続20盗塁以上。引退後は打撃コーチとして高く評価され、インディアンズなど6球団をわたり歩いた。
【通算】13年、1468試合、3956打数972安打、75本塁打、404打点、143盗塁、打率.246

ビル・マッケクニー
William Boyd McKechnie

1886.8.7～1965.10.29【出身地】ペンシルヴェニア州ウィルキンズバーグ【球団】07,10-12パイレーツ　13ブレーヴス　13ヤンキース　14-15インディアナポリス/ニューアーク(FL)　16ジャイアンツ　16-17レッズ　18,20パイレーツ【位置】三塁、二塁、両
【経歴】3球団を優勝に導いた名将。現役時代は内野の全ポジションを守り、14年には打率.304、47盗塁(2位)。野球に対する豊富な知識で早くから指揮官の器と目され、15年28歳でニューアーク(FL)の監督を務める。その後選手専任に復帰、22年途中からパイレーツ監督に就任。25年に世界一となるが内紛により26年退団した。

28年カーディナルスに迎えられ優勝を果たすも、ワールドシリーズ敗退の責任を取らされマイナーに降格させられる。翌29年途中再任するが30年ブレーヴスへ移籍。レッズ時代の39～40年に2連覇、40年2度目のワールドシリーズ優勝を果たした。48年にはインディアンズのヘッドコーチ格として、選手兼監督のルー・ブードローを補佐した。守備を重視する采配が特徴で、選手に対しても厳格だったが、成人後も聖歌隊で歌っていたほど信心深く、公平な態度で尊敬を集めていた。62年殿堂入り。
【通算】11年、846試合、2843打数713安打、8本塁打、240打点、127盗塁、打率.251
【監督】15ニューアーク(FL)　22-26パイレーツ　28-29カーディナルス　30-37ブレーヴス　38-46レッズ　25年、3647試合、1896勝1723敗、勝率.524　リーグ優勝4回(25,28,39～40年)　ワールドシリーズ優勝2回(25,40年)

ウィリー・マッコヴィー
Willie Lee McCovey

1938.1.10～2018.10.31【出身地】アラバマ州モービル【球団】59-73ジャイアンツ　74-76パドレス　76アスレティックス　77-80ジャイアンツ【位置】一塁、外野、左
【経歴】ウィリー・メイズとともにジャイアンツの主軸として活躍したパワーヒッター。物静かで温厚な性格で、サンフランシスコではメイズ以上の人気選手だった。59年AAA級で95試合に29本塁打を放ちメジャーに昇格、7月30日の初試合でロビン・ロバーツに対し4打数4安打の華々しいデビューを飾る。同年わずか52試合の出場ながら打率.354、13本塁打で新人王に選ばれた。翌60年は不調でマイナー落ちも経験したが、63年は44本塁打で初タイトル。打球の強烈さで相手投手を恐れさせ、65年から6年連続30本塁打以上、68年は36本塁打、105打点の二冠王となった。

69年は45本塁打、126打点で2年連続二冠王となったのを始め、新記録の45敬遠を含む121四球(2位)、新人の年を除けば唯一の打率3割となる.320(5位)、出塁率.453と長打率.656も1位でMVP。オールスターでも2本塁打を放つ最高のシーズンを送った。翌70年も39本塁打と126打点は4位、137四球と長打率.612は1位。74年パドレスへ移籍、76年は打率.204、7本塁打に終わりアスレティックスを解雇されたが、古巣のジャイアンツに拾われ、翌77年39歳にして28本塁打、86打点と復活、カムバック賞を受賞した。通算18本の満塁本塁打はナ・リーグ記録。引退時点で521本塁打は、左打者としてはベーブ・ルースに次ぎ、テッド・ウィリアムズと並んで史上2位だった。86年殿堂入り。ジャイアンツの本拠地球場右翼後方の湾は、彼を記念してマッコヴィー・コーヴと呼ばれている。
【通算】22年、2588試合、8197打数2211安打、353二塁打、46三塁打、521本塁打(20位)、1555打点、26盗塁、1345四球、1550三振、打率.270
【タイトル】MVP1回(69年)新人王(59年)本塁打王3回(63,68～69年)打点王2回(68～69年)最高出塁率1回(69年)オールスター6回(63,66,68～71年)

バーニー・マッコスキー
William Barney McCosky
1917.4.11 ～ 96.9.6【出身地】ペンシルヴェニア州コールラン【球団】39-42,46 タイガース　46-48,50-51アスレティックス　51レッズ　51-53 インディアンズ【位置】外野、左
【経歴】デトロイト育ちで、39 年地元のタイガースに昇格し 190 安打と 20 盗塁は 4 位、14 三塁打は 2 位。翌 40 年はリーグトップの 200 安打、19 三塁打に加え打率 .340、39 二塁打とリードオフマンとして申し分のない働きで、タイガースの優勝に大いに寄与した。ワールドシリーズでも 23 打数 7 安打に加えて 7 四球を選んだ。43 ～ 45 年は兵役のため全休、復帰した 46 年はこの年 348 奪三振のボブ・フェラーに対し、ア・リーグの主力打者で唯一三振しなかった。48 年まで 7 年間で 6 回打率 3 割、47 年の .328 は 2 位。守備面でも高い評価を受けていたが、49 年に腰を痛めてからはふるわなかった。引退後はデトロイトで少年野球リーグを組織した。
【通算】11 年、1170 試 合、4172 打 数 1301 安打、24 本塁打、397 打点、58 盗塁、打率 .312

ジム・マッコーミック
James McCormick
1856.11.3 ～ 1918.3.10【出身地】英国スコットランド・グラスゴー【球団】1878 インディアナポリス　79-84 クリーヴランド　84 シンシナティ（UA）　85 プロヴィデンス　85-86 シカゴ　87 ピッツバーグ【位置】投手、右
【経歴】1879 年 23 歳でクリーヴランドの監督を兼任、197 三振（3 位）を奪うも 20 勝 40 敗と大きく負け越す。翌 80 年は 74 試合で 72 完投、657.2 回を投げ 45 勝（1 位）、260 奪三振（2 位）、防御率 1.85（5 位）。82 年 36 勝で 2 度目の最多勝、3 年連続リーグ最多となる 65 完投。83 年に腕を痛めてから下手で投げるようになり、84 年はクリーヴランドで 19 勝したあとユニオン・アソシエーションに参加し 21 勝、7 完封、防御率 1.54 ともども 1 位だった。86 年も開幕 16 連勝を含む 31 勝（5 位）で、8 年連続の 20 勝以上となったが、87 年限りで球界を去った。
【通算】10 年、492 試合、485 先発、466 完投（10 位）、33 完封、265 勝 214 敗（30 位）、4275.2 回、1704 奪三振、749 四球、防御率 2.43
【タイトル】最多勝 2 回（1880,82 年）最優秀防御率 2 回（83 ～ 84 年）
【監督】1879-80,82 クリーヴランド　3 年、171 試合、74 勝 96 敗、勝率 .435

フランク・マッコーミック
Frank Andrew McCormick
1911.6.9 ～ 82.11.21【出身地】ニューヨーク州ニューヨーク【球団】34,37-45 レッズ　46-47 フィリーズ　47-48 ブレーヴス【位置】一塁、右
【経歴】レギュラーとなった 38 年に打率 .327（3 位）、209 安打（1 位）、40 二塁打（2 位）、106 打点（4 位）の好成績。翌 39 年は 209 安打と 128 打点が 1 位、打率 .332 は 2 位。40 年も 3 年連続リーグ最多となる 191 安打に加え、44 二塁打（1 位）、127 打点（2 位）で MVP を受賞した。37 ～ 41 年にかけて 682 試合連続で出場。初球打ちを身上としていたため三振は極めて少なく、通算 189 個、40 年の 26 個が最多だった。大柄だったが守備も巧く、4 回守備率 1 位となっている。引退後はヤンキースの営業部門で働いた。
【通算】13 年、1534 試 合、5723 打 数 1711 安打、128 本塁打、954 打点、27 盗塁、打率 .299
【タイトル】MVP1 回（40 年）打点王 1 回（39 年）オールスター 9 回（38 ～ 46 年）

マイク・マッコーミック
Michael Francis McCormick
1938.9.29 ～ 2020.6.13【出身地】カリフォルニア州パサディナ【球団】56-62 ジャイアンツ　63-64 オリオールズ　65-66 セネターズ　67-70 ジャイアンツ　70 ヤンキース　71 ロイヤルズ【位置】投手、左
【経歴】56 年 6 万ドルの契約金でジャイアンツに入団、同年 17 歳でデビュー。速球派左腕として 58 年 19 歳でローテーション入りし 11 勝、翌 59 年 6 月 12 日のフィリーズ戦では5回参考ながらノーヒットノーラン。60 年は 15 勝、防御率 2.70（1 位）。62 年に肩を痛め 64 年にはマイナーへ降格したが、スクリューボールをマスターし再生。ジャイアンツに復帰した 67 年は 22 勝で最多勝、カムバック賞に加えサイ・ヤング賞にも輝き、その後も 69 年まで 4 年連続で 10 勝以上を挙げた。
【通算】16 年、484 試 合、333 先 発、91 完 投、23 完 封、134 勝 128 敗 12 S、2380.1 回、1321 奪三振、防御率 3.73
【タイトル】サイ・ヤング賞 1 回（67 年）最

多勝1回（67年）最優秀防御率1回（60年）オールスター2回（60～61年）

松坂大輔　☆
Daisuke Matsuzaka
1980.9.13～【出身地】東京都江戸川区【球団】2007-12レッドソックス　13-14メッツ【位置】投手、右
【経歴】横浜高時代の98年に春・夏の甲子園大会でエースとして連続優勝。夏の大会では、準々決勝のPL学園戦で延長17回、250球を投げる熱投。準決勝でもリリーフで登板、決勝の京都成章戦ではノーヒットノーランと驚異的な活躍を演じた。同年のドラフト1位で西武に入団、99年は16勝で最多勝、高卒新人投手としては38年ぶりの新人王を受賞した。150kmを超える速球に加え、カーブやフォークボールの水準も高く、2001年まで3年連続最多勝、03・04年は防御率1位。06年はWBC決勝戦で勝利投手となりMVPも受賞、日本の初代王座獲得に貢献した。2000年シドニー、04年アテネのオリンピックにも出場した。
06年オフにポスティング・システムを利用してメジャー移籍を表明。レッドソックスが入札額5111万ドル余りで交渉権を獲得し、6年間5200万ドルで契約。07年4月5日のロイヤルズ戦で初登板し、7回1失点、10奪三振で初勝利を挙げた。前半戦だけで10勝を稼ぐも、制球を乱すことが多く年間では15勝12敗、防御率4.40、201奪三振は6位。プレイオフでは3試合に登板し防御率5.65だったが、ワールドシリーズ第3戦で勝利投手となり、1年目で世界一を経験した。翌08年は日本での開幕戦に先発。開幕から8連勝、肩を痛めて1ヶ月間戦列を離れながらも、日本人投手の年間最多となる18勝（4位）、防御率2.90（3位）。94四球はリーグワーストながらサイ・ヤング賞投票で4位に入った。
開幕前の第2回WBCで2大会連続MVPとなった09年は、肩痛に悩まされ4勝6敗、防御率5.76の大不振で、調整方法を巡って不満も洩らした。10年も9勝を挙げたとはいえ防御率4.69。11年は8試合に投げただけでトミー・ジョン手術を受ける。契約最終年の12年は1勝7敗、防御率8.28に終わり、13年はインディアンズに加わったが、メジャーでの登板がないまま8月に解雇。メッツに拾われ7試合で3勝、翌14年は先発とリリーフ兼任で34試合に登板したが同年を最後に帰国した。日本復帰後は故障がちで、7年で合計15試合しか登板できなかった。
【通算】8年、158試合、132先発、1完投、0完封、56勝43敗1S、790.1回、720奪三振、防御率4.45
【日本】1999-2006西武　16ソフトバンク　18-19中日　21西武　12年、219試合、204先発、72完投、18完封、114勝65敗1S、1464.1回、1410奪三振、防御率3.04

ドン・マッティングリー
Donald Arthur Mattingly
1961.4.20～【出身地】インディアナ州エヴァンズヴィル【球団】82-95ヤンキース【位置】一塁、左
【経歴】80年代のヤンキースを支えた強打者で、人格的にも優れ"ドニー・ベースボール"と称された。79年ドラフト19位で入団、レギュラーに定着した84年打率.343、最終戦で4安打し同僚デイヴ・ウィンフィールドをかわし首位打者となる。207安打と44二塁打も1位、110打点は5位。翌85年は打率.324（3位）、211安打（2位）、48二塁打（1位）、35本塁打（4位）、145打点（1位）でMVPに輝く。86年もリーグ最多かつ球団新の238安打、53二塁打（1位）、自己最高の打率.352（2位）。87年はタイトルこそなかったが6本の満塁本塁打、8試合連続本塁打と2つのメジャー記録を樹立した。
90年以後は腰痛の影響で長打力が急速に衰え、一度も20本塁打に届かなくなった。三振は92年の43個が最多。守備も堅実でゴールドグラブを9回受賞、左利きにもかかわらず二塁や三塁を守ったこともあった。95年14年目で初のポストシーズン出場、24打数10安打6打点と打ちまくったのを最後に引退。2004年打撃コーチとしてヤンキースに復帰、08年ドジャースに移り11年から監督に昇格した。13～15年には地区3連覇を果たすもワールドシリーズに進めず、16年マーリンズの監督に転身した。息子のプレストンは06年のドラフト1位でドジャースに入団、メジャーには上がれなかったが25年フィリーズGMに就任した。
【通算】14年、1785試合、7003打数2153安打、442二塁打、222本塁打、1099打点、14盗塁、打率.307
【タイトル】MVP1回（85年）首位打者1回（84年）打点王1回（85年）ゴールド

グラブ9回（85～89,91～94年）オールスター6回（84～89年）
【監督】2011-15ドジャース　16-22マーリンズ　12年、1839試合、889勝950敗、勝率.483

ジョー・マッドン
Joseph John Maddon

1954.2.8～【出身地】ペンシルヴェニア州ヘイゼルトン【球団】メジャー経験なし
【経歴】きめ細かな采配に定評があり、機転の利いたコメントを発して報道陣の受けも良かった知将。満塁での敬遠も2度指示したことがある。76年ドラフト外でエンジェルズに入団、現役時代は捕手だったがメジャーに上がれず、指導者としての道を歩む。マイナー監督を経てエンジェルズのコーチに就任、96年と99年に合計51試合監督を代行した。
　2006年レイズ監督に就任、08年は前年最下位から一挙にリーグ優勝と大躍進を遂げた。11年は最大9ゲーム差を跳ね返し、ワイルドカードで奇跡的なプレイオフ進出を果たして、08年に続き2度目の最優秀監督賞を受賞。カブスに移った15年に3度目の受賞、続く16年は108年ぶりの世界一を達成した。20年古巣のエンジェルズ監督を引き受け、翌21年は大谷翔平を投打にフル稼働させMVP受賞を実現させた。オフシーズンはキャンピングカーで全米を横断していた。
【監督】96,99エンジェルズ　2006-14レイズ　15-19カブス　20-22エンジェルズ　19年、2599試合、1382勝1216敗、勝率.532　リーグ優勝2回（2008,16年）ワールドシリーズ優勝1回（16年）

サム・マーティーズ
Samuel Blair Mertes

1872.8.6～1945.3.11【出身地】カリフォルニア州サンフランシスコ【球団】1896フィラデルフィア　98-1900シカゴ　01-02ホワイトソックス　03-06ジャイアンツ　06カーディナルス【位置】外野、二塁、右
【経歴】俊足が売り物で、レギュラーとなった1899年に45盗塁、以後40盗塁以上を6回記録。盗塁王こそなかったが、1901・02・05年の3回2位に入った。03年は32二塁打、104打点の両部門で1位、04年も28二塁打、78打点は2位。05年は17三塁打と108打点で2位、自己最多の52盗塁（4位）を決めた。01年に二塁を守った以外は外野手で、02年はすべてのポジションにつき、投手としても1勝した。延長戦になってからノーヒッターを阻止したことが2回ある。
【通算】10年、1190試合、4405打数1227安打、108三塁打、40本塁打、721打点、396盗塁、打率.279
【タイトル】打点王1回（03年）

アル・マーティン
Albert Lee Martin

1967.11.24～【出身地】カリフォルニア州ウェストコヴィナ【球団】92-99パイレーツ　2000パドレス　00-01マリナーズ　03レイズ【位置】外野、左
【経歴】85年ドラフト8位でブレーヴスに入団するが、出場機会のないままパイレーツに移籍。93年正左翼手となり打率.281、18本塁打、96年に自己最高の打率.300、189安打、40二塁打、38盗塁（5位）。99年は24本塁打を放った。おじのロッドは元NFLの選手で、自身も大学時代フットボール選手だったと吹聴していたが、後に嘘だったことが判明した。
【通算】11年、1232試合、4242打数1172安打、132本塁打、485打点、173盗塁、打率.276

ジェリー・マーティン
Jerry Lindsey Martin

1949.5.11～【出身地】サウスカロライナ州コロンビア【球団】74-78フィリーズ　79-80カブス　81ジャイアンツ　82-83ロイヤルズ　84メッツ【位置】外野、右
【経歴】ファーマン大学時代はバスケットボール部を初の全国大会出場に導く活躍。71年ドラフト外でフィリーズに入団、79年カブスに移籍し打率.272、19本塁打、73打点。翌80年は自己最多の23本塁打を放ったが、打率は.227と大きく落ち込んだ。ロイヤルズ移籍後の83年は、麻薬問題に絡んで3ヶ月間矯正施設に入所した。父のバーニーは投手で、1試合のみ登板経験がある。
【通算】11年、1018試合、2652打数666安打、85本塁打、345打点、38盗塁、打率.251

ビリー・マーティン
Alfred Manuel Martin (Billy)

1928.5.16～89.12.25【出身地】カリフォルニア州バークリー【球団】50-53,55-57ヤンキース　57アスレティックス　58タイガース　59インディアンズ　60レッズ　61

ブレーヴス　61ツインズ【位置】二塁、遊撃、右
【経歴】並外れた闘争心と、4度の最優秀監督賞を受賞した采配で名を残した名物男。50年マイナー時代の恩師ケイシー・ステンゲルによってヤンキースに引き上げられ、52年正二塁手となり優勝を決めた試合で決勝打を放つ。翌53年自己最多の151安打、15本塁打、75打点、ワールドシリーズでは24打数12安打、2本塁打、8打点、最終第6戦でサヨナラ安打を放つ大活躍でシリーズMVPを受賞した。

兵役のため続く54年は全休、55年も20試合のみの出場。56年のワールドシリーズでは2本塁打、シリーズ通算28試合で99打数33安打、5本塁打、19打点と大舞台での強さを発揮した。57年途中アスレティックスへ放出されてからは5年間で6球団をわたり歩く。喧嘩早さでは右に出る者がなく、57年にはトレードのきっかけとなったナイトクラブでの乱闘を引き起こし、60年はカブスのジム・ブルワーを殴打して骨折させ、1万ドルの賠償金を支払った。

69年ツインズ監督に就任、地区優勝に導いたがオーナーと衝突し解任。71年タイガースに加わり、翌72年地区制覇を果たすも、73年に相手打者を狙って投げるよう命令したことが問題となり、出場停止処分を科されたあげく解任された。レンジャーズを経て75年途中ヤンキースに監督として復帰、76年リーグ制覇、翌77年は世界一となったが、ジョージ・スタインブレナー・オーナーや主砲のレジー・ジャクソンと対立し78年途中解任となった。

79年7月に再任したものの10月に暴行事件を起こし2度目の解任。80年に低迷中のアスレティックス監督を引き受けるや2位に押し上げ、翌81年は地区優勝に導き改めてその采配能力を高く評価された。83年三たびヤンキース監督となり、その後も解任と再任を繰り返し、都合5度にわたってヤンキースの指揮を執った。89年自動車事故により波乱万丈の人生に終止符を打った。
【通算】11年、1021試合、3419打数877安打、64本塁打、333打点、34盗塁、打率.257
【タイトル】オールスター1回(56年)
【監督】69ツインズ　71-73タイガース　73-75レンジャーズ　75-79ヤンキース　80-82アスレティックス　83,85,88ヤンキース　16年、2267試合、1253勝1013敗、勝率.553　リーグ優勝2回(76～77年)ワールドシリーズ優勝1回(77年)

ペッパー・マーティン
Johnny Leonard Roosevelt Martin (Pepper)
1904.2.29～65.3.5【出身地】オクラホマ州テンプル【球団】28,30-40,44カーディナルス【位置】外野、三塁、右
【経歴】気性の激しさと、無骨で積極的なプレイで人気を集め、“オーセージ族の荒馬”の異名をとる。31年レギュラーとなって打率.300、75打点、ワールドシリーズでは24打数12安打、5打点、5盗塁の大暴れで世界一の立役者となる。33年自己最高の打率.316、189安打(5位)、26盗塁は1位。34、36年にも盗塁王になった。34年のワールドシリーズでもチーム最多の11安打。33～35年の3年間は三塁手だったが、その他の年は外野を守った。41年からはマイナーで監督兼選手をしていたが、戦時中の選手不足により44年カーディナルスに復帰、40試合で打率.279を記録した。
【通算】13年、1189試合、4117打数1227安打、59本塁打、501打点、146盗塁、打率.298
【タイトル】盗塁王3回(33～34,36年)オールスター4回(33～35,37年)

ラッセル・マーティン
Russell Nathan Coltrane Martin
1983.2.15～【出身地】カナダ・オンタリオ州イーストヨーク【球団】2006-10ドジャース　11-12ヤンキース　13-14パイレーツ　15-18ブルージェイズ　19ドジャース【位置】捕手、右
【経歴】2002年ドラフト17位でドジャースに入団。06年に正捕手となり、翌07年は打率.293、19本塁打、87打点、21盗塁。俊敏な動きが評価されてゴールドグラブを受賞した。選球眼に優れ、08年は90四球を選び出塁率.385。ブルージェイズへ移籍した15年は自己最多の23本塁打を放った。守備では安定したスローイングで、最多盗塁刺を6回記録。二塁や遊撃もこなした他、19年は4試合マウンドに上がり4回を無失点で切り抜けた。
【通算】14年、1693試合、5701打数1416安打、191本塁打、771打点、101盗塁、1211三振、打率.248
【タイトル】ゴールドグラブ1回(2007年)オールスター4回(07～08,11,15年)

ホルヘ・マテオ　★
Jorge Luis Mateo
1995.6.23 ～【出身地】ドミニカ共和国サントドミンゴ【球団】2020-21 パドレス　21-24 オリオールズ【位置】遊撃、右
【経歴】2012 年ヤンキースでプロ入りし、20 年にパドレスでメジャー昇格。オリオールズ移籍後の 22 年に正遊撃手となり、.221 の低打率ながらリーグ最多の 35 盗塁、守備でも 417 補殺と 91 併殺は 1 位。続く 23 年も 32 盗塁（5 位）を決め、プレイオフでは 5 打数 4 安打の大当たりだった。
【通算】5 年、445 試合、1224 打数 274 安打、29 本塁打、118 打点、91 盗塁、打率 .224
【タイトル】盗塁王 1 回（2022 年）

ダニー・マートウ
Daniel Edward Murtaugh
1917.10.8 ～ 76.12.2【出身地】ペンシルヴェニア州チェスター【球団】41-43,46 フィリーズ　47 ブレーヴス　48-51 パイレーツ【位置】二塁、遊撃、右
【経歴】41 年 85 試合の出場で、.219 の低打率ながらリーグ最多の 18 盗塁。パイレーツに移った 48 年は打率 .290、自己最多の 149 安打、71 打点。57 年途中パイレーツ監督に就任、60 年はリーグ優勝、圧倒的不利を予想されたワールドシリーズでも 4 勝 3 敗でヤンキースを下した。健康上の理由により 64 年限りで辞任、67 年途中復帰したが再度辞任。70 年 3 度目の就任で地区優勝、翌 71 年に 2 度目の世界一に輝いたのを置き土産に退いたが、73 年途中またしても呼び出され、74 ～ 75 年は地区優勝。落ち着いて選手の能力を引き出す采配で、敬遠策を多用するのも特徴だった。76 年を最後に辞任、同年 12 月に病死した。
【通算】9 年、767 試合、2599 打数 661 安打、8 本塁打、219 打点、49 盗塁、打率 .254
【タイトル】盗塁王 1 回（41 年）
【監督】57-64,67,70-71,73-76 パイレーツ　15 年、2068 試合、1115 勝 950 敗、勝率 .540　リーグ優勝 2 回（60,71 年）ワールドシリーズ優勝 2 回（60,71 年）

ライアン・マドソン
Ryan Michael Madson
1980.8.28 ～【出身地】カリフォルニア州ロングビーチ【球団】2003-11 フィリーズ　15 ロイヤルズ　16-17 アスレティックス　17-18 ナショナルズ　18 ドジャース【位置】投手、右
【経歴】98 年ドラフト 9 位でフィリーズに入団。長身からの速球で、2004 年は 52 試合に投げ 9 勝、防御率 2.34。06 年は 17 先発で 8 勝を挙げながらも防御率 6 点台（年間では 50 試合で 11 勝 / 防御率 5.69）で、以後はリリーフに専念する。11 年は抑えで 32 セーブを挙げたが、レッズへ移籍した 12 年は開幕前に肘を負傷しトミー・ジョン手術、その後 3 年間はマイナーで 1 試合に投げただけだった。15 年にロイヤルズでメジャー復帰、68 試合で防御率 2.13、ワールドシリーズ第 4 戦で勝利投手となる。アスレティックスへ移った 16 年は 30 セーブ、続く 17 年はシンカーが冴え、60 試合に投げ自己ベストの防御率 1.83。18 年はドジャースでワールドシリーズに 4 試合投げるも計 8 点を献上した。
【通算】13 年、740 試合、18 先発、0 完投、61 勝 48 敗 91 S、869.2 回、775 奪三振、防御率 3.48

エリオット・マドックス
Elliott Maddox
1947.12.21 ～【出身地】ニュージャージー州イーストオレンジ【球団】70 タイガース　71-73 セネターズ / レンジャーズ　74-76 ヤンキース　77 オリオールズ　78-80 メッツ【位置】外野、三塁、右
【経歴】68 年ドラフト 1 位（第 2 回）でタイガースに入団。選球眼が良く、ヤンキースに移籍した 74 年に打率 .303、出塁率 .395（4 位）を記録した。翌 75 年も打率 .307 と好調だったが、ジェイ・スタディアムの芝で足を滑らせ膝を負傷し、同球場を本拠としていたメッツとヤンキースを訴えた。中堅守備も良かったが、ビリー・マーティンとの相性が悪く、マーティンの監督時代に 3 回もトレードに出されている。
【通算】11 年、1029 試合、2843 打数 742 安打、18 本塁打、234 打点、60 盗塁、打率 .261

ギャリー・マドックス
Garry Lee Maddox
1949.9.1 ～【出身地】オハイオ州シンシナティ【球団】72-75 ジャイアンツ　75-86 フィリーズ【位置】外野、右
【経歴】俊足を生かした広い守備範囲を誇り、75 年から 8 年連続でゴールドグラブを獲得した名手。その守備力はラルフ・

カイナーに「地球の3分の2は水に覆われている。残りの3分の1はマドックスの守備範囲」と形容された。68年1月ドラフト2位でジャイアンツに入団、73年は打率.319(3位)、187安打、10三塁打(2位)、自己最多の76打点。フィリーズ移籍後の76年はいずれも3位の打率.330、37二塁打、78年は33盗塁と活躍を続ける。80年のプレイオフ第5戦で優勝を決めるサヨナラ安打を放った。現役最後の86年にクレメンテ賞を受賞した。
【通算】15年、1749試合、6331打数1802安打、117本塁打、754打点、248盗塁、打率.285
【タイトル】ゴールドグラブ8回(75～82年)

ジョン・マトラック
Jonathan Trumpbour Matlack
1950.1.19～【出身地】ペンシルヴェニア州ウェストチェスター【球団】71-77メッツ 78-83レンジャーズ【位置】投手、左
【経歴】67年ドラフト1位(全体4位)でメッツに入団、速球とカーブで72年15勝、防御率2.32(4位)で新人王を受賞。翌73年も14勝、205奪三振(3位)、プレイオフ第2戦で2安打完封。ワールドシリーズでも3試合に先発し防御率2.16と好投したが1勝2敗だった。74年はリーグトップの7完封、防御率2.41も3位ながら13勝15敗と負け越す。続く75年は16勝、オールスターで勝利投手となりMVPに選ばれる。76年は6完封(1位)を含む自己最多の17勝を挙げた。レンジャーズに移った78年も15勝、防御率2.27(2位)だったが、その後は肩痛に悩まされ思うような働きができなかった。
【通算】13年、361試合、318先発、97完投、30完封、125勝126敗3S、2363回、1516奪三振、防御率3.18
【タイトル】新人王(72年) オールスター3回(74～76年)

ジム・マトリー
James J. Mutrie
1851.6.13～1938.1.24【出身地】マサチューセッツ州チェルシー【球団】メジャー経験なし
【経歴】現役時代は内野手。1880年にニューヨーク・メトロポリタンズを結成し、本拠地球場としてポロ・グラウンドを建設。83年アメリカン・アソシエーションに加盟、翌84年優勝を果たす。一方で83年にはナショナル・リーグでもニューヨーク球団を創設。85年にはエースのティム・キーフとともに同球団へ移り、長身の選手が多いとの理由で“ジャイアンツ”と命名した。88、89年と2連覇したが、主力選手がプレイヤーズ・リーグに流出した90年は6位に転落。91年は終盤戦で主力を故意に休ませ、ボストンの優勝に加担したと糾弾されて、同年限りで退陣した。シルクハットとヒゲがトレードマークで、選手や報道陣に人気があった。通算勝率.611は1000試合以上では史上3位の高率であるが、実質的にはビジネス・マネージャーで、実際の采配はジョン・ウォードやバック・ユーイングらに任せていた。
【監督】1883-84ニューヨーク(AA) 85-91ニューヨーク 9年、1114試合、658勝419敗、勝率.611 リーグ優勝3回(1884,88～89年)

ビル・マドロック ☆
Bill Madlock
1951.1.2～【出身地】テネシー州メンフィス【球団】73レンジャーズ 74-76カブス 77-79ジャイアンツ 79-85パイレーツ 85-87ドジャース 87タイガース【位置】三塁、二塁、右
【経歴】コンパクトなスイングで4度の首位打者に輝いた好打者。フットボールでも100校を超える大学から勧誘されたが、70年1月ドラフト5位(第2回)でセネターズに入団。カブス移籍後の75年打率.354で首位打者、オールスターでは決勝タイムリーを放ちMVPに選ばれる。翌76年も最終戦で4安打を放ち、ケン・グリフィーをかわし打率.339で2年連続首位打者となったが、77年はジャイアンツにトレードされた。
79年途中パイレーツに移籍後打率.323、ワールドシリーズでは24打数9安打。81年打率.341で3度目の首位打者、翌82年は.319(2位)、自己最多の19本塁打、95打点。主将を任された83年も接戦の末打率.323で4度目の栄冠を手にした。通算では8回打率3割を記録。シーズン途中でドジャースへ移籍した85年はプレイオフで3本塁打。激しいプレイで“マッド・ドッグ”の異名をとり、80年には審判の顔にグラブを押しつけて15日の出場停止と5000ドルの罰金を科された。88年ロッテに入団したが年齢的な衰えは隠せなかった。
【通算】15年、1806試合、6594打数

2008安打、163本塁打、860打点、174盗塁、打率.305
【タイトル】首位打者4回（75～76,81,83年）オールスター3回（75,81,83年）
【日本】88ロッテ　1年、123試合、437打数115安打、19本塁打、61打点、4盗塁、打率.263

チャーリー・マニュエル　☆
Charles Fuqua Manuel
1944.1.4～【出身地】ウェストヴァージニア州ノースフォーク【球団】69-72ツインズ　74-75ドジャース【位置】外野、左
【経歴】63年にツインズへ入団、メジャーでは通算打率.198と冴えなかったが、76年ヤクルト入りし78年は39本塁打(3位)、103打点（5位）でスワローズ初優勝の原動力となる。近鉄へトレードされた79年は、死球をアゴに受け骨折し97試合しか出場しなかったが、37本塁打（1位）、94打点（5位）でMVPを受賞、近鉄を初優勝に導いた。翌80年も48本塁打、129打点で二冠王。81年ヤクルトに復帰、同年限りで退団した。
　帰国後マイナー監督を経てインディアンズの打撃コーチに就任し、マニー・ラミレスやジム・トーミーを育てる。2000年監督に昇格、01年は地区優勝を果たすも、采配能力が疑問視され02年限りで解任。05年フィリーズ監督に就任、選手の個性を尊重しつつも厳しさも兼ね備えた姿勢で尊敬を勝ち得て、07年から地区5連覇。08年には28年ぶり2度目の世界一、翌09年も球団史上初のリーグ連覇を果した。フィリーズでの通算780勝は球団記録となっている。
【通算】6年、242試合、384打数76安打、4本塁打、43打点、1盗塁、打率.198
【監督】2000-02インディアンズ　05-13フィリーズ　12年、1826試合、1000勝826敗、勝率.548　リーグ優勝2回（08～09年）ワールドシリーズ優勝1回（08年）
【日本】76-78ヤクルト　79-80近鉄　81ヤクルト　6年、621試合、2127打数644安打、189本塁打、491打点、6盗塁、打率.303

リック・マニング
Richard Eugene Manning
1954.9.2～【出身地】ニューヨーク州ナイアガラフォールズ【球団】75-83インディアンズ　83-87ブルワーズ【位置】外野、左
【経歴】高校時代に6割を超える高打率を残し、72年ドラフト1位（全体2位）でインディアンズに入団。当時は遊撃手だったが外野に転向、75年20歳でレギュラーとなって打率.285、19盗塁、翌76年は打率.292、161安打を記録したが、これが自己最高だった。83年6月16日に放った唯一のサヨナラ本塁打は、次打者ポール・モリターの連続試合安打を39で止めてしまう一撃にもなった。守備範囲の広い中堅手で76年にゴールドグラブを受賞、83年の471刺殺はリーグ最多。引退後は20年以上インディアンズ戦の解説者を務めた。
【通算】13年、1555試合、5248打数1349安打、56本塁打、458打点、168盗塁、打率.257
【タイトル】ゴールドグラブ1回（76年）

ジェリー・マヌエル
Jerry Manuel
1953.12.23～【出身地】ジョージア州ハヒラ【球団】75-76タイガース　80-81エクスポズ　82パドレス【位置】二塁、両
【経歴】72年ドラフト1位でタイガースに入団。メジャーでは76年に54試合に出場したのが最多で、87年に現役引退。マイナー監督、エクスポズとマーリンズのコーチを経て98年にホワイトソックス監督に就任。落ち着いた采配ぶりで、2000年はリーグ最高勝率で地区優勝を果たし、最優秀監督に選ばれた。6年間で地区優勝1回、2位4回の好結果を残しながらも03年限りで解任。05年メッツのコーチとなり、08年途中から監督に昇格した。助祭の息子で、自らはヒンドゥー教やイスラム教を研究していた。エクスポズのコーチ時代に一緒だったロンデル・ホワイトは義理の息子。
【通算】5年、96試合、127打数19安打、3本塁打、13打点、1盗塁、打率.150
【監督】98-2003ホワイトソックス　08-10メッツ　9年、1390試合、704勝684敗、勝率.507

ヘイニー・マヌーシュ
Henry Emmett Manush
1901.7.20～71.5.12【出身地】アラバマ州タスカンビア【球団】23-27タイガース　28-30ブラウンズ　30-35セネターズ　36レッドソックス　37-38ドジャース　38-39パイレーツ【位置】外野、左
【経歴】打率3割11回、打率5位以内

に6回入った安打製造機。22年マイナーで打率.376、245安打を放ち翌23年タイガースに入団。タイ・カップの薫陶を受け、カップに代わり正中堅手となった26年は最終日のダブルヘッダーで9打数6安打、打率.378で逆転首位打者。セーフティバントも得意で、ブラウンズに移籍した28年はリーグ最多の241安打、47二塁打。打率.378はグース・ゴズリンに1厘差で惜しくも2度目のタイトルを逸した。

32年自己最多の14本塁打、116打点、翌33年は221安打と17三塁打の2部門で1位、33試合連続安打も記録したが、ワールドシリーズでは18打数2安打と不振。第4戦では判定に抗議して退場処分となった。三振は24年の30個が最多と極めて少なかった。39年限りでメジャーから退いた後も、マイナーでは監督兼任で45年まで現役を続けた。引退後はブレーヴスなどでスカウトとして働いた。64年殿堂入り。18歳年上の兄フランクも1年のみメジャーに在籍した。

【通算】17年、2008試合、7654打数2524安打、491二塁打、160三塁打、110本塁打、1183打点、113盗塁、506四球、345三振、打率.330

【タイトル】首位打者1回(26年)オールスター1回(34年)

ドン・マネー　☆
Donald Wayne Money

1947.6.7～【出身地】ワシントンD.C.【球団】68-72フィリーズ　73-83ブルワーズ【位置】三塁、二塁、遊撃、右

【経歴】65年ドラフト外でパイレーツに入団。フィリーズ移籍後の69年正遊撃手となり、翌70年三塁にコンバートされ自己最高の打率.295。72年は打率.222と不振でブルワーズへ放出され、73～74年にかけて88試合、261守備機会連続無失策の新記録を作る。74年178安打(3位)、76年にはサヨナラ満塁本塁打を放つもタイム中で取り消しになる珍事があった。77年は主に二塁を守り25本塁打、83打点。84年近鉄に入団、開幕から1ヶ月で8本塁打を放つも、待遇面での不満から途中退団した。引退後はマイナーの監督やコーチを務めた。

【通算】16年、1720試合、6215打数1623安打、176本塁打、729打点、80盗塁、打率.261

【タイトル】オールスター4回(74,76～78年)

【日本】84近鉄　1年、29試合、100打数26安打、8本塁打、23打点、0盗塁、打率.260

ジョニー・マーフィー
John Joseph Murphy

1908.7.14～70.1.14【出身地】ニューヨーク州ニューヨーク【球団】32,34-43,46ヤンキース　47レッドソックス【位置】投手、右

【経歴】ヤンキースの第二次黄金期を支えたリリーフ投手で、得意のカーブで通算107セーブを稼ぐ。34年は先発兼任で14勝、防御率3.12(3位)と活躍するが、翌35年からはリリーフでの登板が増える。37年13勝、41年は自己ベストの防御率1.98。43年も12勝を挙げた。第二次大戦後に組織された選手組合の代表も務めた。ワールドシリーズでは通算8試合、16.1回で2失点のみ。68年にメッツのGMに就任したが、世界一達成直後の70年1月に心臓発作を起こして急死した。

【通算】13年、415試合、40先発、17完投、0完封、93勝53敗107S、1045回、378奪三振、防御率3.50

【タイトル】オールスター3回(37～39年)

ダニー・マーフィー
Daniel Francis Murphy

1876.8.11～1955.11.22【出身地】ペンシルヴェニア州フィラデルフィア【球団】1900-01ジャイアンツ　02-13アスレティックス　14-15ブルックリン(FL)【位置】二塁、外野、右

【経歴】サイン盗みの達人で、コニー・マック監督のお気に入りだった選手。04年は17三塁打(4位)、77打点(5位)、翌05年の34本(5位)を最多として、二塁打でリーグ5位以内に4回入る。エディー・コリンズの加入で08年二塁から外野に転向、10年は18三塁打(2位)、ワールドシリーズでは20打数8安打、新記録となる9打点を稼いで世界一に大きく貢献。翌11年自己最高の打率.329を記録した。14年にフェデラル・リーグに移り、アスレティックスの選手を引き抜こうとしてマックを激怒させたが、のちに和解してコーチとして復帰した。

【通算】16年、1496試合、5399打数1563安打、102三塁打、44本塁打、702打点、193盗塁、打率.289

ダニエル・マーフィー
Daniel Thomas Murphy
1985.4.1 ～【出身地】フロリダ州ジャクソンヴィル【球団】2008-09,11-15 メッツ 16-18ナショナルズ 18カブス 19-20ロッキーズ【位置】二塁、一塁、左
【経歴】2006 年ドラフト 13 位でメッツに入団、13 年はリーグ 2 位の 188 安打。15 年まで本塁打は 14 本が最多の中距離打者だったが、同年のディヴィジョンシリーズ第 4 戦からリーグ優勝決定シリーズ第 4 戦まで 6 試合連続本塁打。プレイオフ 9 試合で 38 打数 16 安打、7 本塁打、11 打点の猛打でリーグ優勝決定シリーズ MVP に選ばれた。しかしながらワールドシリーズでは 20 打数 3 安打 0 打点、守備でも痛いミスを連発した。

ナショナルズへ移籍した 16 年は打率 .347 で首位に 1 厘差の 2 位。25 本塁打、104 打点（4 位）、47 二塁打と長打率 .595 は 1 位で、MVP 投票では次点。プレイオフでも 16 打数 7 安打 6 打点と打ちまくった。17 年も打率 .322（2 位）、2 年連続 1 位の 43 二塁打と好調を維持した。20 年を最後に引退したが、23 年はエンジェルズと契約し AAA 級で 38 試合出場した。
【通算】12 年、1452 試合、5308 打数 1572 安打、138 本塁打、735 打点、68 盗塁、打率 .296
【タイトル】オールスター 3 回（2014,16 ～ 17 年）

デイヴィッド・マーフィー
David Matthew Murphy
1981.10.18 ～【出身地】テキサス州ヒューストン【球団】2006-07 レッドソックス 07-13 レンジャーズ 14-15 インディアンズ 15 エンジェルズ【位置】外野、左
【経歴】2003 年ドラフト 1 位でレッドソックスに入団。08 年レンジャーズでレギュラーとなり打率 .275、15 本塁打。74 打点は 8 月上旬まで新人トップだったが、捕手との交錯で右膝を負傷しシーズン終了。安定した成績を残す中距離打者で、09 年に自己最多の 17 本塁打。12 年は一時首位打者を争い、唯一の 3 割以上となる打率 .304、出塁率 .380 を記録した。引退後はレンジャーズ戦のブロードキャスターを務めた。
【通算】10 年、1110 試合、3467 打数 950 安打、104 本塁打、472 打点、54 盗塁、打率 .274

デイル・マーフィー
Dale Bryan Murphy
1956.3.12 ～【出身地】オレゴン州ポートランド【球団】76-90 ブレーヴス 90-92 フィリーズ 93 ロッキーズ【位置】外野、一塁、捕手、右
【経歴】80 年代を代表するオールラウンド・プレイヤー。74 年ドラフト 1 位（全体 5 位）でブレーヴスに入団。76 年 20 歳でメジャーに昇格、当時は捕手だったが送球に難があり、78 年一塁に、80 年外野にコンバート。同年 33 本塁打（3 位）と素質を開花させ、82 年は 36 本塁打（2 位）、109 打点（1 位）、23 盗塁で MVP を受賞。翌 83 年も 121 打点で 2 年連続打点王となったのに加え、打率 .302、36 本塁打（2 位）、30 盗塁、長打率 .547（1 位）で 2 年連続 MVP に選ばれた。

84 年 36 本、85 年 37 本で 2 年連続本塁打王、守備面でも強肩を評価され、82 年から 5 年連続でゴールドグラブを手にした。81 ～ 86 年にかけては 740 試合連続で出場。87 年自己最多の 44 本塁打（2 位）を放つが、その後不振に陥り 90 年途中フィリーズに移籍。400 本塁打達成を目指しロッキーズに加わった 93 年は、26 試合で 1 本も打てず引退した。敬虔なモルモン教徒にして誰もが認める模範的な人物であり、引退後は薬物撲滅運動に取り組んだ。
【通算】18 年、2180 試合、7960 打数 2111 安打、350 二塁打、39 三塁打、398 本塁打、1266 打点、161 盗塁、986 四球、1748 三振、打率 .265
【タイトル】MVP2 回（82 ～ 83 年）本塁打王 2 回（84 ～ 85 年）打点王 2 回（82 ～ 83 年）ゴールドグラブ 5 回（82 ～ 86 年）オールスター 7 回（80,82 ～ 87 年）

デュウェイン・マーフィー　☆
Dwayne Keith Murphy
1955.3.18 ～【出身地】カリフォルニア州マーセッド【球団】78-87 アスレティックス 88 タイガース 89 フィリーズ【位置】外野、左
【経歴】73 年ドラフト 15 位でアスレティックスに入団。俊足を利した広い守備範囲で知られ、最多刺殺 3 回、80 年から 6 年連続でゴールドグラブを受賞。打撃は確実性に欠けたが選球眼が良く、長打力もあり 80 年は 102 四球（4 位）、82 年は 27 本塁打、94 打点、94 四球（5 位）。84 年も 33 本塁打（3 位）、88 打点を記録し

た。86年に腰を痛めてからは控えに回り、90年に入団したヤクルトでも満足に働けなかった。引退後にダイアモンドバックスやブルージェイズの打撃コーチを務め、ホセ・バウティスタを強打者に変身させて高く評価された。
【通算】12年、1360試合、4347打数1069安打、166本塁打、609打点、100盗塁、打率.246
【タイトル】ゴールドグラブ6回（80～85年）
【日本】90ヤクルト　1年、34試合、109打数25安打、5本塁打、22打点、1盗塁、打率.229

ファーポ・マーベリー
Frederick Marberry (Firpo)
1898.11.30～1976.6.30【出身地】テキサス州ストリートマン【球団】23-32セネターズ　33-35タイガース　36ジャイアンツ　36セネターズ【位置】投手、右
【経歴】メジャー昇格当初は快速球を生かしてリリーフで多く起用され、最多登板6回、現在の基準に当てはめると通算99セーブ。27年頃から先発機会が増え、29年は自己最多の19勝（4位）、防御率3.06（2位）、121奪三振（4位）。同年から33年まで、99回先発して一度も連敗しなかった。33年は16勝（4位）、防御率3.29（5位）、通算では9回2ケタ勝利。気性が荒く、“ファーポ”のニックネームはプロボクサーのルイス・ファーポに容貌や体型が似ていたことからつけられた。引退後ア・リーグの審判となったが、技量不足を理由に1年で解職された。
【通算】14年、551試合、186先発、86完投、7完封、148勝88敗、2067.1回、822奪三振、防御率3.63

ラビット・マランヴィル
Walter James Vincent Maranville (Rabbit)
1891.11.11～1954.1.5【出身地】マサチューセッツ州スプリングフィールド【球団】12-20ブレーヴス　21-24パイレーツ　25カブス　26ドジャース　27-28カーディナルス　29-33,35ブレーヴス【位置】遊撃、二塁、右
【経歴】数々のユニークなパフォーマンスやいたずら、奇矯な行動で知られた球界の大道芸人。身長165㎝の小柄な遊撃手で、大きな耳とすばしこい動きから“ラビット”のニックネームで知られた。肩はさほど強くなかったものの、スピードと跳躍力を生かした守備は名人級で、ポケットキャッチを得意とし通算5139刺殺は史上1位、7354補殺は5位にランクされ、通算打率.258にもかかわらず54年に殿堂入りを果たした。
　14年は打率.246ながらチーム最多の78打点で優勝に貢献、チャルマーズ賞（MVP）投票では次点だった。22年は当時の記録となる672打数で自己最高の打率.295、198安打、24年は33二塁打（4位）、20三塁打（2位）。25年カブスの監督となるがその器ではなく53試合、23勝30敗で解任。飲酒癖が過ぎて27年にはマイナー落ちしたがその後復帰し、41歳まで第一線にあり続けた。通算28本塁打のうち22本はランニング本塁打だった。
【通算】23年、2670試合、10078打数（28位）2605安打、380二塁打、177三塁打（19位）、28本塁打、884打点、291盗塁、839四球、756三振、打率.258

マーク・マランソン
Mark David Melancon
1985.3.28～【出身地】コロラド州ウィートリッジ【球団】2009-10ヤンキース　10-11アストロズ　12レッドソックス　13-16パイレーツ　16ナショナルズ　17-19ジャイアンツ　19-20ブレーヴス　21パドレス　22ダイアモンドバックス【位置】投手、右
【経歴】自慢のカッターで好成績を残し続けたリリーフ投手。2006年ドラフト9位でヤンキースに入団、アストロズ移籍後の11年に8勝20セーブ。13年はパイレーツで72試合に投げ自己ベストの防御率1.39、以後4年間で3回防御率1点台を記録し、15年はリーグ最多の51セーブ。シーズン途中でナショナルズへ移った翌16年も47セーブ（2位）を稼いだ。17年にジャイアンツへ移ってからは中継ぎに回っていたが、21年はパドレスで6年ぶりの1位となる39セーブを挙げた。
【通算】14年、732試合、0先発、37勝40敗262S、726.2回、643奪三振、防御率2.94
【タイトル】最多セーブ2回（2015,21年）オールスター4回（13,15～16,21年）

マーティ・マリオン
Martin Whiteford Marion
1916.12.1～2011.3.15【出身地】サウスカロライナ州リッチバーグ【球団】40-50カーディナルス　52-53ブラウンズ【位置】遊

撃、右
【経歴】手が長く“オクトパス（タコ）”の異名をとった長身の遊撃手。守備の名手で、40年代のカーディナルス黄金期の中心メンバーだった。42年に38二塁打（1位）を放った以外は打撃では目立たず、44年も打率.267、6本塁打、63打点の平凡な成績だったが、22勝のモート・クーパーや打率.347のスタン・ミュージアルらのチームメイト達をさしおいてMVPに選ばれた。51年カーディナルスの監督を1年のみ務め、52～53年はブラウンズで選手兼任として指揮を執ったのち、54～56年はホワイトソックスで3年連続3位だった。兄のレッドはセネターズで18試合のみ出場経験がある。
【通算】13年、1572試合、5506打数1448安打、36本塁打、624打点、35盗塁、打率.263
【タイトル】MVP1回（44年）オールスター8回（43～50年）
【監督】51カーディナルス　52-53ブラウンズ　54-56ホワイトソックス　6年、731試合、356勝372敗、勝率.489

フアン・マリシャル
Juan Antonio Marichal
1937.10.20～【出身地】ドミニカ共和国ラグナベルデ【球団】60-73ジャイアンツ　74レッドソックス　75ドジャース【位置】投手、右
【経歴】足を高く蹴り上げる投球フォームが特徴的だった名投手。快速球に加え、スライダーやスクリューボールなど切れの良い変化球を持ち、また制球力も素晴らしく、63年からの7年間で20勝、200奪三振を6回ずつ記録した。60年7月19日の初登板で1安打完封の鮮烈なデビューを飾り、63年6月15日のコルト.45s戦ではチーム34年ぶりのノーヒットノーランを達成。7月2日のブレーヴス戦はウォーレン・スパーンと投げ合い延長16回の完封勝利を挙げた。同年は25勝で最多勝、自己最多の248三振（4位）を奪った。
　65年は10完封（1位）を含む22勝（4位）、防御率2.13（2位）と絶好調だったが、8月22日のドジャース戦で口論となったジョン・ローズボロ捕手の頭部をバットで殴打し、10日間の出場停止と1750ドルの罰金を科された。翌66年は25勝（2位）、68年26勝で2度目の最多勝。25勝以上の年が3回あったが、サイ・ヤング賞に輝くことはなかった。69年は8完封（1位）を含む21勝（3位）、7年連続2点台となる防御率2.10で1位。60年代に記録した通算191勝はメジャー最多だったが、72年に腰を痛めてからは勝てなくなった。オールスターでは通算18イニングで1失点、開幕戦6勝はリーグ記録となっている。83年ドミニカ人として初めて殿堂入りを果たした。ホセ・リホは義理の息子。
【通算】16年、471試合、457先発、244完投、52完封（18位）、243勝142敗2S、3507回、2303奪三振、709四球、防御率2.89
【タイトル】最多勝2回（63,68年）最優秀防御率1回（69年）オールスター9回（62～69,71年）

ロジャー・マリス
Roger Eugene Maris
1934.9.10～85.12.14【出身地】ミネソタ州ヒビング【球団】57-58インディアンズ　58-59アスレティックス　60-66ヤンキース　67-68カーディナルス【位置】外野、左
【経歴】61年にベーブ・ルースの記録を破る年間61本塁打を放ち、歴史に名を残したスラッガー。本名はMarasで、マイナー時代に改名した。シーズン途中アスレティックスに移籍した58年に28本塁打と頭角を現し、ヤンキースに移った60年は39本塁打（2位）、112打点と長打率.581は1位でMVPを受賞。右翼守備も上手にこなしゴールドグラブも手にした。
　続く61年は4月こそ1本塁打のみだったが、5～8月は毎月10本以上を量産し、同僚のミッキー・マントルとともにルースの記録に迫る。脚光を浴びるのを好まない性格だったが、多大な精神的プレッシャーを乗り越え、9月26日に60号を放ちタイ記録を達成、最終163試合目となった10月1日のレッドソックス戦でトレイシー・スタラードから新記録の61号を右翼席に放り込んだ。同年は141打点も1位で2年連続MVPに選ばれた。
　大記録を達成したにもかかわらず、ルースの記録を神聖視する人や、ヤンキース・ファンの間ですら生え抜きの人気者マントルではなく、外様のマリスが記録を破ったことを快く思わない者も少なくなかった。当時のコミッショナー、フォード・フリックも154試合制で60本塁打を放ったルースとマリスの記録を同列に扱えないと主張した。後年マリスの記録は唯一の最多記

録として認められたが、以後は精彩を欠く年が続いた。67年カーディナルスに移籍、同年のワールドシリーズでは26打数10安打、7打点を稼ぎ世界一に貢献した。
【通算】12年、1463試合、5101打数1325安打、275本塁打、850打点、21盗塁、打率.260
【タイトル】MVP2回（60～61年）本塁打王1回（61年）打点王2回（60～61年）ゴールドグラブ1回（60年）オールスター4回（59～62年）

ランス・マリニクス
Steven Rance Mulliniks
1956.1.15～【出身地】カリフォルニア州テュレア【球団】77-79エンジェルズ 80-81ロイヤルズ 82-92ブルージェイズ【位置】三塁、遊撃、左
【経歴】74年ドラフト3位でエンジェルズに入団。契約した際のスカウトは元広島のフィバー平山だった。ブルージェイズでは右投手用の三塁手として出場機会を増やし、84年の.324を最高に3回打率3割。選球眼が良く88年は.395の高出塁率、83～88年は86年を除いて毎年.370以上だった。代打としても通算.292と高い打率を残している。
【通算】16年、1325試合、3569打数972安打、73本塁打、435打点、15盗塁、打率.272

ジョージ・マリン
George Joseph Mullin
1880.7.4～1944.1.7【出身地】オハイオ州トリド【球団】02-13タイガース 13セネターズ 14-15インディアナポリス/ニューアーク（FL）【位置】投手、右
【経歴】体格の良い荒れ球の速球派で、カーブの質も高かった好投手。01年ドジャースとタイガースの間で二重契約を結ぶが結局タイガース入りし、02年の13勝を皮切りに11年連続2ケタ勝利、05年からの6年間で20勝以上5回。05年は21勝、35完投と347.2回はともに1位。09年は開幕から11連勝し29勝で最多勝、防御率2.22は自己ベストで、ワールドシリーズでも第4戦の完封を含む2勝を挙げた。12年7月4日は32歳の誕生日をブラウンズ戦でのノーヒットノーランで飾り、これはまた球団史上初の快挙ともなった。投球時にわざと長く間をとり、打者をじらせる小細工もした。打撃も良く通算打率.262、代打で101打数20安打の数字を残している。
【通算】14年、487試合、428先発、353完投（23位）、35完封、228勝196敗、3686.2回、1482奪三振、1238四球、防御率2.82
【タイトル】最多勝1回（09年）

ジョー・マルヴィー
Joseph Henry Mulvey
1858.10.27～1928.8.21【出身地】ロードアイランド州プロヴィデンス【球団】1883プロヴィデンス 83-89フィラデルフィア 90フィラデルフィア（PL） 91フィラデルフィア（AA） 92フィラデルフィア 93ワシントン 95ブルックリン【位置】三塁、右
【経歴】1884年から8年間、フィラデルフィアに本拠をおいた3つの球団で正三塁手を務め、守備力の高さで名を売る。85年リーグ5位の25二塁打、89年に自己最多の157安打。翌90年は16三塁打、87打点を記録した。契約破りの常習犯でもあった。
【通算】12年、987試合、4063打数1059安打、28本塁打、532打点、打率.261

フランク・マルゾーン
Frank James Malzone
1930.2.28～2015.12.29【出身地】ニューヨーク州ブロンクス【球団】55-65レッドソックス 66エンジェルズ【位置】三塁、右
【経歴】長くマイナーに埋もれていたが、正三塁手となった57年は185安打（2位）、31二塁打（3位）、103打点（3位）。前年までに123打数あったため新人として扱われず、新人王を逃して不満を洩らしたのがきっかけとなり、翌年から新人選手の厳密な定義が決められた。58年も185安打（2位）、自己最高の打率.295、59年も34二塁打（2位）、92打点と活躍を続ける。57年から3年連続最多補殺、5年連続最多併殺の好守で、59年まで3年連続でゴールドグラブに輝いた。物静かな性格で、引退後は長くスカウトを務めた。
【通算】12年、1441試合、5428打数1486安打、133本塁打、728打点、14盗塁、打率.274
【タイトル】ゴールドグラブ3回（57～59年）オールスター6回（57～60,63～64年）

ケテル・マルテ　★
Ketel Ricardo Marte
1993.10.12 ～【出身地】ドミニカ共和国ニサオ【球団】2015-16 マリナーズ　17-24 ダイアモンドバックス【位置】二塁、外野、両
【経歴】2010 年にマリナーズに入団。ダイアモンドバックス移籍後の 18 年にリーグ最多の 12 三塁打、翌 19 年は 6 毛差で首位打者を逃すも打率 .329 (2 位)、32 本塁打、92 打点。22 年は 42 二塁打、続く 23 年はリーグ優勝決定シリーズで 31 打数 12 安打と大当たりし MVP を受賞。ポストシーズンでは 17 年のワイルドカードゲーム以降、23 年ワールドシリーズ第 4 戦まで 20 試合連続安打の新記録を打ち立てた。続く 24 年は 36 本塁打、95 打点でいずれも自己記録を更新した。
【通算】10 年、1104 試合、4054 打数 1137 安打、143 本塁打、515 打点、61 盗塁、打率 .280
【タイトル】オールスター 2 回 (2019,24 年)

スタルリング・マルテ　★
Starling Javier Marte
1988.10.9 ～【出身地】ドミニカ共和国サントドミンゴ【球団】2012-19 パイレーツ　20 ダイアモンドバックス　20-21 マーリンズ　21 アスレティックス　22-24 メッツ【位置】外野、右
【経歴】2007 年パイレーツに入団。俊足好守の外野手で、12 年 7 月 6 日にメジャー初打席で初球を先頭打者本塁打。レギュラーに定着した 13 年に 10 三塁打 (2 位)、41 盗塁 (3 位)、以後 4 年連続 30 盗塁以上。16 年は打率 .311、47 盗塁 (3 位)、守備でも 2 年続けて最多補殺でゴールドグラブに選ばれたが、17 年は禁止薬物使用で 50 試合の出場停止を科せられた。21 年はマーリンズでリーグ 5 位の 22 盗塁、移籍したアスレティックスでは 6 位の 25 盗塁を決め、合計 47 個はメジャー最多でありながら盗塁王にはなれなかった。
【通算】13 年、1432 試合、5458 打数 1560 安打、154 本塁打、633 打点、354 盗塁、1199 三振、打率 .286
【タイトル】ゴールドグラブ 2 回 (2015 ～ 16 年) オールスター 2 回 (16,22 年)

エドガー・マルティネス
Edgar Martinez
1963.1.2 ～【出身地】ニューヨーク州ニューヨーク【球団】87-2004 マリナーズ【位置】三塁、DH、右
【経歴】マリナーズ一筋に 18 年間活躍を続け、最優秀指名打者賞にその名を残す名打者。ペドロ・マルティネスやマリアノ・リベラから最も苦戦した打者として名を挙げられた。83 年プロ入り、90 年 27 歳で正三塁手となり打率 .302、92 年は打率 .343 で首位打者、46 二塁打も 1 位。DH に専念した 95 年は 29 本塁打、113 打点 (4 位) に加え、打率 .356、52 二塁打、出塁率 .479 はいずれも 1 位。ヤンキースとのディヴィジョンシリーズでは 21 打数 12 安打、2 本塁打、10 打点、最終第 5 戦で劇的なサヨナラ 2 点二塁打を放った。
　以後 98 年まで 4 年連続で打率 .320、25 本塁打、100 打点、100 四球以上とコンスタントに打ち続け、2000 年は 37 歳にして自己最多の 37 本塁打、145 打点で初の打点王に輝いた。通算では打率 3 割 10 回、最高出塁率を 3 回記録し通算出塁率は .418。人間性も優れていて、シアトルのファンの間で絶大な人気を誇った。ニューヨーク生まれだがプエルトリコで育ち、カルメロ・マルティネスとは従兄弟同士で家もすぐ近所だった。19 年殿堂入り。
【通算】18 年、2055 試合、7213 打数 2247 安打、514 二塁打、15 三塁打、309 本塁打、1261 打点、49 盗塁、1283 四球、1202 三振、打率 .312
【タイトル】首位打者 2 回 (92,95 年) 打点王 1 回 (2000 年) 最高出塁率 3 回 (95,98 ～ 99 年) オールスター 7 回 (92,95 ～ 97,00 ～ 01,03 年)

カルメロ・マルティネス　☆
Carmelo Martinez
1960.7.28 ～【出身地】プエルトリコ・ドラド【球団】83 カブス　84-89 パドレス　90 フィリーズ　90-91 パイレーツ　91 ロイヤルズ　91 レッズ【位置】外野、一塁、右
【経歴】83 年 8 月 22 日のメジャー初打席で本塁打。翌 84 年パドレスに移籍し 28 二塁打、66 打点、リーグ最多の 10 犠飛を打ち上げ優勝に貢献。守備でも 15 補殺を決めた。85 年は自己最多の 21 本塁打、72 打点、87 四球 (2 位) を選んだが確実性に欠け、その後は頭打ち。92 年に入団したオリックスでは期待外れの成績に終わった。エドガー・マルティネスは従兄弟にあたる。
【通算】9 年、1003 試合、2906 打数 713 安打、108 本塁打、424 打点、10 盗塁、

打率.245
【日本】92 オリックス　1年、42 試合、150 打数 34 安打、6 本塁打、23 打点、0 盗塁、打率.227

J・D・マルティネス　★
Julio Daniel Martinez
1987.8.21 ～【出身地】フロリダ州マイアミ【球団】2011-13 アストロズ　14-17 タイガース　17 ダイアモンドバックス　18-22 レッドソックス　23 ドジャース　24 メッツ【位置】外野、右
【経歴】2009 年ドラフト 20 位でアストロズに入団。12 年には正左翼手として起用されたが結果を残せず、14 年開幕前に解雇。タイガースに拾われると、フライボール打法をいち早く取り入れて打率.315、23 本塁打、翌 15 年は 38 本、102 打点と一流打者に成長した。シーズン途中でダイアモンドバックスに移った 17 年は 45 本塁打、104 打点、長打率.690、9 月 4 日に 1 試合 4 本塁打。FA となって 18 年は 5 年 1 億 1000 万ドルでレッドソックスと契約、打率.330 と 43 本塁打は 2 位、130 打点は 1 位。ポストシーズンも 14 試合で 3 本塁打、14 打点で世界一に貢献した。通算では 5 回 30 本塁打、100 打点以上を記録している。
【通算】14 年、1642 試合、6152 打数 1741 安打、331 本塁打、1071 打点、26 盗塁、1714 三振、打率.283
【タイトル】打点王 1 回（2018 年）オールスター 6 回（15,18 ～ 19,21 ～ 23 年）

デイヴ・マルティネス
David Martinez
1964.9.26 ～【出身地】ニューヨーク州ニューヨーク【球団】86-88 カブス　88-91 エクスポズ　92 レッズ　93-94 ジャイアンツ　95-97 ホワイトソックス　98-2000 レイズ　00 カブス　00 レンジャーズ　00 ブルージェイズ　01 ブレーヴス【球団】外野、左
【経歴】83 年 1 月ドラフト 3 位（第 2 回）でカブスに入団、87 年レギュラーとなり打率.292。目立たないが着実に数字を残し、95 年に打率.307、翌 96 年も.318、8 三塁打（3 位）、自己最高の出塁率.393。99 年自己最多の 146 安打、66 打点、翌 2000 年は 1 年で 4 球団をわたり歩いた。守備でも強肩で評価が高かった。引退後レイズとカブスでジョー・マッドン監督のベンチコーチを務めたのち、18 年ナショナルズ監督に就任。翌 19 年に球団史上初のリーグ優勝だけでなく、ワールドシリーズも制した。
【通算】16 年、1918 試合、5795 打数 1599 安打、91 本塁打、580 打点、183 盗塁、打率.276
【監督】2018-24 ナショナルズ　7 年、1032 試合、463 勝 569 敗、勝率.449　リーグ優勝 1 回（19 年）ワールドシリーズ優勝 1 回（19 年）

ティノ・マルティネス
Constantino Martinez
1967.12.7 ～【出身地】フロリダ州タンパ【球団】90-95 マリナーズ　96-2001 ヤンキース　02-03 カーディナルス　04 レイズ　05 ヤンキース【位置】一塁、左
【経歴】88 年のソウル五輪で四番を打ち、決勝戦で 2 本塁打を放ち金メダルに貢献。同年ドラフト 1 位でマリナーズに入団、当初は伸び悩んだが 95 年は 31 本塁打、いずれも 5 位の 35 二塁打、111 打点。翌 96 年ヤンキースに移籍し 117 打点、続く 97 年は開幕から絶好調でオールスターまでに 28 本塁打、年間では 44 本、141 打点ともども 2 位で、MVP 投票では次点だった。
　98 年も 123 打点、ワールドシリーズ第 1 戦で決勝満塁弾。2001 年のシリーズでも第 4 戦で 9 回二死から起死回生の同点 2 ランを放った。通算では 6 回 100 打点以上、長打力のある割に三振が少なく、100 三振以上の年は一度もなかった。引退後ブロードキャスターを経て 13 年にマーリンズの打撃コーチとなったが、選手とのトラブルを起こして辞任。ルイス・ゴンサレスとは幼馴染だった。
【通算】16 年、2023 試合、7111 打数 1925 安打、365 二塁打、21 三塁打、339 本塁打、1271 打点、27 盗塁、780 四球、1069 三振、打率.271
【タイトル】オールスター 2 回（95,97 年）

デニス・マルティネス
Jose Dennis Martinez
1955.5.14 ～【出身地】ニカラグア共和国グラナダ【球団】76-86 オリオールズ　86-93 エクスポズ　94-96 インディアンズ　97 マリナーズ　98 ブレーヴス【位置】投手、右
【経歴】ニカラグア人初のメジャーリーガーで、母国では“エル・プレジデンテ（大統領）”の名で英雄的存在となっている名投

手。オリオールズ時代は速球派として鳴らし、77年14勝、翌78年16勝。79年は10連勝を含む15勝、18完投と292.1回は1位だった。81年14勝で最多勝となるが、その後アルコールに溺れ86年途中エクスポズへ放出される。技巧派への転換が功を奏し87年以後9年連続2ケタ勝利。91年は14勝、9完投・5完封・防御率2.39の3部門で1位、7月28日のドジャース戦で完全試合を成し遂げた。

94年インディアンズに移籍、翌95年15回目の2ケタとなる12勝を挙げ、16年ぶりにワールドシリーズのマウンドを踏んだ。マリナーズに移った97年は9試合で1勝を挙げたのみで引退を表明。ニカラグアに帰国し後進の指導にあたっていたが、翌98年43歳で復帰。ブレーヴスで53試合に登板、1完封を含む4勝を稼ぎ、フアン・マリシャルが持っていた中南米出身投手の最多勝記録を23年ぶりに更新した。2013年のWBCで息子リッキーがメンバーとなっていたニカラグア代表の監督を務め、同国の首都マナグアにある国営競技場にも名前が冠せられている。

【通算】23年、692試合、562先発(25位)、122完投、30完封、245勝193敗8S、3999.2回、2149奪三振、1165四球、防御率3.70

【タイトル】最多勝1回(81年) 最優秀防御率1回(91年) オールスター4回(90～92,95年)

バック・マルティネス
John Albert Martinez (Buck)

1948.11.7～【出身地】カリフォルニア州レディング【球団】69-71,73-77ロイヤルズ 78-80ブルワーズ 81-86ブルージェイズ【位置】捕手、右

【経歴】69年20歳でロイヤルズに昇格、打力に欠け正捕手にはなれなかったが、守備力を評価され17年もメジャーにとどまった。82年に自己最多の10本塁打、37打点、84年に自身唯一の100試合以上となる102試合に出場したが、翌85年に本塁で走者に激突され重傷を負い、選手生命を縮めた。引退後は解説者を経て2001年ブルージェイズ監督に就任。02年途中解任されて解説者に戻り、06年は第1回WBCでアメリカ代表監督を務めた。

【通算】17年、1049試合、2743打数618安打、58本塁打、321打点、5盗塁、打率.225

【監督】2001-02ブルージェイズ 2年、215試合、100勝115敗、勝率.465

ビクトル・マルティネス
Victor Jesus Martinez

1978.12.23～【出身地】ベネズエラ共和国シウダーボリバル【球団】2002-09インディアンズ 09-10レッドソックス 11,13-18タイガース【位置】捕手、一塁、DH、両

【経歴】96年インディアンズに入団、2004年に正捕手となり23本塁打、108打点。バットスピードが速く07年は40二塁打、25本塁打、114打点、11犠飛(1位)、プレイオフでも2本塁打、7打点。翌08年は73試合で2本塁打のみと極端な不振に陥ったが、09年からは5年連続打率3割、タイガースに移籍した11年は.330(4位)。翌12年は前十字靱帯を断裂して全休、もともと守備の評価は低かったこともあり、復帰後はほぼDHに専念した。14年はいずれも自己ベストの打率.335(2位)、188安打(4位)、32本塁打、リーグ1位の出塁率.409。103打点は5度目の大台だった。足は極めて遅く、1試合4併殺打を記録したこともあった。

【通算】16年、1973試合、7297打数2153安打、423二塁打、246本塁打、1178打点、7盗塁、打率.295

【タイトル】オールスター5回(2004,07,09～10,14年)

ペドロ・マルティネス
Pedro Jaime Martinez

1971.10.25～【出身地】ドミニカ共和国マノグアヤボ【球団】92-93ドジャース 94-97エクスポズ 98-2004レッドソックス 05-08メッツ 09フィリーズ【位置】投手、右

【経歴】150kmを超す快速球と球界最高のチェンジアップで、3度のサイ・ヤング賞に輝いた大投手。88年16歳でドジャースに入団、93年リリーフで10勝。翌94年エクスポズへトレード、強気な内角攻めでしばしば乱闘を引き起こしたが、先発投手として順調に成長。95年6月3日のパドレス戦では9回をパーフェクトに抑えながら、延長10回に安打され快挙を逸した。96年222奪三振(3位)、翌97年は17勝こそ5位だったが、13完投と防御率1.90は1位、305奪三振も2位でサイ・ヤング賞に選ばれた。

98年レッドソックスへ移籍して6年7500万ドルの高額契約を結び、19勝(4位)、防御率2.89と251奪三振は2位。

続く99年は23勝、防御率2.07、313奪三振がすべて1位で、両リーグでのサイ・ヤング賞受賞。MVP投票でも2位、1位票は最多だった。ボストンでのオールスターは2回5奪三振でMVP、ポストシーズンも17回を無失点に封じた。2000年は18勝（4位）、284奪三振（1位）、217回を投げ32四球と抜群の制球力で、防御率1.74は2位に1.96の圧倒的な大差をつけて1位。2年連続満票でサイ・ヤング賞に輝いた。01年は肩の故障で7勝どまりだったが、02年は20勝（3位）、防御率2.26と239奪三振は1位。03年も防御率2.22で5度目の1位、04年のワールドシリーズ第3戦は7回無失点だった。
05年FAとなってメッツに移籍、12度目の2ケタとなる15勝、9回目の200個以上となる208三振を奪ったが、以後は故障がちのシーズンが続く。09年は6月からフィリーズに加わり、9試合で5勝を挙げるもワールドシリーズで2敗を喫し、同年限りで引退。通算勝率.687は200勝以上では史上3位にランクされる。15年殿堂入り。兄のラモンとはドジャース、レッドソックスでチームメイトとなった。
【通算】18年、476試合、409先発、46完投、17完封、219勝100敗3S、2827.1回、3154奪三振（15位）、防御率2.93
【タイトル】サイ・ヤング賞3回（97,99～2000年）最多勝1回（99年）最優秀防御率5回（97,99～00,02～03年）最多奪三振3回（99～00,02年）オールスター8回（96～00,02,05～06年）

ラモン・マルティネス
Ramon Jaime Martinez
1968.3.22～【出身地】ドミニカ共和国サントドミンゴ【球団】88-98ドジャース　99-2000レッドソックス　01パイレーツ【位置】投手、右
【経歴】84年16歳でドミニカ代表としてロスアンジェルス五輪に出場。翌85年ドジャースに入団、88年20歳でメジャーに昇格。快速球を武器に90年は20勝と223奪三振が2位、12完投は1位、防御率2.92。6月4日のブレーヴス戦では18三振を奪った。翌91年も17勝（4位）、93年から5年連続2ケタ勝利。95年は17勝（3位）、7月14日のマーリンズ戦でノーヒットノーランを記録した。93、95年に最多四球を与えるなど制球が安定しないのが難点で、98年肩を痛め7勝に終わりドジャースを解雇される。弟ペドロの在籍するレッドソックスに拾われ、2000年は10勝したが防御率は6.13。翌01年4試合に先発しただけで引退した。
【通算】14年、301試合、297先発、37完投、20完封、135勝88敗0S、1895.2回、1427奪三振、防御率3.67
【タイトル】オールスター1回（90年）

キャンディ・マルドナド
Candido Maldonado
1960.9.5～【出身地】プエルトリコ・ウマカオ【球団】81-85ドジャース　86-89ジャイアンツ　90インディアンズ　91ブルワーズ　91-92ブルージェイズ　93カブス　93-94インディアンズ　95ブルージェイズ　95レンジャーズ【位置】外野、右
【経歴】若くしてメジャーに昇格、マイナーで4打数連続本塁打を放つなどパワーはあったが確実性に欠け、調子の波も激しくのべ9球団を転々とした。87年打率.292、20本塁打、90年に自己最多の22本塁打、95打点。92年のプレイオフでは2本塁打、6打点と活躍し、ブルージェイズの初のリーグ優勝に貢献した。
【通算】15年、1410試合、4106打数1042安打、146本塁打、618打点、34盗塁、打率.254

マルティン・マルドナド　★
Martin Benjamin Maldonado
1986.8.16～【出身地】プエルトリコ・ナグアボ【球団】2011-16ブルワーズ　17-18エンジェルズ　18アストロズ　19ロイヤルズ　19カブス　19-23アストロズ　24ホワイトソックス【位置】捕手、右
【経歴】2004年ドラフト27位でエンジェルズに入団、07年に解雇されブルワーズへ移籍した後メジャーに定着。エンジェルズへ復帰した17年は初の100試合以上となる138試合に出場、1046刺殺、65補殺、29盗塁刺の3部門で1位となりゴールドグラブを受賞した。強肩が売り物で翌18年は盗塁阻止率.486（1位）、投手リードの評価も高かった。打撃では低打率ながら一発を秘め、22年は35歳にして自己最多となる15本塁打、45打点を記録した。
【通算】14年、1166試合、3449打数701安打、115本塁打、372打点、3盗塁、1050三振、打率.203
【タイトル】ゴールドグラブ1回（2017年）

テリー・マルホランド
Terence John Mulholland
1963.3.9 ～【出身地】ペンシルヴェニア州ユニオンタウン【球団】86,88-89 ジャイアンツ 89-93 フィリーズ 94 ヤンキース 95 ジャイアンツ 96 フィリーズ 96 マリナーズ 97 カブス 97 ジャイアンツ 98-99 カブス 99-2000 ブレーヴス 01 パイレーツ 01-02 ドジャース 02-03 インディアンズ 04-05 ツインズ 06 ダイアモンドバックス【位置】投手、左
【経歴】のべ 15 球団に在籍した、メジャー有数の牽制の達人。92 年だけで 15 回、通算 49 回走者を刺し、登板時の盗塁阻止率は .588 に達した。84 年ドラフト 1 位でジャイアンツに入団、89 年途中フィリーズに移ってから先発に定着し、翌 90 年 8 月 15 日に古巣のジャイアンツ戦で失策による 1 走者のみのノーヒットノーランを達成。91 年自己最多の 16 勝 (5 位)、翌 92 年は 13 勝、12 完投 (1 位)。93 年のオールスターでは先発のマウンドを踏んだ。98 年は主にリリーフで 70 試合に登板したが、99 年は先発に戻り 10 勝。その後も台所事情に応じて先発、リリーフを両方こなしつつ 43 歳まで現役を続けた。
【通算】20 年、685 試合、332 先発、46 完投、10 完封、124 勝 142 敗 5 S、2575.2 回、1325 奪三振、防御率 4.41
【タイトル】オールスター 1 回 (93 年)

エディー・マレー
Eddie Clarence Murray
1956.2.24 ～【出身地】カリフォルニア州ロスアンジェルス【球団】77-88 オリオールズ 89-91 ドジャース 92-93 メッツ 94-96 インディアンズ 96 オリオールズ 97 エンジェルズ 97 ドジャース【位置】一塁、DH、両
【経歴】左右両打席本塁打を 11 回記録した寡黙なスイッチヒッター。勝負強さに定評があり、128 犠飛は史上 1 位、満塁本塁打 19 本は同 4 位。満塁では通算打率 .399 だった。73 年ドラフト 3 位でオリオールズに入団、77 年打率 .283、27 本塁打、88 打点で新人王を受賞。以後毎年安定した数字を残し、打率 3 割 7 回、20 本塁打以上 16 回、82 年からの 4 年連続を含む 6 回 100 打点以上。81 年は 22 本塁打、78 打点で二冠王となる。83 年は自己最多の 33 本塁打 (4 位)、ワールドシリーズ第 5 戦では世界一を決定づける 2 打席連続本塁打を放った。84 年は 107 四球 (1 位) を選び出塁率 .410 も 1 位、翌 85 年の 124 打点は 2 位。同年まで MVP 投票で 5 年連続 5 位以内に入った。一塁守備も巧く、82 ～ 84 年にゴールドグラブを受賞、通算 1865 補殺は史上 1 位である。
ケガに強く、故障者リストに入ったのは 20 年間で 2 回のみ。95 年は 39 歳で自己 2 番目の高打率となる .323、21 本塁打、82 打点でインディアンズの優勝に貢献し、続く 96 年はシーズン途中オリオールズに復帰し 22 本塁打、史上 3 人目の 3000 安打＆ 500 本塁打に到達した。マスコミとの仲は険悪だったがチーム内ではリーダーシップを発揮し、カル・リプケンの兄貴分でもあった。引退後はオリオールズ、インディアンズなどの打撃コーチ。2003 年殿堂入り、前年に殿堂入りしたオジー・スミスとは高校のチームメイトだった。弟のリッチも 2 年間ジャイアンツに在籍、他にも 3 人の兄弟がマイナーでプレイした。
【通算】21 年、3026 試合 (7 位)、11336 打数 (7 位) 3255 安打 (13 位)、560 二塁打 (29 位)、35 三塁打、504 本塁打 (28 位)、1917 打点 (10 位)、110 盗塁、1333 四球、1516 三振、打率 .287
【タイトル】新人王 (77 年) 本塁打王 1 回 (81 年) 打点王 1 回 (81 年) 最高出塁率 1 回 (84 年) ゴールドグラブ 3 回 (82 ～ 84 年) オールスター 8 回 (78,81 ～ 86,91 年)

レッド・マレー
John Joseph Murray (Red)
1884.3.4 ～ 1958.12.4【出身地】ペンシルヴェニア州アーノット【球団】06-08 カーディナルス 09-15 ジャイアンツ 15 カブス 17 ジャイアンツ【位置】外野、右
【経歴】ノートルダム大学からカーディナルスに入団し、ジャイアンツに移った 09 年 7 本塁打 (1 位)、91 打点は 2 位。足も速く 08 年から 3 年連続盗塁数 2 位、10 年に自己最多の 57 盗塁を決めた。11 年のワールドシリーズは 21 打数 0 安打と散々だったが、翌 12 年は 20 三塁打 (2 位)、88 打点で優勝に貢献、ワールドシリーズでも 31 打数 10 安打、4 二塁打で前年の借りを返した。守備では強肩で評判だった。14 年には試合中落雷に遭ったが一命をとりとめた。バントのサインを無視して本塁打を打ち、ジョン・マグロー監督から罰金を言いわたされた経験がある。
【通算】11 年、1264 試合、4334 打数 1170 安打、37 本塁打、575 打点、321 盗

塁、打率 .270
【タイトル】本塁打王1回（09年）

トニー・マレイン
Anthony John Mullane
1859.1.30 ～ 1944.4.25【出身地】アイルランド共和国コーク【球団】1881 デトロイト　82 ルイヴィル(AA)　83 セントルイス(AA)　84 トリド(AA)　86-93 シンシナティ(AA) / シンシナティ　93-94 ボルティモア　94 クリーヴランド【位置】投手、右
【経歴】速球とドロップでアメリカン・アソシエーション最多の202勝を稼いだ名投手。ギリシャ神話のアポロにたとえられたほどの美男で、酒やタバコとも無縁であり、特に女性ファンの人気が高く、登板日は“レディーズ・デイ”と銘打たれた。契約破りの常習犯で、1882年30勝（2位）、170奪三振（1位）、9月11日のシンシナティ戦でリーグ初のノーヒットノーランを達成したが、翌83年はセントルイス（AA）と契約。同年35勝（3位）、防御率2.19（2位）と好投すると、新たに結成されたユニオン・アソシエーションのセントルイス球団と一旦契約。しかし結局1試合も投げずにトリド（AA）へ加わり、チーム46勝のうち36勝（4位）を一人で稼いだ。
　同球団の解散に伴いセントルイス（AA）に戻るはずになっていたのを無視してシンシナティ（AA）と契約し、85年は1年間の出場停止処分を科せられる。復帰した86年33勝（4位）、87年も31勝（5位）で、ティム・キーフと並び30勝を5回記録した最初の投手となった。通算343暴投は史上ワースト。左右どちらの腕でも投げられ、捕手以外の全ポジションを守る器用さもあって、通算661安打を放っている。引退後はスポーツライターとして活動した。
【通算】13年、555試合、504先発、468完投（9位）、30完封、284勝（28位）220敗（26位）、4531.1回（23位）、1803奪三振、1408四球（17位）、防御率3.05
【タイトル】最多奪三振1回（82年）

ジム・マローニー
James William Maloney
1940.6.2 ～【出身地】カリフォルニア州フレズノ【球団】60-70 レッズ　71 エンジェルズ【位置】投手、右
【経歴】160km近い豪速球で三振の山を築いた好投手。63年23勝（3位）、250.1回で265三振（2位）を奪ってレッズの球団記録を更新。5月21日のブレーヴス戦では8者連続三振の快投を演じた。以後66年まで4年連続200奪三振以上、68年まで6年連続15勝以上。65年は20勝、244奪三振（5位）、自己ベストの防御率2.54（4位）。6月14日のメッツ戦は10回まで無安打、18奪三振と好投しながら11回に安打を浴び敗戦投手。8月19日のカブス戦では10四球を与えながらも延長10回でのノーヒットノーランを達成した。1安打試合も5回記録、69年4月30日のアストロズ戦で2度目のノーヒットノーラン。1592奪三振はレッズ史上1位である。70年に打撃の際アキレス腱を断裂、肩の故障にも見舞われ32歳で引退した。
【通算】12年、302試合、262先発、74完投、30完封、134勝84敗4S、1849回、1605奪三振、防御率3.19
【タイトル】オールスター1回（65年）

ビリー・マローニー
William Alphonse Maloney
1878.6.5 ～ 1960.9.2【出身地】メイン州ルイストン【球団】01-02 ブルワーズ／ブラウンズ　02 レッズ　05 カブス　06-08 ドジャース【位置】外野、捕手、左
【経歴】ジョージタウン大学から01年ブルワーズに入団。主に捕手として86試合に出場、打率 .293とまずまずだったが03年にマイナー落ち。05年カブスで外野手として再昇格、リーグ最多の59盗塁を決めた。打撃は粗く、05 ～ 07年は3年連続最多三振、06年はワースト記録を更新する118三振を喫した。
【通算】6年、696試合、2476打数585安打、6本塁打、177打点、155盗塁、打率 .236
【タイトル】盗塁王1回（05年）

パット・マローン
Perce Leigh Malone (Pat)
1902.9.25 ～ 43.5.13【出身地】ペンシルヴェニア州アルトゥーナ【球団】28-34 カブス　35-37 ヤンキース【位置】投手、右
【経歴】速球勝負の本格派で、28年新人で18勝、155三振（2位）を奪う。翌29年は22勝、5完封、166奪三振の3部門で1位、防御率3.57も4位だったが、ワールドシリーズでは2敗を喫した。30年も20勝で2年連続最多勝、22完投も1位。34年まで7年連続で2ケタ勝利を挙げた。35年カーディナルスへトレードされたが開幕前にヤンキースへ移り、主にリ

リーフで起用された。急性膵臓炎のため40歳で亡くなった。
【通算】10年、357試合、219先発、114完投、15完封、134勝92敗、1915回、1024奪三振、防御率3.74
【タイトル】最多勝2回（29～30年）最多奪三振1回（29年）

レス・マン
Leslie Mann
1893.11.18～1962.1.14【出身地】ネブラスカ州リンカン【球団】13-14ブレーヴス　15シカゴ（FL）　16-19カブス　19-20ブレーヴス　21-23カーディナルス　23レッズ　24-27ブレーヴス　27-28ジャイアンツ【位置】外野、右
【経歴】13年に19歳で正中堅手となり、翌14年のワールドシリーズ第2戦では0－0の投手戦に終止符を打つ決勝打を放つ。15年フェデラル・リーグへ移りリーグ最多の19三塁打。18年は27二塁打（2位）、ワールドシリーズでの選手に対する配当の増額を要求し、対戦相手のレッドソックスのハリー・フーパーとともに代表として先頭に立った。レギュラー時代は15年を除いて一度も打率3割を打てなかったが、控えに回った21年以降は5回記録。真面目な生活態度で、22年にはジャイアンツのフィル・ダグラスから八百長を持ちかけられて拒否し、リーグに通報した。引退後はアマチュア野球協会を組織し、36年のベルリン五輪への野球の参加を働きかけた。
【通算】16年、1498試合、4716打数1332安打、106三塁打、44本塁打、503打点、129盗塁、打率.282

カート・マンウェアリング
Kirt Dean Manwaring
1965.7.15～【出身地】ニューヨーク州エルマイラ【球団】87-96ジャイアンツ　96アストロズ　97-99ロッキーズ【位置】捕手、右
【経歴】86年ドラフト2位でジャイアンツに入団。打撃はさっぱりでも強肩とキャッチングの巧さに高い評価を与えられていた。92年に正捕手に定着し盗塁阻止率.505は1位、翌93年は守備率.998（1位）、盗塁阻止率.459は2年連続1位でゴールドグラブ受賞。打撃でも自己最高の打率.275、49打点を記録した。
【通算】13年、1008試合、2982打数733安打、21本塁打、278打点、10盗塁、打率.246
【タイトル】ゴールドグラブ1回（93年）

ガス・マンキューソ
August Rodney Mancuso
1905.12.5～84.10.26【出身地】テキサス州ガルヴェストン【球団】28,30-32カーディナルス　33-38ジャイアンツ　39カブス　40ドジャース　41-42カーディナルス　42-44ジャイアンツ　45フィリーズ【位置】捕手、右
【経歴】カーディナルスに再昇格した30年76試合の出場ながら打率.366、59打点の活躍。33年ジャイアンツに移籍し正捕手となり、強力投手陣をよくリードして以後3度の優勝に貢献。36年は打率.301、9本塁打、63打点を記録した。弟フランクはブラウンズの捕手で、のちに政治家となった。
【通算】17年、1460試合、4505打数1194安打、53本塁打、543打点、8盗塁、打率.265
【タイトル】オールスター2回（35,37年）

ヴァン・リングル・マンゴ
Van Lingle Mungo
1911.6.8～85.2.12【出身地】サウスカロライナ州ペイジランド【球団】31-41ドジャース　42-43,45ジャイアンツ【位置】投手、右
【経歴】足を高く蹴り上げる投球フォームからリーグ有数の快速球を投げ込み、32年から5年連続13勝以上。34年は315.1回（1位）を投げ18勝、184奪三振（2位）。36年も18勝（4位）、リーグ最多の238三振を奪った。しばしば終盤に息切れしたが、これはチームメイトの守備力を信用しておらず、三振を狙いすぎたことと、3度最多四球を与えた制球難で投球数が多くなったのが理由。37年のオールスターで肩を痛め、38～43年の6年間で13勝しかできなかったが、現役最後の45年は変化球中心の投球で14勝を挙げた。69年にジャズ・ピアニストのデイヴ・フリッシュバーグが、名前の響きが面白いとの理由で、野球選手の名前を羅列した『ヴァン・リングル・マンゴ』という曲を発表している。
【通算】14年、364試合、259先発、123完投、20完封、120勝115敗、2113回、1242奪三振、防御率3.47
【タイトル】最多奪三振1回（36年）オールスター5回（34～37,45年）

マックス・マンシー　★
Maxwell Steven Muncy
1990.8.25 ～【出身地】テキサス州ミッドランド【球団】2015-16 アスレティックス　18-24 ドジャース【位置】一塁、二塁、三塁、左
【経歴】2012年ドラフト5位でアスレティックスに入団。17年に解雇されるがドジャースに拾われると、フライボール打法を身につけ18年は規定打席不足ながら35本塁打（5位）。ワールドシリーズ第3戦では、延長18回・7時間20分の大熱戦に決着をつけるサヨナラ弾を放った。21年も36本塁打と83四球はともに4位だったが、シーズン最終盤にケガをしてポストシーズンは欠場。23年に自己最多の36本塁打、105打点。22年に規定打席到達で打率.196だったように確実性は低かったが、4回80四球以上を選んだ選球眼で補った。24年のポストシーズンでは12打席連続出塁を記録。守備は上手くはなかったものの、遊撃以外の内野をどこでもこなした。
【通算】9年、920試合、2980打数679安打、195本塁打、537打点、14盗塁、打率.228
【タイトル】オールスター2回（2019,21年）

トレイ・マンシーニ
Joseph Anthony Mancini (Trey)
1992.3.18 ～【出身地】フロリダ州ウィンターヘイヴン【球団】2016-19,21-22 オリオールズ　22 アストロズ　23 カブス【位置】外野、右
【経歴】2013年ドラフト8位でオリオールズに入団。17年にレギュラーとなって打率.293、24本塁打、19年は35本、97打点の好成績を残したが、結腸癌を患い20年は全休した。翌21年に復帰、21本塁打を放つなどしてカムバック賞を受賞。22年のワールドシリーズ第5戦では一塁を守り、逆転を防ぐファインプレイを演じた。
【通算】7年、831試合、3051打数801安打、129本塁打、400打点、2盗塁、打率.263

サーマン・マンソン
Thurman Lee Munson
1947.6.7 ～ 79.8.2【出身地】オハイオ州アクロン【球団】69-79 ヤンキース【位置】捕手、右
【経歴】68年ドラフト1位（全体4位）でヤンキースに入団、70年正捕手となり打率.302で新人王を受賞。巧みなリードと素早い送球を高く評価され、73年から3年連続でゴールドグラブ。75年は打率.318と190安打が3位、102打点は5位。以後3年連続で打率3割、100打点以上と攻守両面でチームの要となり、主将も務めた。76年打率.302、186安打（4位）、17本塁打、105打点（2位）でヤンキース12年ぶりの優勝に大きく貢献しMVPに輝く。大舞台に滅法強く、プレイオフでは通算14試合で打率.339、2本塁打、10打点、ワールドシリーズでも76年は17打数9安打、78年には7打点を叩き出し、通算67打数25安打（.373）。79年8月、自ら操縦していた自家用機が墜落し、32歳で世を去った。
【通算】11年、1423試合、5344打数1558安打、113本塁打、701打点、48盗塁、打率.292
【タイトル】MVP1回（76年）新人王（70年）ゴールドグラブ3回（73～75年）オールスター7回（71,73～78年）

リック・マンデイ
Robert James Monday (Rick)
1945.11.20 ～【出身地】アーカンソー州ベイツヴィル【球団】66-71 アスレティックス　72-76 カブス　77-84 ドジャース【位置】外野、左
【経歴】65年の第1回ドラフトで全体1位指名されアスレティックスに入団。67年正中堅手となり、翌68年は出塁率.371（4位）の一方で143三振を喫するなど粗さも目立ち、72年カブスに移籍。76年は32本塁打（3位）、長打率.507（4位）、4月25日には試合中グラウンドに乱入して星条旗に火をつけようとした男から旗を取り上げてフォード大統領に称賛された。翌77年ドジャースに移り、81年のプレイオフ第5戦では9回に優勝を決定づける本塁打を放った。引退後は長くドジャース戦の実況アナウンサーを務めた。
【通算】19年、1986試合、6136打数1619安打、241本塁打、775打点、98盗塁、1513三振、打率.264
【タイトル】オールスター2回（68,78年）

ミッキー・マントル
Mickey Charles Mantle
1931.10.20 ～ 95.8.13【出身地】オクラホマ州スパヴィノー【球団】51-68 ヤンキース【位置】外野、一塁、両
【経歴】抜群の長打力で数々の伝説的な

ビッグアーチを放ったスーパースター。51年19歳でヤンキースに昇格、ジョー・ディマジオの後継者との期待の大きさに負け、一旦はマイナーに降格したが、翌52年正中堅手となり打率.311（3位）、以後10回3割以上。55年37本塁打で初のタイトル、11三塁打、113四球、出塁率.431、長打率.611も1位。続く56年打率.353、52本塁打、130打点で三冠王となりMVPを受賞、翌57年も自己最高の打率.365（2位）で2年連続MVPに選ばれた。

本塁打王には合計4回輝き、同僚のロジャー・マリスがベーブ・ルースの記録を破る61本塁打を放った61年には、終盤体調を崩して欠場するまで熾烈なタイトル争いを展開し、2位の54本塁打を放った。翌62年の7月4～6日には4打数連続本塁打。通算536本塁打はスイッチヒッターとしては史上1位、10回の左右両打席本塁打を記録している。球界有数の俊足だったが、新人時代から膝を痛めていたこと、当時はスラッガー・タイプの選手はあまり走らなかったことと、チームが戦術上盗塁を必要としなかったため、盗塁数は59年の21個（2位）が最多。通算成功率.801は引退時点で史上1位だった。

遊び好きで摂生を怠った（早逝の家系に生まれ、自分も長くは生きられないと信じていたことが遠因とされる）こともあり、選手生活を通じて数多くのケガに悩まされ、キャリアの終盤は守備の負担を軽減するため一塁を守った。ワールドシリーズでは56、60、64年に3本塁打、60年は11打点。通算18本塁打、40打点はいずれも史上1位で7度世界一を経験したが、シリーズMVP受賞は一度もなかった。69年キャンプ中に引退を表明、74年親友のホワイティ・フォードと同時に殿堂入りした。

【通算】18年、2401試合、8102打数2415安打、344二塁打、72三塁打、536本塁打（18位）、1509打点、153盗塁、1733四球（8位）、1710三振、打率.298

【タイトル】MVP3回（56～57,62年）首位打者1回（56年）本塁打王4回（55～56,58,60年）打点王1回（56年）最高出塁率3回（55,62,64年）ゴールドグラブ1回（62年）オールスター16回（52～65,67～68年）

ジェリー・マンフリー

Jerry Wayne Mumphrey

1952.9.9～【出身地】テキサス州タイラー【球団】74-79カーディナルス　80パドレス　81-83ヤンキース　83-85アストロズ　86-88カブス【位置】外野、両

【経歴】71年ドラフト4位でカーディナルスに入団し、77年は10三塁打（5位）、パドレスに移籍した80年は打率.298、52盗塁。81～82年は2年連続打率3割、84年は83打点を稼ぐ。86～87年も規定打席不足ながら3割をクリアした。守備範囲は広かったが、ミスが多くあまり評価は高くなかった。

【通算】15年、1585試合、4993打数1442安打、70本塁打、575打点、174盗塁、打率.289

【タイトル】オールスター1回（84年）

エッファ・マンリー

Effa Louise Manley

1897.3.27～1981.4.16【出身地】ペンシルヴェニア州フィラデルフィア【球団】メジャー経験なし

【経歴】女性で唯一の殿堂入りメンバー。白人でありながら、母親の結婚相手が黒人だったために黒人扱いで育てられる。ニグロ・リーグのニューアーク・イーグルスのオーナーだったエイブ・マンリーと結婚し、同球団のビジネス・マネージャー/共同オーナーとして経営に携わったほか、黒人の地位向上を求める運動にも尽力した。2006年殿堂入り。

【ミ】

ジューエット・ミーキン
George Jouett Meekin
1867.2.21 ～ 1944.12.14【出身地】インディアナ州ニューオルバニー【球団】1891-92 ルイヴィル（AA）/ルイヴィル　92-93 ワシントン　94-99 ニューヨーク　99 ボストン　1900 ピッツバーグ【位置】投手、右
【経歴】横手投げの剛腕投手で、1894 年ニューヨークに移籍し 33 勝（2 位）、防御率 3.70（2 位）、137 奪三振（3 位）と大活躍。彼を主人公とした小説『ザ・マイティ・ミーキン』が出版されるほどの人気を得た。96 年も 26 勝（4 位）、99 年まで 8 年連続 2 ケタ勝利。制球には難があり、ほぼ毎年与四球が奪三振を上回っていた。通算 15 本塁打、1 試合 3 三塁打を記録するなど打撃も優れていた。
【通算】10 年、324 試合、308 先発、270 完投、9 完封、152 勝 133 敗、2605.1 回、901 奪三振、1056 四球、防御率 4.07

エディー・ミクシス
Edward Thomas Miksis
1926.9.11 ～ 2005.4.8【出身地】ニュージャージー州バーリントン【球団】44,46-51 ドジャース　51-56 カブス　57 カーディナルス　57-58 オリオールズ　58 レッズ
【位置】二塁、外野、右
【経歴】戦時中で選手不足の 44 年、17 歳でメジャーに引き上げられる。ドジャースではレギュラーとなれず、カブスに移籍した 51 年正二塁手となり、55 年に自己最多の 9 本塁打、41 打点を記録した。投手以外の全ポジションを守った経験がある。
【通算】14 年、1042 試合、3053 打数 722 安打、44 本塁打、228 打点、52 盗塁、打率 .236

ダン・ミセリ　☆
Daniel Miceli
1970.9.9 ～【出身地】ニュージャージー州ニューアーク【球団】93-96 パイレーツ　97 タイガース　98-99 パドレス　2000-01 マーリンズ　01 ロッキーズ　02 レンジャーズ　03 ロッキーズ　03 インディアンズ　03 ヤンキース　03-04 アストロズ　05 ロッキーズ　06 レイズ【位置】投手、右
【経歴】90 年ドラフト外でロイヤルズに入団。速球とカーブが良く、95 年パイレーツで抑えとして 21 セーブ、98 年は中継ぎで 10 勝を挙げる。2004 年自己最多の 74 試合に登板したがプレイオフでは 2 本のサヨナラ弾を浴び 0 勝 3 敗。翌 05 年は巨人に入団したものの、4 試合に登板しただけで早々に解雇された。
【通算】14 年、631 試合、9 先発、0 完投、43 勝 52 敗 39 S、700.2 回、632 奪三振、防御率 4.48
【日本】2005 巨人、1 年、4 試合、0 先発、0 勝 2 敗 0 S、2.2 回、3 奪三振、防御率 23.63

ウィリー・ミッチェル
William Mitchell
1889.12.1 ～ 1973.11.23【出身地】ミシシッピ州プレザントグローヴ【球団】09-16 インディアンズ　16-19 タイガース【位置】投手、左
【経歴】09 年 19 歳でメジャーに昇格、翌 10 年 12 勝、12 年は 163.2 回を投げ被本塁打 0 本。通算でも 9 回平均 0.08 本で、1900 年以降に 1500 回以上投げた投手では 5 番目に少ない。左腕からのカーブで 13 年自己最多の 14 勝、防御率 1.91（5 位）。14 年は 17 敗を喫しながらも 179 奪三振（2 位）、6 月 11 日にはベーブ・ルースのデビュー戦で投げ合い敗れた。
【通算】11 年、276 試合、190 先発、93 完投、16 完封、83 勝 92 敗、1632 回、921 奪三振、防御率 2.88

クラレンス・ミッチェル
Clarence Elmer Mitchell
1891.2.22 ～ 1963.11.6【出身地】ネブラスカ州フランクリン【球団】11 タイガース　16-17 レッズ　18-22 ドジャース　23-28 フィリーズ　28-30 カーディナルス　30-32 ジャイアンツ【位置】投手、左
【経歴】11 年タイガースに昇格するがその後 4 年はマイナー暮らし。16 年レッズで再昇格し 11 勝、合法スピットボーラーで、21 年 3 完封（1 位）を含む 11 勝、自己ベストの防御率 2.89。翌 22 年は肩を痛めて 0 勝、防御率 14.21 で、打撃を生かし一塁手として 42 試合に出場し打率 .290。通算でも打率 .252 を記録した。31 年は 40 歳にして自己最多の 13 勝を稼いだ。
【通算】18 年、390 試合、278 先発、145 完投、12 完封、125 勝 139 敗、2217 回、543 奪三振、防御率 4.12

ケヴィン・ミッチェル　☆
Kevin Darnell Mitchell
1962.1.13 ～【出身地】カリフォルニア州サンディエゴ【球団】84,86 メッツ　87 パドレス　87-91 ジャイアンツ　92 マリナーズ　93-94 レッズ　96 レッドソックス　96 レッズ　97 インディアンズ　98 アスレティックス【位置】外野、三塁、右
【経歴】80 年ドラフト外でメッツに入団。元々内野手で、ジャイアンツ移籍後の 89 年左翼にコンバートされ 47 本塁打、125 打点の二冠王、長打率 .635 も 1 位で MVP を受賞。翌 90 年も 35 本塁打（3 位）を放った。その後は故障がちとなったが、93 年は 93 試合で打率 .341、94 年は 95 試合で 30 本塁打と出場しさえすれば実力を発揮した。ストライキ期間中の 95 年ダイエーに入団し、初打席で満塁本塁打を放つも、仮病で欠場を繰り返したあげく 5 月に帰国、7 月末の再来日後もほとんど出場しないまま退団した。マイナー時代から素行の悪さは有名で、レッズ時代の 96 年も無断で戦列を離れ出場停止処分を科された。引退後も暴力行為で何度も逮捕されている。従兄弟のトニーは 2001 年ダイエーに在籍した。
【通算】13 年、1223 試合、4134 打数 1173 安打、234 本塁打、760 打点、30 盗塁、打率 .284
【タイトル】MVP1 回（89 年）本塁打王 1 回（89 年）打点王 1 回（89 年）オールスター 2 回（89 ～ 90 年）
【日本】95 ダイエー　1 年、37 試合、130 打数 39 安打、8 本塁打、28 打点、0 盗塁、打率 .300

デイル・ミッチェル
Loren Dale Mitchell
1921.8.23 ～ 87.1.5【出身地】オクラホマ州コロニー【球団】46-56 インディアンズ　56 ドジャース【位置】外野、左
【経歴】俊足のラインドライブヒッターで、レギュラーとなった 47 年以降の 7 年間で 6 回打率 3 割以上、48 年は打率 .336（3 位）、204 安打（2 位）。続く 49 年は打率 .317（4 位）、203 安打と 23 三塁打の両部門で 1 位となった。52 年も打率 .323 は 2 位。33.5 打数に 1 回と三振の少ない打者であった。56 年途中ドジャースに移り、同年のワールドシリーズ第 5 戦ではドン・ラーセンの完全試合で最後の打者となった。母校オクラホマ大学の野球場に名前を残している。
【通算】11 年、1127 試合、3984 打数 1244 安打、41 本塁打、403 打点、45 盗塁、打率 .312
【タイトル】オールスター 2 回（49,52 年）

フレッド・ミッチェル
Frederick Francis Mitchell
1878.6.5 ～ 1970.10.13【出身地】マサチューセッツ州ケンブリッジ【球団】01-02 レッドソックス　02 アスレティックス　03-04 フィリーズ　04-05 ドジャース　10 ヤンキース　13 ブレーヴス【位置】投手、捕手、右
【経歴】本名は Yapp。投手として 03 年に自己最多の 11 勝を挙げたが、05 年にはマイナー落ち。捕手に転向し 10 年再昇格、68 試合で打率 .230、18 打点を記録した。17 年カブス監督に就任し、翌 18 年リーグ優勝。その後ブレーヴス監督を経て、30 年にわたりハーヴァード大学のコーチを務めた。
【通算】5 年、97 試合、86 先発、71 完投、2 完封、31 勝 50 敗、718.1 回、216 奪三振、防御率 4.10
【監督】17-20 カブス　21-23 ブレーヴス　7 年、1044 試合、494 勝 543 敗、勝率 .476 リーグ優勝 1 回（18 年）

マイク・ミッチェル
Michael Francis Mitchell
1879.12.9 ～ 1961.7.16【出身地】オハイオ州スプリングフィールド【球団】07-12 レッズ　13 カブス　13-14 パイレーツ　14 セネターズ【位置】外野、右
【経歴】強肩の外野手で、07 年 27 歳でメジャー昇格、新記録となる 39 補殺に加え打撃でも 163 安打（5 位）。09 年は打率 .310（2 位）、17 三塁打（1 位）、86 打点（4 位）、37 盗塁。翌 10 年も 18 三塁打は 1 位、88 打点は 2 位。11 年は 22 三塁打（2 位）を放ったが、13 年にカブスに移ってからは急激に成績を落とした。
【通算】8 年、1124 試合、4095 打数 1138 安打、104 三塁打、27 本塁打、514 打点、202 盗塁、打率 .278

ミニー・ミニョソ
Saturnino Orestes Armas Minoso (Minnie)
1923.11.29 ～ 2015.3.1【出身地】キューバ共和国ハバナ【球団】49,51 インディアンズ　51-57 ホワイトソックス　58-59 インディアンズ　60-61 ホワイトソックス　62

カーディナルス　63 セネターズ　64,76,80 ホワイトソックス【位置】外野、右
【経歴】溌溂としたプレイと明朗な性格で、ホワイトソックス球団史上最高の人気を誇った選手。40 ～ 80 年代まで 5 年代で出場した史上 2 人目の選手でもある。ニグロ・リーグから 49 年インディアンズに入団、ホワイトソックス移籍後の 51 年は打率 .326（2 位）、14 三塁打と 31 盗塁は 1 位で、以後 3 年連続盗塁王。パワーとスピードを兼ね備え、54 年は打率 .320（3 位）、18 三塁打（1 位）、116 打点（4 位）、出塁率 .411（2 位）、長打率 .535（2 位）。58 年インディアンズにトレードされたが 60 年ホワイトソックスに復帰、8 度目の 3 割以上となる打率 .311（3 位）、184 安打（1 位）、105 打点（2 位）。極端なクラウチング・スタイルのため 10 回も最多死球を記録したが、当てられても決してマウンドに向かうことはなかった。

65 年以降はメキシコで現役を継続、73 年には 47 歳で 12 本塁打。同年限りで引退したが、コーチとしてホワイトソックスに戻った 76 年に DH で 3 試合に出場、53 歳 9 ヶ月の史上最年長安打記録を樹立した。80 年も 59 歳で代打として 2 試合出場。90 年にも出場の計画があり、これは実現には至らなかったが、93 年独立リーグのノーザン・リーグで 70 歳にして出場。10 年後にも同リーグで 7 年代での出場を果たした。現役中には優勝を経験できなかったが、59 年と 2005 年にホワイトソックスが優勝した際には名誉チャンピオン・リングを贈呈された。22 年殿堂入り。
【通算】17 年、1835 試合、6579 打数 1963 安打、186 本塁打、1023 打点、205 盗塁、打率 .298
【タイトル】盗塁王 3 回（51 ～ 53 年）ゴールドグラブ 3 回（57,59 ～ 60 年）オールスター 7 回（51 ～ 54,57,59 ～ 60 年）
＜ニグロ・リーグの成績＞ 113 試合、480 打数 150 安打、9 本塁打、66 打点、11 盗塁、打率 .313

フェリックス・ミヤーン　☆
Felix Bernardo Millan
1943.8.21 ～【出身地】プエルトリコ・ヤブコア【球団】66-72 ブレーヴス　73-77 メッツ【位置】二塁、右
【経歴】アスレティックスからブレーヴスに移り、正二塁手となった 68 年に打率 .289、翌 69 年は 444 補殺、守備率 .980 の両部門で 1 位となりゴールドグラブを受賞。同年から 3 年連続でオールスターに選ばれた。70 年は打率 .310、183 安打。極端にバットを短く持ち、コツコツ当ててくるタイプで、74 年は 585 打席で 14 三振のみ。通算でも 6325 打席で 242 三振しかしなかった。75 年は自己最多の 191 安打（5 位）、37 二塁打、リーグ 1 位の 12 死球。78 年大洋に入団、翌 79 年 .346 の高打率で首位打者に輝いた。
【通算】12 年、1480 試合、5791 打数 1617 安打、22 本塁打、403 打点、67 盗塁、打率 .279
【タイトル】ゴールドグラブ 2 回（69,72 年）オールスター 3 回（69 ～ 71 年）
【日本】78-80 大洋　3 年、325 試合、1139 打数 348 安打、12 本塁打、92 打点、13 盗塁、打率 .306

スタン・ミュージアル
Stanley Frank Musial
1920.11.21 ～ 2013.1.19【出身地】ペンシルヴェニア州ドノーラ【球団】41-44,46-63 カーディナルス【位置】外野、一塁、左
【経歴】独特のクラウチング・スタイルから快打を飛ばし続けた史上屈指の強打者。笑みを絶やさず、紳士的な態度で広く人気と尊敬を集め、“スタン・ザ・マン”と称された。マイナー時代は速球派の投手だったが、左肩を負傷し外野手に転向。42 年に打率 .315（3 位）、以後 16 年連続 3 割以上、50 年からの 3 年連続を含む 7 度の首位打者に輝く。43 年は打率 .357、220 安打、20 三塁打など 9 部門で 1 位となり MVP を受賞した。

45 年は兵役で全休、続く 46 年は打率 .365、228 安打、50 二塁打など 10 部門で 1 位、103 打点も 3 位で 2 度目の MVP。最多二塁打 8 回、最多三塁打 5 回を記録したように、本来は中距離打者だったが次第に長打力を増し、48 年以降は 6 回 30 本塁打以上。48 年は打率 .376、131 打点の二冠王、39 本塁打は 1 本差の 2 位で惜しくも三冠王は逸したものの、230 安打、46 二塁打、18 三塁打、出塁率 .450、長打率 .702 もすべて 1 位、二塁打と三塁打以外はすべて自己最高成績で、3 度目の MVP を手にした。

ほとんどスランプのない安定した打撃で、200 安打 6 回、100 打点以上 10 回。三振も少なく、41 歳になった 62 年の 46 三振が最多だった。同年は .330（3 位）の高打率、7 月 7 ～ 8 日に 4 打数連続本塁打を放つなど衰え知らずだった。52 ～

57年にはナ・リーグ記録を更新する895試合連続出場。20回選ばれたオールスターでも史上1位の6本塁打、55年は延長12回の熱戦に決着をつけるサヨナラ本塁打を打った。

通算3630安打はピート・ローズに破られるまでのリーグ記録で、ホームとロードで同数の1815安打ずつを放った。63年限り引退、背番号6はカーディナルス球団史上最初の永久欠番に制定される。GMに就任した67年に世界一となり、1年限りで退任して球団副会長となった。特技のハーモニカ演奏を収めたCDを出したこともある。69年殿堂入り。

【通算】22年、3026試合(7位)、10972打数(12位)3630安打(4位)、725二塁打(3位)、177三塁打(19位)、475本塁打、1951打点(7位)、78盗塁、1599四球(13位)、696三振、打率.331

【タイトル】MVP3回(43,46,48年)首位打者7回(43,46,48,50～52,57年)打点王2回(48,56年)最高出塁率6回(43～44,48～49,53,57年)オールスター20回(43～44,46～63年)

アイリッシュ・ミューゼル

Emil Frederick Meusel (Irish)

1893.6.9～1963.3.1【出身地】カリフォルニア州オークランド【球団】14セネターズ　18-21フィリーズ　21-26ジャイアンツ　27ドジャース【位置】外野、右

【経歴】14年にセネターズで1試合だけ出場したが、メジャーに定着したのは18年にフィリーズの正左翼手となってから。翌19年から4年連続、合計では6回打率3割以上。怠慢プレイによる出場停止処分を受けたことなどから21年途中ジャイアンツに移籍すると、四番に座って打率.343、201安打(5位)、翌22年は打率.331、204安打、17三塁打(2位)、132打点(2位)。23年も19本塁打(4位)、リーグ最多の125打点を叩き出した。21～23年はヤンキース相手のワールドシリーズで弟のボブと顔を合わせ、21、22年にいずれも7打点を稼ぎ世界一に貢献した。三振は22年の33個が最多、23年は649打席で16個にとどめた。ドイツ系だが、風貌がアイルランド人に似ていたので"アイリッシュ"と呼ばれた。

【通算】11年、1289試合、4900打数1521安打、106本塁打、819打点、113盗塁、打率.310

【タイトル】打点王1回(23年)

ボブ・ミューゼル

Robert William Meusel

1896.7.19～1977.11.28【出身地】カリフォルニア州サンノゼ【球団】20-29ヤンキース　30レッズ【位置】外野、右

【経歴】強肩強打が売り物だった長身の外野手。20年の.328を皮切りに打率3割7回、21年は24本塁打(2位)、138打点(3位)。同年のオフシーズン、コミッショナー通達に反し親友のベーブ・ルースとともに地方興行に出かけたため、翌22年は開幕から出場停止となった。23年のワールドシリーズは8打点を挙げ、ヤンキース初の世界一に貢献した。

普段は物静かだったが、24年は死球に怒りバットを持ったままマウンドに突進し、没収試合のきっかけを作って10試合の出場停止となる。同年の124打点は2位、翌25年は長期欠場したルースに代わり33本塁打、134打点で二冠王に輝く。史上最多の3度のサイクルヒットを達成、またワールドシリーズで本盗を2回決めた唯一の選手である。兄のアイリッシュとは21年から3年続けてワールドシリーズで対戦した。

【通算】11年、1407試合、5475打数1693安打、156本塁打、1071打点、143盗塁、打率.309

【タイトル】本塁打王1回(25年)打点王1回(25年)

ドン・ミューラー

Donald Frederick Mueller

1927.4.14～2011.12.28【出身地】ミズーリ州セントルイス【球団】48-57ジャイアンツ　58-59ホワイトソックス【位置】外野、左

【経歴】高校在学中にジャイアンツと契約、正右翼手となった50年に自己最多の84打点。53年は打率.333(5位)、翌54年も打率.342は同僚のウィリー・メイズに3厘差の2位、212安打は1位だった。同年はワールドシリーズでも18打数7安打。バットコントロールに優れて三振が少なく、55年は640打席でわずか12三振、通算でも146個にとどめた。敬遠球をヒットにしたこともある。父のウォルターは元パイレーツの外野手。

【通算】12年、1245試合、4364打数1292安打、65本塁打、520打点、11盗塁、打率.296

【タイトル】オールスター2回(54～55年)

アンドルー・ミラー
Andrew Mark Miller

1985.5.21 ～【出身地】フロリダ州ゲインズヴィル【球団】2006-07 タイガース　08-10 マーリンズ　11-14 レッドソックス　14 オリオールズ　15-16 ヤンキース　16-18 インディアンズ　19-21 カーディナルス【位置】投手、左

【経歴】2006 年ドラフト 1 位（全体 6 位）でタイガースに入団。将来のエースと目されるも、先発としては通算 66 試合で防御率 5.70 と結果を残せなかった。12 年以降はリリーフに専念、左腕からの速球とスライダーで 14 年は防御率 2.02、62.1 回で 103 三振を奪う。ヤンキースに移籍した 15 年は 36 セーブ、シーズン途中でインディアンズへ移った 16 年は 10 勝 1 敗 12 セーブ、防御率 1.45。74.1 回で 123 奪三振、9 四球しか与えなかった。プレイオフでは 6 試合 /11.2 回を無失点、21 奪三振で 2 四球と完璧な投球を繰り広げ、リーグ優勝決定シリーズ MVP を受賞。翌 17 年は自己ベストの防御率 1.44 記録した。

【通算】16 年、612 試合、66 先発、0 完投、55 勝 55 敗 63 S、829 回、979 奪三振、防御率 4.03

【タイトル】オールスター 2 回（2016 ～ 17 年）

エディー・ミラー
Edward Robert Miller

1916.11.26 ～ 97.7.31【出身地】ペンシルヴェニア州ピッツバーグ【球団】36-37 レッズ　39-42 ブレーヴス　43-47 レッズ　48-49 フィリーズ　50 カーディナルス【位置】遊撃、右

【経歴】遊撃守備の名手として名高く、守備率 1 位を 5 回記録、7 度のオールスターに選ばれる。40 年レギュラーとなり 14 本塁打、79 打点。46 年は .194 の低打率だったが、翌 47 年はリーグ最多の 38 二塁打、自己最多の 19 本塁打、87 打点を稼いだ。引退後はハイアライ競技場経営で生計を立てながら、少年野球の指導者をしていた。

【通算】14 年、1510 試合、5337 打数 1270 安打、97 本塁打、640 打点、64 盗塁、打率 .238

【タイトル】オールスター 7 回（40 ～ 44,46 ～ 47 年）

ケヴィン・ミラー
Kevin Charles Millar

1971.9.24 ～【出身地】カリフォルニア州ロスアンジェルス【球団】98-2002 マーリンズ　03-05 レッドソックス　06-08 オリオールズ　09 ブルージェイズ【位置】一塁、外野、右

【経歴】独立リーグを経て 94 年ドラフト外でマーリンズに入団。2001 年レギュラーに定着し打率 .314、39 二塁打、20 本塁打、85 打点、翌 02 年も打率 .306、41 二塁打。03 年は中日入団に一旦合意しながら翻意し、レッドソックスに移籍して自己最多の 25 本塁打、96 打点。04 年は打率 .297、リーグ最多の 17 死球に加え、“カウボーイ・アップ”の合言葉をチームに広め、ムードメーカーとしても優勝に貢献した。

【通算】12 年、1427 試合、4688 打数 1284 安打、170 本塁打、699 打点、7 盗塁、打率 .274

スチュ・ミラー
Stuart Leonard Miller

1927.12.26 ～ 2015.1.4【出身地】マサチューセッツ州ノーザンプトン【球団】52-54,56 カーディナルス　56 フィリーズ　57-62 ジャイアンツ　63-67 オリオールズ　68 ブレーヴス【位置】投手、右

【経歴】痩せ形の体型で球威はなかったが、投球時に顔が左を向く変則モーションから繰り出す緩い変化球で、打者を手玉にとった技巧派。本格的な野球経験がないまま、気まぐれで受けたカーディナルスの入団テストに合格。52 年 8 月 12 日の初登板を完封で飾り、同年は 12 試合で 6 勝、防御率 2.05。その後不振続きで 55 年にはマイナー落ちしたが、57 年ジャイアンツに移って復調。58 年は 6 勝 9 敗だったが防御率 2.47 は 1 位だった。

翌 59 年も防御率 2.84 は 1 位に 0.01 差の 2 位。同年からは主にリリーフを務め、61 年 14 勝、本拠のサンフランシスコで行われたオールスター第 1 戦で勝利投手となった際には、強風にあおられバランスを崩し、ボークを取られる。メジャー生活を通じてこれが唯一のボークだった。オリオールズに移った 63 年はリーグ新記録の 71 試合に投げ 27 セーブ、非公式ながら通算 153 セーブ。65 年は 14 勝、自己ベストの防御率 1.89 を記録した。ブリッジの達人としても知られていた。

【通算】16 年、704 試合、93 先発、24 完投、5 完封、105 勝 103 敗、1693.1 回、

1164奪三振、防御率3.24
【タイトル】最優秀防御率1回(58年)オールスター1回(61年)

ドギー・ミラー
George Frederick Miller (Doggie)
1864.8.15～1909.4.6【出身地】ニューヨーク州ブルックリン【球団】1884-93ピッツバーグ(AA)/ピッツバーグ 94-95セントルイス 96ルイヴィル【位置】捕手、外野、三塁、右
【経歴】1880年代はピッツバーグの正捕手だったが、90年以降は三塁や外野を守る機会が多くなり、投手以外の全ポジションで20試合以上出た唯一の選手となった。93年は.182の低打率で、翌94年監督兼任でセントルイスに移ると自己初の打率3割(.339)、86打点。体ごと預けるような独特の打撃フォームが特徴で、三塁コーチとして大声で指示を出したことから"フォグホーン(霧笛)"のニックネームで呼ばれた。大の酒好きで、腎臓病により44歳で死去した。
【通算】13年、1318試合、5171打数1381安打、33本塁打、567打点(*)、260盗塁(*)、打率.267
【監督】1894セントルイス 133試合、56勝76敗、勝率.424

ドッツ・ミラー
John Barney Miller (Dots)
1886.9.9～1923.9.5【出身地】ニュージャージー州カーニー【球団】09-13パイレーツ 14-17,19カーディナルス 20-21フィリーズ【位置】一塁、二塁、右
【経歴】パイレーツ時代はホーナス・ワグナーのルームメイトで、二遊間コンビを組む。09年新人ながら31二塁打と87打点はともに3位で優勝に貢献、12年からは主に一塁を守り、13年は20三塁打(2位)、90打点(4位)。14年に移籍したカーディナルスでは主将として27二塁打(5位)、88打点(4位)。引退後マイナーの監督となったが、結核を患い23年36歳で病死した。甥のジャック・タイは57～58年にタイガース監督を務めた。
【通算】12年、1589試合、5805打数1526安打、108三塁打、32本塁打、714打点、177盗塁、打率.263

ビル・ミラー
William Richard Mueller
1971.3.17～【出身地】ミズーリ州メリーランドハイツ【球団】96-2000ジャイアンツ 01-02カブス 02ジャイアンツ 03-05レッドソックス 06ドジャース【位置】三塁、両
【経歴】93年ドラフト15位でジャイアンツに入団、96年55試合の出場ながら打率.330。シュアな打撃に加え選球眼も確かで、98年は打率.294、79四球。レッドソックスに移籍した2003年に打率.326で首位打者となり、45二塁打(5位)、19本塁打、85打点も自己記録。7月29日には史上唯一となる、1試合で左右両打席での満塁本塁打を記録した。翌04年のリーグ優勝決定シリーズでは、3連敗で迎えた第4戦の9回裏に起死回生の同点タイムリーを放ち、その後の逆転優勝に結びつける。ワールドシリーズでも14打数6安打とよく打った。
【通算】11年、1216試合、4223打数1229安打、85本塁打、493打点、20盗塁、打率.291
【タイトル】首位打者1回(2003年)

ビング・ミラー
Edmund John Miller (Bing)
1894.8.30～1966.5.7【出身地】アイオワ州ヴィントン【球団】21セネターズ 22-26アスレティックス 26-27ブラウンズ 28-34アスレティックス 35-36レッドソックス【位置】外野、右
【経歴】カーブ打ちの名人で、アスレティックスに移籍した22年打率.335(5位)、21本塁打(4位)、90打点。24年から7年連続打率3割、29年はともに3位の16三塁打、24盗塁、28試合連続安打も記録。ワールドシリーズ第5戦では世界一を決めるサヨナラ二塁打を放った。翌30年に自己最多の100打点を挙げた。弟のラルフはフィリーズなどに在籍した内野手。
【通算】16年、1820試合、6212打数1934安打、116本塁打、993打点、127盗塁、打率.311

ブラッド・ミラー
Bradley Austin Miller
1989.10.18～【出身地】フロリダ州オーランド【球団】2013-15マリナーズ 16-18レイズ 18ブルワーズ 19インディアンズ 19フィリーズ 20カーディナルス 21フィリーズ 22-23レンジャーズ【位置】遊撃、左
【経歴】2011年ドラフト2位でマリナーズに入団。レイズへ移籍した16年に133安

打、6三塁打（5位）、30本塁打、81打点の自己最高成績を残す。その後は今一つだったが、21年は5年ぶりの20本以上となる20本塁打を放った。守備では捕手以外の全ポジションを守った経験がある。
【通算】11年、1055試合、3132打数740安打、123本塁打、405打点、43盗塁、打率.236

ボブ・ミラー
Robert Lane Miller
1939.2.18～93.8.6【出身地】ミズーリ州セントルイス【球団】57,59-61カーディナルス　62メッツ　63-67ドジャース　68-69ツインズ　70インディアンズ　70ホワイトソックス　70-71カブス　71パドレス　71-72パイレーツ　73パドレス　73タイガース　73-74メッツ【位置】投手、右
【経歴】本名はGemeinweiser。セントルイス大学から57年地元のカーディナルスに入団し、18歳でデビュー。62年拡張ドラフトでメッツに加わり開幕から12連敗、閉幕の前日にようやく初勝利を収める。もう一人のボブ・ミラー（Robert Gerald Miller）と遠征でのルームメイトとなったことも話題だった。翌63年ドジャースに移籍し、得意のパームボールで自己唯一の2ケタとなる10勝、続く64年はリーグ最多の74試合に登板。71年は3球団で合わせて8勝10セーブ、自己ベストの防御率1.64を記録した。17年間でのべ12球団に所属。引退後77年にブルージェイズの初代投手コーチ、のちにジャイアンツの先乗りスカウトとなったが、93年に車の運転中、信号無視の車と衝突し事故死した。
【通算】17年、694試合、99先発、7完投、0完封、69勝81敗52S、1551.1回、895奪三振、防御率3.37

マーヴィン・ミラー
Marvin Julian Miller
1917.4.14～2012.11.27【出身地】ニューヨーク州ブルックリン【球団】メジャー経験なし
【経歴】選手会のリーダー的存在として、経営者側と戦い続け数々の改革を実現し、メジャーリーガーの地位と収入を格段に引き上げた最大の功労者。全米自動車労組、鉄鋼労連などで組合活動を指揮したのち、66年に選手会事務局長に就任。68年にスポーツ界で初の労使協定を締結、72年には初のストライキを決行。73年に年俸調停制度、76年にはフリー・エージェント制度の導入を実現して、初めて選手に自由に移籍する権利が与えられた。82年に一旦退職したが84年にアドバイザーとして復帰し、90年までコンサルタントを務めた。要求を実現するためには一切の妥協を拒む強硬的な姿勢で、多くの敵対者を作ったこともあって、多大な功績があったにもかかわらず死後の2020年になるまで殿堂入りは叶わなかった。21年の殿堂入り式典では遺言で遺族の出席を禁じた。

リック・ミラー
Richard Alan Miller
1948.4.19～【出身地】ミシガン州グランドラピッズ【球団】71-77レッドソックス　78-80エンジェルズ　81-85レッドソックス
【位置】外野、左
【経歴】69年ドラフト2位でレッドソックスに入団。73年は143試合に出場したが、その後若手の台頭で控えに回る。78年エンジェルズに移籍しゴールドグラブを受賞、翌79年はリードオフマンとして自己最高の打率.293。代打としても活躍し、83年は35打数で16安打を放った。カールトン・フィスクとは義兄弟の間柄だった。
【通算】15年、1482試合、3887打数1046安打、28本塁打、369打点、78盗塁、打率.269
【タイトル】ゴールドグラブ1回（78年）

クライド・ミラン
Jesse Clyde Milan
1887.3.25～1953.3.3【出身地】テネシー州リンデン【球団】07-22セネターズ【位置】外野、左
【経歴】俊足好守の外野手で、同期入団で親友のウォルター・ジョンソンとは15年間にわたりルームメイトだった。11年194安打（5位）、74四球（2位）、58盗塁（2位）、同年から3年連続打率3割。12年は当時のリーグ記録となる88盗塁、翌13年も75盗塁を決め2年連続1位。22年は監督を兼任、その後も長くコーチを務め選手や報道陣の信頼が厚かったが、53年にキャンプ地で練習中に心臓発作で倒れ急死した。弟のホレイスもセネターズに2年間在籍した。
【通算】16年、1982試合、7359打数2100安打、105三塁打、17本塁打、617打点、495盗塁、打率.285
【タイトル】盗塁王2回（12～13年）
【監督】22セネターズ　1年、154試合、

69勝85敗、勝率.448

サム・ミーリー
Sabath Anthony Mele (Sam)
1922.1.21～2017.5.1【出身地】ニューヨーク州アストリア【球団】47-49レッドソックス　49-52セネターズ　52-53ホワイトソックス　54オリオールズ　54-55レッドソックス　55レッズ　56インディアンズ【位置】外野、右
【経歴】ニューヨーク大学時代はバスケットボールのスター選手。メジャーに昇格した47年自己唯一の打率3割(.302)。51年はリーグ最多の36二塁打、5本塁打で94打点を叩き出した。61年途中からツインズの指揮を執り、65年にリーグ制覇を果たしたが、采配面の評価は芳しくなく67年途中解任された。その後はレッドソックスでスカウトなどを務めた。トニーとアルのクチネロ兄弟はおじに当たる。
【通算】10年、1046試合、3437打数916安打、80本塁打、544打点、15盗塁、打率.267
【監督】61-67ツインズ　7年、963試合、524勝436敗、勝率.546　リーグ優勝1回(65年)

ケヴィン・ミルウッド
Kevin Austin Millwood
1974.12.24～【出身地】ノースカロライナ州ガストニア【球団】97-2002ブレーヴス　03-04フィリーズ　05インディアンズ　06-09レンジャーズ　10オリオールズ　11ロッキーズ　12マリナーズ【位置】投手、右
【経歴】93年ドラフト11位でブレーヴスに入団。98年ローテーション入りし17勝、翌99年は18勝(4位)、防御率2.68(2位)、205奪三振(4位)。切れ味の鋭いスライダーで、2002年も18勝(4位)を挙げた。03年フィリーズに移籍し、4月27日のジャイアンツ戦でノーヒットノーランを達成。インディアンズに移籍した05年は9勝11敗と負け越したものの、防御率2.86はヨハン・サンタナを0.01差でかわしリーグトップだった。レンジャーズに移った翌06年も16勝、通算では8回2ケタ勝利。12年6月8日のドジャース戦は6回まで無安打に抑え、6投手の継投によるノーヒッターを達成した。
【通算】16年、451試合、443先発、22完投、6完封、169勝152敗0S、2720.1回、2083奪三振、防御率4.11
【タイトル】最優秀防御率1回(2005年)オールスター1回(99年)

エリック・ミルトン
Eric Robert Milton
1975.8.4～【出身地】ペンシルヴェニア州ステイトカレッジ【球団】98-2003ツインズ　04フィリーズ　05-07レッズ　09ドジャース【位置】投手、左
【経歴】96年ドラフト1位でヤンキースに入団、98年ツインズに移籍し、99年9月11日のエンジェルズ戦でノーヒットノーラン、毎回の13三振も奪った。速球とカーブで2000年は13勝、翌01年は自己最多の15勝。フィリーズに移った04年も14勝、4回2ケタ勝利を挙げたがいずれの年も防御率は4点台だった。被本塁打が多く、04、05年は2年続けてリーグワーストの本数だった。
【通算】11年、271試合、270先発、10完投、4完封、89勝85敗0S、1582.1回、1127奪三振、防御率4.99
【タイトル】オールスター1回(2001年)

ジョン・ミルナー
John David Milner
1949.12.28～2000.1.4【出身地】ジョージア州アトランタ【球団】71-77メッツ　78-81パイレーツ　81-82エクスポズ　82パイレーツ【位置】一塁、外野、左
【経歴】68年ドラフト14位でメッツに入団。打率は低くとも長打力は魅力で、73年は23本塁打、72打点でメッツの逆転優勝に貢献、翌74年も20本塁打。79年にも準レギュラーとして16本塁打と、世界一を果たしたパイレーツにあって貴重な戦力となった。通算10本の満塁本塁打を放つなど勝負強さが持ち味だった。引退後の85年に自身が麻薬を使用していただけでなく、ウィリー・メイズの関与までも証言して物議を醸した。従兄弟のエディーも80年代にレッズのレギュラー外野手だった。
【通算】12年、1215試合、3436打数855安打、131本塁打、498打点、31盗塁、打率.249

ドン・ミンチャー
Donald Ray Mincher
1938.6.24～2012.3.4【出身地】アラバマ州ハンツヴィル【球団】60-66セネターズ/ツインズ　67-68エンジェルズ　69パイロッツ　70-71アスレティックス　71-72セ

ネターズ / レンジャーズ　72 アスレティックス【位置】一塁、左
【経歴】63 ～ 64 年にかけ合計 512 打数で 40 本塁打を放つが、完全にレギュラーに定着したのは 66 年以降。エンジェルズへ移籍した 67 年は 25 本塁打（5 位）、拡張ドラフトでパイロッツに加わった 69 年も 25 本、78 打点。翌 70 年は 4 選手との交換でアスレティックスへ移り、自己最多の 27 本塁打を記録した。61 年と 72 年の 2 度セネターズの本拠地移転を経験している。85 年にマイナーのハンツヴィル球団 GM に就任、のちにオーナーとなる。2001 ～ 11 年は AA 級サザン・リーグの会長の座にあったが、退任後間もなく死去した。
【通算】13 年、1400 試合、4026 打数 1003 安打、200 本塁打、643 打点、24 盗塁、打率 .249
【タイトル】オールスター 2 回（67,69 年）

ダグ・ミントケイビッチ
Douglas Andrew Mientkiewicz
1974.6.19 ～【出身地】オハイオ州トリド
【球団】98-2004 ツインズ　04 レッドソックス　05 メッツ　06 ロイヤルズ　07 ヤンキース　08 パイレーツ　09 ドジャース【位置】一塁、左
【経歴】95 年ドラフト 5 位でツインズに入団。99 年正一塁手に抜擢されたが、打率 .229、2 本塁打と低調でマイナー落ち。2000 年はシドニー五輪の代表として、チームトップの打率 .414、8 打点で金メダル獲得に貢献した。翌 01 年レギュラーに返り咲き打率 .306、39 二塁打、守備でもゴールドグラブを受賞。03 年も打率 .300、38 二塁打、74 四球を選んで出塁率は .393 の高率だった。高校時代はアレックス・ロドリゲスとチームメイトで仲も良かった。
【通算】12 年、1087 試合、3312 打数 899 安打、66 本塁打、405 打点、14 盗塁、打率 .271
【タイトル】ゴールドグラブ 1 回（2001 年）

グレッグ・ミントン
Gregory Brian Minton
1951.7.29 ～【出身地】テキサス州ラボック
【球団】75-87 ジャイアンツ　87-90 エンジェルズ【位置】投手、右
【経歴】70 年 1 月ドラフト 3 位でロイヤルズに入団、ジャイアンツ移籍後の 80 年ストッパーとなり、得意のシンカーで 19 セーブを稼ぐ。翌 81 年は 21 セーブ（2 位）、79 ～ 81 年は本塁打を 1 本も打たれず、82 年まで 269.1 回連続被本塁打ゼロの記録を達成。同年自己最多の 78 試合に登板し 10 勝、30 セーブ（2 位）、防御率 1.83 の見事な成績を収めた。87 年に肘の手術後解雇されると、エンジェルズに拾われて中継ぎで貴重な働きを見せた。牽制の巧さでも知られた。
【通算】16 年、710 試合、7 先発、0 完投、59 勝 65 敗 150 S、1130.2 回、479 奪三振、防御率 3.10
【タイトル】オールスター 1 回（82 年）

【ム】

アール・ムーア
Alonzo Earl Moore
1877.7.29 ～ 1961.11.28【出身地】オハイオ州ピッカリントン【球団】01-07 インディアンズ　07 ヤンキース　08-13 フィリーズ　13 カブス　14 バッファロー（FL）【位置】投手、右
【経歴】横手のクロスファイアで快速球を投げ込んだ好投手。01 年 5 月 9 日のホワイトソックス戦で 9 回まで無安打に抑えながら、延長 10 回に安打され敗戦投手となる。同年 16 勝、以後 5 年連続 2 ケタ勝利で 03 年は 20 勝、防御率 1.74（1 位）。05 年に打球を足に当ててから不調に陥り、マイナー落ちも経験したが 09 年 18 勝と立ち直り、10 年は自己最多の 22 勝（3 位）、6 完封と 185 奪三振はいずれも 1 位だった。12 年に打球を腕に受けてからは以前のような投球ができなくなった。
【通算】14 年、388 試合、326 先発、230 完投、34 完封、163 勝 154 敗、2776 回、1403 奪三振、1108 四球、防御率 2.78
【タイトル】最優秀防御率 1 回（03 年）最多奪三振 1 回（10 年）

ウィルシー・ムーア
William Wilcy Moore
1897.5.20 ～ 1963.3.29【出身地】テキサス州ボニータ【球団】27-29 ヤンキース　31-32 レッドソックス　32-33 ヤンキース【位置】投手、右
【経歴】26 年にマイナーで 30 勝し翌 27 年 29 歳でメジャーに昇格。横手から繰り出すシンカーで、主にリリーフで起用され 19 勝（4 位）、防御率 2.28 は 1 位。同年のワールドシリーズ最終第 4 戦では完投勝利で優勝投手となった。その後は故障がちとなり、一旦レッドソックスへ移籍していたが、32 年途中ヤンキースに戻り、ワールドシリーズではまたしても最終第 4 戦で勝利を手にした。
【通算】6 年、261 試合、32 先発、14 完投、2 完封、51 勝 44 敗、691 回、204 奪三振、防御率 3.70
【タイトル】最優秀防御率 1 回（27 年）

ジョ＝ジョ・ムーア
Joe Gregg Moore (Jo-Jo)
1908.12.25 ～ 2001.4.1【出身地】テキサス州ゴース【球団】30-41 ジャイアンツ【位置】外野、左
【経歴】流し打ちを得意とし、32 年以降の 7 年間で打率 3 割 5 回、34 年に自己ベストの .331。35 年は 201 安打を放つも打率は .295 で、200 安打以上で 3 割未満だった初の例となった。同年の 71 打点、翌 36 年の 205 安打（5 位）はいずれも自己最多。37 年は 37 二塁打（4 位）、ワールドシリーズでは 23 打数 9 安打と活躍した。リードオフマンでありながら初球打ちが多く、四球をあまり選ばなかった。左翼守備も高く評価されていた。
【通算】12 年、1335 試合、5427 打数 1615 安打、79 本塁打、513 打点、46 盗塁、打率 .298
【タイトル】オールスター 6 回（34 ～ 38,40 年）

ジーン・ムーア
Eugene Moore
1909.8.26 ～ 78.3.12【出身地】テキサス州ランカスター【球団】31 レッズ　33-35 カーディナルス　36-38 ブレーヴス　39-40 ドジャース　40-41 ブレーヴス　42-43 セネターズ　44-45 ブラウンズ【位置】外野、左
【経歴】強肩が売り物の寡黙な外野手で、レギュラーとなった 36 年 32 補殺、続く 37 年も 21 補殺で 2 年連続 1 位となる。打撃でも 36 年打率 .290、185 安打、38 二塁打（5 位）、12 三塁打（4 位）。37 年は自己最多の 16 本塁打、70 打点でオールスターに選ばれたが、その後はあまりいいところがなかった。父ジーン・シニアも 3 年メジャー経験がある。
【通算】14 年、1042 試合、3543 打数 958 安打、58 本塁打、436 打点、31 盗塁、打率 .270
【タイトル】オールスター 1 回（37 年）

チャーリー・ムーア
Charles William Moore
1953.6.21 ～【出身地】アラバマ州バーミングハム【球団】73-86 ブルワーズ　87 ブルージェイズ【位置】捕手、外野、右
【経歴】71 年ドラフト 5 位でブルワーズに入団。77 年正捕手となり、79 年は規定打席不足ながら打率 .300。80 年 10 月 1 日にはア・リーグの捕手で 40 年ぶりのサイクルヒットを達成した。82 年外野にコンバートされ、強肩を生かしリーグ最多の 6 併殺、補殺も 13 個。打撃でもシーズン中は打率 .254 だったが、プレイオフで 13 打

数6安打、ワールドシリーズでは26打数9安打、3二塁打と打ちまくった。翌83年自己最多の150安打、27二塁打。85年から捕手に復帰し、2年連続で盗塁阻止率4割以上と守備で貢献した。
【通算】15年、1334試合、4033打数1052安打、36本塁打、408打点、51盗塁、打率.261

テリー・ムーア
Terry Bluford Moore
1912.5.27～95.3.29【出身地】アラバマ州ヴァーノン【球団】35-42,46-48カーディナルス【位置】外野、右
【経歴】リーグ随一の守備の名手として知られた俊足・強肩の中堅手。39年17本塁打、77打点、同年から4年連続でオールスターに出場。翌40年自身唯一の打率3割(.304)、18盗塁も3位。43～45年は兵役のため全休した。47年には9打数連続安打を記録。チームメイトからの信頼が非常に厚く、主将としてチームを引っ張った。
【通算】11年、1298試合、4700打数1318安打、80本塁打、513打点、82盗塁、打率.280
【タイトル】オールスター4回(39～42年)
【監督】54フィリーズ　1年、77試合、35勝42敗、勝率.455

マイク・ムーア
Michael Wayne Moore
1959.11.26～【出身地】オクラホマ州カーネギー【球団】82-88マリナーズ　89-92アスレティックス　93-95タイガース【位置】投手、右
【経歴】81年ドラフト全体1位でマリナーズに入団。速球とフォークボールの組み合わせで85年17勝(5位)、14完投(2位)、アスレティックスに移った89年はいずれも3位の19勝、防御率2.61、ワールドシリーズでも2勝を挙げる。91～92年も17勝ずつと主戦投手の座を守り続け、92年からは3年連続でリーグ最多先発だった。通算では2ケタ勝利8回、200投球回以上9回を記録した。
【通算】14年、450試合、440先発、79完投、16完封、161勝176敗2S、2831.2回、1667奪三振、1156四球、防御率4.39
【タイトル】オールスター1回(89年)

マイク・ムシーナ
Michael Cole Mussina
1968.12.8～【出身地】ペンシルヴェニア州ウィリアムズポート【球団】91-2000オリオールズ　01-08ヤンキース【位置】投手、右
【経歴】ナックルカーブを始めとして多彩な変化球を操り、通算.638の高勝率を誇った名投手。87年オリオールズにドラフト11位で指名され入団拒否、スタンフォード大で経済学の学位を取得し、90年に1位で再度指名され入団。92年18勝(4位)、防御率2.54(3位)、95年は4完封(1位)を含む19勝を挙げ最多勝。続く96年も19勝(3位)、204奪三振(4位)。97年は自己最多の218奪三振(4位)、プレイオフでも4試合で新記録の41奪三振、防御率1.24、リーグ優勝決定シリーズ第3戦では延長12回で新記録となる15奪三振の熱投を演じた。99年も18勝は2位、サイ・ヤング賞投票では次点だった。
　2000年はリーグ最多の237.2回を投げ、防御率3.79と210奪三振はいずれも3位と好投しながら、援護に恵まれず11勝15敗と初の負け越し。翌01年ヤンキースに移籍し17勝、防御率3.15と214奪三振は2位。9月2日のレッドソックス戦は9回二死までパーフェクトに抑えた。07年9月には初めてリリーフで登板、デビュー以来の連続先発記録が498試合で途切れた。翌08年、17年連続の2ケタ勝利にして、自己最多となる20勝(2位)を挙げたのを最後に引退。39歳で初めて20勝に到達したのは史上最高齢だった。守備も上手くゴールドグラブを7回受賞している。目立つのが嫌いでメディアを敬遠していた。19年殿堂入り。
【通算】18年、537試合、536先発、57完投、23完封、270勝153敗0S、3562.2回、2813奪三振(24位)、785四球、防御率3.68
【タイトル】最多勝1回(95年)ゴールドグラブ7回(96～99,2001,03,08年)オールスター5回(92～94,97,99年)

マイク・ムスタカス
Michael Christopher Moustakas
1988.9.11～【出身地】カリフォルニア州ロスアンジェルス【球団】2011-18ロイヤルズ　18-19ブルワーズ　20-22レッズ　23ロッキーズ　23エンジェルズ【位置】三塁、左
【経歴】2007年ドラフト1位(全体2位)

でロイヤルズに入団。確実性は今一つながらパワフルな打撃で、14年はポストシーズン15試合で5本塁打。翌15年のワールドシリーズでは23打数7安打、第4戦で決勝タイムリーを放ち世界一に貢献した。16年に右膝靱帯損傷で27試合しか出られなかったあと、17年は球団新記録となる38本塁打（5位）でカムバック賞を受賞、19年も35本。おじのトム・ロブソンは外野手で76年は南海に在籍、その後ボビー・ヴァレンタインが監督に就任したロッテで再来日しコーチを務めた。
【通算】13年、1427試合、5060打数1252安打、215本塁打、683打点、21盗塁、打率.247
【タイトル】オールスター3回（2015,17,19年）

村上雅則　☆
Masanori Murakami
1944.5.6～【出身地】山梨県大月市【球団】64-65ジャイアンツ【位置】投手、左
【経歴】日本人メジャーリーガー第1号。63年南海に入団、翌64年ジャイアンツのマイナーA級フレズノに野球留学し、9月までに11勝を挙げてメジャーに抜擢される。9月1日シェイ・スタディアムでのメッツ戦で初登板、同年は9試合で1勝0敗1セーブ、防御率1.80、15回を投げ15奪三振、与四球1の見事なピッチングだった。続く65年は南海とジャイアンツとの間で二重契約問題に巻き込まれたが、1年間の期限つきで引き続きジャイアンツで投げることで決着。大きく速く曲がるカーブで45試合に投げ4勝1敗8セーブ、防御率3.75、74.1回で85奪三振と左のリリーフとして申し分ない働きを見せた。66年南海に復帰、68年に18勝、日本ハムでもリリーフで活躍した。83年メジャー復帰を目ざすが叶わず引退、コーチを経て解説者となった。
【通算】2年、54試合、1先発、0完投、5勝1敗、89.1回、100奪三振、防御率3.43
【日本】63,66-74南海　75阪神　76-82日本ハム　18年、566試合、124先発、41完投、5完封、103勝82敗30S、1642.1回、758奪三振、防御率3.64

村田透　☆
Toru Murata
1985.5.20～【出身地】大阪府大阪市【球団】2015インディアンズ【位置】投手、右
【経歴】大阪体育大から07年ドラフト1位で巨人に入団するも、3年間で一軍登板のないまま自由契約となる。11年渡米しインディアンズに入団、打たせて取る投球で15年はAAA級コロンバスでリーグ最多の15勝。6月28日のオリオールズ戦でメジャー初先発、3.1回で5点を失い敗戦投手となったのが唯一の登板だった。16年もAAA級では9勝。17年日本ハムで日本球界に復帰、32歳でプロ初勝利を記録した。
【通算】1試合、1先発、0完投、0勝1敗、3.1回、2奪三振、防御率8.10
【日本】2017-21日本ハム　5年、75試合、27先発、0完投、8勝8敗0S、210.2回、135奪三振、防御率3.46

ウォーリー・ムーン
Wallace Wade Moon
1930.4.3～2018.2.9【出身地】アーカンソー州ベイ【球団】54-58カーディナルス59-65ドジャース【位置】外野、一塁、左
【経歴】54年4月13日のメジャー初打席で初球を場外本塁打とする派手なデビューを飾り、同年打率.304、193安打（5位）、76打点で新人王を受賞。57年は自己最多の24本塁打を放つ。59年ドジャースに移籍、リーグ最多の11三塁打、出塁率.394（3位）。61年には打率.328（4位）、出塁率.434（1位）、自己最多の88打点と活躍した。流し打ちでロスアンジェルス・コロシアムの左翼席に放りこんだ本塁打は“ムーン・ショット”と呼ばれた。守備でも60年にゴールドグラブを受賞している。引退後は大学のコーチをしたり、マイナー球団を経営したりした。
【通算】12年、1457試合、4843打数1399安打、142本塁打、661打点、89盗塁、打率.289
【タイトル】新人王（54年）最高出塁率1回（61年）ゴールドグラブ1回（60年）オールスター2回（57,59年）

【メ】

カルロス・メイ　☆
Carlos May
1948.5.17 ～【出身地】アラバマ州バーミングハム【球団】68-76 ホワイトソックス　76-77 ヤンキース　77 エンジェルズ【位置】外野、一塁、左
【経歴】66 年ドラフト 1 位でホワイトソックスに入団。69 年は 8 月までの 100 試合に打率 .281、18 本塁打、62 打点で新人王候補の一番手だったが、海軍予備役での勤務中に事故で右手親指を切断するアクシデントを負う。それでも 72 年は打率 .308（4 位）、161 安打（5 位）、79 四球（4 位）、出塁率 .405（2 位）、翌 73 年も 20 本塁打、96 打点と活躍した。背番号 17 で、ユニフォームに自分の生年月日（MAY 17）が入っていた唯一の選手であった。78 年南海に入団し打率 .312、80 年も .326（4 位）と安定した打撃を披露した。兄のリーはレッズなどで活躍した強打者。
【通算】10 年、1165 試合、4120 打数 1127 安打、90 本塁打、536 打点、85 盗塁、打率 .274
【タイトル】オールスター 2 回（69,72 年）
【日本】78-81 南海　4 年、415 試合、1397 打数 431 安打、70 本塁打、252 打点、20 盗塁、打率 .309

デイヴ・メイ
David LaFrance May
1943.12.23 ～ 2012.10.20【出身地】デラウェア州ニューキャッスル【球団】67-70 オリオールズ　70-74 ブルワーズ　75-76 ブレーヴス　77 レンジャーズ　78 ブルワーズ　78 パイレーツ【位置】外野、左
【経歴】オリオールズ時代は控えで、70 年途中ブルワーズへ移籍し正中堅手に定着。73 年は打率 .303（5 位）、189 安打（2 位）、25 本塁打、93 打点だったが、それ以外の年は平凡な成績だった。75 年ハンク・アーロンとの交換でブレーヴスに移籍。息子のデリックも外野手で、2001 ～ 03 年にロッテに在籍した。
【通算】12 年、1252 試合、3670 打数 920 安打、96 本塁打、422 打点、60 盗塁、打率 .251
【タイトル】オールスター 1 回（73 年）

ミルト・メイ
Milton Scott May
1950.8.1 ～【出身地】インディアナ州ゲイリー【球団】70-73 パイレーツ　74-75 アストロズ　76-79 タイガース　79 ホワイトソックス　80-83 ジャイアンツ　83-84 パイレーツ【位置】捕手、左
【経歴】68 年ドラフト 11 位でパイレーツに入団。頭脳派の捕手で、アストロズに移籍した 74 年に打率 .289、54 打点。足首の故障から復帰した 77 年は自己最多の 12 本塁打、81 年は打率 .310 を記録した。鈍足で通算盗塁数はわずか 4 つ、失敗は 13 回。父のピンキーことメリルも好守の三塁手として鳴らし、40 年はオールスターに選ばれた。
【通算】15 年、1192 試合、3693 打数 971 安打、77 本塁打、443 打点、4 盗塁、打率 .263

リー・メイ
Arthur Lee Maye
1934.12.11 ～ 2002.7.17【出身地】アラバマ州タスカルーサ【球団】59-65 ブレーヴス　65-66 アストロズ　67-69 インディアンズ　69-70 セネターズ　70-71 ホワイトソックス【位置】外野、左
【経歴】64 年リーグ最多の 44 二塁打、自己最高の打率 .304、179 安打、74 打点。中距離打者で、本塁打は 61 年の 14 本が最多だった。アーサー・リー・メイ&ザ・クラウンズというドゥーワップ・グループを率いるプロの歌手でもあった。
【通算】13 年、1288 試合、4048 打数 1109 安打、94 本塁打、419 打点、59 盗塁、打率 .274

リー・メイ
Lee Andrew May
1943.3.23 ～ 2017.7.29【出身地】アラバマ州バーミングハム【球団】65-71 レッズ　72-74 アストロズ　75-80 オリオールズ　81-82 ロイヤルズ【位置】一塁、DH、右
【経歴】68 年から 11 年連続で 20 本塁打、80 打点以上を記録した巨漢のパワーヒッター。69 年は 38 本塁打（3 位）、110 打点（4 位）、翌 70 年も 34 本塁打、ワールドシリーズでは 18 打数 7 安打、2 本塁打、8 打点。71 年に自己最多の 39 本塁打（3 位）を放つ。翌 72 年ジョー・モーガンとのトレードでアストロズへ移籍、オリオールズ移籍後の 76 年には 25 本塁打(4 位)、109 打点を挙げ打点王となるが、100 三

振以上を10回喫するなど確実性は今一つだった。常に全力を尽くし、若手選手の面倒見も良くチームリーダーとして評価されていた。弟のカルロスは10年間メジャーで活躍、孫のジェイコブも1年だけホワイトソックスでプレイした。
【通算】18年、2071試合、7609打数 2031安打、340二塁打、31三塁打、354本塁打、1244打点、39盗塁、487四球、1570三振、打率.267
【タイトル】打点王1回（76年）オールスター3回（69,71～72年）

ルディ・メイ
Rudolph May
1944.7.18～2024.10.23【出身地】カンザス州コフィーヴィル【球団】65,69-74エンジェルズ　74-76ヤンキース　76-77オリオールズ　78-79エクスポズ　80-83ヤンキース【位置】投手、左
【経歴】高校時代はジョー・モーガンのチームメイト。65年20歳でメジャーに昇格、4勝を挙げるがその後はマイナー暮らし。69年4年ぶりに昇格し10勝、左腕からのカーブが効果的で、8回2ケタ勝利を記録した。76年15勝、翌77年自己最多の18勝（5位）。80年古巣のヤンキースに復帰し15勝、防御率2.46はリーグトップだった。
【通算】16年、535試合、360先発、87完投、24完封、152勝156敗12S、2622回、1760奪三振、防御率3.46
【タイトル】最優秀防御率1回（80年）

フィル・メイシー
Philip Samuel Masi
1916.1.6～90.3.29【出身地】イリノイ州シカゴ【球団】39-49ブレーヴス　49パイレーツ　50-52ホワイトソックス【位置】捕手、右
【経歴】45年に29歳で正捕手に定着、同年から4年連続でオールスターに選ばれる。47年は打率.304、自己最多の125安打、9本塁打。捕手にしては足も速く、48年のワールドシリーズ第1戦では代走で出場。牽制でアウトになったかと思われたがセーフと判定され、決勝のホームを踏んだが、亡くなる直前にアウトだったことを認めた。
【通算】14年、1229試合、3468打数 917安打、47本塁打、417打点、45盗塁、打率.264
【タイトル】オールスター4回（45～48年）

ウィリー・メイズ
Willie Howard Mays
1931.5.6～2024.6.18【出身地】アラバマ州ウェストフィールド【球団】51-52,54-72ジャイアンツ　72-73メッツ【位置】外野、右
【経歴】メジャー史上最も才能に溢れた万能選手。通算660本塁打の長打力、打率3割10回の確実性、4度の盗塁王に輝く俊足、12年連続ゴールドグラブの守備力とすべてにおいて高いレベルを誇り、ただ一人通算打率3割・300本塁打・300盗塁を記録。成績もさることながら、ショーマンシップに溢れ観客を楽しませる姿勢で大変な人気を得た。
17歳でニグロ・リーグのバーミングハム・バロンズに入団、50年ジャイアンツと契約。翌51年昇格直後は12打数ノーヒットと苦しんだが、最終的には20本塁打を放ち新人王となる。52年途中から兵役につき、復帰した54年はオールスターまでに31本塁打、結局41本で3位に終わるも打率.345で首位打者、13三塁打と長打率.667も1位でMVPを受賞。同年のワールドシリーズ第1戦で、ヴィク・ワーツの大飛球を背走し見事につかんだプレイは史上最高の美技として語り継がれている。
翌55年は51本塁打（1位）、127打点（2位）、56年に自己最多の40盗塁（1位）。以後4年連続で盗塁王となるが、ケガを怖れた首脳陣が極力盗塁のサインを控えたため、その後はあまり走らなかった。61年4月30日に1試合4本塁打、翌62年は49本で3度目のタイトルを獲得、141打点も2位でリーグ優勝に貢献。64年黒人選手として初めて主将に就任。65年は52本で4度目の本塁打王、出塁率.398と長打率.645も1位で2度目のMVP。66年にはメル・オットを抜いて、ナ・リーグの通算最多本塁打記録保持者となる。59年からの8年連続を含む10回の100打点を記録したが、打点王にはなれなかった。
72年途中メッツに移籍し15年ぶりにニューヨークへ戻り、翌73年のワールドシリーズ出場を最後に引退した。オールスターには20年連続出場し史上最多の23安打、63・68年にはMVPと活躍したが、ワールドシリーズでは通算20試合で打率.239、本塁打ゼロと実力を発揮できなかった。守備では通算7095刺殺で史上1位となっている。“セイ・ヘイ・ウィリー

（キッド）”というニックネームは、他人に呼びかける際の口癖が由来だった。79年殿堂入り。
【通算】22年、2992試合（10位）、10881打数（14位）3283安打（12位）、523二塁打、140三塁打、660本塁打（6位）、1903打点（11位）、338盗塁、1464四球（22位）、1526三振、打率.302
【タイトル】MVP2回（54,65年）新人王（51年）首位打者1回（54年）本塁打王4回（55,62,64～65年）盗塁王4回（56～59年）最高出塁率2回（65,71年）ゴールドグラブ12回（57～68年）オールスター20回（54～73年）
<ニグロ・リーグの成績>13試合、43打数10安打、0本塁打、6打点、1盗塁、打率.233

カール・メイズ
Carl William Mays
1891.11.12～1971.4.4【出身地】ケンタッキー州リバティー【球団】15-19レッドソックス　19-23ヤンキース　24-28レッズ　29ジャイアンツ【位置】投手、右
【経歴】下手からの速球と強気な内角攻めで20勝を5回記録。17年は22勝（5位）、防御率1.74（2位）、翌18年も21勝（3位）、30完投と8完封はいずれも1位、ワールドシリーズでも2勝を稼いだ。チームメイトとの仲が悪化し、19年途中志願してヤンキースへ移籍。20年6完封（1位）を含む26勝（2位）を挙げたが、8月16日のインディアンズ戦でレイ・チャップマンの頭部に死球を当て、史上唯一のフィールド上での死亡事故を引き起こす。そのショックを乗り越え、翌21年も27勝、49試合、336.2回はすべて1位だった。レッズに移籍した24年も20勝（3位）し、3球団で20勝を達成。通算打率.268、21三塁打と打力もあり、フィールディングにも優れているなど実力は申し分なかったが、陰気で敵味方を問わず嫌われ、八百長に関わった疑惑もあった。引退後はインディアンズとブレーヴスでスカウトを務めた。
【通算】15年、490試合、325先発、231完投、29完封、207勝126敗、3021.1回、862奪三振、734四球、防御率2.92
【タイトル】最多勝1回（21年）

キャメロン・メイビン
Cameron Keith Maybin
1987.4.4～【出身地】ノースカロライナ州アッシュヴィル【球団】2007タイガース　08-10マーリンズ　11-14パドレス　15ブレーヴス　16タイガース　17エンジェルズ　17アストロズ　18マーリンズ　18マリナーズ　19ヤンキース　20タイガース　20カブス　21メッツ【位置】外野、右
【経歴】2005年ドラフト1位（全体10位）でタイガースに入団。俊足が売り物で、パドレスでレギュラーとなった11年に40盗塁（2位）、17年も同じく2位の33盗塁。16年は94試合で.315の高打率だった。タイガースに3度在籍したのを含めのべ13球団に所属した。
【通算】15年、1162試合、3824打数973安打、72本塁打、354打点、187盗塁、打率.254

ジョン・メイブリー
John Steven Mabry
1970.10.17～【出身地】デラウェア州ウィルミントン【球団】94-98カーディナルス　99-2000マリナーズ　00パドレス　01カーディナルス　01マーリンズ　02フィリーズ　02アスレティックス　03マリナーズ　04-05カーディナルス　06カブス　07ロッキーズ【位置】外野、一塁、左
【経歴】91年ドラフト6位でカーディナルスに入団。95年メジャーに定着して打率.307、翌96年自己最多の13本塁打、74打点。5月18日に単打・二塁打・三塁打・本塁打の順でサイクルヒットを記録した。99年にマリナーズに移籍してからは毎年のようにチームをわたり歩き、カーディナルスに戻った2004年は87試合で打率.296、13本塁打を放ってリーグ優勝に貢献した。引退後はカーディナルスの打撃コーチとなり、趣味である狩猟や釣りのビデオも制作した。
【通算】14年、1321試合、3409打数898安打、96本塁打、446打点、7盗塁、打率.263

ジョン・メイベリー
John Claiborn Mayberry
1949.2.18～【出身地】ミシガン州デトロイト【球団】68-71アストロズ　72-77ロイヤルズ　78-82ブルージェイズ　82ヤンキース【位置】一塁、左
【経歴】67年ドラフト1位（全体6位）でアストロズに入団、翌68年19歳でメジャーに昇格。ロイヤルズに移籍した72年打率.298、25本塁打（5位）、100打点（2位）と開眼し、以後4年間で3回100

打点以上。力強さだけでなく選球眼も兼ね備え、73年は100打点（3位）に加え122四球、出塁率.417の両部門で1位となった。75年自己最多の38二塁打（3位）、34本塁打（3位）、106打点（2位）で、MVP投票では次点。77年のプレイオフでは凡プレイによりホワイティ・ハーゾグ監督の怒りを買い、翌78年ブルージェイズへ放出。80年は30本塁打を放った。同名の息子はフィリーズの外野手。
【通算】15年、1620試合、5447打数1379安打、255本塁打、879打点、20盗塁、打率.253
【タイトル】最高出塁率1回（73年）オールスター2回（73～74年）

ダン・メイヤー
Daniel Thomas Meyer
1952.8.3～【出身地】オハイオ州ハミルトン【球団】74-76タイガース　77-81マリナーズ　82-85アスレティックス【位置】一塁、外野、三塁、左
【経歴】72年ドラフト4位でタイガースに入団、75年レギュラーとなるが打率.236にとどまる。77年拡張ドラフトでマリナーズに移り球団初打点を記録、22本塁打、90打点も自己最多。三塁にコンバートされた79年も20本塁打を放ったが、続く80年は左翼を守るなどポジションが定まらなかった。当てるのが上手いのに加えて早打ちの傾向もあり、三振も四球も少なかった。
【通算】12年、1118試合、3734打数944安打、86本塁打、459打点、61盗塁、打率.253

ラス・メイヤー
Russell Charles Meyer
1923.10.25～97.11.16【出身地】イリノイ州ペルー【球団】46-48カブス　49-52フィリーズ　53-55ドジャース　56カブス　56レッズ　57レッドソックス　59アスレティックス【位置】投手、右
【経歴】“マッド・マンク”の異名を持つ気性の激しい投手。ロッカーを蹴りつけ負傷したり、審判につかみかかって出場停止になったりしたが、グラウンドを離れれば気のいい性格だった。得意球はスクリューボールで、フィリーズに移籍した49年自己最多の17勝、53年には15勝を挙げドジャースの優勝に貢献した。
【通算】13年、319試合、219先発、65完投、13完封、94勝73敗、1531.1回、672奪三振、防御率3.99

リック・メイラー
Richard Keith Mahler
1953.8.5～2005.3.2【出身地】テキサス州オースティン【球団】79-88ブレーヴス　89-90レッズ　91エクスポズ　91ブレーヴス【位置】投手、右
【経歴】75年ドラフト外でブレーヴスに入団、79年4月20日のメジャー初登板では、兄ミッキーの後を受けてマウンドに立った。多彩な変化球で82年9勝を挙げ地区優勝に貢献するが、翌83年は0勝。84年13勝と復調、85年は自己最多の17勝。6回200イニング以上を投げたタフさが長所で、82、86、87年と3回開幕戦で完封勝ちした。
【通算】13年、392試合、271先発、43完投、9完封、96勝111敗6S、1951.1回、952奪三振、防御率3.99

ブレント・メイン
Brent Danem Mayne
1968.4.19～【出身地】カリフォルニア州ロマリンダ【球団】90-95ロイヤルズ　96メッツ　97アスレティックス　98-99ジャイアンツ　2000-01ロッキーズ　01-03ロイヤルズ　04ダイアモンドバックス　04ドジャース【位置】捕手、左
【経歴】89年ドラフト1位でロイヤルズに入団。投手リードは良かったが、打力が弱かったこともあって正捕手になりきれず96年メッツへ移籍。99年にジャイアンツで自己最多の117試合に出場し、打率.301、32二塁打、出塁率.389。翌2000年はロッキーズへ移り、117試合で打率.301は前年とまったく同じ。101安打と64打点は自己記録で、8月22日のブレーヴス戦では延長戦で登板、野手では33年ぶりの勝利投手になった。
【通算】15年、1279試合、3614打数951安打、38本塁打、403打点、18盗塁、打率.263

ホセ・メサ
Jose Ramon Nova Mesa
1966.5.22～【出身地】ドミニカ共和国プエブロビエホ【球団】87,90-92オリオールズ　92-98インディアンズ　98ジャイアンツ　99-2000マリナーズ　01-03フィリーズ　04-05パイレーツ　06ロッキーズ　07タイガース　07フィリーズ【位置】投手、右

【経歴】82年外野手としてブルージェイズに入団、すぐ投手に転向。メジャー昇格当初は先発で、インディアンズ移籍後の93年に10勝。翌94年リリーフに転向、勢いのある4シームと2シームの組み合わせで、95年は46セーブ（1位）、防御率1.13、38連続セーブも記録。96年も39セーブ（2位）を稼いだが、暴行事件を起こして逮捕される（証拠不十分で無罪）。97年のワールドシリーズ第7戦ではリードを守れず逆転サヨナラ負けを喫した。

98年は中継ぎに降格し1セーブ、マリナーズに移った99年も33セーブを挙げたが防御率4.98と安定感に欠け、2000年はクローザーの座を佐々木主浩に明けわたした。01年フィリーズで抑えに返り咲き42セーブ（5位）、翌02年も45セーブ（4位）。04年はパイレーツで43セーブ（5位）を挙げ、3球団で40セーブを記録した。インディアンズ時代の同僚だったオマル・ビスケルとは仲が悪く、何度も故意に死球をぶつけた。

【通算】19年、1022試合（12位）、95先発、6完投、2完封、80勝109敗321S（22位）、1548.2回、1038奪三振、防御率4.36

【タイトル】最多セーブ1回（95年）オールスター2回（95～96年）

アンディ・メッサースミス
John Alexander Messersmith (Andy)

1945.8.6～【出身地】ニュージャージー州トムズリヴァー【球団】68-72エンジェルズ　73-75ドジャース　76-77ブレーヴス　78ヤンキース　79ドジャース【位置】投手、右

【経歴】66年ドラフト1位（第2回）でエンジェルズに入団。チェンジアップの名手で69年16勝、防御率2.52（4位）、211奪三振（3位）。71年は20勝、ドジャース移籍後も74年は20勝で最多勝、221奪三振も2位。翌75年は契約を更改しないまま投げ19勝（3位）、防御率2.29（2位）、213奪三振（3位）、19完投、7完封、321.2回はいずれも1位と大活躍。シーズン終了後裁定によりフリー・エージェントとして認定されブレーヴスと契約、FA時代の幕を開いた。移籍1年目の76年は11勝したが、その後は肘や肩の故障もありふるわなかった。69、70、75年と3回被打率1位を記録し、通算被打率は.212の低率。守備も良く、2度ゴールドグラブに輝いた。

【通算】12年、344試合、295先発、98完投、27完封、130勝99敗14S、2230.1回、1625奪三振、防御率2.86

【タイトル】最多勝1回（74年）ゴールドグラブ2回（74～75年）オールスター4回（71,74～76年）

ブッチ・メッツガー
Clarence Edward Metzger (Butch)

1952.5.23～【出身地】インディアナ州ラファイエット【球団】74ジャイアンツ　75-77パドレス　77カーディナルス　78メッツ【位置】投手、右

【経歴】70年ドラフト2位でジャイアンツに入団。高目の速球で勝負し、74、75年に1勝ずつしたのち、76年パドレスで開幕から10連勝。すべてリリーフながらデビュー12連勝の新記録を樹立した。同年は77登板も新人記録となり、11勝16セーブで新人王に選ばれる。翌77年は17試合で0勝0セーブ、防御率5.56の不振でカーディナルスへ放出。故障もあって78年限りで早くもメジャーから消えた。引退後は消防士として働き、レンジャーズのスカウトも務めた。

【通算】5年、191試合、1先発、0完投、18勝9敗23S、293.1回、175奪三振、防御率3.74

【タイトル】新人王（76年）

ロジャー・メッツガー
Roger Henry Metzger

1947.10.10～【出身地】テキサス州フレデリックスバーグ【球団】70カブス　71-78アストロズ　78-80ジャイアンツ【位置】遊撃、両

【経歴】69年ドラフト1位でカブスに入団、71年アストロズへ移って正遊撃手となり11三塁打（1位）。73年も14三塁打で再び1位、守備率.982も1位でゴールドグラブを受賞した。翌74年の.253が最高打率、通算5本塁打と打力は弱かった。常に全力でプレイしたが、指を切断するアクシデントにより80年限りで引退に追い込まれた。

【通算】11年、1219試合、4201打数972安打、5本塁打、254打点、83盗塁、打率.231

【タイトル】ゴールドグラブ1回（73年）

ドク・メディッチ
George Francis Medich (Doc)

1948.12.9～【出身地】ペンシルヴェニア

州アリクィッパ【球団】72-75ヤンキース　76パイレーツ　77アスレティックス　77マリナーズ　77メッツ　78-82レンジャーズ　82ブルワーズ【位置】投手、右
【経歴】70年ドラフト30位でヤンキースに入団、シンカーやスライダーなど変化球を駆使し73年14勝、防御率2.95（5位）。翌74年は19勝、75年も16勝と活躍を続ける。77年は開幕前まで在籍していたパイレーツを含めて4球団に所属、マリナーズ在籍時にはロイヤルズの連勝を16で止める白星も挙げた。通算8回の2ケタ勝利を記録し、現役最後の82年も12勝。81年の4完封はリーグ最多だった。現役中から医学を学び、心臓発作を起こした観客の救助にあたった経験も2度あった。引退後はスポーツ医学の道に進んだが、違法な薬品を処方して逮捕されてもいる。
【通算】11年、312試合、287先発、71完投、16完封、124勝105敗2S、1996.1回、955奪三振、防御率3.78

ジョー・メドウィック
Joseph Michael Medwick
1911.11.24～75.3.21【出身地】ニュージャージー州カートレット【球団】32-40カーディナルス　40-43ドジャース　43-45ジャイアンツ　45ブレーヴス　46ドジャース　47-48カーディナルス【位置】外野、右
【経歴】歩く姿がアヒルに似ていたことから"ダッキー"と呼ばれた強打者。33年正左翼手となり打率.306、40二塁打（2位）、98打点（4位）、以後10年連続打率3割、7年連続40二塁打。34年からは6年連続で100打点以上を叩き出す。36年は223安打、リーグ記録の64二塁打、138打点の3部門で1位となり、38年まで3年連続打点王。37年は打率.374、31本塁打、154打点で三冠王となったのに加え、237安打、56二塁打、長打率.641も1位でMVPを受賞した。
　39年は5年間で4度目の200本以上となる201安打（2位）を放つが、翌40年途中12万5000ドルの移籍金でドジャースへ。同年にビーンボールを受けたこともあって、その後は以前ほどの数字は残せなかった。喧嘩早さとラフプレイの多さは有名で、34年のワールドシリーズでは29打数11安打5打点と活躍したが、最終戦で三塁手のマーヴ・オウエンを蹴りつけ、怒ったタイガース・ファンから物を投げつけられ、身の安全のためランディス・コミッショナーによりベンチに退くよう勧告された。68年殿堂入り。
【通算】17年、1984試合、7635打数2471安打、540二塁打、113三塁打、205本塁打、1383打点、42盗塁、打率.324
【タイトル】MVP1回（37年）首位打者1回（37年）本塁打王1回（37年）打点王3回（36～38年）オールスター10回（34～42,44年）

リー・メドウズ
Henry Lee Meadows
1894.7.12～1963.1.29【出身地】ノースカロライナ州オックスフォード【球団】15-19カーディナルス　19-23フィリーズ　23-29パイレーツ【位置】投手、右
【経歴】眼鏡を使用した最も初期の投手の一人で、テンポのいい投球で知られた。16年リーグ最多の51試合に投げるが23敗もリーグワースト。0－1の敗戦が13回と援護に恵まれなかったこともあり、2ケタ勝利12回の一方で2ケタ敗戦も11回を数えた。横手からのカーブが良く、25年19勝（4位）、ワールドシリーズでは第1戦の先発を任されたが敗戦投手となる。翌26年20勝で最多勝、27年も19勝（5位）、25完投（1位）。200イニング以上投げた年が11回あるなどスタミナは抜群だった。引退後は内国歳入庁の職員となった。
【通算】15年、490試合、406先発、219完投、25完封、188勝180敗、3160.2回、1063奪三振、956四球、防御率3.37
【タイトル】最多勝1回（26年）

キャットフィッシュ・メトコヴィッチ
George Michael Metkovich (Catfish)
1920.10.8～95.5.17【出身地】カリフォルニア州アンヘルス基地【球団】43-46レッドソックス　47インディアンズ　49ホワイトソックス　51-53パイレーツ　53カブス　54ブレーヴス【位置】外野、一塁、左
【経歴】正中堅手となった44年に152安打、28二塁打、25試合連続安打を記録。翌45年は自己最多の62打点、19盗塁（4位）。打率は51年の.293が自己ベストだった。"キャットフィッシュ（ナマズ）"のニックネームは、ナマズを釣っていたときに鰭が足に刺さってケガをしたことから、ケイシー・ステンゲルが命名したもの。メジャーだけで4回、マイナー時代も含めると9回

もトレードを経験した。
【通算】10年、1055試合、3585打数934安打、47本塁打、373打点、61盗塁、打率.261

ウィット・メリフィールド　★
Whitley David Merrifield
1989.1.24～【出身地】サウスカロライナ州フローレンス【球団】2016-22ロイヤルズ　22-23ブルージェイズ　24フィリーズ　24ブレーヴス【位置】二塁、外野、右
【経歴】2010年ドラフト9位でロイヤルズに入団。俊足巧打の二塁手/外野手で、18年の45個を最多として盗塁王3回、18年は192安打、翌19年は206安打で2年連続1位。18～19年にかけてロイヤルズの球団記録となる31試合連続安打も達成し、また19～21年は3年続けてフル出場した。21年は42二塁打、33回連続成功を含む40盗塁、12犠飛の3部門で1位。日本のテレビ番組『筋肉番付』に出演したこともある。父ビルは内野手で、87年にパイレーツに昇格するも出場機会がないまま引退した。
【通算】9年、1147試合、4467打数1249安打、94本塁打、485打点、218盗塁、打率.280
【タイトル】盗塁王3回(2017～18,21年)オールスター3回(19,21,23年)

スキー・メリーロ
Oscar Donald Melillo (Ski)
1899.8.4～1963.11.14【出身地】イリノイ州シカゴ【球団】26-35ブラウンズ　35-37レッドソックス【位置】二塁、右
【経歴】腎炎の持病を抱えながらも抜群の守備力で10年間レギュラー二塁手を務める。打撃には波があったが31年は打率.306、189安打、75打点、8月23日にはレフティ・グローヴの連勝を17で止めるタイムリーを放つ。32年まで4年連続2ケタ三塁打、33年は自己最多の79打点を記録した。38年にブラウンズで代理監督として2勝7敗の星を残している。引退後は複数の球団でコーチやスカウトとして働いた。
【通算】12年、1377試合、5063打数1316安打、22本塁打、547打点、69盗塁、打率.260

ボブ・メルヴィン
Robert Paul Melvin
1961.10.28～【出身地】カリフォルニア州パロアルト【球団】85タイガース　86-88ジャイアンツ　89-91オリオールズ　92ロイヤルズ　93レッドソックス　94ヤンキース　94ホワイトソックス【位置】捕手、右
【経歴】81年1月ドラフト(第2回)でタイガースに1位指名され入団。好守の捕手だったが打撃が弱く、90年に93試合に出場、73安打、37打点を記録したのが自己最多だった。引退後スカウトやコーチを経て2003年マリナーズ監督となり、1年目は2位だったが、翌04年最下位に転落し解任。05年ダイアモンドバックス監督に就任、07年は地区優勝を果たし最優秀監督に選ばれた。11年途中からアスレティックス監督となり、翌12年は下馬評の低さを覆して逆転地区優勝を飾り、2度目の最優秀監督賞。18年にも3度目の受賞、20年は4度目の地区優勝を果たした。
【通算】10年、692試合、1955打数456安打、35本塁打、212打点、4盗塁、打率.233
【監督】2003-04マリナーズ　05-09ダイアモンドバックス　11-21アスレティックス　22-23パドレス　24ジャイアンツ　21年、3104試合、1597勝1507敗、勝率.514

オルランド・メルセド　☆
Orlando Luis Merced
1966.11.2～【出身地】プエルトリコ・アトレイ【球団】90-96パイレーツ　97ブルージェイズ　98ツインズ　98レッドソックス　98カブス　99エクスポズ　2001-03アストロズ【位置】外野、一塁、両
【経歴】85年パイレーツに入団、91年正一塁手となり打率.275で新人王投票2位、プレイオフ初打席で本塁打を放つ。外野にコンバートされた93年は打率.313、出塁率.414(4位)。95年も打率.300、29二塁打、自己最多の83打点を記録した。2000年オリックスに入団したが不振で途中退団、アストロズでメジャーに復帰し01年は4本の代打本塁打を放った。
【通算】13年、1391試合、3998打数1108安打、103本塁打、585打点、57盗塁、打率.277
【日本】2000オリックス　1年、23試合、80打数18安打、2本塁打、15打点、0盗塁、打率.225

ビル・メルトン
William Edwin Melton
1945.7.7～2024.12.5【出身地】ミシシッピ州ガルフポート【球団】68-75ホワイトソッ

クス 76 エンジェルズ 77 インディアンズ
【位置】三塁、外野、右
【経歴】69 年正三塁手となり、翌 70 年自己最多の 33 本塁打、96 打点で、ホワイトソックス史上初の 30 本台を記録。71 年はシーズン最終戦で 33 号本塁打を放ち、単独でこれまた球団初の本塁打王となった。翌 72 年自宅の車庫の屋根から落ちて腰を痛め、それからは以前のようには打てなかった。引退後はホワイトソックスのフロントで働いたのち解説者となった。
【通算】10 年、1144 試合、3971 打数 1004 安打、160 本塁打、591 打点、23 盗塁、打率 .253
【タイトル】本塁打王 1 回（71 年）オールスター 1 回（71 年）

デニス・メンキー
Denis John Menke
1940.7.21 ～ 2020.12.1【出身地】アイオワ州バンクロフト【球団】62-67 ブレーヴス 68-71 アストロズ 72-73 レッズ 74 アストロズ【位置】遊撃、三塁、二塁、右
【経歴】高校時代から評判が高く、58 年 12 万 5000 ドルの契約金でブレーヴスに入団。内野の全ポジションで年間 100 試合以上出場した経験を持ち、ブレーヴスでは主に遊撃を守った。アストロズに移った 68 年は二塁で 119 試合、71 年は一塁で 101 試合出場。64 年 20 本塁打、70 年は打率 .304、92 打点と打力もまずまずで、特に選球眼が良く 69 年は 87 四球を選んだ。引退後はフィリーズやレッズで長くコーチを務めた。
【通算】13 年、1598 試合、5071 打数 1270 安打、101 本塁打、606 打点、34 盗塁、打率 .250
【タイトル】オールスター 2 回（69 ～ 70 年）

ホセ・メンデス
Jose Colmenar Mendez
1885.1.2 ～ 1928.10.31【出身地】キューバ・カルデナス【球団】ニグロ・リーグ【位置】投手、右
【経歴】“ブラック・ダイアモンド”の異名で知られた名投手。安定した投球フォームからの快速球とカーブに加え、打者の意表をつくタイミングで投げるのも得意だった。母国キューバで活躍したのち 1908 年アメリカに渡り、練習試合ではクリスティ・マシューソンやエディー・プランクら、白人球界の大スターに投げ勝って、ジョン・マグローから「白人なら年俸 3 万ドルは稼げる」と太鼓判を捺された。14 年に腕を痛めてからは遊撃手に転向し、マウンドには時おり立つだけになった。43 歳で肺炎のため死去。キューバの野球殿堂に続き、2006 年にアメリカでも殿堂入りした。
<ニグロ・リーグの成績> 69 試合、31 先発、16 完投、1 完封、30 勝 9 敗、320 回、139 奪三振、防御率 3.46

【モ】

キース・モアランド
Bobby Keith Moreland
1954.5.2 ～【出身地】テキサス州ダラス【球団】78-81 フィリーズ 82-87 カブス 88 パドレス 89 タイガース 89 オリオールズ【位置】外野、三塁、捕手、右
【経歴】75 年ドラフト 7 位でフィリーズに入団。78 年にメジャーに昇格した当時は捕手で、カブスに移った 82 年外野に転向、翌 83 年は打率 .302、30 二塁打。85 年は打率 .307、180 安打、106 打点（4 位）の好成績だった。守備の下手さをからかわれることもあったがファンには人気で、三塁にコンバートされた 87 年に自己最多の 27 本塁打。ポストシーズンは通算 14 試合で 44 打数 16 安打、.364 の高打率を残した。
【通算】12 年、1306 試合、4581 打数 1279 安打、121 本塁打、674 打点、28 盗塁、打率 .279

ミッチ・モアランド
Mitchell Austin Moreland
1985.9.6 ～【出身地】ミシシッピ州アモーリー【球団】2010-16 レンジャーズ 17-20 レッドソックス 20 パドレス 21 アスレティックス【位置】一塁、左
【経歴】2007 年ドラフト 17 位でレンジャーズに入団。メジャーに昇格した 10 年のプレイオフでは 33 打数 10 安打、ワールドシリーズでは 13 打数 6 安打だったが、翌 11 年のポストシーズンは逆に 29 打数 3 安打の不振だった。15 年の打率 .278、23 本塁打、85 打点はすべて自己記録。一塁守備では 16 年に 139 試合で 2 失策しかせずゴールドグラブ賞を手にした。
【通算】12 年、1260 試合、4071 打数 1020 安打、186 本塁打、618 打点、11 盗塁、打率 .251
【タイトル】ゴールドグラブ 1 回（2016 年）オールスター 1 回（18 年）

ジェイミー・モイヤー
Jamie Moyer
1962.11.18 ～【出身地】ペンシルヴェニア州セラーズヴィル【球団】86-88 カブス 89-90 レンジャーズ 91 カーディナルス 93-95 オリオールズ 96 レッドソックス 96-2006 マリナーズ 06-10 フィリーズ 12 ロッキーズ【位置】投手、左
【経歴】最高級のチェンジアップで 50 歳近くまで投げ続けた技巧派左腕。相手打者の研究を怠らず、20 代では 34 勝だけだったが、30 代で 130 勝、40 歳以降でも 105 勝した。84 年ドラフト 6 位でカブスに入団。86 年後半ローテーション入りし 7 勝、翌 87 年は 12 勝したがその後伸び悩み、3 度の解雇を味わい 92 年はマイナー落ち。93 年再昇格し 12 勝、97 年は 17 勝。2001 年は 15 年目、38 歳にして初の 20 勝（2 位）、プレイオフも 3 勝、防御率 1.89 と抜群の安定感を示した。03 年は自己最多の 21 勝（2 位）、オールスターにも初出場。マリナーズでの 145 勝は球団記録となっている。
06 年途中フィリーズへ移籍、08 年は 45 歳で 16 勝、翌 09 年 15 度目の 2 ケタとなる 12 勝。10 年も 9 勝を挙げたが、ウィンター・リーグで肘を痛め、トミー・ジョン手術を受け 11 年は全休。12 年ロッキーズで復帰し、4 月 17 日に 49 歳 2 ヶ月で勝利投手となり、ジャック・クィンの史上最年長記録を 80 年ぶりに塗り替えた。5 月 16 日には 2 勝目を挙げ記録を更新すると同時に、打点を稼いでこちらも史上最年長記録を樹立。同月 21 日はマーリンズの新球場マーリンズ・パークで投げ、前人未到の 50 球場での登板となった。通算被本塁打 522 本は史上最多。慈善活動に熱心で、クレメンテ、ゲーリッグ、ハッチンソン、リッキーの社会活動にまつわる 4 賞をすべて受賞している。
【通算】25 年、696 試合、638 先発（16 位）、33 完投、10 完封、269 勝 209 敗 0 S、4074 回、2441 奪三振、1155 四球、防御率 4.25
【タイトル】オールスター 1 回（2003 年）

ジョー・モーガン
Joe Leonard Morgan
1943.9.19 ～ 2020.10.11【出身地】テキサス州ボナム【球団】63-71 アストロズ 72-79 レッズ 80 アストロズ 81-82 ジャイアンツ 83 フィリーズ 84 アスレティックス【位置】二塁、左
【経歴】ピート・ローズ、ジョニー・ベンチとともに“ビッグ・レッド・マシーン”の中核を担った俊足強打の二塁手。特に選球眼は抜群で、アストロズの正二塁手となった 65 年 97 四球で 1 位となったのを皮切りに最多四球 4 回、100 四球以上 8 回。72 年から 6 年連続で出塁率 4 割以上、5 年間で 4 回出塁率 1 位となった。69 年か

ら9年連続40盗塁以上、73、75年にいずれも2位の67盗塁を決め、通算成功率は.810の高率。頭脳的な走塁が光り、ピッチドアウトで刺されることはほとんどなかった。

身長は170cmと低くとも体つきは逞しく、72年にレッズに移籍してからは長打力を発揮。75年は打率.327（4位）、17本塁打、94打点、132四球（1位）、出塁率.466（1位）でMVPを受賞、大熱戦となったレッドソックスとのワールドシリーズでは第3戦でサヨナラ安打、第7戦の最終回に決勝打を放った。翌76年も打率.320と27本塁打は5位、111打点と60盗塁は2位、出塁率.444と長打率.576はともに1位で2年連続MVPに輝いた。

80年にはFAでアストロズに復帰し93四球（1位）で地区優勝に貢献、フィリーズに移った83年もリーグ優勝し、ワールドシリーズで2本塁打。二塁手として放った266本塁打は、ライン・サンドバーグに抜かれるまで1位だった。守備面でも通算刺殺、補殺、併殺で史上6位以内の数字を残している。引退後は長く解説者として働き、守旧的な野球観が賛否両論を招いた。90年殿堂入り。

【通算】22年、2649試合、9277打数2517安打、449二塁打、96三塁打、268本塁打、1133打点、689盗塁（11位）、1865四球（5位）、1015三振、打率.271

【タイトル】MVP2回（75～76年）最高出塁率4回（72,74～76年）ゴールドグラブ5回（73～77年）オールスター10回（66,70,72～79年）

マイク・モーガン
Michael Thomas Morgan

1959.10.8～【出身地】カリフォルニア州テュレア【球団】78-79アスレティックス　82ヤンキース　83ブルージェイズ　85-87マリナーズ　88オリオールズ　89-91ドジャース　92-95カブス　95-96カーディナルス　96-97レッズ　98ツインズ　98カブス　99レンジャーズ　2000-02ダイアモンドバックス【位置】投手、右

【経歴】25年間のプロ生活で、のべ13球団に在籍した苦労人。高校時代から注目され78年ドラフト1位（全体4位）でアスレティックスに入団。マイナーを経験せずメジャーデビューを果たすも0勝3敗、翌79年も2勝10敗と力不足でマイナー落ち。86年初の2ケタとなる11勝を挙げるも17敗はリーグワースト、翌87年も17敗を喫した。

90年4完封（1位）を含む11勝、続く91年は11年目にして初の勝ち越しとなる14勝。カブスに移った92年自己最多の16勝（3位）、防御率2.55と好投した。99年39歳にして6年ぶりの2ケタとなる13勝、4ディケード投手となった2000年は自己最多の60試合に登板。01年は初めてワールドシリーズの檜舞台に立ち、4.2回を無失点に抑えた。沈む速球とスライダーでゴロを打たせる投球を得意とした。

【通算】22年、597試合、411先発、46完投、10完封、141勝186敗8S、2772.1回、1403奪三振、防御率4.23

【タイトル】オールスター1回（91年）

ジーン・モーク
Gene William Mauch

1925.11.18～2005.8.8【出身地】カンザス州サリナ【球団】44ドジャース　47パイレーツ　48ドジャース　48-49カブス　50-51ブレーヴス　52カーディナルス　56-57レッドソックス【位置】二塁、遊撃、右

【経歴】26年間の監督生活で、一度も優勝を経験できなかった悲運の指揮官。現役時代は二塁手だったが目立った活躍はなく、53年27歳でマイナー球団の監督となる。56年選手としてメジャーに復帰、翌57年自己最多の60安打、28打点。60年フィリーズ監督に就任、62年は前年の47勝から81勝へと躍進し最優秀監督賞を受賞。64年は終盤まで首位をキープ、9月に10連敗を喫し優勝を逃したが2度目の受賞。73年はエクスポズを率いて優勝争いに加わり3度目の受賞を果たした。

82年はエンジェルズで地区優勝、86年もリーグ制覇まであと1球と迫りながら優勝できなかった。「審判よりルールに精通している」と言われた知性派で、犠牲バントを好み、ベンチ入りしている選手をできる限り活用。若手の才能を見抜く目も確かだった。カブス時代のチームメイト、ロイ・スモーリー・シニアとは義兄弟で、甥のロイ・ジュニアとは77～80年にツインズで監督と選手の関係だった。

【通算】9年、304試合、737打数176安打、5本塁打、62打点、6盗塁、打率.239

【監督】60-68フィリーズ　69-75エクスポズ　76-80ツインズ　81-82,85-87エンジェルズ　26年、3942試合、1902勝2037敗、勝率.483

ジョージ・モグリッジ
George Anthony Mogridge
1889.2.18 ～ 1962.3.4【出身地】ニューヨーク州ロチェスター【球団】11-12 ホワイトソックス　15-20 ヤンキース　21-25 セネターズ　25 ブラウンズ　26-27 ブレーヴス
【位置】投手、左
【経歴】制球の良い左腕で、17 年 4 月 24 日のレッドソックス戦でヤンキース球団史上初のノーヒットゲーム（1 失点）を達成。翌 18 年 45 試合（1 位）に登板し 16 勝、防御率 2.18。セネターズではウォルター・ジョンソンに次ぐ二番手として 21 ～ 22 年に 2 年連続 18 勝、21 年の防御率 3.00 は 2 位。優勝した 24 年も 16 勝を挙げ、ワールドシリーズ第 4 戦で勝利投手となった。意図的に投球間隔を長くして、打者を苛つかせるのが得意だった。
【通算】15 年、398 試合、261 先発、138 完投、20 完封、132 勝 133 敗、2265.2 回、678 奪三振、防御率 3.23

ブランドン・モス
Brandon Douglas Moss
1983.9.16 ～【出身地】ジョージア州モンロー【球団】2007-08 レッドソックス　08-10 パイレーツ　11 フィリーズ　12-14 アスレティックス　15 インディアンズ　15-16 カーディナルス　17 ロイヤルズ【位置】外野、一塁、左
【経歴】2002 年ドラフト 8 位でレッドソックスに入団。メジャー初本塁打は 08 年の日本遠征時に東京ドームで打った。12 年アスレティックスで 84 試合に出場し 21 本塁打、翌 13 年は自己最多の 30 本、87 打点。16 年も 28 本と長打力を発揮したが、低打率の上に 13 年以降は 5 年続けて 120 三振以上を喫した。カントリーの人気歌手アラン・ジャクソンは従兄弟に当たる。
【通算】11 年、1016 試合、3133 打数 742 安打、160 本塁打、473 打点、11 盗塁、打率 .237
【タイトル】オールスター 1 回（2014 年）

マイケル・モース
Michael John Morse
1982.3.22 ～【出身地】フロリダ州フォートローダーデイル【球団】2005-08 マリナーズ　09-12 ナショナルズ　13 マリナーズ　13 オリオールズ　14 ジャイアンツ　15 マーリンズ　15-16 パイレーツ　17 ジャイアンツ【位置】外野、右
【経歴】2000 年ドラフト 3 位でホワイトソックスに入団。05 年に遊撃手としてマリナーズに昇格、72 試合に出場したが 06 ～ 09 年はメジャーとマイナーを往復。ナショナルズ移籍後の 10 年に 98 試合で 15 本塁打、翌 11 年は打率 .303、31 本塁打、95 打点の自己最高成績で、長打率 .550 は 4 位だった。14 年のリーグ優勝決定シリーズでは、優勝を決めた第 5 戦で 8 回裏に同点アーチ。ワールドシリーズ第 7 戦でも先制犠飛と勝ち越し / 決勝タイムリーの 2 打点で、ジャイアンツの世界一をたぐり寄せた。マイナー時代と合わせて、3 回も禁止薬物で出場停止になっている。
【通算】13 年、832 試合、2569 打数 705 安打、105 本塁打、355 打点、6 盗塁、打率 .274

ジョニー・モスティル
John Anthony Mostil
1896.6.1 ～ 1970.12.10【出身地】イリノイ州シカゴ【球団】18,21-29 ホワイトソックス
【位置】外野、右
【経歴】俊足好守の外野手で、打撃でも 21 年からの 6 年間で打率 3 割 4 回。25 年は 43 盗塁と 90 四球が 1 位。翌 26 年も 35 盗塁を決め 2 年連続盗塁王となったのに加え、打率 .328、197 安打（5 位）、41 二塁打、15 三塁打（3 位）で、MVP 投票では次点に食い込んだ。翌 27 年のキャンプ中に剃刀で手首や首を切って自殺を図り、一時は死線をさまよう。シーズン終盤に復帰を果たしたものの、以前のような活躍はできなかった。
【通算】10 年、972 試合、3507 打数 1054 安打、23 本塁打、375 打点、176 盗塁、打率 .301
【タイトル】盗塁王 2 回（25 ～ 26 年）

ロイド・モズビー　☆
Lloyd Anthony Moseby
1959.11.5 ～【出身地】アーカンソー州ポートランド【球団】80-89 ブルージェイズ　90-91 タイガース【位置】外野、左
【経歴】78 年ドラフト 1 位（全体 2 位）でブルージェイズに入団。81 年正中堅手となり、俊足を生かした守備で高い評価を得る。83 年打率 .315、31 二塁打、翌 84 年は 15 三塁打（1 位）、92 打点。87 年自己最多の 26 本塁打、96 打点、39 盗塁。84 ～ 88 年は 5 年連続で 30 盗塁以上を決めた。92 年開幕後巨人に入団、96 試合で打率 .306、25 本塁打だったが、翌 93 年は故障のため不振に終った。

【通算】12年、1588試合、5815打数1494安打、169本塁打、737打点、280盗塁、1135三振、打率.257
【タイトル】オールスター1回(86年)
【日本】92-93巨人 2年、133試合、463打数134安打、29本塁打、84打点、6盗塁、打率.289

ウォーリー・モーゼス
Wallace Moses
1910.10.8〜90.10.10【出身地】ジョージア州ユーヴァルド【球団】35-41アスレティックス 42-46ホワイトソックス 46-48レッドソックス 49-51アスレティックス【位置】外野、左
【経歴】メジャー昇格2年目の36年に打率.345、202安打、翌37年は208安打、48二塁打(3位)、唯一の2ケタとなる25本塁打、86打点。アスレティックスでの最初の7年間はすべて3割以上の打率を残したが、ホワイトソックスに移って以降の10年間は一度も3割に届かなかった。43年リーグ最多の12三塁打、それまで16個が最多だった盗塁数を一挙に56個(2位)に伸ばした。40、43年の2度サヨナラ本盗を決めており、これは史上唯一の記録である。45年も168安打(2位)、35二塁打(1位)、15三塁打(2位)と活躍。翌46年途中レッドソックスに移り、ワールドシリーズでは12打数で5安打。引退後は長くコーチを務めた。
【通算】17年、2012試合、7356打数2138安打、435二塁打、110三塁打、89本塁打、679打点、174盗塁、821四球、457三振、打率.291
【タイトル】オールスター2回(37,45年)

ギエルモ・モタ
Guillermo Mota
1973.7.25〜【出身地】ドミニカ共和国サンペドロデマコリス【球団】99-2001エクスポズ 02-04ドジャース 04-05マーリンズ 06インディアンズ 06-07メッツ 08ブルワーズ 09ドジャース 10-12ジャイアンツ【位置】投手、右
【経歴】速球とチェンジアップで活躍を続けたリリーフ投手。91年にメッツでプロ入りした当時は内野手で、97年マイナー・リーグ・ドラフトでエクスポズに移籍し投手に転向。99年メジャーに昇格、6月9日に初打席で本塁打を打った。ドジャース移籍後の2003年は76試合で防御率1.97、翌04年も自己最多の78試合に投げ9勝を挙げた。11年まで9年連続で50試合以上に登板。07年は薬物使用で開幕から60日間の出場停止処分を下された。
【通算】14年、743試合、0先発、39勝45敗10S、856.2回、696奪三振、防御率3.94

マニー・モタ
Manuel Rafael Mota
1938.2.18〜【出身地】ドミニカ共和国サントドミンゴ【球団】62ジャイアンツ 63-68パイレーツ 69エクスポズ 69-80,82ドジャース【位置】外野、右
【経歴】史上3位の150本の代打安打を放ったスペシャリストで、成功率も.297と高かった。66年以降の8年間では準レギュラーとして7回3割以上の打率を残したが、守備面の不安から74年以降は代打に専念した。引退後はドジャースで30年以上にわたりコーチを務め、母国ドミニカのウィンター・リーグでも指揮を執った。息子のホセとアンディは91年に揃ってメジャーに昇格した。
【通算】20年、1536試合、3779打数1149安打、31本塁打、438打点、50盗塁、打率.304
【タイトル】オールスター1回(73年)

ドン・モッシ
Donald Louis Mossi
1929.1.11〜2019.7.19【出身地】カリフォルニア州セントヘレナ【球団】54-58インディアンズ 59-63タイガース 64ホワイトソックス 65アスレティックス【位置】投手、左
【経歴】速球派のリリーフ投手で、54年新人で40試合に投げ6勝1敗、防御率1.94で優勝に貢献、ワールドシリーズでも3試合に登板して4回を無失点に抑える。57年は先発兼任で11勝、59年タイガースに移籍してからはほぼ先発専任となり17勝(4位)、61年は15勝、防御率2.96(3位)を記録した。極端に耳が大きいことで有名だった。
【通算】12年、460試合、165先発、55完投、8完封、101勝80敗、1548回、932奪三振、防御率3.43
【タイトル】オールスター1回(57年)

ジェイソン・モット
Jason Louis Motte
1982.6.22〜【出身地】ミシガン州ポートヒューロン【球団】2008-12,14カーディナ

ルス　15 カブス　16 ロッキーズ　17 ブレーヴス【位置】投手、右
【経歴】2003 年ドラフト 19 位でカーディナルスに入団。当時は捕手で 06 年投手に転向、150㎞台後半の剛速球で 09 年からリリーフ投手としてメジャーに定着。10 年以降 3 年連続で防御率 2 点台、11 年に 33 試合連続自責点ゼロを記録。同年のプレイオフは 7 試合に投げ 4 セーブ、8 回で被安打は 1 本のみ。ワールドシリーズでも第 7 戦で最後を締めくくった。翌 12 年はリーグ最多の 42 セーブを稼いだが続く 13 年はトミー・ジョン手術で全休。15 年にカブスで自己最多の 8 勝を挙げた。
【通算】9 年、444 試合、0 先発、27 勝 15 敗 60 S、397.2 回、375 奪三振、防御率 3.30
【タイトル】最多セーブ 1 回（2012 年）

ガイ・モートン
Guy Morton
1893.6.1 ～ 1934.10.18【出身地】アラバマ州ヴァーノン【球団】14-24 インディアンズ【位置】投手、右
【経歴】14 年メジャー昇格を果たすも開幕から 13 連敗し、9 月になってようやく初勝利を挙げる。翌 15 年は一転して 6 完封（3 位）を含む 16 勝、防御率 2.14。威力のある速球とカーブで 18 年まで 4 年連続 2 ケタ勝利、22 年も 14 勝した。息子のガイ・ジュニアは 1 打席のみメジャー経験がある。
【通算】11 年、317 試合、185 先発、82 完投、19 完封、98 勝 86 敗、1629.2 回、830 奪三振、防御率 3.13

カール・モートン
Carl Wendle Morton
1944.1.18 ～ 83.4.12【出身地】ミズーリ州カンザスシティ【球団】69-72 エクスポズ 73-76 ブレーヴス【位置】投手、右
【経歴】ブレーヴスでプロ入りした当初は外野手で、67 年から投手に転向。69 年の拡張ドラフトでエクスポズに移り、速球とスラーブ中心の投球で翌 70 年 18 勝（5 位）、防御率 3.60 と好投し新人王に選ばれる。続く 71 年は 10 勝するも 18 敗。73 年ブレーヴスに復帰、以後 3 年連続 15 勝以上と活躍を続けた。打撃でも 70 ～ 73 年の 4 年間で 7 本塁打。83 年息子と一緒にジョギングをしていた際、心臓発作に見舞われ急死した。
【通算】8 年、255 試合、242 先発、51 完投、13 完封、87 勝 92 敗 1 S、1648.2 回、650 奪三振、防御率 3.73
【タイトル】新人王（70 年）

チャーリー・モートン　★
Charles Alfred Morton
1983.11.12 ～【出身地】ニュージャージー州フレミントン【球団】2008 ブレーヴス 09-15 パイレーツ　16 フィリーズ　17-18 アストロズ　19-20 レイズ　21-24 ブレーヴス【位置】投手、右
【経歴】名前と決め球であるカーブの別名から“アンクル・チャーリー”と呼ばれた、遅咲きの好投手。2002 年ドラフト 3 位でブレーヴスに入団、08 年メジャーに昇格し最初の 3 年は 11 勝 29 敗、防御率 5.98 だったが、ゴロを打たせる投球を身につけ 11 年は 10 勝を挙げる。アストロズに移った 17 年は 4 シームとカーブを多投するように衣替えし 14 勝、史上初めてリーグ優勝決定シリーズとワールドシリーズの両方で第 7 戦の勝利投手になった。
　翌 18 年も 15 勝、34 歳にしてオールスターに初選出。レイズに移った 19 年はすべて自己ベストとなる 16 勝（5 位）、防御率 3.05（3 位）、240 奪三振（5 位）を記録した。ブレーヴスに復帰した 21 年も 14 勝を挙げ、ワールドシリーズでは第 1 戦の先発を任されたが、打球を足首に受けて骨折し無念の降板。人柄がよく、チームメイトやファンに愛される選手だった。
【通算】17 年、383 試合、382 先発、3 完投、2 完封、138 勝 123 敗 0 S、2125.2 回、2047 奪三振、防御率 4.01
【タイトル】オールスター 2 回（2018 ～ 19 年）

メルビン・モラ
Melvin Mora
1972.2.2 ～【出身地】ベネズエラ共和国アグアネグラ【球団】99-2000 メッツ 00-09 オリオールズ　10 ロッキーズ　11 ダイアモンドバックス【位置】三塁、外野、右
【経歴】91 年アストロズに入団、マイナーで長くくすぶり 98 年は台湾でもプレイ。99 年にメッツでメジャーに昇格、当時は内外野を守るユーティリティーとして使われたが、オリオールズ移籍後長打力と選球眼に磨きがかかり、2003 年は打率 .317、出塁率 .418。翌 04 年三塁に定着して打率 .340（2 位）、41 二塁打、27 本塁打、104 打点、出塁率 .419（1 位）の自己最高

成績を残した。08年も23本塁打、自己最多タイの104打点。ボクサーやプロサッカー選手の経験もあり、5つ子の父親としても有名だった。
【通算】13年、1556試合、5422打数1503安打、171本塁打、754打点、93盗塁、打率.277
【タイトル】最高出塁率1回(2004年) オールスター2回(03,05年)

ブライアン・モーラー
Brian Merritt Moehler
1971.12.31～【出身地】ノースカロライナ州ロッキンガム【球団】96-2002タイガース 02レッズ 03アストロズ 05-06マーリンズ 07-10アストロズ【位置】投手、右
【経歴】93年ドラフト6位でタイガースに入団。コントロールの良い軟投派で97年11勝、翌98年の14勝、防御率3.90はいずれも自己ベスト。99年にはボールに故意に傷をつけ10日間の出場停止処分となる。同年のタイガー・スタディアムでの最終試合、翌2000年新球場コメリカ・パークの最初の試合でいずれも勝利投手となった。2000年まで4年連続2ケタ勝利、その後長く低迷していたが08年に8年ぶりの2ケタとなる11勝を挙げた。
【通算】14年、332試合、252先発、11完投、6完封、84勝107敗1S、1567.1回、859奪三振、防御率4.81

ケンドリス・モラレス
Kendrys Morales
1983.6.20～【出身地】キューバ共和国フォメント【球団】2006-10,12エンジェルズ 13マリナーズ 14ツインズ 14マリナーズ 15-16ロイヤルズ 17-18ブルージェイズ 19アスレティックス 19ヤンキース【位置】一塁、DH、両
【経歴】キューバで若手の強打者として活躍するも20歳で亡命し、2005年エンジェルズと契約。09年に正一塁手となって打率.306、34本塁打、108打点(5位)、長打率.569は2位。翌10年5月、本塁打を放って生還する際にジャンプして着地に失敗、足を骨折して残りのシーズンと11年は全休した。12年に復帰し22本塁打、7月30日には史上3人目となる同一イニングでのスイッチ本塁打を達成。15年は41二塁打(4位)、106打点、プレイオフでも4本塁打、10打点でロイヤルズの優勝に貢献した。18年8月にはメジャー記録へ1試合と迫る7試合連続本塁打を放ったが、以後は2本しか打てず引退した。
【通算】13年、1363試合、4856打数1289安打、213本塁打、740打点、6盗塁、打率.265

ジェリー・モラレス
Julio Ruben Morales (Jerry)
1949.2.18～【出身地】プエルトリコ・ヤブコア【球団】69-73パドレス 74-77カブス 78カーディナルス 79タイガース 80メッツ 81-83カブス【位置】外野、右
【経歴】メッツから69年拡張ドラフトでパドレスに加わり、20歳でメジャーに昇格。74年カブスに移籍し15本塁打、82打点、翌75年はリーグ2位の11犠飛を打ち上げ、自己最多の91打点。幅の広いスタンスでバットを頭上に掲げるフォームで、77年の前半戦はリーグトップの打率.331でオールスターに出場、年間では打率.290、34二塁打。引退後はプエルトリコで後進の指導にあたり、エクスポズ/ナショナルズでもコーチを務めた。
【通算】15年、1441試合、4528打数1173安打、95本塁打、570打点、37盗塁、打率.259
【タイトル】オールスター1回(77年)

パット・モラン
Patrick Joseph Moran
1876.2.7～1924.3.7【出身地】マサチューセッツ州フィッチバーグ【球団】01-05ブレーヴス 06-09カブス 10-14フィリーズ【位置】捕手、右
【経歴】03年正捕手となり、107試合守っただけにもかかわらず214補殺のメジャー記録を達成、打撃でも7本塁打は2位。翌04年は三塁も兼任した。15年フィリーズの監督に就任、盗まれにくい洗練されたサインを考案し初優勝に導く。19年からはレッズの指揮を執り、ブラックソックス事件の舞台となったワールドシリーズを制した。基本が何より大切との信念に基づき、大変な練習量を選手に課したが、同時に選手に対して敬意を払うことも忘れなかった。酒好きがたたり24年肝臓病で急死した。
【通算】14年、818試合、2634打数618安打、18本塁打、262打点、55盗塁、打率.235
【監督】15-18フィリーズ 19-23レッズ 9年、1343試合、748勝586敗、勝率.561 リーグ優勝2回(15,19年) ワールドシリーズ優勝1回(19年)

ミッキー・モランディーニ
Michael Robert Morandini
1966.4.22 ～【出身地】ペンシルヴェニア州カイタニング【球団】90-97 フィリーズ 98-99 カブス 2000 フィリーズ 00 ブルージェイズ【位置】二塁、左
【経歴】88 年のソウル五輪代表。同年ドラフト 5 位でフィリーズに入団、91 年レギュラーとなる。92 年 9 月 20 日のパイレーツ戦で単独三重殺を完成させるなど堅実な守備を誇り、打撃でも長打力には欠けたものの、93 年は 9 三塁打（3 位）。97 年に打率 .295、40 二塁打、翌 98 年も .296、172 安打、出塁率 .380 を記録した。
【通算】11 年、1298 試合、4558 打数 1222 安打、32 本塁打、351 打点、123 盗塁、打率 .268
【タイトル】オールスター 1 回（95 年）

ジョージ・モリアーティ
George Joseph Moriarty
1885.7.7 ～ 1964.4.8【出身地】イリノイ州シカゴ【球団】03-04 カブス 06-08 ヤンキース 09-15 タイガース 16 ホワイトソックス【位置】三塁、一塁、右
【経歴】どの球団でもチームメイトに好かれた好漢。03 年に 18 歳で 1 試合のみ出場、06 年からメジャーに定着し、三塁手として 07 年から 8 年連続 20 盗塁以上。ホームスティールも得意だった。11 年以降はタイガースの主将を任される。17 年ア・リーグ審判に転身、27 ～ 28 年はタイガースの監督を務めたが 29 年審判に復帰し、40 年まで在職した。その後リーグ広報部勤務を経てタイガースのスカウトとなった。詩や曲を書くのも得意で、フランク・チャンスの死に際して寄せた哀悼の詩はチャンスの墓石に刻まれた。兄のビルも 6 試合のみメジャー経験あり。孫のマイケル・モリアーティは俳優として、映画や『ロー&オーダー』などのテレビドラマに出演した。
【通算】13 年、1075 試合、3671 打数 920 安打、5 本塁打、376 打点、251 盗塁、打率 .251
【監督】27-28 タイガース 2 年、310 試合、150 勝 157 敗、勝率 .489

エド・モーリス
Edward Morris
1862.9.29 ～ 1937.4.12【出身地】ニューヨーク州ブルックリン【球団】1884 コロンバス（AA） 85-89 ピッツバーグ（AA）/ ピッツバーグ 90 ピッツバーグ（PL）【位置】投手、左
【経歴】“キャノンボール”の異名をとった速球投手で、19 世紀の左腕では最多の 171 勝を挙げた。1884 年 5 月 1 日の初登板で 13 奪三振、同月 29 日のピッツバーグ（AA）戦ではノーヒットノーラン。同年は 34 勝（5 位）、防御率 2.18（3 位）、302 奪三振の大活躍だった。翌 85 年はコロンバス（AA）を吸収したピッツバーグ（AA）で 39 勝（2 位）、63 試合すべてに完投し 7 完封、581 回、298 奪三振はいずれも 1 位。続く 86 年も 12 完封（1 位）を含む 41 勝を稼ぎ、最多勝となった。非常にテンポの速い投球で、88 年も 4 連続完封を含む 29 勝（4 位）を挙げたが、90 年を最後に 28 歳で投手寿命が尽きた。
【通算】7 年、311 試合、307 先発、297 完投、29 完封、171 勝 122 敗、2678 回、1217 奪三振、防御率 2.82
【タイトル】最多勝 1 回（1886 年）最多奪三振 1 回（85 年）

ジャック・モーリス
John Scott Morris
1955.5.16 ～【出身地】ミネソタ州セントポール【球団】77-90 タイガース 91 ツインズ 92-93 ブルージェイズ 94 インディアンズ【位置】投手、右
【経歴】スプリッターを決め球に 80 年代最多の 162 勝を挙げた名投手。闘志溢れるピッチングで知られ、スタミナも抜群で 11 回 200 イニング以上を投げた。76 年ドラフト 5 位でタイガースに入団、79 年は 17 勝と防御率 3.28 が 5 位、81 年は 14 勝で最多勝。ミルト・ウィルコックスからフォークを学び、本格的に投げ始めた 83 年は 20 勝（4 位）、293.2 回と 232 奪三振は 1 位。翌 84 年は 19 勝（2 位）、4 月 7 日のホワイトソックス戦でノーヒットノーランを達成。ワールドシリーズでも完投で 2 勝を挙げた。
86 年は 6 完封（1 位）を含む 21 勝（2 位）、223 奪三振（3 位）。89 年は 11 年ぶりの 1 ケタとなる 6 勝に終わったが、地元のツインズに移籍した 91 年は 18 勝（4 位）、ポストシーズンも合計 4 勝 0 敗、ワールドシリーズ第 7 戦では延長 10 回を零封しシリーズ MVP に輝いた。続く 92 年はブルージェイズに移り 21 勝で最多勝、ワールドシリーズは 2 敗とふるわなかったが、タイガース時代の 84 年と合わせて 3 球団で世界一となった。80 ～ 93 年にメジャー記録の 14 年連続開幕投手を務めて

8勝。14回目の2ケタとなる10勝を挙げた94年限りで引退したのち、96年地元の独立球団セントポール・セインツに加わり、ノーヒットノーランを達成した。気難しい面があって、女性記者の取材を拒否して問題になったこともあった。2018年殿堂入り。
【通算】18年、549試合、527先発、175完投、28完封、254勝186敗0S、3824回、2478奪三振、1390四球(19位)、防御率3.90
【タイトル】最多勝2回(81,92年) 最多奪三振1回(83年) オールスター5回(81,84～85,87,91年)

ハル・モーリス
William Harold Morris
1965.4.9～【出身地】アラバマ州フォートラッカー【球団】88-89ヤンキース 90-97レッズ 98ロイヤルズ 99-2000レッズ 00タイガース【位置】一塁、左
【経歴】86年ドラフト8位でヤンキースに入団するが、出場機会に恵まれず90年レッズへ移籍。同年は規定打席不足ながら.340の高打率で、翌91年も打率.318はテリー・ペンドルトンに1厘差の2位だった。94年も.335(5位)、146安打(4位)、96年に自己最多の165安打、16本塁打、80打点、翌97年にかけて32試合連続安打も記録。打席で両足を交互に動かす癖があり、ロイヤルズに移った98年は打率.309で6度目の打率3割となった。
【通算】13年、1246試合、3998打数1216安打、76本塁打、513打点、45盗塁、打率.304

マット・モーリス
Matthew Christian Morris
1974.8.9～【出身地】ニューヨーク州ミドルタウン【球団】97-98,2000-05カーディナルス 06-07ジャイアンツ 07-08パイレーツ【位置】投手、右
【経歴】95年ドラフト1位でカーディナルスに入団。長身からの大きく割れるカーブを駆使し、97年新人で12勝、防御率3.19。翌98年も防御率2.53と好調だったが肘を痛め99年は全休。復帰後の2001年はリーグ最多の22勝、防御率3.16。ディヴィジョンシリーズでは15回を投げ自責点2と奮投したが、援護がなく1勝もできなかった。02年も17勝、07年まで7年連続2ケタ勝利を挙げた。
【通算】11年、307試合、276先発、23完投、8完封、121勝92敗4S、1806回、1214奪三振、防御率3.98
【タイトル】最多勝1回(2001年) オールスター2回(01～02年)

ジム・モリソン
James Forrest Morrison
1952.9.23～【出身地】フロリダ州ペンサコラ【球団】77-78フィリーズ 79-82ホワイトソックス 82-87パイレーツ 87-88タイガース 88ブレーヴス【位置】三塁、二塁、右
【経歴】パイレーツから2度ドラフト指名されたが入団を拒否、74年フィリーズのドラフト5位でプロ入り。80年ホワイトソックスで正二塁手となり、162試合にフル出場し打率.283、40二塁打(3位)、15本塁打。守備でも刺殺、補殺、併殺ですべて1位だった。82年途中パイレーツに移籍してからは主に三塁を守り、86年に自己最多の23本塁打、88打点。現役最後の88年は3試合マウンドに立ち、3.2回を無失点に抑えた。
【通算】12年、1089試合、3375打数876安打、112本塁打、435打点、50盗塁、打率.260

ジョニー・モリソン
John Dewey Morrison
1895.10.22～1966.3.20【出身地】ケンタッキー州ペルヴィル【球団】20-27パイレーツ 29-30ドジャース【位置】投手、右
【経歴】カーブの名手として名高く、21年は9勝のみながら3完封は1位。翌22年5完封(1位)を含む17勝、23年は25勝(2位)。24年41試合、25年は44試合で2年連続リーグ最多登板だった。酒癖が過ぎて28年にパイレーツを追われ、29年ドジャースで復帰。リリーフ中心で13勝を稼いだが、体調管理を怠り30年途中解雇された。兄のフィルも1試合のみメジャーで投げた。
【通算】10年、297試合、164先発、89完投、13完封、103勝80敗、1535回、546奪三振、防御率3.65

ローガン・モリソン
Justis Logan Morrison
1987.8.25～【出身地】ミズーリ州カンザスシティ【球団】2010-13マーリンズ 14-15マリナーズ 16-17レイズ 18ツインズ 19フィリーズ 20ブルワーズ【位置】一塁、左

【経歴】2005年ドラフト22位でマーリンズに入団。11年に23本塁打を放った後は低迷が続いていたが、17年にフライボール打法を取り入れ38本塁打(5位)、85打点の自己最高成績を残す。レイズからツインズに移籍した翌18年は.186の低打率で、その後も復調せずに終わった。ツイッターの創成期から積極的に発言し、多い時で10万人のフォロワーを集めた。
【通算】11年、997試合、3331打数792安打、140本塁打、426打点、23盗塁、打率.238

ポール・モリター
Paul Leo Molitor
1956.8.22～【出身地】ミネソタ州セントポール【球団】78-92 ブルワーズ 93-95 ブルージェイズ 96-98 ツインズ【位置】三塁、二塁、DH、右
【経歴】数多くの故障を克服し3000本安打を放った名打者。一番打者として打線の火付け役となったことから"イグナイター(点火装置)"の愛称で呼ばれた。77年ドラフト1位(全体3位)でブルワーズに入団、翌78年早くも正二塁手に抜擢され、79年は打率.322、188安打(4位)、16三塁打(2位)。82年は201安打(3位)、41盗塁、プレイオフでは2本塁打、5打点、ワールドシリーズも第1戦で5安打、合計31打数11安打と打ちまくった。しかしながら、器用さがあだとなって頻繁にポジションを変えられた上、足首、手首、肘など何度となく大きな故障にも見舞われる。コカインの悪癖にも染まり、80～87年の8年間は1241試合中378試合(30.5%)を欠場。肘を手術した84年は13試合しか出られなかった。
　故障を防ぐため、DHでの出場が多くなった87年は39試合連続安打を記録、打率.353と出塁率.438は2位、44試合も欠場しながら41二塁打は1位。自己最多の45盗塁(4位)も決めた。91年も216安打と13三塁打は1位。93年ブルージェイズに移籍、打率.332(2位)、211安打(1位)、22本塁打、111打点で、MVP投票では次点。プレイオフでは6打席連続安打を含む23打数9安打、ワールドシリーズも24打数11安打、2本塁打、8打点でMVPに輝いた。ポストシーズンは通算29試合で打率.359、6本塁打、21打点の好成績を残している。
　翌94年も打率.341、95年にかけ2年間で32盗塁して失敗なし。96年地元のツインズに移籍、40歳にして打率.341(3位)、225安打(1位)、113打点と衰えを見せず、9月16日に3000本安打を史上初の三塁打で達成した。97年12回目の3割となる打率.305、現役最後の98年も141安打を放った。引退後はマリナーズなどで打撃コーチを務めたのち、15～18年はツインズの指揮を執り、17年は最優秀監督に選ばれた。04年殿堂入り。
【通算】21年、2683試合、10835打数(16位)3319安打(10位)、605二塁打(15位)、114三塁打、234本塁打、1307打点、504盗塁、1094四球、1244三振、打率.306
【タイトル】オールスター7回(80,85,88,91～94年)
【監督】2015-18 ツインズ 4年、648試合、305勝343敗、勝率.471

ベンジー・モリナ
Benjamin Jose Molina
1974.7.20～【出身地】プエルトリコ・リオピエドラス【球団】98-2005 エンジェルズ 06 ブルージェイズ 07-10 ジャイアンツ 10 レンジャーズ【位置】捕手、右
【経歴】93年にドラフト外でエンジェルズに入団。2000年正捕手になり14本塁打、71打点。強肩が売り物で02・03年は合計.452の盗塁阻止率を記録し、2年連続でゴールドグラブに選ばれた。05年のディヴィジョンシリーズでは18打数8安打、3本塁打。08年はリーグ最多の11犠飛、自己最多の95打点。本塁打を打った直後に足を負傷し、代走がホームを踏む珍事もあった。09年も同じく11犠飛で1位、自己最多の20本塁打。メジャー屈指の鈍足で通算3盗塁、6三塁打だったが、10年7月16日のレンジャーズ戦でサイクルヒットを達成。20世紀以降初の捕手で初のサイクルだった。引退後はレンジャーズなどのコーチ。弟のホセ、ヤディエルも捕手で、ホセとはエンジェルズで5年間チームメイトだった。
【通算】13年、1362試合、4812打数1317安打、144本塁打、711打点、3盗塁、打率.274
【タイトル】ゴールドグラブ2回(2002～03年)

ヤディエル・モリナ
Yadier Benjamin Molina
1982.7.13～【出身地】プエルトリコ・バヤモン【球団】2004-22 カーディナルス【位

置】捕手、右
【経歴】カーディナルスの2度の世界一を支えた、史上有数の守備力を誇る名捕手。2000年ドラフト4位で入団、抜群の強肩で正捕手に定着した05年は盗塁阻止率.641。通算でも.403の高率で、補殺でも3回1位となり、08年から8年連続でゴールドグラブを受賞した。打撃では06年のリーグ優勝決定シリーズで23打数8安打6打点、第7戦の9回表に優勝を決める2ラン。ワールドシリーズでも17打数7安打とよく打った。
11年のワールドシリーズも24打数8安打、チームトップの9打点。12年は打率.315(4位)、22本塁打、13年も.319(4位)、44二塁打(2位)、自己最多の80打点。通算では打率3割5回。アダム・ウェインライトとは史上最多の328試合で先発バッテリーを組んだ。WBCにはプエルトリコ代表として13、17年に出場し準優勝、引退後の23年は監督を務めた。兄のベンジー、ホセも捕手。
【通算】19年、2224試合、7817打数2168安打、408二塁打、7三塁打、176本塁打、1022打点、71盗塁、542四球、922三振、打率.277
【タイトル】ゴールドグラブ9回(2008～15,18年) オールスター10回(09～15,17～18,21年)

ジョン・モーリル
John Francis Morrill
1855.2.19～1932.4.2【出身地】マサチューセッツ州ボストン【球団】1876-88ボストン 89ワシントン 90ボストン(PL)【位置】一塁、三塁、右
【経歴】一塁を主として、投手を含めた全ポジションを守ることができた。1882年初代監督のハリー・ライトに代わってボストンの監督を兼任、83年一旦その座をジャック・バードックに譲ったがシーズン途中返り咲き、逆転優勝に導いた。同年の16三塁打、長打率.525はリーグ2位、68打点は4位。87年の32二塁打、12本塁打はいずれも5位だった。真面目で正直な性格だったが、89年主力選手のキング・ケリーとの対立からチームを追われ、ワシントンの監督に迎えられた。84年に刊行した『Batting and Pitching』は、現役選手が著した最初の野球書とされている。引退後はボストン時代の僚友ジョージ・ライトが創立したスポーツ用品会社ライト&ディットソンに長く勤め、幹部まで昇進した。
【通算】15年、1265試合、4912打数1275安打、43本塁打、643打点、打率.260
【監督】1882-88ボストン 89ワシントン 8年、696試合、348勝334敗、勝率.510 リーグ優勝1回(83年)

ウォルト・モーリン
Walter Joseph Moryn
1926.4.12～96.7.21【出身地】ミネソタ州セントポール【球団】54-55ドジャース 56-60カブス 60-61カーディナルス 61パイレーツ【位置】外野、左
【経歴】体格の良い外野手で、56年カブスに移籍、30歳にしてレギュラーとなり23本塁打を放つ。同年は守備でもリーグ最多の18補殺、ドン・カードウェルがノーヒッターを達成した試合では、9回二死から見事なダイビングキャッチを決め、快挙を手助けした。翌57年33二塁打(5位)、88打点、58年は自己最多の26本塁打でオールスターに選ばれた。
【通算】8年、785試合、2506打数667安打、101本塁打、354打点、7盗塁、打率.266
【タイトル】オールスター1回(58年)

アル・モール
Albert Joseph Maul
1865.10.9～1958.5.3【出身地】ペンシルヴェニア州フィラデルフィア【球団】1884フィラデルフィア(UA) 87フィラデルフィア 88-89ピッツバーグ 90ピッツバーグ(PL) 91ピッツバーグ 93-97ワシントン 97-98ボルティモア 99ブルックリン 1900フィラデルフィア 01ジャイアンツ【位置】投手、外野、右
【経歴】1884年18歳でユニオン・アソシエーションに参加、1試合のみ登板する。87年当時の新記録となる2500ドルの契約金でフィラデルフィアに入団するが4勝どまり。88～89年は主に野手として出場、89年は打率.276、44打点。90年プレイヤーズ・リーグで16勝、93年以降はほぼ投手に専念する。スローカーブを使い、95年は防御率2.45で1位。97年は1勝もできなかったが、翌98年は軽石でボールに細工をする手法を編み出し20勝、防御率2.10(2位)。その後はまた3年間で4勝と二流投手に戻った。
【通算】15年、188試合、168先発、144完投、4完封、84勝80敗、1440.2回、

352 奪三振、防御率 4.45
【タイトル】最優秀防御率 1 回（1895 年）

マーク・モルダー
Mark Alan Mulder
1977.8.5 ～【出身地】イリノイ州サウスホランド【球団】2000-04 アスレティックス　05-08 カーディナルス【位置】投手、左
【経歴】身長 198cm の長身左腕で、98 年ドラフト 1 位（全体 2 位）でアスレティックスに入団。メジャーに昇格した 2000 年 9 勝、翌 01 年は 4 完封（1 位）を含む 21 勝で最多勝。速球とカーブで翌 02 年も 19 勝（4 位）、05 年まで 5 年連続 15 勝以上と活躍を続け、03 年は 9 完投、04 年は 5 完投で 2 年連続 1 位となった。肩痛のため 06 年以降の 3 年間は防御率 7.73 と急激に衰え、30 歳で引退した。ゴルフが得意で、有名人大会で何度も優勝している。
【通算】9 年、205 試合、203 先発、25 完投、10 完封、103 勝 60 敗 0 S、1314 回、834 奪三振、防御率 4.18
【タイトル】最多勝 1 回（2001 年）オールスター 2 回（03 ～ 04 年）

ジャスティン・モルノー
Justin Ernest George Morneau
1981.5.15 ～【出身地】カナダ・ブリティッシュコロンビア州ウェストミンスター【球団】2003-13 ツインズ　13 パイレーツ　14-15 ロッキーズ　16 ホワイトソックス【位置】一塁、左
【経歴】99 年ドラフト 3 位でツインズに入団。2004 年後半からレギュラーに定着して 19 本塁打を放つと、06 年は打率 .321、34 本塁打、130 打点（2 位）で地区優勝に貢献し、MVP を受賞。プレイオフでも 12 打数 5 安打、2 本塁打を放った。07 年も 31 本塁打（5 位）、111 打点、08 年は 47 二塁打（5 位）、129 打点（2 位）で MVP 投票次点。09 年まで 4 年連続 100 打点以上、10 年も打率 .345 と好調だったが、脳震盪の影響で 81 試合の出場にとどまる。その後も不調が続いたが、ロッキーズへ移籍した 14 年は打率 .319 で首位打者になった。
【通算】14 年、1545 試合、5699 打数 1603 安打、247 本塁打、985 打点、5 盗塁、打率 .281
【タイトル】MVP1 回（2006 年）首位打者 1 回（14 年）オールスター 4 回（07 ～ 10 年）

オマル・モレノ
Omar Renan Moreno
1952.10.24 ～【出身地】パナマ共和国プエルトアルムエイエス【球団】75-82 パイレーツ　83 アストロズ　83-85 ヤンキース　85 ロイヤルズ　86 ブレーヴス【位置】外野、左
【経歴】抜群のスピードと広い守備範囲を誇り、正中堅手となった 77 年 53 盗塁（4 位）、翌 78 年は 71 盗塁（1 位）。パイレーツが世界一となった 79 年は 77 盗塁で 2 年連続盗塁王に加え、196 安打（5 位）、12 三塁打（2 位）。ワールドシリーズでも盗塁こそなかったが 33 打数 11 安打だった。続く 80 年も 13 三塁打（1 位）、自己最多の 96 盗塁（2 位）を決めた。大振りする悪癖があって 5 度も 100 三振以上を喫するなど、リードオフマンとしては適任とは言え、スピードの衰えとともに控えに回らざるを得なくなった。2009 年に母国パナマのスポーツ大臣に任命された。
【通算】12 年、1382 試合、4992 打数 1257 安打、37 本塁打、386 打点、487 盗塁、打率 .252
【タイトル】盗塁王 2 回（78 ～ 79 年）

ジェフ・モンゴメリー
Jeffrey Thomas Montgomery
1962.1.7 ～【出身地】オハイオ州ウェルストン【球団】87 レッズ　88-99 ロイヤルズ【位置】投手、右
【経歴】毎年安定した成績を残し続け、1 球団で 300 セーブを稼いだ最初の投手。83 年ドラフト 9 位で地元のレッズに入団、ロイヤルズ移籍後の 89 年は 18 セーブ、防御率 1.37。これといった決め球こそなかったものの、低めを丁寧につく投球で、91 年から 3 年連続 30 セーブ以上、93 年の 45 セーブはリーグ最多。翌 94 年も 27 セーブ（2 位）、98 年は 36 歳で 36 セーブを記録した。頭も良く、コンピューター・サイエンスの学位を取得している。
【通算】13 年、700 試合、1 先発、0 完投、46 勝 52 敗 304 S（28 位）、868.2 回、733 奪三振、防御率 3.27
【タイトル】最多セーブ 1 回（93 年）オールスター 3 回（92 ～ 93,96 年）

ウィリー・モンタニェス
Guillermo Montanez (Willie)
1948.4.1 ～【出身地】プエルトリコ・カタノ【球団】66 エンジェルズ　70-75 フィリーズ　75-76 ジャイアンツ　76-77 ブレーヴ

ス　78-79 メッツ　79 レンジャーズ　80 パドレス　80-81 エクスポズ　81-82 パイレーツ　82 フィリーズ【位置】一塁、外野、左
【経歴】66 年 18 歳でメジャーに昇格したがその後は再びマイナー暮らし。70 年にはカーディナルスから、トレードを拒否したカート・フラッドの代わりにフィリーズへ送られた。元々一塁手だったが強肩を生かすため 71 年外野に転向、同年 30 本塁打、99 打点 (5 位) で新人王投票次点。翌 72 年は 39 二塁打 (1 位)、守備でもリーグトップの 15 補殺。74 年一塁に戻り打率 .304、以後 3 年連続 3 割。75 年自己最多の 101 打点 (5 位)、続く 76 年も 2 位の 206 安打を放った。目立ちたがりで他球団の選手たちには好かれておらず、75 年以降は 8 年間でのべ 9 球団を転々とした。
【通算】14 年、1632 試合、5843 打数 1604 安打、139 本塁打、802 打点、32 盗塁、打率 .275
【タイトル】オールスター 1 回 (77 年)

アダルベルト・モンデシー
Raul Adalberto Mondesi
1995.7.27 ～【出身地】カリフォルニア州ロスアンジェルス【球団】2016-22 ロイヤルズ【位置】遊撃、両
【経歴】オールスター外野手だった父ラウル譲りの俊足で、2011 年ロイヤルズに入団、15 年のワールドシリーズで 19 歳にしてメジャーデビューを果たす。18 年に 75 試合で 14 本塁打、32 盗塁、翌 19 年はリーグ最多の 10 三塁打、自己最多の 62 打点、43 盗塁 (2 位)。20 年に 24 盗塁でタイトルを獲得した後は冴えない成績だった。
【通算】7 年、358 試合、1273 打数 311 安打、38 本塁打、157 打点、133 盗塁、打率 .244
【タイトル】盗塁王 1 回 (2020 年)

ラウル・モンデシー
Raul Ramon Mondesi
1971.3.12 ～【出身地】ドミニカ共和国サンクリストバル【球団】93-99 ドジャース　2000-02 ブルージェイズ　02-03 ヤンキース　03 ダイアモンドバックス　04 パイレーツ　04 エンジェルズ　05 ブレーヴス【位置】外野、右
【経歴】メジャー屈指の強肩を誇った外野手。88 年ドジャースに入団、94 年打率 .306、8 三塁打 (3 位)、16 本塁打に加え 16 補殺 (1 位) を評価され新人王に選ばれる。翌 95 年は 26 本塁打、16 補殺は 2 年連続 1 位でゴールドグラブを受賞。97 年は打率 .310、191 安打 (4 位)、42 二塁打 (5 位) に加え 30 本塁打、32 盗塁。99 年に自己最多の 33 本塁打、99 打点、36 盗塁で 2 度目の 30 － 30 を達成した。その後は少しずつ成績が下降。引退後は母国ドミニカで政治家になったが、汚職の罪に問われ 8 年の懲役刑を科せられた。息子のアダルベルトは内野手。
【通算】13 年、1525 試合、5814 打数 1589 安打、271 本塁打、860 打点、229 盗塁、1130 三振、打率 .273
【タイトル】新人王 (94 年) ゴールドグラブ 2 回 (95,97 年) オールスター 1 回 (95 年)

ジョン・モンテフスコ
John Joseph Montefusco
1950.5.25 ～【出身地】ニュージャージー州ロングブランチ【球団】74-80 ジャイアンツ　81 ブレーヴス　82-83 パドレス　83-86 ヤンキース【位置】投手、右
【経歴】72 年ドラフト外でジャイアンツに入団し、74 年 9 月 3 日のメジャー初打席で本塁打。75 年 15 勝、防御率 2.88、215 奪三振 (2 位) で新人王を受賞。シンカーを低めに投げ込み、翌 76 年は 6 完封 (1 位) を含む 16 勝、9 月 29 日のブレーヴス戦でノーヒットノーランを達成した。有言実行タイプで首脳陣とたびたび衝突、故障もありその後低迷が続いたが、83 年は久々に好調で 14 勝を挙げた。"カウント (伯爵)" というニックネームは、名前が『モンテクリスト伯』を連想させたところからつけられた。
【通算】13 年、298 試合、244 先発、32 完投、11 完封、90 勝 83 敗 5 S、1652.1 回、1081 奪三振、防御率 3.54
【タイトル】新人王 (75 年) オールスター 1 回 (76 年)

ミゲル・モンテロ
Miguel Angel Montero
1983.7.9 ～【出身地】ベネズエラ共和国カラカス【球団】2006-14 ダイアモンドバックス　15-17 カブス　17 ブルージェイズ　18 ナショナルズ【位置】捕手、左
【経歴】2001 年ダイアモンドバックスに入団、正捕手となった 09 年に打率 .294。11 年はいずれも自己最多の 36 二塁打、

18本塁打に加え、守備でも1位の盗塁阻止率.400。翌12年は.391の高出塁率で88打点を叩き出した。カブス移籍後の16年は、リーグ優勝決定シリーズ第1戦で代打決勝満塁本塁打。ワールドシリーズ第7戦でも延長10回に貴重な追加点となるタイムリーを放った。翌17年7月、盗塁阻止率の低さの責任を投手に押し付けて戦力外とされた。
【通算】13年、1185試合、3801打数973安打、126本塁打、550打点、5盗塁、打率.256
【タイトル】オールスター2回（2011,14年）

ビル・モンブーケット
William Charles Monbouquette
1936.8.11～2015.1.25【出身地】マサチューセッツ州メドフォード【球団】58-65レッドソックス　66-67タイガース　67-68ヤンキース　68ジャイアンツ【位置】投手、右
【経歴】緩急自在の投球で60年14勝、オールスター第1戦では先発を任される。翌61年5月12日のセネターズ戦で17奪三振、62年8月1日のホワイトソックス戦でノーヒットノーランを達成。63年20勝（4位）、65年まで6年連続200投球回以上、2ケタ勝利を稼いだ。引退後はメッツとヤンキースでコーチを務めた。
【通算】11年、343試合、263先発、78完投、18完封、114勝112敗、1961.1回、1122奪三振、防御率3.68
【タイトル】オールスター3回（60,62～63年）

クレイグ・モンロー
Craig Keystone Monroe
1977.2.27～【出身地】テキサス州テキサカナ【球団】2001レンジャーズ　02-07タイガース　07カブス　08ツインズ　09パイレーツ【位置】外野、右
【経歴】95年ドラフト8位でレンジャーズに入団。確実性に乏しく選球眼も悪かったが、長打力があり03年23本塁打、05年は20本、89打点、12犠飛（1位）。翌06年は自己最多の28本塁打、92打点、プレイオフでは3本塁打、7打点。ワールドシリーズでも20打数3安打ながら2本塁打を放った。元気が良くムードメーカー的存在だった。
【通算】9年、814試合、2691打数678安打、115本塁打、433打点、19盗塁、打率.252

【ヤ】

カール・ヤストレムスキー
Carl Michael Yastrzemski
1939.8.22～【出身地】ニューヨーク州サザンプトン【球団】61-83レッドソックス【位置】外野、一塁、DH、左
【経歴】23年間にわたりレッドソックスの顔として君臨した名選手。61年引退したテッド・ウィリアムズに代わって正左翼手となり、63年は打率.321で首位打者、183安打、40二塁打、95四球、出塁率.418も1位。65年も45二塁打、出塁率.395、長打率.536の3部門で1位だった。67年は打率.326、44本塁打、121打点で三冠王、189安打、出塁率.418、長打率.622も首位。とりわけ熾烈な優勝争いの真っ最中だった最後の12試合で44打数23安打、5本塁打、16打点と大爆発、前年9位だったレッドソックスが21年ぶりに優勝した立役者として、MVPに輝いた。ワールドシリーズでも敗れはしたが25打数10安打、3本塁打と気を吐いた。
　翌68年は打率.301でリーグ唯一の3割、史上最低打率の首位打者となる。69～70年も2年連続で40本塁打、100打点以上。71～75年は一度も20本塁打に届かなかったが、76年37歳で21本塁打、102打点（3位）と復調、続く77年も28本塁打。左翼守備も一流で最多補殺8回、ゴールドグラブに7回選ばれた。73年以降は一塁を守り、現役晩年にはDHが多かったが、82年には42歳にしてセンターを守ったこともあった。89年殿堂入り。孫のマイクはジャイアンツの外野手。
【通算】23年、3308試合（2位）、11988打数（3位）3419安打（8位）、646二塁打（9位）、59三塁打、452本塁打、1844打点（15位）、168盗塁、1845四球（6位）、1393三振、打率.285
【タイトル】MVP1回（67年）首位打者3回（63,67～68年）本塁打王1回（67年）打点王1回（67年）最高出塁率5回（63,65,67～68,70年）ゴールドグラブ7回（63,65,67～69,71,77年）オールスター18回（63,65～79,82～83年）

マイク・ヤストレムスキー　★
Michael Andrew Yastrzemski
1990.8.23～【出身地】マサチューセッツ州アンドーヴァー【球団】2019-24ジャイアンツ【位置】外野、左

【経歴】レッドソックスの名選手カール・ヤストレムスキーの孫。2009年のドラフトでレッドソックスに36位で指名された際は入団拒否、13年オリオールズの14位指名でプロ入り。ジャイアンツに移籍した19年に28歳でメジャー昇格を果たし、107試合で21本塁打。21年は25本塁打を放ったが、プレイオフでは13打数ノーヒットに終わった。
【通算】6年、694試合、2274打数543安打、106本塁打、318打点、18盗塁、打率.239

藪恵壹　☆
Keiichi Yabu
1968.9.28～【出身地】三重県南牟婁郡御浜町【球団】2005アスレティックス　08ジャイアンツ【位置】投手、右
【経歴】本名は恵一。東京経済大から朝日生命を経て、93年ドラフト1位で阪神に入団、9勝を挙げ新人王に輝く。切れのよいスライダーで96～98年に3年連続2ケタ勝利、通算84勝を記録した。05年FAとなってアスレティックスと契約、4月22日のエンジェルズ戦で初勝利。中継ぎとして40試合に登板し4勝0敗1セーブ、防御率4.50の成績を残すが、1年限りで解雇。06年はロッキーズと契約するも開幕前に解雇され、メキシカン・リーグで投げた。07年はどの球団にも所属せず、08年ジャイアンツで3年ぶりにメジャーに復帰。60試合に登板して3勝6敗、防御率3.57と上出来の内容だった。09年はマイナー暮らしで、10年途中楽天で日本に復帰、同年限りで引退した。
【通算】2年、100試合、0先発、7勝6敗1S、126回、92奪三振、防御率4.00
【日本】94-2004阪神　10楽天　12年、279試合、245先発、39完投、13完封、84勝106敗0S、1655.2回、1035奪三振、防御率3.58

薮田安彦　☆
Yasuhiko Yabuta
1973.6.19～【出身地】大阪府岸和田市【球団】2008-09ロイヤルズ【位置】投手、右
【経歴】上宮高から新日鉄広畑を経て、95年ドラフト2位でロッテに入団。当初は先発としても起用されたが、速球を生かせるリリーフに適性を見出し、2007年はリーグ最多の34ホールドで最優秀中継ぎ賞を受賞。06年のWBCにも出場した。08年FAでロイヤルズに入団、6月9日のヤンキース戦で初勝利を挙げたが、同月下旬にはマイナーに降格、31試合で防御率4.78。09年も12試合で2勝したものの防御率13.50と打ち込まれ、10年ロッテに復帰。11年に31セーブを挙げるなど活躍を続けた。
【通算】2年、43試合、0先発、3勝4敗0S、51.2回、34奪三振、防御率7.14
【日本】96-2007,10-12ロッテ　15年、520試合、93先発、7完投、1完封、48勝72敗67S、1009.1回、710奪三振、防御率3.81

山口俊　☆
Shun Yamaguchi
1987.7.11～【出身地】大分県中津市【球団】2020ブルージェイズ【位置】投手、右
【経歴】柳ヶ浦高から2005年高校ドラフト1位で横浜に入団。元幕内力士・谷嵐だった父譲りの恵まれた体格で、本格派のリリーフとして10年30セーブ、翌11年は34セーブ。その後先発に回って16年11勝、巨人移籍後の19年は15勝、勝率.789、188奪三振の3部門で1位となった。巨人の選手で初めてポスティング・システムを利用し、20年ブルージェイズに移籍。7月26日の初登板で敗戦投手、8月26日のレッドソックス戦で初勝利を挙げたが、制球に苦しみ防御率8.06に終わった。21年はジャイアンツと契約したがマイナー暮らしで、6月に巨人へ復帰した。
【通算】1年、17試合、0先発、2勝4敗0S、25.2回、26奪三振、防御率8.06
【日本】2006-16横浜/DeNA　17-19,21-22巨人　16年、443試合、131先発、16完投、7完封、66勝66敗112S、1160.2回、1140奪三振、防御率3.36

山本由伸　★☆
Yoshinobu Yamamoto
1998.8.17～【出身地】岡山県備前市【球団】2024ドジャース【位置】投手、右
【経歴】都城高から2016年ドラフト4位でオリックスに入団、19年に防御率1.95で1位となると、以後5年間すべて1点台で4度1位。23年の1.21は56年の稲尾和久以来、パ・リーグでは67年ぶりの水準だった。安定した投球フォームからの速球、カーブ、フォーク、カッターのすべてが超一流、コントロールも正確無比で、21年は15連勝を含む18勝。同年から3

年連続最多勝、20年から4年連続最多奪三振で、21～23年は3年連続MVPに選ばれた。
　ポスティング・システムを利用して24年ドジャースに入団。契約条件は12年3億2500万ドルで、総額は投手の史上最高額だった。初登板となった3月21日のパドレス戦では5失点で初回KOされるも、4月6日カブス戦で初勝利。6月15日まで6勝2敗、防御率2.92と順調だったが、肩を痛めて3ヶ月離脱、18試合の登板にとどまった。それでも終盤戦で復帰すると、ポストシーズンはディヴィジョンシリーズ第5戦で5回2安打無失点に抑え勝利投手。ワールドシリーズでも第2戦でヤンキースを相手に6.1回をソロ本塁打の1安打に封じる快投で、世界一に貢献した。
【通算】1年、18試合、18先発、0完投、7勝2敗0S、90回、105奪三振、防御率3.00
【日本】2017-23オリックス　7年、172試合、118先発、14完投、8完封、70勝29敗1S、897回、922奪三振、防御率1.82

エリック・ヤング・シニア
Eric Orlando Young
1967.5.18～【出身地】ニュージャージー州ニューブランズウィック【球団】92ドジャース　93-97ロッキーズ　97-99ドジャース　2000-01カブス　02-03ブルワーズ　03ジャイアンツ　04レンジャーズ　05-06パドレス　06レンジャーズ【位置】二塁、右
【経歴】89年ドラフト43位でドジャースに入団、93年拡張ドラフトでロッキーズへ移籍し、4月9日に行なわれた本拠デンヴァーでの初試合で先頭打者本塁打を放った。同年は正二塁手として8三塁打(5位)、42盗塁。95年打率.317、9三塁打(1位)、出塁率.404、プレイオフでも16打数7安打。96年は打率.324、184安打、74打点、リーグトップの53盗塁で、6月30日にはメジャー記録の1試合6盗塁。その後も足を生かして活躍を続け、カブスに移った2000年は3年連続3位となる自己最多の54盗塁を決めた。息子のエリック・ジュニアは内野手。
【通算】15年、1730試合、6119打数1731安打、79本塁打、543打点、465盗塁、打率.283
【タイトル】盗塁王1回(96年)オールスター1回(96年)

エリック・ヤング・ジュニア
Eric Orlando Young
1985.5.25～【出身地】ニュージャージー州ニューブランズウィック【球団】2009-13ロッキーズ　13-14メッツ　15ブレーヴス　15メッツ　16ヤンキース　17-18エンジェルズ【位置】外野、両
【経歴】2003年ドラフト30位でロッキーズに入団。父エリック・シニア譲りの俊足が売り物で、13年はメッツ移籍後の91試合で38盗塁、年間では46盗塁で史上初の父子盗塁王に輝いた。翌14年も30盗塁を決めたが、以後は100試合以上出場した年はなかった。
【通算】10年、651試合、1725打数422安打、13本塁打、112打点、162盗塁、打率.245
【タイトル】盗塁王1回(2013年)

クリス・ヤング
Christopher Brandon Young
1983.9.5～【出身地】テキサス州ヒューストン【球団】2006-12ダイアモンドバックス　13アスレティックス　14メッツ　14-15ヤンキース　16-17レッドソックス　18エンジェルズ【位置】外野、右
【経歴】2001年ドラフト16位でホワイトソックスに入団、06年にダイアモンドバックスへ移籍。翌07年正中堅手となり、.237の低打率ながら32本塁打、27盗塁。新人での20本/20盗塁はナ・リーグ初だった。08年も自己最多の42二塁打、7三塁打を放ったが、変化球を苦手とし165三振を喫した。11年は38二塁打(4位)、80四球、ディヴィジョンシリーズで18打数7安打、3本塁打。守備では俊足を生かし広い守備範囲を誇った。
【通算】13年、1465試合、4710打数1109安打、191本塁打、590打点、142盗塁、1192三振、打率.235
【タイトル】オールスター1回(2010年)

ケヴィン・ヤング
Kevin Stacey Young
1969.6.16～【出身地】ミシガン州アルピーナ【球団】92-95パイレーツ　96ロイヤルズ　97-2003パイレーツ【位置】一塁、右
【経歴】90年ドラフト7位でパイレーツに入団。93年正一塁手となるが打率.236、6本塁打と振るわず、96年開幕前に自由契約となる。ロイヤルズに1年在籍したのち、97年パイレーツに復帰し打率.300、翌98年27本塁打、108打点の自己記録

を残す。99年も打率.298、41二塁打、26本塁打、106打点、22盗塁と好調を維持した。ファンに対する応対も丁寧だった。
【通算】12年、1205試合、3897打数1007安打、144本塁打、606打点、83盗塁、打率.258

サイ・ヤング
Denton True Young (Cy)
1867.3.29～1955.11.4【出身地】オハイオ州ギルモア【球団】1890-98クリーヴランド　99-1900セントルイス　01-08レッドソックス　09-11インディアンズ　11ブレーヴス【位置】投手、右
【経歴】史上最多の511勝を記録した屈指の大投手。サイクロンのような豪速球を投げ込むことから"サイ"のニックネームで知られていた("田舎者"の意味だとする説もある)。単なる力任せの投球ではなく、4種類の投球フォームと2種類のカーブを使い分け、打者の弱点をつく頭脳的な投球も冴えた。1試合平均1.5四球を切る制球力も大きな武器だった。オフシーズンは農作業で体を鍛え、1891年から実に15年連続で320回以上、うち5回は400回以上を投げながら、故障に見舞われることはなかった。

91年からの14年連続を含む20勝16回、うち30勝以上5回。92年は36勝、9完封、防御率1.93がいずれも1位、95年35勝で2度目の最多勝。97年9月18日のシンシナティ戦で初のノーヒットノーランを達成。1901年新設のアメリカン・リーグに加わり33勝、5完封、158奪三振、防御率1.62でトップとなる。03年まで3年連続最多勝、同年の第1回ワールドシリーズでも2勝を挙げた。翌04年は10完封(1位)、5月5日のアスレティックス戦でリーグ史上初の完全試合。24回連続無安打、45回連続無失点の記録も作り、380回を投げ四球は29個にとどめた。07年はチック・スタール監督の自殺にともない、開幕から6試合のみ監督を代行し3勝3敗。08年6月30日のヤンキース戦で3度目のノーヒットノーラン、41歳3ヶ月での達成はノーラン・ライアンに破られるまで80年以上も最年長記録として残っていた。

09年インディアンズに移籍、42歳で19勝、防御率2.26、翌10年に空前絶後の500勝を達成。12年も現役で開幕を迎えたものの、1試合も投げず5月に45歳で引退した。37年殿堂入り。ナ・リーグで290勝、ア・リーグで221勝と両リーグで200勝した唯一の投手で、19世紀に286勝、20世紀に225勝と2世紀にわたって200勝以上したのも他にはいない。性格的にも紳士でスポーツマンシップに溢れていた。55年88歳で死去、翌56年からその栄誉を称え、年間最優秀投手に"サイ・ヤング賞"が贈られることになった。
【通算】22年、906試合(25位)、815先発(1位)、749完投(1位)、76完封(4位)、511勝(1位)315敗(1位)、7356回(1位)、2803奪三振(25位)、1217四球、防御率2.63
【タイトル】最多勝5回(1892,95,1901～03年)最優秀防御率2回(92,01年)最多奪三振2回(96,01年)

デルモン・ヤング
Delmon Damarcus Young
1985.9.14～【出身地】アラバマ州バーミングハム【球団】2006-07レイズ　08-11ツインズ　11-12タイガース　13フィリーズ　13レイズ　14-15オリオールズ【位置】外野、DH、右
【経歴】2003年ドラフト全体1位でレイズに入団。卓越した打撃センスの持ち主で、07年は162試合にフル出場し打率.288、186安打、93打点、新人王投票では次点。10年は46二塁打(2位)、21本塁打、112打点(5位)。タイガースに移った11年のプレイオフでは9試合で5本塁打、続く12年のリーグ優勝決定シリーズは17打数6安打、2本塁打、6打点。4試合すべてに決勝打を放ってシリーズMVPを受賞、ワールドシリーズでも14打数5安打。守備は上手くはなかったが肩は強かった。トラブルメイカーとして悪名が高く、マイナー時代の05年は審判にバットを投げつけ50試合の出場停止となったほか、人種差別発言や暴行などの容疑で何度も逮捕され、30歳でメジャーから消えた。兄のドゥミトリもオールスター選手。
【通算】10年、1118試合、4108打数1162安打、109本塁打、566打点、36盗塁、打率.283

ドゥミトリ・ヤング
Dmitri Dell Young
1973.10.11～【出身地】ミシシッピ州ヴィックスバーグ【球団】96-97カーディナルス　98-2001レッズ　02-06タイガース　07-08ナショナルズ【位置】外野、一塁、両
【経歴】91年ドラフト1位(全体4位)で

カーディナルスに入団。レッズに移籍した98年レギュラーとなり打率.310、48二塁打(2位)、以後4年連続で打率3割以上。2003年に自己最多の167安打、29本塁打。05年の開幕戦では3本塁打を放った。翌06年は不振の上、私生活上の問題もあってタイガースから解雇されたが、ナショナルズに拾われた07年は6年ぶりの3割となる打率.320でカムバック賞を受賞した。野球カードのコレクションをしていたが、慈善事業に寄付するためにすべて売り払っている。弟のデルモンは外野手。
【通算】13年、1364試合、4762打数1389安打、171本塁打、683打点、25盗塁、打率.292
【タイトル】オールスター2回(2003,07年)

マイケル・ヤング
Michael Brian Young
1976.10.19～【出身地】カリフォルニア州コヴィナ【球団】2000-12レンジャーズ　13フィリーズ　13ドジャース【位置】遊撃、二塁、三塁、右
【経歴】試合、安打、二塁打など多くの打撃部門でレンジャーズの球団記録を持つ好打者。97年ドラフト5位でブルージェイズに入団、2000年途中レンジャーズに移り、翌01年正二塁手となる。03年に204安打(3位)を放つと以後5年連続200安打、05年は打率.331、221安打の両部門で1位、24本塁打も自己記録。06年は217安打(2位)、52二塁打(2位)、103打点、オールスターでも決勝打を放ちMVPを受賞。08年のオールスターでも史上最長の延長15回、4時間50分の試合に決着をつけるサヨナラ犠飛を放った。11年は自己最高の打率.338(3位)、106打点に加え、4年ぶり6度目の大台となる213安打(1位)。同年のワールドシリーズでは4二塁打、1本塁打で5打点を挙げた。母方の親戚にボクシング関係者が多く、自らもボクシング好きだった。
【通算】14年、1970試合、7918打数2375安打、441二塁打、185本塁打、1030打点、90盗塁、1235三振、打率.300
【タイトル】首位打者1回(2005年)ゴールドグラブ1回(08年)オールスター7回(04～09,11年)

ラルフ・ヤング
Ralph Stuart Young
1889.9.19～1965.1.24【出身地】ペンシルヴェニア州フィラデルフィア【球団】13ヤンキース　15-21タイガース　22アスレティックス【位置】二塁、両
【経歴】身長163cmの小柄なスイッチヒッター。快活な性格で、二塁ベース上で相手チームの選手とよく会話した。通算4本塁打と非力だった分選球眼に優れ、20年に85四球(4位)を選ぶ。21年は打率.299で、惜しくも唯一の3割を逃した。引退後はテンプル大学とセントジョゼフ大学でコーチを務めた。
【通算】9年、1022試合、3643打数898安打、4本塁打、255打点、92盗塁、打率.247

ロス・ヤングス
Royce Middlebrook Youngs (Ross)
1897.4.10～1927.10.22【出身地】テキサス州シャイナー【球団】17-26ジャイアンツ【位置】外野、左
【経歴】ハッスルプレイが売り物で“タイ・カップ・ジュニア”の異名をとる。正右翼手となった18年打率.302、以後7年連続3割以上。19年打率.311(3位)、リーグ最多の31二塁打、翌20年は打率.351、204安打、75四球でいずれも2位。21年102打点(3位)、23年は200安打(5位)、24年は打率.356(3位)と、21～24年のジャイアンツ4連覇の主力として活躍した。守備では強肩だったがエラーも少なくなかった。26年に腎臓炎を患い、同年限り29歳で引退、翌27年10月死去。72年殿堂入り。
【通算】10年、1211試合、4627打数1491安打、42本塁打、592打点、153盗塁、打率.322

ジョール・ヤングブラッド
Joel Randolph Youngblood
1951.8.28～【出身地】テキサス州ヒューストン【球団】76レッズ　77カーディナルス　77-82メッツ　82エクスポズ　83-88ジャイアンツ　89レッズ【位置】外野、三塁、二塁、右
【経歴】70年1月ドラフト2位でレッズに入団。メッツ移籍後の79年正右翼手となり37二塁打、16本塁打、自己最多の162安打を放つ。82年8月4日にはメッツの一員としてシカゴでのデイゲームで安打を放ち、その直後にエクスポズへトレー

ドされ、同日フィラデルフィアでのナイトゲームではエクスポズのユニフォームを着てヒットを打って、史上唯一となる1日2球場での安打という珍記録を作った。ジャイアンツに移籍した83年に打率.292、17本塁打を放ったが、守備に難があり次第に代打での起用が多くなった。引退後はレッズなどのコーチ。
【通算】14年、1408試合、3659打数969安打、80本塁打、422打点、60盗塁、打率.265
【タイトル】オールスター1回(81年)

ケンレイ・ヤンセン　★
Kenley Geronimo Jansen
1987.9.30～【出身地】オランダ王国キュラソー島ウィレムシュタット【球団】2010-21ドジャース　22ブレーヴス　23-24レッドソックス【位置】投手、右
【経歴】不整脈の持病がありながら、抑えとして活躍した好投手。2005年に捕手としてドジャースに入団、09年のWBCでもオランダ代表の正捕手だったが、同年途中から投手に転向。投球の大半が切れ味抜群のカッターで、12年に25セーブを挙げると以後8年連続20セーブ以上、14年は44セーブ(3位)。13年の111個を最多として4回100三振以上を奪いながら、制球も極めて優れ13～20年は20四球以上出すことはなかった。16年は自己最多の47セーブ(2位)、続く17年は41セーブ(1位)、防御率1.32、68.1回で109三振を奪い与四球7個のみ。31試合目の登板となる6月25日まで51奪三振で無四球だった。プレイオフでも7試合無失点、ワールドシリーズ第5戦でレギュラーシーズンも含めて唯一の黒星を喫した。ブレーヴスへ移籍した22年は2度目の1位となる41セーブを挙げた。
【通算】15年、871試合、0先発、49勝36敗447S(4位)、868.1回、1221奪三振、防御率2.57
【タイトル】最多セーブ2回(2017,22年)オールスター4回(16～18,23年)

【ユ】

ジョン・ユーイング
John Ewing
1863.6.1～95.4.23【出身地】オハイオ州シンシナティ【球団】1883セントルイス(AA)　84シンシナティ(UA)　84ワシントン(UA)　88-89ルイヴィル(AA)　90ニューヨーク(PL)　91ニューヨーク【位置】投手、外野、右
【経歴】最初の2年間は野手として出場。1888年投手として再昇格したが、89年は6勝30敗と大きく負け越す。90年プレイヤーズ・リーグに参加し兄バックとバッテリーを組んで18勝、145奪三振(4位)。91年は21勝、防御率2.27は1位だったが、同年の冬にインフルエンザに感染し、そのまま復帰できなかった。95年31歳で死去。
【通算】4年、129試合、121先発、113完投、9完封、53勝63敗、1058.2回、525奪三振、防御率3.68
【タイトル】最優秀防御率1回(91年)

バック・ユーイング
William Ewing (Buck)
1859.10.17～1906.10.20【出身地】オハイオ州ホーグランド【球団】1880-82トロイ　83-89ニューヨーク　90ニューヨーク(PL)　91-92ニューヨーク　93-94クリーヴランド　95-97シンシナティ【位置】捕手、三塁、一塁、外野、右
【経歴】頭脳的なプレイと強肩に定評があり、19世紀最高の捕手と評される。打走守すべてにおいて優れ、捕手以外にも様々なポジションをこなし、投手としても9試合に登板して2勝した。1883年にはリーグ新記録の10本塁打、翌84年の20三塁打も1位。故障のため捕手を廃業した93年は外野を守り打率.344、172安打、122打点の自己最高成績を残す。際どいコースをストライクに見せる技術にも長け、近代的なキャッチャーミットを最初に導入した選手ともいわれ、当時の最高給選手の一人でもあったが、ジョン・ウォードをはじめとして敵も多かった。95年からはシンシナティの監督となり、投手を無駄使いせずに良さを引き出した。弟のジョンとは90～91年にかけてバッテリーを組んだ。1939年殿堂入り。
【通算】18年、1315試合、5363打数1625安打、178三塁打(18位)、71本塁

打、883 打点、354 盗塁（*）、打率 .303
【タイトル】本塁打王 1 回（1883 年）
【監督】1890 ニューヨーク（PL） 95-99 シンシナティ 1900 ニューヨーク 7 年、903 試合、489 勝 395 敗、勝率 .553

ボブ・ユーイング
George Lemuel Ewing (Bob)
1873.4.24 〜 1947.6.20【出身地】オハイオ州ニューハンプシャー【球団】02-09 レッズ 10-11 フィリーズ 12 カーディナルス【位置】投手、右
【経歴】メジャー昇格は 29 歳と遅く、4 月 19 日のデビュー戦では 1 イニング 7 個を含む 10 四球を与える。翌 03 年からは 8 年連続で 2 ケタ勝利。ナ・リーグでスピットボールを使い始めた最も初期の投手の一人で、05 年は 20 勝（5 位）、164 奪三振（4 位）、07 年も 17 勝、防御率 1.73、147 奪三振（2 位）と活躍した。引退後は郡保安官を 2 期務めた。
【通算】11 年、291 試合、264 先発、205 完投、19 完封、124 勝 118 敗、2301 回、998 奪三振、防御率 2.49

ボブ・ユーカー
Robert George Uecker
1934.1.26 〜 2025.1.16【出身地】ウィスコンシン州ミルウォーキー【球団】62-63 ブレーヴス 64-65 カーディナルス 66-67 フィリーズ 67 ブレーヴス【位置】捕手、右
【経歴】62 年 28 歳で地元のブレーヴスに昇格、控え捕手として 66 年に 78 試合で 7 本塁打、30 打点を記録したのが最高成績。引退後は達者な語りとユーモアセンスを生かし、71 年から 99 年までブルワーズの実況アナウンサーとして人気を博したほか、ABC『マンデイ・ナイト・ベースボール』の司会も務める。タレント活動でも“ミスター・ベースボール”と自称してコメディ番組や CM に出演、自身の名を冠したショー番組も持っていた。映画『メジャーリーグ』シリーズには 3 作すべて登場し、ラジオの殿堂に加えプロレス団体でも殿堂メンバーとなった。ブルワーズの本拠球場には銅像が建てられている。
【通算】6 年、297 試合、731 打数 146 安打、14 本塁打、74 打点、0 盗塁、打率 .200

ケヴィン・ユーキリス ☆
Kevin Edmund Youkilis
1979.3.15 〜【出身地】オハイオ州シンシナティ【球団】2004-12 レッドソックス 12 ホワイトソックス 13 ヤンキース【位置】一塁、三塁、右
【経歴】2001 年ドラフト 8 位でレッドソックスに入団。選球眼に優れ、正一塁手となった 06 年は 91 四球を選び出塁率 .381。07 年のプレイオフでは 40 打数 17 安打、4 本塁打、9 打点と打ちまくり、リーグ優勝に大きく貢献した。08 年は打率 .312、29 本塁打、115 打点（4 位）、長打率 .569（3 位）、以後 10 年まで 3 年連続打率 3 割、09 年はリーグ 2 位の出塁率 .413 だった。一塁守備も上手く、07 年は 135 試合で無失策、一塁手の連続試合無失策記録を作った。闘志を表面に出すタイプで、乱闘を引き起こすことも度々あった。12 年は新監督のボビー・ヴァレンタインと反りが合わず、シーズン途中でホワイトソックスへ放出。楽天に入団した 14 年は故障を理由に早々と帰国した。フットボールのスーパースター、トム・ブレイディの姉と結婚した。
【通算】10 年、1061 試合、3749 打数 1053 安打、150 本塁打、618 打点、26 盗塁、打率 .281
【タイトル】ゴールドグラブ 1 回（2007 年）オールスター 3 回（08 〜 09,11 年）
【日本】2014 楽天 1 年、21 試合、65 打数 14 安打、1 本塁打、11 打点、0 盗塁、打率 .215

エディー・ユースト
Edwin David Joost
1916.6.5 〜 2011.4.12【出身地】カリフォルニア州サンフランシスコ【球団】36-37,39-42 レッズ 43,45 ブレーヴス 47-54 アスレティックス 55 レッドソックス【位置】遊撃、右
【経歴】守備力を買われて 41 年正遊撃手となるも 45 失策と評判倒れで、43 年 .185 の低打率に終わると一旦は引退。マイナーを経て 47 年アスレティックスで再昇格すると、眼鏡をかけるようになって選球眼が向上。.206 の低打率ながら 114 四球（4 位）、同年から 6 年連続 100 四球以上を選び、通算出塁率は .361 に達した。49 年は 149 四球（2 位）、23 本塁打、81 打点、出塁率 .429（3 位）。守備でも最多刺殺を 4 回記録した。54 年は監督を兼任。気が強く、たびたび首脳陣と衝突した。
【通算】17 年、1574 試合、5606 打数

1339安打、134本塁打、601打点、61盗塁、1043四球、打率.239
【タイトル】オールスター2回（49,52年）
【監督】54アスレティックス　1年、156試合、51勝103敗、勝率.331

ジョージ・ユーリー
George Ernest Uhle
1898.9.18～1985.2.26【出身地】オハイオ州クリーヴランド【球団】19-28インディアンズ　29-33タイガース　33ジャイアンツ　33-34ヤンキース　36インディアンズ【位置】投手、右
【経歴】スライダーの発明者といわれる好投手で、頭脳的な投球を売り物にしていた。地元のインディアンズでエースとして君臨、22年リーグ最多の5完封を含む22勝（4位）、翌23年は26勝、30完投、357.2回のいずれも1位。26年も27勝、32完投、318.1回が1位、防御率2.83と159奪三振は2位の大活躍だった。通算では2ケタ勝利10回、スタミナ抜群で“ブル（牡牛）”の異名をとった。打撃も良く、23年は打率.361、10二塁打で、52安打は投手の年間最多本数。通算では打率.289、190打点を記録している。
【通算】17年、513試合、368先発、232完投、21完封、200勝166敗、3119.2回、1135奪三振、966四球、防御率3.99
【タイトル】最多勝2回（23,26年）

【ヨ】

トム・ヨーキー
Thomas Austin Yawkey
1903.2.21～76.7.9【出身地】ミシガン州デトロイト【球団】メジャー経験なし
【経歴】本姓はAustinだが、タイガースのオーナーだったおじのウィリアム・ヨーキーの養子となる。33年30歳でレッドソックスのオーナーに就任、巨費を投じてレフティ・グローヴ、ジミー・フォックスら大スターを獲得し、弱小球団に転落していたレッドソックスを再建。選手からの人望も厚く、自前のユニフォームで練習に参加するのを楽しみとしていた。76年まで44年の長きにわたりオーナーの座にあったが、ワールドシリーズ制覇の夢を果たせぬまま死去。その後は88年までジーン夫人が球団経営を引き継いだ。唯一の汚点は黒人選手の採用に消極的だったことである。80年殿堂入り。

ルディ・ヨーク
Preston Rudolph York
1913.8.17～70.2.5【出身地】アラバマ州ラグランド【球団】34,37-45タイガース　46-47レッドソックス　47ホワイトソックス　48アスレティックス【位置】一塁、捕手、右
【経歴】パワフルな打撃が魅力で、37年8月に月間18本塁打、49打点の新記録を達成し、104試合の出場で35本塁打（5位）、101打点を叩き出す。翌38年はいずれも4位の33本塁打、126打点。40年捕手から一塁にコンバートされ46二塁打（2位）、33本塁打（3位）、134打点（2位）、リーグ優勝を決めた試合で決勝2ランを放つ。43年は34本塁打、118打点で二冠王、長打率.527も1位だった。レッドソックスに移籍した46年は119打点（3位）、ワールドシリーズ第1戦で延長10回に決勝本塁打、第3戦でも先制・決勝の3ラン。サイン盗みも得意としていた。寝たばこをする危険な習慣があった。
【通算】13年、1603試合、5891打数1621安打、277本塁打、1152打点、38盗塁、打率.275
【タイトル】本塁打王1回（43年）打点王1回（43年）オールスター7回（38,41～44,46～47年）

吉井理人　☆
Masato Yoshii

1965.4.20 ～【出身地】和歌山県有田郡吉備町【球団】98-99 メッツ　2000 ロッキーズ　01-02 エクスポズ【位置】投手、右

【経歴】84 年ドラフト 2 位で近鉄に入団、88 年ストッパーに起用され 10 勝 24 セーブ、翌 89 年も 20 セーブ。95 年ヤクルトに移籍して先発へ転向、3 年間で 33 勝を挙げ、98 年 FA でメッツと契約。4 月 5 日の初登板で初勝利を挙げ、1 年目は 6 勝 8 敗、防御率 3.93。フォークボールを効果的に使い、翌 99 年は 12 勝、最後の 8 先発では 5 勝 0 敗、防御率 1.61 で、ポストシーズンはディヴィジョンシリーズ、リーグ優勝決定シリーズともに第 1 戦の先発を任された。

ロッキーズに移籍した 2000 年は 6 勝 15 敗、防御率 5.86 と打ち込まれ、翌 01 年開幕前に解雇。エクスポズに拾われ 4 勝、翌 02 年も 4 勝を挙げたのを最後にメジャーを去り、オリックスで日本球界に復帰。42 歳まで現役を続けた。引退後は筑波大に入学してコーチング理論を研究、その成果を日本ハムやソフトバンク、ロッテの投手コーチとして生かし、手腕を高く評価された。23 年ロッテ監督に就任、同年の WBC でも投手コーチとして優勝を手助けした。

【通算】5 年、162 試合、118 先発、3 完投、0 完封、32 勝 47 敗 0 S、757.1 回、447 奪三振、防御率 4.62

【日本】85-94 近鉄　95-97 ヤクルト　2003-07 オリックス　07 ロッテ　18 年、385 試合、28 完投、7 完封、89 勝 82 敗 62 S、1330 回、763 奪三振、防御率 3.86

吉田正尚　☆★
Masataka Yoshida

1993.7.15 ～【出身地】福井県福井市【球団】2023-24 レッドソックス【位置】外野、左

【経歴】青山学院大から 2015 年ドラフト 1 位でオリックスに入団。体格は大きくなくとも、ウェイトトレーニングで鍛え上げたスイングの強さと正確性を併せ持ち、18 年から 5 年連続で打率リーグ 4 位以内、20 年 .350、21 年 .339 で 2 年連続首位打者。三振は極めて少なく、21 年は 455 打席で 26 回だけだった。

ポスティング・システムを利用し、23 年レッドソックスに 5 年 9000 万ドルの好条件で移籍。開幕前の WBC では大会新記録の 13 打点、準決勝で同点 3 ランを放つなど、日本の優勝に大きな功があった。開幕後も好調で 4 月 23 日には日本人打者初の 1 イニング 2 本塁打、7 月下旬には打率 .319 でリーグトップに立つ。年間では 7 位の .289、15 本塁打、72 打点だった。翌 24 年は左投手相手に起用されないことも多くなり、108 試合で打率 .280、10 本塁打と数字を落とした。

【通算】2 年、248 試合、915 打数 261 安打、25 本塁打、128 打点、10 盗塁、打率 .285

【日本】2016-22 オリックス　7 年、762 試合、2703 打数 884 安打、133 本塁打、467 打点、21 盗塁、打率 .327

エディー・ヨースト
Edward Frederick Yost

1926.10.13 ～ 2012.10.16【出身地】ニューヨーク州ブルックリン【球団】44,46-58 セネターズ　59-60 タイガース　61-62 エンジェルズ【位置】三塁、右

【経歴】マイナーを経験せず 44 年 17 歳でセネターズに入団、47 年正三塁手となる。“ウォーキング・マン”の異名を取った抜群の選球眼の持ち主で、56 年の 151 個を最多として 120 四球以上 8 回、最多四球を 6 回も記録した。49 ～ 55 年にかけては 829 試合連続出場。50 年 141 四球（1 位）、出塁率 .440（2 位）、翌 51 年は 36 二塁打（1 位）。タイガースに移った 59 年は出塁率 .435（1 位）、自己最多の 21 本塁打。翌 60 年も 125 四球を選び、出塁率 .414 は 2 年連続 1 位。打率 3 割には一度も達しなかったが、通算出塁率は .394 の高率だった。先頭打者本塁打 28 本は引退時点で史上 1 位。

【通算】18 年、2109 試合、7346 打数 1863 安打、337 二塁打、56 三塁打、139 本塁打、683 打点、72 盗塁、1614 四球（11 位）、920 三振、打率 .254

【タイトル】最高出塁率 2 回（59 ～ 60 年）オールスター 1 回（52 年）

ネッド・ヨースト
Edgar Frederick Yost

1954.8.19 ～【出身地】カリフォルニア州ユーリカ【球団】80-83 ブルワーズ　84 レンジャーズ　85 エクスポズ【位置】捕手、右

【経歴】74 年ドラフト 1 位（第 2 回）でメッツに入団。78 年ルール 5 ドラフトでブルワーズに移籍、控え捕手として 82 年は

ワールドシリーズに1試合のみ出場した。引退後はブレーヴスで長くコーチを務めたのち、2003年ブルワーズ監督に就任。07年は2位、08年も終盤まで2位だったが、残り12試合の時点で更迭された。10年途中からロイヤルズ監督を引き受け、14年はワイルドカードを獲得し、ポストシーズン最初の8試合を全勝した初の監督となる。ワールドシリーズでは第7戦で敗れたが、翌15年30年ぶりの世界一を成し遂げた。通算試合数・勝利数はいずれもロイヤルズの監督では最多。名レーシングドライバーの故デイル・アーンハートとは友人同士で、ロイヤルズではアーンハートの生前のカーナンバー3番を背番号にした。
【通算】6年、219試合、605打数128安打、16本塁打、64打点、5盗塁、打率.212
【監督】2003-08ブルワーズ　10-19ロイヤルズ　16年、2544試合、1203勝1341敗、勝率.473、リーグ優勝2回（14～15年）ワールドシリーズ優勝1回（15年）

ロビン・ヨーント
Robin R. Yount
1955.9.16～【出身地】イリノイ州ダンヴィル【球団】74-93ブルワーズ【位置】遊撃、外野、右
【経歴】常に全力プレイを怠らず、遊撃、中堅と2つのポジションでMVPを受賞した物静かな名選手。右足を引き左足の踵を浮かせる打撃フォームが特徴だった。73年ドラフト1位（全体3位）でブルワーズに入団、翌74年18歳で正遊撃手に抜擢される。当初はさほど目立つ成績でもなく、一時はプロゴルファーへの転身を目指したが、次第に成績を伸ばし80年は49二塁打（1位）、23本塁打。82年は210安打、46二塁打、長打率.578の3部門で1位になったのに加え、打率.331（2位）、29本塁打、114打点（4位）でMVPに輝く。地区優勝を決めた試合では2本塁打、ワールドシリーズでも29打数12安打、6打点とよく打った。
　84年に肩を手術し翌85年外野へ転向、89年打率.318（4位）、195安打（4位）、21本塁打、103打点で、チームは4位に甘んじたものの2度目のMVPを手にした。守備でも81年は遊撃手、86年は外野手として守備率1位。自動車やバイクのレースに出場したこともある。99年殿堂入り。兄ラリーは投手で、71年の初登板時は投球前に故障してマウンドを降り、1球も投げないまま引退。その後は弟の代理人を務めた。
【通算】20年、2856試合（17位）、11008打数（10位）3142安打（20位）、583二塁打（22位）、126三塁打、251本塁打、1406打点、271盗塁、966四球、1350三振、打率.285
【タイトル】MVP2回（82,89年）ゴールドグラブ1回（82年）オールスター3回（80,82～83年）

【ラ】

コニー・ライアン
Cornelius Joseph Ryan (Connie)
1920.2.27 ～ 96.1.3【出身地】ルイジアナ州ニューオーリンズ【球団】42 ジャイアンツ　43-44,46-50 ブレーヴス　50-51 レッズ　52-53 フィリーズ　53 ホワイトソックス　54 レッズ【位置】二塁、右
【経歴】ジャイアンツからブレーヴスに移籍した 43 年正二塁手となるが、打率 .212 にとどまる。翌 44 年は 7 月に海軍に入隊し、88 試合しか出場できなかったものの、打率 .295 でオールスターに出場し 2 安打。兵役明けの 46 年 8 三塁打（5 位）、47 年は 33 二塁打（3 位）、69 打点。51 年に自己最多の 16 本塁打を放った。49 年には雨天の試合でレインコートを着てネクスト・バッターズ・サークルに現れ、退場させられた。75 年ブレーヴス、77 年はレンジャーズで短期間監督を代行した。
【通算】12 年、1184 試合、3982 打数 988 安打、56 本塁打、381 打点、69 盗塁、打率 .248
【タイトル】オールスター 1 回（44 年）

ジミー・ライアン
James Edward Ryan
1863.2.11 ～ 1923.10.29【出身地】マサチューセッツ州クリントン【球団】1885-89 シカゴ　90 シカゴ（PL）　91-1900 シカゴ　02-03 セネターズ【位置】外野、右
【経歴】打率 3 割を 11 回記録した、19 世紀を代表する好打者の一人。小柄ながらも長打力があり、1888 年はいずれもリーグ最多の 182 安打、33 二塁打、16 本塁打、長打率 .515。7 月 28 日はサイクル安打を達成し、なおかつリリーフで勝利投手にもなった。翌 89 年も 187 安打(2 位)、14 三塁打（4 位）、17 本塁打（3 位）。90 年はプレイヤーズ・リーグに参加し打率 .340（5 位）、通算 22 本の先頭打者本塁打を放った。91 年には 2 度目のサイクル安打を記録。思ったことをそのまま口に出す性格が災いし、98 年に主将に任命された時は他の選手から反対運動が起きた。
【通算】18 年、2014 試合、8172 打数 2513 安打、451 二塁打、157 三塁打、118 本塁打、1093 打点、419 盗塁（*）、804 四球、491 三振、打率 .308
【タイトル】本塁打王 1 回（88 年）

ノーラン・ライアン
Lynn Nolan Ryan
1947.1.31 ～【出身地】テキサス州レフュージオ【球団】66,68-71 メッツ　72-79 エンジェルズ　80-88 アストロズ　89-93 レンジャーズ【位置】投手、右
【経歴】空前絶後の 5714 奪三振、7 度のノーヒットノーランを達成した大投手。科学的トレーニングと徹底した自己管理で 46 歳まで本格派の速球投手として君臨した。65 年ドラフト 12 位でメッツに入団、翌 66 年 19 歳でメジャーに昇格。71 年に 10 勝を挙げたがニューヨークの水が合わず、72 年エンジェルズに移籍すると 160km を超す快速球と大きなカーブで 329 三振を奪い“カリフォルニア・エクスプレス”と称される。同年 19 勝（4 位）、9 完封（1 位）、翌 73 年は 21 勝（4 位）、20 世紀最多の 383 奪三振に加え、5 月 15 日のロイヤルズ戦、7 月 15 日のタイガース戦とノーヒットノーランを 2 度達成。74 年自己最多の 22 勝（3 位）、367 奪三振は 3 年連続 1 位。9 月 28 日のツインズ戦で 3 回目、翌 75 年 6 月 1 日のオリオールズ戦で 4 回目のノーヒットノーランを成し遂げた。その一方で、77 年の 204 個を最多として 8 回最多四球を与えている。
79 年 4 年連続 7 回目の最多奪三振を記録したのち FA となり、アストロズと史上初の年俸 100 万ドルで契約。81 年防御率 1.69（1 位）、9 月 26 日のドジャース戦で 5 度目のノーヒットノーラン。83 年ウォルター・ジョンソンの通算奪三振記録を更新、一旦スティーヴ・カールトンに抜かれたが再び抜き返す。87 年は 17 年ぶりの 1 ケタとなる 8 勝、16 敗と大きく負け越すも防御率 2.76 は 1 位、270 奪三振で 8 年ぶりに同部門のタイトルを奪回した。
89 年レンジャーズへ移籍し 16 勝、12 年ぶり 6 回目の大台となる 301 三振（1 位）を奪い、8 月には 5000 奪三振に到達。翌 90 年も 232 奪三振で 4 年連続 11 回目の 1 位、6 月 11 日のアスレティックス戦で 9 年ぶりのノーヒットノーランを達成。91 年 5 月 1 日のブルージェイズ戦では 7 度目のノーヒッター、44 歳 4 ヶ月での達成は史上最年長記録である。これ以外にも、9 回に安打されてノーヒットゲームを逃したことが 5 回あった。93 年を最後に 27 年に及んだ現役生活に終止符を打った。2 ケタ勝利 20 回、200 奪三振 15 回、2 ケタ奪三振は実に 215 回記録している。被打率 .204 は引退した選手の中では史上 1 位。

99年殿堂入り、同年行われた“オール・センチュリー・チーム”の投票では、投手部門の1位に選ばれた。背番号34はエンジェルズ、アストロズ、レンジャーズの3球団で永久欠番。引退後マイナー球団の経営を経て2008年レンジャーズの球団社長に就任、10年にはオーナーとなった。
【通算】27年、807試合、773先発(2位)、222完投、61完封(7位)、324勝(14位)292敗(3位)3S、5386回(5位)、5714奪三振(1位)、2795四球(1位)、防御率3.19
【タイトル】最優秀防御率2回(81,87年)最多奪三振11回(72～74,76～79,87～90年)オールスター8回(72～73,75,77,79,81,85,89年)

テッド・ライオンズ
Theodore Amar Lyons
1900.12.28～86.7.25【出身地】ルイジアナ州レイクチャールズ【球団】23-42,46ホワイトソックス【位置】投手、右
【経歴】テンポの良さと打者の手元で変化する速球で、20年以上にわたりホワイトソックスの主戦として活躍した好投手。トロンボーン奏者の奨学金で入学したベイラー大学から、23年レイ・ショークの推薦でマイナーを経ず入団、最初の2勝をダブルヘッダーで記録した史上唯一の投手となる。緩急を使った投球で、25年5完封(1位)を含む21勝で最多勝。26年8月21日のレッドソックス戦でノーヒットノーランを達成、27年も22勝、30完投、307.2回の3部門で1位。30年は3度目の20勝以上となる22勝(3位)、29完投と297.2回も1位だったが、6年連続で240回以上投げたのが影響してか、翌31年は肩を痛め4勝にとどまった。
　速球主体からナックルボーラーに変身し32年から11年間で10回、通算17回2ケタ勝利。35年の防御率3.02、39年の2.76はいずれも2位。39～42年は毎週日曜日に投げ、42年は41歳にして先発した20試合にすべて完投し14勝、防御率2.10は1位、180.1回で26四球だけだった。翌43年から3年間は海軍で過ごし、46年復帰したが5試合に1勝のみで引退した。同年途中から監督を引き継いだが、穏やかな性格が災いし今一つの成績に終わる。その後は長くスカウトを務めた。一流投手としては極めて奪三振が少なく、33年の74三振が最多。聡明で機転の利くコメントをするため報道陣にも人気があった。ショークと同じ55年に殿堂入り。
【通算】21年、594試合、484先発、356完投(22位)、27完封、260勝230敗(19位)、4161回、1073奪三振、1121四球、防御率3.67
【タイトル】最多勝2回(25,27年)最優秀防御率1回(42年)オールスター1回(39年)
【監督】46-48ホワイトソックス　3年、434試合、185勝245敗、勝率.430

デニー・ライオンズ
Dennis Patrick Aloysius Lyons
1866.3.12～1929.1.2【出身地】オハイオ州シンシナティ【球団】1885プロヴィデンス　86-90フィラデルフィア(AA)　91セントルイス(AA)　92ニューヨーク　93-94ピッツバーグ　95セントルイス　96-97ピッツバーグ【位置】三塁、右
【経歴】1887年正三塁手となり打率.367(4位)、209安打(3位)、43二塁打(2位)、102打点。52試合連続安打も記録したが、うち2試合は当時のルールにより四球を安打として扱ったもので、現在は記録として認められていない。同年は守備でも三塁手として史上最多となる255刺殺。90年は88試合にしか出場しなかったが、打率.354と29二塁打は2位、出塁率.461と長打率.531はともに1位。通算では打率3割7回、通算出塁率は.407の高率だったが、故障の多さが欠点だった。
【通算】13年、1123試合、4300打数1334安打、62本塁打、756打点、224盗塁(*)、打率.310
【タイトル】最高出塁率1回(1890年)

リック・ライカート
Frederic Carl Reichardt
1943.3.16～【出身地】ウィスコンシン州マディソン【球団】64-70エンジェルズ　70セネターズ　71-73ホワイトソックス　73-74ロイヤルズ【位置】外野、右
【経歴】ウィスコンシン大学卒業時に18球団から勧誘され、64年破格の契約金20万ドルでエンジェルズに入団、翌年からドラフト制が施行されるきっかけを作った。66年は89試合で16本塁打、新本拠地球場での初アーチも放ったが、腎臓を手術し後半戦を欠場。68年に21本塁打、73打点を記録した後は頭打ちで、期待されたほどの選手にはなれなかった。
【通算】11年、997試合、3307打数864

安打、116本塁打、445打点、40盗塁、打率.261

サム・ライス
Edgar Charles Rice (Sam)
1890.2.20～1974.10.13【出身地】インディアナ州モロッコ【球団】15-33セネターズ 34インディアンズ【位置】外野、左
【経歴】史上最高のコンタクト・ヒッターの一人で、打率3割13回、200安打以上6回。現役最後の34年に44歳で記録した.293が最低打率で、30三振以上を喫したのは一度だけという驚くべき確実性を誇った。海軍に所属している間に才能を認められプロに転向、25歳でメジャーに昇格。当初は投手で、通算9試合で1勝1敗、防御率2.52の数字を残しているが16年外野に転向。20年の63盗塁、23年の18三塁打はいずれも1位、24年は31試合連続安打を記録、216安打はリーグトップ。翌25年自己最高の打率.350、227安打(2位)、87打点。ワールドシリーズでは33打数12安打、第3戦では本塁打性の打球を観客席に飛び込みながら好捕したが、実際には落としていたのではないかと論議を呼んだ。
26年にも216安打(1位)、30年まで10年連続で30二塁打、10三塁打以上。29～30年にかけては2度目の30試合以上となる30試合連続安打を記録した。通算34本塁打のうち21本はランニング本塁打で、本拠地グリフィス・スタディアムでは19年間で1本も柵越えがなかった。強肩と俊足を生かした守備面の評価も高かった。現役時代は1892年生まれと自称していたが、実際は90年生まれだった。63年殿堂入り。
【通算】20年、2404試合、9269打数 2987安打、498二塁打、184三塁打(14位)、34本塁打、1077打点、351盗塁、708四球、275三振、打率.322
【タイトル】盗塁王1回(20年)

ジム・ライス
James Edward Rice
1953.3.8～【出身地】サウスカロライナ州アンダーソン【球団】74-89レッドソックス【位置】外野、DH、右
【経歴】素振りでバットを折るほどの手首の強さで長打を連発し、3度の本塁打王に輝いたスラッガー。71年ドラフト1位でレッドソックスに入団、75年正左翼手となり打率.309(4位)、22本塁打、102打点(5位)と素晴らしい成績を収めながらも、終盤戦で故障しポストシーズンは欠場。新人王も同僚のフレッド・リンに譲った。77年39本で初の本塁打王、長打率.593も1位。翌78年は213安打、15三塁打、46本塁打、139打点、長打率.600の5部門で1位となりMVPを受賞。79年まで3年連続200安打、100打点以上で、当代最高の強打者と評価された。
83年は39本塁打、126打点で二冠王、守備でも21補殺。同年から4年連続で100打点以上、右打ちも巧く7回打率3割を記録した。併殺打が多いのが欠点で、84年の36本は史上最多、通算315併殺を喫している。86年のプレイオフでは第7戦で決勝の先制3ラン、ワールドシリーズでは27打数9安打6四球だったが打点はゼロだった。引退後はレッドソックスで打撃コーチなどとして働いた。2009年殿堂入り。
【通算】16年、2089試合、8225打数 2452安打、373二塁打、79三塁打、382本塁打、1451打点、58盗塁、670四球、1423三振、打率.298
【タイトル】MVP1回(78年) 本塁打王3回(77～78,83年) 打点王2回(78,83年) オールスター8回(77～80,83～86年)

デル・ライス
Delbert W. Rice
1922.10.27～83.1.26【出身地】オハイオ州ポーツマス【球団】45-55カーディナルス 55-59ブレーヴス 60カブス 60カーディナルス 60オリオールズ 61エンジェルズ【位置】捕手、右
【経歴】強肩と好リードで知られた捕手で、ブレーヴス時代はボブ・ブールの先発時に必ずマスクを被った。47年12本塁打、52年には27二塁打、11本塁打、65打点を記録したが打率は低く、17年間で2盗塁と足も遅かった。72年はエンジェルズの監督を1年のみ務め、その後ヤンキースとジャイアンツで亡くなるまでスカウトをしていた。46年にはプロバスケットボールもプレイし、同じく野球との兼業選手であるチャック・コナーズとチームメイトだった。
【通算】17年、1309試合、3826打数 908安打、79本塁打、441打点、2盗塁、打率.237
【タイトル】オールスター1回(53年)
【監督】72エンジェルズ 1年、155試合、75勝80敗、勝率.484

ハリー・ライス
Harry Francis Rice
1901.11.22 ～ 71.1.1【出身地】イリノイ州ウェアステーション【球団】23-27 ブラウンズ　28-30 タイガース　30 ヤンキース　31 セネターズ　33 レッズ【位置】外野、左
【経歴】25 年 103 試合の出場で .359 の高打率、出塁率 .450、長打率 .568 と併せ 3 部門すべて 6 位。以後 6 年間で 5 回打率 3 割以上、26 年に自己最多の 181 安打を放つ。外野守備では強肩が光り、27 年の 26 補殺は 1 位だったが、一方で 20 失策もリーグワーストだった。
【通算】10 年、1034 試合、3740 打数 1118 安打、48 本塁打、506 打点、59 盗塁、打率 .299

アル・ライター
Alois Terry Leiter
1965.10.23 ～【出身地】ニュージャージー州トムズリヴァー【球団】87-89 ヤンキース　89-95 ブルージェイズ　96-97 マーリンズ　98-2004 メッツ　05 マーリンズ　05 ヤンキース【位置】投手、左
【経歴】左腕からのカーブで活躍した好投手。84 年ドラフト 2 位でヤンキースに入団、快速球で早くから注目されたが制球難と故障で伸び悩み、90 ～ 92 年は 1 勝もできなかった。95 年初の 2 ケタとなる 11 勝を挙げると、マーリンズに移った翌 96 年は 16 勝（5 位）、200 奪三振、防御率 2.93（3 位）、5 月 11 日のロッキーズ戦でノーヒットノーラン。98 年メッツに移籍、カッターを効果的に使い自己最多の 17 勝、防御率 2.47（3 位）。99 年のレッズとのプレイオフ進出決定戦では 2 安打に抑え完封勝ちを収めた。
　2000 年も 16 勝、200 奪三振（5 位）、04 年まで 10 年連続で 2 ケタ勝利。02 年には史上初めて 30 球団から勝利を挙げた投手になった。慈善活動にも積極的で、リッキー賞とクレメンテ賞を受賞。引退後はヤンキース戦の解説者を務めた。息子のジャックは 24 年にメジャーへ昇格。兄のマークも 11 年間で通算 65 勝、甥のマーク・ジュニアも投手。
【通算】19 年、419 試合、382 先発、16 完投、10 完封、162 勝 132 敗 2 S、2391 回、1974 奪三振、1163 四球、防御率 3.80
【タイトル】オールスター 2 回（96,2000 年）

カイル・ライト　★
Kyle Hardy Wright
1995.10.2 ～【出身地】アラバマ州ハンツヴィル【球団】2018-23 ブレーヴス【位置】投手、右
【経歴】2017 年ドラフト 1 位（全体 5 位）でブレーヴスに入団。翌 18 年にメジャーへ昇格、21 年までは故障もあって通算 21 試合で 2 勝、防御率 6.56 と苦戦していたが、21 年のワールドシリーズ第 4 戦では初回から 4.2 回 1 失点のロングリリーフで逆転勝利に結びつける。続く 22 年はカーブを上手く使ってリーグ最多の 21 勝を挙げた。翌 23 年は肩を痛めて 1 勝のみ、ロイヤルズへ移った 24 年は全休した。
【通算】6 年、60 試合、51 先発、0 完投、24 勝 16 敗 0 S、281.1 回、267 奪三振、防御率 4.45
【タイトル】最多勝 1 回（2022 年）

クライド・ライト　☆
Clyde Wright
1941.2.20 ～【出身地】テネシー州ジェファーソンシティ【球団】66-73 エンジェルズ　74 ブルワーズ　75 レンジャーズ【位置】投手、左
【経歴】気性の激しさで有名だった左腕投手。65 年ドラフト 6 位でエンジェルズに入団、68 年 10 勝を挙げるが、翌 69 年は 1 勝 8 敗でウェーバーにかけられる。引き取り手がなくエンジェルズに戻ると、スクリューボールをマスターし翌 70 年 22 勝（4 位）、防御率 2.83（3 位）でカムバック賞を受賞。7 月 3 日のアスレティックス戦でノーヒットノーランを達成した。71 年 16 勝、72 年 18 勝と好調を持続したが 73 年は 11 勝 19 敗、ブルワーズに移った 74 年も 9 勝 20 敗と大きく負け越す。76 年巨人に入団、77 年に 11 勝を挙げたものの、首脳陣と対立し 78 年途中帰国。その後アルコール依存症に苦しんだが、何とか克服した。息子のジャレットもインディアンズなどで通算 68 勝した投手で、父同様のトラブルメイカーでもあった。
【通算】10 年、329 試合、235 先発、67 完投、9 完封、100 勝 111 敗 3 S、1728.2 回、667 奪三振、防御率 3.50
【タイトル】オールスター 1 回（70 年）
【日本】76-78 巨人　3 年、59 試合、10 完投、3 完封、22 勝 18 敗 0 S、340 回、142 奪三振、防御率 3.97

グレン・ライト
Forest Glenn Wright
1901.2.6 〜 84.4.6【出身地】ミズーリ州アーチー【球団】24-28 パイレーツ 29-33 ドジャース 35 ホワイトソックス【位置】遊撃、右
【経歴】強肩と広い守備範囲が自慢の遊撃手で、24 年新人ながら 18 三塁打と 111 打点は 3 位、守備でも 601 補殺はその後長くリーグ記録として残ったが、悪送球も多く 52 失策。翌 25 年も打率 .308、189 安打、18 本塁打、121 打点(4 位)の活躍で優勝に貢献、5 月 7 日のカーディナルス戦では単独三重殺を完成させた。ドジャースに移った 29 年ハンドボールをしていて肩を痛めたが、翌 30 年は打率 .321、22 本塁打、126 打点と復活した。引退後はマイナーの監督、レッドソックスのスカウトを務めた。
【通算】11 年、1119 試合、4153 打数 1219 安打、94 本塁打、723 打点、38 盗塁、打率 .294

ジェイミー・ライト
Jamey Alan Wright
1974.12.24 〜【出身地】オクラホマ州オクラホマシティ【球団】96-99 ロッキーズ 2000-02 ブルワーズ 02 カーディナルス 03 ロイヤルズ 04-05 ロッキーズ 06 ジャイアンツ 07-08 レンジャーズ 09 ロイヤルズ 10 インディアンズ 10-11 マリナーズ 12ドジャース 13レイズ 14ドジャース【位置】投手、右
【経歴】93 年ドラフト 1 位でロッキーズに入団。シンカーでゴロを打たせるのが上手く、97 年 8 勝、翌 98 年は 206.1 回を投げ 9 勝を挙げる。ブルワーズ移籍後の 2001 年に自己唯一の 2 ケタとなる 11 勝、20 死球は前年に続きリーグ最多。通算でも 155 死球は史上 17 位、2500 投球回未満では最も多い。08 年からはリリーフへ回り、11 年は自己ベストの防御率 3.16。現役最後の 14 年も 39 歳で 66 試合に登板した。
【通算】19 年、719 試合、248 先発、6 完投、3 完封、97 勝 130 敗 2 S、2036.2 回、1189 奪三振、防御率 4.81

ジョージ・ライト
George Wright
1847.1.28 〜 1937.8.21【出身地】ニューヨーク州ニューヨーク【球団】1876-78 ボストン 79 プロヴィデンス 80-81 ボストン 82 プロヴィデンス【位置】遊撃、二塁、右
【経歴】兄のハリーとともに 1869 年最初のプロ球団であるシンシナティ・レッドストッキングスを結成。71 年ナショナル・アソシエーションに参加、72 年からの 4 連覇時には主力として活躍。76 年 4 月 22 日のナショナル・リーグ初試合(ボストン対フィラデルフィア)で最初の打者となった。内野フライを故意に落として併殺を狙うのが上手かった。
　79 年監督兼任でプロヴィデンスに移り、初優勝に導いたが保留条項の導入に反対して 1 年限りで退任、実質的に引退となる。その後も散発的に出場し、82 年後半に本格的に復帰を試みたものの、.162 の低打率に終わった。71 年にスポーツ用品会社ライト&ディットソンを設立、引退後はゴルフ、アイスホッケー、テニスなどの普及活動に取り組み、息子のビールズはテニス選手として活躍した。1939 年殿堂入り。
【通算】7 年、329 試合、1494 打数 383 安打、2 本塁打、132 打点、打率 .256
【監督】1879 プロヴィデンス 1 年、85 試合、59 勝 25 敗、勝率 .702 リーグ優勝 1 回(1879 年)

タフィ・ライト
Taft Shedron Wright
1911.8.10 〜 81.10.22【出身地】ノースカロライナ州テイバーシティ【球団】38-39 セネターズ 40-42,46-48 ホワイトソックス 49 アスレティックス【位置】外野、左
【経歴】プロ入り当初は投手。小柄で太めの体型で、38 年 100 試合に出場し .350 の高打率。当時の規定により首位打者となったが、打数が 263 しかなく、のちにタイトルは取り上げられた。以後 5 年連続で 3 割以上、40 年は .337、196 安打(5 位)。翌 41 年は 35 二塁打、97 打点、13 試合連続打点のリーグ新記録を樹立。43 〜 45 年は兵役のため全休、復帰後は年齢的な衰えもあって以前ほどの働きはできなかったが、47 年の打率 .324、出塁率 .398 はともに 4 位だった。
【通算】9 年、1029 試合、3583 打数 1115 安打、38 本塁打、553 打点、32 盗塁、打率 .311

デイヴィッド・ライト
David Allen Wright
1982.12.20 〜【出身地】ヴァージニア州

ノーフォーク【球団】2004-16,18 メッツ【位置】三塁、右
【経歴】人格面での評価も高く、2000 年代のメッツの顔として活躍したスター三塁手。2001 年ドラフト 1 位で入団、05 年から 4 年連続で打率 3 割、40 二塁打、25 本塁打、100 打点以上。07 年は打率 .325、196 安打（4 位）、30 本塁打、34 盗塁で 30 − 30 を達成した。08 年は自己最多の 33 本塁打、189 安打と 124 打点は 2 位。翌 09 年は新本拠球場シティ・フィールドの第 1 号を放った。12 年は 6 度目の 3 割となる打率 .306、安打と打点でメッツの球団記録を更新した。守備でも 07 ～ 08 年に 2 年連続でゴールドグラブに選ばれている。30 代に入ってからは脊柱管狭窄症などの故障に見舞われ、レギュラーとして出場できたのは 14 年が最後だった。
【通算】14 年、1585 試 合、5998 打 数 1777 安打、242 本塁打、970 打点、196 盗塁、1292 三振、打率 .296
【タイトル】ゴールドグラブ 2 回（2007 ～ 08 年）オールスター 7 回（06 ～ 10,12 ～ 13 年）

ハリー・ライト
William Henry Wright
1835.1.10 ～ 95.10.3【出身地】英国イングランド・シェフィールド【球団】1876-77 ボストン【位置】外野、右
【経歴】最初のプロ球団シンシナティ・レッドストッキングスを率い、破竹の 56 連勝を果たし全米にプロ球団を生み出すきっかけを作った、球界最大の功労者の一人。父親は有名なクリケット選手で、自らもプロのクリケット選手だったが、弟のジョージ、サムとともに野球選手としても活躍。1869 年シンシナティの財界人の後援により、在籍していたレッドストッキングスをプロとして組織。監督兼選手としてアメリカ中を興行、翌 70 年 6 月ブルックリン・アトランティックスに敗れるまで快進撃を続け、野球人気に火をつけた。
　その後チームは解散したが、71 年ナショナル・アソシエーションの結成にともないボストンでレッドストッキングスを再興。初年度こそ優勝を逸したものの翌 72 年から 4 連覇、ナショナル・リーグでも最初の 2 年間に連覇を果たす。74 年限りで現役から退いた後も 76、77 年に 1 試合ずつ出場している。ダブルスティールやバックアッププレイなど数々の新しい戦術をあみ出し、ボストン、プロヴィデンス、フィラデルフィアで長い間監督を務め、通算ではちょうど 1000 勝を記録した。
　近代的なユニフォームやスコアボードを考案したのも功績に数えられ、早い段階でファーム・チームの必要性も認識していた。スポーツマンシップを重んじ、監督時代にも審判の判定に滅多に文句をつけず、ミスをした選手を公然と叱責することもしなかった。人種的偏見もなく、82 年には非白人のメキシコ人選手サンディ・ナバを入団させた。94 年には新設された審判部長職に就いたが、翌 95 年死去。1953 年殿堂入り。
【通算】2 年、2 試合、7 打 数 0 安 打、0 本塁打、0 打点、打率 .000
【監督】1876-81 ボストン　82-83 プロヴィデンス　84-93 フィラデルフィア　18 年、1853 試 合、1000 勝 825 敗、 勝 率 .548 リーグ優勝 2 回（77 ～ 78 年）

オースティン・ライリー　★
Michael Austin Riley
1997.4.2 ～【出身地】テネシー州メンフィス【球団】2019-24 ブレーヴス【位置】三塁、右
【経歴】2015 年ドラフト 1 位でブレーヴスに入団。パワフルな打撃が魅力で、19 年にメジャーへ昇格すると最初の 26 試合で 10 本塁打。21 年は打率 .303、179 安打（3 位）、33 本塁打、107 打点（2 位）、ワールドシリーズでも第 3 戦で先制・決勝の二塁打を放つなど、チームトップの 8 安打で世界一に貢献した。38 本塁打（3 位）を放った 22 年のシーズン中、10 年 2 億 1200 万ドルの長期延長契約を結んだ。
【通算】6 年、719 試 合、2728 打 数 742 安 打、153 本 塁 打、429 打点、5 盗 塁、打率 .272
【タイトル】オールスター 2 回（2022 ～ 23 年）

ジョン・ライリー
John Good Reilly
1858.10.5 ～ 1937.5.31【出身地】オハイオ州シンシナティ【球団】1880 シンシナティ 83-91 シンシナティ（AA）/ シンシナティ【位置】一塁、右
【経歴】“ロング・ジョン”と呼ばれた強打者で、10 年間のメジャー生活をすべて故郷シンシナティで過ごす。新人時代の 1880 年、50 名の犠牲者を出したナラガンセット号の難破事故に巻き込まれたが無事に生還。83 年打率 .311（5 位）、翌 84

年は11本塁打と長打率.551が1位、打率、安打、三塁打、打点、長打率の5部門で2位。同年9月だけで2回、合計では3回サイクルヒットを達成した。88年は13本塁打、103打点、長打率.501の3部門で1位。90年は自己最多の26三塁打(1位)、通算では打率3割を5回記録した。副業としてリトグラフを製作し、芸術的にも商業的にも成功を収めた。
【通算】10年、1142試合、4684打数1352安打、139三塁打、69本塁打、740打点、打率.289
【タイトル】本塁打王2回(1884,88年)打点王1回(88年)

スパーキー・ライル
Albert Walter Lyle (Sparky)
1944.7.22 ～【出身地】ペンシルヴェニア州デュボイス【球団】67-71 レッドソックス　72-78 ヤンキース　79-80 レンジャーズ　80-82 フィリーズ　82 ホワイトソックス【位置】投手、左
【経歴】70年代を代表するリリーフ投手で、数々の奇癖や悪ふざけで有名だった。64年オリオールズに入団、翌65年レッドソックスへ移籍。切れの良いスライダーで69年8勝17セーブ(3位)、ヤンキースに移籍した72年は35セーブ(1位)、防御率1.92。翌73年も27セーブ(2位)、74年は9勝、自己ベストの防御率1.66。76年は23セーブで2度目の1位。77年リーグ最多の72試合に登板し13勝、26セーブ(2位)、防御率2.17でア・リーグのリリーフ投手として初めてサイ・ヤング賞に選ばれる。翌78年リッチ・ゴッセージの入団によりストッパーの座を追われ、79年はレンジャーズへ移籍。ヤンキースの内幕を描いた著書『ブロンクス・ズー』も話題となった。
【通算】16年、899試合(27位)、0先発、99勝76敗238S、1390.1回、873奪三振、防御率2.88
【タイトル】サイ・ヤング賞1回(77年)最多セーブ2回(72,76年)オールスター3回(73,76～77年)

ビリー・ラインズ
William Pearl Rhines
1869.3.14 ～ 1922.1.30【出身地】ペンシルヴェニア州リッジウェイ【球団】1890-92 シンシナティ　93 ルイヴィル　95-97 シンシナティ　98-99 ピッツバーグ【位置】投手、右
【経歴】下手からの速球とカーブで、1890年新人で28勝(5位)、防御率1.95は1位。92～93年は合計4勝に終わり、マイナーで投げていたが95年シンシナティに復帰し19勝、翌96年も8勝どまりながら防御率2.45で2度目の1位となった。97年も21勝。射撃の名手としても知られていた。
【通算】9年、248試合、222先発、187完投、13完封、113勝103敗、1891回、553奪三振、防御率3.48
【タイトル】最優秀防御率2回(1890,96年)

スコット・ラインブリンク
Scott Cameron Linebrink
1976.8.4 ～【出身地】テキサス州オースティン【球団】2000 ジャイアンツ　00-03 アストロズ　03-07 パドレス　07 ブルワーズ　08-10 ホワイトソックス　11 ブレーヴス【位置】投手、右
【経歴】97年ドラフト2位でジャイアンツに入団。2003年途中アストロズからパドレスに移籍し中継ぎで開花、同年から9年連続で50試合以上に登板。スプリッターなどの多彩な変化球を使い、05年は8勝1敗、防御率1.83、08年まで6年連続防御率3点台以下と安定していた。
【通算】12年、607試合、6先発、0完投、42勝31敗8S、656.2回、567奪三振、防御率3.51

ブランドン・ラウ　★
Brandon Norman Lowe
1994.7.6 ～【出身地】ヴァージニア州サフォーク【球団】2018-24 レイズ【位置】二塁、左
【経歴】2015年ドラフト3位でレイズに入団。19年はデビュー前に6年の延長契約を結ぶと、前半戦で16本塁打、49打点。オールスターにも選ばれたが、右脚の脛を痛めて出場辞退した。20年のワールドシリーズは24打数で放った3安打がすべて本塁打、6打点はチームトップだった。21年は自己最多の39本塁打(5位)、99打点を記録したが、ディヴィジョンシリーズは2年続けて18打数無安打。ポストシーズンの通算打率は.115と極端に低い。故障が多く、110試合以上出場したのは21年だけだった。
【通算】7年、611試合、2150打数527安打、126本塁打、363打点、30盗塁、打率.245

【タイトル】オールスター1回（2019年）

クッキー・ラヴァジェット
Harry Arthur Lavagetto (Cookie)
1912.12.1 ～ 90.8.10【出身地】カリフォルニア州オークランド【球団】34-36パイレーツ　37-41,46-47ドジャース【位置】三塁、二塁、右
【経歴】ドジャースに移籍した37年正二塁手となり、三塁にコンバートされた翌38年は34二塁打、15盗塁（2位）、以後4年連続でオールスターに選ばれる。39年すべて自己記録となる打率.300、176安打、10本塁打、87打点。選球眼に優れ41年は80四球を選んだ。4年間の海軍生活を終え46年復帰、翌47年のワールドシリーズ第4戦では、現役最後の打席で9回二死からビル・ビヴェンス（ヤンキース）のノーヒッターを打ち砕くサヨナラ二塁打を放った。引退後はドジャースやメッツのコーチ、セネターズの監督を務めた。
【通算】10年、1043試合、3509打数945安打、40本塁打、486打点、63盗塁、打率.269
【タイトル】オールスター4回（38 ～ 41年）
【監督】57-61セネターズ／ツインズ　5年、657試合、271勝384敗、勝率.414

ゲイリー・ラヴェル
Gary Robert Lavelle
1949.1.3 ～【出身地】ペンシルヴェニア州スクラントン【球団】74-84ジャイアンツ　85,87ブルージェイズ　87アスレティックス【位置】投手、左
【経歴】67年ドラフト20位でジャイアンツに入団。左の速球派リリーバーとして77、79、83年にそれぞれ20セーブ、78年の13勝を最多として2ケタ勝利3回。ジャイアンツでは球団記録となる647試合を投げ、短縮シーズンの81年を除き75 ～ 85年は毎年55試合以上に登板した。75年のウィンターリーグ参加中にボーン・アゲイン・クリスチャンとなり、チームメイトにも影響を与えた。
【通算】13年、745試合、3先発、0完投、80勝77敗136S、1085回、769奪三振、防御率2.93
【タイトル】オールスター2回（77,83年）

エド・ラウシュ
Edd J. Roush
1893.5.8 ～ 1988.3.21【出身地】インディアナ州オークランドシティ【球団】13ホワイトソックス　14-15インディアナポリス／ニューアーク（FL）　16ジャイアンツ　16-26レッズ　27-29ジャイアンツ　31レッズ【位置】外野、左
【経歴】グリップの太い、重いバットから安打を量産し、2度の首位打者に輝いた名外野手。ジョン・マグロー監督との確執により16年途中ジャイアンツからレッズへ移籍、翌17年打率.341で首位打者となる。18年は.333で2厘差の2位、続く19年.321で2度目の栄冠を手にし、71打点も2位で優勝に大きく貢献。ワールドシリーズでも打率.214ながら7打点を稼いだ。21年も自己最高の打率.352で2位、17年以降11年連続、通算では13回3割を記録した。
　頭脳的な選手として知られ、守備では相手打者に合わせて的確なポジショニングをとった。当時最高給選手の一人だったが、キャンプに参加せず自己流のトレーニングを行ったり、毎年のように契約交渉でもめ30年は1試合も出場しなかったりと、扱いにくい面も持っていた。20年には監督の抗議中に外野で居眠りを始め、退場を命じられたこともあった。引退後は投資に成功して優雅に暮らし、88年にレッズのキャンプを見学中、心臓発作を起こし亡くなった。ビル・マッケクニーとはマイナー時代からの親友で、16年に一緒にレッズへトレードされ、62年同時に殿堂入り。引退後も近所に住んでいた。
【通算】18年、1967試合、7363打数2376安打、182三塁打（15位）、68本塁打、981打点、268盗塁、打率.323
【タイトル】首位打者2回（17,19年）

ジェド・ラウリー
Jed Carlson Lowrie
1984.4.17 ～【出身地】オレゴン州セイラム【球団】2008-11レッドソックス　12アストロズ　13-14アスレティックス　15アストロズ　16-18アスレティックス　19メッツ　21-22アスレティックス【位置】遊撃、二塁、両
【経歴】2005年ドラフト1位でレッドソックスに入団、13年アスレティックスで正遊撃手となり打率.290、45二塁打（2位）。故障の多さもあってその後は不振だったが、17年に49二塁打（2位）と復調。続く18年は自己最多の23本塁打、99打点、78四球で、34歳でオールスターに初選出された。
【通算】14年、1307試合、4615打数

1185 安打、121 本塁打、594 打点、8 盗塁、打率 .257
【タイトル】オールスター 1 回(2018 年)

バリー・ラーキン
Barry Louis Larkin
1964.4.28 ～【出身地】オハイオ州シンシナティ【球団】86-2004 レッズ【位置】遊撃、右
【経歴】打走守三拍子揃った 90 年代を代表する名遊撃手。82 年ドラフト 2 位で地元のレッズに指名されたが入団拒否、84 年のロスアンジェルス五輪に出場したのち、85 年ドラフト 1 位(全体 4 位)でレッズに再度指名され入団。87 年レギュラーとなり、翌 88 年 174 安打(5 位)、40 盗塁。89 年は 97 試合の出場にとどまったが.342 の高打率、翌 90 年は 185 安打(4 位)、ワールドシリーズでは 17 打数 6 安打。93 年まで 5 年連続打率 3 割以上、95 年は .319、29 二塁打、51 盗塁(2 位)で失敗わずかに 5 回、また抜群のリーダーシップを発揮してレッズを地区制覇に導いたことが評価され MVP に輝く。ポストシーズンも 31 打数 12 安打、5 盗塁と活躍した。
　翌 96 年は 33 本塁打、36 盗塁で遊撃手として初の 30 − 30 を達成、89 打点も自己最多。通算盗塁成功率は .831 の高率、守備の評価も高く 94 年から 3 年連続でゴールドグラブを受賞した。人間性も素晴らしく、93 年にクレメンテ賞、翌 94 年にゲーリッグ賞を受賞。2013 年の WBC ではブラジル代表の監督を務めた。弟スティーヴンは 98 年にレッズで 1 試合のみ出場、息子のシェインは NBA 選手。12 年殿堂入り。
【通算】19 年、2180 試合、7937 打数 2340 安打、441 二塁打、76 三塁打、198 本塁打、960 打点、379 盗塁、939 四球、817 三振、打率 .295
【タイトル】MVP1 回(95 年)ゴールドグラブ 3 回(94 ～ 96 年)オールスター 12 回(88 ～ 91,93 ～ 97,99 ～ 2000,04 年)

ヘンリー・ラーキン
Henry E. Larkin
1860.1.12 ～ 1942.1.31【出身地】ペンシルヴェニア州レディング【球団】1884-89 フィラデルフィア(AA)　90 クリーヴランド(PL)　91 フィラデルフィア(AA)　92-93 ワシントン【位置】一塁、外野、右
【経歴】1885 年に打率 .329(3 位)、37 二塁打(1 位)、88 打点(2 位)、出塁率 .373(2 位)と大活躍し、翌 86 年も 36 二塁打は 2 年連続 1 位。88 年は 101 打点(2 位)、続く 89 年は .428(2 位)の高出塁率を記録した。90 年クリーヴランド(PL)に加わり監督を兼任し打率 .330、112 打点は 5 位だった。
【通算】10 年、1184 試合、4718 打数 1429 安打、114 三塁打、53 本塁打、836 打点、打率 .303
【監督】1890 クリーヴランド(PL)　1 年、79 試合、34 勝 45 敗、勝率 .430

マイク・ラコス
Michael James LaCoss
1956.5.30 ～【出身地】カリフォルニア州グレンデイル【球団】78-81 レッズ　82-84 アストロズ　85 ロイヤルズ　86-91 ジャイアンツ【位置】投手、右
【経歴】本名は Marks。74 年ドラフト 3 位でレッズに入団、速球とフォークで 79 年に 14 勝、80 年も 10 勝。その後低迷し 85 年限りでロイヤルズを解雇されたが、翌 86 年ジャイアンツに拾われ 10 勝と復活、続く 87 年は 13 勝し地区優勝に貢献。89 年は先発とリリーフを兼任し 10 勝 6 セーブを挙げた。
【通算】14 年、415 試合、243 先発、26 完投、9 完封、98 勝 103 敗 12 S、1739.2 回、783 奪三振、防御率 4.02
【タイトル】オールスター 1 回(79 年)

ナップ・ラジョイ
Napoleon Lajoie
1874.9.5 ～ 1959.2.7【出身地】ロードアイランド州ウーンソケット【球団】1896-1900 フィラデルフィア　01-02 アスレティックス　02-14 インディアンズ　15-16 アスレティックス【位置】二塁、一塁、右
【経歴】史上最高の二塁手の一人で、現役当時は最も人気のあった選手。本来の発音は“ラジョワイ”だったが、フィラデルフィアでは“ラジョイ”で通っていた。1897 年一塁手としてレギュラーとなり、球に逆らわない打撃で打率 .361、9 本塁打(3 位)、127 打点(4 位)、翌 98 年二塁へ回り 127 打点(1 位)を叩き出す。1901 年新設のアメリカン・リーグへ移り、現在でもリーグ史上最高打率として残る .426 を記録したのを始め、232 安打、48 二塁打、14 本塁打、125 打点、出塁率 .463、長打率 .643 もすべて 1 位だった。
　古巣のフィリーズの訴えにより、フィラデルフィアのあるペンシルヴェニア州での出

場を禁止されたため、02年インディアンズに移る。04年102打点で3度目の打点王、打率.376で4度目の首位打者に輝く。05～09年は監督を兼任し、この間チームは彼の名にちなんで"ナップス"と呼ばれた。選手専任に復帰した10年227安打を放ち4度目の最多安打、タイ・カッブと最終打席まで激しく首位打者を争った末.0007差で2位の.3841に終わったが、後年の調査により実は最高打率であったことが判明した。通算では打率3割17回、200安打4回、40二塁打7回。守備にも優れ守備率1位7回、通算5496刺殺は史上5位にランクされる。気性が激しくラフプレイも辞さなかったが、選手たちからは尊敬されていた。37年殿堂入り。
【通算】21年、2480試合、9590打数3243安打(14位)、657二塁打(8位)、163三塁打、82本塁打、1599打点、380盗塁、516四球、347三振、打率.338
【タイトル】首位打者5回(1901～04,10*年)本塁打王1回(01年)打点王3回(1898,01,04年)最高出塁率2回(01,04年)
【監督】05-09インディアンズ　5年、700試合、377勝309敗、勝率.550

コルビー・ラスマス
Colby Ryan Rasmus
1986.8.11～【出身地】ジョージア州コロンバス【球団】2009-11カーディナルス　11-14ブルージェイズ　15-16アストロズ　17レイズ　18オリオールズ【位置】外野、左
【経歴】2005年ドラフト1位でカーディナルスに入団、08年は北京五輪のメンバーに選ばれるもケガのため出場なし。09年に正中堅手となり、翌10年は23本塁打。確実性には乏しかったが4回20本塁打以上を記録し、15年は自己最多の25本、プレイオフでも17打数7安打、4本塁打と打ちまくった。アクの強い性格で、打撃コーチの指導より父親のアドバイスを重視し、チームメイトとも距離を置いていた。股関節を痛め17年7月に引退、18年に撤回してオリオールズと契約したが7月に再度引退した。弟のコーリーは投手。
【通算】10年、1092試合、3704打数891安打、166本塁打、491打点、35盗塁、1106三振、打率.241

トニー・ラゼリ
Anthony Michael Lazzeri
1903.12.6～46.8.6【出身地】カリフォルニア州サンフランシスコ【球団】26-37ヤンキース　38カブス　39ドジャース　39ジャイアンツ【位置】二塁、三塁、右
【経歴】ヤンキース第一期黄金時代を支え、ファン人気が高かった頭脳派の二塁手。強靱な手首で、25年197試合制のパシフィック・コースト・リーグで60本塁打、222打点の驚異的な成績を残し、翌26年ヤンキースに入団。同年いずれも自己記録となる18本塁打(3位)、117打点(2位)だったが、ワールドシリーズ第7戦では1点を追う7回二死満塁で大ファウルを放つも、結局三振に倒れヒーローになり損ねた。
　32年のシリーズでは2本塁打、36年は7打点で世界一に貢献。通算では100打点以上7回、29年の.354(4位)を最高として打率3割5回。満塁本塁打に縁があり、32年6月3日にサイクルヒットを放った際の本塁打は満塁弾。36年5月24日は史上初の1試合2本の満塁本塁打を放ち、リーグ記録の11打点を稼ぐ。同年はワールドシリーズ第2戦でも満塁弾を放った。46年てんかんの発作を起こし、階段から転落死した。91年殿堂入り。
【通算】14年、1740試合、6297打数1840安打、115三塁打、178本塁打、1194打点、148盗塁、打率.292
【タイトル】オールスター1回(33年)

ドン・ラーセン
Don James Larsen
1929.8.7～2020.1.1【出身地】インディアナ州ミシガンシティ【球団】53-54ブラウンズ/オリオールズ　55-59ヤンキース　60-61アスレティックス　61ホワイトソックス　62-64ジャイアンツ　64-65アストロズ　65オリオールズ　67カブス【位置】投手、右
【経歴】ワールドシリーズ史上唯一の完全試合を成し遂げたことで、永遠にその名を残す投手。54年は3勝21敗と大きく負け越したが翌55年ヤンキースに移り、快速球とスローカーブで56年自己最多の11勝。同年10月8日、ヤンキー・スタディアムでのワールドシリーズ第5戦でドジャース打線を完璧に封じ込み、97球でパーフェクトの偉業を達成した。夜の帝王として名を馳せ、57年に10勝した後は平凡な成績が続いたが、ジャイアンツに移籍し

た 62 年はドジャースとの優勝決定戦でリリーフに立ち勝利投手となる。ワールドシリーズ第 4 戦でも古巣ヤンキース相手に勝ち星を挙げた。通算 14 本塁打と打力もあり、しばしば代打で起用された。
【通算】14 年、412 試合、171 先発、44 完投、11 完封、81 勝 91 敗、1548 回、849 奪三振、防御率 3.78

トミー・ラソーダ
Thomas Charles Lasorda
1927.9.22 ～ 2021.1.7【出身地】ペンシルヴェニア州ノーリスタウン【球団】54-55 ドジャース　56 アスレティックス【位置】投手、左
【経歴】20 年にわたりドジャースの指揮を執った名物監督。ドジャースへの忠誠心のほどを示した「俺の体にはドジャー・ブルーの血が流れている」という言葉は有名である。53 年マイナーで 17 勝し翌 54 年メジャーに昇格するが、3 年間で 1 勝もできず、55 年には 1 イニング 3 暴投の不名誉な記録を作った。61 年ドジャースのスカウトとなり、マイナーの監督、ドジャースの投手コーチを歴任し 76 年終盤監督に就任。77、78 年と 2 連覇し、最初の 2 年間にいずれも優勝を果たしたリーグ最初の監督となった。
81、88 年と 2 度のワールドシリーズ制覇も経験。監督生活の終盤は采配に対する批判も多かったが、サービス精神旺盛でファンやメディアの間での人気は高かった。96 年途中健康上の理由で勇退、翌 97 年殿堂入り。2000 年のシドニー五輪では全米代表を率いて金メダルを獲得、01 年は近鉄のコンサルタントを務めた。同じイタリア系のフランク・シナトラとも親しい間柄だった。
【通算】3 年、26 試合、6 先発、0 完投、0 勝 4 敗、58.1 回、37 奪三振、防御率 6.48
【監督】76-96 ドジャース　21 年、3040 試合、1599 勝 1439 敗、勝率 .526　リーグ優勝 4 回（77 ～ 78,81,88 年）ワールドシリーズ優勝 2 回（81,88 年）

キャンディ・ラチャンス
George Joseph LaChance (Candy)
1870.2.14 ～ 1932.8.18【出身地】コネティカット州パットナム【球団】1893-98 ブルックリン　99 ボルティモア　1901 インディアンズ　02-05 レッドソックス【位置】一塁、両
【経歴】俊足のスイッチヒッターで、1895 年に打率 .314、自己最多の 170 安打、8 本塁打、111 打点。97 年も 28 二塁打、16 三塁打、90 打点と活躍した。通算で 5 回打率 3 割を記録している。1903 年には第 1 回ワールドシリーズ第 1 戦に出場し、2 本の犠飛を放った。気難しい性格で、まったく甘さがないところから逆説的に“キャンディ”と呼ばれた。
【通算】12 年、1265 試合、4928 打数 1380 安打、39 本塁打、693 打点、192 盗塁、打率 .280

ナップ・ラッカー
George Napoleon Rucker
1884.9.30 ～ 1970.12.19【出身地】ジョージア州クラブアップル【球団】07-16 ドジャース【位置】投手、左
【経歴】低迷期のドジャースを支えた好投手。若い頃は速球派、後年はナックルボーラーとして 07 年から 7 年連続で 13 勝以上、防御率 2 点台と安定した成績を残した。08 年 9 月 5 日のブレーヴス戦でノーヒットノーランを達成。同年 199 奪三振、翌 09 年 201 奪三振で 2 年続けて 2 位。7 月 24 日のカーディナルス戦で当時のタイ記録となる 16 三振を奪った。10 年は 17 勝、いずれも 1 位の 27 完投、6 完封、320.1 回。11 年自己最多の 22 勝（5 位）、7 月 22 日のレッズ戦では 9 回二死まで無安打に抑えていたが、最後に打たれ 2 度目のノーヒッターを逸した。
12 年は 6 完封（1 位）、防御率 2.21（3 位）と好投しながら援護に恵まれず、18 勝 21 敗と負け越した。好人物で若手への指導も惜しまず、契約交渉でもめることもなかった。タイ・カッブとはマイナー時代のチームメイトで、彼の数少ない友人の一人だった。引退後ジョージア州ロズウェルの市長となった。甥のジョニーはジャイアンツの外野手。
【通算】10 年、336 試合、274 先発、186 完投、38 完封、134 勝 134 敗、2375.1 回、1217 奪三振、防御率 2.42

ジョン・ラッキー
John Derran Lackey
1978.10.23 ～【出身地】テキサス州アビリーン【球団】2002-09 エンジェルズ　10-14 レッドソックス　14-15 カーディナルス　16-17 カブス【位置】投手、右
【経歴】メジャー 1 年目を除くすべての年で 2 ケタ勝利を記録した好投手。99 年ド

ラフト2位でエンジェルズに入団。2002年6月にメジャーに昇格して9勝、ワールドシリーズ第7戦では先発して勝利投手となる。シリーズ最終戦に新人が先発したのは、1909年のベーブ・アダムズ以来だった。制球の良いカーブで05年199奪三振、06年190奪三振で2年連続3位、07年は19勝(2位)、防御率3.01はリーグトップだった。

10年FAでレッドソックスへ移籍、続く11年は12勝で連続2ケタ勝利を9年に伸ばしたものの、防御率は6.41。終盤戦では試合中にクラブハウスで飲酒し非難の的になった。家庭内の問題や報道陣との衝突もあり、12年はトミー・ジョン手術で全休。13年復帰して10勝、ワールドシリーズでは世界一を決めた第6戦に中2日で先発し勝利投手となった。16年にもカブスで3球団での世界一を経験した。

【通算】15年、448試合、446先発、18完投、8完封、188勝147敗0S、2840.1回、2294奪三振、防御率3.92

【タイトル】最優秀防御率1回(2007年) オールスター1回(07年)

ヴィク・ラッシー

Victor John Angelo Raschi

1919.3.28～88.10.14【出身地】マサチューセッツ州ウェストスプリングフィールド【球団】46-53 ヤンキース　54-55 カーディナルス　55 アスレティックス【位置】投手、右

【経歴】速球中心の投球でヤンキースのエースとして活躍。27歳でメジャーに昇格し、48年19勝(4位)、オールスターでは自ら決勝点を叩き出し勝利投手となる。49年21勝(4位)、シーズン最終日でレッドソックスを破り優勝投手となり、ワールドシリーズも最終戦で勝利投手。50年は21勝(2位)、ワールドシリーズ第1戦では1点を守り完封勝利を収めた。51年は3年連続の21勝(2位)、164奪三振(1位)、ワールドシリーズではまたしても最終第6戦で勝利投手となった。54年契約交渉のもつれから8万5000ドルの移籍金でカーディナルスに移り、以後は活躍できずに終わった。物静かで、チームメイトや報道陣との会話も少なかった。ハンク・アーロンに初本塁打を献上した投手でもある。

【通算】10年、269試合、255先発、106完投、26完封、132勝66敗、1819回、944奪三振、防御率3.72

【タイトル】最多奪三振1回(51年) オールスター4回(48～50,52年)

リック・ラッシェル

Rickey Eugene Reuschel

1949.5.16～【出身地】イリノイ州クィンシー【球団】72-81 カブス　81 ヤンキース　83-84 カブス　85-87 パイレーツ　87-91 ジャイアンツ【位置】投手、右

【経歴】"ビッグ・ダディ"のニックネームで親しまれた、制球の良い巨漢投手。70年ドラフト3位でカブスに入団、シンカーを軸に、少ない球数で打者を打ち取り、73年から8年連続230回以上、72年から9年連続2ケタ勝利を挙げる。打者に的を絞らせない巧みな配球も冴え、77年は20勝(3位)、防御率2.79。81年途中ヤンキースへ移籍、翌82年は肩を痛め全休した。

85年はマイナー契約でパイレーツに加入、5年ぶりの2ケタとなる14勝、防御率2.27(4位)でカムバック賞に加え、クレメンテ賞・ハッチンソン賞も受賞。87年は13勝、防御率3.09(4位)、リーグ最多の12完投、4完封。88年19勝(4位)、40歳となった89年も17勝(5位)、208.1回を投げるなど第一線で活躍した。大柄な体に似合わずフィールディングも良く、2度のゴールドグラブに輝く。兄ポールも投手で、75年8月21日に史上唯一の兄弟完封リレーを成し遂げた。

【通算】19年、557試合、529先発、102完投、26完封、214勝191敗5S、3548.1回、2015奪三振、935四球、防御率3.37

【タイトル】ゴールドグラブ2回(85,87年) オールスター3回(77,87,89年)

ボブ・ラッシュ

Robert Ransom Rush

1925.12.21～2011.3.19【出身地】ミシガン州バトルクリーク【球団】48-57 カブス　58-60 ブレーヴス　60 ホワイトソックス【位置】投手、右

【経歴】ダイナミックなフォームからの重い速球で2ケタ勝利、200投球回以上を8回ずつ記録。50年にリーグワーストの20敗を喫したが、52年は17勝(3位)、防御率2.70(5位)、157奪三振(2位)、オールスターで勝利投手となった。54～56年は3年連続13勝、57年は6勝16敗と大きく負け越すが、ブレーヴスに移籍した58年は10勝を挙げ優勝に貢献した。

【通算】13年、417試合、321先発、118

完投、16完封、127勝152敗、2410.2回、1244奪三振、防御率3.65
【タイトル】オールスター2回（50,52年）

ジェフ・ラッセル
Jeffrey Lee Russell
1961.9.2～【出身地】オハイオ州シンシナティ【球団】83-84レッズ　85-92レンジャーズ　92アスレティックス　93-94レッドソックス　94インディアンズ　95-96レンジャーズ【位置】投手、右
【経歴】79年ドラフト5位で地元のレッズに入団。83年後半ローテーション入りするが、翌84年は6勝18敗と大きく負け越しレンジャーズへ放出。88年自己最多の10勝、翌89年ストッパーに転向し38セーブ（1位）、防御率1.98。スライダーを武器として、91～93年も3年連続で30セーブ以上を稼いだ。息子のジェイムズはカブスの投手。
【通算】14年、589試合、79先発、11完投、2完封、56勝73敗186S、1099.2回、693奪三振、防御率3.75
【タイトル】最多セーブ1回（89年）オールスター2回（88～89年）

ジム・ラッセル
James William Russell
1918.10.1～87.11.24【出身地】ペンシルヴェニア州ファイエットシティ【球団】42-47パイレーツ　48-49ブレーヴス　50-51ドジャース【位置】外野、両
【経歴】打走守にバランスのとれた選手で、左右両打席本塁打を2度記録した最初の打者。43年11三塁打（5位）、12盗塁（3位）、続く44年は打率.312、181安打（5位）、14三塁打（4位）。翌45年の12本塁打、77打点が自己最多となった。引退後はドジャースとセネターズでスカウトとして働いた。
【通算】10年、1035試合、3595打数959安打、67本塁打、428打点、59盗塁、打率.267

ジャック・ラッセル
Jack Erwin Russell
1905.10.24～90.11.3【出身地】テキサス州パリス【球団】26-32レッドソックス　32インディアンズ　33-36セネターズ　36レッドソックス　37タイガース　38-39カブス　40カーディナルス【位置】投手、右
【経歴】レッドソックス時代は先発要員だったが7年間すべて負け越し。33年セネターズに移籍、リリーフに回り12勝、防御率2.69と好投。翌34年は54試合（1位）に投げ、リリーフ投手として初めてオールスターに選ばれた。無理のない投球フォームからのシンカーで、打たせてとる投球が持ち味だった。引退後フロリダ州クリアウォーターの行政長官となり、フィリーズの春季キャンプ誘致に尽力した。
【通算】15年、557試合、182先発、71完投、3完封、85勝141敗、2050.2回、418奪三振、防御率4.46
【タイトル】オールスター1回（34年）

ビル・ラッセル
William Ellis Russell
1948.10.21～【出身地】カンザス州ピッツバーグ【球団】69-86ドジャース【位置】遊撃、外野、右
【経歴】高校時代はバスケットボール選手で野球はしていなかったが、66年ドラフト9位で指名されドジャースに入団。外野手としてメジャーに昇格、72年モーリー・ウィルスの後任として遊撃にコンバート。派手さはなくとも安定した成績を残し、8年間にわたって一塁スティーヴ・ガーヴィー、二塁デイヴィー・ロープス、三塁ロン・セイと不動の内野陣を形成した。78年の打率.286、179安打、32二塁打が自己記録。同年はプレイオフで17打数7安打、ワールドシリーズでも26打数11安打と大当たりした。引退後コーチを経て96年途中ドジャース監督に就任したが、98年途中解任された。
【通算】18年、2181試合、7318打数1926安打、293二塁打、57三塁打、46本塁打、627打点、167盗塁、483四球、667三振、打率.263
【タイトル】オールスター3回（73,76,80年）
【監督】96-98ドジャース　3年、322試合、173勝149敗、勝率.537

ケン・ラッフェンズバーガー
Kenneth David Raffensberger
1917.8.8～2002.11.10【出身地】ペンシルヴェニア州ヨーク【球団】39カーディナルス　40-41カブス　43-47フィリーズ　47-54レッズ【位置】投手、左
【経歴】1試合平均1.9四球の制球力を誇った左腕投手。若い頃は速球派で、44年リーグワーストの20敗を喫するも13勝、136奪三振（4位）、オールスターで勝利投手となる。47年途中レッズへ移籍、

フォークボールなど変化球中心にモデルチェンジし、49年5完封（1位）を含む18勝（3位）、52年も6完封（1位）を含む17勝（3位）で、同年まで5年連続2ケタ勝利を挙げた。
【通算】15年、396試合、282先発、133完投、31完封、119勝154敗、2151.2回、806奪三振、防御率3.60
【タイトル】オールスター1回（44年）

ライアン・ラドウィック
Ryan Andrew Ludwick
1978.7.13～【出身地】フロリダ州サテライトビーチ【球団】2002-03レンジャーズ　03-05インディアンズ　07-10カーディナルス　10-11パドレス　11パイレーツ　12-14レッズ【位置】外野、右
【経歴】99年ドラフト2位でアスレティックスに入団。故障などでなかなかメジャーに定着できずにいたが、07年カーディナルスへ移籍すると、翌08年打率.299、40二塁打、37本塁打（4位）、113打点、長打率.591（2位）と大活躍。続く09年も22本塁打、97打点、12年はレッズで26本塁打、プレイオフでも3本塁打を放った。打撃妨害で通算13回出塁している。兄のエリックも投手で、2000～01年は広島に在籍した。
【通算】12年、1065試合、3549打数923安打、154本塁打、587打点、17盗塁、打率.260
【タイトル】オールスター1回（2008年）

ブラッド・ラドキー
Brad William Radke
1972.10.27～【出身地】ウィスコンシン州オークレア【球団】95-2006ツインズ【位置】投手、右
【経歴】91年ドラフト8位でツインズに入団。95年メジャーに昇格して11勝、97年は6～8月にかけて12登板連続勝利、年間では20勝（2位）を挙げる。コントロールが非常に良く、2001年は15勝、226回を投げて26四球しか与えなかった。通算与四球率も1.6個。02年のディヴィジョンシリーズではアスレティックス相手に2勝。04年自己ベストの防御率3.48（4位）、通算では2ケタ勝利10回、現役最後の06年も12勝した。ツインズ一筋に投げ続け、01年の球団削減騒動の渦中もチームに留まったことで、ファンの支持も高かった。
【通算】12年、378試合、377先発、37完投、10完封、148勝139敗0S、2451回、1467奪三振、防御率4.22
【タイトル】オールスター1回（98年）

リップ・ラドクリフ
Raymond Allen Radcliff (Rip)
1906.1.19～62.5.23【出身地】オクラホマ州キオワ【球団】34-39ホワイトソックス　40-41ブラウンズ　41-43タイガース【位置】外野、左
【経歴】35年29歳にして正左翼手に定着。翌36年は打率.335、207安打（5位）、82打点、以後6年間で5回打率3割以上。ブラウンズに移った40年は打率.342（4位）、リーグ最多の200安打を放った。翌41年5月に、徴兵されたハンク・グリーンバーグの穴埋めとしてタイガースへ移籍した。
【通算】10年、1081試合、4074打数1267安打、42本塁打、533打点、40盗塁、打率.311
【タイトル】オールスター1回（36年）

ポール・ラドフォード
Paul Revere Radford
1861.10.14～1945.2.21【出身地】マサチューセッツ州ロックスベリー【球団】1883ボストン　84-85プロヴィデンス　86カンザスシティ　87ニューヨーク（AA）　88ブルックリン（AA）　89クリーヴランド　90クリーヴランド（PL）　91ボストン（AA）　92-94ワシントン【位置】外野、遊撃、右
【経歴】身長168cmと小柄で、ニックネームは“ショーティ（チビ）”。裕福な家庭に育ち、1879年兄弟たちと自ら独立球団を結成する。83年ボストンに入団、守備でたびたび派手なファインプレイを演じ観衆を沸かせた。打率は低かったが、87年106四球（1位）、93年も104四球（3位）を選ぶなど選球眼が光った。90年の136安打、24二塁打、12三塁打はいずれも自己記録。12年間で3つのリーグ、9球団をわたり歩いた。
【通算】12年、1361試合、4979打数1206安打、13本塁打、462打点、打率.242

チャールズ・ラドボーン
Charles Gardner Radbourn
1854.12.11～97.2.5【出身地】ニューヨーク州ロチェスター【球団】1880バッファロー　81-85プロヴィデンス　86-89ボストン　90ボストン（PL）　91シンシナティ

【位置】投手、右
【経歴】そのスタミナと信頼性から“オールド・ホス（古馬）”と呼ばれた名投手。オーバースローの解禁後も下手投げを貫き、速球、変化球、コントロールのいずれも素晴らしく、新しい球種や組み立ての開発にも余念がなかった。1880年野手として6試合に出場したが21打数3安打とふるわず、翌81年プロヴィデンスで投手に転向し25勝。82年は33勝（2位）、防御率2.11（2位）、201奪三振（1位）、8月17日のデトロイト戦では延長18回を零封しただけでなく、自らサヨナラ本塁打を放った。翌83年は48勝（1位）、防御率2.05（2位）、315奪三振（2位）、7月25日のクリーヴランド戦でノーヒットノーランを達成した。
84年は18連勝を含む史上最多の59勝をはじめ、75試合、73完投、678.2回、441奪三振、防御率1.38がいずれも首位、ニューヨーク（AA）との間で争われたテンプル・カップ（当時のワールドシリーズ）でも3戦すべて完投勝利、22回を自責点0に封じる大奮闘だった。86年プロヴィデンスを買収したボストンに移籍、7勝にとどまった88年を除き、90年まで10年間で9回20勝以上した。性格は短気で猜疑心が強く、あまり好かれてはいなかった。引退後射撃のアクシデントで眼を負傷、隠遁生活を送り97年42歳で死去した。1939年殿堂入り。
【通算】11年、527試合、502先発、488完投（7位）、35完封、310勝（19位）194敗、4527.1回（25位）、1830奪三振、875四球、防御率2.68
【タイトル】最多勝2回（1883～84年）最優秀防御率1回（84年）最多奪三振2回（82,84年）

ハル・ラニアー
Harold Clifton Lanier
1942.7.4～【出身地】ノースカロライナ州デントン【球団】64-71ジャイアンツ 72-73ヤンキース【位置】二塁、遊撃、三塁、右
【経歴】守備力は高く評価されていたが、打力はまったくと言っていいほどなく、68年は打率.206、翌69年は495打数で長打はわずか10本だった。四球も69年の25個が最多で、通算出塁率は.255にしかならなかった。86年アストロズ監督に就任、地区優勝に導き最優秀監督賞を受賞。90年代以降は独立リーグ球団の監督として成功した。父のマックスも元オールスター投手。
【通算】10年、1196試合、3703打数843安打、8本塁打、273打点、11盗塁、打率.228
【監督】86-88アストロズ 3年、486試合、254勝232敗、勝率.523

マックス・ラニアー
Hubert Max Lanier
1915.8.18～2007.1.30【出身地】ノースカロライナ州デントン【球団】38-46,49-51カーディナルス 52-53ジャイアンツ 53ブラウンズ【位置】投手、左
【経歴】カーディナルス左のエースとして、高めに投げ込む速球とカーブで41年から4年連続2ケタ勝利。42年のワールドシリーズ第4戦ではリリーフで3回を無失点に抑え勝利投手。43年は15勝、防御率1.90（1位）、123奪三振（4位）、翌44年17勝、141奪三振（2位）。足を高く蹴り上げるフォームが特徴だった。46年は開幕から6戦6勝、防御率1.93と絶好調だったが、新興のメキシカン・リーグに加わり追放処分となる。その後は同じように追放された選手を集め、地方興行をしていた。49年に復帰を認められ、50、51年に11勝ずつを稼いだ。息子のハルもジャイアンツの内野手だった。
【通算】14年、327試合、204先発、91完投、21完封、108勝82敗、1619.1回、821奪三振、防御率3.01
【タイトル】最優秀防御率1回（43年）オールスター2回（43～44年）

ピート・ラネルズ
James Edward Runnels (Pete)
1928.1.28～91.5.20【出身地】テキサス州ラフキン【球団】51-57セネターズ 58-62レッドソックス 63-64アストロズ【位置】一塁、二塁、遊撃、左
【経歴】セネターズ時代の54年に15三塁打（2位）、56年に打率.310、自己最多の76打点。58年レッドソックスに移籍すると同僚のテッド・ウィリアムズと激しい首位打者争いを展開し、打率.322で2位。翌59年も.314で3位、95四球と出塁率.415は2位。得意の流し打ちで60年打率.320で首位打者、62年も.326で2度目のタイトルに輝いた。翌63年アストロズに移籍するが、不振で64年を最後に引退。紳士的な選手としても評判だった。52年には10回盗塁を試みすべて失敗している。66年は最後の16試合にレッドソッ

クスで指揮を執り、8勝8敗だった。
【通算】14年、1799試合、6373打数1854安打、49本塁打、630打点、37盗塁、打率.291
【タイトル】首位打者2回(60,62年) オールスター3回(59～60,62年)

ジム・ラフィーヴァー ☆
James Kenneth Lefebvre
1942.1.7～【出身地】カリフォルニア州イングルウッド【球団】65-72ドジャース【位置】二塁、三塁、両
【経歴】65年157試合に出場し、打率.250、12本塁打、69打点で新人王に選ばれる。翌66年は24本塁打、74打点とさらに数字を伸ばし、ワールドシリーズ第1戦では同シリーズでチーム唯一となる本塁打を放ったが、その後は下り坂となった。73年ロッテに入団し29本塁打(5位)、75年からコーチを兼任。帰国後89年マリナーズの監督に就任し、91年に同球団を結成15年目にして初の勝ち越しに導いた。2006年の第1回WBCでは中国の代表監督を務めた。『バットマン』『ギリガンズ・アイランド』などのテレビ番組に俳優として出演している。
【通算】8年、922試合、3014打数756安打、74本塁打、404打点、8盗塁、打率.251
【タイトル】新人王(65年) オールスター1回(66年)
【監督】89-91マリナーズ　92-93カブス　99ブルワーズ　6年、860試合、417勝442敗、勝率.485
【日本】73-76ロッテ　4年、330試合、1098打数289安打、60本塁打、176打点、5盗塁、打率.263

レッド・ラフィング
Charles Herbert Ruffing (Red)
1905.5.3～86.2.17【出身地】イリノイ州グランヴィル【球団】24-30レッドソックス　30-42,45-46ヤンキース　47ホワイトソックス【位置】投手、右
【経歴】炭鉱事故で左足の4本の指を失うハンディキャップを負いながらも、コンディション調整に注意を払い、43歳まで投げ続けた名投手。24年20歳でメジャーに昇格するが、レッドソックス時代は通算39勝96敗で、28～29年には2年連続最多敗戦も喫する。ボブ・ショウキーの推薦で30年途中ヤンキースに移ると、腕の負担の少ない投球フォームへの変更が功を奏し、鋭く曲がるカーブで長くエース格として投げ続ける。32年は18勝、190奪三振(1位)、36年から4年連続で20勝以上。38年は21勝で最多勝、247.1回を投げ死球は1回もなかった。
　28年から13年連続で200投球回以上、42年まで15年間で14勝以上12回と安定。ワールドシリーズでは通算7勝、防御率2.63。打撃も素晴らしく通算打率.269、36本塁打で、28年から5年連続で打率3割。250勝以上、500安打以上を記録したのはサイ・ヤング、ウォルター・ジョンソンに次いで3人目だった。62年には創設したばかりのメッツで投手コーチを務めている。67年殿堂入り。
【通算】22年、624試合、538先発、335完投(27位)、45完封(29位)、273勝225敗(23位)、4344回、1987奪三振、1541四球(11位)、防御率3.80
【タイトル】最多勝1回(38年) 最多奪三振1回(32年) オールスター6回(34,38～42年)

チェット・ラーブス
Chester Peter Laabs
1912.4.30～83.1.26【出身地】ウィスコンシン州ミルウォーキー【球団】37-39タイガース　39-46ブラウンズ　47アスレティックス【位置】外野、右
【経歴】ブラウンズに移籍した39年に自己唯一の3割となる打率.300。身体は大きくなかったが強い手首で強烈な打球を飛ばし、42年は27本塁打(2位)、99打点、88四球。翌43年も17本塁打(5位)、85打点でオールスターに出場した。44年は5本塁打のみだったが、シーズン最終戦で2本塁打を放ちブラウンズ球団史上唯一の優勝を決定づけた。
【通算】11年、950試合、3102打数813安打、117本塁打、509打点、32盗塁、打率.262
【タイトル】オールスター1回(43年)

アル・ラボスキー
Alan Thomas Hrabosky
1949.7.21～【出身地】カリフォルニア州オークランド【球団】70-77カーディナルス　78-79ロイヤルズ　80-82ブレーヴス【位置】投手、左
【経歴】ヒゲ面の剛球リリーフ投手で、投球のたびに気合入れのため独特の儀式を行い、“マッド・ハンガリアン”の異名で人気を博した。69年1月ドラフト1位

でカーディナルスに入団、フォークボールを決め球に使い75年13勝22セーブ（1位）、防御率1.66の好成績を残す。ロイヤルズに移った78年も20セーブ（5位）。80年FAとなりブレーヴスと異例の30年契約を結んだが、3年間で7勝7セーブと期待外れに終わった。
【通算】13年、545試合、1先発、0完投、64勝35敗97 S、722回、548奪三振、防御率3.10
【タイトル】最多セーブ1回（75年）

フランク・ラポート
Frank Breyfogle LaPorte
1880.2.6～1939.9.25【出身地】オハイオ州アーリックスヴィル【球団】05-07ヤンキース　08レッドソックス　08-10ヤンキース　11-12ブラウンズ　12-13セネターズ　14-15インディアナポリス／ニューアーク（FL）【位置】二塁、三塁、右
【経歴】06年ヤンキースの正三塁手となり、08年一旦レッドソックスへ移ったが半年でヤンキースが呼び戻す。ブラウンズへ移籍した11年自己最高の打率.314、37二塁打、82打点、翌12年も打率.311と好調を持続しながら、シーズン途中でセネターズへ金銭トレードされた。14年は107打点でフェデラル・リーグの打点王となった。
【通算】11年、1194試合、4212打数1185安打、16本塁打、560打点、101盗塁、打率.281
【タイトル】打点王1回（14年）

アラミス・ラミレス
Aramis Ramirez
1978.6.25～【出身地】ドミニカ共和国サントドミンゴ【球団】98-2003パイレーツ　03-11カブス　12-15ブルワーズ　15パイレーツ【位置】三塁、右
【経歴】7回打率3割を記録した好打の三塁手。95年パイレーツに入団し、98年に19歳でメジャー昇格。レギュラーとなった2001年に打率.300、34本塁打、112打点の好成績を残した。03年途中カブスへ移籍し、プレイオフで4本塁打、10打点。02・03年の11犠飛は2年続けて1位だった。04年は打率.318、36本塁打、06年に38本塁打、119打点の自己記録。二塁打が多く08年は44本（4位）、ブルワーズに移籍した12年はリーグ最多の50本。同年は105打点（4位）で7度目の大台に乗せた。
【通算】18年、2194試合、8136打数2303安打、495二塁打、24三塁打、386本塁打、1417打点、29盗塁、633四球、1238三振、打率.283
【タイトル】オールスター3回（2005,08,14年）

アレクセイ・ラミレス
Alexei Fernando Ramirez
1981.9.22～【出身地】キューバ共和国ピナルデルリオ【球団】2008-15ホワイトソックス　16パドレス　16レイズ【位置】遊撃、右
【経歴】キューバ代表として2004年のアテネ五輪や06年のWBCに出場したのち、07年に亡命しホワイトソックスと契約。08年は打率.290、21本塁打、77打点、新人記録となる4本の満塁本塁打を放ち、新人王投票では次点だった。その後も正遊撃手として10～15年は毎年154試合以上に出場、13年の181安打、39二塁打、30盗塁はいずれも自己記録。守備では補殺で3回、併殺で2回1位となった。
【通算】9年、1371試合、5134打数1387安打、115本塁打、590打点、143盗塁、打率.270
【タイトル】オールスター1回（2014年）

ハンリー・ラミレス
Hanley Ramirez
1983.12.23～【出身地】ドミニカ共和国サマナ【球団】2005レッドソックス　06-12マーリンズ　12-14ドジャース　15-18レッドソックス　19インディアンズ【位置】遊撃、右
【経歴】2000年レッドソックスに入団、05年にメジャーへ昇格したが2試合に出ただけで06年マーリンズに移籍。正遊撃手に抜擢され打率.292、46二塁打、11三塁打、17本塁打、51盗塁（3位）で新人王に選ばれた。翌07年は打率.332（5位）、212安打は2位、48二塁打と51盗塁は3位、29本塁打と長打力も身につける。08年も33本塁打、35盗塁、09年は打率.342で首位打者、106打点を叩き出しMVP投票で次点と活躍を続けた。
　しかしながら身勝手な言動や振る舞いが目立つようになり、10年は全力疾走を怠ったことを監督に咎められ、逆に監督を批判。成績も次第に下降線を描き、12年途中でドジャースに放出された。レッドソックス復帰後の16年は8年ぶりの大台となる30本塁打、自己最多の111打点と久々

の好成績。ポストシーズンは通算20試合で.380の高打率を残した。
【通算】15年、1668試合、6349打数1834安打、271本塁打、917打点、281盗塁、1234三振、打率.289
【タイトル】新人王(2006年) 首位打者1回(09年) オールスター3回(08～10年)

ホセ・ラミレス ★
Jose Enrique Ramirez
1992.9.17～【出身地】ドミニカ共和国バニ【球団】2013-24ガーディアンズ【位置】三塁、両
【経歴】柔軟なバッティングで、確実性と長打力の両方を備えるスイッチヒッター。現代の長距離砲としては三振が少なく、21年の87個が最多だった。2010年インディアンズに入団、16年に正三塁手となって打率.312、46二塁打(2位)、翌17年は.318(4位)、56二塁打(1位)。続く18年は39本塁打と105打点が4位、106四球は2位、さらに34盗塁(3位)で30－30を達成した。
7年間の延長契約を結んだ22年は44二塁打(1位)、自己最多の126打点(2位)。24年は39二塁打(5位)、39本塁打(4位)、118打点と41盗塁は2位。あと1本塁打で史上6人目の40－40を達成するところだったが、シーズン最終戦が中止となったためにチャンスを逃した。MVP投票では20年の2位を最高として4回4位以内。ポストシーズンは通算42試合で打率.239、4本塁打、18打点とあまり打てていない。
【通算】12年、1451試合、5377打数1500安打、255本塁打、864打点、243盗塁、打率.279
【タイトル】オールスター6回(2017～18,21～24年)

マニー・ラミレス
Manuel Aristides Ramirez
1972.5.30～【出身地】ドミニカ共和国サントドミンゴ【球団】93-2000インディアンズ　01-08レッドソックス　08-10ドジャース　10ホワイトソックス　11レイズ【位置】外野、右
【経歴】90～2000年代のメジャーきっての個性派スラッガー。天才的な打撃センスに恵まれた一方、自由奔放な行動で多くのトラブルも引き起こした。91年ドラフト1位でインディアンズに入団、95年打率.308、31本塁打、107打点、以後2008年までの14年間で打率3割11回、30本塁打12回、100打点12回。99年は打率.333(5位)、44本塁打(3位)、38年以降では最多となる165打点(1位)で初のタイトルを獲得した。
01年8年間1億6000万ドルの超高額契約でレッドソックスへ移籍し、02年は打率.349で首位打者、翌03年も.325は1厘差の2位。04年は43本塁打(1位)、ワールドシリーズでも17打数7安打4打点で、86年ぶりの世界一に貢献してシリーズMVPに選出される。打者としては文句のつけようのない活躍を続けていた反面、緩慢な守備で投手の足を引っ張ることも多く、凡打に倒れた際全力疾走を怠るなど、気まぐれなプレイスタイルには批判も多かった。
08年途中ドジャースへ放出されると、53試合で打率.396、17本塁打、53打点と猛烈に打ちまくり、プレイオフでも25打数13安打、4本塁打、10打点、11四球。翌09年は薬物検査で陽性反応を示し、50試合の出場停止処分を下される。レイズに移った11年も2度目の違反を犯して100試合の出場停止となり、引退を表明。12年は出場停止期間の軽減が認められ、アスレティックスとマイナー契約を結んだが、メジャーに上がれず自ら退団を申し出た。満塁本塁打29本は史上1位、ポストシーズンでもワールドシリーズの4本を含む29本塁打を放っており、こちらも1位となっている。その後も台湾などで現役を継続し、17年には日本の独立リーグ・高知でもプレイした。
【通算】19年、2302試合、8244打数2574安打、547二塁打、20三塁打、555本塁打(14位)、1831打点(20位)、38盗塁、1329四球、1813三振(25位)、打率.312
【タイトル】首位打者1回(2002年) 本塁打王1回(04年) 打点王1回(99年) 最高出塁率3回(02～03,06年) オールスター12回(95,98～2008年)

ラファエル・ラミレス
Rafael Emilio Ramirez
1958.2.18～【出身地】ドミニカ共和国サンペドロデマコリス【球団】80-87ブレーヴス　88-92アストロズ【位置】遊撃、右
【経歴】77年ブレーヴスに入団。81年正遊撃手となり、翌82年は打率.278、27盗塁、翌83年は打率.297、185安打(3位)。守備では名手グレン・ハバードとの

コンビで82年から4年連続最多併殺を完成させたが、81～85年は毎年最多失策、また87年に膝の腱を切ってからは以前ほどの冴えが見られなくなった。
【通算】13年、1539試合、5494打数1432安打、53本塁打、484打点、112盗塁、打率.261
【タイトル】オールスター1回（84年）

マイク・ラム　☆
Michael Ken-Wai Lum
1945.10.27～【出身地】ハワイ州ホノルル【球団】67-75ブレーヴス　76-78レッズ　79-81ブレーヴス　81カブス【位置】外野、一塁、左
【経歴】ハワイ出身で成功した最初のメジャーリーガー。米軍兵士と日本人女性の間に生まれ、生後すぐ中国人夫妻に引き取られる。71年レギュラーとなり13本塁打、73年は自己最高の打率.294、16本塁打、82打点。代打として数多く起用され、103安打、10本塁打を記録した。82年は大洋に在籍、引退後はマイナーで打撃インストラクターとして働いた。
【通算】15年、1517試合、3554打数877安打、90本塁打、431打点、13盗塁、打率.247
【日本】82大洋　1年、117試合、450打数121安打、12本塁打、46打点、2盗塁、打率.269

トード・ラムジー
Thomas H. Ramsey (Toad)
1864.8.8～1906.3.27【出身地】インディアナ州インディアナポリス【球団】1885-89ルイヴィル（AA）　89-90セントルイス（AA）【位置】投手、左
【経歴】落ちるボールを武器とした左腕投手で、真偽は不明ながらもナックルボールの発明者といわれる。1886年38勝（3位）、66完投と588.2回は1位、防御率2.45（3位）、499奪三振（2位）。翌87年も37勝（2位）、355奪三振（1位）と好調を維持するが、88年は8勝30敗、続く89年も4勝17敗と大きく負け越し。23勝、257奪三振（3位）と持ち直した90年限りでメジャーから退いた。15奪三振以上を7度記録し、これは第二次大戦前ではルーブ・ワッデルの8回に次ぐ。気分のムラが激しく、雑なフィールディングで自らピンチを招くことも多かった。
【通算】6年、248試合、241先発、225完投、5完封、113勝124敗、2100.2回、1515奪三振、防御率3.29
【タイトル】最多奪三振1回（1887年）

ハリー・ラムリー
Harry Garfield Lumley
1880.9.29～1938.5.22【出身地】ペンシルヴェニア州フォレストシティ【球団】04-10ドジャース【位置】外野、左
【経歴】パシフィック・コースト・リーグで活躍したのち04年ドジャースに加わり、18三塁打、9本塁打はいずれも1位、78打点は2位。06年は打率.324（3位）、12三塁打（3位）、9本塁打（2位）、長打率.477（1位）の活躍。07年も2位の9本塁打。09年には監督を兼任したが、翌10年不振に陥り6月に解雇されメジャーから姿を消した。
【通算】7年、730試合、2653打数728安打、38本塁打、305打点、110盗塁、打率.274
【タイトル】本塁打王1回（04年）
【監督】09ドジャース　1年、155試合、55勝98敗、勝率.359

D・J・ラメイヒュー　★
David John LeMahieu
1988.7.13～【出身地】カリフォルニア州ヴァイセリア【球団】2011カブス　12-18ロッキーズ　19-24ヤンキース【位置】二塁、三塁、右
【経歴】2009年ドラフト2位でカブスに入団。12年ロッキーズへトレードされ、8月26日に二塁手記録の12補殺。14年は144試合で6失策の堅守でゴールドグラブを受賞した。当初は守備が売り物だったが次第に打力も増し、16年は192安打（3位）、出塁率.416（2位）、打率.348で首位打者に輝いた。ヤンキースへ移籍した19年は自己最多の26本塁打、102打点。翌20年は打率.364で、118年ぶりとなるナ・ア両リーグでの首位打者となったが、その後は不振が続いた。控えめなタイプで口数も少なかった。
【通算】14年、1628試合、6004打数1738安打、124本塁打、651打点、93盗塁、1013三振、打率.289
【タイトル】首位打者2回（2016,20年）最高出塁率1回（20年）ゴールドグラブ4回（14,17～18,22年）オールスター3回（15,17,19年）

ウィルソン・ラモス
Wilson Abraham Ramos
1987.8.10 ～【出身地】ベネズエラ共和国バレンシア【球団】2010 ツインズ　10-16 ナショナルズ　17-18 レイズ　18 フィリーズ　19-20 メッツ　21 タイガース　21 インディアンズ【位置】捕手、右
【経歴】パンチ力が魅力の捕手で、2 ケタ本塁打は通算 8 度。2004 年にツインズでプロ入り、ナショナルズ移籍後の 11 年正捕手となり 113 試合に出場。同年オフには母国ベネズエラで誘拐事件に巻き込まれたが無事に救出された。12 年に前十字靭帯を断裂するなど故障も多かったが、16 年は打率 .307、22 本塁打、80 打点の好成績を残した。19 年には 26 試合連続安打を記録している。
【通算】12 年、990 試合、3492 打数 946 安打、136 本塁打、534 打点、1 盗塁、打率 .271
【タイトル】オールスター 2 回（2016,18 年）

ペドロ・ラモス
Pedro Ramos
1935.4.28 ～【出身地】キューバ共和国ピナルデルリオ【球団】55-61 セネターズ / ツインズ　62-64 インディアンズ　64-66 ヤンキース　67 フィリーズ　69 パイレーツ　69 レッズ　70 セネターズ【位置】投手、右
【経歴】55 年 19 歳でメジャーに昇格。生きのいい速球で翌 56 年から 7 年連続 2 ケタ勝利、58 年に自己最多の 14 勝を挙げるが、同年より 4 年連続最多敗戦、61 年は 20 敗を喫した。64 年終盤ヤンキースに移籍、13 試合で 1 勝 8 セーブを稼ぎ優勝に貢献、以後はリリーフで活躍した。“キューバン・パームボール”と自称する落ちる球を投げたが、正体はスピットボールだった。打撃ではスイッチヒッターで 1 試合 2 本塁打 2 回、通算 15 本塁打、俊足を買われ代走として起用される機会も多かった。カウボーイに憧れ、ウエスタン・ファッションで球場入りしていた。引退後の 79 年麻薬不法所持で逮捕、執行猶予中に飲酒運転を犯して刑務所入りした。
【通算】15 年、582 試合、268 先発、73 完投、13 完封、117 勝 160 敗 54 S、2355.2 回、1305 奪三振、防御率 4.08
【タイトル】オールスター 1 回（59 年）

ジーン・ラモント
Gene William Lamont
1946.12.25 ～【出身地】イリノイ州ロックフォード【球団】70-72,74-75 タイガース【位置】捕手、左
【経歴】65 年の第 1 回ドラフトでタイガースに 1 位指名され入団、70 年 9 月 2 日に初打席で本塁打。守備は悪くなかったが打撃が弱く、控えどまりで 78 年 31 歳で指導者に転進。86 年からパイレーツのコーチを務め、92 年ホワイトソックス監督に就任、93 年地区優勝し最優秀監督に選ばれる。97 年パイレーツの監督となり、乏しい戦力ながら地区 2 位と健闘したが、2000 年限りで解任された。06 年にパイレーツ時代の上司ジム・リーランドの監督就任に伴い、タイガースのコーチとなった。
【通算】5 年、87 試合、159 打数 37 安打、4 本塁打、14 打点、1 盗塁、打率 .233
【監督】92-95 ホワイトソックス　97-2000 パイレーツ　8 年、1116 試合、553 勝 562 敗、勝率 .496

トニー・ラルーサ
Anthony La Russa
1944.10.4 ～【出身地】フロリダ州タンパ【球団】63,68-71 アスレティックス　71 ブレーヴス　73 カブス【位置】二塁、右
【経歴】両リーグで合計 3 度の世界一を達成し、史上 2 位の 2884 勝を記録した名監督。現役中から大学に通い、弁護士資格を取得した頭脳派だった。63 年 18 歳でデビューした後はマイナー暮らしが続き、68 年再昇格したが結局選手としては大成しなかった。ホワイトソックスのコーチを経て 79 年 34 歳で監督に就任、基本を重視した采配で 83 年地区優勝を果たす。86 年途中解任されたがすぐアスレティックスに招かれ、徹底した投手分業制を敷き 88 年から 3 連覇、89 年に世界一に導いた。
96 年からはカーディナルスの指揮を執り、地区優勝 7 回。2004 年に史上 6 人目の両リーグ制覇、06 年はスパーキー・アンダーソンに次いで 2 人目の両リーグでの世界一となった。投手を 9 番でなく 8 番に入れるなど、常識にとらわれない采配もしばしば見せた。11 年に 3 度目の世界一となったのを最後に勇退。その後は MLB 機構やダイアモンドバックス、レッドソックスのフロントなどで仕事をしていたが、21 年ホワイトソックスで 76 歳にして現場へ復帰した。14 年殿堂入り。ルー・ピネラとは

少年野球チームで一緒だった。
【通算】6年、132試合、176打数35安打、0本塁打、7打点、0盗塁、打率.199
【監督】79-86ホワイトソックス　86-95アスレティックス　96-2011カーディナルス　21-22ホワイトソックス　35年、5387試合、2884勝2499敗、勝率.536　リーグ優勝6回（88～90,2004,06,11年）ワールドシリーズ優勝3回（89,06,11年）

アダム・ラローシュ
David Adam LaRoche

1979.11.6～【出身地】カリフォルニア州オレンジカウンティ【球団】2004-06ブレーヴス　07-09パイレーツ　09レッドソックス　09ブレーヴス　10ダイアモンドバックス　11-14ナショナルズ　15ホワイトソックス【位置】一塁、左
【経歴】マーリンズからの2度のドラフト指名を断り、2000年ドラフト29位でブレーヴスに入団。04年のデビュー戦ではナ・リーグ史上初めて初安打・2本目を同一イニングで記録した。長打力が魅力で、05年から6年連続20本塁打以上。ナショナルズに移籍した11年は打率.172、3本塁打の大不振に陥ったが、翌12年は一転して自己記録となる33本塁打(4位)、100打点。スロースターターで、毎年開幕直後は調子が上がらない傾向があった。16年開幕前、クラブハウスに息子を連れてくる回数を減らすよう球団首脳に指示されたのに反発し、引退の道を選んだ。父のデイヴは元投手、弟のアンディは内野手で、パイレーツ時代はチームメイトだった。
【通算】12年、1605試合、5593打数1452安打、255本塁打、882打点、13盗塁、1407三振、打率.260
【タイトル】ゴールドグラブ1回（2012年）

デイヴ・ラローシュ
David Eugene LaRoche

1948.5.14～【出身地】コロラド州コロラドスプリングス【球団】70-71エンジェルズ　72ツインズ　73-74カブス　75-77インディアンズ　77-80エンジェルズ　81-83ヤンキース【位置】投手、左
【経歴】66年ドラフト20位でエンジェルズに指名され入団を拒否、翌67年1月ドラフト5位（第2回）で再度指名され入団。当初は外野手だったが、2年目に投手に転向。左のリリーフとして長く活躍し、76年には21セーブ（2位）、防御率2.24、96.1回で104三振を奪った。78年に10勝、自己最多の25セーブ（2位）。“ラ・ロブ”と名づけたスローボールが有名だった。引退後はホワイトソックスやマイナー球団でコーチを務めた。息子のアダム、アンディもメジャーリーガーとなった。
【通算】14年、647試合、15先発、1完投、0完封、65勝58敗126S、1049.1回、819奪三振、防御率3.53
【タイトル】オールスター2回（76～77年）

マーク・ラングストン
Mark Edward Langston

1960.8.20～【出身地】カリフォルニア州サンディエゴ【球団】84-89マリナーズ　89エクスポズ　90-97エンジェルズ　98パドレス　99インディアンズ【位置】投手、左
【経歴】足を高く蹴り上げるフォームからの速球とカーブで、3度の最多奪三振を記録した左腕。81年ドラフト2位でマリナーズに入団、84年メジャーに昇格し17勝、204三振（1位）を奪う。86年245奪三振（1位）、同年から4年連続で200三振以上、87年に自己最多の19勝（3位）、262奪三振は3度目の1位となった。
89年途中まで無名だったランディ・ジョンソンらとの交換でエクスポズに移籍し、防御率2.39で3位に入る。90年エンジェルズに移り、移籍後初登板の4月11日マリナーズ戦で7回を無安打。マイク・ウィットと2人がかりでノーヒッターを達成した。翌91年自己最多タイの19勝（3位）、通算では2ケタ勝利10回、ゴールドグラブを7回受賞した守備の評価も高かった。98年地元のパドレスに加わり、15年目にして初のポストシーズン進出を果たすも、ワールドシリーズ第1戦では手痛い場面で満塁本塁打を浴びた。
【通算】16年、457試合、428先発、81完投、18完封、179勝158敗0S、2962.2回、2464奪三振、1289四球、防御率3.97
【タイトル】最多奪三振3回（84,86～87年）ゴールドグラブ7回（87～88,91～95年）オールスター4回（87,91～93年）

レイ・ランクフォード
Raymond Lewis Lankford

1967.6.5～【出身地】カリフォルニア州ロスアンジェルス【球団】90-2001カーディナルス　01-02パドレス　04カーディナルス【位置】外野、左
【経歴】87年ドラフト3位でカーディナルスに入団。91年正中堅手となり15三塁

打（1位）、44盗塁（4位）。翌92年は打率.293、40二塁打（2位）、20本塁打、86打点と活躍する一方、147三振と24盗塁刺はリーグワースト、2001年まで11年連続100三振以上。97年は打率.295、31本塁打、95四球（5位）、翌98年も31本塁打、105打点と好調を維持し、99年に初の打率3割となる.306。俊足を生かし守備範囲も広かった。
【通算】14年、1701試合、5747打数1561安打、238本塁打、874打点、258盗塁、1550三振、打率.272
【タイトル】オールスター1回（97年）

ビル・ランジ
William Alexander Lange
1871.6.6～1950.7.23【出身地】カリフォルニア州サンフランシスコ【球団】1893-99シカゴ【位置】外野、右
【経歴】打走守三拍子揃った1890年代屈指の外野手で、94年から6年連続打率3割。95年打率.389（5位）、10本塁打（5位）、98打点の自己記録を残す。守備範囲も広かった。男前でファンの人気も高かったが、恋人の父親が野球選手との結婚を認めなかったため28歳にして現役を退き、岳父の不動産業を継いだ。後年ホワイトソックスのスカウト/インストラクターとして球界に復帰。甥のジョージ・ケリーはジャイアンツで活躍した。
【通算】7年、813試合、3202打数1056安打、39本塁打、579打点、400盗塁、打率.330

マイク・ランシング
Michael Thomas Lansing
1968.4.3～【出身地】ワイオミング州ローリンズ【球団】93-97エクスポズ　98-2000ロッキーズ　00-01レッドソックス【位置】二塁、右
【経歴】89年ドラフト9位でオリオールズに指名されたが入団せず、翌90年独立球団のマイアミにドラフト指名されてプロ入り。91年エクスポズが獲得、93年正二塁手となり打率.287、23盗塁、96年は183安打、40二塁打。続く97年自己最多の45二塁打（4位）、20本塁打、70打点を記録した。2000年6月18日には最初の4イニングでサイクルヒットを達成。守備力の評価も高く、首脳陣からは試合に臨む意識の高さを絶賛された。
【通算】9年、1110試合、4150打数1124安打、84本塁打、440打点、119盗塁、打率.271

カーニー・ランスフォード
Carney Ray Lansford
1957.2.7～【出身地】カリフォルニア州サンノゼ【球団】78-80エンジェルズ　81-82レッドソックス　83-92アスレティックス【位置】三塁、右
【経歴】75年ドラフト3位でエンジェルズに入団。レッドソックスに移籍した81年打率.336で首位打者となり、以後4年連続3割以上。83年アスレティックスに移籍、88年からの3連覇時にはリーダー的な役割を果たした。89年は打率.336（2位）、自己最多の37盗塁、ポストシーズンも合計で27打数12安打8打点と打ちまくった。91年はオフシーズン中の事故で5試合に出たのみで、翌92年完全復帰したが同年限りで引退。79・96・87年の3回19本塁打を放ったが、20本台には届かなかった。守備では守備範囲が狭く、評価は低かった。引退後はメジャー4球団に加えて台湾でもコーチとして働いた。94年の映画『エンジェルズ』に出演しアドバイザーも担当。弟のジョディは2年間パドレスに在籍した。
【通算】15年、1862試合、7158打数2074安打、151本塁打、874打点、224盗塁、打率.290
【タイトル】首位打者1回（81年）オールスター1回（88年）

ジョー・ランダ
Joseph Gregory Randa
1969.12.18～【出身地】ウィスコンシン州ミルウォーキー【球団】95-96ロイヤルズ　97パイレーツ　98タイガース　99-2004ロイヤルズ　05レッズ　05パドレス　06パイレーツ【位置】三塁、右
【経歴】91年ドラフト11位でロイヤルズに入団。96年正三塁手となり打率.303、以後5年間で4回3割以上。パイレーツに移籍した97年に9三塁打（3位）、ロイヤルズに戻った99年は打率.314、197安打、10打席連続安打も記録。翌2000年は106打点を叩き出した。中距離打者で本塁打は05年の17本が最多だったが、二塁打が多く同年はリーグ5位の43本を放った。プレイ中にも笑顔を絶やさず"ジョーカー"のニックネームで呼ばれた。
【通算】12年、1522試合、5428打数1543安打、123本塁打、739打点、42盗塁、打率.284

ケネソー・マウンテン・ランディス
Kenesaw Mountain Landis
1866.11.20 ～ 1944.11.25【出身地】オハイオ州ミルヴィル【球団】メジャー経験なし
【経歴】メジャー・リーグの初代コミッショナー。イリノイ州地方裁判所判事時代に、フェデラル・リーグによる独占禁止法違反の申し立てに関わったのが球界との最初の接触。連邦判事在職中の20年11月、19年のワールドシリーズでの八百長疑惑（ブラックソックス事件）に端を発する混乱を収拾するため、絶大な権限を付与され新設されたコミッショナーへの就任を要請される。"疑わしきは罰する"という厳格な姿勢のもと、球界からの八百長の一掃に乗り出し、ブラックソックス事件に関与した7選手をはじめとして合計15選手に永久追放処分を下した。
球界の浄化に関しては一定の評価は与えられるが、一連の処分は恣意的で不公平だったとの指摘もある。性格も偏狭で独裁的だったと伝えられ、黒人選手のメジャー入りを一貫して拒み続け、ニグロ・リーグとのオープン戦すら禁じた。31年にマイナー球団が女性選手と契約した際もこれを認めず、ナイトゲームの開催にもいい顔をしなかった。こうした差別的な行動が問題視されるようになった結果、長くランディス賞の別称があったMVPからその名が削られた。44年殿堂入り。

ジム・ランディス
James Henry Landis
1934.3.9 ～ 2017.10.7【出身地】カリフォルニア州フレズノ【球団】57-64 ホワイトソックス　65 アスレティックス　66 インディアンズ　67 アストロズ　67 タイガース　67 レッドソックス【位置】外野、右
【経歴】俊足好守の中堅手で、60年から5年連続でゴールドグラブを受賞。59年は7三塁打と20盗塁はいずれも3位で優勝に貢献。翌60年23盗塁（2位）、80四球（5位）、61年は自己最高の打率.283、22本塁打、85打点を記録したが、その後6年間で打率.240以上は一度もなかった。息子のクレイグは77年のドラフト1位（全体10位）でジャイアンツに指名され、メジャーリーガーにはなれなかったものの代理人に転じ成功を収めた。
【通算】11年、1346試合、4288打数1061安打、93本塁打、467打点、139盗塁、打率.247
【タイトル】ゴールドグラブ5回（60 ～ 64年）オールスター1回（62年）

レニー・ランドル
Leonard Shenoff Randle
1949.2.12 ～ 2024.12.29【出身地】カリフォルニア州ロングビーチ【球団】71-76 セネターズ／レンジャーズ　77-78 メッツ　79 ヤンキース　80 カブス　81-82 マリナーズ【位置】三塁、二塁、両
【経歴】70年ドラフト1位（第2回）でセネターズに入団。闘志を前面に出すプレイスタイルがビリー・マーティンに気に入られ、レギュラーとなった74年は打率.302。77年のキャンプでフランク・ルケーシ監督を殴って骨折させ、メッツへトレードされる。同年打率.304、33盗塁の自己記録。マリナーズ時代には三塁線で止まった打球を吹いてファウルにしようとする珍プレイで有名になった。メジャーから退いたのちはイタリアでプレイ、その後マリナーズ時代の同僚サド・ボズリーとともに、歌手として活動した。
【通算】12年、1138試合、3950打数1016安打、27本塁打、322打点、156盗塁、打率.257

ウィリー・ランドルフ
Willie Larry Randolph
1954.7.6 ～【出身地】サウスカロライナ州ホリーヒル【球団】75 パイレーツ　76-88 ヤンキース　89-90 ドジャース　90 アスレティックス　91 ブルワーズ　92 メッツ【位置】二塁、右
【経歴】攻守にわたり堅実な働きを見せた二塁手。72年ドラフト7位でパイレーツに入団、76年ヤンキースに移りレギュラーに定着し37盗塁を決める。選球眼に優れ、79年は13三塁打（3位）に加えて95四球（4位）、続く80年はリーグ最多の119四球、出塁率.427も2位。87年初の打率3割（.305）、7本塁打と67打点も自己記録。91年は37歳にして打率.327（3位）、出塁率.424は2位だった。通算の出塁率は.373。引退後ヤンキースのコーチを経て2005年メッツの監督に就任、06年は地区優勝に導いた。
【通算】18年、2202試合、8018打数2210安打、316二塁打、65三塁打、54本塁打、687打点、271盗塁、1243四球、675三振、打率.276
【タイトル】オールスター6回（76 ～ 77,80 ～ 81,87,89年）
【監督】2005-08 メッツ　4年、555試合、

302 勝 253 敗、勝率 .544

ケン・ランドロー
Kenneth Francis Landreaux
1954.12.22 ～【出身地】カリフォルニア州ロスアンジェルス【球団】77-78 エンジェルズ　79-80 ツインズ　81-87 ドジャース【位置】外野、左
【経歴】アリゾナ州立大学時代に安打、打点など 4 部門で NCAA の通算記録を塗り替え、76 年ドラフト 1 位（全体 6 位）でエンジェルズに入団。79 年ロッド・カルーとの交換でツインズに移籍し、自己最高の打率 .305、172 安打、83 打点。翌 80 年は 11 三塁打（3 位）、31 試合連続安打を記録した。81 年地元のドジャースへ移り、82・83 年は 2 年連続で 30 盗塁以上を決めた。イノス・カベルとは従兄弟同士で、ドジャース時代のチームメイトだった。
【通算】11 年、1264 試合、4101 打数 1099 安打、91 本塁打、479 打点、145 盗塁、打率 .268
【タイトル】オールスター 1 回（80 年）

ジェリー・ランピー
Jerry Dean Lumpe
1933.6.2 ～ 2014.8.15【出身地】ミズーリ州リンカン【球団】56-59 ヤンキース　59-63 アスレティックス　64-67 タイガース【位置】二塁、三塁、遊撃、左
【経歴】ヤンキース時代は出番に恵まれず、59 年途中アスレティックスに移籍し正二塁手となる。62 年は打率 .301、193 安打と 10 三塁打は 2 位、34 二塁打は 5 位、10 本塁打と 83 打点も自己最多。守備でもミスが少なく評価が高かった。ノーム・シーバーンとは大学からヤンキース、アスレティックスを通じてチームメイトだった。
【通算】12 年、1371 試合、4912 打数 1314 安打、47 本塁打、454 打点、20 盗塁、打率 .268
【タイトル】オールスター 1 回（64 年）

デニス・ランプ
Dennis Patrick Lamp
1952.9.23 ～【出身地】カリフォルニア州ロスアンジェルス【球団】77-80 カブス　81-83 ホワイトソックス　84-86 ブルージェイズ　87 アスレティックス　88-91 レッドソックス　92 パイレーツ【位置】投手、右
【経歴】71 年ドラフト 3 位でカブスに入団。変化球中心の投球で 79、80 年に 2 年連続で 2 ケタ勝利を挙げ、ホワイトソックスに移った 81 年は防御率 2.41（3 位）。1 安打試合も 2 回記録している。83 年リリーフに回り 15 セーブ、85 年は 11 勝 0 敗の勝率 10 割。プレイオフでも 3 試合、9.1 回を 0 点に抑えた。
【通算】16 年、639 試合、163 先発、21 完投、7 完封、96 勝 96 敗 35 S、1830.2 回、857 奪三振、防御率 3.93

【リ】

カルロス・リー
Carlos Lee
1976.6.20 ～【出身地】パナマ共和国アグアデュルセ【球団】99-2004 ホワイトソックス　05-06 ブルワーズ　06 レンジャーズ　07-12 アストロズ　12 マーリンズ【位置】外野、右
【経歴】。“エル・カバーヨ（水牛）”のニックネームを持つ巨漢の強打者で、満塁本塁打 17 本は史上 7 位。94 年ホワイトソックスに入団、99 年 5 月 7 日のメジャー初打席で本塁打。翌 2000 年は打率 .301、24 本塁打、92 打点。以後 11 年連続で 20 本塁打以上放ち、03 年からは 5 年連続 30 本以上。06 年の 37 本塁打、翌 07 年の 43 二塁打、119 打点（3 位）は自己記録となった。通算では打率 3 割、100 打点以上を 6 回ずつ記録。コンパクトなスイングで長距離砲の割には三振が少なく、04 年以降は一度も 90 三振以上しなかった。
【通算】14 年、2099 試合、7983 打数 2273 安打、469 二塁打、19 三塁打、358 本塁打、1363 打点、125 盗塁、655 四球、984 三振、打率 .285
【タイトル】オールスター 3 回（2005 ～ 07 年）

クリフ・リー
Clifton Phifer Lee
1978.8.30 ～【出身地】アーカンソー州ベントン【球団】2002-09 インディアンズ　09 フィリーズ　10 マリナーズ　10 レンジャーズ　11-14 フィリーズ【位置】投手、左
【経歴】抜群のコントロールで好成績を残し続けた左腕。2 度のドラフト指名を拒否し、2000 年ドラフト 4 位でエクスポズに入団。02 年途中バルトロ・コロンとの交換要員の一人としてインディアンズに移籍し 04 年 14 勝、続く 05 年は 18 勝（2 位）。07 年は不振でマイナー落ちも経験したが、翌 08 年は制球力が劇的に改善され、22 勝と防御率 2.54 はリーグトップでサイ・ヤング賞を受賞した。
　09 年はシーズン途中でフィリーズにトレードされ、プレイオフでは 3 試合、24.1 回を投げ自責点 2。ワールドシリーズでもヤンキース相手に 2 勝を挙げた。10 年は 185 奪三振で 18 四球しか与えず、奪三振 / 与四球比 10.28。プレイオフも 24 回で 2 失点、34 奪三振で四球は 1 個のみ。3 戦 3 勝でポストシーズン連勝記録を 7 に伸ばしたが、ワールドシリーズでは 2 敗、防御率 6.94 と冴えなかった。11 年はヤンキースの誘いを蹴ってフィリーズに復帰、リーグ最多の 6 完封を含む 17 勝（4 位）、防御率 2.40（3 位）、自己記録の 238 奪三振（2 位）。08 年以降は与四球率が 1.7 個を超えたことはなかった。
【通算】13 年、328 試合、324 先発、29 完投、12 完封、143 勝 91 敗 0 S、2156.2 回、1824 奪三振、防御率 3.52
【タイトル】サイ・ヤング賞 1 回（2008 年）最多勝 1 回（08 年）最優秀防御率 1 回（08 年）オールスター 4 回（08,10 ～ 11,13 年）

ソーントン・リー
Thornton Starr Lee
1906.9.13 ～ 97.6.9【出身地】カリフォルニア州ソノマ【球団】33-36 インディアンズ　37-47 ホワイトソックス　48 ジャイアンツ【位置】投手、左
【経歴】インディアンズ時代はいいところがなかったが、37 年にホワイトソックスへ移籍した後は踏み出し幅を狭くしてコントロールが改善され、5 年連続で 2 ケタ勝利。41 年は 22 勝（2 位）、130 奪三振（3 位）、30 完投と防御率 2.37 は 1 位だった。その後 3 年間は故障続きで合計 10 勝 24 敗だったが、45 年 15 勝、防御率 2.44（5 位）と復活、42 歳まで現役で投げ続けた。引退後はドジャース、カーディナルスでスカウトを務めた。息子のドンも 9 年間で通算 40 勝した投手。
【通算】16 年、374 試合、272 先発、155 完投、14 完封、117 勝 124 敗、2331.1 回、937 奪三振、防御率 3.56
【タイトル】最優秀防御率 1 回（41 年）オールスター 2 回（41,45 年）

デレク・リー
Derrek Leon Lee
1975.9.6 ～【出身地】カリフォルニア州サクラメント【球団】97 パドレス　98-2003 マーリンズ　04-10 カブス　10 ブレーヴス　11 オリオールズ　11 パイレーツ【位置】一塁、右
【経歴】日本で長く活躍したレオン・リーの息子で、レロン・リーの甥。93 年ドラフト 1 位でパドレスに入団、98 年ケヴィン・ブラウンとのトレードでマーリンズに

移籍。2000年に28本塁打と開花し、03年は31本、92打点でリーグ優勝に貢献。翌04年カブスにトレードされ、05年は打率.335で首位打者となり、199安打、50二塁打、長打率.662はいずれも1位、46本塁打（2位）も自己最多だった。09年も35本塁打、111打点（5位）を稼いだ。196cmの長身ながら俊敏な動きで一塁守備の評価も高く、3回ゴールドグラブを手にしている。
【通算】15年、1942試合、6962打数1959安打、432二塁打、331本塁打、1078打点、104盗塁、1622三振、打率.281
【タイトル】首位打者1回（2005年）ゴールドグラブ3回（03,05,07年）オールスター2回（05,07年）

トラヴィス・リー
Travis Reynolds Lee
1975.5.26～【出身地】カリフォルニア州サンディエゴ【球団】98-2000 ダイアモンドバックス　00-02 フィリーズ　03 レイズ　04 ヤンキース　05-06 レイズ【位置】一塁、左
【経歴】96年ドラフト1位（全体2位）でツインズに指名されるが、規定の期限までに契約条件を提示されなかったとして指名の無効を求めて提訴。自由契約選手として認められ、ダイアモンドバックスに1000万ドルの超高額契約金で入団した。見事なスイングの持ち主で、98年新人で22本塁打、72打点、2001年も20本塁打、90打点を記録したが、その後は頭打ちとなった。
【通算】9年、1099試合、3740打数958安打、115本塁打、488打点、59盗塁、打率.256

ビル・リー
William Crutcher Lee
1909.10.21～77.6.15【出身地】ルイジアナ州プレイクマイン【球団】34-43 カブス　43-45 フィリーズ　45-46 ブレーヴス　47 カブス【位置】投手、右
【経歴】カーディナルスのマイナーから34年カブスに移籍。足を高く蹴り上げるフォームから2種類のカーブを投げ分け、同年13勝、5月7日の初先発で完封勝利、続く12日にも2試合連続完封。翌35年の20勝（4位）目はチームの20連勝とリーグ優勝を決めた勝利だった。36年も4完封（1位）を含む18勝（4位）、38年は22勝、9完封、防御率2.66がいずれも1位となり、MVP投票では次点。続く39年も19勝（5位）、通算9回2ケタ勝利を挙げた。眼病を患いながら現役を続けていたが、引退後に失明した。
【通算】14年、462試合、379先発、182完投、29完封、169勝157敗、2864回、998奪三振、防御率3.54
【タイトル】最多勝1回（38年）最優秀防御率1回（38年）オールスター2回（38～39年）

ビル・リー
William Francis Lee
1946.12.28～【出身地】カリフォルニア州バーバンク【球団】69-78 レッドソックス　79-82 エクスポズ【位置】投手、左
【経歴】南カリフォルニア大学で通算40勝を挙げ、68年ドラフト22位でレッドソックスに入団。制球の良い左腕で、沈む球や緩い球を有効に使い73年17勝、防御率2.75（3位）。75年まで3年連続17勝、エクスポズに移った79年も16勝。何でもズケズケ物を言う性格に加え、マリファナの使用を公言するなど突飛な行動が目立ち、“スペースマン（宇宙人）”と呼ばれた。ウィットに富むコメントで報道陣の間では人気者だったが、首脳陣からは煙たがられた。82年同僚ロドニー・スコットの解雇に抗議して登板を拒否したため解雇、その後はセミプロで投げ続けながら復帰を目指したが叶わなかった。2012年には65歳で独立リーグ球団に参加し、完投勝利も挙げた。
【通算】14年、416試合、225先発、72完投、10完封、119勝90敗19S、1944.1回、713奪三振、防御率3.62
【タイトル】オールスター1回（73年）

ジェフ・リアドン
Jeffrey James Reardon
1955.10.1～【出身地】マサチューセッツ州ピッツフィールド【球団】79-81 メッツ　81-86 エクスポズ　87-89 ツインズ　90-92 レッドソックス　92 ブレーヴス　93 レッズ　94 ヤンキース【位置】投手、右
【経歴】通算367セーブを稼いだ名ストッパーで、両リーグで150セーブ以上を挙げた最初の投手。77年ドラフト外でメッツに入団、81年途中エクスポズに移籍し、勢いのある速球で翌82年26セーブ（4位）、防御率2.06。以後11年連続で20セーブ以上、85年にリーグ最多の41セー

ブを挙げた。87年ツインズに移籍し31セーブ（2位）、ワールドシリーズでは優勝投手となる。翌88年自己最多の42セーブ（2位）を記録した。
【通算】16年、880試合、0先発、73勝77敗367 S（12位）、1132.1回、877奪三振、防御率3.16
【タイトル】最多セーブ1回（85年）オールスター4回（85～86,88,91年）

サム・リーヴァー
Samuel Leever
1871.12.23～1953.5.19【出身地】オハイオ州ゴーシェン【球団】1898-1910パイレーツ【位置】投手、右
【経歴】落ち着いたマウンドさばきと切れの良いカーブに定評があり、1899年リーグ最多の51試合、379回を投げ21勝、121奪三振（3位）。1903年は25勝（3位）、7完封と防御率2.06は1位。05、06年も20勝以上、07年自己ベストの防御率1.66（4位）。通算.660の高勝率を残した。クレー射撃の名手で、03年はワールドシリーズ直前に射撃大会に出て肩を痛め、シリーズでは2戦2敗だった。物静かで真面目な性格で、オフシーズンは教師をしていた。
【通算】13年、388試合、299先発、241完投、39完封、194勝100敗、2660.2回、847奪三振、防御率2.47
【タイトル】最優秀防御率1回（03年）

ミッキー・リヴァース
John Milton Rivers (Mickey)
1948.10.31～【出身地】フロリダ州マイアミ【球団】70-75エンジェルズ　76-79ヤンキース　79-84レンジャーズ【位置】外野、左
【経歴】頭の回転が早く、気のきいたコメントで知られたクラブハウスの名物男。3度のドラフト指名を拒否したのち、69年ドラフト1位（第2回）でブレーヴスに入団。エンジェルズ移籍後の70年メジャーに昇格、74年11本、75年13本で2年連続最多三塁打、75年は70盗塁（1位）と俊足好打ぶりを発揮。76年ヤンキースに移籍し打率.312、184安打（5位）、翌77年は.326（4位）、自己最多の12本塁打、69打点。プレイオフ第5戦では優勝を決めるサヨナラ安打を放った。78年まで3年続けてプレイオフに出場し、合計57打数22安打、打率.386。無類のギャンブル好きであったことも原因で79年途中レンジャーズへ放出され、翌80年は打率.333（4位）、210安打（3位）。リードオフマンとしては極めて四球が少なく、76年は613打席で13四球だった。
【通算】15年、1468試合、5629打数1660安打、61本塁打、499打点、267盗塁、打率.295
【タイトル】盗塁王1回（75年）オールスター1回（76年）

アレクシス・リオス
Alexis Israel Rios
1981.2.18～【出身地】アラバマ州コフィー【球団】2004-09ブルージェイズ　09-13ホワイトソックス　13-14レンジャーズ　15ロイヤルズ【位置】外野、右
【経歴】99年ドラフト1位でブルージェイズに入団。2004年に正右翼手となり111試合に出場、強肩で11補殺を記録。06年は打率.302、翌07年は191安打、43二塁打、24本塁打、85打点。08年も47二塁打（5位）、8三塁打（4位）と主力打者として活躍した。09年途中ウェーバーでホワイトソックスに移籍、12年は6年ぶりの3割となる打率.304、25本塁打、91打点はいずれも自己記録。続く13年も42盗塁（3位）を決め、9月にサイクルヒットを達成した。
【通算】12年、1691試合、6419打数1778安打、169本塁打、794打点、253盗塁、1117三振、打率.277
【タイトル】オールスター2回（2006～07年）

マイク・リーク
Michael Raymond Leake
1987.11.12～【出身地】カリフォルニア州サンディエゴ【球団】2010-15レッズ　15ジャイアンツ　16-17カーディナルス　17-19マリナーズ　19ダイアモンドバックス【位置】投手、右
【経歴】2009年ドラフト1位（全体8位）でレッズに入団、マイナーで1試合も投げず10年にメジャーデビュー。同年8勝、翌11年は12勝を挙げたが、万引きの現行犯で逮捕される不祥事もしでかした。13年にいずれも自己ベストの14勝、防御率3.37。カッターが良く10年間のキャリアで毎年8勝以上、7度の2ケタ勝利を記録した。コントロールに優れ通算与四球率は2.0個だった反面、被本塁打が多く19年は41本も打たれた。フィールディングの評価も高かった。20年に新型コロナ

ウイルスの蔓延で全休し、そのまま引退。リトルリーグではスティーヴン・ストラスバーグとチームメイトだった。
【通算】10 年、301 試合、296 先発、6 完投、2 完封、105 勝 98 敗 0 S、1829 回、1231 奪三振、防御率 4.05
【タイトル】ゴールドグラブ 1 回（2019 年）

エッパ・リクシー
Eppa Rixey
1891.5.3 ～ 1963.2.28【出身地】ヴァージニア州カルペパー【球団】12-17,19-20 フィリーズ　21-33 レッズ【位置】投手、左
【経歴】12 年ヴァージニア大学からマイナーを経ずフィリーズに入団。196cm の長身でかわす投球を得意とし、投球数が多くなるのが常だった。16 年ともに 3 位の 22 勝、防御率 1.85。18 年は兵役で全休、19 年復帰したが 20 年までの 2 年間で 17 勝 34 敗と大きく負け越し、21 年レッズに放出。同年は 301 回を投げ被本塁打わずか 1 本、翌 22 年は 313.1 回（1 位）を投げ 25 勝で最多勝。23、25 年も 20 勝以上、防御率は両年とも 2 位だった。
　通算では 2 ケタ勝利 14 回、42 歳まで投げ続け、通算 266 勝はウォーレン・スパーンに抜かれるまでナ・リーグの左腕の最多記録だった。教養人で大学では化学を専攻、余暇にはソネットを詠み、オフシーズンには高校でラテン語を教えていた。63 年、殿堂入りの報を聞いた 1 か月後に亡くなった。副業で始めた保険代理人の仕事は現在も子孫が受け継いでいる。
【通算】21 年、692 試合、554 先発（28 位）、290 完投、37 完封、266 勝 251 敗（9 位）、4494.2 回（28 位）、1350 奪三振、1082 四球、防御率 3.15
【タイトル】最多勝 1 回（22 年）

ビル・リグニー
William Joseph Rigney
1918.1.29 ～ 2001.2.20【出身地】カリフォルニア州アラメダ【球団】46-53 ジャイアンツ【位置】二塁、三塁、遊撃、右
【経歴】内野ならどこでもこなす器用な選手で、46 年 28 歳でメジャーに昇格、翌 47 年自己最多の 17 本塁打、59 打点。当時では珍しく眼鏡をかけて試合に出ていた。56 年ジャイアンツの監督に就任、61 年新設のエンジェルズに迎えられ、2 年目の 62 年に 3 位へ躍進させた。69 年途中で解任されたが、ツインズの監督に迎えられた翌 70 年は地区優勝。その後もジャイアンツ、アスレティックスのフロントや解説者として球界と関わり続けた。
【通算】8 年、654 試合、1966 打数 510 安打、41 本塁打、212 打点、25 盗塁、打率 .259
【タイトル】オールスター 1 回（48 年）
【監督】56-60 ジャイアンツ　61-69 エンジェルズ　70-72 ツインズ　76 ジャイアンツ　18 年、2561 試合、1239 勝 1321 敗、勝率 .484

ジム・リグルマン
James David Riggleman
1952.11.9 ～【出身地】ニュージャージー州フォートディックス【球団】メジャー経験なし
【経歴】現役時代は捕手。74 年ドラフト 4 位でドジャースに入団したがメジャーには昇格できず、マイナーで指導者となる。92 年終盤からパドレスの指揮を執り、95 年にカブス監督に就任。98 年はワイルドカードを獲得した。翌 99 年限りで解任、その後はドジャース、マリナーズでコーチを務め、2008 年途中からマリナーズの監督を代行。09 年もナショナルズで 3 度目となる代理監督を経験、翌 10 年に正式に監督となったが、11 年途中任期延長を求めて拒否され辞任した。18 年にはレッズでまたしても代理監督に就任した。
【監督】1992-94 パドレス　95-99 カブス　2008 マリナーズ　09-11 ナショナルズ　18 レッズ　13 年、1630 試合、726 勝 904 敗、勝率 .445

デイヴ・リゲッティ
David Allan Righetti
1958.11.28 ～【出身地】カリフォルニア州サンノゼ【球団】79,81-90 ヤンキース　91-93 ジャイアンツ　94 アスレティックス　94 ブルージェイズ　95 ホワイトソックス
【位置】投手、左
【経歴】77 年 1 月ドラフト 1 位でレンジャーズに入団。快速球とスライダーの組み合わせで、ヤンキース移籍後の 81 年 8 勝、防御率 2.05 で新人王を受賞。プレイオフでは 3 試合で 3 勝、15 回で 1 失点と好投した。83 年は 14 勝、7 月 4 日のレッドソックス戦でノーヒットノーランを達成するなど先発として活躍していたが、84 年からストッパーとなり同年 31 セーブ（4 位）、86 年に新記録の 46 セーブを挙げる。91 年ジャイアンツに移籍、8 年連続 20 セーブ以上となる 24 セーブ（5 位）を稼いだが、

その後はいいところがなかった。2000年ジャイアンツの投手コーチに就任、ティム・リンスカムら多くの好投手を育てた。
【通算】16年、718試合、89先発、13完投、2完封、82勝79敗252 S、1403.2回、1112奪三振、防御率3.46
【タイトル】新人王(81年) 最多セーブ1回(86年) オールスター2回(86～87年)

ピート・リーザー
Harold Patrick Reiser
1919.3.17～81.10.25【出身地】ミズーリ州セントルイス【球団】40-42,46-48ドジャース 49-50ブレーヴス 51パイレーツ 52インディアンズ【位置】外野、左
【経歴】傑出した素質に恵まれながら、相次ぐケガのために大成を阻まれた悲運の選手。カーディナルスのマイナーからドジャースへ移り、41年打率.343でリーグ史上最年少の22歳で首位打者となる。39二塁打、17三塁打、長打率.558も1位で、MVP投票では次点だった。翌42年7月外野飛球を追ってフェンスに激突、2日間意識不明に陥る。ケガの時点で.383の高率だった打率は、復帰後.310まで落ちたがそれでも4位、20盗塁は1位。43～45年は兵役につき、復帰した46年は7回の本盗を含む34盗塁で2度目のタイトル。翌47年またもフェンスにぶつかり2ヶ月間戦列を離れ、以後レギュラーに復帰することはなかった。引退後はドジャースやカブスなどで長くコーチを務め、66年は東映の打撃コーチに就任したが開幕前に帰国した。
【通算】10年、861試合、2662打数786安打、58本塁打、368打点、87盗塁、打率.295
【タイトル】首位打者1回(41年) 盗塁王2回(42,46年) オールスター3回(41～42,46年)

ピー・ウィー・リース
Harold Henry Reese (Pee Wee)
1918.7.23～99.8.14【出身地】ケンタッキー州エクロン【球団】40-42,46-58ドジャース【位置】遊撃、右
【経歴】ブルックリン・ドジャースの黄金期に主将を務め、ファンの間で非常に人気があった選手。当初はレッドソックスに入団、7万5000ドルの移籍金でドジャースに移り、41年レギュラーに定着。翌42年はオールスターに出場したが、43～45年は海軍に入隊。復帰した46年から再び9年連続でオールスターに選ばれた。選球眼が良く47年104四球(1位)、49年は116四球(2位)を選ぶ。47年ジャッキー・ロビンソンが入団した際には、チームにとけ込めるように手助けした。
52年に230盗塁で1位になったほか、5回盗塁部門で2位に入った。54年は打率.309で、35歳にして自身初の3割。ワールドシリーズには7回出場し、通算46安打は史上6位、ヤンキース以外の選手では2位。守備では4回刺殺1位となり、通算4040刺殺は史上12位。MVP投票で8回10位以内に入ったように、成績以上に高い評価を得ていた。引退後はバットの製造会社ヒラリッチ&ブラズビー社で働いた。84年殿堂入り。
【通算】16年、2166試合、8058打数2170安打、330二塁打、80三塁打、126本塁打、885打点、232盗塁、1210四球、890三振、打率.269
【タイトル】盗塁王1回(52年) オールスター10回(42,46～54年)

パット・リスタッチ
Patrick Alan Listach
1967.9.12～【出身地】ルイジアナ州ナッキトッシュ【球団】92-96ブルワーズ 97アストロズ【位置】遊撃、二塁、外野、両
【経歴】88年ドラフト5位でブルワーズに入団。92年正遊撃手となり打率.290、168安打、54盗塁(2位)でケニー・ロフトンを抑え新人王に選ばれる。2年目以降は膝の故障もあって、まったく活躍できなかった。引退後はマイナー監督を経てカブスやアストロズでコーチとして働いた。祖父のノラはニグロ・リーグの選手だった。
【通算】6年、503試合、1772打数444安打、5本塁打、143打点、116盗塁、打率.251
【タイトル】新人王(92年)

フィル・リズート
Philip Francis Rizzuto
1917.9.25～2007.8.13【出身地】ニューヨーク州ブルックリン【球団】41-42,46-56ヤンキース【位置】遊撃、右
【経歴】軽快な守備で鳴らし“スクーター”と呼ばれた小柄な遊撃手。41年新人でレギュラーとなり打率.307、翌42年は自己最多の68打点、22盗塁(3位)。兵役による3年のブランクののち46年復帰、47年にはア・リーグで初めて試合中にヘルメットを着用する。49年からはリードオフ

マンとして起用され、翌50年は打率.324、200安打(2位)、36二塁打(3位)、92四球を選び出塁率.418。守備でも当時の新記録となる58試合連続無失策でMVPを受賞した。
49～50年は2年連続で守備率1位。ワールドシリーズには9回出場し、史上3位の10盗塁を決めている。ヤンキースで初の黒人選手となったエルストン・ハワードに、最も好意的に接した選手でもあった。引退後はヤンキースの実況アナウンサーを40年近く務め、全世界で4300万枚を売り上げたミートローフの大ヒット作『Bat Out Of Hell』にもアナウンサー役で参加している。94年殿堂入り。
【通算】13年、1661試合、5816打数1588安打、38本塁打、563打点、149盗塁、打率.273
【タイトル】MVP1回(50年) オールスター5回(42,50～53年)

アンソニー・リゾー　★
Anthony Vincent Rizzo
1989.8.8～【出身地】フロリダ州パークランド【球団】2011パドレス　12-21カブス　21-24ヤンキース【位置】一塁、左
【経歴】2007年ドラフト6位でレッドソックスに入団、08年にホジキン腫と診断されるが無事に回復。11年にパドレスでメジャーに昇格し、翌12年カブスへ移籍し正一塁手となる。14年は32本塁打(2位)、以後4年連続30本以上。16年は43二塁打(2位)、32本塁打、109打点(2位)、リーグ優勝決定シリーズで2本塁打、5打点。ワールドシリーズでも25打数9安打5打点で世界一に貢献した。18年まで4年連続100打点以上、死球も多く15年の30回を最多として3回1位。一塁守備も送球を上手に捌き、ゴールドグラブに4度選ばれた。
【通算】14年、1727試合、6288打数1644安打、303本塁打、965打点、72盗塁、1208三振、打率.261
【タイトル】ゴールドグラブ4回(2016,18～20年) オールスター3回(14～16年)

カーク・リーター
Kirk Wesley Rueter
1970.12.1～【出身地】イリノイ州ホイルトン【球団】93-96エクスポズ　96-2005ジャイアンツ【位置】投手、左
【経歴】91年ドラフト18位でエクスポズに入団。チェンジアップの名手で、メジャーに昇格した93年は14先発で8勝0敗、防御率2.73、すべて先発でのデビュー8連勝は新記録だった。96年途中ジャイアンツに移籍、翌97年初の2ケタとなる13勝。以後7年連続10勝以上、98年に自己最多の16勝。2002年はリーグ優勝決定シリーズ第1戦で勝利投手となり、ワールドシリーズでも第7戦にリリーフで登板、4回を無失点に抑えたが、勝ちには結びつかなかった。
【通算】13年、340試合、336先発、4完投、1完封、130勝92敗0S、1918回、818奪三振、防御率4.27

ゲイリー・リーダス
Gary Eugene Redus
1956.11.1～【出身地】アラバマ州タナー【球団】82-85レッズ　86フィリーズ　87-88ホワイトソックス　88-92パイレーツ　93-94レンジャーズ【位置】外野、一塁、右
【経歴】78年ドラフト15位でレッズに入団、正左翼手となった83年は9三塁打(5位)、17本塁打、39盗塁。翌84年は48盗塁(5位)を決めたが打撃は確実性に乏しく、監督のピート・ローズとも反りが合わず放出。87年はホワイトソックスで52盗塁(3位)、翌88年途中パイレーツに移ってからは貴重な控えとして90年からの地区3連覇に貢献。89年にサイクルヒットを達成、92年のプレイオフでは16打数7安打、4二塁打と奮闘した。
【通算】13年、1159試合、3513打数886安打、90本塁打、352打点、322盗塁、打率.252

アル・リーチ
Alfred James Reach
1840.5.25～1928.1.14【出身地】英国イングランド・ロンドン【球団】メジャー経験なし
【経歴】最も初期のプロ野球選手の一人。1865年、週給25ドルでフィラデルフィア・アスレティックスに雇われ二塁手として活躍。71年には打率.353でナショナル・アソシエーション制覇に貢献したが、ナショナル・リーグが結成される前に現役引退。スポーツ用具会社を設立して大成功をおさめ、ガイドブックも発行。89年に同社をスポルディング社に売却したのちも幹部としてとどまった。83年にウースター球団を買収、フィラデルフィアに移転させ(現在のフィリーズ)球団社長に収まる。90年

には同球団の監督を11試合のみ代行、4勝7敗だった。1901年にアメリカン・リーグが設立されると、公式球の製造と公式ガイドブック発行を長い間請け負った。08年にはオールスター・チームの団長として来日している。

トミー・リーチ
Thomas William Leach
1877.11.4 ～ 1969.9.29【出身地】ニューヨーク州フレンチクリーク【球団】1898-99 ルイヴィル　1900-12 パイレーツ　12-14 カブス　15 レッズ　18 パイレーツ【位置】外野、三塁、右
【経歴】身長168cmの小柄な体格で強烈な打球を放ち、史上3位となる通算49本のランニング本塁打を記録した俊足選手。02年の22三塁打、6本塁打はいずれも1位。翌03年の第1回ワールドシリーズではチーム最多の8打点、第1戦では4安打を放った。05年に相手野手との衝突で肋骨を折って以降、送球に難を来たしたため三塁からセンターへ回る。07年打率.303（4位）、166安打（3位）、43盗塁（4位）、09年のワールドシリーズは25打数9安打、4二塁打と活躍した。守備も三塁、外野のどちらでも巧かった。
【通算】19年、2156試合、7959打数2143安打、266二塁打、172三塁打（23位）、63本塁打、812打点、361盗塁、820四球、668三振、打率.269
【タイトル】本塁打王1回（02年）

フレディー・リーチ
Frederick Leach
1897.11.23 ～ 1981.12.10【出身地】ミズーリ州スプリングフィールド【球団】23-28 フィリーズ　29-31 ジャイアンツ　32 ブレーヴス【位置】外野、左
【経歴】鉄道通信員から22年24歳でプロ野球選手に転身し、翌23年メジャーに昇格。強肩強打の持ち主で26年打率.329、28年は自己最多の179安打、36二塁打、96打点。通算で6回打率3割を記録した。守備でも27年の26補殺はリーグ最多だった。
【通算】10年、991試合、3733打数1147安打、72本塁打、509打点、32盗塁、打率.307

ジーン・リチャーズ
Eugene Richards
1953.9.29 ～【出身地】サウスカロライナ州モンティセロ【球団】77-83 パドレス　84 ジャイアンツ【位置】外野、左
【経歴】75年1月ドラフト全体1位指名でパドレスに入団。大学時代は投手として活躍したが、プロでは俊足を生かすため野手に専念し、メジャーに昇格した77年打率.290、11三塁打（2位）、新人新記録となる56盗塁（3位）。翌78年は打率.308（5位）、12三塁打（2位）、80年は193安打（2位）に加え61盗塁（5位）を決め、オジー・スミス、ジェリー・マンフリーとともに、史上初となる同一球団での50盗塁トリオを形成した。守備でも同年はリーグ最多の21補殺を記録したが、飛球を追うのは不得意だった。81年に12三塁打（1位）を放ったあとは膝を痛めて急激に衰え、31歳で引退。その後はマイナーで後進の指導に当たった。
【通算】8年、1026試合、3549打数1028安打、26本塁打、255打点、247盗塁、打率.290

ポール・リチャーズ
Paul Rapier Richards
1908.11.21 ～ 86.5.4【出身地】テキサス州ワクサハチー【球団】32 ドジャース　33-35 ジャイアンツ　35 アスレティックス　43-46 タイガース【位置】捕手、右
【経歴】控え捕手として4年間プレイしたのちマイナーの監督となるが、43年選手として8年ぶりにメジャーに復帰。2回守備率1位を記録、44年には盗塁阻止率.628、通算でも.496と守備面で大いに貢献した。45年のワールドシリーズでは6打点、最終第7戦で初回に3点二塁打を放った。
51年ホワイトソックス監督に就任、機動力を前面に出し4年連続で勝率5割以上。55年オリオールズの監督兼GMとなり、60年に16年ぶりの好成績である2位に押し上げる。その後アストロズとブレーヴスでGMを歴任。選手を見る目の確かさと指導力は高く評価され、当て馬や投手を一時的に野手として待避させ、再度登板させるなど策士としても有名だった。多くの投手にスリップ・ピッチ（パームボールの一種）の投げ方を伝授したことでも知られる。76年は67歳にしてホワイトソックスの監督に復帰した。
【通算】8年、523試合、1417打数321安打、15本塁打、155打点、15盗塁、打率.227
【監督】51-54 ホワイトソックス　55-61 オリオールズ　76 ホワイトソックス　12年、

1837試合、923勝901敗、勝率.506

J・R・リチャード
James Rodney Richard
1950.3.7～2021.8.4【出身地】ルイジアナ州ヴィエナ【球団】71-80アストロズ【位置】投手、右
【経歴】身長2m、体重100kgの巨体から160kmを超す豪速球を投げ込み、打者を震え上がらせた剛腕投手。69年ドラフト1位（全体2位）でアストロズに入団、71年9月5日の初登板で15奪三振の鮮烈なデビューを飾るが、制球に難がありメジャー定着は75年から。翌76年20勝（4位）、214奪三振（2位）、77年から3年連続18勝。78年303個、79年は313個の三振を奪い2年連続1位。速球だけでなくスライダーも球界屈指で、79年の防御率2.71は1位だった。80年は10勝、防御率1.90と絶好調でオールスターでも先発したが、7月30日の練習中に脳卒中で昏倒し、一時は半身麻痺の重症に陥る。マイナーで復帰を試みたが果たせず、ホームレス生活を送った時期もあったが、立ち直って牧師となった。打撃も良く通算10本塁打を放っている。
【通算】10年、238試合、221先発、76完投、19完封、107勝71敗0S、1606回、1493奪三振、防御率3.15
【タイトル】最優秀防御率1回（79年）最多奪三振2回（78～79年）オールスター1回（80年）

ダニー・リチャードソン
Daniel Richardson
1863.1.25～1926.9.12【出身地】ニューヨーク州エルマイラ【球団】1884-89ニューヨーク　90ニューヨーク（PL）91ニューヨーク　92ワシントン　93ブルックリン　94ルイヴィル【位置】二塁、遊撃、外野、右
【経歴】守備力に定評のあった二塁手で、1試合平均の守備機会と補殺数で史上10位以内に入っている。1889年は打率.280、100打点と打撃も好調で優勝に貢献。85年は投手として9試合に登板し7勝1敗、防御率2.40。92年は43試合采配を振り12勝31敗だった。
【通算】11年、1131試合、4451打数1129安打、32本塁打、558打点、打率.254

ハーディ・リチャードソン
Abram Harding Richardson
1855.4.21～1931.1.14【出身地】ニュージャージー州クラークスボロ【球団】1879-85バッファロー　86-88デトロイト　89ボストン　90ボストン（PL）　91ボストン（AA）　92ワシントン　92ニューヨーク【位置】二塁、外野、三塁、右
【経歴】1880年代に“ビッグ・フォー”と謳われたバッファロー内野陣の一角。83年から5年連続、通算では7回打率3割以上。86年は自己最高の打率.351（5位）、189安打と11本塁打の両部門で1位。プレイヤーズ・リーグに参加した90年は16本塁打、152打点の二冠。守備では81年に外野手として史上最多の45補殺。全ポジションを守った経験があり、86年は投手として4試合に投げ3勝0敗だった。
【通算】14年、1334試合、5657打数1694安打、126三塁打、73本塁打、828打点、打率.299
【タイトル】本塁打王2回（1886,90年）打点王1回（90年）

ボビー・リチャードソン
Robert Clinton Richardson
1935.8.19～【出身地】サウスカロライナ州サムター【球団】55-66ヤンキース【位置】二塁、右
【経歴】毎年ワールドシリーズになると活躍した、ヤンキース第三期黄金時代の二塁手。55年19歳でメジャー昇格、59年レギュラーとなり打率.301。翌60年は打率.252、26打点とシーズン中は冴えなかったが、ワールドシリーズでは30打数11安打。第3戦は満塁本塁打を含む6打点、合計12打点の大暴れで、世界一を逸したにもかかわらずシリーズMVPに選ばれた。
　翌61年のシリーズも23打数9安打。62年は打率.302、209安打（1位）、38二塁打（4位）、ワールドシリーズでは珍しく27打数4安打と不振だったが、最終戦でウィリー・マッコヴィーのライナーを好捕し、逆転サヨナラ負けの危機を救った。64年のシリーズも新記録の13安打と当たりまくった。守備では61年から5年連続でゴールドグラブを受賞。信心深く、酒やタバコと無縁の真面目人間で、二遊間コンビのトニー・クーベックとは親友同士でもあった。家族との時間を大切にしたいとの理由で、66年限り31歳で引退。その後はサウスカロライナ大学などでコーチを務

めた。
【通算】12 年、1412 試 合、5386 打 数 1432 安打、34 本塁打、390 打点、73 盗塁、打率 .266
【タイトル】ゴールドグラブ 5 回（61 〜 65 年）オールスター 7 回（57,59,62 〜 66 年）

ケン・リーツ
Kenneth John Reitz
1951.6.24 〜 2021.3.31【出身地】カリフォルニア州サンフランシスコ【球団】72-75 カーディナルス　76 ジャイアンツ　77-80 カーディナルス　81 カブス　82 パイレーツ【位置】三塁、右
【経歴】69 年ドラフト 31 位でカーディナルスに入団。73 年レギュラーとなり、翌 74 年から 7 年連続で 150 試合以上に出場。76 年地元のジャイアンツに移籍するが、1 年後再びトレードでカーディナルスに戻り、77 年自己最多の 17 本塁打、79 打点。79 年には 41 二塁打（4 位）を放った。四球は極めて少なく、79 年の 25 個が最多で通算出塁率は .290 にとどまった。堅実な守備で守備率 1 位 6 回、通算 .970 は史上 9 位で、75 年にゴールドグラブを受賞した。
【通算】11 年、1344 試 合、4777 打 数 1243 安打、68 本塁打、548 打点、10 盗塁、打率 .260
【タイトル】ゴールドグラブ 1 回（75 年）オールスター 1 回（80 年）

ブランチ・リッキー
Wesley Branch Rickey
1881.12.20 〜 1965.12.9【出身地】オハイオ州フラット【球団】05-06 ブラウンズ　07 ヤンキース　14 ブラウンズ【位置】捕手、外野、左
【経歴】弱小球団だったカーディナルスとドジャースを強豪へ変貌させ、球界に長く残っていた人種の壁を取り払った史上最高の GM。葉巻と蝶ネクタイがトレードマークで、“マハトマ”の異名をとった。選手としては大成せず、ミシガン大学のコーチを経て 13 年終盤からブラウンズの監督に就任。成績自体は良くなかったが、大学時代の教え子であるジョージ・シスラーの入団に一役買った。また信仰上の理由から日曜日には一切指揮をとらなかった。
　17 年カーディナルスに移籍、当時はそれぞれ独立していたマイナー球団を、選手育成のための球団直属のファームとして組織化。ランディス・コミッショナーによる妨害に遭いながらも、最盛時の 37 年には 33 球団を傘下に置くまでに拡大させた。自らが監督を務めた 19 〜 25 年の間には実を結ばなかったが、次々と有望な若手を送り出し、26 年からの 25 年間で優勝 9 回、A クラス 21 回の常勝球団の基礎を築いた。
　43 年ドジャースに迎えられ、47 年ナショナル・リーグの球団として初めて黒人選手ジャッキー・ロビンソンと契約。その後もドン・ニューカム、ロイ・キャンパネラといった優秀な黒人選手と次々に契約し、10 年間で 6 度のペナントをもたらす。50 年にパイレーツへと移り、主砲のラルフ・カイナーを放出するなど思い切った策を打つが結果を出せず、55 年解任。59 年には新リーグのコンティネンタル・リーグ構想に参画、60 年代以降の球団拡張のきっかけを作った。その他ヘルメット、バッティング・ケージ、ピッチング・マシンなど様々な新機軸の導入にも功績があったが、一方で年俸を可能な限り抑えたため、選手からの評判は今一つだった。トレードに関しては「放出するのが遅すぎるより、早すぎるほうがいい」との哲学を持っていた。67 年殿堂入り。
【通算】4 年、120 試合、343 打数 82 安打、3 本塁打、39 打点、8 盗塁、打率 .239
【監督】13-15 ブラウンズ　19-25 カーディナルス　10 年、1277 試合、597 勝 664 敗、勝率 .473

ブラッド・リッジ
Bradley Thomas Lidge
1976.12.23 〜【出身地】カリフォルニア州サクラメント【球団】2002-07 アストロズ　08-11 フィリーズ　12 ナショナルズ【位置】投手、右
【経歴】98 年ドラフト 1 位でアストロズに入団。速球とスライダーを武器にリリーフ投手として頭角を現し、2004 年は 80 試合に登板して 6 勝 29 セーブ、防御率 1.90、94.2 回で 157 三振を奪う。翌 05 年は 42 セーブ（3 位）を稼いだが、プレイオフではリーグ優勝まであと一人の場面で、アルバート・プホルスにサヨナラ本塁打を浴び自信を喪失。同年のワールドシリーズでは 2 度にわたって救援を失敗、そのショックを引きずる格好で 06 年は防御率 5.28 の不振に陥った。08 年フィリーズに移籍して防御率 1.95 と復調、シーズン中は 41 セーブ機会をすべて成功させリーグ 2 位、ポストシーズンでも 7 回のセーブ機会を無難

に切り抜ける完璧な1年だった。翌09年は一転して0勝8敗、防御率7.21の大不振で、ワールドシリーズ第4戦でもリリーフに失敗し敗戦投手となるなど、浮き沈みが激しかった。
【通算】11年、603試合、1先発、0完投、26勝32敗225S、603.1回、799奪三振、防御率3.54
【タイトル】オールスター2回(2005,08年)

クロード・リッチー
Claude Cassius Ritchey
1873.10.5～1951.11.8【出身地】ペンシルヴェニア州エムレントン【球団】1897シンシナティ　98-99ルイヴィル　1900-06パイレーツ　07-09ブレーヴス【位置】二塁、遊撃、両
【経歴】5回守備率1位を記録した守備力を売り物とした、小柄な二塁手。毎年安定した成績を残し、1899年に打率.300、162安打、1901年に74打点の自己記録。05年にリーグ5位の29二塁打を放った。二遊間コンビを組んだホーナス・ワグナーとはマイナー時代からのチームメイト。若い頃は菜食主義を実践していた。
【通算】13年、1672試合、5923打数1619安打、18本塁打、675打点、155盗塁、打率.273

リー・リッチモンド
J Lee Richmond
1857.5.5～1929.10.1【出身地】オハイオ州シェフィールド【球団】1879ボストン　80-82ウースター　83プロヴィデンス　86シンシナティ(AA)【位置】投手、左
【経歴】メジャーで成功した最初の左腕投手であり、史上初の完全試合を達成した投手。1880年6月12日のクリーヴランド戦、ブラウン大学を卒業する4日前の快挙だった。前年9月27日のデビュー戦では11奪三振で、初登板で2ケタ三振を奪った最初の投手となる。80年32勝(5位)、243奪三振(3位)、翌81年9月10日には史上初の満塁本塁打を浴び、同年は25勝を挙げ最下位球団で20勝したこれまた最初の投手となった。打者の特徴を研究し、投球に生かした最も初期の投手とも言われる。決め球はカーブだったが、83年には投手としての寿命が尽き、外野での出場が増えた。球界から去ってからは数学の教師となり、のちにトリド大学の学生部長に就任した。
【通算】6年、191試合、179先発、161完投、8完封、75勝100敗、1583回、552奪三振、防御率3.06

ダニー・リットワイラー
Daniel Webster Litwhiler
1916.8.31～2011.9.23【出身地】ペンシルヴェニア州リングタウン【球団】40-43フィリーズ　43-44,46カーディナルス　46-48ブレーヴス　48-51レッズ【位置】外野、右
【経歴】40年フィリーズに昇格、36試合の出場ながら打率.345、21試合連続安打も記録。翌41年は打率.305、180安打(3位)、18本塁打の自己記録を残した。42年に外野手としては初の守備率10割(317守備機会)を達成、44年は82打点を挙げカーディナルスの優勝に貢献した。膝を痛めていて、戦争中は7度も志願しながら軍隊に入れなかったがようやく8度目に入隊が叶った。引退後はフロリダ州立大学、次いでミシガン州立大学で監督を務めてアマチュア球界の重鎮となり、野球をオリンピックの正式競技とするための運動を主導した。携帯式スピードガンの発明者としても名を残している。
【通算】11年、1057試合、3494打数982安打、107本塁打、451打点、11盗塁、打率.281
【タイトル】オールスター1回(42年)

ジェフ・リード
Jeffrey Scott Reed
1962.11.12～【出身地】イリノイ州ジョリエット【球団】84-86ツインズ　87-88エクスポズ　88-92レッズ　93-95ジャイアンツ　96-99ロッキーズ　99-2000カブス【位置】捕手、左
【経歴】80年ドラフト1位でツインズに入団。打撃が弱く、長い間控えどまりだったが96年にロッキーズへ移籍すると打率.284、翌97年は90試合で打率.297、17本塁打。98年も打率.290と好調を持続した。守備では88年9月16日にトム・ブラウニングの完全試合を手助け。95年にリーグ1位の盗塁阻止率.448を記録している。
【通算】17年、1234試合、3101打数774安打、61本塁打、323打点、7盗塁、打率.250

ジョディ・リード
Jody Eric Reed
1962.7.26～【出身地】フロリダ州タンパ

【球団】87-92 レッドソックス　93 ドジャース　94 ブルワーズ　95-96 パドレス　97 タイガース【位置】二塁、遊撃、右
【経歴】レンジャーズから2度、合計では3度のドラフト指名を拒否したのち、84年ドラフト8位でレッドソックスに入団。守備範囲の広い二塁手で、94年は刺殺、補殺、併殺の3部門ですべて1位。打撃もしぶとく、88～91年は毎年打率.280以上、89年は42二塁打（3位）。翌90年はリーグ最多の45二塁打。91年も3年連続40本以上となる42二塁打（4位）、175安打と60打点も自己最多だった。93年オフにはドジャースからの3年800万ドルの提示を拒んでFAとなるも、1年75万ドルの契約しか得られなかった。
【通算】11年、1284試合、4554打数1231安打、27本塁打、392打点、40盗塁、打率.270

スティーヴ・リード
Steven Vincent Reed
1965.3.11～【出身地】カリフォルニア州ロスアンジェルス【球団】92 ジャイアンツ　93-97 ロッキーズ　98 ジャイアンツ　98-2001 インディアンズ　01 ブレーヴス　02 パドレス　02 メッツ　03-04 ロッキーズ　05 オリオールズ【位置】投手、右
【経歴】88年ドラフト外でジャイアンツに入団。横手投げのシンカー投手で、拡張ドラフトでロッキーズへ移った93年64試合に投げ9勝を挙げる。翌94年はリーグ最多の61試合に登板、95年は71試合で防御率2.14と好投した。93～2004年は00年を除いて毎年60試合以上投げた。
【通算】14年、833試合、0先発、49勝44敗18S、870.2回、630奪三振、防御率3.63

リック・リード
Richard Allen Reed
1964.8.16～【出身地】ウェストヴァージニア州ハンティントン【球団】88-91 パイレーツ　92-93 ロイヤルズ　93-94 レンジャーズ　95 レッズ　97-2001 メッツ　01-03 ツインズ【位置】投手、右
【経歴】86年ドラフト26位でパイレーツに入団。88年メジャーに昇格するもなかなか定着できず、95年までの8年間で合計10勝にとどまる。選手会がストライキ中だった95年春には代替選手としてキャンプに参加した。96年にはマイナー落ちしていたが、翌97年メッツで再昇格し13勝、防御率2.89。98年自己最多の16勝、15勝を挙げた2002年まで6年連続2ケタ勝利。球威はさほどでもないが制球力は抜群で、98年は212.1回で29四球、通算与四球率は1.66と素晴らしい数字だった。
【通算】15年、273試合、245先発、14完投、7完封、93勝76敗1S、1545.2回、970奪三振、防御率4.03
【タイトル】オールスター2回（98,2001年）

ロン・リード
Ronald Lee Reed
1942.11.2～【出身地】インディアナ州ラポート【球団】66-75 ブレーヴス　75 カーディナルス　76-83 フィリーズ　84 ホワイトソックス【位置】投手、右
【経歴】ノートルダム大学ではバスケットボールで活躍し、NBAのデトロイト・ピストンズにも2年間在籍。65年ドラフト外でブレーヴスに入団、68年から野球に専念して11勝、翌69年は18勝。多彩な変化球を操り、76年にフィリーズに移籍してからはリリーフへ回って78年17セーブ、自己ベストの防御率2.24。翌79年は7回目の2ケタとなる13勝。ホワイトソックスに移籍した84年は41歳にして51試合に登板、12セーブを稼ぐなど衰えを見せなかった。
【通算】19年、751試合、236先発、55完投、8完封、146勝140敗103S、2477.2回、1481奪三振、防御率3.46
【タイトル】オールスター1回（68年）

エルマー・リドル
Elmer Ray Riddle
1914.7.31～84.5.14【出身地】ジョージア州コロンバス【球団】39-45,47 レッズ　48-49 パイレーツ【位置】投手、右
【経歴】浮き沈みの激しい成績で、文字通り"リドル（謎）"だと揶揄される。球速のあるカーブで41年19勝（3位）、防御率2.24は1位。翌42年は7勝11敗と負け越すが43年は21勝で最多勝。その後3年間で4勝しかできず、48年パイレーツに移ると12勝でオールスターにも選ばれる。翌49年は一転1勝8敗で、同年を最後にメジャーから退いた。兄のジョニーはレッズ時代のチームメイトで、24歳から42歳の間メジャーとマイナーを往復し続けながら、通算98試合にしか出場しなかった、こちらも謎めいた存在だった。
【通算】10年、190試合、124先発、57

完投、13完封、65勝52敗、1023回、342奪三振、防御率3.40
【タイトル】最多勝1回（43年）最優秀防御率1回（41年）オールスター1回（48年）

ジョン・リーバー
Jonathan Ray Lieber
1970.4.2～【出身地】アイオワ州カウンシルブラフス【球団】94-98パイレーツ　99-2002カブス　04ヤンキース　05-07フィリーズ　08カブス【位置】投手、右
【経歴】92年ドラフト2位でロイヤルズに入団。93年途中パイレーツへ移り、96年は51試合に登板して9勝、先発に回った翌97年は11勝。沈む速球を武器とした粘り強い投球で、2000年はリーグ最多の251回を投げ、翌01年は20勝（4位）。03年は肘の手術で投げられないことを知りながらヤンキースが契約し、復活した翌04年は14勝。レッドソックスとのリーグ優勝決定シリーズでも、第2戦で好投し勝利投手となった。フィリーズに移った05年は、通算6度目の2ケタ勝利となる17勝（5位）を挙げた。制球力に優れ、通算の与四球率は1.7個だった。
【通算】14年、401試合、327先発、25完投、5完封、131勝124敗2S、2198回、1553奪三振、防御率4.27
【タイトル】オールスター1回（2001年）

ハンク・リーバー
Henry Edward Leiber
1911.1.17～93.11.8【出身地】アリゾナ州フェニックス【球団】33-38ジャイアンツ　39-41カブス　42ジャイアンツ【位置】外野、右
【経歴】35年正中堅手となり打率.331、203安打、37二塁打、22本塁打、107打点（5位）の活躍。10死球と併殺打20本もリーグ最多だった。37年のワールドシリーズ第4戦では1イニング2安打を放った。カブスに移籍した39年も112試合で24本塁打（4位）、88打点（5位）、出塁率.411と長打率.556は3位。41年に受けたビーンボールの影響に肩の故障も重なって、31歳で引退した。
【通算】10年、813試合、2805打数808安打、101本塁打、518打点、5盗塁、打率.288
【タイトル】オールスター3回（38,40～41年）

マイク・リーバーサル
Michael Scott Lieberthal
1972.1.18～【出身地】カリフォルニア州グレンデイル【球団】94-2006フィリーズ　07ドジャース【位置】捕手、右
【経歴】90年ドラフト1位（全体3位）でフィリーズに入団。97年正捕手となり20本塁打、77打点、99年は打率.300、33二塁打、31本塁打、96打点の大活躍。2003年も打率.313、81打点とよく打った。守備も堅実かつ強肩で、99年にゴールドグラブを受賞。父のデニスはスカウトだった。
【通算】14年、1212試合、4218打数1155安打、150本塁打、610打点、8盗塁、打率.274
【タイトル】ゴールドグラブ1回（99年）オールスター2回（99～2000年）

リップ・リパルスキー
Eldon John Repulski (Rip)
1928.10.4～93.2.10【出身地】ミネソタ州ソークラピッズ【球団】53-56カーディナルス　57-58フィリーズ　59-60ドジャース　60-61レッドソックス【位置】外野、右
【経歴】53年新人で153試合に出場し打率.275、15本塁打、翌54年はいずれも自己記録となる打率.283、175安打、39二塁打（2位）、79打点。長打力が魅力で、55年23本塁打、フィリーズに移った57年に20本塁打を放った。
【通算】9年、928試合、3088打数830安打、106本塁打、416打点、25盗塁、打率.269
【タイトル】オールスター1回（56年）

レフティ・リーフィールド
Albert Peter Leifield (Lefty)
1883.9.5～1970.10.10【出身地】イリノイ州トレントン【球団】05-12パイレーツ　12-13カブス　18-20ブラウンズ【位置】投手、左
【経歴】05年9月3日の初登板で6回コールドながら完封勝利。優れたカーブと打者の読みを外す組み立てが冴え、翌06年18勝、防御率1.87（5位）、07年も20勝（5位）。07･08年の被本塁打は1本だけ、11年まで6年連続で15勝以上した。ノーヒットノーランは06年9月26日の6回参考記録を除いて一度もないが、1安打試合は3回記録。216先発で完封が32回もあり、完封率14.8%は史上9位。14～17年はマイナーで投げ、18年ブラウンズで5

年ぶりにメジャーに復帰。牽制の名手としても名高かった。引退後はブラウンズなどで投手コーチを務めたのち、セントルイスの水道局の職員として働いた。
【通算】12 年、296 試合、216 先発、138 完投、32 完封、124 勝 97 敗、1838 回、616 奪三振、防御率 2.47

カル・リプケン
Calvin Edwin Ripken
1960.8.24 〜【出身地】メリーランド州ハヴァードグラス【球団】81-2001 オリオールズ【位置】遊撃、三塁、右
【経歴】頑強な肉体と不屈の精神力によって、史上最多の 2632 試合連続出場の大記録を樹立した名選手。勤勉かつ真摯な姿勢で、球界の内外を問わず多くの尊敬を集めた。78 年ドラフト 2 位でオリオールズに入団。マイナー時代は三塁手で、82 年にメジャーに定着したときも遊撃と三塁の併用だった。同年 28 本塁打、93 打点で新人王を受賞、5 月 30 日のブルージェイズ戦から連続試合出場がスタートする。翌 83 年は打率 .318（5 位）、211 安打（1 位）、47 二塁打（1 位）、27 本塁打、102 打点で MVP に輝いた。
遊撃手としては大型だったが、強肩で守備範囲も広く最多補殺 7 回。84 年の 583 補殺は現在でもリーグ記録、90 年には 95 試合・431 守備機会連続無失策の新記録を達成した。同年は打率 .250 と打撃不振だったが、翌 91 年は 7 年ぶりの 3 割となる打率 .323、210 安打（2 位）、46 二塁打（2 位）、自己最多の 34 本塁打（3 位）、114 打点（2 位）で 2 度目の MVP。守備でも初のゴールドグラブに選ばれた。
95 年 9 月 6 日、56 年間破られなかったルー・ゲーリッグの 2130 試合連続出場記録を更新。この場面は、MLB 機構の主催した"メジャーリーグ史上最も偉大な瞬間"の第 1 位に、ファン投票によって選出されている。翌 96 年 6 月 13 日には日本の衣笠祥雄の2215試合連続出場も上回った。同年 26 本塁打、102 打点と打力は健在だったが、守備面で少しずつ衰えを見せ始め、97 年から三塁へ。98 年には「記録のために力が衰えても出場し続けている」との非難の声が高まり始めたため、9 月 20 日のヤンキース戦で自ら出場を辞退し、記録に終止符を打った。オールスターには 19 年連続出場、2001 年の大会では本塁打を放って MVP、最後の出場に花を添えた。
遊撃手としての通算 2302 試合出場は史上 3 位、354 本塁打は 1 位。引退後はオリオールズ傘下のマイナー球団でオーナーを務める傍ら、野球を広めるための様々な活動を手がけた。2007 年殿堂入り、得票率 98.5%は野手では当時史上最高だった。父のカル・シニアはメジャー経験こそないが 10 年以上にわたりオリオールズのコーチを務め、87 〜 88 年は監督として指揮を執った。弟のビリーは二塁手で、87 〜 92、96 年は兄弟で二遊間コンビを組んだ。
【通算】21 年、3001 試合（9 位）、11551 打数（4 位）3184 安打（15 位）、603 二塁打（17 位）、44 三塁打、431 本塁打、1695 打点（29 位）、36 盗塁、1129 四球、1305 三振、打率 .276
【タイトル】MVP 2 回（83,91 年）新人王（82 年）ゴールドグラブ 2 回（91 〜 92 年）オールスター 19 回（83 〜 2001 年）

チャーリー・リーブラント
Charles Louis Leibrandt
1956.10.4 〜【出身地】イリノイ州シカゴ【球団】79-82 レッズ　84-89 ロイヤルズ　90-92 ブレーヴス　93 レンジャーズ【位置】投手、左
【経歴】コーナーぎりぎりをつく絶妙の制球力を身上とした左腕投手。78 年ドラフト 9 位でレッズに入団、80 年 4 月 13 日の初先発を完封で飾る。ロイヤルズに移籍した 84 年から 5 年連続 2 ケタ勝利、85 年は 17 勝（5 位）、防御率 2.69（2 位）で優勝に貢献。ブレーヴス移籍後の 91 〜 92 年も 2 年連続 15 勝を挙げたが、ワールドシリーズでは通算 0 勝 4 敗と勝てなかった。フィールディングの良さにも定評があった。息子のブランドンも投手。
【通算】14 年、394 試合、346 先発、52 完投、18 完封、140 勝 119 敗 2 S、2308 回、1121 奪三振、防御率 3.71

ジム・リベラ
Manuel Joseph Rivera (Jim)
1921.7.22 〜 2017.11.13【出身地】ニューヨーク州ニューヨーク【球団】52 ブラウンズ　52-61 ホワイトソックス　61 アスレティックス【位置】外野、左
【経歴】エネルギッシュなプレイと奇行の多さで"ジャングル・ジム"と呼ばれ、人気のあった外野手。陸軍時代に婦女暴行未遂で訴えられ、5 年間服役したのち 52 年 30 歳でメジャーに昇格。シーズン最終日に再度婦女暴行容疑で逮捕されたが、

証拠不十分で釈放された。翌53年16三塁打（1位）、自己最多の78打点。55年は25盗塁（1位）、52～54、56～58年の6度盗塁部門で2位だった。物怖じしない性格で辛辣な野次を飛ばし、61年の開幕戦では始球式を務めたケネディ大統領からサインボールを貰った際「こんな汚い字じゃ読めませんよ」と言い放った。オフシーズンには自ら翌年のシーズンチケットを売って歩いた。
【通算】10年、1171試合、3552打数911安打、83本塁打、422打点、160盗塁、打率.256
【タイトル】盗塁王1回（55年）

フアン・リベラ
Juan Luis Rivera
1978.7.3～【出身地】ベネズエラ共和国グアレナス【球団】2001-03ヤンキース　04エクスポズ　05-10エンジェルズ　11ブルージェイズ　11-12ドジャース【位置】外野、右
【経歴】96年ヤンキースに入団。エクスポズに移った2004年レギュラーとなり打率.307、エンジェルズ移籍後の06年は.310、23本塁打、85打点。翌07年は脚を負傷し14試合しか出られなかったが、09年には自己最多の25本塁打、88打点と復活した。守備では04、06年の2度補殺で1位だった。
【通算】12年、1058試合、3471打数950安打、132本塁打、539打点、17盗塁、打率.274

マリアノ・リベラ
Mariano Rivera
1969.11.29～【出身地】パナマ共和国パナマシティ【球団】95-2013ヤンキース【位置】投手、右
【経歴】必殺のカット・ファストボールで史上最多の652セーブを稼ぎ、ヤンキースの5度の世界一に大きく貢献した最強リリーフエース。90年ヤンキースに入団、メジャー昇格当初は先発も務めたが、96年は中継ぎで8勝、防御率2.09、107.2回で130奪三振、ポストシーズンも14.1回で1失点。97年クローザーに昇格すると、キャッチボールをしていて偶然投げたカッターをものにして43セーブ（2位）、防御率1.88。98年のワールドシリーズでは3セーブ、99年はリーグ最多の45セーブを挙げた。2001年は50セーブ（1位）、ポストシーズンも5セーブを稼いだが、ワールドシリーズ第7戦では4年ぶりにポストシーズンでのリリーフに失敗し、ポストシーズンで自身唯一の黒星を喫して世界一を逃した。
　04年は53セーブで3度目の1位、翌05年は43セーブ（3位）、自己記録の防御率1.38でサイ・ヤング賞では次点。11年は史上初めて、単独の球団での1000試合登板を達成。9月19日のツインズ戦で602個目のセーブを稼ぎ、トレヴァー・ホフマンの持っていた通算セーブ記録を塗り替えた。同年は41歳にして8度目の40個以上となる44セーブ、11度目の1点台となる防御率1.91と、年齢を重ねてもまったく衰えを見せなかった。2年目以降、防御率3点台は07年の3.15のみ。ほとんどケガにも無縁だったが、12年は守備練習中に転倒、右膝前十字靱帯断裂の重傷を負って自己最少の登板9試合にとどまった。それでも現役最後となった翌13年は44セーブと完全復活を果たし、有終の美を飾った。
　ポストシーズンは通算96試合で8勝1敗42セーブ、141回を投げわずか13失点、防御率0.70と完璧に近かった。97年に全球団で永久欠番とすることが定められてからも背番号42を背負い続け、引退後には自身の名義で改めて欠番とされた。19年に史上初の満票で殿堂入り。従兄弟のルーベンは外野手で、ヤンキースのチームメイトでもあったが同僚の用具を盗むなどしてチームを追われた。
【通算】19年、1115試合（4位）、10先発、0完投、82勝60敗652S（1位）、1283.2回、1173奪三振、防御率2.21
【タイトル】最多セーブ3回（99,2001,04年）オールスター13回（97,99-02,04-06,08-11,13年）

ホセ・リホ
Jose Antonio Rijo
1965.5.13～【出身地】ドミニカ共和国サンクリストバル【球団】84ヤンキース　85-87アスレティックス　88-95,2001-02レッズ【位置】投手、右
【経歴】80年ヤンキースに入団、84年18歳でメジャーに昇格し、翌85年リッキー・ヘンダーソンとの交換要員としてアスレティックスに移籍。素質を開花させるのは88年レッズに移ってからで、快速球と絶妙のチェンジアップで同年から6年連続防御率2点台、90～93年は4年連続14勝以上と安定して好成績を収める。90年

のワールドシリーズでは2勝、防御率0.59でMVPを受賞した。
　翌91年は自己最多の15勝、防御率2.51（2位）。93年も防御率2.48（2位）、227奪三振は1位だったが、95年に肘を痛めて引退。2001年6年ぶりにカムバックを果たし、続く02年は7年ぶりに勝利投手となり、5勝を挙げて再度引退した。その後ナショナルズのフロント入りし、特別アシスタントGMの職にあったが、09年にドミニカ人選手の身分詐称問題への関連を疑われ辞任した。フアン・マリシャルは義父にあたる。
【通算】14年、376試合、269先発、22完投、4完封、116勝91敗3S、1880回、1606奪三振、防御率3.24
【タイトル】最多奪三振1回（93年）オールスター1回（94年）

ニーモ・リーボルド
Harry Loran Leibold (Nemo)
1892.2.17～1977.2.4【出身地】インディアナ州バトラー【球団】13-15インディアンズ　15-20ホワイトソックス　21-23レッドソックス　23-25セネターズ【位置】外野、左
【経歴】身長168cmと小柄な外野手で、通算3本塁打と非力ながらも選球眼は良く、17年74四球（5位）、19年は打率.302に加えて72四球を選び出塁率.404。同年のワールドシリーズでは18打数1安打と打てなかったものの、ホワイトソックスの八百長には関連していなかった。引退後長くマイナーの監督を務めたが、喧嘩早く46年は1年間の出場停止を命じられた。
【通算】13年、1268試合、4167打数1109安打、3本塁打、284打点、134盗塁、打率.266

ホセ・リマ
Jose Desiderio Rodriguez Lima
1972.9.30～2010.5.23【出身地】ドミニカ共和国サンティアゴ【球団】94-96タイガース　97-2001アストロズ　01-02タイガース　03ロイヤルズ　04ドジャース　05ロイヤルズ　06メッツ【位置】投手、右
【経歴】89年タイガースでプロ入り。シンカー投手で、アストロズ移籍後の98年に16勝を挙げると、翌99年は21勝（2位）。続く2000年は16敗、リーグワースト記録の48本塁打を浴び、防御率6.65と散々だった。その後も不振が続き、一時は独立リーグで投げていたが、2004年はスライダーを覚えて13勝。ディヴィジョンシリーズ第3戦で完封勝利を挙げた。しかし翌05年はまた16敗、防御率6.99と元に戻ってしまい、08年は韓国で投げた。ユニークなキャラクターで、登板時には自ら“リマ・タイム”と銘打ち、オーバーな感情表現で観客を盛り上げた。メレンゲ歌手としても活動、試合前の国歌独唱経験もあったが、10年に心臓発作により37歳で急死した。
【通算】13年、348試合、235先発、9完投、1完封、89勝102敗5S、1567.2回、980奪三振、防御率5.26
【タイトル】オールスター1回（99年）

リュ ヒョンジン（柳賢振）
Hyun-Jin Ryu
1987.3.25～【出身地】大韓民国仁川市【球団】2013-14,16-19ドジャース　20-23ブルージェイズ【位置】投手、左
【経歴】2006年韓国プロ野球のハンファに入団し18勝、防御率2.23、205奪三振はすべて1位で、KBO史上初の新人王とMVPの同時受賞を果たす。08年の北京五輪では決勝戦でキューバに勝って金メダルを手にした。7年間で通算98勝52敗、防御率2.80の実績を残し、13年にKBO史上初のポスティングでドジャースへ移籍。同年と翌14年に2年連続14勝を挙げたが、15年は肩を痛め全休、16年も1試合投げたのみ。19年は8月上旬まで防御率1点台前半の快投を続け、年間でも2.32でタイトルを獲得。自己最多タイの14勝でサイ・ヤング賞投票次点に入った。ブルージェイズ移籍後の21年も4度目の14勝。コントロールが良く通算与四球率は2.0個だった。24年に韓国球界へ復帰した。
【通算】10年、186試合、185先発、4完投、3先発、78勝48敗1S、1055.1回、934奪三振、防御率3.27
【タイトル】最優秀防御率1回（2019年）オールスター1回（19年）

ジム・リーランド
James Richard Leyland
1944.12.15～【出身地】オハイオ州トリド【球団】メジャー経験なし
【経歴】現役時代は捕手で、メジャーに上がることなく26歳で引退。マイナー監督、ホワイトソックスのコーチを経て86年パイレーツ監督に就任。若手を育てながらチームを強化し90年から地区3連覇し

たが、あと一歩のところでワールドシリーズには手が届かなかった。97年マーリンズ監督となり、ワイルドカードから勝ち上がって初優勝、ワールドシリーズでもインディアンズを下し球団創設5年目で世界一の座についた。翌98年は財政難から主力選手の大半を手放し最下位に転落、同年限り辞任。99年は1年のみロッキーズ監督を務め、その後長く現場を離れていたが、2006年タイガース監督に就任し史上7人目の両リーグ制覇。90、92年に続いて3度目の最優秀監督賞も受賞した。12年に3度目のワールドシリーズ進出。選手のやる気を引き出すことにかけて高い評価を得ていた。17年のWBCでは監督としてアメリカを初優勝に導いている。24年殿堂入り。
【監督】86-96 パイレーツ　97-98 マーリンズ　99 ロッキーズ　2006-13 タイガース　22年、3499試合、1769勝1728敗、勝率.506　リーグ優勝3回(97,2006,12年) ワールドシリーズ優勝1回(97年)

テッド・リリー
Theodore Roosevelt Lilly
1976.1.4～【出身地】カリフォルニア州ロミタ【球団】99 エクスポズ　2000-02 ヤンキース　02-03 アスレティックス　04-06 ブルージェイズ　07-10 カブス　10-13 ドジャース【位置】投手、左
【経歴】96年ドラフト23位でドジャースに入団。技巧派の左腕で、球威不足を球種の豊富さで補い、アスレティックス移籍後の2003年に12勝、以降9年連続2ケタ勝利。06・07年は2年連続15勝、08年は17勝(3位)、184奪三振のいずれも自己最多だった。
【通算】15年、356試合、331先発、5完投、3完封、130勝113敗0S、1982.2回、1681奪三振、防御率4.14
【タイトル】オールスター2回(2004,09年)

フランシスコ・リリアノ
Francisco Casillas Liriano
1983.10.26～【出身地】ドミニカ共和国サンクリストバル【球団】2005-06,08-12 ツインズ　12 ホワイトソックス　13-16 パイレーツ　16-17 ブルージェイズ　17 アストロズ　18 タイガース　19 パイレーツ【位置】投手、左
【経歴】ジャイアンツでプロ入りし、2004年にジョー・ネイサンらとともにA・J・ピアジンスキーとの交換でツインズへ移籍。速球とスライダーで06年に12勝3敗、防御率2.16の好成績を残すが肘を負傷、トミー・ジョン手術で07年は全休。08年に復帰し10年は14勝、201奪三振(5位)でカムバック賞を手にした。11年5月3日のインディアンズ戦でノーヒッターを達成。11～12年は防御率5点台だったが、パイレーツに移籍した13年は自己最多の16勝(3位)で2度目のカムバック賞。15年は5年ぶりの大台となる205三振を奪った。
【通算】14年、419試合、300先発、3完投、1完封、112勝114敗1S、1813.2回、1815奪三振、防御率4.15
【タイトル】オールスター1回(2006年)

J・T・リールミュート　★
Jacob Tyler Realmuto
1991.3.18～【出身地】オクラホマ州デルシティ【球団】2014-18 マーリンズ　19-24 フィリーズ【位置】捕手、右
【経歴】2010年ドラフト3位でマーリンズに入団。15年に正捕手となり、翌16年は打率.303、同年から4年連続30二塁打以上。本塁打も毎年増え続け、フィリーズに移籍した19年は自己最多の25本。捕手にしては異例の俊足で、22年は21盗塁を決め失敗は一度だけ。20本塁打・20盗塁は捕手では史上2人目だった。23年のワールドシリーズ第1戦では延長10回に決勝弾を放った。守備でも送球が素早く、19年は盗塁阻止率.467で1位、同年の14回を最多に最多併殺を4度記録した。おじのジョン・スミスは88年ソウルと92年バルセロナ五輪のレスリングで金メダルに輝いた。
【通算】11年、1239試合、4548打数 1237安打、168本塁打、625打点、96盗塁、1047三振、打率.272
【タイトル】ゴールドグラブ2回(2019,22年) オールスター3回(18～19,21年)

フレッド・リン
Fredric Michael Lynn
1952.2.3～【出身地】イリノイ州シカゴ【球団】74-80 レッドソックス　81-84 エンジェルズ　85-88 オリオールズ　88-89 タイガース　90 パドレス【位置】外野、左
【経歴】73年ドラフト2位でレッドソックスに入団。75年打率.331(2位)、21本塁打、105打点(3位)に加え、いずれも1位の47二塁打、長打率.566の素晴らしい成績で、史上初めて新人王とMVP

の同時受賞を果たす。プレイオフ、ワールドシリーズでも合計8打点を稼いだ。79年は打率.333で首位打者、39本塁打（2位）、122打点（4位）、出塁率.423と長打率.637は1位で、すべて自己最高記録。81年エンジェルズに移籍してからは、故障もあって一度も打率3割、25本塁打に届かなかったが、82年のプレイオフでは18打数11安打5打点で、チームは敗れたにもかかわらずMVPを受賞。オールスターでも4本塁打は史上2位、83年に大会初の満塁アーチを放つなど目立つ場面で活躍した。守備でも4回ゴールドグラブを受賞したが、やや過大評価の感もあった。
【通算】17年、1969試合、6925打数1960安打、306本塁打、1111打点、72盗塁、1116三振、打率.283
【タイトル】MVP1回（75年）新人王（75年）首位打者1回（79年）最高出塁率1回（79年）ゴールドグラブ4回（75,78～80年）オールスター9回（75～83年）

ランス・リン　★
Michael Lance Lynn
1987.5.12～【出身地】インディアナ州インディアナポリス【球団】2011-15,17カーディナルス　18ツインズ　18ヤンキース　19-20レンジャーズ　21-23ホワイトソックス　23ドジャース　24カーディナルス【位置】投手、右
【経歴】2008年ドラフト1位でカーディナルスに入団。体重127kgの巨体から繰り出すツーシームで内野ゴロを量産し、12年は18勝（4位）、13～14年も2年連続15勝。14年の防御率2.74は規定投球回以上では自己ベストだった。16年はトミー・ジョン手術で全休、復帰後の19年に16勝（5位）、自己最多の246三振（4位）を奪った。通算では9回2ケタ勝利を記録している。
【通算】13年、364試合、340先発、4完投、2完封、143勝99敗1S、2006.1回、2015奪三振、防御率3.74
【タイトル】オールスター2回（2012,21年）

ジミー・リング
James Joseph Ring
1895.2.15～1965.7.6【出身地】ニューヨーク州ブルックリン【球団】17-20レッズ　21-25フィリーズ　26ジャイアンツ　27カーディナルス　28フィリーズ【位置】投手、右
【経歴】速球とカーブで19年10勝、防御率2.26、ワールドシリーズ第4戦では3安打完封。第6戦でもリリーフで5回1失点と好投したが敗戦投手になった。同年から8年連続2ケタ勝利、23年に自己最多の18勝。22年の116奪三振と25年の93奪三振はともに3位だった一方で、22年から4年連続最多四球、5回最多暴投を記録するなど制球は良くなかった。
【通算】12年、389試合、294先発、154完投、9完封、118勝149敗、2357.1回、833奪三振、防御率4.13

ティム・リンスカム
Timothy LeRoy Lincecum
1984.6.15～【出身地】ワシントン州ベルヴュー【球団】2007-15ジャイアンツ　16エンジェルズ【位置】投手、右
【経歴】体格は小柄ながら、ダイナミックな投球フォームからの速球とチェンジアップで三振の山を築いた好投手。2006年ドラフト1位（全体10位）でジャイアンツに入団、07年にメジャーへ昇格し7勝。翌08年は18勝、防御率2.62（2位）、265奪三振（1位）でサイ・ヤング賞を受賞した。09年も15勝、261奪三振は1位、防御率2.48も2位で2年連続サイ・ヤング賞。10年も231奪三振は3年連続1位、プレイオフ地区シリーズのブレーヴス戦では2安打完封、14奪三振。ワールドシリーズでも初戦と優勝を決めた第5戦で勝利投手となった。
　11年も4年連続で200投球回・200奪三振をクリアしたが、12年はリーグワーストの15敗、自己最悪の防御率5.18。それでもワールドシリーズではリリーフで2試合、4.2回を無安打8奪三振と好投し、世界一に貢献した。13年7月13日のパドレス戦、14年6月25日の同カードで2年連続ノーヒットノーランを達成。同一球団相手に2度のノーヒッターはリーグ初、史上2回目だった。
【通算】10年、278試合、270先発、10完投、7完封、110勝89敗1S、1682回、1736奪三振、防御率3.74
【タイトル】サイ・ヤング賞2回（2008～09年）最多奪三振3回（08～10年）オールスター4回（08～11年）

ジェリー・リンチ
Gerald Thomas Lynch
1930.7.17～2012.4.1【出身地】ミシガン州ベイシティ【球団】54-56パイレーツ　57-63レッズ　63-66パイレーツ【位置】

外野、左
【経歴】代打として116安打、ナ・リーグ記録の18本塁打を放ち、特にレッズが優勝した61年は47打数19安打、5本塁打と大当たりした。同年は181打数で50打点と勝負強さを発揮。58年は準レギュラーとして打率.312、68打点、翌59年自己最多の17本塁打を放った。守備では55年にリーグ5位の11補殺を記録した。
【通算】13年、1184試合、2879打数798安打、115本塁打、470打点、12盗塁、打率.277

ジャック・リンチ
John H. Lynch
1857.2.5～1923.4.20【出身地】ニューヨーク州ニューヨーク【球団】1881バッファロー　83-87ニューヨーク（AA）　90ブルックリン（AA）【位置】投手、右
【経歴】ドロップ、シュートなど変化球を駆使し、1884年に496回（4位）を投げ、同僚のティム・キーフと並ぶ37勝（2位）を稼ぎ優勝に貢献。同年から86年まで3年連続で20勝以上、85年には珍しい投手での主将に就任した。陽気でユーモアのセンスに富み、落ち着いた頭脳的な投球にも定評があった。
【通算】7年、221試合、216先発、214完投、8完封、110勝105敗、1924.1回、859奪三振、防御率3.69

アダム・リンド
Adam Alan Lind
1983.7.17～【出身地】インディアナ州マンシー【球団】2006-14ブルージェイズ　15ブルワーズ　16マリナーズ　17ナショナルズ【位置】外野、DH、左
【経歴】2004年ドラフト3位でブルージェイズに入団。09年に左翼手兼DHとしてレギュラーに定着し打率.305、46二塁打と35本塁打は5位、114打点は3位。以後3年連続、通算では6回20本塁打以上と長打力を発揮した。代打でも156回起用され打率.324、9本塁打、出塁率.391の好結果だったが、左投手は通算打率.217と苦戦していた。
【通算】12年、1344試合、4577打数1247安打、200本塁打、723打点、7盗塁、打率.272

ホセ・リンド
Jose Lind
1964.5.1～【出身地】プエルトリコ・トアバハ【球団】87-92パイレーツ　93-95ロイヤルズ　95エンジェルズ【位置】二塁、右
【経歴】88年正二塁手となり打率.262、自己最多の160安打。90～92年のパイレーツ地区3連覇に堅実な守備で貢献、92年は134試合で6失策しただけでゴールドグラブを受賞したが、プレイオフ第7戦の9回裏にエラーを犯し、逆転負けのきっかけとなってしまった。翌93年ロイヤルズに移籍したが、無断欠場を繰り返し95年途中解雇された。
【通算】9年、1044試合、3677打数935安打、9本塁打、324打点、62盗塁、打率.254
【タイトル】ゴールドグラブ1回（92年）

フレディー・リンドストロム
Frederick Charles Lindstrom
1905.11.21～81.10.4【出身地】イリノイ州シカゴ【球団】24-32ジャイアンツ　33-34パイレーツ　35カブス　36ドジャース【位置】三塁、外野、右
【経歴】24年史上最年少の18歳10ヶ月でワールドシリーズに出場し、30打数10安打と活躍。第5戦ではウォルター・ジョンソンから4安打を放った。26年から6年連続打率3割、28年は打率.358（3位）、231安打（1位）、39二塁打（5位）、107打点(5位)。30年の打率.379(5位)、231安打（4位）、39二塁打、22本塁打はいずれも自己記録となった。31年背中を痛めて三塁から外野へコンバートされる。ジョン・マグロー監督の後継者を自負していたが、32年辞任したマグローが後任にビル・テリーを指名したのに失望、トレードを要求し翌33年パイレーツへ移った。30歳の若さで引退、レギュラーとして出場した期間は短かったが、76年殿堂入りを果たす。息子のチャックも1試合のみメジャー経験がある。
【通算】13年、1438試合、5611打数1747安打、103本塁打、779打点、84盗塁、打率.311

ポール・リンドブラッド
Paul Aaron Lindblad
1941.8.9～2006.1.1【出身地】カンザス州シャヌート【球団】65-71アスレティックス　71-72セネターズ/レンジャーズ　73-76アスレティックス　77-78レンジャーズ　78ヤンキース【位置】投手、左
【経歴】左腕から繰り出すシンカーと正確

なコントロールで、中継ぎとして長く活躍。69、75年に自己最多の9勝、72年はリーグ最多の66試合に登板。73年のワールドシリーズ第3戦では勝利投手となり、ウィリー・メイズが現役最後に対戦した投手ともなった。74年に自己ベストの防御率2.06。守備も良く、66～74年にかけて385試合連続無失策の記録を作った。高校時代には槍投げでカンザス州大会に優勝している。コイン収集の趣味が高じ、土中に埋もれたコインを探す目的で金属探知機を持ち歩いていた。52歳で遺伝性の早期アルツハイマー病を発症し、長い闘病生活を送った。
【通算】14年、655試合、32先発、1完投、1完封、68勝63敗64S、1213.2回、671奪三振、防御率3.29

フランシスコ・リンドール　★
Francisco Miguel Lindor
1993.11.14～【出身地】プエルトリコ・カグアス【球団】2015-20インディアンズ　21-24メッツ【位置】遊撃、両
【経歴】2011年ドラフト1位（全体8位）でインディアンズに入団、メジャーに昇格した15年に打率.313で新人王投票2位。17年から3年連続で40二塁打、30本塁打以上、18年にいずれも自己ベストの183安打、38本塁打。前向きなプレイ態度でも人気を集め、ミスター・スマイルの異名をとった。メッツにトレードされた21年に10年3億4100万ドルの高額契約を結び、翌22年に自己最多の107打点。23年は31本塁打、31盗塁、24年も31本、29盗塁で2年連続30－30にあと一歩と迫り、プレイオフでもディヴィジョンシリーズ第4戦で勝ち抜きを決める逆転満塁本塁打を放った。
【通算】10年、1375試合、5442打数1492安打、248本塁打、770打点、185盗塁、打率.274
【タイトル】ゴールドグラブ2回（2016,19年）オールスター4回（16～19年）

【ル】

エステウリー・ルイス　★
Esteury Ruiz
1999.2.15～【出身地】ドミニカ共和国アスア【球団】2022パドレス　22ブルワーズ　23-24アスレティックス【位置】外野、右
【経歴】2015年ロイヤルズでプロ入りし、パドレス、ブルワーズを経て23年アスレティックスへ移籍。俊足が持ち味で同年はア・リーグ新人記録の67盗塁（1位）を決めたが、翌24年はシーズン途中でマイナーへ降格した。
【通算】3年、178試合、539打数131安打、7本塁打、57打点、73盗塁、打率.243
【タイトル】盗塁王1回（2023年）

カイル・ルイス
Kyle Alexander Lewis
1995.7.13～【出身地】ジョージア州スネルヴィル【球団】2019-22マリナーズ　23ダイアモンドバックス【位置】外野、右
【経歴】2016年ドラフト1位でマリナーズに入団。短縮シーズンの20年に打率.262、11本塁打、出塁率.364で新人王を受賞したが、翌21年に右半月板を損傷するなど故障に祟られたこともあり、その後は頭打ちとなった。
【通算】5年、146試合、514打数121安打、26本塁打、59打点、7盗塁、打率.235
【タイトル】新人王（2020年）

カルロス・ルイス
Carlos Joaquin Ruiz
1979.1.22～【出身地】パナマ共和国ダビド【球団】2006-16フィリーズ　16ドジャース　17マリナーズ【位置】捕手、右
【経歴】99年フィリーズに入団、2007年から正捕手に定着。08年のワールドシリーズでは16打数6安打、第3戦でサヨナラ内野安打。09年のポストシーズンも44打数15安打、2本塁打で9打点を稼いだ。10年は打率.302、出塁率.400、12年はすべて自己ベストの打率.325、16本塁打、68打点。守備では投手リードの上手さが光り、ポストシーズンまで含めてメジャー最多タイとなる4度のノーヒッターを引き出した。16年には37歳にしてリーグトップの盗塁阻止率.417を記録した。

【通算】12 年、1136 試 合、3539 打 数 935 安打、71 本塁打、415 打点、25 盗塁、打率 .264
【タイトル】オールスター 1 回（2012 年）

ダーレン・ルイス
Darren Joel Lewis
1967.8.28 ～【出身地】カリフォルニア州バークリー【球団】90 アスレティックス 91-95 ジャイアンツ　95 レッズ　96-97 ホワイトソックス　97 ドジャース　98-2001 レッドソックス　02 カブス【位置】外野、右
【経歴】88 年ドラフト 18 位でアスレティックスに入団。90 年 8 月 21 日のメジャー昇格以来、94 年 6 月 29 日まで 392 試合、938 守備機会連続無失策の新記録を樹立、94 年にゴールドグラブを受賞。打撃は非力だが足を生かして内野安打を多く稼ぎ、93 年 46 盗塁（4 位）、94 年の 9 三塁打は 1 位。レッドソックスに移籍した 98 年は自己最多の 157 安打、8 本塁打、63 打点だった。
【通算】13 年、1354 試 合、4081 打 数 1021 安打、27 本塁打、342 打点、247 盗塁、打率 .250
【タイトル】ゴールドグラブ 1 回（94 年）

ダフィー・ルイス
George Edward Lewis (Duffy)
1888.4.18 ～ 1979.6.17【出身地】カリフォルニア州サンフランシスコ【球団】10-17 レッドソックス　19-20 ヤンキース　21 セネターズ【位置】外野、右
【経歴】好守好打の左翼手。現役当時、フェンウェイ・パークの左翼エリアにあった傾斜部へ飛んだ打球を巧みに処理したことから、このエリアは“ダフィーズ・クリフ”と呼ばれた。10 年新人で 29 二塁打（3 位）、8 本塁打（2 位）、12 年は 36 二塁打（4 位）、109 打点（2 位）。翌 13 年は本塁打を 1 本も打たなかったが、90 打点は 2 位だった。
　15 年のワールドシリーズでは 18 打数 8 安打、第 3 戦でサヨナラ打、第 4 戦では決勝打、優勝を決めた第 5 戦でも 8 回に同点本塁打を放つなど、優勝に大きく貢献した。18 年は海軍に入隊し全休、翌 19 年ヤンキースへトレード。人格者と評判で、タイ・カップの数少ない友人の一人だったが、レッドソックス時代の同僚トリス・スピーカーとの仲は険悪だった。引退後は長くブレーヴスでトラベリング・セクレタリーを務めた。
【通算】11 年、1459 試 合、5351 打 数 1518 安打、38 本塁打、791 打点、113 盗塁、打率 .284

テッド・ルイス
Edward Morgan Lewis (Ted)
1872.12.25 ～ 1936.5.23【出身地】英国ウェールズ・マッキンレス【球団】1896-1900 ボストン　01 レッドソックス【位置】投手、右
【経歴】大学の学費を稼ぐ目的でプロ野球選手となった異才。カーブを武器に 1897 年 21 勝、翌 98 年は 26 勝（5 位）でボストンの 2 連覇に貢献。1901 年レッドソックスに移り 16 勝、316.1 回を投げたが同年限りで引退。教育者への道を進み、コロンビア、ウィリアムズの両大学で教鞭をとったのち、26 年マサチューセッツ州立大学の総長に就任。翌 27 年ニューハンプシャー大学総長に転任、死去する 36 年まで在任した。詩人のロバート・フロストとも親しかった。
【通算】6 年、183 試合、153 先発、136 完投、7 完封、94 勝 64 敗、1405 回、378 奪三振、防御率 3.53

バディ・ルイス
John Kelly Lewis (Buddy)
1916.8.10 ～ 2011.2.18【出身地】ノースカロライナ州ガストンカウンティ【球団】35-41,45-47,49 セネターズ【位置】三塁、外野、左
【経歴】35 年 19 歳でデビュー、翌 36 年正三塁手となり 175 安打、13 三塁打。37 年は 210 安打（4 位）、続く 38 年は自己最多の 12 本塁打、91 打点。39 年は打率 .319、リーグ最多の 16 三塁打を放った。兵役のため 42 ～ 44 年は出場せず、この間空軍でパイロットとして奮戦し、空戦殊勲十字章を授与された。45 年途中復帰し、翌 46 年は 170 安打（5 位）、13 三塁打（2 位）と以前と変わらぬ活躍だった。
【通算】11 年、1349 試 合、5261 打 数 1563 安打、71 本塁打、607 打点、83 盗塁、打率 .297
【タイトル】オールスター 2 回（38,47 年）

マディ・ルーエル
Herold Dominic Ruel (Muddy)
1896.2.20 ～ 1963.11.13【出身地】ミズーリ州セントルイス【球団】15 ブラウンズ　17-20 ヤンキース　21-22 レッドソック

ス　23-30 セネターズ　31 レッドソックス　31-32 タイガース　33 ブラウンズ　34 ホワイトソックス【位置】捕手、右
【経歴】ブラウンズにテスト入団、ヤンキースを経てレッドソックスに移籍した 21 年正捕手となる。23 年からはセネターズで活躍。通算 4 本塁打と非力ではあったが打率 3 割 3 回、選球眼も良く 25 ～ 27 年は 3 年連続で出塁率は 4 割以上だった。守備の評価も高く、2 度の優勝に貢献した。現役中にワシントン大学で法律を専攻し、弁護士資格を取得。引退後タイガースの GM を経てコミッショナー事務局でアシスタントとして活動。47 年ブラウンズ監督として現場に復帰した。
【通算】19 年、1468 試合、4514 打数 1242 安打、4 本塁打、536 打点、61 盗塁、打率 .275
【監督】47 ブラウンズ　1 年、154 試合、59 勝 95 敗、勝率 .383

ジム・ルーカー
James Phillip Rooker
1942.9.23 ～【出身地】オレゴン州レイクヴュー【球団】68 タイガース　69-72 ロイヤルズ　73-80 パイレーツ【位置】投手、左
【経歴】69 年拡張ドラフトでロイヤルズに加わるが 4 勝 16 敗と大きく負け越し、翌 70 年も 10 勝しながらも 15 敗。73 年パイレーツへ移ってからは 3 年連続防御率 2 点台と安定し、74、76 年は 15 勝。77 年まで 5 年連続 2 ケタ勝利を挙げた。79 年は 4 勝どまりながら、ワールドシリーズでは 1 勝 3 敗で迎えた第 5 戦にブルース・キーソンの代理で先発、5 回 1 失点と好投し逆転世界一へ結びつけた。プロ入り当初は外野手とあって打撃も良く、69 年にはロイヤルズの選手で初めて 1 試合 2 本塁打を放った。話し好きで、引退後はパイレーツのブロードキャスターとなり、子供向けの絵本を執筆した。
【通算】13 年、319 試合、255 先発、66 完投、15 完封、103 勝 109 敗 7 S、1810.1 回、976 奪三振、防御率 3.46

レッド・ルーカス
Charles Fred Lucas (Red)
1902.4.28 ～ 86.7.9【出身地】テネシー州コロンビア【球団】23 ジャイアンツ　24-25 ブレーヴス　26-33 レッズ　34-38 パイレーツ【位置】投手、右
【経歴】1 試合平均 1.6 四球という優れた制球力の持ち主で、33 年には 219.2 回で 18 四球しか与えなかった。27 年から 8 年連続で 2 ケタ勝利を挙げ、29 年に自己最多の 19 勝（2 位）。31 ～ 32 年にかけては 27 試合連続完投、通算 3 回最多完投を記録した。32 年は 13 勝 17 敗と負け越すも自己ベストの防御率 2.94（5 位）。打撃も良く、左打ちで通算打率 .281、30 年は .336（113 打数 38 安打）の高打率だった。代打で 100 安打を放った最初の選手で、代打安打 114 本は野手を含めても史上 11 位に相当する。
【通算】15 年、396 試合、302 先発、204 完投、22 完封、157 勝 135 敗、2542 回、602 奪三振、防御率 3.72

ジョナサン・ルクロイ
Jonathan Charles Lucroy
1986.6.13 ～【出身地】フロリダ州ユースティス【球団】2010-16 ブルワーズ　16-17 レンジャーズ　17 ロッキーズ　18 アスレティックス　19 エンジェルズ　19 カブス　20 レッドソックス　21 ナショナルズ　21 ブレーヴス【位置】捕手、右
【経歴】2007 年ドラフト 3 位でブルワーズに入団、11 年に正捕手となる。12 年に打率 .320、13 年は 18 本塁打、82 打点の好成績を残し、翌 14 年は打率 .301、176 安打（5 位）、リーグ最多で捕手の新記録となる 53 二塁打。24 本塁打を放った 16 年途中にはインディアンズへのトレードを拒否し、代わりにレンジャーズへ移籍した。その後は下降線をたどり、6 年間で 8 球団をわたり歩いた。
【通算】12 年、1210 試合、4140 打数 1134 安打、108 本塁打、548 打点、30 盗塁、打率 .274
【タイトル】オールスター 2 回（2014,16 年）

ドルフ・ルケ
Adolfo Domingo De Guzman Luque
1890.8.4 ～ 1957.7.3【出身地】キューバ共和国ハバナ【球団】14-15 ブレーヴス　18-29 レッズ　30-31 ドジャース　32-35 ジャイアンツ【位置】投手、右
【経歴】“ハバナの誇り”と謳われた中南米出身で最初のスター選手。落差の大きなカーブで 19 年から 10 年連続 2 ケタ勝利、22 年は 13 勝 23 敗と大きく負け越すが、翌 23 年はいずれも 1 位の 27 勝、6 完封、防御率 1.93。25 年は 16 勝 18 敗と負け越しながらもリーグ最多の 4 完封、防御率 2.63 で 2 度目の 1 位。33 年は 14

年ぶりに出場したワールドシリーズの第5戦でリリーフに立ち、4.1回を0点に抑えて優勝投手となった。43歳での勝利はシリーズ史上最年長記録。気が短く、ビーンボールが多いことで悪名が高かった。指導者としても優秀で、57年にキューバの野球殿堂入りを果たした。
【通算】20年、550試合、367先発、206完投、26完封、194勝179敗、3220.1回、1130奪三振、918四球、防御率3.24
【タイトル】最多勝1回（23年）最優秀防御率2回（23,25年）

フリオ・ルゴ
Julio Cesar Lugo
1975.11.16～2021.11.15【出身地】ドミニカ共和国バラオナ【球団】2000-03アストロズ　03-06レイズ　06ドジャース　07-09レッドソックス　09カーディナルス　10オリオールズ　11ブレーヴス【位置】遊撃、右
【経歴】94年ドラフト43位でアストロズに入団、2000年レギュラーとなり打率.283、22盗塁。レイズ移籍後の04年は41二塁打、75打点、続く05年は打率.295、182安打、39盗塁（4位）の自己最高成績。07年も打率.237ながら36二塁打、73打点、ワールドシリーズでも13打数5安打。守備面ではカバーする範囲は広かったものの軽率さが目立った。弟のルディは投手。
【通算】12年、1352試合、4758打数1279安打、80本塁打、475打点、198盗塁、打率.269

ダッチ・ルーサー
Walter Henry Ruether (Dutch)
1893.9.13～1970.5.16【出身地】カリフォルニア州アラメダ【球団】17カブス　17-20レッズ　21-24ドジャース　25-26セネターズ　26-27ヤンキース【位置】投手、左
【経歴】優美な投球フォームからカーブを繰り出した左腕。19年は19勝（4位）、防御率1.82（3位）で優勝に貢献、ワールドシリーズ第1戦でも1失点で完投勝ちした。22年21勝（3位）、25年18勝と実力は折り紙付きだったが、トラブルメイカーとしても有名で数々の球団をわたり歩く。27年はヤンキースの強力投手陣の一角として13勝を挙げたが、同年限りでメジャーから姿を消した。通算打率.258の打力を買われ、代打として34安打を放った。引退後はジャイアンツで長くスカウトを務めた。
【通算】11年、309試合、272先発、154完投、18完封、137勝95敗、2124.2回、708奪三振、防御率3.50

エイモス・ルーシー
Amos Wilson Rusie
1871.5.30～1942.12.6【出身地】インディアナ州ムーアズヴィル【球団】1889インディアナポリス　90-95,97-98ニューヨーク　1901レッズ【位置】投手、右
【経歴】"フージャー・サンダーボルト（インディアナの稲妻）"の異名をとり、バッテリー間の距離が拡げられるきっかけを作った豪球投手。1889年17歳で地元インディアナポリスからデビュー、翌90年ニューヨークに加わり29勝と防御率2.56は4位、341奪三振は1位。以後6年間で最多奪三振5回、最多完封4回。91年7月31日のブルックリン戦でノーヒットノーラン、同年から4年連続30勝以上。94年は36勝、防御率2.78、195奪三振で投手三冠を達成した。
　その一方で90年に史上ワーストの289四球、以後5年連続200四球以上と、コントロールの悪さでも有名だった。ニューヨークでの人気は絶大だったが、96年オーナーと契約でもめ全休。球団を告訴するに至り、保留条項の撤廃に発展することを危惧した他球団のオーナー達が3000ドルを肩代わりしチームに復帰。97年28勝（2位）、防御率2.54は1位だったが、翌98年肩を痛めその後2年間は全休。1901年クリスティ・マシューソンとの交換でレッズに移り、復帰を試みるも1勝もできず、30歳で引退した。77年殿堂入り。
【通算】10年、463試合、427先発、393完投（17位）、30完封、246勝174敗、3778.2回、1950奪三振、1707四球（7位）、防御率3.07
【タイトル】最多勝1回（1894年）最優秀防御率2回（94,97年）最多奪三振5回（90～91,93～95年）

グレッグ・ルジンスキー
Gregory Michael Luzinski
1950.11.22～【出身地】イリノイ州シカゴ【球団】70-80フィリーズ　81-84ホワイトソックス【位置】外野、DH、右
【経歴】フィリーズでマイク・シュミットと三、四番を組み、"ブル（牡牛）"の異名を取った怪力スラッガー。高校時代はフットボールで大活躍し、68年ドラフト1位

でフィリーズに入団、70年19歳でメジャーに昇格。73年29本塁打、97打点、75年は34本塁打（3位）、120打点（1位）、長打率.540（2位）でMVP投票では次点。77年はすべて自己最高の打率.309、39本塁打（3位）、130打点（2位）で、MVP投票では再び次点に入った。

翌78年も35本塁打（2位）、101打点（4位）、100四球（4位）と活躍を続けたが、75年の151個を最多として10回100三振以上を喫した。守備には大いに不安があり、ホワイトソックス移籍後はDH専任となる。地区制覇を果たした83年は32本塁打（5位）を放った。恵まれない子供達を球場に招待するなど慈善活動に熱心で、78年にクレメンテ賞に輝いた。フィリーズのホーム球場シティズンズ・バンク・ボールパークにバーベキューの店を開いている。

【通算】15年、1821試合、6505打数1795安打、307本塁打、1128打点、37盗塁、1495三振、打率.276

【タイトル】打点王1回（75年）オールスター4回（75～78年）

ベーブ・ルース

George Herman Ruth (Babe)

1895.2.6～1948.8.16【出身地】メリーランド州ボルティモア【球団】14-19レッドソックス　20-34ヤンキース　35ブレーヴス【位置】外野、投手、左

【経歴】メジャー・リーグ史上最大のスーパースター。天性の打撃センスとケタ外れのパワーを兼ね備え、機動力中心のつなぐ野球が全盛だった球界にホームランの魅力を持ち込み、その歴史を根本から塗り替えた。

14年19歳でマイナーのボルティモアに入団、3ヶ月後レッドソックスに投手として加わる。翌15年18勝、防御率2.44、16年は23勝（3位）、9完封と防御率1.75はいずれも1位。323.3回を投げて本塁打は1本も打たれず、ワールドシリーズ第2戦では延長14回を1失点の力投で勝利を収める。17年も24勝（2位）、35完投（1位）、防御率2.01、続く18年からは打力を買われ外野手を兼任し、11本塁打を放って初のタイトルに輝く。投手としても13勝で、同一年の2ケタ本塁打と2ケタ勝利は大谷翔平が出現するまでメジャー唯一の記録だった（ニグロ・リーグを除く）。同年のワールドシリーズでは2勝、防御率1.06、16年からの連続イニング無失点記録を29.2にまで伸ばした。シリーズ通算防御率0.87は、30投球回以上では史上2位。自らの希望もあり、19年に9勝したのを最後に打者に専念するが、その後も散発的に登板し、5戦5勝と腕がさびつくことはなかった。

野手として初めて100試合以上に出場した19年は新記録となる29本塁打を放ち、113打点と併せ二冠王。翌20年12万5000ドルにローンによる30万ドルを加えた莫大な移籍金でヤンキースに移り、前年に更新したばかりのメジャー記録を大幅に塗り替える54本塁打。2位ジョージ・シスラーに35本もの大差をつける圧倒的な本数で、国中にホームラン・フィーバーを巻き起こす。続く21年はまたも2位に35本差の59本塁打、168打点とさらに数字を伸ばし、ヤンキースを初優勝に導く。20年に発覚したブラックソックス事件で多大なイメージダウンを被った球界にとってルースは救世主であり、その後の野球の国民的人気を決定づけた最大の功労者となった。

22年は規定違反の地方巡業に参加し、6週間の出場停止処分を下され5年連続の本塁打王を逸す。また開幕前に主将に任命されながら、5月に審判とファンに暴行を加えてその座を剝奪され、同年は5回も出場停止となった。翌23年自己最高打率の.393（2位）、24年は.378で唯一の首位打者となったが、124打点は5点差の2位で三冠王は逃した。バッティング同様、私生活も豪快そのもので数々の伝説を残した反面、自らと同じ不幸な境遇の子供たちには惜しみない援助を与え、日常的に養護施設などを訪問していた。不摂生がたたり、25年はキャンプ中に体調を崩して長期入院を余儀なくされたが、翌26年47本塁打、153打点で5度目の二冠王、27年は自己記録を更新する60本塁打を放ち、これは61年にロジャー・マリスに破られるまで34年間記録として残った。

30年には年俸が8万ドルに達し、当時のフーヴァー大統領を上回り話題となったが、その際「去年は彼よりもいい仕事をしたからね」と語ったと伝えられる。18～31年の14年間は、25年を除いて毎年長打率1位。ワールドシリーズでは通算41試合で129打数42安打（.326）、15本塁打（2位）、33打点。26年は第4戦での3本を含む4本塁打、28年の第4戦でも3本塁打。32年の第3戦では名高い予告

本塁打を放ったとされるが、真相は不明。33年開催された初のオールスターでも大会第1号を放り込んだ。

34年秋に全米オールスターの一員として来日したが、帰国後ヤンキースから解雇され35年はブレーヴスに移籍。5月25日は3本塁打、3本目は約150mの特大アーチで、これが現役最後の一発となった。6月2日引退を表明。通算714本塁打は74年にハンク・アーロンが更新するまで40年間1位の座にあり、本塁打王12回はいまだに破る者のない大記録である。その後ドジャースでコーチを務めたが、監督となる夢は果たせずに終わった。36年第1回の殿堂入りメンバーに選ばれる。48年8月16日、喉頭癌のため53年の生涯に幕を閉じた。

【通算】＜打者としての成績＞22年、2503試合、8399打数2873安打、506二塁打、136三塁打、714本塁打（3位）、2214打点（3位）、123盗塁、2062四球（3位）、1330三振、打率.342

＜投手としての成績＞10年、163試合、147先発、107完投、17完封、94勝46敗、1221.1回、488奪三振、防御率2.28

【タイトル】MVP1回（23年） 首位打者1回（24年） 本塁打王12回（18～21,23～24,26～31年） 打点王5回（19～21,23,26年） 最高出塁率10回（19～21,23～24,26～27,30～32年） 最優秀防御率1回（16年） オールスター2回（33～34年）

ディック・ルースヴェン
Richard David Ruthven

1951.3.27～【出身地】カリフォルニア州サクラメント【球団】73-75フィリーズ 76-78ブレーヴス 78-83フィリーズ 83-86カブス【位置】投手、右

【経歴】72年ツインズのドラフト1位指名（全体8位）を拒否し、翌73年1月ドラフト1位（第2回）でフィリーズに入団、マイナーを経ずデビュー。速球とカーブで翌74年9勝、ブレーヴスに移籍した76年は14勝を挙げるも17敗はリーグワースト。78年途中フィリーズに復帰し15勝、自己ベストの防御率3.38。80年は17勝（5位）、リーグ優勝を決めたプレイオフ第5戦と世界一を決めたワールドシリーズ第6戦の両方で勝利投手となった。翌81年も12勝（4位）、通算では6回2ケタ勝利。フィリーズ時代の同僚トム・ハットンは義兄弟。カリフォルニア州立大では生物学を専攻した。

【通算】14年、355試合、332先発、61完投、17完封、123勝127敗1S、2109回、1145奪三振、防御率4.14

【タイトル】オールスター2回（76,81年）

ジェイコブ・ルッパート
Jacob Ruppert

1867.8.5～1939.1.13【出身地】ニューヨーク州ニューヨーク【球団】メジャー経験なし

【経歴】ビール醸造会社の御曹司で、ニューヨーク州の連邦下院議会の議員を4期にわたって務める。14年にジョン・マグローの仲介によりヤンキースの共同オーナーに就任。17年にミラー・ハギンスを監督に任命、20年にはベーブ・ルースを金銭トレードで獲得、エド・バーロウをGMとして招聘し、ヤンキース黄金時代の基礎を築いた。有名なピンストライプのユニフォームを考案したのも功績の一つ。州兵時代の階級から“カーネル（大佐）”と呼ばれていた。2013年殿堂入り。

ジョー・ルディ
Joseph Oden Rudi

1946.9.7～【出身地】カリフォルニア州モデスト【球団】67-76アスレティックス 77-80エンジェルズ 81レッドソックス 82アスレティックス【位置】外野、一塁、右

【経歴】72年からリーグ3連覇を果たしたアスレティックスの中心選手で、真摯なプレイ態度で首脳陣の評価が高かった。70年レギュラーとなり打率.309、72年は打率.305（5位）、32二塁打（2位）、181安打と9三塁打はともに1位で、MVP投票では2位。74年は39二塁打（1位）、22本塁打、99打点（3位）、再びMVP投票で次点に入った。

ワールドシリーズで毎年活躍し、72年の第2戦では9回裏に大飛球を好捕し同点とされるのを阻止。73年は27打数9安打、74年は第5戦で世界一を決める決勝本塁打を叩きこんだ。76年6月にはレッドソックスへ100万ドルで金銭トレードされたが、コミッショナーの判断で無効とされた。満塁本塁打12本は、通算200本塁打以下の選手では最多。守備でも常に正確な判断を下し、74年から3年連続でゴールドグラブを手にした。

【通算】16年、1547試合、5556打数1468安打、179本塁打、810打点、25盗

塁、打率 .264
【タイトル】ゴールドグラブ 3 回（74 ～ 76 年）オールスター 3 回（72,74 ～ 75 年）

フレッド・ルデラス
Frederick William Luderus
1885.9.12 ～ 1961.1.5【出身地】ウィスコンシン州ミルウォーキー【球団】09-10 カブス　10-20 フィリーズ【位置】一塁、左
【経歴】11 年正一塁手となり打率 .301、リーグ 2 位の 16 本塁打、同 3 位の 99 打点。13 年も 2 位の 18 本塁打を放った。フィリーズが初優勝を果たした 15 年はいずれも 2 位の打率 .315、36 二塁打、長打率 .457、ワールドシリーズでも 16 打数 7 安打 6 打点。16 ～ 20 年にかけては 533 試合連続で出場し、新記録を樹立したとされていたが、19 世紀のジョージ・ピンクニーの記録に及んでいなかったことが後に判明した。代打を出された経験が一度もなかった。
【通算】12 年、1346 試合、4851 打数 1344 安打、84 本塁打、642 打点、55 盗塁、打率 .277

チャーリー・ルート
Charles Henry Root
1899.3.17 ～ 1970.11.5【出身地】オハイオ州ミドルタウン【球団】23 ブラウンズ 26-41 カブス【位置】投手、右
【経歴】腕の角度を様々に変えた速球で内角を突き、カブスの球団記録となる通算 201 勝を挙げた好投手。19 世紀生まれで最後まで現役を続けた選手でもあった。産業リーグで活躍したのちブラウンズに入団、23 年は 27 試合に投げるも 1 勝もできずマイナー落ち。変化球を磨いて 26 年カブスで再昇格し 18 勝、防御率 2.82 と 127 奪三振はいずれも 2 位。翌 27 年は 26 勝、48 試合、309 投球回の 3 部門で 1 位となった。29 年も 19 勝（2 位）で優勝に貢献。31 年まで 6 年連続で奪三振は 5 位以内だった。
　32 年のワールドシリーズ第 3 戦で、ベーブ・ルースに “予告本塁打” を浴びたが「ルースはスタンドを指さしたのではなく、まだ 1 ストライクあると言っただけ」としてこれを否定していた。33 年まで 8 年連続 14 勝以上、200 投球回以上と計算の立つ投手で、30 代後半からはナックルボールも投げ始め、38 年は 39 歳で防御率 2.86（2 位）を記録した。メジャーから退いても 49 歳までマイナーで投げ続け、その後はカブスとブレーヴスで投手コーチを歴任。球界から身を引いた後は農場経営の傍ら、骨董品のディーラーをしていた。
【通算】17 年、632 試合、341 先発、177 完投、21 完封、201 勝 160 敗、3197.1 回、1459 奪三振、889 四球、防御率 3.59
【タイトル】最多勝 1 回（27 年）

ディック・ルドルフ
Richard Rudolph
1887.8.25 ～ 1949.10.20【出身地】ニューヨーク州ニューヨーク【球団】10-11 ジャイアンツ　13-20,22-23,27 ブレーヴス【位置】投手、右
【経歴】地元のジャイアンツに入団したが 2 年間で 0 勝に終わり、13 年ブレーヴスに移籍。制球の良さに加えカーブ、スピットボールも使い 14 勝、翌 14 年は 12 連勝を含む 26 勝（2 位）を挙げ “ミラクル・ブレーヴス” の原動力となり、ワールドシリーズでも開幕戦と最終戦に先発し、いずれも完投勝利を収めた。投球中に打者の反応を見て、球種を変える器用さも持っていた。15 年 22 勝（2 位）、16 年も 19 勝（5 位）とその後も第一線で活躍を続けた。21 年からはコーチを兼任した。
【通算】13 年、279 試合、240 先発、172 完投、27 完封、121 勝 109 敗、2049 回、786 奪三振、防御率 2.66

ブレイデン・ルーパー
Braden LaVern Looper
1974.10.28 ～【出身地】オクラホマ州ウェザーフォード【球団】98 カーディナルス 99-2003 マーリンズ　04-05 メッツ　06-08 カーディナルス　09 ブルワーズ【位置】投手、右
【経歴】96 年のアトランタ五輪代表で、同年ドラフト 1 位（全体 3 位）でカーディナルスに入団。99 年マーリンズに移籍し 72 試合に登板、以後 6 年連続で 70 試合以上投げる。2003 年抑えに回って 28 セーブ、同年のワールドシリーズ第 4 戦で勝利投手となる。150㎞台のツーシームが武器で、メッツに移った翌 04 年に自己最多の 29 セーブを記録した。カーディナルス復帰後の 07 年から先発に転向し、同年と 08 年は 12 勝。ブルワーズに移籍した 09 年も 14 勝を挙げたが、リーグワーストの 39 本塁打を浴び、防御率も 5.22 で同年が最後のシーズンとなった。
【通算】12 年、670 試合、97 先発、1 完投、1 完封、72 勝 65 敗 103 S、1176 回、

669 奪三振、防御率 4.15

ロン・ルフロア
Ronald LeFlore
1948.6.16 ～【出身地】ミシガン州デトロイト【球団】74-79 タイガース　80 エクスポズ　81-82 ホワイトソックス【位置】外野、右
【経歴】強盗の罪で服役中に野球を覚え、ビリー・マーティンに見出された異色の経歴の持ち主。出所後の 73 年タイガースと契約、翌 74 年メジャーに昇格し、59 試合で 23 盗塁と快足を披露。76 年は 58 盗塁（2 位）に加え、打撃でも打率 .316（5 位）、翌 77 年の開幕戦まで 31 試合連続安打。77 年は自己最高の打率 .325（5 位）、212 安打（2 位）、16 本塁打。78 年も 198 安打（2 位）、68 盗塁（1 位）。エクスポズに移籍した 80 年は 97 盗塁で 2 度目のタイトルを獲得した。その型破りの人生は、のちに彼の伝記をもとにした映画『One in a Million』に取り上げられた。
【通算】9 年、1099 試合、4458 打数 1283 安打、59 本塁打、353 打点、455 盗塁、打率 .288
【タイトル】盗塁王 2 回（78,80 年）オールスター 1 回（76 年）

ジョニー・ルマスター
Johnnie Lee LeMaster
1954.6.19 ～【出身地】オハイオ州ポーツマス【球団】75-85 ジャイアンツ　85 インディアンズ　85 パイレーツ　87 アスレティックス【位置】遊撃、右
【経歴】73 年ドラフト 1 位（全体 6 位）でジャイアンツに入団、75 年 9 月 2 日のメジャー初打席で本塁打を放つ。守備に比べ打撃は弱さが目立ち、通算打率 .222、83 年の 128 安打が自己最多。最初の 8 年間で合計 37 盗塁と目立つほどの俊足ではなかったが、83 年だけは 39 盗塁を記録した。
【通算】12 年、1039 試合、3191 打数 709 安打、22 本塁打、229 打点、94 盗塁、打率 .222

【レ】

ジョニー・レイ　☆
John Cornelius Ray
1957.3.1 ～【出身地】オクラホマ州チョートー【球団】81-87 パイレーツ　87-90 エンジェルズ【位置】二塁、両
【経歴】79 年ドラフト 12 位でアストロズに入団。パイレーツ移籍後の 82 年 162 試合にフル出場、打率 .281、182 安打（4 位）、63 打点で新人王投票 2 位。83、84 年はいずれも 1 位の 38 二塁打を放った。84 年は打率 .312（5 位）、88 年はエンジェルズで 42 二塁打（2 位）、自己最多の 184 安打、83 打点を挙げた。91 年ヤクルトに入団し打率 .299、36 二塁打は 1 位だったが、翌 92 年は打率 1 割台で途中退団した。
【通算】10 年、1353 試合、5188 打数 1502 安打、53 本塁打、594 打点、80 盗塁、打率 .290
【タイトル】オールスター 1 回（88 年）
【日本】91-92 ヤクルト　2 年、159 試合、568 打数 153 安打、13 本塁打、64 打点、0 盗塁、打率 .269

ロビー・レイ　★
Robert Glenn Ray
1991.10.1 ～【出身地】テネシー州ブレントウッド【球団】2014 タイガース　15-20 ダイアモンドバックス　20-21 ブルージェイズ　22-23 マリナーズ　24 ジャイアンツ【位置】投手、左
【経歴】2010 年ドラフト 12 位でナショナルズに入団。17 年は 15 勝、防御率 2.89（4 位）、威力のある速球に加えてスライダーも良く 200 奪三振を 5 回記録。課題の制球力を改善した 21 年は 13 勝（5 位）に加え、防御率 2.84、193.1 回、248 奪三振の 3 部門で 1 位となりサイ・ヤング賞を受賞。22 年も 12 勝を挙げたが、トミー・ジョン手術を受け 23 ～ 24 年は合計 8 登板にとどまった。
【通算】11 年、233 試合、229 先発、1 完投、1 完封、77 勝 73 敗 0 S、1258.2 回、1548 奪三振、防御率 3.98
【タイトル】サイ・ヤング賞 1 回（2021 年）最優秀防御率 1 回（21 年）最多奪三振 1 回（21 年）オールスター 1 回（17 年）

ドク・レイヴァン
John Leonard Lavan (Doc)
1890.10.28 ～ 1952.5.29【出身地】ミシガン州グランドラピッズ【球団】13 ブラウンズ　13 アスレティックス　14-17 ブラウンズ　18 セネターズ　19-24 カーディナルス【位置】遊撃、右
【経歴】15 年に正遊撃手に定着、4 度リーグワーストを記録するなど失策は多かったが、守備範囲は広かった。打撃では 20 年に打率 .289、自己最多の 149 安打、翌 21 年は 82 打点。17 年はオーナーに全力を尽くしていないと批判され、デル・プラットとともに名誉毀損で訴えた。第一次・第二次の両大戦とも、海軍の医療部隊として従軍し、中佐にまで昇進。除隊後は小児麻痺の救済運動に尽力した。
【通算】12 年、1163 試合、3891 打数 954 安打、7 本塁打、377 打点、71 盗塁、打率 .245

デニス・レイエス
Dennys Reyes
1977.4.19 ～【出身地】メキシコ合衆国イゲラデサラゴサ【球団】97-98 ドジャース　98-2001 レッズ　02 ロッキーズ　02 レンジャーズ　03 パイレーツ　03 ダイアモンドバックス　04 ロイヤルズ　05 パドレス　06-08 ツインズ　09-10 カーディナルス　11 レッドソックス【位置】投手、左
【経歴】体重 110kg を超える巨漢左腕。93 年ドジャースに入団、97 年メジャーに昇格するが起用法が定まらず、最初の 9 年間で 8 球団を転々とする。2006 年ツインズで中継ぎに専念すると、変化球を駆使して 66 試合で 5 勝 0 敗、防御率 0.89。08 年も 75 試合の登板で防御率 2.33 と好投した。
【通算】15 年、673 試合、40 先発、0 完投、35 勝 35 敗 4 S、726.2 回、642 奪三振、防御率 4.21

フランミル・レイエス　☆
Franmil Federico Reyes
1995.7.7 ～【出身地】ドミニカ共和国サバナグランデデパレンケ【球団】2018-19 パドレス　19-22 ガーディアンズ　22 カブス　23 ロイヤルズ【位置】外野、右
【経歴】2012 年パドレスに入団。身長 196cm、体重 120kg の巨体が生み出すパワーで 19 年は前半戦だけで 25 本塁打、年間では 37 本。21 年も 30 本、85 打点を記録したが、三振も多く確実性に乏しかった。24 年日本ハムに入団、規定打席不足ながら 25 本塁打は 2 位、65 打点も 5 位。常に全力を尽くすプレイスタイルでファンの支持を得た。
【通算】6 年、548 試合、1881 打数 468 安打、108 本塁打、285 打点、6 盗塁、打率 .249
【日本】2024 日本ハム　1 年、103 試合、335 打数 97 安打、25 本塁打、65 打点、0 盗塁、打率 .290

ホセ・レイエス
Jose Bernabe Reyes
1983.6.11 ～【出身地】ドミニカ共和国サンティアゴ【球団】2003-11 メッツ　12 マーリンズ　13-15 ブルージェイズ　15 ロッキーズ　16-18 メッツ【位置】遊撃、両
【経歴】全盛時には“メジャーで最もエキサイティングな選手”と呼ばれた俊足・強肩の遊撃手。99 年メッツに入団、2003 年 19 歳でメジャーに昇格。04 年松井稼頭央の加入で二塁へコンバートされたが、05 年に遊撃へ戻って 190 安打（5 位）、いずれもリーグ最多の 17 三塁打、60 盗塁。翌 06 年は 17 三塁打、64 盗塁で 2 年連続 1 位になったほか、19 本塁打と 81 打点も自己記録。07 年は 78 盗塁（1 位）を決めたものの、終盤戦不振に陥り、プレイオフ進出を逃がした戦犯扱いされた。
　続く 08 年はリーグ最多の 204 安打、19 三塁打。11 年は打率 .337 で首位打者となった際は、最終戦で率を落とさないよう、バント安打の 1 打席で退いた。12 年に 6 年 1 億 600 万ドルでマーリンズに移籍したが、1 年だけでブルージェイズへ放出され、その後も大した働きはできなかった。
【通算】16 年、1877 試合、7552 打数 2138 安打、131 三塁打、145 本塁打、719 打点、517 盗塁、打率 .283
【タイトル】首位打者 1 回（2011 年）盗塁王 3 回（05 ～ 07 年）オールスター 4 回（06 ～ 07,10 ～ 11 年）

エディー・レイク
Edward Erving Lake
1916.3.18 ～ 95.6.7【出身地】カリフォルニア州アンティオク【球団】39-41 カーディナルス　43-45 レッドソックス　46-50 タイガース【位置】遊撃、右
【経歴】身長 170cm、体重 72kg と小柄で打力は弱く、通算打率 .231 に過ぎなかったが選球眼は抜群。45 年は 106 四球（2

位）を選び、打率.279ながら出塁率.412は1位。同年から3年連続で100四球以上、47年は120四球（3位）で通算出塁率は.366に達した。44年は投手としても6試合投げ防御率4.19だった。
【通算】11年、835試合、2595打数599安打、39本塁打、193打点、52盗塁、打率.231
【タイトル】最高出塁率1回（45年）

アーリー・レイザム
Walter Arlington Latham
1860.3.15～1952.11.29【出身地】ニューハンプシャー州ウェストレバノン【球団】1880バッファロー　83-89セントルイス（AA）　90シカゴ（PL）　90-95シンシナティ　96セントルイス　99ワシントン　1909ジャイアンツ【位置】三塁、右
【経歴】エネルギッシュなプレイで、1885年から4連覇を果たしたセントルイス（AA）のリードオフマンとして活躍。88年の109盗塁は1位、87年は198安打（4位）、35二塁打（3位）、自己最多の83打点。バントを出塁でなく走者を進める手段として使い始めた最初の選手で、フェイクバント（バスター）も効果的に使った。三塁守備でも強肩で鳴らした。
　身勝手な行動が選手たちには不評だった一方で、判定に不服で卒倒してみせる、本塁打を放って前転しながらホームインするなど、ユニークな行動で注目を集め、オフシーズンは舞台に出ていた。1900年にシンシナティで史上初の専任コーチとなり、09年10年ぶりに4試合に出場、史上最年長の49歳で盗塁を決めた。その後イギリスに移住して野球を広め、皇太子（のちのジョージ5世）とも親交を深めた。
【通算】17年、1629試合、6832打数1836安打、27本塁打、563打点（*）、742盗塁（*8位）、打率.269

リー・レイシー
Leondaus Lacy (Lee)
1948.4.10～【出身地】テキサス州ロングヴュー【球団】72-75ドジャース　76ブレーヴス　76-78ドジャース　79-84パイレーツ　85-87オリオールズ【位置】外野、二塁、右
【経歴】69年1月ドラフト2位でドジャースに入団。76年ブレーヴスへトレードされるが、半年後に再度トレードでドジャースへ戻る。守備に難があってなかなかレギュラーになれず、78年は代打で四球を挟み3打数連続本塁打の珍しい記録を作る。同年は自己最多の13本塁打を放った。翌79年に移籍したパイレーツでは、80年の.335を最高として6年間で打率3割4回。82年は40盗塁、5月14日には自身唯一となるはずの満塁本塁打を走者追い越しでフイにした。36歳にして初めてレギュラーとして出場した84年は打率.321（2位）、70打点の活躍だった。スティーヴ・カールトンに対して通算88打数33安打、.375の高打率を残している。娘のジェニファーはプロバスケットボール選手。
【通算】16年、1523試合、4549打数1303安打、91本塁打、458打点、185盗塁、打率.286

ダグ・レイダー
Douglas Lee Rader
1944.7.30～【出身地】イリノイ州シカゴ【球団】67-75アストロズ　76-77パドレス　77ブルージェイズ【位置】三塁、右
【経歴】積極的で激しいプレイが持ち味。三振が多く、確実性には乏しかったが、70年25本塁打、72年は22本塁打、90打点と長打力は魅力だった。70年から5年連続でゴールドグラブを受賞したように、三塁守備を高く評価されていた。赤毛で後ろ髪を伸ばしていた姿から、渾名は“レッド・ルースター（雄鳥）”。83年38歳でレンジャーズ監督に就任したが、高圧的な態度で選手の反感を買い85年途中解任。エンジェルズの監督となった89年に91勝で唯一の勝ち越しを経験した。
【通算】11年、1465試合、5186打数1302安打、155本塁打、722打点、37盗塁、1055三振、打率.251
【タイトル】ゴールドグラブ5回（70～74年）
【監督】83-85レンジャーズ　86ホワイトソックス　89-91エンジェルズ　7年、806試合、388勝417敗、勝率.482

フランク・レイリー
Frank Strong Lary
1930.4.10～2017.12.14【出身地】アラバマ州ノースポート【球団】54-64タイガース　64メッツ　64ブレーヴス　65メッツ　65ホワイトソックス【位置】投手、右
【経歴】速球とスライダーが良く、55年ローテーションに加わり14勝、以後7年連続で2ケタ勝利。56年はリーグ最多の294回を投げ、21勝で最多勝となった。内角攻めを恐れず、58年16勝（3位）、

自己ベストの防御率2.90（4位）。完投数、投球回数でそれぞれ3回ずつ1位、61年は22完投、自己最多の23勝（2位）。肩と腕を痛め、62年以降は活躍できなかった。ヤンキース・キラーとして知られ、58年は7勝0敗、通算28勝13敗と圧倒したほか、ブルックス・ロビンソンもカモにしていた。兄のアルもカブスの選手だった。
【通算】12年、350試合、292先発、126完投、21完封、128勝116敗、2162.1回、1099奪三振、防御率3.49
【タイトル】最多勝1回（56年）ゴールドグラブ1回（61年）オールスター2回（60～61年）

リン・レイリー
Lynford Hobart Lary
1906.1.28～73.1.9【出身地】カリフォルニア州アルモナ【球団】29-34ヤンキース　34レッドソックス　35セネターズ　35-36ブラウンズ　37-39インディアンズ　39ドジャース　39カーディナルス　40ブラウンズ【位置】遊撃、三塁、右
【経歴】30年正遊撃手となり打率.289、翌31年は自己最多の10本塁打、107打点だったが、32年フランキー・クロセッティに定位置を奪われる。その後不振が続いたが、ブラウンズ移籍後の36年37盗塁（1位）、117四球（2位）、出塁率.404と復調。翌37年も187安打、46二塁打（5位）と引き続き活躍した。
【通算】12年、1302試合、4603打数1239安打、38本塁打、526打点、162盗塁、打率.269
【タイトル】盗塁王1回（36年）

ティム・レインズ
Timothy Raines
1959.9.16～【出身地】フロリダ州サンフォード【球団】79-90エクスポズ　91-95ホワイトソックス　96-98ヤンキース　99アスレティックス　2001エクスポズ　01オリオールズ　02マーリンズ【位置】外野、両
【経歴】史上5位の808盗塁を決め、成功率も.847の高率だった快足選手。高校時代はフットボールで100校を超える大学から誘われ、77年ドラフト5位でエクスポズに入団。81年正左翼手となり打率.304、88試合で71盗塁（1位）と大活躍しながらも、新人王はフェルナンド・バレンスエラに譲る。83年は90盗塁で1位、翌84年も192安打（3位）、38二塁打（1位）、75盗塁で4年連続盗塁王。打率.334で首位打者となった86年オフは、FAとなるも高額FA選手を締め出そうとするオーナー側の共同謀議により、どのチームとも契約できず、前年より低い年俸で87年5月エクスポズと再契約。キャンプ不参加ながら打率.330（3位）、18本塁打の好成績を収めた。
91年にホワイトソックスに移籍してからも安定した成績を残し続け、93～95年にかけてリーグ記録の40回連続盗塁成功。93年のプレイオフも27打数12安打とよく打った。若い頃は麻薬の悪癖に染まったこともあったが、ベテランとなってからはリーダーシップを発揮し尊敬される存在だった。99年限りで一旦引退し、2001年古巣エクスポズで復帰。終盤オリオールズに移り、息子のティム・ジュニアと史上2組目の父子同時出場を果たした。17年殿堂入り。
【通算】23年、2502試合、8872打数2605安打、430二塁打、113三塁打、170本塁打、980打点、808盗塁（5位）、1330四球、966三振、打率.294
【タイトル】首位打者1回（86年）盗塁王4回（81～84年）最高出塁率1回（86年）オールスター7回（81～87年）

カーティス・レスカニック
Curtis John Leskanic
1968.4.2～【出身地】ペンシルヴェニア州ホームステッド【球団】93-99ロッキーズ　2000-01,03ブルワーズ　03-04ロイヤルズ　04レッドソックス【位置】投手、右
【経歴】89年ドラフト8位でインディアンズに入団。ロッキーズ移籍後の95年から中継ぎで起用されるようになり、同年はリーグ最多の76試合、以後9年連続50試合以上に登板。スライダーの切れが良く、2000年の9勝、翌01年の17セーブがそれぞれ自己記録。04年のリーグ優勝決定シリーズのヤンキース戦では、3連敗で迎えた第4戦で勝利投手となり、これが最後の登板だった。従兄弟のカトリーナはロックバンドのカトリーナ&ザ・ウェイヴスを率いていた。
【通算】11年、603試合、11先発、0完投、50勝34敗55S、712.2回、641奪三振、防御率4.36

シクスト・レスカノ　☆
Sixto Joaquin Lezcano
1953.11.28～【出身地】プエルトリコ・ア

レシボ【球団】74-80 ブルワーズ　81 カーディナルス　82-83 パドレス　83-84 フィリーズ　85 パイレーツ【位置】外野、右
【経歴】74 年 20 歳でメジャーに昇格、翌 75 年正右翼手となる。77 年は 109 試合で 21 本塁打、79 年は打率 .321、28 本塁打、101 打点、出塁率 .414 (4 位)、長打率 .573 (3 位)。78 年と 80 年の開幕戦で満塁本塁打を放った。強肩で 78、82 年に最多補殺、79 年にゴールドグラブを受賞した。87 年大洋に入団したが、体力の限界を理由に途中帰国した。
【通算】12 年、1291 試合、4134 打数 1122 安打、148 本塁打、591 打点、37 盗塁、打率 .271
【タイトル】ゴールドグラブ 1 回 (79 年)
【日本】87 大洋　1 年、20 試合、69 打数 15 安打、3 本塁打、7 打点、0 盗塁、打率 .217

ジョン・レスター
Jonathan Tyler Lester
1984.1.7 ～【出身地】ワシントン州タコマ【球団】2006-14 レッドソックス　14 アスレティックス　15-20 カブス　21 ナショナルズ　21 カーディナルス【位置】投手、左
【経歴】2002 年ドラフト 2 位でレッドソックスに入団。06 年メジャーに昇格、7 勝を挙げたがリンパ腫が発見され戦線離脱。治療後 07 年に復帰し、ワールドシリーズ第 4 戦では 5.2 回を無失点で勝利投手となる。翌 08 年 5 月 19 日のロイヤルズ戦でノーヒットノーランを達成。同年 16 勝、以後 4 年連続で 15 勝以上を挙げ、10 年に自己最多の 19 勝 (2 位)。カッター、カーブ、チェンジアップのいずれも質が高く、09・10 年は 2 年続けてリーグ 3 位の 225 三振を奪った。
　カブス移籍後の 16 年はいずれも 2 位の 19 勝、防御率 2.44 でサイ・ヤング賞投票も 2 位。リーグ優勝決定シリーズでは 13 回を 2 点に抑えてシリーズ MVP、ワールドシリーズでも 1 勝 3 敗の瀬戸際で迎えた第 5 戦は 6 回 2 失点で勝利投手。第 7 戦も中 2 日で中継ぎとして登板、3 回 1 失点に抑え、世界一に貢献した。18 年はリーグ最多の 18 勝、通算では 11 回 2 ケタ勝利を挙げた。緩い球を投げるのが苦手で、牽制だけでなく敬遠球も投げたがらなかった。打撃は通算打率 .115 だったが、16 年には代打でサヨナラスクイズを決める。17 年に初本塁打を放って以降は、4 年続けて 1 本ずつ打った。
【通算】16 年、452 試合、451 先発、15 完投、4 完封、200 勝 117 敗 0 S、2740 回、2488 奪三振、防御率 3.66
【タイトル】最多勝 1 回 (2018 年) オールスター 5 回 (10 ～ 11,14,16,18 年)

マーヴ・レッテンマンド
Mervin Weldon Rettenmund
1943.6.6 ～ 2024.12.7【出身地】ミシガン州フリント【球団】68-73 オリオールズ　74-75 レッズ　76-77 パドレス　78-80 エンジェルズ【位置】外野、右
【経歴】70 年に 106 試合で打率 .322、18 本塁打の好成績を残し翌 71 年レギュラーに昇格、打率 .318 (3 位)、75 打点、87 四球で出塁率 .422 は 2 位。続く 72 年は長打を意識して打撃を崩し、打率 .233 と大きく落ち込み、以後レギュラーに復帰することはなかった。77 年は代打で新記録となる 86 回起用され、21 安打を放つ。引退後はパドレスなど 6 球団で打撃コーチを務め、指導力を高く評価された。NFL のダラス・カウボーイズからドラフト指名された経験がある。
【通算】13 年、1023 試合、2555 打数 693 安打、66 本塁打、329 打点、68 盗塁、打率 .271

ジョシュ・レディック
William Joshua Reddick
1987.2.19 ～【出身地】ジョージア州サヴァナ【球団】2009-11 レッドソックス　12-16 アスレティックス 16 ドジャース　17-20 アストロズ　21 ダイアモンドバックス【位置】外野、左
【経歴】2006 年ドラフト 17 位で入団したレッドソックス時代はレギュラーになれず、12 年アスレティックスへ移籍。打率 .242、151 三振と確実性には欠けたものの 32 本塁打、85 打点と長打力を発揮、守備でも 15 補殺を記録してゴールドグラブに選ばれた。アストロズへ加入した 17 年は自身唯一の打率 3 割となる .314 (5 位)、82 打点で 12 犠飛は 1 位。同年のチームぐるみのサイン盗みには加担しなかった。
【通算】13 年、1305 試合、4408 打数 1157 安打、146 本塁打、575 打点、61 盗塁、打率 .262
【タイトル】ゴールドグラブ 1 回 (2012 年)

ジェフ・レナード
Jeffrey Leonard
1955.9.22 ～【出身地】ペンシルヴェニア

州フィラデルフィア【球団】77ドジャース 78-81アストロズ 81-88ジャイアンツ 88ブルワーズ 89-90マリナーズ【位置】外野、右
【経歴】73年ドラフト外でドジャースに入団、アストロズ移籍後の79年に打率.290、23盗塁。ジャイアンツ移籍後の83年は21本塁打、87打点、26盗塁、翌84年自己最高の打率.302。87年のプレイオフでは24打数10安打、4試合連続本塁打の猛打で、優勝を逸したにもかかわらずMVPに選ばれた。マリナーズに移った89年に24本塁打、93打点の自己記録。本塁打を打った際、片腕を飛行機の翼のように伸ばしてベースを一周するパフォーマンスで知られ、腹を立てた投手にぶつけられることもあった。
【通算】14年、1415試合、5045打数 1342安打、144本塁打、723打点、163盗塁、1000三振、打率.266
【タイトル】オールスター2回(87,89年)

ダッチ・レナード
Emil John Leonard (Dutch)
1909.3.25～83.4.17【出身地】イリノイ州オーバーン【球団】33-36ドジャース 38-46セネターズ 47-48フィリーズ 49-53カブス【位置】投手、右
【経歴】ナックルボールの使い手で、34年14勝を挙げたが、肩を痛め一旦マイナーに降格。38年セネターズで再昇格し防御率3.43(4位)、翌39年は20勝(3位)。足首の故障で2勝どまりだった42年を除き、38～48年の11年間で10回2ケタ勝利を記録した。45年は17勝、自己ベストの防御率2.13(4位)、48年は12勝17敗の負け越しながら防御率2.51は2位。ア・ナ両リーグで最多敗戦を記録した最初の投手でもある。
【通算】20年、640試合、375先発、192完投、30完封、191勝181敗、3218.1回、1170奪三振、737四球、防御率3.25
【タイトル】オールスター5回(40,43～45,51年)

ダッチ・レナード
Hubert Benjamin Leonard (Dutch)
1892.4.16～1952.7.11【出身地】オハイオ州バーミングハム【球団】13-18レッドソックス 19-21,24-25タイガース【位置】投手、左
【経歴】速球に加えてスピットボールも投げ、13年新人で14勝、259.1回を投げ被本塁打ゼロ。翌14年は19勝(4位)、176奪三振(3位)、防御率0.96は史上2位。1位はティム・キーフが1886年に記録した0.86だが、105回しか投げておらず、224.2回を投げたレナードが実質上の1位といえる。15年以降も5年連続防御率2点台と安定し、16年8月30日のブラウンズ戦、18年6月3日のタイガース戦の2度ノーヒットノーランを達成した。15、16年のワールドシリーズには1試合ずつ投げ、いずれも1失点完投勝ちだった。
　判定への文句が多く審判から煙たがられ、契約での揉め事も年中行事で、22年には独立リーグと契約して追放処分を科された(24年に解除)。2ケタ勝利は通算9回、25年も11勝したが、不仲だった監督のタイ・カッブに意図的に酷使され引退に追い込まれる。翌26年はカッブとトリス・スピーカーを八百長に関与していたと告発し、論議を呼んだ。その後はブドウ農園の経営で200万ドル以上の財産を築き、趣味で15万枚ものレコードを収集した。
【通算】11年、331試合、273先発、151完投、33完封、139勝114敗、2192回、1160奪三振、防御率2.76
【タイトル】最優秀防御率1回(14年)

デニス・レナード
Dennis Patrick Leonard
1951.5.18～【出身地】ニューヨーク州ブルックリン【球団】74-83,85-86ロイヤルズ【位置】投手、右
【経歴】ロイヤルズのエースとして4度の地区優勝に貢献した好投手。72年ドラフト2位で入団、速球にカーブやスライダーを効果的に織りまぜ、75年から7年連続で200投球回以上、8年連続2ケタ勝利を挙げる。77年は20勝(1位)、自己最多の244奪三振(2位)、翌78年は21勝、183奪三振でいずれも3位。チェンジアップを採り入れた80年も20勝(4位)、ワールドシリーズ第1戦の先発を任された。膝の故障で84年は全休、85年も2試合のみの登板。4度の手術を乗り越え86年に8勝と復活したが、同年を最後に引退した。3度の20勝を記録しながら、オールスターには一度も選ばれなかった。
【通算】12年、312試合、302先発、103完投、23完封、144勝106敗1S、2187回、1323奪三振、防御率3.70
【タイトル】最多勝1回(77年)

バック・レナード
Walter Fenner Leonard (Buck)
1907.9.8 ～ 97.11.27【出身地】ノースカロライナ州ロッキーマウント【球団】ニグロ・リーグ【位置】一塁、左
【経歴】プロになったのは25歳と遅かったが、34年から15年間にわたりホームステッド・グレイズの中心選手として活躍。体は大きくはなかったもののコンパクトなスイングで、37年からはジョシュ・ギブソンとともに猛打をふるい、45年までニグロ・ナショナル・リーグの9連覇に貢献し"黒いルー・ゲーリッグ"と称された。控えめな性格もゲーリッグに似ていた。通算.345の高打率を残し、一塁守備も巧かった。51年にブラウンズから誘われたが、43歳の高齢を理由に辞退。50年代中盤までメキシコなどで現役を続けた。62年故郷ロッキーマウントにマイナー球団が設立された際、副社長に就任した。72年殿堂入り。
＜ニグロ・リーグの成績＞627試合、2239打数772安打、98本塁打、564打点、33盗塁、打率.345

ゲイリー・レニキー
Gary Steven Roenicke
1954.12.5 ～【出身地】カリフォルニア州コヴィナ【球団】76エクスポズ　78-85オリオールズ　86ヤンキース　87-88ブレーヴス【位置】外野、右
【経歴】73年ドラフト1位（全体8位）でエクスポズに入団。78年にオリオールズに移籍してからは左投手用の準レギュラーとして起用され、79年は376打数で25本、64打点。82年も393打数で21本塁打、74打点、70四球、83年は19本塁打を放ち、プレイオフでも4打数3安打5四球で出塁率.900、1本塁打を含む4打点と目を見張る活躍だった。息子のジョシュは投手、弟のロンは外野手で、2011年にブルワーズ監督に就任した。
【通算】12年、1064試合、2708打数670安打、121本塁打、410打点、16盗塁、打率.247

アリー・レノルズ
Allie Pierce Reynolds
1917.2.10 ～ 94.12.26【出身地】オクラホマ州ベサニー【球団】42-46インディアンズ　47-54ヤンキース【位置】投手、右
【経歴】ネイティヴ・アメリカンの血を引き"スーパーチーフ"の異名を取る。オクラホマA＆M大学時代は陸上とフットボールでも活躍し、39年インディアンズと契約。持ち前の快速球で43年151奪三振で1位となるも、制球に苦しみ11勝12敗と負け越す。45年もリーグ最多の130四球を出しながら18勝（5位）。ジョー・ゴードンとの交換で47年ヤンキースに加わると、エディー・ロパットから緩急の使い方を学んで19勝（2位）。51年は17勝、7完封（1位）、7月12日のインディアンズ戦と、優勝を決めた9月28日のレッドソックス戦の2回ノーヒットノーラン。年2度の達成はア・リーグ初の快挙だった。
翌52年20勝（5位）、6完封、防御率2.06、160奪三振の3部門で1位。ワールドシリーズでも第4戦で完封、6、7戦は好リリーフで世界一に貢献した。6回出場したシリーズでは通算7勝2敗、2完封、防御率2.79と好投し、打撃でも26打数8安打。12年連続2ケタとなる13勝を挙げた54年を最後に引退。ア・リーグの選手会長も務め、年金制度の創設に尽力した。
【通算】13年、434試合、309先発、137完投、36完封、182勝107敗、2492.1回、1423奪三振、1261四球、防御率3.30
【タイトル】最優秀防御率1回（52年）最多奪三振2回（43,52年）オールスター6回（45,49 ～ 50,52 ～ 54年）

カール・レノルズ
Carl Nettles Reynolds
1903.2.1 ～ 78.5.29【出身地】テキサス州ラルー【球団】27-31ホワイトソックス　32セネターズ　33ブラウンズ　34-35レッドソックス　36セネターズ　37-39カブス【位置】外野、右
【経歴】サウスイースタン大学時代は4つのスポーツで活躍。29年レギュラーとなり打率.317、翌30年は打率.359（4位）、202安打、18三塁打（2位）、22本塁打、104打点。同年7月2日には3イニング連続本塁打を記録した。31年も前半は.360の高打率だったが、ビル・ディッキーに顎の骨を折られて調子を崩した。扱いにくい選手との評判で頻繁にチームを移り、37年にはマイナー落ち。翌38年は打率.302と復調したが、初出場したワールドシリーズでは12打数無安打だった。
【通算】13年、1222試合、4495打数1357安打、107三塁打、80本塁打、699打点、112盗塁、打率.302

クレイグ・レノルズ
Gordon Craig Reynolds
1952.12.27 ～【出身地】テキサス州ヒューストン【球団】75-76 パイレーツ　77-78 マリナーズ　79-89 アストロズ【位置】遊撃、左
【経歴】71 年ドラフト 1 位でパイレーツに入団。77 年新設のマリナーズでレギュラーとなり、翌 78 年は打率 .292、160 安打でオールスターに選ばれる。79 年地元のアストロズに移籍、リーグ最多の 34 犠打。81 年は 12 三塁打（1 位）、遊撃守備の評価も高かったが、82 年成長株のディッキー・ソンにポジションを奪われる。ソンの負傷後 84 年にレギュラーに返り咲き、11 三塁打（4 位）、自己最多の 60 打点を挙げた。引退後は牧師となった。
【通算】15 年、1491 試 合、4466 打 数 1142 安打、42 本塁打、377 打点、58 盗塁、打率 .256
【タイトル】オールスター 2 回（78 ～ 79 年）

シェイン・レノルズ
Richard Shane Reynolds
1968.3.26 ～【出身地】ルイジアナ州バストロップ【球団】92-2002 アストロズ　03 ブレーヴス　04 ダイアモンドバックス【位置】投手、右
【経歴】89 年ドラフト 3 位でアストロズに入団、94 年途中からローテーションに加わり 96 年は 16 勝（5 位）、204 奪三振。速球とスプリッターの組み合わせで、98 年は自己最多の 19 勝（2 位）、209 三振（4 位）を奪う。通算では 2 ケタ勝利 6 回、制球にも優れ 99 年は 231.2 回で 37 四球を与えただけだった。
【通算】13 年、305 試 合、278 先 発、20 完投、7 完封、114 勝 96 敗 0 S、1791.2 回、1403 奪三振、防御率 4.09
【タイトル】オールスター 1 回（2000 年）

ハロルド・レノルズ
Harold Craig Reynolds
1960.11.26 ～【出身地】オレゴン州ユージーン【球団】83-92 マリナーズ　93 オリオールズ　94 エンジェルズ【位置】二塁、両
【経歴】80 年ドラフト 1 位（第 2 回）でマリナーズに入団。俊足好守の二塁手で、87 年は 60 盗塁でタイトルを手にし、リッキー・ヘンダーソンの 8 年連続盗塁王を阻止した。翌 88 年は 11 三塁打（1 位）、続く 89 年は自己最高の打率 .300、184 安打。守備範囲も広く、87 年から 5 年連続最多補殺、88 ～ 90 年に 3 年連続でゴールドグラブを受賞した。引退後は長年にわたって解説者として親しまれた。兄のドンはパドレスの外野手だった。
【通算】12 年、1374 試 合、4782 打 数 1233 安打、21 本塁打、353 打点、250 盗塁、打率 .258
【タイトル】盗塁王 1 回（87 年）ゴールドグラブ 3 回（88 ～ 90 年）オールスター 2 回（87 ～ 88 年）

ブライアン・レノルズ　★
Bryan Patrick Reynolds
1995.1.27 ～【出身地】メリーランド州ボルティモア【球団】2019-24 パイレーツ【位置】外野、両
【経歴】2016 年ドラフト 2 位でジャイアンツに入団、18 年にアンドルー・マッカッチェンとの交換でパイレーツへ移籍。翌 19 年メジャーに昇格し打率 .314、37 二塁打を放った。20 年は .189 の不振だったが、続く 21 年は .302 と復調。8 三塁打は 1 位、出塁率 .390 は 4 位、90 打点も自己最多だった。同年から 4 年連続 20 本塁打以上、23 年に球団史上最高額の 8 年 1 億 675 万ドルで契約を延長した。
【通算】6 年、794 試 合、2973 打 数 822 安打、122 本塁打、411 打点、38 盗塁、打率 .276
【タイトル】オールスター 2 回（2021,24 年）

マーク・レノルズ
Mark Andrew Reynolds
1983.8.3 ～【出身地】ケンタッキー州パイクヴィル【球団】2007-10 ダイアモンドバックス　11-12 オリオールズ　13 インディアンズ　13 ヤンキース　14 ブルワーズ　15 カーディナルス　16-17 ロッキーズ　18 ナショナルズ　19 ロッキーズ【位置】三塁、一塁、右
【経歴】典型的な三振かホームランかの打者で、通算三振率は .309 の高率。野手のワースト記録となる 9 打席連続三振も喫した。2004 年ドラフト 16 位でダイアモンドバックスに入団、08 年は 28 本塁打、97 打点と長打力を発揮する一方、新記録となる 204 三振、三塁守備でも 35 失策。44 本塁打（4 位）、102 打点を叩き出した 09 年には、三振が 223 個まで増えた。続く 10 年も 32 本塁打、自己最多の 83 四球を選んだものの、3 年連続 200 個以上の 211 三振に加え、打率は .198 まで下降。

オリオールズに移った11年は37本塁打(4位)、196三振は大台を切ったとはいえ4年連続リーグワースト。14年まで7年連続20本塁打以上、17年は6年ぶりの大台となる30本を放った。
【通算】13年、1688試合、5432打数1283安打、298本塁打、871打点、64盗塁、1927三振(12位)、打率.236

クレイグ・レファーツ
Craig Lindsay Lefferts
1957.9.29～【出身地】ドイツ連邦共和国ミュンヘン【球団】83カブス　84-87パドレス　87-89ジャイアンツ　90-92パドレス　92オリオールズ　93レンジャーズ　94エンジェルズ【位置】投手、左
【経歴】父が空軍兵士で、自らも軍人志望だったが身体検査で不合格となりアリゾナ大学へ進学、80年に全国優勝を飾る。同年ドラフト9位でカブスに入団、スクリューボールを武器に、左の中継ぎとして83年から9年連続50試合以上に登板。パドレスに移籍した84年は防御率2.13、ポストシーズンは10回無失点、2勝1セーブと好投した。86年はリーグ最多の83試合に投げ9勝、4月25日に放った初本塁打は、投手では現時点で最後となるサヨナラ弾だった。89年からはストッパーとして3年連続20セーブ、パドレスに復帰した90年は23セーブ(4位)。92年は先発に転向して14勝。引退後はマイナーの指導者となり、WBC南アフリカ代表の投手コーチも経験した。
【通算】12年、696試合、45先発、1完投、0完封、58勝72敗101S、1145.2回、719奪三振、防御率3.43

ジェフ・レブレー
Jeffrey Allen Reboulet
1964.4.30～【出身地】オハイオ州デイトン【球団】92-96ツインズ　97-99オリオールズ　2000ロイヤルズ　01-02ドジャース　03パイレーツ【位置】二塁、遊撃、右
【経歴】86年ドラフト10位でツインズに入団。93年に109試合に出場したのが最多で、レギュラーにはなれなかったが、どこでも守れる器用さで投手以外の全ポジションを経験している。オリオールズに移籍した97年のディヴィジョンシリーズ第4戦では、ランディ・ジョンソンからリーグ優勝決定シリーズ進出を決める決勝本塁打を放った。
【通算】12年、1018試合、2229打数536安打、20本塁打、202打点、22盗塁、打率.240

デニー・レマスター
Denver Clayton Lemaster
1939.2.25～2024.7.24【出身地】カリフォルニア州コロナ【球団】62-67ブレーヴス　68-71アストロズ　72エクスポズ【位置】投手、左
【経歴】速球派の左腕で、ブレーヴス時代はウォーレン・スパーンの後継者と期待される。63年11勝、自己最多の190奪三振、翌64年はリーグワーストの20暴投ながら17勝。68年アストロズに移籍、10勝15敗と負け越したが防御率2.81は自己ベストだった。通算では5回2ケタ勝利を記録している。
【通算】11年、357試合、249先発、66完投、14完封、90勝105敗8S、1787.2回、1305奪三振、防御率3.58
【タイトル】オールスター1回(67年)

ジェリー・レミー
Gerald Peter Remy
1952.11.8～2021.10.30【出身地】マサチューセッツ州フォールリヴァー【球団】75-77エンジェルズ　78-84レッドソックス【位置】二塁、左
【経歴】71年1月ドラフト8位(第2回)でエンジェルズに入団。75年レギュラーとなり34盗塁(5位)、77年に自己最多の41盗塁(3位)を決めるが、失敗も少なくなかった。翌78年故郷のレッドソックスへ移籍、オールスターにも選出される。堅実な打撃で81年には打率.307を記録したが、小柄で長打力はなく、79年以降は本塁打を1本も打たなかった。引退後はレッドソックス戦の解説者として人気を博した。
【通算】10年、1154試合、4455打数1226安打、7本塁打、329打点、208盗塁、打率.275
【タイトル】オールスター1回(78年)

フリント・レム
Charles Flint Rhem
1901.1.24～69.7.30【出身地】サウスカロライナ州レムズ【球団】24-28,30-32カーディナルス　32-33フィリーズ　34カーディナルス　34-35ブレーヴス　36カーディナルス【位置】投手、右
【経歴】快速球の持ち主で26年20勝を挙げ最多勝、以後3年連続、1年おいて

30年から再び3年連続の2ケタ勝利。普段は気のいい性格だったが大変な酒好きで、30年ペナントレースの真っ最中に失踪、酒気帯び状態で現れ「誘拐されて無理矢理酒を飲まされた」と言い訳して失笑を買った。ワールドシリーズでは26、30年の2度先発経験があるが、いずれも早い回でKOされた。
【通算】12年、294試合、230先発、91完投、8完封、105勝97敗、1725.1回、534奪三振、防御率4.20
【タイトル】最多勝1回（26年）

マーク・レムキー
Mark Alan Lemke
1965.8.13～【出身地】ニューヨーク州ユティカ【球団】88-97ブレーヴス　98レッドソックス【位置】二塁、両
【経歴】83年ドラフト27位でブレーヴスに入団。守備の上手さを買われ90年メジャーに定着、94年の打率.294を除いて打撃では冴えなかったが、91年のワールドシリーズでは第3戦でサヨナラ安打、続く第4戦でもサヨナラのきっかけを作る三塁打を放ち、24打数10安打、3三塁打の活躍。96年もリーグ優勝決定シリーズで27打数12安打、5打点と大当たりした。通算3664打席に立って一度も死球を受けたことがなかった。同期のトム・グラヴィンとは親友だった。
【通算】11年、1069試合、3230打数795安打、32本塁打、270打点、11盗塁、打率.246

マイク・レムリンジャー
Michael John Remlinger
1966.3.23～【出身地】ニューヨーク州ミドルタウン【球団】91ジャイアンツ　94-95メッツ　95-98レッズ　99-2002ブレーヴス　03-05カブス　05レッドソックス　06ブレーヴス【位置】投手、左
【経歴】ダートマス大学から87年ドラフト1位でジャイアンツに入団。91年6月15日のメジャーデビュー戦でパイレーツ相手に完封勝利を挙げるが、その後は伸び悩む。チェンジアップをレパートリーに加えた97年レッズで4年ぶりの勝利を挙げ、同年8勝、翌98年も8勝を挙げたが15敗と大きく負け越す。ブレーヴスに移った99年はリリーフ専門で10勝1敗、続く2000年に自己最多の12セーブ。02年は防御率1.99と好調で、36歳にして初めてオールスターに出場。03年まで5年連続で70試合以上登板した。
【通算】14年、639試合、59先発、4完投、2完封、53勝55敗20S、879回、854奪三振、防御率3.90
【タイトル】オールスター1回（2002年）

ジム・レモン
James Robert Lemon
1928.3.23～2006.5.14【出身地】ヴァージニア州コヴィングトン【球団】50,53インディアンズ　54-63セネターズ／ツインズ　63フィリーズ　63ホワイトソックス【位置】外野、右
【経歴】身長193cmの大型外野手。朝鮮戦争から帰還後、56年に28歳でレギュラーとなり11三塁打（1位）、27本塁打、96打点の好成績を残したが、138三振はリーグワースト新記録。以後3年連続で最多三振を喫した。守備にも不安を抱えていたが、力強いスイングで59年33本塁打（3位）、100打点（4位）、翌60年も首位に1本差の38本塁打（3位）、100打点（4位）と活躍を続けた。同年にはメジャーで初めて耳当てつきのヘルメットを使った。肩の負傷もあってその後は急速に衰え、引退後はツインズの打撃コーチを経て68年にはセネターズの監督を1年だけ務めた。寡黙で温厚な性格の好人物で、ドワイト・アイゼンハワー大統領も贔屓にしていた。
【通算】12年、1010試合、3445打数901安打、164本塁打、529打点、13盗塁、打率.262
【タイトル】オールスター1回（60年）
【監督】68セネターズ　1年、161試合、65勝96敗、勝率.404

チェット・レモン
Chester Earl Lemon
1955.2.12～【出身地】ミシシッピ州ジャクソン【球団】75-81ホワイトソックス　82-90タイガース【位置】外野、右
【経歴】派手さには欠けたが、毎年安定した数字を残した好守の中堅手。72年ドラフト1位でアスレティックスに入団、75年ホワイトソックスへ移籍し三塁から外野へ転向。77年は38二塁打（3位）、守備でも512刺殺はリーグ新記録となった。79年は打率.318、自己最多の177安打、44二塁打（1位）、86打点。ホワイトソックス時代は3回打率3割を記録、タイガース移籍後は確実性が下がった代わりに長打力を増し、3回20本塁打以上を放つ。変

化球狙いと見せかけて直球を打つなど頭脳的な打撃もできた。79年からの5年間で最多死球4回、通算では151回ぶつけられた。一塁へのヘッドスライディングなど積極的なプレイを売り物とし、バットを大切に扱う選手としても知られた。エホバの証人の信者でもあった。引退後は自身の名を冠した少年野球チームを組織した。
【通算】16年、1988試合、6868打数1875安打、215本塁打、884打点、58盗塁、1024三振、打率.273
【タイトル】オールスター3回（78～79,84年）

ボブ・レモン
Robert Granville Lemon
1920.9.22～2000.1.11【出身地】カリフォルニア州サンバーナディーノ【球団】41-42,46-58インディアンズ【位置】投手、三塁、右
【経歴】左打ちの三塁手として41年メジャーに昇格するが、2年間で9打数1安打にとどまる。3年間の海軍生活ののち46年投手として復帰、スライダーと沈む速球を有効に使い48～56年の9年間で20勝7回。48年は293.2回、20完投、10完封の3部門で1位、6月30日のタイガース戦でノーヒットノーランを達成。ワールドシリーズでも2勝を稼いで世界一に貢献した。50年23勝で最多勝、170奪三振も1位。54年23勝、55年18勝で2年連続最多勝。52年の28完投、309.2回を最多として最多完投5回、最多投球回4回とスタミナも充分だった。元野手だけあって打撃も良く、49年は7本塁打、通算37本は投手としては史上2位。代打としても109打数31安打（.284）と見事な数字を残した。
　指導者としても選手の自主性を重んじる采配で、71年結成3年目のロイヤルズを2位に導き最優秀監督賞を受賞。77年は前年97敗のホワイトソックスを90勝の3位へ上昇させる。78年途中ビリー・マーティンからヤンキースの監督を引き継ぎ、世界一となったが翌79年途中マーティンにとって代わられた。81年9月ジーン・マイケルの後任としてヤンキースに復帰、リーグ優勝を果たしたが、翌82年またしても前任のマイケルと交代。二度にわたって優勝の翌年に更迭される不面目を味わった。76年殿堂入り。
【通算】13年、460試合、350先発、188完投、31完封、207勝128敗、2850回、1277奪三振、1251四球、防御率3.23
【タイトル】最多勝3回（50,54～55年）最多奪三振1回（50年）オールスター7回（48～54年）
【監督】70-72ロイヤルズ　77-78ホワイトソックス　78-79,81-82ヤンキース　8年、833試合、430勝403敗、勝率.516 リーグ優勝2回（78,81年）ワールドシリーズ優勝1回（78年）

スティーヴ・レンコ
Steven Renko
1944.12.10～【出身地】カンザス州カンザスシティ【球団】69-76エクスポズ　76-77カブス　77ホワイトソックス　78アスレティックス　79-80レッドソックス　81-82エンジェルズ　83ロイヤルズ【位置】投手、右
【経歴】体重100kgを超す巨漢で、NFLのオークランド・レイダースからも誘われたが65年ドラフト24位でメッツに入団。当初の内野手から投手に転向、新設のエクスポズに移籍した69年後半からローテーションに加わり、翌70年13勝。変化球中心の投球で71年は15勝を挙げる。コントロールに難があり72年は1勝10敗の大不振だったが、73年は15勝、自己ベストの防御率2.81と復調。通算では6回2ケタ勝利を記録した。
【通算】15年、451試合、365先発、57完投、9完封、134勝146敗6S、2494回、1455奪三振、1010四球、防御率3.99

エドガー・レンテリア
Edgar Enrique Renteria
1976.8.7～【出身地】コロンビア共和国バランキーヤ【球団】96-98マーリンズ　99-2004カーディナルス　05レッドソックス　06-07ブレーヴス　08タイガース　09-10ジャイアンツ　11レッズ【位置】遊撃、右
【経歴】92年マーリンズに入団、96年19歳で正遊撃手となり打率.309、翌97年のワールドシリーズ第7戦で世界一を決めるサヨナラ安打を放つ。98年自己最多の41盗塁（4位）、翌99年カーディナルスにトレードされ、2003年は打率.330（4位）、194安打（4位）、47二塁打、100打点。07年も.332（4位）の高打率を残す。10年は72試合に出ただけだったが、ワールドシリーズでは17打数7安打6打点、最終第5戦で決勝3ランを放ちシリーズMVPに選ばれた。母国コロンビアでは英

雄的存在で、99年に自らプロリーグを創設するなど野球の発展に尽力している。
【通算】16年、2152試合、8142打数2327安打、436二塁打、29三塁打、140本塁打、923打点、294盗塁、718四球、1182三振、打率.286
【タイトル】ゴールドグラブ2回（2002～03年）オールスター5回（98,00,03～04,06年）

アンソニー・レンドン　★
Anthony Michael Rendon
1990.6.6～【出身地】テキサス州ヒューストン【球団】2013-19ナショナルズ　20-24エンジェルズ【位置】三塁、右
【経歴】2011年ドラフト1位（全体6位）でナショナルズに入団。強打と好守を併せ持ち、17年は打率.301、41二塁打（4位）、25本塁打、100打点。同年から3年続けて3割・40二塁打以上で18・19年は2年続けてリーグ最多の44二塁打。19年は打率.319（3位）、34本塁打、126打点（1位）、プレイオフでは32打数12安打7打点。ワールドシリーズでは土壇場の第6戦で5打点、第7戦も反撃の口火を切る本塁打を放つなど、チームトップの8打点で世界一に大きく貢献した。
　三塁守備も堅実で16～18年は3年続けて守備率1位。20年に7年2億4500万ドルでエンジェルズへ移籍して以降は、故障もあって不振が続き21年に58試合出たのが最多。22年には相手チームの野手が登板した際、初めて立った左打席で本塁打を放った。「野球は好きではなく金のためにやっている」と公言して批判も浴びた。
【通算】12年、1173試合、4350打数1218安打、158本塁打、671打点、55盗塁、打率.280
【タイトル】打点王1回（2019年）オールスター1回（19年）

ハンター・レンフロー　★
Dustin Hunter Renfroe
1992.1.28～【出身地】ミシシッピ州クリスタルスプリングス【球団】2016-19パドレス　20レイズ　21レッドソックス　22ブルワーズ　23エンジェルズ　23レッズ　24ロイヤルズ【位置】外野、右
【経歴】2013年ドラフト1位でパドレスに入団。長打力が持ち味で17・18年は2年連続26本塁打、19年は.216の低打率ながら前半戦だけで27本、年間では33本。21年は31本、96打点、守備でも強肩でリーグ最多の16補殺を記録した。エンジェルズ在籍時は、同僚のマイク・トラウトに顔が似ていると話題になった。
【通算】9年、961試合、3323打数790安打、192本塁打、506打点、15盗塁、打率.238

【ロ】

ヴァーン・ロー
Vernon Sanders Law
1930.3.12～【出身地】アイダホ州メリディアン【球団】50-51,54-67パイレーツ【位置】投手、右
【経歴】スライダーの名手で、50年20歳でメジャーに昇格し7勝するが、兵役のため52～53年は欠場。制球力が向上するにつれ成績も良くなり59年は18勝(5位)、20完投(2位)、防御率2.98(5位)、翌60年は20勝(3位)、18完投(1位)でサイ・ヤング賞を受賞、ワールドシリーズでも2勝を挙げた。続く3年間は故障に泣き、一旦は引退したが翻意して、65年は17勝、自己ベストの防御率2.15(3位)でカムバック賞を手にした。通算では9回2ケタ勝利、打者を威嚇するような投球は一切しなかった。引退後はブリガムヤング大学で10年間、79年から3年間は西武の投手コーチを務めた。妻と6人の子供を合わせ家族全員がVで始まる名前を持ち、息子のヴァンスは長くメジャーで活躍した。
【通算】16年、483試合、364先発、119完投、28完封、162勝147敗、2672回、1092奪三振、防御率3.77
【タイトル】サイ・ヤング賞1回(60年) オールスター1回(60年)

ヴァンス・ロー　☆
Vance Aaron Law
1956.10.1～【出身地】アイダホ州ボイジー【球団】80-81パイレーツ　82-84ホワイトソックス　85-87エクスポズ　88-89カブス　91アスレティックス【位置】三塁、二塁、遊撃、右
【経歴】内野の全ポジションをこなし、投手としても7試合に登板した器用な選手。78年ドラフト39位でパイレーツに入団、84年17本塁打、翌85年は30二塁打、86四球(4位)。88年カブスで自己最高の打率.293、78打点でオールスターに出場した。90年“バンスロー”の登録名で中日に入団、打率.313(4位)、29本塁打(3位)、78打点と活躍したが、1年限りで帰国した。2000～12年は母校ブリガムヤング大学の監督を務めた。父のヴァーンは元サイ・ヤング賞投手。
【通算】11年、1212試合、3802打数972安打、71本塁打、442打点、34盗塁、打率.256
【タイトル】オールスター1回(88年)
【日本】90中日　1年、122試合、457打数143安打、29本塁打、78打点、2盗塁、打率.313

プリーチャー・ロー
Elwin Charles Roe (Preacher)
1916.2.26～2008.11.9【出身地】アーカンソー州アッシュフラット【球団】38カーディナルス　44-47パイレーツ　48-54ドジャース【位置】投手、左
【経歴】カーブやチェンジアップを駆使した頭脳的な投球で、打者のバランスを崩すのが上手かった左腕。ユーモアと機知に富んだコメントも人気を集めた。38年に1試合のみ登板したのちマイナー暮らしが続いていたが、44年29歳でパイレーツに再昇格、翌45年14勝、148三振(1位)を奪う。47年は4勝15敗の不振でドジャースに放出されたが、後年自ら使用を認めたスピットボールを駆使して48年12勝、防御率2.63(4位)。翌49年は15勝、防御率2.79(4位)、ワールドシリーズ第2戦ではヤンキースを相手に1－0で完封勝利を収めた。51年も2度の10連勝を含む22勝(3位)で、ドジャース時代の7年間は合計93勝37敗、.715の高勝率。オフシーズンには数学の教師をしていた。
【通算】12年、333試合、261先発、101完投、17完封、127勝84敗、1914.1回、956奪三振、防御率3.43
【タイトル】最多奪三振1回(45年) オールスター5回(45,49～52年)

エステバン・ロアイサ
Esteban Antonio Loaiza
1971.12.31～【出身地】メキシコ合衆国ティフアナ【球団】95-98パイレーツ　98-2000レンジャーズ　00-02ブルージェイズ　03-04ホワイトソックス　04ヤンキース　05ナショナルズ　06-07アスレティックス　07-08ドジャース　08ホワイトソックス【位置】投手、右
【経歴】91年パイレーツに入団、メジャーへ昇格した95年8勝、97年は11勝を挙げる。98～2002年は5年続けて防御率4.50を下回ることがなかったが、03年ホワイトソックスに移籍すると、カッターを自在に操り21勝(2位)、防御率2.90(3位)、207奪三振は1位。サイ・ヤング賞投票で次点に入り、オールスターでも先発

した。その後も06年まで10年連続で9勝以上を挙げた。
【通算】14年、377試合、333先発、14完投、6完封、126勝114敗1S、2099回、1382奪三振、防御率4.65
【タイトル】最多奪三振1回（2003年）オールスター2回（03～04年）

ジェリー・ロイス
Jerry Reuss
1949.6.19～【出身地】ミズーリ州セントルイス【球団】69-71カーディナルス　72-73アストロズ　74-78パイレーツ　79-87ドジャース　87レッズ　87エンジェルズ　88-89ホワイトソックス　89ブルワーズ　90パイレーツ【位置】投手、左
【経歴】通算12回の2ケタ勝利を記録した速球派。67年ドラフト2位で地元のカーディナルスに入団するが、オーナー命令に反してあごひげを伸ばし、72年アストロズへ放出。翌73年は279.1回（4位）を投げ16勝、177奪三振（5位）、パイレーツへ移った翌74年も16勝を挙げたがプレイオフでは2敗。通算でも1勝7敗となぜかプレイオフでは勝てなかった。75年はともに4位の18勝、防御率2.54。79年ドジャースに移籍、7勝14敗と不調だったが翌80年は18勝（4位）、6完封（1位）、防御率2.51（3位）でカムバック賞を受賞、6月27日のジャイアンツ戦では失策による1走者のみのノーヒットノーランを達成した。
　82年も18勝（4位）を挙げたが、肘を痛めて86年は2勝、続く87年は2度も解雇される。ホワイトソックスに拾われ翌88年は13勝と復活。90年古巣のパイレーツに加わり、数少ない4ディケード投手の仲間入りを果たした。悪戯好きで、ドジャース時代にトミー・ラソーダ監督をロッカーに閉じ込めたり、対戦相手のユニフォームを着てトレードされたふりをしたりした。
【通算】22年、628試合、547先発（30位）、127完投、39完封、220勝191敗11S、3669.2回、1907奪三振、1127四球、防御率3.64
【タイトル】オールスター2回（75,80年）

ジェリー・ロイスター
Jeron Kennis Royster
1952.10.18～【出身地】カリフォルニア州サクラメント【球団】73-75ドジャース　76-84ブレーヴス　85-86パドレス　87ホワイトソックス　87ヤンキース　88ブレーヴス【位置】三塁、二塁、遊撃、右
【経歴】70年ドラフト外でドジャースに入団。76年レギュラーとなり148試合三塁を守るが、その後は内野のユーティリティ選手として起用され、1つのポジションで100試合以上出場することはなかった。79年は自己最多の164安打、51打点、35盗塁、80年まで5年連続20盗塁以上を決めた。2002年は途中からブルワーズの監督を務めたが、1年限りで退任した。グレッグ・ヴォーンは親戚に当たる。
【通算】16年、1428試合、4208打数1049安打、40本塁打、352打点、189盗塁、打率.249
【監督】2002ブルワーズ　1年、147試合、53勝94敗、勝率.361

ポップ・ロイド
John Henry Lloyd (Pop)
1884.4.25～1964.3.19【出身地】フロリダ州パラトカ【球団】ニグロ・リーグ【位置】遊撃、一塁、左
【経歴】ベーブ・ルースが“史上最高の野球選手”と最大級の賛辞を贈った名遊撃手。打走守すべてに高いレベルを誇り、ホーナス・ワグナーに比肩するとの評価を得ていた。独特のスイングから強烈なラインドライブを放ち、10年はタイガースと12試合オープン戦を戦い、打率5割の猛打でタイ・カッブをして「もう黒人とは対戦したくない」と嘆かせた。キューバでも長い間活躍し通算打率.321、守備ではどんな球でも掬い上げて捕ることから“エル・クチャラ（スプーン）”と称された。条件の良いチームを求め数多くの球団をわたり歩いたが、性格は紳士的で裏表がなく、飲酒とも無縁だった。77年殿堂入り。
＜ニグロ・リーグの成績＞429試合、1616打数564安打、16本塁打、303打点、61盗塁、打率.349

エド・ロイルバック
Edward Marvin Reulbach
1882.12.1～1961.7.17【出身地】ミシガン州デトロイト【球団】05-13カブス　13-14ドジャース　15ニューアーク（FL）　16-17ブレーヴス【位置】投手、右
【経歴】足を高く上げる投球フォームからの速球に加えカーブも素晴らしく、新人で18勝、防御率1.42（2位）。翌06年は19勝、被打率.175は68年にルイス・ティアントに破られるまでメジャー記録とし

て残った。防御率1.65は同僚のモーデカイ・ブラウン、ジャック・フィースターに次ぐ3位で、カブス勢で上位3位までを独占した。同年のワールドシリーズ第2戦では1安打勝利も達成している。同年から07年7月まで新記録となる17連勝、08年は24勝(3位)、9月26日に1日2完封、44回連続無失点のナ・リーグ記録を樹立した。

09年にも5つの完封を含む14連勝を記録。片眼の視力が低いために時折制球をひどく乱したが、その理由は捕手のジョニー・クリング以外には明かしていなかった。紳士的な選手で、組合活動にも積極的に関わり15年はフェデラル・リーグに参加、21勝(5位)を挙げた。ノートルダム大でエンジニアリング、ヴァーモント大で薬学を専攻し、ロチェスター大で産業マネジメント、コロンビア大で法律のコースも取っていた。

【通算】13年、399試合、300先発、200完投、40完封、182勝106敗、2632.1回、1137奪三振、防御率2.28

ジャック・ロウ
John Charles Rowe

1856.12.8～1911.4.25【出身地】ペンシルヴェニア州コールドスプリング【球団】1879-85バッファロー　86-88デトロイト　89ピッツバーグ　90バッファロー(PL)【位置】遊撃、捕手、左

【経歴】1881年打率.333(3位)、11三塁打(1位)、翌82年は打率こそ.266と落ち込んだが、308打数で1回も三振を喫しなかった。85年捕手から遊撃にコンバート。87年は打率.318、171安打(4位)、96打点の活躍で優勝に大きく貢献した。88年末ピッツバーグへのトレードを拒否し、僚友のディーコン・ホワイトと共同でバッファローのマイナー球団を買収、90年のプレイヤーズ・リーグ結成のきっかけをつくった。同リーグではバッファローの監督を務めたが最下位。兄のデイヴも86、88年に監督を経験している。

【通算】12年、1044試合、4386打数1256安打、28本塁打、644打点、打率.286

【監督】1890バッファロー(PL)　1年、100試合、27勝72敗、勝率.273

スクールボーイ・ロウ
Lynwood Thomas Rowe (Schoolboy)

1910.1.11～61.1.8【出身地】テキサス州ウェイコ【球団】33-42タイガース　42ドジャース　43,46-49フィリーズ【位置】投手、右

【経歴】高校時代にセミプロチームを相手に好投したため、後々まで"スクールボーイ"と呼ばれた長身の速球投手。33年4月15日の初登板を完封勝利で飾る。翌34年は当時のリーグタイ記録となる16連勝を含む24勝(2位)、149奪三振(3位)。ワールドシリーズ第2戦では延長12回を投げ完投勝ちした。

35年は19勝(5位)、6完封(1位)、140奪三振(2位)、36年も19勝。肩を痛め37～38年は合計1勝に終わるが39年10勝と復活、40年は16勝(5位)。ベテランとなってからは技巧派に転身、フィリーズでも2年間の兵役を挟んで4年連続で2ケタ勝利を挙げた。通算打率.263、18本塁打と打撃も捨てがたく、35年は28打点。43年は代打だけで15安打、5月2日に代打満塁本塁打を放った。

【通算】15年、382試合、278先発、137完投、22完封、158勝101敗、2219.1回、913奪三振、防御率3.87

【タイトル】オールスター3回(35～36,47年)

デレク・ロウ
Derek Christopher Lowe

1973.6.1～【出身地】ミシガン州ディアボーン【球団】97マリナーズ　97-2004レッドソックス　05-08ドジャース　09-11ブレーヴス　12インディアンズ　12ヤンキース　13レンジャーズ【位置】投手、右

【経歴】シンカーを低めに集め、内野ゴロの山を築いた198cmの長身投手。91年ドラフト8位でマリナーズに入団、97年途中レッドソックスに移籍。99年途中からクローザーとなり、翌2000年はリーグトップの42セーブ、防御率2.56と好投した。01年も24セーブは挙げたが不安定な内容で、02年先発に転向すると21勝、防御率2.58(2位)と大成功。4月27日のレイズ戦でノーヒットノーランを達成した。

以後9年連続で12勝以上、04年は防御率5.42と不振だったが、ポストシーズンでは3勝0敗。ディヴィジョンシリーズの勝ち上がり試合、リーグ優勝決定シリーズとワールドシリーズの優勝決定試合でいずれも勝利投手となった。05年FAでドジャースに移り、06年は16勝で最多勝。ジョン・スモルツに次ぎ、勝利とセーブの両方で1位を占めた2人目の投手となっ

た。
【通算】17 年、681 試 合、377 先 発、10 完 投、4 完 封、176 勝 157 敗 86 S、2671.1 回、1722 奪三振、防御率 4.03
【タイトル】最多勝 1 回（2006 年）最多セーブ 1 回（00 年）オールスター 2 回（00,02 年）

ボビー・ロウ
Robert Lincoln Lowe
1865.7.10 ～ 1951.12.8【出身地】ペンシルヴェニア州ピッツバーグ【球団】1890-1901 ブレーヴス　02-03 カブス　04 パイレーツ　04-07 タイガース【位置】二塁、外野、三塁、右
【経歴】ボストンの主力選手として、1894 年 5 月 30 日に史上初の 4 打席連続本塁打を放つ。同年自己最高の打率 .346、212 安打（4 位）、17 本塁打（2 位）、115 打点。翌 95 年 5 月 3 日は 1 試合 6 得点のリーグ記録を樹立。97 年も打率 .309、106 打点を挙げたが、体重 68kg と細身でスラッガー・タイプというより守備の巧さで知られ、内外野どこでも守った。1904 年は 1 試合だけパイレーツで出場したのち、タイガースに移籍しシーズン途中からは監督を兼任した。
【通算】18 年、1821 試 合、7078 打 数 1934 安打、71 本塁打、988 打点、303 盗塁、打率 .273
【監督】04 タイガース　1 年、78 試合、30 勝 44 敗、勝率 .405

ジョン・ロウエンスタイン
John Lee Lowenstein
1947.1.27 ～【出身地】モンタナ州ウルフポイント【球団】70-77 インディアンズ　78 レンジャーズ　79-85 オリオールズ【位置】外野、左
【経歴】68 年ドラフト 18 位でインディアンズに入団。レギュラーとして出場したのは 74 年のみで、同年は 140 試合で打率 .242、123 安打、36 盗塁（3 位）。79 年にオリオールズに移籍してからは右投手相手に起用され、82 年は 322 打数で打率 .320、24 本塁打、66 打点、出塁率 .415、長打率 .602 の素晴らしい成績。続く 83 年も 310 打数で 15 本塁打、60 打点と好調を持続した。守備につくときはナイトゲームでもサングラスをかけていた。
【通算】16 年、1368 試 合、3476 打 数 881 安打、116 本塁打、441 打点、128 盗塁、打率 .253

パンツ・ロウランド
Clarence Henry Rowland (Pants)
1878.2.12 ～ 1969.5.17【出身地】ウィスコンシン州プラットヴィル【球団】メジャー経験なし
【経歴】現役時代は捕手。14 年にマイナー球団のピオリアを優勝させ、翌 15 年ホワイトソックスの監督に就任。17 年にメジャーでの選手経験がない監督として初のリーグ優勝を果たした。ワールドシリーズも制したが、翌 18 年 6 位に沈み同年限りで退団。穏やかな気性の紳士で、23 年から 5 年間はア・リーグ審判を務めた。その後パシフィック・コースト・リーグの会長を経てカブスの副社長となった。パンツという変わったニックネームは、マイナー時代にサイズの大きすぎるズボンを穿いていたのが由来。
【監督】15-18 ホワイトソックス　4 年、590 試 合、339 勝 247 敗、 勝 率 .578 リーグ優勝 1 回（17 年）ワールドシリーズ優勝 1 回（17 年）

ピーナッツ・ロウリー
Harry Lee Lowrey (Peanuts)
1917.8.27 ～ 86.7.2【出身地】カリフォルニア州カルヴァーシティ【球団】42-43,45-49 カブス　49-50 レッズ　50-54 カーディナルス　55 フィリーズ【位置】外野、三塁、右
【経歴】43 年レギュラーとなり打率 .292、12 三塁打（3 位）、13 盗塁（2 位）。45 年は自己最多の 148 安打、7 本塁打、89 打点、ワールドシリーズでも 29 打数 9 安打。三振の少ない打者で、最多でも 48 年の 31 個、51 年は 419 打席で 12 個のみ。代打でも活躍し、52 年は 27 打数 13 安打、翌 53 年はタイ記録の 22 安打を放った。端役ばかりではあったが、複数の映画にも出演している。“ピーナッツ”とは子供の頃、ピーナッツのように小さかったことからつけられたニックネーム。
【通算】13 年、1401 試 合、4317 打 数 1177 安打、37 本塁打、479 打点、48 盗塁、打率 .273
【タイトル】オールスター 1 回（46 年）

マイク・ロウル
Michael Averett Lowell
1974.2.24 ～【出身地】プエルトリコ・サンフアン【球団】98 ヤンキース　99-2005 マーリンズ　06-10 レッドソックス【位置】三塁、右

【経歴】95年ドラフト20位でヤンキースに入団。99年マーリンズに移籍、精巣腫瘍を克服して正三塁手となり、2001年は100打点。02年は44二塁打（2位）、03年は32本塁打、105打点。リーグ優勝決定シリーズ第1戦の延長11回に決勝代打本塁打、第5戦でも決勝2ランを放ち、リーグ制覇に大きく貢献した。06年レッドソックスに移籍し47二塁打（3位）、翌07年は唯一の3割以上となる打率.324、191安打と120打点（5位）も自己ベスト。リーグ優勝決定シリーズでは27打数9安打8打点、ワールドシリーズも15打数6安打4打点の大当たりで、シリーズMVPを受賞した。三塁守備も堅実で、通算守備率.974は史上2位となっている。
【通算】13年、1601試合、5813打数1619安打、223本塁打、952打点、30盗塁、打率.279
【タイトル】ゴールドグラブ1回（2005年）オールスター4回（02～04,07年）

トレイ・ロヴロ　☆
Salvatore Anthony Lovullo
1965.7.25～【出身地】カリフォルニア州サンタモニカ【球団】88-89タイガース　91ヤンキース　93エンジェルズ　94マリナーズ　96アスレティックス　98インディアンズ　99フィリーズ【位置】二塁、両
【経歴】87年ドラフト5位でタイガースに入団。メジャー8年間で8球団をわたり歩き、唯一100試合以上出た93年に92安打、6本塁打、30打点を記録した。2000年はヤクルトに加入するも、不振に終わり同年引退。マイナー監督やメジャーのコーチを経て17年ダイアモンドバックスの監督に就任、1年目からプレイオフに進出し最優秀監督賞を受賞。23年はワイルドカードからリーグ制覇を果たした。
【通算】8年、303試合、737打数165安打、15本塁打、60打点、9盗塁、打率.224
【監督】2017-24ダイアモンドバックス　8年、1194試合、584勝610敗、勝率.489、リーグ優勝1回（23年）
【日本】2000ヤクルト　1年、29試合、66打数13安打、1本塁打、2打点、1盗塁、打率.197

ジョニー・ローガン　☆
John Logan
1926.3.23～2013.8.9【出身地】ニューヨーク州エンディコット【球団】51-61ブレーヴス　61-63パイレーツ【位置】遊撃、右
【経歴】好守の遊撃手で最多補殺4回、52年から3年連続で守備率1位。打っても55年に打率.297、37二塁打（1位）、83打点、同年から5年間で4回オールスターに選ばれ、59年も打率.291、自己最高の出塁率.369。気の強いことでも有名で、しばしば乱闘劇の主役となった。64年南海に入団、すでに39歳で衰えは隠せなかったが、ワールドシリーズと日本シリーズの両方に出場した最初の選手になった。引退後は郡保安官に3度立候補しいずれも落選した。
【通算】13年、1503試合、5244打数1407安打、93本塁打、547打点、19盗塁、打率.268
【タイトル】オールスター4回（55,57～59年）
【日本】64南海　1年、96試合、254打数48安打、7本塁打、23打点、1盗塁、打率.189

ブレット・ジョー・ローガン
Charles Wilbur Rogan (Bullet Joe)
1893.7.28～1967.3.4【出身地】オクラホマ州オクラホマシティ【球団】ニグロ・リーグ【位置】投手、右
【経歴】セミプロ球団や軍隊のチームに在籍したのち、黒人球界の強豪カンザスシティ・モナークスに入団。ノーワインドアップ投法から威力のある速球と多彩な変化球を投げ、特にカーブは他の投手の直球より速く、落差も凄かったと伝えられる。打者としても優れ、22年は15本でニグロ・ナショナル・リーグの本塁打王。14勝と合わせて、年間2ケタ勝利/2ケタ本塁打を記録した。白人メジャー相手のオープン戦でも25試合で打率.329を残した。98年殿堂入り。
<ニグロ・リーグの成績>投手/210試合、155先発、134完投、18完封、118勝52敗、1476回、905奪三振、防御率2.71
打者/693試合、2030打数684安打、49本塁打、413打点、106盗塁、打率.337

ジャック・ローク
Jack Wayne Lohrke
1924.2.25～2009.4.29【出身地】カリフォルニア州ロスアンジェルス【球団】47-51ジャイアンツ　52-53フィリーズ【位置】三塁、右
【経歴】何度も幸運によって悲劇を免れ、“ラッキー・ローク”と呼ばれた選手。第

二次大戦中はバルジの戦いで、銃撃により両隣の兵士が死亡したにもかかわらず無傷で生還。除隊時には搭乗予定だった飛行機に乗り損ねたが、その機は墜落して乗員が全員死亡。マイナー時代の46年には、バス移動中に上級球団への昇格を告げられて降車すると、その後バスは崖から転落し9名が犠牲になった。選手としては、47年に新人で正三塁手となり112試合に出場するも、打率.240にとどまる。9月1日に放った本塁打は球団183本目で、36年にヤンキースが樹立した年間本塁打記録を更新した。守備でも20失策と精彩を欠き、その後は年々出場機会を減らした。
【通算】7年、354試合、914打数221安打、22本塁打、96打点、9盗塁、打率.242

ソール・ロゴヴィン
Saul Walter Rogovin
1922.3.24～95.1.23【出身地】ニューヨーク州ブルックリン【球団】49-51タイガース　51-53ホワイトソックス　55オリオールズ　55-57フィリーズ【位置】投手、右
【経歴】プロ入り後最初の3年間は内野手で、46年投手に転向。51年途中タイガースからウェーバーにかけられ、マイナー時代の師だったポール・リチャーズの誘いでホワイトソックスに加入。投球フォームの改造が功を奏し12勝、防御率2.78は1位。緩急を上手く使って翌52年も14勝を挙げたが、肘痛のためその後は冴えない成績だった。引退後50代で大学に入り直し、英文学の学位を取得して教師となった。
【通算】8年、150試合、121先発、43完投、9完封、48勝48敗、883.2回、388奪三振、防御率4.06
【タイトル】最優秀防御率1回(51年)

バディ・ローザー
Warren Vincent Rosar (Buddy)
1914.7.3～94.3.13【出身地】ニューヨーク州バッファロー【球団】39-42ヤンキース　43-44インディアンズ　45-49アスレティックス　50-51レッドソックス【位置】捕手、右
【経歴】ヤンキース時代はビル・ディッキーの控え。アスレティックス移籍後の46年121試合に出場し打率.283、120安打、47打点、守備でも無失策。47年まで147試合無失策を続けた。48年まで3年連続守備率1位、オールスターに5回選ばれる。キャッチングが巧く、パスボールは通算934試合で28回と極めて少なかった。肩も良く盗塁阻止率で3回1位になり、通算.545の高率を残している。
【通算】13年、988試合、3198打数836安打、18本塁打、367打点、17盗塁、打率.261
【タイトル】オールスター5回(42～43,46～48年)

エディー・ロサリオ　★
Eddie Manuel Rosario
1991.9.28～【出身地】プエルトリコ・グアヤマ【球団】2015-20ツインズ　21インディアンズ　21-23ブレーヴス　24ナショナルズ　24ブレーヴス【位置】外野、左
【経歴】2010年ドラフト4位でツインズに入団。15年にメジャー昇格、5月6日のデビュー戦初打席で初球を本塁打。同年の15三塁打はリーグ最多だった。17年から3年連続で20本塁打以上、19年は自己最多の32本塁打、109打点。シーズン途中でブレーヴスに移籍した21年は、9月19日に5球だけでサイクル安打を達成。リーグ優勝決定シリーズでは3本塁打、9打点、1試合4安打を2度記録しポストシーズン新記録の14安打と大当たりし、MVPを受賞した。
【通算】10年、1121試合、4065打数1063安打、169本塁打、583打点、65盗塁、打率.262

ビリー・ロージェル
William George Rogell
1904.11.24～2003.8.9【出身地】イリノイ州スプリングフィールド【球団】25,27-28レッドソックス　30-39タイガース　40カブス【位置】遊撃、三塁、両
【経歴】チャーリー・ゲーリンガーと二遊間コンビを組んだ好守の遊撃手で、35、37年は守備率1位。打撃では33年に42二塁打(4位)、翌34年は打率.296、32二塁打、99打点。選球眼が良く38年は86四球、8月に7打席連続四球の新記録を樹立した。オフの間は牛乳配達人として働いた。ハンドボールで肩を痛め40年カブスに放出、同年限りで引退。その後デトロイトの市議会議員を長く務め、98歳まで存命した。
【通算】14年、1482試合、5149打数1375安打、42本塁打、610打点、82盗塁、打率.267

ケニー・ロジャース
Kenneth Scott Rogers

1964.11.10 ～【出身地】ジョージア州サヴァナ【球団】89-95 レンジャーズ　96-97 ヤンキース　98-99 アスレティックス　99 メッツ　2000-02 レンジャーズ　03 ツインズ　04-05 レンジャーズ　06-08 タイガース【位置】投手、左

【経歴】20 年にわたって活躍を続けた技巧派左腕。82 年ドラフト 39 位でレンジャーズに入団、当初の中継ぎから 93 年先発へ回り 16 勝、翌 94 年 7 月 28 日のエンジェルズ戦で左腕としてはリーグ史上初の完全試合を達成した。95 年 17 勝（4 位）、防御率 3.38（5 位）、翌 96 年ヤンキースに移るがチームになじめず 97 年は 6 勝どまり。98 年アスレティックスに移り 16 勝、防御率 3.17（3 位）と復調したが、シーズン途中でメッツに移った翌 99 年は、リーグ優勝決定シリーズ第 6 戦で優勝の望みを断つサヨナラ押し出し四球を与えてしまった。

2004 年 3 度目の加入となったレンジャーズで、39 歳にして自己最多の 18 勝（3 位）。気難しい上にカッとなりやすい性質で、05 年はカメラマンに暴行を働き 13 試合の出場停止処分となる。タイガースに移籍した 06 年は 17 勝（4 位）、ポストシーズンでは 3 試合 23 イニングを無失点に抑えたが、ボールに異物を付けている疑惑もかけられた。通算では 2 ケタ勝利 14 回、フィールディングや牽制も上手く 93 回の牽制刺を記録。06 年は 42 歳で 5 度目のゴールドグラブに輝いた。ニックネームの“ザ・ギャンブラー”は、同姓同名の人気歌手のヒット曲に因んだもの。

【通算】20 年、762 試合、474 先発、36 完投、9 完封、219 勝 156 敗 28 S、3302.2 回、1968 奪三振、1175 四球、防御率 4.27

【タイトル】ゴールドグラブ 5 回（2000,02,04 ～ 06 年）オールスター 4 回（95,04 ～ 06 年）

スティーヴ・ロジャース
Stephen Douglas Rogers

1949.10.26 ～【出身地】ミズーリ州ジェファーソンシティ【球団】73-85 エクスポズ【位置】投手、右

【経歴】71 年ドラフト 1 位（第 2 回）でエクスポズに入団。73 年後半メジャーに昇格、シンカーなど 7 つの球種を使い分け 10 勝 5 敗、防御率 1.54 の快投で注目を集める。続く 3 年間は合計 33 勝 51 敗と負けが込んだが、77 年 17 勝、206 奪三振（3 位）、以後 7 年連続で 12 勝以上。78 年防御率 2.47（2 位）、80 年は 16 勝、14 完投（1 位）、防御率 2.98（5 位）。翌 81 年の地区プレイオフではフィリーズのスティーヴ・カールトンと投げ合って 2 勝し、地区優勝に大きく貢献した。82 年は 19 勝（2 位）、防御率 2.40（1 位）、83 年も 5 完封（1 位）を含む 17 勝（2 位）を挙げた。通算 158 勝はエクスポズの球団記録。神経質で首脳陣やメディアとの関係は良くなかった。

【通算】13 年、399 試合、393 先発、129 完投、37 完封、158 勝 152 敗 2 S、2837.2 回、1621 奪三振、防御率 3.17

【タイトル】最優秀防御率 1 回（82 年）オールスター 5 回（74,78 ～ 79,82 ～ 83 年）

バック・ロジャース
Robert Leroy Rodgers (Buck)

1938.8.16 ～【出身地】オハイオ州デラウェア【球団】61-69 エンジェルズ【位置】捕手、両

【経歴】タイガースから 61 年拡張ドラフトでエンジェルズに入団。翌 62 年 155 試合に出場し、34 二塁打（5 位）は新人捕手の新記録となり、新人王投票は次点。67 年までレギュラーを務め、守備では最多補殺を 3 回記録した。引退後はコーチを経て、80 年ジョージ・バンバーガーの病気によりブルワーズ監督を代行。翌 81 年正式に監督に昇格し、地区ベストの勝率 .569 を記録しながら地区プレイオフで敗れ、82 年途中解任。85 年からエクスポズの指揮を執り、87 年に戦力不足のチームを 91 勝の 3 位とした点が評価され、最優秀監督賞を受賞した。エンジェルズ監督時代の 92 年 5 月にはバスで移動中転落事故に遭い、3 カ月以上休養を余儀なくされた。

【通算】9 年、932 試合、3033 打数 704 安打、31 本塁打、288 打点、17 盗塁、打率 .232

【監督】80-82 ブルワーズ　85-91 エクスポズ　91-94 エンジェルズ　13 年、1559 試合、784 勝 774 敗、勝率 .503

カイル・ローシュ
Kyle Matthew Lohse

1978.10.4 ～【出身地】カリフォルニア州チコ【球団】2001-06 ツインズ　06-07 レッズ　07 フィリーズ　08-12 カーディナルス　13-15 ブルワーズ　16 レンジャーズ【位置】

投手、右
【経歴】96 年ドラフト 29 位でカブスに入団。ツインズ移籍後の 2001 年にローテーションに加わり、翌 02 年 13 勝、続く 03 年も 14 勝を稼ぐ。その後は 4 年連続で負け越したが、08 年はカーディナルスに移り、5 年ぶりの 2 ケタ勝利となる 15 勝。動く速球をよくコントロールし、12 年は 16 勝、防御率 2.86（5 位）の自己最高成績。合計で 7 度 2 ケタ勝利を記録した。
【通算】16 年、457 試合、418 先発、12 完投、9 完封、147 勝 143 敗 2 S、2531.2 回、1615 奪三振、防御率 4.40

コーディ・ロス
Cody Joseph Ross
1980.12.23 ～【出身地】ニューメキシコ州ポルタレス【球団】2003 タイガース　05-06 ドジャース　06 レッズ　06-10 マーリンズ　10-11 ジャイアンツ　12 レッドソックス　13-14 ダイアモンドバックス　15 アスレティックス【位置】外野、右
【経歴】99 年ドラフト 4 位でタイガースに入団。2007 年は 66 試合のみの出場ながら打率 .335、12 本塁打。08 年 22 本塁打、続く 09 年も 24 本、90 打点と活躍を続ける。10 年 8 月ウェーバーを経てジャイアンツに移籍すると、ディヴィジョンシリーズ第 5 戦では同点本塁打と決勝タイムリー、フィリーズとのリーグ優勝決定シリーズでは、第 1 戦でロイ・ハラデイから 2 本塁打。第 2 戦でも本塁打、第 3 戦では決勝タイムリー。チーム最多の 5 打点で優勝に貢献しシリーズ MVP に選ばれた。
【通算】12 年、1073 試合、3453 打数 904 安打、132 本塁打、508 打点、33 盗塁、打率 .262

デイヴィッド・ロス
David Wade Ross
1977.3.19 ～【出身地】ジョージア州ベインブリッジ【球団】2002-04 ドジャース　05 パイレーツ　05 パドレス　06-08 レッズ　08 レッドソックス　09-12 ブレーヴス　13-14 レッドソックス　15-16 カブス【位置】捕手、右
【経歴】95 年ドラフト 19 位でのドジャースの指名を拒否、98 年再度 7 位で指名されて入団。2006 年レッズで 90 試合に出て 21 本塁打、翌 07 年は唯一の 3 ケタとなる 112 試合の出場で 17 本塁打と、低打率ながらも長打力を発揮した。豊富な経験に基づいた投手リードとリーダーシップが評価され、現役最後の試合となった 16 年のワールドシリーズ第 7 戦でも本塁打を放った。20 年カブス監督に就任、23 年は地区優勝を果たすも解任の憂き目に遭った。
【通算】15 年、883 試合、2280 打数 521 安打、106 本塁打、314 打点、3 盗塁、打率 .229
【監督】2020-23 カブス　4 年、546 試合、262 勝 284 敗、勝率 .480

ブラッゴ・ロス
Robert Frank Roth (Braggo)
1892.8.28 ～ 1936.9.11【出身地】イリノイ州シカゴ【球団】14-15 ホワイトソックス　15-18 インディアンズ　19 アスレティックス　19 レッドソックス　20 セネターズ　21 ヤンキース【位置】外野、右
【経歴】俊足の外野手で、15 年途中ジョー・ジャクソンとの交換でインディアンズに移り、リーグ最多の 7 本塁打、17 三塁打も 3 位。17 年は 30 二塁打（4 位）、51 盗塁（4 位）、18 年も 2 位の 36 盗塁。本盗も 17 年だけで 6 回、通算で 11 回決めた。20 年に自己最多の 9 本塁打、92 打点。自慢話をよくすることから“ブラッゴ”というニックネームがついた。14 歳年上の兄フランクも捕手で、21 年には投手コーチとしてチームメイトになった。
【通算】8 年、811 試合、2831 打数 804 安打、30 本塁打、422 打点、190 盗塁、打率 .284
【タイトル】本塁打王 1 回（15 年）

アーサー・ローズ
Arthur Lee Rhodes
1969.10.24 ～【出身地】テキサス州ウェイコ【球団】91-99 オリオールズ　2000-03 マリナーズ　04 アスレティックス　05 インディアンズ　06 フィリーズ　08 マリナーズ　08 マーリンズ　09-10 レッズ　11 レンジャーズ　11 カーディナルス【位置】投手、左
【経歴】88 年ドラフト 2 位でオリオールズに入団。当初は先発で 92 年に 7 勝を挙げたが、96 年以降はリリーフに専念。勢いのある速球で 97 年 10 勝、マリナーズ移籍後の 2001 年は 71 試合に登板し 8 勝 0 敗、防御率 1.72 と好投した。翌 02 年も自己最多タイの 10 勝。07 年は肘痛で 1 試合も投げられなかったが、翌 08 年から 3 年連続防御率 2 点台。10 年は 33 登板連続無失点を記録、40 歳にしてオールスター初出場を果たした。11 年途中カーディナル

スに移り、ワールドシリーズで直前に在籍していたレンジャーズと対戦。シリーズでの3試合を含め、ポストシーズン8試合で1安打も許さなかった。
【通算】20年、900試合（26位）、61先発、5完投、3完封、87勝70敗33S、1187.2回、1152奪三振、防御率4.08
【タイトル】オールスター1回（2010年）

ピート・ローズ
Peter Edward Rose
1941.4.14～2024.9.30【出身地】オハイオ州シンシナティ【球団】63-78レッズ　79-83フィリーズ　84エクスポズ　84-86レッズ【位置】外野、一塁、三塁、二塁、両
【経歴】史上最多の出場試合数3562、安打数4256を記録したスーパースター。ヘッドスライディングがトレードマークで、四球でも一塁にダッシュするなど常に全力を尽くす姿勢で絶大な人気を誇り“チャーリー・ハッスル”の異名で親しまれた。60年地元のレッズに入団し、正二塁手となった63年打率.273、170安打で新人王を受賞。65年打率.312（5位）、209安打（1位）で以後9年連続、通算15回打率3割を記録する。200安打以上も10回、怪我とも無縁でフル出場を9回果たしている。
67年左翼にコンバート、翌68年打率.335、69年は自己最高の.348で2年連続首位打者。同年は16本塁打、82打点も自己記録となった。70年のオールスターでは本塁突入の際、捕手のレイ・フォッシーに強烈なタックルを食らわせたことが論議を呼んだ。73年は自己最多の230安打（1位）、打率.338で3度目の首位打者となりMVPを受賞。75年三塁に移り、同年のワールドシリーズでは27打数10安打でシリーズMVPに選ばれるなど、“ビッグ・レッド・マシーン”の火付け役として大活躍した。74～76年は二塁打で3年連続1位、78年は自己最多の51二塁打、リーグタイ記録となる44試合連続安打を達成した。
79年FAでフィリーズに移籍、80年は5度目の1位となる42二塁打を放ち、プレイオフでも20打数8安打5四球で、初の世界一に貢献。翌81年40歳にして7回目の最多安打となる140安打、スタン・ミュージアルの持っていたリーグ最多安打記録も更新した。84年エクスポズに移り4000安打を達成したのち、8月に監督兼任で6年ぶりに古巣のレッズに復帰。翌85年9月11日、タイ・カップの記録を破る4192本目の安打をレフト前に運んだ。同年は44歳にして119試合に出場、通算安打記録のために兼任監督の地位を利用したとの批判もあったが、86四球を選んで出塁率は.395の高率だった。
86年を最後に現役引退、監督としては85年から4年連続2位だったが、89年のキャンプ中に野球賭博への関与が取りざたされ始める。ギャンブルの悪癖があったことや、事情聴取で虚偽の供述をしたことも問題となったが、自分のチームの勝敗を賭けの対象としていた点が決定的な要因となり、同年8月24日球界からの永久追放処分を下された。翌90年には脱税で5ヶ月間刑務所入り。その後たびたび球界への復帰を求めていたが実現せず、殿堂入りを果たせぬまま死去した。息子のピート・ジュニアは97年レッズに昇格、14試合に出場した。
【通算】24年、3562試合（1位）、14053打数（1位）4256安打（1位）、746二塁打（2位）、135三塁打、160本塁打、1314打点、198盗塁、1566四球（14位）、1143三振、打率.303
【タイトル】MVP1回（73年）新人王（63年）首位打者3回（68～69,73年）最高出塁率2回（68,79年）ゴールドグラブ2回（69～70年）オールスター17回（65,67～71,73～82,85年）
【監督】84-89レッズ　6年、786試合、412勝373敗、勝率.525

ジョニー・ローズボロ
John Junior Roseboro
1933.5.13～2002.8.16【出身地】オハイオ州アッシュランド【球団】57-67ドジャース　68-69ツインズ　70セネターズ【位置】捕手、左
【経歴】58年事故で再起不能となったロイ・キャンパネラに代わり正捕手となる。ドジャースの強力投手陣を好リードで支え、サンディ・コーファックスの4回のノーヒットノーランのうち2度マスクをかぶった。盗塁阻止率も通算.422の高率。打撃では61年に自己最多の18本塁打、59打点、64年は打率.287、24二塁打。65年8月22日のジャイアンツ戦で、投手への返球が頭部をかすめたとして打者のフアン・マリシャルと口論となり、バットで頭を殴られる。この件でマリシャルを告訴したがのちに和解し、マリシャルの殿堂入り

を求めるキャンペーンにも協力した。ウィリー・メイズとは親友同士だった。引退後はエンジェルズのコーチなどを経て、ビヴァリーヒルズで妻と広告会社を興した。
【通算】14 年、1585 試合、4847 打数 1206 安打、104 本塁打、548 打点、67 盗塁、打率 .249
【タイトル】ゴールドグラブ 2 回（61,66 年）オールスター 4 回（58,61 ～ 62,69 年）

ジャック・ロスロック
Jack Houston Rothrock
1905.3.14 ～ 80.2.2【出身地】カリフォルニア州ロングビーチ【球団】25-32 レッドソックス　32 ホワイトソックス　34-35 カーディナルス　37 アスレティックス【位置】外野、遊撃、両
【経歴】レッドソックスではユーティリティ・プレイヤーとして起用され、28 年は全ポジションを守る。翌 29 年は打率 .300、24 盗塁（3 位）、33 年にはマイナーに落ちていたが、カーディナルスで再昇格した 34 年に自己最多の 184 安打、35 二塁打、11 本塁打、72 打点。ワールドシリーズではチーム最多の 6 打点を叩き出した。引退後はマイナー球団の監督となった。
【通算】11 年、1014 試合、3350 打数 924 安打、28 本塁打、327 打点、76 盗塁、打率 .276

アル・ローゼン
Albert Leonard Rosen
1924.2.29 ～ 2015.3.13【出身地】サウスカロライナ州スパータンバーグ【球団】47-56 インディアンズ【位置】三塁、右
【経歴】正三塁手となった 50 年、当時のリーグ新人記録となる 37 本塁打（1 位）、116 打点、100 四球（5 位）の活躍。52 年は 105 打点で打点王、翌 53 年は 43 本塁打、145 打点の二冠王、打率も最終打席で凡退し 1 厘差で三冠王は逸したが、2 位の .336。長打率 .613 も 1 位で、満票で MVP に選出された。54 年に地元のクリーヴランドで行われたオールスターでは 2 本塁打したが、その後は腰や指の故障に泣き、ファンからのブーイングに嫌気がさしたことも手伝い 56 年 32 歳で引退。金融界に転進して成功を収め、72 年にはインディアンズの買収を試みた。78 年ヤンキース球団社長に就任、その後アストロズ、ジャイアンツでも GM を務めた。マイアミ大学時代はボクシングでフロリダ州王者になっている。
【通算】10 年、1044 試合、3725 打数 1063 安打、192 本塁打、717 打点、39 盗塁、打率 .285
【タイトル】MVP1 回（53 年）本塁打王 2 回（50,53 年）打点王 2 回（52 ～ 53 年）オールスター 4 回（52 ～ 55 年）

ドン・ロック
Don Wilson Lock
1936.7.27 ～ 2017.10.8【出身地】カンザス州ウィチタ【球団】62-66 セネターズ　67-69 フィリーズ　69 レッドソックス【位置】外野、右
【経歴】ヤンキースでプロ入りし、62 年途中セネターズに移籍してメジャー昇格。翌 63 年に 27 本塁打、82 打点、64 年も 28 本塁打を放つなどパワーはあったが、63 年は 151 三振、以後 4 年連続で 100 三振以上喫するなど粗い打撃だった。中堅守備では 63 年に 350 刺殺、10 補殺の両部門で 1 位となり、たびたびファインプレイを演じて観客を沸かせた。
【通算】8 年、921 試合、2695 打数 642 安打、122 本塁打、373 打点、30 盗塁、打率 .238

ホワイティ・ロックマン
Carroll Walter Lockman (Whitey)
1926.7.25 ～ 2009.3.17【出身地】ノースカロライナ州ローウェル【球団】45,47-56 ジャイアンツ　56 カーディナルス　57-58 ジャイアンツ　59 オリオールズ　59-60 レッズ【位置】一塁、外野、左
【経歴】45 年 18 歳でメジャーに昇格し、7 月 5 日の初打席で初球を本塁打。48 年レギュラーとなり 10 三塁打（4 位）、18 本塁打、翌 49 年自己最高の打率 .301、186 安打、32 二塁打。51 年ウィリー・メイズにセンターを明け渡して一塁へ転向。53 年は 2 試合連続先頭打者本塁打を記録した。スプレーヒッターで、併殺打が少ないことでも知られていた。誰からも好かれた好漢で、ホレイス・ストーンハム・オーナーのお気に入りでもあり、56 年途中一旦カーディナルスへトレードされたが、すぐジャイアンツに呼び戻された。72 年途中からカブス監督に就任、74 年途中解任後は同球団の育成部長となった。
【通算】15 年、1666 試合、5940 打数 1658 安打、114 本塁打、563 打点、43 盗塁、打率 .279
【タイトル】オールスター 1 回（52 年）
【監督】72-74 カブス　3 年、319 試合、

157勝162敗、勝率.492

ポール・ロデュカ
Paul Anthony Lo Duca
1972.4.12～【出身地】ニューヨーク州ブルックリン【球団】98-2004ドジャース　04-05マーリンズ　06-07メッツ　08ナショナルズ　08マーリンズ【位置】捕手、右
【経歴】93年ドラフト25位でドジャースに入団。2001年に29歳で正捕手となり、打率.320、25本塁打、90打点、03年には25試合連続安打を記録。同年から4年連続でオールスターに選ばれ、06年は2度目の打率3割となる.318、39二塁打。守備面での評価は高くなく、また筋肉増強剤を使用していたことも認めている。
【通算】11年、1082試合、3892打数1112安打、80本塁打、481打点、20盗塁、打率.286
【タイトル】オールスター4回（2003～06年）

リック・ローデン
Richard Alan Rhoden
1953.5.16～【出身地】フロリダ州ボイントンビーチ【球団】74-78ドジャース　79-86パイレーツ　87-88ヤンキース　89アストロズ【位置】投手、右
【経歴】少年時代に負った足のケガを克服し、71年ドラフト1位でドジャースに入団。速球とスライダーで76年12勝、防御率2.98、翌77年は16勝を挙げる。パイレーツに移った79年は肩を痛め1試合に登板したのみだったが、82年4年ぶりの2ケタとなる11勝と復活し、以後は制球重視の投球で7年連続2ケタ勝利。84年自己ベストの防御率2.72（4位）、86年は15勝、防御率2.84（4位）。ヤンキースに移った87年に自己最多タイの16勝を挙げた。通算打率.238と打撃も良く、84年には11試合連続安打も記録。88年にはDHとして出場し犠飛を放っている。ゴルフも得意で、引退後は有名人のゴルフ大会であるアメリカン・センチュリー選手権で優勝8回、プロのシニアツアーでも通算30万ドル以上の賞金を獲得した。
【通算】16年、413試合、380先発、69完投、17完封、151勝125敗1S、2593.2回、1419奪三振、防御率3.59
【タイトル】オールスター2回（76,86年）

フェルナンド・ロドニー
Fernando Rodney
1977.3.18～【出身地】ドミニカ共和国サントドミンゴ【球団】2002-03,05-09タイガース　10-11エンジェルズ　12-13レイズ　14-15マリナーズ　15カブス　16パドレス　16マーリンズ　17ダイアモンドバックス　18ツインズ　18-19アスレティックス　19ナショナルズ【位置】投手、右
【経歴】セーブに成功した際、天を指す独特のポーズで知られたリリーフ投手。ピンチを招きながらも何とか切り抜けることで有名だった。98年タイガースに入団、2002年メジャーへ昇格。球威はあったが制球力を欠き、37セーブを挙げた09年も防御率は4.40。11年まで5年連続4点台だったが、レイズに移籍した12年は突如としてコントロールが改善され、74.2回で15四球。リーグ2位の48セーブ、防御率0.60と見事な成績を収めた。14年はリーグ最多の48セーブ、40歳になった17年も39セーブ（3位）と息が長く、メジャーから去った後もメキシコで投げ続けた。13年のWBCでは7セーブ、7.1回を被安打1に抑えドミニカの初優勝に大きな功があった。
【通算】17年、951試合（20位）、0先発、48勝71敗327S（19位）、933回、943奪三振、防御率3.80
【タイトル】最多セーブ1回（2014年）オールスター3回（12,14,16年）

アウレリオ・ロドリゲス
Aurelio Rodriguez
1947.12.28～2000.9.23【出身地】メキシコ合衆国カナネア【球団】67-70エンジェルズ　70セネターズ　71-79タイガース　80パドレス　80-81ヤンキース　82ホワイトソックス　83オリオールズ　83ホワイトソックス【位置】三塁、右
【経歴】敏捷な動きと抜群の強肩で鳴らした三塁手で、守備力ではブルックス・ロビンソン以上との評価もあった。ゴールドグラブは76年に1回受賞したのみだが、通算4150補殺は史上10位。打撃では70年に19本塁打、83打点、71年には30二塁打（3位）、7三塁打（4位）を記録したが、打率は78年の.265が最高と確実性に欠け、選球眼もあまり良くなかった。陽気な性格で“ハッピー・メキシカン”と呼ばれ、メジャーから去ったのちも母国で40歳過ぎまで現役を続けた。兄のフランシスコはメキシカン・リーグで20年にわた

り活躍した。
【通算】17年、2017試 合、6611打 数 1570安打、287二塁打、46三塁打、124本塁打、648打点、35盗塁、324四球、943三振、打率.237
【タイトル】ゴールドグラブ1回(76年)

アレックス・ロドリゲス
Alexander Emmanuel Rodriguez
1975.7.27～【出身地】ニューヨーク州ニューヨーク【球団】94-2000マリナーズ 01-03レンジャーズ 04-13,15-16ヤンキース【位置】遊撃、三塁、右
【経歴】打走守すべてに抜群の力量を発揮した21世紀屈指の強打者で、通称"A-ROD"。93年のドラフト全体1位でマリナーズが指名、契約金100万ドルで入団。翌94年18歳でメジャーに昇格、96年は打率.358で首位打者に輝いたのをはじめ、215安打(2位)、54二塁打(1位)、36本塁打、123打点。MVP投票では僅差でフアン・ゴンサレスに次ぐ2位だった。98年も打率.310、213安打(1位)、42本塁打、124打点(5位)、46盗塁(4位)で、史上最年少で40－40を達成したが、MVPはまたしてもゴンサレスに奪われた。99年は膝の故障で33試合に欠場しながら42本塁打、111打点、2000年も41本塁打(4位)、132打点、100四球でプレイオフ進出の原動力となった。
FAとなり01年史上最高額の10年2億5200万ドルでレンジャーズに移籍。あまりの長期高額契約に批判も多く、遊撃手での新記録となる52本塁打(1位)、135打点(3位)だったがチームは最下位。02年は57本塁打、142打点で二冠王、03年も47本塁打で3年連続タイトル、長打率.600も1位で、レンジャーズが3年連続最下位だったにもかかわらずMVPを受賞した。04年アルフォンソ・ソリアノらとのトレードでヤンキースへ移籍、デレク・ジーターがいたため遊撃から三塁へ回る。翌05年は48本で4度目の本塁打王、2度目のMVPとなったものの、プレイオフでは15打数2安打。06年のプレイオフでも14打数1安打に終わり、大舞台に弱いとのレッテルを貼られた。
07年は自己最多の54本塁打、156打点で3度目のMVP、史上最年少の32歳8ヶ月で通算500本塁打に到達。同年オフには残りの契約を破棄してFAとなり、ヤンキースと10年2億7500万ドルで再契約。09年にはステロイド使用の前歴を認めたが、プレイオフで32打数14安打、5本塁打、12打点、ワールドシリーズでも6打点を稼いで世界一に貢献した。しかしながら11年のプレイオフは18打数2安打、12年も25打数3安打、12三振。ポストシーズンの通算成績は76試合で打率.259、13本塁打、41打点であった。
13年はマイアミのクリニックを舞台とした薬物騒動"バイオジェネシス・スキャンダル"の中心人物として、09年以降も引き続き薬物を使用していたことを認める。その結果、同年途中から211試合にも及ぶ長期出場停止処分を科され14年は全休した。復帰した15年は33本塁打、3000安打にも到達。翌16年不振に陥ると球団からの勧告を受け入れ、契約を1年残したまま8月に引退した。通算では打率3割9回、40本塁打以上8回、98～2010年まで13年連続で30本塁打・100打点以上を記録した。満塁本塁打25本も史上最多。数字的には史上有数のスーパースターでありながら、高額すぎる年俸、ポストシーズンでの不振に加えて薬物使用、不用意な言動や行動も多いことなどから、成績に見合う人気や賞賛を得られたとは言い難かった。引退後は聡明な語り口で解説者として好評を博した。
【通算】22年、2784試合(28位)、10566打数(19位)3115安打(22位)、548二塁打、31三塁打、696本塁打(5位)、2086打点(4位)、329盗塁、1338四球、2287三振(5位)、打率.295
【タイトル】MVP3回(2003,05,07年)首位打者1回(96年)本塁打王5回(01～03,05,07年)打点王2回(02,07年)ゴールドグラブ2回(02～03年)オールスター14回(96～98,00～08,10～11年)

イバン・ロドリゲス
Ivan Rodriguez
1971.11.27～【出身地】プエルトリコ・マナティ【球団】91-2002レンジャーズ 03マーリンズ 04-08タイガース 08ヤンキース 09アストロズ 09レンジャーズ 10-11ナショナルズ【位置】捕手、右
【経歴】"パッジ"の愛称で親しまれた名捕手。とりわけ肩の強さは史上屈指で、91年途中19歳でレンジャーズの正捕手となると、翌92年盗塁阻止率.518でゴールドグラブを受賞、その後もコンスタントに4～5割台の阻止率をキープ。96年からは6年連続1位、2001年は.603の高率で、通算でも.457を記録している。フット

ワークも俊敏でブロックも巧く、2001年まで10年連続でゴールドグラブを独占。通算では捕手として最多の13回受賞した。

打撃も95年から8年連続、通算では10回打率3割以上。96年は47二塁打(3位)、97年から5年連続20本塁打以上。99年は打率.332、199安打(5位)、35本塁打、113打点、25盗塁、守備面での評価も合わせMVPに輝いた。03年マーリンズに移籍、ディヴィジョンシリーズ最終第4戦では決勝二塁打に加え、最終回では同点ホームインを防ぐ好ブロック。リーグ優勝決定シリーズでは28打数9安打、2本塁打、10打点でシリーズMVPに選ばれた。翌04年タイガースに移り、自己最高の打率.334(4位)を記録した。捕手としての2427試合と2749安打はいずれも史上1位。17年殿堂入り。息子のデレックは投手。

【通算】21年、2543試合、9592打数2844安打、572二塁打(26位)、51三塁打、311本塁打、1332打点、127盗塁、513四球、1474三振、打率.296

【タイトル】MVP1回(99年) ゴールドグラブ13回(92～2001,04,06～07年) オールスター14回(92～01,04～07年)

ショーン・ロドリゲス
Sean John Rodriguez

1985.4.26～【出身地】フロリダ州マイアミ【球団】2008-09エンジェルズ　10-14レイズ　15-16パイレーツ　17ブレーヴス　17-18パイレーツ　19フィリーズ　20マーリンズ【位置】二塁、外野、右

【経歴】2003年ドラフト3位でエンジェルズに入団。内外野をこなせるユーティリティ要員で、捕手以外の全ポジションを守っている。16年にいずれも自己記録の打率.270、18本塁打、56打点。翌17年ブレーヴスに移籍したが、車の運転中に衝突事故に見舞われ肩を負傷、15試合に出ただけでパイレーツへ戻った。死球が多く、11年にはリーグ2位の18回当てられた。

【通算】13年、1103試合、2572打数580安打、81本塁打、298打点、42盗塁、打率.226

フランシスコ・ロドリゲス
Francisco Jose Rodriguez

1982.1.7～【出身地】ベネズエラ共和国カラカス【球団】2002-08エンジェルズ　09-11メッツ　11-13ブルワーズ　13オリオールズ　14-15ブルワーズ　16-17タイガース【位置】投手、右

【経歴】豪速球と大きな変化のカーブで多くの三振を奪ったリリーバーで、通称“Kロッド”。99年エンジェルズに入団、メジャーへ昇格した2002年のレギュラーシーズンは5試合で0勝だったが、プレイオフでは7試合で4勝。ワールドシリーズでも第2戦で勝利投手となった。04年は69試合で防御率1.82、84回を投げ123奪三振。翌05年抑えに回り45セーブ、06年は防御率1.73、47セーブで2年連続1位。08年はリーグ最多の76試合に投げ、メジャー記録を更新する62セーブを挙げた。09年FAでメッツに移籍してからは成績が下降しただけでなく、10年にはガールフレンドの父親に暴力を振るった容疑で逮捕されたが、14年はブルワーズで44セーブ(3位)と復活。16年も2位の44セーブを稼いだ。

【通算】16年、948試合(21位)、0先発、52勝53敗437S(6位)、976回、1142奪三振、防御率2.86

【タイトル】最多セーブ3回(2005～06,08年) オールスター6回(04,07～09,14～15年)

フリオ・ロドリゲス　★
Julio Yarnel Rodriguez

2000.12.29～【出身地】ドミニカ共和国ロマデカブレラ【球団】2022-24マリナーズ【位置】外野、右

【経歴】イチローの愛弟子としても知られる、才能溢れる好打者。2017年マリナーズに入団、メジャーに昇格した22年は打率.284、28本塁打、75打点、25盗塁(5位)で新人王を受賞。シーズン中に最低でも7年1億1930万ドル、最長だと18年にも及ぶ長期契約を交わした。23年は180安打(2位)、32本塁打、103打点(3位)に加えて37盗塁(3位)を決め30－30を達成した。

【通算】3年、430試合、1732打数480安打、80本塁打、246打点、86盗塁、打率.277

【タイトル】新人王(2022年) オールスター2回(22～23年)

ヘンリー・ロドリゲス
Henry Anderson Rodriguez

1967.11.8～【出身地】ドミニカ共和国サントドミンゴ【球団】92-95ドジャース　95-97エクスポズ　98-2000カブス　00

マーリンズ　01 ヤンキース　02 エクスポズ
【位置】外野、左
【経歴】85 年に入団したドジャース時代はレギュラーに定着できず、95 年途中エクスポズに移籍。翌 96 年 42 二塁打(5 位)、36 本塁打、103 打点を叩き出すが、160 三振もリーグワーストだった。98 年カブスに移り 31 本塁打、翌 99 年初の打率 3 割となる .304。2000 年まで 5 年連続で 20 本塁打以上を放った。
【通算】11 年、950 試合、3031 打数 784 安打、160 本塁打、523 打点、10 盗塁、打率 .259
【タイトル】オールスター 1 回 (96 年)

リッチ・ロドリゲス
Richard Anthony Rodriguez
1963.3.1 ～【出身地】カリフォルニア州ダウニー【球団】90-93 パドレス　93 マーリンズ　94-95 カーディナルス　97-99 ジャイアンツ　2000 メッツ　01 インディアンズ　02 レンジャーズ　03 エンジェルズ【位置】投手、左
【経歴】84 年ドラフト 9 位でメッツに入団。中継ぎ専門の左腕で、90 年 27 歳でメジャーに昇格、92 年は 61 試合に投げ防御率 2.37。スクリューボールが主な武器だった。96 年にマイナー落ちしたが翌 97 年ジャイアンツで再昇格、自己最多の 71 試合に登板。40 歳まで現役を続けた。
【通算】13 年、609 試合、2 先発、0 完投、31 勝 22 敗 8 S、640.2 回、396 奪三振、防御率 3.81

ワンディ・ロドリゲス
Wandy Fulton Rodriguez
1979.1.18 ～【出身地】ドミニカ共和国サンティアゴロドリゲス【球団】2005-12 アストロズ　12-14 パイレーツ　15 レンジャーズ【位置】投手、左
【経歴】左腕からのカーブと手元で伸びる速球を武器に、2005 年新人で 10 勝。ワールドシリーズ第 1 戦では 2 番手で登板、3.1 回 1 失点で敗戦投手となる。06 ～ 08 年は 3 年連続で 9 勝、09 年にいずれも自己ベストの 14 勝、193 奪三振、防御率 3.02。以後 4 年連続 2 ケタ勝利を挙げた。通算 100 勝まであと 3 勝のところでレンジャーズから解雇され、その後 3 球団と契約したが 1 試合も登板できずに終わった。
【通算】11 年、275 試合、263 先発、2 完投、2 完封、97 勝 98 敗 0 S、1557.1 回、1281 奪三振、防御率 4.10

マット・ロートン
Matthew Lawton
1971.11.30 ～【出身地】ミシシッピ州ガルフポート【球団】95-2001 ツインズ　01 メッツ　02-04 インディアンズ　05 パイレーツ　05 カブス　05 ヤンキース　06 マリナーズ
【位置】外野、左
【経歴】91 年ドラフト 13 位でツインズに入団。98 年 21 本塁打、2000 年は打率 .305、44 二塁打 (5 位)、88 打点、91 四球を選び出塁率 .405。オールスターではダメ押しタイムリーを放った。翌 01 年も 85 四球で出塁率 .382、29 盗塁も自己最多だった。薬物違反により、マリナーズに移籍した 06 年は開幕から出場停止となった。兄のマーカスは元ヤンキースの外野手。
【通算】12 年、1334 試合、4763 打数 1273 安打、138 本塁打、631 打点、165 盗塁、打率 .267
【タイトル】オールスター 2 回 (2000,04 年)

ジェイムズ・ローニー
James Anthony Loney
1984.5.7 ～【出身地】テキサス州ヒューストン【球団】2006-12 ドジャース　12 レッドソックス　13-15 レイズ　16 メッツ【位置】一塁、左
【経歴】高校では投手としての評価が高かったが、2002 年ドラフト 1 位で入団したドジャースでは野手に転向。バットコントロールに優れたラインドライブヒッターで、07 年は 96 試合に出場し .331 の高打率。08 ～ 09 年は 2 年続けて 90 打点を叩き出した。打率はコンスタントに .280 ～ .290 を記録し、10 年には 41 二塁打 (5 位) を放ったが、本塁打は 07 年の 15 本が最多だった。ポストシーズンは通算 23 試合で打率 .350、3 本塁打、16 打点と良い数字を残している。17 年は韓国の LG に在籍した。
【通算】11 年、1443 試合、5023 打数 1425 安打、108 本塁打、669 打点、38 盗塁、打率 .284

クーキー・ロハス
Octavio Victor Rojas (Cookie)
1939.3.6 ～【出身地】キューバ共和国ハバナ【球団】62 レッズ　63-69 フィリーズ　70 カーディナルス　70-77 ロイヤルズ【位置】二塁、外野、右
【経歴】64 年二塁手兼外野手としてレギュ

ラーとなり、翌65年は打率.303でオールスターに出場。67年の16犠打はリーグ最多だった。その後低迷した時期もあったが70年途中ロイヤルズに移って復調、71年打率.300、73年に自己最多の29二塁打、69打点、18盗塁。守備力も優れ、74年まで4年連続でオールスターに選出、72年は代打本塁打を放った。常に全力を尽くす模範的な選手で、全ポジションを守った経験を持つ。引退後は長くコーチを務め、88年はエンジェルズの指揮を執った。96年も1試合のみマーリンズで監督を代行。その後解説者に転身し77歳まで放送席に座り続けた。"クーキー"のニックネームはスペイン語で「愛らしい」という意味の"クキ"が由来。
【通算】16年、1822試合、6309打数1660安打、54本塁打、593打点、74盗塁、打率.263
【タイトル】オールスター5回（65,71～74年）
【監督】88エンジェルズ　96マーリンズ　2年、155試合、76勝79敗、勝率.490

ミゲル・ロハス　★
Miguel Elias Rojas
1989.2.24～【出身地】ベネズエラ共和国ロステケス【球団】2014ドジャース　15-22マーリンズ　23-24ドジャース【位置】遊撃、右
【経歴】2006年に入団したレッズではメジャーに上がれず、14年にドジャースで昇格。持ち前の守備力で18年マーリンズの正遊撃手となり自己最多の11本塁打、53打点。22年は136試合で7失策にとどめ、守備率.987は1位だった。リーダーシップの評価が高く、報道陣に対しても協力的だった。
【通算】11年、1182試合、3511打数912安打、50本塁打、336打点、62盗塁、打率.260

スタン・ロパタ
Stanley Edward Lopata
1925.9.12～2013.6.15【出身地】ミシガン州デルレイ【球団】48-58フィリーズ　59-60ブレーヴス【位置】捕手、右
【経歴】控えの時期が長かったが、ロジャース・ホーンズビーに勧められてクラウチング・スタイルに変えてから長打力が増し、55年99試合で22本塁打、翌56年は33二塁打（2位）、32本塁打、95打点。2年続けてオールスターに選ばれたが、打力が衰えるにつれて出場機会を減らした。捕手では珍しく眼鏡をかけていた。
【通算】13年、853試合、2601打数661安打、116本塁打、397打点、18盗塁、打率.254
【タイトル】オールスター2回（55～56年）

デイヴ・ロバーツ
David Arthur Roberts
1944.9.11～2009.1.9【出身地】オハイオ州ガリポリス【球団】69-71パドレス　72-75アストロズ　76-77タイガース　77-78カブス　79ジャイアンツ　79-80パイレーツ　80マリナーズ　81メッツ【位置】投手、左
【経歴】高校卒業時には14球団が争奪戦を演じた大器で、フィリーズが獲得したが芽が出ないまま数球団を転々とし、69年拡張ドラフトでパドレスに移籍。スライダーを覚えた71年は14勝17敗と負け越すも防御率2.10は2位、アストロズ移籍後の73年は6完封（2位）を含む17勝を挙げた。信心深く謙虚な反面、短気な一面もあって75年はシーズン中に引退騒動を起こした。タイガースに移った76年は16勝したが、膝を痛めてその後は下り坂となった。球種が豊富で、ナックルボールも投げることができた。
【通算】13年、445試合、277先発、77完投、20完封、103勝125敗15S、2099回、957奪三振、防御率3.78

デイヴ・ロバーツ
David Ray Roberts
1972.5.31～【出身地】沖縄県那覇市【球団】99-2001インディアンズ　02-04ドジャース　04レッドソックス　05-06パドレス　07-08ジャイアンツ【位置】外野、左
【経歴】沖縄で海軍兵士の父と日本人の母の間に生まれる。94年ドラフト28位でタイガースに入団、2002年30歳でドジャースの正中堅手となり45盗塁（3位）、翌03年も3位の40盗塁。04年途中レッドソックスへ移籍、リーグ優勝決定シリーズ第4戦では1点差を追う9回に盗塁を決め、サヨナラ勝利と史上初となる3連敗からの4連勝に結びつけた。06年は打率.293、いずれも自己記録となる146安打、13三塁打（2位）、49盗塁（4位）。引退後の10年にリンパ腫と診断されたが無事に回復した。
15年に1試合のみパドレスの監督を代

▼ラ行

行、翌16年マイノリティとして初めてドジャースの監督に就任し、17年に29年ぶりのリーグ優勝に導く。18年のワールドシリーズでは継投に失敗、ドナルド・トランプ大統領からも采配を批判されたが、20年に32年ぶりの世界一を達成。24年は故障者が続出したチームを上手にやり繰りして2度目の頂点に立った。レギュラーシーズンの勝率.627は史上1位である。
【通算】10年、832試合、2707打数721安打、23本塁打、213打点、243盗塁、打率.266
【監督】2015パドレス　16-24ドジャース　10年、1358試合、851勝507敗、勝率.627、リーグ優勝4回（17～18,20,24年）ワールドシリーズ優勝2回（20,24年）

ビップ・ロバーツ
Leon Joseph Roberts (Bip)
1963.10.27～【出身地】カリフォルニア州バークリー【球団】86,88-91パドレス　92-93レッズ　94-95パドレス　96-97ロイヤルズ　97インディアンズ　98タイガース　98アスレティックス【位置】二塁、外野、三塁、両
【経歴】82年ドラフト1位（第2回）でパイレーツに入団、86年ルール5ドラフトでパドレスに移籍。内外野どこでもこなし、メジャーに定着した89年打率.301、8三塁打、翌90年は.309、36二塁打、46盗塁。92年レッズに移籍し打率.323（4位）、44盗塁（3位）、出塁率.393（5位）、10打数連続安打のリーグタイ記録も達成。広角打法で高打率を残したが故障が多く、プレイ態度にも問題があった。
【通算】12年、1202試合、4147打数1220安打、30本塁打、352打点、264盗塁、打率.294
【タイトル】オールスター1回（92年）

ブライアン・ロバーツ
Brian Michael Roberts
1977.10.9～【出身地】ノースカロライナ州ダーラム【球団】2001-13オリオールズ　14ヤンキース【位置】二塁、両
【経歴】99年ドラフト1位でオリオールズに入団。俊足好打の二塁手で、04年にリーグ最多の50二塁打、29盗塁（4位）、続く05年は打率.314（5位）、18本塁打。50盗塁でタイトルを獲得した07年には、03年にステロイドを使用していたことを認めて謝罪した。08年51二塁打（2位）、09年も自己最多の56二塁打（1位）、79打点と活躍を続けたが、腰痛などの故障で10年以降は急速に出場機会を減らした。ノースカロライナ大時代は父のマイクが監督だった。
【通算】14年、1418試合、5531打数1527安打、97本塁打、542打点、285盗塁、打率.276
【タイトル】盗塁王1回（2007年）オールスター2回（05,07年）

ロビン・ロバーツ
Robin Evan Roberts
1926.9.30～2010.5.6【出身地】イリノイ州スプリングフィールド【球団】48-61フィリーズ　62-65オリオールズ　65-66アストロズ　66カブス【位置】投手、右
【経歴】流れるようなフォームから豪速球を投げ込んだ、50年代を代表する名投手の一人。ミシガン州立大学ではバスケットボールでも活躍し、48年契約金2万5000ドルでフィリーズに入団すると、翌49年早くも15勝。50年は5完封（1位）、防御率3.02（4位）、最後の8日間で4先発する大車輪の働きで、シーズン最終戦で20勝に到達すると同時に35年ぶりの優勝を決めた。55年まで6年連続20勝、52年28勝、53～55年はいずれも23勝で4年連続最多勝に輝く。52年は防御率も自己ベストの2.59（3位）で、MVP投票では次点だった。
52～53年にかけて28試合連続完投、56年まで5年連続最多完投で、51～55年は5年連続最多投球回。53・54年は最多奪三振と文字通り大黒柱として働き続けたが、61年は1勝10敗、防御率5.85の大不振でヤンキースへ放出、1試合も投げることなく解雇される。62年オリオールズに拾われ、技巧派への転身に成功し10勝、防御率2.78（2位）。65年までさらに4年連続2ケタ勝利を挙げた。1試合平均1.73四球と制球の良さが自慢だったが、その分被本塁打も多く史上2位の505本を献上した。ただし走者のいないときに打たれることが多く、満塁では4本のみ。人間性も優れていると評判で、打者を狙って投げることは滅多になく、組合活動でも中心的な役割を担いマーヴィン・ミラーを委員長として招聘した。76年殿堂入り。
【通算】19年、676試合、609先発（20位）、305完投、45完封（29位）、286勝（27位）245敗（12位）、4688.2回（20位）、2357奪三振、902四球、防御率3.41

【タイトル】最多勝4回（52～55年）最多奪三振2回（53～54年）オールスター7回（50～56年）

エド・ロパット
Edmund Walter Lopat
1918.6.21～92.6.15【出身地】ニューヨーク州ニューヨーク【球団】44-47ホワイトソックス　48-55ヤンキース　55オリオールズ【位置】投手、左
【経歴】本名はLopatynski。当代随一の頭脳派左腕で、球威に欠けた分スクリューボールなど緩い球を効果的に使い、投球フォームにも工夫を凝らして打者のバランスを崩した。44～54年にかけ11年連続2ケタ勝利、50年の18勝、防御率3.47はともに4位。51年は21勝、防御率2.91がいずれも2位、ワールドシリーズでは第2戦と第5戦で1失点完投勝ち。5度出場したシリーズでは通算4勝1敗、防御率2.60だった。53年は16勝、防御率2.42（1位）で、同年末にメジャー選抜チーム"ロパット・オールスターズ"を率いて来日している。
【通算】12年、340試合、318先発、164完投、27完封、166勝112敗、2439.1回、859奪三振、防御率3.21
【タイトル】最優秀防御率1回（53年）オールスター1回（51年）
【監督】63-64アスレティックス　2年、214試合、90勝124敗、勝率.421

ハンス・ロバート
John Bernard Lobert (Hans)
1881.10.18～1968.9.14【出身地】デラウェア州ウィルミントン【球団】03パイレーツ　05カブス　06-10レッズ　11-14フィリーズ　15-17ジャイアンツ【位置】三塁、遊撃、右
【経歴】五輪金メダリストであるジム・ソープ以上の俊足を誇り、アトラクションとして馬と競走したこともあった。08年の47盗塁（3位）を最多として30盗塁以上7回。同年は167安打で3位、18三塁打は2位だった。マイナーの監督を長く務めたのちフィリーズのコーチとなり、42年60歳にして監督に昇格したが、首位に62.5ゲーム差の最下位に終わった（38年に2試合監督代行の経験あり）。弟のフランクはフェデラル・リーグで11試合出場した。
【通算】14年、1317試合、4563打数1252安打、32本塁打、482打点、316盗塁、打率.274
【監督】38,42フィリーズ　2年、153試合、42勝111敗、勝率.275

デイヴ・ロバートソン
Davis Aydelotte Robertson
1889.9.25～1970.11.5【出身地】ヴァージニア州ポーツマス【球団】12,14-17,19ジャイアンツ　19-21カブス　21パイレーツ　22ジャイアンツ【位置】外野、左
【経歴】16、17年と2年連続でリーグ最多の12本塁打。17年のワールドシリーズでは本塁打こそなかったが、22打数11安打と当たりまくった。18年は兵役で全休。繊細で物静かな性格がチームメイトやジョン・マグロー監督と合わず、引退後は猟区管理人として森の中で暮らした。
【通算】9年、804試合、2830打数812安打、47本塁打、364打点、94盗塁、打率.287
【タイトル】本塁打王2回（16～17年）

デイヴィッド・ロバートソン　★
David Alan Robertson
1985.4.9～【出身地】アラバマ州バーミングハム【球団】2008-14ヤンキース　15-17ホワイトソックス　17-18ヤンキース　19フィリーズ　21レイズ　22カブス　22フィリーズ　23メッツ　23マーリンズ　24レンジャーズ【位置】投手、右
【経歴】2006年ドラフト17位でヤンキースに入団。11年は70試合に登板し防御率1.08、66.2回を投げ100奪三振、本塁打は1本しか打たれなかった。速球のスピードは平凡でもカーブが良く、14年はマリアノ・リベラのケガにともない抑えに回り39セーブ、以後3年連続30セーブ以上。ピンチを招いてもどうにか切り抜けることから、著名な魔術師であるフーディーニの異名を奉られた。20年にトミー・ジョン手術、翌21年は東京五輪に出場。22年は20セーブ、防御率2.40を記録した。兄のコナーも投手。
【通算】16年、861試合、1先発、0完投、66勝46敗177S、876.2回、1154奪三振、防御率2.91
【タイトル】オールスター1回（2011年）

ボブ・ロバートソン
Robert Eugene Robertson
1946.10.2～【出身地】メリーランド州フロストバーグ【球団】67,69-76パイレーツ　78マリナーズ　79ブルージェイズ【位置】一塁、右

【経歴】抜群のパワーの持ち主で、ラルフ・カイナーの再来として期待される。70年正一塁手となり打率.287、27本塁打、82打点。翌71年も26本塁打、プレイオフでは16打数7安打、第2戦の3本を含む4本塁打。ワールドシリーズでも2本塁打を放ち世界一に貢献した。続く72年は打率.193と不振に陥り、74年に膝を手術してからは控えに回った。
【通算】11年、829試合、2385打数578安打、115本塁打、368打点、7盗塁、打率.242

ウィルバート・ロビンソン
Wilbert Robinson
1864.6.29～1934.8.8【出身地】マサチューセッツ州ボルトン【球団】1886-90フィラデルフィア(AA)　90-99ボルティモア(AA)/ボルティモア　1900セントルイス　01-02オリオールズ【位置】捕手、右
【経歴】1890年代の強豪ボルティモアを支えた好捕手。1892年6月10日に史上初の1試合7安打、新記録の11打点を叩き出す。翌93年からの5年間で打率3割4回、94年は自己最高の打率.353、98打点。96年も67試合の出場ながら.347の高打率だった。僚友ジョン・マグローとは共同でビジネスを始めるなど親友同士で、ジャイアンツの監督とコーチの間柄だったが、1913年のワールドシリーズで采配をめぐり口論となり、解任されてからは17年間も口をきかなかった。
　翌14年ライバル球団のドジャースの監督に迎えられ、支配的なマグローとは対照的に、選手の自主性に任せる采配で成功を収め、戦力的には劣っていたチームを2度の優勝に導いた。陽気な性格で"アンクル・ロビー"としてファンや選手に愛され、在任中チームは彼の名をとって"ロビンズ"と呼ばれた。34年、マグローの死から半年後に脳出血により死去。45年殿堂入り。兄フレッドはユニオン・アソシエーションで3試合出たことがある。
【通算】17年、1371試合、5075打数1388安打、18本塁打、722打点、196盗塁、打率.273
【監督】02オリオールズ　14-31ドジャース　19年、2819試合、1399勝1398敗、勝率.500　リーグ優勝2回(16,20年)

エディー・ロビンソン
William Edward Robinson
1920.12.15～2021.10.4【出身地】テキサス州パリス【球団】42,46-48インディアンズ　49-50セネターズ　50-52ホワイトソックス　53アスレティックス　54-56ヤンキース　56アスレティックス　57タイガース　57インディアンズ　57オリオールズ
【位置】一塁、左
【経歴】13年間でのべ9球団を転々とし、レッドソックス以外のア・リーグ7球団に在籍。48年インディアンズで正一塁手となり、ワールドシリーズでは20打数6安打、世界一を決めた第6戦で決勝タイムリーを放つ。51年いずれも3位の29本塁打、117打点(3位)、以後3年連続で100打点を突破。52年は176安打と33二塁打が3位、104打点は2位。続く53年は打率.250以下で100打点に到達した最初の選手となった。翌54年ヤンキースに移籍してからは急速に出場機会が減った。引退後はブレーヴス、レンジャーズでGMを務めたのち、選手としては所属しなかったレッドソックスのスカウトに転じた。2021年に100歳で死去。
【通算】13年、1315試合、4282打数1146安打、172本塁打、723打点、10盗塁、打率.268
【タイトル】オールスター4回(49,51～53年)

ジャッキー・ロビンソン
Jack Roosevelt Robinson
1919.1.31～72.10.24【出身地】ジョージア州カイロ【球団】47-56ドジャース【位置】二塁、三塁、外野、一塁、右
【経歴】メジャー・リーグ史上最も重要な選手の一人で、球界にとどまらずアメリカ社会における黒人の立場の改善に大いに功績があった。UCLA時代には野球以外にもフットボール、バスケットボール、陸上競技、水泳、テニスで優秀な成績を収める。ニグロ・リーグのカンザスシティ・モナークス時代にドジャースの興味を惹き、45年10月23日ドジャースと契約した。サッチェル・ペイジ、ジョシュ・ギブソンらの大スターをさしおいてロビンソンが選ばれたのは、強靱な精神力を評価されたため。軍隊生活中、白人兵士のためバスの後部座席へ移るよう強要されながら断固拒絶したエピソードは有名で、その精神力なら野次や差別に耐えられ、報復もすることはないと見込まれた。それに加え、黒人選手はマイナーで鍛えてからでなくては通用しないとの事実を作ることで、白人層の反感を和らげる目的もあったといわ

れる。
46年マイナーのモントリオールに配属され、打率.349で首位打者。翌47年4月15日、ドジャースの一塁手として出場し、近代のメジャーで初の黒人選手となる。フィールドの内外を問わず、あらゆる種類の厭がらせを受けながらも耐え続け、打率.297、175安打、29盗塁（1位）で、同年新設された新人王を受賞、全国の黒人層に大いに勇気を与えた。翌48年本来の二塁に戻り、49年は打率.342と37盗塁が1位、203安打、124打点、出塁率.432は2位、12三塁打と長打率.528は3位でMVPを受賞。以後6年連続で打率3割／出塁率4割をキープし、52年は106四球（3位）を選んで出塁率.440は1位。通算19回、うち12回は単独で本盗を決めるなど頭脳的な走塁が際立っていた。
56年シーズン終了後にジャイアンツへのトレードを拒否して引退。その後は黒人の地位向上のため積極的な活動を展開した。62年殿堂入り。72年10月24日、心臓病のため53歳で他界。その栄誉をたたえ、87年新人王は“ジャッキー・ロビンソン賞”の名が付され、97年には全球団が背番号42を永久欠番とすると決定した。99年に『タイム』誌が20世紀の最も重要な100人を選定した際には、野球選手としてただ一人選ばれた。兄のマックは陸上選手で、36年のベルリン五輪100m走で銀メダルを手にしている。
【通算】10年、1382試合、4877打数1518安打、137本塁打、734打点、197盗塁、打率.311
【タイトル】MVP1回（49年）新人王（47年）首位打者1回（49年）盗塁王2回（47,49年）最高出塁率1回（52年）オールスター6回（49～54年）
<ニグロ・リーグの成績>35試合、125打数49安打、4本塁打、29打点、3盗塁、打率.392

ドン・ロビンソン
Don Allen Robinson
1957.6.8～【出身地】ケンタッキー州アッシュランド【球団】78-87パイレーツ　87-91ジャイアンツ　92エンジェルズ　92フィリーズ【位置】投手、右
【経歴】75年ドラフト3位でパイレーツに入団。78年20歳でメジャーに昇格、カーブで打たせてとる投球を得意とし14勝を挙げる。肩を痛めその後は低迷、82年は15勝と復調したが、再度肩痛に見舞われリリーフに転向。87年途中ジャイアンツに移籍、翌88年先発に再転向し10勝、自己ベストの防御率2.45。90年まで4年連続2ケタ勝利を稼いだ。通算打率.231、13本塁打と打撃も良く、一時は打者転向も考えたほどで、87年は地区優勝を決めた試合で自ら決勝本塁打を放った。
【通算】15年、524試合、229先発、34完投、6完封、109勝106敗57S、1958.1回、1251奪三振、防御率3.79

ビル・ロビンソン
William Henry Robinson
1943.6.26～2007.7.29【出身地】ペンシルヴェニア州マッキースポート【球団】66ブレーヴス　67-69ヤンキース　72-74フィリーズ　75-82パイレーツ　82-83フィリーズ【位置】外野、一塁、三塁、右
【経歴】ヤンキースがロジャー・マリスの後継者に考えていた期待の星だったが、レギュラーには定着できずマイナーへ降格。72年フィリーズで再昇格、翌73年30歳にして打率.288、25本塁打と開花。パイレーツ移籍後の77年は4ポジションで先発に起用され打率.304、26本塁打、104打点の自己記録。79年は24本塁打を放ち優勝に貢献した。引退後はメッツなどで打撃コーチを務め、現役時代と合わせて4球団でチャンピオンリングを手にした。選手からの信任も厚かったが、ドジャースのマイナー打撃コーチ在任中の2007年に亡くなった。
【通算】16年、1472試合、4364打数1127安打、166本塁打、641打点、71盗塁、打率.258

フランク・ロビンソン
Frank Robinson
1935.8.31～2019.2.7【出身地】テキサス州ボーモント【球団】56-65レッズ　66-71オリオールズ　72ドジャース　73-74エンジェルズ　74-76インディアンズ【位置】外野、DH、一塁、右
【経歴】初めて両リーグでMVPを受賞した史上屈指のスラッガー。56年20歳でメジャーに昇格、当時の新人記録となる38本塁打（2位）で新人王に輝く。61年は打率.323、37本塁打（3位）、124打点（2位）で優勝の原動力となりMVPを受賞。翌62年は51二塁打、出塁率.421、長打率.624はいずれも1位、打率.342と208安打は2位、136打点も3位で、長打率

以外は自己記録となった。
65年も33本塁打（4位）、113打点（2位）だったが、峠を越したとの理由でオリオールズへ放出される。翌66年打率.316、49本塁打、122打点で三冠王、出塁率.410と長打率.637も1位でMVP。ワールドシリーズでも最終第4戦での決勝弾を含む2本塁打を放った。通算では打率3割9回、30本塁打以上11回、100打点以上6回。開幕戦での8本塁打も最多記録である。
強気かつ誇り高い性格で内角攻めにもひるまず、59年に白人のスター選手エディー・マシューズとの乱闘がきっかけで脅迫を受けたときも屈することなく活躍を続けた。74年インディアンズに移籍、翌75年選手兼任で、黒人として初の監督に就任。76年は8年ぶりの勝率5割と健闘するが77年途中解雇。81年ジャイアンツの監督となり、82年は優勝争いに食い込んで最終的には3位。88年途中オリオールズの監督を引き受け、翌89年は前年から33勝を上乗せし2位へ躍進、最優秀監督賞を受賞。選手を甘やかさない厳しい姿勢で、どの球団の指揮を執っても一定の結果を残した。82年殿堂入り。黒人の地位向上のためにも積極的に活動し、2000年にメジャーリーグ副会長に選ばれた。02年エクスポズの監督として現場復帰、71歳となった06年限りで退任した。
【通算】21年、2808試合（24位）、10006打数（29位）2943安打、528二塁打、72三塁打、586本塁打（10位）、1812打点（22位）、204盗塁、1420四球（25位）、1532三振、打率.294
【タイトル】MVP2回（61,66年）新人王（56年）首位打者1回（66年）本塁打王1回（66年）打点王1回（66年）最高出塁率2回（62,66年）ゴールドグラブ1回（58年）オールスター12回（56～57,59,61～62,65～67,69～71,74年）
【監督】75-77インディアンズ　81-84ジャイアンツ　88-91オリオールズ　2002-06エクスポズ／ナショナルズ　16年、2241試合、1065勝1176敗、勝率.475

ブルックス・ロビンソン
Brooks Calbert Robinson
1937.5.18～2023.9.26【出身地】アーカンソー州リトルロック【球団】55-77オリオールズ【位置】三塁、右
【経歴】史上最高の守備力を誇り“人間掃除機”の異名をとった名三塁手。肩の強さはさほどでもなかったが、打球に対する反応の速さと正確なスローイングで、2870試合、2697刺殺、6205補殺、618併殺はすべて三塁手としては史上1位、守備率.971も4位。60～75年に16年連続でゴールドグラブを受賞、この間65、75年を除きすべて150試合以上出場した。
55年18歳でデビューし、61年はいずれも2位の192安打、38二塁打、翌62年も192安打（3位）、9三塁打（5位）、初の20本以上となる23本塁打。64年は打率.317（2位）、194安打（2位）、28本塁打、118打点（1位）の自己最高成績でMVPに輝く。66年は35二塁打（2位）、23本塁打、100打点（4位）、オールスターでも3安打を放ちMVPに選ばれた。70年のワールドシリーズでは21打数9安打、2本塁打、6打点、自慢の守備でも美技を連発しシリーズMVPを受賞した。人格者としても名高く、正直で飾らない人柄で多くの尊敬を集め、「野球選手は人々の模範となるべき」との信念を持っていた。83年殿堂入り。
【通算】23年、2896試合（16位）、10654打数（17位）2848安打、482二塁打、68三塁打、268本塁打、1357打点、28盗塁、860四球、990三振、打率.267
【タイトル】MVP1回（64年）打点王1回（64年）ゴールドグラブ16回（60～75年）オールスター15回（60～74年）

フロイド・ロビンソン
Floyd Andrew Robinson
1936.5.9～【出身地】アーカンソー州プレスコット【球団】60-66ホワイトソックス　67レッズ　68アスレティックス　68レッドソックス【位置】外野、左
【経歴】61年レギュラーとなり打率.310、翌62年は打率.312（2位）、187安打、45二塁打（1位）、10三塁打（2位）、109打点（4位）の活躍で大いに注目される。64年も打率.301（5位）、出塁率.388（4位）、65年に76四球（5位）を選ぶなど選球眼も確かだった。66年は打率.237の不振に加え監督のエディー・スタンキーとも衝突を繰り返し、翌67年レッズへ放出された。
【通算】9年、1011試合、3284打数929安打、67本塁打、426打点、42盗塁、打率.283

デイヴィー・ロープス
David Earl Lopes
1945.5.3 ～【出身地】ロードアイランド州イーストプロヴィデンス【球団】72-81 ドジャース　82-84 アスレティックス　84-86 カブス　86-87 アストロズ【位置】二塁、外野、右
【経歴】70 年代を代表する快足二塁手。68 年 1 月ドラフト 2 位（第 2 回）でドジャースに入団、72 年 27 歳でメジャーに昇格。74 年 8 月 24 日にはリーグ 70 年ぶりとなる 1 試合 5 盗塁、75 年は 38 連続盗塁成功の新記録。同年 77 盗塁、76 年 63 盗塁で 2 年連続 1 位。85 年は 40 歳で 47 盗塁と、ベテランになっても脚力は衰えなかった。通算成功率は .830 の高率で、ワールドシリーズでも史上 3 位の 10 盗塁を決めている。
78 年のワールドシリーズで 3 本塁打、翌 79 年は 28 本塁打と長打力も秘め、先頭打者本塁打も 28 本放っている。選球眼も良く、79 年に自己最多の 97 四球（3 位）を選んだ。2000 年からブルワーズの指揮を執っていたが結果を出せず 02 年途中解任、その後はフィリーズなどでベースコーチを務め高く評価された。
【通算】16 年、1812 試合、6354 打数 1671 安打、155 本塁打、614 打点、557 盗塁（26 位）、打率 .263
【タイトル】盗塁王 2 回（75 ～ 76 年）ゴールドグラブ 1 回（78 年）オールスター 4 回（78 ～ 81 年）
【監督】2000-02 ブルワーズ　3 年、340 試合、144 勝 195 敗、勝率 .425

トム・ロフタス
Thomas Joseph Loftus
1856.11.15 ～ 1910.4.16【出身地】ミズーリ州セントルイス【球団】1877 セントルイス　83 セントルイス（AA）【位置】外野、右
【経歴】選手としては大成せず、1884 年 27 歳でミルウォーキー（UA）の指揮を執る。5 球団の監督を歴任したが、90 年にシンシナティで 4 位になったのが最高で、フルシーズンで勝率 5 割以上はこの年のみだった。91 年には、ナ・リーグの球よりよく飛ぶプレイヤーズ・リーグの使用球を自軍の攻撃時にこっそり使っていたのが発覚し、危うく追放されそうになった。その後長くマイナーで監督を務め、1900 年 9 年ぶりにメジャーに戻った。02 年セネターズ監督に就任し、4 リーグで采配を振った最初の人物となった。03 年にはルール委員会の委員長になっている。
【通算】2 年、9 試合、33 打数 6 安打、0 本塁打、0 打点、打率 .182
【監督】1884 ミルウォーキー（UA）　88-89 クリーヴランド（AA）/ クリーヴランド　90-91 シンシナティ　1900-01 カブス　02-03 セネターズ　9 年、1055 試合、454 勝 580 敗、勝率 .439

ケニー・ロフトン
Kenneth Lofton
1967.5.31 ～【出身地】インディアナ州イーストシカゴ【球団】91 アストロズ　92-96 インディアンズ　97 ブレーヴス　98-2001 インディアンズ　02 ホワイトソックス　02 ジャイアンツ　03 パイレーツ　03 カブス　04 ヤンキース　05 フィリーズ　06 ドジャース　07 レンジャーズ　07 インディアンズ
【位置】外野、左
【経歴】ポストシーズン史上最多の 34 盗塁を記録した快足の持ち主。アリゾナ大学時代はバスケットボールで活躍し、アシストとスティールの学校記録を樹立したが、88 年ドラフト 17 位でアストロズに指名され入団。92 年インディアンズに移籍、打率 .285、リーグ新人記録となる 66 盗塁（1 位）の好成績を残したが、新人王はパット・リスタッチに譲る。94 年は打率 .349（4 位）、160 安打（1 位）、95 年のリーグ優勝決定シリーズでは 24 打数 11 安打、5 盗塁、ワールドシリーズでも 6 盗塁を決めた。
96 年自己最多の 210 安打（3 位）、75 盗塁は 5 年連続 1 位。翌 97 年開幕直前ブレーヴスへトレードされ、打率 .333（4 位）を記録するも盗塁は 27 個に激減、リーグワーストの 20 盗塁刺を喫し、1 年のみでインディアンズに復帰。2000 年 9 月に 18 試合連続得点のタイ記録を達成した。02 年以降は移籍を繰り返しつつ、05 年以外は毎年ポストシーズンに進出。06 年は 39 歳で 8 度目の打率 3 割となる .301、12 三塁打に 32 盗塁と衰えを見せなかった。
【通算】17 年、2103 試合、8120 打数 2428 安打、383 二塁打、116 三塁打、130 本塁打、781 打点、622 盗塁（15 位）、945 四球、1016 三振、打率 .299
【タイトル】盗塁王 5 回（92 ～ 96 年）ゴールドグラブ 4 回（93 ～ 96 年）オールスター 6 回（94 ～ 99 年）

アル・ロペス
Alfonso Ramon Lopez
1908.8.20 ～ 2005.10.30【出身地】フロリダ州タンパ【球団】28,30-35 ドジャース　36-40 ブレーヴス　40-46 パイレーツ　47 インディアンズ【位置】捕手、右
【経歴】堅実な守備と好リードに加えてタフさでも知られ、捕手としての通算出場試合数 1918 は引退時点で 1 位。30 年 21 歳でドジャースの正捕手となり打率 .309、57 打点、33 年は .301 で 2 度目の打率 3 割。守備では刺殺で 3 回、盗塁阻止率で 4 回 1 位になり、通算阻止率 .541 は史上 4 位の高率である。
51 年インディアンズ監督に就任、54 年当時のア・リーグ記録となる 111 勝、勝率 .721 の圧倒的な強さで優勝を果たす。57 年からホワイトソックスに移り、当時はあまり顧みられていなかった機動力を駆使し、59 年に 40 年ぶりの優勝に導く。50 年代を通じヤンキース以外のチームを優勝させた唯一の指揮官で、この間常に 2 位以上の名将だった。性格も穏やかで、選手から厚い信頼を寄せられていた。77 年殿堂入り。
【通算】19 年、1950 試合、5916 打数 1547 安打、51 本塁打、652 打点、46 盗塁、打率 .261
【タイトル】オールスター 2 回（34,41 年）
【監督】51-56 インディアンズ　57-65,68-69 ホワイトソックス　17 年、2425 試合、1410 勝 1004 敗、勝率 .584　リーグ優勝 2 回（54,59 年）

エクトル・ロペス
Hector Headley Lopez
1929.7.8 ～ 2022.9.29【出身地】パナマ共和国コロン【球団】55-59 アスレティックス　59-66 ヤンキース【位置】外野、三塁、二塁、右
【経歴】内外野どこでも守れる中距離打者で、55 年新人で打率 .290、翌 56 年は 18 本塁打。ヤンキースに途中移籍した 59 年に自己最多の 22 本塁打、93 打点。61 年のワールドシリーズ最終第 5 戦では本塁打を含む 5 打点。本塁打とスクイズを同じ試合で決めたのは、2020 年第 3 戦でオースティン・バーンズ（ドジャース）が記録するまでシリーズ史上唯一だった。68 年には東京オリオンズが獲得に乗り出したものの、間違えてヤンキース時代のチームメイトだったアルト・ロペス（プエルトリコ出身で血縁関係もない別人）と契約した。
【通算】12 年、1450 試合、4644 打数 1251 安打、136 本塁打、591 打点、16 盗塁、打率 .269

ハビー・ロペス
Javier Lopez
1970.11.5 ～【出身地】プエルトリコ・ポンセ【球団】92-2003 ブレーヴス　04-06 オリオールズ　06 レッドソックス【位置】捕手、右
【経歴】90 ～ 2000 年代のブレーヴス黄金期を支えた好捕手。87 年ドラフト外でブレーヴスに入団、強打が魅力で 95 年は打率 .315。翌 96 年のリーグ優勝決定シリーズは 24 打数 13 安打、2 本塁打、6 打点の猛打でシリーズ MVP を受賞。98 年は 34 本塁打、106 打点を叩き出した。2003 年は捕手としての最多記録となる 43 本塁打（4 位）に加え、打率 .328 と 109 打点も自己記録を更新した。通算では 6 回 20 本塁打以上。守備の評価は打撃ほどではなく、ブレーヴス時代にはグレッグ・マダックスにバッテリーを組むのを避けられていた。
【通算】15 年、1503 試合、5319 打数 1527 安打、260 本塁打、864 打点、8 盗塁、打率 .287
【タイトル】オールスター 3 回（97 ～ 98,2003 年）

ハビエル・ロペス
Javier Alphonso Lopez
1977.7.11 ～【出身地】プエルトリコ・サンファン【球団】2003-05 ロッキーズ　05 ダイアモンドバックス　06-09 レッドソックス　10 パイレーツ　10-16 ジャイアンツ【位置】投手、左
【経歴】98 年ドラフト 4 位でダイアモンドバックスに入団、2003 年ロッキーズでメジャーに昇格し左の中継ぎとして 75 試合に登板。10 年途中ジャイアンツへ移籍してからは、シンカー中心の投球で毎年安定した成績を残し、13 年は 69 試合で防御率 1.83。15 年は 38 歳にして自己最多タイの 77 試合に投げ、防御率 1.60 も自己ベストを更新した。通算では左打者に対して被打率 .202。被本塁打が少なく 11 年は 70 試合 /53 回で 0 本、通算 26 本にとどめ、2 本以上打たれた打者はいなかった。心理学の学位を取得している。
【通算】14 年、839 試合、0 先発、30 勝 17 敗 14 S、533.1 回、358 奪三振、防御率 3.48

フェリペ・ロペス
Felipe Lopez
1980.5.12 ～【出身地】プエルトリコ・バヤモン【球団】2001-02 ブルージェイズ　03-06 レッズ　06-08 ナショナルズ　08 カーディナルス　09 ダイアモンドバックス　09ブルワーズ　10カーディナルス　10レッドソックス　11 レイズ　11 ブルワーズ【位置】遊撃、二塁、両
【経歴】98 年ドラフト 1 位（全体 8 位）でブルージェイズに入団。レッズ移籍後の 2005 年正遊撃手となり、打率 .291、自己最多の 23 本塁打、85 打点。翌 06 年は 44 盗塁（5 位）を決めた。09 年も打率 .310、187 安打（5 位）、38 二塁打。感情の起伏の激しさがプレイに影響するタイプで成績が安定せず、08 年はナショナルズ、10 年はカーディナルスでレギュラーだったがシーズン途中で解雇された。
【通算】11 年、1185 試合、4337 打数 1145 安打、90 本塁打、439 打点、124 盗塁、打率 .264
【タイトル】オールスター 1 回（2005 年）

ホセ・ロペス　☆
Jose Celestino Lopez
1983.11.24 ～【出身地】ベネズエラ共和国バルセロナ【球団】2004-10 マリナーズ　11ロッキーズ　11マーリンズ　12インディアンズ　12 ホワイトソックス【位置】二塁、三塁、右
【経歴】2000 年マリナーズに入団、06 年正二塁手となり打率 .282 でオールスターに選ばれる。08 年は 191 安打（3 位）、41 二塁打、89 打点、翌 09 年は 42 二塁打、25 本塁打、96 打点と活躍したが、10 年以降は不振が続いた。四球は最多でも 08 年の 27 個で、通算出塁率は 3 割未満。13 年巨人に入団、15 年に DeNA へ移籍してからは 30 本塁打以上 3 回。17 年は 171 安打、105 打点の 2 部門で 1 位となり、守備でも 1632 守備機会連続無失策の日本記録を樹立、5 回ゴールデングラブに選ばれた。
【通算】9 年、1036 試合、3841 打数 1005 安打、92 本塁打、480 打点、25 盗塁、打率 .262
【タイトル】オールスター 1 回（2006 年）
【日本】2013-14 巨人　15-20DeNA　8 年、993 試合、3657 打数 1001 安打、198 本塁打、588 打点、3 盗塁、打率 .274

ジョニー・ロマノ
John Anthony Romano
1934.8.23 ～ 2019.2.24【出身地】ニュージャージー州ホーボーケン【球団】58-59 ホワイトソックス　60-64 インディアンズ　65-66 ホワイトソックス　67 カーディナルス
【位置】捕手、右
【経歴】60 年にミニー・ミニョソとの交換要員の一人としてインディアンズに移籍し、正捕手となる。同年から 7 年連続 2 ケタ本塁打と長打力を発揮し、61 年打率 .299、21 本塁打、80 打点、62 年に自己最多の 25 本塁打、81 打点。守備でも 65 年に補殺、併殺の 2 部門で 1 位となった。
【通算】10 年、905 試合、2767 打数 706 安打、129 本塁打、417 打点、7 盗塁、打率 .255
【タイトル】オールスター 2 回（61 ～ 62 年）

J・C・ロメロ
Juan Carlos Romero
1976.6.4 ～【出身地】プエルトリコ・リオピエドラス【球団】99-2005 ツインズ　06 エンジェルズ　07 レッドソックス　07-11 フィリーズ　11 ロッキーズ　12 カーディナルス　12 オリオールズ【位置】投手、左
【経歴】97 年ドラフト 21 位でツインズに入団。当初は先発として起用されながら結果を出せず、速球を生かして中継ぎに転じる。2002 年は 81 試合に登板し 9 勝、防御率 1.89。04 年は 6 月から 9 月にかけ、32 試合／36 回連続無失点と好投した。08 年まで 7 年連続で 65 試合以上に登板したが、成績にはかなり波があった。07 年はシーズン途中フィリーズに移籍後、51 試合で防御率 1.24。翌 08 年は 81 試合で防御率 2.75、ワールドシリーズでも 4 試合、4.2 回を無失点に封じ世界一に貢献したが、09 年は薬物違反で開幕から 50 試合の出場停止となった。
【通算】14 年、680 試合、22 先発、0 完投、34 勝 28 敗 7 S、661.1 回、526 奪三振、防御率 4.16

セルヒオ・ロモ
Sergio Francisco Romo
1983.3.4 ～【出身地】カリフォルニア州ブローリー【球団】2008-16 ジャイアンツ　17ドジャース　17-18 レイズ　19 マーリンズ　19-20 ツインズ　21 アスレティックス　22 マリナーズ　22 ブルージェイズ【位置】投手、右
【経歴】2005 年ドラフト 28 位でジャイア

ンツに入団。安定した制球力でリリーフとして起用され、11年は防御率1.50、48回で70三振を奪い与四球は5個のみ。スライダーが冴え、7～8月には14試合にまたがり30打者連続アウトに取った。翌12年も防御率1.79、続く13年は抑えとして38セーブ（3位）、14年も23セーブ。ワールドシリーズでは通算6試合を投げ1点も取られず3回世界一となった。性格も温和でサンフランシスコのファンに人気があった。18年5月19日に通算589試合目で初めて先発、翌20日も続けて先発しオープナー戦術の先駆けとなった。
【通算】15年、821試合、5先発、0完投、42勝36敗137 S、722.2回、789奪三振、防御率3.21
【タイトル】オールスター1回（2013年）

シャーム・ローラー
John Sherman Lollar
1924.8.23～77.9.24【出身地】アーカンソー州ダーラム【球団】46インディアンズ　47-48ヤンキース　49-51ブラウンズ　52-63ホワイトソックス【位置】捕手、右
【経歴】3度のゴールドグラブに輝いた強肩好守の捕手。54年の盗塁阻止率は驚異的な.677、18回連続で刺したこともあった。穏やかな性格で、投手のタイプに合わせたきめ細かいリードも信頼されていた。パンチ力があり58年20本塁打、ホワイトソックスが優勝した59年はいずれもチームトップの22本塁打、84打点、ワールドシリーズでも5打点。選球眼も良く、三振も比較的少なかった。55年4月に史上2人目となる1試合2度の1イニング2安打を記録した。引退後はオリオールズとアスレティックスのコーチ。
【通算】18年、1752試合、5351打数1415安打、155本塁打、808打点、20盗塁、打率.264
【タイトル】ゴールドグラブ3回（57～59年）オールスター7回（50,54～56,58～60年）

シェイン・ローリー
Shane William Rawley
1955.7.27～【出身地】ウィスコンシン州ラシーン【球団】78-81マリナーズ　82-84ヤンキース　84-88フィリーズ　89ツインズ【位置】投手、左
【経歴】74年ドラフト2位（第2回）でエクスポズに入団。マリナーズ時代はリリーフで、80年に13セーブを挙げる。ヤンキースへ移った82年先発に転向し11勝、以後6年連続2ケタ勝利。速球とチェンジアップが良く、83年は14勝、13完投（4位）、87年は自己最多の17勝（2位）だったが、続く2年間は13勝28敗と大きく負け越した。
【通算】12年、469試合、230先発、41完投、7完封、111勝118敗40 S、1871.1回、991奪三振、防御率4.02
【タイトル】オールスター1回（86年）

ミッキー・ロリッチ
Michael Stephen Lolich
1940.9.12～【出身地】オレゴン州ポートランド【球団】63-75タイガース　76メッツ　78-79パドレス【位置】投手、左
【経歴】左腕としてはア・リーグ最多の2679三振を奪った巨体の好投手。スライダー、シンカーを武器として69年から6年連続、通算では7度200奪三振、64年の18勝を皮切りに12年連続2ケタ勝利と安定していた。67年はリーグ最多の6完封を含む14勝、翌68年は17勝、ワールドシリーズではすべて完投で3勝、防御率1.67で世界一に大きく貢献。第2戦ではレギュラーシーズンも含めて唯一の本塁打を放った。
69年も19勝、271奪三振（2位）、71年は25勝、29完投、376回、308奪三振の4部門で1位。翌72年も22勝（3位）、防御率2.50は自己ベストだった。76年メッツへ移籍、翌77年は契約上のトラブルで出場なし。現役最晩年にはナックルボーラーへの転身を図ったが成功しなかった。引退後はドーナツ店を開いた。従兄弟のロンは外野手で、南海と近鉄に在籍した。
【通算】16年、586試合、496先発、195完投、41完封、217勝191敗10 S、3638.1回、2832奪三振（23位）、1099四球、防御率3.44
【タイトル】最多勝1回（71年）最多奪三振1回（71年）オールスター3回（69,71～72年）

ジョニー・ローリングス
John William Rawlings
1892.8.17～1972.10.16【出身地】アイオワ州ブルームフィールド【球団】14レッズ　14-15カンザスシティ（FL）　17-20ブレーヴス　20-21フィリーズ　21-22ジャイアンツ　23-26パイレーツ【位置】二塁、遊撃、右

【経歴】15年フェデラル・リーグで正遊撃手となるが、.216の低打率で翌16年はマイナー暮らし。17年ブレーヴスで再昇格、21年途中ジャイアンツに移籍して自己最多の146試合に出場、打率.278、156安打、46打点。同年のワールドシリーズでは好守を披露、打っても30打数10安打、4打点で世界一に貢献した。スタンフォード大学では法律を学んだ。
【通算】12年、1080試合、3719打数928安打、14本塁打、303打点、92盗塁、打率.250

ジミー・ロリンズ
James Calvin Rollins
1978.11.27〜【出身地】カリフォルニア州オークランド【球団】2000-14フィリーズ　15ドジャース　16ホワイトソックス【位置】遊撃、両
【経歴】96年ドラフト2位でフィリーズに入団。俊足のスイッチヒッターで2001年正遊撃手となり、12三塁打と46盗塁の2部門で1位。5〜8月にかけては35回連続で盗塁に成功した。05年は閉幕まで36試合連続安打、翌06年の最初の2試合も安打を放ち38試合にまで記録を伸ばす。小柄な割には長打力もあり、先頭打者本塁打は通算43本。07年は史上最多の778打席に立ち、212安打（2位）に加え38二塁打、20三塁打（1位）、30本塁打、41盗塁（5位）で史上4人目の20-20-20-20を達成しMVPに選ばれた。08年は自己最多の47盗塁（3位）、ハムストリングの故障で88試合の出場にとどまった10年を除き、01〜12年は毎年30盗塁以上を決めた。フィリーズでの2306安打は球団記録。強肩で守備も良く、4回ゴールドグラブに選ばれている。元阪神のトニー・タラスコは従兄弟。
【通算】17年、2275試合、9294打数2455安打、511二塁打、115三塁打、231本塁打、936打点、470盗塁、813四球、1264三振、打率.264
【タイトル】MVP1回（2007年）盗塁王1回（01年）ゴールドグラブ4回（07〜09,12年）オールスター3回（01〜02,05年）

リッチ・ロリンズ
Richard John Rollins
1938.4.16〜【出身地】ペンシルヴェニア州マウントプレザント【球団】61-68ツインズ　69-70パイロッツ/ブルワーズ　70インディアンズ【位置】三塁、右
【経歴】62年正三塁手となり、打率.298、186安打、16本塁打、96打点。オールスターには最多得票で選ばれた。翌63年打率.307（3位）、64年も10三塁打（1位）を放ったが、その後は膝痛に悩まされ年々打率が下降していった。ツインズのチームメイトだったバーニー・アレンと仲が良く、共同で保険の会社を経営した。
【通算】10年、1002試合、3303打数887安打、77本塁打、399打点、17盗塁、打率.269
【タイトル】オールスター1回（62年）

レッド・ロルフ
Robert Abial Rolfe (Red)
1908.10.17〜69.7.8【出身地】ニューハンプシャー州ペナクック【球団】31,34-42ヤンキース【位置】三塁、左
【経歴】ヤンキース第二期黄金時代のリードオフマンで、コニー・マックに“最高のチーム・プレイヤー”と称賛された三塁手。35年レギュラーとなり192安打、翌36年は39二塁打、15三塁打（1位）、ワールドシリーズでも25打数10安打の大当たり。39年は213安打と46二塁打で1位、打率.329、14本塁打、80打点もすべて自己最高、18試合連続得点の新記録を樹立。引退後イェール大学のコーチ、NBAのトロント・ハスキーズのヘッドコーチを経て49年タイガース監督に就任、50年に2位となる。ダートマス大学卒のインテリで、現役中から新聞にコラムなどを寄せ、母校の運動部長も務めた。
【通算】10年、1175試合、4827打数1394安打、69本塁打、497打点、44盗塁、打率.289
【タイトル】オールスター4回（37〜40年）
【監督】49-52タイガース　4年、539試合、278勝256敗、勝率.521

マーク・ロレッタ
Mark David Loretta
1971.8.14〜【出身地】カリフォルニア州サンタモニカ【球団】95-2002ブルワーズ　02アストロズ　03-05パドレス　06レッドソックス　07-08アストロズ　09ドジャース【位置】二塁、遊撃、右
【経歴】93年ドラフト7位でブルワーズに入団。しぶとい打撃で97年以降は12年連続で打率.280以上。98年は.316、2004年は.335（3位）に加え、208安打（2位）、47二塁打（4位）、16本塁打、

76 打点、16 犠飛（1 位）の自己最高成績を収めた。守備では二塁が多かったが内野はどこでも守れ、4 ポジションすべてで通算 200 試合以上に出場。リーダーシップも評価されていた。
【通算】15 年、1726 試合、5812 打数 1713 安打、76 本塁打、629 打点、47 盗塁、打率 .295
【タイトル】オールスター 2 回（2004,06 年）

スコット・ローレン
Scott Bruce Rolen
1975.4.4 ～【出身地】インディアナ州エヴァンズヴィル【球団】96-2002 フィリーズ 02-07 カーディナルス 08-09 ブルージェイズ 09-12 レッズ【位置】三塁、右
【経歴】史上屈指の守備力を誇り、8 度のゴールドグラブに輝いた名三塁手。93 年ドラフト 2 位でフィリーズに入団、97 年打率 .283、21 本塁打、92 打点、満票で新人王を受賞。翌 98 年も 45 二塁打（5 位）、31 本塁打、110 打点と数字を伸ばし、2002 年まで 5 年連続で 25 本塁打以上と活躍を続けたが、ラリー・ボーワ監督との確執などから 02 年途中カーディナルスへトレードされた。
04 年はすべて自己記録となる打率 .314、34 本塁打、124 打点（2 位）。リーグ優勝決定シリーズでは 3 本塁打、6 打点だったが、ワールドシリーズは 15 打数で 1 安打も打てなかった。06 年は 48 二塁打（2 位）、ワールドシリーズでは 19 打数 8 安打で世界一に貢献。またしてもトニー・ラルーサ監督との関係が悪化し、08 年にブルージェイズへ放出された。30 歳を過ぎてからは故障がちとなり、欠場が多くなったが守備の評価は落ちなかった。23 年殿堂入り。
【通算】17 年、2038 試合、7398 打数 2077 安打、517 二塁打、43 三塁打、316 本塁打、1287 打点、118 盗塁、899 四球、1410 三振、打率 .281
【タイトル】新人王（97 年）ゴールドグラブ 8 回（98,2000 ～ 04,06,10 年）オールスター 7 回（02 ～ 06,10 ～ 11 年）

アーロン・ロワンド
Aaron Ryan Rowand
1977.8.29 ～【出身地】オレゴン州ポートランド【球団】2001-05 ホワイトソックス 06-07 フィリーズ 08-11 ジャイアンツ【位置】外野、右
【経歴】98 年ホワイトソックスにドラフト 1 位で入団。2004 年に打率 .310、24 本塁打を放って正中堅手に定着。フィリーズ移籍後の 07 年は打率 .309、45 二塁打、27 本塁打、89 打点に加え、フェンスを恐れぬ闘志溢れるプレイで、ゴールドグラブを受賞した。08 年にジャイアンツへ移籍してからは振るわなかったが、人間的には他の選手の模範となっていた。ジェイムズ・シールズは従兄弟に当たる。
【通算】11 年、1358 試合、4374 打数 1193 安打、136 本塁打、536 打点、67 盗塁、打率 .273
【タイトル】ゴールドグラブ 1 回（2007 年）オールスター 1 回（07 年）

デイル・ロング
Richard Dale Long
1926.2.6 ～ 91.1.27【出身地】ミズーリ州スプリングフィールド【球団】51 パイレーツ 51 ブラウンズ 55-57 パイレーツ 57-59 カブス 60 ジャイアンツ 60 ヤンキース 61-62 セネターズ 62-63 ヤンキース【位置】一塁、左
【経歴】マイナーで 11 年を過ごしたのち、55 年 29 歳でレギュラーに定着し打率 .291、13 三塁打（1 位）。翌 56 年は自己最多の 27 本塁打、91 打点、5 月に 8 試合連続本塁打の新記録を達成。GM との確執から翌 57 年途中カブスへ移籍、57 ～ 58 年も 20 本塁打以上。60 年終盤にはヤンキースへ移り、26 試合で打率 .366、10 打点を稼ぎ優勝への追い込みに貢献した。61 年の拡張ドラフトでセネターズに移ったが、62 年途中ヤンキースに呼び戻されて活躍した。58 年には、左利きでは 52 年ぶりに捕手として 2 試合マスクを被った。
【通算】10 年、1013 試合、3020 打数 805 安打、132 本塁打、467 打点、10 盗塁、打率 .267
【タイトル】オールスター 1 回（56 年）

ハーマン・ロング
Herman C. Long
1866.4.13 ～ 1909.9.16【出身地】イリノイ州シカゴ【球団】1889 カンザスシティ（AA）90-1902 ブレーヴス 03 ヤンキース 03 タイガース 04 フィリーズ【位置】遊撃、左
【経歴】常に全力を尽くすことで知られた名遊撃手で、1 試合平均守備機会 6.38 は史上 1 位。投手の配球に合わせて細かくポジショニングを変えていた。その分エ

ラーも多く、1年目の1889年は122失策、通算では史上最多の1096失策。ボストン時代は二塁手のボビー・ロウとコンビを組み、内野フライを故意に落として走者を刺すトリックプレイを演じ、インフィールド・フライが制定されるきっかけを作った。打撃では1年目から14年連続で100安打以上打ち続け、92年に181安打(5位)、33二塁打(2位)、96年に自己最多の打率.345、101打点。94年5月30日は1試合9得点の新記録を達成した。1900年はすべて本拠地で12本を放ち本塁打王。猛烈なスライディングで相手選手に恐れられていた。
【通算】16年、1875試合、7678打数2129安打、91本塁打、1055打点、537盗塁(30位)、打率.277
【タイトル】本塁打王1回(1900年)

エヴァン・ロンゴリア
Evan Michael Longoria
1985.10.7～【出身地】カリフォルニア州ダウニー【球団】2008-17 レイズ　18-22 ジャイアンツ　23 ダイアモンドバックス【位置】三塁、右
【経歴】2006年ドラフト1位(全体3位)でレイズに入団、08年メジャー昇格後早々に6年1750万ドルの長期延長契約を結ぶ。同年は打率.272、27本塁打、85打点で新人王を受賞。プレイオフでは最初の2打席連続で本塁打を放ち、87年のゲイリー・ガイエティに次ぐ史上2人目の快挙を達成した。リーグ優勝決定シリーズでも初戦から4試合連続本塁打、合計8打点を稼いだが、ワールドシリーズでは一転して20打数1安打の大不振だった。
　翌09年は33本塁打、113打点(4位)、10年も46二塁打(2位)、104打点。11年は31本塁打、シーズン最終戦で8回裏に1点差に迫る3ラン、12回裏にはサヨナラ本塁打を放ち、劇的な形でプレイオフ進出を決めた。16年に自己最多の173安打、36本塁打。二塁打、本塁打、打点などでレイズの球団記録を持ち、ポストシーズンは通算51試合で.178の低打率ながら10本塁打を記録している。三塁守備でも3度ゴールドグラブに選ばれた。遠征でジェームス・ディーンの偽名で宿泊していた。
【通算】16年、1986試合、7306打数1930安打、431二塁打、342本塁打、1159打点、58盗塁、1696三振、打率.264
【タイトル】新人王(2008年) ゴールドグラブ3回(09～10,17年) オールスター3回(08～10年)

アーニー・ロンバルディ
Ernesto Natali Lombardi
1908.4.6～77.9.26【出身地】カリフォルニア州オークランド【球団】31 ドジャース　32-41 レッズ　42 ブレーヴス　43-47 ジャイアンツ【位置】捕手、右
【経歴】捕手として2度の首位打者に輝いた最初の選手。史上有数の鈍足で通算261本、22打数に1本の割合で併殺打を喫したが、重いバットを自在に使って強烈な打球を放ち、打率3割を10回記録。三振は44年の25個が最多で、通算でも262個にとどめた。ゴルファーのような独特のグリップが特徴で、35年5月8日には4イニング連続二塁打。38年は打率.342(1位)、自己最多の95打点を挙げ、ジョニー・ヴァンダーミアの2試合連続ノーヒットノーランを引き出すなどリード面も冴えMVPを受賞した。
　守備でも強肩で39～40年のレッズ2連覇の中心的存在だったが、39年のワールドシリーズ第4戦ではチャーリー・ケラーのタックルを受けて一瞬意識を失い、ジョー・ディマジオの生還を許した。鼻の大きさが有名で、ユーモラスな体型もあってシンシナティでの人気は高かったが、契約交渉では常にもめていた。42年ブレーヴスへ金銭トレードされ、打率.330で2度目の首位打者となったが、またも契約でもめジャイアンツへ放出された。86年殿堂入り。レッズの球団MVPに名前が冠されている。
【通算】17年、1853試合、5855打数1792安打、190本塁打、990打点、8盗塁、打率.306
【タイトル】MVP1回(38年) 首位打者2回(38,42年) オールスター8回(36～40,42～43,45年)

ジム・ロンボーグ
James Reynold Lonborg
1942.4.16～【出身地】カリフォルニア州サンタマリア【球団】65-71 レッドソックス　72 ブルワーズ　73-79 フィリーズ【位置】投手、右
【経歴】65年メジャーに昇格、9勝17敗と大きく負け越したが、67年はいずれも1位の22勝、246奪三振、ツインズとのシーズン最終戦に勝って優勝投手にもなり、サ

イ・ヤング賞に輝く。ワールドシリーズでも第2戦で1安打完封、第5戦は3安打1失点で完投勝利と気を吐いたが、中2日で先発した第7戦では敗れた。同年オフにスキーで膝を負傷し、続く3年間は1ケタ勝利と低迷するも、速球派から技巧派への転換に成功し、ブルワーズに移った72年14勝、自己ベストの防御率2.83。74年17勝（5位）、76年18勝とその後も活躍を続けた。人間的にも選手たちの間で尊敬を集めていた。
【通算】15年、425試合、368先発、90完投、15完封、157勝137敗4S、2464.1回、1475奪三振、防御率3.86
【タイトル】サイ・ヤング賞1回（67年）最多勝1回（67年）最多奪三振1回（67年）オールスター1回（67年）

エディー・ロンメル
Edwin Americus Rommel
1897.9.13～1970.8.26【出身地】メリーランド州ボルティモア【球団】20-32アスレティックス【位置】投手、右
【経歴】ナックルボールを操り先発、リリーフの両方で活躍。20年メジャーに上がり、7勝のみながら防御率2.85は4位。22年リーグ最多の51試合に投げ27勝で最多勝、MVP投票では次点。23、24年は18勝、25年21勝で2度目の最多勝。29年まで9年連続で2ケタ勝利を記録した。32年7月10日はリリーフで17イニングを投げ、29安打を浴びながらも勝利を手にした。引退後38年から22年間にわたりア・リーグ審判を務め、眼鏡をかけた最初の審判となった。
【通算】13年、501試合、249先発、145完投、18完封、171勝119敗、2557回、599奪三振、防御率3.54
【タイトル】最多勝2回（22,25年）

【ワ】

ウィット・ワイアット
John Whitlow Wyatt
1907.9.27～99.7.16【出身地】ジョージア州ケンシントン【球団】29-33タイガース　33-36ホワイトソックス　37インディアンズ　39-44ドジャース　45フィリーズ【位置】投手、右
【経歴】マイナーで好投し早くから期待されながら、32年に9勝したのが目立つ程度で38年マイナーへ逆戻り。速球に加えてスローカーブを覚え、39年ドジャースで再昇格し、40年は5完封（1位）を含む15勝、124奪三振（2位）。翌41年は22勝と7完封が1位、防御率2.34と176奪三振は2位の大活躍で、ワールドシリーズ第2戦でも勝利投手となった。42年も19勝（3位）、43年は防御率2.49（3位）で、14年目で通算100勝に到達した。ビーンボールの常習者で、コーチ時代も打者を狙うよう唆したが、指導者としては有能でフィリーズ、ブレーヴスなどで何人もの好投手を育てた。グラウンド外では物静かな紳士として通っていた。
【通算】16年、360試合、210先発、97完投、17完封、106勝95敗、1761回、872奪三振、防御率3.79
【タイトル】最多勝1回（41年）オールスター4回（39～42年）

ウォルト・ワイス
Walter William Weiss
1963.11.28～【出身地】ニューヨーク州タキシード【球団】87-92アスレティックス　93マーリンズ　94-97ロッキーズ　98-2000ブレーヴス【位置】遊撃、両
【経歴】85年ドラフト1位でアスレティックスに入団。88年正遊撃手となり、147試合に出場し打率.250、3本塁打ながら守備力を評価され新人王。その後は故障続きでマーリンズを経て94年ロッキーズに移籍、翌95年は98四球（2位）、出塁率.403（5位）と選球眼の良さを発揮。98年ブレーヴスに移り、一時は打率トップに立つ活躍で34歳にして初のオールスター出場を果たした。2013年には高校の野球部監督からロッキーズ監督に転身した。
【通算】14年、1495試合、4686打数1207安打、25本塁打、386打点、96盗塁、打率.258

【タイトル】新人王(88年) オールスター1回(98年)
【監督】2013-16 ロッキーズ 4年、648試合、283勝365敗、勝率.437

ジョージ・ワイス
George Martin Weiss
1894.6.23～1972.8.13【出身地】コネティカット州ニューヘイヴン【球団】メジャー経験なし
【経歴】イェール大学在学中からセミプロ球団の経営に乗り出し、引退していたタイ・カッブを1試合800ドルで出場させるなど思いきった手法で話題を集める。マイナー球団のオーナーだった23年には監督のビル・ドノヴァンとともに列車事故に遭い、下段のベッドで寝ていたドノヴァンは即死したが、上段のワイスは一命を取り留めた。32年ヤンキースのマイナー部門担当者となる。47年ラリー・マクフェイルの後任としてGMに昇格、48年に当時大した実績を残していなかったケイシー・ステンゲルを監督に抜擢すると、その後12年間に10回優勝し判断の正しさを証明した。保守的で金銭面では大変厳しく、ジョー・ディマジオとは毎年激しい年俸闘争を繰り広げ、黒人選手の採用にも消極的だった。61年限りでステンゲルともども辞任に追い込まれたが、翌62年二人して新球団のメッツに参加し、66年まで球団社長を務めた。71年殿堂入り。

サム・ワイズ
Samuel Washington Wise
1857.8.18～1910.1.22【出身地】オハイオ州アクロン【球団】1881デトロイト 82-88ボストン 89ワシントン 90バッファロー(PL) 91ボルティモア(AA) 93ワシントン【位置】遊撃、二塁、左
【経歴】1883年正遊撃手となるが、翌84年は打率.214、リーグワーストの104三振。87年初の打率3割となる.334(5位)、17三塁打、92打点。90年は102打点を叩き出した。守備ではフィールディングが良かったが送球に難があった。92年はマイナーに落ちていたが、93年ワシントンに加わると36歳で打率.311、自己最多の162安打。翌年は開幕前に解雇され、以後はマイナーで40歳過ぎまで現役を続行した。
【通算】12年、1175試合、4715打数1281安打、112三塁打、48本塁打、672打点、打率.272

リック・ワイズ
Richard Charles Wise
1945.9.13～【出身地】ミシガン州ジャクソン【球団】64,66-71フィリーズ 72-73カーディナルス 74-77レッドソックス 78-79インディアンズ 80-82パドレス【位置】投手、右
【経歴】64年18歳でデビュー、快速球を武器に5勝を挙げる。67年からローテーションの一角を担い、69年から5年連続13勝以上。71年17勝、6月23日のレッズ戦ではノーヒットノーランを達成、自ら2本塁打を打った。フィラデルフィアのファンには人気だったが、72年にスティーヴ・カールトンとの交換でカーディナルスに移り、2年連続で16勝、73年のオールスターで勝利投手となる。74年レッドソックスに移籍、翌75年自己最多の19勝、ワールドシリーズでは史上有数の大熱戦として有名な第6戦の勝利投手となった。通算では2ケタ勝利10回、対戦した26球団すべてから勝ち星を挙げた。打撃では71年に2度の1試合2本塁打、年間6本。通算でも15本を放っている。
【通算】18年、506試合、455先発、138完投、30完封、188勝181敗0S、3127.1回、1647奪三振、804四球、防御率3.69
【タイトル】オールスター2回(71,73年)

ブッチ・ワイネガー
Harold Delano Wynegar (Butch)
1956.3.14～【出身地】ペンシルヴェニア州ヨーク【球団】76-82ツインズ 82-86ヤンキース 87-88エンジェルズ【位置】捕手、両
【経歴】74年ドラフト2位でツインズに入団。76年20歳で正捕手となりオールスターにも出場、野手での最年少出場記録を更新した。翌77年10本塁打、79打点を記録し、将来を大いに嘱望されたが以後は伸び悩んだ。守備では79年に盗塁阻止率.529で1位。ヤンキース時代にはプレッシャーに耐えかね、無断で戦列を離れる騒動も起こした。引退後はレンジャーズ、ブルワーズでブルペンコーチや打撃コーチを務めた。
【通算】13年、1301試合、4330打数1102安打、65本塁打、506打点、10盗塁、打率.255
【タイトル】オールスター2回(76～77年)

ボビー・ワイン
Robert Paul Wine
1938.9.17 ～【出身地】ニューヨーク州ニューヨーク【球団】60,62-68 フィリーズ 69-72 エクスポズ【位置】遊撃、右
【経歴】通算打率 .215、100 安打以上は 70 年の 116 本のみと打撃は力不足ながら、守備は天下一品。強肩で 63 年にゴールドグラブを受賞、70 年の 137 併殺は現在でもリーグ記録として残る。フィリーズのスカウトを長く務めたのち、85 年 8 月からブレーヴスの監督を代行、41 試合で 16 勝 25 敗だった。息子のロビーも捕手。
【通算】12 年、1164 試合、3172 打数 682 安打、30 本塁打、268 打点、7 盗塁、打率 .215
【タイトル】ゴールドグラブ 1 回（63 年）

マイケル・ワカ　★
Michael Joseph Wacha
1991.7.1 ～【出身地】アイオワ州アイオワシティ【球団】2013-19 カーディナルス　20 メッツ　21 レイズ　22 レッドソックス　23 パドレス　24 ロイヤルズ【位置】投手、右
【経歴】2012 年ドラフト 1 位でカーディナルスに入団。198cm の長身から速球を投げ込み、13 年 9 月 24 日は 9 回二死まで無安打に抑えたが、当たり損ねの内野安打で快挙を逃した。同年のポストシーズンでは 18.2 回連続無失点の新人記録を樹立。リーグ優勝決定シリーズはクレイトン・カーショウと投げ合い、13.2 回無失点で MVP に選ばれた。15 年には 17 勝、17 年も 12 勝を挙げる。その後低迷が続いていたが、22 年はチェンジアップを有効に使い、5 年ぶりの 2 ケタとなる 11 勝。以後 3 年連続 10 勝以上、防御率 3 点台前半と安定した成績を収めた。
【通算】12 年、278 試合、257 先発、2 完投、2 完封、101 勝 62 敗 0 S、1454.2 回、1290 奪三振、防御率 3.89
【タイトル】オールスター 1 回（2015 年）

ビリー・ワグナー
William Edward Wagner
1971.7.25 ～【出身地】ヴァージニア州マリオン【球団】95-2003 アストロズ　04-05 フィリーズ　06-09 メッツ　09 レッドソックス　10 ブレーヴス【位置】投手、左
【経歴】小柄な体でも度胸は満点で、160km を超す豪速球を投げ込んだ名クローザー。子供の頃に右腕を負傷したことから左腕で投げるようになり、93 年ドラフト 1 位でアストロズに入団。97 年から抑えとして起用され 99 年は 39 セーブ（3 位）、防御率 1.57。74.2 回で 124 三振を奪い、奪三振率 14.90 はリリーフ投手としての新記録となった。2000 年は肘の故障の影響で防御率 6.18 の大不振だったが、01 年は 39 セーブ、防御率 2.73 と復調し、以後は防御率が 3 点台以上に乗ることはなかった。
　03 年自己最多の 44 セーブ（3 位）、6 月 11 日のヤンキース戦では 6 投手の継投で最後に登板、松井秀喜を打ち取りノーヒッターを達成した。フィリーズを経てメッツに移った 06 年も 40 セーブ（2 位）。10 年はブレーヴスで 37 セーブ（5 位）、自己ベストの防御率 1.43 で有終の美を飾った。通算奪三振率は 11.9 個。欠点はポストシーズンに弱かったことで、通算 14 試合で防御率 10.03 と打ち込まれた。25 年殿堂入り。
【通算】16 年、853 試合、0 先発、47 勝 40 敗 422 S（8 位）、903 回、1196 奪三振、防御率 2.31
【タイトル】オールスター 7 回（99,2001, 03,05,07 ～ 08,10 年）

ホーナス・ワグナー
John Peter Wagner (Honus)
1874.2.24 ～ 1955.12.6【出身地】ペンシルヴェニア州チャーティアーズ【球団】1897-99 ルイヴィル　1900-17 パイレーツ【位置】遊撃、外野、一塁、三塁、右
【経歴】史上最高の遊撃手で、37 年に初代殿堂入りメンバーに選ばれた 5 人のうちの一人。ルイヴィル入団 2 年目の 1898 年にレギュラーとなり、同球団の消滅にともない 1900 年パイレーツに移籍し、打率 .381 で初の首位打者に輝く。以後 8 回首位打者となり、これは現在でもトニー・グウィンと並びナ・リーグ記録。99 年から 15 年連続打率 3 割、1901 年の 126 打点を最多として 9 回 100 打点以上を記録し、4 度の打点王に輝いている。二塁打が多く、99 年と 00 年に自己最多の 45 本、06 ～ 09 年の 4 年連続を含めて 7 回 1 位。三塁打も 00 年の 22 本を最多として 3 回 1 位になった。
　大柄でガニ股とあって、見た目にはスマートとは言えなかったが足は速く、07 年の 61 盗塁を最多として盗塁王 5 回、通算 723 盗塁は史上 10 位。最初の 6 年間は捕手以外の全ポジションを守り、03 年から遊撃に定着。強肩で守備範囲も広く、1

試合平均 2.43 刺殺は史上 2 位。08 年は打率 .354、201 安打、39 二塁打、19 三塁打、109 打点、53 盗塁、出塁率 .415、長打率 .542 と 8 部門で 1 位の驚異的な活躍。10 本塁打は 2 本差の 2 位で、9 部門制覇まであと一歩だった。00 〜 11 年の 12 年間は、05 年を除いて毎年何らかの打撃部門で 1 位になっていた。09 年のワールドシリーズでは 24 打数 8 安打 6 打点、本盗を含む 6 盗塁を決めた。

これほどのスター選手でありながら金銭にはほとんど執着せず、性格も温和かつ謙虚で、多くの人から尊敬を集めていた。43 歳まで現役を続け、17 年には 5 試合のみ指揮を執った（1 勝 4 敗）。33 年からは 20 年近くにわたり打撃コーチを務めた。10 年にさるタバコ会社が製作し、のちに本人の希望で回収された野球カード "T206" は、幻の野球カードとしてマニア垂涎の的であり、91 年には NHL のスター選手、ウェイン・グレツキーが 45 万 1000 ドルで入手。2007 年のインターネットのオークションでは 280 万ドルの高値にまで跳ね上がった。兄のアルも 1 年のみメジャー経験がある。

【通算】21 年、2794 試合（26 位）、10439 打数（21 位）3420 安打（7 位）、643 二塁打（10 位）、252 三塁打（3 位）、101 本塁打、1733 打点（24 位）、723 盗塁（10 位）、963 四球、735 三振、打率 .328

【タイトル】首位打者 8 回（1900,03 〜 04,06 〜 09,11 年）打点王 4 回（01 〜 02, 08 〜 09 年）盗塁王 5 回（01 〜 02,04,07 〜 08 年）最高出塁率 4 回（04,07 〜 09 年）

レオン・ワグナー
Leon Lamar Wagner

1934.5.13 〜 2004.1.3【出身地】テネシー州チャタヌーガ【球団】58-59 ジャイアンツ　60 カーディナルス　61-63 エンジェルズ　64-68 インディアンズ　68 ホワイトソックス　69 ジャイアンツ【位置】外野、左

【経歴】個性派のスラッガーで、通称 "ダディ・ワグス"。61 年新球団のエンジェルズに移籍し 28 本塁打、続く 62 年は 37 本塁打（3 位）、107 打点（5 位）、オールスター第 2 戦では 3 安打、決勝本塁打も放ち MVP となる。インディアンズに移籍した 64 年も 31 本塁打、100 打点、翌 65 年は打率 .294（5 位）、28 本塁打と長打率 .495 は 4 位だった。洒落者で洋服店を経営し、引退後は俳優として映画に出演した。

【通算】12 年、1352 試合、4426 打数 1202 安打、211 本塁打、669 打点、54 盗塁、打率 .272

【タイトル】オールスター 2 回（62 〜 63 年）

クローデル・ワシントン
Claudell Washington

1954.8.31 〜 2020.6.10【出身地】カリフォルニア州ロスアンジェルス【球団】74-76 アスレティックス　77-78 レンジャーズ　78-80 ホワイトソックス　80 メッツ　81-86 ブレーヴス　86-88 ヤンキース　89-90 エンジェルズ　90 ヤンキース【位置】外野、左

【経歴】高校では野球をしていなかったが、72 年ドラフト外でアスレティックスに入団すると、74 年 19 歳でメジャーに昇格、ワールドシリーズで 7 打数 4 安打。翌 75 年に打率 .308（5 位）、182 安打（4 位）、40 盗塁（2 位）の好成績を残し期待されたが、その後は安定した数字を残したものの、特筆するほどの活躍はなかった。84 年自己最多の 17 本塁打、88 年は打率 .308 で 13 年ぶりの 3 割。寡黙で謙虚な性格だったが、85 年には大麻の不法所持で逮捕された。

【通算】17 年、1912 試合、6787 打数 1884 安打、164 本塁打、824 打点、312 盗塁、1266 三振、打率 .278

【タイトル】オールスター 2 回（75,84 年）

ハーブ・ワシントン
Herbert Lee Washington

1951.11.16 〜【出身地】ミシシッピ州ベルゾニ【球団】74-75 アスレティックス【位置】代走

【経歴】屋内陸上競技の短距離離走の世界記録保持者で、名物オーナーのチャールズ・フィンリーが考案した "指名代走" 用の選手として、74 年アスレティックスと契約。同年出場した 92 試合すべてに代走として起用され、29 盗塁を決めた一方で盗塁刺も 16 回。ワールドシリーズ第 2 戦では 1 点差の 9 回一死で代走に出て牽制で刺された。翌 75 年 13 試合に出たのみで退団、通算では 31 盗塁、17 盗塁刺、33 得点。球界から離れた後はマクドナルドのフランチャイズを展開し、最も成功を収めた黒人経営者の一人に数えられるまでになった。72 年には NFL のコルツからもドラフト 13 位で指名されている。

【通算】2 年、105 試合、0 打数 0 安打、

0 本塁打、0 打点、31 盗塁

ロン・ワシントン
Ronald Washington
1952.4.29 ～【出身地】ルイジアナ州ニューオーリンズ【球団】77 ドジャース　81-86 ツインズ　87 オリオールズ　88 インディアンズ　89 アストロズ【位置】遊撃、右
【経歴】ロイヤルズの野球学校出身で、70 年ドラフト外で同球団に入団。82 年、30 歳でツインズの正遊撃手となり 119 試合に出場、打率 .271、122 安打、39 打点。レギュラーだったのはこの年だけで、その後は控えに戻った。89 年に創設されたシニア・リーグでは MVP となっている。96 年から 11 年間アスレティックスのコーチを務め、内野守備の指導で高評価を得て、07 年レンジャーズの監督に就任。09 年にはコカイン使用歴の過去が問題になったが、翌 10 年に球団史上初のリーグ優勝に導いた。選手からの信頼が厚く、11 年もリーグ連覇。ワールドシリーズでも世界一まであと 1 ストライクまで迫りながら勝利を逃してしまい、度重なる采配ミスを批判された。14 年途中解任された後はブレーヴスのコーチなどを経て、24 年エンジェルズで 10 年ぶりに監督に返り咲いた。
【通算】10 年、564 試合、1586 打数 414 安打、20 本塁打、146 打点、28 盗塁、打率 .261
【監督】2007-14 レンジャーズ　24 エンジェルズ　7 年、1437 試合、727 勝 710 敗、勝率 .506　リーグ優勝 2 回 (10 ～ 11 年)

ジェイソン・ワース
Jayson Richard Gowan Werth
1979.5.20 ～【出身地】イリノイ州スプリングフィールド【球団】2002-03 ブルージェイズ　04-05 ドジャース　07-10 フィリーズ　11-17 ナショナルズ【位置】外野、右
【経歴】97 年ドラフト 1 位でオリオールズに入団。フィリーズ移籍後に打撃開眼し 2008 年は 24 本塁打、ワールドシリーズでも 18 打数 8 安打。続く 09 年は自己最多の 36 本塁打、99 打点、91 四球。プレイオフでは合計 5 本塁打、10 打点、ワールドシリーズも 2 本塁打と当たりまくった。ポストシーズンは通算 63 試合で 15 本塁打。10 年もリーグ最多の 46 二塁打で、翌 11 年 FA となり 7 年 1 億 2600 万ドルでナショナルズに移籍、13 年は自己最高の打率 .318 だった。通算 132 盗塁で失敗は 23 回、成功率は .852 の高率。母キムはオリンピック候補にもなった陸上選手で、継父のデニス・ワース、祖父のディック・スコフィールド、同名の叔父も元メジャーリーガー。
【通算】15 年、1583 試合、5484 打数 1465 安打、229 本塁打、799 打点、132 盗塁、1450 三振、打率 .267
【タイトル】オールスター 1 回 (2009 年)

和田毅　☆
Tsuyoshi Wada
1981.2.21 ～【出身地】島根県出雲市【球団】2014-15 カブス【位置】投手、左
【経歴】早稲田大時代に東京六大学新記録の通算 476 三振を奪い、2002 年ドラフト自由枠でダイエーに入団。球の出どころが見づらい投球フォームと正確なコントロールで、03 年は 14 勝を挙げ新人王、10 年にはリーグ最多の 17 勝で MVP を受賞するなど、11 年までに通算 107 勝を稼いだ。12 年 FA となってオリオールズに入団したが、肘を負傷しトミー・ジョン手術を受けるなど、2 年間で一度もメジャーでの登板がなく退団。14 年カブスに移籍し 7 月 8 日のレッズ戦で初登板、28 日のロッキーズ戦で初勝利。同年は 13 試合に投げ 4 勝 4 敗、防御率 3.25 だった。翌 15 年は 7 先発で 1 勝にとどまり、16 年ソフトバンクに復帰。40 歳を超えても主力投手の一人として投げ続けた。
【通算】2 年、21 試合、20 先発、0 完投、5 勝 5 敗 0 S、101.2 回、88 奪三振、防御率 3.36
【日本】2003-11,16-24 ダイエー / ソフトバンク　18 年、334 試合、325 先発、38 完投、9 完封、160 勝 89 敗 0 S、2099.2 回、1901 奪三振、防御率 3.18

ヴィク・ワーツ
Victor Woodrow Wertz
1925.2.9 ～ 83.7.7【出身地】ペンシルヴェニア州ヨーク【球団】47-52 タイガース　52-54 ブラウンズ / オリオールズ　54-58 インディアンズ　59-61 レッドソックス　61-63 タイガース　63 ツインズ【位置】外野、一塁、左
【経歴】脛当てを日常的に使っていた最初の選手。49 年打率 .304、185 安打 (4 位)、133 打点 (3 位)、翌 50 年は打率 .308、37 二塁打 (2 位)、27 本塁打、123 打点 (4 位)、91 四球。52 年 5 月 15 日、ヴァージル・トラックスのノーヒッター

ゲームでは、0－0の9回裏にサヨナラ本塁打を打った。54年途中インディアンズに移籍、同年のワールドシリーズでは16打数8安打。第1戦でウィリー・メイズに好捕された大飛球はのちの語り種となった。翌55年はポリオに罹り半年間欠場するが、56年復帰し自己最多の32本塁打（2位）を放った。57年も28本塁打（4位）、105打点（2位）、通算では5回100打点以上を記録している。慈善活動にも積極的で、引退後はビールの販売会社を経営し成功を収めた。
【通算】17年、1862試合、6099打数1692安打、266本塁打、1178打点、9盗塁、打率.277
【タイトル】オールスター4回（49,51～52,57年）

ルーブ・ワッデル
George Edward Waddell (Rube)
1876.10.13～1914.4.1【出身地】ペンシルヴェニア州ブラッドフォード【球団】1897,99ルイヴィル　1900-01パイレーツ　01カブス　02-07アスレティックス　08-10ブラウンズ【位置】投手、左
【経歴】史上有数の奇人として知られた名左腕。豪速球と鋭いカーブで打者を封じ込み、外野手を座らせておいて三者三振に打ち取ったとの伝説もある。1900年8勝13敗ながら防御率2.37（1位）。フレッド・クラーク監督と反りが合わず01年途中カブスに移籍、02年はマイナーで投げていたがコニー・マックの誘いでアスレティックスに加わり、24勝、防御率2.05はいずれも2位、210奪三振は1位。以後4年連続20勝、05年は46試合、27勝、防御率1.48、287奪三振がすべて1位。07年まで6年連続最多奪三振、04年の349個は73年にノーラン・ライアンに破られるまで、長くア・リーグ記録として残った。通算奪三振率7.04も第二次大戦前では史上1位だった。
　実力は一級品だったが大の酒好きで、また数々の奇行で首脳陣を悩ませた。消防車に目がなく、試合中でもサイレンの音を聞くとグラウンドの外まで追いかけていった。試合に現われず失踪したかと思えば、街でパレードに参加していたこともあった。ワニと格闘したり、先発予定を放り出して子供とビー玉遊びをしていたり、契約書にはペットフードを食べることを禁止する条項まであったという。08年チームメイトの要請でトレードに出され、10年限りでメジャーから退いたのちもマイナーで投げ続けたが、12年洪水の際に土嚢を積み上げていて体調を崩し、療養生活中の14年37歳で死去した。46年殿堂入り。
【通算】13年、407試合、340先発、261完投、50完封（19位）、193勝143敗、2961.1回、2316奪三振、防御率2.16
【タイトル】最多勝1回（05年）最優秀防御率2回（00,05年）最多奪三振6回（02～07年）

ドン・ワート
Donald Ralph Wert
1938.7.29～【出身地】ペンシルヴェニア州ストラスバーグ【球団】63-70タイガース　71セネターズ【位置】三塁、右
【経歴】61年AAA級で首位打者となり、63年メジャーに昇格。66年に自己最高の打率.268、70打点。68年は打率.200の不振だったが、優勝を決めるサヨナラ安打を放ち、ワールドシリーズでも17打数2安打ながら6四球と粘り強さを発揮した。守備面では堅実なグラブさばきが高く評価されていた。
【通算】9年、1110試合、3840打数929安打、77本塁打、365打点、22盗塁、打率.242
【タイトル】オールスター1回（68年）

ビル・ワトキンズ
William Harton Thomas Watkins
1858.5.5～1937.6.9【出身地】カナダ・オンタリオ州ブラントフォード【球団】1884インディアナポリス（AA）【位置】三塁、右
【経歴】カナダ出身で指導者となった最も初期の一人。ビーンボールで選手としてのキャリアを断たれ、1884年途中からインディアナポリス（AA）の監督を引き継ぎ、翌85年途中サム・トンプソンら8選手を引き連れデトロイトに移籍。87年に優勝を果たしたが、選手たちからは大いに嫌われていた。
【通算】1年、35試合、127打数26安打、0本塁打、打率.205
【監督】1884インディアナポリス（AA）　85-88デトロイト　88-89カンザスシティ（AA）　93セントルイス　98-99ピッツバーグ　9年、914試合、452勝444敗、勝率.504　リーグ優勝1回（1887年）

トニー・ワトソン
Anthony Michael Watson
1985.5.30 ～【出身地】アイオワ州スーシティ【球団】2011-17 パイレーツ　17 ドジャース　18-20 ジャイアンツ　21 エンジェルズ　21 ジャイアンツ【位置】投手、左
【経歴】2007 年ドラフト 9 位でパイレーツに入団。サイドスローに近いスリークォーターで、リリーフとして頭角を現し、シンカーを投げ始めた 14 年はリーグ最多の 78 試合で 10 勝、防御率 1.63。翌 15 年も 77 試合で防御率 1.91、16 年は自己最多の 15 セーブを稼いだ。18 年まで 5 年連続で 70 試合以上に登板していたが、19 年の守備中に左手首を骨折して途切れた。キャリア 11 年で防御率 4 点台以上の年は一度だけと安定していた。
【通算】11 年、689 試合、0 先発、47 勝 29 敗 32 S、648.1 回、570 奪三振、防御率 2.90
【タイトル】オールスター 1 回 (2014 年)

ボブ・ワトソン
Robert Jose Watson
1946.4.10 ～ 2020.5.14【出身地】カリフォルニア州ロスアンジェルス【球団】66-79 アストロズ　79 レッドソックス　80-82 ヤンキース　82-84 ブレーヴス【位置】一塁、外野、右
【経歴】両リーグでサイクルヒットを達成した最初の選手。72 年打率 .312 (5 位)、以後 5 年間で 3 割 4 回と巧打ぶりを発揮、73 年は 85 四球を選んで .403 の高出塁率。75 年は自己最高の打率 .324 で、72・73 年に次いで 3 度目のリーグ 5 位。5 月 4 日にはメジャー通算 100 万得点目のホームを踏んだ。76 年 102 打点 (4 位)、続く 77 年は 38 二塁打 (5 位)、22 本塁打、110 打点 (5 位)。ヤンキース移籍後、81 年のワールドシリーズでは 22 打数 7 安打、シリーズ初打席での 3 ランを含む 2 本塁打、7 打点の活躍だった。93 年アストロズで黒人では初の GM に就任。その後ヤンキース GM を経て、MLB 機構の副会長として規律や規則に関する職務を 2010 年まで務めた。
【通算】19 年、1832 試合、6185 打数 1826 安打、184 本塁打、989 打点、27 盗塁、打率 .295
【タイトル】オールスター 2 回 (73,75 年)

ビリー・ワーバー
William Murray Werber
1908.6.20 ～ 2009.1.22【出身地】メリーランド州バーウィン【球団】30,33 ヤンキース　33-36 レッドソックス　37-38 アスレティックス　39-41 レッズ　42 ジャイアンツ【位置】三塁、遊撃、右
【経歴】デューク大学時代はバスケットボールの全米代表。ハッスルプレイで知られた俊足、好守の内野手で、34 年は打率 .321、200 安打、41 二塁打、10 三塁打 (3 位)、40 盗塁 (1 位)。翌 35 年 29 盗塁、37 年は 35 盗塁で合計 3 回タイトルを手にした。選球眼も良く 38 年は 93 四球、レッズに移籍した翌 39 年も 91 四球(4 位) に加え、173 安打、35 二塁打で優勝に貢献。40 年のワールドシリーズでも 27 打数 10 安打、4 二塁打。学歴を鼻にかけていてチームメイトには好かれず、人種差別発言が問題になったこともあった。引退後は父親の保険業を引き継ぎ、100 歳の長寿を全うした。
【通算】11 年、1295 試合、5024 打数 1363 安打、78 本塁打、539 打点、215 盗塁、打率 .271
【タイトル】盗塁王 3 回 (34 ～ 35,37 年)

ワン・チェンミン (王建民)
Wang Chien-Ming
1980.3.31 ～【出身地】台湾・台南市【球団】2005-09 ヤンキース　11-12 ナショナルズ　13 ブルージェイズ　16 ロイヤルズ【位置】投手、右
【経歴】台湾出身で成功を収めた最初のメジャーリーガー。2000 年にヤンキースと契約、04 年はアテネ五輪に出場。翌 05 年ローテーションに加わり 8 勝、重いシンカーで打たせて取る投球を得意とし、06 年は 19 勝を挙げ最多勝、サイ・ヤング賞投票では次点で台湾の国民的英雄となった。07 年も 19 勝 (2 位) を稼いだが、プレイオフでは先発した 2 試合とも打ち込まれた。09 年は 1 勝 6 敗、防御率 9.64 の大乱調で肩を手術。ナショナルズに移籍した 10 年は 1 試合も投げられず、11 ～ 12 年も合計 6 勝にとどまった。その後数球団を転々としたのち、16 年ロイヤルズで 3 年ぶりに復帰、リリーフで 38 試合に投げ 6 勝 0 敗だった。
【通算】9 年、174 試合、126 先発、4 完投、1 完封、68 勝 34 敗 1 S、845.2 回、394 奪三振、防御率 4.36
【タイトル】最多勝 1 回 (2006 年)

ビル・ワンズガンス
William Adolph Wambsganss
1894.3.19 ～ 1985.12.8【出身地】オハイオ州クリーヴランド【球団】14-23 インディアンズ　24-25 レッドソックス　26 アスレティックス【位置】二塁、遊撃、右
【経歴】好守の二塁手として地元のインディアンズで長く活躍。20 年のワールドシリーズ第 5 戦でシリーズ史上初の単独三重殺を完成させる。小技に優れ 21 ～ 22 年は 2 年連続最多犠打、通算 323 犠打は史上 7 位。24 年レッドソックスに移り自己最多の 174 安打、41 二塁打（3 位）を記録した。長打力はなく、最初の 7 年間は柵越えの本塁打は 1 本もなし。21 年 8 月 8 日のダブルヘッダー 1 試合目で初めてスタンドインすると、2 試合目にも 2 本目。同年の本塁打はこの 2 本きりだった。引退後は女子プロ野球で監督を経験した。
【通算】13 年、1491 試合、5241 打数 1359 安打、7 本塁打、520 打点、140 盗塁、打率 .259

参考文献　著・編者のアルファベット/50音順

＜書籍＞

Mark Z. Aaron & Bill Nowlin(ed.), WHO'S ON FIRST:Replacement Players in World War II(Society for American Baseball Research,2015)

Mark L. Armour(ed.)THE GREAT EIGHT:The 1975 Cincinnatti Reds(University of Nebraska Press,2014)

Mark L. Armour & Daniel R. Levitt, IN PURSUIT OF PENNANTS:Baseball Operations from Deadball to Moneyball (University of Nebraska Press,2015)

Mark L. Armour & Daniel R. Levitt, PATHS TO GLORY: How Great Baseball Teams Got That Way(Potomac Books Inc;,2003)

Baseball America(ed.), THE NATIONAL BASEBALL HALL OF FAME ALMANAC(2012)

Frank Bilovsky & Richard Wescott, THE PHILLIES ENCYCLOPEDIA(Human Kinetics Pub.,1984)

Peter C. Bjarkman, BASEBALL AROUND THE GLOBE:The Encyclopedia of International Baseball(Greenwood,2005)

Rusty Burson, 100 THINGS RANGERS FANS SHOULD KNOW & DO BEFORE THEY DIE(Triumph Books,2012)

Gary Caruso, THE BRAVES ENCYCLOPEDIA(Temple Univ. Press,1995)

Chicago Tribune Stuff, THE CHICAGO TRIBUNE BOOK OF THE CHICAGO CUBS : A Decade-By-Decade History(Midway,2017)

Steve Clarke, 100 THINGS BLUE JAYS FANS SHOULD KNOW & DO BEFORE THEY DIE(Triumph Books,2013)

Floyd Connor, BASEBALL'S MOST WANTED I & II(Brassey's,2000,2003)

Doug Decatur, TRADED:Inside the Most Lopsided Trades in Baseball History(ACTA,2009)

Tom Deveaux, WASHINGTON SENATORS, 1901-1971(McFarland & Company,2005)

Donald Dewey & Nicholas Acocella, THE BALLCLUBS(Harper Collins,1996)

Paul Dickson, THE NEW DICKSON BASEBALL DICTIONARY(Harcourt Brace,1999)

Pete Donovan, UNDER THE HALO:The Official History of Angels Baseball(Insight Editions,2011)

Morris Eckhouse, LEGENDS OF THE TRIBE:An Illustrated History of the Cleveland Indians(Taylor Trade Publishing,2000)

Mike Eisenbath, THE CARDINALS ENCYCLOPEDIA(Temple Univ. Press,1999)

Michael Emmerich, 100 THINGS MARINERS FANS SHOULD KNOW & DO BEFORE THEY DIE(Triumph Books,2015)

Eric Enders, 100 YEARS OF THE WORLD SERIES(Barnes & Noble,2003)

Eddie Epstein & Rob Neyer, BASEBALL DYNASTIES:The Greatest Teams of All Time (W. W. Norton & Company,2000)

David Ferry, TOTAL METS(Triumph,2012)

David Finoli & Bill Ranier, THE PITTSBURGH PIRATES ENCYCLOPEDIA(Sports Publishing,2003)

Robert K. Fitts, Bill Nowlin & James Forr(ed.), NICHIBEI YAKYU:US Tours of Japan vol I&II(Society for American Baseball Research,2022,2023)

Matt Fulks, 100 THINGS ROYALS FANS SHOULD KNOW & DO BEFORE THEY DIE(Triumph Books,2014)

Adrian Fung & Bill Nowlin(ed.), WE ARE, WE CAN, WE WILL:The 1992 World Champion Toronto Blue Jays(Society for American Baseball Research,2022)

Mike Gesker, THE ORIOLES ENCYCLOPEDIA(The Johns Hopkins Univ. Press,2009)

Gary Gillette, Eric Enders, Stuart Shea, Matthew Silverman,BIG LEAGUE BALLPARKS:The Complete Illustrated History(Metro Books,2009)

Peter Golenbock, RED SOX NATION(Triumph Books,2015)

Peter Golenbock, THE SPIRIT OF ST.LOUIS(Avon Books,2000)

Tom Haudricourt, 100 THINGS BREWERS FANS SHOULD KNOW & DO BEFORE THEY DIE(Triumph Books,2013)

Jim Hawkins & Dan Ewald, THE DETROIT TIGERS ENCYCLOPEDIA(Sports Publishing,2003)

Jerome Holtzman, THE CHICAGO CUBS ENCYCLOPEDIA(Temple Univ. Press,1997)

Peter S. Horvitz & Joachim Horvitz, THE BIG BOOK OF JEWISH BASEBALL(S.P.I Books,2001)

Michael A. Humphreys, WIZARDRY:Baseball's All-Time Greatest Fielders Revealed(Oxford Univ. Press,2011)

Chris Jaffe, EVALUATING BASEBALL'S MANAGERS(McFarland,2010)

Jay Jaffe, THE COOPERSTOWN CASEBOOK(Thomas Dunne Books,2017)

Bill James, etc., ALL-TIME MAJOR LEAGUE HANDBOOK(Stats,1998)

Bill James, etc., ALL-TIME MAJOR LEAGUE SOURCEBOOK(Stats,1998)

Bill James, BILL JAMES HISTORICAL BASEBALL ABSTRACT(Villard,1998)

Bill James, NEW BILL JAMES HISTORICAL BASEBALL ABSTRACT(Simon & Schuster,2001)

Bill James, WHATEVER HAPPENED TO THE HALL OF FAME?(Simon & Schuster,1995)

Bill James & Rob Neyer, THE NEYER/JAMES GUIDE TO PITCHERS(Simon & Schuster,2004)

Lloyd Johnson & Miles Wolff, ENCYCLOPEDIA OF MINOR LEAGUE BASEBALL, 3rd ed.(Baseball America,2007)

David Jones(ed.), DEADBALL STARS OF THE AMERICAN LEAGUE(Potomac Books,2006)

David M. Jordan, THE A's:A BASEBALL HISTORY(McFarland,2014)

Maxwell Kates & Bill Nowlin(ed.), TIME FOR EXPANSION BASEBALL(Society for American Baseball Research,2018)

Tyler Kepner, K:A History of Baseball in Ten Pitches(Anchor Books,2020)

Tyler Kepner, THE PHILLIES EXPERIENCE(MVP Books,2013)

Tyler Kepner, THE GRANDEST STAGE:A History of the World Series(Doubleday,2022)

Jonah Keri, UP, UP, AND AWAY:The Kid, the Hawk, Rock, Vladi, Pedro, le Grand Orange, Youppi!, the Crazy Business of Baseball, and the Ill-fated but Unforgettable Montreal Expos(Random House Canada,2014)

Leonard Koppett, KOPPETT'S CONCISE HISTORY OF MAJOR LEAGUE BASEBALL(Carroll & Graf,2004)

Leonard Koppett, THE MAN IN DUGOUT(Temple Univ. Press,2000)

John Kuenster, THE BEST OF BASEBALL DIGEST(Ivan R. Dee,2006)

Tom Larwin & Bill Nowlin(ed.), SAN DIEGO PADRES:The First Half Century(Society for American Baseball Research,2019)

Bill Lee, THE BASEBALL NECROLOGY(McFarland,2003)

Jonathan Fraser Light, THE CULTURAL ENCYCLOPEDIA OF BASEBALL, 2nd Ed.(McFarland,1992)

Richard C. Lindberg, TOTAL WHITE SOX(Triumph Books,2011)

Joel Luckhaupt, 100 THINGS REDS FANS SHOULD KNOW & DO BEFORE THEY DIE(Triumph Books,2013)

Jeffrey Lyons & Douglas B. Lyons, CURVEBALLS AND SCREWBALLS(Random House,2001)

Jeffrey Lyons & Douglas B. Lyons, OUT OF THE LEFT FIELD (Times Books,2001)

Rich Marazzi & Len Fiolito, AARON TO ZIPFEL(Avon,1985)

Rich Marazzi & Len Fiolito, BASEBALL PLAYERS OF THE 1950s(McFarland,2004)

William F. McNeil, THE DODGERS ENCYCLOPEDIA, 3rd ed.(Sports Publishing,2012)

Brian McTaggart, 100 THINGS ASTROS FANS SHOULD KNOW & DO BEFORE THEY DIE(Triumph Books,2016)

John Mehno, THE CHRONICLE OF BASEBALL(Carlton,2000)

Steve Milton(ed.), THE BASEBALL GAME I'LL NEVER FORGET:Fifty Major Leaguers (Recall Their Finest Moments(Firefly Books,2018)

Larry Moffi & Jonathan Kronstadt, CROSSING THE LINE-Black Major Leaguers, 1947-1959(Iowa Press,1994)

Peter Morris, A GAME OF INCHES:The Game Behind the Scenes(Ivan R. Dee,2006)

Peter Morris, A GAME OF INCHES:The Game Behind on the Field(Ivan R. Dee,2006)

David Nemec, THE GREAT AMERICAN BASEBALL TEAM BOOK(Signet,1993)

David Nemec, GREAT BASEBALL FEATS, FACTS & FIRSTS(Signet,1996)

David Nemec, THE GREAT ENCYCLOPEDIA OF 19th CENTURY MAJOR LEAGUE BASEBALL(Donald I. Fine Books,1997)

David Nemec, etc., PLAYERS OF COOPERSTOWN:BASEBALL HALL OF FAME(Publications International Ltd.,1998)

David Nemec(ed.), MAJOR LEAGUE BASEBALL PROFILES 1871-1900(Bison Books,2011)

David Nemec & Dave Zeman, THE BASEBALL ROOKIES ENCYCLOPEDIA(Brassey's,2004)

The New York Times, NEW YORK TIMES STORY OF THE YANKEES(Black Dog & Leventhal,2017)

Rob Neyer & Eddie Epstein, BASEBALL DYNASTIES:the greatest teams of all time(W. W.Norton and Company, Inc.,2000)

Rob Neyer, ROB NEYER'S BIG BOOK OF BASEBALL LINEUPS(Fireside,2003)

Rob Neyer, ROB NEYER'S BIG BOOK OF BASEBALL BLUNDERS(Fireside,2006)

Rob Neyer, ROB NEYER'S BIG BOOK OF BASEBALL LEGENDS(Fireside,2008)

Bill Nowlin(ed.), KANSAS CITY ROYALS, A Royal Tradition(Society for American Baseball Research,2019)

Bill Nowlin(ed.), NO-HITTERS(Society for American Baseball Research,2017)

Bill Nowlin & Gregory H. Wolf(ed.), WHEN POPS LED THE FAMILY:The 1979 Pittsburgh Pirates(Society for American Baseball Research,2016)

Mark Pattison & David Raglin(ed.), DETROIT TIGERS 1984:What A Start! What A Finish!(Society for American Baseball Research,2012)

David Pietrusza, Matthew Silverman, Michael Gershman(ed.), BASEBALL THE BIOGRAPHICAL ENCYCLOPEDIA(Total Sports,2000)

David Porter & Joe Naiman, THE SAN DIEGO PADRES ENCYCLOPEDIA(Sports Publishing,2002)

Joe Posnanski, THE BASEBALL 100(Avid Reader Press,2021)

Joe Posnanski, WHY WE LOVE BASEBALL, A History in 50 Moments(Dutton,2023)

Samuel O. Regalado, VIVA BASEBALL(Univ. of Illinois Press,1998)

Joseph L. Reichler, THE GREAT ALL-TIME BASEBALL RECORD BOOK(MacMillan,1993)

Lowell Reidenbaugh, COOPERSTOWN:Where the Legends Live Forever(Gramercy,1999)

James A. Riley, THE BIOGRAPHICAL ENCYCLOPEDIA OF THE NEGRO BASEBALL LEAGUES(Carroll & Graf,1994)

Mike Robbins, NINETY FEET FROM FAME(Carroll & Graf,2004)

Charlie Rosen, THE EMERALD DIAMOND(Harper Collins,2012)

Tony Salin, BASEBALL'S FORGOTTEN HEROES(Masters Press,1999)

Russell Schneider, THE CLEVELAND INDIANS ENCYCLOPEDIA(Temple Univ. Press,1996)

Mike Shatzkin, THE BALLPLAYERS(Arbor House,1990)

Tom Simon(ed.), DEADBALL STARS OF THE NATIONAL LEAGUE(Brassey's,2004)

Allan Simpson(ed.), THE BASEBALL DRAFT:The First 25 Years(Baseball America,1990)

Allan Simpson(ed.), BASEBALL AMERICA'S ULTIMATE DRAFT BOOK(Baseball America,2016)

James A. Skipper Jr., BASEBALL NICKNAMES(McFarland,1992)

Ron Smith, BASEBALL'S 100 GREATEST PLAYERS(The Sporting News,1998)

John Snyder, TWINS JOURNAL(Clerisy Press,2010)

Burt Solomon, THE BASEBALL TIMELINE(Dorling Kindersley,2001)

SPORTS ILLUSTRATED BASEBALL'S GREATEST(Sports Illustrated,2013)

Bert Randolph Sugar(ed.), THE BASEBALL MANIAC'S ALMANAC(4th ed.)(Sports Publishing,2016)

Bert Randolph Sugar, THE GREAT BASEBALL PLAYERS(Dover,1997)

John Thorn, Pete Palmer, Michael Gershman, TOTAL BASEBALL,3rd,4th,5th,6th,7th edition(Viking/Total Sports,1993,95,97,99,2001)

David Vincent, Lyle Spatz, David W. Smith, THE MIDSUMMER CLASSIC:The Complete History of Baseball's All-Star Game(Bison Books,2001)

Joseph Wallace, Neil Hamilton, Marty Appel, BASEBALL:100 classic moments in the history of the game(Dorling Kindersley,2000)

James Wancho(ed.), 1995 CLEVELAND INDIANS:The Sleeping Giant Awakes(Society for American Baseball Research,2019)

Geoffrey C. Ward & Ken Burns, BASEBALL:AN ILLUSTRATED HISTORY(Alfred A. Knopf,1994)

Steve Weingarden & Bill Nowlin(ed.), BASEBALL'S WINTER MEETINGS:1901-1957(Society for American Baseball Research,2016)

Stephen Weinstein, THE RANDOM HOUSE PRO BASEBALL DICTIONARY(Random House,1993)

Gregory H. Wolf(ed.), A PENNANT FOR THE TWIN CITIES:The 1965 Minnesota Twins(Society for American Baseball Research,2015)

Gregory H. Wolf(ed.), HARVEY'S WALLBANGERS:The 1982 Milwaukee Brewers(Society for American Baseball Research,2020)

Gregory H. Wolf(ed.), THAR'S JOY IN BRAVELAND:The 1957 Milwaukee Braves(Society for American Baseball Research,2014)

Craig R. Wright, PAGES FROM BASEBALL'S PAST(ACTA Publications,2013)

Fran Zimniuch, BASEBALL's NEW FRONTIER:A History of Expansion, 1961-1998(University of Nebraska Press,2013)

Don Zminda, FROM ABBA DABBA TO ZORRO:The World of Baseball Nicknames(Stats,1999)

Joel Zoss & John Bowman, DIAMONDS IN THE ROUGH—The Untold History of Baseball(Comtemporary Books,1996)

＜雑誌・定期刊行物＞

ATHLON SPORTS BASEBALL

BASEBALL AMERICA'S ALMANAC

BASEBALL PROSPECTUS

BILL JAMES HANDBOOK(Acta Publications)

THE SCOUTING NOTEBOOK(Stats)

THE SCOUTING REPORT(Harper Collins)

Zander Hollander(ed.), THE COMPLETE HANDBOOK OF BASEBALL(Signet)

THE SPORTING NEWS BASEBALL GUIDE

THE SPORTING NEWS BASEBALL REGISTER

THE SPORTING NEWS COMPLETE BASEBALL RECORD BOOK

THE SPORTING NEWS YEARBOOK

WHO'S WHO IN BASEBALL(Who's Who In Baseball Magazine Co.)

ジョージ・F・ウィル著、芝山幹郎訳『野球術』監督術・投球術（文藝春秋、1997）

ジョージ・F・ウィル著、芝山幹郎訳『野球術』打撃術・守備術（文藝春秋、1997）

ロジャー・エンジェル著、棚橋志行訳『球場へ行こう』（東京書籍、1994）

ロジャー・エンジェル著、村上博基訳『憧れの大リーガーたち』（集英社文庫、1998）
小川勝『プロ野球助っ人三国志』（毎日新聞社、1994）
ブルース・ナッシュ、アラン・ズーロ著、岡山徹訳『アメリカ野球珍記録大全』（東京書籍、1991）
デヴィッド・ハルバースタム著、常盤新平訳『男たちの大リーグ』（宝島社文庫、2000）
『毎日ムック　日米野球100年』（毎日新聞社、1996）
マービン・ミラー著、武田薫訳『ＦＡへの死闘』（ベースボール・マガジン社、1993）
クレイグ・R・ライト、トム・ハウス著、薙野正明訳『ベースボール革命』（ベースボール・マガジン社、1993）
マイケル・ルイス著、中山宥訳『マネー・ボール　奇跡のチームをつくった男』（ランダムハウス講談社、2004）

「月刊メジャー・リーグ」（ベースボール・マガジン社）
「スラッガー」（日本スポーツ企画出版社）
「大リーグ総ガイド」（ベースボール・マガジン社）
「大リーグ総集編」（ベースボール・マガジン社）
スポーツシリーズNo.211「日米野球交流史」（ベースボール・マガジン社）
「ベースボール・マガジン2000秋季号　20世紀の日本プロ野球外国人選手」（ベースボール・マガジン社）
『ベースボール・レコード・ブック』（ベースボール・マガジン社）

＜ウェブサイト＞
www.baseball-almanac.com
www.baseball-reference.com
www.espn.com
www.mlb.com
sabr.org/bioproject
NPB.jp 日本野球機構

欧文人名索引

※ファミリー・ネームのアルファベット順

A

B

C

D

E

F

G

H

I

J

K

L

M

N

O

P

Q

R

S

T

U

V

W

Y

Z

［著者紹介］

出野哲也（いでの・てつや）
1970年、東京都生まれ。メジャー・リーグ専門誌「スラッガー」で「MLB歴史が動いた日」「殿堂入りしていない英雄列伝」「ダークサイドMLB“裏歴史の主人公たち”」などを連載。『プロ野球　最強選手ランキング』（彩流社）『プロ野球　埋もれたMVPを発掘する』『メジャー・リーグ球団史』『プロ野球「ドラフト」総検証』（言視舎）などの著書のほか、『プロ野球オール写真選手名鑑』などに寄稿している。

装丁……佐々木正見
DTP組版……REN
編集協力……田中はるか

【第3版】
メジャー・リーグ人名事典

発行日❖2025年2月28日　初版第1刷

編著者
出野哲也

発行者
杉山尚次

発行所
株式会社言視舎
東京都千代田区富士見2-2-2　〒102-0071
電話03-3234-5997　ＦＡＸ03-3234-5957
https://www.s-pn.jp/

印刷・製本
中央精版印刷㈱

ISBN978-4-86565-288-8　C0075